日本古代中世人名辞典

平野邦雄・瀬野精一郎 編

吉川弘文館

序

『国史大辞典』全十四巻、索引巻三冊、計十七冊の編纂刊行は、昭和四十年(一九六五)の企画発足以来、三十一年間の歳月を費やして完成した二十世紀を代表する文化事業である。

それに収録されている項目は四万五〇〇〇項目にも及び、項目分担執筆者は三五〇〇人を超え、その参加、協力によって完成した大事業であり、昭和五十四年(一九七九)に第一巻が刊行されてから、平成五年(一九九三)に第十四巻が刊行されるまでにも十五年の期間を要している。今後同様の日本史辞典が企画刊行されることは、ほとんど期待できないであろう。

その意味でまさに二十世紀後半期の日本史研究者及びその周辺の関連研究者の総力を結集して実現することができた空前絶後の世紀の遺産と称しても過言ではない。その刊行によって日本史の研究のみならず周辺分野の研究に果たした貢献については、ひとしく人々の認めるところである。

しかし収録されている項目は、周辺分野にも及び、多岐にわたるため、その全巻ページ数は一万三六九二ページにも及ぶ。そのため、ある特定の目的をもって『国史大辞典』を利用しようとする者にとっては、少なからず不便を感じていることも実情である。

そこでそのような利用者の利便を図るため、これまで『国史大辞典』の項目を種々の分野別に分類し

て刊行することが試みられてきた。
そしてこれらは『国史大辞典』の利用を補完するものとして好評をもって迎えられている。本辞典もその一環として『国史大辞典』の項目中より、古代・中世の人名三三七二項目(古代一四八六、中世一八八六)を抽出し、五十音順に配列して刊行するものである。

歴史は人物によって生み出されるものであり、歴史上における人物の果たした役割はきわめて大きく、人物についての正確な知識を有することは、その時代を理解するための必須条件と思われる。

本辞典には、神武天皇の項にはじまり、天正十七年(一五八九)にいたるまでの著名な人物の項目が収録され、歴代天皇、后妃、女院、皇子、摂関、大臣、貴族、豪族、武士、鎌倉・室町幕府要職者、戦国武将をはじめ、神官、僧侶、社家、文人、芸能者、女性、伝承上の人物、日本文化に深い関わりのある外国人にいたるまで網羅されている。

人物の記事内容は、生没年、父、母、妻、俗名の変遷、法名、事績内容、肖像、花押、印章、墓所等いずれも過去の事実の検証に基づいて記述されたものである。さらにその人物に関する参考文献を項目末に提示することによって、その人物についての一層の理解を深めるための利用が図られている。

また巻末には字画引き索引、人名索引、文献索引、事項索引を作成し、利用者の利便に供している。

さらに人物の没年順に配列した一覧表を付録として掲載し、死没年齢がわかる人物については、没年齢を明示している。死没年不詳の人物については、便宜その活動時期が確認できる最終時期に配列されている。

本辞典に収録されている『国史大辞典』の人物項目の執筆者は五二一名に及んでいるが、収録にあたっては、再録のご承諾をいただいたうえ、記述内容の再確認をお願いした。しかし『国史大辞典』刊行以後、歳月が経過しているため、すでに亡くなられた執筆者も一八八名の多きに達している。それらの方々の担当項目については、編集担当者が検討の上収録せざるを得なかった。

本辞典刊行の趣旨にご賛同いただき、項目の転載をご承諾いただいた執筆者の方々に対し、編者として衷心より感謝申し上げる。

本辞典の刊行により、『国史大辞典』に収録されている人物に関する項目は、『神道史大辞典』『日本仏教史辞典』『日本近世人名辞典』『日本近現代人名辞典』に収録されている人名項目と合わせて、すべてが網羅されることになる。

これらの辞典を座右に備え通覧することによって、多くの歴史上の知識が得られるのみならず、人物間の相互関連についても明らかになり、各時代の理解に役立つであろう。

本辞典によってこれらの目的が達成されるならば、編者の喜びこれに過ぎるものはない。

平成十八年八月

平野邦雄
瀬野精一郎

凡例

項目

一 本辞典には、神武天皇の項にはじまり、天正十七年(一五八九)にいたるまでの古代・中世の著名な人物の項目が収録される。したがって、『日本近世人名辞典』(二〇〇五年刊)がこれに継続する。ただし、天正十八年(一五九〇)以後に死没した人物でも中世に活躍した主要な人物一一八名については重複して収録してある。

二 一つの項目で、別の呼称や読みのある場合は、適宜その一つを選んで見出しを立て、他は必要に応じカラ見出しとし、その項目を指示した。

三 陵墓などの関連項目は中見出を立てて、まとめて記述した。

四 見出し

1 項目の見出しは、かな見出し、本見出しの順に示した。

2 かな見出しは現代かなづかいによる「ひらがな」書きとした。また外国人名は「カタカナ」書きとし、原語の読みに近いように表記した。西欧人名は、ファミリーネームで表記し、長音は長音符号(ー)を用いた。ただし、中国・朝鮮の人名などで慣用の漢字読みによるものは「ひらがな」書きとした。

3 本見出しは、日本読みのものは、漢字と「ひらがな」を用い、外国人名は原語を用いた。ただし、ギリシャ語・ロシア語などは、ローマ字に置きかえたものを用いた。西欧人名は、パーソナルネーム、ファミリーネームの順のフルネームとし、称号も付記した。

配列

一 配列は、かな見出しの五十音順とした。清音・濁音・半濁音の順とし、また、促音・拗音・撥音も音順に加えた。長音符号(ー)は、その前の「カタカナ」の母音をくり返すものとみなして配列した。

二 かな見出しが同じ場合は、本見出しの字数・画数の順とした。

三 かな見出し、本見出しが同じ場合は年代順とし、㈠・㈡・㈢…を冠して一項目にまとめた。

記述

一 文体・用字

1 平易簡潔な文章を心がけ、敬語・敬称の使用は避けた。

2 漢字まじりの「ひらがな」書き口語文とし、かなづかいは、現代かなづかいを用いた。

3 漢字は、新字体を用い、歴史的用語などのほかは、なるべく常用漢字内で記述した。また、難読語には必要に応じて適宜振りがなを付けた。

4 数字は、漢数字を使用し、十・百・千・万などの単位語を付けた。ただし、西暦、西洋の度量衡、百分比、文献の編・巻・号などは、単位語を略し、桁数が多い時は、万以上の単位語を付けた。また、壱・弐・参・拾・廿・卅などの数字は使用しなかった。横書きの場合は、アラビア数字を用いた。

二 年次・年号・時代

1 年次表記は、原則として年号を用い、( )内に西暦を付け加えた。同年号が再出する場合は、西暦を省略した。

2 改元の年は、原則として新年号を用いた。

3 年号のない時代は、天皇の治世をもって年次を表わした。また、崇峻天皇以前は、西暦の注記を省略した。

4 南北朝時代は、項目により北朝または南朝の年号を用い、必要に応じて南朝または北朝の年号を( )内に付け加えた。

5 日本の年号と、中国・朝鮮の年号を対照させる場合は、いずれかを主にし、他を( )内に入れた。

6 朝鮮の紀年は、『三国史記』『高麗史』『朝鮮王朝実録』の称元法に従った。

7 外国関係の記事で、日本と関係のある場合は年号を使用し、とくに関係のない場合は、西暦のみとした。

8 時代の呼称は、大和時代・奈良時代・平安時代・鎌倉時代・南北朝時代・室町時代・戦国時代・安土桃山時代などの通用の区分を用いた。

三 年齢は、かぞえ年齢で記した。

四 記述の最後に基本的な参考文献となる著書・論文をあげ、研究の便を図った。

五 項目の最後に執筆者名を( )内に記した。

六 記号

『 』 書名・雑誌名・叢書名などをかこむ。

「 」 引用文または引用語句、特に強調する語句、および論文名などをかこむ。

( ) 注および角書・割書を一行にしてかこむ。

⇩ カラ見出し項目について、参照すべき項目を示す。

― 区間を示す。

例 京都―鎌倉

〜 数の幅を示す。

例 二五〜三五センチ

・ 並列点および小数点を示す。

＝ 二語以上の外国語を「カタカナ」書きにしてつなぐ時に用いる。

例 ルイス＝フロイス

- 原語のハイフンを「カタカナ」書きにするときに用いる。

あ

あいくおう　阿育王　前二六九—二三二在位。紀元前三世紀の古代インドのマガダ国のマウリヤ王朝第三代のアショーカ王のこと。初代のチャンドラグプタ王は前三二七年から三二五年にインド遠征を行なったアレキサンダー大王と同時代で、その首都パータリプトラにはシリア国の外交使節メガステネースが駐在して、インド見聞録を書き残している。阿育王は前二七三年に父王ビンヅサーラのあとを継いだが、伝承によると兄弟を殺して四年後に即位灌頂の式を挙げたという。王の確実な事績は即位十二年ごろから同二十八年の間に発布した詔勅によって知られる。詔勅は岩石・石柱に刻されているが、それによるとはじめは専制君主として権力政治を行なっていたが、即位第九年にインド東部のカリンガ国を征服したのが転機となって勝利者の悲哀を痛感し(岩石詔勅第十三章)、それから熱心に仏法修行に精進して第十一年に正覚の体験を得た(小岩石詔勅、岩石詔勅第八章、カンダハル詔勅)。この精神的転換を契機として政治の方針を根本的に改め、中央・地方の統治機関の機能を、人民の間に正法を弘め育てることに重点を置くようにした。そして即位第十四年に、正法宣布の専任として正法大官を設置した。また王は国内のみならずシリア・エジプト・マケドニア・キレーネ・セイロンの諸国へも使者を遣わして正法を弘めようとした(岩石詔勅第二章・第十三章)。セイロン島へは王子マヒンダを派遣したという(『島史』)。なお『島史』『大史』『阿育王経』およびサーンチー第二塔から出土した舎利壺の銘文にも、インド辺境地方に派遣された長老の名が記されている。

参考文献　『阿育王伝』(『(大正新脩)大蔵経』五〇)、宇井伯寿『印度哲学研究』四、大野達之助『聖徳太子の研究』、E. Hultzsch: Inscriptions of Asoka; J. Bloch: Les inscriptionsd' Asoka; A. Dupont-Sommer: L'inscription araméenne, Journal Asiatique, 246, (1958); V. A. Smith: Asoka; R. Mookerji: Asoka; D. R. Bhandarkar: Aśoka.

(大野達之助)

あおとふじつな　青砥藤綱　生没年不詳　鎌倉時代の武士。左衛門尉。『弘長記』によれば、青砥氏はその祖伊豆国の住人大場十郎近郷が承久の乱の功によって賜わった上総国青砥荘を相伝していたが、父藤満の妾腹の庶子として生まれた藤綱は、十一歳の時出家して学問にはげみ、二十一歳で還俗、三郎藤綱と名乗り、行印法師について儒仏の学を学んでいたが、二十八歳の時、二階堂信濃入道の推薦で北条時頼に仕えて評定の末座につき、ついに頭人となったが、数十ヵ所の所領を知行しながら富んでおごらず、威あって猛からず、身は質素を守りながら公儀のことには千万の金銀を惜しまず、貧者には慈悲深く、古今に並びなき賢者だといわれたという。藤綱が廉直な評定衆として、当時の奉行・頭人らの非道の裁許の横行を訴え、時頼を諫めたこと(『弘長記』)、得宗領と一荘園の公文との裁判に、他の頭人・評定衆が執権の威を憚って、公文を敗訴としたのに、藤綱一人理を主張して執権の敗訴としたこと、鎌倉の滑川に落した銭十文を探すために、続松《たいまつ》を五十文で買い求め、これを探し得た話など(『太平記』)の逸話が名高いが、『関東評定衆伝』『吾妻鏡』をはじめ鎌倉幕府関係の記録には青砥左衛門尉藤綱の名はみえず、後世の仮託であろう。

参考文献　星野恒「青砥左衛門ノ其人有無」(『史学叢説』二所収)

(池永　二郎)

あかざわともつね　赤沢朝経　?—一五〇七　室町時代後期の武将。源次郎。信濃守。入道して沢蔵軒宗益と号した。小笠原氏の庶流。細川政元の重臣となり、明応八年(一四九九)前将軍足利義尹(義稙)に党した延暦寺衆徒を攻め、京都の土一揆を鎮圧し、同年末以来古市澄胤を助けてしばしば大和に侵入して多数の衆徒国民を圧迫し、かたわら河内の畠山尚順を紀伊に駆逐するなど、主君政元の爪牙として軍事活動を行い、また幕府料所河内十七箇所の給人や近衛家領山城国五箇荘の請所代官となった。永正元年(一五〇四)薬師寺元一とともに政元を廃してその養子澄元を立てようとして退けられたが、翌年赦され、同三年畠山義英・尚順を追ってまたも大和に入り、法華寺・多武峯などを焼き、寺社領を押領し、三好之長と結んで猛威をふるった。同四年六月丹後で一色義有と対戦中、政元の横死を聞き帰京しようとしたが、宮津で国人一揆に襲われ、同月二十六日自害した。

参考文献　『後法興院記』、『実隆公記』、『大乗院寺社雑事記』、『多聞院日記』、『政基公旅引付』、小林正甫『応仁後記』(『(改定)史籍集覧』三)、生島宗竹『細川両家記』、永島福太郎「古市澄胤」(高柳光寿博士頌寿記念会編『戦乱と人物』所収)

(小川　信)

あかしかくいち　明石覚一　?—一三七一　南北朝時代の琵琶法師。一方《いちかた》流の始祖如一に師事して、『平家物語』の詞章の整理統一および新しい曲節の大成に務め、平曲中興の祖といわれる。出自に関しては、確実な記録とはいいがたいが、「中年迄播州書写山の僧たり、俄に盲目となつて当道に復し、程なく高官にすゝみ、剰《あまつさえ》一流の頭角となる」(『西海余滴集』)という伝えが存する。『師守記』暦応三年(興国元、一三四〇)二月から貞治二年(正平十八、一三六三)二月にかけて、覚一が六条御堂・矢田地蔵堂・五条高倉薬師堂・北野神社で平曲を演奏したという記事が散見する。また必ずしも実説とは見なしがたいが、『太平記』二一に、覚一検校と真都の二人が病床の高師直の前で頼政鵺退治の句を合奏し、師直をはじ

めとして満座の感嘆を博したという記事がみえる。禅僧中巌円月が覚一に与えた詩の一節に、「一曲琵琶愁殺人」(『東海一漚集』)とあることと合わせて、彼の技量の卓絶していたさまがうかがえる。彼が没前口授筆録させて、弟子の定一検校に譲り渡した覚一本『平家物語』(「干」時応安四年三月十五日(中略)沙門覚一」の奥書がある)は、以後の一方流の詞章に大きな影響を与え、また数多く存在する『平家物語』の諸異本のなかでも代表的な本文とされている。応安四年(建徳二、一三七一)六月没(『常楽記』)。この年、彼はすでに七十歳をすぎていたという(覚一本『平家物語』奥書)。

参考文献 後藤丹治『(改訂増補)戦記物語の研究』、渥美かをる『平家物語の基礎的研究』、冨倉徳次郎「明石覚一をめぐって」(『国語国文』二一ノ九)

(信太 周)

あかぞめえもん 赤染衛門 生没年不詳 平安時代中期の女流歌人。赤染時用の女。ただし実父は平兼盛か。兼盛室であった母が時用に再嫁して間もなく生まれたのが彼女であり、両者がその認知をめぐって争った(『袋草紙』)という。はやく藤原道長の室倫子に仕え、大江為基と恋愛、のちその従兄大江匡衡と結婚して、挙周《たかちか》・江侍従らを儲けた。良妻賢母の説話が多く、『紫式部日記』にもその人柄が称揚されている。長和元年(一〇一二)夫の死後、出家したらしいが、なお倫子および上東門院のもとに出入り、倫子の七十賀屛風歌(長元六年)・賀陽院水閣歌合(同八年)・弘徽殿女御十番歌合(長久二年)などに出詠している。古来、『栄花物語』正篇の作者に擬せられ、中古三十六歌仙の一人で『拾遺集』以下に作品をとどめる。家集に流布本・異本二種の『赤染衛門集』があり、前者は藤原頼通の需めに応じた奉献本である。歌風は温厚典雅な人柄を反映したもので、代作・屛風歌が多い。

参考文献 真鍋熙子「流布本赤染衛門集覚え書―詞書に基く赤染の伝記をめぐって―」(『国語と国文学』三一ノ五)

(犬養 廉)

あがたのいぬかいのあねめ 県犬養姉女 生没年不詳 淳仁・称徳朝に仕えた女官。系譜は不詳。天平宝字七年(七六三)正月従六位下から従五位下に叙せられ、ついで翌年県犬養大宿禰の姓を賜わっているので、同氏の本流であったのであろう。天平神護元年(七六五)従五位上になった。神護景雲三年(七六九)五月、不遇の不破内親王と通謀し、内親王が塩焼王との間に生んだ氷上志計志麻呂を皇位に就けようとして天皇を呪詛したことが発覚し、姓を犬部と改められ遠流に処せられた。その後宝亀二年(七七一)八月この巫蠱事件は丹比乙女の誣告であったことが明らかとなり、姉女の罪は許され、九月に本姓に復され、翌三年改めて従五位下に叙せられた。その後のことは明らかでない。

(林 陸朗)

あがたのいぬかいのひろとじ 県犬養広刀自 ?―七六二 聖武天皇の夫人。従五位下県犬養唐の女。天皇の皇太子時代に入内し、安積親王・井上内親王・不破内親王を生んだ。天平九年(七三七)従三位に叙せられ、のち正三位となり、天平宝字六年(七六二)十月十四日没した。『続日本紀』同日条に略伝がある。広刀自は後宮に勢力のあった県犬養橘三千代の親族で、その推挙によって入内したと思われ、光明皇后にとって、いわばライバル的な存在であった。したがって広刀自の生んだ一男二女は、天平の宮廷においてきわめて注視された存在であり、いずれも数奇な生涯をおくった。

参考文献 林陸朗「奈良朝後期宮廷の暗雲」(『上代政治社会の研究』所収)

(林 陸朗)

あがたのいぬかいのみちよ 県犬養三千代 ?―七三三 奈良時代の女性。藤原不比等の妻、光明皇后の母。従四位下県犬養宿禰東人の女で、はじめ敏達天皇の曾孫にあたる美努王に嫁し、葛城王(橘諸兄)・佐為王(橘佐為)・牟漏女王(藤原房前の妻、永手・真楯の母)を生んだが、文武天皇初年ごろなぜか離別し、藤原不比等と結婚、大宝元年(七〇一)には安宿媛(のちの光明皇后)を生んだ。和銅元年(七〇八)元明天皇即位の大嘗会の宴に、天武朝以後の宮廷に歴仕した忠誠を嘉して、杯に浮かぶ橘を賜わり、橘宿禰の氏姓を与えられた。養老元年(七一七)正月従四位上より従三位に、ついで同五年正月正三位に進み、同年五月元明太上天皇の重病を契機に出家入道したが、天平五年(七三三)正月庚戌(十一日)没した。ときに内命婦、散一位に准ずる葬儀ののち、従一位を贈られ、出家の場合と同じように、別勅により食封・資人は収公されなかった。のち天平宝字四年(七六〇)正一位と大夫人の称号を追贈された。三千代は県犬養家の一員として早くから宮廷に隠然たる勢力をもち、不比等の昇進にも内助の功があったとされるが、安宿媛の立后にはその本貫とみられる河内国古市郡から端亀を献上させて天平改元を導くなど尽力した。またこれも出身地の影響か、仏教に深く帰依し、法隆寺所蔵の橘夫人厨子(国宝)は、下框上面の墨書や『古今目録抄』によると、三千代の念持仏であったと伝える。『万葉集』一九に歌一首がある。なお、三千代没後の天平八年に至り、葛城王・佐為王は母方の氏姓を継いで橘宿禰を称することを請い許された。

参考文献 岸俊男「県犬養橘宿禰三千代をめぐる臆説」(『宮都と木簡』所収)

(岸 俊男)

あかはしひでとき 赤橋英時 ?―一三三三 鎌倉時代最後の鎮西探題。北条久時の子で、執権守時の弟。生年不詳。官位は修理亮、従五位下。北条随時のあとをうけて、元亨元年(一三二一)末、鎮西探題となり、その滅亡まで任にあった。現在、英時が出した裁許状(鎮西下知状)は百五通以上遺存している。赤橋家は北条氏一門の中でも好学の家として知られるが、『臨永和歌集』『松花和歌集』『続現葉和歌集』などの二条派系統の歌集に英時やその姉妹および鎮西探題の奉

赤橋英時花押

行人の歌がみえる。鎌倉時代末期、鎮西探題を中心に二条派系統の歌壇が形成されていたことを示すものである。鎮西探題は、蒙古襲来を機として、九州の武士たちを異賊防禦に専心させるために設けられた武家政務の統轄機関であるが、設置後、年を経るにつれて、聴訴裁断が職権主義的になり、北条氏の専制的支配の出先機関としての性格をあらわにし、在地構造の矛盾に対応し切れなくなっていた。そこへ元弘の乱が勃発し、全国的に倒幕勢力の蜂起をみたのである。九州でも後醍醐天皇・護良親王による倒幕勢力の組織化が進行した。元弘三年(一三三三)三月、肥後の菊池武時が博多で鎮西探題討滅の兵を挙げた。英時は、いったんはこれを討ち取ることができたが、倒幕勢力の急激な進展のなかで、同年五月二十一日鎌倉が陥ったのにつづいて、九州の重立った武士の攻撃をうけ、同二十五日ついに自害して果てた。

参考文献 川添昭二編『鎮西探題史料集』、川添昭二『九州の中世世界』、同『中世九州の政治・文化史』、瀬野精一郎編『増訂鎌倉幕府裁許状集』下、瀬野精一郎「鎌倉幕府滅亡の歴史的前提」(『鎮西御家人の研究』所収)

(川添 昭二)

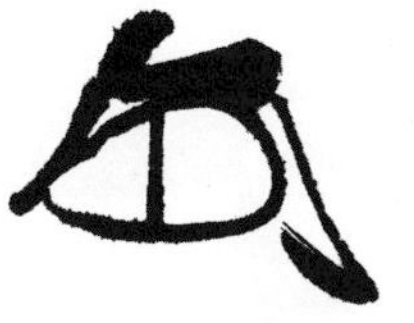

赤橋守時花押

あかはしもりとき 赤橋守時 ?—一三三三 鎌倉幕府最後の執権。六波羅探題北条久時の長男。母は北条宗頼の女。足利尊氏の妻登子の兄。徳治二年(一三〇七)左近将監、従五位下、応長元年(一三一一)評定衆、正和二年(一三一三)引付一番頭となり、讃岐守を経て、元応元年(一三一九)武蔵守に任じ、嘉暦元年(一三二六)四月、北条高時・金沢貞顕出家のあとをうけて執権となる。同年相模守に転じ、同二年従四位下に昇叙。当時は得宗専制の時代であるから、執権といっても実権はなかった。元弘三年(一三三三)新田義貞の軍が鎌倉に迫るや、洲崎で戦い、一日一夜の間に六十五度まで切り合った後、自分は足利の縁者であるから退却はできないといい、五月十八日切腹して死んだ。法名は慈光院道本。

参考文献 多賀宗隼「赤橋駿河守守時」(『鎌倉時代の思想と文化』所収)

(貫 達人)

あかまつうじのり 赤松氏範 一三三〇—八六 南北朝時代の武将。則村の四男。弾正少弼。大力無双の勇士といわれた(『太平記』三二)。摂津中島・同国有馬・備前馬屋郷を領したが、父則村の死後、観応擾乱のなかで南朝方にくみした。文和二年(一三五三)六月、四条隆俊の軍に従って一時京都を攻略し、同四年の初めにも南党足利直冬・山名時氏・桃井直常・石塔頼房らとともに再度京都に攻め入っている。その後、南朝吉野の赤松宮(大塔若宮)のもとに参じていたが、延文五年(一三六〇)四月赤松宮の反逆の挙に加わって南朝賀名生行宮を焼き討ちし、南軍の反撃に敗れて播磨に逃れた。応安二年(一三六九)秋、氏範はまた南党として、その所領摂津中島に兵を起したが敗れ、ついで至徳三年(一三八六)秋、所領摂津有馬に近い播磨清水に挙兵したが、また敗れて、九月二日子息氏春・家則・祐春・季則以下一族郎従百余人とともに討死を遂げた。五十七歳。法名を本光道成という。

参考文献 『大乗院日記目録』(『大乗院寺社雑事記』一二)、『花営三代記』

(水野恭一郎)

あかまつえんしん 赤松円心 ⇨赤松則村《あかまつのりむら》

あかまつさだむら 赤松貞村 一三九三—一四四七 室町時代前期の武将。則村の次男貞範の裔(春日部家)満貞の嫡男。伊豆守。将軍足利義教の寵臣。義教は永享十二年(一四四〇)三月、赤松氏の惣領満祐の弟義雅の所領を没収してその一部を貞村に与えたが、さらに満祐の播磨守護職も貞村に付与されるであろうとの噂さえあった。このような貞村に対する寵遇が、翌嘉吉元年(一四四一)六月満祐をして義教弑逆の挙に出さしめた主要な原因であったといわれている。乱後、貞村は幕府軍の一部将として播磨に出陣したが(嘉吉の乱)、『建内記』には九月陣中で没したとの風聞を載せている。しかしこれは誤伝であったらしく、『赤松諸家大系図』に文安四年(一四四七)没す、五十五歳としているのが事実に近いようである。法名は福伝寺月理祐心。彼はまた茶の湯の嗜みが深く、ある時、後花園天皇から義教が拝領した道具を用いて行なった台子の点前は、能阿弥が「三種極真の飾」と名づけ記録したほどの美事なものであったことが『南坊録』に記されている。

参考文献 『看聞御記』、『赤松略譜』、『嘉吉記』、高坂好『赤松円心・満祐』(『人物叢書』一五五)、水野恭一郎「守護赤松氏の領国支配と嘉吉の変」(『史林』四二ノ二)、同「嘉吉の乱と井原御所」(『鷹陵史学』一八)

(水野恭一郎)

あかまつそくゆう 赤松則祐 一三一一—七一 南北朝時代の武将。播磨・備前守護。則村の三男。はじめ出家して叡山に登り帥律師妙善といった。元弘の乱が起ると大塔宮護良親王に従って叡山・笠置から吉野に至り、やがて親王の令旨をうけて播磨に帰り父に勧めて元弘三年(一三三三)討幕の兵を起さしめた。爾来父と行をともにして建武中興の業をたすけ、また足利尊氏の建武政府離反とともに尊氏に属した。観応元年(一三五〇)父則村が没し、翌年また兄範資が死去した後は、赤松氏の惣領職と播磨守護職を承けつぎ、以後赤松氏の惣領職は則祐の子孫が相承するようになった。このころ、いわゆる観応擾乱の中で、観応二年七月則祐は大塔宮の若宮(赤松宮)を奉じて一時南朝に属したが、間もなくまた足利氏の与党となって、文和二年(一三五三)および同四年の二度にわたる南軍の京都進入を防ぎ、康安元年(一三六一)の末、南軍が三たび京都に進入した時に

赤松則祐花押

赤松則祐像

は、当時四歳であった足利義満(春王)を将軍足利義詮から託されて、本国播磨の白旗城に保護した。この時、赤松の家臣たちが風流を演じて幼い義満を慰めたが、義満はこの幼い日の思い出から、将軍となってのちも、京都の赤松邸を訪れて、この赤松氏の風流「松ばやし」を観ることを楽しんだという。その後、貞治四年(一三六五)には備前守護職を松田氏に代わって与えられ、播磨・備前二国の守護となった。その間、摂津守護を兼ねている時期もある。則祐はまた父則村と同じく禅に親しみ、禅僧との交わりも多く、ことに雪村友梅に帰依して、貞和元年(一三四五)ごろ雪村を開山に請じて宝林寺を備前新田荘中山に建立したが、間もなく火災にかかり、文和四年改めて播磨佐用荘赤松の里に同寺を移建した。応安三年(一三七〇)には幕府の禅律方頭人にもなっているが、翌四年十一月二十九日京都西洞院二条の邸に没した。六十一歳。法名を宝林寺自天妙善という。

参考文献　『大日本史料』六ノ三四、応安四年十一月二十九日条、『太平記』(『日本古典文学大系』三四―三六)、『吉田家日次記』、『花営三代記』、『満済准后日記』、『雪村大和尚行道記』(『五山文学全集』一)、『弘宗定智禅師行状』、高坂好『赤松円心・満祐』(『人物叢書』一五五)　（水野恭一郎）

あかまつのみや　赤松宮　⇨興良親王《おきよししんのう》

あかまつのりすけ　赤松範資　?―一三五一　南北朝時代の武将。則村の嫡男。信濃守。元弘三年(一三三三)父則村が播磨佐用荘苔縄城に北条氏追討の兵を起すと、その京攻めの軍に従って功あり、ついで則村が足利尊氏に党して建武政府に反旗をひるがえしたのちも、常に赤松勢の中心となって活躍し、建武三年(一三三六)足利政権の成立後間もなく、累戦の功によって摂津守護に補せられた。観応元年(一三五〇)父則村の死後は赤松氏の惣領職を継いだ。あたかもこのころ足利政権の中で尊氏・直義両党が分裂し、いわゆる観応擾乱が起ると、範資は尊氏に党して同二年正月ごろには京都の南、大渡のあたりで直義の軍勢と戦っているが、二月末尊氏・直義が和解して間もない四月八日、俄かに京都の七条の邸で死去した。法名を模叟世範という。範資の子孫は、則村以来の京都の屋形である堀川七条の邸を承けついだので、この家系を赤松諸家のうち七条家と呼んでいる。

参考文献　『大日本史料』六ノ一四、観応二年四月八日条、『太平記』(『日本古典文学大系』三四―三六)、『赤松系図』、『太清録』、佐藤進一『室町幕府守護制度の研究』上　（水野恭一郎）

あかまつのりむら　赤松則村　一二七七―一三五〇　鎌倉・南北朝時代の武将。茂則の嫡子で播磨佐用荘の地頭職を伝領す。建治三年(一二七七)誕生。通称は次郎、のち入道して円心と号した。元弘の乱に際し山陽道地方の在地領主のうち最も早く宮方に参じた一人で、元弘三年(一三三三)二月大塔宮護良親王の令旨をうけて佐用荘内苔縄城に挙兵し、播磨国中の武士たちを糾合して東上、宮方としてはじめて京都に攻め入り、五月には、その後宮方に加わった足利高氏(尊氏)らと協力して六波羅を攻略し、北条氏追討に重要な役割を果たした。鎌倉幕府滅亡後、建武新政府のもとで播磨守護職が与えられたが、間もなくこれを召し返され、功に報いられること寡少であった。建武二年(一三三五)十月足利尊氏が建武政府に反旗をひるがえすと、則村も直ちにこれに応じ、同三年春尊氏が京都で敗れて九州に奔った際には、佐用荘赤松村に新たに白旗城を築き、尊氏を追って西下する新田義貞の軍勢をこの城に支え、やがて、尊氏が勢力を挽回して東上し、同年十一月建武政府を倒して足利政権を樹立するに大きな力となった。功により則村はこの年のうちに播磨守護職を与えられ、ついで嫡子範資・次子貞範もそれぞれ摂津・美作の守護に補せられている。赤松氏が室町幕府のもとで有力な守護大名に成長する基盤は、則村によって固められたといってよい。則村はまた深く禅に帰依し、同四年最初の旗揚げの地苔縄に禅寺を建立し、雪村友梅を開山に招いて法雲寺と号した。また大徳寺の開山宗峯妙超が播磨浦上氏の出で、その母が則村の姉である由縁もあって、

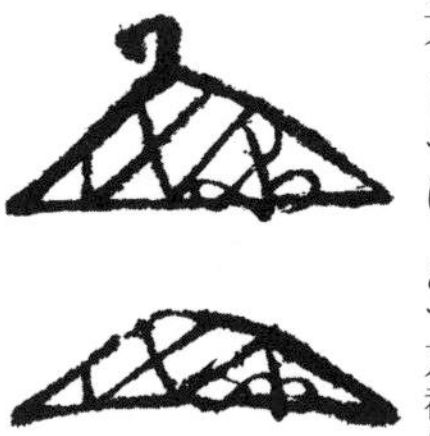
赤松則村花押

赤松則村墓

赤松則村像

元応元年(一三一九)京都紫野の地に妙超がはじめて小庵を営んだとき、この禅室の興隆に厚い援助を与えた最初の檀越であったと伝えられている。観応元年(一三五〇)正月十一日京都七条の邸で死去。七十四歳。法号を法雲寺月潭円心という。墓は京都市東山区の建仁寺久昌院(もと大竜庵)にある。

参考文献 『大日本史料』六ノ一三、観応元年正月十一日条、『太平記』(『日本古典文学大系』三四―三六)、『赤松系図』、『竜宝山大徳寺誌』、高坂好『赤松円心・満祐』(『人物叢書』一五五)　(水野恭一郎)

あかまつまさのり　赤松政則　一四五五―九六　室町時代後期の武将。播磨・備前・美作守護。時勝(性存)の子。幼名次郎法師丸。兵部少輔、左京大夫。嘉吉の乱で赤松氏の宗家が中絶した後、嘉吉三年(一四四三)、後南朝の与党によって神璽が奪い去られる事件があった。長禄二年(一四五八)赤松の遺臣たちがこれを吉野の奥から奪還し、その功により、管領細川勝元や蔭凉軒主季瓊真蘂の助力もあって、満祐の弟義雅の孫にあたる政則(四歳)に赤松宗家の家督が許された。応仁の乱が起ると、政則は東軍細川方に党し、間もなく赤松氏の旧領国播磨・備前・美作三国守護の地位を回復し、侍所所司にも任ぜられた。しかしその後も山名氏の反撃によって、文明年中(一四六九―八七)苦しい攻防が領国内で繰り返されたが、長享二年(一四八八)には全く山名勢を退けて領国の支配を確保した。将軍足利義政・義尚の信任も厚く、赤松氏の勢威を昔日に復した中興の英将といってよい。明応五年(一四九六)閏二月二十九日従三位に叙せられたが、同四月二十五日播磨国加西郡坂田(兵庫県加西市)の長円寺で病没した。四十二歳。法号を松泉院無等性雲という。

赤松政則花押

参考文献 『実隆公記』、『蔭凉軒日録』(『大日本仏教全書』)、『大乗院寺社雑事記』、『赤松記』、『上月記』、『赤松系図』、高坂好『赤松円心・満祐』(『人物叢書』一五五)、水野恭一郎「赤松氏再興をめぐる二三の問題」(読史会編『国史論集』一所収)、同「応仁文明期における守護領国」(『岡山史学』一〇)　(水野恭一郎)

あかまつみつすけ　赤松満祐　一三七三―一四四一　室町時代前期の武将。赤松氏の嫡流で播磨・備前・美作三国の守護であった義則の嫡男。兵部少輔・左京大夫・大膳大夫。応永から永享の間に数度侍所所司を歴任。応永三十四年(一四二七)父が死去した時には満祐はすでに五十五歳であったが、将軍足利義持は、義則の死後間もなく、その領国のうち播磨国を召し上げて幕府の御料国とした上で、これを赤松一族で義持の寵臣であった持貞(春日部家、則村の次男貞範の孫)に預くべき旨を満祐に伝えた。満祐がこれを不満として播磨に下国するや、さらに備前・美作の守護職をも取り上げようとした。この事件は、その後間もなく持貞に義持の侍女との不義のことが発覚し死を賜わるという事態が起り、結局、管領畠山満家の仲介もあって満祐は宥免され、三国守護を安堵されて無事落着した。正長元年(一四二八)義持が死去して足利義教が将軍になると、八月満祐は侍所所司を拝任し、あたかも京都周辺に起った「日本開白以来土民蜂起是初也」といわれた土一揆の掃蕩にあたったが、ついで翌永享元年(一四二九)正月には、領国播磨において、守護の支配に抗する国人衆の一揆が起った。この播磨の国一揆も満祐の下向によって鎮定することはできたが、満祐の家督相続直後のこのような紛乱の連続は、その前途の多難を暗示するかのごとくであった。やがて、さきの持貞の時と相似た事態が再び起ってきた。すなわち将軍義教は、赤松一門の中でも才色ことにすぐれた貞村(持貞の兄満貞の嫡男)を深く寵愛して、惣領家の満祐をうとんじ、同九年春ごろには満祐の所領のうち播磨・美作の二国が召し上げられるであろうとの噂がしきりであった。この時は噂のままで過ぎたが、同十二年三月には、満祐の弟義雅が義教の不興を蒙って所領をことごとく没収され、その一部は満祐に付せられたが、他の一部は貞村に分与された。しかも、この年には義教の意にそわぬ守護大名一色義貫・土岐持頼らが相ついで追討され、世上でも、次は赤松満祐の身上あやうしと喧伝されるに及んで、満祐の将軍義教に対する嫌怨の心は頂点に達した。かくて満祐は嫡男教康とはかり、嘉吉元年(一四四一)六月二十四日義教を西洞院二条の邸に招いて猿楽の宴を張り、席なかばに義教を暗殺し、邸に火を放って播磨に下った。やがて八月に入って山名・細川らを主力とする追討軍が播磨に攻め入り、九月初めには満祐の重要な拠点であった書写山下の坂本城が抜かれ、九月十日には最後に立て籠った木山城(揖西郡越部荘)も落城して、満祐は一族六十九人とともに自刃を遂げた。満祐と、かつて義教の首級をあげた安積行秀両人の首は、その後、京都に送られ赤松邸の焼け跡に梟首された。満祐六十九歳。法名を性具という。嫡男教康は木山城を逃れて伊勢の北畠教具に頼ったが誅せられ、赤松の惣領家はここに潰滅した。乱後、播磨・備前・美作の守護職は、それぞれ山名一族の持豊・教之・教清に与えられた。

赤松満祐花押

参考文献 『満済准后日記』、『看聞御記』、『建内記』(『大日本古記録』)、『斎藤基恒日記』、『赤松記』、『嘉吉記』、『赤松氏族譜』、『赤松系図』、高坂好『赤松円心・満祐』(『人物叢書』一五五)、水野恭一郎「守護赤松氏の領国支配と嘉吉の変」(『史林』四二ノ二)、同「嘉吉の乱と井原御所」(『鷹陵史学』一八)　(水野恭一郎)

あかまつみつのり　赤松光範　一三二〇―八一　南北朝時代の武将。範資の嫡男。信濃守。観応二年(一三五一)父範資の死後、摂津守護職を継承。その翌年文和元年

赤松光範花押

(一三五二)春には南党が一時京都を攻略する事態が起った中で、数ヵ月にわたって摂津に侵入した楠木正儀らの軍勢と連戦している。また延文四年(一三五九)の暮から翌年五月にかけ将軍足利義詮が南征の軍を起した時に、摂津尼崎城に滞陣の将軍警衛の任にあたるとともに、軍功大なるものがあったが、開陣後、意外にも摂津守護職は光範から召し上げられ佐々木導誉(高氏)に付与された。『太平記』には導誉の策謀によるものと伝えている。その後、貞治元年(一三六二)十月、当時赤松氏の惣領であった則祐が導誉にかわって摂津守護に補せられているが、翌二年から再び光範の名も摂津守護として出てくる。しかし応安七年(一三七四)以後は光範の守護在職を示す史料は全くみられなくなる。永徳元年(一三八一)十月三日没。六十二歳。法号を松林寺という。

参考文献 『師守記』(『史料纂集』)、『赤松氏族譜』、『石野系図』、佐藤進一『室町幕府守護制度の研究』上

(水野恭一郎)

あかまつよしのり 赤松義則 一三五八―一四二七 南北朝・室町時代前期の武将。播磨・備前・美作守護。則祐の嫡男。母は佐々木高氏の娘。応安四年(一三七一)父の没後、十四歳で赤松氏の惣領職および播磨・備前守護職を承けついだ。その後、明徳二年(一三九一)山名氏清・満幸・義理らが幕府に反乱を起した明徳の乱には、幕府軍の一方の将として弟満則以下一族を率いて山名氏追討に功あり(このとき満則は討死)、翌三年正月、それまで山名義理の領国であった美作国の守護職を賞賜されて、播磨・備前・美作三国の守護職を保有するに至った。このころ義則はまた幕府の要職である侍所の所司の任をも帯び、爾来赤松氏は山名・一色・京極の三氏と交代でこの職につき、四職と称せられて、幕閣の中にあっても重きをなす存在となった。赤松氏の守護大名としての領国支配は義則の代に最も安定した時期を経過したといってよい。応永三十四年(一四二七)九月二十一日没。七十歳。法名を竜徳寺延齢性松という。

赤松義則花押

参考文献 『明徳記』(『岩波文庫』)、『南方紀伝』(『(改定)史籍集覧』三)、『満済准后日記』、『赤松略譜』、『赤松系図』、高坂好『赤松円心・満祐』(『人物叢書』一五五)、水野恭一郎「守護赤松氏の領国支配と嘉吉の変」(『史林』四二ノ二)

(水野恭一郎)

あかまつよしむら 赤松義村 一四七二―一五二一 戦国時代の武将。播磨・備前・美作守護。赤松則村の嫡男範資の裔(七条家)政資の次男。幼名道祖松丸。兵部少輔。明応五年(一四九六)赤松一門の惣領政則の没後、その婿養子となり、播磨・備前・美作三国守護職を継ぎ播磨置塩城に居る。このころ赤松氏の領国では老臣浦上則宗が実権を握り、文亀二年(一五〇二)則宗の死後も、その子祐宗、さらに孫村宗が備前守護代として備前三石城に在って備作の東部から西播一帯に威をふるい、その権勢は守護義村を凌ぐものがあった。このような頽勢を打開するために、義村は永正十五年(一五一八)から数次にわたって村宗を三石城や美作に攻めたが敗北、同十七年ついに家督を嫡子政村(のち晴政)に譲って薙髪した。

赤松義村花押

翌大永元年(一五二一)村宗との間に一時和解ができたが、やがてまた、村宗のために播磨室津に幽閉され、同年九月十七日この地で殺害された。五十歳。法名を祥光院了堂性因という。

参考文献 『大日本史料』九ノ一三、大永元年九月十七日条、『赤松記』、『赤松系図』、『赤松盛衰記』、土肥経平『備前軍記』(『吉備群書集成』三)、『播磨書写山縁起附録』、『古代取集記録』、『官符宣記』

(水野恭一郎)

あきしののやすひと 秋篠安人 七五二―八二一 平安時代前期の公卿。土師宿禰宇庭(宇遅、『尊卑分脈』に従四位下阿波守・勘解由長官)の子。延暦元年(七八二)秋篠と改姓、同九年姓朝臣を賜わった。桓武朝に少内記・大外記・大判事・少納言・左少弁・左中弁・右大弁などを歴任した能吏で、同二十四年正月、菅野真道とともに参議に任ぜられた。平城朝には北陸道観察使となり、嵯峨朝の弘仁六年(八一五)従三位に叙せられた。この間『続日本紀』『弘仁格式』の編纂に加わり、弘仁十一年致仕、翌年正月十日没す。七十歳。ただし『公卿補任』には天平勝宝六年(七五四)生まれとし、また大同二年(八〇七)伊予親王の変に連坐し、造西寺長官に左遷されたとみえる。

秋篠安人自署

(目崎徳衛)

あきばつ 阿只抜都 生没年不詳 高麗の辛禑王六年(一三八〇)慶尚道より全羅道に侵入した倭寇の大将の一人。年のころ十五、六、容姿端正、驍勇無比で、高麗軍におそれられた。高麗軍は彼を「阿只抜都」と呼んだ。この若武者の名が有名なのは、これを討った高麗軍の指

揮官が、のちの李朝の太祖李成桂であったからである。「阿只」a-kiは朝鮮語で「幼児」を意味し、「抜都」baturは蒙古語で「勇敢無敵の士」を意味する。

参考文献 『高麗史』、『竜飛御天歌』、『朝鮮太祖実録』

（末松　保和）

あぐいのほういん　安居院法印　⇨澄憲《ちょうけん》

あくげんた　悪源太　⇨源義平《みなもとのよしひら》

あくしちびょうえかげきよ　悪七兵衛景清　⇨平景清《たいらのかげきよ》

あくろおう　悪路王　蝦夷の首長で坂上田村麻呂に討たれたという伝説的人物。『吾妻鏡』に「賊主悪路王」が田谷窟《たっこくのいわや》（平泉の西約六八キロ）に城塞を構えたとあるのが初見。『元亨釈書』には奥州逆賊「高丸」が駿河国に遠征し、田村麻呂に攻められ奥州へ逃げて殺されたとみえ、『義経記』では「あくじ（悪路・悪事）の高丸」と同一人になる。以後、田村麻呂の鈴鹿山賊退治説話と結びつき悪路王・高丸・大だけ丸など同一人または一味として物語類にあらわれる。悪路王は、国家に最もはげしく抵抗したが田村麻呂に降伏し、延暦二十一年（八〇二）河内で処刑された蝦夷首長阿弖流為《あてるい》が伝説化されたものであろう。

参考文献 高橋崇『坂上田村麻呂』（『人物叢書』二五）、堀一郎『我が国民間信仰史の研究』一

（高橋　崇）

あけちひでみつ　明智秀満　？―一五八二　安土桃山時代の武将。明智光秀の女婿。出自は不詳。左馬助光春などの名で世に流布するが俗伝である。はじめ三宅弥平次と称したのは確かで、のち明智の名字を与えられた明智弥平次という。妻は光秀の娘で、はじめ荒木村重の子新五郎村安に嫁し、荒木氏没落後に秀満に再嫁した。光秀の股肱として丹波攻略に従い天正九年（一五八一）ごろ丹波福知山城主であった。同十年六月二日の本能寺の変に先鋒として活躍し、変後安土城を守った。六月十三日山崎の敗戦の報を聞き、十四日明智氏の本拠近江坂本城に向かい、秀吉の先鋒堀秀政の軍と大津に遭遇した。この時秀満が名馬に騎して湖水渡りをして坂本に入城したという話が『川角太閤記』に書かれているが疑わしい。翌十五日堀秀政に坂本城を包囲され、部下の将兵を逃がし、虚堂墨蹟など名物類を秀政の一族堀直政に贈ったあと、城に火を放ち、妻および光秀の妻子を刺して自刃した。秀満の父は丹波で捕えられ七月京都で処刑された。

参考文献 高柳光寿『明智光秀』（『人物叢書』一）、同『本能寺の変山崎の戦』

（原田　伴彦）

あけちみつひで　明智光秀　？―一五八二　安土桃山時代の武将。明智氏は美濃の名門土岐氏の庶流とされているが、光秀の出自や素性は詳らかでない。通称十兵衛。越前で朝倉義景に仕えたらしいが、永禄十一年（一五六八）七月足利義昭が朝倉氏のもとから織田信長を頼って美濃に赴いたとき、光秀は細川藤孝とその工作をしたらしく、以来光秀は義昭の家臣であるとともに信長にも仕えたとみられる。同年九月信長の初上洛に従い将軍義昭や公家側との交渉にあたり、翌十二年木下秀吉・丹羽長秀らと軍政に携わった。信長に政治的才幹を認められ、天正三年（一五七五）ごろまで京都の公家・寺社の所領の仕置や庶政にあたった。この間軍事面にも奔走し、元亀元年（一五七〇）信長の若狭・越前二国の討伐、近江の堅田攻撃、摂津の三好三人衆への攻撃などに従軍し、翌二年近江滋賀郡を与えられて同国坂本に築城を始めた。同三年近江滋賀郡の木戸・田中両城を攻め、河内の畠山氏の交野城を攻め、同年七月には浅井長政の籠る小谷城包囲に加わった。天正元年木戸・田中両城を与えられ、九月信長が朝倉氏を滅ぼして越前を併せると、滝川一益とともに越前の庶政に携わった。同二年大和の多聞山城を守り、東美濃に侵入した武田勝頼に備えて美濃に出陣し、転じて河内の三好氏および一向一揆と戦って高屋城を囲んだ。翌三年七月九州の旧族惟任《これとう》氏の名字を与えられ、日向守に任ぜられた。同八月信長の越前出陣に従って一向一揆と戦った。光秀の軍事面の活動は畿内から若越を主としたが、この年から信長が丹波の攻略に着手すると、光秀はその先鋒となり、十一月多紀郡八上城の波多野秀治とともに氷上郡黒井城の赤井忠家を攻めた。翌四年秀治が離反したため敗れていったん坂本に戻り、ついで信長の石山本願寺攻撃が開始されると、荒木村重・細川藤孝らとそれに従軍した。同五年、信長の紀州征伐に従って雑賀の一向一揆と対陣、ついで信長に叛いた松永久秀の信貴山城を攻めて久秀を滅ぼし、再び丹波に向かって内藤氏の亀山城を陥した。同六年三月八上城を囲み、ついで摂津に転戦し、毛利氏と戦うために播磨に出陣した羽柴秀吉を救援し、織田信忠に従って播磨神吉城を陥した。十一月、信長に叛いた荒木村重を摂津有岡城に攻めた。同七年二月丹波に出陣し、五月氷上城を攻め、六月八上城の波多野秀治を降して秀治を安土に送り、七月宇津城を陥し、波多野氏の党の丹後峯山城を陥し、一色義有を丹後弓木城に攻めてこれを降し、黒井城の赤井氏を降し、丹波攻略をほとんど完了し、

明智光秀花押

明智光秀印

（伝）明智光秀画像

その功によって丹波一国の支配を認められた。同八年四月備中の羽柴秀吉を援け、九月奈良に赴き滝川一益と大和国中の寺社・本所以下の領地指出を命じた。同九年八月、因幡鳥取城を攻めていた秀吉を救援し、細川藤孝とともに丹後の検地を行い、丹後でも所領を増した。同十年信長が武田勝頼を攻めるために三月安土城を出陣するとそれに従った。甲州攻撃から帰陣した光秀は、五月十四日、安土を訪れた徳川家康の接待役を信長から命じられた。ところが十七日に備中高松城を包囲していた秀吉から、毛利輝元の大軍が来攻したために救援を求めるの急報が安土に到着したため、信長はみずから中国に出馬することを決意し、光秀に急遽出陣を命じた。光秀は二十六日に本拠の坂本城を発して居城の丹波亀山城に入り、二十七日愛宕山に参詣し、二十八日同所西ノ坊で連歌師里村紹巴らと百韻を興行して亀山に帰った。「時は今あめが下しる五月哉」はこの百韻の発句で、光秀の謀叛の意図はこのときに決したとされている。六月一日の夜亥の刻、備中出陣を全軍に布告し、一万三千の兵を率いて亀山を発した光秀は、老ノ坂を越えると、急遽馬首を東に向けて桂川を渡り、二日未明洛中に入り、信長の宿所本能寺を急襲して信長を倒し、ついで二条御所に信忠を攻めて自刃せしめた。いわゆる本能寺の変である。同日午後ただちに坂本城に入り、五日安土城を接収し、秀吉の本拠長浜城を占領し、佐和山城を収めて近江・美濃二国をその支配下に置いた。八日坂本に帰り、九日に京に入り、禁中や寺社に金銀を献上し、京町民に地子を免除するなど人心の収攬に努めた。ついで秀吉が東上するとの報を得て鳥羽に出陣し、諸将の来属を誘ったが、親しい関係の細川藤孝・忠興父子や筒井順慶をはじめ組下の中川清秀・高山右近らの協力を得ることができず、秀吉に対しはるか劣勢の兵力で対することになった。十二日中川清秀に山崎の天王山を占拠され、十三日午後の戦闘で敗北し勝竜寺城に逃れ、再挙を図るべく同夜坂本へ戻る途中、小栗栖で土民に襲撃されて深傷を負い家老溝尾庄兵衛尉の介錯で自刃した。法名を秀岳宗光という。光秀が信長に叛いた理由として、八上城の波多野攻撃の際の処置の拙さを信長に咎められたこと、四国征伐の功を織田信孝や丹羽長秀に奪われたことなどで、信長に恨みを抱いていたところ、安土での徳川家康饗応の役をにわかに罷めさせられたため、その怒りが爆発したいう怨恨説が古くから唱えられてきた。また秀吉と対立していたことや、かねてから天下を取る望みをもってその機会を狙っていたという説など、いろいろ臆測されているが、いずれもその確証がなく、光秀の叛逆の真意は今のところ不詳というほかない。光秀は教養もあり和歌・連歌を好み茶湯を嗜んだ。妻は妻木勘解由左衛門範煕の女といわれ、子女には明智秀満の妻、織田信澄の妻、細川忠興の妻となった三人の娘のほか、男子二、三人がいたと思われるが詳らかでない。

参考文献 『大日本史料』一一ノ一、天正十年六月十三日条、高柳光寿『明智光秀』(『人物叢書』一)、同『本能寺の変山崎の戦』 (原田 伴彦)

あけんえなし 阿賢移那斯 六世紀の官人。欽明天皇朝の初期、任那において権勢を持っていた。新羅に親近して、百済からは、任那を滅ぼすものとして排斥された。彼と同類の人として「佐魯麻都」がある。両人はまた「移那斯・麻都」と並記され、特に麻都は韓腹(韓人を母とする)と明記されている。 (末松 保和)

あさいすけまさ 浅井亮政 ?—一五四二 戦国時代の大名。近江国小谷城主。通称新三郎、備前守と称した。実父は浅井蔵人直種と考えられ、同族直政の女蔵屋の婿となり宗家を継いだ。大永三年(一五二三)主家京極氏の継嗣問題が起ると、当主高清・老臣上坂信光が次子高慶を望むのに対し、亮政は浅見・三田村・今井・堀の諸氏とともに、長子高延(のち高広)を推し、高清を尾張に走らせ、信光を失脚せしめた。しかし盟主とした浅見貞則が、高延を擁して権勢を振るうと、今度は信光と和し、同五年このころ築城した小谷城に高清・高延を迎えることに成功、自立への端緒をつかんだ。以後京極氏の実権掌握に努め、天文三年(一五三四)小谷城下清水谷の居館に高清父子をはじめ重臣たちを招いた大饗宴のころより、独自の立場から出す法令・知行安堵状などが多く認められるようになった。高清の没後奉戴されていた高延は堪えきれず、同十年亮政と断ち、挙兵している。このような浅井氏の台頭は江南の守護六角定頼を刺激し、さらに定頼が高慶を支持することにより、高延・高慶の争いとも絡みながら、大永五年、享禄四年(一五三一)、天文七年と六角軍の北進を招き、軍事的にはいずれも敗北を喫している。一方後背地越前とは、大永五年六角氏の進攻に際し朝倉孝景の援軍を得て以来、友好的な状態を維持しており、また本願寺にはしばしば接近をはかっている。天文九年朝倉氏と加賀門徒の交戦により、年貢が京都に入らず政治問題化した時には、本願寺に和議の斡旋を申し出ている。江北にはいわゆる十ヵ寺を中心にした強力な真宗教団が存在するが、彼らとの関係も良好なようで、朝倉・六角両氏にみられるごとき一揆との厳しい対決は伝えられていない。なお、天文七年には、江北を対象にした徳政令を出した。同十一年正月六日小谷城で没す。城下徳勝寺に葬ったが、同寺の再度の移転により、墓石は滋賀県長浜市円長坊にある。法名救外宗護。

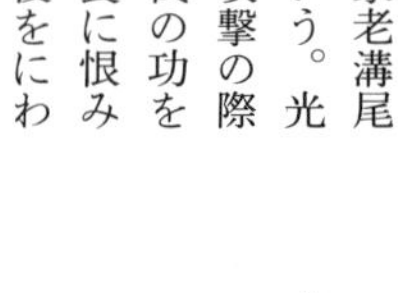
浅井亮政花押

参考文献 『浅井三代記』(『(改定)史籍集覧』六)、『東浅井郡志』二 (秋沢 繁)

あさいながまさ 浅井長政 一五四五—七三 戦国時代の武将。近江国の大名。はじめ賢政、のち長政と改名。通称新九郎、備前守と称した。天文十四年(一五四五)誕生。父久政、母は井口氏。永禄三年(一五六〇)十六歳で

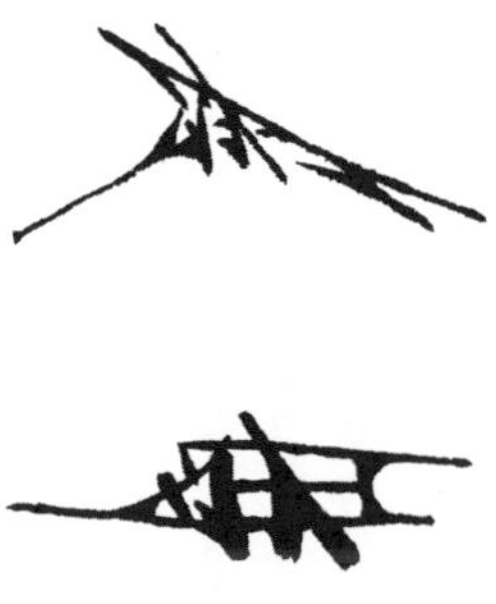

浅井長政花押

家を継いだ。久政隠退は重臣たちの強要によるものと伝えられている。すでに六角氏重臣平井定武の女を離別(または破約)していたが、同年野良田(彦根市稲枝町)の戦に六角義賢を破り、同四年美濃斎藤氏と呼応した佐和山城攻撃も退けると、義賢の偏諱に基づく初名賢政を棄てている。備前守を称するのもこのころである。以後しきりに南進を策し、同六年、六角氏の内訌(観音寺騒動)が起きると反乱諸氏を支援して愛智川まで軍を出し、同九年六角家臣布施公雄の乱に加担して蒲生野に戦い大打撃を与え、同十一年甲賀郡の山中氏の招降をはかっている。その勢力圏は、江北三郡(伊香・浅井・坂田)を中心に犬上・愛智・高島の各郡に及んだようである。このような発展は、父祖以来の江北における領国支配の成熟と表裏をなすもので、京極高広・高慶兄弟の蠢動を封じ、台頭期に利用した守護家との関係を清算できたのは、永禄初年のことであり、支城在番制、同名被官層への直恩給付、与力化など、家臣団編成への新しい志向が認められるのもこの時期である。久政は餅の井・松田井の二堰を造り、高時川流域の用水規定を定めたといわれるが、浅井三代にみられる郷村間の用水相論への裁定は、湖北平野を掌握する上で大きな意義をもつものと思われる。郷村支配の実態は、なお不明の点が多いが、永禄十一年自検断を否定された菅浦の例などからみれば、かなり徹底した面があったようである。菅浦に対する浅井氏の支配に経済的性格が強いことが指摘されているが、流通経済の発展した地域を地盤とする浅井氏には、天文七年・同二十二年に徳政令、永禄九年には長政の撰銭禁令がある。天文二十二年の場合は断定しかねるが、いずれも時期的にみて対六角戦と関連がありそうである。撰銭禁令は、他国商人の精銭持出し、価格違反に対し厳罰を規定しており、流通面での領国支配の進展を示している。そしてこのような領国形成を支えた対外条件として、長期的かつ安定した朝倉氏との同盟関係が挙げられるが、織田信長の西進は、新しい対応を必要とした。永禄十年信長が美濃を平定すると、長政はその妹お市(小谷の方)を室に迎え、友好関係を結んだ。同十一年七月十六日越前から信長のもとへ移る足利義昭を小谷城に饗応、九月信長上洛には高宮(彦根市)で参陣、同年末には高島郡の朽木氏を服属させている。しかし元亀元年(一五七〇)四月信長の越前侵入が始まると、旧敵六角承禎(義賢)とも結んで離反、朝倉義景と夾撃の態勢をとり、信長を狼狽させた。六月義景の援軍とともに、進攻して来た織田・徳川連合軍と姉川に戦ったが大敗、以後小谷城は、横山城の守将木下秀吉の監視下に置かれた。だが三好三人衆、本願寺と相ついで反信長勢力が挙兵すると、九月義景と坂本口に進出、京都を窺うが、やがて反撃をうけ比叡山に包囲された。十二月将軍義昭の斡旋により和議が成立、下山した。しかし同二年朝妻―姉川間の交通を遮断され、佐和山城以下の諸城が信長に降ると、五月江北十ヵ寺を中心とした一向一揆とともに箕浦(米原市近江町)に出撃、敗れた。この時期江北門徒は、しばしば浅井勢の先陣をつとめている。九月比叡山焼打ちが行われ、近江における有力な同盟者を失っている。同三年七月信長は江北一円に侵入、一揆と戦いながら刈田・放火を働き、小谷城に対しては、虎御前山から八相山・宮部の砦を経て横山城に至る包囲陣を構築した。一方、長政と来援の義景は、かねて武田信玄と通じ、その西進に呼応して信長を討つ約束であったが、包囲陣が破れず、また十二月三日義景が帰国したため、絶好の戦機を逸している。天正元年(一五七三)策動の中心であった将軍義昭を追放した信長は、八月大挙して小谷城を囲み、義景もまた木之本(伊香郡木之本町)あたりに布陣した。阿閉・浅見ら諸将の内応もあり、本城背後の大岳がまず落とされたが、ここ

浅井長政画像

で信長は一旦主力を朝倉勢攻撃に投じ、敗軍を追って越前に侵入、二十日義景を自殺させる。二十六日虎御前山に帰った信長により、小谷本城は猛攻をうけ、二十七日夜京極丸が秀吉に占拠されたのを機に落城、長政は二十八日自殺した。二十九歳。嫡男万福丸は刑死し男系は絶えるが、落城寸前室お市と三人の娘は信長に引き取られ、のち長女茶々は豊臣秀吉側室淀殿、三女達子は徳川秀忠室となった。文禄三年（一五九四）二十一回忌にあたり茶々は菩提寺養源院を京都に建立、寛永九年（一六三二）外孫徳川家光の奏請により、従二位権中納言が追贈された。法号は養源院天英宗清のほかに仁如集堯による文英一雄がある。　→朝倉義景《あさくらよしかげ》　→小谷《おたに》の方《かた》

参考文献　『浅井三代記』（『（改定）史籍集覧』六）、太田牛一『信長公記』（『角川文庫』）、『東浅井郡志』二、花見朔巳『安土桃山時代』（『綜合日本史大系』八）、小和田哲男「戦国期在地領主の存在形態—大名浅井—国人今井—土豪井戸村—」（『日本史研究』一〇七）

（秋沢　繁）

あさいなよしひで　朝比奈義秀　一一七六—？　鎌倉時代前期の武将。「あさひな」とも読む。『吾妻鏡』に建保元年（一二一三）三十八歳とあるにより逆算して安元二年（一一七六）の生まれ。和田義盛の第三子で母は木曾義仲の妾巴と伝える。安房国朝夷郡に成長したので、朝夷名三郎と称し、天下無双の大力で泳ぎをよくしたという。現在、神奈川県鎌倉市と横浜市の境にある朝夷奈切通は、義秀が一夜で切り開いたという伝説や将軍源頼家が相模国小坪ノ浜（逗子市）に遊んだとき、義秀は三匹の鮫を抱いて現われ、見物人を驚かせたという話がある。建保元年五月の和田氏の乱では、将軍邸の南大門から突入して力戦し、北条朝時を傷つけ足利義氏を追った。また武田五郎信光に戦いをいどんだが信光の子信忠が父にかわって戦おうとするのに感じ、信光を見逃してやった。戦い敗れるに及んで、義秀は味方の五百騎の同輩と六艘の船で海路安房へ逃れた。ときに三十八歳と『吾妻鏡』は伝える。その後の事蹟は未詳。

参考文献　『大日本史料』四ノ一二、建保元年五月二日条

（三浦　勝男）

あさいのそうずい　阿佐井野宗瑞　？—一五三一　室町時代後期の医師。日本で最初の医書刊行者。阿佐井野家（遠野屋）は代々堺の著名な家系であったが、宗瑞は医を業とし、特に女科（産婦人科）に精しく、阿佐井野婦人医と呼ばれた。享禄元年（一五二八）明の熊宗立著の明刻『医書大全』を翻刻、刊行した。これがわが国における医書刊行のはじめであるが、この刊行にあたり、宗瑞は明本三写の誤りを正し、家財をなげうって事にあたったいきさつが、幻雲寿桂による同書跋文中にみえる。宗瑞は大徳寺の僧で堺に南宗寺をおこした大林宗套に帰依し、宗套も宗瑞の人格・学識・家風を推賞したという。同四年五月十七日病没した。没年齢は六十歳という。法号は雪庭宗瑞居士。

参考文献　『堺市史』、川瀬一馬『古活字版の研究』

（大塚　恭男）

浅井久政画像

あさいひさまさ　浅井久政　？—一五七三　戦国時代の武将。近江国の大名。通称新九郎。天文十九年（一五五〇）左兵衛尉に任じ、のち下野守。父亮政、母は側室尼子氏。天文十一年家を継ぐ。京極高広に攻められ、再度六角氏に屈するなど対外的に振るわなかったが、内政面ではみるべきものがあった。永禄三年（一五六〇）子長政に譲り、小谷城小丸に隠退。天正元年（一五七三）八月二十八日落城に際し自殺。法名久岳良春。没年齢四十九歳とする説（『東浅井郡志』『滋賀県史』）あるも不詳。

参考文献　『浅井三代記』（『（改定）史籍集覧』六）

（秋沢　繁）

あさかしんのう　安積親王　七二八—四四　聖武天皇の皇子。母は夫人県犬養禰広刀自。同母の姉妹に井上内親王・不破内親王がいた。光明皇后の産んだ皇太子が神亀五年（七二八）に没し、天平十年（七三八）、后腹の阿倍内親王が皇太子に立てられていたが、在世する唯一の皇子としての親王の立場は微妙であった。同十六年閏正月十一日、難波宮行幸に従ったが、途中、脚病のため桜井頓宮から恭仁宮に戻り、同十三日、十七歳で没した。これは脚気衝心のためではなく、藤原仲麻呂が恭仁宮の留守であった点と、親王の立場から考え、仲麻呂やその妻藤

原袁比良による毒殺と見る説もある。葬事は大市王・紀飯麻呂の監護の下に行われた。親王は藤原八束(真楯)や大伴家持らと交遊があり、詩歌にも理解があった。

参考文献　岸俊男『藤原仲麻呂』(『人物叢書』一五三)、角田文衛「藤原袁比良」(『律令国家の展開』所収)

(角田　文衛)

和束墓《わつかのはか》　京都府相楽郡和束町にあり、神上山《かんじょう》と呼ぶ丘の上に築かれた円墳である。親王死去の折その死を悼んだ大伴家持の歌に「わごおほきみ天知らさむと思はねばおほにそ見ける和豆香そま山」とあり、和束の地に墓が営まれたが、のち、その所伝は失われた。明治十二年(一八七九)一月墓所の位置を示した古絵図を得て墓に定められた。

(戸原　純一)

あさくらさだかげ　朝倉貞景　一四七三―一五一二　戦国時代の武将。越前国の大名。文明五年(一四七三)二月五日、朝倉氏景の嫡子として生まれる。孫次郎、のち弾正左衛門と称した。長享元年(一四八七)九月将軍足利義尚を援けて近江守護六角高頼を討った。文亀三年(一五〇三)四月、甥の景豊を敦賀に攻めて自害させ、翌永正元年(一五〇四)八月、景豊の岳父で叔父の元景を越前国長崎に破り、さらに同三年八月、九頭竜川で加越一向一揆を敗走させた。この勝利によって朝倉氏の越前の領国化は確立した。こののち海陸の関を設けて、加賀と京都との連絡を断ち切ったが、同九年三月二十五日、鷹野へ行く途中急死した。四十歳。法名天沢宗清。福井市東新町小字賢宅はその墓址である。

朝倉貞景花押

参考文献　『大日本史料』九ノ三、永正九年三月二十五日条、『朝倉始末記』(『日本思想大系』一七)、『福井県史』一、井上鋭夫『一向一揆の研究』

(井上　鋭夫)

あさくらたかかげ　朝倉孝景　(一)一四二八―八一　室町時代の武将。越前国守護代。正長元年(一四二八)四月十九日、家景の嫡子として生まれる。幼名小太郎。孫右衛門尉、のち弾正左衛門尉と称し、教景のち繁景、そののち孝景を名乗る。敏景とするものは『朝倉始末記』系統のものである。永享十一年(一四三九)から幼少の斯波千代徳丸が越前守護であったが、文安四年(一四四七)ごろ一族の治部大輔義廉と修理大夫持種およびその子右兵衛佐義敏とが争っていた。宝徳三年(一四五一)十一月、千代徳丸は元服して義武と名乗るが間もなく病死、義敏が守護となった。敏景はこの義敏の一字をもらったとされるのである。ところが堀江石見守に擁せられた義敏は、将軍足利義政の支持する甲斐常治・朝倉孝景と対立した。長禄二年(一四五八)十一月朔日に京を出発した孝景は、翌三年五月にかけて敦賀郡で二十一度の合戦をし、六月朔日北庄に着いた。敗れた義敏は西国の大内氏を頼り、義廉が守護となり、堀江氏の所領を奪った孝景は河口・坪江両荘に地歩を固めた。これから寛正元年(一四六〇)二月の阿波賀城戸口合戦、同年八月の和田合戦、三年八月の鯖江・新庄合戦、五年八月の檜山・蓮ヶ浦合戦、六年正月の杣山合戦、同年五月の殿下・桶田合戦、同年五月の波着・岡保の合戦、文正元年(一四六六)七月の大野・井野合戦などで、千福・増沢・二宮の諸氏を圧倒し、越前の統一を進めた。応仁の乱がおこると義廉を擁して京都の西軍の主力として活躍し、応仁元年(一四六七)十一月義廉を越前に迎え、翌二年七月本郷と清水山に、八月には志原で戦った。しかし文明三年(一四七一)五月、甲斐が義敏と結びかけたので、孝景は東軍につき、一乗谷を本拠として甲斐一党と戦い、次第にこれを圧倒して一国を掌握した。このころ吉崎にいた蓮如と結び、加賀の西軍と一向宗徒を戦わせている。心月寺・固山寺を建立。文明十三年七月二十六日、一乗谷で病死。五十四歳。法名英林宗雄。かれの死を聞いた甘露寺親長は、「為二惣別珍重一歟、天下悪事始行張本也」といっている。墓(英林塚)は新御殿の背後の上段にある。いわゆる『朝倉孝景十七箇条』は、氏景のために残したといわれるが、朝倉家の家訓として受けつがれた。なおこの人物を教景(宗滴)と混同してはならない。

→斯波義廉《しばよしかど》
→斯波義敏《しばよしとし》

朝倉孝景(一)花押

朝倉孝景(一)画像

朝倉孝景(一)墓(英林塚)

参考文献『大日本史料』八ノ一三、文明十三年七月二十六日条、『大乗院寺社雑事記』、井上鋭夫編『北国庄園史料』、井上鋭夫『一向一揆の研究』、笠原一男・井上鋭夫校注『蓮如一向一揆』(『日本思想大系』一七)

㈡一四九三―一五四八　戦国時代の武将。越前国の大名。はじめ孫次郎、のち弾正左衛門尉。明応二年(一四九三)十一月二十二日、貞景の嫡子として生まれる。永正十年(一五一三)将軍足利義稙が佐々木氏綱と戦って敗れ、甲賀に逃げたとき、孝景は近江に出兵、氏綱を伊勢に追って義稙を帰京させた。この功によって同十三年、白傘袋・毛氈鞍覆を許された。同十五年には細川高国の仲介で加賀一向一揆と和睦し、加賀に対する海陸の封鎖を解いた。これは北国の寺社公家領の荘園の貢租を京都に運ばせるためである。大永七年(一五二七)十一月、高国と三好一党が将軍足利義晴にそむいたときは、義晴方として桂川合戦に勝利を得、翌享禄元年(一五二八)五月、御相伴衆に加えられ、上使大館晴光から鬼切太刀などを拝領。同四年、加賀一向衆が超勝寺・本覚寺方と三ヵ寺方とに分裂抗争したときは、三ヵ寺方を援けて本願寺方と争ったが、手取川で敗れて兵を引いた。天文四年(一五三五)四月には後奈良天皇の即位式費用一万疋を献上したので、塗輿を幕府から許され、同九年には皇居修理料として百貫文を献上している。このころ加賀一揆と越前朝倉氏との和議および北陸道の開通が公家・社寺から要望され、浅井亮政・六角定頼が本願寺の同意と経費一万貫を求めたが、本願寺から拒絶された。しかし孝景は政治情勢を考慮して、同十年九月、本願寺に末代まで門下になり、越前の三郡を進上し、毎年三万疋を進めることを申し出た。本願寺の証如は和議だけを承知し、門徒化や三郡進上などは拒否した。孝景の最大の課題は一向宗対策であったといえる。

朝倉孝景㈡花押

孝景自身は曹洞宗の宏智《わんし》派と関係が深く、英林寺・子春寺・天沢寺・遊楽寺を創建し、火災にあった弘祥寺・心月寺を再興した。また五千余巻の毘盧蔵を建て法霊堂と号した。天文十七年三月二十二日没。五十六歳。法名大岫宗淳。

参考文献『朝倉始末記』(『日本思想大系』一七)、笠原一男『一向一揆の研究』　(井上　鋭夫)

あさくらたかかげ　朝倉高景　一三一四―七二　南北朝時代の武将。越前守護代。正和三年(一三一四)広景の子として近江国に生まれる。はじめ彦三郎正景。文和四年(一三五五)二月、京都の東寺南大門で戦功をたて、足利尊氏から「弾正左衛門高景」と母衣に記してもらった。のち遠江守。延文二年(一三五七)尊氏から足羽北庄を、貞治五年(一三六六)足利義詮から越前七ヵ所の地頭職を充行われ、斯波義将が執事のとき守護代となる。応安五年(一三七二)五月二日没。五十九歳。法名徳巌宗祐。

参考文献『大日本史料』六ノ三五、応安五年五月二日条、『朝倉始末記』(福井県立図書館松平文庫本)　(井上　鋭夫)

あさくらのりかげ　朝倉教景　㈠一三八〇―一四六三　室町時代の武将。越前国守護代の孝景の祖父。康暦二年(一三八〇)誕生。幼名小太郎、のち孫右衛門尉。永享九年(一四三七)正月、将軍足利義教の命で大和征伐に参加、一色義範らを討つ。同十一年正月の永享の乱には、今川範忠・武田信重・小笠原政康らとともに鎌倉に攻め入り、二月足利持氏・義久を討った。翌十二年の結城合戦にも出陣した。寛正四年(一四六三)七月十九日没。八十四歳。法名心月宗覚。

参考文献『朝倉始末記』(福井県立図書館松平文庫本)

㈡一四七四―一五五五　戦国時代の武将。越前国の大名。文明六年(一四七四)孝景の末子として生まれる。はじめ小太郎、のち太郎左衛門尉。金吾と号し、入道して照葉宗滴といった。福井市安波賀の金魚谷はその墓址である。

朝倉教景㈡花押

玉岩光玖猶子の兄教景(小太郎・以千宗勝)が舎兄景総(孫五郎・弾正忠・元景・大幢宗建)に殺されたため、そのあとをついだ。景総は越前を去って細川政元に仕えていたが、文亀三年(一五〇三)四月、女婿の敦賀城主孫四郎景豊と結んで宗家の貞景にそむいた。教景は景豊の謀叛を貞景に告げ、景豊を自害させ、その功によって敦賀郡司となった。景総が永正元年(一五〇四)九月加賀から進攻してきたのを迎え討ち、金井父子・堀江兵庫らを討ち取った。さらに同三年越前の一向一揆を鎮圧し、七月加賀・能登・越中の一揆を九頭竜川のほとりで迎え討って大勝した。同十四年丹後国加佐郡庫橋城を攻め取って武田氏に与え、大永七年(一五二七)十一月、京都千乗寺口の戦いで、渡辺新五郎・遊佐弾正らを討ち取った。貞景の死後は孝景の後見となり、享禄四年(一五三一)十月には、加賀一揆の分裂に乗じて、若松本泉寺・山田光教寺方を支援し、加州湊川(手取川)の線まで進んだが、形勢の不利をみて撤退した。天文十三年(一五四四)九月にも美濃岐阜を攻め、弘治元年(一五五五)七月、越後の長尾景虎の川中島出陣に呼応して加賀に進入したが、病を得て帰国、この年九月八日没した。八十二歳。『朝倉宗滴話記』は、かれの話を側近の荻原某が筆記したものという。

参考文献『朝倉始末記』(『日本思想大系』一七)、井上鋭夫『一向一揆の研究』　(井上　鋭夫)

あさくらよしかげ　朝倉義景　一五三三―七三　戦国時代の大名。孝景の子として天文二年(一五三三)九月二十四日生まれる。母は『朝倉始末記』によれば、武田中務大輔女と伝える。はじめ孫次郎延景と名乗ったが、同二十一年六月十六日、将軍足利義輝から左衛門督とする御内書を受け、義の字を賜わって義景と改めた。義景の一生は戦国の動乱に明け暮れたもので、まず弘治元年(一

朝倉義景花押

「庸察監」

「義景」
朝倉義景印

朝倉義景画像

五五五）、長尾景虎の川中島出兵と呼応して、朝倉宗滴に加賀へ攻め込ませ、加賀半国を制圧した。この間、宗滴の病気により、一族の景高を代りに派遣した（宗滴は帰国後病死）。これに対し本願寺は加越の和睦をはかり、下間頼言を派遣して、大館晴光とともに努力させたが、翌年頼言は超勝寺教芳らに毒殺され、北陸の戦乱はつづいた。幼少の宗主顕如を補佐する祖母の慶寿院鎮永は、もと加賀山田光教寺にいた顕誓とはかって頼言の弟頼良を下して和平に努めたので、同二年四月朝倉軍の敗退を機会に、将軍義輝・六角義賢の斡旋で、十一月ごろ義景と加賀一揆とは和を結んだ。永禄八年（一五六五）将軍義輝が殺されると、弟の一乗院覚慶（義秋、のち義昭）は身をもって近江に逃れ、翌九年には義景を頼って越前敦賀に至った。ところが同十年三月、堀江景忠が越前坂北郡本庄城によって義景にそむいたが、この背後には一向一揆があった。本流院（真宗高田派）の斡旋で、景忠は城を明け渡して能登に退去したが、この冬加賀門徒を率いて越前に進入してきた。ここで足利義昭は敦賀より一乗谷に赴いて義景を諭し、本願寺との和約を固めさせた。朝倉義景の女と、本願寺顕如の長男教如（十二歳）との婚約がそのしるしてある。孝景以来五代数十年にわたる加越の闘争はここに終止符がうたれ、一乗谷の城戸の外には、

願行寺という真宗寺院も建てられた。一乗谷の安養寺に御所を構えた義昭は、同十一年に関白二条晴良を下向させ、元服の儀をあげ、義景は管領代の地位を与えられた。義昭は三好・松永を討つため、義景の上洛を期待していたが、義景は愛児を失って消沈したこともあって、上洛の意図はなく、義昭は明智光秀の勧めで織田信長を頼って岐阜に移り、九月信長に奉ぜられて上洛した。このとき信長は諸国の武将を上洛させようとして、義昭の御教書を発したが、義景はこれに応ぜず、朝倉・織田の対戦となった。元亀元年（一五七〇）四月、信長は三万の大軍を率いて京都を出発、義景が敦賀郡にかまえた天筒山《てづつやま》・金ヶ崎の要害を陥れた。ところが浅井久政・長政父子が朝倉・浅井両家の歴史的な同盟関係によって兵を挙げたため、信長はあやうく京都に軍を返し、ついで岐阜に帰った。義景はこの好機をとらえて、朝倉景鏡《かげあきら》を近江に派遣し、浅井長政・六角義賢とともに美濃を攻めようとしたが、時機を失って成功しなかった。陣容を立て直した信長は、近江国小谷城より二里余り南の横山城を囲み、救援に出てきた朝倉景健・浅井長政の連合軍を六月姉川に破った。この年の九月、石山本願寺の挙兵とともに、朝倉・浅井連合軍は京都に迫り、比叡山に入ったが、義昭の調停で、十二月義景は信長と和した。翌二年六月義景の女と本願寺顕如の長子教如との婚約の祝儀交換が行われる。九月信長は山門（延暦寺）を焼き討ちするが、これは山門が義景に味方した報復にほかならない。同三年正月、延暦寺衆徒は、越前一乗寺で山門三院集会を開催、堂塔再興を議している。顕如は義景や浅井長政父子に北近江を経略させていたが、信長も小谷城攻撃のため出陣し、義景は七月兵を率いて小谷城に入った。さらに武田信玄は本願寺・朝倉と呼応して十月西上の軍をおこしたが、十二月義景は突如として兵を越前に帰し、信長包囲網の一角は破れてしまった。天正元年（一五七三）四月、武田信玄が死に、やがて信長は義昭を追放し、八月宿敵

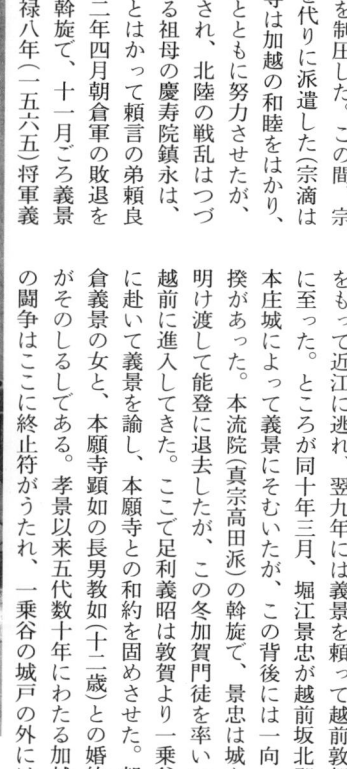

浅井・朝倉両氏の討伐をめざして近江に出陣した。義景は長政を援けるため、近江の木之本・田辺山に出陣したが、信長のために援路を断ち切られ越前に走った。信長はこれを追撃して敦賀に至り、府中竜門寺に進んだ。義景は一乗谷に火を放って、十七日大野に逃れ、平泉寺に入ったが、平泉寺衆徒が信長に応じ、朝倉景鏡がそむいて、山田庄六坊賢松寺に義景を包囲したため、同二十日ここで自害した。四十一歳。法名は松雲院大球宗光。朝倉氏は広景の入国以来十一代二百三十年、孝景が斯波氏の守護代として一国を領有してから一世紀、その間に『朝倉孝景十七箇条』など、領国支配にすぐれた実績を残しながら、ついに滅亡したわけである。義景は義昭とともに、阿波賀河原に曲水の宴をはり、南陽寺の糸桜を観賞するなど、風雅の人でもあった。その館はのちの松雲院の建てられた場所で、地字名は「新御殿」と呼び、近年発掘・整備されたが、諏訪館とともに、京風の山水を備えた名園をもつ武家屋敷である。一族・大身の居館を一乗谷へ集中させたが、やはり泉石を用いた庭園がある。また三国湊へ唐船を来着させ、明国とも貿易を行なったようで、一乗谷の各地からは、莫大な青磁・白磁・染付の磁器片が出土している。しかし一向宗の弘通に妨げられて、検地によって村落農民を直接掌握するには至らなかった。→足利義昭《あしかがよしあき》

参考文献 『越州軍記』、上松寅三編『石山本願寺日記』、石橋重吉『朝倉義景』、赤松俊秀・笠原一男編『真宗史概説』、井上鋭夫『一向一揆の研究』、宮川満『太閤検地論』一、笠原一男『一向一揆の研究』、水藤真『朝倉義景』(『人物叢書』一八二)

(井上　鋭夫)

あさたいし　阿佐太子　六世紀末の百済の王子。『日本書紀』に推古天皇五年(五九七)四月、朝貢のため来朝したことがみえる。これは百済の威徳王四十四年にあたるが、『三国史記』などには朝貢のことも、核当する王子の名も伝わらない。『聖徳太子伝暦』には、阿佐は聖徳太子を観音菩薩の化身として敬礼礼讃し、太子も奇瑞を現わし、阿佐が前生の弟子であったことを告げたという。阿佐を太子と称することは、『日本書紀』などにはみえず、顕真の『聖徳太子伝私記』にはじめてみえる。また後世、御物の聖徳太子画像の筆者に擬する所伝が生じた。

(飯田　瑞穂)

あさだのようしゅん　麻田陽春　生没年不詳　奈良時代の官人、詩人、歌人。百済滅亡に伴って近江朝に亡命してきた答本春初《とうほんしゅんしょ》の子。神亀元年(七二四)五月、麻田連の姓を賜わる。時に正八位上。天平二年(七三〇)・三年従六位上大宰大典として在任、同十一年正月外従五位下。のち石見守。『万葉集』に大宰府での歌四首、『懐風藻』に同十七年九月以降作の五言詩一首(または二首、異説あり)を残す。このころ五十六歳で没したか。

(中西　進)

あさのながまさ　浅野長政　一五四七―一六一一　安土桃山時代の武将。大名。初名長吉(長政と改名したのは慶長三年八月から同四年閏三月の間と推定される)。弥兵衛尉・弾正少弼。天文十六年(一五四七)、尾張国春日井郡北野に生まれる。織田信長の弓衆浅野長勝の養子となり、その女を妻とした。実父は安井重継、母は浅野長詮の女という。浅野氏は美濃土岐氏の一族光時を始祖とし、尾張丹羽郡浅野荘に拠る土豪で勝隆の時代に織田氏に仕えた。彼も信長に仕えたが、早くから木下(豊臣)秀吉に属し、天正元年(一五七三)十二月百二十石を与えられて以来近江・播磨・山城などで知行を得、同十一年八月には近江栗太・甲賀郡などで二万三百石を領し、翌年杉原家次のあとをうけて京都の奉行となり、近江大津・坂本城将となったが、この時滋賀・高島両郡下の豊臣氏蔵入地代官を兼ねたように思われる。以来豊臣氏の有力な奉行として活動するが、十五年はじめて若狭一国の大名となり、翌年従五位下弾正少弼に叙任。十八年、小田原征伐では主として北条氏枝城の攻略に従い、岩槻・鉢形・下総諸城などを陥したが、秀吉の軍略に悖《もと》るところもあって叱責されている。同年の奥羽検地には石田三成・大谷吉継らと奉行を務め、翌年の九戸政実の乱には羽柴秀次の軍奉行として従軍した。そして豊臣政権衰微の遠因ともなった文禄・慶長の役には、文禄元年(一五九二)石田三成・増田長盛とともに渡韓して軍事を監督したが、秀吉の渡韓には三成と意見を異にし強く反対した。かくて同二年子息長継(幸長)とともに甲斐二十二万五千石を与えられ、五万五千石を分領、伊達政宗・南部信直・宇都宮国綱・那須資晴・成田氏長らを与力とし、豊臣政権の奥羽・関東支配の一翼を担うこととなった。同四年関白豊臣秀次失脚事件の際は長継の連座により、一時不安定の地位にあったらしいが、やがて恢復、慶長三年(一五九八)秀吉の末期には側近に侍し、五奉行の一員とな

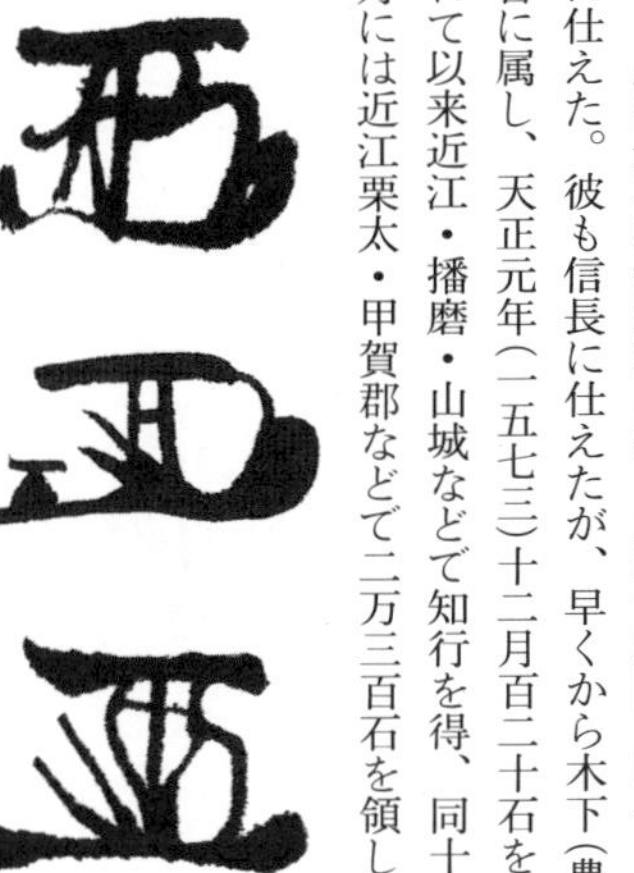

浅野長政花押

浅野長政画像

って豊臣秀頼の擁立に重責を負うこととなり、かつ九州博多に下って朝鮮出兵将士の撤収に努力した。しかし早くから徳川家康と親交があったため石田・増田一党の反感をかい、また家康の政略もあって翌四年十月武蔵府中に蟄居せざるを得なかった。関ヶ原の戦には家康に従い、徳川秀忠に属することを命ぜられ、美濃大井に出兵した。戦後は江戸に居住、同十一年常陸真壁・筑波両郡の内五万石を与えられ、同十四年近江神崎郡五千石の領知を許された。十六年四月七日江戸にて没。六十五歳。法号伝正院功山道忠。高野山悉地院に葬られたがその葬儀は盛大で諸人の注目を集め、男幸長は孝心厚き人物と評せられた。常陸の遺領は三男長重が継承した。長政は秀吉の夫人杉原氏の親族として、政権の伸展とともに地歩を高めた典型的な豊臣氏子飼いの大名である。そして親族出身の奉行として初期政権下における家宰的性格を保つとともに、一国支配の大名として奥羽・関東衆を与力とし、しかも近江・摂津・若狭・甲斐・筑前・美濃の豊臣氏蔵入地代官を兼ねたところにその特質が示されている。また江戸時代成立の雑書によれば、すぐれた民政家として旧領甲斐・播磨の庶民に遺徳を慕われ、また囲碁に長じ、しばしば家康と盤上の争いを楽しみ、家康も長政の没後は囲碁の遊びを絶つほどであったという。

参考文献　『大日本史料』一二ノ八、慶長十六年四月七日条、『寛政重修諸家譜』三〇九、浅野史蹟顕彰会編『浅野荘と浅野氏』

（岩沢　愿彦）

あさののうおかい　朝野魚養　⇩あさののなかい

あさののかとり　朝野鹿取　七七四―八四三　平安時代前期の公卿。文人。大和国人忍海原連鷹取の子。叔父朝野宿禰道長に養われ、大学に学び、文章生となる。延暦二十一年（八〇二）遣唐准録事に任ぜられて入唐。嵯峨天皇皇太子の時侍講たりしによって、弘仁二年（八一一）従五位下を授けられ、嵯峨朝に内蔵頭、兵部・中務・民部各大輔を歴任、蔵人頭にも補せられた。淳和朝には左中弁、大宰大弐などを経て、天長十年（八三三）参議となった。仁明朝には式部大輔、左大弁、民部卿を歴任、承和九年（八四二）従三位となり、朝臣に改姓、同十年六月十一日没した。七十歳。能吏として聞え、また詩文にすぐれ、『日本後紀』『内裏式』の撰者に加わり、『文華秀麗集』の作者となった。大歌を能くしたという。

（目崎　徳衛）

あさののなかい　朝野魚養　生没年不詳　平安時代前期の医家、書家。「あさののうおかい」ともいう。はじめ忍海原連を称した。延暦六年（七八七）五月正六位上より外従五位下に昇叙、同七年二月播磨大掾、同年七月同官を兼ねて典薬頭。同十年正月八日に魚養らの奏言によって朝野宿禰の姓を賜わった。朝野は居地の名をいう。その奏言によれば、祖は葛木襲津彦の第六子熊道足禰で、熊道の六世孫首麻呂が天武天皇辛巳年（六八一）忍海原連の姓を賜わってから、連姓の不当であることを再三訴えたが許されなかったという。大和元興寺十輪院に魚養塚がある。大和薬師寺の額は彼の書であるが、扁額題書に能書家を選び用いたはじめという（『入木抄』）。その書と伝えるものに大和薬師寺蔵の重要文化財『大般若経』三十三巻（魚養経と呼ばれる）など二、三あるが、いずれも確実でない。

（藤木　邦彦）

あさのよしなが　浅野幸長　一五七六―一六一三　安土桃山・江戸時代前期の武将。和歌山藩主。幼名長満、初名長継・長慶、慶長三年（一五九八）から幸長と称した。天正四年（一五七六）近江坂本に生まれ、父は浅野長政、母は浅野長勝の女。同十七年従五位下左京大夫に叙任、豊臣秀吉に愛せられたという。翌年の小田原征伐には三千の兵を指揮して長政の軍に属し、岩槻城攻撃に参加、功績があって秀吉に賞せられた。文禄二年（一五九三）十一月父とともに甲斐国を与えられ、十六万石を分領した。しかるに同四年の関白豊臣秀次の失脚事件に連座し、能登津向に流された。原因は流布の軍記類では右筆芥川藤介の密告によるとするが、室池田氏の姉が秀次の妾であったために、嫌疑を受けたとする説の方が事実に近いらしい。また罪が軽微であったのは、かつて前田利家の五女と婚約した関係上、利家と北政所（秀吉室）との尽力があったからである。翌慶長元年（一五九六）閏七月恩赦された幸長は、同二年六月朝鮮再出兵のため渡海、翌月西生浦に着陣、ついで蔚《ウル》山《サン》城に拠った。彼は文禄二年にも一度渡海したが、今度は保証占領を目的とする作戦であり、かつ有力な明軍の包囲を受け、特に慶長二年十二月から翌年正月にかけての蔚山籠城では苦戦をかさねた。しかしようやく明軍を撃退、三年四月帰国した。秀吉没後の不安な政情下では石田三成の党に強く反発、加藤清正・細川忠興らとともに「七人衆」と呼ばれた。そして関ヶ原の戦には東軍に属して先手衆となり、岐阜城攻撃に参加、戦後一時京都を警固、また大坂城西ノ丸を収容した。この戦功により慶長五年十月紀伊国三十七万六千五百六十石余を与えられ、和歌山に鎮し、翌六年従四位下紀伊守に叙任、同十五年には名古屋築城に参加、翌年豊臣秀頼の徳川家康謁見に扈従して豊臣氏のために尽くし、十八年八月二十五日和歌山で没した。三十八歳。法号清光院春翁宗雲。和歌山の大仙寺（大泉寺）に葬る。嗣子なく弟長晟が遺領を継承した。死因は女色に耽溺したためといわれるが、彼は稲富一夢につき砲術を学んで「天下一」と称されるほ

浅野幸長花押

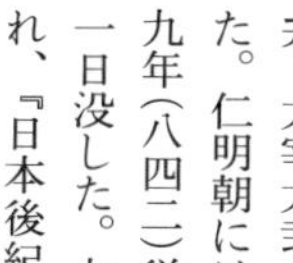

「幸長」
浅野幸長印

ど武技に秀で、また孝心厚く、父長政のために盛大な葬儀を営んだことは当時有名であった。その女春姫は徳川義直に嫁す。室は池田恒興の女。

参考文献 『大日本史料』一二ノ一一、慶長十八年八月二十五日条、浅野史蹟顕彰会編『浅野荘と浅野氏』

(岩沢 愿彦)

浅野幸長画像

あさはらためより 浅原為頼 ?—一二九〇 鎌倉時代後期の武士。八郎と称した。『武田系図』(『続群書類従』系図部所収)によれば、父は小太郎頼行、子に弥八光頼と為継がある。甲斐源氏小笠原の一族ともいう。為頼は強弓大力の士で、所領を失って悪党となり、諸所で狼藉をはたらいたので、見つけ次第殺せという触れが回っていた。正応三年(一二九〇)三月四、五日ごろ、紫宸殿の獅子・狛犬が割れ、占ったところ、宮中に流血事件が起るということであった。九日の夜、為頼は子息らとともに騎馬で、右衛門陣から内裏に押し入り、伏見天皇と皇太子(後伏見天皇)の所在を求めた。女官らの機転で天皇は女房姿で春日殿へ逃れ、皇太子は常盤井殿へ難を避けた。やがて、二条京極の篝屋の武士五十騎が馳せつけたので、かなわぬと知った為頼は清涼殿の夜の御殿のしとねの上で自害し、子の太郎は紫宸殿の御帳の中で自害、その弟十九歳の八郎も大障子の下で切腹した。為頼の矢には「太政大臣源為頼」と書いてあったという。六波羅の調べにより、為頼が自害に使った刀が、三条宰相中将実盛の家に伝わる「なまづを」という刀であったことから、実盛が捕えられた。中宮(永福門院)の兄西園寺公衡は、この事件には皇位継承に不満をもつ亀山法皇も関係ありと考えられるので、法皇を六波羅に移し、承久の例によるべきことなどを後深草上皇に進言したが、上皇は決断せず、亀山法皇は北条貞時に告文を下して事件とは関係がないことを誓ったので、事なきを得た。事件の真相は明らかでないが、すでに弘安十年(一二八七)にも、亀山上皇に討幕の企てがあるという噂がたち、上皇は葉室頼親を関東に遣わして弁解したことがあって、正応二年九月に出家した。この浅原為頼の事件によって、幕府が大覚寺統に対し、いよいよ警戒の念を強めたことはたしかであろう。この後大覚寺統は西園寺実兼と近づき、永仁六年(一二九八)邦治親王(後二条天皇)が東宮にたつまで雌伏した。正和五年(一三一六)ごろ、今度は持明院統の伏見法皇に討幕の企てがあると噂され、法皇は関東に弁解をしている。これらはいずれも皇位継承を争う両統の中傷であったと考えられている。

参考文献 村田正志『南北朝論』(『日本歴史新書』)、竜粛「鎌倉時代概観」(『鎌倉時代』下所収)

(貫 達人)

あさやまにちじょう 朝山日乗 ⇨日乗《にちじょう》

あさやまぼんとうあん 朝山梵燈庵 一三四九—? 南北朝・室町時代の歌人、連歌師。梵燈。俗名朝山師綱。勝部・大伴の姓を名乗ることもある。応永二十四年(一四一七)の『梵燈庵返答書』に六十九歳とあるのから逆算して貞和五年(一三四九)の生まれ。出雲国神門郡朝山郷を本拠とした豪族の出身。父義景の代から島根郡多久郷の惣領地頭職。足利義満に仕え、康暦二年(一三八〇)の室町殿花合出座、明徳三年(一三九二)相国寺供養の帯刀役、同二年および応永十一年の将軍の使者としての鹿児島下向などの事蹟がある。明徳三年以後四十歳代で出家。十数年間九州から東北地方までを遍歴、六十歳前後に帰洛。応永の末ごろ没か。和歌は冷泉為秀、連歌は二条良基・周阿らに学ぶ。和歌作品は『新後拾遺集』(至徳元年)、『新続古今集』(永享十一年)に各一首のほか、『隠岐高田明神至徳百首』(嘉慶元年)、『頓証寺法楽百首』(応永二十一年)に参加。連歌作品は『石山百韻』(至徳二年中の八句、自撰で後小松院に加点を乞うた『梵燈十五番連歌合』(応永二十二年)などがある。連歌論に『梵燈庵袖下』(至徳元年)、『長短抄』(明徳元年)、浜名兵庫助持政宛の『梵燈庵返答書』がある。良基・救済亡きあと応永期を代表する連歌師であるが、付合より一句の仕立を

重視した点は心敬に酷評されている。連歌論は師良基の祖述が多く独自のものは乏しいが、『梵燈庵返答書』は総合的内容と流浪時の紀行文を収めることで注目されている。

参考文献　伊地知鉄男『連歌の世界』(吉川弘文館『日本歴史叢書』一五)、水上甲子三『中世歌論と連歌』、川添昭二『中世文芸の地方史』(『平凡社選書』七一)、金子金治郎『連歌師と紀行』

(奥田　勲)

あしかがいえとき　足利家時　生没年不詳　鎌倉時代後期の武将。頼氏の子。尊氏の祖父にあたる。母は上杉重房の女。字は太郎。式部丞、従五位下伊予守。室は六波羅探題北条時茂の女。今川了俊の『難太平記』に、足利家には遠祖八幡太郎義家の置文なるものがあり、「我七代の孫に吾生替りて天下を取べし」とあった。たまたま義家より七代の孫は家時にあたっていたが、家時は時節いまだ到来せず、「我命をつづめて三代の中にて天下をとらしめ給へ」と祈念し、事の次第を書き置いて切腹したという。高氏に伝わる遺書があったらしいが、右の所伝は確認できない。『足利系図』は時に文保元年(一三一七)、家時三十五歳であったとするが、『倉持文書』に文永三年(一二六六)の下文があるので、符合しない。足利市鑁阿《ばんな》寺の位牌では延慶二年(一三〇九)二月二十一日没。法号報国寺殿義忠(『尊卑分脈』は義忍とする)。鎌倉報国寺裏山墓地の奥に、口伝足利家時の墓地と称する五輪塔がある。

足利家時花押

参考文献　『足利市史』上、中村直勝「足利家時の置文に就いて」(『歴史と地理』三二ノ五)、臼井信義「尊氏の父祖—頼氏・家時年代考—」(『日本歴史』二五七)

(桑山　浩然)

あしかがうじみつ　足利氏満　一三五九—九八　南北朝・室町時代の武将。第二代の鎌倉公方。幼名金王丸。鎌倉公方足利基氏の子。貞治六年(一三六七)五月二十九日九歳で基氏のあとを継ぎ関東の主となる。その直後に上杉憲顕の関東管領への復帰(貞治二年)によって、越後・上野の守護職を解任された宇都宮氏綱と相模守護を解任された河越氏や高坂氏(伊豆守護、反乱直後に解任)を中核とする平一揆が与同して反乱を起した。金王丸は武蔵府中に出陣し、反乱を鎮圧した。応安二年(一三六九)十一月元服して氏満と称した。康暦元年(一三七九)幕府内における管領細川頼之と土岐氏・京極氏らの対立に乗じて、氏満は将軍足利義満を打倒しようと画策したが、関東管領上杉憲春の諫死によって思いとどまった。翌年二月左兵衛督、従四位下。同年五月に下野守護小山義政が宇都宮基綱との争いに端を発して挙兵すると、氏満は武蔵の府中高安寺に出陣し、上杉朝宗・木戸法季らをして義政を降した。しかし義政の反抗は永徳二年(一三八二)に自刃するまで続き、その後も義政の遺児若犬丸の動静は氏満を悩ませた。氏満の生涯は、上杉氏の憲顕・能憲・憲春・憲方・憲孝・朝宗らの管領に支えられて、宇都宮氏・小山氏らの伝統的豪族を圧伏し、公方=管領を基軸にした関東の支配体制を築くことに最大の力点が置かれた。明徳三年(一三九二)正月に幕府は氏満に陸奥・出羽の支配権を与えた。これによって小山若犬丸とこれにくみする陸奥の豪族田村氏の勢力は一掃され、十七年間に及ぶ小山氏の反乱は応永三年(一三九六)で終った。同五年夏、病を得、十一月四日に没した。四十歳。鎌倉瑞泉寺(塔頭永安寺)に葬られた。法名永安寺壁山道全。鎌倉報恩寺住持義堂周信(のちに京都南禅寺住持)に帰依し、政治上の指導も受け、周信は「犬猿の仲」といわれた将軍義満と氏満の関係の円滑化に重要な役割を果たした。

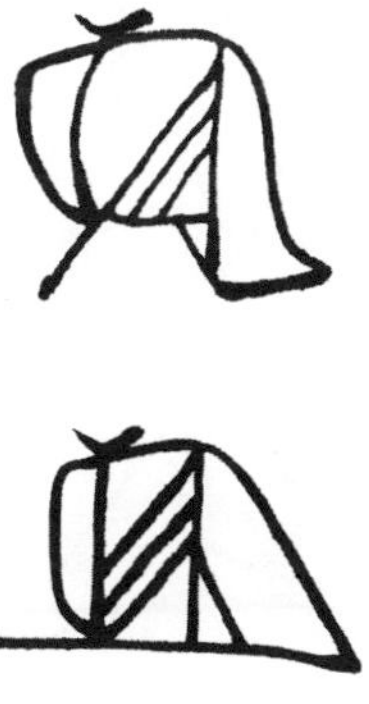
足利氏満花押

参考文献　『大日本史料』七ノ三、応永五年十一月四日条、『喜連川判鑑』、『鎌倉市史』総説編、『福島県史』一、渡辺世祐『(関東中心)足利時代之研究』、『小山市史』通史編中世、田辺久子『関東公方足利氏四代』

(峰岸　純夫)

あしかがさだうじ　足利貞氏　一二七三—一三三一　鎌倉時代後期の武将。家時の子。尊氏・直義の父にあたる。母は六波羅探題北条時茂の女。はじめ三郎(『尊卑分脈』、ただし『足利系図』では太郎)。従五位下讃岐守。室は上杉頼重の女清子。応長元年(一三一一)十一月二十七日出家、法名は義観。浄妙寺殿と号す。元弘元年(一三三一)六月、後醍醐天皇の討幕計画に加わり、捕えられて、鎌倉に送られた法勝寺円観・醍醐寺文観・浄土寺忠円のうち、忠円の身柄を預けられた。同年九月五日没(『尊卑分脈』、ただし『常楽記』には六日)。五十九歳。康永二年(一三四三)八月二十一日従三位を追贈。

足利貞氏花押

(伝)足利貞氏供養塔

参考文献『足利市史』上　（桑山　浩然）

あしかがしげうじ　足利成氏　一四三八―九七　室町時代の武将。古河公方の初代。鎌倉公方足利持氏の四男。幼名は永寿王丸。生年は従来『結城戦場記』などによって、永享六年（一四三四）と逆算されたが、『建内記』の嘉吉元年（一四四一）五月四日条に持氏の子で四歳の童も捕えられたとあるのを成氏にあてて、永享十年生まれとする説が近年有力である。永享の乱によって、僧昌在に護られて、母方の信濃の豪族大井持光のもとに逃げたが、兄の安王丸と春王丸が結城氏朝に奉ぜられて反幕の兵を起すと（結城合戦）、これに加わり、嘉吉元年四月十六日結城落城とともに小山持政に捕えられ京都に送られた。たまたま嘉吉の乱（六月二十四日）が起り将軍足利義教が横死したため、許されて土岐持益の屋敷に入った。宝徳元年（一四四九）八月京都より鎌倉に移り、父持氏のあとを継いで鎌倉の主となって元服、将軍義成（のちの義政）の一字を与えられて成氏と名乗り、従五位下左馬頭のち左兵衛督に進んだ。成氏が鎌倉に移るとともに、幕府の指示によって、山内上杉憲忠が文安五年（一四四八）十一月関東管領となったが、憲忠の父憲実と持氏の不和が永享の乱の一因であったところから成氏は憲忠を敵視して、対立を深め、ついに享徳三年（一四五四）十二月二十七日、憲忠を自邸に招いて殺した。これより関東は大いに乱れた。成氏は、父持氏にならって文明九年（一四七七）ごろまで二十年余享徳の年号を使用した。山内上杉家では憲実の次男の房顕が憲忠のあとを継ぎ成氏と武蔵の分倍河原で戦ったが敗れて常陸の小栗に逃れた。康正元年（一四五五）三月、幕府は房顕を援けて成氏を討伐することに決し、駿河の今川範忠が鎌倉に攻め入った。成氏は鎌倉を出て同年六月下総の古河に拠り、これより長く幕府および上杉方と戦い、また長禄元年（一四五七）十二月に義政が関東に派遣した堀越公方の政知方とも戦った。成氏が伊豆国を政知の料所とすることを条件にして、反幕府・反堀越公方・反上杉氏の行動を停止したのは、文明十四年（一四八二）十一月二十七日のことである。当時京都将軍家と古河公方家との和睦という意味で、これを「都鄙の合体」といった。成氏の発給文書は今日三百点近く伝来されている。明応六年（一四九七）九月三十日、六十歳で没した。法号乾亨院久山道昌。墓は栃木県下都賀郡野木町野渡の満福寺内にある。

足利成氏花押

参考文献『喜連川判鑑』、『鎌倉市史』総説編、渡辺世祐『（関東中心）足利時代之研究』、佐藤博信『古河公方文書目録稿』　（杉山　博）

あしかがたかうじ　足利尊氏　一三〇五―五八　室町幕府初代将軍。一三三八―五八在職。初名又太郎高氏。嘉元三年（一三〇五）出生。足利貞氏の次男、母は上杉頼重の女清子。元応元年（一三一九）十五歳で従五位下治部大輔に叙任。六波羅探題北条久時の女登子赤橋氏（執権守時の妹）を迎えて妻とした。元弘元年（一三三一）八月後醍醐天皇の笠置挙兵にあたり、九月大仏《おさらぎ》貞直らとともに大将として西上、乱終って鎌倉に帰った。同二年従五位上に叙せられた。同三年二月、後醍醐天皇が隠岐を脱出して伯耆によるや、鎌倉幕府の命を受けて西上、その途中近江の鏡宿で綸旨を受け、四月丹波篠村八幡宮の社前で源氏再興、北条氏討伐の旗を挙げ、同時に密書を諸国の豪族に送って協力を求めた。ときに二十九歳。五月赤松則村・千種忠顕らとともに六波羅探題を攻め滅ぼし、京都に奉行所を置いて隠然たる勢力を得た。六月天皇が帰京すると、即日昇殿を許され、建武中興第一の功臣として、鎮守府将軍に任ぜられ、従四位下左兵衛督となり、天皇の諱の尊治の一字を与えられて尊氏と改めた。『神皇正統記』によると、このころ三ヵ国の国司と守護に任命され、あまたの郡荘を給わったとある。その三ヵ国とは武蔵・上総・常陸ともいわれるが、確証はない。しかし尊氏の本心は北条氏を打倒してみずからその地位に代わることであったから、征夷大将軍に補任されることを最大の目標とし、公家の中心人物であった護良親王がそれに任ぜられることを不満とし、さきに設けた奉行所を解散せず、着々地方の武士を糾合した。ここに護良親王は尊氏に逆心ありと称し、天皇も新設の機関たる記録所・恩賞方の職員に尊氏を警戒して参加させなかった。しかし尊氏の勢いは無視し難く、建武元年（一三三四）正月五日には正三位となり、八月雑訴決断所の改組に際し、尊氏の執事高師直以下の尊氏派が多数参加、九月尊氏は参議に進んだ。さらに十一月尊氏は天皇に迫って護良親王を逮捕し、身柄を弟直義の守る鎌倉に移すことに成功した。護良親王が失脚すると、中央では新田義貞が尊氏と正面から対決することとなった。同二年六月、信濃に兵を挙げた北条時行は、七月鎌倉に攻め入り、尊氏の弟直義はその混乱のうちに護良親王を殺した。尊氏は乱の鎮圧を名目として、征夷大将軍の地位を奏請したが、天皇はこれを許さず、成良親王をこれに任命した。尊氏は許されないまま東下したため、天皇は改めて尊氏に征東将軍の号を授けた。尊氏は時行の軍を撃破しつつ、八月直義とともに鎌倉を奪回した。天皇は尊氏の功を賞して従二位に昇叙し、上洛を促したが、尊氏は直義の諫めによって鎌倉を動かず、十一月直義の名で義貞誅伐の檄文を諸国に伝えた。尊氏の叛

足利尊氏花押

「仁山」
足利尊氏印

意が明らかになると、朝廷では尊氏の官爵を削り、北畠顕家と新田義貞に尊氏討伐を命じた。尊氏はいったんは鎌倉に閉居したが、直義の軍が義貞の軍に敗れたことを聞いて、ようやく立ち上がり、義貞を箱根竹ノ下に破って西上、建武三年正月入京し、天皇の軍を叡山に破った。しかしまもなく入京してきた顕家らの軍に敗れていったん西走、途中持明院統の光厳上皇の院宣を受け、一族を四国・中国に配置しつつ、九州に下った。やがて勢力をもり返して水陸から進み、楠木正成を兵庫湊川に倒し、六月再び上京、京都近傍の政府軍を完全に撃破した。七月光厳上皇の弟豊仁《ゆたひと》親王は即位して光明天皇となり、後醍醐天皇は花山院に軟禁され、十一月神器を光明天皇に引き渡し、十二月、吉野に脱出して南朝を立てた。尊氏は神器の授受が終った五日後、同三年十一月七日『建武式目』十七ヵ条を制定した。これは尊氏の施政方針とも見るべきもので、これをもって尊氏の幕府開設の第一声となすことができる。尊氏の南軍攻撃はまずその主力とみられる越前の新田義貞に向けられた。高師直の弟師泰は、同四年越前の金崎城を攻めてこれをおとし、恒良親王をとらえ、尊良親王を自殺させた。北畠顕家も陸奥から西上したが、暦応元年(延元三、一三三八)和泉の堺浦石津で戦死し、新田義貞も越前藤島で戦死した。ここに北朝は同年八月、尊氏を征夷大将軍に任命、南軍不振のうちに、翌二年後醍醐天皇も吉野の行宮で世を去り、後村上天皇が践祚した。尊氏・直義はこれを悼み、その百箇日に盛大な仏事を修め、また京都に天竜寺を創建してその菩提を弔った。この造営費用を得んため、貿易船(天竜寺船)を元に送った。こうして武家・北朝方の優位は確立するかに見えたが、その幕府の中で、尊氏党と直義党との内訌が生じ、吉野に拠る南朝と三者互いに対立抗争を続けることになった。元来尊氏は元弘の挙兵以来直義と苦労をともにし、建武三年八月、清水寺に自筆の願文を納めて、現世の幸福は直義に与え給えと祈ったほどの仲であった。暦応元年諸国に安国寺を置き、利生塔を建てたのも、直義の助けによるものであった。内乱開始以来、尊氏が将軍として家人統制にあたり、恩賞方を所管し、守護の任免権を掌握したのに対し、直義は尊氏から政務をまかされ、引付方を所管して裁判権を統括した。しかし内乱開始以来十年も経つと、この権力二分の両頭政治にもひびがはいり、政務を総括する直義に声望が集まり、尊氏の執事高師直との対立が激化した。貞和三年(正平二、一三四七)、南朝の攻勢が開始されたが、翌四年師直は楠木正行らの軍を破り、勢いに乗じて直義を討とうとはかった。尊氏は師直をおさえる一方、直義を退け、尊氏の子の義詮を鎌倉から迎えてこれに政務をとらせ、実権を師直に与えた。そのころ尊氏の庶子の直冬は、直義の養子となり、長門探題に任じられたが、師直は直冬を九州に追放するとともに、直義の引退をせまった。直義はこの圧力に屈していったんは出家したが、観応元年(正平五、一三五〇)十月、大和に走って南朝に講和を申し入れ、南軍の協力を得て師直誅伐の軍を起した。一方直冬はこの年九州で挙兵し勢力を拡大した。尊氏はこれを討つため京を出発した。直義はその不在に乗じ、後村上天皇を奉じて男山八幡に進出し、さらに京に入って義詮を丹波に走らせた。観応二年二月、尊氏は直義党の優勢となるのを見て、直義と和を結んだが、その直後高師直・師泰兄弟が上杉能憲らに殺害された。尊氏は直義の処置を不満とし、諸将も二派に分かれて対立、ここに直義と師直の争いは尊氏・義詮と直義・直冬の対立となり、諸国の守護がこれに加わって、十数年にわたる全国的な動乱となった。これを観応擾乱という。尊氏・義詮の党はこの間に勢いをもりかえし、直義を北陸に追うとともに、南朝に一時降服し、みずから直義討伐のため関東に向かった。尊氏の軍は直義の党を各地で破り、ついに直義を降して、翌文和元年(正平七、一三五二)鎌倉に入った。直義はその後まもなく二月鎌倉で急死したが、これはそのころ新田義興らが兵を上野・武蔵に起し

(伝)足利尊氏画像

て勢い盛んであったため、尊氏が将来の不安を断つため、直義を毒殺したのだといわれる。尊氏はその後子の基氏を鎌倉に留めてみずから義興の軍と戦い、一年半にわたる苦戦の末これを破った。しかしこの間に直義党の直冬は北陸の諸将や南軍の協力を得て、同二年京都占領に成功し、義詮を近江国に走らせた。まもなく義詮は京都を回復、尊氏も鎌倉から京都に帰った。ついで同四年にも直冬党の京都進攻が行われたが、尊氏・義詮はこれを撃退、直義・直冬党の活動も一応終りを告げ、延文元年(正平十一、一三五六)には越前国の斯波高経も復帰した。ただ九州では懐良親王が菊池氏に擁せられ、文和四年博多に攻め入り大いに気勢をあげていた。尊氏はこの九州の情勢を苦慮して、延文三年九州への出陣を意図したが、病のため果たさず、その年の四月三十日京都二条万里小路邸で死去した。五十四歳。六月尊氏は従一位左大臣を贈られ、長禄元年(一四五七)には太政大臣を追贈された。法名は仁山妙義、等持院殿、鎌倉では長寿寺殿といわれた。墓は京都市等持院。尊氏については山路愛山が明治の末、時代を代表する英雄と称えているが、明治四十四年(一九一一)南北朝正閏論が起って以来、逆臣の評価が定着するようになった。大正六年(一九一七)辻善之助が尊氏の政治行動をその信仰と関連して弁護したのを最後に、特に太平洋戦争中は右翼によって筆誅が加えられた。戦後は古代王朝権力を打破して歴史を進展させた革新的な人物であるとする説が有力となり、松本新八郎は尊氏をもって革命勢力の組織者=指導者とする説を唱えた。

参考文献 『大日本史料』六ノ二一、延文三年四月三十日条、高柳光寿『足利尊氏』、辻善之助「足利尊氏の信仰」(『人物論叢』所収)、佐藤和彦編『論集足利尊氏』 (豊田 武)

あしかがたかつね 足利高経 ⇩斯波高経《しばたかつね》

あしかがたかもと 足利高基 ?―一五三五 戦国時代の武将。古河公方、足利政氏の長子。幼名は亀王丸、初名高氏。左兵衛佐。山内・扇谷両上杉氏と結ぼうとする父政氏と不和になり、永正三年(一五〇六)下総国関宿に逃れ、ついで下野国宇都宮に走って父と対立したが、山内顕定・扇谷朝良らの尽力によって同六年六月和解して古河に帰った。しかし、その後古河公方と両上杉氏の間を裂こうとする伊勢宗瑞(北条早雲)の画策により、父子の和は再びくずれ、宗瑞の策にのった高基は、弟の小弓御所義明とともに政氏と対立、ついに同九年六月、父政氏が古河を去り、小山政長を頼って下野に赴いたので第三代古河公方となった。高基は北条氏の勢力を利用して古河公方の勢威を挽回しようとして大永元年(一五二一)二月、子晴氏に北条氏綱の娘を娶った。天文四年(一五三五)六月八日没。法名潜光院高山貴公。 ↓足利政氏《あしかがまさうじ》

参考文献 『喜連川判鑑』、『北条五代記』(『(改定)史籍集覧』五) (池永 二郎)

足利高基花押

あしかがただつな 足利忠綱 生没年不詳 平安時代後期の武士。俊綱の子。又太郎と称す。治承四年(一一八〇)源頼政が以仁王を奉じて挙兵した時、平家に属して上洛、頼政を攻め、金子・大岡・戸根・田中・小衾・切宇(桐生)・宇夫方らの郎党と、小野寺・戸矢子・佐貫・応護(大胡)・高屋・深栖・山上・那波らの一門を率い、生年十七歳で宇治川の先陣を渡し、大いに武名をあげた。平家に属したのは、父俊綱以来の平家の恩顧によるほか、以仁王の令旨が、同じ下野の対抗勢力である小山氏には与えられたのに、足利氏には与えられなかったのを怒ったためと伝えられる。先陣の勲功として、かつて父俊綱が望んで果たさなかった、上野十六郡の大介の職と新田荘を請求し、ただちに平清盛からこれを与えられた。ところが、忠綱の一門十六人が連署して、勲功は一門に配分されるべきであると清盛に要求したため、忠綱は、巳刻に与えられた御教書を未刻に召し返されたので、世人に「足利又太郎ガ上野ノ大介ハ午介」と嘲弄されたという。惣領足利氏を中心に多数の一門と郎党を以て構成される当時の武士団の戦闘形態を示す一例であるとともに、惣領と一門との関係を考察するに足る一素材である。その後、寿永二年(一一八三)二月、常陸の志田義広と結んで源頼朝に抵抗し、同二十三日下野国木宮(栃木県足利市)で頼朝方の小山朝政らと合戦、敗北し、上野国に遁走した。これを野木宮合戦という(この合戦を『吾妻鏡』は養和元年(一一八一)閏二月とするが、同書建久三年九月十二日条などからみて、寿永二年二月が正しい)。やがて、郎従桐生六郎のすすめにより、山陰道を経て西海に赴いたという。義広がこの後木曾義仲を頼ったのに対し、忠綱は平家の陣営に走ったのであろう。その力はよく百人に匹敵し、声は十里に響き、歯の長さ一寸といい、「末代無双勇士」であったと伝えられる。

参考文献 『平家物語』(『日本古典文学大系』三二・三三)、『源平盛衰記』(『国民文庫』)、西岡虎之助「坂東八ヵ国における武士領荘園の発達」(『荘園史の研究』下一所収)、石井進「志田義広の蜂起は果して養和元年の事実か」(『中世の窓』一一)、『栃木県史』通史編二、『近代足利市史』一 (羽下 徳彦)

あしかがただふゆ 足利直冬 生没年不詳 南北朝時代の武将。長門探題、鎮西探題。足利尊氏の庶子、叔父直義の養子。尊氏と身分の低い越前局との間に生まれたが、尊氏は子であることを認めず、長じて鎌倉東勝寺の喝食《かつじき》となった。尊氏が将軍の位についた時、上洛して尊氏の子であることの承認を求めたが、尊氏はこれを認めなか

足利直冬花押

った。そこで直義が養子にして直の一字を与えて直冬と名乗らせた。貞和四年(一三四八)左兵衛佐に任じ、紀伊国の凶徒誅伐に戦功があったが、尊氏・義詮らの反感を受け、同五年長門探題として下向の途中、備後国で高師直の命を受けた杉原又四郎の急襲を受け、敗れて海路肥後国に落ちのび、ここで勢力の回復を図った。当時九州では北党の鎮西探題一色範氏と南党の征西将軍宮が対立していたが、直冬はこの情勢を利用して着々勢力を伸ばし、三者鼎立の状態となった。観応二年(一三五一)尊氏と直義の和睦によって直冬は鎮西探題に補任されたが、翌文和元年(一三五二)二月養父直義が鎌倉で尊氏のため毒殺されたことによって、直冬と尊氏の関係は再び決裂した。しかし九州で勢力を回復しようとする直冬の望みは成功せず、文和元年の大宰府での敗戦を機会に、九州を脱出、かねて勢力を扶植してあった長門に移り、南朝方に降って、尊氏・義詮と正面から対決することとなった。中国地方の諸豪族を味方にして、次第に東上し、各地で尊氏の軍を撃破して、同四年正月山名・桃井らの中国の大軍を率いて入京し、尊氏・義詮父子は近江国坂本に逃亡した。しかし尊氏父子は再び勢力を回復して、直冬ら南軍に決戦を挑み、南北両軍は京都周辺で死闘を尽くしたが、二月二十六日の合戦で大勢は決し、三月十二日直冬は上洛以来宿所にしていた東寺を脱出し、わずか二ヵ月で尊氏に京都を奪回された。京都を逃れた直冬は、再び態勢を整えようとしたが、諸豪族の協力を得られず、延文元年(一三五六)には安芸国に落ちのび、山名時氏の庇護によって、中国地方を転々として、小競合を繰り返したが昔日の面影はなく、貞治二年(一三六三)山名時氏も義詮に降ったので、大勢に抗し難く直冬も屈服したものと思われる。正平二十一年(貞治五、一三六六)十二月八日の文書(『吉川家文書』)を最後として、直冬の文書は全く消滅する。将軍足利義満は直冬を石見国に配流したとされているが、石見国における直冬の動静については知るべき史料がない。その没年についても嘉慶元年(一三八七)七月二日七十四歳で死んだとする説(『南山巡狩録』)、同二年七月三日死亡説(『国史実録』『鎌倉大日記』)、応永七年(一四〇〇)三月十一日死亡説(『大日本史』)などがあるがいずれも確証に欠ける。応永七年七十四歳で死んだとすれば、嘉暦二年(一三二七)の生まれ、尊氏二十三歳の時の子、義詮より三歳の年長となる。直冬の死は、その出生と同じく不遇なものであったことは疑いない。直冬が活躍したのは貞和四年より貞治五年までの十八年間であるが、この間に発給した文書において、貞和六年二月観応と改元されたのちも、尊氏と直義が和睦するまでは貞和の年号を用い、観応三年九月文和と改元されたのちも観応の年号を用いつづけ、南朝に降ったのちは南朝の正平の年号を用いるなど、かれの政治的態度を明瞭に反映している。法名玉渓道昭。慈恩寺殿と号した。子冬氏は備後に住し、兵衛佐と号し、中国武衛、善福寺殿と呼ばれた。また末子宝山乾珍は京都相国寺の住持となったが、嘉吉元年(一四四一)十二月二十五日に四十八歳で没した。

[参考文献] 藤田明『征西将軍宮』、高柳光寿『足利尊氏』、瀬野精一郎「足利直冬」(笠原一男編『室町幕府その実力者たち』所収)、同『足利直冬』(『人物叢書』二四〇)

(瀬野精一郎)

あしかがただよし　足利直義　一三〇六—五二　南北朝時代の武将。足利尊氏の弟。初期室町幕府の執政者。父は貞氏、母は尊氏と同じで上杉頼重の女清子。徳治元年(一三〇六)出生。本名忠義(忠国とも伝える)。兵部大輔、左馬頭を経て相模守となり、暦応元年(一三三八)以後左兵衛督を兼ね、康永三年(一三四四)従三位に叙任。京都の居所から三条殿・錦小路殿などと称せられた。当然の事とはいえ彼の一生は、わずか一つ違いの同母兄尊氏との公私にわたる関係と、動乱の時代によって決定づけられた。直義は鎌倉幕府末期にはすでに壮年期に達していたが、幕政に参与した形跡はなく、尊氏と違って北条氏との姻戚関係もなく、その公的な活動は全く幕府滅亡とともに始まる。元弘の乱の勃発以後、尊氏と戦陣をともにした直義は、建武政府成立後左馬頭に任じ、相模弦間郷以下十四ヵ所の地頭職を与えられ、元弘三年(一三三三)十二月成良親王を奉じて鎌倉に下って関東十ヵ国を管領した。これに先立つ十月の相模守補任と併せて、この関東下向を尊氏による小鎌倉幕府構想の実現とみる説もある。建武二年(一三三五)七月中先代の乱起るや一旦は鎌倉を逃れて三河まで敗走するが、急遽東下してきた尊氏の援軍を得てたちまち鎌倉を奪回する。この鎌倉退却の際、護良親王を殺害した事件は後世直義逆臣論の一因となるが、後醍醐政権下での護良と足利の敵対関係、その結果としての護良の鎌倉流刑を考慮に入れれば、護良に対する生殺与奪の権はすでに預人たる直義に委ねられていたともいえる。その後新田義貞の討伐軍を迎えて苦境に立つが、やがてこれを破り尊氏とともに西上する。その間尊氏が後醍醐天皇の誘いにのって上洛和解しようとしたとき、直義がこれに反対し東国に根拠を築くことを主張した点、および義貞軍に包囲された時点で尊氏が政務を直義に委譲したといわれる点(いずれも『梅松論』)が注目される。翌年九州から東上した尊氏・直義は持明院統の光明天皇を践祚させ、十一月幕府を発足させる。叡山に逃れていた後醍醐天皇との講和交渉において、また入京した天皇の処置について、直義は尊氏に比べてはるかに強硬な態度をとり、これが天皇の吉野脱出を早からしめたともいわれる。幕府成立の当初より幕政は、軍

足利直義花押

事指揮権を掌握する尊氏と、裁判を中心とする日常政務を執行する直義の間に権限分割が行われ、いわゆる二頭政治が現出する。幕府権力に固有の主従制約支配原理と、統治権的な支配原理が最も顕著な形で露呈した政治組織といえる。しかもこの二頭政治において、尊氏と直義の個性がそれぞれの権限に適合したため、多くの難問をかかえた幕政も比較的順調な発足を示し得たのであった。直義の政治理念は前代北条泰時の執権政治期を鎌倉幕府の全盛期とみなしてそれを踏襲することにあり、安定的な職の秩序を維持する権利保護的色彩が濃く、それは彼が主宰した裁判の判決にみられる法理主義的傾向や、守護に対する徹底した吏務観によく現われている。このような直義の幕政の背景として前代以来の法曹官僚群が裁判関係各部局の主要な構成員として登用された事実も無視できないが、あくまで理知的で頑迷なまでに当時流行の田楽や婆娑羅ぶりを嫌う保守的な直義の個性が大きく作用していたことは否定し得ない。かかる直義政治のあり方は、当然に伝統的な東国型の豪族武士団や、寺社本所勢力の支持を得た反面、職に根拠をもたない新興武士層の反発を買った。さらに二頭政治の矛盾は、各地の利害相反する武士団や、族制内部での対立にもち込まれ、次第に直義を盟主とする直義党と、畿内周辺の新興武士団の頂点に立つ執事高師直の一派に二分される傾向を深めた。両者の対立は貞和五年(一三四九)に至って表面化し、閏六月師直は執事を罷免されたが、八月師直のクーデターによって直義が政務の座から追われた。十二月直義は尊氏の没入的信仰に比べればかつてははるかに批判的であった夢窓疎石を戒師として出家し、法名恵源と名乗って隠遁したかにみえた。しかし尊氏の庶子ながら直義の養子となり、その寵愛をうけた直冬が九州で反師直の軍を集め、各地の直義党も活動をやめなかった。翌観応元年(一三五〇)十月、大和に挙兵した直義は、南朝との講和や尊氏・師直の離間策などを成功させて宿敵師直を殺し勝利を収めた。ただこの軍中に一子如意丸を失ったことは彼にとって大きな打撃であったろう。義詮を補佐するという政務のあり方をはじめ、尊氏との講和の条件はきわめてすっきりしないものがあるが、それにしてもその後の直義の政治は無気力そのものであり、翌年七月にはみずから政務の返上を尊氏に申し出た。しかし尊氏・直義両派の間隙は深く、同月末直義は再び京より北陸に走り、各地を転戦して十一月鎌倉に入ったが、追撃する尊氏軍に敗れてその軍門に降り、翌文和元年(一三五二)二月二十六日同地で没した。尊氏による毒殺説が当時から広く信じられている。四十七歳。菩提寺の名をとって後代大休寺殿と称せられた。

参考文献 『大日本史料』六ノ一六、正平七年二月二十六日条、高柳光寿『足利尊氏』、佐藤進一『南北朝の動乱』(中央公論社『日本の歴史』九)、同「室町幕府開創期の官制体系」(石母田正・佐藤進一編『中世の法と国家』所収)、笠松宏至「足利直義」(豊田武編『人物・日本の歴史』五所収) (笠松 宏至)

あしかがちゃちゃまる 足利茶々丸 ?―一四九一 室町時代後期の武将。堀越公方政知の子。延徳三年(一四九一)四月、父の死により家を嗣いだが、同七月、異母弟の潤童子とその母武者小路氏(円満院)を殺し、また讒言を信じて老臣を誅するなどの行為のため、政知の旧臣らが心服せず伊豆国は混乱した。このころ駿河守護今川氏親の客将として駿河国興国寺城にあった伊勢宗瑞(北条早雲)はこれに乗じて堀越を攻め、茶々丸は敵せず願成就院で自刃して堀越公方家は滅びた。法号は成就院福山広徳。

参考文献 『鎌倉大日記』、『北条五代記』(『(改定)史籍集覧』五) (池永 二郎)

あしかがとしつな 足利俊綱 ?―一一八三 平安時代後期の武士。下野国足利(栃木県足利市)付近を本拠とする土着領主で、郡内の棟梁として数千町歩を領有し、小山氏と権威を争って「一国之両虎」と称せられた。家綱の子、太郎と称す。仁安年中(一一六六―六九)には一時足利荘の領主職を新田義重に奪われたが、上洛して本家の平重盛に愁訴し、これを奪還した。この恩義により、源頼朝の挙兵に際しては平家方に属した。子息忠綱が志田義広に属して頼朝と戦ったことから、寿永二年(一一八三)九月、和田義茂を将とする頼朝軍に攻撃され、己の郎従桐生六郎に殺され、首は鎌倉に送られた。俊綱の妻子は本宅資財を安堵されたが、所領は没収され、桐生六郎も殺され、秀郷流足利氏の正統はここに滅亡した(俊綱の死を『吾妻鏡』は養和元年(一一八一)とするが、忠綱の行動からみて、寿永二年が妥当であろう)。

参考文献 西岡虎之助「坂東八ヵ国における武士領荘園の発達」(『荘園史の研究』下一所収) (羽下 徳彦)

あしかがはるうじ 足利晴氏 ?―一五六〇 戦国時代の武将。古河公方足利高基の子。母は宇都宮成綱の娘。童名は亀王丸。享禄元年(一五二八)十二月元服、十二代将軍足利義晴の偏諱を請うて晴氏という。天文十八年(一五四九)三月、従四位下左兵衛督。父高基の古河公方の勢威を挽回しようというはからいで北条氏綱の娘と婚約を結び、天文九年十一月に結婚した。このため、はじめは北条氏と友好関係を保っており、同七年には氏綱とともに下総国府台で小弓御所足利義明と戦い、これを破った。同十年七月氏綱が死に、氏康が家を嗣いでから後

は、とかく氏康と和を欠くようになり、同十四年十月上杉(山内)憲政の誘いをうけて北条氏との関係を絶ち、両上杉(憲政・扇谷朝定)とともに北条綱成の守る武蔵河越城を囲んだが、攻城六ヵ月に及んで陥せず、河越城救援に赴いた北条氏康の奇襲にあい、敗れて古河に帰った。この戦いで武蔵は北条氏の勢力下に入り、晴氏は頽勢の挽回をはかったが、頼りとする上杉憲政が同二十年七月の上州平井の戦いに敗れて越後へ走ったため、孤立して翌年十二月、家督を子義氏に譲った。同二十三年十一月子藤氏らとはかって氏康を討とうとしたがかえって古河城を攻略され、相模波多野に幽閉され、やがて下総関宿に隠居した。永禄三年(一五六〇)五月二十七日没。法号は永仙院系山道統。墓は千葉県野田市の宗英寺にある。

参考文献『古河御所之伝』、杉山博「関東の群雄」(桑田忠親編『日本の合戦』三所収)　(池永　二郎)

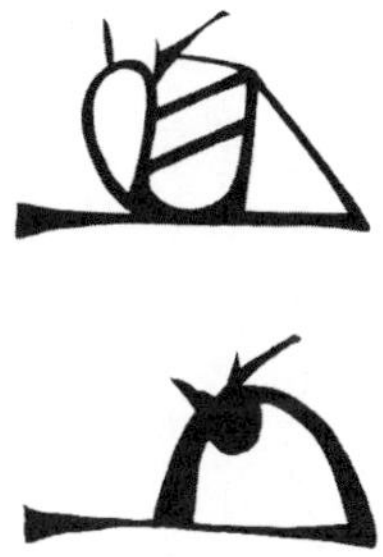
足利晴氏花押

あしかがはるおう　足利春王　一四三一—四一　室町時代前期の武将。鎌倉公方持氏の三男。『後鑑』所引『持氏物語』には「しゅん王どの」とある。永享十一年(一四三九)二月、父持氏が永享の乱に敗れて自刃したのち、兄安王とともに鎌倉を脱出し、常陸小栗・伊佐を経て結城氏朝に頼り、下総結城に入ったが、嘉吉元年(一四四一)四月幕府軍のために城陥ち、兄とともに捕えられて京都に送られる途中、幕府の命により五月十六日、美濃垂井の金蓮寺で斬られた。十一歳。→足利安王《あしかがやすおう》

参考文献『結城戦場物語』、渡辺世祐『(関東中心)足利時代の研究』　(池永　二郎)

あしかがまさうじ　足利政氏　一四六六—一五三一　戦国時代の武将。古河公方。足利成氏の長子。従四位下左馬頭。家督相続前から扇谷上杉定正に擁せられ、しばしば山内上杉顕定と戦ったが、やがて定正と対立して顕定に近づき、定正の死後、明応五年(一四九六)には顕定とともに南関東に出撃し、定正の子朝良と戦った。翌六年九月、成氏の死により古河公方となったが、永正二年(一五〇五)両上杉氏の和睦が成るに及び、政氏は両上杉氏と結んで伊勢宗瑞(北条早雲)と対抗しようとして、この策に同じない子高基と不和となり、父子の断絶は永正三年四月以降三年に及んだ。上杉顕定・朝良らの仲介によって同六年、父子は一旦和解したが、両上杉氏と古河公方家との離反をはかった伊勢宗瑞の策にのって政氏は、再び高基と対立、同九年下野に走り、同十六年には武蔵久喜に退隠して、享禄四年(一五三一)七月十八日、この地で没した。六十六歳。墓は埼玉県久喜市本町の甘棠院にある。法名は甘棠院吉山道長。→足利高基《あしかがたかもと》

参考文献『喜連川判鑑』、杉山博「関東の群雄」(桑田忠親編『日本の合戦』三所収)　(池永　二郎)

足利政氏花押

「吉」
足利政氏印

足利政氏墓

足利政氏画像

あしかがまさとも　足利政知　一四三五—九一　室町時代後期の武将。六代将軍義教の第三子。義政の弟。従三位左衛門督。はじめ僧となり、天竜寺香厳院主。康正元年(一四五五)鎌倉公方足利成氏が上杉房顕と争い、幕命に抗して古河に拠るとともに、鎌倉府の諸将は将軍の一子を下向させ成氏に対抗して関東の主とすることを幕府

足利政知花押

に請うた。将軍義政は長禄元年(一四五七)十二月、弟香厳院主を還俗させて政知と名乗らせ、左馬頭に任じて関東に下向させた。しかし東国の将士は必ずしも政知に服せず、また鎌倉は成氏退去の際戦火により廃墟となっていたので、政知は伊豆の堀越に居館を設けてここに拠ったため、堀越御所または堀越公方といわれた。上杉房顕らは政知を奉じて古河公方成氏としばしば戦ったが、関東における室町幕府の勢威はすでに衰え、政知の力ではこれを回復することができず、やがて上杉顕定の画策で、伊豆を政知の料国とすることを条件として、成氏より幕府に和睦を申し入れ、文明十四年(一四八二)十一月和睦は成立した。このため政知は関東の主となることなくして、延徳三年(一四九一)四月三日に五十七歳で没した。法名は勝幢院九山。

参考文献 渡辺世祐『室町時代史』、杉山博「関東の群雄」(桑田忠親編『日本の合戦』三所収)

(池永　二郎)

あしかがみつかね　足利満兼　一三七八—一四〇九　室町時代前期の武将。第三代鎌倉公方。氏満の長子。応永五年(一三九八)十一月四日父死去のあとを継いで鎌倉公方となり、従五位下左馬頭に叙任、時に二十一歳。のち従四位下左兵衛督に昇った。さきに明徳三年(一三九二)父氏満の代に、陸奥・出羽が鎌倉府の管轄下に入ったが、応永六年の春、満兼は同地域支配の布石として、弟の満貞を陸奥岩瀬郡稲村(稲村御所)、満直を同安積郡篠川(篠川御所)とそれぞれ配置し、関東の政局と密接に関連する奥州南部の鎮めとした。満兼自身も同年七月に南奥州を訪れ、稲村御所に逗留し、十一月に鎌倉に帰っている。これによって在地の結城白川氏らの豪族の支持のもとに満貞を主に満直を補佐とした鎌倉府の南奥州支配体制が著しく強化された。その直後に満兼は長門・豊前・周防・石見・紀伊・和泉六ヵ国守護大内義弘の堺出陣に呼応して、将軍義満を打倒しようとした。義弘が「天命を奉じて暴乱を討ち、国を鎮め民を安んぜんとす」という満兼の御教書を奉じて、興福寺に宛てて軍勢催促を行なったことから、満兼・義弘の連繋を推察できる。満兼は幕府援助を名目に十一月二十一日武蔵府中に出陣したが、幕府直轄地の下野の足利を抑えるなど、反乱の意図を明確にしている。しかし十二月二十一日に義弘は堺で敗死し(応永の乱)、上杉憲定の懸命な説得もあって翌年三月に鎌倉に帰った。六月十五日満兼は伊豆三嶋社に願文を納め、その中で誤って小量をもって大軍を起さんと欲したが、上杉憲定の諫言によって和睦し発向を止めた旨を記し、異心を翻して過誤を改め、その咎を謝すことを誓った。ここに満兼の野望の断念の表明が見られる。氏満・満兼と二代にわたる幕府との対決はかくして不発に終り、全面的対決は次の持氏の代に持ち越された。さて関東の混乱に乗じて伊達政宗らの中南奥州の諸士の鎌倉府への離反が目立ち、鎌倉幕府はかれらの帰服を諭されんことを幕府に懇請したが、同九年から十一年にかけて政宗らの反抗が本格化するに及んで、満兼は上杉氏憲を派遣し、南奥諸士の協力を得てこれを鎮圧した。その直後にあたる同十一年七月、安積郡を中心とする地域の中小国人二十名が稲村・篠川の両御所を結節点として、鎌倉府の上意に応じ、国人相互に同心協力を致すという趣旨の傘連判の一揆契約を結んだ。鎌倉府はこれによって南奥の国人の横の連帯を鎌倉府権力と結びつけようとしたのである。なお同九年六月ごろ、満兼が狂気すという風説が京都で立てられているが、事実とすれば応永の乱以後の精神的葛藤の結果であろう。この前後に、同七年八月鎌倉の鶴岡八幡宮寺に供僧十六口を置く、十一年正月相模妙楽寺を祈願寺にする、十三年十一月『般若心経』の書写を行う、十四年七月珍誉に命じて一字金輪法を修させる等の宗教的行為が目立つ。やがて同十六年五月ころより病を得て七月二十二日死去した。三十二歳。法名勝光院泰岳道安。鎌倉の瑞泉寺勝光院(塔頭廃跡)に葬る。上杉朝宗は満兼死去と同時に出家して、上総国胎蔵寺に隠棲した。

足利満兼花押

参考文献 『大日本史料』七ノ一二、応永十六年七月二十二日条、『喜連川判鑑』、『鎌倉市史』総説編、渡辺世祐『(関東中心)足利時代の研究』、田辺久子『関東公方足利氏四代』、『福島県史』一

(峰岸　純夫)

あしかがみつさだ　足利満貞　?—一四三九　室町時代前期の武将。稲村御所。第二代鎌倉公方足利氏満の子。同第三代満兼の弟。応永六年(一三九九)春、満兼によって陸奥国岩瀬郡稲村(福島県須賀川市稲)に派遣され、鎌倉府の南奥州支配に重要な役割を果たした。同時に同国安積郡篠川に派遣された兄弟の満直は満貞を補佐する役割を与えられた。同六年から永享二年(一四三〇)にかけての三十年間の満貞の発給文書として遺存する二十五通は知行安堵・充行・軍勢催促・感状などであって、その範囲は南奥州の安積郡・岩瀬郡を中心とする仙道地域に限定されているものの、権限は所務・検断の両沙汰権を含み実質上、奥州管領のそれと同じである。応永九年中南奥州の伊達政宗らの叛乱鎮圧後、安積郡・岩瀬郡を中心とする仙道地域の国人は同十一年前後に、伊東氏・白河氏らを中心とする安積郡・岩瀬郡・白河荘にわたる二十名、田村氏を中心とする田村荘の

足利満貞花押

十三名、石川氏を中心とする石川荘の十七名の三つのグループごとの一揆契状を作成し、鎌倉公方、稲村・篠川両御所の「上意に応じ同心忠節致す」ことと「大小事申談じ、公私共用に立てる」ことを盟約している。稲村(満貞)・篠川(満直)両御所の支配はこのような南奥州諸士の一揆結合の上に行われたのである。しかし上杉禅秀の乱・永享の乱の過程で両者は分裂し、満直は反持氏方として満貞と対立する。特に永享の乱においては満直は幕府と直結し、白河氏を中心とする反持氏勢力の結集をはかり、終始持氏を支持し、相馬氏・石川氏惣領らに依拠する満貞と鋭く対決し、それを圧倒する勢いを示した。満貞は内乱の本格化する永享十年(一四三八)鎌倉に至り持氏と行動をともにし、翌年二月十日将軍義教の命を受けた上杉憲実が鎌倉永安寺に持氏を攻めて、持氏以下自殺した際、満貞も家臣高南上総入道・二階堂伊勢入道・石川民部少輔らとともに自殺した(満直を稲村御所、満貞を篠川御所とする通説では発給文書の内容と政治情勢の関係が合致しない。本稿では、『福島県史』の分析と結論に従って、満貞を稲村御所、満直を篠川御所とする)。↓足利満直《あしかがみつなお》

参考文献 『鎌倉市史』総説編、渡辺世祐『(関東中心)足利時代之研究』、渡辺正俊「足利満貞小考」(『福大史学』四)　(峰岸　純夫)

あしかがみつたか　足利満隆　?―一四一七　室町時代前期の武将。鎌倉公方足利氏満の子。右衛門督、新御堂殿と号す。応永十六年(一四〇九)九月、甥の足利持氏が満兼のあとをついで鎌倉公方となると、翌年八月満隆謀叛の噂が流れて鎌倉に騒擾が起ったが、管領上杉憲定の調停で落着し、満隆は持氏の弟持仲を養子とした。しかし持氏との仲は円滑を欠き、やがて養子持仲・前管領上杉氏憲(禅秀)と謀り、将軍義持の弟の義嗣と結んで、持氏を倒そうとした。軍勢催促の内書に氏憲が副状を付けて関東各地の武士を集め、奥州では篠川御所足利満直の

足利満隆花押

支持を取りつけた上で、二十三年十月二日浄妙寺の持氏の御所、六日には佐介ヶ谷の上杉憲基邸を襲い、持氏を鎌倉から小田原、駿河の瀬名に追い鎌倉を制圧した。これによって満隆および持仲は持氏に代わって一時関東の支配権を掌握したが、幕府が義嗣を処断し持氏支持を決定し、駿河守護今川範政に命じて持氏を擁して出陣せしめ、上杉憲基の弟佐竹義人が越後・上野の軍勢を率いて反攻して来るに及んで、武蔵・相模の諸士なかんずく満隆方の軍事力の一角をなした武州南一揆が離反したため、戦い破れて同二十四年正月十日に鶴岡八幡宮別当快尊(氏憲の子)の雪ノ下坊で包囲され、持仲・氏憲らとともに自害した。雪ノ下の南山小御堂址が彼の新御堂邸址と伝えられる。

参考文献 『鎌倉大日記』、『鎌倉大草紙』、『鎌倉市史』総説編、渡辺世祐『(関東中心)足利時代之研究』　(峰岸　純夫)

あしかがみつなお　足利満直　?―一四四〇　室町時代前期の武将。篠川御所。第二代鎌倉公方足利氏満の子。同三代満兼の弟。応永六年(一三九九)春、満兼によって陸奥国安積郡篠川に派遣され、稲村御所足利満貞を補佐して、鎌倉の南奥州支配に重要な役割を果たした。しかし同二十三年の上杉禅秀の乱において、足利満隆・上杉氏憲(禅秀)に与同して以来、鎌倉公方足利持氏やそれと密着した稲村御所満貞と対立して、独自の動きを示した。特に永享の乱において幕府の支持のもとに、反持氏・満貞勢力を結集した。幕府は満直から関東の情勢に関する情報を収集するとともに、「篠川の手に属し忠節を尽す」ことを奥州・関東の諸士に呼びかけたのである(満直の発給文書があらわれるのはこの時である)。永享十一年(一四三九)二月十日に、持氏・満貞らが滅びたのち、下総の結城氏朝らが持氏の遺児を擁して挙兵すると(結城合戦)、その最中の十二年六月十日に、満直は結城方の石川氏ら奥州諸士に攻められて自殺した。↓足利満貞《あしかがみつさだ》

参考文献 『福島県史』、『鎌倉市史』総説編、渡辺世祐『(関東中心)足利時代之研究』、渡辺正俊「足利満貞小考」(『福大史学』四)　(峰岸　純夫)

あしかがもちうじ　足利持氏　一三九八―一四三九　室町時代前期の武将。第四代鎌倉公方。満兼の子。幼名幸王丸。応永十六年(一四〇九)七月父の死により、十二歳の若さで家を継ぐ。翌十七年元服、将軍足利義持の一字を与えられ持氏と称し、左馬頭となる。同二十七年従三位左兵衛督となる。将軍義持は、持氏の勢力が強くなることをおそれて、奥羽・関東の諸大名をして持氏を牽制させた。伊達持宗の反乱(同二十年)や、上杉禅秀(氏憲)の乱(同二十三年)などは、そのあらわれである。しかし持氏は、禅秀の乱後は、つぎつぎとその与党を制圧し、鎌倉府の支配体制を確立し、同二十九年・三十年には、幕府の扶持衆であった常陸の山入与義や小栗満重らを攻めた。そのために幕府は、ついに今川範政や上杉憲秋(氏憲の子)および篠川御所の足利満貞までを促して、持氏を討伐しようとしたほどである。この時は、持氏が義

足利満直花押

足利持氏花押

(伝)足利持氏供養塔

持に「私曲を致さず、無二の忠勤を抽んづる」という誓書を呈出したため大乱とはならなかった。しかし正長元年(一四二八)正月義持が没し、青蓮院の義円(のちの義教)が将軍となるや、義教と持氏の対立は表面化した。持氏は義教の将軍就任の賀使を送ろうともせず、正長が永享と改元されても、永享の年号を用いず、勝手に鎌倉五山の住持を任命したりして、義教に対抗した。これに対して義教もまた強硬で、永享四年(一四三二)九月には、みずから駿河まで下って関東の動静を探るほどであった。関東管領上杉憲実は義教・持氏間の平和を望んで画策したが成功せず、ついには同十年六月持氏の子賢王丸(義久)の元服に際して、持氏が先例に反して将軍の一字を申請しなかったことから、持氏・憲実の間が決裂し、憲実は気野白井城に退き、持氏は憲実を討たんとして武蔵府中に出陣、幕府はこれを好機として介入、永享の大乱となった。持氏の軍は敗れて、ついに同十一年二月十日鎌倉の永安寺で持氏は自殺した。四十二歳。法名は、長春院楊山道継。その供養塔が鎌倉市大町の別願寺にある。
↓足利義教《あしかがよしのり》　↓足利義持《あしかがよしもち》　↓上杉憲実《うえすぎのりざね》

参考文献　『鎌倉市史』総説編、渡辺世祐『関東中心足利時代之研究』、田辺久子『関東公方足利氏四代』
(杉山　博)

あしかがもちなか　足利持仲　?—一四一七　室町時代前期の武将。鎌倉公方満兼の第二子。幼名乙若丸、ついで二郎。応永十七年(一四一〇)十二月兄持氏とともに元服し、将軍足利義持の偏諱をうけて持仲と名乗り、叔父満隆の養子となった。同二十三年満隆とともに前管領上杉禅秀(氏憲)に擁せられて挙兵、兄持氏を鎌倉から追ったが、翌年正月持氏を援けた幕府軍に敗れ、満隆・禅秀らとともに同月十日、鎌倉雪ノ下の鶴岡八幡宮別当坊で自刃した。　↓足利満隆《あしかがみつたか》

参考文献　『鎌倉市史』総説編、渡辺世祐『関東中心足利時代之研究』
(池永　二郎)

あしかがもとうじ　足利基氏　一三四〇—六七　南北朝時代の武将。初代の鎌倉公方。足利尊氏の四男、母は北条久時の女登子。貞和五年(一三四九)九月将軍尊氏は、弟直義を政務の座から下し、嫡子義詮を鎌倉から呼びよせて直義に代え、当時十歳の基氏を義詮に代わる鎌倉の主と定めて鎌倉に送った。基氏はこの時、直義の養子となり、鎌倉では直義党の上杉憲顕と高師直の猶子師冬によって補佐された。観応元年(一三五〇)京都で父尊氏と養父直義とが対立し、その余波が関東にも及んで、観応擾乱となった。同二年正月五日、「判始」の式を行い、直義党の諸将に守られて関東の各地を転々として、実父尊氏との衝突を極力避けた。『喜連川判鑑』によれば、尊氏・直義の間を調停しようとしたが、尊氏の許容するところとならず、これによって鎌倉を去って安房に隠住したという。文和元年(一三五二)正月、尊氏が直義と和睦して鎌倉に入ると、基氏も安房から鎌倉に呼びもどされて、二月二十五日元服の儀を行う。時に十三歳。しかしその翌日、養父直義が毒殺されると、直義党の上杉憲顕は、反尊氏の旗幟を明らかにし、また南党新田義宗・義興らは、宗良親王を奉じて上野から南下して武蔵・相模を侵し、またたく間に鎌倉をうばった。尊氏は、この南党(新田氏)および直義党と対峙しながら、人見原・小金原・石浜・小手指原などで戦った。いわゆる武蔵野合戦である。この間、基氏は尊氏と行動をともにし、三月十二日には、再び鎌倉にもどり、翌十三日には、「沙汰始」の式を行い、八月二十九日には、従五位下左馬頭に叙任。その後文和二年七月まで尊氏とともに鎌倉におり、尊氏上洛の前日にあたる同月二十八日、尊氏の命令により、執事畠山国清を連れて武蔵の入間川に向かった。以来、延文四年(一三五九)に鎌倉にもどるまで満六ヵ年を入間川の陣中ですごした。世に入間川殿という。入間川在陣の目的は、新田方の進攻から鎌倉を守るためであり、入間川在陣中の最大事件は延文三年十月十日の新田義興の謀殺事件であった。基氏の在陣と義興の死によって、旧直義党および南党の多くの関東武士が、基氏の陣営に参集した。基氏は、このころ畠山国清の妹を迎えて室とした。同四年正月二十六日、二十歳となった基氏は左兵衛督に任ぜられて鎌倉に帰った。京都では、この前年の四月三十日に尊氏が没し、十二月八日には、義詮が将軍となった。基氏は、尊氏と直義との不和を身をもって体験してきただけに、義詮と不和になることを極力避けようとした。延文四年・五年関東の多くの将兵を遠く京畿に送って義詮を援助したのはそのあらわれであった。この時将兵を指揮した畠山国清は、基氏の期待に背き、将兵の信頼を失い、ついには基氏に叛するに至った。康安元年(一三六一)十一月、基氏はついに国清を伊豆に討ち、翌貞治元年(一三六二)九月、関東より追放した。国清追放後、基氏は、かつての補佐

足利基氏花押

(伝)足利基氏墓

役の上杉憲顕を越後守護に任命し、同二年三月には、憲顕を管領に復帰させた。ときに基氏は二十四、憲顕は五十八歳である。これより基氏は、憲顕に反抗する芳賀禅可(高名)や宇都宮氏綱らを攻撃し、みずから関東経営の陣頭に立って諸政策を断行した。鎌倉府管轄十ヵ国の守護体制の確立や禅教諸刹の統制などを行い、また義堂周信らと親交してみずから修養につとめた。周信の『空華日用工夫略集』に、義詮が「兄弟相護、誓死不変」という誓書を八幡宮に納めた話が書かれている。鎌倉府とその支配の確立が、幕府政治の確立にとって、いかに重要であるかという基氏の深慮が理解されるであろう。同六年三月十三日、流行病にかかった基氏は、四月二十六日没。二十八歳。遺命により瑞泉寺に葬られた。法名は玉岩道昕という。『細川頼之記』には、彼の遺言が記述されている。

参考文献 『大日本史料』六ノ二七、貞治六年四月二十六日条、渡辺世祐『(関東中心)足利時代之研究』、高柳光寿『足利尊氏』、杉山博「足利基氏」(『日本人物史大系』二所収)、佐藤進一『南北朝の動乱』(中央公論社『日本の歴史』九)、田辺久子『関東公方足利氏四代』 (杉山 博)

あしかがやすおう 足利安王 一四二九—四一 室町時代前期の武将。鎌倉公方持氏の次男。父持氏が永享の乱に敗れて自刃したのち、弟春王とともに鎌倉を脱出し、常陸小栗・伊佐を経て結城氏朝に迎えられて下総結城城に入った。幕府は上杉清方らにこの討伐を命じたが城は陥ちず、伊豆に退隠していた上杉憲実を起用して総指揮をとらせ、ようやく嘉吉元年(一四四一)四月城が陥ち、安王兄弟は捕えられて京都に送られる途中、幕命により五月十六日、美濃垂井の金蓮寺で斬られた。時に十三歳。
→足利春王《あしかがはるおう》

参考文献 『結城戦場物語』、渡辺世祐『(関東中心)足利時代之研究』 (池永 二郎)

あしかがよしあき 足利義明 ?—一五三八 戦国時代の武将。古河公方足利政氏の次男(三男ともいう)。高基の弟。はじめ僧となり鎌倉雪ノ下の八正寺に住し空然・八正院と号し、雪下殿と呼ばれたが、その後還俗、右兵衛佐という。猛将の聞えがある。父や兄と不和になり上総守護代武田氏に迎えられ、永正十四年ごろ下総下河辺荘高柳(埼玉県北葛飾郡栗橋町)から下総小弓城(千葉市南生実町)に入り、小弓御所と称した。北条氏の勢力を背景とする古河公方高基について晴氏と対立、祖宗の遺業を復し、東国に制覇せんと望んだ。大永六年(一五二六)十二月里見実堯をして海路鎌倉を攻めさせ、天文六年(一五三七)上総真里谷氏一族の内紛に際し、里見義堯と協力して真里谷信隆を攻めた。信隆は武蔵に走り、北条氏綱の保護を受けた。翌七年十月七日氏綱・氏康父子を下総国府台に迎え討ったが、暴戦して子義純・弟基頼とともに敗死。享年は不詳であるが、四十二、三歳と思われる。

足利義明花押

参考文献 『小弓御所様御討死軍物語』、大野太平『房総通史』(『改訂房総叢書』別巻)、同『房総里見氏の研究』、佐藤博信「雪下御座所考—古河公方の政治基盤をめぐって—」(『中世東国の支配構造』所収) (小笠原長和)

あしかがよしあき 足利義昭 一五三七—九七 室町幕府第十五代最後の将軍。一五六八—七三在職。天文六年(一五三七)十一月三日、十二代将軍義晴の次男として京都で誕生。母は近衛尚通の女。幼名未詳。同十一年十一月尚通の子稙家の猶子となり、興福寺別当一乗院門跡覚誉に入室。のち覚慶。永禄五年(一五六二)一乗院門跡、権少僧都。同八年五月十九日松永久秀らが兄将軍義輝を暗殺すると、一乗院内に幽閉されたが、七月二十八日脱出。近江国和田(滋賀県甲賀市甲賀町)の和田惟政の館に入った。八月五日、上杉輝虎に宛てて室町幕府の再興を表明。十一月同国野洲郡矢島に移る。同九年二月還俗して義秋と名乗り、四月従五位下左馬頭に叙任。八月近江国を逃れて、若狭国を経て、越前の金崎城に入り、同十一年四月同国守護朝倉義景の一乗谷城で元服し、義昭と改名。七月織田信長の要請をいれて美濃岐阜に赴き、九月信長とともに入京、十月十八日征夷大将軍、従四位下参議、左近衛権中将に叙任されて、幕府を再興し、翌年六月には従二位権大納言に進んだ。ところが、義昭は将軍就任後まもなく政治的な動きを始めたので、十二年正月信長は「殿中の掟」を定めてこれを規制したが、再び信長との間に不和を生じ、元亀元年(一五七〇)正月いったん和解したものの、同三年に入ると反信長の態度を明らかにして、五月武田信玄との盟約を固くし、七月上杉謙信に信玄と講和するよう命じた。そして石山の本願寺

足利義昭像

足利義昭花押

「義昭宝」
足利義昭印

門跡顕如・浅井長政・朝倉義景・信玄ら反信長派を糾合して包囲網をつくる。信長は来たるべき信玄との決戦に備え、九月義昭に対し「異見十七条」を呈出した。天正元年(一五七三)四月に挙兵して信長に抗し、いったん講和、七月一日山城国槇島城に再度挙兵したが、十八日には早くも降伏して、ここに室町幕府は十五代、二百三十八年で崩壊、義昭は顕如の斡旋で三好義継の居城河内国若江に移った。そして義昭はこれ以後、毛利氏・本願寺・上杉氏以下の地方諸勢力に頼って、幕府再興の努力を続ける。同年十一月毛利氏の使者が和泉国堺で信長の使者と会して信長・義昭の和をはかったが成らず、義昭は紀伊国由良(和歌山県日高郡由良町)の興国寺に移り、ついで同四年には備後の鞆(広島県福山市)に転じた。同年五月毛利氏はついに反信長の態度を明らかにし、翌五年に入ると上杉・本願寺および武田・北条間に和議が成立し、三月には毛利氏が京都に向かって軍を進め、閏七月には上杉氏も動き出すなど、義昭の努力した信長包囲策は成功の緒についたかにみえた。しかし翌六年上杉謙信は病死し、中国地方で織田氏の進出が毛利氏を圧迫する。同八年本願寺はついに石山城退去を約し信長と和するの余儀なきに至った。同十年六月本能寺の変で信長が倒れると、義昭は重ねて、毛利輝元に奔走を命じ、また同十一年の羽柴秀吉と柴田勝家との争いにも、毛利氏を利用しようとしたが、成功しなかった。同十三年秀吉は義昭の猶子となり、征夷大将軍に任命されることをのぞんだが、義昭はこれを拒否した。同十四年から義昭は島津氏に対し、秀吉と和平するようにすすめた。同十六年正月すでに帰京しており、山城槇島に住み、出家し昌山道休といい、一万石を与えられた。同十三日参内して准三宮となった。文禄の役に肥前名護屋に従軍したが、慶長二年(一五九七)八月二十八日大坂で死亡。六十一歳。京都相国寺霊陽院に葬る。法号は霊陽院昌山道休。正室なく側室六名、子は三名を数える。 →織田信長《おだのぶなが》

参考文献 奥野高広『足利義昭』(『人物叢書』五五)、同『武田信玄』(同一九)、河合正治『安国寺恵瓊』(同三一)、磯貝正義『武田信玄』、渡辺世祐「上洛前の足利義昭と織田信長」(『国史論叢』所収)、同『武田信玄の経綸と修養』、同「足利義昭と織田信長との関係についての研究」(『史学雑誌』二二ノ二) (奥野 高広)

あしかがよしあきら　足利義詮　一三三〇—六七　室町幕府第二代将軍。一三五八—六七在職。幼名千寿王。晩年坊門第にいたため坊門殿といわれる。尊氏の三男。母は鎌倉幕府最後の執権赤橋守時の妹登子。元徳二年(一三三〇)生。元弘三年(一三三三)、父尊氏が北条高時の命により西上した際、母とともに人質として鎌倉にあり、尊氏の帰順により、家人がこれを抱いて下野に走った。新田義貞の鎌倉攻めのときにはわずかに四歳をもって尊氏の名代として軍に加わり、陥落後この地に居住し、細川和氏・頼春らの輔けを得て、関東を管領した。建武四

足利義詮画像

足利義詮花押

年(一三三七)の暮、北畠顕家のため鎌倉を追われたが、翌年顕家が京都に向かった留守に鎌倉に帰った。貞和五年(一三四九)叔父直義と高師直が争い、尊氏が師直の強要により直義の執務をとどめたとき、義詮は鎌倉から京に招かれ、直義に代わって政務をとった。翌年八月二十二日、参議に任ぜられ、左近中将を兼ねた。二十一歳。直義はまもなく大和に逃れて南朝に降伏、ときに尊氏は直義の養子となった庶子直冬を討つため、中国地方に出兵中であったため、直義はそのすきに乗じて高師直誅伐の軍を起して男山八幡に拠り、さらに観応二年(正平六、一三五一)京に入った。義詮は丹波に逃れ、尊氏が直義と和を講ずるに及んで尊氏とともに京に帰った。しかし尊氏と直義との対立は続き、直義がついに北陸に逃れたとき、尊氏とともに一時の策として南朝に降り、正平の年号を奉じた。ついで尊氏は兵を東国に進めて直義を討ち、義詮は京都を守ったが、南北の講和によって南朝の後村上天皇が男山に進出すると、義詮は南軍の強くなることを恐れてこれを破り、天皇を賀名生に追い、北朝の後光厳天皇を擁立した。ときに文和元年(正平七、一三五二)八月である。しかしその後、直義のあとを継いだ直冬の党が、北陸の諸将や南朝勢力の協力を得て、文和二年京都に攻め入ったため、義詮は敗れて美濃に走った。秋、義詮は大兵を率いて京都に入り、尊氏もついで帰洛。同四年直冬の党を京都から追い出した。延文三年(一三五八)四月三十日尊氏死去、その後をつぎ征夷大将軍となり、翌年武蔵守を兼ね、細川清氏を執事とした。尊氏が死ぬと、これまで尊氏に押えられていた有力守護が勢力争いを始めたため、義詮は南朝に一撃を与えることによってこれを鎮めようとし、諸将を率いて河内の南軍を討った。しかし義詮が執事の細川清氏を疑い、これを誅しようとしたため、清氏は康安元年(一三六一)南朝に走り、南朝の四回目の京都奪取となり、義詮は後光厳天皇を奉じて近江に奔った。義詮はまもなく京都を回復、細川清氏は四国で細川頼之と戦って敗死した。やがて義詮は管領斯波氏を迎えて次第に政権を安定させ、貞治二年(一三六三)山陽の大内弘世、山陰の山名時氏を帰服させた。同六年正二位に進んだが、まもなく病に臥し、家督を嫡子義満に譲った。しかし義満が幼少であったため、讃岐から細川頼之を招いて、管領とし、政治をまかせ頼之に義満の輔佐を頼んだ。同年十二月七日没。年三十八。法名を道惟、道号を瑞山、宝篋《ほうきょう》院と号し、左大臣従一位を贈られた。墓は京都市北区の宝篋院にある。 ↓足利《あしかが》尊氏《たかうじ》

参考文献 『大日本史料』六ノ二八、貞治六年十二月七日条、高柳光寿『足利尊氏』 (豊田　武)

あしかがよしうじ　足利義氏 (一)一一八九—一二五四　鎌倉時代前期の武将。義兼の三男で三郎と称したが、正嫡となって家をついだ。母は北条時政の女。室は北条泰時の女。検非違使・蔵人・治部少輔・武蔵守・陸奥守・左馬頭に任じ、正四位下に叙せらる。建保元年(一二一三)和田義盛の乱に際しては、若年ながら義盛の子で剛勇の朝比奈義秀と渡り合い武名をあげた。承久の乱には北条泰時に従って東海道を上り、乱後恩賞として美作新野保以下数ヵ所を賜わった。暦仁元年(一二三八)伯母にあたる北条政子十三回忌には、追善のため高野山金剛三昧院内に大仏殿を建立し、一丈八尺五寸(約五・六メートル)の大日如来像を安置して、源実朝および政子の遺骨を納め、美作大原保を寄進した。また宝治元年(一二四七)の三浦氏の乱にも戦功があり、賞として千葉秀胤よりの没収地を賜わった。なお義氏が美作に獲たよく舞う猿の話が『古今著聞集』にあり、『続拾遺集』には和歌が採られている。仁治二年(一二四一)出家、法名正義。建長六年(一二五四)十一月二十一日没す。六十六歳。

参考文献 『吾妻鏡』 (桑山　浩然)

(二)?—一五八三　戦国時代の武将。最後の古河公方。左馬頭、右兵衛佐。古河公方足利晴氏の男、母は北条氏綱の女(芳春院)。天文十年(一五四一)正月十五日誕生と伝える(『下野足利家譜』)。幼名梅千代王丸。同二十一年十二月家督をつぎ、同二十三年十一月、父晴氏が北条氏康に攻められて古河城が没落したとき、母の縁によって北条氏康の庇護を得て、鎌倉の葛西ヶ谷に移った。弘治元年(一五五五)元服、将軍足利義輝の諱の一字を請うて義氏と称し、従五位下左馬頭に任ぜられ、翌年三月、従四

足利義氏(一)花押

足利義氏(二)花押

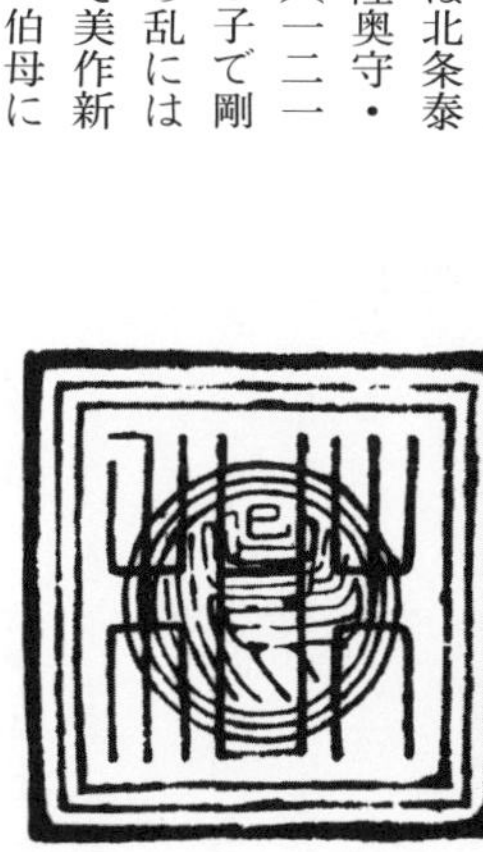
「大和」(二重捺印)
足利義氏(二)印

位下右兵衛佐に任ぜられた。その後、下総の関宿、同佐貫、鎌倉と居館を移したようであるが、やがて(永禄十一、二年ごろか)古河に復帰し、北条氏の勢力下にあって、最後の古河公方としての地位を形式的に維持して、天正十年(一五八二)閏十二月二十日(京暦の天正十一年正月二十一日)に没した。法号香雲院殿長山周善。墓は茨城県古河市鴻巣の古河公方の別館であった鴻巣御所跡にある。

参考文献 『大日本史料』一一ノ三、天正十一年正月二十一日条、『喜連川判鑑』、佐藤博信「足利義氏とその文書」(『日本歴史』二九七)　(池永　二郎)

あしかがよしかず　足利義量　一四〇七―二五　室町幕府第五代将軍。一四二三―二五在職。四代義持の子、母は日野資康の女栄子。応永十四年(一四〇七)七月二十四日生まる。同二十四年十二月一日元服し、右近衛中将正五位下に叙任され、父とともに参内参院して剣馬を賜わる。同三十年三月十八日義持が将軍職を辞し、義量が替りに補せられた。このころ義量は父母とともに諸所に参詣出遊し、また義持は義量の大酒を戒め、その近臣らに命じて酒を制せしめた。同三十一年正月疱瘡を患う。同年十月十三日参議、翌年正月二日正四位下。同年二月七日より病み、同月二十七日没した。時に十九歳。洛北等持院に葬る。法号長得院鞏山道基。長禄元年(一四五七)二月二十七日三十三回忌辰に際し、左大臣従一位を贈る。義量は義満生前の義持のごとく将軍の職に備わるのみで、しかも早世したため、その事蹟に見るべきものはない。　(臼井　信義)

あしかがよしかつ　足利義勝　一四三四―四三　室町幕府第七代将軍。一四四二―四三在職。六代将軍義教の長子。母は日野重光の女重子。永享六年(一四三四)二月九日誕生。幼名を千也茶丸といい、嘉吉元年(一四四一)六月、父義教が赤松満祐に暗殺されたので(嘉吉の乱)、諸将に擁立されて八歳で家督をつぎ、管領細川持之の輔佐をうけ、ついで従五位下に叙し、後花園天皇から名を義勝と賜わった。幕府は同年九月、義勝を擁して赤松氏の討伐に成功したが、この危機に乗じて京都とその周辺地域に蜂起した土一揆の要求に押されて、閏九月ついに徳政令を発布しその弱体性を露呈した。義勝は翌二年十一月七日、元服し正五位下左中将に叙任、征夷大将軍に補せられ、この後管領畠山持国の輔佐をうけた。しかし同三年七月二十一日、赤痢を病みわずか十歳で没し等持院に葬られ、従一位左大臣を追贈された。法号は慶雲院栄山道春。同母弟義成(のちの義政)があとをついだが、この義勝の代から室町将軍は諸将に擁立される傀儡にすぎなくなった。　(芳賀幸四郎)

足利義勝像

あしかがよしかね　足利義兼　→細川持之《ほそかわもちゆき》

あしかがよしかね　足利義兼　?―一一九九　鎌倉時代前期の武将。義康の子。母は熱田大宮司範忠の女。三郎、兵衛尉。父のあとをついで安楽寿院領、下野国足利荘下司職となり足利荘が美福門院からその女子八条院に伝えられた関係から八条院蔵人と称した。治承四年(一一八〇)源頼朝の挙兵にあたりこれに帰属、ついで源範頼に従って平氏を討伐。文治五年(一一八九)頼朝の奥州征伐に従い、翌年藤原泰衡の残党大河兼任の乱が起ると、追討使としてこれを平定。この間、文治元年八月十六日頼朝の知行国である上総介に任ぜられた。また養和元年(一一八一)北条時政の女を妻とし、幕府での地位を安泰にした。一方、平家方である藤原姓足利氏は養和元年滅亡したので、その所領も確保して、勢力を増大した。足利鑁阿《ばんな》寺の開基。足利学校の創始者については諸説があるが、義兼説が最有力視されている。建久六年(一一九五)三月東大寺において出家、正治元年(一一九九)三月八日死去。法号義称。

参考文献 『大日本史料』四ノ六、正治元年三月八日条、高柳光寿『足利尊氏』、西岡虎之助「坂東八ヵ国における武士領荘園の発達」(『荘園史の研究』下一所収)　(勝守　すみ)

あしかがよしずみ　足利義澄　一四八〇―一五一一　室町幕府第十一代将軍。一四九四―一五〇八在職。文明十二年(一四八〇)十二月十五日、足利政知の第二子として伊豆に生まる。母は武者小路隆光の女。同十七年十二月足利義政は義澄を天竜寺香厳院の後嗣と定めた。長享元年(一四八七)六月義澄は上洛して香厳院に入り、剪髪して清晃と称した。九代将軍足利義尚の死後、その後嗣として細川政元は清晃を推したという風聞があったが、明応二年(一四九三)三月将軍足利義稙が河内畠山基家征伐に出陣した隙に乗じて、政元は大和の越智家栄・古市澄胤を誘って清晃を擁立した。四月二十八日清晃は政元邸に入り、還俗して名を義遐《よしとお》と改め、従五位下に叙せられた。閏四月政元の軍は義稙を擁する畠山政長を河内正覚寺に攻めて政長を自殺せしめた。義稙は政元の被官上原元秀の軍に降り、五月六日伝家の鎧・刀を義遐に与えた。六月十九日義遐は名を義高と改め、宸筆の名字を賜わった。翌三年十一月左馬頭に任じ、正五位下に叙し、十二月二十七日征夷大将軍に任ぜられた。文亀二年(一五〇二)七月十二日参議、従四位下、左近衛中将を兼ね、二十一日名を義澄と改めた。八月四日義澄は、政元の専横

足利義澄像

を怒って岩倉金竜寺に入り隠居しようとしたが、六日慰諭の勅書によって帰京。翌三年正月従三位。永正五年(一五〇八)四月、前将軍義稙が大内義興に奉ぜられて京都に攻め上るを聞いて、近江甲賀に逃れた。同七年十月北九州の雄、大友親治・義長父子に頼って京都の恢復をはかり、翌八年五月十二日にも近江から京都に入らんとして義長に応援を求めたが、ついに入京を果たさず、八月十四日近江岡山に没した。三十二歳。法号を法住院旭山清晃という。同十八年八月十二日従一位左大臣を贈られ、天文二年(一五三三)九月十二日太政大臣を追贈された。↓足利義稙《あしかがよしたね》 ↓細川政元《ほそかわまさもと》

足利義澄花押

足利義稙花押

参考文献 『大日本史料』九ノ三、永正八年八月十四日条 (小泉　宜右)

あしかがよしたね　足利義稙　一四六六―一五二三　室町幕府第十代将軍。一四九〇―九三・一五〇八―二一在職。初名義材《よしき》。明応七年(一四九八)義尹《よしただ》、永正十年(一五一三)義稙と改名した。文正元年(一四六六)七月三十日(一説二十九日)美濃太郎邑に誕生。父は足利義視。母は裏松政光女。足利義政の没後その室日野富子に擁立され、延徳二年(一四九〇)七月五日将軍となり、従四位下参議兼左中将に叙任、初めは父義視に補佐されたが、その没後は前将軍足利義尚の遺志を継ぎ、六角高頼の討伐に着手、同三年八月みずから近江三井寺の光浄院に着陣、翌年十二月近江を平定して凱旋、ついで畠山政長の意見を容れて畠山義就の子基家の討伐をこころざし、明応二年二月、河内正覚寺に出陣した。ところが政長と対立する細川政元が、義稙を忌むようになった日野富子の内意によって天竜寺の清晃(足利政知の子)を擁立し、義遐《よしとお》(のちに義高・義澄とも称す)と名乗らせ、敗戦した義稙を竜安寺に幽閉。同年六月義稙は越中に奔って、政長の将神保長誠に頼り、同八年北陸の兵に擁せられて近江坂本に出陣し、畠山尚順や根来・高野の衆徒を勧誘して京都回復を計ったが、細川政元の党に破れて河内に逃れ、ついで周防山口に下って大内義興に頼った。大内氏は対明貿易を背景に富強を誇り、他方京都では細川政元の後継者争いに端を発して細川氏が分裂し義稙擁立の気運が熟したので、永正四年十二月義稙は義興に擁されて山口を出発、翌年六月足利義澄と細川澄元を追って入洛し将軍に復活、京都回復に力のあった細川高国を管領に任じた。同年七月権大納言、将軍宣下、十二月従二位に昇る。同八年船岡山の戦いで澄元一党を阿波に敗走させ、政権を安定したが、彼の地位は全く義興・高国の実力によるものであったから両氏の専横ははなはだしかった。義稙はこれを不満とし近江甲賀に隠退、永正十年五月義興らの譲歩で一度は帰洛できたが、細川澄元の没後ますます専横を極めた高国を悪んで大永元年(一五二一)三月再び淡路に出奔、将軍を廃せられた。のち阿波に移り、同三年四月九日同国撫養で没した。五十八歳。法号恵林院厳山道舜。俗に島公方と称せられ、養子義冬(義維)が平島公方の祖となった。↓足利義澄《あしかがよしずみ》 ↓足利義視《あしかがよしみ》 ↓日野富子《ひのとみこ》

(岩沢　愿彦)

足利義稙像

あしかがよしつぐ　足利義嗣　一三九四―一四一八　室町時代前期の武将。三代将軍義満の子。生母は摂津能秀の女、春日局。初め三千院(梶井門跡)に入室したが、やがて義満はこれを三千院から戻し、室日野康子の猶子と

して北山第南御所に住まわせ(南御所若公と称される)、応永十五年(一四〇八)二月二十七日童殿上をとげさせた。この時義嗣と命名。三月四日従五位下。三月八日北山第に後小松天皇の行幸を迎えた時、義嗣を偏愛した義満は彼に天盃をうけさせ、彼を重んじていることを諸人に示した。この行幸の間に正五位下左馬頭、還幸後、従四位下、ついで左近衛中将となった。ついで四月二十五日、内裏において親王元服に准じて元服の儀を行い、同日参議、従三位に叙任。五月六日義満が急死すると、後嗣について遺言がなかったところから、義嗣が後嗣になるという噂が流れたが、斯波義将のはからいで足利氏の家督は義持が継いだ。義嗣は新御所と称されて、義満の仏事がすむと北山第南御所から生母春日局の里邸に移った。翌十六年十二月八日三条坊門の新第に移って押小路殿と呼ばれるようになった。翌十七年正三位、同十八年十一月二十一日従二位に叙され、二十五日権大納言に任じた。同十九年九月、後小松院の院司となった。義満の死後、義持との間の表面の協調にかかわらず、義満が義持を疎んじて義嗣を偏愛したことは両者の間に抜きがたい対立を植えつけていたのであって、義嗣は同二十二年北畠満雅挙兵の際、近習にすすめられてひそかに義持への謀反を企て、さらに翌年関東の上杉禅秀と通じ、禅秀の乱に応じて兵を挙げようとした。しかし成功に至らず、十月三十日高尾神護寺に逃れ、ついで出家した。義持は義嗣を捕えて仁和寺興徳庵、ついで相国寺林光院に幽閉し、同二十五年正月二十四日これを殺させた。二十五歳。法号円修院(林光院)孝山道純。なお義嗣は、幼時より楽の習礼にはげんで楽道に通じた。相国寺八十二世修山清謹(光謹)は義嗣の息である。 ↓足利義持《あしかがよしもち》 ↓北山院《きたやまいん》

[参考文献] 渡辺世祐『室町時代史』、臼井信義『足利義満』(『人物叢書』三八)
(新田 英治)

あしかがよしつな 足利義維 一五〇九―七三 戦国時代の武将。室町幕府第十一代将軍義澄の子。十二代将軍義晴の弟(『二水記』)。初名義賢、後年義冬。永正六年(一五〇九)誕生。阿波那賀郡平島荘を本拠とする平島公方の祖。阿波公方ともいう。大永元年(一五二一)ごろ、細川高国に追われ阿波に下った将軍足利義稙の猶子となり、高国に擁立された義晴と対抗した。そして同七年二月義晴と高国が柳本賢治に追われて近江に奔ると、三好元長に奉ぜられて和泉堺に入り、同七月義維と名乗り、従五位下左馬頭に叙任。天文元年(一五三二)六月元長が本願寺光教らに滅ぼされたので、自殺しようとしたが細川晴元に制せられ同三年平島に帰った。その後も義晴と対立し、同十六年・二十年に上洛を企てたが実現せず、将軍就任を果たせなかった。一時周防にも居たが、永禄六年(一五六三)三好長逸の斡旋で再び阿波に帰り、同九年子義栄とともに入京しようとして摂津富田に移った。しかるに同十一年九月義栄が没したので平島に帰り、天正元年(一五七三)十月八日、六十五歳で没した。法号慶林院殿実山道詮。

[参考文献] 『大日本史料』一〇ノ一八、天正元年十月八日条、長江正一『三好長慶』(『人物叢書』一四九)、今谷明『戦国期の室町幕府』
(岩沢 愿彦)

足利義輝画像

あしかがよしてる 足利義輝 一五三六―六五 室町幕府第十三代将軍。一五四六―六五在職。天文五年(一五三六)三月十日誕生。父は足利義晴。母は近衛尚通女。幼名菊幢丸。初名義藤。同十五年十二月近江日吉社祠官樹下成保邸で元服、将軍職につき父義晴の補佐を受けた。当時義晴父子の擁立者は細川晴元・六角定頼であったが、同十六年一時細川氏綱・畠山政国・遊佐長教と結んだため、晴元に京都を追われ、翌年講和、十八年には三好長慶に破れた晴元とともに近江に逃れ、坂本常在寺を宿館とした。そして義晴の没後堅田ついで朽木に移り、二十一年正月ようやく京都に還り、氏綱・長慶らに擁立された。しかし翌年再び細川晴元に属して朽木に逃れ、以来五ヵ年をこの山中で過ごしたが、永禄元年(一五五八)十一月六角義賢の仲介で長慶と和し、京都に帰還、近衛稙家女を娶り、同三年新邸に移った。

足利義輝花押

かくて地位を安定した彼はしきりに諸国の大名と修交し、権威の恢復に努めた。すなわち同二年織田信長ついで長尾景虎(上杉謙信)の謁見を許し、景虎には特に鉄砲を贈って厚遇する一方豊後の大友義鎮を筑前・豊前守護、翌年毛利隆元を安芸守護、ついで同四年父元就とともに相伴衆に任じ、三好長慶・義興父子、松永久秀らには桐紋を与えて懐柔、また長尾景虎と武田晴信(信玄)との講和(同元年)、伊東義祐・島津貴久・大友義鎮の三和(同三年)、毛利元就・大友義鎮の講和(同六年)、上杉輝虎(謙信)・北条氏政・武田晴信の三和(七年)を勧めるなど政治的手腕を発揮した。義輝は「天下を治むべき器用あり」(『穴太記』)、「当御所様一段御器用御座候」(『集古文書』)などと評されるほど傑出した人物であったが、三好長慶の没後実権を奪った松永久秀らのために同八年五月十九日辰刻急襲されて自殺した。三十歳。近臣とともに奮戦し、傍に抜刀を刺し立てて置いて取替え取替え斬り合うという状態であったという。生母慶寿院も同日自殺(五十二歳)、末弟鹿苑寺周暠は殺され、弟の奈良一乗院覚慶(足利義昭)は近江に逃れた。法号光源院融山道円。
↓足利義晴《あしかがよしはる》　↓松永久秀《まつながひさひで》　↓三好長慶《みよしながよし》

参考文献　奥野高広『足利義昭』(『人物叢書』五五)、長江正一『三好長慶』(『人物叢書』一四九)

(岩沢　愿彦)

あしかがよしのり　足利義教　一三九四—一四四一　室町幕府第六代将軍。一四二九—四一在職。三代将軍義満の子。生母は醍醐寺三宝院の坊官安芸法眼の女藤原慶子。四代将軍義持の同母弟である。応永元年(一三九四)六月十三日に生まれ、同十年六月二十一日青蓮院に入室、同十五年三月四日得度して義円と称した。同十八年七月十九日受戒、ついで大僧正となり、三后に准じ、同二十六年十一月三日天台座主に補せられた。同二十八年四月十日天台座主を辞したが、正長元年(一四二八)正月義持の後継者に定められた。これは、後嗣について遺言しても諸将が用いなければ意味がないと、義持が死に臨んで後嗣を定めなかったため、管領畠山満家以下の重臣が相談して、僧籍にある義円・義昭・永隆・義承の四人の弟の中から鬮《くじ》によって決める事とし、三宝院満済が鬮を作って石清水八幡宮において開いたところ、義円が後継者と決定したのであった。正月十八日義持が没すると、翌日義円は裏松義資の第に移り、同年三月十二日還俗して義宣と改名、従五位下左馬頭に叙任。ついで四月十一日判始・評定始・乗馬始を行い、十四日には従四位下に叙し、沙汰始・的始を行なった。永享元年(一四二九)三月九日元服、同月十五日参議・左近衛中将に任じ、征夷大将軍に補せられた。この時、再度改名して義教と名のった。これは、義宣の訓「ヨシノブ」が「世忍ぶ」に通ずるのを嫌ったからといわれる。同月二十九日権大納言、従三位。八月四日右近衛大将を兼ね、十二月十三日従二位、翌二年正月五日右馬寮御監を兼任した。同年十一月十七日従一位。同三年十二月十一日室町北小路の新第に移った。同四年六月二十四日任大臣兼宣旨が下り、七月二十五日内大臣。八月二十八日左大臣、十二月九日殿上別当、院大別当、淳和・奨学両院別当および源氏長者に兼補され、牛車輦車を聴された。同五年八月九日兼右近衛大将を罷め、同十年九月四日に左大臣を辞した。以上が義教の履歴の大体であるが、彼が義持のあとを継いだはじめは、「将軍家儀、一事不レ可レ相二違故人道殿時儀一」(『薩戒記目録』)と重臣たちが申し合わせたように、その政治はすべて前代の例を踏襲した。すなわち、管領以下宿老の意見に従って政務を行なったのであるが、やがて将軍専制を志向するようになり、まず正長元年五月、評定衆お

足利義教花押

足利義教画像

よび引付頭人の再設を命じて管領の地位権限の抑止をはかった。さらに翌永享元年八月ごろまでには賦別奉行を管領所属から将軍直属にしているが、これも義持時代の管領重用方針を改めて、管領の権力を抑止しようとする策に出るものであった。こうして将軍の権威確立に意を注ぐとともに幕府の威厳確立をはかった義教は、公家に対しても圧迫を加え、大覚寺統の皇胤を門跡寺に入れるか、もしくは法体となさしめ、少しでも幕府に反抗の気配があればこれを殺してその後裔の絶滅をはかり、皇胤としては持明院統のみを存在せしめて天下を安泰ならしめんとした。また、幕府の勢威を恐れず、専恣な行動の多かった延暦寺に対しても、義持時代のごとく放置せず、強圧手段を用いて弾圧し、幕府への抗争を断念せしめた。さらに、上杉禅秀の乱後、関東に勢力をはってしばしば幕府に反抗的態度を示した足利持氏を永享十一年二月鎌倉永安寺に自殺せしめ、鎌倉府を滅ぼして幕威を伸張せしめた(永享の乱)。以上のように、将軍および幕府の権威確立を目ざす義教は、その性質の残忍峻烈の故もあって、廷臣や諸将のうち、命令に反するものは少しの仮借もなく厳罰に処した。たとえば、同十二年五月、大和征伐の陣にあった一色義貫・土岐持頼らも殺されており、その政策が峻烈にすぎたため諸将の不満・不安を招き、ついに嘉吉元年(一四四一)六月二十四日赤松満祐に誘殺された。四十八歳。墓は京都市上京区寺町通の十念寺にある。法号普広院善山道恵。室は裏松重光女(観智院)。後妻は正親町三条公雅女尹子。側室に裏松重光女重子(観智院の妹)をはじめ月輪尹賢女ら多くの名が記録に散見し、子女は義勝(生母重子)ら男子十一人、女子八人に及ぶ。

[参考文献] 『大日本史料』七ノ一、応永元年六月十三日条、渡辺世祐『室町時代史』、斎木一馬「恐怖の世—嘉吉の変の背景—」(高柳光寿博士頌寿記念会編『戦乱と人物』所収)、佐藤進一「足利義教嗣立期の幕府政治」(『法政史学』二〇)、羽下徳彦「義教とその室」(『(新訂増補)国史大系月報』四二)、桜井英治『室町人の精神』(講談社『日本の歴史』一二)、今谷明『籤引き将軍足利義教』(『講談社選書メチエ』二六七)

(新田　英治)

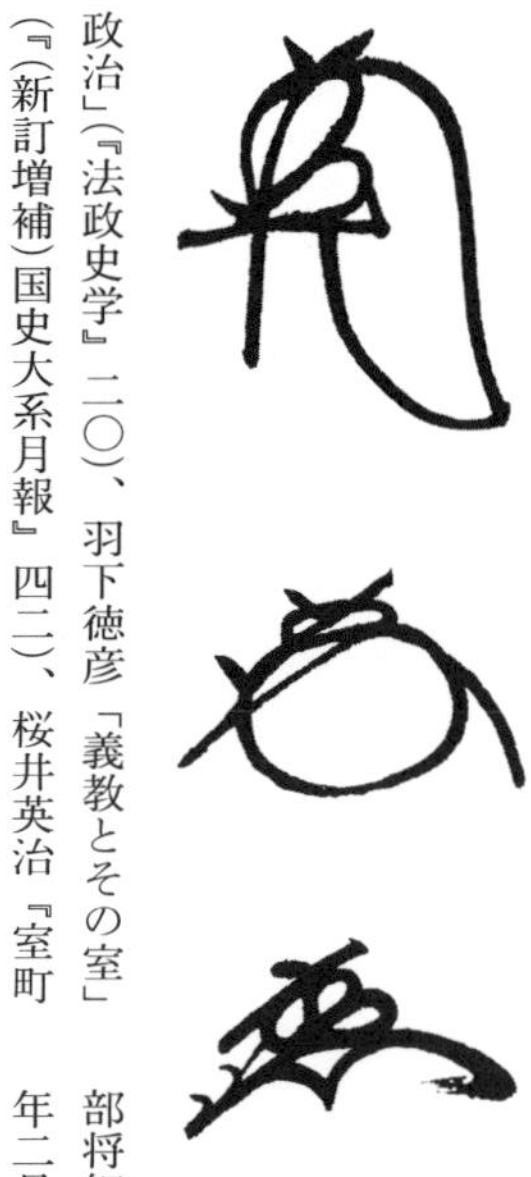

足利義晴花押

あしかがよしはる　足利義晴　一五一一—五〇　室町幕府第十二代将軍。一五二一—四六在職。父は足利義澄。永正八年(一五一一)三月五日近江九里備前守の邸で生まれ、播磨守護赤松義村のもとで養育された。大永元年(一五二一)十二月将軍足利義稙が淡路に出奔した後、管領細川高国に擁立されて元服、将軍となり、享禄三年(一五三〇)正月従三位権大納言、天文十九年(一五五〇)従一位左大臣を追贈された。高国は大永五年将軍の居宅として北室町柳原邸を新造し、また武運長久を祈るなど義晴を優遇したが、部将細川尹賢と香西元盛の争いから政局が動揺し、同七年二月柳本賢治に京都を追われ、義晴を奉じて近江坂本に避難した。一方阿波からは高国に対立する細川晴元が足利義維(義澄男、義稙養子)を擁し三好元長に援けられて畿内に入ったので、義晴はこれと提携しようとしたが成らず、享禄元年九月ついに朽木に逃れて朽木稙綱の保護を求めた。この後高国は京都を恢復しようとして浦上村宗らとともに晴元と戦ったが敗死。義晴は晴元と和睦して天文三年京都に還った。しかし晴元の部将統制力は弱く、また細川氏綱・畠山政国・遊佐長教の党と対立していたので畿内の政情は安定せず、義晴は同十年再び坂本に逃れたが、翌年三月晴元らの勧めにより帰洛。しかし十六年にはついに畠山・遊佐にくみして晴元と衝突し、坂本へ避難、翌年六月再び帰洛という状態であった。しかるに十八年六月、三好元長の子長慶が摂津で晴元の党を破ったので、義晴は晴元や六角義賢らとともに近江に逃れ、再び京都に還ることはできなかった。彼は天文十五年十二月嗣子義藤(義輝)に将軍職を譲っていたが、近江下向以後は京都恢復に努力し、十九年三月には義藤を伴って坂本から穴太に移り、山城国愛宕郡中尾城に拠ろうとしたが果たさず、五月四日ついに病没した。四十歳。法号万松院曄山道照。五月二十一日京都東山の慈照寺に葬る。室は近衛尚通の女。義輝(義藤)・義昭(覚慶)・周暠の三子があった。

足利義晴像

[参考文献] 山田康弘『戦国期室町幕府と将軍』、長江正一『三好長慶』(『人物叢書』一四九)

(岩沢　愿彦)

あしかがよしひさ　足利義尚　一四六五—八九　室町幕

府第九代将軍。一四七三—八九在職。寛正六年(一四六五)十一月二十三日義政の長子として誕生。母は日野富子。長享二年(一四八八)六月義熙と改名。文明五年(一四七三)十二月十九日義尚と名づけられ、正五位下左近衛中将、征夷大将軍。以後同七年九月参議、同九年正月正三位、同十一年正月従二位、同十二年三月権大納言、同十五年三月従一位、長享二年九月内大臣と累進した。義政は長く実子の誕生をみなかったため、寛正五年十二月実弟義視を還俗させて後嗣とした。ところが翌年義尚が生まれたため、その母日野富子は義尚を将軍継嗣に立てんとして、これを山名持豊にはかり、義視はこれに対抗して細川勝元に頼るに至り、これが応仁・文明の乱の発火点となった。文明五年十二月、父義政からの譲りを受けて将軍職につくと、乱れた政治を正さんとする意欲を示し、政道を一条兼良に諮問した。兼良はこれに応えて文明十二年七月『樵談治要』『文明一統記』を著わして義尚におくった。また長享元年九月には、幕府の命に背いて近江国内の寺社本所領や幕府近臣の所領を押領した近江守護六角高頼を討伐するため、みずから坂本に出陣し、幕府の威信回復につとめた。ついで陣を鈎に進め、高頼を甲賀に攻めたが、はかばかしい戦果をあげないうちに、延徳元年(一四八九)三月二十六日陣中に没した。二十五歳。京都相国寺常徳院に葬られたが、のち相国寺塔頭大光明院に改葬された。法号を常徳院悦山道治という。四月二十七日贈太政大臣。義尚は寛大な性格であったが、事によっては生母日野富子とも妥協しない強い面もあった。また幼時より和歌を好み、長じてのちも多くの作品を残し、その歌集に『常徳院集』がある。

足利義尚花押

足利義尚画像

参考文献『大日本史料』八ノ二七、延徳元年三月二十六日条

(小泉　宜右)

あしかがよしひで　足利義栄　?—一五六八　室町幕府第十四代将軍。一五六八在職。足利義維の長子。初名義親。天文七年(一五三八)阿波平島荘に生まれたというが疑問。『言継卿記』永禄九年(一五六六)九月二十五日条の、父義維とともに摂津に到着した子息二人のうち「左馬頭入道殿御息(卅一才)」が義栄にあたるなら、その生年は天文五年(一五三六)である。同二十年三月将軍足利義藤(義輝)不在の京都で、三好長慶暗殺未遂事件が起った時、義維は義栄を伴って上洛しようとしたが果たさなかった。その後一時周防に居たが、永禄六年(一五六三)再び阿波に帰った。そして同八年五月義輝が松永久秀らに殺されると、久秀と絶った三好三人衆に擁立され、九年六月三好の被官篠原長房が阿波から摂津兵庫に入った時、淡路に待機した。一方この年二月には義輝の弟一乗院覚慶が還俗して義秋と称し、義栄の対立者となっている。同年十二月義栄は摂津にすすみ(この月二十八日義栄と改名)、従五位下左馬頭に叙任した。そして同十年十一月伊勢貞助を遣わして将軍宣下を願ったが許されず、翌十一年二月ようやく征夷大将軍に任じられた。しかし同年九月、足利義昭(義秋)が織田信長に奉ぜられて入京した。そこで義栄は摂津富田にあって、山城勝竜寺の石成友通、同木津の三好政康と摂津芥川の三好長逸ら三好三人衆、および摂津越水・滝山の篠原長房らに擁せられ、義昭・信長の軍と対決しようとしたが、腫物を患い、九月富田で病没した。法名光徳院玉山。生年・死没の日付と場所には異説があり確定できない。↓足利義昭《あしかがよしあき》

参考文献『大日本史料』一〇ノ一、永禄十一年九月是月条、奥野高広『足利義昭』(『人物叢書』五五)

(岩沢　愿彦)

あしかがよしまさ　足利義政　一四三五—九〇　室町幕府第八代将軍。一四四九—七三在職。六代将軍義教の子で七代将軍義勝の同母弟。永享七年(一四三五)正月二日誕生。幼名三春。嘉吉三年(一四四三)七月義勝の死後、八歳で家督を嗣ぎ文安三年(一四四六)十二月十三日後花園天皇から名を義成《よししげ》と賜わり、同月十五日従五位上に叙す。文安五年十二月二十六日左馬頭。宝徳元年(一四四九)四月十六日元服。同月二十九日征夷大将軍、同日判始。同年八月二十七日参議、左近衛中将、従四位下に叙任。享徳二年(一四五三)六月十三日義政と改名、寛正元年(一四六〇)八月二十七日左大臣に昇進し、同五年十一月二十八日三宮に准ぜられた。彼は当初管領畠山持国らの補佐のもとに政治に励もうとしたが、生来意志弱く、みずからが強力守護大名らの傀儡にすぎぬことを知り、かつ側室大館氏(今参局)・妻日野富子とその兄日野勝光・近臣伊勢貞親らに控制されて不如意であったため政治に嫌気がさし、幕府財政の窮乏や寛正の大飢饉などの災禍をも顧みず、盛んに土木を興し、社寺詣で・遊山・酒宴

足利義政花押

足利義政画像

などの栄華風流の生活に耽溺した。そしてさらに自由な生活を享受しようとして隠居の志をもち、二十九歳の寛正五年に弟の浄土寺義尋を還俗させて義視と改名させ、彼を後嗣と定めた。ところがその翌年に妻富子が実子義尚を生み、これを家督に立てようと画策し、これが折から激化しつつあった細川勝元と山名宗全(持豊)の勢力争いと結びつき、ついに応仁の乱が勃発するに至った。義政は将軍としての統制力も責任感も乏しく大乱の推移を傍観するだけで、乱中の文明五年(一四七三)十二月、将軍職を義尚に譲り風流の生活に逃避した。そして同十五年かねての願望を達して京都の東山に山荘を構築してこれに移り、東山殿と称された。ついで同十七年月翁周鏡を戒師とし禅宗の儀によって剃髪得度し、山荘内に阿弥陀堂を建てて東求堂と名づけ、さらに二層の観音殿、世にいう銀閣を造建した。なお延徳元年(一四八九)、将軍義尚が江州征伐の陣中において病没したので、義政は再び政務をみたが、翌二年正月七日さびしく五十六年の生涯を終った。法号を慈照院喜山道慶といい、太政大臣を追贈された。墓は京都市上京区の相国寺にある。義政時代の室町幕府はすでに鬱積する矛盾のため崩壊にひんしていたのであり、義政個人の力ではその頽勢挽回はいかんともしがたかったのではあるが、それにしても応仁の乱の勃発とその傍観、土一揆の要求に押されての徳政令の発布、幕府財政の窮乏と民衆の窮状を無視しての奢侈生活、またその費用拈出のための対明卑屈外交など、義政の政治は失政の連続であった。しかし彼が生来文化を愛好し文化人や芸能人を重んじ、趣味風流の生活を送り、加えて折から前代以来禅宗に付随した文化が成熟し、大陸の文物が流入したため、乱世にもかかわらず、この時代には独自の性格をもつ文化、世にいう東山文化が栄えた。すなわち義政が禅僧を外交・文化の顧問として重用し、その文化的教養を高く評価したことも一因として作用して、五山文学が栄え宋学が流行し、東山山荘その他を造営したことが刺激となって、建築技術が進歩し書院造が発生し、ことに彼が庭園に執心し河原者善阿弥らを寵用し自由に手腕をふるわせたので造庭術が大いに進歩した。またそれらの殿館の襖や屏風に小栗宗湛・狩野正信らをして描かせたので、宋元風水墨画を中心とした新画風が勃興し、他方、猿楽の能を愛好して音阿弥を保護し、京都糺河原の勧進猿楽などをみずから見物したので、前代以来興隆しつつあった能楽がいよいよ隆盛になった。彼はまた書画骨董を愛し能阿弥らをして書院飾りを工夫させ、これが機縁となって生け花がおこり、かつ唐様で貴族的で芸術鑑賞を中心にした書院の茶が成立し、村田珠光がわび茶を創始する上の重要な階梯となった。なお彼は禅儀によって出家し禅僧と交わり禅宗文化に関心をよせたが、東山山荘の中核である東求堂が阿弥陀堂であったことが示すように、彼の宗教生活の実体は浄土教に大きく傾斜したものであった。この事実は彼の将軍としての生活が公家的なものであったこととともに、東山文化の性格を考察する上に看過してならないことである。

→日野富子《ひのとみこ》

参考文献　森末義彰『東山時代とその文化』、外山英策『室町時代庭園史』、芳賀幸四郎『東山文化』(『塙選書』二〇)、同「足利義政の宗教生活の世界観」(『東山文化の研究』所収)、同「将軍義政と河原者善阿弥」(同所収)

（芳賀幸四郎）

あしかがよしみ　足利義視　一四三九―九一　室町時代後期の武将。永享十一年(一四三九)閏正月十八日、室町幕府第六代将軍義教の第十男として誕生。嘉吉三年(一四四三)浄土寺に入室して義尋と称したが、兄義政に子がないため、寛正五年(一四六四)十一月その後嗣となり、翌月還俗して名を義視と改め、左馬頭に任じ従五位下に叙し、今出川第に居して今出川殿と呼ばれた。官位は同六年十一月参議兼左近衛中将、翌月従三位権大納言、応仁元年(一四六七)正月正二位に進んだ。しかし寛正六年十一月に義政の実子義尚が生まれたため、義政と夫人日野富子は義視を廃して義尚を継嗣に立てんとした。文正元年(一四六六)九月、義政は伊勢貞親の讒言を信じて義視を殺害せんとし、義視は細川勝元を頼って難を避けた。この対立が勝元と山名持豊(宗全)の二大勢力の利用するところとなり、応仁・文明の乱の直接原因となった。この時は勝元のはからいによって貞親が伊勢に逃亡したが、応仁元年五月義政が貞親を召したため、義視は北畠教具を頼って伊勢に逃れた。翌二年義政はたびたび書簡を送り、また勅を伝えて義視の上京を促し、聖護院道興を迎えに遣わしたので、九月義視は入京して細川勝元の東軍の陣に入り、諫書を義政に呈して奸臣を退けるよう求めた。しかし貞親が幕府に出仕して政務に就くに及んで、義政・義視の間は再び不和となり、同年十一月義視は比叡山に逃れ、ついで山名持豊の西軍に身を投じた。ここに義視は完全に西軍の擁立するところとなり、十二月義視の官爵を削る勅が下り、義視追討の勝利を祈らせる院宣が興福寺に下された。一方義視も文明元年(一四六九)四月、兵を率いて入京する命令を四国・九州の諸大名に下した。かくして以後乱は

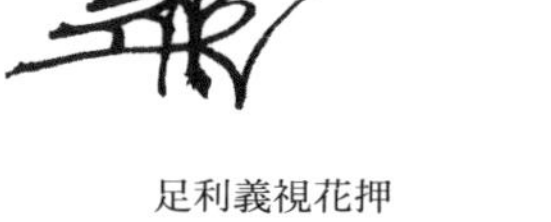

足利義視花押

義政と義視の対立の様相を呈した。ところが同五年三月山名持豊が没し、同年五月細川勝元が没すると、長年の戦乱に飽いた東西両軍の間に和平の動きが起り、義視はその進退を一条兼良にはかった。同八年義政は書簡をもって義視に他意なきことを約し、翌九年義視の女を猶子としたが、義視は西軍の将美濃守護土岐成頼を頼って美濃に下り、ここに京都における乱は一応収まった。同十年七月義政・義視の間に和解が成立したが、義視はなお美濃にとどまり、延徳元年（一四八九）三月将軍義尚（義熙）が没するに及んで、子義材とともに上洛、三条通玄寺に入り、薙髪して道存と号した。翌二年正月義政が没すると、義材が将軍継嗣となり、義視が幕政を執り、大御所と呼ばれた。七月五日義材が征夷大将軍に補せられると、同時に義視も三宮に准ぜられた。かくて長年の流亡の生活から脱却して正式に幕政を後見する位置についたが、このころから病気がちとなり、翌三年正月七日通玄寺において没した。五十三歳。法号を大智院久山道存という。

（小泉　宜右）

あしかがよしみつ　足利義満　一三五八―一四〇八　室町幕府第三代将軍。一三六八―九四在職。二代義詮の子。母は石清水八幡宮社務善法寺通清の女紀良子。良子の母通玄寺開山智泉聖通は順徳皇子四辻宮善統親王の孫にあたる。良子は義詮に侍し義満とその弟満詮を生む。義満は延文三年（一三五八）八月二十二日政所執事伊勢貞継の邸で生まれ、幼名を春王という。康安元年（一三六一）十二月南軍入京し、義詮は後光厳天皇を奉じて近江に奔ったが、時に義満は四歳。建仁寺大竜庵に逃れ、ついで播磨白旗城に入り赤松則祐に養われた。やがて帰洛し、貞治五年（一三六六）十二月七日天皇より名字を義満と賜い、従五位下に叙せられた。同六年十二月父義詮の死とともに足利氏を継ぎ正五位下左馬頭に叙任せられ、細川頼之管領となってこれを補佐した。応安元年（一三六八）四月十五日元服し、十二月三十日征夷大将軍に任ぜられ、同五年十一月判形始を行い政務にあたる、時に十五歳。同六年十一月二十五日参議兼左中将に任ぜられ、永和元年（一三七五）従三位に昇る。同四年より室町に新第を営み、やがて三条坊門第より移住した（室町幕府の名はここに起る）。このころ頼之の執政に対する諸将の反感ようやく募り、康暦元年（一三七九）閏四月義満はついに頼之を下国せしめて、斯波義将を管領とした（康暦の変）。また春屋妙葩を僧録として新興の禅徒を統制した。かくしてようやく世は平穏に復し義満は同二年正月従一位に昇り、翌永徳元年（一三八一）三月後円融天皇を室町第に迎え、六月二十六日内大臣に任ぜられた。このころより在来の武家様の花押のほかに公家様の花押を用い、ついで公家様の花押のみを使用し、諸儀摂家に倣うに至る。同二年正月左大臣に任ぜられ、四月後円融天皇譲位とともに院別当に補せられ、翌三年正月には源氏の長者となり、淳和・奨学両院の別当を兼ね、六月二十六日には准三宮宣下をうけた。これより朝廷内の実権を握り「諸家の崇敬君臣の如し」と称された。その後、嘉慶二年（一三八八）左大臣を辞し、駿河に富士を遊覧して鎌倉公方氏満の来会を期待し、翌康応元年（一三八九）には厳島詣の途中讃岐に細川頼之を訪うて旧交を復し、明徳二年（一三九一）四月には頼之の弟頼元を管領とした。かくして十二月山陰の大守護山名氏清を内野の戦に滅ぼし（明徳の乱）、翌三年閏十月には南朝との講和を成立させ、後亀山天皇を京都に迎えて神器を後小松天皇に奉り、五十余年の両朝対立を拾収したのである（南北朝の合体）。ついで十二月には左大臣に還任し、翌年六月には斯波義将を管領に還補した。義満は細川・斯波の両氏を用いてよく南北朝争乱後の社会を治め、応永元年（一三九四）十二月十七日将軍の職を子義持に譲り、同月二十五日太政大臣に任ぜられたが、翌二年六月三日これを辞し、同月二十日出家した。法名は道有、ついで道義と改め、道号は天山という。時に三十八歳。この時公家・武家多数のものが義満に従って出家した。義満はついで東大寺・延暦寺の戒壇に登り、また相国寺大塔を建立し、その諸儀いずれも法皇の進退に擬し、相国寺内に鹿苑院を建てて檀那塔となし、同四年には北山第（金閣寺はその一部）を造営し、やがてここに移住してこれを仙洞に擬した。これよりさき義満は九州探題として大功のあった今川了俊を召還したが、同六年十二月には山陽の大守護大内義弘を堺に討って（応永の乱）両国支配を強め、同八年五月肥富某らを明に遣わして、元寇以来絶えていた国交を開いた。これより明との通商が行われ、明帝は義満を「日本国王源道義」と呼び冠服・金印・勘合符を送り、その正朔を奉じて海寇の鎮圧することを求めた。義満の明に対する追従外交は当時から批判があったが、貿易の利益と義満の国内的虚栄のためその一代を

「道有」

「天山」

「天山」

足利義満印

足利義満花押

通じて行われ、明船の兵庫来港ごとに義満は妻妾を伴って見物に出かけ、明使を北山第に饗応した。義満の時代は室町幕府の最盛期で関東の氏満・満兼もその威に伏し、三管領・四職をはじめ幕府の職制も整い、五山十刹の制も成り、後世武家政治の規範となった。ことにその晩年の十年ほどは義満の権威は絶対的なものとなり、朝廷はその庇護のもとに安泰を保ち、公卿らは北山殿の鼻息をうかがい、武将らは北山殿の権威を背景に守護国の領国化を進めた。義満はまた公家文化を愛好したため朝廷の諸儀式をはじめ、和歌・連歌・舞楽・蹴鞠の会が盛んに催され、義満の禅宗信仰、外来文化の尊重から宋元名画の蒐集や五山文学の盛行、さらに内裏をはじめ宝幢寺・相国寺や室町第・北山第の造営、勧進猿楽の張行など、義満を中心とする北山文化の華咲いた時期でもあった。

足利義満像

応永十三年十二月二十七日通陽門院が没すると、義満の意向によってその室日野康子が国母に准ぜられ、入内して院号宣下があり北山院と称した。同十五年三月には後小松天皇の北山第行幸があり、義満の愛子義嗣はこれを機会に累進し、四月には内裏において親王の儀に准じて元服し、義満の後継者と目されたが、五月六日義満は北山第に没した。病に臥することわずか旬日、五十一歳であった。十日京都の等持院に荼毘し、中陰仏事の後、相国寺鹿苑院に塔す。法号を鹿苑院天山道義という。すでに官位を極めた義満に対し、朝廷は太上法皇の尊号を贈らんとしたが、斯波義将の計で義持からこれを辞退し、また後継者も義将らの推戴で現将軍義持と決した。義満ははじめ日野時光の女業子を正室としたが、応永十二年病没した後、日野資康女で業子の姪にあたる康子を正室とした。次代将軍義持・義教の生母は藤原慶子で、他に側室も多く、男子には義持・義嗣・義教のほかに、禅僧友山清師・同虎山永隆・仁和寺法尊・大覚寺義昭・梶井義承、女子には大慈院聖久・同聖紹・入江殿聖仙・法華寺尊順・光照院尊久および宝鏡寺主・摂取院主などがある。→細川頼之《ほそかわよりゆき》

参考文献 『大日本史料』七ノ一〇、応永十五年五月六日条、渡辺世祐『室町時代史』、臼井信義『足利義満』(『人物叢書』三八)

(臼井 信義)

あしかがよしもち 足利義持 一三八六―一四二八 室町幕府第四代将軍。一三九四―一四二三在職。三代義満の子。母は三宝院坊官安芸法眼の女藤原慶子。至徳三年(一三八六)二月十二日生まる。同腹の弟妹に六代将軍義教および入江殿聖仙がいる。応永元年(一三九四)十二月十七日元服して、正五位に叙せられ父の譲をうけて将軍に補せらる。ついで同三年九月参議となり、やがて同十三年には権大納言にして右近衛大将を兼ねたが、当時は出家した父義満が北山第にあって実権を握り、室町第の将軍義持は単に足利氏の後継者たるにすぎず、しかも弟義嗣が父義満の偏愛をうけるに及び、後継者としての地位さえ危うくなった。しかるに同十五年五月義満の死とともに、老臣斯波義将らの計でその地位を確保し、一時北山第に入ったが、やがて三条坊門に新第を築き、同十六年十月幕府をここに移した。また父義満への尊号を辞退し、公家化の体制を改め、明に対する屈辱的な外交を絶つなど義満時代の弊風を矯正することが多かった。これらは老臣斯波義将の画策であり、ついで細川満元・畠山満家が管領としてよく義持の施政を補佐した。しかし強大な圧力の去ったあとはようやく諸所に反抗の萌芽が顕われ、同十七年には南朝最後の天皇であった後亀山法皇は嵯峨から吉野に潜幸されて、翌年には飛驒国司姉小路尹綱の叛があり、やがて伊勢国司北畠満雅の挙兵、小倉宮の皇位競望など南朝勢力の蠢動をはじめ、同二十四年には関東の上杉禅秀の乱に応じて弟義嗣の策謀があり、ついに翌二十五年正月義嗣を殺すに至った。この間義持は内大臣に昇り、やがてこれを辞し、同三十年三月十八日将軍を辞し、四月二十五日出家して道詮と称したが、義持に代わって将軍となった子義量が同三十二年二月早世するに及び、義持は法体のまま再び幕政をみた。このころ甲斐の武田氏、常陸の佐竹氏に関して幕府と鎌倉公方持氏との間に争いが起り、関東出兵が計画されたが、持氏の屈服によってやんだ。また同三十四年には播磨守護赤松満祐の一族越後守持貞を偏愛し、満祐の守護職を取り上げ持貞に預けんとしたため、持祐は一族を率いて白旗城に籠城する事態となったが、畠山満家らの尽力でようやく落着をみた。室町幕府は守護勢力の連合の上に

足利義持花押

成立するといわれる。南北朝の争乱を通じて守護の分国支配は進み、幕府体制の強化が同時に守護の領国化への後楯となった。しかし守護勢力の強化は同時に幕府の支配力の減退ともなるため、幕府は守護家庶流の子弟を将軍の近習として挙用し、守護家勢力の分散を計ったが、それがまた紛争の原因ともなった。義持は正長元年(一四二八)正月十八日、四十三歳で没す。法号は勝定院顕山道詮。二十二日太政大臣を贈られ、二十三日京都第持院に葬し、相国寺勝定院に塔す。室は日野資康女栄子、義持嗣子なく臨終に際し後継者を指名せず、諸大名の推選にまかせた。管領畠山満家は三宝院満済と計り、石清水八幡宮に鬮をとり青蓮院義円を迎立した。六代将軍義教である。 ↓足利義嗣《あしかがよしつぐ》 ↓斯波義将《しばよしまさ》

(臼井 信義)

参考文献 渡辺世祐『室町時代史』

あしかがよしやす 足利義康 ?―一一五七 平安時代後期の武将。足利氏の祖。源義家の孫。源義国の子。新田義重の弟。母は信濃守源有房(村上源氏)の女。父義国より下野国より下野国足利荘を譲られてここを本拠とし、足利氏を称した。康治元年(一一四二)十月鳥羽上皇が建立した安楽寿院に足利荘を寄進、これによって安楽寿院は足利荘の本所となり、彼は下司職となった。また藤原姓足利家綱と同国簗田御厨の地主職を争い、ついにこれを獲得した。義康は所領の寄進が機縁となり、在京して鳥羽上皇に仕えて北面の武士となり、左衛門尉・検非違使に任ぜられた。保元の乱には後白河天皇方として活躍、平清盛の三百騎、源義朝の二百騎についで百騎を従え、天皇方軍勢の主力をなした。近衛方面から崇徳上皇の白河北殿を攻め、上皇方が敗れるに及び平家弘父子五人を捕えて大江山に斬った。その戦功で蔵人となり、昇殿を許され、陸奥守となって足利陸奥判官・足利蔵人判官と称された。兄新田義重が常に在国して、官位も進まなかったのと対照的である。また義康は、源氏の本宗と姻戚関係にあった。すなわちその妻は熱田大宮司範忠の女で、義朝の妻の姪にあたった。以上から足利氏は源氏の庶流であったが、その子孫が京都・鎌倉で重じられることとなった。保元二年(一一五七)五月二十九日死去。法号道達。

足利義持画像

(勝守 すみ)

参考文献 高柳光寿『足利尊氏』

あしなもりうじ 蘆名盛氏 一五二一―八〇 戦国時代の武将。陸奥国会津黒川城主。幼名四郎丸、通称平四郎、また平三郎とも伝える。初名盛治、止々斎《ししさい》と号す。大永元年(一五二一)会津に生まれる。父は蘆名盛舜《もりきよ》。天文八年(一五三九)修理大夫。すでに盛舜の代までに南会津を除く会津地方の服属をほぼ実現していた蘆名(葦名)氏は、盛氏の代に南会津および安達・安積・岩瀬・田村・白河を制圧し、その全盛時代を現出した。同十二年みずから出陣して大沼郡の山内舜通を破り、長沼氏の南山(南会津郡)を除く会津一円を掌握した。同十九年安積郡で田村隆顕と戦い、畠山尚国・結城白川晴綱の調停で和睦し、その結果安積郡の郡山・小荒田・下飯津島・前田沢を手に入れ、安積伊東氏の名跡を蘆名からの入嗣によって相続させて安積郡の支配を強めた。岩瀬郡の二階堂氏に対しても服属化を進め、永禄七年(一五六四)から九年には岩瀬郡長沼をめぐって伊達氏と争った末、これを手に入れ、二階堂盛隆を人質にとった。白川氏とは、天文以来常陸から高野郡南郷(東白川郡)に進出していた佐竹氏に対抗すべく、天文二十三年(一五五四)白川義親に息女を嫁して同盟関係にはいり、永禄三年佐竹軍と戦ったのをはじめ、元亀二年(一五七一)に北条氏と同盟して以後は連年佐竹氏と交戦した。この間、須賀川二階堂・結城白川と結び、田村・石川としばしば対立した。東白川地方まで勢力をのばした盛氏は、永禄十年遠く菊田荘の上遠《かど》野《の》藤兵衛に地を与えることを約し、また赤館左衛門尉に石川郡沢井の領有を保証した。晩年の天正六年(一五七八)のころには、田村郡は守山まで、石川郡は在城一カ所を除くすべてを掌握するに至っている。越後に対して

蘆名盛氏花押

「止々斎」
蘆名盛氏・盛隆印

も、早くから支配していた小川荘を拠点として進攻を図り、永禄七年武田信玄と連絡して越後菅名荘に侵入し、天正六年の上杉御館の乱には上杉景虎に荷担して菅名荘に出兵した。永禄六年の室町幕府の『諸役人付』(「光源院殿御代当参衆幷足軽以下衆覚」)には「大名在国衆」として北条・今川・上杉・武田・織田・島津・毛利ら五十三人の大名がのっているが、奥州の群雄のうちでは伊達晴宗と「蘆名修理大夫盛重」がこれに列している。「盛重」はおそらく後筆註の誤で、これが盛氏であることは確かであろう。永禄六、七年ころ子息盛興に家督を譲り、大沼郡の向羽黒岩ヶ崎城に移ったが、以後かれの軍事・外交活動はむしろ頂点に達した。天正二年盛興の死後二階堂盛隆を盛興後室の婿として相続させ、みずからも黒川城にもどって政務をみた。同五年ころから一転して佐竹氏と協調関係にはいり、蘆名・佐竹・白川・石川・岩城・二階堂の連合と伊達・田村勢力の対抗という戦国奥州の最終的緊張の素地をつくった。内政面では永禄三年から天正四年にかけて六回の徳政令を発し、簗田氏を会津商人司に登用するなど、流通統制によって領内支配を強化した。三十歳代前半までに止々斎を号し、雪村周継から画軸巻舒法の伝を受け、また関東の医田代喜斎から調薬の秘法を受けるなど、文雅教養の人でもあった。かれの花押は白川義親・伊達輝宗・同政宗らの花押に影響を与えている。天正八年六月十七日黒川城で死去。六十歳。法名瑞雲院竹巌宗関大庵主。墓は福島県会津若松市の宗英寺にある。

蘆名盛氏像

参考文献 『葦名系譜』、『会津若松史』一、『福島県史』一、高橋充「葦名盛氏の『止々斎』号」(『福島県立博物館紀要』九)
(小林　清治)

あしなもりたか　蘆名盛隆　一五六一―八四　安土桃山時代の武将。陸奥国会津黒川城主。左京亮・三浦介、通称は平四郎という。須賀川城主二階堂盛義の子。母は蘆名盛氏の妹と伝えるが(『葦名系譜』)、また伊達晴宗の娘ともいう(『伊達族譜』)。永禄九年(一五六六)のころ蘆名(葦名)氏への服属の証人(人質)として会津に移り、蘆名盛氏に育てられた。天正二年(一五七四)の蘆名盛興の死後、盛氏の養子となり盛興後室(伊達晴宗の娘、伊達輝宗養女)と結婚して蘆名家を嗣ぎ、同八年ころから佐竹義重と結んで仙道地方(福島県中通り)に活発な軍事・外交活動を展開した。同九年織田信長に馬を贈り、その斡旋により三浦介となる。同十二年六月家臣松本行輔と栗村下総が盛隆の外出のすきをねらって、黒川城を占拠するという事件がおき、叛乱はまもなく鎮圧されたが、同年十月六日かれは会津黒川城中で寵臣大庭三左衛門に殺された。年二十四。法名は瑞泉院蘭室永賀。

参考文献 『大日本史料』一一ノ九、天正十二年十月六日条、『会津若松史』一、『福島県史』一
(小林　清治)

アショーカおう　阿育王　⇨あいくおう

あすかいのりさだ　飛鳥井教定　?―一二六六　鎌倉時代中期の歌人。二条教定ともいう。父は『新古今和歌集』の撰者の雅経。母は鎌倉幕府の重臣大江広元の娘。侍従、少・中将、右兵衛督を経て、建長五年(一二五三)従三位。翌年督を辞任。正嘉二年(一二五八)正三位。文応元年(一二六〇)左兵衛督。弘長三年(一二六三)督を辞し、文永三年(一二六六)四月八日瘡を煩って鎌倉で死去。関東祗候の廷臣として藤原頼経・頼嗣・宗尊親王の三代の将軍に仕え、鞠の名手、歌人として重んぜられた。『吾妻鏡』では二条三位などと記される。子の雅有の『隣女和歌集』によれば日記を残し、『夫木抄』によれば家集も存したらしいが、いずれも現存しない。卓抜な歌人ではないが、娘が藤原為氏室で為世を生んでいることもあってか、『続後撰集』以下の勅撰集に三十七首入集(同名異人の教定の歌三首は除く)。建長三年九月十三夜影供歌合にも十首出詠して好成績を得た。『東撰和歌六帖』『夫木抄』その他にも歌が選入されている。
(樋口芳麻呂)

あすかいまさちか　飛鳥井雅親　一四一七―九〇　室町時代後期の公卿。歌鞠家。号柏木。応永二十四年(一四一七)生まれ。父は権中納言雅世。文安五年(一四四八)非参議従三位。以後右衛門督、権中納言を経て、寛正元年(一四六〇)正二位、文正元年権大納言。文明五年(一四七三)十二月出家(法名栄雅)。父雅世に家学の指導を受けて、十四歳で幕府歌会始に初出仕。康正元年(一四五五)の内裏歌合にはじめて判者となり、以後堂上歌壇の中心となって活躍した。寛正六年二月に勅撰集撰者の院宣を受けたが、応仁の乱の勃発によって私邸和歌所と資料は焼失し撰修の業は中絶した。乱を近江柏木郷に避けたので柏木殿と呼ばれた。将軍足利義政や義尚の歌鞠師範で、また三条西実隆や姉小路基綱などの公家や、若

狭武田氏など地方大名家の歌道師範として文明・長享ごろの歌壇の中心的存在であった。また書をよくして栄雅流と呼ばれる一派をなした。ちなみに、近衛政家に嫁した雅親の女も能書家で『古今集』などの筆写本がよろこばれたようである(『実隆公記』『隔蓂記』)。延徳二年(一四九〇)十二月二十二日没。七十四歳。「和歌蹴鞠等古老仁也、忽失㆓道之光輝㆒」(『実隆公記』)と惜しまれた。著書に『亜槐集』(『群書類従』和歌部)、『栄雅千首』(『続群書類従』和歌部)などの家集のほかに『飛鳥井家式法』(『飛鳥井家秘伝集』とも)、『和歌道しるべ』『和歌入学抄』などの著述があり、ほかに雅親の講釈を基礎に、子息雅俊が飛鳥井家の古今集注を集大成したと思われる『古今栄雅抄』は近世の『古今集』研究に大きく寄与したと評価される。一字名は「旅」(彰考館蔵『和漢聯句』)。

参考文献 井上宗雄『中世歌壇史の研究―室町前期―』、今泉淑夫「文明二年七月六日付飛鳥井雅親書状案をめぐって」(『日本歴史』三六九)

(今泉　淑夫)

あすかいまさつね　飛鳥井雅経　一一七〇―一二二一　鎌倉時代前期の公卿。歌鞠に秀で、飛鳥井と号した。飛鳥井流蹴鞠の祖。嘉応二年(一一七〇)、刑部卿藤原頼経の次男として生まれた。母は大納言言源顕雅女。侍従・左中将・右兵衛督などを経て、建保六年(一二一八)正月非参議従三位。父頼経は源義経に同心の科で文治五年(一一八九)伊豆に配流され、兄宗長も解官されたが、雅経は鎌倉に在って、蹴鞠を好んだ源頼家のもとで厚遇され、大江広元の女を妻とした。建久八年(一一九七)後鳥羽上皇の命によって上洛、建仁元年(一二〇一)新設された和歌所の寄人となり、元久二年(一二〇五)藤原定家や同家隆らと『新古今和歌集』を撰進した。その後も関東に下向して歌鞠の指導をした。建暦元年(一二一一)鴨長明を将軍実朝に吹挙して下向させ対面の機会をつくったのはこの雅経である(『吾妻鏡』)。その歌才は寂蓮や定家らと並び称され、「雅経は、ことに案じかへりて歌よみしものなり、いたくたけある歌などは、むねとおほくはみえさりしかとも、手たりと見えき」(『後鳥羽院御口伝』)と評された。都鄙にわたる活躍によって、飛鳥井一流が後代に歌鞠の師範家として重用される基礎を確立した。なお『熊野懐紙』や『崇徳天皇御本古今集』によって、その手跡をうかがうことができる。承久三年(一二二一)三月十一日没。五十二歳。家集を『明日香井集』(『群書類従』和歌部)という。また『蹴鞠略記』(同蹴鞠部)の著がある。

参考文献 『大日本史料』四ノ一五、承久三年三月十一日条、有吉保『新古今和歌集の研究―基礎と構成―』、松永茂雄「藤原雅経について」(『国文学論究』五)

(今泉　淑夫)

あすかいまさよ　飛鳥井雅世　一三九〇―一四五二　室町時代前期の歌鞠家。はじめ雅氏、のち雅清、また雅世。明徳元年(一三九〇)生まれ、父は権中納言雅縁。応永二十九年(一四二二)非参議従三位。翌年右衛門督。永享二年(一四三〇)権中納言。同九年従二位に昇った。年少時に十三歳で自邸歌会に講師を勤めて「云㆓詠歌㆒云㆓手跡㆒云㆓講師㆒共以器用神妙」(『吉田家日次記』)とその歌学と書流にわたる才能を高く評価されている。足利義満以来の室町将軍家の信任が厚く、特に義教の代には、伊勢参宮や駿河富士下向などの将軍の遠行に供奉したり、自邸に将軍を招いて歌会を催すなど義教の寵を得た様子が顕著である。間々、義教の不興をかって所領の一部を没収されることもあったが、冷泉家に対する処遇に比べて積極的な支持を受けたといえる。永享五年には勅撰集の撰者に単独で指名されて、同十一年『新続古今和歌集』を奏覧した(ただしこのときの正本は事故で焼失して、文安四年九月に新写補訂本を奏覧した)。常光院尭孝と親しく、二条派の歌学を体系的に摂取して、宮中や幕府・諸家の歌会に題者・講師を数多く勤めてこの当時の中央歌壇の指導的地位にあった。嘉吉元年(一四四一)六月、後援者の義教が暗殺された直後、七月八日正二位に叙されて、十日に出家した(法名祐雅)。こうした雅世の昇進について万里小路時房は「今及㆓正二位㆒、可㆑云㆓幸運㆒、云㆓諸社祭㆒云㆓禁中公事㆒猶以遁避、只以㆓歌鞠両道㆒達㆓官位㆒、可㆑恐事也」(『建内記』嘉吉元年七月九日条)と評している。享徳元年(一四五二)二月没。六十三歳。没日については『大乗院日記目録』は朔日とし、『飛鳥井雅世一周忌品経和歌』と『飛鳥井家譜』は二日とする。『飛鳥井雅世卿歌集』、『富士紀行』(『群書類従』紀行部)などの著書がある。

参考文献 井上宗雄『中世歌壇史の研究―室町前期―』、同「新続古今集の撰進をめぐって」(『和歌文学研究』五)、岩橋小弥太「足利時代に於ける勅撰集編纂の特異の事情について」(『史林』九ノ三)、永島福太郎「『新続古今集』の撰進とその意義」(岩橋小弥太博士頌寿記念会編『日本史籍論集』下所収)

(今泉　淑夫)

あすかべおう　安宿王　生没年不詳　奈良時代の皇族。長屋王の子。母は藤原不比等の女。そのため長屋王の変で、罪を免れた。天平九年(七三七)従五位下。玄蕃頭・治部卿・中務大輔・播磨守兼迎鑑真勅使・内匠頭・讃岐守を歴任。天平宝字元年(七五七)七月、橘奈良麻呂の陰謀に坐して密告・召喚され、黄文王の仲介で謀に参加したと述べた結果、捕えられて妻子とともに佐渡に流された。逆賊扱いされ悲運にあったが、のち許され、宝亀四年(七七三)高階真人を賜わった。

(原島　礼二)

あすかべのつねのり　飛鳥部常則　生没年不詳　平安時代中期の絵師。経則とも書く。天暦八年(九五四)に左衛門少志《さかん》で画所に出仕し、村上天皇の自筆の金字法華経の表紙絵を描き、康保元年(九六四)には左衛門志で清涼殿の鬼の間に白沢王が鬼を追い払う壁画を描いた。中国風俗の唐絵を宮殿障壁に描いた例である。風景画では京都

最古の林泉である神泉苑の写景画が冷泉院図書にあって、藤原道長が見て優美であるとほめている。天禄三年(九七二)に賀茂祭の御禊の彫物の牛馬犬鶏の下絵を描き、その彫刻に彩色している。また宮中で使う工作物の下絵を描き、雪を集めて蓬萊山の形を宮庭に作るなどをしており、常則は画所の絵師として奉公していた。常則が倭《やまと》絵《え》の屏風を描いたのが、「やまとえ」のはじまりであり、村上天皇のころまでさかのぼる。『源氏物語』須磨・絵合、『栄花物語』初花・御賀に絵巻物を描き彩色の第一人者であることが記されている。今日その作品で伝わるものは一つもない。

参考文献 朝岡興禎編『古画備考』、堀直格『扶桑名画伝』 (亀田 孜)

あすけしげのり 足助重範 ?―一三三二 鎌倉時代後期の武士。三河国加茂郡足助の住人。通称次郎(『尊卑分脈』は三郎)。経基王の子源満政より九世の孫重季以来、足助に住して足助を苗字とした。『吾妻鏡』建長二年(一二五〇)条に足助太郎の名がみえ、鎌倉幕府の御家人であった。重季は源為朝の女の所生で、その妻は三河守護安達盛長の女であった。その後、尾張国那古野荘に住した一族の重純・重房父子は安達氏との関係をもち続け、弘安八年(一二八五)、安達泰盛の霜月騒動に加わって重房は戦死。所領は収公された。また重範の曾祖父重方は佐渡守・蔵人・右兵衛尉、従祖父の親重も下野守に任じ昇殿を許された。さらに足助地方には八条院領の高橋荘・高橋新荘があり、足助氏はこの荘官として大覚寺統と関係をもったらしい。以上のような諸条件が足助一族を反北条的立場にたたせ、後醍醐天皇の討幕計画に参加させたのであろう。『太平記』によれば、足助次郎重成が元亨二年(一三二二)春ごろより密かに行われた関東調伏の祈禱の際、その警備にあたり、正中元年(一三二四)公家と武士の無礼講にも参加しているが、この重成は重範と同一人であろう。ついで元弘元年(一三三一)、討幕の計画が洩れ、後醍醐天皇が笠置に遷幸した時、重範は東面の一の木戸口を守り、幕府の大軍をむかえて奮戦。なかでも寄手の美濃・尾張勢のうち、荒尾九郎・弥五郎兄弟を遠矢に倒した強弓ぶりは名高い。笠置城陥落ののち、捕えられて翌二年五月三日、京都六条河原に斬られた。年三十二または四十一と伝える。足助一族はその後も南朝方に属し、重春は遠江にいた宗良親王を三河に迎えようとしている。しかし室町時代に入って足助氏は室町幕府の奉公衆となり、足助宮内少輔・足助掃部助などの名が御番帳にみえる。

参考文献 『愛知県史』一、愛知県教育会編『忠臣足助重範と其の一族』 (新井喜久夫)

あずみのおおはま 阿曇大浜 阿曇連の祖。『日本書紀』応神天皇三年十一月条によれば、この時諸所の海人が騒擾して命に従わなかったので、大浜宿禰は命によりこれを鎮め、これにより「海人之宰」となったという。おそらく彼はそれ以前から海人を率いていたもので、その関係で鎮定を命ぜられたものであろう。なお『釈日本紀』所引『筑前国風土記』糟屋郡資珂嶋条に、神功皇后の新羅征討に陪従した大浜・小浜の名がみえるが、大浜は大浜宿禰と同一人であろう。 (後藤 四郎)

あずみのはまこ 阿曇浜子 五世紀の人。『日本書紀』によれば、仁徳天皇の崩御後、住吉仲皇子が皇太子(履中天皇)に叛した時、浜子は皇子の側にあって、配下の淡路の野島の海人をして、倭に逃れる皇太子を追わせたが失敗し、のち浜子自身も捉えられた。履中天皇即位後、浜子は死罪にあたるところを許されて墨刑に処せられ、時人はこれを阿曇目と言ったという。また浜子に従っていた野島の海人も罪を許されて、倭の蔣代屯倉に使役せられたという。 (後藤 四郎)

あずみのひらぶ 阿曇比羅夫 七世紀中ごろの人。阿曇山背連比羅(良)夫とも記す。皇極天皇元年(六四二)正月、百済に遣わされていた比羅夫は舒明天皇の崩御を聞き、百済の弔使とともに帰国、みずからは葬礼に奉仕するため筑紫より単独で上京し、百済の大いに乱れていることを報告した。ついで命を奉じて草壁吉士磐金らとともに百済の弔使にその国情を尋ねている。なお当時来朝中の百済の王族翹岐を自分の家に置いていることは、比羅夫と百済との関係の密接なことを示すものであろう。のち、百済救援の役に将軍の一人として活躍し、百済の王子豊璋の護送にもあたった。戦後に大錦中の冠位を授けられている。なお『日本書紀』推古天皇三十一年(六二三)十一月条の阿曇連(闕名)も比羅夫のことであろう。

参考文献 池内宏「百済滅亡後の動乱及び唐・羅・日三国の関係」(『満鮮史研究』上世二所収)、坂本太郎「天智紀の史料批判」(『日本古代史の基礎的研究』上所収)、後藤四郎「大化前後における阿曇氏の活動」(『日本歴史』二二六) (後藤 四郎)

あそこれずみ 阿蘇惟澄 ?―一三六四 南北朝時代の武将。阿蘇大宮司。宇治または恵良姓を称す。通称小次郎。惟景あるいは惟国の子というが不分明。惟時の婿となる。元弘三年(一三三三)兄惟直とともに幕命により東上の途次、護良親王の令旨を受け、備後鞆より帰国。南北朝の対立後は、終始南軍として数多くの合戦に臨む。暦応四年(興国二、一三四一)肥後国守富荘地頭職を、翌康永元年(同三、一三四二)には肥前国曾禰崎荘地頭職を給せらる。同二年惟時が足利方に与すると、これを肥後国矢部に攻めたほか、征西将軍宮懐良親王の西下後は、親王および五条頼元の信頼きわめて厚く、菊池武光とともに、益城・八代など肥後南部を中心に、しばしば少弐頼尚らの軍と戦った。貞和元年(興国六、一三四五)には、肥後国砥用山・矢部山を安堵され同四年(正平三)には筑後権守に補せられ、その翌年には惟時を南軍側に帰順させ、日向国吏務職を管領した。さらに康安元年(正平十六、一三六一)には、惟時のあとをうけて阿蘇大宮司となり、所職・所領の安堵を受けた。その間観応元年(正

平五、一三五〇)には足利直冬の誘いを受け、康安元年には肥後国守護職をもってする義詮の誘いがあったが応じなかった。貞治三年(正平十九、一三六四)九月二十九日病没。明治四十四年(一九一一)贈正四位。惟澄はみずからの守護大名化の志向を、南軍方における軍事的活動にかけたが、それは必然的に肥後国守護職をもつ菊池氏の下風に立つという結果をもたらした。また征西府の目的はより大きな南軍勢力の結集にあったから、むしろ惣領惟時の動向を重視せざるをえず、数々の軍忠と、多くの闕所地を列挙しての惟澄のたび重なる恩賞要求にもかかわらず、それが容れられるところは少なく、彼の意図はほとんど実現されなかった。

参考文献 藤田明『征西将軍宮』、杉本尚雄『中世の神社と社領』 (工藤敬一)

あそこれたけ 阿蘇惟武 ?―一三七七 南北朝時代の武将。阿蘇大宮司。惟澄の次子、惟村の弟、宇治姓を称す。通称八郎次郎。父惟澄とともに南朝方に属し、貞治三年(正平十九、一三六四)父の遺領を懐良親王によって安堵され、翌年三月大宮司となり、北朝の大宮司である兄惟村に対抗した。征西府としても惟澄なきあと惟武の力をたのむところ大きく、応安五年(文中元、一三七二)筑前国山門荘を、翌年には豊後国高田荘領家職を与え、ついで筑前国下座郡の旧領・豊後国武蔵郷・同入田荘・同日田荘などを給し、日向国の国司・守護両職に補任した。しかし永和三年(天授三、一三七七)八月、菊池武朝らとともに良成親王を奉じて、今川了俊・仲秋と肥前国千布・蜷打で会戦し、戦死した。

参考文献 藤田明『征西将軍宮』 (工藤敬一)

あそこれとき 阿蘇惟時 ?―一三五三 南北朝時代の武将。阿蘇大宮司。惟国の子と推定される。元弘の変に際し一旦大宮司となったが、間もなくその職を子惟直に譲り、建武三年(延元元、一三三六)惟直の没後大宮司に還任した。元弘三年(一三三三)一族の上島惟頼とともに六波羅探題を攻め、建武二年には新田義貞に従い、東下して箱根竹ノ下で足利尊氏と戦い、敗れて帰洛するや内侍所を奉じて足利軍の攻撃を東坂本に避けた。同三年には大宮司として南朝より阿蘇社領および元弘以来の恩賞地を安堵されたほか、肥後国の国上使職、薩摩守護職、薩摩国満家院・泉荘・伊集院・日置南郷・給黎院の地頭職などを与えられて、南朝の期待をになう形となった。しかし惟時の目的は伝統的な惣領中心の族的結合を維持することにあり、尊氏によって補任された北朝方大宮司坂梨孫熊丸には対抗したものの、暦応四年(興国二、一三四一)には直義の誘いに応じ、貞和五年(正平四、一三四九)には同族の女婿惟澄の呼びかけで再び南軍に属するなど、全体として曖昧な態度をとりつづけた。観応二年(正平六、一三五一)の惟澄の子惟村を猶子として隠居。ついで筑前飯盛山に足利方の一色直氏と戦ったが、その後間もなく文和二年(正平八、一三五三)に没した。

参考文献 藤田明『征西将軍宮』、杉本尚雄『中世の神社と社領』 (工藤敬一)

あそこれまさ 阿蘇惟政 生没年不詳 南北朝時代の武将。阿蘇大宮司。惟武の子。幼名乙丞丸。永和三年(天授三、一三七七)三月、父の死に先立ち、懐良親王から「肥後国四ヶ社大宮司職幷国々所領」の安堵を受け、以後菊池氏とともに九州南軍の一翼をなした。永徳三年(弘和三、一三八三)征西将軍宮良成親王より豊前国三雲三郎・別符種此跡を賜わり、翌年には豊前今任荘を阿蘇社領として給せられ、ついで一両年の間に肥前国彼杵荘領家職、日向国国衙職、豊後国日田郷を安堵された。明徳三年(元中九、一三九二)の南北朝合体後も征西府としては南朝勢力の再興を惟政に期待し、豊後・日向両国守護職、肥後国八代荘・同豊田荘などの知行を約したが、もはやそれが実現することはなかった。

参考文献 藤田明『征西将軍宮』 (工藤敬一)

あだちかげもり 安達景盛 ?―一二四八 鎌倉時代前期の武士。盛長の長子で弥九郎と称す。母は丹後内侍。父とともに源頼朝に仕え、幕府草創に功あり。特に頼朝の寵をうけた。頼朝の死後間もない正治元年(一一九九)景盛が鎌倉を留守にした間に、新将軍頼家が彼の妾を奪ったことから頼家に讒言するものあり、ために頼家に誅されようとしたが、政子の諫止により免れた。将軍実朝のとき、承元元年(一二〇七)右衛門尉に任じ、建保六年(一二一八)三月出羽介となり、秋田城を管し、秋田城介と称した。翌四月従五位下。これ以後秋田城介は安達氏の世襲の職となる。承久元年(一二一九)正月将軍実朝の死により出家して、大蓮房覚智(地)と号し、やがて高野山に入って、実朝菩提のために金剛三昧院を建立し、高野入道と称された。承久の乱では北条時房に属して戦い、京方の軍兵を栂尾に追ったとき明恵上人に会い、以後深く明恵に帰依して、明恵との間に和歌の贈答を行なった。また醍醐寺の実賢について灌頂を授けられたという。景盛は出家後も執権北条泰時と緊密な関係にあり、高野山にいながら、たびたび幕府の諮問に応じ、政治の中枢に参画した。その女(松下禅尼)は泰時の嫡子時氏の室となり、経時・時頼を生んだが、この二人がつづいて執権となったため、景盛は外祖父として幕府における権勢を高めた。宝治元年(一二四七)四月、景盛は高野山より鎌倉に至り、しきりに執権時頼と密議をこらし、また子義景・孫泰盛に対して三浦氏の権勢の伸長を厳戒すべきを訓している。政治的対立者たる三浦氏の勢力伸長を、安達氏の将来の不安と結びつけたのである。かくて謀略により時頼と三浦氏の接近を阻み、ついに安達一族が中心となって三浦氏を族滅させた(三浦氏の乱)。安達氏の隆盛の基礎を定めた景盛は再び高野山に帰り、翌年五月十八日その地に没した。

参考文献 三浦周行『鎌倉時代史』(『日本時代史』五)、安田元久『鎌倉幕府―その政権を担った人々―』、竜粛「鎌倉時代概観」(『鎌倉時代』下所収)、多賀宗隼「(金

沢文庫本）覚智筆『雑問答』について—安達一族と仏教—」（『鎌倉時代の思想と文化』所収）

（安田　元久）

あだちときあき　安達時顕　?—一三三三　鎌倉時代後期の武将。父は弘安八年（一二八五）の霜月騒動で殺された宗顕、母は山河上野五郎左衛門重光の女。加賀兵衛尉と称し、のち秋田城介となる。嘉暦元年（一三二六）には寄合衆になっていた。『保暦間記』には、「高時が舅秋田城介時顕」とあり、内管領長崎円喜と時顕が談合して政務をとったとみえている。なお、金沢貞顕が在京中、京都へ行ったことがあり、越後国白川荘を与えられていた。元亨三年（一三二三）北条貞時十三回忌供養に際し、一品経供養の願文を清書し、安楽行品を調進し、砂金百両・銀剣一を進物とした。元徳二年（一三三〇）以前、おそらくは嘉暦元年三月、北条泰家が出家したとき、入道して法名を延明といった。元弘三年（一三三三）五月二十二日、鎌倉の東勝寺で北条氏一門とともに自殺した。

参考文献　佐藤進一「鎌倉幕府政治の専制化について」（竹内理三編『日本封建制成立の研究』所収）

（貫　達人）

あだちもりなが　安達盛長　一一三五—一二〇〇　鎌倉時代前期の武士。藤九郎と称し、源頼朝の配流時代からその側近に仕えた御家人であるが、家系出自は必ずしも明らかでない。『尊卑分脈』には藤原北家魚名流より出で、小野田三郎兼盛（広）の子としているが、信憑性は少ない。頼朝の乳母比企尼の女を妻とし、その関係から頼朝に接近し、頼朝挙兵の際には相模の在地武士を招致すべく各地を廻り、また千葉常胤の協力を求めるための使者ともなり、頼朝の最も信頼する御家人の一人であった。元暦元年（一一八四）のころから上野国奉行人となり、国内公領の収納事務管轄権および国中寺社管領の権を与えられた。文治五年（一一八九）の奥州征伐に従軍、頼朝の二度の上洛にも供奉したが頼朝の死により正治元年（一一九九）正月出家。法名蓮西。将軍頼家の下で十三名の合議制ができた際その一人となり、またそのころ三河の守護となっていた。梶原景時弾劾の強硬派の一人。同二年四月二十六日没。六十六歳。

参考文献　『大日本史料』四ノ六、正治二年四月二十六日条、『鎌倉市史』総説編、三浦周行『鎌倉時代史』（『日本時代史』五）、安田元久『鎌倉幕府—その政権を担った人々—』、竜粛「鎌倉時代概観」（『鎌倉時代下所収）

（安田　元久）

あだちもりむね　安達盛宗　?—一二八五　鎌倉時代後期の武将。安達泰盛の子。生年不詳。官位は越前守、従五位下。『竹崎季長絵詞』には「肥後国時之守護人城次郎盛宗」とあるが、これは父の泰盛が武藤氏のあとをうけて肥後守護になったとき、その代官であったのを誤り伝えたものである。盛宗の肥後守護代としての事蹟は、蒙古襲来当時の異国征伐に関する建治二年（一二七六）の『八幡筥崎宮御神宝記』にみえる。弘安七年（一二八四）鎌倉幕府は徳政御使三人を九月に派遣し、九州を三分し六人の担当奉行を組合せて、神領興行・鎮西御家人名主職安堵のことを執行させた。このとき盛宗は長田教経とともに豊前・豊後・日向を管掌した。父の泰盛が、同八年十一月、霜月騒動で敗死したとき、それが鎮西にも波及し、盛宗や武藤景資（盛氏）らは、泰盛方として武藤経資らと戦い敗死した。

（川添　昭二）

あだちやすもり　安達泰盛　一二三一—八五　鎌倉時代後期の武将。初名、城九郎。秋田城介。義景の子。母は小笠原時長の女。安達氏は祖父景盛以来幕政の枢機に与り、泰盛も早く将軍藤原頼嗣の近習となり、つづいて引付衆・引付頭・評定衆に列し、さらに越訴奉行となった。また文永九年（一二七二）以後十一年までに肥後守護となり、おそらく滅亡までその職にあった。建長五年（一二五三）父の死後は幕政の重要局面には必ず名を列ねた。その後二十年間、執権北条政村・時宗・貞時の政局に参与し、その権威は年とともに盛んで「威勢先祖ニ越エテ人多ク随キ」といわれ、一族も蔓延した。弘安のころには、従来北条一門に限られた陸奥守に任じ人の目をそばだてた。この権威は景盛以来、執権一門と血縁関係を累ねてきているということにも基づいている。弘安の蒙古襲来の時、泰盛は子盛宗を守護代として九州に下し、みずからは御恩奉行として鎌倉に在った。弘安五年（一二八二）十月秋田城介を子宗景に譲り、同七年出家した。安達氏の権勢は執権の畏憚と豪族の嫉視を買い、泰盛は源氏を称して将軍職を僭する野心ありとさえ流言された。このころ執権家の内管領平頼綱は泰盛と権威をあらそい、泰盛を執権貞時に讒した。ついに同八年十一月十七日、泰盛は執権当局の追伐を受けて、一族与党とともに滅びた。時に五十五歳。これが霜月騒動である。法名は覚真。泰盛の政治以外の活動も注目されるが、特に高野山および京都との接触において著しい。前者としては、景盛が将軍源実朝の菩提のために高野に入って大蓮房覚智と称したのに端を発する。文永二年（一二六五）高野山の覚斅が参道の町石《ちょういし》建立を企て弘安八年までの二十一年間に完成したが、泰盛はこれを援助し五基の町石を寄せている。また

安達泰盛花押

安達泰盛（『蒙古襲来絵巻』より）

同山金剛三昧院の寺務職の法爾から、弘安三年鎌倉で灌頂を受けた。また資を投じて真言宗聖典印行にも力をつくした。次に公家との接触も活発である。将軍実朝夫人は夫の菩提のために、京都に遍照心院を建てた時、その維持について泰盛に委嘱した。また文永十年後嵯峨天皇一周忌に高野山奥院に建碑して天皇から『文選』等を賜わった旨を刻んだ。関白鷹司兼平に剣・馬・砂金などを贈ったこと、朝廷の書道家たる世尊寺経朝から書論を贈られたことなども注目され、また幕府の御鞠奉行をつとめ、他方馬術の名手としての名をも残していて、彼がひろく諸芸諸道に通じていたことを思わせる。

参考文献 藤原猶雪『日本仏教史研究』、水原堯栄『高野山金石図説』、多賀宗隼「秋田城介安達泰盛」(『鎌倉時代の思想と文化』所収)、同「北条執権政治の意義」(同所収)

（多賀 宗隼）

あだちよしかげ 安達義景 一二一〇―五三 鎌倉時代中期の武将。評定衆。秋田城介景盛の嫡子で城太郎と称した。政治家として父に劣らぬ手腕をもち、父の出家の後、嘉禎三年(一二三七)従五位下秋田城介となり、延応元年(一二三九)には評定衆に列して幕政に参加した。仁治二年(一二四一)に従五位上、翌三年正月、四条天皇の後嗣問題で、邦仁親王(後嵯峨天皇)を推す幕府の使者として、二階堂行義とともに上洛、幕府の意志の実現に成功した。執権北条経時・時頼の時代には、執権の外戚として、常に幕政の枢機に参与し、北条実時・政村と並んで、時頼の政治を扶けた。寛元四年(一二四六)名越光時以下が前将軍藤原頼経を擁し密謀をすすめた時(宮騒動)、その鎮圧に功あり、ついで三浦泰村と権勢を争って対立が激化し、種々の謀略をめぐらして執権時頼に讒言し、ついにこれを動かして三浦氏の討滅に成功した。これが宝治元年(一二四七)六月の三浦氏の乱(宝治合戦)であり、この時、安達氏は義景を中心に一族を挙げて三浦の軍勢を攻撃している。乱後、御家人の中で、安達氏に対抗し得る勢力をもつものはなくなり、義景は時頼の片腕として枢機の中心にすわるが、この乱の直後、時頼とはかって北条重時を連署に迎えることとし、みずから使者として京都六波羅に赴き、重時に将軍の命令を伝えている。この後もしばらく評定衆として重要政務に参与したが、建長五年(一二五三)五月、病のために出家して高野山に入った。法名願智。同年六月三日、四十四歳で死去。

安達義景花押

参考文献 『鎌倉市史』総説編、三浦周行『鎌倉時代史』(『日本時代史』五)、安田元久『鎌倉幕府―その政権を担った人々―』、竜粛「鎌倉時代概観」(『鎌倉時代』下所収)

（安田 元久）

アタハイ 阿塔海 一二三四―八九 蒙古の武将。弘安の役における元軍の総司令官。スルドス氏。父祖のあとを継いで千戸となり、各地に転戦。特に南宋の討滅に大功を立てた。至元十八年(一二八一)六月二十六日、征収日本行省の右丞相に任ぜらる。前任者のアラハン(阿剌罕)が重病となったための交代である。なおアラハンは間もなく死去した。かくて慶元(寧波)より江南軍十万、戦艦三千五百艘が、日本に向かって進発したが、大風に遇って覆没、遠征は失敗した。二十年正月、再び日本行省右丞相に任ぜられたが、この第三次遠征は中止。のち東北の親征(ナヤン討伐)に従い、同二十六年死去。順昌郡王に追封。

参考文献 『元史』阿塔海伝、池内宏『元寇の新研究』、山口修「元寇の研究」(『東洋学報』四三ノ四)

（山口 修）

あたひめ 吾田媛 ⇩武埴安彦命《たけはにやすひこのみこと》

あちき 阿直岐 応神天皇の代に百済から派遣されてきたという人物。阿知吉師とも書く。良馬二匹を朝廷に貢上し、厩坂で飼養したと伝える。経典をよく読み、菟道《うじの》稚郎子《わきいらつこ》の師となる。百済博士王仁は阿直岐の推挙で招かれたと『日本書紀』にみえている。『古事記』は阿直史らの祖とし、『日本書紀』は阿直岐史の始祖とする。天武天皇十二年(六八三)十月阿直史は連に改姓、承和元年(八三四)九月には阿直史福吉ら三人が清根宿禰と改氏姓。『新撰姓氏録』右京諸蕃に記す安勅連(百済国魯王より出ず)は、阿直氏に関係のあるものと考えられる。

（上田 正昭）

あちのおみ 阿知使主 四世紀末か五世紀初めごろに朝鮮から渡来し、東漢《やまとのあや》氏の祖となったと伝える人物。使主は敬称、阿智王とも書く。『古事記』『日本書紀』によると、応神朝に子の都加使主《つかのおみ》とともに十七県の党類を率いて来帰したといい、その後応神朝の末年に都加使主とともに呉《くれ》の国(中国江南の地、年代的には南朝の東晋か宋のころにあたる)に使して、縫織の工女(兄媛・弟媛・呉織・穴織)を連れ帰り、次の仁徳天皇の死に際して弟の住吉仲皇子に殺されようとした履中天皇の危急を救い、履中朝に蔵官に任じて粮地を与えられたという。『古語拾遺』にも、履中朝に新たに内蔵《うちくら》を建て、阿知使主と王《わ》仁《に》にその出納を記録させ、はじめて蔵部《くらべ》を置いたとある。阿知使主渡来伝説はさらに七・八世紀の間に東漢系諸氏の手で発展させられたらしく、『続日本紀』宝亀三年(七七二)四月条、同延暦四年(七八五)六月条、『坂上系図』所引の『新撰姓氏録』逸文などでは、かれは後漢の霊帝の曾孫で、漢魏交替の際に帯方郡に移り、さらに七姓の漢人と多数の人民を連れて日本に来帰し、大和国高市郡の檜前《ひのくま》村(奈良県高市郡明日香村)に居地を与えられたということになっている。これらはそのままは信じがたいが、東漢氏の祖が応神朝ごろに渡来した中国系の帰化人で、すぐに朝廷に重用され、一族発展の基を開いたという程度は、ほぼ事実かと思われる。なお『古事記』では阿直岐《あちき》を阿知吉師と書いているが、阿直岐と阿知使主は別人であろう。

参考文献　関晃『帰化人』(『日本歴史新書』)　(関　晃)

あつあきらしんのう　敦明親王　九九四―一〇五一　平安時代中期の皇族。正暦五年(九九四)五月九日三条天皇の第一皇子として藤原済時邸に誕生。母は小一条流藤原師尹の孫の皇后娍子(父は済時)。長保二年(一〇〇〇)十二月二日道長の東三条邸に読書始。寛弘八年(一〇一一)十月五日親王宣下をうけ、三品に叙せられ、十二月十八日式部卿に任ぜられた。長和二年(一〇一三)六月二十三日一品に叙せられ、同五年正月二十九日、後一条天皇即位と同時に東宮となった。このとき、道長は娘の一条天皇中宮彰子が生んだ敦良親王(後朱雀)を東宮に立てたかったが、三条天皇が譲位の際、敦明親王を東宮に立てることを強く主張したため、敦明親王が立った。そのため道長は壺切の剣を東宮に渡さず、その後も種々の圧迫を加えたため、翌寛仁元年(一〇一七)八月九日、敦明親王は東宮を辞した。その結果、敦良親王が東宮となり、同月二十五日敦明親王は小一条院の院号を授けられ、准太上天皇となった。その後、道長は末娘の寛子(母源明子)を院の御匣殿とした。長久二年(一〇四一)出家。永承六年(一〇五一)正月八日死去。年五十八。

参考文献　山中裕『平安人物志』　(山中　裕)

あつただいぐうじすえのり　熱田大宮司季範　一〇九〇―一一五五　平安時代後期の熱田大宮司。藤原南家貞嗣の後で、熱田大宮司流の祖。尾張国目代藤原季兼の子で、母は熱田大宮司尾張員職の女。季兼は文章博士実範の子で、三河に移住して三河四郎大夫と号した。季範に額田冠者の号があるのは、弱年時代を父の所縁により三河の額田郡で送ったことによるのであろう。季兼がのち目代となり尾張国に移ると、員職は大宮司職を異姓の外孫季範に譲与した。その事由をあるいは「託宣」(『玉葉集』二〇)、あるいは「霊夢之告」(『尊卑分脈』)といっているが、これは地方大社に例のある京神主の類型と考えられ、季兼が目代の現職で没した康和三年(一一〇一)十月以前のことであろう。かくて季範は藤原氏による初代大宮司となり、のち従四位に叙せられ、久寿二年(一一五五)十二月二日六十六歳で没した。なお、季範の男範忠・範雅はともに大宮司職に就き、これより大宮司職は尾張氏を離れ、藤原氏の世襲するところとなったが、季範の女は源義朝に嫁して頼朝を生み、武家とも親縁関係を結んだ。　(小島　鉦作)

あつただいぐうじのりなお　熱田大宮司範直　生没年不詳　鎌倉時代前期の熱田大宮司。白川大宮司と号す。大宮司保範の嫡子。但馬守。承久二年(一二二〇)九月大宮司職に就き、翌年承久の乱起るや、宮方に馳せ参じて力を尽くす。けだし、同宮が皇室領であり、大宮司家に京官を兼ねるものが少なくなかった縁故によるものであろう。宮方の敗戦により、乱後、幕府によって、大宮司職を奪われた。　(小島　鉦作)

あつただいぐうじまさよし　熱田大宮司昌能　生没年不詳　南北朝時代の熱田大宮司、尾張地方南党の総帥。大宮司宗範の次男。建武中興の際に武者所結番となり、建武三年(延元元、一三三六)五月の後醍醐天皇山門行幸および十月の京都還幸に供奉、側近として奉仕した。後村上天皇の時代になってもかわることなく、文和元年(正平七、一三五二)三月同天皇の山城男山に行幸のころ、昌能は蜂屋・吉良諸氏とともに美濃国守護代と戦って、その地方の安定に力を尽くしている。しかし、男山が陥り天皇が再び賀名生に遷幸せられると、昌能は杳として史上にその消息を絶っている。『尊卑分脈』に「大宮司、南朝祗候」とみえているように、後半生を干戈を執って陣頭に立ち、南党のために尽くしており、『太平記』に昌能の名のみえるほかに、単に「熱田大宮司」、または「熱田摂津大宮司」とあるのも、明らかに一人で、すべて昌能に比定される。なお、昌能は知多半島の南端波豆崎城(愛知県知多郡南知多町師崎)を確保し、伊勢大湊(三重県伊勢市)との連絡を堅くして、吉野朝廷と東国との海上交通に大きな貢献を遂げている。

参考文献　『大日本史』列伝三、藤原昌能、若山善三郎「元弘建武の際における熱田大宮司の勤王」(『美以都』一ノ二)、小島鉦作「建武中興と熱田神宮」(『建武』三ノ一)　(小島　鉦作)

あつみしんのう　敦実親王　八九三―九六七　宇多天皇の第八皇子。母は藤原高藤の女胤子。醍醐天皇の同母弟である。藤原時平の女を室とし左大臣雅信らを生む。敦実(宇多)源氏の祖。延喜七年(九〇七)親王宣下、上野太守、中務卿、式部卿を歴任、天慶四年(九四一)一品に昇叙されたが、天暦四年(九五〇)出家して仁和寺に住し、法名を覚真と号した。六条式部卿の宮といわれ、和歌・音楽(郢曲・笛・和琴など)・神楽・催馬楽・蹴鞠などの諸芸に通じ、貴顕の間で重んぜられた。また石清水八幡宮に帰依し、仏像・荘園などを寄進したことが伝えられる。康保四年(九六七)三月二日七十五歳で死去した。

参考文献　『大日本史料』一ノ一一、康保四年三月二日条　(弥永　貞三)

あつやすしんのう　敦康親王　九九九―一〇一八　平安時代中期の皇族。長保元年(九九九)十一月七日、一条天皇の第一皇子として平生昌の邸に誕生。母は藤原道隆の娘の皇后定子。同二年四月十七日親王宣下をうけ、同年十二月十五日母定子と死別、道隆四女御匣殿が親王の後見となった。二年後、御匣殿とも死別し、中宮彰子と藤原道長とが面倒をみることとなった。寛弘七年(一〇一〇)七月十七日元服、三品に叙せられたのち、大宰帥を経て、翌八年六月二日、一条天皇譲位の近きに(譲位は六月十三日)つき、一品准三宮となった。これは、当然親王が東宮になるはずのところ、道長の外孫敦成親王(一条天皇の第二皇子、母彰子、当時四歳)が立ったため、その代償ともいうべきものであった。長和五年(一〇一六)正月二十九日、後一条天皇即位、親王はまたもや東

宮に立つ機会を逸し、式部卿敦明親王が東宮に立ったあとをうけて式部卿となった。寛仁二年(一〇一八)十二月十七日死去。年二十。

参考文献 『大日本史料』二ノ一四、寛仁二年十二月十七日条、山中裕『平安人物志』 (山中 裕)

あとのおたり 安都雄足 生没年不詳 奈良時代の官人。阿刀男足、同小足とも書く。造東大寺司舎人、越前国史生を経て造寺司主典。天平末年から天平勝宝五年(七五三)二月ごろまで舎人。のち越前国史生となり、前の造寺司史生で同国足羽郡大領であった生江東人らと桑原荘など東大寺の北陸荘園の経営にあたる。天平宝字二年(七五八)正月以降再び奈良に帰り、同年六月造寺司主典、正八位上。のち法華寺阿弥陀浄土院・石山寺の造営にも別当を兼ねるなど、東大寺の実務的下級官人として活躍した。同八年正月を最後に記録にみえない。

安都雄足自署

参考文献 岸俊男「越前国東大寺領庄園をめぐる政治的動向」(『日本古代政治史研究』所収) (横田 拓実)

あなほのみこと 穴穂尊 ⇨安康天皇《あんこうてんのう》

あなほべのおうじ 穴穂部皇子 ?—五八七 欽明天皇の皇子。泥部《はしひと》穴穂部皇子・天香子《あまつかこ》皇子・住迹《すみと》皇子・三枝《さきぐさ》部《べ》穴太部王ともいう。母は欽明妃の蘇我堅塩媛《きたしひめ》の同母弟小姉君《おあねのきみ》。敏達天皇の崩後、天下を取らんとし、物部守屋とむすんで、皇子に反対する敏達天皇の寵臣三輪君逆《さかう》を殺すが、用明天皇崩後、崇峻天皇を奉ずる敏達皇后(のち推古天皇)・蘇我馬子らの反撃にあい、用明天皇二年六月皇子は殺され、つづいて守屋も滅ぼされた。皇子は、物部・中臣氏らのような排仏主義者ではなかったが、要は蘇我対物部の政争と蘇我氏の権勢との犠牲者であった。

参考文献 黛弘道「推古朝の意義」(『(岩波講座)日本歴史』二所収) (北村 文治)

あなほべのはしひとのおうじょ 穴穂部間人皇女 ?—六二一 欽明天皇の皇女。母は蘇我稲目の娘小姉君。穴太部間人王(『法王帝説』)・孔部間人公王(「天寿国繡帳銘」)・泥部穴穂部皇女・穴穂部間人皇女(『日本書紀』)・間人穴太部王(『古事記』)にも作り、「法隆寺釈迦三尊造像銘」には鬼前太后ともみえる。異母兄用明天皇の皇后となって厩戸《うまやど》皇子(聖徳太子)・来目皇子・殖栗《えくり》皇子・茨田《まんだ》皇子を生み、天皇没後、田目皇子(用明皇子、母は稲目の娘石寸名)との間に佐富《さほ》女王をもうけた。皇后が禁中を巡行して馬官の厩戸に至り、労せずして太子を生んだという書紀の説話は人口に膾炙しているが、キリスト降誕説話の影響をうけたものという説もある。推古天皇二十九年(六二一)十二月二十一日没(「天寿国繡帳銘」「法隆寺釈迦三尊造像銘」)。墓は『延喜式』諸陵寮に竜田清水墓とある。

竜田清水墓《たつたのしみずのはか》 『延喜式』諸陵寮には「在二大和国平群郡一、兆域東西三町、南北三町、墓戸二烟」とあり、頒幣に預からなかったことを註記している。いまその所在は明らかでないが、『陵墓一隅抄』には「竜田村南小吉田村清水山吉田寺八幡祠後荒墳存」とあり、現在の奈良県生駒郡斑鳩町小吉田に皇女の墓と伝える廃址がある。なお、皇女は古来聖徳太子の墓に合葬されているともいわれている。当墓の被葬者を孝徳天皇皇后の間人《はしひと》皇女にあてる説もあるが、間人皇女は斉明天皇の越智《おち》崗上陵《のおかのえのみささぎ》奈良県高市郡高取町大字車木)に合葬されていることが『日本書紀』にみえる。 (黛 弘道)

(戸原 純一)

あなやまばいせつ 穴山梅雪 一五四一—八二 戦国時代の武将で甲斐武田氏の一族。名は信君、幼名は勝千代また彦六郎。左衛門大夫・玄蕃頭・陸奥守を称し、天正八年(一五八〇)除髪して梅雪斎不白と号す。天文十年(一五四一)生。父は伊豆守信友、母は武田信玄の姉南松院、妻は信玄の女見性院。父信友の遺業を受けて甲斐下山(山梨県身延町)に居館し、河内領(甲斐南部の富士川流域、ほぼ今の南巨摩郡・西八代郡にあたる)を支配した。信玄・勝頼二代に仕え、その領国経営に参画したが、居地が駿河往還上の要地を占め、かつ今川氏とも姻戚関係にあったため(義元妻と梅雪母とは姉妹)、特に対駿河政策に貢献した。天正三年武田の属城駿河江尻城主となり庵原郡一帯を兼領した。同十年三月武田家滅亡の直前徳川家康に降り、同年五月家康とともに安土城で織田信長に謁し、ついで泉州堺に遊んだが、六月二日本能寺の変を聞き、帰国の途中山城国宇治田原で一揆のために殺された。四十二歳。法名は霊泉寺古道集公居士。墓はかれ

穴山梅雪画像

「栄」

「怡斎図書」
穴山梅雪印

穴山梅雪花押

の開基に係る静岡市清水区霊泉寺にある(京都府京田辺市などにも墓がある)。その子勝千代は穂坂常陸介・有泉大学ら老臣の補佐を受けたが、同十五年六月十六歳で死去し、穴山家は断絶、梅雪の妻見性院も江戸へ移り、徳川秀忠の子幸松(保科正之)を養育したが、元和八年(一六二二)五月九日世を去った。梅雪は父と二代にわたり武田惣領家と重縁を結び、その藩屏をもって自認したが、同時に領内に強い支配権を維持し、武田氏の全盛時代にも完全には直領化し得ず、小山田氏の郡内領と同じく二重の支配構造を許す再支配地域をなしていた。武田氏を公称し、直臣・奉行・代官などの家臣組織をもち、被官や寺社に私領を与えてこれを統制し、また新田開発・検地を行い伝馬制度を整備した。母のために建てた下山南松院をはじめ、領内には一族の信仰や教養を語る遺跡・遺物が多い。

参考文献 『大日本史料』一一ノ一、天正十年六月四日条、『甲斐国志』九八、『清水市史資料』中世、『山梨県史』資料編四―六、標泰江「武田親族衆としての穴山氏の研究」(『甲斐路』二・三・六・一二)、佐藤八郎「穴山梅雪の享年について」(同一五)、矢田俊文「戦国期甲斐国の権力構造」(『日本中世戦国期権力構造の研究』所収) (磯貝 正義)

あねがこうじよりつな 姉小路自綱 一五四〇―八七 戦国・安土桃山時代の武将。初名を光頼といい、史料によっては頼綱としている。左京大夫、大和守、入道して久安と号す。妻は斎藤道三の娘。永禄三年(一五六〇)従五位下左衛門佐、同六年三月十二日侍従にすすむ。元亀元年(一五七〇)四月十四日上洛して将軍足利義昭の二条第において能の見物に諸大名や公家とともに列席し、つづいて十八日には参内して侍従に任ぜられたる恩を謝し剣馬を献上している。同三年十一月十二日父良頼が没し家を継ぐ。飛騨は武田・上杉の勢力にしばしば侵されていたが、武田信玄・上杉謙信の没後は織田信長と結んだ自綱による国内統一がすすんだ。天正七年(一五七九)松倉城(高山市西之一色)を修築し、同十年江馬輝盛を倒し、つづいて小島・鍋山氏らを討ってほぼ飛騨国を征服した。しかし、北陸の佐々成政に協力して羽柴秀吉に敵対したので、同十三年、秀吉は金森長近に飛騨国を討たせた。八月自綱は城を開いて降伏し、京都に逃れ、同十五年四月京都において没した。四十八歳。法名大竜院寒巌道松大居士休安。岐阜県高山市丹生川村千光寺には画像がある。

姉小路自綱画像

参考文献 『寛政重修諸家譜』七四四、『岐阜県史』通史編中世 (福田栄次郎)

あのさねかど 阿野実廉 一二八八―? 鎌倉時代後期より建武新政期にかけての公卿。右中将阿野公廉の嫡男。後醍醐天皇の皇后新待賢門院(阿野廉子)の兄弟にあたる。出家時の年齢より逆算して正応元年(一二八八)誕生。元亨三年(一三二三)以前から鎌倉にあって、右中将として将軍守邦親王に仕え、嘉暦三年(一三二八)三月十六日従三位に叙し、元徳元年(一三二九)右兵衛督、同二年宮内卿に進んだ。この間、引き続き鎌倉にあって、元弘元年(一三三一)十一月光厳天皇即位に伴う更迭人事の際に宮内卿を罷められたらしい。同三年五月北条氏の討手を逃れ、やがて鎌倉に攻め入った新田義貞の軍に加わり、鎌倉幕府滅亡後、京都に帰ったが、同じ年の十二月廉子の生んだ成良親王に従って再び鎌倉に下り、建武二年(一三三五)七月中先代の乱が起ると、親王を護って三河の矢作宿まで逃れたことが、同三年二月の実廉の申状(『昭慶門院御領目録』紙背文書、『竹内文平氏所蔵文書』所収)によって知られる。建武三年十月、四十九歳で出家。その後は詳らかでない。 (佐藤 進一)

あのさねため 阿野実為 生没年不詳 南北朝時代の公卿。実為は祖父季継、父実村についで南朝の後亀山天皇に仕えた。特に吹上本『帝王系図』の付紙によれば、同天皇の御母は実為女とあり、そのために信任が厚かった。永和三年(天授三、一三七七)七月のころ、大納言であったことが、『嘉喜門院集』袖書でわかるが、のちには内大臣に任ぜられた。明徳三年(元中九、一三九二)閏十月両朝合一にあたり、後亀山天皇に従って京都嵯峨に来たって隠棲し、出家して匡円と号し、終生同天皇に勤仕、応永六(一三九九)、七年ごろ没したらしい。その子公為、孫実治は、いずれも志をついで同天皇に仕えた。

参考文献 『陽明文庫文書』、『吉田家日次記』 (村田 正志)

あのぜんじょう 阿野全成 一一五三―一二〇三 鎌倉時代前期の僧籍の武士。幼名今若、醍醐禅師・阿野冠者という。また勇力あり悪禅師という。父は源義朝、母は常盤。義朝が平治の乱に敗北したのち母は今若・乙若(義円)・牛若(義経)の三児を連れて逃れたが、平清盛に召し出され、今若は京都の醍醐寺に入って僧となった。治承四年(一一八〇)兄源頼朝挙兵のことを知って十月下総国鷺沼(千葉県習志野市)の宿に兄を訪れ頼朝を感激させた。同十一月には武蔵国長尾寺に住し、やがて駿河国阿野(静岡県沼津市の西方か)に住したようである。北条時政の女を娶り、その間に時元をもうけた。建仁三年(一二〇三)五月謀叛の噂が鎌倉に聞え、将軍源頼家は武田信光に命じて捕えさせて常陸に流した。同六月二十三日八田知家によって下野に誅せられた。五十一歳。上記の時元のほかに頼全・道暁など数子がある。

参考文献 『大日本史料』四ノ七、建仁三年五月二十五日条 （渡辺　保）

あのときもと　阿野時元　?—一二一九　鎌倉時代前期の武士。父は阿野全成、母は北条時政の娘。源義朝の孫にあたる。承久元年(一二一九)駿河国から鎌倉へ飛脚が走って、同国阿野(静岡県沼津市の西方か)に住する時元が二月十一日に多勢を率いて深山に城郭を築き宣旨を賜わって東国を管領しようと企てていると報じた。将軍源実朝が公暁に殺された日の十数日後のことである。尼将軍北条政子は執権北条義時に命じて金窪行親以下の御家人を駿河に遣わした。同二月二十二日鎌倉勢が駿河に入り、阿野側は防ぐ力がなくて一同敗死、時元も自殺した。父全成の弟義経は殊勲を立てたにもかかわらず兄頼朝に追われて奥州に滅びた後、この一族は不遇のうちに闘志を燃やしていたようで、同母長兄の全成は頼朝の死後四年に謀叛の疑いで殺され、次兄義円は早く叔父行家とともに尾張の墨俣河で平氏と戦って敗死し、この時元も実朝の死の直後に滅んで、源氏の血統はここにほとんど全滅したことになる。

参考文献 『大日本史料』四ノ一五、承久元年二月十一日条 （渡辺　保）

あのれんし　阿野廉子　⇨新待賢門院《しんたいけんもんいん》

あぶつに　阿仏尼　?—一二八三　鎌倉時代中期の女流歌人。藤原為家の側室。為家の死後出家し、北林禅尼ともいう。生年(貞応元年ごろか)および実父母は未詳。幼くして平度繁《のりしげ》の養女となり、若くして(十代の半ばか)安嘉門院に仕え、はじめ越前、ついで右衛門佐、のちに四条と呼ばれた。したがって彼女の勅撰集での呼称は、はじめ安嘉門院右衛門佐、のちに同院四条である。この宮仕え中、北の方のある貴族と熱烈な恋をしてやがてそれに破れ、養父に伴われてその任地遠江に下ったが、間もなく単身上京した。その後奈良の法華寺や松尾の慶政上人のもとにいたが、やがて縁故あって歌壇の巨匠為家に近づき、その秘書的な立場となった。建長五年(一二五三)三十一歳位のことである。その後次第に為家との愛も深まり、側室となって為相・為守、および一女を生み、為家と嵯峨に同棲した。そのころの様子は飛鳥井雅有の『嵯峨のかよひ』に詳しい。また源承の『和歌口伝』によれば、為家の愛に乗じて相伝の歌書をかすめ取り、本居持明院の北林に運んだり、為相らに勝手な説を教えたりしたという。為家がいったん為氏に譲った播磨の細川荘や歌書の類などを、悔返して為相に譲るよう要求し、為家がそのようにしたのも、この時期(文永年間)のことである。それにもかかわらず建治元年(一二七五)為家の没後、為氏は細川荘や和歌文書などを手放さないため、阿仏は朝廷や幕府に訴えた。その一つの副産物が『十六夜日記』で、これは弘安二年(一二七九)の東下の記以下であるが、鎌倉に下った阿仏は、関東の十社に勝訴を祈る各百首歌を奉ったものの、訴訟の判決をみず、同六年四月八日に没した。鎌倉で客死したとも、帰京して没したともいう。墓は京都西八条大通寺にあり、鎌倉には供養塔がある。作品は『十六夜日記』のほかに、初恋のことを記した『うたたね(の記)』、某貴人(将軍惟康親王の北の方か)の求めで書かれた歌論書『夜の鶴』、『阿仏仮名諷誦《ふじゅ》』(一名『権大納言為家卿五七日の文』)、および勅撰集(計四十八首)、『夫木抄』(五十九首)、歌合などの和歌計八百余首がある。女子に宮仕えの心得を説いた『庭の訓』(広本は『乳母の文』とも題する)は、その著と伝えるがやや疑問がある。なお簗瀬一雄編『(校註)阿仏尼全集』全一巻がある。

参考文献 福田秀一「阿仏尼」(『中世和歌史の研究』所収) （福田　秀一）

阿仏尼画像

あぶらやじょうゆう　油屋常祐　?—一五七九　室町・

安土桃山時代の堺商人。茶人。伊達氏。浄祐とも。堺の富商油屋常（浄）言の子。堺の妙国寺の開山日珖の兄にあたる。茶技を武野紹鷗に学ぶ。油屋肩衝・曜変《ようへん》天目・数の台などの名物茶器を所持していた。『津田宗及茶湯日記』を見ると、永禄十二年（一五六九）正月九日、津田宗及と天王寺屋了雲を招いて朝会を開いている。天正七年（一五七九）七月四日死去。ただし、享年は明らかでない。墓は大阪府堺市の妙国寺にある。　（桑田　忠親）

あべのうちのまろ　阿倍内麻呂　？―六四九　大化改新政府の左大臣。阿倍倉梯麻呂とも書かれ、『公卿補任』には大鳥大臣と号したとある。従来は、内麻呂が名まえとみられてきたが、当時阿倍氏の中に内と称する家があったことが知られ、『東大寺要録』六にも安倍倉橋大臣とあるから、内は家名で名まえは麻呂だけであり、推古朝の大夫阿倍内臣鳥（鳥子）の子と思われる。『日本書紀』によれば、麻呂は推古天皇三十二年（六二四）に大臣蘇我馬子の命をうけ、歴代天皇の伝領する葛城県を蘇我氏に譲与するように奏請して、推古女帝に拒否されたことと、同三十六年に女帝死後の継嗣問題で、山背大兄王を排して田村皇子（舒明天皇）を擁立しようとする大臣蘇我蝦夷の意を体し、蝦夷の邸に大夫らを召集して意見の統一をはかったことが知られるが、大化元年（六四五）六月、改新政府が成立すると、その首班である左大臣の地位についた。『日本書紀』ではこのときだけ内麻呂と書き、翌日の記事からは倉梯麻呂と書いている。そののち改新政治の上での事蹟はほとんど不明であるが、同三年に七色十三階の新冠位が制定されて翌四年四月に古冠が廃止されたとき、左右大臣はなお古冠を着けたという。これをかれがきわめて保守的な人物だったことを物語るものとする見解もあるが、少なくとも世襲職制度の廃止には反対であったという可能性は大きい。このほか同四年二月に四天王寺で大規模な仏事を営んだことが知られ、また百済大寺の造寺司となったことが、『大安寺伽藍縁起幷流記資財帳』にみえ、崇敬寺（安倍寺）を建てたことが『東大寺要録』にみえる。同五年三月十七日に難波京で死去した。その娘の小足媛は孝徳天皇の妃となって、天皇即位以前の舒明天皇十二年（六四〇）に有間皇子を生み、橘娘は天智天皇の妃となって、飛鳥皇女と新田部皇女を生んでいる。　（関　晃）

参考文献　関晃「大化の左大臣阿倍内麻呂について」（『歴史』二一）

あべのおたらしひめ　阿倍小足媛　生没年不詳　孝徳天皇の第一の妃。大化の左大臣阿倍内（倉梯）麻呂の娘で、天皇即位以前の舒明天皇十二年（六四〇）に有間皇子を生んだ。『帝王編年記』には男足媛とある。『日本書紀』皇極天皇三年（六四四）正月条に、中臣鎌足がかつて軽皇子（孝徳天皇）の宮を訪ねて侍宿したとき、皇子が寵妃の阿倍氏をして丁重に接待させたとあるのは、小足媛のこととみられている。　（関　晃）

あべのくらはしのまろ　阿倍倉梯麻呂　⇩阿倍内麻呂《あべのうちのまろ》

あべのさだとう　安倍貞任　？―一〇六二　平安時代中期の陸奥辺境における在地の武将。厨川二郎と称す。奥六郡の俘囚長頼時の子。前九年の役で、天喜五年（一〇五七）父頼時が戦死したあとをうけ、弟宗任らとともに果敢な抵抗をつづけ、同年十一月風雪に乗じ源頼義の征討軍を大いに破った。これから征討軍は苦境に追い込まれたが、康平五年（一〇六二）八月、出羽山北《せんぼく》の俘囚長清原氏の来援をうけてから形勢が逆転し、貞任は小松柵（一関市萩荘）・衣川柵（岩手県胆沢郡衣川村）・鳥海柵（同郡金ヶ崎町）とつぎつぎに敗れ、同年九月十七日厨川柵（盛岡市厨川）で戦傷し、捕えられて死んだ。時に年三十四とも四十四とも伝えられている。翌年二月その首級は京都西獄門にさらされた。『陸奥話記』に貞任は身長「六尺有余、腰のまはり七尺四寸、容貌魁偉、皮膚肥白なり」（原漢文）とある。衣川柵の合戦での義家との問答歌の逸話は、辺境在地豪族安倍氏の教養の一端を伝えたものである。

参考文献　板橋源「陸奥安倍氏考」（『岩手史学研究』二〇）　（板橋　源）

あべのすくなまろ　阿倍宿奈麻呂　？―七二〇　奈良時代の公卿。阿倍引田臣比羅夫の子。本姓引田朝臣。持統天皇七年（六九三）直大肆また食封五十戸を賜わる。大宝二年（七〇二）従五位上造大殿垣司、慶雲元年（七〇四）阿倍朝臣と改姓。同二年従四位上中納言、和銅元年（七〇八）正四位上造平城京司長官、同二年従三位、養老元年（七一七）正三位、翌年大納言、同四年正月十日没す。算術に精しく、恵美押勝（藤原仲麻呂）の師でもあった。　（志田　諄一）

あべのせいめい　安倍晴明　九二一―一〇〇五　平安時代中期の有名な陰陽家。土御門家の祖。『尊卑分脈』『安倍系図』などによれば大膳大夫益材の子。讃岐国の人という後世の伝説もある。記録では天徳四年（九六〇）に天文得業生として節刀の形状を勘申したのを初見とし、以後、天文博士・主計権助などを歴任し、長保三年（一〇〇一）従四位下、同四年大膳大夫、寛弘元年（一〇〇四）左京権大夫とみえ、同二年三月を最後に活躍のあとがない。一説に同年九月二十六日没とし、安倍晴明社の例祭日となっている。年齢は系図類に八十五歳とする。晴明は賀茂忠行を師として天文道を伝え、天文密奏を奉仕し、天皇をはじめ諸家の陰陽道諸祭や占に従事し、名声がきわめて高かった。その技倆に関しては古くから神秘的な説話が数多く伝えられているが、すでに『大鏡』にも、天変を察して花山天皇の退位を知ったという話がみえている。また、『今昔物語集』に、よく識神《しきがみ》（式神）を使い、老僧と術比べをして勝った話や、草の葉を投げて蛙を殺した話を載せるほか、『古事談』『古今著聞集』『宇治拾遺物語』『平家物語』『元亨釈書』以下にも藤原道長に対する呪咀をあらわしたこと、瓜の毒気を占いあてたことなど多くの説話があって、後世、わが国第一の陰陽家と

してあがめられた。著書には『占事略決』一巻があり、尊経閣や京大に古写本を蔵する。他に『続群書類従』雑部に収める『簠簋内伝《ほきないでん》』五巻も晴明の著と伝えるが、これは疑わしい。子に吉平がある。

参考文献　『大日本史料』二ノ五、寛弘二年三月八日条、斎藤英喜『安倍晴明』(『ミネルヴァ日本評伝選』)

（土田　直鎮）

あべのなかまろ　阿倍仲麻呂　六九八―七〇　奈良時代の遣唐留学生。唐朝の官吏。唐にあって仲満・朝衡《ちょうこう》とも称する。阿倍船守の子。霊亀二年(七一六)七月、吉備真備らとともに遣唐留学生となり、翌養老元年出発。天平六年(七三四)十月の帰国に失敗した入唐使判官平群広成は、仲麻呂の進言による渤海路をとって十一年に帰朝している。天平勝宝五年(七五三)遣唐大使藤原清河とともに僧鑑真の渡日を要請し、ともに帰国を志したが失敗した。その後玄宗に仕え秘書監、左補闕となり、上元年間(七六〇―六二)左散騎常侍、鎮安南都護に抜擢された。他に大唐光禄大夫・右散騎常侍兼御史中丞・北海郡開国公ともいう。大暦五年(宝亀元、七七〇)唐土に没。七十三歳。のち、唐朝から潞州大都督が贈られ、本朝でも宝亀十年五月遺族に物を賜わり、承和三年(八三六)五月正二品が贈られた。帰国に関する詩二首・歌一首を残し、李白の哀悼の詩、王維・趙驊《ちょうか》・儲光羲《しょこうぎ》・包佶《ほうきつ》の惜別の詩がある。

参考文献　長野勲『阿倍仲麻呂と其時代』、杉本直次郎『阿倍仲麻呂伝研究』

（中西　進）

あべのひらふ　阿倍比羅夫　生没年不詳　七世紀の武将。大納言正三位阿倍朝臣宿奈麻呂の父。『日本書紀』はその事蹟を次のように記している。斉明天皇四年(六五八)四月阿倍臣は船師百八十艘を率いて蝦夷を伐ち、齶田《あきた》・渟代《ぬしろ》二郡の蝦夷を降した。そこで軍を整え、船を齶田浦に連ね、朝廷に忠誠を誓った齶田の蝦夷恩荷《おが》に小乙上の位を授け、渟代・津軽二郡の郡領を定め、有間浜《ありまのはま》に渡島《わたりのしま》の蝦夷らを召し集めて大いに饗して帰った。同年、越《こし》の国守阿倍引田臣比羅夫は粛慎《みしはせ》を討ち、生羆《しぐま》二頭・羆の皮七十枚を献じた。同五年三月船師百八十艘を率いて蝦夷国を討ち、飽田《あきた》・渟代二郡の蝦夷二百四十一人とその虜三十一人、津軽郡の蝦夷百十二人とその虜四人、胆振鉏《いぶりさえ》の蝦夷二十人を一ヵ所に集めて大いに饗して禄を賜い、その時、船一隻と五色の綵帛《しめのきぬ》とをもってその地の神を祭った。さらに肉入籠《ししりこ》に至った時に問菟《とい う》の蝦夷胆鹿島《いかしま》・菟穂名《うほな》が、後方羊蹄《しりべし》を政所となすべしと進言したのを容れて、ここに郡領を置いて帰った。これはある本には、阿倍引田臣比羅夫が粛慎と戦って帰り、虜四十九人を献じたとある。同六年三月、船師二百艘を率いて粛慎国を伐ち、陸奥の蝦夷を比羅夫の船に乗せて大河の側に至ったが、この時渡島の蝦夷一千余が海畔に河に向かって屯営し、営中の二人が突如粛慎の船師が来襲してわれらを殺そうとすると叫び、河を渡って合体することを求めた。二人の蝦夷が賊の隠れ場所と船二十余艘がいることを告げたので、比羅夫は使いを遣わして賊を呼びよせようとしたが、応じなかった。そこで、綵帛などを海畔に積んでおびきよせようとすると、粛慎は船師を連ね、羽を木にかけて旗とし、浅瀬に近づき、二人の老翁が現われ、単衫《ひとえぎぬ》を換えて着用し、布一端ずつを持ち去って船に帰ったが、再び現われ、それらを置いて船に乗って退いた。比羅夫は呼び戻そうとしたが、そのまま弊賂弁島《へろべのしま》に帰り、和を求めるも肯ぜず、柵に拠って戦った。時に能登臣馬《ま》身竜《むたつ》は敵に殺され、賊は敗れて己れの妻子を殺した。同年五月、比羅夫は蝦夷五十余人を献じた。天智天皇元年(六六二)八月、前将軍大華下阿曇《あずみ》比邏夫とともに、後将軍として、大華下阿倍引田比邏夫臣は、百済救援の軍を率いて出陣し、同二年三月前将軍上毛野君稚子《わかこ》、中将軍巨勢神前臣訳語《こせのかんさきのおみおさ》とともに、後将軍として、二万七千人を率いて新羅を伐った。八月二十八日わが水軍は唐の水軍と白村江《はくすきのえ》に戦って敗れ、九月二十四日派遣軍は百済の遺民とともに帰国を決定しその翌日、日本に向かって船出したと。なお、『続日本紀』によれば、斉明朝に比羅夫は筑紫大宰帥で大錦上の位を授けられたことを知る。以上のうち、斉明紀の記事については、一読して、年紀や記事内容に付会・混乱・錯雑が感じられ、記事をそのままには認め難い。それは、『日本書紀』が、主として阿倍氏家記と政府記録の断片によって記事をなし、史料の不備を整理することができなかったためであろう。これらの記事については、早く本居宣長が『古事記伝』二七において、斉明天皇四年・五年の記事は一回の遠征の重複であると論じて以来、六年の記事をも含めて、これをすべて一回の遠征記事の重複であるという論も行われている。しかし、おそらく斉明天皇四年のころ、越国守比羅夫が、齶田・渟代・津軽方面の蝦夷を征してその地の支配を確保したことは認められよう。さらに同六年のころ、この方面の蝦夷がしばしば粛慎の侵寇に悩んでいたため、その要請を受けて、再び遠征を行い、粛慎を討ったのであろう。この粛慎については、蝦夷と異なるもので、おそらくはアイヌではないかと思われる。以上のような事情が背景にあって、越国から海路一躍遠征が行われたのであろう。なお渡島は船で渡った津軽地域をさし、のちには蝦夷地(北海道)をさすようになったものと思われる。

参考文献　津田左右吉「粛慎考」(『日本古典の研究』下所収)、村尾次郎「渡島と日高見国」(『芸林』五ノ三)、坂本太郎「日本書紀と蝦夷」(『日本古代史の基礎的研究』上所収)、田名網宏「阿倍比羅夫の渡島遠征について」(『日本歴史』六六)、同「斉明紀「渡島」再論」(『史学雑誌』六七ノ一一)、丸山二郎「斉明紀に於ける阿倍臣の北進に就いて」(同三八ノ一一)

（田名網　宏）

あべのひろにわ　阿倍広庭　?―七三二　奈良時代の公卿。御主人の子。慶雲元年(七〇四)従五位上で父の功封

をつぐ。和銅二年(七〇九)正五位下伊予守。同四年正五位上。同六年従四位下。霊亀元年(七一五)宮内卿。養老五年(七二一)正四位下左大弁。翌年参議兼知河内和泉事。神亀四年(七二七)従三位中納言。天平四年(七三二)二月没す。ときに催造宮長官も兼ねる。『懐風藻』『万葉集』に広庭の詩歌がみえ、文人でもあった。 （志田 諄一）

あべのまなお 安倍真直 生没年不詳 平安時代前期の学者、『大同類聚方』の撰者の一人。左京の人。大同元年(八〇六)阿倍朝臣の姓を賜わった。平城天皇の勅命を受けて、出雲広貞らとともに、本邦の民間に伝承された医方を集成し、『大同類聚方』百巻の撰述にあたった。大同三年五月三日撰述の業を終えて、これを上奏した。同年九月少納言となり、四年六月には従五位上に進んだ。弘仁二年(八一一)十月には主殿頭兼豊後守となり、ついで六年三月左少弁に任ぜられた。土肥慶蔵らは真直が医官に任ぜられたことが国史に記されていない点を指摘して、彼が医師でなかったのではないかと推論している。 （大塚 恭男）

あべのみうし 阿倍御主人 六三五―七〇三 七世紀の公卿。『公卿補任』『尊卑分脈』にみえる没年から逆算すると舒明天皇七年(六三五)の誕生となる。布勢麿古臣の男。本姓は布勢朝臣であったが持統天皇八年(六九四)氏上となり、以後阿倍朝臣を称した。持統天皇元年納言として天武天皇の殯宮に誄し、同四年天皇の即位に際しては丹比嶋真人とともに奏賀した。同八年正広肆を授けられ、封二百戸を増し計五百戸となる。同十年大納言。文武天皇四年(七〇〇)正広参。翌大宝元年(七〇一)正従二位を授けられ右大臣となる。同三年閏四月、六十九歳で没した。これより先大宝元年に壬申の年の功封百戸を中功として、四分の一を子に伝えることが定められた。 （志田 諄一）

あべのむねとう 安倍宗任 生没生不詳 平安時代中期の陸奥辺境における在地の武将。鳥海《とりのみ》三郎と称す。奥六郡の俘囚長頼時の子。前九年の役で天喜五年(一〇五七)父頼時が戦死したあと兄貞任らとともに抗戦したが、康平五年(一〇六二)九月十七日厨川柵(岩手県盛岡市厨川)の決戦に敗れ源頼義・義家の征討軍に投降した。同七年三月伊予に配流、治暦三年(一〇六七)大宰府に移された。九州松浦党はその子孫だという説がある。宗任の娘は奥州藤原氏二代基衡の妻、三代秀衡の母である。 （板橋 源）

あべのやすちか 安倍泰親 一一一〇―八三 平安時代後期の陰陽家。父は陰陽頭泰長。官歴は記録類に雅楽頭・陰陽権博士・陰陽助・大膳権大夫などを歴任したことがみえ、正四位下に昇り、寿永元年(一一八二)四月、陰陽頭兼大膳権大夫に任ぜられた。翌年正月を最後に記録から姿を消し、同年十月には賀茂宣賢が陰陽頭になっているから、その年に没したのであろう。没日を三月二十日とする後世の伝もあり、系図類に年齢七十四歳とする。泰親は天文密奏や陰陽道諸祭・占を勤めその勤公と技倆とを賞せられた。彼の占がよく適中したこと、承安二年(一一七二)の斎宮の死去や久安四年(一一四八)の土御門内裏の炎上を推したこと、肩に落雷を受けたが無事であったことなどは、『台記』や『玉葉』にみえ、治承三年(一一七九)十一月の政変を予見したこと、占があたるので指御子《さしのみこ》と呼ばれたことなどが『平家物語』にみえる。『安倍泰親朝臣記』(一名『天文変異記』)は仁安元年(一一六六)の天変に際して彼が上った密奏などを集めたもので、『(改定)史籍集覧』に収める。 （土田 直鎮）

あべのやすひと 安倍安仁 七九三―八五九 平安時代前期の公卿。没年から逆算すると延暦十二年(七九三)の誕生となるが、『公卿補任』は同十四年生とする。左京の人、参議大宰大弐従四位上寛麻呂の次男。若くして校書殿に直し、その労により山城大掾に任じ、諸司を歴任、天長三年(八二六)蔵人、同五年従五位下信濃介、同十年三月蔵人頭となり、承和五年(八三八)正月参議、刑部卿、以後左大弁・大蔵卿・春宮大夫・右大将などを経て貞観元年(八五九)四月二十三日正三位大納言民部卿陸奥出羽按察使で没す。年六十七。彼は政務に練達した有能な官僚として地方官・河内和泉班田長官・民部卿などの職務を担当したほか、嵯峨上皇にその才能を愛せられ院別当に任ぜられ、滞っていた院事を整理し、他人をもっては代え難いため弁官の要職と同時に嵯峨にも勤めた。嵯峨上皇は諸国司で安仁の信濃介の能治に及ぶものはないと評した。 （岡田 隆夫）

あべのよしひら 安倍吉平 九五四―一〇二六 平安時代中期の陰陽家。安倍晴明の子。名は『栄花物語』に「よしひら」と記す。正暦二年(九九一)に陰陽博士とみえ、穀倉院別当・主計助を経て寛弘八年(一〇一一)以後はずっと主計頭であった。治安元年(一〇二一)には備中介も兼ねている。長和五年(一〇一六)に従四位下となり、『小右記』に陰陽家としては無比の恩典と記されたが、治安元年十一月にはさらに従四位上に進んだ。『小記目録』では万寿三年(一〇二六)十二月十八日にその死没を掲げている。年齢は系図によれば七十三歳であった。吉平は三十余年にわたって歴代天皇や藤原道長以下の諸家のために占や陰陽道の諸祭・諸儀に従事し、父晴明のあとを継いで縦横に活躍した。寛仁三年(一〇一九)六月には、同年四月に没した兄弟の天文博士吉昌に代わって天文密奏を奉るべき由の宣旨を受けたが、これは当時、彼を除いては他に天文道に通ずる者がいないためであったと『小右記』にみえている。 （土田 直鎮）

あべのよりとき 安倍頼時 ?―一〇五七 平安時代中期の陸奥辺境在地の一大首長。はじめ頼良といっていたが、源頼義が陸奥守となったので同訓を避け頼時と改めた。祖父は「東夷の酋長」忠頼、父は忠良。貞任・宗任は子である。父祖以来、奥六郡(陸奥国胆沢・江刺・和

賀・稗貫・紫波・岩手の六郡、衣川以北の地域)の俘囚長として現地支配権を握っていた。頼時に至り、衣川を越え南進するにおよんで、永承六年(一〇五一)陸奥国守の藤原登任《なるとう》(「なりとう」とも)の討伐をうけたが、これを破った。そこで後任として源頼義が赴任した。たまたま大赦があったので頼時は帰順し一時平穏になったが、天喜四年(一〇五六)ついに戦端が開かれ、前九年の役が本格化した。翌五年七月、頼時みずから奥地の夷族を味方に誘うべく説得に赴き、流れ矢にあたり、鳥海柵まで還って死んだ。

参考文献 『岩手県史』一

(板橋 源)

あぼしんのう 安保親王 七九二―八四二 平城天皇の第一皇子。母は更衣とみられる葛井宿禰藤子。弘仁元年(八一〇)九月、薬子の変に連座して大宰権帥に貶され、天長元年(八二四)父上皇の崩後、嵯峨上皇の勅によって入京を許された。同十年三月三品に叙し、また治部卿・宮内卿・兵部卿・弾正尹に任ぜられ、上野・上総各太守を兼ねた。承和九年(八四二)七月十日、春宮坊帯刀伴健岑より謀反に誘れ、書を太皇太后橘嘉智子に送って密告し、承和の変の発端をなした。これより朝廷に出仕せず、同年十月二十二日急に死去した。五十一歳。『続日本後紀』によれば、性謙退で才文武を兼ね、膂力あり、絃歌に妙を得ていたという。密告の功によって一品を追贈された。桓武天皇の皇女伊都内親王との間に第五子在原業平があり、また大江音人・在原行平らもその子である。兵庫県芦屋市に親王の墓と称する古墳がある。

参考文献 目崎徳衛「在原業平の歌人的形成」(『平安文化史論』所収)

(目崎 徳衛)

あまくさたねもと 天草種元 ?―一五八九 安土桃山時代の武将。肥後国天草本渡城主、伊豆守。天草氏は筑前原田氏(大蔵氏)より出るといい、栖本・上津浦・大矢野の三氏も同族。義兄の鎮種(ミゲル)が永禄十二年(一五六九)アルメイダを招いてより、領内にキリシタンが広がり、間もなく彼も受洗、霊名をドン=アンドレアという。種元も他の天草五人衆とともに、天正十五年(一五八七)豊臣秀吉征西の折、一旦は本領を安堵されたが、同十七年小西行長が天草を知行するに及び、志岐麟仙に呼応してこれに叛き、行長および加藤清正の討伐を受けた。種元は本渡城の守将として奮戦ののち自刃したという。一説には、種元の霊名をドン=ジョアンとし、十七年の敗戦後も生きて行長に属し、文禄の役にも参加、さらに関ヶ原の戦後は備前の小早川秀秋に預けられたともいう。

参考文献 八木田政名『新撰事蹟通考』(『肥後文献叢書』三)、ミカエル=シュタイシェン『切支丹大名記』(吉田小五郎訳)、ルイス=フロイス『日本史』

(工藤 敬一)

あまくに 天国 生没年不詳 大和に在住した名工として、古来聞えが高く、原典が鎌倉時代末期の記述で応永三十年(一四二三)の写本である観智院本『銘尽』をはじめとして、その後江戸時代に至るまでのほとんどすべての刀剣書が、彼の年代を大宝ごろとしている。平家の重宝である小烏丸は彼の作であることが観智院本以来の刀剣書に記されており、その太刀であるとされているものが宗元伯爵家から明治天皇に献上され、御物となっている。しかし大和物の名刀ではあるが、年代を平安時代後期とみるのが現代の定説のようである。

(本間 順治)

あまこかつひさ 尼子勝久 一五五三―七八 安土桃山時代の武将。天文二十三年(一五五四)父誠久・祖父国久らが尼子晴久に殺されたとき、逃れてのち京都に上り、東福寺の僧となった。永禄九年(一五六六)出雲富田(月山)落城後、流浪上洛した遺臣山中鹿介幸盛・立原久綱らに擁立されて還俗、孫四郎勝久と名乗った。同十二年豊後の大友氏と連絡をとりながら、但馬・隠岐を経て出雲へ入国し、島根半島の忠山に挙兵。一旦、出雲の大半を回復した。しかし元亀元年(一五七〇)毛利氏と富田城南方布部山に戦って敗北。翌二年京都に奔り織田信長を頼った。天正元年(一五七三)因幡に進出し、出雲入国を企てたが失敗。同三年再び京都に奔った。同五年羽柴秀吉の播州佐用郡上月(七条)城攻略後、この城を守ったが、翌六年毛利氏の連合軍に包囲され、秀吉が信長の命で撤兵したため、同年七月三日に自刃した。年二十六。かくて尼子氏の再興の夢は破れ、完全に滅亡した。

尼子勝久花押

参考文献 『日御碕神社文書』、『北島文書』、『島根県史』八、瀬川秀雄『吉川元春』、米原正義『出雲尼子一族』

(米原 正義)

あまこくにひさ 尼子国久 ?―一五五四 戦国時代の武将。出雲守護経久の次男。母は兄政久と同じく吉川伊豆守経基の女。はじめ孫四郎、のち刑部少輔、紀伊守。国久の邸が富田(月山)城東北麓新宮谷にあったので、一族を世に新宮党と称し、尼子氏の柱石であった。父経久の領国拡大に尽力、甥晴久を援けて活躍し、天文十五年(一五四六)六月二十八日次男豊久が伯耆において討死した。同十六年ごろから晴久と意見が対立したらしく、長子誠久も武功に誇るところがあり、尼子氏譜代家臣の反感をかった。その上、国久の偏愛から新宮党に内訌が生じた。こうした点に着目した毛利元就の反間策が功を奏し、国久・誠久父子は同二十三年十一月一日、晴久のために討たれ、翌二日三男敬久らもその居館に討死し、新宮党は潰滅した。これが尼子氏滅亡の一大原因といわれる。一説に国久は六十三歳没という。法号松厳良吟居士。邸址および国久らの墓と伝えるものが新宮谷に残る。

参考文献 『佐々木文書』、『島根県史』六―八、『新修島根県史』史料篇一・通史篇一、米原正義『出雲尼子一族』

(米原 正義)

あまこつねひさ　尼子経久　一四五八―一五四一　戦国時代の武将。中国地方の大名。画技にも長じた。京極氏の出雲守護代清定の子。母は国人馬木上野介の女。長禄二年(一四五八)十一月二十日誕生と伝え(『中国治乱記』)、はじめ又四郎、文明十年(一四七八)ごろ経久と名乗り、民部少輔を称し、清定のあとをうけて守護代となった。のち伊予守。応仁の乱に際し、父清定は出雲国能義郡利弘荘・飯石郡多久和郷などの所領、能義郡奉行職、美保関および安来領家分代官職を得、やがて美保関の公用銭を緩怠して、尼子氏発展の基礎を築いた。経久に至って寺社本所領、段銭などを押領したため、同十六年守護代職を剥奪され、富田(月山)城から追放されたが、同十八年正月城を奪回。同年七月守護京極政経が上洛して出雲は経久の切取り次第となり、長享二年(一四八八)仁多郡の名門三沢氏を降し、飯石郡の三刀屋・赤穴氏も降ってきた。永正五年(一五〇八)政経が出雲に没し、経久が事実上の出雲の守護となった。以来諸方に兵を動かし領土拡張戦を展開、山陽の大内氏とも戦った。これらの過程で長子政久が陣没したが、最盛期には、出雲・隠岐・石見・伯耆・因幡・安芸・備後・備中・備前・美作・播磨の十一ヵ国を制圧したという。毛利氏も「尼子西条乱入(大永三年)以後廿ヶ年に及び、中国悉く彼(経久)存分に任せ候」といっている。大永から天文にかけて、十一ヵ国の国人の一部が経久に款を通じたというほどの意味であろう。大永五年(一五二五)配下の毛利元就が大内氏に帰属。天文元年(一五三二)三男興久の謀反があったが、勢威は依然強大であった。経久は亀井・牛尾・河副・三木・佐世・宇山ら譜代家臣を重視、彼らが尼子権力の最上層部を形成し、その所領は遠方に配置され、遠心的傾向をもったようである。尼子一門は特別の勢力として譜代と肩を並べていたらしい。また出雲の一方の中心地、塩冶(出雲市)には三男興久を置いて統治させた。国人把握の仕方は、前代の守護と本質的変化なく、本領安堵・新恩給与の懐柔策をとり、結びつきはあまり強固でなく、一視同仁の人間愛豊かな経久個体の人格によって統制されていたようである。尼子氏は社寺勢力を温存し、杵築(出雲)大社・日御碕神社・鰐淵寺の勢力と結び、造営・寄進に力を入れ、一方法度をつくって統制し、特に杵築大社に対しては、経久の二人の女をそれぞれ千家国造・北島国造の妻として婚姻政策をとった。その経済的基盤は、島根半島の東端美保関・西端宇竜の船役徴収、分国内産出の鉄と大森銀山の銀の利用、対朝鮮交易による利益などであった。経久は天文六年から隠退して孫詮久(晴久)を後見、詮久が安芸郡山城に毛利氏を攻めて大敗北をきっした同十年の十一月十三日富田城に没した。年八十四。法号は興国院月叟省心大居士。富田城麓洞光寺に葬られた。寺はのち移されたが同じ島根県安来市広瀬町にあり、墓は父洞光寺殿華山常金大居士(清定)と並んで建てられている。また別に記念寺ともいうべき経久寺が鳥取県西伯郡南部町法勝寺に現存する。

尼子経久花押

尼子経久画像

〔参考文献〕『佐々木文書』、『毛利家文書』、『吉川家文書』、『島根県史』七、渡辺世祐『室町時代史』、米原正義『出雲尼子一族』　(米原　正義)

あまこはるひさ　尼子晴久　一五一四―六〇　戦国時代の武将。中国地方の大名。永正十五年(一五一八)父政久戦没、天文六年(一五三七)祖父経久隠退により家務を掌り、同十年経久の死により家督相続。母は山名兵庫頭の女。はじめ詮久、三郎四郎、同十年十月二日将軍足利義晴の偏諱をうけ晴久と改めた。のち民部少輔。同二十一年四月二日出雲・隠岐・因幡・伯耆・備前・備中・美作・備後八ヵ国守護に補され、十二月三日従五位下修理大夫に任ぜられた。また幕府の相伴衆でもあった。天文五年以来諸方を攻略、同九年毛利氏をその居城安芸郡山に攻めて敗北。同十二年大内氏を出雲において破ったが、同二十三年羽翼の新宮党をみずからの手で滅ぼし、衰勢を決定的にした。晩年毛利氏と石見に戦い、防戦中永禄三年(一五六〇)十二月二十四日、富田(月山)城に没した。年四十七。没年には異説もあり、同四年あるいは五年十二月二十四日没ともいわれる。法号天威心勢大居士。月山南麓塩谷口の宝篋印塔の墓は晴久のものという。

尼子晴久花押

尼子晴久画像

〔参考文献〕『佐々木文書』、『多胡文書』、『島根県史』八、瀬川秀雄『吉川元春』、渡辺世祐『毛利元就卿伝』上、米原正義『出雲尼子一族』　(米原　正義)

あまこよしひさ　尼子義久　?―一六一〇　戦国時代の

尼子義久花押

武将。出雲国守護。永禄三年（一五六〇）父晴久の死により出雲国守護となる。母は尼子国久の女。初め三郎四郎、のち右衛門督。富田（月山）城将として父祖以来の宿敵毛利氏と戦ったが、次第に圧迫され、同五年六月重臣本庄常光が毛利氏に降り、石見大森銀山を失った。翌六年十月尼子十旗の第一、松田誠保の守る出雲国白鹿城が落ちて富田城は孤立。同八年四月毛利氏の総攻撃を切り抜けたものの、翌九年十一月二十八日ついに開城して毛利氏の軍門に降った。そして倫久・秀久の二弟とともに安芸長田の円明寺に幽閉されて、友林と号し、のち毛利氏の客分となり、慶長十五年（一六一〇）八月二十八日、長門国阿武郡奈古（山口県阿武郡阿武町奈古）で没。法号大覚寺殿大円心覚大居士。菩提寺は補陀山大覚寺で奈古にある。同寺には尼子系図や義久の木像を伝える。嗣子がなかったため弟倫久の子九一郎を養子とした。これが久佐元知であり、子孫は佐々木を氏とした。

参考文献 『佐々木文書』、『毛利家文書』、『島根県史』八、島根県広瀬町教育委員会編『出雲尼子史料集』、瀬川秀雄『吉川元春』

（米原　正義）

あましょうぐん　尼将軍　⇩北条政子《ほうじょうまさこ》

あまのとおかげ　天野遠景　生没年不詳　鎌倉時代前期の武将。鎮西奉行人。藤原景光の子。伊豆国天野に居住したので天野を姓とし、天野藤内・伊豆藤内などと称した。内舎人、左兵衛尉、民部丞、入道して蓮景と号した。治承四年（一一八〇）八月源頼朝が伊豆で挙兵した時に馳せ参じて以来、頼朝の側近の武士として行動し、元暦元年（一一八四）六月頼朝の命によって、当時威勢を振るっていた一条忠頼を酒席で暗殺した。同年八月源範頼に従って平家追討に参加し、文治元年（一一八五）周防国から豊後国に渡り、同年三月十一日には、平家追討に大功ある十二人のうちの一人として、頼朝より感状を受けた。そして同年末には、源義経の探索と鎮西における鎌倉幕府勢力の確立を目的に創設された鎮西奉行人に補任され、律令制度上の鎮西統治機関である大宰府の機構に関与してその実権を握った。その後同三年に幕命によって宇都宮信房とともに、貴海島（鬼界島）の平家残党の追討を企てたが、鎮西御家人らの協力が得られず、また遠景の鎮西における新儀非法に対する荘園領主側の抵抗も激しく、ついにおそくも建久五年（一一九四）ごろまでに鎮西奉行を解任されて鎌倉に帰った。その後源頼朝の死を機会に出家し蓮景と号した。正治元年（一一九九）梶原景時誅伐にも参加し、建仁三年（一二〇三）九月北条時政の命を受けて、比企能員を誘殺した。死期も近い承元元年（一二〇七）六月二日、治承四年八月の山木合戦以来の勲功十一ヵ条を挙げて、恩賞を望んでいるところからすれば、晩年は不遇であったと思われる。

参考文献 佐藤進一『鎌倉時代訴訟制度の研究』、竹内理三「鎮西奉行についての一、二の考察」（『魚澄先生古稀記念会編『（魚澄先生古稀記念）国史学論叢』所収）、瀬野精一郎「鎮西奉行考」（『鎮西御家人の研究』所収）、石井進「大宰府機構の変質と鎮西奉行の成立」（『日本中世国家史の研究』所収）

（瀬野精一郎）

あまわり　阿摩和利　？―一四五八　沖縄の按司。幼名は加那《かな》。北谷間切屋良村《ちゃたんまぎりやら》に生まれ、長じて勝連按司《かつれんあじ》に仕えたが、長禄二年（一四五八）乱を起して敗死した。阿摩和利が仕えていた勝連按司茂知附《もちづき》は苛斂誅求を行い、領民に塗炭の苦しみを与えていた。阿摩和利は一策をめぐらしてこれを討ち、みずから按司となった。勝連は道之島や日本本土と交易をし、「やまとの鎌倉」にたとえられた土地であったが、その貿易による殷盛は、阿摩和利によって招かれたといわれている。築一尚氏王統の尚泰久王は、阿摩和利に王女の百度《もも》踏揚《とふみあがり》（神女名）を嫁がして姻戚関係を結んだが、勢力を強大にしていった阿摩和利は、王婿の地位を利用して、王位の簒奪を企図するようになった。泰久の父巴志《はし》の妃の父親であった中城《なかぐすく》城主護佐丸（唐名毛国鼎）は阿摩和利の野心を喝破してこれを討とうとしたが、逆に阿摩和利の讒訴にあって彼の率いる王軍の追討を受け、夫人および二子とともに自刃した。これによって阿摩和利の勢威はますます増大し、いよいよ王室に対する謀叛の心を固めた。百度踏揚の従者として勝運に遣わされていた大城賢雄《うふぐすくけんゆう》（武勇にすぐれていたので鬼大城と呼ばれていた）は、夫人とともに勝連城を脱走して、阿摩和利の陰謀を尚泰久に告げた。阿摩和利も急に軍兵を整えて首里城に押し寄せ、火を放って攻めたが、衆寡敵せず大敗して勝連城に逃げ帰った。勝連城は比類のない天険であった。しかしついに王軍の勝つところとなり、阿摩和利は刎首され乱は平定した。阿摩和利の人物評価については、救世主・陰謀家の二様がある。沖縄本島は永享元年（一四二九）、尚巴志によって統一されたが、独立領主然たる按司がなお各地に存在し、王統樹立の野心を抱くものがいた。阿摩和利はその一人であった。

参考文献 向象賢編『中山世鑑』（『琉球史料叢書』五）、蔡温他編『中山世譜』（同四・五）、鄭秉哲他編『球陽』、伊波普猷『古琉球』（『伊波普猷全集』一）、『勝連村誌』

（宮城　栄昌）

あめくにおしはらきひろにわのみこと　天国排開広庭尊　⇩欽明天皇《きんめいてんのう》

あめとよたからいかしひたらしひめのみこと　天豊財重日足姫尊　⇩皇極天皇《こうぎょくてんのう》

あめのぬなはらおきのまひとのみこと　天渟中原瀛真人尊　⇩天武天皇《てんむてんのう》

あめみことひらかすわけのみこと　天命開別尊　⇩天智《てんじ》天皇《てんのう》

あめよろずとよひのみこと　天万豊日尊　⇩孝徳天皇《こうとくてんのう》

あらきだうじつね　荒木田氏経　一四〇二―八七　室町

時代の伊勢神宮の祠官。氏貫(内宮権禰宜)の次男で、家を藤波と号した。永享四年(一四三二)内宮禰宜(九禰宜)に補せられ、以後累進して寛正三年(一四六二)一禰宜に進み、文明五年(一四七三)従三位にのぼった。この時代は式年遷宮の制の弛廃や、神宮神領の退転、ことに守護による上分半済という形の侵略、新関設置や今神明の濫立による参詣者のわずらいなど、神宮の経営のうえで困難な問題が山積したが、かれは常に敢然としてこれに立ち向かい、ひるむことなく、陳情や抗議をつづけた。長享元年(一四八七)正月十二日没。八十六歳。墓は伊勢市宇治浦田町の荒木田氏の墓地にある。かれの書き留めた『氏経卿神事日次記』は、後代の祠官たちに典拠とされ、『氏経卿引付』もかれの自筆本七巻が現存している。そのほか『遷宮記』『服仮令』『祠官系譜』などの編述もあり、ことに『皇太神宮年中行事』(『建久年中行事』)の増補を行なったことの意義は大きい。

(荻原 竜夫)

参考文献 宇仁一彦『(内宮長官)藤波氏経神主を讃う』

あらきだもりたけ 荒木田守武 一四七三—一五四九 室町・戦国時代の伊勢内宮の神官。連歌・俳諧作者。文明五年(一四七三)の誕生。内宮の三禰宜荒木田(薗田)守秀の男(通説、九男)。母は一禰宜藤波氏経の女。同六年従五位下。長享元年(一四八七)禰宜に補任、爾来累進して天文五年(一五三六)正四位上、同十年一禰宜長官に昇り、同十八年八月八日、七十七歳で没。墓は伊勢市宇治浦田町にある。連歌をよくし、早くも文明十七年、十三歳で、宗祇の連歌集『老葉《わくらば》』を筆写、明応四年(一四九五)撰の『新撰菟玖波集』に、兄守晨とともに一句入集。『法楽発句集』(永正五年)・『合点之句』(天文九年)の連歌句集、最晩年の独吟『秋津洲千句』(天文十五年)など、自筆で現存。永正二年(一五〇五)『何路百韻』以下、内・外宮の禰宜との一座のほか、宗長・宗碩・肖柏との交わりが深く、特に宗長には深く師事し、その死没に際して、追善の独吟千句を賦している。俳諧には、周桂に送った『俳諧詠草』、享禄三年(一五三〇)の『俳諧独吟百韻』、長彦・常信・宗仙との四吟『何袋百韻』と、有名な『守武千句』(『飛梅千句』)があり、宗鑑とともに俳諧の始祖とされる。『守武千句』は、慶安五年(一六五二)の板本のほかに自筆の草稿本および定稿本が現存し、その比較から、天文五年より推敲を重ねて、同九年冬ようやく成ったことが知られる。俳諧千句の最初のもので、これによって俳諧の形式が確立し、俳諧興隆の素地を築いたものとして、その功績は大きい。ほかに、大永二年(一五二二)の『法楽和歌百首』、教訓歌『世中百首』、および笑話二十三篇を集めた『守武随筆』があり、また神宮司庁編『荒木田守武集』全一巻がある。

(島津 忠夫)

参考文献 伊藤正雄「荒木田守武」(明治書院『俳句講座』二所収)

荒木田守武画像(松尾芭蕉筆)

あらきだもりとき 荒木田守晨 一四六六—一五一六 室町・戦国時代の伊勢内宮の禰宜。神宮学者。薗田氏。禰宜守秀の子。母は荒木田氏経の女。幼名経晨。文明十年(一四七八)十禰宜に任ぜられ、つぎつぎ昇進、永正二年(一五〇五)二禰宜となり、翌年従五位上、六年正五位下、九年従四位下、十一年従四位上、十三年には一禰宜となったが、長官たること六日にして同年十一月十七日没した。五十一歳。幼少より神道に深い志をもち、氏経より神道の奥儀、奉仕の切紙、三口伝を伝授された。その著に『永正記』二巻があり、諸書にあたって神宮の服暇触穢禁忌、また諸儀の典拠を明らかにしており、また『荒木田守晨引付』(『永正引付』)は永正四年八月より同十二年六月までの神宮寺、神宮祭祀また造営などが記されるが、そこにすぐれた考証的態度がみられる。『続群書類従』に書目のみある『荒木田守晨句集』は守晨句集かともみられ、守武の兄にあたり、連歌もよくし『新撰菟玖波集』にも一句をのせる。

(鎌田 純一)

あらきむらしげ 荒木村重 一五三五—八六 安土桃山時代の武将。荒木氏は丹波多紀郡の波多野氏の一族というが詳らかでない。はじめ弥介という。父は高村あるいは義村ともいい摂津豊島郡の池田勝正に属し、村重も勝正の郎党として仕えた。織田信長が摂津に進出すると池田氏は信長に属し、永禄十二年(一五六九)足利義昭が三好政康らに京都本圀寺に囲まれたとき、村重は勝正に従って救援の戦に加わった。やがて池田氏の内紛に乗じてその勢力を強め、天正元年(一五七三)和田惟政を高槻城から放逐し茨木城主となった。この年信長が義昭を宇治槙島城に攻めるとそれに参加し、その功で信長から摂津一国の支配を委ねられた。同二年旧主池田勝正を高野山に追って池田氏の所領を収め、ついで伊丹城の伊丹親興を攻めてこれを滅ぼし、伊丹城を有岡城と改め、ここを本拠として摂津の有力大名となり、従五位下摂津守に叙任された。以来信長の命に従い、同三年播磨の浦上氏を攻め、同四年信長の石山本願寺包囲に従って尼崎からの海上警備につとめ、同五年紀州雑賀の一向一揆と戦い、同六年羽柴秀吉とともに、毛利氏と戦っていた播磨上月城の尼子勝久らを救援し、高倉山で毛利軍と対陣し、神吉城を攻めるなど各地に転戦した。この年七月播磨の三木城の別所長治を攻めるまで、村重は秀吉とともに信長の播磨経略の主力として働いたが、たまたま十月ごろ村重が信長に異心をもつという噂が流布した。村重の配下にあった従兄弟の中川清秀の軍中に、兵粮の乏しくなっ

た石山本願寺にひそかに米を売るものがあるという風説であった。村重はその釈明に信長のもとに赴こうとしたところ、清秀から安土城へ行けば信長に処刑されるであろうと勧告され、ついに叛逆を決意したといわれる。十一月足利義昭・本願寺・毛利氏に通じ、清秀や高山右近らとともに信長に反旗をひるがえした。信長は滝川一益・明智光秀らに村重を攻めさせ、高槻城の右近が降伏し、ついで清秀も降り、村重は孤立して有岡城に籠った。籠城は十ヵ月に及び、同七年九月村重は城を脱して嫡子村安(村次ともいう)の守る尼崎城に入った。有岡城は十一月に陥落し、信長は光秀の娘である村安の妻は助けたが、村重の妻だし殿をはじめ弟妹や子女三十六人を捕え、十二月京の六条河原で処刑した。また有力家臣の妻子郎従や召使の婦女子のうち百二十人は磔刑にされ、残りの五百余人は焼殺された。この十二月村重は尼崎城を逃れて華熊城に入ったが、同八年信長の部将池田信輝に包囲され、七月ついに落城し、十月安芸に走って毛利氏のもとに亡命した。その後剃髪し、道薫と号して尾道にひそみ、信長の死後堺に居住した。村重はかねてから千利休に茶湯を学び、茶湯の道で秀吉に仕え、数寄の道を愉しんで、天正十四年堺で没した。五十二歳。『津田宗及茶湯日記』によると同五年四月十三日の朝会をはじめ村重の自会は八回に及んでいる。また同十三年には秘蔵の兵庫の茶壺を織田信雄に進上した。

[参考文献]『寛政重修諸家譜』八二八、『伊丹市史』二
（原田 伴彦）

あらたわけ 荒田別 神功皇后・応神天皇に仕えた武将。『日本書紀』には神功皇后摂政四十九年鹿我別《かがわけ》とともに将軍となり、新羅征伐に派遣され翌年帰国。応神天皇十五年には荒田別・巫別は上毛野君の祖で、百済に使いして王仁を連れて帰ったとある。同様な記事は『続日本紀』延暦九年(七九〇)七月条の百済王氏の上表にもみえる。『新撰姓氏録』には荒田別命・大荒田別命とみえ、豊城入彦命四世の孫で止美連・尋来津公・田辺史・佐自努公・大野朝臣・伊気などの祖とされる。荒田別は葛城襲津彦・千熊長彦とともに、初期日朝交渉史における伝説上の人物であるが、その後裔氏族に河内を本貫とするものが多いので、河内の史の祖先伝承の中で語り伝えられたともいわれる。

[参考文献] 三品彰英『日本書紀朝鮮関係記事考証』上、同「荒田別・田道の伝承」(『朝鮮学報』三一)
（志田 諄一）

ありはらのなりひら 在原業平 八二五―八〇 平安時代前期の歌人。六歌仙・三十六歌仙の一人。在五中将・在五などと称された。平城天皇の皇子阿保親王の子。母は桓武天皇の皇女伊都内親王。天長二年(八二五)誕生。同三年兄行平らとともに在原朝臣の姓を賜う。在五の称は在原氏で五男の故という。嘉祥二年(八四九)従五位下、以後右馬頭、右近衛権中将などを経、従四位上・兼相模権守、のち兼美濃権守となり、元慶三年(八七九)蔵人頭に補せられた。『三代実録』に「体貌閑麗、放縦不レ拘、略無二才学一善作二倭歌一」と伝えられたごとく、美男の歌人で、その逸話は『伊勢物語』の中に拡大構築されて伝流した。勤直な才学の人ではなかったようだが、情熱的で真情あふれる歌を詠み、『古今集』に採られたものは三十首の多きに上り、寛平・延喜の和歌興隆にさきがけて異彩を放つ存在である。業平の確かな詠作によって、紀名虎の子有常の女を妻としたこと、文徳天皇の皇子で名虎の女所生の惟喬親王に親近したことなどが知られ、あるいは東国に下向し武蔵国まで至り、惟喬親王の妹恬子内親王と推察される伊勢斎宮と夢の一夜を過ごしたなど、伝説的な香気に包まれて伝えられるものも窺われる。業平の歌は『古今集』のほか、勅撰集や私撰集に数々みえ、家集として現今『業平集』が数種伝わるが、いずれも後人の編したものである。子に棟梁・滋春があり、ともに歌人である。元慶四年(八八〇)五月二十八日没。五十六歳。

[参考文献]『古今和歌集目録』、『三十六人歌仙伝』、目崎徳衛『在原業平・小野小町』(『日本詩人選』六)、同「在原業平の歌人的形成」(『平安文化史論』所収)
（福井 貞助）

ありはらのむねはり 在原棟梁 ?―八九八 平安時代前期の歌人。「むねやな」ともいう。在原業平の子。仁和元年(八八五)従五位下、以後雅楽頭、左兵衛佐、兼安芸介、左衛門佐などを経て、従五位上筑前守に至り、昌泰元年(八九八)に没した。その歌は『古今集』に四首、『後撰集』に二首、『続後拾遺集』に一首採られているが、そのうち五首は寛平御時后宮歌合の歌である。子元方は古今歌人、女子は藤原国経の室となり滋幹を生み、藤原時平との間に敦忠をもうけたともいう。

[参考文献]『大日本史料』一ノ二、昌泰元年是歳条
（福井 貞助）

ありはらのゆきひら 在原行平 八一八―九三 平安時代前期の公卿。平城天皇の皇子阿保親王の子。母は伊都内親王とされるが、疑問がある。天長三年(八二六)弟業平らとともに在原朝臣の姓を賜わり、承和七年(八四〇)蔵人、翌年従五位下。以後主として武官を歴任して、貞観十二年(八七〇)参議、同十五年大宰権帥、翌年従三位、元慶六年(八八二)中納言となり、仁和三年(八八七)致仕。寛平五年(八九三)七月十九日没す。七十六歳。子に遠瞻・友于があり、女は清和天皇の後宮に入り、貞数親王らを生んだ。民政に有能で、大宰権帥として貞観十八年三月九日「壱伎嶋水田一百町を営み、対馬嶋の年粮に充てしめんと請ふ」など二事を起請した。また王氏のために大学別曹奨学院を創立した。歌人としても聞え、在民部卿家歌合を主宰し、『古今和歌集』(四首)以下に作品を残している。

[参考文献]『大日本史料』一ノ二、寛平五年七月十九日条、『古今和歌集目録』、目崎徳衛「在原業平の歌人

的形成」（『平安文化史論』所収）　（目崎　徳衛）

ありまのおうじ　有間皇子　六四〇—五八　孝徳天皇の皇子。母は左大臣阿部倉梯麻呂《あべのくらはしのまろ》の娘小足媛《おたらしひめ》。名は、父が軽王《かるのみこ》と呼ばれ、脚病で有間温湯（兵庫県神戸市北区の有馬温泉）に療養していたときに生まれたのによるのであろう。大化改新で父が即位したため、皇位継承の可能性が生じたが、実権をもつ皇太子中大兄皇子と不和のまま白雉五年（六五四）に父が病没すると、その地位はかえって危険となった。賢明な皇子は狂気をよそおって難を避けようとしたというが、斉明天皇三年（六五七）秋には紀伊の牟婁温湯《むろのゆ》（和歌山県西牟婁郡白浜町湯崎温泉）に療養、帰京して斉明天皇に南国の風光を推賞した。翌年初夏、嫡孫の建王を失って悲嘆にくれた天皇は、冬十月その温泉に行幸した。十一月初め、大和の京の留守官蘇我赤兄《そがのあかえ》は天皇の失政三ヵ条を皇子に語った。赤兄を同情者と思い込んだ皇子は挙兵計画に加わるにいたったが、たまたま脇息の脚が折れたのを不吉として延期した。その夜、赤兄は皇子を市経《いちふ》（奈良県生駒市壱分町か）の邸に襲って逮捕、紀伊へ護送した。中大兄が訊問すると、皇子は「天と赤兄とのみ知る、吾、もはら知らず」とだけ答え、同月十一日、藤白坂（和歌山県海南市藤白）で絞刑に処せられた。時に十九歳。『日本書紀』本文は以上のように、この事件を赤兄の謀略としているが、原注に引く或本では皇子が積極的に反乱計画を立てたとしている。いずれにしても皇子と同日に斬刑に処せられたのは、塩屋鯯魚《しおやのこのしろ》と舎人新田部米麻呂《にいたべのこめまろ》二人で、他に二人が流刑となっただけであり、赤兄は処分を受けなかったのみならず、のちに中大兄の重臣になっている。『万葉集』二は、護送の途中、皇子が岩代（和歌山県日高郡みなべ町岩代）でみずからの運命を悲しんでよんだ歌二首をはじめ、山上憶良ら後人が皇子の最期を傷んだ歌数首をのせている。　（青木　和夫）

ありまはるずみ　有馬晴純　一四八三—一五六六　戦国時代の武将。肥前国高来郡を領した有馬家第十代の当主。有馬純鑑の嗣子として、文明十五年（一四八三）有馬で誕生。『藤原有馬世譜』によれば、はじめ賢純とも称したが、『寛政重修諸家譜』によれば、義純・義統、将軍足利義晴の偏諱を得て晴純と称した。天文二十一年（一五五二）隠居し仙岩（仙巌）と号した。当時、有馬領で布教に従事したイエズス会宣教師ルイス＝フロイスも「センガン」Xenganと記している。古書には随意斎の雅号もみえる。室は大村純伊の女。隠退後、悠々自適の生活を送り、永禄九年（一五六六）二月二十八日、八十四歳で没した。不受公と称せらる。仙岩の代、有馬家は日野江城を本拠とし、「高来の屋形」と呼ばれ、肥前六郡を支配して隆盛であった。大村家を継いだ次男純忠は、永禄六年にキリシタンとなり、その影響から有馬領内でも同宗門が盛んとなり始めたが、これを好まず、キリシタンを弾圧した。

参考文献　林銑吉編『島原半島史』、外山幹夫『肥前有馬一族』　（松田　毅一）

ありまはるのぶ　有馬晴信　一五六七—一六一二　安土桃山時代の武将。肥前国有馬領主。義貞の次男として有馬で誕生。母は安富越中守入道得円の女。童名十郎、従五位下修理大夫に任ぜられる。大友義鎮の一字を授かり、天正七年（一五七九）ごろには鎮純、同八年から十二年ごろには鎮貴と称している。また島津義久の諱字を所望し、同十三年には久賢と称した。『藤原有馬世譜』によれば、永禄十年（一五六七）誕生とあるも、天正七、八年ごろたびたび逢ったイエズス会員の報ずるところと矛盾し、生年にはやや疑いがある。元亀二年（一五七一）六月十四日、兄義純から家督を相続、日野江城に住み、幼少の間、父義貞が後見を務めた。天正八年春、前年有馬領口之津に到着したイエズス会巡察師バリニァーノ Alexandro Valignanoから洗礼を受け、プロタジオと称した。時に竜造寺氏の脅威にさらされていたが、イエズス会から多くの食糧・武器・弾薬の援助を受け、これによって危機を免れた。ために宣教師からの要請によって領内の多数の神社仏閣を破壊し、仏僧に改宗か国外退去を迫った。南蛮船は、引きつづき口之津に入港し、教会が各所に設けられ、セミナリヨと称する初等学校が日野江城付近に開かれた。同十年バリニァーノの企画によるローマ教皇への使節に、従兄弟にあたる千々石ミゲルを名代とした。同十二年領内の加津佐には日本イエズス会の上長が駐留し、有馬領はキリシタンの中心地の観を呈したが、この年竜造寺隆信の猛攻撃を受けた。島津氏の援軍により、隆信を戦死せしめるを得たが、爾後、島津氏の圧迫を蒙るに至った。一方イエズス会に対しては、浦上の所領を寄進した。同十五年豊臣秀吉の九州征伐、宣教師追放令があり、長崎を追われたイエズス会員は、多く有馬領に移動、コレジヨと称した高等教育機関の設立を見、同十八年には遣欧使節が招来した活字印刷機により、加津佐において「日本イエズス会版」の刊行が開始された。文禄・慶長の役には、小西行長とともに朝鮮に出陣、軍功をたて、慶長五年（一六〇〇）の関ヶ原の戦に際しては、小西領を攻略した。同十三年徳川家康の命により、伽羅香木を購入のためチャンパに派遣されていた晴信の船は、マカオに寄港、越年したが、乗組員とポルトガル人の間に騒乱が起り、日本人が処断された。そこで同十四年ポルトガル船ノッサ＝セニョーラ＝ダ＝グラーサ（旧名マードレ＝デ＝デウス）が長崎に入港すると、これを攻撃し沈没せしめた。同年幕府の内命により、家臣をして高山国（台湾）を視察せしめた。同十七年旧領を恢復せんとして

有馬晴信花押

有馬晴信印

本多正純の家臣岡本大八の奸策に陥り、幕府の糺弾に申し訳たたず、三月二十二日甲斐に預けられ、ついで五月六日死を賜わった。四十六歳。嗣子直純が有馬家を継承した。

参考文献 『大日本史料』一二ノ九、慶長十七年三月二十一日条、『有馬晴信記』、『有馬系図』、『駿府記』(『戦国史料叢書』家康史料集)、『当代記』(『史籍雑纂』二)、外山幹夫『肥前有馬一族』　(松田　毅一)

ありまよしさだ　有馬義貞　一五二一―七六　安土桃山時代の武将。肥前国有馬領主。晴純(仙岩)の長子。母は大村純伊の女。はじめ晴直と称したが将軍足利義晴の諱字を賜わり、義直、ついで義貞と改めた(永禄九年か)。室ははじめ安富越中守入道得円の女、のち松浦党波多壱岐守盛の女。天文二十一年(一五五二)襲封。元亀元年(一五七〇)隠居し、嫡子義純に家督を譲ったが、義純は翌二年六月十四日、二十二歳で没し、後嗣晴信は幼少の故に、後見者となる。天正四年(一五七六)十二月二十七日有馬日野江城で病没。五十六歳。仙巌斎寿仙・嘯月軒・承鉄と号した。当代に至り、竜造寺氏しきりに領内を侵すも、抗戦に意欲を欠き、家門日々に衰え、早く隠居す。三光院実澄について詩歌を学び南明軒の雅号を与えられる。また南蛮貿易を望み、天正四年三月十日、口之津において、アンドレの教名をもってキリシタンの洗礼を受けたが、九ヵ月後に世を去った。

参考文献 『藤原有馬世譜』、松田毅一『近世初期日本関係南蛮史料の研究』、外山幹夫『肥前有馬一族』　(松田　毅一)

アルバレス　Jorge Alvarez　生没年不詳　十六世紀のポルトガル船長。ポルトガル東北部のフレイショ＝デ＝エスパーダ＝ア＝シンタ出身といわれる。東洋貿易に従いインドを経てマラッカに至り、一五四六年同地を出帆して日本に向かい薩摩山川につく。たまたま日本人アンジローに会い同人を乗せて同年末ごろ出帆、漳州・ラマウを経てマラッカに帰る。四七年末アンジローを知人のイエズス会士フランシスコ＝シャビエルに紹介、シャビエルの日本についての知見の端緒となる。シャビエルの依頼により同年末日本に関する報告書を提出した。内容は南九州中心ではあるが、地理・風習・産物などかなり正確であり、ポルトガル人による最初にして詳細な記述として貴重である。彼の船に乗船した黒人の記事など興味深い。なおアルバレス日本渡航の際メンデス＝ピントーが同船したとその著『廻国記』に述べているが確かでない。

参考文献 J. Camara Manoel: Missões dos Jesuitas no Oriente nos Seculos XVI e XVII; C. R. Boxer: The Christian century in Japan 1549—1650. 岡本良知『十六世紀日欧交通史の研究』　(箭内　健次)

アルメイダ　Luis de Almeida　?―一五八三　戦国・安土桃山時代に日本で活躍したポルトガルのイエズス会宣教医。一五二五年ごろリスボンに生まれる。四八年学業を終え、外科施術の免状をも得たといわれる。のち貿易商としてインドへ渡り、天文二十一年(一五五二)に平戸へ到着し、ついで弘治元年(一五五五)山口へ赴き、日本イエズス会にはいった。その翌年豊後府内へ至り、領主大友宗麟の後援を得、みずから一〇〇〇クルサドを献金して同地に育児院を建設し、間引き・堕胎から幼児の命を救おうとした。同年末には府内の耶蘇会住院を改造して二棟から成る病院を建てた。そのうちの一棟には負傷者と容易になおり得る患者を、他の一棟にはハンセン病患者を収容し、アルメイダが主任となって診療を行い、またある種の外科手術をも敢行した。府内の病院の評判は日増しに高くなり、間もなく増築をしなければならぬほどの繁昌ぶりであった。しかし永禄四年(一五六一)に耶蘇会士医療従事禁止令が出てからは宣教医としてのアルメイダの活躍も次第に消極的になった。天正十一年(一五八三)十月天草河内浦で病没した。

参考文献 海老沢有道『切支丹の社会活動及南蛮医学』　(大鳥蘭三郎)

あわじのはいてい　淡路廃帝　⇨淳仁天皇《じゅんにんてんのう》

あわたぐちぜんぽう　粟田口善法　生没年不詳　室町時代中期の茶人。茶の湯の開山といわれた村田珠光の弟子。『山上宗二記』によれば、京都粟田口の住人で、珠光の弟子となって茶法を究めたが、名物道具を所持しないばかりか、一生のあいだ、燗鍋《かんなべ》一つで、食事をもし、茶の湯をも嗜んだので、胸中のきれいな者であるといって、珠光から賞賛されたという。また、善法は朝夕茄子形《なすびがた》の手取釜《てどりがま》に湯をわかし、行きかう人々に一碗の茶をすすめ、老後の楽しみとしていた。のちに豊臣秀吉が、それを聞き伝え、これを慕って、千利休に命じ、その手取釜のありかを探させたが、わからず、利休に指図して、善法の愛用したという茄子形の手取釜の写し物を作らせた。それができ上がると、秀吉は晩年に至るまでこれを愛用したという。この手取釜は、京都の良恩寺に現存するが、伊勢の釜師辻越後の作で、副え幅として、田中兵部大輔宛の秀吉朱印状がある。この手取釜には、釣箱に入れた鎖まで付属する。　(桑田　忠親)

あわたぐちりゅうこう　粟田口隆光　生没年不詳　室町時代の画家。『融通念仏縁起』(清凉寺本、応永二十一年)の筆者の一人。俗名以盛。民部少輔に任ぜられ、入道して隆光と号し、法眼に叙せられる。宅磨・住吉・芝とともに春日絵所の一員で南都に住むと『本朝画史』にあるが、粟田口の姓が地名にちなむとすれば京の画師であったかもしれない。永享年間(一四二九―四一)にも活躍の記録がある。当時の大和絵の名手の一人であることは間違いない。　(辻　惟雄)

あわたのかんぱく　粟田関白　⇨藤原道兼《ふじわらのみちかね》

あわたのまひと　粟田真人　?―七一九　奈良時代前期の公卿。天武天皇十年(六八一)小錦下(従五位下相当)、同十三年に朝臣と賜姓。筑紫大宰を経て文武天皇四年

(七〇〇)『大宝律令』の編纂に参加。大宝元年(七〇一)直大弐(従四位上相当)民部尚書(民部卿)で遣唐使の長官を拝命、翌年参議を兼ね、入唐。唐では司膳卿に任ぜられ、慶雲元年(七〇四)帰国。功により田二十町穀千石を賜わり、翌二年従三位中納言に進み、和銅元年(七〇八)大宰帥を兼ね、霊亀元年(七一五)正三位、養老三年(七一九)二月五日(『公卿補任』には二日)没。粟田臣は小野臣などと同じく和珥《わに》氏系で、七世紀には海外交渉担当者が多い。真人も唐で「好く経史を読み、属文を解し、容止温雅」と評された。 (青木 和夫)

あわのいん　阿波院 ⇩土御門天皇《つちみかどてんのう》

あんえ　安慧 七九四—八六八 平安時代前期の天台座主。河内国大県《おおかた》郡の人で俗姓は大狛《おおこま》氏。七歳で下野国小野寺の広智に師事し、十三歳のとき師に伴われて叡山に登り最澄に従って天台止観と真言密教を学び、最澄の滅後は円仁に従って密教経典を習った。天長四年(八二七)『大日経』の試験に合格し、十二年の間三部経の念誦、四種三昧を修学した。承和十一年(八四四)出羽国講師となって赴任すると、今まで法相宗しか学んでいなかった国内の人々は安慧の講説を聴いて天台宗に帰するものが多くなったという。同十三年仁明天皇が延暦寺に定心院《じょうしん》を建て十禅師を置かれたとき、安慧は選ばれて員数に加わり、貞観四年(八六二)三月内供奉十禅師となり、同六年正月円仁が没すると翌二月に延暦寺座主に補せられたが同十年四月三日に入寂した。年七十五。著作に『顕法華義鈔』十巻、『即身成仏義』一巻などがある。

参考文献 『拾遺往生伝』(『日本思想大系』七)、『僧官補任』、『明匠略伝』下、『元亨釈書』二、卍元師蛮『本朝高僧伝』六(『大日本仏教全書』)、『諸宗章疏録』二(同)、上杉文秀『日本天台史』 (大野達之助)

あんかい　安海 生没年不詳 平安時代中期の天台宗の学僧。京都の人。比叡山に登り興良に就いて剃髪し、横《よ》川《かわ》にあって天台教学を研究した。当時源信と覚運は天台の両輪であったが安海は二人を評して「慧心(源信)ハ浅広ニシテ掲厲《けいれい》シテ渉ルベシ、檀那(覚運)ハ深狭ナレバ踰跨ニ過ギズ」と言ったという。長保五年(一〇〇三)源信が天台宗義の疑問二十七条を作って宋の四明知礼《しめいちれい》に送りその答釈を求めたとき、安海は自分で上・中・下の義釈を作ったが、知礼の答釈はその中と下の義釈を出なかったという。

参考文献 『元亨釈書』五、卍元師蛮『本朝高僧伝』一〇(『大日本仏教全書』) (大野達之助)

あんかんてんのう　安閑天皇 『日本書紀』によれば、生没年は四六六—五三五、五三四—三五在位。諱は勾大兄《まがりのおおえ》、諡を広国押武金日《ひろくにおしたけかなひ》天皇という。継体天皇の第一子、母は尾張連草香の女の目子媛《めのこひめ》。同腹の弟に宣化天皇がある。継体の次に即位するが、『日本書紀』や『上宮聖徳法王帝説』などによると、継体の死後、即位までのあいだに二年の空位があり、また安閑の異母弟の欽明天皇が継体の死の翌年に即位した形跡のあることなどから、継体の死後皇位継承の紛争がおこり、安閑・宣化両朝と欽明朝とが併立した時期があったとする説がある。安閑は大和の勾金橋(奈良県橿原市曲川町)に都し、仁賢天皇の女の春日山田皇女を皇后とする。摂津三嶋の竹村屯倉をはじめ、西は九州から東は武蔵・上野に至る各地に多数の屯倉を設置し、また勾舎人部・勾靫部・犬養部をおいたという。勾金橋宮で死ぬ。年七十。古市高屋丘陵に葬る。

参考文献 林屋辰三郎「継体・欽明朝内乱の史的分析」(『古代国家の解体』所収) (直木孝次郎)

古市高屋丘陵《ふるちのたかやのおかのみささぎ》 大阪府羽曳野市古市にあり、皇妹神前皇女を合葬する。周濠のある西面する前方後円墳(前方部幅一〇〇《メートル》、長径一二〇《メートル》、高さ後円部一三《メートル》余、前方部一二《メートル》余)で、古市古墳群の南端に位し、丘陵によって築造したもの。『日本書紀』に崩御になった月に当陵に葬り、皇后春日山田皇女と皇妹が合葬の旨を記してある。しかし皇后・皇妹の没年は不明で埋葬の先後はわからない。『延喜式』諸陵寮の制は遠陵とし、「兆域東西一町、南北一町五段、陵戸一烟、守戸二烟」とあるが、皇后陵は別に「古市高屋墓」と記載されている。のちに改葬したものか、あるいは何かの誤りか疑問はあるが、現在は式に従って皇后陵は別に定めている。室町時代に畠山氏がこの地に高屋城を造り、当陵を本丸にあてていた。江戸時代の寛政のころ、土砂崩れの際に白瑠璃碗(カットグラス)が出土したが、これはイラン産のもので、正倉院宝物に酷似し、現在重要文化財として東京国立博物館に保存されている。 ↓春日山田皇女《かすがのやまだのおうじょ》

参考献 清野謙次『日本考古学・人類学史』 (中村 一郎)

あんこうてんのう　安康天皇 『日本書紀』では第二十代の天皇。諱は穴穂皇子。允恭天皇第二子。母は忍坂大中姫命。兄の木梨軽皇子を物部大前宿禰の家に殺して即位し、宮を大和山辺郡石上(奈良県天理市)に移して、石上穴穂宮と称した。さらに大草香皇子を殺し、その妻を皇后としたため、皇后が大草香皇子との間に生んだ眉輪王に殺され、三年の後、菅原伏見西陵に葬られたという。『宋書』の倭の五王のうち、済の世子興をあてるのが定説で、宋の太祖元嘉二十八年(四五一)、済(允恭)死し、興貢献し、世祖大明六年(四六二)、興死し、弟武(雄略)立つという記事をみると、系譜はよく合うが、書紀の在位年数三年と食い違い、また書紀には外交関係記事のないのが特色である。いずれにせよ、五世紀半ばの在位は確実と思われる。 (平野 邦雄)

菅原伏見西陵《すがわらのふしみのにしのみささぎ》 奈良市宝来町字古城にあり、垂仁天皇陵の西北に位置する。墳丘は不整形で四周に小溝と土塁を設け、当初の形を失っているが、南方の接続地から埴輪が出土したという。古くは菅原伏見陵・伏見山陵・菅原伏見野中陵とも記す。霊亀元年(七一五)四月守戸四烟を充てたが、『延喜式』諸陵寮には遠陵として、「兆域東

西二町、南北三町、守戸三烟」と記し、守戸を減じている。後世久しく所在不明であったが、文久三年(一八六三)十一月現地に考定した。

参考文献　『奈良市史』考古編、上野竹次郎『山陵』上　（石田　茂輔）

あんこくじえけい　安国寺恵瓊　?—一六〇〇　安土桃山時代の禅僧、政治家。法の諱は恵瓊、瑤甫と号しまた一任斎・正慶ともいった。幼名を竹若丸といい、安芸国の守護家の銀山城(広島市祇園町)主武田信重の遺孤という。天文十年(一五四一)銀山城が毛利氏に落とされ武田氏が滅亡した時、逃れて当時東福寺末寺の安芸国安国寺(不動院)に入る。同二十二年東福寺の塔頭退耕庵主でのち東福寺住持となる竺雲恵心の法弟となる。恵心は毛利一族の帰依を受け、毛利氏と中央との連絡や、尼子・大友両氏との和平交渉に奔走した。恵瓊も師の代理からやがてひとりだちの使僧(外交僧)となって活躍する。禅僧としては永禄十二年(一五六九)安芸国安国寺住持、ついで備後国鞆の安国寺住持を兼ね、天正七年(一五七九)東福寺退耕庵主、慶長二年(一五九八)東福寺住持(第二百二十四世)となり、また同五年南禅寺住持の公帖を受ける。使僧として天正元年将軍足利義昭と織田信長の不和調停のため上洛し、織田方の木下(豊臣)藤吉郎秀吉と接触する。この交渉経過の報告書の末尾に「信長之代五年三年者可レ被レ持候、明年辺者公家なとに可レ被レ成候かと見及申候、左候て後、高ころひにあをのけにころはれ候すると見え申候、藤吉郎さりとてハの者ニて候」(『吉川家文書』)と記し、信長の没落と秀吉の将来性を見越して十年先の両人の運命を予言している。同四年毛利氏が義昭を擁して織田氏と交戦すると、鞆の安国寺を拠点に小早川隆景と協力し毛利氏の東上策を進める。しかし毛利氏の勢力が傾き秀吉の水攻めで備中高松城が危くなった同十年六月、奔走して毛利氏と秀吉の講和を成立させる。それは本能寺で信長が殺された直後であったが、毛利氏に講和の条件を守らせたことが秀吉の天下制覇を容易にし、豊臣政権下の毛利氏の立場を有利に導いた。同十一年ごろから毛利氏の使僧としてより豊臣氏の直臣として働くようになり、四国征伐後伊予国和気郡で二万三千石(のち六万石)、九州征伐後北九州で三千石、また同十九年には住持をしている安芸国安国寺に一万一千五百石の知行が与えられ、豊臣政権下の一大名でもあった。文禄・慶長の両役ともに毛利氏の目付と豊臣氏の奉行とを兼ねて渡海し、その間、豊臣氏の武将党と親しい吉川広家と衝突する。秀吉の死後、文吏党の石田三成らと結び徳川家康を討つため毛利輝元を味方にするが、毛利家内部の広家らに裏切られ関ヶ原の戦に敗北し捕えられる。慶長五年十月一日、石田三成・小西行長とともに京都六条河原で斬られ三条橋に梟首される。年六十三あるいは六十四という。墓は京都市東山区の建仁寺方丈の裏手にあり、その塔婆が広島市牛田新町の不動院と彼を開基とする広島市の国泰寺にも存する。時代を代表する豪荘華麗な建築の新造や修復工事にも多く関与し、不動院の金堂(国宝)・鐘桜(重要文化財)・山門(同)、厳島の大経堂(同、千畳閣、現在は厳島神社末社豊国神社本殿)、建仁寺方丈(同)や東福寺内の諸建築が現存する。また、書籍の蒐集にもつとめ茶の湯の関心も深かった。

安国寺恵瓊花押

参考文献　河合正治『安国寺恵瓊』(『人物叢書』三二)、渡辺世祐「安国寺恵瓊と建仁寺」(『禅宗』一六二)　（河合　正治）

アンジロー　Angero　生没年不詳　戦国時代の日本最初のキリスト教徒。アンジローはまたヤジローに作る。G・シュールハンマー師はアンジローを正しいとし、ロドリゲスの『日本教会史』ならびに『日本小文典』はヤジローを良しとする。正確な日本名は不明であるが、仮に安次郎・弥次郎、ときには勘四郎などと日本字を宛てている。薩摩国鹿児島に生まれ、一五五八年十一月二十九日付ロヨラ宛の彼の書翰によると、一五四七年十二月(当時、三十六、七歳)マラッカで親しくシャビエルに会って非常に感銘を受け、ゴアの聖パウロ学院へ送られて修学、洗礼を受けて「聖信仰のパウロ」の霊名を受けたという。日本人中最初の信者である。天文十八年(一五四九)八月シャビエルを東道して鹿児島に着き、一族の改宗を促すとともにシャビエルの伝道を助けて大いに活躍し、幾らかの著述もあったらしい。しかもその晩年はふるわず、十数年後、海賊船によって中国へ去り、浙江省寧波《ニンポー》の付近で海賊のために殺されたと伝えられる。

参考文献　『アンジロウの書翰』(村上直次郎訳)、『耶蘇会士日本通信』豊後篇上(同訳、『続異国叢書』一)、ルイス＝フロイス『日本史』(柳谷武夫訳、『東洋文庫』四・三五・六五・一六四)、海老沢有道「ヤジロウ考」(『切支丹史の研究』所収)　（吉田小五郎）

あんちょう　安澄　七六三—八一四　平安時代前期の大安寺の学僧。『元亨釈書』には丹波国の出身で身人《むと》(身人部《べ》)氏と伝えている。道慈が将来した新しい三論宗を大安寺の善議につき習学し、勤操《ごんぞう》とともに大安寺三論宗を代表する学僧であった。延暦二十年(八〇一)ごろには、宗義を異にする法相宗との間に論争がはげしく、三論専攻の学僧はともすれば減少しつつあったが、安澄は法相宗の宗義を再三論破した論客であった。特に西大寺法相宗専攻の碩学泰演とは仇敵の仲で、両者の論争は決着がつかず、「弥勒出世して勝負定まらん」とさえ批評された。弘仁五年(八一四)三月一日、大安寺で没したが、時に五十二歳であった。弟子には西大寺三論宗を弘めた実敏、大安寺の寿遠などの学僧が輩出した。

参考文献　『三国仏法伝通縁起』(『大日本仏教全書』)、薗田香融「平安仏教の成立」(家永三郎監修『日本仏教史』一所収)　（堀池　春峰）

あんどうれんしょう　安東蓮聖　一二三九―一三二九　鎌倉時代後期の武士で、北条氏御内人。平右衛門入道・蓮性ともみえ、五条と号す。俗名不詳。没年からみて延応元年(一二三九)の生まれ。弘長三年(一二六三)に得宗北条時頼の命により信濃善光寺の不断経衆などのことを沙汰し、文永十年(一二七三)には得宗領摂津国多田院惣奉行、弘安七年(一二八四)摂津守護代(守護は北条兼時)、元弘二年(一三三二)には得宗領豊後国佐賀郷の給主などとしてみえるほか、昭慶門院領摂津国生魂新荘・福島荘、同国美作荘、和泉国山直郷などにも所領があった。その特徴は盛んな経済活動にあり、建治三年(一二七七)に得宗の権勢を背景に和泉国久米田寺の別当職を買得、和泉国山直郷下方を寄進するなどして同寺の復興に努め、荒廃していた同寺を華厳・律教学の道場として繁栄させた。一方、大量の銭貨の貸付けにかかわり、文永八年ころ幕府の禁制を破って山門の悪僧と結託、近江の堅田浦で年貢運送船の積荷を点定したとして醍醐寺領越中国石黒荘山田郷雑掌から訴えられたが、そこでは「重代武家御家人」「当時奉公之仁」と呼ばれている。また『峯相記』には、乾元元年(一三〇二)播磨国福泊(姫路市的形町)に数百貫の銭財を尽くし、二町余の防波堤を築いて良港としたため、多くの商人が移り住んで兵庫と並び繁昌したことが記されており、高野山金剛三昧院蔵『仏説三亭厨経』には、蓮聖の宿所が鎌倉山ノ内にあったこともみえている。このように史料上の蓮聖は、鎌倉と西日本を舞台に活躍しているが、北条氏による日本海交易の一翼を担った陸奥十三湊《とさみなと》の御内人安東氏の一族とみる説もある。いずれにせよ蓮聖は、主家北条氏の富力蓄積の現実面を直接担当しつつ、みずからも有徳人化していく御内人の一典型であった。元徳元年(一三二九)六月十九日没。九十一歳。元徳二年正月十九日没とする異説がある。蓮聖の遺像(元徳二年明極楚俊賛)が岸和田市久米田寺に伝存する(重要文化財)。子息に五条檀那と呼ばれる助泰(法名円恵)がいる。

安東蓮聖画像

安東蓮聖花押

参考文献　網野善彦『蒙古襲来』(小学館『日本の歴史』一〇)、豊田武「安東氏と北条氏」(『豊田武著作集』八所収)、石井進「九州諸国における北条氏所領の研究」(竹内理三博士還暦記念会編『荘園制と武家社会』所収)、田中一松「南叟慧居士寿像と蓮聖居士像」(『日本絵画史論集』所収)、戸田芳実「播磨国福泊と安東蓮聖」(『兵庫県の歴史』一三)、納富常天「金沢文庫蔵久米多寺関係資料について」(『金沢文庫研究』一六四)、同「泉州久米多寺について」(『金沢文庫研究紀要』七)　(福田　豊彦)

あんとくてんのう　安徳天皇　一一七八―八五　一一八〇―八五在位。治承二年(一一七八)十一月十二日高倉天皇の第一皇子として誕生。母は平清盛の女の中宮平徳子(のちの建礼門院)。諱は言仁。十二月八日親王宣下をうけ、十二月十五日皇太子となる。時に生後一ヵ月余。同四年二月二十一日高倉天皇譲位のあとをうけ践祚、四月二十二日即位した。摂政は内大臣藤原基通。同三年十一月十五日より養和元年(一一八一)正月十七日まで、後白河院の院政はとどめられていたから、即位は清盛の計であった。治承四年六月福原に行幸、都としたが、十一月関東の情勢に応ずるため京都に還った。寿永二年(一一八三)七月、木曾義仲が京都に迫り、同月二十五日、平宗盛に擁せられ、神器とともに西海に赴く。一度大宰府に入り、ついで讃岐の屋島に行宮を営んだが、文治元年(一一八五)二月十九日、源義経の襲来によって海に逃れ、三月二十四日壇ノ浦で平氏滅亡の時、二位尼に抱かれて海に沈んだ。八歳。阿弥陀寺陵に葬る。

参考文献　『帝王編年記』、『日本紀略』、『源平盛衰記』(『国民文庫』)　(貫　達人)

阿弥陀寺陵《あみだじのみささぎ》　山口県下関市阿弥陀寺《あみだいじ》町にあり、赤間神宮の西に境を接する。建久二年(一一九一)閏十二月二十

八日長門国に勅して、安徳天皇崩御の地に一堂を建て、その菩提をとむらった。この堂が「阿弥陀寺御影堂」または「あみだいじ御廟」と称されたものである。明治八年(一八七五)阿弥陀寺を廃止して赤間宮とし、同二十二年御影堂の遺跡に陵を営み、旧堂基壇と五輪塔に土盛をして円丘とし、陵背に接続する「平家塚」と呼ぶ五輪塔の群立地域を陵の付属地にした。現在陵の周囲は土塀をめぐらし、正面には唐門がある。天皇の壇ノ浦崩御については、遺骸が確認されていないため、脱出隠棲の後崩御の伝説を産み、陵の伝説地は鳥取・山口・高知・佐賀・熊本・長崎・鹿児島・宮崎などの諸県で十ヵ所余に及び、内五ヵ所が陵墓参考地になっている。

[参考文献]『大日本史料』四ノ三、建久二年閏十二月二十九日条、『法規分類大全』二編宮廷門、上野竹次郎『山陵』下　（石田　茂輔）

あんねいてんのう　安寧天皇　『日本書紀』『古事記』に第三代と伝える天皇。和風諡号は磯城津彦玉手看尊。『日本書紀』によれば、綏靖天皇の子で母は事代主神の女の五十鈴依媛命(記では師木県主の祖の河俣毗売)、綏靖天皇二十五年立太子、同三十三年父天皇の死をうけて即位、片塩浮孔宮に都し、事代主神の孫鴨王の女の渟名底仲媛命(記では師木県主波延の女の阿久斗比売)を后とし、在位三十八年、五十七歳(記では四十九歳)で没したという。　（川副　武胤）

畝《うね》傍《び》山西南《やまのひつじさるの》御《み》陰井上陵《ほどのいのえのみささぎ》　奈良県橿原市吉田町にある。東西に長い楕円形の丘状をなしている。陵下に御陰井と称する井戸があり、『日本書紀』によれば懿徳天皇元年八月朔に当陵に葬っている。『延喜式』諸陵寮の制は、遠陵とし「兆域東西三町、南北二町、守戸五烟」とする。後世所伝を失ったが、『大和志』は当所をあげており、元治元年(一八六四)御陵として修補された。

[参考文献] 谷森善臣『山陵考』(『新註』皇学叢書』五)　（中村　一郎）

あんねん　安然　生没年不詳　平安時代前期の天台宗の学匠。五大院あるいは阿覚大師と称せられる。最澄の同族で出生は承和八年(八四一)との説がある。年少にして叡山に登り円仁の弟子となって出家し、顕密二教の奥旨を学び、また元慶寺の遍昭に就いて金剛界・胎蔵界の密教秘法を受けた。元慶元年(八七七)閏二月斉詮《さいせん》・玄昭・観漢らとともに入唐求法の官符を受けて大宰府に向かったが中止し、斉詮独り唐人の商船に乗って出発し賊のために害せられたという。同八年九月十七日、遍昭の奏請によって惟首と安然に伝法《でんぽう》阿闍梨《あじゃり》位《い》(密教の法を教える資格を得たものの位で、密教の最高位)を授けられ、元慶寺の年分度者を教授する任にあたった。入滅の年時・場所ともに不明であり、入寂の地については出羽国時沢、近江国近松寺、叡山西塔大日院、相模国星野、上総国長柄郡大ヶ場村道脇寺辺などの諸説がある。安然は円仁・円珍のあとを受けて天台密教、すなわち台密を大成した大学匠で、その師遍昭は「我れ師に慈覚あり、弟子に安然あり」と誇ったという。円仁の思想は『法華経』と『大日経』の比較論を展開し、両経とも密教の教理を説いている点では同一であるが、『大日経』はその上に仏の秘密を具体的に説いているから勝れているという理同事勝論である。円珍はさらに密教を重視し、『法華経』を密教の経典と認めず『大日経』だけが密教で最勝の経典としている。安然に至るとその思想は一層極端になり、天台宗の名を改めて真言宗と称し、その著『教時諍論』の中で真言宗を第一とする新しい教判(仏一代の教法を分類位置づけること)を立てた。その教判は真言宗、仏心宗(禅宗のこと)、法華宗、華厳宗の順位であるが、真言宗といっても空海の開いた真言宗ではなく、安然が立てた真言秘密教という意である。これが台密という教学の最終的様相といえよう。安然の著作はほとんどが密教関係で『悉《しっ》曇蔵《たんぞう》』『教時問答』『教時諍論』はその代表である。

安然自署

[参考文献]『元亨釈書』四、卍元師蛮『本朝高僧伝』八(『大日本仏教全書』)、橋本進吉『伝記・典籍研究』(『橋本進吉博士著作集』一二)、上杉文秀『日本天台史』　（大野達之助）

あんぽう　安法　生没年不詳　平安時代中期の歌人。俗名趁。河原左大臣源融の曾孫、中納言昇の孫、内匠頭適の子。母は大中臣安則女。叔母に小八条御息所・重明親王母・顕忠母など華やかな存在が知られるが、父適のころより家運衰退、はやくから官途を諦めて出家、父祖の縁で河原院に住した。在俗中に儲けた娘もここに住み、一時期、居貞親王(三条天皇)の通われたこともある。当時、河原院は荒廃の一途を辿っていたが、なお梨壺の五人・恵慶・兼澄・嘉言ら『後撰集』より『拾遺集』に至る歌人たち(その多くは王氏の末流、藤氏の傍流)が出入り、家集の借覧、歌会など風流雅交の場となっていた。安法は中古三十六歌仙の一人で、『拾遺集』以下に作品をとどめるが、歌合など公的な作家活動は見られず、むしろ庵室を開放、時流に超然と独自な風雅の領域を守った隠逸の歌僧の観がある。自撰家集『安法法師集』は河原院の生活記録である。

[参考文献] 犬養廉「河原院の歌人達—安法法師を軸として—」(『国語と国文学』四四ノ一〇)　（犬養　廉）

あんように　安養尼　生没年不詳　平安時代中期の尼。願西尼《がんさいに》といい、恵心院源信の妹とも姉ともいう。大和国葛下郡当麻郷の安養寺に住す。堅く戒律を守り『法華経』を読むこと数万部、念仏の功徳を積むこと数を知らずとあるから、法華と念仏の兼修者であったといえよう。その人となりは衣はわずかに身を隠し食はただ命を支えるのみで、余物は孤独貧賤の者に施してみずからは貯えることがなかったという。また山階寺の寿蓮威儀師の妻が

邪気を患いさまざまに祈禱したが効験がなかったとき、安養尼の日ごろ読誦していた『法華経』を借用し手箱に入れて枕辺に置いたところ、その霊験で病は立ちどころに平癒し、しばらくしてその家に火事があったが『法華経』を入れた手箱だけは焼けずに無事であったという霊験譚もある。寛弘年中（一〇〇四―一二）に没したが、臨終の刹那は眼に光明を見、耳に妙法を聞き、合掌礼仏して息が絶えたという。奈良県大和郡山市丹後庄町の千体寺は同尼の創建と伝えている。

参考文献 『続本朝往生伝』（『日本思想大系』七）、『本朝法華験記』下、（同）、『元亨釈書』一八、『慧心院源信僧都行実』（『恵心僧都全集』五）、『今昔物語集』一二（『日本古典文学大系』二四）、『古今著聞集』一二（同八四）、重松明久『日本浄土教成立過程の研究』

（大野達之助）

あんらく 安楽 ?―一二〇七 鎌倉時代の浄土教の僧侶。名は遵西《じゅんさい》、安楽房という。少外記中原師秀の子。大蔵卿高階泰経に仕えたが、のちに出家して法然の弟子となった。『選択本願念仏集』の撰述にあたり、法然は弟子の感西・証空とともに安楽を招き、特に安楽に執筆を命じた。しかし第二章に至って、安楽の名聞欲を察した法然は、ただちに安楽を斥け、その後は感西に執筆させたという。貴族出身の安楽は、声明音楽の才能があり、同門の住蓮と結んで、唐の善導の六時礼讃に曲節をつけ、念仏の信者に合唱させた。哀音を帯びた旋律は、人々の心情に訴えるところが多く、専修念仏をひろめる上で、大きな役割を果たした。建永元年（一二〇六）のころ、興福寺の衆徒が専修念仏の禁断と指導者の処分を院に訴えたが、安楽も指名されていた。念仏をすすめるあまり、聖道門の諸宗を謗り、極端な言動で人々を迷わせたことが、その理由であったが、安楽らは、女犯肉食も罪にならぬことを主張していたという。安楽と住蓮が、京都の鹿ヶ谷で別時念仏会を開き、道俗男女が集まったが、六時礼讃から深い感動を受けた院の女房のなかに出家するものがあらわれ、熊野参籠から帰った後鳥羽上皇は怒り、安楽らを処罰したという所伝もある。『愚管抄』には、院の女房らが安楽らを呼びよせ、密通にまで発展したと記されている。承元元年（一二〇七）二月に、安楽は六条川原で死罪になり、法然も責任を問われて流罪になるなど、いわゆる承元法難の直接の原因となった。

参考文献 『大日本史料』四ノ八、建永元年二月十四日条、同四ノ九、承元元年二月十八日条、田村圓澄『法然』（『人物叢書』三六）

（田村圓澄）

い

いいおそうぎ 飯尾宗祇 ⇩いのおそうぎ

いいとよのあおのおうじょ 飯豊青皇女 青海皇女・飯豊女王・忍海部女王・飯豊郎女などさまざまに書く。『日本書紀』履中紀では長子市辺押羽皇子とともに履中天皇の女とし、『古事記』も同説だが、同じ『日本書紀』顕宗紀・同分注「譜第」では市辺押磐皇子の女とする。母は前者では黒媛、後者では荑媛《はえひめ》とする。ともに葦田宿禰（葛城襲津彦の子）の女。清寧天皇崩後、億計・弘計の二王は皇位を譲りあい久しく空位なので「天皇姉飯豊青皇女於二忍海角刺宮一臨朝秉政、自称二忍海飯豊青尊一」（顕宗紀）、「市辺忍歯別王之妹忍海郎女名飯豊王、坐二葛城忍海之高木角刺宮一也」（清寧記）という。書紀によると四十五歳とある。押磐皇子暗殺説とともになんらかの史実にもとづくものであろうが、こうした伝承の混乱と後世的政治思想とによって、『扶桑略記』『紹運録』は「飯豊天皇」とし、特に『扶桑略記』は「此天皇不レ載二諸皇之系図一、但和銅五年上奏日本紀載之」と記している。

（北村文治）

埴口丘陵《はにぐちのおかのみささぎ》 奈良県葛城市新庄町大字北花内にあり、南西に面し周濠を有する前方後円墳（前方部幅七八メートル、長径八四メートル、高さ約八メートル）である。『日本書紀』顕宗天皇即位前紀に清寧天皇五年十一月「飯豊青尊崩、葬二葛城埴口丘陵一」とある。『延喜式』諸陵寮の制は「埴口墓（飯豊皇女）」とし、兆域は方一町、守戸三烟にして遠墓であ

る。本来は墓であるべきだが元治元年(一八六四)に『日本書紀』に従って陵とし、以来これに従っている。

参考文献 谷森善臣『山陵考』(『(新註)皇学叢書』五)

(中村 一郎)

いいなおまさ 井伊直政 一五六一―一六〇二 安土桃山時代の人、徳川家康の武将。幼名万千代、天正十年(一五八二)七月ごろから兵部少輔と称した。永禄四年(一五六一)二月十九日、遠江国引佐郡祝田村(静岡県引佐郡細江町)に生まれる。父直親、母奥山親朝の女。同五年父が讒により今川氏真に殺され本領井伊谷《いいのや》(静岡県引佐郡引佐町)を奪われたので諸国を流浪し、天正三年浜松で家康に仕え井伊谷の地を与えられた。その後武田氏との戦いに功を立て、同十年六月本能寺の変で家康が伊賀越で帰国した時、ともに危難を凌ぎ、翌七年家康の甲州経略の際、武田の遺臣らの招撫のため活動し、同十月徳川・北条の講和にも参画し、家康から武田遺臣を多く付属させられた。同十二年小牧・長久手の戦、十三年信濃上田の真田昌幸攻撃に参加し、十四年豊臣秀吉が家康の上洛を促すため母大政所を岡崎まで遣わした時、本多重次とともに大政所を送って大坂に至り、秀吉に謁見した。十六年四月、聚楽第行幸の時、家康の供をし従五位下侍従となった。同十八年小田原征伐にも転戦して功が多く、家康の関東入国とともに上野箕輪城(群馬県高崎市箕郷町)十二万石を与えられた。同十九年陸奥の一揆の鎮定にも蒲生氏郷に加勢し、文禄元年(一五九二)朝鮮の役には江戸留守居役を勤め城の普請を司った。慶長三年(一五九八)箕輪から城を和田に移し高崎と名付けた。同五年関ヶ原の戦には本多忠勝とともに東海道方面諸軍の監軍となり、関ヶ原の戦場では退却する島津義弘軍を追撃してその子豊久を討ち取ったがその時鉄砲で負傷した。しかし石田三成の本拠近江佐和山城の攻略、毛利輝元の降伏の斡旋、長宗我部盛親の土佐一国の受取りにも功を立て、佐和山城十八万石を与えられ、翌六年従四位下に進んだが、同七年二月一日、関ヶ原の戦傷が再発して彦根で没した。四十二歳。彦根の清凉寺に葬られ、法号清凉泰安祥寿院。武略とともに政略にも秀でた家康覇業の功臣で、上野・近江の新領地の民政にも優れた治績を示した。

参考文献 『寛政重修諸家譜』七六〇、『井伊家譜』、『彦根市史』上、中村孝也『家康の臣僚』武将篇

(伊東多三郎)

いがかねみつ 伊賀兼光 生没年不詳 鎌倉・南北朝時代の武士。光政の子。ただし、『諸家系図纂』の注記によれば、実は遠縁の一族伊賀光盛の子であるという。父光政の受領名を冠して山城兼光と称した。光政は関東の引付衆から六波羅評定衆に転じた人で、兼光も六波羅評定衆・引付頭人に任ぜられた。建武新政なるや、雑訴決断所設置当初よりその三番職員となり、恩賞方・記録所にも寄人として名を連ね、さらに『梅松論』によれば窪所の一員にも加えられた。これによって建武新政府の主要部局のすべてに登用されたことが知られる。官位も図書頭・大蔵少輔のほか、建武元年(一三三四)以後土佐・若狭の国守を兼任し、一時は伊勢守をも兼ねた。以上の経歴からみて兼光は単に建武政府に登用された旧幕府官僚層の一員たるにとどまらず、いわゆる後醍醐天皇の寵臣の一人であったと推測される。同三年六月若狭守を逐われたあと史上に名を現わさず、おそらく建武政府の倒壊とその運命をともにしたのであろう。

(笠松 宏至)

いがのつぼね 伊賀局 ⇨亀菊《かめぎく》

いがのやかこのいらつめ 伊賀宅子娘 生没年不詳 天智天皇の宮人。大友皇子の母。伊賀の采女として朝廷に出仕、中大兄皇子との間に大化四年(六四八)長男の伊賀(大友)皇子を生む。『伊賀国名所記』所引の『信西国分』に山田郡郡司の娘として大友の外、阿閉皇子・阿雅皇女を生んだとあるのは俗伝であろうが、大友皇子の弟妹を生んだ可能性もある。

(青木 和夫)

いがみつすえ 伊賀光季 ?―一二二一 鎌倉時代前期の武将。太郎。兵衛尉、左衛門尉、検非違使、従五位下。伊賀守藤原朝光の長子。母は二階堂行政女。光宗の兄。妹は北条義時室、政村母。幕府の宿老朝光の長子として、かつ北条氏縁戚の御家人として早くより重用された。承久元年(一二一九)二月上洛、大江親広とともに京都守護の任につく。同三年幕府討滅を策する後鳥羽上皇に招かれたが、これを拒み、五月十五日、上皇方の大軍に高辻京極の宿所を襲撃され、数十名の寡兵で奮戦の後、みずから火を放ち子寿王冠者光綱とともに自殺した。襲撃をうける直前、使を派して西園寺公経ら親幕派の公卿に連絡をとり、また鎌倉にも急報した。貞応二年(一二二三)平政子はその遺子幼童四人を招き激励し、嘉禄元年(一二二五)幕府は光季の遺領常陸国塩竈荘を子息四郎季村らに領知せしめた。

参考文献 『大日本史料』四ノ一五、承久三年五月十四日条

(五味 克夫)

いがみつむね 伊賀光宗 一一七八―一二五七 鎌倉時代前期の武将。没年から換算すると治承二年(一一七八)の生まれ。二郎。左衛門尉、式部丞、従五位下。父は伊賀守藤原朝光、兄は光季、妹は北条義時室、政村母。北条氏との姻戚関係から早くより重用され、ことに祭事・儀式などの奉行人を勤め、将軍御所で開催の和歌会にもしばしば参会した。建保元年(一二一三)幕府が将軍側近の士を六番に編成、学問所番を創始した際、その三番に列した。同六年侍所所司となり、御家人の供奉所役催促以下の事を担当した。承久元年(一二一九)政所執事となる。元仁元年(一二二四)六月義時の重病を機に妹とはかり、将軍藤原頼経を廃し藤原実雅(義時と妹との間で生まれた女の婿)を将軍に、北条政村(義時と妹との間で生まれた

伊賀光宗花押

子)を執権にたてようとして失敗、所領五十二ヵ所を没収の上、信濃に配流(伊賀氏の変)。やがて出家して光西という。嘉禄元年(一二二五)十二月、許されて帰参、本領八ヵ所も返付された。寛元三年(一二四五)には評定衆に列し、正嘉元年(一二五七)正月二十三日、八十歳で死去するまで幕政の重要な地位にあった。 (五味 克夫)

いかみないしんのう 井上内親王 ⇩いのうえないしんのう

いきのこれお 伊伎是雄 八一九―七二 平安時代前期の卜部《うらべ》。『三代実録』によれば、是雄は壱岐島石田郡の人で、本姓は卜部。始祖の壱伎県主押見宿禰以来、代々亀卜に従事した家に生まれ、最もその術に長じて独歩と称された。嘉祥三年(八五〇)東宮宮主《みやじ》となり、清和天皇即位により宮主に転じ、貞観五年(八六三)正月外従五位下、同年九月に伊伎宿禰の姓を賜い、同十一年従五位下、同十四年四月十九日、宮主兼丹波権掾で没した。五十四歳。 (土田 直鎮)

いきのはかとこ 伊吉博徳 七世紀の外交官。渡唐の記録が『伊吉連博徳書』として『日本書紀』に引用されているので名高い。斉明天皇五年(六五九)遣唐使坂合部石《いわ》布《しき》に従って渡唐、苦難を経て洛陽に達し天子に謁した。在唐中、同行の韓智興らの讒言によるわが使人の流罪を、とりなして免れしめた。やがて唐は百済を討つ戦いを起したので長安に幽閉され、戦後許されて同七年五月に九州に帰った。途上耽羅《とむら》の王子らを伴い、耽羅入朝の端を開く。天智天皇三年(六六四)九月唐使応接、同六年十一月百済使を送る使となり、翌七年正月帰朝。時に小山下。朱鳥元年(六八六)十月大津皇子の謀反に坐するが赦され、持統天皇九年(六九五)七月、小野毛野とともに遣新羅使に任命されて同年八月出発。時に務大弐。のち律令の撰定にたずさわり、文武天皇四年(七〇〇)・大宝元年(七〇一)・同三年に功を賞せられる。この年に従五位下、のちに従五位上にのぼる。没後天平宝字元年(七五七)律令撰定の功田十町を下功として子に伝えることが許された。

参考文献 坂本太郎「日本書紀と伊吉連博徳」(『日本古代史の基礎的研究』上所収)、北村文治「伊吉連博徳書考」(坂本太郎博士還暦記念会編『日本古代史論集』上所収) (中西 進)

いくえのあずまひと 生江東人 生没年不詳 奈良時代の豪族。越前国足羽郡の人か。造東大寺司史生を経て足羽郡大領。天平勝宝元年(七四九)五月、法師平栄らと寺家野占寺使となり越前に赴き、のちの栗川荘地付近に寺家の野地を占定、時に大初位上。のち郡大領となり、同六年桑原荘の経営に田使曾禰乙麻呂らと参画。彼は郡領に任ぜられる前、墾田百町をみずから治田とし、東大寺功徳料として寄進、経営にあたったほどの在地豪族。造寺司の北陸荘園開発に重用され、律令政府が郡大領として地方官僚の末端に組み入れた理由もここにある。天平神護二年(七六六)、遅鈍・老衰のため事ごとに闕怠し、さらに罪をさけがたき旨を述べている。時に正六位上。神護景雲二年(七六八)二月、外従五位下。

参考文献 岸俊男「越前国東大寺領庄園をめぐる政治的動向」(『日本古代政治史研究』所収) (横田 拓実)

いくたまよりひめ 活玉依媛 タマヨリは神霊が憑りつく意味で、タマヨリヒメの名は古代の物語に数多く登場する。イクタマヨリヒメはそれに「イク」と冠称したもので、『古事記』崇神天皇段に河内の陶津耳《すえつみみ》命の娘で美人であったが、毎夜男が通ってくるので、父母がその男の裾に麻糸をつけさせたところ、美和山の社に達していたので、三輪の神(大物主神)とわかり、しかも糸が三巻だけ残ったのでミワの神という名が生じたとある。いわゆる神婚神話の一種で、「ミワ」は蛇神の象形と見るべきものである。 (肥後 和男)

イグナティウス＝デ＝ロヨラ Ignatius de Loyola ⇩ロヨラ

いくはのとだ 的戸田 的氏の祖。『日本書紀』仁徳天皇十二年条に、高句麗から献じた鉄の盾・的を群臣に射させたが、誰も射通せなかった。このとき盾人宿禰がみごとに射通した功により、的戸田宿禰という名を賜わったという。的氏は六世紀の中ごろ、朝鮮半島において活躍し、任那を鎮撫して功績をあげた氏であることが、『日本書紀』に引く『百済本記』にも出ており、これは軍事的性格のつよい同氏の名の由来を、祖先の功績に関係づけて伝えた説話とみられる。

参考文献 直木孝次郎「的氏の地位と系譜」(『日本古代の氏族と天皇』所収) (日野 昭)

いくほうもんいん 郁芳門院 一〇七六―九六 白河天皇第一皇女。諱は媞子。六条院とも称される。母は藤原師実の養女、中宮賢子(実父源顕房)。承保三年(一〇七六)四月五日誕生。同年八月内親王となり、承暦二年(一〇七八)准后宣下、同年伊勢斎宮に定められたが、応徳元年(一〇八四)母后の喪により斎宮をしりぞいて帰京、六条院を居所とした。寛治五年(一〇九一)堀河天皇の准母として立后(中宮)、妻后でなくして后位に登る例を開いた。同七年院号宣下あり、永長元年(一〇九六)八月七日六条院に崩御。二十一歳。醍醐円光院に奉葬した(上醍醐陵)。女院は性質寛仁で容姿美麗、白河上皇の寵愛きわめて深く、「天下の盛権只此の人に在り」(『中右記』)とさえいわれた。上皇はその死を悲しんで崩御の翌々日にわかに出家し、六条院を御堂に改めてその冥福を祈った。平正盛はこの御堂に私領を寄進し、上皇に接近せんとしたといわれる。 ↓藤原賢子《ふじわらのけんし》(上醍醐陵)

参考文献 竜粛「六条院領と平正盛」(『平安時代』所収) (橋本 義彦)

いくめいりひこいさちのみこと 活目入彦五十狭茅尊 ⇩垂仁天皇《すいにんてんのう》

いけがみのあじゃり 池上阿闍梨 ⇩皇慶《こうげい》

いけがみのそうず 池上僧都 ⇩源仁《げんにん》

いけがみむねなか　池上宗仲　生没年不詳　鎌倉時代後期の人。日蓮の檀越。大中臣氏。武蔵国池上郷の地頭。『吾妻鏡』に散見する池上氏の一門か。日蓮の書状によれば右衛門大夫志《たいふさかん》。早くから日蓮に帰依したが、建治二年(一二七六)・三年の二度にわたって父左衛門大夫から勘当された。日蓮はこれを鎌倉極楽寺忍性の使嗾とうけとり、宗仲に信仰の保持を勧め、弟兵衛志にも兄の支持を諭した。「兄弟抄」と呼ばれる日蓮の書状はその時のもの。弘安元年(一二七八)勘当を赦されたばかりでなく、父を入信させた。同五年九月、日蓮は病気療養のため、常陸に向かう途中、宗仲の邸に寄ったが、病勢進み、ついに十月十三日ここで没した。この邸跡が池上本行寺であるという。宗仲は、正応元年(一二八八)日蓮の七回忌にあたり、日朗とともに御影像を造立、胎内に日蓮の遺骨を納めた。これを安置するため創建されたのが池上本門寺で、同寺創建の時期は御影像造立のころであろう。宗仲の墓も同寺にある。

↓日蓮《にちれん》

池上宗仲墓

参考文献　高木豊『日蓮とその門弟』

(高木　豊)

いけだつねおき　池田恒興　一五三六―八四　安土桃山時代の武将。勝三郎といい、紀伊守を称し、入道して勝入と号した。俗書には信輝とも書かれているが、古文書や良質の史料には信輝という名はみられない。父は紀伊守恒利、母は池田某の女で、織田信長の乳母となった養徳院である。天文五年(一五三六)尾張に生まれ、信長に仕え、永禄三年(一五六〇)の桶狭間の戦などに功をたて、天正八年(一五八〇)には子の元助とともに、荒木村重の属城摂津国花熊城を攻略し、その功により、同国有岡の地を与えられた。同十年本能寺の変がおこると、羽柴秀吉とともに山城に明智光秀を討ち、柴田勝家・羽柴秀吉・丹羽長秀らとともに宿老に列し、諸将への所領の充行状に連署している。また京都の施政にもあたっている。同十一年の賤ヶ岳の戦には秀吉にくみし、その五月には神戸信孝の領していた美濃十三万石を与えられ、美濃大垣に移り、元助を岐阜に居館させた。美濃に入ると美濃清水城の稲葉一鉄と領地の境界争論がおこり、その十一月に秀吉の裁許を仰いで和解が成立した。翌十二年秀吉と織田信雄とが争うに至り、信雄は徳川家康の応援を求めて秀吉と断交した。美濃にいる恒興や森長可などは信雄と秀吉の双方から招かれたが、恒興は秀吉方に属した。三月十三日家康は信雄と清洲に会し、小牧山に陣した。これに対して恒興・元助は尾張犬山城を攻略し、三月二十八日には秀吉も東下して犬山城に入り、さらに楽田まで陣をすすめたが、なかなか小牧山の陣を抜くことができなかった。このようななかで、三河に攻め入り家康の背後をつくのが有利であるという恒興の献策が用いられて、恒興は子の元助や女婿の長可らとともに一挙に三河岡崎を攻略せんとした。ところがこの行動は家康方に看破られ、長久手において襲撃をうけ、恒興は元助や長可らとともに四月九日戦死した。四十九歳。法名護国院雄岳宗英大居士。保坂潤治所蔵にかかる恒興の画像がある。

参考文献　『大日本史料』一一ノ六、天正十二年四月九日条、蔵知矩編『池田勝入斎信輝公小伝』

(福田栄次郎)

いけだてるまさ　池田輝政　一五六四―一六一三　安土桃山時代の武将。恒興(信輝)の次男。母は荒尾美作守善次の娘。永禄七年(一五六四)十二月二十九日尾張春日井郡清洲(愛知県清洲市清洲町)に生まる。幼名は古新、のち三左衛門尉と称した。照政の字も用いる。父に従って初め織田信長に仕え、信長の没後は豊臣秀吉に仕えたが、天正十二年(一五八四)長久手の戦に、父恒興・兄元助を一時に失った。このとき秀吉が輝政の祖母養徳院に書き送った書状には、討死をとげた恒興父子に対する切々たる哀惜の思いをつづるとともに、恒興の弔いのためにも、遺された二子輝政・長吉に心をかけ取り立てることを述べている。恒興の家督を嗣いだ輝政は、翌十三年には秀吉から美濃岐阜城を与えられ、父の城であった大垣城からここに移って十万石を領した。ついで同十五年九州征伐に従軍した後、羽柴の姓を賜わり、十六年にはさらに豊臣の姓を名乗ることをも許され、従四位下侍従に叙任された。そして十八年小田原征伐の後には東三河四郡(宝飯・設楽・八名・渥美)で十五万二千石を領して吉田に在城し、当時吉田侍従と呼ばれた。秀吉の朝鮮出兵に際しては吉田城(豊橋市内)にとどまって東国警衛の任にあたったが、この間、文禄三年(一五九四)には秀吉の命によって、北条氏直の未亡人で徳川家康の息女の督姫(良正院)を継室に迎えている。輝政の正室は中川瀬兵衛清秀の娘(大義院)で、輝政の嫡男利隆の母は中川氏、忠継・忠雄らの母は徳川氏である。かくして輝政は秀吉の信任厚い麾下の勇将の一人として武名高きものがあった。しかし秀吉の没後、慶長五年(一六〇〇)関ヶ原の戦に際

池田輝政花押

しては、輝政は東軍徳川方に属し、福島正則らとともに先鋒の将となって、八月下旬、西軍の将織田秀信(信長の嫡孫)の守る岐阜城を攻略し、その功最も大なるものがあった。この岐阜攻めは関ヶ原の戦の前哨戦というべきもので、やがて九月、関ヶ原に東軍が勝利を得る緒口は、輝政らのこの岐阜城攻略によってまず開かれたといってよい。この関ヶ原の戦の殊勲によって、戦後ただちに輝政は播磨五十二万石の領主に封ぜられ、三河吉田から播磨姫路の城に移った。輝政が入部したころの姫路城は、天正八年播磨経略中の秀吉が築いたものであったが、輝政は入城後これを取り毀って慶長六年から大規模な改築の工を起し、九ヵ年の歳月を経た同十四年に至って新城が完成した。現在名城として残っている姫路城の天守閣以下城郭の大部分は、このとき輝政の構築にかかるものである。輝政が播磨五十二万石を与えられた時、弟の長吉も鳥取城主に封ぜられて因幡四郡の内六万石を領したが、その後、慶長八年には輝政の次男忠継(五歳)に備前二十八万石、ついで同十五年には三男忠雄(九歳)に淡路六万石が与えられた。幼少の忠継・忠雄に対するこのような賜封は、二人の母が家康の息女であったことにもよるであろうが、これらは事実上は輝政への加封と同じであって、この封地を合わせると輝政は播磨・備前・淡路三国で八十六万石を領することとなり、さらに弟長吉の因幡六万石を加えれば、池田氏は九十二万石を領有する大勢力となったわけであって、世上、輝政を西国の将軍といい、また姫路宰相百万石と称したと伝えられるのもうなずかれる。なお姫路宰相と呼ばれたのは、慶長十七年正四位下参議に叙任されたからである。また、この年家康から松平の姓も賜わっている。輝政は沈毅・剛勇、しかも度量大きく、よく士を愛し、その武威と人物を慕って仕官を望むもの多く、まさに名将の器であったといわれている。翌十八年正月二十五日、中風によって俄かに姫路城に病没した。五十歳。法名を国清院泰叟玄高という。墓所ははじめ京都妙心寺の護国院に営まれたが、岡山藩主光政(輝政の嫡孫)の代、寛文七年(一六六七)に備前和気郡和意谷(岡山県備前市吉永町和意谷)に儒礼をもって改葬された。岡山市小橋町の国清寺はその菩提寺である。

参考文献 『大日本史料』一二ノ一〇、慶長十八年正月二十五日条、斎藤一興『池田家履歴略記』、池田定常編『池田氏家譜集成』、『駿府記』(『戦国史料叢書』家康史料集)、三村永忠『有斐録』(『史籍雑纂』二)、『当代記』(同)、『寛政重修諸家譜』二六三

（水野恭一郎）

いけのぼうせんけい　池坊専慶　生没不詳　室町時代中期の京都頂法寺六角堂の僧。立花の技術にすぐれていた。『碧山日録』によると、寛正三年(一四六二)二月二十五日、武将佐々木高秀が専慶を招いて金瓶に数十枝の草花を挿させたところ、それが見事であったため、洛中の好事の者が来り競って見物したという。また同年十月二日、同じ高秀が亡き祖父を供養する施食会の際、専慶が菊を花瓶に挿したとあるように、立花に傑出していた。したがって、このころ、池坊いけばなが確立したので、慶長四年(一五九九)、東福寺の月渓聖澄が書いた『百瓶華序』に、「名曰二池坊一、累代以レ立二華於瓶裡一為二家業一、其元祖曰二専慶一」とある。このように立花が池坊の家業となり専慶が元祖となっている。

参考文献 辻善之助『日本文化と仏教』

（大井ミノブ）

いこまのそうず　生駒僧都　⇩良遍《りょうへん》

いさちのすくね　五十狭茅宿禰　四世紀ころの伝承上の人物。『古事記』仲哀天皇段では伊佐比宿禰とみえており、『日本書紀』には吉師の祖とある。神功皇后が新羅を伐って帰国し、穴門豊浦宮から海路京に向かう際、忍《おし》熊《くま》王、麛坂《かごさか》王が皇位継承をめぐり叛乱をおこした。五十狭茅宿禰は麛坂王について東国の兵を率いて皇后を攻めたが、皇后側の武内宿禰らの計略によって忍熊王が武器を捨てたため敗れ、瀬田川に投身して死んだという。

（亀田隆之）

→麛坂王《かごさかおう》

いざほわけのみこと　去来穂別尊　⇩履中天皇《りちゅうてんのう》

いさやまのふみつぐ　勇山文継　生没年不詳　平安時代前期の文人。河内国人で、はじめ無姓。弘仁元年(八一〇)同族家継(のちに大学博士)らとともに連姓を賜わり、同二年正月外従五位下を授けられた。この時すでに紀伝博士で、同年二月さらに相模権掾・大学助を兼ねた。同七年嵯峨天皇に『史記』を進講して従五位下を授けられ、その後、安野宿禰と改姓。淳和朝には従四位下東宮学士となった。『凌雲集』以下三勅撰詩集の撰者となり、『文華秀麗集』には七律一首が入る。

（目崎徳衛）

いしかわのいらつめ　石川郎女　万葉歌人。

㈠天智朝(六六一―七一)に久米禅師と歌を贈答した女性。㈡持統朝(六八六―九七)にあらわれる石川郎女(女郎)はすべて同一人と推定され、大津皇子と歌を贈答して通じ、のちに草壁皇子からも歌を贈られているが答歌はない。のちに大伴田主に恋をしかけて歌を贈答し、その弟の宿奈麻呂にも恋歌を贈っている。機智的、諧謔的な点に特色があり、売笑婦のごとき存在かとの説もある。㈢大伴安麻呂の妻、石川命婦。㈠㈡と同一人とする説もある。㈣藤原宿奈麻呂(良継)の妻。

参考文献 斎藤清衛「万葉女流歌人群」(『万葉集大成』一〇所収)、沢瀉久孝「万葉作者考」(『国語国文の研究』四)、阿蘇瑞枝「石川郎女」(万葉七曜会編『論集上代文学』七所収)、蔵中進「石川郎女・大伴田主贈報歌」(伊藤博・稲岡耕二編『万葉集を学ぶ』二所収)

（曾倉　岑）

いしかわのいわたり　石川石足　六六七―七二九　奈良時代前期の貴族。石川朝臣(蘇我臣)連子の孫で安麻呂の子。和銅元年(七〇八)に正五位下で河内守となり、以後

諸官を歴任。天平元年(七二九)二月、長屋王の変に際して多治比県守・大伴道足らとともにかりに参議となった。時に正四位上左大弁。同年三月従三位に進んだが、八月九日没。六十三歳。『懐風藻』に「五言春苑応詔一首」を残している。その一周忌にあたる同二年八月九日、石足のために『仏説弥勒成仏経』十部が写されたが、その願主については、長子年足・従兄弟藤原武智麻呂の両説がある。

(虎尾 俊哉)

いしかわのとしたり 石川年足 六八八—七六二 奈良時代の貴族。石足の長子。天平七年(七三五)四月従五位下に叙し、しきりに外任を経、同十一年には出雲守としての善政に対し、褒賞を受けている。その後、藤原仲麻呂政権下においても順調に昇進し、天平宝字元年(七五七)八月に中納言、翌二年八月には正三位に進んだ。同じ月に仲麻呂の行なった官号の改易に参与し、三年六月には勅にこたえ、律令と並ぶ『別式』制作の必要を述べた封事を上り、みずから『別式』二十巻を編集した。この『別式』は、正式に施行されないままに終ったが、諸司別に編集されていて、重宝がられたという。同四年正月御史大夫、六年九月三十日七十五歳で死去。『万葉集』一九に一首を残し、またその墓誌が現存する。

(虎尾 俊哉)

石川年足墓誌 文政三年(一八二〇)正月摂津国嶋上郡真上光徳寺村(大阪府高槻市真上)の庄屋田中六右衛門屋敷の裏山の荒神山から、同人によって蔵骨容器の木櫃に伴って発掘されたもので、同所は墓誌に「嶋上郡白髪郷酒垂山」とあるのに相当する。墓跡は荒神山丘陵中腹の田中邸から東寄りの多少山懐の気味を呈する場所に立地し、嘉永二年(一八四九)八月田中信之の建てた「荒神墳」の砂岩標識があり、その一画は史跡に指定されている。墓誌は縦二九・六センチ、横一〇・三センチ、厚さ〇・三センチの銅板に鍍金したいわゆる金銅の縦矩形のもので、当時の常用尺度たる唐尺の一尺と三寸五分を期して作られている。

石川年足墓誌

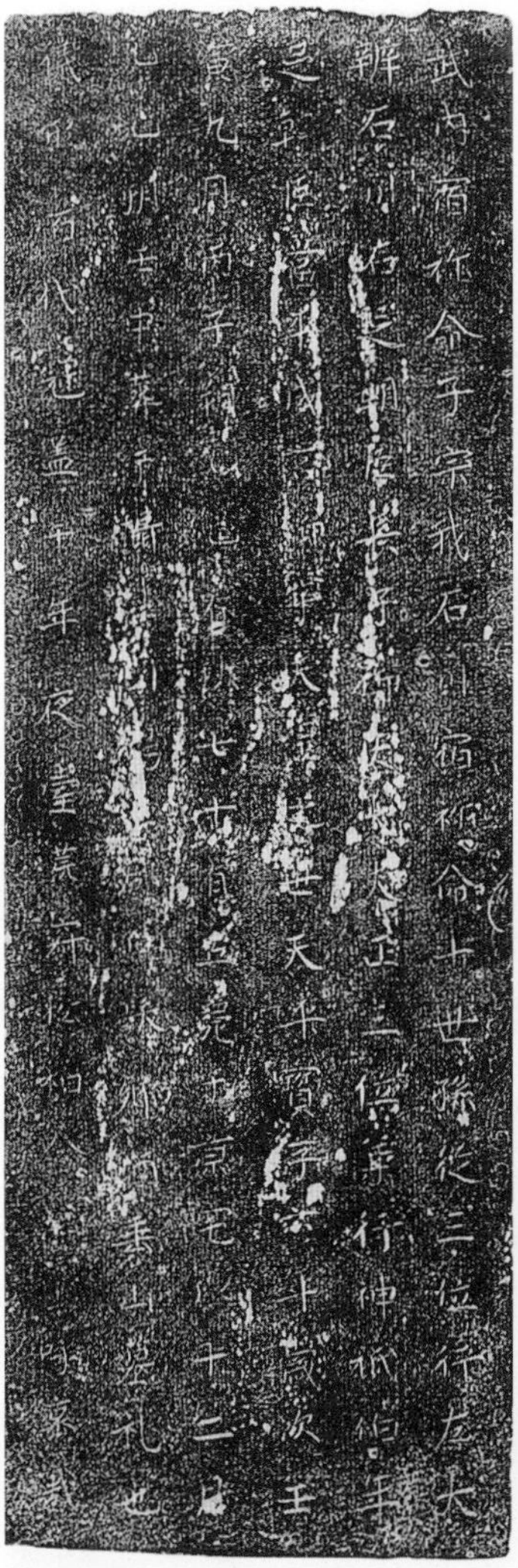
同拓本

表面には幅一・八センチの縦罫六行を作り、これに二十二字詰の銘文を刻し、その四周に唐草文帯を配し、文様の空間には魚子《ななこ》を塡めている。その銘文は、「武内宿禰命子宗我石川宿禰命十世孫従三位行左大/弁石川石足朝臣長子御史大夫正三位兼行神祇伯年/足朝臣当平成宮御宇天皇之世天平宝字六年歳次壬/寅九月丙子朔乙巳春秋七十有五薨于京宅以十二月/乙巳朔壬申葬于摂津国嶋上白髪郷酒垂山墓礼也/儀形百代冠蓋千年夜台荒寂松柏含煙嗚呼哀哉」と端楷をもって刻してある。年足は誌文のとおり蘇我氏の直系で、父石足はまさに十世孫にあたっている。大阪府田中伊久所蔵。国宝に指定されている。

参考文献 山田以文『石川年足卿墓誌考証』、狩谷棭斎『古京遺文』、清水浜臣「石川年足朝臣の墓誌」(『遊京漫録』所収)

(藤沢 一夫)

いしかわのとすのいらつめ 石川刀子娘 七世紀の女性。文武天皇の嬪で、広成・広世二皇子の母。文武天皇元年(六九七)八月、紀朝臣竈《かまど》門娘とともに嬪となった。同天皇が崩じて六年を経た和銅六年(七一三)十一月、刀子娘と竈門娘とは、突然「嬪と称するを得ず」という処分を蒙り、広成・広世の二皇子は自動的に皇籍を剝奪され、母の姓の石川朝臣を賜わった。この貶黜《へんちゅつ》の理由は明らかでないが、古来の名門石川氏(蘇我氏)の血を承けた二皇子を臣籍に降し、夫人藤原宮子娘の産んだ首《おびと》皇子(聖武天皇)の立太子を実現するためであったらしい。陰謀の主役は、藤原不比等と県犬養宿禰三千代であったと推定される。この処分は、貶黜であり、廃黜ではなかったか

ら、刀子娘は位田や俸禄は停止されなかったと想定される。

参考文献 『新撰姓氏録』、角田文衛「首皇子の立太子について」(『律令国家の展開』所収) (角田 文衛)

いしかわのなたり **石川名足** 七二八―八八 奈良時代後期の貴族。年足の子。天平宝字五年(七六一)正月従五位下に叙し、父と同じく地方官を歴任した後、ことに光仁天皇即位以後京官として昇進し、延暦七年(七八八)六月十日、六十一歳で死去。ときに中納言従三位兼兵部卿・皇后宮大夫・左京大夫・大和守の地位にあった。『続日本紀』の伝によると、大変な秀才で能吏ではあったが、性格が偏狭で協調性を欠く人物であったといわれる。彼の事業として知られるのは、光仁朝に『続日本紀』の編集を主宰したことであるが、彼の存命中にはついに完成しなかった。桓武朝に至って『続日本紀』を完成した菅野真道は、その上表文中で名足らの編集がすこぶる整わないものであったことを批判している。 (虎尾 俊哉)

いしぐろどうてい **石黒道提** 生没年不詳 室町時代中期の茶人。村田珠光の弟子と伝う。もと奈良千福寺の代官で畠山政長に属したが、京都の千本に隠棲して侘び数奇者の名を得た。七斤半入りの大壺を四十石取りの田地と引替えに手に入れたが、足利義政が買い上げて東山御物に加えこれに四十石という銘をつけたと伝える。この茶壺はその後奈良の蜂屋紹佐、堺の銭屋宗訥の手を経て豊臣秀吉の有に帰した。義政が道提の庵を訪れた際その足跡に基づいて石を配置したのが露地の飛石のはじめといい、そのおり桂を東山山荘に移し植えたのが道提桂の名のおこりともいうが、多くは伝承の域を出ない。

参考文献 久保利世『長闇堂記』(『茶道古典全集』三) (村井 康彦)

いしだみつなり **石田三成** 一五六〇―一六〇〇 安土桃山時代の武将。幼名は佐吉、はじめ三也と名乗る。永禄三年(一五六〇)近江国坂田郡石田村(滋賀県長浜市石田町)に生まれる。父は隠岐守正継。長浜城主であった羽柴秀吉にその俊敏さを認められ、年少のころから近侍として仕えた。秀吉の中国征伐・山崎の戦にも従い、天正十一年(一五八三)の柴田攻めには賤ヶ岳の戦で軍功を立てた。同十三年秀吉が関白に任ぜられると、諸大夫十二人の一人に選ばれて、従五位下治部少輔に叙任され、さらに秀吉の奉行として枢機に参画し、また同十四年から十六年の末にかけて堺の奉行をも兼ねた。九州征伐には兵站のことを掌るとともに、西下して島津氏との折衝にあたり、さらに博多の町の再興を指揮した。小田原征伐では館林城・忍城などを攻略して戦功をあらわし、小田原落城のあと陸奥に遠征した。奥羽の諸大名の所領替などを処理し、一揆や反乱の鎮圧にもあたった。文禄元年(一五九二)の朝鮮出兵に際しては、船奉行を勤めて渡航部隊の輸送にあたり、さらにその年六月には増田長盛・大谷吉継とともに在朝鮮部隊督励のため奉行として渡海し、碧蹄館の戦には小早川隆景らとともに力戦して大勝を得た。その後小西行長らとはかって明軍との間に和平交渉を進めたが、交渉は不調に終り、慶長二年(一五九七)再び遠征軍が派遣された。翌年八月秀吉が死去したため、三成は浅野長政とともに博多に赴いて、在朝鮮部隊の撤収にあたった。再度にわたる朝鮮出兵で、前線の将士は疲労困憊し、将士間の意志の疏通を欠いて反目を深め、石田三成・小西行長らの文人派と加藤清正・黒田長政・蜂須賀家政・鍋島直茂らの武人派との対立を生み、大きなしこりを残した。石田三成は武将ではあるが、その本領は軍事よりもむしろ吏務に長じ、五奉行中随一の実力者として政務の処理にあたり、内政面での功績が大きかった。戦陣に臨んでも兵站関係や占領地の処理にその手腕を発揮した。ことに太閤検地についてはかなり早くから参画し、天正十二年の近江の検地をはじめ、美濃・陸奥・越後・薩摩・大隅・日向・常陸・磐城・下野・尾張など諸国の検地を実施し、現在島津家には石田三成の署判のある検地尺が残っている。三成は同十一年ごろ近江の水口城主に封ぜられたが、十三年以後の所領は明らかではなく、関白秀次事件が一段落した文禄四年八月、近江の佐和山城主に封ぜられ、江北で十九万四千石を領し、さらに近江にある秀吉の直轄領七万石を預けられた。三成が領内に出した慶長元年三月一日の蔵入地に対する十三ヵ条の掟、および給人地に対する九ヵ条の掟は、封建領主としての三成の面目をよく示している。三成は慶

石田三成花押

「藤原三成」
石田三成印

(伝)石田三成画像

長四年閏三月加藤清正・黒田長政ら七人の武将の襲撃を受け、辛うじて難を免れたが、居城佐和山に引退することを余儀なくされた。しかし三成は秀吉の死後、家康の権勢が豊臣氏を凌ぐ勢いにあることに危惧を感じ、ひそかに家康打倒の機会をねらっていた。たまたま家康が会津の上杉景勝を討つため、五年六月東下したので、三成は早速景勝と連絡をとる一方、大谷吉継・安国寺恵瓊とはかって、毛利輝元を盟主に仰ぎ、家康打倒を諸大名に呼びかけた。三成の誘いに応じて挙兵した諸大名は、毛利輝元・小早川秀秋・吉川広家・宇喜多秀家・島津義弘・鍋島勝茂・伊東祐兵・立花宗茂・長宗我部盛親・小西行長・増田長盛・長束正家・安国寺恵瓊・脇坂安治・大谷吉継などで、その多くは関西の諸大名であった。三成は東軍を迎え討つため佐和山城をたって、八月十日美濃大垣城に入り、西軍の諸将も続々と美濃に結集した。東西両軍は九月十五日関ヶ原で決戦を展開した。当初西軍がやや優勢であったが、小早川秀秋の裏切りによって西軍は総崩れとなり、奮戦力闘した三成の部隊も午後二時過ぎには潰乱した。三成は戦場を脱出し、近江国伊香郡古橋村(滋賀県伊香郡木之本町古橋)に潜んでいるところを捕えられて、十月一日六条河原で処刑された。時に年四十一。遺骸は京都大徳寺三玄院に葬る。法号は江東院正岫因公大禅定門。大徳寺の円鑑国師の撰である。

参考文献 小瀬甫庵『太閤記』(『(改定)史籍集覧』六)、林羅山他編『関原始末記』(同二六)、渡辺世祐『(稿本)石田三成』、今井林太郎『石田三成』(『人物叢書』七四)

(今井林太郎)

いじちしげさだ　伊地知重貞　?―一五二七　戦国時代の武将。島津氏の臣。左衛門尉、周防守。伊地知家四代重持の第二子重次の子。島津忠昌の招きで来薩した桂庵玄樹の教えをうけて、文明版(伊地知版)『大学章句』(文明十三年)の板行に関与したことが、その再刊本である延徳版の識語に「文明竜集辛丑(十三年)夏六月左衛門尉平氏伊地知重貞命工鏤梓於薩州鹿児島、延徳壬子(四年)孟冬桂樹禅院再刊」とあるによって知られる。一般に重貞を「国老」と説明したものは伊地知季安著『漢学紀源』に拠っているが、延徳年間(一四八九―九二)まで重貞は国老というべき地位になく、文書の上に加判者として出現するのは明応年間(一四九二―一五〇一)からであり、忠昌の末年から勝久の初年にかける期間国老の呼称にふさわしい地位にあったと見られる。明応五年加治木地頭を兼ねたが、大永六年(一五二六)島津貴久が伊作家より入って宗家を継ぎ薩摩の守護となるに及んで、島津実久に党してこれに叛し、貴久の実父忠良に誅せられた。時に大永七年六月七日である。

参考文献 山本正誼編『島津国史』、川瀬一馬『古活字版之研究』

(桑波田　興)

いしどうちくりんぼう　石堂竹林坊　生没年不詳　戦国・安土桃山時代の弓術家。日置流竹林派の祖。名は如成。原姓北村。もと真言宗の僧、近江国吉田氏の祈願僧で、日置吉田流の射を吉田重政に学び、天文二十年(一五五一)八月印可を受け、また一説に三島明神の夢想により、日置範次系の弓削の弓書を得たという。永禄元年(一五五八)勝軍地蔵山の戦に、六角義賢の部下として勇名を馳せたと伝え、のち紀州高野山・吉野などにおり、慶長七年(一六〇二)ごろ門人一宮随波の斡旋で、尾州清洲城主松平忠吉に仕え、家臣に弓術を教え、同年ごろ同地に没した。その弓術は尾張に伝わり、次子石堂為貞(貞次)は父伝をつぎ、尾張徳川家に仕えた(慶安二年没、年七十七)。墓は名古屋市中区小川町妙蓮寺にある。この系統を尾州竹林派と称し、名古屋には岡部・長屋・星野氏が継承して現在に残り、別に為貞の門人尾林成直の伝が、江戸時代初期以来紀州和歌山藩に栄え、紀州竹林派として伝存した。

参考文献 日夏繁高『本朝武芸小伝』(『武術叢書』)、羽鳥耀清他編『武術流祖録』(同)、近松茂矩『昔咄』五(『名古屋叢書』二四)、松平君山『士林泝洄』付録一二七(同続編二〇)、鈴木猪八郎編『尾張御家中武芸はしり廻り』(『日本武道全集』七)、石岡久夫「竹林派の系統」(同三所収)、同「弓道流派の沿革と特徴」(『現代弓道講座』一所収)

(石岡　久夫)

いしどうまる　石童丸　高野聖文学の苅萱道心物語に出る人物。架空の人物ではあるが、説経『かるかや』や浄瑠璃『苅萱桑門筑紫轢』などで知られ、高野山といえば石童丸というほどに普及した。苅萱道心物語では、筑前苅萱荘の領主加藤左衛門繁氏の一子として生まれ、繁氏の出家入道の後を追って高野山へ登る。しかし高野山は女人禁制の地であるため、母を麓に残して単身登山したが、苅萱道心と名をあらためた繁氏は親子の名乗りを拒否する。母もまた急病で没したため、やがて苅萱道心の弟子となって生涯師弟の関係で送ったという。この物語は信州善光寺でもつたえたので、長野にも苅萱堂がある。しかし苅萱堂は高野聖の一派をなす萱堂聖の萱堂からでたものである。高野山密厳院の苅萱堂では、いまも石童丸の物語を絵解して、唱導を行なっている。『北条九代記』では苅萱道心と石童丸は、一遍上人とその実子聖戒《しょうかい》の関係をモデルとした物語だとしている。

参考文献 五来重『増補高野聖』(『角川選書』七九)

(五来　重)

いしどうよしふさ　石塔義房　生没年不詳　南北朝時代の武将。宮内少輔四郎、法号は義慶・秀慶、父頼茂のとき石塔(石堂)氏を称する。建武元年(一三三四)宗家である足利尊氏の代官として駿河・伊豆両国の目代となる。翌年尊氏挙兵とともに尊氏の命により陸奥の鎮将として陸奥国府に拠り、伊達氏ら南朝方諸将と戦い、進んで常陸の小田・関・大宝諸城を降した。その功により駿河・伊豆守護と

石塔義房花押

なる。のち尊氏が陸奥鎮将として吉良貞家を重用したため不満を抱き、やがて観応元年(正平五、一三五〇)の観応擾乱に際しては足利直義に従って尊氏方を攻め、同年十二月、尊氏方の高師冬が尊氏の子光王(基氏)を奉じて相模国毛利荘湯山に陣した際、直義党による光王奪取に功をたて、以後鎌倉にとどまって上杉憲顕とともに光王の輔佐に任じた。おそらくこの時期の戦功により直義より伊豆守護に任ぜられたが、同二年末、尊氏の追討軍と駿河薩埵山に戦い、敗れて降伏した。直義の死後、子頼房と離れて新田義興と通じてともに尊氏と戦い、一時は鎌倉を占拠したがまもなく敗れ、義興の死後は一時駿河に隠れたが、やがて新田義宗とともに上洛、摂津より男山に転戦、足利義詮を追って入京した。文和四年(正平十、一三五五)正月足利直冬が南朝に降って尊氏と戦った際、義房は南朝方の将として赤松氏範とともに兵庫で戦ったが、三月、尊氏が京都を回復するに及んで没落し、以後消息を絶った。

参考文献 田中義成『南北朝時代史』 (池永 二郎)

いしどうよりふさ 石塔頼房 生没年不詳 南北朝時代の武将。義房の嫡子。中務大輔、右馬頭。建武二年(一三三五)以来、父義房とともに足利尊氏に応じて東国を転戦、やがて父義房が尊氏と不和になるとともに足利直義に通じた。貞和五年(正平四、一三四九)より観応二年(正平六、一三五一)に至る間伊勢国守護。この間、高師直と対立した直義に勧め、ともに南朝に帰順し、観応元年十一月、後村上天皇の詔を奉じて生駒山に挙兵、ついで男山に拠って京都をうかがい、翌年正月、桃井直常らとともに尊氏軍を破って入京、ついで播磨書写山に走った尊氏を追って播磨に入り、滝野光明寺、摂津打出浜で尊氏の軍を破った。これらの戦功により直義に重用され、四月には右馬頭、引付頭人となったが、同年七月、直義の没落とともに領国伊勢に帰った。八月、尊氏が直義追討の軍を催すに及び、直義党の将として近江八相山、駿河薩埵山の戦いに従軍、敗れて降伏した。直義の死後、父義房が新田義興に通じた際、父と行動をともにしなかったが、のち南朝に降り、文和二年(正平八、一三五三)六月、楠木正儀らとともに入京、義詮を近江小島に追った。その後も南朝方の将として活躍、刑部卿に任ぜられ、同三年十二月には尊氏を近江武佐寺に追い、康安元年(正平十六、一三六一)十二月にも義詮を武佐寺に走らせるなど、幕府軍を苦しめたが、その後は振るわず、貞治三年(正平十九、一三六四)には義詮に降伏した。

石塔頼房花押

参考文献 田中義成『南北朝時代史』、佐藤進一『室町幕府守護制度の研究』上、同「室町幕府開創期の官制体系」(石母田正・佐藤進一編『中世の法と国家』所収) (池永 二郎)

いじのあざまろ 伊治呰麻呂 生没年不詳 奈良時代の蝦夷の首長。陸奥国伊治村(宮城県栗原市)を本拠とした。宝亀九年(七七八)六月二十五日、呰麻呂は前年十二月におこった出羽の蝦夷叛乱の鎮定に従った功で蝦夷第二等から外従五位下を授けられた。同十一年、「賊奴の奥区」といわれた胆沢《いさわ》(岩手県奥州市)地方平定のための軍事的拠点として覚鱉城《かくべつじょう》(岩手県一関市)を築くことになり、陸奥按察使紀広純は伊治城に赴いた。三月二十二日、広純に従っていた上治郡(伊治郡か)大領の呰麻呂は突然俘軍《ふぐん》(降伏した蝦夷で編成された軍)を率いて叛し、牡鹿郡大領道嶋大楯と広純とを殺害した。それは、呰麻呂は表向きは広純に忠実に仕え、広純も信用していたが実は広純をひどく嫌悪していたからであり、また大楯は呰麻呂を蝦夷出身ということで侮辱し、呰麻呂から深くうらまれていたからであるという。呰麻呂は陸奥介大伴真綱だけは助け多賀城へ護送した。城下の百姓は城に入り難を避けようとしたが真綱は掾石川浄足とともに城の後門から逃げ去ったので、百姓も四散した。数日後、再び賊徒は城にあらわれ、府庫のものを奪い、遺るところは放火し焼きはらってしまった。この事件を契機として次の桓武天皇の治世にかけての蝦夷征討が大々的に展開することになったが、その後の呰麻呂の消息は伝えられていない。

参考文献 高橋崇『坂上田村麻呂』(『人物叢書』一五)、高橋富雄『蝦夷』(吉川弘文館『日本歴史叢書』二)、門脇禎二「蝦夷の叛乱」(『立命館文学』九六) (高橋 崇)

いしばしかずよし 石橋和義 生没年不詳 南北朝時代の武将。斯波家氏の曾孫、父は義博。初名氏義。左衛門佐、三河守、左近将監、従四位下、尾張三郎と号す。法名心勝。宗家足利尊氏の挙兵に従軍、建武三年(延元元、一三三六)二月、尊氏の西走に際し、室ノ津の軍議で備前の大将として東上への備えを命ぜられ、尊氏の上洛に際しては山陽の兵を率いて畿内に転戦、翌年伯耆守護、暦応二年(延元四、一三三九)には備後守護となる。観応擾乱にさいしては足利直義に属したが、のち尊氏に降り、備前から備後にかけて各地に転戦、文和二年(正平八、一三五三)六月、南朝方の楠木正儀・石塔頼房らが京都を占拠した時は幕府軍の将として赤松則祐と協力して東上し、京都を奪還した。その後、康安元年(正平十六、一三六一)十月より貞治二年(正平十八、一三六三)八月まで若狭守護であったが、その解任以後の消息はわからない。

石橋和義花押

参考文献 佐藤進一『室町幕府守護制度の研究』上 (池永 二郎)

いしひめのおうじょ 石姫皇女 生没年不詳 欽明天皇の皇后。『古事記』は石比売命、『上宮聖徳法王帝説』は伊斯比女命と記す。『日本書紀』によれば、宣化天皇の皇女で、母は仁賢天皇皇女橘仲皇女。欽明天皇元年正月

立后。箭田珠勝大兄皇子・敏達天皇・笠縫皇女の二男一女を生み、敏達天皇元年四月、皇太后の尊号をうけたという。（川副　武胤）

磯長原陵《しながのはらのみささぎ》　大阪府南河内郡太子町大字太子にある。二段の段築の前方後円墳で空濠がある。『日本書紀』には磯長陵と記し、崇峻天皇四年四月甲子、皇后の実子敏達天皇をここに合葬した。『延喜式』諸陵寮では磯長原墓と記して遠墓とし、「在二河内国石川郡一、敏達天皇陵内、守戸三烟」とある。→敏達天皇《びだつてんのう》（石田　茂輔）

いしふ　異斯夫　生没年不詳　新羅の六世紀前半の将軍。「苔宗」また「伊宗」とも書かれる。智証王から真興王代にかけてのころに活躍した。継体天皇の二十三年、新羅が任那の本源地（現在の金海付近）を併合したときの主将で、『日本書紀』には「伊叱夫礼智干岐」と記されている。高句麗・百済との戦争にも大功を立て、于山国（現在の鬱陵島）の征服も彼の功績であった。

参考文献　『三国史記』、『三国遺事』（末松　保和）

いしやまのそうず　石山僧都　⇩真紹《しんしょう》

いしやまのないく　石山内供　⇩淳祐《しゅんにゅう》

いしょうとくがん　惟肖得巌　一三六〇―一四三七　南北朝・室町時代前期の臨済宗燄慧《えんね》派の禅僧、五山文学作者。法名は得巌、道号は惟肖。別に蕉雪・歇即道人・山陽備人と号する。延文五年（一三六〇）生まる。安芸の人、備後護国寺に草堂得芳（仏日燄慧禅師明極楚俊の直弟）について出家、十六歳の時上京して南禅寺に掛籍、少林院に寓す。十八歳で筑前聖福寺に赴き、二十四歳の時播磨法雲寺に天錫貲疇に参じ、二十六歳で南禅寺に帰り、同年摂津有馬長楽寺に住した。ついで南禅寺少林院・関東浄妙寺に往来し、建長寺の蔵海性珍に参じ、応永十年（一四〇三）四月十五日、四十四歳で南禅寺に秉払《ひんぽつ》を勤めた。十一年秋摂津栖賢寺（諸山）に住す。十六年十月、京都真如寺（十刹）に昇往し、十八年足利義持の特命により相国寺内の蘊真軒に住し、同寺大衆に学芸感化を与えしめられた。同年秋京都万寿寺（五山）に昇住、二十八年四月天竜寺（五山）、同年秋南禅寺（「五山之上」）に遷住。やがて少林院に退居し、同院内に双桂軒を構えて隠居し、文筆と講学の生活を送った。最も絶海中津の影響を多く受け、詩作および四六作法の奥義を極め、その他蔵海性珍からは柳文・韓文・東坡詩・山谷詩の講をうけ、子晋明魏（耕雲山人、花山院長親）から『荘子』の講をうけた。永享九年（一四三七）四月二十日寂。七十八歳。著作に『東海璚華集』があり、法嗣に無二得乗・器之得璉・大車□輗があり、また学芸の門生に希世霊彦・瑞渓周鳳・存耕祖黙・東沼周嚴・竜岡真圭らがいる（ただし、儒僧桂庵玄樹の師事したのは惟正明貞であり、惟肖ではない）。

参考文献　『臥雲日件録抜尤』（『大日本古記録』）、『碧山日録』（『（改定）史籍集覧』二五）、『四河入海』、上村観光『禅林文芸史譚』、同『五山詩僧伝』、北村沢吉『五山文学史稿』、足利衍述『鎌倉室町時代之儒教』、西村天囚『日本宋学史』、芳賀幸四郎『中世禅林の学問および文学に関する研究』、玉村竹二『五山文学』（『日本歴史新書』）、同編『五山文学新集』二（玉村　竹二）

いしらが　因斯羅我　五世紀ごろの絵師。雄略天皇七年に百済から招かれた工人らの一人で、画部《えかきべ》で名が知られる最初の人。朝鮮系の帰化画師と思われるが、『新撰姓氏録』では四衆を率いて来た漢人系という。これが因斯羅我を指すとすると漢系の画工ともみられる。来朝の四部衆の工人らと河内の上桃原《つき》、下桃原と飛鳥元興寺の近くの真神原に分住した。（亀田　孜）

いしんいんどの　已心院殿　⇩九条道教《くじょうみちのり》

いずみしきぶ　和泉式部　生没年不詳　平安時代中期の女流歌人。和泉式部は女房名、また式部・江式部とも称された。父は越前守大江雅致、母は越中守平保衡の女。母が冷泉天皇皇后昌子（太皇太后）に仕えたこと（『中古歌仙伝』）、父が長保元年（九九九）に太皇太后宮大進、夫の和泉守橘道貞が同権大進を兼ねていたこと（『小右記』）から推して、長徳二年（九九六）式部二十歳前後で道貞と結婚し、その呼名から推して、結婚後も太后に仕え、長徳年中に二人の間に小式部が生まれたことなどが推定される。夫道貞とは十数年以上の年齢差があったから、道貞のたっての求愛により初恋を経験して、結ばれたのであろう。しかし夫が和泉国在任中に、式部も任国へ下ったことはあるが、長保元年十二月太后の死以後は在京したらしく、一方夫には任国で愛人ができたので、式部との間に破綻が生じ、式部は道貞邸を出てしまった。そして、翌二年ごろから為尊親王との間に恋愛が生じた。しかしそれも四年六月、親王の死によってはかなく終り、ついでその一周忌も来ないうちに、今度は故宮の弟敦道親王から求愛された。その恋愛の経緯が『和泉式部日記』に告白的に物語られている。そして翌五年十二月に宮邸に引き取られ、以来召人として生活をともにしたが、四年後の寛弘四年（一〇〇七）十月には敦道親王とも死別した。その悲嘆の情は『和泉式部続集』の挽歌百二十余首に詠われている。その後の式部は、中宮彰子に仕え、また道長の家司藤原保昌に再嫁して、夫が丹後守に任ぜられると、同国へも下った。しかし、二十歳ほど年長の保昌との夫婦生活は円満にはいかない点があったらしい。万寿元年（一〇二四）保昌は大和守となり、翌二年、式部五十歳ころに、娘小式部に先立たれて老少不定の悲しみに暮れた。保昌は長元九年（一〇三六）摂津守として在任中、七十九歳で没したが、式部晩年の消息は不明で、もしもそのころまで生きていたとすれば、六十歳前後で波瀾に富んだ生涯を終ったことになる。

参考文献　与謝野晶子「和泉式部新考」（『与謝野晶子選集』四所収）、岡田希雄「和泉式部伝の研究」（『国語国文の研究』四・六・八・一〇・一一・一三）、同「和泉式部の晩年」（同一五・一六・一九・二〇）、上村悦子「和泉式部考」（『日本女子大学紀要』六）、吉田幸一「和泉式部」（『和歌文学構座』六所収）、山中裕『和泉

式部」(『人物叢書』一八四)　（吉田　幸二）

いずみやどうえい　泉屋道栄　一四一二—八四　室町時代後期の豪商。堺の人。春林と号した。堺の発展途上期の有力な町人で、市政に携わる会合衆の一員で、豪商三宅主計らと活躍した。文明八年(一四七六)亡父から相続した金銭を堺北荘の八文字屋(石原源次郎)が預かって返却せぬので、それを室町幕府に訴え、将軍足利義政がその審理を政所頭人に命じたことが『政所奉行事』にみえる。また堺南荘百姓泉屋道栄ともみえている。泉屋は地主であるとともに利貸しや貿易を営んでいたものとみられる。同十六年八月には三宅主計と堺総社の三村宮祭礼を頭人として主宰した。仏心が篤く、南禅寺の聖徒和尚の弟子となり、また海会寺の檀那で海会寺の季弘和尚との交友が深かった。季弘の『蔗軒日録』によると同十六年九月六日条に「泉屋老父七十三逝矣」とあって季弘が茶毘に赴いて焼香し、十七日に法花を送り、十月九日に五七日忌に赴いたことなどが知られる。　（原田　伴彦）

参考文献　『堺市史』二

いずもたける　出雲建　『古事記』景行天皇段の倭建命の物語中にみえる人物名。その説話によると、倭建命は天皇の命により熊曾建を征伐したが、その帰路出雲国に入り、その国の賊出雲建を討つ。命はまずこの出雲建と親善し、ひそかに赤檮《いちい》の木で刀をつくり、これを真剣のようにみせかけて腰に佩く。ついで二人で肥の河で水浴をしたのち、互いに刀をとりかえようともちかけ、出雲建に詐刀《こだち》を佩びさせることに成功する。そして自分は出雲建の真剣をとって戦い、これを殺したという。『日本書紀』景行紀にはこの話はなく、その代り崇神紀に、出雲臣の祖出雲振根と弟の飯入根の争いとしてこれと同工異曲の話をのせている。この説話の末尾にみえる歌謡「やつめさす、いづもたけるが、はけるたち、つづらさはまき、さみなしにあはれ」(原漢字)も、『日本書紀』のそれが「やつめさす」を「やくもたつ」とするだけで、他は全く同句である。出雲建はもちろん架空の創作人物で、倭建・熊曾建と同様に、地名に武勇にすぐれた人という意味の「建」の語を付けたものである。　（川副　武胤）

いずものひろさだ　出雲広貞　生没年不詳　平安時代前期の医家。『大同類聚方』の撰者の一人。菅原姓。摂津の人で医術に精通しており、侍医となった。延暦二十四年(八〇五)桓武天皇が病気の折、吉水神徳とともに治療を行なった。平城天皇の勅命により安倍真直らと『大同類聚方』を撰し、大同三年(八〇八)五月三日完成して上奏した。また別に命を得て唐制にならって薬の度量衡を定めた。『難経開委』(散佚)の著書がある。一説に貞観十二年(八七〇)死亡という。　（大塚　恭男）

参考文献　多紀元簡編『本朝医書目録』

いずものふるね　出雲振根　『日本書紀』の崇神天皇六十年七月条に伝える出雲臣の遠祖。弟の飯入根《いいいりね》は、兄の振根が筑紫へでかけた留守に、出雲の神宝を天皇に貢上したと述べる。それを怒った振根は、止屋の淵のほとりで、弟をだまし討ちにしたが、朝廷から派遣された吉備津彦・武渟河別《たけぬなかわわけ》に殺されたという説話で知られている。これに類似する伝承として、『古事記』の倭建命(日本武尊)による出雲建誅伐説話がある。　（上田　正昭）

いせ　伊勢　生没年不詳　平安時代中期の女流歌人。三十六歌仙の一人。生没年不詳だが元慶元年(八七七)ごろ生まれ、天慶二年(九三九)ごろ没したか。父は伊勢守・大和守となった藤原継蔭で受領階級だが、伊勢の血統周辺には顕官や文筆の人もいる。伊勢は寛平三年(八九一)ごろ宇多天皇女御温子のもとに出仕し、父の前官伊勢守によって伊勢と呼ばれたらしい。その間、藤原仲平との恋に破れ、やがて宇多帝の寵を得て皇子を生むが、皇子は幼時に早世。温子没後、敦慶親王との間に一女中務を生む。伊勢は宇多・醍醐・朱雀三朝四十数年にわたり歌人として重きをなし、紀貫之・凡河内躬恒らに伍して歌合にもたびたび出詠し、『古今和歌集』中にも抜群の位置を占め、各種の屏風歌に才幹をふるうなど、女流として前後に比を見ない幅広い活動をした。これは平安時代中期の女流文学の盛時に先がけたものとして、その先駆的意義は大きい。平安時代の女流の諸作品に伊勢の歌は際立って引用され、ことに『源氏物語』において、引歌が多いのみならず、作者の伊勢への傾倒が顕著にみられる。家集に『伊勢集』がある。　（関根　慶子）

参考文献　曾沢太吉「伊勢の御考」(『国語国文』四ノ三)、関根慶子・村上治・小松登美「伊勢伝」(関根慶子他編『校註伊勢集』所収)、岡崎知子「伊勢伝考」(『平安朝女流作家の研究』所収)、関根慶子「伊勢」(『日本歌人講座』二所収)

いせさだちか　伊勢貞親　一四一七—七三　室町時代後期の武将、政所執事。初名は七郎、のち兵庫助・備中守・伊勢守を名のり、致仕して聴松軒と号した。政所執事貞国の子。享徳三年(一四五四)五月二十八日家を継ぎ、寛正元年(一四六〇)六月政所執事に任じられ、応仁元年(一四六七)従四位上に叙せられた。政所執事就任前の事績については明らかでないが、将軍義政が貞親に撫育されたことから、尊ばれて義政の絶大なる信任を得、専恣をきわめ、相国寺蔭凉軒主季瓊真蘂とともに幕政を左右し、政所政治といわれるほどの権勢を高めた。ことに、文正元年(一四六六)斯波氏の内紛に介入し、閨房の縁につながる義敏に味方して、義廉排斥を義政に進言し、また将軍後嗣問題にも関与し、継嗣子なき義政が弟義視を将軍職後継者と擬すると、不利を感じた貞親は、讒を構えて義視殺害を企てた。私財を貯え、賄賂に走り、義政周辺の佞臣と噂された。義視暗殺に失敗した貞親は、義視派の諸将の

伊勢貞親花押

矛先を避けて近江に逐電し、ついで伊勢に隠れたが、義政の貞親に対する寵は依然としておとろえず、翌応仁元年これを召還して再び政務を執らせた。ために義政・義視兄弟の不和対立を一層深刻なものにしたという。文明三年(一四七一)老齢により官を辞して薙髪し、同五年正月二十一日若狭に没した。五十七歳。法号常慶悦堂聴松院。室は蜷川右衛門尉親心の娘。また貞親は幕府の要人として将軍側近に接していたため、和歌・連歌・騎射の道に長じ、武家殿中の諸礼式、儀仗・兵仗らの故実にも明るく、殿中総奉行・御厩別当をつとめ、後世武家礼式の規範とされた伊勢流故実の形成にも大きな影響を与えた。室町将軍家の将来を慮り、その子貞宗の教訓のために、政治の心得、将軍家への心づかいなどをはじめ、書礼に関することまでを書き遺した晩年の著述は、『伊勢貞親教訓』として知られる。

参考文献 『大日本史料』八ノ六、文明五年正月二十一日条、二木謙一「伊勢流故実の形成」(『中世武家儀礼の研究』所収) (二木 謙一)

いせさだつぐ 伊勢貞継 一三〇九―九一 南北朝時代の幕臣。初名は十郎・時貞で、のち勘解由左衛門尉・伊勢守を名のり、剃髪して照禅と号した。盛継の子。足利氏譜代の臣として尊氏・義詮・義満三代に仕えた。ことに義満が貞継邸の産所で誕生したことから義満の信任を得、康暦元年(一三七九)の政変を機に政所執事に登用され、以後の政所執事伊勢氏世襲の基盤をかためた。なお、貞継が尊氏の子息の仮の父母となったとか、殿中総奉行・御厩別当として殿中諸儀礼に精通し、また大坪道禅より作鞍の秘伝を受け、伊勢流故実の祖と仰ぐ伝承もあるが、これは少々疑わしい。明徳二年(一三九一)三月二十九日没。八十三歳。法名照禅友峯広禅寺。 (二木 謙一)

いせさだみち 伊勢貞陸 ?―一五二一 室町時代後期の幕臣。初名は七郎・貞隆。文明十一年(一四七九)十一月兵庫頭、同十八年七月備中守、永正六年(一五〇九)従四位上伊勢守に任じられ、致仕して汲古斎と号した。貞宗の長子。文明九年八月元服、同十七年九月近江船木関代官をつとめ、延徳二年(一四九〇)父のあとを受けて将軍義稙に仕え、明応七年(一四九八)その職を辞するまで政所執事にあった。その間山城国一揆後の混乱収拾の大任をおびて文明十八年五月から長享元年(一四八七)十一月、明応二年三月から翌三年十月までの二度にわたって山城国守護職に任ぜられている。大永元年(一五二一)八月七日、五十九歳で没したと伝えられる。法名常照光岳勝蓮院。室は三条公綱の娘。有職故実に精通し『御成之次第』『娵入記』『よめむかへの事』『産所之記』『簾中旧記』などの著述を残している。また将軍側近としての振舞の必要に迫られた大内義興の諮問に応じていることも見逃せない。

参考文献 『大日本史料』九ノ一三、大永元年八月七日条、二木謙一「故実家伊勢氏の成立」(『中世武家儀礼の研究』所収) (二木 謙一)

伊勢貞陸花押

いせさだむね 伊勢貞宗 一四四四―一五〇九 室町時代後期の武将、政所執事。初名は七郎、のち兵庫頭・備中守・伊勢守を名のり、剃髪して全室・常安と号した。貞親の子。文正元年(一四六六)将軍義政の命により家を継ぎ、文明三年(一四七一)伊勢守・政所執事に任ぜられ、同十五年七月十一日従四位下に叙せられ、長享元年(一四八七)十一月山城国守護職に任ぜられている。義政の寵臣貞親の子であったことから、義尚幼時の養育に当り、義尚将軍となるとその補佐役として地位を高めた。現存する貞宗調進の御内書などによっても、その活躍のさまがうかがわれる。義尚が父義政との不和から髻を切って遁世しようとしたとき、これを諫止したり、また父貞親の専横を諫めて幽居を命ぜられたことすらあった堅実派であり、当時の人は、式目を正し、応仁・文明の大乱を収め、京都の回復をもたらした政治家として讃辞をおしまなかったという。人材乏しき当時の幕府にあって、本来の職務たる政所職としての職掌のほか、訴訟をはじめ種々の問題に関与した。異例の山城国守護職兼帯もこれを裏づけるものであろう。所領は明らかでないが、文明八年七月には料所丹波桐野河内村尊勝院の下地を領知しているし、細川政元と山城九条の地を争ったという記録もあるから、請所を含めてかなりの経済的基盤を有していたものと思われる。諸芸にたくみで、小笠原持長に射芸を学び、横川景三・三条西実隆らと親交して詩文に長じ、和歌・連歌をよくし、多くの秀作を残している。また将軍側近としての立場から、武家殿中の諸礼式、儀仗・兵仗の故実にも精通し、みずから鞍をも作った。御厩別当・殿中総奉行をつとめ『伊勢兵庫頭貞宗記』『貞宗聞書』『笠懸射手体拝記』などの著述のほか、多くの故実書を書写相伝し、伊勢流故実の大成者でもある。永正六年(一五〇九)十月二十八日所労により京都で没した。六十六歳。法名金仙寺。

伊勢貞宗花押

参考文献 『大日本史料』九ノ二、永正六年十月二十八日条、二木謙一「伊勢流故実の形成」(『中世武家儀礼の研究』所収) (二木 謙一)

いせながうじ 伊勢長氏 ⇩北条早雲《ほうじょうそううん》

いせのたゆう 伊勢大輔 生没年不詳 平安時代中期の女流歌人。祭主神祇伯大中臣輔親の娘。『袋草紙』遺編

に「頼基・能宣・輔親・伊勢大輔・伯母・安芸君六代相伝之歌人」とあり、歌人の輩出した家系である。寛弘五年(一〇〇八)春ごろ一条天皇中宮藤原彰子に出仕。そのころ「古の奈良の都の八重桜」を即詠し、一躍歌才を認められる。やがて筑前守高階成順と結婚して康資王母・筑前乳母・源兼俊母らを生む。彰子の信頼厚く、石清水・住吉・天王寺行啓に供奉、祝歌を詠進。「上東門院菊合」「弘徽殿女御十番歌合」「内裏歌合」「正子内親王絵合」「祐子内親王家歌合」「皇后宮春秋歌合」などに参加。康平三年(一〇六〇)藤原頼通主催の志賀大僧正九十賀の際の賀歌が作歌年代のわかる最後の歌で、宮廷歌壇の雄として歌歴五十余年にも及ぶ。勅撰集に五十一首入集。後十五番歌合・中古三十六歌仙・女房三十六人歌合などに選ばれる。白河天皇幼時傅育の任にあたったらしい。父・夫の死後出家隠棲か。康平五年ごろ没したと推定される。七十四歳ごろか。機智に富み巧緻流麗な即詠に長ず。『伊勢大輔集』を遺す。「いせのおおすけ」とも呼ばれている。

参考文献 保坂都『大中臣家の歌人群』 （上村 悦子）

いせよしもり **伊勢能盛** 生没年不詳 鎌倉時代前期の武士。通称は三郎。物語の類では源義経の四天王の一人として活躍しているが、その記事の多くは架空であろう。『吾妻鏡』によって、ほぼ信頼できる事蹟の大要を挙げれば、文治元年(一一八五)二月屋島急襲のとき義経に従って海上に浮かぶ平氏軍を攻めた。ついで壇ノ浦の戦で平宗盛・清宗父子を生け捕りにし、両人以下の平氏の捕虜の都入りに付き添った。同年五月、義経が宗盛・清宗を都から鎌倉に護送した際、たまたま源頼朝の妹婿一条能保の一行と同道したが、酒匂の宿で能盛の僕従と能保の侍後藤基清の従者との間に大喧嘩が起り、能盛と基清とが対決するまでに至った。これがのちに頼朝の耳に入り、鎌倉の賓客に対して礼を失した振舞として激怒を買い、ひいては義経への心証をも害することになった。のちに義経に従って西国に落ちようとしたが大物浦の難船後は別れて、のちの消息はわからない。 （渡辺 保） →源義経《みなもとよしつね》

いそのかみのおとまろ **石上乙麻呂** ?―七五〇 奈良時代の貴族。弟麻呂とも書く。朝臣姓。左大臣麻呂の第三子。宅嗣の父。神亀元年(七二四)従五位下、のち丹波守を経て従四位下左大弁になったが、天平十一年(七三九)藤原宇合の妻久米連若売との恋愛事件の理由で土佐国に配流。赦されて同十五年従四位上、のち西海道巡察使、治部卿、常陸守、右大弁を経て、同二十年従三位、中納言兼中務卿として天平勝宝二年(七五〇)九月一日没した。人望あり、天平五年ごろ遣唐大使に推されたが往かずに終わったという。詩文を好み、その集『銜悲藻』二巻は伝わらないが『懐風藻』に五言詩四首あり、『万葉集』に短歌二首、さらに長歌三、短歌一首もその作ともいう。

参考文献 五味智英「石上乙麿の年齢」他(『アララギ』五九ノ六、五九ノ八―六一ノ五、六一ノ八、六二ノ一、六二ノ一〇―六三ノ一) （林 勉）

いそのかみのまろ **石上麻呂** 六四〇―七一七 七世紀末・奈良時代前期の貴族。旧氏姓は物部連。衛部大華上宇麻乃の子で乙麻呂の父、宅嗣の祖父。舒明天皇十二年(六四〇)に生まれ、壬申の乱に際し大友皇子側にあって敗戦、生き残る。天武天皇五年(六七六)遣新羅大使となり翌年帰国。時に大乙上。同十年小錦下。同十三年朝臣の新姓を賜い、このころ氏の名を石上と改めた。朱鳥元年(六八六)天武天皇の殯宮に法官の事を誄した。この時はじめて石上朝臣としてみえ、冠位は直広参。持統天皇三年(六八九)大宰帥河内王に位記を送る使となり筑紫の新城をも監した。同四年即位式に大盾を樹てた。『日本書紀』に物部麻呂朝臣としてみえるのはかかる伝統的儀式に奉仕するのに負名氏として物部を名乗ったことを示すものか。朱鳥六年(持統天皇六年か)伊勢行幸に従い「石上大臣駕に従ひて作れる歌」を『万葉集』に残した。その後筑紫惣領・中納言・大納言・大宰帥を歴任、冠位は直広壱・直大壱を経て、慶雲元年(七〇四)大納言従二位のとき右大臣に任じ封二千百七十戸を賜わった。やがて和銅元年(七〇八)正月正二位、同三月左大臣となり、養老元年(七一七)三月三日七十八歳で没した。元正天皇はその死を惜しみ廃朝し従一位を贈った。百姓も追慕して痛惜しないものはなかったという。

参考文献 直木孝次郎「石上と榎井」(『続日本紀研究』一ノ一二)、野田嶺志「物部氏に関する基礎的考察」(『史林』五一ノ二) （佐伯 有清）

いそのかみのやかつぐ **石上宅嗣** 七二九―八一 奈良時代後期の貴族。文人。姓は朝臣。物部、石上大朝臣とも称する。法号梵行。詩人をもって聞えた中納言乙麻呂の子。天平十八年(七四六)ころ藤原良継らと恵美押勝排斥を企てる。天平勝宝三年(七五一)従五位下治部少輔、天平宝字元年(七五七)五月従五位上、同年六月相模守、同三年五月三河守、同五年正月上総守、同年十月遣唐副使(六年三月辞任)、その後侍従、同七年正月文部大輔、同八年正月大宰少弐、同年十月正五位上常陸守、天平神護元年(七六五)正月従四位下、翌二月兼中衛中将、同二年正月参議、同年十月正四位下、神護景雲二年(七六八)正月従三位、同年十月新羅との交易にあたり時に式部卿、宝亀元年(七七〇)藤原永手らと光仁即位の策を定める。同年九月兼大宰帥、同二年三月式部卿に戻り、同年十一月大嘗会に神楯桙を立て、同月中納言、同六年十二月物部朝臣賜姓、同八年十月兼中務卿、同十年十一月石上大朝臣賜姓、このころ兼皇子傅、同十一年二月大納言、天応元年(七八一)四月正三位、同年六月二十四日没。五十三歳。正二位を追贈された。右大臣を贈られたか、ともいう。歴史に通じ、文をよくし、書に巧みで、淡海三船とともに文人の首といわれた。住宅を阿閦《あしゅく》寺とし、仏像

を作り、禅門を構え、外典の院を芸亭《うんてい》と称して士人の縦覧に供した。『経国集』『東征伝』に詩二首賦一首、『万葉集』に短歌一首が現存するが、詩賦数十首といわれ、唐に送った『三蔵讃頌』『飛錫述念仏五更讃』、また『浄名経賛』の著述があったという。

参考文献 『日本高僧伝要文抄』三、小島憲之『上代日本文学と中国文学』上、同『国風暗黒時代の文学』上、中西進『万葉集の比較文学的研究』、同『万葉史の研究』、新村出「石上宅嗣の芸亭につきて」(『典籍叢談』所収)　(中西　進)

いそのぜんじ　磯の禅師　生没年不詳　鎌倉時代前期の女性。源義経の妾静の母。文治二年(一一八六)鎌倉幕府は源義経の所在を探るため吉野で捕えた静を鎌倉に呼び、磯は静を伴って出頭して安達新三郎宅に逗留した。四月八日に静の舞を源頼朝夫妻が賞翫したが、五月二十七日には頼朝の長女大姫の病を慰めるためにも南御堂で舞った。出産間近の静であるからその舞は母の介添によるものであろう。そのようなことから磯も舞楽の名手と伝えられるが真偽は不明。　→静御前《しずかごぜん》

参考文献 『吾妻鏡』　(渡辺　保)

いたみちかおき　伊丹親興　?―一五七四　戦国時代の武将。伊丹氏は利仁流藤原姓といい、摂津国川辺郡伊丹荘(兵庫県伊丹市)を根拠とし、戦国時代には北摂の国衆として勢威を張った。親興は親永の子。大和守。天文年間(一五三二―五五)細川晴元に属し、永禄年間(一五五八―七〇)、三好政康ら三好三人衆の制圧下にあった。永禄十一年九月織田信長が将軍足利義昭を奉じて上洛すると、直ちに信長に呼応して三好氏を攻め、信長は北摂・西摂を抑えると、親興を和田惟政・池田勝正と並んで摂津の三守護とし、兵庫頭として伊丹に所領三万貫を与えた。以来信長に従い、十二年正月義昭の京の宿所本圀寺を囲んだ三好の阿波衆を攻め、みずから負傷しながらも阿波衆を敗走させ、ついで信長軍に従って但馬の山名祐豊を降し、また播磨の浦上宗景を攻め、元亀元年(一五七〇)八月天王寺で三好三人衆を攻撃した。天正元年(一五七三)ごろから義昭と信長が不和になると親興も信長と対立し、翌二年十一月十五日信長の命をうけた荒木村重に伊丹城を囲まれ、落城自刃した。

参考文献 『伊丹市史』二　(原田　伴彦)

いちえん　壱演　八〇三―六七　平安時代前期の真言宗の僧侶。右大臣大中臣朝臣清麿の孫治麿(智治麿)の子。俗名正棟。弘仁年中(八一〇―二四)内舎人に進んだが弱冠(二十歳)に父を喪い、また二兄の夭折に逢い承和二年(八三五)薬師寺戒明に従い出家入道。翌三年東大寺において具足戒を受け、真如親王に真言密教を授けられる。貞観二年(八六〇)皇太后順子不予に際し看病。同六年太政大臣藤原良房の病気平癒加持の功により翌七年九月律師を経ずに権僧正を賜わり辞退したが許されず。同十月超昇寺座主。『金剛般若経』の持者で天性無欲、居処定まらず。ある時老嫗より舎地を献ぜられ土中から仏像を得て、奇瑞に感じた良房の援助で相応寺を建立。同九年病にかかり七月十二日小舟に乗り水上で遷化した。六十五歳。同八月二十八日勅により薬師寺において壱演の供養が行われ、翌日慈済と諡された。京都の鞍馬山僧正ヶ谷・稲荷山僧正ヶ峯は壱演修行の地という。

参考文献 『僧綱補任抄出』、『拾遺往生伝』上(『日本思想大系』七)、『今昔物語集』一四(『日本古典文学大系』二四)、『元亨釈書』一四、『血脈類集記』(『真言宗全書』三九)　(和多　秀乗)

いちえんぼう　一円房　⇨無住道暁《むじゅうどうぎょう》

いちおういんごう　一翁院豪　一二一〇―八一　鎌倉時代中期の禅僧。臨済宗仏光派。法名は院豪、道号は一翁。承元四年(一二一〇)に生まる。はじめ天台僧。上野長楽寺の栄朝に師事し、寛元初年入宋し、径山《きんざん》の臨済宗の無《ぶ》準師範《じゅんしばん》に参禅し、相当の悟所を得たが、言語不通のために帰朝し、再び長楽寺の栄朝に師事し、台密蓮華院流の伝灌頂を受け、長楽寺に住した。文応初年、無準の弟子兀庵《ごったん》普寧《ふねい》が来朝するや、建長寺に至って、これに参じ、弘安二年(一二七九)仏光禅師無学祖元が来朝するや、再び建長寺でこれに参じ、所悟の偈を呈し、印可を受けて、その法を嗣いだ。弘安四年八月二十一日寂。七十二歳。長楽寺の正伝庵に葬られる。のち円明仏演禅師と勅諡された。法嗣《はっす》に霊巌良真・断岸元空・月庵自昭・克中致柔・

一翁院豪画像

古伝崇井などがおり、霊巌の弟子に夢嵩良英が出て、上洛して霊鷲寺を開いてから、この法流は京都にも行われ、夢嵩門徒という。

[参考文献]『禅刹住持籍』、『本邦禅林宗派』、「金沢文庫所蔵印信」、『相国寺所蔵無学祖元印可法語』、卍元師蛮『延宝伝燈録』一九(『大日本仏教全書』)、『東海璚華集』、『半陶文集』、大屋徳城『日本仏教史の研究』、辻善之助『日本仏教史』二―六、白石虎月『禅宗編年史』　(玉村　竹二)

いちしのながおち　市磯長尾市　倭直の祖とされる大和国十市郡市磯あたりの伝承上の人物。『日本書紀』の崇神天皇七年八月条には、倭の大国魂神をまつる祭主にせよとの神夢があったとし、また同書垂仁天皇三年三月条の「一云」には、播磨に派遣して天日槍を尋問する説話、同天皇七年七月条には野見宿禰を招喚する説話がみえる。市磯は十市郡の地名で、履中天皇三年条には磐余の市磯池のことを記す。　(上田　正昭)

いちじょううちつね　一条内経　一二九一―一三二五　鎌倉時代後期の公卿。正応四年(一二九一)誕生、一条内実の長男。母は一条実経の女。正安元年(一二九九)九歳で元服し従五位上、ついで正四位下右中将となる。翌年従三位から正三位に進み、嘉元元年(一三〇三)十三歳で非参議から権中納言に直任し左衛門督を兼ねた。翌年父内実を失ったが、十六歳で従二位、権大納言。延慶元年(一三〇八)に三人を超えて正二位に昇叙、約十年後の文保元年(一三一七)に左大将、翌二年二月後醍醐天皇践祚し八月に内大臣、十二月に関白・氏長者となる。元亨三年(一三二三)三月関白を罷め、正中二年(一三二五)十月一日に三十五歳で没した。芬陀利華院殿と号した。特筆すべき事績や芸能の才もみえず、父内実が早世して内大臣にとどまったので清華家と同格視されたりした。その彼が関白となり一代の中絶を起し得たのは、実経以来の豊かな家領を伝えたこと、大覚寺・持明院両統の対立、幕府の五摂家均衡政策がさいわいしたのであろう。　(飯田　久雄)

一条内経画像(『天子摂関御影』)

いちじょうかねさだ　一条兼定　一五四三―八五　戦国・安土桃山時代の武将。土佐国司。幼名万千代、土佐国幡多郡中村に生まる。父は一条房基、母は大友義鑑の女、室は大友義鎮の女。天文二十年(一五五一)十一月正五位下左少将、翌月元服し従四位上、翌二十一年七月従三位、天正元年(一五七三)左中将・権中納言に至る。所伝によれば兼定は武将としての器量に乏しく、とかく家中の統制を欠いたという。長宗我部元親に圧迫され、永禄末年に兼定は土佐で幡多・高岡の二郡を有するにすぎなかった。天正元年九月、ついに土佐を逐われ、外戚の縁を頼って豊後大友氏のもとに奔った。豊後滞在中、イエズス会日本布教長カブラルに接して教化を受け、のちジョアン＝バウチスタの手で受洗、霊名をパウロと称した。同三年土佐回復のため伊予御坐郡に至り、兵を集めて土佐に入り、元親の支城二、三を抜いたが、たちまち反撃され、版図回復の志は潰えた。そののち、伊予国の戸島(愛媛県宇和島市)に住したが、あるとき(コエリョの書翰では、同五、六年ごろ)元親と通じた近習の者に就寝中襲われ重傷を負った。日本側の所伝は、この傷がもとで間もなく死去したとするが、イエズス会士の書翰によると、なお数年存命し、天正十三年熱病のため没したという。四十三歳。

[参考文献]『大日本史料』一一ノ一六、天正十三年七月一日条、『イエズス会士日本通信』(『新異国叢書』一・二)、『一条家譜略』、『土佐国蠹簡集』、香川正矩・同堯真『陰徳太平記』　(加藤　榮一)

いちじょうかねよし　一条兼良　一四〇二―八一　室町時代の公卿。俗に「かねら」とも呼ばれる。桃華老人・三関老人また東斎と号し、「五百年以来の才人」(『長興宿禰記』)とうたわれた。応永九年(一四〇二)五月二十七日に生まれる。父は関白一条経嗣、母は文章博士東坊城秀長の女。病弱の兄の経輔が辞したので、同十九年に十一歳で急ぎ元服、翌年四月に従三位に叙し永享元年(一四二九)に従一位左大臣に昇る。同四年、後花園天皇の元服に際し、将軍足利義教が佳例により左大臣で理髪を勤仕するため摂政に任ぜられたが、拝賀もとげず解任された。しかし、『公事根源』を著述した有職の学才や歌学の造詣が知られて将軍家から重んぜられ、同十年勅撰集『新続古今和歌集』の和漢両序を執筆した。これで和漢兼帯の学才が称され、著述・談義が盛んに請われた。文安四年(一四四七)には故義教夫人日野重子に頼って宿望の関白に任ぜられる。世は応仁の乱の前夜となったが、公家武家の好学に迎えられた。享徳二年(一四五三)関白を辞して准三宮となり、長禄二年(一四五八)これも辞したが、このころ『源氏物語』の御進講に将軍足利義政が陪聴を許されたり、公武の詩歌会に兼良の参仕が常に求められ、また『伊勢物語註』『尺素往来』『四書童子訓』など啓蒙書の著述がある。応仁の乱の勃発に際し関白に還任したが、応仁元年(一四六七)八月、主上の室町第行幸によって郊外の随心院門跡(門主は彼の七男の厳宝)に避難した。間もなく一条坊門邸は焼かれ、文庫「桃華坊」の蔵書は散乱し、生活も窮迫に陥ったので翌二年八月に

一条兼良花押

「兼良」

「桃花」
一条兼良印

五男の大乗院門主尋尊を頼って奈良に下った。奈良では成就院を宿所とし、さきに東山光明峯寺に移し、さらに奈良に疎開していた一条家重書をたよりにして著述に専心した。その間「文明」の年号を勘進したり、後花園上皇から帰京を促されたが肯んぜず文明二年(一四七〇)関白を辞退。『源氏物語』の註釈書『花鳥余情』や『日本書紀纂疏』を完成し、同五年、さきに伊勢北畠氏のもとまで下向して中止した美濃旅行を決行し守護代斎藤妙椿の歓待をうけた(『ふぢ河記』)。北畠・斎藤らの大名は兼良に教学を求め献金などをつづけたのであり、なお連歌師宗祇の仲介で大内政弘も兼良の著作を求めた。同年、出家して後成恩寺殿、法号を覚恵という。同九年末、終戦の参賀に上洛。乱が終るとやがて復古文化時代となったため、兼良の教学がいっそう求められた。義政夫人日野富子に請われて『源氏物語』を談義して女性への禁書を解き、政道書『文明一統記』『小夜のねざめ』を与えて女人政治の道理を明らかにし、さらに将軍足利義尚のために『樵談治要』を著述した。しかし、その生活は苦しく、順養子冬良(第二十三子)の右大将拝賀の資を得るため八十歳ちかくの身で越前朝倉氏のもとに赴いたが、そのがめつさに廷臣らも唖然としたという話もある。同十三年、『江家次第』(略して『江次第』)の御進講のさなか風邪で倒れ、四月二日八十歳で没した。京都の東福寺普門院で葬礼され、常楽院に葬られる。兼良の和漢教学の註釈や談義は、「鎖された学問」(特に女性に)の禁を解くことになり、また、その神儒仏一致思想は「和魂漢才」(浄禅兼帯)を一歩進めたもので、その教説は古典を親しみやすくしたといえる。兼良の学識は、いわゆる東山文化の醸成に役立ち、またその研究は近世の「和学」の基となった。兼良は正室中御門宣俊の女(小林寺殿)以下四人の妻妾との間に二十六人の子女をもうけた。長子は兼良二十二歳の時の男子教房、末子は七十五歳の時の女子である。

参考文献 『大日本史料』八ノ一三、文明十三年四月二日条、永島福太郎『一条兼良』(『人物叢書』三一)、福井久蔵『一条兼良』

（永島福太郎）

一条実経画像(『天子摂関御影』)

いちじょうさねつね　一条実経　一二二三—八四　鎌倉時代中期の公卿。五摂家の一つである一条家の祖。貞応二年(一二二三)生まれ。摂政九条道家の四男。母は太政大臣西園寺公経の娘綸子。天福元年(一二三三)従三位。長兄教実は夭死し、次兄良実は道家と不和であって、道家は実経を愛し、寛元四年(一二四六)正月、後嵯峨天皇が久仁親王(後深草天皇)に譲位の際、関白良実にかえて、左大臣・東宮傅であった実経を摂関にしようとしたが、良実が上表を拒み、確執を生じた。結局良実は上表し、実経は関白、ついで摂政となった。しかしやがて道家の三男の前征夷大将軍頼経が、隠謀を理由に鎌倉を逐われると、道家は政治生命を失い、実経も宝治元年(一二四七)正月、幕府の奏請で摂政を罷免された。弘長三年(一二六三)左大臣に還任されたのは、当時関白であった良実と和解した結果であり、文永二年(一二六五)閏四月、良実にかわり再度関白となってのちも、良実は七月以来内覧としてこれに並び、むしろ良実が実権を握っていた。同四年十二月関白を辞任。弘安七年(一二八四)五月出家、法名は行雅または行雄、のち行祚。同七月十八日、六十二歳で没。仁治三年(一二四二)父から一条室町第を譲られ、一条家の祖となったが、父の寵を受けた実経は、最も多くの家領を相続、九条家から分かれた九条・二条(良実の流)・一条の三流のうち、「以㆓一条殿流㆒為㆓嫡家㆒」(『尊卑分脈』)といわれた。晩年は父から譲られた山城国山崎の円明寺に隠棲して、円明寺殿と呼ばれた。↓九《く》条道家《じょうみちいえ》

参考文献 三浦周行「鎌倉時代の朝幕関係」(『日本史の研究』所収)、星野恒「五摂家分立考」(『史学叢説』二所収)、上横手雅敬『鎌倉時代政治史研究』

（上横手雅敬）

いちじょうたかよし　一条高能　一一七六—九八　鎌倉時代前期の公卿。藤原北家頼宗の流。父一条能保、母源義朝女(頼朝妹)。建久元年(一一九〇)正月従四位下、同四年四月右兵衛督、同七年十二月参議、翌八年正月従三位となる。高能が参議に任ぜられたのは、幕府と関係の深かった関白九条兼実が源通親の陰謀により失脚した直後のことで、この任官は通親が頼朝の干渉を防ぐための術策と考えられている。同年十月父能保が死ぬと、そのあとをうけて頼朝の近親として朝廷内における幕府の代

弁者ともいうべき地位につき、公武間の交渉の仲立ちをすることになった。しかし彼は翌九年九月十七日、二十三歳の若さで早世した。このため幕府は朝廷内における耳目を失うことになり、彼の死は重大な損失であった。

参考文献 『大日本史料』四ノ五、建久九年九月十七日条、三浦周行「鎌倉時代の朝幕関係」(『日本史の研究』所収)、竜粛「村上源氏の使命と通親の業績」(『鎌倉時代』下所収)　(田中　稔)

いちじょうつねつぐ　一条経嗣　一三五八―一四一八　南北朝・室町時代前期の公卿。延文三年(一三五八)誕生。二条良基の三男だが一条房経の養嗣子となり、貞治六年(一三六七)に十歳で元服、応安元年(一三六八)八月従三位に叙せられ、累進して応永元年(一三九四)左大臣に昇り同年、関白の詔を拝す。同五年に辞したが翌六年に還補され同十五年に至る。将軍足利義持の時代、前将軍足利義満の在世中にわたって関白にほぼ在任したが、これによっても将軍家の信任が厚かったのが知れる。父の良基が公家の長老として、また当代随一の学識を以て将軍義満に参じたのに続いて、経嗣もまた進んでこれに参じた。その学才も公家随一とされるが、将軍家御用の摂家学者のゆえにその評を得た感もある。政務においては、南朝の後亀山上皇の処遇について将軍家の意にそうことにつとめ、また応永十三年には義満に迫られてその妻日野康子に対する准母の栄遇賜与の議を進めた。なお、義満の全盛をたたえ、同六年に『相国寺塔供養記』、同十五年には『北山殿行幸記』を著述し、また日記『荒暦』を遺した。その好学の血筋は子の兼良に伝わる。経嗣が吉田兼熙から伝受した『神代巻』の秘伝も兼良に伝わったといわれる。同十七年末に三たび関白に補せられ同二十五年十一月十七日その在任中に没す。六十一歳。成恩寺殿と諡せられる。よって成恩寺関白という。妻は良基の家司文章博士東坊城秀長の女。長子の経輔は権大納言に昇ったが、同十八年に病弱で出家したため、第三子の兼良をこれに代わらせた。　(永島福太郎)

一条経嗣花押

いちじょうてんのう　一条天皇　九八〇―一〇一一　九八六―一〇一一在位。天元三年(九八〇)六月一日、円融天皇の第一皇子として誕生。母は藤原兼家の女の女御詮子(のちの東三条院)。諱は懐仁《やすひと》。永観二年(九八四)八月、従兄にあたる花山天皇の東宮に立った。時に五歳。寛和二年(九八六)六月二十三日、花山天皇の出家の事件によって七歳で践祚、外祖父の右大臣兼家が摂政となった。正暦元年(九九〇)正月五日、十一歳で元服し、その後兼家の子の道隆・道兼が摂政・関白を勤めたが、長徳元年(九九五)からは、兼家の第四子の道長が内覧の右大臣、ついで左大臣として権を振るい、藤原氏の全盛期に入った。寛弘八年(一〇一一)六月十三日、病により従兄にあたる東宮居貞《いやさだ》親王(三条天皇)に譲位、同月二十二日、一条院に崩御、三十二歳。天皇ははじめ道隆の女定子を皇后とし、長保元年(九九九)敦康親王が生まれたが、翌年、道長の女彰子が中宮に立ち、寛弘五年に敦成《あつひら》親王(後一条天皇)、同六年に敦良親王(後朱雀天皇)が生まれて道長一家の権勢は確立した。他の藤原義子ら三人の女御には子がない。天皇は公正温雅で才学に富み、特に笛に巧みで、廷臣の信頼を集めた。道長の全盛期であったが、これと特に衝突することもなく、この時期に朝野の各界に人材が輩出したことは、『続本朝往生伝』に詳しく、女流の活躍も目ざましかった。『花園天皇宸記』正和二年(一三一三)二月三日条に「一条院御記」七巻があったことがみえるが、その内容はほとんど伝わっていない。

参考文献 『大日本史料』二ノ六、寛弘八年六月二十二日条、倉本一宏『一条天皇』(『人物叢書』二三六)　(土田　直鎮)

円融寺北陵《えんゆうじのきたのみささぎ》　京都市右京区竜安寺朱山《しゅうやま》(竜安寺東北北約二〇〇㍍)にあり、円丘状をなし堀河天皇陵と同域である。寛弘八年(一〇一一)七月八日夜火葬、遺骨を金輪寺に奉安すべきところ日次が悪いため円城寺(愛宕郡)に安置した。しかし、かつて父円融天皇陵の傍に土葬するよう遺命のあったことがわかったが、その方角が塞がっていたので、九年後の寛仁四年(一〇二〇)六月十六日夜円融寺の北、円融天皇陵の近くに埋納した。のち、陵所は不明となったが、幕末に現陵に決定した。火葬塚は御陵の東北、北区衣笠鏡石町にあり、三条天皇火葬塚も同所にある。

参考文献 『大日本史料』二ノ七、寛弘八年七月八日・九日条、同二ノ一五、寛仁四年六月十六日条　(中村　一郎)

いちじょうのりふさ　一条教房　一四二三―八〇　室町時代後期の公卿。一条兼良の長子、母は中御門宣俊の女(小林寺殿)。永享十年(一四三八)元服。翌十一年に従三位権中納言、長禄元年(一四五七)左大臣に進み、翌二年に関白・氏長者に補せらる。父兼良の威光による。寛正四年(一四六三)辞職。応仁の乱の勃発に際し、興福寺大乗院門主尋尊を頼って奈良に避難したが、応仁二年(一四六八)八月、父兼良一族の奈良下向に宿所を譲って家領の土佐幡多荘に下向した。国人らに迎えられ、その生活を得て在奈良の兼良に下向を勧めたり、帰京後の兼良に邸宅再建の材木を送進したりした。しかし、兼良に託した長子の権大納言政房は、土佐下向のためか、家領の摂津福原荘に滞在するうち、文明元年(一四六九)に赤松・山名両軍の戦禍に遭って横死。やがて、末弟の冬良を養嗣子とし、これを土佐に迎えようとしたが兼良が許さず、同十二年十月五日、その流寓地において病没。年五十八。同地の妙華寺に葬られ妙華寺殿と諡せらる。法名は宗恵。

参考文献 『大日本史料』八ノ一二、文明十二年十月五日条　(永島福太郎)

いちじょうふゆよし　一条冬良　一四六四―一五一四

戦国時代の公卿。「ふゆら」は俗称。一条兼良の第二十三子。母は町顕郷の女(南御方)。文明四年(一四七二)、疎開先の南都成就院において九歳で元服し正五位下左少将に叙任。これは太閤一条教房(兼良の嗣子)が土佐国に在り、その嗣子権大納言政房が没したので、兼良が冬良を教房の順養子として家督を嗣がせたのである。同七年従三位権中納言に昇り、同九年兼良に随行して帰京。翌十年右大将を拝任して累進、長享二年(一四八八)、内大臣から関白に補せられる。明応二年(一四九三)正月、太政大臣に任ぜられ、三月に関白を辞す。同六年七月、太政大臣を辞したが、同十月関白に還補せられた。文亀元年(一五〇一)辞退。永正十一年(一五一四)三月二十七日、五十一歳で没す。京都東山の東福寺普門院で葬礼、一条家墓地に葬られ、後妙華寺殿と諡せらる。父兼良の学才をうけ、その教学が称せられた。『桃華蘂葉』はその右大将拝任に際し、兼良から記し授けられた一条家有職書である。やがて兼良が応仁の乱を避けて大乗院門跡に託した一条家重書が還付されるし、さらに、兼良が他に与えた述作の蒐集に努めて桃華坊文庫の復興を図った。なお『古今和歌集』や『花鳥余情』を談義するなど、兼良の教学のよき相承者といえる。また、宗祇が周防大内政弘に献資を勧めて着手された准勅撰集『新撰菟玖波集』の撰進には、関白としてこれの推進にあたった。→一《いち》条兼良《じょうかねよし》

一条冬良花押

参考文献　『大日本史料』九ノ五、永正十一年三月二十七日条　(永島福太郎)

いちじょうよしやす　一条能保　一一四七―九七　鎌倉時代前期の公卿。藤原北家頼宗の流。京都一条に住したため一条と称した(五摂家の一つ一条家とは別流)。久安三年(一一四七)誕生。父は従四位下丹波守藤原通重。母は右大臣藤原公能の女。妻は源義朝の女で、頼朝の同母妹である。この関係から能保は京都にあって洛中の状勢を頼朝に通報し、その耳目ともいうべき役割を果たした。源義仲滅亡直後の元暦元年(一一八四)三月左馬頭に任ぜられて以後、頼朝の後楯によってその官位は進み、同年十二月従四位下、文治二年(一一八六)十二月右兵衛督、文治四年十月従三位、翌五年七月参議、建久元年(一一九〇)十二月正三位、翌二年二月検非違使別当、同三月権中納言、同四年正月従二位に進んだ。翌五年閏八月病によって官を辞して出家し、法名を保蓮と号した。文治元年五月能保は妻とともに鎌倉に下向し、頼朝の歓待をうけた。同年十一月北条時政は源義経謀叛直後上洛して京都守護の任にあったが、頼朝は時政を鎌倉に召し返すため、翌二年二月時政に代えて能保を京都守護に任じた。そこで能保は直ちに帰京し、義経の捜索、洛中警固、院との折衝などにあたり、頼朝は彼の活躍に期待するところが多かった。翌三年七月能保の妻は後鳥羽天皇の乳母となり、またその女の一人は関白九条兼実の嫡子良経と結婚したが、これらはいずれも頼朝の推挙によるものであった。なお後の関白九条道家はその女の子で、将軍藤原頼経は道家の子、すなわち能保の外曾孫にあたる。また能保のいま一人の女は、鎌倉幕府と親しくのち朝廷内で大きな勢力をふるった西園寺公経に嫁した。建久八年十月十三日没。年五十一。なおその翌年には能保の嫡子高能も相ついで死に、幕府は朝廷内における重要な足掛りを失うことになり、能保の死は大きな損失であった。なお、正治元年(一一九九)源頼朝の死後、源通親ら院近臣の策謀により、能保系の親幕派勢力は一時朝廷内から追放の憂き目にあった。→源頼朝《みなもとのよりとも》

参考文献　『大日本史料』四ノ五、建久八年十月十三日条、三浦周行「鎌倉時代の朝幕関係」(『日本史の研究』所収)、竜粛「村上源氏の使命と通親の業績」(『鎌倉時代』下所収)　(田中　稔)

いちのべのおしはのおうじ　市辺押磐皇子　履中天皇の長子。母は葦田宿禰(葛城襲津彦の子)の女の黒媛。市辺忍歯別王なども書く。のちの顕宗(弘計王)・仁賢(億計王)両天皇や飯豊青皇女らの父。市辺は大和国山辺郡の地名。皇子は「於㆓市辺宮㆒治㆓天下㆒天万国万押磐尊」などとあり、即位説もあるが、この称号は後世皇子を尊んでの追号であろう。五世紀の大和朝廷は倭の五王たちが盛んに対外交渉をした時代だが、反面朝廷内部では外戚葛城氏を中心とする皇位争いが激烈であった。皇子は皇位の最有力候補として雄略天皇(倭王武)の策略で近江で殺されるが、逃げて播磨にいた弘計王が兄億計王と近江に陵墓をつくり、骨を持ち帰ったという。

参考文献　『播磨国風土記』(『日本古典文学大系』二)、藤間生大『倭の五王』(『岩波新書』六八五)、井上光貞「帝紀からみた葛城氏」(『日本古代国家の研究』所収)　(北村　文治)

磐坂市辺押磐皇子墓《いわさかいちのべおしはのおうじのはか》　滋賀県八日市市市辺町坤にあり、直径八メートルと同約一五メートルの二基の小円墳が、約二〇メートルの間隔をおいて並ぶ。両墳とも巨石造りの石室を有し、大墳を皇子の墓、小墳を皇子と仲子の合葬墳と伝える。当所はもと古保志塚といい、明治八年(一八七五)に当所と八日市市妙法寺町熊野林と蒲生郡日野町音羽御骨堂との三ヵ所の伝説地を検討して、皇子の墓に決定したものである。熊野林の伝説地は、彦根藩の長野義言が市辺押磐皇子の墓と考定した所で、『首註陵墓一隅抄』には、これに「蚊屋野墓」の名称をつけているが、この名称は、記紀の顕宗天皇が近江国来田綿蚊屋野に行幸し、父皇子の遺骸を掘り出して、相似の双陵に改葬したという伝承によって命名したものであろう。

参考文献　長野義言『市辺忍歯別命山陵考』、木村一郎編『来田渡旧地資料』　（石田　茂輔）

いちのみやきい　一宮紀伊　⇩祐子内親王家紀伊《ゆうしないしんのうけのきい》

いちはらおう　市原王　生没年不詳　奈良時代の皇族。歌人。『本朝皇胤紹運録』によれば天智天皇の子施基皇子の曾孫で、父は安貴王、祖父は春日王。三代続いて『万葉集』に歌を残し、大伴家持との親交が想像されている。妃は光仁天皇の女能登内親王。その間に五百井女王と五百枝王が生まれた。天平五年（七三三）父王を寿ぐ歌一首を残し、同十五年に従五位下、そののち写一切経長官兼玄蕃頭・備中守・写経司長官・造東大寺司知事・治部大輔・摂津大夫・造東大寺長官を歴任。天平宝字二年（七五八）東大寺に伊賀国柘殖郷墾田十町を売却している。　（原島　礼二）

市原王自署

いちろあんぜんかい　一路庵禅海　生没年不詳　室町時代中期の隠者。侘《わび》茶人。和泉の堺に住み、大徳寺の一休宗純が、応仁の大乱を避けて堺に赴いたとき、禅問答を交わしたといわれる。乞食同様の貧しい生活をしていたが、徳が高かったので、人々に慕われ、食物を贈られた。常に簣《き》を窓外につりさげ、施物《せもつ》を受け、手取釜でこれを調理し、また、この釜に湯をわかし、茶の湯を楽しんだ。ある日、村童が戯れに禅海の居庵の窓外の簣に馬糞を投じたところが、それ以来、かれは再び食を取らず、ついに餓死したといわれる。　（桑田　忠親）

いっきゅうそうじゅん　一休宗純　一三九四―一四八一　室町時代前期の臨済宗大応派大徳寺派下の禅僧。はじめ法名を周建といい、のち宗純と改め、一時宗順とも称し、道号を一休といい、別に狂雲子と号した。後小松天皇の皇子、母は南朝の遺臣花山院某の女。応永元年（一三九四）京都の民家において出生。六歳、山城安国寺住持象外集鑑（夢窓疎石の法嗣鉄舟徳済の弟子）に随って童役を努め周建と安名された。十二歳、山城嵯峨宝幢寺において清叟師仁（虎関師錬の弟子、東福寺聖一派の人）の『維摩経』の講席に連なり、十三歳、建仁寺に移り、霊泉院の慕喆竜攀（古今伝授の東常縁の一族）について作詩を学び、十六歳、同寺を脱出して、壬生に清叟に随って、経録・外典の講を聴き、同時に西金寺に隠遁していた謙翁宗為（妙心寺開山関山慧玄より授翁宗弼・無因宗因・謙翁と相承した人）の室を扣いて参禅し、両師に師事すること五年、応永二十一年謙翁が示寂したので、翌年二十二歳、かねてから私淑していた華叟宗曇《かそうそうどん》に近江堅田の祥瑞庵に参じ、おそらくここで宗純と改名したのであろう。その後三年、二十五歳にして華叟より一休の道号を授けられ、翌々年二十七歳にして印可された。応永三十四年実父後小松上皇に召謁をとげ、永享五年（一四三三）上皇崩御の直前に再び召謁、遺愛の品を授けられた。正長元年（一四二八）華叟の示寂に遭い、実父・師父を失ってのち、往々にして風顚の行動あり、永享十二年大徳寺の如意庵（華叟の師言外宗忠の塔所）の塔主《たっす》となり、先師華叟の十三回忌の法事を行い、去って譲羽山に入り、尸陀寺を建てて居る。文安四年（一四四七）大徳寺派内の抗争を憤り、再び譲羽山に入り断食して自殺をはかり、後花園天皇は女房奉書を下してこれを慰問せしめられ、自殺を思いとどまって帰京、翌年売扇庵に寓し、享徳元年（一四五二）その庵南の瞎驢庵に遷った。このころから法兄

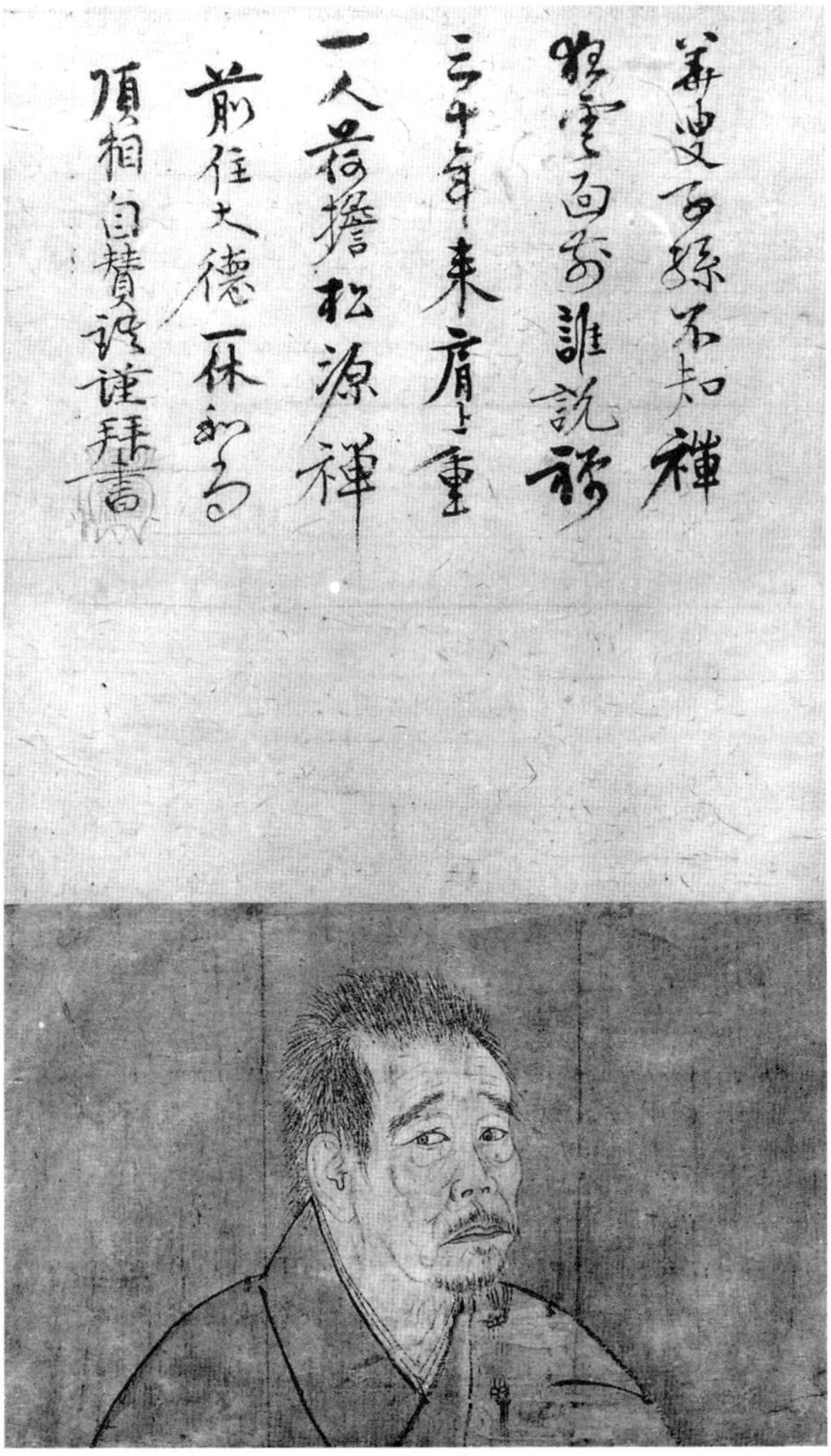

一休宗純画像

一休宗純花押

「一休」
一休宗純印

養叟宗頤との不和が表面化し、逐年熾烈になり、ことに『自戒集』を著わし、主として養叟を罵倒する偈を集めた。康正二年(一四五六)六十三歳、山城薪の大応国師の旧蹟妙勝庵を復旧してこれにおり、その隣に酬恩庵をはじめて、これにも寓した。長禄三年(一四五九)春六十六歳、徳禅寺住持の請を受けて入院《じゆえん》し、寛正二年(一四六一)洛西安井の竜翔寺《りようしようじ》(南浦紹明開山)の廃を興し、同三年秋、痢病に罹り九死に一生を得て桂林寺に兵乱を避け、翌年は賀茂の大燈寺に寓し、年末に瞎驢庵に帰住、応仁の乱に同庵が兵火に罹ったので東山虎丘庵《くきゆうあん》、薪の妙勝・酬恩両庵、餅原の慈済庵、南都、和泉、摂津住吉の松栖庵と転々し、檀越が坂井に雲門寺をはじめたのでこれに寓した。文明五年(一四七三)幕府は陣中に大徳寺を建て、これに請じ、翌年紫野の大徳寺住持の論旨を承けて、入寺法語を作ってこれに応じた。同七年八十二歳、薪に移した虎丘庵に寿塔を営み、慈楊と扁した。同十年和泉に赴いて住吉慈恩寺に言外宗忠の百年忌を預修して薪の酬恩庵に帰り、夏末に妙勝庵に再住し、同十一年大徳寺の法堂《はつとう》の新築を成就した。同十三年大徳寺の山門墻壁を新築し、初冬微恙を発し、十一月二十一日薪の酬恩庵に示寂した。八十八歳。慈楊塔に葬り、延徳三年(一四九一)弟子没倫紹等(墨斎)などが大徳寺に真珠庵をはじめてこれにも分塔した。平生述作するところの偈頌《げじゆ》を編して『狂雲集』といい、このほか先述の『自戒集』および『一休和尚仮名法語』がある。弟子に岐翁紹禎・没倫紹等・祖心紹越・済翁紹派・北海紹超らがあり、ことに岐翁は真弟(血縁の子でしかも法縁の弟子)であったと伝え、このほか堺の豪商尾和宗臨、相国寺僧南江宗沅らが門下に連なった。この一門を一休派と号して、大徳寺本寺に瑞世住持せず、生涯黒衣で通すのを宗憲としている。あるいは盲目の森侍者とか瑞子《ずいす》とかいう女性との関係を噂され、女犯の伝説もあり、日常破戒無慙の行為をあえて衆人の面前に示すが、それは大徳寺一派の既成教団の爛熟に対する警鐘となり、またそのような生活の裡から真情を流注する珠玉の詩偈も生まれたのである。このように真摯と狂乱という相反する両極端の行動の交替または共存する生涯は、一休に限らず室町時代中期の変革期社会の風潮であったとも見られ、一休はその典型的人物であったともいうべきであろう。遺弟の編に成る行状『一休和尚行実』およびそれを年譜風に拡大した『東海一休和尚年譜』(いずれも『続群書類従』伝部に収められている)があるが、ともに撰者を詳らかにしない。

参考文献 『大日本史料』八ノ一三、文明十三年十一月二十一日条、卍元師蛮『延宝伝燈録』二九(『大日本仏教全書』)、『竜宝山誌』、大心義統『正燈世譜』、古筆了仲編『竜宝山大徳寺世譜』、古田紹欽『一休』、斎藤清衛『(近古時代)文芸思潮史―応永永享篇―』、衛藤駿「一休宗純の画像」(『大和文華』四一)、伊藤敏子「狂雲集諸本の校合について」(同)

(玉村 竹二)

いっさんいちねい 一山一寧 一二四七―一三一七 鎌倉時代後期の臨済宗の禅僧。元国よりの来朝僧。法諱は一寧。一山はその道号。台州臨海県の胡氏。無等慧融に従って出家し、法明文節について天台を学び、天童山で簡翁居敬に従い、育王山《いおうさん》で蔵叟善珍に参じ、東叟元愷・寂窓有照に歴参し、ついに頑極行弥に逢着して、その法を嗣いだ。頑極は曹源道生の嗣癡絶道沖の門人である。その後天童で環渓惟一に、育王に横川如珙《わんせんじよきよう》・清渓了沅・巧庵□祥に参じ、四明の祖印寺に住した。時に元の世祖は、日本に来貢を強制するために遣使しようとし、まず舟山列島の補陀落山観音寺の住持愚渓如智と提挙王君治を遣わしたが、暴風雨に遭って果たさず、ついで愚渓と参政王積翁を遣わし、対馬まで来たが、日本に赴くを欲せざる船員のために王積翁は殺され、愚渓は再び空しく帰国し、

一山一寧花押

観音寺に再住した。官は三度愚渓を日本に派遣せんとしたが、老齢を以て辞し、同郷人にして、のち観音寺に遷住し愚渓の継席をした一山を推挙した。一山は妙慈弘済大師の号を授けられ、官慰使阿答剌(剌は剌の誤りか)相公以下、僧録司知書・昌国府知州ら五十余人の官人が、親しく観音寺に来て懇請したので、俗姓にして門人である石梁仁恭および西澗子曇を随えて来朝、正安元年(一二九九)博多に着岸、一旦は猜疑を受けて伊豆修禅寺に幽閉されたが許され、外交上の使命は果たしたかどうかわからないが、北条貞時から厚く信仰され、同年十二月建長寺住持に任ぜられ、同四年円覚寺にも兼住せしめられ、のち円覚寺専任住持となり、一住四年、同寺に退居寮をはじめんとしたところ、貞時は建長寺に再住せしめ、同寺近傍の杉谷に地を与えて退居寮玉雲庵を営ました。のち浄智寺を経て、正和二年(一三一三)規庵祖円(南院国師)示寂ののちを承け、後宇多法皇の招請によって南禅寺住持となり上京した。晩年は法皇や廷臣六条有房の帰依をうけ、文保元年(一三一七)十月二十四日南禅寺で寂した。七十一歳。建長寺玉雲庵および南禅寺大雲庵に葬った。師事した老宿が臨済宗大慧《だいえは》派の人が多く、同派からは蔵叟善珍をはじめ多くの文筆僧を輩出しているという伝統があり、また天台をも学んでいる経歴により、一山はきわめて広い教養を有し、日本の禅宗史上ではもちろん、中国の貴族社会の教養を日本に紹介し、日本の禅宗史上ではもちろん重要な人物であるが、その他、朱子学史上(朱子学の将来者の一人という)、書道史上、文学史上(五山文学の祖ともいわれる)でもそれぞれ巨大な足跡をのこし、公武貴族の厚い帰仰を受けた。弟子に石梁のほか、雪村友梅・無著良

「一寧」

「一山」

一山一寧印

縁・無相良真・無惑良欽・聞渓良聡らを出し、この一派を一山派と称する。一山派は相国寺雲頂院・玉竜庵、南禅寺大雲庵・徳雲院を中心に発展し、主として赤松氏の外護により播磨地方に末派を有した。蔭凉職として活躍した季瓊真蘂・益之宗箴・亀泉集証をはじめ五山文学僧雪村友梅・太白真玄・南江宗沅・万里集九らこの派下から輩出した。また嗣法の門人のほか受業の弟子に夢窓疎石があり、学芸を学んだものに虎関師錬がある。『一山国師語録』一巻(『大日本仏教全書』所収)の著がある。

[参考文献]『元亨釈書』八、卍元師蛮『延宝伝燈録』四(『大日本仏教全書』)、『一山国師行記』、上村観光『五山詩僧伝』(『五山文学全集』五)、同『禅林文芸史譚』(同)、足利衍述『鎌倉室町時代之儒教』、西村天囚『日本宋学史』、田山方南編『禅林墨蹟』、森克己『日宋貿易の研究』、木宮泰彦『日華文化交流史』、辻善之助『海外交通史話』、玉村竹二・井上禅定『円覚寺史』

(玉村 竹二)

いっしきあきのり　一色詮範　?—一四〇六　室町時代前期の武将。三河・若狭守護。暦応三年(一三四〇)ごろ生まれ、嘉慶二年(一三八八)父範光の死により両国守護となる。官は初め兵部少輔、のち右馬頭、嘉慶二年以前左京大夫となる。永徳元年(一三八一)同氏ではじめて侍所頭人となり、同三年に至る。明徳二年(一三九一)には尾張智多郡守護の兼任が知られ、また応永元年(一三九四)に同国海東郡の守護職も得て、どちらも死去まで在任している。明徳二年十二月の山名氏清の乱時の功により、息満範は山名満幸の旧領丹後守護を与えられた。ここに一色氏は日本海沿岸諸国と京都を結ぶ商業・交通の要地である若狭・丹後を領し、幕府内での地位を確立した。その富力のほどは、吉田兼敦の『応永十年記』(吉田家日次記)に、詮範の京邸が美麗であった記事のあることにより想像される。応永二年(一三九五)六月足利義満の出家に倣って剃髪、法名信将。同六年和泉堺の大内義弘の乱に出兵、大内弘茂を破った。同十二年侍所頭人に再任。詮範は兵略にすぐれ、また禅宗に帰依した。応永十三年六月七日没。法名長慶寺大勇信将。

一色詮範花押

[参考文献]『大日本史料』七ノ八、応永十三年六月七日条、佐藤進一『室町幕府守護制度の研究』、羽下徳彦「室町幕府侍所頭人付山城守護補任沿革考証稿」(『東洋大学紀要』文学部篇一六)、今谷明『守護領国支配機構の研究』、『小浜市史』通史編上、『愛知県史』資料編九、『新編岡崎市史』中世

(百瀬今朝雄)

いっしきどうゆう　一色道猷　⇨一色範氏《いっしきのりうじ》

いっしきなおうじ　一色直氏　生没年不詳　南北朝時代の武将。一色範氏の子。官途は宮内少輔を経て右京権大夫。位は『園太暦』貞和二年(一三四六)十二月六日条に「従五位上源直氏」とある。同年八月ごろ九州に下り、父範氏にかわって九州探題となり、同年十二月、室町幕府から事書をもって鎮西の政務を委任された。筑前・肥前・肥後・日向などの守護を兼ねた。発給文書は軍勢催促状が最も多い。筑前を拠点とする大宰少弐頼尚との対抗、足利直冬の九州下向に伴う紛乱、懐良親王を奉ずる菊池武光の進出など、直氏の九州経営は困難をきわめた。文和二年(正平八、一三五三)、筑前国針摺原で菊池武光に敗れて以来、敗績が相次ぎ、同四年長門に走り、京都に帰って陣容をととのえ、延文元年(正平十一、一三五六)、筑前国麻生山で菊池勢と戦ったが、敗れて長門に走った。頽勢の挽回をはかったが成らず、ついに九州経略を断念し、同三年春帰京した。

一色直氏花押

[参考文献]藤田明『征西将軍宮』、川添昭二「菊池武光」、同「鎮西管領一色範氏・直氏」(森貞次郎博士古稀記念論文集刊行会編『森貞次郎博士古稀記念古文化論集』下所収)、山口隼正『南北朝期　九州守護の研究』

(川添 昭二)

いっしきのりうじ　一色範氏　?—一三六九　南北朝時代の武将。最初の九州探題(鎮西管領)。一色公深の子。母は今川国氏の女と伝える。官途は宮内少輔。建武元年(一三三四)足利尊氏が武蔵国の守護で国務を兼帯していたとき、範氏はその代官であった。出家して道猷と号した。同三年二月、京都回復に失敗した足利尊氏は九州に下り、筑前国多々良浜の戦で菊池氏を破って勝機を得、その勢いで大挙東上した。このとき、尊氏は範氏を九州にとどめて幕府軍を統轄させた。いわゆる九州探題となったのである。探題としての権限は、幕府方の武士に対する軍事指揮を中核とし、民事関係の訴訟については、相論の内容を調査して幕府に注進し、これを施行することにあった。貞和二年(一三四六)八月ごろ範氏の子息直氏が九州に下向し、同年十二月幕府から鎮西の政務をゆだねられた。こうして形式的には、探題は範氏から直氏へ交替するが、範氏は九州を去るまで探題資格の文書を発してその実質を失っておらず、幕府も範氏・直氏父子を一体的に探題として扱っている。範氏は直氏の弟範光以下の一門子弟を九州各国に派遣して宮方の攻略にあたらせた。だが範氏の九州経営は以下のような事情で結局失敗する。第一に経済的基盤が弱かったことである。その居所

一色範氏花押

さえ安定せず、当初は博多聖福寺の直指庵に「寄宿」して「朝暮憚り存ずる」ような有様であった。任務遂行のため与えられた料所も狭小で希望のもてる料所ではなかった。幕府は範氏の請願に対して、貞和二年大隅国肝付郡を鎮西在国料所として預けたが、実質的には他人の管轄下にあり、かつ遠隔地で、実のあるものではなかった。そのため、抵抗の弱い寺社本所領を侵略して、経済的基盤を補強せねばならなかった。長講堂領筑前国志賀島・東寺領筑後国三潴荘や膝下の大宰府安楽寺領などがその対象となった。第二に九州各国守護との間の政治的、軍事的な関係の調整ができず、探題としての権限が確立できなかったことである。暦応元年(一三三八)大宰少弐頼尚が九州に下ったとき、幕府は筑前・豊前・肥後を頼尚の軍勢指揮下に入れ、他の諸国は範氏の指揮下に入れた。しかし大隅・薩摩は島津氏の、日向は畠山直顕の守護国で地理的にも遠く動員できなかった。肥前・豊後は大友氏の指揮下にあり、残る筑後は多くは宮方で、足利直冬が九州に来てからは、その配下の詫磨宗直が守護となっている。また範氏には強大な常備直轄軍などはなく、経営の成否は九州在地武士の軍事的組織の如何にかかっていた。現在筑後・豊前・日向・大隅の各国には範氏の軍勢催促状は残っておらず、筑後・日向・大隅には勲功賞の充行状も残っていない。範氏の組織力の実態をある程度反映するものである。範氏が軍勢を現実に動員し得たのは、主として肥前一国ぐらいであった。行賞権についても各国守護の闕所地処分権を排除できず、かつ宮方の征西将軍による積極的行賞を相手とせねばならず、恩賞を充行っても、実施の完否の問題となると、在地の牢固とした事実関係に左右されて十分な実効性をもたなかった。また幕府は範氏に九州統治の専断的権限は与えておらず、広域的組織者としては本来的に限界があった。これでは用兵の妙など十分に発揮されるはずはない。特に対立者の大宰少弐頼尚と結ぶ足利直冬が、観応擾乱の一時的権宜で鎮西探題に任ぜられて苦境に立ち、文和二年(一三五三)筑前国針摺原で懐良親王を奉ずる菊池武光に敗れて以来、相ついで敗北を重ね、同四年長門に走り、二十年にわたる九州経営を放棄し、ついに京都に帰った。京都に帰ってからの範氏の事情は明らかでない。子に直氏・範光らがあり、ともに父を助けて活動した。『寛政重修諸家譜』は、応安二年(一三六九)二月十八日に死去したと伝える。法号は大興寺殿古峯道猷。

参考文献 『大日本史料』六ノ二〇、延文元年六月三日条、藤田明『征西将軍宮』、川添昭二『菊池武光』、同「鎮西管領一色範氏・直氏」(森貞次郎博士古稀記念論文集刊行会編『森貞次郎博士古稀記念古文化論集』下所収)、山口隼正『南北朝期 九州守護の研究』

(川添 昭二)

いっしきのりみつ 一色範光 一三二五―八八 南北朝時代の武将。三河・若狭国守護。通称五郎。官は右馬権頭、のち修理権大夫。足利尊氏東上後、九州経営の任にあたってきた父範氏を助け、貞和四年(一三四八)以降、筑前・筑後・肥前に転戦したが、戦績ははかばかしくなく、文和四年(一三五五)範氏が九州を去ったのち、延文二年(一三五七)春範光もあとを追って上京した。この間文和二年には、鎮西管領兼務であった兄直氏の代官として肥前守護の職務も行なっていた。のち貞治五年(一三六六)若狭守護、康暦元年(一三七九)三河守護の在任が知られる。応安二年(一三六九)若狭では、一色氏の支配に反抗して国一揆が起ったが、その圧服に成功して、守護領国体制をかためた。また康暦二年三月に行われた幕府の五方引付内談では一方頭人となっている。貞治六年十一月から応安元年までの間に出家(おそらくは、貞治六年十二月七日の足利義詮の死によってであろうか)。法名を信伝という。嘉慶二年(一三八八)正月二十五日没す。六十四歳。墓は愛知県知多市岡田の慈雲寺にある。

一色範光花押

参考文献 佐藤進一『室町幕府守護制度の研究』、網野善彦『中世荘園の様相』(『塙選書』五一)、『小浜市史』通史編上、川添昭二「鎮西管領一色範氏・直氏」(森貞次郎博士古稀記念論文集刊行会編『森貞次郎博士古稀記念古文化論集』下所収)

(百瀬今朝雄)

いっしきよしつら 一色義貫 一四〇〇―四〇 室町時代前期の武将。守護大名。初名義範。字は五郎。応永十八年(一四一一)十一月兵部少輔、同十九年六月判始、同二十五年四月以前に左京大夫に移り、永享元年(一四二九)ごろ修理大夫に任ず。応永十六年父満範の死により、三河・若狭・丹後・尾張智多郡・同海東郡守護を相承、同二十五年・永享六年山城守護に兼補。また応永二十一年より同二十八年および永享四年より同八年まで侍所頭人ともなる。応永二十二年旌旗を奉じて伊勢に北畠満雅を討ち、同三十四年には播磨赤松満祐追討のことにあたる。六代将軍足利義教の代に至り、幕府首脳部の一員として、しばしば義教より施政上の諮問に預かる。その意見は概して、中庸、折衷的で、果断な義教の意にかなったものではなかった。惟肖得巌が義貫の人となりを「優才雅識」と評した(『東海璚華集』)ことと通ずるものがあろう。永享二年義教の大将拝賀の供奉に、義満のときの例により、一騎打の先頭を望んだが、義教の許すところならず、ついに病を口実に、供奉を拒否した。義教は処罰を畠山満家らに諮ったが、諫止されたため、義貫はかろうじて処罰を免れた。翌年、幕府内での地位を回復、再び政治上大事の諮問に預かり、室町御所造作費賦課にあたっては、四職家の一つとして、一ヵ国大名の五倍にあたる千五百貫文を負担した。八年ついで十二年と、幕命をうけて大和に越智氏一類征伐に赴いたが、陣中五月十五日、かつてはその仲を「親密無二」といわれた『東海璚華集』)義教の命により、武田信栄のため鴟(奈良県

桜井市外山)で謀殺された。四十一歳。法名泰雲、安養寺と号す。分国は三河が細川持常、若狭と尾張智多郡が武田信栄、丹後が甥一色教親に分与された。また一色家は教親が惣領となった。京都勘解由小路堀川の宿所は、事件後、日ならずして教親が請取りに赴いたところ、義貫の被官人らが出合って戦い、ついに火を放って焼いた。義教はさらに諸五山から義貫の親属をも追放した。この事件の結果、一色氏の勢威は著しく衰えた。

参考文献 『満済准后日記』、羽下徳彦「室町幕府侍所頭人付山城守護補任沿革考証稿」(『東洋大学紀要』文学部篇一六)、今谷明『守護領国支配機構の研究』、高橋修「足利義持・義教期における一色氏の一考察」(『史学研究集録』八)、『宮津市史』通史編上・史料編一、『愛知県史』資料編九、『新編岡崎市史』中世

(百瀬今朝雄)

いっちゅう　一忠　?—一三五四　南北朝時代前期の田楽本座(京都白河)の能役者。道号石松法師。当代芸能界の主流だった田楽能の代表的役者。世阿弥の著書によると、やや軽技的演技、よどみない謡いぶりなど田楽能の特長的芸風に加え、鬼神の物まねや激しく怒り狂う演技など大和猿楽の芸風も合せ持つ役者で、大和猿楽の観阿弥や近江猿楽の犬王(道阿弥)など、後に能界の主流となった者が師と仰ぐほどの名手だったという。世阿弥は一忠を直接見てはいないが、「当道の先祖」四人の一人に一忠をあげている。貞和五年(一三四九)六月、足利尊氏らの貴人武将も見物した京都四条河原の勧進田楽(桟敷崩れの勧進田楽として有名)に、新座(奈良)の花夜叉らと競演し、高齢ながら余裕ある演技を見せ、第一人者の貫禄を見せたらしい。確認はないが将軍家の御用田楽者のような地位にあったと考えられる。

参考文献 『風姿花伝』(『日本思想大系』二四)、『申楽談儀』(同)、田中和夫「新出、貞和五年桟敷崩れ田楽『落書和歌七道』」(『能楽研究』一五)

(片桐　登)

いっちん　一鎮　一二七七—一三五五　鎌倉時代後期の時宗の僧侶。六代目遊行上人の他阿弥陀仏。建治三年(一二七七)越前に生まれ、三代目遊行智得の弟子となり、永仁三年(一二九五)入戒した。阿号は十阿。京都の下条道場に住したが、嘉暦二年(一三二七)遊行を相続し、越後国蒲原郡曾禰の長福寺で賦算を始めた。翌年上洛して一条道場(迎称寺)を創建。元徳二年(一三三〇)京都市屋道場(七条道場、金光寺)の住持として、僧尼の戒律を正した。暦応元年(一三三八)遊行を託何に譲って相模国藤沢の清浄光寺(遊行寺)に独住し、文和四年(一三五五)七十九歳で同寺に寂した。

参考文献 『金光寺文書』、『遊行藤沢両御歴代系譜』

(菊地勇次郎)

いっぱく　一栢　生没年不詳　戦国時代の僧侶。儒・医・暦・陰陽に長じた。名は現震、一栢は軒号。また雲庵・連山人・連山道人と号した。のち還俗して谷野雲庵という。はじめ関東にあり、のち西遊して永正六年(一五〇九)ごろには和泉にあり、ついで同十一年以前、京に住し、易を学徒に授けた。時の越前守護朝倉孝景は同十七年以前、一栢を招いて一乗谷に住せしめ、天文五年(一五三六)には明熊宗立所解『八十一難経』を校正せしめて出版した。この前後、一栢は三条西実隆と書信を交えたが、天沢崇春(のち不閑)が、弘治二年(一五五六)に至る十余年一栢に学んだことを最後として、没年年齢を詳らかにしない。三段崎安景の子安指を養子として医薬の法を伝え、家を三崎といって今に伝わる(その家伝によれば、一栢はもと南都蓮仙院の僧、入明帰朝してその名四方に達したという)。一栢の医学は前述の『八十一難経』のほか、『難経抄』(三崎所蔵)、『医方大成論』の鈔(『倭板書籍考』による)があり、『韻鏡聞書』(真福寺所蔵)は図解を以て理解を助けた。医の弟子にはなお和気明重がいる。暦学では、享禄二年(一五二九)一乗谷で日月食を算出し(『宣明暦蝕甚加時新術』)、二十四気の定気は独特の数表を用いる(玄樸本『宣明暦』頭書)など識見を持った。『易学啓蒙通釈口義』の一栢講の月舟寿桂聞書は、同時代の清原宣賢が書写して所持し(京都大学清家文庫本)、一栢の『命期経軌限盈縮図』には月舟寿桂が跋を書いている(『幻雲文集』)。易道伝授は夢庵に受け宗寿に授け、禅は幻住派下を窺っている。

参考文献 太田晶二郎「韻鏡三話」(田山方南先生華甲記念会編『田山方南華甲記念論文集』所収)、平泉洸「越前国一乗ヶ谷版の医書と一栢老人」(『芸林』一一ノ二)

(桃　裕行)

いっぺん　一遍　一二三九—八九　鎌倉時代中期の僧。時宗の開祖。延応元年(一二三九)二月十五日、伊予の風早郡河野郷別府の河野通広(出家して如仏という)の子に生まれた。幼名は松寿丸。寛元三年(一二四五)伊予の天台宗継教寺の縁教の門に入ったのち、宝治二年(一二四八)母の死に無常を感じ、父の命もあって出家し、法諱を随縁と称した。建長二年(一二五〇)浄土宗西山義の僧で河野氏とも俗縁があり、大宰府に近い筑前の御笠郡原山にいた聖達のもとに行き、その奨めで肥前の同義の僧華台(清水上人)の弟子となって、智真と改めた。同六年聖達のもとに帰ったが、弘長三年(一二六三)父の死に帰国して還俗し、別府七郎左衛門通尚と称したという。しかし文永四年(一二六七)輪鼓の廻りが止まったのに生死の理に思い至ると、再び出家し、弟の聖戒(俗名は八郎通定)とともに、再び聖達のもとへ行った。同八年の春、信濃の善光寺に参籠して二河白道の図を写し、同じ秋に伊予へ帰って浮穴郡の窪寺に庵室を結び、その図を本尊として、ひとり念仏三昧を修した。この山林修行のあいだに、信じても信じなくても、南無阿弥陀仏の名号を唱えれば、出家と在俗、有智と無智、貴賤男女の別もなく、また一念十念の数にかかわりなく、往生できるという十一不二の法門を領解し、その趣を頌に作った(十一不二頌)。ついで文永十一年聖戒一人に随侍されて同郡の岩

屋寺に参籠し、そこではじめて聖戒に法門を授けた。翌年二月には俗縁の同行超一・超二・念仏房三人と山を下り、念仏を勧めながら四天王寺や高野山を経て、夏熊野に登り、証誠殿に百日参籠した。そのとき熊野権現の夢想のなかで、衆生の往生は名号によって定まったことであるから、信不信や浄不浄の別なく、人々に「南無阿弥陀仏(決定往生六十万人)と記した算《ふだ》をくばる(賦算)ようにとの口伝(熊野権現の神勅)を受け、その趣を頌に作り(六十万人頌)、智真を一遍と改めるとともに、下根の身はすべてのものを捨離してこそ往生できるという領解から、同行とも別れて、ひとり遊行に出かけた。まず京都から西海道を経て、建治元年(一二七五)の秋伊予に帰り、翌年聖達を訪ねたのち、大隅から豊後に廻り、そこで時衆の他阿弥陀仏(二代遊行上人、真教)と、はじめて同行の約を結んだ。弘安元年(一二七八)には安芸の厳島神社に詣でて備前に行き、翌年京都から信濃の善光寺へ向かう途中、同国佐久郡小田切の武士の館で踊念仏を始めた。同三年白河関を越え、奥州江刺郡にある祖父河野通信の墓に供養し、平泉・松島を巡り、同五年鎌倉に入ろうとしたが、武家に拒まれた。そののち尾張・美濃から伊勢神宮に詣で、同七年には京都の因幡堂・雲居寺・六波羅蜜寺や市屋道場(七条道場・金光寺)などに四十八日を過ごし、秋は北国に向かった。翌年丹後から但馬・因幡・美作を廻り、同九年四天王寺や住吉神社に詣で、和泉・河内を巡って聖徳太子の磯長陵に参籠したのち、大和の当麻寺や石清八幡宮に詣でた。翌年は播磨の教信寺や円教寺に行き、松原の八幡宮で別願和讃を作り、また三月に十二道具の持文(道具秘釈)を書いて時衆に示した。随逐する僧尼のほかに、名を番帳に記した時衆の数は多く、教団としての規則が必要になったからである。この間一遍は、人々が集まり、政治規制の少ない市場・宿駅や村落の草堂などで教化し、他宗の僧の入山に寛容で、在俗の信仰厚い社寺などに詣でた反面、専修念仏を阻止する南都北嶺系の寺には行かず、また政治規制の強い鎌倉などは拒否された。また庶民はもとより、土御門通成や大友頼泰などの公武からも帰依を受けたが、道場さえもたず、また神祇への崇敬が著しいのは、こうした遊行と賦算による教化のためである。弘安十年備中で病にかかったが、翌正応元年(一二八八)伊予での修行のあとを訪ね、大三島神社に詣でた。翌二年讃岐の普通寺から阿波に行ったころ病が重くなり、七月淡路から兵庫和田崎の観音堂(のちの真光寺)に移った。秘蔵の経典などを焼き、誓願偈文を書いて、八月二十三日五十一歳で寂した。法語などは『播州法語集』や『一遍上人語録』に収められ、初代遊行としての生涯は『一遍上人絵伝』などの絵巻に画かれたが、それらのなかには多くの和歌が伝えられている。明治十九年(一八八六)に円照大師、昭和十五年(一九四〇)に証誠大師の勅謚号が下された。墓は真光寺にある。

参考文献 辻善之助『日本仏教史』二、高千穂徹乗『一遍上人と時宗教義』、浅山円祥『(一遍聖絵)六条縁起』、吉川清『遊行一遍上人』、大橋俊雄『一遍』(『人物叢書』一八三)

(菊地勇次郎)

いてんそうせい　以天宗清　一四七二―一五五四　室町時代後期の臨済宗大応派大徳寺派下の禅僧。法諱は宗清、以天はその道号。別に機雪と称する。京都の人。はじめ南禅寺帰雲院の徒で、仏光派規庵祖円の末裔であり、のち建仁寺に移ったらしいが、さらに衣を換えて大徳寺派下の人となった。十五歳にして南禅寺に薙髪《ていはつ》、十七歳にして建仁寺に大蔵経を閲し、ついで大徳寺の東海宗朝に参じて契悟し、その法を嗣ぎ、「以天」の号を授かった。ついで伊勢宗瑞(早雲庵主)に帰依され、相模国足柄下郡に下向して、同地に早雲庵を開創し、永正十六年(一五一九)、勅により大徳寺に住し、天文十一年(一五四二)二月三日、後奈良天皇より正宗大隆禅師の号を特賜され、ついで同年六月二十四日、綸旨を下して早雲庵を勅願寺とされ早雲寺と改称、宗瑞の子孫北条氏綱・氏康に引き続き帰依を受け、氏綱は私宅を寄せて退居寮春松院(のち真照軒と改称)を創めてこれに迎えた。天文二十三年正月十九日示寂。八十三歳。早雲寺春松院に葬る。弟子に大室宗碩・松裔宗佺・南岑宗菊がある。『以天和尚語録』一巻あり。なお生前同派の祖師南浦紹明《なんぽじょうみん》の建長寺内の塔天源庵を復興した。

参考文献 『明叔録』、『竜宝山誌』、古筆了仲編『竜宝山大徳禅寺世譜』、大心義統『正燈世譜』、『特賜正宗大隆禅師以天宗清和尚行実』、卍元師蛮『延宝伝燈録』三二(『大日本仏教全書』)、同『本朝高僧伝』四四(同)、玉村竹二・井上禅定『円覚寺史』

(玉村竹二)

いとうすけちか　伊東祐親　?―一一八二　平安時代後期の武士。祐近ともいう。字は次郎。伊豆の住人伊東祐家の子。母は未詳。治承四年(一一八〇)八月以前に出家。父の死後、祖父家継は祐家の兄弟祐継に本領伊豆伊東荘を与え、一族の惣領とした。この時祐親は、同国河津荘を与えられたが、惣領の地位を奪われたことに不満で、しばしば訴訟を起し、祐継の死後その子祐経の所領を奪い、ために同族間の深刻な対立が生まれた。のちに祐親の子河津祐泰が祐経に殺害され、祐泰の子祐成・時致(曾我兄弟)による仇討事件が起ったのも、この両流の紛争に起因する。祐親は平氏に仕え、伊豆の流人源頼朝の監視を命ぜられていたが、頼朝が祐親の女に通じ、一子を挙げたため、平氏を憚って安元元年(一一七五)頼朝を殺そうとしたので、頼朝は北条時政のもとに逃れた。治承四年八月頼朝が挙兵した時、これを石橋山に攻めたが、成功せず、のち頼朝の勢威が高まり不利な立場に立った祐親は同年十月駿河に逃れんとして捕われ、女婿三浦義澄に預けられた。のち義澄の尽力で罪を許されたが、祐親はこれを潔しとせず自殺した。時に寿永元年(一一八二)二月十四日。

参考文献 大森金五郎『武家時代之研究』二、安田元

久『源頼朝』(『アテネ新書』九一)　(安田　元久)

いとうマンショ　伊東マンショ　一五七〇―一六一二　天正遣欧使節の中の正使。豊後の大友義鎮の姪孫にあたる。義鎮の妹と日向の伊東義祐との間に生まれた娘町上が都於郡の城主伊東修理亮祐青に嫁して儲けた男子であろうと推定されている。マンショは洗礼名、その名は不明。天正十年(一五八二)巡察使バリニァーノに伴われ、副使千々石ミゲル・中浦ジュリアン・原マルチノとともに長崎を出発、マカオ、ゴアを経てポルトガルに渡り、スペインのマドリッドでフェリペ二世に謁した後、ローマに行き教皇グレゴリオ十三世に公式謁見を行いその使命を果たした。同十八年長崎に帰着、インド副王の使節としてゴアから同行したバリニァーノに随行して翌年閏正月八日京都聚楽第で豊臣秀吉に謁した。その後他の三人とともにイエズス会に入り、慶長十七年(一六一二)十月二十一日病死した。四十三歳。

参考文献　『大日本史料』一一ノ別巻、浜田耕作『天正遣欧使節記』　(岡田　章雄)

いとうよしすけ　伊東義祐　一五一二―八五　戦国時代の武将。日向国都於郡(宮崎県西都市)領主。大和守尹祐の第二子。初名祐清、六郎五郎、のち義祐。修理大夫・大膳大夫。天文十五年(一五四六)従三位、同十七年に剃髪して三位入道と号す。大永三年(一五二三)尹祐が三股(宮崎県北諸県郡三股町)で戦死すると、祐充が家督をついだが、その治世十年間は外戚福永氏の専権するところであった。天文二年祐充の死とともに、叔父武蔵守祐武が福永一派を制圧し勢力を得たため、福永氏の外孫である祐清(義祐)と弟祐吉は一時国外に逃亡せんとしたが、門川・塩見・日知屋以北の諸氏の助力を得て祐武を討ち、同三年二月までにはその与党を平定した。三股の地はもともと明応四年(一四九五)に飫肥(宮崎県日南市飫肥)侵攻停止の代償として島津氏より獲得したのであるが、この内紛のため北郷氏の領するところとなった。一方、祐清(義祐)に服しない一部の家臣は祐吉を擁立する挙に出たが、祐吉が天文五年に没したので、祐清は同年六月家をつぎ、翌年将軍義晴の偏諱を得て義祐と名乗った。同十年、さきに祐吉を擁立した一派は飫肥領主島津忠広の援を得て叛したが、義祐はこれを鎮定し、余勢に乗じ、父祖以来の宿願である飫肥侵攻を開始する。飫肥に対しては肝付氏と結び、諸県地方に対しては北原氏と結び、両地の島津氏を挟撃する態勢をとり、飫肥は永禄十一年(一五六八)に、諸県地方は同五年北原氏の内紛に乗じて、三山《みつのやま》(宮崎県小林市)以東を手中に収め、伊東氏の最盛期を現出した。しかし元亀三年(一五七二)木崎原の戦に大敗後は領内諸将の動揺がはなはだしく、天正五年(一五七七)島津勢の侵攻にあって没落、大友氏を頼って豊後に奔った。翌年三月からの大友氏の日向出兵は十一月耳川(宮崎県日向市美々津町)の戦の大敗に終り、義祐・祐兵父子は伊予に移り、同十年祐兵が羽柴秀吉に仕えてから各地を転戦する間に、義祐は瀬戸内各地を流浪。堺の海浜に行倒れになっているのを祐兵の留守宅のものが発見、介抱を加えたが及ばず、同十三年八月五日没した。七十四歳。

参考文献　『日向記』(『日向郷土史料集』一・二)　(桑波田　興)

いとくてんのう　懿徳天皇　『日本書紀』『古事記』に第四代と伝える天皇。和風諡号は大日本彦耜友尊。『日本書紀』によれば、安寧天皇の第二子で母は事代主神の孫鴨王の女の渟名底仲媛命(記では師木県主波延の女の阿久斗比売)、安寧天皇十一年に立太子、同三十八年父天皇の死をうけて翌年即位、軽曲峡宮に都し、息石耳命の女の天豊津媛命(記では師木県主の祖の賦登麻和訶比売命)を后とし、在位三十四年、七十七歳(記では四十五歳)で没したという。　(川副　武胤)

畝傍山南繊沙渓上陵《うねびやまのみなみのまさごのたにのえのみささぎ》　奈良県橿原市西池尻町にあり、畝傍山南麓の谷間にある小円丘で、字を丸山という。『古事記』によれば、畝傍山の真名子谷の上にあるとみえるが、現在付近をマナゴ谷と呼んでいる。『延喜式』諸陵寮の制では遠陵で「兆域東西一町、南北一町、守戸五烟」である。中世所伝を失ったが『大和志』は当所をあげており、元治元年(一八六四)御陵として修補された。

参考文献　谷森善臣『山陵考』(『(新註)皇学叢書』五)　(中村　一郎)

いとないしんのう　伊都内親王　?―八六一　伊都(『続日本後紀』)は伊登(『三代実録』)、伊豆(『本朝皇胤紹運録』)にもつくる。桓武天皇の皇女。無品。母は中納言従三位藤原乙叡の女従五位下平子。平城天皇の皇子阿保親王と婚し、在原業平を生む。行平もその子とする説もあるが(『本朝皇胤紹運録』『尊卑分脈』)、行平は阿保親王の大宰府配流中の生まれであるから、疑問である。京中に家屋を領有していたが、晩年は山城の長岡に住み、『古今和歌集』に長岡から子業平に与えた作がある。貞観三年(八六一)九月十九日没す。

伊都内親王自署

参考文献　角田文衛「伊都内親王」(『王朝の映像』所収)　(目崎　徳衛)

いなげしげなり　稲毛重成　?―一二〇五　鎌倉時代前期の武士。武蔵国の秩父氏の一族。同国稲毛荘を領した。小山田三郎・稲毛三郎と称す。父は小山田有重。妻は北条時政の娘。鎌倉幕府の御家人となる。元暦元年(一一八四)の木曾義仲攻撃に功績があったと伝えられる。平氏との戦いやのちの奥州藤原氏征伐にも参加した。大族の一員として、また武勇と外観の点でも高く評価されたらしく、建久元年(一一九〇)、同六年の源頼朝上洛の際には選り抜きの随兵の一員に入っている。同六年七月妻

の病没を悲しんで出家する。法名道全。以後稲毛入道、小沢入道と呼ばれた。同九年亡妻追貢のため相模川に橋を架けた。元久二年(一二〇五)六月二十二日に従父兄弟の畠山重忠が謀反の疑いによって滅ぼされ、その直後重忠の謀反は無実と判定され、却って重成が北条時政の意を受けて畠山氏打倒のために策動したとの咎めによって重成および子息重政は翌二十三日に誅された。↓畠山《はたけやま》重忠《しげただ》

参考文献 大森金五郎『武家時代の研究』三 (石田 祐一)

いなばいってつ 稲葉一鉄 一五一六―八八 戦国・安土桃山時代の美濃国の武将。美濃三人衆の一人。姓は越智氏で、幼名を彦六といい(六郎とする説もある)、名を通以・通朝・貞通・長通・良通と幾度も改めている。右京亮、伊予守を称し、入道して一鉄と号した。稲葉通則の末子で、はじめ長良の崇福寺に入り僧となった。大永

稲葉一鉄花押

五年(一五二五)近江の浅井氏が美濃に進攻してきたとき、これと戦った通則と五人の兄が石津郡牧田(岐阜県大垣市上石津町)で討死したので、還俗して家をつぎ土岐頼芸に仕えた。土岐氏滅亡後は斎藤氏に仕え、氏家常陸守・安藤伊賀守とともに美濃三人衆と呼ばれた。永禄十年(一五六七)織田信長の美濃攻略に際し、氏家・安藤と謀ってこれに内通し、稲葉山城落城の足がかりをつくった。以後信長に仕え、美濃曾根城を居城とし、姉川の戦をはじめとする浅井・朝倉氏との合戦に功をたて、のち美濃清水城に移った。信長と安藤伊賀守が反目するに及び、一鉄は兵を出して安藤氏を滅ぼした。天正十年(一五八二)信長が殺害されると、羽柴秀吉に仕えたが、本能寺の変後、急ぎ美濃に帰り、国内の諸寺社に制札を出したため秀吉の不審をかったという。

稲葉一鉄画像

同十二年小牧・長久手の戦には秀吉方にあって奮闘し、秀吉が関白を拝するに及び、一鉄は三位法印に叙せられたという。家譜などによると、一鉄は武勇とともに文才もあり、あるとき、信長に疑いをかけられ、茶室で殺害されそうになったが、一鉄は床にかけてある虚堂の墨蹟を解読しながら自己の無実を述べたので、信長は感心してその疑いを解いたといわれる。天正十六年十一月十九日美濃清水城にて没。七十三歳。同国大野郡長良(岐阜県揖斐郡揖斐川町)月桂院に葬る。法号清光院一鉄宗勢。長子は貞通、次子は重通、他に直政・方通らの子息がいる。

参考文献 『寛政重修諸家譜』六〇六 (福田栄次郎)

いなべのまね 猪名部真根 『日本書紀』雄略天皇十三年九月条にみえる伝承上の名工。斧の使いかたの巧みさが天皇の目にとまり、失敗しないかと問われると絶対に失敗しないと答えた。ところが天皇が采女を裸にして相撲を取らせたために、さすがの真根も気が散って手もとがくるった。天皇は真根を責めて殺そうとしたが、同僚が嘆いて歌を献ったので許したという。同じ雄略紀には闘鶏御田《つげのみた》を主人公とする類話もある。 (青木 和夫)

いなむらごしょ 稲村御所 ⇩足利満貞《あしかがみつさだ》

いなわしろけんさい 猪苗代兼載 一四五二―一五一〇 室町時代後期の連歌師。初名宗春、相園坊・耕閑軒の号がある。享徳元年(一四五二)奥州会津の猪苗代家に生まれ、応仁の乱に関東に流浪していた心敬に学び、飯尾宗祇と交わり、乱後京都に出て、連歌師として活躍した。延徳元年(一四八九)に連歌師最高の栄職である北野連歌会所奉行となり、明応四年(一四九五)には、宗祇を助け

猪苗代兼載花押

て、連歌の第二准勅撰集とる『新撰菟玖波集』を完成している。この間の旅には、山口への再度の下向、阿波訪問がある。同七年関東へ旅し、一旦帰京するが、その後は関東での活動となる。新田尚純とともに『新編抄』を撰集するが、完成を見ずに、永正七年(一五一〇)六月六日下総古河で病没。五十九歳。句集に『園塵』全四巻があり、論著に『心敬僧都庭訓』『連歌延徳抄』『若草山』『梅薫集』『景感道』『兼載雑談』などが、古典研究に『古今私秘聞』『新古今抜書抄』などがある。連歌に写実味のある新風を吹きこみ、宗祇とともにその全盛期を代表している。

参考文献 『大日本史料』九ノ二、永正七年六月六日条、金子金治郎『連歌師兼載伝考』 (金子金治郎)

いにしきいりひこのみこと　五十瓊敷入彦命　『古事記』『日本書紀』によれば垂仁天皇の皇子、母は日葉酢媛命。印色入日子命とも書く。垂仁天皇はそれぞれの望みのままに皇子に弓矢を与え、弟の大足彦《おおたらしひこ》(景行)を皇位につかせたという。河内の茅渟《ちぬ》池などを造り、また茅渟の菟砥《うと》の川上宮で剣を作って、石上神宮の神宝をつかさどったと伝える。年老いて物部氏に管理権を譲ったという石上神宝と物部氏のゆかりを物語る説話が、『日本書紀』にみえる。 (上田　正昭)

宇度墓《うどのはか》　大阪府泉南郡岬町大字淡輪字東陵にあり、南海電鉄淡輪駅の東に近接する。長さ約一八五メートル。三段築成の前方後円墳で西南を向き、周濠と陪塚六基がある。『延喜式』諸陵寮には「在和泉国日根郡、兆域東西三町、南北三町、守戸二烟」とあり、遠墓とする。中世所在不明になり、明治七年(一八七四)『泉州志』に墓と称する玉田山に考案されたが、同十三年『和泉志』に紀小弓墓とする現墓に改定された。

参考文献 川口知雄『大阪府下之陵墓』、井上頼圀「五十瓊敷入彦命墓につきて」(『歴史地理』八ノ一一)、「泉南郡淡輪村の古墳」(『大阪府史蹟名勝天然紀念物調査報告』三) (石田　茂輔)

いぬかいのいきみ　犬養五十君　?—六七二　七世紀の官人。大化元年(六四五)八月、東国国司の一員に任命された。介以下の低い地位であったが、同二年三月に朝集使により東国国司の功過が報告されたとき、過ありとされた。六七二年、壬申の乱のとき近江軍の将犬養連五十君が、七月上旬に大和で吉野軍と戦って敗れ、のち捕えられて近江の粟津市で斬られた。同一人物であろう。犬養は軍事と関係のある家柄である。 (直木孝次郎)

いぬかみのみたすき　犬上御田鍬　七世紀の人。初代の遣唐使。『日本書紀』推古紀に御田鍬、舒明紀に三田耜とある。推古天皇二十二年(六一四)六月には、遣隋使として矢田部某(『旧事本紀』に名を御嬬とするが未詳)らとともに出発、翌年九月、百済使を伴って帰国した。また舒明天皇二年(六三〇)八月、初代の遣唐使として薬師《くすし》恵日《えにち》とともに出発、同四年八月、唐使の高表仁、日本の学問僧旻《みん》ら、および新羅使を伴って帰国した。 (青木　和夫)

いぬおう　犬王　⇩道阿弥《どうあみ》

いのうえないしんのう　井上内親王　七一七—七五　光仁天皇の皇后。聖武天皇の皇女。母は県犬養宿禰広刀自。養老五年(七二一)斎内親王に卜定され、神亀四年(七二七)伊勢大神宮に侍した。のち白壁王(光仁)の妃となり、宝亀元年(七七〇)王の即位とともに立后。同三年三月巫《ふ》蠱《こ》大逆の罪に坐して廃后。同五月皇太子他戸《おさべ》親王は母である井上内親王の厭魅大逆の事がたび重なり、謀反大逆の人の子が皇太子であってはならぬという理由で廃太子された。同四年難波内親王を厭魅した罪を着せられ他戸親王とともに大和国宇智郡の没官の宅に幽閉され、同六年四月二十七日二人は同時に没した。五十九歳。藤原百川らによって毒殺されたと考えられている。 ↓他戸親王《おさべしんのう》

参考文献 『水鏡』、角田文衛「宝亀三年の廃后廃太子事件」(『律令国家の展開』所収) (佐伯　有清)

宇智陵《うちのみささぎ》　奈良県五條市の御山・黒駒・大野の三町にまたがり、陵形は円丘をなし周囲に方形の堀をめぐらしている。皇后がこの地に崩じてよりしばしば祟があり、宝亀八年(七七七)改葬して墳墓を御墓と称したが、延暦十九年(八〇〇)さらに后位を追復され御墓は山陵に列した。古くは吉野陵ともいう。『延喜式』諸陵寮の制は「兆域東西十町、南北七町、守戸一烟」で、遠陵とする。明治十年(一八七七)四月陵に定められた。

参考文献 上野竹次郎『山陵』上 (戸原　純一)

いのうえみつかね　井上光兼　一四六三—一五五一　戦国時代の武将。父は勝光。幼名は新三郎、源太郎丸。官は河内守。祖父光教以来毛利氏に随逐し一族武勇の誉れ高かったが、光兼は主として毛利弘元に仕え、明応四年(一四九五)備後東境での合戦に頸四十三を討ち取り勇名を馳せ、毛利の家紋着用を許された。同八年ごろ隠居し古河内と呼ばる。嫡子元兼の誅伐後次男元光が本家相続を許されると御礼に参上。天文二十年(一五五一)八月五日没。八十九歳。

参考文献 永田政純編『萩藩閥閲録』、『毛利家文書』 (松岡　久人)

いのおそうぎ　飯尾宗祇　一四二一—一五〇二　室町時代の連歌師。自然斎・見外斎・種玉庵の号がある。姓を飯尾とする説(『扶桑隠逸伝』ほか)には、まだ確証がない。出身地は、紀伊国説が流布しているが、近江国東部とする『翰林葫蘆集』の説は有力。ともあれ身分ある家の出ではない。その前半生は、京都五山の臨済宗相国寺に修業していたというほか、未詳である。三十余歳から連歌に志し(『浅茅』)、宗砌に師事し、のちには心敬・専順に学んでいる。なお古典は一条兼良につき、和歌は二条派の飛鳥井雅親、のちには東常縁について学ぶなど、飽くなき修行に勉めている。応仁の乱の直前、文正元年(一四六六)に関東へ下り、戦乱中は主として関東にあり、

飯尾宗祇画像

各地を歴遊して、『長六文』『吾妻問答』などの連歌論書を著作し、白河関に至って、『白河紀行』を書き、また三島滞陣中の東常縁から『古今和歌集』の講義を受け、『古今集両度聞書』を成した。文明四年(一四七二)帰京して、入江御所に隣接して種玉庵を営み、それから三十年に及ぶ後半生の間、在京中はここが拠点となる。公武の貴顕を迎えて、和歌・連歌の会を催し、『源氏物語』『伊勢物語』などの古典を講義し(『種玉篇次抄』『弄花抄』など、また『伊勢物語肖聞抄』)、のちに『新撰菟玖波集』を編集するのも、この種玉庵である。文明八年正月には幕府の連歌会始めに召され、以後将軍足利義尚の連歌の師となり、長享二年(一四八八)には、北野連歌会所奉行の栄職についた。また親交のあった三条西実隆を通じて宮廷方面との関係も深く、後土御門天皇や勝仁親王の御連歌にたびたび加点の栄誉を担っている。一方後半生の旅は頻繁であって、美濃・近江・摂津等の近距離の旅は別として、大旅行としては、前後七回に及ぶ越後への旅行、二回にわたる山口下向がある。そのうち、文明十一年の越後からの帰途には、越前朝倉で『老のすさみ』を著作し、同十二年の山口下向には『筑紫道記』の紀行を成している。明応九年(一五〇〇)八十歳で最後の越後下向の旅に出、門人宗碩のために『古今和歌集』の講義をし(『十口抄』)、越後を終世の地としていたが、門人宗長に伴って駿河へ向かう途中、文亀二年(一五〇二)七月三十日箱根湯元の旅宿で没した。八十二歳。遺骸は足柄を越え、裾野の定輪寺に埋葬されたことは宗長の『宗祇終焉記』に詳しい。宗祇の作品は、千句・百韻の類は九十を越え、句集には自選の『萱草』『老葉』『下草』『宇良葉』、他撰の『自然斎発句集』などがある。また歌集に『宗祇法師集』がある。連歌論書は前にあげたほか、『連歌心付之事』『宗祇発句判詞』『分葉』『淀の渡』『宗祇袖下』『浅茅』『宗祇初学抄』などがあり、その編になる『竹林抄』には、自身で注を加えている。宗祇は連歌の理想を、長高・幽玄・有心の正風体におき、洗練された言葉の駆使と、微妙を発揮する付合《つけあい》とによって、連歌文学に最高の達成をもたらすとともに肖柏・宗長・宗碩など多数の門人を養成し、連歌の最盛期を招いた。なおその古典研究も作品の文学性に照明をあてたものとして高く評価されている。

参考文献 荒木良雄『宗祇』、伊地知鉄男『宗祇』、井本農一『宗祇論』、江藤保定『宗祇の研究』、奥田勲『宗祇』(『人物叢書』二一八)

(金子金治郎)

いのおためたね　飯尾為種　?―一四五八　室町時代の武士。奉行人、評定衆。肥前守。康正二年(一四五六)四位に叙せられた。子息に為数・之種がいる。山門奉行であったが、永享五年(一四三三)七月、法印猷秀・赤松満政とともに比叡山延暦寺衆徒の弾劾をうけた。山徒らは為種の山門奉行を罷め、その身柄を引き渡すよう求めて嗷訴に及ぼうとしたため、閏七月、幕府は為種の出仕を止め、尾張国へ逐電させた。間もなく復帰し、神宮開闔・八幡奉行・南都興福寺奉行・関東奉行・公人奉行・北野社奉行などをつとめ、文安元年(一四四四)には造内裏段銭徴収の惣奉行となっている。嘉吉二年(一四四二)ごろ出家し、法名を永祥という。長禄二年(一四五八)五月二十日没した。著作に言葉を類聚した一種の辞書である『撮壌集』(『続群書類従』雑部)がある。

(桑山浩然)

飯尾為種花押

いのおもとつら　飯尾元連　一四三一―九二　室町時代の武士。奉行人。父は貞連(法名性通)、子に元行がいる。左衛門尉・大和守に任ぜらる。康正元年(一四五五)伺事のことに与り、応仁元年(一四六七)の伺事番次第では第四番に属している。これより先御祝方となり、また父性通のあとをうけて東大寺奉行・園城寺奉行・鎮西并異国奉行となった。文明五年(一四七三)には山門奉行、同十四年には彼の一流でははじめての公人奉行となった。同十七年五月、将軍足利義尚と東山殿足利義政との対立に発する幕府奉公衆(義尚側)と奉行衆(義政側)との争いが、御礼参賀の前後から爆発し、元連以下四十数名の奉行人が出家

飯尾元連花押

した。八月になって義尚は元連以下三十三人の罪を免じ、大部分は還俗したが、元連はそのまま入道して宗勝と称した。ついで義政により公帖発給に与る公文奉行に任ぜられた。延徳二年(一四九〇)の『伺事記録』を残している。明応元年(一四九二)五月十日没。六十二歳。

(桑山　浩然)

いのくまかんぱく　猪熊関白　⇩近衛《このえ》家実《いえざね》

いばらぎながたか　茨木長隆　生没年不詳　戦国時代の武将。伊賀守。摂津国衆茨木氏の出自。茨木氏は応仁の乱後細川政元に討伐されたが、帰順した一族弥三郎のもとで勢力を回復、永正ごろには春日社領の給人として年貢代納や質地入手を行い、典型的な畿内小領主に成長した。大永七年(一五二七)の桂川合戦で細川高国政権は崩壊したが、この時長隆は細川晴元方に帰参してその奉行人となった。以後若年の晴元を補佐して京都代官となり畿内の実権を掌握、摂津国衆と在京権門との連合的性格をもつ晴元政権の中核として活躍した。この間享禄四年(一五三一)には三好元長や木沢長政の協力を得て大物浦に高国を敗死せしめ、ついで台頭した三好元長を一向一揆の援軍によって翌天文元年(一五三二)堺の顕本寺に包囲、自殺させた。しかしかかる摂津国衆の謀略は一向一揆の痛撃を受け、同年から翌二年にかけて大坂周辺に一揆と国衆の激戦が展開、法華一揆の力を借りてようやく停戦に成功した。さらに同五年には京都で猛威を振るう法華一揆の弾圧を画策し、六角氏・山門の兵力を利用してこれを討滅、名実ともに晴元の実権が京都で確立したのである。長隆の発給した文書は「管領奉行人奉書」とでもいうべき特異な様式で、内容は細川氏の領国経営に関するもの以外に、室町幕府奉行人奉書を補完する添状が多いことに特色がある。大永・享禄の戦乱期には被官への所領充行が多く、安定期の天文以降に荘園領主に対する安堵が頻発されるなどはその一例である。しかし天文十年前後から荘園制維持をめぐって晴元政権内部に権力闘争が深刻化し、同十八年摂津江口の戦で三好政長が敗死し、長隆も没落してここに晴元政権は終末を迎える。著名な三好長慶の登場は茨木長隆の地位を襲ったものと解される。↓細川晴《ほそかわはる》元《もと》

茨木長隆花押

参考文献　今谷明「細川・三好体制研究序説―室町幕府の解体過程―」(『史林』五六ノ五)

(今谷　明)

いまいかねひら　今井兼平　?―一一八四　平安時代後期の武将。木曾義仲の乳母子で家臣。中原兼遠の子で樋口兼光の弟。『平家物語』木曾最後に「兼平生年三十三に罷成る」とあるのが正確ならば、仁平二年(一一五二)に生まれたことになる。信濃国筑摩郡今井の地を領して今井四郎と称した。父兼遠に養われた義仲とともに成長し、治承四年(一一八〇)義仲の挙兵以来一方の部将として各地に転戦して義仲と運命をともにした。養和元年(一一八一)六月信濃国横田河原で城助職と対戦、寿永二年(一一八三)五月越中国般若野で平家軍と対戦、同月倶利加羅峠の戦、六月加賀国篠原の戦などで勝利を得た。七月に平氏逃走の後を追って入京。十月備中国に瀬尾兼康を討つ。十一月の法住寺合戦にも後白河法皇方を攻撃し、今井・樋口の活動が激しかったといわれる。元暦元年(一一八四)正月に源頼朝の軍と戦い、近江国粟津で木曾義仲戦死の後を追い、自殺した。樋口兼光・根井行親・楯親忠とともに木曾の四天王といわれる。

参考文献　『信濃史料』

(石田　祐一)

いまいそうきゅう　今井宗久　一五二〇―九三　安土桃山時代の茶人。納屋宗久。初名久秀、のちに兼員。通称彦八郎、のちに彦右衛門。近江国高島郡今井市の土豪の出身で(一説、大和の今井荘出身)青年期に堺に出て、はじめ納屋宗次の家に寄寓していたが独立して納屋業を営んだ。機敏な才覚と、武野紹鷗に茶の湯を習いその女婿となり紹鷗の後援をうけたことで家業も繁昌し、二十七歳のころには宗久と号し、天王寺屋津田宗達の茶会に招かれるほどに、その社会的地位も向上していた。弘治元年(一五五五)紹鷗が没すると、彼は紹鷗秘蔵の名物茶器、松島の茶壺・紹鷗茄子・玉澗筆波の絵などを譲りうけ、紹鷗の遺児新五郎(宗瓦)の後見人となり、茶人として頭角をあらわすようになり、他方、三好義賢(物外軒実休)・松永久秀らと交わり、彼らを利用して政商としての地位を確立していった。そして永禄十一年(一五六八)織田信長が足利義昭を奉じて上洛し、松永久秀が信長に降伏すると、彼もまた松島の茶壺と紹鷗茄子とを献上して信長への接近をはかり、この年の末から翌十二年にかけて二万貫文の矢銭賦課のことから信長と堺町衆との抗争が起ると、彼は能登屋などを中心とする保守派の抗戦論に対して和平論を主張し、戦争の回避につとめて成功した。この功績を認められて、彼は信長から摂津の五箇所などの蔵入地の代官職に任ぜられ、彼の持船に対する淀川沿いの関銭免除などの特権を与えられ、かつ茶頭(茶堂)として信長に召し抱えられた。しかも宗久は他方で、我孫子に摂河泉の鍛冶職人をあつめて、折から需要の激増した鉄砲の製造をはじめ、火薬類を取り扱い、さらに巨富を集積した。そして天正二年(一五七四)信長がみずから

今井宗久画像(栗原信充『肖像集』)

今川氏真花押

「氏真」

「如律令」
今川氏真印

の建造させた鉄船見物のため堺に下向した際、まず宗久宅を訪れていることで察せられるように、彼は堺町衆の代表格として重んぜられ、堺奉行松井友閑も一目おく有様であった。信長が宗久を重用したのは茶人としての技倆もさることながら、むしろ堺町衆の懐柔と支配という政治的意図にもとづくもので、それだけに石山本願寺勢力と堺町衆との離間を策した天正初年からは、津田宗及を宗久以上に重用するようになった。ともあれ、宗久が重用せられたのは信長在世中のことで、彼は豊臣秀吉にも茶頭としてつかえたが、天正十五年十月一日の北野大茶会における担当茶席の序列が示すように、千利休・津田宗及に次ぐものとなった。文禄二年(一五九三)八月五日、七十四歳で没した。法号昨夢斎寿林宗久居士。

参考文献 太田牛一『信長公記』(『角川文庫』)、『天王寺屋会記』、『北野大茶湯記』、『堺市史』、『今井宗久茶湯書抜』(『茶道古典全集』一〇)、永島福太郎『今井宗久茶湯書抜』解説(同)、豊田武『堺』(『日本歴史新書』)、永島福太郎「織田信長の但馬経略と今井宗久」(『関西学院史学』五)　(芳賀幸四郎)

いまがわうじざね　今川氏真　一五三八―一六一四　戦国時代の武将。幼名竜王丸、仮名五郎。上総介。天文七年(一五三八)義元の子として生まれる。母は武田信虎の女。同二十三年七月、北条氏康の娘を正室に迎えた。永禄元年(一五五八)すでに駿河にその発給文書がみられ、父義元より国務の一部を委ねられていたことが知られるが、同三年父義元の討死により家督を相続した。同六年五月には室町幕府将軍足利義輝の相伴衆に任じられている。しかし氏真にとって、桶狭間の敗戦の打撃は大きく、退勢をたてなおすことはできず、わずか七年足らずで領国駿・遠・三を奪われ今川氏は滅亡するに至った。まず同五年正月、三河の松平元康(徳川家康)が織田信長と結んで独立を計ると、氏真はこれを攻めたが振るわず、同九年ごろまでに三河は松平氏の手中に帰した。その上、このころ老臣三浦義鎮が国政の実権をにぎり、瀬名・朝比奈・葛山氏ら他の重臣が反発して家中の統制が乱れた。これをみた甲斐の武田信玄は、同十年長子義信夫人であった氏真の妹を駿府に送り返し、父義元の時に結んだ同盟を破棄した。氏真は北条氏康とともに、報復手段として伊豆・駿河・遠江より甲斐に対する塩留を行なったが、翌十一年信玄は徳川家康と結び、今川家中の反三浦派諸氏を誘って駿河に侵入し、たちまち府中城(静岡市)を攻略し、氏真は逃れて掛川城に移った。一方家康は遠江に侵入して浜松城をおとし、同十二年正月掛川城を包囲したが、信玄と和せずかえって氏真の援軍として来援した北条氏と結び、北条氏との間に同年三月、遠江の家康への割譲、駿河の氏真への安堵、氏真の掛川城退去を約した。五月十七日氏真は掛川城を退去し、駿府城の修復完成まで伊豆戸倉城(静岡市清水区)に在城することになった。しかし、同年十一月駿府城は、信玄の三回目の進攻によってその手中に帰し、氏真は北条氏の保護下におかれ、駿河の名目的支配権も北条氏政の子国王丸(のちの氏直)を養子とすることにより、氏政に奪われてしまった。やがて元亀二年(一五七一)北条氏がその同盟関係を上杉氏から武田氏にかえるや、北条氏のもとより放逐され、同年十二月十七日浜松の家康のもとに身を寄せた。天正三年(一五七五)初め頃、家康のもとをはなれて上京し、薙髪して宗誾と号し、公家などと交わり、歌会・蹴鞠などに日々を過ごし、同年三月には織田信長にひろわれ、伽衆的存在となったと伝えるが真偽のほどは疑わしい。その後、家康により三河の牧野城主に封ぜられているが、同五年三月には、これを没収された。その際氏真は、本意の時が来たならば再び奉公すべしという離散の証文を家臣に与えている。同十八年家康の江戸入府に同行せず、再び上京して慶長十二年(一六〇七)まで在京した。その後、家康から武蔵の品川に屋敷をあてがわれ、「品川殿」とも呼ばれた。七十七歳の長寿を全うし、慶長十九年(一六一四)十二月二十八日没した。法名仙岩院殿豊山泰栄大居士。東海一の名門の家に生まれながら家を滅亡させた暗愚な君主として、いろいろの挿話が伝えられるが、連歌・和歌に秀で、特に蹴鞠は名人の域に達していたと伝える。氏真の死後、孫の範英(直房)が跡目をつぎ、また子の高久は品川氏を称し、それぞれ高家となった。

参考文献 『大日本史料』一二ノ一七、慶長十九年十二月二十八日条、『静岡県史』通史編二、資料編七　(勝俣鎮夫)

いまがわうじちか　今川氏親　一四七三―一五二六　戦国時代の武将。駿河・遠江守護。童名竜王丸。仮名五郎、上総介、のち修理大夫。文明五年(一四七三)義忠の子として生まれる。同八年義忠の不慮の死により家中に内訌が起ったが、母北川殿の兄弟である伊勢新九郎盛時(早雲庵宗瑞、北条早雲)の働きにより当主としてむかえられ、同十一年十二月二十一日、幕府より家督相続を認められた。長享元年(一四八七)、駿河東光寺へ黒印状を出しているから、現実にはこのころから政治を行い始めたと考えられる。氏親は、叔(伯)父盛時(宗瑞)の援助を得て、明応三年(一四九四)秋遠江への侵入を開始し、文亀

今川氏親花押

元年(一五〇一)には、遠江守護斯波氏・信濃守護小笠原氏の連合軍を破り、信濃・三河の国境まで勢力を浸透させた。永正元年(一五〇四)には宗瑞を助け関東に出兵したが、翌二年から同五年にかけて三河に侵入し、松平長親をおさえて、同年七月遠江守護に任ぜられた。その後遠江平定をめざし、尾張守護斯波義達と結んだ国人大河内貞綱・巨海新左衛門らと戦った。同十四年甲斐武田氏の内紛に乗じ出兵し、その背後をつかれ危機におちいったが、連歌師宗長の働きで危機を脱し、同年八月十九日引馬城(浜松市)を攻め、大河内・巨海を滅ぼし、斯波義達を捕えて尾張に駆逐し、遠江を完全に平定した。この戦いで氏親は天竜川に三百余艘の船橋をかけて渡河し、安部金山の坑夫を徴発して敵城の水源を絶つという戦法をとっているが、このことは、すでに領国における役としての職人などの徴発動員体制ができていたことを示している。また永正十五年(一五一八)には、すでに遠江国相良荘で検地を行なっていることが知られるが、さらに大永六年には家法「仮名目録」を制定しており、永正の末から大永にかけて、守護から戦国大名への転化をとげていたと考えられる。なお氏親は前述の黒印のほか「氏親」という印文の朱印、晩年には「紹貴」の印を用いている。大永六年六月二十三日中風を煩って病死。五十四歳。道号紹僖。法号増善寺喬山。

〔参考文献〕『宗長手記』(『岩波文庫』)、『静岡県史』通史編二・資料編七　(勝俣　鎮夫)

いまがわうじてる　今川氏輝　一五一三―三六　戦国時代の武将。父は氏親、母は中御門宣胤の女(寿桂尼)。童名竜王丸。大永五年(一五二五)十一月二十日元服して五

「氏親」

「紹貴」
今川氏親印

郎氏輝と名のる。翌年父氏親の病死により家督を相続するが、幼少で病弱であったため、その間は母の寿桂尼が実質的な国政を行なっていたことが知られ、享禄年間(一五二八―三二)には氏輝の判物のかわりに、寿桂尼の朱印状(印文「帰」)が出されている。氏輝の活動が本格的に始まるのは天文元年(一五三二)からであるが、同二年の遠江の検地の施行、同四年駿河に出兵した武田信虎との戦いぐらいでみるべきものはない。なお同二年には北条氏綱とともに朝廷に三万疋を献上している。同五年三月十七日病死。二十四歳。連歌をたしなみ、しばしば連歌師宗長と興行しており、元服の際には、宗長より『古今集聞書』五冊、口伝切紙八枚を贈呈されている。

今川氏輝花押

〔参考文献〕『宗長手記』(『岩波文庫』)、『静岡県史』通史編二・資料編七　(勝俣　鎮夫)

いまがわさだおみ　今川貞臣　生没年不詳　南北朝時代の武士。今川貞世の嫡男。母は土岐頼雄の女という。童名は孫松丸。初名を義範といった。法号は持妙院。官途は治部少輔を経て陸奥守・左京大夫。今川氏の系図類では左京大夫、伊予守、従四位下と伝える。応安四年(一三七一)父の貞世に従って九州に下る。まず豊後に赴き、大友氏とともに菊池氏の背後を攻めて貞世の大宰府攻略

今川貞臣花押

を援助し、成功させた。以後、貞世の手足となってその九州経営を助けた。至徳三年(一三八六)、貞世の猶子仲秋(貞臣の叔父)が肥前守護をやめて遠江に移ったあと、主として肥前の経営に従い、かつ、肥後の経営に力を注いだ。応永二年(一三九五)貞世が東帰したとき貞世と一緒か、その後間もなく、東帰したと考えられる。遠江にいて堀越を根拠とした。貞世直系の堀越氏は寛正六年(一四六五)、狩野氏にとってかわられ、遠江における貞世直系の今川氏勢力は離散した。

〔参考文献〕川添昭二『今川了俊』(『人物叢書』一一七)　(川添　昭二)

いまがわさだよ　今川貞世　一三二六―?　南北朝時代の武将、歌人。九州探題としてその経営につとめ、室町幕府の九州統治を成功に導いた。父は今川範国。官位は左京亮を経て伊予守、正五位下。幼時から和歌を学び、冷泉為秀の門に入り、冷泉歌学の担い手となる。また、周阿・二条良基らに連歌を学んだ。貞治六年(一三六七)、室町幕府の引付頭人となる。侍所頭人・山城守護を兼ねた。同年末、将軍足利義詮の死去を機縁に出家剃髪し、了俊と号した。当時、南朝方の勢力は全面的に衰退し局地化していたが、九州では懐良親王・菊池武光を中心として、いわゆる征西府の黄金時代であった。義詮のあとを継いだ義満の統一政権は九州宮方の制圧なしには確立し得ない。貞世が九州探題にえらばれ、応安四年(一三七一)二月、任についた。西下の途中、中国地方経営のため安芸守護に任じ、中国筋の諸雄族を招撫して軍事力

今川貞世花押

を増強し、九州の諸士は可能な限りこれを招致した。これらの力を結束して、翌五年八月、大宰府を陥落させた。同七年九月、菊池氏が懐良親王を奉じてその本拠肥後国菊池に撤退するや、貞世はこれを追い、水島で一気に勝利を得ようとしたが、少弐冬資を謀殺したため、島津氏久の背反にあい、南九州経営を今後の課題として残した。その後、肥前・肥後その他の経営につとめ、永徳元年(一三八一)六月、菊池氏の本拠隈部城および良成親王の拠所染土城を陥落させた。南九州経営の最大の障害となっていた島津氏久もつづいて死去し、貞世の全九州経営はおおむね実を結んだ。歴代の探題が失敗した九州経営に貞世が成功したのは、九州に入る前に中国辺の地盤を固め、九州経営の中心地大宰府を最初に掌握したこと、島津氏久の背反をかったが、歴代の探題が九州経営上の最大の障害としていた少弐氏を完封して、北九州における競合勢力をなくして探題権を確立したこと、また大宰府を掌握し少弐氏を制圧した結果、対外交渉の実質的権限を確立したこと、高麗との交易をすすめ、倭寇対策を有利に展開し、その力を宮方制圧に向け得たこと、などによる。軍事的には父範国以来遠江・駿河で組成した武士を中核に、大内義弘・大友親世らの有力守護大名、および中国辺の武士、さらには九州各地方の武士を外縁軍事力として組織することに努力した。また南九州の島津氏対策としては、国人層の伝統的な反守護の動きを巧みに利用した。遠・駿の重立った者を北九州各方面の部将として軍事指揮にあたらせ、所領関係の裁決・執行などを掌らせ、貞世みずからこれを統轄した。直接管掌しないところには、一門子弟を代官として派遣し、もって全九州を経営するという方式を有機的かつ強力に推進した。これらのことを、将軍権力を中心にして安定世界を実現するという使命感のもとに、すぐれた政治的能力で遂行していったのである。しかし政治的条件の変化がかさなり、応永二年(一三九五)閏七月、京都に召還され、二十五年間にわたる探題の職をとかれた。応永の乱の折、大内義弘と鎌倉御所との連携をはかって失敗したのを機に、残余の人生を和歌・連歌の指導と述作活動にささげ、同十九年から同二十五年の間に死んだ。なお生年についても異説がある。探題在任中、連歌書として『下草』を書いているが、歌論書には『二言抄』『言塵集』『師説自見集』『了俊一子伝』『了俊歌学書』『歌林』『了俊日記』『落書露顕』などがあり、詠歌の手引きとして『明題和歌全集』を編んでいる。貞世著作の紀行文として『道ゆきぶり』(偽作とする意見もある)、『鹿苑院殿厳島詣記』がある。『難太平記』は今川家に関する所伝や、応永の乱における貞世自身の立場についての弁明を子孫に書き残すことを目的としたものである。故実書に『今川了俊書札礼』がある。『了俊大草紙』は貞世に仮託した書である。

参考文献 川添昭二編『今川了俊関係編年史料』、川添昭二『今川了俊』(『人物叢書』一一七)、同『中世九州の政治・文化史』、藤田明『征西将軍宮』、山口隼正『南北朝 九州守護の研究』
(川添 昭二)

いまがわなかあき 今川仲秋 生没年不詳 南北朝時代の武士。今川範国の子。貞世の弟で、のちその猶子となる。官位は中務少輔を経て右衛門佐、従四位下。初名を国泰といい、のちに頼泰、さらに仲秋と改める。貞世のあとをうけて応安元年(一三六八)侍所頭人兼山城守護となり、同四年、貞世に従って九州に下る。至徳四年(一三八七)までは、九州にいたことは明らかで、その間、肥前を中心として貞世の九州経営を助けていた。その後、範国・貞世のあとをうけて遠江守護となり、畠山深秋のあとをうけて、一時尾張守護となった。足利義満の出家を機とし、応永二年(一三九五)七月二十四日出家、法名は仲高。貞世が仲秋にあてて政道の要諦を教えたと伝えられる『今川状』(『今川壁書』『制詞条々』)は、江戸時代から明治初期まで長く児童用教科書として使用され、広く流布した。没年について宝徳二年(一四五〇)説があるが、未詳。

今川仲秋花押

参考文献 川添昭二『今川了俊』(『人物叢書』一一七)、佐藤進一『室町幕府守護制度の研究』上、山口隼正『南北朝 九州守護の研究』
(川添 昭二)

いまがわのりくに 今川範国 ?―一三八四 南北朝時代の武将。遠江・駿河守護。通称五郎。法号は定光寺悟庵心省。五郎入道とも呼ばれた。今川基氏の子で母は香雲院といった。生年については永仁三年(一二九五)、同五年、嘉元二年(一三〇四)の各説がある。建武政権下で遠江守護に任ぜられ、足利尊氏が同政権に対して離叛したのち、尊氏・直義に従って各地を転戦し、尊氏が京都を攻略すると間もなく遠江守護に任ぜられた。その後遠江守護は仁木義長・千葉貞胤・仁木義長と交替するが、義長のあと、範国の子範氏が守護となり、そのあと再び範国がかわり、以後死去するまでその任にあった。一方、駿河守護としては暦応元年(一三三八)からその明証がある。遠江・駿河両国は南朝側の重要な軍事的拠点で、範国が両国守護になったのは、経営の手腕を評価され期待されていたからである。駿河守護は範国のあと、範氏、範氏の子氏家および泰範がついだが、泰範の初期には祖父範国が実務をみて

今川範国花押

いた。駿河守護は範国以来他氏に渡らず、しかも歴代同国の国務を兼帯した。今川氏の駿河守護としての支配は範国によってその基礎が作られ、泰範によって一応の定着をみた。東海の雄といわれた今川氏の基礎はこの過程で固められたのである。範国はまた、足利直義没後の政界変動のなかで引付頭人に就任し、貞治六年（一三六七）六月まで室町幕政の中枢にあった。研学精神旺盛で、七、八歳ごろから冷泉派の和歌を学び、『新玉津島社歌合』その他に作品を残している。武家故実にくわしく射芸に達していた。これらの、武将・歌人・故実家としての資質は、範国が最も愛したその子貞世（了俊）において開花した。歴代好学の家としての今川氏の基礎をも作ったのである。その兄弟に、建長寺・円覚寺に住して当代仏教界の重鎮であった大喜法忻（仏満禅師）がいる。

参考文献　『静岡県史』、川添昭二『今川了俊』（『人物叢書』一一七）、同「遠江・駿河守護今川範国事蹟稿」（竹内理三博士還暦記念会編『荘園制と武家社会』所収）、同『中世九州の政治・文化史』　（川添　昭二）

いまがわのりただ　今川範忠　一四〇八―？　室町時代前期の武将。駿河国守護。通称彦五郎。民部大輔、のち上総介。応永十五年（一四〇八）五月範政の子として生まれる。長子でありながら、家督相続に際し、父範政および家臣より相続の器量なしとされ、一旦薙髪したが、幕府の対鎌倉府政策の必要から、将軍足利義教の強い支持により永享五年（一四三三）六月二十七日守護に任ぜられ、下国し、入部に反対する狩野・富士・興津氏を鎮圧した。その後幕府と鎌倉府の対立が激化するなかで、関東の監視を怠らず、同十年永享の乱がおこるや、征討軍の先鋒として足柄峠を越え、相模の風祭（神奈川県小田原市）、早川尻で上杉憲重を破って鎌倉に攻め入った。

今川範忠花押

その後、同十二年の結城合戦の時まで引き続き鎌倉に駐留して関東の動勢を監視し、結城城（茨城県結城市）攻撃の時は、関東の諸将に檄をとばすなど、終始幕府の先兵として活躍している。その後、領国の経営につとめるとともに、かつての領国遠江への進出をめざしたらしく、嘉吉元年（一四四一）閏九月には、遠江への侵略を斯波義健に詰問されている。康正元年（一四五五）、鎌倉公方足利成氏の上杉憲忠誘殺による関東の混乱に際し、幕府は成氏討伐軍の大将に範忠を任じ、範忠は同年六月、再び鎌倉に攻め入り、その後も前回と同様駐留軍の司令官的立場で鎌倉にあったらしく、長禄元年（一四五七）二月黄梅院に禁制を与えている。和歌をたしなみ、今川了俊の三十三回忌に追善の和歌を詠じている。没年は、寛正二年（一四六一）五月二十六日といわれるが確証はなく、同年三月二十日嗣子義忠に相続安堵の「足利義政袖判御教書」（広島大学所蔵『今川家古文書写』）がだされていることから、寛正二年またはその前年と思われる。法号宝処院不二全公。

参考文献　『満済准后日記』、『鎌倉市史』、渡辺世祐『（関東中心）足利時代之研究』、『静岡県史』通史編二・資料編六　（勝俣　鎮夫）

いまがわのりまさ　今川範政　一三六四―一四三三　室町時代の武将。駿河国守護。歌人。上総介。貞治三年（一三六四）泰範の子として生まれ、応永十六年（一四〇九）家督をついだ。同二十三年の上杉禅秀の乱に際しては、鎌倉公方足利持氏を幕府の命により援助し、関東の諸氏に檄文を送るとともに足柄峠をこえ、伊豆山衆徒・土肥・岡崎氏らの兵を破り、翌年鎌倉に攻め入るなどの活躍をした。永享四年（一四三二）九月の将軍足利義教の富士遊覧に際しては、新たに望岳亭を造作するなど接待につとめたが、範政の強く希望した末子の千代秋丸の家督相続は、幕府の対関東政策上から拒否され、家督相続をめぐっての家中争乱の中で翌五年五月二十七日没した。七十歳。範政は、歌人としても有名で、正徹・正広などとも歌の友として交わり、その歌は『新続古今和歌集』『扶桑拾葉集』等にもえらばれた。また能書・打物などにおいてもすぐれ、名人の聞えが高かったと伝える。法号今林寺慶堂道賀。

今川範政花押

参考文献　『満済准后日記』、『富士紀行』、『覧富士記』、渡辺世祐『（関東中心）足利時代之研究』、『静岡県史』通史編二・資料編六　（勝俣　鎮夫）

いまがわよしただ　今川義忠　一四三六―七六　室町時代の武将。駿河国守護。童名竜王丸。上総介。永享八年（一四三六）三月範忠の子として生まれ、寛正二年（一四六一）三月二十日家督をついだ。同四年幕府より古河公方足利成氏討伐を命ぜられたが動かず、同六年六月遠江への侵略を開始し、守護代狩野宮内少輔を遠江府中城（磐田市）に攻め滅ぼした。応仁の乱がおこると、文明元年（一四六九）兵を率いて上洛し、遠江守護斯波義廉との対抗上東軍に属したが、翌年斯波氏の領国遠江の攪乱を命ぜられ帰国し、遠江侵略を続行した。同八年二月、遠江の豪族勝間田・横地氏らは、義忠の小夜の山口（掛川市）での敗北に乗じ、斯波氏と結んで叛乱をおこした。義忠は直ちに討伐したが、帰途同月九日塩買坂（小笠郡小笠町）で敵の残党に夜襲され流矢にあたり討死した。四十一歳。義忠は武勇にすぐれるとともに連歌・和歌をたしなみ、連歌師宗長は若いころ義忠に近侍していた。法号長保寺桂山宗公。

今川義忠花押

参考文献　『大日本史料』八ノ八、文明八年二月是月条、『宗長手記』（『岩波文庫』）、『今川記』、『静岡県史』

通史編二・資料編六　（勝俣　鎮夫）

いまがわよしもと　今川義元　一五一九―六〇　戦国時代の武将。幼名方菊丸。治部大輔。父は今川氏親、母は中御門宣胤の女（寿桂尼）。永正十六年（一五一九）に生まれ、幼時より出家させられ、承芳と称し、駿河国善徳寺にいた。一時期京都の建仁寺や妙心寺で修業し、三条西実隆や連歌師宗牧らとの交流もあった。家督を相続した兄氏輝が、天文五年（一五三六）早世すると、異母兄の玄広恵探と家督を争い、六月十日これを倒して家督をつぎ、義元と名乗った。同日「承芳」の印文の黒印状を出している。翌六年義元は従来敵対関係にあった甲斐の武田氏と結び、武田信虎の女をめとった。そのため同盟関係にあった北条氏との関係が悪化し、同年北条氏綱は駿東・富士二郡に侵入した。義元は同十四年富士川をこえて兵を進め、関東の上杉憲政と提携して氏康を挟撃し、これを破り北条氏の勢力を伊豆国境の線まで後退させた。一方今川氏の主力が東部に向かっているうちに、尾張の織田氏の勢力が三河に進出し、松平氏を圧迫するようになった。同十六年織田信秀は同国岡崎城を攻撃し、松平広忠は義元に援を求め、子竹千代を質に送ったが、途中信秀に奪われた。同十八年広忠が死ぬと、義元は松平氏が織田氏に属することを恐れ、決戦にでて、太原崇孚（雪斎）らの働きにより同国安城城を攻略し、城主織田信広を捕え、これと竹千代を交換した。この安城城攻略と人質の交換により、松平氏は完全に今川氏の保護下におかれ、織田氏の東部進出も阻止され、天文末年までに、三河はほとんど今川氏の勢力下におかれるようになった。さらに義元は、信秀死後の織田氏の混乱に乗じ、尾張にも勢力を浸透させた。そこで、信秀のあとをついだ信長は、同二十三年北条氏康と連携し、氏康を駿河東部に侵入せしめた。義元は、武田晴信の援を求めて、北条氏と戦ったが、戦いは膠着状態におちいり、太原崇孚の斡旋で三者の和議が成立した。善徳寺の会盟といわれるこの和議は、晴信の女を北条氏康の子氏政に、氏康の女を義元の子氏真に嫁せしめ、すでに義元の女は晴信の子義信に嫁していたから三者の政略結婚による同盟が成立したわけである。東部での戦線をこのような形で安定せしめた義元は、全力を西部に向け、尾張春日井郡の科野城、知多郡の大高城・鳴海城まで勢力をのばした。永禄三年（一五六〇）五月義元は、尾張制圧をめざし、織田氏総攻撃を開始した。沓掛に本営を進め、松平元康・朝比奈泰能をして織田方の防衛陣丸根砦・鷲津砦を陥し、同十九日みずから進んで桶狭間に本営を移したが、信長の奇襲にあって討死した。四十二歳。法号は天沢寺秀峯哲公。この義元の軍事行動は、古くから「天下」をめざした西上作戦とされてきたが、その確証はない。今川氏の守護から戦国大名への転換は、義元の父氏親の晩年に一応の確立をみた。同じ東国の上杉・武田氏などの戦国大名より早くその転身に成功したわけで、義元はこの遺産を継承しそれを深化させていった。まず検地であるが、駿河においては、天文十・十三・十五・十八・十九・二十・二十一・二十二・二十三年、弘治元・二・三年、永禄元年など、遠江では、天文十七・二十・二十二年、弘治二・三年など、三河では弘治二・三年などに施行しているのが知られる。この検地の執拗なまでの繰り返しにより厖大な年貢の増分を摘発するとともに、それをとおして新しい年貢課役賦課の体制をつくりあげていった。

次に軍事組織であるが、今川氏は検地をとおして、主従関係を結んで軍役を奉仕する名主は、その地主としての収益を保証し、大量の地侍を「兵」として確定し、直臣団として組織した。そして、彼らを有力家臣にあずけ統制させる寄親・寄子制をとった。天文二十二年に制定されたと目される訴訟条目によれば、すでに分限帳が作成され、家臣の定量的軍役負担の体制が成立していたことがわかる。次に領国内の殖産興業の振興と商工業の統制・保護をきわめて強力に行なっている。安部・富士両金山の開発、軍需物資たる皮革については、駿府への皮革商人の集住、駿・遠両国の製革業の統制、製品の上納などを命じている。また、駿府の松木・友野氏などの豪商を御用商人とし、彼らに特権を与えるとともに、その機能を利用して、領国内外の流通を統制しており、友野氏は駿河の主要都市での木綿の役銭徴収権を与えられ、松木・友野両氏は駿河産の茜の移出権を個別領主から奪って与えられている。義元は、父氏親の仮名目録の制定より約三十年後の天文二十二年二月二十六日、「仮名目録追加」と称される家法を制定したが、この家法は、三河国を新たに加えた新領国の完成にみあった、新体制確立のための「新仮名目録」という性格が強い。ここで述べられている「只今ハをしなへて、自分の以二力量一国の法度を申付」という宣言は、文字通り、戦国大名がめざした新しい地域的独立国家を完成させた義元の自負を示すものであった。

今川義元花押

「承芳」

「義元」

「義元」

「如律令」
今川義元印

参考文献 小島広次『今川義元』、『静岡県史』通史編二・資料編七、小和田哲男『今川義元』(『ミネルヴァ日本評伝選』) (勝俣 鎮夫)

いまがわりょうしゅん 今川了俊 ⇩今川貞世《いまがわさだよ》

いまきのあやひとにちもん 新漢人日文 ⇩旻《みん》

いまでがわかねすえ 今出川兼季 一二八一—一三三九 鎌倉・南北朝時代の公卿。『菊亭家譜』および『諸家伝』によれば、弘安四年(一二八一)太政大臣従一位西園寺実兼の四男として生まれた。母は家女房。弘安九年叙爵以後、侍従・左少将・左中将・中宮権亮・春宮権亮を歴任、その間永仁六年(一二九八)蔵人頭に補せられ、翌正安元年(一二九九)参議に任ぜられた。爾後累進して元亨二年(一三二二)右大臣、元徳元年(一三二九)従一位に昇り、光厳天皇の擁立に加担し、その即位に際し元弘二年(一三三二)太政大臣に任ぜられた。しかし建武中興によりこの昇任は取り消されて前右大臣とされた。中興政府の瓦解によって北朝に残り、暦応元年(一三三八)出家して法名を覚静と号したが、翌二年正月十六日、五十九歳で没した。兼季は父実兼の命により、兄今出川公顕の嗣となったため、家号を今出川と称した。

参考文献 『大日本史料』六ノ五、暦応二年正月十六日条 (今江 廣道)

いまでがわきんなお 今出川公直 一三三五—九六 南北朝時代の公卿。建武二年(一三三五)権大納言従二位実尹の男として生まれた。母は内蔵頭御子左為基の女。『公卿補任』『諸家伝』『菊亭家譜』などによれば、建武四年に叙爵ののち、累進して貞和五年(一三四九)従三位に叙せられ、翌年参議に任ぜられた。爾後、権中納言・権大納言などを経て永和四年(一三七八)内大臣、応永元年(一三九四)右大臣、翌二年ついに左大臣に任ぜられたが、同年六月足利義満が出家すると、これに倣って出家した。法名素懐。翌三年五月六十二歳を以て没した(ただし『尊卑分脈』は応永四年とする)。

参考文献 『大日本史料』七ノ二、応永三年五月是月条 (今江 廣道)

いまでがわどの 今出川殿 ⇩足利義視《あしかがよしみ》

いままいりのつぼね 今参局 ?—一四五九 御今参・御新参局ともいわれる。今参局とは「新参の局」の意。こう呼ばれた女官は多いが、史上最も著名なのは大館満冬の女、名は伝わらない。足利義政の乳人であったことから政治に介入するようになった。局は宝徳三年(一四五一)尾張守護代織田敏広を罷めて一族の郷広を以てこれに代えんと計った。義政は守護斯波義健およびその老臣甲斐常治にこのことを命じたが肯ぜず、義政の生母裏松重子をはじめ管領畠山持国・細川勝元・山名持豊らもまた強く諫めたので、ついに事は行われなかった。しかしその後も今参局の勢力は衰えなかったもののごとく、「室家の柄を司り、その気勢焰々として近づくべからず、その為す所はほとんど大臣の執事の如し」(『碧山日録』、原漢文)と評された。世間でもこれらのことを諷して「三魔の説」が行われ、「政は三魔(御今・烏丸資任・有馬元家)より出ず」といわれた。長禄三年(一四五九)義政の正室日野富子は懐任した。しかしながらこれが死産であったため、今参局の呪詛によるものであるとの風説が流れた。局は捕えられて侍所所司代京極持清により琵琶湖の沖島に配流されることになったが、配所に赴く途中、同年正月十九日近江蒲生郡甲良荘の仏寺で自害して果てた。摂取院寿峰祥仁という。同年二月になると、富子の回復が思わしくないことを口実として義政の妾で今参局と気脈を通じていた者たちが放逐された。これら一連の事件は、今参局の勢力が強いことを憎んだ裏松重子の策謀によるものといわれる。のち冤罪が知れわたったらしく、寛正四年(一四六三)には義政によって追善料所が寄進されている。

参考文献 渡辺世祐『室町時代史』、三浦周行「足利義政の政治と女性」(『史林』一一ノ一—三)、同「足利時代に於ける上流武士の公私生活—大館持房行状の研究—」(同一六ノ一) (桑山 浩然)

いよしんのう 伊予親王 ?—八〇七 桓武天皇の第三皇子。母は藤原是公の女吉子。延暦十一年(七九二)加冠、ついで三品式部卿となり、同二十三年近江国蒲生郡の荒田五十三町を賜わった。その間、桓武天皇は京中や山城久世郡の栗前野に巡幸・遊猟の際、しばしば親王の第や荘に行幸した。大同元年(八〇六)中務卿兼大宰帥となる。翌二年十月大納言藤原雄友は同宗成が親王にすすめて不軌を謀っていると聞き、右大臣藤原内麻呂に告げ、親王も宗成が自分にすすめた謀反の状を急ぎ平城天皇に奏したので、宗成を左近衛府に検束した。しかし左衛士府に移されて取り調べられた宗成が叛逆の首謀は親王であると申したてたので、安倍兄雄らが兵百五十人を率いて親王の第を囲み、親王を捕えた。十一月親王と母吉子は大和国城上郡川原寺に幽閉され飲食を断たれた。親王を廃された翌日の同月十二日、親王母子は毒薬を飲んで死んだ。時の人はこれを哀れんだという。藤原雄友は伊予国へ流され、同乙叡は解官され、宗成らも配流されたが、この事件は藤原仲成が宗成をあやつって親王に鋒先を向け、平城天皇およびその側近の対立者すなわち藤原雄友・同友人・同乙叡・橘安麻呂・同永継らを朝廷から排除して、皇太弟神野親王(嵯峨天皇)の勢力をおさえる意図のもとに起されたものであった。弘仁十年(八一九)親王の号を復し、同十四年三品中務卿の号位を復され、承和六年(八三九)一品が贈られた。管絃にすぐれていたと伝える。

参考文献 大塚徳郎『平安初期政治史研究』、佐伯有清『新撰姓氏録の研究』研究篇、目崎徳衛「平安朝の政治史的考察」(『平安文化史論』所収) (佐伯 有清)

巨幡墓《こはたのはか》 京都市伏見区桃山町遠山にあり、金冢と称する前方後円墳の後円部頂上に五輪塔が立てられている。『延喜式』諸陵寮の制は「兆域東一町、西一町五段、南

二町、北三町、守丁一人」で、遠墓とする。中世その所伝を失ったが『山城志』『陵墓一隅抄』ともに現在の地を示している。明治十七年(一八八四)一月墓に定められた。

(戸原　純二)

いよべのうまかい　伊余部馬養　大和時代後期の官人、文人。伊与部・伊預部とも、馬飼とも記す。姓は連。持統天皇三年(六八九)六月撰善言司に任命され、時に勤広肆。文武天皇四年(七〇〇)六月直広肆、大宝元年(七〇一)従五位下、この両年に『大宝律令』撰定の功を賞せられ、同三年二月、天平宝字元年(七五七)十二月にも子に功田を賜い相伝が許された。皇太子学士で大宝二年ころ四十五歳で没したか。丹後国司のときに「水江浦島子伝」を作り(『丹後国風土記』逸文)、『懐風藻』に五言十二句詩を一首残す。

参考文献　滝川政次郎『律令の研究』

(中西　進)

いりかすみ　伊梨柯須弥　⇨泉蓋蘇文《せんがいそぶん》

いわぶちのそうじょう　石淵僧正　⇨勤操《ごんぞう》

いわまつつねいえ　岩松経家　?―一三三五　南北朝時代の武将。政経の子。兵部大輔。新田氏一族であるが、元弘三年(一三三三)五月新田義貞の鎌倉攻めに、足利尊氏の指令を受けて参加し、以来尊氏に属した。同年七月十九日討幕の恩賞として、朝廷より飛驒国守護職と北条氏一族からの没収地伊勢国笠間荘以下遠江・駿河・甲斐・陸奥・出羽・播磨・土佐に及ぶ十ヵ所の地頭職を与えられた。他の新田氏一族に比べて優遇された恩賞である。義貞の上洛後も鎌倉におり、建武元年(一三三四)正月足利氏一族の渋川義季・上杉重能らとともに関東廂番に任ぜられた。翌二年七月北条時行が信濃の諏訪に挙兵し、鎌倉を攻めるため東進して武蔵に入った。経家は渋川義季とともに時行の軍を女影原に防いだが、敗れて七月二十二日戦死。同年十一月尊氏は、武蔵国小泉郷以下四ヵ所を恩賞として経家の遺族に与えた。その弟直国が家をつぎ、関東にあって足利党として活躍した。

参考文献　『大日本史料』六ノ二、建武二年七月二十二日条、群馬県教育会編『新田義貞公根本史料』、藤田精一『新田氏研究』

(勝守　すみ)

いわまつみつずみ　岩松満純　?―一四一七　室町時代前期の武将。新田義宗(義貞の子)の子で岩松満国の養子となり、満国の実子が死んだため岩松家をつぐという。妻は上杉禅秀(氏憲)の女。幼名容辻王丸。治部大輔。法号は天用。応永二十三年(一四一六)十月上杉禅秀の乱に、姻戚関係によって禅秀方に加わり、その先鋒として鎌倉に戦い、足利持氏方を敗走させた。その後、上野に帰り新田氏を称し、館林付近で持氏と戦ったが、新田氏一族の里見・鳥山・世良田氏らは満純を支援せず、逆に対戦したために敗れた。翌年正月十日の禅秀らの敗死後、その一味を集めて岩松に挙兵し、武蔵の恩田美作守・同肥前守および上杉憲国らもこれに加わった。同年五月二十九日武蔵入間川に上野の舞木持広と戦って敗れ、捕えられて閏五月十三日鎌倉竜ノ口で斬られた。その子家純は美濃の土岐氏のもとに逃れたが、永享の乱の時に将軍足利義教に許されて関東に帰り、家を再興した。

参考文献　群馬県教育会編『新田義貞公根本史料』、藤田精一『新田氏研究』

(勝守　すみ)

いんかく　院覚　生没年不詳　平安時代後期の仏師。『長秋記』によれば、院覚は定朝の曾孫、覚助の孫、院助の子という。永久二年(一一一四)に関白藤原忠実の注文により丈六の阿弥陀如来像を造り、翌三年、京極殿における故関白頼通の遠忌に丈六の釈迦如来像、保安元年(一一二〇)には内大臣藤原忠通の妻の安産祈禱のため不空羂索観音像を造る。同年醍醐寺釈迦堂中門の二天像、大治四年(一一二九)には白檀三尺の普賢菩薩像、同五年には、待賢門院璋子の法服地蔵像を造る。この像は、裸形の像に法服を着せたものらしく、鎌倉時代の裸形像の先駆をなすものとして、また宋美術の影響あるものとして注目される。同年に供養された法金剛院の造仏の功により、法橋に叙せられ、長承元年(一一三二)には、法成寺東西両塔の金剛界および胎蔵界の大日如来像各四体を造り、その功により法眼となる。同年、賢円とともに白川殿の丈六愛染明王像と金輪王像を造り、同年院朝とともに西院邦恒堂の定朝仏の法量を測定した。これは、院覚が、定朝仏の忠実な踏襲者であることを示している。またこの年六月に、待賢門院璋子の病気平癒を祈るため、長寿院の等身観音像を造り、保延二年(一一三六)に完成した法金剛院三重塔の造仏の造仏賞を院朝に譲り、院朝は法橋となった。現在、法金剛院に伝わる阿弥陀如来坐像は、大治五年院覚の作とする説があるが、これを疑問視する学者もいる。

参考文献　小林剛「仏師法眼院覚」(『大和文華』九)

(久野　健)

いんぎょうてんのう　允恭天皇　『日本書紀』では第十九代の天皇。諱は雄朝津間稚子宿禰。仁徳天皇皇子。母は磐之媛。履中・反正天皇の同母弟。忍坂大中姫を皇后とし、刑部を定め、木梨軽皇子、安康・雄略両天皇を生み、また皇后の妹衣通郎姫を妃とし、そのため藤原宮をたて、藤原部を定めたという。甘檮岡の盟神探湯により、天下八十友緒の氏姓を定めたこと、新羅よりの貢献記事などに特色がある。『宋書』の倭五王のうち、済にあてるのが定説。済は太祖元嘉二十年(四四三)末に奉献し、済が没したのち、世子興(安康)が貢献したとあるから、五世紀前半に在位したことは確実と思われ、また隅田八幡神社人物画像鏡銘の癸未年を四四三年にあてる説は、「大王」を允恭、「男弟王」を大草香皇子とするがこれは疑問である。

参考文献　水野祐「隅田八幡神社所蔵鏡銘文の一解釈」(『古代』一三)

(平野　邦雄)

恵我長野北陵《えがのながののきたのみささぎ》　大阪府藤井寺市国府一丁目にある。周濠のある整った前方後円墳で、陪塚三基がある。墳丘の長さ約二二七㍍、前方部幅約一五八㍍、後円部径約一三

六《メートル》、高さ約二二《メートル》、三段の段築で北面する。周濠は今一重であるが、二重濠の痕跡がある。『日本書紀』には長野原陵と記す。『延喜式』諸陵寮では遠陵として「兆域東西三町、南北二町、陵戸一烟、守戸四烟」と記し、兆域の長短が現状とは逆であることから、陵墓参考地の津堂城山古墳を当陵に擬する説がある。

[参考文献] 上野竹次郎『山陵』上、松葉好太郎『陵墓誌』、末永雅雄『日本の古墳』、梅原末治「河内国小山城山古墳調査報告」(『人類学雑誌』三五ノ八―一〇合併号)　（石田　茂輔）

いんけん　院賢　生没年不詳　鎌倉時代前期の仏師。『玉葉』正治二年(一二〇〇)十二月二十七日条に、法性寺において周三尺阿弥陀如来を院尚の子院賢が造り始めたとある。承元元年(一二〇七)法眼位にあり、新日吉本を模して東大寺の舞楽散手面(現存)を造る。建暦二年(一二一二)法印位にあって法勝寺南大門金剛力士像を、建保三年(一二一五)後鳥羽院逆修のための地蔵菩薩像を、同五年仏師院定とともに中宮御産祈の七仏薬師像を造った。舞楽散手面はこの期の院派仏師の数少ない遺品の一つで、前代の様式を残しており、この派の保守的な作風を物語っている。なお天福元年(一二三三)同じ院派仏師の院承と法成寺領紀伊国吉仲荘のこと(相伝の荘官職についてか)で争っていることが知られる。　（水野敬三郎）

いんげん　院源　?―一〇二八　平安時代中期の僧侶。天台座主。西方院僧正。陸奥守平基平の子。天暦五年(九五一)の生まれ(あるいは同六年生まれの説あり)。比叡山の良源・覚慶に学んだ。天元三年(九八〇)の良源の中堂供養に加わり、僧綱に至った。正暦四年(九九三)山門・寺門の分裂に際して権少僧都勝算を官に訴え、成算の逮捕を請うている。法性寺・崇福寺・元慶寺の別当を歴任し、一条天皇のころにはたびたび公請に召され、一条・三条上皇御出家の戒師となり、また東三条院など後宮の仏事をも勤め、寛仁三年(一〇一九)藤原道長の落飾にも戒師となるなど、朝廷貴族の間に重んぜられた。寛仁四年第二十六代天台座主、治安三年(一〇二三)僧正・法務に任ぜられ、万寿二年(一〇二五)輦車を聴された。万寿四年道長の法成寺落慶供養には導師を勤めた。また日吉神社の大宮社に礼拝講を起したと伝えられる。晩年は西塔北尾谷西方院に隠棲した。院源は弁才あり、かつて源満仲がその説法に感激のあまり、即座に得度し従者数十人もこれに倣ったという。

[参考文献]『天台座主記』、『元亨釈書』四、卍元師蛮『本朝高僧伝』一〇(『大日本仏教全書』)、『中堂供養願文』(同)、『法成寺供養記』、『無量寿院供養記』、『門葉記』(『(大正新脩)大蔵経』図像一一・一二)、『三十五文集』、『台密血脈譜』、『今昔物語集』一九(『日本古典文学大系』二五)、『古事談』、多賀宗隼「金沢文庫所蔵「院源僧正事」」(『金沢文庫研究』一七ノ一〇)　（多賀　宗隼）

いんじつ　院実　生没年不詳　鎌倉時代前期の仏師。院尊の長男といわれる。養和元年(一一八一)、前年焼亡の興福寺諸堂復興造像に際し、南大門二王を受け持ち、仏を承わらなかったことに不満を持ったが、その時すでに法眼位にあった(ただし、『僧綱補任』では元暦元年(一一八四)法橋として名が挙げられる)。建久二年(一一九一)南大門二王造立の仏師を康慶に代えることを興福寺が懇望し、その可否を院尊が問われているが、結果は知られない。同五年院尊に従って東大寺大仏光背を造り、正治二年(一二〇〇)修明門院御産祈七仏薬師を造り法印叙位、建保元年(一二一三)法勝寺塔仏の造仏賞を院範に譲り、同三年後鳥羽院逆修の三尺釈迦を造る。遺作は現存しない。

[参考文献] 山本勉「鎌倉時代彫刻史と院派仏師」(『仏教芸術』二二八)　（水野敬三郎）

いんじょ　院助　?―一一〇八　平安時代後期の仏師。院助は覚助の子と伝えられ、また長勢の子ともいわれる。院助は、法勝寺の金堂・講堂・阿弥陀堂・五大堂・法華堂などの供養が行われた承暦元年(一〇七七)にその造仏賞として兼慶とともに法橋となり、康和四年(一一〇二)には、法勝寺薬師堂の丈六大威徳明王像を造り、長治二年(一一〇五)には、円勢とともに公家御祈の諸仏像、同年十月には、半丈六の愛染明王像、同十二月には、尊勝寺新堂の造仏の功により、法眼に叙せられている。嘉承元年(一一〇六)正月から二月にかけて、主上のための百体仏中、等身の三体を造像し、同二年八月には、等身の釈迦三尊像を制作、翌天仁元年(一一〇八)七月には同じく等身の阿弥陀三尊像を造ったが、同年十二月十二日に死去した。平安時代における正系の仏師であるが、その事績は文献に知られるだけで現在のところかれの作と推定される遺品は残っていない。

[参考文献]『大日本史料』三ノ一〇、天仁元年十二月十二日条　（久野　健）

いんしょう　院尚　生没年不詳　平安・鎌倉時代前期の仏師。院成・院性とも書く。院朝の子と伝えられ、安元元年(一一七五)三月、平清盛の室光明心院を供養した際、その造仏賞として法橋に叙されている。治承二年(一一七八)十月には宮御産御祈のための等身不動明王像を制作し、文治三年(一一八七)には、神護寺の十二神将および四天王などを造り、翌四年には、嵯峨堂の乗雲阿弥陀三尊像を完成し、さらに建仁元年(一二〇一)の六月には、一尺六寸の不動明王像などを造ったことが知られるが、今日、院尚の作と推定される遺品は残っていない。わずかに、鞍馬寺経塚より出土した経筒の蓋部に「法橋院尚」の銘があり、院尚の信仰を偲ばしめる。　（久野　健）

いんじんほ　尹仁甫　生没年不詳　李氏朝鮮前期の数少ない知日派の一人。応永の外寇後、足利義持の使僧亮倪が朝鮮に渡るに及び、朝鮮側通事として活躍した。その後応永二十七年(一四二〇)回礼使宋希璟に従い来日、日

本の国情を朝鮮に詳報した。その功が認められてか、その後嘉吉三年(一四四三)ごろまで、回礼使・通信使などの通事や副使としてしばしば来日し、日本の風習を朝鮮に紹介するなど、室町時代の日朝交流上に大きな功績を残した。

[参考文献]『朝鮮世宗実録』、『老松堂日本行録』、中村栄孝『日本と朝鮮』(『日本歴史新書』)、田中健夫『倭寇と勘合貿易』(同)、田村洋幸『中世日朝貿易の研究』 (田村　洋幸)

いんそん　院尊　一一二〇―九八　平安・鎌倉時代前期の仏師。院覚の子。久安五年(一一四九)宇治成楽院西御堂半丈六大日如来と丈六阿弥陀如来を造ったのが記録上の初見で、久寿元年(一一五四)鳥羽金剛心院造仏賞に賢円譲で法橋叙位、承安四年(一一七四)建春門院法華堂仏坐光を造り、治承二年(一一七八)建礼門院御産祈の三尺七仏薬師を造った時、すでに法印位にあった。同四年高倉院のために薬師十二神将を造った。養和年中(一一八一―八二)後白河院の命により源氏調伏の五丈毘沙門を造ったといい、建久二年(一一九一)これを近江国高島郡に安置供養せんとの儀が源頼朝の不興を買っている。元暦元年(一一八四)、翌文治元年(一一八五)の『僧綱補任』では木仏師として院尊のみ法印位にあり、当時仏師界の長老的存在であったことが知られる。治承四年焼亡の興福寺復興にあたっては、翌五年講堂大仏師として造像を始め、文治二年脇侍菩薩を造り終った。同四年、長講堂の仏像を造り、建久四年後鳥羽天皇御祈の等身七仏薬師、蓮華王院法華堂阿弥陀三尊を造り、翌五年法眼院実、法橋覚朝・院円・院範・院俊・院康のほか小仏師六十人を率いて東大寺大仏光背を造ったのが知られる最後の事蹟である。同九年十月二十九日没。七十九歳。平安時代末期に仏師の最高位に上り、院・宮廷と密接な関係を保って仏師界に強大な勢力を張り、南都復興に際しては一門を率いて最も重要な造像に携わった。確証ある遺作はないが、京都長講堂阿弥陀三尊像を院尊作に比定する説が有力である。院覚から最勝光院領周防国美和荘の荘官職を相伝したことが知られている。

[参考文献]『大日本史料』四ノ五、建久九年十月二十九日条、清水真澄『中世彫刻史の研究』、麻木脩平「長講堂阿弥陀三尊像考」(『仏教芸術』二一二)、山本勉「鎌倉時代彫刻史と院派仏師」(同二二八) (水野敬三郎)

いんぷもんいん　殷富門院　一一四七―一二一六　雅仁親王(のちの後白河天皇)の第一女。亮子内親王。母は藤原季成の女の成子(のち高倉三位)。久安三年(一一四七)誕生。保元元年(一一五六)四月十九日、内親王(名字亮子は藤原永範の撰進)となり、即日伊勢斎宮となる。同三年八月十一日、野宮より退下。寿永元年(一一八二)八月十四日、安徳天皇の准母として皇后となる。文治三年(一一八七)六月二十八日、皇后宮職を停められ、院号を授けられて殷富門院と称した。後鳥羽天皇の国母。建久三年(一一九二)十一月九日出家。法名真如観(一説に真如理)。建保四年(一二一六)四月二日七十歳で没した。建久三年春、後白河法皇より金剛勝院および押小路殿を伝領。なお九条兼実の子良恵、後鳥羽天皇の皇子長仁親王・守成親王(のちの順徳天皇)、以仁王の子道尊を猶子とした。治承四年(一一八〇)五月には同腹の弟以仁王の第に居たことがある。正治二年(一二〇〇)建立の安井殿蓮華光院は御願寺。

[参考文献]『大日本史料』四ノ一四、建保四年四月二日条 (辻　彦三郎)

いんぷもんいんのたゆう　殷富門院大輔　生没年不詳　平安時代後期の女流歌人。父は藤原信成、母は文章博士菅原在良の女。斎宮亮子内親王(後白河院皇女、のちの殷富門院)に仕え、約四十年間歌壇に活躍した。歌林苑にも属し、賀茂社奉納百首選に加えられ、晩年十数年間は諸社寺で歌会を主催した。文治年間(一一八五―九〇)に家集『殷富門院大輔集』を自撰、建久三年(一一九二)主君に従い出家した。正治二年(一二〇〇)ごろ七十歳ぐらいで没。現存する作歌約四百首。『千載和歌集』以下全勅撰集に計六十三首入る。穏やかで筋の通った詞句や叙述の中に深い思想のこもった歌が多い。

[参考文献]森本元子『私家集の研究』 (森本　元子)

いんべのひろなり　斎部広成　生没年不詳　奈良・平安時代前期の官人。大同二年(八〇七)平城天皇の下問に応じ、のちに『古語拾遺』と呼ばれた上表を記し、朝廷の祭祀職をめぐる斎(忌)部氏の役割を主張した。忌部氏は中臣氏とともに朝廷の祭祀を担当していたが、同族の藤原氏の権勢を背後にもつ中臣氏が勢力を強め、忌部氏を排斥する動きが天平七年(七三五)ごろから顕著となり、大同元年には、忌部・中臣両氏の職掌争いが頂点に達した。朝廷は祈禱や臨時祭の奉幣使に両氏が並んで任につくべきであるとの裁定を下したが、広成は『古語拾遺』で忌部氏の由緒を明らかにするとともに、中臣氏に対する多年の忿懣を十一ヵ条にわたって吐露した。時に年八十余歳。同三年正六位上から従五位下となる。

[参考文献]山本信哉「古語拾遺の史的価値と其の後世に及ぼせる影響」(史学会編『本邦史学史論叢』上所収)、佐伯有清「古語拾遺と新撰姓氏録」(『古代史への道』所収) (佐伯　有清)

いんべのまさみち　忌部正通　生没年不詳　『神代巻口訣』の著者。その伝記は一切不明で、その著に貞治六年(一三六七)の自序があり、南北朝時代ごろの神道家とみられるが、儒教・仏教を異国のものと排しながら、儒学とくに宋学の理気説をとりいれ倫理的に説く内容、ことに三種の神器についての解説などよりすれば、少しく後世の人とみるか、またはその著は後人の仮託とみざるを得ない。その説くところ、高天原とは空虚清浄の名、人にあっては無一念の胸中であるとし、その高天原に所生の天御中主尊は明理の本源、高皇産霊尊は万物化生の神、神皇産霊尊は霊降って生物の魂となる神と説き、三神は

一神にして国常立尊と同一理であるとのごとくで、一条兼良の『日本書紀纂疏』の神儒仏一致の立場と異なり、神道を本邦の正路としての理説で一貫している。忌部神道の展開に影響を与えた。

参考文献 宮地直一「忌部正通の神道説」(『神道史』中付録二所収)、辻本直男「忌部正通の神代巻口訣」(『歴史教育』一一・一二)
(鎌田 純一)

いんゆう 印融 一四三五—一五一九 室町時代後期の真言宗僧。ことに関東の学僧として著名。武蔵久良岐郡久保の人という。寛正元年(一四六〇)武蔵小机鳥山の三会寺において賢継から伝法をうけた。その後、高野山の無量光院に住したが、長享二年(一四八八)ごろから武蔵に帰り、金沢光徳寺・河口錫杖寺・杣保氷河郷由木村明王堂・三会寺などの諸寺に住し、観護寺(横浜市緑区小山町)において永正十六年(一五一九)八月十五日寂した。八十五歳。墓は同寺にある。『杣保隠遁鈔』二十巻をはじめ二十余の撰述がある。そのうちには、『作文大体』『文筆問答鈔』のごときもあり、また『韻鏡』を書写した。撰述聖教の写本は、横浜の宝生寺に多く所蔵されている。

参考文献 『大日本史料』九ノ九、永正十六年八月十五日条、卍元師蛮『本朝高僧伝』一八(『大日本仏教全書』)、伊藤宏見『印融法印の研究』伝記篇
(田中 久夫)

う

うえさねかず 上真葛 一二三二—八八 鎌倉時代の雅楽家。雅楽の流派の一つ、奈良方に属する狛《こま》氏の出身。上家の始祖。貞永元年(一二三二)生まれ。幼名真福丸、元近葛、実葛。『教訓抄』の著者狛近真の三男、甥は『続教訓抄』の著者狛朝葛。竜笛および左舞を専門とし、興福寺など奈良を中心にした寺院・神社で演奏、時には宮廷に召されて演奏にあたった。昇進して従五位下右近将監(一説に従五位上左近将監)に至り、正応元年(一二八八)五月二十日没す。五十七歳。
(蒲生美津子)

うえすぎあきさだ 上杉顕定 一四五四—一五一〇 室町時代後期の関東管領。四郎、民部大輔、右馬頭、可淳と号し、四郎入道とも呼ばれた。享徳三年(一四五四)、越後守護上杉房定の次男として生まれたが、関東管領上杉房顕の養子となり、文正元年(一四六六)二月十一日、房顕が武蔵国五十子の陣(埼玉県本庄市)で没すると、十三歳でそのあとを継いだ。顕定が生まれた享徳三年に関東公方足利成氏《しげうじ》は管領上杉憲忠を誅殺し、これを発端として関東の擾乱が開始され、関東公方方と管領上杉方の長期にわたる攻防のなかで、戦線が固定化し、公方成氏は古河(茨城県古河市)を拠点として東上野・下野・下総を抑え、上杉方は西上野・武蔵・相模を掌握し、両者はほぼ利根川をはさんで対峙し合っていた。この時点で顕定は、幕府や越後上杉氏の援助を得て、武蔵五十子の陣の上杉方の総帥として管領に就任した。文明三年(一四七一)六月に顕定の部将長尾景信らが、古河城を攻撃し成氏を一時下総に没落させている。しかし同八年六月に、顕定の家臣長尾氏の内紛から、長尾景春が反乱をおこし、鉢形城(埼玉県大里郡寄居町)から五十子の陣を襲い、これによって長期にわたる五十子の陣は崩壊し、翌年正月顕定は上野の那波に逃れた。景春は成氏と結び、上杉方と対立したが、同十年一旦顕定と成氏は和睦し、やがて幕府と成氏との和睦に発展した。長享二年(一四八八)から永正元年(一五〇四)にかけては、顕定は扇谷上杉氏の定正およびその養子の朝良と対立した。相模実蒔原・武蔵菅谷原・武蔵立河原・武蔵河越城(埼玉県川越市)などで合戦が行われ、北条氏・今川氏などが扇谷上杉氏を援助し、越後守護上杉房能(顕定の実弟)は守護代長尾能景を関東に派遣して顕定を救援した。以上の十五世紀後半の半世紀にわたる断続的な戦乱の過程で、上杉氏の権力は衰退に向かう。上杉氏の権力基盤は、被官の総社・白井・足利の三長尾氏と上州一揆といわれる西上野を中心とした在地領主集団であったが、白井長尾景春は、顕定の命に従わず、東上野の新田荘の由良(横瀬)氏や上州一揆の旗頭の長野氏の独立的傾向が著しくなった。顕定はこの衰勢を越後の軍事力で補っていた。顕定は西上野の平井城(群馬県藤岡市)を本城とし、東山道筋の碓氷川沿岸の八幡荘(群馬県安中市)を南北朝時代の上野入部以来の本拠地として抑え、西上野・武蔵の在地領主層を掌握していた。八幡荘板鼻には菩提寺の海竜寺があり、文亀二年(一五〇二)八月に顕定は老母の十三回忌の仏事供養を盛大に営んでいる。永正四年八月越後守護上杉房能がその養子定実を擁した守護代長尾為景に越後国頸城郡天水(新潟県十日町市松之山町)で攻殺されると、顕定とそ

上杉顕定花押

の子憲房は報復のために同六年七月上野・武蔵の兵を率いて越後に進攻し、為景を越中に追い落し、みずからは府内（新潟県上越市）にとどまって越後の支配を行なった。しかし信濃の高梨政頼らの国人が蜂起して、長尾為景を擁して越後に攻め入り、一月余の戦闘の末、同七年六月二十日越後国魚沼郡長森原（新潟県南魚沼市六日町）において顕定は敗死し、憲房は上野に逃げ帰った。五十七歳。法名海竜寺可淳皓峯。

参考文献 『大日本史料』九ノ二、永正七年六月二十日条、高橋義彦編『越佐史料』三、渡辺世祐『室町時代史』、峰岸純夫『中世の東国―地域と権力―』、羽下徳彦「越後に於ける永正―天文年間の戦乱」（『越佐研究』一七）　（峰岸　純夫）

うえすぎあきふさ　上杉顕房　一四三五―五五　室町時代前期の武将。扇谷上杉持朝の子。永享七年（一四三五）生まる。幼名三郎。修理大夫、弾正少弼。宝徳元年（一四四九）、父の持朝は、顕房に家督を譲って武蔵国河越城（埼玉県川越市）に隠退、顕房は家宰の太田資清（道真）とその子の資長（道灌）に補佐された。翌二年四月、父とともに足利成氏を江ノ島に攻め、相模国七沢・糟屋に拠り、十月鎌倉に帰った。さらに成氏が享徳三年（一四五四）十二月、若い山内上杉憲忠を急殺したため、成氏と両上杉氏の争いはついに勃発し、関東は大混乱となった。康正元年（一四五五）正月、武蔵野で成氏方と両上杉方の合戦が行われた。合戦は、正月二十一日と二十二日が特にはげしく、立河原（東京都立川市）・分倍河原（同府中市）・高幡（同日野市）などで行われ、両軍の死傷者が続出した。顕房は、敗走の途中夜瀬（東京都三鷹市）で戦死、上杉憲顕（禅秀の子）や大石房重・重仲らも戦死した。ときに顕房二十一歳。法名は文明道光。顕房のあとはその子の政真がついだ。

参考文献 『立川市史』上、児玉幸多・杉山博『東京都の歴史』（『県史シリーズ』一三）　（杉山　博）

うえすぎあきよし　上杉顕能　生没年不詳　南北朝時代の武将。父は重行（上杉頼重の女西御方の子）。山内憲顕の子能憲とともに、重行の兄重能の猶子となる。修理亮、のち民部大輔。養父重能は、足利尊氏・直義兄弟の争い（観応擾乱）の端緒をなした人物で、直義党の有力者であったが、尊氏＝高師直らの策謀で殺された。観応二年（一三五一）二月、両者の争いが直義方の優勢のうちに終熄した時、能憲は同二十六日師直らを摂津の武庫川で殺害し父の仇を討った。こうした状況のなかで顕能は、直義党の部将として、尊氏方の高師夏に代わって備後国守護に任ぜられ、この年六月ごろまでは在職した。しかし中央における両党抗争の影響を受けてか、八月には尊氏方の岩松頼宥が守護として現われ、その後の顕能の消息は不詳である。

参考文献 佐藤進一『南北朝の動乱』（中央公論社『日本の歴史』九）　（杉山　博）

うえすぎうじのり　上杉氏憲　？―一四一七　室町時代前期の関東管領、上総・武蔵の守護。右衛門佐。出家して禅秀と号し、鎌倉の釈迦堂谷に住んでいたので釈迦堂殿と呼ばれた。犬懸上杉朝宗の子。応永十六年（一四〇九）七月、足利満兼が死ぬと、朝宗は上総国長柄山（千葉県長生郡長柄町）の胎蔵寺に隠退したので、氏憲が犬懸家の中心となった。同十八年二月九日、病気の山内憲定のあとをうけて関東管領に就任。二十二年五月二日辞職するまで四ヵ年余この要職にあった。しかし犬懸・山内両家は多年不和であって、憲定やその子の憲基らは氏憲の就任に不満であった。二十一年八月二十五日朝宗が七十六歳（？）で没し、両家の対立はますます激化した。たまたま二十二年四月、犬懸家の家人で公方の足利持氏に仕えていた越幡六郎（常陸の住人）が罪を犯したという理由で出仕をとめられたうえ、所領まで没収されると、氏憲はこれを不満とし、ついに五月二日管領職を辞し、翌年十月二日、足利満隆・持仲ら持氏に不満をもつ同志を結集して、持氏の御所を急襲した。これがいわゆる上杉禅秀の乱の発端である。持氏は、いったん憲基の家にのがれたが、氏憲らの来攻にあって小田原に走り、ついで駿河国瀬名（静岡市）までのがれた。こうして氏憲の叛乱は、成功したかに見えたが、幕府が持氏を支持し、駿河の今川範政、越後の上杉房方らに持氏を救援させるに至って、形勢は逆転した。二十四年正月五日、氏憲らは武蔵の世谷原で武蔵国の江戸・豊島氏らと戦い、これを敗ったが、九日には憲基の弟の佐竹義人らの越後勢と戦い、大打撃を受けて鎌倉に逃げ帰り、十日、氏憲・満隆・持仲らは、鶴岡八幡宮の別当実性院快尊（氏憲の子）の雪ノ下の坊で自害した。

上杉氏憲花押

参考文献 『鎌倉市史』総説編、渡辺世祐『関東中心足利時代之研究』　（杉山　博）

うえすぎかげかつ　上杉景勝　一五五五―一六二三　安土桃山・江戸時代前期の大名。越後春日山城・会津若松城主、出羽国米沢藩主。幼名を卯松、喜平次と称し、はじめ顕景と名乗った。弘治元年（一五五五）十一月二十七日に生まれる。父は越後国魚沼郡上田荘坂戸（新潟県南魚沼市）城主長尾政景、母は越後守護代・春日山城主長尾為景の娘（謙信の姉にあたり、慶長十四年二月十五日、米沢で没している）。政景の次男（兄は左京亮義景）というが不詳。二妹あり、上杉景虎・上条弥五郎に嫁す。永禄七年（一五六四）父の急死の後、叔父上杉謙信の庇護をうけ、春日山城に移る。天正三年（一五七五）正月、上杉の名字、弾正少弼の官途、景勝の名乗りを与えられ、同年二月成立の『上杉家軍役帳』には「御中城様」の名で筆頭の地位を占める。同六年三月謙信の死後、直ちに遺言と称して実城を掌握し、御館（前関東管領上杉憲政の居館）に拠る上杉景虎と戦う（御館の乱）。景虎を援ける

上杉景勝花押

と称して来攻した武田勝頼と、その妹菊姫と婚姻を結んで和睦し、その力を背景に七年三月景虎を滅ぼし、上・中越の旧族を撃破し、八年六月争乱を収め、翌九年以後、直江兼続(樋口与六)を執政とし、直臣団(上田衆)による専制支配の基盤を確定した。九年には国外から越中(佐々成政)、十年には北信(森長可)・上野(滝川一益)などの織田信長軍に攻囲され、国内でも信長に内応した下越の旧族新発田重家の反抗にあって危機に陥ったが、同年六月、本能寺の変により窮地を脱す。十一年七月徳政令を発し、御館の乱後の安定を計る。その年、羽柴秀吉と連携し、のち人質供与を要求されると、養子亀千代(畠山義春=上条政繁の子)を大坂城におくり、豊臣政権に服し、十四年六月、石田三成・増田長盛を介して、大坂城で秀吉に臣従の礼をとり、その奏請で従四位下・左近衛権少将に叙任、独自の戦国大名から豊臣政権下の一大名へと転化した。秀吉の権力を背景に、十五年十月新発田重家を滅ぼし、越後統一を実現し、十七年六月には佐渡(羽茂本間氏ら)を討ち分国とする。この間、十六年五月、再び上洛し、従四位上、参議・左近衛中将に叙任、六月、秀吉から在京料一万石を近江に与えられ、八月には摂津平野の豪商末吉利方とも接触した。十八年三月秀吉の小田原征伐に従い、前田利家とともに上野松井田城、武蔵鉢形・八王子両城を攻略。ついで大谷吉継とともに出羽の太閤検地、奥羽の一揆鎮圧に従事、出羽庄内三郡の領有を認められた。文禄元年(一五九二)肥前名護屋に出陣、翌年六月朝鮮熊川に出陣し、同九月帰陣。三年正月伏見城惣構普請に四千人の動員を命じられる。九月、全家臣団の知行高を調査し『定納員数目録』を集成、これが家臣団統制の画期となった。十月、秀吉を京都の邸に招じ、借財を重ねる。この秀吉の御成により従三位、権中納言に叙任。四年十月越後・北信の太閤検地終了(奉行増田長盛)。十二月伏見上杉邸の新築成り、移住(留守居役千坂対馬守)。慶長二年(一五九七)正月伏見船入修築に従事。この年、独自の方式による越後検地(河村検地)を施行し、ついで越後国郡絵図を作成、土地制度の画期をなした。分国の領知高概況は、越後四十五万石、佐渡十四万石、出羽庄内三郡十四万石、北信濃四郡十八万石で、約九十万余石にのぼる。同三年正月十日会津国替を命じられ、三月に移住。旧領のうち越後・北信を取り上げられ、蒲生氏旧領陸奥七十四万石、出羽長井郡十八万石を与えられ、概算百二十万石。分国二十八支城に直臣・外様を入組配置し、執政中枢は直江兼続が引き続き掌握し、三奉行のほか諸郡の代官に兼続直属の吏僚層を配して、独裁を強化した。景勝は秀吉の死により十月上洛、いわゆる五大老の一人として政局収拾に奔走し、同四年八月帰国、この年、分国内の家数・人数調査を実施した。五年二月、神指原に新城着工。五月には、石田三成と結び徳川家康と対抗して、会津に挙兵し、最上・伊達氏と交戦、八月、旧領越後へも一揆軍などで攻撃したが、十月、関ヶ原の石田方敗北を知り撤兵し、十二月、徳川家康に降伏する。このころから、兼続と家康の重臣本多正信との接近が始まり、景勝の政治的地位に影響する。六年七月、家康の命により伏見に赴き、八月十六日削封され、出羽米沢三十万石(置賜郡十八万石余と陸奥信夫・伊達の両郡十二万石余)を保有するのみとなり、十一月、米沢城に移った。ここに豊臣政権下の第三位の大大名から徳川氏下の大名に転落するに至った。八年二月、江戸城外の桜田に邸地を与えられる。十月、家中掟十三ヵ条を制定、十二年十月、十八ヵ条の掟を制定。十四年四月、幕府の銚子築港の普請役に東北諸大名とともに従事。六月、幕府から軍役高三分の一(十万石)を免除される。この年、米沢城下町の整備拡張に着手。十七年、謙信の祠堂「御堂」を二ノ丸に造営し、上杉家菩提所と

「円量」

「森帰掌内」

「立願勝軍地蔵摩利支天飯縄明神」

「虚空蔵竜」

「摩利支天月天子勝軍地蔵」

「森帰掌内」

「阿弥陀日天弁財天」

「森帰掌内」

上杉景勝印

する。慶長十九年十月、翌元和元年(一六一五)四月の大坂冬・夏の両陣に従軍。このころ『邑鑑』を作成し、領国支配の基礎を確定した。元和九年三月二十日、米沢で死去。六十九歳。紀伊国伊都郡の高野山清浄心院(和歌山県伊都郡高野町)に葬り、米沢の法音寺にも分骨埋葬。法名は覚上院殿空山宗心大居士。五月十六日、子定勝嗣ぐ。 →直江兼続《なおえかねつぐ》

参考文献 高橋義彦編『越佐史料』四―六、『覚上公御書集』、『上杉年譜』、『上杉家記』、『寛政重修諸家譜』七四九、『上杉家御書集成』二(『上越市叢書』七)、『上越市史』別編2上杉氏文書集二、藩政史研究会編『藩制成立史の綜合研究 米沢藩』、木村徳衛『直江兼続伝』、『上越市史』別編一、『新潟県史』通史編二

(藤木 久志)

うえすぎかげとら 上杉景虎 ?―一五七九 戦国時代の武将。北条氏康の七男。三郎。永禄二年(一五五九)、『小田原衆所領役帳』の武蔵小机衆筆頭に三郎殿として千六百三十二貫百十二文の役高で登録されている。同十二年北条氏は氏政の次男国増丸を上杉謙信の養子とする約束で講和するが、元亀元年(一五七〇)四月、三郎が国増丸の身替りとされ、遠山康光らを伴い越後春日山に移る。謙信は、関東管領職を継がせる意図からか、三郎に上杉の姓、景虎の前名を与え、姪(景勝の妹)をめあわせ、城内三ノ丸に置いた。天正六年(一五七八)三月謙信急逝後、上杉景勝と相続を争い、兄北条氏政・越後旧族らの後援をうけ、前管領上杉憲政の「御館」に拠り抗戦。翌年三月、敗れて妻と九歳の子道満丸を失い、信濃脱出を

上杉景虎花押

上杉景虎印

企てるが、同二十四日越後国頸城郡鮫尾城(新潟県妙高市)に自害。二十六歳前後。徳源院要山浄玄。越後国古志郡栃尾(新潟県長岡市栃尾町)常安寺に葬る。

参考文献 高橋義彦編『越佐史料』四・五、杉山博「(駿河戸倉城主・武蔵小机城主)北条氏堯とその文書」(『(年報)後北条氏研究』一)、『上越市史』別編一・二

(藤木 久志)

うえすぎきよかた 上杉清方 ?―一四四六 室町時代前期の武将。越後守護上杉房方の四男。関東管領上杉憲実の弟。兵庫頭。永享十一年(一四三九)二月の永享の乱の後、管領憲実は、六月職を辞して出家、十一月藤沢(神奈川県藤沢市)に退き、十二月伊豆国奈古屋の国清寺(静岡県伊豆の国市韮山町)に隠棲したが、この時清方は兄憲実に招かれて越後から鎌倉に入り、幼い憲忠(憲実の子)の名代として、事実上関東管領の職務を行なった。同十二年には幕命を受けて、足利持氏の遺児を擁して挙兵した結城氏朝を討つべく、四月十九日鎌倉を出陣し、諸将を督戦して、嘉吉元年(一四四一)四月十六日、結城城を落として鎌倉に帰り、乱後の関東の政治を行なった。文安三年(一四四六)、持氏の遺子の乙若丸を連れて上洛して、その帰途越後と越中の界の境川で自殺したという(『簗田家譜』)。清方は兄の憲実とともに持氏とその遺児らを自殺せしめた責任上自殺したといわれている。清方の子に房定・房実がおり、房定は越後上杉家を継承し、房実は上《じょう》条《じょう》上杉家をついだ。法号最勝院笑中道旦。 →上杉憲実《うえすぎのりざね》

上杉清方花押

参考文献 『鎌倉市史』総説編、渡辺世祐『(関東中心)足利時代之研究』

(杉山 博)

うえすぎけんしん 上杉謙信 一五三〇―七八 戦国時代の武将、越後国の大名。享禄三年(一五三〇)正月二十一日、越後守護代長尾為景の末子として生まれた。生年の庚寅《かのえとら》にちなんで童名を虎千代といい、元服して平三景虎と称す。天文五年(一五三六)長尾為景は、上田(新潟県南魚沼市塩沢町)の長尾房長や揚北《あがきた》衆、上条《じょうじょう》定憲や宇佐美・柿崎氏らに攻められ窮地に立ち、八月守護代職を嫡子晴景に譲り、十二月に死没。その葬儀のときには府中(新潟県上越市)の膝もとまで敵軍が迫り、虎千代までが甲冑に身を固めて葬列に加わる有様であった。ここで虎千代は長尾家の菩提寺である春日山(上越市)の林泉寺の天室光育に預けられた。晴景は朝廷から「私敵治罰」の綸旨を下されたが、翌六年揚北衆と和し、姉(仙洞院)を房長の長子政景におくって上田長尾氏と結び、上杉定実を守護の座に復活させた。しかし定実が伊達稙宗の三男時宗丸(実元)を養子に迎えようとするとこれに反対し、ために越後は再び乱れ、さらに黒田秀忠も叛いた。景虎はすでに同十二年叛乱鎮圧のために中越地方に乗り出し、栃尾城(新潟県長岡市)にあったが、栖吉《すよし》長尾家に援護されて中越を平定し、十五年黒田一党をことごとく自害させた。このため景虎の武名はあがったが、晴景や政景と対立。守護の上杉定実の斡旋により、十七年十二月晦日、景虎が兄晴景のあとをつぐという形で春日山城に入った。政景は上田の坂戸城によって、景虎方の栖吉(新潟県長岡市)や栃尾と抗争していたが、景虎は翌十八年関東管領上杉憲政を援けることにし、宇佐美定満・平子《たいらご》房長を味方にひきいれ、翌十九年二月定実が没し越後の実権を握ると、上田討伐を決意し、二十年八月ついに長尾政景父子を屈服させた。ついで二十二年四月および八月、北信濃に迫った武田信玄を迎えて信濃国川中島(長野市川中島辺)に出兵、関東と信濃との二正面作戦を展開する。また、この年上洛して後奈良天皇から隣国の敵討伐の勅

上杉謙信花押

命を蒙り、幕府や本願寺、さらに越前の朝倉氏と好を通じ、徹岫宗丸に参禅して宗心という法名を与えられ、十二月帰国した。弘治元年(一五五五)、北条《きたじょう》高広が信玄に応じて挙兵したため甲・越の対立は決定的となり、七月景虎は川中島に出陣、対陣五ヵ月に及んで、今川義元の斡旋により両軍とも兵を引いたが、この滞陣中に越後国侍の士気は弛緩し、内紛は激化した。もともとかれらは景虎の家臣ではなく、それぞれが館と城をもち、一族・被官を従える小領主で、小国衆・上田衆・栖吉衆・与板衆などのように組織されつつ、内部的には矛盾や対立をはらんでいた。国主の役割はかれらの地位を安堵し、矛盾を緩和し、給恩を与えて忠誠を期待することであるが、空しく撤退した景虎は、裁定者・統率者としての権威を失墜した。やがて景虎に近い上野家成と上田衆の下平修理との抗争で、公銭方(財務機関)の大熊朝秀が下平を支持し、老臣本庄実乃がこれに対立し、執政府の分裂を見ることになった。ここで景虎は突如隠退を決意し、二十七歳の若さで出家するため比叡山に向かったが、長尾政景が家臣群を代表して帰国を要請すると、景虎は国人たちに誓紙と人質を出すという条件を認めさせて、家臣統制を強化することができた。一方、大熊朝秀は武田信玄のもとに走り、信玄は弘治三年信濃の葛山城を抜き、飯山城(長野県飯山市)に迫ったので、景虎は四月出陣して善光寺に布陣したが、決戦に至らず九月帰国。この年相模の北条氏康に追いつめられた上杉憲政が越後に亡命し、景虎に上杉家の家督と関東管領職・系譜・重宝を伝えようとした。景虎は永禄二年(一五五九)上洛して将軍の許諾を得、十月二十八日祝宴を開き、憲政のためには、「御館《おたて》」を造営した(ここは現在の国道一八号線と北陸本線の交差するところで、明製の青磁・白磁・天目・染付や古銭・古瀬戸・古越前・珠洲焼・燈明皿・硯・櫛や朱塗りの大盃の破片が出土している)。かくして同三年九月、景虎は憲政とともに大軍を率いて関東に入り、翌四年三月小田原城を攻撃した。しかし、この年長尾家領の藪神・妻有・上田の三荘に徳政令を発し、また前年の出陣直前に越府での諸役・地子を五年間免除するという政令を出していることからも知られるように、景虎の遠征を支える領国の基盤はなお弱く、関東諸将の軍勢に依存しなければならなかった。ために小田原城攻囲軍は四月九日ごろからくずれ始め、景虎は鎌倉に退いて鶴岡八幡宮に参詣し、管領職襲職を明らかにして名を上杉政虎と改め、足利藤氏を関東公方に立てた。しかし北条氏康の反攻によって鎌倉を放棄し、上野国厩橋(前橋市)にひきあげ、ついで六月二十八日越府に帰着した。武田信玄の部将高坂昌信が、川中島を見おろす位置に海津城を築いていたからである。政虎は関東に対しては佐竹義昭と結んで北条氏をおさえ、会津の蘆名盛氏、出羽庄内の大宝寺義増の援軍を依頼して西頸城に布陣せしめることとし、府中の留守は長尾政景・蔵田五郎左衛門に委ね、北陸方面は越中へは斎藤朝信・山本寺《さんぼうじ》定長を派遣して一向一揆をおさえ、越中出陣という名目で八月十四日川中島へ出発した。越後勢の構成は、先手は信濃衆、次に外様国衆であり、政虎の本隊は譜代と一門で編成されていた。両軍は九月十日八幡原で決戦したが、越後軍は犀川を越えて善光寺に退却、ついで帰国した。やがて北条氏康が反攻に転じ、信玄も碓氷峠を越えて上野に出兵、成田・佐野・小山・小田などの上杉方の諸将も相ついで北条方についた。政虎は将軍足利義輝の偏諱を得て永禄五年初頭

「地帝妙」

「宝在心」

「立願勝軍地蔵摩利支天飯縄明神」

「円量」

「摩利支天月天子勝軍地蔵」

「円量」

「阿弥陀日天弁才天」

「梅」

上杉謙信印

上杉謙信画像

から輝虎と称していたが、こののち連年三国峠や田口・関山の豪雪を踏んで関東－越後－信濃の間を転戦往来せねばならなかった。同七年春、信玄は野尻島城を陥れて越後に侵入、蘆名盛氏の会津軍も菅名荘（新潟県五泉市村松町）へ侵入した。十一年には越後の本庄繁長、越中の椎名康胤、出羽の伊達輝宗、常陸の佐竹義重らも信玄と結ぶなどの動きがあったが、信玄が今川氏真を攻めたため、上杉と北条は接近し、翌十二年に越相同盟が成立、翌元亀元年（一五七〇）氏康の子三郎氏秀が輝虎の養子に送られた。輝虎はこれに景虎の名を与え、長尾政景の女（景勝の妹）を妻として与えた。翌二年になると北条と武田は和を復し、信玄は越中の一向一揆に輝虎を牽制させつつ、同三年西上の軍を起した。このため輝虎は織田信長と同盟し、越中富山城を攻略、天正元年（一五七三）信玄が病死すると、急速に越中を平定する。翌二年十二月剃髪、法印大和尚に任ぜられ謙信と称するが、同四年信長と断交して本願寺と結び、能登に進んで翌五年九月十五日七尾城（石川県七尾市）を手に入れ、加賀の湊川（手取川）で織田軍を撃破した。さらに関東平定を実現せんとし、六年正月陣触れを行い、三月十五日を進発の日と定めたが、十三日の午後脳溢血で永眠した。年四十九。不識院殿真光謙信と法諡す。かれは身長六尺に近く、目つきの鋭い偉丈夫であったが、和歌に巧みで、甥の景勝に習字の手本を書いて与えるなど、人情味のある武将でもあった。ただし「霜満二軍営一秋気清（下略）」の詩は生涯で唯一の漢詩で、彼の作かどうか疑問とされている。なお、越後には室町時代以来三条西家を本所とする青苧座があり、守護上杉氏の雑掌神余《かまり》氏が常に在京して同家や京師の動向を本国に送っていたが、このようなつながりは謙信の時代にもある程度受け継がれていたと思われる。→上杉憲政《うえすぎのりまさ》 →武田信玄《たけだしんげん》 →北条氏康《ほうじょううじやす》

［参考文献］ 高橋義彦編『越佐史料』三－五、布施秀治『上杉謙信伝』、井上鋭夫『上杉謙信』、同『謙信と信玄』（『日本歴史新書』）、矢田俊文『上杉謙信』（『ミネルヴァ日本評伝選』） （井上 鋭夫）

うえすぎさだざね 上杉定実 ？－一五五〇 戦国時代の武将。最後の越後守護。上杉房実の子。文亀三年（一五〇三）上杉房能の養子となる。兵庫頭。永正四年（一五〇七）、守護代長尾為景に擁立され、房能を自害させ、翌年越後守護となる。同七年上杉顕定を敗死させたが、同十年宇佐美房忠に応じて春日山城に挙兵、敗れて逆に為景の居館に幽閉された。為景の没後、長尾晴景に擁せられ、伊達時宗丸を養子に迎えようとしてならず、晴景が弟景虎と争うや、両者を和解させ、景虎を春日山城主とした。天文十九年（一五五〇）二月二十六日没。法号永徳院天仲玄清。越後上杉氏は絶えた。

上杉定実花押

［参考文献］ 高橋義彦編『越佐史料』三・四、井上鋭夫『謙信と信玄』（『日本歴史新書』）、同『上杉謙信』 （井上 鋭夫）

うえすぎさだまさ 上杉定正 一四四三－九四 室町時代後期の武将。扇谷上杉持朝の三男。修理大夫、範亭と号す。嘉吉三年（一四四三）生まる。文明五年（一四七三）十一月二十四日甥の政真が武蔵五十子で足利成氏と戦って敗死すると、政真の家臣らに迎えられ、以後家宰太田道灌らの力で扇谷の家名を高めた。同八年長尾景春が叛乱をおこすと、定正は山内顕定とともに景春に対した。しかし十年正月ごろより顕定と不和となった。顕定は、古河公方成氏と合力して、越後守護上杉房能（顕定の弟）の援助を得て関東を統一しようとしたが、定正はこれに反対した。そして、この山内・扇谷両家不和の間にあって、扇谷家大事と、江戸城と河越城とを補強して、武相の安定化を企図した道灌の態度を、定正は両上杉家への叛逆と見たため、十八年七月二十六日、相模国糟屋（神奈川県伊勢原市）の屋敷に道灌を招いて謀殺し、多くの家臣を失った。顕定が一変して定正に敵対するに至ったことは定正の誤算であった。長享

上杉定正花押

元年(一四八七)定正は、江戸城を補修して顕定に備え、かつての敵であった古河公方や長尾景春と結び、翌年二月五日相模の実蒔原、六月十八日武蔵の須賀谷原、十一月十五日同じく高見原等で顕定と戦った。延徳元年(一四八九)三月二日、定正は、江戸城代の曾我豊後守に書状を書いて、顕定との抗争の由来やその実状を述べたが(『上杉定正状』)、両者の和睦はついに到来しなかった。明応三年(一四九四)七月、定正は、みずから関東の大盗賊と予言した伊勢長氏(北条早雲)と結んで顕定を攻めようとした。しかし十月五日、荒川を渡ろうとして、落馬が原因で急死した。五十二歳。法号護国院大通範亭。定正は、顕定より十歳以上の年長者であり、武事一途に生きたけれども、その一生は誤算の連続であった。(杉山 博)

参考文献 『千世田区史』上、田中義成『足利時代史』、渡辺世祐『室町時代史』、勝守すみ『太田道灌』、前島康彦『太田道灌』

上杉重房像

うえすぎしげふさ 上杉重房 生没年詳 鎌倉時代中期の武士。上杉氏の祖。内大臣藤原高藤の後裔で、もと勧修寺氏を称した。蔵人出羽守清房の次子。式乾門院蔵人・修理大夫・左衛門督。建長四年(一二五二)宗尊親王が将軍として鎌倉に迎えられた時、随行して鎌倉に下り、将軍側近の近習としてはじめて武家となり、丹波国何鹿郡上杉荘(京都府綾部市上杉)を与えられ、以後その地名をとって家名とした。重房の娘は足利頼氏の妻となって家時を生み、また重房の子頼重の娘清子が足利家時の子貞氏の妻となって尊氏・直義兄弟を生み、足利氏の外戚として重用されるようになった。(池永 二郎)

うえすぎしげよし 上杉重能 ?―一三四九 南北朝時代の武将。勧修寺別当宮津入道道免の子、母は上杉憲房の妹加賀局(憲房の娘ともいう)。上杉憲房の養子となり足利尊氏に重用され、元弘三年(一三三三)尊氏に従って上洛して六波羅攻めに参加した。『梅松論』によれば、この時重能は細川和氏とともにひそかに後醍醐天皇より北条高時征伐の綸旨をうけ、近江国鏡駅でこれを尊氏に示して挙兵を促したという。建武政権成立後、尊氏のもとで伊豆守、武蔵国守護代をつとめた。やがて建武二年(一三三五)尊氏追討のため下向した新田義貞らの軍を迎撃した直義らが、三河の矢矧《やはぎ》、駿河の手越河原で敗れた際、浄光明寺に入って剃髪しようとした尊氏を諫めて、これを迎撃することを促した。以後直義に接近して直義の謀将として活躍、引付一番頭人、伊豆守護となったが、やがて執事として尊氏の側近にあって威を振るう高師直らと対立し、直義に師直をしりぞけることをすすめ、直義の計らいによって、いったん師直の執事職罷免は成ったが、のち師直のために謀られ、貞和五年(正平四、一三四九)八月十四日、尊氏の邸を囲んだ師直らによって重能・畠山直宗・僧妙吉の引渡しを求められ、強請に屈した尊氏のため、畠山直宗とともに越前に配流された。同年十二月二十日(二十一・二十三・二十四日説等もある)師直の命をうけた越前国守護代八木光勝のために同国江守荘で殺された。法名報恩寺秀峯道宏。

上杉重能花押

参考文献 『大日本史料』六ノ一二、貞和五年八月十五日条、『太平記』(『日本古典文学大系』三四―三六)、田中義成『南北朝時代史』(池永 二郎)

うえすぎせいし 上杉清子 ?―一三四二 南北朝時代の女性。足利尊氏・直義の母。鎌倉将軍宗尊親王に従って鎌倉に下向した上杉重房の孫。上杉修理亮頼重の女。上杉氏の所領丹波国何鹿郡(京都府綾部市)に育ち、足利貞氏の室となり、尊氏・直義を生んだ。尊氏挙兵のときは鎌倉にあって苦難したが、以後将軍の母として重んぜられた。錦小路殿といわれ、浄妙寺殿雪庭と号した。教養に富み、和歌にすぐれ、『風雅集』にその歌がある。夢窓疎石の後輩古先印元に帰依した。紀伊粉河寺の観音に祈って尊氏を生んだため、建武三年(一三三六)十月粉河寺に戸帳を寄付し、翌四年領地を寄せたという。康永元年(一三四二)十二月二十三日没。法号をはじめ等持院といったが、尊氏にこの号が贈られたため、果証院殿と改めた。従三位、同二年三月従二位を贈られた。墓は京都市の等持院。

上杉清子花押

参考文献 『大日本史料』六ノ七、康永元年十二月二十三日条(豊田 武)

うえすぎぜんしゅう 上杉禅秀 ⇨上杉氏憲《うえすぎうじのり》

うえすぎてるとら 上杉輝虎 ⇨上杉謙信《うえすぎけんしん》

うえすぎともおき 上杉朝興 一四八八―一五三七 戦国時代の武将。父は扇谷上杉朝良の従兄朝寧。幼名五郎、修理大夫。長享二年(一四八八)に生まれる。永正十五年

上杉朝興花押

（一五一八）朝良死没のとき、子息藤王丸幼少のため、名代となったが、天文元年（一五三二）十二月三日、藤王丸を武蔵江戸城で害した。これより前永正十三年、北条早雲が三浦義同を相模の新井城（神奈川県三浦市三崎町小網代）に攻めた際、義同救援のため相模に兵を進め、早雲と戦ったが敗北。大永四年（一五二四）正月、扇谷上杉氏の家老太田資高らが北条氏綱に内通し、氏綱が江戸城を攻めることになったとき、朝興は兵を品川に出し、高縄原で氏綱の軍を邀撃したが敗れ、江戸城に引き上げた。しかし同城も支えることができず、ついに河越城にのがれた。同十月山内上杉憲房の援助をうけ、江戸城奪回を計ったが憲房の変心で挫折。享禄三年（一五三〇）武蔵の府中に兵を進め、氏康と小沢原で戦ったがまた敗れた。その後、相模の大磯・平塚などに侵入したが、家勢を挽回できず、天文六年四月二十七日河越城で没した。五十歳。法名道興。　（佐脇　栄智）

うえすぎともさだ　上杉朝定　㈠一三二一―五二　南北朝時代の武将。重顕の子。左近将監、弾正少弼、正五位下。法名道禅。妻は足利尊氏の姪。元亨元年（一三二一）生まれる。建武四年（一三三七）より翌年にかけて丹後国守護となり、のち引付四番頭人となった。観応二年（正平六、一三五一）正月、足利尊氏・直義兄弟が不和となると、朝定は一族の朝房らと直義のもとに従って尊氏と戦ったが、隠遁しようとした直義を尊氏の命によって説得したり、直義方に京都を追われ和睦して入京した尊氏を自邸にむかえたりして、尊氏・直義の間を周旋していた形跡がある。しかし兄弟の和が再び破れ、同年七月、直義が京都を没落して北国に赴いた際には、朝定はまた直義に従って各地を転戦し、やがて翌文和元年（正平七、一三五二）三月九日、信濃国で死んだ。三十二歳。病死、戦死の両説がある。

上杉朝定㈠花押

参考文献　『大日本史料』六ノ一六、正平七年三月九日条　（池永　二郎）

㈡一五二五―四六　戦国時代の武将。父は朝興。幼名五郎、修理大夫。大永五年（一五二五）生まれる。天文六年（一五三七）四月父の死に伴い、十三歳で扇谷上杉家を継ぎ、その遺命により家勢の挽回をはかり、武蔵国多摩郡に深大寺城（東京都調布市）を築いて、北条氏打倒の機会を窺った。同年七月十一日、北条氏綱は朝定を河越城に撃つため、みずから大兵を率いて出陣、十五日朝定は叔父朝成らとともに、城を出て入間郡三木に兵を進め、氏綱の軍を邀撃したが大敗した。この戦いで朝成は落ち行くところを生け捕られ、朝定は持朝以来の本拠河越城をすてて、難波田弾正憲重の松山城（埼玉県東松山市）にのがれた。二十日になって、氏綱は松山城をも攻めたが、難波田一族らの奮戦により、辛うじて同城を支えることができた。氏綱は北条綱成を河越城に置いてこれを守らせたので、朝定は同城の奪回を企てて攻囲したが、北条軍の善戦にはばまれて成功しなかった。十年七月氏綱は死に子息氏康が家を継ぐが、朝定は山内上杉憲政と和を結び、北条氏にあたることになった。十四年になり、駿河の今川義元は、氏康のために所領を攻略されたことから、憲政と通謀し、氏康を挟撃することになり、九月に朝定・憲政らは河越城を攻囲した。ついで難波田憲重らの計らいもあって、古河公方足利晴氏は氏康と断交して、朝定・憲政を援けることになり、十月に入り河越攻城軍に加勢した。しかし綱成らはよく防ぎ守ったので、城はなかなか陥ちずに年を越した。十五年の四月に入って氏康が河越城を救援するに及んで雌雄を決することになり、二十日の夜、氏康の軍は上杉方の陣を襲って、大いにこれを破った。この河越城の戦で、朝定は敗死した。ときに二十二歳。法名了念正栄。ここに扇谷上杉氏は滅びた。　（佐脇　栄智）

うえすぎともふさ　上杉朝房　?―一三九一　南北朝時代の関東管領。上総・信濃の守護。犬懸上杉憲藤の嫡子。幼名は幸松丸、通称三郎。官は左馬助、中務少輔、弾正少弼。妻は山内上杉憲顕の娘。暦応元年（一三三八）三月十五日の父の憲藤の戦死のときはまだ幼少で、弟の幸若丸（朝宗）とともに、石川入道覚道に養われてのちに鎌倉に帰ったという。貞治三（一三六四）、四年のころ上総の守護、同五年ごろから永和三年（一三七七）ごろまで信濃の守護をつとめた。応安元年（一三六八）平一揆の平定に河越・贄木・宇都宮の諸城に出陣、山内憲顕が没すると、九月十九日憲顕の次男の能憲とともに関東管領となり、「両管領」「関東一方管領」などと呼ばれて、山内・犬懸の両上杉の二人がならんで関東管領に在職することとなった。同三年二月、新田の残党を信濃に追放、八月四日職を辞して上京しようとして能憲らに慰留された。のち、永和三年ごろ上京し、明徳二年（一三九一）京都で没したという。

上杉朝房花押

参考文献　『鎌倉市史』総説編、佐藤進一『室町幕府守護制度の研究』上　（杉山　博）

うえすぎともむね　上杉朝宗　?―一四一四　南北朝・室町時代前期の関東管領。犬懸上杉憲藤の子、朝房の弟。幼名は幸若丸。修理亮、中務少輔。釈迦堂と号し、禅助

上杉朝宗花押

という。暦応元年（一三三八）三月十五日父憲藤が討死したころ、朝宗は生まれたばかりか、あるいは出生前であったらしい。兄の朝房とともに石川入道覚道に養われて鎌倉に入った。貞治四年（一三六五）から永和二年（一三七六）の間に、朝房に代わって上総守護となり、朝房の上洛および死によって、家督を継承した。小山義政および若犬丸の乱では、公方足利満兼方の主将として活躍した。応永二年（一三九五）三月九日関東管領となり、同十二年九月十二日辞職。この間武蔵守護を兼職した。十六年七月二十二日満兼の死にあい、その夜出家して上総国長柄山（千葉県長生郡長柄町）胎蔵寺に隠退した。朝宗は満兼を幼時より育て、満兼もまた朝宗を重用した。二十一年八月二十五日没す。年七十六とも八十一とも伝える。法名は徳泉寺道元禅助。

参考文献『大日本史料』七ノ二〇、応永二十一年八月二十五日条、佐藤進一『室町幕府守護制度の研究』上　（杉山　博）

うえすぎともよし　上杉朝良　？―一五一八　室町時代の武将。朝昌の子、扇谷上杉定正の養子。幼名五郎、治部少輔。明応三年（一四九四）十月、山内上杉顕定と武蔵高見原で対陣中の養父定正が急死、朝良は兵をまとめて河越に帰り、北条早雲・今川氏親と結んで顕定と対抗、永正元年（一五〇四）九月・十月の二回にわたり顕定と武蔵立河原で激闘し、ついに敗れて河越城に逃れた。翌年三月、顕定らに河越城を囲まれて降伏、江戸城に移って隠居し、家を養子朝興に譲って同十五年四月二十一日没。法名建芳。

上杉朝良花押

参考文献『大日本史料』九ノ七、永正十五年四月二十一日条　（池永　二郎）

うえすぎのりあき　上杉憲顕　一三〇六―六八　南北朝時代の武将。徳治元年（一三〇六）生まる。関東執事・関東管領、上野・越後両国守護。山内上杉家の祖。憲房の子、足利尊氏・直義の従兄弟。民部大輔。尊氏が建武政権に叛旗をひるがえして以来直義に属し、建武二年（一三三五）十二月、兄の重能とともに駿河国手越河原で戦い、同三年尊氏に従って入京。尊氏の西走のときは石見に派遣され、東上の時備後で合体して入京、のち関東に下った。同年正月の父憲房の死により家督を継承。上野守護として新田氏根拠地の経略につとめ、同四年五月十九日直義は「当国の沙汰如法殊勝（中略）父子の御忠功誰かあらそふべく候や」と、憲顕の上野支配を激賞した（『上杉家文書』）。四月直義の命により越後に出撃し、八月北畠顕家の兵を下野小山城（栃木県小山市）に攻めた。暦応元年（一三三八）には、はじめ上京していたが、六月に鎌倉に帰り、十二月にはまた直義に呼ばれて上洛したので憲顕に代わって高師冬が下向した。しかし同三年には憲顕も再び関東に帰り、師冬とともに義詮を補佐し、「両管領」と呼ばれた。またこのころ越後守護にも補任された。貞和五年（一三四九）義詮に代わって基氏が関東に下向すると、師冬とともに基氏を補佐した。しかし観応元年（一三五〇）十月、尊氏・直義の争いが激発するや

上杉憲顕花押

上杉憲顕墓

（観応擾乱）、もともと直義党であった憲顕は、十二月一日上野に向けて鎌倉を出て子の能憲に合流した。一方師冬は、十二月二十五日基氏を連れて相模国毛利荘湯山に陣したが、翌二十六日憲顕は基氏をうばい、二十九日には基氏とともに鎌倉に入った。翌二年正月十七日、憲顕は能憲をして師冬を甲斐国須沢城に自害せしめた。こうして憲顕は関東における覇権を確立し、北陸から直義を鎌倉に迎え、東海道を急ぎ下向してくる尊氏をくいとめようとした。このため憲顕は、尊氏によって上野・越後守護を取り上げられた。文和元年（一三五二）正月、尊氏と直義は鎌倉に入り、二月二十六日直義は毒殺されるが、憲顕は反尊氏の旗色を明らかにし、十ヵ年余を北国ですごした。ところが基氏は康安元年（一三六一）当時の関東執事畠山国清を追放し、貞治元年（一三六二）十一月には憲顕を上野・越後守護に還補し、翌年三月再び関東管領に任じた。これを怒って前越後守護宇都宮氏綱と代官芳賀禅可らが叛いたが、基氏・憲顕はこれを攻略し、関東を静謐せしめた。ときに基氏二十四歳、憲顕は五十八歳であった。同六年鎌倉では基氏、京都では義詮が没し、氏満と義満がその遺跡を継承したが、応安元年（一三六八）正月、憲顕は氏満の名代として上洛し、義満の嗣立を祝した。その間に関東では平一揆がおこり、ついで新田義宗・義治らが越後・上野方面で動き始めたため、憲顕は急ぎ関東に帰り、これを鎮圧した。しかしこれが憲

顕の最後の活躍であった。九月十九日、憲顕はその六十三年の生涯を終えた。足利の陣中と伝える。彼はまた伊豆奈古屋(静岡県伊豆の国市韮山町)に国清寺を建立した。法名国清寺殿桂山道昌。国清寺に葬られる。

参考文献『大日本史料』六ノ三〇、応安元年九月十九日条、『鎌倉市史』総説編、佐藤進一『室町幕府守護制度の研究』上　（杉山　博）

うえすぎのりかた　上杉憲方　一三三五―九四　南北朝時代の関東管領。上野・武蔵・伊豆などの守護。憲顕の子。左京亮・安房守。道合と号す。建武二年(一三三五)生まる。永和四年(一三七八)四月十七日の兄能憲、および翌康暦元年(一三七九)三月七日の憲春の死によって、家督を継承し、土岐頼康討伐の関東の大将となり、伊豆の三島に出陣、幕府の命令で四月十五日関東管領となり、二十八日鎌倉に帰る。翌年五月小山義政の叛乱では康暦二年(六月―九月間)、永徳元年(一三八一、六月―十二月間)、同二年(正月―四月間)と連年これを攻め、永徳二年四月十三日ついに義政を自害させた。このとき行方をくらました小山若犬丸は、至徳三年(一三八六)に叛いたので、憲方は鎌倉公方の足利氏満とともに武蔵・下野などに出陣し、若犬丸を追放して十一月帰還した。彼はまた、永徳二年正月関東管領を辞任したが、その年の六月には再任された。憲方に代わるような器量の人がいなかったからであり、関東の諸大名がよく憲方に従っていたからでもある。明徳三年(一三九二)四月二十二日、病気のため職を辞し、子の憲孝が代わった。憲方は鎌倉の山ノ内に居を構え、十余年の長きにわたって関東管領の要職にあり、上野・武蔵・伊豆の守護職を山内上杉家の家督分として確立し、同家の勢力を安定させた。応永元年(一三九四)十月二十四日没。六十歳。彼の創立になる鎌倉の明月院(禅興寺の塔頭)に葬る。法名は明月院天樹道合という。

上杉憲方花押

参考文献『大日本史料』七ノ一、応永元年十月二十四日条、『鎌倉市史』総説編、渡辺世祐『関東中心足利時代之研究』、佐藤進一『室町幕府守護制度の研究』上　（杉山　博）

うえすぎのりさだ　上杉憲定　一三七五―一四一二　南北朝末から室町時代前期にかけての武将。山内上杉憲方の次男。右京亮・安房守。佐々入道と号す。永和元年(一三七五)に生まる。応永元年(一三九四)十月、父の死にあい、翌二年七月、足利義満の下文を得て家を嗣ぎ、伊豆・上野両国の守護となった。同六年の大内義弘の乱(応永の乱)に際して、義弘の誘いに応じて上洛しようとした鎌倉公方足利満兼を諌め、翌年正月には、義弘と通謀の廉によって今川了俊を討つべく幕命をうけながらこれを帰順させるなど、政治力を発揮して幕府と鎌倉府(関東府)の間の融和に努めた。十二年十月、上杉朝宗のあとをうけて関東管領となり、以後公方満兼・持氏を補佐した。十八年正月職を退き、翌十九年十二月十八日没。三十八歳。法名光照寺大全長基。

上杉憲定花押

参考文献『大日本史料』七ノ一七、応永十九年十二月十八日条　（池永　二郎）

うえすぎのりざね　上杉憲実　一四一〇―六六　室町時代前期の武将。越後守護上杉房方の三子。幼名孔雀丸、のち四郎。安房守。応永十七年(一四一〇)生まる。山内上杉憲基の養子となる。同二十六年鎌倉公方足利持氏の管領となり、伊豆・上野守護に任じた。当時、幕府と鎌倉府(関東府)との関係は、二代公方足利氏満、三代公方満兼が幕府に不満を抱き将軍と事を構えようとしながら、ともに管領上杉憲春・憲定の努力によって大きく破綻することなく抑えられてきた確執が、さらにはげしさを加えようとしていた。持氏は同二十四年から同三十年にかけて、上杉禅秀の乱に禅秀に与した甲斐の武田信満、上総の本一揆、常陸の山入与義らを討った。幕府は幕府扶持衆に対する不当な誅伐を責めて今川範政・上杉憲秋らに命じ持氏を討たせようとしたが、憲実は持氏を諌め、建長寺長老勝西堂を上洛させ、持氏の謝罪の意を伝えて幕府との和をはかり事なきを得た。正長元年(一四二八)には持氏が上洛して義持没後、将軍の継嗣と定められた義宣(義教)を襲う謀を立てたのを憲実が諌止しており、永享三(一四三一)・四両年にも幕府に使を遣わして幕府の鎌倉府に対する強硬策の融和をはかるなど、よく幕府との関係の調停につとめた。しかしこのことが、幕府からの独立をはかる持氏には不快で持氏と憲実との間は次第に疎隔していった。持氏の不穏な態度に幕府も警戒を強め、同五・六両年にも幕府は憲実に対して持氏を諌めるように諭している。八年信濃守護小笠原政康が村上頼清と争い、持氏は頼清を援けて出兵しようとしたが、憲実がこれを阻止したため、両者の争いはいよいよ険悪となり、翌年六月には持氏が憲実を討つとの風聞があり、憲実は藤沢に難を避け、やがて持氏が憲実を慰諭することどもあった。十年、持氏の嫡子賢王丸の元服の礼の際、持氏は将軍の偏諱を受ける慣例を無視してみずから烏帽子親と

上杉憲実花押

「長棟」
上杉憲実印

なり義久と名づけた。これに異を唱えた憲実との対立を契機としてまた両者の関係は悪化し、長尾忠政らの奔走にもかかわらず持氏の憲実討伐の風説は広まり、憲実はついに鎌倉を去り、領国上野の白井城に籠った。持氏は一色直兼に追討を命じ、またみずから軍を率いて武蔵高安寺（東京都府中市）に出陣した。将軍義教はこれを鎌倉府討滅の好機として持氏討伐の命を下し、憲実も命をうけて武蔵分倍河原（府中市）に出陣、三浦時高・千葉胤直ら関東諸将の多くも持氏を見限って憲実に応じ、翌十一年二月、戦い敗れ、捕われた持氏は鎌倉永安寺に入った。憲実は義教に持氏の助命を請うたが許されず、持氏は自刃した。憲実は主持氏を自刃せしめた罪を謝して永安寺で自殺しようとして果たさず、剃髪して伊豆の国清寺に退去したが、幕府が憲実の積年の功を認め慰諭したため、翌年四月鎌倉に還って再び政務をみた。嘉吉二年（一四四二）次子竜春（房顕）に越後国内の知行分を譲り、宝徳元年（一四四九）持氏の子永寿王（成氏）が鎌倉に下向するとともに鎌倉を去り、幕府の慰諭にも応じなかった。その後弟道悦とともに諸国を巡歴し、やがて大内氏を頼って長門大寧寺に住み、雲洞庵長棟高岩と号した。文正元年（一四六六）閏二月没。五十七歳。なお憲実は幕府から管理を委ねられていた下野足利荘内の足利学校を再興し、永享十一年宋版の書籍などを寄せ所領を寄進し、諸条目を定めて学徒を養った。 ↓足利持氏《あしかがもちうじ》

[参考文献] 『鎌倉市史』総説編、渡辺世祐『（関東中心）足利時代之研究』、同『室町時代史』、田辺久子『上杉憲実』（『人物叢書』二二二）　（池永　二郎）

うえすぎのりただ　上杉憲忠　一四三三―五四　室町時代前期の武将。憲実の子、母は一色氏、竜忠丸、右京亮。永享五年（一四三三）に生まれる。同十一年父憲実が足利持氏を自刃せしめた自責の念から出家して伊豆の国清《こくしょう》寺（静岡県伊豆の国市韮山町奈古谷）に入った際、ともに伊豆に退居していたが、山内家の家宰長尾景仲らの要請により山内家を嗣ぎ、やがて関東管領となった。憲忠が関東管領となった時期は明らかではないが、文安五年（一四四八）十一月以前である。

上杉憲忠花押

幕命によって鎌倉公方として下向した永寿王（成氏）は憲忠の父憲実のため、父持氏が自刃させられたことを恨み、父持氏に仕えた里見家基の子義実や結城氏朝の子成朝らを重用して憲忠を退けようとしたため、両者の間は不和となり、関東の諸将も相反目した。長尾景仲は扇谷上杉顕房の家宰太田資清と謀り、宝徳二年（一四五〇）四月、成氏を襲ったが失敗した。憲忠は鎌倉を退き相模七沢に籠ったが、やがて幕府の調停もあって和解し、鎌倉に帰った。しかし対立はおさまらず享徳三年（一四五四）十二月二十七日、成氏の鎌倉西御門の邸に招かれ、結城成朝らの兵によって殺された。二十二歳。法名興雲院長釣道洪。 ↓足利成氏《あしかがしげうじ》

[参考文献] 『鎌倉市史』総説編　（池永　二郎）

うえすぎのりとも　上杉教朝　一四〇八―六一　室町時代前期の武将。氏憲（禅秀）の四男、母は武田氏。応永十五年（一四〇八）生まる。幼いころ常陸大掾氏に養われ、長じて治部少輔、伊予守。父禅秀が乱（上杉禅秀の乱）を起して自殺した同二十四年、ひそかに京都へ逃れて剃髪し、丹波にひそんだ。のち将軍足利義持の命によって還俗、永享の乱には幕命により足利持氏討伐軍の一方の将として活躍し、つづく結城合戦には兄持房とともに大将として発向、北陸道より進んで結城城攻囲軍に加わり力戦、自刃した結城氏朝の首級を京都に献じた。長禄元年（一四五七）将軍義政が弟政知を伊豆堀越に下向させた時、政和の執事となる。寛正二年（一四六一）諸国に疫病が流行し、教朝も罹病して死んだ。死没月日は明らかではないが十月二十三日以前である。なお心中苦慮することがあって悩乱して自害したとする説もある。五十四歳。法名大勝常進。　（池永　二郎）

うえすぎのりはる　上杉憲春　?―一三七九　南北朝時代の武将。憲顕の子、左近将監・刑部大輔。応安元年（正平二十三、一三六八）六月、平一揆の蜂起を征討するため武蔵から下野へ出兵、翌七月には越後・上野に挙兵した新田義宗・義治の党を討つため、兄能憲とともに千葉・宇都宮・小山・結城らの諸将を率いて出陣してこれを破った。永和三年（天授三、一三七七）関東管領となり、翌年には能憲にかわって武蔵守護に任じた。康暦元年（天授五、一三七九）かねて室町幕府に不満を抱いていた鎌倉公方足利氏満は、将軍義満が美濃の守護土岐頼康らを追討するため諸将を召し集めていたのに乗じ、上洛して義満にかわって将軍たらんとし、憲春の弟憲方を将として出兵を命じた。憲春はこれを抑えようとして聞きいれられなかったので、同年三月八日、諫書を遺して山内の自邸の持仏堂（報恩寺という説もある）で自殺した。法名大沢院高源道珍。

上杉憲春花押

[参考文献] 『鎌倉市史』総説編　（池永　二郎）

うえすぎのりふさ　上杉憲房　㈠?―一三三六　南北朝時代の武将。頼重の三男。兵庫頭、永嘉門院蔵人。法名は道勲あるいは道勤・道欽。字は雪谿。杉谷と号し、瑞光院と称した。足利尊氏の生母清子の兄として尊氏の信頼が厚く、今川了俊の『難太平記』によれば、元弘三年（一三三三）尊氏が鎌倉幕府に反旗をひるがえしたのは憲房の勧めによったものであるという。北条氏滅亡後、恩賞として伊豆国奈古屋郷（静岡県伊豆の国市韮山町奈古谷）地頭職を尊氏から与えられ、建武政権が成立すると、

足利一門の代表として雑訴決断所の奉行に任ぜられて山陰道・山陽道を担当する三番局に楠木正成らと肩をならべ、建武元年(一三三四)八月、同所の改編によって、東海道を担当する二番局に移った。翌二年、尊氏が建武政権を離脱、中先代の乱を鎮定して鎌倉にとどまった際、新田氏をおさえるため、新田義貞の本拠である上野国の守護職に補任された。三年(延元元)正月、尊氏に従軍し京都に入り、同二十七日、北畠顕家・新田義貞らと四条河原に戦い、尊氏・直義兄弟が苦戦に陥った際、兄弟を戦場から落とすため一族とともに奮戦して深手を負い、祇陀林地蔵堂に入って自刃した。また四条河原に討死とも伝える。

参考文献 『大日本史料』六ノ三、延元元年正月二十七日条 (池永 二郎)

(二)一四六七―一五二五 戦国時代の武将。応仁元年(一四六七)生まる。山内上杉周晟の子、顕定の養子。五郎、兵庫頭。永正七年(一五一〇)六月二十日養父顕定の死後、上野国平井城に拠って、顕定の遺言によって関東管領となった武蔵国鉢形城の上杉顕実(古河公方足利政氏の弟)と争い、同九年七月顕実を倒して山内家を継承した。しかし家臣の長尾景春らに叛かれ、また北条氏綱と抗争し、大永五年(一五二五)三月二十五日病没した。五十九歳。法名を竜洞院大成道憲という。

上杉憲房(二)花押

参考文献 『鎌倉市史』総説編 (杉山 博)

うえすぎのりまさ 上杉憲政 ?―一五七九 戦国時代の武将。山内上杉氏最後の関東管領。上杉憲房の子。大永五年(一五二五)父の死没時まだ幼少のため、古河公方足利高基の次男憲広が一時家をついだが、享禄四年(一五三一)憲政が管領となる。天文十年(一五四一)には、海野棟綱を援けて信州小県郡長窪(長野県小県郡長和町)に出兵しているが、主として境を接する北条氏康と対抗し、扇谷上杉朝定・今川義元と連合していた。同十四年、八万の大軍で河越城(埼玉県川越市)を包囲したが、翌十五年四月、氏康の夜襲で敗北、上野平井城(群馬県藤岡市平井)へのがれた。十八年には越後の長尾景虎に援を求めたが、二十年七月氏康に攻められ、家臣にも見放され、翌二十一年正月平井城を出奔、越府に落ち、平井城の家臣たちは憲政の嫡男竜若丸を氏康に渡して降伏、竜若丸は小田原に連行されて首をはねられた。長尾景虎は平子《たいらこ》・多胡《おおご》・庄田らを関東に派遣したが、氏康は沼田城を堅固に普請して越軍を防いだ。弘治三年(一五五七)憲政は越府に亡命、上杉家の重宝・系譜などを景虎に譲って養子とし、永禄二年(一五五九)景虎は上洛して将軍足利義輝の許諾を得、関東管領を称した。翌三年景虎に擁せられて関東に入り、厩橋城(前橋市)で越年し、古河城(茨城県古河市)に移り、ついで厩橋城に帰り、翌五年越府に帰った。現在の上越市大字八幡小字御館《おたて》はその居館の地である。ここでかれは「管領様」と呼ばれて晩年を過ごしたが、天正六年(一五七八)上杉謙信の死後、養子の景虎と景勝が家督を争い、いわゆる御館の乱がおこると、憲政は景虎とともに御館に立てこもった。御館の乱は武田勝頼の斡旋で一時講和が成立したが、まもなく再発し、翌七年二月、景勝は越府に火を放って御館周辺を焼き払った。三月には御館の命運もつき、十七日、憲政は景虎の一子道満丸を連れて景勝方の陣所に赴いたが、ともに斬殺された。法号臨川寺立山光建。

上杉憲政花押

参考文献 高橋義彦編『越佐史料』四・五、槇島昭武編『関八州古戦録』(『戦国史料叢書』)、井上鋭夫『上杉謙信』 (井上 鋭夫)

うえすぎのりもと 上杉憲基 一三九二―一四一八 室町時代前期の武将。山内上杉憲定の長子として、明徳三年(一三九二)に生まれる。右京亮・安房守。佐介殿と号す。伊豆・上野守護。かねてから関東管領犬懸上杉氏憲(禅秀)と対立していたが、応永二十二年(一四一五)五月、足利持氏が常陸の越幡六郎の所領を没収したことを不満として持氏と対立して氏憲が管領を辞すると、これにかわって管領となった。翌二十三年十月、氏憲は持氏を廃し、憲基を退けようとして謀叛し、持氏・憲基は夜襲をうけて敗れ、持氏は駿河の瀬名(静岡市の東北部)に逃れたが、憲基は伊豆の国清寺(静岡県伊豆の国市韮山町奈古谷)に入ったところを再び襲われて敗れて越後に走った。越後で守護上杉房方の援けを得て兵を集めた憲基は、十二月中旬越後を発し、翌年正月、幕府の追討軍とともに鎌倉に囲んで氏憲以下を自殺せしめ、管領に復した。同年四月二十八日管領を辞し、伊豆三島に退いて剃髪したが、五月二十四日鎌倉に帰り、六月三十日また管領に復した。同二十五年正月四日没。二十七歳。法名宗徳院心元海印。 →足利持氏《あしかがもちうじ》

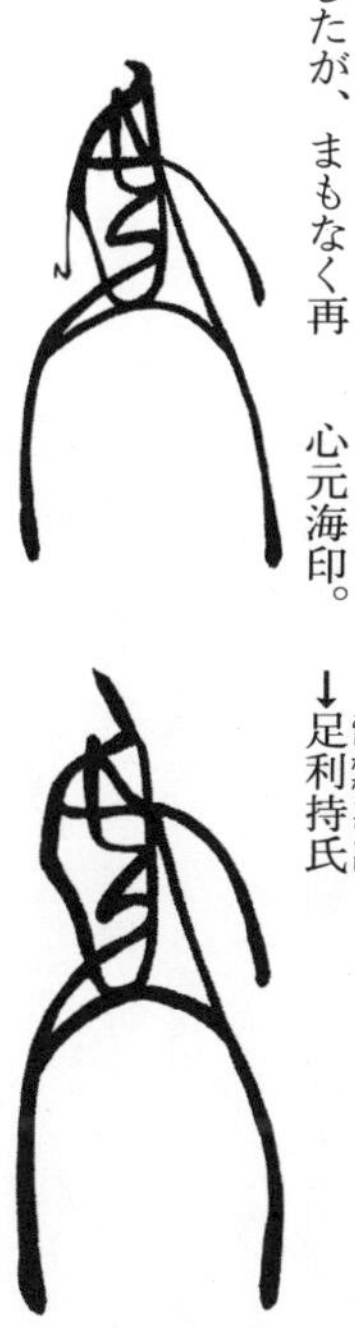
上杉憲基花押

参考文献『鎌倉市史』総説編　(池永　二郎)

うえすぎふさよし　上杉房能　?—一五〇七　室町時代後期の武将。越後国守護。明応三年(一四九四)十月、父房定の死により家督をつぎ、守護となる。はじめ九郎、家督をついで民部大輔。永正元年(一五〇四)十月、実兄の関東管領山内上杉顕定を援け、守護代長尾能景以下の越後衆を率いて関東に出陣、扇谷上杉朝良を河越城(埼玉県川越市)に攻囲するなど武威を誇ったが、国内には同三年十一月の五十嵐氏の反乱など問題があった。上杉氏は代々領国経営を守護代長尾氏以下の被官層に委任する傾向にあったが、房能は明応七年ごろから直接支配を志し、被官層や有力国人に与えられていた郡司不入=守護不入の特権を否定し、国内を動揺させた。そのため守護代長尾為景と激しく対立し、永正四年八月為景に攻められて、同七日松之山郷天水(新潟県十日町市松之山町)に敗死した。彼はまた朝廷への献物、段銭上納につとめ、宗祇の逗留を喜び、近衛政家に物を贈って世尊寺行俊の色紙を得るなど、京都文化への憧憬を示している。法号双碧院陽室常朝。　→上杉顕定《うえすぎあきさだ》　→長尾能景《ながおよしかげ》

上杉房能花押

参考文献　高橋義彦『越佐史料』三、『新潟県史』通史編二、渡辺世祐『室町時代史』、田村裕・坂井秀弥編『中世の越後と佐渡』、羽下徳彦「越後に於る守護領国の形成」(『史学雑誌』六八ノ八)　(羽下　徳彦)

うえすぎもちとも　上杉持朝　一四一八—六七　室町時代前期の武将。扇谷上杉持定の弟という。持定の早世により扇谷上杉家を継承。幼名は竹寿丸。三郎、弾正少弼、修理大夫。応永二十五年(一四一八)生まる。永享の乱には上杉憲実にくみし、永享十一年(一四三九)二月、足利持氏を永安寺に攻めた。同十二年上杉清方とともに結城合戦に参加し、宝徳元年(一四四九)足利成氏(永寿王)が鎌倉に入ると家督を顕房に譲り、翌二年四月、隠居の身で甲冑を身につけて成氏を江ノ島に攻めた。江島合戦は、成氏を取り巻く関東諸将と、両上杉家を取り巻く関東諸将との合戦であり、両上杉氏の当主は若い憲忠と顕房で、その中心は、山内家の家宰長尾景仲(昌賢)と扇谷家の家宰太田資清(道真)の二人であった。合戦は山内憲実の弟の道悦の仲介により和睦が成立し、持朝らは、扇谷家の所領であった相模国七沢や糟屋に退き、のちに鎌倉に帰った。享徳三年(一四五四)十二月、成氏が山内憲忠を急殺するや、持朝は景仲や資清とともに成氏に挑戦し、憲忠の弟の房顕を迎えて山内家を継がしめ、康正元年(一四五五)正月これを奉じて武蔵分倍河原(東京都府中市)で成氏と戦った。持朝はこの合戦で嫡子の顕房を夜瀬(東京都三鷹市)で失った(正月二十二日)。四月幕府は駿河守護今川範忠を派遣して、両上杉氏を救援し成氏を討伐することに決め、六月範忠は鎌倉に入った。そのため成氏は鎌倉を出て古河(茨城県古河市)に拠り、八月房顕は上野平井城(群馬県藤岡市平井)から鎌倉に入った。長禄元年(一四五七)持朝は岩槻(埼玉県岩槻市)・河越(同川越市)・江戸の三城を構築しみずからは河越城に拠って成氏と対した。ところが、十二月足利政知が伊豆堀越に下着し、寛正三年(一四六二)に持朝の所領を没収する挙に出たため、持朝は成氏方に走った。将軍足利義政は、三月六日内書を持朝に送って慰留し、十二月には政知をして持朝の所領を返させ、別に河越荘を与えた。こうして持朝は、昨日の敵は今日の友という混乱のうちに、応仁元年(一四六七)九月六日、五十歳で没した。法名は広感院道朝という。
→足利成氏《あしかがしげうじ》

上杉持朝花押

参考文献『大日本史料』八ノ一、応仁元年九月六日条、『鎌倉市史』総説編、『千代田区史』上、渡辺世祐『(関東中心)足利時代之研究』　(杉山　博)

うえすぎもちふさ　上杉持房　?—一四九〇　室町時代前期の武将。永享の乱のときの幕府の持氏討伐軍の先発の大将。上杉氏憲(禅秀)の子、次男とも三男ともいう。母は武田氏の女。中務少輔。上杉禅秀の乱以前、六歳のころより上京、禅秀の弟氏朝の養子となって幕府に仕えた。そのために禅秀の乱の累をのがれ、以後京都にあって幕府のために活躍した。永享の乱がおこると、将軍足利義教は、後花園天皇より綸旨と錦旗を賜わり、それに御教書をそえて、永享十年(一四三八)八月二十八日、持房を追討の先発の大将に任じて出陣せしめた。追討軍の主将は斯波持種。持房は、越前・美濃の兵二万五千余を率いて東海道を進軍して持氏方の兵と戦い、十月六日には相模国高麗寺山に在陣、翌十一年二月十日、持氏を鎌倉の永安寺で自滅させ、結城合戦後帰京した。没年は延徳二年(一四九〇)二月十日という。法名は常行大成。微病で死んだといわれる。

参考文献　渡辺世祐『(関東中心)足利時代之研究』　(杉山　博)

うえすぎよしのり　上杉能憲　一三三三—七八　南北朝時代の武将。越後守護憲顕の子、重能の養子となる。三郎、宅間修理亮と称す。左衛門・兵部少輔。元弘三年(一三三三)に生まれる。貞和五年(正平四、一三四九)十二月、養父重能が高師直に殺されたあと、実父憲顕を頼った。翌年十一月十二日、足利直義に応じて常陸国信太荘(茨城県稲敷市江戸崎町辺)で挙兵し、翌観応二年(正平六、一三五一)正月十七日に甲斐国須沢城(山梨県南アルプス市須沢か)に拠った高師冬を攻めてこれを陥れ、師冬を自刃させた。その後関東の兵をひきいて上洛、二月八日八幡に着陣し、直義に属して足利尊氏・師直

上杉能憲花押

らと戦った。まもなく尊氏・直義の和が成り、上洛する尊氏に従った師直ら高一族を二月二十六日、武庫川に要して殺し、養父重能の仇を報じた。そのため私怨を報じた廉で尊氏から流罪に処せられたが、やがて許され、応安元年(正平二十三、一三六八)父憲顕に代わって上杉朝房とともに関東管領となり、上野・武蔵・伊豆守護にも任じた。同四年十月、鎌倉西御門宅間に報恩寺を建立、永和四年(天授四、一三七八)四月十七日没した。四十六歳。法名報恩寺敬堂道謹。

[参考文献]『鎌倉市史』総説編、田中義成『南北朝時代史』　(池永 二郎)

宇喜多直家像

うきたなおいえ　宇喜多直家　一五二九―八一　戦国時代の武将。享禄二年(一五二九)に生まれる。興家の子。幼名八郎、姓は三宅。天文三年(一五三四)祖父能家が備前国砥石城(岡山県瀬戸内市邑久町)に敗死した後、直家は父とともに邑久郡福岡のあたりに潜居していたが、同十二年出でて浦上宗景に仕え、やがて次第に備前西南部一帯に勢力を伸ばし、永禄十一年(一五六八)には西備前最大の古豪松田氏を津高郡金川城(岡山県岡山市御津町)に滅ぼし、天正元年(一五七三)には岡山に本城を築き構えた。そして同五年にはさらに進んで主家の浦上宗景を和気郡天神山城(岡山県和気郡和気町)に攻め破って没落せしめ、ついに備前・美作の大半と播磨の一部を支配下に握る大名勢力となるに至った。このころ織田信長の部将羽柴秀吉が播磨路に侵入を始めると、直家ははじめ毛利氏と連合して羽柴勢の進出を阻んだが、七年羽柴方に帰順し、逆に毛利氏と敵対の関係に立つこととなって、備作の各地に交戦中、九年二月十四日岡山城中で病死した。五十三歳。法名を涼雲星友という。

宇喜多直家花押

[参考文献]土肥経平『備前軍記』(『吉備群書集成』三)、『浦上宇喜多両家記』、『天神山落城記』、太田牛一『信長公記』(『角川文庫』)、『下村文書』、『吉川家文書』、『岡山県の歴史』　(水野恭一郎)

うきたひでいえ　宇喜多秀家　一五七二―一六五五　安土桃山時代の大名。八郎、家氏と称し、のち秀家に改む。元亀三年(一五七二)生まる。室町時代に守護大名として播磨・備前・美作に勢威を振るった赤松氏は、応仁の乱後被官勢力の台頭によって衰退した。播磨国揖保《いぼ》郡浦上荘(兵庫県たつの市揖保町辺)の地頭から興って守護代となった浦上氏は備前国和気郡三石城(岡山県備前市)を根拠として主家を凌ぎ、大永元年(一五二一)浦上村宗は赤松義村を播磨国室津(兵庫県たつの市御津町)に殺害し、備前・美作二国と、西播磨を支配した。永禄ごろになると備前では浦上宗景の部将の宇喜多直家が台頭した。宇喜多氏ははじめ姓を三宅氏といい、邑久《おく》郡を出自とする土豪で、応仁の乱後、能家の代に浦上氏の被官となり、能家は天文初年に敗死したが、孫の直家が再び勢力を伸張し、永禄二年(一五五九)には上道郡沼城(岡山市沼)に本拠を構えて備前国の南部を収め、同九年備中国成羽(岡山県高梁市)の三村元親の軍を上道郡沢田の明禅寺山に破り、同十一年西備前の有力な武将の松田元輝を滅ぼし、元亀元年金光宗高の岡山城を奪い、天正元年(一五七三)に沼城から岡山城に移り、備前の南部・西部、備中の東南部、美作の久米郡を支配する戦国大名として成長した。このころ織田信長の攻撃がこの地にも波及し、浦上宗景が信長と誼を通じたので、直家は毛利氏と結んで主家浦上氏と絶縁し、同五年、宗景の本城である和気郡天神山城(岡山県和気郡和気町)を陥して宗景を讃岐に放逐し、ここに浦上氏は滅びるに至った。この年信長の命をうけた羽柴秀吉が直家の属城である播磨の福原・上月(兵庫県佐用郡佐用町)の両城を攻略し、直家は播磨から撤退したが、機を窺っていた直家は同七年毛利氏から離反して秀吉方に帰順し、秀吉の中国経営の一翼として、備前・美作の各地で毛利氏と戦ううち、同九年二月病のため五十三歳で岡山城に没した。直家の嗣子が秀家で、秀吉の一字を与えられて秀家と名のった。当時十歳の幼少であったが、秀吉の斡旋で父の遺領相続を信長から許され、その将兵一万余を秀吉の備中高松城攻撃に差し出し、高松城講和によって、備中東半と備前・美作両国併せて五十余万石の領有を認められた。以来秀家は秀吉の寵遇を受け、秀吉の養女となった前田利家の娘を妻に迎

宇喜多秀家花押

「豊臣秀家」
宇喜多秀家印

えて、豊臣・前田両家と縁戚関係となり、秀吉の四国征伐・九州征伐、あるいは小田原征伐に従軍した。同十五年には参議に進み、文禄三年(一五九四)には権中納言に昇進し、秀吉の重臣として活動した。文禄の役には渡海して、首都漢城の陥落後は京畿道を守り、小早川隆景・黒田長政らと明将李如松の軍を碧蹄館に大破した。慶長の再役にも渡海し、毛利秀元とともに遠征軍の監軍の任にあたった。この間、領国の内政に意を用い、天正十八年に岡山城の大改築を行い、慶長二年(一五九七)に天守閣を竣工し、さらに城下を経営して、のちの岡山城下町の原型をつくり、山陽道の道筋をかえて城下を通過せしめるなど商工業の育成をもはかった。また領内の新田開発を行い、児島湾に臨む備中早島から倉敷にかけて潮止めの堤防を築いて児島湾干拓の先蹤をなした。これはいま宇喜多堤の名をとどめている。同三年五月、秀吉から五大老の一員に列せられ、秀吉の死後、徳川家康らと政務の枢機に参与した。同五年、関ヶ原の戦が起ると、豊臣氏に近かった秀家は石田三成に与力して、一万六千余を率いて関ヶ原に臨んだが、西軍の敗北とともに、伊吹の山中にかくれ、やがて島津義弘を頼って薩摩に落ちのび、三年の間、島津氏の庇護のもとに蟄伏《ちっぷく》した。同八年、島津忠恒・前田利長の助命懇願によって死罪を免れ、駿河国久能(静岡市)に幽因され、同十一年四月八丈島に流罪となった。このとき秀家は薙髪して休福と号し、嫡子孫九郎ら十三名と渡島した。前田氏の仕送りを受けたものの流島生活は苦しかったが、島にあること五十年、八十四歳の長寿で明暦元年(一六五五)十一月二十四日病死した。いま同島大賀郷(東京都八丈町)にその墳墓がある。

参考文献 『大日本史料』一二ノ四、慶長十一年四月是月条、『宇喜多戦記』(『吉備群書集成』三)、富田覚真『浮田中納言秀家記』、『岡山県の歴史』

(原田 伴彦)

うきたよしいえ 宇喜多能家 ?―一五三四 戦国時代の武将。久家の子。播備作三国守護赤松政則の没後、被官浦上氏の勢力が強くなったころ、備前守護代浦上宗助、その子村宗麾下の最も有力な武将として活動した。ことに永正十五年(一五一八)以降、政則の養嗣子義村と浦上村宗との対立が激化した際には、常に村宗を援けて守護方軍勢を撃破し、やがて村宗が大永元年(一五二一)義村を討って赤松氏の領国内で実権を掌握するに至る大きな力となった。その後、村宗が管領細川家の内紛にまきこまれて享禄四年(一五三一)摂津天王寺に討死した後は、本領備前国邑久郡の砥石城に退隠していたが、天文三年(一五三四)六月晦日、同じ浦上氏の将島村豊後の不意の襲撃をうけて同城に自殺した。法名は玄仲常玖。岡山県立博物館所蔵(岡山市紅岸寺旧蔵)能家画像には、大永四年南禅寺の僧九峯宗成が能家の伝を詳しく記した賛がある(『宇喜多和泉守三宅朝臣能家像賛』として『続群書類従』伝部所収)。戦国武将の肖像画としてもすぐれた作品である。

参考文献 土肥経平『備前軍記』(『吉備群書集成』三)、『赤松再興記』、『備前西大寺文書』(『岡山県古文書集』三)、『岡山県の歴史』

(水野恭一郎)

宇喜多能家画像

うごん 有厳 一一八六―一二七五 鎌倉時代の律僧。長忍房、また慈禅・如願ともいう。文治二年(一一八六)生まれる。嘉禎二年(一二三六)九月、覚盛・叡尊・円晴・有厳の四名が東大寺羂索院に参籠し、自誓受戒したことは、鎌倉時代における戒律復興の画期的な事であった(叡尊の『自誓受戒記』『感身学正記』)。寛元二年(一二四四)成願房覚如に伴い入宋し、宝治二年(一二四八)に帰国。唐招提寺に西方・妙香両院を始めたという。建治元年(一二七五)十一月十一日寂。九十歳。

参考文献 奈良国立文化財研究所編『西大寺叡尊伝記集成』、義澄『招提千歳伝記』中三(『大日本仏教全書』)、卍元師蛮『本朝高僧伝』五九(同)、辻善之助『日本仏教史』二

(田中 久夫)

うさのきみふさ 宇佐公房 生没年不詳 平安後期から鎌倉時代前期にかけての宇佐八幡宮の神官。宇佐大宮司宇佐公通の子で、安元元年(一一七五)から治承四年(一一八〇)までと建久四年(一一九三)より建保三年(一二一五)までの二回大宮司となった。宇佐氏が平家方であっ

たため公房は自力で宇佐宮造営にあたらされたという。そのためか宇佐宮領荘園の成立発展の歴史を『宇佐宮神領大鏡』一巻として編纂したようである。

参考文献　中野幡能『宇佐大鏡』解題（『大分県史料』二四）　（中野幡能）

うじいえぼくぜん　氏家卜全　？―一五七一　戦国・安土桃山時代の美濃の武将。美濃三人衆の一人として知られている。石津郡牧田城（岐阜県大垣市上石津町牧田）主氏家行隆の子。名を友国とも直元ともいい、常陸介を称す。入道して貫心斎卜全といった。母は斎藤帯刀左衛門藤原利藤の子長井豊後守利隆の女である。はじめ安八郡楽田城（大垣市）にいたが、永禄二年（一五五九）より大垣牛屋城に移る。土岐頼芸に仕え、土岐氏滅亡後は斎藤道三・義竜・竜興に仕え、安藤道足（守就）・稲葉一鉄とともに美濃三人衆と呼ばれた。同十年織田信長の美濃攻略に際し、安藤・稲葉と謀ってこれに内通し、稲葉山城落城の足がかりをつくった。以後信長に仕え、同十二年八月信長の命により北畠具教を伊勢大河内城に攻め、元亀二年（一五七一）五月には伊勢長島の一向一揆征伐に柴田勝家らとともに出動したが、全軍引き上げるとき、美濃国石津郡太田村（岐阜県海津市南濃町）において一揆軍におそわれ、同十二日陣没した。『新撰美濃志』によれば、石津郡安江村（海津市南濃町）には卜全塚なるものがあるという。また太田村には卜全沢と呼ばれる谷があり、これは卜全の首を洗ったところから名付けられたという。

氏家卜全花押

参考文献　『大日本史料』一〇ノ六、元亀二年五月十二日条　（福田栄次郎）

うしおげんてき　牛尾玄笛　生没年不詳　室町時代後期の能役者（笛）。初名小五郎、後に彦左衛門（彦六左衛門とする資料もあるが不審）。実名重親。玄笛は細川幽斎の命名。出雲の出身。観世座千野与一左衛門の弟子で、観世宗節の引立てを受け、観世宗拶とも共演するなど上手といわれたが、玄笛自身は手猿楽者（素人役者）として終止し、『近代四座役者目録』でも素人役者の項に載せる。手猿楽として禁中の催しに出演したことがあり（天正四年（一五七六）正月二十八日、同四月九日）、また細川幽斎・忠興父子の後援もあって丹後に下り、そこでの出演もある（『丹後細川能番組』）。天正十八年ごろ、六十歳前後で死去かとされる。

参考文献　竹本幹夫「由良家蔵能楽関係文書目録」上（『能楽研究』七）、牛尾美江「牛尾玄笛と牛尾藤八」（同八）　（片桐登）

うしだゆう　牛大夫　生没年不詳　室町時代前期の観世座脇役者。『申楽談儀』に一度だけ登場する人物。応永二十九年（一四二二）四月、醍醐清滝宮祭礼猿楽に観世入道（世阿弥）とともに後見指導役を勤めた「牛入道」（『満済准后日記』）が出家後の牛大夫かとされるが、伝の詳細は不明。なお、生存年時不詳の牛大夫（笛役者、法名牛阿）の存在を伝える資料（「四座之役者」世座与左衛門編）もあるが、前記牛大夫との関係は不詳。　（片桐登）

うじのかんぱく　宇治関白　⇨藤原頼通《ふじわらのよりみち》

うじのさだいじん　宇治左大臣　⇨藤原頼長《ふじわらのよりなが》

うじのそうじょう　宇治僧正　⇨覚円《えんかく》

うじのわきいらつこのおうじ　菟道稚郎子皇子　応神天皇の皇子。母は日触使主《ひふれのおみ》の女、宮主宅媛《みやすやかひめ》という。『日本書紀』によると、百済から来朝した阿直岐・王仁から典籍を学んで通達し、天皇に特に愛され応神天皇四十年に太子となった。同時に天皇は長子の大山守皇子に山川林野を掌らせ、大鷦鷯《おおさざき》皇子に太子を助けて国務にあたることを命じた。翌年天皇が崩じたが、太子は位を兄の大鷦鷯皇子に譲ろうとして即位せず、互いに譲りあった。大山守皇子は太子に立てなかったのを恨み、太子を殺して帝位につこうとして兵を挙げたが、かえって太子の側の計略によって殺された。太子と大鷦鷯皇子の譲りあいは三年にもわたり、皇位が空白となって問題が生じたので、太子は位を譲るためみずから命を絶った。その死をいたんだ挽歌「宇治若郎子の宮所の歌一首」が『万葉集』九所引の「柿本朝臣人麿歌集」にみえる。なお、『詞林采葉抄』に引く『山城国風土記』逸文によれば、太子は宇治に桐原日桁宮を造って住んだといい、『播磨国風土記』揖保郡大家里条には「宇治の天皇」とある。　（亀田隆之）

宇治墓《うじのはか》　京都府宇治市菟道丸山にあり、長さ八〇メートルの前方後円墳。『日本書紀』仁徳天皇即位前紀に菟道山上に葬るとし、『続日本後紀』の承和七年（八四〇）五月の中納言藤原吉野の奏言には、皇子は遺命して散骨させたとある。弘仁六年（八一五）六月この墓の下へ賀陽豊年の埋葬を勅許し（『日本後紀』）、『延喜式』諸陵寮では兆域十二町四方で守戸三烟を付し遠墓とする。後世その所在が不明となり、江戸時代には興聖寺背後の朝日山山頂を墓所とする説が行われて石標が建てられた。しかし明治二十二年（一八八九）現墓を決定して、新しく環湟を掘り前方部を拡張し、浮舟の古跡と称された小墳を賀陽豊年の墓に想定して陪塚とした。

参考文献　『法規分類大全』二編宮廷門、西野亀太郎編『宇治墓沿革誌』、喜田貞吉「稚郎子宇治墓」（『民族と歴史』三ノ七）　（石田茂輔）

うしわかまる　牛若丸　⇨源義経《みなもとのよしつね》

うだてんのう　宇多天皇　八六七―九三一　八八七―九七在位　貞観九年（八六七）五月五日、光孝天皇の第七皇子として誕生。母は桓武天皇皇子仲野親王の女班子女王。諱は定省《さだみ》。元慶年間（八七七―八五）侍従となり王侍従と称された。同八年四月十三日、他の皇子女とともに臣籍に降り、源朝臣姓を賜わったが、光孝天皇崩御の直前、天皇の意を察した藤原基経の推挙で、仁和三年（八八七）八月二十五日親王、二十六日立太子、同日天皇の崩御に

より践祚、十一月十七日即位。時に二十一歳。基経の功に報いるため同二十一日、万機巨細皆基経に関白させる詔を降したが、基経の辞表に対する重ねての優詔からいわゆる阿衡の紛議が起り、藤原氏の専横に対する不快の念を強めた。寛平三年(八九一)正月基経死んで後、嗣子時平の若年に乗じて親政にあたり、綱紀を粛正し、民政に努め、文運を興して、その治世は後世寛平の治と称せられた。遣唐使の派遣も計画されたが中止され、ここに日唐間の公的交通は終った。能吏の藤原保則や鴻儒の菅原道真らを重用したが、特に道真に対する信任は厚く、敦仁親王(醍醐天皇)の立太子も自己の退位も、ただ道真のみに内意を示してその意見を聞いた。同九年七月三日、三十一歳で皇太子敦仁親王に譲位、太上天皇の尊号を受け、その後は朱雀院・仁和寺御室・亭子院・六条院・宇多院などに住した。天皇は幼時より仏教を篤信し、昌泰二年(八九九)十月十四日、仁和寺で出家、法名を空理(のち灌頂を受けて金剛覚と改める)と号し、太上天皇の尊号を辞して法皇と称した。すなわち法皇の初例である。天皇は和歌にも堪能で、御製は『古今和歌集』にもあり、御集もあった。またしばしば歌会を催し、歌合を盛行させた。譲位に際しては醍醐天皇に訓戒(いわゆる『寛平御遺誡』)を与え、特に道真を重用すべきことを求めたが、延喜元年(九〇一)正月、時平の讒言で道真は失脚した。しかし、醍醐朝を通じてその発言力は大きかった。承平元年(九三一)七月十九日、仁和寺御室で六十五歳をもって崩御、大内山陵に葬られた。宇多院と諡され、また亭子院帝・寛平法皇とも称された。後宮には藤原温子(基経女)・同胤子(高藤女、醍醐天皇母)らがあり、皇子女は二十人。うち醍醐天皇以外の敦実親王ら各親王の後は源姓を賜わり、中にも敦実親王の系統は栄え、宇多源氏と称された。天皇の日記に『宇多天皇宸記』十巻があったが、今は伝わらず、逸文が存するのみである。

参考文献 『大日本史料』一ノ六、承平元年七月十九日条、目崎徳衛「宇多上皇の院と国政」(古代学協会編『延喜天暦時代の研究』所収)、所功「〃寛平の治〃の再検討」(『皇学館大学紀要』五)
(藤木　邦彦)

宇多天皇画像

大内山陵《おおうちやまのみささぎ》　京都市右京区鳴滝宇多野谷にあり、仁和寺の北一キロにあたる。陵形は方形にして封土なく、周囲に空堀をめぐらしている。天皇崩御の承平元年(九三一)七月十九日の夜、遺骸を仁和寺より大内山の魂殿に遷し、九月六日未明同所に火葬、拾骨のことなくそのまま土を覆って陵所とした。当陵は遺詔によって荷前に列せず、その所伝は早く失われたが、『歴代廟陵考補遺』(安政二年(一八五五)浅野長祚著)は現陵の地を示し、文久修陵の際に修治を加えた。

参考文献 『大日本史料』一ノ六、承平元年七月十九日―二十八日条・同九月六日条、上野竹次郎『山陵』上
(戸原　純一)

うちこないしんのう　有智子内親王　八〇七―四七　嵯峨天皇の皇女。大同二年(八〇七)生まれる。母は交野女王。初代賀茂斎院として、天長八年(八三一)十二月まで勤仕し、弘仁十四年(八二三)三品、天長十年二品に叙せられた。退任後は嵯峨西荘に居り、承和十四年(八四七)十月二十六日没した。四十一歳。『続日本後紀』同日条に伝があり、「頗る史漢に渉り、兼ねて善く文を属す」(原漢文)と評され、詩文全盛の当代に才媛として聞えた。その作品は『経国集』に多数みえる。弘仁十四年二月、嵯峨天皇が斎院の花宴に行幸して文人に春日山荘の詩を賦せしめた時、「此より更に知る恩顧の渥きを、生涯何を以てか穹蒼に答へむ」と詠じ、天皇の嘆賞を得て三品と召文人料として封百戸を賜わった逸事が知られる。
(目崎　徳衛)

うつのみやうじつな　宇都宮氏綱　一三二六―七〇　南北朝時代の武将。下野一宮の宇都宮(二荒山)の検校職。宇都宮公綱の子、母は千葉宗胤の女。没年より推算すれば嘉暦元年(一三二六)誕生。幼名加賀寿丸。四郎と称し、やがて下野守・伊予守を歴任、従五位下。南軒庵と号す。父公綱は南朝方の新田義貞・北畠顕家らに属し、一時宇都宮の地は下野における南軍の拠点となった。建武三年

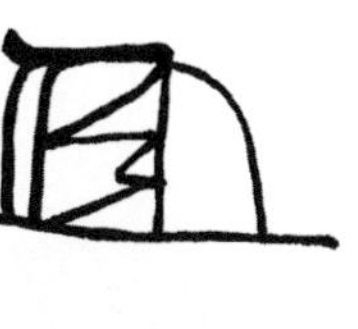
宇都宮氏綱花押

(延元元、一三三六)北畠顕家が奥州の大軍を率いて上洛しようとして鎌倉の足利義詮を攻めた時、公綱は北畠軍に参陣したが、この時氏綱は家臣の紀党の芳賀高名(禅可)の支持のもとに宇都宮に挙兵し、義詮を援け顕家軍の攻撃を受け、以来終始足利方に属した。尊氏・直義の分裂(観応擾乱)において尊氏方に属し、観応二年(一三五一)の駿河の薩埵山合戦、翌年の武蔵野合戦などで奮戦した。この合戦で直義方は敗北し、直義は死去し、上杉憲顕や南朝方新田義宗・義興らは没落し、尊氏の関東支配体制が確立した。この体制は尊氏の子足利基氏のもとに畠山国清(道誓)を関東執事と武蔵・伊豆守護、宇都宮氏綱を越後・上野守護、河越直重を相模守護に据えて十年間続いた。しかし貞治元年(一三六二)の畠山国清の追放、翌年の上杉憲顕の関東復帰によって、この体制は全く覆った。すでに越後では氏綱の守護代として入部した芳賀高貞・高家に対する上杉憲顕軍との戦いが続き、上野国多胡荘では、神保・小串氏など上杉氏の国人の抵抗があり、上杉と宇都宮の対立は頂点に達していた。氏綱の有力家臣芳賀高名は上杉憲顕の関東復帰を阻止するため、上野の守護所板鼻周辺で行動を起し、武蔵の比企郡岩殿山にて足利基氏に追伐され、基氏はこれを追って足利に出陣し、氏綱・芳賀高名は降参した。しかし越後・上野の守護を解任された氏綱と相模守護を解任された河越氏を中核とする平一揆が高坂氏(伊豆守護、のちに解任)・高氏・三浦氏を味方につけ、基氏の死後の応安元年(一三六八)六月に蜂起し、足利氏満(金王丸)・上杉朝房らは河越城および宇都宮方面を攻撃し、九月六日に氏綱は降参した。越えて同三年七月五日死去した。四十五歳。法名元山禅綱。

参考文献　『大日本史料』六ノ三二、応安三年七月五日条、渡辺世祐『(関東中心)足利時代之研究』、佐藤進一『室町幕府守護制度の研究』上、杉山博「足利基氏」(『日本人物史大系』二所収)、『群馬県史』通史編三　(峰岸　純夫)

うつのみやきんつな　宇都宮公綱　一三〇二―五六　南北朝時代の武将。没年より推算すれば乾元元年(一三〇二)誕生。初名高綱、父貞綱のあとを嗣ぎ宇都宮検校となる。元弘の乱の時、北条高時の命をうけて西上し摂津四天王寺で楠木正成と戦い、のち奈良般若寺に滞陣のとき後醍醐天皇の綸旨をうけて天皇方に投じて上京した。建武政権の成立後兵部少輔に任ぜられ、雑訴決断所一番の奉行をつとめた。建武二年(一三三五)足利尊氏が鎌倉で叛いた時、公綱は新田義貞に従って東下し箱根竹ノ下で足利軍と戦って大敗を喫し、建武三年(延元元、一三三六)尊氏に降伏した。しかしその年尊氏が敗れ九州に走ると、再び朝廷方に帰順し同年夏尊氏が再び京都に攻め上ってきた時、各地に転戦し、後醍醐天皇の山門行幸・京都還幸に供奉するなど天皇の側近に随侍した。ついで室町幕府が成立し天皇が吉野に逃れた時も吉野に参り、その功により正四位下左少将に叙任された。その後天皇方の勢力は次第にふるわなくなったが、公綱は北畠顕家に属し各地を転戦し、文和元年(正平七、一三五二)には後村上天皇から下野の小山氏とともに東国静謐の計略を運すべしとの勅命をこうむりそれに従ったとされているが、これは『太平記』の記事によるものでその晩年の行動に関しては正確な史料を欠いている。公綱は宇都宮歴代の伝統をうけつぎ和歌に秀でその作歌は十三代集の最後にあたる『新続古今和歌集』に撰ばれている。延文元年(一三五六)十月二十日没。法名理蓮、正眼庵という(『諸家系図纂』)。また享年五十五歳と伝える(『下野風土記』)。

参考文献　『大日本史料』六ノ二〇、延文元年十月二十日条　(稲垣　泰彦)

うつのみやたかさだ　宇都宮高貞　⇩芳賀高貞《はがたかさだ》

うつのみやのぶふさ　宇都宮信房　一一五六―一二三四　鎌倉時代前期の武士。下野国宇都宮宗円の子造酒正宗房の次子。没年より推算して保元元年(一一五六)誕生か。大和守、所衆(蔵人所衆)となる。中原氏をも称す。源頼朝挙兵以来幕府の有力御家人として平氏追討に功を立て、文治元年(一一八五)豊前の有力な平氏勢力板井種遠の旧領城井《きい》郷・伝法寺荘や豊前国衙職(税所・田所)などを与えられ、また近江善積荘をも賜わった。同三年鬼界島の平氏残党追討に下向し、のち建久三年(一一九二)豊前伊方荘、またこの役後、日向都於院ほか二百町に及ぶ地頭職を得、薩摩守、同拒捍使職にも補された。豊前守護職補任の伝えもあるが誤りである。信房は頼朝の供奉人として多年鎌倉・京に在り、晩年豊前に下向した。不可棄法師俊芿に帰依し、建保五年(一二一七)出家して道賢と号した。山城泉涌《せんにゅう》寺は信房の施与という。信房の子孫は城井郷に土着し(城井氏)、庶子は多く豊前国内に勢力を扶植した。野仲・山田・成恒・佐田などの諸氏である。文暦元年(一二三四)八月二日没(『佐田系図』)。七十九歳という。　→俊芿《しゅんじょう》

参考文献　『大日本史料』四ノ一五、承久二年二月是月条、築上郡・豊前市教育振興会編『福岡県築上郡史』上、稲葉倉吉「宇都宮信房事蹟考」(『豊前郷土史論集』所収)、恵良宏「豊前国における東国御家人宇都宮氏について」(『九州史学』二四)　(恵良　宏)

うつのみややすつな　宇都宮泰綱　一二〇三―六一　鎌倉時代中期の武将。頼綱の子で母は北条時政の女。没年より推算して建仁三年(一二〇三)誕生。宇都宮検校、下野守、正五位下。御家人として鎌倉幕府に仕えて重用され、建長年間(一二四九―五六)ごろ美濃守護に任じられている。また寛元元年(一二四三)から没年に至る間、幕府評定衆に列した。泰綱は父頼綱とともに歌人としても名高く、その歌は『続拾遺和歌集』『玉葉和歌集』『新千載和歌集』などの勅撰集、宇都宮一族の歌集である『新和歌集』などにおさめられている。また蹴鞠にも秀で正

嘉元年(一二五七)四月泰綱の進言により将軍宗尊親王御所において御鞠会が行われ、この時泰綱は燻鞠を鶏冠木に付けて将軍に献じたことが『吾妻鏡』にみえる。弘長元年(一二六一)十一月一日京都で没した。五十九歳。法名順蓮。

参考文献 井上宗雄『中世歌壇史の研究—南北朝期—』 (稲垣 泰彦)

うつのみやよりつな **宇都宮頼綱** 一一七二—一二五九 鎌倉時代前期の武将。成綱(業綱とも)の子で通称弥三郎、北条時政の女婿。没年より推算すれば承安二年(一一七二)誕生。建久五年(一一九四)祖父朝綱の公田掠領の罪に連坐して豊後国に流された。間もなく許されて家督を嗣ぎ宇都宮検校となる。ついで元久二年(一二〇五)北条時政が妻牧氏と謀り将軍源実朝を殺し女婿平賀朝雅を将軍にたてようとした隠謀事件に加担したとの嫌疑をうけ北条政子に討手をむけられた。頼綱は陳弁につとめ宇都宮において一族郎従六十余人とともに髻を切り、入道して実信房蓮生と号し、さらに鎌倉に上って髻を献じ陳謝の意を示した。頼綱はこの後浄土教に帰依し、法然の弟子証空に師事し、西山善峯堂・往生院の再興などにも尽力した。頼綱は入道した後も幕府に仕えたようで、承久・嘉禎年間(一二一九—三八)ごろ伊予の守護職に補せられている。しかしその後半生はほとんど京都に居を定め風雅の道に親しんだようである。特に歌道に秀でその和歌は新勅撰・続後撰・続古今・続拾遺・玉葉・続千載・続後拾遺・新千載・新後拾遺・新続古今など十三代集のほとんどに選ばれている。頼綱は藤原定家と和歌を通じて親交を結び、頼綱の別荘京都嵯峨中院亭とそれに程近い定家の小倉山荘との間の交流は定家の『明月記』にしばしばみられるところであり、また頼綱の女が定家の嫡子為家に嫁すなど両者の結びつきはきわめて深かった。頼綱の生没に関しては確証がないが、『山城名勝志』などの正元元年(一二五九)十一月十二日八十八歳で京都において寂すとの説に従った。 (稲垣 泰彦)

宇都宮頼綱画像

うでんおう **優塡王** 前五、六世紀ころ、仏陀時代のインドのヴァンサ国の首都コーサンビー城の王。原語でウデーナ Udena 王またはウダヤナ Udayana 王という。その生涯・行状は、インドの文芸作品『カター＝サリット＝サーガラ』などにおいて重要な素材となっているが、仏教では信仰の厚い国王として、種々な経典にその物語が伝えられている。『増一阿含経』二八などによると、仏陀が三十三天に昇って生母摩耶夫人のために説法をしていた時、優塡王は地上で仏陀の姿を拝することができない悲しみから病臥するに至ったので、群臣がその病を癒すため、牛頭栴檀《ごずせんだん》(牛頭山でとれる香木)で五尺(一説、七尺)の仏像を造ったという。これは、インドにおける仏像の初めといわれるが、実際の仏像の製作はもっと後代になる。しかし、優塡王の造像の伝説はインドから中国に流布し、その模刻像が中国で盛んに造られた。永延元年(九八七)(一説、寛和二年(九八六))僧奝然《ちょうねん》が宋から持ち帰った京都嵯峨の清凉寺の釈迦像も、これを模作したものと伝えられている。 (藤田 宏達)

うののさらのおうじょ **鸕野讃良皇女** ⇩持統天皇《じとうてんのう》

うのもんど **宇野主水** 生没年不詳 本願寺顕如の家臣。天正八年(一五八〇)四月から同十四年十二月までの彼の記録は『宇野主水日記』と呼ばれる。同十年顕如が紀伊国鷺森(和歌山市)にあったときすでに側近にあり、雑賀合戦、顕如・教如の和解、翌十一年七月四日の和泉国貝塚(大阪府貝塚市)への顕如動座、諸家と本願寺との交渉、十三年の豊臣秀吉の雑賀・根来討伐、大坂天満(大阪市)への本願寺移転など、顕如に常随し、相伴をつとめ右筆の役を果たした。天正八年の石山退城に際して織田信長と顕如との間にかわされた重要文書は主水が保管し、翌九年二月の馬揃見物に上京したとき、下間仲之に渡し、十四年十二月、仲之が病気のときには、主水が使者となって顕如のところへ召しあげていることからも知られるように、顕如の側近として重要な役割を果たした。なお『宇新記』は主水の子新蔵の覚書である。

参考文献 上松寅三編『石山本願寺日記』下 (井上 鋭夫)

うましうちのすくね **甘美内宿禰** 記紀の伝承上の人物。甘美は美称、宿禰は尊称。まず『日本書紀』応神天皇九年四月条には、武内宿禰の弟で、兄が筑紫にあるとき、叛心ありと天皇に讒言し、武内宿禰は殺されそうになるが、壱伎直の祖真根子が身代りとなり、武内宿禰は大和に還って無実を訴え、兄弟は磯城川で探湯し、敗れた甘美内宿禰は死を免され、紀直らの祖に賜わるとみえる。なお紀直の遠祖菟道彦の娘は武内宿禰の母。これに対して『古事記』孝元天皇段には味師内宿禰とあり、孝元天皇の皇子である比古布都押之信命と葛城の高千那毘売の子で、山代の内臣の祖とあるが、『新撰姓氏録』は大和皇別に、彦太忍信命の後とする内臣と、内臣と同祖で、味内宿禰の後とする山公を掲げ、また『蘇我石川氏系図』では、同じく孝元天皇の孫、屋主忍男武雄心命の子で、内臣・山公の祖とする。山代の「内」は、『和名類聚抄』の山城国綴喜郡有智郷で、『延喜式』神名帳の綴喜郡内神社のあるところ、京都府綴喜郡八幡町内里付近にあたる。なお「ウチ」に関しては、ほかに山城国宇治郡に宇治連、大和国宇智郡に氏直が住んだ。 →武内宿禰《たけしうちのすくね》 (岸 俊男)

うまのないし　馬内侍　生没年不詳　平安時代中期の女流歌人。村上朝の天暦から一条朝に至る宮廷・斎院奉仕の女房歌人。馬・中宮内侍とも称される。父は文徳源氏の右馬権頭源時明といわれるが実父ではない。兄弟に伊賀守方基・蔵人・式部丞・阿波守方弘が知られ、赤染衛門が姉にあたりはしまいかともいわれる。奉仕さきは、村上天皇の斎院女御徽子《きし》、円融帝時代に堀河中宮媓子(『朝光集』)、永観・寛和の時点に大斎院選子内親王(『大斎院前の御集』・家集)、一条天皇時に皇后定子・中宮彰子(『中古歌仙伝記』・家集)に奉仕したらしい。晩年はおとろえはてて宇治院に住み、尼になったらしい。交友関係は多彩で、閑院左大将朝光との贈答歌がもっとも多く、彼女の真心からの交渉であったようである。その他、一条摂政伊尹・中関白道隆・粟田関白道兼・御堂関白道長・大納言公任・中将実方などの名が見られる。旧友から「たぐひなき恋する人」といわれたように、定まった結婚をせず、恋愛至上に生きた女性のようである。赤染衛門・和泉式部・紫式部・伊勢大輔とともに梨壺の五歌仙と称される。『馬内侍集』二百十首、『大斎院前の御集』約四十首、勅撰集入集歌約四十首の作品がある。

参考文献　『大日本史料』二ノ四、長保二年十二月十六日条、鈴木一雄「馬内侍―その生涯を中心に―」(『国文学解釈と教材の研究』四ノ四)　(岸上　慎二)

うまやとのおうじ　厩戸皇子　⇩聖徳太子《しょうとくたいし》

うらがみのりむね　浦上則宗　一四二九―一五〇二　室町時代中期の武将。永享元年(一四二九)に生まれる。宗安の子。美作守。嘉吉の乱後、赤松政則が一時絶えた赤松惣領家の家督を許されたころ、則宗は政則を輔佐し、

浦上則宗花押

あたかも起った応仁の乱の中で赤松氏が播備作三国守護として再興するのに力をつくした。文明のはじめ政則が侍所所司の任をうけると、則宗は所司代となり、その後また山城守護代をも兼ねて、乱中の京都の政治の上にもすぐれた力量を示し、赤松家の宿老として重きをなすとともに、将軍足利義政・義尚らの信任も厚かった。文明十六年(一四八四)山名の軍勢の播磨侵入に対して政則がその進退を誤ると、則宗は政則を播磨から放逐し、有馬慶寿丸を赤松の家督に立てようとしたことなども、則宗の実力を物語るものである。その後また政則と和解して山名勢を撃退し、政則の没後に起った領国内の紛乱も、則宗が政則の嗣子義村を奉じて鎮圧した。文亀二年(一五〇二)六月十一日備前国三石城(岡山県備前市三石)で死去す。七十四歳。

参考文献　『蔭凉軒日録』(『大日本仏教全書』)、『大乗院寺社雑事記』、『蜷川親元日記』、『蜷川家古文書』、土肥経平『備前軍記』(『吉備群書集成』三)、『赤松再興記』、『天陰語録』、水野恭一郎「赤松被官浦上氏についての一考察―浦上則宗を中心に―」(『武家時代の政治と文化』所収)　(水野恭一郎)

うらがみむねかげ　浦上宗景　生没年不詳　戦国時代の武将。村宗の次男。守護赤松義村を討って浦上氏の全盛期を現出した村宗が享禄四年(一五三一)摂津に討死した後、宗景は兄政宗と和せず、備前国和気郡天神山城(岡山県和気郡和気町)に拠って、播磨国室津(兵庫県たつの市御津町室津)の兄と対立したが、その勢いは次第に兄を凌ぎ、やがて東備・東作一帯を支配下に制圧して、父の時代の勢威を回復した。ところが永禄の初めごろから被官宇喜多直家が備前西南部で勢力を伸ばし、一方美作には尼子氏について毛利氏の進出があって、宗景の周辺はようやく急を告げるに至った。かくて宗景は天正元年(一五七三)織田信長に款を通じ、備前・美作・播磨の所領安堵の朱印状を得たが、このことはかえって宇喜多直家を刺激し、翌二年直家は毛利氏と手を結んで宗景と絶ち、同五年二月ついに天神山城を攻落し、宗景は播磨に出奔して、浦上氏の本宗はここに滅んだ。播磨出奔後の宗景の行方については諸説があって定かでない。

参考文献　土肥経平『備前軍記』(『吉備群書集成』三)、『吉川家文書』、『原田文書』、太田牛一『信長公記』(『角川文庫』)、『天神山落城記』、『岡山県の歴史』　(水野恭一郎)

うらべけんこう　卜部兼好　生没年不詳　鎌倉時代後期から南北朝時代にかけての歌人・随筆家・遁世者。本名、卜部兼好《うらべのかねよし》。『尊卑分脈』によれば、卜部家は天児屋根命《あめのこやねのみこと》の子孫で、神祇官として代々朝廷に仕えたが、平安時代中期の兼延の時に、一条院から御名の懐仁《かねひと》の「懐」と通ずる「兼」の字を賜わってからは、それを系字として代々名乗るようになった。そして、兼名に至って、卜部家の本流から分かれて支流となり、朝廷の官吏となったが、兼好は兼名の孫にあたり、長兄に天台宗の大僧正慈遍、次兄に民部大輔兼雄がいた(卜部家が吉田と称するようになったのは、室町時代の兼熙《かねひろ》からであって、吉田兼好という呼称は、鎌倉時代・南北朝時代のいかなる史料にも全くみえず、また、卜部家の本流の姓をさかのぼって支流の出である兼好にまで及ぼす必要もない。したがって、江戸時代に捏造された「吉田兼好」という俗称は学問的には否定されるべきである)。なお、林瑞栄により、兼好は武蔵国金沢《かねざわ》家の御内伺候人の子弟であり、したがって関東の生まれであること、『金沢文庫古文書』中にみえる倉栖兼雄は兼好の兄であることなどが主張されている(『兼好発掘』)。風巻景次郎は、成長した兼好が久我《こが》家《け》の家司《けいし》を勤めたことを推定している。その後、朝廷に仕え、官は蔵人を経て左兵衛佐に至っているが、仕官中、

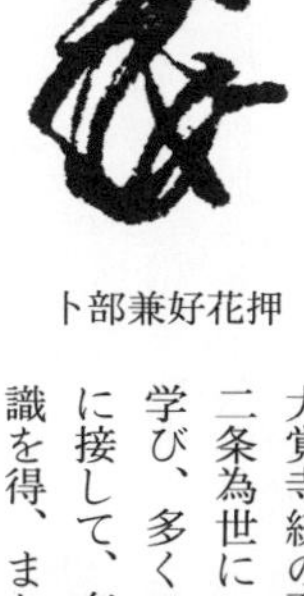

卜部兼好花押

大覚寺統の歌道師範たる二条為世について和歌を学び、多くの公卿・廷臣に接して、有職故実の知識を得、また、恋愛をも

経験している。しかし、彼の内に熟して来た出家・遁世の意志は、『大徳寺文書』によると、正和二年(一三一三)九月には、六条三位家から水田一町を九十貫文で買い取った田地売券のなかに、すでに「兼好御房」とみえているので、この時までに実現していたものと推定される。『兼好法師家集』のなかに、「さても猶《なほ》世を卯《う》の花のかげなれや遁《のが》れて入りし小野《をの》の山里」の一首があることによって、遁世後、居住した所が京都の東郊、山城国山科小野荘の地(京都市山科区山科)であることがわかり、そこは、六条三位家から買い取った水田一町の所在地でもある。彼は退職宮廷官吏としての経済的地盤をそこに置いたものといえよう。小野荘において、彼は『徒然草』の第一部(第三十二段まで)を元応元年(一三一九)に執筆し、勅撰の『続千載和歌集』『続後拾遺和歌集』、私撰の『続現葉和歌集』に入集し、二条派の歌人として世に認められているし、二度も関東に下り、鎌倉および金沢(横浜市金沢区)に住んでいる。『金沢文庫古文書』には、兼好自筆の幾つかの文書や関係史料がみいだされる。元弘の乱以後の時代に入ると、彼は北朝側に属して京にとどまり、『徒然草』の第二部(第三十三段から末尾まで)を元徳二年(一三三〇)から翌年にかけて執筆し、建武三年(一三三六)ごろから上・下二巻に編成して、その際、いくつかの段を補入・添加したらしい。また頓阿《とんな》・浄弁《じょうべん》・慶《きょう》運《うん》とともに、二条派の和歌四天王と呼ばれ、勅撰の『風雅和歌集』『新千載和歌集』『新拾遺和歌集』、私撰の『藤《とう》葉《よう》和歌集』にそれぞれ入集し、二条派の歌学者・歌人として次第に世に認められるに至った。康永三年(一三四四)に、足利尊氏が多くの人々に働きかけてまとめた『宝《ほう》積経要品《しゃくきょうようぼん》短冊和歌』の中に、和歌四天王のほかの三人とともに、五首を詠じて収められている。また、『太平記』巻二一の「塩谷判官讒死事」の中に、塩谷判官の妻、顔世に横恋慕した、北朝の権力者で足利尊氏家の執事たる高武蔵守師直が、「兼好と云ひける、能書《のうじょ》の遁世者」に艶書の代作を命じた記事があり、洞院公賢《とういんきんかた》の日記『園太《えんたい》暦《りゃく》』には、二度、兼好来訪の記事があって、「和歌ノ数《す》寄者也《きもの》」と書いているので、歌人・能書家・有職故実家として世に認められていたことが推定される。また、観応三年(一三五二)には、二条良基作の『後普光園院殿御百首』に合点《がってん》を付しているので、このころまで生存していたことがわかる。没年月・没処が不明なのは、京都以外の地で世を去ったためと思われる。著作には、建武三年ごろ、現在の形のごとくまとめられた随筆『徒然草』二巻と、『風雅和歌集』(貞和四年(一三四八)成立)撰進のための資料として集成した、自筆の『兼好法師家集』一巻(尊経閣文庫蔵)がある。公武の対立する時代の動きに対して、時勢に随順して生きた文化人たるところに、しかも、公武のそれぞれに批判的であることによって、二つのものの止揚・統一を『徒然草』の中にめざしているところに、彼の中世人としての真面目が見いだせる。

参考文献 『大日本史料』六ノ一三、観応元年四月八日条、安良岡康作『徒然草全注釈』(『日本古典評釈・全注釈叢書』)、西尾実『つれづれ草文学の世界』、冨倉徳次郎『卜部兼好』(『人物叢書』一一五)、風巻景次郎「家司兼好の社会圏」(『風巻景次郎全集』八所収)、島内裕子『兼好』(『ミネルヴァ日本評伝選』)

(安良岡康作)

うらべのかねかた 卜部兼方 生没年不詳 鎌倉時代中期の学者。『釈日本紀』の編者で弘安年間(一二七八―八八)から嘉元年間(一三〇三―〇六)ごろにかけて卜部家の主として活躍した。兼文の子。官は神祇権大副兼山城守。父兼文の『日本書紀』神代巻講義の講本所用の神代巻を自筆で書写し、後年それを基礎に、書紀私記や和漢の古典などを多く引用して『釈日本紀』を編集した。私記・風土記などの逸文が多く今日伝えられているのは、その功績である。

参考文献 赤松俊秀『国宝卜部兼方自筆日本紀神代巻』研究篇(影印本別冊)

(赤松 俊秀)

卜部兼方花押

うらべのかねとも 卜部兼倶 ⇩吉田兼倶《よしだかねとも》

うらべのかねなお 卜部兼直 生没年不詳 鎌倉時代前期の古典学者、神道家、歌人。冷泉というところに住んでいたので、冷泉歌人と称した。どういう理由か、彼の歌は『古今著聞集』をはじめ、『新勅撰和歌集』『続古今和歌集』『続拾遺和歌集』『風雅和歌集』『新千載和歌集』『新拾遺和歌集』『新後拾遺和歌集』『新続古今和歌集』に収められている。おそらく吉田家が奔走したのであろう。清水浜臣撰『勅撰作者部類』に、「吉田禰宜、四位三河守」とあり、『吉田家系譜』に、「長上、神祇大副侍従、左兵衛督、号二冷泉一七朝侍読」とある。また、神祇の有職家として重んぜられたと『後中記』にみえるが、これは確からしい。左京権大夫藤原長倫の『古語拾遺』を書写したことは有名である。これは、兼直の代に、卜部家では、累祖相伝の古典が霊異を表わしたと神聖視され、これらに触れると祟を受けるとまでいわれたので、兼直は嘉禄元年(一二二五)二月二十三日、式家の『古語拾遺』を借用して書写し、家に蔵したのである。これが『古語拾遺』現存最古の写本となった(天理図書館蔵、重文)。また元久三年(一二〇六)五月中原師員の『日本書紀』も書写している(伊勢本『日本書紀』巻四、奥書)。『神道大意』『八雲神詠口訣』『神代紀和訓抄』などは彼の著わすところであると伝えるが、信憑の限りでない。『宮主秘事口伝抄』に、『参大記』という彼の日記の存したことが記されており、『神祇官年中行事』にも彼の名がみえる。

(三橋 健)

うらべのかねなが 卜部兼永 一四六七―一五三六 室町時代後期の古典学者、神道家。神祇大副。応仁元年(一四六七)卜部兼倶の次男として生まれたが、平野社預、

卜部兼緒の養子となり、平野流を継いだ。事蹟は不明な点が多いが、宮内庁書陵部本『卜部系図』等から察するに、神道のことごとくを父兼倶より相伝し、古典についても、なかなかの造詣があったようである。しかし、意地っ張りで、志操堅固な性格であったため、父兼倶との仲が悪く、訴論がたえず、時には幕府の裁決を仰ぐという始末になり(『宣胤卿記』永正十四年十二月二十二日条)、ついには父子の縁を絶つまでとなった。この対立は、一家内を両流に分立せしめ、兼致・兼満・兼右の時までも続き、互いに嫡庶・正統を争う原因となったのである。さあれ、『延喜式』神名帳の諸社や祭神を卜部流で訓んだ『延喜式神名帳秘釈』を著わし、また『旧事本紀』『唯一神道名法要集』を自写し(『旧事本紀』は現存最古の写本、天理図書館蔵)、加うるに、これらの古典の講明にも努力したことは、注目しなければならない。すなわち彼は弟の宣賢とともに、兼倶の没後、二十数年間(永正八年―天文の初め)、吉田家の学問の伝統をよく守ったといえよう。『公卿補任』によれば、永正九年(一五一二)十月五日従三位、同十五年神祇権大副、同十六年十二月二十五日正三位、大永三年(一五二三)三月十三日神祇大副、天文五年(一五三六)三月一日丹波権守に任ぜらるとある。天文五年七月二十七日、天文法華の乱にまきこまれて戦死した(『公卿補任』『快元僧都記』『祐園記抄』『続応仁後記』)。時に七十歳という。　(三橋　健)

うらべのかねふみ　卜部兼文　生没年不詳　鎌倉時代中期の学者。兼頼の子。文永年間(一二六四―七五)に卜部家の主として活躍し、文永三年七月二十八日に神祇権大副に在任したことが卜部兼方自筆『日本書紀』神代巻上裏書に所見する。兼文の事績で注目されるのは、同十一年から建治元年(一二七五)にかけて一条実経らに対して神代巻を講じたことで、兼方自筆神代巻はその時に講本に用いられたものと推測され、『釈日本紀』はそれを基にして成立した。

参考文献　赤松俊秀『国宝卜部兼方自筆日本書紀神代巻』研究篇(影印本別冊)　(赤松　俊秀)

うらべのかねより　卜部兼頼　生没年不詳　鎌倉時代中期の古典学者、神道家。平野流の出身。中世期にあって、『日本書紀』と同等ぐらいに価値のあった『旧事本紀』を書写したことは有名。また、伊勢本『日本書紀』二四・二六・二八や、兼右本『日本書紀』二七・二八・三〇各巻の奥書からして、彼が『日本書紀』を研究し、これに点を付したことがわかる。さらに、『文徳実録』『三代実録』などの国史の研究も行なっている。一方、諸社の由緒・祭神・祭祀などの方面にも詳しく、当時の神道学の権威者とされていたようである。たとえば嘉禄二年(一二二六)十一月六日、彼は石清水八幡宮にたいし、祭神・由緒・行事などについて指南を与えており、さらに、安貞二年(一二二八)六月二日にも、同宮のために神膳之時祈請之詞の註を施している(『石清水文書』)。『宮主秘事口伝抄』所引の『兼頼宿禰記』は、平野流の最も古い日記として注目される。　(三橋　健)

うらまつじゅうし　裏松重子　⇨日野重子《ひのじゅうし》

うりゅうたもつ　瓜生保　?―一三三七　南北朝時代の武将。越前の人。判官と称す。建武二年(一三三五)中先代の乱に乗じて北条一族の名越時兼が北国に挙兵したとき保らは宮方に属し、八月時兼を加賀大聖寺に攻めて自殺させた。同三年(延元元)十月新田義貞が越前金崎城に入ったとき保は斯波高経・高師泰らの軍に加わってこれを囲んだが、弟義鑑《ぎかん》ら三人が義貞の弟脇屋義助の子義治を奉じて兵を募る計画中と聞いて志を変じ、二、三の同志とともに脱走して越前杣山に帰り、大将義治・弟義鑑らとともに飽和《あくわ》社頭で兵をあげ、以後しきりに高経・師泰らの軍を破って勢威を北国に振るった。翌四年正月義治は里見時成に命じて金崎城救援に向かわせた。保らもこれに従ったが越前葉原に至って今川頼貞に迎え撃たれ、同十二日保・義鑑兄弟ともに戦死を遂げた。この悲報が杣山に達したとき、保の老母は少しも動ぜず、かえって人々を励ましたという。

参考文献　群馬県教育会編『新田義貞公根本史料』、和島芳男『建武中興と新田義貞公』、藤田精一『新田氏研究』　(和島　芳男)

うわいかっけん　上井覚兼　一五四五―八九　戦国時代の武将。天文十四年(一五四五)二月十一日大隅国姶良郡上井村(鹿児島県霧島市)に生まれる。父は上井城主(のち薩摩永吉郷の地頭となる)上井薫兼。初名為兼、のち覚兼と改む(訓は定かでないので便宜音読に従う)。通称神五郎、のち神左衛門。薩摩の守護島津貴久《たかひさ》に仕え、ついで同義久(のち大隅・日向の守護を兼ねる)に仕えて奏者となり、天正四年(一五七六)抜擢せられて家老職となり、伊勢守と称した。義久の九州制覇の業に参画し、同八年以後は日向宮崎の城主となり、同国佐土原の領主島津家久(義久の弟)を輔けて日向の経営ならびに豊後大友氏対抗のことにあたった。またしばしば日向勢を指揮して肥後・肥前などへ出陣し、ことに十四年七月には筑前岩屋城攻めに奮戦して負傷した。同年十月、大友氏征伐のため出陣し、豊後に攻め入って各地に転戦したが、翌十五年三月、豊臣秀吉の大軍の西下とともに兵を収めて宮崎に撤退し、やがて安国寺恵瓊《えけい》に頼って羽柴秀長に降り、ついで宮崎を去って鹿児島に帰り、程なく薩摩伊集院(鹿児島県日置市伊集院町)に隠栖、同十七年六月十二日同地に病没し妙円寺に葬られた。四十五歳。法名一超宗咄。覚兼は武人ながらも文筆に長じ文芸の嗜みが深く、天正二年以来の詳細な日記を書き残した。別に『伊勢守心得書』と題する自叙伝風の随筆一冊がある。

参考文献　『上井覚兼日記』下解題(『大日本古記録』)、斎木一馬「上井覚兼日記に就いて」(『日本歴史』八一)　(斎木　一馬)

うんけい　運慶　?―一二二三　鎌倉時代初期の仏師。康慶の子。長子湛慶が建長六年(一二五四)八十二歳であ

運慶花押

った(蓮華王院本堂中尊千手観音像銘)ことから逆算して、ほぼ一一四〇年代の出生と推定される。治承四年(一一八〇)焼亡の東大・興福両寺の復興造像に康慶とともに一門を率いて活躍、この間すぐれた造仏手腕によって南京仏師の地位を高めるとともに、新様式を完成、鎌倉時代彫刻様式の根幹を形づくった。安元二年(一一七六)父の指導下に造った円成寺大日如来像が知られる最初の遺作で、寿永二年(一一八三)みずから発願の『法華経』(真正極楽寺・上野家蔵)を書写、文治二年(一一八六)北条時政発願の伊豆願成就院造像(阿弥陀・不動三尊・毘沙門現存)、同年正暦寺正願院弥勒菩薩、同五年和田義盛発願の横須賀浄楽寺阿弥陀三尊・不動・毘沙門(現存)を造り、その銘によれば当時興福寺相応院勾当であった。建久五年(一一九四)峯仲子私田を買得した興福寺西金堂衆雲慶房大法師(『東大寺文書』)を仏師運慶にあてる説がある。同年東大寺中門二天造立に定覚を補佐し、同六年東大寺大仏殿供養に康慶譲で法眼叙位、翌七年大仏殿脇侍・四天王像を康慶・定覚・快慶とともに造り、同八年・九年文覚発願により東寺講堂諸像を修理、同南大門二王、神護寺中門二天を造り、同じく文覚発願により東寺講堂像を模して神護寺講堂諸像を造立するが、これは遅れて文覚没後に完成している。建仁二年(一二〇二)近衛基通発願の白檀一尺六寸普賢菩薩を造り、翌三年東大寺南大門二王(現存)を快慶らと造り、東大寺総供養に際して法印叙位、承元二年(一二〇八)より建暦二年(一二一二)まで一門を率い惣大仏師として興福寺北円堂諸像(弥勒仏・無著・世親現存)を造り、建保元年(一二一三)法勝寺九重塔造仏に当時の諸流の仏師とともに携わり、同四年源実朝持仏堂釈迦を京都より渡し、同六年北条義時発願大倉新御堂薬師を造り、承久元年(一二一九)平政子発願勝長寿院五大堂造仏、建保六年以前みずから発願造立の地蔵十輪院諸像を貞応二年(一二二三)高山寺に移したのが知られる最後の事蹟である。その他、光明峯寺金堂不動三尊を造っている。同年十二月十一日没。以上、南京仏師として東大・興福寺関係のほか、早くから東国武士関係の造仏に従い、また文覚に重用されて東寺を中心に京都にも拠点を持つに至り、宮廷貴族関係にも用いられたことが知られる。円成寺大日では平安後期様式に従いながらすぐれた彫刻的天分を示し、願成就院諸像では天平彫刻・平安初期彫刻にまなびながら写実と量感を兼ねそなえた力強い新様式をはじめて打ち出し、以後これを洗練させて鎌倉彫刻の基本型を完成させた。建久八年の金剛峯寺不動堂八大童子像(六軀現存)、建久年中、源頼朝・政子と姻戚関係にある足利義兼造立とみられる栃木県光得寺大日如来像、建仁元年頼朝菩提のための愛知滝山寺聖観音・梵天・帝釈天像は運慶とその一門の作と推定され、六波羅蜜寺地蔵菩薩像、東大寺俊乗房重源像も彼の作か。子息六人(湛慶・康運・康弁・康勝・運賀・運助)はそれぞれ運慶様をついでこれを展開させ、娘如意は七条院女房冷泉局の養子となり正治元年(一一九九)近江香荘を譲り受けたことが知られる(早稲田大学図書館所蔵『香庄文書』)。

(伝)運慶像

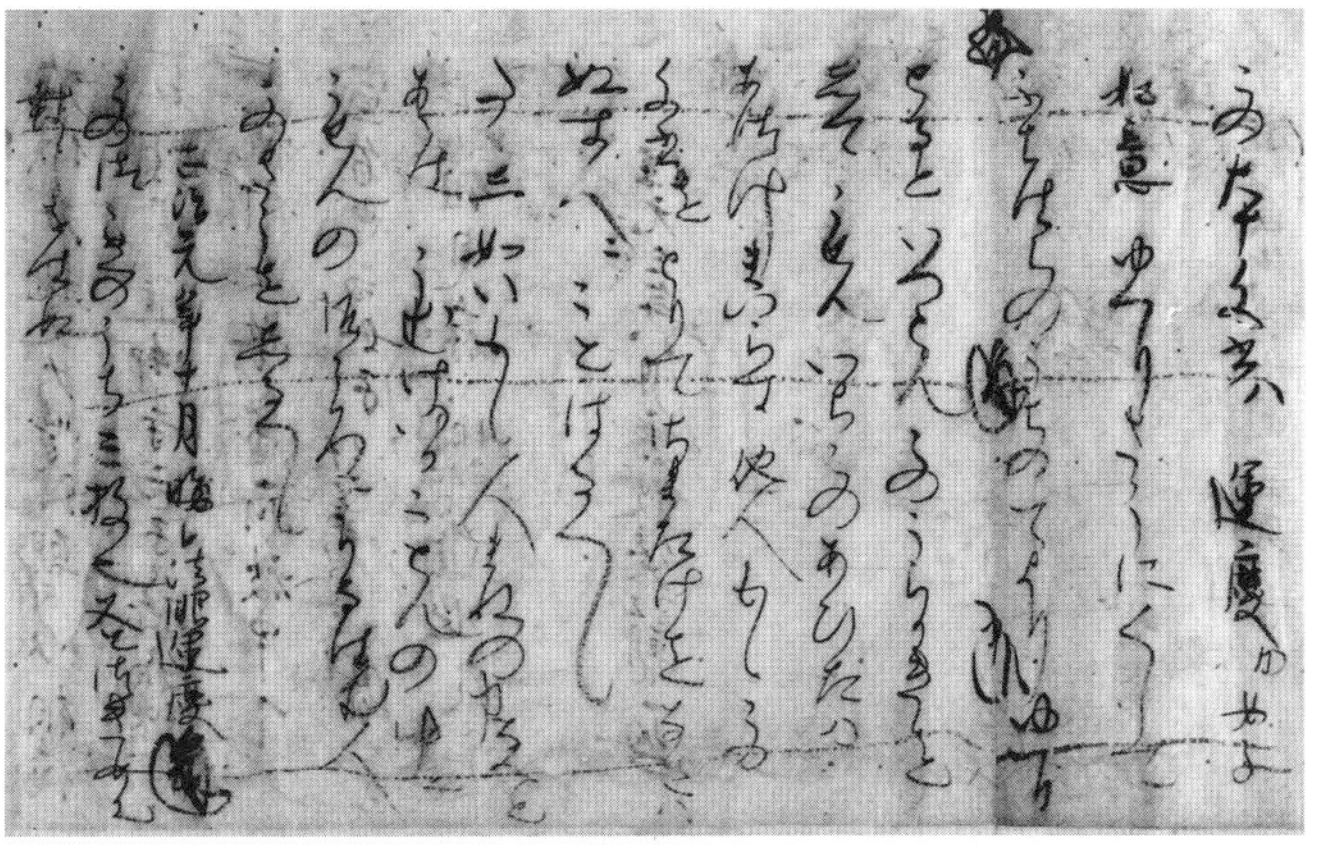
運慶裏書

参考文献　『大日本史料』四ノ一五、承久元年十二月二十七日条、小林剛『日本彫刻作家研究』、『日本彫刻史基礎資料集成鎌倉時代造像銘記篇』一—三、水野敬三郎「興福寺北円堂の鎌倉再興造像と運慶」(『日本彫刻史研究』所収)、副島弘道『運慶その人と芸術』、熊田由美子「晩年期の運慶」(『東京芸術大学美術学部紀要』二六)、同「興福寺北円堂再興造像論—興福寺寺衆と運慶—」(『南都仏教』八五)、山本勉「新出の大日如来像と運慶」(『MUSEUM』五八九)、根立研介『日本中世の仏師と社会』
(水野敬三郎)

うんけいしざん　雲渓支山　一三三〇—九一　南北朝時代の臨済宗一山派の禅僧。はじめ道号を雲石といい、のち雲渓に改む。元徳二年(一三三〇)土岐頼清の子として

生まれる。それ故に俗姓土岐の「岐」字を分けてその法諱を支山と称し、別号を朧隠・率性老人という。建仁寺に在って竜山徳見・乾峯士曇・中巌円月・天境霊致らに参じ、雪村友梅の法を嗣ぎ、同寺内の雪村の塔所《たっしょ》大竜庵の塔主《たっす》となり、播磨に護聖寺を開き、同国法雲・宝林両寺に住し、至徳二年(一三八五)山城安国寺に住し、嘉慶二年(一三八八)相国寺(第五世)に昇住し、安国寺内に玉立軒、相国寺内に玉竜庵を開刱して、退居寮とした。明徳二年(一三九一)十一月十四日寂。年六十二。『雲渓山禅師語録』および『雲渓山禅師疏』の二著が現存するが、その他『西巌集』『朧隠集』の二著は、その名を伝えるのみである。弟子に材用宗茂・少雲(少室)良云・啓宗承祖・南江宗沅らがあり、啓宗・南江の二人は、雲渓の滅後、その塔を拝して法を嗣いだ者である。

参考文献 『空華集』(『五山文学全集』二)、『空華日用工夫略集』、『広智国師語録』、上村観光『五山詩僧伝』(『五山文学全集』五)、北村沢吉『五山文学史稿』、玉村竹二『五山文学』(『日本歴史新書』) (玉村 竹二)

うんこうしゅんとく 雲岡舜徳 一四三八―一五一六 室町時代後期の曹洞宗の禅僧。江戸芝の青松寺の開山。永享十年(一四三八)生まる。伊勢の人で、はじめ美濃の補陀寺の月江正文に参じたが、月江の死後、武蔵の大泉寺に赴き、その法嗣の泰叟妙康につき、ついで天庵玄彭に従ってその法をついだ。のちに武蔵の川越に庵居していたが、文明八年(一四七六)江戸城主太田道灌の招きをうけて、青松寺の開山となり、道灌に印可を授けた。さらに、天庵のあとをついで武蔵の竜穏寺に住し、永正二年(一五〇五)相模の最乗寺にも住した。同十三年五月十五日寂。年七十九。

参考文献 『大日本史料』九ノ六、永正十三年五月十五日条 (今枝 愛真)

うんこくけん 雲谷軒 ⇩雪舟等楊《せっしゅうとうよう》

うんしょういっけい 雲章一慶 一三八六―一四六三

雲章一慶花押

室町時代前期の臨済宗聖一派の禅僧。諱は一慶、道号は雲章。一条経嗣の子、兼良の兄。至徳三年(一三八六)京都に生まれる。明徳二年(一三九一)六歳にして、山城山崎成恩《じょうおん》寺に入って、通言首座《しゅそ》に随侍し、応永八年(一四〇一)十六歳にして出家具足戒を受けた。その翌年、明国の使僧天倫道彝・一庵一如が来朝するや、季芳覚曇という僧を介して通謁し、この二人より将来を嘱望された。その後洛北の聖寿寺において学僧岐陽方秀に従学し、岐陽が東福寺に住するや、これに随って同時に蔵主《ぞうす》を勤め、応永二十年南都に赴き、華厳・法相二宗を学び、同三十三年後堂首座《ごどうしゅそ》となり、東福寺において秉払《ひんぽつ》を勤め、永享二年(一四三〇)普門寺に住し、一香を奇山円然に通じて、その法を嗣いだ。奇山は東福寺開山円爾《えんに》の直弟で、その俗姪にあたり、すでに故人となった人で、いわゆる「拝塔嗣法」を行なったのである。嘉吉元年(一四四一)東福寺(第百三十一世)に住し、宝徳元年(一四四九)南禅寺(第百七十一世)に昇住、同年末、東山の常在光寺に退居佚老した。寛正四年(一四六三)正月二十三日寂。年七十八。かつて東福寺内に宝渚庵を開刱して退居寮としていたが、寂後ここに塔せられた。のち弘宗禅師と勅諡された。永享六・七年、後崇光院太上法皇のために『元亨釈書』を講じ、また禅林の規矩の弛緩を憂い、同七年より宝徳三年に至る十七年間に、長蘆宗賾の『禅苑清規《ぜんおんしんぎ》』、沢山弌咸《いっかん》の『禅林備用清規』および東陽徳輝奉勅編の『勅修百丈《はじょう》清規』を綜合勘案して『清規綱要』(佚亡)を撰述し、綱紀粛正につとめ、長禄三年(一四五九)より寛正二年までの三年間、諸五山の尊宿二十八人のために『勅修百丈清規』を講じた。相国寺の桃源瑞仙がその講を抄録したものを『勅修百丈清規雲桃抄』といい、その内容は現存する。その他『景徳伝燈録』『嘉泰普燈録』などの五燈(五種の伝燈録類)を綜合して『五燈一覧図』を製し、『理気性情図』『一性五性例儒図』などの著作があったが、いずれも伝わらない。これら朱子学に関する著述があるのは岐陽の影響による。門人に惟充守廓・悦林慈柏あり、門生に翺之慧鳳がある。

参考文献 『日本東福雲章禅師行実之状』(『竹居清事』)、『看聞御記』、『蔭凉軒日録』(『大日本仏教全書』)、卍元師蛮『延宝伝燈録』一一(同)、『臥雲日件録抜尤』(『大日本古記録』)、『碧山日録』(『(改定)史籍集覧』二五)、『勅規桃源抄』、足利衍述『鎌倉室町時代之儒教』、上村観光『五山詩僧伝』(『五山文学全集』五) (玉村 竹二)

うんせん 雲泉 ⇩太極《たいぎょく》

うんぽうとうえつ 雲峰等悦 生没年不詳 室町時代後期の画僧。三河の実相山(寺)で書記になり、その間周防において雪舟等楊に学び、さらに入明して画僧として著名になった。文明六年(一四七四)に雪舟から高彦敬筆「山水図」模本を、ついで大巧如拙筆「牧牛図」を与えられているから、雪舟の衣鉢を継いだ第一人者であったが、遺品は少ない。

参考文献 朝岡興禎編『古画備考』二〇 (谷 信一)

うんりんいんぶんぞう 雲林院文蔵 京都粟田口の陶家。初代雲林院太郎左衛門唐光。滋賀信楽の出で、天文年間(一五三二―五五)京都に上り神供用の土器を焼く。四代安兵衛清水坂に、七代文蔵三条粟田口に移り、八代九右衛門の時より、将軍家の茶器を作り、九代安兵衛奈良の宝山寺より宝山の号を贈られ、以後宝山と名乗る。十六代文蔵(一八二〇―八九)は五条坂にて製陶、安政年間(一八五四―六〇)粟田青蓮院宮より泰平の号をうけ、楽焼・交趾《コーチ》写などの茶器を焼き特に知られる。 (中川 千咲)

え

えいえい　栄叡　生没年不詳　奈良時代の僧。「ようえい」とも読む。氏族不詳。美濃国の人。興福寺の僧。特に瑜伽《ゆが》・唯識《ゆいしき》を学んだ。栄叡は当時、戒律がまだ十分に備わらず、放逸に流れる僧が多かったため、これを嘆いた元興寺の僧隆尊の要請に応え、舎人親王の命もあって、普照とともに入唐して、授戒・伝律の師を招請することを決意した。両名は天平五年(七三三)遣唐使に随って入唐し、翌開元二十二年(七三四)洛陽の大福先寺で律僧道《どう》璿《せん》に遇い、遣唐使の帰国に際し、かれを戒師として日本に送ることに成功した。その後、空しく十余年を費やし、ついに止むを得ず、帰国を決意して揚州に下ったが、ここで律僧鑑真を訪ね、鑑真以下弟子たちが日本に渡ることとなった。しかし渡海は困難を極め、十二年の歳月と五度の失敗の後、達成を見たもので、栄叡は不幸にして天宝七載(七四八)冬の第五次渡海失敗の後、一年余を経て、広州に行く途中、端州竜興寺で客死した。　(石田　瑞麿)

えいが　栄賀　生没年不詳　南北朝時代の宅磨派の絵仏師。印章によって栄賀筆であることがわかる「柿本人麿像」(常盤山文庫蔵、重要文化財)には、性海霊見の応永二年(一三九五)の賛があるが、それよりも製作年代が古いと鑑識される栄賀筆の作品には「十六羅漢像」(藤田美術館蔵、重要文化財)や、「釈迦三尊像」「十六羅漢像」(頂妙寺蔵)などがあって、南北朝時代の第一流の仏画家であったといえる。しかもそれら栄賀の作品は鎌倉時代後期に活躍した長賀の仏画と類しているから、俗姓が宅磨であったがために宅磨派の祖としてよい勝賀の子孫であろう。なお、栄賀は僧名であるから宅磨姓を冠すべきでないことと、先にあげた霊見の賛は後賛と考えてもよいことから、栄賀の活躍期は南北朝時代とすべきである。

参考文献　田中一松『日本絵画史論集』　(谷　信一)

えいかん　永観　⇩ようかん

えいくう　叡空　?―一一七九　平安時代後期の天台宗の学僧。房号は慈眼房。一説に太政大臣藤原伊通の子という。天台法華宗の血脈を台上房延快から受けたが、延快の師で融通念仏宗の祖とされ、比叡山の大原別所にいた良忍について、天台系の浄土教を学び、比叡山の西塔黒谷別所に住んで、たびたび源信の『往生要集』を講ずるなど、すぐれた学解で知られた。また良忍から天台宗円頓菩薩戒を受け、授戒の師でもあった。その俗縁のためか、梶井門跡系の僧となり、久我家とは師檀関係があった。浄土宗の祖源空(法然)は、初め西塔の僧となったことから、叡空の門に入り、天台・浄土の教義を黒谷別所で学ぶとともに、円頓菩薩戒も相承し、叡空と久我家の縁から久我家出身の寛雅らに学び、のち同家出身の証空がその弟子となり、また源空の最初の弟子信空は、もと同じ叡空の門下であった。治承三年(一一七九)四月(一説二月)二日に寂した。年齢不明。『続後撰和歌集』に題知らずの和歌一首を収める。

参考文献　『台密血脈譜』、珂然『浄土伝燈録』、三田全信『成立史的法然上人諸伝の研究』　(菊地勇次郎)

えいごん　永厳　⇩ようげん

えいさい　栄西　⇩明庵栄西《みょうあんえいさい》

えいざんだいし　叡山大師　⇩最澄《さいちょう》

えいそ　英祖　一二二九―九九　文応元年(一二六〇)から貞和五年(一三四九)までつづいた沖縄英祖王統の第一代の王。浦添恵祖《えそ》按司の子で、沖縄の歴史書によると、日輪が母のふところにはいって生まれた子である。按司や国王を太陽《てだ》と謡う「おもろ」が多いが、英祖がのちに英祖日子《えそのてだこ》という神号をおくられたのは、その誕生伝説や太陽信仰と一致している。文応元年舜天王統の義本《ぎほん》の禅を受けて位についた。英祖は地方支配を強化するために各村落に掟《うっち》(物言い)を配し、それを通じて農業生産を高め、あわせて貢租体系を強固にした。また英祖のとき、沖縄周辺の久米島・慶良間《けらま》島・伊平屋《いへや》島や、さらに奄美大島諸島の入貢があって、その支配力はさらに拡大されていった。そしてこれらの島々を統治し、貢納物を収納する機関を現在の那覇市内泊港付近に置いた。これによって泊は交易を含む対外活動の拠点となり、後世におけする中山の外港たる基を開いた。治世の三十七年にあたる永仁四年(一二九六)元の成宗が派遣した張浩の侵略にあったが、国王・人民一体の防戦でこれを撃退した。英祖の時代、本土から僧禅鑑が来島して沖縄に最初の仏教を伝えた。英祖は居城付近に極楽寺を建立し、禅鑑をそこに居住させて仏教に帰依した。また楽極山に巨大な石墓を築いて王者の権威を示した。在位四十年目の八月五日没。七十一歳。しかしその王統は四代玉城王の秕政により沖縄が三山に分立し、西威王の十三年(一三四九)王統は廃絶した。

参考文献　向象賢編『中山世鑑』(『琉球史料叢書』五)、蔡温他編『中山世譜』(同四・五)、鄭秉哲他編『球陽』　(宮城　栄昌)

えいぞん　叡尊　一二〇一―九〇　鎌倉時代中期の僧侶。奈良西大寺の中興開山。字は思円。建仁元年(一二〇一)五月、今の奈良県大和郡山市で誕生。父は興福寺の学侶慶玄。七歳のとき母を失い、十七歳で出家。高野山・醍醐山で真言宗を学んだが、空海の「仏道は戒なくしてなんぞや至らんや」という遺戒に感じ、貞慶の弟子戒如に師事して戒律を学び、嘉禎元年(一二三五)西大寺に住し、翌年同門の覚盛らとともに東大寺で自誓受戒した。当時西大寺は荒廃をきわめ、寺領も多く興福寺の進止すると

ころであった。叡尊は時の権勢にたよらず、もっぱら荘官・名主層の篤志によって寺を再興しようとし、近在をめぐって戒律護持の功徳を説き、殺生禁断を励行した。彼はまた文殊菩薩はみずから貧窮孤独苦悩の衆生となって世に現われるから、常に慈心を行ずる者は生身の文殊を感見し、罪を滅ぼし福を得るという経説にもとづき、非人・癩者など世の窮民に恵むことはすなわち文殊を供養するゆえんであると説いて慈善救済事業に対する合力を勧め、なおかの有名な嵯峨清凉寺の「三国伝来」の釈迦像の模像を西大寺に安置し、これも滅罪の行事として当時流行した釈迦念仏を鼓吹し、寺家の繁盛を増進した。これよりさき叡尊の高弟忍性は関東に下り、やがて北条重時に招かれて鎌倉極楽寺に住し、西大寺流の律宗を武門に弘めた。弘長二年(一二六二)二月、叡尊は前執権北条時頼らの請によって東国に赴いた。この際北条実時は叡尊を武蔵金沢の称名寺に迎えようとしたが、叡尊はこれを辞して鎌倉の小さな釈迦堂に入り、忍性とともに連日ねんごろに説戒、授戒して貴賤男女に感銘を与えながら時頼の寄進の申出は固辞して受けず、八月には西大寺に帰った。その後叡尊は昼夜不断に真言を唱え、自他の滅罪を祈る光明真言会を西大寺の年中の大会とする一方また奈良北山の般若寺を中興して盛んに文殊供養を行い、しかもみずから常に厳粛に律儀を守り、ますます農民の帰依をあつめた。この叡尊の名望はやがて宮廷に開え、後嵯峨・亀山・後深草三上皇の戒師となり、文永・弘安の危機に際してはしばしば勅を奉じて攘夷の祈禱を修し、これらの功により弘安七年(一二八四)四天王寺別当に補せられた。このころ叡尊はまた宇治橋の修造を機会に宇治川の網代を破却し、漁猟を禁ずべき太政官府を申下し、なお河中の浮島に荘大な十三重石塔婆を建てて願文を刻し、殺生禁断の宗旨を天下に宣明した。しかし叡尊はかかる顕栄の中にも興法利生の素志を忘れず、摂津・河内・播磨諸国にも巡歴して各所で持戒を勧め、正応三年(一二九〇)八月二十五日、九十歳をもって西大寺で入滅。同寺奥の院に葬られる。正安二年(一三〇〇)興正菩薩の号を賜わった。自叙伝に『感身学正記』三巻、著書に『梵網経古迹記輔行文集』十巻、『菩薩戒本宗要輔行文集』二巻などがあり、また律書数部を西大寺で開板している。

叡尊像

参考文献　『興正菩薩御教誡聴聞集』、奈良国立文化財研究所編『西大寺叡尊伝記集成』、辻善之助編『慈善救済史料』、辻善之助『日本仏教史』二、和島芳男『叡尊・忍性』(『人物叢書』三〇)、　(和島　芳男)

えいちゅう　永忠　七四三―八一六　平安時代前期の僧侶。天平十五年(七四三)生まれる。京都の人。姓は秋篠氏。宝亀の初めに入唐し延暦の末に帰朝した。桓武天皇勅して近江国梵釈寺に住せしむ(『元亨釈書』)。大同元年(八〇六)正月庚午(五日)、度者二人を賜わり、同年四月丙辰(二十三日)、律師に任ぜられ、同六月癸卯(十一日)に公私の斎会の飲食を豊濃にすべきことを奏言した。弘仁元年(八一〇)九月甲寅(十七日)、少僧都に任ぜられ、同四年正月丁巳(三日)・老年を以て致仕せんことを請うたが許されなかった。同六年四月癸亥(二十二日)、嵯峨天皇が近江国滋賀韓埼《からさき》へ行幸される途中、崇福寺に立ち寄られたとき、永忠は手ずから茶を煎じて奉ったという(『日本後紀』)。『七大寺年表』では律師に任ぜられたのは延暦三年(七八四)六月、少僧都になったのは同十六年正月という。弘仁七年四月庚子(五日)、七十四歳で寂す。時に大僧正(『日本紀略』)。著作に『五仏頂法訣』一巻があったという。

参考文献　卍元師蛮『本朝高僧伝』六七、『大日本仏教全書』　(大野達之助)

えいちょう　永超　一〇一四―九五　平安時代中期の興福寺の学僧。長和三年(一〇一四)京都に生まれる。出雲守橘俊孝の子。興福寺主恩について唯識・法相宗を修学した。賢憬以来の伝統的な法相宗によりながら、その学問的知識は諸宗に及び、なお外典(漢籍)にも造詣が深く、十一世紀を代表する学僧であった。天喜元年(一〇五三)四十歳でようやく維摩会の竪義者に選ばれ、康平二年(一〇五九)九月に東大寺顕親の替りに維摩会講師となり、承保元年(一〇七四)十二月に権律師に補佐された。以後藤氏四門の氏寺といわれた興福寺の枝院斉恩寺に移り、貴賤を問わずその教えをうける人が多く、斉恩寺永超と称せられ、以降寛治六年(一〇九二)五月に権大僧都、嘉保元年(一〇九四)十二月には法隆寺別当となり、翌二年十二月二十九日に没した。年八十二。弟子湛秀は興福寺を代表する学僧であるが、寛治八年に撰述した『東域伝燈目録』二巻は永超の名を不朽に伝える仏書目録である。

永超花押

参考文献　『大日本史料』三ノ四、嘉保二年十二月二十九日条、井上光貞「東域伝燈目録より観たる奈良時代僧侶の学問」(『史学雑誌』五七ノ三・四)

(堀池　春峰)

えいちょう 栄朝 一一六五―一二四七 鎌倉時代前期の臨済宗黄竜派の禅僧。法諱は栄朝。釈円房と称する。上野那波郡の人。武蔵慈光寺の厳耀によって出家。建仁寺に明庵栄西に従学して、台密葉上流の伝法灌頂を受け、また禅宗黄竜派の印可をも蒙っている。のち蓮花院永意の法流「蓮花院流」の台密の伝法灌頂を武蔵岡部の即成坊聖豪より受け、この流を以て本宗としている。武蔵慈光寺に住し、その奥に霊山院を刱めて、退居したが、やがて新田義季の外護を得て、承久三年(一二二一)上野世良田に長楽寺を開創し、禅密兼修の道場とした。禅宗の印可を授けた門人に蔵叟朗誉があり、台密の法流の伝法灌頂を授けた門人に東福寺開山円爾(聖一国師)・長楽寺二世一翁院豪・栄宗・紀伊興国寺開山無本覚心(法燈国師)がある。宝治元年(一二四七)九月二十六日寂。八十三歳。長楽寺大光庵および霊山院に塔した。禅僧とはいえ、台密を深く究め、終生禅密を兼修した人である。

栄朝花押

参考文献 『大日本史料』五ノ二二、宝治元年九月二十六日条、『元亨釈書』六、『長楽寺文書』、卍元師蛮『延宝伝燈録』六(『大日本仏教全書』)、『沙石集』六(『日本古典文学大系』八五)、大屋徳城『日本仏教史の研究』 (玉村 竹二)

えいふくもんいん 永福門院 一二七一―一三四二 伏見天皇の中宮、歌人。文永八年(一二七一)、西園寺実兼の長女として誕生。名、鏱子。母は久我通成女顕子。伏見天皇即位の正応元年(一二八八)六月入内、八月中宮となる。永仁六年(一二九八)永福門院の院号を受け、正和五年(一三一六)出家した。法名真如源。女院は天成の歌人であり、文学を好んだ伏見院とともに、定家の曾孫で革新的な立場をとった京極為兼について和歌を学んだ。その歌は根底に貴族性をもちつつ、為兼から承けた写実的感覚的な作風を文芸的に昇華して、京極派の中で最高の作品を生んだ。伏見院の死後、持明院統内の融和に努めたが、晩年は南北朝の動乱を経験し、近親・関係者の相つぐ不幸に遭遇して、その作歌も内面的に沈潜化し、自然や人生の実相を諦視する方向へ進んだ。康永元年(一三四二)五月七日死去。七十二歳。「御自歌合」二百首のほか、『玉葉和歌集』の四十九首、『風雅和歌集』の六十九首などがある。

参考文献 『大日本史料』六ノ七、康永元年五月七日条、佐佐木治綱『永福門院』、久松潜一「永福門院」(『国語と国文学』六ノ一〇)、岩佐美代子「永福門院の後半生―花園天皇宸記を通して―」(『国語国文』三五ノ八)、次田香澄「永福門院」(『和歌文学講座』七所収) (次田 香澄)

えいらくてい 永楽帝 一三六〇―一四二四 一四〇二―二四在位。中国の明第三代の皇帝。姓名は朱棣《しゅてい》。廟号は太宗、嘉靖帝のとき改めて成祖。洪武帝の第四子。元の至正二十年(一三六〇)生まる。洪武三年(一三七〇)燕王に封ぜられ、のち北平(北京)に移駐して対蒙古防衛にその威力を示した。同三十一年洪武帝の死後、孫の建文帝(恵帝)がたち削藩政策を採ると、これに反発して靖難の変をおこし、内戦四年、燕王はついに都の金陵(南京)を陥れて帝位を奪い、建文一代を史上から抹殺して洪武帝の旧制に復し、その後継者をもって任じた。さらに人心を外部にそらすように仕向けて、積極的な対外活動を始めた。日本に対しては、永楽元年(応永十、一四〇三)足利義満(源道義)との間に朝貢貿易と倭寇禁止とを条件に、日明間の国交を回復した。ついで同三年に始まる宦官鄭和らに命じた南海遠征では、帝一代で七回に及んだ。翌四年には安南(ベトナム)に対し、陳朝の王位回復を口実として遠征軍を送り、これを平定して交趾布政司をおき、十一年には貴州の土司(苗族)の争いに介入し、これを滅ぼして貴州布政司を設けた。十七年には劉江に命じ倭寇を遼東の望海堝に撃滅させ、その活動を封じた。蒙古に対しては、永楽五年以来タタール部などを親征すること五度に及び、最後の征戦の帰途、同二十二年七月十八日楡木川で病死した。六十五歳。また遠く黒竜江口に奴児干《ヌルガン》都司を設け、永寧寺を建てて東北一帯を鎮守した。国内では大運河の修築および北京還都を実施するとともに、学者の歓心を買うための、『永楽大典』をはじめ『四書大全』『五経大全』など大規模な編纂事業をおこなった。

永楽帝画像

参考文献 『明史』成祖本紀、『明太宗実録』、佐久間重男「永楽帝の対外政策と日本」(『北方文化研究』二) (佐久間重男)

えうん 恵運 七九八―八六九 平安時代前期の真言宗の僧。入唐八家の一人。安祥寺僧都。山城の人。安曇氏。延暦十七年(七九八)誕生。十歳ごろから出家を志し東大寺泰基、薬師寺仲継に師事、法相を学ぶ。弘仁六年(八一五)得度、具足戒を受ける。のち実恵の勧めにより付法を受ける。天長初年勅命により坂東に赴き一切経書写を検校すること四年。天長十年(八三三)観世音寺講師、筑前国講師となり大蔵経書写を勾当。承和九年(八四二)唐商李処人の船で入唐。青竜寺義真に灌頂を受け五台山・天台山を巡礼、同十四年帰朝。同六月請来目録(『恵運禅師将来教法目録』)を呈出した。嘉祥元年(八四八)八月女

御藤原順子の発願で安祥寺を建立、開基となる。仁寿三年(八五三)十月権律師。貞観三年(八六一)三月東大寺大仏修理供養の導師を勤め、同六年少僧都。翌七年、度者受戒の制を厳重にすることを奏上した。同十一年九月二十三日没。七十二歳。同十三年九月、七十四歳で没したともいう。

参考文献 『安祥寺伽藍縁起資財帳』(『平安遺文』一)、『入唐五家伝』、『元亨釈書』一六、『諸門跡譜』

(和多 秀乗)

えうんいんどの **恵雲院殿** ⇩近衛《このえ》稙家《たねいえ》

えおん **恵隠** 生没年不詳 七世紀の僧侶。『日本書紀』に志賀漢人恵隠とあるから、近江国滋賀郡の漢人であろうという。推古天皇十六年(六〇八)九月、僧旻・南淵請安らとともに学問僧として遣隋使小野妹子の第二回派遣に随行し、留学すること三十一年、舒明天皇十一年(六三九)九月、恵雲とともに新羅送使に従って帰朝した。翌年五月勅を受けて『無量寿経』を講説したが、これが浄土経典講説のはじめである。白雉三年(六五二)四月壬寅、内裏に召されて再び『無量寿経』の講説を行なったが、恵資を論議者(問者)とし、沙門千人を聴衆としたというほど、大規模な講経であった。多武峯定慧(藤原鎌足の子)はその門人であったという。

参考文献 『元亨釈書』一六

(大野達之助)

えおん **慧遠** (一)三三四―四一六 東晋時代の僧侶。雁《がん》門楼煩《もんろうはん》(山西省忻県地区代県)の人。東晋の咸和九年(三三四)に生まれる。俗姓は賈《か》氏。二十一歳のとき道安の門に入り、『般若経』の講説を聴いてから刻苦精励、大乗の教理に通達した。前秦の建元十五年(三七九)襄陽に秦の侵寇があり、道安が長安に去るにあたって師と訣別し、東晋の太元六年(三八一)、廬山(江西省廬山管理局)に入った。時に同学の慧永がこの山の西林寺に居たが、江州刺史桓伊に請い慧遠のために東林寺を建てた。そしてここに禅室を設けて江南にはじめて禅法を興し、また寺に無量寿仏像を安置して同十五年道俗百二十三人とともにその像前で西方往生を誓った。これが廬山白蓮社《びゃくれんしゃ》で浄土教興隆の発端である。慧遠は住山三十余年間一度も山を出ず、その間、僧伽提婆《そうぎゃだいば》・仏駄跋陀羅《ぶつだばつだら》に勧めて経論を訳させ、鳩摩羅什《くまらじゅう》の訳した『大智度論』に序を作り、その百巻を抄略して二十巻とした。元興二年(四〇三)桓玄が沙門をして王者を拝せしめようとしたのに対して、『沙門不敬王者論』を作って拒否したのは有名である。慧遠の名声は道安と並び、廬山は南地仏教の中心をなした。義熙十二年(四一六)八月六日寂す。八十三歳。

参考文献 『出三蔵記集』一二・一五(『(大正新脩)大蔵経』五五)、『弘明集』五・一一・一二(同五二)、『高僧伝』六(同五〇)、宇井伯寿『支那仏教史』(『岩波全書』)

(二)五二三―九二 隋時代の僧侶。燉煌郡(甘粛省酒泉地区燉煌県)の人。北魏の正光四年(五二三)に生まれる。俗姓は李氏。十三歳で僧思の弟子となり、十六歳で湛律師に従って鄴《ぎょう》都(河北省邯鄲地区臨漳県)に行き、二十歳で法上に就いて受戒した。建徳三年(五七四)北周の武帝が廃仏の詔を下したとき声を励まして抗弁したが、汲郡(河南省新郷地区汲県)西山に隠れて三年間法華・維摩を諳誦し、ついで少林寺でこれを講説した。隋が興ると開皇元年(五八一)洛州の沙門都を授けられ、同七年長安に召されて浄影《じょうよう》寺に住した。同十二年六月浄影寺に寂す。七十歳。廬山の慧遠に対して浄影寺の慧遠という。著作に『大乗義章』のほか十地・地持・華厳・涅槃・維摩・勝鬘・無量寿・観無量寿などの経の註疏がある。

参考文献 『続高僧伝』八(『(大正新脩)大蔵経』五〇)、宇井伯寿『支那仏教史』(『岩波全書』)

(大野達之助)

えかい **懐海** 七四九―八一四 唐時代の僧侶。福州長楽県(福建省閩侯県)の人。天宝八載(七四九)生まる。俗姓は王氏。西山慧照の下で出家、衡山法朝に就いて受戒。のち廬江(安徽省廬江県)に行き浮槎《ふさ》寺の経蔵で経律を研究したが、大暦二年(七六七)頃南康(江西省贛州地区贛県)で南宗禅の馬祖道一に会い、二十年間随従して仏心印を得た。『百丈語録』によると、野鴨の声を縁として馬祖に鼻をひねられたのが契機となって大悟したと伝える。馬祖が貞元二年(七八六)に寂すると、懐海は石門山の塔の傍に廬を作って住すること約十年、同十二年百丈山、即ち大雄《だいおう》山(江西省宜春地区奉新県付近)に入り、百丈禅師と称せられる。元和九年(八一四)寂す。六十六歳。晩年禅院を創設し清規《しんぎ》を制定した。これが『百丈古清規』で今は伝わらない。のちに元の百丈山徳輝が『勅修百丈清規』を作った。

参考文献 『宋高僧伝』一〇(『(大正新脩)大蔵経』五〇)、『景徳伝燈録』六(同五一)、『唐洪州百丈山故懐海禅師塔銘』(『全唐文』四四六)、宇井伯寿『第二禅宗史研究』

(大野達之助)

えがく **恵蕚** 生没年不詳 郷貫不詳。仁明天皇の承和の初め、皇太后橘嘉智子《かちこ》の命をうけて唐に渡り、登州・萊州の付近に到着し、雁門を経て五台山に上り、名刹霊蹟を巡拝して皇太后製作の宝幡および刺繡文様の袈裟などを施入した。ついで杭州塩官県の霊池寺に至り、臨済宗の斉安国師に謁して皇太后の施物を贈り、わが国に禅宗を興したいという皇太后の要望を申し出た。斉安は高弟義空を推挙したので、承和十四年(八四七)七月十八日仁好らとともに義空を伴って帰朝した。斉衡の初め再び入唐して五台山に登り、山頂で観世音像を得た。そこで天安二年(大中十二、八五八)浙江省四明山を経てわが国に帰ろうとし、海路補陀山の付近を航行したら船が石上に着いて動こうとしなかった。これは観世音像がこの地にとどまりたいとの心を示すものであろうと推しはかって、尊像を張氏の宅に安置し、のちに一寺を創建して補《ふ》陀洛山《だらくせん》寺と称した。これが普済寺の起源である。浙江省舟山列島中にあって観音示現の霊場として信仰するものが多く、南海の禅刹として名高い。後世、恵蕚を開山と

するようになった。

参考文献 『元亨釈書』一六、『入唐求法巡礼行記』三(『大日本仏教全書』)、辻善之助『日本仏教史』三

(大野達之助)

えかん　恵灌　生没年不詳　高句麗の僧侶。隋に渡り嘉《か》祥《じょう》大師吉蔵《きちぞう》に就いて三論を学び、推古天皇三十三年(六二五)正月、高句麗王に貢上されて来朝し(『日本書紀』)、勅によって元興寺に住した。その年の夏、旱魃により詔して雨を祈らせたとき、恵灌は青衣を著けて三論を講じたら直ちに大雨があったので、天皇は大いに悦んで僧正に任じたという。一説に恵灌が三論を講じたのは孝徳天皇の代で、講説の竟わった日に僧正に任ぜられたが、これが日本の僧正第二であるともいう。のち河内国に井上《いかみ》寺を建てて三論宗を弘め、九十歳近くで寂したとも伝えられるが、わが国の三論宗は恵灌を以て第一伝としている。

参考文献 『元亨釈書』一、『三国仏法伝通縁起』中(『大日本仏教全書』)、卍元師蛮『本朝高僧伝』一(同)

(大野達之助)

えきしそうしん　益之宗箴　一四一〇―八七　室町時代の臨済宗一山派の禅僧。諱は宗箴。道号は益之。法は叔《しゅく》英宗播《えいそうは》に嗣ぐ。尾張の織田氏の出自。応永十七年(一四一〇)生まる。相国寺雲頂院に寓し、のちその中に栖老軒を構えて居った。蔭凉軒《いんりょうけん》主季瓊真蘂《きけいしんずい》がその法兄にあたるので、応仁の乱前は、これを補佐し、乱中は伊勢・近江に逃がれ、乱後帰京して、文明七年(一四七五)ごろから、惟明瑞智のあとを襲って蔭凉軒主となり、僧録維馨梵桂・惟明瑞智を補佐して、僧事を掌った。ただし当時は蔭凉軒としての独立の建築物がなかったので、みずからの寮舎栖老軒を以て蔭凉軒と称し、ここで執務した。同十六年九月ごろから、法姪(法兄季瓊真蘂の弟子)たる亀泉集証をして事務を代行せしめ、同年十月十三日、老病により職を亀泉に譲って解任し、在職中の功労により、足利義政は諸山・十刹の二階級の西堂位《せいどうい》を越階して、一躍天竜寺住持の公帖を与えて五山の東堂位《とうどうい》に昇らしめ、翌十七年、同寺に入院《じゅえん》して住持の実績を挙げている。長享元年(一四八七)十一月十六日寂。七十八歳。弟子に竹圃宗悟・維俊宗哲あり。能筆の名声高く、室町時代中期の五山禅林では玉畹梵芳《ぎょくえんぼんぽう》・仲方中正《ちゅうほうちゅうしょう》・愚極礼才と並称される。なお『蔭凉軒日録』の文明十六年八月から十月までの部分はその在職中なるにより、従来益之の筆録とされていたが、これは亀泉集証の代筆に成ることが判明した。　↓一山一寧《いっさんいちねい》

「益之」

「帰来軒」

益之宗箴印

参考文献 『大日本史料』八ノ二〇、長享元年十一月十六日条、『雑録』、『諸賢雑文』、『扶桑五山記』(『鎌倉市文化財資料』二)、『補庵京華外集』上(『五山文学新集』一)、「一山派宗派図」(『諸師行実』所収)、玉村竹二「蔭凉軒及び蔭凉職考」(『日本禅宗史論集』上所収)、森末義彰「蔭凉軒日録と益之宗箴」(『国史学』一二)

(玉村　竹二)

えぎょう　恵慶　生没年不詳　平安時代中期の僧侶、歌人。恵京とも書き、「えけい」とよむ説もある。父母不詳。『中古歌仙三十六人伝』では、「播磨講師」と称し寛和ごろの人であったとする。天徳年間(九五七―六一)から寛和年間(九八五―八七)を中心に活躍した。和歌は『拾遺和歌集』以下の勅撰集に五十七首入る。家集の『恵慶集』は、古本系の完本では二百九十九首であり、定家本系に属して流布した群書類従本などでは上巻に該当する百三十六首である。恵慶は中流階級の歌人たちと親しく、彼らとの連帯感の中で詠んだ作が注目される。安法法師の住む河原院を交流の場としたり、紀貫之自筆の『貫之集』に感激して紀時文・大中臣能宣・清原元輔・安法法師らと応和の和歌を詠んだり、曾禰好忠の発明した「百首歌」の不遇の訴えに共鳴して百首歌を和したりした。ほかにも平兼盛・源重之・源兼澄・大中臣輔親らと親しく、恵慶の姿勢をうかがうことができるとともに、当時の歌人たちの交友の実態を知るよい資料になる。

参考文献 『大日本史料』二ノ三補遺、寛和二年是歳条、熊本守雄編『恵慶集―校本と研究―』、山口博『王朝歌壇の研究』

(藤岡　忠美)

えし　慧思　五一五―七七　中国南北朝時代の僧侶。天台宗第二祖。南予州武津(河南省信陽地区上蔡県)の人。俗称は李氏。十五歳で出家受戒す。のち慧文《えもん》に就いて観心の法を受け法華三昧を体得した。梁の承聖三年(五五四)光州大蘇山(河南省信陽地区商城県)に入ったが、数年の間に随従する者市のごとくであった。こうして名徳が高まるにつれ、幾度か悪比丘のために殺されようとした。陳の光大二年(五六八)南岳(湖南省衡陽地区衡山県)に入り、住すること十年、陳の宣帝より大禅師号を賜わる。故に南岳禅師といわれる。慧思は特に禅定を重んじ六根清浄位を得たという。陳の太建九年(五七七)六月二十二日六十三歳で寂す。聖徳太子はその後身との伝説がある。『大乗止観』『次第禅要』『南岳思大禅師立誓願文』などを著わす。弟子すこぶる多く、天台大師智顗《ちぎ》を上首とする。

参考文献 『続高僧伝』一七(『(大正新脩)大蔵経』五〇)、『仏祖統紀』六(同四九)、島地大等『天台教学史』

(大野達之助)

えじ　恵慈　生没年不詳　七世紀初めの高句麗の僧。推古天皇三年(五九五)五月丁卯、わが国に帰化し、同年来朝した百済の僧恵聡とともに仏教を弘めて三宝の棟梁と称せられた(『日本書紀』)。聖徳太子はこれを師として経論を学んだが、『三国仏法伝通縁起』によると恵慈は三論宗の学者で成実宗にも通じていたという。翌四年十一

月法興寺が竣功すると蘇我善徳が寺司となり、恵慈・恵聡の二僧もここに住した。『上宮聖徳法王帝説』には太子が三経義疏を作るにあたって恵慈に尋ねてわからないことがあると、夢に金人が現われて、その難解の義を告げ、太子が理解してそれを恵慈に伝えたら恵慈もまた領解することがたびたびあったという。同二十三年十一月本国に還ったが、同三十年二月二十二日に太子が没すると、これを聞いて大いに悲しみ、冥福を祈って親ら経を講じ、来年二月二十二日に自分も死に、浄土において太子に逢おうと誓ってその言のごとくに命終したと伝えている。また恵慈は本国に還る際、太子製作の三経義疏を持ち帰ってこれを流伝したという。『釈日本紀』一四所引『伊予国風土記』には法興六年(五九六)十月、葛城臣とともに聖徳太子に随って夷与《いよ》村に逍遙し、温湯の妙験を嘆じたと記されている。本文は恵総・恵忩に作るが、『万葉集註釈』三所引逸文に従って恵慈の誤りとすべきであろう。

参考文献 『上宮聖徳太子伝補闕記』、『聖徳太子伝暦』、『元亨釈書』一六　（大野達之助）

えしゅんに　慧春尼　?―一四〇八　室町時代前期の曹洞宗の尼僧。俗姓藤原氏。相模糟谷の人で、最乗寺開山了庵慧明の妹にあたる。絶世の美人であったが、三十をすぎてから了庵について出家を求めた。ところが、女人の出家は容易でないと許されなかったので、鉄箸で顔を焼いて再び出家を求めたので、了庵はやむなくこれを許したという。以来、日夜きびしい修業をかさね、ついにその印可を得た。あるとき了庵の使として鎌倉円覚寺に行ったとき、一僧が陰茎を突き出して老僧が物三尺というと、尼は裳を掲げて陰門を露出し、尼が物は底なしとやりかえすなど、禅機を大いに示してその名をあげた。のち最乗寺の山麓に摂取庵をひらいて禅客を教化していたが、応永十五年(一四〇八)五月二十五日、薪を最乗寺の三門前の石盤上につみ、みずから火をつけて火中に投じて入定した。遺骨は摂取庵に収められた。最乗寺にはいまなお火定石と伝えるものがある。

参考文献 『大日本史料』七ノ一一、応永十五年末雑載　（今枝 愛真）

えしんそうず　恵心僧都　⇨源信《げんしん》

えしんに　恵信尼　一一八二―?　鎌倉時代前・中期の女性。親鸞の妻。寿永元年(一一八二)生まる。父は兵部大輔三善為教という。親鸞曾孫宗昭(覚如)著『口伝鈔』に「恵信御房、男女六人の君達の御母儀」と所見し、『本願寺系図』には善鸞・覚信尼らの生母と収録されていたが、実在が確認されたのは大正十年(一九二一)に西本願寺宝庫から自筆書状が発見されたのが機縁であった。三善為教も同訓の為則が治承二年(一一七八)越後介を免ぜられたことが『玉葉』正月二十七日条に所見するので、当時実在したと思われる。恵信尼が親鸞と結婚した時期は記録を欠くが、親鸞が六角堂に参籠し聖徳太子から夢告を得て源空の門に入った直後とも、専修念仏停止によって親鸞が越後国に流されたのちとも考えられている。いずれにしても恵信尼は越後に流罪の親鸞に同行して、建暦元年(一二一一)三月三日第三子信蓮房を生んだ。同年親鸞は勅免され建保二年(一二一四)に常陸国笠間郡稲田に移居したが、恵信尼は親鸞と同行し、文暦元年(一二三四)ごろ親鸞が関東から京都に帰るまで関東に滞在した。関東滞在中の親鸞の言行がわずかながら確実に判明するのは、恵信尼が後年に娘覚信尼に伝えた書状によるのであり、書状によると恵信尼は日記をつけ、それを基礎に娘に親鸞の行実を伝えたことが知られる。説が別れるのは、帰京する親鸞に同行して恵信尼も帰京したか、それとも別れて恵信尼のみ越後国に赴いたかであるが、近時は同行説が有力である。しかし在京の期間は短く、親鸞がなお活動中の康元元年(一二五六)には越後国に帰っていた。同年恵信尼は越後国から在京の娘覚信尼に下人の譲状を送っている。越後での恵信尼の生活は、信蓮房・益方入道などの子息や娘小黒女房の遺児などと一緒に営まれ、下人も数家族を擁する規模であった。弘長二年(一二六二)の親鸞死去の報も越後で聞き中陰に服した。死去の年時は不明であるが、娘覚信尼あての書状は文永五年(一二六八)三月十二日が最後である。

参考文献 藤島達朗『恵信尼公』、赤松俊秀『親鸞』(『人物叢書』六五)　（赤松 俊秀）

えそう　恵聡　生没年不詳　六世紀末の百済の僧侶。慧聡・恵忩にも作る。『日本書紀』崇峻天皇元年条に令斤《りょうこん》・恵寔《えしょく》らとともに来朝して仏舎利を献上したとあり、また推古天皇三年(五九五)条にも、百済の僧慧聡が来たとみえ、同四年十一月条には、法興寺が竣功すると恵慈とともに住したとある。『元興寺伽藍縁起幷流記資財帳』には令照律師の弟子恵忩とあり、同書収載の丈六光銘には高麗恵慈法師、蘇我馬子の長子善徳とともに領《かみ》となって元興寺を建てたとある。『釈日本紀』所引の『伊予国風土記』に、法興六年(五九六)十月、聖徳太子に随って夷与《いよ》村に逍遙したと記されている恵総は、おそらく恵慈の誤りであろう。『三国仏法伝通縁起』中、成実宗には三論宗の学匠で成実宗にも通じ、恵慈・観勒とともに太子の仏法の師となったとある。　（大野達之助）

えち　越智　生没年不詳　室町時代の仮面作家。いわゆる十作の一人。愛智とも書く。江戸時代の能楽師喜多古能の『仮面譜』には「越智吉舟《よしふね》(中略)永和年中(一三七五―七九)ノ人、和泉国貝塚住、越智姓ノ人」とあるが、世阿弥の『申楽談儀』には「あふみ(近江)には(中略)近《ちか》比《ごろ》ゑち打とて、ざぜんゐん(坐禅院)のうちのもの也、女のめん(面)じやうず也」とあって、近江国愛智郡の人のようで、活躍期も同書成立の永享年中(一四二九―四一)をあまりさかのぼらぬころと考えられる。越智作と伝えられる能面はやはり女面に多く、現在観世宗家本面中にある「深井」は同書の「此座の、ち と年よりしく有女めん、ゑち打也」とある面にあたるとする説もあるが、ど

れも明確ではない。

参考文献 野上豊一郎『能面論考』、中村保雄「近江須賀神社の能面―面打〝ゑち〟をめぐって―」(『芸能史研究』一〇)　(田辺三郎助)

えちのたくつ　朴市田来津　?―六六三　七世紀の朝鮮遠征の武将。秦造・朴市秦《えちはた》造にもつくる。朴市秦は依智秦の古名であろう。近江愛智郡人と思われる。『日本書紀』によると、大化元年(六四五)、古人皇子の反に加わったが、討伐されず、天智朝には小山下の位にあり、百済再興のため兵五千を率い、百済王子豊璋の帰国に従って渡海した。しかし、鬼室福信と作戦において対立し、王都を州柔より避城に移すのに反対したが容れられず、そのため新羅の攻撃をうけ、再び州柔に復都せざるを得なかった。その後、天智天皇二年(六六三)八月白村江における唐水軍との合戦に大敗し、切歯して数十人を殺したが、ついに戦死したとある。秦氏の一族であるが、細部は不明である。　(平野　邦雄)

えちん　慧鎮　⇩円観《えんかん》

えどしげなが　江戸重長　生没年不詳　鎌倉時代前期の武将。太郎重長。父は江戸四郎重継(または重氏)。古代武蔵の豪族村岡五郎良文の末裔で平氏を称す。同国河越氏・畠山氏などの同族として重長もはじめは平氏の家人であり、治承四年(一一八〇)八月石橋山の戦には大庭景親の催しについて平軍に従って源頼朝を攻め、また三浦氏を三浦半島衣笠《きぬがさ》城に攻めて長老義明を敗死させたが、十月頼朝が房総を得て武蔵に入ると、同四日畠山・河越とともに頼朝の陣に参じた。時に頼朝は三浦一党に対して、有力者を重んじなければ事の成功はむずかしいからと言って諭し、三浦と江戸らは眼を合わせて同座した。翌五日、頼朝は武蔵国の諸雑事を在庁官人などに沙汰させるよう重長に命じている。戦いに殊勲をたてたという記録はないが、武蔵一帯に渡る同族の重鎮として家の子郎等を多く擁し、鎌倉幕府の有力な支柱となって重きをなし、子孫も長く繁栄した。　(渡辺　保)

えにち　恵日　⇩薬師《くすしの》恵日《えにち》

えのいのおきみ　朴井雄君　⇩物部《もののべの》雄君《おきみ》

えのう　慧能　六三八―七一三　唐時代の僧侶。禅宗第六祖。南海新興県(広東省肇慶地区新興県)の人。俗姓盧氏。貞観十二年(六三八)生まれる。幼少の時父を失い家すこぶる貧しく、町に柴を売って母を養ったという。一日、市中で一人の客が『金剛経』を読むのを聞いてたちまち開悟した。竜朔元年(六六一)蘄州黄梅山《きしゅうおうばいさん》(湖北省黄梅県の西北)に五祖弘忍《こうにん》を訪い、碓房(米をつくところ)に在ること八ヵ月、ついに師から法と衣を相伝して南方《なんぼう》大庾嶺《だいゆれい》(江西省贛州地区大余県)に去った。それより隠棲すること十六年、儀鳳元年(六七六)広州(広東省仏山地区番禺県)法性寺(制旨寺)において出家受戒した。翌二年韶州《しょうしゅう》(同省韶関地区曲江県)の曹渓宝林寺に帰ったが、道俗の従う者多かったので堂宇を増建した。その間韶州の刺史韋拠に請われて城内の大梵寺で法を説いた。この説法が『六祖壇経』の主要部をなす。神竜元年(七〇五)正月、中宗は内侍薛簡を遣わして京師に召したが、疾と称して固辞して往かなかった。同年十二月勅によって宝林寺を中興寺と改め、同時に新州にある慧能の旧居を国恩寺とした。開元元年(七一三)八月三日七十六歳で没した。大鑑禅師と勅諡さる。世に六祖大師・曹渓大師と称せられる。嗣法の弟子四十余人、南岳懐譲《なんがくえじょう》・青原行思《せいげんぎょうし》が最も著名である。

参考文献 『歴代法宝記』(『(大正新脩)大蔵経』五一)、『宋高僧伝』八(同五〇)、『曹渓大師別伝』(『(靖国紀念大日本続蔵経』二編史伝部)、宇井伯寿『第二禅宗史研究』、駒沢大学禅宗史研究会編『慧能研究』　(大野達之助)

慧能画像

えびなのなあみ　海老名の南阿弥　?—一三八一　南北朝時代後期の遁世者。足利義満に仕えた数奇者、謡作曲者。著名なわりに事績の詳細は不明である。お伽草子『猿源氏草子』にモデルとして登場し、もと海老名六郎左衛門と称した関東武士であったが、妻と死別ののち都へ上り、海老名の南阿弥陀仏と名のって、大名高家と近づき、都に隠れなき遁世者だったという。また、猿楽者世阿弥の談話を筆録した『世子六十以後申楽談儀』の南阿弥関連の記事では、猿楽に通じて、特に音曲に関して造詣の深い人だったと指摘され、たしかに節付にまつわる話が多い。たとえば、当時、名曲の誉の高かった「東国下り」(作詞者は琳阿弥)の曲舞は、南阿弥の作曲で、少年時代の世阿弥が、将軍の面前でうたい名曲ぶりを示した逸話や、南阿弥には、女声に適する甲高い節を多用して作曲する傾向があり、「女曲舞」との世評を得ていたことなどが知られる。一方、音曲に限らず、芸能全般に一流の批評眼を持ち、先人の芸位芸風を伝えるなど能役者に有効な助言を与えていたらしい。大和猿楽の観阿弥が、足利義満に見出され、その圧倒的な支持を得て、中央芸能界進出のきっかけを得た京都今熊野の能(応安七年(一三七四)ごろ)の世話をし、観阿弥と義満とを引き合わせたのも南阿弥であった。大和猿楽出世の恩人といえよう。『常楽記』によって没年を永徳元年(一三八一)と知られる。

参考文献　野々村戒三『世阿弥以前の乱舞師』

(片桐　登)

えみのあさかり　恵美朝狩　⇩藤原朝狩《ふじわらのあさかり》

えみのおしかつ　恵美押勝　⇩藤原仲麻呂《ふじわらのなかまろ》

えみのよしお　恵美刷雄　⇩藤原刷雄《ふじわらのよしお》

えり　会理　八五二—九三五　平安時代中期の真言宗の僧。仏像彫刻・絵画に長じた。仁寿二年(八五二)誕生。俗姓など不明。貞観十五年(八七三)出家。宗叡・聖宝両僧正に師事し、宗叡に金剛界、聖宝に胎蔵界を受ける。延喜八年(九〇八)禅念に重受。同十五年十二月東寺凡僧別当。延長三年(九二五)勧修寺において宸筆『法華経』供養の呪願を勤め、同六年閏八月権律師。同年十二月二長者。同八年九月醍醐帝御悩平癒のため広隆寺に孔雀法を修す。同年十月済高・貞崇らとともに念仏僧として醍醐帝の供養に勤仕。承平元年(九三一)十月律師。同五年十月権少僧都。同十二月二十四日入滅。八十四歳。会理の作品として東寺食堂千手観音像(重要文化財)、上醍醐薬師如来像(国宝)などが現存し、高野山政所慈尊院の弥勒菩薩像(国宝)も会理説があり、仏師としての活躍は東大寺・東寺・高野山・比叡山に及んだ。

参考文献　『大日本史料』一ノ六、承平五年十二月二十四日条、『東寺長者次第』(『高野山大学論叢』二)、『醍醐雑事記』、『東大寺要録』四、戸部隆吉「会理僧都について」(『密教研究』五)、清水善三「平安時代初期における工人組織についての一考察」(『南都仏教』一九)

(和多　秀乗)

えりょう　恵亮　八〇二—六〇　平安時代前期の天台宗の僧侶。延暦二十一年(八〇二)生まれる。一説には弘仁三年(八一二)ともいう。信濃国水内郡の人。幼時比叡山に登り天長六年(八二九)義真に従って菩薩戒を受け、円澄・円仁に就いて学び斉衡元年(八五四)三部大法阿闍梨となる。貞観元年(八五九)八月、賀茂神と春日神のために年分度者二人を賜わらんことを奏して許され、同年西塔宝幢院検校に補せらる。同二年五月二十六日洛東妙法院に寂す。年五十九。文徳天皇の二皇子惟喬《これたか》・惟仁両親王が東宮の位を争った際、恵亮は惟仁親王のために祈ったという伝説がある。

参考文献　『元亨釈書』一二、『僧官補任』、卍元師蛮『本朝高僧伝』六(『大日本仏教全書』)

(大野達之助)

えりんいんどの　恵林院殿　⇩足利義稙《あしかがよしたね》

えんえん　延円　?—一〇四〇　平安時代中期の絵師、石立僧。縁円とも書く。飯室阿闍梨・絵阿闍梨と称する。父は藤原義懐《よしちか》で花山院の伯父にあたり、花山院が退位して出家のおり、延暦寺の飯室で僧となった。その子の延円は飯室におり、飯室阿闍梨といわれた。藤原頼通とは又従兄弟になり、治安元年(一〇二一)に頼通が高陽院を修造したとき、第の庭石を置いた。ほかに藤原実資邸の庭に行きその配石を見ている。実資は延円を画工で風流の人といい、造第阿闍梨と呼んでいる。万寿元年(一〇二四)後一条天皇の高陽院行幸には、御座に立てた絵屏風を頼通は延円に描かせている。この年藤原道長が法成寺に薬師堂を造り、柱絵に描いた薬師の十二大願や観音品の絵は延円の作品であり、本格の仏画にも屏風絵にもたくみであった。画家の造園は古来の伝統だが延円はその第一人者であった。延円の作品は現存しないが、醍醐寺蔵「不動明王図像」のなかに延円の描いた二童子を写した写本がある。長久元年(一〇四〇)に没した。

参考文献　田村剛『作庭記』

(亀田　孜)

えんかい　円快　生没年不詳　平安時代中期に信貴山に住み、造仏を行なった仏師僧。治暦五年(一〇六九)の二月に法隆寺絵殿の聖徳太子七歳像を制作したことが、同像の胎内銘からわかる。『法隆寺別当次第』には、仏師信貴山住僧円快浄如房と記されている。円快の技倆は、当時の主流の仏像と比較しても見おとりがするものではなく、その作風には温雅な十一世紀の傾向が出ており、正規の造仏技術の修行をした仏師僧と推定されるが、他に遺品は残っていない。

参考文献　丸尾彰三郎他編『日本彫刻史基礎資料集成』平安時代造像銘記篇二

(久野　健)

えんかいこくし　円戒国師　⇩真盛《しんせい》

えんかん　円観　一二八一—一三五六　鎌倉・南北朝時代の天台宗の僧。字はまた慧鎮。勅賜号を慈威という。近江国の人、弘安四年(一二八一)に生まれ、十五歳の時、比叡山に入り、興円(伝信)に就いて戒を、また澄豪に台密穴太流を受けた。のち遁世の志をいだき叡山の黒谷に

円観花押

円観画像

隠れたがやがて西国に赴き、播州の教信寺、書写山および熊野などを巡歴した。嘉元三年(一三〇五)叡山に帰り、また師興円につく。文保元年(一三一七)興円寂後、円戒の宣揚につとめたが、同年には伏見上皇のために説法し帰依を得た。元応年中(一三一九―二一)京都北白川に律院を建て、後醍醐天皇より元応寺の号を賜わり、嘉暦元年(一三二六)には法勝寺の修造の大勧進に任ぜられた。これより、元応寺および法勝寺に住持して円戒を唱えて、歴代の天皇および後宮・貴族の篤い信仰を博して授戒することはなはだ多く、教化一世に聞えた。また叡山の講堂をはじめ、四天王寺・東大寺そのほか京畿の社寺の復興が多く行われた。あたかもこのころ、後醍醐天皇の関東幕府討伐の計画あり、命をうけて北条氏調伏の法を修し、事あらわれて関東へ召致され、奥州に流された。元弘三年(一三三三)新政成るに及んで帰京してまた法勝寺に住した。翌建武元年(一三三四)足利尊氏は鎌倉に宝戒寺を建てて円観をその開山とした。尊氏が後醍醐天皇に反するに及んで円観は北朝方に奔って活動を続けた。康永元年(一三四二)法勝寺が焼けた時、朝廷によって勧進職に任ぜられたが、観応元年(一三五〇)同職を辞してもっぱら住持することを許された。この間、政治上にも活動し、文和元年(一三五二)閏二月、南朝の後村上天皇の八幡行幸に際して、足利義詮の私使として派遣されている。弟子に光宗・惟賢らがあり、前者を元応寺に後者を法勝寺に住せしめた。円観の円戒宣布はひとり京畿にとどまらず、また巡遊の途次遠国四箇戒壇(相模の宝戒寺、加賀の薬師寺、伊予の等妙寺、筑紫の鎮弘寺)を建てて円戒の地方伝播につとめた。また伝えによれば、後伏見・花園・後醍醐・光明・光厳五代の帝王の戒師となり「五朝戒師」と呼ばれたともいい、また西教寺を復興したとの伝えもある。延文元年(一三五六)三月一日没。七十六歳。貞治元年(一三六二)後光厳天皇から慈威の諡をおくられた。著書として自伝である『閻浮受生大幸記』があり、また『菩薩戒義記口筆抄』をはじめ、円戒に関する口伝あるいは著述が多く存する。

参考文献 『大日本史料』六ノ二〇、延文元年三月一日条、恵谷隆戒『円頓戒概論』、石田瑞麿『日本仏教に於ける戒律の研究』、大屋徳城「鎌倉時代に於ける新興仏教の旧仏教に及ぼせる影響の一例としての円戒復興―特に恵鎮上人に就いて―」(『日本仏教史学』四)

(多賀 宗隼)

えんかんぜんじ 円鑑禅師 ⇨蔵山順空《ぞうざんじゅんくう》

えんぎょう 円行 七九九―八五二 平安時代前期の真言宗の僧。入唐八家の一人。霊巌寺和尚。延暦十八年(七九九)誕生。左京一条の人。俗姓不明。大同四年(八〇九)元興寺歳栄律師に師事。弘仁五年(八一四)華厳宗年分度者として得度。翌六年具足戒を受ける。同十四年空海に両部大法を受け、さらに杲隣に灌頂を受ける。天長元年(八二四)九月神護寺定額僧となる。承和四年(八三七)実恵の推挙によって入唐請益僧となり、翌五年常暁とともに入唐、青竜寺義真に灌頂を受けた。この時実恵は円行の入唐に托して書と法服を贈り恵果の墓に献じた。同六年義真らの信物と経疏六十九部百二十三巻、曼荼羅、霊仙三蔵・難陀三蔵に授けられた舎利などをたずさえて帰朝、請来目録(『霊巌寺和尚請来法門道具等目録』)を奉った。帰朝後勅により山城霊巌寺開山となり、また播磨の太山寺を開いたとも伝え、天王寺初代別当に補任された。仁寿二年(八五二)三月六日寂。五十四歳。

参考文献 『入唐五家伝』、『元亨釈書』一六、『弘法大師諸弟子全集』下

(和多 秀乗)

えんくう 円空 ⇩立信《りゅうしん》

えんけい 延慶 生没年不詳 奈良時代の僧。天平勝宝五年(七五三)遣唐副使大伴古麻呂の船で薩摩に着いた鑑真を大宰府に案内し(『唐大和上東征伝』)、翌年鑑真の入京・大仏礼拝の際訳語をつとめた(『東大寺要録』所引『鑑真和上伝』)。東大寺写経所に同七歳五月『華厳経』を、翌八歳正月『摩登伽経』を貸しており(『大日本古文書』四・一三)、華厳宗の僧かといわれる。藤原仲麻呂から優遇され、天平宝字二年(七五八)八月、僧のゆえに外従五位下を辞し、しかし勅により位禄・位田は不収公(『続日本紀』)。仲麻呂は祖先顕彰に『家伝』を撰修し、そのうちの「武智麻呂伝」は延慶の撰とされる。仲麻呂の子刷雄・薩雄と延慶はみな別人。

参考文献 岸俊夫『藤原仲麻呂』(『人物叢書』一五三)、薗田香融「恵美家子女伝考」(『史泉』三二・三三) (井上 薫)

えんけん 円兼 ⇩存如《ぞんにょ》

えんこうだいし 円光大師 ⇩源空《げんくう》

えんさい 円載 ?—八七七 平安時代前期の天台宗の僧侶。大和国の人。幼少のとき最澄に師事して梵語の経典を学ぶ。承和五年(八三八)遣唐使に随って唐に渡り、翌六年天台山を訪れてわが皇太后の袈裟を贈って南岳慧思禅師の真影に供養し、聖徳太子の『法華経義疏』を天台山の蔵に納め、また天台宗に関する疑義五十科を以て広修・維蠲《いけん》の二師に呈した。同七年二師の答釈ができたので、弟子の仁好にそれを本国に持ち帰らせた。これが『唐決』一巻である。唐の宣宗は円載の学識を聞き勅して西明寺に住せしめ、宮殿に召して講経を聞き紫袍衣を賜わった。同十一年仁好が唐に還るにあたって仁明天皇は円仁と円載に黄金二百両ずつを給せられた。同十四年七月仁好再び帰朝して円載の表状を上り留学の延期を申請したので、朝廷は求法の志の敦きを賞して翌嘉祥元年(八四八)六月数年の留唐を許し、黄金百両を賜わった。斉衡二年(大中九、八五五)青竜寺法全《はっせん》にしたがい、円珍とともに密教の灌頂を受け、諸儀軌を授けられた。元慶元年(乾符四、八七七)十月、典籍数千巻をもって李延孝の船に乗って帰国の途に就いたが、暴風に逢って李延孝とともに溺死した。円載は在唐四十年間、犯戒悪行があったという。

参考文献 『扶桑略記』、『入唐求法巡礼行記』(『大日本仏教全書』)、『行歴抄』(同)、卍元師蛮『本朝高僧伝』七(同)、辻善之助『日本仏教史』一 (大野達之助)

えんじゅいんどの 円修院殿 ⇩足利義嗣《あしかがよしつぐ》

えんしょう 円照 一二二一—七七 鎌倉時代中期の東大寺戒壇院の律僧。房号は実相。東大寺新禅・真言院を再興した聖守の実弟にあたる。承久三年(一二二一)生まれる。良遍に法相、叡尊に律、東福寺円爾に禅を、俊芿の高弟定舜に北京律を習い、禅教律の一体、南北律宗の差違ないことを知り、多彩な宗教活動を実践にうつした。時あたかも南都仏教の復興期にあたり、三十三歳で門弟に菩薩戒を授けて戒和上となり、正嘉元年(一二五七)造東大寺勧進職に補任せられ、在職十四ヵ年、僧坊・二月堂・法華堂などの修理をするかたわら、元興寺僧坊の修覆を始め、法隆寺東院の修理、播磨国鵤荘の田地を修学料に寄進し、弘長三年(一二六三)三月には行基舎利供養を大仏殿などで執行、行基信仰を高揚した。貴賤の帰依も深く、四条隆親は洛東金山院を、石清水八幡宮の検校宮清は善法寺を円照によせ、当時の鷹司・西園寺・今出川・徳大寺ら貴族に菩薩戒を授け、後嵯峨院に法相・三論の進講を行い、文永六年(一二六九)四月同上皇の受戒にあたって戒を授けるなど、南北二京にわたって活発な宗教活動を行う一方、多数の子弟を養育した。中でも真照・忍空・琳海・凝然は著明である。建治三年(一二七七)十月二十二日に戒壇院で没した。年五十七。

参考文献 『円照上人行状』、卍元師蛮『本朝高僧伝』一六(『大日本仏教全書』)、慧堅『律苑僧宝伝』一二(同)、『法隆寺別当記』、『東大寺続要録』、辻善之助『日本仏教史』二、井上薫『行基』(『人物叢書』二四) (堀池 春峰)

えんしょう 延昌 八八〇—九六四 平安時代中期の天台宗の僧侶。元慶四年(八八〇)生まれる。加賀国江沼郡

円照画像

の人。叡山に登って円仁の弟子玄昭に師事して顕密二教を学び、二十二歳のとき座主の長意から菩薩戒を受け、また仁観・恵亮から灌頂法を授かって密教を究めた。承平五年(九三五)法性寺の阿闍梨となり、天慶二年(九三九)法性寺座主に任ぜられ、同三年内供奉十禅師に補せられた。同八年律師に任ぜられ、翌九年天台座主になった。このころしばしば宮中に召されて修法を行い、天暦三年(九四九)十二月権少僧都に任ぜられたが、同五年宮中祈禱を賞せられて権大僧都に転じ、天徳二年(九五八)僧正に昇進した。翌年四月山城国補多楽寺《ふだらくじ》を供養、同四年七月大日院で熾盛光法《しじょうこう》を修し、応和元年(九六一)三月延暦寺法華三昧堂で無量寿決定王如来法を勅修した。延昌は受戒後、毎夜尊勝陀羅尼を百遍誦し、毎月十五日には諸僧を招いて弥陀讃を唱えるとともに浄土往生と法華一乗とを対論せしめた。康保元年(九六四)正月十五日、三七日の不断念仏結願の日に八十五歳で入滅したが、枕もとに弥陀と尊勝仏頂の両像を安置し、仏手に繫けた糸を自身の手に結んで遷化した。朱雀・村上両天皇の帰依を受け、円融天皇の天元二年(九七九)慈念僧正の諡号を賜わった。

参考文献 『大日本史料』一ノ一一、康保元年正月十五日条、『日本往生極楽記』、『扶桑略記』、『日本紀略』、『初例抄』、『天台座主記』、『元亨釈書』九、卍元師蛮『本朝高僧伝』四七(『大日本仏教全書』)、辻善之助『日本仏教史』一

(大野達之助)

えんしょうだいし　円照大師 ⇨一遍《いっぺん》

えんしんけい　袁晋卿 生没年不詳　奈良時代の唐よりの帰化人。天平七年(七三五)帰朝の遣唐使一行に従って来朝、時に年十八、九。天平神護二年(七六六)十月の舎利会に唐楽を奏して正六位上より従五位下に昇叙、神護景雲元年(七六七)二月、大学の釈奠の日に従五位上、当時音博士(『文選』『爾雅』の音に堪能)のち大学頭、同三年八月日向守、宝亀九年(七七八)二月玄蕃頭、同年十二月清(浄)村宿禰賜姓、延暦四年(七八五)正月安房守、勲十一等。子に弘・秀ほか九人の男子があり、九男の浄豊は伊予親王の文学となり、外孫の源は晋卿の養子となって、同二十四年十一月に春科宿禰道直と氏名を改めた。『性霊集』四に晋卿について「誦二両京之音韻一、改二三呉之訛響一、口吐二唐言一、発二揮嬰学之耳目一」と述べている。

(中西　進)

えんせい　円勢 ?―一一三四　平安時代後期に最も活躍した木仏師。その生年は不明であるけれども、永保三年(一〇八三)に初めて名を記録上に表わす(『三僧記類聚』)。嘉保元年(一〇九四)に法橋として法勝寺の等身観音像百体を造り(『中右記』)、康和二年(一一〇〇)に小仏師百三十人を率いて堀河帝御願の観音像を製作している(『大記』)から、その仏所が大勢力を占めていたことがわかる。翌年には鳥羽御堂の造仏賞と柱絵賞で法眼に昇叙されている(『殿暦』)から、装飾的絵画にも長じていた。その例は頼助や長円にも見られる。さらにその翌年には尊勝寺仏の功で法印になっている(『中右記』)上に、翌康和五年には金剛峯寺に行って、大塔の五仏を造っている(『高野春秋』)。永久元年(一一一三)には清水寺別当に補せられている(『重隆記』)ことは、木仏師以上に僧界に権勢があったことを示している。同二年には賞を譲って、次男忠円が法橋に補せられており(『殿暦』)、長承三年(一一三四)閏十二月二十一日に没している(『僧綱補任』)。文献上の初見以来五十二年の長期にわたる活動は、その他に多くの仏像を皇室と公卿のために造っている史料が残っていて、一世代前の定期に匹敵する最高の木仏師であった。しかしその正確な遺作は不明だが、定朝と対立していた長勢の弟子であった(『三僧記類聚』)。

参考文献 谷信一「円勢法印考―歴世木仏師研究の一節として―」(『美術研究』三〇)

(谷　信一)

えんちょう　円澄 七七二―八三七　平安時代前期の天台宗の僧侶。宝亀三年(七七二)生まれる。俗姓は壬生氏、武蔵国埼玉郡の人。十八歳で鑑真の高弟道忠に従って受戒し法鏡行者と名づけられた。延暦十七年(七九八)二十七歳のとき叡山に登って最澄の門に入り、「澄」の一字を与えられて円澄と改名した。最澄が入唐すると同二十四年春円澄は詔によって紫宸殿で五仏頂法を修し、同年四月唐僧泰信大僧都に就いて具足戒を受けた。同年六月遣唐使とともに最澄が帰朝したので、八月高雄山寺において灌頂《かんじょう》の秘法を修せしめ、九月にも桓武天皇のために同寺において毘盧遮那《びるしゃな》の秘法を修せしめたが、このとき円澄は南都の諸大徳とともに三摩耶戒《さんまや》(密教の戒)を受けた。大同元年(八〇六)十一月叡山止観院ではじめて円頓《えんどん》大戒を授けた際、戒を受けた者百余人の中で円澄が上首となった。同二年二月はじめて法華長講《ほっけじょうこう》(期限をきらずに『法華経』を講讃する法会)を行なったとき円澄は最澄について第二巻を講じ、翌三年三月の金光明長講のときも講師となった。弘仁八年(八一七)最澄から天台宗の奥旨を授けられ、この伝燈を永く絶たざるようにと告げられた。天長十年(八三三)天台座主に補せられ、寂光院・西塔院を創建した。かつて橘嘉智子皇太后に勧めて衲袈裟《のうけさ》数百襲を唐の国清寺の大衆に施さしめたことがある。承和四年(八三七)十月二十六日高弟恵亮に遺命し、天台宗の深旨を入唐中の円仁に聴くように告げて、寂光院に寂した。年六十六。諡を寂光大師という。寂年については天長十年とする説(『続日本後紀』『高野春秋』)もある。

参考文献 『天台座主記』、『元亨釈書』二、『三国仏法伝通縁起』下(『大日本仏教全書』)、卍元師蛮『本朝高僧伝』五(同)

(大野達之助)

えんちん　円珍 八一四―九一　平安時代前期の僧。延暦寺第五世座主。天台宗寺門派の祖。弘仁五年(八一四)三月十五日(一説、二月十五日)讃岐国那珂郡に生まれる。俗姓和気氏。童名広雄、字遠塵。父は宅成。母は佐伯氏の女で、空海の姪《めい》。十歳で『毛詩』『論語』『漢書』『文選』を習い、天長五年(八二八)十五歳叔父僧仁徳に随っ

円珍自署

円珍画像

て叡山に登り、座主義真に師事して、『法華経』『金光明経』『大毘盧遮那経』などの大乗経と自宗章疏などを授けられた。同十年、年分の官試に及第。受戒して僧となり、山規により籠山すること十二年、嘉祥三年(八五〇)内供奉十禅師に勅任。仁寿元年(八五一)四月入唐のために大宰府に下向。同三年七月出帆。八月福州に着岸。在唐中、天台国清寺の物外に止観を聴き、越州開元寺の良諝に台教を、長安青竜寺の法全に三部大法と大灌頂を、同大興善寺智慧輪に両部の諸儀を受け、さらに福州開元寺の存式に法華・華厳・倶舎を学び、同寺に在留の中天竺那爛陀寺僧般若怛羅に悉曇《しったん》・両部ならびに梵夾経を学び、波斯三蔵に逢って諸瑜伽や経論を練学した。大小乗経律論疏など四百四十一部一千巻をもたらして、天安二年(八五八)六月二十二日肥前国松浦に帰着、八月大宰府に到着。叡山山王院に住し、大法・自宗章疏を諸僧に伝授した。貞観五年(八六三)園城寺において宗叡に両部大法を授けた。翌六年仁寿殿において清和天皇以下三十余人に灌頂を授け、また勅命により『大毘盧遮那経』一部を講じた。同十年六月五十五歳延暦寺座主に勅任。元慶元年(八七七)陽成天皇践祚のはじめに百座仁王般若経を講じ、特に勅命によって御前講師となり名声を博した。同七年法眼和尚位に勅叙。仁和元年(八八五)光孝天皇践祚のはじめに、また『仁王経』を講じた。同四年興福寺維摩会講師となり、寛平二年(八九〇)少僧都の職を授けられた。翌三年十月二十九日示寂。七十八歳。叡山の南峰に葬られた。座主の職に在ること二十四年、第九世座主長意を除くと第十三世尊意に至るまでの七代の座主は

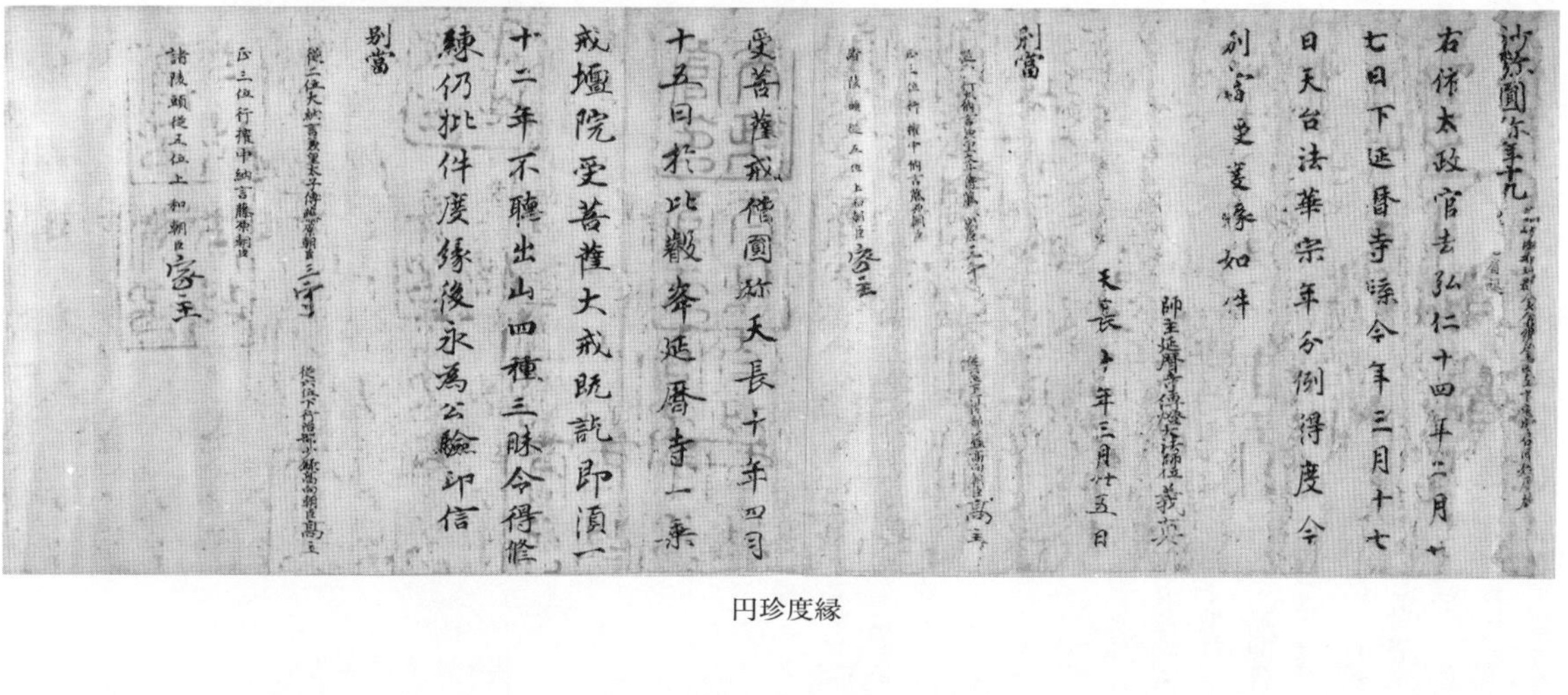
沙弥圓珍年十九
右件太政官去弘仁十四年二月十
七日下延暦寺牒今年三月十七
日天台法華宗年分例得度令
別當受度縁如件
受菩薩戒僧圓珍天長十年四月
十五日於比叡峯延暦寺一乗
戒壇院受菩薩大戒既訖即須一
十二年不聴出山四種三昧令得修
錬仍批件度縁後永為公驗印信

円珍度縁

すべて円珍の門流である。またその大法を受け阿闍梨位にのぼったものおよび一尊の儀軌を受けたもの百余人、手度剃髪して大比丘となったもの五百余人、登壇受戒して僧となったもの三千余人という。醍醐天皇延長五年(九二七)十二月二十七日法印大和尚位を追贈、智証大師と追諡された。その著作は九十篇を超え、なかんずく『法華論記』『授決集』『観普賢菩薩行法経記』『大毘盧遮那経指帰』『諸家教相同異略集』『菩提場所説一字頂輪王経略儀釈』『入真言門住如実見講演法華略儀』などは円珍の教理を知る上において重要である。また『伝教大師略伝』や、円珍自身の入唐旅行記の『行歴抄』『山王院在唐記』も有名である。円珍書写の経論章疏も多いが、さらに元慶五年唐の婺州の人李達に依頼し、張家の商船によって本朝一切経闕本百二十余巻を取り寄せ、翌六年僧三慧を入唐させて闕経三百四十余巻を手写して将来させるなど経典の伝写にも貢献した。著作などを収めた園城寺編『智証大師全集』全三巻がある。

参考文献 『大日本史料』一ノ一、寛平三年十月二十九日条、『智証大師伝』、『元亨釈書』三、天台宗寺門派御遠忌事務局編『園城寺之研究』、春山武松「智証大師請来の五部心観について」(『東洋美術』一三)、佐伯有清『円珍』(『人物叢書』二〇〇)

(森　克己)

えんつうだいし　円通大師　⇩寂照《じゃくしょう》

えんどうもりとお　遠藤盛遠　⇩文覚《もんがく》

えんに　円爾　一二〇二―八〇　鎌倉時代中・後期の臨済宗の僧。初め諱は辯円、房号は円爾、のち房号円爾をもって諱とした。道号はない。俗姓は平氏、母は税《せい》氏、駿河安倍郡藁科の人。建仁二年(一二〇二)十月十五日に生まれ、五歳(建礼元年)にして久能山の堯辯の室に入って童子となり、十八歳(承久元年)に至って近江の園城寺で剃髪し、東大寺に登って受戒した。のち京洛に入って儒学を学び、再び園城寺に帰って教学を学んだが、別伝の教えあることを知り、上野長楽寺に赴いて栄朝(栄西徒)についた。のち久能山の見西阿闍梨に密教を受け、鎌倉の寿福寺で大蔵経を閲しついで行勇(荘厳房)に参じた。また鶴岡八幡宮の法華講に参会したが、教学の未熟さに呆れて鎌倉を去り、栄朝の許しを得て入宋しようとし、博多円覚寺に赴き、ついで謝国明の私宅にあって船便を待った。嘉禎元年(一二三五)に渡海して天童の痴絶道冲、天竺の栢庭□月、浄慈《じんず》の笑翁妙堪、霊隠《りんにん》の石田法薫、退耕徳寧、敬叟居簡などの間を遍参し、ついで径山《きんざん》の無準《ぶしゅん》師範に参じて円爾の法諱を与えられ、のちその法を嗣いだ。仁治二年(一二四一)七月に帰国し、大宰府の堪慧によって横嶽山崇福寺を、栄尊によって肥前に水上山万寿寺を開き、翌年には謝国明に請ぜられて博多承天寺の開山となった。寛元元年(一二四三)には堪慧の仲介によって九条道家・良実父子の知るところとなり、円爾は上洛して月輪の別荘において禅要を説いた。道家はかつて東大・興福両寺のような盛業洪大な寺院を建てようとしていたので、その一字ずつを取って東福寺と称し、早速円爾を招いて開山第一世とした。この間に後深草・亀山両上皇をはじめ、宮廷公卿の信仰を得、または執権北条時頼に禅戒を授け、または『大明録』を講ずるなど、顕密禅三宗の宗風をもってした。正嘉元年(一二五七)には時頼に請われて寿福寺に居し、翌年は宗尊親王の命により火災に会った建仁寺を復興し、または円照の後を受けて東大寺大勧進職についたが、弘安三年(一二八〇)十月十七日七十九歳をもって示寂した。東福寺常楽庵に塔す。門弟には十地覚空をはじめ、東福寺に住した東山湛照(三聖門派)・無関普門(竜吟門派)・白雲慧暁(栗棘門派)・山叟慧雲(正覚門派)・蔵山順空(永明門派)・無為昭元(東光門派)・月船琛海(正統門派)・痴兀大慧(大慈門派)・直翁智侃(盛光門派)・南山士雲(荘厳門派)・双峯宗源(桂昌門派)・潜渓処謙(本成門派)・天柱宗昊(大雄門派)などがあり、そのほか神子栄尊・堪慧・無住道暁・東州至道・玉渓慧瑢・

円爾花押

円爾画像(吉山明兆筆)

無外爾然・耕叟仙原・鉄牛円心・妙翁弘玄・曇瑞道慧・太平妙法尼があり、円爾の族姪の徒に奇山円然がある。これら直弟はさらに多くの門弟を生み、五山派中の主流を占めた。円爾は寛元元年に九条家より聖一和尚の号を賜わり、応長元年(一三一一)十二月には花園天皇より聖一国師と勅諡されたので円爾の門流を聖一派という。円爾は末期に及んで近侍する鉄牛円心に平生の行業を記し置くことを遺嘱したので、鉄牛は『聖一国師年譜』一篇を編し、後年に白雲慧暁の門より出た岐陽方秀によって体裁が調えられた。また円爾は東福寺のほかに、崇福・承天の両寺、および万寿(肥前)・広福(同)・実相(三河)などの諸寺を開堂したが、これら諸寺の入寺・上堂・小参・陞座・拈香・入牌・下火《あこ》・偈頌・像賛などの法語類を整理保存せず、門弟の間でも語録編纂の機運が熟していなかったが、元徳年間(一三二九―三二)に至って忠首座なる者が、開山国師語録の未編なるを憂いて虎関師錬に語り、虎関とともに諸方の残編蠹簡を集め来たって一編となし、元徳三年二月五日に一応の形を整えた。これが『聖一国師語録』である。その後、元和六年(一六二〇)と文政十二年(一八二九)の両度にわたって拾遺を加えて重刻再刊された。年譜・語録とも『大日本仏教全書』所収。

参考文献 『仏祖宗派図』、『慧日山宗派図』、『扶桑五山記』(『鎌倉市文化財資料』二)、『東福紀年録』、『東福寺文書』一、『元亨釈書』七、卍元師蛮『延宝伝燈録』二(『大日本仏教全書』)、玉村竹二「禅僧称号考」(『日本禅宗史論集』上所収)
(葉貫　磨哉)

えんにん　円仁　七九四―八六四　平安時代前期の僧。延暦寺第三世座主。天台宗山門派の祖。俗姓壬生氏。延暦十三年(七九四)下野国都賀郡に生まる。幼少のときに父を失い、兄より経史を学ぶ。九歳大慈寺広智和尚に師事し、十五歳広智に伴われて叡山に登り、最澄の門下となり、『摩訶止観』を学ぶ。弘仁四年(八一三)試業に及

円仁自署

第し、翌五年得度。最澄より伝法灌頂を受け、同七年東大寺で具足戒を受けた。二十九歳最澄の遷化にあう。叡山の教師となり、法隆寺・四天王寺などの諸寺で開講し、『法華経』を書写し、如法堂を建ててその経蔵とした。承和二年(八三五)入唐還学の詔を受け、同五年六月請益僧円載らとともに遣唐大使藤原常嗣に従って出発、翌七月揚州海陵県に着いた。その目的は天台山に登り、長安の都に上って天台宗を研鑽することにあった。しかるにその資格還学僧で短期留学のため、天台登山は唐朝より許可されず、やむなく揚州の開元寺にとどまって宗叡に悉曇《しったん》を学び、全雅に灌頂を受け、両部曼荼羅・諸尊儀軌・仏舎利を伝受した。翌年帰国する遣唐使に同船したが逆風にあって山東半島東端文登県に漂着し、上陸したところ、遣唐使船に乗り遅れ、同地にとどまったが、新羅僧の勧めにより、天台山登山の素志を翻して翌年五台山に登り、志遠和上にあい、『摩訶止観』を受け、天台教迹など三十七巻を書写し、五台山文殊菩薩の聖跡を巡礼して長安に入る。大興善寺翻経院元政阿闍梨に金剛界の大法を学び、五瓶灌頂を受けた。翌年青竜寺義真阿闍梨に『毘盧遮那経』中の真言印契・秘密儀軌・蘇悉地の大法を受けた。また玄法寺法全阿闍梨に胎蔵儀軌を習い、南天竺宝月に悉曇を学び、醴泉寺宗穎に『摩訶止観』を習い、大安国寺良侃阿闍梨・浄影寺惟謹阿闍梨に器許密付された。長安に止住六年間、念誦教法経論章疏五百五十九巻、胎金両部曼荼羅・高僧真影・舎利・道具などを得た。唐の会昌二年(八四二)十月武宗の仏教弾圧が始まり、帰国の望みも断たれようとしたが、同五年五月、祠部の牒のない外国僧に本国への追放令が下り、円仁も還俗姿で長安を出発し、途中幾多の新羅人たちに助けられ、新羅商船に乗り、大中元年(八四七)九月二日登州赤山浦を発して帰国の途につき、承和十四年九月十八日大宰府に着いた。翌年帰京、大法師位に任じられ、翌嘉祥二年(八四九)五月延暦寺に灌頂を始修し、翌年春文徳天皇即位に際し、奏請して延暦寺に総持院を建て、常時修法の道場とした。斉衡元年(八五四)四月天台座主に勅任された。翌々年文徳天皇に両部灌頂を授けたのをはじめ、清和天皇に菩薩戒、淳和天皇に菩薩戒、太皇太后に菩薩戒・三昧耶戒・灌頂を授けた。貞観六年(八六四)正月十四日示寂。年七十一。臘四十九。貞観八年慈覚大師と追諡。著作は『顕揚大戒論』以下百篇を越え、なかんずく『金剛頂経疏』『蘇悉地羯羅経略疏』は円仁の台密教相の教学を述べた代表的なもの。最澄・空海の密教が両部大法なのに対し、円仁のものは胎金蘇三部の大法であり、三

円仁首像

円仁像

部都法の始祖である。また『顕揚大戒論』は大戒独立のために著わしたもの。

[参考文献]『入唐求法巡礼行記』（『大日本仏教全書』）、『慈覚大師伝』、『平安末期鈔本入唐記』（『阪本竜門文庫覆製叢刊』三）、天台学会編『慈覚大師研究』、E・O・ライシャワー『世界史上の円仁』（田村完誓訳）、佐伯有清『円仁』（『人物叢書』一九六）　（森　克己）

えんねぜんじ　燄慧禅師　⇨明極楚俊《みんきそしゅん》

えんのうぜんじ　円応禅師　⇨寂室元光《じゃくしつげんこう》

えんのおづの　役小角　生没年不詳　七―八世紀の間、大和の葛城（木）山にいた呪術師。『続日本紀』文武天皇三年（六九九）五月条に「役君小角流二于伊豆島一」という事件が記されている。その説明によれば、彼は葛木山に住して呪術を以て評判であった。外従五位下韓国連広足も一応彼に師事したほどであったが、のちに小角の能力を非難攻撃する讒言をして、小角は妖言を以て衆を惑わすと申し出たために、かように遠流に処されたという。続紀の編纂時までにも、すでに小角のすぐれた呪術師としての面目が世間に語り伝えられ、彼が精霊（鬼神）を能く役使して、これを自由に操作できた人物だとされている。大和朝廷の発展期から、大和の葛城山のあたりには特異な政治社会的雰囲気がおおい、その豪族葛城氏と大和王権とのかかわりにも微妙な問題があったところである。五―六世紀ころには、その祭神一言主神の霊異も雄略天皇との緊張関係を物語る話を通じて伝えられた。小角はそうした特殊な霊界で呪術などを行う、一種のシャーマンとして名声を博していたらしい。大化改新以来の律令制のしかれていく中にあって、葛城付近の歴史的因縁からも、反官的民衆の期待にこたえる巫呪として衆望を集めた。その人望が災いして、帰化人系の呪術師韓国連広足の讒となったのである。巫呪としての言動に、律令が禁じた「妖言惑衆」の面があったと理由づけられたのであった。しかし、古来の固有の山岳信仰界にあって、役小角は遠流されたことによりいよいよ評判を高めた。平安時代初頭に、天台・真言の密教的側面が山岳信仰に習合していった関係で、役小角も仏教界の優婆塞だったと称したり、さらに進んで密教的呪法に長じた行者であったときめつけるに至った。こうして役行者《えんのぎょうじゃ》という名が世にひろがり、密教験者《みっきょうけんざ》の山岳修行が果敢に行われ、修験道が発展するにつれて、役行者はその道の一大祖師として崇仰されるようにもなった。中世以来修験道の霊山が各地に活気をもって来ると、それぞれの山のどれにも役行者は登ったなどという伝説がつくられ、どこの山伏にとっても、彼が理想の修行者のように崇拝されることになった。

役小角像

[参考文献] 和歌森太郎『修験道史研究』（『東洋文庫』二一一）、同『山伏』（『中公新書』四八）、村山修一『山伏の歴史』（『塙選書』七一）　（和歌森太郎）

えんみょう　円明　？―八五一　平安時代前期の真言宗の僧。空海十大弟子の一人。生年月日・俗姓ともに不詳。一説に紀州の良豊田丸大夫の子ともいうが確証はない。はじめ東大寺において三論を学んだが、のち空海に随って密教を受け、天長元年（八二四）九月神護寺定額僧となる。翌二年真済の付属により澄心寺の綱維となる。承和元年（八三四）三月空海に随従して比叡山西塔釈迦堂の落慶供養に列席。同三年五月五日に唐の青竜寺に宛てた書簡に東大円明とあり、同年閏五月東大寺真言院定額僧の設置に伴い実恵とともに専当することになった。したがってこのころから主に東大寺に住していた。同五年八月にはすでに東大寺別当となっており、以後嘉祥三年（八五〇）ころまで東大寺別当の任にあったらしい。嘉祥三年七月に権律師となり、同年十二月八日律師になったが、これは東大寺別当としての功績によるものである。仁寿元年（八五一）寂。

[参考文献]『血脈類集記』二（『真言宗全書』）、『高野大師御広伝』（『弘法大師全集』首巻）、『叡岳要記』下、『東大寺要録』五、『澄心寺縁起』（『弘法大師諸弟子全集』中）　（和多　秀乗）

えんみょうじどの　円明寺殿　⇨一条実経《いちじょうさねつね》

えんやたかさだ　塩冶高貞　？―一三四一　南北朝時代の武将。佐々木貞清の嫡子。検非違使左衛門尉、隠岐守、近江守。塩冶判官・隠岐大夫判官と称せられた。父のあとをついで出雲守護となり、元弘三年（一三三三）閏二月、後醍醐天皇が隠岐を逃れて伯耆国船上山に挙兵すると、その召に応じて千余騎の兵を率いて馳せ参じ、六月供奉して入京。建武政権成立ののち、高貞は千里の天馬を献上し、その吉凶について洞院公賢・万里小路藤房らが議したという。建武二年（一三三五）十一月、足利尊氏が鎌倉に叛すると、高貞は新田義貞軍に属して足利軍と箱根竹ノ下に戦ったが、敗れて尊氏に降り、やがて出雲・隠岐守護に補任された。暦応四年（一三四一）三月、高貞は京都を出奔、幕府は高貞に陰謀ありとして、山名時氏・桃井直常らに命じて追跡させ、数日後高貞は播磨国影山において自害した。一説には出雲国穴道郷において自害し、法名を頓覚というとある。『太平記』によれば、高貞の妻は後醍醐天皇

塩冶高貞花押

より賜わった女官で、美人の聞えが高かったため、尊氏の執事高師直が想いを寄せ、尊氏・直義に高貞の謀反を讒言したので、高貞は本国の出雲に帰って挙兵しようとしたとある。

参考文献 『大日本史料』六ノ六、暦応四年三月二十四日条 （小泉 宜右）

えんゆうてんのう 円融天皇 九五九―九一 九六九―八四在位。諱は守平。天徳三年(九五九)三月二日村上天皇の第五皇子として生まる。母は藤原師輔の女安子。康保四年(九六七)九月一日、同母兄冷泉天皇の皇太弟となり、安和二年(九六九)八月十三日受禅、同九月二十三日即位。永観二年(九八四)八月二十七日、皇太子師貞親王に譲位。寛和元年(九八五)病気により出家、法名を金剛法と称し、正暦二年(九九一)二月十二日円融寺に崩じた。その在位は安和の変を機として藤原氏の権力が確立した直後にあたる。天皇は譲位後、御願寺円融寺の経営や多彩な御幸・御遊を行い、また院司を駆使して花山・一条朝の政治に口入するなど、その権威は藤原兼家をも憚らしめたが、三十三歳の壮年をもって崩じたため、藤原道隆・道長による摂関全盛の出現をみた。

参考文献 『大日本史料』二ノ一、正暦二年二月十二日条、目崎徳衛「円融上皇と宇多源氏」(坂本太郎博士古稀記念会編『続日本古代史論集』下所収)、菊池京子「円融寺の成立過程」(『史窓』二五) （目崎 徳衛）

後村上陵《のちのむらかみのみささぎ》 京都市右京区宇多野福王子町にある。仁和寺西方約六〇〇メートルにあたる。正暦二年(九九一)二月十九日円融寺の北原にて火葬、御骨を父村上天皇陵の傍に納める。御世所在を失い、明治二十二年(一八八九)六月現陵に定めた。火葬塚は右京区竜安寺朱山にある。

参考文献 『大日本史料』二ノ一、正暦二年二月十九日条、上野竹次郎『山陵』下 （中村 一郎）

お

おあさつまわくごのすくねのみこと 雄朝津間稚子宿禰尊 ⇨允恭天皇《いんぎょうてんのう》

おいちのかた お市の方 ⇨小谷《おだに》の方《かた》

おうぎし 王羲之 三〇七―六五 東晋時代の能書家。字は逸少。西晋の永嘉元年(三〇七)、琅邪臨沂(山東省)に生まれる。土地の名族王氏の出身で、父曠は淮南太守。祖父は王正。導の従子にあたる。七歳にして書を善くし、十六歳のとき郗鑒《ちかん》にのぞまれて、その娘と結婚。秘書郎から会稽王友・臨川太守などを歴任、東晋の永和七年(三五一)右軍将軍・会稽内史となったが、同十一年に官を辞した。その後は山陰県に住み、名士とともに山水の間に遊び、服食養生の道を楽しんだ。そして書においては、力の均衡を保ち巧みな構造力をもつ書風を創成して、当時通行の行草の各書体を芸術的な表現にまで完成させた。興寧三年(三六五)没。五十九歳。後世、古今無二の書聖と謳われ、子の献之とともに二王と称される。羲之の真蹟はすでに亡んでしまったが、双鉤塡墨本・刻本として多くの作品が伝えられている。刻本では、『蘭亭序』『集王聖教序』『十七帖』が著名。精密な技術を誇る双鉤塡墨本の『喪乱帖』(御物)、『孔侍中帖』(国宝、尊経閣文庫蔵)が、わが国に現存する。王書は奈良時代に日本に伝えられ、日本書道(上代様の成立)の母胎となった。なお、羲之の生没年については諸説はあるが、魯一同著『右軍年譜』に従った。 （角井 博）

おうげん 応源 生没年不詳 平安時代後期の絵仏師。応元とも書く。鳥羽・崇徳天皇の御代に仏画を描いた。はじめは鳥羽僧正覚猷の図像を模写し、智証大師円珍が唐で写した図像を転写し、「仏足跡図」「胎蔵旧図様」(永久二年奥書)などの写本が残っている。のちに待賢門院(鳥羽上皇の后)の仏寺経営の絵師をつとめ、柱絵や彫刻の下絵、仏像彩色などの下命をうけている。法金剛院の三重塔、勝光明院の阿弥陀堂の壁画などは主な作である。

参考文献 『長秋記』、朝岡興禎編『古画備考』 （亀田 孜）

おうけんし 王献之 三四四―八八 東晋時代の書家。字は子敬。書聖王羲之の第七子。東晋の建元二年(三四四)に生まれる。秘書郎・建威将軍・呉興太守を経て、中書令となった。ために、王大令ともいわれる。郗曇《ちどん》の娘(道茂)をめとり、一女をもうけたが、のちに離婚。その娘が安帝の皇后となったので、太元十三年(三八八)四十五歳で献之が没したのち、侍中・特進光禄大夫・太宰を追贈され、憲と諡された。羲之には七男一女の子があったが、最年少の献之が最も書の天分に恵まれていた。幼少のころから父に書法を受け、さらに媚趣ある書風をつくりあげて、その書は当時からもてはやされた。父を大王と呼ぶのに対して献之を小王と呼び、ともに書の標準とされる。小楷の『洛神賦十三行』、行草の『地黄湯帖』、草書の『中秋帖』『送梨帖』が著名である。 （角井 博）

おうじんてんのう 応神天皇 『日本書紀』『古事記』に第十五代と伝える天皇。和風諡号は誉田別《ほむたわけ》尊。『古事記』仲哀天皇段に大鞆和気《おおともわけ》命ともあり、胎中天皇ともいう。『日本書紀』応神紀には、もと去来紗別《いざさわけ》尊といったが、太子になってから角鹿《つぬが》の笥飯《けひ》大神と名まえを交換して誉田別尊と称するようになったとの別伝がみえる。『日本書紀』によれば、仲哀天皇の第四子で、母は神功皇后。仲哀天皇の死後、皇后が三韓征伐に赴いたときにはその胎内にあり、帰路に筑紫で生まれ、中央に戻って異腹の

兄の麛坂《かごさか》王と忍熊《おしくま》王を皇后が攻め亡ぼした後、皇后摂政三年に立太子、同六十九年に皇后が死ぬとその翌年に即位、軽島豊明宮《かるしまのとよあきらのみや》におり、品陀真若《ほむたのまわか》王の女の仲姫を皇后とし、在位四十一年、百十歳(記では百三十歳)で没したという。応神朝は前朝から引き続き武内宿禰が勢力を有したと伝えるが、この朝になると、王仁・阿知使主・弓月君その他の帰化人の渡来、それに伴う大陸の文物・技術の導入、中央における大規模な耕地の開発などの所伝が急に多く現われてくる。またこのころから鉄製農工具・武具が普及して、中期古墳時代に入ったとみられ、記紀の記述にもある程度史実性が加わってくるなど、前朝までとかなり様相を異にする面があるので、天皇が河内の勢力と関係が深かったらしいことや、天皇の和風諡号がこれ以後一転して簡素な名称になっていることなどをも考え合せて、応神朝を河内から出た新王朝とみる説も出されている。『宋書』にみえる倭の五王の最初の倭王讃を応神天皇とする説もあるが、もし讃が次代の仁徳天皇とすれば、応神朝の絶対年代は四世紀末から五世紀初頭のころということになる。天皇は後世になって八幡宮の祭神の一とされるようになった。陵は恵我藻伏岡陵といい、仁徳陵と並ぶ最大の前方後円墳。　（関　晃）

(伝)応神天皇像

恵我藻伏岡陵《えがのもふしのおかのみささぎ》　大阪府羽曳野市大字誉田《こんだ》に所在する。誉田山陵ともいわれている。『古事記』に「御陵在㆓川内恵賀之裳伏岡㆒」とあり、『延喜式』諸陵寮に「恵我藻伏崗陵(軽嶋明宮御宇応神天皇、在㆓河内国志紀郡㆒、兆域東西五町、南北五町、陵戸二烟、守戸三烟)」とある。応神天皇陵を中心として藤井寺市にまたがり「允恭天皇陵」古墳・「仲姫皇后陵」古墳・古室山古墳などをふくむ古

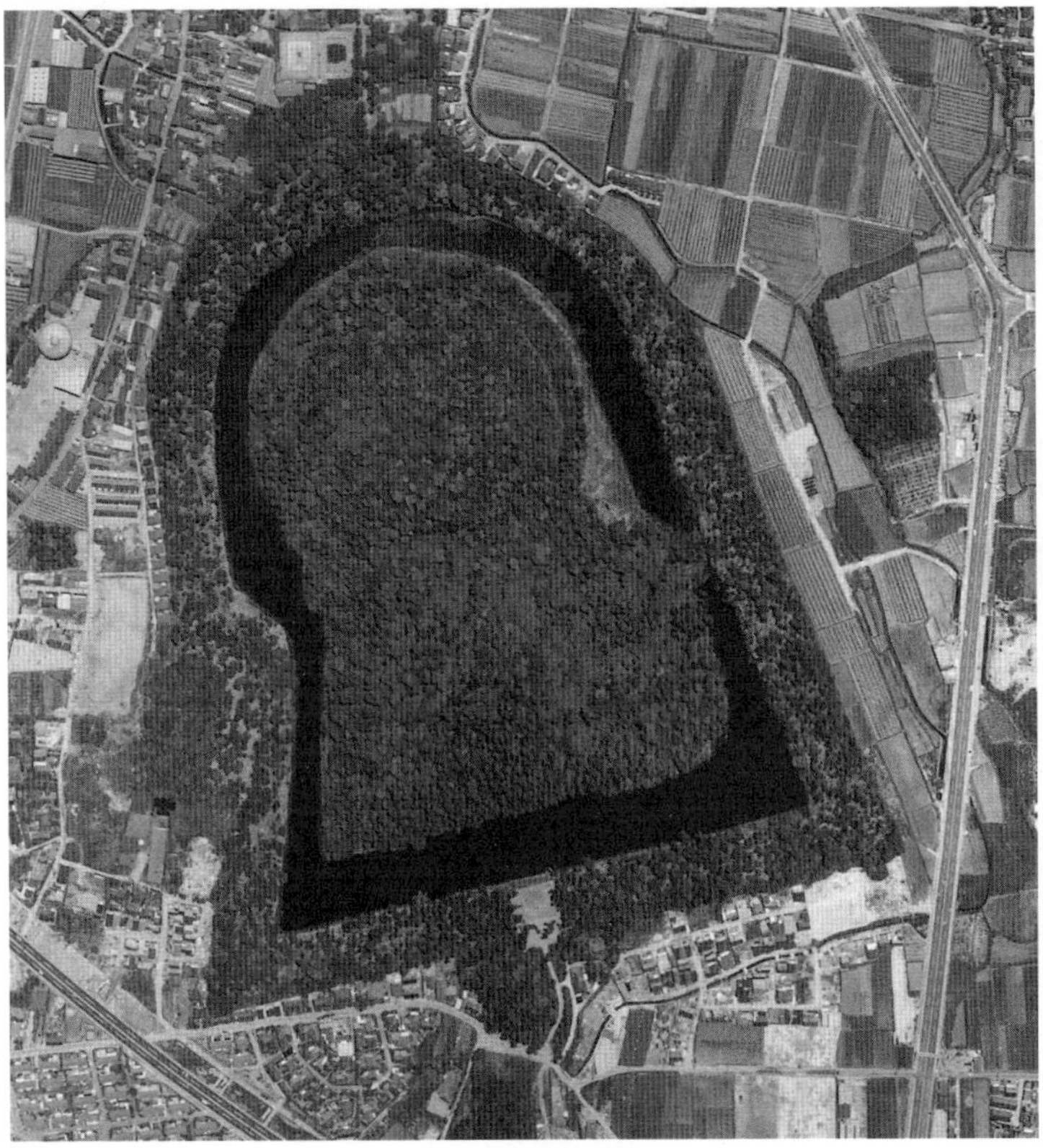

恵我藻伏岡陵

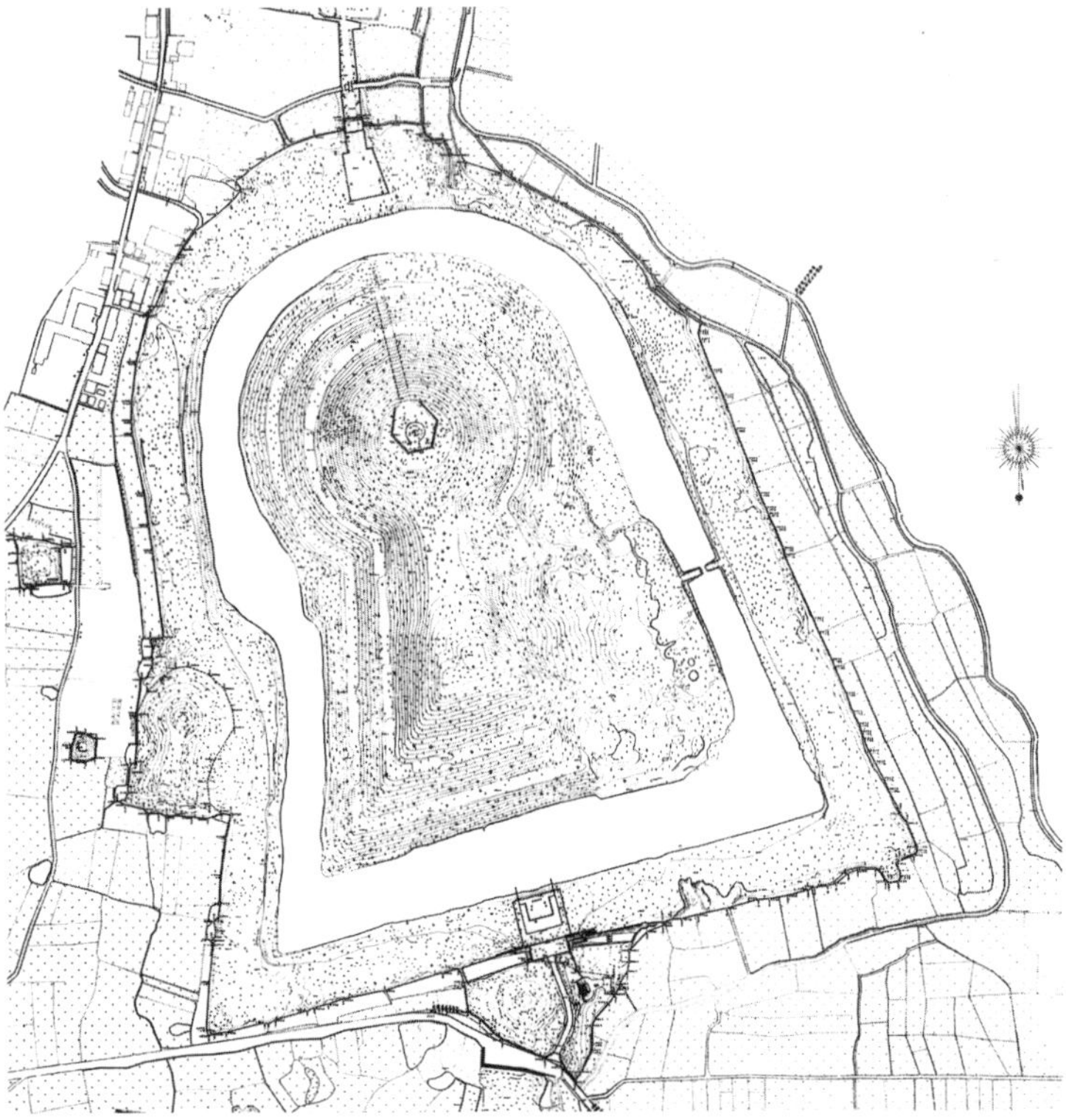

同(平面図)

市古墳群を構成するもので、平たい台地に営まれた壮大な前方後円墳である。前方部は北北西に面しており、主軸の長さ四一五メートル、後円部の径二六七メートル。その高さ三六メートル。前方部の端の復原幅三三〇メートル。この部分の高さ三五メートル内外で、三段に築成され、二重の堀をもつ。墳丘の土量は一四三万三九六〇立方メートルと算定されており、仁徳天皇陵の土量を超えており、墳丘の上では日本最大の古墳ということができる。葺石が見られ、墳丘内および内堀と外堀との間の土堤にも円筒埴輪列が見られる。他に家形埴輪・蓋《きぬがさ》形の埴輪などの形象埴輪も発見された。また明治二十二年(一八八九)堀の中から水鳥形の埴輪も発見。同二十五年には、堀の中から魚形土製品が発見された。『日本書紀』雄略天皇九年条に、河内国飛鳥戸(安宿)郡の人田辺史伯孫の馬が誉田陵の土馬と取り替えられたという伝承が記されている。この陵とすると早くから馬形埴輪が露呈していたかも知れない。付近に小円墳もあり、ことに丸山古墳からは金銅透彫金具などが発見され、著名である。また本陵の南がわに応神天皇を祀る誉田八幡宮が鎮座している。

参考文献 梅原末治「応神・仁徳・履中三天皇陵の規模と営造」(『書陵部紀要』五)
(斎藤　忠)

おうしんに　王辰爾　六世紀中ごろ朝廷に仕えた百済系の帰化人で船氏の祖。船首王後の墓誌銘には「船氏中祖王智仁首」とある。『日本書紀』によれば、欽明天皇十四年七月に大臣蘇我稲目が勅を奉じて王辰爾を遣わし、船賦《ふねのみつき》を数え録させ、辰爾を船長《ふねのつかさ》とし、船史の姓《かばね》を与えたといい、敏達天皇元年五月に東西の諸史がみな読みえなかった高句麗の表疏を辰爾が読み解いて天皇から賞讃され、近侍を命じられたという。同じころ辰爾の弟の牛も津史となり、甥の胆津《いつ》も白猪《しらい》屯倉の丁籍作成の功で白猪史の姓を与えられているから、かれらは渡来後まもない帰化人で、新知識を認められて登用されたものであろう。『続日本紀』延暦九年(七九〇)七月条の百済王仁貞らの上表文では、百済の貴須王の孫の辰孫王が応神朝に渡来し、その子が太阿郎王、孫が亥陽君、曾孫が午定君で、午定君の三子が味沙・辰爾・麻呂であると述べており、『新撰姓氏録』もこれに従っているが、そういう古い帰化人かどうかは疑わしい。

参考文献 関晃『帰化人』(『日本歴史新書』)
(関　晃)

おうすのみこと　小碓命　⇨日本武尊《やまとたけるのみこと》

おうせんけいさん　横川景三　一四二九―九三　室町時代後期の臨済宗夢窓派の禅僧。法諱は景三、道号は横川。地名《ちみん》は金華。別に小補・補庵・万年村僧と号する。播磨の人。永享元年(一四二九)生まる。同四年、相国寺常徳院の英叟(空谷明応の嗣)の室に入り、同十年、英叟の同門愚渓統慧に、嵯峨慈済院に侍し、嘉吉元年(一四四一)、十三歳のとき、英叟の命により同じく空谷の嗣竜淵本珠の室に養われ、この年三月、空谷の嗣曇仲道芳の三十三回忌にあたり、曇仲の開刱するところの東山養源院において、その頂相《ちんそう》を拝して、師資の礼を執って薙染《ていせん》し、十三歳・三月・三十三回忌と「三」に因縁が深いので「景三」と安名された。外学を竜淵本珠・瑞渓周鳳・春渓洪曹に受け、ことに瑞渓には深く師事した。また雲章一慶について『勅修百丈清規』の講を聴き、瑞渓の寂後は希世霊彦(村庵)にも師事している。応仁の乱に際しては、親友桃源瑞仙に伴われて、その郷里近江市村に、またさらに同国永源寺の竜門庵に難を避け、この地の豪族小倉実澄の帰依を受け、同寺内に識廬庵を創建してこれに居らしめられた。文明四年(一四七二)、京都に還り、相国寺常徳院中の樵雲軒の残存したのに寓居したが、細川勝元が同寺慶雲院の故地を譲りうけ、ために小補軒を創めて与えたので、ここに定住。同七年十二月、幕府より景徳寺(諸山)の住持公帖を受け、同十年二月、等持寺(十刹)の住持公帖を受け、三月入院《じゅえん》し、一香を曇仲のために焚いて、その法を嗣いだ。同十二年七月、相国寺(五山)の住持公帖を受け、同十三年、近江に下向、小倉実澄と再会、久闊を叙し、同十五年、嵯峨真浄院に空谷明応の塔を守り、その塔主《たっす》となり、同十七年、再び相国寺の公帖を受け、再住入院の儀を行なっている(十日にして退院《ついえん》。同十八年三月ごろ、同寺内の空谷の塔常徳院の塔主を司り、同年十月には同寺の開山塔崇寿院(夢窓疎石の塔)の塔主に遷任、長享元年(一四八七)十一月には、南禅寺の公帖を受け、足利義政より金襴の伽梨を授けられたが、入院はしなかった。同二年四月、相国寺に三住、延徳二年(一四九〇)五月、相国寺鹿苑院の塔主に擬せられたが、固辞して就かず、一乗寺村の投老庵に匿れた。同三年、臨川寺三会院《さんね》の塔主に任ぜられ、明応元年(一四九二)十二月、再び鹿苑院塔主を以て請われたので、ついに就任、僧録の事を司った。しかし半年にして辞任した。これより先同年六月、旧知永原重泰の葬礼を行うため、近江花成寺に下向し、同二年、小祥忌のため、また同寺に下向、同年の十一月十七日、相国寺常徳院小補軒で寂した。六十五歳。同軒に塔した。門弟に東雲景岱・月嶺瑞光・松渓澄鶴・瑞叔周厳・有雅景韻・月洲景竺らがあり、外学の門生には景徐周麟・彦竜周興・梅雲承意・持正光湜らがある。著作には『小補東遊集』(前・後・続の三集)、『補庵京華集』(前・後・続・別・新・外の六集、この巻名前・後・続・別・新・外は『事文類聚』の例に倣った命名)、『補庵集』『補庵絶句』『小補疏』(『蘿蔔集』という別名あり)、『閭門集』『百人一首』などがある。五山中期の代表的文筆僧で、義堂周信の平明な作風を瑞渓を介して、よく継承している。

横川景三花押

参考文献 『横川和尚伝』、『臥雲日件録抜尤』(『大日本古記録』)、『臥雲稿』(『五山文学新集』五)、上村観光『五山詩僧伝』(『五山文学全集』五)、玉村竹二編『五

山文学新集』一　（玉村　竹二）

おうちょく　王直　?—一五五九　十六世紀の倭寇の首魁と目された明人。五峰と号した。『明史』『明史藁』などには汪直と書かれている。中国安徽省の出身で、はじめ塩商であったが任俠をもってきこえた。青年時代おちぶれて遊民となったが、やがて密貿易家に転じた。一五四〇年ころ、明政府の海外貿易禁制のゆるみに乗じて広東にゆき、硝石・硫黄・生糸・綿などの禁制品を積んで暹羅《シャム》や南洋方面で密貿易を行なって、数年で巨富をたくわえた。王直の日本来航は、『新豊寺年代記』では天文十一年（一五四二）、『鉄炮記』では同十二年、『日本一鑑』では同十四年と伝えられている。『鉄炮記』の王直は、大明儒生五峰先生として種子島の鉄砲伝来に一役買っている。王直は日本の五島を根拠とし、また平戸に豪奢な巨宅を営み、三十六島の逸民を指揮して東シナ海に君臨し、徽王とも呼ばれた。かれは、日本・中国の密貿易者の売買・交易を代行し、宿所・倉庫の斡旋や保護にあたった。日本における王直は、二十年に大内義隆に中峰明本の墨蹟を献じたりしているところなどからみると、かなり自由に行動し、しかも諸大名からも尊敬をうけていたらしい。王直は中国では浙江省の瀝港に根拠をもち、ここでなかば黙認のかたちで密貿易を行なっていたが、二十一年中国沿岸で海賊の横行がはげしくなると、その張本とみなされて瀝港を追放された。このときから王直は大海賊の頭目に転じ、二十三年以後、数百隻の船団を率いてしきりに中国の沿岸を襲撃した。嘉靖の大倭寇と呼ばれる後期倭寇の頂点を示す行動がこれである。明の浙江総督胡宗憲は、王直に対し、本国に帰還すれば貿易を許すという条件で投降をすすめた。王直はこれに応じ弘治三年（一五五七）千余の部下を連れ、舟山島の定海に至って降伏した。明朝の廷議は王直を許そうとするものと、それを否定するものに分かれたが、王直は結局獄に下され二年後の十二月に殺された。

参考文献　後藤秀穂「倭寇王王直」（『歴史地理』五〇ノ一・二・四）、李献璋「嘉靖年間における浙海の私商及び船主王直行蹟考」下（『史学』三四ノ二）、佐久間重男『日明関係史の研究』、田中健夫『倭寇』（『教育社歴史新書』六六）　（田中　健夫）

おうちれんが　相知蓮賀　生没年不詳　南北朝時代の豪族。名前は連、入道して蓮賀と号した。松浦党の一家で、肥前国松浦郡相知村（佐賀県唐津市相知町）を本拠とした。元弘三年（一三三三）後醍醐天皇の綸旨を奉じて、鎮西探題赤橋英時の館攻撃に子息の秀とともに参加、さらに上洛して軍功があったので、恩賞地として筑後国下宇治村地頭職半分を与えられた。さらに足利尊氏・直義誅伐のため鎌倉に発向すべしとの後醍醐天皇の綸旨を受けている。暦応元年（一三三八）、一族中の所務は衆中で決することを一族が連署して定めているが、子息秀以後は足利方として活躍している。

参考文献　長沼賢海『松浦党の研究』　（瀬野精一郎）

おうみのけの　近江毛野　六世紀前半の朝鮮遠征の武将。近江の人で姓《かばね》は臣。継体天皇二十一年六月、六万の兵を率い、任那に赴き、新羅に奪われた南加羅・㖨己呑《とくことん》を回復しようとしたが、筑紫国造磐井に遮られ、結局、翌年、磐井は誅せられたので、二十三年三月、安羅に赴き、先の二国再建のため、新羅と百済の国王を召したが失敗し、かえって新羅に任那の四村を抄掠された。二十四年九月、任那よりその失政を訴えられ、天皇の召還にも応ぜず、任那王は新羅・百済と結び、毛野を攻撃した。十月、使者が帰り、毛野の人となり傲佷《ごうこん》で、政治に閑わず、加羅を擾乱し、意のままに事を行うと報告したので、再び召され、対馬で病没した。故郷の近江に葬られたとある。これらの『日本書紀』の記事は、『百済本記』などよりとったものと思われる。

参考文献　坂本太郎「継体紀の史料批判」（『日本古代史の基礎的研究』上所収）　（平野　邦雄）

おうみのみふね　淡海三船　七二二—八五　奈良時代後期の文人。養老六年（七二二）生まれる。池辺王（大友皇子孫、葛野王の子）の子。御船とも書く。もと御船王、天平年中（七二九—四九）唐僧道璿《どうせん》に従って僧名元開と称し、天平勝宝三年（七五一）正月勅により還俗、淡海真人賜姓、式部少丞となる。同八歳五月人臣の礼を欠くかどによって大伴古慈斐とともに衛士府に禁錮されたが許され、古慈斐はこの時三船の讒言によって出雲守を解任、時に三船は内豎《ないじゅ》。天平宝字二年（七五八）八月ころ尾張介、同四年正月山陰道巡察使、時に正六位上。五年正月従五位下三河守、六年正月文部少輔、八年八月美作守。同年九月正五位上勲三等近江介、当時造池使として近江におり、恵美押勝の乱鎮圧の功による。のちに中務大輔。天平神護二年（七六六）二月功田二十町を下賜、同年九月東山道巡察使、神護景雲元年（七六七）三月兵部大輔、同年六月独断のかどをもって巡察使解任。同年八月大伴家持とともに大宰少弐、宝亀二年（七七一）七月刑部大輔、同三年四月大学頭兼文章博士、四年三月賜田四町、八年正月大判事、九年二月大学頭、十一年二月従四位下、天応元年（七八一）十月大学頭、十二月光仁崩御の御装束司、延暦元年（七八二）兼因幡守、同三年四月刑部卿、四年七月十七日没。六十四歳。石上宅嗣と並称された文人で、『続日本紀』（文武天皇元年—天平宝字元年）の編纂に石川名足らと加わり、詩七首、『唐大和上東征伝』『送戒明和尚状』が現存するほか、『懐風藻』、列代漢風諡号の撰者とする説あり、『東行伝荃』を著わしたという。『延暦僧録』に「淡海居士伝」がある。

参考文献　小島憲之『国風暗黒時代の文学』上、蔵中進「『唐大和上東征伝』の成立と付載の詩」（『水門』九）、同「『唐大和上東征伝』の方法—思託撰三巻本『広伝』から元開撰一巻本『東征伝』へ—」（『国語と国文学』四五ノ一一）、同「淡海三船『送二戒明和尚一状』考」（『万葉』七三）、同「文人之首（その一）—淡海三船の生涯

と文学―」(『日本文学』二〇ノ一二)　（中西　進）

おうようじゅん　欧陽詢　五五七―六四一　唐時代初期の書家。字は信本。陳の永定元年(五五七)潭州臨湘(湖南省)に生まれる。陳の広州刺史紇の子。幼少のとき、その父が謀反人として誅され、また詢が短軀醜貌であったため、不遇に堪え育った。しかし、聡明のうえに勉強家で、経史に精通していた。隋朝では煬帝《ようだい》に仕えて太常博士、唐の高祖の即位後、給事中に累進。このころ、かれの書名は高麗にまで知れわたっていた。唐の武徳七年(六二四)、『芸文類聚』百巻を撰して上奏。唐の貞観の初めに、太子率更令・弘文館学士を歴任、渤海男に封ぜられた。貞観十五年(六四一)没。八十五歳。書は王羲之を学んだというが、むしろ北魏派の書に通ずるものがある。分間布白の正しい建築性をもつ詢の書は、古来「楷法の極則」として絶讃され、唐の四大家の一人にかぞえられている。『皇甫誕碑』『九成宮醴泉銘』『史事帖』『仲尼夢奠帖』などの作品がある。　（角井　博）

おうようめい　王陽明　一四七二―一五二八　中国明代の代表的思想家、陽明学の祖。名は守仁、字は伯安、号は陽明。成化八年(一四七二)九月三十日浙江省余姚に生まれる。父の王華は進士及第第一人の秀才で南京吏部尚書に至る。母は鄭氏。弘治十二年(一四九九)二甲進士出身第七人を賜わり、同十七年兵部主事になったが、正徳元年(一五〇六)宦官劉瑾《りゅうきん》の暴政を弾劾したため、罰を受け貴州竜場駅の駅丞に流された。辺地での苦難の中で悟りを得て、同四年「知行合一」論を説き始めた。翌五年罪をゆるされて廬陵県知県となり、同十一年江西福建の農民暴動の鎮圧にあたり、十四年寧王宸濠の叛乱を鎮定し、その功により南京兵部尚書に昇任、新建伯に封ぜられた。翌十五年「致良知」説を提示し、のち浙江に帰り子弟の教育にあたったが、嘉靖六年(一五二七)広西の農民暴動を鎮圧した帰途翌七年十一月二十九日南安で没。五十七歳。『伝習録』三巻は弟子との問答・書簡であり、全著作は『王文成公全書』三十八巻に収められている。

参考文献　山本正一『王陽明』、楠本正継『宋明時代儒学思想の研究』、島田虔次『朱子学と陽明学』(『岩波新書』青六三七)、山下竜二「王陽明」(『講座東洋思想』二所収)　（山下　竜二）

おおあえまさとら　大饗正虎　一五二〇―九六　安土桃山時代の武士。織田信長・豊臣秀吉の側近にあって右筆役を勤め、世尊寺流の当代一流の書家。甚四郎・長左衛門尉と称し、特に楠長諳の号でよく知られている。式部卿法印。永正十七年(一五二〇)、備前国に生まれ、『梶川系図』では伊勢国神戸に住み、楠木氏の流れを汲むものとして栄誉を受けていたという。『大饗系図』によれば父は隼人佑成隆(『尊卑分脈』では隆成)といい、先祖は楠木正儀の孫大饗西法入道正盛より出るという。大饗の姓は、楠木氏の有力な一族であった和田正遠流の子孫が河内国南河内郡南八下村大饗(堺市内)を本貫としていたことから、この地に正盛が蟄居していたことに由来するものではないかと思われる。天文五年(一五三六)、将軍足利義輝に仕え、名を正虎と改めた。同二十二年には正成と由緒の深い信貴山鶴林寺へ願文を捧げ、正成の修羅苦患を救い、みずからの武運長久を祈願したという。『楠氏系図』では、正親町天皇の時、織田信長の執奏により正虎は先祖以来の朝敵の勅免をうけ、従四位上に叙せられ、河内守に任じ、この時楠氏に復したという。正虎は信長の側近に侍して右筆を勤め、信長横死後は、豊臣秀吉の右筆となった。飯尾常房に学んだ書風を生かして、当代武将の右筆としての模範となった。京都に在住中、秀吉側近衆とともに、御伽衆や公家・僧などとの和歌会にも列席したが、天正十六年(一五八八)、聚楽第へ後陽成天皇行幸の儀式を奉行前田玄以とともに制定したというがいささか疑わしい。その時の行幸記である『聚楽第行幸記』は、正虎の著述とする釣閑斎卜諳の奥書のある内閣文庫所蔵本が群書類従本の底本とされたために、ながく正虎の著作とされてきたが、桑田忠親の研究によって、尊経閣文庫所蔵本がその原本であり、実際の著者は『天正記』の著者でもあった秀吉の御伽衆大村由己であり、正虎は後陽成天皇への献上本の清書者にすぎないことが確認された。正虎の著作としては『九州陣道之記』という小作が残されているのみである。『本化別頭仏祖統記』は、正虎は剣術軍略にすぐれたといい、のち一子をすてて僧となり、遠長院日受といい、京都六条大輪坊に住していたため、人呼んでこの寺を楠寺といったと記している。子には甚四郎正辰がおり、冷泉家の子女を妻としており、正虎一家は冷泉家はもとより山科家とも親交を続けていた。正虎は慶長元年(一五九六)正月十一日、七十七歳で没した。墓碑は京都市上京区新町通鞍馬口下ルの妙覚寺にある。

参考文献　桑田忠親「聚楽行幸記の研究」(『国学院雑誌』四五ノ五)、同「天正記の成立とその伝本」(『史学雑誌』四九ノ一〇)　（三浦　圭二）

大饗正虎花押

おおあまのおうじ　大海人皇子　⇨天武天皇《てんむてんのう》

おおいおう　大炊王　⇨淳仁天皇《じゅんにんてんのう》

おおいだつねたか　大井田経隆　生没年不詳　鎌倉時代後期の武将。越後国大井田郷の人。大井田氏は新田氏の一族、里見氏の分流大島義継の次子氏継に起り、経隆は氏継の孫、義隆の子にあたる。蔵人大夫・遠江守。元弘三年(一三三三)五月八日、新田義貞が上野国新田郡生品社前で兵をあげたとき、経隆は越後の同族里見・鳥山・田中・羽川らの人々とともに同日夕に参着。同十七日の鎌倉合戦には化粧坂から討ち入ったが、その後の活動については明らかでない。

参考文献　群馬県教育会編『新田義貞公根本史料』、藤田精一『新田氏研究』、和島芳男『建武中興と新田

義貞』、大森金五郎『日本中世史論考』　（和島　芳男）

おおいみかどつねむね　大炊御門経宗　⇩藤原経宗《ふじわらのつねむね》

おおいみかどのみや　大炊御門宮　⇩惟明親王《これあきらしんのう》

おおうちこれのぶ　大内惟信　生没年不詳　鎌倉時代前期の武将。大内惟義の子。帯刀長・駿河左衛門大夫などと称した。父のあとをついで鎌倉幕府の有力御家人の一人として活躍、元久二年（一二〇五）平賀朝雅が京都で誅されたのち、彼がもっていた伊賀・伊勢両国の守護職を与えられ、また確証はないが美濃国守護職も父惟義から相伝していたものと思われる。建保元年（一二一三）八月のころは鎌倉にいたが、翌年八月には京都にいて、在京の武士とともに南都衆徒の嗷訴を防禦している。その後も在京御家人として京都にとどまっていたためか、承久の乱の際は京方の武力となり、伊賀判官光季討伐に参加した。また幕府軍の西上に備えて、京方軍が木曾川の線に防禦陣を張ったとき、東山道の要地たる大炊渡に二千余騎の将として配置されたが、武田信光の軍に敗れ、京方軍の総退却の因をなした。その後の行動は必ずしもさだかではないが、『尊卑分脈』によれば敗戦後捕えられて配流されたという。

大内惟信花押

参考文献　『大日本史料』五ノ五、寛喜二年十二月十四条　（安田　元久）

おおうちこれよし　大内惟義　生没年不詳　鎌倉時代前期の武将。源氏の一門として有力御家人の一人。通称は大内冠者。源義光の曾孫で平賀義信の長子。元暦元年（一一八四）二月の一谷の戦で源義経に従って戦い、その直後に伊賀国守護に補任された。同年五月、伊勢国で波多野三郎盛通・大井次郎実春らが志太先生義広を討ったとき、惟義は家人を遣わしてこれに協力させた。ついで七月に伊賀国で平家の一族の襲撃をうけ、家人の多くを失った。幕府では加藤景員・山内首藤経俊とともに、この平氏の余党の討伐を命じたが、惟義はその命令の到着以前に平氏余党九十余人を討った。文治元年（一一八五）八月の小除目で、源氏一門の六名が受領に任ぜられたとき、惟義も相模守となった。そして同三年三月には美濃国の守護となっていた。このころ、源氏一門として父義信とともに頼朝の信頼を得ていたことがわかる。同五年七月、頼朝の奥州征伐に参加、建久元年（一一九〇）の頼朝上洛にも随行している。この時代の儀式その他に関する『吾妻鏡』の記事を見ると、相模守惟義は一門の重鎮として遠江守義定・上総介義兼らとともに、三河守範頼の次に位置していたようで、たびたび鶴岡宮その他への奉幣使となっている。また同六年の頼朝第二回の上洛に随い、また東大寺供養に参加した。頼朝の死後、正治二年（一二〇〇）正月、梶原景時が誅殺されたとき、このころから在京することが多かったようで、建暦二年（一二一二）三月には、在京奉行の労により一村地頭職を拝領している。またこの前後に駿河守に転じた。建保元年（一二一三）に鎌倉に帰り、翌年園城寺が焼失すると、五月その修造の惣奉行となった。承久元年（一二一九）正月、将軍実朝、大臣拝賀のための鶴岡御参の行列に関する『吾妻鏡』の記事の中に、修理権大夫惟義朝臣の名がみえるのを最後として、史料の上からその名を消した。この後間もなく死去したものと思われる。（安田　元久）

おおうちてるひろ　大内輝弘　？―一五六九　戦国時代末期の武将。没年から推算すると永正十七年（一五二〇）生まれか。『吉川家旧記』『大内氏系図』その他中国地方で編まれた書物の多くは輝弘をもって政弘の次男高弘と同一人物とみなしている。すなわち政弘次男（義興の弟）大護院尊光は大内氏氏寺氷上山興隆寺別当、周防国衙の目代に任じ、義興に対して叛を謀ったが露れて豊後に逃れ、還俗して高弘といい、のちに将軍足利義輝の偏諱をいただいて輝弘と改め、大内氏滅亡後、毛利元就の虚をついて山口に攻め入ったとする。しかし高弘と輝弘は明らかに別人で、前者は大内氏宿老杉武明とともに叛を企て、明応八年（一四九九）二月、事露れるや逃れて大友氏に身を寄せたのであるが、末路をつまびらかにできない。これに対して輝弘はその後数十年の人物で、大友氏の庇護のもとに所領を給せられ家臣を有していたことが大分県所在の文書類を通じて明らかであり、また『大友家文書録』に「輝弘、故大内高弘子也」とあり、信憑すべきであろう。永禄十一年（一五六八）中国を平定した毛利氏は北九州に鉾先を向け、吉川元春・小早川隆景の率いる毛利氏の大軍は筑前立花城（福岡県糟屋郡新宮町）その他各地で大友氏の軍と戦い、翌年には元就みずから長府に出陣したので、大友氏としては一には毛利勢を退去させるため、二には大内氏の復辟をはかるため、十二年十月輝弘に数千の軍勢を授けて海路山口占領をはからせた。輝弘は同月十日周防国吉敷郡秋穂浦《あいぼうら》（山口県吉敷郡秋穂町）に上陸、十二日、大内遺臣らに護られて元大内氏別邸築山屋形に入った。しかしながら鴻峯《こうのみね》に拠る毛利留守軍の守備かたく、しかも筑前立花在陣の吉川元春・小早川隆景がその軍をかえすと聞き、輝弘はとうてい抗することのできないのを知って山口を脱走し、富海《とのみ》の茶臼山（山口県防府市）で自殺した。一五六九年十月十一日付パードレ、フィゲイレド書翰（『耶蘇会士日本通信』豊後篇下）に輝弘山口出陣の記事がみえ、年齢五十歳とある。もし高弘と同一人物ならば明応八年に二十歳としても九十に達し、きわめて不合理である。

大内輝弘花押

参考文献　『大日本史料』一〇ノ三、永禄十二年十月二十日条　（福尾猛市郎）

おおうちのりひろ　大内教弘　一四二〇―六五　室町時代前期の武将。持世の養嗣子。系図類は実は持盛次男とするが、盛見の子とする説もある。応永二十七年（一四

大内教弘花押

二〇)に生まれる。幼名六郎、嗣子として新介。嘉吉の乱後持世死没のあとをうけて周防・長門・豊前・筑前四ヵ国守護となり左京大夫、のち大膳大夫に任じ、位階は従四位下、文明十八年(一四八六)六月五日従三位追贈。大内屋形の北に接して築山殿を営み、主として外客接待に用いた。武将として西は宿敵少弐氏と戦い教頼を肥前に追うて大宰府を確保し、東は安芸武田信賢の本拠銀山城下に攻め込み、南は伊予の河野通春を援けて細川方の軍を圧した。その領国は守護四ヵ国のほか、安芸・石見・肥前にまたがり父祖の地盤を幾分拡大した観がある。寛正二年(一四六一)六月山口より各地に至る使節の片道・往復の日限を定めた壁書はほぼその領域を示している。朝鮮との貿易は『李朝実録』にもみえ、また文化に関心深く、上杉憲実を深川大寧寺楼留軒に厚遇し、画僧雪舟を山口に迎え、禅は竹居正猷に、和歌は師成親王に学び、『新撰菟玖波集』には十四句を収める。伊予の陣中、寛正六年九月三日興居《ごご》島(松山市)で没。四十六歳。闢雲寺殿大基教弘。

「教弘」

「多々良教弘」

大内教弘印

参考文献　『山口県文化史』通史篇　（福尾猛市郎）

おおうちひろよ　大内弘世　?—一三八〇　南北朝時代の武将。父は弘幸、幼名孫太郎。周防権介に任じ大内介と称す。鎌倉時代末・南北朝時代初期のころ大内氏一族を統轄したのは、大内氏本宗の出自で鷲頭家を継いだ長弘(弘幸の叔父)で、足利尊氏に属して周防守護に任じられ、その地位はその子弘直に継承された。大内氏本宗の弘世は文和元年(観応三、一三五二)の擾乱にあたり、足利直冬の陣営に属して、尊氏・義詮派の弘直と対抗し、同三年のころこれを屈服させ、大内氏一族の統率権を得た。ついで弘世はその翌年ごろから北朝方の長門守護厚東氏に鉾先を向け、延文三年(一三五八)にはこれを豊前に敗走させ、幾度か奪回を繰り返したのち長門を掌中におさめた。九州の北朝勢力が探題斯波氏経を迎えて活況を呈し始めた貞治二年(一三六三)のころ、弘世は細川頼之の調停に応じて幕府方に転じ、周防・長門両国の守護に任ぜられた。弘世は直ちに九州に渡り氏経を助けて菊池軍と戦い、敗北して偽り降伏して帰国するという危機もあった。同年はじめて上洛して将軍に謁見し、巨額の銭貨や新渡の唐物をもって将軍やその左右に贈与し、幕府上下の人気を博したといわれる。同五年石見守護に補任されると益田兼見の協力を得て石見の南軍を平定し、さらに中国山地を越えて安芸に入り勢力を扶植した。また応安四年(一三七一)には新任の探題今川貞世(了俊)を助けて九州の南軍を討ち、翌年八月大宰府攻略後貞世と意見合わず帰国し、同七年再び安芸に出兵して、貞世に従い出陣中の毛利元春の領内に侵入した。これは毛利一族中の反元春勢力を助けるものであったが、永和元年(一三七五)幕府の貞世援助要請を拒んだこともあって幕府の猜疑を受け、同二年石見守護職を取り上げられた。弘世はまた本拠を大内村から山口に移し京都文化の移植をはかった。後世大内氏発展の基礎は弘世のときに確立せられたのである。康暦二年(一三八〇)十一月十五日死去。没年不詳。周防国吉敷郡御堀村(山口市大内御堀)正寿院に葬る。法名は正寿院玄峰道階。

大内弘世花押

参考文献　近藤清石編著『大内氏実録』、同編『増補防長人物志』、『山口県文化史』通史篇、御薗生翁甫『大内氏史研究』、松岡久人『大内義弘』　（松岡　久人）

おおうちまさひろ　大内政弘　一四四六—九五　戦国時代の武将。中国地方の大名。文安三年(一四四六)教弘の長男として生まれる。幼名亀童丸、太郎、大内氏嫡子として周防介。寛正六年(一四六五)父の死により相続、周防・長門・豊前・筑前守護、左京大夫に任じ、従四位上に至る。伊予の河野氏を援けて細川氏との対立を深め、細川氏によって大内氏追討の幕命が発せられた。よって政弘は応仁の乱に山名方として兵を率い上京、西軍の将として重きをなした。その間隙に文明三年(一四七一)伯父教幸が九州の勢力を背景に謀叛を企て、留将陶弘護らの策略よろしきを得、教幸は豊前で自殺した。京都の戦乱の終るとともに政弘は同九年十一月帰国し領国経営に専念し、安芸・石見の諸豪族に対してあるいは所領を安堵し、あるいは偏諱を与えて懐柔につとめた。また筑前の回復をはかる少弐教頼を破ってこれを斬り、その子政資の奪還をはかるをみずから討ってこれをしりぞけた。幕府が近江六角氏討伐のため協力を要請したのに応じて問田弘胤を遣わし、ついで延徳三年(一四九一)みずから上京、新将軍足利義稙を援けて六角氏を討ち、翌明応元年(一四九二)には嫡子義興を参陣させ、中央における大内氏の地位を高くした。公卿・禅僧・学者らとの交際深く、山口来住を歓迎してその保護者となった。惟参周省は保寿寺に住して大内氏世系その他を研究し、画僧雪舟は政弘の保護でその技を磨いた。政弘の学問は広かったが、ことに和歌はその作幾万首とも

大内政弘花押

しれなかった。猪苗代兼載の『朝の雲』は政弘臨終の様子を詳述し、口をきわめて和歌・連歌への執心をたたえており、『拾塵和歌集』は彼の家集で千五百首が選ばれている。宗祇が『新撰菟玖波集』を撰する動機を与えたのは政弘で、これには彼の作七十五句が収められている。その他の学問では一条兼良から『伊勢物語愚見抄』(宮内庁本)を、能阿弥から『君台観左右帳記』(群書類従本)を受けている。家臣主従も和歌・連歌をたしなみ、山口は文化都市として栄えた。明応三年秋、病により家督を義興に譲り、四年九月十八日没。五十歳。山口の法泉寺に葬る。法泉寺殿直翁真正。贈従三位。

参考文献　近藤清石編著『大内氏実録』、渡辺世祐『室町時代史』、田中義成『足利時代史』、『山口県文化史』通史篇　（福尾猛市郎）

おおうちもちよ　大内持世　一三九四―一四四一　室町時代前期の武将。没年から逆算すると応永元年(一三九四)生まれで、父は義弘。幼名九郎のち大内介と称す。官は刑部少輔、永享四年(一四三二)修理大夫に転ず。同三年盛見が筑前国深江(福岡県糸島郡二丈町)で敗死したのち、大内氏の家中には家督に持盛と持世とをそれぞれ擁立する動きがあり容易にまとまらなかった。幕府は大内氏の重臣内藤肥後入道から伝えられた盛見の遺志に基づき同年十月持世に惣領職、持盛に長門国以下を安堵したが、その後持盛は九州に出陣中、叔父満弘の子満世と共謀して持世を襲撃し、大友方に通じて開陣帰国した。持世は長門国椿(山口県萩市)から石見国三隅(島根県浜田市三隅町)に逃れたのち、国人の支持を得て程なく周防に入国して持盛らを没落させ、幕府からあらためて長門国および安芸東西条をも安堵され、周防・長門・豊前・筑前四州の守護となった。ついで四月十日大友・少弐氏追討を許されて翌年四月持盛を豊前篠崎城に滅ぼし、同八月筑前において少弐満貞・資嗣父子を斬って首級を京都に送り、ついで大友持直を攻めて敗走させ同親綱に豊後を与えたので、九州は一時平静に帰した。翌六年以後九州の戦局が再燃すると、持世は七年夏河野通久とともに大友持直を攻め、以後引きつづき芸・石・予の援軍と協力して大友・少弐氏らと戦い、八年六月豊後姫嶽城を陥れ、肥前に転じて少弐氏の余党を平らげて九州を平定し、九年正月周防に凱旋した。十二月には少弐氏の遺子嘉頼・教頼の宥免を幕府に請い、その許可を得、ここに大友・少弐両氏とも持世の恩により家を興すこととなり、持世の威勢は高まった。これよりさき持世は出仕に応ぜず足利義教の怒りを買って十二年二月安芸国内の所領一所を削られているが、以後は在京が多かったらしい。一方、持世は朝鮮との国交にも意をもちい、また和歌をよくし『新続古今和歌集』の作者に列する。嘉吉元年(一四四一)六月赤松満祐の義教暗殺の際、持世も同席して重傷を負い七月二十八日死去した。四十八歳。周防国吉敷郡宮野(山口市)の澄清寺に葬る。法名は澄清寺殿道厳正弘。

大内持世花押

大内持世画像(栗原信充『肖像集』)

参考文献　『満済准后日記』、『看聞御記』、近藤清石編著『大内氏実録』、同編『増補防長人物志』、『山口県文化史』通史篇、御薗生翁甫『大内氏史研究』　（松岡　久人）

おおうちもりみ　大内盛見　一三七七―一四三一　室町時代中期の武将。永和三年(一三七七)山口今小路の邸で誕生。弘世の第六子で母は三条氏。幼名は六郎。兄義弘が応永の乱で敗死し豊前・石見・和泉・紀伊を削られ、幕府に降った弘茂が周防・長門を安堵されたとき、留守を命ぜられていた盛見は弘茂と絶ち、幕府が九州探題渋川満頼や安芸・石見の諸将に弘茂援助を命じ、さらに先に筑前で戦死した満弘の子満世に長門の二郡を与え弘茂に加担させると、一時鋭鋒を避けて豊後の大友氏のもとに身を寄せた後、応永八年(一四〇一)十二月長門府中に上陸し盛山城の戦で弘茂を戦没させ、同九年正月山口に還った。その後諸所の弘茂の与党を征し、また幕府が弘茂の代りに立てた介入道道通(満弘の弟)と戦って倒し、ついで安芸・石見に進軍して介入道を支援した国衆と戦い降伏させた。この間九州では探題の威令及ばず、幕府もついに盛見の家督を認めざるをえず、同十一年のころ周防・長門の守護職を安堵し、ついで筑前・豊前の守護職を与えて九州経営の重責を負わしめることとした。以後盛見は在洛中は将軍や管領など上流武家社会で厚遇され、五山の禅僧との交わりも深かった。三十二年九州に動乱が起ると在京中の盛見は急ぎ下向してこれを平定したが、このころ以後は九州の経営にあたることが多く、その間同二十五年から永享三年(一四三一)に及ぶ宇佐宮造営の衝にもあたった。同元年十一月将軍足利義教はその料国筑前の管轄を盛見に委ねたが、この管轄権に関して、盛見は筑前に所領をもつ大友氏と紛争を生じ、同二年以来大友・少弐・菊池の連合勢力と戦闘状態に入り、

大内盛見花押

大内盛見画像

同三年六月二十八日少弐氏と筑前深江（福岡県糸島郡二丈町）に戦い敗死。五十五歳。周防吉敷郡宇野令の国清寺（現在の洞春寺の地）に葬る。法名は初め道雄、のち国清寺殿大先徳雄。盛見は武勇を以て知られたが、また禅を修め儒学詩文を嗜み、朝鮮とたびたび通交して大蔵経を求めてこれを印行させ、興隆寺に唐本一切経供養会を修するなど文化的業績も著しかった。

[参考文献] 近藤清石編著『大内氏実録』、同編『増補防長人物志』、田中義成『足利時代史』、渡辺世祐『室町時代史』、御薗生翁甫『大内氏史研究』

（松岡　久人）

おおうちよしおき　**大内義興**　一四七七―一五二八　戦国時代の武将。中国地方の大名。政弘の長男として文明九年（一四七七）生まれる。幼名亀童丸、六郎、家督の嫡子として周防権介、明応三年（一四九四）秋、父の病により相続、左京大夫に任じ、周防・長門・豊前・筑前・石見の守護、のち山城と安芸守護を加える。初政にあたって弟の興隆寺別当・国衙目代僧尊光に不平の心あり、宿老杉武明と謀って義興を廃せんとした。義興の措置によって、同八年二月武明自殺し、尊光は還俗して高弘と称し豊後に逃れ大友氏に身を寄せた。それより大内氏領国は安定を回復し、翌九年前将軍足利義稙が義興を頼って山口に来ると、これを保護した。永正五年（一五〇八）義稙を擁し大軍を率いて京都に上ると、四月将軍義澄と細川澄元らは戦わないで近江に走った。義興は義稙を復職させ、みずから管領代として幕政を掌握し山城守護を兼ねた。大内氏は管領になれないので管領代を称したが実質に変りがなかった。同八年八月、細川澄元らの巻き返しに遇って義稙・義興らはしばらく丹波に逃れたが、同月二十四日船岡山（京都市）の戦に細川澄元らの軍を破って大勝し、京都の治安を回復した。よって廷臣・諸将らより賀を受け、朝廷より功を賞せられ、翌九年三月二十六日従三位に昇叙された。こうして滞京すること十年、その間に出雲守護代尼子氏ようやく豪強となって石見に圧力を加えてきたので義興は益田・吉川氏と結んで尼子勢の阻止につとめた。義興が在京して号令することは大内氏を権威づけるものではあるが、領国経営の障害少なくなかった。そこで同十五年管領代を辞して周防に帰り、大永元年（一五二一）より連年安芸に出兵して尼子経久の軍と戦った。しかし銀山《かなやま》城主武田氏、桜尾城主友田氏はじめ安芸諸豪族は多く尼子氏になびき、大内氏の支城鏡山城は同三年尼子勢のため陥った。しかし翌四年六月、義興は軍を厳島に進め、これを拠点に桜尾城を陥れ、ついでその近郡諸地域を征服し、同五年には毛利元就が尼子氏と断って味方になり、大内勢やや振るうに至ったが、享禄元年（一五二八）七月、安芸佐西郡門山城に病んで帰国に決し、十二月二十日山口において没した。五十二歳。周防国吉敷郡中尾（山口市）凌雲寺に葬る。凌雲寺殿傑叟義秀。義興は父政弘や嫡子義隆ほどの文化人でなく武辺者の性格が強いが、公卿・禅僧・学者らと交際深く、和歌・連歌・禅のたしなみがあった。船岡山戦勝の年十二月二十五日嵯峨西芳寺に親王公卿らと遊び、義興の詠歌が嘆賞されて後柏原天皇の天聴に達し面目を施した有名な話がある。連歌師宗碩に学んで古今伝授を受け、儒学は三条公敦から家伝の由緒ある『孝経』を譲られ、惟参周省・景徐周麟らと深交があった。武家故実では『大内問答』（『群書類従』武家部）が公卿大名に対する接待以下諸作法についての問に伊勢貞陸が答えた書であり、また義興は伊勢神宮に参拝するについて同じく貞陸に質問、

大内義興花押

答を得ている。

参考文献　近藤清石編著『大内氏実録』、田中義成『足利時代史』、渡辺世祐『室町時代史』、『山口県文化史』通史篇　（福尾猛市郎）

おおうちよしたか　大内義隆　一五〇七―五一　戦国時代の武将。中国地方の大名。永正四年（一五〇七）十一月十五日義興の長男として生まる。母は長門守護代内藤弘矩の女。義興は父政弘病にたおれたとき、内藤弘矩に叛心ありとしてこれを討ち、その娘を娶った。政弘・義興の幼児と同じく義隆の小名を亀童丸といい、少年期に周防介に任じた。すでに数国の太守たる大内氏にとって介殿は嗣子の称となった。大永四年（一五二四）以来父に随って安芸に出陣、当時ようやく強大となって出雲から南下してきた尼子軍と戦ったが必ずしも利なく、享禄元年（一五二八）十二月父の死に遇った。家を継いで周防・長門・豊前・筑前・石見・安芸の守護となり、やがて左京大夫に任じた。従来代々の初政期の例である近親者・有力家臣の叛乱または誅伐が行われず、老臣陶興房（晴賢の父）の輔翼を得、政情は安定していた。ここで大内氏領国の体制をみると、分国のうち防長両国は早くから支配が安定しており、豊前はこれに次ぎ、石見・筑前は支配の浸透が不完全であった。これらの国には重臣が一人ずつ守護代に任じられ、周防は陶氏、長門は内藤氏、豊前は杉氏、石見は問田氏というように世襲したが、国主大名的性格を帯びやすいため、大内氏当主としてはかれらの統御に苦心しなければならなかった。そこでこれらの守護代らは山口に住居を構えて大内氏中枢部を構成せしめられ、国々の大事はこの中枢部で処理し、小事を守護代の家人たる小守護代が執行した。領国内の荘園は消滅するかまたは有名無実に近く、家臣の給領地はできるだけ諸国に分散させ時には所領替も行うなど謀叛防止の手段であったが、周辺の国衆などで新たに来付するものは所領替をするわけにも行かなかった。いずれも大内氏の袖判のある充行状を発して恩を施す方法を採った。大内氏は戦国時代新興の大名と違って格式高く、代々中央貴族と親しみ故実を尊重する性格があるため、その領国支配もまた古い性格のものと考えられやすいが、実態は必ずしもそうでない。周防国衙領の保全に関して国主東大寺にあてられた大内氏歴代の請文のごときは、現実において空手形に近く、大内氏も家臣も年々侵犯を累加し、義隆時代に入ってますます著しい事実を見逃しえない。次に義隆の事績をみると、初政期には北九州経略を主とする。盛見以来の宿敵たる少弐氏は肥前に追われ、大内氏は大宰府を確保しているものの、少弐氏の動きがやまないため肥前にまで出兵してこれを抑え、松浦党を配下に入れ北九州海域を収めて、大陸貿易を安全にした。義隆はひたすら大宰大弐の官を朝廷に求めて許されないので、後奈良天皇即位式の資を献ずるなどして天文五年（一五三六）五月念願をかなえ、同年九月少弐氏を滅ぼした。翌六年暮には将軍足利義晴から幕政に参画するよう促されて上京を計画したが、領国経営を重視して取止めた。同九年冬安芸の征略をめざして出陣、毛利氏のために援軍を送って郡山城（広島県高田郡吉田町）攻囲の尼子軍を潰走させ、十年四月には厳島神主家友田氏を滅ぼして桜尾城を収め、五月銀山《かなやま》城を陥れて安芸守護家の名門武田氏を実質的に滅ぼし、安芸の領国化をほぼ成就し、同年十二月従三位に昇叙、公卿に列なったのを光栄とした。義隆は諸将の軍議を尊重してこの機会に尼子氏の本拠を討つこととし、十一年正月大軍を率いて征途につき、安芸路を経て出雲に入ったが備後・石見の諸将いずれも風を望んで従軍し、大内氏の勢威大なるものがあった。しかし出雲における戦況は進捗せず、深い雪の中で越冬を余儀なくされ、十二年五月養嗣子晴持を敗走中の事故で水死させ、敗残の兵とともに空しく帰国した。従来からの暗闘のあった文治派と武断派の対抗はこれより露骨になり、武断派の頭目陶隆房（のち晴賢）は義隆およびその寵臣相良武任との対立を深めた。しかし領国体制としての軍事はその後も進められ、東は毛利氏の協力で山名理興の拠る備後神辺城を陥れ、西は肥前竜造寺氏が服属を申し出て、大内氏領国は未曾有の拡大を示した。義隆の学問・芸能はあらゆる分野にわたった。その背景には領国のもつ地理的特性、ことに大陸貿易と文化輸入のもたらす異国情緒、大内代々の好学とくに京都文化崇尚などがあり、義隆は学問・芸能を尚古的方向に求め、それを道と考えたといえ

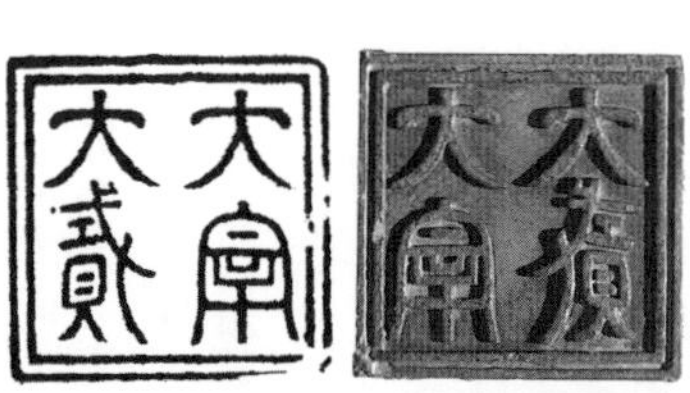
鉛印「大宰大弐」

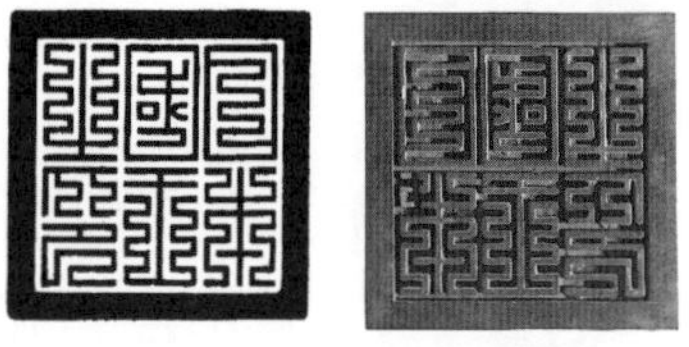
木印「日本国王之印」

鉛印「多々良朝臣」
大内義隆印

大内義隆花押

よう。すなわち儒学は禅僧でなく京都から招いた清原氏を師として公卿たちと輪読し、仏学は大徳寺玉堂宗条から禅を学ぶほか、天台・真言の高徳たちを招いて密教仏事を行い、秘宝秘印の伝授をうけ、神道は吉田兼右から伝授された。また義隆自身はキリスト教を信奉しなかったが、シャビエルを引見し領内布教を許可した。和歌は三条西実隆・飛鳥井雅俊らに師事し、歌曲の家元というべき持明院基規からは郢曲《えいきょく》その他の教えをうけ、雅楽の管絃まで四天王寺の楽人を召して学んだ。特に重視した有識学は、父義興の場合接待の目的のものであったが、義隆はこれを政治に結びつけた。すなわち天文元年朝廷の官務家小槻伊治を山口に招いて政務にあたらせ、故実に反しないように心がけた。署名に代える花押は「義隆」二文字をつらねた草名体を用いるなど、当時としては類例まれであり、大宰大弐に任ずると大府宣と呼ぶ復古形式の文書を発したり、公卿らの下向を歓迎して知行を与えたり、かれらを厚遇して経費を惜しまないなど、戦国の感覚からはずれた点が少なくなかった。その位階も天文十四年正三位、十七年従二位に上り、将軍以外の武将には例のないことであった。義隆は陶隆房の謀叛によって最期をとげるが、隆房謀叛の理由として、大内歴代の初政に必ず討伐されていた違和勢力が義隆のときは温存されたままであったこと、義隆の優柔不断の性格が陶隆房誅伐の機を逸したこと、主君義隆が領国経営の実務から遊離浮上した存在となったことなどが数えられ、最も単純に大内領国体制が戦国大名でなく守護大名の域を出ないための必然の変革とみることも可能であろう。しかし最も現実的な見方は義隆がいたずらに学問・芸能にふけり、公卿や芸能者を不当に厚遇したため、多額の経費が天役《てんやく》として賦課されることに対する領内の不満が下は庶民から上は重臣団に至るまでみなぎったことにある。おりしも山口に居住し、または来あわせていた公卿が一人も残さず叛乱軍の手で殺害されたことを思うべきであろう。隆房の謀叛計画は天文十四年ころから進められ、はじめは義隆を隠居させて幼児義尊を立てる計画で、殿中奉仕の若者から農民商人まで味方に引き入れたといわれ、半ば公然であった。しかし義隆は謀叛の際における重臣たちの態度に信頼を寄せるのみで陶誅伐計画とてなく、ことに内藤興盛と毛利元就に倚頼するところ大であった。その間に謀叛計画はますます深刻化し、二十年に入ると義隆父子殺害、大友八郎晴英擁立に変更された。叛乱の軍事行動は八月二十日から起してほぼ予定どおり進められ、内藤・杉ら大内氏重臣たちの兵も叛軍に加わった。九月一日義隆は主従わずか十余人で長門国大津郡深川(山口県長門市)大寧寺に入り、異雪慶珠と法談を交して切腹。四十五歳。同寺に葬られた。竜福寺殿瑞雲珠天。

大内義隆画像

参考文献 『大内義隆記』、近藤清石編著『大内氏実録』、同編『大内氏実録土代』(山口県文書館蔵)、高橋右文編『大内家古実類書』(同蔵)、福尾猛市郎『大内義隆』(『人物叢書』一六)、米原正義『大内義隆』、『山口県文化史』通史篇、渡辺世祐『室町時代史』

(福尾猛市郎)

おおうちよしなが　大内義長　?―一五五七　戦国時代の武将。中国地方の大名。大友義鎮(宗麟)の弟。母は大内義隆の姉。童名塩乙丸、通称八郎。将軍足利義晴の偏諱をうけて晴英、大内氏世主となって義字を将軍義輝からうけて義長と改む。天文十二、三年のころ、大内義隆は将来実子がなければ後嗣とする含みで八郎を猶子とし、将軍義晴に請うて大内周防介晴英と称せしめた。ところが同十四年(一五四五)義隆後室小槻氏に男児義尊誕生し、義隆喜んでこれを嗣とし晴英をうとんじた。しかし陶隆房(晴賢)の義隆を除く謀叛計画の進行につれて晴英を大内の主に迎える動きがおこり、晴英はその実現を宇佐神に祈願した。二十年五月、陶は義隆父子を殺害して晴英を迎える計画を義鎮に示しその同意を得た。叛乱は陶の計画どおり実行され、義隆は同年九月一日大寧寺(長門市深川)で切腹、嫡子義尊もその翌日殺された。陶は自分の専断のそしりを避けるため、将軍義輝の下知を仰いで晴英を迎えることとし、二十一年二月二十九日大内氏祖琳聖太子伝説の故事にならって防府多々良浜に着船、三月三日屋形入りを行なった。この間、周辺部の大内氏領国ではそれぞれ血なまぐさい異変をおこして混乱した

大内義長花押

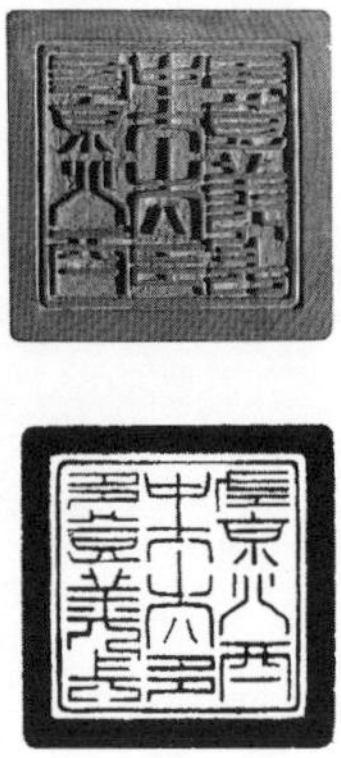

木印「左京兆亜中大夫多多良義長」
大内義長印

が、防長両国では主君晴英のもと陶晴賢が実権を握る大内領国体制を維持し、周辺の旧領国についても秩序の回復につとめた。それで晴英の政治は万事大内氏歴代に準じ、その袖判のある充行状・裁許状などを盛んに発し、二十二年春には将軍家から義字をいただき義長と改めた。しかし翌年五月、安芸国をほとんど統一して時節到来を待っていた毛利元就にそむかれ、ついで弘治元年（一五五五）の厳島合戦には陶晴賢と大軍を失う大打撃を受けた。それでも周防に侵入した毛利勢を相手に領国勢力は頑強な抵抗をつづけたが、義長はついに三年三月山口の本拠を放棄し、四月三日長門国豊浦郡長府長福寺で自刃、大内領国もろとも滅亡した。　（福尾猛市郎）

おおうちよしひろ　大内義弘　一三五六―九九　室町時代前期の武将。延文元年（一三五六）生まる。弘世の嫡子。幼名孫太郎。官は初め周防介のち左京権大夫。応安四年（一三七一）十六歳の時弘世とともに九州探題今川貞世（了俊）に従い九州に渡り転戦、同五年大宰府攻略後弘世とともに帰国。同七年貞世の救援を命ぜられた弘世がこれを拒んだとき、義弘は永和元年（一三七五）進んで出陣して各地に転戦し、同三年懐良親王を奉ずる菊池武朝を大敗させるなど南軍攻略に大功をたてた。康暦二年（一三八〇）父弘世死没の前年から永徳元年（一三八一）に及んで、舎弟満弘との間に長門・安芸・石見を舞台として争われた内戦に、義弘は幕府の支持をも得て勝利をおさめ、同年六月石見にあった満弘と和解をとげ、義弘は周防・長門・豊前の守護職を保ち満弘は石見一国に任ずることとなり、義弘の地位は確立した。康応元年（一三八九）足利義満の「厳島詣」の西下を防府に迎え、義弘はこれに随行して上洛し、以後在京が多くなる。明徳二年（一三九一）の明徳の乱には洛西内野において勇戦、幕府軍勝利の立て役者となり、功により山名氏の旧領国の和泉・紀伊の守護職を与えられ、大内氏は防・長・豊・石・泉・紀六州の守護職を保持することになった。また南朝との和睦斡旋に尽力し同三年閏十月南北朝合体を成立させた。義満は義弘のたびたびの忠節を賞して同四年十二月一族に准ずる御内書を与えた。また義弘の対外通交は康暦元年高麗の使者韓国柱の来聘を受け、その帰国を朴居士に兵を付して護送させたのが初めであるが、その後対外通交は今川了俊の独占の観があり、了俊の失脚とともに義弘が朝鮮との交渉の衝にあたることが多くなり、倭寇の禁止と引きかえに貿易上有利な立場を築いた。応永四年（一三九七）僧永範を派遣した際、義満の命により諸島の倭寇を禁止したことを告げたが、朝鮮は朴惇之を派遣して義満に謁し重ねて倭寇の禁止を請わせており、義弘が幕府と朝鮮とを仲介しつつ通交上有利な立場を固めていたことがわかる。同六年義弘がその世系の百済の後裔であることを理由に、縁故の土地の割譲を朝鮮に求めたことは注目に値する。こうして義弘は家富み兵強く、ために幕府の集権体制にそわぬ外様の大名として、また幕府が注目し始めていた対明貿易の競合者として、幕府の抑圧対象と目されるに至った。応永四年筑前で弟満弘が戦死すると、義弘は翌年下向して少弐氏を討ったが、平定後も義満の上洛催促に応ぜず、ようやく同六年大兵を率いて和泉堺に着き幕府の慰撫を退けて乱を起した。その叛乱計画は鎌倉公方足利満兼を誘い、その呼びかけで諸大名家の不平分子や南朝勢力を糾合するものであったが、地方での挙兵は間もなく鎮定され、堺の籠城戦も十二月二十一日陥落し義弘は敗死した。四十四歳。堺の義弘山妙光寺に葬り、のちに周防国吉敷県宇野令（山口市上宇野令）の香積寺（現在瑠璃光寺）に移葬。道号は梅窓・秀山、法名は義弘・道実・弘実・有繋・道春・仏寛・仏実など、最終は秀山仏実。義弘はまた和歌・連歌をよくし『新後拾遺和歌集』の作者に列している。

[参考文献]　『大日本史料』七ノ四、応永六年十二月二十一日条、『朝鮮太祖実録』七―一四、『朝鮮定宗実録』一、永田政純編『萩藩閥閲録』、近藤清石編著『大内氏実録』、『山口県文化史』通史篇、御薗生翁甫『大内氏史研究』、松岡久人『大内義弘』
（松岡　久人）

大内義弘花押

おおえのあさつな　大江朝綱　八八六―九五七　平安時代中期の漢詩人、学者。仁和二年（八八六）生まる。玉淵の子、音人の孫。延喜十一年（九一一）文章生となり、以後丹波・信濃・三河・越前・伊予などの地方官や、また刑部・民部各省、太政官の下役を経て、承平四年（九三四）文章博士を兼任、天暦七年（九五三）九月二十五日参議に任じ、正四位下に至る。天徳元年（九五七）十二月二十八日死去。七十二歳。祖父音人の江相公《ごうしょうこう》に対して、後《のちの》江相公と呼ばれる。天暦八年撰国史所別当となり、『新国史』四十巻（または五十巻）を撰進した。書にすぐれ、その筆になる『紀家集』巻十四の残欠が遺っている。また生涯再度にわたって内裏屏風詩を作り、その一つは小野道風筆の「屏風土代」として遺っている。詩は『扶桑集』『和漢朗詠集』などに約四十首、文章は『本朝文粋』に四十余篇、和歌も『後撰和歌集』などに数首伝えられる。また『御堂関白記』には「朝綱文三千五百巻」の文字がみえるが、実体は不明。『本朝書籍目録』に「後江相公集二巻」とあるが、今伝わらない。別に詩作用の韻書『倭注切韻』の著があったが、同じく散佚した。その詩は艶冶・華麗で、『源氏物語』や『平家物語』に引かれたものもある。文章は表・願文など公式のものが多いが、好色的な戯文「男女婚姻賦」のごときものもあって注目される。

大江朝綱自署

参考文献　『大日本史料』一ノ一〇、天徳元年十二月二十八日条　（今井　源衛）

おおえのいざほわけのみこと　大兄去来穂別尊　⇨履中《りちゅう》天皇《てんのう》

おおえのおとんど　大江音人　八一一―七七　平安時代前期の文人学儒。江家の始祖。大枝を大江に改める。参議大江朝臣の唐名により江相公と号する。弘仁二年（八一一）生まれる。平城天皇の曾孫といわれるが、父は備中権介本主。菅原清公について外典を学び、兼ねて本朝の故事に通じた。天長末に文章生、承和四年（八三七）文章得業生、本朝秀才のはじめといわれる。少内記ついで大内記。嘉祥三年（八五〇）惟仁親王（清和）立太子とともに東宮学士。民部少輔・丹波守・左少弁を経て、清和天皇即位とともに式部少輔に遷る。ついで左中弁、右中弁となり、貞観六年（八六四）藤原基経と同時に参議。清和天皇の侍読、良房の顧問。同十三年都良香らとともに『文徳実録』撰進の命をうける。勘解由長官・左衛門督・検非違使別当を兼ねて治績をあげた。元慶元年（八七七）十一月三日六十七歳で死去。篤信で往生伝的な臨終であったという。叔父に在原業平が居たが、彼の容姿も水際立っていた。性謙遜。『群籍要覧』四十巻、『弘帝範』三巻、『江音人集』一巻、別に『音人伝』一巻、今みな佚。また菅原是善とともに勅により『貞観格式』を撰した。その上表文と式序は音人の作。

参考文献　『扶桑略記』二〇　（川口　久雄）

おおえのこれとき　大江維時　八八八―九六三　平安時代中期の漢詩人、学者。世に江納言《ごうなごん》と称される。仁和四年（八八八）生まる。千古《ちふる》の子、音人の孫。母は巨勢文雄の娘。延喜十六年（九一六）文章生に補され、以後美濃・近江の地方官や蔵人・式部省の下役などを勤め、延長七年（九二九）文章博士を兼任、さらに備後・紀伊の属官、三河守・備前守・式部大輔・大学頭・東宮学士・左京大夫など歴任、天暦四年（九五〇）二月一日参議に列し、同九年従三位、天徳元年（九五七）に死んだ大江朝綱の後任として撰国史所の長官となる。同四年八月中納言、応和三年（九六三）六月七日死去した。七十六歳。従二位を追贈された。醍醐・朱雀・村上の三朝に侍読を勤め、藤原忠平の顧問格でもあった。詩才は乏しいが、精励恪勤の学儒であり、また博聞強記で、平安遷都以来の京中邸宅の所有主や売買の時期、人々の忌日などことごとく暗記していたという。天徳内裏闘詩（天徳三年）には、右方に出席し、また判者を勤めている。その詩の現存するものは、『天徳闘詩』その他に数首、文章は『本朝文粋』などに六篇、和歌は『新勅撰和歌集』に一首をかぞえるにすぎないが、編著に、仁明から醍醐に至る七朝の詩人十人の代表作を集めた『日観集』二十巻（成立は天慶七―九年の間、今散佚）と唐詩の七言二句の聯千八十三首を収めた『千載佳句』二巻（現存）、『養生方』（『養生抄』ともいう）などがある。

参考文献　『大日本史料』一ノ一一、応和三年六月七日条　（今井　源衛）

おおえのさだもと　大江定基　⇨寂照《じゃくしょう》

おおえのすけくに　大江佐国　生没年不詳　平安時代後期の漢文学者。朝綱の曾孫で父は従四位上式部大輔通直。長久四年（一〇四三）九月九日惟宗孝言・源時綱とともに文章生として勅題の試を奉るも落第。白河天皇まで四朝に仕え従五位上掃部頭に至る。詩をよくし、『本朝無題詩』に二十八首入集するほか『本朝続文粋』『中右記部類紙背王朝漢詩集』などに作品を残す。『万葉集』の次点に関係し、『拾遺抄目録』の著者といわれる。また著に『恵心僧都伝』があったとされる。　（篠原　昭二）

おおえのたかちか　大江挙周　？―一〇四六　平安時代中期の儒者。匡衡《まさひら》の男、母は赤染衛門。寛弘三年（一〇〇六）式部少丞。蔵人にも補せられた。同五年敦成親王誕生の際、御湯殿読書に奉仕、ついで同親王家別当、長和三年（一〇一四）東宮（敦成）御書始にも侍読、東宮学士となる。寛仁三年（一〇一九）和泉守、万寿三年（一〇二六）ごろ三河守、文章博士、正四位下式部大輔に至る。永承元年（一〇四六）六月没。年不詳。往生を慕い、伝は『続本朝往生伝』に載せる。　（松村　博司）

おおえのちかひろ　大江親広　生没年不詳　鎌倉時代前期の武将。左近将監、遠江守、武蔵守、正五位下。父は

大江親広花押

大江広元、北条義時の女を妻とする。源姓を称した。広元の長子として早くより将軍の使、側近の士として活躍。承久元年(一二一九)将軍源実朝の死後出家入道。同年二月二十九日京都守護となり上洛。伊賀光季とともに公家との折衝、洛中警固などの任につく。同三年五月十四日後鳥羽上皇の召に応じ、承久の乱に際しては院方として近江供御瀬に出軍、敗退。乱後その所領出羽国寒河江荘に潜居、のち父広元の請によりゆるされて同地に館をかまえ余生を送ったという。その子孫は同地に居住し寒河江氏を称した。『大江系図』によれば、親広の一子佐房は幕府軍に属し、摩免戸渡で戦功をたてているし、親広の院方加担はやむを得ぬ事情があったとして幕府も特にとがめなかったのであろう。『一本大江氏系図』に仁治二年(一二四一)十二月十五日没、法名蓮阿とある。

参考文献 『大日本史料』四ノ一六、承久三年六月十四日条、豊田武編『東北の歴史』上 (五味克夫)

おおえのちさと　大江千里 生没年不詳 平安時代前期の歌人。中古三十六歌仙の一人。父は大江音人。大江千古は弟。叔父に在原行平・業平がいる。儒学者。寛平九年(八九七)散位従六位、延喜三年(九〇三)兵部大丞となる。官位は弟の千古の従四位上式部大輔に及ばず、「寛平の御時、うた奉りけるつゐでに奉りける、あしたづの独りをくれて鳴く声は雲の上まで聞えつがなん」(『古今和歌集』雑下)と不遇を訴えている。家集に『句題和歌』(『大江千里集』ともいう)一巻がある。春二十一首、夏十四首、秋二十一首、冬十二首、風月十首、遊覧十三首、離別十二首・述懐十二首、詠懐十首の計百二十五首。詠懐部十首を除き、大部分が『白氏文集』の詩句を題にして詠んだもの。句題の題詠は、漢詩文の表現および思想を和歌に表現しようとした新しい試みであるが、直訳的傾向がなくもない。句題和歌は『大弐高遠集』『土御門院御集』『藤原為家集』『拾玉集』『拾遺愚草』などに継承される。

参考文献 『大日本史料』一ノ三、延喜三年二月二十六日条 (島田良二)

おおえのひろもと　大江広元 一一四八―一二二五 鎌倉幕府草創期の重臣。初代の政所別当。父は式部少輔大江維光。一説には、父藤原光能、母大江維順女で、後に母の兄弟大江維光の養子となったとする。大江匡房の曾孫。久安四年(一一四八)誕生。明法博士中原広季の養子となり、中原姓を名乗ったが、請によって建保四年(一二一六)閏六月大江姓を称することを許された。仁安三年(一一六八)縫殿頭、嘉応二年(一一七〇)権少外記となり局務に携わった。寿永二年(一一八三)従五位上、元暦元年(一一八四)因幡守、文治元年(一一八五)四月正五位下、建久二年(一一九一)四月明法博士ならびに左衛門大尉に任ぜられ、検非違使の宣旨をうけたが、間もなく辞任した。以後兵庫頭・掃部頭・大膳大夫・陸奥守などを歴任し、位は正四位下に昇った。建保五年十一月十日、重病のため出家した。法名を覚阿という。その後、嘉禄元年(一二二五)六月十日没した。七十八歳。元暦元年源頼朝に招かれて鎌倉に下向し、以後常に幕府の中枢にあって頼朝の創業をたすけた。幕府公文書の別当となり、政所が開設されるや初代の政所別当として幕府の枢機に参画した。文治元年源義経の謀叛後のいわゆる「文治地頭職」設置は彼の進言によるもので、幕府の基礎を築く上で重要な策であった。建久元年頼朝に従って上洛し、そのまましばらくは京にとどまり、朝幕間の折衝にあたった。翌二年明法博士、左衛門大尉、検非違使となったが、この任官は当時違例のこととされ、院の近臣源通親の術策によるものと考えられた。翌三年二月左衛門大尉を辞して京を出て、翌月鎌倉に帰った。頼朝の死後は頼朝の室政子の信任をうけ、北条氏と協力して幕務を掌った。正治元年(一一九九)四月将軍頼家の政務専断は止められ、北条時政はその他の重臣らと政務を合議することになった。建仁三年(一二〇三)比企能員の追討ならびに将軍頼家の修禅寺幽閉事件については広元の謀におうところが大きい。また元久二年(一二〇五)の畠山重忠追討事件ならびに北条時政出家、平賀朝政(朝雅)追討事件にも参画している。建保元年の和田氏の乱に際しては、将軍実朝に従って法花堂に難を避け、ついで政所を警固した。実朝に対して相つぐ官位の昇進を辞退するよう諌めたが容れられなかった。承久元年(一二一九)正月実朝暗殺事件後は政子・北条義時を助けて幕府の安泰を計り、よくその任を果たした。承久の乱が起るや関東にあって京都方の来攻を防ごうという守戦論に対して、積極的に京へ攻め上るべきことを主張し、幕府側が短時日の間に勝利を収めることを可能とした。元仁元年(一二二四)北条義時の死後、義時後室伊賀氏、その兄伊賀光宗らは藤原実雅を将軍に、北条政村を執権にしようとしたが、この陰謀の事後処置に預かった。翌嘉禄元年に死んだが、この時幕府は執権北条泰時のもとに鎌倉幕府史上最も安定した時期を迎えており、広元の一生は幕府の基礎固めを果たしてその一生を終えたことになる。彼は文筆の家

大江広元花押

に生まれ武事には遠いが、京都に生まれ、つぶさに朝廷の内情に通じていた。このため幕府が朝廷側と折衝するに際して、その知識は大きな役割を果たすことになる。また幕政の上で重要な部分を占める裁判権行使にあたっては、その法律知識などは大いに参考にされなければならない。関東の武士たちとは異なった彼の視野・見聞の広さは草創期の幕府にとって不可欠のものであった。頼朝の挙兵以後間もなくのころから、頼朝の側近には次第に多くの京下りの官人が見られるようになり、その法律知識などをもって幕府の基礎を固めることに貢献した。その中でも特に広元は秀でた資質を持ち、京下り官人の典型的人物といえよう。

参考文献 『大日本史料』五ノ二、嘉禄元年六月十日条、上杉和彦『大江広元』(『人物叢書』二三八)

(田中 稔)

おおえのまさひら 大江匡衡 九五二―一〇一二 平安時代中期の儒者。維時の孫、重光の子。天暦六年(九五二)生まれる。天延三年(九七五)文章生、翌年秀才、ついで検非違使の宣旨を蒙り、永祚元年(九八九)文章博士。寛弘六年(一〇〇九)再任。長徳三年(九九七)東宮学士、同四年一条天皇の侍読となる。皇子敦康親王にも侍読し、敦成・敦良両親王の御名を撰び、長保・寛弘の年号を勘進した。正暦二年(九九一)侍従、以後累進して正四位下式部大輔に至る。公私の詩宴に列し序者・題者となり、藤原道長・行成・公任らのため文章を代作、名儒比肩するものなしといわれた。長保三年(一〇〇一)尾張権守となり、善政を行い治績を上げ、寛弘六年再任、郷貢のため学校院を興した。同七年丹波守に遷任、侍従兼帯。性自負心が強く、卿相の高位を望むに急で、詩は不遇を訴えたものが多い。和歌も能くし、『後拾遺和歌集』以下に十二首入る。歌人赤染衛門の夫。長和元年(一〇一二)七月十六日没。年六十一。『江吏部集』『匡衡朝臣集』などがある。

参考文献 『大日本史料』二ノ七、長和元年七月十六日条、川口久雄『平安朝日本漢文学史の研究』、後藤昭雄『大江匡衡』(『人物叢書』二四二)、松村博司「尾張国における大江匡衡と赤染衛門」(古代学協会編『摂関時代史の研究』所収)、大曾根章介「大江匡衡―一儒学者の生涯―」(『漢文学研究』一〇)、真鍋熙子「赤染衛門の周辺―平兼盛と大江匡衡―」(『文学・語学』九)

(松村 博司)

おおえのまさふさ 大江匡房 一〇四一―一一一一 平安時代後期の政治家、漢文学者。江都督・江帥・江大府卿などと呼ばる。長久二年(一〇四一)文章道の大江氏の嫡流に従四位上大学頭成衡の一男として生まる。母は漢文学者の宮内大輔橘孝親の女。幼少より才能を顕わし、治暦三年(一〇六七)東宮学士に任じてより、後三条・白河・堀河三代の帝師となった。同四年四月十九日後三条天皇践祚とともに蔵人に任じ、延久元年(一〇六九)正月左衛門権佐、同十二年右少弁に任じて三事兼帯した。弁官を経て寛治二年(一〇八八)八月二十九日参議。左大弁・勘解由長官・式部大輔・周防権守を兼ねた。嘉保元年(一〇九四)権中納言、承徳元年(一〇九七)大宰権帥。嘉承元年(一一〇六)納言を去って大宰権帥に再任したが、今度は足疾によって赴任しなかった。天永二年(一一一一)七月大蔵卿に任じたが、同十一月五日出家剃髪、日記を焼かせた後、戌刻没す。七十一歳。彼はみずからの経歴を「文道の徳」によると語り(『江談抄』五)、人も薨逝に際し「朝の簡要、文の燈燭、良臣国を去る、嘆くべきか悲しむべきか」(『中右記』天永二年十一月五日条、原漢文)と惜しんだ。政治家としては伝統的な故実先例を重んじ、儒教よりは陰陽道を重視した。記録荘園券契所の寄人であり白河院の別当でもあった彼は、他の近臣と同様に、備中・美作などの国司を歴任して財富を蓄える一方、堀河院乳母の藤原家子を妻とするなど、院と私的に結びついていた。しかし関白師通とも学問によって親交を結び(『後二条師通記』)、彼のために宮廷儀礼を整理した『江家次第』を著わしている(『中外抄』)。漢文学者としての彼は平安時代後期に傑出しており、『本朝続文粋』の四十篇のほか、『朝野群載』『本朝無題詩』などに多くの作品を残す。中でも自伝を記す「暮年記」(『本朝続文粋』『朝野群載』)、康和三年(一一〇一)の狐媚の流行を記した「狐媚記」(『本朝続文粋』)などは著名である。また、『江都督納言願文集』六巻があり、漢文学者として多様な人々のために願文を制作しているが、宗教に関する著作としては他に『続本朝往生伝』『本朝神仙伝』があり、『谷阿闍梨伝』(『続群書類従』伝部)などもある。彼は和歌においても漢文学の知識を背景として後世に多大の影響を与えた。『詞花和歌集』がその巻頭に、彼が指導的役割を果たした『堀河院御時百首』における一首を載せるほか、『後拾遺和歌集』以下の勅撰集に九十七首入集している。家集として『江帥集』一巻を残す。彼の和歌は平明なところに特色があるが『万葉集』の「次点」に関係し、万葉調を復活させるなどにおいて和歌に新風をもたらした。彼は貴族社会のほとんどあらゆる事象に指導的な役割を果たし、特に後世において権威として重んぜられたが、そうした彼の多様な側面は、彼の談話を筆録した『江談抄』六巻によって一端を知ることができる。なお、彼の著作としてはほかに佚文を残すものに日乗(日記)である『江記』(寛治年間を中心にかなり残される)、『和漢朗詠江注』(『袋草子』など)、『扶桑明月集』(『二十二社註式』)などがある。

大江匡房花押

参考文献 『大日本史料』三ノ一二、天永二年十一月五日条、川口久雄『大江匡房』(『人物叢書』一四八)、山中裕「大江匡房」(『平安人物志』所収)

(篠原 昭二)

おおえのもちとき 大江以言 九五五—一〇一〇 平安時代中期の漢詩人。天暦九年(九五五)に生まれる。従五位下大隅守仲宣の子で、弓削の姓に改めたが、のち本姓に復した。藤原篤茂に師事して、永延のころに対策に及第し、治部少輔・文章博士・式部権大輔などの官につき従四位下に至り、寛弘七年(一〇一〇)七月二十四日に五十六歳で没した。彼は大江匡衡や紀斉名と並び称され、朝廷や摂関の詩宴に列席して詩才を揮った。藤原道長のため蔵人の任官を阻止されというが、道長の政敵の藤原伊周と親しかったのが原因か。『以言集』や『以言序』があったが現在伝わらず、『本朝文粋』『本朝麗藻』などに作品がみえる。その詩風は新意に満ちているが法則を無視すると評されている。

参考文献 『大日本史料』二ノ六、寛弘七年七月二十四日条 (大曾根章介)

おおえのよしとき 大江嘉言 生没年不詳 平安時代中期の歌人。大隅守大江仲宣の男。正暦三年(九九二)文章生、長保三年(一〇〇一)弾正少忠、このころ一時弓削姓を称した。寛弘六年(一〇〇九)対馬守に任じ、間もなく任地で没した。東宮帯刀陣歌合(正暦四年五月)・左大臣道長歌合(長保五年五月)・後十五番歌合(寛弘四年正月—五年二月)に詠出、中古三十六歌仙の一人で『拾遺和歌集』以下に作品をとどめる。藤原長能・能因らと親交があり、家集に『大江嘉言集』がある。

参考文献 『私家集大成』一 (犬養 廉)

おおおむろ 大御室 ⇨性信入道親王《しょうしんにゅうどうしんのう》

おおかすがのまのまろ 大春日真野麻呂 生没年不詳 平安時代前期の有名な暦学者。『文徳実録』天安元年(八五七)正月丙辰(十七日)条に、真野麻呂は五世にわたり暦道を伝えて来たとし、その暦術を「独歩」と賞讃している。六国史によると彼は嘉祥二年(八四九)正月従五位下、斉衡三年(八五六)正月以前から終始暦博士を勤め、貞観二年(八六〇)十一月陰陽頭兼暦博士となり、同四年正月従五位上。その間、彼の奏言により、天安元年正月には五紀暦が、貞観三年六月には有名な長慶宣明暦が採用されている。 (土田 直鎮)

おおかわかねとう 大河兼任 ?—一一九〇 鎌倉時代前期、奥州藤原氏配下の部将。文治五年(一一八九)九月に主家藤原氏が源頼朝に滅ぼされたのちの不安・動揺を軍事的に組織して、史上はじめての弔い合戦と称して兵をあげた。大河兼任の乱という。兼任は、現在の秋田県南秋田郡五城目町大川といわれる方面にいたと推定される。ここに古代の秋田郡衙(石崎遺跡)があり、大河氏はその郡衙支配権を継承する地頭として領主制を成立させていたと考えられる。建久元年(一一九〇)正月には、出羽国の仙北地方および秋田郡方面に反乱がおこった。兼任はその子らを率いてその総指揮者となり、多賀国府を根拠地とし、鎌倉まで攻め入る計画で、まず秋田城方面に向かった。しかし、八郎潟を打ち渡ろうとしたところ、氷が突然割れて五千余人が溺死した。しかしその与党は秋田方面では由利維平らを、また津軽方面では宇佐美実政らを殺し、猛威をふるった。幕府では、再び御家人に出動を命じ、海道は千葉常胤、山道は比企能員を大将とした。兼任も一万余の軍勢を組織し直して、平泉方面に向かったが、足利義兼・長沼宗政・結城朝光・葛西清重らに攻められて、ついに四散した。兼任はただひとり栗原寺(宮城県栗原市栗駒町)にまわったところを、きこりにあやしまれ殺された。時に建久元年三月十日。乱はこうして平らいだが、多賀国府では留守職がこれに与同するなど、大乱になる様相であった。しかし結果的にはこれによって、幕府の東北支配はさらに組織的に強化されていった。

参考文献 『大日本史料』四ノ三、建久元年二月十二日条、『秋田県史』一、『仙台市史』三、高橋富雄『(奥州)藤原氏四代』(『人物叢書』一二) (高橋 富雄)

おおきびつひこのみこと 大吉備津日子命 ⇨吉備津彦《きびつひこ》命《みこと》

おおぎまちてんのう 正親町天皇 一五一七—九三 一五五七—八六在位。諱は方仁《みちひと》。永正十四年(一五一七)五月二十九日生まる。後奈良天皇の第二皇子、母は参議万里小路賢房の女贈皇太后栄子(吉徳門院)である。天文二年(一五三三)十二月親王宣下および元服の儀を挙げ、弘治三年(一五五七)十月二十七日に後奈良天皇崩御のあとを承けて践祚、ついで永禄三年(一五六〇)正月二十七日即位礼を挙げられた。治世の初めは戦国時代の末期にあたって朝廷の窮乏もはなはだしく、その即位礼のごときも毛利元就らの献資にまたなければならなかった。しかし同十一年織田信長の入京を期としてようやく時代の転換を迎え、これより信長および豊臣秀吉による国内平定が進展したが、天皇は伝統的権威によってこれを助けるとともに、織豊二氏の推尊を受けられ、またその尽力により御料所の復旧・新設、皇居の修理、朝儀の復興、神宮の造替などが行われて朝廷の面目は一新し、公家社会もまた安定するに至った。かくて天正十三年(一五八五)、秀吉は関白に任ぜられ、国内もおおむね平定するに至ったが、翌十四年十一月七日天皇は皇孫和仁親王(後陽成天皇)に譲位された。譲位のことは朝廷の式微のため後土御門天皇以来行われなかったことであった。この後、文禄二年(一五九三)正月五日御年七十七を以て崩御、ついで正親町院と追号した。その号は仙洞御所北面の町名にちなんだものという。陵は京都深草にあり、深草北陵と称する。天皇は資性仁慈、京都大覚寺所蔵の宸筆『般若心経』は永禄四年辛酉の厄歳に際し、万民のために攘災与楽を祈念して書写されたものであり、また『時慶卿記』にもその仁徳を偲んで「御情深慈悲ニ御座故惜歎限ナシ」と伝えている。

正親町天皇花押

正親町天皇画像

なお御撰には後陽成天皇に進められた御教訓の書や朝儀に関する覚書の類があり、御製には『正親町院御百首』(『続群書類従』和歌部)が伝えられ、日記としては天正三年正月の宸筆御記が伝存する。↓後深草天皇《ごふかくさてんのう》(深草北陵)

参考文献　『大日本史料』一〇・一一編、『本朝皇胤紹運録』、和田英松『皇室御撰之研究』、帝国学士院編『宸翰英華』　(武部　敏夫)

おおくさかのおうじ　大草香皇子　仁徳天皇の皇子。『古事記』には波多毗能《はたびの》太郎子《おおいらつこ》、またの名は大日下王とある。『日本書紀』によると仁徳天皇二年に生まれ母を日向髪長媛《ひむかのかみながひめ》という。安康天皇元年二月に、天皇は大草香皇子の妹である幡梭《はたひ》皇女と天皇の同母弟である大泊瀬《おおはつせ》皇子を結婚させるため根使主《ねのおみ》を使として大草香皇子に告げさせた。皇子は喜んで天皇の申出を受け、自分の誠心を示すため宝として持っていた押木珠縵を根使主に託した。しかし根使主はその見事さにひかれ盗んで自分のものとし、天皇には皇子が天皇の申出を断わったと報告した。天皇は怒って兵を遣わし皇子の宅を囲んで殺させた。その後天皇は皇子の妻中蒂姫《なかしひめ》を妃とし、幡梭皇女を大泊瀬皇子の妻とした。同二年に中蒂姫は皇后となった。しかし天皇は、大草香皇子と中蒂姫との間に生まれた眉輪《まゆわ》王によって翌三年宮中で殺されたとみえる。　(亀田　隆之)

おおくのおうじょ　大伯皇女　六六一―七〇一　天武天皇の皇女。大来とも書く。母は天智天皇の皇女大田皇女。斉明天皇七年(六六一)正月、百済遺臣救援のため天皇が西征した折、大伯海《おおくのうみ》(岡山県瀬戸内市付近)に至った時、船上で出産したので大伯と名づけられた。天武天皇二年(六七三)斎宮となり、翌年伊勢に赴いたが、朱鳥元年(六八六)、天武天皇の崩後、同母弟大津皇子の謀反事件があり、同年十一月斎宮の任を解かれ帰京した。大宝元年(七〇一)十二月没。四十一歳。『万葉集』二に、「大津皇子、窃かに伊勢の神宮に下りて上り来ましし時の大伯皇女の御作歌二首」、「大津皇子薨りましし後、大来皇女伊勢の斎宮より京に上る時の御作歌二首」、「大津皇子の屍を葛城の二上山に移し葬る時、大来皇女の哀しび傷む御作歌二首」の計六首を載せる。

参考文献　川崎庸之「天武天皇の諸皇子・諸皇女」(『万葉集大成』九所収)　(笹山　晴生)

おおくめのみこと　大久米命　『古事記』によれば久米直の祖。神武天皇の東征に従い、大和の宇陀の豪族兄《え》宇《う》迦《か》斯《し》や、忍坂《おさか》の土雲を誅伐して大功を立てた。その時に歌われたのが久米歌である。軍卒の士気を鼓舞するため、身振り・手振りを交えて歌われたものらしい。また大和の高佐士野《たかさじの》では、神武天皇と伊須気余理比売《いすけよりひめ》(のちの后)の仲を取り持つため、使者となって比売に歌いかけている。それを見ると、大久米命をはじめ久米人の間には、眼尻に入墨をする風習(歌垣での異装とも受け取れる)のあったらしいことがわかる。久米人のクメは垣《くへ》(『万葉集』一四)で、宮廷の御垣守《みかきもり》の意であろう。『日本書紀』では、来目(久米)部は常に大伴氏の配下として扱われているが、それは大伴氏が来目部を支配するようになった後の姿を反映していよう。同時に久米一門における、実在人物の汎称が大久米命であったと理解される。

参考文献　松村武雄『日本神話の研究』四、高崎正秀『文学以前』、折口信夫「久米部の話」(『折口信夫全集』一六所収)、喜田貞吉「久米部考」(『歴史地理』二九ノ三・五)　(尾畑喜一郎)

おおくらのたねき　大蔵種材　生没年不詳　平安時代中期の大宰府の官人。『大蔵氏系図』によると春実の孫で種光の子。寛仁三年(一〇一九)四月、女真族(刀伊)が筑前国に襲来したおり前大宰少監として警固所に派遣され、同月九日、奮戦してその進撃をくいとめ、同十二日には、少弐平致行らとともに兵船に乗ってさらに追撃した。『小右記』にひく大宰府の注進によると、種材はこの時すでに七十歳をこえていたが、功臣春実の後裔であることを誇りとし、兵船の整備をまたず、速やかに追撃せんことを進言したといい、その賞として、同年七月、壱岐守に任じられた。『大鏡』によると、子光弘も大宰監に任じられたという。

参考文献　志方正和「刀伊の入寇と九州武士団」(『九州古代中世史論集』所収)　(笹山　晴生)

おおくらのはるざね　大蔵春実　生没年不詳　平安時代中期の官人。『大蔵氏系図』によると村主の子、対馬守従五位下とある。右衛門府の志で、藤原純友の反乱にあたり、天慶三年(九四〇)追捕凶賊使の主典に任命され、翌四年五月、純友が大宰府に侵入したときには、博多津(福岡市)の純友の軍中に海上より突入奮戦してこれを破り、乱鎮定のきっかけをつくった。大蔵氏が大宰府の府官として九州に勢力を扶植する端緒は、この春実にあったとされる。

参考文献　『大日本史料』一ノ七、天慶四年五月二十日条、石井進『日本中世国家史の研究』　(笹山　晴生)

おおくらのよしゆき　大蔵善行　八三二―？　平安時代前期の学儒。帰化族阿知使主の後、姓は伊美吉、のち朝臣を賜わる。大外記五位の故に唐名を蔵外史大夫と称す

る。天長九年(八三二)生まれる。貞観十七年(八七五)蔵人所に伺候、御書を校定し、近侍の人々に『顔氏家訓』を講義した。藤原基経・時平・忠平をはじめ、平惟範・三統理平《みむねのまさひら》・紀長谷雄らも業を受ける。大内記都良香に内記補任の推薦をうける。元慶七年(八八三)正六位上少外記存問渤海客使。仁和より延喜にかけ大外記として活動、治部少輔・勘解由次官・三河権介などを兼任。菅原道真追放直後、その修史を筆削して『三代実録』を完成、時平と連名で延喜元年(九〇一)に奏上、序文も書く。同年時平は門生の礼をとって彼の七十の算賀を城南水石亭にひらく。会する者三善清行・藤原菅根・大江千古らをはじめ門人惟範・忠平・藤原興範・理平・長谷雄ら、おのおの詩を賦し、長谷雄が序を書く。『延喜格』『延喜式』の撰にも参与。民部大輔但馬守、同八年に致仕、同十七年八十六で皇太子に『漢書』を授ける。九十の長寿を保ち、地仙と称せられた。

参考文献 『大日本史料』一ノ四、延喜十七年是歳条

(川口　久雄)

おおさいいん　大斎院　⇩選子内親王《せんしないしんのう》

おおさざきのみこと　大鷦鷯尊　⇩仁徳天皇《にんとくてんのう》

おおしあまのおうじ　大海人皇子　⇩天武天皇《てんむてんのう》

おおしこうちのみつね　凡河内躬恒　生没年不詳　平安時代中期の歌人。三十六歌仙の一人。父は淡路権掾凡河内諶利。寛平六年(八九四)甲斐少目、延喜七年(九〇七)丹波権大目、同十一年和泉権掾、同二十一年正月三十日淡路権掾となりその任を終えたのち没しているのでその没年は延長三年(九二五)二月以降と推定される。その間『古今和歌集』の撰者を命ぜられ、紀貫之に次いで六十首の歌を採られたほか、延喜年間の種々の和歌の催しに出詠し、その活動は延喜二十一年五月の京極御息所褒子歌合への出詠まで続いている。『紀師匠曲水宴和歌』(延喜五年以前)に出詠、序文を書いているところから、当時の歌界で貫之に次ぐ専門歌人として第二位の地位にあったと認められる。しかし微官で、藤原定国や同兼輔などに手づるを求めて頼ろうと努力しており、屛風歌を詠んで高貴の人々に奉仕したことも多い。『躬恒判問答歌合』(『黒主豊主家歌合』)は彼の編らしい。『躬恒集』は歌数の最も多い(四百八十七首)西本願寺本のほか異本数種がある。

参考文献 『大日本史料』一ノ五、延喜二十一年正月三十日条

(藤平　春男)

おおたぎゅういち　太田牛一　一五二七―?　安土桃山時代の武士。軍記作者。実名信定か。大永七年(一五二七)尾張国春日部郡山田荘(名古屋市北区)安食で生まれ、足軽衆として織田信長に仕え、「弓三張之人数」に抜擢された。そして弓技をもって武功をたて、一時丹羽長秀の与力ともなったらしいが、天正九年(一五八一)ごろには近江のうちで奉行を勤めた。しかし本能寺の変以後は一時加賀松任《まっとう》に隠棲。同十七年ころ再び豊臣秀吉に仕えて検地奉行ならびに山城の蔵入地代官を勤め、淀城付近に居住した。そして文禄の役には秀吉らに扈従して名護屋に駐留、伏見・醍醐の花見の宴にも秀吉の側室松丸殿(京極氏)の警固に任じた。おそらく豊臣氏に直属する吏僚的階層に属したのであろう。嫡子牛次も直属軍七手組の青木一重の組下に属している。牛一は秀吉の没後豊臣秀頼に仕えたがやがて隠退し、大坂玉造に居住して織田信長・豊臣秀吉・同秀次・同秀頼・徳川家康の軍記述作に専念した。みずから「予毎篇日記之次イテニ書載スルモノ自然成ニ集ト一也、曾非ニ私作私語一、直不レ除ニ有コトヲ一、不レ添ニ無コトヲ一、儻一点書レ虚則ンハ天道如何ン」(『信長記』一三奥書)といっているように、覚えとして書き残した手控に基づく軍記であって、きわめて良質の記録というべきである。彼は慶長十五年(一六一〇)八十四歳の老齢に及んでなお述作に励んでいるが、この年以後の奥書を有する軍記が発見されていないから、この年を去ること遠からぬ時期に没したものであろう。法号功源院静巌良栄。軍記としては『信長記』十五巻十五冊(『信長公記』十六巻十六冊)、『大かうさまくんきのうち』一巻、『関原御合戦双紙』一巻、『今度之公家双紙』(『猪隈物語』)一巻、『豊国大明神臨時御祭礼記録』(『豊国大明神臨時祭日記』)一巻などが著名である。

太田牛一花押

参考文献 桑田忠親『豊太閤伝記物語の研究』、小島広次「牛一本『信長記巻首』の性格について」(『清洲町史』所収)、石田善人『信長記十五巻解題』(複製本別冊)、谷森淳子「太田牛一とその著書―特に『大かうさまくんきのうち』に就いて―」(『史学雑誌』三八ノ六)、田中久夫「太田牛一『信長公記』成立考」(『帝国学士院紀事』五ノ二・三合併号)、岩沢愿彦「『信長公記』の作者太田牛一の世界」(日本大学史学会『史叢』三二)

(岩沢　愿彦)

おおたすけきよ　太田資清　一四一一―九二　室町時代の武将。扇谷上杉持朝の重臣。父は資房入道哲。応永十八年(一四一一)生まれる。幼名は源六郎、のちに左衛門大夫・備中守となる。永享二年(一四三〇)、武蔵国足立郡与野・笹目両郷を与えられ、同四年、資長(道灌)を生む。また永享年中上洛して将軍足利義教に謁したという(『寛政重修諸家譜』など)。宝徳二年(一四五〇)足利成氏と江の島や七沢山に戦った。享徳三年(一四五四)十二月、成氏が山内上杉憲忠を急殺するや、翌康正元年(一四五五)扇谷上杉顕房・政真父子を守って武蔵国立河原などで戦ったが、十二月、家を資長に譲って道真と号し、越生《おごせ》に隠退した。道真は、歌人としても有名で、文明元年(一四六九)には、川越城中に宗祇や心敬を招いて「河越千句」(『続群書類従』所収)を行なった。彼の作品は、『新撰菟玖波集』にもある。また泰叟妙康《たいそうみょうこう》に帰依して、同四年ごろ竜穏寺を再興、同十八年六月十日には、道灌

を招いて越生の自得軒で詩歌会を開いた。道灌の死後、明応元年(一四九二)二月二日八十一歳で没した。法名は自得院実慶道真大居士という。現在、埼玉県入間郡越生町の竜穏寺境内に、道真の墓と伝えるものがある。なお道真発給の文書は、現在十点ほど伝えられている。

参考文献 練馬郷土史研究会編『太田氏関係文書集』一(『郷土研究史料』一三)、前島康彦編『太田氏の研究』、前島康彦『太田道灌』、勝守すみ『太田道灌』 (杉山　博)

おおたたねこ　大田田根子　日本古代における伝説的存在。記紀にその名がみえ、『古事記』では意富多多泥古と書く。『日本書紀』によれば、崇神天皇の時、国家がうまく治まらなかった。時に大物主神が天皇の夢にあらわれて、わが児大田田根子をして吾を祭らしめたならば立ちどころに天下平らぎなんといったので、天皇はこれをさがし、茅渟県陶邑においてこれを発見したが、それは大物主神が陶津耳の女活玉依媛に通って生ませた子であるという。天皇は物部連祖伊香色雄に命じ物部八十手が作った祭神の諸器を以て大田田根子に大物主神を祭らせた。また翌年、天皇は大田田根子に大神《おおみわ》神を祭らせた。同日、高橋邑の人活日《いくひ》は大神の掌酒《さかびと》として神酒を天皇にささげ、「このみきはわがみきならず大和なす大物主のかみしみきいくひさいくひさ」(原万葉仮名)と歌って祝福した。この大田田根子こそはのちの三輪君の祖先にあたるという。『古事記』崇神天皇段にも類似の記事がみえ、意富多多泥古を神《みわ》・鴨君の祖であるとしている。これは伝説でありその歴史的真相は明らかではないが、大物主神は本来大和の主神と考えられるので、新たに大和の政治的君主となった皇祖がこの神の処遇にいろいろ苦心したことが十分に想像される。 (肥後　和男)

おおだちうじあき　大館氏明　?—一三四二　南北朝時代の武将。上野国新田郡大館の人。父宗氏は新田義貞に従い、元弘三年(一三三三)五月鎌倉を攻め、稲村崎合戦で討死。氏明は左馬助となり、建武三年(延元元、一三三六)正月北畠顕家に従って近江に入り、佐佐木氏頼の観音寺城を陥れ、ついで細川定禅の守る三井寺を急襲する作戦を提案して採択された。この年足利尊氏の西走後、氏明は新田勢の先陣として江田行義とともに赤松則村を播磨室山に破ったが、五月二十五日には湊川の戦に参加し、ついで後醍醐天皇の叡山行幸に供奉。天皇の吉野遷幸後伊予守護として同国に赴き、土居・得能二氏とともに四国を経略したが、康永元年(一三四二)義貞の弟脇屋義助が伊予に没してのちは足利方の将細川頼春が勢いを得、氏明を同国世田城に攻め、九月三日これを陥れたので氏明はついに自殺した。治部少輔義冬は氏明の子である。

参考文献 『大日本史料』六ノ七、康永元年九月三日条、群馬県教育会編『新田義貞公根本史料』、和島芳男『建武中興と新田義貞公』、藤田精一『新田氏研究』、大森金五郎『日本中世史論考』 (和島　芳男)

おおだちひさうじ　大館尚氏　生没年不詳　戦国時代の室町幕府幕臣。教氏の第三子。重信、のち将軍義尚の一字を賜わり尚氏に改名。法名常興。宝秀軒と号す。没年は未詳であるが、天文十五年(一五四六)～二十年ごろで、九十歳以上の長寿を保ったものと思われる。永正二年(一五〇五)従四位下。はじめ治部少輔、ついで兵庫頭・弾正少弼・左衛門佐・伊予守に任ぜられ、晩年は伊予入道と呼ばれた。将軍足利義尚の御供衆となり、文明九年(一四七七)申次となる。長享元年(一四八七)九月義尚が六角高頼を伐つため近江に出陣した時は、五番衆の筆頭として従い、鈎陣において評定衆に任ぜられた。延徳元年(一四八九)三月義尚の陣没した晩、営中に火が出て陣内が混乱したが、いち早く撤兵することを主張して六角勢の逆襲を免れた。ついで義晴に仕えて申次・内談衆となり、将軍に近侍して公家とも往来している。奈良県天理図書館に架蔵する『大館常興日記』自筆本以下の記録によれば、家領のほかに若狭国青保・松永荘・安賀荘・鳥羽荘・宮川荘をはじめ北陸地方所在の幕府料所の代官職を持っている。これらの史料は荘園制最後の時期における所領支配の実態を知りうるものとして貴重である。長命であったせいか武家故実に通じ、『大館常興書札抄』『書札認様秘伝抄』『大館年中行事』『大館伊予守一冊』などの故実書を著わし、晩年天文七年より同十一年までの日記を残している。和歌・連歌・書・蹴鞠などに長じ、三条西実隆らの公家とも交渉のあったことは、『実隆公記』などにみえている。三男一女が知られており、長子左衛門佐晴光は内談衆として義晴に仕え、女子は義晴の妾となった。

参考文献 三浦周行編『大館持房行状』、三浦周行「足利時代に於ける上流武士の公私生活—大館持房行状の研究—」(『史林』一六ノ二)、設楽薫「大館尚氏(常興)略伝」—将軍義晴の登場まで—」(桑山浩然編『室町幕府関係引付史料の研究』所収) (桑山　浩然)

おおだちもちふさ　大館持房　一四〇一—七一　室町時代中期の武将。次郎、刑部大輔、上総守。法名は景龐院高門常誉、また覚阿と号す。応永八年(一四〇一)奉公衆第五番番頭を勤めた上総守大館満信の長男として京都で誕生。弟五郎持員とともに幕府に出仕し、足利義持の命により子義量に仕えたが、義持の死後、重臣たちの意向が青蓮院義円(のち義宣、義教)の擁立に固まると、父満信が義円を迎える使者となり、持房は義円入洛の前駆をつとめた。その後の義教の専制時代に父とともに一時蟄居したことはあったが、ほとんど常に将軍に近侍し、義政将軍期には老臣として重んじられ、『文安年中御番帳』および『永享以来御番帳』では、奉公衆第五番の番頭としてその名がみえている。この義政の初期には、従姉妹の今参局が将軍乳母として権勢を振るったが、持房は政治が局中より出ることを批判し、その権貴に与さなかった。応仁の乱が始まると、第五番衆の番頭として数千人

の士卒を率い、将軍と天皇の警護にあたったが、やがて老齢により嫡孫政重にその地位を譲った。武芸に長じ、刀剣は正門流を極め、笠懸などにも非凡な技をもち、しばしば覆面して騎馬で畦を歩ませていたという。弓箭の製作にも優れ、身も軽く、将軍義教が弟持員と技を競わせた時、持房は蔀戸半間の上面を開いて出入りすること七度、その長刀は壁にも触れなかったと伝える。文事にも秀れ、幕府の和歌会に参列を許された。妻は赤松義則が寵愛した孫娘で、妻との間に長男教幸、次男教氏など十二人の男女があり、『大館持房行状』を残した景徐周麟もその一人である。持房には他の女性との間の子もなく、深く妻を愛して、文明三年(一四七一)九月十一日、七日前に卒去した妻の跡を追うように世を去った。七十一歳。持房は早く相国寺の仏慧国師の門に入り、禅に帰依したが、中年から念仏を信じて覚阿の法名も持ち、邸内には阿弥陀三尊を安置しており、弥陀の前で念仏合掌したまま逝いた。

参考文献 三浦周行「足利時代に於ける上流武士の公私生活―大館持房行状の研究―」(『日本史の研究』新輯三所収)　(福田　豊彦)

太田道灌花押

「含雪巣」
太田道灌蔵書印

太田道灌像

おおたどうかん　太田道灌　一四三二―八六　室町時代の武将。扇谷上杉定正の重臣。父は資清入道道真。永享四年(一四三二)相模国に生まれる。幼名は鶴千代。文安三年(一四四六)元服して資長と名のり、享徳二年(一四五三)正月、従五位下左衛門大夫に叙任せられ、康正元年(一四五五)十二月、正五位下備中守となり(否定する説もある)、太田家の家督を継承。翌二年より江戸築城を開始し、長禄元年(一四五七)四月八日に完成したという(『永享記』)。道灌は、この年に父道真の指導で、岩槻・河越両城の築城にも着手した。また寛正六年(一四六五)三月には上洛したというが、この説は、彼の持資という名のりとともに確証はない(『鎌倉大日記』)。文明元年(一四六九)皇大神宮の禰宜の荒木田氏経は、道真・道灌父子に、相模国大庭御厨と武蔵国飯倉御厨の神宮支配の貫徹、上分確保を依頼している(『内宮引付』)。道灌の実力が、武相両国に進展していたことを示すものであろう。このように道灌の活躍は、江戸築城の二十五歳ごろより活発となったのであるが、とくに目ざましいのは、文明五年十一月二十四日、扇谷政真が武蔵五十子の陣で戦死して、そのあとを定正が継承した以後のことである。同八年三月、道灌は、足利政知の命により今川氏の内訌鎮定のために、駿河に出陣。その留守中に、長尾景春の叛乱が起る。十月江戸に帰った道灌は、これより同十二年にかけて、扇谷上杉定正と山内上杉顕定を守りつつ、長尾景春とその与党を追って、江戸城を出撃して、三十余度も関東の野に戦った(『太田道灌状』)。文明九年の相模溝呂木・小磯・小沢城攻め(三月)、武蔵勝原・平塚攻め(四月)、江古田原・沼袋合戦(四月)、石神井城攻め(四月)、武蔵用土原合戦(五月)、上野塩売原合戦(十月、十一月)。同十年の武蔵平塚城・丸子城・小机城攻め(正月―四月)、武蔵村山出陣(六月)、太田資忠の奥三保・鶴河攻め(六月)、武蔵鉢形城攻めと上野金山城出陣(七月)、下総国府台と境根原合戦(十二月)。同十一年の太田資忠の臼井城攻略(正月)、資忠の庁南・真里谷・飯沼城攻略と資忠の戦死(七月)、金谷・久下出陣(十一月)。同十二年の武蔵児玉出陣(正月)と日野城攻め(六月)などが、有名な合戦であった。この合戦中の剃髪して道灌と号するようになったのは、文明十年二月ごろからと推定されている。彼は幼時より鎌倉五山に入って学問にはげみ、五山無双の学者となったともいわれ(『永享記』)、景春の乱平定後、文明十七年十月には、万里集九を江戸城中に招き、翌年春には建長・円覚両寺の学僧らを招いて隅田川船上で詩歌会を開いたり、集九とともに越生に父の道真を訪れて詩歌会を行なったりした。しかし同十八年七月二十六日、主君の扇谷上杉定正の相模糟屋館(神奈川県伊勢原市)で誘殺された(『梅花無尽蔵』)。ときに五十五歳。法名は春苑道灌。実子に文明元年ごろ誕生の資康がいる。道灌の江戸築城によって、江戸は、中世都市として発展した。墓は上糟屋の洞昌院にあり、また下糟屋の大慈寺には、首塚といわれるものがある。

参考文献 『大日本史料』八ノ一八、文明十八年七月二十六日条、練馬郷土史研究会編『太田氏関係文書集』一(『郷土研究史料』一三)、前島康彦『太田道灌』、同編『太田氏の研究』、勝守すみ『太田道灌』　(杉山　博)

おおたときつら　太田時連　一二六九―一三四五　鎌倉時代後期の幕府評定衆・引付衆・問注所執事。太田康有の子。弘安六年(一二八三)、康有籠居のあとをうけて問注所執事となる。この時官はすでに勘解由判官であった。同八年十二月二十七日以前に執事の職をやめているが、

大谷吉継花押

大谷吉継印

これは十一月の安達泰盛の乱(霜月騒動)に連座したからではないかと推測されている。しかし同九年十二月引付衆に加えられ、永仁元年(一二九三)十月問注所執事に還補。同年十二月評定衆に加えられた。同四年寺社奉行、同六年十二月信濃守に任ぜられ、同日叙爵、正安元年(一二九九)京下執事となる。この年、問注所執事をやめて嗣子貞連に伝えたが、同二年、三たび執事となり、また引付頭となる。元亨元年(一三二一)再び貞連に執事を譲り、嘉暦元年(一三二六)三月出家、法名を道大と称した。なお室町幕府が開かれると、武家政務世襲の家として招かれ、道大は四度出馬して、政務についた。貞和元年(一三四五)二月九日没。七十七歳。著書と推定されるものに『永仁三年記』がある。

参考文献 『大日本史料』六ノ八、貞和元年二月九日条、『鎌倉年代記』、竜粛「建治三年記考」(『鎌倉時代』上所収)、川副博「永仁三年記考証」(『史潮』五〇)

(貫 達人)

おおたによしつぐ 大谷吉継 一五五九―一六〇〇 安土桃山時代の武将。永禄二年(一五五九)に生まれる。父は豊後の国主大友宗麟の家臣大谷盛治であるといわれている。はじめ紀之介と称し、のち吉継と改めた。豊臣秀吉に近侍して信任を受け、天正十三年(一五八五)七月、従五位下刑部少輔に叙任された。賤ヶ岳の戦に軍功をあらわし、九州征伐には石田三成らと兵站奉行を勤め、同十七年越前敦賀の城主に封ぜられて、五万石を領した。翌年の小田原征伐、それに続く奥羽地方の経略に参加して戦功をたて、平定後出羽地方の検地を担当した。文禄元年(一五九二)の朝鮮出兵に際しては、石田三成らとともに船奉行を命ぜられて船舶の調達にあたり、さらにその年六月には石田三成・増田長盛とともに在朝鮮部隊督励の奉行として渡海し、翌年明軍との和平交渉に努めた。秀吉の死後、吉継は徳川家康に接近し、慶長五年(一六〇〇)七月、家康の会津征伐の軍に従うため敦賀をたち、途中美濃の垂井から使者を佐和山城の石田三成のもとへ送り、三成の子重家の同道を求めた。ところが三成は吉継を佐和山城に迎えて、家康討伐の計画を打ち明け吉継の協力を要請した。吉継は家康を敵として戦うことの得策でないことを説いて、三成に思いとどまるよう切言したが、三成の決心の固いのを知り、ついに意を決して三成と行動をともにすることにした。吉継は敦賀に引き返して兵を挙げ、前田利長の軍と戦ってこれを破り、家康が会津征伐の途中から軍を返して西上したとの報に接すると、敦賀をたって美濃関ヶ原に向かった。吉継はかねて松尾山に陣する小早川秀秋の態度に疑心を抱き、秀秋に備えて松尾山の北、藤川台に陣した。九月十五日の戦闘では、一旦は藤堂高虎・京極高知らの東軍の攻撃を却けたが、秀秋の軍が東軍に内応して吉継の陣に襲いかかったので、吉継は側背を衝かれて苦戦に陥り、奮闘の末に自尽した。時に四十二歳。

参考文献 小瀬甫庵『太閤記』(『(改定)史籍集覧』六)、『関原始末記』(同二六)、板坂卜斎『慶長年中卜斎記』(同)

(今井林太郎)

おおたのおうじょ 大田皇女 生没年不詳 天智天皇の長女、大海人皇子(天武)妃。母は蘇我倉山田石川麻呂の女遠智娘《おちのいらつめ》。妹の鸕《う》野《の》皇女(持統天皇)が大化元年(六四五)生というから、その少し前に生まれたのであろう。母は弟の建皇子を白雉二年(六五一)に生んでまもなく早世。若くして妹とともに叔父の大海人皇子の妃となる。斉明天皇七年(六六一)父や夫とともに百済救援戦争のために西下、途中の大伯《おおく》(岡山県邑久郡)の海上で大伯皇女を生み、天智天皇二年(六六三)には娜大津《なのおおつ》(福岡市博多)で大津皇子を生む。敗戦で帰京後まもなく夫や幼い子らを残して没したらしく、同六年春、祖母の斉明天皇の陵前の墓に埋葬された。

(青木 和夫)

越智崗上墓《おちのおかのえのはか》 奈良県高市郡高取町大字車木字ケンノウにあり、斉明天皇陵参道途中の山腹に位置する円墳。高さ約七メートル、径約一八メートルで東南に面する。『日本書紀』に、天智天皇六年(六六七)二月二十七日斉明天皇と間人皇女を小市岡上陵に合葬するにあたり、大田皇女を陵前の墓に葬るとあるが、『延喜式』諸陵寮には当墓の記載がない。『陵墓一隅抄』には越智崗上前墓とする。

参考文献 上野竹次郎『山陵』上、河村亮編『陵墓概要』

(石田 茂輔)

おおたやすあり 太田康有 一二二八―九〇 鎌倉時代中期の幕府評定衆・問注所執事。本姓三善氏。安貞二年(一二二八)太田民部大夫康連の七男に生まる。弘長二年(一二六二)三月、兄康宗中風籠居のあとをうけて問注所執事となり、同六月、評定衆に加えられた。同閏七月、勘解由判官、弘安三年(一二八〇)十一月、美作守に任ぜられ同日叙爵。同五年十二月、寄合の座で中風で卒倒し、以後籠居。翌六年、出家、法名善有。正応三年(一二九〇)五月十一日に六十三歳で死んだ。著書に『建治三年記』がある。

参考文献 『関東評定衆伝』二、『建治三年記』解題(『続史料大成』一〇)、竜粛「建治三年記考」(『鎌倉時代』上所収)

(貫 達人)

おおたやすむね 太田康宗 一二一二―六五 鎌倉時代中期の幕府評定衆・問注所執事。建暦二年(一二一二)生まる。本姓三善氏。太田民部大夫康連の男。初名康政。はじめ太郎兵衛尉を称し、建長三年(一二五一)六月引付の奉行に列し、同六年十月民部少丞。同十二月同大丞。康元元年(一二五六)正月叙爵、伊勢権守。同四月引付衆となる。同年九月、父に代わって問注所執事に補せられ、正嘉二年(一二五八)評定衆に加わり、弘長二年(一二六

二)三月、中風により籠居し、文永二年(一二六五)三月二十二日、五十四歳で死んだ。

参考文献 『吾妻鏡』、『関東評定衆伝』一 (貫　達人)

おおたらしひこおしろわけのみこと　大足彦忍代別尊　⇩景行天皇《けいこうてんのう》

おおつのおうじ　大津皇子　六六三―八六　天武天皇の第三皇子。母は天皇の妃、天智天皇の皇女大田皇女。大津の名は、百済遺臣救援の役の最中、天智天皇二年(六六三)筑紫の娜大津《なのおおつ》(福岡市)で出生したことに由来するのであろう。容貌たくましく、壮年に及んで武を愛したが、ことに幼時より文才に秀で、天智天皇に寵愛された。『懐風藻』の伝では、性放蕩で法度にかかわらず、節を降し士を礼したので、人の付託する者が多かったという。天武天皇元年(六七二)の壬申の乱では、近江京を脱出、伊勢国で天皇の軍に合した。天武朝では常に皇太子草壁皇子につぐ地位にあり、同十二年には朝政に関与し、十四年には浄大弐位を授けられたが、朱鳥元年(六八六)九月、天皇が崩ずるや、皇太子に謀反したかどで十月二日逮捕され、翌三日、訳語田《おさだ》の家で死を賜わり、妃山辺皇女(天智天皇皇女)も殉死した。『万葉集』二によると、のち皇子の屍は葛城の二上山に移葬された。二十四歳。皇子とともに三十余人が逮捕されたが、同二十九日には、礪杵道作《ときのみちつくり》が伊豆に流され、新羅僧行心《こうじん》が飛驒国の寺院に移されたほかはすべて赦免された。『懐風藻』には、僧行心が皇子の骨相を人臣の相に非ずといい、皇子がこれを信じて謀反を企て、朋友川島皇子に密告されたのだとあるが、関係者の処罰がわずかなところからみて、この事件は綿密な計画にもとづくものではなく、皇太子草壁皇子の地位を護ろうとする皇后鸕野皇女(持統天皇)によって挑発されたものではないかとも推測される。皇子は『日本書紀』の伝に、「詩賦の興、大津より始まれり」(原漢文)とあるように詩才にすぐれ、『懐風藻』には有名な「五言臨終一絶」を含む詩四篇を残す。また『万葉集』には、石川郎女との贈答歌、死に臨んで磐余《いわれ》の池で詠んだ歌など四首をとどめている。皇子がひそかに伊勢に下り、斎王の同母姉大伯《おおく》皇女に会って帰るおりの皇女の歌、および皇子の死をなげいた皇女の歌も著名である。

(伝)大津皇子像

参考文献 直木孝次郎『持統天皇』(『人物叢書』四一)、川崎庸之「天武天皇の諸皇子・諸皇女」(『万葉集大成』九所収)、吉永登「大津皇子とその政治的背景」(『万葉―文学と歴史のあいだ―』所収)、北山茂夫「持統天皇論」(『日本古代政治史の研究』所収)、吉田義孝「大津皇子論―天武朝の政争とクーデタに関連して―」(『文学』四〇ノ九) (笹山　晴生)

二上山墓《ふたがみやまのはか》　奈良県葛城市当麻《たいま》町大字染野にあり、二上山の男岳頂上で葛木二上神社東の低処に位置する。高さ約三・四メートル、径約一〇～一二メートルの東西に長い西向の円墳であるが、表土の下は山石を積み上げている。『万葉集』二の「大津皇子の屍を葛城の二上山に移し葬りし時(下略)」(原漢文)の詞書によって、明治九年(一八七六)当処に考定した墓域を拡張整備した。

参考文献 奥野健治「大津皇子墓」(『万葉地理三題』所収)、松本宗彦「大津皇子陵墓考」(『国文白百合』二) (石田　茂輔)

おおつのおおうら　大津大浦　?―七七五　奈良時代の陰陽師。『続日本紀』にみえる彼の略伝(宝亀六年(七七五)五月乙酉(十七日)条)や経歴によれば、その家は代々陰陽を習い伝え、大浦も地位は低かったが藤原仲麻呂の信用を得て、吉凶を占った。しかし天平宝字八年(七六四)九月、仲麻呂の乱に際してその謀叛を密告したので、乱の直後、正七位上から従四位上に進み、連の姓《かばね》も宿禰と改められ、十月には左兵衛佐兼美作守となり、翌天平神護元年(七六五)三月には、功田十五町を賜わった。ところが同年八月の和気王の事件に連坐し、兵部大輔美作守から日向守に左遷され、位封を奪われ、姓も連に戻された。さらに神護景雲元年(七六七)九月、日向員外介の任を解き、所持した天文陰陽の書を没収されたが、宝亀元年八月、道鏡の失脚によって状勢は一変し、帰京の上、翌二年七月には従四位上陰陽頭となり、同五年安芸守を兼ねるという変転の末、同六年五月十七日に現職のまま死去した。なお『正倉院文書』続修四六には、天平宝字二年九月四日付の、彼が造東大寺司主典安都雄足《あとのおたり》に送った書状が残っている。 (土田　直鎮)

大津大浦自署

おおつのおびと　大津首　生没年不詳　奈良時代初期の僧、陰陽師。名は意毗登《おびと》にも作る。『続日本紀』に、慶雲四年(七〇七)五月、遣新羅大使美努連浄麻呂とともに学問僧の義法・義基らが新羅から帰国したとみえている。この義法がその後、和銅七年(七一四)三月、彼の占術を用いんがために還俗せしめられ、大津連の姓と意毗登の名を賜い、従五位下を授けられた。ついで養老五年(七二一)正月、学業優秀の士が賞賜せられた際に、陰陽の

筆頭に従五位上大津連首とみえ、絁十疋などを賜わった。また天平二年（七三〇）三月には、特に弟子を取ってその術を伝習せしめることを許された。彼は『懐風藻』に二首の詩を残しているが、そこでは「従五位下陰陽頭兼皇后宮亮大津連首」とあり、年六十六と注してある。彼はおそらく大津大浦の祖先であろう。

（土田　直鎮）

おおとうのみや　大塔宮　⇨護良親王《もりよししんのう》

おおどのおう　男大迹王　⇨継体天皇《けいたいてんのう》

おおともうじとき　大友氏時　?―一三六八　南北朝時代の武将。豊後・豊前・筑後・肥後国等守護。大友貞宗の七男。童名宮松丸、刑部大輔、吉祥寺殿神州天祐。舎兄氏泰の遁世により、貞和四年（一三四八）八月家督を嗣ぐ。当時の九州は九州管領一色範氏（道猷）・足利直冬・征西将軍宮の三者の勢力が鼎立し、在地勢力は互いに自己の利害得失によって離合集散を繰り返していたが、氏時も観応二年（正平六、一三五一）征西将軍宮と一色範氏の連合が成立すると、これに加担し、直冬と戦った。しかし直冬の九州脱出後、両者の連合が破れると、氏時は延文三年（一三五八）豊後高崎城に拠り、征西将軍宮方に叛旗をひるがえし、その後は少弐頼尚とともに武家方の中心勢力として、菊池氏らと各地で一進一退の戦いを繰り返したが、筑後大保原戦で敗れ、貞治二年（一三六三）菊池武光に攻められて高崎城は落城し、自身も傷つき、翌三年七月嫡子氏継に家督を譲り、応安元年（一三六八）三月二十一日没した。

大友氏時花押

参考文献　『大日本史料』六ノ二九、応安元年三月二十一日条、田北学編『（増補訂正）編年大友史料』六・七

（瀬野精一郎）

おおともさだのり　大友貞載　?―一三三六　鎌倉後期から南北朝時代にかけての武将。豊後国・肥前国守護、大友貞宗の次男、童名阿多々丸、筑前国糟屋郡立花山に居城したので立花左近将監と号し、筑後柳川藩主立花氏の祖とされている。父貞宗とともに鎮西探題赤橋英時滅亡の際軍功があり、さらに建武元年（一三三四）北条氏の残党糸田貞義を筑後国堀口城に攻めて平定した。同二年足利尊氏が鎌倉で謀叛の意図を明らかにすると、貞載は舎弟氏宗とともに上洛し、新田義貞の尊氏討伐軍に属して鎌倉に下向した。しかし貞載はかねてより、祖大友能直の時以来源家に深恩あるを思い、尊氏とも好を通じていたので、すでに北条氏を滅ぼしたことによって勅命にむくいたものと考え、今度は尊氏に加担して祖先の素意を現わしたいとする意図を有していた。そこで箱根竹ノ下の戦で、尊氏側に寝返り、高師直の軍に属して義貞軍を攻めて、大敗させた。やがて尊氏に従って上洛し、京都を奪取した。時に同三年正月十一日、結城親光が偽って尊氏に降り、尊氏を殺害しようとした。尊氏はその意図を察知し、貞載に命じて親光を審問させた。その場で親光は急に起って貞載に切りつけ、貞載も応戦して親光を斬殺したが、自身もまた疵が因で翌十二日京都で没した。なお『梅松論』は、親光が貞載の裏切りをにくみ、貞載を討たんとして尊氏に偽り降った、と記している。

大友貞載花押

参考文献　『大日本史料』六ノ二、延元元年正月十一日条、田北学編『（増補訂正）編年大友史料』五

（瀬野精一郎）

おおともさだむね　大友貞宗　?―一三三三　鎌倉時代後期の武将。豊後国守護。大友親時の三男、実は大友頼泰の四男とする説もある。童名孫太郎。左近将監、近江守。法名顕孝寺殿直庵具簡。徳治元年（一三〇六）舎兄貞親より家督を譲らる。鎮西探題空位の時はその代行を鎌倉幕府から命じられた。元弘三年（一三三三）三月菊池武時は、護良親王の令旨に応じ、鎮西探題赤橋英時の襲撃を意図し、貞宗にも助力を求めたが、貞宗はいまだその時期にあらずとしてこれに応ぜず、逆に少弐貞経とともに英時に加担して、武時を敗死させた。しかしその後各地に反幕府勢力が台頭し、六波羅探題も滅亡したのを見て、少弐・島津貞久らとともに、鎮西の諸豪族を率いて、同年五月二十五日博多の英時の館を襲い、英時を自決せしめ、鎮西探題はここに滅亡した。貞宗は足利高氏に鎮西合戦の次第を報じ、高氏より鎮西の降人・捕虜などの処分を一任された。八月二十八日には博多息浜での勲功を賞する後醍醐天皇の綸旨を受け、上洛して活躍を意図していたが、病を得て同年十二月三日京都南禅寺聴松院で没した。兄貞親が禅宗に帰依し、蔣山万寿寺を創建したのにつづき、貞宗も日常酒肉を嗜まず、豊後国の宝戒寺・岩屋寺を再興し、豊後国長興寺・筑前国多々良顕孝寺を創建し、中国より渡来した宋朝風禅宗に帰依して、闡提正具《せんだいしょうぐ》に参禅して、禅宗に対する相当の理解を示したとされている。特に顕孝寺は入元禅僧の寄寓地となり、貞宗もこれらの禅僧と接触する機会が多かったので、中国の儀礼についても習熟しており、中国より明極楚俊《みんきそしゅん》・竺仙梵僊《じくせんぼんせん》らを招請したのをはじめ、多くの禅僧を招いてその外護者となり、禅宗を媒介として、当時の進んだ中国文化摂取に大きな役割を果たした。

大友貞宗花押

参考文献　『大日本史料』六ノ一、元弘三年十二月三日条、田北学編『（増補訂正）編年大友史料』四・五、玉村竹二『五山文学』（『日本歴史新書』）

（瀬野精一郎）

おおともそうりん　大友宗麟　一五三〇―八七　戦国時代の武将。豊後・筑後・肥後・筑前・豊前・肥前六ヵ国

大友宗麟花押

守護。享禄三年(一五三〇)生まる。大友氏二十代義鑑の長子。幼名塩法師丸、のち五郎または新太郎。左衛門督、従四位下。諱は義鎮《よししげ》。入道宗麟・円斎・三非斎。キリスト教名ドン＝フランシスコ。天文十九年(一五五〇)廃嫡事件で父義鑑が横死した(大友二楷崩の変)あとをうけ家督をつぐ。義鑑の晩年は、豊後・筑後・肥後三ヵ国守護職に補任され、弟重治を肥後菊池氏に入れて嗣とし、筑前・豊前守護職を兼ねた大内義隆とは和を結び、比較的安定していた。義鎮襲封の翌二十年大内義隆が家臣陶晴賢に殺され、これが爾後の大友氏の発展に大きな影響を与えた。晴賢はあらかじめ、義鎮との間に結んだ密約に従って、義鎮の弟晴英を大内の嗣に迎えて大内義長と称せしめた。大内勢力の退潮により、義鎮は同二十三年肥前守護職に補任。またこのころ宗家に叛いた菊池重治を、豊後直入郡木原に誘殺して後顧の憂いを絶った。この間中国では毛利元就が勢力を得、陶晴賢を討ち、弘治三年(一五五七)には大内義長を滅ぼした。しかしなお九州まで手を出すまでに至らず、義鎮は豊前・筑前・肥前方面を鎮定し、さらに伊予に攻め入った。かくて永禄二年(一五五九)将軍足利義輝から豊前・筑前守護職を加えられ、北九州六ヵ国と日向・伊予各半国に及ぶ空前の大版図を形成した。これから天正六年(一五七八)までの約二十年間が、なお波瀾はあるが黄金時代となる。しかし永禄二年九月には門司城で毛利軍との戦いが始まり、これに呼応して筑前秋月種実・宗像氏貞・筑紫惟門・原田隆種、豊前の長野吉辰・野仲鎮種らが離反した。義鎮は豊前方面で毛利と苦戦中、同五年五月一日臼杵丹生島城を築いて移り、入道して宗麟と号し、府内は長子義統に任せた。同七年将軍義輝の命で豊芸の和が成立したので、宗麟は領内平定に専念し、毛利氏は出雲の尼子氏討伐に全力を注ぎ、同九年富田城を陥れた。これ以後尼子氏残党の動向が毛利氏の動静を決定し、これが宗麟の勢力の消長を左右する。同十年から十二年にかけての秋月・筑紫・竜造寺の離反、一族高橋鑑種・立花鑑載らの反逆は、尼子氏を討ち再び九州に軍勢をさし向けた毛利軍との内通の結果であり、宗麟の危機であった。ところが同十二年尼子勝久が但馬から出雲に攻め入ったので、元就は宗麟と和し兵を返した。勝久は敗れて京都に走り織田信長に頼ったので、毛利氏は信長を敵とすることになり、元亀二年(一五七一)元就の病死後九州から完全に手を引いた。この結果宗麟の北九州制覇が完成したのである。天正元年家督を長子義統に譲ったが、なお諸事皆宗麟の命に出でた。北の敵はなくなったが、新たに南の島津義久との対決が迫り、同六年日向の土持親成を討ち、同年冬、高城で義久軍と戦って大敗、耳川でさらに追い撃ちをかけられた(耳川の戦)。これから大友氏の大版図の瓦解が始まり、肥前竜造寺隆信や豊後でも一族の田北紹鉄と田原親宏・親貫父子の反乱がおこり、大友氏は再び危機に陥った。この間島津氏は北上し、大友氏の拠点筑前の岩屋・宝満・立花諸城を攻め、豊後南郡の内通者の導きで、同十四年島津義弘は肥後、同家久は日向から豊後に侵入した。宗麟は上坂して豊臣秀吉の救援を求め、同十五年秀吉の九州征伐となり、島津軍は退却して秀吉に降参した。この結果秀吉から義統は豊後一国を、宗麟は日向一国を与えられたが、宗麟は辞退して受けなかった。宗麟は同十年ごろから後妻ジュリヤと津久見に隠棲してキリスト教信仰の生活を送ったが、同十五年五月二十三日同地において疫病により死没した。時に五十八歳。法諡瑞峰院殿瑞峰宗麟大居士。墓は大分県津久見市大字津久見字ミウチ(中田区引地ミウチ)にある。大友氏の領国支配で注意されるものに、年老・宿老とも呼ばれる加判衆の制度がある。重臣中から選ばれ、一種の評定衆ともいうべきもので、大友氏発給の文書に遵行状を出し、連署する。人数は四、五人ではじめは国衆が多かったが、大友一族である紋の衆との争いがあり、義鑑の遺言で三人充計六人とした。加判衆は国ないし郡別に事務分担があり、「方分」と称した。

「非」

「非」

「FRCO」

「IHS FRCO」

大友宗麟印

大友宗麟画像

加判衆の合議にあたり、分担の国について主担当となるものである。うち一、二名は筑後の守護代ないし郡詰代官として、任地に在国する定めであった。方分の下に検使が任ぜられ、郡単位に二名充代官として闕所地調査・段銭徴収・公領管理などにあたった。荘・郷単位に政所が置かれ、別に目付・耳聞を放って情報を集めた。家臣団編成は豊後では個別の与力被官契約による構成が多く、筑後などでは寄子同心的体制による国人の集団的動員体制が整備され、これを守護代が支配する植民地型の知行であった。総じて家臣団の統制は甘く、加判衆でさえ在地しており、宗麟の晩年には加判衆は出仕せず、浦上宗鉄という右筆が代行した。大友氏領国瓦解の一因である。宗麟は天文二十年山口からシャビエルを府内に招き、キリスト教の教義と西洋事情をきいてから、布教を公許し保護を加えた。当時のわが宗教界の腐敗と迷信の流行に対し、宣教師の厳粛な信仰と生活態度に感じ、さらに鉄砲・大砲・硝石などの火器に代表される西洋文化と貿易の利を得ようとしたものである。宗麟時代ポルトガル船は、五度も府内の外港沖ノ浜に来航し、盛んに南蛮貿易が行われた。シャビエルは一旦印度に帰り、同二十一年神父バルテザル＝ガゴ以下を派遣した。ガゴは、シャビエルから後事を託されて山口に居たコスメ＝デ＝トルレスに会って指揮をうけ、宗麟の援助により府内に住院を建て、礼拝堂を設けて布教を始めた。トルレスはシャビエルの精神を体し、日本の風俗・習慣を研究しこれにとけこむ方策をとり、日本語の福音書を書き育児院・病院を建てて貧民や病人を救ったので信者は急速に増加した。永禄五年宗麟が臼杵に移ってからここが中心地となるが、元亀元年トルレスにフランシスコ＝カブラルが代わると、宗麟次子親家・田原親虎らの入教問題が起り、宗麟の家庭や周辺に深刻なトラブルが発生、殉教問題にまで発展しようとした。カブラルの偏狭で妥協しない布教方針の結果で、宗麟も周囲の大反対をおし切り、天正六年妻を離婚し、カブラルにつき洗礼をうけドン＝フランシスコと号した。同七年アレッサンドロ＝バリニァーノが巡察使として来日してカブラルに代わると、再びシャビエルの精神に復したため、日向敗戦後の衰退期にもかかわらず、信者は増加して一万をこえ各地に教会ができた。豊後は都・下《しも》とならぶ三大教区の一つとなり、府内にコレジョ、臼杵にノビシャドが設立され、日本人も入学した。同十年のいわゆる天正遣欧使節については出発まで宗麟は関知しなかったらしく、これもバリニァーノの布教政策の一つであった。なお宗麟が社寺を焼いたという伝承は、誇張された面がある。また遣欧使節が帰朝したのは、宗麟の死の三年後であった。

［参考文献］　松田毅一『きりしたん大名大友宗麟の生涯』、外山幹夫『大友宗麟』（『人物叢書』一七二）、『大分市史』下、西村圭子「大友氏末期における筑前支配形態の変遷」（日本女子大学史学研究会編『大類伸博士喜寿記念史学論文集』所収）、久多羅木儀一郎「大友宗麟伝雑考」（『大分県地方史』一三―一六合併号）、岡本良知「戦国時代の豊後府内港」（同一〇）、桑波田興「大友氏家臣団についての一考察」（『九州文化史研究所紀要』八・九合併号）、橋本操六「大友氏奉行人の変遷と時代考証」（『豊日史学』二七・二八合併号）、芥川竜男「大友家臣団についての一考察―加判衆考察の問題点―」（『法政史学』一五）、松田毅一「天正遣欧使節の真相―特に伊東満所に就いて―」（『史学雑誌』七四ノ一〇）、アルカディオ＝シュワーデ「キリシタン大名大友宗麟の最期について」（『上智史学』一三）

（渡辺　澄夫）

おおともちかよ　大友親世　?―一四一八　南北朝時代の武将。豊後国守護。大友氏時の次男、童名千代松丸、修理大夫、瑞光寺殿勝幢祖高。応安年間（一三六八―七五）以後、大友氏の実権を握った。征西将軍宮方に対抗するため、同四月、室町幕府から九州探題として派遣された今川了俊（貞世）は少弐・大友・島津三氏の協力を求

大友親世花押

めた。親世の兄氏継は征西将軍宮方についていたが、親世は了俊側に加担した。しかし永和元年(一三七五)了俊が水島陣で少弐冬資を謀殺したことから、了俊に対し不信の念をいだき、応永二年(一三九五)大内義弘と結んで了俊の九州探題解任を図り、足利義満に讒言してその目的を達した。了俊のあと一時九州探題を代行し、渋川満頼が九州探題に補任された後は、九州奉行職に任じられ、少弐・菊池氏などが満頼に反抗した時には、大内・島津氏とともに探題を援助した。同六年上洛中従弟氏鑑が反乱を起したが、親世は帰国して氏鑑を如来院城に攻めて滅亡させた。その後国内の支配に努めるとともに、しばしば菊池氏と争ったが、戦は大友方に不利であった。同八年家督を親著に譲り、同二十五年二月十五日没した。

参考文献 田北学編『(増補訂正)編年大友史料』八・九、川添昭二『今川了俊』(『人物叢書』一一七)

(瀬野精一郎)

おおとものいけぬし 大伴池主 生没年不詳 奈良時代の官人。宿禰姓。天平九年(七三七)春宮坊少属従七位下で珠玉を覓《もと》める使として駿河国を通過。同十八、九年越中掾、二十一年越前掾で時の越中守大伴家持と詩歌を贈答した。のち上京して天平勝宝五(七五三)、六年左京少進、八歳式部少丞であったが、天平宝字元年(七五七)橘奈良麻呂の乱に加わり発覚、処分内容は不明。『万葉集』に長歌四、短歌二十四首、詩一、序一、書翰五篇がある。

(林 勉)

おおとものいわ 大伴磐 六世紀前半ごろの豪族。大連大伴金村の子。『日本書紀』によると、宣化天皇二年十月新羅が任那を攻めたので、天皇は金村に詔して、その子の磐と狭手彦を遣わして、任那を助けさせた。狭手彦は任那に行き、磐は筑紫にとどまってその国政をとり、三韓に備えたという。『大伴系図』によれば、咋子《くいこ》(囓・咋)も磐の兄弟である。吹負《ふけい》を磐の子とする系図もあるが、『続日本紀』天平勝宝元年(七四九)閏五月条によれば、吹負は咋子の子である。

(直木孝次郎)

おおとものうまかい 大伴馬飼 ⇩大伴長徳《おおとものながとこ》

おおとものおうじ 大友皇子 六四八―七二 天智天皇の長子。伊賀皇子ともいう。母は伊賀采女宅子娘《やかこのいらつめ》。大化四年(六四八)生まれる。『懐風藻』に詩二篇をとどめ、同書の伝には、博学多通、文武の材幹あり、沙宅紹明らの亡命百済人を賓客としたという。天智天皇十年(六七一)正月に史上初の太政大臣に任じられ、天皇の崩後、近江朝廷の中心となったが、翌天武天皇元年(六七二)、いわゆる壬申の乱で、蜂起した叔父大海人皇子(天武天皇)の軍と戦い、七月二十二日、瀬田川の決戦に敗れ、逃亡しようとして果たさず、翌二十三日、山前(滋賀県大津市の長等山とする説など諸説あるが、京都府乙訓郡大山崎町の地とするのが妥当か)で縊死、その首級は不破宮(岐阜県不破郡)の大海人皇子のもとに奉られた。二十五歳。妃に天武天皇の皇女十市皇女があり、葛野王を生んだ。なお『懐風藻』には皇子を皇太子と記しており、前田家本『西宮記』裏書など、平安時代中期以降のいくつかの史料には、皇子の即位を記すものがある。このため、皇子は天智天皇の崩後即位したが、『日本書紀』では編者舎人親王が故意にその事実を記さなかったのだとする主張が、江戸時代に『大日本史』や伴信友によって唱えられ、明治三年(一八七〇)七月、明治天皇は皇子に弘文天皇と追諡した。明治以後は、これに対し、皇后倭姫の即位説(喜田貞吉)、同称制説(黒板勝美)なども唱えられた。今日では、皇子が即位の式をあげたかどうかは疑問としても、事実上は天智天皇崩後の近江朝廷の主であり、天皇としての大権をもっていたとする見方が有力である。

(伝)大友皇子像

参考文献 伴信友『長等の山風』(『日本思想大系』五〇)、亀田隆之『壬申の乱』(『日本歴史新書』)、直木孝次郎『壬申の乱』(『塙選書』一三)、横田健一「懐風藻所載大友皇子伝考」(『白鳳天平の世界』所収)

(笹山晴生)

長等山前陵《ながらのやまさきのみささぎ》 滋賀県大津市御陵町にあり、径二二㍍の円丘。園城寺の北約五〇〇㍍にあたる。陵所は久しく不明で諸説があったが、長等山の東麓園城寺地内に亀丘という古墳があり、明治九年(一八七六)鏡・剣・鏃などが出土した。同寺は御子与多王が父の家地に建立したという縁もあるので同十年六月に当所を陵と定めた。

参考文献 伴信友『長等の山風』(『日本思想大系』五〇)、上野竹次郎『山陵』上

(中村一郎)

おおとものおとまろ 大伴弟麻呂 七三一―八〇九 平安時代前期の公卿。古慈斐の子、勝雄の父。乙麻呂にもつくる。天平三年(七三一)に生まれる。宝亀十年(七七九)正月従五位下。衛門佐・中宮亮を経て延暦元年(七八二)常陸介、翌年征東副将軍をかね、以後、左右中弁・皇后宮亮・河内守。同十年正月従四位下、七月征夷(征東か)大使。同十一年閏十一月辞見。十二年征東使は征夷使と改称、十三年正月節刀を賜わった。弟麻呂は副将軍坂上田村麻呂らに蝦夷を討たせ斬首四百五十七級、捕虜百五十人、七十五ヵ所を焼き払うなどの成果をあげ、十四年正月朝見し節刀を進めた。二月従三位勲二等、以後、非参議従三位のまま大同四年(八〇九)五月二十八日、七十九歳で没した。

参考文献 高橋崇『坂上田村麻呂』(『人物叢書』二五)

(高橋 崇)

おおとものかなむら 大伴金村 五世紀末から六世紀前

半へかけての大和朝廷の有力者。武烈・継体・安閑・宣化朝の大連。大伴談《かたり》の子。磐・咋・狭手彦の父。仁賢天皇の死後、権勢強大な平群氏を滅ぼし、武烈天皇を即位させた。武烈の死後、あとをつぐ皇族がないため、金村は群臣とはかって、仲哀天皇の五世の孫倭彦王を丹波より迎えようとしたが失敗し、応神天皇の五世の孫男大迹《おおど》王を越前より迎え、河内の樟葉で即位させた。継体天皇である。しかし、継体がこれより二十年目(一説には七年目)にようやく大和にはいり、磐余玉穂に都をしたという伝えなどからすると、金村が最初から継体の擁立につとめたかどうかは疑わしいとする説もある。継体天皇二十一年、筑紫国造磐井の反乱がおこり、国内の動揺はつづいたが、『古事記』によれば金村は大連物部麁鹿火《あらかひ》とともに戦って乱を平定した。国外では、五世紀末以来高句麗におされて南へ勢力をうつしつつあった百済が、継体天皇六年に任那の上哆唎《おこしたり》・下哆唎《あるしたり》・娑陀・牟婁の四県の割譲を望み、金村はそれを認めた。朝鮮での日本の威信はこれ以来低下したといわれる。安閑朝には、皇后や妃のために屯倉を設け、摂津の三島県主や大河内直に天皇のための屯倉を献上させた。屯倉の増設に功があったと思われる。しかし、欽明天皇元年、物部尾輿らにさきの四県割譲の失敗を糾弾されて失脚し、住吉の宅に引退した。安閑・宣化対欽明の対立に際し、前者を支持したことが勢力を失う原因とする説がある。大伴氏はこれより衰えた。

参考文献　林屋辰三郎「継体・欽明朝内乱の史的分析」(『古代国家の解体』所収)、直木孝次郎「継体朝の動乱と神武伝説」(『日本古代国家の構造』所収)、同「大伴金村」(『古代史の人びと』所収)、八木充「大伴金村の失脚」(『日本書紀研究』一)　(直木孝次郎)

おおとものくい　大伴咋　六世紀から七世紀初めの豪族、武将。姓は連。名は咋子・囓とも書く。『大伴系図』に大連大伴金村の子で、磐・狭手彦の兄弟と伝えるが、六世紀前半に活動した金村の子にしては年代の差が大きすぎる感がある。用明天皇二年物部守屋討伐の軍に加わり、崇峻天皇四年任那再興のため、大将軍として筑紫に出陣したが、天皇の死より推古天皇三年(五九五)帰還。新羅に侵された任那を救うため、同九年高句麗に使いした。十六年、来朝した隋使を小墾田宮に迎えた。『続日本紀』によれば、冠位は大徳。吹負の父、牛養の祖父。『尊卑分脈』によれば藤原鎌足の母は咋の娘の智仙娘という。　(直木孝次郎)

おおとものくろぬし　大友黒主　生没年不詳　平安時代前期の歌人。六歌仙の一人。『古今和歌集』『後撰和歌集』や『躬恒判問答歌合』(『黒主豊主家歌合』とも称する)に短歌が収載されている。『古今和歌集』二〇に醍醐《すぐり》天皇の大嘗会の近江の歌があるので、近江在住の大友村主の一族と認められ、『古今和歌集』には「大伴」と記すが誤りと思われる。黒主を大友皇子の曾孫とする伝えもあるが、大友氏と大友皇子との密接な関係はありうるけれども、大友村主一族を大友皇子の子孫とするのは信じがたい。『大日本史』は滋賀郡大領従八位上となり園城寺神祠別当となったとしているが、『続日本紀』以下『三代実録』に至る正史には、大友村主一族の名が散見するものの、黒主の名はみえない。『古今和歌集』序が、いわゆる六歌仙を論評した中に加えられて著名になったが、その伝記は不明な点が多く、ことに平安時代中期以後は伝説的人物化していった。伝説化の中に、黒主を大悪人とするものもあるが、別に確実な根拠があるわけではない。実像よりも伝説的虚像において著名になった人物である。

参考文献　『大日本史料』一ノ四、延喜十六年九月二十三日条　(藤平春男)

おおとものこしび　大伴古慈斐　六九五—七七七　奈良時代の官人。持統天皇九年(六九五)生まる。吹負の孫、祖父麻呂の子。少にして才幹があり学才もあった。それを見込んでか藤原不比等はその女を妻とさせた。天平勝宝八歳(七五六)五年出雲守在任中に朝廷を誹謗したとされて衛士府に禁錮され三日後に免された。これに際し大伴家持が「族を喩す歌」を作ったのは有名。翌天平宝字元年(七五七)七月橘奈良麻呂の乱に坐し、任国土佐に配流された。のち許され大和守に任じ、宝亀六年(七七五)正月従三位に昇叙された。宝亀八年八月丁酉(十九日)没。八十三歳。

参考文献　岸俊男『藤原仲麻呂』(『人物叢書』一五三)　(佐伯有清)

おおとものこまろ　大伴古麻呂　?—七五七　奈良時代の官人。父は不詳。旅人の弟宿奈麻呂の子とする説がある。治部少丞・兵部大丞を歴任、その間天平四年(七三二)八月任命の遣唐使に加わり渡唐、帰国のとき唐人陳延昌に託されて大乗経典を日本にもたらしたことが石山寺所蔵の『遺教経』跋語によって知られる。ときに大学寮に勤務。同十七年従五位下に叙せられ、天平勝宝元年(七四九)八月左少弁、同二年九月遣唐副使となり、四年節刀を給い従四位上を授けられて再度渡唐。翌年正月長安での元旦朝賀の席上、第一席に新羅使がついていたのを抗議し変更させた。帰国の際に鑑真らをひそかに乗船させ日本に招いたのは著名。六年左大弁、正四位下となり天平宝字元年(七五七)六月陸奥鎮守将軍を兼ね、さらに陸奥按察使となった。これは橘奈良麻呂の謀議に加わっているとされての追放であった。赴任の途中、美濃国で病と詐ってとどまり、奈良麻呂に呼応して不破関を塞ごうとしたが、捕えられ拷問をうけて杖下に死んだ。

参考文献　青木和夫『奈良の都』(中央公論社『日本の歴史』三)　(佐伯有清)

おおとものさかのうえのいらつめ　大伴坂上郎女　生没年不詳　奈良時代中期から後期にかけての女歌人。父は大伴安麻呂、母は石川命婦。大伴旅人の異母妹にあたる。はじめ穂積皇子(天武天皇皇子)の寵を得、皇子の死後、

藤原麻呂（不比等の子）に愛され、のち異母兄の大伴宿奈麻呂に嫁して坂上大嬢《おおいらつめ》・坂上二嬢《おといらつめ》を生んだ。神亀年間（七二四—二九）、旅人の妻が大宰府で死没したとき、九州に赴き、天平二年（七三〇）帰京、夫とは別れたらしく、旅人の死後は、佐保の大伴宗家にあって一族の後見役の立場にあったようである。才色兼備の人のようで、社交的地位と多彩な生涯がもたらす歌材は恋情や母性愛はもちろん、大伴家の公的な和歌にまで及んでいた。歌は才気と技巧に富んで概して理智的、感受性もゆたかだが、類歌をふまえた模倣・類型性も目立つ。いちばん新しい歌は天平勝宝二年（七五〇）の作。『万葉集』中、短歌七十七首、長歌六首、旋頭歌一首、計八十四首で、奈良時代中・後期をいろどる量質ともすぐれた女流第一の歌人。大伴家持の人と歌の形成の上に大きな役割を果たしたと見られる。「夏の野の繁みに咲ける姫百合の知らえぬ恋は苦しきものそ」（『万葉集』八、原万葉仮名）。（犬養　孝）

おおとものさかのうえのおおいらつめ　大伴坂上大嬢　生没年不詳　奈良時代後期の女歌人。父は大伴宿奈麻呂、母は大伴坂上郎女。大伴田村大嬢の異母妹にあたる。実妹に坂上二嬢がある。おそらくは母の庇護をうけるところ多く、いとこの大伴家持の嫡妻となって、天平十八年（七四六）—天平勝宝三年（七五一）、夫が越中国守在任中にも任地に赴いている。歌は『万葉集』中、巻四に短歌十首、巻八に短歌一首。いずれも家持との贈答歌である。作風は概して理智的技巧的で、作歌に母の助力をまつところもあったかと思われる。「わが名はも千名《ちな》の五百名《いおな》に立ちぬとも君が名立たば惜しみこそ泣け」（『万葉集』四、原万葉仮名）。（犬養　孝）

おおとものさてひこ　大伴狭手彦　六世紀中葉の豪族、武将。大連大伴金村の子。『日本書紀』によれば、宣化天皇二年新羅が任那を侵したので、天皇は金村に詔して、その子の磐と狭手彦とに任那を助けさせた。磐は筑紫にとどまって国政をとり、狭手彦は朝鮮に渡って任那を鎮め百済を救った。また欽明天皇二十三年には、数万の兵を率いて高句麗を打ち破り、高句麗の王宮に入り種々の財宝や美女を得て、天皇と蘇我稲目に献じたという。『三代実録』貞観三年（八六一）八月条にのせる伴善男の奏言によれば、このとき狭手彦の献じた高句麗の囚が山城国の狛人であるという。『肥前国風土記』松浦郡条や『万葉集』五には、狭手彦が渡海のまえにめとった弟日姫子（松浦佐用姫）をめぐる伝説がみえる。（直木孝次郎）

おおとものするがまろ　大伴駿河麻呂　?—七七六　奈良時代の公卿。高市大卿（御行か）の孫とも道足の子ともいう。天平十五年（七四三）五月従五位下。同十八年越前守。天平宝字元年（七五七）橘奈良麻呂の謀反に加わったとして弾劾されたが処罰不明。宝亀元年（七七〇）出雲守、時に従五位上。同三年九月、陸奥按察使に任命されるも老齢の故をもって辞したが、陸奥国には元来人を択びその任を授ける、汝駿河麻呂は朕の心にかなうから任命したとの勅あり、正四位下叙位。同四年陸奥鎮守将軍、翌年遠山村（宮城県登米市か）の蝦夷を討つ。同六年九月参議、十一月征夷の功で正四位上勲三等。同七年七月七日没。贈従三位。没時に異説あり。『万葉集』に短歌十一首を収む。

参考文献　新野直吉『古代東北の開拓』（『塙選書』六九）　（高橋　崇）

おおとものたけひ　大伴武日　大伴氏の遠祖と伝えられる伝説上の人物。健日とも書く。『日本書紀』によれば、垂仁天皇二十五年阿倍臣の遠祖武渟川別《たけぬなかわわけ》ら四人とともに五大夫に任ぜられ、景行天皇四十年に吉備武彦とともに日本武尊の東征に従い、蝦夷を平定しての帰途、甲斐国の酒折宮で靫部《ゆきべ》を賜わったという。『三代実録』貞観三年（八六一）十一月条に引く伴善男の奏言によれば、健日は日本武尊に従った功により、讃岐国を賜わり、その後裔倭胡《わこ》連公が允恭朝に讃岐国造に任ぜられたという。（直木孝次郎）

おおとものたびと　大伴旅人　六六五—七三一　奈良時代の貴族、歌人。淡等とも書く。天智天皇四年（六六五）生まる。大納言大伴宿禰安麻呂の子。母は巨勢郎女（一説に石川内命婦ともいう）。和銅三年（七一〇）左将軍、霊亀元年（七一五）中務卿、養老二年（七一八）中納言となる。四年三月隼人叛乱のため征隼人持節大将軍となったが、八月帰京。五年正月、従三位。神亀四年（七二七）後半か五年の初めごろ大宰帥として九州に赴任。間もなく任地で妻を失う。天平元年（七二九）、都では長屋王の自尽のことがあり、かわって藤原武智麻呂らが若くして枢要の地位を占めた。これらの事件は、辺地にあった老年の旅人の心に寂寥と憂愁の色を深め、作歌の心を刺戟したと見られる。同二年大納言に任ぜられ、同年十二月帰京。翌年正月従二位に昇り、七月二十五日没。六十七歳。家持・書持《ふみもち》はその子。大伴氏は代々武将の家柄で、武烈朝から欽明朝に至る四代に仕えた大伴金村のころ繁栄を誇ったが、その後次第に物部氏・蘇我氏や藤原氏に力を譲るに至る。旅人を大宰帥として中央から遠ざけたのも藤原氏の政治的配慮と考えられる。旅人の歌は、『万葉集』に七十余首。大宰帥時代を中心とするのは、山上憶良と文学上の交際があったことにもよる。その表現はおおむね平明で、やや自己中心的ではあるが大らかな性格を反映する。特に亡妻を思う歌や嘆老望郷の歌には真情の溢れた佳品が多いが、老荘や仏教思想を背景にした讃酒歌のような異色ある作品も含まれている。

参考文献　土屋文明『旅人と憶良』、武田祐吉「大伴旅人」（『武田祐吉著作集』五所収）、高木市之助「憶良と旅人」（『高木市之助全集』三所収）、五味智英「大伴旅人序説」（『万葉集の作家と作品』所収）、稲岡耕二「大伴旅人・山上憶良」（『講座日本文学』二所収）、松田好夫「大伴旅人」（『和歌文学講座』五所収）、平山城児「大

伴旅人」(有精堂『万葉集講座』六所収)、村山出『大伴旅人・山上憶良』、大久保広行『筑紫文学圏 大伴旅人』

(稲岡 耕二)

おおとものつぐひと 大伴継人 ?—七八五 奈良時代の官人。正四位下左大弁古麻呂の子。宝亀八年(七七七)遣唐使の判官として入唐、同九年帰国の途次難破するも肥後国に漂着。同十年従五位下。能登守・伯耆守・固関使・近江介などを歴任し、延暦二年(七八三)左少弁。同四年九月長岡京にて藤原種継を暗殺した主謀者として捕えられ、同月獄中にて斬罪に処せられた。死後大同元年(八〇六)に本位(正五位上)に復された。継人の子国道(伴善男の父)も縁坐して佐渡に配流された。→藤原種継《ふじわらのたねつぐ》

(吉田 孝)

おおとものながとこ 大伴長徳 ?—六五一 七世紀中葉の廷臣。馬養《うまかい》(馬飼)ともいう。咋《くい》の子。御行・安麻呂の父。舒明天皇四年(六三二)来日した唐使を難波の江口に迎えた。皇極天皇元年(六四二)舒明天皇の葬儀に際し、蘇我蝦夷にかわって誄詞《しのびごと》を奉った。このとき冠位は小徳。蘇我氏に親しかったと思われるが、大化元年(六四五)六月、蘇我氏本家が滅んだのちの孝徳天皇の即位式には金の靫《ゆき》を帯びて壇の右に立った。大伴氏の伝統により、軍事に力があったのであろう。同五年四月、右大臣蘇我倉山田石川麻呂の死のため欠員となった右大臣に任ぜられ、同時に大紫に叙せられた。六世紀前半に金村が失脚して以来衰えていた大伴氏の勢力がここに至ってやや回復したといってよい。長徳の没年は『公卿補任』に白雉二年(六五一)七月とある。

(直木孝次郎)

おおとものふけい 大伴吹負 ?—六八三 七世紀の武人。壬申の乱の功臣。男吹負・小吹負ともいう。姓は連。咋《くい》の子、長徳・馬来田の弟。天智天皇の死後、大友皇子(弘文天皇)が近江朝廷をついだが、吹負は吉野にかくれ住む大海人皇子(天武天皇)に心をよせ、馬来田とともに大和の家に帰って機会をまった。天武天皇元年(六七二)六月、大海人挙兵に際し、馬来田は大海人に従って美濃に行き、吹負は同族や諸豪族とくに漢直らをさそって飛鳥古京を急襲、占拠し、大海人より将軍に任じられた。ついで近江にむかって兵を進め、乃楽《なら》山で近江軍と戦って敗れたが、美濃からの援軍を得て体勢を回復し、当麻の衢《ちまた》および中道《なかつみち》・下道の戦に近江軍を破り、大和を掌握し、難波に進出して以西の諸国司に官鑰・駅鈴・伝印を奉らせた。乱での功績にくらべて天武朝での事績は詳らかでないが、『続日本紀』宝亀八年(七七七)八月条によれば常道頭(常陸守に相当)になったという。天武天皇十二年八月、死に臨み壬申年の功により大錦中を贈られた。

参考文献 直木孝次郎『壬申の乱』(『塙選書』一三)、田中卓「常道頭」(『続日本紀研究』一ノ三)

(直木孝次郎)

おおとものまくだ 大伴馬来田 ?—六八三 七世紀の武人。壬申の乱の功臣。望多とも書く。姓は連。咋《くい》の子、吹負の兄。壬申の乱に先立ち、吉野に退去した大海人皇子(天武天皇)に心をよせ、吹負とともに大和の家に帰っていたが、天武天皇元年(六七二)六月、大海人皇子が挙兵すると、吹負を大和にのこし、東国へ向かう大海人の一行に加わった。乱後、天武の朝廷に仕えたと思われるが、動静は明らかでない。同十二年死去に際し、大紫の位を贈られた。大宝元年(七〇一)、これよりさきに賜わった功封百戸が勅により中功の功封とされた。

(直木孝次郎)

おおとものみちたり 大伴道足 生没年不詳 奈良時代前期の官人。姓は宿禰。『続日本紀』は馬来田の子とするが、『公卿補任』は安麻呂の子とする。慶雲元年(七〇四)従六位下より従五位下に叙せられ、以後讃岐守・弾正尹・右大弁などを経て、天平三年(七三一)参議となった。旅人の死後は大伴氏の中心となるべき人であったが、同七年、阿倍帯麻呂の殺人事件の処理をあやまり、詔により罪は許されたものの、以後ふるわなかった。正四位下が極位、『万葉集』六に歌一首がある。『大伴系図』に「天平十三年薨」とある。

参考文献 尾山篤二郎『大伴家持の研究』

(直木孝次郎)

おおとものみゆき 大伴御行 ?—七〇一 七世紀後半の官人。姓は連、天武天皇十三年(六八四)より宿禰。長徳の子、安麻呂の兄。壬申の乱に天武天皇を助けて功あり、功封百戸を得た。同四年兵政官大輔となる。ときに小錦上。持統天皇二年(六八八)十一月天武天皇を葬るにあたり、誄詞《しのびごと》をたてまつり、同五年封八十戸をまし、通計三百戸、八年さらに二百戸を賜わり、正広肆にすすみ、氏上に任ぜられる。十年までに大納言。このころ朝廷では、右大臣(のち左大臣)の多治比島につぎ、阿倍御主人とならび、高位にあった。大宝元年(七〇一)正月正広参・大納言で没し、正広弐・右大臣を贈られた。同年七月さきの功封を中功と定められた。『万葉集』一九に壬申の乱平定後の歌として、「大君は神にしませば」を初二句とする歌一首がある。

(直木孝次郎)

おおとものむろや 大伴室屋 五世紀中ごろから末にかけての大和朝廷の重臣。姓は連。武以《たけもち》の子、談の父と伝えられ、大伴氏として実在のほぼ確かな最初の人物。允恭天皇十一年に妃の衣通郎姫《そとおりのいらつめ》のために藤原部を定めたとあるのが『日本書紀』の初見。以後、雄略天皇より武烈天皇までの五代に大連として仕え、雄略朝には来目部《くめべ》を率いて石河楯らを処刑し、東漢直に命じて百済の才伎《てひと》の陶部・鞍部らを安置し、雄略の死後におこった星川皇子の反乱を鎮定し、清寧朝には諸国に白髪部舎人・膳夫・靫負《ゆげい》をおき、武烈朝には信濃国の人夫を発して水派《みまた》邑に城を作るなど、多方面に活動したことが伝えられ、大伴氏の全盛期をきずいた人物と考えられる。雄略の遺詔に、室屋らの民部は広大で国に満つとある。『令集解』職員令左衛士府条所引の弘仁二年(八一一)十一月の太政官府に、室屋が靫負三千人を領して左右を分衛したとあり、

『三代実録』貞観三年(八六一)十一月条や『新撰姓氏録』に、佐伯直・佐伯宿禰らの祖と伝える。　（直木孝次郎）

おおとものやかもち　大伴家持　?―七八五　奈良時代の貴族、歌人。三十六歌仙の一人。生年は霊亀二年(七一六)・養老元年(七一七)・同二年など諸説がある。大納言大伴旅人の長男。弟に万葉歌人書持《ふみもち》がある。天平十年(七三八)代の初めころから内舎人《うどねり》として仕え、同十七年正六位上から従五位下に昇叙、同十八年三月宮内少輔、同六月越中守、天平勝宝元年(七四九)従五位上、同三年帰京、少納言となり、同六年兵部少輔、天平宝字元年(七五七)兵部大輔、右中弁、同二年因幡守、同六年信部大輔、八年薩摩守、神護景雲元年(七六七)大宰少弐、宝亀元年(七七〇)民部少輔、正五位下、同二年従四位下、三年左中弁に式部員外大輔を兼ね、五年三月相模守、九月左京大夫に上総守を兼ね、六年衛門督、七年伊勢守、八年従四位上、九年正四位下、十一年参議右大弁、天応元年(七八一)四月右京大夫兼春宮大夫、正四位上、五月左大弁春宮大夫、十一月従三位、延暦元年(七八二)閏正月氷上川継の謀反に座して解任、間もなく許され、五月春宮大夫、六月従三位を以て陸奥按察使鎮守将軍を兼ね、同二年中納言春宮大夫、同三年持節征東将軍、四年八月二十八日没。死後二十余日、葬式もしないうちに、藤原種継射殺事件に関係していたことが発覚し、除名処分となり、子息らも流されたが、大同元年(八〇六)三月十七日桓武天皇崩御の日、従三位に復せられた。以上述べたとおり、家持は再度罪を得ているが、ほかに藤原仲麻呂(恵美押勝)の専権をはばむ企てに参加し、危く大不敬の罪に問われるところを、藤原良継(宿奈麻呂)が独り責任を取って罰せられたことがあり、橘奈良麻呂の乱(天平宝字元年)には自身は直接参与しなかったが、一族の主だった者が加わって失脚するなど、奈良時代中期以後の政界の著しい変動の中にあって、勢力の減退して行く名族大伴氏の当主として、苦心し、つまずき、迷ったあとが見られる。上記の官位昇進のさまを見ても、しばしば停滞しているし、祖父安麻呂、父旅人の大納言従二位にはついに及ばなかった。政治にも軍事にも大きな功績を残すことのできなかった家持の名を不朽ならしめているのは、『万葉集』である。彼は『万葉集』の編集者であり(政界で親交のあった左大臣橘諸兄の意を受けてのこととといわれる)、最多作者であり、また万葉末期を代表する新風の樹立者でもあった。万葉総歌数の一割以上は彼の歌で、長歌・短歌・施頭歌・連歌の各歌体に及ぶ。初作は天平四、五年ころ、終作は天平宝字三年正月一日因幡国守として国庁で作ったものであり、その後二十数年間の作歌は残っていない。天平文化爛熟の時代に人となった彼の歌を貫くものは、いかにも都会的文化人らしい繊細な感受性であり、それが人事についても自然についても、先輩とは違った詠作を生んでいる。歌数が多いために駄作が目につくけれども、たとえば巻一七の四〇二一―二九の一群、巻一九の四一三九―五〇の一群などの中にはすぐれた作があり、巻一九の四二九〇―九二の春愁の歌は集中独自の境地を開拓したものである。彼にはまた名族大伴氏の自覚から「ますらを」の情を歌ったたぐいもあり、その早いものは安積《あさか》皇子の挽歌(巻三、四七五―八〇)であるが、巻一八の四〇九四―九七、巻一九の四一六四―六五、巻二〇の四四六五―六七などが代表的なものである。聖武太上天皇崩御(天平勝宝八歳)、橘諸兄没(天平宝字元年=奈良麻呂の乱の年)後の歌は、沈んだ調子の懐古的なものである。彼はおそらく叔母であり妻の母である坂上郎女《いらつめ》に導かれて、作歌の道に入ったと思われるが、創作意欲が特に盛んになったのは越中赴任後であり、それには年齢、環境の変化、交友関係、官史としての自覚などさまざまな要因がからみ合っていたと推測される。特に歌境の進展したのは、天平勝宝二年ころからで、帰京後の同五年の春愁の歌(前掲)あたりを絶頂と見るべきであろう。

大伴家持自署

参考文献　尾山篤二郎『大伴家持の研究』、山本健吉『大伴家持』(『日本詩人選』五)、瀬古確『増補改訂大伴家持の研究』、北山茂夫『大伴家持』(『平凡社選書』一)、川口常孝『大伴家持』　（五味智英）

おおとものやすまろ　大伴安麻呂　?―七一四　天武朝より元明朝まで四代の官人。姓は連、天武朝末年以後宿禰。佐保大納言と呼ばれた。長徳の子、御行の弟。旅人・田主・坂上郎女らの父。壬申の乱に、大海人皇子(天武天皇)を助けた叔父の吹負に従い、吹負が飛鳥古京を襲撃して占拠すると、使者として不破宮にゆき、大海人に状況を告げた。天武天皇十三年(六八四)、広瀬王とともに畿内の都とすべき地を視察した。ときに小錦中。朱鳥元年(六八六)九月、天武天皇の死にあたり、大蔵の事を誄《しのびごと》した。大宝元年(七〇一)正月、兄御行の死により、大伴氏の中心人物となる。同年三月直大壱より従三位に叙せられ、同二年式部卿、同三年朝政に参議し、兵部卿を経て、慶雲二年(七〇五)大納言、大宰帥をかねた。このころ石上麻呂・藤原不比等につぐ重臣であった。和銅七年(七一四)正三位大納言をもって没し、従二位を贈られた。『万葉集』には安麻呂の作と推定される歌三首(一〇一・二九九・五一七)がある。『東大寺要録』は奈良坂の永隆寺の創建者と伝える。

参考文献　阿部武彦「古代族長継承の問題について」(『北大史学』二)　（直木孝次郎）

おおともはるひで　大友晴英　⇩大内義長《おおうちよしなが》

おおともよしあき　大友義鑑　一五〇二―五〇　戦国時代の武将。義長の長子。文亀二年(一五〇二)生まる。宗麟(義鎮)の父。幼名塩法師丸・次郎・五郎。初名親安、ついで親敦。大永四年(一五二四)将軍足利義晴から諱字

をうけて義鑑と改名。修理大夫。永正十二年(一五一五)義長は条規を作って義鑑をさとし、同十五年義長死去し跡をついだ。家督相続の前、十三年には豊後直入郡の家臣朽網親満の反乱を鎮め、十七年弟菊法師丸(重治また義宗・国武・義国・義武)を肥後菊池氏に入れ、武包の遺跡をつがせた。当時大友氏は豊後・筑後の守護職を兼ね、筑後には一族の田原親述を守護代として派し支配した。大永五年義鑑の武将筑前の秋月種時が、大内義興の武将陶美作守に通じて筑前・筑後の地を侵したので、これを撃って降した。これは大内・大友二大勢力に挟まれた弱小勢力の叛服常ない日和見的態度を代表するものであって、かかる状況は天正年間(一五七三—九二)まで繰り返される。このように大内氏とは、筑前・筑後・豊前の所領問題で常に敵対したが、同年末には大内義興の尼子経久討伐に義鑑は大内に援兵を送っている。幕府の仲介による和平の結果であろう。菊池氏を嗣いだ重治は宗家に叛き、大永七年には佐伯栂牟礼城主佐伯惟治が重治に内通したとの情報があり、義鑑は臼杵長景をやって惟治を謀殺させた。大内氏との友好も天文元年(一五三二)ごろから破れ、豊筑の各所で戦いが続いた。こうした際、同二年幕府が義鑑の子新太郎(義鎮)を豊前守護職に補任したのは、大内氏牽制のためであろうか。このため大友・大内の争いは激化し、三年豊前糸口原から佐田峠を通って豊後に侵入した大内義隆の武将陶興房・杉重信の軍は、速見郡勢場ヶ原で義鑑の部将吉弘氏直・寒田親将の軍と戦い、吉弘・寒田らは討たれ、陶・杉らも大友救援軍に討ち取られた。大内氏の攻勢と筑前方面の反大友勢力の動きに対し、肥後の菊池重治が呼応し玖珠郡方面に侵入した。しかし四年、将軍義晴の命によって豊芸の和がすすめられ、七年義隆は筑前の地を義鑑に返付して和議が成立。九年幕府から禁裏修理要脚二百貫文、足利義教百年忌仏事料足五十貫文の献納を命ぜられ、さらに勅命により東大寺大仏殿修理要脚黄金三十両を寄進した。こうした奉公と実力の結果か、十二年に延文四年(一三五九)将軍義詮が先祖氏時を補任した先例に従い義鑑は将軍義晴から肥後国守護職に補任された。豊後・筑後・肥後三ヵ国(豊前は大内義隆の支配下)守護職を確保することによって、大友氏の戦国大名としての地盤を築き、次の宗麟時代の北九州制覇の基礎を固めた。かくて天文十五年には、海を渡り伊予の西園寺公広の所領宇和郡に侵入した。しかし長子義鎮を廃嫡し、幼子塩市丸を立てようと謀ったことから家臣の田口蔵人佐に切られ翌々日死んだ(大友二楷崩の変)。時に同十九年二月十二日(一説十二日に襲われ翌日没)、四十九歳であった。法名到明寺殿松山紹康。

大友義鑑花押

参考文献 田北学編『続編年大友史料』六—一〇、同編『(増補訂正)編年大友史料』一四—一九、『大友家文書録』(『大分県史料』)　(渡辺　澄夫)

おおともよししげ　大友義鎮　⇒大友宗麟《おおともそうりん》

おおともよしなお　大友能直　一一七二—一二二三　鎌倉時代前期の有力御家人。豊後の守護として下向し、子孫代々同国に勢力をはった。幼名一法師丸。豊前守、従五位下。法名勝光寺殿二豊太守能蓮大禅定門。承安二年(一一七二)正月三日生。出自については異説があり、諸系図では源頼朝の庶子と伝える。つまり波多野(大友)四郎経家の三女利根局が頼朝に仕え、その寵愛をうけて懐妊、そのまま近藤能成の妻となって能直を生んだというのであるが、一方近藤能成こそ実父であるという説も強い。すなわち、波多野四郎経家の娘が、中原季広の子である親能の妻となり、その妹は近藤景頼の子能成の妻となって能直を生んだ。そこで母方の縁で能直は中原親能の養子となり、相模大友郷司職が大友氏の所領として伝えられていることから、経家はこの地を女婿親能に与え、親能から能直に伝えたのであろうというのである。近藤能成は相模古庄郷司であり、古庄姓を称しており、大友郷とも近接し、地方小豪族間の婚姻として理解されるので、後説に説得力があるといえよう。文治四年(一一八八)十七歳で元服、同五年頼朝の奥州藤原泰衡征伐に従い、建久四年(一一九三)富士裾野の巻狩で、曾我兄弟の仇討の騒ぎの時に、頼朝の身辺を守るなど信頼を得、同七年正月十一日豊前・豊後両国守護職兼鎮西奉行、六月十一日豊後国速見郡浜脇浦から入部、承元元年(一二〇七)ごろ筑後守護となっている。しかしこの間鎌倉と京都をしきりに往来し、建保元年(一二一三)和田義盛の乱の時も京都六波羅に滞在していた。豊後その他九州には守護代を配していたようであるが、貞応二年(一二二三)十一月二十七日京都にて死去。五十二歳。廟所は大分県大野郡大野町藤北にある。死に先立ち所領所職を妻深妙ならびに諸子に譲った。大友氏が豊後大野荘を中心に勢力を伸ばす基盤がここにつくられた。

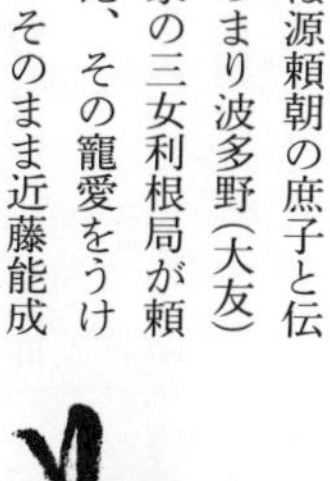
大友能直花押

参考文献 『大日本史料』五ノ二、貞応二年十一月二十七日条、九州荘園綜合研究会編『豊後国大野荘の研究』、芥川竜男『豊後大友氏』(『戦国史叢書』九)、同「九州に於ける惣領制の変質過程」(『法政史学』九)、

渡辺澄夫「豊後大友氏の出自について」(『大分県地方史』二四)、同「豊後大友氏の下向土着と嫡子単独相続制の問題」(同二五)
（芥川　竜男）

おおともよしむね　大友義統　一五五八―一六〇五　安土桃山時代の武将。永禄元年(一五五八)、義鎮(宗麟)の長子として誕生。母は豊後国東郡安岐郷奈多八幡宮の神官奈多鑑基女。童名長寿丸また五郎。足利義昭の諱字をうけ義統、天正十六年(一五八八)ごろ豊臣秀吉の諱字をうけ吉統。左兵衛督。大友羽柴豊後侍従。文禄二年(一五九三)入道宗巌、のち中庵と改む。キリスト教名コンスタンチノ。天正元年十二月二十八日家督をついだが、はじめは諸事皆臼杵の宗麟から出た。同六年の日向耳川敗戦後、急速に衰退し、八年田北紹鉄・田原親貫・竜造寺隆信らが反逆、重臣の要請で宗麟の出馬を請い国内だけは鎮定した。十四年島津軍が豊後に侵入、宗麟は上坂して秀吉に救援を求め、翌年九州征伐となって島津軍は退却した。しかし秀吉軍の到着前、義統は先鋒仙石秀久・長宗我部元親・信親父子の軍と軽率にも戸次川に出撃して大敗、宇佐郡竜王城まで遁走して豊後一国のみを安堵された。耶蘇会士ゴメスにつき受洗しコンスタンチノと号したが、秀吉の禁教令で棄教、信者を迫害した。文禄二年朝鮮平壌の戦に小西行長を救援せず漢城に退き、秀吉の激怒をかって除封、毛利輝元に預けられて山口に幽閉、翌年水戸佐竹義宣に預けられた。慶長五年(一六〇〇)豊後速見郡石垣原で黒田孝高に敗れて降参、出羽秋田の秋田実季に預けられて幽閉。同七年実季の常陸宍戸転封に従い、同十年七月十九日常州配所(一説江戸牛込)にて没。四十八歳。法名は法鐘院中庵宗巌。

大友義統印

大友義統花押

参考文献　『大日本史料』一二ノ三、慶長十年七月十九日条、田北学編『大友史料』、同編『(増補訂正)編年大友史料』二三―二九、『寛政重修諸家譜』一一四、『志賀文書』(『大分県史料』一三)
（渡辺　澄夫）

おおともよりやす　大友頼泰　一二二二―一三〇〇　鎌倉時代後半の有力御家人。貞応元年(一二二二)生まる。大友能直の孫で、父は親秀、母は三浦家連の娘。初名泰直、童名薬師丸・太郎。従四位下、大炊助、丹後守、出羽守、兵庫頭。法名道忍、号は常楽寺。始祖能直と同じく、その生涯の前半は京都・鎌倉に在勤していたが、豊後など守護国内御家人の所領相論裁決などに関与、文永・弘安の蒙古襲来には西下し、筑前・肥前両国要害の警固番役の催促、九州在住御家人らの蒙古合戦における軍忠の認定、幕府への注進、国東《くにさき》半島六郷山の供僧らに異国降伏の祈禰を命ずるなどの任務を果たした。この間頼泰は鎮西東方奉行、少弐経資は同じく西方奉行として上記の任にあった。蒙古襲来以来大友宗家の九州在留が常態化し、幕府の職制として九州の御家人統率と、一族の支配を強め、さらに在地勢力の掌握をふかめていった。特に蒙古襲来御家人らの恩賞地をめぐる相論は、惣領・庶子の対立、御家人・非御家人間の対立を生じ、幕府はその解決のためにも図田帳《ずでんちょう》作成を必要とするに至った。弘安八年(一二八五)十月十六日、頼泰は国府(大分市)から脚力《きゃくりき》を派遣して、豊後国中の寺社領ならびに権門勢家の荘園、国衙領および領家・地頭の交名《きょうみょう》を作成して幕府に注進した。これが『豊後国図田帳』である。正安二年(一三〇〇)九月十七日死去。七十九歳。墓は大分県速見郡大神の常楽寺にある。

大友頼泰花押

参考文献　田北学編『(増補訂正)編年大友史料』二・三、相田二郎『蒙古襲来の研究』、九州荘園綜合研究会編『豊後国大野荘の研究』、芥川竜男『豊後大友氏』(『戦国史叢書』九)、同「九州に於ける惣領制の変質過程」(『法政史学』九)、渡辺澄夫「豊後大友氏の下向土着と嫡子単独相続制の問題」(『大分県地方史』二五)
（芥川　竜男）

おおなかとみのきよまろ　大中臣清麻呂　七〇二―八八　奈良時代後期の公卿。本姓は中臣氏。『続日本紀』『中臣氏系図』『尊卑分脈』などによれば、意美麻呂の七男で

母は左大臣多治比島の女の阿伎良。大宝二年(七〇二)生まれる。天平十五年(七四三)五月に従五位下、同六月神祇大副となり、同十九年五月に尾張守に遷されたが、天平勝宝六年(七五三)に神祇大副に復任、天平宝字六年(七六二)十二月に参議、同七年正月に左大弁、同八年九月に神祇伯、翌天平神護元年(七六五)正月に恵美押勝の乱の功で勲四等を与えられ、同年十一月に従三位に昇り、神護景雲二年(七六八)二月に中納言、同三年六月に大中臣朝臣の姓を与えられ、宝亀元年(七七〇)七月に大納言、同年十月に正三位、翌二年二月左大臣藤原永手の急病に際して大臣のことを摂行、同年三月従二位右大臣となり、翌三年二月に正二位に至った。その後同五年に致仕を乞うたが許されず、同十一年四月に備前国邑久郡の荒廃田百余町を与えられ、天応元年(七八一)六月に上表して致仕し、延暦七年(七八八)七月二十八日に平城右京二条の邸で没した。八十七歳。神祇のことに供奉して称徳天皇の信任が篤く、漬慎恪勤で数朝に歴仕して国の旧老となり、朝儀典礼に通熟して、年老いても怠ることがなかったという。作歌五首が『万葉集』二〇にみえる。

参考文献 岩本次郎「右大臣大中臣清麻呂の第」(『日本歴史』三一九)　(関　晃)

おおなかとみのすけちか　大中臣輔親　九五四—一〇三八　平安時代中期の神祇官人、歌人。天暦八年(九五四)生まる。父は能宣、母は越後守藤原清兼の女。大中臣家歌人の三代目にあたる。寛和二年(九八六)文章生、永延二年(九八八)勘解由判官、正暦元年(九九〇)皇太后宮権大(少とも)進、長徳二年(九九六)美作守、長保三年(一〇〇一)伊勢神宮祭主・神祇権大副となる。長元七年(一〇三四)従三位、同九年正三位に進み、長暦二年(一〇三八)六月二十二日没。八十五歳。歌人として知られ、長元八年の賀陽院水閣歌合の判者をつとめたのをはじめ、歌合に多く召されている。『拾遺和歌集』以下の勅撰集に三十一首入る。家集の『輔親卿集』は、群書類従本で二百十首。巻頭の序文によれば、輔親を記念するために子女の手によって編集されたものらしい。内容は、女との間に多彩にとりかわした詠をはじめ、日常生活の贈答歌が多い。閑院左大将朝光に召された詠も多く、友人関係では歌人源兼澄の名がしばしば見られる。

参考文献 『中古歌仙三十六人伝』、保坂都『大中臣家の歌人群』　(藤岡　忠美)

おおなかとみのよしのぶ　大中臣能宣　九二一—九一　平安時代中期の神祇官人、歌人。六代にわたる大中臣家歌人の二代目にあたり、父は頼基。延喜二十一年(九二一)神事をつかさどる家系に生まれ、蔵人所出仕の労により天暦五年(九五一)讃岐権掾。天徳二年(九五八)神祇少祐に任じられ、大祐・権少副を経て、安和元年(九六八)少副、天禄三年(九七二)閏二月神祇大副になった。同年四月伊勢神宮祭主、寛和二年(九八六)正四位下。正暦二年(九九一)八月没。七十一歳。和歌の第一人者として、天暦五年、源順・清原元輔・坂上望城・紀時文とともに「梨壺の五人」に選ばれ、『後撰和歌集』の撰者となり、また『万葉集』の訓釈に従事した。天徳歌合をはじめとする多くの歌合にも召された。『拾遺和歌集』以下の勅撰集に百二十七首入る。三十六歌仙の一人。『能宣集』は、花山天皇に奉献した西本願寺本系(四百八十五首)、円融天皇に奉献した前半の歌仙家集本系(八十首)、円融奉献本の全部にあたる宮内庁書陵部蔵三十六人家集系(三百六十二首)の三種にわかれ、度々の家集献上の命によって幾度か自撰家集を作ったことが知られる。内容には屏風歌や歌合歌などが多く、下命に応じる専門歌人としての面を伝えるとともに、貴族の日常生活に浸透した贈答歌も多い。また元輔・順・恵慶・曾禰好忠・平兼盛ら有力歌人とのまじわりや連帯感が示され、藤原実頼に接近していた事情も知られ、当時の中流貴族としての能宣の生き方が察せられる。

参考文献 『大日本史料』二ノ一、正暦二年八月是月条、『三十六人歌仙伝』、保坂都『大中臣家の歌人群』　(藤岡　忠美)

おおなかとみのよりもと　大中臣頼基　?—九五八　平安時代中期の神祇官人、歌人。父は肥後守輔道(遠江守岡良とも)。元慶八年(八八四)ころ神祇官の家に生まれ、天慶二、三年ころ伊勢神宮祭主、同八年(九四五)神祇大副になり、従四位下に至った。天徳二年(九五八)没。宇多上皇に厚遇され、和歌の詠進を命ぜられ、能宣・輔親・伊勢大輔など六代にわたる大中臣家歌人の祖にあたる。三十六歌仙の一人。『頼基集』は三十首(西本願寺本『三十六人集』)、屏風歌・賀歌・行幸供奉歌など公的な詠進歌が大部分である。

参考文献 『大日本史料』一ノ一〇、天徳二年是歳条、『三十六人歌仙伝』、保坂都『大中臣家の歌人群』、杉谷寿郎「大中臣頼基の研究」(『りてらえやぽにかえ』四)　(藤岡　忠美)

おおにじょうかんぱく　大二条関白　⇨藤原教通《ふじわらのりみち》

おおのじねんまろ　多自然麻呂　?—八八六　平安時代前期に活躍した雅楽家。生年および生地は不明。神武天皇の第二子神八井耳命の後胤といわれ、父は藤野麻呂。奈良時代から平安時代にかけて輸入された朝鮮系の舞(右舞)を日本風に確立し、また日本伝統歌舞の一つである神楽の形式を整えることに寄与し、右舞と神楽の祖とされる。また承和六年(八三九)唐より帰朝した尾張浜主が伝えた舞や笛の曲は彼がうけついで伝えたともいわれる。三十九年間、雅楽の技に長ずる者という意味の「雅楽の一者《いちのもの》」の位置にあった。嘉祥元年(八四八)に右近将監に任じ、貞観元年(八五九)十一月十九日豊明節会の時に外従五位下に叙し、同五年九月五日宿禰の姓《かばね》を賜い、同六年正月十六日踏歌節会の日に下総介(一説に上総介)となった。それ以前(年月不詳)に甲斐守に任じた由が系図や家記にみえる。仁和二年(八八六)九月十六日没した。　(蒲生美津子)

おおのすけただ　多資忠　一〇四六―一一〇〇　平安時代中期の雅楽家。永承元年(一〇四六)京都に生まれる。節資《ときすけ》の子で節忠といったが、政資の養子となる。雅楽の流派の一つ、京都方《きょうとがた》に属する多家の出身。神楽歌と右舞《うまい》を世業とし、技倆に最もすぐれたという意味の「一者《いちのもの》」であること十三年に及び、また堀河院の神楽歌師範も務めた。寛治二年(一〇八八)十月に行われた法勝寺大乗会の時には「多資忠初舞ニ採桑老一、廻雪之袖、神也妙也」と賞讃され、また承徳元年(一〇九七)十二月神楽の拍子をつとめた時にも「累代之者、明々密々也」とたたえられた。しかし女婿山村正連が秘曲の伝授を乞うたが拒絶したため、怨まれて、康和二年(一一〇〇)六月十五日の夜(一説に十六日)、長男節方とともに殺害された。五十五歳。

参考文献　『大日本史料』三ノ五、康和二年六月十五日条　(蒲生美津子)

おおのただかた　多忠方　一〇八五―一一三五　平安時代後期の雅楽家。応徳二年(一〇八五)京都に生まる。雅楽の流派の一つ、京都方《がた》に属する多家の出身。父資忠《すけただ》の第三子。父と長兄節方《ときかた》が殺されたため、多家専門の神楽歌や舞楽曲が断絶しそうになったが、資忠から神楽を伝授されていた堀河天皇が、忠方に伝え、宸筆の神楽譜を与えられたという。同じく多家の舞胡飲酒《こんじゅ》は資忠の伯父政資から伝授されていた源雅実(一説に子の雅定)より返し伝えられた。雅楽の一者たること三十三年に及ぶ。保延元年(一一三五)六月十六日没。五十一歳。　(蒲生美津子)

おおのただむね　多忠宗　一五〇六―八八　戦国・安土桃山時代の雅楽家。永正三年(一五〇六)京都に生まれる。雅楽の流派の一つ、京都方に属する多家の出身。父忠時の三男。応仁の乱によって神楽の儀もとだえがちとなり、その伝承も失われかかっていた時に、彼は家業を守り、神楽歌の楽説を整え、音節を明らかにして子孫に伝えたという。後世の神楽の存続に大きな貢献をした。累進して天文十五年(一五四六)正月五日正五位下讃岐守となる。天正十六年(一五八八)六月五日没。八十三歳。　(蒲生美津子)

おおののあずまひと　大野東人　?―七四二　奈良時代の武人。果安《はたやす》の子。和銅七年(七一四)騎兵を率い新羅使入京を迎え、養老三年(七一九)正月従五位下。神亀二年(七二五)閏正月、前年の征夷の功によって従四位下勲四等。天平元年(七二九)九月すでに鎮守将軍で、在鎮の兵士の行賞を奏請し勅許された。同九年正月陸奥按察使として陸奥より出羽柵への直通路建設のため男勝村(秋田県湯沢市)を征討することを奏上、このため持節大使藤原麻呂が派遣され、二月以降坂東六ヵ国騎兵一千人を徴し、四月にかけて開通させた。十一年四月参議、時に按察使兼鎮守将軍大養徳《やまと》守従四位上勲四等。翌年九月藤原広嗣叛するや大将軍として東海・東山・山陰・山陽・南海五道の兵一万七千を率い西下、十一月広嗣を討つ。十三年閏三月従三位、同月平城京留守を命ぜられる。十四年十一月二日没。按察使在任中民政関係の制法を定めたと伝える。

参考文献　新野直吉『古代東北の開拓』(『塙選書』六九)、横田健一「天平十二年藤原広嗣の乱の一考察」(『白鳳天平の世界』所収)　(高橋　崇)

おおののはたやす　大野果安　生没年不詳　七世紀後半の武将、官人。姓は君。聖武朝に蝦夷征討の功などで賞せられた東人の父。壬申の乱には近江朝廷の将となり、天武天皇元年(六七二)七月、大海人皇子がわの将軍大伴吹負の軍と大和の乃楽《なら》山に戦って、大いにこれを破り、追撃して飛鳥古京にせまり、八口岳にのぼって京をみるに、街ごとに楯を立て、伏兵のある様子なので引き返した。以後『日本書紀』にみえないが、『続日本紀』天平十四年(七四二)十一月条の大野東人薨伝に、果安が「飛鳥朝廷糺職大夫、直広肆」であったことがみえ、乱後、天武朝に仕えたことがわかる。糺職大夫は大宝令制の弾正尹にあたると考えられる。　(直木孝次郎)

おおのほむち　多品治　生没年不詳　七世紀後半の官人。壬申の乱の功臣。姓は臣、のち朝臣となる。大海人皇子が美濃国安八磨郡に領有する湯沐邑《ゆのむら》の令(湯沐令《ゆのうながし》)であったが、天武天皇元年(六七二)六月大海人は挙兵に先立ち、使者を送って、当郡の兵を発し、ついで国司を動かして諸軍を差発し、不破の道をふさぐことを命じた。品治は命を実行して大海人を迎え、七月には兵を率いて出撃し、伊賀の莿萩野《たらの》に屯し、近江がわの将田辺小隅の軍を迎えうち、敗走させた。乱平定ののち、大海人は即位して天武天皇となり、品治は同十二年小錦下の位にあり、天下をめぐって国の境界を定め、同十四年衣袴を賜わった。持統天皇十年(六九六)八月直広壱に叙せられ、壬申の乱に「元従」した功と「守関」のことを褒美された。

参考文献　直木孝次郎『壬申の乱』(『塙選書』一三)　(直木孝次郎)

おおのやすまろ　太安麻呂　?―七二三　奈良時代の官人。名は安万侶とも書く(『古事記』序文・墓誌)。壬申の乱に天武天皇方の武将として功があった多品治(「太」と「多」は通じる)の子という伝えもある。慶雲元年(七〇四)従五位下に叙され、和銅四年(七一一)正五位上となり、同年九月元明天皇の詔によって『古事記』を撰録し、翌年正月に献上した。霊亀元年(七一五)従四位下に進み、同二年氏の長、養老七年(七二三)七月六日没(『続日本紀』は庚午にかけ、通説は七日とする)。時に民部卿であった。かれは、多人長《おおのひとなが》の『日本紀弘仁私記』の序文によると、『日本書紀』の編修にも参与したというが、状況的にも、本文調査の上からも、その公算は大きい。『古事記』序文(上表文)の格調から推して、かれが当代一流の文筆家であったことはいえるが、稗田《ひえだの》阿礼《あれ》と協同して国語の表現を基調にした『古事記』の撰録を成就したのには、のちに宮廷音楽を担当することになる太(多)

氏の家の教養も役立ったであろう。墓誌が現存する。

（太田　善麿）

太安万侶墓誌

太安万侶墓誌　昭和五十四年(一九七九)一月二十日奈良市此瀬町の竹西英夫が自宅裏山(俗称トンボ山)の茶畑改植作業中に木炭槨内から遺骨とともに発掘した。墓は比高約四〇メートルの丘陵南斜面上位にあり、一辺約二メートルの正方形の墓坑の中央に木櫃を置き、そのまわりを木炭で被覆している。墓誌は木櫃の下にあり文字面を下にして置かれていた。伴出の遺物には真珠・漆喰片・鉄片・木櫃片がある。墓誌は縦二九・一センチ、横六・一センチ、厚さ二ミリ弱の銅版で、表面四周と裏面には粘土が密着している。表面には四周と縦中央に界線を作り、二行に四十一字の銘文を刻んでいる。銘文は「左京四条四坊従四位下勲五等太朝臣安万侶以癸亥/年七月六日卒之　養老七年十二月十五日乙巳」とある。奈良県立橿原考古学研究所保管。

参考文献　石野博信他『太安万侶墓』

（石野　博信）

おおばかげちか　大庭景親　?—一一八〇　平安時代後期の相模国の在地武士。大庭景義の弟。通称大庭三郎。大庭氏は源家譜代の家人で、保元の乱に際し兄景義とともに源義朝に従って戦ったが、平治の乱の後、罪を得て斬られんとしたところを平氏のために助けられ、深くその恩を感じ、平氏の被官となった。治承四年(一一八〇)五月、以仁王・源頼政の挙兵にあたり、景親は平氏に属してこれを討ち、ついで八月の初めその本領たる相模国に下着したが、それは伊豆国の流人源頼朝の動静を警戒した平氏の命令によるものと考えられる。間もなく頼朝が挙兵すると、景親は弟の俣野五郎景久とともに、河村義秀・渋谷重国・熊谷直実以下平家被官の輩をもって三千の軍勢を編成し、石橋山に頼朝軍と戦い、これを破って頼朝を椙山まで追求して窮地におとしいれたが、軍勢の中に飯田家義・梶原景時など頼朝に志を寄せる者などがあったため、ついに頼朝を取り逃した。ついで景親は数千騎を率いて三浦氏の衣笠城に進撃したが、三浦義澄らはすでに安房に逃れたあとであった。石橋山の戦のことを景親は直ちに京都に報告し、その結果平氏の大規模な頼朝追討軍が東下した。これに合流せんとした景親は、十月中旬、一千騎を率いて藍沢宿に至ったとき、安房で再挙し勢威を恢復して平氏の追討軍を邀え討たんと進出した頼朝が、二十万の大軍をしたがえてすでに足柄を越えたので、前途をさえぎられた景親は河村山に逃れたが、平氏軍が富士川に惨敗したのち、ついに進退に窮して相模国府において頼朝に降った。頼朝は景親を平広常に預け、十月二十六日、固瀬河辺においてこれを梟首に処した。

（安田　元久）

おおばかげよし　大庭景義　?—一二一〇　鎌倉時代前期に活躍した相模国の武士。景能とも書く。桓武平氏支流、鎌倉権五郎景正(景政)曾孫。大庭景忠(景宗)長子。大庭平太・出羽権守・懐島権守などと称した。保元の乱のとき弟景親とともに源義朝の軍に従い、白河殿を攻め、源為朝の矢に当たって負傷した。のち源頼朝が伊豆に挙兵すると、これに応じて戦功をたて、以後鎌倉幕府の有力御家人として活躍し、鎌倉大倉郷に頼朝が新邸を営んだとき造営奉行をつとめ(文治五年)、また鶴岡若宮造営の奉行(養和元年)、同八幡宮警備舎の造営(文治四年)などに従った。文治五年(一一八九)頼朝が奥州藤原氏を追討せんとしたとき、その勅許が容易に得られなかったが、景義は武家の古老としてその処置を尋ねられ、「陣中では将軍の命を聞き、天子の詔を聞かない」との古語を引き、勅許を待たずに進発すべきことを主張したので、頼朝はそれに従って出兵した。建久四年(一一九三)老齢のため出家し、翌年、幕府が寺社奉行人を定めたとき、鶴岡八幡宮の奉行となった。その後間もなく嫌疑をうけて鎌倉を追放されたが、同六年二月、許されて頼朝上洛の供奉を命ぜられている。承元四年(一二一〇)四月九日、相模国において没。

参考文献　『大日本史料』四ノ一〇、承元四年四月九日条

（安田　元久）

おおばこ　大葉子　調伊企儺《つきのいきな》の妻。『日本書紀』によると伊企難は欽明天皇二十三年、河辺臣《かわべのおみ》瓊岳《にへ》に従い新羅を攻めたが、河辺臣の失策で敗れ捕えられ、降伏の勧告を聞かず殺された。大葉子も捕えられ次のような日本を恋う歌を詠じたという。「韓国の城の辺に立ちて大葉子は領巾《ひれ》振らすも日本へ向きて」(原万葉仮名)。ある人の反歌として『日本書紀』に「韓国の城の辺に立たし大葉子は領巾振らすみゆ難波へ向きて」(同)の歌がみえる。

（亀田　隆之）

おおはつせのわかたけのみこと　大泊瀬幼武尊　⇨雄略《ゆうりゃく》天皇《てんのう》

おおひこのみこと　大彦命　崇神天皇の代の将軍派遣説話に登場する四道将軍の一人。『古事記』は大毘古命と記す。開化天皇の兄と伝え、孝元天皇の皇子で、母は鬱《うつ》色謎《しこめ》命。阿倍臣・膳臣・阿閉臣・狭々城山君・筑紫国造・

越国造・伊賀臣らの始祖として系譜化をみる。『日本書紀』では崇神天皇十年、武埴安彦《たけはにやすひこ》の謀叛を鎮圧して、北陸征討の途につき、翌年凱旋したと物語る。同類の説話は『古事記』にもみえる。 （上田 正昭）

おおひめ 大姫 ?―一一九七 源頼朝の長女、母は北条政子。治承二年（一一七八、一説には同三年）生まる。頼朝伊豆配流中の誕生。五、六歳のころ木曾義仲の長男志水義高十一歳の許嫁となり、義仲敗死の後義高が斬られたため、大姫は愁嘆のあまり病身となり一生を鬱病で過ごした。両親の望む一条高能との縁組も死をもって拒んだ。建久六年（一一九五）頼朝・政子の上洛に同行し、後鳥羽天皇の後宮に入れる話があったが成立せず、九条兼実失脚の一因となった。同八年七月十四日没。

参考文献 『大日本史料』四ノ五、建久八年七月十四日条、渡辺保『北条政子』（『人物叢書』五九） （渡辺 保）

おおべのきよかみ 大戸清上 ?―八三九 平安時代前期の雅楽家、笛の名手。河内国の人で姓《かばね》は首。雅楽寮に出仕し、承和元年（八三四）正月二十日、仁寿殿において内宴のあった時、その卓越した名演奏によって、外正六位上から外従五位下に昇進。同年十二月十九日、清上のほか、雅楽笙師同姓朝生ら十三人が良枝宿禰の姓を賜わった。また作曲もよくし、仁明天皇即位の大嘗会の時には「拾翠楽」「河南浦」「応天楽」を作曲のほか、彼の名をとった「清上楽」や「壱弄楽」「承和楽」「壱団嬌」「左撲楽」「海青楽」「感秋楽」など多くの曲を作曲したといわれる。当時の舞師尾張浜主と並んで、外来の雅楽の舞や音楽を日本風に改める運動、いわゆる「平安朝の楽制改革」をおしすすめた中心人物であった。承和の初め遣唐使とともに唐に渡り、帰朝の時に船が逆風に遇い、南海の賊地に流され、同六年そこで賊に殺されたと伝えられる。笛の門人としては、和邇部大田麻呂がいる。

参考文献 『教訓抄』 （蒲生美津子）

おおみやいん 大宮院 一二二五―九二 後嵯峨天皇の皇后。藤原姞子。西園寺実氏の第一女、母は四条隆衡の女。嘉禄元年（一二二五）誕生。仁治三年（一二四二）六月女御、ついで八月立后（中宮職）、宝治二年（一二四八）六月、大宮院の院号宣下。後嵯峨天皇の寵愛が深く後深草・亀山両天皇をはじめ六人の皇子女を生んだ。文永九年（一二七二）二月後嵯峨法皇の崩御にあい落飾、法名遍智覚。同四月、円助法親王とともに遺詔による遺領処分をし、大宮院も亀山殿など多数の荘園を伝領した。ただし遺詔には、六勝寺・鳥羽殿以下は「治天の君」の沙汰分とし、治天の君の決定は鎌倉幕府に委ねてあった。幕府は専決をさけ法皇の素意を大宮院にただし、その回答に従って亀山天皇を治天の君に推した。この遺詔は将来にわたる皇位の継承にまでは及んでいなかったこと、決定に不満であった後深草上皇側が幕府に働きかけるなど、両統迭立問題に展開するきっかけとなった。西園寺家の権勢を背景に二代の国母として畏敬された大宮院は、弘安八年（一二八五）生母准后貞子の九十賀を盛大にもよおし、時人から比類のない果報人と羨望された。正応五年（一二九二）九月九日、六十八歳で崩じ京都粟田山陵に葬られた。

参考文献 竜粛「後嵯峨院の素意と関東申次」（『鎌倉時代』下所収） （飯田 久雄）

粟田山陵《あわたやまのみささぎ》 京都市左京区南禅寺福地町にあり、南禅寺の境内で大日山（古くは粟田山という）の裾にあたる。崩御後の葬儀などに関する伝えはないが、『天下南禅寺記』に「祠（亀山天皇分骨所を指す）南有二一塔一、本尊釈迦、塔様多宝、四周絵二法華説相一、大宮仙院御骨悶二蔵此下一」とみえるもので、明治九年（一八七六）十一月塔はなくなっていたが、その址に円丘を築いて御陵となし、同二十七年六月今の陵号を定めた。なお大阪府南河内郡太子町大字叡福寺内の聖徳太子墓側に分骨塔（宝篋印塔）がある。

参考文献 上野竹次郎『山陵』下 （中村 一郎）

おおみやながおき 大宮長興 一四一二―九九 室町時代の官人。初名時繁。道号文決軒、号嘉称軒。応永十九年（一四一二）小槻氏の一族大宮官務家に生まる。父は官務為緒。永享四年（一四三二）左大史、文安二年（一四四五）二月官務ならびに氏長者に補せられたが、同族の壬生晨照の訴えで同年十一月免ぜられ、宝徳元年（一四四九）再任、寛正六年（一四六五）辞す。その間、康正二年（一四五六）正四位上に叙し、文明十年（一四七八）小槻氏出身としてははじめて八省の卿に任ぜられ、治部卿。同十八年出家、法名寿官。明応八年（一四九九）十月二十四日没。八十八歳。職掌柄朝務に関する故実や文書を伝える一方、官務・長者両職をめぐって同族の壬生晨照・晴富と対立を続け、出家後も子息時元の後見をし、大宮家を維持するのに努めた。近衛・一条家にも仕え、室町幕府の要人とも接触し、この時代の下級貴族の在り方を示す。邸は土御門大宮にあって記録文書もあったが応仁の乱で焼失した。その日記を『長興宿禰記』という。 （飯倉 晴武）

おおみわのたけちまろ 大三輪高市麻呂 ⇨三輪高市麻《みわのたけちま》呂《ろ》

おおみわのもりめ 大神社女 生没年不詳 八世紀の人。宇佐八幡宮の神官。毛理売とも書く。天平二十年（七四八）八月、八幡大神の祝部で従八位上から一躍外従五位下を授けられた。八幡神が東大寺大仏造成を助ける託宣をしたことと関係するらしい。天平勝宝元年（七四九）十一月に主神司大神田麿とともに大神朝臣姓を賜わる。時に禰宜と記され、昇任していた。翌十二月二十七日に東大寺を拝したが、乗輿は天皇のそれと同じ紫色と特記され、神の憑代《よりしろ》だったと推定される。同日従四位下に昇叙された。同六年十一月薬師寺僧行信の行なった厭魅《えんみ》に連坐し、本姓にもどされ、日向国に流され、その封戸・位田・雑物などは大宰府が検した。翌年八幡神は偽託によ る封戸・神田を返したところをみると杜女が偽託したら

しい。

参考文献 横田健一『道鏡』(『人物叢書』一八)

(横田 健一)

おおむらすみただ 大村純忠 一五三三―八七 戦国時代の武将。大村家第十八代。天文二年(一五三三)生まる。有馬修理大夫晴純の次男、母は大村純伊の女。幼名は勝童丸、のち丹後守、民部大輔に任ぜられ、理専と号す。天文七年大村純前の養子となり、同十九年家督を継承。純前は庶子貴明をして武雄の後藤氏を継がせたので、終始貴明との間に争乱が続くことになった。妻は諫早西郷氏の出であり、その他後妻、側室との間に四男七女あり、長男喜前は天正十五年(一五八七)大村家を継ぎ、一女は長崎甚左衛門純景、他は松浦久信らに嫁した。純忠の代に、大村家の勢力は西彼杵半島全域に及んだが、永禄四年(一五六一)、それまで平戸に来航していた南蛮人は、領主松浦氏の処遇を不満とし、大村領内に良港を求め、半島北端の横瀬浦に着目した。かくて同地は南蛮人に好条件をもって開港場となり、翌年、南蛮の定航船が入港、町建が行われ、純忠は同六年、この地でトルレスからバルトロメウの教名で受洗した。戦国大名としてキリシタンになったのは純忠が最初であり、宣教師たちは大いに期待するところがあったが、大村周辺の松浦・後藤・西郷・針尾の諸氏および家臣の攻撃、謀叛により横瀬浦はたちまち焼滅、純忠は一時、居城を追放されるに至った。同八年から南蛮船は大村領福田に来航し、宣教師や南蛮商人と親交が続いた。長崎は女婿にして家臣の長崎甚左衛門が管轄するところで、村民はキリシタンとなったが、元亀元年(一五七〇)春から夏の間、南蛮人は測量の結果この入江を最良の港湾と認め、純忠との間に開港の協約が成立した。この年、福田に入港していた南蛮船は、いちど長崎に寄港して解纜し、翌二年からは、ほとんど欠かすことなく同港に来航し、湾内の岬の先端部に急速に新市街が建設された。西郷・後藤氏らの連合軍は、絶えず大村領を侵略し、純忠は苦戦を続けた。天正二年、宣教師の懇請に基づき、領内の神社仏閣を大規模に破壊するとともに、領民を半ば強制的にキリシタンに改宗せしめ、数年後、豊臣秀吉による「伴天連追放令」の誘因を惹起した。同八年全日本のキリシタン十五万人中、大村領だけで七万人を数えたほど同宗門の隆昌を見たが、これより先、佐賀の竜造寺隆信は、しきりに大村領を侵し、八年には純忠は佐賀に赴いて臣従を誓うの余儀なきに至った。同年、イエズス会に対し長崎港市とその周辺および茂木の地を寄進、十年にはバリニャーノの企画により甥千々石ミゲル少年をローマに派遣した。十二年、竜造寺隆信の戦死により、圧迫から解放されたが、秀吉が薩摩で島津氏を降伏せしめた直後、十五年四月十八日(アフォンソ=ルセーナの記録による。『大村家覚書』などには五月十八日没と記されている)、大村坂口館で五十五歳の生涯を終えた。遺骸は宝性寺(長崎市三和町為石)に葬られたが、のち草場(長崎県大村市草場郷)を経て本経寺(同市乾馬場郷)に改葬された。過去帳に「純忠公円通院殿前戸部侍郎理仙日融大居士」とある。

大村純忠花押

参考文献 『大村家記』、『大村家覚書』、『大曲記』、『長崎根元記』(『海表叢書』四)、『寛政重修諸家譜』七四六、ヴァリニャーノ『日本巡察記』(松田毅一他訳、『東洋文庫』二二九)、松田毅一『大村純忠伝』、ヨゼフ=フランツ=シュッテ編『大村キリシタン史料―アフォンソ・デ・ルセナの回想録―』(佐久間正・出崎澄男訳)、外山幹夫『大村純忠』

(松田 毅一)

おおむらのふくよし 大村福吉 生没年不詳 平安時代前期の医師。『続日本後紀』によると、丹波の人で武内宿禰の支流といわれ、瘡病の治療が巧みで、承和二年(八三五)十月、右近衛医師外従五位下の位にあり、同族五人とともに紀宿禰の姓を賜わった。仁明天皇の寵愛を受け、居宅を賜わり、勅命によってその治方の口訣《くけつ》(口授の秘伝)に依拠して『治瘡記』を撰述させたという。本書は古く散佚し、その内容を知ることはできない。

(大塚 恭男)

おおもりうじより 大森氏頼 一四一八―九四 室町時代の武将。小田原城主。応永二十五年(一四一八)に生まれる。父は頼春。幼名与一、左衛門佐、信濃守、寄栖庵と号した。加冠のとき鎌倉公方足利持氏から氏の一字を与えられ、氏頼と名乗る。父頼春は持氏に属して功があったけれども、氏頼は扇谷上杉氏に従って忠節を尽くした。長尾景信の子景春が、山内上杉氏の家宰に選ばれなかったことに端を発した、いわゆる長尾景春の乱の際には、扇谷の家宰太田道灌の軍に属して各地に転戦している。文明九年(一四七七)四月には武蔵江古田原、五月武蔵用土原、十年三月相模奥三保、十二月下総堺根原、十一年正月下総臼井城と、おのおのの戦いで活躍した。氏頼が主君定正に対して、道灌の謀殺を惜しみ、古河公方足利成氏を見すてたことを諫めた書状は、「大森教訓状」などと呼ばれて名高い。明応三年(一四九四)八月二十六日死去。七十七歳。法明明昇。彼の死の翌年、北条早雲に小田原城を攻め落とされた。なお、氏頼は信仰心厚く、総世寺など四ヵ寺の開基となり、西安寺など二ヵ寺を中興し、最乗寺の規模を拡張するなどしている。

参考文献 『太田道灌状』、『古今消息集』、『諸家系図纂』、『小田原市史料』歴史編

(佐脇 栄智)

おおやまとねこひこくにくるのみこと 大日本根子彦国牽尊 ⇨孝元天皇《こうげんてんのう》

おおやまとねこひこふとにのみこと 大日本根子彦太瓊尊 ⇨孝霊天皇《こうれいてんのう》

おおやまとひこすきとものみこと 大日本彦耜友尊 ⇨懿徳天皇《いとくてんのう》

おおやまもりのおうじ 大山守皇子 応神天皇の皇子。

『日本書紀』によると皇后の姉の高城入姫を母として生まれた。皇子は天皇の崩後、長子であったにもかかわらず太子に立てず、山川林野の管理を命ぜられただけであったことを恨み、太子菟道稚郎子《うじのわきいらつこ》皇子を殺して帝位につこうとした。これを聞いた大鷦鷯《おおさざき》皇子が密告したため、太子は兵を備えて待ちかまえた。大山守皇子は数百の兵を率いて夜半に出発し、菟道(宇治)に着いて川を渡ろうとした際、渡し守に姿を変えていた太子の計略にかかり川に落ちて溺死した。そのとき「千早人宇治の渡りに棹取りに早けむ人し我がもこに来む」(原万葉仮名)という歌をよんだ。屍は下流の考羅済《かわらのわたり》に浮かび、那羅山に葬られたという。なお陵墓の管理にあたる山守部をこの皇子に関係づけるのは、皇子の名および山川林野の管理者ということからであろう。 (亀田　隆之)

那羅山墓《ならやまのはか》　奈良市法蓮町字境目谷にある。東西約八・五メートル、南北約一〇・六メートルの円墳で、墳頂に石柵をめぐらす。明治十八年(一八八五)墳丘が崩壊し埴輪円筒が破損出土したので、復旧にあたり一部埴輪を新造して埋設した。

参考文献　『奈良市史』考古編 (石田　茂輔)

おかざきのぶやす　岡崎信康　⇩松平信康《まつだいらのぶやす》

おかざきよしざね　岡崎義実　一一一二―一二〇〇　鎌倉時代前期の武将。天永三年(一一一二)生まれる。三浦義継の四男、大介義明の弟。四郎・平四郎と称す。相模国大住郡岡崎(神奈川県平塚市)に住む。源頼朝の伊豆配流中からその館に参じ、治承四年(一一八〇)山木攻めの際は特に土肥実平とともに事前の計画に加わり成功したが、石橋山では苦戦の末長男義忠を失った。船で安房に渡り後続の頼朝を迎えてからは常に側近の長老として重んぜられた。頼朝の三浦納涼の宴に義実は酔余頼朝の水干を所望しその場で着用、上総広常がそれを嫉んで老耄呼ばわりをしたため大喧嘩をした話、息子義忠の仇の長尾定景の処分を任されて、定景の毎日の読経の声に怨念晴れたとして助命した話、ともに素朴な東国武士の面目をよく現わしている。文治四年(一一八八)に相模の土地を波多野義景と争い訴訟に負けたことがあり、正治二年(一二〇〇)三月には家の貧窮を政子に哀訴して所領を乞うている。建久四年(一一九三)老齢によって出家。正治二年六月二十一日没。八十九歳。

参考文献　『大日本史料』四ノ六、正治二年六月二十一日条 (渡辺　保)

おがさわらさだむね　小笠原貞宗　一二九二―一三四七　南北朝時代の武将。信濃守護。幼名豊松丸、長じて彦五郎・右馬介・治部大輔と称し、北条氏滅亡後功により信濃守護職を与えられ、従五位下、信濃守を名のっている。正応五年(一二九二)。永仁二年(一二九四)とする説もある)四月十二日、宗長の子として信濃国伊那郡松尾館に生まれた。母は赤沢伊豆守政常の娘。元弘の乱に足利義詮の軍に属して鎌倉攻めに加わり、中先代の乱には、村上・吉良らとともに北信濃の北条余党討伐に活躍し、足利尊氏謀叛後も足利氏の麾下に属し、信濃武家方の旗頭として諏訪・滋野・仁科・北条らの諸氏と干戈をまじえて武威を示した。建武年間(一三三四―三八)、居館を松尾から筑摩郡井川に移して信濃統一の根拠と定め、一方、幕府方の有力守護軍としても功名をあらわし、建武三年七月、山門の戦には近江に出撃して湖上を封鎖して南軍の糧道を断ち、野路・篠原・伊吹大平寺に戦い、同四年三月越前金崎城の攻囲に加わり、翌暦応元年(一三三八)正月北畠顕家の西上を美濃に阻み、同四年には信濃の諸族を率いて高師冬の軍に加わり、常陸に在陣して北畠親房を関・大宝城に攻めるなど、まさに東西転戦の半生を送っている。禅宗に帰依し、宋僧大鑑禅師清拙正澄に法を学び、正澄を開山に請じて信濃国伊那郡伊賀良荘に開善寺を建立し、また京都の建仁寺、鎌倉建長寺内にも庵を開いて参禅したという。貞和三年(一三四七)五月二十六日京都で没した。五十六歳。法名泰山正宗。また貞宗は射芸騎乗の道に秀で、しばしば幕府的始や笠懸・犬追物の射手に名をつらね、妙技を披露している。なお、貞宗の射芸に関連して、従来後醍醐天皇の師範となって叡感にあずかり、小笠原氏が武家礼式の定式とされたとか、貞宗が犬追物目安を尊氏に捧げ、当時禁止されていた犬追物を武術鍛錬・興隆のための必須のものであるとしてその禁制を停め、再興させたとか、また小笠原流武家礼法のもとを定めたなどといわれているが、これは後世の付会にすぎない。

小笠原貞宗花押

参考文献　『大日本史料』六ノ一〇、貞和三年五月二十六日条、信濃教育会編『(建武中興を中心としたる)信濃勤王史攷』、二木謙一「室町幕府弓馬故実家小笠原氏の成立」(『国学院大学日本文化研究所紀要』二四) (二木　謙一)

おがさわらながとき　小笠原長時　一五一四―八三　戦国時代の武将。信濃守護。大膳大夫。永正十一年(一五一四)林館(長野県松本市)に生まれるという(『小笠原系図』)。父は長棟。信濃中央、安曇《あずみ》・筑摩二郡を保有していたが、武田信玄の侵略を受け、天文十七年(一五四八)七月十九日、塩尻峠の戦で大敗、同十九年七月十五日、本城林城を失った。しばらく山間の孤城を保っていたが、同二十一年ころ没落して上京し、同族三好長慶(阿波小笠原一族)に頼り摂津芥川城にいた。永禄十一年(一五六八)同城が織田信長の軍に攻略されたので、長時は越後に走って上杉謙信に頼った。謙信の死後、会津に赴き、蘆名盛氏に頼ったが、天正十一年(一五八三)二月二十五日、会津若松で家臣に殺されたという。七十歳。法名麒翁正麟長時院。勇猛な武将であったが、部下の統

小笠原長時花押

率力に乏しく、信玄の謀略にあって仁科氏ら有力家臣に叛かれ、祖先伝来の領地を失った。末子貞慶は織田信長急死後の混乱に乗じて旧領を恢復した。

参考文献　『大日本史料』一一ノ三、天正十一年二月二十五日条、『信濃史料』一一―一三、『笠系大成』六（『(新編)信濃史料叢書』一二）　（小林計一郎）

おがさわらながもと　小笠原長基　生没年不詳　南北朝時代の武将。兵庫助、信濃守。貞和三年（一三四七）、信濃国筑摩郡井川館に生まれたという。信濃守護政長の子。父政長が文和元年（一三五二）―延文元年（一三五六）の間に没したので家督をつぎ、信濃守護となり、父祖の遺志を嗣いで南党諏訪氏らと戦った。父政長は「諏訪直頼を討ち取れなかったのが心残りだ」と遺言したほどで、南党との戦いが宿命になっていた。長基は文和四年宗良親王を奉ずる諏訪氏の軍と戦い、また貞治四年（一三六五）十一月・同五年正月、諏訪直頼と戦うなど、南党を圧迫した。信濃は同四年以前に幕府の直轄を離れて鎌倉公方足利基氏の管轄に入り、その管領上杉朝房が信濃守護に任ぜられたが、長基は幕府の直隷下にあって一定地域の軍事指揮権を有していたらしい。永徳三年（一三八三）、子長秀に所領を譲る。嘉慶元年（一三八七）、北信濃の国人とともに守護斯波義種に叛して兵を挙げている。北党・南党の対立をこえ、国人が団結して守護に反抗するようになったことは注目される。系図によれば、応永十四年（一四〇七）十月六日、六十一歳で没したという。

小笠原長基花押

参考文献　『信濃史料』七、応永十四年十月六日条、佐藤進一『室町幕府守護制度の研究』上、小林計一郎「信濃国守護考」（『伊那』一〇ノ九）　（小林計一郎）

おがたこれよし　緒方惟義　生没年不詳　平安時代後期の武将。三郎、惟栄・惟能ともいう。大神《おおが》惟基の子孫臼杵惟用の子、惟義は豊後大野郡緒方荘の荘司であった。大神惟基には祖母岳大明神の神裔という大三輪伝説があり、大和国大神氏の下向土着とも、宇佐八幡創祀に関係した宇佐大神氏ともいうが、代々大野郡の郡領であったと見られる。平安時代中期より大野・阿南・臼杵・稙田《わさだ》氏などに分かれ直入・大野の広大な原野と牧の発達から早く武士化し強大な武士団を形成した。平氏の大宰府掌握後、それに従ったが、惟義は平重盛と主従関係を結んだという。源頼朝挙兵後養和元年（一一八一）臼杵・長野の諸氏と平氏に叛し豊後国目代を追放。この時平家に叛いた九州武士は松浦党や菊池・阿蘇氏など広範囲に兵力を動員しているが、惟義はその中心的勢力であった。寿永二年（一一八三）安徳天皇を奉じて大宰府に下った平氏は筑前の原田種直・山鹿秀遠の軍事力を背景に勢いを回復した。惟義は豊後国守藤原頼輔から平家追討の院宣と国宣を受け、清原・日田氏などの力を得て平兵を大宰府より走らせたが、同年宇佐宮焼打事件を起し上州沼田へ遠流。翌年早くも平家討伐の功による恩赦を受け、西下の範頼に軍船を提供し葦屋浦の平家軍を打ち破った。惟義の活動はこのころまでで、平家滅亡後、頼朝と不和となった源義経に協力し、大物浦の難破で彼の軍勢も四散。辛うじて帰国し佐伯に住んだとも、中途病死したとも伝えられる。

参考文献　渡辺澄夫『緒方三郎惟栄』、同『大分県の歴史』（『県史シリーズ』四四）、中野幡能「大友氏入国以前の大野荘と大神氏」（『大分県地方史』三八―四〇合併号）、波多野皖三「源平合戦と緒方氏の挙兵」（『史淵』二八）　（恵良　宏）

おかのみやのてんのう　岡宮天皇　⇩草壁皇子《くさかべのおうじ》

おかのやかんぱく　岡屋関白　⇩近衛兼経《このえかねつね》

おがわのほういん　小川法印　⇩忠快《ちゅうかい》

おきそめのうさぎ　置始菟　生没年不詳　七世紀の官人。壬申の乱の功臣。姓は連。天武天皇元年（六七二）七月、吉野を脱出して美濃にはいった大海人皇子（天武天皇）は、数万の兵を大和にさしむけたが、菟は千余騎を率いてその先鋒となり、大和での戦いに敗れて退却する大伴吹負と墨坂で会い、これを助けて大和での大海人がわの勢力をたてなおし、西方の大坂道よりくる近江軍を当麻の衢《ちまた》に迎え討って敗走させ、ついで北方より来襲する近江軍と戦い、上道《かみつみち》においてこれを破り、また中道の吹負軍の急を救った。乱後の動静は明らかではないが、贈位小錦上であるから、天武朝に死んだと考えられる。霊亀二年（七一六）に壬申の乱の功により子虫麻呂に田を賜わり、天平宝字元年（七五七）に功田五町を中功により二世に伝えることを許された。姓の「置始」は「置染」の当て字で、もと染色関係の職をもつ氏族と推定される。

参考文献　直木孝次郎『壬申の乱』（『塙選書』一三）　（直木孝次郎）

おきながしんのう　興良親王　⇩おきよししんのう

おきながたらしひめのみこと　気長足姫尊　⇩神功皇后《じんぐうこうごう》

おきながたらしひろぬかのみこと　息長足日広額尊　⇩舒明天皇《じょめいてんのう》

おきのいん　隠岐院　⇩後鳥羽天皇《ごとばてんのう》

おきはらのみにく　興原敏久　生没年不詳　平安時代前期の代表的な明法官人の一人。三河国の人で、もと物部敏久といい、大同初年ごろに大宰少典であったが、同三年（八〇八）正月に外従五位下に昇り、弘仁二年（八一一）には明法博士であった。同四年正月に物部中原宿禰姓を賜わり、翌月大判事になった。同十年正月に従五位下、翌十一年四月成立の『弘仁格式』の編纂に参加し、天長初年ごろに興原宿禰と改賜姓された。同七年（八三〇）末には格式を作る功で正五位上に進み、同十年撰上の『令義解』の編纂にも関係した。『法曹類林』には彼の明法勘文がみえ、『令集解』などの「物(記)云」「興大夫云」は彼の学説であろう。

参考文献　布施弥平治『明法道の研究』、滝川政次郎

「九条家本弘仁格抄の研究」(『法制史論叢』一所収)

(野村　忠夫)

おきよおう　興世王　?—九四〇　平安時代中期の官人。系譜未詳。天慶元年(九三八)二月、武蔵権守の任にあったとき、介源経基とともに同国足立郡司武蔵武芝と対立し、その舎宅を襲った。平将門の調停により両者は和解したが、経基は王と将門とが経基の殺害をはかったものと誤解、翌二年三月両者の謀反の由を朝廷に密告した。その後興世王は新任の国守百済貞連と対立し、下総国の将門のもとに寄宿し、将門一党の中心的な存在となった。『将門記』によると、同年十一月、将門が常陸国府を襲撃した際には、将門に一国を討つとも公の責軽からずとして坂東諸国の虜掠をすすめ、同年十二月、将門が上野国府で新皇の地位についたおりには、藤原玄茂らとともに諸国の除目《じもく》を行い、みずからは上総介になったという。翌天慶三年二月、将門が下総国の合戦で敗死した後、同十九日、上総国で随兵三十余人とともに藤原公雅によって討たれた。

参考文献　『大日本史料』一ノ七、天慶三年二月十九日条

(笹山　晴生)

おきよししんのう　興良親王　生没年不詳　南朝の皇族で、護良親王の子。母は北畠親房の妹。興良とも、陸良とも伝えるが、『李花集』に興良とみえるからこれが正しい。大塔若宮・兵部卿若宮・常陸親王・赤松宮などとも称せられた。後醍醐天皇の猶子となり、親王宣下された。また後村上天皇から征夷大将軍に任じられた。暦応四年(興国二、一三四一)のころ、北畠親房に迎えられて常陸に至り、同地失陥後南朝に帰った。観応二年(正平六、一三五一)南朝に帰順した赤松則祐に奉ぜられ、則祐が変心の後は京都にひそんだ。のち但馬の者に奉ぜられて同国高山寺城に入り、但馬・丹波を略定し、播磨に至り、則祐と摂津胄山に戦って敗れ、河内に逃れた。延文五年(正平十五、一三六〇)四月南朝に帰順した赤松氏範に奉ぜられ、吉野十八郷の兵を率いて、大和賀名生の奥の銀嵩に鋒起し、同地の南朝行宮を襲撃し、御所宿舎を焼き払った。行宮では二条師基をしてこれに抗戦させたので、吉野の兵は離散し、氏範も疵を蒙って本国に遁走したので、宮は南都に奔り、その後の事蹟は明らかでない。

参考文献　菅政友『南山皇胤譜』(『菅政友全集』)

(村田　正志)

おぐらのみや　小倉宮　?—一四四三　室町時代前期の皇親。後亀山天皇の皇子良泰親王の王子聖承のこと。ほかに恒敦親王、同じく後亀山天皇皇子泰成親王のこととする説もあり、さらに南朝後裔の汎称としても用いられた。南北朝合一により後亀山天皇が京都に還幸されてのち、親王方は嵯峨小倉山下に住したので、この称が生まれたものであろう。南北朝講和条件の一つに両統の迭立があったが、幕府はこれを履行せず、南朝側には皇位継承に対し不満が高かった。正長元年(一四二八)七月七日聖承は嵯峨を出奔、伊勢国司北畠満雅をたよった。折から称光天皇の病気により東宮の選定が進められている最中で、一方幕府も鎌倉(関東)公方との対立を深めて政局は不安定で、守護中にも内々聖承に同心の者があるとの巷説もあって、この出奔は大きな衝撃を与えた。満雅は聖承を奉じ、鎌倉公方とも連絡をとって挙兵。幕府は伊勢守護土岐持頼に攻撃させ、同年十二月満雅は討死した。聖承はその後も北畠教具とともに抗戦をつづけたが、幕府軍に降伏し、永享元年(一四二九)末から帰洛交渉が行われ、帰洛用途や御料所などの交渉がまとまり、翌二年四月ごろ帰洛した。「御位競望の宮」(『椿葉記』)であった聖承の王子教尊は、同年十一月、将軍足利義教の猶子となって勧修寺門跡に入室、皇位継承の望みは断たれた。聖承は六年二月出家、聖承は法名、俗名泰仁。嘉吉三年(一四四三)五月七日死去。同年十月、教尊も尊秀王らのいわゆる禁闕の変に与同の嫌疑をうけて幕府に捕えられ、隠岐島に配流された。文明二年(一四七〇)、南朝の遺臣が小倉宮を奉じて紀伊国に挙兵。畠山義就がこれを援け、応仁の乱の西軍の主に迎えられ、大和を経て同三年京都に入っている。しかしこれを最後に、以後小倉宮の消息は明らかではない。

(熱田　公)

おぐりそうたん　小栗宗湛　一四一三—八一　室町時代中期の画家。俗姓は小栗。宗湛は出家後の法名。字は渭翁といい、またよく牧谿の法を得ていることから自牧の別号を与えられる。『蔭凉軒日録』寛正三年(一四六二)三月条に松泉軒襖絵の瀟湘八景図のことが載り、翌四年には室町幕府から周文と同じ俸禄をうけ、周文のあとを継ぐ足利義政時代の御用絵師として活躍した。このほか石山寺・雲沢軒・高倉御所などの襖絵制作の記事が知られ、文明五年(一四七三)ごろまで画作の記録をのこし、同十三年六十九歳で没した。確かな遺品を欠いてその画風を把握し難い。延徳二年(一四九〇)宗湛の子、北房宗継が大徳寺塔頭養徳院の襖絵を描くが、芦雁図は父宗湛の描きのこした図を引き継いで完成させたものとわかる(『蔭凉軒日録』)。現在これらの襖絵は芦雁・山水・琴棋書画の諸図がのこり(京都国立博物館蔵、重要文化財)、確実な作品のない小栗派の唯一の遺例として貴重である。

(村重　寧)

おけのおう　弘計王　⇨顕宗天皇《けんぞうてんのう》

おけのおう　億計王　⇨仁賢天皇《にんけんてんのう》

おさかべしんのう　忍壁親王　?—七〇五　天武天皇の皇子。『続日本紀』には第九皇子とある。忍坂部・刑部とも書く。母は宍人臣檞媛《ししひとのおみかじひめ》。天武天皇元年(六七二)の壬申の乱では父天皇と行動をともにし、同十年には詔をうけて川島皇子らとともに帝紀および上古諸事の記定事業にあたった。持統天皇十年(六九六)に高市皇子が没したあとは天武天皇諸皇子の代表的存在となり、文武天皇四年(七〇〇)には勅をうけて『大宝律令』の撰定を主宰、翌大宝元年(七〇一)完成した。持統上皇の崩後、同三年

には初代の知太政官事となり、太政官の政務をすべ、草創期の律令政治に貢献したが、慶雲二年(七〇五)五月七日、三品で没した。子には山前王・小長谷女王がある。

参考文献 直木孝次郎「忍壁皇子」(『飛鳥奈良時代の研究』所収)、阿蘇瑞枝「柿本人麻呂と忍壁皇子」(『国語と国文学』四九ノ一〇)

(笹山 晴生)

おさだただむね 長田忠致 生没年不詳 平安時代後期の武士。世系は明らかでないが、一説に平高望八代の後胤ともいい、平姓を名乗り長田荘司と称した。駿河国有渡郡に長田荘があり、一説では同国安倍郡長田荘司であったともいう。尾張国知多郡内海荘をも兼領し、その地方に勢力を張った在地武士で、源義朝の郎党鎌田正清の舅。平治の乱で敗れ東国に赴かんとした義朝は、途中忠致を頼って身を寄せたが、忠致はかえって義朝を謀殺した。

参考文献 『大日本史料』四ノ三、建久元年十月二十九日条

(安田 元久)

おさべしんのう 他戸親王 七六一―七五 光仁天皇の第四皇子、母は聖武天皇の皇女井上内親王。天平宝字五年(七六一)生まれ、宝亀二年(七七一)正月皇太子となる。時に齢十一歳。天平勝宝三年(七五一)の生まれで、二十一歳で皇太子となったと推定する説がある。宝亀三年五月その母井上内親王の厭魅《えんみ》大逆の事に坐して皇太子を廃し庶人とされた。同四年十月天皇の同母姉である難波内親王が没したが、その死は井上内親王の厭魅によるものとされ、井上内親王とともに大和国宇智郡の没官の宅に幽閉され、六年四月二十七日に母と同時に没した。十五歳。藤原百川らに毒殺されたものと考えられる。他戸親王の廃太子事件は宝亀三年三月母の井上内親王が巫蠱《ふこ》に坐せられて廃后されたことに端を発している。井上の廃后は裳咋《もくい》足嶋が官に自首して井上らと謀反の事にあずかってきたことを明らかにしたためであった。さらに槻本老が、他戸親王が暴虐で山部親王(桓武天皇)を遇するに無礼であったので心を竭して山部親王を奉じたため、他戸親王母子はこれに怒り切責することしばしばであったが、井上内親王の巫蠱の変に老はその獄を按験し奸状を発するところ多かったという。こうして五月謀反大逆の人の子が皇太子では治まりがつかぬとして他戸親王は皇太子を廃され、つづいて幽閉のうえ死に至らしめられた。この事件は百川らが擁立する山部親王を立太子させるための陰謀であった。十年周防国の人周防凡直《おおしのあたい》葦原の賤の男公が他戸皇子と称して百姓を誑惑したいうのもこの事件が時人にとって納得のいかぬものであったことを示している。墓は奈良県五條市御山町字ハカ山にある。

参考文献 北山茂夫「藤原種継事件の前後」(『日本古代政治史の研究』所収)、角田文衛「宝亀三年の廃后廃太子事件」(『律令国家の展開』所収)

(佐伯 有清)

おさらぎこれさだ 大仏維貞 一二八六―一三二七 鎌倉時代後期の幕府連署。弘安九年(一二八六)生まれる。北条氏の族大仏宗宣の子。母は北条重時の子陸奥守時茂の女。初名は貞宗。正安三年(一三〇一)七月式部少丞、八月叙爵、嘉元元年(一三〇三)五月右馬助、同二年七月引付衆に加えられ、翌三年五月小侍奉行、徳治元年(一三〇六)八月評定衆となり、同二年十二月引付頭六番となる。延慶元年(一三〇八)七月従五位上、正和三年(一三一四)閏三月正五位下に叙せられ、同十月陸奥守に任ぜられた。同四年九月六波羅南方、元亨元年(一三二一)七月にわかに関東に下向したが、北条高時の意向、不快であったのですぐ上洛、正中元年(一三二四)八月鎌倉に帰り、十月評定衆に加えられた。嘉暦元年(一三二六)四月金沢貞顕が執権を辞退する騒動のあと連署となり、修理大夫に任ぜられ、同二年七月従四位下、九月七日、四十二歳で病死。一説に四十三歳(『鎌倉年代記』)。死に先立ち、官を辞し出家、法名慈昭。『玉葉和歌集』『続千載和歌集』に和歌がのせられている。

大仏維貞花押

(貫 達人)

おさらぎむねのぶ 大仏宗宣 一二五九―一三一二 鎌倉時代後期の幕府執権。正元元年(一二五九)の誕生。北条氏の族大仏宣時の長男、母は北条時房の七男越前守時広の女。弘安五年(一二八二)二月雅楽允、三月式部少丞、八月叙爵、同九年六月引付衆に加えられ、翌十年十月評定衆となる。正応元年(一二八八)十月上野介に転じ、永仁元年(一二九三)五月越訴奉行、七月小侍奉行、十月執奏、同二年八月従五位上、同四年正月引付頭四番となり、ついで寄合衆となる。また京下奉行となり、同五年七月六波羅南方となる。正安二年(一三〇〇)正五位下、同三年九月陸奥守、乾元元年(一三〇二)正月鎌倉に帰り、二月一番引付頭、八月官途奉行、嘉元元年(一三〇三)再び越訴奉行をつとめ、同三年七月連署、延慶元年(一三〇八)七月従四位下に叙せられ、応長元年(一三一一)十月、師時のあとをうけて執権となったが、正和元年(一三一二)五月病により出家、法名順昭。同六月十二日、五十四歳で死んだ。『新後撰和歌集』『玉葉和歌集』『続千載和歌集』に和歌がのせられている。

大仏宗宣花押

(貫 達人)

おしくまおう 忍熊王 仲哀天皇の皇子。忍熊皇子・忍熊別皇子とも書く。『古事記』によれば母は大中比売(『日本書紀』では大中姫)。神功皇后が幼童品陀和気(誉田別、のちの応神天皇)とともに筑紫から上ってくる時、王位を奪わんとして香坂王(麛坂王)らとくんで迎撃したが、建振熊(武振熊)の率いる軍勢に謀られて敗退、近江と山城の境の逢坂の戦いにも敗れて淡海(琵琶湖)で死んだと伝える。『古事記』の忍熊王をめぐる叛乱伝承は、『日本書紀』にもみえているが、より詳細に物語られており、仲哀天皇のための山陵を播磨の赤石(明石)に作ると称し

て淡路島へ多数の船を連ねて島の石を運び、人ごとに武器をとらせた説話や、菟道(宇治)に陣取って敗退し、武内宿禰の軍勢によって逢坂に敗れ、瀬田川の渡し場で死んだ説話などを記載する。死体は菟道河(宇治川)から発見されたという。『日本後紀』延暦十八年(七九九)二月条の和気清麻呂の伝や『新撰姓氏録』右京皇別・『住吉神代記』などにも関係伝承がみえる。→麛坂王《かごさかおう》　(上田　正昭)

おしさかのおおなかつひめ　忍坂大中姫　允恭天皇皇后。「おしさか(忍坂)」は「おさか」とも読む。『古事記』は忍坂之大中津比売命と記す。同じく『古事記』によれば、父は応神天皇の皇子若野毛二俣王、母を弟百師木伊呂弁別名弟日売真若比売命と伝える。記紀とも子女を九人とし、このなかに木梨軽皇子・穴穂天皇(安康天皇)・軽大娘皇女(軽大郎女)・大泊瀬稚武天皇(大長谷命＝雄略天皇)がある。『日本書紀』によると、はじめ反正天皇崩後、雄朝津間稚子宿禰皇子(允恭天皇)が病身のため即位を固辞したので、妃の忍坂大中姫命は群臣の意向を代表して皇子に即位を懇請した。皇子は肯ぜず、このため、妃は長時間寒気の中に立って死に瀕するに至り、皇子もようやくこれを承諾したという。『古事記』も簡単にこの話を伝える。『古事記』はこの后を「太后」と呼んでおり、記紀とも、その名代として刑部《おさかべ》を定めたとある。　(川副　武胤)

おしさかのひこひとのおおえのおうじ　押坂彦人大兄皇子　敏達天皇の第一皇子。麻呂子皇子ともいう。母は息長真手王の女の広姫で敏達皇后。広姫の死後、蘇我堅塩媛腹の炊屋姫尊(推古天皇)が敏達皇后となり、敏達天皇との間に生まれた糠手姫皇女が皇子に嫁し、舒明天皇を生む。皇子は太子彦人皇子・忍坂日子人太子とも記されるが、この「太子」は当時の称ではなく追号。用明天皇早世後、皇位の最有力候補としての皇子は、物部守屋・中臣勝海ら反蘇我派に擁立されたらしく、政争の渦中にたつが、勝海・穴穂部皇子が殺され、守屋孤立のころから歴史に姿を消す。蘇我氏に暗殺されたとの説の論拠でもある。なお『日本書紀』大化二年(六四六)三月壬午条によると、「皇祖大兄(彦人大兄)御名入部」なるものがあったことが知られ、刑部(忍坂部)は皇子に伝領の名代という新説もある。

参考文献　山尾幸久「大化改新論序説」上(『思想』五二九)、薗田香融「皇祖大兄御名入部について—大化前代皇室私有民の存在形態—」(『日本書紀研究』三)　(北村　文治)

成相墓《なりあいのはか》　「ならいのはか」ともいう。『延喜式』諸陵寮には「在大和国広瀬郡、兆域東西十五町、南北廿町、守戸五烟」とあり、広大な地域を占めていたが、いまその所在は詳らかでない。『大和志』『陵墓一隅抄』は広瀬郡平尾村(奈良県北葛城郡広陵町)の王子冢なる古墳を示している。同町の巣山古墳・新木山古墳・牧野古墳にも成相墓の伝承がある。

参考文献　池田末則編『大和馬見町史』　(戸原　純一)

おだたかとも　小田孝朝　一三三七—一四一四　南北朝・室町時代前期の武将。常陸国小田城主。讃岐守。父治久の死後、常陸国筑波郡を中心とする所領をうけつぐ。文和三年(一三五四)・四年足利尊氏に従い、近江・京都で戦う。貞治二年(一三六三)鎌倉公方足利基氏の下で芳賀禅可と戦ったというが、信太・田中荘などの旧領を回復したのは応安七年(一三七四)ごろのことである。しかし至徳二年(一三八五)までにこの二荘(南野荘も同一過程をとったとみられる)は没収され、上杉氏の手中に入っており、孝朝と鎌倉府との対立をうかがうことができる。はたして嘉慶元年(一三八七)孝朝は、父小山義政を足利氏満に討たれた小山若犬丸を援けて男体山に籠り、氏満に叛した。氏満は上杉朝宗にこれを攻撃させ、朝宗は翌年まで何回も攻めて、ようやく城を陥した。しかし孝朝は氏満によって許され、小田城を中心とする所領を保った。その後、子息治朝は応永の乱に従軍し、孫持家のとき、小田氏は関東八将の一人になっているが、孝朝は表には現われず、応永二十一年(一四一四)六月十六日没した。七十八歳(一説に七十九歳)。法号宝昌院恵尊覚山。墓は新治郡出島村の宝昌寺にある。孝朝は義堂周信と交わり、「天資嗜文善書」と評せられた(『空華集』)。また和歌をよくし、『新千載和歌集』『新拾遺和歌集』に各一首とられている。復庵宗己を開山とする信太荘大村の瑞雄山崇源寺は、孝朝が建立した寺である。

小田孝朝花押

参考文献　『大日本史料』七ノ二〇、応永二十一年六月十六日条、『茨城県史料』中世編一・二　(網野　善彦)

おたにのかた　小谷の方　?—一五八三　安土桃山時代の女性。名は市、織田信長の妹。永禄十年(一五六七)末か翌年の初めごろ、近江浅井郡小谷城主浅井長政のもとに嫁し、長政が天正元年(一五七三)八月信長に滅ぼされた時城を脱出して織田氏のもとへ帰った。『総見記』によれば、信長は妹という理由でしばらく弟信包に預けた後、清洲城へ移して扶持米を与え、その三人の女とともに

小谷の方画像

に養育したという。そしてお市はのちに織田氏の宿老柴田勝家に嫁すことになった。この再婚は信長の命令であったともいうが、勝家が「縁辺之儀弥其分ニ候」(『南行雑録』所収天正十年十月六日付覚書)と述べているから、羽柴秀吉と申合せのあったことが推測される。おそらく信長の死後、天正十年六月二十七日の清洲会議によって決定したものであろう。そしてこれには、のちに秀吉ならびに織田信雄と対抗した織田信孝の尽力があり、婚儀は信孝の拠点岐阜において行われ、お市はその女とともに勝家の居城越前北庄に起居することとなった。しかし翌十一年、賤ヶ岳の戦において惨敗した勝家と運命をともにし、四月二十四日北庄城において自殺した。秀吉の功業を記した『秀吉事記』には、勝家は城を出るように説得したが、お市はともに自害することを主張したと伝えている。三人の女は秀吉に引き取られ、長女は秀吉の側室(淀殿)、次女は京極高次室(常高院)、三女は徳川秀忠室(崇源院)となった。淀殿の命によって描いた画像(絹本著色浅井長政夫人像、重要文化財)が、高野山持明院に伝えられる。

参考文献　『大日本史料』一一ノ四、天正十一年四月二十四日条、桑田忠親『淀君』(『人物叢書』七)、同『桃山時代の女性』(吉川弘文館『日本歴史叢書』三〇)、高柳光寿「お市の方」(『青史端紅』所収)、奥野高広「織田信長と浅井長政との握手」(『日本歴史』二四八)

(岩沢　愿彦)

おだのぶお　織田信雄　一五五八―一六三〇　安土桃山・江戸時代前期の武将。信長の次子、母は生駒氏。永禄元年(一五五八)尾張国清洲城に生まれる。幼名は茶筅丸、のち三介という。同十二年信長は南伊勢の国司北畠氏を攻め、茶筅丸を北畠具房の養子とし大河内城を譲らせた。元服して名を具豊、ついで信雄と改めた。天正二年(一五七四)従五位下侍従に叙任せられ、翌年具房に代わって国司となり、左近衛権中将に任ぜられた。同二年伊勢長島の一向一揆の平定に参加したのをはじめ、その後雑賀衆徒の討伐、播州征伐、荒木村重の反乱の鎮定などに従ったが、七年石山包囲戦のさなかに勝手に伊賀に出陣したというので、父信長から折檻状をつきつけられた。九年再び兵を出して伊賀を平定し、伊賀三郡を与えられた。本能寺の変に際し、明智光秀の日野城来襲に備えて城主の蒲生賢秀から救援を求められ、近江の土山まで陣を進めたが、光秀が敗死したとの報を得て、伊勢に引きあげた。清洲会議では継嗣の地位を望んで画策したが得られず、継嗣秀信の後見役として清洲城と尾張国を与えられ、従来の伊賀・南伊勢五郡と合わせておよそ百万石を領した。翌十一年織田信孝が羽柴秀吉と事を構えて挙兵すると、信孝を岐阜城に攻め、尾張野間に自刃せしめた。その後ほどなく信雄は秀吉との関係を絶ち、徳川家康と連合して十二年小牧・長久手で秀吉と戦ったが、十一月秀吉と単独で講和を結んで、秀吉に服属した。翌年秀吉の越中征伐にはその先鋒を勤め、官位も従三位権中納言となり、十五年には正二位内大臣に進んだ。十八年の小田原征伐には一万五千の兵を率いて参加し、韮山城の攻略などにあたった。戦後秀吉は家康を関東に移したあと、信雄を家康の旧領に転封しようとしたが、信雄は尾張・伊勢の旧領にとどまることを望んで、秀吉の転封命令を拒んだ。このため秀吉の怒りに触れ、所領を奪われて下野国烏山に配流された。よって信雄は入道して常真と号し、翌年出羽秋田に移った。その後家康の斡旋によって許され、文禄元年(一五九二)朝鮮の役のとき召し出されて肥前名護屋に赴き、相伴衆に加えられた。またその嫡男秀雄には越前大野で五万石が与えられ、信雄は名護屋から引き揚げたあと大坂天満の邸に寓居した。しかし秀吉に含むところ多く、常に家康に心を寄せ、慶長五年(一六〇〇)石田三成が家康討伐の軍を起そうとしたときは、京畿の動静を下野国小山にいる家康のもとに通報し、また同十九年大坂冬の陣に際しては、豊臣秀頼から招かれたが応ぜず、ひそかに家康に通じ大坂を退去し

織田信雄画像(栗原信充『肖像集』)

織田信雄花押

「威加海内」
織田信雄印

て京都に赴いた。大坂の陣が片付くと、元和元年(一六一五)七月家康から大和国宇陀郡で三万石、上野国甘楽・多胡・碓氷の三郡の内で二万石、合わせて五万石を与えられた。寛永七年(一六三〇)四月三十日京都で没し、大徳寺総見院に葬る。七十三歳。法諡は徳源院実巌常真。信雄は茶道を叔父の有楽斎に学び、配流の後は茶を楽しんで暮した。

参考文献 太田牛一『信長公記』(『角川文庫』)、小瀬甫庵『太閤記』(『(改定)史籍集覧』六)、『家忠日記』

(今井林太郎)

おだのぶたか　織田信孝　一五五八―八三　安土桃山時代の武将。信長の第三子、小字を三七あるいは三七郎という。永禄元年(一五五八)生まれる。母は坂氏で、兄の信雄とは異腹の兄弟、しかも兄信雄よりは二十日余り出生が早かったといわれる。信長は同十一年北伊勢を伐って神戸城主神戸具盛を誘降したとき、具盛に子のないのに乗じて信孝をその養子とし、神戸家を嗣がせた。このため神戸信孝ともいう。信孝は天正二年(一五七四)の尾張・伊勢の一向一揆の討伐、翌三年の越前の一向一揆平定、同五年の雑賀衆徒の征伐、翌六年の播州神吉城攻め、さらに荒木村重の有岡城攻略などに参加して功をたてた。この間五年に従五位下に叙して侍従に任ぜられた。十年五月信長から讃岐国を与えられて四国征伐を命ぜられ、摂津住吉浦に赴いて津田信澄・丹羽長秀と出陣の準備を進めていた。たまたま本能寺の変報に接して大坂に引きあげ、明智光秀の聟で、光秀と気脈を通じていると思われた津田信澄を殺害した。ついで光秀討伐のため姫路から攻め上る羽柴秀吉の軍と六月十三日摂津富田で落ち合い、相携えて山崎に進み、光秀の軍を撃破した。ついで美濃・尾張に入って光秀の残党を平げ、信長の後嗣を決める清洲会議に臨んだ。信孝は兄信雄と継嗣を争い柴田勝家と結んでその実現をはかったが、秀吉によって却けられ、秀吉の推す信長の嫡男信忠の子三法師(のちの秀信)が後嗣に決まり、信孝は三法師の補佐役として岐阜城と美濃国を与えられた。このため信孝ならびに勝家は秀吉の処置をうらみ、秀吉の討伐に共同戦線をはった秀吉は清洲会議の決定にもとづいて信孝に岐阜城にある三法師を安土に移すことを求めたが、信孝は柴田勝家・滝川一益とはかってその申出を拒絶し、中国の吉川元春とも盟約を結んで挙兵の準備を進めた。たまたま冬に向かい、北国は雪が深く、勝家の出陣が不可能であったため、戦端を開くことを見合せた。この年十二月秀吉は機先を制して美濃に入って信孝を岐阜城に囲んだので、信孝は三法師を引き渡すとともに、老母と娘を質として秀吉に和を請うた。翌年二月秀吉が一益を伊勢に攻め、ついで勝家の軍を迎え撃つため近江に軍を進めると、信孝は四国の長宗我部元親と連繫をとって、再び岐阜城に挙兵した。このため秀吉は織田信雄をして岐阜城の攻略にあたらせたが、信孝は勝家が越前で敗死した報を得て意気沮喪し、城兵の将士も離散したので、信雄のすすめに従って城を開き、尾張知多郡内海に移った。そして五月二日野間の大御堂寺において自刃した。なお自刃の日時については詳らかでなく、『北畠物語』では四月二十九日としている。時に年二十六。法諡は高巌徳公。

参考文献 『大日本史料』一一ノ四、天正十一年五月二日条、『織田家雑録』

(今井　林太郎)

おだのぶただ　織田信忠　一五五八―八二　安土桃山時代の武将。信長の長子。母は生駒氏。弘治三年(一五五七)尾張清洲城に生まれる。小字は奇妙丸、長じて菅九郎と称した。元亀三年(一五七二)正月岐阜城において元服し、七月父信長に従って浅井長政を近江の小谷城に攻めたのが初陣で、以後各地に転戦して軍功を立てた。天正二年(一五七二)伊勢長島の一向一揆の討伐には東の市江口の大将を勤め、翌年には長篠の戦に参加して勝利を収め、その余勢をかって武田氏の属城である美濃の岩村城を攻略して守将秋山信友を虜にした。その功によって十一月秋田城介に任ぜられ、翌四年正月には従四位下に進み、信長がこの年安土に城を築いて移ると、岐阜城主として尾・濃二州を譲られた。同五年の春には紀伊の雑賀衆徒を討ち、その秋には信長に反旗を翻した松永久秀を大和信貴山城に攻めて滅ぼし、松永攻めの功によって十月従三位左近衛権中将に叙任せられた。翌六年には中国筋で苦戦する羽柴秀吉を救援するため、佐久間信盛・滝川一益・丹羽長秀らの諸将を率いて播磨に入り、神吉・志方の両城を陥れ、また大坂本願寺一揆の討伐、荒木村重の有岡城の攻略にあたった。同十年二月信長が武田勝頼討伐の大軍を発すると、信忠は先陣として尾・濃二州の兵を率いて木曾口・岩村口の二手から信州伊奈郡に進撃し、松尾・飯田・大島・高遠の諸城を降し、上諏訪より甲府に攻め入って勝頼を天目山に滅ぼした。信忠は武田

織田信孝花押

「弌剣平天下」

「信孝」
織田信孝印

織田信忠花押

織田信忠画像

氏の一族余党を厳しく捜索し、甲斐の恵林《えりん》寺の長老快川紹喜が六角次郎らをかくまっているという理由で、恵林寺の快川はじめ寺僧百五十余人を焼き殺した。ついで羽柴秀吉の救援の求めに応じ、信長が中国の毛利征伐に出陣するにあたり、信忠は五月二十一日京見物に赴く徳川家康とともに上洛し、妙覚寺に館した。六月二日の早朝、明智光秀が信長を本能寺に襲撃したことを知ると、急ぎ救援に馳せつけようとしたが、すでに本能寺が焼け落ちたので、二条御所に入り、誠仁親王および皇孫を禁中に移して光秀の軍を防いだ。しかし衆寡敵せず信忠は自刃して果てた。時に年二十六。大徳寺に葬る。法諡は大雲院仙巌。

参考文献　太田牛一『信長公記』(『角川文庫』)、『当代記』(『史籍雑纂』二)　(今井林太郎)

おだのぶなが　織田信長　一五三四―八二　戦国・安土桃山時代の武将。幼名を吉法師といい、天文三年(一五三四)尾張那古野城に生まれる。父は尾張下四郡を支配する清洲城の織田家の家老織田弾正忠信秀。同十五年元服して織田三郎信長と名乗り、同二十年信秀が死ぬと、十八歳で家をつぎ、みずから上総介と称した。若いころ好んで異様な風体をし、粗暴な振舞が多かったので「大うつけ者」の評判が高く、傅の平手政秀は死をもって諫めた。信長も深く悔悟し、政秀の死をいたんで、政秀寺を建て、菩提を弔った。信長は国内の反対勢力を一掃するため、まず松葉・深田両城の織田氏を降し、ついで弘治元年(一五五五)四月清洲城の織田信友を滅ぼして、清洲城に本拠を移した。さらに信長に反逆を企てた弟信行を誘殺し、永禄二年(一五五九)の春には岩倉城の織田信賢を降して、ほぼ尾張一国をその支配下に収めた。その翌年駿・遠・参三ヵ国の大軍を擁して西上する今川義元を、桶狭間に奇襲してこれを倒し、一躍武名を揚げた。ついで五年今川氏の支配から脱した三河の松平元康(のちの徳川家康)と盟約を結び、元康に東方の防衛を委ねて、信長は西方進出を図り、美濃攻略を開始した。このため翌年小牧山に居城を移し、同十年八月斎藤竜興を井ノ口城に攻めて降した。信長は本拠を小牧山からここに移して、岐阜と改め、有名な「天下布武」の朱印もこのころから使い始めた。その印文は僧沢彦に選ばせたもので、信長の武力統一に対する抱負を現わしたのである。岐阜はその後安土に城を築くまで約十年間、全国統一を推進する策源地になり、その城下町加納は楽市に指定せられた。岐阜に進出した信長のもとに、正親町天皇から尾張・美濃にある御料地の回復を委嘱し、信長のことを「古今無双の名将」とほめたたえた綸旨が届けられ、これと相前後して前将軍足利義輝の弟義昭から室町幕府の再興について依頼をうけた。上洛の決意を固めた信長は、十一年九月七日岐阜をたち、近江の六角義賢を観音寺城に攻めて九月二十六日義昭を擁して上京、さっそく幕府を再興して義昭を将軍職につけた。しかしほどなく信長が政治上の実権を握り、義昭の権限を制約する態度に出たので、両者の関係は急速に悪化し、義昭は浅井・朝倉・武田の諸氏や本願寺などを誘って、反信長戦線の結成を策した。この策謀は元亀元年(一五七〇)信長が越前の朝倉征伐を開始したのをきっかけに具体化し、信長は苦境に陥った。しかし信長は徳川家康の応援を得て姉川に浅井・朝倉の連合軍を打ち破り、ついで摂津に転戦して三好党ならびに一向宗徒と戦った。その間に浅井・朝倉は勢力をもり返して近江に進出し、延暦寺の僧徒もこれに加担した。このため信長は翌年延暦寺を包囲して一山を焼き払い、天正元年(一五七三)には将軍義昭を河内の若江城に追放して、室町幕府を倒した。ついで越前一乗谷に攻め込んで朝倉義景を自刃させ、さらに小谷城を陥れて浅井長政を滅ぼした。信長を最も苦しめたのは一向一揆であって、顕如の指令で近江・伊勢・越前・加賀の各地で一向宗徒が蜂起した。近江の一揆は浅井・朝倉と一体となって戦闘に参加したが、浅井・朝倉が滅亡すると急速に衰えた。伊勢の長島一揆は信長の弟信興を小木江城に攻め殺し、勢いすこぶる盛んであったが、信長は前後三回にわたって討伐し、天正二年完全に制圧した。越前の一向宗徒は朝倉氏の滅亡後も信長に反抗し、信長の守兵を越前から追放して一国をその支配下においた。このため信長は三年八月越前に進撃して、一向宗徒を徹底的に討滅し、さらに加賀に入って能美・江沼両郡の一揆を討ち、越前を腹心の柴田勝家にあたえて北庄に据え、北国の押えとした。これよりさき浅井・朝倉の動きに呼応して、甲斐の武田信玄は元亀三年三万の大軍を率いて遠江に攻め入り・家康・信長の連合軍を三方原に敗走させ、三河に進出した。しかし信玄は翌年四月病没し、その子勝頼が天正三年再び三河に進出し、長篠城を包囲したが、信長は家康を援けて設楽原に陣を布き、鉄砲隊を活用して武田勢に致命的な打撃を与えた。翌四年信長は将来の飛躍に備えて、近江の安土に居城を築いて移った。七層造りの天守閣をもつ本格的な近世城郭であって、その豪華さは人々の眼を驚かせた。城下町の整備も積極的に進め、同五年に城下町の掟十三ヵ条を公布して、楽市とするとともに種々の特権を与えて商人の誘致をはかった。安土城に移った信長は、官位もしきりに進み、権大納言兼右近衛大将から内大臣に進み、さらに同年には右

織田信長花押

大臣、その翌年には正二位に叙せられた。信長にとって当面の敵は、石山本願寺と、これと連繋して信長の挟撃を策する越後の上杉謙信、中国の毛利輝元であった。信長は石山本願寺の攻囲を続ける一方、羽柴秀吉を中国経略の総指揮官に抜擢して毛利氏にあたらせた。この間に大和の松永久秀の反乱があり、それが五年十月に片付くと、六年二月に三木城の別所長治、ついで同十月に有岡城の荒木村重が反旗を翻し、信長は苦戦を強いられた。幸い大挙西上の構えを見せた謙信が、六年三月出陣を控えて急逝し、北からの脅威が去り、七年九月には有岡城が陥り、さらに翌年正月に三木城も落城した。石山城も毛利水軍による食糧の補給を、織田の水軍に阻まれて次第に窮地に陥り、顕如はついに八年閏三月石山城を信長に明け渡して紀伊鷺森に立ち退いた。かくて畿内もようやく平静に帰したので、十年二月甲斐に出兵して武田勝頼を滅ぼし、信濃・甲斐・駿河・上野の諸国を支配下に収めた。中国筋の経略にあたった秀吉は、山陰道方面では但馬から因幡に進出して鳥取城を陥れ、山陽道方面では播磨・備前・美作を攻略して備中に入り、同年五月高松城を包囲して毛利勢と対峙し、信長に救援を求めた。信長は毛利氏と決戦を試みるため、五月二十九日安土城をたって上洛し、本能寺に泊ったが、六月二日の未明、明智光秀の襲撃を受けて自刃した。時に年四十九歳、大徳寺に葬る。法諡は総見院泰巌安公。死後太政大臣従一位を追贈された。信長は仏教に対しては、比叡山の焼打ちに見られるようにかなりはげしい弾圧を加えたが、耶蘇教に対しては好意的な態度を示した。永禄十二年宣教師ルイス=フロイスの要請を容れて布教許可の朱印状を与え、また天正三年から始まった京都の教会堂の建立には、土地と資財を寄付して援助した。いわゆる南蛮寺で、京都の名所の一つとなった。さらに同八年には安土の城下町に土地を与えて教会堂を建設させ、また翌年には神学校の設立を認めて、その建設費を寄付した。信長が耶蘇教に好意を示したのは仏教排撃のため、政策的にその信仰を援助したという以外に、宣教師たちを通じて知らされた未知の世界と西洋文化に対して大きな興味と関心を抱いたためといえよう。したがって耶蘇教の教義については宣教師の報告によると、信長はデウスも霊魂不滅も信じなかったという。また信長は武力征服と並行して、集権的な封建体制を築くため、新しい政策をつぎつぎと実施した。まずその基盤となる土地と農民を把握するために、上洛以後近江をはじめ各地に検地を行い、古い荘園制に基づく土地関係を解体して、新しく信長の朱印状をもって家臣や公家・社寺に対して所領を給与した。これによって荘園に依拠して権力を振るっていた公家・社寺はその権威を失った。他方支配圏を拡大維持するためには、狭い割拠的な地域経済を打破して商品流通圏の拡大をはかる必要があった。このため道路の整備、関所の撤廃、楽市の設置、座の廃止、通貨基準の設定などを行い、商品経済の発達を促進するとともに堺など都市の豪商との結び付きを深めた。こうした信長政権の性格、歴史的位置付けについては見解が分かれ、次のようないくつかの説が出されている。その一つは封建制再編成論といわれるもので、変質・解体途上にある中世的封建制を再編成して、近世的封建制への転換を推進した政権であるとする説である。これに対し中世は荘園制に依拠する体制で封建制とは質を異にするものであり、封建制は荘

「天下布武」

「天下布武」

「天下布武」

「天下布武」

「宝」

織田信長印

織田信長画像(狩野元秀筆)

園制の内部から成長をとげた在地領主制を基盤として徐々に発達し、信長によって確立の基礎がおかれたのであって、その意味で信長政権は純粋封建制を成立させた権力であるとする。また商業資本との結び付きを重視してフランスの封建王政確立期に相当する政権だとする説や、そのほか初期絶対主義の政権だとする説がある。しかもこれらの説は多くの場合、信長政権を秀吉政権と一括して捉え、ひとしく近世封建制を指向する政権として考えているが、最近信長政権と秀吉政権とは異質のものであり、信長政権は本質的には一般の戦国大名と同じ基盤に立つものであって、中世の最終的政権であるとする見解が出されている。

参考文献　太田牛一『信長公記』(『角川文庫』)、同『原本信長記』、『当代記』(『史籍雑纂』二)、奥野高広『織田信長文書の研究』、同『信長と秀吉』(『日本歴史新書』)、田中義成『織田時代史』、桑田忠親『織田信長』(『角川新書』一九二)、今井林太郎『織田信長』、鈴木良一『織田信長』(『岩波新書』青六四九)、松田毅一『南蛮史料の発見』(『中公新書』五一)　(今井林太郎)

おだのぶひで　織田信秀　一五一一―五二　戦国時代の武将。通称三郎。はじめ弾正忠を称し晩年備後守と改めた。弾正忠信定の子として永正八年(一五一一)に生まれる。信秀の家は清洲に居した尾張守護代織田大和守家に仕える庶流の家筋で三奉行の一員。信定は海東郡勝幡《しょばた》(愛知県稲沢市平和町大字六輪と愛西市佐織町大字勝幡にまたがる地)に築城して尾張西南部をおさえた。なかでも津島社の門前町・港町として栄えた津島を支配したことは信秀の台頭の基盤となった。信秀は天文元年(一五三二)守護代大和守達勝および三奉行の一人である小田井城主織田藤左衛門と戦い、やがて和睦している。これは守護代の統制から自立しつつあることを示している。同七年ごろ今川氏豊の那古野城を奪い、ここに移る。九年三河松平氏の内紛に乗じて西三河の安祥城を攻略。十一年三河松平氏を支配下におさめた今川氏の軍と岡崎郊外の小豆坂に戦い、これを破って西三河を席捲。同年九月および十六年に美濃に斎藤道三を攻め、稲葉城下まで迫って敗れ、弟与次郎以下多くの戦死者を出したが、翌十七年道三の女濃姫を子信長に娶って和議を結んだ。一方三河では同年再び今川義元と小豆坂に戦い、今度は敗れ、翌年安祥城も陥落した。この時織田信広と松平竹千代(家康)の人質交換が行われた。国内ではこれより以前、那古野城を信長に譲って熱田の北、古渡に城を築き、ついで同十七年東部の末盛に移り尾張南部の地固めを行った。しかし彼は国内勢力を打倒せず温存したまま外部に進出していたので、彼の没後支配は瓦解、離反するものが続出した。彼はまた伝統と古い権威を尊重する人で、天文十年伊勢外宮に銭七百貫文、同十二年に内裏築地修理料として四千貫文を献上。二十一年三月三日末盛城で没した。四十二歳。法名桃巌道見。墓は彼が生前建立した万松寺(名古屋市中区大須)にあり、また桃巌寺(同市千種区四谷通)にも別墓がある。信秀の没年については天文十八年説(『享禄以来年代記』)、二十年説(『張州府志』『総見記』)、二十一年説(『愛知県史』『定光寺本年代記』)などがある。

織田信秀花押

織田信秀像

参考文献　太田牛一『信長公記』(『角川文庫』)、尾張武揚社編『尾張武人物語』　(新井喜久夫)

おだはるひさ　小田治久　一二八三―一三五二　鎌倉・南北朝時代の武将。貞宗の子として弘安六年（一二八三）に生まれる。初名は高知。尾張権守、宮内権少輔となる。北条氏一門に圧迫されていた小田氏は、貞宗とその弟知貞の対立などによってさらに勢力を削がれ、鎌倉時代末期には常陸国の守護職も失い、筑波郡および北郡の諸郷を保つのみであった。高知は嘉暦二年（一三二七）幕府の命により父に代って陸奥の安東氏の乱を平定、翌年、鎌倉に帰っている。元弘の乱では常陸に流された万里小路藤房を預けられ、幕府が滅亡するや、いちはやく藤房を連れて上洛し、新政府に従った。新政府が彼をどのように遇したか明証はないが、治久と改名したのはこの時期と思われ、おそらく北条氏によって没収された常陸国守護職も、再びその手に帰したが、旧領はほとんど足利氏の手中に入ったものと思われる。建武二年（一三三五）新政府に叛した足利尊氏が佐竹氏を常陸の守護としたのにたいし、治久がただちに新政府側に立っている点からも、そのように推定できる。同三年（延元元）治久は広橋経泰とともに楠木正家の瓜連城を援け、花房山・大方河原などで戦い、同四年三月には小田城から国府周辺に進出、十月には奥州から常陸に入った春日顕国とともに南部大枝・小河郷で佐竹氏と戦った。暦応元年（延元三、一三三八）北畠親房を小田城に迎えてからは、関東の南軍の中心として高師冬と戦いつづけた。同四年（興国二）五月以降、師冬軍の小田城来攻を迎えて戦ったが、十一月師冬に降り、翌年には師冬に従って南軍の残る拠点、関・大宝城を攻めた。しかし守護職も、北郡・信太荘・田中荘などの旧領も、佐竹氏や尊氏・師冬の手中におかれて治久の手には返らず、観応擾乱後も事態は変わらなかった。治久はその後、常陸介となり、文和元年（正平七、一三五二）尊氏の命で入京した。源氏への改姓を尊氏から許され、左近衛中将となったともいわれ、尊氏との関係はよかったとみられるが、鎌倉時代の小田氏の勢威をついに回復せぬまま、文和元年十二月十一日没した。七十歳。法号は妙光院索淮覚翁。

参考文献　『大日本史料』六ノ一七、文和元年十二月十一日条、『茨城県史料』中世編一・二、横井金男『北畠親房文書輯考』　（網野　善彦）

小田治久画像

おだひでのぶ　織田秀信　一五八〇―一六〇五　安土桃山時代の武将。信忠の長子。天正八年（一五八〇）岐阜城に生まれ、幼名を三法師という。信忠は同十年六月本能寺の変にあい、二条御所で自害する直前、前田玄以に遺命して秀信を託し、玄以は秀信を清洲城に移して守護した。清洲会議の結果、羽柴秀吉に推されて織田家の継嗣に決められ、安土城に移ることになったが、織田信孝は安土へ移すことに反対して岐阜城にとどめた。秀吉は岐阜城を攻めて秀信を引き取り、安土に移して織田信雄に後見させた。その後秀信は岐阜に移り、秀吉から諱の字を与えられて秀信と名乗り、従四位下侍従に叙任された。文禄元年（一五九二）岐阜城主となって十三万石を領し、慶長元年（一五九六）従三位権中納言に進んだ。同五年関ヶ原の戦には、石田三成の誘いに応じて西軍に加担し、東軍を木曾川に防いだが、敗れて岐阜城に籠城した。城は福島正則・池田輝政らの攻撃を受けて八月陥り、秀信は自刃しようとしたが、正則に止められて降り、加納の円徳寺に入って剃髪した。その後高野山に幽居し、慶長十年五月八日病死した。二十六歳。法諡は大善院圭巌松貞。

織田秀信花押

織田秀信画像

参考文献　『大日本史料』一二ノ三、慶長十年五月八日条、小瀬甫庵『太閤記』(『(改定)史籍集覧』六)、板坂卜斎『慶長年中卜斎記』(同二六)、『関ヶ原合戦記』

（今井林太郎）

おちいえひで　越智家栄　?—一五〇〇　室町時代後期の武将。大和国の有力国人。春日社国民。高市郡高取城を本拠に、南大和に隠然たる勢力を確立した。古市氏と連携し、北大和の筒井氏と対立し、多くの土豪を配下に従え、興福寺領荘園を侵略、河内守護畠山氏や中央政界とも結んで活発な政治行動を展開した。畿内国人領主の典型といえる。畠山家の政長と義就との分裂に際し、一貫して義就方に属して、積極的に援助した。応仁の乱には、西軍による南朝後裔の奉戴に活躍、自身上洛したこともあり、河内国にも転戦した。和泉守護を望んだともいわれる。応仁の乱後、義就の河内国下向により、筒井氏を押えて大和国に覇権を確立、以後家栄の全盛時代となる。明応二年(一四九三)将軍足利義材の発向によりいったん没落しかけるが、細川政元に属し、義材失脚ののち、衆徒国民を「主従の如く」に召しつれて上洛している。官は弾正忠・伊賀守、晩年は修理大夫。『大乗院寺社雑事記』によれば、明応九年二月二十七日没。ただし雑事記はこの前後越智関係の記事に混乱がある。

（熱田　公）

おちのひろえ　越智広江　生没年不詳　奈良時代の宿儒。越知とも。姓は直《なお》。養老四年(七二〇)二月当時大学明法博士、同五年正月退朝の後東宮侍講。時に正六位上。同月明経第一博士として賞学賜物。同七年正月従五位下。神亀三年(七二六)後ほどなく没したか。『懐風藻』に従五位下刑部少輔とあり、五言四句詩一首を残す。

（中西　進）

おづきのすえつぐ　小槻季継　一一九二—一二四四　鎌倉時代中期の官人。没年から逆算すると建久三年(一一九二)の誕生で、算博士公尚の子、官務広房の孫である。元仁元年(一二二四)小槻(壬生)国宗の死後をうけて官務となってから二十一年間にわたり在職し、その間正五位上に昇り、紀伊守・筑前守などを兼ね、また九条家にも仕え、大宮官務家の基礎を固めた。寛元二年(一二四四)九月二十七日病没。五十三歳。なお『左大史小槻季継記』の名で世に流布する記録は、実は季継の男秀氏の記である。

小槻季継花押

参考文献　『大日本史料』五ノ一八、寛元二年九月二十七日条

（橋本　義彦）

おづきのたかもと　小槻隆職　一一三五—九八　平安時代後期の官人。没年から逆算すると保延元年(一一三五)の誕生で、左大史政重の三男である。永万元年(一一六五)兄永業の死後をうけて官務となり、治承四年(一一八〇)伊賀守を兼任、翌年修理大仏長官を兼ねたが、文治元年(一一八五)源義経らの奏請した源頼朝追討宣旨の奉行の責任を問われて、頼朝の申入れにより解任された。しかし建久二年(一一九一)後白河院の指示によって官務に再任され、記録所寄人にも補されたが、同九年病を得るに及び、その子国宗に所職を譲ることを請うて許され、その年十月二十九日没した。六十四歳。時に正五位上で、穀倉院別当を兼ねていた。前後あわせて三十年に近い官務在職中、太政官における官務の地位を確立する一方、官中文書の保全を図り、太政官関係の所領を開発してその知行権を子孫に伝え、小槻氏、とりわけ壬生官務家の基礎を固めた。

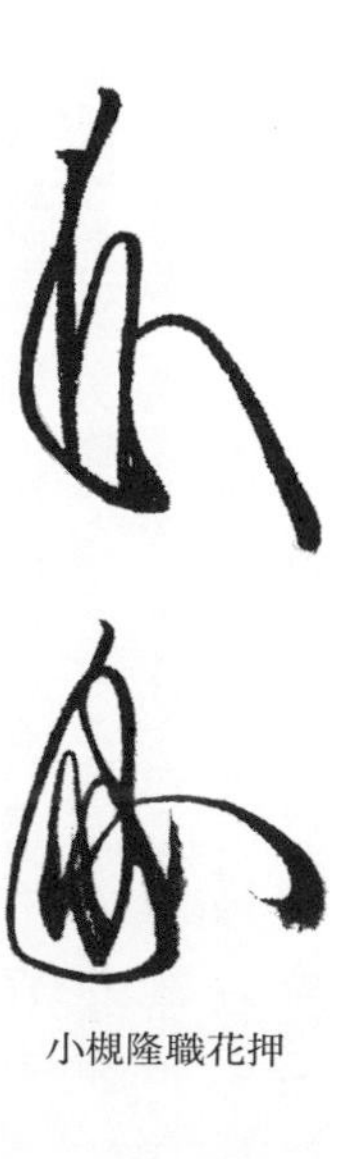

小槻隆職花押

参考文献　『大日本史料』四ノ五、建久九年十月二十九日条

（橋本　義彦）

おづきのともちか　小槻奉親　九六三—一〇二四　平安時代中期の官人。出家時の年齢から逆算すると応和三年(九六三)の誕生で、父は従四位下算博士忠臣である。正

暦元年（九九〇）右少史とみえるのをはじめとして、翌年には右大史に進み、長徳元年（九九五）外従五位下左大史とみえ、程なく多米国平のあとをうけて大夫史（のち官務という）となった。ついで長保元年（九九九）穀倉院別当を兼ね、さらに淡路守に任じたが、寛弘八年（一〇一一）正月任国より帰京の途上、比叡山横河に登って出家し、年来の望みをとげた。時に年四十九、正五位下左大史兼算博士淡路守であった。その死没の年時は詳らかでないが、『小右記』万寿元年（一〇二四）十二月二十六日条の記述により、この日の数日前に六十二歳で没したものと推定される。その後小槻氏は、孝信・祐俊・政重らの努力によって算道家から官務家へ成長をとげたが、特に奉親を初代の官務として尊んでいる。

参考文献 橋本義彦「官務家小槻氏の成立とその性格」（『平安貴族社会の研究』所収） （橋本 義彦）

おづきのながおき 小槻長興 ⇨大宮長興《おおみやながおき》

おづきのひろふさ 小槻広房 ?―一二〇二 鎌倉時代前期の官人。大宮官務家の始祖。父は左大史永業。仁安元年（一一六六）右大史とみえるのをはじめ、嘉応元年（一一六九）には算博士とみえ、同年亡父の春日行幸事賞により従五位上に叙され、治承二年（一一七八）には正五位下に進み、また主税権助や日向守などを歴任した。文治元年（一一八五）叔父の官務隆職が解官されたあとをうけて左大史に任ぜられ、官務となったが、建久二年（一一九一）隆職の復職によりその地位を失った。ついで河内守に任ぜられたが、同七年任を去り、また同九年隆職の病が重くなると、再び官務の地位を望んだが果たさなかった。しかしその間隆職と並んで記録所寄人となり、さらに同所勾当に補されて、建仁元年（一二〇一）には記録所勾当・玄蕃頭であったことが『東大寺文書』にみえる。『小槻氏系図』には同二年出家して房蓮と称し、その年没したと載せている。 （橋本 義彦）

小槻広房花押

おとたちばなひめ 弟橘媛 日本武尊（倭建命）の妃。『日本書紀』景行天皇四十年条は穂積氏忍山宿禰の女とする。『古事記』は倭建命の后とし、出自を記さない。『日本書紀』の伝は『古事記』成務天皇段に、穂積臣らの祖建忍山垂根の女弟財郎女を娶り、和訶奴気王を生んだとある弟財郎女の名を訛伝《かでん》したものと考えるべきか。日本武尊が馳水（走水）の海をわたるとき、船が暴風のために漂蕩した際、媛が犠牲となって入水し、渡の神の心を鎮めたので、尊は無事渡海し、使命を遂行できたという説話（『古事記』『日本書紀』）がある。『常陸国風土記』には倭武天皇の皇后として大橘比売命の名を伝える。 （川副 武胤）

おののいもこ 小野妹子 生没年不詳 推古朝の廷臣。姓《かばね》は臣。推古天皇十五年（六〇七）遣隋使として海を渡る。時に大礼冠（十二階冠位の第五階）。「日出づる処の天子（下略）」（原漢文）という国書を携行した（『隋書』）。隋では蘇因高と呼ばれた。翌年隋使裴世清《はいせいせい》を伴って帰朝。途中百済で返書を奪われたと報告したが、その罪を赦され、同年再度の渡海を命じられた。そこで裴世清の帰国を送り、同時に僧旻《そうみん》・高向玄理《たかむこのげんり》・南淵請安《みなぶちのしょうあん》ら学問僧・留学生八人を伴って出発。小使は吉士雄成《きしのおなり》、通事は鞍作福利《くらつくりのふくり》、同十七年帰国。その後、大徳冠（第一階）に昇進したらしい（『続日本紀』等）ことのほかは一切消息不明。子は毛人《えみし》（墓誌現存）、孫は中納言毛野《けの》。 （黛 弘道）

おののおつう 小野お通 『浄瑠璃物語』（十二段草子）』の作者といわれる女性。『浄瑠璃物語』は本来東海道の矢作《やはぎ》の宿の遊女の間で行われた物語で、康正元年（一四五五）以前から女性の語り手によって育成され、長い間に編集や改訂が何度も行われたと考えられる。したがってはじめて作ったのはだれか、改作したのはだれかということはもちろんわからない。ただ比丘尼《びくに》とか巫女《みこ》に類する人々が関係したので、神職と関係の深い小野お通の名がいつのまにか伝えられるようになったのであろう。近世に入ってからはお通を特定の人物に擬するため、いろんな説が生まれた。織田信長、あるいは豊臣秀吉、あるいは秀吉の御台の侍女という説もある。また塩川志摩という者の妻となって一女をもうけたが、離別の後東福門院に仕え、そのころ門院の仰せにより『浄瑠璃物語』を作ったという説もある。いずれもお通が非常に聡明で、詩歌・管絃・書画などに秀でた才女であったという点では一致している。しかし柳亭種彦が『足薪翁の記』や『還魂紙料』で指摘したように、浄瑠璃はこの時代よりはるか以前に行われていたのであるから、右の諸説はすべて誤りである。また語り物の性質からいって改作者と見ることもできない。『浄瑠璃物語』の作者ということにこだわらなければ、たとえば小野正秀の娘で、歌を九条稙通に学び、秀吉の夫人杉原氏に仕えたというお通は、物語作者にふさわしい女性である。また美作国津山城の東、押入下村の岸本彦兵衛の娘で、五歳で歌を詠み、七歳で機を織り、技芸典籍何一つとして暗からぬ才媛であったというお通（『東作誌』）も、それにふさわしい女性であろう。近世初めのころ、新興の浄瑠璃はいくらかいやしめられたが、これを尊くするために、その創作者を当時の権力者に近い実在の才女に当てようとして、いろんな謬説が作り出されたのであろう。それは歌舞伎における名古屋山三郎と同様で、山三郎は秀吉に近い人物であったが歌舞伎の創始者のようにいわれた。

参考文献 『大日本史料』一二ノ一四、慶長十九年九月二十一日条、斎藤幸成編『声曲類纂』（『岩波文庫』）、柳田国男『妹の力』（『定本柳田国男集』九）、同『女性と民間伝承』（同八）、高柳光寿「安土桃山時代の風俗」（『高柳光寿史学論文集』上所収） （室木弥太郎）

おののこうたいごう　小野皇太后　⇩藤原歓子《ふじわらのかんし》

おののこまち　小野小町　生没年不詳　平安時代前期(仁明・文徳・清和天皇のころ)の女流歌人。六歌仙・三十六歌仙の一人。出羽国の郡司良真の女、篁《たかむら》の孫、美材《よしき》・好古《よしふる》らの従妹(『小野氏系図』)、あるいは良真は良実に作り、また一説には当澄・常澄・正澄ともいい、その他諸説が多いがいずれも確定としがたい。小町の名は『古今和歌集』中の三条町・三国町の二女性と同様、宮中の局町に住む女房、姉の小野町(ただしこの呼称の事実はない)に対し妹のゆえに小町と称したともいい、あるいは出羽郡司の女であるとするところから、小町は采女《うねめ》の総称で固有名詞ではなく、複数の小町がいたとする説もあり、よって小町の生誕や終焉の地も、全国的に散在している。『古今和歌集』『後撰和歌集』に小町の姉や小町の孫の名がみえ、親族のあることがわかるが閲歴は未詳である。しかもすぐれた歌人であり美人であり、不幸な生涯を終えたと推定されるところから、平安時代末期以来幾多の伝説が付会された。歌人としての小町は、文屋康秀・遍照・凡河内躬恒・安倍清行・小野貞樹らと歌を贈答しており、その中には恋愛関係の推定されるものもあり、『小町集』によれば「やむごとなき」高貴な人との関係もあったことが知られる。勅撰集には『古今和歌集』十八首、『後撰和歌集』四首、『新古今和歌集』六首、以後に約三十八首、合計約六十六首入集し、私撰集には『新撰和歌集』五首、その他がみえ、他に伝説的に小町の作とされている歌が数首ある。家集に『小町集』があり百十余首を収めるが、後人が諸書より集めたものらしく、偽作や他人の作も混入している。真正の小町の歌は『古今和歌集』以下の勅撰集所収歌を中心に求めるべきである。歌は恋歌が多数を占め、それ以外の作も恋愛的人生的感慨の濃いのが特色である。紀貫之は『古今和歌集』の序で「あはれなるやうにて強からず、いはばよき女の悩めるところあるに似たり」と評した。在原業平と好一対をなす歌人で、王朝女流文学の先駆的役割をなした意義は大きい。

参考文献　本居内遠『小野小町の考』(『本居内遠全集』)、黒岩涙香『小野小町論』、前田善子『小野小町』(『国文学評伝叢書』)、目崎徳衛『在原業平・小野小町』、横田幸哉『小野小町伝記研究』、片桐洋一『小野小町追跡』、小林茂美『小野小町攷』、錦仁『小町伝説の誕生』

(青木　生子)

おののそうじょう　小野僧正　⇩仁海《にんかい》

おののたかむら　小野篁　八〇二―五二　平安時代前期の公卿、文人。最高官位が参議であったため、野相公《やしょうこう》あるいは野宰相と呼ばれた。延暦二十一年(八〇二)生まれる。父の小野岑守は勅撰漢詩集『凌雲集』の撰者。篁もすぐれた詩人として有名である。ただし『本朝書籍目録』は『野相公集』五巻の存在を伝えるが、今はなく『経国集』『扶桑集』『本朝文粋』『和漢朗詠集』にわずかな作品を伝えるだけである。『文徳実録』によれば、少年時代は乗馬にのみ専心して学問を顧みなかったので、父に似ぬ子だと嵯峨天皇を嘆かせたが、それを聞いた篁は大いに慚愧し、以後学問に専心したという。その結果か、弘仁十三年(八二二)文章生、天長十年(九三三)東宮学士となり『令義解』の撰修に加わり、承和元年(八三四)には遣唐副使を命ぜられた。しかし二度の出発はともに難船して失敗。同五年には大使藤原常嗣と仲違いをし病と称して乗船せず、嵯峨上皇の怒りを受けて隠岐へ流された。七年帰京を許され、嵯峨上皇の特別のお声がかりで本爵に復した。十四年参議になったが、仁寿二年(八五二)十二月二十二日に没した。五十一歳。和歌にもすぐれ、『古今和歌集』には六首とられている。『小野篁集』はその歌集であるが、叙述法は物語的で、『篁物語』とも呼ばれている。平安時代中期以降の成立か。『新古今和歌集』以後の勅撰集にみられる篁の歌はこれからとったもので篁の真作ではあるまい。また『今昔物語集』『宇治拾遺物語』『十訓抄』『江談抄』などには、篁のすぐれた学才を示す説話が種々伝わっている。

(片桐　洋一)

おののたもり　小野田守　生没年不詳　奈良時代の官人。姓《かばね》は朝臣。天平十九年(七四七)正月正六位上より従五位下、天平勝宝元年(七四九)閏五月大宰少弐、同五年二月遣新羅大使。新羅の無礼をもって事を行わず帰った。翌六年四月大宰少弐再任、同八歳五月聖武天皇大葬の山作司、六月ころ左少弁か。天平宝字元年(七五七)刑部少輔、翌二年二月以後遣渤海大使、大伴家持らの餞宴をうける。九月帰朝、十月従五位上、十二月には唐の安禄山の乱を朝廷に奏上し、大宰府の備えを固めしめた。『万葉集』に名をみる。

(中西　進)

おののつねえだ　小野恒柯　八〇八―六〇　平安時代前期の学儒、名筆。大同三年(八〇八)生まる。祖父永見は『凌雲集』の詩人、征夷副将軍。父は出羽守滝雄。篁はその従兄にあたる。恒柯は好学で文才があり、草書・隷書に秀でた。承和二年(八三五)少内記、ついで大内記・式部大丞。同八年来朝の渤海客賀福延らの存問領客使となる。同十一年大宰少弐となり、筑前守と争論して滋野貞主に批判された。次に右少弁・播磨守。そっけない性格で人から誤解されやすかったが、一代の名筆とうたわれ、その筆跡は人々から愛重せられた。貞観二年(八六〇)五月十八日散位従五位上で没した。五十三歳。

(川口　久雄)

おののとうふう　小野道風　⇩おののみちかぜ

おののはるかぜ　小野春風　生没年不詳　九世紀前半の廷臣。従五位上石雄の子として武門の家に生まれた。陸奥権守などになった春枝の弟で驍勇抜群、ことに元慶の乱で力を発揮したが、歌才もあり『古今和歌集』に作歌二首がある。貞観十二年(八七〇)従五位下対馬守となり、甲冑の機能を補うため「保侶衣」千領と、軍粮補給を便利にするため納糒帯袋千枚を調布で作ることを奏請許可され、間もなく肥前権介を兼ねた。やがて左近衛将監に

なったが、讒言をうけて免官家居していた。元慶二年(八七八)秋田城下に叛夷の乱がおこるや、難局打開のため摂政藤原基経が起用した出羽権守藤原保則の推挙で鎮守将軍に登用され、陸奥権介坂上好蔭とともに精兵を率いて現地に下り、夷語に明るい特技をも生かし単身賊地で説得にあたり、奏功、降伏した賊首七人を伴い、秋田城下に至った。仁和年中(八八五―八九)従五位上大膳大夫摂津権守、寛平二年(八九〇)右近衛少将陸奥権守兼讃岐権守となり、昌泰元年(八九八)正五位下に陞る。

参考文献 『大日本史料』一ノ二、昌泰元年十一月一日条、新野直吉「元慶の乱」(『秋大史学』一五)

(新野 直吉)

おののみちかぜ　小野道風　八九四―九六六　平安時代中期の書家。道風は「とうふう」とも読む。「三蹟」の一人。小野篁《たかむら》の孫。葛絃《くずお》の子。好古《よしふる》の弟。寛平六年(八九四)に生まれ、醍醐・朱雀・村上の三朝に歴事し、非蔵人・木工頭などを経て正四位下内蔵頭に至り、康保三年(九六六)十二月二十七日、七十三歳(一説七十一)で死去。若年より能書の聞えが高く、特に草書に自信をもっていた。醍醐天皇はその書を愛し、延長五年(九二七)興福寺僧寛建が入唐するとき、道風に書かせた行草法帖各一巻を持って赴かせたほどである。なお清涼殿の壁に漢以来の賢君名臣の徳行を書き、紫宸殿の賢聖障子の銘を書き改めるなど、宮門の扁榜や殿壁に道風が書いたものが多く、また朱雀・村上両天皇の大嘗会の屏風に筆をふるったのも、当時書の第一人者と認められていたからである。晩年には天徳詩合の清書をして「能書之絶妙也、義之再生」とまで賞讃された。彼の書は野蹟《やせき》と呼ばれ、在世中でもその書の一片を持たぬものは恥とされ、贈答にも用いられた。その書風は、穏やかでゆるやかに形の整ったもので、中国の書から独立した和様という日本的な書の典型として、後世まで重んじられた。ただ、現存する作品中真蹟とみられるものは、円珍贈法印大和尚位並智証大師諡号勅書(東京国立博物館蔵、国宝)・屏風土代(御物)・玉泉帖(御物)・三体白氏詩巻(正木美術館蔵、国宝)ぐらいである。『江談抄』『古今著聞集』などには、彼に関する説話が種々伝えられている。

小野道風花押

参考文献 『大日本史料』一ノ一一、康保三年十二月二十七日条、安藤直太朗『小野道風』、小松茂美『平安朝伝来の白氏文集と三蹟の研究』

(藤木 邦彦)

おののみねもり　小野岑守　七七八―八三〇　平安時代前期の文人。参議。宝亀九年(七七八)出生。永見の第三子。妹子の玄孫。篁《たかむら》はかれの長子。大同元年(八〇六)朝野鹿取・菅原清人らとともに皇太弟(嵯峨)の侍読となり、その即位とともに従五位下に特進。ついで、式部少輔・近江介(兼)・内蔵頭・美濃守(兼)・左馬頭(兼)を経て、弘仁六年(八一五)出でて陸奥守となる。同十一年治部大輔兼阿波守。ついで、皇后宮大夫・近江守(兼)。同十三年参議兼大宰大弐に進み、大宰府に赴任。天長三年(八二六)従四位上。同五年参議のまま勘解由長官兼刑部卿となる。大宰府在任中、弘仁十四年、管内九国の民労を省き公用を支えるため四年を限って公営田の耕作を立案奏請。翌年多禰島を大隅国に合併。また公私の行旅のため続命院の設置を申請した。弘仁五年ごろ、菅原清公らとともに『凌雲集』を奉勅撰進。『内裏式』『日本後紀』の編集にも参加。嵯峨天皇をめぐる文人派能吏の代表的存在であった。天長七年四月十九日没。年五十三。かれの詩は『凌雲集』に十三首、『文華秀麗集』に八首、『経国集』に九首を収める。

(薗田 香融)

おののよしき　小野美材　?―九〇二　平安時代前期の文人。篁《たかむら》の孫、後生の子。元慶四年(八八〇)給料学生、仁和二年(八八六)文章得業生、寛平四年(八九二)対策。同五年伊勢少掾、六年少内記、九年大内記となり、同年従五位下。延喜二年(九〇二)没す。詩文と能書をもって聞え、昌泰元年(八九八)の講書に尚復を勤め、『本朝文粋』などに詩をのこす。寛平九年大嘗会の屏風や内裏の西面三門の額を書いたと伝えられる。『古今和歌集』に二首入る。『菅家後集』にその死を傷んだ詩がある。

参考文献 『大日本史料』一ノ三、延喜二年是歳条、『古今和歌集目録』

(目崎 徳衛)

おののよしふる　小野好古　八八四―九六八　平安時代中期の公卿。篁《たかむら》の孫で葛絃の次男、道風の兄。野大弐・野宰相とも称する。元慶八年(八八四)に生まれる。天慶三年(九四〇)藤原純友の反乱にあたり、右近衛少将で追捕凶賊使に任じられ、翌四年五月、筑前国の博多津(福岡市)で純友の軍を撃破、同年八月凱旋した。天暦元年(九四七)参議に任じられるが、天慶八年から天暦四年まで、天徳四年(九〇)から康保二年(九六五)までの二度にわたって大宰大弐となり、十年余も筑前国の任地にあった。この間、康保元年には菅原道真の廟前ではじめて残菊宴を行い、また安楽寺の曲水宴も好古の創始と伝える。和歌をよくし、延長八年(九三〇)醍醐天皇崩御の際の奉悼歌、天慶六年の日本紀竟宴和歌、天徳元年藤原師輔五十の賀の際の屏風歌などが知られる。彼の女も野内侍と呼ばれ、歌人であった。康保四年七月致仕、翌安和元年(九六八)二月十四日、八十五歳で没した。

参考文献 『大日本史料』一ノ一二、安和元年二月十四日条

(笹山 晴生)

おはつせのわかさざきのみこと　小泊瀬稚鷦鷯尊　⇨武烈天皇《ぶれってのう》

おみおう　麻続王　生没年不詳　系譜未詳。七世紀の皇族。『日本書紀』天武天皇四年(六七五)四月辛卯条に、三位麻続王に罪あり、因幡に流し、二人の子は伊豆島(東京都伊豆大島か)・血鹿島(長崎県五島列島)に流したとある。五年九月の筑紫大宰屋垣王の流配事件と同様、天武朝初期の宮廷の動揺を示す事件であろう。『万葉集』

一には、「麻続王の伊勢国の伊良虞《いらご》の島へ流さるる時、人、哀しび傷みて作る歌」「麻続王、これを聞きて感傷して和ふる歌」を載せ、王の流配地を伊良虞島(愛知県田原市の伊良湖岬、一説に三重県志摩市の神島)とするが、『常陸国風土記』には、同国行方郡板《いた》来《こ》村(茨城県潮来市)を王の流配地とする所伝もある。

参考文献　吉永登「いらこ島考」(『万葉―その異伝発生をめぐって―』所収)　（笹山　晴生）

おやまともさと　小山朝郷　?―一三四六　南北朝時代の武将。小山秀朝の弟の高朝の子(『尊卑分脈』)。幼名は今犬丸、四郎・小四郎ともいい、左衛門尉・下野守。はじめ朝氏と称した。建武二年(一三三五)七月十三日、中先代の乱で小山秀朝が武蔵府中で戦死すると(『小山系図』)、朝氏は、その跡を継承して、同年八月三十日、後醍醐天皇より綸旨を受けて、下野国の国務を掌った(『柿沼幸衛氏所蔵文書』)。しかし建武三、四年ごろの下野守護は、朝氏の弟の氏政(常犬丸)か(佐藤進一『室町幕府守護制度の研究』上)。建武四年十二月、小山城は奥州より南下した北畠顕家の大軍に攻められて陥落、朝氏は生け捕られたが、結城宗広の歎願によって助命された(興国三年(康永元、一三四二)十月十二日北畠親房書状、有造館本『結城古文書写』)。朝氏が、朝郷と改名したのは、小山城陥落後のことと考えられる。暦応元年(一三三八)九月、北畠親房の常陸経営が始まると、朝郷は、同族の結城親朝を介して、再三にわたって親房の勧誘を受けた。しかし朝郷は、形勢を傍観して動こうとしなかった。一族の小山政景らは、いち早く親房に応じて南朝方に走った。同三年正月二十二日、親房は、陸奥国菊田荘内の小山氏の所領を没収して、結城親朝に与えている(『松平結城文書』)。翌四年朝郷は、前関白近衛経忠の説得に従って、藤氏《とうし》一揆を組織して、「別建立沙汰《べっこんりゅうさた》」の南朝に対する分派行動を企てた。それによると、経忠自身が天下を取り、朝郷は坂東管領となる計画であった。この計画は実現されなかったが、康永二年、朝郷は、護良親王の子の興良親王を、大宝城から小山城に迎えて、親房に対する反攻を展開した。しかしこの年の十一月十一日、関・大宝の両城は、高師冬に攻められて陥落し、親房も興良親王も吉野に帰ったため、朝郷の「別建立沙汰」も未完成となり、以後、小山・結城らは、尊氏に従うこととなった。貞和二年(一三四六)四月十三日、朝郷没し(『常楽記』)、弟の氏政が、小山家を継いだ。没年齢未詳。

参考文献　『大日本史料』六ノ九、貞和二年四月十三日条、渡辺世祐『(関東中心)足利時代之研究』、佐藤進一『南北朝の動乱』(中央公論社『日本の歴史』九)　（杉山　博）

おやまともまさ　小山朝政　?―一二三八　平安・鎌倉時代の武士。下野・播磨国守護。小山政光の子で小山小四郎と称す。右兵衛尉、左右衛門尉、検非違使、下野守、従五位下。治承四年(一一八〇)九月源頼朝に招かれて以来御家人として各地で軍功を挙げた。寿永二年(一一八三)常陸国の志田義広が頼朝攻撃を企てた時に、義広を下野国に迎えて撃破し、この功によって常陸国村田下荘、下野国日向野郷地頭職を与えられた。元暦元年(一一八四)二月の一谷の戦では源範頼の手に属して戦った。同年九月西海の平氏と戦うため鎌倉を出発したが、その途中京都で兵衛尉に任官して勝手な振舞を咎められた。文治五年(一一八九)の奥州藤原氏征伐に参加し、物見岡で藤原泰衡の残兵を攻めた。建久元年(一一九〇)頼朝上京の供をした際、右衛門尉に任官した。正治元年(一一九九)十二月播磨国守護職を、同二年正月に同国五箇荘地頭職を与えられた。建仁元年(一二〇一)正月、在京して大番役を勤めた際に城長茂の攻撃を受け、対戦追跡した。元久元年(一二〇四)三代将軍源実朝の求めにより御家人たちは各自の有する故頼朝自筆の書状・書類を実朝に見せたが、朝政は千葉介・結城朝光とともに並外れて多くの自筆書を提出した。翌二年に宇都宮頼綱追討を命ぜられたが辞退し、頼綱を諭して滅亡を免れしめた。承久の乱には宿老の一人として鎌倉にとどまり、子息朝長を上京させた。嘉禄二年(一二二六)ごろ出家、法名生西。暦仁元年(一二三八)三月三十日死去。八十四歳(一に八十一歳)。なお朝政は嫡子朝長に所領を譲与したがその後朝長に先立たれたため、改めて寛喜二年(一二三〇)二月二十日に譲状を書いて、朝長の子長村に所領を与えて後継者とした。この譲状に示された所領は、朝政が父政光から譲与された分に自身が将軍家から与えられた分を加えるが、下野国権大介職のほかに同国内に寒河御厨(小山荘)、国府郡内の日向野郷・菅田郷・蕗嶋郷・古国府・大光寺・国分寺敷地・惣社敷地・宮目社・大塚野、その他に東武家郷・中泉荘加納を有し、このほかに武蔵・陸奥・尾張・播磨にも所領を有しており、御家人中で最大級の領主であった。

小山朝政花押

参考文献　『大日本史料』五ノ一一、暦仁元年三月三十日条、石井進『日本中世国家史の研究』　（石田　祐一）

おやまひでとも　小山秀朝　?―一三三五　鎌倉・南北朝時代前期の武将。下野国小山城主。父貞朝は鎌倉幕府評定衆をつとめた人。秀朝も下野国守護をつとめ、元弘元年(一三三一)幕府軍に加わって後醍醐天皇の笠置城を攻めた。しかし同三年新田義貞が反幕の兵を挙げるとこれに応じ、建武政権下では下野守に任ぜられた。建武二年(一三三五)七月北条時行の軍を武蔵国府中に邀撃《ようげき》したが、一族数百人とともに討死した。

参考文献　『大日本史料』六ノ二、建武二年七月二十二日条　（入間田宣夫）

おやままさみつ　小山政光　生没年不詳　平安・鎌倉時代の武士。下野国の大領主。藤原秀郷の子孫で大田行政

小山政光造立石幢

の子。小山荘を領して小山四郎・小山下野大掾と称した。法名蓮西。先祖以来の下野国押領使職を継承し、国府の周辺に広大な所領を有した。源頼朝に従って御家人となり、下野国守護となった。妻は宇都宮宗綱の娘で頼朝の乳母の一人であり、のちに寒河尼と呼ばれた。子息のうち朝政が小山氏を継承し、宗政は長沼氏、朝光は結城氏の祖となった。没年は不明だが、正治元年（一一九九）十月以前に死んでいる（『吾妻鏡』）。文治五年（一一八九）源頼朝の奥州藤原氏征伐の際に下野国の宿舎で、頼朝が熊谷直実の子直家を政光に紹介して、一谷その他の戦場で父子相並んで命懸けの戦闘を重ねた本朝無双の勇士と説明したのに対し、そのような働きは郎従を持たぬ小身の武士の為すことであると笑い、自分は郎従を動員して軍忠を挙げると述べたことは（『吾妻鏡』）、大領主の姿を示す例として知られている。（石田　祐一）

おやまよしまさ　小山義政　?―一三八二　南北朝時代の武将。小山朝郷の弟の氏政の子。小四郎・五郎・左馬助ともいい、従五位下、下野守となる。文和四年（一三五五）七月二十三日、父の氏政が二十七歳の若さで没するや（『常楽記』）、義政が家督を継承。貞治五年（一三六六）ごろより、応安・永和を経て康暦二年（一三八〇）六月に至る間、下野国の守護であった。貞治六年六月十四日、下野守に任ぜられた（『師守記』）。応安三年（一三七〇）六月二十五日には、常陸平塚郷を鹿島社に寄進したり（『鹿島神宮文書』）、永和二（一三七六）・三年には、円覚寺造営料として下野国の棟別銭十文宛を、宇都宮基綱と協力して徴収するよう鎌倉公方から命ぜられたりしている（『円覚寺文書』）。しかるに康暦二年五月五日、義政は、宇都宮基綱と争い、五月十六日には、基綱以下八十余人を殺し、みずからも親族など二百余人を失った。氏満は、この義政の狼籍ぶりを憤って、六月一日、関東八ヵ国の武士らに、義政追討の命令を下し、自分も武蔵府中から大里郡の村岡まで出陣した。この時点で、義政は、下野守護を罷免されたものと思われる。氏満方の武将としては、山内（上杉）憲方や犬懸（上杉）朝宗や木戸法季らがいた。憲方らは、下野安蘇郡の天命や大聖寺に陣を進め（八月十二日）、義政の本拠の祇園城にせまった（八月二十九日）。そこで義政は、使者を村岡陣の氏満のもとに送り、いつわって和睦を交渉し、氏満もこれを許して（九月十九日）武蔵府中に帰陣した。しかし義政に謀られたことを知った氏満は、翌永徳元年（一三八一）、鶴岡八幡宮に義政退治の願文を納め（正月十七日、『集古文書』）、将軍足利義満から義政討伐の許可を受け（正月十八日）、再び犬懸朝宗らを先発せしめて（二月十五日）小山の祇園城を攻めさせた。その合戦の状況は、善波胤久着到状（『相州文書』）、武州白旗一揆の塩谷行蓮着到状（『中村直勝博士蒐集古文書』）、烟田《かまた》重幹着到状（『烟田文書』）、島津政忠軍忠状（『島津文書』）などによって詳細に知ることができる。特に祇園城攻略は、八月十二日の鷲城戸張口の合戦から始まり、鷲新城合戦（八月十八日）、鷲城合戦（十月十五日）、鷲城外城陥落（十一月十六日）、鷲城放火（十一月十九日）、朝宗の鷲城堀塡めと城兵二百余人の祇園敗走（十二月六日）を経て、十二月十二日の義政の降伏に至る満四ヵ月の合戦であるが、その状況は、『頼印大僧正行状絵詞』に詳しく述べられている。義政は、鷲・鷲新・岩壷などの諸城を明け渡し、みずからは剃髪して法衣を着し、永賢と号して、子の若犬丸らをつれて、十二月十四日、氏満の陣に赴き、太刀と馬を献じて、その罪を謝したため、氏満は、またこれを許した。しかるに翌永徳二年三月二十二日夜、永賢は、祇園城を焼き、若犬丸をつれて都賀郡糟尾山中に走り、また氏満に叛した。おそらく多くの所領を氏満に没収された不満からの挙兵であろう。氏満は、再度犬懸朝宗らをして糟尾の長野城を攻めて焼き払わせた（四月八日）。そこで永賢らは、寺窪を没落して櫃沢城に走り（四月十一日）、ここもまた落とされて（四月十二日夜）糟尾山中に逃走したが、四月十三日、その山中で自害した。永賢の首は、朝宗から氏満の陣中に送られ、氏満は、これをさらに京都に送ったため、義満は、これをさらし首にしたという（『実冬公記』）。また若犬丸は、糟尾山中より足尾山脈を経て、岩代に走り、磐城田村郡三春の田村荘司則義のもとに身をよせた。また氏満は、関東の名族小山氏の断絶を憂いて、その跡職のことを、幕府にただした結果、同族の結城泰朝が、義政の跡を継承することになったという（『結城家譜』）。

小山義政花押

参考文献　渡辺世祐『（関東中心）足利時代之研究』、佐藤進一『室町幕府守護制度の研究』上

（杉山　博）

おやまわかいぬまる　小山若犬丸　?―一三九七　南北朝・室町時代前期の武将。小山義政の子。悪四郎・隆政ともいったという（『系図纂要』）。永徳二年（一三八二）四月十三日、父の義政の自害のとき、下野糟尾山中より、山続きの足尾山脈を越えて、岩代に出て、磐城田村郡三春城主の田村則義のもとに走った。義政の乱後、下野の守護は、義政攻略に功のあった山内（上杉）憲方が補任され、その守護代には、木戸左近将監入道法季が任命されたと思われる。若犬丸は、永徳二年より至徳三年（一三八六）までの四年間、田村則義のもとに留まっていたが、至徳三年の五月二十七日、祇園城で挙兵して、守護代の木戸法季を不留恵山に破った。木戸は足利に退き氏満に

急援を頼んだため、氏満は、みずから古河に出陣(七月二日)、若犬丸は、氏満の攻略をおそれて祇園城を捨てて逃走(七月十二日)。氏満は、その行方を四方に尋ねたが、若犬丸をさがし出すことができずに、十一月鎌倉に帰った(波多野高道軍忠状案、『雲頂庵文書』)。しかし翌嘉慶元年(一三八七)五月十三日、古河の野田等忠が、若犬丸の使者を補えて氏満に送ったことにより、若犬丸が常陸小田城の小田孝朝のもとに隠れていたことが発覚したため、氏満は、ただちに孝朝の子らを補え(六月十三日)、犬懸(上杉)朝宗らをして小田城を攻めさせた(七月十九日)。若犬丸は、小田五郎らとともに常陸宍戸の男体山城に走った。「此城高山にて力攻に難レ成」(『鎌倉大草紙』)とあるように、朝宗らは包囲十ヵ月に及び、翌嘉慶二年五月十八日に、やっと落とすことができた(高麗清義軍忠状、『武州文書』)。しかしこのときも若犬丸は、三春城の田村則義・清包父子のもとに逃走して再挙を計ることとなる。応永三年(一三九六)若犬丸は、新田義宗の子の相模守らをだきこんで、田村荘で挙兵。そこで氏満は、若犬丸討伐のために関東十ヵ国の軍兵をつれて鎌倉を出発(二月二十八日)、入間川(三月二日)・古河(三月四日—五月二十七日)・小山・宇都宮・青野崎を経て、遠く白河まで陣を進めて、結城満朝の館に入った(六月一日)。若犬丸らは、氏満の大軍の来襲をきいて退散したので、氏満は白河を発し(六月十九日)、七月一日鎌倉に帰ったという(『鎌倉大草紙』)。その後、若犬丸は、会津に逃走したが、翌応永四年正月十五日自殺した。若犬丸には二人の子があったが、会津の蘆名直盛は、この子らを生捕りにして鎌倉に送ったので、氏満は、正月二十四日実検ののち六浦の海に沈めたという(『鎌倉大草紙』)。二人の子は、兄は七歳、弟は五歳であったという(『系図纂要』)。こうして小山氏の乱は、康暦二年(一三八〇)五月の義政の挙兵以来、十七年にして、その幕をとじたわけである。

参考文献 『大日本史料』七ノ二、応永四年正月十五日条、渡辺世祐『(関東中心)足利時代之研究』

(杉山 博)

おわりのはまぬし 尾張浜主 七三三—? 平安時代前期の雅楽家。唐の舞楽を日本へ紹介し、舞の改作や創作を行なって輸入雅楽を日本風に改める運動、いわゆる「平安朝の楽制改革」をおしすすめた中心人物。承和六年(八三九)正月七日外従五位下を授けられている。彼に関する最も有名な話は、同十二年正月八日大極殿で最勝会が行われた時、その前庭の竜尾道上で「和風長寿楽」を舞ったことである。この時彼は百十三歳の高齢で、背が曲がり起居することもできないほどであったが、曲が始まるやいなやあたかも少年の如く舞い、千を以て数える観衆は近代稀なる舞人とほめたたえた。長寿楽の舞は彼みずからが作り、上表して舞うことを請うたものである。その表に彼は「七代《ななつぎ》の御代に遇《まわ》へる百余十《ももちまりとお》の翁の舞ひ奉る」の和歌を載せた。同月十日、仁明天皇は清涼殿前に彼を招き長寿楽の舞を舞わせた。彼は「翁とて侘びやは居らむ草も木も栄ゆる時にて出でて舞ひてむ」の和歌を献じた。天皇は賞嘆し、御衣一襲を賜わったという。そして同十三年正月二十六日、再び清涼殿前で舞を披露し、従五位下に昇進した。時に彼は百十四歳、この年から逆算すると彼は天平五年(七三三)生まれということになる。なお承和三年四月に遣唐使とともに唐に渡り、舞と笛を学んで同六年八月帰朝したという記録もあるが、これは彼百四歳から百七歳までにあたり、容易には信じられていない。『五重記』は彼の著書と伝えられるが、疑わしい。

(蒲生美津子)

おんあみ 音阿弥 一三九八—一四六七 室町時代前期の能役者。大和猿楽観世座第三代大夫。「おんなみ」とも呼ばれる。応永五年(一三九八)生まれる。通称三郎、実名元重。出家(長禄二年ごろか)して法名音阿弥。父は世阿弥の弟四郎。一時期は世阿弥の養子だったらしく、若年のころは世阿弥・元雅父子と行をともにしたが、のちの将軍足利義教に早くから愛され、その後援で、応永三十四年、音阿弥独力で大がかりな勧進能を催し、早くも一座独立の構えを見せていた。永享元年(一四二九)三月、義教が将軍職になり、音阿弥に幸運をもたらし、永享二年、醍醐清滝宮の楽頭職(猿楽主催権の保持者)が世阿弥から音阿弥に移され、一座の独立を確実なものにし、同四年、元雅(当時観世大夫)死去により、翌五年に観世大夫の地位についた。音阿弥の躍進の背後には、義教の絶大な後援と圧力とがあり、音阿弥一座は、世阿弥一座にとってかわって観世の主流となった。同五年、将軍御代始めの紀河原勧進猿楽は音阿弥一座の出演で、規模の大きさと盛大さとで、都人士の目をうばった。義教が赤松邸で暗殺された嘉吉元年(一四四一)以後の数年間は、最大の庇護者を失った音阿弥にとって、大きな危機であったが、足利義政の後援があってのりきり、長禄二年(一四五八)六十一歳を機に出家、長子又三郎政盛に大夫職を譲った。音阿弥は、わざに長じた役者だったらしく、それが義教の嗜好にあって、極度の寵愛をうけるという好運にめぐまれたものと思われ、逆に世阿弥父子が疎んぜられたのも、その指向する芸風の差異が大きかったためのようである。隠居後の音阿弥は、ますます円熟した芸を見せ、活動を続けたが、特に寛正五年(一四六四)の紀河原の勧進能でも、翌六年の有名な仙洞猿楽でも、高齢ながら政盛に劣らぬ活躍ぶりで、世人は賞讃を惜しまなかったという。実技に生きた人にふさわしく、音阿弥の手になった伝書や能本は皆無である。応仁元年(一四六七)正月二日没。七十歳。

参考文献 『大日本史料』八ノ一、応仁元年正月二日条

(片桐 登)

か

ガーゴ Balthasar Gago ?—一五八三 ポルトガル人イエズス会司祭。一五一五〜二〇年ごろ、リスボンに生まれ、そこで一五四六年イエズス会に入り、四八年インドへ向かう。五二年初めシャビエルとともにゴアを出発してマラッカへ向かい、日本へ派遣されることになって、天文二十一年(一五五二)豊後着、インド副王の書翰と進物とを大友義鎮(宗麟)に渡し、その冬は山口のトルレスのもとで過ごしたが、翌二十二年正月豊後に帰り、義鎮の許可を得て布教を始め、義鎮から寄進を受けた土地に住院を設け、翌年には朽網にも布教した。弘治元年(一五五五)平戸に転じ、ここで「二十五ヵ条」と題する問答形式の教理書を著わし、教会用語の改革を行い、この一書に深い感銘を得た籠手田安昌に洗礼を授けた。同三年秋博多に移り、義鎮から寄進を受けた土地に教会と住院とを建て、ようやく布教が緒につこうとした時、秋月文種が義鎮に叛いたために教会は破壊され一同は災難に陥ったので、永禄二年(一五五九)豊後に逃れた。翌三年、日本の事情を報告するために布教長トルレスからインド管区長のもとへ派遣され、以後はインドで働き、一五八三年ゴアで死んだことが『ゴア年報』に記されている。

参考文献 ドン=テオトニヨ=デ=ブラガンサ編『耶蘇会士日本通信』京畿篇上(村上直次郎訳、『異国叢書』三)、『イエズス会士日本通信』(村上直次郎訳・柳谷武夫編、『新異国叢書』一・二)、ルイス=フロイス『フロイス日本史』(松田毅一・川崎桃太訳)、Josef Schütte: Introductio ad Historiam Societatis Jesu in Japonia 1549—1650 (1968); Josef Schütte: Monumenta Historica Japoniae I. Textus Catalogorum Japoniae 1553—1654 (1975).

(柳谷 武夫)

ガーマ Duarte da Gama 生没年不詳 十六世紀中葉のポルトガル人航海貿易家。伝存する諸史料によれば、天文十九年(一五五〇)から弘治元年(一五五五)まで連年日本に渡航したが、その六回の日本航海のうち少なくとも四回は、カピタン=モール(ポルトガルの日本・シナ貿易の指揮権と裁量権を賦与された司令官)として来航したものと推定される。天文十九年、彼は平戸に来航したが、その平戸滞在中、当時鹿児島にいたフランシスコ=シャビエル Francisco de Xavier を同地に呼びよせ、キリスト教が北九州に伝播する契機をなした。ついで同二十年、彼は豊後の日出に渡来し、この時は山口からシャビエルを豊後に招き、大友義鎮(宗麟)がシャビエルを謁見する機会を実現させた。同年十月二十四日(一五五一年十一月二十一日)、日出を解纜した彼の船には、ゴアへ向かうシャビエルと、義鎮がインド副王のもとに派遣する使者、およびシャビエルの指示によりポルトガル留学の途についた日本人青年など、若干の日本人が同乗していた。その後彼は天文二十一年に豊後へ、二十二年には再度平戸へ渡航したが、二十三年、三度目に平戸へ寄港した際、領主松浦隆信(道可公)は彼からイエズス会インド管区長ベルシオール=ヌーネス=バレト Belchior Nunes Barreto が布教状況視察のため来日の意向であることを聞き、翌弘治元年、平戸に入港したガーマの船が帰帆するにあたって、隆信はパードレ、バレトを平戸に招くため、彼に書翰を託した。この書翰のスペイン語訳文の写本が今日マドリードの国立歴史文書館に伝えられている。なお、一五五五年以後のガーマの消息は不明である。

参考文献 Jesuitas na Asia, Cod. 49—Ⅳ—56, Cod. 49—Ⅳ—66. (リスボン、アジュダ図書館所蔵)、『長崎市史』通交貿易編西洋諸国部、幸田成友『日欧通交史』(『幸田成友著作集』三)、C. R. Boxer: Fidalgos in the Far East, 1550—1770; fact and fancy in the history of Macao (1948).

(加藤 榮一)

かいかてんのう 開化天皇 『日本書紀』『古事記』に第九代と伝える天皇。和風諡号は稚日本根子彦大日日尊。『日本書紀』によれば、孝元天皇の第二子で母は穂積臣の遠祖鬱色雄命の妹の鬱色謎命。孝元天皇二十二年に立太子、同五十七年に父天皇の死をうけて即位、春日率川宮に都し、物部氏の遠祖大綜麻杵の女で父天皇の妃だった伊香色謎命を皇后とし、在位六十年、百十一歳(『古事記』では六十三歳)で没したという。

(関 晃)

春日率川坂上陵《かすがのいざかわのさかのえのみささぎ》 奈良市油阪町にある。『日本書紀』開化天皇六十年十月乙卯条に「春日率川坂本陵一云、坂上陵」に葬るという。『延喜式』諸陵寮に遠陵とし「兆域東西五段、南北五段、以二在京戸十烟一、毎年差充令レ守」とある。現在南南東に面する周堀のある前方後円墳で、長径一〇五メートル、前方部幅約五八メートル、後円部直径約五〇メートル。近世、墳丘は東隣の念仏寺の墓地などになり、そのため後円中心部の上は高く残るが、その他はくびれの少ない台地状になっている。幕末に墓地などを移転して御陵と定めて修補をし、慶応元年(一八六五)三月に竣工した。

参考文献 『開化天皇御陵古図』(宮内庁書陵部所蔵)、上野竹次郎『山陵』上

(中村 一郎)

かいけい 快慶 生没年不詳 鎌倉時代前期の仏師。運慶とほぼ時を同じくして活躍し、運慶の父康慶の弟子と推定される。彼の名は、寿永二年(一一八三)に運慶が願主となって書写された『法華経』(真正極楽寺・上野淳一分蔵、国宝)の結縁者のなかにみえるのが初見である。建久三年(一一九二)ごろから安阿弥陀仏と号し、法橋叙位までの遺品のほとんどには、この号が署名されている。同七年には丹波講師位にあったことも知られる。建仁三年(一二〇三)十一月、東大寺総供養の造仏賞として法橋

に叙せられ、承元二年(一二〇八)から同四年の間に法眼位に昇り、貞応二年(一二二三)までは活躍のあとがたどれる。なお、その遺品には、「巧匠」の称を冠した署名をしているのが常である。彼は東大寺復興の勧進上人重源や高山寺の明恵、笠置の貞慶、藤原通憲の息明遍らに重用され、晩年には貴顕の造像にもたずさわり、当世ほとんど肩を並べるものがなく、しかも浄行の人であるとの評をも得ている(『長谷寺再興縁起』)。事績中の主なものとしては、建久五年東大寺南中門二天のうちの東方天、同七年同寺大仏殿両脇侍中の観音(法橋定覚と半身ずつ分担)および四天王中の西方天、翌八年播磨浄土寺の阿弥陀三尊(国宝)、建仁元年奈良手向山神社の僧形八幡神(東大寺蔵、国宝)、同二年伊賀新大仏寺の阿弥陀三尊(中尊頭部のみ現本尊に転用して遺る、重要文化財)、同三年東大寺南大門の金剛力士(運慶・快慶をふくむ大仏師四人統裁、国宝)などの造立、承久元年(一二一九)焼失直後の奈良長谷寺の本尊十一面観音の復興(弟子行快が輔佐、建保三年(一二一五)後鳥羽院逆修のための弥勒菩薩造立などがあげられ、貞応二年には運慶の長男湛慶と協同して、京都醍醐寺閻魔堂の諸尊を造った。遺品も数多く、右に挙げたうちの指定品のほか、文治五年(一一八九)の興福寺旧蔵弥勒菩薩(ボストン美術館蔵)をはじめ、京都醍醐寺の弥勒菩薩(建久三年)、同遣迎院の阿弥陀如来(同五年)、京都金剛院の執金剛神・深沙大将、および金剛峯寺の四天王(いずれも旧高野山新別所安置、建久八年以前造立か)、東大寺俊乗堂の阿弥陀如来(建仁二—承元二年)、奈良文殊院の文殊菩薩四眷属(建仁三年)、東大寺公慶堂の地蔵菩薩(建仁三—承元四年)、奈良西方院の阿弥陀如来、京都大報恩寺十大弟子中の目犍連・優婆離(建保四—承久元年)、高野山光台院の阿弥陀三尊(承久三年ごろ、以上いずれも重要文化財)など三十件に近い。彼は運慶とならんで、奈良時代の古典や中国宋代芸術の風に学びながら、鎌倉時代彫刻様式の完成に貢献し、運慶が量感を備えた力強い彫刻的表現を創造したのに対して、賑やかでしかもよく整理された絵画的表現に特色を発揮し、その通俗的な作風は「安阿弥様」と呼ばれて、後世まで長く影響を与えた。

【参考文献】毛利久『仏師快慶論』、田辺三郎助編『運慶と快慶』(至文堂『日本の美術』七八)、水野敬三郎『運慶と鎌倉彫刻』(小学館『日本の美術』一二)、同「快慶作品の検討」(『美術史』四七)、小林剛「巧匠安阿弥陀仏快慶」(『日本彫刻作家研究—仏師系譜をたどって—』所収)、毛利久「快慶拾遺」(『仏教芸術』七一)、江村正文「運慶・快慶の叙位について」(『史迹と美術』三六ノ一)、倉田文作「播磨浄土寺の弥陀三尊像」(同八〇)、田辺三郎助「伊賀新所本尊考」(同一〇五)、西川杏太郎「高野山六角経蔵の四天王像について—仏師快慶の新資料—」(三田哲学会『哲学』五三)

(西川 新次)

かいげん 快元 生没年不詳 室町時代の禅僧。鎌倉円覚寺で、喜禅から易の講義を聞いたということ、足利学校を興隆した上杉憲実から招かれて、学校の初代庠主《しょうしゅ》すなわち学校長となったこと、学校で易を講じていたことなどは史実であろうが、いつ足利に来たか、またいつ生まれたかなどは未詳である。憲実が四経の注疏を学校に寄進した永享十一年(一四三九)には学校に来ていたことは事実らしく、文明元年(一四六九)四月二十一日に死んだと伝えられ、また春秋を学ぶために明へ渡ろうとして九州まで赴いたが目的を達することができなかったとも伝えられる。とにかく、外典では易に精通し、足利学校に易学の伝統を興したことは考えられるし、武人の憲実が古書に通じていたとは考えられないので、憲実が金沢文庫所蔵の注疏を寄進したのは、鎌倉に住んでいて、文庫本に精通していた快元の求めに従ったものと考えるのが妥当であるかも知れない。

【参考文献】『大日本史料』八ノ二、文明元年四月二十一日条、川瀬一馬『(増補新訂)足利学校の研究』、長澤規矩也「金沢文庫本の範囲—足利学校の唐書から考えて—」(『金沢文庫研究』二四ノ三)

(長澤規矩也)

かいじょう 開成 七二四—八一 奈良時代の僧。神亀元年(七二四)生まれる。摂津弥勒寺(勝尾寺、箕面市粟生)開基として『拾遺往生伝』に次のようにみえる。彼は桓武天皇の子で(桓武天皇は天平九年(七三七)生まれであるから父子関係が不合理で、『元亨釈書』のように開成を和銅二年(七〇九)生まれである光仁天皇の子とする説ならばかならずしも矛盾しない)、天平神護元年(七六五)宮中を出て勝尾山の善仲・善算を師として出家受戒し、法名を開成と号した。両師より托された金字『大般若経』書写を六年かかってなしとげ、道場を建ててその経を安置し、慈尊(弥勒)出現を望み寺を弥勒寺と名づけ、天応元年(七八一)十月四日五十八歳で西面入滅し、のち清和天皇が寺に行幸し、寺名を勝尾寺に改めたというのである。勝尾山・勝尾寺は『三代実録』元慶四年(八八〇)・五年条の行幸・崩御記事にみえるのがたしかなものであるが、開成は『拾遺往生伝』以前の史料にみえず、寺蔵の『応頂山勝尾寺古流記』(寛元元年(一二四三))などが同じく奈良時代開成皇子開基とする伝承や、『本朝皇胤紹運録』に文武天皇の子の開成王を勝尾寺本願とする異伝も裏づけが困難である。摂津では神峯山寺・安岡寺・本山寺(いずれも高槻市)なども開成開基説話をもっている。勝尾寺に墓がある。

【参考文献】『箕面市史』一・史料編一

(井上 薫)

かいじょうじ 甲斐常治 ?—一四五九 室町時代前期の武将。斯波氏の老臣。実名将久《ゆきひさ》、八郎、美濃入道を称す。応永二十七年(一四二〇)に没した甲斐祐徳(実名将教《ゆきのり》)のあとをうけて、越前・遠江の在京守護代をつとめた。若年の

甲斐常治花押

守護斯波義淳、短期間で急逝した義郷、義健らを補佐して、朝倉・織田両氏をしのぐ権勢をふるった。早世した義健のあと嗣子を失った主家に、支族から義敏を迎えるため奔走した。後年義敏が常治の専断をきらい彼を退けようとしたため、義敏と対立、朝倉以下国人層を率いて守護方との合戦に及んだ。将軍足利義政の支持をも得たが、長禄三年(一四五九)八月十二日敦賀の陣中で死亡、遺領は千喜久に伝えられた。在職中は幕府の重職にあった守護斯波氏に代わって、積極的に領国経営にあたる一方、独自に国人層の掌握と荘郷支配をすすめていた。興福寺領河口・坪江荘では諸郷の代官補任に介入、みずからも河口荘細呂宜郷下方公文・政所両職などを請け負っていた。長禄二年には、同荘惣百姓に「おち名」押領を訴えられている。また越前・遠江の御料所代官職をも請け負っていた。

参考文献 『大乗院寺社雑事記』、『安位寺殿御自記』(井上鋭夫編『北国庄園史料』)、『福井県史』一・二、『福井県史』通史編二、『三国町史』、小泉義博「十五世紀の越前国守護代について」(『一乗谷史学』七)、河村昭一「守護斯波氏の遠江国支配機構」(『兵庫教育大学研究紀要』二二) (上村喜久子)

かいせんじょうき 快川紹喜 ?―一五八二 戦国から安土桃山時代にかけての臨済宗の僧。美濃の土岐氏に生まる。妙心寺第二十七世仁岫宗寿《にんしゅうそうじゅ》の法嗣。土岐頼純が仁岫を迎えて開創した美濃国南泉寺の二世となり、斎藤長弘の創建にかかる同国崇福寺に師の仁岫のあとをついでまた住し、その間妙心寺四十三世に出世したが、崇福寺にあった時、斎藤義竜と合わず、永禄四年(一五六一)甲州に逃れた。一旦国分寺に住し、武田信玄に迎えられて恵林寺に住した。信玄が機山の道号を受けたのはこの快川からである。その道徳を慕って門下に参ずるもの二千人に盈ちたと伝える。正親町天皇はその偉望を聞いて大通智勝の国師号を特賜した。信玄没し、勝頼が家督をつぐと、織田信長との間に隙を生じてついに武田家滅亡となった。信長は敗将の佐々木(六角)義弼を、快川が寺中にかくまっていることを知ってその引渡しを求めたが応じなかったため、快川以下一山の僧百余人を寺の山門に押し上げ、火を放って焼いた。快川は「安禅必らずしも山水を須ひず、心頭滅却すれば火も自ら涼し」(原漢文)の語をのこして泰然として火中に滅したという。時に天正十年(一五八二)四月三日のことである。法嗣に南化玄興ら数人があり、写本の『語録』が存する。墓は恵林寺にある。

参考文献 『正法山誌』、『仁岫録』 (古田紹欽)

快川紹喜花押

「快川」
快川紹喜印

快川紹喜画像

かいぞうおしょう 海蔵和尚 ⇨虎関師錬《こかんしれん》

かいみょう 戒明 生没年不詳 奈良時代大安寺の僧。(一)讃岐の人で、俗姓は凡直。弱冠で大安寺に出家し、慶俊に『華厳経』を学び、入唐し、大暦十三年(宝亀九、七七八)代宗皇帝が僧を招き『大仏頂経』を講じさせたとき、諸大徳が偽経であると連署したが、戒明は署名しなかった。十一面(貞説)観音画像や経典を船載帰国し、大安寺南塔院の中堂に安置した。宝亀十年京中の僧らが大安寺に集まり、『大仏頂経』を偽経とし、戒明に連署させてこの経を焼こうとしたが、戒明は従わなかった(『日本高僧伝要文抄』三所引『延暦僧録』五)。(二)宝亀七、八年ころ筑紫国府の大国師在任中に、肥前国佐賀郡大領正七位上佐賀君児公の催した安居会《あんごえ》に招かれ、『華厳経』八十巻を講じた。このとき肥後国出身の尼が戒明らと法論して屈しなかったので、尼は列席の高僧らから舎利菩薩の尊称で呼ばれ、道俗の帰敬を集めた(『日本霊異記』下一九)。(一)・(二)の戒明は同一人と考えられる。 (井上　薫)

がうんさんじん 臥雲山人 ⇨瑞渓周鳳《ずいけいしゅうほう》

がえん 雅縁 一一三八―一二二三 鎌倉時代初期の興福寺僧。二条僧正とも称せられた。保延四年(一一三八)生まれる。父は内大臣源雅通。後鳥羽院の寵臣土御門通親の弟で、興福寺覚晴の弟子となった。久しく薬師寺行恵得業の住坊に止住していた。安元元年(一一七五)五月、覚晴より法隆寺修造功を譲られて法眼に、寿永元年(一

雅縁花押

一八二)十二月に権少僧都に、文治元年(一一八五)正月に大僧都に、同四年五月に法印に補せられ、建久六年(一一九五)十二月に興福寺権別当に昇進してのち、同九年十二月に興福寺別当になり、薬師寺別当も兼職するに至った。その後、正治元年(一一九九)五月に権僧正、承元元年(一二〇七)七月に大僧正となり、建暦三年(一二一三)五月には牛車の宣を賜わった。その間の承元二年(一二〇八)、および建保五年(一二一七)・承久二年(一二二〇)の三度にわたって興福寺別当に還補されたが、その復任にあたっては僧侶にあるまじき手段が構ぜられ、「四箇度復任、未曾有珍事」(『興福寺別当次第』)として寺僧の顰蹙をかった。ことに建保五年十二月の第三度目の別当在職中に、春日野の野田の住坊の近くに後鳥羽院の姫宮の御所を建てんとしたり、自身の息女を院の女房に推挙するなど、「専寺の恥辱、他門の謗訕、何事かこれにしかんや」(原漢文、『興福寺別当次第』)とさえいわれ、衆勘に処せられて、別当在任一年余りで辞任においこまれた。藤原氏の氏寺に源氏の出身である雅縁が別当に補任された異例の処置に対する寺僧の反抗は、雅縁の寺法を無視した行為に触発されて、時に軋轢が生じた。雅縁の別当在任中の治績としては、笠置寺の弥勒石仏を模刻し承元三年三月に供養を行なった宇陀郡大野の磨崖仏、建暦元年四月の最勝四天王院での一日一切経書写に寺僧四千人を率いて参加し、その供養導師となり、建保六年十二月には西大寺の塔の供養を行なったことなどが挙げられる。貞応二年(一二二三)二月七日に四度目の別当を辞職し、同月二十一日に八十六歳で没した。『楢葉和歌集』には雅縁の詠草が収められている。

参考文献 『大日本史料』五ノ一、貞応二年二月二十一日条、西村貞「大野寺の磨崖弥勒像」(『奈良の石仏』所収)

(堀池 春峰)

かおうそうねん 可翁宗然 ?―一三四五 鎌倉時代末から南北朝時代初期の臨済宗大応派の禅僧。筑前(一説に筑後)出身。法諱は宗然、道号が可翁。若年より南浦紹明に師事してついに印可を受け、さらに元応二年(一三二〇)寂室元光らとともに入元、中峰明本・古林清茂らの名匠に参じ、十年近く在元して帰朝した。のち筑前の十刹崇福寺に住し、京都の五山万寿寺・建仁寺(二十八世)を経て、晩年に南禅寺(十八世)に昇った。この間、嘉暦年中(一三二六―二九)には西園寺諒空・石塔頼房および梶原氏が堺の地に禅通寺を建て、宗然を請じて開山としたといい、また京都円福寺にも住持したらしく、前住として円福寺再建に尽力している。貞和元年(一三四五)四月二十五日円福寺にて入滅。七十余歳。また建仁寺内には天潤庵を構えて退去し、やがて同庵は宗然の塔頭として大用宗任ら門下の拠点となり、禅通寺もその末寺であった。水墨画で名高い可翁仁賀と同人であるとする説は、確証はないがなお一考の余地を残す。

参考文献 『大日本史料』六ノ八、貞和元年四月二十五日条、『堺市史』七、桜井景雄『南禅寺史』上、玉村竹二「僧伝小考三題」(『日本禅宗史論』上所収)

(菅原 昭英)

かおうにんが 可翁仁賀 生没年不詳 南北朝時代ころの日本水墨画の基礎を築いた禅宗の画僧。服部正次蔵「寒山図」(国宝)や大和文華館蔵「竹雀図」(重要文化財)など数点の水墨画が伝わっている。それらには大小二個の朱文印が押してあり、大印は明らかに可翁と判読できて、しかも画風が南北朝時代であるから、その筆者は禅僧の可翁宗然であり、しかも別に良全または良詮《りょうぜん》の款印がある作品にも可翁の印章があったがために、可翁宗然は他に良全とも号したという説が、江戸時代初期から明治時代まで支配的であった。大正時代から昭和時代にかけて、伝可翁画の整理分類の上に、前記の小印を仁賀と判読できたがために、ここに可翁仁賀なる禅宗画僧の存在と、宗然と良全は別人であることと、ひいては可翁宗然の画技も否定された。無学祖元賛の南宋画「六祖図」(正木美術館蔵、重要文化財)に類する可翁仁賀筆「五祖図」(所蔵者不明)には、建武三年(一三三六)の清拙正澄の賛があるからして、仁賀の活躍期はその前後であろう。日本水墨画の基礎を築いた画僧であるが、主に在住したのが九州福岡地方か京都かは明らかでない。

(谷 信一)

かがみのじょおう 鏡女王 ?―六八三 万葉歌人。鏡王の娘で額田女王の姉とする通説に対し、舒明皇女で天智・天武の姉妹とする説や、威奈公鏡《いなのきみ》の娘とする説があるが未詳。『万葉集』は「鏡王女」と記し、『日本書紀』は天武天皇十二年(六八三)七月庚寅(五日)条に「鏡姫王薨」と記す。この「姫王」は皇孫にあたる女性ともいう。また『興福寺縁起』は藤原鎌足の嫡室とする。『万葉集』には天智天皇や藤原鎌足との相聞など四首、『歌経標式』に一首を伝える。斎藤茂吉は「額田王の歌よりももつと素直」で「女性の口吻が出てゐる」と評した。

参考文献 斎藤茂吉『万葉秀歌』(『岩波新書』赤五・六)、尾山篤二郎「額田ノ姫王攷」(『万葉集大成』九所収)、黛弘道「額田王」(『日本女性史』一所収)、中島光風「鏡王女について」(『文学』一一ノ一〇)

(青木 和夫)

押坂墓《おさかのはか》 奈良県桜井市忍阪字女塚にあり、径約二〇メートルの南面する小円墳で、舒明天皇陵の東方約五〇メートルにある。『延喜式』諸陵寮には遠墓とし、「押坂墓、鏡女王、在二大和国城上郡押坂陵域内東南一、無二守戸一」とあり、かつては舒明天皇陵の域内に含まれていた。『陵墓一隅抄』には「在二忍坂村一、檀々山東南二町許字女冢平」とある。現在墓は談山保存会の管理に属している。

(戸原 純一)

かきのもとのひとまろ 柿本人麻呂 生没年不詳 万葉

柿本人麻呂画像

歌人。大化改新(六四五)以後に生まれ奈良遷都(七一〇)前後に没。慶雲四年(七〇七)石見国で病死したともいう。生地は大和・近江・石見など諸説があり、墓所の鴨山も大和・石見両説がある。官歴などについてもほとんど不明である。和歌全史を通じての最高峰と称せられる。すでに万葉時代に模範として仰がれたが、のちに歌聖といわれ、さらに神として祭られるに至った。『万葉集』中に人麻呂作と明記されたものは、或本の歌を含め長歌十八首、短歌六十六首。人麻呂以外の歌も載せ、『万葉集』に採られている『柿本朝臣人麿歌集』には長歌・旋頭歌《せどうか》・短歌合計三百六十五首。作歌は天智あるいは天武天皇時代に始まったと思われるふしもあるが、年代のわかる最初の作は持統天皇三年(六八九)のもの。人麻呂以前の『万葉集』の和歌は歌謡から転生したばかりの若々しいすがしさを持つが、人麻呂はこれを成熟させ完成させた。長歌では句の音数を五・七に整え、段落を少なくして連綿と続け、末尾を五・七・七の形にし、一首の長さを著しく増し、しかも長大化によって緊張を失うことなく、感動のみなぎったものとした。枕詞・序詞・対句の豊富な使用によって比類のない調べを生んでいるのも彼の特徴で、伝統を受けつつ新しい創造を遂げている。短歌においても沈痛重厚で弾力のある調べは前後にたぐいがない。歌材は皇室関係・恋愛・自他の死・旅・自然と広範にわたるが、対象と渾融する原始の心情に近いものを、当代開化の技法によって表現している。この前後に類のない作品は、彼の資質が千載一遇ともいうべき時代に巡り合うことによって生み出された。彼が六位以下であったことは歌の題詞によって知られるが、国司ぐらいにはなり得たかも知れない。柿本氏は『新撰姓氏録』に大春日朝臣と同祖で天足彦国押人命のあととあり、『日本書紀』天武天皇十三年(六八四)十一月戊申(一日)条に姓を臣から朝臣にされたとあるが、顕要の地位に上った者はない。

参考文献　斎藤茂吉『柿本人麿』(『斎藤茂吉全集』一五—一八)、武田祐吉『国文学研究柿本人麻呂攷』(『武田祐吉著作集』七)、森本治吉『人麿の世界』、吉村貞司『人麻呂抄』、山本健吉『柿本人麻呂』、中西進『柿本人麻呂』(『日本詩人選』二)、阿蘇瑞枝『柿本人麻呂論考』、渡瀬昌忠『柿本人麻呂研究』歌集編上

（五味　智英）

かきもんいん　嘉喜門院　生没年不詳　南北朝時代の女流歌人。出自は未詳だが、閑院流阿野家と深い関係があり、二条師基の猶子として後村上天皇の女御となったという推測が有力。長慶天皇の母である可能性は高い。正平二十三年(北朝応安元、一三六八)後村上天皇の没後まもなく落飾。南朝方女流歌人として勝れ、天授三年(北朝永和三、一三七七)宗良親王は『新葉和歌集』撰集にあたって詠草を求め、その折に成った家集が『嘉喜門院御集』である。他人の歌十五首を含めて百八首の小家集だが、天野・吉野と転々と居所を変え、衰運の南朝方の気色を反映して哀感の漂った歌が多い。なお歌集としてばかりでなく、史料的価値も高い。『新葉和歌集』には十七首入集。

参考文献　和歌史研究会編『私家集大成』五、八代国治『長慶天皇御即位の研究』、村田正志『南北朝史論』、井上宗雄『中世歌壇史の研究—南北朝期—』、小木喬「新葉和歌集作者の研究」(『新葉和歌集 本文と研究』所収)、安井久善「『嘉喜門院集』附載「詠三十首和歌」について」(日本大学国文学会『語文』四二)

（井上　宗雄）

かくあ　覚阿　一一四三—?　平安・鎌倉時代初期の天台宗の僧。康治二年(一一四三)生まれる。藤原氏。十四歳で得度、延暦寺に学んだが、当時宋国で禅宗の盛んな状況を聞き及んで、承安元年(一一七一)二十九歳の時、法弟金慶を伴って入宋した。このころ、霊隠の仏海禅師の名が高かったので、就いて禅宗を修め、ついに印可を得た。かくて、宋の各地に修行ののち、禅宗を弘布するために帰朝し、安元の初め、師に物を贈って謝意を表わしたが、仏海は喜んでこれをうけたという。帰朝後はまた叡山に入った。寿永元年(一一八二)ごろ、師に嗣書を通じたが、この時は仏海はすでに寂していた。高倉天皇が覚阿の名をきいて召し出して禅の法要を問うたが、覚阿はただ笛一吹を以てこれに答え、禅旨はついに解せられずに終ったと伝える。なお、覚阿の名において行われる『談義日記』一巻が伝存している。『摩訶止観』『法華玄義』『法華文句』の中より要義三十二条を抽き、問答体によって、その解釈を加えたもので、この著者がはたして右の覚阿その人であるか否かは確認しがたい。

参考文献　『五燈会元』、『元亨釈書』六、高泉性潡『扶桑禅林僧宝伝』、卍元師蛮『延宝伝燈録』一(『大日本仏教全書』)、同『本朝高僧伝』一九(同)、辻善之助『日本仏教史』二

（多賀　宗隼）

かくあん　覚晏　生没年不詳　鎌倉時代初期の僧。東山覚晏とよばれ、仏地と称した。出身は不詳。文治五年(一一八九)大日能忍は、弟子を宋に派して、南宋禅の一派たる臨済宗楊岐派の拙庵徳行に所悟を示して、その印

可を受け、わが国に禅を弘める先駆をなしたが、覚晏は能忍の門に参じて上足といわれた。大和の多武峯に住してその法を弘めて多くの弟子を養ったが、中に懐奘《えじょう》・懐鑑・懐然・懐義(尼)らがいた。そのころ道元が宋より帰朝してはじめて曹洞宗を弘めており、覚晏は弟子に勧めてその門に参ぜしめた。懐奘・懐鑑・懐義らはいずれも道元門下に趨り、それを通じて覚晏の法脈は曹洞宗の越前永平寺・同波著寺、加賀大乗寺、肥後広福寺などに流入することとなった。著書に『心要提示』がある。

参考文献　『永平寺三祖行業記』、『永平広録』三、嶺南秀恕『日本洞上聯燈録』(『曹洞宗全書』)、湛元自澄『日域洞上諸祖伝』(同)、『新纂禅籍目録』、栗山泰音『嶽山史論』、村上専精『禅宗史綱』、玉村竹二『五山文学』(『日本歴史新書』)、伊藤道海『常済大師御伝記』、村田正志「広福・大乗両寺における曹洞宗伝法文書」(『日本歴史』三〇八)

(多賀　宗隼)

がくいんえかつ　鄂隠慧奯　一三五七—一四二五　南北朝・室町時代前期の臨済宗夢窓派の禅僧。法諱ははじめ梵奯、のち慧奯と改めた。道号ははじめ鄂隠、中ごろ大歳と改め、晩年再び鄂隠に戻った。延文二年(一三五七)に生まれる。筑後の人。幼より絶海中津に従って出家し、禅旨と詩文を学び、また石室善玖にも親近し、鄂隠の道号を授かった。至徳三年(一三八六)入明し、在明十年、承天寺の仲銘克新、崇報寺の行中至仁らに参じ、帰朝して、絶海より夢窓疎石説法の法衣を付法印可の証として授けられ、その法を嗣いだ。応永中期、足利義持の帰嚮を得て、等持寺(十刹)に住し、ついで応永十七年(一四一〇)三月、相国寺(五山、第十九世)に昇住したが、間もなく退院《ついえん》し、同寺内に大幢院(のち長得院と改称)を創めて退居した。周防の大内義弘は同国玖珂郡に瑞雲寺を創めて開山に請じ、阿波の細川氏は、同国の宝冠寺に住せしめた。同二十一年六月、大岳周崇の後を承けて、相国寺鹿苑院の塔主《たっす》に就任、僧録の事を司った。同二十四年二月、鹿苑院在住のまま天竜寺(五山、第六十一世)に住したが、同年九月五日、俄かに鹿苑・天竜の任を辞し、間もなく土佐に逐電した。おそらく将軍足利義持の意に忤ったためであろう。土佐では吸江《ぎゅうこう》庵に住し、また阿波宝冠寺にも往来した。吸江庵では堂宇を修覆し、境内の十境を定め、寮舎を営んで蘆花深処といい、書斎を景蕉と称して、これに退隠閑日月を送った。応永三十二年二月十八日、吸江庵で寂した。六十九歳。全身を庵後に葬り、相国寺大幢院に分塔した。かつて称光天皇が衣盂を受けたので、仏慧正続国師の号を生前に特賜された。そのほかに後崇光院太上法皇道欽(伏見宮貞成親王)、足利氏一族の慈受院竹庭・三時知恩寺覚窓の両尼ら貴戚出身の門人あり、蔡秉常・張徳廉(倨巌)ら明人亡命者の弟子もあった。その他嗣法の弟子には古邦慧淳・惟明瑞智・以鈍等鋭・棠陰等奭・実翁従貞・益仲□琛・徳祐・徳琳・瑞生・興釈・林茂□桂らがある。交友には惟肖得巌・曇仲道芳・元璞慧珙・西胤俊承らがあり、著述に、土佐在住中の作品を主とした『南游稿』があり、他に師絶海の『絶海和尚語録』および詩文集『蕉堅藁』の編纂にも関与した。その他蔡秉忠帰明を送る詩軸を編したという。蔡秉常は帰国後、明国で『南游稿』を出版したとも伝える。その作品は横川景三の『横川和尚百人一首』および文挙契選《かいせん》の『花上集』にも収められている。北山時代有数の五山文学作者である。

参考文献　『仏慧正続国師鄂隠和尚行録』、『天竜宗派』、『相国前住籍』、『扶桑五山記』(『鎌倉市文化財資料』二)、『天竜寺住持位次』、卍元師蛮『延宝伝燈録』二六(『大日本仏教全書』)

(玉村　竹二)

かくうん　覚運　九五三—一〇〇七　平安時代中期の天台宗の僧侶。京都の人で藤原貞雅の子。天暦七年(九五三)に生まれる。出家して比叡山に登り、良源に師事して天台教学を研鑽した。選ばれて広学竪義《こうがくりゅうぎ》(天台宗の討論会)の竪者《りっしゃ》(論題を講説する役)となり、その学識を認められて、のちに精義者《しょうぎしゃ》(質疑応答を判定する役)に推挙された。叡山の東塔南谷の檀那院に住して盛んに教学を講説した。かつて良源から真言密教を学ぶように勧告されて静真《じょうしん》に受学し、静真の没後は皇慶《こうげい》に随った。皇慶はまだ三十歳にならない後輩であったが、覚運は下問を恥じずに師事したという。覚運は源信とは反対に宮廷貴族に接近し、長保四年(一〇〇二)正月、藤原道長に『摩訶止観』を教授し、同二月十日、道長邸で東三条院(藤原詮子)の七七日忌の法事が営まれたとき、散花師《さんげし》の役を勤め、翌五年十二月に権少僧都に任ぜられた。寛弘元年(一〇〇四)五月十九日、道長が東三条院の追善のために法華八講を行なったとき厳久らとともに講師となり、同年七月八日道長は覚運について『法華文句《ほっけもんぐ》』の読誦を習い、八月二日に布施として絹十四・米二十石を贈った。翌二年八月一日最勝講の講師に選ばれたが、そのころ一条天皇に『法華疏』十巻を進講し、八月二十八日に終了するとその功によって権大僧都に任ぜられた。同四年八月二日に道長が吉野金峯山参詣に出立し、同十一日三十八所に詣でて経供養をしたとき、覚運は供養の講師を勤めた。そして同年十月三十日に五十五歳で没したが、藤原行成は「仏法ノ棟梁、国家ノ珍宝ナリ、今逝去ヲ聞キ、悲涙襟ニ灑《そそ》グ」(『権記』)といってその死を惜しんだ。朝廷から権僧正を贈られた。世間では檀那僧都・檀那僧正と呼び、その系統を檀那流という。著作に『一実菩提偈』『観心念仏』『念仏宝号』などがある。覚運の系統の檀那流は源信の系統の恵心流に対するもので、檀那流は教相を重んじ始覚《しかく》法門に立つのに対して、恵心流は観心《かんじん》を重んじ本覚法門に立つといわれる。しかし覚運・源信にはそういう思想的差別はなく、鎌倉時代に起った法系の分流である。

参考文献　『大日本史料』二ノ五、寛弘四年十月三十日条、辻善之助『日本仏教史』一、井上光貞『新訂日本浄土教成立史の研究』、大野達之助『上代の浄土教』

（吉川弘文館『日本歴史叢書』二八）、硲慈弘『日本仏教の開展とその基調』下

（大野達之助）

かくえ　覚恵　？―一三〇七　本願寺の創建者覚如の父。生誕は仁治―寛元年間（一二四〇―四七）ごろ。父は日野広綱、母は親鸞の末娘覚信。幼名を光寿《こうじゅ》、諱を宗恵《そうえ》、のち専証と号し、さらに覚恵と改めた。青蓮院二品尊助法親王の門に入り密教を学んだが、のち浄土門を専修、親鸞の孫如信に師事した。弘安六年（一二八三）十一月二十四日付の母覚信の遺言状により大谷廟堂の沙汰（維持）を譲られた。しかしかれの異父弟唯善が廟堂の管理をめぐり係争をおこした。正安三年（一三〇一）、唯善は後宇多上皇の院宣を得て廟堂の奪取をはかった。翌四年覚恵とその子の覚如が奔走し同上皇の院宣を得て対抗した。覚恵は東国の門徒にあて、死後は廟堂の留守（管理）を覚如に譲るので支持されたいとの同四年五月二十二日付書状を送った。徳治元年（一三〇六）十一月、覚恵の重病病臥中、唯善が大谷に押し入ったため、かれは覚如の妻播磨局の父教仏の宅に移り、翌二年四月十二日、ここで死去した。

覚恵花押

参考文献　上原芳太郎『初期之本願寺』、重松明久『覚如』（『人物叢書』一一三）

（重松　明久）

かくえん　覚円　一〇三一―九八　平安時代の天台宗僧。関白藤原頼通の第六子。長元四年（一〇三一）に生まれる。園城寺《おんじょうじ》の明尊に就いて出家し、顕密二教の奥義を学んだ。名声が朝廷に聞えると一身《いっしん》阿闍梨《あじゃり》に任じ、天喜二年（一〇五四）五月に権少僧都、三年十二月に法印に叙せられた。康平三年（一〇六〇）権僧正に転じ、五年僧正に進み、六年園城寺の長吏となった。治暦元年（一〇六五）十月、法成寺金堂供養の勧賞として大僧正に任ぜられた。承暦元年（一〇七七）二月天台座主の詔命を承けたが、叡山の衆徒が朝廷に訴えて阻止した。そこで勅使は山に登り、宣命を講堂の欄に結びつけて山徒に掲告したので山徒は上訴を取り止めたが、覚円は三日にして職を辞して帰ったという。十二月になって法勝寺別当に補せられた。以後宮中に召されてしばしば修法を行い、法験があったので皇室の崇信が日ましに厚くなった。永長元年（一〇九六）正月除目の法を修して牛車の宣を蒙り、承徳二年（一〇九八）四月十六日宇治院に寂した。六十八歳。常に宇治の精舎に住していたので宇治僧正と呼ばれた。

参考文献　『大日本史料』三ノ五、承徳二年四月十六日条、『元亨釈書』二五・二六、卍元師蛮『本朝高僧伝』一一（『大日本仏教全書』）

（大野達之助）

がくおうぞうきゅう　岳翁蔵丘　生没年不詳　室町時代の禅宗画僧。東京国立博物館に蔵丘筆の落款と岳翁の朱文方印がある天章周文系統のすぐれた水墨山水図（重要文化財）があって、同じ印章と類似画法の山水画と人物画が住友吉左衛門・藤井明・河本嘉久蔵など各家に十余点ほど伝わっているが、その多くに了庵桂悟（一四二五―一五一四）の讃があるので同派・同時代と推定できる。また季弘大淑は文明十八年（一四八六）に周文の弟子蔵丘の作品に着讃しており（『蔗軒日録』）、桂悟は延徳二年（一四九〇）に蔵丘筆の「山水図」（正木美術館蔵、重要文化財）に、永正十一年（一五一四）には「山水二楽斎図」（岡谷惣助蔵）に讃をしているから、蔵丘の活動年代を知ることができるが、雪舟等楊と自牧宗湛とともに周文画法を受けた水墨画の大家であったことを作品が証明している。

参考文献　田中一松「岳翁蔵丘の史的位置」（『日本絵画史論集』所収）

（谷　信一）

かくか　覚哿　聖徳太子が儒教の典籍を学んだ博士。『日本書紀』推古天皇元年（五九三）四月己卯条に「内教を高麗《こま》の僧恵慈に習ひ、外典を博士覚哿に学ぶ」（原漢文）とみえるのみで、伝記は未詳である。おそらく百済の五経博士であろう。五経博士は、継体天皇七年から交代制で百済から貢進されていたからである。鎌倉時代初期の『古今目録抄』には「五徳博士学呵」とあるが、「五経博士覚哿」を誤り伝えたものであろう。

（大野達之助）

かくかい　覚海　一一四二―一二二三　平安・鎌倉時代前期の真言宗の僧侶。南証房、和泉法橋と号す。康治元年（一一四二）に生まれる。但馬国養父郡の人。和泉守雅隆の子という（『続伝燈広録』）。はじめ醍醐寺の定海に就いて薙髪し、両部秘密の灌頂を受ける。定海の入寂後、郷国建屋郷与光寺に至り学頭に推された。文治のころ高野山に登り、大楽院の寛秀に従って受職灌頂し、華王院を開き、承久二年（一二二〇）以後は同院に退いた。建保五年（一二一七）、高野山第三十七世検校となり承久二年まで在職し、貞応二年（一二二三）八月十七日寂。八十二歳（『高野春秋』は八十三歳とする）。嗣法の弟子に道範・法性・尚祚・真弁らがいる。著書に『覚海法橋法語』一巻がある。『本朝高僧伝』に対馬の人とするのは誤りであろう。前生七生のことを知った人という伝説がある（『沙石集』）。なお覚海の検校であった時には、高野山と吉野金峯山との間に寺領堺相論があり、覚海もこの訴訟のために苦心したことは『高野山文書』中の多くの文書により知られる。

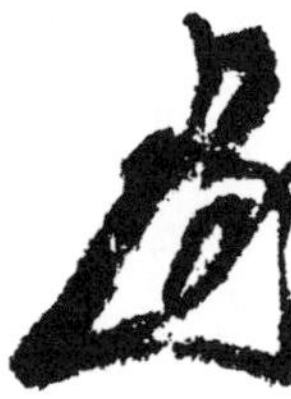
覚海花押

参考文献　『大日本史料』五ノ二、貞応二年八月十七日条、『血脈類集記』四（『真言宗全書』三九）、『密教研究』一〇（覚海大徳特輯号）

（田中　久夫）

かくぎょうほっしんのう　覚行法親王　一〇七五―一一〇五　白河天皇の第三皇子。真言宗仁和寺第三代門跡。本名覚念、のち覚行と改める。承保二年（一〇七五）四月誕生。母は藤原経平の女経子。永保三年（一〇八三）、大御室性信入道親王の室に入り、応徳二年（一〇八五）二月十九日北院に出家、同三月七日受戒。同九月大御室入滅、

十月仁和寺寺務。寛治六年(一〇九二)三月十一日一身阿闍梨宣下、同十九日観音院において伝法灌頂を受ける。承徳二年(一〇九八)二月二十五日円宗寺・法勝寺両寺検校。康和元年(一〇九九)正月三日親王宣下、法親王のはじめである。同四年五月二十三日三品に叙し、同八月七日二品。この年七月二十一日尊勝寺落慶供養の証誠を勤仕、長吏に補せられた。長治元年(一一〇四)三月二十四日尊勝寺灌頂初度大阿闍梨。同二年五月かねて高麗に求めていた『釈論通玄鈔』などの典籍がもたらされたが、親王はこの年十一月十八日北院に入滅。三十一歳。世に中御室という。墓は京都府船井郡園部町船坂にある。

参考文献 『大日本史料』三ノ八、長治二年十一月十八日条　(川崎　庸之)

かくけん　覚憲　一一三一―一二一二　鎌倉時代初期の興福寺法相宗の学僧。晩年に大和国高市郡の壺坂寺(南法華寺)に隠遁したため壺坂僧正とも称せられた。鳥羽・崇徳・近衛の各天皇に仕えて、三代の碩学といわれた藤原通憲の第五男、母は近江守高階重仲の娘。天承元年(一一三一)生まれる。幼くして興福寺に入寺し、法相宗の学匠でことに有名な蔵俊に従い唯識法相を修め、藤原頼長より才智大広と将来を嘱望された。平治元年(一一五九)十月に維摩会の講師となり、平治の乱で伊豆(一説に伊予)に配流されたと伝える。長寛元年(一一六三)五月の季御読経に参勤して以後、多くの公請に応じ、安元元年(一一七五)三月に大安寺別当に、同二年には法勝・法成両寺の学頭に補せられ、翌三年五月に権少僧都となる。治承四年(一一八〇)十二月の平重衡の兵火による興福寺の焼亡と寺領の没官という危機にあい、別当信円を援けて権別当に任ぜられ、寿永二年(一一八三)七月に権大僧都、文治二年(一一八六)五月に法印となり、同五年五月に別当に昇任され、建久元年(一一九〇)五月に権僧正に至った。同六年十二月に大安・興福両寺別当を辞任して、壺坂寺に隠遁し、建暦二年(一二一二)十二月に八十二歳で没した。権別当になった養和元年(一一八一)より建久六年までの十五年間、藤原基通や同兼実と興福寺大衆の間にあって当寺再興をはたした功は大きく、あるいは文治元年八月の東大寺大仏開眼供養会には、院宣により導師に、建久六年三月の大仏殿供養会には供養導師に補せられたのは、覚憲の南都仏教界に占めた衆望を示すものといってよい。その兄弟としては兄の延暦寺澄憲、東大寺の明遍・勝賢があり、笠置寺の貞慶も、兄貞憲の子息で、それぞれ当代に声名をはせた。

覚憲花押

参考文献 『玉葉』、『興福寺別当次第』　(堀池　春峰)

かくさん　覚山　一二五二―一三〇六　鎌倉幕府執権北条時宗夫人、臨済宗の尼僧。秋田城介安達義景の女、母は北条時房の女。建長四年(一二五二)七月四日誕生。堀内殿、のち潮音院殿とよばれた。弘長元年(一二六一)四月二十三日十一歳の時宗に嫁し、文永八年(一二七一)十二月二日貞時を生む。この年九月十二日竜の口での日蓮の赦免はこの懐妊による。弘安七年(一二八四)四月四日時宗の病死の直前に時宗とともに円覚寺開山無学祖元を師として落飾、覚山志道と称し、翌年松岡山東慶寺を創め開山となる。江戸時代男子禁制の駈入寺また縁切寺として有名になる女人救済の寺法を勅許を得て始めたという。徳治元年(一三〇六)十月九日示寂。五十五歳。もと円覚寺仏日庵に慈氏殿という塔所があったが、現在東慶寺に墓、法体の木像がある。

覚山像

参考文献 井上禅定『駈込寺東慶寺史』、同『鎌倉東慶寺の縁切寺法』(『鎌倉国宝館論集』一〇)　(井上　禅定)

かくじょ　覚助　㈠一〇一三―六三　平安時代中期の天台宗の僧。京都の人。左京大夫藤原道雅の子として長和二年(一〇一三)に生まれる。三井寺に入り、行円・心誉に密教を学んだ。天喜三年(一〇五五)大納言経長(藤原姓とする所伝があるが、源姓が正しいと思われる)の妻の病を祈って法験を認められ、その父関白藤原頼通の殊遇を得たと伝えられる。しかし、源経長の妻が頼通の女であることは他に所伝がなく、経長・経長妻・頼通の間に何らかの関係があったことは想定されるが明白でない。また、その住房に水が乏しかったため、祈って冷泉を獲て、人々はこれを法泉房とよんで讃えたという。康平五年(一〇六二)済算の死欠を襲って四天王寺別当に補せられたが、翌六年十一月十一日没した。五十一歳。

参考文献 『僧綱補任』、『法中補任』、卍元師蛮『本朝高僧伝』五〇(『大日本仏教全書』)　(多賀　宗隼)

㈡?―一〇七七　平安時代中期の正系の仏師。大仏師法眼覚助。定朝の子と伝えられる。その事蹟のおもなものは、康平元年(一〇五八)十月院の円堂の御仏を造り、同二年法成寺阿弥陀堂および五大堂の御仏像、同四年十月平等院多宝塔の五智如来像を造り、治暦三年(一〇六七)三月興福寺の造仏賞により法橋に叙せられ、同四年大仏師長勢とともに円宗寺の造仏賞により法眼に叙せられた。承暦元年(一〇七七)十月法勝寺の造仏に従事中、完成せぬうちに死去した。作品は残っていない。　(久野　健)

かくじょ　覚恕　一五二一―七四　戦国時代の天台宗の僧。寺伝によれば大永元年(一五二一)十二月十八日誕生。

覚恕花押

父は後奈良天皇、母は小槻雅久女の伊予局。大永五年(一五二五)延暦寺の曼殊院門跡にて得度。天文六年(一五三七)慈運のあとをうけて同門跡を相承。同年北野社別当職を兼ねた。弘治三年(一五五七)准三宮の宣下をうけ、金蓮院准后とよばれた。永禄五年(一五六二)には尊朝法親王の得度に戒和上を勤め、同十年の同法親王の仏事を輔けた。元亀元年(一五七〇)三月(一説に四月)第百六十六代天台座主に補せらる。翌二年九月、織田信長のために延暦寺全焼の厄に遭った。天正二年(一五七四、一説に同二十年)正月三日没。五十四歳。『真如堂供養弥陀表白』『金曼表白』などの著、および『天台座主記』『消息書生故実抄』などの書写本の類が曼殊院に伝存している。墓は京都市左京区一乗寺の曼殊院裏山の曼殊院宮墓地にある。

参考文献 『小林正直所蔵文書』、進藤為善編『華頂要略』(『大日本仏教全書』)、同編『新撰座主記』、『曼殊院門跡相承次第』　(多賀　宗隼)

かくじょう　覚盛　一一九四—一二四九　鎌倉時代の律僧。学律房・窮情房。大和の人。建久五年(一一九四)に生まれる。興福寺にて出家。建暦二年(一二一二)貞慶が律の復興のために二十人の僧を集めた時に撰ばれ、常喜院において律学を学び、建保元年(一二一三)貞慶寂後は知足院戒如(貞慶の弟子)に従った。嘉禎二年(一二三六)九月一—四日に円晴・叡尊・有厳とともに自誓受戒した。興福寺松院において律学を講じ、寛元二年(一二四四)唐招提寺の住持となった。建長元年(一二四九)五月十九日、唐招提寺長老として寂した。五十六歳、夏臘十二。弟子は良遍・真空・証玄・聖守・円照ら多い。著書は、『表無表章文集』七巻、『菩薩戒通別二受鈔』一巻、『菩薩戒通受遣疑鈔』一巻などがある。自誓受戒により南都の戒律の復興を実行した四人の一人として著名。ことに唐招提寺中興として知られる。元徳二年(一三三〇)八月七日、大悲菩薩の号を諡された。

覚盛花押

参考文献 『大悲菩薩弁弟子行状集』(『日本大蔵経』戒律宗章疏二)、『(東大寺)円照上人行状』、『律宗綱要』(『(大正新脩)大蔵経』七四)、『金剛仏子叡尊感身学正記』(奈良国立文化財研究所編『西大寺叡尊伝記集成』)、『自誓受戒記』(同)、慧堅編『律苑僧宝伝』一一(『大日本仏教全書』)、義澄編『招提千歳伝記』上二(同)、卍元師蛮『本朝高僧伝』五九(同)、徳田明本『律宗概論』、石田瑞麿『日本仏教における戒律の研究』、辻善之助『日本仏教史』二　(田中　久夫)

覚盛像

かくしょうにゅうどうしんのう　覚性入道親王　一一二九—六九　鳥羽上皇の第五皇子。真言宗仁和寺第五代門跡。大治四年(一一二九)閏七月二十日誕生。母は待賢門院璋子である。同十月二十二日親王宣下、諱は本仁。保延元年(一一三五)三月二十七日仁和寺北院に入り、同六年六月二十二日出家、法名を信法といい、のちに覚性と改めた。同十月二日受戒。久安三年(一一四七)四月一日一身阿闍梨宣旨、同十日観音院において伝法灌頂を受けた。仁平三年(一一五三)十二月高野御室覚法法親王入滅の後を受けて仁和寺務。保元三年(一一五八)三月一日二品。仁安二年(一一六七)十二月十三日、はじめて惣法務に任じて綱所を賜わる。このころ、親王は泉殿にあり、これが紫金台寺とよばれるに至った事情は詳らかでないが、嘉応元年(一一六九)二月二十二日には、ここで八万四千基の泥塔供養が行われている。親王は、この年十二月十一日、四十一歳をもって泉殿に示寂した。大御室性信入道親王の高野山北院御廟に葬る。世に紫金台寺御室という。

参考文献 『御室相承記』五(『仁和寺史料』寺誌編一)、『仁和寺御伝』(同二)　(川崎　庸之)

かくしんに　覚信尼　一二二四—八三　大谷御影堂(本願寺)初代留守職。元仁元年(一二二四)生まれる。父は親鸞、母は恵信尼。常陸国出生、出家入道は親鸞の死後、俗称は「わうごぜん」。親鸞が関東から京都に帰ったのに同伴して京都に上り、長じて太政大臣久我通光の女房となり兵衛督局と呼ばれたが、左衛門佐日野広綱に嫁して覚恵・光玉の子女を生んだ。広綱の死後、父親鸞と生計をともにした。母恵信尼は越後国に持っていた所領・下人を管理するために越後国に下り数人の子女と一緒に晩年を過ごしたが、康元元年(一二五六)に覚信尼に書状を送って下人を譲与することを約束した。親鸞は弘長二

覚信尼花押

年(一二六二)に死去したが直前に自筆の遺言状を書き、常陸国在住の門弟に対して覚信尼とその子女の後見を懇切に依頼した。覚信尼が親鸞の墓所を管理し、それによって親鸞の門弟との交渉を深くしたのは、親鸞の遺言に基づいたものである。覚信尼は親鸞の死後、小野宮禅念と再婚して子唯善を生んだが、禅念や親鸞の門弟と協議して大谷にあった禅念所有の宅地に御影堂を建て親鸞の影像と遺骨を安置した。文永九年(一二七二)のことであった。禅念はまもなく死去したが、その前に御影堂敷地の所有権を覚信尼に譲った。覚信尼は御影堂の将来を考慮して敷地に対する権利を放棄して御影堂に寄進し、御影堂を管理する留守職は覚信尼の子孫で門弟の意にかなうものをもって任ずることを定め、弘安三年(一二八〇)に留守職を子覚恵に譲り、同六年最後状を書いてまもなく死去した。六十歳。

参考文献 日下無倫『覚信尼公』、上原芳太郎『初期之本願寺』、赤松俊秀「覚信尼について」(『鎌倉仏教の研究』所収)

(赤松 俊秀)

かくぜん 覚禅 一一四三―? 平安時代末期から鎌倉時代初期の真言宗の僧。字は金胎房、小納言阿闍梨ともいう。嵯峨阿闍梨覚禅や禅定院覚禅(少将法印覚禅)は別人。俗姓不明。康治二年(一一四三)誕生。醍醐寺勝賢や勧修寺興然に師事、特に興然に図像集編纂の影響を受け、十九歳の時から資料蒐集を始め、建保元年(一二一三)ころに至るまで、勧修寺、醍醐寺、観音寺、高野山のほか法住寺殿、六条内裏、白河房など、内裏や院の御所、貴族の邸宅内の壇所の図像資料を調査し、広沢流の『十巻抄』や『別尊雑記』に対して小野流の図像集である『覚禅抄』を著わした。没年不明。

参考文献 『大日本史料』四ノ補遺(別冊一)、建仁三年十一月三十日条、逸見梅栄「覚禅阿闍梨と釈迦文院覚禅鈔」(『密教研究』四二)、佐和隆研「金胎房覚禅雑攷」(同八二)、中野玄三「覚禅の念仏信仰」(『仏教史学』一〇ノ一)、同「覚禅伝の諸問題」(『仏教芸術』七〇)、同「覚禅年表」(同)

(和多 秀乘)

かくちょう 覚超 九六〇―一〇三四 平安時代中期の天台宗の僧。天徳四年(九六〇)に生まれる。俗姓は巨勢氏、和泉国の人。幼少のとき比叡山に登って良源の弟子となり、同門の源信にも師事した。天元年中(九七八―八三)得度し、台教を源信に学び、密灌を慶円に受けて二教を究め、大いに名声を博した。はじめ兜率《とそつ》院に住し、のちに横川《よかわ》の楞厳《りょうごん》院に遷ってもっぱら著述に従い、兜率の覚超と称された。長保四年(一〇〇二)最勝講の講師、寛弘元年(一〇〇四)五月、東三条院法華八講の聴衆などを勤め、長元二年(一〇二九)権少僧都に任ぜられ、同四年十月、上東門院の横川如法経供養を助け、同七年正月七十五歳で寂した。台密十三流の中の川流の祖であり、『東西曼荼羅抄』など密教関係の著作が多いが、『往生極楽問答』という浄土教の作もある。

参考文献 『続本朝往生伝』(『日本思想大系』七)、『元亨釈書』四、井上光貞『新訂日本浄土教成立史の研究』、大野達之助『上代の浄土教』(吉川弘文館『日本歴史叢書』二八)、赤松俊秀「藤原時代浄土教と覚超」(『続鎌倉仏教の研究』所収)

(大野達之助)

かくにょ 覚如 一二七〇―一三五一 本願寺の創建者。父は親鸞の末娘覚信の子の覚恵、母は周防権守中原某の娘。文永七年(一二七〇)十二月二十八日京都三条富小路辺で誕生。幼名を光仙《こうせん》、諱を宗昭《そうしょう》、号を覚如・毫摂《ごうしょう》と称した。幼少時以来、澄海(浄土宗)・宗澄(天台宗)・行寛(法相宗)・彰空(浄土宗)・勝縁(同)・了然(三論宗)らについて諸宗義を研学した。弘安九年(一二八六)十月二十日、十七歳にして出家、翌十年十一月十九日、善鸞の子の如信より他力法門を伝受したといわれる。永仁二年(一二九四)二十五歳にして『報恩講式』(『報恩講私記』)、翌三年に『親鸞聖人伝絵』、ついで正安三年(一三〇一)法然伝記の『拾遺古徳伝』を著わした。これらにより法然教の正統的継承者としての親鸞の高揚につとめた。以上のほか嘉暦元年(一三二六)に『執持鈔』、元弘元年(一三三一)に『口伝鈔』、建武四年(一三三七)に『本願鈔』『改邪鈔』、暦応三年(一三四〇)に『願々鈔』、康永二年(一三四三)に『最要鈔』などの書を著わした。これらの書により親鸞至上主義を標榜しており、教義の面では「信心正因」と「一念義成」の主張を貫いている。さらに六十二歳の時の『口伝鈔』述作を転機として、親鸞・如信・覚如の血脈相承をことさら強調するに至った。真宗教団内における本願寺教団の正統性を強く打ち出すためと思われる。なお正和四年(一三一五)には自作の和歌を集めて『閑窓集』を編集した。父覚恵の在世中より親鸞の墓所としての大谷廟堂の管理をめぐり、覚恵の異父弟にあたる唯善と係争を生じており、正安四年覚恵は覚如に大谷廟堂の留守(管理)を譲った。徳治元年(一三〇六)には、唯善は大谷に押し入り廟堂を奪取した。延慶二年(一三〇九)覚如はこのことについて青蓮院において唯善と対決、青蓮院門跡の裁決により、勝訴を得た。そのため唯善は親鸞影像ならびに遺骨を奪い鎌倉常葉(神奈川県鎌倉市常盤)に逃走した。翌三年、覚如は東国門弟の同意を得て大谷に還住し、留

覚如花押

覚如画像

守職に就任した。応長元年（一三一一）、その子存覚を伴い、越前大町（福井市大町）の如道の道場に滞在布教したが、そののち伊勢・尾張・信濃など各地に布教した。正和三年存覚に留守職を譲ったが、元亨二年（一三二二）には、これを剝奪し義絶した。元弘二年奥州の如信の旧跡において三十三回忌を勤修したが、このころ親鸞高弟としての「二十四輩」を定めたといわれる。この年、守邦親王より本願寺留守職を安堵する旨の令旨を得たが、これが現存の公文書に本願寺号のみえるはじめである。暦応元年一旦存覚の義絶をといたが、康永元年再度義絶した。観応元年（一三五〇）、存覚に赦免状を出したが、本願寺別当職は孫の善如へ譲渡、翌二年正月十九日、京都大谷にて八十二歳で死去し、西山の久遠寺（京都市右京区の西山別院）に葬られた。なお、死後まもなく作成された覚如の絵伝『慕帰絵』（重要文化財）が西本願寺に伝えられている。

参考文献 『大日本史料』六ノ一四、観応二年正月十九日条、谷下一夢『存覚一期記の研究並解説』、上原芳太郎『初期之本願寺』、重松明久『覚如』（『人物叢書』一二三）、『無尽燈』二二ノ四・五合併号（覚如上人之研究号） （重松 明久）

かくにん 覚仁 生没年不詳 平安時代末期の東大寺僧。天喜年間（一〇五三―五八）前後に活躍した東大寺上座威儀師慶寿の子で、慶寿は大和国平群郡福田荘・吐（土）田荘二十町を華厳会色衆の饗料として東大寺に寄進し、覚仁の後家尼真妙は奈良より行程一里の所に居住していた点から、蓋し平群郡の領主層の出身と推定される。覚仁は長承元年（一一三二）四月以前に威儀師、永暦元年（一一六〇）三月には上座威儀師となり、永万元年（一一六五）七月には威儀師としての僧綱庁役を停止され、建仁元年（一二〇一）四月以

覚仁花押

前に他界した。その間威儀師として僧綱の所役に従い、康治元年（一一四二）五月の鳥羽院の戒壇院受戒の舗設、久安四年（一一四八）五月には「東大寺封戸進未注進状」の作成に関係し、以後東大寺荘園の復興と拡張に手腕を発揮した。同五年に伊賀国目代中原利宗と黒田荘出作公田見米率法について対決し、保元二年（一一五七）ごろには当荘預所に補任せられ、軍兵三百余人を派遣し国司交替の隙をねらい国領簗瀬保を押領、また大和国高殿荘の御油免田では興福寺西金堂衆から、あるいは玉滝杣の内裏・野宮などの用材などの結解状に関して東大寺尊勝院能恵から提訴されるなど、覚仁の身辺にはしばしば論争・訴訟が提起されたが、そのつど僧綱を背景とする政治的才幹と巧みな弁舌で鋭鋒をかわし、相手方より「南京の悪僧たる由、天下に披露の僧」とか「形は僧侶に似るも心は法敵」と評せられた。平安時代末期の当寺荘園の危機にあたって、東大寺印蔵文書を捜覧して寺領の保持・拡張を図った功は大きく評価される。自身も大和国清澄荘田一町を東大寺に寄進したが、一方大治二年（一一二七）の東寺諸堂の炎上にあたっては、長者醍醐権僧正勝覚のすすめで、真言院十二天・五大尊画像を再興した。現存する「十二天画像」（京都国立博物館蔵、国宝）、「五大尊画像」（教王護国寺蔵、同）がそれであり、あるいは康平四年（一〇六一）の三鼓（京都国立博物館蔵）、永暦元年の施入銘をもつ胡徳楽・同勧杯面（手向山神社蔵、重要文化財）、同二年三月の華厳会小仏供用の木造漆塗の高杯（東大寺蔵）、永万元年八月の雲珠形台付高杯（同）はともに覚仁の寄進にかかり、威儀師として神仏事に尽瘁したことが判明する。

参考文献 『東宝記』、石母田正『中世的世界の形成』、景山春樹「手向山八幡宮伝来の鼓胴断片」（『大和文化研究』三ノ六） （堀池 春峰）

かくばん 覚鑁 一〇九五―一一四三 平安時代後期の真言宗の僧侶。後世新義真言宗の派祖と称せられる。嘉

覚鑁花押

保二年（一〇九五）肥前国藤津荘（仁和寺領）の伊佐平次兼元の男として生まれる。八歳の時に出家を志し、十三歳の時上洛、仁和寺の寛助に従う。興福寺の恵暁に法相を学んだ後、天永元年（一一一〇）十六歳の時仁和寺成就院において寛助を師として出家した。保安二年（一一二一）寛助より広沢流の伝法灌頂を受けたが、これより前永久二年（一一一四）二十歳で高野山に登り、定尊・教尋に師事した。やがて覚法・聖恵両法親王に知られ、鳥羽院の絶大なる帰依を得た。高野山の伝法会の再興を志し、紀伊国石手荘などの施入をうけ、伝法院を開創、さらに長承元年（一一三二）鳥羽院の御幸を仰ぎ大伝法院の落成供養をみた。大伝法院は付属する密厳院を合わせて二百余の僧を擁する僧団であった。これを主宰した覚鑁は、ほかの高野山徒から排撃を受けるようになった。同三年、山徒二百六人が覚鑁に反対する奏状を上り、ついで高野山を離れて示威行動をした。覚鑁は、院宣により兼ねた金剛峯寺座主を大伝法院座主職とともに、翌保延元年（一一三五）真誉に譲り、密厳院に退き、同年三月二十一日無言行に入り、自行内観に専一であった。このために入定の噂が伝えられたという。覚鑁は、密教諸流の遍学を志し、三宝院定海・醍醐理性院賢覚・勧修寺寛信から小野方の受法を受け、さらに三井寺の覚猷から台密の灌頂を受け

覚鑁画像

た。覚鑁の流を受ける伝法院流の特色は、この東密（小野・広沢両流）・台密を綜合した点にあるといわれる。保延五年四月二日、千四百四十六日の無言行を結願し、『十住心論』を講じた。この間も、高野山徒との反目は解けず、同六年六月以前（五年十一月ころか）、覚鑁とその徒は根来山に移った。覚鑁は、根来山（豊福寺）に住した。根来山に円明寺・神宮寺が建てられ、鳥羽法皇の御願寺となった。康治二年（一一四三）十二月十二日、覚鑁は円明寺において示寂した。根来山に葬られる。四十九歳。弟子のうち嫡嗣は、兼海（浄法房）である。後代、天文九年（一五四〇）、自性大師の諡号をたまわったが、叡山の衆徒の反対により召し還された。元禄三年（一六九〇）、興教大師の諡号を賜わった。覚鑁の著述は多く存し、『興教大師全集』全二巻が刊行されている。その著『五輪九字明秘密釈』一巻には、大日如来と阿弥陀仏との一体であることを述べ、これまで浄土教を摂り入れなかった真言宗において、浄土教を真言密教の中に融合した。しかし、あくまでも密教を本とし、密教に念仏を会通したのである。すなわち大日の体の上に弥陀の相を現ずると観ずるならば、その大日の功能により、その場に往生し成仏できるともいう。このように密教を体としたが、信心すなわち菩提心を具することを第一とすると説き、また身口意の三密について、一密により他の二密が具足するという一密成仏の易行を説いたことなどに、覚鑁の宗教の実践的であることが知られる。

参考文献　中野達慧『興教大師正伝』、三浦章夫編『興教大師伝記史料全集』、辻善之助『日本仏教史』一、井上光貞『新訂日本浄土教成立史の研究』、櫛田良洪『真言密教成立過程の研究』、同『続真言密教成立過程の研究』、同『覚鑁の研究』　（田中　久夫）

かくほうほっしんのう　覚法法親王　一〇九一―一一五三　白河上皇の第四皇子。真言宗仁和寺第四代門跡。寛治五年（一〇九一）十二月二十九日誕生。母は源顕房の女師子である。康和五年（一一〇三）八月中御室覚行法親王の室に入り、長治元年（一一〇四）七月十一日成就院において出家。法名を真行といったが、のち行真と改め、さらに覚法と改めた。

覚法法親王花押

同年十月二十四日受戒。翌二年十二月仁和寺務。天仁二年（一一〇九）四月二十九日観音院において伝法灌頂を受け、同日一身阿闍梨宣下。天永三年（一一一二）十二月二十二日親王宣旨、大治二年（一一二七）正月十二日二品。同五年十月二十五日法金剛院供養大阿闍梨、保延三年（一一三七）十月十五日安楽寿院供養導師。同五年五月観音院を御願寺となし、東寺に准じて灌頂会を置くことを認められた。また、天治元年（一一二四）以来、しばしば高野山に詣で、仁平三年（一一五三）十二月六日、入滅。六十三歳。遺言によって高野の勝蓮花院において葬儀が行われた。墓は高野山本中院谷にある。世に高野御室という。

参考文献　『御室相承記』四（『仁和寺史料』寺誌編一）、『仁和寺御伝』（同二）　（川崎　庸之）

かくみょうぼう　覚明房　⇩長西《ちょうさい》

かくゆう　覚猷　一〇五三―一一四〇　平安時代後期天台宗の高位の僧で画事にも詳しい。天喜元年（一〇五三）生まれる。父は源隆国で宇治大納言と称し、『宇治大納言物語』の作者。覚猷は宇治大僧正覚円（関白藤原頼通の子）の弟子で、鳥羽の証金剛院（鳥羽殿御堂）に住したため鳥羽僧正と称し、また園城寺に法輪院を作って住したので法輪院僧正とも称する。天王寺・証金剛院・梵釈寺・法勝寺などの別当を歴任、晩年の長承三年（一一三四）には大僧正、保延元年（一一三五）には園城寺長吏、同四年には天台座主となり、同六年九月十五日に八十八歳で没した。法橋位に叙されたのは二十七歳で、藤原道長創立の法成寺焼亡後の修理別当の賞による。こののちから美術活動があとづけられ「八大明王図像」（醍醐寺蔵、重要文化財）、「胎蔵旧図様」（武藤家蔵、同）、「胎蔵図像」（奈良国立博物館蔵、同）、「仏足跡図」（観智院蔵）などは智証大師請来本の模写であり、「不動八大童子図」（園城寺蔵、重要文化財）、「不動二童子図」（醍醐寺蔵）は法輪院経蔵本の図様である。覚猷の能画については鳥羽殿御堂の扉絵を描く下命があること（『長秋記』）から知られ、「不動明王立像」（醍醐寺蔵、重要文化財）が鎌倉時代初期にその筆跡と推定されている。『古今著聞集』には近世に「ならびなき画かき」と記され、また法勝寺の扉絵を描いたこと、供米の俵が軽くて空に吹きあげられる諷刺画を描いたことなどがみえ、性行については『宇治拾遺物語』に逸話を載せている。これに関連して覚猷画と称する、米俵の飛ぶ飛倉を主題にする『信貴山縁起』三巻（朝護孫子寺蔵、国宝）や『鳥獣戯画巻』四巻（高山寺蔵、同）があり、ざれ絵（戯画）・嗚呼《おこ》絵の系列と見られる。江戸時代の鳥羽絵は鳥羽僧正覚猷にちなんでつけられた漫画である。

覚猷画像（栗原信充『肖像集』）

参考文献　『寺門伝記補録』、『天台座主記』、『（大正新脩）大蔵経』図像篇、竹居明男「鳥羽僧正覚猷行実」（『古代文化』三四ノ五）　（亀田　孜）

かくゆう　覚融　⇩行観《ぎょうかん》

かけい　夏珪　生没年不詳　中国南宋時代の画家。正史

には現われないが、夏文彦が一三六五年(至正二十五)に著わした『図絵宝鑑』によると、杭州に生まれ、字は禹《う》玉《ぎょく》、寧宗(在位一一九四―一二二四)の翰林図画院の待詔に就き金帯を賜わったとあり、以後の中国の画史・画論の書は、馬遠とともに南宋後半期の宮廷山水画体すなわち院体山水画の完成者とみなしている。日本にも室町時代初期から輸入され、永正八年(一五一一)の真相(相阿弥)の奥書がある『君台観左右帳記』(東北大学図書館本)では上部の上々に入れている。室町時代後半期の諸記録には、当時の日本唐絵画家が夏珪画を手本にして夏珪様とよんでいたことが多く記録されているから、日本水墨画の発達にとっても重要な役割を果たしたと言える。断定できる真作はないが、室町時代以来の伝夏珪作は日本では浅野家や中村家などに数点残っていて、それらは雪舟等楊や自牧宗湛らに強い影響を与えている。

(谷　信一)

かげみつ　景光　生没年不詳　備前国長船(岡山県瀬戸内市長船町)の刀工。長光の子で嘉元から建武までの鎌倉時代末の年紀作がある。太刀・短刀・薙刀など多作であり、「備州長船住景光」と銘をきる。稀に左衛門尉の官名を添える。短刀は反りがなく真直ぐであり、太刀は同期の一般の大型化傾向に従わず、身丈ならびに身幅は尋常で重ねは厚く、上は幅を細めて中切先にする。刃文は華やかでなく直刃《すぐは》調に逆《さか》ごころの乱れ刃を交える。腰元に秩父大菩薩や白山権現などの仏号や倶利迦羅竜の彫物をきるのが多い。同門に近景・真長・景政らがおり作風はよく似る。武蔵国秩父の豪族丹治氏が景光と景政に依頼して秩父神社と姫路の広峰神社に奉納した両人合作の太刀二振(御物と国宝)が現存する。室町時代に加賀国に景光と二字銘にきる刀工がおり、加州景光と呼ばれこれも有名。

景光押形

参考文献　広井雄一編『備前鍛冶』(至文堂『日本の美術』七三)、加島進「中世における長船刀工について」(『東京国立博物館紀要』六)

(辻本　直男)

かごさかおう　麛坂王　仲哀天皇と大中姫の間に生まれた皇子。『古事記』には香坂王と書く。『日本書紀』によると、仲哀天皇の死後三韓を征服した神功皇后が筑紫に還り皇太子(のちの応神天皇)を生んだことにより、皇位をめぐって対立を生じ、皇子は同母弟の忍熊王と兵を集めて皇后・皇太子を討とうとしたが、その勝敗を占う狩のときに麛坂王は突然赤猪に襲われて殺され、忍熊王も皇后の軍と戦って敗死したとある。『古事記』にも同様の説話がみえるが、この説話は神功皇后の実在性の疑問とも関係して史実としては信じられない。最近、崇神天皇までの古王朝と仁徳天皇に始まる中王朝の王朝交替において、両者を一系に結合させるため神功皇后・応神天皇の物語が述作され、この話もその中の一挿話とする見解があるが、この王朝交替説をそのまま採ることも困難である。　→忍熊王《おしくまおう》

参考文献　岡本堅次『神功皇后』(『人物叢書』一一七)

(亀田　隆之)

かさいきよさだ　葛西清貞　生没年不詳　南北朝時代の武将。陸奥国牡鹿郡石巻(宮城県石巻市)日和山城主。武蔵守。法名円蓮。父は宗清(清宗)。延元二年(北朝建武四、一三三七)北畠顕家に従って同伊達郡霊山《りょうぜん》に移り、同年顕家の再度西上に従軍した。翌年顕家の戦死後、義良親王を迎えるべく諸将に先だち帰国したが、台風のため親王下向のことが頓挫してしまったのちは、同年(北朝暦応元)九月常陸国に着いた北畠親房に対してたびたび使を出し、奥州下向と奥州の大軍を糾合しての西上を勧めて、親房の深い信頼をうけた。興国元年(北朝暦応三、一三四〇)夏北畠顕信を牡鹿郡に迎え、当時陸奥国府を占拠する北朝の将石塔義房(秀慶)・義元父子に対し、南の伊達氏と相呼応して、同三年(北朝康永元)にかけて攻撃をくわえた。同六年(北朝貞和元)顕信の命令をうけ和賀・滴石の諸氏とともに斯波郡の北党にあたった形跡があるが、以後の活動は明らかでない。正平五年(北朝観応元、一三五〇)三月十六日死去といわれる。

参考文献　『結城文書』、大槻文彦『伊達行朝朝臣勤王事歴』三

(小林　清治)

かさいきよしげ　葛西清重　一一六二―一二三八　鎌倉時代前期の御家人。三郎、右兵衛尉、壱岐守。法名定蓮。応保二年(一一六二)生まれる。本領は下総国葛西御厨。治承四年(一一八〇)源頼朝の挙兵に際し、その召に応じ、武蔵国丸子荘を賜わる。養和元年(一一八一)選ばれて頼朝の寝所の宿直にあたり、元暦元年(一一八四)源範頼に従い平家追討のため西海に赴く。文治五年(一一八九)頼朝の奥州藤原氏征伐に従軍、伊達郡阿津賀志山の合戦に功をたて、また平泉館の倉から宝物を索引した。勲功により同年奥州惣奉行として陸奥国御家人の統率を命じられ、平泉郡内検非違使所を掌り、伊(胆)沢・磐(岩)井・牡鹿・江刺・気仙の五郡と興田・黄海の二保を拝領した。のち、岩井・伊沢・江刺・和賀・稗貫諸郡への農料種子の賑給にあたり、また領内に市を立て、建久六年(一一九五)には伊沢家景とともに平泉寺塔修理のことにあたるなど奥州の支配に任じた。同元年大河兼任の乱には千葉胤正とともに鎮圧に従軍し、同年頼朝の上洛に供奉し、右兵衛尉に補任された。正治元年(一一九九)梶原景時弾劾に諸士とともに参加し、元久二年(一二〇五)畠山重忠

(伝)葛西清重墓

討滅に先陣を勤めた。承久元年(一二一九)正月までに壱岐守に進み、同年将軍藤原頼経の鎌倉下向に供奉した。同三年までのころに入道。承久の乱には小山朝政らとともに宿老として鎌倉にとどまり大江広元らと軍議に参画し、元仁元年(一二二四)伊賀氏の乱の鎮圧にも老臣として力を尽くした。特に弓術に長じ、かつ頼朝の信任をうけ、常にこれに随従し、実朝の世以後は宿老として重きをなし、北条氏からも厚遇された。『盛岡葛西系図』には暦仁元年(一二三八)九月十四日七十七歳で死去したと伝え、『吾妻鏡』建長二年(一二五〇)三月一日条には「葛西壱岐入道跡」がみえる。墓と伝えるものが東京都葛飾区西光寺にある。

[参考文献]『吾妻鏡』、『大日本史』一九八、『岩手県史』二、入間田宣夫編『葛西氏の研究』　(小林　清治)

かさいはるのぶ　葛西晴信　生没年不詳　戦国・安土桃山時代の武将。陸奥国登米《とよま》郡寺池城(宮城県登米《とめ》市登米町)城主。左京大夫。晴胤の子。兄義重を継ぎ家督となる。牡鹿・登米・本吉・磐井・胆沢・江刺・気仙の七郡および桃生郡東部・栗原郡東北部(三迫《さんのはさま》)を領したが、領内北部の争乱に悩まされ、伊達氏への協力によってその勢力のもとで領内支配の安定と大崎氏への対抗を図ろうとした。天正十年(一五八二)ころ伊達氏の対相馬戦に援軍を出し、同十七年の伊達氏の相馬攻め、対蘆名決戦にも鉄砲隊を派遣している。天正十八年(一五九〇)の豊臣秀吉の小田原征伐に際しては領内情勢および四周との緊張関係を顧慮して参陣を断念し、八月の奥州仕置で所領を没収された。同年八月十一日死去との伝えもあるが、黒川郡大谷《おおや》十二ヵ村を与えられたのち前田利家に預けられ、慶長二年(一五九七)四月十九日六十四歳で死去したとも、また一旦上京ののち上杉景勝のもとに寄寓したとも伝える。いずれにせよ、天正十八年八月、上方軍を迎撃したが敗れて切腹したとする『葛西大崎盛衰記』の説は誤伝である。

「晴信」
葛西晴信印

[参考文献] 田辺希賢他『貞山公治家記録』一四・一五(『伊達治家記録』二)、『葛西盛衰記』(『仙台叢書』七)、『岩手県史』二・三、『石巻の歴史』一・六　(小林　清治)

かさぎのしょうにん　笠置上人　⇨貞慶《じょうけい》

かさのいらつめ　笠女郎　生没年不詳　奈良時代中期の女歌人。「かさのおとめ」とも呼ぶ。伝未詳。笠氏の金村や沙弥満誓との関係も不明。青年期の大伴家持と交渉をもった多くの女性の一人。『万葉集』三に三首、同四に二十四首、同八に二首、計二十九首入集、すべて家持に贈った恋歌である。家持からは返歌二首のみ。慕情悲嘆の心情を繊細巧緻にうたいあげている。「わが屋戸の夕陰草の白露の消ぬがにもとな思ほゆるかも」(原万葉仮名)。

[参考文献] 尾山篤二郎『大伴家持の研究』　(犬養　孝)

かさのかなむら　笠金村　生没年不詳　奈良時代の歌人(『万葉集』に霊亀元年(七一五)より天平五年(七三三)までの歌がある)。朝臣姓。同期の同族に笠朝臣麻呂(沙弥満誓)・笠朝臣子君・笠女郎が『万葉集』に出る。『公卿補任』『続日本紀』に名がなく、身分は低い。『万葉集』に長歌十一・短歌三十四の計四十五首があり、うち『笠朝臣金村歌集』として長歌一・短歌四首、笠朝臣金村歌中として長歌二・短歌八首がある(なお歌中のうち短歌一首は作者不詳、四首は車持千年作の異説あり、ほかに長歌一・短歌一首も金村作とする説がある)。元明・元正・聖武朝に、柿本人麻呂を継ぎ、山部赤人と並ぶ宮廷歌人として、養老七年(七二三)吉野、神亀二年(七二五)山城三香原・吉野・難波、同三年播磨印南野への行幸に従って歌い、天平五年入唐使に歌を贈り、霊亀元年(『続日本紀』には同二年)志貴親王死去の挽歌には異色がある。北陸にも官命と思われる旅行をし、湖北伊香山・塩津山、角鹿津・手結浦(敦賀)での歌が残っている。歌風は平明で、万葉第三期の新風を作り出している。

[参考文献] 佐佐木信綱『作者別万葉集評釈』三、犬養孝・田辺幸雄『笠金村・高市黒人』(『日本文学者評伝全書』)、高崎正秀「笠金村」(『万葉集大成』一〇所収)、山崎馨「笠金村と車持千年」(有精堂『万葉集講座』六所収)、小野寛「笠金村の歌集出歌と歌中出歌と或本歌」(『論集上代文学』六)　(林　勉)

かさのまろ　笠麻呂　生没年不詳　奈良時代の有能な官人。朝臣姓。出家後は満誓と号した。慶雲元年(七〇四)、従五位下に叙され、美濃守、尾張守、尾張三河美濃三国按察使を経て、従四位上右大弁に進んだ。元明天皇の信任が篤く、和銅七年(七一四)閏二月、美濃守の在任中、吉蘇道を通した功により封七十戸、田六町を賜わった。養老五年(七二一)五月、元明上皇の不予によって出家。同七年には、造筑紫観世音寺別当に補され、その政治力を駆して観世音寺の創建に尽力したが、この間、大宰帥大伴旅人と交誼を結び、歌を詠み交した(『万葉集』三―五)。なお、筑紫にいる間、観世音寺の寺婢の赤須を寵し、これに子を産ませたことが伝えられている。　(角田　文衞)

かざんいんただまさ　花山院忠雅　一一二四―九三　平安時代後期の公卿。天治元年(一一二四)生まれる。権中納言忠宗の次男、母は藤原家保の女。十歳にして父に死別。官歴は『公卿補任』に詳しく、保延二年(一一三六)十三歳の時、外祖父家保の推挙で右少将となる。同年祖父家忠および家保を亡くした。同七年蔵人頭となり、康治元年(一一四二)従三位、久安元年(一一四五)参議、以後累進して応保元年(一一六一)正二位大納言に進み、仁

花山院忠雅花押

安元年(一一六六)右大将を兼ねた。同二年内大臣、翌三年従一位太政大臣となり、嘉応二年(一一七〇)これを辞した。文治元年(一一八五)出家し、法名を理覚、一説に理智覚、また覚智という。建久四年(一一九三)八月二十六日、七十歳で没した。妻は藤原家成の女、子息に左大臣兼雅ら、女子に藤原基房の室で師家らの母、源通親の室で通宗の母がいる。居宅によって花山院太政大臣または粟田口太政大臣という。父忠宗は有能な職事といわれたが、彼もまた当世ただ一人の国老と称された。

参考文献 『大日本史料』四ノ四、建久四年八月二十六日条 (辻 彦三郎)

かざんいんながちか 花山院長親 ?―一四二九 南北朝・室町時代前期の公卿、歌人。贈太政大臣師賢の孫、内大臣家賢の子。父祖の志をついで南朝にあって、後村上・長慶・後亀山三天皇に勤仕。官歴の次第ははっきりしないが、天授元年(北朝永和元、一三七五)に左衛門督、弘和元年(北朝永徳元、一三八一)に右近衛大将とあり、元中六年(北朝康応元、一三八九)に内大臣に任ぜられた。南北両朝の合一の行われた明徳三年(一三九二)ごろ出家し、禅宗法燈《ほっとう》派に帰依し、孤峯覚明の弟子たる聖徒明麟について、子晋明魏と称し、また耕雲と号した。彼の南朝における事蹟は、はっきりせず、わずかに行宮で行われたたびたびの和歌会にその一員となり、ことに天授二年の千首和歌会にはその一人に加えられて詠進した事蹟が判明するにとどまる。両朝合一後京都に帰還し、花山院家に縁故ある京北の妙光寺および京東の如住院に居住した。のちさらに南禅寺禅栖院にも住した。彼は南朝遺臣ではあるが、その有する教養ことに国文学・歌道の学芸によって室町将軍足利義持に厚遇されて安穏なる後半生を京都に送り、永享元年(一四二九)七月十日八十余歳をもって死没した。その地処について遠江との一説があるが、京都で死んだものと考えられる。次に彼の学芸に関する主要なる作品について略説する。『耕雲千首』は前述のごとく天授二年の詠進にかかるもので『続群書類従』和歌部所収。宮内庁書陵部所蔵(佐佐木信綱旧蔵)の古写本には元中六年および応永二十二年(一四一五)書写の長親奥書があり、長慶天皇の在位を証明する有力なる史料として著聞する。また京都平瀬家には応永二十五年書写の別写本があった。『両聖記』は京都郊外伏見の蔵光庵に勧請した天神像の由緒を記したもので、渡唐天神思想の最も早い確実な文献であり、応永元年秋冬の著作、『群書類従』神祇部所収。『霊巌寺縁起』は紀伊能仁寺奥院霊巌寺の縁起で、応永元年十一月の作。その写本が島根県雲樹寺に伝存する。『衣奈八幡宮縁起』は興国寺僧明用の依嘱により、応永九年六月記した紀伊衣奈八幡宮の縁起。同八幡宮にその原本絵巻が伝存し、詞書は彼の自筆にかかる。『耕雲口伝』は応永十年のころの著作であり、和歌に関する口伝や奥儀について述べたもの、『続群書類従』和歌部所収。『耕雲百首』は百首和歌を書記したもの、その自筆本が伝存しており、奥書によると、本書は彼が足利義持の命により詠進したもので、大内持世に書写して贈与した原本である。『耕雲紀行』は応永二十五年九月義持の伊勢参宮に随従した彼が、翌年春その紀行を記した文で、彼の奥書があり、東大史料編纂所に自筆本が伝存する。『日御崎社造営勧進文』は応永二十七年五月二十六日出雲日御崎社造営のために書記した勧進文であって、その原本が同社に伝存する。奥に義持以下数人の奉加の署名がある。なお長親の著作として『耕雲歌巻』『源氏小鏡』『倭片仮字反切義解』(『群書類従』雑部所収)などが知られており、また彼の書写にかかるものとして耕雲本『源氏物語』があり、その他『原中最秘抄』(松浦家旧蔵)・『源経氏歌集』(東大史料編纂所所蔵)などがあり、これらはいずれも古写本が伝存するが、『仙源抄』(『群書類従』物語部所収)・『御成敗式目追加』(同武家部所収)などもその奥書によって彼の書写にかかることが判明する。

花山院長親花押

参考文献 『東海璚華集』二(『五山文学新集』二)、村田正志「花山院長親と衣奈八幡宮縁起絵巻」(『南北朝史論』所収)、福田秀一「花山院長親の生涯と作品」(『中世和歌史の研究』所収)、岩佐正「耕雲小論」(『国語と国文学』一一ノ一・二)、岩橋小弥太「耕雲明魏」(同二八ノ一一・一二)、楢崎宗重「(花山院長親自筆本)雲窓賸語に就て」(同三一ノ八) (村田 正志)

かざんいんもろかた 花山院師賢 一三〇一―三二 鎌倉時代後期の公卿。父花山院師信、母僧恵一の女。正安三年(一三〇一)に生まれる。後醍醐天皇の忠臣。はじめ花園天皇に仕えて正和五年(一三一六)従三位、翌文保元年(一三一七)参議となり、幾ばくもなく同輩を越えて権中納言になった。後醍醐天皇の代となり正二位大納言に昇進した。天皇はかねてより鎌倉幕府を追討して朝権を回復せんとの志があり、日野資朝・俊基らと謀議をこらしたが、師賢もその同志に加わった。正中元年(一三二四)事が露見して失敗に帰し、同志は皆幕府のために処罰され、師賢も屏居の憂目に遭った。その後元弘元年(一三三一)八月乱が勃発し、天皇は禁中をのがれ出で、奈良東大寺に赴いた。師賢はこれに供奉して三条河原まで赴いたが、勅命により、天皇の身替りとなり、天皇の服装を整え、輿に乗じ、四条隆資以下の従者を従えて叡山に赴き、衆徒の人心を集めて勤王に励むようにとりはかった。衆徒はこれを天皇と思い、大いに勢威をかがやかせたので、幕府軍も

花山院師賢花押

大挙押し寄せ、その打倒につとめた。しかるにやがてその謀略が露見し、衆徒は失望して離散するに至ったので、師賢らはひそかにここをのがれて、天皇の行在所たる笠置に赴いた。笠置が陥り、天皇が逃れ出ずるに及び、師賢も脱出する途中、山城寺田郷地頭代野辺若熊丸の手に捕えられ、九月二十九日出家を遂げた。法名素貞。翌二年五月幕府のために下総に流罪となり、千葉貞胤の家に拘禁の身となり、同十月同地に病死した。三十二歳。太政大臣を追贈され、文貞公と諡された。明治十四年(一八八一)冬配流の地、千葉県香取郡小御門村大字名古屋(成田市下総町名古屋)に小御門《こみかど》神社を創建してこれを祀り、翌年別格官幣社に列せられた。師賢は和歌に優れ、南朝の准勅撰集『新葉和歌集』に四十九首が収められている。

参考文献 『太平記』二―四(『日本古典文学大系』三四)、小御門神社編『祭神文貞公年譜』、沢田総重『文貞公年譜』　(村田 正志)

かざんいんもろのぶ　花山院師信　一二七四―一三二一　鎌倉時代後期の公卿。従一位内大臣。文永十一年(一二七四)生まれる。後花山院内大臣と号した。花山院師継の次男。母は家女房。『尊卑分脈』によるに、関東評定衆大江季光の女子某に注して、内大臣師継公妾、師信公母とあり、以て母家女房の出自を確認し得る。正応四年(一二九一)参議に任じ、累進して文保元年(一三一七)従一位に叙し、元応元年(一三一九)内大臣に任じた。元亨元年(一三二一)十一月一日死去。四十八歳。『花園天皇宸記』当日の条に、「今日内大臣藤原師信朝臣薨去云々、和漢の才時輩に恥ぢず、良佐と謂ふべし、尤も惜しむべきなり」(原漢文)とみえるから、その名臣であったことを知るに足りる。なお『常楽記』にはその死没を同年十月二日と記すが、宸記によってその誤りを正し得る。『新後撰和歌集』以下続千載・続後拾遺・風雅・新千載・新後拾遺などの勅撰和歌集に和歌十六首が収められている。

参考文献 『勅撰作者部類』　(村田 正志)

花山院師信花押

がざんしょうせき　峨山韶碩　一二七五―一三六六　南北朝時代の曹洞宗の僧侶。建治元年(一二七五)能登国羽咋郡瓜生田(石川県河北郡津幡町瓜生)に生まれた。姓は源氏で、十六歳のとき比叡山に登って受戒し、円宗講師から天台学を修めた。永仁五年(一二九七)冬、南禅寺で瑩山紹瑾にめぐり逢い、禅宗に転じた。ついで正安元年(一二九九)春、加賀大乗寺(金沢市)の瑩山のもとに帰り、徳治元年(一三〇六)大悟して印可を授けられた。こののち諸国を歩いて修行をつむこと三年、やがて能登の永光寺(羽咋市)に住していた瑩山のもとで都寺《つうす》を勤め、元亨元年(一三二一)二月師から血脈を授けられた。翌年師のあとを継いで総持寺第二世となり、以来四十余年の長きにわたって諸国から集まってきた門弟の教育と門派の組織的発展につとめた結果、峨山派は全国的に飛躍を遂げ、曹洞宗発展の基礎を固めた。貞治五年(一三六六)十月二十日養寿院に寂した。年九十二。総持寺門外の亀山に葬られる。その生涯を記したものに『峨山和尚行状』がある。おもな門弟たちのことを峨山下の二十五哲といい、なかでも太源宗真・通幻寂霊・無端祖環・大徹宗令・実峯良秀が五大弟子といわれている。

参考文献 『大日本史料』六ノ二七、貞治五年十月二十日条、今枝愛真「曹洞教団の発展と南朝」(『中世禅宗史の研究』所収)　(今枝 愛真)

峨山韶碩花押

かざんそうじょう　花山僧正　⇩遍照《へんじょう》

かざんてんのう　花山天皇　九六八―一〇〇八　九八四―八六在位。諱は師貞《もろさだ》。出家ののち入覚と号した。冷泉天皇の第一皇子、母は太政大臣(一条摂政)藤原伊尹の女の女御懐子。安和元年(九六八)十月二十六日誕生、同二年八月十三日立太子、永観二年(九八四)八月二十七日叔父円融天皇の禅りをうけて、十七歳で践祚。同十月十日即位。関白は前朝につづいて藤原頼忠であったが、政治の実権を握ったのは天皇の叔父(伊尹の男)権中納言藤原義懐で、左中弁藤原惟成(天皇の乳母の子)とともに気鋭な政治を行なった。中でも永観二年十一月二十八日、格(いわゆる延喜の荘園整理令)後の荘園を停止したことは、同日破銭を嫌うことを停止したこととともに、律令制解体の傾向を抑止しようとした意欲を示すものである。しかし、寵愛する女御藤原忯子(為光の女)の死に心をいためた天皇は、寛和二年(九八六)六月二十三日早暁、蔵人藤原道兼に導かれて内裏を脱出し、東山の花山寺に入って出家した。これは外孫の皇太子懐仁親王(一条天皇)を即位させようとする右大臣藤原兼家(道兼はその男)の陰謀に乗ぜられたもので、花山朝はわずか一年十ヵ月の短期間に終った。花山法皇は同年七月播磨国の書写山に赴いて性空に結縁し、ついで叡山に登って廻心戒を受け、さらに熊野に入るなど、仏道修行に励んだ。しかし帰京して後には、東院(花山院)の「九の御方」(伊尹の女)のもとに住み、また乳母の女中務とその女を母子ともに寵愛するなど、色好みの名をほしいままにした。藤原為光の女に通ったことから、藤原伊周に誤解されて矢を射かけられた事件は、伊周と藤原道長の政権争いに重大な影響を及ぼした。花山法皇はまた「風流者」(『大鏡』)とし

てもきこえ、和歌をはじめとして、絵画・建築・工芸・造園などに非凡の才能を示した。中でも、藤原公任の撰した『拾遺抄』を増補して『拾遺和歌集』を編纂したのはその業績とみられ、集中に勅撰和歌集としてはじめて連歌を収録したのは特色である。晩年には政権を掌握した藤原道長に敬重され、寛弘五年(一〇〇八)二月八日、四十一歳で崩じた。家集に『花山院御集』があったが、いま伝わらない。しかしその作品は約百二十首存している。

参考文献 『大日本史料』二ノ六、寛弘五年二月八日条、今井源衛『花山院の生涯』 (目崎　徳衛)

紙屋上陵《かみやのほとりのみささぎ》　京都市北区衣笠北高橋町にあり、南面する円丘である。寛弘五年(一〇〇八)二月十七日夜亥刻、「紙屋川(異本「川」なし)上、法音寺北」(『日本紀略』)、「大和寺東辺」(『御堂関白記』)に葬り、その儀は遺詔により凡人に同じであった。後世所在を失ったが、幕末に法音寺跡の北にあたる菩提塚をもって陵所として修理を加え、慶応元年(一八六五)五月に竣工した。陵号は法音寺北陵とも称したが、明治二十八年(一八九五)前記『日本紀略』の異本に基づいて現陵号に統一した。紙屋川上陵と称すべきだとの説もある。

参考文献 『大日本史料』二ノ六、寛弘五年二月十七日条、上野竹次郎『山陵』下 (中村　一郎)

勧修寺経顕花押

かじゅうじつねあき　勧修寺経顕　一二九八―一三七三　南北朝時代の公卿。初名忠定。永仁六年(一二九八)誕生。権中納言坊城定資の二男で、母は右少将四条隆氏の女。検非違使佐・蔵人・右少弁・春宮亮などを経て、元徳元年(一三二九)蔵人頭に補され、翌年参議に昇り、元弘二年(一三三二)権中納言、建武二年(一三三五)検非違使別当、暦応二年(一三三九)中納言、同三年権大納言となり、康永元年(一三四二)辞官したが本座を聴され、延文三年(一三五八)従一位に達した。ついで応安三年(一三七〇)内大臣に昇ったが、同四年辞任、同六年正月五日、七十六歳で没した。その間終始持明院統に親近し、ことに光厳院には、立太子の日に春宮亮に補されて以来信任され、同院執権・伝奏・評定衆として院中の重職を兼帯し、後光厳院にも執事・評定衆として近仕し、北朝の重鎮と仰がれた。また生前坊城のほか、勧修寺とも号したので、それが子孫の家号となった。

参考文献 『大日本史料』六ノ三六、応安六年正月五日条 (橋本　義彦)

かしょう　迦葉　⇨摩訶迦葉《まかかしょう》

かじょうだいし　嘉祥大師　⇨吉蔵《きちぞう》

かしわでのはすび　膳巴提便　六世紀の人。『日本書紀』によれば、欽明天皇六年三月百済に派遣され、その時妻子も従って行ったが、百済の海浜に宿った時、子が虎に喰われて行方不明になったので、巴提便は大雪の中に虎の跡を追い、左手で虎の舌をとらえ、右手で刺殺して報復したという。同年十一月帰国。巴提便派遣の事情については、『天書』に「六年春三月百済請二援兵於日本一、自レ是前新羅高麗共攻二百済任那一連年、故帝遣レ兵救二二国一数度、於レ是詔二膳臣巴提便一遣二百済一」とある。 (後藤　四郎)

かしわばらのてんのう　柏原天皇　⇨桓武天皇《かんむてんのう》

かじわらかげすえ　梶原景季　一一六二―一二〇〇　鎌倉時代前期の武将。応保二年(一一六二)景時の長子として生まれる。通称源太。父とともに源頼朝に属し、元暦元年(一一八四)源義仲追討の時、佐々木高綱と宇治川に先陣を争い、平家追討の戦いには、生田の森に奮戦、また源義経・行家が頼朝と不和になると、頼朝の命を受けて上洛、在京中の義経・行家らの行動を探り、鎌倉に報告、義経没落の原因を作った。『吾妻鏡』によれば、文治元年(一一八五)左衛門尉に任ぜられている。正治元年(一一九九)父景時が結城朝光をおとしいれようとして、三浦義村・和田義盛らと対立、ともに鎌倉を追われて相模国一宮に遁れた。翌正治二年(一二〇〇)父が謀叛を企て、ひそかに上洛する途中、駿河国狐崎で鎌倉の追撃軍と交戦し、弟景高とともに、正月二十日在地武士矢部平次のために討たれた。三十九歳。

参考文献 『大日本史料』四ノ六、正治二年正月二十日条 (安田　元久)

かじわらかげとき　梶原景時　?―一二〇〇　鎌倉時代前期の武将。相模国住人五郎景清の子。通称平三。源頼朝挙兵の時、大庭景親に属したが、石橋山にいき、頼朝の危急を救い、のち頼朝に従って、源義仲追討をはじめ、平家追討に功があった。文治元年(一一八五)屋島攻撃の際、源義経と逆櫓の策を争い、それを含んで、義経を頼朝に讒訴し失脚させた。生来弁舌に巧みで頼朝に重用され、侍所所司・厩別当などの要職にあり、建久元年(一一九〇)頼朝上洛には、後陣奉行に任ぜられた。京都の公家社会の人々とも交渉があり、京都的な教養をもち、歌道にも通じた。しかし、その要領のよさと、巧みな弁舌によって、利己的な権勢欲で人をねたみ、おとしいれることが多かった。正治元年(一一九九)十月、新将軍源頼家に結城朝光を異心をいだく者として讒言したことから、有力御家人六十六名の弾劾を受けて、鎌倉を追放され、翌年謀叛を企て上洛の途中、正月二十日駿河国の在地武士に討たれた。

梶原景時花押

参考文献 『大日本史料』四ノ六、正治二年正月二十日条、永原慶二編『鎌倉と京都』(『人物・日本の歴史』四)、大森金五郎「梶原景時に就いて」(『日本中世史論考』所収)、安田元久「梶原景時」(『鎌倉幕府―その政権を担った人々―』所収) (安田　元久)

かじわらしょうぜん　梶原性全　一二六六―一三三七

鎌倉時代の僧医。号は浄観。著書『万安方』の奥書に、正和四年(一三一五)五十歳、嘉暦元年(一三二六)六十一歳とあることより生年は文永三年(一二六六)と推定される。没年は『常楽記』に「建武四年(丁丑)正月廿二日、梶原浄観他界」とあることから建武四年(一三三七)、年齢は七十二歳と考えられる。その生涯については著書『万安方』『頓医抄』中に記されている断片的な記載により、彼に源三冬景という子供がいたこと、彼が鎌倉に居住し、一時長井掃部頭に仕えていたことなどを知り得るに過ぎない。『頓医抄』五十巻は、乾元元年(一三〇二)ないし嘉元二年(一三〇四)に成立したと考えられ、当時としては珍しい仮名交り文で綴られている。内容は医学万般にわたり、後漢より北宋に至る中国諸医書によっており、特に『太平聖恵方』『和剤局方』『千金方』『三因方』を多く引いている。第四十四巻には北宋中期の「欧希範五臓図」(原図散逸)に基づく五臓図が載せられている。『万安方』は漢文で書かれ、内容はやはり医学全体に及ぶもので、原形の五十巻は正和四年ごろ着手し、嘉暦二年ごろ完成されたが、ほかにほぼ同時代に完成したとみられる別巻があり、現存のものは六十二巻からなっている。北宋までの歴代中国書によったのは『頓医抄』と同じであるが、特に『聖済総録』に多く出典を求めている点が前者と異なる。

〔参考文献〕服部敏良『鎌倉時代医学史の研究』、石原明「梶原性全の生涯とその著書」(『日本医史学雑誌』六ノ二・四)　(大塚　恭男)

かすがあきくに　春日顕国　?—一三四四　南北朝時代、東国で南党の糾合に生涯をかけた武将。世系に諸説あるが、村上源氏顕行の子と見るのが有力である。侍従・少将・中将と昇進し、のちに顕時と改名。鎮守府大将軍北畠顕家の下で活躍、延元三年(北朝暦応元、一三三八)西上して男山に籠ったが、翌年東国に戻り北畠親房を援けた。興国二年(北朝暦応四、一三四一)冬、常陸の小田城より同国大宝城に移り、同五年(北朝康永三)まで孤軍奮闘したが、三月八日捕えられて翌日斬られ、のちに京都六条河原に梟された。

〔参考文献〕『大日本史料』六ノ八、康永三年三月八日条、松本周二「結城文書による史実の発見」(結城宗広事蹟顕彰会編『結城宗広』所収)　(遠藤　巌)

かすがのみやのてんのう　春日宮天皇　⇨施基皇子《しきのおうじ》

かすがのやまだのおうじょ　春日山田皇女　別名山田赤見皇女。仁賢天皇の皇女で安閑天皇皇后と伝える。『日本書紀』仁賢紀に和珥臣日爪(抓)の女糠君娘の腹に生まれたとみえる(一本、和珥臣日触の女大糠娘の女で山田大娘皇女また赤見皇女)。『古事記』仁賢天皇段に丸邇日爪臣の女糠若子郎女の腹に春日小田郎女、欽明天皇段に欽明天皇と糠子郎女との間に春日山田郎女がある。同一人と疑う説が多い。匝布屯倉・伊甚屯倉はこの皇后の名代。　(川副　武胤)

古市高屋陵《ふるちのたかやのみささぎ》　大阪府羽曳野市古市五丁目にあり、安閑天皇陵の南方約二五〇㍍に位置する。南面の陵で、約四〇㍍四方の小土堤に囲まれた地域に、高さ約六㍍の不整形の墳丘がある。『日本書紀』には、神前皇女とともに皇后を安閑天皇陵に合葬したと伝えるが、『延喜式』諸陵寮には、安閑天皇陵とは別に「古市高屋墓」をあげて遠墓とし、「春日山田皇女、在河内国古市郡、兆域東西二町、南北二町、守戸二烟」と記し、安閑天皇陵より兆域が広い。現陵は明治八年(一八七五)十一月、『河内志』および『山陵志』の記載をもとに、教部省により考定されたもので、当時は八幡山と称し、室町時代には、畠山氏の高屋城の二ノ丸が築かれたことがある。最近の陵の隣接地開発の発掘調査で、当陵周濠跡が検出された。

〔参考文献〕上野竹次郎『山陵』上　(石田　茂輔)

かずさのすけちかのぶ　上総介親信　生没年不詳　能面作家。近世襲能面作家の三大家系の一つ、近江井関家の開祖で、近江国坂田北郡(滋賀県長浜市)に住した。はじめ鞍作りを業とし、近江国海津で三光坊に面打ちをならったといわれる。十六世紀中ごろがその活躍期と推定され、高知県土佐神社の尉面は享禄元年(一五二八)の作銘が額に墨書されている。その他の作品は未詳。

〔参考文献〕田辺三郎助「面打ち—能面作家考—」(『月刊文化財』一八七)、斎藤望「面打井関の系譜」(『彦根城博物館研究紀要』八)　(田辺三郎助)

カストロ　Jerónimo de Jesús o de Castro　?—一六〇一　ポルトガルのフランシスコ会宣教師。生年不詳。リスボンに生まれコルドバのフランシスコ会修道院に入る。一五九三年、スペインを発って翌九四年五月、フィリピンに到着、同年八月二十七日(文禄三年七月十二日)、二人のフランシスコ会士とともに平戸に上陸した。表向きは同年四月マニラに届けられた豊臣秀吉の書翰に対するフィリピン総督の回答書を奉持した使節として来日し、直ちに伏見に赴いて秀吉に謁見、総督の回答書と献物を呈した。彼はそのまま日本に滞在し、前年来朝した同会のペドロ=バウチスタを助けて長崎と上方で布教に従っていた。折から二十六聖人殉教の一大事が勃発したが、幸いに彼は逮捕をのがれ、のちに長文の二十六聖人の殉教録を作成した。九七年十月、一旦日本を去ってフィリピンに向かい、翌年一月マニラに着いた。しかし同年五月、再びマニラを発ち、七月日本人に変装して口ノ津に上陸した。同年十二月七日(慶長三年十一月九日)、伊勢に潜伏しているところを徳川家康配下の者に見出され、家康のもとに同行を求められた。家康は彼を優遇し、スペイン船の関東入港と銀鉱採掘につきスペイン人の技術の導入に犬馬の労を致さんことを要請した。カストロはこれに応じてフィリピン総督に書翰を送り、かつ江戸に赴いてその地に教会を建設した。九九年暮、彼は家康の命を奉じてマニラに向かい、翌年一月彼地に着いた。マニラで家康の希望事項をそれぞれ関係筋に働きかけた後、一六〇一年五月、三たび日本に向かい、六月平戸に上陸

し、直ちに伏見に赴いて家康に謁見、報告した。同年十月六日(慶長六年九月十一日)京都で病死した。

参考文献 Lorenzo Pérez: Fr. Jerónimo de Jesús restaurador de las misiones del Japon, sus cartas y relaciones (1929) ; Eusebio Gomez Platero: Catalogo biográfico de los religiosos franciscanos de la Provincia de San Gregorio Magno de Filipinas (1880). 村上直次郎『日本と比律賓』(『朝日新選書』一四)、佐久間正「西班牙古文書日本二十六聖人殉教録—ジェロニモ・デ・ジェスス書翰並びに報告—」(『横浜市立大学紀要』A—七)
(吉田小五郎)

かずひとしんのう 量仁親王 ⇩光厳天皇《こうごんてんのう》

かずらきおう 葛城王 ⇩橘諸兄《たちばなのもろえ》

かずらきのいわのひめ 葛城磐之媛 仁徳天皇の皇后。『古事記』は石之比売命と表記する。葛城襲津彦の女、履中・反正・允恭三天皇の生母。『古事記』は特にこの后を「大后」の号をもって称し、記紀ともに皇后の名代として葛城部を設けたという。また、記紀ともに皇后の嫉妬のため天皇がほかの妾たちを治めえなかったという説話(歌物語)を載せる。『古事記』では大后が、通常天皇の権限に属する「豊楽《とよのあかり》」を主宰して「氏々之女等」を朝参させていることや、天皇の幸せんとした女鳥王が、その婚した速総別王とともに背き、これを天皇の命で討伐した山部大楯連が、その妻に女鳥王から奪った玉釧を与えたことを知って、夫の大楯連を死刑に処したとあること、さらに『古事記』の中で「大后」の称号を有する后は八人にすぎないが、その中でもこの后には物語中「大后」号を異常に多用することが注目される。『日本書紀』の説話は『古事記』と大同小異であるが、この后の権威づけに関する特段の配慮はない。

参考文献 川副武胤『古事記の研究』
(川副 武胤)

平城坂上陵《ならさかのえのみささぎ》 奈良市佐紀町にあり、水上池の北岸に面する。南面する三段築成の前方後円墳で、長さ約二一九メートル、後円部高さ約一六メートル、周濠がある。南半分には二重濠があって、内濠との中堤には埴輪列があった。かつて濠中から土馬が出土した。濠の外側に北から南東にかけて、七基の陪塚が点在する。『延喜式』諸陵寮には遠墓として、「平城坂上墓」と記し、「磐之媛命、在二大和国添上郡一、兆域東西一町、南北一町、無二守戸一、令二楯列池上陵戸兼守一」と記す。江戸時代に、三笠山頂にある鶯塚古墳をこれにあて、鶯陵碑をたてたが、明治八年(一八七五)十一月教部省で、現陵を考定した。

参考文献 『奈良市史』考古編、上野竹次郎『山陵』上、末永雅雄『古墳の航空大観』
(石田 茂輔)

かずらきのそつひこ 葛城襲津彦 四世紀末前後の将軍。父は武内宿禰と伝える。母は『紀氏家牒』逸文によると葛城国造荒田彦の女葛比売。『古事記』孝元天皇段では葛城長江曾都毗古に作り、『紀氏家牒』逸文には大倭国葛城県長柄里に居住していたので葛城長柄襲津彦宿禰と名づけたとある。葛城も長江(長柄)も地名。襲津彦については『日本書紀』神功皇后摂政五年三月条・同六十二年条・応神天皇十四年是歳条・同十六年八月条・仁徳天皇四十一年三月条に伝説を載せ、いずれも対朝鮮外交上の将軍として物語られている。襲津彦を遣わして新羅を伐たしめたとある神功皇后摂政六十二年条には『百済記』を引用し、そこには壬午年(三八二)に沙至比跪《さちひこ》を新羅に遣わして伐たしめたが、新羅人が津に美女二人を迎えさせて沙至比跪をだまし、美女にまどわされた沙至比跪はかえって加羅国を伐ってしまい、これを聞いた天皇が大いに怒ったという話、また「一云」として、沙至比跪が天皇の怒りを知って、ひそかに日本に帰り身を隠し、皇宮に仕えていた妹に使いを出して、天皇の怒りが解けたかどうかを尋ねさせたが、天皇が沙至比跪の罪をゆるしていないことを知って石穴に入って死んだという話がみえる。これは襲津彦の実在を示すものとして注目されている。襲津彦の女磐之媛は仁徳天皇の皇后となり、履中・反正・允恭の三天皇の母として知られ、襲津彦の男葦田宿禰の女黒媛も履中天皇の妃となったことが伝えられており、襲津彦の子孫は五世紀代に天皇家の外戚として栄えたと考えられる。『古事記』孝元天皇段は玉手臣・的臣・生江臣・阿芸那臣らの祖とする。

参考文献 井上光貞「帝紀からみた葛城氏」(『日本古代国家の研究』所収)
(佐伯 有清)

かずらきのつぶら 葛城円 五世紀中ごろの人。葛城襲津彦の孫(子ともいう)の玉田宿禰の子。『古事記』では都夫良意富美に作る。『日本書紀』履中天皇二年十月条に円大使主が平群木菟らとともに国事を執ったとあり、雄略天皇即位前紀に円大臣が安康天皇を殺した眉輪王を自宅にかくまい、大泊瀬皇子(雄略天皇)の軍に家を囲まれ眉輪王らとともに焼き殺され、殺される前に円は女の韓媛と葛城の宅七区《いえななところ》とを奉献して罪を贖うことを請うたが、大泊瀬皇子は許さなかったとある。『古事記』安康天皇段には、大長谷(大泊瀬)皇子の軍に家を囲まれた都夫良(円)は女子の訶良比売(韓媛)に五処《いつところ》の屯宅《みやけ》を副えて献じることを申してたうえで、皇子の軍と戦い矢尽きて目弱(眉輪)王を刺し殺し、自分の頸を切って死んだとある。円と眉輪王とは姻戚関係はなかったが、皇位継承をめぐって大泊瀬皇子と対立する立場にあった市辺押磐皇子が葛城氏と濃い血縁関係にあったので、眉輪王は円を頼ったものと思われ、大泊瀬皇子はこれを機会に、安康天皇が殺されたのち仮に皇位についていたと推定される市辺押磐皇子から皇位を奪うため、その背後勢力の円を滅ぼしたとみなされている。

参考文献 井上光貞「帝紀からみた葛城氏」(『日本古代国家の研究』所収)
(佐伯 有清)

かずらやまかげとも 葛山景倫 ?—一二七六 鎌倉時代の武士。源実朝の近臣、のち出家入道、法名願性(願生)。父は景忠。建保六年(一二一八)実朝の命をうけ、窃かに紀州由良湊において渡宋船の準備をしたが、翌承

久元年(一二一九)正月実朝の死を悼み発心、同三月高野山禅定院(金剛三昧院)行勇の室に入る。また明遍に師事、十八道を受ける。北条政子は願性を由良荘地頭職に補任して住山の資縁とし実朝の菩提を祈らしめた。安貞元年(一二二七)覚心に勧めて由良に西方寺(のち興国寺と改称)を建て実朝の遺髪を納めた。以後両寺の諸職推挙の権限を掌握した。嘉禎二年(一二三六)宿痾により由良荘地頭職を金剛三昧院に寄進、一部を保留して老母と姉母子の生活費に充てた。建長六年(一二五四)覚心を金剛三昧院首座に、康元元年(一二五六)長老に推した。正嘉二年(一二五八)覚心を西方寺に移し、文永元年(一二六四)同寺を譲った。同九年老病のため金剛三昧院雑掌を辞退し、建治二年(一二七六)四月二十三日由良南大坊において入寂。墓は興国寺にある。

参考文献 『金剛三昧院文書』、『大森葛山系図』、仁井田好古他編『紀伊続風土記』高野山之部三七、懐英編『高野春秋編年輯録』八・九(『大日本仏教全書』)、『一言芳談』下(『日本古典文学大系』八三)

(和多　秀乗)

かずらわらしんのう　葛原親王　七八六—八五三　桓武天皇の第三皇子。桓武平氏高望王流・高棟王流の祖。母は多治比真人長野の女の真宗。延暦五年(七八六)生まる。同十七年四月、殿上において元服。同二十二年正月、四品、治部卿となり、大同元年(八〇六)五月、大蔵卿となる。この年正月、度二人を賜わった。同三年正月、弾正尹となり、翌年九月、三品に進み、この年の四月と九月に奉献した。弘仁元年(八一〇)九月、式部卿となり、同二年十月、上野国利根郡長野牧を賜わり、翌三年正月、大宰帥を兼任した。同七年正月、二品に叙せられ、同十四年九月、中務卿兼大宰帥となり、翌十月に、再び弾正尹となった。天長二年(八二五)三月、上表して子女すべてに平朝臣を賜姓されるように願ったが許されず、七月に再度上表して許された。同七年正月、常陸太守を兼ね、六月、再び式部卿となり、翌八年正月、一品に進んだ。承和二年(八三五)四月、甲斐国巨麻郡馬相野の空閑地五百町を賜わり、同五年正月、上野太守を兼ね、同八年六月、仁明天皇より御衣一襲を賜わった。同十年五月、子息の平朝臣高棟を朝堂に遣わして職を辞することを上表したが許されず、翌年正月、再び常陸太守を兼任した。嘉祥三年(八五〇)五月、大宰帥となり、仁寿三年(八五三)六月四日没。六十八歳。薄葬することを遺命したため、王家は朝廷の監喪を辞退した。墓は京都府乙訓郡大山崎町円明寺の丸山という。幼少の時より賢く、史伝を歴覧し、常に古今の成敗を以て、戒めとした。人となりは恭倹で傲るところがなかった。久しく式部卿の地位についていたので職務に精通し、旧典に練達していたため朝廷の者のこらずこれを重んじたという。

(佐伯　有清)

かたぎりかつもと　片桐且元　一五五六—一六一五　安土桃山・江戸時代初期の大名。弘治二年(一五五六)近江国に生まれる。名は、はじめ助作・直倫・直盛・且盛。父は直貞で、浅井長政に仕え、天正元年(一五七三)八月落城寸前まで小谷城に籠り、長政の感状を得ている。且元は豊臣秀吉に仕え(時期不明)、同十一年六月五日近江賤ヶ岳の戦功(いわゆる七本槍)の賞として三千石を充行われる(この時の宛名は助作)。翌十二年小牧の戦の陣立書には、秀吉本陣の後備に片桐助作の名がみえる。『続武家補任』によれば、同十三年七月一日従五位下東市正に叙任。同十五年三月の九州征伐の陣立書には、やはり本陣の後備に片桐市正の名がある。同十八年小田原征伐では、弟貞隆とともに本陣脇備に位置。このころの文書には直倫と署名している。文禄元年(一五九二)朝鮮に渡海。同四年八月十七日賤ヶ岳の追賞として五千八百石を加増され、合計一万石。慶長元年(一五九六)前後の文書では直盛と署名しているが、同三年三月七日付の美濃新長谷寺文書には、且盛とある。天正十八年からこのころまでの彼は、諸国の検地奉行、京都方広寺大仏や伏見・大坂の作事奉行などを勤めたことが知られる。慶長三年秀吉の死直前の八月十三日、石田正澄らとともに五奉行に誓紙を出し、豊臣秀頼付の諸奉公人、特にその側近を監察す

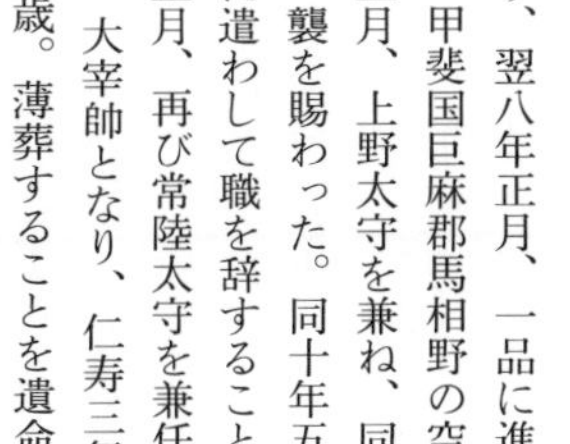

片桐且元花押

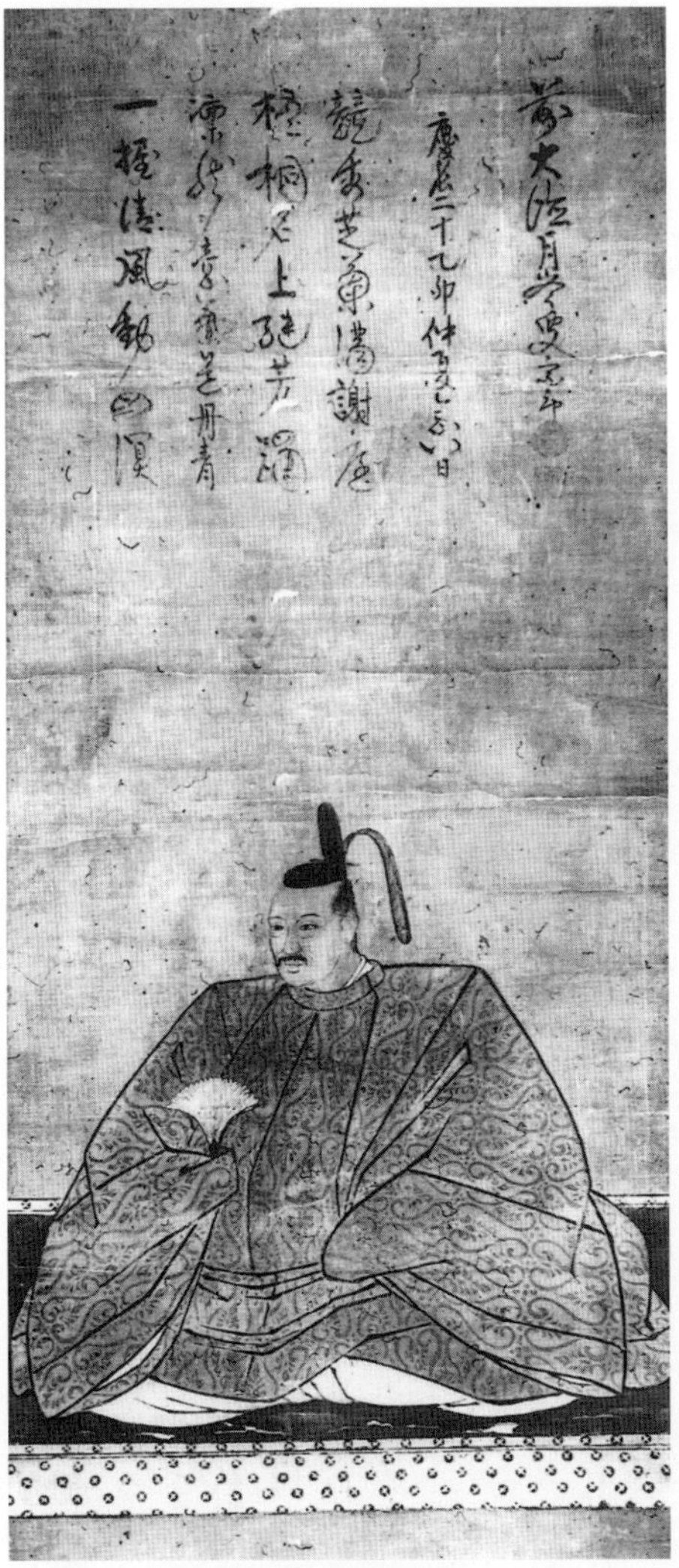

片桐且元画像

る地位についた。同五年関ヶ原の戦(且元と改めたのは、この前後のようである)の後も、徳川家康に信任され、同六年正月二十八日大和平群郡で一万八千石を加増され、合計二万八千石。同郡竜田を居所とする。同十六年三月の「禁裏御普請帳」によれば、大坂衆に属して三万石の役を勤める。同十八年九月三日秀頼からの一万石の加増を家康に承認される。なお同年春、徳川秀忠から五千石の加増を受けたとする説もある。同十九年七月の方広寺大仏の鐘銘事件をめぐる行動を秀頼の生母淀殿から疑われ、十月一日大坂城を退去し、摂津茨木城に入った。元和元年(一六一五)大坂夏の陣後加増を受け、山城・大和・河内・和泉で四万石。同年五月二十八日京都で病死。六十歳。京都大徳寺玉林院に葬られる。法名は顕孝院殿東市令三英宗元居士。秀吉の死後の彼の位置を、秀頼の老臣とみなす立場から、大坂の陣前後の彼の行動は後世いろいろの形で問題とされて来た。たしかに、秀頼の老臣という面では、秀頼の名代・使としての上洛、駿府参行、豊国祭の奉行、諸寺社修造の奉行、寺社領寄進の奉行、慶長十三年狭山池改修の奉行、秀頼内書の添状の発給など、多数の事蹟を挙げることができる。しかし、大久保長安など徳川氏奉行との連署による知行目録(慶長六年三月五日分部光嘉宛)の発行、旧太閤蔵入地の年貢算用状(慶長九年三月二十八日生駒一正宛)の発行、慶長十年代の江戸幕府の摂河泉の国奉行としての諸活動など、秀頼の老臣ではとらえきれない事蹟もある。さらに大坂の陣の直接の原因となった方広寺大仏殿作事は、従来は秀頼の意を受けて彼が奉行したとみなされて来たが、『中井家文書』によれば、この作事には当初から家康が大小の指示を与えており、『孝亮宿禰日次記』はその下での且元の立場を「武家奉行」すなわち家康の奉行と記している(『大日本史料』一二ノ一三、慶長十九年四月十六日条)。これらのことから、彼は秀頼の老臣というよりも「後見」(慶長八年十二月八日付「法隆寺覚書」)であり、前掲慶長三年の誓書にもとづき五大老の筆頭、将軍、大御所としての家康の指揮下にある吏僚であったとするのが妥当であろう。

参考文献 『大日本史料』一二ノ二〇、元和元年五月二十八日条、『寛政重修諸家譜』三六〇、曾根勇二『片桐且元』(『人物叢書』二二八)、三浦周行「片桐且元」(『日本史の研究』一所収)、高木昭作「幕藩初期の国奉行制について」(『歴史学研究』四三一)

（高木 昭作）

かっかいほっしんのう 覚快法親王 一一三四―八一 平安時代後期の天台宗の僧侶。鳥羽天皇第七皇子、母は石清水八幡宮別当光清の女。長承三年(一一三四)に生まれる。はじめ法名を行理、のち円性といい、さらに覚快と改めた。七宮と通称される。天養元年(一一四四)叡山青蓮院門跡の行玄の門に入り、台密三昧流を受学する。のち門跡の第二世となる。久安二年(一一四六)受戒、仁平二年(一一五二)行玄より伝法灌頂を受け、同三年法性寺座主となる。さらに無動寺検校、成就院別当などを経て応保二年(一一六二)八月、二条天皇の御持僧となり、如意輪法などの祈禱を行う。嘉応二年(一一七〇)親王宣下。治承元年(一一七七)天台座主明雲の座主罷免のあとをうけて天台座主となった。このころ比叡山では、学生・堂衆の闘争烈しく、平氏の勢力もこれに対抗して争いは激化し、覚快はこれを制し得ず治承三年十一月、座主職を辞した。養和元年(一一八一)十一月六日、四十八歳で病没した。弟子に法印道快(慈円)・権少僧都実円らがある。墓は、京都市右京区大原野小塩町の善峯寺裏山の青蓮院宮墓地にある。

参考文献 進藤為善編『華頂要略』四(『大日本仏教全書』)、多賀宗隼「『青蓮院門流』(叡山南渓蔵本)」(『金沢文庫研究』一三ノ七)

（多賀 宗隼）

がっさん 月山 出羽国月山の東南麓寒河江《さがえ》(山形県寒河江市・西村山郡西川町)に居住した刀工団。陸奥国の舞草《もうくさ》(岩手県一関市舞川)と並んで平安時代以降奥羽地方での二大刀工集団となる。年紀作では応永が古い。古代は月山とだけ二字銘にきり、室町時代の中ごろからは月山近則・月山正信らのように個名を添える。この派は刀の地に規則正しい波文状の鍛え肌を現わすのを特色とし、それは月山肌と呼ばれている。刃文は肌に従い小さくほつれた直刃《すぐは》を焼く。江戸時代は永らく衰えていたが幕末の文政年間(一八一八―三〇)に貞吉が出て再興を計った。大坂に居住し、養子の雲竜子貞一、孫の貞勝と業を続ける。

参考文献 本間順治・本阿弥猛夫・佐藤貫一編『新版日本刀講座』三、日本美術刀剣保存協会山形支部編『出羽の月山刀工』

（辻本 直男）

かつみつ 勝光 生没年不詳 室町時代後期の備前国長船(岡山県瀬戸内市長船町)の刀工団の代表者。文明から永正にかけての年紀作がある。初銘には右京亮を添え、明応からは二(のちには次にかわる)郎左衛門尉を名乗る。長享二年(一四八八)将軍足利義尚の招きを受け一統を率いて近江の鈎里(滋賀県栗東市)に赴き作刀する(御陣打ち)。備前の児島(岡山県倉敷市・児島郡)、備中の草壁(同小田郡矢掛町)などでの出張作もある。刀身長二尺前後の頑丈な刀に乱れ刃(直刃もあるが)を焼き大抵倶利迦羅竜か仏の種子の彫物を施す。弟の左京進宗光、子息の治光との合作もある。

勝光押形

参考文献 広井雄一編『備前鍛冶』(至文堂『日本の美術』七三)

（辻本 直男）

かとうかげかず 加藤景員 生没年不詳 鎌倉時代初期の武将、御家人。加藤五と称す。出身は伊勢国といい、鎮守府将軍藤原利仁の裔とも、能因法師の子孫とも伝え

る。『源平盛衰記』によれば景貞とあり、伊勢で平家の侍伊藤某を殺して二子加藤太光員・加藤次景廉とともに本領を去って伊豆の豪族狩野介工藤氏に身をよせたという。治承四年(一一八〇)八月二子とともに源頼朝の挙兵に参加し、石橋山の戦で敗れて箱根山中に入り、子らに頼朝の行方を求めさせ、みずからは走湯山に入り出家。景員入道とよばれる。同年十月相模国府において頼朝から功ありとして恩賞をうける。元暦元年(一一八四)七月伊賀国の平氏余党の追討戦に参加を命ぜられる。『吾妻鏡』によれば文治元年(一一八五)二月、病をおして平氏追討の遠征軍に加わっている子の景廉の身の上を案じ、頼朝に景廉からの書状を呈して衷情を披瀝、頼朝を感動させたという。（五味 克夫）

かとうかげかど　加藤景廉　?―一二二一　鎌倉時代前期の武将、御家人。景員の子。加藤次、大夫判官。兄は加藤太光員。はじめ父景員に従って本領伊勢をさり、伊豆の豪族狩野介工藤氏のもとに身をよせる。『保元物語』によれば、嘉応二年(一一七〇)には狩野介に従って大島で源為朝を討ったとある。治承四年(一一八〇)八月父・兄とともに源頼朝の挙兵に参加、伊豆目代山木兼隆を倒し、石橋山の戦では敗れて一旦甲斐に逃れたが、やがて武田氏らとともに駿河に進攻、目代橘遠茂を攻め滅ぼす。元暦元年(一一八四)から文治元年(一一八五)にかけ、病身にもかかわらず源範頼に属して平氏追討に参加、頼朝の賞詞を得た。同五年の奥州征伐にも阿津賀志山で戦功をたてた。建久四年(一一九三)頼朝の命により安田義資を処刑し、その父義定の所領遠江国浅羽荘地頭職を与えられた。頼朝の信任はあつかったが、その死後正治二年(一二〇〇)梶原景時の乱に際し、景時と親しかったため所領没収の憂目をみ、承久元年(一二一九)源実朝の不慮の死をいたんで出家、覚蓮房妙法と称した。承久三年(一二二一)の承久の乱では宿老の一人として鎌倉にとどまったが、八月三日病死した。

参考文献　『大日本史料』五ノ一、承久三年八月三日条　（五味 克夫）

かとうきよまさ　加藤清正　一五六二―一六一一　安土桃山・江戸時代前期の武将。加藤清忠の次男。尾張国愛智郡中村(愛知県名古屋市中村区)で、永禄五年(一五六二)に生まれたと伝える。豊臣秀吉と同郷。幼名は夜叉丸、元服後、自署名は虎介(俗称、虎之助清正と称す)と称す。幼少より秀吉に仕え、天正八年(一五八〇)にはじめて播磨国神東郡で百二十石を充行われる。その後因幡国鳥取城攻め、備中国冠山城攻めに功績があったが、特に賤ヶ岳の戦での功績は、七本槍の一人として有名である。それらの功績により同十一年近江・河内・山城国に三千石が充行われ、与力二十人を抱える武将となる。その後小牧・長久手の戦に活躍し、同十三年従五位下主計頭に叙任。ついで同十五年の九州征伐には後備で肥後宇土城番にあたった。このころの役務は兵粮方に関係するとともに、和泉堺周辺の豊臣蔵入地の代官役であった。また彼が日蓮宗に帰依し信仰するのもこの時期からであろう。同十六年肥後領主佐々成政が国人衆の検地反対一揆で処分されると、清正は秀吉の「唐入り」用の先兵的役割をにない、小西行長とともに同年六月十三日肥後半国十九万五千石の領主兼肥後の豊臣蔵入地(約三万石か)代官として入国し隈(熊)本城を居城とした。肥後入国後の政策は、一揆処理策として国人・土豪勢力の一掃を目的に、検地と新知充行方式をとり、農民の還住政策をとった。行政的には郷村制をしき、夫役は十石に一人の熊本詰夫などを課した。また麦年貢の徴収を厳重にしたが、それは貿易品として売却し、軍需品を呂宋《ルソン》(フィリピン)から仕入れるためのものであった。役職は一族重臣による家老・城番・大坂屋敷詰・代官・郡奉行のほかは固定した奉行職を設けなかった。また家臣の構成は各地出身の寄せ集め的性格のつよいものであった。財政的には苦しく領地拡張を必須とした。朝鮮の役には二番手として鍋島・相良氏とともに一万人を出兵。文禄元年(一五九二)四月十八日に釜山に到着。その後破竹の勢いで京城に達し、さらに北上し咸鏡道から会寧に達し、七月には二王子(臨海君・順和君)を捕え、ついで兀良哈《オランカイ》国に進入した。日本軍の敗退をきき京城に帰ったが、すでに石田三成・小西行長らによる講和政策が進められていたため、領土分譲を主張する清正の立場は苦窮となり、ついに二王子を返還せざるをえなくなった。しかしなおも攻撃の手をゆるめず晋州城の攻撃をしたが、この時使用したのが亀甲車《きっこうしゃ》(簡単な木製の四つ車の上に生牛の皮を覆って作り、その覆のなかに軍士が入る構造)である。また虎狩りのエピソードもこのころのものである。しかし彼の立場は悪化し、講和を妨害している者であると石田三成らから讒訴され、ついに慶長元年(一五九六)正月伏見蟄居の身

加藤清正画像

加藤清正花押

「履」

「履道応乾」

加藤清正印

となった。その後同年閏七月十三日に京畿に大地震があって伏見城が壊れた際、彼が最も先に普請にかけつけたので蟄居が解除されたというエピソードがある。その真相は不明であるが、徳川家康・前田利家の政治的運動によるとみた方がよい。このころ彼は朝鮮の役(文禄の役)の出費をカバーする目的で、直接に呂宋貿易を計画したり、また政商原田喜右衛門に依頼し、前述の小麦貿易を行なったりしている点は注目される。この呂宋貿易を計画中の同二年、再び朝鮮への出兵命令が出され(慶長の役)、彼は再度一万人を率いて渡海した。三月には韓僧松雲と講和協議し一時停戦状態であったが、十二月突如明軍に襲われ蔚山城で苦戦し、九死に一生を得た。帰国後同四年閏三月浅野幸長・鍋島直茂・黒田長政らと石田三成殺害を計画したが、徳川家康の諫言にあって止むなく中止。この頃、家康の養女を娶り家康と関係を深め、同五年の関ヶ原の戦には九州における東軍の中心として活躍し、宇土小西・柳川立花氏を攻略した。戦後は肥後一国(球磨・天草郡を除く)五十四万石の領主となった。実高は約七十四万石である。同八年三月二十五日従四位下肥後守に叙任。領内では同六年(四年説がある)から熊本築城に着手したといわれるが検討さるべき点がある。熊本城は坪井川の堀を利用し、茶臼山台地に扇形の勾配をもつ石垣、三重六階の天守閣を中心に二ノ丸と旧宇土小西氏の宇土櫓を移建したと伝えられる雄大な城(熊本城)を建築した。またそれを契機に城下町が形成された。一方農村に対しては農民の還住を命じ、荒地・刈田には麦種子の貸付け、私用夫役の禁止の勧農策をとるとともに、新田開発・河川工事に力をつくした。現在の熊本平野はこの基礎の上にある。伝えるところによると、新田畝数約八千町、磧数二十九ヵ所、水懸田数三千四百八十町という数字である。河川工事は「荒籠」「乱杭」「小石出し」の方法を使用した。宗教政策では熱烈な日蓮宗信者であったために城下や領内に日蓮宗寺院の建立をすすめるとともに、同八年・十三年キリシタン弾圧政策をとったため「道徳観念に欠けた人」(レオン＝パジェス『日本切支丹宗門史』)といわれた。また財政強化策に大船を造り、朱印船を仕立て暹羅《シャム》・交趾《コーチ》国と交易した。しかし晩年になると次第に武人的性格も影をひそめ、文芸や茶道にいそしんだ。茶は古田織部の弟子服部道巴とよく交わり、深山の葉茶壺や歌姫の茶入を愛用し、次第に自己の立場をよく見極めるようになった。印章に「履道応乾」の刻印を使用したのもそのあらわれである。彼は加藤家存続のため徳川幕府のもとに全く従属する形をとり、慶長十一年・十五年の江戸城普請・大坂城普請にも率先して普請工事にあたった。また豊臣秀頼を説得し、十六年に二条城で徳川家康と会見させることに成功した。この折に毒饅頭を喰わされたのが彼の死因であるというエピソードがあるが、実は病死である。二条城から帰国後間もなく、同年六月二十四日五十歳で死亡。遺骸は熊本の本妙寺に葬られ、現今も日蓮宗信者の参詣のまととなっている。法名は浄池院殿永運日乗大居士。

参考文献　『大日本史料』一二ノ八、慶長十六年六月二十四日条、『熊本県史料』中世編三・五、中野嘉太郎『加藤清正伝』、岡田章雄編『信長と秀吉』(『人物・日本の歴史』七)、森山恒雄「近世初期の肥後国」(『熊本県史』総説編所収)、同「肥後国の豊臣氏蔵入地と加藤氏所領—その基礎的修正作業—」(竹内理三編『九州史研究』所収)
(森山　恒雄)

かとうしろうざえもんかげまさ　加藤四郎左衛門景正　生没年不詳　鎌倉時代の瀬戸窯の祖というが、生没年代その他不明な点が多い。通説では貞応二年(一二二三)に道元禅師に従って中国に渡り、彼地で製陶を学び、安貞二年(一二二八)帰国後尾張国瀬戸にて製陶を始めたと伝え、これが瀬戸窯の起りともいう。加藤四郎左衛門は略して「藤四郎」とも呼び、また代々これを継承している。なお茶入について「藤四郎」というときは、二代基通の作といわれる「真中古」を指す。

参考文献　『大日本史料』五ノ四、安貞元年是歳条、赤塚幹也編『古瀬戸』(『陶器全集』一九)
(中川　千咲)

かとうみつかず　加藤光員　生没年不詳　鎌倉時代前期の武将、御家人。景員の子。加藤太と称する。加藤次景廉は弟。父・弟とともに治承四年(一一八〇)の源頼朝の挙兵に参加。石橋山の敗戦後は一旦甲斐に逃れたが、やがて武田氏らとともに駿河に進攻。みずから目代橘遠茂を討ち取った。文治元年(一一八五)には光員の郎従が平氏家人の有力者上総介忠清を捕えている。同五年には弟の景廉とともに頼朝の奥州征伐に従軍。以後弟とともにしばしば頼朝の出行に供奉を勤めている。所領の多くは伊勢国にあり、文治三年公卿勅使伊勢駅家雑事対捍の件で訴えられている。元久元年(一二〇四)には伊勢平氏追討賞をうけ、また西面の武士として検非違使にも任ぜられ大夫判官と称した。建永元年(一二〇六)伊勢神宮祭主から家司の身として御家人となり検非違使に就任したことについて訴えられているが、陳弁の結果とくに咎められなかった。その後、伊勢守に任ぜられ、承久の乱では京方に属した。そのため所領伊豆国狩野牧を没収されたとみえて、承久三年(一二二一)五月同牧は弟の景廉に与えられた。嘉禎元年(一二三五)景廉の子景義・景朝兄弟

が狩野牧の領有をめぐって争った際の史料に「伯父故伊勢前司光員」(『吾妻鏡』)とあるから、その死去は承久の乱後間もないころのことであろう。　（五味　克夫）

かとうよしあき　加藤嘉明　一五六三―一六三一　安土桃山・江戸時代前期の武将。近江水口藩加藤家の祖。初名茂勝。孫六・左馬助・侍従、従四位下。永禄六年(一五六三)三河国幡豆郡永良郷(愛知県西尾市)に生まれた。父は岸三丞教明、母は川村氏。少年の時父に従って近江に行き、羽柴(豊臣)秀吉に仕え、養子秀勝に付属されたが、天正四年(一五七六)播磨征伐を機会として秀吉に直属、その股肱としての活動を開始した。そして同十一年四月の賤ヶ岳の戦に七本槍の一員として奮戦したのをはじめ、十三年以降は水軍を指揮、四国征伐・九州征伐・小田原征伐・朝鮮出兵に参加、文禄の役では一柳・藤堂氏らとともに舟奉行として壱岐に渡り、警固にあたったが、海戦では、全羅道左水使李舜臣の率いる朝鮮水軍のために苦戦した。しかし慶長二年(一五九七)七月の唐島の戦では藤堂高虎・脇坂安治らとともに三道水軍統制使元均の率いる朝鮮の艦隊を撃破、翌年蔚山《ウルサン》城を救援して明兵を討ち、また順天の死守を主張するなど著しい戦果を挙げ秀吉の感状を得た。嘉明は秀吉に直属後三百石を与えられたというが、天正十一年賤ヶ岳の戦の功によって三千石を給せられ、ついで加増の後十四年十一月淡路一万五千石を与えられ志智城主となり舟手の将となった。そして文禄三年(一五九四)千七百石加増の上豊臣氏蔵入地代官を兼ね、翌年七月伊予松前(真崎)に転封、六万石を領し、四万石余の豊臣氏蔵入地を支配、さらに慶長元

加藤嘉明花押

加藤嘉明画像（狩野探幽筆）

年在京料を与えられて伏見向島留守居に任ぜられるなど子飼いの部将として信任されたが、秀吉の没後は急速に徳川家康に接近、また加藤(清正)・福島・細川・浅野・池田氏らとともに石田三成を排斥、家康の会津征伐の軍に加わった。そして関ヶ原の戦では東軍に属して岐阜城を攻撃、大垣城を占拠、また伊予国内の留守居は毛利軍の攻撃を撃退、戦後ついに伊予松前二十万石の大名となった。そして慶長八年松山(勝山)城を取り立てたほか江戸城修築(同十一年)・駿府城修築(同十二年)・篠山城修築(同十三年)・名古屋城修築(同十四―十五年)を助けるなど徳川氏に協力、同十九年の大坂冬の陣には江戸留守居となり、嫡子明成を伊予から参陣させたが、翌夏の陣にはみずから参陣した。ついで元和五年(一六一九)六月僚友福島正則除封の際は安芸広島城接収のことにあずかり、同八年九月には徳川家の世子家光の鎧着初めの式を勤めるなど老功の武将として優遇され、翌年従四位下に昇叙、寛永三年(一六二六)秀忠・家光上洛の際これに従い、侍従に任ぜられた。そして翌年二月(一説三月)陸奥会津四十万石を与えられ若松に転封、同八年九月十二日江戸邸で病没した。六十九歳。法名三明院宣興(初諡号は松苑(寂)院殿拾遺道誉大禅定門という)。麻布善福寺に葬った。現在、墓は京都市東山区の東大谷墓地にある。嘉明は後世に軍法を伝えるほどの武将であるが、また民政にも優れ、伊予領有時代老臣足立重信に命じて伊予川(重信川)・石手川の水利を整え、四十万石に及ぶ良田を拓き、会津若松転封後は道路・交通の整備、蠟・漆・漆器などの産業育成、鉱山の開発など藩政の基礎を培っている。なお大正六年(一九一七)、特旨により従三位を贈位された。室は堀部氏(光照院)。継室は岡田氏(寿光院)。

参考文献　『(近江水口)加藤子爵家文書』、『寛政重修諸家譜』七七三、『加藤嘉明家譜』、新井白石『藩翰譜』七下(『新井白石全集』一)、『加藤嘉明事蹟調査書』、伊予史談会編『加藤嘉明公』　（岩沢　愿彦）

かどのおう　葛野王　六六九―七〇五　天智天皇の孫で大友皇子(弘文天皇)の子。『懐風藻』には長子とある。母は天武天皇の皇女十市皇女。池辺王の父、淡海三船の祖父にあたる。天智天皇八年(六六九)に生まれる。『懐風藻』の伝によると、少年のころから学を好み、経史に通じ、文を作るを愛し、書画をよくしたといい、浄大肆を授け、治部卿に任じた。持統天皇十年(六九六)高市皇子が没した後、皇嗣をめぐり朝議が紛糾したが、王は、子孫相承こそ神代以来のわが国家の法であり、兄弟相承は乱の原因であるとし、弓削皇子の発言を抑えて文武天皇の擁立に寄与した。持統天皇はその一言国を定むるをよみし、特に正四位に叙し、式部卿に任じたという。慶雲二年(七〇五)十二月正四位上で没。『懐風藻』に年三十七とし、詩二首を載せる。　（笹山　晴生）

かなざわあきとき　金沢顕時　⇩かねざわあきとき

かなざわさだあき　金沢貞顕　⇩かねざわさだあき

かなざわさねとき　金沢実時　⇩かねざわさねとき

かなざわさねまさ　金沢実政　⇩かねざわさねまさ

かねあきらしんのう　兼明親王　九一四―八七　平安時代の詩人。中書王・前中書王とも呼ばれる。延喜十四年

(九一四)醍醐天皇の皇子として誕生。母は藤原菅根の女の更衣淑姫。延喜二十年十二月に源姓を賜わって臣籍に降下し、延長七年(九二九)十六歳で元服し、承平二年(九三二)従四位上に叙せられ昇殿を聴された。天慶七年(九四四)参議に昇進し、天暦七年(九五三)に権中納言となる。同年十月の残菊の宴にその詩才を認められ、天徳三年(九五九)八月の闘詩合に活躍した。同年十二月邸内に小亭を営んで隠退を志し『池亭記』を書いた。康保四年(九六七)大納言に昇進したが、安和二年(九六九)三月の源高明左遷事件(安和の変)の時に殿上を差し止められた。天禄二年(九七一)十一月に左大臣となったが、天延三年(九七五)八月に嵯峨に別荘を建てて隠逸生活に入ろうとし、小倉山の神に水を請うと霊泉が湧き出たと伝えられる。貞元二年(九七七)四月二十一日関白藤原兼通の讒奏によって親王とされ、二品中務卿に貶《おと》されたが、その時の憂憤の情を綴ったのが有名な『菟裘賦』である。そののち嵯峨に隠退して孤独文雅の生活を送り、永延元年(九八七)九月二十六日に没した。七十四歳。親王は博学多才で詩文を能くし、わが国第一の皇室詩人といわれた。しかもその悲劇的生涯は多くの同情を生み、多くの伝説が生まれている。中世においては『源氏物語』にゆかりの地として嵯峨山荘が見做され、近世の詩人たちは親愛の心で、兼明親王を詩賦に詠みこんでいる。

[参考文献]『大日本史料』二ノ一、永延元年九月二十六日条、川口久雄『平安朝日本漢文学史の研究』、大曾根章介「兼明親王の生涯と文学」(『国語と国文学』三九ノ一・二)　(大曾根章介)

かねいえ　金家　室町時代末期から桃山時代にかけて京の伏見に在住した鐔工。丸形あるいは変り形の鐔に漢画風の山水、道釈人物などを高彫りに表わして据文(あらかじめ造った文様を鐔の地鉄の表面に据え付ける遣り方、接着・焼付け・象嵌などの方法が採られている)の手法を併せて新機軸を出した。作はすべて鉄を用い、わずかに金・銀などの線象嵌を施すこともあり、これによって色彩効果をあげているが、仰々しいものは皆無で、独特ともいえる錆付けと、構図と、彫技とを合わせて枯淡な禅味を表現している点、全く他に比をみず、古今独歩と称せられる。銘は「城州伏見住金家」「山城国伏見住金家」ときり、通説、前者を大初代、後者を名人初代とするが、いずれも作域が近似する上、年紀のあるものがなく、系譜・経歴は明らかでない。二者同一人か別人かについても今日なお異説が行われている有様である。世上しばしば見かける同銘文の作品は時代の下った偽物が多いので注意を要する。　(沼田　鎌次)

かねうじ　兼氏　美濃国志津(岐阜県海津市志津)の刀工。南北朝から室町時代初期まで同銘二、三代続く。初代は志津三郎の名で知られ、略してただ志津とも言う。名物に稲葉志津(重要文化財)・浮田志津(御物、ともに短刀)などがある。本国は大和(手掻《てがい》派)であり、大板目が流れて柾気立つ地肌と、沸づき強くはきかける互の目刃の同国の作風を土台に、のたれ刃に金筋のかかる相州風を加え(正宗の高弟の一人と言われる)、志津一派を打ち立てた。太刀の姿は身幅広く大切先である。銘は「兼氏」と二字にきり、堂々と大きくて角張るものと、やや小振りで丸味がかるものがある。後代応永ごろの兼氏は「美濃国住人兼氏」ときる。弟子の兼次に観応元年(一三五〇)銘の短刀があり、初代兼氏の年代の決め手となる。同じく門弟の兼友にも応安年紀の短刀があった。兼氏の弟の兼俊は志津の北の直江(養老郡養老町直江)に移る。ここには二代兼氏・兼久・兼友らが集まり志津流を継承した。これらを直江志津と呼ぶ。世の中には志津または直江志津に極められた刀が多い。

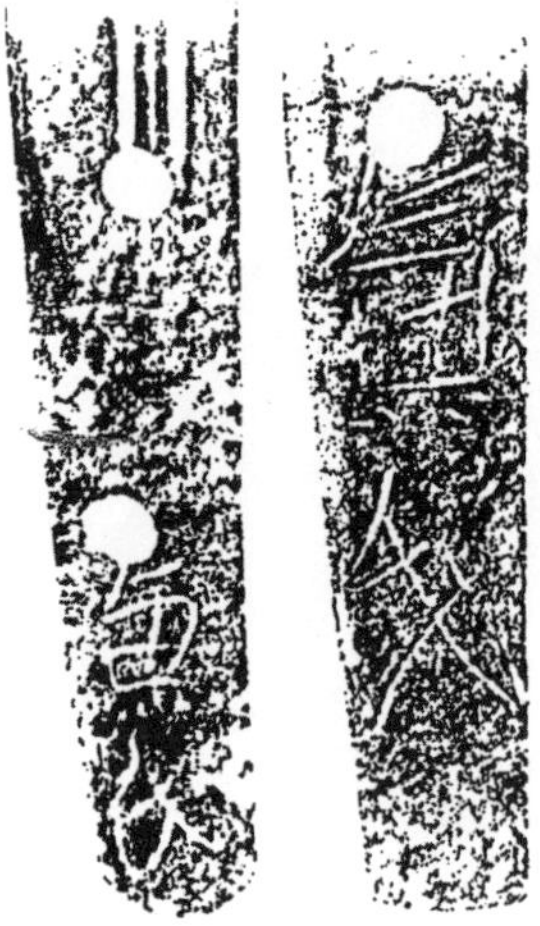
兼氏押形

[参考文献] 志津三郎兼氏顕彰会編『志津三郎兼氏建碑記念誌』、得能一男編『美濃刀大鑑』　(辻本　直男)

かねうりきちじ　金売吉次　少年時代の源義経に随従し、義経の運命を左右したとする伝説的人物。『平治物語』では奥州の金商人吉次、『義経記』では毎年奥州に下る金商人で、三条に住む吉次信高、『源平盛衰記』では金商人で五条の橘次末春、舞曲「鞍馬出」では三条の金あきんどの吉次、舞曲「烏帽子折」では吉内・吉六の弟二人を有する吉次とある。『義経記』によると、学問に精進した牛若は、十五歳の秋に古い郎等正門坊の勧めで叛意を抱いたが、十六歳の二月鞍馬信心の吉次に出会った。鞍馬寺に源義朝の子がいると藤原秀衡から聞いていた吉次は、それと察して、かどわかし供して、秀衡の見参に入れ、引出物を取って利得を得ようとし、牛若にさそいかけた。牛若が源平の乱が来たら用に立つべきものを尋ねたので、吉次は滔々と述べ立てた。牛若は吉次に心を許して、承安四年(一一七四)二月二日鞍馬を出て東下した。吉次は種々の宝を二十余疋の馬にのせて出立した。鏡の宿で由利太郎らの賊に襲われたが撃退した。熱田大明神に詣で、牛若は烏帽子を召し、義経と称した。吉次の案内で、義経は秀衡に迎えられ厚く遇された。吉次は秀衡から唐櫃の一蓋に砂金を与えられ、泰衡たちからも引出物を貰った。吉次は満足して急ぎ上京した。牛若を誘い出す趣には中世に横行した人買い譚の筋も見られるし、砂金売買の商人には死の商人の臭いも感じられる。『義経記』自体が虚実相まじるものであるが、金売吉次にも伝説の影が濃い。吉次の墓は栃木県足利市久保田町・同下都賀郡壬生町などに見出される。吉次の遺跡は京都・平泉間の宿駅はもちろん、東日本の意外な土地に分散し

ている。諸方を旅した金屋つまり鋳物師・鍛冶屋の徒が住んだ所に金売吉次の話が付着したのであろう。一面、金屋には吉を名乗る者が多かったのかも知れない。金売吉次の話の背後には炭焼小五郎の伝説が結びついており、長者屋敷跡の伝承もこれにつながる。

参考文献 柳田国男「炭焼小五郎が事」(『定本柳田国男集』一所収) (臼田甚五郎)

かねさだ 兼定 生没年不詳 十六世紀初頭の美濃国関の代表的刀工。永正・大永などの年紀作がある。和泉守を受領し藤原姓を名乗る。銘文は、多くは「和泉守藤原兼定作」と長銘に行書体できるが兼定とだけの二字銘のものもあり、それには行書体と楷書体とがある。定の字を草書では「之」、楷書では「定」と書くので前者を之定、後者を疋定と呼ぶ。作風は地は大板目流れ肌、刃文はのたれ互《ぐ》の目刃(直《すぐ》刃もある)である。関から伊勢の山田へ出向いての作もあり、桑名の村正とはよく似る。

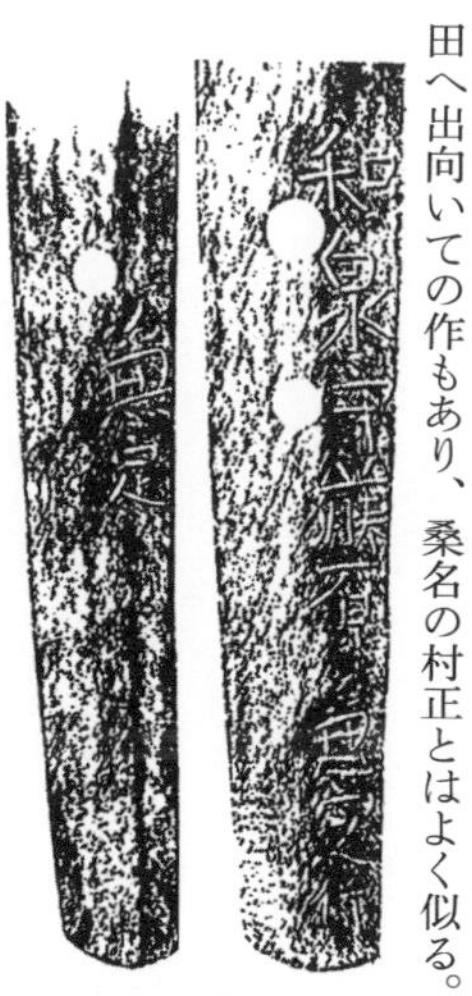

兼定押形

参考文献 得能一男編『美濃刀大鑑』 (辻本 直男)

かねざわあきとき 金沢顕時 一二四八―一三〇一 鎌倉時代の武将。初名時方、越後四郎・越後入道と称し、赤橋殿と呼ばれた。法名恵日。実時の嗣子、母は北条政村の女。宝治二年(一二四八)に生まれる。正嘉元年(一二五七)十一月二十三日元服。文永二年(一二六五)の初め左近大夫将監となり、同七年には引付衆に列している。弘安元年(一二七八)二月評定衆に列し、同三年十一月には越後守となり、同四年十月には引付頭に任ぜられて政治の枢機に参じた。しかるに同八年十一月、安達泰盛が執権北条貞時に滅ぼされたとき(霜月騒動)、顕時は泰盛の聟であった関係から所領であった下総国埴生《はにゅう》荘に流謫された。下向に際して、父実時から与えられていた武蔵国金沢の称名寺内外の地を称名寺に寄進した。この寄進状は今に存し、顕時自筆と認められている。また同時に称名寺長老審海に書状を寄せ、右の寄進の趣旨を述べ、身辺の事情や心境に及んでいる。ただし、書状が弘安八年十二月二十一日付であるのに対し、寄進状が十六年前の文永六年十一月三日付である点は一つの問題とされている。埴生荘において出家したが、永仁元年(一二九三)ないし同四年以前に召しかえされたと考えられる。その後は所帯を子貞顕に譲って隠退したかと思われる。正安三年(一三〇一)二月九日、かつて父実時が父母の菩提のために称名寺に寄進した梵鐘の破損を修治し、入宋僧円種をして新たに銘文を撰せしめて再鋳の上、再びこれを寄進した。同年三月二十八日、五十四歳で没した。称名寺境内に五輪塔の墓が現存する。顕時は学問・信仰への関心が深く、その書写・伝習した漢籍が金沢文庫その他に伝存しており、弘安元年音博士清原俊隆から伝習した『春秋経伝集解』はその代表例である。また、仏教信仰としては浄土・禅宗をおさめたが、中でも禅宗では、鎌倉寿福寺の大休正念の指導をうけたことがその語録で知られるのみならず、弘安六年二月大休の示教に応じて、出資して唐版『伝心法要』を出版せしめたことは特に注目されている。顕時の没後、しばしば子孫が営んだ法要の表白にも「累葉生㆓武略之家㆒、多年翫㆓文道之専㆒」などの語が述べられている。元弘三年(一三三三)三月二十八日に子貞顕が、顕時の三十三回忌に際し、父の遺札を漉き返して『円覚経』を書写して供養しており、この貞顕の奥書した経巻二巻は金沢文庫現蔵の貴重な遺品として重要文化財の指定をうけている。顕時には前後二人の妻があり、前妻は千葉泰胤女、後妻は安達泰盛女である。金沢文庫は、尼慈性なる女性の自筆状を蔵しているが、この尼がすなわち後の妻その人かとも推定されている。顕時の男子としては、顕実・顕弁・顕景・顕雄・貞顕などの名が系図にみえ、別に女子も記されている。貞顕のほかは、顕弁が鎌倉鶴岡八幡宮の社務職であり、元弘元年四月二十三日、六十三歳で入滅していることと、貞顕の兄であることは知られるが、他の子女についてはほとんどその伝を明らかにすることができない。

金沢顕時花押

金沢顕時画像

金沢顕時墓

参考文献 関靖『金沢文庫の研究』、結城陸郎『金沢文庫の教育史的研究』、多賀宗隼『鎌倉時代の思想と文化』、櫛田良洪「前林戒光寺について」(『金沢文庫研究』七ノ八・九)、熊原政男「顕時三十三回忌の考察」(同一〇ノ九)、同「海岸尼寺の新資料」(同一〇ノ一〇・一一合併号) (多賀 宗隼)

かねざわさだあき 金沢貞顕 一二七八―一三三三 鎌倉時代末期の執権。顕時の三男。谷殿とよばれた。法名崇顕。弘安元年（一二七八）に生まれる。永仁二年（一二九四）左衛門尉・東二条院蔵人となる。同四年左近将監となり、乾元元年（一三〇二）七月上洛して六波羅探題（南方）に就任、爾来、中務大輔に任じ、越後守に至った。延慶二年（一三〇九）関東に下向し、同十二月越後守を辞した。翌三年六波羅北方として上洛、右馬権頭に任じ、応長元年（一三一一）六月これを辞した。同年十月武蔵守に任じたが、正和四年（一三一五）職を去って関東に下向し、同年七月将軍家別当となり、執権北条基時とならんで連署の地位に就き、同五年七月以後は、次の執権北条高時を輔けた。元応二年（一三二〇）には武蔵守を辞し元亨二年（一三二二）九月修理権大夫となり、嘉暦元年（一三二六）三月十三日、高時が病のため出家し執権を辞するや、十六日その後任に挙げられ十五代執権となった。しかし、高時の弟泰家らの嫌疑をさけてやがて出家して崇顕と号し、翌月二十四日には北条（赤橋）守時が代わって執権となった。貞顕は、金沢の自邸に隠棲して政務に遠ざかり、みずから韜晦して学問・信仰の世界に遊びつつ政局を注視していた。しかし、間もなく、元弘三年（一三三三）五月の新田義貞の鎌倉攻撃に際会し、同二十二日高時とともに鎌倉東勝寺に自尽した。五十六歳。墓は横浜市金沢区の称名寺境内に存する。またその子貞将は同二十一日山内で戦死した。貞顕は位、従四位上に至り官職も前掲のごとく父祖を凌ぐ顕栄に達し、金沢氏として最盛期を開いた。また北条泰時の後家矢部尼の遺跡釜利谷を嗣いで谷殿とよばれ、父祖以来の余威を累ねたのみならず、また京都に探題として在任した期間も二回合計して十年に近く、旁々政治上以外文化的にも活動の幅広く交遊の範囲も広かった。政界にあっては、京都と鎌倉、公家と武家との関係の、極度に緊張した時期に、幕政の首脳の重要人物としてその責に任じており、執権政治をめぐる幕府政界においても、宗家・二階堂氏・長崎氏らの諸勢力と協調し拮抗しつつ時局の打開に苦心せねばならなかった。今日金沢文庫に蔵する多くの貞顕関係文書・消息は、その実情を徴すべき絶好の資料である。また貞顕の信仰・学問の面においては、特に注目すべき事蹟や業績が多い。在京中、徳治二年（一三〇七）および三年に亡父顕時の年忌を六波羅亭に執行し叡山の高僧を請じて願文を捧げてその遺徳の顕彰につとめている。また東山に新たに常在光院を草創して天台・真言の道場とし、以て、父祖の建立した華厳・真言の道場たる東国の称名寺に対偶せしめんとした。また祖父実時の創建した称名寺の堂塔の整備されたのも貞顕の時代であったと考えられる。さらに、その学問においては、東国および京都にて、朝廷の学者について、儒書・法家の書などの書写・習受につとめている。なお内典に、また和書に、典籍の書写校合の努力はきわめて広範囲に及び、今日なおその精励ぶりを偲ばせるものがある。『土御門内大臣通親日記』あるいは『たまきはる』（『建春門院中納言日記』、中村礼子蔵、重要文化財）のごとき、仮名文、婦人の文学の写本にも手を染めており、その達筆とともにその教養の広さが示されている。

金沢貞顕花押

金沢貞顕画像

[参考文献] 関靖『金沢文庫の研究』、結城陸郎『金沢文庫の教育史的研究』、村井康彦「金沢貞顕の涙」（『日本史研究』七六）、高梨みどり「得宗被官長崎氏の専権―金沢貞顕書状を通しての考察―」（『歴史教育』八ノ七）、櫛田良洪「前林戒光寺について」（『金沢文庫研究』七ノ八）、西田長男「称名寺の熊野堂」（同九ノ七）、熊原政男「海岸尼寺の新資料」（同九ノ一〇・一一）、前田元重「称名寺結界図と金沢貞顕五輪塔について」（同一四ノ二・三）、納富常天「金沢文庫本『神祇秘伝八幡』の紙背文書」（同一五ノ二）、林幹弥「金沢貞顕と東山太子堂」（同一五ノ四）、日置孝彦「「円覚寺惣尺」について」（同一八ノ二）、永井晋『金沢貞顕』（『人物叢書』二三五）

（多賀 宗隼）

金沢貞顕墓

かねざわさねとき 金沢実時 一二二四―七六 鎌倉時代中期の武将。太郎、陸奥掃部助、越後守。称名寺殿・金沢侍所とよばれた。法名正慧。元仁元年（一二二四）に生まれる。父は北条実泰（義時の子）、母は天野政景の女。文暦元

金沢実時花押

金沢実時画像

年(一二三四)小侍所別当となり、特に武技で擢んでられて将軍に近侍し、その労により建長三年(一二五一)下総国埴生《はにゅう》荘を賜わった。同四年に引付衆に、翌五年評定衆に加わって幕政の枢機に参与し、同七年越後守となり、文永元年(一二六四)には越訴奉行に任ぜられた。建治元年(一二七五)五月病のため職を辞し、武蔵国金沢の自邸に籠居、翌二年十月二十三日ここに没した。五十三歳。墓は横浜市金沢区の称名寺にある。実時は、政治のかたわら学問に深い関心をもち、政務に関係ある経史および律令の学につとめ、なお農政・軍事・文学など広い範囲に心をよせている。この学問的努力は、特に将軍宗尊親王の関東下向に扈従してきた京都の儒者清原教隆との接触に始まった。宝治のころから教隆の没した文永ごろまでに主として同人について経史律令などの書の書写校合や受講につとめている。教隆没後は、京都より諸家の蔵書を借覧して書写学習につとめて晩年に及んだ。三十年にわたるこの学問的努力の結実たる膨大な蔵書の佚亡をおそれて実時はこれを金沢の自邸に保管した。すなわち金沢の地には以前から邸があり、正嘉二年(一二五八)阿弥陀堂をここに建て、称名寺と称し、境内にその文庫を営んだ。すなわち金沢文庫の起源である。建長六年母を喪い、文応元年(一二六〇)同寺でその七年忌を修している。弘長元年(一二六一)実時は西大寺叡尊の盛名をきいて関東招請を重ね、同二年これを実現するや、前執権北条時頼らとともに就いて受戒し、宗要・政道について教えをうけた。翌三年父を喪ったが、その後六年、文永六年十一月梵鐘を鋳て称名寺に寄せて父母の菩提に資した。梵鐘は子息顕時の修治を経て同寺に現存し、重要文化財に指定されている。実時には前後二人の妻があり、前妻の家系は不詳、後妻は執権北条政村女である。子息実村・篤時は前者の、顕時は後者の所生である。

金沢実時墓

参考文献　中村光・関靖『北条泰時・北条実時』(『日本教育家文庫』)、関靖『金沢文庫の研究』、同『武家の興学―北条実時一門と金沢文庫―』、結城陸郎『金沢文庫の教育史的研究』、佐藤和夫「北条実時書状の武家々訓としての評価」(『金沢文庫研究』一三ノ一―四)、熊原政男「金沢氏女性関係年表」(同一三ノ六)、阿部隆一「北条実時の修学の精神」(同一四ノ六)
(多賀　宗隼)

かねざわさねまさ　金沢実政　一二四九―一三〇二　鎌倉時代の鎮西探題。北条(金沢)実時の子。官途は弘安六年(一二八三)上総介。建治元年(一二七五)十一月、異賊征伐のため九州に下向した。その後弘安六年から永仁四年(一二九六)まで周防・長門の守護であった。永仁四年八月から同年末までの間に鎮西探題に就任。実政がはじめて鎮西探題裁許状を出していることや、実政の代における訴訟制度の整備から、厳密な意味では実政が初代の鎮西探題であったといえるが、実政直前の北条兼時・時家にも聴訴の権があったとして、これを鎮西探題の初代とする意見もある。実政が探題としてまず当面したのは永仁の徳政令実施の問題であった。現在鎮西での実施例は訴訟史料を通じて知られるが、御家人の勝訴に帰しており、徳政令発布の趣旨に沿った結果が出ている。次に、訴訟制度整備の問題があった。鎮西探題の訴訟管轄権は、一部の例外はあるけれども、所務沙汰を専掌し、雑務・検断両沙汰は守護の管轄下にあった。正安元年(一二九九)正月、五名の鎮西評定衆が任命され、同年四月、三十五名の鎮西引付衆が三番に分かれて任に就いた。一番頭人は北条氏一門、二番・三番頭人は武藤・大友両氏の惣領が配置された。各番の引付衆には武藤・大友両氏の一族・被官、守護級の有力御家人、在地御家人、中央幕政機関の職員に出自するもの、探題被官などが配置されている。実政の代のこの職制は最後の探題赤橋英時までそのままうけつがれていった。実政が出した裁許状は、年記の明らかなものは現在十六通知られる。実政は鎮西探題に就任するとともに、北条定宗の後をうけて肥前守護となった。すなわち肥前守護は鎮西探題の兼補となったのである。『金沢文庫文書』の称名寺用途配分置文によると実政は豊前規矩(企救)郡に所領をもち、同所を伝領した子孫は規矩氏を称している。正安三年(一三〇一)八月の事蹟を最後とし、鎮西探題は子の政顕が継いだ。『帝王編年記』一七によれば同年九月出家、乾元元年(一三〇二)十二月七日、五十四歳で没した。

金沢実政花押

参考文献　川添昭二編『鎮西探題史料集』、瀬野精一郎編『鎌倉幕府裁許状集』下、石井良助『中世武家不動産訴訟法の研究』、佐藤進一『鎌倉幕府訴訟制度の研究』、瀬野精一郎『鎮西御家人の研究』、村井章介『アジアのなかの中世日本』、川添昭二「鎮西探題北条実政について」(『金沢文庫研究』六ノ五―七)、同「鎮西

評定衆及び同引付衆・引付奉行人」(川添昭二編『九州中世史研究』一所収)、同「周防・長門守護北条(金沢)実政の事績」(『山口県史の窓』)　(川添　昭二)

かねながしんのう　懐良親王　⇨かねよししんのう

かねひら　包平　生没年不詳　備前国の刀工。平安時代に同国にあって高平・助平と並んで三平と呼ばれた名工。しかし高平にはたしかな遺品がなく、助平には「備前国助平」と刻した太刀が御物の中にある。包平は名物の大包平と称される日本一の大太刀を残したことで不朽の名をとどめた。この太刀は岡山藩主の池田家に伝来したもので、戦後東京国立博物館の保管品(国宝)となる。長さは二尺九寸四分(八九・一センチ)、元幅一寸二分(三・七センチ)の豪刀で、表裏に太い刀樋を彫り、大乱れ刃を焼く。茎《なかご》に「備前国包平作」と太くて大きい銘をきる。世にある包平の太刀はこのように大きくはなく、普通の姿であり、銘も小振で包平と二字にきる。包平を名乗るものは一人ではなく何人かいた訳で、大包平の作者は平安時代末期あたりの刀工であろう。

包平押形

参考文献　辻本直男編『図説刀剣名物帳』　(辻本　直男)

かねみおう　兼覧王　?―九三二　平安時代の皇族、歌人。文徳天皇の孫、惟喬親王の子。仁和二年(八八六)従四位下に初叙、山城守・神祇伯・弾正大弼などを経て、延長二年(九二四)正四位下、翌三年宮内卿になる。承平二年(九三二)没。父惟喬親王は『伊勢物語』に失意の人として哀惜されているが、兼覧王も和歌をよくし、『古今和歌集』に五首、『後撰和歌集』に四首入集し、『延喜十三年亭子院歌合』にも参加している。『古今和歌集』によると、紀貫之・凡河内躬恒と贈答歌をかわし、敬慕されている。

参考文献　『大日本史料』一ノ六、承平二年是歳条、『古今和歌集目録』、『中古歌仙三十六人伝』　(藤岡　忠美)

かねみつ　兼光　十四世紀に活躍した備前国長船派正系の刀工。同銘二代あり、初代は景光の子で元弘からの年紀作がある。刀身の元の方は広くて踏張りがあり、先は細まって姿は尋常、刃文は互の目乱れ刃を焼く。足利尊氏に重用された。二代は延文からの年紀作があり、三尺を越える大太刀を作り、短刀も寸延びて大きい。刃文はのたれ刃が多い。この派は北朝年号をきり、傍系の長義一派が南朝年号をきるのと対照的。門下に倫光・政光らの名工が出た。

兼光押形

参考文献　加島進「中世における長船刀工について」(『東京国立博物館紀要』六)　(辻本　直男)

かねもと　兼元　美濃国の刀工。同国赤坂(岐阜県大垣市)に住し、明応からの年紀作がある。のちに関(同関市)に移る。三本杉と呼ばれる刃文を焼く。これはその形が三本の杉木立の立ち並ぶ様子に似るところからの名称で彼の創始になるという。同銘を名乗る者代々続き江戸時代に至る。皆三本杉の刃を焼くが、初代・二代はそれがさほど目立たず、後代に至るほど歴然とする。二代目は十六世紀初めの名工で、孫六兼元と称し、大仙兼元の刀、柳生兼元の刀など傑作が多い。

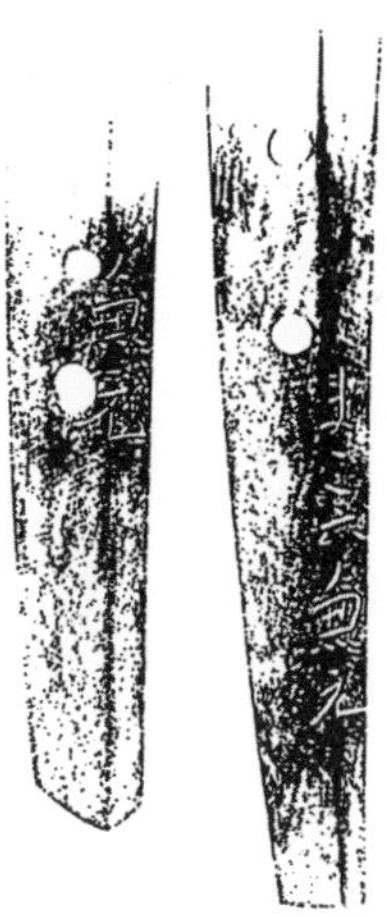
兼元押形

参考文献　得能一男編『美濃刀大鑑』、鈴木卓夫「兼元に関する諸説の再整理について」(『大素人』三ノ一〇)　(辻本　直男)

かねよししんのう　懐良親王　?―一三八三　後醍醐天皇の皇子。九州南朝の征西将軍宮。懐良は「かねなが」とも読まれる。延元元年(北朝建武三、一三三六)十月後醍醐天皇は足利尊氏の講和申入れを受け入れ叡山を下りたが、このとき諸皇子を各地に分遣して再挙をはかり、幼年の懐良が九州へ派遣されることとなった。懐良が九州へ向けて発った時期については、延元元年・同三年(北朝暦応元、一三三八)・同四年などの説がある。従者は五条頼元以下十二人、懐良の一行は紀伊から瀬戸内海を通り、讃岐を経、伊予の忽那島に着いた。到着の年次についても延元二年・同四年・興国元年(北朝暦応三、一三四〇)などの説がある。在島約三年の間、九州に関する全責任を委任された懐良は、九州経営についての命令をしばしば発している。日向の海岸を経て、興国三年(北朝康永元)五月、薩摩に上陸し谷山城に入った。滞留約五年。正平二年(北朝貞和三、一三四七)谷山を発ち、肥後葦北を経て翌年正月宇土に着き、益城郡御船城を経て菊池の本城に入り、九州経営の根拠とした。菊池武光が懐良を迎え入れたのは、懐良が依拠しようとしていた阿蘇氏が去就をはっきりさせなかったことや、このころ武光の惣領権が確立していて迎え入れやすかったことによる。菊池に入ると早速筑後征討にかかったが、幕府方の鎮西管領(九州探題)一色範氏はこれを牽制し一進一退した。貞和五年足利直冬が九州に入り、九州は宮方(南軍)・幕府方・直冬方と三分し、南軍の潜勢力は増大していった。正平七年(北朝文和元)十一月直冬は長門に走り、一色範氏も同十年十月九州を去った。同十四年(北朝延文四)八月、少弐

懐良親王花押

(武藤)頼尚と筑後大保原《おおほばる》に戦ってこれに打撃を与え(筑後川の戦)、同十六年(北朝康安元)八月、筑前から少弐氏を駆逐して在所を大宰府に移した。ここに征西将軍府の隆盛時代が始まる。同二十年(北朝貞治四)には伊予の河野通堯の帰順を許し、四国・中国を経営させている。この間室町幕府は斯波氏経・渋川義行を相ついで九州探題に任じて対抗させたが敗退した。征西将軍は、大宰府の在庁組織を把握し、菊池氏の軍事力を基盤に、所領の安堵・行賞・訴訟裁断などをつかさどる公家の奉行人をとおしてその統治権を執行した。明の太祖は同二十四年(北朝応安二)、懐良に即位を告げ倭寇を禁ぜんことを申し送ったが、懐良は文章不遜としてこれをしりぞけている。建徳二年(北朝応安四、一三七一)今川貞世が九州探題として九州に入り、文中元年(北朝応安五、一三七二)八月大宰府を陥落。懐良は筑後高良山に退き、さらに菊池に後退し、以後、貞世のすぐれた機略によって、九州南軍は不振におちいった。九州を制圧して京都を回復する望みはなくなり、懐良は征西将軍を退いた。またその時期については、文中元年ごろ・同三年末・天授元年(北朝永和元、一三七五)などの説がある。筑後矢部(福岡県八女郡矢部村)に隠退して、ここで没したらしい。時に弘和三年(北朝永徳三、一三八三)三月二十七日で、五十余歳と推定されている。墓所として伝える地はいくつかあるが、明治十一年(一八七八)熊本県八代郡宮地村(八代市妙見町)に認定された。懐良の筆跡としては、徳川黎明会所蔵の『妙法蓮華経』八巻、佐賀県吉野ヶ里町の東妙寺所蔵の『梵網経』一巻などが現存している。

[参考文献] 田中元勝『征西大将軍宮譜』(『肥後文献叢書』六)、藤田明『征西将軍宮』、杉本尚雄『菊池氏三代』(『人物叢書』一三二)、川添昭二『菊池武光』、和田英松「懐良親王御筆の経巻に就て」(『国史国文の研究』所収)、川添昭二「懐良親王をめぐる九州の南北朝」(『九州の中世世界』所収)、崎山勝弘「征西府の肥後国支配」(今江広道編『中世の史料と制度』所収)

(川添　昭二)

かのううたのすけ　狩野雅楽助　⇩狩野之信《かのうゆきのぶ》

かのうえいとく　狩野永徳　一五四三―九〇　安土桃山時代の画家。狩野松栄(直信)の長子。名は州信(一説に重信)。俗名源四郎、永徳は法名。天文十二年(一五四三)正月、山城国に生まれる。祖父元信の指導によって早くから画才をのばしたらしく、記録上の初出は、同二十一年正月帰洛した将軍足利義輝に元信とともに挨拶に出向いた記事(『言継卿記』)である。永禄九年(一五六六)二十四歳で大徳寺聚光院客殿襖絵「花鳥図」「琴棋書画図」(ともに国宝)を描く。祖父の手法を創造的に発展させたその力動感あふれる画風は、上洛した織田信長の認めるところとなり、天正二年(一五七四)信長は上杉謙信に、永徳の「洛中洛外図」屏風を贈ったが、現在上杉家に伝わるこの屏風(重要文化財)は、金雲のはなやかな装飾性の中に二千人近い画中人物を細密に活写した力作である。同四年の安土城築造に際し、永徳は抜擢され、一門を率いてその内部七重の天守や城内御殿の障壁画制作に心血を注いだ。『信長公記』によると、それらは濃彩の花鳥・名所風俗を主体とする華麗をきわめた画期的作品であったが、同十年の明智光秀の反乱に際して惜しくも城とともに焼失した。だが永徳は、引き続き豊臣秀吉に起用されて、同十一年着工の大坂城をはじめ、聚楽第・天瑞寺・御所と、相つぐ大規模な建造に際しての障壁画制作を命じられ、多作が健康をそこねたのか、同十八年九月、御所の襖絵制作を一部残して、四十八歳で急死した。墓は京都市上京区の妙覚寺にある。「細筆に暇なく、故に専ら大画を作る」と『本朝画史』に評されている彼の晩年の遺品は、ほとんどが建物とともに消滅し、確実な遺品としては、前記の二作品のほか、「唐獅子図」屏風(宮内庁蔵)、もと襖絵の一部と思われる「許由・巣父図」双幅(東京国立博物館蔵、重要文化財)、「梅花水禽図(表)・遠浦帰帆図(裏)」扇面画(藤田美術館蔵)などがあるにすぎないが、ほかに南禅寺大方丈に残る「廿四孝図・仙人図」襖絵(重要文化財)は、天正十四年建立の正親町院御所襖絵であったとすれば永徳筆の可能性が考えられる。「檜図」屏風(東京国立博物館蔵、国宝)は永徳真筆であるかにつき若干の疑問を残すものの、その豪壮な巨樹表現は、聚光院襖絵「花鳥図」において見られた原型を、さらに「恠恠奇奇」(『本朝画史』)にまで発展させた、永徳晩年の大画面様式の実態を示すものとして、放胆な筆致の「唐獅子図」屏風とともに、貴重な遺例といえる。晩年法印に叙されたと伝えることについては確証がないが、秀吉から山城国大原郡に領地百石を賜わっていたらしく、専制君主の権力に密着し、彼らの期待に応えた永徳の活躍によって狩野派の画壇における支配的地位が確立したといえる。その創造した活力あふれる様式は、山楽・宗秀・光信ら一門の画人のみならず、海北友松・長谷川等伯ら他の画派にも大きな影響を与え、桃山時代絵画の新しい展開の原動力となった。

狩野永徳花押

[参考文献] 武田恒夫編『狩野永徳』(至文堂『日本の美術』九四)、土居次義「狩野永徳伝の一節」(『近世日本絵画の研究』所収)、辻惟雄「聚光院の障壁画と松栄・永徳」(『障壁画全集』大徳寺真珠庵・聚光院所収)

(辻　惟雄)

かのうぎょくらく　狩野玉楽　生没年不詳　戦国時代より安土桃山時代にかけて活躍した画家。狩野元信の弟子(『弁玉集』)または甥(『本朝画史』)。殊牧(寿卜)の弟で御厨屋梅閑のもとで画の指導を受けたともいう(『丹青若木集』)。北条氏政の御用絵師となり(『弁玉集』)、小田原に没した(『丹青若木集』所載系図)。都部羅某ら弟子をも擁して活躍(『古画備考』)、無印の画は世人多く誤って元

信画とした(『本朝画史』)ほど巧みであった。殊牧・金玉僊・御厨屋梅閑・宗珍らとともにいわゆる小田原狩野を形成した。「右都御史之印」がある作品を玉楽に擬し(『弁玉集』)、あるいは「宗祐」印を玉楽とする(『本朝画印』)。また昭和四十三年(一九六八)両印を併せ捺す「立花図」が出現したことにより三者を同一人と見做す説が提出されたが、疑問の余地があり、現在のところ玉楽の規準作は未だ見出されていないことになる。「右都御史之印」を捺す作品として「霊猫睡戯画」双幅(徳川黎明会蔵)、「宗祐」印として「李白観瀑図」(岩崎家蔵)を挙げておく。

参考文献 田中一松「玉楽と宗祐」(『星岡』七二)、中村溪男「狩野玉楽について」(『MUSEUM』一〇一)、同「宗祐と玉楽」(『大和文華』四八)、辻惟雄「狩野元信」五(『美術研究』二七二)、滝精一「右都御史の印ある画に就て」(『国華』五五七)

（河野 元昭）

かのうひでより 狩野秀頼 生没年不詳 戦国・安土桃山時代の狩野派画家。治部少輔を称す。画伝類の記述は錯綜を極めるが、狩野元信の次男で父に先立って死没したとする説(『本朝画史』)と、元信の三男乗真の子真笑とする説(『弁玉集』)に代表されるように、元信子説と元信孫説に大別できよう。「神馬図」(島根県賀茂神社蔵、重要文化財)に永禄十二年(一五六九)の年紀があるので早死説には問題があり、元信孫の可能性が強い。父の早死、画才が永徳より劣ったことなどから、元信の画系を継がず別の家系をたてたらしい。元信様式に忠実に従った周辺画家の一人として重要。代表作に近世初期風俗画の優作「観楓図」屏風(東京国立博物館蔵、国宝)、「渡唐天神図」「酔李白図」などがある。

参考文献 辻惟雄「狩野元信」二(『美術研究』二四九)、同「狩野秀頼考」(『国華』九八六)、中村溪男「狩野秀頼について―新出の渡唐天神図を中心として―」(同七七四)

（河野 元昭）

かのうまさのぶ 狩野正信 一四三四―一五三〇 室町時代の画家。狩野派の創始者。名は正信のほか伯信、性玄・祐勢と号し、大炊助と称す。永享六年(一四三四)、伊豆の人狩野宗茂の後裔として伊豆に生まれる。やがて小栗宗湛に就いて画技を学んだと推定される。寛正四年(一四六三)相国寺雲頂院昭堂後壁に「観音図」および「十六羅漢図」を描いたことが、『蔭凉軒日録』にみえる。これは同時代記録上の初出である。この壁画は季瓊真蘂が施入したのであるが、号性玄も季瓊が与えたものである。文明五年(一四七三)ごろ従五位下となる。同十三年ごろ宗湛没、そのあとを継いで幕府の御用絵師となったと推定され、同十五年足利義政の東山山荘に「瀟湘八景図」を描く。同十六年「藤原良経像」「藤原道家像」を描き、同十七年東山山荘持仏堂(東求堂)に「十僧図」を制作、同十八年完成して謝礼千疋の折紙を受ける。また持仏堂の「涅槃図」を描く。長享元年(一四八七)将軍家の位牌に金泥を入れる。同二年将軍義尚とともに近江滞在、また心月らと遣明使への注文品を議す。延徳元年(一四八九)義尚(義熙)没し、その像を描く。桃源瑞仙の顔を写生したのもこの年である。同二年最大の庇護者義政没し、その像を描く。同年法橋となる。亀泉集証は同三年遊初軒で、明応元年(一四九二)には岩栖院でそれぞれ正信の描いた襖絵を鑑賞している。明応五年義政の妻日野富子が没し、正信は伏見般舟院に蔵されていた土佐光信筆「嘉楽門院像」を参考にしてその像を描いた。このころ依然として幕府の画用に任じていたことが知られる。享禄三年(一五三〇)七月九日没す。九十七歳(異説もあり)。京都妙覚寺に葬る。法名は日如。長男(次男)元信があとを継いだ。以上の伝記からも明らかなように、正信は幕府御用絵師という地位を最大限に活用して肖像画・仏画・障壁画のほか位牌入泥など、幅広い制作に従事、漢画画風・大和絵画風を自由に使い分けつつ日本風漢画を大成、元信による両者の融合への基礎を築いた。基準的作品に「周茂叔愛蓮図」(中村家蔵、国宝)、「布袋図」(栗山家蔵、重要文化財)、「山水図」(小西家蔵、同)などがある。

参考文献 渡辺一「(東洋美術総目録)狩野正信」(『東山水墨画の研究』所収)、米沢嘉圃「狩野正信の研究」(『国華』四九四―四九六)、松本周二「正史より見たる狩野正信の没年」(『国史学』一四)、赤松俊秀「狩野正信の足利義尚出陣影に就て」(『画説』六六)

（河野 元昭）

かのうもとのぶ 狩野元信 一四七六―一五五九 室町・戦国時代の画家。狩野正信の嫡子として文明八年(一四七六)山城国に生まれる。初名四郎二郎。永正十年(一五一三)以前に大炊助に任ぜられて元信を名乗っており、天文十年(一五四一)ころ越前守に任ぜられ、さらに法眼に叙せられた。元信の作画活動に関する史料の初見は、元信の画技を絶讃した永正七年の日付がある明の鄭沢《ていたく》の書簡で、その内容の真実性には多少の疑問があるが、このころすでに父に代わって狩野派を主宰する立場にあったことは、永正十年細川高国寄進の『鞍馬蓋寺縁起絵巻』制作の記録によっても知られる。以後、永禄二年(一五五九)に没するまでの期間は、戦国時代末期の動乱期にあたり細川澄元・高国・晴元、大内義隆、木沢長政、三好長慶ら、幕府の実権者のめまぐるしい浮沈があったが、元信はその間を終始巧みに泳いで父正信の代に得た御用絵師格としての特権を失うことがなかった。そのほか、宮廷でも土佐家と並んで絵所預に準ずる扱いを受け、公家や大徳寺など禅宗寺院とも交渉があり、石山本願寺には天文八年から同二十二年の間、しばしば出向いて仕事をした。また堺の町衆とも接触を保つなど、作画環境は広範囲にわたり、数多くの注文に応ずべく、血縁者や門人多数を擁する工房を経営して、漢画・大和絵の両域にまたが

狩野元信花押

るあらゆる画題・形式をこなし、多種多様な画作を行なった。永禄二年十月六日没。八十四歳。菩提寺の京都妙覚寺に葬られる。法名は善巧院元信法眼日到大居士。近世以後、狩野派画人により古法眼と呼ばれ尊敬された。元信の画業の意義の第一は、幕府の御用絵師としての特権を利用して、輸入された南宋から元・明に至る中国画のさまざまな様式を本格的に研究し、これを、馬遠・夏珪様式にもとづく楷体、牧谿様式にもとづく行体、玉澗様式にもとづく草体の三画体に分類整理し、それにもとづいて、明解な秩序を持つ彼自身の様式をつくり上げた点にある。この新様式は、漢画の性格を中世的なものから近世的なものへと移行させるうえに大きな役割を果たすこととなった。楷体による大徳寺大仙院客殿の彩色「四季花鳥図」襖絵(永正十年ころ、重要文化財)、行体による妙心寺霊雲院旧方丈の水墨「四季花鳥図」襖絵(天文十二年ころ、同)は、彼の山水花鳥図の代表作で、この両者は構図その他に桃山時代の花鳥図障壁画の原型としての要素を多く含む。山水図・山水人物図の遺品としては、楷体による大仙院客殿の旧壁貼付絵「祖師図」(東京国立博物館蔵、重要文化財)、「山水図」屏風(香雪美術館蔵)、行体による霊雲院旧方丈襖絵「雪中山水図」(重要文化財)、「瀟湘八景図」四幅対(妙心寺東海庵蔵、同)、草体による霊雲院旧方丈襖絵「月夜山水図」(重要文化財)などがある。第二は、漢画の筆法の強さと構成に、金銀を主体とする大和絵の色彩性・装飾性を合わせて、いわゆる和漢融合の新しい装飾画様式をつくり出した点で、これは、桃山時代の金碧障屏画の様式的母胎を提供するものである。「狩野越前法眼元信(生年七十四)筆」の落款のある金地濃彩「四季花鳥図」屏風(白鶴美術館蔵)や『釈迦堂縁起』(清涼寺蔵、重要文化財)などが、その実態を知る際の資料となる。元信は土佐光信の娘を妻にしたという伝承があり、事実元信は当時の土佐家と何らかの血縁関係があったようである。また同じ法華宗徒で、幕府の用命を受けていた金工後藤家とも親しい交渉があった。子に祐雪(宗信)・乗信(または承信)・松栄(直信)の三人があったが、前の二人は伝記不明で、早世したとみられ、家督は三男の松栄が継いだ。

参考文献 田島志一編『元信画集』、山岡泰造『狩野正信 元信』(『日本美術絵画全集』七)、辻惟雄「狩野元信」(『美術研究』二四六・二四九・二七〇—二七二)

(辻　惟雄)

かのうゆきのぶ　狩野之信　生没年不詳　室町時代末期の画家。近世初期の画伝系図類は一致して狩野正信次男、すなわち元信の弟として雅楽助《うたのすけ》をあげる。彼は「輞隠」長方印と印文不明の壺印を用い、山水・人物・花鳥すべてに巧みで元信ときわめて似た画風を示し、落款のない画は元信筆とされたが、若くして没したと伝える。彼の用いたと推定される印のなかには「之信」と読めるものはないが、江戸時代前期にはすでに『弁玉集』や狩野派画家が雅楽助と之信を結び付けており、この説が現在も踏襲されている。没年・没年齢については天正三年(一五七五)六十三歳説と文亀年間(一五〇一—〇四)三十九歳説とがあるが、前者は正信八十歳の時の子となるので信じ難い。一方後者によれば元信の兄となり、早死のため後世弟と誤り伝えられたとする推定に導かれる。基準的作品に前記二印を併せもつ「三酸図」(東京国立博物館蔵)があり、大徳寺大仙院襖絵「四季耕作図」(重要文化財)は之信筆と伝える代表作である。

参考文献 辻惟雄「狩野元信」二(『美術研究』二四九)、米沢嘉圃「狩野之信筆山水図」(『国華』六八九)

(河野　元昭)

かばのかじゃ　蒲冠者　⇩源範頼《みなもとののりよし》

かまくらかげまさ　鎌倉景政　生没年不詳　平安時代後期の武将。桓武平氏。高望王の子平良文の曾孫景成の子。景正とも書く。通称権五郎。父景成が相模国鎌倉を領有して、鎌倉氏を称す。十六歳の時、源義家に属し、後三年の役に従軍し、その剛勇をうたわれた。合戦の際、清原武衡の部下鳥海弥三郎に右眼を射られ、その矢が兜に達するほどであったが、直ちに弥三郎を追って殺し、陣に帰ってその矢を抜こうとした。同じ相模武士三浦為次がそれを助けて、わらじのままで景政の額に足をかけ、矢を抜こうとすると、生きながら顔を踏まれるのは、もっとも恥辱であるとして、景政は刀を抜いて為次を刺そうとした。為次はその剛胆に驚き、膝をかがめ、その膝で顔をおさえて矢を抜いた。見聞した人々は、その勇敢に驚歎したという。

参考文献 『大日本史料』三ノ一、寛治元年十二月二十六日条、『奥州後三年記』

(安田　元久)

かまたまさきよ　鎌田正清　一一二三—六〇　平安時代後期の武士。政家ともいう。通称二郎。左兵衛尉。源氏の家人。相模国住人鎌田権守通清の子。保安四年(一一二三)に生まれる。源義朝に仕え、保元の乱には、白河殿に源為朝と戦い、平治の乱には、義朝の子義平に従って、待賢門を守り、平重盛の軍と戦い、これを退けた。しかし義朝方は敗北し、正清は義朝をいさめて東国に下り、尾張知多郡野間(愛知県知多郡美浜町)にある、妻の父長田荘司忠致を頼って、再挙を図ろうとしたが、永暦元年(一一六〇)正月忠致の計に陥り、義朝は浴室で殺され、正清も忠致の子景致に殺された。三十八歳。正清の妻は悲しんで正清の刀で自害した。正清の長男藤太盛政は、一谷に戦死し、次男藤次光政は、源義経の四天王といわれ、屋島に戦死した。『吾妻鏡』によれば、正清の女は、源頼朝に厚遇され、尾張篠木荘・丹波田名部荘地頭職を与えられたという(建久五年(一一九四)十月二十五日条)。また頼朝は正清の菩提を弔い(治承四年(一一八〇)八月十八日条)、さらに義朝の首とともに、正清の首を鎌倉南御堂の地に葬ったことがみえる(文治元年(一一八五)九月三日条)。

参考文献 『保元物語』(『日本古典文学大系』三一)、

『平治物語』(同)　　（安田　元久）

かみいずみのぶつな　上泉信綱　?―一五七三　戦国時代の剣術家、軍敗(軍配)家。上野国勢太郡上泉の人。諱は秀綱、のち信綱。伊勢守、のち武蔵守と称した。父は上泉秀継と伝わる。上泉氏は同地の豪族大胡《おおご》氏の一族で大胡氏をも称した。上野国箕輪城主長野信濃守業政に属し武功多く、上野国一本槍といわれたという。早くから軍敗を小笠原氏隆に学んで奥を極め、また影流の刀槍を愛洲移香の子宗通に学び、その他諸流の粋を採って新影流兵法を開いた。永禄九年(一五六六)武田信玄の攻略により箕輪城が落ちると、間もなく京畿に上り、大和では宝蔵院の胤栄や柳生宗厳に技を伝え、その他諸国を巡ったと思われるが、永禄十二年正月から元亀二年(一五七一)七月までは多く京都を本拠とし、大和その他四辺に及んでいたらしく、動静の一端が折々山科言継の日記『言継卿記』に出て来る。たとえば永禄十三年五月二十三日に言継が信綱から軍敗の術を学び伝書を写したとあるほか、信綱は公家衆によく軍敗の伝授をし、また剣術も評判となり各所で演じている。天覧にも供したといわれる。かくて元亀元年六月二十七日従四位下に叙せられた(『後鑑』)。その後『言継卿記』元亀二年七月二十一日条によれば信綱が言継を訪ね、上野国へ帰る由を述べ、下野国結城氏宛の紹介状を貰っている。その状には「公方以下悉兵法軍敗被㆓相伝㆒」と書かれている。信綱の没年には諸説があるが、山科言継編『歴名土代』によって天正元年(一五七三)と認められる。

上泉信綱花押

参考文献　『甲陽軍鑑』、槇島昭武『関八州古戦録』(『(改定)史籍集覧』五)、日夏繁高『本朝武芸小伝』六(『武術叢書』)　　（島田　貞一）

かみつけののかたな　上毛野形名　生没年不詳　蝦夷征伐の将軍。大仁の冠位をもち、方名とも書く。舒明天皇九年(六三七)、蝦夷がそむいたので征伐にむかったが、逆に敗れて苦境におちいった。そのとき形名の妻は、汝の祖先は海外の国を平げ威武を示した、ここで祖先の名を汚すことはできないとして、強いて夫に酒を飲ませ、みずから夫の剣をはき十の弓を張り、数十の女に命じ弦を鳴らさせた。夫も奮起して進撃し、蝦夷を大いに破ったという(『日本書紀』)。

参考文献　志田諄一『古代氏族の性格と伝承』　　（志田　諄一）

かみつけののたかはせ　上毛野竹葉瀬　新羅に遣わされたという武将。『日本書紀』には仁徳天皇五十三年に新羅が朝貢しなかったので、上毛野君の祖竹葉瀬を遣わして理由を問わせようとした。ところが途中で白鹿を獲たので天皇に献上し、さらに日を改めて出発したとあり、田道の兄とある。『新撰姓氏録』には豊城入彦命五世の孫、多奇波世君とみえ、上毛野朝臣(田辺史系)・住吉朝臣・池原朝臣・桑原公・川合公・商長首など百済系帰化人と関係の深い氏族の祖ともされている。『弘仁私記』の序によると、田辺史・上毛野公・池原朝臣・住吉朝臣などは、仁徳天皇のときに百済から帰化した思須美・和徳の両人の子孫なのだが、彼らが日本の将軍として百済に渡った上野公竹合の子孫だと言上したので、天皇はあわれんで上毛野氏の一族に混入したのだ、と記されている。竹葉瀬は百済に使いして王仁を連れてきた荒田別の子になっているので、百済系帰化人の伝承にも語られたのであろう。

参考文献　志田諄一『古代氏族の性格と伝承』　　（志田　諄一）

かみつけののたみち　上毛野田道　新羅・蝦夷征討に活躍したという武将。『日本書紀』には仁徳天皇五十三年、兄の竹葉瀬《たかはせ》についで新羅征討に遣わされた田道が精騎を連ね、巧みな戦術で新羅軍を破り、四邑の人民をとらえて帰ったとある。また田道は荒田別の男で、百済国に遣わされ、止美邑の呉女をめとって止美連の祖の持君をもうけたという伝えもある(『新撰姓氏録』)。仁徳天皇五十五年に蝦夷がそむいたので、征伐にむかったが敗れ、伊《い》寺水門《じのみなと》で死んだ。田道の妻は遺品の手まきの玉を抱き、首をくくって死んだので時の人は悲しんだ。のちに蝦夷がまた襲ってきて、田道の墓を掘ったところ、大蛇が現われて蝦夷を食い殺したという(『日本書紀』)。

参考文献　志田諄一『古代氏族の性格と伝承』、三品彰英「荒田別・田道の伝承」(『朝鮮学報』三一)　　（志田　諄一）

かみつみちのひたつ　上道斐太都　?―七六七　奈良時代の官人、備前国造。のちに名を正道と改む。上道氏は吉備氏の有力な一支流で備前国上道郡を本貫とする地方豪族。おそらく郡司譜第の子弟として兵衛・舎人コースを経て中央に出身。天平宝字元年(七五七)七月、橘奈良麻呂の謀叛を藤原仲麻呂(恵美押勝)に密告し、功により中衛舎人従八位上から従四位下中衛少将に昇叙され、朝臣姓を賜わり、功田(上功)二十町を賜わる。以後も押勝に重用され右勇士率に任じ、同六年八月には恵美訓儒麻呂らとともに中宮院(淳仁帝の御座所)に侍して勅旨を宣伝、翌年正月に中宮大夫となる。天平宝字元年に吉備国造(『続日本紀』卒伝は備前国造とする)に任じ、以後美濃・備前・播磨・備後の国守を歴任し、地方豪族出自の官人が国司兼国造という特異な初例となる。宮内大輔にも任じられた(卒伝)。同八年の恵美押勝の乱における向背は不詳だが、翌天平神護元年(七六五)八月の和気王謀叛に連座した粟田道麻呂が飛驒員外介に貶されたとき、かねて道麻呂に怨みを抱いていた(事情不詳)正道は飛驒守として道麻呂夫妻を幽閉して死に至らしめた。神護景雲元年(七六七)九月備前国造従四位下で没。子孫は貴族として中央に活躍する者なく、上道氏は以後も主として備前の豪族として続いた。

参考文献　平野邦雄『和気清麻呂』(『人物叢書』一二二)、岸俊男『藤原仲麻呂』(同一五三)、藤井駿『吉備地方史の研究』、横田健一「上代地方豪族の存在形態の一考察」(『白鳳天平の世界』所収)、笹山晴生「中衛府の研究」(『古代学』六ノ三)、岩本次郎「古代吉備氏に関する一考察」(『ヒストリア』二六)、石井英雄「上代地方豪族吉備氏に関する一考察」(『白山史学』六・七合併号)　(石井　英雄)

かみやかずえ　神谷主計　生没年不詳　戦国時代の筑前博多の貿易商。永富の子、宗湛四世の祖。天文八年(一五三九)遣明船一号船の船頭。一号船は正副使が乗り本船とも呼ばれ、その船頭は総船頭ともなる。この遣明船は三隻みな大内氏の経営、正使は博多新篁院の湖心碩鼎。一・二号船に博多商人が多く乗ったが、船頭はみな有力な貿易商である。天文七年七月から翌年三月まで順風を待ち博多滞留中、主計の子や婿が、しばしば副使策彦周良を訪れたこと、また養子太郎左衛門が主計と同行渡航したことが『策彦和尚初渡集』にみえる。明嘉靖十九年(一五四〇)十月寧波《ニンポー》の正使碩鼎の宿房で、永富の三十三年忌供養を営んでいるので、永富は永正五年(一五〇八)没したことになり、この点からみると主計は当時五十歳ほどであろうか。

参考文献　牧田諦亮編『策彦入明記の研究』、小葉田淳『中世日支通交貿易史の研究』　(小葉田　淳)

かみやじゅてい　神谷寿禎　生没年不詳　戦国時代の筑前博多の貿易商、鉱業家。神谷氏の系譜に、主計の子寿禎、寿禎の子宗浙、宗浙の孫を宗湛とする。主計は天文八年(一五三九)遣明船の総船頭で、副使策彦周良の『策彦和尚初渡集』によれば、天文七年七月から翌年三月まで順風を待ち周良が博多の竜華院に逗留中、神屋(谷)加斗・彦八郎さらに主計の子次郎太郎・婿孫八郎とともに寿禎が、しばしば周良を訪れ贈物などしている。寿禎は神谷の一族で貿易商であることは確かだが、『策彦和尚初渡集』の筆致からは主計の子となすのは疑わしい。寿禎は石見国銀峯山(石見銀山)に登って銀鉱を発見し、大永六年(一五二六)以来採鉱に従事したという。天文二年博多から吹工二人を伴いきて銀を製錬し、これが銀山での銀吹のはじめと伝える。これは新製錬法の実施を示すもので、銀鉱に鉛または鉛鉱を合わせ吹き熔かし含銀鉛を取り出し(荒吹という)、含銀鉛から灰吹法によって灰吹銀を析出するのである。近世の日本の貴金属鉱山では例外なく金銀の製錬に鉛を媒剤とする、この製錬法が用いられて明治に及んだ。この法は中国で行われていたが、おそらく直接には朝鮮から伝えられたもので、博多商人の朝鮮貿易によるものであろう。日本鉱業史上に画期的意義を持つものであり、石見銀山が近世の鉱山開発の先駆的地位を占めるゆえんの一つは、この銀製錬法が最初にここで実施された点にある。

参考文献　小葉田淳『中世日支通交貿易史の研究』、同『日本鉱山史の研究』　(小葉田　淳)

かみやそうたん　神屋宗湛　一五五三―一六三五　安土桃山・江戸時代前期の筑前博多の豪商、茶人。通称善四郎、字は貞清、剃髪して置安斎惟精、宗湛と号した。神谷と書かれることや、宗旦・宗舟と書かれることもある。天文二十二年(一五五三)正月元日生まれといい、紹策の子、神屋氏の祖永富から数えて六代目にあたる。父の代から博多の戦禍を避けて唐津に住んでいたが、天正十四年(一五八六)上洛し、同年十二月三日に大徳寺の古渓宗陳について得度した。翌十五年の正月には豊臣秀吉の大坂城の大茶湯に招かれ「筑紫ノ坊主」とよばれて殊遇を受けた。その後豊臣秀長・石田三成・千利休らをはじめ堺の商人と交わり肥前唐津に帰った。同年四月、島津征伐で九州に下った秀吉を薩摩の出水に見舞い、同六月には帰途の秀吉を博多に迎え、嶋井宗室とともに町衆の代表として博多の復興にあたり、表口十三間半の屋敷を許され、以後特権として町役を免ぜられた。同年十月の北野大茶湯に上洛し、遅参したけれども、秀吉からは「カワイヤ、ヲソク上リタルヨナ」といわれて特別の優遇を受け、ついで聚楽第や大坂城の茶会にも招かれた。帰国後、筑前の領主となった小早川隆景の名島築城を援けて、寵愛を受け、しばしばその茶席に列した。文禄元年(一五九二)文禄の役が始まると、博多は兵站の基地となり、宗室・宗湛らは兵糧確保の任を与えられた。宗湛は肥前

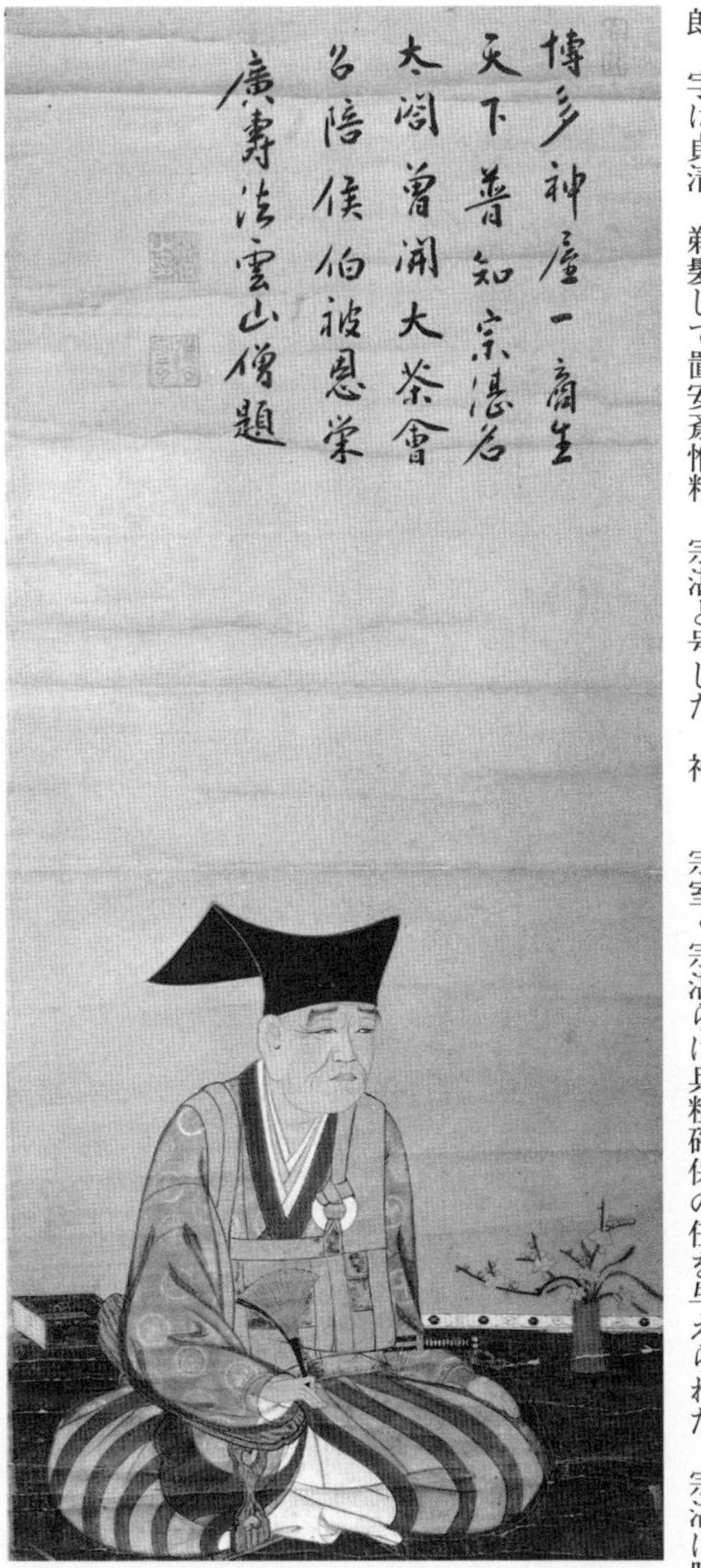

神屋宗湛画像

名護屋城の秀吉本営の黄金の茶室の茶会に列し、秀吉は同年十月したしく博多の宗湛の屋敷を訪ねて茶会を催し、また名護屋における商売を許した。同三年九月には小早川秀秋の結婚祝のため備後三原に赴き、翌四年九月には秀秋の筑前入部を迎えて奔走した。秀吉の死後関ヶ原の戦の功によって小早川秀秋が備前岡山に移ると、筑前は黒田長政の領するところとなった。宗湛は黒田孝高(如水)や長政を迎えて福岡築城に協力した。しかし、博多商人の勢威は江戸幕藩制支配の進行とともに衰え、天下の大商人として活躍した宗湛の地位は福岡藩における一御用商人に転落した。そして寛永元年(一六二四)には家蔵の名器博多文琳《ぶんりん》の茶入を藩主黒田忠之により知行五百石・金二千両を代償として強圧的に召し上げられてしまった。なお、宗湛は父祖の業を受けて鉱山業(石見銀山)を行なったといわれ、ほかにも種々の事業に手を出したらしく、博多産業の始祖を宗湛に擬する伝説はきわめて多い。特に蠟燭の原料の櫨を海外から移植して九州一円にひろめたという話は有名である。茶会記に『神屋宗湛日記』があり、全盛時代の行動が活写されている。寛永十二年十月二十八日自宅にて死去。八十三歳。墓は福岡市妙楽寺にある。→嶋井宗室《しまいそうしつ》

参考文献　江島茂逸・大熊浅次郎編『(商人亀鑑)博多三傑伝』、物上敬『日本商人伝』上、田中健夫『島井宗室』(『人物叢書』六三)、井伏鱒二『神屋宗湛の残した日記』、肥後和男「神谷宗湛」(創元社『茶道全集』五所収)
(田中　健夫)

かめぎく　亀菊　生没年不詳　後鳥羽上皇の寵姫。伊賀局。出家して法名帰本。もと舞女(白拍子)。寵により上皇より摂津国長江・倉橋両荘領家職を与えられた。承久元年(一二一九)上皇はこの両荘地頭職の罷免を幕府に要求したが拒絶され、怒って倒幕の意を固くし、承久の乱の一原因となったとする説が古くよりみられる。乱後の上皇の隠岐配流に際しては、亀菊もそれに従い、延応元年(一二三九)上皇の死までその側近に仕えた。

参考文献　三浦周行『鎌倉時代史』(『日本時代史』五)、竜粛「鎌倉幕府の政治」(『鎌倉時代』上所収)
(田中　稔)

かめやまてんのう　亀山天皇　一二四九―一三〇五　一二五九―七四在位。建長元年(一二四九)五月二十七日誕生。父は後嵯峨上皇、母は西園寺実氏の女の大宮院姞子。諱は恒仁。正嘉二年(一二五八)八月、兄後深草天皇の東宮にたつ、時に十歳。正元元年(一二五九)八月二十八日、十一歳で元服。同年十一月二十六日、父母のはからいで践祚、同十二月二十八日、即位。皇子世仁親王も文永五年(一二六八)二歳で東宮となる。同十一年正月二十六日、にわかに東宮(後宇多天皇)に譲位。天皇は性闊達英明で父母の寵愛深く、文永九年二月、後嵯峨法皇崩御後、天皇が「治天の君」とされたのも、大宮院が幕府に対して、後嵯峨の素意が亀山にあったと証言したことがきめてとなったのである。これが後の皇位継承をめぐる大覚寺・持明院両統対立の発端となる。親政開始後の天皇は、制符の制定、雑訴沙汰の改革、徳政興行にとりくむ。譲位後も上皇として政務をみ、評定衆以下の結番制、評定機関の分化と定日の設定のほか、『弘安礼節』も制定した。これらは「徳政興行」「厳密之沙汰」として好評であった。さらに自系の皇統の将来を配慮し、弘安六年(一二八三)に八条院領の相続、ついで室町院領半分の伝領に成功した。この亀山院政の背景には、皇位継承をめぐる持明院統への対抗意識、他方ではこの問題について、幕府より有利な解決を引きだそうとするねらいがある。また元寇の際には、身をもって国難に殉ぜんと伊勢神宮に祈願したといわれる。しかし同十年、後宇多天皇退位のあと、皇位は持明院統に移り、将軍には後深草上皇の皇子久明親王が迎えられた。亀山上皇は失意のあまり、正応二年(一二八九)九月、にわかに離宮禅林寺殿に出家、四十一歳。嘉元三年(一三〇五)九月十五日、離宮亀山殿で崩御、五十七歳。亀山殿法華堂に葬る。遺命により亀山院といい、禅林寺殿・文応皇帝ともいう。天皇は儒学を好み、弘安十年四月、院の評定所を聖堂にあてて講書を行なった。建治二年(一二七六)七月、藤原為氏に和歌の撰集を命じ(『続拾遺和歌集』)、また漢詩文を嗜み、管絃の秘曲も極めた。ために「文学紹隆」の時期と謳歌された。禅宗にも帰依し、東福寺円爾・普門を尊信、普門を請じて御願寺南禅寺の開山とす。かくて禅宗は公家社会に重んぜられるに至る。また浄土宗についても造詣あり、『極楽直道抄』の撰がある。

亀山天皇画像

参考文献　竜粛『鎌倉時代』下、八代国治「蒙古襲来に就ての研究」(『国史叢説』所収)、平泉澄「亀山上皇殉国の御祈願」(『我が歴史観』所収)
(飯田　久雄)

亀山陵《かめやまのみささぎ》　京都市右京区嵯峨天竜寺芒ノ馬場町(天竜寺域内庫裡北隣)にある。南面する宝形造の法華堂。嘉元三年(一三〇五)九月十七日夜亀山殿の後山にて火葬、御骨は遺言によって五箇の青瓷に納め、三箇は亀山殿封内の浄金剛院に、他の二箇は南禅寺と高野山金剛峯寺に納めた(『文応皇帝外記』)。前者はのちに法華堂を造って納め、天皇の本陵とした。中世には荒廃して所在を失ったが、幕末にその故址は天竜寺方丈の北、塔頭雲居庵の西にあたると考証し、当地を陵所と定めて修理し、慶応元年(一八六五)五月に竣功した。東側に同形の後嵯峨天皇

陵が並んでいる。亀山天皇はかつて本願寺を庇護し勅願寺にしたという寺伝により、修陵の際、東本願寺が報恩のために、当陵と相並ぶ後嵯峨天皇陵との修理費を献じた。修陵のころ両陵を浄金剛院法華堂と称したが、のち亀山天皇陵を亀山殿法華堂と改め、さらに明治三十九年(一九〇六)に現陵名とした。分骨所は京都市左京区南禅寺福地町南禅寺内にあり、西面する宝形造の法華堂で、幕末修理の際に西本願寺がその費用を献じている。また、のちに後宇多天皇の遺言によって同天皇の蓮華峰寺陵(五輪塔)にも分骨された。高野山に納められたものは不明である。火葬塚は、後嵯峨・後伏見両天皇と同所であって、京都市右京区嵯峨亀ノ尾町亀山公園内にある。

(中村　一郎)

参考文献　上野竹次郎『山陵』下

がもううじさと　蒲生氏郷　一五五六―九五　安土桃山時代の武将。会津若松城主。利休七哲の一人。幼名鶴千代、忠三郎、賦秀《やすひで》、洗礼名レオン。弘治二年(一五五六)近江国蒲生郡日野(中野)城主で六角氏の重臣賢秀の第一子として生まれる。永禄十一年(一五六八)織田信長に降った賢秀の人質として岐阜に赴く。ついで同地で元服し忠三郎賦秀と名乗った。翌十二年信長に従って伊勢に戦い、同年の冬、信長の女を娶り日野に帰城。元亀元年(一五七〇)信長の朝倉攻めに従軍し、戦後五月十五日父と連名で加増を受けた。以後、天正元年(一五七三)近江鯰江合戦、越前朝倉攻め、近江小谷城攻め、同二年長島の合戦、同三年長篠の戦、同六年摂津伊丹城攻め、同九年伊賀国攻略、同十年信州攻略などに参加した。本能寺の変の時は日野に在城中で、安土から信長の家族を引きとり、父とともに籠城のかまえを見せた。同年十二月二十九日日野町の掟を定めた。翌十一年羽柴秀吉と結び、滝川一益の占領する伊勢国亀山・峯城を攻め、戦後その功により亀山城を与えられた。この年飛驒守に任じた。翌十二年小牧・長久手の戦に参陣するとともに、その前後には伊勢で織田信雄の勢力と戦い、その間南伊勢で十二万石を充行われ、松ヶ島城に移る。同十三年紀州攻め、越中佐々攻めに従軍。この年諱を氏郷と改め、また大坂で洗礼を受けてレオンと称した。同十四年十一月侍従となり松ヶ島侍従と称せられ、同十五年九州攻めに参陣し、豊前巌石城攻めに武名を表わし、七月羽柴姓を与えられる。同十六年正四位下左近衛少将となり、松坂城を築いてこれに移り、松坂少将と称せられる。同十八年小田原征伐に参加ののち、八月会津を中心に陸奥・越後十二郡四十二万石に転封し黒川城に居城。十月に起きた大崎・葛西一揆には平定のため出陣したが、伊達政宗謀叛説をめぐって一時秀吉の勘気を受けた。同十九年七月九戸の乱鎮定にも出動し、九月その功により陸奥・出羽七郡十八万五千石を加増された(文禄検地後九十二万石)。文禄

蒲生氏郷花押

蒲生氏郷画像

蒲生氏郷墓

元年(一五九二)上洛し、秀吉に従って肥前名護屋に赴き翌年帰国。同年若松城本丸完成。翌三年上洛し、同四年二月七日伏見の自邸で没。四十歳。毒殺説もあるが疑わしい。京都大徳寺に葬る。法号昌林院殿高岩忠公大禅定門。福島県会津若松市栄町の興徳寺にも墓がある。

参考文献 『蒲生氏郷記』、『氏郷記』、『松坂権輿雑集』、『近江蒲生郡志』、『近江日野町志』、『会津若松史』、今村義孝『蒲生氏郷』、桑田忠親『悲劇の数寄大名』(高柳光寿博士頌寿記念会編『戦乱と人物』所収)

(高木 昭作)

がもうかたひで 蒲生賢秀 一五三四―八四 戦国・安土桃山時代の武将。天文三年(一五三四)近江日野(中野)城主蒲生定秀の子として生まれる。左兵衛大夫を称す。近江守護佐々木(六角)義賢の臣(賢秀の賢はその偏諱か)で『六角氏式目』の連署者の一人である。永禄十一年(一五六八)織田信長に従い、元亀元年(一五七〇)五月子の忠三郎(氏郷)とともに本領安堵・新知充行朱印状を受ける。天正十年(一五八二)本能寺の変に際し日野城に籠り明智光秀の勧誘を斥けた。同十二年四月十七日、日野城で没。五十一歳。法号天英恵林大徳。墓は福島県会津若松市門田町の恵倫寺にある。

参考文献 『大日本史料』一一ノ七、天正十二年四月十七日条、『近江日野町志』上

(高木 昭作)

蒲生賢秀花押

蒲生賢秀像

かものただゆき 賀茂忠行 生没年不詳 平安時代中期(朱雀・村上両天皇ごろ)の陰陽家。父は江人。その子に陰陽家の賀茂保憲、漢詩文家の慶滋《よししげ》保胤らがいた。天慶三年(九四〇)ごろ近江掾、また『尊卑分脈』に丹波権介とみえる。従五位下。平将門の乱のとき、藤原師輔に白衣観音法を修すべきことをすすめ、藤原純友の乱にも、白衣観音法を行うべきことを奏上した。天徳三年(九五九)、勅を奉じて箱の中の念珠を言い当てたりした。『今昔物語集』には、彼は陰陽道に精通し、当時肩を並ぶものなし、と述べて、陰陽家としての彼の効験を示す説話をいくつか挙げている。子の保憲を伴って祓殿に赴いたとき、十歳ほどの保憲は鬼神を目撃した。これに感嘆した忠行は、陰陽道の奥義を余すところなく保憲に授けた、といい、また、術法を以て鬼難を避けた話、法師の怪の吉凶を占って、法師の難を免れしめた、という話などを載せている。また天暦六年(九五二)、保憲が所帯の栄爵を忠行に譲らんとしたことも知られる。

参考文献 『大日本史料』一ノ一〇、天徳三年二月七日条

(林 幹弥)

かものちょうめい 鴨長明 一一五五―一二一六 鎌倉時代前期の歌人、評論家。久寿二年(一一五五)に生まれる。名は「ながあきら」であるが、出家したためもあって、「ちょうめい」と音読されている。通称菊大夫、法号蓮胤。生年については、久安四年(一一四八)・仁平二年(一一五二)・同三年・久寿元年などの異説があり、没年についても建保元年(一二一三)説がある。鴨(賀茂)氏は代々賀茂神社の神官で、父長継も若くして下鴨神社の正禰宜となっている。家は裕福で、少年時代の長明は和歌や琵琶の修練につとめ、恵まれた日々を過ごしたらしい。十八、九歳のころ父に死なれたが、父のあとを継いで神官として身を立てることができず、父方の祖母の家を継ぎその資産を受けることになっていたのも実現せず、次第に貧しくなり、社司の付合いからも遠ざかった。ただ、和歌の師源俊恵に愛され、その指導で歌人として認められるようになっていった。二十七歳で『鴨長明家集』を編み、三十二歳では伊勢旅行の詠草をまとめ『伊勢記』を著わした。『千載和歌集』に入集して感激したのは三十三歳のことである。その後「若宮八幡歌合」(三十七歳)などにも出て歌人としての地歩を固め、四十六歳から四十九歳にかけての四年間は、各種の宮廷の歌会や歌合にたびたび出席、建仁元年(一二〇一)四十七歳には、後鳥羽院によって再興された和歌所の寄人に加えられている。九条良経・土御門通親・慈円・藤原俊成・藤原定家らの主要な寄人に較べると、歌壇的な地位は低かったが、院の信任は厚かった。元久元年(一二〇四)賀茂の河合社の禰宜の地位があき、長明を補任しようとする後鳥羽院の内意も、下鴨の惣官鴨祐兼の、神慮にことよせた反対のために実現しなかった。院は、わざわざ氏社を官社に昇格させ、その禰宜に長明を任じようとまでいわれたのに、彼はあながちに辞して和歌所を去り、出家して大原の奥に隠棲してしまった。時に五十歳。ここに隠者として五

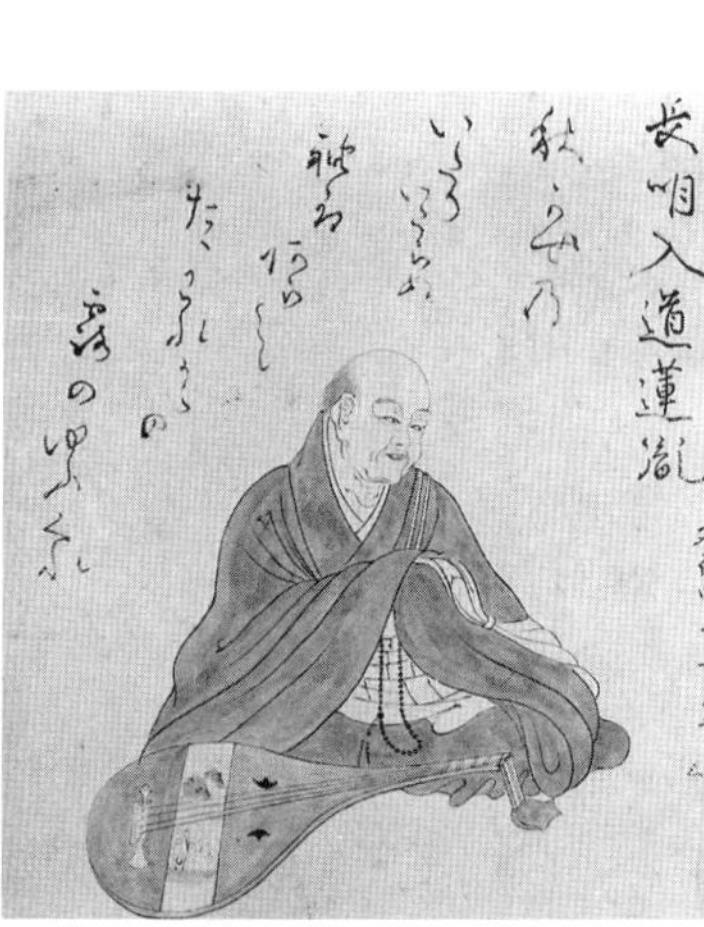
鴨長明画像(栗原信充『肖像集』)

年暮らしたが、その間元久二年には『新古今和歌集』が奏覧され、長明の歌も十首採られている。また、建暦元年(一二一一)五十七歳の秋には、飛鳥井雅経の推薦で鎌倉に下向し、源実朝に謁した。彼が大原を出て、日野の外山に移り方丈の庵を結んだのは、その数年前の承元二年(一二〇八)のころとみられるが、そこでの生活と信条は、建暦二年(一二一二)に述作した『方丈記』に簡明的確に述べられている。彼はこの一篇によって、清少納言や兼好と並んで、古典文学の中でもっともすぐれた評論家として高く評価されるようになった。評論家としての資質は、このころに著わした歌論書の『無名抄』にも現われている。さらに、建保二、三年のころ、『発心集』を編んだ。現存の『発心集』には、後人の増補した部分も含まれているが、発心や往生をめぐる感銘の深い仏教説話と、それらに付加されている評論や感想からも、長明の晩年の思想や信仰を読みとることができる。翌建保四年閏六月没。六十二歳。薄幸の生涯ではあったが、その著作は長く愛読されて今日に至っている。『鴨長明全集』全二巻がある。

参考文献　『大日本史料』四ノ一二、建保元年十月十三日条、簗瀬一雄『鴨長明の新研究』、同『方丈記全注釈』解説、細野哲雄『方丈記』解説(『日本古典全書』)、三木紀人『方丈記・発心集』解説(『新潮日本古典集成』)

(西尾　光一)

かものみつよし　賀茂光栄　九三九—一〇一五　平安時代中期の陰陽家。天慶二年(九三九)生まれる。父は賀茂保憲。権暦博士・従五位下・暦博士・大炊権頭・正五位下・播磨権介・大炊頭を経て、従四位上右京権大夫をもって、長和四年(一〇一五)六月七日に没した。七十七歳。天文・暦数を掌る父保憲は、天文道を弟子安倍晴明に、暦道を光栄に伝えた。これ以後、両道は分かれたという。陰陽師として、晴明と並び称され、また、造暦宣旨を蒙った。長保二年(一〇〇〇)一条天皇は勅命を下して、彼の弟賀茂光国に暦道を伝えさせんとしたが、光栄は、暦道は自身の子に伝授すべきことを述べて、この勅命を辞退した。ただし、光国については、陰陽助または天文博士に欠員があったときには、これに任命せられたい、と申請している。朝廷・公家の行事につき、日時を勘申したり、祓を修したりしたことは、枚挙にいとまがない。そのほか、辺幅を飾らぬことも、当時聞えていた。

参考文献　『大日本史料』二ノ九、長和四年六月七日条

(林　幹弥)

かものやすのり　賀茂保憲　九一七—七七　平安時代中期の陰陽家。延喜十七年(九一七)生まれる。父は賀茂忠行。暦生・暦博士・陰陽頭・天文博士・主計頭・穀倉院別当などを歴任し、従四位下を以て、貞元二年(九七七)二月二十二日に没した。六十一歳。父忠行から、陰陽道の奥義を余すところなく伝えられ、その第一人者となった。天文・暦数のことを掌り、暦道を子の賀茂光栄に、天文道を弟子の安倍晴明に伝えた。入唐僧日延に依頼して、『新修暦経』を求めるなど、中国の新知識の輸入にも意を用いた。『暦林』『保憲抄』などの著書があり、彼の自筆の勘文案が、藤原実資の家に保管されていたことが知られる。これらの事績が見られることから、保憲は当代の陰陽道の規範となすべきもの、ともいわれた。そのほか、神護寺で三方五帝祭を行なったり、五竜祭を修して雨を祈り、八省院で属星祭を修し、難波浦で海若祭を行うなど、陰陽道に関する祭祀の記事がみえ、革命の勘申、行幸などの日時の決定、各種の占いなど、公私にわたる陰陽家としての彼の活躍は、枚挙にいとまのない有様である。その女は歌人として名を得、その家集に『賀茂保憲女集』がある。彼の孫は、比丘尼縁妙といわれ、藤原教通の侍女となったが、のち発心して落飾し、都鄙を遊行して、諸人に仏事をすすめ、八十余歳で没した。その臨終にあたって、多くの瑞相が現われたので、往生疑いなし、と『続本朝往生伝』にみえている。

参考文献　『大日本史料』一ノ一六、貞元二年二月二十二日条

(林　幹弥)

かものよしひさ　賀茂能久　一一七一—一二二三　鎌倉時代前期の上賀茂社神主。承安元年(一一七一)生まる。父上賀茂社神主賀茂資保。建仁二年(一二〇二)六月権禰宜、建保二年(一二一四)九月神主職となる。後鳥羽上皇の近臣の一人で、承久の乱に際しては、下鴨社禰宜鴨祐綱とともに上皇方に参じ、承久三年(一二二一)六月十四日宇治の渡を守って幕府軍と戦った。このため同年七月二十七日、祐綱とともに六波羅に捕えられ、九月十日鎮西大宰府に配流されることになった。翌々年の貞応二年(一二二三)六月十日、大宰府の配所で没した。五十三歳。世に筑紫神主と称された。大力の持主としての説話が『古今著聞集』にみえる。上皇は武芸を好んでおり、能久がその側近に仕えたのも一つにはその武勇によるところがあろう。その子氏久は後鳥羽上皇の落胤との所伝もあるほどで、その関係の密接であったことがうかがい知られる。なお氏久は賀茂神主となり、歌人としても著名である。

参考文献　『大日本史料』五ノ二、貞応二年六月十日条、山田新一郎「賀茂能久小伝」(『神社協会雑誌』三六ノ一)、小川寿一「賀茂県主能久の研究」(『歴史と国文学』二〇ノ一—五)

(田中　稔)

かやしんのう　賀陽親王　七九四—八七一　桓武天皇の第七皇子。母は多治比真人長野の女の真宗。葛原親王の同母弟。延暦十三年(七九四)生まれる。弘仁十二年(八二一)正月四品に叙せられ、同十三年十月刑部卿、翌年十一月治部卿となった。天長三年(八二六)七月中務卿となり、同十年三月三品に進んだ。承和七年(八四〇)正月大宰帥、嘉祥元年(八四八)二月治部卿となった。同年七月二十九日、雷電が木工寮倉・東市司楼などとともに親王の家屋を震動させるという異常に見舞われた。同三年五月弾正尹となり、斉衡二年(八五五)正月二品に進んだ。

同年三月、第一子道野王を失った。天安二年(八五八)八月帯剣を賜わり、貞観二年(八六〇)正月常陸太守、二月に治部卿となった。同年四月東大寺の供養大仏会事を勾当し、翌年三月東大寺無遮大会に際し、大仏供養の会事を監修した。同五年正月、上表して致仕を願ったが許されなかった。貞観八年正月第六子利基王を失い、翌年正月上野太守となり、同十三年正月治部卿のまま大宰帥を兼ねた。同年二月、上表して治部卿を辞任することを請願した。同年十月八日没。七十八歳。『今昔物語集』によると親王は「極タル物ノ上手ノ細工ニナム有ケル」といわれ、天下が旱魃した年に、親王が建立した京極寺の寺田に丈四尺の童子の左右の手に器を捧げて立っている人形を造り、人がその童子の持っている器に水を入れると、一杯になり次第、顔にそそぐようになっていたので、見る人が面白がって、その器に水を入れたため寺田には水が満ちて涸れないですんだという。なお『三代実録』元慶七年(八八三)二月二十一日条によると親王の家は山城国紀伊郡石原郷にもあったことがわかる。

(佐伯 有清)

かやのいん 高陽院 一〇九五—一一五五 鳥羽上皇の後宮。諱は泰子(初名勲子)。嘉保二年(一〇九五)誕生。父は関白藤原忠実、母は右大臣源顕房の女、師子。白河上皇の命により、鳥羽天皇の元服後いったん入内が内定したが、父忠実がそれを固辞したため中止された。ついで白河上皇が崩じ、鳥羽上皇の執政が始まって間もない長承二年(一一三三)六月、上皇の後宮に迎えられ、翌年三月准后宣下、勲子と命名、同月皇后に立ち、泰子と改名、正親町東洞院の土御門殿を居所とした。保延五年(一一三九)院号宣下あり、同七年出家、法名を清浄理と称した。久寿二年(一一五五)十二月十六日土御門殿に崩御。六十一歳。生前建立した白河の福勝院護摩堂に葬られた。女院は父忠実の寵愛をうけ、鳥羽院と父を結ぶきずなの役割を果たし、父から数十ヵ所にのぼる所領を与えられた。

(橋本 義彦)

かやのとよとし 賀陽豊年 七五一—八一五 平安時代初期の文人。天平勝宝三年(七五一)に生まれる。経史に精通し、かつ気節の人であった。石上宅嗣の芸亭院で群書を博究し、桓武朝に文章博士となり、延暦十六年(七九七)東宮学士を兼ねた。平城天皇に信任され、従四位下式部大輔となったが、藤原薬子に同調せず、平城上皇の平城旧京遷御に追従しなかった。薬子の変後退隠しようとしたが、嵯峨天皇はその才を惜しみ、播磨守に任じた。弘仁六年(八一五)六月二十七日没。六十五歳。正四位下を追贈された。『凌雲集』(十三首)などに詩がみえる。

参考文献 新村出「芸亭院と賀陽豊年」(『典籍叢談』所収)

(目崎 徳衛)

かようもんいんのえちぜん 嘉陽門院越前 生没年不詳 鎌倉時代の歌人。大中臣公親の女・伊勢女房・伊勢氏人の女ともいわれる。後鳥羽天皇第二皇女嘉陽門院礼子に仕える。和歌にすぐれ、後鳥羽院に召し出され、『正治二年(一二〇〇)院第二度百首』に出詠後、『千五百番歌合』をはじめ新古今歌壇で活躍、宝治元年(一二四七)九月『後嵯峨院歌合』、『現存六帖』に名がみえるので建長二年(一二五〇)までは生存。『新古今和歌集』初出、勅撰集入集総歌数二十五首。

参考文献 保坂都『大中臣家の歌人群』、田中阿里子『女房三十六歌仙の抒情』

(後藤 重郎)

からすまるとよみつ 烏丸豊光 一三七八—一四二九 室町時代前期の公卿。逆算すると永和四年(一三七八)の誕生で、烏丸従一位権大納言日野資康の子、嫡流大納言裏松重光の弟で、烏丸家の祖となる。官歴は『公卿補任』『尊卑分脈』によれば、侍従・蔵人頭・左大弁を経て応永十五年(一四〇八)三十一歳で参議に任ぜられ、十七年従三位に昇り、十八年正三位権中納言となり、左衛門督・検非違使別当を兼ねた。ついで十九年別当を辞し、二十年五月兄重光死去のあとをうけて後小松院の執権となる。その後二十一年別当に還補されたが翌年これを辞し、二十四年には院執権を、二十六年には左衛門督を辞し、二十七年正二位に昇り、三十年四月二十五日将軍足利義持に従って出家を遂げた。法名を祐通という。ときに四十六歳。永享元年(一四二九)二月十八日五十二歳で没し、乗林院殿と称した。寛正二年(一四六一)二月十八日内大臣従一位を贈られた。日野一族は室町将軍家と親近し、豊光が後小松院の執権になったのも将軍義持のはからいによる。

烏丸豊光花押

(臼井 信義)

からすまるみつやす 烏丸光康 一五一三—七九 戦国・安土桃山時代の公家。永正十年(一五一三)十月十三日権中納言烏丸冬光の男として誕生。母は鴨信祐の女。大永六年(一五二六)右少弁、天文四年(一五三五)蔵人頭、同六年参議・左大弁、同七年権中納言、同十五年権大納言となる。はじめ将軍足利義晴と親しく、大永七年には近江在陣中の義晴のもとに寄寓し、享禄四年(一五三一)にもともに近江・越前に赴き、天文四年には加級年限不足にもかかわらず、義晴の執奏により正四位下に叙せられた。この後天文十三年九月宸筆『般若心経』を奉納のため肥後阿蘇神社に下向し、また永禄二年(一五五九)には大坂本願寺に赴き、同九年十二月に至り帰洛した。同十一年従一位に叙せられたが、元亀三年(一五七二)これを返上、ついで天正三年(一五七五)権大納言を辞し、同七年四月二十七日六十七歳を以て没した。同日准大臣となり、従一位に復せらる。法名は後蓮光院了覚、三河国常光寺に葬る。

烏丸光康花押

参考文献 『烏丸家系譜』

(武部 敏夫)

かるのおうじ 軽皇子 ⇨孝徳天皇《こうとくてんのう》 ⇨文武天皇《もんむてんのう》

かわごえしげより　河越重頼　?―一一八五　平安・鎌倉時代前期の武将。通称太郎。父は河越能隆。桓武平氏の秩父氏の一族。治承四年(一一八〇)八月二十六日源頼朝が石橋山に敗れて逃れているとき、平氏方として石橋山で戦った畠山重忠に誘われて同族江戸重長とともに源氏方の三浦氏の本拠相模の衣笠《きぬがさ》城を攻めた。重忠は前々日鎌倉の由比ヶ浜で三浦氏と戦って郎従五十余人を討たれたことの仇討ちとして、秩父家の家督をついでいる重頼の一党の力を借りたのである。三浦一族も陣を張って迎え撃ったが、力疲れ矢尽きて城を捨てて逃れることになった。三浦義澄の父義明は八十歳を過ぎた老齢であり源家累代の家人として命を頼朝に捧げたいとしてひとりとどまり、一同を強いて退去させて命を捨てた。義澄以下はやむなく海路安房へ渡った。同年十月に頼朝が房総で兵力を集めて武蔵に着いた際、重頼は畠山重忠・江戸重長とともに頼朝の宿に参じて忠順を誓った。三浦義澄以下のかつて父を討たれた一族も同席していた。頼朝は、源家に弓を引いたものであっても有勢の輩の帰服を賞さなければ事はならないと前もって三浦一族に言い含めてあったので、相互に眼を合わせて座に並んだ。重頼の妻は頼朝の乳母比企尼の娘で、寿永元年(一一八二)八月頼朝の長子頼家誕生のときは乳付をつとめるほど信任された。源範頼・源義経の源(木曾)義仲討伐の折は、重頼も軍に従って行き、院の御所警備の役をつとめた。一谷の戦ののち、元暦元年(一一八四)九月には、頼朝の命によって娘を在京中の義経に嫁がせるため上洛させたが、この縁によって、義経が頼朝の怒りに触れて姿をくらませたのちの文治元年(一一八五)十一月重頼はその所領を没収された。『吾妻鏡』の記事にはこのとき誅死されたとは書いてはないが、同三年条に、かつて重頼は誅されたが特にその所領の一部が未亡人の尼に与えられたことが記されているので、おそらく同元年に誅されたのであろう。(渡辺　保)

かわしまのおうじ　川島皇子　六五七―九一　天智天皇の皇子。『懐風藻』には第二皇子とある。斉明天皇三年(六五七)に生まれる。母は忍海小竜《おしぬみのおたつ》の女色夫古娘《しこぶこのいらつめ》。天武天皇の皇女泊瀬部皇女を妻とした(『万葉集』一九四・一九五左注)。天武朝にあって天武天皇の諸皇子に伍して活躍し、天武天皇八年(六七九)には吉野での諸皇子の会盟に参加、同十年には、詔により忍壁皇子らと帝紀および上古諸事の記定にあたった。『懐風藻』の伝によると、温和で包容力のある人柄で、大津皇子と親交をもったが、朱鳥元年(六八六)の変にあたって皇子の謀逆を密告したため、朝廷はその忠正をよみしたものの、朋友はその才情を薄しとしたという。持統天皇五年(六九一)九月、浄大参位で没した。『万葉集』一九四・一九五の左注によれば、越智野(奈良県高市郡高取町越智)に葬られたという。『懐風藻』は年三十五とし、「山斎」と題する五言絶句の詩一首を載せる。また『万葉集』三四は、持統天皇四年紀伊国行幸のおりの作歌である。『新撰姓氏録』左京皇別には、春原朝臣・淡海朝臣二氏の祖としている。(笹山　晴生)

かわじりひでたか　河尻秀隆　一五二七―八二　戦国から安土桃山時代にかけての武将。織田信長の宿将。与兵衛、肥前守。系図では名を重遠・重吉(鎮吉)とも伝えている。大永七年(一五二七)美濃の河尻親重の子として生まれ、母は織田信敏の女という。はじめ織田大和守信武に仕えたが、のち織田信長の家臣となり、その命によって河尻重俊の家督を継いだ。そして永禄七年(一五六四)美濃加治田城に先登したのを手はじめに、手廻りの武将として活動、黒母衣衆に選ばれ、同十二年には美濃国加茂郡勝山城将、天正二年(一五七四)美濃高野城定番また伊勢長島の一向一揆攻撃に参加、翌三年十月美濃国恵那郡岩村城将となり、五万石を領して肥前守と称した。そして同八年近江安土城下に屋敷を与えられ、同十年春、織田信長が甲斐武田氏征服の軍をおこした時は、岩村口から侵入、滝川一益とともに軍目付として織田信忠に属し、織田軍将士の行動や敵情を詳しく信長に報告、またその指示を受けて監軍にあたった。戦後功績によって甲斐四郡と信濃諏訪一郡を与えられ、甲斐下山の穴山梅雪領分との入組みを整理して知行するように指示され、古府中

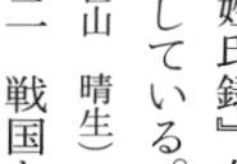

河尻秀隆印

河尻秀隆画像

(山梨県甲府市)の鍛冶曲輪に拠った。しかし同年六月二日信長が京都本能寺で斃れたため、新領土の土豪や武田遺臣が動揺し、一揆蜂起の動きがあったので警戒を厳重にし、情況視察のため徳川家康から派遣された本多信俊すら謀殺して身の安全を計ったものの、無事美濃に撤収することができず、一揆の攻撃を受けて六月十八日岩窪で戦死した。討手は武田遺臣の三井弥一郎であったという。五十六歳。法号長蔵寺殿洞水端雲。「貞享五歳(一六八八)戊辰四月日」付讃を有する画像が岐阜県加茂郡坂祝町長蔵寺に伝えられている。室は蜂屋定広女あるいは遠山友忠妹という。

参考文献 『大日本史料』一一ノ一、天正十年六月十八日条
(岩沢 愿彦)

かわひじり 皮聖 ⇩行円《ぎょうえん》

かわべのにへ 河辺瓊缶 生没年不詳 六世紀欽明朝の顕官。河(川)辺氏は臣姓。『日本書紀』欽明天皇二十三年条によると、大将軍紀男麻呂とともに瓊缶は副将として新羅征討に派遣された。彼は百済から任那へ進入しようとして居曾山《こそむれ》で一時新羅軍中に攻め入ったが、兵法を知らなかったため敵の術中に陥り、ために部下の不信をかい、捕虜とされたが、その妻坂本臣の女甘美媛《うましひめ》を敵将に与え、危うく一命を保ったという。
(日野 昭)

かんあみ 観阿弥 一三三三―八四 南北朝時代の能役者、能作者。大和猿楽観世座の創始者、その初代大夫。「かんなみ」ともいう。没年から逆算すると元弘三年(一三三三)の誕生で、父は山田猿楽美濃大夫の養子。三郎清次。法名観阿弥陀仏。略称が観阿・観阿弥。芸名観世。子息は世阿弥および四郎(音阿弥の父)の二人。兄にのちの宝生大夫と生一《しょういち》とがあった。山田猿楽出身の観阿弥は興福寺所属の大和猿楽結崎座に加入(時期は確定し難い)。演能活動によって世評を得るにいたり、自らの芸名に由来する観世の座を創始することになったらしい。大和・近江その他諸国の猿楽・田楽諸座のひしめく中から擡頭し始めた観世座は、応安五年(一三七二)ごろ、京都醍醐寺で七日間の猿楽能を興行、その地歩を固めた。さらに永和元年(一三七五)ごろ、今熊野での興行は、観阿弥の至芸とその子藤若(世阿弥)の可憐な舞台姿が、能を初めて見物した将軍義満の心をとらえ、これ以後その絶大な支援を得ることになって、観世座出世のために大きな転機となった。観阿弥は、当時の芸能界にあった人々の長所を学びとり、みずからの芸を練ると同時に、当時人気の高かった曲舞《くせまい》節を小歌節のみだった大和猿楽の音曲に取り入れ、新風の音曲を完成させた革新的な役者であった。同時に、能作者としてもすぐれ、民衆の良く知っている物語・伝承などを素材に、『金札』『江口』『松風』『求塚』『通小町』『卒都婆小町』『自然居士』など、演劇的要素の濃い内容を持った能(義理能)の台本を作った。これらは部分的に改作はされているが今日でも上演頻度の高い作品である。民衆の基盤に立脚して新風の猿楽能をおこし、都の目利たちの鑑賞にも耐えうる楽劇としての能を確立し、都鄙遠近を問わない幅広い支持者を得て、創立間もない観世座を能界の主流にまで育てあげた功績はきわめて大きい。また彼は、猿楽能にたずさわる役者養成のためにも意を用いており、役者の年齢的肉体的特性を確かに把握したうえでの稽古階梯を確立していたことは、長子世阿弥の伝書『風姿花伝』第一、年来稽古条々の論によって知られる。子息世阿弥とともに能楽大成の名誉を荷うものといえよう。至徳元年(一三八四)五月十九日、興行先の駿河国で死去。五十二歳。

参考文献 『世子六十以後申楽談儀』(『日本思想大系』二四)、能勢朝次『能楽源流考』、表章『大和猿楽史参究』
(片桐 登)

かんい 寛意 一〇五四―一一〇一 平安時代後期の真言宗の僧侶。観音院流(広沢六流の一つ)の祖。観音院僧都(大僧都)または宮僧都(大僧都)と号す。京都の人。三条天皇の孫二品式部卿敦貞親王の子。母は花山天皇の孫大弼宮の女。天喜二年(一〇五四)誕生。幼くして仁和寺性信入道親王(大御室)の室に入り、承暦元年(一〇七七)二月仁和寺北院にて灌頂を受け、広沢の法流を嗣ぐ。永保元年(一〇八一)三月仁和寺宮の譲により法眼。応徳元年(一〇八四)護持僧。同年大御室は高野山壇上に灌頂院の建立を発願し、寛意はこれを監護。同二年九月大御室の遷化にあったが、同三年九月落慶供養を修し、師の素願により結縁灌頂を始行。同十一月権少僧都、円宗寺別当に補任された。寛治二年(一〇八八)二月白河上皇の高野山御参詣に長者定賢らと供奉。仰せによって御影堂の扉を開いたという。同三年十二月義範の替りに東寺三長者。同四年八月院御所にて孔雀経法を修し、その賞として同九月権大僧都、二長者。同五年二月白河上皇再度の高野御幸に供奉。同三月大炊殿にて、同十月には右近衛中将藤原仲実の第にて孔雀経法を修した。同十一月所労のため職を辞したが、同十二月還任。同六年三月観音院にて覚念(覚行法親王、中御室)に灌頂を授け、同年末再び職を辞し、高野山往生院谷に隠棲、遍照光院の中興となる。嘉保二年(一〇九五)二月に『大毗盧遮那経疏』、同四月に『金剛童子儀軌』の伝授を受けるなど、常に広沢法流の復古を図ったという。後世、彼の法流を観音院流と称す。康和三年(一一〇一)六月十五日(一説に十六日)高野山遍照光院に示寂。四十八歳。付法の弟子に覚行・兼意ら六人あり。

参考文献 『仁和寺諸院家記(心蓮院本)』(『仁和寺史料』寺誌編一)、『仁和寺諸院家記(恵山書写本)』(同)、『大日本史料』三ノ五、康和三年六月十六日条、『金剛峯寺諸院家折負輯』九・一〇(『続真言宗全書』三五)、『平安遺文』題跋編、和多昭夫「西南院蔵『寛治二年白河上皇高野御幸記』」(『密教文化』五一・五二)
(武内 孝善)

かんいん 寛印 生没年不詳 願蓮房と称す。丹後国与佐郡の人、紀氏。平安時代中期の天台宗の僧、丹後先徳

寒巌義尹画像

とよばれた。延暦寺に入り、良源・源信に顕教を学んで、つとに学才を認められた。長徳元年（九九五）九月、源信が越前敦賀港に宋人朱仁聡と相会した時、寛印も伴って行き、学識を示して宋人を感嘆させた。寛弘のころには、しばしば宮廷・貴族の法会に列している。また、源信が叡山横川に弥陀浄土願求のために迎講を行なったのに対し、はじめこれを非難したが、やがてこれに帰依し、のち叡山を出て諸国を経歴して丹後に至った時、天橋立にこれを行じて、春秋二季の儀と定めた。また皇慶の請に応じて舎利講を行い、丹後の大乗寺を再興して、その中興とよばれ、土民に教えて漁猟を禁ずるなど、布教教化につくした。師源信の教義を伝えて一派をなし、その流派は滝禅院流とよばれている。著書に『嘱累義』一巻、『授菩薩戒自誓受略式』一巻があり、また、源信らとともに『台宗二百題』の研究につとめた。

参考文献 『大日本史料』二ノ一一、寛仁元年六月十日条、硲慈弘「慧檀両流の発生及び発達に関する研究」（『日本仏教の開展とその基調』下所収）

（多賀 宗隼）

かんがんぎいん 寒巌義尹 一二一七―一三〇〇 鎌倉時代の曹洞宗の僧侶。建保五年（一二一七）京都で生まれた。後鳥羽天皇の皇子、一説には順徳天皇の第三皇子という。母は藤原範季の女である。はじめ比叡山に登って天台学を修めた。ついで、越前波著寺の覚禅懐鑑について臨済宗大恵派の禅を学んでいたが、仁治二年（一二四一）春、覚禅らとともに深草興聖寺の道元のもとに入門した。そののち建長五年（一二五三）入宋して天童の如浄にまみえたが、道元の死を聞いたので、いったん帰国して、永平寺第二世の孤雲懐奘から菩薩戒を受けて、その弟子となった。やがて文永元年（一二六四）再び入宋し、如浄下で道元と同参であった無外義遠や、退耕徳寧・虚堂智愚らにまみえ、道元の語録を示してその序跋を求めた。その間、阿育王山や天台山に登った。文永四年帰国し、しばらく博多の聖福寺にいたが、のちに肥後に隠棲してしまった。おそらく徹通義介や義演らの永平寺相続権をめぐる三代相論の渦中に捲き込まれたくなかったからであろう。やがて肥後小保里の素妙尼の帰依をうけて宇土の如来寺を開き、ついで弘安六年（一二八三）源泰明の庇護をうけて緑川の川尻に大慈寺（熊本市野田町）を建てた。これよりさき建治二年（一二七六）五月、寒巌は緑川に橋を架けるため大渡橋幹縁疏を記して、ひろく喜捨を求め、難工事を成功させて民衆の福祉に貢献した。正安二年（一三〇〇）八月二十一日寂。年八十四。伝記に『寒岩禅師略伝』がある。弟子には大慈寺を継いだ斯道紹由や鉄山士安がいる。

（今枝 愛真）

かんき 観規 生没年不詳 奈良時代の僧、仏師。『日本霊異記』下三〇にみえ、紀伊国名草郡の人で、俗姓は三間名干岐。知恵のすぐれた学僧となり、日常には彫刻や細工をこととし、一方では農業を営み妻子を養った。同郡能応村の弥勒寺は先祖が造った寺で、観規は聖武朝に釈迦丈六像と脇士像の彫刻を発願し、宝亀十年（七七九）金堂に三尊を安置し、供養会を設けた。また、高さ十尺の十一面観音像をきざみ、未完のまま延暦元年癸亥二月十一日寺で没したが（元年は壬戌で二年が癸亥、年代か干支のどちらかが誤り）、二日後に蘇生し、知識（同信の人）で仏師の武蔵村主多利丸に完成を托し、涅槃《ねはん》の十五日に再び命を終り、観音像は多利丸によって完成・供養され、寺の塔に安置されたという。

（井上 薫）

がんき 顔輝 生没年不詳 元時代の画家。至正二十五年（一三六五）の序をもつ夏文彦の『図絵宝鑑』に「江山人、字秋月、善道釈人物、亦工画鬼、筆法奇絶、有八面生意」とあるのが顔輝についての最古の伝記であるが、『世界美術全集』年表（平凡社）には大徳六年（一三〇二）ごろに輔順宮の壁画を描くかと録しているのが唯一の推定年紀である。中国で無名であったのは、浙江省の奥地の江山に居たからであろうが、日本では永正八年（一五一一）の真相（相阿弥）の奥書がある『君台観左右帳記』（東北大学図書館本）に上部の上に録し、『節用集』とともに「がんひ」と仮名づけているから、多く伝顔輝作品が輸入されて室町時代絵画に影響を与えたにちがいな

い。日本にある唯一の遺作は吉山明兆も模写(東福寺蔵)している「蝦蟇《がま》・鉄拐《てつかい》図」双幅(知恩寺蔵、重要文化財)であって、すぐれた画家であったことがわかる。

(谷　信一)

かんきょう　観鏡　⇩証入《しょうにゅう》

がんぎょう　元暁　六一七―?　新羅の僧。同国湘州の人。姓は薛《せつ》氏。真平王三十九年(六一七)生まれる。二十九歳で同国皇竜寺に出家し、師に随って学業を稟け、諸方を廻って教義を研習したが、縦横の文筆を揮い他人を仮借なく論難したので万人の敵と称された。真徳王四年(六五〇)同門の義湘とともに入唐しようとし、海門(江蘇省)に至ったところ怪異に会ったのでついに国に帰った。帰国後は慶州芬皇寺・求礼皇竜寺(華厳寺)に住して経論を講説した。生来奔放不羈で酒肆娼家に入ることも意に介せず、かつて瑤石宮にとどまっていたとき公主を娠ませて薛聡を生んでいる。著作は『華厳経疏』『大乗起信論疏』『金剛三昧経論疏』などすこぶる多く、浄土教に関するものに『遊心安楽道』『阿弥陀経疏』『無量寿経宗要』『弥勒上生経宗要』が現存している。この中で『遊心安楽道』は古来浄土諸家の間に流行したが、その浄土観は唐の智儼《ちごん》の『華厳孔目章《けごんくもくしょう》』の影響を受けている。高麗晩年、芬皇寺で華厳疏を作成中に命終したという。高麗の粛宗六年(一一〇一)に大聖和静国師と諡された。『華厳縁起絵巻』は元暁および義湘の伝記を描いたものである。

参考文献　『宋高僧伝』四(『(大正新修)大蔵経』五〇)、『三国遺事』四、八保谷考保「新羅僧元暁伝攷」(『大正大学学報』三八)

(大野達之助)

がんぎょう　願暁　?―八七四　平安時代前期の元興寺三論宗の学僧。その法脈は智光・霊叡・薬宝に連なるものとする説と、道慈・慶俊・勤操に属するとする二説があるが、薬宝・勤操の両者からも三論を学ぶ一方、唯識法相や、真言宗にも造詣が深かった。承和十三年(八四六)八月の延暦寺定心院の落慶に東大寺泰景や興福寺明福・東寺実恵らとともに会衆となり、同十二年の維摩会の講師を勤め、貞観三年(八六一)三月の東大寺大仏御頭供養会に道昌・恵運らとともに宝樹一本を寄進し、同六年二月に新設された法橋上人位に補せられ、同十六年三月に没した。弟子には醍醐寺の開山聖宝や元興寺隆海が有名で、著書には、今日伝わっていないが、『因明論義骨』があったし、伝存するものに『大乗法門章』『内外万物縁起章』のほか、文章博士菅原是善の格調の高い序文を付した『金光明最勝王経玄枢』十巻があって、是善との関係を示唆するが、平安時代初期の三論・法相二宗の教理上の論争の成果を三論宗の立場より明示したもので、願暁の学識を示している。

参考文献　『三論祖師伝』(『大日本仏教全書』)、『東域伝燈目録』(同)、堀池春峰「金光明最勝王経玄枢」(『日本大蔵経』解題一所収)

(堀池　春峰)

かんくう　寛空　八八四―九七二　平安時代中期の真言宗僧。俗姓文室氏、左京の人、あるいは河内の人という。元慶八年(八八四)生。延喜十八年(九一八)大覚寺において宇多法皇より灌頂を受け、のち神日に随って重受。天慶八年(九四五)権律師、天暦二年(九四八)東寺二長者、同三年権少僧都・一長者となる。同四年金剛峯寺座主、同六年仁和寺別当、同十年法務を兼ね、天徳二年(九五八)大僧都、同四年権僧正、康保元年(九六四)僧正に転じた。この間、天徳四年九月九日蓮台寺を供養、天禄二年(九七一)長者・法務を辞退して蓮台寺僧正と称したが、さらに蓮台寺の堂舎をととのえて香隆寺と号し、村上天皇の御願とした。同三年閏二月六日、八十九歳をもって示寂。一生毅断の人であったと伝えられ(『三僧記類聚』)、法験については、仁海・寛信らの記が知られている。なお『御室相承記』などの伝に兵部卿敦固親王の息と

寛空自署

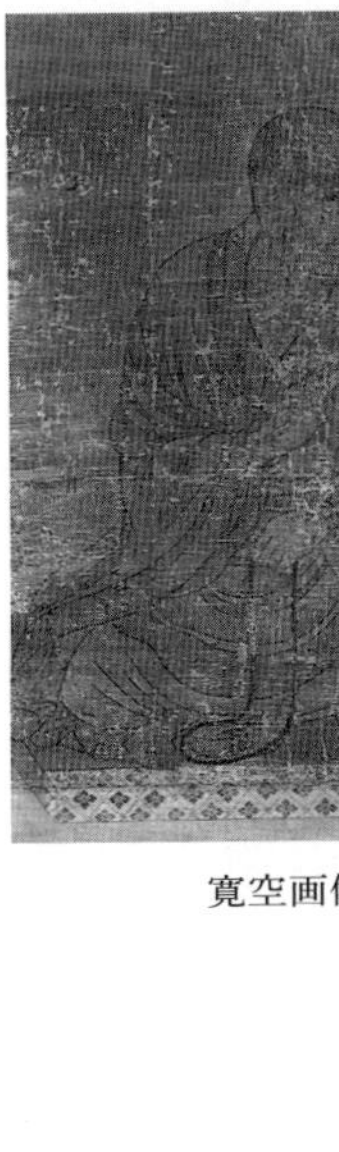

寛空画像

あるのは、寛忠を誤ったものであろう。

参考文献　『大日本史料』一ノ一三、天禄三年閏二月六日条、『仁和寺御伝』(『仁和寺史料』寺誌編二)

(川崎　庸之)

かんけい　寛慶　生没年不詳　南北朝時代に奈良で活動した仏師。遺作に暦応三年(一三四〇)の興福寺吉祥天倚像、文和四年(一三五五)完成の法隆寺上堂四天王像中持国・増長天像、貞治三年(一三六四)の三重万寿寺地蔵菩薩像があり(各銘による、いずれも重要文化財)、慶派末流の作風を伝える。法隆寺上堂像は『嘉元記』にその作者を、「奈良仏師椿井」と記しているので、応安以後に活躍を知られる椿井仏師は寛慶あたりに始まるかと思われる。この像製作時には法橋位にあり、万寿寺像では子息忍慶がその造立を助けている。

参考文献　奈良国立博物館編『室町時代仏像彫刻』

(水野敬三郎)

かんけん　寛建　生没年不詳　平安時代中期の興福寺の学僧。延長四年(九二六)五月に中国山西省の五台山巡礼を許され、旅費として黄金小百両と、当時有名な菅原道真・紀長谷雄・橘広相・都良香の詩集九巻を持参せんことを願い下賜されたほか、朝廷ではさらに名筆家として新風を開いた小野道風の行草書各一巻を、中国に流布せしめる意図で彼に托した(『扶桑略記』)。寛建の渡航は当時大宰府に来航していた中国の商船により、翌五年正月

に出航し福州に至ったが、その時に政府より許可をうけた人員は従僧三人・童子四人・近事二人の一行十人であった。一行の消息は、中国が五代十国の興亡をくりひろげていた時代であったために杳《よう》として伝えられなかったが、永観元年(九八三)に入宋した東大寺奝然《ちょうねん》が従僧の一人超会《ちょうえ》に洛陽で邂逅した時のことを『在唐記』に書き留めている。寛建一行は彼のほかに寛輔・澄覚・長安・超会の四僧すべて十一人で、師僧寛建は建州の浴室で悶死し、澄覚・寛輔は資化大師・弘順大師の号を賜わり、唯識や密教を弘めていたが、超会はすでに八十五歳の老僧で日本語は全く忘却していたという。従僧の一行も寛建と同じく中国で没したものと推定される。

参考文献 木宮泰彦『日華文化交流史』、西岡虎之助「奝然の入宋に就いて」(『歴史地理』四五ノ二・三)

(堀池　春峰)

かんげん　観賢　八五四―九二五　平安時代の真言宗僧。俗姓は伴氏とも秦氏ともいわれる。讃岐の人。斉衡元年(八五四)誕生。真雅の室に入り、貞観十四年(八七二)出家受戒。寛平七年(八九五)伝法阿闍梨となり、東寺において聖宝より灌頂を受ける。昌泰三年(九〇〇)仁和寺別当、また東寺凡僧別当に補し、延喜二年(九〇二)権律師、同五年律師に転ず。六年十月、益信死去のあとをうけて東寺三長者、九年七月以後寺務。十年三月権少僧都、十二年五月法務、十六年四月権大僧都。十九年九月醍醐寺座主、また金剛峯寺検校に補任。延長元年(九二三)五月大僧都、同三年三月権僧正に任じたが、同年六月十一日、七十二歳をもって入滅。はじめ醍醐山中院に葬られたが、のち宇多法皇はその墓をみずからの陵に並べたという。智法高位の人、天下無双の人と称せられたが、はじめ聖宝に随って三論宗を兼学し、また四分律護持の名誉ありといわれた。その事績としては、延喜十八年三月、空海請来の『三十帖策子』を宮中に持参して醍醐天皇に供覧し、翌十九年十一月、勘状を上ってこれを東寺の経蔵に納め、真言宗の長者をして代々相承せしむることにしたこと、また十八年十月、二十一年十月と再度、空海に諡号を賜わらんことを奏請し、同十月二十七日、弘法大師の諡号を賜わったことがあげられる。著書としては、『大日経疏鈔』『三昧耶戒式』『胎蔵次第』『五大力秘釈』『不動略次第』『水歓喜天次第』『神供次第』などがあったといわれるが、中には後人の仮託したものも交じっているようである。

観賢自署

参考文献 『大日本史料』一ノ五、延長三年六月十一日条

(川崎　庸之)

がんさい　願西　⇩安養尼《あんように》

かんざんえげん　関山慧玄　?―一三六〇　鎌倉時代後期・南北朝時代の僧。臨済宗大本山妙心寺開山、同妙心寺派の派祖。信濃国高梨氏の出身で幼くして出家し、叔父月谷に従い、ついで建長寺の南浦紹明に参じ名を慧眼《えげん》と称した。たまたま京都に宗峯妙超が活手段をもって厳しく門弟を教育していることを聞いてその門に馳せ、やがて参堂を許されて随侍し、一日忽然として大悟することを得た。元徳元年(一三二九)に関山の号を受け、恵眼を慧玄と改名し、翌二年には印可を授かった。程なく美濃の伊深の山中に韜晦し、世縁を絶って草庵に住した。宗峯は建武四年(一三三七)病に臥し、余命幾ばくもないことを自知するに及んで、かねてより参禅修行をつんでいた花園法皇からの依嘱にこたえ、自分の滅後は慧玄についてさらに修行を重ねることをすすめ、慧玄を推挙した。よって法皇は勅諚をもって慧玄を花園離宮に召した。慧玄は京都に上る意志は全くなかったが、慧玄のために法皇は離宮を禅苑とし、すでに宗峯によってその禅苑に正法山妙心寺の号まで安んぜられていることを知って、止むなく法皇の命を受けた。法皇は寺中に玉鳳院を建て、爾後日夜にわたって慧玄に従いそれの鉗鎚を受けた。その禅風は「師天然胸次豁達なり、世縁の粘著を嫌ふ、在

関山慧玄画像

世の際禅誦規式に拘らず、殿堂の荘厳に意無し、道具飾らず藤を綰ねて以て袈裟の環を作すに至る、室に長物無し」(『正法山六祖伝』所収「妙心関山慧玄禅師」、原漢文)という枯淡さであり、その丈室ははなはだ弊漏し、雨が降ればその坐するところがなかったほどの有様(同伝)であったという。宗峯滅後、その門下の数人は慧玄のもとに参じた。妙心寺二世となった授翁宗弼はその一人である。「関山が会裏に生死なし」の話《わ》は有名であるが、一日ある僧が来参すると呵斥して容易に近づけず、その僧が某は特に生死事大無常迅速であることを痛感して参りましたというと、慧玄は言下にわが会裏にはそのような生死はないといって、その僧を打って追い出したと伝える。およそその門弟を提撕するに、このような手段をもってしたと考えられる。延文五年(一三六〇)十二月十二日に示寂の用意を整え、法嗣宗弼を寺の井戸風水泉のほとりに召し、大樹に倚りながら出世の始末を談じ泊然として立亡した。時に八十四歳であったとも、六十四歳であったともいう。全身を奉じて寺にうずめ、塔を建てて微笑庵と名づけた。後奈良天皇より「本有円成」の国師号の勅諡があり、後西・東山・桃園・光格・孝明の五帝より「仏心覚照」「大定聖応」「光徳勝妙」「自性天真」「放無量光」とそれぞれの号の累諡があり、明治天皇より「無相」の大師号の追諡があった。その法燈は大応国師南浦紹明・大燈国師宗峯妙超・無相大師関山慧玄と嗣承され、慧玄派下の禅が盛大となったことから、世に応・燈・関の禅と呼ばれる。臨済宗は今日十五派に分立しているが、一宗の寺院数およそ六千を数えるなかで、妙心寺派はその半数以上を占める。

参考文献 『大日本史料』六ノ二三、延文五年十二月十二日条、卍元師蛮『本朝高僧伝』二九(『大日本仏教全書』)、加藤正俊「関山慧玄伝の史料批判」(『禅文化研究所紀要』四)

(古田　紹欽)

かんざんじっとく　寒山拾得　唐末ごろ、天台山国清寺にいたといわれる寒山と拾得の二人の隠士。ただしその実在を証明する記録はなく、その伝記としてもっとも古い『寒山詩集』に付けられた閭丘胤のものも不明な点が多く、霊地として名高い天台山を背景にして生まれた伝説上の人物と考えられる。彼らの説話とその詩集、絵画化が行われたのは主として禅宗教団の中であり、日本にも禅僧によって紹介され、鎌倉時代末期以後、『寒山詩集』の出版、絵画化などによって脱俗の人物として、その名は広く知られるに至った。

参考文献 『宋高僧伝』一九(『(大正新修)大蔵経』五〇)、『景徳伝燈録』二七(同五一)、入矢義高注『寒山』(『中国詩人選集』五)、入谷仙介・松村昂『寒山詩』(『禅の語録』一三)、津田左右吉「寒山詩と寒山拾得の説話」(『シナ仏教の研究』所収)

(海老根聰郎)

がんさんだいし　元三大師　⇩良源《りょうげん》

かんさんぽん　菅三品　⇩菅原文時《すがわらのふみとき》

かんしゅ　観修　九四五―一〇〇八　平安時代中期の天台僧。勧修と書くものもある。天慶八年(九四五)に生まれる。姓は紀氏、左京の人。十一歳のとき比叡山に登って静祐に従い、のち三井寺の余慶の弟子となった。永延元年(九八七)藤原道長のために修法したところ十年足らずの間に左大臣に栄進したので、道長の帰依を受けるようになった。長徳三年(九九七)三井寺長吏となり、翌四年権僧正、長保二年(一〇〇〇)三月、道長の病の平癒を祈って僧正、同年八月大僧正となった。長保四年道長が岩倉に解脱寺を建てるとこれを観修の門徒に付属し、寛弘二年(一〇〇五)十月木幡に浄妙寺を建立すると観修を検校とした。そのほか道長の法華八講・最勝講などにも証義者を勤めたりしている。同五年七月八日に遷化。六十四歳。長谷僧正・木幡大僧正という。寛仁三年(一〇一九)智静の諡号を賜った。

参考文献 『大日本史料』二ノ六、寛弘五年七月八日条、辻善之助『日本仏教史』一

(大野達之助)

かんしゅん　桓舜　九七八―一〇五七　平安時代中期の天台僧。天元元年(九七八)に生まれる。天台座主慶円に学び、貞円・日助・遍救と並んで叡山の四傑と称せられた。世俗を厭って山を離れ伊豆国に赴いたが、温泉権現の夢告によってまた帰山した。長和五年(一〇一六)五月、藤原道長の法華三十講に招請されてから貴族社会に活躍するようになり、長元八年(一〇三五)に権律師、長暦三年(一〇三九)に極楽寺座主、永承三年(一〇四八)に権少僧都、天喜二年(一〇五四)に権大僧都に任ぜられ、同五年九月十日(一説に九日)に寂した。八十歳。臨終のとき正念に住して西方を願生したという。

参考文献 『続本朝往生伝』(『日本思想大系』七)、『元亨釈書』五、井上光貞『新訂日本浄土教成立史の研究』

(大野達之助)

かんじょ　寛助　一〇五七―一一二五　平安時代後期の真言宗僧。蔵人頭右中弁源師賢の子。天喜五年(一〇五七)誕生。はじめ経範の室に入り、承暦四年(一〇八〇)観音院において性信入道親王より伝法灌頂を受ける。永保二年(一〇八二)阿闍梨に補し、康和元年(一〇九九)権律師。長治元年(一一〇四)正月権少僧都、同八月遍照寺別当。同二年五月東寺三長者加任。嘉承二年(一一〇七)三月二長者、五月権大僧都、仁和・円教両寺別当、十二月護持僧となる。天仁二年(一一〇九)三月法印、五月円宗寺別当。天永元年(一一一〇)六月より彗星御祈として鳥羽殿に孔雀経法を行じ、修中に効験ありとして阿闍梨五口を賜い、成就院に置く。同三年四月東寺一長者となり、翌永久元年(一一一三)正月法務・権僧正に任ず。同年九月、鳥羽天皇の御悩によって禁中に孔雀経法を修した。勧賞として、東寺恒例の結縁灌頂小阿闍梨を三会の講師に准じて綱位に補せられることになった。同四年五月僧正、広

寛助花押

隆寺別当。五年正月法勝寺別当、翌元永元年(一一一八)四月東大寺別当。保安二年(一一二一)十月大僧正。拝賀の日、済信の例によって輦車を聴される。天治元年(一一二四)十二月、法務を辞し、翌二年正月十三日、所労によって諸職を辞退、同十五日、六十九歳をもって遷化。宝塔院に葬られた。「入滅之時、一天悲歎、万人鳴咽」と伝えられているが、白河法皇の信任が厚かった人で、ときに「法関白」と称せられた。世に成就院大僧正という。

参考文献 『御室相承記』(『仁和寺史料』寺誌編一)、『仁和寺諸院家記』(同)、『仁和寺御伝』(同二)　(川崎　庸之)

かんじょう　寛朝　九一六—九八　平安時代中期の真言宗僧。宇多天皇の孫、式部卿敦実親王の子。母は左大臣藤原時平の女である。延喜十六年(九一六)誕生。延長四年(九二六)法皇の室に入って出家。天暦二年(九四八)五月寛空より伝法灌頂の職位を受く。貞元二年(九七七)六月権律師、同十月権少僧都・法務、十一月東寺三長者・西寺別当に補任、加えて広沢房を御願寺として別当に補せられたので、一年の間に六度の賀ありといわれた。天元二年(九七九)十二月権大僧都、同四年八月僧正・一長者。永観元年(九八三)三月円融寺供養導師、同二年東大寺別当。寛和二年(九八六)三月円融法皇受戒の戒和尚を勤仕、同年十二月二十五日大僧正。日本第三代の大僧正、東寺大僧正の初例である。永祚元年(九八九)三月円融法皇入壇、同十月遍照寺供養。長徳元年(九九五)十二月牛車宣下。同四年六月十二日、八十三歳(八十四歳とも)をもって入滅。広沢大僧正、また遍照寺大僧正と号す。一生持斎の人といわれ、一条朝の名僧として、真言においては天下の一物と称せられた。声明音曲に詳しく、五音の清濁を定め、『理趣経』読誦の音調を整えたことで知られている。著書には『成就妙法蓮華経次第』『金剛界次第』『不動次第』『一乗義私記』などがあり、また東密広沢流相承の灌頂の式文の製作者に擬せられてもいる。

参考文献 『大日本史料』二ノ三、長徳四年六月十二日条　(川崎　庸之)

かんしょうこう　菅相公　⇨菅原是善《すがわらのこれよし》　⇨菅原輔正《すがわらのすけまさ》

かんしん　寛信　一〇八五—一一五三　平安時代後期の真言宗僧。大蔵卿藤原為房の子。応徳二年(一〇八五)誕生。勧修寺を開いた藤原高藤の裔である。はじめ三論を東大寺の覚樹に、真言を勧修寺の厳覚に学んだ。康和五年(一一〇三)父為房と師厳覚との議によって勧修寺権別当となり、天永元年(一一一〇)正別当になったが、師在世の間は執行せず、保安二年(一一二一)師の入滅を送ってはじめて寺務を行なった。その間、師について伝法灌頂を受け、また東密小野流の秘奥を付嘱せられ、のち勧修寺流の開祖の地位を占めるに至る。寛信は夙く永久元年(一一一三)白河法皇の命によって一百日の読経念仏を行なったことがみえ、同二年には三会講師の宣下を受けている。また、実際に勧修寺の寺務を執るようになってからは、この寺の由緒ある行事である法華八講の儀式を整えることにも力を尽くしている(保安三年)。寛信の学問は、ひとり密教にとどまらず、三論・法相から華厳にも通じていたといわれ、著述もすこぶる多かった。長承三年(一一三四)三会已講の功によって権少僧都に直任、康治元年(一一四二)正月東寺長者に准ぜしめ、同十二月長者加任、久安元年(一一四五)十月一長者に進んだ。同年権大僧都、二年正月には法務を兼ね、三年正月東大寺別当となった。仁平三年(一一五三)正月には法印に叙せられたが、同年三月七日、六十九歳(七十三歳とも)をもって示寂。密教の事相に関する多くの著述のほかに『東寺要集』『勧修寺旧記』などの作がある。

寛信花押

参考文献 『東寺長者補任』　(川崎　庸之)

がんじん　鑑真　六八八—七六三　唐代の高僧、日本律宗の開祖。唐の嗣聖五年(六八八)に中国の揚州江陽県(江蘇省)で生まれた。俗姓は淳于という中国では珍しい二字姓で、その家系は春秋時代の斉の名士淳于髠《こん》の後裔と伝える。神竜元年(七〇五)に道岸禅師より菩薩戒を受け、二十一歳の景竜二年(七〇八)に長安実際寺の戒壇で荊州南泉寺の名僧弘景を戒和上として具足戒を受けた。その後長安・洛陽を巡遊して律・天台宗はもちろん諸宗を研鑽し、江淮の地(江蘇・安徽省)で講律授戒を行い、四十歳ごろには戒律の講座を開くこと百三十回、授戒の弟子は四万余人、一切経を書写すること三部、古寺修復は八十余ヵ寺にも達し、諸州屈指の伝戒師と称せられた。当時唐の仏教界にあっては、僧尼になるためには具足戒を受けねばならず、登壇受戒は出家の正門とされていた。一方わが国においては、平城遷都後、仏教の隆盛とともに私度僧の群出、僧尼令に違犯する僧尼が多く、大陸仏教界の授戒制度、戒律研究の必要性が官僧育成の基本的条件として考えられ、天平五年(七三三)に遣唐大使多治比広成に従って入唐求法した僧栄叡《えいえい》(「ようえい」とも)・普照・玄朗・玄法・理鏡らが、舎人親王の要請で伝戒師の招請にあたった。同八年に副使中臣名代とともに来航した印度僧ボジセンナ(菩提仙那)や洛陽大福先寺の道璿《どうせん》は、この要請に応じた学僧であった。栄叡・普照は三師七証の十僧を必要条件とする授戒制度により、同十四年に揚州大明寺の鑑真に日本への渡航を懇願した。その後鑑真一行の渡航は五回企てられたが、妨害(第一・四回)や難破(第二・三・五回)で失敗に帰し、天平勝宝二年(七五〇)には栄叡が病没、鑑真も視力を失い、輔佐役の祥彦も病没する悲運に遭遇したが、なお伝法の志を貫こう

鑑真自署

鑑真像

とし、同四年に入唐した遣唐副使大伴古麻呂の第二船に乗って翌五年十二月、折からの暴風波浪をしのいで薩摩国秋妻屋浦(鹿児島県川辺郡坊津町秋目)に入港し、翌六年二月に弟子法進《ほっしん》・曇静・義静・思託らに随伴されて平城京に入り、東大寺客坊に止住した。この間当時の高官・名僧は再三にわたり十二年の苦難に満ちたその労をねぎらい、勅使吉備真備も「自今以後、授戒伝律はもはら大和尚に任す」という孝謙女帝の意向を伝えた。四月に大仏殿前に臨設の戒壇を築き、聖武上皇・光明皇太后はじめ沙弥証修四百四十余人に授戒し、後日大僧賢璟《けんきょう》・忍基らの学僧八十余人も鑑真のもたらした具足戒を受け、その翌七歳十月大仏殿西方に常設の戒壇院を造り、唐禅院に止住して戒律の普及に尽力した。翌八歳の聖武上皇の病にあたっては看病禅師の一人として医療に従い大僧都に任ぜられ、天平宝字元年(七五七)十一月備前国水田百町を賜わり、故新田部親王の旧宅地、平城右京五条二坊の故地を下賜され伽藍を建立しようとした。この伽藍は同三年八月に唐招提寺と名付けられた。前年八月、朝廷は鑑真の身をいとって大僧都の任を解き、大和上の尊号を贈ったが、同七年五月六日、七十六歳をもって唐招提寺で入寂した。鑑真の将来したものには仏像・画像・聖教や薬物・仏具などがあり、特に天台三大部や『梵網経』は四分律関係の律書とともに盛んに書写され、後代に及ぼした影響も大きい。さらに鑑真の晩年にあたる天平宝字五年に設けられた下野国薬師寺・筑前国観世音寺の戒壇は、東大寺のそれとともに天下の三戒壇として著名であるが、いやしくも僧尼となる者はこの三戒壇で登壇受戒を果たさなければならなかった。鑑真が五千余巻に及ぶ一切経の誤りを指摘し、漢薬にも深い造詣をもっていたことを『続日本紀』は伝えているが、律に生き伝法に殉じた非凡な人物であっただけに聖武・光明の深い信頼、藤原仲麻呂・石上宅嗣・淡海三船らの帰依信任を得た。一方弟子達も伝律講経に活躍し、法進は大和国吉野郡に国源寺を、恵雲は讃岐国に屋島寺を、道忠は上野国に浄土院などを建立し、戒律の普及に尽くし、思託は鑑真のために『大和尚広伝』や『延暦僧録』を編著し、鑑真とともに古代国家の要望に応えたといってよい。

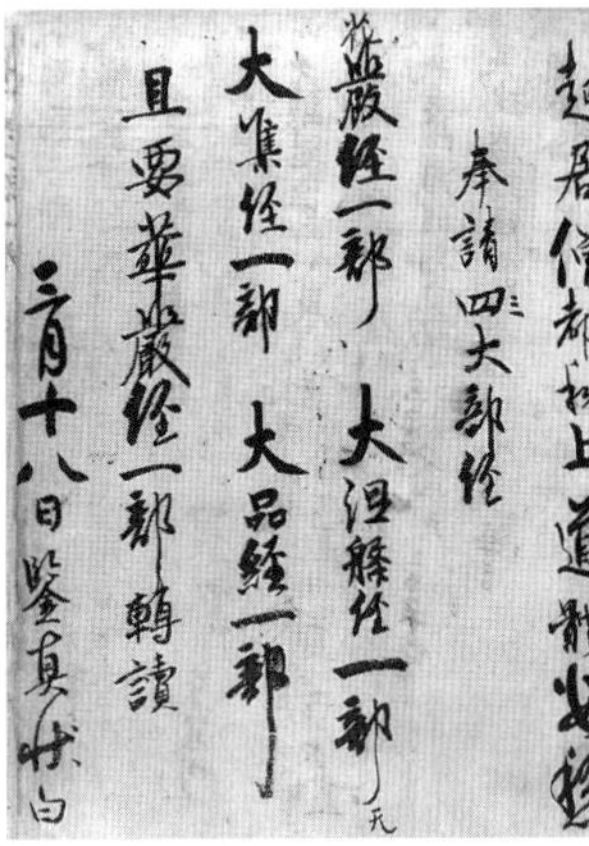
起居僧都和上道體安穏
奉請四大部経
華厳経一部 大涅槃経一部
大集経一部 大品経一部
且要華厳経一部轉讀
三月十八日 鑒真状白

僧鑑真書状

参考文献 『唐大和上東征伝』、安藤更生『鑑真大和上伝之研究』、同『鑑真』(『人物叢書』一四六)、汪向栄『鑑真』、佐久間竜「戒師招請について」(『南都仏教』八)、細川公正「鑑真の一考察」(『歴史地理』六〇ノ四)

(堀池 春峰)

かんぜきよつぐ 観世清次 ⇨観阿弥《かんあみ》

かんぜそうせつ 観世宗節 ⇨観世元忠《かんぜもとただ》

かんぜながとし 観世長俊 一四八八―一五四一 戦国時代の能役者、能作者。生年は『四座役者目録』の没年(後記)から逆算。観世小次郎信光の長子で、弥次郎長俊と称した。芸系としては金剛四郎権守元正(観世座脇役者)の弟子。観世大夫元広(道見)の脇役者として活動し、名人といわれた。大永二年(一五二二)よりほぼ二十年間は、若くして父元広を失った七代目観世大夫元忠(のちの宗節)を補佐してその芸を指導、上手といわれるまでに仕立てた。その間、大夫の名代として観世座を守り通した功も大きい。能作者としての長俊は父信光の作風をほぼ継承し、世阿弥時代の能とは明らかに異質である。『江島』『大社』『輪蔵』『河水』『花軍』『正尊』『親任』『岡崎』などが代表作。登場人物が多く、シテの活躍範囲は狭いものの、舞台は華やかな、ややエキゾチックな雰囲気がねらいとなっている。ショー的な要素を先立てて作能する点は、父小次郎信光の作風と共通するが、その作品の質・芸術的価値においては劣っている。天文十年(一五四一)没す。五十四歳。戒名、心祐居士。

(片桐 登)

かんぜのぶみつ 観世信光 一四五〇―一五一六 室町時代の能役者(観世座大鼓打)、能作者。宝徳二年(一四五〇)生まれる。観世座三代目大夫音阿弥(三郎元重)の第七子。実名信光。通称小次郎、権守補任後は次郎。兄のうち、又三郎(松盛)は四代目、之重(祐賢)は五代目の大夫。子息は長俊(脇役者)、信重(同)、元供(大鼓)の三人。信光は父音阿弥の弟観世弥三郎の弟子で観世座の大鼓打、名人として知られ、少年期から片鱗を見せ、寛正五年(一四六四)十一月、十五歳の信光は仙洞御所能に参加、後花園院から扇を賜ったという。後の興福寺衆徒から権守補任や明人友梅の「催華」額(現存)贈呈も、大鼓の技を称揚されてのことだった。文明二年(一四七〇)、二十代半ばの之重が大夫。在任三十年、武家への出仕、奈良寺社への参勤、数回の勧進能興行など、行を共にした信光の活動把握は困難

観世信光花押

で、明応六年(一四九七)、弟子大蔵九郎能氏への鼓伝書相伝を確認する程度である。六代元広時代の活動も今後の解明が期待され、文亀三年(一五〇三)の三条西実隆邸訪問、永正八年(一五一一)の音曲伝書「声ッカフ事」、曲舞「虎送」の執筆を把握するにとどまる。能作者としての信光は、『玉井』『九世戸』『舟弁慶』『羅生門』(『道成寺』の原作)、『紅葉狩』『胡蝶』『遊行柳』『張良』『皇帝』などがその代表作。世阿弥・金春禅竹などに見られる幽玄中心の作風から脱して、劇的な要素を強く出し、大衆性を与えた点に特色が見られる。ワキ役の活躍、登場人物の多さ、装束の華やかさ、作り物の活用など、能をショー的な方向に導いているが、こうした傾向に進んだのは、時代の要求にも沿った創意工夫で信光苦心の作風といわれ、後に子息長俊が引き継ぐことになった。永正十三年(一五一六)七月七日没。六十七歳。

参考文献 『大日本史料』九ノ六、永正十三年七月七日条、観世元信『四座役者目録』、小林静雄「観世小次郎信光事蹟考」(『謡曲作者の研究』所収)、表章「観世小次郎信光の生年再検」(『観世』六六ノ七・八)

(片桐　登)

かんぜもときよ 観世元清 ⇨世阿弥《ぜあみ》

かんぜもとしげ 観世元重 ⇨音阿弥《おんあみ》

かんぜもとただ 観世元忠 一五〇九—八三 戦国・安土桃山時代の能役者。観世座七代目の大夫。永正六年(一五〇九)生まれる。先代大夫元広(道見)の第三子。左近元忠と称し、永禄八年(一五六五)八月十一日以後に大夫を養子元久(元盛、のち元尚)に譲り、入道して法名一安斎宗節、また単に宗節とも称した。長兄は駿河十郎大夫、弟は宝生大夫を継いだ重勝。大永二年(一五二二)、十四歳で父と死別し、観世大夫。以後青年期まで観世座脇方弥次郎長俊の後見と指導を受けたらしい。宗節にとっては、享禄三年(一五三〇)から永禄七年(一五六四)に至る三十五年間に、都合四回の勧進能を興行したこと、天文十二年(一五四三)三月、焼失した装束類の補充を、将軍の斡旋によって、内裏から賜ったことなどが、大夫在任中の注目すべき出来事であった。幕府の力が衰えた元亀二年(一五七一)、元久とともに、徳川家康を頼って遠州浜松に下向。家康の知遇を得、のちに徳川幕政下において、観世座が四座一流の筆頭の地位を占め、主流となる基をきずいた。当時、兄の十郎大夫から徳川家に献上されていた世阿弥伝書を借覧書写し、その一部が今日まで伝存する。また、宗節が生涯にわたって書写相伝した実技に関する伝書や謡本は、当時の能の実態を伝えるものとして貴重である。能の創作はしていない。天正十一年(一五八三)十二月五日、三河に没す。七十五歳。

観世元忠花押

参考文献 『大日本史料』一一ノ五、天正十一年十二月五日条

(片桐　登)

かんぜもとまさ 観世元雅 ?—一四三二 室町時代前期の能役者、能作者。観世座三代目大夫(ただし観世家は、元雅を歴代に数えない)。越智観世の祖。世阿弥の長子。十郎を名のる。法名善春。弟が『申楽談儀』の編者七郎元能。生年は不明だが、父世阿弥の『夢跡一紙』(元雅を追悼した文)によれば、永享四年(一四三二)八月一日伊勢国安濃津で客死した時に四十歳未満だったらしい。応永二十九年(一四二二)ころに観世大夫になり、父世阿弥・従弟三郎元重(音阿弥)らとともに活動した。永享元年(一四二九)、元重を偏愛する足利義教が将軍となり、世阿弥・元雅父子に圧迫が加えられ、元雅は短い生涯を終えた。世阿弥は『夢跡一紙』で「子ながらもたぐひなき達人」「祖父にも越えたる堪能」といい、『却来華』では「無用のことをせぬ」境地にあったと極めて高く評価している。なお、『花鏡』は元雅が相伝したが、他の宛名を特記しない伝書のほとんどが元雅に相伝されたものと考えられている。能作者元雅は、その不遇な生涯を暗示するかのように、暗いかげりをおびた作品を残している。『盛久』『隅田川』『弱法師』『歌占』などを代表作として残すが、いずれも人間の苛酷な宿命を描いたもので、現代人の鑑賞に十分たえうる作品である。作能方法は、父世阿弥の舞歌幽玄能と祖父観阿弥の志向した劇的物まね能の面白さを十分に生かし、新境地を開いている。彼の作風が一代で終ったのは惜しまれる。

(片桐　登)

かんちこくし 鑑知国師 ⇨証空《しょうくう》

かんちゅう 寛忠 九〇六—七七 平安時代中期の真言宗僧。宇多法皇の孫、兵部卿敦固親王の第三子。本名長信。延喜六年(九〇六)誕生。はじめ法皇の室に入り、天慶九年(九四六)八月石山の内供淳祐より付法。天徳四年(九六〇)内供奉十禅師に補し、安和元年(九六八)三月律師。親王の息任僧綱のはじめといわれる。同二年三月権少僧都ならびに法務に補任、同年閏五月東寺三長者に任ぜられ、同八月拝堂。かつて千日護摩を修したとき、護法が香火を置いたという伝説がある。貞元二年(九七七)四月二日、七十二歳をもって入滅。世に池上僧都といい、我覚寺(池上寺)はもとその住房であった。

参考文献 『大日本史料』一ノ一六、貞元二年四月二日条

(川崎　庸之)

かんぬなかわみみのみこと 神渟名川耳尊 ⇨綏靖天皇《すいぜいてんのう》

かんぴょうほうおう 寛平法皇 ⇨宇多天皇《うだてんのう》

かんべのぶたか 神戸信孝 ⇨織田信孝《おだのぶたか》

かんぺん 寛遍 一一〇〇—六六 平安時代末期の真言宗仁和寺の僧。号尊勝院大僧正、忍辱山大僧正。康和二年(一一〇〇)誕生。父は源師忠。円覚寺寛蓮に入室出家。天治元年(一一二四)十月成就院寛助に伝法灌頂を受け、のち、大和忍辱山円成寺を再興した。康治元年(一一四二)広隆寺別当。天養元年(一一四四)覚法親王の推挙

寛遍花押

により権大僧都。久安四年(一一四八)東寺二長者。仁平元年(一一五一)東寺長者。保元元年(一一五六)法務、同年四月高野山大塔落慶供養の導師を勤める。翌二年七月祈雨の功により牛車の宣旨を賜わり、尊寿院に阿闍梨五口を許される。平治元年(一一五九)東大寺別当。この年美福門院寄進の『御手印縁起』を高野山に施入した。応保元年(一一六一)二月大僧正。長寛元年(一一六三)仁和寺・円教寺別当。祈雨を賞されること数度、事相に精通し、広沢六流の一つ忍辱山流の祖と称される。仁安元年(一一六六)六月三十日寂。世寿六十七。

参考文献 『東寺長者補任』二、『仁和寺諸院家記』上(『仁和寺史料』寺誌編一)、『血脈類集記』五(『真言宗全書』)、栂尾祥雲『秘密事相の研究』

(和多 秀乗)

かんむてんのう　桓武天皇　七三七―八〇六　七八一―八〇六在位。天平九年(七三七)天智天皇の孫の白壁王(光仁天皇)の長子として誕生。母は高野新笠。諱は山部。乳母の山部子虫の姓氏によったと考えられる。天平宝字八年(七六四)十月、従五位下を授けられ、天平神護二年(七六六)十一月、従五位上となり、宝亀元年(七七〇)八月、大学頭として従四位下を授けられ、侍従に任ぜられた。同年八月四日、父の白壁王が皇太子になり、十月に即位したので、十一月六日、親王となり、四品を授けられた。同二年三月、中務卿となり、同四年正月二日、皇太子となった。時に三十七歳。前年五月、皇太子他戸親王が廃されたあとを受けたことによる。天応元年(七八一)、父の光仁天皇が病にたおれ、四月三日、四十五歳で践祚。翌二年閏正月、氷上川継の謀反事件が起り政局が不安であったのに加えて、この年、凶作に見舞われ、疫病が流行して世情は不穏となり、同年八月、延暦と改元した。延暦三年(七八四)、長岡に遷都したが、翌年、天皇の寵臣藤原種継が射殺され、皇太子早良親王が廃される事件にまで発展する。早良親王にかわって皇太子に十二歳の安殿親王(平城天皇)がなった。以後、天皇は淡路に移送される途中で死んだ早良親王の怨霊を恐れ、同十二年、平安遷都を決定し、翌年十月、新京に移った。平安遷都を決定した年の八月、佐伯成人が謀殺された事件が起り、成人を殺した山辺春日らの追捕にあたって、「帝大怒募㆓求天下㆒」させたといい、またこの事件は『類聚国史』によれば、「春日等承㆓皇太子密旨㆒」たことによるともいわれる。皇太子側の勢力との暗闘がひきつづいて存在していたことをうかがわせる。延暦十六年以降、廃太子早良親王の霊への鎮謝がしきりに行われ、同十九年七月、早良親王へ崇道天皇の名を贈った。同二十三年八月、大暴風雨によって中院西楼が倒壊した時、牛が打死した。天皇は生年が丑であったため、牛の死を恐れ「朕不㆑利歟」と歎じた。天皇は牛が殺されたり死んだりするのを特に恐れ、延暦十年・二十年に殺牛祭神の民間信仰を禁止したのもそれにもとづく。同二十四年十二月、参議の藤原緒嗣と菅野真道とに天下徳政のことについて相論させたが、その際緒嗣は「方今天下所㆑苦、軍事与㆓造作㆒也、停㆓此両事㆒、百姓安㆑之」と論じ、真道はこれに異議をさしはさんだ。天皇は緒嗣の意見を採用して、軍事と造作とを停廃した。軍事は蝦夷征討をさすが、天皇の治世の間に三回の蝦夷征討と、一回の征討準備が行われた。延暦二十三年には四回目の蝦夷征討の準備が行われ、坂上田村麻呂が再度征夷大将軍に起用されたが、天皇は緒嗣の意見によって征討を中止させた。造作は平安新京の建設であるが、同二十四年の段階に至ってもなお「営造未㆑已、黎民或㆑弊」といった状態であった。緒嗣の意見を入れた天皇はただちに造宮職を廃止させた。桓武朝の二大事業であった軍事と造作とを停廃した前年の暮から天皇は病に罹り、大同元年(八〇六)三月十七日崩御。七十歳。同年四月山城国紀伊郡柏原山陵に葬られたが、十月柏原陵に改葬された。陵墓の名により柏原天皇ともよばれる。

桓武天皇画像

参考文献 村尾次郎『桓武天皇』(『人物叢書』一一二)、佐伯有清「新撰姓氏録編纂の時代的背景」(『新撰姓氏録の研究』研究篇所収)

(佐伯 有清)

柏原陵《かしわばらのみささぎ》　京都市伏見区桃山町永井久太郎にあり、陵形は扁平な円丘で周囲は方形に区画されている。『日本後紀』によると、陵所ははじめ山城国葛野郡宇多野の地に定められたが、災異が相ついだのでその地をさけ、大同元年(八〇六)四月七日同国紀伊郡の柏原山陵に葬ったが、『類聚国史』によると、さらにこの年十月十一日に柏原陵に改葬した。『延喜式』諸陵寮の制は「兆域東八町、西三町、南五町、北六町、加㆓丑寅角二岑一谷㆒、守戸五烟」とあって、広大な陵域を占め、永世不除の近陵として歴朝の厚く崇敬するところであった。『仁部記』によると、文永十一年(一二七四)陵が賊に発《あば》かれた際に、使を遣わしてその状況を検分せしめたが、そのときの報告書に「抑件山陵登十許丈、壇廻八十余丈」とあって、その規模を窺うことができる。しかし、のち所伝を失い、豊臣秀吉の伏見城築造の際にその郭内に入ったため陵址はさらに不明となった。元禄年間(一六八八―一七〇四)以降、山陵の研究家は陵所の探索につとめ、深草・伏見の間に陵所を求めて種々なる説が行われたが、幕末の修

陵の際にもついに定説を得るに至らなかった。明治十三年(一八八〇)に谷森善臣の考証にもとづいて現陵を陵所と定め、修治を加えた。

参考文献 戸田通元『柏原山陵考略』、津久井清影『柏原聖蹟考』、谷森善臣『柏原山陵考』、上野竹次郎『山陵』上 (戸原 純一)

かんやまといわれひこのみこと 神日本磐余彦尊 ⇩神《じん》武天皇《むてんのう》

かんろく 観勒 生没年不詳 百済の僧。推古天皇十年(六〇二)十月来朝し、暦本・天文地理書・遁甲方術書を貢上した。このとき陽胡史《やこ》の祖玉陳《たまふる》は暦法を、大友村主《おおとものすぐり》高聡《こうそう》は天文遁甲を、山背臣日立《やましろのおみひたて》は方術を学んだ。同三十二年四月にある僧が祖父を殴り殺したとき、天皇は蘇我馬子を召し、諸寺の僧尼を集めて、その悪逆の僧とともに罪せんとした。観勒は上表しその悪逆の僧以外の僧尼を赦されんことを奏して許された。そこで天皇は僧尼を統制するために僧官を創設し、観勒を僧正に、鞍部徳積《くらつくりのとくしゃく》を僧都に、阿曇連《あずみ》を法頭《ほうず》に任命した。これがわが国における僧官制度のはじめである。また『三国仏法伝通縁起』中、三論宗条に観勒は三論宗の学匠とあり、成実宗条には三論宗の学匠であって成実宗にも通じ、聖徳太子は恵慈・恵聡・観勒を師として仏法を習学したとあるが、いずれも確証はない。

(伝)観勒像

参考文献 『元亨釈書』一六、田村圓澄『飛鳥仏教史研究』 (大野達之助)

かんろじちかなが 甘露寺親長 一四二四―一五〇〇 室町時代後期の公卿。応永三十一年(一四二四)生まれる。父は頭左大弁房長。康正二年(一四五六)から明応二年(一四九三)にかけて長く陸奥出羽按察使(都護)の職にあり、その名で各記録にみえる。同時代の三条西実隆は甥、中御門宣胤は娘婿といったように、当時の実務家的廷臣の中心的存在。永享のころ叙爵されて以来宮中に祗候し、嘉吉三年(一四四三)九月南朝遺臣と称する輩が宮中に乱入した際、太刀を抜いて防戦したのは有名。翌文安元年(一四四四)右少弁に任ぜられて以来、弁官時代に朝儀の勉強に励んだようである。享徳元年(一四五二)参議、翌二年権中納言、また長く賀茂伝奏を勤めた。応仁の乱で邸が焼かれ、文明二年(一四七〇)避難先の勧修寺・石山寺・鞍馬寺もつぎつぎに罹災し、特に鞍馬においては家蔵の文書記録類をすべて焼失した。同年九月帰京、再び朝廷に出仕し、みずからも諸役を勤めるほか、朝儀の故実に精通しているところから若い廷臣の指導をした。寛正六年(一四六五)権中納言を辞して以来、位は文明元年正二位に昇ったが、官の方はたびたびの推挙を「高官無益也」(『親長卿記』文明三年四月二十六日条)といって断わっていた。明応元年嫡子元長はじめ周囲のすすめでやっと権大納言昇進を受けたが、翌二年にはすべての官職を辞し、八月二十七日に出家、法名は蓮空。同九年八月七日没した。七十七歳。日記に『親長卿記』があるほか、諸記録類の写本があり、その内有名なのは『園太暦』で、同記の現在みられるのは大部分親長の写本によるものである。

甘露寺親長花押

参考文献 『実隆公記』、『康富記』、『宣胤卿記』 (飯倉 晴武)

き

きあみ　亀阿弥　生没年不詳　室町時代前期の田楽新座（本拠地奈良）の能役者。亀夜叉。法名が亀阿弥。喜阿弥とも書く。大和猿楽観世座の観阿弥とほぼ同時代の人。音曲に特に優れ、音曲能専一に勤め名手とされた。古色を保った地味な芸風で、特に技巧をこらすこともなく素直に演じながら味わいのある芸で、目利《めきき》から高評を得た。音曲面で後進役者に与えた影響は大きく、その芸は、特に強い影響を受けた田楽増阿弥や世阿弥などによって、継承され発展させられた。世阿弥は亀阿弥を、能芸道の四大先達の一人に数え、特に「音曲の先祖」と称揚し、高く評価している。亀阿弥は無学だったとされるが、音曲能を得意とした役者にふさわしく、田楽能『汐汲』（散佚、能『松風』の原曲）・『女郎花』（散佚、現行能同名曲とは別）・『禿高野』（廃曲「刈萱」の古名）・『熱田』（「源太夫」の古名か）・『草取歌』（散佚）などの作曲者でもあった（作詞も同人の可能性がある）。

参考文献　『世子六十以後申楽談儀』（『日本思想大系』二四）　（片桐　登）

きあんそえん　規庵祖円　一二六一－一三一三　鎌倉時代後期の禅僧。字は規庵、諱は祖円。信濃水内郡長池（長野市）の人。弘長元年（一二六一）正月八日生まれ。蘭渓道隆門下の竜江応宣について浄妙寺で出家し、ついで建長寺の無学祖元に参じた。無学の寂後、東福寺の無関玄悟、紀伊興国寺の無本覚心に参じたが、ついに無学の法を嗣いだ。のち無関が亀山上皇の招きを受けて禅林寺の開山となるや、その下で首座を勤め、ついで正応五年（一二九二）三月同寺二世となり、住山すること二十二年、仏殿・法堂・三門など諸伽藍の造営を成し遂げた。その間の正安年間（一二九九－一三〇二）に同寺は南禅寺と改められた。正和二年（一三一三）四月二日寂。歳五十三。塔所を帰雲庵という。後醍醐天皇から南院国師と諡された。著作に『南院国師語録』三巻がある。また伝記に弟子蒙山智明が著わした『規庵和尚行状』がある。（今枝　愛真）

規庵祖円花押

規庵祖円画像

きあんもんいん　徽安門院　一三一八－五八　花園天皇第二皇女、光厳天皇妃。名、寿子。母は宣光門院藤原実子、大納言実明女。文保二年（一三一八）生まれる。建武四年（一三三七）二月三日内親王、同七日准三后、同日院号。『竹むきが記』のみ暦応四年（一三四一）四月院号とする。『風雅和歌集』時代、花園院・光厳院主宰の京極派の主要歌人で、『風雅和歌集』の歌数では撰者光厳院に次ぎ、描写の鮮明な歌が多い。延文三年（一三五八）四月二日死去。四十一歳。『風雅和歌集』に三十首、『新千載和歌集』に二首入集する。

参考文献　『大日本史料』六ノ二一、延文三年四月二日条　（次田　香澄）

ぎいん　義淵　？－七二八　奈良時代の法相宗の僧侶。大和国高市郡の人。「ぎえん」ともいう。俗姓は市往《いちき》氏、あるいは阿刀《あと》氏ともいう。『扶桑略記』にはその父母は子のないのを憂え、多年観音に祈請して授けられたと伝え、天智天皇はそのことを聞き岡本宮に召して養育されたという。勅によって出家し元興寺の智鳳に師事して唯識教学を学び、のち吉野郡に竜門寺を開いて盛んに法相宗を弘めた。文武天皇三年（六九九）十一月、その学業を褒められて稲一万束を賜わり、大宝三年（七〇三）三月、僧正に任ぜられて竜蓋寺（俗に岡寺という）を造った。世に竜門・竜福など五箇竜寺を造ったという。神亀四年（七二七）十二月、聖武天皇は特に詔して岡連の姓を賜わり「僧正義淵法師（俗姓市往氏也）、禅枝早く茂り、法梁惟れ隆んなり、玄風を四方に扇ぎ、恵炬を三界に照せり、しかのみならず、先帝の御世より朕が代に至るまで、内裏に供奉して一の咎愆無し、念ふに斯の若き人は年徳共に隆んなり、宜しく市往の氏を改め、岡の連の姓を賜ひて其の兄弟に伝ふべし」（『続日本紀』、原漢文）と勅せられた。翌五年十月二十日竜蓋寺に没したので、治部省の

義淵像

官人を遣わして喪事を監護させ、詔して絁百疋、絲二百絇、綿三百屯、布二百端を賻《おく》られた。弟子はきわめて多く、玄昉・行基・宣教・良敏・行達・隆尊・良弁は七上足と称せられ、道慈・道鏡も就いて法を学んだという。

[参考文献] 横田健一「義淵僧正とその時代」(『橿原考古学研究所論集』五所収) (大野達之助)

ぎうん 義雲 一二五三―一三三三 鎌倉時代後期の曹洞宗の僧侶で、永平寺の第五世。建長五年(一二五三)十二月京都の公家に生まれた。はじめ天台宗や華厳宗の教学をまなんだのち、宝慶寺(福井県大野市)の寂円の門に投じ、峻厳な修行をつむこと二十年、ついにその法を嗣いだ。寂円の遺嘱をうけて、正安元年(一二九九)宝慶寺に住し、ついで正和三年(一三一四)波多野通貞に招かれて永平寺に入寺、同寺の伽藍復興と僧衆の教化に尽くしたので、中興の祖といわれる。嘉暦二年(一三二七)檀越の通貞などの助縁を得て鋳造した梵鐘(重要文化財)はその一端を伝えている。また、道元の遺風を慕い、『正法眼蔵』が諸所に秘蔵されて忘れられようとしているのを嘆き、これを蒐集して、元徳元年(一三二九)に六十巻本を編輯した。元弘三年(一三三三)十月十二日寂。年八十一。永平寺に葬る。塔所を霊梅院という。著作に『義雲和尚語録』(『(大正新脩)大蔵経』八二・『曹洞宗全書』語録一)がある。

義雲像

[参考文献]『大日本史料』六ノ一、元弘三年十月十二日条 (今枝愛真)

ぎえん 義円 一一五五―八一 平安時代後期の僧。源義朝の子。母は常盤。阿野全成《ぜんじょう》・源義経は同母の兄・弟。幼名乙若。初め円成、のちに義円と改む。平治の乱で父義朝が敗れると母とともに捕えられたが、平清盛によって助命。八条宮円恵法親王の坊官となり、卿公と称した。治承四年(一一八〇)兄頼朝が伊豆に蜂起するとこれに合流。翌養和元年(一一八一)三月、追討の平家軍が東下すると、迎撃するために叔父行家と尾張国墨俣川に陣したが、同十日かえって追討軍のために討たれた。

[参考文献]『古活字本平治物語』(『日本古典文学大系』三一)、『源平盛衰記』(『国民文庫』) (岡田清一)

ぎえん 義円 ⇨足利義教《あしかがよしのり》

ぎえん 義淵 ⇨ぎいん

ぎおう・ぎじょ 祇王・祇女 平清盛に寵せられた白拍子の姉妹。『平家物語』巻一祇王には、白拍子の名手祇王寵せられて西八条の邸にある時、若き白拍子仏御前《ほとけ》推参し、追い返されんとしたのを、祇王押し停めて清盛に見参せしめたのが仇となり、寵はたちまち仏に移り、祇王は邸を追われた。祇王邸を去るに臨んで「萌え出づるも枯るるも同じ野辺の草いづれか秋にあはではつべき」なる呪いの一首を遺した。祇王・祇女とその母、尼となって嵯峨野の奥に遁れ、念仏三昧に暮らすうち、仏御前もやがて尼となってその庵を訪れ、四人ともに念仏して往生の素懐を遂げた、とある。右はもちろん『平家物語』の作者の勧化文学にすぎないが、祇王は実在の人物で、伊藤東涯の『輶軒小録』には、祇王がその郷里近江国野洲郡中北村(滋賀県野洲郡野洲町)の水利を謀り、清盛に乞うて築かしめた堰が、祇王堰と呼ばれ、今に存する由が誌されている。祇王らの棲んだ庵の地には往生院祇王寺なる寺が建てられ、今も観光客を呼んでいる。同寺境内には祇王・祇女および母の合葬の宝篋印塔、清盛供養塔の五輪塔がある。

[参考文献] 栗原信充『柳庵雑筆』一(『日本随筆大成』三期)、滝川政次郎『遊女の歴史』(『日本歴史新書』)、同『江口・神崎』(同) (滝川政次郎)

ぎおんのにょうご 祇園女御 生没年不詳 平安時代後期の女性。白河法皇の寵姫。平清盛の生母との伝承でも有名。その出自については、祇園社門前の水汲女が召されたとする説、宮廷奉仕の女房が召されたとする説、源仲宗の妻であったとする説が、いずれも鎌倉時代に唱えられた。和田英松は、院の近臣藤原顕季が女御と関係が深かったことを理由に、顕季の母で白河上皇の乳母として世に重んぜられた藤原親子の縁者ではあるまいか、と推測している。その本名は不明であるが、祇園はその出自の地を示すものであろう。とすれば第一説がほぼ真相であろう。白河上皇に召し出された時期は不明であるが、白河上皇の后妃が相ついで没したのちのことで、その名が記録にあらわれるのは、長治二年(一一〇五)ごろからである。この年祇園社の巽(南東)にその華麗人目をおどろかす祇園堂を建て、その供養には公卿殿上人ら多勢参列した。嘉承元年(一一〇六)鳥羽の御堂で五日十座の五部大乗経の講説には、法皇も臨御、公卿・殿上人・北面の武士らも参列、女房らの打出過差美麗、天下無双といわれた。永久元年(一一一三)平正盛の六波羅蜜堂で一切経供養を行い、摂政藤原忠実は誦経の物を贈り、公卿殿上人二十余人が参列した。これらは、女御の宣旨は蒙ら

なかったのに、当時の人々は、彼女を祇園の女御と称したこととその背後にある白河法皇の愛寵のほどを示すものである。大治四年(一一二九)法皇死去の際、唐の育王雁塔山より伝来の仏舎利二千粒をゆずられ、その葬送に加わり、その菩提を弔い、仁和寺威徳寺の住坊に籠居して余生を送ったようである。このような殊寵にかかわらず法皇との間に皇子も皇女もなかった。『平家物語』の、平清盛は女御の生んだ落胤であるとの説が名高いが、滋賀県胡宮神社の『仏舎利相承記』に、女御の妹の女房の生んだ落胤で、それを平忠盛に賜わったが、この女房が早死したので、女御が生育したとある説に可能性が多い。平氏が正盛以来、祇園に近い六波羅に邸を構えたことから、女御が正盛・忠盛の官位の昇進に特に法皇に推挽し、平家時代の出現に大きな役割を果たしたことは、否定できぬ。

参考文献 『源平盛衰記』(『国民文庫』)、和田英松「祇園女御」(『国史国文之研究』所収)　(竹内　理三)

きかい　喜海　一一七八―一二五〇　鎌倉時代の僧侶。義林房。明恵上人(高弁)の弟子。治承二年(一一七八)生まれる。明恵には青年のころから師事したが、正治二年(一二〇〇)から承元四年(一二一〇)に及ぶ十一年間にわたり、『華厳経』の疏の講義をうけた。明恵の華厳教学をうけた高弟とされる。栂尾高山寺の学頭となったが、明恵の示寂した後には、高山寺に住し、閼伽井坊(十無尽院)に在った。建長二年(一二五〇)十二月二十日示寂した。七十三歳。喜海は『高山寺明恵上人行状』(仮名交じり文)を著わし、師の行実と思想を後世に伝えた。この『行状』は惜しくも中巻を欠くが、この『行状』を高信が隆澄をして漢文に改めさせた『漢文行状』の中巻を以て補うことができる(『高山寺資料叢書』一)。また『栂尾明恵上人伝記』には、喜海の作とする奥書があるが、かれに仮託されたものであろう。喜海の著述で現存するものに、『善財五十五善知識行位抄』二巻、『新訳華厳経音義』『貞元華厳経音義』各一巻ほか四部が知られている。喜海の弟子には静海・弁清がある(『内典塵露章』)。

参考文献 村上素道編『(栂尾山高山寺)明恵上人』、奥田勲『明恵』、田中久夫『明恵』(『人物叢書』六〇)、同「義林房喜海の生涯」(『南都仏教』三四)　(田中　久夫)

きき　窺基　六三二―八二　唐の法相宗の僧。長安の人。ただ単に基ともいわれる。姓は尉遅、字は洪道。身長八尺、容貌魁偉で頭部に玉枕(後頭部に突起した骨)があったと伝えられる。貞観六年(六三二)誕生。十七歳で出家して玄奘の弟子となり広福寺に入った。二十三歳のとき勅によって大僧となり、大慈恩寺に遷って玄奘に親しく師事し、梵語を学んで訳経に従事した。顕慶四年(六五九)神昉・嘉尚・普光とともに唯識十大論師の『唯識三十頌釈』を翻訳しようとしたが三師と見解が合わなかった。そこで玄奘は三師を退けて窺基だけを留め、十大論師の中で護法の釈を中心とし、他の九師の説を参考として訳出を完成した。これが法相宗の根本となった『成唯識論《じょうゆいしきろん》』十巻である。のち五台山に遊び、太行に登り、西河の一古寺に宿したとき、霊夢を感じて『弥勒上生経』

窺基画像

を得た。よって弥勒の像を作り、日に『菩薩戒』一篇を誦して兜率上生を願ったという。また東の博陵に赴き、『法華経』を講じてその註疏を作った。ついで慈恩寺に還り、永淳元年（六八二）十一月十三日、同寺の翻経院で寂した。年五十一。世に慈恩法師、または慈恩大師と呼ばれ、その宗を慈恩教という。主な著作に『成唯識論述記』『唯識二十論述記』『異部宗輪論述記』『法華玄賛』『大乗法苑義林章』『摂大乗論鈔』などがあり、百本の疏主と称された。この中で『成唯識論述記』と『大乗法苑義林章』によって法相宗の教理組織が成立したと見られるので、法相宗は窺基が開祖とされている。

参考文献 『宋高僧伝』四（『（大正新脩）大蔵経』五〇）、佐伯定胤・中野達慧編『玄奘三蔵師資伝叢書』（『（靖国紀念）大日本続蔵経』）、宇井伯寿『支那仏教史』（『岩波全書』）、道端良秀『中国仏教史』 （大野達之助）

ぎくう 義空 生没年不詳 唐代の人。南宗禅の塩官斉安に師事してその上首となる。わが国の平安時代初期、嵯峨天皇の皇后橘嘉智子、唐国に禅宗行われると聞き、承和の初め慧萼《えがく》を遣わして禅僧を招かせた。この時来朝したのが義空である。義空はじめ東寺の西院に居り、のちに皇后が檀林寺を建立するとここに移った。皇后をはじめ道を問うものが多かったという。とどまること数年で本国に帰ってしまった。斉衡の初め慧萼が再び入唐すると、蘇州開元寺の契元《かいげん》に謁して義空の事蹟を記すことを求め、これを『日本国首伝禅宗記』と題して碑に刻し、わが国に送って京の羅城門の傍に立てた。碑はのちに破損したが、鎌倉時代末期の虎関師錬の時には残片四個が東寺の講堂の東南隅にあったという。南宗禅ははじめて義空によって伝えられたが、機未だ熟せず一般に広まるに至らなかった。

参考文献 『元亨釈書』六、辻善之助『日本仏教史』三 （大野達之助）

きくちしげとも 菊池重朝 一四四九―九三 室町時代の武将。肥後国守護。幼名藤菊丸。宝徳元年（一四四九）生まれる。文正元年（一四六六）父為邦隠居のあとをうけて襲封、

菊池重朝花押

その時代は応仁の乱の最中であるが、武将としての活動は顕著でない。特に晩年の数年は、八代からさらに進出して豊福をおさえた相良長毎《ながつね》の影響下におかれ、その子能運と相良家の縁組の工作なども行なっている。『海東諸国紀』によると、文明二年（一四七〇）使者を朝鮮に遣わし、図書を受けた。二千の兵を支配し、菊池殿と称し、代々肥後の主であると記されている。守護として同四年には、阿蘇十二宮ならびに本堂造営のため国内に棟別銭を課しているほか、八年には藤崎八幡宮の造営を完成させている。父為邦と同様に文人武将として知られる。同八年、玉名清源寺の僧であった季材明育の上京に際しておくった詩は、京都の五山の僧たちの激賞をあびている。また同年には、当時大内氏の招きで下関にいた南禅寺の僧桂庵玄樹を隈部城下に招き、高野瀬（熊本県菊池市隈府）に孔子堂を建て、翌年には釈典の礼をとり行なっている。連歌興行にも大変熱心で、八年五月十四日藤崎宮の完成に際しては、諸臣・僧徒を藤崎宮に会させ千句連歌を催し、さらに十三年八月一日には、家臣・知人を隈部に集め、万句連歌を催した。この時の重朝の発句が、「月やしる十代の松千々の秋」であったところから、重朝のことを月松屋形（館）と称したと伝えられる。この重朝の時代、天隠竜沢は、「肥の国たるや文あり武あり、実に邦君の仁化の及ぶ所なり」といっている。明応二年（一四九三）十月二十九日没、四十五歳。隈部城下玉祥寺に葬る。法名梅屋祥英。

参考文献 森本一瑞編『肥後国誌』上、志方正和『九州古代中世史論集』 （工藤　敬一）

きくちたけしげ 菊池武重 生没年不詳 南北朝時代の肥後の武将。武時の嫡男、母は赤星有隆妹慈春。仮名次郎。元弘三年（一三三三）三月、父とともに鎮西探題攻撃に参加したが、武時の死にさきだち帰国。父の功

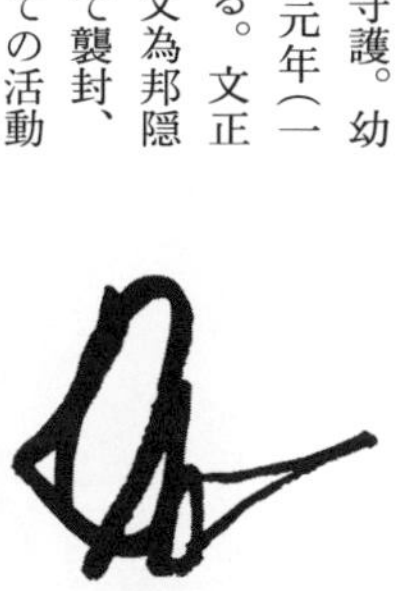

菊池武重花押

により菊池氏の惣領として、建武政権から肥後守に任じられた。建武二年（一三三五）末、足利尊氏が鎌倉に叛するに及び、武者所に属し在京していた武重は、弟武吉らとともに新田義貞の軍に加わり、箱根の合戦に先がけとして戦功をたてた。菊池千本槍の伝説はこの合戦に際してのものである。義貞の軍が敗れ京に退く際は、殿りとして南山城大渡で同三年正月八日から十日まで尊氏軍を防いで力戦した。延元元年（北朝建武三、一三三六）四月、一旦鎮西に走った尊氏の東上に際し備中福山城を守り、さらに義貞軍に加わり摂津で防戦した。南軍敗れ後醍醐天皇は比叡山に遷幸、武重もこれに供奉したが、十一月後醍醐天皇が神器を光明天皇にわたし、還幸するに及び、武重も捕えられたが間もなく脱出して帰国した。その後九州南軍の中心として活躍。同二年二月迫間川ぞいの支城寺尾野城で挙兵、四月には恵良（阿蘇）惟澄とともに、一色範氏の兄頼行を益城郡犬塚原に大破し、さらに筑後にまで進出したが、同年秋以降は一族の足なみもそろわず、その軍事活動は沈滞した。かかる情況の中で翌年三月には肥後国宇土の出身で、元から帰国した曹洞宗瑩山

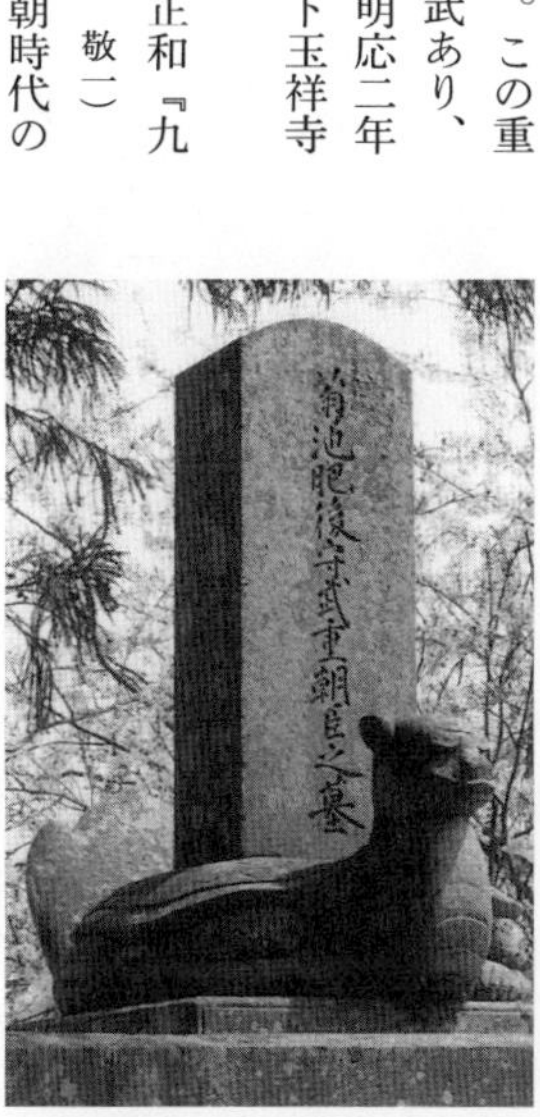

菊池武重墓

門派の僧大智を招き、家門の隆盛と本朝の鎮将たらんことを願って、正法護持のため寺地を寄進し、鳳儀山聖護寺(熊本県菊池市竜門)を建立、さらに七月には三ヵ条からなる血判起請の置文(菊池氏置文)をつくり、聖護寺におさめた。いずれも危機にのぞみ一族の精神的統一をはかったものである。同年末ないし翌年初めに没したらしい。二十六、七歳という。法名観喜。亘山東福寺観喜院に葬る。今日観喜院跡の水田中にある墓は、明治二十七年(一八九四)湊川の楠公碑にならって改修されたものである。

参考文献 『広福寺文書』(『熊本県史料』中世篇一)、『阿蘇文書』、平泉澄『菊池勤王史』、杉本尚雄『菊池氏三代』(『人物叢書』一三二)、川添昭二『菊池武光』

(工藤 敬一)

きくちたけとき 菊池武時 ?―一三三三 鎌倉時代後期の肥後の武将。武房の子隆盛の次男。幼名正竜丸、仮名次郎、法名寂阿。兄時隆のあと菊池氏の惣領となる。嘉暦三年(一三二八)には、鎮西探題赤橋英時から御教書を受け、守護の規矩高政とともに、玉名郡大野別符の田屋敷を、安富貞泰に沙汰しつける使者の役を果たしているところからみて、肥後の最有力御家人の一人であったことが知られる。元弘三年(一三三三)、すでに出家していたが、船上山からの後醍醐天皇の綸旨を受け、かねてからの幕府への不満もあって討幕の挙兵を決意し、土佐にあった尊良親王に連絡をつけ、肥前の江串氏をして、ひそかにその本領彼杵荘に親王を迎えさせ、さらに少弐貞経・大友貞宗らにも期待し、鎮西探題を討つことを計画した。しかしそれを察知した探題側は、九州の地頭御家人を博多に召集し激発したため、予定日と目される三月十四日を待たず、武時以下菊池勢は十三日未明、博多の街に火を放ち、一族二百五十騎をもって探題館に打ち入った。しかし使を出して蹶起を呼びかけたが、少弐・大友は兵を挙げず、菊池勢は目的を達しえず苦戦におち入り、武時は子息の三郎頼隆とともに犬射馬場で討ちとられた。時に四十二歳と伝えられる。他に五十三歳説、六十二歳説もある。墓は福岡市七隈字椎木の胴塚、同市谷字馬場頭の

菊池武時花押

菊池武時画像

菊池武時胴塚

同首塚

首塚の二説がある。建武政権成立後、楠木正成は新田義貞・名和長年らの出仕したなかで、「元弘の忠烈は、労功の輩これ多しと雖も、いずれも身命を存する者なり、独り勅諚に依りて一命を墜せる者は武時入道なり、忠厚尤も第一たるか」(原漢文、「菊池武朝申状」)といったという。熊本県山鹿市杉にある日輪寺は、正和五年(一三一六)川尻大慈寺(熊本市)の天菴懐義を招いて、武時が建てたものと伝えられる。

参考文献 『博多日記』、平泉澄『菊池勤王史』、杉本尚雄『菊池氏三代』(『人物叢書』一二二)　(工藤　敬一)

きくちたけとし　菊池武敏　生没年不詳　南北朝時代の肥後の武将。父武時の元弘三年(一三三三)の鎮西探題攻撃討死の功により、建武政権により掃部助に任ず。建武二年(一三三五)十一月足利尊氏が叛き、上洛中の惣領である兄武重に代わって、菊池氏の留守勢力の中心となり、十二月三十日大隅の肝付兼重、日向の伊東祐広らに呼応して少弐氏の本拠大宰府を討とうとしたが、途中筑後童付で少弐の部将三池貞元・詫摩貞政に敗れ菊池に退却、翌三年正月追撃した少弐軍に本城深川城(菊池城《きくのいけ》)をおとされた。二月、北畠顕家に敗れた尊氏の西下の報をうけ、二十七日阿蘇惟直とともに筑後に進出、筑後の黒木氏、筑前の三原・秋月氏の軍を加え、二十八日少弐氏の留守役貞経入道妙恵を大宰府に攻め、二十九日これを有智山城に自刃せしめた。武敏らはさらに博多に進出、三月二日南進して来た足利・少弐軍を多々良浜にとらえた。この時菊池軍は緒戦では優勢であったが、砂塵を巻きあげる風下に陣したため、苦戦となり、松浦党の寝返りなどもあってついに壊滅し、武敏は筑後黒木を経て菊池に逃げ帰った。足利軍の仁木義長はこれを追い、武敏は山中に逃れた。しかし四月三日尊氏が東上すると間もなく、また筑後に出陣、三井郡床川に義長を破り、平塚原に城を構えたが支えきれず、鳥飼でも敗れて菊池に退却して大林寺の山中にかくれた。六月義長が東上するとまた兵をあげ、恵良(阿蘇)惟澄と協力して、八月十八日肥後益城郡唐河で義長に代わって九州に来た今川助国を破ったが、筑後に転進して一色範氏に敗れ、武敏を追った一色軍の合志幸隆は菊池の山中深く攻めこんだ。この年の末、武重が帰国し、以後これに従い、延元二年(北朝建武四、一三三七)四月十九日には、益城郡犬塚原の一色軍との合戦で重傷を負ったという。翌三年(北朝暦応元)末ごろに武重が病死すると武士が惣領となり、武敏はその後見となったらしい。興国二年(北朝暦応四、一三四一)六月を最後にして、武敏の名はみられなくなる。おそらくその後間もなく没したのであろう。法名空阿。

菊池武敏花押

参考文献 平泉澄『菊池勤王史』、川添昭二『菊池武光』　(工藤　敬一)

きくちたけとも　菊池武朝　一三六三―一四〇七　南北朝時代後期の肥後の武将。正平十八年(北朝貞治二、一三六三)に生まる。武政の子。幼名加賀丸、はじめの名武興、右京大夫。文中三年(北朝応安七、一三七四)五月、武政の死没により、高良山において、菊池氏の惣領となる。祖父武光の兄武澄の子武安らの補佐を得、同八月には筑後福童原で今川方の山内通忠らと合戦したが、九月には高良山を維持しえず、懐良・良成両親王を奉じて本拠隈部山城に撤収した。今川了俊は本領安堵の宥和策で帰順を促したが応ぜず。永和元年(天授元、一三七五)四月、了俊は隈部城の西方八㌔の日ノ岡に陣を進めた。加賀丸は阿蘇惟武の出兵を求め、九月には今川軍の自壊もあって、これを水島に破った。翌年二月には肥後国神蔵荘内近見村半分地頭職を、天下泰平と子孫繁昌を祈って阿蘇御岳に寄進。その夏には良成親王を奉じて、葉室親善らとともに肥前国府に出兵し、今川と大内の連繋を絶たんとしたが失敗し、天授三年(北朝永和三、一三七七)正月十三日、千布・蜷打の戦に大敗し、以後菊池氏は肥前・筑前への出兵が不可能となった。同年五月元服、武興と称した。八月にはまた今川軍が肥後に入り、四年九月二十九日、託麻原の合戦で一旦はこれを破った。しかしその後勢力ふるわず、周到な準備と大軍をもってする今川軍の攻撃のまえに、ついに弘和元年(北朝永徳元、一三八一)六月二十三日には隈部本城、ついで良成親王の居た染土《そめつち》城も陥ち、武興と親王は行方をくらまし、のち川尻・宇土両氏を頼った。名を武朝と改めたのはこのころである。この不利な情況下、菊池軍の中に武朝に反対する勢力が生まれ、ひいてはすでに五条氏を頼って矢部に移っていた懐良親王と武朝との間に若干の隔意が生じた。懐良親王の報告をうけた南朝側から尋問があり、それにこたえて提出したのが、元中元年(北朝至徳元、一三八四)七月の「菊池武朝申状」である。同三年には、川尻・宇土も今川軍の攻撃をうけ、武朝と良成親王は八代の名和顕興を頼ったが、八年(北朝明徳二)八月には親王と顕興は降服し、武朝は行方をくらました。翌九年閏十月には中央における両朝の合一が実現し、武朝も了俊と和し肥後守護として本拠の隈部城に帰り得たようである。明徳四年(一三九三)十月五日、同五年(応永元)六月十九

菊池武朝花押

日の菊池肥後守宛の今川貞臣の阿蘇社領を沙汰し付くべきとの文書の存在からそれが知られる。しかしその後も応永四年（一三九七）には少弐貞頼と結んで挙兵するなど、大友親世や渋川満頼と対抗し、同十二年五月十日には、阿蘇惟村宛に満頼に属し武朝を討つべしとの足利義満の御判御教書も下されている。しかしこれらの武朝の活動はもはや大勢を動かすものではなかったし、幕府もその後の菊池氏の肥後守護職を承認した。同十四年三月十八日病没。四十五歳。法名玄徹常朝。墓所未詳。なお、菊池氏の氏神と考えられる北宮大明神には、武朝を大願主とする銘入りの男女神像がある。

参考文献 『大日本史料』七ノ七、応永十二年五月十日条、藤田明『征西将軍宮』 （工藤敬一）

きくちたけふさ　菊池武房　一二四五―八五　鎌倉時代の武将。寛元三年（一二四五）生まれる。隆泰次男。母は詫摩能秀の女という。次郎と称す。文永の役に際しては少弐景資に属して戦い、上陸した蒙古軍を赤坂の高地で支えついに撃退し、賞として朝廷から甲冑を賜わったという。弘安の役では肥後国守護代安達盛宗に属して生の松原地域で奮戦した。『蒙古襲来絵巻』には、「人々多しといへども、菊池次郎武房、文永の合戦に名をあげしをもて」とある。しかし戦功にもかかわらず少なくとも彼自身には恩賞を与えられた形跡なく、武房が霜月騒動で滅びた安達盛宗に近かったためとする見解もある。文道的関心も大で、隈牟田荘（熊本県下益城郡城南町）に渡来僧で蘭渓道隆門流に属する宝山□鉄を開山として能仁寺を建立したと伝えられる。なお武房から菊池氏は「武」を通字とするに至る。「菊池武朝申状」では則隆を太祖とするのに対し武房を高祖になぞらえている。弘安八年（一二八五）三月二十六日没。四十一歳。法名恵照。 （工藤敬一）

菊池武房（『蒙古襲来絵巻』より）

きくちたけまさ　菊池武政　一三四二―七四　南北朝時代の肥後の武将。武光の嫡子として興国三年（北朝康永元、一三四二）生まれる。幼名次郎。武光の生存中には、父のかげで目立たないが、正平十四年（北朝延文四、一三五九）八月六日・七日の大保原合戦では、千余騎を率いて先陣をつとめ、少弐直資を討ちとった。建徳二年（北朝応安四、一三七一）七月には、九州探題今川了俊の鎮西入りにさき立って豊後高崎城に入ったその子義範（貞臣）を攻撃し、翌文中五年（北朝応安五、一三七二）十二月には、肥前烏帽子岳に今川仲秋を襲撃したが敗れた。同年八月の大宰府陥落後、父の武光とともに高良山に退いたが、翌年二月十四日には菊池武安とともに筑後川大豆津瀬をわたり、肥前本折城を攻撃、さらに四月には野老隈（所隈）城を攻めた。そのころから武光に代わり軍機をとっており、二月・四月・五月・閏十月としきりに阿蘇惟武に援助を求めている。「天下御大事、私浮沈この時にて候」とあり、菊池氏の惣領としての苦境がうかがわれる。三年五月二十二日には、命旦夕に迫ったのを知ったのか、正観寺に後世菩提所料として、肥後国千田荘永富村の田地四町を寄進、五月二十六日高良陣中にて没した。三十三歳。法名志行。正観寺に葬る。なお『菊池系図』などによれば、菊池氏の本城を深川城（菊池《きくのいけ》城）から隈部城に移したのは武政の時からというが、武政の惣領時代はわずか二年足らずで、しかも高良山に陣していたのであり、懐良親王をこの地に迎えた武光の時以来、事実上菊池氏の本城は隈部城に移っていたといえよう。

菊池武政花押

参考文献 藤田明『征西将軍宮』 （工藤敬一）

きくちたけみつ　菊池武光　？―一三七三　南北朝時代の肥後の武将。武時の子。幼名豊田十郎。『菊池系図』では乙阿迦丸を武光の幼名とするが、別人であろう。豊田十郎の名は、彼が歓喜光院領豊田荘（熊本県下益城郡城南町）の荘官であったことによると考えられる。興国四年（北朝康永二、一三四三）五月、恵良（阿蘇）惟澄とともに阿蘇惟時を益城郡田口に攻めたのが初陣。同六年（北朝貞和元）春には惟澄の助けを得て、合志幸隆によって占領されていた菊池氏の本城深川城を回復、実力によって菊池氏の惣領となった。武光と称したのもこのころからであろう。翌正平元年（北朝貞和二、一三四六）には薩摩谷山にあった懐良親王との連絡もつき、同二年末には肥後守に補され、事実上守護を兼ね、さらに翌年正月には親王を隈部山城に迎え、その地歩を確立した。同六年（北朝観応二）九月から筑後に進出、同八年（北朝文和二）二月には筑前針摺原（大宰府の南）で九州探題一色軍に大勝したのをはじめ、連年筑・豊・肥に転戦、同十三年（北朝延文三）には一色範氏を京都に敗走せしめた。同年十一月からは日向に畠山直顕を攻略、翌十四年三月には武光の退路を絶たんとした大友氏時を豊後高崎山城に攻めたが、少弐頼尚が阿蘇惟村と結んで兵を挙げたので、肥後小国の惟村の城砦を抜いて帰国した。そし

菊池武光花押

て七月に頼尚を討つため親王を奉じて筑後に出陣、八月六日筑後川の北方大保原で激突、少弐勢を圧倒し、少弐直資を討死させたが、武光にも追撃の力なく菊池に帰った。いわゆる太刀洗の故事はこの合戦にかかわるものである。同十六年(北朝康安元)七月、頼尚は有智山《うちやま》城を放棄して豊後に出奔、八月武光は親王を奉じて待望の大宰府入りを果たし、さらに博多をおさえた。翌十七年(北朝貞治元)八月には斯波氏経を迎えて軍事活動を強化して来た大友氏時を豊前・豊後に討ち、九月には氏経の大内弘世の勢力を利用しての筑前回復の計画を、長者原の合戦で挫折させ、以後十年余にわたる九州における南軍の覇権を確立した。応安三年(建徳元、一三七〇)六月、今川了俊が九州探題に任じられ、翌四年には子息の義範(貞臣)が豊後高崎山城に入り、武光は伊倉宮(懐良親王皇子か)を奉じてこれを討ったが、了俊西下の報で大宰府に撤退した。十二月門司に上陸した了俊は、肥前に入った弟仲秋とともに、周辺部を制圧し大宰府に迫り、五年(文中元)八月十日・十一日一斉攻撃で大宰府・有智山城を落とし、武光は懐良親王を奉じて筑後高良山にのがれた。『菊池系図』によれば文中二年(北朝応安六、一三七三)十一月十六日没したという。五十二、三歳といわれる。法名聖厳。熊耳山正観寺(熊本県菊池市隈府)に葬る。正観寺は武光が菩提所として隈部山城下に建立、菊池出身の臨済宗南禅寺派の僧大方元恢を博多聖福寺から招いて開山とした。また武光は京都五山にならい、東福・南福・西福・北福・大琳の五山を菊池五山とし、その上に正観寺をおいたといわれる。正観寺にある武光の神道碑は、安永七年(一七七八)菊池の儒者渋江公豊・公正父子らが湊川の楠公碑にならって作ったものである。

菊池武光画像

参考文献 『大日本史料』六ノ三八、応安六年十一月十六日条、『阿蘇文書』、平泉澄『菊池勤王史』、藤田明『征西将軍宮』、川添昭二『菊池武光』 (工藤敬二)

きくちためくに 菊池為邦 一四三〇―八八 室町時代の武将。肥後国守護。永享二年(一四三〇)に生まれる。幼名犬丸。文安三年(一四四六)父持朝のあとをうけて菊池氏の惣領となる。武将としての活動は顕著でないが、寛正四年(一四六三)八代地方を領していた名和長利の没後、名和氏を援けることで相良長続が八代高田を領するに至ると、為邦はこれと対立し、長続の拠点葦北を攻めた。対外的には積極的で、康正二年(一四五六)には肥筑二州の太守と称して朝鮮に遣使し、年一・二回の貿易船を出すことを約している。また文人大名として京都五山の僧にも知られ、東福寺の慧鳳は、「儒書釈部兼学し、文経武緯精通す、まことに兼全の才明哲の君といふべき者なり」と称讃している。文正元年(一四六六)出家、碧巌寺(熊本県菊池市)を建て隠居し、みずから『碧巌集』を講じたという。長享二年(一四八八)十月二十三日没。五十九歳。法名尖活乃勢居士。

菊池為邦花押

菊池為邦画像

参考文献 『大日本史料』八ノ二三、長享二年十月二十三日条、森本一瑞編『肥後国誌』上、志方正和『九州古代中世史論集』 (工藤敬二)

きくちよしかず 菊池能運 一四八二―一五〇四 室町時代後期の肥後の武将。文明十四年(一四八二)に生まれる。重朝の嫡男。幼名宮菊丸、はじめ武運と称す。重朝のあとを襲い明応二年(一四九三)十二歳で菊池氏の惣領、肥後国守護となった。同七年には、八代の北部豊福城にまで勢力を伸ばしていた相良為続が、菊池家臣隈部氏と結んで能運を攻めたが、能運はこれを破った。文亀元年(一五〇一)には、逆に

菊池能運花押

菊池能運画像

相良長毎《ながつね》と結んで、相良為続の八代放棄後八代を回復していた名和顕忠を攻めた。しかし同年には重臣隈部上総介の謀反で玉名・石貫を経て肥前高来(島原)にのがれた。同三年に至り、城重岑・隈部運治らの菊池氏の老臣が能運の伯父持朝の子で国中の侍にかつがれて隈部に入っていた宇土為光を追い(高瀬合戦)、能運は迎えられ守護職を回復したが、能運も深創を負ったらしく、翌永正元年(一五〇四)二月十五日八代岡城において没した。二十三歳。法号儀天明綱、正観寺に葬る。能運に嗣子なく、菊池氏の正系はこれで断絶。熊本県菊池市の菊池神社所蔵の絹本著色伝菊池能運像(重要文化財)は、慶長八年(一六〇三)二月十五日能運百回忌に描かれたものである。

[参考文献] 森本一瑞編『肥後国誌』上、阿蘇品保夫『菊池一族』　(工藤　敬一)

きけいしんずい　季瓊真蘂　一四〇一―六九　室町時代前期の禅僧(臨済宗一山派)。俗姓播磨国(兵庫県)の赤松氏一族上月氏。号は松泉。応永八年(一四〇一)に生まれる。父は満景。相国寺雲頂院の叔英宗播について法を嗣ぐ。永享七年(一四三五)五月、仲方中正隠退のあとをうけて蔭凉職に就任。嘉吉の乱のため職を退くが長禄二年(一四五八)正月復任、次第に「鹿苑僧録」をしのぐ勢力を持った。文正元年(一四六六)伊勢貞親の事件に連坐して失脚し近江に退居。応仁二年(一四六八)足利義政の命で上洛した。相国寺雲頂院内に雲沢軒を刱め、京都柳原に禅仏寺を開いた。山城西禅寺(諸山)の公帖を受け、のちに天竜寺の坐公文を受けた。文明元年(一四六九)八月十一日示寂、六十九歳。法嗣に亀泉集証・茂叔集樹がいる。蔭凉職就任中の公務日記『蔭凉軒日録』がある。

[参考文献]『大日本史料』八ノ二、文明元年八月十一日条、玉村竹二「蔭凉軒及び蔭凉職考」(『日本禅宗史論集』上所収)　(今泉　淑夫)

きげん　希玄　⇨道元《どうげん》

義玄画像(伝蛇足筆)

ぎげん　義玄　?―八六七　臨済宗の祖。曹州(山東省兗州県)南華の人。姓は邢《けい》氏。はじめ出家してから律を学んだが、のちに教外別伝の教えを求めて黄檗希運《おうばくきうん》の門に入り、厳しい指導を受けた。その痛棒を喫して大愚のもとに去り、ここで大悟してから再び黄檗のもとに帰り、印可を与えられた。大中八年(八五四)河北の鎮州(河北省正定県)に至り、臨済院に住して求道の人々を接得した。その後河南府に赴き、府長の師礼をうけたが、まもなく大名府(河北省大名県)興化寺に移った。咸通八年(八六七)四月十日、衣をあらため座に倚り、弟子三聖慧然《さんしょうえねん》に付法して寂した。勅諡を慧照禅師という。学人接得の手段はきわめて辛辣で、黄檗の棒、臨済の喝といって有名である。語録に三聖が編した『臨済録』一巻がある。その法系を臨済宗といい、中国禅宗の五家七宗の中で最も栄えた。

[参考文献]『臨済慧照禅師塔記』、『宋高僧伝』一二、『(大正新修)大蔵経』五〇　(大野達之助)

きこうだいしゅく　季弘大叔　一四二一―八七　室町時代臨済宗聖一派の僧。号は竹谷・蔗庵・蔗軒。備前国の人。応永二十八年(一四二一)八月二十五日に生まれる。東福寺護福庵の竹庵大縁の法嗣。信仲以篤・雲章一慶・勝剛長柔らに詩文外学を学ぶ。南都東大寺にも遊学。文明六年(一四七四)秉払を勤め、和泉海会寺(諸山)、山城真如寺(十刹)の公帖を受く。同十二年四月東福寺に入院、その冬退院して同寺菩提院・荘厳蔵院塔主となる。十五年冬堺に移り海会寺に住持。十六年南禅寺公帖を受けたが病弱のため不住。長享元年(一四八七)八月七日示寂。

季弘大叔花押

六十七歳。法嗣に華谷棨・古桂長識らがいる。著書に『蕉軒日録』『蕉庵遺稿』があり、『松山序等諸師雑録』その他にも作品がみえる。

参考文献　『大日本史料』八ノ二〇、長享元年八月七日条、『蕉軒日録』解題(『大日本古記録』)、玉村竹二編『五山文学新集』六、岩橋小弥太「病老頭陀伝」(『国史学』四七・四八合併号)、今泉淑夫「海外との交流―貿易都市堺における生活の一断面―」(『体系日本史叢書』一五所収)、同「大安寺長寿侍者について」(『日本中世禅籍の研究』所収)　(今泉　淑夫)

きざわながまさ　木沢長政　?―一五四二　戦国時代の武将。左京亮。元来、畠山氏の被官であったが、細川高国に属し、ついで享禄三年(一五三〇)細川晴元に帰順し、京都正親町地子の半済などの利権を得た。翌四年六月三好元長らが高国を亡ぼすと、七月二十四日高国方の細川尹賢を摂津富田に攻め亡ぼした。まもなく畠山義宣と、ついで三好元長と対立し、晴元が本願寺光教(証如)に依頼し一向一揆を動かして天文元年(一五三二)義宣・元長を討ち亡ぼす誘因を作った。翌二年晴元とともに法華一揆の力をかりて石山本願寺を攻め、やがて光教と和したが、一向一揆とは対立を続け、同五年一揆を摂津中島に破った。河内飯盛城を本拠として義宣の弟畠山在氏を擁していたが、同年大和に信貴山城を築いて同国に勢力をのばし、十年には山城笠置城を修築した。同年八月以来摂津国衆の紛争への介入をめぐって晴元・三好政長・同範長(のち長慶)と対戦するに至り、十一年三月河内守護代遊佐長教が守護畠山政国を放逐してその兄植長を迎立すると、長政は政国をたすけ、同月十七日植長の河内高屋城を攻めたが、長教・政長・範長らに迎え討たれて同国太平寺で戦死した。

木沢長政花押

参考文献　『実隆公記』、『言継卿記』、『天文日記』、『大館常興日記』、『細川両家記』、『後鑑』、長江正一『三好長慶』(『人物叢書』一四九)　(小川　信)

ぎじおう　義慈王　?―六六〇　六四一―六〇在位。百済国王。死後唐から金紫光禄大夫衛尉卿を贈られる。武王の元子。『日本書紀』によれば、舒明天皇三年(六三一)三月王子豊璋をわが国に人質として送った。その初世には、高句麗と結び新羅を積極的に攻撃した。また『東大寺献物帳』に、赤漆槻木厨子一口を藤原鎌足に贈ったとある。しかし、そののち宮殿を修して耽楽・飲酒、国政に意を用いなくなった。この間、新羅は着々と半島統一の準備を進め、斉明天皇六年(六六〇)七月唐・新羅連合軍は、百済の都泗沘城(現在の扶余)などを陥れた。妻子らとともに唐軍に捕えられた王は、唐の都へ送られたが病死し、孫皓・陳叔宝の墓の側に葬られた。

参考文献　胡口靖夫「大化改新前後の日本と百済」(『古代文化』三三ノ六)　(胡口　靖夫)

きしじょおう　熙子女王　?―九五〇　平安時代中期の皇族、朱雀天皇の女御。父は文彦太子(保明親王)、母は藤原時平の女。承平七年(九三七)女御となり、昌子内親王(のちの冷泉天皇の皇后)を生み、天暦四年(九五〇)五月五日同内親王が幼少のときに没した。没するにあたって、特に従三位を贈られた。『玉葉和歌集』には、「ひとりねにありし昔のおもほえて猶なき床をもとめつる哉」なる朱雀天皇の哀悼歌を載せている。

参考文献　『大日本史料』一ノ九、天暦四年五月五日条　(林　幹弥)

きしじょおう　徽子女王　九二九―八五　平安時代中期の皇族、村上天皇の女御、女流歌人。延長七年(九二九)生まれる。父は醍醐天皇の第四皇子重明親王。母は藤原忠平の女寛子。承平六年(九三六)斎宮となる。天慶八年(九四五)退下。天暦二年(九四八)入内し、翌年、村上天皇の女御となり、承香殿女御と称された。規子内親王はその女。内親王が斎宮になり、伊勢に下向したとき同行して詠んだ歌は有名。詠歌は知的なものが多いが、なかに、しみじみした哀感をたたえている。『拾遺和歌集』以下の勅撰集に四十二首入集している。三十六人歌仙の一。斎宮女御といわれ、『斎宮女御集』はその歌集。そのなかには、馬内侍・斎院などの歌も含まれている。寛和元年(九八五)没。五十七歳。

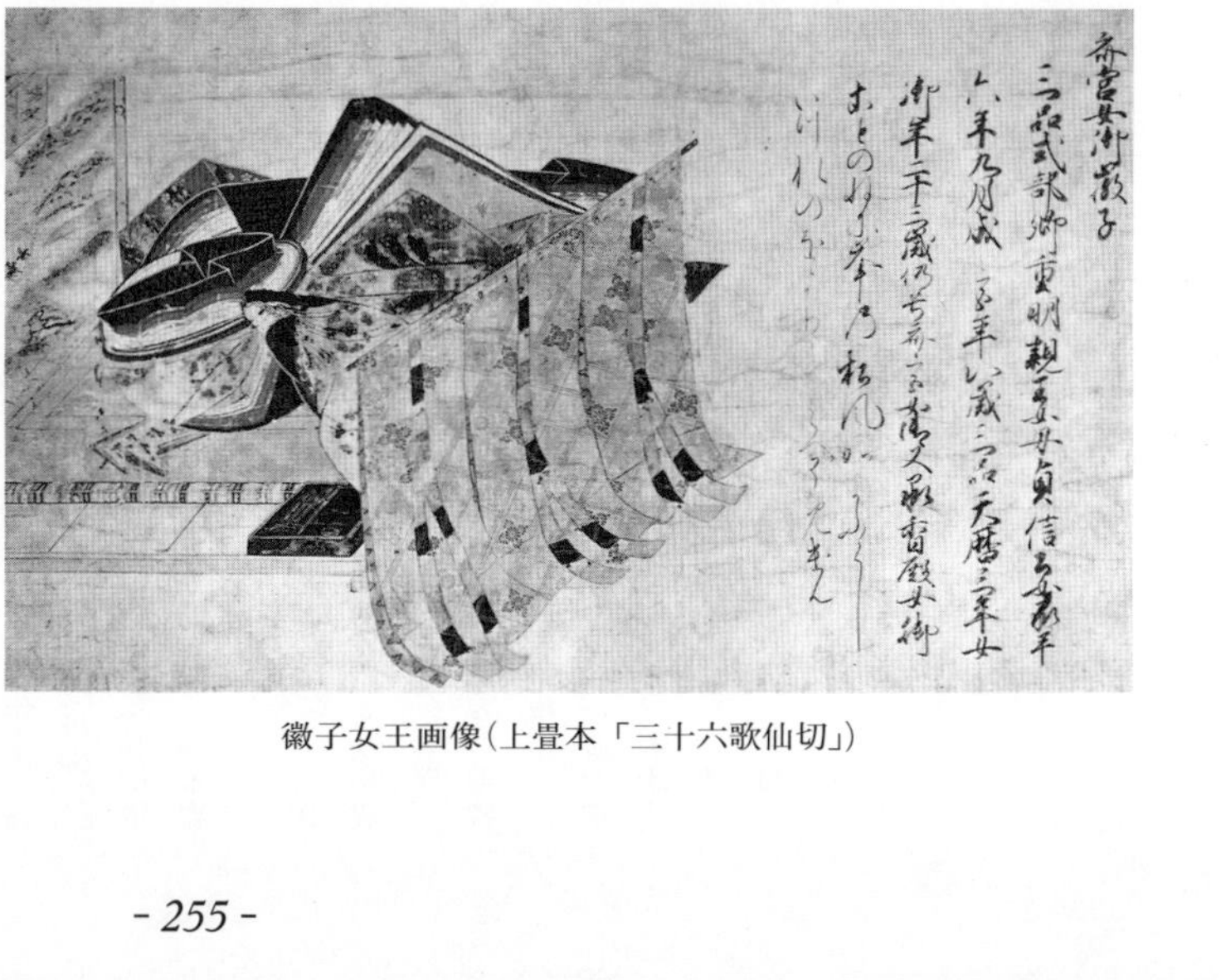
徽子女王画像(上畳本「三十六歌仙切」)

参考文献　横山青娥『日本女性歌人史』下、山中智恵子『斎宮女御徽子女王』、関みさを「天暦期の歌人斎宮女御」(『潮音』二二ノ一一・一二、二三ノ一・三―五)　(林　幹弥)

きしつしゅうし　鬼室集斯　生没年不詳　近江朝廷で学《ふみの》職頭《つかさのかみ》になった百済の高官。百済の武王（義慈王の父）の甥にあたる鬼室福信の子であろうか。来朝の年月・理由など未詳。天智天皇四年（六六五）、福信の功によって小錦下の位（のちの五位相当）を授けられた。福信は、義慈王以下が唐の俘虜となり百済が危機に瀕したので、唐俘百余人を献上し、日本軍の救援と人質として滞日中の王子豊璋の帰国（国王とするため）とを求めてきた重要な人物だが、帰国後内紛で豊璋に殺され、百済の滅亡を早めた。その福信の縁故で、残留した集斯はその学識・経験が重んぜられ、天智天皇八年には百済の男女七百余人とともに近江国蒲生郡に遷され、同十年、令制大学寮の長官にあたる学職頭に任命された。その墓は、滋賀県蒲生郡日野町大字小野の鬼室神社（西宮神社）境内にあり、八面角柱状の墓石正面に「鬼室集斯墓」、右面に「庶孫美成造」、左面に「朱鳥三年（戊子）十一月歿」の銘文がある。この銘文は、文化二年（一八〇五）の発見以来真偽について異論があるが、近年の墓誌銘などの研究成果から考えて、墓石も銘文も集斯の時代より遙か後世のものであろう。

鬼室集斯墓

参考文献　木崎愛吉編『大日本金石史』一、胡口靖夫「鬼室集斯墓をめぐって」（『日本書紀研究』一一）

（北村　文治）

きしつしゅうしん　鬼室集信　生没年不詳　百済滅亡後、唐に対して抵抗運動をくりひろげた鬼室福信の一族。鬼室集斯とともに、日本に帰化し、近江国蒲生郡をその本貫としたと考えられる。『日本書紀』天智天皇十年（六七一）正月条には、「以二大山下一授二達率谷那晋首（閑二兵法一）（中略）鬼室集信（解レ薬）一」とある。故に、その百済にあっての官位は達率であり、その特技は薬学であったことが知られる。

（利光三津夫）

きしつふくしん　鬼室福信　？―六六三　百済復興運動の武将。武王（義慈王の父）の従子。官位は恩率。斉明天皇六年（六六〇）七月唐・新羅連合軍は、百済を挾撃して都の泗沘城（現在の扶余）などを陥れ、義慈王などを捕えて唐へ送り、百済を滅亡させた。しかし、その後鬼室福信らは発憤して残兵を集めて唐・新羅軍と戦い、故都奪回をうかがったので、国人は尊んで佐平福信と称した。同年十月福信らは、日本に唐虜を献じ、わが国に人質となっていた義慈王の王子豊璋を迎えて王とし、日本の救援軍を得て百済の復興を図りたいと要請。大和朝廷は、これに応じて同年十二月救援軍の派遣を決し、翌七年正月斉明天皇らは筑紫に赴いた。このころ百済兵が再度故都を囲んだので、唐・新羅は救援軍を増派、このため戦線はしばらく膠着した。同年七月斉明天皇が崩じた後も、中大兄皇子は戦備を進め、翌天智天皇元年（六六二）正月福信に矢・糸などを送った。同年五月豊璋が日本の救援軍とともに本国に還り、王位につくと、福信は国政を豊璋王に返した。同二年新羅軍が反攻に転じ、唐の増援軍がさらに到着すると、豊璋王・福信らはやむなく周留城を中心に戦線を縮小。この間、百済遺臣の間に内訌があり、同年六月敵に計られて讒者の言を信じた豊璋王のため福信は斬られた。福信が死ぬと、唐・新羅軍は直ちに兵を進め、王城を攻撃し、同年八月白村江で日本・百済軍を大破した。ここに百済復興の望みは完全についえ去った。

参考文献　池内宏「百済滅亡後の動乱及び唐・羅・日三国の関係」（『満鮮史研究』上世二所収）、胡口靖夫「鬼室福信と劉仁願紀功碑」（『古代文化』三二ノ二）、同「百済豊璋王について」（『国学院雑誌』八〇ノ四）

（胡口　靖夫）

きしないしんのう　憙子内親王　⇩昭慶門院《しょうけいもんいん》

ぎしゅうもんいんのたんご　宜秋門院丹後　生没年不詳　鎌倉時代前期の歌人。父は源頼行、源三位頼政の姪。九条兼実に仕え、摂政家（関白家）丹後といわれたが、のちに宜秋門院任子（兼実女）の女房となった。承元二年（一二〇八）までは生存し、歌人として長期にわたり活躍し、「忘れじななにはの秋の夜はの空こと浦にすむ月はみるとも」の歌により、「こと浦の丹後」と称され、『後鳥羽院御口伝』では、「やさしき歌」多く、院のことに意に召された歌人とされる。

参考文献　『大日本史料』五ノ一二、暦仁元年十二月二十八日条、桜井秀「殷富門院大輔宜秋門院丹後考」（『国学院雑誌』一八ノ八―一二）、馬場暁子「勅撰集の女流歌人宜秋門院丹後」（『学苑』一二ノ七）、西本忠一「宜秋門院丹後をめぐって」（『平安文学研究』三七）、谷山茂『新古今の歌人』、田中阿里子『女房三十六歌仙の抒情』、樋口芳麻呂「宜秋門院丹後の歌」（『愛知淑徳大学論集』二）

（後藤　重郎）

きしゅおう　貴須王　『日本書紀』にみえる百済の王名で、『三国史記』『三国遺事』の百済第十四代近仇首王にあたる。『新撰姓氏録』の右京・河内国諸蕃、百済の条で、菅野朝臣・河内連の祖として貴首王とあり、広津連では近貴首王となっている。貴須・仇首・貴首は音通であるが、『三国史記』などで近の字が冠せられるのは、伝説時代に同名の王をおいたためである。この王の在位は三七五―八四年で、『日本書紀』では干支二巡（百二十年）くりあげている。この王は父近肖古王とともに、三七一年に高句麗軍を破り、王都に準ずる重要な基地である平壌城を攻めて、高句麗の故国原王を討ちとり、領土を拡大した。また、東晋や加羅諸国と国交をひらき、百

済が国際的に重視された時期の王である。

[参考文献] 三品彰英『日本書紀朝鮮関係記事考証』上、井上秀雄『古代朝鮮』(『NHKブックス』一七二)

（井上 秀雄）

きしゅぜんじ 記主禅師 ⇨良忠《りょうちゅう》

ぎしょう 義湘 六二五―七〇二 朝鮮の華厳宗の開創者。新羅の高僧で、高麗の粛宗六年(一一〇一)に円教国師の号を贈られた。姓は金氏または朴氏。新羅鶏林府に生まれる。二十歳(一説二十九歳)の時出家したが、入唐求法の志を立て、文武王元年(六六一)入唐し、長安で中国華厳宗第二祖の智儼に師事した。智儼の没後、文武王十一年に新羅に帰り、同十六年、勅命によって太白山に浮石寺を創建して華厳の根本道場とした。そのほか、海印寺・玉泉寺・梵魚寺・華厳寺などの諸寺を開き、華厳の教えを弘めた。悟真・智通・表訓・真定・義寂など多くの弟子を養成し、朝鮮仏教の展開に与えた影響は大きい。聖徳王元年(七〇二)七十八歳で入寂した。著書として、華厳の宗要を七言三十句の詩にまとめて図示した『華厳一乗法界図』一巻(文武王八年)がある。なお、義湘にあてて送った中国華厳宗第三祖の法蔵の書簡(「寄新羅義湘法師書」、「寄海東書」という)の真蹟が現存している。

[参考文献] 『宋高僧伝』四(『(大正新脩)大蔵経』五〇)、『三国遺事』三・四(同四九)

（藤田 宏達）

ぎじょう 義浄 六三五―七一三 唐の斉州(山東省歴城県)の人。姓は張氏、字は文明。貞観九年(六三五)に生まれた。はやくから法顕・玄奘の風を慕ってインド求法を志し、咸亨二年(六七一)三十七歳のときついに広東から船に乗ってインドに向かった。同四年ガンジス河口に到着し、ナーランダ寺に赴き、ここで学ぶこと約十年。さらに所々を訪ねて梵本を求め、在留二十余年の間に経律論の梵本四百部を得、証聖元年(六九五)洛陽に帰着した。則天武后は勅して仏授記寺に住して梵本を訳させ、三蔵の号を賜わった。はじめ実叉難陀《じっしゃなんだ》とともに八十巻『華厳経』の翻訳にあたったが、のちにはみずから訳経に従事した。ついで洛陽の福先寺から長安の西明寺に移り、神竜二年(七〇六)大薦福寺に翻経院が置かれるとここに止住して翻経につとめた。前後訳すところ五十六部二百三十巻に及んだが、最も力を費やしたのは有部律《うぶりつ》の十八部二百巻であり、そのほか唯識・密教の書もあり、羅什・真諦《しんだい》・玄奘と並んで四大訳経家と称せられる。開元元年(七一三)正月十七日大薦福寺で寂した。年七十九。洛陽竜門の北高岡に葬る。著作に『南海寄帰内法伝』四巻、『大唐西域求法高僧伝』二巻などがある。『南海寄帰伝』は玄奘の『西域記』とともにインドのことを知る資料とされているが、旅行記ではなくインドの比丘の行なっていた戒律のことを叙したものである。

[参考文献] 『宋高僧伝』一(『(大正新修)大蔵経』五〇)、宇井伯寿『支那仏教史』(『岩波全書』)

（大野達之助）

きしん 基真 生没年不詳 奈良時代の山階寺僧。近江国の人。天平神護二年(七六六)九月修行進守大禅師で、正五位上に叙され、翌十月隅(角)寺の舎利が称徳天皇の御座がある法華寺に奉請され、道鏡に法王位が授けられた日に法参議大律師正四位上に叙任され、物部浄志朝臣の姓と随身兵八人を賜わり、これは舎利を出現させて道鏡の瑞とした功による。やがて参議に准ぜられた。しかし神護景雲二年(七六八)十二月甲辰(四日)師の円興(道鏡の弟子)を凌(陵)突した罪で飛驒国に流されたのは、陵突に対する百日苦使が適用されずにその三犯の重罰を受けたことになる(僧尼令)。『続日本紀』のこの日の条に舎利出現は作為で、彼は皇法を顧みず、卿大夫をも恐れさせたと記される。宝亀元年(七七〇)九月辛未(十二日)条に基信と記され、親族の物部宿禰伊賀麻呂ら三人が本姓に復されたとあり、彼らもさきに物部浄志朝臣を賜わっていた。

[参考文献] 横田健一『道鏡』(『人物叢書』一八)、滝川政次郎「弓削道鏡」(『人物新日本史』所収)

（井上 薫）

ぎしん 義真 七八一―八三三 平安時代前期の天台宗の僧侶。相模国の人、俗姓は丸子(あるいは丸部)連。天応元年(七八一)生まれる。資性聡敏、はじめ興福寺に入って法相宗を学んだが、やがて大安寺にとどまっていた最澄に師事するようになった。延暦二十一年(八〇二)十月最澄が上表して入唐受法を請うたとき、義真は唐語が巧みであったので訳語として随行することが許された。同二十三年七月に出発し、十二月台州竜興寺において師とともに道邃《どうすい》から円頓戒を受け、翌年四月越州に赴き順暁から密教の付法を受けて七月に帰朝した。それより後は師を助けて日本天台宗の興隆をはかり、弘仁十三年(八二二)六月最澄が寂すると一山の統率にあたった。六月十一日に最澄の念願であった大乗戒壇設立の勅許が下ると、翌十四年四月、義真が伝戒師となり、延暦寺一乗止観院においてはじめて円頓大戒が授けられた。天長元年(八二四)六月二十二日勅によって天台一宗の僧首となった。これは最澄の遺言に基づいたもので、のちの天台座主の起源である。また同七年淳和天皇が諸宗に勅してそれぞれの宗義の肝要を撰述せしめたとき、『天台法華宗義集』一巻を上進した。同九年には維摩会講師になったが、これは天台宗維摩会講師のはじめである。同十年七月四日修禅院で寂した。年五十三。修禅大師と称せられた。

[参考文献] 『叡山大師伝』(『伝教大師全集』別巻)、『元亨釈書』二、卍元師蛮『本朝高僧伝』五(『大日本仏教全書』)、上杉文秀『日本天台史』、大野達之助『新稿日本仏教思想史』

（大野達之助）

きしんしょうにん 祈親上人 ⇨定誉《じょうよ》

きせいれいげん 希世霊彦 一四〇三―八八 室町時代の代表的な五山文学僧。字は希世、諱は霊彦。別号村庵。京都の人。応永十年(一四〇三)に生まれる。南禅寺善住

庵の斯文正宣に投じたのち、惟肖得巌・江西竜派などに参じたが、ついに斯文の法を嗣いだ。幼時から詩文の才の誉高く、細川満元はじめ細川一族の篤い庇護を受けて学芸に専念し、その博覧強記と詩文の格調の高さとは当代五山に並ぶものがないとまでいわれた学徳兼備の高僧である。終身官寺に住することなく、最も低い侍者の位に甘んじたが、席次は常に五山禅僧たちの最上位に置かれた。晩年は南禅寺の聴松院に住した。長享二年(一四八八)六月二十六日寂。歳八十六。翌延徳元年(一四八九)、慧鑑明照禅師と勅謚された。交友に瑞渓周鳳・心田清播など、門下生には横川景三・彦竜周興などがいる。著作に詩文集『村庵稿』三巻のほか、『村庵文柄』一巻、『三体詩絶句抄』などがある。

参考文献 『大日本史料』八ノ二二、長享二年六月二十六日条、『慧鑑明照禅師道行記』、今枝愛真「五山学芸史上に於ける希世霊彦の歴史的地位—北山より東山へ—」(『国史学』五四)

(今枝　愛真)

「希世有」

「希世」

「希世」

「邨菴子」

「霊彦」
希世霊彦印

きせん　喜撰　生没年不詳　平安時代前期の歌人。『古今和歌集』真名・仮名両序に「宇治山の僧」とし、いわゆる六歌仙の一人として評を加えているが、『古今和歌集』には一首入集したのみ。文献にその名のあらわれるのは院政時代以降であるが、それによっても確かな履歴は全く不明である。『喜撰式』(異称『倭歌作式』)は平安時代末期以後、喜撰の著作とされており、真書・偽書両種があることが問題となったが、その真書と認められるものも十世紀後半ころの撰とみるのが適当で、伝説的歌人喜撰に付会された書と考えられる。『古今和歌集目録』は『孫姫式』を引いて(ただし現存本には該当記事がない)、基泉・喜撰両名の歌が別々に挙げてあるから別人かとしつつ、基泉は山背国乙訓郡の人で『宇治山記』に「窺詮仙人」と記していると述べている。中・近世の伝説にもとづいて、紀氏の血を引く道術を学んだ「紀仙」かとする説もあるが、九世紀中葉前後に宇治山に隠れ住んだ歌人の僧侶という以上のことは不明とするほかはない。

参考文献 高崎正秀『六歌仙前後』

(藤平　春男)

きせんしゅうしょう　亀泉集証　一四二四—九三　室町時代中期の禅僧(臨済宗一山派)。美作国の人。赤松氏家臣後藤氏。別号松泉(老人)。地名《ちみん》雒溢。応永三十一年(一四二四)に生まれる。相国寺雲沢軒の季瓊真蘂に師事して法を嗣ぐ。文正元年(一四六六)季瓊が近江に退隠すると益之宗箴とともに従った。文明十三年(一四八一)ごろ美作から上洛。十六年益之のあとを承けて蔭凉職に就任。将軍足利義政の信任厚く、示寂の年閏四月にようやく辞任の許可を得た。執務日記『蔭凉軒日録』を益之の部分も代筆し、自身の任期中はもちろん、辞任後も示寂直前まで執筆した。山城西禅寺(諸山)、筑前聖福寺(十刹)を経て、職辞任後の六月に天竜寺坐公文を受く。明応二年(一四九三)九月二十七日寂、七十歳。法嗣に仁如集堯・松裔真竜らがいる。

亀泉集証花押

参考文献 玉村竹二「蔭凉軒及び蔭凉職考」(『日本禅宗史論集』上所収)、勝野隆信「蔭凉軒日録残簡について」(『日本学士院紀要』九ノ三)、森末義彰「蔭凉軒日録と益之宗箴」(『国史学』一二二)、今泉淑夫「諸賢雑文』について」(『日本中世禅籍の研究』所収)

(今泉　淑夫)

きそう　徽宗　一〇八二—一一三五　一一〇〇—二五在位。中国北宋第八代の皇帝。名は佶。第六代皇帝神宗の第十一子。母は欽慈皇后陳氏。元豊五年(一〇八二)生まれる。大后向氏の没後旧法党を斥け新法を採用したが、蔡京ら佞臣を重用して内憂外患をひき起し宣和七年(一一二五)退位、靖康二年(一一二七)金軍の捕虜となり、南宋の紹興五年(一一三五)五国城(黒竜江省)で没した。五十四歳。政治的には失敗者であったが、芸術的才能にめぐまれ詩文をはじめ痩金体の書、新様式の院体画をよくした。画院を改革して画家の指導育成に努め空前の盛況をもたらした。『宣和書譜』『宣和画譜』『重修宣和博古図』など勅撰の著録がある。わが国における舶載徽宗画の記録は、十四世紀の『仏日庵公物目録』をはじめ足利将軍家の『御物御画目録』『君台観左右帳記』にみえ、その評価は高い。「天山」印(足利義満の鑑蔵印)のある「桃鳩図」は、伝世の名品であり国宝に指定されている。

参考文献 『宋史』徽宗本紀、米沢嘉圃「北宋後期の宮廷絵画」(平凡社『世界美術全集』一四所収)、鈴木敬「画学を中心とした徽宗画院の改革と院体山水画様式の成立」(『東洋文化研究所紀要』三八)

(米沢　嘉圃)

きそよしなか　木曾義仲　⇨源義仲《みなもとのよしなか》

きたじょうたかひろ　北条高広　生没年不詳　戦国時代越後上杉氏の武将。丹後守、安芸守、芳林と号す。越後国刈羽郡北条《きたじょう》(新潟県柏崎市北条)出身、毛利姓。永禄三年(一五六〇)長尾景虎(上杉謙信)の関東進出以後、上野国厩橋《うまやばし》城に在番し、十八年間上杉氏の東国経略に力を尽くした。天正六年(一五七八)上杉氏の内紛の御館《おたて》の乱以後、上杉氏をはなれ土着化、厩橋領(現在の群馬県前橋市域)を支配し、武田勝頼、滝川一益、北条氏直とつぎつぎに帰属を変えながらも勢力を保ちつづけた。

参考文献　『前橋市史』一、関久『越後毛利氏の研究』、山田武麿『群馬県の歴史』(『県史シリーズ』一〇)、久保田順一『室町・戦国期上野の地域社会』　（峰岸　純夫）

きたばたけあきいえ　北畠顕家　一三一八―三八　南北朝時代の公卿、武将。文保二年(一三一八)北畠親房の長子として生まれる。元徳二年(一三三〇)十三歳で左中弁となる新例をひらき、翌年参議で左近衛中将を兼ね、空前の昇進を示した。その春後醍醐天皇の北山行幸に供奉して、花宴に陵王の舞姿を披露したことが『増鏡』にみえる。建武新政とともに、元弘三年(一三三三)八月五日十六歳で従三位に叙され陸奥守となり、義良親王を奉じ父親房とともに、特命を帯びて、十月京を発ち陸奥に下った。任国では、親房の補佐をうけて、宮城郡多賀(宮城県多賀城市)を国府とし鎌倉幕府の職制を模した政務機構を新たに設け、さらに北条氏から没収した郡地頭職を改編して郡ごとの機構整備にまで着手し、奥羽住人の掌握にほぼ成功した。建武元年(一三三四)十二月勲功賞として従二位に叙せらる。同二年足利尊氏の叛により、十一月鎮守府将軍を兼ね、尊氏を追撃して東海道を西上し、新田・楠木氏らと協力して尊氏を九州に敗走させた。同三年二月その恩賞として右衛門督と検非違使別当を兼ね、常陸・下野二国をも賜わったが、三月あらためて陸

北畠顕家画像(栗原信充『肖像集』)

北畠顕家花押

奥太守となった義良親王を再び奉じ、みずからは大介鎮守府大将軍となって多賀国府に赴いた。しかし瓜連城陥落にみられる常陸・下野での敗色と奥羽自体での戦況悪化などにより、延元二年(北朝建武四、一三三七)正月国府から伊達郡霊山に移り防戦態勢を構えたが、前年暮吉野に遷幸した天皇からの命令に応え、八月再び西上の途についた。太守義良親王を奉じ、白河関を出るときは十万騎、東海道を快進撃するときには五十万騎を率いていたと『太平記』は伝える。同三年(北朝暦応元)正月美濃青野ヶ原の緒戦勝利から伊勢に転進し、さらに伊賀・大和を経て京都を衝こうとしたが、般若坂に敗れて河内に逃れ、なお大いに奮戦したが利なく、五月十五日痛烈な諫奏を天皇に認《した》ため、二十二日和泉石津の決戦で戦死した。とき二十一歳の生涯であった。

参考文献　『大日本史料』六ノ四、暦応元年五月二十二日条、横井金男編『北畠親房文書輯考』、中村直勝『北畠親房・顕家両卿の研究』、中村孝也『北畠顕家卿』、大島延次郎『南朝の若武者―北畠顕家―』、伊木寿一『至孝純忠北畠顕家』、同「顕家卿の人物とその業蹟」(『建武昭和』一四ノ七・九)、黒板勝美「北畠顕家の上奏文に就いて」(『虚心文集』二所収)　（遠藤　巌）

きたばたけあきのぶ　北畠顕信　生没年不詳　南北朝時代の武将。北畠親房の次子、顕家の弟。延元元年(北朝建武三、一三三六)後醍醐天皇花山院幽閉に際して父親房の拠る伊勢で挙兵し、密かに天皇の吉野遷幸をたすけたことが『保暦間記』にみえる。続いて『太平記』には、再西上した兄顕家の奥羽軍副将軍として春日少将顕信が美濃青野ヶ原に戦い、さらに男山に拠って奮闘したとあるが、この人物は顕信でなく春日少将顕国であったとみる説が有力。しかし顕家戦死後をついで、同三年(北朝暦応元)七月従三位近衛中将となり陸奥介鎮守府将軍を兼ね、程なく義良親王を奉じて伊勢より東国に出航したが、途中暴風に遭い一時吉野に還った。翌年後村上天皇が即位するに及び勅をうけ再び東下、まず親房の拠る常陸に寄り、興国元年(北朝暦応三、一三四〇)六月ごろ海路牡鹿郡に入部、葛西・河村・南部氏勢力を糾合し、南奥の結城・伊達氏らと呼応しつつ、翌々年には多賀国府奪回寸前までこぎつけたが、十月の三迫の戦に敗北し北奥に退却した。正平六年(北朝観応二、一三五一)観応擾乱での奥州管領勢力の分裂に乗じて再起し、次子中院守親を遣わして伊達・田村の勢力を固めながら、自身は北奥・中奥の勢を率い出羽を迂回して国府に入ろうとし、同年暮に目的を達した。翌年関東の足利尊氏攻撃のため出府した隙を奥州探題吉良貞家方に襲われ、田村荘宇津峰城にたて籠ったが、一年余の死闘も利なく敗れ、同八年(北朝文和二)五月宇津峰城は陥落した。その後、北奥に拠って同十七年(北朝貞治元)ごろまで活動したことが、発給国宣などから知られる。晩年の動静は詳らかでないが、吉野に還って右大臣に任ぜられ、天授六年(北朝康暦二、一三八〇)十一月に没したと『桜雲記』は伝える。三子あり。長子信親は懐良親王に従って九州に戦没したが、次子守親は大納言に任ぜられ、顕信のあとを嗣いで国司となり、その子孫は津軽波岡に拠って波岡御所と称し、戦国時代まで勢力を保った。

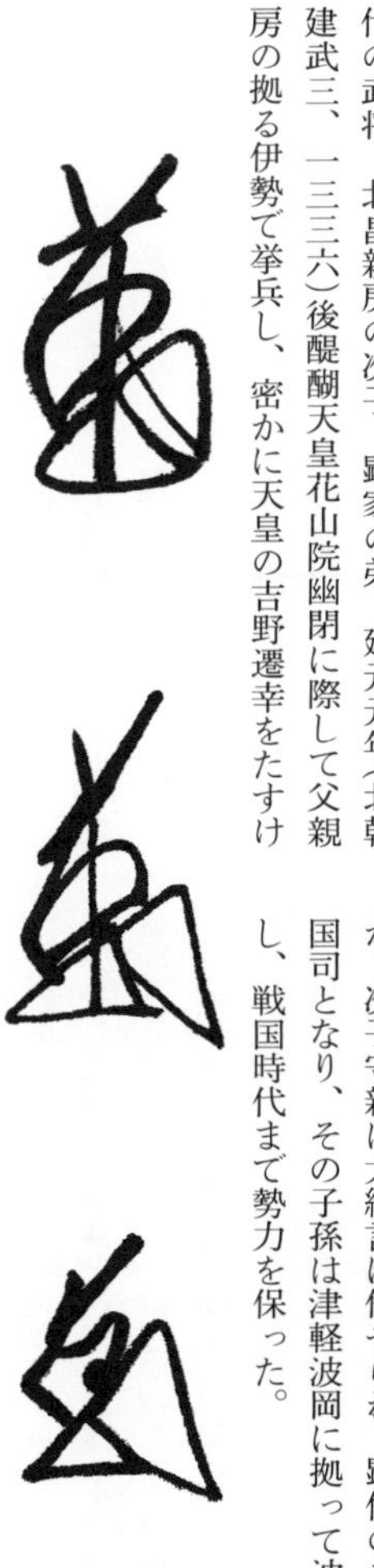

北畠顕信花押

参考文献 『福島県史』一、『山形県史』 (遠藤 厳)

きたばたけあきまさ 北畠顕雅 生没年不詳 室町時代前期の武将。伊勢国司北畠顕泰の子、満雅の弟。応永二十二年(一四一五)の北畠氏の乱に際し、大河内城(三重県松阪市)を守り、以後居城とした。正長元年(一四二八)の満雅敗死後は、その嫡子教具をたすけて北畠氏の赦免を幕府に運動し、永享二年(一四三〇)一志・飯高二郡の安堵をうけることに成功した。嘉吉元年(一四四一)八月三日非参議従三位に叙せられたが、同年出家した(『公卿補任』)。子孫は大河内御所を称し、北畠一族三大将の一にかぞえられた。 (熱田 公)

きたばたけあきやす 北畠顕泰 生没年不詳 室町時代の伊勢国司。北畠顕能の子。南朝の権大納言・正二位。顕能をついで伊勢国司となり、多気(芸)城を本拠に南朝方の武将として活躍。元中六年(北朝康応元、一三八九)三月、一色詮範・仁木満長・長野行藤らと北伊勢に戦い、明徳四年(一三九三)正月にも世保康政と北伊勢に戦ったと『南朝編年記略』などは記す。ついで幕府と講和し、応永六年(一三九九)の応永の乱には、三百余人を率いて和泉国堺に出陣し、子息満泰が討死している(『応永記』)。『南方紀伝』などは応永九年十月没とするが、確認できない。なお『寛政重修諸家譜』は名前を「あきひろ」と読んでいる。 (熱田 公)

北畠顕能花押

きたばたけあきよし 北畠顕能 生没年不詳 南北朝時代の伊勢国司、武将。『尊卑分脈』には、北畠親房の三男、権大納言・正二位・准后とする。官位は南朝のもの。『北畠系図』には、中院貞平の子で親房の養子、との一説を載せており、『太平記』には「中院衛門督顕能」ともみえる。また『園太暦』正平六年(一三五一)十一月九日条には、親房の「二男顕良(能)任右大将」の記事があり、顕能が親房の次男であるか三男であるかには、問題がのこる。『南方紀伝』は建武二年(一三三五)兄の顕信らとともに伊勢国に下り、延元三年(北朝暦応元、一三三八)閏七月従四位上伊勢守に任じられたとするが、他の記録には所見がなく、伊勢国司補任の年紀は未詳。顕能の活躍が顕著となるのは正平七年正平一統後の南朝軍の京都進攻の際で、顕能は伊賀・伊勢の兵を率いて楠木正儀らと京都に攻め入り、光厳・光明・崇光の三上皇を南朝側に移す上に中心的な役割を果たし、ついで八幡の合戦にも奮戦している。活躍の様子は『太平記』にくわしい。翌八年(北朝文和二)二月にも、伊勢から大和国宇陀郡に進出したことが『園太暦』に記録されている。これ以後、当時の記録には顕能の動きは所見がないようであるが、『南方紀伝』には、伊勢・伊賀の各地で土岐頼康・仁木義長らの軍と戦ったことを記し、弘和三年(北朝永徳三、一三八三)七月没としている。なお三重県一志郡美杉村にある北畠神社の祭神として祀られている。

参考文献 大西源一『北畠氏の研究』 (熱田 公)

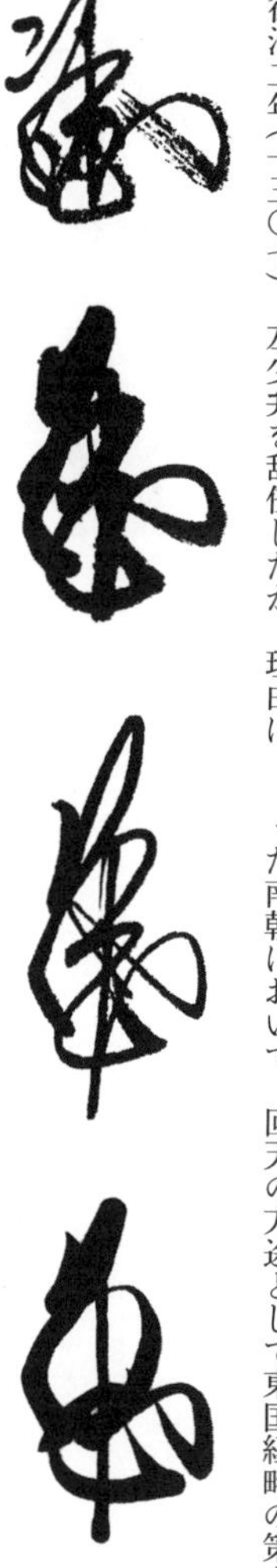
北畠親房花押

きたばたけちかふさ 北畠親房 一二九三―一三五四 鎌倉時代末期から南北朝時代にかけての公卿。中院流村上源氏。従一位、大納言、准大臣、准三宮。永仁元年(一二九三)正月(日次は十三日・二十九日などの説がある)誕生。父師重、母は左少将隆重女。祖父師親の子となる。同年六月叙爵。正安二年(一三〇〇)、兵部権大輔に任官。左少将を経て、嘉元三年(一三〇五)、権左少弁に任ぜられて以来、朝儀への参仕多く、延慶元年(一三〇八)、十六歳で従三位に叙し、公卿の列に入る。この間、徳治二年(一三〇七)、左少弁を辞任したが、理由は冷泉頼俊が弁の官歴なく大蔵卿から右大弁に直任した異例に対して腹立の余りという。延慶三年、正三位、参議、翌応長元年(一三一一)には左中将を兼ね、左兵衛督、検非違使別当を歴任して権中納言に昇任、正和元年(一三一二)、従二位に叙した。同四年、祖父師親の死去にあい、服喪し、散位となるが、文保二年(一三一八)、後醍醐天皇の践祚後、権中納言に還任、翌元応元年(一三一九)、中納言、同二年には源氏第一の公卿の推さるべき淳和院別当に補した。後醍醐天皇の信任厚く、世良親王の養育を委ねられた。元亨三年(一三二三)、権大納言、奨学院別当、さらに按察使を兼ね、翌正中元年(一三二四)には父祖の極官を越えて大納言に進む。朝儀に参じて広学博覧の賢才といわれ、吉田定房・万里小路宣房とともに「後三房」と称された。元徳二年(一三三〇)、養育中の世良親王の死去に殉じて出家。法名宗玄(のち覚空)。時に三十八歳。その後三年余の消息が不明であるが、後醍醐天皇の建武新政府成立後の元弘三年(一三三三)十月、義良親王を奉じて陸奥国府に下向した長子顕家を後見、奥羽の経営に尽くした。建武二年(一三三五)、中先代の乱を契機として、足利尊氏が建武新政府に叛くや、顕家の上洛軍に先んじて入京、翌年正月、後醍醐天皇の近江坂本への行幸に供奉した。尊氏の西走後、顕家は再度奥州に赴いたが、親房は滞京した。同五月、尊氏の鎮西からの上洛により建武新政府が崩壊したが、親房は伊勢へ下って在地土豪の把握につとめ、同十二月、後醍醐天皇の吉野遷幸に始まる南朝の拠点を形成した。延元三年(北朝暦応元、一三三八)、顕家・新田義貞らを失った南朝において、回天の方途として東国経略の策を立

て、同九月、結城宗広らとともに、義良親王・宗良親王を奉じて伊勢大湊を出帆。途中暴風雨にあい、親房だけが常陸東条浦に上陸、以来、神宮寺城、さらに小田・関・大宝の諸城に拠って転戦した。『神皇正統記』『職原抄』の執筆はこの時期のことである。はじめ南朝軍は、在地土豪の組織化が順調で、優勢であったが、次第に劣勢に向かった。結城親朝へ七十通を越える書状を宛てて南朝への協力を促したのは頽勢挽回への意趣の表現である。しかし、親朝が北朝方としての旗幟を鮮明にした興国四年(北朝康永二、一三四三)、失意の裡に吉野へ帰った。後醍醐天皇崩御後の吉野朝廷は、親房が中心的存在となったが、楠木正行の戦死後は漸次衰微し、後村上天皇も吉野から紀伊、そして賀名生《あのう》へと潜行した。正平五年(北朝観応元、一三五〇)、足利直義と高師直の対立に始まる幕府の内訌、いわゆる観応擾乱は南朝回生の機となり、北朝を廃し、元号も正平に一統し、一時は京都奪還を実現したが、同七年、後村上天皇の入京を前に和平は崩れ、賀名生へ帰った。幕府は以後しばらく不安定な状態を示したが、南朝の情勢の好転がついに見られないまま、同九年(北朝文和三、一三五四)四月十七日、賀名生に没した。六十二歳(没年月日・場所についての異説は、『北畠准后伝』の正平九年九月十五日、大和宇陀郡福西荘、六十二歳説をはじめ、正平十四年(北朝延文四)説、六十七歳説、吉野説などがある)。著書には、前述の二著のほか、『元元集』『熱田本記』『廿一社記』『古今集注』『真言内証義』など多数ある。親房を祭神として顕家とともに祀る神社に、大阪府阿部野神社・福島県霊山神社がある。

参考文献 『大日本史料』六ノ一九、文和三年四月十七日条、山田孝雄『神皇正統記述義』、中村直勝『北畠親房』(『中村直勝著作集』七)、横井金男『北畠親房文書輯考』、同編『北畠親房卿和歌拾遺』、平泉澄監修『増補北畠親房公の研究』、佐藤進一『南北朝の動乱』(中央公論社『日本の歴史』九)、永原慶二『中世内乱期の社会と民衆』、同編『慈円・北畠親房』(『日本の名著』九)、平田俊春『神皇正統記の基礎的研究』、我妻建治『神皇正統記論考』、白山芳太郎『北畠親房の研究』、下川玲子『北畠親房の儒学』
(我妻 建治)

きたばたけとものり 北畠具教 一五二八―七六 戦国時代の武将、伊勢国司。享禄元年(一五二八)に生まれる。北畠晴具の長男、母は細川高国の娘。天文二十一年(一五五二)参議従四位下、同二十三年権中納言従三位、弘治三年(一五五七)正三位。永禄十年(一五六七)以来織田信長の伊勢国進攻が行われたが、同十二年、木造具政らが具教に背き信長に通じたのを機会に、信長は数万の兵を率いて具教・具房父子のこもる大河内城(三重県松阪市)を攻めた。同年十月、具教は降伏し、元亀元年(一五七〇)出家、ついで多気郡三瀬城に隠居した。降伏の際の約束に従い、信長の次男茶筅丸を具房の猶子として信雄を名のらせ、天正三年(一五七五)家督を譲った。翌年十一月二十五日、信長に謀られ、旧家臣に襲われて自刃した。四十九歳。弓馬・兵法・和歌など、文武に秀でた武将と評される。

北畠具教花押

参考文献 『寛政重修諸家譜』四六三
(熱田 公)

きたばたけともゆき 北畠具行 一二九〇―一三三二 鎌倉時代後期の公卿。正応三年(一二九〇)生まれる。権大納言雅家の孫、右中将師行の子。後醍醐天皇の抜擢をうけて、嘉暦元年(一三二六)参議、元徳二年(一三三〇)権中納言、元弘元年(一三三一)従二位。「先帝(後醍醐)帥宮ト申奉リシ比ヨリ近侍シテ、朝夕拝礼不怠、昼夜ノ勤厚異于他、サレバ次第ニ昇進モ不滞、君ノ恩寵モ深カリキ」と『太平記』巻四は伝える。元弘元年後醍醐天皇の笠置遷幸に供奉、落城後捕えられ、翌二年、天皇の重臣として佐々木道誉に伴われて関東に送られる途中、六月十九日、近江国柏原で幕府の指示により斬られた。四十三歳。途中逢坂関で詠じた歌や、柏原での道誉との問答など、死の前後の様子は『増鏡』くめのさら山・『太平記』巻四にくわしい。『増鏡』は、斬られる日に出家したという。『太平記』には「逍遥生死、四十二年、山河一革、天地洞然」という辞世の頌をのせている。
(熱田 公)

きたばたけみつまさ 北畠満雅 ?―一四二八 室町時代前期の武将、伊勢国司。顕泰の子。顕泰は応永十年(一四〇三)ごろ没、一方同十四年九月二十九日付で伊勢国多気郡遍照寺領を兵粮料所として佐藤助九郎に充行った兵部少輔兼奉書(『佐藤文書』)は満雅の命を奉じたものと推定され、この間に継職したと思われる。満雅も熱心な大覚寺統支持者で、応永二十一年、称光天皇の即位を前に、南北両朝の合体条件に反するとして挙兵(『南方紀伝』)、翌年、一族ながら幕府方であった木造俊康の坂内城をおとし、満雅は阿坂城に、弟顕雅は大河内城に拠った。幕府は一色義範・土岐持益らを出陣させ、同年五月阿坂城は落城したが、さらに大和国宇陀郡の沢・秋山氏らも挙兵し、鎮圧に出陣した畠山満慶らの軍を土一揆が襲うなど紛争は拡大した。しかし同年八月後亀山上皇の弟説成親王の仲介により幕府と満雅の講和が成り、幕府軍は撤兵した。こえて正長元年(一四二八)称光天皇が不例で、そのあと後花園天皇の受禅が確定的となると、後亀山上皇の皇孫小倉宮が出奔して満雅をたより、満雅は宮を奉じて再度挙兵した。折から、将軍継職に不満の鎌倉公方足利持氏も反将軍の動きを強めつつあり、京都では持氏・満雅は連携しているかと観測された(『満済准后日記』)。両者は直接の交渉はなかった(『薩戒記』)が、そのような観測が生まれるところに、満雅蜂起が京都政界に与えた衝撃の大きさが示される。幕府は伊勢守護土岐持頼・美濃守護土岐持益らに満雅を攻撃させ、同年十二月二十一日、安濃郡岩田の戦で満雅は敗死し(『大乗院

日記目録』）、首は京都に送られ四塚に懸けられた（『椿葉記』）。この後も北畠氏の抵抗はつづいたが、永享二年（一四三〇）に至って幕府は満雅の弟顕雅を赦免し所領を安堵した。後南朝運動の中心であった北畠氏も、満雅の死を境に、その性格をかえることを余儀なくされたといえよう。　→小倉宮《おぐらのみや》　（熱田　公）

きたむきどうちん　北向道陳　一五〇四―六二　戦国時代の茶人。本姓荒木氏であるが、北向の通称によって知られている。永正元年（一五〇四）に生まれる。武野紹鷗より二歳年下の親友で、同じく堺舳松《へのまつ》の人であったが、質の高い会話を通じて紹鷗の茶に深い感化を及ぼした。多くの名物道具を所持し、隠者となって、空海という人物から東山時代の古格の茶法を伝授、かけがえのない権威と目されていたが、彼自身は決して保守的な茶人ではない。その茶風は、淡泊な品位を保ち、わびの心を求めること深く、また、道具の取合せに、すぐれた才能を示した。道陳は、若年の千利休の師であったと伝えられ、かつ、利休を紹鷗に推挙師事せしめた人として有名である。紹鷗と道陳は、茶の技法が対蹠的であったと伝えられているが、同じく三条西実隆に師事し、大林宗套に参禅しており、茶道をより深い教養の側から考え直そうとした姿勢に変りはない。茶道の権威が幕府から町衆へと移動してゆく過程において、道陳は紹鷗に協力して、ともすれば即物的な関心に終始し勝ちな唐物目利のあり方を浄化し、茶道を精神的な深みのある文化として後世に伝えたのである。歴史的には、大名物の権威や利休の奔放自在な茶の基盤を静かに用意していた時代の人であった。永禄五年（一五六二）正月十八日没。五十九歳。墓は大阪府堺市中之町の妙法寺にある。

参考文献　米原正義「堺の町の茶人」（『図説茶道大系』六所収）　（林　左馬衛）

きたやまいん　北山院　一三六九―一四一九　後小松天皇准母、足利義満室。裏松大納言日野資康女。名は康子。義満の先室業子の姪にあたる。応安二年（一三六九）誕生。応永初年のころより義満の室となり寝殿と呼ばれ、同九年（一四〇二）ころよりは二位殿とも称さる。同四年義満が北山第を造営してよりはその南御所に住し、崇賢門院とも親しんだ。同十三年十二月二十七日後小松天皇の生母通陽門院が薨ずると、義満は天皇御一代に両度の諒闇は不吉であると四条天皇の例をあげ、その対策を関白一条経嗣にはかった。経嗣は義満の意向を迎え、南御所康子に准三宮宣下をうけ国母に准ずるようにと申し出て、ついに康子はその日のうちに三宮に准ぜられた。翌十四年三月五日院号宣下あり、裏松院・北山院の二案が議され、義満の意見によって北山院の号が宣下され院司が定められて三月二十三日花々しく入内始の儀が行われた。康子はその後も義満とともに北山第に住し行楽をともにしていたが、同十五年義満没後は次代将軍義持から疎んぜられ、昔日の華やかさもなく、同二十六年十一月十一日北山第南御所で薨じた。時に五十一歳。法号を北山院殿雲岳真高禅定尼という。嵯峨真浄院で荼毘されたが葬儀も略式で、天下触穢も諒闇も行われず、国母に准ずるの儀はまったくなかった。「一時之栄一睡之夢也（中略）人間不定今更被驚了」（『看聞御記』）という有様で、北山第は壊たれ、その遺領は仙洞後小松院に返還された。康子には実子がなく義満晩年の子義嗣および喝食御所聖久を猶子とした。聖久は崇賢門院の遺領を相続して南御所大慈院主となる。　（臼井　信義）

きたやまどの　北山殿　⇨足利義満《あしかがよしみつ》

きたやまのみや　北山宮　生没年不詳　室町時代前期、大和国吉野郡の奥北山川の流域に、郷民に守護された後南朝の皇族。この宮の名および系統については確実な史料を欠き、はっきりしないが、伝説によると、後亀山天皇の子なる小倉宮の三宮空因親王が還俗して尊義王となり、その一宮が北山宮尊秀王といわれる。宮は北山にひそみ、嘉吉三年（一四四三）九月禁闕の変以来行方がわからなくなった神器の一たる神璽を奉じ、伯母峰峠を隔てて川上村にいる二宮河野宮忠義王といわれる者と相はかって、南朝回復運動につとめた。ところが将軍足利義教殺害事件で廃絶になった播磨赤松氏の遺臣が、その再興をはかり、偽って両宮に近付き、長禄元年（一四五七）十二月二日同時に襲った。北山宮は丹生屋帯刀左衛門尉・同四郎左衛門尉によって害され、彼らは宮の頸および神璽を持って遁走したが、雪中伯母峰峠において郷民の手に奪いかえされた。川上村神之谷金剛寺に墓所があり、明治の初め北山宮墓と定められたにかかわらず、のちに河野宮墓に改められた。次に上北山村小橡に北山宮の御座所の後なる滝川寺（もと竜泉寺）があり、宮の遺物と伝える器物が存し、域内に同宮の墓がある。別に近く宮を祀る北山宮がある。

参考文献　後南朝史編纂会編『（吉野皇子五百年忌記念）後南朝史論集』、村田正志「伝後醍醐天皇御木像をめぐる史実」（『南北朝史論』所収）　（村田　正志）

ぎちく　宜竹　⇨景徐周麟《けいじょしゅうりん》

きちざんみんちょう　吉山明兆　一三五二―一四三一　南北朝時代から室町時代初期の代表的な画僧。文和元年（一三五二）に淡路国津名郡で生まれ、東福寺と南禅寺の住持であった大道一以が同島の棲賢山安国寺に隠退している時に弟子となり、その因縁によって東福寺に移ったが、おそらく二十歳以前で、その師は性海霊見であったと推定される。しかし明兆が画僧としての道を選んだのは、東福寺には白雲慧暁などの伝統があり、夢窓派では無等周位や道隠昌樹などのすぐれた画僧が現われたころであるから、その画才のために画業の方に専念することになったのであろうが、直接の師匠関係は不明である。遺作には至徳三年（一三八六）完成の五百羅漢図五十幅（東福寺他蔵）、応永十五年（一四〇八）の巨大な涅槃図（東福寺蔵）、釈迦三尊・三十祖像七幅（鹿王院蔵）などの仏画

と、同十年以前の在先希譲像（霊源院蔵）、同十一年の春屋妙葩像（光源院蔵）、ほぼ同じころの聖一国師像（東福寺蔵）、同三十四年の四十祖像四十幅（同蔵）などの祖師高僧の肖像画などの禅宗寺院に必要な礼拝像が多いけれども、達磨・蝦蟇・鉄拐像三幅（同蔵）などの道釈図があり、応永元年の大道一以像（奈良国立博物館蔵）は頂相でありながら松石鳥獣を添えた水墨画法であって、さらに破草鞋の別号印がある青山白雲図（原寿枝蔵）なる完全な水墨山水図が残っているから、この新興の画法にも長じていたと類推できる。後者は明叔玄晴・大岳周崇・大愚性智の三僧の賛があるし、すでに応永二十年には性智などの賛と太白真玄の序がある山水図を描いているから、明兆は詩画軸画家としての先駆者であったといえよう。その他、記録上では東福寺をはじめ多くの禅堂と武将のために禅宗画と鑑賞画を描いているから、作域の広い大画家であったことが証明され、晩年に東福寺の殿司に就き兆殿司と俗称された。永享三年（一四三一）八月二十日に没す。八十歳。南明院に葬らる。作品上からは、南宋画はもとより、元明の強堅な筆法と濃厚な着色を摂取して室町時代唐絵の開拓者となり、おそらく次代の大巧如拙などはその弟子であろう。

吉山明兆自画像（模本）

参考文献　白石芳留編『東福寺誌』、田中一松「東福寺蔵明兆筆大涅槃図」（『日本絵画史論集』所収）

（谷　信一）

きちぞう　吉蔵　五四九―六二三　隋・唐代の僧侶。三論宗。姓は安氏、金陵の人。祖父が安息国Parthia出身のために胡吉蔵という。梁の太清三年（五四九）誕生。幼時父に伴われて真諦《しんだい》に謁し吉蔵と命名された。十二歳のとき法朗の弟子となり、『中論』『百論』『十二門論』の三論をもっぱら学び、やがてみずから講述して人々を驚かした。陳末隋初の兵乱の間に道俗が逃亡し寺が空になったので、吉蔵はそれらの廃寺に入って書物を集め、これらを自己の著作の中に余すところなく引用した。博引旁証の点では他に及ぶものがなく、現今全く知られない資料も見出される。隋が百越（浙江・福建・江西・広東・安南地方）を平定すると浙江省会稽の嘉祥寺に止住し、『中論』『百論』『十二門論』などの註疏を作って三論宗を大成した。後世嘉祥大師と称するのはこの寺号をとったものである。隋の大業二年（六〇六）煬帝の勅命によって揚州の慧日道場に入り、ついで長安の日厳寺に移った。斉王暕《かん》その名声を聞いて私邸に招聘し、名士六十余人を集めて討論会を催したとき、三国論師と自称する僧粲を屈服させて名声を高めた。隋が亡んで唐が興ると高祖は厚く優遇し、十大徳を挙げて僧務を統轄させた際にその一員に加えられた。実際寺・定水寺から招かれて両寺の住持となったが、斉王元吉も深く崇敬し屈請して延興寺に住せしめた。武徳六年（六二三）五月、七十五歳で寂し、南山至相寺の北巌に葬られた。著作に『三論玄義』『大乗玄論』『法華玄論』『法華義疏』のほか法華・涅槃・勝鬘・大品《だいぼん》般若・金光明・維摩・仁王《にんのう》般若・無量寿などの大乗経の註疏百二十余巻がある。天台智顗と並んで隋唐時代の仏教学界を代表する第一人者である。

吉蔵画像

参考文献　『続高僧伝』一一（『（大正新脩）大蔵経』五

〇)、宇井伯寿『支那仏教史』(『岩波全書』)　(大野　達之助)

きっかわつねいえ　吉川経家　一五四七―八一　安土桃山時代の武将。幼名千熊丸。通称小太郎、のち式部少輔と称す。吉川氏の支族で石見国福光城(島根県邇摩郡温泉津町)の城主。天文十六年(一五四七)生まれる。天正二年(一五七四)父経安のあとを継ぐ。吉川元春の麾下に属し、毛利氏の中国地方制覇戦に従軍して功あり。同九年正月とくに因幡鳥取城の城督に選ばれ、同年三月入城した。当時この城は、旧城主山名豊国が毛利氏にそむき織田氏に降ったが、山名氏の家老や因幡の国人武士たちは経家を迎え入れて城を守り、織田・毛利二大勢力が衝突する焦点となっていた。鳥取城は標高二六四メートルの久松山上にあって要害堅固、北方は雁金山・丸山城と連絡して日本海に口を開いていた。籠城兵は千四百余人で雑兵を加えて三千四百人であった。同年七月織田方の大将羽柴(豊臣)秀吉が二万を越す大軍を率いてこの城を攻め、大規模で厳重な包囲陣をしき兵糧攻めにした。吉川元春は伯耆の南条氏と対戦、毛利輝元・小早川隆景も備中・美作に転戦中で鳥取城の救援ができず、兵糧準備が不足であった城内は飢餓に苦しみ防戦も極限に達した。経家は開城の条件について交渉し、自分一身の犠牲によって城兵の生命を救うことを秀吉に承諾させ、同年十月二十五日に開城し、かれは自尽した。三十五歳。経家は死後の処置を指示するとともに吉川経言(広家)や遺族宛に遺言状を残し、それらには天下を争う織田・毛利両氏の「日本二ッ之御弓矢」の場で切腹するのを名誉と思うと記している。墓は山口県岩国市横山の洞泉寺にある。法名平等院前吏部寂輔空心大禅定門。

参考文献　瀬川秀雄編『吉川経家公事跡』　(河合　正治)

吉川経家花押

きっかわもとなが　吉川元長　一五四八―八七　安土桃山時代の武将。幼名鶴寿丸、はじめ元資、のち元長と改名。通称少輔次郎、のち治部少輔と称す。吉川元春の長子で安芸国山県郡火ノ山城主。天文十七年(一五四八)生まれる。永禄八年(一五六五)に出雲尼子氏の本拠富田城攻撃に従軍して以来、毛利氏の中国地方制覇戦に加わって転戦し勇名をあげ、ことに山陰方面では父に代わって軍政を担当した。天正十年(一五八二)高松城合戦後、隠退した父のあとを継ぎ家督となる。豊臣秀吉の命を受け同十三年に四国に、翌十四年には九州に出征して戦功をたてた。しかし同十五年六月五日、日向国都於里《とのこおり》(宮崎県西都市都於郡町)の陣中で病死した。四十歳。法名万徳院中翁空山。広島県山県郡豊平町海応寺の海応寺墓所に元春と並んで葬られている。勇将であるとともに文学・儒学・仏教などに関する書物を収集し、書写・校合につとめた教養人であった。親交のある菩提寺西禅寺の周伯恵雍に宛てた多数の書状によると、書物を携えて出陣し戦場でしばしば和歌を詠んでいる。また仏教教理の理解もあり、一宗一派にとらわれない諸宗兼学の寺院建設を企てている。

参考文献　河合正治「吉川元長の教養」(『芸備地方史研究』三六)　(河合　正治)

吉川元長花押

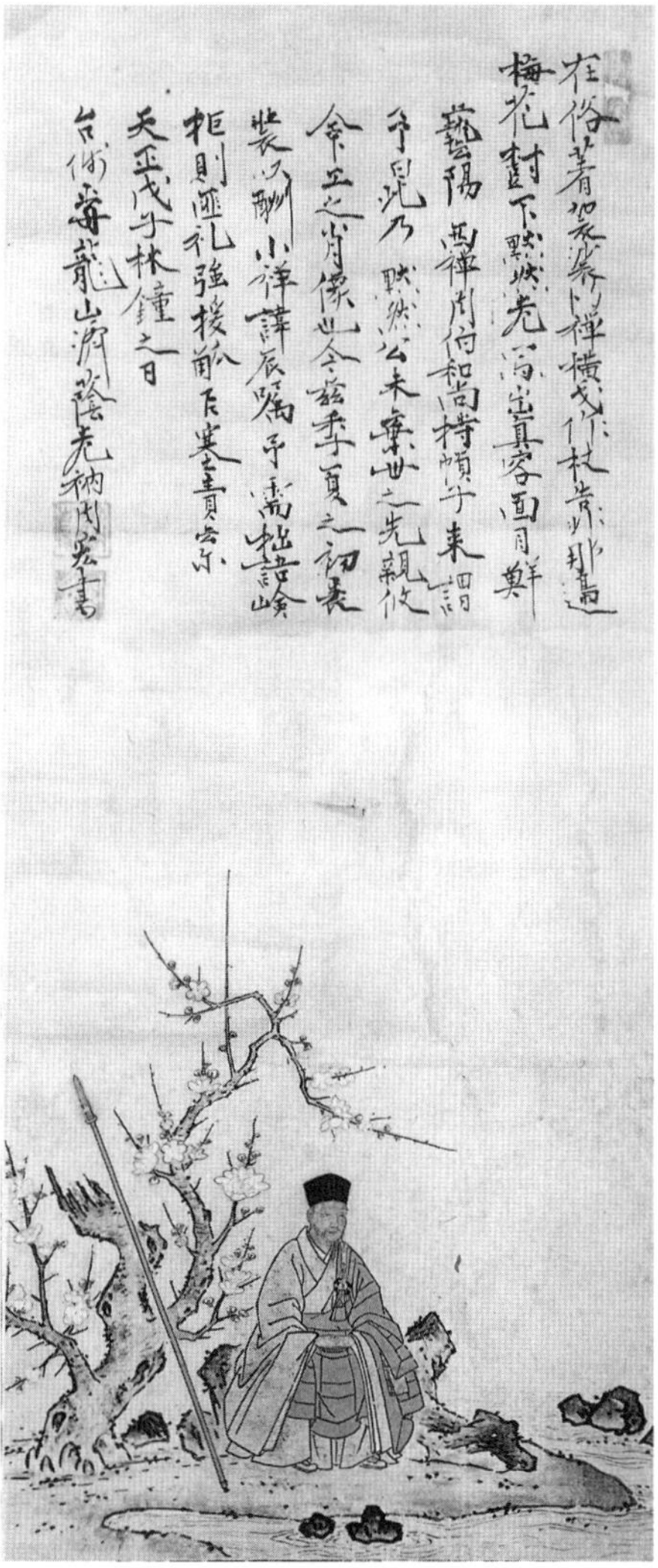
吉川元長画像

きっかわもとはる　吉川元春　一五三〇―八六　戦国時代の武将。毛利元就の次男で通称少輔次郎、のち治部少輔・駿河守と称す。享禄三年(一五三〇)生まれる。母は吉川氏(法号妙玖)。天文十六年(一五四七)吉川興経と養子契約ができ、同十九年安芸国山県郡大朝新荘の火ノ山城に入り、吉川氏の当主となる。父を助けて毛利氏の芸備両国の征服に力を尽くし、弘治元年(一五五五)の厳島の戦には毛利軍の先鋒となり、陶晴賢の部将弘中隆兼を倒す。吉川氏は石見国に一族が広がり因縁が深いので、元春は同二年から同国の経略を任され、益田氏をはじめ国人武士の多くを降伏させ、毛利氏が出雲に軍を進め尼子氏を攻める基礎を築く。毛利氏を中心に吉川氏が山陰

吉川元春花押

方面、小早川隆景が山陽方面の軍事を担当する「毛利両川」の体制はこのころから形成される。永禄五年(一五六二)から同九年にかけて毛利氏が尼子氏の本拠富田(月山)城(島根県能義郡広瀬町)を包囲攻撃するにあたり、先鋒となって尼子氏方の諸城を降し、また父とともに本営洗骸(松江市)にあって全軍の指揮をとり、同九年十一月に城を攻め落とし尼子義久らを降伏させた。同十一年河野通直を救援のため隆景とともに伊予に出征し、大洲城(愛媛県大洲市)の宇都宮豊綱を降した。翌十二年筑前立花城(福岡県粕屋郡粕屋町)を攻撃して大友氏の軍と交戦中、山中幸盛(鹿介)は尼子勝久を奉じて出雲に侵入し、大内輝弘は大友氏の援助を得て周防山口に乱入した。そのため元春はにわかに軍を返して輝弘を討滅した。また元亀元年(一五七〇)毛利軍の先鋒となって勝久を討ちかれを敗走させた。同二年に元就が死んだのちは隆景とともに輝元を補佐し、かれは伯耆・因幡を占領し山陰方面からの東上策を進めたが、西進する織田氏と衝突するようになる。天正六年(一五七八)尼子勝久が織田氏の援助を得てたてこもる播磨上月城(兵庫県佐用郡佐用町)を包囲攻撃し、織田方の部将羽柴(豊臣)秀吉の救援軍を退けて城を落とし、勝久を自殺させ、山中幸盛を捕えて殺害した。その後秀吉の中国経略が成果をあげたため、元春は同九年吉川経家を守将に置いた鳥取城を救援することができず攻め落とされ、翌十年には輝元・隆景に協力して備中高松城(岡山市)を救援し、秀吉の包囲陣を破ろうとしたが果たせず、不利な条件で講和を結んだ。秀吉はやがて本能寺の変に死んだ織田信長の仇を討ち、代わって天下を統一した。元春は秀吉の下風に立つことを好まず、同十年十二月家を長子元長に譲って隠退した。しかし、同十四年秀吉の意向を受けた輝元の懇請を入れて九州に出征し、同年十一月十五日豊前小倉の陣中で病没した。五十七歳。法名随浪院海翁正恵。広島県山県郡北広島町海応寺の海応寺墓所に葬られている。かれは実戦の名将であったが、文化的教養も深く、富田城包囲攻撃中、陣中の余暇に二十一ヵ月の歳月を費やして『太平記』四十巻を丹念に書写している。また、大内氏の支族右田弘詮が苦心して収集整理した『吾妻鏡』が、吉川家に伝存したのもかれの努力の結果であるとみられる(この『太平記』と『吾妻鏡』は、ともに吉川重喜蔵、重要文化財指定)。

吉川元春画像

参考文献 瀬川秀雄『吉川元春』、『岩国市史』上、『吉川元春卿伝』(『長周叢書』) (河合 正治)

きったのよろし 吉田宜 生没年不詳 奈良時代の百済系渡来人の医術家。はじめ僧籍にあり恵俊と称し、文武天皇四年(七〇〇)八月その芸のため勅命で還俗、吉宜を賜わる。養老五年(七二一)正月医術の師範に堪えるをもって賞賜を加えらる。神亀元年(七二四)五月吉田連の姓を賜わり、天平二年(七三〇)三月老衰のため医術の廃絶を恐れ、弟子を取り伝習させられた。同十年閏七月典薬頭に任じられた。時に正五位下。漢詩・短歌・儒学にも長じた。『懐風藻』『万葉集』にその作品がみえる。 (胡口 靖夫)

きでらのみや 木寺宮 ⇨邦良親王《くによししんのう》

ぎてん 魏天 生没年不詳 中国人。幼少のとき、倭寇に捕われて日本に来たが、のち高麗に送られ、李崇仁(陶隠)の家奴となった。使節団に加わって日本に来て、明使に遭い、連行されたが、明の太祖は、かれを日本に送って通事とした。妻を娶って二女を生み、足利義満に親愛され、蓄財もできた。応永の外寇後、朝鮮に使いした僧亮倪《りょうげい》と平方吉久(博多居住)が、回礼使宋希璟らを伴いかえったとき、魏天は、京都に住し、年すでに七十歳をすぎていたが、入京した宋希璟らをその家に迎え、同じ中国帰化人陳宗奇らとともに、外寇後の日本国内事情を語り、深修庵に滞在した朝鮮使節団の応接にあたり、斡旋調停に努めて、足利義持との円満な接触に成功させた。

参考文献 宋希璟『老松堂日本行録』(『朝鮮学報』四五・四六)、中村栄孝『日鮮関係史の研究』上 (中村 栄孝)

ぎてんげんしょう 義天玄詔 一三九三―一四六二 室町時代前期の禅僧。京都花園、臨済宗大本山妙心寺の第五世、同宗大本山大徳寺第三十九世。日峯宗舜の法嗣、旧名を明詔といい、日峯のもとに玄承と改めたが晩年みずから玄詔と称した。字は義天。明徳四年(一三九三)土佐の生まれで俗姓は蘇我氏、入鹿の遠裔という。早くか

義天玄詔画像

ら仏門に志したごとくで王法師と呼ばれ、十五歳で土佐の天忠寺義山明恩によって出家し、十八歳で得度、ついで京都に上って建仁寺に掛搭し、同寺の福聚院春夫宗宿に見えて宗要を叩き、さらに尾張犬山瑞泉寺の日峯に参じた。日峯のもとにあって修行すること五年、正長元年(一四二八)二月についにその印可を受けた。時に三十六歳であった。師のために建立になった故郷の瑞巌寺にしばらく止まったが、美濃愚渓菴に居し、日峯の命によって瑞泉寺を長く看院して後に住し、日峯滅後は妙心寺養源院の塔主となり、請われて妙心寺に住し、また享徳二年(一四五三)には迎えられて大徳寺に住した。その間洛西に竜安寺を開き、丹波に竜興寺を創めた。細川勝元ら帰依を厚くした。寛正三年(一四六二)三月十八日、七十歳で竜安寺に寂した。元禄二年(一六八九)東山天皇より大慈慧光の禅師号が勅諡せられた。法嗣に雪江宗深がある。

義天玄詔花押

参考文献　『正法山六祖伝』、『妙心寺六百年史』

(古田　紹欽)

ぎどうしゅうしん　義堂周信　一三二五―八八　南北朝時代の五山文学僧。字は義堂、諱は周信。別号空華道人。土佐高岡の人。姓は平氏。正中二年(一三二五)閏正月生まれ。七歳のとき高岡郡松園寺の浄義について『法華経』や儒書を学び、十四歳同寺で薙髪、翌年比叡山に登って受戒した。十七歳、臨川寺の夢窓疎石について受衣し、やがてその法を嗣いだ。その間、法兄の方外宏遠から直接の指導を受け、さらに夢窓の寂後、建仁寺に赴いて竜山徳見に師事すること七年、もっぱら学芸を修めた。延文四年(一三五九)足利基氏の招きを受けて鎌倉に下り、夢窓門派の指導者としてとどまること二十二年、石室善玖・中巌円月・不聞契聞らと交わるとともに、常陸勝楽寺、鎌倉善福寺・瑞泉寺・円覚寺黄梅院に住し、報恩寺開山となり、基氏・氏満父子をはじめ上杉朝房・同能憲などの参禅の指導にあたった。康暦二年(一三八〇)足利義満の招きを受けて上洛、義満の参禅の指導にあたった。その間、康暦二年四月建仁寺、同年九月等持寺、至徳二年(一三八五)三月南禅寺に入寺したほか、大慈院・南禅寺上生院・常在光院などにも住し、のち南禅寺内に慈氏院を創めて退休した。嘉慶二年(一三八八)四月四日寂。歳六十四。慈氏院に塔す。交友に春屋妙葩・太清宗渭など、門下生に厳中周噩・惟肖得巌・心華元棣などがいる。義満はじめ公武の篤い信仰を一身に集めるとともに、その学芸は五山の正統的な学風を伝え、中巌円月や絶海中津と並んで、当代五山の代表的存在であった。著作に『義堂和尚語録』四巻のほか、詩文集『空華集』二十巻、日記『空華日用工夫集』、先人の名詩を集めた『貞和類聚祖苑聯芳集』十巻、『禅儀外文抄』『枯崖漫録抄』『東山外集抄』などがある。

義堂周信花押

「義堂」
義堂周信印

義堂周信像

参考文献　辻善之助編『空華日用工夫略集』

(今枝　愛真)

きなしのかるのたいし　木梨軽太子　允恭天皇の皇后忍坂大中姫所生の第一皇子。允恭天皇二十三年に太子となるが、同母妹軽大娘皇女との相姧の罪に問われ、皇女は伊予に流され、太子は儲君の故に刑を免れたという。し

かし、天皇の崩後、その罪によって人望を失った太子は、群臣悉く従う第三皇子穴穂皇子(安康天皇)と争って破れ、逃げ匿れた物部氏の家で自決した(一説に伊予に流された)という。容姿にすぐれた太子と皇女との恋愛譚の大筋は『古事記』も『日本書紀』も同じだが、ただ『日本書紀』が皇后の妹衣通郎女《そとおりのいらつめ》と允恭天皇との恋愛譚を別に構成しているのに、『古事記』が皇女と衣通郎女を同一人物とする点が違っている。

参考文献 津田左右吉『日本古典の研究』下(『津田左右吉全集』二)

(北村 文治)

きのあへまろ 紀阿閉麻呂 ?—六七四 姓は臣。七世紀後半の官人。壬申の乱における天武天皇方の功臣。天武天皇元年(六七二)、大海人皇子(天武)が美濃で挙兵したとき、同年七月に東道将軍となり、多品治《おおのほむち》らと数万の兵を率いて、美濃から倭へむかった。倭では大伴吹負が乃楽《なら》山で近江軍に敗れたことを聞き、置始菟《おきそめのうさぎ》に千余騎を率いて救援させ、飛鳥京を守った。乱のおさまった翌年、戦功により褒賞された。『日本書紀』の天武天皇二年八月条に伊賀にいたとあり、伊賀の人ともいわれるが、国司などの任にあったのかも知れない。同三年二月戊申(二十八日)死去。天皇はこれを悲しみ、壬申の年の功により大紫の位を授けた。

参考文献 直木孝次郎『壬申の乱』(『塙選書』一三)

(直木孝次郎)

きのうし 紀大人 生没年不詳 七世紀後半の官人。天智朝の重臣。大納言紀麻呂の父。天智天皇十年(六七一)正月、令制の大納言相当の御史大夫《ぎょしたいふ》に任ぜられ、同年十一月、天皇の重病に際し、内裏の仏殿で左右大臣の蘇我赤兄・中臣金、御史大夫の蘇我果安・巨勢人の四人とともに、大友皇子に従って心を一にし、天皇の詔を奉ずることを誓ったことが『日本書紀』にみえる。天皇の詔は、天智天皇の死後、大友皇子を天皇に立てて護持することを内容としたものであろう。これ以後の動静は書紀にはみえないが、『続日本紀』慶雲二年(七〇五)七月条などに「近江朝御史大夫贈正三位」とあり、『公卿補任』『紀氏系図』などには天武天皇十二年(六八三)六月に死去したとある。正三位は大宝令制の位階なので、伴信友は、大人はひそかに心を大友皇子と対立する大海人皇子によせており、のち大宝以後、子の麻呂の申請で贈位を得たものか、とする。『家伝』上では天智天皇九年に大錦下であったという。

参考文献 伴信友『長等の山風附録』(『伴信友全集』四)

(直木孝次郎)

きのおおいわ 紀大磐 五世紀後半の顕官。紀氏は臣姓。小弓の子、生磐とも記す。『日本書紀』雄略天皇九年条によると、紀小弓・蘇我韓子・大伴談・小鹿火が新羅に遠征したが、小弓が病死したので大磐が新羅に赴いた。しかし大磐は小鹿火や韓子と不和となり、百済王が国境を見せようと日本の諸将を誘った時、韓子が大磐を射殺しようとして逆に大磐に殺されるという事件がおきた。かような諸将間の対立によって遠征軍は引き返さざるをえなかった。その後、顕宗天皇三年条によると、大磐は任那に拠って高句麗と通じ、三韓の王であろうとして官府を整え、神聖と称し、帯山城《しとろむらさし》に拠った。百済王は怒ってこれを攻め、大磐は逆襲したが兵力尽き、事のならないことを知って日本に帰ったという。→紀小弓《きのおゆみ》

参考文献 末松保和『任那興亡史』、岸俊男『日本古代政治史研究』

(日野 昭)

きのおまろ 紀男麻呂 六世紀後半の顕官。紀氏は臣姓。『日本書紀』欽明天皇二十三年条によると、大将軍として副将河辺瓊缶らとともに新羅遠征に派遣された。任那において百済との軍計をはかる印書を新羅に拾われて新羅軍の来襲をうけたが、これを破り士気を昂揚した。のち用明天皇二年蘇我馬子に従って物部守屋を討ち、崇峻天皇四年任那再興のため再び大将軍として筑紫まで出陣したが、天皇弑逆事件により中止され、推古天皇三年(五九五)筑紫から帰った。

(日野 昭)

きのおゆみ 紀小弓 五世紀後半の顕官。紀氏は臣姓。大磐の父。『日本書紀』雄略天皇九年条によると、天皇は紀小弓・蘇我韓子・大伴談・小鹿火の四人を大将として新羅を討たせた。時に紀小弓はその妻が死亡したので大伴室屋を通じて天皇に申し出て、吉備上道采女《きびのかみつみちのうねめ》大海《おおしあま》を賜わって遠征した。小弓らの軍は善戦し喙《とく》(慶尚北道慶山か)地方を平定したが、新羅軍の反撃をうけ大伴談は戦死、小弓も病死して遠征軍は退いた。のち大海は帰国し大伴室屋を通じて墓所を請い、天皇から田身輪邑《たむわのむら》(大阪府泉南郡岬町淡輪)に墓を賜わったので、大海は室屋に奴六人をおくったが、それが吉備上道の蚊島田邑の家人部であるという。→紀大磐《きのおおいわ》

(日野 昭)

きのきよひと 紀清人 ?—七五三 奈良時代の学者。浄人とも書く。『続日本紀』によると和銅七年(七一四)、従六位上紀朝臣清人・正八位下三宅臣藤麻呂に撰国史の詔あり、平田篤胤以来『和銅日本紀』あるいは『仮名日本紀』の編纂とする説があるが、今日ではやはり養老四年(七二〇)完成の『日本書紀』の編纂に関連づける説が有力。清人は文雅の名高く、しばしば学士として優遇され、東宮に進講する傍ら官位も次第に昇り、天平四年(七三二)右京亮、同十三年治部大輔兼文章博士に任ぜられ、同十五年には正五位下、同十六年には平城留守司となった。清人が亡父国益より得た奴婢を良とした話は有名。同十八年武蔵守、天平勝宝五年(七五三)七月庚戌(十一日)散位従四位下で没した。

参考文献 『家伝』下(『寧楽遺文』下)、北村文治「紀朝臣清人等の撰国史について」(『大化改新の基礎的研究』所収)

(北村 文治)

きのこさみ 紀古佐美 ?—七九七 奈良・平安時代前期の公卿。紀宿奈麻呂の子。天平宝字八年(七六四)十月従五位下。丹後守・兵部少輔・式部少輔・伊勢介・右少弁などを経、宝亀十一年(七八〇)正月従五位上。三月伊

紀古佐美自署

治呰麻呂の叛乱に征東副使。翌天応元年(七八一)五月陸奥守、九月征夷の労により従四位下勲四等。左兵衛督・但馬守・左中弁・式部大輔・中衛中将などを経、延暦四年(七八五)十月参議、十一月従四位上。同六年正四位下、同七年七月征東大使、十二月節刀を賜わり副将軍が死罪を犯さば身を禁じ奏上し軍監以下は法により斬に処せと命じられた。翌八年からの征討で官軍の損亡多く奏状の虚偽を責められ、帰京後も問責されたが特に免ぜられた。同十二年従三位、遷都のため山背国葛野郡宇太村の地を相す一員となる。同十三年中納言正三位。同十五年大納言、十六年東宮傅・式部卿をかね四月四日没す。六十五歳、六十六歳ともいう。没後、贈従二位。

参考文献 高橋崇『坂上田村麻呂』(『人物叢書』二五)

(高橋 崇)

きのただな 紀斉名 九五七—九九九 平安時代中期の漢学者。本姓は田口氏でのちに紀氏に改めた。天徳元年(九五七)生まる。学業を橘正通に受け、永延年間(九八七—八九)尾張掾の時に対策に及第す。正暦五年(九九四)正月に大江成基の申文を書き、長徳年間(九九五—九九)に大内記・式部少輔などの官につき従五位上に至った。長徳二年三月二十八日の大赦の詔、同年十二月二十六日の宋への返牒、四年三月十二日の大臣辞表に対する勅答を書く。特に同三年七月の省試の詩判をめぐっての大江匡衡との論争は名高い。長保元年(九九九)十二月十五日に四十三歳で没した。『扶桑集』の撰者である。『斉名集』は現存せず、『本朝文粋』などにその詩文を収める。『江談抄』には古典を尊重し新意に乏しいと評している。

参考文献 『大日本史料』二ノ三、長保元年十二月十五日条、川口久雄『平安朝日本漢文学史の研究』、金原理「紀斉名私論」(『国語と国文学』四八ノ六)

(大曾根章介)

きのつの 紀角 紀氏同族の始祖と伝えるが、実在した人物か未詳。『古事記』孝元天皇段に、建内宿禰の子で、木臣(紀朝臣)・都奴臣(角朝臣)・坂本臣(坂本朝臣)の祖とあり、『新撰姓氏録』には、他に紀辛梶臣・大家臣・掃守田首・丈(大)部首・紀祝・紀部の祖ともみえる。『日本書紀』には、応神天皇三年是歳(壬辰)条に、羽田矢代宿禰・石川宿禰・木菟宿禰とともに百済に遣わされ、辰斯王の無礼を責めて殺し、阿花王(『三国史記』は阿莘王の即位を三九二年壬辰とする)を立てて帰国したとあり、さらに仁徳天皇四十一年三月条にも、百済に遣わされて、国郡の境界を分かち、郷土の産物を録し、また百済王同族の酒君の無礼を責めると、百済王は懼まり、鉄鎖で酒君を縛し、葛城襲津彦に付して日本に送ったとある。

参考文献 池内宏『日本上代史の一研究』

(岸 俊男)

きのつらゆき 紀貫之 ?—九四五 平安時代の歌人、日記作者。三十六歌仙の一人。生年については諸説があって明確でないが、貞観十年(八六八)ごろと思われる。父紀望行は武内宿禰十七世の孫という。母は定かでないが、『続群書類従』所収の『紀氏系図』に貫之の童名を「内教坊阿古久曾」と記しているところから、内教坊に住む伎女か倡女で、貫之はそこで生育したとする説もある。早くから歌才にすぐれ、『新撰万葉集』上巻成立の寛平五年(八九三)九月以前に行われた「是貞親王家歌合」や「寛平御時后宮歌合」に、二十代の若さで列した。延喜元年(九〇一)には本康親王七十賀、翌二年に中宮、同五年に藤原定国四十賀にそれぞれ屏風歌をよみ、また同年の『平貞文家歌合』にも作歌がみえる。この延喜五年には御書所預の役にあり、その四月には醍醐天皇の勅を奉じて、紀友則・凡河内躬恒・壬生忠岑とともに『古今

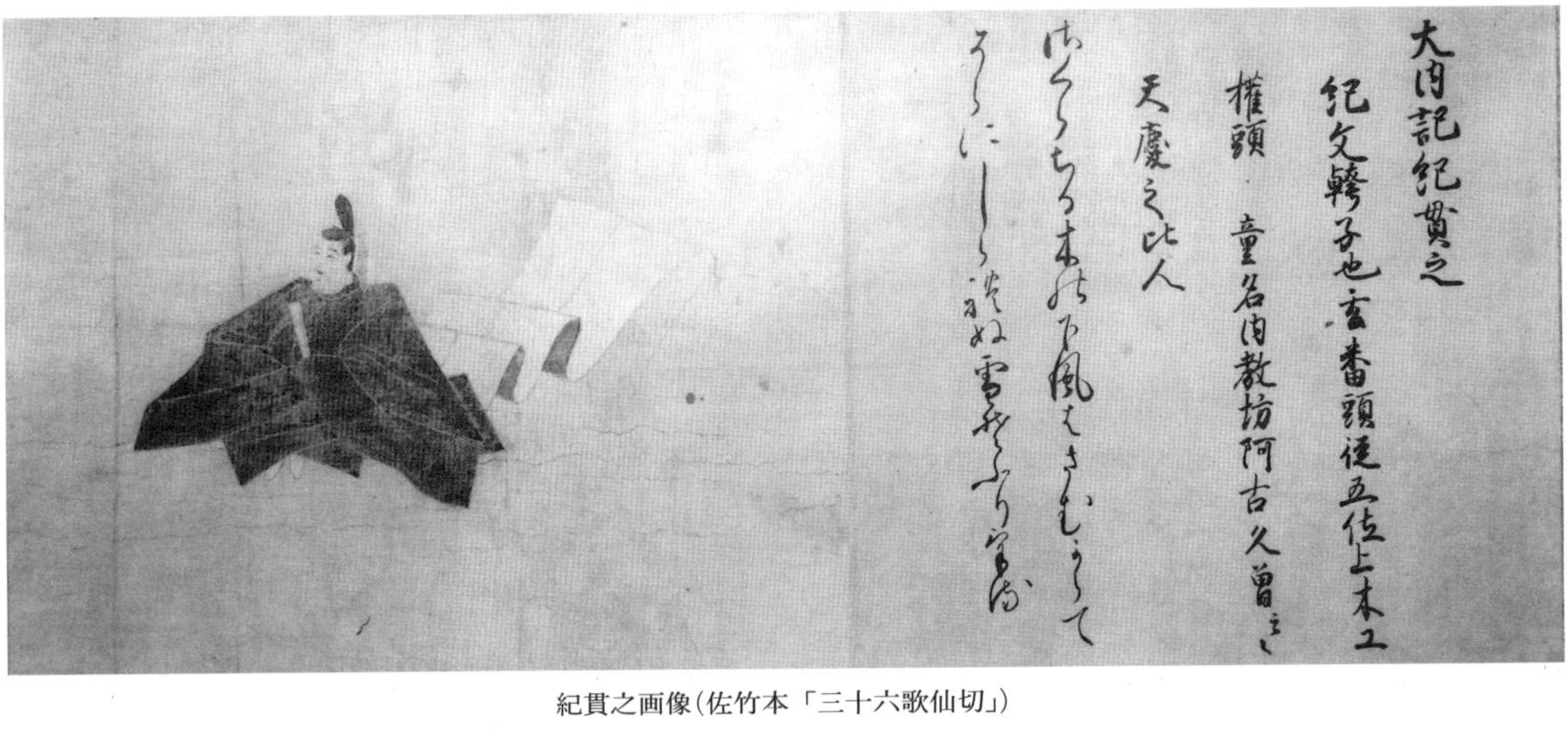

紀貫之画像(佐竹本「三十六歌仙切」)

和歌集』撰進の事にあたり、やがて二十巻を完成、百首をこえる自詠と不朽の「仮名序」をものし、当代歌壇における第一人者としての貫禄を示した。翌六年越前権少掾、七年内膳・典膳に任ぜられ、この年宇多法皇の大堰川行幸に供奉して、九題九首と勅による序を奏した。十年少内記、十三年大内記に昇進、このころから屏風歌が激増する。十七年従五位下加賀介、翌年美濃介、延長元年(九二三)大監物、同七年右京亮、八年正月土佐守に任ぜられて、任地に赴いた。承平四年(九三四)任を終え、十二月国府を発し、翌年二月帰洛した。この間の日記が『土佐日記』である。在任中、醍醐天皇の命による『新撰和歌集』を撰したが、天皇崩御のため奏覧に至らなかった。天慶元年(九三八)周防国に赴き、翌年彼地で「紀貫之家歌合」を催した。同三年玄蕃頭、朱雀院別当を兼補、六年従五位上に叙せられ、八年三月木工権頭に任ぜられたが、この年九月以降、年末までの間に没したらしい。享年七十八、九か。述作には前記『古今和歌集』ならびに「仮名序」、『大堰川行幸和歌』ならびに「序」、『新撰和歌集』ならびに「序」、『紀貫之家歌合』『土佐日記』のほか、自撰本『貫之集』、他撰本『貫之集』があり、勅撰集入集歌四百五十二首、作歌総数は千百余首にのぼる。漢土崇拝の風潮下にあって、伝統文化の興隆につとめ、古今和歌新風の樹立や自照的日記文学の創始など、文学史上に残した足跡は大きく、後続文芸に与えた影響もまた著しい。

紀貫之墓

参考文献 『大日本史料』一ノ八、天慶九年是歳条、目崎徳衛『紀貫之』(『人物叢書』七三)、大岡信『紀貫之』(『日本詩人選』七)　(鈴木知太郎)

きのときぶみ　紀時文　生没年不詳　平安時代中期の歌人。紀貫之の子。近江掾・少内記・大内記などを経て、大膳大夫になる。天暦五年(九五一)十月、宮中の昭陽舎(梨壺)に設けられた撰和歌所に召され、「梨壺の五人」の一員として『万葉集』訓釈、『後撰和歌集』編集の任にあたった。歌人としての力量はあまり認められず、勅撰集入集歌数は『後拾遺和歌集』以下五首にすぎなかったが、父貫之の歌人的名声と時文が能書だったことに負うところが多かったのであろう。

参考文献 村瀬敏夫「紀時文考」(『湘南文学』五・六合併号)　(藤岡　忠美)

きのとものり　紀友則　生没年不詳　平安時代前期の歌人。三十六歌仙の一人。『古今和歌集』撰者の一人。紀有友の子、貫之の従兄。寛平九年(八九七)任土佐掾、昌泰元年(八九八)任少内記、延喜四年(九〇四)任大内記と『古今和歌集目録』にあるが、はじめて任官したのが四十余歳であり、延喜四年中に大内記を辞しているらしい。その事跡の知られる最後は同五年二月の藤原定国四十賀屏風歌の詠進であるが、『古今和歌集』には紀貫之・壬生忠岑が友則の死を悼んだ哀傷歌があり、友則の没年は『古今和歌集』の成立時期と関連して簡単には定めがたい。延喜五年あるいはそれ以後数年のうちの秋に五十歳余で没したと推定される。『古今和歌集』撰者中で官位年齢ともに最も上であるが、入集歌数は貫之、凡河内躬恒に次ぐ第三位で四十六首。『三十六人家集』中にその家集があるが、七十二首(原形七十首か)所収の他撰本である。その歌風は撰者時代の一般的なそれで特長はないが、貫之ほどの技巧はなく比較的屈折感が少ないので、声調に流麗さと強さがある。

参考文献 『大日本史料』一ノ三、延喜五年四月十五日条　(藤平　春男)

紀友則画像(佐竹本「三十六歌仙切」)

きのなごん　紀納言　⇨紀長谷雄《きのはせお》

きのなつい　紀夏井　生没年不詳　平安時代前期の官人。美濃守従四位下紀善岑の第三子。文徳天皇に抜擢されて嘉祥三年(八五〇)に少内記に就き、以後斉衡二年(八五五)に従五位下右少弁、天安元年(八五七)には従五位上右中弁と昇進し、播磨介・式部少輔を兼ねた。文徳天皇の信頼に答えて天性の才能を発揮したが、天安二年に天皇が崩ずると讃岐守に転出した。夏井の善政に感じた百姓は、任期の延長を朝廷に乞い、さらに二年讃岐にとどまった。貞観七年(八六五)、肥後守に任ぜられたが、翌八年の応天門の変に異母弟豊城が関与したため、夏井も縁坐して土佐国に配流された。任地の肥後から配処に向かうとき、肥後の民は路を遮って悲哭したと伝える。夏

井は菅原道真や島田忠臣とも親交のあった文人派官僚であり、清廉な能吏であった。長身(六尺三寸)の眉目さわやかな美男であり、隷書に秀で、雑芸を能くし、医薬にも通じていた。夏井の配流は、九世紀前半に天皇と直結して活躍した文人派官僚の没落を象徴する事件であり、古代の大豪族紀氏の没落も、この事件によって決定的となった。

参考文献 佐伯有清『伴善男』(『人物叢書』一五六)、弥永貞三「春日暇景の詩—応天門の変と道真をとりまく人々—」(『(新訂増補)国史大系月報』二五)　(吉田　孝)

きのはせお　紀長谷雄　八四五—九一二　平安時代前期の学者・詩人。弾正忠紀貞範の男。承和十二年(八四五)生まれる。長谷寺に祈請して生まれたので、長谷雄と命名したという。俗称紀納言。字は紀寛。唐名は紀発昭(「はせを」の字音表記)。貞観十八年(八七六)文章生に補されてより、元慶・仁和年間(八七七—八九)に讃岐掾・少外記。寛平年間(八八九—九八)に図書頭・文章博士、兼尾張・讃岐などの介。式部少輔・右少弁・大学頭を経て、寛平八年正月雑袍を許され、翌年式部大輔、昌泰年間(八九八—九〇一)右・左各大弁を歴任、延喜二年(九〇二)参議に列し、同十年権中納言従三位、翌年中納言に進み、十二年二月十日没。六十八歳。若いころ、詩才を認められて大蔵善行に師事したが、譏にあって疎んぜられるに至り、その後菅原道真の門に入り、その信愛を得た。道真は配流後、配所での作品をまとめて在京の長谷雄に送り、遺託したのが『菅家後集』である。長谷雄の詩集には、みずから撰した『延喜以後詩巻』『紀家集』があるが、すべて佚し、後者がわずかに残闕となって残るのみである。伝えられる作品としては、漢詩句は『日本詩紀』に四十四首、『和漢兼作集』に八首、『紀家集』残闕に一首、散文は『本朝文粋』に二十九篇、『紀家集』残闕に七篇、『本朝文集』に二篇、和歌は『後撰和歌集』に四首、『和漢兼作集』に一首がみえる。説話集などに、三善清行から「無才の博士」と罵られたとか、陰陽道にくらかったとか伝える。温厚の人物だったらしいが、その作品の中に脱俗・風雅を求めるところのあることは、その作品によっても窺うことができる。

紀長谷雄(『長谷雄草紙』より)

参考文献 『大日本史料』一ノ四、延喜十二年二月十日条、川口久雄『平安朝日本漢文学史の研究』上　(今井　源衛)

きのひろずみ　紀広純　?—七八〇　奈良時代の公卿。左衛士督従四位下紀宇美の子。天平宝字二年(七五八)正月、正六位上で北陸道問民苦使。同七年従五位下、大宰員外少弐。天平神護元年(七六五)二月、薩摩守に左遷。神護景雲二年(七六八)六月筑後守、のち、左少弁・美濃介を経、宝亀四年(七七三)正月従五位上、同五年三月新羅国使金三玄来朝の由を問うため大宰府へ派遣された。七月河内守で陸奥鎮守副将軍をかね、同六年九月副将軍のまま陸奥介、十一月征夷の功で正五位下勲五等を授けられた。同八年五月陸奥守で按察使をかね十二月鎮守将軍として出羽国蝦夷を鎮定、同九年六月功により従四位下勲四等。同十一年二月、参議。三月二十二日、覚鱉柵造営のため伊治城に入ったとき信任していた蝦夷出身の上治郡(伊治郡か)大領伊治呰麻呂に殺された。『続日本紀』同日条の広純伝に「職にあつて事を視ること幹済と称せらる」(原漢文)とある。

参考文献 高橋崇『坂上田村麻呂』(『人物叢書』二五)　(高橋　崇)

きのますめ　紀益女　?—七六五　奈良時代の巫女。朝臣姓。和気王の背後にあって恵美押勝の打倒に功ありとされ、『続日本紀』によると天平宝字八年(七六四)十月、無位より従五位下に叙され、ついで従五位上に進み、翌天平神護元年(七六五)正月、勲三等を授けられた。同年八月、和気王の失脚事件に連坐し、山背国綴喜郡松井村で絞殺されたが、益女は王の寵愛も蒙っていたという。益女は、紀寺の婢の出身らしく、紀寺の奴で放免の上、従四位下陰陽頭に栄進した紀益麻呂の血縁者であったと推定される。

参考文献 角田文衛「紀寺の奴」(『律令国家の展開』所収)　(角田　文衛)

きのまろ　紀麻呂　㈠?—七〇五　持統・文武天皇代の公卿。大人の子、宇美・男人の父。持統天皇七年(六九三)六月直広肆を授けられ、大宝元年(七〇一)三月従三位大納言となり、慶雲二年(七〇五)七月丙申(十九日)大納言兼中務卿正三位で没した。この時四十七歳か。『公卿補任』には、文武天皇が深く悼惜し、特に葬儀を賜わり、宣命せしめたとある。『懐風藻』に「春日応詔」の五言詩一首を載せる。

㈡生没年不詳　奈良時代の公卿。広名の父。麻路とも書く。養老四年(七二〇)従五位下に昇叙、天平十五年(七四三)参議、天平勝宝元年(七四九)中納言となったほか、民部卿・右衛士督・式部卿・大宰帥などの任にもあった。『続日本紀』淳仁天皇即位前紀によると、天平宝字元年(七五七)三月に中納言従三位であったが、その後の消息は不明。　(笹山　晴生)

きのよしひと　紀淑人　生没年不詳　平安時代の官人。長谷雄の子。承平六年(九三六)、伊予国日振島を本拠とする海賊が官物・私財を掠奪したため、朝廷は淑人を伊

予守に任じて追捕させた。賊は淑人の政治の寛大なことを聞いて二千五百余人が進んで刑につき、首領三十余人が投降した。淑人はかれらに衣服・田畠を賜い、種子を支給して農耕に従事させた。しかしこの後、天慶二年(九三九)に至り、淑人の制止にもかかわらず、藤原純友が海賊を率いて反乱をおこした。『紀氏系図』には河内守従四位下、『続群書類従』所収の一本には伊予守・式部少輔・河内守で従四位下とある。

参考文献　『大日本史料』一ノ九、天暦二年正月三十日条、松原弘宣『藤原純友』(『人物叢書』二二〇)

(笹山　晴生)

きのよしもち　紀淑望　?―九一九　平安時代の漢学者。紀長谷雄の長男で、寛平八年(八九六)二月二十二日に文章生に補せられ、延喜元年(九〇一)九月に対策に及第、二年九月民部丞、六年三月刑部少輔、七年三月勘解由次官、九年四月大学頭、十年十月東宮学士に任ぜられ、十二年正月に従五位上に叙され、十三年正月に信濃権介を兼ね、十九年に没した。『古今和歌集』真名序の作者で、『古今和歌集』以下に三首の和歌を収む。

参考文献　『大日本史料』一ノ五、延喜十九年是歳条

(大曾根章介)

ぎはん　義範　一〇二三―八八　平安時代の真言宗の僧。号遍智院僧都。治安三年(一〇二三)誕生、父は従五位下藤原如政。肥後の人。仁海入室と称す。天喜二年(一〇五四)曼荼羅寺で成尊に灌頂を受ける。同門に範俊がある。のち醍醐寺に遍智院を開く。承保二年(一〇七五)請雨法を修して範俊と競う。承暦二年(一〇七八)性信入道親王に重受。同三年藤原賢子のために皇子(堀河天皇)誕生を祈る。応徳三年(一〇八六)権少僧都、東寺三長者、護持僧。寛治元年(一〇八七)神泉苑に祈雨法を修す。同二年三月病により諸職を辞す。同年閏十月五日入滅、世寿六十六。

参考文献　『大日本史料』三ノ一、寛治二年閏十月五日条、『東寺長者次第』(『高野山大学論叢』二)

(和多　秀乗)

きびつひこのみこと　吉備津彦命　いわゆる四道将軍の一人。『古事記』では孝霊天皇の皇子として「比古伊佐《ひこいさ》勢理毗古《せりひこ》命亦名大吉備津日子命」と記し、『日本書紀』では「彦五十狭芹彦命(亦名吉備津彦命)」と述べる。このほか、同じ孝霊天皇の皇子に稚武彦《わかたけひこ》命(『古事記』では若日子建吉備津日子命)があり、書紀はこの皇子を吉備臣の始祖としている。『古事記』の孝霊天皇段には、大吉備津日子命と若日子建吉備津日子命とを吉備国の平定に遣わし、前者が吉備上道臣、後者が吉備下道臣・笠臣の祖であるとする説話がみえるが、『日本書紀』の崇神天皇十年九月条には、「四道将軍」派遣説話のなかに、西道に派遣された将軍として吉備津彦の名が登場する。ただし『古事記』の崇神天皇段には、吉備津彦派遣の説話は記載されていない。岡山県の吉備津神社・吉備津彦神社の祭神として祭られている。

(上田　正昭)

きびつひめのおおきみ　吉備姫王　?―六四三　七世紀の皇族。『日本書紀』の皇極・孝徳両天皇の即位前紀によれば、敏達天皇の孫の茅渟王に嫁して両天皇を生んだという。『本朝皇胤紹運録』では欽明天皇の孫、桜井皇子の女とする。『日本書紀』皇極天皇二年(六四三)九月丁亥(十一日)条に「吉備嶋皇祖母命薨」とあり、飛鳥の嶋宮に居住したと思われる。孝徳天皇大化二年(六四六)三月辛巳(十九日)条に「吉備嶋皇祖母処々貸稲」の記事がみえ、嶋宮で出挙などの経済活動を行なっていたことがわかる。吉備姫王の死後は舒明天皇の母が嶋皇祖母命と呼ばれており、嶋宮が舒明・皇極の親族に伝領されたと推定される。

参考文献　秋山日出雄「古代の「宮の伝領」について―飛鳥の嶋宮を通じて―」(柴田実先生古稀記念会編『柴田実先生古稀記念日本文化史論叢』所収)

(川口　勝康)

檜隈墓《ひのくまのはか》　奈良県高市郡明日香村大字平田にあり、欽明天皇檜隈坂合陵の西南に隣接する径約八メートルの小円墳である。『延喜式』諸陵寮は檜隈墓として掲げ、「吉備姫王、在二大和国高市郡檜隈陵域内一、無二守戸一」と註記していて、欽明天皇陵の域内にあったことが知られるが、『日本書紀』には皇極天皇二年(六四三)九月乙未(十九日)に皇祖母命を檀弓崗《まゆみのおか》に葬ったとある。当所は檜隈・檀弓崗両地域の接するところにあたり、もとは檀弓崗とも呼ばれたものか、あるいはのちに檜隈の地へ改葬されたものであろう。墓所は後世その所伝を失い、『大和志』は高松塚をあてているが、幕末に当所を墓と定め、欽明天皇陵とともに修治を加えた。現在、墓域内に猿石の名で世に知られている四基の石人像がある。『大和名所図会』によると、元禄十五年(一七〇二)に欽明天皇陵の南側の土中より出土したもので、同陵の傍に置かれていたが、のち陵外に移され、当墓の域内に据えられた。『今昔物語集』三一に檜前陵の「石ノ鬼形」とあるものは、この石人像のことであろう。

参考文献　谷森善臣『山陵考』(『(新註)皇学叢書』五)、藤原貞幹『好古日録』(『日本随筆大成』一期)、『奈良県高市郡志料』、斎藤忠「奈良・吉備姫墓の墓域内にある「猿石」とその源流」(『日本古代遺跡の研究』論考編所収)、本沢清三郎「檜隈墓石像考」(『考古界』五ノ八)

(戸原　純一)

きびないしんのう　吉備内親王　?―七二九　草壁皇子の女で、長屋王の室。『続日本紀』霊亀元年(七一五)二月丁丑条(二十五日)に三品吉備内親王の男女は皇孫に列すとある。内親王は神亀元年(七二四)二月丙申(六日)二品に叙された。天平元年(七二九)二月癸酉(十二日)長屋王自尽のとき、内親王は子の膳夫王ら四人とともに自経し、翌甲戌(十三日)夫妻を生馬(生駒)山に葬るときの勅に、罪のない内親王を通例の待遇で送葬し、ただ鼓吹をとどめよとある。夫妻の墓は奈良県生駒郡平群町の双墓

がそれであるという。

参考文献　川崎庸之「長屋王時代」（『記紀万葉の世界』所収）、北山茂夫「白鳳末期の諸問題—長屋王の事蹟を中心に—」（『万葉の世紀』所収）、岸俊男「光明立后の史的意義—古代における皇后の地位—」（『日本古代政治史研究』所収）、直木孝次郎「長屋王の変について」（『奈良時代史の諸問題』所収）、笹山晴生「奈良朝政治の推移」（『（岩波講座）日本歴史』三所収）、野村忠夫「長屋王首班体制から藤四子体制へ」（『律令政治の諸様相』所収）

（井上　薫）

きびしまのすめみおやのみこと　吉備島皇祖母命　⇨吉備姫王《きびつひめのおおきみ》

きびのたさ　吉備田狭　五世紀ごろか、反乱伝承上の人物。『日本書紀』によれば吉備上道臣田狭は朝廷に上って雄略天皇に近侍していたが、天皇は田狭を任那国司に任じて遠ざけ美しい妻の稚媛を奪って女御とした。田狭は任所で事を知り恨んで新羅と通じた。天皇は田狭と稚媛の子弟君と吉備海部直赤尾に新羅を討てと命じ、併せて百済から才伎（技術者）を朝貢させる使とした。弟君は百済まで進んだが新羅へは入らず、才伎を朝廷に送ることも怠った。田狭は密かに使を弟君に送ってともに叛くことをすすめたが、弟君の妻樟媛は忠義の心から夫を殺し、みずから赤尾とともに才伎を率いて帰国した（雄略天皇七年条）。天皇に召された稚媛は磐城皇子・星川皇子を生んだが、天皇の崩後、星川皇子を皇位につけようと大蔵を占領して立てこもった。大連大伴室屋は遺詔に従うと称して葛城韓媛の生んだ白髪皇子（清寧天皇）を支持し、大蔵に火をかけて星川皇子・稚媛、上道田狭の遺子兄君らを燔き殺した。この変を聞いた上道臣一族は、吉備から四十艘の水軍で救援に来たが間に合わず空しく帰国し、のち上道臣は天皇に責められ所管する吉備山部を奪われた（清寧天皇即位前紀）。この反乱伝承には或本・別本など異伝はあるが『古事記』にはみえず、同じく吉備の下道臣前津屋の天皇呪詛と併記されているなど、史実としては年紀も正確と思えない。鉄や塩などを産し豊かであった吉備への朝廷介入を象徴したものか。吉備国造の朝廷・朝鮮半島での勢威、所管の水軍や山部、そして技術移民渡来との関わりなど往時の半独立的な勢威を投影させた伝承であろう。

（石井　英雄）

きびのまきび　吉備真備　六九五—七七五　奈良時代の学者で政治家。名は真吉備とも書く。本来は吉備豪族連合を形成していた族長的地方豪族の一つで、下道臣《しもつみちのおみ》氏であった。持統天皇九年（六九五）誕生。父は下道朝臣圀勝《くにかつ》で、地方豪族の子弟からトネリとして出身し、中央下級武官である右衛士少尉に至った。母は楊貴《やぎ》氏で、真備の出生は畿内であった可能性がある。彼は下級官人の子として正規のコースで大学に入り、その終了後に式部省試に及第し、従八位下を授けられたと推測される。そして霊亀二年（七一六）に入唐留学生に選ばれ、翌年遣唐使に付けて僧玄昉らとともに入唐した。在唐留学十七年に及び、儒学・律令・礼儀・軍事などを学んで、天平六年（七三四）末に帰国、翌七年四月に持ち帰った多くの書籍・器物を献じ、正六位下を授けられ大学助に任ぜられた。ついで翌八年正月に外従五位下に昇り、さらに同九年二月には従五位下に進んだが、中宮亮であった同年末、入唐・帰朝をともにした玄昉が中宮藤原宮子の療病にあたった功で、従五位上に昇叙された。この時期から彼は、政権を担当した橘諸兄の政治顧問の役割を果たし、十二年の藤原広嗣の乱では、真備と僧正玄昉との排除が掲げられた。乱鎮定の後、彼の順調な昇進の一因になったのは、東宮阿倍内親王（のちの孝謙・称徳女帝）の学士として教授にあたったことで、十五年五月にはその故をもって特に従四位下を授けられ、同年六月に春宮大夫を兼ねた。ついで十八年十月には下道朝臣から吉備朝臣と改賜姓されたが、ようやく政界に勢力を伸ばした藤原仲麻呂にうとまれて、天平勝宝二年（七五〇）正月に筑前守、ついで肥前守に左遷された。つづいて翌三年十一月には遣唐副使に任命され、四年閏三月に再び入唐したが、五年末帰国して正四位下に昇叙され、大宰大弐に任命された。その地方官としての生活は十年に及び、ようやく天平宝字八年（七六四）正月の人事で、造東大寺司長官として中央に帰った。ここで同年九月に勃発した恵美押勝の乱では、従三位に昇叙され、中衛大将を兼ねて押勝の追討に大きな役割を果たしたが、乱の論功行賞により翌天平神護元年（七六五）正月に勲二等を授けられた。ここでいわゆる道鏡政権下に異例の昇進をつづけ、翌二年十月に右大臣、神護景雲三年（七六九）には正二位に昇った。しかし、翌宝亀元年（七七〇）八月、称徳女帝の崩御と道鏡の失脚とは、真備の政治的生命に終止符をうち、同年十月一日の光仁天皇即位・宝亀改元の後に中衛大将を辞し、翌二年三月に右大臣の座を去った。そして同六年十月二日、八十一歳の高齢で波瀾の生涯を閉じたのである。なお入唐留学の後、大学寮での釈奠《せきてん》の儀などを整備し、また右大臣在任中には大和長岡とともに『刪定《さんてい》律令』を編纂した。著作に『私教類聚』がある。

吉備真備（左）（『吉備大臣入唐絵巻』より）

参考文献　宮田俊彦『吉備真備』（『人物叢書』八〇）、重野安繹「右大臣吉備公伝纂釈」、野村忠夫『律令官人制の研究』、岸俊夫「楊貴氏の墓誌」（『日本古代政治史研究』所収）、石井英雄「上代地方豪族吉備氏に関する一考察」一（『白山史学』六・七合併号）、近江昌

司「楊貴氏墓誌の研究」(『日本歴史』二一一)　(野村　忠夫)

きびのみともわけ　吉備御友別　吉備臣の祖とされ、孝霊天皇皇子稚武彦命の孫(『新撰姓氏録』)とも伝えるが四道将軍吉備津彦命との系譜上に異論もある。応神天皇の妃兄媛は御友別の妹で、天皇は吉備に巡狩し、御友別の兄弟や子らを吉備国に分封した。長子稲速別(下道臣の祖)を備中の川島県に、中子仲彦(上道臣・香屋臣の祖)に備前上道県を、末子弟彦(三野臣の祖)に備前三野県を、弟の鴨別(笠臣の祖)に波区芸県(備後の波久岐でなく備中笠岡の辺という)を、兄の浦凝別(苑臣の祖)に備中の苑県を与え、兄媛には織部の民を賜い、これが吉備氏が同国に在る由来と伝える(『日本書紀』応神天皇二十二年条)。しかし仁徳天皇と黒日売(吉備海部直の女)の伝承が『古事記』にあり、分封の伝承の成立は七世紀まで降るといわれている。御友別の子孫については、吉備真備の『公卿補任』官歴に九世孫と伝え、播磨の印南野臣も祖人上が十一世の孫であったとして、笠朝臣の改賜姓を得ている(『三代実録』元慶三年(八七九)十月二十二日条)。

参考文献　志田諄一『古代氏族の性格と伝承』、岩本次郎「古代吉備氏に関する一考察」(『ヒストリア』二六)、中西洋子「吉備氏伝承の発生基盤」(『国学院雑誌』六八ノ三)　(石井　英雄)

きぶみおう　黄文王　?—七五七　奈良時代の皇族、長屋王の子、安宿王の弟。母は藤原不比等の女であったため、長屋王の変でも特に不死を賜わった。天平十一年(七三九)正月従四位下、同十二年十一月従四位上に叙せられ、翌年七月散位頭、天平二十年四月元正太上天皇大葬の装束司、天平勝宝八歳(七五六)五月聖武太上天皇大葬の装束司にそれぞれ任ぜられた。天平宝字元年(七五七)七月橘奈良麻呂の変に、奈良麻呂によって太子に擁立されようとしたが、安宿王が自白して黄文王より奈良麻呂の言を伝えられたと告げ、これより先小野東人が黄文王も謀に加わっている旨を自白すると、黄文王は獄中で拷掠窮問され、杖下に死んで、名を(久奈)多夫礼と改められた。

参考文献　北山茂夫『日本古代政治史の研究』　(原島　礼二)

きぶみのほんじつ　黄文本実　生没年不詳　七世紀後期から八世紀初期にかけての官人。黄書とも書く。高句麗からの渡来人の子孫。天智天皇十年(六七一)三月水臬《みずはかり》という水準器を献上。天武天皇十二年(六八三)九月黄文造から連に改姓。持統天皇八年(六九四)三月鋳銭司に任じられた。時に勤大弐。大宝二年(七〇二)十二月持統天皇の崩御にあたり、作殯宮司となる。時に従五位下。慶雲四年(七〇七)六月文武天皇薨去に際して、殯宮の事に奉仕し、同年十月御装司となった。時に従五位下。薬師寺所蔵の仏足石記に、日本使人黄書本実が大唐国に赴き、普光寺において仏足跡図を写したとある。あるいは天智天皇八年の遣唐使に随行か。　(胡口　靖夫)

木村重成画像(栗原信充『肖像集』)

きむらしげなり　木村重成　?—一六一五　江戸時代初期の武将。慶長十九年(一六一四)大坂冬の陣に籠城し一手の将となる。同年の和睦に際しては豊臣秀頼の使者として徳川方の陣所に赴き、徳川秀忠の誓紙を受け取った。翌元和元年(一六一五)の夏の陣にも籠城したが、五月六日、城外若江で井伊直孝の軍勢と戦い敗北、討死した。以上は当時の記録によって確かめられることであるが、常陸介某の子であるという説や妻を真野氏とする説、また享年十九とする説は、いずれも後年のもので確かめようがない。なお名の重成は、『池田光政日記』所収の「草加二郎左衛門充感状」の差出に「木村長門守重成」とあり、ある程度信用できると思われる。

参考文献　『大日本史料』一二ノ一八、元和元年五月六日条　(高木　昭作)

肝付兼重墓

きもつきかねしげ　肝付兼重　生没年不詳　南北朝時代初期、南九州で活躍した南朝方の武将。大隅国肝付郡弁済使肝付兼藤の第二子。伴姓、通称八郎左衛門、法名玄源。はじめ同族萩原氏等の有した日向国三俣院の領主となったが、兄兼尚が鎌倉に赴き不在であったため、兼尚所帯の肝付郡弁済使職をも預かった。子の秋兼は兼尚の女を妻とし、兼尚のあとをついだ。鎌倉幕府滅亡後、領主権の拡大を求めて日向国救二郷(鹿児島県曾於郡大崎町)などにおいていちはやく活動を始めたが、建武二年(一三三五)十二月には反足利尊氏方として挙兵、肝付郡百引加瀬田城(鹿児島県鹿屋市)・三俣院高城(宮崎県都城市)などを拠地として南九州の南朝方と連絡をとり勢力をふるった。しかし延元元年(北朝建武三、一三三六)六月には島津貞久らの攻撃で兼尚の子兼隆のよる加瀬田城が陥ち、同四年(北朝暦応二)八月には畠山義顕(直顕)らの攻撃でついに兼重の本城高城も陥り兼重はかろうじ

て脱出した。翌興国元年(北朝暦応三、一三四〇)には鹿児島郡司矢上一族らと呼応して薩摩鹿児島郡東福寺城(鹿児島市)に入った。しかし翌年同城も島津貞久らの激しい攻撃により陥落した。その後懐良親王の入薩により南九州における南朝方の勢力拡大につとめ、正平四年(北朝貞和五、一三四九)には石井中務丞を下大隅郡に攻め、足利直冬の九州下向に伴い、そのさそいに応じ、楡井頼仲らとともに挙兵したが、まもなく病没したと思われる。同八年(北朝文和二)ごろの直冬方の交名注文に「肝付八郎兼重(今者死去)跡輩一族」とある。肝属郡肝付町旧盛光寺墓所にその墓はある。

参考文献 河野直吉編『(南朝忠臣)肝付兼重』

(五味 克夫)

きゅうえん **救円** 生没年不詳 平安時代中期の絵仏師。丹後講師。宮中の真言院(承和二年(八三五)造)の正月後七日御修法の本尊画、五大尊像五幅と十二天像十二幅とを描いた絵師である。不動明王を中心とした五大明王と多聞天などの十二天画像は、空海持来の唐本からの模写図であったが、二百年余を経て朽損したので長久元年(一〇四〇)に救円が描き改めた。これは大治二年(一一二七)に焼失し、現在の教王護国寺国宝画像十七幅は覚仁が小野経蔵の図によって描いたもの。

(亀田 孜)

きゅうか **九華** ⇨玉岡瑞璵《ぎょっこうずいよ》

きゅうぜい **救済** 一二八二―一三七六 鎌倉時代後期・南北朝時代の連歌師。「ぐさい」ともいうが、確証がない。侍公・侍従公などと呼ばれた。弘安五年(一二八二)誕生。鎌倉時代後期を代表する地下連歌師善阿に師事。和歌は冷泉為相に学んだという。文保のころ、北野神社で法楽千句を興行、南北朝時代に入ってのちは、二条良基・梶井宮尊胤らの庇護を得て、門弟たちとともに連歌界の主流を形成するに至った。良基に協力して、延文元年(一三五六)には『菟玖波集』を編集、応安五年(一三七二)には『連歌新式』を制定している。学書としては、救済作という『連歌手爾葉口伝』が伝えられているほか、良基の『連理秘抄』(『僻連抄』はその初稿本)は、救済の教えに基づいて執筆されたものとみてよく、その校閲を受けている。救済の句は『菟玖波集』に百二十七句入集しているほか、一座した作品には、『文和千句』『紫野千句』その他がある。また同一の前句に周阿と付句を競合した『侍公周阿百番連歌合』が伝えられている。救済の句風は、それ以前の地下連歌の遺産を集大成した趣があり、きわめて多彩で、南北朝連歌の最高峰を形成しているが、一句の仕立の気勢の強さ、前句へのかかり方や詞づかいの巧みさ、心情の深さなどに特色をみることができる。栗村順次郎蔵『賦春之何連歌』の前書に、永和四年(一三七八)三月八日、九十五歳で没したとあるが、『九州問答』(永和二年八月成立)には故人として扱っていることなどから、同二年三月の没とみなすべきであろう。門弟には、良基のほかに周阿・永運・素阿・成阿・利阿などがおり、このうち、周阿は室町時代初期には救済と並称され、その亜流の句風が、連歌界を支配した。

参考文献 金子金治郎『菟玖波集の研究』、木藤才蔵『連歌史論考』上

(木藤 才蔵)

きょうえん **教円** 九七九―一〇四七 平安時代中期の天台宗の僧侶。天元二年(九七九)誕生。伊勢守藤原孝忠(魚名七世の孫)の次男。花山天皇が寛和二年(九八六)に位を退いて出家し、花山寺に住して密教を修められると、教円は法皇に従って灌頂を受けた。のちに実誓を師として天台宗を学び、また南都に行って唯識教学にも精通した。治安三年(一〇二三)法橋に任ぜられ、やがて権大僧都となった。長元七年(一〇三四)十二月、法成寺の法華八講会に講師となり、論説流れるがごとくであったので、後一条天皇は叡感あって阿闍梨に任ぜられた。僧綱に補せられてから阿闍梨になったのは教円が最初である。法成寺に勅住し、ついで法印に叙せられて妙法院を管轄した。長暦二年(一〇三八)大僧都に転じたが、九月に第二十七代天台座主慶命が滅すると、その後任をめぐって山門・寺門の間に激しい衝突が起り、山門の僧兵は関白藤原頼通の邸を襲うに至った。そこで翌三年三月に山門の法系である教円が第二十八代座主に補せられることになった。長久四年(一〇四三)十月に大僧都を辞し、舎弟の戒源が法橋に叙せられた。寛徳元年(一〇四四)から叡山霜月会《しもつきえ》の竪義《りゅうぎ》を勤めることになったが、永承二年(一〇四七)六月十日に入滅した。年六十九。

参考文献 『天台座主記』、卍元師蛮『本朝高僧伝』一〇(『大日本仏教全書』)、上杉文秀『日本天台史』、辻善之助『日本仏教史』一

(大野達之助)

ぎょうえん **行円** 生没年不詳 平安時代後期の僧。生没年代は明らかでないが、『日本紀略』寛弘七年(一〇一〇)三月二十一日条に生年六十余と記されている。九州の人で京に出て布教した。平生千手陀羅尼を持していたが、観音の像を造立せんとして良材を求め、霊夢によって賀茂神社の側に一大槻樹を得、八尺の像を刻んで、寛弘元年一条に寺をたててここに安置供養し、これを行願寺と称した。これよりこの寺を拠点として貴賤の間に弘法した。平素、頭に仏像を頂き、身に鹿皮を纏うたので、皮聖・皮仙とよばれた。京での布教活動は寛弘より寛仁まで約二十年にわたっている。その間、主として法華経信仰に基づき、四十八講・釈迦講・万燈会・法華四部講などの行事につとめ、庶民の結縁・信仰するもの次第に多く、またその名はさらに貴族にも及んでその信仰と援助とを得るに至った。長和五年(一〇一六)粟田の往還の煩を除くため、人々を集めて石を除き、大石をわらせた時、右大臣藤原実資はたがねを与えている。行円の仏事に貴族の来臨するものありしのみならず、行円みずから貴族の邸に赴いて信仰を談ることも少なくなかった。寛仁二年(一〇一八)実資のもとに至って人の罪科の軽減を嘆願したこともある。翌年実資は行願寺に等身多宝塔を造らせこれを行円に依嘱している。以後の行円の消息は

伝えるところがない。行願寺は行円の俗称にちなんで革堂とよばれ、都の一霊堂として、後世まで長く、人々の信仰を集めた。

参考文献 『大日本史料』二ノ五、寛弘元年十二月十一日条 (多賀 宗隼)

ぎょうが 行賀 七二九―八〇三 奈良時代の僧。大和国広瀬郡の人。天平元年(七二九)誕生。俗姓上毛野公氏。十五歳で興福寺永厳に随って出家得度し、二十歳で受戒、以後元興寺平備などに唯識・法性を修学した。天平勝宝四年(七五二)に二十四歳で入唐留学、在唐三十一年に及び、法性・天台宗など特に『法華経』につき研鑽を深めた。唐にある時、百高座の第二席に選ばれ、『法華経疏弘賛略』『唯識僉議』など四十余巻を筆削し、『聖教要文』など五百余巻を書写して帰国した。朝廷ではその功を賞し、子弟三十人を付属させてその業を伝修させたという。帰国後にその修学について歴試された時、東大寺法性宗の碩学明一が宗義を難問したが、返答できず、そのため学殖の浅劣を痛罵されたことがあったが、在唐三十一年にも及んだために、日本語を忘却して即答できなかったことによる。帰国後選ばれて延暦三年(七八四)六月に少僧都となり、翌四年四月の最澄の戒牒に僧綱の一人として署判を加え、同十年に興福寺別当、同十五年十二月には大僧都となり、賢璟・善珠などとともに僧綱の重鎮の一人となった。同七年十一月の『多度神宮寺伽藍縁起幷資財帳』の巻末に僧綱の一員として勘判を加え、二十二年二月、七十五歳で没した。『宋史』日本伝に白壁天皇(光仁)の二十四年に霊仙・行賀が入唐し五台山にて仏法を修学したと記しているのは誤伝であろう。その著に『百法論註』『成唯識論僉記』『法華論釈』『仁王般若略賛』『浄名経略賛』などがある。法相宗六祖として崇敬せられ、現に興福寺南円堂に鎌倉時代初期の木造彩色の坐像(国宝)が安置されているほか、「興福寺曼荼羅」(重要文化財)にも相好が描かれている。

行賀像

参考文献 『興福寺別当次第』、『東域伝燈目録』(『大日本仏教全書』)、辻善之助『海外交通史話』 (堀池 春峰)

きょうかい 教懐 一〇〇一―九三 平安時代の高野聖。俗称小田原迎接房、俗姓不明。長保三年(一〇〇一)誕生。幼少のころ出家、興福寺に入り、のち山城小田原別所に移る。高野山に隠遁すること二十余年、毎日両界法・阿弥陀法・大仏頂陀羅尼・阿弥陀真言の修法持誦を行業とした。寛治二年(一〇八八)白河上皇高野御幸の際、三十口の勧進上人に選ばれ、補任権を与えられ、以来高野山の代表的勧進聖となった。寛治七年五月二十八日往生。春秋九十三。

参考文献 『大日本史料』三ノ二、寛治七年五月二十八日条、『春日権現験記絵』一〇(『(新修)日本絵巻物全集』一六)、『和歌山県史』古代史料一、五来重『増補高野聖』(『角川選書』七九) (和多 秀乗)

ぎょうかん 行観 一二四一―一三二五 鎌倉時代後期の浄土宗西山派の僧。諱は覚融。仁治二年(一二四一)五月十八日、山城国愛宕郡(一説に武蔵国)に誕生、俗姓は秦氏。西谷流第二祖観智の弟子として西山義を学び、十余年間仁和寺西谷の光明寺で流祖浄音の講席にも侍した。弘安元年(一二七八)観智に随って武蔵国荏原郡鵜ノ木郷(東京都大田区鵜の木)光明寺に住し、正応のころ西国巡化に出たが、再び同寺に帰り観智を扶けた。光明寺の近くに宝幢院を開創し、同院で述作に励み、西谷義を大成した。晩年、京都に戻り、東山禅林寺第十九代となった。正中二年(一三二五)六月(一説に五月)九日、八十五歳で没した。世に「鵜ノ木の行観」とよばれ、著書の『選択集私記』五巻、『観経疏私記』二十巻などは「鵜ノ木の鈔」とか「宝幢院の私記」などと称されている。

参考文献 明空沢了『西山派十二祖賛略伝』、稲垣真哲『行観上人の生涯』(『西山全書』別巻六―九別冊付録)、同「行観上人著選択集秘鈔(私記)解説」(同別巻四所収)、広瀬観友「行観上人の教学」(『西山学報』九) (伊藤 唯真)

ぎょうき 行基 六六八―七四九 奈良時代の僧。父は高志才智、母は蜂田古爾比売。高(古)志氏は中国系の王仁の後裔西文《かわちのふみ》(書)氏の分派で、蜂田氏も中国系氏族。行基は天智天皇七年(六六八)河内国大鳥郡蜂田郷(のち和泉国、大阪府堺市)の母方の家に生まれ、天武天皇十一

行基像

年(六八二)出家し、『瑜伽師地論』『成唯識論』をすぐ了解した。慶雲元年(七〇四)生家を清め家原寺とし、布教と開発を展開し、「化を慕ひ追従する者はややもすれば千を以て数ふ、(中略)弟子らを率ゐてもろもろの要害の処に橋を造り陂を築く、(中略)時人は号して行基菩薩と曰ふ」とある(原漢文、『続日本紀』)。彼の布教に対し養老元年(七一七)の詔は「妄りに罪福を説き、朋党を合はせ構へ、(中略)余物を乞ひ、詐つて聖道を称し、百姓を妖惑す」(同)といい、僧尼令違反とし布教を禁圧した。『行基年譜』に当年の造寺がみえないのはそのためであるが、翌二年からまた造寺が記される。天平二年(七三〇)大鳥郡の知識(信者集団)経『瑜伽師地論』書写に彼の弟子優婆塞練信を中心に大領日下部首麻呂と男女七百九人が参加し、日下部郷では行基が神亀元年(七二四)清浄尼院、天平九年鶴田池院を建てており、鶴田池築造もこのころで、かつ隣の大鳥郷では神鳳寺や布施屋を設けており、知識は造寺写経や農業・交通関係施設づくりに協力し、郡司をつかむと『続日本紀』にいう千人ぐらいの知識を集めるのは困難でなかった。天平三年の詔で彼の弟子優婆塞・優婆夷の一部に出家を許したのはまえの禁圧に比し大きな変化で、政府は天平四年前後の狭山下池築造に彼の技術や農民を組織する力量を利用したらしく、豪族の墾田開発や民間仏教形成の要望を抑えきれなかった。彼は四十余の寺を五畿内に建て、年別では天平三年の八寺が最も多い。「天平十三年辛巳記」(『行基年譜』所収)には彼が河内・和泉・摂津・山背で築造・修理した池十五・溝六・堀四・樋三・道一・橋六・船息二・布施屋九の所在と規模が記され、伝道と結びついた大規模な土木事業展開は三階教の影響かといわれる。菩薩と呼ばれ、社会的信望を集めた彼は天平十五年大仏造営の勧進に起用され、十七年大僧正に任ぜられ、十九年河内の河俣人麻呂による銭千貫寄進などは行基勧進の効果であるが、行基は大仏鋳造中の天平勝宝元年(七四九)二月二日菅原寺(奈良市)で入滅し(八十二歳)、墓は竹林寺(奈良県生駒市)にある。彼が営んだ大野寺(大阪府堺市)の土塔は土盛りの仏塔で、久米田池(大阪府岸和田市)の現貯水面積は約十九万坪である。最澄は『顕戒論』に大乗寺の例に行基のいわゆる四十九院をあげている。行基研究の史(資)料では、「天平十三年辛巳記」は菅原寺牒にあたるといわれ、「行基墓誌」(「大僧上舎利瓶記」)や「大野寺土塔人名瓦」とともに価値が高く、ほかに『続日本紀』『日本霊異記』『扶桑略記』『行基菩薩伝』『行基年譜』『行基菩薩行状絵伝』などがあり、彼が営んだ寺や農業・交通関係施設の遺跡の一部は発掘・調査されている。

参考文献　北山茂夫『万葉の世紀』、二葉憲香『古代仏教思想史研究』、井上薫『行基』(『人物叢書』二四)、同「南都六宗と民間仏教」(『アジア仏教史』二所収)、岡田隆夫「和泉国大鳥郷における開発と展開」(宝月圭吾先生還暦記念会編『日本社会経済史研究』古代中世編所収)、井上光貞「行基年譜、特に天平十三年記の研究」(『日本古代思想史の研究』所収)、石母田正「国家と行基と人民」(『日本古代国家論』一所収)、井上薫「行基の開発と伝道」(『日本史の研究』七三)

行基墓誌　嘉禎元年(一二三五)八月二十五日大和国平群郡有里村(奈良県生駒市)の竹林寺行基墓から発掘された金銅製円筒形の舎利(行基遺骨)容器の残欠。奈良国立博物館所蔵。縦一〇センチ、横六・七センチ、厚さ〇・六センチの不正三角形(内側に〇・三センチの反り)を呈し、幅約二・一〜二・二センチの縦罫の行間に刻された銘は四行にわたる十八字であるが、発掘時の注進状に添えられた「大僧上舎利瓶記」(唐招提寺蔵、後掲の印は墓誌残欠所見の字)によれば全文は十七行三百九字(一行二十字)から成り、行基の死の直後に弟子真成が記したもので、大鳥郡を「河内国」(のち和泉国に含まれる)とすることや「天平廿一年」(七四九、この年は二度改元され、天平感宝元年、天平勝宝元年となる)とすることなど書法は厳密で、行基の法諱・

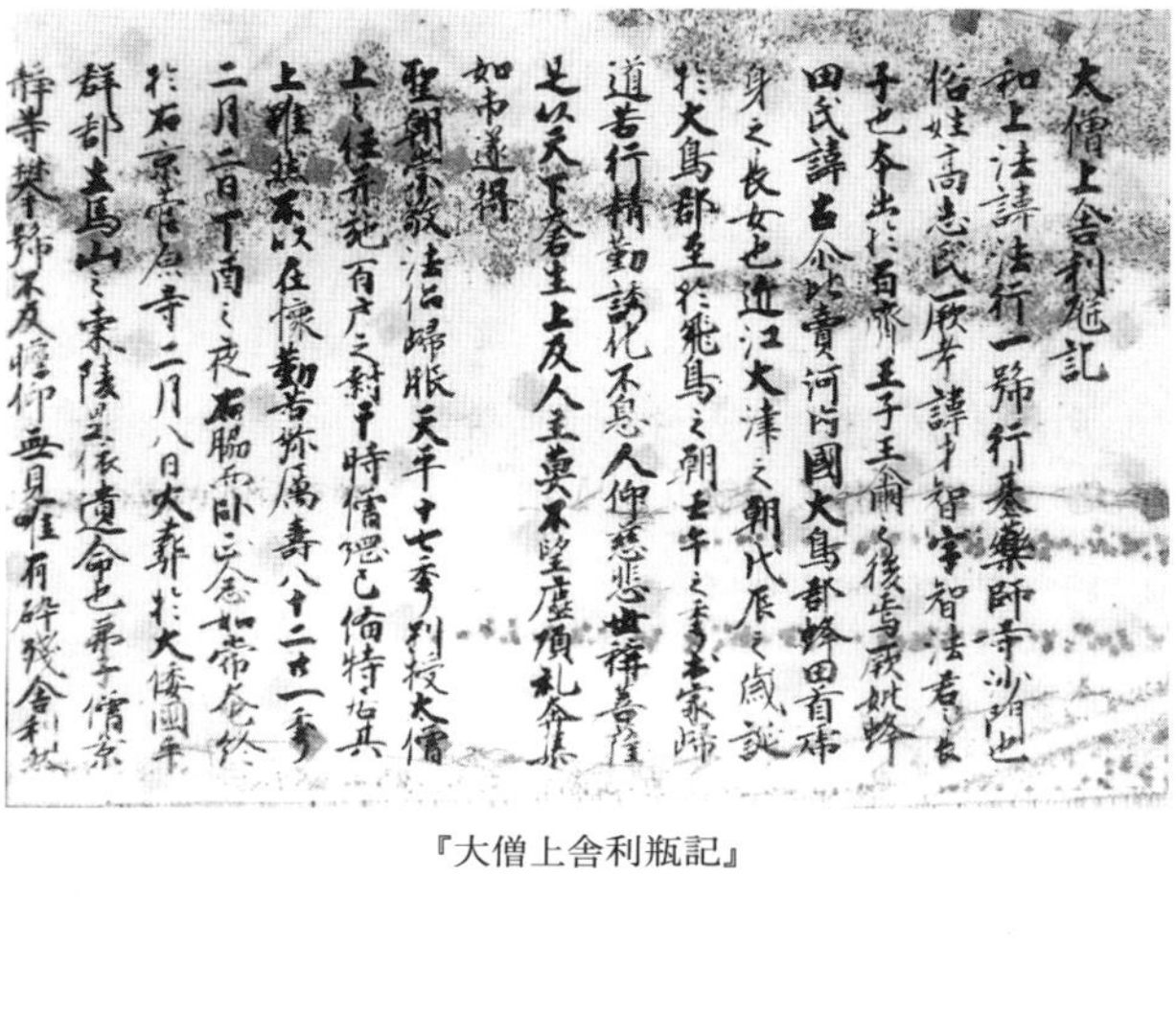
『大僧上舎利瓶記』

同拓本

行基遺骨容器残欠

家系・出家年代・享年などは『続日本紀』の伝記を補う。墓では銀製骨蔵瓶を在銘金銅製円筒に入れ、さらに銅筒に納め、八角石筒内に安置していた。

大僧上舎利瓶記

和上法諱法行一号行基薬師寺沙門也俗姓高志氏厥考諱才智字智法君之長子也本出於百済王子王爾之後焉厥妣蜂田氏諱古爾比売河内国大鳥郡蜂田首虎身之長女也近江大津之朝戊辰之歳誕於大鳥郡至於飛鳥之朝壬午之歳出家帰道苦行精勤誘化不息人仰慈悲世称菩薩是以天下蒼生上及人主莫不望塵頂礼奔集如市遂得　聖朝崇敬法侶帰服天平十七年別授大僧上之任並施百戸之封于時僧綱已備特居其上雖然不以在懐勤苦弥厲寿八十二廿一年二月二日丁酉之夜右脇而臥正念如常奄終於右京菅原寺二月八日火葬於大倭国平群郡生馬山之東陵是依遺命也弟子僧景静等攀号不及瞻仰無見唯有砕残舎利然尽軽灰故蔵此器中以為頂礼之主界彼山上以慕多宝之塔

天平廿一年歳次己丑三月廿三日　沙門真成

参考文献　内務省編『奈良県に於ける指定史蹟』一（『史蹟調査報告』三）、梅原末治「行基舎利瓶記に見えたるその姓氏と享年に就いて」（『日本考古学論攷』所収）、藤沢一夫「墳墓と墓誌」（『日本考古学講座』六所収）　（井上　薫）

ぎょうききょう　行教　生没年不詳　平安時代前期の僧。京都府男山石清水八幡宮創立の僧として著名である。紀魚弼《うおすけ》の子。空海の高弟真済と同族で東寺長者益信《やくしん》の兄にあたると伝える。平城大安寺にあって三論宗を修学したとも伝えるが、後年当社護国寺が法相・天台二宗兼学を標榜していることから帰納し、『南都高僧伝』にいうごとく大安寺法相宗の学侶であったと認められる。師僧は最澄の師の行表や宗叡とする説もあるが詳らかでない。晩年の貞観五年（八六三）正月には伝燈大法師位を称している点から、有数の学僧の一人であった。彼は、天安二年（八五八）十月ごろに、文徳天皇と太政大臣藤原良房の娘明子（染殿后）の間に生まれた惟仁親王の即位成就を祈るため、大僧都真雅の推薦で宇佐八幡宮に派遣せられんとしたが、同年十一月無事清和天皇になり、翌貞観元年三月に、弱少の天皇のために宇佐での祈誓の宣旨を蒙り、一夏九旬の祈修を行い、神託を得て、「山城国巽方山頂」すなわち男山の峰に八幡大菩薩を勧請し、九月に勅使が実検し、木工寮の橘良基が正殿・礼殿各三宇を造建した。行教が宇佐使として派遣された一面には、先祖紀飯麻呂以来、大宰帥・大弐に任ぜられたものが多く、紀氏と宇佐八幡宮との間に浅からぬ関係が存在していたからである。

行教像

参考文献　『石清水八幡宮護国寺略記』、『石清水文書』、西田長男『神道史の研究』二、村山修一『本地垂迹』（吉川弘文館『日本歴史叢書』三三）、中野幡能『八幡信仰史の研究（増補版）』　（堀池　春峰）

ぎょうくう　行空　生没年不詳　鎌倉時代前期の浄土宗の僧。法本房行空。美作の人と伝える。元久元年（一二〇四）師の法然房源空が、門弟たちに七箇条制誡を示したとき、行空は四十人目に署名し、日蓮の著『一代五時図』や凝然の著『浄土法門源流章』には、有力な弟子として記され、源空の門下では目立つ存在であった。同二年興福寺の衆徒が、専修念仏の停止を要請したとき、行空が一念義を唱えた罪を挙げて、処罰を要求し、翌建永元年（一二〇六）安楽房遵西とともに召し捕えられた。そして両人の罪を勘申するようにとの宣旨が下されると、源空は門下から追放している。一説に寂光浄土義を立てたとされ、源空の教義に反するところがあったのであろう。佐渡に流されたとも伝えるが、そののちの行状や没年は明らかでない。

参考文献　田村圓澄『法然上人伝の研究』　（菊地勇次郎）

ぎょうげつぼう　暁月房　⇩冷泉為守《れいぜいためもり》

ぎょうげん　堯儼　生没年不詳　鎌倉時代の絵仏師。薬師寺蔵板絵神像（重要文化財）の裏面朱筆銘によって、永仁三年（一二九五）に描かれたこの神像の筆者であることが知られる。『大乗院寺社雑事記』文明四年（一四七二）十二月二十三日条の巨勢系図に一乗院家の絵師として民部法眼堯厳というのがあり、これは南都絵所吐田座に属す絵師で、弘安九年（一二八六）春日社造営の終功に際し法橋から法眼に叙された。両者は同一人と考えられている。

参考文献　森末義彰「南都絵所」（『中世の社寺と芸術』所収）、白畑よし「図版解説―板絵神像―」（『美術研究』四五）　（宮　次男）

きょうごう　経豪　⇩蓮教《れんきょう》

きょうごくたいこう　京極太閤　⇩藤原師実《ふじわらのもろざね》

きょうごくたかかず　京極高数　？―一四四一　室町時代前期の武将。京極高詮の次子。京極氏は近江北半守護のほか、出雲・隠岐・飛驒の守護職を兼ねた。応永十八年（一四一一）七月、飛驒国司姉小路尹綱の反乱鎮圧を京極氏が命ぜられたのはそのためである。高数は病気の兄高光に代わって尹綱を討ってこれを敗死させ、高光が応永二十年八月に死ぬと京極氏の家督を継ぎ、近江半国・出雲・隠岐・飛驒の守護となった。同二十八年十二月から正長元年（一四二八）八月まで侍所の所司に任じている。嘉吉の乱に際しては、嘉吉元年（一四四一）六月二十四日、

将軍足利義教に侍して赤松邸に赴いており、事件が発生したとき、高数は山名熙貴ら数名とともに抜刀して立ち向かい、討死にした。高数の死後、家督は兄高光の子持清に安堵された。高数の官途は加賀守、法諡は満願寺正源道流。滋賀県米原市山東町の清滝寺(徳源院)に墓がある。

参考文献 『滋賀県史』二、『東浅井郡志』一
（石田 善人）

きょうごくたかきよ 京極高清 生没年不詳 室町時代後期・戦国時代の武将。近江の京極持清の孫。父勝秀が持清に先立って死んだとき、高清はまだ幼年であって、叔父政光が後見した。ところが政光の弟政経は将軍家相伴衆となって兄と対抗し、家臣も二派に分かれていわゆる文明の内訌を招いた。政光の死後は、高清が政光派を継いで叔父政経と抗争する形になり、内紛はなおやまなかった。加えて、京極氏が応仁の乱で東軍に属したために、西軍に属した六角高頼が江北に侵入し、これと戦わねばならなかったし、文明十八年(一四八六)には重臣多賀宗直の叛乱があって、甲賀郡三雲に逃避を余儀なくされた。高清は家臣を糾合して宗直を美濃に追い、翌長享元年(一四八七)宗直を敗死させてからくもこれを鎮圧した。応仁の乱が終って将軍足利義尚が六角氏親征を企てるや、高清はこれに従軍したが、義尚が延徳元年(一四八九)陣中で病没すると、諸将とともに陣を解いて江北に帰った。そのころ近江では京極・六角両氏ともに配下の武士の寺社本所領侵犯が激しく、幕府は山門領侵略を理由に延徳二年八月、高清追討を叔父政経に命じた。高清はこれに対抗できず、領国を棄てて越前敦賀に逃れ、ついで坂本に移った。明応元年(一四九二)今度は幕府は高清の京極氏惣領職を認めて政経を討たせた。美濃の斎藤利国はこれに乗じて近江に進出しようとして高清を援けて近江に入り、高清はようやく領国の主となることができたが、斎藤氏にも内訌が起り、六角高頼と戦って明応五年に敗死したため、高清はまた海津に亡命した。同八年、高清は上坂家信に助けられて今浜城に入ったが、文亀二年(一五〇二)には政経の子材宗に攻められ、内訌が再燃した。永正二年(一五〇五)に材宗との間に和解が成立し、高清は上平寺城に拠って、ようやく領国の統一に成功した。ところが今度は浅井亮政の勢力が次第に強大となり、大永三年(一五二三)に亮政は高清を上平寺城に攻めるに至った。高清は敗れて尾張に出奔したが、亮政はのちに高清を小谷城に迎えて城内の一隅、京極丸に住まわせた。かくして高清は浅井氏の保護のもとにようやく平穏に過ごせるようになった。高清の死を一般に永正十四年二月十六日とするが、天文七年(一五三八)の初めごろとするのが正しいという。法諡は環山寺梅叟宗意。滋賀県米原市山東町の清滝寺(徳源院)に墓がある。

参考文献 『江北記』、『寛政重修諸家譜』四一九
（石田 善人）

きょうごくたかつぐ 京極高次 一五六三―一六〇九 安土桃山時代の武将。小法師・小兵衛・若狭守。永禄六年(一五六三)八月近江国小谷に生まれる。京極高吉の長子。母は浅井祐政あるいは久政の女。幼年時代人質として岐阜にあったが、天正元年(一五七三)浅井氏の滅亡後織田信長から五千石を与えられて京極氏の旧臣をまとめ、同九年北畠信雄の伊賀征伐には明智・筒井・蒲生・若狭衆とともに従軍した。そして十年六月明智光秀の誘に応じ、京極氏復興のため挙兵し長浜を囲んだが、明智氏の滅亡により危機に瀕し、わずかに旧臣堀氏の計らいを得て越前に脱出し柴田勝家を頼み、その後妹の夫にあたる若狭の武田元明のもとに奔った。しかるに羽柴秀吉は武田元明を殺してその妻を側室(松丸殿)としたので、この縁で高次は罪を免ぜられ、翌十二年近江高島郡内で二千五百石を与えられ、翌年秀吉の関白職任官に際し従五位上侍従、十六年の聚楽第行幸に際して従四位下、慶長元年(一五九六)には従三位参議に栄達したと伝えられる。この間領知を加増され、また九州征伐に従軍、そして天正十八年尾張に転封した豊臣秀次の後を承けて近江八幡山城二万八千石を領し、文禄の役に九州名護屋に従軍、ついで文禄四年(一五九五)大津城に転じ六万石の大名となった。これらの優遇は妹(松丸殿)・室(常高院、淀殿の妹)との閨閥関係によるものであった。しかし高次は秀吉の没後徳川家康に志を通じ、家康もまた頼むところがあったようである。大津城の修築費を与えまた慶長五年六月東下の際大津城で一族に面謁している。そこで高次は関ヶ原の戦の直前、仮に西軍の北陸征討軍に従ったが、その軍が美濃に転進するのを機会に九月三日大津城に帰り、京町・尾花川両口を堀切り、兵を要所に配備して籠城、これを家康に報じた。家康は高次の行動を諸氏に披露している。一方西軍は毛利元康を主将として陸上・湖上から包囲し、九月八日早朝攻撃を開始、特に三井寺の長等山に陣した

京極高次花押

京極高次像

京極高次廟

立花氏が砲火を浴びたので城の損害は多く、わずかに本丸を死守するのみとなった。高次ははじめ豊臣氏の和平の勧誘に応じなかったが、砲撃が激しくて、松丸殿も気絶するほどであり、家臣にも動揺が生じたので、やむをえず九月十四日開城、宇治に退き、のち高野山に隠れた。しかし家康は、西軍を大津に引き付け美濃に進出させなかった戦功を評価し、仕官を恥じる高次をその弟高知に命じて説得させ、若狭小浜八万五千石、翌年加増して九万二千石を与え優遇した。慶長十四年五月三日小浜で没。四十七歳。法名は泰雲院殿徹宗道閑。墓は滋賀県米原市の清滝寺(徳源院)にあり、史跡に指定されている。高次の父母は熱心なキリシタンで、特に母浅井氏は宣教師オルガンティーノによって受洗し、霊名をマリアと称する篤信の婦人であった。高次は豊臣氏の意向を配慮して入信しなかったが、晩年には母マリアの感化によってキリスト教徒となったという。

参考文献 『大日本史料』一二ノ六、慶長十四年五月三日条 (岩沢 愿彦)

きょうごくたかとも 京極高知 一五七二—一六二二 安土桃山・江戸時代前期の武将。初名生双。童名長寿。修理亮・修理大夫・丹後守。元亀三年(一五七二)近江国小谷に生まれる。京極高吉の次男。母は浅井祐政あるいは久政の女。天正十九年(一五九一)四月兄高次から近江蒲生郡のうち五千石を分与され、文禄二年(一五九三)閏九月、毛利秀頼の遺領を継いで信濃伊那郡六万石を領し、飯田城に入り、従四位下侍従に任じ、羽柴伊奈侍従と称した。慶長五年(一六〇〇)兄高次とともに徳川氏の党となり、高知は上杉氏討伐のため東下、やがて下野小山からの西上軍に属し、福島正則・細川忠興らとともに美濃岐阜城を攻撃して戦功を挙げ、九月三日徳川家康から賞された。関ヶ原の戦の直後、高次救援のため西上したが、大津城はすでに開城していた。戦後高野山に隠棲した高次を家康の命によって説得し復帰させた。高知は戦功により丹後十二万三千二百石を与えられ、田辺城に入り、のち宮津に城を築いた。慶長十九年の大坂冬の陣には大和口の先勢となり、翌年夏の陣には京橋口の攻撃に参加した。元和八年(一六二二)八月十二日京都で没。五十一歳。京都紫野大徳寺芳春院に葬られた。法名は瑞泰院真巌道可。室は織田信澄女。継室毛利秀頼女。高知は母マリアの感化により幼年時に受洗、熱心なキリシタンであったが、一時信仰を遠ざかり、晩年再び信仰を深めたといわれる。

参考文献 『大日本史料』一二ノ四七、元和八年八月十二日条 (岩沢 愿彦)

京極高知花押

「福」

京極高知印

きょうごくたかよし 京極高吉 一五〇四—八一 戦国・安土桃山時代の武将。初名高朝。中務少輔。長門守。永正元年(一五〇四)に生まれる。高秀の男。母は佐々木氏綱の女。はじめ足利義輝に近習として仕えたが、のちに近江上平寺城に住した。永禄八年(一五六五)近江に遁れてきた覚慶(足利義昭)の保護を浅井氏に仲介し、十年これを朝倉氏のもとに護送、十一年その上洛を柏原に迎えて織田信長に謁し、軍に従って上洛、翌年の本圀寺の変には戦功があった。しかし元亀元年(一五七〇)信長が浅井・朝倉両氏と和睦したのを機会に上平寺城に帰り、男小法師(高次)を人質として岐阜に送って隠棲し、天正九年(一五八一)正月二十五日安土で病没した。七十八歳。禅林寺殿心寂道安。墓は滋賀県米原市山東町の清滝寺(徳源院)にある。以上は京極氏の家伝であるが、確実な史料には高吉の名諱はなく、高慶(高佳)という人物がこれに比定されている。高慶は京極高清の次男で、父と兄高広が浅井氏に奉ぜられて小谷城の京極丸に住したのに対し、六角定頼・同義賢を頼んで浅井氏に対抗したが、永禄三年義賢が野良田で浅井長政に破られたため清滝寺に隠棲したといわれる。高吉はキリシタン武将であるが、彼の室浅井氏マリア(祐政一説久政女)は宣教使オルガンティーノによって受洗した熱心なキリシタンで、その感

化により高吉子女でキリシタンとなる者が多かった。

[参考文献]『寛政重修諸家譜』四一九 （岩沢 愿彦）

きょうごくためかね 京極為兼 一二五四―一三三二 鎌倉時代後期の歌人。あるいは「ためかぬ」か。法名蓮覚、のち静覚。『公卿補任』永仁三年（一二九五）以下の条などから逆算して建長六年（一二五四）の生まれとわかる。父は為教。母は三善雅衡の女。姉に為子（藤大納言典侍、のち従二位に至る）がいる。康元元年（一二五六）叙爵、侍従・右少将を経て建治元年（一二七五）左少将、弘安元年（一二七八）正四位下に至り、土佐介・右中将を兼ねる。十七歳のころから祖父為家について歌道を学んだと、のちに『延慶両卿訴陳状』に述べている。一方若年から西園寺実兼に家司《けいし》として仕え、その縁で弘安年間から当時東宮の伏見天皇に近侍していたことは、『中務内侍日記』にもみえる。弘安十年伏見天皇践祚のころから同天皇やその中宮永福門院（西園寺実兼女）を中心とする京極派歌壇の指導者となり、革新的な歌論・歌風を示して、穏和な歌風で保守的な二条派の為世らに対抗した。正応二年（一二八九）正四位下で参議となり、同四年正三位権中納言、同五年従二位、永仁三年には正二位と、官位も急速に進み、持明院統・京極派の歌合にもたびたび判者をつとめるなど、得意をきわめたが、両統対立の時代に持明院統の策士として暗躍した故か、永仁六年三月に佐渡に流され、京極派は一時沈滞した。五年の後、嘉元元年（一三〇三）に召還、その年の日記『為兼卿記』が現存するが、持明院統の人々に和歌の添削をしたり、同年末に為世が撰進した『新後撰和歌集』を批判したりしている。花園天皇の代を迎えて再び宮廷で活躍、延慶三年（一三一〇）権大納言に至る。これに先立ち、伏見天皇は在位中の永仁元年に勅撰集の撰定を思い立ち、為世・為兼ら四名（残る二名は飛鳥井雅有と六条隆博）が綸旨を受けたが、この企画は撰集の方針について伏見天皇や為兼に不満な為世が辞退し、為兼が流され、他の二名も他界して自然中絶していた。院政をとった伏見上皇はそれを残念に思い、企画再現の機を待っていたが、この年（延慶三年）正月ごろその院宣が為兼に下りそうになると、為世は為兼が嫡子でないこと、配流にあったことなどを理由にその不当を訴え、それを反駁する為兼との間に半年にわたって激しい訴陳（三問三答）が交された。これが「延慶両卿訴陳」で、その折の為世の第三回の訴状を三条西実隆が抄出したものがいわゆる『延慶両卿訴陳状』として伝存している。この論争は結局為兼の勝利に終り、彼が翌応長元年（一三一一）に院宣を受けて翌正和元年（一三一二）に一部を奏覧したのが『玉葉和歌集』である。奏覧後も若干修正しているが、同二年には一応完成したと見られる。そして官位も応長元年には権大納言を辞し（『玉葉和歌集』撰進に専念のためか）、正和二年十月、伏見上皇の出家に殉じて出家した。しかるに同四年一門を率いて南都で歌と鞠の奉納を行なったのが派手に過ぎて西園寺実兼の反感を買い、翌五年土佐に流された。その時のことは『徒然草』にみえる。晩年は河内に帰っており、元弘二年（一三三二）三月二十一日、七十九歳で没した。『花園天皇宸記』にその死を悼む記事がある。その歌論を述べた『為兼卿和歌抄』は成立の時期や事情に十分明らかでない点もあるが、要するに対象の凝視と感動の率直な表現を唱えたもの。その歌風も、その歌論に立脚して叙景歌に清新な自然観照が見られる。『続群書類従』に収める二種の『為兼集』は、どちらも室町時代の私撰類題集であって、為兼の家集ではない。

京極為兼花押

[参考文献] 土岐善麿『京極為兼』（『日本詩人選』一五）、同『新修京極為兼』、井上宗雄『京極為兼』（『人物叢書』二四三）、同『中世歌壇史の研究南北朝期』、福田秀一『中世和歌史の研究』、石田吉貞「京極為兼」（『日本歌人講座』四所収）、篠弘「藤原為兼」（『和歌文学講座』七所収）、吉岡英幸「京極為兼の歌論」（『国文学研究』四九）、今谷明『京極為兼』（『ミネルヴァ日本評伝選』）

（福田 秀一）

きょうごくためのり 京極為教 一二二七―七九 鎌倉時代中期の歌人。京極家の祖。また毘沙門堂と号した。藤原（御子左）為家の次男。母は宇都宮頼綱の女。安貞元年（一二二七）閏三月二十日の生まれ（『明月記』による。『公卿補任』は誤り）。正元元年（一二五九）従三位右兵衛督。非参議従二位で終った。「河合社歌合」以下に出詠、「弘安百首」を召されているが、兄の為氏とは不仲で、寛元―文永ごろの反御子左派活躍期には、ややそれに同調していた形跡もある。弘安二年（一二七九）五月二十四日没。五十三歳。

[参考文献] 村田正志「京極為兼と玉葉和歌集の成立」（国学院大学編『古典の新研究』一所収）、井上宗雄「京極家の成立」（『国文学研究』一七）

（福田 秀一）

きょうごくもちきよ 京極持清 一四〇七―七〇 室町時代の武将。応永十四年（一四〇七）に生まれる。京極高光の三男。父高光が応永二十年八月に没し、叔父高数が家督を継いだが、高数が嘉吉の乱で将軍義教とともに京都の赤松満祐の邸で殺されると、持清が永享十一年（一四三九）正月に子なくして病死した兄持高（持光）の嗣となって京極家の家督を継ぎ、近江半国・出雲・隠岐・飛騨の守護職を兼ねることになった。すでに永享十年の足利持氏追討にあたっては叔父高数の名代として関東に出陣しており、嘉吉の乱では高数を

京極持清花押

殺されたが、京極氏家督として山名持豊のあとをうけて侍所所司となり、よく京都の治安を維持した。宝徳元年（一四四九）に侍所に再任され、文正元年（一四六六）まで十七年間その職にあったのは、異例に長い在職。その後は致仕剃髪して生観と号し隠退したが、応仁の乱では東軍の細川勝元の与党として参軍している。文明二年（一四七〇）八月四日没。六十四歳。法号は宝生寺月林生観。滋賀県米原市山東町の清滝寺（徳源院）に墓がある。

参考文献 『大日本史料』八ノ三、文明二年八月四日条 （石田 善人）

きょうしゅん 慶俊 生没年不詳 奈良時代大安寺僧。「けいしゅん」ともいう。俗姓葛（藤）井氏。本貫河内国丹比郡。氏寺の葛（藤）井寺（剛琳寺）が残る（大阪府藤井寺市）。大安寺道慈に学び、空（三論）有（法相）は微を窮め、円宗（華厳）に洞暁した（『延暦僧録』）。天平三年（七三一）九月「大寺（大安寺）牒」に智僧慶峻と署し（『大日本古文書』七）、十九年十一月「経疏出納帳」に花厳講師敬俊とみえるのも同人で（同二）、『華厳経』を講じ滞りがなく（『延暦僧録』）、『法華経疏』などを写経所に貸した敬俊としてほかにも記され（『大日本古文書』九・一一・二四）、天平勝宝三年（七五一）六月類収「応写疏本勘定目録」に大安寺慶俊師所とみえ（同一二）、五年四月「大安寺三綱牒」の仁王会講師に列し（同三）、同年八月「法華寺牒」に大鎮法師とみえる（同四）。聖武太上天皇の看病に加わり、八歳五月学業を称され律師となったが、天平神護二年（七六六）道鏡の圧迫により律師を去り、宝亀元年（七七〇）八月少僧都に返り咲いた。某年九月三日没し（『延暦僧録』）、著書『一乗仏性究竟論記』六巻・『因明義骨論文軌疏』三巻がある。

慶俊自署

参考文献 謙順編『諸宗章疏録』（『大日本仏教全書』）、『東域伝燈目録』（同）、佐久間竜「慶俊」（『日本古代僧伝の研究』所収）、井上光貞「王仁の後裔氏族と其の仏教」（『日本古代思想史の研究』所収） （井上 薫）

ぎょうじょ 行助 一四〇五―六九 室町時代前期の連歌師。連歌七賢の一人。もと山名の家臣。出家して比叡山東塔北谷の惣持坊に住す。法印。連歌を宗砌に学ぶ。文安元年（一四四四）から文正元年（一四六六）までの間、連歌に多く出座。文明元年（一四六九）三月二十四日自殺したという。六十五歳。『新撰菟玖波集』に三十四句入集。『竹林抄』の作者の一人。句集は四種ある。連歌論に『連歌口伝抄』（長禄二年（一四五八））がある。句風は宗祇に賞讃された。

参考文献 『大日本史料』八ノ二、文明元年三月二十四日条、両角倉一「行助の連歌」（『山梨県立女子短期大学紀要』七） （奥田 勲）

ぎょうじょにゅうどうしんのう 行助入道親王 ⇩後高《ごたか》倉院《くらいん》

きょうしん 教信 ?―八六六 平安時代前期の在俗の念仏聖。教信沙弥あるいは賀古の教信と称せられた。京都の人とか光仁天皇の後胤とも伝え、さらに興福寺で唯識法相を修学したとも伝えるが、ともに後世の付会の説で、生国姓氏も詳らかでない。播磨国賀古郡の賀古駅の北辺に草庵を結び、妻をめとり一子をもうけ、近隣の里人に雇われ、旅人の荷を運ぶなど労務者として生活をしていたが、昼夜をいとわず阿弥陀仏の名号を口称し、往生極楽をねがい、里人にも口称念仏をすすめ、人々から阿弥陀丸と称せられていた。貞観八年（八六六）八月十五日に摂津国勝尾寺の僧勝如は霊告によって教信の往生を知り、使僧勝鑑を遣わして真偽をみとどけたところ、屍は群犬にくわれ、妻子が慟哭していたという。勝如は教信の生前の口称念仏に啓発され、観想念仏より口称念仏に専心するに至ったが、後世浄土教家の永観をはじめ、ことに親鸞・一遍（智真）の注目するところとなり、念仏聖教信の行状を範とし追慕されるに至った。親鸞は子弟に「僧にあらず、俗にあらざる儀を表して、教信沙弥の如くなるべし」とさとしたという。一遍も弘安九年（一二八六）にその遺跡に建てられた教信寺に詣で、弟子湛阿は元亨三年（一三二三）に遠近の念仏聖を集め「野口大念仏」のもとを開いた。鎌倉時代中期以降の浄土宗の盛行流布と並行して、口称念仏聖の先覚者として、とりわけ注目されるに至った反面、種々教信に関する伝説が生じ、伝記にも潤色化が行われた。謡曲『野口判官』や近松の浄瑠璃『賀古教信七墓廻』などの文芸作品も生まれている。現在兵庫県加古川市野口町の教信寺開山堂に近世の教信像を安置している。

教信首像

教信墓

参考文献 『日本往生極楽記』、『後拾遺往生伝』上、梅原真隆「教信沙弥と愚禿親鸞」（『親鸞聖人研究』一・五）、藤島達朗「教信伝の発展」（『和国』四）、本多綱

祐「加古の教信寺と教信沙弥」(『四天王寺』六ノ二・三)　(堀池　春峰)

ぎょうしん　行信　生没年不詳　奈良時代の僧侶。法相宗を修め、元興寺・法隆寺に住したという。天平十年(七三八)閏七月、律師に任ぜられた(『続日本紀』)。その前後、荒廃していた法隆寺東院伽藍の復興に尽力したと伝えられる。天平二十年六月の『大安寺伽藍縁起幷流記資財帳』などの僧綱の加署に「大僧都法師行信」とあるので、これ以前に大僧都に任ぜられたと思われるが、『僧綱補任』などにはそのことがみえない。『正倉院文書』の写経所の経疏請納に関する文書などにその名が散見する。『七大寺年表』に天平勝宝二年(七五〇)入滅とあり、『僧綱補任』にもこののちその名がみえなくなるので、同年没したともみられるが、同三年七月十二日付の経疏出納帳(『正倉院文書』)の「僧行信」の自署は、大僧都であった行信の筆蹟と同一で、天平勝宝二年入滅とする所伝には誤りがあるらしい。とすれば、同六年十一月、厭魅の罪により下野薬師寺に配せられた薬師寺僧行信(『続日本紀』)も、にわかに別人とは断じがたい。『大般若経』など二千七百巻の経論の書写を発願したが、その功を終えずに没し、弟子孝仁が遺志をついで完成した旨の神護景雲元年(七六七)九月五日付の跋をもつ、いわゆる行信僧都発願経が法隆寺などに伝存する。著書に『仁王般若経疏』『最勝王経音義』『略集諸経律論等中翻梵語書』がある。

行信像

行信自署

参考文献　鶴岡静夫「沙門行信」(『古代仏教史研究』所収)、佐伯良謙「法隆寺行信僧都に就て」(『仏書研究』一二)、日下無倫「行信僧都の事蹟に就て」(『無尽燈』二四ノ六)、大屋徳城「東院の経営と行信及び道詮」(『夢殿』二)　(飯田　瑞穂)

きょうぜん　教禅　?―一〇七五　平安時代中期の絵仏師。丹波講師と称す。絵仏師定禅の父。長久元年(一〇四〇)九月藤原資房の子のお守りに五大尊を描いたとあるのが史料上の初見で、治暦四年(一〇六八)後冷泉天皇の御祈のための百二十五体の丈六仏絵像の功で法橋に叙したのが、絵仏師が法橋位になった初例である。延久二年(一〇七〇)宇治池殿の「安鎮法曼荼羅」、三年に宮中仁寿殿の同図を描き、教禅様の安鎮曼荼羅として知られる。興福寺の永承三年(一〇四八)再興の金堂に、法相宗の祖師像を描く法相柱の手本にするために、東大寺大仏殿の六宗厨子の扉絵を写しに行っており、肖像画でも名高い。承保二年(一〇七五)三月没。

参考文献　亀田孜「奈良時代の祖師像と倶舎宗曼陀羅図」(『仏教芸術』一)　(亀田　孜)

ぎょうそん　行尊　一〇五五―一一三五　平安時代後期の僧。園城寺に属し、平等院大僧正とよばれた。天喜三年(一〇五五)誕生。参議源基平の子、十二歳で園城寺に入り、明尊らに密教を学んだ。早く寺を出て、熊野・大峯・高野・粉河寺などに修行して験者として認められたが、その間の行状は詳らかでない。嘉承二年(一一〇七)鳥羽天皇の御持僧となり法眼に叙せられ、以後、次第に貴族に寵用され、その祈禱につとめた。天永二年(一一一一)権大僧都、永久元年(一一一三)法印、同四年園城寺長吏となる。長吏在職十七年の間に崇福寺別当、四天王寺別当を兼ねている。保安四年(一一二三)には天台座主寛慶の死欠を受けて座主になり、直ちに辞した。このころ、白河法皇・鳥羽上皇のたびたびの熊野参詣に供奉し、また院政下に草創・繁栄した最勝寺・法勝寺などの別当に任ぜられ、さらに証菩提院別当・法成寺検校にも任じた。先に保安二年園城寺は山門衆徒のために全焼したので長吏としてその復興の責めに任じた。朝廷より加賀・伯耆を賜わって、長承三年(一一三四)供養を行なった。天治二年(一一二五)中宮待賢門院御産の祈りによって大僧正に任ぜられ、ついで牛車の宣を賜わったが、このころ、京都六角東洞院に壇所を有して常に宮中に出入した。高野の僧覚鑁が大伝法院を創立した時、行尊は鳥羽上皇の信任のもとに、これを援助した。保延元年(一一三五)二月五日、園城寺で寂した。八十一歳。歌人として知られ、特に霊所の修行の間に特色ある詠を多くのこした。歴代勅撰に多く入り、また家集『行尊大僧正集』が伝存している。

参考文献　福井久蔵『大日本歌書綜覧』、和田英松『国史説苑』、小島吉雄「行尊大僧正の歌」(京都大学国文学会編『京都帝国大学国文学会二十五周年記念論文集』所収)　(多賀　宗隼)

きょうどうかくえん　鏡堂覚円　一二四四―一三〇六　鎌倉時代臨済宗環渓派下の禅僧。宋の西蜀の人。法諱は覚円、鏡堂はその道号。淳祐四年(一二四四)誕生。環渓惟一の法を嗣ぎ、弘安二年(一二七九)に北条時宗の招きによって無学祖元に付随して来朝した。時宗ははじめ径山の環渓を招いたが環渓は老体をもって辞退し、後輩の無学を推選し、自己の門弟鏡堂を付して補佐させたという。鏡堂その時三十六。相模の長勝・禅興・浄智・円覚・

建長の五寺に住山し、正安二年(一三〇〇)に京都の建仁寺に遷り、住持すること七年、徳治元年(一三〇六)九月二十六日寂した。寿六十三。建仁寺瑞光庵・建長寺霊光庵の両所に分塔した。語録二巻があり、『五山文学新集』六に収められている。のち大円禅師と諡された。その法を嗣いだ門弟に無雲義天・寿峯義登がある。

参考文献 『臥雲日件録抜尤』(『大日本古記録』)、『扶桑五山記』『鎌倉市文化財資料』二)、『大円禅師伝』、玉村竹二・井上禅定『円覚寺史』 (葉貫 磨哉)

ぎょうにょ 巧如 一三七六―一四四〇 室町時代前期の僧侶。本願寺第六代法主。諱は玄康、証定閣と号する。本願寺第五代法主綽如の第二子。永和二年(一三七六)四月六日誕生。童名は光多賀麿。権大納言日野資康の猶子となり、仮名を大納言と称した。明徳四年(一三九三)父綽如死去後、十八歳にして法主となり、のち、称光天皇より勅願寺の号を受けた。彼の在職中は真宗別派の仏光寺の全盛時代であり、このころ本願寺は特に北陸への布教に注力している。巧如の弟の頓円(鸞芸)は越前荒川に下向、のち藤島超勝寺をたてた。さらに頓円の弟の周覚(玄真)が荒川に下り、巧如は華蔵閣の号を与えた。周覚の長男永存は越前石田西光寺を創建、巧如みずから越中瑞泉寺に下向、その四子如乗を住持とした。さらに巧如は越前三門徒派の浄一が秘事法門を唱えたのを擯斥したといわれる。永享十二年(一四四〇)十月十四日、六十五歳で死去した。大谷祖廟の傍に葬らる。四子あり、長男存如が継職した。

巧如花押

巧如画像

参考文献 玄智『大谷本願寺通紀』一(『真宗全書』)、『本願寺史』一 (重松 明久)

ぎょうねん 凝然 一二四〇―一三二一 鎌倉時代の東大寺の学僧。仁治元年(一二四〇)三月六日伊予国越智郡高橋郷(愛媛県今治市)に生まれ、凝然御影の讃および以後の史料には尽く姓を藤原氏と伝えている。十六歳で延暦寺戒壇院で菩薩戒を受け、十八歳で東大寺戒壇院に登り別受戒を受け、二十歳で円照を戒師として通受戒を受け、以後戒壇院円照に師事し、示観房凝然と称した。当時南都の諸大寺には碩学が多く輩出し、教学の振興、法会の隆昌をもたらしていたが、ことに華厳・法相・天台・真言・律・浄土などの諸宗の復興と流布が顕著にみられる。このような鎌倉時代中期の仏教界の動向は生まれつき「憶持して忘れず」といわれた旺盛な記憶力の持主であった凝然に影響を与えずにはおかなかったし、また師円照の教禅律一体の指導が弟子凝然に至って昇華したともいえる。建治三年(一二七七)十月円照の没後、戒壇院を管するまで、円照をたすけて講義の複師を務める一方、華厳を尊勝院宗性に、真言を円照の兄真言院の聖守や木幡の真空に、浄土を法然の弟子九品寺の長西に、さらに東福・泉涌二寺で禅・北京律を修め、のちに「十宗に研覈せざるはなし」とか「諸子百家」にも該通したと評せられたほど、博学精記の論著をあらわしている。二十九歳の文永五年(一二六八)正月に、故郷の円明寺で『八宗綱要』を著作してから、七十八歳の文保元年(一三一七)十月に中風にかかってもなお「老眼を拭ひ病手を励まして」著作にあたるなど、その著は実に千二百余部・千二百余巻に及んだといわれ、中でも華厳宗関係のものとしては『五教章通路記』『探玄記洞幽鈔』などのように五十二巻より百二十巻にも及ぶ大著があり、律宗に関するものと

凝然花押

凝然画像

しては『梵網戒本疏日珠鈔』八十巻、『律宗瓊鑑章』六十巻などの大著がみられる。彼は往々「花厳兼律金剛欣浄三経学士沙門」と自称したが、空海の名著『十住心論』の釈書といえる『十住心論義批』や、聖徳太子撰述と伝える三経義疏の注釈書といえる『太子法華疏恵光記』『太子勝鬘疏詳玄記』など合わせて百四十八巻の著作をものしている。これらの著作でみられる顕著な学問的態度は、再三にわたって校正が行われたこと、古来からの多くの諸説を掲示し、一方に偏行することなく集大成した上に批判を加えた客観的な論説を展開しているところに特色がみられ、日本華厳のごときは凝然に至って大成されたとさえいわれている。さらに諸宗に関する以外のものとして、史家としての一面を示すものに『八宗綱要』以外、『三国仏法伝通縁起』三巻、『興正菩薩略行状』『円照上人行状記』などが伝えられているにすぎない。著作に専念するかたわら、戒壇院・洛東金山院をはじめ、伊予国小池寺・繁多寺・久妙寺や唐招提寺・法隆寺・矢田金剛寺・室生寺・生駒竹林寺・西大寺・白毫寺・般若寺などで述作や講経あるいは復興に努め、徳治二年(一三〇七)十一月には後宇多上皇に菩薩戒を授け、その後宮中で『華厳五教章』を講義し、応長元年(一三一一)に『三国仏法伝通縁起』などを献じ、正和五年(一三一六)には唐招提寺を管し、元亨元年(一三二一)九月五日戒壇院で八十二歳で没したが、師円照の埋葬の地、洛東鷲尾山金山院に葬られた。その弟子は多数に及んだが、中でも高弟十二人があったという。禅爾・禅明などはその中の学僧であり、また凝然の遺著の一部は「凝然撰述章疏類」九種百四十六巻、東大寺図書館に保存され重要文化財に指定されている。

参考文献 大屋徳城『寧楽仏教史論』、新藤晋海編『凝然大徳事績梗概』、堀池春峰「凝然撰述章疏類」(『奈良六大寺大観』八所収)、同「凝然大徳と仏教史伝」(『古事類苑月報』五)　(堀池　春峰)

きょうのにい　卿二位　⇨藤原兼子《ふじわらのけんし》

ぎょうひょう　行表　七二四―九七　奈良時代の学僧。大和国葛上郡高宮郷(奈良県御所市)の人。神亀元年(七二四)誕生。大初位上檜前調使案麻呂の男。俗名百戸。天平十三年(七四一)十二月宮中で道璿《どうせん》について得度、同十五年興福寺北倉院において受戒し、禅法・唯識教学を学んだ。のちに近江国崇福寺に住して丈余の千手千眼観音像を作り、ついで近江の大国師に任ぜられた。離欲清浄で物欲に汚れず、住持清浄でその任をおえた。宝亀九年(七七八)最澄は近江国国分寺で行表について出家し、禅法と唯識を受け、一乗に帰すべきことを教えられた。行表の禅法は北宗禅で、神秀《じんしゅう》・普寂《ふじゃく》・道璿・行表と伝えられたものである。その後近江国から大和国大安寺に移り、延暦十六年(七九七)二月同寺の西唐院で寂した。年七十四、臘五十五。

参考文献 『内証仏法相承血脈譜』(『伝教大師全集』二)、大野達之助『新稿日本仏教思想史』　(大野　達之助)

きょうびんおう　恭愍王　一三三〇―七四　一三五一―七四在位　朝鮮の高麗の国王。姓は王。諱は祺・顓、モンゴル名は伯顔帖木児。号は怡斎・益堂。忠粛王十七年(一三三〇)五月に生まれる。忠粛王の第二子。母は明徳太后洪氏。王は少時を元ですごし、元の支持によって即位したが、元から明への動向をみてとり、恭愍王五年(一三五六)には親元官僚の誅殺、元の年号停止、元の官制の廃止を行い、元領となっていた双城の地を収復し、同十九年にも東寧府の地を回復、反元運動を進め、明に接近し始めた。だが即位以来、連年倭寇に苦しみ、同八―十一年に紅巾賊の侵入に悩み、最後に王妃をめぐる不祥事がもとで同二十三年九月甲申(二十二日)殺害された。四十五歳。十月玄陵に葬られた。書画をよくし、現存「天山猟図」が有名。同十五年(貞治五)金竜、ついで金逸を日本に遣わして倭寇の禁圧を請うたが、翌年将軍足利義詮は天竜寺僧梵盪らを高麗に送り、武家外交の新機軸をうち出した。これを機に元寇以来の断交を終え、対馬宗氏をも含む日麗関係が形成されていった。

参考文献 『高麗史』三八―四四、池内宏『満鮮史研究』中世三、青山公亮『日麗交渉史の研究』(『明治大学文学部研究報告』東洋史三)　(武田　幸男)

ぎょうへん　行遍　一一八一―一二六四　鎌倉時代の真言宗の僧。東寺長者、高野山大伝法院座主。三河僧正、尊勝院僧正と号す。養和元年(一一八一)生まれる。三河法橋任尊の子。仁和寺行延に入室。建久年間(一一九〇―九九)慈尊院栄然に伝法を受け、建永元年(一二〇六)道法法親王に灌頂を受ける。嘉禎二年(一二三六)東寺四長者。延応元年(一二三九)七月藤原道家の病気平癒を祈り、仁治二年(一二四一)四月東寺灌頂院において道家に伝法灌頂を授ける。宝治二年(一二四八)三月大僧正、寺務、法務。四月護持僧。十二月二十九日高野山の本末騒動により東寺寺務、高野大伝法院座主職を止められる。文永元年(一二六四)十二月十五日寂。世寿八十四。著述に『参語集』五巻がある。

行遍花押

参考文献 『東寺長者補任』三、『仁和寺諸院家記』(『仁和寺史料』寺誌編一)　(和多　秀乗)

ぎようほうしゅう　岐陽方秀　一三六一―一四二四　室町時代前期の五山文学僧。はじめ字を岐山といい、のち岐陽と改めた。諱は方秀。別号不二道人。地名《ちみん》琴川。讃岐琴平の人で、姓は佐伯氏。康安元年(一三六一)十二月二十五日に熊岡荘に生まれる。はじめ外祖父から儒学を学んだが、応安五年(一三七二)東福寺の石窓口泉に投じた。このこ

岐陽方秀花押

ろ中巌円月に鍾愛されたという。十二歳のとき山城安国寺の霊源性浚に参じ、師事すること八年、ついにその法を嗣いだ。この間、京都の諸五山はじめ、南都・北嶺の講説にも列し、来朝僧の天倫道彝にも学んだ。応永十年(一四〇三)九月讃岐道福寺、同十五年普門寺、同十八年東福寺、同二十二年春、阿波慈円寺に住したが、同十月に上京、同二十五年天竜寺、ついで南禅寺に住した。晩年は東福寺栗棘庵に住し、不二軒を創めて退休した。応永三十一年二月三日寂。歳六十四。弟子に象先会玄・翺之慧鳳・春江守潮らがいる。交友には惟肖得巌・日東祖旭・金山明昶らがおり、門下生には雲章一慶・瑞渓周鳳・一条兼良・太極蔵主などがいる。義堂周信・大周周奝らに学んで、詩文にも優れていたが、東福寺に伝わる虎関師錬以来の講学の風を夢巌祖応・少室通量らから受け伝えて、五山学芸の一方の雄として活躍した。特に『四書集註』に和点を付して桂庵玄樹の『家法倭点』のもとをなし、日本儒学史上に一時期を劃した人としても注目される。著作には語録詩文集『不二和尚遺稿』三巻のほか、『碧巌録不二鈔』『中峰広録不二鈔』『禅林僧宝伝鈔』『人天眼目不二鈔』などの抄物、『学庸科文』『日本僧宝伝』などがある。　(今枝　愛真)

ぎょくえんぼんぽう　玉畹梵芳　一三四八―?　室町時代前期の禅僧(臨済宗夢窓派)。氏姓本貫など未詳。『臥雲日件録抜尤』の応永二十七年(一四二〇)七十三歳の記事から逆算して生年(貞和四年(一三四八))だけが知られる。道号はもと玉桂。天竜寺雲居庵の春屋妙葩に師事し法を嗣ぐ。応安元年(一三六八)の延暦寺衆徒によるいわゆる応安の強訴によって春屋門下が離散したころ鎌倉に下向し、同三年東勝寺に寄寓。瑞泉寺の義堂周信に詩作を学ぶ。康暦二年(一三八〇)義堂が幕命で上洛するとまもなく上洛。その後周防永興寺(諸山)、豊後万寿寺(十刹)、京建仁寺(五山)を経て応永二十年南禅寺に入寺。同二十七年四月、さきに帰依をうけていた将軍足利義持

玉畹梵芳印

岐陽方秀画像

の憤りを招くことがあって林下に隠遁して以後の消息は不明。別に『金剛経』に感じて近江に退いたとの一説がある。没年不明。『南禅寺住持籍』に三月十二日寂とする。蘭の画をよくし、多数作例がある。詩は『百人一首』(横川景三)、『花上集』に選ばれている。

参考文献 『大日本史料』七ノ一八、応永二十年三月十八日条、熊谷宣夫「玉畹梵芳伝」(『美術研究』一五)、臼井信義「玉畹の印」(『日本歴史』一七二)、星山晋也「玉畹梵芳について」(『芸術学研究』二)

(今泉　淑夫)

ぎょくどうそうじょう　玉堂宗条　一四八〇―一五六一　室町時代後期の臨済宗大徳寺派僧。大徳寺竜源院派休翁宗万の法嗣。美濃国の人。文明十二年(一四八〇)に生まれる。大永二年(一五二二)大徳寺で侍真位にあり、天文五年(一五三六)閏十月六日、同寺九十二世となる。その後周防大内義隆に招かれて竜福寺に移る(二世)。同十一年竜翔寺領長門国包光名年貢回復に尽力。大名物「玉堂肩衝」は同二十年義隆自刃の際、玉堂が持って豊後大友氏に逃れ、上洛後針屋宗和に譲り諸家に伝承されたもの。弘治三年(一五五七)義隆七回忌にあたり、毛利隆元は七月十三日付玉堂宛綸旨によって大内屋形跡に竜福寺を再興。永禄四年(一五六一)正月十七日示寂、八十二歳。特諡仏徳大輝禅師。法嗣に竜谷宗登・玉叟宗璋がいる。

参考文献 『増補正燈世譜』、福尾猛四郎『大内義隆』(『人物叢書』一六)

(今泉　淑夫)

きょそつも　許率母　生没年不詳　近江朝廷に用いられた百済人の五経の学者。来朝の事由なども未詳。天智天皇十年(六七一)、鬼室集斯らとともに近江朝廷の官人に登用され、小山上の位を授けられた。五経に明るい人で、『懐風藻』大友皇子伝によると、皇子が二十三歳で皇太子になると、彼と同時に登用された沙宅紹明・塔本春初・吉太尚・木素貴子らの百済学者とともに皇子の賓客となった。天武天皇六年(六七七)には、大博士、大山下、封三十戸。

(北村　文治)

ぎょっかん　玉澗　中国南宋時代後期の画僧。享徳三年(一四五四)の序をもつ『撮壌集』には「玉礀山水」なる中国画家名を載せているが、下って永正八年(一五一一)の『君台観左右帳記』には上の部の北宋人として「若芬字仲石曰玉澗山水西湖雲山諸峯写□」と、中の部の南宋人に「瑩玉礀西湖浄慈寺僧山水」と、下の部の元人に「孟玉礀呉興人画青緑山水花鳥」とある三名の同音画家を掲げている。自画賛の遺品廬山図(重要文化財、吉川文子所蔵)、瀑布図(同、久保惣太郎所蔵)、瀟湘八景図巻の断簡の山市晴嵐図(同、吉川文子所蔵)、遠浦帰帆図(同、徳川黎明会所蔵)、洞庭秋月図(同、矢田松太郎所蔵)と照合すると、これらの名水墨画は玉澗若芬の作品と断定できるが、その伝記は中国画史類を総合して、浙江省中央の現在の金華市に生まれ、俗姓は曹、禅僧となって杭州北高峯にある上、中、下の内の上天竺寺の書記となり、晩年に帰郷して玉澗と号し、詩と山水水墨画に長じ八十余歳で没したと伝えるが、牧谿法常と同時代の十三世紀前半期の人であろう。他の玉礀については不明。

参考文献 谷信一・長広敏雄・岡田譲編『御物集成』、鈴木敬「玉澗若芬試論」(『美術研究』一三六)

(谷　信一)

ぎょっこうずいよ　玉崗瑞璵　一五〇〇―七八　足利学校第七世庠主《しょうしゅ》(学頭)。大隅国伊集院氏の一族。明応九年(一五〇〇)に生まれる。別号九華(老人)。天文六年(一五三七)上野長楽寺の賢甫とともに上洛して東福寺の彭叔守仙に参じたが、翌年に足利に帰る。のちに相模禅興寺に住した(『寒松稿』)。同十九年から学頭に任じ、享禄年中(一五二八―三二)に焼け、また関東の争乱による戦禍をうけた学校の再建復興に努めた。後北条氏の帰依を受け、寂年に至るまで就任。天正六年(一五七八)八月十日示寂。七十九歳。『論語集解』その他の自筆書写本を多く遺し、自筆書入本も少なくない。特に『周易』に通じ、慶応義塾大学図書館蔵『足利学校易伝授書』一巻中に自筆の「占筮伝承系図」などがある。竜派禅珠『寒松稿』に関係記事が多くみえる。

参考文献 川瀬一馬『(増補新訂)足利学校の研究』、結城陸郎『金沢文庫と足利学校』(『日本歴史新書』)、和島芳男『中世の儒学』(吉川弘文館『日本歴史叢書』一一)、倉沢昭寿「足利学校学徒考」(史跡足利学校研究紀要『学校』二)、今泉淑夫『彭叔守仙禅師』

(今泉　淑夫)

きょとう　許棟　⇩許棟《きょれん》

きよはらのいえひら　清原家衡　?―一〇八七　後三年の役における主要人物の一人。父は前九年の役で源頼義に味方し安倍氏を亡ぼした清原武貞。母は前九年の役で滅亡した安倍頼時の女子。武貞が安倍頼時の女子と結婚する以前すでに武貞には嫡男真衡《さねひら》が生まれていた。安倍頼時の女子もまたすでに藤原経清と結婚し清衡を生んでいたが、安倍氏没落後、清衡を連れ子として武貞のもとに再婚した。再婚後、生まれたのが家衡である。そうであるから、家衡からみれば長兄真衡は同父異母兄、次兄清衡は異父同母兄にあたるという複雑な家族構成のうちで成人した。この三兄弟をめぐり清原同族間に紛争がおこった。はじめ家衡は清衡と結んで嫡兄真衡と争ったが、真衡が陣中で急病死した後では清衡と争うことになる。陸奥守源義家(八幡太郎)は清衡を支援したので、応徳三年(一〇八六)冬、家衡は沼柵《ぬま》(秋田県横手市雄物川町沼館、または同県大仙市藤木の二説がある)において来襲する義家軍を敗退させたが、翌寛治元年(一〇八七)十一月十四日金沢柵《かねざわ》(秋田県横手市金沢)を攻めおとされ、家衡は斬られた。

参考文献 『大日本史料』三ノ一、寛治元年十二月二十六日条、『秋田県史』一、板橋源・奈良修介『金沢柵跡発掘調査報告』(『秋田県文化財調査報告書』一二)

(板橋　源)

きよはらのさねひら　清原真衡　?—一〇八三　平安時代中期の武将。清原武則の孫、武貞の嫡男。父祖のあとをうけて陸奥の「奥六郡」と出羽山北《せんぼく》の地を領有し、清原氏の極盛期をむかえた。これまで清原氏は同族連合体制であったが、真衡に至って嫡宗独裁体制へと変質したので、同族の反発をかい後三年の役がおこることになる。同族の不満を最も強く表明したのは、かつて前九年の役で戦功のあった宿老吉彦秀武《きみこのひでたけ》である。真衡は秀武討伐に出陣する。秀武は、真衡の弟清衡・家衡の二人を誘って味方にする。真衡は形勢不利となった。しかし永保三年(一〇八三)陸奥守として下向してきた源義家(八幡太郎)の支援をうけるに至り形勢は一時好転したかにみえたが、真衡は陣中において急病死した。真衡は延久元年(一〇六九)から二年のころ衣曾別島の荒夷ならびに閉伊七村の山徒を討った軍功により鎮守府将軍になったのではないかという説がある。参考までに新説として掲げておく。

参考文献　『奥州後三年記』、『康富記』文安元年閏六月二十三日条、『秋田県史』一　(板橋　源)

きよはらのたけのり　清原武則　生没年不詳　平安時代中期の出羽国山北《せんぼく》(秋田県雄勝・平鹿・仙北の三郡)の俘囚長。天喜四年(一〇五六)陸奥守源頼義は安倍氏を攻めたが苦戦したので、しきりに武則に応援を求めたが、武則は容易に受諾しなかった。武則にはなにか成算があったからであろう。しかし康平五年(一〇六二)七月、ついに清原一族および一万余の兵を率いて陸奥に赴き、同年八月九日頼義の軍三千余に合流し、同十六日、混成部隊を編成した。このとき武則ははるかに皇城を拝し忠誠を誓った。頼義軍三千余に対し武則軍一万余という兵員数もさることながら、部隊編成においても七軍中六軍までが清原軍で、武則の勢力が圧倒的である。これから武則の戦略と進言により戦闘は有利に展開するようになる。まず安倍氏の小松柵(岩手県一関市萩荘)を急襲してこれを抜き、九月五日には逆襲してきた安倍貞任《さだとう》の精兵八千余を武則の軍略によって大いに破った。翌日、やはり武則の進言により藤原業近《なりちか》の柵を夜襲したので、貞任は衣川関をすてて北走した。翌七日、衣川関・大麻生野柵・瀬原柵を抜き、同十一日鳥海柵を急襲してこれを陥す。さらに黒沢尻・鶴脛《つるはぎ》・比与鳥の三柵を破り、同十六日から安倍氏最後の拠点厨川柵(岩手県盛岡市)の攻撃を開始し、翌十七日柵に火をかけたので、安倍軍は必死に包囲軍を破って脱出しようと勇戦した。このとき武則の進言により、囲みの一面を開いてやったので安倍軍は戦意を失い脱走した。脱走する敗軍を横撃したので安倍氏はここに全滅した。武則が来援してからわずか一ヵ月の戦果である。この軍功により翌六年二月二十五日、従五位下鎮守府将軍に任じられ、安倍氏の旧領をあわせて奥羽二州に雄飛する基盤をつくった。

参考文献　『陸奥話記』、『岩手県史』一　(板橋　源)

捕らえられた清原武衡
(『後三年合戦絵巻』より)

きよはらのたけひら　清原武衡　?—一〇八七　後三年の役の主要人物の一人。清原武則の子。将軍三郎と号す。応徳三年(一〇八六)甥の家衡が沼柵(擬定地に秋田県横手市雄物川町沼館・同大仙市藤木の二説あり)に拠り陸奥守源義家(八幡太郎)の征軍を破った武功を清原一族の名誉であるとほめたたえて、沼柵よりも堅固な金沢柵(秋田県横手市金沢)に拠って抗戦するよう家衡に進言し、ともに金沢柵で抗戦したが寛治元年(一〇八七)十一月十四日ついに敗れ、捕えられ斬殺された。

参考文献　『大日本史料』三ノ一、寛治元年十二月二十六日条、『秋田県史』一、板橋源・奈良修介『金沢柵跡発掘調査報告』(『秋田県文化財調査報告書』一二)　(板橋　源)

きよはらのなつの　清原夏野　七八二—八三七　平安時代初期の公卿。正五位下小倉王(舎人親王の孫、御原王の子)の第五子、母は右馬頭小野縄(綱)手の女。延暦元年(七八二)誕生。幼名繁野。同二十二年五月内舎人、翌二十三年六月、父の上表によって賜姓清原真人、夏野と改名。室は葛井庭子。弘仁元年(八一〇)三月蔵人、翌二年六月叙爵。同十月春宮亮に任じ、十四年四月、淳和天皇の受禅によって蔵人頭従四位下に進み、左近衛中将・近江守を兼ねて、十一月二十五日、参議に昇った。天長二年(八二五)七月、従三位中納言に叙任、翌三年八月左近衛大将、九月民部卿を兼ね、その間、親王任国の設置を奏請裁可されたことが知られている。五年三月権大納言、七年九月転正、八年正月正三位、九年十一月二日、右大臣に陞った(左大将如故)。十年三月従二位、この間『日本後紀』の撰修に与り、同十年二月『令義解』を奏撰、また『内裏式』の改修にあたった。すこぶる詩文を愛し、弘仁六年四月、近江梵釈寺の行幸に扈従して献詩(ただし詩は逸脱)、天長七年九月・同閏十二月・承和元年(八三四)四月には双岡の山庄に行幸・御幸を迎えて詩莚を張っている。同四年六月、左大将を辞し、十月七日、五十六歳をもって没。双岡大臣、また比大臣と号す。

参考文献　滝川政次郎「右大臣清原夏野伝」(『国学院大学紀要』五)　(川崎　庸之)

きよはらのなりただ　清原業忠　一四〇九—六七　室町時代前期の儒学者。清原宗業の子、良賢の孫。初名良宣、のちに業忠と改名。号、環翠軒。応永十六年(一四〇九)に生まれる。はじめ南朝系の宇津峰宮尹良親王に属して主水正に任ぜられ、応永の末に尾張津島に移り一時吉野

清原業忠花押

にも居たがのちに京都に帰って後花園天皇に仕え、大膳大夫・大炊頭を経て明経博士に補せられ、内昇殿を許された。ついで従四位上に叙し直講・大外記に任ぜられ、宝徳元年（一四四九）少納言に任ぜられ、康正元年（一四五五）六月、家例を破って生前に従三位に叙し昇殿を許された。長禄元年（一四五七）には大蔵卿に任ぜられ、翌二年三月正三位に叙せられたが、彼はこれを機に同年十月官を辞して剃髪し（法名常忠）、応仁元年（一四六七）四月二十八日に五十九歳で没した。彼の業績を語る史料は『康富記』『建内記』『臥雲日件録』『碧山日録』などに散見し、それらによると後花園天皇・成仁親王（後土御門天皇）がその進講をうけ、公卿廷臣をはじめ足利義政・細川勝元らの武家が彼の儒典講釈を聴聞し、さらに太極蔵主・桃源瑞仙・天隠竜沢らの五山禅僧まで彼の講席に列していたこと、また瑞渓周鳳とはことに親しく互いに裨益し合う仲であったことが知られる。『碧山日録』長禄三年四月二十三日条に、業忠は「積精深思、其旨に通達す、頃日、大いに講肆を開き、論語・尚書・左氏伝及び諸典を議説し、其弁翻波の如く、天下の学者皆之を師とす、公出づるの故を以て、清家の学大いに興る」（原漢文）とあり、桃源の『百衲襖』第五冊の識語に「前関白一条殿下（兼良）ニ次デハ、古今無双ノ名儒也」とあるように、彼は当代最高の儒学者であり清原家儒学中興の祖であった。彼の学風は、彼が『四書大全』や『易学啓蒙』などを重んじていた事実や、天隠が業忠の講義を聞書きした『論語抄』の写本などから察すると、家伝の古註に朱子の新註を加味したものであったことが知られる。

参考文献 『大日本史料』八ノ一、応仁元年四月二十八日条、足利衍述『鎌倉室町時代之儒教』

（芳賀幸四郎）

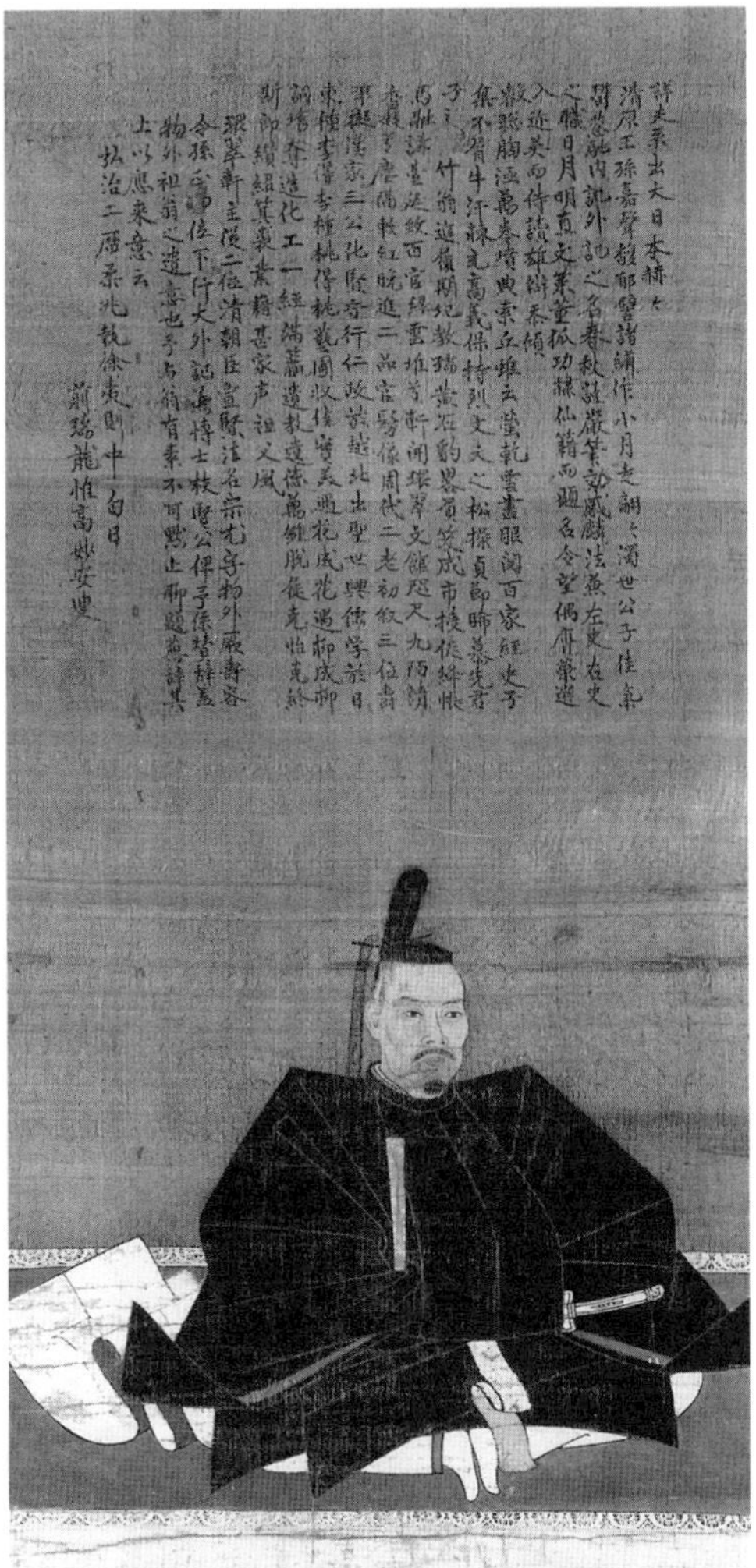
清原宣賢画像

きよはらののぶかた　清原宣賢　一四七五—一五五〇　戦国時代の儒学者。文明七年（一四七五）吉田兼倶の三男として生まれ、清原宗賢（業忠の子）の養子となり家を嗣いだ。号、環翠軒。同十二年三月、主水正となり大炊頭を経て同十八年七月蔵人に補せられ、明応九年（一五〇〇）六月従五位下に叙し翌文亀元年（一五〇一）正月直講となり、同年閏六月少納言に任ぜられた。ついで永正元年（一五〇四）三月昇殿を許され、その後約三年目ごとに位一級ずつ進み、同八年には皇太子知仁親王（後奈良天皇）の侍読となり、大永元年（一五二一）四月、祖父業忠の例を襲って従三位に叙せられ、翌二年侍従に任ぜられ、同六年十一月正三位に叙せられた。彼は享禄二年（一五二九）二月、大徳寺で剃髪し法名を宗尤と号した。致仕後、京都において公卿廷臣や僧侶らの依頼で諸儒典を講ずるかたわら、同三年には能登守護畠山義総邸で『中庸章句』を、天文元年（一五三二）には七月から約一ヵ月にわたり、若狭小浜の栖雲寺で守護武田氏の一族とその被官らのために『孟子』を講じた。そして同十四年八月、越前守護朝倉氏の招きをうけて一乗谷に赴いて『古文孝経』を講じ、翌十五年には『中庸章句』と『孟子』を、さらに同十七年三月から五月にかけて再び『中庸章句』を講じたが、同十九年七月十二日、七十六歳で一乗谷で没した。墓は福井市徳尾町の禅林寺にある。彼のこの北陸下向は自家の経済的窮迫によることも大きいが、地方の文化意欲の高揚を示す一指標として注目さるべきものである。彼の学風は家学の伝統をうけた新古折衷的なものであるが、四書五経のそれぞれについて抄物を書きのこし、それらが京都大学附属図書館（清家《せいけ》文庫）その他に伝存している。彼はまた博学多才の努力家で、実父吉田兼倶の神道説を祖述した『日本書紀神代巻抄』、三条西実隆の講釈を聞書きした『伊勢物語惟清抄』をのこし、また当時分国法の母法として重んぜられた『御成敗式目』に関心を寄せて『貞永式目抄』を著わし、他方、景徐周麟ら五山禅僧の詩文講釈の席にも連なり、この面でもひとかどの教養をもっていた。

清原宣賢花押

参考文献 『実隆公記』、足利衍述『鎌倉室町時代之儒

教』　(芳賀幸四郎)

きよはらののりたか　清原教隆　一一九九―一二六五　鎌倉時代中期の儒学者。清原仲隆の三男、本名は仲光。正治元年(一一九九)に生まれる。権少外記・相模介・音博士を経て仁治元年(一二四〇)正五位下に叙せられ、その後三河守・直講・大外記などを歴任し、文永二年(一二六五)七月十八日、六十七歳で没した。彼は兄の仲宣が朝廷に仕えたのに対し、鎌倉に下って幕府に仕え、建長二年(一二五〇)将軍藤原頼嗣の侍講となり、同四年には引付衆の一員となり将軍宗尊親王の侍講を兼ね、鎌倉における文運興隆に尽くすところ多大であった。彼の功績の第一はその弟子に金沢実時を得てこれを教導したことで、実時の好学と金沢文庫の創設とは教隆の刺激と影響とによることが大きい。第二の功績は金沢文庫旧蔵で現在宮内庁書陵部蔵の『群書治要』四十七軸のうちの二十八軸が教隆みずからの訓点であること(他は金沢実時・貞顕らの写点)が示すように、彼が清原家の経書加点の事業を大いに推進したことである。

清原教隆花押

参考文献　『関東評定衆伝』、足利衍述『鎌倉室町時代之儒教』、結城陸郎『金沢文庫と足利学校』(『日本歴史新書』)、同『金沢文庫の教育史的研究』、関靖『金沢文庫の研究』　(芳賀幸四郎)

きよはらのふかやぶ　清原深養父　生没年不詳　平安時代中期の歌人。中古三十六歌仙、百人一首に入る。『中古歌仙三十六人伝』には先祖みえずとあるが、『古今和歌集目録』『清原氏系図』によれば天武天皇系統の清原真人。父は豊前介房則か。延喜八年(九〇八)内匠大允、延長元年(九二三)内蔵大允、同八年従五位下。従五位下叙爵の註に「諸司労廿年」(『中古歌仙三十六人伝』)とあるので諸司官人としての任官は延喜八年の内匠大允あたりがそのはじめであったようであり、それは『古今和歌集』入集有力歌人(十七首入集)としての官途であったのか。また孫の元輔の出生時がこの延喜八年であるのでそれを一つの基点とするとそのころ少なくとも四十歳代と考えると延長八年は六十歳代となる。晩年北山に補陀洛寺を建立して隠棲したと伝える。歌人として『深養父集』一巻を残し歌数六十五首。勅撰集入集は『古今和歌集』以下四十一首。歌風は古今風の詠みぶりで比較的恋の歌を多く残している。歌友として中納言藤原兼輔・紀貫之が知られ、また琴の才能もあった。

参考文献　『大日本史料』一ノ八、天慶八年是歳条、岸上慎二『清少納言伝記攷』　(岸上　慎二)

きよはらのマリア　清原マリア　生没年不詳　安土桃山時代の女性。大外記清原枝賢の女。おイトの方。父枝賢が松永久秀の意を受けバテレン追放のため論破を試みたが、高山右近の父飛騨守、結城山城守忠正などとともにかえってキリシタンに敬服し入信したことから影響を受け、細川忠興夫人侍女となったのち、夫人をも感化し、みずから天正十五年(一五八七)セスペデスより受洗。ついでパードレの許しを得て伴天連追放令下にもかかわらず夫人に授洗、夫人はガラシャと称するに至ったことは周知のごとくである。

参考文献　海老沢有道「清原枝賢について」(『地方切支丹の発掘』所収)　(海老沢有道)

きよはらのもとすけ　清原元輔　九〇八―九九〇　平安時代中期の歌人。三十六歌仙、百人一首に入る。没年からの逆算によると延喜八年(九〇八)の誕生。天武天皇系の清原真人で下総守春光の男。『古今和歌集』歌人深養父は祖父にあたる。清少納言の父。官歴は、天暦五年(九五一)河内権少掾、応和元年(九六一)少監物、康保三年(九六六)大蔵少丞、同四年民部少丞から大丞へ、安和二年(九六九)従五位下となり河内権守、天延二年(九七四)周防守兼鋳銭長官、天元三年(九八〇)薬師寺廊造立の功により従五位上、寛和二年(九八六)肥後守、正暦元年(九九〇)六月没、八十三歳。村上天皇の天暦五年撰和歌所の寄人となり、『後撰和歌集』の撰集と『万葉集』の古点の事業を手がけ歌人としての声価を得、「梨壺の五人」と称された。天徳四年(九六〇)内裏歌合をはじめ多くの歌合・歌会に召され、小野宮家の実頼・頼忠、九条家師輔、西宮源高明などの貴顕の邸に出入して、屏風歌などに賀の歌を多く制作した。官人としてより歌人としての活躍が目立ち『元輔集』を残している。勅撰集入集は『拾遺和歌集』以下百五首。歌詠みとしては即吟型で、快活な性格のようである。

清原元輔画像(佐竹本「三十六歌仙切」)

参考文献　『大日本史料』二ノ一、正暦元年六月是月条、岸上慎二『清少納言伝記攷』　(岸上　慎二)

きよはらのもりたけ　清原守武　生没年不詳　十一世紀の人。遣唐使廃止後、海外との国交を絶ち、海外へ渡航することを禁じ、犯すものは厳罰に処した。『百錬抄』によると、寛徳二年(一〇四五)、肥前国の住人清原守武らの渡宋の罪科が発覚した。朝廷はその処罰について審議した結果、永承二年(一〇四七)守武の身柄は大宰府より京都に護送されて、佐渡に配流された。またその貿易して帰った貨物は没収されて官の厨家に納められ、同類五人は徒刑に処せられた。(森　克己)

きよはらのよしかた　清原良賢　?—一四三二　南北朝時代の儒学者。清原宗季の子。号、文翁。大膳大夫・主税頭・主水正を経て少納言・大外記に任ぜられ明経博士となり、内昇殿を許され、後光厳・後円融・後小松三天皇の侍読として家学を興し、応永四年(一三九七)剃髪した。法名、常宗。古註を根幹とし新註を若干加味して儒典を講じ、ことに『古文尚書』と『毛詩』の講釈を得意としていた。永享四年(一四三二)十月二十九日没。その十三回忌にあたる文安元年(一四四四)十月に従三位を追贈された。

清原良賢花押

参考文献　足利衍述『鎌倉室町時代之儒教』(芳賀幸四郎)

きよはらのよりなり　清原頼業　一一二二—八九　平安時代後期の儒学者。本名顕長、のちに頼滋と改め、ついで頼業と号した。保安三年(一一二二)に生まれる。大外記清原祐隆の子。明経道の家に生まれたこととて、幼少のころから家学の伝習に励んで学才をもって称せられ、康治元年(一一四二)従五位下に叙し少外記に任ぜられ、世襲の職である局務にあたった。彼は藤原頼長より二歳年少であったが、頼長に認められて藤原敦任らとともに彼を中心とする講論のグループの一員に加えられ、その長子兼長の教師に選ばれてこれに『孝経』を講じた。頼業は頼長の熱心な推挙で久安六年(一一五〇)直講に任ぜられ、仁平元年(一一五一)には彼の依嘱をうけて告文を文宣王廟に奉り、久寿二年(一一五五)には頼長の内覧就任報告のため春日社に使し、保元元年(一一五六)には記録所寄人となり助教に昇進した。彼はこのように頼長の知遇を受けただけに、保元の乱後一時不遇の状態にあったが仁安元年(一一六六)大外記に任ぜられ、局務の中枢として重きをなすようになった。承安二年(一一七二)九月、宋の明州判(刺か)史が朝廷と平清盛とに物を送ってよこしたが、その送文の一通に「賜二日本国王一」とあり、他の一通に「送二日本国太政大臣一」とあったため、その受否が問題となり、頼業に先例の勘申を命ぜられたのであったが、頼業は先例を勘申し不遜の送物は断じて退けるべきことを主張した。しかしこの時は清盛の意見で受理することになったが、これは大義名分を重んずる儒学者としての彼の真面目をよく示す事例である。彼は安元元年(一一七五)明経博士となり、ついで高倉天皇の侍読となったが、この前後から同じく儒教的な政治思想を抱き、後白河院政や平氏政権に対し批判的であった九条兼実と意気投合し、その接触が一段と深まった。兼実は頼業を「吐二和漢才一、詎敢比レ肩、誠是国之大器、道之棟梁也」と推重し、また頼業を「談二世上事一、竊所レ示之旨同二愚案一、可レ謂二賢士一云々、才学之卿大夫等、多入二僻韻一云々」と評し、さらに頼業は明経道において上古の名士に遜色ない人物である、それ故に良通・良経両息の師に彼を迎えたという意味のことを、その日記『玉葉』に記している。それだけに兼実は、文治二年(一一八六)三月、源頼朝の支援をうけて摂政となり政局の首班となると、頼業を家司に補して常時補佐の任にあたらせた。兼実の施策として知られる記録所の復活、意見封事の召徴などをはじめ、諸般の政治問題で頼業の関与しないものはほとんどない有様であったが、頼業は同五年閏四月十四日に六十八歳で没した。頼業はこのように兼実と好一対の儒教的政策人であり、局務の練達者であったが、その本領は明経道にあり、清原家の中興の祖として仰がれ、清原家所伝の経書には彼が講読・加点・校合した旨を記すものが多い。なお彼は没後、京都嵯峨の車折神社に祀られ、後世の儒学者から祖師として尊崇された。

清原頼業花押

参考文献　『大日本史料』四ノ二、文治五年閏四月十四日条、同四ノ一六補遺、竜粛「清原頼業の局務活動」(『鎌倉時代』下所収)(芳賀幸四郎)

きょれん　許棟　生没年不詳　明代の海寇。許棟とも書かれているが許棟が正しい。許二ともいわれた。安徽省歙《しょう》県の出身。日本の五島に拠って徽王と号した倭寇の大頭目王(汪)直も同県の出身であるが、はじめは許棟の部下であった。嘉靖十九年(一五四〇)、海寇李光頭(李七)らと福建の獄を脱して海上にのがれた。はじめはいわゆる西番人(ポルトガル)と密貿易をしていたが、同二十三年から日本と関係がうまれる。『日本一鑑』窮河話海には許一(松)・許二(楠)・許三(棟)・許四(梓)とあるが、許一・許三ははやく死に、許四は南海にのがれており、『籌海図編』などとも考えあわせると、許二(棟)・許三(楠)が正しい。四人とも木の名で命名されているから、棟《とう》は棟《れん》にちがいあるまい。

参考文献　石原道博『倭寇』(吉川弘文館『日本歴史叢書』七)(石原　道博)

きらさだいえ　吉良貞家　生没年不詳　南北朝時代の武将。足利系吉良氏庶流経家の長子。建武元年(一三三四)宮内大輔の官途を有し、鎌倉府に勤番していたが、室町幕府樹立後は、建武三年から康永三年(一三四四)まで評定衆として在京、幕府五番制引付の二番引付頭人に任じ、修理権大夫の官名をもって所務沙汰に関する多くの奉書を発給している。貞和元年(一三四五)奥州管領に補任さ

吉良貞家花押

れ、奥羽に下向。翌年官途は右京大夫に昇進、多賀国府を管領府として、南北両党相抗争していた奥羽両国の組織化に一時成功をおさめた。しかし観応擾乱に巻きこまれ、観応二年（一三五一）二月の宮城郡岩切城（仙台市郊外）攻防戦で奥州一方管領の畠山国氏と戦いこれを破ったが、十一月北畠顕信らの南党勢に多賀府を逐われ、岩瀬郡稲村（福島県須賀川市）に拠る。舎弟貞経・子息満家らとともに、翌年多賀府を奪回し、さらに田村荘宇津峰城（福島県郡山市・須賀川市郊外）に北畠勢を破り、管領府再建に着手したが、文和三年（一三五四）春死没したと見られている。

参考文献　『福島県史』一、佐藤進一「室町幕府開創期の官制体系」（石母田正・佐藤進一編『中世の法と国家』所収）、小川信「奥州管領吉良貞家の動向」（『足利一門守護発展史の研究』所収）、遠藤巌「奥州管領おぼえ書き―とくに成立をめぐる問題整理―」（『歴史』三八）　（遠藤　巌）

きらのぶつね　吉良宣経　生没年不詳　戦国時代土佐の豪族と伝えられる。同国吾川郡弘岡（高知県吾川郡春野町）の吉良峰城主で、宣忠の子といわれる。永正十一年（一五一四）に生まれ十七歳で家を継いだとか、条目・軍律を定めたとか、南村梅軒を招いて儒学を講じさせ土佐に南学の源を開いたなどといわれるが、これらはすべて元禄年間（一六八八―一七〇四）ごろ大高坂芝山の潤色した『吉良物語』や同人の著わした『南学伝』にはじめてみえる記事で、きわめて信憑性に乏しい。宣経は天文二十年（一五五一）長宗我部氏と戦端を開いたがまもなく病死したというこれらの書物の記事も、吉良氏が天文九年までに同国長岡郡の本山氏に滅ぼされた事実と矛盾している。

参考文献　下村效「土佐南学濫觴の虚実」（『戦国・織豊期の社会と文化』所収）、横川末吉「戦国期の春野」（『春野町史』所収）、同「吉良氏考」（『海南史学』九）　（小川　信）

きらみつさだ　吉良満貞　？―一三八四　南北朝時代の武将。吉良満義の嫡子。通称上総三郎。官途治部大輔・左兵衛佐、法号省堅。観応擾乱に際し足利直義党の有力部将として活動し、直義の没後は父満義とともに南朝方となり、正平八年（北朝文和二、一三五三）足利直冬党山名時氏らとともに一時京都を占領した。やがて幕府に帰参して貞治二年（一三六三）引付頭人に起用され、康暦二年（一三八〇）まで在職が確認される。また三河吉良荘・遠江浜松荘・石見都野郷などの地頭を兼ねた。しかし弟尊義（または義尊）が吉良荘東条を押領したと伝えられ、吉良氏嫡流の勢力低下が兆している。至徳元年（一三八四）九月五日没す（『常楽記』）。

吉良満貞花押

参考文献　『西尾市史』二、小川信『足利一門守護発展史の研究』　（小川　信）

きらみつよし　吉良満義　？―一三五六　南北朝時代の武将。吉良貞義の嫡子。通称三郎、官途左兵衛佐・中務大輔・左京大夫、入道して寂光寺と号す。元弘・建武年間（一三三一―三八）以来足利尊氏・直義兄弟に従って活動し、建武政権下、直義のもとで関東廂番六番頭人となり、室町幕府開創に協力し、康永三年（一三四四）一番引付頭人に補せられた。尊氏・直義両党が対立すると直義党の有力者となり、貞和五年（一三四九）六月直義の命により仙洞御所を警固した。正平七年（一三五二）直義が横死すると、石塔頼房や嫡子吉良満貞らとともに南朝に帰順し、関東から西上して、翌八年（北朝文和二）六月、楠木正儀・山名時氏らとともに京都を襲い、足利義詮を美濃に走らせたが、翌月反撃されて退いた。のち幕府に帰参し、延文元年（一三五六）九月二十三日没した。

吉良満義花押

参考文献　『大日本史料』六ノ二〇、延文元年九月二十三日条、『西尾市史』二、小川信『足利一門守護発展史の研究』　（小川　信）

キリシタだもた　喜利志多佗孟太　⇨モタ

きんしないしんのう　勤子内親王　九〇四―三八　醍醐天皇の第四皇女。母は源唱の女、更衣周子。延喜四年（九〇四）生まれる。同八年四歳で内親王宣下をうけ、のち四品に叙された。女四の宮と称され、藤原師輔の室となり、天慶元年（九三八）十一月五日没した。三十五歳。『願文集』に七七日仏事の願文（大江朝綱作）を収めている。聡明柔順で、容姿花のごとしと称えられ、音楽・書画に秀いで、外戚源順に命じて『和名類聚抄』を撰述させた。『後撰和歌集』に和歌一首を収めている。

参考文献　『大日本史料』一ノ七、天慶元年十一月五日条　（山本　信吉）

きんじゅう　金重　南北朝時代の美濃の刀工。相州正宗門ともいう。遺品に乏しいが作風は身幅広く、地は板目肌をあらわに出し、刃文は沸出来の小乱れ刃揃い美濃風。切先の刃ははきかけて大丸崩れ。彫物は刀は刀樋、短刀は宝棒や剣をほる。銘は大振りに金重と二字に切る。同銘二、三代続く。後代の作は小出来の乱れ刃の頭が尖り刃文はよく揃う。銘は少し小振りになる。（辻本　直男）

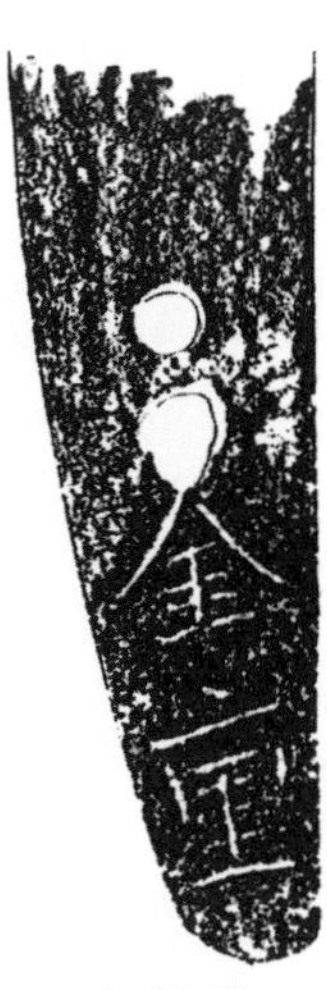

金重押形

きんしゅんじゅう　金春秋　⇨こんしゅんじゅう

きんじんもん　金仁問　⇨こんにんもん

きんたろう　金太郎　伝説的人物。源頼光の郎等なる勇猛の士として、『今昔物語集』二八、『古今著聞集』九、『酒呑童子』(御伽草子)などに公時の名がみえる。江戸時代初期の金平浄瑠璃では主人公金平の父として語られ、その一つたる寛文四年(一六六四)刊の『瀧根《すくね》悪太郎』では坂田民部金時と称され、足柄山で山姥が奉った子とされる。延宝五年(一六七七)刊の金平浄瑠璃『清原右大将』では足柄山で鬼女が連れて出た十六、七の怪童で、頼光が坂田宿禰公時の名を与えたとする。正徳二年(一七一二)上演の近松門左衛門作『嫗山姥《こもちやまうば》』では謡曲『山姥』を承け、熊・猪と角力するが、幼名は快童丸とある。金太郎の名は文化六年(一八〇九)四月中村座上演七変化の所作事『邯鄲園菊蝶《かんたんそののきくちょう》』にみえる。民譚に浦島太郎・物臭太郎・寝太郎・桃太郎などの名があり、金平の幼名も悪太郎とあるから金時を金太郎とするのも自然である。歴史的に整えた伝説の記述は享和三年(一八〇三)序の『前太平記』にみられ、天延四年(九七六)足柄山中で頼光が老嫗と二十一歳の童形に出逢い、老嫗が山巓に寝た時、夢中に赤竜が来り通じて生んだ子であると述べる。また、渡部綱が「事レ公得レ時」と祝ったので酒田公時と名乗らせたと説く。金太郎のイメージは赤い裸形の童子で鉞を持つ。古代の雷神信仰の流れを汲むと説かれたりする。その日本的起源は南島のケンムン、本土の河童(川太郎)・山童(山ン太郎)・座敷ワラシなどにさかのぼるべきである。

参考文献　高崎正秀『金太郎誕生譚』(『高崎正秀著作集』七)　（臼田甚五郎）

きんと　忻都　生没年不詳　元朝の武将。モンゴル人。鳳州経略使より転じ、至元十一年(文永十一、一二七四)、征日本の都元帥として、高麗を経て日本に遠征(文永の役)。博多・箱崎を蹂躙したが、夜に入って撤退、帰途は風雨のため多大の損害を蒙った。十七年日本再征を具申、日本行省右丞に任ぜられ、十八年(弘安四、一二八一)、征東元帥として東路軍を率い、北九州に進攻。さらに江南軍と合し、大挙して大宰府を攻略しようとしたが、肥前鷹島(長崎県松浦市鷹島町)で台風にあって全軍覆没し、辛うじて逃還した。

参考文献　『元史』日本伝、池内宏『元寇の新研究』、山口修『蒙古襲来』　（山口　修）

きんほうけい　金方慶　一二一二—一三〇〇　高麗朝の武将。字は本然。謚は忠烈。高宗・元宗・忠烈王の三代に仕え、国軍の中核として大功あり。一二七〇—七三年、三別抄の乱には追討使を命ぜられ、珍島(全羅南道)から耽羅(済州島)を攻略。ついで元の大都に召され、世祖フビライの知遇を得て、日本遠征の準備にあたる。文永十一年(一二七四)十月、高麗軍都督として八千の兵を率い、元軍の一翼をになって九州に進攻。帰国後、また元に使し、上柱国に任ぜられたが、七九年、洪茶丘にうとまれ、罪によって大青島(忠清南道)に流された。まもなく放還、弘安四年(一二八一)六月、高麗軍の都元帥として一万の兵を率い、東路軍に従って九州を再征。八三年辞官、上洛郡開国公として食邑一千、食実封三百を賜わる。忠烈王二十六年(一三〇〇)八月戊午(十六日)没。八十九歳。

参考文献　『高麗史』一〇四、『高麗史節要』二二、池内宏『元寇の新研究』、山口修『蒙古襲来』、旗田巍『元寇』(『中公新書』八〇)　（山口　修）

きんめいてんのう　欽明天皇　六世紀中葉の天皇。『古事記』『日本書紀』によれば継体天皇の嫡子で母は皇后の手白香《たしらか》皇女。幼名は不明、和風諡号は天国排開広庭《あめくにおしはらきひろにわ》(「あめくにおしはるきひろにわ」とも)尊。異母兄の宣化天皇を継いで五三九年に即位し、大和の磯城《しき》の磯城嶋《しきしまの》金刺宮《かなさしのみや》におり、宣化天皇の女の石姫《いしひめ》を皇后として敏達天皇らを生み、ほかに蘇我稲目の女の堅塩媛《きたしひめ》を妃として用明・推古(女帝)両天皇ら、堅塩媛の同母妹の小姉君《おあねぎみ》を妃として崇峻天皇らを生んだという。はじめ大伴金村と物部尾輿《おこし》が大連、蘇我稲目が大臣だったが、天皇の治世のはじめに金村が朝鮮対策の失敗を非難されて失脚したとされ、その後百済から仏教が公式に伝えられると、崇仏の可否をめぐって稲目と尾輿の対立が激化していったが、大陸文化の摂取と中央権力の強化に積極的だった開明派の蘇我氏が朝廷全体の支持を得て、その権力を強めていったとみられる。しかし朝鮮対策は新羅・百済・任那諸国の三者間の複雑な関係に対する適切な対応を欠いて不振の度を加え、五六二年ころに任那諸国が最後的に新羅に併合されるに至った。なお最近では、五三一年とみられる継体天皇の死後すぐに実は欽明天皇が一方で即位して、安閑・宣化両天皇の朝廷と対立する両朝分立の状態が生じ、それが約八年後に欽明朝によって統一されたのであり、仏教の公伝はその統一前の戊午の年(五三八年)だったとする見方が有力となっている。天皇の晩年の五七〇年ころにはじめて高句麗の国使が来朝したが、天皇はこれを引見するに至らないでその翌年に病死し、檜隈坂合陵に葬られたという。

参考文献　林屋辰三郎「継体・欽明朝内乱の史的分析」

(『古代国家の解体』所収)（関　晃）

檜隈坂合陵《ひのくまのさかあいのみささぎ》　奈良県高市郡明日香村大字平田にある。檜隈陵ともいわれた。『日本書紀』推古天皇二十八年(六二〇)十月条に「以二砂礫一葺二檜隈陵上一、則域外積レ土成レ山」とあり、『延喜式』諸陵寮には、遠陵とし「兆域東西四町、南北四町、陵戸五烟」と記し、吉備姫王の檜隈墓を「在二大和国高市郡檜隈陵域内一」と記す。中世以降久しく所在不明であったが、幕末にようやく現陵が考定され、元治元年(一八六四)修復された。南を除く三方が丘陵の斜面に囲まれた、周濠のある三段築成の前方後円墳で、坂合の名にふさわしい環境にある。長軸の長さ約一四〇メートル、前方部幅約一一〇メートル、後円部直径約七五メートル、高さ約一五メートル、後円部が前方部よりやや低い。全山厚く葺石に覆われ、「礫石を以て檜隈陵上に葺く」とよく符合する。周濠は、長軸に沿った東西の渡り土手で南北に二分され、北濠は南濠よりも約一メートル高く、空濠になっている。昭和五十三年(一九七八)の宮内庁の調査で、南濠の原初の濠底は、現濠底の一・二～二・五メートル下に埋まっており、現外堤は、濠内堆積土の上に築かれていることが判明した。原初の南濠は、二重濠跡といわれる、元禄年間(一六八八―一七〇四)に猿石が出土した陵南池田の辺まで広がっていた可能性が強い。さらに墳丘の南側くびれ部で、造り出しと見られる突出部が見付かっているので、墳丘もさらに大きかったことが考えられる。現在周辺にある経塚、金塚、鬼の雪隠・俎は当陵陪塚になり、猿石は陵前と道を距てた檜隈墓に置かれている。堅塩媛の檜隈大陵を当陵と同一視する説があるが、大陵の名には、史跡丸山古墳の方がふさわしい。

参考文献　帝室林野局編『欽明天皇檜隈坂合陵之図』、上野竹次郎『山陵』上、宮内庁書陵部陵墓調査室編「昭和五十三年度陵墓関係調査概要」(『書陵部紀要』三一)（石田　茂輔）

きんゆしん　金庾信　⇩こんゆしん

きんりょうき　欽良暉　生没年不詳　九世紀中ごろ唐に居住し、唐と日本の間を往来した新羅貿易商人。承和十四年(八四七)入唐留学僧円仁が帰国の際、欽良暉らの船に便乗する予定で楚州に着いたところ、欽良暉らの蘇州船は五月十一日蘇州松江口を出帆して日本へ向かって航海中であった。そこで円仁は欽良暉らのあとを追い、七月二十日山東の乳山長淮浦で追い付き、九月二日山東の赤山浦を出帆し、同十七日博多湾口残ノ島に着き、翌十八日鴻臚館前に着岸翌日入館した。また円珍が入唐の際も、入唐のため大宰府に下った円珍は仁寿二年(八五二)閏八月欽良暉の商船が来航したので、翌三年七月十六日欽良暉の船に乗り、値嘉島に至って鳴浦に停泊し、八月九日出帆、流求国に漂到、十五日唐の嶺南道福州連江県境に着岸し、十九日福州に上陸した。

参考文献　『入唐求法巡礼行記』四(『大日本仏教全書』)、『智証大師伝』（森　克己）

く

くうあ　空阿　一一五五―一二二八　鎌倉時代前期の浄土宗の僧。空阿弥陀仏。一説に字を法性といい、はじめ天台宗の僧であった。法然房源空に帰依したのちも、持戒をつづけ、多念義の称名につとめて、無智の空阿弥陀仏と称された。久寿二年(一一五五)生まれる。他僧の坊に起臥して定住しなかったが、建保のころには、洛中の貴族と結縁し、身辺には多くの念仏者が集まったので、専修念仏の棟梁と見なされて、嘉禄元年(一二二五)山門の強訴によって洛中から追放された。そののち摂津の四天王寺に坊をつくり、西門についた念仏を修したのであろう。貴賤から熱狂的な帰依を受けたため、安貞元年(一二二七)天台の度牒を召し上げられて壱岐に流され、翌年正月十五日に七十四歳で寂した。

参考文献　『大日本史料』五ノ四、安貞二年正月十五日条、田村圓澄『法然上人伝の研究』、菊地勇次郎「天王寺の念仏―空阿弥陀仏の念仏―」(『日本歴史』九四・九五)（菊地勇次郎）

くうかい　空海　七七四―八三五　平安時代前期の真言宗僧。宝亀五年(七七四)、讃岐国多度郡弘田郷屛風浦(香川県善通寺市)に誕生。父は佐伯田公、母は阿刀氏。幼名を真魚といい、また貴物と称ばれた。延暦七年(七八八)入洛、外舅阿刀大足(伊予親王の文学)に就いて文書を習い、十年、大学に学んだが、時に一沙門から虚空蔵求聞持法を示され、経説実修のために阿波の大滝岳・土佐の室戸崎などの地において勤行を重ねた。十六年帰洛、

空海自署

『三教指帰』三巻を撰して、儒・道・仏三教の優劣を論じ、仏教こそ最勝の道であるとした(別に同時撰述の空海自筆本が『聾瞽指帰』一巻(金剛峯寺蔵、国宝)として伝えられ、序文と末尾の十韻の詩が異なるほか、本文に多少の出入があり、また若干の自注が施されている)。空海の出家得度の年時については、延暦十一年・十二年・十四年・十七年・二十二年・二十三年と異説が多いが、『梅園奇賞』所載の延暦二十四年九月十一日付の太政官符、また『中村直勝博士蒐集古文書』所収の同官符案には、延暦二十二年四月七日出家の文字がみえ、『続日本後紀』所載の空海伝また「年卅一得度」と記すから(この書は空海六十三歳示寂とするから、年三十一は延暦二十二年にあたる)、今は延暦二十二年出家説に従う。受戒についても延暦十四年・二十二年・二十三年などの諸説があり、ここでは二十三年説を採るよりほかはないが、いずれにしても入唐を目前に控えて慌しい得度進具であったとしなくてはならぬ。事実、この『三教指帰』の撰述から入唐までの数年間は、空海伝の中で最も謎の多い部分であるが、ただその間に大和の久米寺東塔下において『大日経』を感得したという所伝は注目される。空海入唐の直接の動機は、まさにこの経の秘奥を探ろうとするところにあったからである。延暦二十三年五月十二日、空海は遣唐大使藤原葛野麻呂に従い、第一船に乗じて難波津を発し、同七月六日、肥前国松浦郡田浦から渡海、月余にして八月十日福州長渓県赤岸鎮已南の海口に著いたが、さらに福州に廻航、十月三日、州に至った。十一月三日、州を発して上都に赴き、十二月二十三日、長安城に入る。翌二十四年(唐、永貞元年)二月十日、大使らは長安を辞して明州に向かったが、空海は西明寺の永忠(日本の留学僧、この年帰朝)の故院に留住せしめられ、以後城中の諸寺を歴訪して師依を求め、青竜寺の僧恵果に遇って師主とすることを得た(恵果は、不空三蔵付法の弟子、三朝の国師と称せられた唐代密教の巨匠である)。空海は、恵果に就いて発菩提心戒を受け、青竜寺東塔院の灌頂道場において受明灌頂に沐し(六月十三日胎蔵界、七月上旬金剛界)、ついで伝法阿闍梨位灌頂に沐して(八月上旬)、遍照金剛の密号を受けた。恵果は、さらに両部大曼荼羅図十舗を図絵、道具・法文などを新造・書写せしめて空海に付嘱し、また仏舎利など十三種物を授けて伝法の印信としたというが、この年十二月十五日、六十歳をもって示寂。空海は、その建碑(翌大同元年(八〇六)正月十七日)にあたって碑文を撰し、みずからこれを書いた。一方、空海は、この年、長安の醴泉寺において、罽賓国の僧般若三蔵、北印度の僧牟尼室利三蔵からも学ぶところがあり、般若三蔵からは新訳の『華厳経』その他を付嘱されている。また、書家・詩人としての声名も、すでにその間に揚がっていたようである。大同元年(唐、元和元年)正月、遣唐判官高階遠成は、空海および橘逸勢らとともに帰国せんことを唐朝に奏し、認められたが、空海辞京の日は詳らかでなく、ただ四月には越州にあり、その節度使(浙東観察使)に書を送って内外の経書を求めている。明州からの解纜は八月としてよく、筑紫繋帆の日時については異説が多いが、『御請来目録』巻首の上表文に、大同元年十月二十二日の日付がみえるから、少なくともこの日には宰府の地にあったことが知られよう。この請来目録の内訳は、新旧訳経百四十二部二百四十七巻、梵字真言讃等四十二部四十四巻、論疏章等三十二部百七十巻、図像等十舗、道具九種、阿闍梨付嘱物十三種から成り、目録は高階遠成に付して進献されたものである(最澄書写の本が今に伝えられている。教王護国寺蔵、国宝)。宰府の地にあった空海は、大同二年四月、筑前の観世音寺に留住せしめられ、ついで請来の法文・道具・曼荼羅などを具して上洛したといわれるが、実際に京洛の地を踏んだのは同四年七月に入ってからのことで、それまでは和泉の槇尾山寺にとどまっていたと思われる。

空海画像

空　海　像

空海像(板彫)

入京後は高雄山寺に住した。八月、最澄は空海に書を寄せて、請来の法文十二部の借覧を請い、ここに最澄との交友が開かれる。十月、嵯峨天皇の勅によって「世説」の屏風両帖を書いて進献し、爾後、高名の書家・詩人として厚く遇せられるに至った。一方、弘仁元年(八一〇)十月、空海は上表して、高雄山寺に鎮国念誦の法門の実修を請うたが、これは輒く聴されなかったらしい。また、この年、東大寺の別当に補せられたというが未詳。二年十月には高雄山寺の地は不便なりとして乙訓寺に住せしめられ、ついで同寺の別当に補せられている。翌三年十月、最澄はこの寺に空海を訪れて付法の約諾を得、空海また高雄山寺に還住して、翌十一月十五日、最澄らのために金剛界結縁灌頂を行なった。胎蔵界結縁灌頂は十二月十四日(空海自筆の『高雄山灌頂歴名』が今に伝えられている。神護寺蔵、国宝)。最澄と空海との交友は、四年十一月の『理趣釈経』の借請、七年五月の泰範離反などの問題から、急速に冷却するに至ったといわれるが、その間、空海自身としても、積極的に密蔵法門流布の意を明らかにし、六年四月、いわゆる「勧縁疏」を草して東国の国守や名僧らに送り、秘密経典の書写を勧め、七年六月には新たに修禅の道場建立の地として高野山の下賜を請い、七月聴されていることが注目される。顕密二教の優劣浅深を論じた教理の書、『辨顕密二教論』二巻の撰述がまたこの時期に懸けられていることもゆえなしとしない。空海がみずから高野の地に赴いて禅院の経営にあたったのは九年の冬になってからであるが、十年五月、鎮守神を勧請し、壇場などの結界を行なった。七月、中務省に入住(のちの真言院という)、月余にして高雄山寺に還った。このような動きの間にも、詩文の世界に対する空海の沈潜は深く、『文鏡秘府論』六巻の撰述を竟え、十一年五月、その玄要を抄録して『文筆眼心抄』一巻を作っている。十二年九月、入唐請来の両部曼荼羅および真言七祖などの影像二十六鋪を修補し、新たに影像の賛文を撰して供養を行なったが、『真言付法伝』(『略付法伝』)の撰述がまたこのときに懸けられる。密教付法の本義と師資相承の系譜を明らかにしたもので、ほかならぬ空海その人の独自の立脚地を示したものである。とすると、先の『二教論』とこの『付法伝』との間に『即身成仏義』『声字実相義』『吽字義』三部の教義書の成立を考えることも可能になってくるのではないかと思われ、真言宗開立の基礎的な条件はすでにこの間に成熟しつつあったことがうかがわれる。十三年二月、東大寺南院に灌頂道場を建立、空海をして夏中および三長斎月に息災増益の法を修せしめられたが(公的修法のはじめ)、この年にはまた、平城上皇が空海を師として入壇、灌頂を受けている。そして翌十四年正月、空海は東寺を給預され、密教の道場としてこれを経営することになる。四月、淳和天皇即位。空海は賀表を上っているが、事実、爾後の空海の活躍は、一にこの天皇の庇護に負うところが大きかった。十月、『真言宗所学経律論目録』(『三学録』)を進献、東寺に真言宗僧五十人を住せしめ「道は是れ蜜教なり、他宗の僧をして雑住せしむること莫れ」(原漢文)という官符を得たのは、その第一歩であり、同月、皇后院の息災法、十二月、清涼殿の大通方広法と、公的の修法に請ぜられることが多くなった。翌天長元年(八二四)二月には神泉苑に請雨経法を修し、その功によって少僧都に直任(三月)、空海は辞したが聴されなかった。九月、高雄山寺を定額とし、神護国祚真言寺と称して、ここにも真言を解する僧十四人が置かれることになる。大和の室生寺を再興して真言修法の道場としたのもこの年に懸けられる。四年五月、大僧都に昇任、五年十二月、綜芸種智院を創立、道俗二種の師を請じて、貴賤貧富にかかわらず、宜に随って教授せんことを企図した(院は承和十二年(八四五)廃絶)。空海の生涯の書ともいうべき『秘密曼荼羅十住心論』十巻とその略本『秘蔵宝鑰』三巻の二著は、いずれも天長七年、淳和天皇の勅を奉じて撰進されたものといわれ、菩提心発現の過程を十種の段階(住心)に分類、顕教諸宗をそれぞれの住心に位置づけるとともに、真言宗独自の立脚地を明かした画期的な教理の書である。翌八年六月、空海は病によって大僧都を辞せんとしたが聴されず、九年八月には高野山にあって万燈・万華の二会を修したことが知られるが(金剛峯寺の称呼もこの間に定められた)、十一月からは「深く穀味を厭い、もっぱら坐禅を好む」といわれ、爾後、高野山隠棲の日がつづいた。その間、承和元年十二月、毎年宮中正月の御斎会(金光明会)に、別に真言の法によって結壇修法せしめられんことを奏請して聴され(後七日御修法の起源)、また東寺の経営にも心を配るところがあったが、翌二年正月、真言宗年分度者三人の設置が認められ、空海の素志は、ほぼここに果たされたといえよう。しかし、この月から空海の病は篤く、三月二十一日、六十二歳をもって高野山に示寂した。延喜二十一年(九二一)弘法大師の諡号を与えられる。ときに高野大師ともいわれる。空海の著書として注目すべきものに、先述のほかに『篆隷万象名義』三十巻があり、撰述の年時を詳らかにしないが、わが国最古の辞典と称すべきもので、高山寺に永久二年(一一一四)書写の六帖本(国宝)が伝えられている。またその詩文は『遍照発揮性霊集』十巻(真済編・済暹補)、『高野雑筆集』二巻、『拾遺雑集』などに収められている。これら著作は、密教文化研究所編『弘法大師全集』全八巻、勝又俊教編『弘法大師著作全集』全三巻などに収録されている。書蹟としては先に掲げたもののほか、在唐中の筆録にかかる『三十帖策子』(一部分は橘逸勢の筆という。仁和寺蔵、国宝)、最澄との交友を物語る『風信帖』(教王護国寺蔵、国宝)などが挙げられよう。これらは『弘法大師真蹟集成』に収められている。

参考文献 密教文化研究所編『(増補再版)弘法大師伝記集覧』、密教学密教史論文集編集委員会編『密教学

密教史論文集』、智山勧学会編『弘法大師研究論集』、中野義照編『弘法大師研究』　（川崎　庸之）

くうげどうにん　空華道人　⇩義堂周信《ぎどうしゅうしん》

くうこくみょうおう　空谷明応　一三二八—一四〇七　南北朝・室町時代初期の五山文学僧。字は空谷、諱は明応。別号若虚。近江浅井郡熊谷直勝の子。嘉暦三年（一三二八）生まれ。九歳のとき同郡宏済寺の志徹の門に投じ、ついで上京して夢窓疎石に参じた。夢窓はその才能を大いにかって、高弟無極志玄の弟子とし、孫太郎と呼んで特に目をかけた。そのほか、空谷は東陵永璵・放牛光林・蒙山智明・碧潭周皎・黙庵周諭・中巌円月などにも学んだが、ついに無極の法を嗣いだ。永和元年（一三七五）十二月美濃の天福寺、同四年同国天寧寺、ついで崇光院に招かれて伏見の大光明寺、義堂周信の推薦により等持寺、至徳三年（一三八六）十月相国寺に住した。さらに明徳元年（一三九〇）八月同寺に再住、同三年八月、後小松天皇に授衣し、仏日常光国師の勅諡号を受けた。応永元年（一三九四）十月相国寺に三住して焼失した同寺を復興、同五年等持院、同十一年十二月天竜寺にも住した。その間、至徳二年、嘉慶二年（一三八八）から応永五年五月まで再度、鹿苑院の塔主をつとめ、僧録を掌った。応永十四年正月十六日寂。歳八十。相国寺常徳院と嵯峨天竜寺の真浄院に塔した。弟子に曇仲道芳・天章澄彧・海門承朝・仙巌澄安・東嶽澄昕・虎山永隆らがいる。絶海中津と並んで叢林の二甘露門と称され、道学兼備の人として当時五山に重きをなし、足利義満などに篤く帰依された。著作に法語詩文集『常光国師語録』二巻がある。

参考文献　『大日本史料』七ノ八、応永十四年正月十六日条　（今枝　愛真）

空谷明応画像

空谷明応花押

「空谷」
空谷明応印

くうしょう　空性　一二九五—一三三五　鎌倉時代後期の僧侶。真宗仏光寺の創建者。俗名は金森弥三郎宗広、出家して了源と称す。永仁三年（一二九五）誕生。六波羅南方探題大仏維貞の家人比留左衛門太郎維広の中間であったが、在洛中、元応二年（一三二〇）本願寺覚如に師事、覚如の子の存覚に受学した。それ以前は武蔵阿佐布了海の門人の鎌倉甘縄の了円の門徒であった。一説に了海の第三子とも伝える。正中元年（一三二四）八月、山科に興正寺を創建、元徳二年（一三三〇）洛東渋谷に移転、このころから仏光寺と改称。興正寺は覚如、仏光寺は存覚の命名といわれる。布教に名帳・絵系図を用い、教勢は本願寺を凌駕したが、建武二年（一三三五）十二月八日、伊賀巡教中山中で暗殺された。四十一歳。伊賀綾郡佐那具村（三重県上野市）に遺骸を運び火葬し、墳墓を設け、その地に了源寺を建てた。著書に『勧進帳』『算頭録』がある。

参考文献　『大日本史料』六ノ二、建武二年十二月八日条、『存覚一期記』　（重松　明久）

空性（『絵系図』より）

くうせい　空晴　八七八—九五七　平安時代興福寺の学僧・同寺別当。「こうしょう」ともいう。俗姓伊勢氏、奈良の人。興福寺喜多院草創者である延賓已講・隆光律師に法相宗を学び、延喜十六年（九一六）維摩会の竪義、

承平二年(九三二)三月、五十五歳のとき維摩会講師の宣旨をうけ、同年の講師をつとめ、天慶元年(九三八)八月に権律師、同八年十二月律師、天暦二年(九四八)十月に権少僧都、翌三年十二月に少僧都ならびに同寺別当に補任され、天徳元年(九五七)十二月九日八十歳で没した。七十一歳の天暦二年五月の炎旱にあたって十人の僧を率いて室生の竜穴社で祈雨を行い、また右大臣藤原師輔の病気にあたり、興福寺御祈僧の一人に選ばれ、同四年七月には師輔の女安子の生んだ村上天皇の皇子憲平親王(のちの冷泉天皇)の誕生を賀して、寺僧二十五人を率いて師輔邸をたずねるなど、師輔の信任を得たようで、興福寺五大院の創建は、蓋し空晴の当寺別当在任中のことと推定される。空晴は後世喜多院空晴と称せられたごとく、法相の碩学で、門弟も多かったが、のちに興福寺別当となった真喜・松室仲算・一乗院守朝や平仁の四人はことに著名で、一乗院・大乗院と並称される喜多院家の基礎を確立した人物として注目される。

〔参考文献〕『大日本史料』一ノ一〇、天徳元年十二月九日条、『貞信公記』(『大日本古記録』)、『春日権現験記絵』(『日本絵巻物全集』一五)、『三箇院家抄』一

(堀池 春峰)

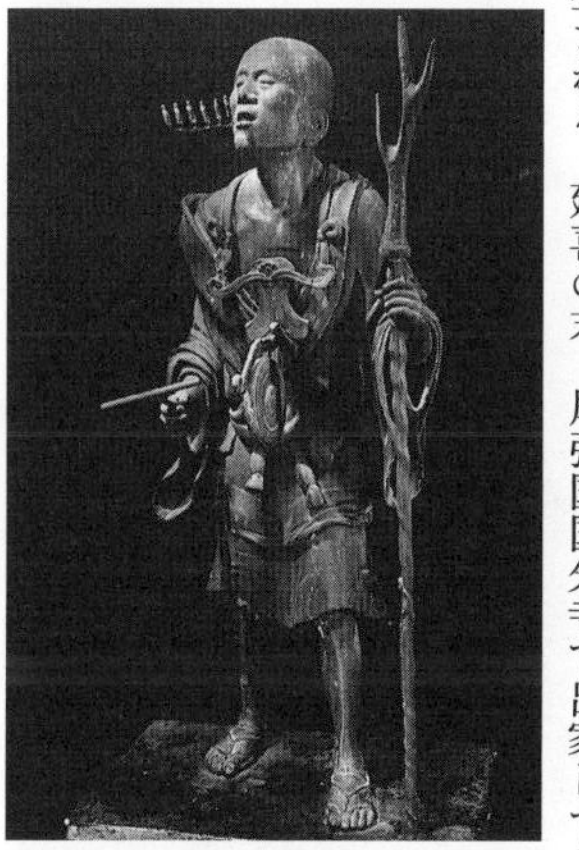
空也像

くうや 空也 九〇三―七二 平安時代中期の僧侶。弘也とも書く。郷貫は不詳。醍醐天皇の第五子とも、仁明天皇の皇子常康親王の子ともいう。延喜三年(九〇三)に生まれる。延喜の末、尾張国分寺で出家してみずから空也と名のった。これは受戒以前の沙弥の名である。空也は諸国を廻り、険阻な所には道を開き、橋梁のない川には橋を架け、井戸を掘っては灌漑の便をはかるなど、行基と同じように社会事業を行い、また荒野に遺棄された死骸を見れば一ヵ所に集めて火葬にし、阿弥陀仏の名を唱えた。天慶元年(九三八)三十六歳で京都に入り、市中を巡りながら民衆の間に念仏を勧めて廻ったので、世人は阿弥陀聖とも市聖《いちのひじり》とも呼んだという。地方の巡歴をやめて京都に来たのは天慶の乱の影響があるかも知れない。また空也は法螺《ほら》や錫杖《しゃくじょう》をもち、毒獣毒蛇の類をも教化したと伝えるから、多分に原始密教的な思想をいだいていたと思われる。また『空也誄』に「剋二念極楽一唱二弥陀名一求二索般若一」としるされているから、その念仏は口称念仏ではあったがまだ純粋な他力信仰ではなく、般若の智慧を悟ろうとする観心念仏でもあったようである。天暦二年(九四八)四十六歳のとき比叡山に登り、天台座主延昌について受戒し、戒名を光勝とつけたが、自分では沙弥の名の空也を改めずに用いつづけた。空也が比叡山で受戒して天台教団の僧となったのは、既成教団を離れた民衆布教者としての聖《ひじり》の活動を従来どおり続けるとともに、新たに貴族層の間に教化活動を行う便宜を得るためではないかと思う。受戒以後の活動を見ると、同五年貴族や民衆に勧めて寄付を募り、金色の一丈の観音像、六尺の梵天・帝釈・四天王の像を作っており、その前の年あたりから金泥の『大般若経』一部六百巻を書写する大事業を始め、十三年かかって応和三年(九六三)八月に完了したので、賀茂川の西に宝塔を造り六百人の高僧を招いて供養を行なっている。このとき左大臣藤原実頼以下多くの人々が結縁した。天禄元年(九七〇)には大納言藤原師氏の死に際して、閻羅王宮に送る牒状を書いたと伝える。このように受戒以後は貴族層を対象とした布教活動が目立っている。かくして天禄三年九月十一日、東山の西光寺で没した。年七十。これはもと空也の建てた寺で、のちに六波羅蜜寺と呼ばれるようになった。空也が京都の民衆に深く尊敬されていたことを物語る挿話がある。一人の鍛冶工が金を懐にして帰るとき空也に逢っていうには、日も暮れて路遠く恐ろしい気がすると。そこで空也は阿弥陀仏を念ずるように教えた。鍛冶工が帰る途中はたして盗賊に遇ったので教えのとおり心に念仏していたところ、盗賊はこれは市聖に違いないといって立ち去ったというのである。

〔参考文献〕『大日本史料』一ノ一四、天禄三年九月十一日条、堀一郎『空也』(『人物叢書』一〇六)

(大野 達之助)

くぎょう 公暁 一二〇〇―一九 鶴岡八幡宮寺別当。鎌倉幕府三代将軍源実朝を殺した。正治二年(一二〇〇)に生まれる。父は二代将軍源頼家、母は賀茂重長の娘。幼名善哉。父が将軍を廃せられて殺されたのち、元久二年(一二〇五)鶴岡八幡宮寺別当尊暁の門弟になる。建永元年(一二〇六)叔父実朝の猶子となる。建暦元年(一二一一)落飾、法名公暁。ついで近江国に赴き園城寺長吏公胤から灌頂を受けた。同寺で修行したのち建保五年(一二一七)に鶴岡八幡宮寺別当となった。承久元年(一二一九)正月二十七日に鶴岡八幡宮寺で行われた将軍実朝の任右大臣拝賀の儀の直後に公暁はみずから剣を揮って実朝を殺し、実朝に扈従した源仲章を北条義時と誤認して殺した。ついで御家人中の有力者三浦義村を頼って将軍となろうとしたが、義村が北条氏に通じたために成就せず、その夜のうちに殺された。二十歳。なお実朝に嗣子がなかったので源氏の将軍はここに絶えた。

〔参考文献〕『大日本史料』四ノ一四、承久元年正月二十七日条

(石田 祐一)

くきよしたか 九鬼嘉隆 一五四二―一六〇〇 安土桃山時代の武将。天文十一年(一五四二)志摩国に生まる。志摩田城《たしろ》城主九鬼定隆の子。甥澄隆のあとをうけ家督をつぐ。はじめ右馬允を称した。伊勢国司北畠氏の配下に

九鬼嘉隆画像

あったが、織田信長の京都進出のころからその配下に入り、志摩七島の兵士を率いて長島願証寺の一向一揆と対立した。天正二年(一五七四)信長が一揆を攻撃したときには織田信雄に属して戦い、滝川一益とともに安宅《あたけ》船十余艘をもって大島の要害を破った。また同六年の石山本願寺攻撃にあたり、信長は本願寺を応援する毛利氏の水軍に対抗するために、嘉隆に大艦の建造を命じた。嘉隆は伊勢大湊で鉄板で装甲した大艦六艘を建造した。一益の一艘とともに総勢七艘をもって伊勢湾を発し、同年六月二十六日熊野浦から大坂に回航しようとしたとき途中で雑賀《さいか》・淡輪《たんなわ》の一揆勢と遭遇したが大砲をもって撃退し、七月十六日大坂湾に入って本願寺と毛利氏との海上連絡を遮断することに成功した。同年九月三十日、信長は京都からわざわざ堺に下ってこの戦艦を見物し、嘉隆の功を賞した。ついで十一月六日、摂津木津川口で六百艘からなる毛利氏の水軍を破り、本願寺を孤立させて信長軍の優位を決定づけた。この功によって信長から志摩七島、摂津野田・福島などの地七千石を加増された。のち鳥羽に城を築いてここに拠り、伊勢・志摩両国のうちで三万五千石を領した。天正八年嘉隆は水軍を率いて堺に出動し、摂津花熊城に荒木村重の余党を攻撃した。信長の死後、豊臣秀吉に仕えて所領を安堵され、紀伊水道・熊野灘・伊勢湾一帯の制海権を保持し、秀吉水軍の大将格となり、同十三、四年のころには従五位下大隅守に任ぜられた。同十五年九州征伐があり、嘉隆は小西行長・脇坂安治・加藤嘉明・菅道長・石井与次兵衛らとともに船手として兵員の輸送と警固に任じた。同十八年小田原征伐のときは、脇坂・加藤・長宗我部ら諸氏の水軍と協力して伊豆下田城の戦に加わり、さらに小田原海面にも行動した。文禄元年(一五九二)文禄の役がおこると、嘉隆は秀吉の船手の中心として活躍した。すなわち、同年の陣立書にみえる船手の総数は九千二百であるが、嘉隆の軍役数は千五百人で、藤堂高虎の二千人につぎ、脇坂安治と同数、加藤嘉明の二倍である。嘉隆はその乗船日本丸以下五十余艘を率いて肥前名護屋から朝鮮釜山に渡航して兵員の輸送を警固し、また翌二年二月にも朝鮮の熊川で李舜臣の水軍と戦った。慶長二年(一五九七)封を子の守隆に譲り、伊勢国内に隠居料五千石を領した。同五年、関ヶ原の戦のときは新宮城主堀内氏善らと結んで西軍に味方し、守隆が徳川家康の会津征伐に従って出陣して留守になっていた鳥羽城に入ってこれに拠った。このため父子の間にしばしば戦闘があったが、西軍の敗北が決定的になると、嘉隆は鳥羽城を棄てて和具に潜居した。守隆はみずからの戦功にかえて父の助命を家康に請い、許されたが、その報が届く前の十月十二日嘉隆は自殺した。年五十九。隆興寺殿泰叟常安と号す。鳥羽の常安寺に葬る。

九鬼嘉隆花押

参考文献　『寛政重修諸家譜』九五一、有馬成甫『朝鮮役水軍史』、石井謙治『図説和船史話』(『図説日本海事史話叢書』一)　(田中　健夫)

ぐさい　救済　⇨きゅうぜい

くさかのはたひのおうじょ　草香幡梭皇女　雄略天皇の皇后。『古事記』は波多毗能若郎女、別名を長目比売命・若日下部命・若日下(部)王とし、『日本書紀』は別名を橘姫と注記している(雄略紀)。仁徳天皇の皇女。母は日向髪長媛。同腹の兄は大草香皇子(『古事記』は波多毗能大郎子、別名大日下王)。名代を若日下部という。『古事記』によれば、安康天皇は弟の大長谷王子(雄略天皇)のために、若日下王を婚《め》あわせようと計り、兄の大日下王のもとに坂本臣らの祖根臣を遣わす。根臣は大日下王の礼物押木之玉縵を奪い、かつ讒したため、天皇は怒って大日下王を殺し、その嫡妻長田大郎女を奪って皇后としたので、この后の先子目弱王は天皇を弑殺する。大長谷

王子は目弱王を征してのち、即位し、河内の日下に幸し、若日下部王を迎えて大后とする、という話がある。別に『日本書紀』に履中天皇皇后として草香幡梭皇女があり、中磯皇女を生んだというが、系譜に混乱があるらしく、『古事記伝』は雄略后とは別人とする。

（川副　武胤）

くさかべのおうじ　草壁皇子　六六二―八九　天武天皇の第一皇子。日並知皇子尊《ひなみしのみこのみこと》とも称する。天智天皇元年（六六二）筑紫の娜の大津で誕生。母は皇后鸕野皇女（持統天皇）。天武天皇元年（六七二）の壬申の乱には、父母とともに吉野を脱して東国に赴いた。天武朝では、高市皇子より年少ながら、皇后の所生の故に重きを占め、天武天皇八年には吉野宮で、天武・天智諸皇子の首として誓盟を行い、十年二月には皇太子となって万機を摂し、十四年には諸皇子中最高の浄広壱の位を授けられた。朱鳥元年（六八六）天武天皇の病にあたって、皇后とともに天下の事を委ねられたが、同年の天皇の死の直後、大津皇子の皇太子に対する謀反事件があり、変後は皇后が称制を行い、草壁皇子はほどなく持統天皇称制三年（六八九）四月乙未（十三日）、皇太子のまま没した。二十八歳。『万葉集』二には、柿本人麻呂が皇子の殯宮の時によんだ挽歌、および皇子の舎人がその死を悲しんで作った歌二十三首を載せる。皇子と妃阿閇皇女（元明天皇、天智天皇の皇女）との間には、軽皇子（文武天皇）・氷高内親王（元正天皇）・吉備内親王があり、持統天皇はその十一年、文武天皇に皇位をゆずった。文武天皇・元明天皇に続く奈良時代の元正・聖武・孝謙（称徳）の各天皇は、いずれも草壁皇子の裔である。慶雲四年（七〇七）、その薨日を国忌に入れ、天平宝字二年（七五八）には、岡宮御宇天皇《おかのみやにあめのしたしろしめしすめらみこと》の尊号が奉られた。『万葉集』二には、皇子の石川女郎に贈った歌一首がある。

参考文献　直木孝次郎『持統天皇』（『人物叢書』四一）

（笹山　晴生）

真弓丘陵《まゆみのおかのみささぎ》　奈良県高市郡高取町大字森にあり、丘陵の南面に築かれた径約一六メートル、高さ約四メートルの円墳である。『日本書紀』には葬送のことを伝えていないが、『万葉集』二にのせられた柿本人麻呂や舎人らの挽歌によって、真弓丘に葬られたことが知られ、『延喜式』諸陵寮には「在大和国高市郡、兆域東西二町、南北二町、陵戸六烟」とある。陵所はのち所伝を失ったが、幕末に当所を陵と定めた。

参考文献　谷森善臣『山陵考』（『（新註）皇学叢書』五）、上野竹次郎『山陵』上

（戸原　純一）

くじょういん　九条院　一一三一―七六　近衛天皇の皇后。諱は呈子。没年より逆算すれば、天承元年（一一三一）の誕生となる。父は九条太政大臣藤原伊通、母は葉室中納言藤原顕隆の女、従三位立子。久安四年（一一四八）鳥羽院皇后藤原得子（美福門院）の養女としてその御所に引き取られ、ついで同六年摂政藤原忠通の養女となって近衛天皇の後宮に入り、程なく立后して皇后（中宮）となった。この入内・立后は、左大臣藤原頼長の養女多子の入内・立后に対抗してとられたもので、忠通・頼長兄弟の権力争いの渦中に身を置いたが、美福門院の庇護をうけた呈子の地位は比較的安定していた。久寿二年（一一五五）七月天皇の崩御にあい、同年八月落飾して、法名を清浄観と称したが、保元三年（一一五八）には皇太后となり、仁安三年（一一六八）院号宣下をうけて九条院と号した。安元二年（一一七六）九月十九日病により崩じた。時に年四十六。

（橋本　義彦）

くじょうかねざね　九条兼実　一一四九―一二〇七　平安時代末期・鎌倉時代初期の公卿。出家後月輪殿、没後、後法性寺殿とよばれた。藤原忠通を父として久安五年（一一四九）に生まれた。早く僧籍に入った者を除くと第三の男子であった。母は太皇太后宮大進藤原仲光女加賀。同母兄弟四人のうちの長子にあたる。生母の出自では先に摂政・関白となった兄二人に遜色があったが、正室の腹に生まれ兄たちとも親子ほどに年齢差があった長姉、崇徳天皇中宮で広大な所領を持つ皇嘉門院聖子の庇護を得、政治・経済生活の大きな支えとすることができた。保元三年（一一五八）十歳で元服して正五位下となり、左近衛権少将に任じた。その後位階は順調に進み、官職もまた左近衛権中将に播磨介を兼ねるなどして、永暦元年（一一六〇）には従三位、さらに同年中に正三位に昇って権中納言（兼左近衛権中将）、翌応保元年（一一六一）には権大納言に右近衛大将を兼ね、同二年正二位、長寛二年（一一六四）には内大臣（兼右近衛大将）となる。この年父を喪っている。時に十六歳。仁安元年（一一六六）には左近衛大将に転じたがいくばくもなくこれを辞し、随身兵仗を許された。またこの年さらに右大臣に進んでいる。承安四年（一一七四）大臣の労により従一位に昇り、これが兼実終身の位階となる。この間、仁安元年から同三年にわたっては東宮傅を兼ねた。治承元年（一一七七）橘氏是定。この後しばらく官職に異動なく、治承・寿永の乱

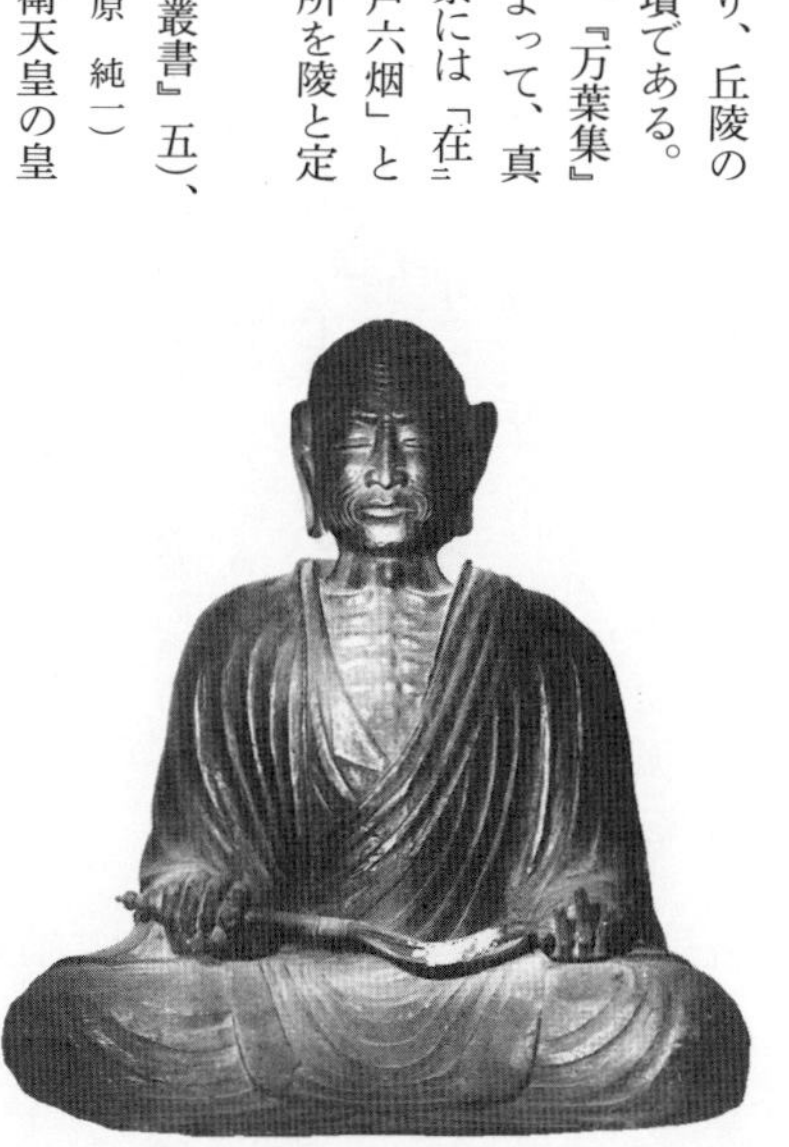

（伝）九条兼実像

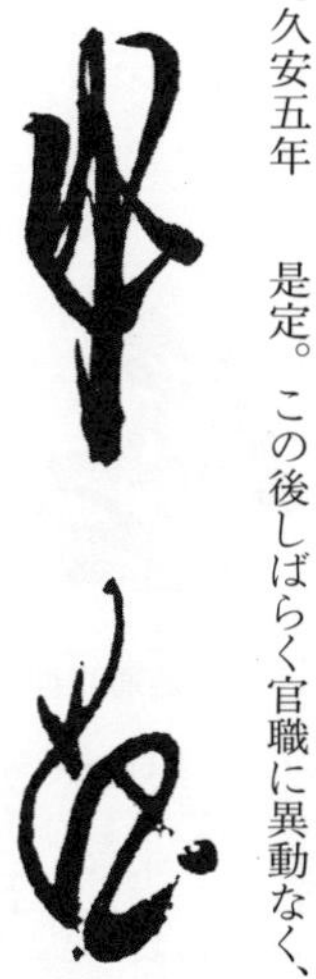

九条兼実花押

が落着し鎌倉幕府の覇権が確立する文治元年(一一八五)に至って源頼朝の強い推挽によって内覧の宣下を受け、翌年摂政・氏長者となる。三十八歳。この年右大臣を辞している。同五年太政大臣。翌建久元年(一一九〇)これを辞する。同二年摂政から関白に移り、同七年いわゆる建久七年の政変によって官を追われるまでその任にあった。政変の時四十八歳。この後政界に復帰することなく、建仁二年(一二〇二)出家して円証と称し、承元元年(一二〇七)四月五日五十九歳をもって没した。この履歴からもよみとれるように、兼実の生涯はほぼ三期に分けられる。第一期は文治二年の摂政就任までであって、治承三年末以後一年余の一時期を除いて後白河院政のもとにあり、同時に養和元年(一一八一)の平清盛の死没までの十数年は平氏の専制ともいうべき状態であったが、兼実はこの両者に対してともに批判的態度をとり、特に平氏に対しては非協力的であったから、政局の中枢部から疎外され、政治情勢に対する影響力はほとんどなかった。寿永二年(一一八三)平氏西走後、京都を源義仲、ついで同義経の兵力が制圧した時期には、後白河法皇の諮問に応じて幾つかの重要な建策をしているが、これも後鳥羽天皇の践祚を進言したものが用いられているにすぎない。第二期は建久七年までの、摂政、ついで関白として公家政権を掌握した期間で、このうち建久三年までは後白河法皇が在世して依然強い影響力を政局に及ぼし続けたため、兼実は源頼朝と密接な協力関係を樹立しその強い支援を受けながらも、京都政界では孤立と無力とを嘆かなければならなかった。この間、文治三年訴訟機関として記録所を設置し、かつその活用につとめたこと、建久元年娘任子の入内を実現したことなどがわずかに注目される。法皇の没後に至って頼朝に征夷大将軍の地位を与え、南都復興事業をやりとげるなど、執政がようやく軌道に乗るかに見えたが、源通親・高倉範季らと対立し、通親養女として入内した在子に皇嗣の出生を見たのをきっかけに政界を追われたのである。しかしながらこの時期、兼実は、弟慈円の仏教界での地位向上に尽力し、また最も期待した長男良通の二十二歳での早世に落胆しつつも、次男良経の育成に心を傾けており、これが後年九条家の地位回復の基盤として生きることになる。第三期は建久七年の政変以後死没までの晩年である。ここで良経・慈円の活躍を再び目にすることができたものの、建永元年(一二〇六)良経の三十八歳での急死に遭い、その遺児道家の成長にすべての希望を託することを余儀なくされる。壮年のころから交渉の深かった念仏門、特に法然房源空への帰依が篤くなるのもこの第三期であり、正治二年(一二〇〇)の良通・良経らの母である藤原季行女の授戒、建仁二年の自身の出家のいずれにも戒師として源空が請じられている。その死の年に起こった専修念仏停止問題では源空のために尽力し、藤原定家に「骨鯁の御本性猶以てかくのごとし」と評された。源空の『撰択本願念仏集』は兼実のために述作されたものという。なお兼実は若年から歌道に関心深く、自身詠作があるとともに、藤原俊成・同定家らの当代の代表歌人の庇護者として大きな役割を果たしている。五摂家のうち九条・一条・二条の三家の祖である。没後法性寺に葬られ、その墓は京都東福寺の東、旧く内山と呼ばれた地に現存する。前後四十年にわたる大部の日記『玉葉』が伝存する。

参考文献 『大日本史料』四ノ九、承元元年四月五日条、『大日本史』列伝八四、星野恒「歴世記録考」(『史学叢説』一所収)、多賀宗隼「兼実とその周囲」(同編『玉葉索引』所収)
(龍福 義友)

くじょうたねみち 九条稙通 一五〇七―九四 戦国・安土桃山時代の摂家貴族でかつ学者。永正四年(一五〇七)正月十一日誕生。父は九条尚経、母は三条西実隆女保子。同十一年八歳で元服し非参議従三位となる。同十四年従二位、大永元年(一五二一)権中納言、翌二年正二位権大納言、同四年左大将、享禄元年(一五二八)内大臣、

九条稙通花押

天文二年(一五三三)関白氏長者となった。時に二十七歳。翌年未拝賀のまま関白氏長者を辞し、摂津国にくだり滞留十二年に及んだ。同十三年に播磨国に移った。弘治元年(一五五五)従一位となり、同年四十九歳で出家、法名行空、のちに恵空と改めた。玖山・江南漢翁の別号がある。出家後の活動は、外祖父三条西実隆の資質を受け、有職・古典学者としての活躍がめざましい。実隆より『源氏物語』の秘伝を受け、また三条西公条より二条晴良とともに『源氏物語』の講義を受けたが、『源氏物語竟宴記』は、その竟宴記であり、天正三年(一五七五)には長年の研究にたつ『源氏物語』の注釈書『源氏物語孟津抄』(『九禅抄』)全五十四巻を著わした。『称名院右府七十賀記』『長源院をいためる辞』などの文藻もあり、洛西嵯峨周辺の旅日記『嵯峨記』もある。この間、家経済の興隆にも尽力したが思うに任せず、任関白の未拝賀も経済の困窮によるものだった。天正二年五月十一日、六十八歳の稙通は、家領・家伝記録類の一切を息兼孝に譲与したが、譲状の中で数十ヵ年の努力にもかかわらず、家門興行、一家の紹隆が果たせなかった無念を記し、兼孝にその再栄を期待していたのであった。文禄三年(一五九四)正月五日没。八十八歳。法号は東光院殿。

参考文献 『華族系譜』、『九条家文書』一(『図書寮叢刊』)
(田沼 睦)

くじょうつねのり 九条経教 一三三一―一四〇〇 南北朝時代から室町時代初期にかけての摂家貴族。元弘元年(一三三一)誕生、父は道教、母は右大臣大宮季衡女。建武二年(一三三五)五歳で元服、従五位上に叙せられる。暦応元年(一三三八)八歳で従三位非参議となる。同四年権中納言、康永二年(一三四三)正三位、同三年権大納言、貞和二年(一三四六)従二位に叙せられ、同三年十七歳で

九条経教花押

右大臣、翌年正二位となる。同五年左大臣に任じ、文和四年(一三五五)に従一位、延文三年(一三五八)に二十八歳で関白氏長者となった。康安元年(一三六一)関白氏長者を辞し、応永二年(一三九五)六十五歳で出家、法名祐円。同四年十二月二十日、長子忠基に先立たれ、前年に書いた置文二通を次男教嗣宛に替えた。この置文内容は、当知行分の家領の状況、家記文書のことから肉親、家僕などの恩給のことに至るまで細心の考慮がはらわれており、経教の人となり、当時の九条家の人的経済的状況を窺える好史料である。応永七年(一四〇〇)五月二十一日没。七十歳。法号を後報恩院という。墓は京都東福寺山内九条家墓地にある。

参考文献 『大日本史料』七ノ四、応永七年五月二十一日条、『華族系譜』、『九条経教遺誡』(『九条家文書』一)　(田沼　睦)

くじょうのりざね　九条教実　一二一一—三五　鎌倉時代中期の関白・摂政。洞院摂政と称す。幼名牛丸。『玉蘂』によれば、建暦元年(一二一一)正月五日、摂政(当時権大納言)九条道家の長男として生まれた。母は太政大臣(当時権大納言)西園寺公経の娘綸子。父母ともに源頼朝の妹(権中納言一条能保の妻)の外孫であり、この婚姻は鎌倉幕府と親密な九条・西園寺両家が提携したものである。建保五年(一二一七)元服して正五位下侍従となり、承久元年(一二一九)四月従三位に上った。同年正月、将軍源実朝が暗殺されると、幕府は後鳥羽上皇の皇子を鎌倉に迎えようとして許されず、三浦義村は教実の東下を提案したが、結局は弟

九条教実花押

九条教実画像

の頼経が鎌倉に下った。順徳上皇の外戚であった父道家は、承久の乱後は摂政を退いたが、外祖父公経は、幕府の絶大な信頼を得て権勢を振るっており、教実は安貞元年(一二二七)四月、右大臣、寛喜三年(一二三一)四月、左大臣となった。この間安貞二年には、公経の画策によって、近衛家実にかわって道家も関白となった。寛喜三年七月、教実は父の譲によって関白・藤氏長者となり、翌貞永元年(一二三二)十月、後堀河天皇が四条天皇に譲位すると摂政となり、十二月には従一位に上った。しかしなお道家が大殿として実権を握っており、教実の摂関は名ばかりであった。天福元年(一二三三)から文暦元年(一二三四)にかけて、藻璧門院(教実の姉、後堀河天皇の中宮)、仲恭先帝、後堀河上皇が相ついで没し、後鳥羽上皇の怨念が噂されると、嘉禎元年(一二三五)春、道家・教実は、後鳥羽・順徳両上皇の還京を幕府に求めた。しかしその結末を見ぬうちに、同年三月二十八日、教実は今出川邸で没し、最勝金剛院の東山に葬られた。建暦元年生まれであるから、二十五歳で没したことになるが、『百錬抄』をはじめ諸書はいずれも二十六歳としている。教実の死後は道家が摂政に還補され、摂関の地位を九条家で独占、近衛家には渡さなかった。母の妹嘉子との間に生まれた彦子(宣仁門院)は四条天皇の女御となり、藤原定季の娘恩子との間に生まれた嫡子忠家は、摂政・関白となった。和歌は『新勅撰和歌集』以下に収められ、その日記を『洞院摂政記』という。

参考文献 『大日本史料』五ノ九、嘉禎元年三月二十八日条、三浦周行『鎌倉時代史』(『日本時代史』五)、竜粛『鎌倉時代』下、上横手雅敬『鎌倉時代政治史研究』、三浦周行「鎌倉時代の朝幕関係」(『日本史の研究』所収)　(上横手雅敬)

くじょうはいてい　九条廃帝　⇨仲恭天皇《ちゅうきょうてんのう》

くじょうまさもと　九条政基　一四四五—一五一六　室町時代後期の摂家貴族。文安二年(一四四五)誕生。父は九条満教、母は唐橋在豊女。長禄三年(一四五九)十五歳で元服、従四位下右少将として出仕し、翌寛正元年(一四六〇)正月従三位非参議となり同年六月権中納言に任じた。同二年権大納言に任じ翌三年従二位に叙された。同六年兄であった政忠の隠居により九条家の家督を継いだ。応仁二年(一四六八)二十四歳で正二位右大臣となり、文明七年(一四七五)左大臣、翌八年三十二歳で従一位関白氏長者となった。同十一年三十五歳で関白氏長者を辞して散官の身となり、同十四年には息尚経に家督を譲っている。時に三十八歳。延徳三年(一四九一)四十七歳で准三后の宣下を受けた。政基は応仁・文明の乱中公家政界の枢位を歴任し、乱による京都の荒廃、公家階級の没落を身をもって体験していった。乱中は坂本に戦乱を避けていたが、公家としての公事用途二百貫文を執事でありかつ従兄弟にあたる唐橋在数に立て替えてもらい、その棒引きを条件に、文明四年、残り少ない家領の内から日根野荘入山田村年貢を子息尚経の代まで在数に避り渡す破目になった。政基と在数という従兄弟同士の対立は、家経済の破綻状態故に以後長く続き、つい

九条政基花押

に明応五年(一四九六)正月、政基・尚経父子は、自亭において在数を殺害するに至った。事件直後政基は、在数の不義緩怠の有様を松木宗綱・白川忠富王・徳大寺実淳・中御門宣胤らに書簡で伝え、立場の弁明に努めた。公家政界もこの異常な事件の対応に苦慮したが、結局太政大臣一条冬良の意見をとり、政基父子を勅勘処分とし、出仕を停めたのである。同七年十二月、尚経とともに勅勘が解かれたのを契機に薙髪した政基は、文亀元年(一五〇一)三月―永正元年(一五〇四)十二月の間、家領和泉国日根野荘に下り、荘園支配に従事した。『政基公旅引付』はこの間の自筆日次記である。永正二年十月には、山城国小塩荘へ下向したが、この時には宿直に来た九条家被官人が国方勢のために殺害される有様であった。特別な文化的素養も少なかったと思われる政基は、永正十三年四月四日その波乱多かった生涯をとじた。時に七十二歳、法号慈眼院、墓は東福寺山内九条家墓所。

[参考文献]『大日本史料』九ノ六、永正十三年四月四日条、『九条家文書』一(『図書寮叢刊』)、『華族系譜』

(田沼　睦)

くじょうみちいえ　九条道家　一一九三―一二五二　鎌倉時代の公卿。藤原氏。光明峰寺殿・峰殿と号す。建久四年(一一九三)六月二十八日、左大将良経の長男、関白兼実の孫として生まれた。母は一条能保の娘で源頼朝の姪。建仁元年(一二〇一)昇殿を許され、同三年元服、正五位下、元久二年(一二〇五)従三位。父の良経は建仁二年摂政となったが、建永元年(一二〇六)急死し、道家が家を継いだ。後鳥羽上皇に寵遇され、承元三年(一二〇九)姉の立子は東宮御息所となり、翌年東宮が即位すると(順徳天皇)、立子は女御に、さらに建暦元年(一二一一)には中宮となった。これよりさき道家は、一条能保の女婿である西園寺公経の娘綸子を妻とした。承久元年(一二一九)将軍源実朝が殺されると、道家の三男頼経は、幕府の請により鎌倉に下ったが、これには公経の奔走によるところが大きい。同三年、順徳天皇は立子所生の懐成親王(仲恭天皇)に譲位し、道家は摂政となったが、やがて承久の乱によって、後鳥羽・土御門・順徳の三上皇は流され、仲恭天皇は廃され、道家も摂政を罷免された。一方、幕府では北条政子の死後、嘉禄二年(一二二六)頼経が正式に将軍に就任した。幕府の支持を得て、承久の乱後の朝政を指導した公経は、道家の復権を画策し、安貞二年(一二二八)道家は関白に任ぜられた。寛喜元年(一二二九)道家の娘竴子は後堀河天皇に入内、翌二年中宮となった。同三年道家は、長子教実に関白を譲ったが、その後も「大殿」として実権を握った。貞永元年(一二三二)竴子所生の秀仁親王(四条天皇)が即位し、道家はその外祖父となった。嘉禎元年(一二三五)教実が夭死すると、道家はまたも摂政に就任し、九条家で摂関の地位を独占、近衛家には渡さなかった。しかし同三年には、娘仁子を近衛兼経の妻とし、女婿の兼経に摂政を譲り、翌暦仁元年(一二三八)法性寺殿で出家し、法名を行恵と称したが、なお権勢は盛んであった。仁治二年(一二四一)孫の彦子を四条天皇の女御としたが、翌年天皇が没したことは傷手であった。さらにその皇嗣として、道家は順徳上皇の皇子忠成王の即位を図ったが、幕府はこれに強く反対し、土御門上皇の皇子邦仁王(後嵯峨天皇)の即位を強行、道家は幕府の不信を蒙って打撃を受けた。寛元四年(一二四六)後嵯峨天皇が後深草天皇に譲位すると、道家は寵子一条実経を関白にすえ、かれ自身も実経とともに関東申次となって公武の秘事にあずかり、勢力の挽回を策した。一方、鎌倉では頼経は子の頼嗣に将軍職を譲って隠居していたが、この年名越光時らの隠謀に関係して京都に追われ、父の道家も幕府の追究を受け、関東申次の職を奪われて籠居し、失脚した。さらに建長三年(一二五一)には頼嗣の周辺に幕府顛覆の陰謀がおこり、翌四年、頼嗣は将軍の地位を追われ、同年二月二十一日、道家も不遇の中に東山の峰殿で没した。年六十。道家はまた東福寺を建て、円爾(辯円)を開山とした。その日記を『玉蘂』という。

九条道家花押

九条道家画像

[参考文献]　三浦周行『鎌倉時代史』(『日本時代史』五)、同「鎌倉時代の朝幕関係」(『日本史の研究』所収)、上横手雅敬『鎌倉時代政治史研究』、山本博也「関東申次と鎌倉幕府」(『史学雑誌』八六ノ八)、上横手雅敬・元木泰雄・勝山清次『院政と平氏、鎌倉政権』(『日本の中世』八)

(上横手雅敬)

くじょうみちのり　九条道教　一三一五―四九　鎌倉時代末期から南北朝時代初期にかけての摂家貴族。正和四年(一三一五)、師教の次男として誕生、のちに師教長男房実の猶子となり九条家を継ぐ。母は亀山院皇子兵部卿守良親王女。元亨三年(一三二三)九歳で元服、正中二年(一三二五)に非参議従三位となる。時に十一歳。嘉暦二年(一三二七)九条家の当主前関白房実の死により十三歳で九条一門の家督となり、権中納

九条道教花押

言に任じた。翌三年、正三位権大納言、元徳二年（一三三〇）に従二位右大将、元弘元年（一三三一）正二位、建武三年（一三三六）に左大将となった。この年八月二十四日、西国より入京間もない足利尊氏奉行所に対し、家領当知行分四十箇所の所領目録を注進し、尊氏の安堵を得ているように、北朝方公家としての立場を明確にした。翌年右大臣、暦応二年（一三三九）に左大臣、康永元年（一三四二）正月関白氏長者となった。同年十一月に従一位となって数日後、関白氏長者を辞した。時に二十八歳。貞和二年（一三四六）出家、法名円恵。同五年七月六日三十五歳で没した。法号三縁院殿。別に父師教と同じく已心殿とも称された。墓は京都東福寺山内九条家墓地にある。

参考文献 『大日本史料』六ノ一二、貞和五年七月六日条、『華族系譜』、「左大将家政所注進当知行地目録案」（『九条家文書』一）　（田沼　睦）

くじょうみつつね　九条光経　生没年不詳　鎌倉時代後期の公卿。中納言忠高の孫、蔵人頭中宮大進定光の子。『尊卑分脈』に、一族忠長の子となり相続すとある。正応元年（一二八八）叙爵、徳治二年（一三〇七）蔵人に補し、正和三年（一三一四）蔵人頭に補し、翌年参議に任じ、元亨三年（一三二三）権中納言に任じ、翌年民部卿を兼ね、元徳二年（一三三〇）正二位に叙し、建武元年（一三三四）右衛門督を兼ね、検非違使別当に補し、翌二年権大納言に任じ、三年（延元元）六月出家した。『尊卑分脈』によるに、その子に光嗣・経成・朝房・僧正定憲がある。

参考文献 『大日本史料』六ノ三、延元元年六月是月条　（村田　正志）

くじょうもといえ　九条基家　一二〇三—八〇　鎌倉時代初期の貴族歌人。幼名鶴殿。月輪と号し、のち九条前内大臣と称された。建仁三年（一二〇三）九条良経の三男として誕生。母は摂政藤原基房女従二位寿子。建保五年（一二一七）従三位。権中納言・大納言を経て、嘉禎三年（一二三七）十二月二十五日、三十五歳で内大臣に任ぜられたが、翌年辞した。父の血を引いて和歌を好み、承久の乱以後旺盛多彩な歌人活動を開始した。その主なものは、嘉禄元年（一二二五）三十首歌会主催、建長六年（一二五四）ごろ『雲葉和歌集』編纂、康元元年（一二五六）九月十三日百首歌合主催、弘長元年（一二六一）『弘長百首』詠進、文永二年（一二六五）撰者五人の一人として『続古今和歌集』撰進、弘安元年（一二七八）『弘安百首』詠進など。歌風は華麗でしかも古風を好み、藤原為家と対立した葉室（藤原）光俊（真観）に近い立場だった。弘安三年七月十一日、七十八歳で没。編著書は前述のほかに『和漢名所詩歌合』『新時代不同歌合』『新三十六人撰』『古来歌合』（散佚）、『玉吟集』（藤原家隆の家集）がある。自身の家集は散佚した。　（久保田　淳）

九条基家画像

くじょうよしつね　九条良経　一一六九—一二〇六　鎌倉時代前期の公卿。後京極殿と呼ばれた。嘉応元年（一一六九）のおそらくは三月に京都で生まれる。九条兼実の次男。母は従三位行中宮亮藤原季行の女。治承三年（一一七九）元服して従五位上に叙され、文治元年（一一八五）従三位となる。この間、侍従・右近衛少将を経て左近衛権中将に達し、同五年には参議を経ずに権中納言に任じ、さらに同年中に権大納言となる。また、同年末には左近衛大将を兼ね、建久六年（一一九五）内大臣。この後父兼実の失脚に遭い翌七年以降籠居、同九年には勅勘により（その理由は明瞭でない）大将の任を止められたが、正治元年（一一九九）勅勘を解かれて左大臣となる。同年末兵仗を賜わり、建仁二年（一二〇二）源通親の死没の後氏長者・摂政、元久元年（一二〇四）従一位太政大臣となり、翌二年太政大臣・氏長者を辞し、翌建永元年（一二〇六）三月七日摂政の任のまま、自邸で就寝中に急死した。三十八歳。天性温和で政治上には特記すべき業績をもたないが、諸芸に秀で最も和歌をよくした（新六歌仙の一人に数えられる）。このため父の政敵源通親などとの間も悪くなく、特に後鳥羽上皇とはともに当代最高の歌人として相許す間柄であった。漢詩にもすぐれ、また書家としては後京極流の始祖として尊重される。急死の原因については後世諸説を生じ、真相は明らかでないというほかないが、同時代史料の記述に見る限り、単なる病死である可能性が大きい。京都小松谷に葬られた

九条良経花押

九条良経画像

が、のち伏見区の東福寺山内九条家墓地に改葬された。著作としては、日記の一部と政務儀式の参考になる記事を諸書から抄出した部類記の一部とを含む『殿記』、歌集『秋篠月清集』、除目成文の集成である『除目大成抄』などが伝存している。

参考文献 『大日本史料』四ノ八、建永元年三月七日条、『大日本史』列伝八四、星野恒「歴世記録考」(『史学叢説』一所収)

(龍福　義友)

くじょうよりつぐ　九条頼嗣　⇩藤原頼嗣《ふじわらのよりつぐ》

くじょうよりつね　九条頼経　⇩藤原頼経《ふじわらのよりつね》

くすしのえにち　薬師恵日　生没年不詳　初期の遣唐使。医恵日とも書く。百済よりの渡来人徳来の五世の孫。渡航年時未詳であるが、推古天皇の時代に唐に赴き医術を学び薬師姓を称す。推古天皇三十一年(六二三)七月新羅使に伴って帰国。恵日らは、大唐国は法式備わり定まれる珍しき国であるから、常に通うべきであると奏上。舒明天皇二年(六三〇)八月犬上君三田耜(御田鍬)とともに遣唐使となった。時に大仁。同四年八月三田耜と帰国したらしい。白雉五年(六五四)二月遣唐副使となり、遣大唐押使高向史玄理らとともに、二船に分乗し、新羅道を経て入唐。時に大山下。斉明天皇元年(六五五)八月大使河辺臣麻呂らと帰国したか。

(胡口　靖夫)

くすしのとくほ　薬師徳保　⇩山口大口《やまぐちのおおくち》

くすのきちょうあん　楠長諳　⇩大饗正虎《おおあえまさとら》

くすのきまさいえ　楠木正家　?—一三四八　南北朝時代の武士、楠木正成の一族。正成の弟ともいうが確かではない。建武二年(一三三五)十一月ごろ、正成の代官として常陸国に赴き、同地方の豪族を南朝側に結集するため活躍した。那珂氏などを率いて瓜連城を築いてこれに拠り、延元元年(北朝建武三、一三三六)二月には、足利一族の佐竹義冬を斬り、その金砂山の城を攻撃している。このの ち京都に帰り、河内に退居したらしい。正平三年(北朝貞和四、一三四八)正月五日、高師直・同師泰軍と四条畷で戦い楠木正行とともにここで戦死した。没年齢不明。

参考文献 『大日本史料』六ノ一一、貞和四年正月五日条

(三浦　圭二)

くすのきまさしげ　楠木正成　?—一三三六　南北朝時代の武将。兵衛尉のち左衛門尉。河内国南部水分《みくまり》川流域の赤坂(大阪府南河内郡千早赤阪村)に居館があった。鎌倉御家人であったかどうか明らかではないが、中央貴族と主従関係を結んでいた武士らしく、機動性に富んだ武士団を擁し、文武にわたりかなり高い素養をもっていた。鉱山業者や物資輸送業者(散所)を従えた武士ではなかったかという説もあるが確証はない。後醍醐天皇の政治が始まって間もなく、天皇側近の公家・寺僧を通じて後醍醐側に結束する畿内武士の有力な一員になったらしい。すなわち元弘元年(一三三一)八月、後醍醐天皇が京都を脱出して笠置山にたて籠り討幕の軍事行動をとったころ、正成は和泉国若松荘に押し入り不法占拠して年貢などを掠めとり、荘園領主(領家)たる臨川寺から「悪党」呼ばわりされていた。鎌倉時代中期以降、荘園領主の強い支配のために現地で領主化することを阻まれた荘官層や、北条得宗家の専制化とそれを背景にして台頭した得宗被官の強引さに反撥する鎌倉御家人や寺僧らが、一族同類を結集し上層農民や商人らを組織して暴力的行動にでることが多く、これらが当時「悪党」と呼ばれていた。正成の悪党行為は単なる横暴ではなく、後醍醐方と内通し、むしろその指令を得て、挙兵のために兵粮を調達する合法的な軍事行動ではなかったかといわれている。九月に笠置は落ち、後醍醐天皇は捕われの身となったが、そこを脱出した尊雲法親王(大塔宮)を擁して赤坂城にたて籠った正成は、幕府軍の集中的攻撃をうけて十月下旬に敗北し、大塔宮とともに姿を消した。翌元弘二年三月、後醍醐天皇は京都を発し流刑地隠岐に向かったが、正成は隠岐との連絡を保っていたらしく、その間に「左衛門尉」に昇任したらしいことが、元弘二年十二月の金剛寺衆徒に送った正成自筆書状の署名から想定される。元弘二年十二月、正成は再び兵を起し、赤坂城に湯浅氏を攻めてこれを奪還し、翌三年正月紀伊を攻めて南方を確保し、和泉北部に進出し、摂津に出て天王寺・渡辺で幕府軍と戦って勝った。これに対して幕府は阿曾治時・長崎高貞らを将とする一軍を河内に派兵し、二月下旬から正成攻撃を開始した。数日にして楠木本城(上赤坂城)は落ち城

楠木正成画像

楠木正成花押

将平野将監が投降した。正成は詰城（千早本城）に籠城し、城外から野伏などの支援をうけながら、万余に及ぶ幕府軍を釘づけにして防戦につとめた。ここで正成の奇策を駆使した智将ぶりが発揮されたという。千早城攻防戦がやや長期化する間に、赤松則村・足利尊氏・新田義貞などが反幕府・反北条を標榜して後醍醐方に味方して軍を起し、五月にはついに六波羅・鎌倉が落ち、ここに鎌倉幕府は崩壊した。千早城攻めを解いて四散した幕府軍を追い、勝利を収めた正成は、六月初め、さきに隠岐を脱出し京都への帰路にあった後醍醐天皇に摂津兵庫で会い、京都還幸の前駆となって四月に入京した。後醍醐天皇の親政を貫こうとする建武政権のもと、正成は記録所寄人・恩賞方寄人・雑訴決断所奉行・検非違使などを兼ねて中央政界で敏腕をふるうとともに、河内の国司、河内・和泉の両守護をあわせもち畿内武士団の棟梁的地位を得て、異例の昇進・台頭を遂げたのである。建武政権がかかえた難問の最たるものであった大塔宮と足利尊氏の対立にあたっては、大塔宮の有力与党として動いたが、建武元年（一三三四）十月、大塔宮が謀叛の陰謀ありとして足利尊氏によって拘禁された時、正成はたまたま飯盛山に拠って抗していた佐佐目憲法僧正を攻撃中で事なきを得たが、これより先親政に失望して雑訴決断所一番局の寄人筆頭万里小路《までのこうじ》藤房は失踪し、しばらくして一番局奉行であった正成も退いたのではないかと思われる。しかし不満の行動はとらず、翌二年六月には、西園寺公宗が北条時興を匿し光厳天皇を奉じて挙兵しようと策動した時、高師直とともに発向している。建武政権が破綻し、建武二年十一月、中務卿尊良親王・新田義貞が足利尊氏・直義追討のため東海道を下った時、正成は京都にとどまって京都・畿内の守護にあたったが、一族の正家を代官として常陸に派遣し、後醍醐方の地盤固めをさせている。翌三年（延元元）正月、正成は入京しようとする足利軍を宇治で迎え撃ったが果たせず、正成の京都宿所は焼きうちされた。しかし足利軍を追うようにして西下した北畠顕家軍によって勝機をつかみ、正成はこれと行動をともにして転戦し、二月には摂津西宮南方の打出浜合戦で足利軍を破り、足利尊氏を九州に走らせた。公家らは尊氏の再起不能を口にし後醍醐政権の完全な勝利を謳歌したが、正成は尊氏の挙兵・東上を予測し、尊氏との和議を説いたが容れられなかったという。この挿話のなかに正成の軍略家としての非凡な資質をうかがうことができる。正成の予測どおり、四月に足利尊氏は博多を出帆し東に軍を動かした。正成は兵庫でこれを迎え撃ったが、五月二十五日、激烈な戦いののち湊川（神戸市生田区）において弟正季ら一族郎等とともに自害した。『日本外史』は正成の没年を四十三歳とするが根拠はない。明治五年（一八七二）没地に湊川神社を建てて祀り、また境内には墓も存する。

楠木正成墓

参考文献 『大日本史料』六ノ三、延元元年五月二十五日条、藤田精一『楠氏研究』、高柳光寿『足利尊氏』、植村清二『楠木正成』（『日本歴史新書』）

（三浦 圭一）

くすのきまさすえ 楠木正季 ?―一三三六 南北朝時代の武士。『尊卑分脈』など系図では楠木正成の弟正氏とするものが多い。七郎（七郎左衛門尉）、帯刀を称する。建武政権下、窪所・武者所に所属し、延元元年（北朝建武三、一三三六）五月二十五日足利尊氏軍と湊川で戦い、敗れて兄正成とともにさしちがえて自殺した。没年齢不明。死に臨んで正成が正季に最後の願望を尋ねたところ、「七生マデ只同ジ人間ニ生レテ、朝敵ヲ滅サバヤトコソ存候ヘ」と答えて、正成を喜ばせたというのは、『太平記』が伝えるところである。

参考文献 『大日本史料』六ノ三、延元元年五月二十五日条、植村清二『楠木正成』（『日本歴史新書』）

（三浦 圭一）

くすのきまさつら 楠木正行 ?―一三四八 南北朝時代の武将。正成の長子。帯刀・左衛門尉。『太平記』は父正成が湊川で戦死した延元元年（北朝建武三、一三三六）、正行十一歳と伝えているが、それを信ずれば嘉暦元年（一三二六）の出生。しかし興国元年（北朝暦応三、一三四〇）の建水分神社扁額に「左衛門少尉正行」とみえ、すでに成年に達していたものと判断されるところから、出生はややさかのぼると説く人もある。正成は湊川の戦に赴く途中摂津国桜井の駅で、正行に庭訓を遺して郷里河内に帰したという。これが史実であるかどうかについては、江戸時代からすでに論議のあるところだがまだ定説はない。正行は正成戦死ののちはその遺領を継ぎ、興国元年から正平三年（北朝貞和四、一三四八）正月にかけては河内国司・河内守護として活躍したらしく、畿内における南朝方軍事力の中枢をなした。その動きは『太平記』の記事や金剛寺・観心寺所蔵の古文書などでうかがうことができる。正平二年になると北畠親房の主戦論が南朝方の主流を占め、正行も関東・鎮西の南朝方と呼応して兵を起し、河内地方を中心に攻勢に転じた。八月に入ると幕府側では細川顕氏を河内に差遣して武士の決起を促したが、正行軍は紀伊隅田城や河内池尻で戦い、九月には八尾・藤井寺・教興寺などで連戦して大勝をあげた。十一月に入って幕府は山名時氏を増援させて細川顕氏軍の態勢のたて直しを企てたが、正行はこれと摂津

楠木正行花押

(伝)楠木正行首塚

住吉・天王寺で戦って再度大勝し、山名時氏は負傷、時氏の弟兼義は戦死、顕氏は京都に逃げ帰った。『太平記』に正行が渡辺橋近辺で溺れる敵を救い、医薬や衣服・武具を与えて故郷に送り帰したと伝えるのはこの時のことである。事態の重大さに驚いた幕府は、十二月に高師直・師泰兄弟を河内に発向した。翌三年正月五日、正行は四条畷に迎え撃って激戦のすえ、ついに弟正時と刺しちがえて自害した。この戦いに先立って正行は吉野の行宮に後村上天皇を訪れた時、如意輪寺の壁板に「返らじとかねて思へば梓弓なき数にいる名をぞとどむる」の一首とともに一族の名を書き連ねて、死を決意していたという。現在四条畷神社の祭神として祀られている。

参考文献 『大日本史料』六ノ一一、貞和四年正月五日条、植村清二『楠木正成』(『日本歴史新書』)、佐藤進一『室町幕府守護制度の研究』上　(三浦　圭二)

くすのきまさのり　楠木正儀　生没年不詳　南北朝時代の武将。左衛門尉・左兵衛督・左馬頭・中務大輔・参議。楠木正成の第三子。正平三年(北朝貞和四、一三四八)正月、兄正行・正時が四条畷の戦で敗死したあと、楠木氏の棟梁として摂津・河内・和泉三ヵ国の国主の地位にあり、南朝軍の重鎮であった。同五年(北朝観応元)足利直義が、尊氏の側近高師直・師冬と対立し、これを追討するための正当性を得んがため南朝方に投降した時、正儀は南北両朝の和平工作を進めたが果たせなかった。翌年には尊氏と直義兄弟が集合と離反を繰り返し、九月には尊氏が直義追討の正当性を得るため南朝帰参を請い、十月南朝側がそれを許すと、南北両朝の和平策は南朝側主導のもとに急速に進展し、十一月北朝の崇光天皇および皇太弟直仁《なおひと》親王は廃されることとなった。さらに同七年二月、南朝後村上天皇は賀名生《あのう》の行宮を出発し、河内東条・摂津住吉神社を経て閏二月に山城八幡に入った。かく南朝側の策は順調に展開し京都恢復は間近かと思われたが、足利義詮が京都で抵抗し、正儀は軍を率いて七条大宮で戦い、義詮軍を近江に奔らせた。しかし翌三月、義詮は京都に攻めこみ、さらに八幡を攻撃したため、後村上天皇は北朝方の光厳・光明・崇光の三上皇らとともに賀名生に帰り、南朝軍は河内東条に引いた。この時、正儀は河内にいて兵を進めず、南朝方からも非難をうけた。翌八年(北朝文和二)六月、正儀は石塔頼房らと京都に攻めいり、同十年にも幕府内部の結束の乱れをついて八幡に進攻したが、義詮軍のため敗北した。同十二年(北朝延文二)正儀は左馬頭に任ぜられ南朝方でいよいよ重きをなしたが、同十五年には幕府方の河内守護畠山国清らの攻撃をうけ、本貫地赤坂(大阪府南河内郡千早)を退去した。翌十六年(北朝康安元)十二月には正儀四度目の京都奪還行動を起し、後光厳天皇・足利義詮は近江に逃れ、当時四歳であった足利義満は、かろうじて建仁寺に難をのがれ、北野義綱に護衛されて赤松氏の播磨白旗城に逃れることができた。しかしこれも義詮の反撃にあい永続しなかった。貞治六年(正平二十二、一三六七)足利義詮が病を得て政務を義満が執り細川頼之が執事として腕をふるい、正平二十三年(北朝応安元)三月南朝後村上天皇が没して長慶天皇が即位する前後、正儀は南朝側の代表として和平工作を進めていたが、円滑に展開せず、そのことを長慶天皇をはじめとする主戦論者から責められることもあってか、ついに翌応安二年(一三六九)正月、正儀は細川頼之を通じて足利方に投降した。足利方は投降前の正儀の地位をほとんど認め、摂津住吉郡の一郡守護職を与えたりして、このことを北朝方有利のために喧伝した。しかし三月から南朝軍は激しい反撃に転じ、四月には長慶天皇みずから河内に出て攻撃を督励するなど、幕府軍は受け太刀であった。正儀は北朝側から中務大輔に任ぜられ同六年(文中二)八月には、天野行宮を攻撃し、長慶天皇を吉野に走らせた。康暦元年(天授五、一三七九)閏四月、細川頼之が斯波義将・土岐頼康らを擁立する諸大名の反撥をうけて管領職を罷免されてから、幕府内での正儀の立場は悪くなっていった。弘和二年(北朝永徳二、一三八二)閏正月、正儀はついに南朝に帰参。北朝側の河内守護は畠山基国になり、正儀は南朝から参議に任ぜられた。しかし正儀のその後については明らかでなく、南朝帰投後六、七年後に没したといわれている。

楠木正儀花押

参考文献 佐藤進一『室町幕府守護制度の研究』上、高柳光寿『足利尊氏』、小川信『細川頼之』(『人物叢書』一六四)、臼井信義『足利義満』(同三八)
(三浦　圭二)

くすのきみつまさ　楠木光正　?―一四二九　室町時代前期の武将。五郎左衛門尉。常泉と号す。楠木正成とゆかりのある一族の後裔かと思われる。永享元年(一四二九)九月、将軍足利義教が春日神社参詣するのを待ちう

け、僧体に身をやつして奈良にひそんでいたところを、事前に大和の武士筒井氏に捕えられた。直ちに京都に護送され、侍所の命によって二日後の九月二十四日に六条河原で斬首された。見物人群集したという。辞世の漢詩と和歌とが伝えられているが、その一首に「夢のうちに都の秋のはてはみつ心は西に在明の月」とあった(『後鑑』『看聞御記』)。 (三浦 圭一)

くすばさいにん　楠葉西忍　一三九五―一四八六　室町時代の遣明船貿易家。応永二年(一三九五)天竺人ヒジリと河内楠葉の女との間に生まれた。幼名ムスル。俗名天次。足利義満の在世時は天竺を名字としたが、のちに母の里の楠葉を称した。はじめ父とともに京都に住んだが足利義持の時代にその怒りをうけて大和に移り、立野《たちの》に居住し、ここで大乗院経覚によって得度した。立野衆として大乗院と関係を結び坊官となり、その被官商人として行動した。永享四年(一四三二)と享徳二年(一四五三)の二度にわたって入明した。第一回は遣明第四号船すなわち三宝院・聖護院・大乗院などの十三人寄合船に搭乗した。身分は従商または客商あるいはその下人と想像される。第二回のときは遣明第八号船すなわち多武峯・長谷寺共同船の外官に抜擢され、明では北京にまで至って貿易にあたった。西忍の渡航体験は、大乗院尋尊によって克明に筆録されている(『唐船日記』『大乗院寺社雑事記』)。内容は、渡航船数、貿易品とその数量、利益の実際、利益獲得の秘法、遣明船の発着港、準備に要する費用、その調達の方法、衣裳、日明貿易の沿革、勘合の制度などきわめて多岐にわたり、詳細であるとともに体験者のみが語り得る独特の内容が盛られていて、日明関係史料として貴重である。西忍は晩年は大和の古市に住み、ここで生涯を終った。文明十八年(一四八六)二月十四日死去。九十二歳。

[参考文献]　『大日本史料』八ノ一八、文明十八年二月十四日条、田中健夫「遣明船貿易家楠葉西忍とその一族」(『中世海外交渉史の研究』所収) (田中 健夫)

くだらのかわなり　百済河成　七八二―八五三　平安時代前期の画師。散位従五位下。本姓は余《あぐり》、五十九歳で百済姓に改めた。先祖は百済帰化人。武術にすぐれ強弓を引く。官は左近衛から美作権少目、五十二歳外従五位下にのぼる。これは仁明天皇即位の大嘗会の屏風や標《しめ》の飾りものを作った賞である。五十九歳備中介、六十五歳安芸介、六十七歳播磨介で退官した。平安時代初めの画師の第一人者で宮中に召され、新画風の創始者で、生き物の生動する様子をあらわすのにすぐれており、歴史的人物画が得意。ことに写生がうまく、ある人に従者を呼び寄せさせたとき、似顔を描いて渡したので道で従者を捜し当てることができたという。画技のほかに庭作の意匠にもすぐれ、嵯峨院の滝殿の石組みもした。仁寿三年(八五三)八月二十四日没。七十二歳。

[参考文献]　古筆了仲編『扶桑画人伝』 (亀田 孜)

くだらのこきしきょうふく　百済王敬福　六九八―七六六　奈良時代の貴族。百済王郎虞(善光の孫)の三男。天平初年に陸奥介として赴任し、爾後天平勝宝二年(七五〇)に至るまで十数年間、若干の例外を除いて介、天平十五年(七四三)以降は陸奥守として、東北の経営に従事した。陸奥国衙時代の特記すべき事跡としては、天平勝宝元年四月、盧舎那仏建立に際して、部内小田郡より産出した黄金九百両を、その塗金材料として献じたことであって、その功により一躍、従五位上より従三位に叙され、洋々たる前途を闢いた。ちなみにいうが、敬福が、かかる好機をつかみ得たのは、このころ、百済王家の旧家臣筋に属する国中公麻呂が、大仏造立の総監督的地位にあったからではないかと思われる。同二年、宮内卿として中央に帰還した後の彼の官歴は順調であり、常陸守・撿習西海道兵使・出雲守・南海道節度使・讃岐守などを経た後、天平宝字末年には外衛大将、天平神護初年には刑部卿に任ぜられた。その没年は、天平神護二年(七六六)六月壬子(二十八日)、極官は従三位刑部卿である。六十九歳。在官時代の彼の行動、ならびに『続日本紀』天平神護二年六月壬子条所載の伝よりすれば、敬福は豪放かつ決断に富んだ人物であり、さらに武官として、すぐれた才伎を有したごとくである。彼が聖武帝の恩寵を蒙り、その兄南典に匹敵する立身をなしたのは、主としてその故であるとみてよいと思う。

[参考文献]　今井啓一『百済王敬福』 (利光三津夫)

くだらのこきししゅんてつ　百済王俊哲　？―七九五　奈良時代の貴族。百済王敬福の孫と推定せられる。若年より東北の経営にあたり、宝亀六年(七七五)十一月、従六位上にして蝦夷追討の功により勲六等を授けられ、以後天応元年(七八一)九月に至るまでに位は正五位上勲四等、官は陸奥鎮守副将軍に達している。しかるに、延暦六年(七八七)、彼は何事かに坐して日向権介に左降せられた。奈良・平安時代の百済王氏一族の伝を案ずるに、この族人にして左降あるいは処罰せられた者は、この俊哲を含めて一、二名にすぎず、きわめて少数である。当代の百済王氏の地位を考究する上において注意を要すべきこととして、ここに一言しておく。同九年三月、彼は罪を免ぜられ、入京を許され、爾後桓武天皇のいわゆる第二次蝦夷征討に参加せしめられた。免罪の因由は、彼の武官としての才が惜しまれたことと、その前月百済王氏を外戚とする詔が出され、同氏に対する礼遇が高められたこととにあると思う。免罪入京以降、彼の官歴は順調であり、同十年正月下野守、同年七月、大伴弟麻呂の副として征夷副使に任ぜられ、同年九月には、下野守兼陸奥鎮守将軍に補せられた。その没年は、同十四年八月七日、極官は『続日本後紀』などの記載によれば、従四位下勲三等であったと考えられる。彼の一族には後宮に関係する者が多く、一説によれば彼の姉であるという明信は尚侍となり、従二位を授けられ、またその娘貴命は、嵯峨天皇の女御となり、忠良親王の母となった。

参考文献　今井啓一『百済王敬福』　(利光三津夫)

くだらのこきしぜんこう　百済王善光　生没年不詳　百済滅亡時の国王義慈の王子。長兄隆は唐軍に捉えられ、長安に抑留されたが、のち唐の傀儡として熊津都督に任ぜられた。次兄豊璋は、日本によって百済王に冊立されたが、白村江の戦敗北後は、高句麗に亡命した。善光は、舒明天皇三年(六三一)三月、豊璋とともに日本へ人質として送られ、白村江の戦に際しては、一人日本に留められた。よって彼の地位は、爾後における朝廷の百済恢復計画に名分をそえる貴重なものと変じ、それ故に大なる優遇をこうむったごとくである。筆者は、天智・天武天皇の時代に善光が帯している百済王なる称号が、氏姓と異質であること、善光には官位が与えられず、すなわち臣属の形式がとられていないこと、天武天皇の葬儀に際して、彼が独立してそれに参加していること等々より推して、このころ善光は朝廷より百済国王に準ずる待遇を与えられていたと考えている。持統天皇の時代に至って、朝廷は従来の方針を変更し、善光に正広肆の官位を与え、彼とその一族を日本の貴族制に組み入れている。善光が「余」なる百済王家の姓を捨て、百済(氏)王(姓)と称するようになったのも、このころであると考えられる。朝廷の方針変更の理由は、国際情勢の変化により、百済恢復のことが全く絶望的となったからであろう。善光の没年は明らかでないが、『日本書紀』持統天皇七年(六九三)正月条にみえる贈位の記載よりみて、その直前であったと考えられる。なお、善光は「禅広」と記されている場合もある。また『唐書』劉仁軌伝によれば、唐人は彼を「余勇」と呼んでいた。

参考文献　利光三津夫「百済亡命政権考」(『律令制とその周辺』所収)　(利光　三津夫)

ぐちゅうしゅうきゅう　愚中周及　一三二三―一四〇九　南北朝時代から室町時代初期にかけての禅僧。臨済宗楊岐派松源派。別号岳松子。美濃国の人。元亨三年(一三二三)に生まれる。十三歳の時、臨川寺において夢窓疎石に従って剃髪、周及と安名《あんみょう》。長身で高沙弥と称された。このころ春屋妙葩・鑑翁士昭に教えをうけ、竜湫周沢・黙庵周諭に親炙。暦応四年(一三四一)建仁寺に掛錫《かしゃく》ののち、入元して月江正印に参じ、愚庵の道号を得た。のちに自分で愚中と改む。康永二年(一三四三)即休契了《しっきゅうかいりょう》に参じて書状侍者・衣鉢侍者などを勤め十年ちかく近侍した。観応二年(一三五一)帰国。その九月、夢窓の示寂に遭い、三年心喪をつとめて法恩に酬いた。文和二年(一三五三)南禅寺に書記となり、結制秉払を勤めて即休に嗣法することを表明、ために迫害されて同寺少林院に隠れ、さらに隠棲を志して摂津棲賢寺、播磨、丹波などを転々とした。貞治四年(一三六五)丹波天寧寺に住す。応永四年(一三九七)小早川春平の請により安芸仏通寺開山となる。その後将軍足利義持の帰依をうけ、義持に『金剛経』を請じ法要を説いた。十六年、義持の奏請で紫衣を賜わる。この年天寧寺に帰り、八月二十四日、義持の預修仏事を勤め、二十五日示寂。八十七歳。遺骨は天寧・仏通両寺に納められた。諡号仏徳大通禅師。法嗣に千畝周竹・諸渓清唯らがいる。行状は門人一笑禅慶の著わした『年譜』に詳しい。著書に『大通禅師語録』(一名『丱余《こうよ》集』、『草余集』は誤り)五巻、『稟明抄』(『宗鏡録抄』)がある。

愚中周及画像

愚中周及花押

参考文献　『大日本史料』七ノ一一、応永十六年八月二十五日条、玉村竹二「足利義持の禅宗信仰に就て」(『日本禅宗史論集』上所収)　(今泉　淑夫)

くつなしげきよ　忽那重清　生没年不詳　伊予国風早郡忽那諸島(愛媛県松山市中島町)により、鎌倉時代末期から南北朝時代に活動した武将。はじめ弥次郎、のちに次郎左衛門尉。御家人として在地勢力を構成した忽那重義の長子。元弘の乱に、重清は父の指令に従い、鎌倉幕府に反し、伊予国本土の土居・得能氏と提携して、喜多郡根来城・越智郡府中城を攻略し、来侵した長門探題北条時直の軍を久米郡星ノ岡に潰滅した。建武中興ののち重清は得能氏らに協力し、周布・越智郡における北条氏の残党の反乱を鎮定した。足利尊氏が鎌倉で反旗をひるがえすと、重清は中興政府の指示により東進して信濃国に武家方を撃破し、引き続き京都で尊氏の与党と戦闘を交えた。しかし尊氏が九州で頽勢を回復し、東上を企てるに及んで、重清は従来の態度をかえ、急に尊氏に呼応し

た。尊氏らが建武三年(延元元、一三三六)京都に入った時、重清も従軍し宮方を掃討するのにつとめた。翌年重清は帰郷し、伊予国の実力者であった武家方の河野通盛を援けて、宮方と和気郡和気浜に戦い、さらに翌暦応元年(延元三、一三三八)安芸国沼田荘によった小早川氏を討つため出征した。しかしこのころ忽那島では、彼の弟の義範が宮方の武将として活動を続けていたから、重清はじゅうぶんな効果をあげることができなかった。重清の晩年の行動は、内乱期における一小在地勢力をまもるための政略的なものとも解される。ほどなく重清は没したようで、忽那島は完全な宮方の策源地と化した。

参考文献 『忽那嶋開発記』、景浦勉編『忽那家文書』(『伊予史料集成』一)、『愛媛県編年史』三

(景浦　勉)

くつなしげよし　忽那重義　生没年不詳　伊予国風早郡忽那諸島(愛媛県松山市中島町)により、鎌倉時代末期に活躍した武将。重義は御家人として地頭職を留保した久重の子であり、孫次郎、法名を道一と称した。重義は忽那氏一族を糾合して近海の制海権を掌握し、在地勢力を確立した。元弘の乱に重義は河野氏従属の態度を改めて、伊予本土の土居・得能両氏と連合し、その子の重清・義範らを派遣して、喜多郡根来城および久米郡星ノ岡に幕府側の軍を潰滅させた。重義はその功労によって左少弁に叙せられたという。

参考文献 『忽那氏系図』、『忽那嶋開発記』、景浦勉編『忽那家文書』(『伊予史料集成』一)

(景浦　勉)

くつなよしのり　忽那義範　生没年不詳　伊予国風早郡忽那諸島(愛媛県松山市中島町)により、南北朝時代に活躍した在地土豪。忽那重義の子、同重清の弟、のちに下野法眼といった。はじめ柱島の地頭であったが、元弘の乱に兄重清とともに後醍醐天皇に応じ、伊予本土における土居・得能氏と結んで、喜多・越智両郡の各地における幕府の与党の打倒に奮戦した。さらに来侵した長門探題北条時直の軍を久米郡星ノ岡に撃破した。建武中興の崩壊ののちも、義範は伊予における宮方の統率者となり、武家方の河野・大森氏らの討平につとめた。重清が武家方になり、忽那氏の勢力が二分されたのちも、義範は忽那島神浦《こうのうら》を本拠とし、積極的な活動を続けた。同島に来襲した吉良貞義の軍を撃退したのをはじめとして、讃岐国の細川氏および河野氏の連合軍を和気郡和気浜に、さらに河野氏の与党を温泉郡桑原・久米郡井門の両城に攻略し、進んで新居郡西条方面を占領した。その後、伊予守護として大館氏明が、伊予国司として四条有資が来任し、さらに延元四年(北朝暦応二、一三三九。異説がある)征西将軍として懐良親王が五条頼元・同良遠・冷泉持房(北畠親房の弟)ら十二人を従えて忽那島に来た。親王の忽那島に滞在すること三ヵ年、義範は親王の内海統御策を援助した。この間に義範は安芸国の守護武田氏、ついで河野通盛らの来襲を退けたばかりでなく、進んで通盛の本拠湯築城を、さらに中予・東予の武家方の諸城をも攻略した。そのため武家方は圧倒され、伊予国はあたかも宮方の一策源地の観を呈した。親王の九州に去ったのち、興国三年(北朝康永元、一三四二)脇屋義助(新田義貞弟)の伊予入国に際し、また熊野水師の瀬戸内海進出の時も、義範は兵糧を送って援助した。一方室町幕府には内訌が続き、足利直義の養子直冬が反抗し、のち長門国で宮方となった時、義範はこれと連携した。生没年月日は不明であるが、正平十一年(北朝延文元、一三五六)以後に没したのであろう。

参考文献 『忽那嶋開発記』、景浦勉編『忽那家文書』(『伊予史料集成』一)、『愛媛県編年史』三

(景浦　勉)

くどうすけつね　工藤祐経　?―一一九三　平安・鎌倉時代初期の武士。左衛門尉。父は祐継。平安時代末期より伊豆国に繁栄した藤姓狩野氏の一族。在京して平重盛に仕えた時期がある。元暦元年(一一八四)四月以前より源頼朝の臣として活動している。平重衡が囚人として鎌倉に下向した時の宴席や、源義経の妾静が鶴岡宮で歌舞を演じた折に、祐経は鼓を奏している。頼朝に昵近し得た理由の一つは、このような都人的な素養にあったと思われる。元暦元年の平家追討のための九州遠征および文治五年(一一八九)の奥州藤原氏征討に従軍した。建久四年(一一九三)、頼朝の富士野狩猟行に随った際、五月二十八日に、同族の曾我祐成・時致兄弟に暗殺された。両名の趣意は、伊豆国伊東荘をめぐる紛争の故に祐経に殺された父河津祐泰の仇を討つためと伝えられる。この事件を素材とする『曾我物語』は広く読まれ、能や歌舞伎などの題材となった。

参考文献 『大日本史料』四ノ四、建久四年五月二十八日条

(石田　祐一)

くどうもちみつ　工藤茂光　?―一一八〇　平安時代後期の武将。「しげみつ」とも読む。父は狩野四郎大夫家次。工藤氏は藤原南家より出て、『尊卑分脈』によれば、遠江権守為憲のときに木工助に任ぜられ、工藤大夫を号したことがみえ、工藤姓のはじめとする。為憲の孫駿河守維景は伊豆国狩野にあり、その子維職は伊豆国押領使となっている。茂光はその曾孫にあたり、伊豆介となり狩野介と称した。『保元物語』によれば、保元の乱の後、伊豆大島に流された源為朝が島民を襲って貢賦を略奪したので、嘉応二年(一一七〇)茂光は上洛してこの濫妨を訴え、朝廷では茂光に命じて伊豆ならびに武蔵・相模の兵を集めて為朝を討たせ、これを自殺させたという。治承四年(一一八〇)八月、伊豆の流人源頼朝は兵を挙げ、伊豆目代山木兼隆を討ったが、茂光は頼朝の側近として重用され、土肥実平・岡崎義実らとともにひそかにその合戦の議に参画し、慇懃の詞を賜わったことが『吾妻鏡』にみえる。八月十七日に山木攻めに成功した頼朝は、相模土肥郷に進出するが、その際にも工藤介茂光は子息五郎親光とともに扈従している。二十三日、相模石橋山に

陣した頼朝は、無勢のため平氏軍三千余騎に敗れ、主従離散して土肥の椙山に逃れ、山中にかくれた。翌二十四日、茂光は頼朝の跡を追って山中を探索したが、肥満した体のために険しい山道を歩くことができず、ついに進退きわまった。これを扶けていた親光に、迫る敵に討たれるよりは汝の手に討たれたいと望んだが、親光は討つにしのびず時を移したので、茂光はみずから腹を切って死んだ。　（安田　元久）

くにつな　**国綱**　生没年不詳　鎌倉時代の山城国粟田口派の刀工で、のちに鎌倉に移り、この地に相州物を起す原動力になった人といわれている。したがって彼には山城風の尋常で小出来な作と、相模風の大乱れの作との両様がある。「建長五年（一二五三）八月日　鎌倉住藤六左近国綱」銘の太刀が上杉家に伝来した。名物の鬼丸国綱は北条時政（一説には時頼）を夜ごとの夢に悩ます悪鬼を斬り払ったとの伝説を伴う太刀で、今は御物（宮内庁保管）となる。国綱と太い二字銘があり、やや大乱れの刃を焼く。重要文化財として太刀二口がある。

国綱押形

参考文献　『日本刀大鑑』古刀編一、辻本直男補注『図説刀剣名物帳』、本間順治編『正宗』（至文堂『日本の美術』一四二）　（辻本　直男）

くにとし　**国俊**　(一)生没年不詳　山城国来《らい》派の刀工で、鎌倉時代後期の弘安元年（一二七八）十二月の年紀作の太刀（東京国立博物館保管）がある。来の字を冠する国俊と区別して二字国俊と通称される。作風は父の国行に似て身幅が広く、猪首状のつまった切先の豪壮な姿をしており、刃は焼幅の広い大乱れ刃をやく。銘は大字である。短刀の作例は実に少なく、わずかに名物の愛染国俊（茎に愛染明王の像を彫る、重要文化財）が知られている。他に重要文化財として太刀二口、額銘の刀一口、無銘で極めの刀三口がある。

国俊(一)押形

参考文献　『日本刀大鑑』古刀編一、辻本直男補注『図説刀剣名物帳』

(二)生没年不詳　鎌倉時代後期の山城国来《らい》派の刀工。銘の上に「来」の字を添えるので来国俊と呼ばれる。弘安元年（一二七八）から元亨元年（一三二一）に至る四十余年に及ぶ年紀作があり、その中の正和四年（一三一五）に歳七十五と刻した太刀があるので余程の高齢まで作刀していたことがわかる。太刀・短刀・薙刀など多作であり、姿は尋常で刃文は直刃を主体とし、大人しやかであって二字国俊とは作風が異なる。来孫太郎と称し、その銘の太刀（国宝）もある。来国俊銘の国宝は太刀一口、小太刀一口、短刀二口があり、重要文化財として太刀四口、短刀一口、薙刀一口がある。

国俊(二)押形

参考文献　『日本刀大鑑』古刀編一　（辻本　直男）

くにながしんのう　**邦良親王**　⇩くによししんのう

くになかのきみまろ　**国中公麻呂**　?—七七四　天平時代における東大寺大仏の作者として著名な彫刻家である。国君麻呂にもつくる。かれは、天智天皇二年（六六三）に百済からわが国に渡来した国骨富の孫で、大和国葛下郡国中村に住したので、国中の姓を得た。祖父以来造仏技術をもっていたかどうかは不明であるが、天平十七年（七四五）には、早くも大仏造営の功を認められ、その四月には正七位下より外従五位下に叙され、同十八年十一月には、金光明寺造仏所の造仏長官、同十九年十一月には、造仏長官兼遠江員外介、同二十年二月に従五位下、天平勝宝元年（七四九）四月には従五位上、天平宝字五年（七六一）十月には正五位下造東大寺司次官となり、同六年三月には、造香山薬師寺所次官、また同年四月から同八年にかけて、造東大寺司次官、神護景雲元年（七六七）二月称徳天皇の東大寺行幸に際して従四位下を授けられ、同二年十一月には但馬員外介となり、宝亀五年（七七四）十月己巳（三日）散位従四位下の高位を以て没している。かれの制作した東大寺の大仏は、膝の一部を除き、失われてしまったが、公麻呂が造東大寺司の次官として技術的監督を行なった東大寺三月堂の諸像などは、かれの様式の一部を今日に伝えている。これら諸尊像の様式は、天平彫刻の中でも典型的な雄大さと優美さをもっており、公麻呂の技倆の優秀さを示している。

国中公麻呂自署

参考文献　小林剛「国中連公麻呂」（『日本彫刻作家研究』所収）　（久野　健）

くにのみやつこのおま　**国造雄万**　六九六—?　奈良時代後期の美濃国方県郡の郡司、富豪層の一人。雄万はまた小万とも記す。大宝二年（七〇二）御野国戸籍によると、彼は肩県郡肩々里（岐阜市城田寺付近）に本貫を有する戸主国造大庭と妻国造尼売との間に、次男として生まれ育った。その家柄は大化前代の本巣国造に系譜をひく旧首長層の一族で、その戸は奴婢五十九人、他に傍系親・寄人を含め総計九十六人という最大の戸口数をもち、貧富九等級の中下戸にランクされた当里における最富裕戸で

あった。当時七歳だった彼は宝亀元年(七七〇)七十五歳の時には、方県郡少領外従六位下として、美濃国分寺に私稲二万束を献じ、外従五位下に叙せられている。

参考文献　門脇禎二『日本古代共同体の研究』　(宮本　救)

くにひとしんのう　邦仁親王　⇩後嵯峨天皇《ごさがてんのう》

くにみつ　国光　㈠生没年不詳　鎌倉時代中期の山城国粟田口派の刀工。国吉や吉光と同期。遺品は乏しいが黒川古文化研究所や岐阜県の養老寺の太刀(以上二口重要文化財)からいえば姿は元は広く、先へ次第に幅を減じて小切先に結ぶ。反りはやや浅い。地の鍛えは誠に細美で冴え、沸映が立ちチケイが働き、刃文は匂口の締った細直刃に小乱れ交りであり、切先の刃は黒川のは丸、養老寺のはのたれ込んでいる。国光と二字銘で、書体は洒脱。なお養老寺のには佩表の腰に剣の彫物がある。

国光㈠押形

参考文献　『日本刀大鑑』古刀編一

㈡生没年不詳　鎌倉時代後期の相州鎌倉の刀工。通称新藤五。相州鍛冶の祖で、永仁元年(一二九三)の短刀(重要文化財)に「鎌倉住人新藤五国光作」ときる。山城国粟田口派の作風を基盤にして金筋やチケイを特に力強く働かせたものを作る。地は板目鍛え、刃文はのたれ調の中直刃で沸の働きがすばらしい。乱れ刃は全く例外。太刀と短刀の作例がある。通常は国光と二字銘であるが入道して新藤五国光法師ときる。銘の国の字の国構えの中がローマ字のZの様に書き、光の字の第三画をフ(光)とするのが手癖である。名物に会津新藤五の短刀がある(国宝)。会津の領主蒲生氏郷の愛刀であったのでこの名が起る。全くの絶品。国光の弟子に行光や正宗が出た。その作風は行光には忠実に受け継がれたが、正宗においては直刃の遺例はわずかに一口(大黒正宗)で他は自己独特の乱れ刃を焼いている。国光の子に国重と国広がおり、のちにはこれらも国光と銘をきったというから、国光銘には三者が混在している訳で選別の要がある。国光の国宝は短刀三口、重要文化財として太刀一口と短刀十口があり、また国広は重要文化財として短刀と脇指各一口がある。

国光㈡押形

参考文献　本間順治『日本古刀史』、同編『正宗』(至文堂『日本の美術』一四二)、本間順治・佐藤貫一編『正宗とその一門』

㈢生没年不詳　山城国来《らい》派の刀工。元応・嘉暦・元徳・貞和などの鎌倉時代末期から南北朝時代の初めにかけての年紀作品があり、太刀や短刀に傑作が多い。銘は通常来国光の三字であるが、年紀作の太刀では銘に続けてその下に一行に年月日を刻している。短刀銘は大きく太刀銘は小さい。地は大板目、刃文は直刃に小乱れ交り、または直刃調の乱れ刃であり、切先の刃は尋常で丸。短刀には剣や護摩箸の彫物がある。南北朝時代の作は姿が大振になる。太刀と短刀を合わせ国宝が三口、重要文化財が二十口ある。

国光㈢押形

参考文献　『日本刀大鑑』古刀編一、佐藤寒山編『山城鍛冶』(至文堂『日本の美術』一〇七)　(辻本　直男)

くにむね　国宗　生没年不詳　鎌倉時代の備前の刀工。俗称備前三郎。通常は国宗と二字銘。稀に備州長船住国宗と長銘にきる。正和の年紀作がある。姿は身幅広く豪壮で、反りの高い太刀。地は板目鍛えに映が立ち、刃文は逆ごころで互の目調の丁子乱れ、刃の中に染みが交る。彫物は刀樋の程度。一時在京し、のち鎌倉に下り新藤五国光の師となるという。鎌倉打ちは沸勝ちで直刃仕立の乱れ作が多い。国宝の日光東照宮(家康所用)や鹿児島の照国神社蔵のものなど傑作が多い。国宝として太刀四口、重要文化財として太刀六口がある。

国宗押形

参考文献　広井雄一編『備前鍛冶』(至文堂『日本の美術』七三)、加島進「中世における長船刀工について」(『東京国立博物館紀要』六)　(辻本　直男)

くにゆき　国行　㈠生没年不詳　鎌倉時代中期の山城国来《らい》派の刀工。来派の祖で来太郎と呼ばれるが銘はただ国行と二字にきり来の字を添えないし、また年紀作はない。姿は身幅広く豪壮で切先も太い。地は板目鍛え、刃文は小沸出来の大乱れ、下半は出入りがあって変化に富み、上半は広直仕立の小乱れ刃である。彫物があれば刀樋の程度。遺品はほとんど太刀である。子に来国俊があり、またその弟子に来国光や来国次らが出て、来派は鎌倉時代に繁栄を極める。国宝が太刀一口、重要文化財が太刀十四口ある。

国行㈠押形

参考文献　『日本刀大鑑』古刀編一、佐藤寒山編『山城鍛冶』(至文堂『日本の美術』一〇七)

㈡生没年不詳　鎌倉時代の大和国当麻《たえま》派の祖。この刀工

団には俊行・友清・友行などがいるが総体に無銘物が多い。当麻寺の僧兵の御用刀工であったせいであろう。すぐれた遺品の二振の太刀(国宝と重要文化財)によると作風は地の鍛えは板目流れ、刃文は上は中直ほつれ、下はのたれ、二重刃がかる。切先の刃は丸。一般の大和物に鎬筋が高く、鎬幅が広く、直刃調の刃文の点は似るが、地に柾気が目立たず、切先の刃が丸であるところは異なる。重要文化財として無銘で極めの刀と薙刀が各一口ある。

国行(二)押形

参考文献 『日本刀大鑑』古刀編一　（辻本　直男）

くによし　国吉　生没年不詳　鎌倉時代中期の山城国粟田口派の刀工。稀に太刀や脇指・剣の遺作もあるが同派で同期の吉光と並んで短刀の名手として聞える。剣の作例は数口ある。短刀と剣はいずれも長さが七寸(約二一センチ)から八寸の寸詰りである。刃文は太刀をはじめどれも直刃か、直刃に小乱れ交りである。脇指はただ一口だけが知られており、それには鳴狐の異名がつく。平造であって、「左兵衛尉藤原国吉」と長銘をきる(重要文化財)。重要文化財としてほかに太刀・短刀・剣など四口がある。

参考文献 『日本刀大鑑』古刀編一、佐藤寒山編『山城鍛冶』(至文堂『日本の美術』一〇七)　（辻本　直男）

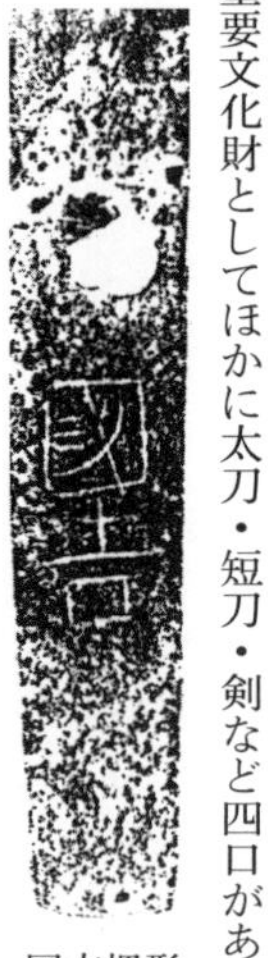
国吉押形

くによししんのう　邦良親王　一三〇〇—二六　後二条天皇の第一皇子。母は参議藤原宗親女。木寺宮。『実躬卿記』によるに、乾元元年(一三〇二)七月二十七日後二条天皇一宮の侍始があり、これは邦良親王のことであるから、『皇年代略記』に従って同親王は正安二年(一三〇〇)に生まれたのであろう。後二条天皇の崩御ののち、延慶元年(一三〇八)閏八月三日後宇多法皇は、御領御所などを尊治親王(後醍醐天皇)に譲与したが、その処分状に、一期ののちは悉くこれを邦良親王に譲与せよ、同親王を実子のごとく保護せよと記した。これにより、法皇はこのころすでに邦良親王を大覚寺統の後嗣に決していたのである。文保二年(一三一八)二月後醍醐天皇が践祚すると、三月法皇の意によって親王は元服し、春宮に立てられた。正中元年(一三二四)法皇がなくなると、親王は不安を感じ、皇位継承の速やかならんことを熱望し、しきりに使者を遣わして鎌倉幕府に説かしめ、催促した。それがために天皇との間がはなはだしく疎隔し、険悪となった。嘉暦元年(一三二六)三月二十日春宮のまま没した。年二十七。墓は京都市左京区北白川追分町、父天皇の御陵のそばにある。その子康仁親王以下子孫は数代にわたって存続し、これを木寺宮と称した。　（村田　正志）

くまがいなおざね　熊谷直実　一一四一—一二〇八　鎌倉時代前期の武士、御家人。永治元年(一一四一)直貞の次男に生まれる。一説に母は、私市党の小沢氏とされるが、姨母の嫁いだ私市党の久下氏に養育され、通称を次郎といった。熊谷氏は、桓武平氏の一門とされるが、他の説では武蔵七党の私市党、または丹党の分かれとも伝え、詳らかでない。直実の祖父盛方が勅勘をうけたのち、父の直貞は、武蔵大里郡の熊谷郷に住み、熊谷を名乗った。直実ははじめ源義平に属して、平治の乱に加わったが、久下直光の代官として京都大番を勤めたとき、傍輩の無礼に鬱憤の余り、平知盛に仕えた。治承四年(一一八〇)の石橋山の戦では、平氏方の大庭景親の軍中にあったが、その

熊谷直実花押

熊谷直実像

年のうちに源頼朝に従い、常陸の佐竹秀義の討伐に戦功を挙げ、その勲賞もふくめて、寿永元年(一一八二)久下直光の押領を停めて、旧領を安堵され、熊谷郷の地頭職を与えられた。元暦元年(一一八四)宇治川の戦では、源範頼の軍に属して先陣となり、同年一谷の戦では、子息の小次郎とともに搦手の源義経に従って、平山季重と先陣の功を争い、そのとき平敦盛を討ち捕ったのが、のちに出家する機縁になったという。文治三年(一一八七)鶴岡八幡宮の放生会で、流鏑馬の的立役を命じられたが、その役柄に不満で勤めなかったため、所領を分けて召し上げられた。建久三年(一一九二)熊谷・久下両郷の境争論について、久下直光と頼朝の前で対決したが、十二分に弁明できず、かえって頼朝の不審を招いて、不利な裁決が下ると、証拠の調度や文書を簾中に投げ込み、幕府の西侍で髻を切り、私第にも帰らず、行方知れずとなった。その年のうちに伊豆の走湯山を通って上洛する途中、走湯山の天台僧専光房良暹に会い、出家を思いとどまるよう説得されたが、やがて上洛して法然房源空に帰依し、法力房蓮生と号した。同六年鎌倉に下って頼朝に謁見し、浄土の法門や兵馬の故実などを語った。直実は、かねて走湯山などの天台宗教団を通じて東国にひろまる源空の教義にふれ、大番で上洛したときなどには、その声望を見聞したであろうが、門下に入った経路は明らかでない。京都の清涼寺所蔵の源空書状などによると、ひたすら数多く口称すれば、少しの破戒はあっても往生できると教えられているが、直情径行の直実にとって、ひたすら阿弥陀如来の本願を信じて口称することは、かえって易しかったのであろう。源空の寂後、西山義の派祖善慧証空

に従い、京都粟生の西山義の本山光明寺を建立したほか、京都の法然寺や武蔵の熊谷《ゆうこく》寺なども草創したとされる。建永元年（一二〇六）に、翌年二月八日に往生する旨の高札を立てたが、その日になって延ばし、嘲笑された。しかし承元二年（一二〇八）に、九月十四日東山山麓で往生すると予告し、少しの病もなく、高声念仏して往生したという。六十八歳。埼玉県熊谷市の熊谷寺や京都黒谷に五輪塔がある。

参考文献 『大日本史料』四ノ一〇、承元二年九月十四日条、埼玉県立図書館編『熊谷家文書』、『熊谷市史』前篇 （菊地勇次郎）

くまべちかなが　隈部親永 ？―一五八八　安土桃山時代の肥後国人衆の一人。はじめ刑部允、のち但馬守。肥後北部の山鹿郡猿返《さるかえし》城（熊本県山鹿市菊鹿町永野）城主。式部大夫親家の長子。親永は二十八代と称するが詳細は不明。天正元年（一五七三）父親家の退隠後、豊後大友氏の麾下にあって、旧菊池家臣団の中核的存在となる。同六年肥前竜造寺隆信の援にて隈府城主赤星氏を打ち、隈府城主となる。所領は明確でないが菊池・山鹿・山本三郡に及ぶ。子親泰（または親安）を山鹿城村城（山鹿市平小城）に配置す（所領は千九百町と推定される）。同十年島津氏から攻撃され、同十二年九月敗退し所領は山鹿郡のみとなる。しかし依然として大友氏と関係を有し、同十五年六月豊臣秀吉より本知の内八百町（子親泰は九百町）を充行われたが、大幅な減知となる。さらに肥後新領主佐々成政の検地施行に対抗して出府を拒否、籠城す。利あらずして出城し、子親泰の城村城に籠城。この一揆は肥後全領的国衆一揆となる。周辺の国衆和仁《わに》・辺春《へばる》・大津山氏らの援助をうけ防戦したが秀吉の九州大名軍により落城、翌十六年五月尼崎法園寺にて切腹。法名仙空。

参考文献 『隈部系図』（八木田政名『新撰事蹟通考』二二）、『源家隈部系譜』（渋江公正『菊池風土記』六）、『上井覚兼日記』（『大日本古記録』）、森本一瑞編『肥後国誌』上、『竜造寺文書』（『佐賀県史料集成』三）、森山恒雄「近世初期肥後国衆一揆の構造」（『九州文化史研究所紀要』七） （森山　恒雄）

くまらじゅう　鳩摩羅什 三四四―四一三　三論宗の祖。クマーラジーバ Kumārajīva　略して羅什といい、童寿と訳す。父のクマーラヤーナはインドの宰相であったが出家して亀茲国 Kucha に至り、国王に優遇されて国師となり、王妹ジーバを娶って一子を生んだ。父母の名を合わせてクマーラジーバと名づけた。七歳のとき出家し、のち母に伴われて罽賓 Gandhāra・沙勒 Kashgar・温宿 Uch-Turfan などを訪ね経論を学んだが、沙勒国では王子スーリヤソーマについて大乗諸経を研究した。それから故国亀茲に帰り、国王の崇敬を受けて諸経を講説した。前秦王苻堅は建元十八年（三八二）将軍呂光を遣わして亀茲国を討たせ、羅什を迎えるように命じた。亀茲王白純は戦って敗死し、羅什は捕えられた。呂光は亀茲王の女を強いて羅什に娶らせた。呂光が涼州まで引き返したとき苻堅が殺害されたのを聞き自立して北涼王となったので、羅什はそのまま涼州に停まることになった。後秦王姚興は弘始三年（四〇一）北涼を討ち羅什を迎えて十二月に長安に帰った。王は国師として礼遇し、長安の西明閣と逍遙園において諸経を訳出させた。訳出するところ三十五部二百九十七巻に及んだという。その主なものに『中論』『百論』『十二門論』『大智度論』『法華経』『阿弥陀経』『維摩経』『十誦律』などがある。仏教教学に深く通じ、漢語にも熟達していたので、その翻訳は内容が卓抜であり文体が簡潔流暢であったので訳出された経論は後世まで長く用いられている。姚興は羅什の子孫の絶えんことを恐れて長安の妓女十人を受けさせたという。弘始十五年四月十三日、長安大寺で寂した、年七十。門下に僧肇《そうじょう》・道生・道融・僧叡・曇影《どんよう》・僧導らの俊秀があり、三論・成実学派を形成したが、羅什は三論宗の祖とされている。

参考文献 『広弘明集』二三（『(大正新脩)大蔵経』五二）、『高僧伝』二（同五〇）、宇井伯寿『支那仏教史』（『岩波全書』） （大野達之助）

くめのおうじ　来目皇子 ？―六〇三　用明天皇の皇子。同天皇が穴穂部間人皇女を皇后に立てて生んだ四子のうちの第一皇子聖徳太子に次ぐ第二皇子。『日本書紀』によると推古天皇十年（六〇二）、撃新羅将軍となり、諸神部および国造・伴造ら軍衆二万五千を率いて筑紫の嶋郡（福岡県糸島郡北部）に駐屯し軍糧を運んだが、病んで征討できず、翌年二月丙子（四日）当地で没した。異母兄の当摩皇子が代わって征新羅将軍となるが、これも征討を果たさず、これらは推古朝の外交に影響を与えた。『肥前国風土記』などにも所伝がある。 （北村　文治）

埴生岡上墓《はにゅうのおかのえのはか》 大阪府羽曳野市はびきの三丁目にある来目皇子墓。羽曳山丘陵の斜面を登り詰めた所に位置し、正南に面する上円下方墳。下方部約五七メートル四方、上円部直径約一五メートル、高さ約一五メートル、切石積の横穴式石室がある。羨道は間口一・八メートル、奥行七・六メートル、高さ二・四メートル余、玄室は幅三・八メートル、両袖幅各〇・九メートル、奥行五・四メートル、高さ三メートル余。天井石は玄室に一枚、羨道に二枚の巨石を用いる。駒ヶ谷金剛輪寺の麦飯仙覚峰律師の図考には、江戸時代の状況を、周濠の形がはっきりわかり、石室が開口し、玄室は羨道より一段低く、二尺余水が溜るとし、墳丘絵図・石室平面図・墳上を葺く瓦を図示する。葺瓦の存在からみて本墳が土塔である可能性もある。当所は教部省が、『日本書紀』記載の来目皇子の墓所について、伝承や覚峰の考説を検討し明治八年（一八七五）埴生崗上墓に考定、同二十三年墓の修営を行い現在の形態となった。皇子の殯斂地「周芳娑婆」については、同三十五年山口県の桑山古墳（防府市桑山一丁目）が考定された。

参考文献 覚峰『埴生崗之古墳図考』（谷森善臣編『諸陵説』五）、帝室林野局編『来目皇子墓之図』、松葉好太郎『(古市部見廻区域内)陵墓誌』 （石田　茂輔）

くめのせんにん　久米仙人 久米寺創立の伝説的大檀越

であるが、もと仙人の法を行なったのでこの名がある。『和州久米寺流記』の「久米仙人経行事」や『今昔物語集』一一によれば、大和国吉野竜門寺に三人の仙人がおり、その中の毛竪仙人が竜門岳から葛木峰へ飛行する途中で、久米川で布を洗う女の股を見て通力が失せ、大地に落ちた。そののちこの女と夫婦となって只人の生活をするうち、東大寺造立の人夫となって、かつての通力で材木を飛行させて運んだ。その賞として賜わった免田三十町で久米寺をつくったという。この話は種々の説話集に採られて有名になった。しかし古代寺院が神仙術を行う山岳修行者によって、建立されたことを示す説話として意義がある。

参考文献 『元亨釈書』一八、『塵添壒嚢鈔』二〇(『大日本仏教全書』)　（五来　重）

くめべのおたて 来目部小楯　清寧天皇二年十一月、大嘗供奉の料を調達するため、播磨国赤石郡に赴いた国宰《くにのみこともち》。同郡縮見屯倉首忍海部造細目の新築祝いの宴に出席し、そこで、奴僕に身をおとして潜んでいた億計(仁賢)・弘計(顕宗)の二王を見出し、これを清寧天皇の皇嗣として大和に迎えるのに尽力した。やがて弘計王が即位すると、小楯は功により山官に任じられ、姓を山部連と改め、吉備臣を副とし、山守部をその部曲として、その富は並ぶものがなかった。ついで二王の父押磐皇子を殺した狭狭城山君韓帒を没して陵戸とし、これを山部連に隷属せしめたという。　（黛　弘道）

くらつくりのしばたっと 鞍作司馬達等　⇩司馬達等《しばたっと》

くらつくりのたすな 鞍作多須奈　六世紀の人。継体天皇十六年に来朝した鞍部司馬達等《くらつくりべのしばたっと》の子で鞍作鳥(止利)の父。用明天皇二年、天皇は病のために仏教に帰依したが、重くなったので、多須奈は天皇のために出家修道し丈六の仏像と寺を造立したいと奏した。この年天皇が崩御し、蘇我・物部両豪族の抗争があって崇峻天皇が即位すると、同天皇の三年多須奈は出家して徳斉法師と称した。そして発願どおりに大和国高市郡の南淵《みなみぶち》に坂田寺と木彫丈六の仏像および挟侍菩薩像を造った。ところが推古天皇十四年(六〇六)にその子鳥が元興寺の丈六仏像を造立安置した功によって近江国坂田郡の水田二十町を賜わったので、これをもって金剛寺を造ったが、これが南淵の坂田尼寺であるとも記されている。これは多須奈が発願し、鳥が建立したものであろうと解釈されるが、また坂田寺の建立を天武朝まで下げる説もある。

参考文献 家永三郎監修『日本仏教史』一　（大野達之助）

くらつくりのとり 鞍作鳥　七世紀の仏師。鳥を止利とも書く。継体朝に大陸から渡来した司馬達等の孫にあたり、父を多須奈という。中国南梁からの渡来人といわれるが、梁を南梁と呼ぶことは少なく、おそらく、朝鮮半島の出身であろう。祖父以来、熱心な仏教信者だったらしく、達等は、草庵にてひそかに仏像を礼拝したと伝えられ、父多須奈は崇峻天皇三年に出家して徳斉法師と称したという。またかれは、用明天皇のために坂田寺を建て、丈六仏像を造ったと伝えられている。この造ったという意味が、みずから監督して制作にあたったとすれば、すでにこのころから造仏を手がけてきたことになるが、その点は不明である。その子鳥の事蹟は、かなり明らかで、蘇我氏の飛鳥寺(元興寺)建立に際し、推古天皇十三年(六〇五)四月には、そこに安置すべき銅と繡の丈六仏像各一軀を造り翌十四年四月に完成した。従来、この丈六像こそ現在飛鳥寺の本堂に安置してあるいわゆる飛鳥大仏であろうといわれてきたが、近年、異説がとなえられた。すなわち、飛鳥寺の中金堂は推古天皇四年には完成しているのに、それより十年間も本尊がなかったのは不思議で、おそらく、鳥の制作した銅と繡の丈六像は同寺の東・西金堂に安置したものではないかというのである。傾聴すべき説ではあるが、未だ定説とはなっていない。いずれにせよ、鳥はこの造仏の賞として同十四年五月四日、大仁位と近江国坂田郡の水田二十町を賜わった。かれはこの坂田郡の水田を以て、天皇のため金剛寺(南淵坂田尼寺)を建立した。同三十一年には、聖徳太子の冥福を祈って、太子と等身の釈迦三尊像を造った。これが法隆寺金堂の本尊釈迦三尊像である。本像は幸い、完全な姿で伝わり鳥の技術の優秀さを今日に伝えている。その形式は、中国南北朝時代に生まれた仏像に源流をもち、面相は、きわめて厳粛である。またこの釈迦如来像の服制は、インド式の薄物の服制から中国式の厚手の法衣に変化したころの仏像と共通している。従来この種の仏像形式は北魏時代に造営された竜門の賓陽洞の本尊などに求められていた。しかし、近年四川省の茂県から南斉の永明元年(四八三)の紀年銘をもつ無量寿像が出土し、この種の中国式服制の仏像も、漢文化の伝統をもつ南朝に生まれたものではないかとする説が強くなってきた。このほか梁時代の年号をもつ仏像にも同様な服制の遺例が見られ、これが百済に伝わり、わが国の初期の仏像となった可能性が強い。こうした止利の制作した仏像の流れをくむ像を止利派の仏像と呼んでいる。

参考文献 毛利久「飛鳥大仏の周辺」(『日本仏教彫刻史の研究』所収)、久野健「飛鳥大仏論」(『美術研究』三〇〇・三〇一)　（久野　健）

くらつくりのふくり 鞍作福利　七世紀ころの廷臣。『日本書紀』によれば推古天皇十五年(六〇七)七月に小野妹子を大使とする遣隋使の通事(通訳官)となって渡航し、翌十六年四月に帰国、さらに同年九月に妹子を大使とする第二次の遣隋使の通事となって再度渡航し、一行は翌十七年九月に帰国したが、福利だけは帰らなかったという。鞍作氏の中における系図関係は不明。　（関　晃）

グラナダ Luis de Granada　一五〇五―八八　スペインのドミニコ会宣教師。一五〇五年スペインのグラナダに生まれ、二五年にドミニコ会に入会した。コルドバと

バダホースの修道院長やポルトガル管区長などを勤め、ドミニコ会士として説教にあるいは深い神学の研究に生涯を送った。八八年十二月三十一日リスボンで逝去した。多数の宗教文学の著作があり、多国語に翻訳されている。中でもGuia de Pecadores(1556)は最も有名で、わが国のキリシタン時代、『ぎやどぺかどる』(国語国字)の題でいわゆるキリシタン版として慶長四年(一五九九)に出版された(大英図書館他蔵)。ほかに一点Introduction del Symbolo de la Fe(1582)も『ひですの経』(国字)の題で抄訳本が慶長十六年(後藤宗印刊)に刊行されている。

参考文献 幸田成友『日欧通交史』(『幸田成友著作集』三)、E. Allison Peers: M. A. Spanish Mysticism(1924); Johannes Laures: Kirishitan Bunko(1959); Ernest Mason Satow: The Jesuit Mission Press in Japan(1888).

(吉田小五郎)

くらべのはたのくま　椋部秦久麻　聖徳太子の崩じた壬午年(推古天皇三十年(六二二))に天寿国曼荼羅繡帳を作成した実務上の責任者。椋部は蔵部で、朝廷の大蔵・内《く》蔵《ら》を司った実務官人としての伴部をいう。帰化人の秦氏はもともとその支配下の部民に調《みつぎ》を貢納させ、朝廷の蔵を管理する任にあった。このばあいも、その立場で、「画者」東漢末賢、高麗加西溢らの帰化人技術者に対して、「令者」の任にあたったのであろう。

参考文献 『上宮聖徳法王帝説』、青木茂作『天寿国曼荼羅の研究』、平野邦雄『大化前代社会組織の研究』

(平野　邦雄)

くりくまおう　栗隈王　?―六七六　七世紀の皇族。栗前王とも書く。『新撰姓氏録』左京皇別、橘朝臣条には敏達天皇の皇子難波皇子の男とあり、『本朝皇胤紹運録』や『尊卑分脈』には皇子の孫で大俣王の子とある。天智天皇七年(六六八)七月、筑紫率(大宰)に任じられた(『日本書紀』には十年六月にも任命記事がある)。天武天皇元年(六七二)壬申、大海人皇子の挙兵にあたり、近江朝廷の使佐伯男の発兵の命令に対し、筑紫国は辺賊防衛の任務があり、内乱のために軍を発することはできないとしてこれを拒否、男は王を殺そうとしたが、王の二子三野(美努)王(葛城王(橘諸兄)・佐為王・牟漏女王らの父)・武家王が側にあって防いだため目的を果たせなかったという。四年三月四位で兵政官長に任じられたが、翌年六月病を得て没した。『続日本紀』天平十八年(七四六)正月条の牟漏女王の伝、同天平宝字元年(七五七)正月条の橘諸兄の伝には、いずれも贈従二位とある。

(笹山　晴生)

くれはとり・あやはとり　呉織・漢織　古代に中国から渡来した綾織の技術者。呉織は呉服、漢織は穴織とも書く。「はとり」は機織の意である。『日本書紀』には応神天皇三十七年二月に阿知使主《あちのおみ》らを呉《くれ》に遣わして縫工女《きぬぬいめ》を求めたところ、呉王は工女兄媛《えひめ》・弟媛《おとひめ》・呉織・穴織の四人を与えたという。四十一年二月にこれらの工女は筑紫に着いたが宗像大神が工女を要求したので兄媛を奉った。あとの三人の工女の子孫が呉衣縫《くれのきぬぬい》・蚊屋《かや》衣縫だとみえている。『古事記』にも応神天皇が百済に賢人の貢上を求めたとき、王仁とともに卓素という韓鍛《からかぬち》、西素という呉服を貢上したとある。また『日本書紀』雄略天皇十四年正月に呉国の使節が呉から貢献した漢織・呉織や衣縫の兄媛・弟媛らを伴って住吉津《すみのえのつ》に着いた。三月に兄媛を大三輪神に奉り、弟媛を漢衣縫部とした。漢織と呉織は飛鳥衣縫部と伊勢衣縫部の祖先だとみえる。呉織・漢織などを送ってきた呉国は南朝の宋のことで、五世紀には南朝との国交が開かれていたから綾織の技術や技術者が渡来したことは確かである。ただし、応神紀・雄略紀のこれらの織工女渡来の記事は、同じ内容のものを分けて記したか、あるいは前者は後者の記事の混入ではないか、といわれる。『日本書紀』崇峻天皇元年是歳条には、飛鳥衣縫造の祖樹葉《このは》の家をこわして法興寺を建てたとみえるので、飛鳥衣縫部は飛鳥衣縫造に管理されていたことがわかる。伊勢衣縫部については『和名類聚抄』に伊勢国壱志郡呉部郷がみえるので、それとの関連が考えられる。漢織の織った綾がいかなるものであったかは不明だが、呉織については『令集解』職員令の織部司条に、呉服部が小綾を織ったと記されている。『新撰姓氏録』河内国諸蕃に呉服造がみえるので、呉服部は呉服造に管理されていたことが知られる。呉織・漢織などの工女が織った綾は、高貴なものとして貴族の服飾や祭祀の装束・調度の装飾などに用いられた。

参考文献 遠藤元男『織物の日本史』(『NHKブックス』一四八)、志田諄一「大化前代の織物の生産とその部について」(『日本上古史研究』六ノ八)

(志田　諄一)

くろうほうがん　九郎判官　⇨源《みなもとの》義経《よしつね》

くろだじょすい　黒田如水　⇨黒田《くろだ》孝高《よしたか》

くろだながまさ　黒田長政　一五六八―一六二三　安土桃山・江戸時代初期の武将。筑前国福岡藩主。幼名松寿、長じて吉兵衛。甲斐守を称し、のち筑前守に改む。永禄十一年(一五六八)十二月三日播磨国飾東郡姫路(兵庫県姫路市)に生まれる。父は官兵衛孝高(如水)、母は櫛橋豊後守伊定の娘。天正五年(一五七七)、父孝高が織田信長に属したため、人質として信長のもとに赴き、羽柴秀吉に預けられて近江国長浜に住んだ。同十年はじめて秀吉の中国征伐の軍に従い、翌十一年には賤ヶ岳の戦に参加、同年八月河内国丹北郡のうちにはじめて四百五十石の領地を与えられた。同十二年小牧・長久手の戦のときには大坂にあって中村一氏らと和泉国岸和田城を守り、

黒田長政花押

「Curo NGMS」

黒田長政印

根来・雑賀一揆の来襲を撃退して二千石の加増を受けた。九州征伐にあたっては、父孝高とともに羽柴秀長に属して豊後・日向方面を攻め、十五年戦後の知行割りによって豊前に移った。豊前入国後は宇都宮鎮房を中心とする国人一揆を潰滅させ、十七年五月父孝高の致仕によってその所領を継ぎ、六月には従五位下甲斐守に叙任された。十九年朝鮮出兵のため秀吉が諸大名に命じて肥前名護屋に城を築かせたときには惣奉行をつとめ、翌文禄元年(一五九二)には大友義統とともに第三軍として朝鮮に渡り、金海城・昌原城を降して黄海道に進んだ。同二年明の李如松が平壌の小西行長を破ると、行長は長政らに救援を求めた。長政は小早川隆景らとともに漢城に退き碧蹄館で明軍を破ったが、ほどなく和議がなり、翌三年帰国した。慶長二年(一五九七)和議が破れ、朝鮮再出兵が命じられると再び朝鮮に渡り、慶尚道梁山を居城として蔚山《ウルサン》城の加藤清正、順天城の小西行長らを援けた。翌三年八月秀吉が没すると、それを機に朝鮮からの撤兵がはかられ、十一月帰国した。石田三成とはすでに朝鮮在陣中から不仲となっていたが、秀吉没後は徳川家康に与するようになり、五年六月には保科正直の娘で家康の養女となっていた栄姫を継室としてむかえた。同年七月家康が上杉氏を討つため会津に向けて兵を発するとその先陣をつとめ、関ヶ原の戦では家康に従って三成の軍と戦うとともに、小早川秀秋に勧めて東軍に応ぜしめ、東軍の勝利に貢献した。戦後その功によって怡土郡西部を除く筑前一国を与えられた。はじめ名島城に入ったが、翌六年から那珂郡警固村福崎に城を築き、祖先発祥の地に因んで福岡と名づけた。同時に豊前との国境ぞいに若松・黒崎・鷹取・大隈・小石原・左右良の六端城を築き(元和元年(一六一五)一国一城令によって破却)、七年には領内の総検地を実施して藩体制の確立につとめた。八年三月、家康の参内拝賀に際してはその供奉をつとめ、このとき従四位下筑前守に叙任された。同年四月には、片桐且元とともに肥後人吉藩主相良長毎と日向県(延岡)藩主高橋元種との争論を裁定している。十九年大坂冬の陣のときには江戸滞留を命じられ、翌元和元年の夏の陣には少数の兵を率いて大坂に登り、将軍秀忠に従って参戦した。同三年秀忠からはじめて五十万二千四百十六石の知行判物を与えられた。元和九年八月四日京都報恩寺で没した。五十六歳。法号興雲院古心道卜。筑前国那珂郡博多松原(福岡市博多区千代)の崇福寺に葬る。

黒田長政画像

参考文献　『寛政重修諸家譜』四二五、貝原篤信『黒田家譜』(『益軒全集』五)
(柴多　一雄)

くろだにしょうにん　黒谷上人　⇨源空《げんくう》

くろだよしたか　黒田孝高　一五四六―一六〇四　安土桃山時代の武将。初名孝隆、のち孝高、致仕後政成に改む。幼名万吉、長じて官兵衛、勘解由と称し、剃髪して如水軒円清居士と号した。はじめ小寺氏を称したが、のち黒田姓に復した。天文十五年(一五四六)十一月二十九日、播磨国飾東郡姫路(兵庫県姫路市)に生まれる。父は職隆、母は明石宗和の娘、小寺政職の養女として職隆に嫁す。父職隆のとき、赤松氏の一族で御着城の城主であった小寺藤兵衛政職に属し、小寺姓を与えられて姫路城を預かった。織田信長が台頭すると、父職隆とともに政職にすすめて信長に通じ、天正五年(一五七七)には中国征伐のため播磨に入った秀吉を姫路城に迎え入れ、秀吉に従って佐用・上月の両城を攻めた。同六年荒木村重が信長に背くと、その居城摂津国有岡城に赴き村重を説得しようとしたが、かえって捕えられて城中に抑留され、七年信長が有岡城を降したとき家臣によって救出された。八年秀吉は別所長治を三木城に攻めて滅ぼし、ここを居城に定めようとした。孝高は、三木は播磨のはずれにあり居城とするには適さないと説き、姫路城を秀吉に譲って、みずからは飾東郡国府山城に移り、同年秀吉から揖東郡のうちに一万石を与えられた。このころ小寺姓をもとの黒田姓に改めている。十年秀吉が備中の諸城を攻め、高松城を攻めたときには水ぜめを献策し、蜂須賀正勝とともに毛利氏との講和交渉にあたった。同年六月本能寺において信長が討たれると、秀吉は直ちに高松を発した

黒田孝高画像

が、孝高はその殿《しんがり》をつとめて毛利氏の追撃に備え、山崎の戦に従って功をたてた。十一年賤ヶ岳の戦に従い、揖東郡に千石の加増を受け、十二年には宍粟郡を与えられて山崎城に移った。十三年の四国征伐に際しては羽柴秀長に従い、蜂須賀正勝とともに検使として讃岐屋島に渡り、阿波に進んで諸城を攻めた。戦後は伊予に派遣され、知行の配分にあたった。十四年には秀吉に先立って軍奉行として九州に下り、四国・中国の兵を率いて豊前の諸城を攻め、秀吉が九州に入ったのちは羽柴秀長に属して豊後から日向に進んだ。十五年七月その功によって豊前国京都・築城・仲津・上毛・下毛・宇佐六郡を与えられた。はじめ京都郡馬ヶ岳城に入ったが、のち下毛郡中津に城を築いて移った。同年九月、肥後で国人一揆が起ると、直ちに出兵し、一揆鎮定後は戦後の処理にあたった。この間、豊前においても孝高の肥後出兵を機に、宇都宮鎮房を中心として黒田氏の支配に反撥する国人一揆が発生したが、翌十六年には鎮房を滅ぼして平定した。同年五月従五位下勘解由次官に叙任。十七年五月、孝高は致仕して家督を嫡子の長政に譲ったが、その後も秀吉に従って軍師として活躍、小田原征伐のときには北条氏直の降伏に力をつくした。十九年朝鮮出兵のため秀吉が諸大名に命じて肥前名護屋に城を築かせたときにはその縄張を担当し、翌文禄元年(一五九二)には朝鮮に渡って軍務にあたった。しかし病のため、秋にはいったん帰国、翌年浅野長政とともに再び朝鮮に渡って秀吉の命を諸将に伝えた。同年和議がなり、帰国後は剃髪して如水軒円清居士と号した。慶長二年(一五九七)朝鮮再出兵の際も朝鮮に渡り、慶尚道梁山城を守ったが、翌三年秀吉の死によって帰国した。石田三成とはすでに朝鮮在陣中から不仲であったが、慶長五年関ヶ原の戦に際しては徳川家康に与し、豊後国石垣原の戦において大友義統の豊後奪回を阻止し、さらに豊前小倉の毛利勝信を攻め、筑後に入って久留米・柳川の両城を受け取り、加藤清正・鍋島直茂らと合流して島津氏を討つため肥後水俣に進んだ。しかし十一月家康の命によって水俣で兵を止め、豊前に帰った。同年、長政が戦功によって筑前一国を与えられたため、豊前から筑前に移った。慶長九年三月二十日京都伏見で没した。博多で没したとの説もあるが、誤り。五十九歳。法号竜光院如水円清。筑前国那珂郡博多松原(福岡市博多区千代)の崇福寺に葬る。現在墓はまた京都大徳寺竜光院にもある。孝高は豊臣政権の伸張とともに成長した典型的な豊臣取立て大名で、石田三成らとは異なり、内政よりも軍事に長じ、もっぱら軍師としてすぐれた能力を発揮した。はじめ孝高は、茶の湯を武士に不似合な遊戯として嫌悪、嘲笑していたが、秀吉に茶会に招かれてもっぱら軍事を相談することがあり、秀吉からだれにも怪しまれず軍事の相談ができるのも茶の効用の一つと教えられて、茶の稽古を始めたという。のちにはみずから茶法を定めてこれを茶室に掲げたが、このことからも孝高の武人としての性格がうかがえる。孝高がキリシタンであったことは、黒田家の文書・記録には記されていないが、フロイスの書簡には天正十一年に高山右近に導かれて洗礼を受け、シメオンと称したとあり、孝高が十字の周囲にSimeon Josuiと刻したローマ字印を使用していたことや、福岡県朝倉郡杷木町志波の円清寺にある孝高の画像の讃に、「一旦入南蛮宗門、聞法談雖有年」とあることは、それを証明している。九州征伐中多くの将兵にすすめて信者となし、朝鮮出兵には小西行長とはかってセスペデスを従軍させ、関ヶ原の戦によって小西行長らキリシタン大名が滅びると、その旧臣であったキリシタン武士を多く召し抱えた。没後、遺言によって博多の教会に一〇〇〇エスクを寄付させたといわれる。

黒田孝高花押

「Simeon Josui」
黒田孝高印

参考文献 『大日本史料』一二ノ二、慶長九年三月二十日条、『寛政重修諸家譜』四二五、貝原篤信『黒田家譜』(『益軒全集』五)、金子堅太郎『黒田如水伝』

(柴多 一雄)

くわばらのはらか 桑原腹赤 七八九—八二五 平安時代初頭の詩人。延暦八年(七八九)に生まれる。『文徳実録』仁寿二年(八五二)五月戊子(二十二日)条によると父は大和介桑原公秋成、弘仁十三年(八二二)奏請して姓を都宿禰に改める。都良香の伯父にあたる。『凌雲集』に二首、時に文章生相模権博士大初位下。弘仁九年従七位下守少内記兼行播磨少目の時『文華秀麗集』の撰に参加し十首入集。同十一年正六位下より外従五位下に進む。翌十二年文章博士従五位下兼行大内記の時『内裏式』の編輯に参加。天長二年(八二五)七月戊申(七日)正五位下文章博士として没、三十七歳。死後に出た『経国集』に一首。詩は華麗艶冶、嵯峨天皇との応製奉和の作が多い。特に『経国集』に入集する清涼殿画壁山水歌の雄篇は出色。

参考文献 市河寛斎編『日本詩紀』

(川口 久雄)

グヮルチェリ Guido Gualtieri 生没年不詳 十六世紀後半のイタリア人。詳しい経歴は不明である。ただトリノ付近で生まれたこと、文学と法律の教育に携わり、教皇シクストゥス五世の知遇を得たことなどが伝えられているが、聖職者ではなかったことは確かである。彼の名は『日本遺欧使者記』の著者として有名である。使節一行がローマに着いた一五八五年と翌八六年は、その前後

の年に比べてヨーロッパにおける日本関係の出版物が著しくふえているが、それは使節に関する著作・小冊子の数々が特に刊行されたからである。遠い日本から使節を迎え、ローマを中心にヨーロッパ各地で、その反響のほどが知られるのである。グヮルチェリの使節記は、日本の国情の説明とキリシタン布教の発端から筆を起し、以下一行の動静とそれにかかわる諸事を詳しくあげ、リスボンを発って帰途に着くまでのことを書いたもので、使節に関する記録として最も重要なものの一つといえる。

参考文献 Henri Cordier: Bibliotheca Japonica (1912); Léon Pagès: Bibliographie Japonaise (1859); Rob. Streit: Bibliotheca Missionum, Vol. 4 (1928). 浜田耕作『天正遣欧使節記』
（吉田小五郎）

け

げいあ　**解意阿**　生没年不詳　鎌倉時代前期の時宗の僧。諱は観鏡。八田知家の七男で、俗名は知勝、通称は七郎。幼時からの出家の志は許されなかったが、建保六年（一二一八）父の菩提を弔うため比叡山で得度し、安貞二年（一二二八）浄土宗西山義の祖証空の弟子になったといい、またただちに証空のもとで出家したとも伝える。一説に遊行二祖真教の門に入ったというが、両者は年代のうえで出会いはない。しかし解意阿の弟子などが証空の孫弟子一遍の門下に近づく機縁は想定され、常陸の海老嶋（茨城県筑西市明野町）に創建した新善光寺の歴代が八田氏の族宍戸《ししど》氏出身であったことなどから、解意阿とその門流解意派は、時宗教団で遊行派とは違った在り方をしていたと思われる。

参考文献 菊地勇次郎「常陸の時宗」（『茨城県史研究』七）
（菊地勇次郎）

けいあんげんじゅ　**桂庵玄樹**　一四二七―一五〇八　室町時代後期の臨済宗聖一派の禅僧。諱玄樹、字桂庵、別に島陰・海東野釈と称す。周防山口の人。応永三十四年（一四二七）生まれる。はじめ南禅寺の景蒲玄忻に師事、のちその法を嗣ぐ。南禅寺の惟正明貞・景召瑞棠に従学、蘭坡景茝に詩文を学んだ。長門永福寺に住していた応仁元年（一四六七）、大内船の正使天与清啓の随員として渡明、各地に宋学を学ぶ。文明五年（一四七三）帰朝。その後石見に移居し、同八年九州各地を歴遊して肥後の隈部忠直の帰依をうける。同十年二月、島津忠昌の請に応じて薩摩に赴き竜雲寺に入る。十一年、忠昌が桂庵のために開創した島陰寺（桂樹院）に住した。この地で朱子新注による講説を盛んに行なった。同十三年、伊地知重貞とはかって朱子の『大学章句』を梓行。伊地知本大学・文明版大学とよばれるもので、広くこの地方に流布され、延徳四年（一四九二）に桂樹院で再刊された（延徳版大学）。桂庵は四書を門下に教授するべく句読法を新しくした。『桂庵和尚家法倭点』がそれである。中世までの講学は博士家の古注を基本として秘伝的性格をなお強く残していたのに対して、室町期以後には禅林が主流となり、新注本によって啓蒙的公開を意図した。桂庵点の実例として、川瀬一馬によって延徳本『大学』・元亀鈔本『論語集注』および建仁寺両足院蔵古写本『島陰漁唱集』の三種が紹介されている。長享元年（一四八七）日向飫肥の安国寺に住し、以後日向と鹿児島の間を往還した。明応六年（一四九七）十二月建仁寺（『扶桑五山記』）に入寺、その後南禅寺の公帖を受けたとされるが、『南禅寺住持籍』などには記事がみられない。いくばくもなく薩摩に帰り桂樹院あるいは大隅の国分正興寺に住し、さらに東帰庵を結んで退居。永正五年六月十五日ここで示寂。八十二歳。桂庵の学統は安国寺の月渚永乗、竜源寺の一翁玄心、

桂庵玄樹画像

桂庵玄樹墓

大竜寺の文之玄昌と継承されて藤原惺窩に及び、近世朱子学の源流となった。著書に詩集『島陰漁唱』(『島陰集』)と『島陰雑著』がある。別に『桂庵文集』『南遊集』があったと伝えられるが今は佚した。

参考文献　『大日本史料』九ノ一、永正五年六月十五日条、足利衍述『鎌倉室町時代之儒教』、和島芳男『中世の儒学』(吉川弘文館『日本歴史叢書』一一)、川瀬一馬「近世初期に於ける経書の訓点に就いて―桂庵点・文之点・道春点をめぐりて―」(『日本書誌学之研究』所収)、藤田浮鷗「桂庵禅師付文之和尚」(『歴史地理』四ノ六)　(今泉　淑夫)

けいうん　慶運　生没年不詳　鎌倉・南北朝時代の歌僧。「きょううん」とする説もあるが、『風雅集』の「け」の部に収められるところから「けいうん」と思われる。梅沢本『古今和歌集』の奥書によって応安二年(一三六九)まで生存したこと、家集の歌によって七十歳ごろまで生きていたことが知られる。法印浄弁の子で、子に慶孝がある。青蓮院宮尊道入道親王に仕えたらしく、法印となり文和四年(一三五五)から貞治五年(一三六六)に至る間に祇園目代たること三度に及んだ。二条為世の門下で、浄弁・頓阿・兼好とともに四天王に数えられ、康永三年(一三四四)十月の「高野山金剛三昧院奉納短冊」の人数にほかの三人とともに加えられ、文和元年(一三五二)二条良基の百首にも頓阿・兼好と並んで加えられた。しかし二条派の中では重視されず、生存中同派の手になる勅撰集には一首も入れられない。その憤りからか死の時に詠草のすべてを、「東山藤もとの草庵のしりへに、みなうづみ捨て侍る」と『さゝめごと』にある。歌風については『近来風体抄』に、「慶運はたけを好みものさびて、ちと古体にかゝりて、姿・心はたらきて、耳に立つさまに侍りしなり」とある。勅撰集に入る歌十八首、『続群書類従』に『慶運法師百首』があり、『群書類従』には『慶運法印集』がある。勅撰集に入った歌は多く右の『慶運法師百首』の歌である。

慶運花押

参考文献　石田吉貞『頓阿・慶運』　(石田　吉貞)

けいうんいんどの　慶雲院殿　⇨足利義勝《あしかがよしかつ》

けいか　恵果　七四六―八〇五　中国唐代の僧侶。真言付法第七祖、青竜寺和尚と称す。京兆府昭応県(陝西省渭南地区臨潼県)の人。姓は馬氏。天宝五載(七四六)生まれる。二十歳のとき慈恩寺で受戒し、ついで善無畏の弟子玄超から胎蔵界の教法を、不空から金剛界の大法を学び、それより不空に師事して密教の秘奥をきわめた。のち代宗の勅によって内道場の護持僧となり、長安の青竜寺東塔院に住した。次の徳宗・順宗からも崇敬を受け、三朝の国師と称せられて徳望高く、教化は広く及んだ。永貞元年(延暦二十四、八〇五)わが国の空海が入唐して長安に来り、青竜寺に恵果を訪ねると、恵果は空海の資質を見抜いて金剛界・胎蔵界の灌頂および阿闍梨位の灌頂を授け、不空から承け伝えた密教の秘法をすべて付属し余すところがなかった。同年十二月十五日に東塔院で寂した。年六十。空海は勅を受けてその碑文を撰したという。碑文は「大唐神都青竜寺故三朝国師灌頂阿闍梨恵果和尚之碑」という題名で『遍照発揮性霊集』二に載っている。著作に『十八契印』『阿闍梨大曼荼羅灌頂儀軌』などが伝えられている。

恵果画像

参考文献　『大唐青竜寺三朝供奉大徳行状』(『(大正新脩)大蔵経』五〇)、『秘密漫荼羅教付法伝』二(『日本大蔵経』)　(大野達之助)

けいかい　景戒　生没年不詳　平城右京薬師寺の僧。法相宗。日本最初の仏教説話集である『日本国現報善悪霊異記』(略称『日本霊異記』『霊異記』)の著者として著名な僧である。正史や古い僧伝には景戒の名を伝えるものがない。『霊異記』の上中下三巻の巻首にはそれぞれ序文が付属しているが、ともに「諸楽右京薬師寺沙門景戒録」とあり、また下巻第三十八話に「無㆓種性㆒衆生、令㆓成仏㆒無㆑因也」とか「本有㆓種子㆒加㆓行智行㆒者」とみえることから、五性各別を説く法相宗に属した薬師寺僧とみられる。景戒の経歴などについては『霊異記』より推測する以外に術がない。その生国に関しては紀伊国名草郡に関する説話が七話も収録され、名草郡とする蓋然性が強い。自度の僧に対する関心が諸処にみえるため、景戒を自度僧(私度僧)とする説が有力であるが、同書には自身をそれとする告白はない。『霊異記』の著作にあたっては、唐の孟献忠の『金剛般若経集験記』や唐臨の『冥報記』なども一見しているから、これらの希書を閲覧し得る立場にあったし、自身は「羊僧景戒、所㆑学者未㆑得㆓天台智者之問術㆒、所㆑悟者未㆑得㆓神人弁者之答術㆒」と卑下しながら、延暦十四年(七九五)十二月には僧位五

階の第四位にあたる伝燈住位僧に補せられた。私造の御堂や馬二頭も所有していたから当時としては相当な財産を持っていたといえる。同十六年には子息を失ったが、出家以前の子供かどうかは詳らかでない。因果応報の理を深く信じていたことは『霊異記』の全編にみられ、自己の行動に反省を促し、具足戒を受けていない沙弥、特に私度僧に注目している。社会福祉に功を遺した元興寺道登・道照や、道照の弟子行基への関心はことに深いものがあった。行基は薬師寺僧でもあったからであろうが、法論談義や仏会に明け暮れる大寺の現状に疑問を持ち、自己の投影を行基に見出したともいえる。「沙弥者観音変化」とし、三乗・五性各別に立つ法相教学よりも、一乗思想を説く天台教学に傾斜しているのは、景戒の宗教的苦悩や体験の成果ともいえる。『霊異記』は熟達した漢文でなく、土臭い変体漢文であるが、そのこまやかな描写は民衆に聞かせ読ませる仏教説話集であり、彼の名を不朽のものとした。

参考文献 川崎庸之「日本霊異記の一考察」(『川崎庸之歴史著作集』二所収)、八木毅「日本霊異記の選述と景戒」(『愛知県立大学説林』一九)
(堀池 春峰)

けいけいそんじゃ 荊渓尊者 ⇨湛然《たんねん》

けいこういんせいじゅん 慶光院清順 ?―一五六六 戦国時代の尼僧。伊勢慶光院第三代。紀伊国熊野の人といわれ、はやくより禁中に祗候したが、天文二十年(一五五一)後奈良天皇は清順の宇治大橋造替の功を嘉して慶光院の号を許し、また式年遷宮復興の志を壮として優渥なる綸旨を賜い、諸国の武士をして清順の勧進に応ぜしめた。こうして清順の熱誠な勧進によって遷宮の資金は集まり、工事は進み、永禄六年(一五六三)九月二十三日、豊受大神宮の式年遷宮が執り行われるに至った。ここに永享六年(一四三四)以来、式年遷宮は百二十九年ぶりに行われたのである。この時清順はみずから多気に赴き、伊勢国司北畠具教に交渉して遷宮の前後一ヵ月間、伊勢・近江両国の関所を撤廃して参詣者の便をも図っている。清順は皇大神宮の式年遷宮をも遂げようとしていたが、豊受大神宮遷宮後わずか三年にして永禄九年四月三日遷化して果たさなかった。墓は三重県伊勢市宇治浦田町慶光院墓地にある。明治三十八年(一九〇五)十一月従三位を追贈された。

参考文献 小島鉦作「慶光院清順・周養の事蹟と慶光院文書の歴史的意義」(国学院大学神道史学会編『(宮地直一博士三十年祭記念論文集)神道史の研究』所収)
(小島 鉦作)

けいこうてんのう 景行天皇 『日本書紀』『古事記』に第十二代と伝える天皇。和風諡号は大足彦忍代別天皇(記には大帯日子淤斯呂和気天皇)・大足日子天皇などという。父は垂仁天皇、母は丹波道主王の女、皇后日葉洲媛命。垂仁天皇三十七年に立太子、同九十九年父天皇の崩後即位し、纏向日代宮に都した。皇后播磨稲日大郎姫との間に日本武尊、同八坂入媛命との間に成務天皇・五百城入彦皇子があったほか、計八十人の皇子女があり、上記三皇子以外はみな諸国に赴かせ、その苗裔がそれぞれの国の別《わけ》となったという。記紀の所伝には、皇室による全国支配の確立をこの時期におこうとする意識が強くみられる。治世の間の大きな事件として、日本武尊の西征・東征がある。紀には記にみられぬ天皇自身の熊襲征討と筑紫巡幸・東国行幸のことを記すが、日本武尊の説話に加上した後次的な所伝であろう。在位六十年、百六歳(記では百三十七歳)で近江の志賀高穴穂宮に没し、翌々年大和の山辺道上陵に葬られたと伝えられる。
(笹山 晴生)

山辺道上陵《やまのべのみちのえのみささぎ》 奈良県天理市渋谷町にある前方後円墳。『日本書紀』『延喜式』によると崇神天皇の陵名と同じ。『延喜式』諸陵寮には「在二大和国城上郡一、兆域東西二町、南北二町、陵戸一烟」とあり遠陵とする。正治二年(一二〇〇)『諸陵雑事注文』にみえる「大和渋谷」は当陵を指す。江戸時代には所伝が混乱し、幕府は元禄十年(一六九七)の陵改め以来、当所を崇神・景行いずれかの天皇陵とし、安政二年(一八五五)崇神天皇陵に考定、元治元年(一八六四)民地を買収して周濠を整え、拝所を設け、翌慶応元年(一八六五)二月竣工直前に景行天皇陵に改定した。西面する代表的な古式古墳で、長さ二九〇メートル、前方部幅一六五メートル、高さ二二・三メートル、後円部径一七〇メートル、高さ三六・一メートル、十箇に区切られた周濠が巡る。墳丘は前方部四段、後円部五段の段築で、最下段は、前方部が浸蝕で二段目と一体となり、後円部が水没する。前方部両側斜面は、元治の修陵まで阿弥陀堂と観音堂とがあって相当崩れ、墳丘と周濠渡堤の斜面には葺石が遺存し、前方部各段前面と後円部最上・最下段上縁には埴輪円筒列が残る。周濠の原初濠底は、現外堤下に延び、本来は幅広い周濠で、馬蹄形の可能性がある。陵の北側に点在する天皇山・松明山・上山の高塚三基は、当陵陪塚として宮内庁所管。当陵出土品には、宮内庁所管の各種埴輪片・須恵器・古式土師器などがある。元治元年渋谷村出土石枕(関西大学所蔵、重要文化財)を当陵出土とする説がある。

参考文献 帝室林野局「景行天皇山辺道上陵之図」(末永雅雄『古墳の航空大観』所収)、谷森善臣『山陵考』(『(新註)皇学叢書』五)、上野竹次郎『山陵』上、宮内庁書陵部陵墓課編『書陵部紀要所収陵墓関係論文集』、奈良県立橿原考古学研究所編『磯城・磐余地域の前方後円墳』(『奈良県史蹟名勝天然紀念物調査会報告』四二)
(石田 茂輔)

けいさいぼう 敬西房 ⇨信瑞《しんずい》

けいざんじょうきん 瑩山紹瑾 一二六八―一三二五 鎌倉時代後期の曹洞宗の僧侶で、総持寺の開山。文永五年(一二六八)十月八日、越前国坂井郡多禰(福井県坂井市丸岡町)に生まれた。弘安三年(一二八〇)十三歳で永

瑩山紹瑾花押

瑩山紹瑾画像

平寺第二世の孤雲懐奘について得度したが、その寂後は同寺第三世徹通義介について修行をつみ、さらに十八歳のとき宝慶寺(福井県大野市)の寂円のもとに参じた。そののち上京して、万寿寺の東山湛照、東福寺の白雲慧暁、さらに紀伊の興国寺(和歌山県日高郡由良町)の開山無本覚心などから、五山派の臨済禅を学んだ。やがて再び寂円のもとに帰り、ついで加賀大乗寺(石川県金沢市)の徹通に師事すること七年、永仁三年(一二九五)正月、ついにその法を嗣いだ。こののち招かれて阿波城満寺(徳島県海部郡海陽町)に住したが、乾元元年(一三〇二)徹通のあとをうけて大乗寺第二世となった。やがて応長元年(一三一一)同寺を退いて、加賀の浄住寺(金沢市長土塀)に隠退したが、正和二年(一三一三)滋野信直夫妻に招かれて能登の永光寺(石川県羽咋市)の開山となった。ついで能登の総持寺(同輪島市門前町)を開いたが、まもなく同寺の席を峨山韶碩に譲って永光寺に帰住し、さらに同寺第二世に明峯素哲をすえて、正中二年(一三二五)八月十五日同寺で寂した。年五十八。その塔所を伝燈院という。その門派の瑩山派は、以後、弟子の峨山や明峯を中心に、白山系の天台教団やこれに付随する修験者層を媒介にして、総持寺を基点として全国的に展開し、ついに室町時代末期には永平寺をも占拠するに至り、一万数千ヵ寺に及ぶ曹洞宗全教団発展の基本的な体制をかためるに至った。江戸時代になって後桃園天皇から弘徳円明国師、さらに明治天皇から常済大師と諡された。なお、南朝の後村上天皇から仏慈禅師という勅諡号を贈られようとしたが、教団の主体性を護りぬくために、弟子の峨山はそれを拒絶してしまった。著書に『伝光録』『坐禅用心記』などがあるとされているが、いずれも史料として内容的に疑問な点が多い。

参考文献　瑩山禅師奉讃刊行会編『瑩山禅師研究―瑩山禅師六百五十年回大遠忌記念論文集―』

(今枝　愛真)

けいしないしんのう　慧子内親王　?―八八一　文徳天皇皇女。『文徳実録』は恵子内親王とも記す。母は藤原是雄女、列子。斉衡二年(八五五)正月、無位から従五位上を直叙された藤原連子《つらこ》と列子とは同一人か。嘉祥三年(八五〇)七月、賀茂斎王に卜定され、仁寿二年(八五二)四月、斎院に入ったが、天安元年(八五七)二月、廃された。その事情は秘して世に知らされなかったという。元慶五年(八八一)正月六日没。時に無品。

(玉井　力)

けいしないしんのう　馨子内親王　一〇二九―九三　後三条天皇の皇后。後一条天皇の第二皇女。母は藤原道長の三女、中宮威子。長元二年(一〇二九)二月二日、藤原兼隆の大炊御門東洞院家に誕生。同四年十月内親王、著袴、二品に叙せられた。同年十二月、賀茂斎院に卜定、三宮に准ぜられ、年官年爵を賜わる。同九年四月、後一条天皇崩御により斎院を退下し、中宮御所鷹司殿に母后威子と同住。同九月、母后崩御により、十月、上東門院に移った。後冷泉天皇の永承六年(一〇五一)十一月、東宮尊仁親王の妃となり、同七年に皇女、康平五年(一〇六二)に皇子が誕生したが、ともにまもなく夭逝。後三条天皇の即位後、延久元年(一〇六九)七月、立后して中宮となり、同五年四月、後三条院の出家とともに落飾、尼となったが後宮におり、翌承保元年(一〇七四)六月、白河天皇の女御賢子を中宮にするにつき、皇后となった。西院皇后宮と称せられた。寛治七年(一〇九三)九月四日崩御。六十五歳。

参考文献　『大日本史料』三ノ二、寛治七年九月四日条

(山中　裕)

けいしゅくん　稽主勲　生没年不詳　奈良時代の仏師。神亀二年(七二五)四月八日、大和長谷寺の十一面観音像を稽文会とともに造ったと伝えられる仏師であるが、信

景徐周麟花押

「景徐」

「周麟」

「周麟」

「景徐」

「景徐」

景徐周麟印

をおきがたい。このほかにも大和地方には、両人の制作と伝える仏像があるが、いずれも伝説の域を脱していないものばかりで、両人の実在さえあまり明らかでない。

（久野　健）

けいしゅん　慶俊　⇨きょうしゅん

けいじょしゅうりん　景徐周麟　一四四〇―一五一八　室町・戦国時代の禅僧（臨済宗夢窓派）。別称は宜竹・半隠・対松。地名《ちみん》は江左。永享十二年（一四四〇）生まれる。大館持房の子、母は赤松則友の女。今参局ほか景徐の家族の事歴は自筆の『大館持房行状』に詳しい。相国寺の用堂中材に師事して後年その法を嗣ぐが、学業上の師であった瑞渓周鳳・希世霊彦・横川景三・桃源瑞仙らから受けた影響が著しい。応仁元年（一四六七）、大乱を避けて一時近江永源寺の桃源・横川のもとに身を寄せたが数年後帰洛。文明十八年（一四八六）山城景徳寺、長享元年（一四八七）等持寺に住し、延徳二年（一四九〇）遣明正使に選ばれるが、固辞して受けず。明応四年（一四九五）相国寺住持、同五年鹿苑院院主となり僧録を司る（永正元年（一五〇四）罷む）。永正十五年三月二日相国寺慈照院宜竹軒で示寂。七十九歳。生前「不断弄二文字一、談義読書詩文之外無心之仁」と評されたごとく学芸史上の事跡にみるべきものがある。著書に『翰林葫蘆集』『宜竹残稿』と、日記『等持寺日件』『日用三昧』『日渉記』（ともに『鹿苑日録』一所収）、ほかに『湯山千句』など。法嗣に祐谷瑞延がいる。

参考文献　『大日本史料』九ノ七、永正十五年三月二日条、朝倉尚「景徐周麟寸見―出自・嗣法について―」（『中世文芸』四六）、今泉淑夫『桃源瑞仙年譜』、大塚光信・尾崎雄二郎・朝倉尚校注『中華若木詩抄　湯山聯句抄』（『新日本古典文学大系』五三）

（今泉　淑夫）

景徐周麟画像

けいせんそうりゅう　景川宗隆　一四二五―一五〇〇　京都花園妙心寺の四派の一派である竜泉派の派祖。雪江宗深の法嗣。応永三十二年（一四二五）に伊勢に生まれる。同地の円明寺に出家し、十九歳にして尾張の瑞泉寺雲谷玄祥に参じ、ついで美濃の愚渓庵の義天玄詔、讃岐の慈明庵の桃隠玄朔に随ったが、義天・桃隠が逝いて雪江にさらに参じ、寛正五年（一四六四）その印証を受けた。文明五年（一四七三）大和の興雲寺を開き、同七年には大徳寺に住し、ついで妙心寺に住し、同寺には再住までし、同十一年と同十七年には瑞泉寺に住し、その後竜安寺・竜興寺・大樹寺・宝雲院・願成寺・見竜庵・大心院などに迎えられて住した。妙心寺にあっては雪江より寺中の敷地を付属されて竜泉庵をきずき、明応九年（一五〇〇）三月一日晩年起臥していた大心院で没した。年七十六。全身を竜泉庵に葬った。正保三年（一六四六）後光明院より、本如実性禅師と勅諡された。語録に『景川録』がある。

景川宗隆花押

景川宗隆画像

参考文献　大休宗休『景川禅師行状』　（古田　紹欽）

けいそ　慶祚　九五五―一〇一九　平安時代中期の天台宗の僧侶。天暦九年（九五五）に生まれる。大外記中原師元の子。三井寺の余慶を師として顕密二教を修めた。永祚元年（九八九）天台座主補任の件から円仁系統と円珍系統の衆徒が争い、正暦四年（九九三）八月ついに円珍の門流は叡山を追われ、三井寺に入ることとなった。このとき慶祚は石蔵（岩倉）大雲寺に移り、ついで三井寺に帰ったところ、慶祚の来たのを聞いて四方から学徒が集まり寺門（三井寺系統）はこれから盛んになった。長徳三年（九九七）四月、宋国から新書五部を送ってきたが内容が浅薄であったので、朝廷は山門・寺門の学者に批判させた。慶祚もその中で『竜女成仏義』に対して『法華竜女成仏権実疑難』を作成した。多武峯の増賀が病を患ったとき訪れて、円融三諦の旨と『摩訶止観』の病患境の文を説いたところ、増賀は聞いて涙を流し病も癒えたという。寛仁元年（一〇一七）十月、円珍の忌日の前五日に法華十講を行なった。左大臣藤原道長が官人を率いて聴聞に来たら、鹿が走り出て講堂に上ったのを見て慶祚はこれを祥瑞なりといって人々を嘆服させた。また横川《よかわ》の寛印と三井寺の定基とは叡山内論義の両代表であったが、寛印の師源信は寛印に向かって、相手の背後には慶祚がいるから油断をせぬようにと誡めたという。慶祚は源信からも重んぜられていたことが知られる。寛仁三年十二月二十二日寂した。年六十五。

参考文献　『大日本史料』二ノ一五、寛仁三年十二月二十二日条、『元亨釈書』四　（大野達之助）

けいたいてんのう　継体天皇　『日本書紀』によれば、生没年は四五〇―五三一、五〇七―三一在位。『古事記』は享年を四十三歳とする。諱は男大迹《おおど》、袁本杼・乎富等とも書く。応神天皇の五世の孫と伝えられる。父の彦主《ひこう》人《し》王は近江国にいたが、越前坂井郡の三国にいた振媛を妃とし、継体天皇を生んだ。『釈日本紀』所引の『上宮記』逸文には、凡牟都和希王―若野毛二俣王―大郎子―乎非王―汙斯王―乎富等大公王の系譜を掲げる。彦主人王の死後、振媛は越前に帰って天皇を養った。天皇が五十七歳のとき、武烈天皇が死に、継嗣がないので、大伴金村が中心となり、物部麁鹿火らとともに天皇を越前から迎え、河内の樟葉で皇位に即《つ》けた。天皇はそののち、樟葉から山背の筒木および弟国を経て、即位の年より二十年目（一説に七年）に大和国に入り、磐余玉穂に都を定めた。天皇は武烈天皇の姉、手白香《たしらか》皇女を皇后に立て、欽明天皇を生んだが、そのほかに近江・尾張・河内方面の皇族・豪族の女を妃とした。そのうち尾張連草香の女目子《めのこ》媛《ひめ》は、手白香皇女よりさきに安閑・宣化両天皇を生んだ。以上は『日本書紀』の伝えであるが、即位記事は応神五世の孫という伝えをふくめて、継体天皇の即位を正当化するための潤色が多いのではないかとする説がある。その説では、越前・近江地方に勢力のあった豪族が、武烈天皇の死後、朝廷の乱れに乗じて応神天皇の子孫と称し、約二十年の対立・抗争ののち、大和の勢力を圧倒して大和に入り、皇位を継承するとともに、手白髪（香）皇女を皇后として地位を確立したとする。継体天皇の時代は、新羅をはじめ朝鮮諸国の国力がたかまり、日本はしばしば軍隊を派遣したが、朝鮮での勢力は次第に衰えた。任那の四県を百済の請いによって与えたという伝えが『日本書紀』にみえるのも、日本の勢力の後退を示すものである。司馬達等による仏教の伝来（『扶桑略記』）や、百済からの五経博士の貢上などもあり、文化の発展もみられたが、国内では継体天皇二十一年から翌年にかけて、筑紫国造磐井の反乱があり、これは平定したが、政治の動揺がつづいた。天皇の死についても疑問がある。『日本書紀』は『百済本記』により辛亥年（五三一）の死とするが、甲寅年（五三四）とする説もあった。また『百済本記』には「日本天皇及太子皇子倶崩薨」とある。これらから、辛亥の年に政変がおこり、天皇はまきこまれて死に、甲寅の年に至って平穏に復したのではないかとし、これを辛亥の変と称する説がある。

参考文献　水野祐『増訂日本古代王朝史論序説』、水

谷千秋『謎の大王継体天皇』(『文春新書』)、林屋辰三郎「継体・欽明朝内乱の史的分析」(『古代国家の解体』所収)、直木孝次郎「継体朝の動乱と神武伝説」(『日本古代国家の構造』所収)、吉村武彦編『継体・欽明朝と仏教伝来』　(直木　孝次郎)

三島藍野陵《みしまのあいののみささぎ》　大阪府茨木市太田三丁目にある前方後円墳。江戸時代には「池ノ山」といい、「茶臼山」ともいう。墳丘は南東に面し、長さ二二六メートル、前方部幅一四七メートル、後円部径一三六メートル、高さ前方部一九・八メートル、後円部一九・二メートル。前方部三段、後円部四段の段築で、造出しが両側にあり、周濠がめぐる。周辺の小塚九基は陪塚に指定。『日本書紀』には藍野陵、『古事記』には三島之藍陵、正治二年(一二〇〇)『諸陵雑事注文』には「摂津島上郡継体天皇」とあり、『延喜式』は現陵号で、「在二摂津国島上郡一、兆域東西三町、南北三町、守戸五烟」とし遠陵にする。元禄修陵には現陵を調べたが、『徳川実紀』は所在不明とし、享保陵改めで決定した。大正から昭和初めごろ、現陵は江戸時代後期旧島下郡にあり、南北朝時代の条里も同じで、『延喜式』の所在と異なるとし、現陵の東北約一・五キロの旧島上郡今城塚古墳(大阪府高槻市)を当陵とする説が出され、この説をとる研究者も多い。しかし、現陵は享保陵改めには島上・島下の郡界の山にあり、『中川氏御年譜』(永禄から天正の茨木領主家譜)の「摂州図抄」では阿威川が郡界で、旧島上郡にあるので、『延喜式』の所在と現陵の所在が異なると断定はできない。

参考文献　『大阪府史』一、上野竹次郎『山陵』上、末永雅雄『古墳の航空大観』　(石田　茂輔)

けいてつげんそ　景轍玄蘇　一五三七―一六一一　戦国時代から江戸時代前期にかけての臨済中峯派の禅僧。仙巣と号した。天文六年(一五三七)に生まれる。父は河津隆業といい、代々筑前国宗像郡に住し大内氏の家臣の家柄であったという。玄蘇は、永禄年中(一五五八―七〇)博多聖福寺の住持となり、やがて天正八年(一五八〇)宗義調の招きによって、日本国王使として朝鮮へ渡り、その後終生対馬にあって、朝鮮外交の掌にあった。同十七年にも日本国王使として朝鮮へ渡り、文禄・慶長の役には小西行長・宗義智に従って従軍し、戦時外交を担当した。戦後は慶長十四年(一六〇九)に朝鮮に渡り、己酉約条の成立に成功し、同十六年十月二十二日対馬国府中(長崎県対馬市厳原町)の以酊庵で没した。七十五歳。墓は以酊庵にある。以酊庵は、彼の創建したもので(庵号は彼の生年の干支「丁酉」にちなむという)、弟子の規伯玄方がつづいて住し、柳川一件(寛永十二年(一六三五))以後は、五山から派遣される以酊庵輪番僧の駐在場所となった。なお厳原町の西山寺には、玄蘇および弟子玄方の木像を蔵する。文集は玄方の編んだ『仙巣稿』三巻がある。

景轍玄蘇像

景轍玄蘇墓

参考文献　『大日本史料』一二ノ八、慶長十六年十月二十二日条、長正統「景轍玄蘇について―一外交僧の出自と法系―」(『朝鮮学報』二九)　(長　正統)

けいにん　慶忍　生没年不詳　鎌倉時代の絵仏師。建長六年(一二五四)に書写された『絵因果経』の絵の筆者として奥書に「画師住吉住人介法橋慶忍幷子息聖衆丸」とあって、摂津国住吉の住人で、介法橋と称され、その子も絵師であったことが知られるが、それ以外は明らかでない。古くは慶恩と誤読した。絵の描写様式は、潤沢で軽快な運筆や、可憐な人物表現など『法華経絵巻』(香雪美術館・上野家・畠山記念館蔵)や『華厳宗祖師絵伝』(高山寺蔵)に共通点がみられる。当時の一画風を示すものである。

参考文献　田中一松「中世における絵因果経の諸作品」(『日本絵巻物全集』一六所収)、脇本十九郎「慶忍か慶恩か」(『画説』一五)　(宮　次男)

けいもんえ　稽文会　⇩稽主勲《けいしゅくん》

げだつ　解脱　⇩貞慶《じょうけい》

げつおう　月翁　⇩智鏡《ちきょう》

げつおうしゅうきょう　月翁周鏡　?―一五〇〇　室町時代の禅僧、五山文学者。諱は周鏡、字は月翁、江介・交蘆・三蘆とも号した。出生地・生年は明らかでない。ただ『鹿苑日録』によると明応八年(一四九九)に八十一歳であったから、応永二十五年(一四一八)ごろの誕生であろう。夢窓派の厳中周噩の法をつぎ、臨川寺・相国寺に住し、文明十七年(一四八五)南禅寺住持(二百二十五世)にもなり、また延徳年間(一四八九―九二)鹿苑院僧録ともなった。晩年相国寺内に栖芳軒を営んでここに退居した。法語や短編を集めた遺稿『江介集』があり、景徐周麟がその後序を書いたが今は伝わらない。文筆の師である東沼周曮の文集『流水集』の跋文は月翁の作である。明応九年九月二十六日に入寂した。

月翁周鏡花押

参考文献　上村観光『五山詩僧伝』(『五山文学全集』五)、玉村竹二『五山禅僧伝記集成』　(桜井　景雄)

げっこうしょうぶん　月江正文　?―一四六三　室町時代前期の曹洞宗の僧侶。山城の藤原氏の出身で、はじめ教宗を学んだが、一老婆のすすめにより、相模の最乗寺(神奈川県南足柄市関本)の了庵慧明に参じた。ついで上野の補陀寺(群馬県安中市松井田町)の無極慧徹の門に投じ、ついにその法を嗣ぎ、無極の寂後、同寺に住した。

月江正文画像

のち招かれて尾張の楞厳寺(愛知県刈谷市天王町)の開山となり、さらに丹波の永沢寺(兵庫県三田市)、相模の最乗寺、武蔵の大泉寺(東京都町田市下小山田町)に住し、長尾景信の招きをうけて上野白井の双林寺(群馬県渋川市子持村中郷)の開山になった。のちに武蔵足立郡に普門院(埼玉県さいたま市大成町)を開いて退居した。寛正四年(一四六三)正月二十二日寂。門弟に泰叟妙康・華叟正蕚・一州正伊などがいる。　(今枝　愛真)

げっしゅうじゅけい　月舟寿桂　?―一五三三　戦国時代の禅僧、また代表的な五山文学僧。諱は寿桂、字は月舟、別に幻雲とも中孚道人とも号した。近江国に生まれ、同国磯野の楞厳寺にいた正中祥端について出家した。正中は幻住派の巨匠であったので常に側近に侍してその法を嗣いだ。はじめ越前の弘祥寺・善応寺に住し、のち京都に入って五山の文学僧と交わり、文才をもって名声を高めた。明応年間(一四九二―一五〇一)一時乱をさけて、師正中の関係の寺、丹波の願勝寺にいたが、永正七年(一五一〇)建仁寺の住持(二百四十六世)として出世し、ついで南禅寺住持職の公帖を受けた。晩年建仁寺内に一華軒を建ててここに住し文学を楽しんだが、天文二年(一五三三)十二月八日示寂した。生年は明らかでない。その遺稿には、『幻雲文集』『幻雲詩稿』『幻雲疏稿』『月舟和尚語録』『師子吼集』などがあり、また天隠竜沢の『錦繡段』について初学者のために古今の詩を集めた『続錦繡段』の著もある。

参考文献　上村観光『五山詩僧伝』(『五山文学全集』五)、玉村竹二『五山禅僧伝記集成』　(桜井　景雄)

げっしょえいじょう　月渚永乗　一四六五―一五四一　室町時代後期の禅僧(臨済宗聖一派)。諱は英乗にもつくり、玄得ともいう。宿蘆斎と号す。寛正六年(一四六五)生まれる。薩摩牛山の人。はじめ肥後清源寺に栖碧和尚に随侍しまた一枝に従学した。明応六年(一四九七)、すでに日向に下向していた桂庵玄樹について学び、桂庵の薦によって日向福島竜源寺、ついで同飫肥安国寺に住して島津忠朝の命で外交文書の作成にあたった。大永三年(一五二三)細川高国が鸞岡瑞佐・宋素卿を遣明使としたのに前後して大内義興も正使謙道宗設・副使月渚を派遣した。両使節は彼地でいわゆる寧波《ニンポー》の乱を起して、謙道は鸞岡を殺害し月渚とともに逃れ帰国する。晩年は飫肥西光寺に退居した。桂庵の学統を弘めて薩南学派の興隆に功ありと評される。天文十年(一五四一)二月九日示寂。文之玄昌の追薦詩に「人生七十七年忙、幾読遺編涙淋浪」とあるので享年七十七歳。法嗣に一翁玄心がいる。

参考文献　伊地知季安『漢学紀源』三、西村時彦『日本宋学史』、小葉田淳『中世日支通交貿易史の研究』、武藤長平「桂庵禅師と薩藩の学風」(『歴史地理』二一ノ二)　(今泉　淑夫)

げったんそうこう　月庵宗光　一三二六―八九　南北朝時代の禅僧。諱は宗光(宗亨とも)、字は月庵。嘉暦元年(一三二六)四月八日美濃国に生まれた。同国大円寺の峯翁祖一について出家し、参禅修行に努めた。延文二年(一三五七)峯翁の入寂ののちは常陸国の復庵宗己を、また出雲国の孤峯覚明をたずねて禅の宗旨の究明に努めた。孤峯の死後、伊予国宗昌寺にいた大蟲全岑の指導を受けてその法脈をついだ。貞治六年(一三六七)但馬国黒川に入り、この地の幽邃を愛してここにとどまり、雲集する禅学徒の指導に努めた。雲頂山大明寺の起源である。守護山名氏の帰依を受けて同国に円通寺・大同寺などを、また摂津国に禅昌寺を開いた。康応元年(一三八九)三月二十三日寂。六十四歳。大明寺に葬る。興樹の編による『月庵禅師語録』がある。

参考文献　玉村竹二『五山禅僧伝記集成』　(桜井　景雄)

けつどうのうしょう　傑堂能勝　一三五五―一四二七　室町時代前期の曹洞宗の僧侶。文和四年(一三五五)、楠木正成の子孫として河内に生まれた。武勇をもって聞えたが、二十四歳のとき戦傷を受けて出家し、永和四年(一三七八)高瀬の大雄寺の古剣智訥に参じて臨済宗法燈派の禅を学んだのち、永沢寺(兵庫県三田市)の通幻寂霊、ついで竜沢寺(福井県あわら市金津町)の梅山聞本に師事して、ついに梅山の法を嗣いだ。応永元年(一三九四)、耕雲寺(新潟県村上市)を開き、梅山を開山とし、みずからはその二世になった。ついで同十年、慈光寺(同五泉市村松町)を開き、さらに常陸に赴いたが、再び越後に帰った。応永三十四年八月七日寂。年七十三。門弟に顕窓慶字・南英謙宗などがいる。　(今枝　愛真)

げつりんどうこう　月林道皎　一二九三―一三五一　南北朝時代前期の五山禅僧。はじめ諱は妙暁、のちに道皎と改めた。字は月林。別に独歩叟・円明叟と号す。永仁元年(一二九三)久我具房の子として生まれる。はじめ越前の平泉寺に入って天台宗を学んだが、のち建長寺の高峯顕日、ついで大徳寺の宗峯妙超に参じ、花園上皇の帰

月林道皎画像

依を受けた。元亨二年(一三二二)春、入元して南京保寧寺の古林清茂に参じ、その法を継いだ。元の文宗から仏慧知鑑大師の号を贈られた。元徳二年(一三三〇)帰国し、洛西の梅津清景の帰依を受けて、長福寺(京都市右京区梅津中村町)を天台宗から禅宗に改め、その開山となった。観応二年(一三五一)二月二十五日寂。寿五十九。同寺に葬る。普光大幢国師と勅謚された。著作に『月林皎禅師語録』二巻がある。

参考文献 『大日本史料』六ノ一四、観応二年二月二十五日条

(今枝　愛真)

けひうじはる　気比氏治　?—一三三七　南北朝時代の武将。親晴ともいい、弥三郎大夫と称した。越前の人、同国気比社の大宮司。延元元年(北朝建武三、一三三六)十月新田義貞・義顕父子が後醍醐天皇の皇太子恒良親王および皇子尊良親王を擁して北陸に下ったとき、氏治はその子大宮司太郎斉晴とともにこれを金崎城に迎えたが、やがて足利方の重囲に陥った。翌二年二月義貞は弟脇屋義助らとともに城を脱出し、同国杣山に拠る味方と合体して金崎城を救おうとしたが、敵将高師泰の率いる大軍に妨げられて難渋するうち、三月に入り城中の武器・食糧がついに尽きたので、同六日義顕は切腹、続いて尊良親王も自害し、氏治以下将兵もこれに殉じた。このとき、斉晴はひそかに恒良親王を小舟に乗せて同国蕪木浦に渡らせ、自分は金崎に帰り、父のあとを追って自殺した。父子とも年齢不詳。大正四年(一九一五)氏治に正四位、斉晴に従四位が追贈された。

参考文献 『梅松論』、『参考太平記』一七・一八、群馬県教育委員会編『新田義貞公根本史料』、和島芳男『建武中興と新田義貞公』、藤田精一『新田氏研究』

(和島　芳男)

けんあ　釼阿　⇩けんな

けんい　顕意　一二三九—一三〇四　鎌倉時代後期の浄土宗西山義の僧。字は道教。延応元年(一二三九)に生まれる。西山義の派祖善慧証空の弟子聖達が、後妻にむかえた伊予の河野執行某の妻の子。一説に薩摩の伊集院氏の出身ともいう。継父の真弟子で、西山義深草流の祖立信円空に師事し、京都嵯峨の釈迦院竹林寺で布教したのち、同流の本寺である深草の真宗院に住持して、一流の中心となった。嘉元二年(一三〇四)五月十九日に寂した。六十六歳。和歌も能くし、『観無量寿経四帖疏楷定記』三十六巻、『当麻曼荼羅聞書』二十七巻、『浄土宗要集』三巻、『浄土竹林鈔』二巻、『奏上法語』一巻など二十三部の著書が知られている。その門下は、ほぼ洛中近くで布教したが、四代の法孫竜芸教空が三河の山中に法蔵寺を建立したのち、西山義はこの地方にもひろまった。

参考文献 『法水分流記』(『戊午叢書』一)、菊地勇次郎「知真と西山義」(藤島達朗・宮崎円遵編『日本浄土教史の研究』所収)

(菊地勇次郎)

げんうん　幻雲　⇩月舟寿桂《げつしゅうじゅけい》

げんえ　玄慧　?—一三五〇　鎌倉・南北朝時代の学僧。玄恵とも書く。独清軒・健叟などと号す。台密を修めて法印権大僧都となり、漢学にも通じ、元応元年(一三一九)持明院殿の殿上で日野資朝ら朝臣・僧衆と『論語』を談じたとき最も達通の義を述べて花園上皇の耳にとまり、ついで正中元年(一三二四)南宋の魏慶之編集の詩論・詩評集『詩人玉屑』に加点、その刊行以来禅家の詩僧たちにも名を知られた。南北朝時代には武家方に従い、建武三年(一三三六)『建武式目』の起草に関与、康永二年(一三四三)内裏の詩歌合に参って作詩、貞和五年(一三四九)持明院殿の『礼記』談義に列席、この間とくに足利直義の恩顧を受けた。観応元年(一三五〇)三月二日没。年齢不詳。玄慧没後には漢詩添削の依頼先を失った不自由を嘆く公卿もあり、玄慧の文雅を慕って追悼の詩を作る禅僧たちもいた。二条良基の『菟玖玻集』には玄慧の連歌も収載された。こ

玄慧花押

うして玄慧の文名はいよいよ高く、『庭訓往来』など種々の記文の作者に擬せられた。『太平記』には日野資朝らが討幕の密議のため無礼講を催し、その席で玄慧の文談を聞いたという。『花園天皇宸記』によれば元亨・正中のころ資朝ら朝臣の間に宋学を論じつつ、ことさら放逸に振る舞う風が流行、はては無礼講にまで及んだ趣は明らかであるが、玄慧が後醍醐天皇の朝廷に出仕した記事はみえない。しかるに一条兼良の著と伝える『尺素往来』には玄慧が朝廷で宋学を講じて以来この新学説が肝心となり、北畠親房も玄慧から『資治通鑑』を学んだとする。これは玄慧の名声を借りて宋学の由来を説いたものであるが、『大日本史』がこの説を採って玄慧を後醍醐天皇の侍読、親房を『資治通鑑』によって大義を知った者と載せて以来玄慧を南朝宋学の権威と見る向きが多い。しかし信頼すべき史料によれば玄慧が詩文に巧みで武家方に好遇されたことは明らかであるが、彼の宋学理解や南朝との関係については確証を得ないのである。

参考文献　『大日本史料』六ノ一三、観応元年三月二日条、和島芳男『日本宋学史の研究』、同『中世の儒学』(吉川弘文館『日本歴史叢書』一一)、足利衍述『鎌倉室町時代之儒教』、岡田正之『日本漢文学史増訂版』、岩橋小弥太「玄慧法印」(『国学院雑誌』四五ノ一一)、和島芳男「玄恵法印新考」(『神戸女学院大学論集』四ノ二)
（和島　芳男）

げんえい　玄叡　?―八四〇　平安時代初期の西大寺三論宗の学僧。西大寺実敏の師。生国・俗姓や年齢も明らかでない。天長三年(八二六)九月に権律師、同四年五月に律師に補せられ、承和七年(八四〇)に没した。玄叡の名を不朽にとどめたのは、淳和天皇の勅命により、天長七年に『大乗三論大義鈔』三巻を撰述したことによる。いわゆる天長勅撰六本宗書の一つとし、三論宗を代表する学僧であったことが知られる。延暦の末年ごろには法相の教理的攻勢に三論宗は守勢の立場にあった。桓武天皇の三論伸興の措置で大安寺勤操のごとき学僧も出現したが、玄叡もその一人といえる。本書は三論教学の破邪顕正・八不中道の教理をふまえて、法相・華厳・天台・真言の宗義を論破しているが、特に法相宗の教理に対する論破に力をそそいでいるかたわら、成実宗が三論の、倶舎宗が法相の付宗となった点を明示している。しかも引用書も多く、玄叡の博覧修学の程を窺えるとともに、飛鳥・奈良時代を経て蓄積された三論教学を知る最も重要な書で、『東域伝燈目録』にもその名を掲上している。

参考文献　『僧綱補任』(『大日本仏教全書』)、『三国仏法伝通縁起』中(同)、卍元師蛮『本朝高僧伝』五(同)
（堀池　春峰）

けんえん　賢円　生没年不詳　平安時代後期の正系の仏師。大仏師法印賢円と称する。円勢の次男。永久二年(一一一四)十一月、白河新御願寺(蓮華蔵院)の九体阿弥陀像を父円勢・兄長円とともに造り、その時の造仏賞を円勢に譲られて法橋となる。大治四年(一一二九)七月女院御願の三尺七仏薬師像を長円とともに造り、同年閏七月女院御願の半丈六の阿弥陀五尊像を円勢・長円とともに造り、脇侍菩薩二体を担当する。同五年七月に故白河法皇の一周忌の法事のために建てられた白河新阿弥陀堂の九体丈六堂の本尊像を造り、その時の造仏賞を円勢に譲られて法眼となる。長承元年(一一三二)六月、院覚とともに白河殿の丈六愛染明王像・金輪王像を造り、同三年から保延二年(一一三六)にかけて鳥羽勝光明院の造営に携わり諸像を造る。保延二年三月鳥羽勝光明院本尊丈六阿弥陀仏建立の造仏賞により法印となる。長承三年六月得長寿院の半丈六の五大尊像、保延元年三月仁和寺北斗堂の仏像、天養元年(一一四四)十月仁和寺の孔雀明王堂の仏像をそれぞれ造る。久安五年(一一四九)三月、近衛天皇勅願の延勝寺の仏像を長円と協力して造り、同年十一月故叡子内親王の一周忌の法事のために等身の大日如来像、仁平二年(一一五二)、鳥羽法皇の五十宝算の祝いのために等身釈迦如来像、久寿元年(一一五四)六月には鳥羽法皇のための等身薬師如来像と各高五寸の千体薬師立像、同年八月には鳥羽金剛心院の阿弥陀堂の丈六九体阿弥陀像を造り、同月には、金剛心院の造仏賞を院尊に譲る。同二年八月には、近衛天皇法事のための等身阿弥陀三尊像を造る。また『山州名跡志』の記事より保元元年(一一五六)ごろに造られた安楽寿院の多宝塔の本尊阿弥陀如来像(重要文化財)を賢円の作とする説もあるが、定説とはなっていない。

参考文献　小林剛「仏師法印賢円」(『日本彫刻作家研究』所収)
（久野　健）

げんえん　源延　一一五六―?　鎌倉時代前期の天台宗の僧。保元元年(一一五六)加藤景員の三男として生まれる。浄蓮房と号す。早く延暦寺に入り、澄憲について台教を学ぶ。のち、伊豆国走湯山に住して学解の研鑽につとめ、その間書写した聖教が多く横浜市の金沢文庫に現存している。建久六年(一一九五)以後六十六歳まで二十六年間、毎年、信濃国善光寺に詣でて往生極楽を懇祈した。その間、将軍源実朝以下の武家の信仰を博し、仏事に召請されて、その指導に任ずること多く、特に三浦氏・和田氏との接触が深かった。安貞以前に走湯山別当となり、承久ごろ相模国松田郷に西明寺を建て、また、駿河国の智満寺の大曼荼羅供に導師に請せられたこともあった。寛喜元年(一二二九)、三浦義村のために迎講を行なったとき、七十四歳であったが、以後の消息は伝えられるところなく、没年も明らかでない。

参考文献　卍元師蛮『本朝高僧伝』五三(『大日本仏教全書』)、『静岡県史』三、納富常天「三浦義村の迎講」(『三浦古文化』二)、菊地勇次郎「「伊豆山源延」補考」(『金沢文庫研究』八ノ一)、加藤宥雄「源延資料の追跡」(同一八ノ一二)
（多賀　宗隼）

けんかい　兼海　一一〇七―五五　平安時代後期の真言宗の僧。高野山密厳院二世、根来山円明寺二世。字は浄

法房。紀伊国の人。俗姓不詳。嘉承二年(一一〇七)生まれる。幼くして高野山に登り、密厳院覚鑁に師事すること多年、伝法職位を授けられ、伝法院流の正嫡となる。長承二年(一一三三)持明院真誉に灌頂を受法。保延六年(一一四〇)大伝法院・密厳院は金剛峯寺衆徒の襲撃を受け、覚鑁とともに根来山円明寺に下山。康治元年(一一四二)大伝法院座主の神覚らと帰山し、金剛峯寺との和平を求めたが許されなかった。兼海はこのころ密厳院を継ぎ、信慧のあとを承け伝法院学頭職となった。覚鑁をして、覚鑁を大切に思う人々はこの人を崇重すべしといわしめたほど、師の事業を助けた。久安二年(一一四六)隆海に伝法灌頂を授け、みずからも賢覚から理性院流の灌頂を受けた。翌三年には院宣・盟書によって神覚らとともに高野山へ帰住した。同五年覚皇院に八角二階宝形造の堂一宇を造建供養し、仁平二年(一一五二)鳥羽上皇に奏上して勅願寺となった同院の供養が修され、久寿元年(一一五四)には美福門院から大伝法院に寺領が寄進されるなど、覚鑁滅後の密厳院・根来山にあって寺門の発展に尽力した。同二年五月三十日(一説に十日)正念往生した。四十九歳。世に小聖と号し、その法流を兼海方と称する。

参考文献 『高野山往生伝』(『日本思想大系』七)、『根来要書』上、『高野春秋編年輯録』六(『大日本仏教全書』)、三浦章夫編『興教大師伝記史料全集』、櫛田良洪「中世新義真言教団の成立」(『続真言密教成立過程の研究』所収) (武内 孝善)

げんかい 元海 一〇九三―一一五六 平安時代後期の真言宗の僧。醍醐寺第十六世座主。松橋無量寿院の開祖。松橋大僧都と号す。寛治七年(一〇九三)生まれる。京極大納言源雅俊の子。母は美濃守高階公俊の女。幼くして叔父定海の室に入り、大治元年(一一二六)勝覚に灌頂を受け、天承元年(一一三一)定海から重受。翌長承元年(一一三二)定海の譲りにより醍醐寺第十六世座主に補せられた。康治元年(一一四二)円光院別当職、同十二月権少僧都、翌二年には円光院・無量光院・三宅寺の寺務をも兼ねた。久安元年(一一四五)天変怪異のために五大虚空蔵法を、同六年美福門院のために仁王大法を修する。仁平三年(一一五三)五月権大僧都、十二月には東寺二長者、翌年正月の後七日御修法を勤めた。また三宝院座主となる。秘密の聖教・道具類をみだりに披見させるべきでないとして、別に松橋無量寿院を建て、三宝院の聖教を繕写して松橋に移し、一海に付嘱した。保元元年(一一五六)八月十八日示寂。六十四歳(一説に七月説、保元二年説、六十三歳説など)。付法は一海・実運など八名。その法流を松橋流、または無量寿院流という。著作に『厚双紙』(定海口訣、元海記)、『如法尊勝記』『秘密集』『秘密雑集』などがある。

元海花押

参考文献 義演『五八代記』二、同『醍醐寺新要録』三・一四、『醍醐寺種々類集』、『東寺長者補任』二、祐宝『伝燈広録』中ノ八、『真言諸寺院記』一 (武内 孝善)

げんかく 賢覚 一〇八〇―一一五六 平安時代後期の真言宗の僧。醍醐寺理性院の開基。理性房法眼ともいう。承暦四年(一〇八〇)生まれる。父は威儀師小別当賢円。三密房聖賢の兄。大安寺・法琳寺・東安寺別当。天仁元年(一一〇八)四月、三宝院勝覚に灌頂を受ける。この時の印言は、高野山の祖廟で空海が影現して授受したものと同一であったという。父賢円の住坊を改め理性院を開き、醍醐六流の一つ、理性院流の祖となる。弟子に覚鑁《かくばん》・常喜院心覚・紫金台寺御室覚性がある。保元元年(一一五六)三月十六日寂。七十七歳。著書に『達磨鈔』百巻、『支度集』二巻、『巻数集』二巻がある。

参考文献 『血脈類集記』四(『真言宗全書』)、『醍醐寺新要録』、『三宝院伝法血脈』、『法琳寺別当補任』、中野達慧『興教大師正伝』 (和多 秀乗)

けんきょう 賢璟 七一四―九三 奈良時代の興福寺法相・律宗兼学の高僧。賢憬とも書く。尾張国荒田井氏の出身。和銅七年(七一四)生まれる。尾張僧都・尾張大僧都といわれた。興福寺宣教の弟子。若くして法相宗を学ぶ傍ら、苦業練行を重ね、天平十五年(七四三)正月に「師主元興寺僧賢璟」として同族の子麻呂を優婆塞に推挙している。天平勝宝六年(七五四)二月に鑑真一行を難波に迎え、翌七歳に旧戒を捨てて鑑真より具足戒を受け、後年に唐招提寺に一切経四千二百八巻を奉納した。宝亀五年(七七四)二月に律師となり、同九年ごろに山部皇太子(のちの桓武天皇)の宿痾にあたって、大和の室生山で延寿法を修し、後年天皇の帰依を得た。同十一年に多度神宮寺に三重塔を建て、延暦三年(七八四)九月に大僧都になり、同四年四月最澄の戒牒や、また『多度神宮寺伽藍縁起資財帳』にともに僧綱として署名し、同十二年正月叡山文殊堂供養には興福寺僧を引率して式に臨み講師を務め、正月十五日には平安造都のため紀古佐美らとともに地相を検べた。修円・明福はその高弟。同年十月、八十歳で没した。生前、大安寺戒明が請来した『釈摩訶衍論』を調べて偽書と断定し、最澄と徳一との論争に大きな影響を与えたが、その学識を示すものである。

賢璟自署

参考文献 『唐大和上広伝』(『東大寺要録』四)、福山敏男「室生寺の建立年代」(『日本建築史研究』所収)、薗田香融「草創期室生寺をめぐる僧侶の動向」(読史会編『国史論集』一所収)、佐久間竜「賢璟」(『日本古代僧伝の研究』所収)、堀池春峰「宀一山図と室生寺」(『日本仏教史学』一一) (堀池 春峰)

源空花押

げんくう　源空　一一三三―一二一二　平安時代の末、浄土宗を開いた僧。法然は房号。長承二年(一一三三)四月七日、美作国久米郡南条の稲岡荘(岡山県久米郡久米南町)で漆間《うるま》時国の子に生まれた。母は秦氏。永治元年(一一四一)同郡の押領使であった父が、稲岡荘の預所明石定明の夜襲をうけて死去すると、その年のうちに同国の天台宗菩提寺の観覚のもとに預けられた。久安三年(一一四七)比叡山に登り、西塔北谷の持宝房源光に従って諱を源空と称したが、まもなく東塔西谷の皇円の弟子となり、恵心流の天台教学とともに椙生流の本覚思想も受けた。のちに智恵第一の法然房と呼ばれたように、学才は早くから現われ、天台三大部の文理に通達したが、そのかたわら隠遁の志もあったようで、同六年西塔の黒谷別所に移り、梶井門跡系の慈眼房叡空に師事して法然房と号した。当時、黒谷別所では恵心流の浄土教が盛んであったうえ、叡空は融通念仏宗の祖良忍の弟子で、天台の円頓菩薩戒も伝受していたから、源空は、より浄土教に傾くとともに、生涯持戒して授戒の師と尊ばれ、のちその戒脈は黒谷の円頓菩薩戒としてひろまり、源空を黒谷上人と呼ぶようになった理由の一つである。保元元年(一一五六)源空は嵯峨の清凉寺に参籠したのをはじめ、南都に遊学して興福寺の蔵俊に法相宗を習い、また仁和寺の寛雅に三論宗、同寺の景雅には華厳宗を学び、他宗の僧に遍参して、それぞれから許可を受けたが、寛雅と景雅は師叡空の檀越の久我雅定の従兄弟であり、雅定の曾孫の証空や同じ檀越の葉室顕時の子信空は源空の弟子となっている。しかしその反面で、のちに寛雅の甥園城寺の公胤は、『浄土決疑抄』を著わして源空を非難し、また蔵俊の孫弟子の笠置寺の貞慶は興福寺の奏状を起草し、『摧邪輪』を著わして専修念仏を批判した高山寺の明恵と交わるなど、叡空の師檀関係は、源空に遍参の師を求める手がかりを与えるとともに、法系のうえで身近な僧をふくめて、源空に対する反発の縁ともなっている。こうして源空は天台宗はもとより、諸宗を兼学し、南都の浄土教家が善導の『観無量寿経疏』を引用するのにも接し、また当時の中国宋の浄土教について知る方途も持っていた。しかし、それでも源空は出離の道に迷っていたが、やがて源信の『往生要集』が末代の道俗に念仏を勧め、その行相については道綽や善導の著書にゆだねているのに導かれ、余行を捨て専修念仏に帰するに至った。源空の伝記は十数種あるが、浄土宗を開いたのはほぼ安元元年(一一七五)の年であったと記し、その前後に東山の麓、大谷の吉水に移ったと伝える。それから十数年のあいだに源空は、公武に説戒し、文治五年(一一八九)には九条兼実に浄土の法文を談じたように、次第にその教説も注目されたのであろう。文治の初めには葉室家出身のもと天台座主であった顕真が中心となり、大原別所で大原問答が行われ、源空は浄土宗について談じた。また建久元年(一一九〇)には久我家とも縁のある東大寺の勧進聖重源の要請によって、同寺で浄土三部経を講説するなど、源空の唱導は道俗にひろまったが、同時に旧仏教教団の反発も起っていた。ところで源空は早くから念仏三昧が往生の正定業であると説いているが、同九年みずから念仏三昧に入って極楽を観相し、三昧発得の己証を得て、同じ三昧発得した善導が『観無量寿経疏』に説くところは西方の指南行者の目足であると確信を得た。この年九条兼実の要請によって著わした『選択本願念仏集』には、善導は阿弥陀如来の化身で、その著『観無量寿経疏』は阿弥陀如来の直説であると記し、ひとえに善導による源空の教義は、ようやく己証によって裏付けられたわけである。『選択本願念仏集』は、往生の業は口称念仏をもって本とする旨を十六章に分け、経論の要文を引用し、私釈を加えたものであるが、その末尾に破法の人を悪道に堕さぬため、一覧ののちは壁底に埋めるよう兼実に願っている。それは源空の教説がひろまるにつれて、無智不善の輩が門下に雑り、真意が誤って伝えられ、旧仏教教団からの批判も多くなったからである。元久元年(一二〇四)弟子たちに『七箇条制誡』を示したのは、このような情況が押しつまったためで、同じ年比叡山の衆徒の非難に対して、鈍味に易往易修の道を説くだけである旨の起請文も送っている。源空には新教団を作る意志はなく、『七箇条制誡』の旨を破るような者には厳しかったと思われるが、

源空画像

源空廟

さらに翌年、延暦寺と興福寺は奏状を差し出して専修念仏の過失九条を挙げ、その停止と源空以下の処罰を求めた。それでも旧仏教の僧が源空の弟子となり、公武の帰依者が増えると、建永元年(一二〇六)興福寺の衆徒は、一念義を唱えた行空と六時礼讃を加えて唱導した遵西の流罪を訴えた。廟堂の公家は停止による念仏そのものの衰えを憂い、源空以下を庇う動きもあったが、翌年にわたり重ねて専修念仏の停止が宣下され、承元元年(一二〇七)源空は土佐へ流罪となり、言動の著しい弟子たちも処断された。源空はその年のうちに赦免されたが、帰洛は許されず、摂津の勝尾寺に寄遇し、大谷にもどった翌年の建暦二年(一二一二)正月二十五日、八十歳で寂し、大谷の住房の傍らに墓堂が建てられた。元禄十年(一六九七)円光大師、のち五度にわたり勅諡号を受けている。

参考文献 『大日本史料』四ノ一一、建暦二年正月二十五日条、『浄土宗全書』七・九・一六・一七、石井教道編『(昭和新修)法然上人全集』、伊藤唯真・玉山成元編『法然』(『日本名僧論集』六)、田村圓澄『法然』(『人物叢書』三六)、辻善之助『日本仏教史』二、石井教道『選択集の研究』、石田瑞磨『浄土教の展開』
(菊地勇次郎)

げんけん　源賢　九七七―一〇二〇　平安時代中期の僧侶、歌人。貞元二年(九七七)生まれる。父は清和源氏摂津守源満仲、母は近江守源俊の女。頼光の同母弟。出家して延暦寺の尋禅僧正や源信僧都に師事し、長和二年(一〇一三)法橋となり、寛仁四年(一〇二〇)六月十八日法眼で入滅した。四十四歳。多田法眼と号す。殺生を好む父を源信とはかって出家させた話が『今昔物語集』などの説話集にみえる。歌人として特色にとぼしいが、『後拾遺和歌集』に二首入集。家集に『源賢法眼集』があり、散佚私撰集『樹下集』の撰者である。

参考文献 『大日本史料』二ノ一三、長徳三年是歳条
(上野　理)

けんこう　兼好　⇨卜部《うらべ》兼好《けんこう》

げんこう　玄康　⇨巧如《ぎょうにょ》

げんごう　元杲　九一四―九五　平安時代中期の真言宗僧。延喜十四年(九一四)誕生。父は雅楽助藤原晨省、母は榎井氏。九歳にして勧学院小学生となったが、志は仏道にあり、十六歳、醍醐山に登って内供元方の房に寄宿、師資の契を結ぶ。十八歳剃髪受戒、十九歳如意輪法を、二十七歳金剛法を授けられた。この間また一定・明珍・定憿らの諸師について顕教、特に三論を学び、維摩会の聴衆に請ぜられたこともあったが、三十二歳以後はひとえに真言の道に入ったという。本師元方、胎蔵法を受けた律師一定示寂ののちは、石山の内供淳祐に属して真言の奥旨を窮め、天暦三年(九四九)許可印信、康保元年(九六四)伝法阿闍梨となり、翌二年、僧正寛空に随って具支灌頂を受けた。安和元年(九六八)内供奉十禅師に補し、東宮(のちの円融天皇)護持僧となる。天禄三年(九七二)東寺凡僧別当、天元四年(九八一)十月権律師、十二月転正、翌五年七月権少僧都、永観元年(九八三)正月東寺二長者加任、二年六月権法務を兼ね、八月権大僧都に転じた。祈雨の法験をもって声名を馳せたが、永延二年(九八八)所職を辞して延命院と号し、永く醍醐山に籠居、転読法華、奉念弥陀のほか、さらに他念なしといわれた。長徳元年(九九五)二月二十七日、八十二歳(八十五歳とも)をもって示寂。付法の資に仁海・覚縁らがおり、奝然またその一人という。著書に『十八道次第』『金剛界次第』『胎蔵界次第』『具支灌頂私記』『厚双紙』などのほか、『元杲大僧都自伝』および『延命院遺誡』各一巻、また『奝然元杲唱和詩集』一巻がある。

参考文献 『大日本史料』二ノ二、長徳元年二月二十七日条
(川崎　庸之)

けんこうしょうけい　賢江祥啓　生没年不詳　室町時代後期における建長寺の画僧。根津美術館蔵の真芸(芸阿弥)筆「観瀑僧図」の横川景三の賛と景徐周麟の『翰林葫蘆集』の「題貧楽斎詩後」なる文とが根本史料であるが、それらによると、文明十年(一四七八)に建長寺の画僧として画道修行のために京都に上って真芸について学び、室町幕府その他の蔵する宋元画を研究して三年後に帰郷し、さらに明応二年(一四九三)にも上洛し、その時には貧楽斎なる別号をもっていた。落款印章などで賢江祥啓なる字諱であることと、建長寺の書記に就いていたことがわかるほかは伝記不明であるが、系字上からは、建長寺塔頭の宝珠院に住していたと推定できるし、江戸時代の『本朝画史』は野州宇都宮の画家丸良氏の子であると記している。南禅寺蔵の「達磨図」(重要文化財)、静嘉堂文庫蔵の玉隠英璵などの明応六年賛の「巣雪斎図」、英璵賛の「鍾馗抜鬼眼図」などの遺作と多くの伝称作品があり、師の画風を受けた上に、各種の題材を消化している。啓釈・啓牧・啓孫・興悦・興牧などはその門人で、関東地方における水墨画家の創始者である。

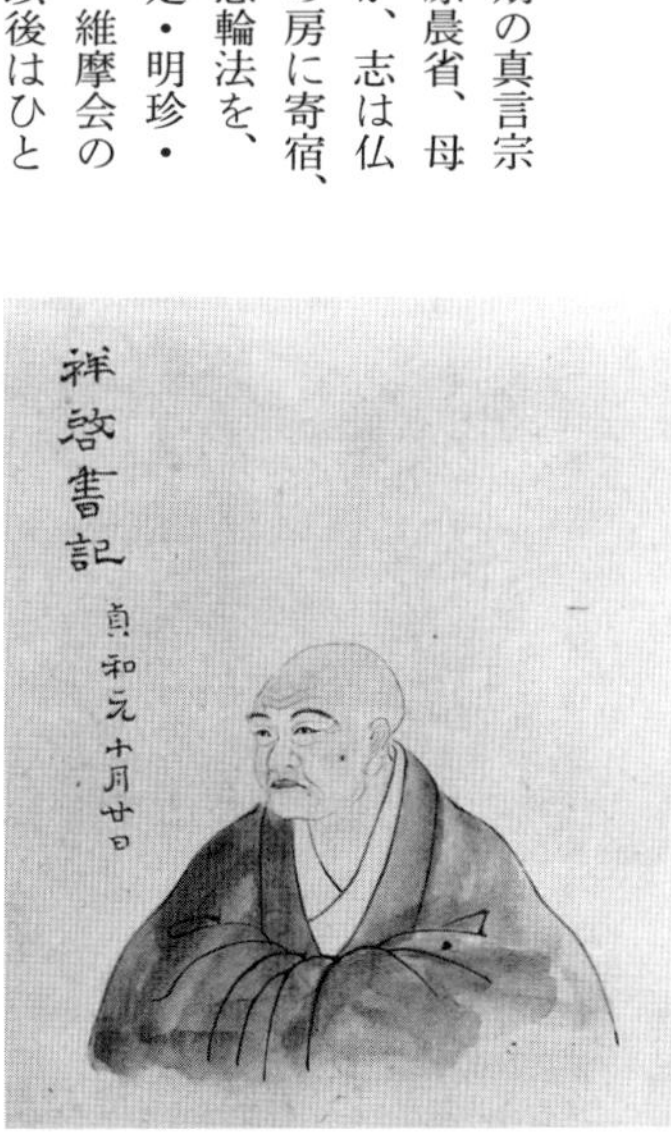

賢江祥啓画像(栗原信充『肖像集』)

参考文献 『大日本史料』八ノ一七、文明十七年十一月二日条、神奈川県立博物館編『鎌倉の水墨画―画僧祥啓の周辺―』(特別展目録)
(谷　信一)

けんさい　兼載　⇨猪苗代《いなわしろ》兼載《けんさい》

げんざんみよりまさ　源三位頼政　⇨源《みなもとの》頼政《よりまさ》

けんしないしんのう　娟子内親王　一〇三二―一一〇三　後朱雀天皇の第二皇女。母は藤原道長の娘妍子(三条天

皇の中宮)の腹に生まれた禎子内親王。長元五年(一〇三二)九月十三日橘義通の宅に誕生。同九年十一月、賀茂斎王。同十二月、内親王、著袴、はじめて神殿に入る。長久三年(一〇四二)、一品に叙せられ、寛徳二年(一〇四五)後朱雀天皇の譲位により斎院を退く。天喜五年(一〇五七)、参議源俊房に降嫁、俊房宅に住む。康和五年(一一〇三)三月十二日没。年七十二。

参考文献『大日本史料』三ノ六、康和五年三月十二日条 (山中 裕)

けんじゅ **兼寿** ⇩蓮如《れんにょ》

げんじゅだいし **賢首大師** ⇩法蔵《ほうぞう》

けんしゅん **賢俊** 一二九九―一三五七 南北朝時代の真言宗僧。菩提寺大僧正ともいう。正安元年(一二九九)生まれる。権大納言日野俊光(持明院統に仕える)の子。醍醐寺宝池院流賢助の弟子。賢俊は、建武三年(一三三六)六月醍醐寺座主となってから寺務二十二ヵ年に及んだ。すなわち同年二月足利尊氏が敗走し、備後の鞆に在った時に賢俊が持明院統の光厳上皇の院宣をもたらし、朝敵の名を免れることができた。賢俊はこれより尊氏の軍に従い九州に赴いた。やがて尊氏が湊川の戦に勝ち上洛したのちに、同年六月権僧正に任ぜられ醍醐寺座主となり、また同年十二月東寺長者となり、三度任ぜられ、観応元年(一三五〇)まで在任した。観応元年十月足利直冬を討伐のため九州に下向しようとした時同行したが、尊氏が途中から帰京したため文和四年(一三五五)入京し三宝院に帰った。延文二年(一三五七)光済に醍醐寺座主を譲り、同年閏七月十六日寂。五十九歳。ほかの弟子に実済がいる。尊氏の御持僧として権勢をもち、京都に新三宝院をつくり、尊氏・直義・義詮のための修法は数多く行なった。賢俊は、醍醐において金剛輪院・宝池院・竹内・日輪院・三宝院・遍智院・金剛王院・西南院・悉地院・大慈院などを管領し、荘園も山科荘・近江香荘のほか多くを尊氏から与えられた。「栄耀至極、公家武家権勢無㆓比肩㆒之人」とその示寂に際し『園太暦』に評せられた。尊氏はその四十九日の仏事に自筆で『理趣経』を書写した(醍醐寺蔵、重要文化財)。なお『賢俊僧正日記』がある。

参考文献『大日本史料』六ノ二一、延文二年閏七月十六日条、辻善之助『日本仏教史』四 (田中 久夫)

賢俊画像

賢俊花押

けんじゅん **憲淳** 一二五八―一三〇八 鎌倉時代後期の真言僧。正嘉二年(一二五八)生まれる。近衛良教の子(『尊卑分脈』にはみえず)。醍醐寺報恩院に住し、国師僧正と号した。覚雅に正応五年(一二九二)八月付法をうけた。憲淳は、後宇多院と幼時に相戯れて院の手に食い付いたことがあり、後年院の帰依をうける縁となったと伝えられる。延慶元年(一三〇八)四月後宇多院は、憲淳より付法をうけた(『報恩院文書』)。憲淳の付法の弟子は二十三人であるが、隆勝・道順の二人がすぐれていた。後宇多院は道順に帰依し、道順を正嫡として聖教などを譲ることを憲淳に求めた。しかるに憲淳はひそかにこれを隆勝に譲り、後宇多院より召されても経蔵を出してはならぬと置文をかいた。延慶元年八月二十三日寂。五十一歳。

参考文献『野沢血脈集』二(『真言宗全書』)、静基『密宗血脈鈔』下、祐宝『伝燈広録』下、辻善之助『日本仏教史』三・四、同「両統対立の反映として三宝院流嫡庶の争」(『日本仏教史之研究』続編所収) (田中 久夫)

けんしゅんもんいん **建春門院** 一一四二―七六 平滋子。後白河天皇の女御、高倉天皇の生母。父は兵部権大輔平時信、母は権中納言藤原顕頼女祐子。異母姉妹には

平清盛室時子・平重盛室・平宗盛室らがいる。康治元年(一一四二)に生まれる。応保元年(一一六一)高倉天皇を生み、仁安元年(一一六六)十月従三位に叙せられ、翌二年正月女御となった。翌三年高倉天皇即位の日、皇太后となる。翌嘉応元年(一一六九)四月十二日院号宣下。安元二年(一一七六)六月、腫物(二禁=皰《にきび》)が胸腹ほか諸所に発し重態に陥り、同十八日院号・封戸・年官・年爵を辞退して同二十八日受戒。翌七月八日法住寺殿に崩御。三十五歳。生前の動静については、女院に仕えていた藤原俊成の女(健寿御前・建春門院中納言)の回想記『たまきはる』(『建春門院中納言日記』)に詳しい。

(益田　宗)

けんしゅんもんいんのちゅうなごん　建春門院中納言　一一五七―?　平安・鎌倉時代前期の女房。名は健御前。保元二年(一一五七)に生まれる。父は藤原俊成、母は藤原親忠の女。定家より五歳の姉。十二歳にして建春門院に仕え、二十七歳より八条院に仕える。五十歳出家。以後九条に住み九条尼とよばれた。建保七年(一二一九)まで生存、以後不明。『建春門院中納言日記』(『たまきはる』ともいう)は女房生活を回顧した老後の記。終身結婚生活に入らず。定家と親しく、彼女に関する記述が『明月記』中に多くみえる。

参考文献　石田吉貞『藤原定家の研究』

(石田　吉貞)

けんしょう　顕昭　生没年不詳　平安・鎌倉時代前期の歌人、歌学者。「けんじょう」ともいう。藤原北家末茂流の藤原顕輔の養子、実父母は不詳。亮公《すけのきみ》と称された。大治五年(一一三〇)ころ生まれる。若年期には叡山で修行していたが、のち離山し晩年は仁和寺に入寺、建久二年(一一九一)以前に阿闍梨となり、承元元年(一二〇七)には法橋に昇った。事跡の知られる最後は承元三年長尾社歌合への出詠で、その後間もなく没したと推定される。顕昭自身の言(『六百番陳状』)によれば十二歳の時から和歌を作り、歌人の家である六条藤家という環境の中で、没時まで歌人・歌学者として活動を続けた。現存資料では久安五年(一一四九)山路歌合への出詠がはじめて、以後六条家および歌林苑関係の多くの歌合に参加、治承二年(一一七八)ころからは石清水社の歌人サークルに参加して指導的地位を占めるようになり、寿永二年(一一八三)には仁和寺宮守覚法親王に親近し多くの歌学書を撰進。建久ころから次第に歌壇的勢力を拡大してきた御子左家に対抗して、その深い学識によって六条家の権威を守ろうとした。その歌学上の考証は、博識において他の追随を許さず、『顕注密勘』を記した藤原定家も顕昭の考証的注釈的能力を讃嘆している。「風情《ふぜい》」論を中心とした歌論も見るべき点があるが、その和歌自体は抒情性に乏しく魅力に欠ける。『古今集注』はじめ『詞華集注』に至る勅撰集の注や『散木集注』などの注釈、歌語の注釈『袖中抄』、歴史的考証『万葉集時代難事』『柿本朝臣人麻呂勘文』など、多くの著作があり、私撰集『今撰集』も顕昭撰と考えられる。

顕昭花押

参考文献　『大日本史料』四ノ九、承元元年五月二十日条、久曾神昇『顕昭・寂蓮』

(藤平　春男)

けんじょう　憲静　?―一二九五　鎌倉時代後期の僧侶。京都泉涌寺第六世。願行房と号し、その出身は明らかでない。深草嘉祥寺に出家してのち、智鏡および覚盛に戒律を学び、南北二律に精通した。また高野山頼賢や守海・定証・覚宗・頼助・宏教らに密灌を受けた。とりわけ三宝院流の事相を究め、一流を形成して願行方と称した。思允のあとをうけて泉涌寺第六世となり、宮中に参内して説法した。のち関東に下り、鎌倉大楽寺・理智光寺を創建するとともに、大山寺を再興して真言・戒律を宣揚した。また弘安二年(一二七九)には大勧進となり、東寺を再興しているばかりか、のちには高野山の諸堂も修復した。その間建長四年(一二五二)には律三大部を出版しているが、永仁三年(一二九五)四月十七日没している。宗燈律師の諡をうける。なお、長楽寺隆寛について浄土を学び、常陸阿弥陀山に念仏を行うとともに、鎌倉安養院を開き、念仏会さらには迎講を行い、民衆教化につとめたといわれているが、これは『律苑僧宝伝』が、三心と菩提心は同じと説き、建治二年(一二七六)八月二十七日没した遊行念仏者東山願行房円満と混同したためである。

参考文献　慧堅『律苑僧宝伝』(『大日本仏教全書』)、懐英編『高野春秋編年輯録』(同)、『血脈類集記』(『真言宗全書』)、『野沢血脈集』(同)、『沙石集』、舜昌『述懐鈔』(『続浄土宗全書』)、『観経玄義分見聞集』(金沢文庫蔵)、宮崎円遵『中世仏教と庶民生活』、堤禎子「願行房と常州阿弥陀山」(『茨城県立歴史館報』一〇)

(納富　常天)

げんしょう　玄証　一一四六―?　平安・鎌倉時代初期の画僧。図像を多く描く。久安二年(一一四六)生まれる。父は式部少輔大江維光《これみつ》。十歳で出家、高野山西谷の月上《がつじょう》院主、大乗房証印の嗣法となり閑観《げんかん》房と号す。承安二年(一一七二)二十七歳の暮に月上院で証印から伝法灌頂を受けたが画才は早くからあらわれ、十九歳の長寛二年(一一六四)定智筆の十二神将図を筆写しており、その後の年記ある作品は治承三年(一一七九)、三十四歳、般若十六善神図、文治二年(一一八六)、四十一歳に大納言阿闍梨仁済から三国祖師影一巻を伝写し、同五年、四十四歳、梵天火羅九曜図を高野山別所本により書写し、承元元年(一二〇七)、六十二歳、醍醐寺珍海の吉祥天像を転写している。没年不詳。作品はもと高山寺に所蔵されていて、玄証本図像として知られている。

参考文献　土宜成雄『玄証阿闍梨の研究』

(亀田　孜)

げんじょう　玄奘　?―六六四　中国、唐代の僧侶。洛州緱氏《こうし》県(河南省洛陽専区偃師県の南)の人。姓は陳氏、俗名は禕《き》。十三歳勅命によって出家し、兄とともに洛陽の浄土寺に住し『涅槃経』『摂大乗論《しょうだいじょうろん》』を学んだ。武徳元年(六一八)隋が滅亡すると兄とともに長安に入り、ついで成都に行って『摂大乗論』などを学び、同五年受戒して律部を習った。それから荆州・相州・趙州を廻って長安に帰り、法常・僧辯の二大徳に就いて『摂大乗論』を受けた。それ故玄奘は真諦《しんだい》系統の摂論宗をまず学んだ人である。ところが諸師の解釈がまちまちで従うところを知らなかったのでインドに行って疑問を解明しようとし、貞観三年(六二九)長安を出発して西遊の途に上った。新疆省の北路を通り、西トルキスタン・アフガニスタンを経て北インドに入り、釈迦誕生地などの仏蹟を訪ねてから中インドの摩掲陀《まがだ》国パータリプトラ城に至り、ナーランダ寺に入った。ここで戒賢を師として瑜伽論をはじめ顕揚・婆沙・倶舎の諸論や護法の唯識説を学び、梵文経典を研究すること五年、辞去してからインド南部・西部の諸国を遊歴し、再び新疆省の南路を経て貞観十九年(六四五)長安に帰ってきた。請来した経論は六百五十七部で弘福寺に安置された。太宗は詔して弘福寺禅院で梵本の翻訳を始めさせ、同二十二年十月には大慈恩寺が創建されるとその西北に翻経院も建てられた。翌二十三年五月に太宗が崩じ六月に高宗が即位すると、玄奘は大慈恩寺に移ってもっぱら訳経に努めた。その翻訳事業は非常に大規模で証義・綴文・字学・証梵語梵文・筆受・書手とに分担が分かれ、また訳文も古典梵語から直訳風に訳したので新訳と呼ばれる訳風がおこった。訳出した経論は『大般若経』六百巻、『瑜伽師地論』百巻、『大毘婆沙論』二百巻、『倶舎論』『成唯識論《じょうゆいしきろん》』『摂大乗論』など七十五部千三百三十五巻に及んだ。別に『大唐西域記』十二巻を作ったが、これは東洋最大の旅行記でインド史研究上貴重な文献である。麟徳元年(六六四)二月弥勒を念じながら寂した。年六十五(一説六十三)。後世法相宗の祖とされ、また倶舎論の新訳を出したので倶舎宗の祖とも称せられる。門下三千といわれるほど弟子は多いが、神昉・嘉尚・普光・窺基の四人が上足といわれている。わが国の智達・智通・道昭らも入唐して玄奘の教えを受けている。

玄奘画像

参考文献　『大唐故三蔵玄奘法師行状』(『(大正新脩)大蔵経』五〇)、『大唐大慈恩寺三蔵法師伝』(同)、『続高僧伝』四(同)、宇井伯寿『支那仏教史』(『岩波全書』)

(大野達之助)

げんじょう　源盛　一三〇三―五八　南北朝時代の武将。名和長年の弟。嘉元元年(一三〇三)生まれる。天台の僧となり、伯耆国大山寺に住し、信濃房と称した。元弘三年(一三三三)閏二月兄長年が、隠岐の配所を脱出した後醍醐天皇を伯耆の船上山に迎え挙兵するや、源盛は大山寺衆徒らを率いて船上山の行宮に馳せ参じ、やがて千種忠顕の軍勢の侍大将として京都へ攻め上り、足利・赤松らの軍勢とともに六波羅府攻略に大功があった。建武政権崩壊後は、征西将軍宮懐良親王に随従し、長年の嫡男義高の子顕興を輔けて肥後国八代荘へ下った。この地は義高が建武政府から地頭職を付与されたゆかりの地である。爾後、肥後の南党として活動したが、正平十三年(北朝延文三、一三五八)十二月十三日八代で寂した。五十六歳。

参考文献　『伯耆之巻』、『舟上記』、門脇重綾『名和氏紀事』(『因伯叢書』四)

(水野恭一郎)

げんしょうてんのう　元正天皇　六八〇―七四八　七一五―二四在位。草壁皇子の皇女。諱は氷高(日高)。母は元明天皇。天武天皇九年(六八〇)生まれる。霊亀元年(七一五)一品を授けられたが、同年九月二日皇太子首皇子が幼年のため元明天皇の譲りをうけて即位した。中継ぎの意と解される。和風諡号は日本根子高瑞浄足姫天皇。同三年十一月美濃国多度山の美泉の効験によって養老と改元した。養老二年(七一八)藤原不比等らによって『養老律令』が撰修され、翌三年六月皇太子首皇子がはじめて朝政を聴き、四年三月征隼人軍を興し、五月には舎人親王らが『日本書紀』を撰進した。同年八月藤原不比等が没し、翌五年正月長屋王を右大臣に任じたが、十月には藤原房前を内臣として帝業を輔佐させた。同六年閏四月良田百万町歩の開墾を計り、翌七年四月に三世一身の法を発したが、神亀元年(七二四)二月四日皇太子首皇子(聖武天皇)に譲位した。退位後も太上天皇として宮都の変転など多端な政局に遭遇した。天平十八年(七四六)十月金鐘寺の大仏供養に幸したが、間もなく病を得て、同二十年四月二十一日崩御。六十九歳。佐保山陵に火葬し、天平勝宝二年(七五〇)十月奈保山陵(奈保山西陵)に改葬した。

参考文献　上田正昭『日本の女帝』(『講談社現代新書』三三七)、喜田貞吉「中天皇考」(『喜田貞吉著作集』三所収)、井上光貞「古代の女帝」(『日本古代国家の研究』所収)、岸俊男「元明太上天皇の崩御」(『日本古代政治史研究』所収)

(林　陸朗)

奈保山西陵《なほやまのにしのみささぎ》　奈良市奈良阪町にあり、市北郊の丘陵を陵所とする。東方約三〇〇メートルにある元明天皇の奈保山東陵と東西相並んでいる。『続日本紀』によると、天平二十年(七四八)四月丁卯(二十八日)佐保山陵に火葬。ついで天平勝宝二年(七五〇)奈保山陵に改葬した。『延喜式』諸陵寮の制は「兆域東西三町、南北五町、守戸四烟」とし遠陵に班する。陵所はのち所伝を失い、小奈辺古墳が陵所に擬せられていたが、幕末修陵の際に現陵に治定された。

参考文献　上野竹次郎『山陵』上　（戸原　純一）

けんしん　顕真　一一三一―九二　鎌倉時代前期の僧侶。宣陽房と号す。天承元年（一一三一）に生まれる。美作守藤原顕能の子。早く延暦寺に入り、梶井門跡の最雲法親王に師事し、顕教を明雲に、密教を相実に学んだ。権少僧都に任じ、しばしば公請に応じて仏事をつとめ、また朝臣の仏事にも迎えられ、やがて祇園別当となった。承安三年（一一七三）四十三歳の時、官職を辞し、洛北大原の地に草庵を結んで竜禅寺といい、ひとえに出離の途を求め、法然房源空の教えを聴いた。寿永元年（一一八二）『法華経』一万部転読を発願し、後白河法皇以下貴族たちの賛助協力を得て、戦乱による亡卒の得脱と天下の泰平とを祈った。同年、事によって土佐に流されたとも伝えるが、のち、また大原に入り、勝林院に源空を迎えて法論を交え、ついに一向専修に帰した。世にこれを大原問答とよぶ。建久元年（一一九〇）二月全玄が天台座主を辞した時、翌三月四日園城寺公顕が後任に選ばれたが、延暦寺の反対によって辞任した。後白河法皇は、当時洛北大原に隠棲していた顕真を起用して、同七日第六十一代座主とした。ついで権僧正に到った。浄土院番論義の興行など仏法興隆につくしたが、同三年十一月十四日東塔円融房にて六十二歳で没した。大原勝林院に葬られた。『山家要略記』はその著ともいう。

参考文献　『大日本史料』四ノ四、建久三年十一月十四日条　（多賀　宗隼）

けんじん　憲深　一一九二―一二六三　鎌倉時代前・中期の真言僧。建久三年（一一九二）藤原通成（通成は通憲の孫で成範の子）の子として生まれる。極楽房と号す。叔父にあたる醍醐寺の成賢の室に入り出家し、建保二年（一二一四）十一月十日三宝院において伝法灌頂をうけた（『真言宗全書』所収の『血脈類集記』八には十二月とする）。建長三年（一二五一）六月醍醐寺三十五代座主となり、同七年正月これを実深に譲った。憲深は、醍醐寺報恩院に住し、その法流を報恩院流（幸心方・三憲方ともいう）という。この法流は後世大いに伝受されたので、その流祖として憲深は仰がれた。弘長元年（一二六一）七月実深に付法状を与え、正嫡とした。そのほか付法は『血脈類集記』一〇には三十人がみえる。そのうちで定済《じょうぜい》は三宝院を譲られ、同院を中興した。同三年九月六日寂。七十二歳。『大法外儀』一巻などの著作がある。

憲深花押

参考文献　静基『密宗血脈鈔』下、祐宝『伝燈広録』下、義演『醍醐寺新要録』、『野沢血脈集』二（『真言宗全書』）、卍元師蛮『本朝高僧伝』一五（『大日本仏教全書』）、謙順編『諸宗章疏録』下（同）　（田中　久夫）

げんしん　源信　九四二―一〇一七　平安時代中期の天台宗の僧侶。天慶五年（九四二）に生まれる。大和国葛下郡当麻郷（奈良県葛城市当麻町）の人。父は卜部《うらべ》正親。九歳で比叡山に登り良源に師事して顕密二教を究めた。師に似て論議にすぐれていたので、天元元年（九七八）三十七歳のとき叡山の広学竪義《こうがくりゅうぎ》（法華経講演の討論会）の竪者《りっしゃ》（論題を講説する役）に選ばれ、またインドの論理学に関する『因明論疏《いんみょうろんしょ》四相違略註釈』三巻を著わした。こうして学匠としての名声は高まったが、そのころようやく貴族化してきた叡山の教団に批判的であったらしく、世俗の名利を捨て横川《よかわ》に隠棲し、もっぱら著述を事とするようになった。このころ横川の首楞厳院《しゅりょうごんいん》（略して楞厳院という）を中心にして念仏結社の運動が始められた。源信は叡山の不断念仏、良源の観念念仏の影響を受けて浄土教にはやくから関心をもっていたらしく、この運動にも関係していたようであり、それで永観二年（九八四）十一月に『往生要集』の執筆を始め、翌年四月に完成した。『往生要集』三巻は浄土教の発達に大きな影響を及ぼし、藤原道長・同行成はこの書を読んでおり、院政時代にも藤原宗忠・源義光がこれを読むのを慣いとし、阿闍梨聖

源信画像

全は書中に説いている臨終の行儀に随って寂したといわれる。のち九州に旅したとき、中国宋の周文徳なる者に『往生要集』と良源の『観音和讃』などを贈ったところ、周文徳はこれを本国の天台山国清寺に納めた。時に結縁の男女五百余人が協力して書楼を建て、この書を供養慶讃した。のちにまた宋国の人が源信の肖像を求めて来たので承円阿闍梨に描かせて送ったら、彼地ではこれを楞厳院源信大師と呼んで廟を造り、肖像画と『往生要集』をその中に安置したという。その後永延二年(九八八)に『横川首楞厳院二十五三昧式』を作り、横川首楞厳院を中心とする念仏結社の人々のために念仏を行う上の規約を定めた。長保五年(一〇〇三)弟子の寂照が入宋するに際して、天台宗の疑義二十七条を挙げて四明知礼《しめいちれい》に質問したところ、知礼は深く感嘆して答書を送ってきたが、その内容は不十分なものであったという。寛弘元年(一〇〇四)五月、弟子厳久の譲りを受けて権少僧都に任ぜられたが、翌二年十二月にこれを辞退した。横川の恵心院に住していたので、世間では恵心僧都とも横川僧都とも呼んだ。長和二年(一〇一三)正月に願文を作り、その中で生前修行した法を挙げて、念仏二十倶胝《くてい》(億)遍、読誦した大乗経五万五千五百巻(『法華経』八千巻、『阿弥陀経』一万巻、『般若経』三千余巻など)、念じた大呪は百万遍、ならびに阿弥陀・不動などの呪少々と述べている。この願文から推測すると、源信は念仏のほかに経典の読誦や呪を唱える修行もし、また念仏を唱える回数によって功徳をはかっていたようである。翌三年には『阿弥陀経略記』を著わし、寛仁元年(一〇一七)には『観心略要集』を著わした。この年病にかかり再び起つことができなくなった六月十日に身体を浄め、阿弥陀仏の手にかけた糸を手に執り、眠るがごとくに息絶えたという。年七十六。著作はすこぶる多く、その代表的なものは上述の諸書のほかに『一乗要決』三巻があり、これらは伝記・著作目録とともに『恵心僧都全集』全五巻に収められている。同門の覚運と並び称せられ、両者とも天台本覚思想の立場に立ち、源信の系統は恵心流、覚運の系統は檀那流と呼ばれた。

参考文献 『大日本史料』二ノ一一、寛仁元年六月十日条、『続本朝往生伝』(『日本思想大系』七)、『大日本国法華経験記』下(同)、大野達之助『上代の浄土教』(吉川弘文館『日本歴史叢書』二八)、速水侑『源信』(『人物叢書』一九五)　　(大野達之助)

けんぞうてんのう　顕宗天皇　『日本書紀』によれば第二十三代天皇、在位三年(四八五―八七)。『古事記』に治世八年、崩年三十八歳とみえるが、いずれも確かでない。在位の実年代はもう少しおそく、五世紀の末であろう。父は履中天皇の皇子市辺押磐皇子、母は蟻臣の娘荑媛。仁賢天皇の同母弟。子はない。本名は弘計。名義は未詳だが、兄の大ヶ(億計)に対して小ヶの義。雄略天皇は亡兄安康天皇がかつて皇位をいとこの押磐皇子に譲らんとしたことを恨み、皇子を狩に誘って暗殺した。子の億計・弘計の二王は難を避け、播磨の縮見屯倉に奴として潜伏、やがて清寧天皇のとき、大嘗供奉の料を調達するため遣わされた伊与来目部小楯に発見され、皇嗣として迎えられ、天皇の没後、まず弟の弘計王が兄の辞退により顕宗天皇として即位した。記紀には、治世中のこととして、置目老嫗《おきめのおみな》が父市辺押磐皇子の墓所を教えた話、天皇が雄略天皇の陵を破壊しようとして、皇太子であった兄の仁賢天皇にいさめられた話などを記す。顕宗の語義は、みずから市辺押磐皇子の子であることを名乗り出たという意味。皇居は近飛鳥八釣宮。陵は傍丘磐坏丘南陵。　　(黛　弘道)

傍丘磐坏丘南陵《かたおかのいわつきのおかのみなみのみささぎ》　奈良県香芝市北今市にある。『日本書紀』は傍岳磐杯丘陵、『延喜式』は傍丘磐杯丘南陵とする。『延喜式』諸陵寮には「兆域東西二町、南北三町、陵戸一烟、守戸三烟」とあり、遠陵とする。中世以降所在不明となり、元禄以来諸説があったが、幕末修陵の際決定に至らず、明治二十二年(一八八九)六月三日ようやく現陵が考定され、陵名の「杯」を「坏」に改めた。形の崩れた前方後円墳で、長軸の長さ六九メートル、高さ約八メートル、南西に面する。江戸時代から陵上に祠があり、祠の改修の際、巨石で築いた石室が破壊され、石棺・刀剣・金器などが出土したという。治定にあたり祠を域外に移し、修理を加えた。近傍の小塚三基を陪塚としている。

参考文献 『法規分類大全』二編宮廷門、上野竹次郎『山陵』上　　(石田　茂輔)

けんち　顕智　生没年不詳　鎌倉時代中期の僧侶。真宗高田派専修寺第三世住職。姓は平氏、越後余五将軍(平維茂)の後胤と伝う。越後井東の平基知が富士山にて一童子を得、伴い帰り国上寺僧順範の勧めにより比叡山東塔覚賢僧都の坊に入れ出家させ賢順と称したといわれる。住山十年ののち下野高田に行き親鸞の弟子真仏に師事、のち親鸞門下に入り安貞二年(一二二八)顕智と改名した。親鸞に常随し、親鸞帰洛の際も随身した。のち伊勢・近江・東国・北国など各地に布教。正嘉二年(一二五八)三月、真仏死後そのあとを継ぎ、専修寺第三世となる。親鸞の違例に際し上京、末期の給仕をし、大谷祖廟の造営

顕智像

に尽力したといわれる。花園天皇の勅により大僧都に任ぜられ法印に叙せらる。さらに天台聖光院の門跡に補せらる。延慶三年(一三一〇)七月四日、高田の金堂に入り所在を失したといわれ、この日を忌日としている。一説に筑波山麓椎尾の人で俗名弥三郎、寿八十五歳といわれる。

参考文献 良空『正統伝後集』(『真宗全書』)、玄智『大谷本願寺通紀』六(同)、村上専精『真宗全史』 （重松 明久）

げんち 源智 一一八三―一二三八 鎌倉時代前期の浄土宗の僧。房号は勢観房。寿永二年(一一八三)平師盛の子に生まれ、十三歳で法然房源空の門に入り、元久元年(一二〇四)の『七箇条制誡』には五番目に署名しているから、身近く仕えていたのであろう。円頓戒を授けられ、本尊・聖教・房舎も付嘱された。のち師跡の賀茂の河原屋に住んで、智恩寺のもとを開き、紫野門徒の祖となった。『選択要決』は仮託の書で、『一枚起請文』には源智相承系のものがあり、また源空の『三昧発得記』を相伝したといい、親鸞との論義も伝えるなど、源空門下の有力な弟子であり、滋賀県甲賀市信楽町にある玉桂寺の阿弥陀如来胎内文書のなかの源智の阿弥陀如来造立願文や念仏結縁交名などによって、その教化のほどが知られるが、南北朝時代の末期に紫野門徒は鎮西義に吸収された。暦仁元年(一二三八)十二月十二日、五十六歳で入寂した。

参考文献 『大日本史料』五ノ一二、暦仁元年十二月十二日条、菊地勇次郎「源智と静遍」(『浄土学』一八) （菊地勇次郎）

げんちょう 玄朝 生没年不詳 平安時代中期の絵仏師。元興寺住僧。源朝・玄超とも書く。東大寺大仏殿に掛けた天平宝字元年(七五七)完成の織成画の観音の大曼荼羅の地神像が破損したのを元興寺玄朝が修理した。永延元年(九八七)のことである。ことに不動明王像では玄朝図様の創案者で、醍醐寺の白描図像にみる不動明王の頭と二童子画(重要文化財)は玄朝様式を伝模していて、この不動の顔は青蓮院の青不動図(国宝)によく似ている。二童子の活躍した姿態や荘身具はもと元興寺金堂にあった板彫十二神将(興福寺蔵、重要文化財)に似た趣致を持ち、板彫神将は源朝絵様だという古記録(『七大寺日記』)と合う。肖像では空海の師の勤操《ごんそう》の床子に坐った粉本像があり、多武峯の聖霊御影と実性僧都影とは玄超が描くとの古記がある。

参考文献 朝岡興禎編『古画備考』一四 （亀田 孜）

けんどうそうせつ 謙道宗設 生没年不詳 室町時代の外交僧。玉村竹二によれば、謙道が道号、宗設が法諱。永正八年(一五一一)了庵桂悟を正使とする遣明船には居《こ》坐《ざ》として乗船して実務を担当し、大永三年(一五二三)大内氏派遣の遣明船では正使にあげられた。同年の宗設の船は正徳勘合を持参していたが、この船が渡航した直後に、すでに無効となっていた弘治の旧勘合を所持した細川氏派遣の船が渡航し、両者は相ついで寧波《ニンポー》に到着して、対立は暴動にまで発展した(寧波の乱)。宗設は明側から争乱の張本とみられ、帰国後、明では嘉靖六年(大永七、一五二七)に琉球船を介して引渡しを要求してきた。これに対し、将軍足利義晴は、乱の張本はすでに誅戮し、宗設の船は偽使であったと弁明して細川船を支持する態度をとった。このときの文書は『幻雲文集』に収められているが、なかに「西人宗設」という文字がみえ、宗設は帰化人ではなかったかという論者もある。

参考文献 小葉田淳『中世日支通交貿易史の研究』 （田中 健夫）

けんとくいん 顕徳院 ⇨後鳥羽天皇《ごとばてんのう》

けんとくこう 謙徳公 ⇨藤原伊尹《ふじわらのこれただ》

けんな 釼阿 一二六一―一三三八 鎌倉時代中・後期の真言密教の学僧。弘長元年(一二六一)生まれる。明忍房と号し、その出身は明らかでない。金沢称名寺開山審海について、延慶元年(一三〇八)二代住持となる。真言密教をはじめとして禅・戒律・神道・声明・唱導文芸・漢籍などに造詣が深かった。とりわけ真言密教は醍醐流・勧修寺流・仁和御流などあらゆる法流を相伝し、称名寺における真言密教を大成したばかりか、忍性・審海なきあとの鎌倉における真言密教の代表者で大きな影響を与えた。また湛睿の協力を得て、称名寺における仏教学を振興するとともに、七堂伽藍を整備完成した。なお檀越金沢貞顕の六波羅探題・連署時代には、その政治的要路において、また金沢北条氏滅亡後は称名寺をしてただちに勅願寺になすなど、その活躍は著しいものがあった。その間吉田兼好との交友もみられ、強い影響を与えているが、暦応元年(一三三八)十一月十六日、七十八歳で称名寺に没した。

参考文献 櫛田良洪『真言密教成立過程の研究』、関靖『金沢文庫の研究』、納富常天『金沢文庫資料の研究』、百瀬今朝雄「明忍房釼阿の称名寺長老就任年代」(『三浦古文化』一三) （納富 常天）

釼阿花押

げんにん　源仁　八一八―八七　平安時代前期の真言宗僧。弘仁九年(八一八)誕生。俗姓不詳。はじめ護命の室に入って法相宗を学び、のち実恵に随って三密の教を習い、さらに真雅・宗叡に師事して入壇、灌頂を受けた。元慶二年(八七八)内供奉十禅師に補せられ、同七年任律師、仁和元年(八八五)少僧都に進み、東寺二長者となる。三密の学行もっとも高く、一朝の帰依ことに厚しといわれ、著書に『灌頂通用私記』三巻があったと伝えられる(ただしその作者については異説あり)。南池院を建立して成願寺と号し、真言教を流布した。仁和三年十一月二十二日、七十歳をもって示寂。池上僧都《いけがみのそうず》と呼ばれる。付法の弟子の中に益信・聖宝の二人があり、以後、東密は仁和・醍醐の両門、広沢・小野の二流に分かれることになる。

参考文献　『大日本史料』一ノ一、仁和三年十一月二十二日条　（川崎　庸之）

源翁心昭像

げんのうしんしょう　源翁心昭　一三二九―一四〇〇　南北朝時代の曹洞宗の僧侶。元徳元年(一三二九)二月十九日、越後の荻に生まれた。姓は源氏。五歳のとき国上寺で出家、そののち諸方を歴参し、十八歳のとき総持寺の峨山韶碩に師事してその法を嗣いだ。のち箆津敦忠の帰依を受けて、退休寺(鳥取県西伯郡大山町)を復興してその開山となり、さらに出羽尾落伏の永泉寺、泉渓寺(栃木県那須烏山市)に住した。応安の初め陸奥巻尾に隠遁していたが、やがて蘆名詮盛の帰依を受けるようになった。ついで結城直光に招かれて安穏寺(茨城県結城市結城)の開山となり、また永和元年(一三七五)会津に赴いて、もと空海が開いたと伝えられる真言宗の慈眼寺を曹洞宗に改めて、示現寺(福島県喜多方市熱塩加納村)とし、その開山となった。こののち応永二年(一三九五)正月、那須の殺生石を打って神人を教化し、その石の悪霊を除いた話は有名である。応永七年正月七日寂。年七十二。法王能照禅師と勅諡された。墓は安穏寺にある。

参考文献　『大日本史料』七ノ四、応永七年正月七日条　（今枝　愛真）

(伝)源翁心昭墓

げんぴん　玄賓　?―八一八　平安時代初期の法相宗の高僧。法相宗六祖の一人。俗姓弓削氏。河内国人。興福寺宣教に唯識法相の教理を学び、法相屈指の学僧となった。延暦十三年(七九四)九月に叡山止観院(のちの根本中堂)の落慶に導師善珠に伴われて会式に臨んだ。その後に仏教界の宿弊を厭い、伯耆国会見郡に隠遁したが、同二十四年三月に勅使派遣により上京し、桓武天皇の病回復を祈願し、七月には律師常騰などとともに度者を賜わり、翌大同元年(八〇六)四月に大僧都に任ぜられた。しかし辞退して伯耆国に隠遁していたが、同四年四月嵯峨天皇の招請により、平城上皇の病回復の祈願のため入京した。弘仁二年(八一一)五月嵯峨天皇は親書を送り、法服一具をよせて、炎暑の身を慰労し、同十一月にも書ならびに綿百屯・布三十端を賜わり、玄賓は上表してその恩に謝した。玄賓に対する天皇の存問はその後弘仁八年まで、夏冬二季にわたって続けられ、時には法服や布、御製の詩などが寄せられ、その信頼の深さを示唆するものがある。弘仁七年五月には親書と頭陀に用いるための白布三十端が贈られたが、このころ備中国湯川山寺に隠棲していたもののようで、同年八月には備中国哲多郡に対して、玄賓の在世中とくに庸米を停止し、鉄を貢進させて民費を省かせた。同九年六月十七日に入寂。年八十余、あるいは八十五歳と伝えている。嵯峨天皇はいたくその死を悼み「哭賓和尚」の七言律詩一首を詠じて、その冥福を祈り、また貞観七年(八六五)八月には清和天皇が、玄賓の高徳を偲んで、伯耆国に建立した阿弥陀寺に庶民が寄進した寺田十二町九段余の租税を免除した。『日本後紀』『凌雲集』『文華秀麗集』『類聚国史』などには、嵯峨天皇の慰労の親書が収められている。中世においては玄賓追慕の風潮が盛んになり、興福寺南円堂には善珠・行賀・常騰らとともに法相六祖の一人として坐像が安置され、『撰集抄』『古今著聞集』『古事談』『江談抄』などにも、その行状が収録された。

参考文献　『元亨釈書』九、辻善之助『日本仏教史』一、川崎庸之「玄賓僧都のこと」(『日本仏教史学』二ノ一)　（堀池　春峰）

玄賓像

げんぼう　玄昉　?―七四六　奈良時代法性(相)宗の僧。俗姓阿刀氏。養老元年(七一七)入唐学問し、玄宗皇帝によって三品に准ぜられ、紫の袈裟を許された。天平七年

(七三五)諸仏像と経論五千余巻を舶載帰国し、吉備真備と往復をともにした。その経論は『開元釈教録』所載の五千四十八巻に相当し、これを本経として光明皇后の「五月一日経」が角(隅)寺に置かれた写経所で翌八年九月から写し始められ(『大日本古文書』七)、天平勝宝八歳(七五六)十二月までかかった。これよりさき天平八年二月彼は封百戸・水田十町・童子八人を賜わった。このころ国内は疱瘡と飢饉で荒れ、皇族や貴族の大官も薨じ、除災招福の役割が仏教にいっそう期待され、彼は九年八月僧正に任ぜられ、内道場の仏事を主宰し、同年十二月皇太夫人藤原宮子の病を快癒させ、絁千疋・綿千屯・糸千絇・布千端を賜わり、中宮亮の真備も従五位下から一階進められた。玄昉は、栄寵が日に盛んで沙門の行にそむき、時人の憎むところとなった。十一年五月彼の疹疾平癒を祈るため勅により『仏頂尊勝陀羅尼経』千巻が写された(『大日本古文書』二四)。十二年八月大宰少弐藤原広嗣は政府の飢疫対策の失政を批判するとともに、僧正玄昉と右衛士督真備を政治顧問から除けと要求し、乱を起したが敗死した。十三年七月玄昉が写経所で写させた『千手千眼陀羅尼経』の願文(『大日本古文書』二四)は同年二月の国分寺建立勅に一部類似し、その建立事業への関与は深い。十五年七月『法花摂釈』を奉請され(同八)、十六年五月『弥勒経』を写させた(同二)。平城還都後まもなく十七年十月玄昉師物検使所(同二四)がみえるのは処罰されたのであり、翌十一月二日筑前観世音寺に左遷され、十七日封物を収公され、配所で死んだことが『続日本紀』の十八年六月己亥(十八日)条に記され、十九年十一月弟子善意は玄昉の恩徳にむくいるため『大般若経』を写した(『大日本古文書』二)。大仏造営をめぐる政治情勢と玄昉との関係やその左遷事情について諸説が見られる。頭塔(奈良市高畑町)を彼の首塚とするのは俗説で、それは東大寺の実忠が造った仏塔である。

玄 昉 像

参考文献 『扶桑略記』、『東大寺要録』、『七大寺年表』、『三国仏法伝通縁起』中(『大日本仏教全書』)、石田茂作『写経より見たる奈良朝仏教の研究』、堀一郎「玄昉法師の死」(『堀一郎著作集』三所収)、横田健一「安積親王の死とその前後」(『白鳳天平の世界』所収)、皆川完一「光明皇后願経五月一日経の書写について」(坂本太郎博士還暦記念会編『日本古代史論集』上所収)

(井上　薫)

けんぽうしどん　乾峯士曇　一二八五―一三六一　南北朝時代前期の五山禅僧。諱は士曇、字は乾峯。別に少雲と号す。筑前博多の人。弘安八年(一二八五)誕生。永仁六年(一二九八)十四歳で博多承天寺の南山士雲に入門して出家。乾元元年(一三〇二)南山に従って京都・鎌倉の五山に学び、延慶三年(一三一〇)七月、南山の東福寺入寺に随侍した。さらに浄智寺の高峯顕日や建長寺の明極《みんき》楚俊《そしゅん》に参じたのち、元弘元年(一三三一)建長寺の首座となる。ついで同三年十一月、南禅寺の明極に参じたのち、相模崇寿寺・山城普門寺、建武四年(一三三七)八月東福寺、貞和三年(一三四七)十月南禅寺に住し、文和四年(一三五五)建長・円覚両寺を兼住した。同年三月上京して、藤原氏が東山に開いた宝菩提寺に住し、延文二年(一三五七)五月二日、後光厳天皇の招きで入内して、清涼殿で諸経を講じ、法語を述べた。康安元年(一三六一)十二月十一日寂。七十七歳。南禅寺竜興庵に塔す。後光厳天皇から広智国師と勅諡された。その他、乾峯は武蔵成願寺・山城安禅寺・和泉海会寺・日向大光寺などの開山となっている。著作に『乾峯和尚語録』五巻がある。南山・高峯・明極のほか雪村友梅・清拙正澄・竺仙梵僊らの禅匠に参じ、友山士偲はじめ太清宗渭・草堂得芳らと親交があった。弟子には嶽翁長甫・韶陽長遠・寰中長齢・霊岳法穆らがいる。

乾峯士曇花押

「士曇」
乾峯士曇印

参考文献 『大日本史料』六ノ二三、康安元年十二月十一日条、『乾峯和尚行状』

(今枝　愛真)

げんめいてんのう　元明天皇　六六一―七二一　七〇七―一五在位。天智天皇の第四皇女。諱は阿陪(阿閉)。母は蘇我倉山田石川麻呂の娘姪娘。斉明天皇七年(六六一)生まれる。草壁皇子の妃となり、文武・元正両天皇と吉備内親王を生む。慶雲四年(七〇七)六月文武天皇崩御し、七月十七日遺詔によって即位。これは不改常典《かわるまじきつねののり》による嫡子相承実現のための中継ぎと解される。和風諡号は日本根子天津御代豊国成姫天皇。翌五年正月武蔵国献上の和銅(自然銅)によって和銅と改元、また和同開珎を鋳造、五月に施行した。和銅二年(七〇九)蝦夷征討の軍を興し、翌三年三月には都を平城京に遷した。同五年正月太安麻呂に命じて『古事記』を撰上させ、翌六年五月に風土記撰進の命を発した。同七年六月文武天皇の嫡子首皇子(聖武天皇)に元服を加えたが、これを立太子の意味にもとっている。しかし、翌霊亀元年(七一五)九月二日その

皇太子は幼弱のためとして位を伝えず、氷高内親王(元正天皇)に譲位した。譲位後、養老五年(七二一)十月太上天皇として長屋王と藤原房前を御前に召して後事を託し、ことに房前を内臣に任じて内外のことを依属し、間もなく十二月七日崩御。六十一歳。大倭国添上郡椎山陵(奈保山東陵)に葬る。遺詔により喪儀を行わなかった。

参考文献 上田正昭『日本の女帝』(『講談社現代新書』三三七)、喜田貞吉「中天皇考」(『喜田貞吉著作集』三所収)、井上光貞「古代の女帝」(『日本古代国家の研究』所収)、岸俊男「元明太上天皇の崩御」(『日本古代政治史研究』所収)、佐藤宗諄「元明天皇論」(『古代文化』三〇ノ一)
(林　陸朗)

奈《な》保《ほ》山東陵《やまのひがしのみささぎ》 奈良市奈良阪町にあり、字を養老ヶ峯という。市北郊の丘陵を陵所とする。『続日本紀』によると、天皇は崩御に先立って薄葬の詔を下し、葬所については、大和国添上郡蔵《さ》宝《ほ》山《やま》雍良《よら》岑《のみね》に火葬し、他に改めることなく棘を刈り場を開いて喪所とし、その地には常葉の樹を植え、「刻字之碑」を立てるべきことを遺命。養老五年(七二一)十二月十三日、遺詔に従い、喪儀を用いず椎(奈良)山陵に葬った。同書には直(奈保)山陵の称もみえるが、いずれも遺詔にいう蔵宝山雍良岑の地を指すものであろう。雍良岑は現字名の養老ヶ峯と相通ずる。『延喜式』諸陵寮の制は、「兆域東西三町、南北五町、守戸五烟」とし、遠陵に班している。のち陵所は所伝を失い、近世には宇和奈辺古墳が陵所に擬せられていたが、幕末の修陵の際に現所に治定された。遺詔にいう「刻字之碑」は、何時のころからか陵下の土中に埋没していたが、奈良坂の春日社の境内に移され、その形状より函石と称し、碑文は磨滅して陵碑であることは忘れられていた。藤貞幹は明和六年(一七六九)にこれを実検して元明天皇陵碑であると断じ、『東大寺要録』に載せられた碑文を参酌して、碑銘を「大倭国添上郡平城之宮馭宇八洲太上天皇之陵是其所也養老五年歳次辛酉冬十二月癸酉朔十三日乙酉葬」と考定した(『奈保山御陵碑考証』)。碑石は幕末修陵の際に陵上に移され、明治三十二年(一八九九)さらに模造の碑を作ってその傍らに立てた。

参考文献 谷森善臣『山陵考』(『(新註)皇学叢書』五)、上野竹次郎『山陵』上、福山敏男「元明天皇陵碑」(『史迹と美術』四一ノ七)
(戸原　純一)

けんよ　兼誉 ⇨蓮淳《れんじゅん》

げんりゅうしゅうこう　彦竜周興 一四五八—九一　室町時代中期の禅僧(臨済宗夢窓派)。諱周興、字彦竜、別に半陶子・陶庵と称す。長禄二年(一四五八)京都九条陶化坊に生まれる。九条家家司石井伊予守在安の子、同河内守数安の俗弟。相国寺法住院の黙堂祖久の法を嗣ぐ。京と近江・美濃・但馬・河内などの間を往還して柏舟宗趙・万里集九・横川景三・桃源瑞仙・月翁周鏡など一級の学僧に内外の学について指導をうけ、その器を許された。特に横川の影響は大きい。延徳元年(一四八九)月翁が鹿苑僧録となると法住院を出てその側近に侍す。延徳二年(一四九〇)足利義政が没すると、鹿苑院侍衣として葬礼の事に奔走し『慈照院殿諒闇総簿』を筆録。同三年二月、足利義視の尽七日仏事陞座に病をおして禅客を勤む。ために病状が悪化して六月三日示寂。三十四歳(三十六歳説もあり)。門人に惟新瑞豊・玉汝琢らがいる。右の学業の師のほかに功叔周全・月舟寿桂・文成梵鷟らと深交があった。著書に『半陶藁』(『半陶文集』とも)、『西遊藁』がある。

参考文献 玉村竹二編『五山文学新集』四、今泉淑夫『桃源瑞仙年譜』
(今泉　淑夫)

けんれいもんいん　建礼門院 一一五五—一二一三　平徳子。高倉天皇の中宮、安徳天皇の生母。父は平清盛、母は兵部権大輔平時信女時子。同母兄弟には宗盛・知盛・重衡らがいる。久寿二年(一一五五)に生まれる。承安元年(一一七一)十二月、後白河法皇の猶子となり従三位に叙せられ、ついで入内して高倉天皇の女御となる。翌二年二月中宮となる。治承二年(一一七八)安徳天皇を生む。養和元年(一一八一)十一月二十五日院号宣下。寿永二年(一一八三)七月、安徳天皇を奉じて平家一門とともに京都を脱出し西海に赴いた。後鳥羽天皇即位後、年官・年爵を停められた。文治元年(一一八五)三月長門壇ノ浦での合戦に敗れ、安徳天皇とともに入水したが、源氏の軍勢に救助されて京都に送還された。同年五月京都東山の長楽寺にて出家。法名は真如覚。戒師は阿証坊印誓。ついで京都北郊大原の寂光院に移り、高倉・安徳両天皇の冥福を祈る日々を送った。鎌倉幕府は同三年二月女院領として平宗盛の旧領摂津国真井・嶋屋両荘を贈った。建保元年(一二一三)十二月十三日崩御。五十九歳。崩御の歳月については『平家物語』諸本の間では異説が多い。大原の閑居を後白河法皇が訪れる話は、『平家物語』大原御幸として有名であり、謡曲『大原御幸』(世阿弥作)にも受け継がれている。また、かつて女院に奉仕した藤原伊行女の家集『建礼門院右京大夫集』にも閑居を訪れた折の詠歌が載っている。

建礼門院像

参考文献 『大日本史料』四ノ一二、建保元年十二月

十三日条、角田文衛「建礼門院の後半生」(『王朝の明暗』所収)　（益田　宗）

大原西陵《おおはらのにしのみささぎ》　京都市左京区大原草生町、寂光院の後山(もとは同院の境内)にあり、一枚石の基壇に東面する五輪塔を安置する。塔の高さは八五ｾﾝﾁで小さいが、形は古趣を示し、もとは狭い玉垣の中にあった。建礼門院の奉葬に関する記録はないが、古来当所を御陵と伝承してきたので、明治九年(一八七六)九月御陵に定め、兆域を整備し、同二十七年六月現在の陵号を称した。

参考文献　『大日本史料』四ノ一二、建保元年十二月十三日条、上野竹次郎『山陵』　（中村　一郎）

けんれいもんいんのうきょうのだいぶ　建礼門院右京大夫　生没年不詳　平安・鎌倉時代前期に若くして建礼門院に仕え、のちに後鳥羽天皇に仕えた女房、歌人。名門世尊寺の流で、『夜鶴庭訓抄』の著者であり、能書家の聞えの高い藤原伊行を父とし、箏の名手夕霧(大神氏)を母として、保元二年(一一五七)ごろに生まれた。承安三年(一一七三)秋に建礼門院に仕え、管絃に和歌の贈答に明け暮れた宮廷生活の中で、生涯の心の支柱となった平資盛と結ばれたが、安徳天皇生誕の治承二年(一一七八)十一月以前には宮廷を辞した。家居生活中に高倉上皇の崩御にあい、平家の滅亡により、資盛の死の悲しみを体験した。文治二年(一一八六)冬、大原寂光院に建礼門院を訪ねて、「あふぎみしむかしの雲のうへの月かかるみやまのかげぞかなしき」と詠じて、その感懐を述べ、帰洛後坂本に滞在したが、建久五年(一一九四)から同八年までを後鳥羽天皇に仕えた。晩年藤原定家に『新勅撰和歌集』に入集した歌の作者名を求められて、「その世のまゝに」と答えているから、『新勅撰和歌集』が成立した嘉禎元年(一二三五)ごろまで生存したと思われるが、没年は明らかでない。折にふれて書き留めた詠草や手控を手がかりとして晩年に編んだ家集『建礼門院右京大夫集』は主として平資盛との清純な愛の交渉を経とし、平家一門の盛衰を緯としたもので、そこに収められた詠草約三百六十首は長文の詞書とともに華麗哀艶を極めて、平家裏面史の感が深い。

参考文献　『大日本史料』四ノ一二、建保元年十二月十三日条、井狩正司編著『建礼門院右京大夫集―校本及び総索引―』、本位田重美『(評註)建礼門院右京大夫集全釈』(『武蔵野注釈叢書』)、久松潜一『平安鎌倉私家集』解説(『日本古典文学大系』八〇)、冨倉徳次郎『王朝の悲歌―建礼門院右京大夫集―』(『アテネ新書』)　（井狩　正司）

けんわ　賢和　生没年不詳　平安時代初期の元興寺の僧。「けんな」ともいう。元興寺は道登・道昭(照)・行基・泰善など歴代にわたり社会福祉事業に尽くした学僧が輩出している。賢和もこの系譜に連なる学僧の一人で、僧階は伝燈法師位であった。貞観七年(八六五)四月に近江国奥嶋の奥津島神社の神宮寺を創建せんとし、同九年三月には播磨国魚住泊の再興を同国講師賢養と協力して行い、承和年中(八三四―四八)に元興寺静安が造った近江国和邇泊を修理し、船運の便を計った。彼の功績は三善清行の意見封事(意見十二箇条)にも、「菩薩行を修して利他心を起す」として評価され、建久七年(一一九六)六月の官符にも、俊乗房重源により追想回顧されたことがみえる。しかし、ともに東大寺僧賢和としているのは、蓋し誤伝であろう。　（堀池　春峰）

こ

こいちじょういん　小一条院　⇨敦明親王《あつあきらしんのう》

ごいちじょうてんのう　後一条天皇　一〇〇八―三六　一〇一六―三六在位。寛弘五年(一〇〇八)九月十一日一条天皇の第二皇子として誕生。母は藤原道長の女彰子。諱は敦成。同年十月十六日親王宣下。同八年六月十三日三条天皇の皇太子となる。時に四歳。長和五年(一〇一六)正月二十九日九歳で受禅、同年二月七日即位。寛仁二年(一〇一八)正月三日十一歳で一条殿において元服。天皇は当初、三条天皇の皇子敦明親王を皇太子に立てたが、寛仁元年八月九日敦明親王の辞意により、天皇の同母弟敦良親王(後朱雀天皇)を皇太子とした。天皇は道長を摂政とし(長和五年正月二十九日)、さらにその男頼通を摂政(寛仁元年三月十六日)、ついで関白とした(同三年十二月二十二日)。また寛仁二年十月十六日には道長の女威子を中宮に立て、ここに道長の女三人は同時に后位につくこととなった。威子所生の子に章子内親王・馨子内親王がいる。長元九年(一〇三六)四月十七日清涼殿で崩御。二十九歳。遺詔により喪を秘して敦良親王への譲位の儀を行なったとされる。同年五月十九日浄土寺西原において火葬。菩提樹院陵が陵に治定されている。　（加藤　友康）

菩提樹院陵《ぼだいじゅいんのみささぎ》　京都市左京区吉田神楽岡町にあり、陵形は東南に向く円丘で、天皇の第一皇女で後冷泉天皇皇后の章子内親王(二条院)の陵と同域である。長元九年(一〇三六)五月十九日夜、神楽岡東辺の山作所の中央に設

けた貴所屋にて火葬、翌朝酒を以て火を消し、御骨を茶垸壺に納め、呪砂を入れて壺の上に梵本の真言書一巻を結び付け、白革を以て壺を縫い、近くの浄土寺に安置した。火葬所の跡には土を覆い、その上に石卒塔婆を建て、「陀羅尼」を蔵め、四周に木柵を作り、周湟を掘って植樹した。翌長暦元年(一〇三七)六月天皇の母上東門院(藤原彰子)が火葬所に菩提樹院を建てて供養し、長久元年(一〇四〇)十一月十日に御骨を浄土寺より同院に遷した。後世所伝を失ったが、幕末には当所を陵と定めた。しかし間もなく火葬塚に改められ、明治二十二年(一八八九)に至り再び当所を陵と定めた。この時墳丘の西に接する小墳を二条院の墓と定めたが、同三十九年これを陵に改め、陵号は天皇陵と同じ菩提樹院陵と称した。

参考文献 上野竹次郎『山陵』下 (中村 一郎)

こいよう 胡惟庸 ?―一三八〇 中国、明初の政治家。定遠(安徽省滁県専区定遠県)の人。人物は雄壮大略であったが、陰険なために人から畏れられた。寧国の地方官から創業の功臣李善長に取り入って中央に進出し、太常少卿・中書省参知政事を経て左丞相に累進、洪武帝に親任されて中書省の実権を握った。独断専行のふるまいが多く、次第に野心を抱き御史大夫陳寧や御史中丞涂節らと結んで謀反をはかり、明州衛指揮林賢を日本へ、元の遺臣封績を北元に送り、外援を借りようとした。洪武十三年(一三八〇)春、この計画は涂節の密告で発覚し、胡惟庸らは誅殺され、連座するもの一万五千人に及んだ。林賢は備倭指揮として寧波沿海の倭寇防衛と日本貢使の送迎を担当していたが、胡惟庸謀反の片棒をかつぎ、倭兵招来の役割をひきうけて日本に渡り、同十四年僧如瑤らの入貢の際、倭兵四百余人と武器を伴い帰国したという。この事件の発覚は同十九年のことで、洪武帝はこれを機に日本との通交を絶った。

参考文献 『明史』胡惟庸伝、『明史紀事本末』胡藍之獄、佐久間重男「明初の日中関係をめぐる二、三の問題―洪武帝の対外政策を中心として―」(『北海道大学人文科学論集』四) (佐久間重男)

こうあ 向阿 ⇩証賢《しょうけん》

こうあんてんのう 孝安天皇 『日本書紀』『古事記』に第六代と伝える天皇。和風諡号は日本足彦国押人尊。『日本書紀』によれば、孝昭天皇の子で、母は尾張連の遠祖瀛津世襲の妹の皇后世襲足媛。孝昭天皇六十八年立太子、同八十三年父天皇が世を去ると翌年即位、葛城の室の秋津島宮に都し、兄の天足彦国押人命の女の押媛を皇后として孝霊天皇をもうけ、在位百二年、百三十七歳(記では百二十三歳)で没したという。 (関 晃)

玉手丘上陵《たまてのおかのえのみささぎ》 奈良県御所市玉手にあり、字名を宮山という。陵形は円丘で南面する。『日本書紀』孝霊天皇即位前紀によれば、崩御の年九月十三日当所に奉葬した。『延喜式』諸陵寮の制は「在二大和国葛上郡一、兆域東西六町、南北六町、守戸五烟」とし、遠陵に班している。後世所伝を失い、室の宮山古墳(室大墓)にあてられていたこともあるが、『大和志』が当所をあげ、幕末の修陵もこれにより、修補を加えた。

参考文献 上野竹次郎『山陵』上 (中村 一郎)

こういん 公胤 一一四五―一二一六 平安・鎌倉時代前期の僧侶。明王院と称す。久安元年(一一四五)生まれる。源雅俊の孫、僧行顕の子(一説、憲俊の子)。園城寺の賢覚の室に入り、顕密を学んで法器を認められ、公顕より灌頂をうけて阿闍梨となる。朝廷・貴族の信仰を得、特に後白河法皇の尊信を博して、常に院の重要仏事に請ぜられた。鎌倉幕府成立後は、源家将軍の篤信を得て、その仏事に鎌倉にたびたび請ぜられた。後鳥羽院の信任も篤く、その仏事にも参じたが、やがて僧正となり、また元久二年(一二〇五)・承元三年(一二〇九)、園城寺の長吏に補せられ、元久二年法勝寺別当にも任ぜられた。前長吏実慶と親しく、また内大臣源通親と親交があったという。あたかもこのころ、法然坊源空の浄土宗が勢いを得つつあったが、公胤は、源空の著『選択本願念仏集』をみて、これを破斥せんとして『浄土決疑抄』を著わした。しかし親しく源空に会い、目のあたりその説をきくに及んでその教えに帰し自著を破棄して、爾後、熱心な念仏者となった。源空の入寂するや、そのために仏事を修したという。またわが国曹洞宗の祖道元は、はじめ、公胤について道を問うたが、公胤はさらに建仁寺の栄西を訪うことを道元に勧めたと伝えられる。公胤は、和歌をよくし、その詠は勅撰集にも採られている。建保四年(一二一六)閏六月二十四日(一説、二十日)、七十二歳で没した。

参考文献 『大日本史料』四ノ一四、建保四年閏六月二十日条、『拾遺古徳伝』、高瀬承厳「三井寺公胤僧正に就て」(『仏書研究』四三・四四) (多賀 宗隼)

こういんきつ 黄允吉 一五三六―? 李氏朝鮮王朝中期の政治家。字は吉哉、号は友松堂。本貫は長水(全羅北道)。東西分党にあたり、西人に属した。中宗三十一年(一五三六)に生まれ、明宗十六年(一五六一)文科に登第し、官は兵曹参判《へいそうさんばん》に至った。天正十七年(宣祖二十二、一五八九)、日本通信正使となり、翌年副使金誠一《きんせいいつ》・書状官許筬《きょせい》とともに京都に来て、豊臣秀吉に聚楽第で会見した。秀吉は、朝鮮の帰服と考え、征明の計画をたて、かれに朝鮮国王の嚮導を要請した。允吉は、国王に復命して、秀吉の出兵は避けがたいことを報告したが、副使金誠一は反対派の東人に属していたので、ことさらに秀吉には動兵の状がみえないと報じた。書状官も、出兵の必至に賛成している。そこで、対策について論争が起り、まだ決定をみないうちに、文禄元年(宣祖二十五、一五九二)になると、秀吉が朝鮮に出兵したので、壬辰の乱(文禄・慶長の役)が起った。

参考文献 成均館大学校大東文化研究院編『鶴峯全集』、中村栄孝『日鮮関係史の研究』中 (中村 栄孝)

こううん　耕雲　⇩花山院長親《かざんいんながちか》

こううん　康運　生没年不詳　鎌倉時代前期の慶派仏師。運慶第二子と見られる。建久年間（一一九〇―九九）の末年、運慶のもとに教王護国寺南大門二王・中門二天を造り、建暦二年（一二一二）ころ運慶を惣大仏師として功を終えた興福寺北円堂復興造像では増長天像を分担造立し（時に法橋）、建保六年（一二一八）以前に一門の造立になり、のちに高山寺金堂本尊となった地蔵十輪院諸像中の広目天像を造った。定慶と改名したともいうが、遺作の現存する定慶とは別人か。　（水野敬三郎）

こうえ　広慧　⇩示導《じどう》

こうえん　皇円　生没年不詳　平安時代後期の天台宗の僧。関白藤原道兼四世の孫、三河権守重兼の子。顕栄の家門を捨てて比叡山に登り、椙生《すぎう》流の皇覚に就いて出家し顕密二教を受学した。長兄の資隆が肥後守であったので肥後阿闍梨と称した。東塔西谷の功徳院に住し、学徒のために講演を開いたので功徳院阿闍梨とも呼ばれた。久安三年（一一四七）法然は比叡山の戒壇院で受戒してから皇円に就いて天台教学を学び、『法華玄義』『法華文句《ほっけもんぐ》』『摩訶止観』の天台三大部を究めたという。皇円はまた歴史に造詣深く、六国史以下の史籍、僧伝、社寺の縁起などを参照し、神武天皇から堀河天皇嘉保元年（一〇九四）までの編年体の史書『扶桑略記』三十巻を編纂した。俗伝によると嘉応元年（一一六九）六月弥勒菩薩の下生に値って得道しようと願い、大蛇の身を受け遠江国笠原荘の桜池に入ったという。

参考文献　『黒谷源空上人伝』、卍元師蛮『本朝高僧伝』六六（『大日本仏教全書』）　（大野達之助）

こうえん　康円　一二〇七―？　鎌倉時代の慶派仏師。承元元年（一二〇七）生まれる。康運の子と伝えるが、明らかでない。建長六年（一二五四）完成の蓮華王院中尊千手観音像（国宝）造立に大仏師湛慶のもとに小仏師として携わり（時に法眼）、同八年功半ばで没した湛慶のあとを継ぎ東大寺講堂千手観音像を完成させ、蓮華王院復興造像でも湛慶亡きあとの大仏師を引き継いだと見られるなど、運慶三代目を代表する仏師である。遺作は蓮華王院千体千手観音像（重要文化財）中の六体のほか、建長元年の地蔵菩薩像（西ドイツ、ケルン市東洋美術館蔵）をはじめとし、正元元年（一二五九）銘の白毫寺太山王像（重要文化財）、文永四年（一二六七）銘の四天王眷属像（文化庁・静嘉堂文庫・MOA美術館分蔵）、同九年の不動明王八大童子像（東京世田谷観音寺蔵、重要文化財）、同十年の文殊五尊像（東京中村庸一郎蔵、重要文化財）、同十二年（一二七五）銘の神護寺愛染明王像（重要文化財）に至るまで比較的豊富で、作風は慶派正系のそれをうけ継ぎながら誇張と説明的描写がめだち、特に群像表現にその特色を発揮している。

参考文献　西川新次「康円研究序説」（『東京国立博物館紀要』三）　（水野敬三郎）

こうかいどおう　広開土王　⇩好太王《こうたいおう》

こうかくぜんじ　宏覚禅師　⇩東巌慧安《とうがんえあん》

こうがさぶろう　甲賀三郎　伝説的人物で、長野県諏訪湖畔に祀られる諏訪明神の縁起を説く本地物の主人公。早く十四世紀半ばごろ成立の『神道集』一〇にみえ、安寧天皇五代の孫で近江甲賀郡の地頭なる甲賀権守諏胤《よりたね》に太郎諏致《よりむね》・次郎諏任《よりただ》・三郎諏方《よりかた》の三子があり、父の死後兄弟で伊吹山に狩をしたが、三郎の室春日姫を何物かにさらわれ、日本中岳巡りして探し、ついに信濃蓼科岳の人穴に入って姫を連れ出したが、姫の忘れた唐鏡を取りに戻ったところ、姫を恋慕する次郎に綱を切られ、三郎は十数年間地底の国々を巡り、信濃浅間岳に出て帰郷したが、蛇身に変じていたのを老僧の教えに従ってもとの身に戻り、春日姫と再会し、天早船で平城国へ渡り神道の法を受けて帰国し、信濃岡屋の荘に「諏方の大明神」の名で上宮と顕れ、春日姫は下宮と顕れた。安居院の流に唱導された。中世後期に三郎の名を兼家とする語りが出現し、天文十二年（一五四三）の『諏訪御由来之縁起』その他を存し、それによると三郎は若狭高懸山の鬼王退治に赴いて、その穴に入り、信濃なぎの松原へ出るとする。おおむね諏方系統は東日本に、兼家系統は西日本に流布し、兼家系統は三郎の本貫を近江甲賀郡とする類と伊賀けてう郡とする類に分かれる。近江類の甲賀三郎は正保三年（一六四六）刊の若狭守藤原吉次の古浄瑠璃正本『諏訪本地兼家』に取られ、さらに宝永元年（一七〇四）上場の竹本筑後掾正本『甲賀三郎』が生まれ、さらに『甲賀三郎窟物語《いわやものがたり》』が現れた。諏訪信仰を説く本地物は、熊野修験・甲賀声聞師などによって普及され、特にマタギなどの狩猟伝承に支持されたことは注目すべきである。

参考文献　近藤喜博編『神道集―東洋文庫本―』、貴志正造訳『神道集』（『東洋文庫』九四）、臼田甚五郎『志奈乃〻諏訪の神伝』、柳田国男「甲賀三郎の物語」（『定本柳田国男集』七所収）　（臼田甚五郎）

こうかもんいん　皇嘉門院　一一二二―八一　崇徳天皇の皇后。諱は聖子。摂政藤原忠通の第一女。母は権大納言藤原宗通の女、宗子。没年より逆算すると保安三年（一一二二）の誕生となるが、二年誕生の所伝もある。大治四年（一一二九）入内して女御となり、翌年皇后（中宮）に立つ。永治元年（一一四一）近衛天皇の即位と同時に皇太后にのぼり、天皇の准母となったが、久安六年（一一五〇）院号宣下により皇嘉門院と号した。ついで保元元年（一一五六）落飾して清浄恵と称したが、さらに長寛元年（一一六三）剃髪して法名を蓮覚と改めた。養和元年（一一八一）十二月五日崩御。年六十。最勝金剛院に葬る。なお生前弟の藤原（九条）兼実の嫡男良通を猶子とし、最勝金剛院領以下の所領を譲与したので、のちにこれを中心として九条家領が形成された。　（橋本　義彦）

月輪南陵《つきのわのみなみのみささぎ》　京都市伏見区深草本寺山町にあり、北面する円丘である。女院の遺言に葬儀は三日以内にすることとあったのに従って即日入棺、同夜母の藤原忠通室宗

子が建立した最勝金剛院の後山に北首に埋葬し、上に生前作っておいた石卒塔婆を立てた。のちに所伝を失ったが、明治十七年(一八八四)に当所を以て御陵に決定し、同二十七年現陵名を称した。

参考文献 上野竹次郎『山陵』下　（中村　一郎）

こうぎもんいん　広義門院　一二九二—一三五七　後伏見上皇の女御藤原寧子。父は左大臣西園寺公衡、母は従一位藤原兼子。没年より逆算すると、正応五年(一二九二)の誕生となる。徳治元年(一三〇六)四月上皇の宮に入って女御となり、延慶二年(一三〇九)正月九日従三位に叙され、ついで十三日花園天皇の養母として准三宮と広義門院の号を宣下された。その後、光厳・光明両天皇をはじめ、三皇子・二皇女を生んだが、建武三年(一三三六)二月落飾して尼となった。正平七年(一三五二)北朝の光厳・光明・崇光三上皇および前皇太子直仁親王が南朝方に連れ去られて吉野に幽囚の身となるや、足利義詮は光厳上皇の第二皇子(後光厳天皇)の践祚と女院の聴政を強く奏請したので、女院は皇子の践祚を許し、関白二条良基をして政務を執らせることとした。延文二年(一三五七)閏七月十四日にわかに痢病をやみ、その二十二日伏見殿において薨去した。年六十六。

参考文献『大日本史料』六ノ二一、延文二年閏七月二十二日条　（橋本　義彦）

こうきょう　光教　⇩証如《しょうにょ》

こうぎょうだいし　興教大師　⇩覚鑁《かくばん》

こうぎょくてんのう　皇極天皇　?—六六一　六四二—四五在位。のち重祚して斉明《さいめい》天皇となり、六五五—六一在位。『本朝皇胤紹運録』によって推古天皇二年(五九四)の生まれとするのが通説。敏達天皇の曾孫、押坂彦人大《おしさかのひこひとのおお》兄《え》皇子の孫。茅渟《ちぬ》王を父、吉備姫王を母として生まれる。諱は宝皇女。諡は天豊財《あめとよたから》重日《いかしひ》足姫《たらしひめ》尊。重祚後、舒明天皇の飛鳥岡本宮を皇居としたので、後岡本宮天皇ともいう。はじめ用明天皇の孫高向《たかむく》王と婚し、のち舒明天皇の皇后となって、中大兄皇子(天智天皇)・間人《はしひと》皇女(孝徳天皇皇后)・大海人皇子(天武天皇)を生む。舒明天皇の逝去の翌年(六四二)、即位して皇極天皇となり、飛鳥板蓋《あすかのいたぶき》宮に居る。大化元年(六四五)、中大兄皇子らが蘇我氏本家を滅ぼして、大化改新に着手したのを機会に、皇位を弟の軽皇子(孝徳天皇)に譲る。孝徳天皇の死後(六五五)、斉明天皇として再び皇位につき、はじめ飛鳥板蓋宮、のち飛鳥岡本宮を皇居とする。土木事業を好み、多武峯の二槻《ふたつき》宮や「狂心《たぶれごころ》の渠《みぞ》」と呼ばれる運河など大工事を行なった。七年(六六一)、百済救援のため中大兄皇子らと筑紫にゆき、七月二十四日朝倉橘広庭宮(福岡県朝倉郡)で急死した。年六十八(『本朝皇胤紹運録』)。奈良県高市郡の越智崗上陵に葬られた。

参考文献 阿蘇瑞枝「皇極(斉明)女帝」(『人物日本の女性史』二所収)　（直木孝次郎）

越智崗上陵《おちのおかのえのみささぎ》　奈良県高市郡高取町大字車木にある。『日本書紀』は小市岡上陵、『続日本紀』は越智山陵、『延喜式』は現陵号とする。天智天皇六年(六六七)二月二十七日、斉明(皇極)天皇と孝徳天皇皇后間人皇女を当陵に合葬、陵を営むにあたり、斉明天皇の遺詔により石槨の役を起さず、永代の先例とした。文武天皇三年(六九九)十月山科陵とともに修造し、天平十四年(七四二)五月には、墳丘崩壊し鈴鹿王らに修補させ、献物を奉った。『延喜式』諸陵寮には遠陵とし、「兆域東西五町、南北五町、陵戸五烟」とするが、中世以降所在不明となった。元禄の探索以来所在転々とし、幕末に至り現陵を考定し、元治元年(一八六四)修補を加えた。現陵は平地より約五六メートル高い急峻な山丘上にあり、東南に面し、前後に長い円丘である。高さ約一一メートル、長径五一メートル、下部は前・後・右の三方が台状に張り出し、上部は直径一五メートル、高さ三メートル余の円丘をなしている。斉明天皇四年(六五八)の建王の尸を天皇の陵へ合葬せよとの詔にもとづいて、建王墓は当陵に定められている。

参考文献 上野竹次郎『山陵』上、谷森善臣『山陵考』(『(新註)皇学叢書』五)　（石田　茂輔）

こうくう　康空　⇩示導《じどう》

こうけい　康慶　生没年不詳　平安時代末、鎌倉時代初期の奈良仏師。仁平二年(一一五二)の吉祥天像造立が記録上の初見で、安元二年(一一七六)の円成寺大日如来像の銘に「大仏師康慶実弟子運慶」とその名をみせ、実子運慶の造像を指導したとみられる。治承元年(一一七七)銘の静岡瑞林寺地蔵菩薩像はその最初の遺作で、同年蓮華王院五重塔供養の際、法橋に叙せられ、養和元年(一一八一)には康朝小仏師・肥後講師と称されているので、奈良仏師康朝の弟子と知られ、文治元年(一一八五)には肥前小仏師とも称されている。文治四年から翌年にかけて興福寺南円堂諸像の復興造像(現存)を主宰し、建久二年(一一九一)京都仏師院実の担当になっていた興福寺南大門二王の造像を康慶に代えるよう、寺の別当が申し立てたがその結果は知られず、同四年蓮華王院不動三尊を造る。同五年の興福寺総供養の時にはすでに法眼位に進んでいたと知られ、翌六年の東大寺大仏殿供養に際しては賞を運慶に譲って、これを法眼としているから、東大寺復興造営にも何らかの功があったと見られる。翌七年、東大寺および神童寺に現存する伎楽面を造り、また同年東大寺大仏殿脇侍と四天王像を運慶・定覚・快慶とともに造ったのが知られる最後の事蹟で、以後間もなく没したと思われる。ほかに東福寺毘沙門三尊、光明峯寺金堂大日如来・愛染明王像、内山永久寺の仏像を造った記録もある。以上のように康慶は鎌倉時代初期における東大寺・興福寺の復興造像にめざましい活躍を見せたが、この一連の仕事の最初を飾る遺作、興福寺南円堂不空羂索観音・四天王・法相六祖(四天王はいま中金堂)の諸像では、旧像の再現に意を用いながら写実的な新風を打ち出し、ここに鎌倉新様式の開花を見ることができる。これら復興造像を通じて、弟子に多くの名手を輩出させ、一

門を隆盛に導いた。

［参考文献］ 小林剛「大仏師法眼康慶」(『国華』七四六・七四九)、藤岡穣「興福寺南円堂四天王像と中金堂四天王像について」上・下(『国華』一一三七・一一三八)、牧野あき沙「瑞林寺地蔵菩薩坐像の銘文と仏師康慶」(跡見学園女子大学『美学・美術史学科報』一八)

(水野敬三郎)

こうげい　皇慶　九七七—一〇四九　平安時代中期の天台宗の僧。谷流《たにりゅう》の祖。貞元二年(九七七)生まれる。俗姓は橘氏、贈中納言橘広相《ひろみ》(阿衡の紛議の当事者)の孫、書写山性空の甥。七歳のとき比叡山に登り法興院静真に従い、東塔阿弥陀坊に住して密教三大部・梵字悉曇《しったん》などをすべて究めた。生来遊歴を好み、長徳年中(九九五—九九)伊予国に行き国守藤原知章に請われて普賢延命法《ふげんえんめいほう》を行なった。ついで九州に赴き東寺系統の密教学者景雲に逢い、東密の秘法をことごとく受け弘法大師の宝瓶をも授けられた。皇慶は入宋の志をいだき、長保五年(一〇〇三)寂照とともに船に乗り、まさに出発しようとしたが果たすことができず、肥前国背振山《せぶりやま》に入って一夏を過ごした。のち丹波国に至り桑田郡池上に庵を結んでいた。万寿年中(一〇二四—二八)国守源章任は朝廷に奏請して皇慶に十臂毘沙門法を修せしめたので、やがて阿闍梨に補せられた。長暦二年(一〇三八)十月三井寺の明尊を天台座主に補任する件について延暦寺衆徒が蜂起した際、朝廷は皇慶が円仁七代の法嗣で一山に徳望が高かったので、皇慶に責任をとらせようとしたが成功しなかった。永承四年(一〇四九)七月二十六日、東塔南谷井ノ房で寂した。年七十三。台密の一流として谷流を開いたので谷阿闍梨といわれ、また丹波阿闍梨・池上《いけがみ》阿闍梨とも称された。門下大いに栄え灌頂を受けるもの三十余人、長宴・院尊・安慶の三人が上足である。大江匡房に『谷阿闍梨伝』(『続群書類従』伝部などに所収)があり、皇慶の伝記として最古のものである。

［参考文献］ 『元亨釈書』五

(大野達之助)

こうけん　公顕　一一一〇—九三　鎌倉時代前期の天台宗の僧侶。天永元年(一一一〇)生まれる。父は白川顕康王、母は藤原基忠の女。本覚院・宰相僧正と称す。園城寺に入り増賀に入室、増智・公観に師事し、保延三年(一一三七)阿闍梨の宣旨をうけ、朝廷・貴族の仏事を勤めた。仁平二年(一一五二)八月の鳥羽法皇五十賀の会、保元元年(一一五六)七月の同法皇葬送の儀にも請ぜられた。ついで後白河院の仏事を勤め、その出家の儀に参じ、蓮華王院検校にも任ぜられ、治承二年(一一七八)には法皇は園城寺に赴いて公顕より灌頂を受けんとしたが、山徒の反対によって中止した。平氏一門の信仰をも博して平清盛・宗盛の仏事も勤めたが、また鎌倉幕府成立後は、将軍の信仰を得て、その仏事に鎌倉にたびたび招請された。朝廷の信仰信任はきわめて篤く、文治元年(一一八五)には園城寺長吏となり、五勝寺(円勝寺を除く六勝寺)別当にも任ぜられ、やがて法務となり、牛車の宣をうけ、大僧正に至った。同三年には法皇に供奉して四天王寺で灌頂を授けている。建久元年(一一九〇)三月四日、前天台座主全玄辞任の後任として第六十代座主に補せられたが、延暦寺の抗議によって六日辞任した。同時に公顕はこのことについて、関東の源頼朝に報告している。同三年鎌倉に招請されて下向したが、翌四年九月十七日、帰洛の途中で入滅した。八十四歳。

［参考文献］ 『大日本史料』四ノ四、建久四年九月十七日条

(多賀宗隼)

こうけん　光兼　⇩実如《じつによ》

こうげん　光玄　⇩存覚《ぞんかく》

こうげんいんどの　光源院殿　⇩足利義輝《あしかがよしてる》

こうけんてんのう　孝謙天皇　七一八—七〇　七四九—五八在位。のち重祚して称徳《しょうとく》天皇となり、七六四—七〇在位。養老二年(七一八)聖武天皇の第一皇女として誕生。母は光明皇后。諱を阿倍といい、天平宝字二年(七五八)上台宝字称徳孝謙皇帝の尊号を上られ、また高野姫尊《たかの》・高野天皇とも称された。天平十年(七三八)女性としてははじめての皇太子となり、天平勝宝元年(七四九)七月聖武天皇の譲りを受けて即位した。在位中の政治は母光明皇太后と寵臣藤原仲麻呂(恵美押勝)の施策によるところが多かったとみられる。聖武太上天皇の崩後、遺詔による皇太子道祖王を廃して、仲麻呂と親しい大炊王(淳仁天皇)を立て、天平宝字二年八月に位を譲った。同四年光明皇太后が崩じ、翌年天皇とともに近江保良宮に幸したが、そのころから両者の不和が顕在化した。すなわち、保良宮で上皇が看病僧道鏡を寵愛したのが起因であった。平城宮に還御すると、天皇は中宮院に、上皇は法華寺にと別居し、六年六月上皇は百官を集めて、国家の大事と賞罰のことを行うと宣言した。淳仁天皇と結んだ藤原仲麻呂は次第に窮地におちいり、八年九月兵乱(恵美押勝の乱)を起した。上皇はこれを討滅し、道鏡を大臣禅師に任じ、淳仁天皇を廃して淡路に流し、みずから重祚した。称徳天皇という。以後、天皇は道鏡を信任して重く用い、天平神護元年(七六五)には太政大臣禅師、翌二年には法王とした。道鏡は法王宮職をおき、政治を専断したが、やがて宇佐八幡神の託宣と称して皇位につこうとした。しかし和気清麻呂による託宣の否認によってその企ては失敗し、天皇も宝亀元年(七七〇)八月四日崩御した。時に年五十三。大和添下郡高野陵に葬られた。天皇は在位中父聖武天皇発願の東大寺大仏の開眼供養会を行い、また恵美押勝の乱平定を祈願して西大寺を造営し、乱後には三重小塔百万基(百万塔)を造るなど仏教興隆に尽くしたが、他方、仏教は政治と癒着し、道鏡の専制を許すこととともなった。

［参考文献］ 北山茂夫『日本古代政治史の研究』、同『女帝と道鏡』(『中公新書』一九二)、上田正昭『日本の女帝』(『講談社現代新書』三三七)、中川収『奈良朝政治史の研究』

(林陸朗)

高野陵《たかののみささぎ》　奈良市山陵町にあり、成務天皇陵の南に隣接する。形のくずれた前方後円墳で西面し、周囲に幅の狭い堀が階段状にめぐる。『続日本紀』によると宝亀元年(七七〇)八月四日天皇が崩御すると、即日作山陵司等の諸司を任じ、畿内・近国の役夫六千三百人を徴して営陵に供し、同月十七日大和国添下郡佐貴郷の高野山陵に葬った。『延喜式』諸陵寮の制は陵号を高野陵として遠陵に班し、「兆域東西五町、南北三町、守戸五烟」とする。陵所は後世所伝を失い現神功皇后陵に擬されたこともあったが、文久修陵の際に現陵に治定された。

参考文献　谷森善臣『山陵考』(『(新註)皇学叢書』五)、上野竹次郎『山陵』上　（戸原　純一）

こうげんてんのう　孝元天皇　『日本書紀』『古事記』に第八代と伝える天皇。和風諡号は大日本根子彦国牽尊。『日本書紀』によれば孝霊天皇の子で、母は磯城県主大目の女の皇后細媛命。孝元天皇三十六年立太子、同七十六年に父天皇が世を去ると翌年即位、都を軽境原宮に遷し、穂積臣の遠祖欝色雄命の妹の欝色謎命を皇后として開化天皇をもうけ、在位五十七年、百十六歳(記では五十七歳)で没したという。　（関　晃）

剱池島上陵《つるぎのいけのしまのえのみささぎ》　奈良県橿原市石川町にあり、字名は「剱池ノ上」といい、俗に中山塚と呼ばれる。『日本書紀』開化天皇五年二月壬子条に「剱池嶋上陵」に葬るとあり、『古事記』には「御陵在二剱池之中岡上一」とある。『延喜式』諸陵寮の制は「兆域東西二町、南北一町、守戸五烟」にして遠陵に班している。陵は石川池の東南部にあたり、三面は池が廻り、陵は北西に向き、域内に二基の墳丘が東西に並び、その北側にさらに円丘一基がある。谷森善臣は東西に並ぶ墳丘を前方後円墳と見ている。後世所伝を失ったが、元禄の江戸幕府探陵の際、現陵をあて、幕末に修補を加えた。

参考文献　谷森善臣『山陵考』(『(新註)皇学叢書』五)、上野竹次郎『山陵』上　（中村　一郎）

こうげんど　高元度　生没年不詳　奈良時代の官僚。姓からみて高句麗系帰化人の出か。天平宝字三年(七五九)外従五位下に叙され在唐の遣唐大使藤原清河を迎える使に任命され、渤海使揚承慶の送使を兼ねて渤海経由で入唐した。同五年帰国にあたり兵仗の見本、甲冑・伐刀・槍・矢などを授かったが、唐帝粛宗の勅により清河はとどまり、元度らのみが蘇州から唐使沈惟岳らに送られて大宰府に着いた。同年従五位上に叙され、のち三河守・左平準令などを歴任した。

参考文献　佐伯有清「入唐求法巡礼行記にみえる日本国使」(『日本古代の政治と社会』所収)　（鈴木　靖民）

こうご　光居　⇩智通《ちつう》

こうこうてんのう　光孝天皇　八三〇―八七　八八四―八七在位。天長七年(八三〇)仁明天皇第三皇子として誕生。諱は時康。母は贈太政大臣藤原総継女贈皇太后沢子。承和十三年(八四六)四品、嘉祥元年(八四八)常陸太守。翌々年中務卿、仁寿元年(八五一)三品、貞観六年(八六四)上野太守、同八年大宰帥、同十二年二品、同十八年式部卿、元慶六年(八八二)一品。太政大臣藤原基経の廃立により、陽成天皇のあとをうけ同八年二月二十三日五十五歳で践祚。天皇は基経を徳として万機の政をまず基経に諮稟してのち奏上させたが、これがいわゆる関白の実質的なはじめで、基経の勢威はさらに強化された。仁和三年(八八七)八月天皇病気重態となるや、基経は天皇の意を察して同月二十五日天皇の第七皇子源定省(のちの宇多天皇)を親王に復し、翌二十六日皇太子とした。天皇は同日五十八歳で崩御。宇多野の後田邑陵(小松山陵)に葬る。よって小松帝ともいう。　（藤木　邦彦）

後田邑陵《のちのたむらのみささぎ》　京都市右京区宇多野馬場町(仁和寺の西南約一〇〇《メートル》)にあり、径約二〇《メートル》の円丘で南面し、周囲を土塁が方形にめぐっている。『日本紀略』によると仁和三年(八八七)九月二日小松山陵に葬り、同月八日四至を定め、陵域内の八寺を破却せしめた。文徳天皇の田邑陵に対して陵号を後田邑陵という。『延喜式』諸陵寮は近陵に班し、「在二山城国葛野郡田邑郷立屋里小松原一、陵戸四烟、四至、西限芸原岳岑、南限大道、東限清水寺東、北限大岑」と記している。『江家次第』は陵所について「在二仁和寺西、大教院艮一」とし、『中右記』嘉承元年(一一〇六)二月二十八日条では仁和寺北(喜多)院の僧房再興の際に、その西築垣が陵域を犯したことを記しているので、陵所は北院の西側に接していたことが知られる。しかし、のち陵所は所伝を失い、拠るべき地名や寺院が亡びたため近世陵所について諸説が行われ、文久修陵の際も決定をみるに至らなかった。明治二十二年(一八八九)に天王塚の称のある現所を陵に治定した。

参考文献　『大日本史料』一ノ一、仁和三年九月二日条、『法規分類大全』二編宮廷門、谷森善臣『山陵考』(『(新註)皇学叢書』五)、津久井清影『聖蹟図志』、上野竹次郎『山陵』上　（戸原　純一）

こうこん　蓋金　⇩泉蓋蘇文《せんがいそぶん》

こうごんてんのう　光厳天皇　一三一三―六四　一三三一―三三在位。持明院統の後伏見上皇の第一皇子。母は前左大臣西園寺公衡の女寧子(のちの広義門院)。正和二年(一三一三)七月九日、権大納言一条内経の一条邸で生誕。名は量仁。大覚寺統の後醍醐天皇の皇太子には、同統の邦良親王が立てられていたが、嘉暦元年(一三二六)三月、邦良親王が没すると、鎌倉幕府の支持により、七月、量仁親王が皇太子となった。元弘元年(一三三一)後醍醐天皇の討幕計画が発覚し(元弘の乱)、天皇が笠置にのがれると、九月二十日、幕府の推戴により量仁親王(光厳天皇)が践祚し、後伏見上皇が院政を行なった。践祚に際しては、先帝が新帝に剣璽を授ける剣璽渡御を行う例であるが、先帝が笠置にいたため、剣璽渡御のない異例の践祚となり、幕府側が後醍醐天皇を捕えてのち、十月六日になって光厳天皇は剣璽の引き渡しを受けた。後醍醐天皇は隠岐に流されたが、各地の武士が討幕の兵

光厳天皇花押

をあげ、元弘三年、千種忠顕・足利高氏(のち尊氏)らは六波羅を攻略した。六波羅探題の北条仲時・時益は、光厳天皇と後伏見・花園両上皇を奉じて東国にのがれようとしたが、時益まず戦死し、ついで仲時らも近江の番場で敗死し、天皇・両上皇は捕われ、五月十七日、後醍醐天皇の詔により、光厳天皇は廃された。しかし、やがて後醍醐天皇の建武新政は失敗し、建武二年(一三三五)足利尊氏は叛旗をひるがえした。翌三年、尊氏は都に攻め上り、敗れて九州にのがれたが、途中で光厳上皇の院宣を得て、朝敵となることを免れた。尊氏はやがて勢力を回復、再び京に攻め上り、八月十五日、光厳上皇は弟の豊仁親王(光明天皇)を践祚させ、院政を始めた。ここに大覚寺統の後醍醐天皇と持明院統の光明天皇とが並立することになり、南北両朝分立の端緒となった。光厳上皇の院政は光明・崇光(光厳の皇子)の二代、十五年に及んだが、足利氏の内紛によって一時南朝方の勢力が強まり、正平六年(一三五一)南朝の後村上天皇は北朝の崇光天皇を廃し、さらに翌七年には光厳・光明・崇光の三上皇を京都から南朝の根拠地に移した。すなわち三上皇は、同年河内の東条に、さらに大和の賀名生《あのう》に、同九年には河内の金剛寺に移された。かねてから光厳上皇は夢窓疎石に帰依していたが、幽囚の生活の中で、禅をはじめとする仏道への関心はさらに深まり、正平七年八月八日、賀名生で出家し、法名を勝光智と称した。金剛寺に移ってのちは孤峯覚明を尊信し、禅衣を授けられ、法名を光智と改めた。延文二年(一三五七)二月、京都に帰り、深草の金剛寿院に入った。この間京都では、足利氏が後光厳天皇(崇光上皇の弟)を擁立していたが、光厳法皇は世俗を断って禅に精進し、清渓通徹・春屋妙葩に師事した。晩年は丹波山国(京都市左京区京北井戸町)の常照寺(常照皇寺)で禅僧としての日々を送り、無範和尚と号していたが、貞治三年(一三六四)七月七日、同寺で死去。五十二歳。その後ろの山に葬られた。これを山国陵という。

光厳天皇像

参考文献 『大日本史料』六ノ二五、貞治三年七月七日条、『光厳天皇遺芳』、中村直勝『光厳天皇』、飯倉晴武『地獄を二度も見た天皇 光厳院』(『歴史文化ライブラリー』一四七)、赤松俊秀「光厳天皇について」(『京都寺史考』所収)　(上横手雅敬)

山国陵《やまくにのみささぎ》　京都市右京区京北町大字井戸字丸山の常照皇寺内にあり、南南西に面し、域内に後花園天皇陵・後土御門天皇分骨所と後花園天皇後宮嘉楽門院(藤原信子)の分骨塔と伝える塔がある。光厳天皇崩御の翌日、貞治三年(一三六四)七月八日住庵の後山にあたる当所で火葬、そのまま陵とし、遺命により、陵上には石塔を置かず、楓・柏・椿を三、四株植えたという。常照皇寺は天皇開基の寺のため、同寺が陵を篤く祭祀してきたが、幕末修陵の際に山国陵と称して大いに修補を加えた。なお光厳天皇の分骨所(宝塔)が大阪府河内長野市の金剛寺に、髪塔(五輪塔)が京都市右京区嵯峨天竜寺北造路町の金剛院内にある。

参考文献 『大日本史料』六ノ二五、貞治三年七月八日条、上野竹次郎『山陵』下　(中村　一郎)

こうさい　幸西　一一六三—一二四七　鎌倉時代前期の浄土教の僧侶。成覚房と号す。長寛元年(一一六三)生まれる。比叡山西塔南谷に住み、鐘下房少輔といった。『法然上人絵伝』によれば、建久九年(一一九八)に弟子のわが子と死別して無常を感じ、遁世して法然の弟子となった。元久元年(一二〇四)十一月七日付の「七箇条制誡」には、信空・感聖らにつづいて十五人目に署名しており、また建永元年(一二〇六)二月に、南都の興福寺の衆徒が後鳥羽院に愁訴して、法然およびその弟子の安楽・住蓮らの罪科を求めた際にも、成覚の名があげられている。幸西が天台宗から専修念仏に帰入したのは、三十六歳以降であり、しかも法然門下のなかで、活潑な伝道をしていたことが知られる。したがって承元元年(一二〇七)二月に法然が土佐に流されたとき、幸西も阿波に流されたという。安貞元年(一二二七)六月に、東山大谷の法然の墓堂が比叡山の衆徒によって破却され、多くの専修念仏者が弾圧をうけた。いわゆる嘉禄の法難であるが、このときには幸西も枝重と名を改め、壱岐に流された。のちに赦免され、下総の栗原で念仏をすすめたという。幸西は天台の教義にもとづいて一念往生を説いた。衆生の信心が弥陀の仏智と冥合する一念に、往生が成就するという立場であり、念々の相続に意義を認める多念義と対立した。宝治元年(一二四七)四月十四日没。八十五歳。門人に明信・正縁・善性などがある。著述に『玄義分抄』『京師和尚類聚伝』各一巻(現存)のほか、『凡頓一乗』『称仏記』などがあった。

参考文献 『大日本史料』五ノ二一、宝治元年四月十四日条、『浄土法門源流章』、石田充之『日本浄土教の研究』　(田村　圓澄)

こうざいもとなが　香西元長　?—一五〇七　室町時代の武将。山城守護代。通称又六。香西氏は讃岐国香川郡香西(香川県高松市香西町)を本拠地とする同国在庁の子孫で、藤原氏を称し、南北朝時代以来、細川氏の被官と

して擡頭した。元長は、管領細川政元の重臣として在京し、明応六年(一四九七)山城守護代となり、半済・役夫などに名をかりて公家領・寺社領をしきりに押妨し、永正四年(一五〇七)四月賀茂社を焼打ちするまでになった。その間、明応八年主君政元に疎まれて一時屏居し、まもなく復帰したが、永正三年阿波の三好之長が政元に招かれて入京し、政元の養子澄元を擁して勢力をのばすと、元長は前関白九条政基の子で同じく政元の養子である澄之を擁して之長と対立した。翌四年六月二十三日元長は摂津守護代薬師寺長忠らとともに政元を暗殺し、翌日澄元・之長を襲って近江に走らせた。ついで澄之に細川家の家督をつがせたが、元長の京都制覇はつかのまにすぎず、八月一日澄元を支持する細川高国・同政賢・同尚春らに攻められ、上京《かみぎょう》の遊初軒で澄之・長忠らとともに敗死した。

参考文献 『後鑑』二七一、長江正一『三好長慶』(『人物叢書』一四九)　(小川　信)

こうさかとらつな　高坂虎綱　一五二七―七八　戦国時代の武将、甲斐武田氏の家臣。春日弾正忠。名は昌信また昌宣・晴昌・晴久などにも作るが、『諸家古案集』(石井進蔵)所収永禄九年(一五六六)文書などによって虎綱と称したことは確実。通称は源助のち源五郎。永禄の初年、北信濃の名族香坂(高坂)氏の名跡を継ぎ、香坂弾正忠と名乗ったが、やがて春日姓に復した。大永七年(一五二七)生まれる。甲斐石和の豪農春日大隅の子。十六歳の時、武田信玄の近習に取り立てられてその寵童となり、使番を経て天文二十一年(一五五二)二十六歳で士大将となり百騎の将、ついで弾正忠の官途名を受けて百五十騎の将となる。天文の末年信濃小諸城代となったが、永禄の初年海津城(長野市松代町)が築かれるとその城代となり、川中島地方の諸士を統率して越後の上杉謙信にあたった。永禄四年の第四回川中島の戦に活躍、その後も越後の動静を監視するとともに、北信濃の経営に努めた。信玄の葬儀の前日、天正四年(一五七六)四月十五日、跡部勝資・同勝忠とともに塗籠を開いて遺骸を厚い棺に移し、翌十六日の葬儀の際は、家臣たちが烏帽子・色衣で参列する中を「就中春日弾正忠別而往年之因不レ浅付而、頻悃望申、剃髪・染衣之姿御供」と『御宿友綱覚書写』にみえる。天正六年五月七日没。年五十二。明徳寺(長野市松代町)に葬る。法号は憲徳院玄庵道忠居士。長男源五郎(昌澄)は長篠の戦で戦死し、次子また源五郎(信達)を称しあとを継いだ。虎綱、人となり温純にして智略に富み、武田信玄・勝頼二代の帷幕の功臣であった。三方原の戦では、諸将が浜松城攻撃を主張する中で独りこれに強く反対して信玄を諌めたとか、長篠の戦には海津城に在って越後に備えていたが、敗残の勝頼を伊奈駒場に迎え、かねて用意しておいた旌旗・武具類を与えたので、勝頼一行も軍を整えて凱旋することができたなどの逸話が伝えられている。『甲陽軍鑑』はかれの著作に仮託されており、その事績や逸話も同書によるところが多い。

参考文献 松平定能編『甲斐国志』九六(『大日本地誌大系』)、『山梨県史』資料編五、小林計一郎「高坂弾正考」(『日本歴史』二四五)　(磯貝　正義)

こうさきゅう　洪茶丘　一二四四―九一　中国、元朝の武将。名は俊奇。高麗の武将にして蒙古に投降した洪福源の子。父の死後、一二六三年、管領帰附軍民総管となり、東北(満洲)に移った高麗人を統轄。フビライに重用されて、その高麗経営に功を立てた。至元十一年(文永十一、一二七四)には東征軍の右副元帥として日本に遠征。同十八年(弘安四)の日本再征には日本行省右丞に任じ、東路軍を率いた。のち東北の反乱にも出征、官は遼陽行省右丞に至る。至元二十八年没。四十八歳。その生涯を通じ、フビライの意をむかえて常に元朝の利をはかり、祖国高麗の弱体化と隷属化につとめ、内政にも干渉して国王および功臣を圧迫し、迫害さえ加えた。弟の君祥も元朝に仕えたが、祖国のために尽力するところ大きかった。

参考文献 『元史』洪福源伝、『高麗史』一三〇、池内宏『元寇の新研究』、旗田巍『元寇』(『中公新書』八〇)、山口修『蒙古襲来』　(山口　修)

こうし　小牛　生没年不詳　室町時代の仮面作家。いわゆる十作《じっさく》の一人。『申楽談儀』に越前の面打として石王兵衛・竜右衛門・夜叉・文蔵についでこの名をあげる。『仮面譜』などの近世の伝書は越智(愛智)と同時代(永和年中(一三七五―七九)としており、およそ南北朝・室町時代初めころの人としてよいであろう。尉面を得意としたらしく、尉面の一種の「小牛尉(小尉)」は彼の創作と伝えられるが、真偽不詳。

参考文献 野上豊一郎『能面論考』、野間清六『日本仮面史』　(田辺三郎助)

こうし　孔子　前五五二―四七九　中国、春秋時代の学者。儒教の祖。諱は丘、字は仲尼。魯の襄公二十一年(前五五二、または同二十二年ともいう)十月庚子(二十一日)、魯国昌平郷陬邑《すうゆう》に生まれた。父は孔紇《こつ》、字を叔梁といい、勇士として知られ、母は顔氏の女で徴在という。先祖は宋国(殷の子孫の封ぜられた国)の人で、『春秋左氏伝』にもその名がみえる。幼少のころ両親を失い、貧賤の身を起して魯国あるいは斉国に仕えたが、四十四歳以後は仕えず、詩書礼楽を修めて弟子を養成した。五十二歳、再び魯に仕えて政治上に手腕をふるい、五十七歳、大司寇《だいしこう》として宰相の職を代行するまでになったが、失脚して国を去った。諸国を周遊して政治的抱負の実現を求めたが、結局、政治に絶望して魯に帰った。時に六

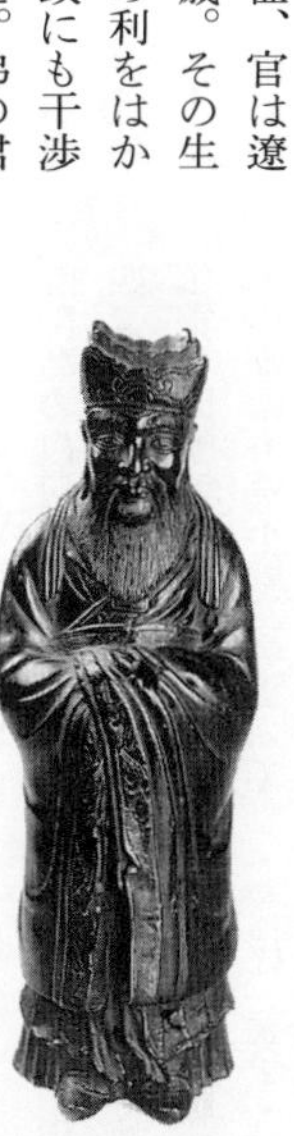

孔子像

十九歳。以後はもっぱら弟子の教育に力を注いだが、晩年、長男の鯉《り》、愛弟子の顔回・仲由(子路)につぎつぎと先立たれ、失意のうちに哀公十六年(前四七九)四月己丑(十一日)魯で没した。年七十四歳。魯の都、曲阜《きょくふ》の北、泗水《しすい》のほとりに葬った。魯国の歴史を資料として『春秋』を著わしたといわれる。また、のちその後継者によって、孔子の言行録が編纂された。これを『論語』という。

参考文献　滝川亀太郎『史記会注考証』四七、諸橋轍次『(如是我聞)孔子伝』(『諸橋轍次著作集』六)、貝塚茂樹『孔子』(『岩波新書』青六五)、H・G・クリール『孔子』(田島道治訳)、渡辺卓「孔子伝の形成」(『古代中国思想の研究』所収)　(宇野　精一)

こうしえほう　翺之慧鳳　一四一四―?　室町時代前期の禅僧(臨済宗聖一派)。諱慧鳳、字翺之。別に竹居・幻庵・木綴道人・借庵・紅蕉・古筠と称した。応永二十一年(一四一四)生まれる。丹陽(丹波か丹後)の人。俗姓不詳。応永二十六年東福寺岐陽方秀の門に入り、のちその法を嗣ぐ。永享八年(一四三六)遣明使に随って入明。同十一年周防に下って大内氏の帰依をうけ、寛正五年(一四六四)再び周防に赴く。この時の詩文集『竹居西遊集』がある。生涯の僧位は蔵主にとどまるが、詩文の評価が高かった。季弘大叔・南江宗沅・天英周賢らと親交があり、雲章一慶の『雲章和尚行状』を撰した。没年について『蔗軒日録』の文明十六年(一四八四)記事に「此老逝去已及二十年」とするのによれば寛正六年ころの没となる。通説は多くこれに従うが、『松山序等諸師雑稿』に収める翺之の作品に文明元年四月十八日生存の明証があり、再考を要する。著書に『竹居西遊集』のほかに『竹居清事』があり、『投贈和答等諸詩小序』を選した。

参考文献　『群書解題』四下・五、今泉淑夫「翺之恵鳳小考」(『日本中世禅籍の研究』所収)　(今泉　淑夫)

こうしゅん　康俊　(一)生没年不詳　鎌倉時代末の仏師。遺作は奈良・兵庫・岡山、さらに九州の各地に分布する。現存する最初の作品は正和四年(一三一五)の奈良長弓寺地蔵像(県有形文化財)で、銘中に南都大仏師法橋の肩書を付し、ついで大分金剛宝戒寺大日如来像の文保二年(一三一八)の銘では南都大仏師法眼と記し、建武元年(一三三四)ころまでには南都大仏師職を子息康成が継いでいる。この間、金剛宝戒寺像のほか西大寺丈六弥勒菩薩像など叡尊教団関係の造像がめだち、善円一派との関連を推測させる。

参考文献　『田辺三郎助彫刻史論集』、根立研介『日本中世の仏師と社会』

(二)生没年不詳　南北朝時代の仏師。遺作は京都・兵庫・岡山・広島・和歌山・九州などに見られる。現存する最初の作品は建武元年(一三三四)の京都長楽寺の遊行六代一鎮の寿像(幸俊銘)で、同四年には「仏工七条法眼」の称があり(『雪村和尚行道記』)、貞和三年(一三四七)以降「運慶五代之孫」、観応二年(一三五一)からは東寺大仏師を称し、延文三年(一三五八)には「運慶六代之孫」と改め、法印位に上っている。応安二年(一三六九)の兵庫福祥寺不動明王像がいま知られる最後の遺作。

参考文献　『田辺三郎助彫刻史論集』、根立研介『日本中世の仏師と社会』　(水野敬三郎)

こうじょ　光助　⇨順如《じゅんにょ》

こうじょ　康助　生没年不詳　平安時代後期の正系の仏師。大仏師法眼康助。頼助の子と伝える。興福寺仏師。豪助とも書く。永久四年(一一一六)法橋に叙され、大治四年(一一二九)日野宗忠の本願により日野新堂周丈六阿弥陀像を弟子仏光房とともに造り、長承元年(一一三二)薬師・十二神将像を院に造進する。同三年以前に八条堀川堂三体仏を造り、保延六年(一一四〇)鳥羽院御願により春日御塔造仏。その造仏賞により法眼となる。康治二年(一一四三)には根来寺の造仏に携わり、同三年藤原忠実の本願による宇治小松殿北辺御堂の造仏を行う。仁平元年(一一五一)には、高陽院御願の白川福勝院丈六九体阿弥陀・観音・勢至像を賢円とともに造り、同三年高陽院御願の白河御塔釈迦・多宝を造る。久寿元年(一一五四)鳥羽院御願の鳥羽金剛心院釈迦三尊像を造りその造仏賞を康朝に譲り、康朝法橋となる。同二年藤原忠実本願の安楽寿院不動堂半丈六不動・三尺二童子・二尺五寸五部夜叉・三尺五寸虚空像を造る。長寛二年(一一六四)、大仏師となり蓮華王院千体千手観音像を造る。康助の作品は確定的なものは残っていないが、蓮華王院の千体千手観音のなかで、平安時代の百二十数体中最優秀の像をかれの作と推定する説がある。この康助には、法眼時代の自筆書状が残っており、これは、御衣木の注文書で、木も板も細々としたのを注文しており、文献に伝える康助の華麗な仏像の秘密を伝えている。

参考文献　水野敬三郎「仏師康助資料」(『美術研究』二〇六)　(久野　健)

こうしょう　光勝　⇨空也《くうや》

こうしょう　康尚　生没年不詳　平安時代中期、藤原道長に重用された当代最高の木仏師。康尚が正史に表われる初見は長徳四年(九九八)に土佐講師に任ぜられたことであり、下ってその最後の業績は寛仁二年(一〇一八)の関寺の弥勒像を造り、そのころは近江講師になっており、ついで同四年に道長の法成寺の無量寿院(阿弥陀堂)の九体仏を定朝とともに造ったのが最後である。しかしその間に十数件の造像を行なっているが、多くは『御堂関白記』や『権記』に記載されていることと、宮廷と摂関家の註文に応じていることなどによって、当時の最高地位を占めていた木仏師であったといえる。その正確な遺品はないけれども、法性寺に寛弘二年(一〇〇五)に建てられた五大堂五大尊の一つとされる同聚院(東福寺)不動明王像(重要文化財)をはじめ同時代の多くの遺品の中には康尚の作があるだろうと推定されるが、関寺弥勒像は東大寺大仏と智識寺大仏とともに三大仏と称せられた五丈の大像であったから、康尚の技術の高級さを推定できよ

うが、短期間に大量の造像を完成して貴族の要求に応ずることができたのは、この康尚と定朝によって開拓された寄木造の造顕法によるのである。その功績によって僧官に任ぜられた木仏師の初例者となり、ひいては仏師の社会的地位の向上にも寄与したのである。『仏師系図』では定朝を子とするが、正史上では弟子であるらしい。

参考文献　『大日本史料』二ノ二一、万寿二年五月十六日条、西川新次・工藤圭章『平等院と藤原彫刻』(小学館『日本の美術』一一)、谷信一「定朝論の序としての康尚伝」(『美術研究』四八)、田中嗣人「仏所の形成と仏師康尚」(『日本古代仏師の研究』所収)　（谷　信一）

こうしょう　康勝　生没年不詳　鎌倉時代前期の仏師。運慶の第四子と伝える。建久年間(一一九〇―九九)末年、運慶統率下に教王護国寺南大門二王・中門二天を造り、建暦二年(一二一二)ころ完成の興福寺北円堂諸像のうち多聞天像を分担し(時に法橋)、建保六年(一二一八)以前、のちに高山寺金堂に移安された地蔵十輪院の多聞天像を造った。康海を改名したともいう。遺作に貞永元年(一二三二)供養の法隆寺金堂阿弥陀如来像(銅造、その原型を造る、摸古作)、天福元年(一二三三)の教王護国寺弘法大師像、年時不明の六波羅蜜寺空也上人像(以上いずれも重要文化財)がある。嘉禎三年(一二三七)法橋康清造立の東大寺念仏堂地蔵菩薩坐像(重要文化財)銘記中に「法橋康勝尊霊」とあり、この時すでに没していたと知られる。　（水野敬三郎）

こうじょう　光定　七七九―八五八　平安時代前期の天台宗の僧侶。宝亀十年(七七九)に生まれる。伊予国風早郡の人。俗姓は贄《にえ》氏。幼少のとき父母を喪ったので早く京師に出て、最澄の高風を慕って弟子となり、義真に従って『摩訶止観』を研修した。弘仁元年(八一〇)宮中の金光明会の際に勅によって得度した。これを宮度《きゅうど》という。同三年東大寺で受戒し、景深の『四分律行事鈔』の講説を聴習した。また同年には高雄山寺で空海から密教の灌頂も受けている。このように光定は学殖が深く、興福寺の義延と宗義を論じたり、また宮中において真苑雑物《さいもち》とも宗義を論じたりしたので、最澄に愛せられたのみならず嵯峨天皇の寵も受けた。また最澄のために朝廷に在って叡山独立の斡旋の労をとり、最澄の寂後七日目に大乗戒壇設立の勅許が下ったのも、全く光定が陰に陽に尽くした功によるのである。また義真が天台宗年分度者二人を国講師・国読師に補任せられんことを請うたとき容易に勅許が得られなかったが、義真入寂の二日前に仁明天皇の宣旨を得、その後なお異論が喧しかったのを排除してついに太政官符を得るに至ったのも、全く光定の力であったといわれる。斉衡元年(八五四)四月三日延暦寺の別当職に補せられ、天安二年(八五八)八月十日寂した。年八十。著作に『伝述一心戒文』(略して『一心戒文』)三巻、『唐決』一篇がある。なお古来、光定と泰範を同一人とする説があるが何も根拠はない。

参考文献　『延暦寺故内供奉和上行状』、上杉文秀『日本天台史』　（大野達之助）

こうしょうてんのう　孝昭天皇　『日本書紀』『古事記』に第五代と伝える天皇。和風諡号は観松彦香殖稲尊。『日本書紀』によれば懿徳天皇の子で、母は安寧天皇皇子息石耳命の女の皇后天豊津媛命。懿徳天皇二十二年立太子、同三十四年父天皇が世を去ると翌年即位、都を掖上池心宮に遷し、尾張連の遠祖瀛津世襲の妹の世襲足媛を皇后として孝安天皇をもうけ、在位八十三年、百十三歳(記では九十三歳)で没したという。　（関　晃）

掖上博多山上陵《わきのかみのはかたのやまのえのみささぎ》　奈良県御所市大字三室字博多山にあり、南南東に向く円丘である。『日本書紀』孝安天皇三十八年八月条によれば、天皇を崩後三十八年にして「掖上博多山上陵」に葬っているが、『先代旧事本紀』には崩御の翌年に葬ったとあるので、前者は改葬したものかとの説もある。『延喜式』諸陵寮の制は「在二大和国葛上郡一、兆域東西六町、南北六町、守戸五烟」とし、遠陵となっている。後世所伝を失ったが、当所の丘上には古くより天皇を祀る小祠があり、元禄の江戸幕府の探陵のさい当所を陵にあてた。その後幕末修陵の時丘上の小祠を丘下の東側に移して修補を加えた。

参考文献　谷森善臣『山陵考』(『(新註)皇学叢書』五)、上野竹次郎『山陵』上　（中村　一郎）

こうじょうぼう　光静房　⇨良忍《りょうにん》

こうしょうぼさつ　興正菩薩　⇨叡尊《えいぞん》

ごうしん　豪信　生没年不詳　鎌倉時代末期の似絵(肖像)画家。藤原為信の子で、藤原隆信・信実父子によって始まった似絵の画系の最後の継承者。元応元年(一三一九)、尊円入道親王の灌頂に際し散花の讃衆として参加しており(『門葉記』)、以後貞和四年(一三四八)に『風雅和歌集』竟宴の似絵を描く(『園太暦』)まで、その活躍が確かめられる。その間の画業については、元応二年に高山寺御影堂の伏見天皇御影を模写し(『花園天皇宸記』)、嘉暦元年(一三二六)、慈鎮和尚影供のためにその影を描き(『門葉記』)、さらに暦応元年(一三三八)には、法印になっていた豪信は花園天皇の御影(京都長福寺蔵、国宝)を描いて、似絵画家として重きをなした。また、父為信のあとをうけて、天皇影を描きつぎ、摂関・大臣影(『天皇摂関大臣影』、宮内庁書陵部蔵)を描いている。豪信は似絵様式の技法を忠実に受け継ぎ、僧籍にあってよく貴紳の影を描いたが、藤原信実に比較するとその描写にはいくらか形式化のあとがみられる。

参考文献　粟野秀穂「似絵の名人豪信法印の研究」(『史林』一四ノ三・四)、裏辻憲道「豪信の似絵に就て」(『画説』一二)　（宮　次男）

こうせいりゅうは　江西竜派　一三七五―一四四六　室町時代前期の禅僧(臨済宗黄竜派)。別に木蛇老人・続翠・豩庵・晩泊老人と称す。東師氏の二男。永和元年(一三七五)生まれる。建仁寺霊泉院の一庵一麟の法を嗣ぐ。

南都で唯識等を学んだとも伝え、絶海中津に四六文を学び、その後継者として心田清播・瑞渓周鳳と並び称される。聖福寺・建仁寺（坐公文《いなりのくもん》）を経て嘉吉元年（一四四一）南禅寺（百四十四世）に住し、同三年山城歓喜寺に住す。文安三年（一四四六）八月五日示寂。七十二歳。法嗣に梅陽章江・栩庵章核・章三がある。著述に『江西和尚語録』、『続翠詩集』（『木蛇詩藁』『豩庵集』とも）、『四六文集』『続翠稿』や『杜甫続翠抄』があり、ほかに『天馬玉津沫』（東坡詩抄）のあったことが知られているが佚した。『江西一節集』は心田清播の集の誤り。詩は『花上集』と横川景三の『百人一首』に採られている。

参考文献 玉村竹二編『五山文学新集』別巻一、蔭木英雄『五山詩史の研究』、『群書解題』五「豩庵集」、松下隆章「江西竜派と周文画」（『国華』七〇九）

（今泉　淑夫）

ごうそつ　江帥　⇩大江匡房《おおえのまさふさ》

こうだいいん　高台院　一五四九―一六二四　豊臣秀吉の夫人。北政所といわれた。天文十八年（一五四九）生まれる。尾張の杉原助左衛門定利の次女で、幼名はねね（禰々）。のち一時吉子と称したこともあるが、『（備中足守）木下家譜』その他の文書には寧子とある。叔母の嫁ぎ先である尾張津島の浅野又右衛門尉長勝に養われ、永禄四年（一五六一）八月、織田信長の家来木下藤吉郎（豊臣秀吉）に嫁した。天正十年（一五八二）明智光秀が織田信長を本能寺に襲ったとき、近江長浜城にあったねねは一時難を避けて浅井郡の山中にある大吉寺に逃れたが、間もなく山崎の戦で秀吉が光秀を破ると長浜に帰り、秀吉と再会した。その後秀吉とともに大坂城に移り住み、

高台院印

高台院画像

同十三年秀吉が関白になるとねねは北政所となり、従三位に叙せられた。同十六年四月十四日後陽成天皇の聚楽第行幸があり、還御の翌十九日付をもって従一位に昇叙された。そのときの位記には「豊臣吉子」とある。秀吉の最後を飾る花見の宴が慶長三年（一五九八）三月十五日醍醐の三宝院で催されたときには北政所も行をともにし、三宝院に百貫文を寄進した。その年の八月十八日秀吉が没すと、大坂城西ノ丸にあった北政所は落飾して高台院と称し、翌四年徳川家康に西ノ丸を明け渡して京都三本木の邸に隠棲した。ついで同十年秀吉の冥福を祈るため徳川家康にはかって京都東山に高台寺を建立し、ここを終焉の地として禅床三昧の日々を送り、寛永元年（一六二四）九月六日七十六歳（『寛政重修諸家譜』三〇九では八十三歳とある）で没した。遺骸は寺内の豊公廟の下に葬られた。法名は高台院湖月心公。高台寺の建物は壮麗雄大であったが、惜しいことに寛政元年（一七八九）二月焼失し、わずかに開山堂・豊公廟（霊屋）と表門（いずれも重要文化財）を残すのみである。

参考文献 『高台寺文書』、渡辺世祐『豊太閤の私的生活』

（今井林太郎）

こうたいおう　好太王　三七四―四一二　三九一―四一二在位。朝鮮古代三国の高句麗国十七世（あるいは十九代）の王。諱は談徳、正しい諡は国岡上広開土境平安好太王である。『三国史記』で「広開土王」と略称してから、それが定着した。この王の即位は、仏教伝来・大学創立・律令始頒などの画期的事件ののち約二十年を経過した時で、国運の著しい進展期にあった。即位とともに年号を建てて永楽元年とした。おそらくこの国最初の建元であろう。国運の進展は対外的領土の拡大に具体化された。西方、長城地帯への進出は慕容氏の燕国とのはげしい攻防をくり返した（三九五・四〇〇・四〇二・四〇四・四〇五・四〇六・四〇八年）が、ついに宿願を果たし得なかった。それにひきかえ、南方への進出は大きな成果をあげた。まず百済国の都城（漢城）を陥し（三九六年）、その背後にあった倭の勢力を駆逐し、新羅国に対する主導権をにぎった（四〇〇・四〇四・四〇七年）。最後には高句麗発祥の地とされる東夫余（今の中国松花江東地方）を征服した（四一〇年）。「広開土境」の諡あるゆえんである。王の死後十余年（四二七年）で、王都を平壌に移し、歴史の一期を画した（好太王代の紀年は好太王碑文によった、『三国史記』は一年おくれとなっている）。

参考文献 津田左右吉「好太王征服地域考」（『津田左右吉全集』一一所収）

（末松　保和）

ごうだてんのう　後宇多天皇　一二六七―一三二四　一二七四―八七在位。亀山天皇の第二皇子。母は左大臣藤原実雄の女の皇后佶子（京極院）。文永四年（一二六七）十二月一日、土御門殿で誕生。名は世仁。翌五年六月親王宣下、八月立太子。当時院政を行なっていた後嵯峨上皇が、同九年に没すると、鎌倉幕府は上皇の素志を尊重して亀山天皇を治天の君とし、亀山天皇の親政となった。やがて同十一年正月二十六日、八歳の後宇多天皇は、亀山の譲りを受けて高倉殿で践祚、三月には太政官庁で即位し、亀山

後宇多天皇花押

後宇多天皇画像

は上皇として院政を行なった。この年十一月には、蒙古の兵が対馬・壱岐から北九州を襲い(文永の役)、さらに弘安四年(一二八一)にも再度の襲来があった(弘安の役)。さて亀山上皇が院政を行い、後宇多天皇が即位したことについては、亀山の兄の後深草上皇が不満を抱いており、ここに後深草系の持明院統と、亀山系の大覚寺統との対立を見るに至った。後深草に同情した幕府は、その皇子の熙仁を皇太子に立て、弘安十年十月、後宇多天皇は熙仁(伏見天皇)に譲位し、後深草上皇が院政を行うことになった。さらに永仁六年(一二九八)伏見は皇子胤仁(後伏見天皇)に譲位、上皇として院政をとり、持明院統の治世が続いたが、東宮には大覚寺統から後宇多上皇の皇子邦治が立てられた。大覚寺統側は幕府に強くはたらきかけ、ついに正安三年(一三〇一)正月、邦治(後二条天皇)が践祚し、後宇多上皇が院政を行うことになり、久方ぶりに大覚寺統の治世が復活した。延慶元年(一三〇八)八月、後二条天皇が没し、持明院統の花園天皇(伏見の皇子)が践祚すると、伏見上皇が院政を行なったが、文保二年(一三一八)二月、後醍醐天皇(後二条の弟)が践祚し、後宇多は再び院政を執った。後宇多上皇の院政は、後二条・後醍醐両天皇の時代、通算十一年余りに及んだが、元亨元年(一三二一)上皇は吉田定房を鎌倉に遣わし、幕府の同意を得て、ついに十二月九日、白河上皇以来二百余年に及んだ院政を停止、後醍醐天皇の親政とした。後宇多天皇は深く仏教に帰依し、さきに徳治二年(一三〇七)皇后の遊義門院が没すると、自身も七月二十六日、仁和寺の禅助を戒師とし、亀山殿の寿量院で出家した。法名は金剛性。出家後は大覚寺に住み、政務のかたわら密教を研究し、特に院政をやめてのちは密教に専念したが、正中元年(一三二四)六月二十五日、五十八歳で同寺で没した。遺詔によって後宇多院と追号された。御陵は大覚寺の東北方の蓮華峰寺陵。『新後撰和歌集』は後宇多上皇の命により、嘉元元年(一三〇三)藤原為世が撰したものであり、日記に『後宇多天皇宸記』がある。宸翰も比較的多く、教王護国寺(東寺)所蔵「東寺興隆条々事書御添状」(徳治三年)、国立歴史民俗博物館所蔵「後宇多院宸記」(文保三年)、醍醐寺所蔵「当流紹隆教誡」(延慶二年)、大覚寺所蔵「弘法大師伝」(正和四年(一三一五)、同所蔵「御手印遺告」は国宝に指定されている。

参考文献　三浦周行『鎌倉時代史』(『日本史の研究』新輯一)、竜粛『鎌倉時代』下、森茂暁『鎌倉時代の朝幕関係』

(上横手雅敬)

蓮華峰寺陵《れんげぶじのみささぎ》　京都市右京区北嵯峨朝原山町にある後宇多天皇と生母京極院皇后藤原佶子の合葬陵。亀山天皇・遊義門院姈子内親王・後二条天皇の各分骨をも合葬する。『建立蓮華峰寺縁起』に、後宇多天皇は、広沢池の北、朝原山の麓に八角円堂を建立し、堂内に順逆五輪石塔を安置し、この石塔の地輪の両際に五円を彫り、中心の円にはみずからの遺骨を納めることを遺言し、四方の円中に、皇考・皇妣・皇后・皇子の各遺骨を安置して、蓮華峰寺と号した由を記すので、天皇は崩御の三日後、正中元年(一三二四)六月二十八日蓮華峰寺傍の山で火葬に付され、遺骨は同寺五輪塔の円中に納められたと考えられる。以来、大覚寺が陵を奉祠管理してきたが、文久三年(一八六三)江戸幕府は陵を修補し、陵号を蓮華峰寺傍山陵と定めたが、のち現陵号に改められた。陵は現在、林間に位置する木造本瓦葺宝形造の法華堂で、方三・六二メートル、南面する。堂の周囲は石垣で方形壇状に築き、縁に透塀をめぐらし、南面中央は高麗門がある。堂内は白砂敷きで、中央に高さ二・四二メートルの花崗岩の五輪塔一基、両側に小五輪塔各一基を安置する。中央の塔は、火輪に浮彫文様のある特殊な五輪塔である。堂の周囲には、かつて鎌倉・室町時代の石仏・石碑伝など五百余が散在し、堂を中心に浄土が形成されていたとも考えられるが、今は石垣区画の東外側に設けた安置所に移し、整然と安置されている。

参考文献　上野竹次郎『山陵』下、谷森善臣『山陵考』(『(新註)皇学叢書』五)

(石田茂輔)

こうち　広智　生没年不詳　平安時代前期の天台宗の僧侶。初め武蔵国の道忠に師事して下野国小野寺に住していた。道忠は鑑真の弟子で最澄が一切経書写を企てたときにこれを助けたことがある。弘仁三年(八一二)のころ空海は広智に使を送って新たに将来した経論を書写するように依頼しているので、学徳すぐれ高名であったことが知られる。それで広智菩薩と称せられたという。弘仁六年に最澄が東国を巡化した際、最澄の高風を慕って弟子となり、最澄が下野国に多宝塔を造るときには造営を助けている。ついで上野国緑野寺の法華塔院で金剛・胎蔵両部の灌頂を受け、叡山に登って天台教学を究めた。のちに勅を蒙って下野国の鎮国師となり、天台宗を東国に弘める基礎を固めた。また広智は円仁の出家の師で、大同三年(八〇八)十五歳の円仁を伴って叡山に登り最澄の弟子としている。

参考文献　上杉文秀『日本天台史』

(大野達之助)

こうち　光智　八九四―九七九　平安時代中期の東大寺華厳宗の高僧。平安左京の人。寛平六年(八九四)生まれる。俗姓平氏。東大寺良緒に就いて華厳を学び、傍ら真言宗をも兼学した。天暦四年(九五〇)五月、五十七歳の時に東大寺別当に補せられ、以後三度にわたって別当に

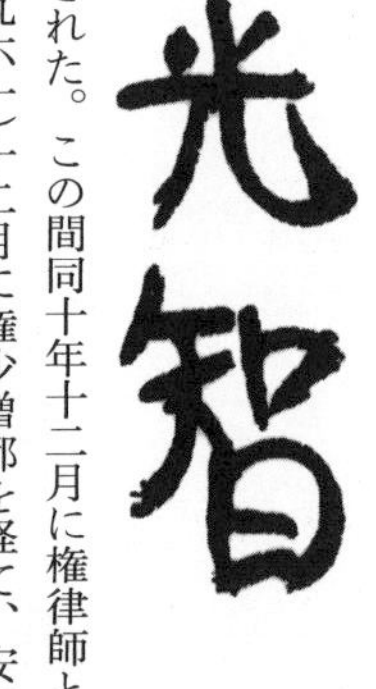

光智自署

還補された。この間同十年十二月に権律師となり、応和元年(九六一)十二月に権少僧都を経て、安和元年(九六八)三月大僧都となり、天元二年(九七九)三月十日に八十六歳で没した。別当在任約十五年の長期に及び、その間に東大寺伽藍の修理復興、経済の再建に手腕と功績をのこした。まず天暦四年六月には倒潰しかけた羂索院(法華堂)の双倉の納物を正倉院に移し、同八年には大仏殿の巨大な角木を伊賀国板蝿杣より搬出して取り替え、天徳元年(九五七)三月の旱天には諸大寺僧を大仏殿に集めて祈雨を行い、同二年には伊賀国豪族橘元実より同国玉滝杣の寄進をうけて、東大寺領とした。翌三年には、延長六年(九二八)・承平四年(九三四)に焼亡した西塔の再建のために、当杣より塔二層分の用材を搬出したが、その費用は米一万千石余を費やした。玉滝杣は当時修理職・冷泉院・雲林院の修理用材を伐採していたのを停止させ、東大寺専用の杣としたし、また自身も伊賀国鞆田荘の田地を同四年に寄進している。応和元年には村上天皇の勅により尊勝院を創建し、華厳専攻の智行僧十人を置き、華厳宗の本所とし、国家の安寧と公家の祈願を行うことにした。さらに大仏殿の東方の羂索院・二月堂などの堂舎を当院家の支配とし、法要・行事の永続化を計るなど、光智の東大寺財政・法燈の継承に尽くした功績はきわめて大きい。

参考文献 『大日本史料』一ノ一七、天元二年三月十日条、堀池春峰「二月堂修二会と観音信仰」(『南都仏教史の研究』上所収)　（堀池 春峰）

こうちょう　康朝　生没年不詳　平安時代後期の活動を知られる奈良仏師。康助の子あるいは弟子で、久寿元年(一一五四)鳥羽金剛心院造仏により、康助譲で法橋となる。保元三年(一一五八)中山忠雅先妣供養のための大日如来像は「甚だ疎荒」と悪評を買っている。長寛年中(一一六三―六五)法眼位につくといわれるが、同二年の蓮華王院供養に際してのことか。明らかな遺作は現存しない。その嫡流は成朝、弟子に運慶の父康慶がいる。　（水野敬三郎）

こうていけん　黄庭堅　一〇四五―一一〇五　中国、北宋後期の文人。慶暦五年(一〇四五)生。庭堅は名、字は魯直(日本ではロチキと読んだ)、涪《フウ》翁と号するが、日本では最も山谷の号(安徽省の山谷寺に因む)を以て行われる。官途は達せず、一再、貶謫された。蘇東坡の門人で、蘇門四学士・蘇門六君子に数えられるのみかは、師と並べられて蘇黄の謂いが有る。長所は詩で、豪険抜俗。彼を宗とするのが江西詩派。詩風、山谷体を成す。書(特に草)にも巧みで、北宋「尚意」の書風を代表する蘇黄米蔡にはいる。崇寧四年(一一〇五)卒、六十一歳。日本でも詩文書道両方面で享受影響、甚深であった。殊に山谷は晦堂祖心に参禅したと言われて、禅家で喜ばれた。五山文学の栄養素の尤なるものである。宋元刻摺の『山谷詩集注』(任淵撰)が舶載され、室町時代の覆刻も一板に止まらず、講読を抄するもの万里集九の『帳中香』・一韓智翃の『山谷詩鈔』等が有る。書道では、俊芿(泉涌寺勧縁疏)等に山谷学習が著しい。

参考文献 黄罃編『山谷先生年譜』(『山谷集』附録)、『宋史』黄庭堅伝　（太田晶二郎）

こうとうたけざね　厚東武実　?―一三四八　鎌倉・南北朝時代の武将、長門守護。厚東は「ことう」とも呼ぶ。本姓物部、通称太郎左衛門尉。生年未詳。武仲の子。元弘三年(一三三三)閏二月長門探題に従って伊予に出征したが、三月には、船上山より後醍醐天皇の綸旨を奉ぜる石見の吉見氏の族高津入道道性が十ヵ国三千騎を率いて長門探題北条時直征伐のため長門大峯に来ると、探題より防戦の命を受けたが、道性の勧めに応じて、四月同国由利・伊佐・秋吉・岩永・厚保・松屋・河越・厚狭諸氏を誘い、ともに探題を攻め、ついに時直を奔らせた。建武元年(一三三四)同国守護に任ぜられ、五月十四日入部した。翌年足利尊氏叛し、新田義貞を逐って入洛、北畠顕家に破られ二月三日摂津兵庫に逃れたが、武実は周防大内氏とともに兵船を率いて兵庫に着く。尊氏は連戦連敗、ついに一時九州に下ることに決し、厚東・大内両氏の兵船によって西下した。途中播磨室津にて軍議し、中国の配備を定めると、武実は斯波高経大将の下に長門守護とされた。尊氏の東上には兵船用意の命を奉じ、その長府滞在中また斡旋し、東上には嘉例として源義経が壇ノ浦の戦に傭った船頭の子孫を周旋して東上(『梅松論』)。五月五日備後鞆の浦着、尊氏は海路、直義は陸路に分かれ進んだが、武実は陸路を上り、湊川の戦には高経の下に山ノ手に戦った。武実また早く仏門に帰し(法名崇西)、元亨元年(一三二一)浄名寺(山口県宇部市棚井)を開き、ついで同地に持世寺を興隆し(『長門持世寺文書』)、また臨済宗の高僧南嶺子越が渡元の途長門を過ぎるのを聘し、法雨によりて民心を霑さんと懇願して東隆寺(同)を開いた。子越は、夢窓疎石が西国より来る出家に会うごとに、「曾て長門長老に礼して来るや」と問うたほどの高僧であったが、永く当寺に住させた。寺は長門安国寺に、ついで諸山に列し、勅額を賜わった。なお武実に注意すべきは、摂津兵庫福

厚東武実花押

厚東武実画像

厳寺で、子越の師仏燈国師の語録出版の議があると、梨板(版木)五十片を施入助成したことである。この兵庫版は文和元年(一三五二)に開版され、経巻以外の出版としては、正平十九年(北朝貞治三、一三六四)の堺版(正平版)『論語集解』に先立つもので、彼の文化史上における大なる功績である。貞和四年(一三四八)十一月九日京都で没。法名浄名寺殿天庵崇西。厚東の浄名寺に葬る。

参考文献 『大日本史料』六ノ一二、貞和四年十一月九日条、『博多日記』、山口県文書館編『防長風土注進案』、近藤清石『長門国旧族誌』(『防長叢書』四)、川副博『厚東氏の事績』、同「厚東氏の研究」(『厚東』一)、新村出「兵庫の古版本について」(『新村出全集』八所収)

(川副　博)

こうとくいんどの　光徳院殿　⇨足利義栄《あしかがよしひで》

こうとくこう　恒徳公　⇨藤原為光《ふじわらのためみつ》

こうとくてんのう　孝徳天皇　?―六五四　六四五―五四在位。大化改新の時の天皇。和風諡号は天万豊日尊。皇極女帝の同母弟で幼名を軽《かる》皇子といい、父は敏達天皇の孫で押坂彦人大兄皇子の子の茅渟《ちぬ》王、母は欽明天皇の孫の吉備姫王。『上宮聖徳太子伝補闕記』によると、皇極天皇二年(六四三)の山背大兄王討滅事件の時には蘇我入鹿の軍に加わっていたというが、『日本書紀』や『大織冠伝』(『家伝』上)によると、改新前に軽皇子に接近しようとした中臣鎌足を皇子が厚遇したという話がみえている。皇極天皇四年六月に大化改新が発足すると、皇極女帝の譲位を承けて即位し、女帝の長子の中大兄皇子(天智天皇)を皇太子とし、年号を立てて大化とし、同年末に難波長柄豊碕宮に遷都した。また中大兄皇子の同母妹の間人《はしひと》皇女を皇后としたが、それ以前に阿倍小足媛《おたらしひめ》との間に有間皇子をもうけていた。天皇の治世は中大兄皇子が実権を握って改新政治を推進したとみられるが、皇子は白雉四年(六五三)に至って、天皇の意に反して皇極上皇・間人皇后以下公卿百官を率いて大和の飛鳥に戻ってしまったので、独り難波にとり残された天皇はこれを恨んで退位を考え、山碕の地に宮を造営しているうち、翌五年十月十日に難波の宮で病死し、同十二月河内の大阪磯長陵に葬られた。

大阪磯長陵《おおさかのしながのみささぎ》　大阪府南河内郡太子町大字山田にあり、白雉五年(六五四)十二月八日孝徳天皇を葬った陵。『日本書紀』『延喜式』ともに陵号の「阪」を「坂」とする。『延喜式』諸陵寮には「在二河内国石川郡一、兆域東西五町、南北五町、守戸三烟」とあり遠陵とする。元禄の山陵探索の際、孝徳天皇陵と称するものは古市にもあったが、現陵に決められた。元治元年(一八六四)修復を加え、拝所などを整備した。墳丘は直径四〇メートル、高さ七メートル、山腹に位置する円墳で、西南に面する。江戸時代に地元では「北山陵」と呼ばれた。

(関　晃)

参考文献 上野竹次郎『山陵』上

(石田　茂輔)

ごうなごん　江納言　⇨大江維時《おおえのこれとき》

こうにほん　高二品　⇨高階成忠《たかしなのなりただ》

こうにょ　巧如　⇨ぎょうにょ

こうにんてんのう　光仁天皇　七〇九―八一　七七〇―七八一在位。和銅二年(七〇九)十月十三日、天智天皇の皇子施基《しき》親王の第六子として誕生。母は贈太政大臣紀諸人の女橡《とち》姫。諱は白壁。天平九年(七三七)九月無位より従四位下、同十八年四月従四位上、天平宝字元年(七五七)五月正四位下、同二年八月正四位上、同三年六月従三位となる。同四年六月七日、光明皇后の葬儀に際し山作司に任じ、同六年十二月、中納言となる。同八年九月、正三位。天平神護元年(七六五)正月、勲二等を授かった。同年十月十三日、称徳天皇が紀伊国へ行幸した時に御前次第司長官に任じた。同二年正月、大納言となり、神護景雲二年(七六八)十月二十四日、大宰綿一万屯を賜わった。同四年八月四日、称徳天皇の崩御にあたり左大臣藤原永手らによって皇太子に立てられ、同年十月一日、即位し、宝亀と改元した。時に六十二歳。『続日本紀』光仁天皇即位前紀は「自二勝宝一以来、皇極無レ弐《つぎ》、人疑二彼此一、罪廃者多、天皇深顧二横禍時一、或縦レ酒晦レ迹、以レ故免レ害者数《あまたたび》矣」と伝え、皇太子に立てられるまでの天皇の身辺は危難にとりまかれていた。即位後の十一月六日、妃の井上内親王を皇后とし、宝亀二年(七七一)正月二十三日、他戸《おさべ》親王を皇太子としたが、同三年三月二日、皇后は巫蠱《ふこ》に坐せられて廃され、皇太子もまた同年五月二十七日に廃された。同四年正月二日、他戸親王にかわって山部親王(桓武天皇)が皇太子となった。天応元年(七八一)四月三日、病気により山部親王に譲位、同年十二月二十三日、崩御。七十三歳。天宗高紹天皇と諡され、広岡山陵に葬られた。天皇は道鏡を退けたあとの藤原氏の政界進出に支えられて寺院・僧尼への統制、官制の修正、地方行政の改革、蝦夷問題への対策など政治体制を安固にすることを期する政治を行なった。

参考文献 北山茂夫「藤原種継事件の前後」(『日本古代政治史の研究』所収)

(佐伯　有清)

田原東陵《たわらのひがしのみささぎ》　奈良市日笠町にあり、旧添上郡田原村の地で字をヲヲノツカという。径約五〇メートル、高さ約八メートルの円墳。『続日本紀』によると天皇崩御の翌延暦元年(七八二)正月七日広岡山陵に葬ったが、同五年十月二十八日地を相して田原陵に改葬した。当陵の西南に天皇の父施基皇子の田原西陵があるが、これを前田原山陵というのに対して後田原山陵ともいう。『延喜式』諸陵寮の制は陵号を田原東陵とし、兆域東西八町南北九町、守戸五烟を配し、近陵に班している。陵所は後世所伝を失ったが、元禄十二年(一六九九)江戸幕府により行われた諸陵探索の折に陵所に当てられ、以来陵所についての異説がない。文久修陵の際この地の領主津藩主藤堂高猷は山陵奉行に願い、藩費を以て当陵の修営を分担した。初葬の地広岡は田原の北一〇キロにあるが、その遺跡は明らかでない。

参考文献 上野竹次郎『山陵』上

(戸原　純一)

こうねん　興然　一一二一―一二〇三　平安・鎌倉時代

興然花押

初期の真言宗の僧。勧修寺慈尊院二世。本名は智海。字は理明房。俗姓不詳。保安二年(一一二一)生まれる。幼時から勧修寺寛信に随って両部大法・護摩・諸尊儀軌などを受学した。その他念範から伝法灌頂を受けたのをはじめ、実任・良勝・喜俊・亮恵・増恵・実範らにも付法され、受法は前後八回にわたった。特に興然は保延三年(一一三七)ころから晩年に至るまで諸尊法の研究・儀軌の蒐集にあたり、寛信・観祐らの諸師にもついて二百回を越える伝受を受け、それらを編纂した事相・図像関係の著作を多く残した。著名なものに、二十一年をかけて建仁三年(一二〇三)成立の諸尊法ならびに事相上の重要事項を記した『五十巻鈔』五十巻、図像集の先駆をなす『金剛界七集』二巻、『図像集』七巻などがある。建仁三年十一月三十日入寂。歳八十三。付法の弟子は栄然・覚禅・成宝ら三十一人。

参考文献 『大日本史料』四ノ補遺、建仁三年十一月三十日条、『四巻鈔』上・中・余(『真言宗全書』三二)、『血脈類集記』五・七・一〇(同三九)、高山寺典籍文書綜合調査団編『高山寺経蔵典籍文書目録』(『高山寺資料叢書』三・五・八・九)、築島裕翻刻「醍醐寺本伝法灌頂師資相承血脈」(『醍醐寺文化財研究所研究紀要』一)　(武内　孝善)

こうのないし　高内侍　⇨高階貴子《たかしなのきし》

こうのみちあり　河野通有　?—一三一一　鎌倉時代後期に活動した伊予河野氏正系の武将。通信の孫、通継の子。六郎、対馬守。伊予国久米郡石井郷(愛媛県松山市)を領有し、同地の縦淵城を本拠とした。文永の役(文永十一年(一二七四))ののち、元の再度の来襲が予想され、通有は鎌倉幕府の指示に従って出動し、九州の防備にあたった。弘安四年(一二八一)筑前国の海岸に迫った元軍は、堅固な石塁によって上陸を阻止された。通有は石塁を背にして、その前に陣をはったので、将卒はこれを「河野の後築地」とよんで彼の豪胆さに驚嘆した。ついで志賀島の戦いに、通有は元の大艦を奇襲し、敵将を捕えて戦果をあげたが、負傷療養のため帰郷した。徳治二年(一三〇七)通有は幕府から西国および熊野浦の海賊追捕を命ぜられ、その鎮圧に努力した。応長元年(一三一一)七月十四日没し、その遺骸は、彼が元寇戦没者の菩提のために建立した同国周布郡北条郷(愛媛県東予市)の長福寺に葬られた。法名は長福寺殿天心紹普大居士。通有は悲境にあった同氏の威信の回復に貢献した。

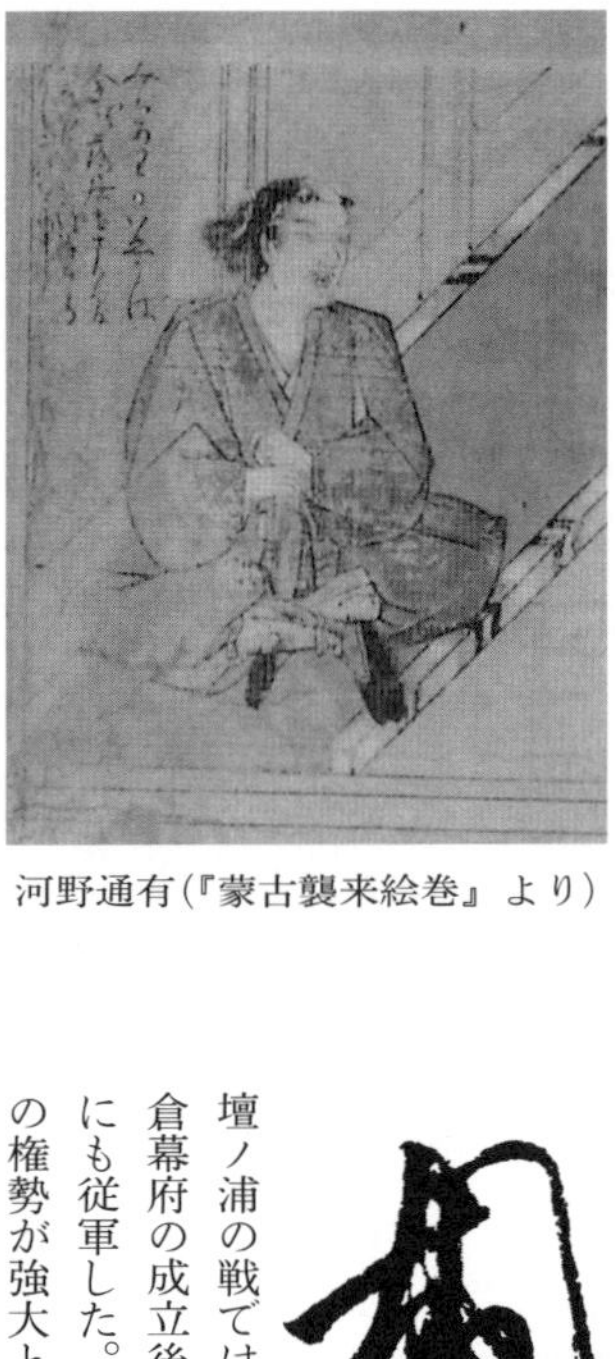

河野通有(『蒙古襲来絵巻』より)

参考文献 『八幡愚童訓』(『日本思想大系』二〇)、『予章記』、景浦勉校訂『予陽河野家譜』、同編『善応寺文書』(『伊予史料集成』二)、『愛媛県編年史』二、池内宏『元寇の新研究』　(景浦　勉)

こうのみちのぶ　河野通信　一一五六—一二二三　鎌倉時代前期に活躍し、伊予国河野氏の素地を築いた武将。一遍の祖父。通称は四郎、出家して観光と号す。保元元年(一一五六)生まれる。父は通清。源頼朝が平氏討伐のため挙兵すると、養和元年(一一八一)通信は父通清とともに本拠の伊予国風早郡高縄山城(愛媛県松山市北条)によって呼応し、まず平維盛の目代を追放した。しかし伊予国内外における平氏の与党の総攻撃をうけ、通清は同城に敗死した。通信は体勢をたてなおし、侵入していた備後国の西寂をたおし、阿波国の田口成直(則良)を伊予国喜多郡比志城(大洲市)に撃破して、主導権を握った。源義経が西下した時、通信は軍船を率いて屋島に赴き、海上から平氏を攻撃した。さらに壇ノ浦の戦では通信の軍船が中堅となって活躍した。鎌倉幕府の成立後、通信は御家人となり、頼朝の奥州征伐にも従軍した。源氏の将軍が三代で断絶し、執権北条氏の権勢が強大となると、通信の心は幕府から離れ、その子通政・孫通秀らは西面武士として院庁に仕えた。後鳥羽上皇の召に応じて上京していた通信は、承久の乱(承久三年(一二二一))に広瀬の戦に参加したが、京都側は大敗した。通信は通政らとともに帰郷し、高縄山城によって反抗を続けた。しかし幕府の遠征軍の包囲をうけて陥落し、通信は負傷して捕虜となり、奥州平泉(岩手県西磐井郡平泉町)に配流された。通政は斬られ、所領の多くは没収され、その勢威は衰えたが、通政の弟通久がひとり関東側に与したため、同氏の命脈がようやくつながった。通信は貞応二年(一二二三)五月十九日配所で没した。六十八歳。大正五年(一九一六)贈従五位。

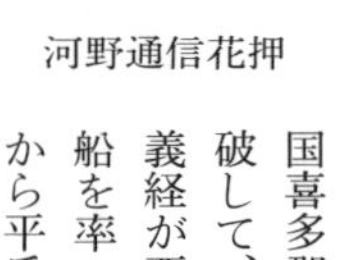

河野通信花押

参考文献 『大日本史料』四ノ一六、承久三年六月二十八日条、『予章記』、景浦勉校訂『予陽河野家譜』、同編『善応寺文書』(『伊予史料集成』二)、『愛媛県編年史』二、景浦勉『河野村史』　(景浦　勉)

こうのみちはる　河野通春　?—一四八二　室町時代後期に活躍した伊予の河野氏予州家の武将。伊予守。予州家と宗家との抗争は通春の父通元の治世に発し、室町幕府の調停にもかかわらず解決しなかった。通春は嘉吉の乱(嘉吉元年(一四四一))以来河野家の主導権をめぐって、宗家の教通と対立した。通春が反宗家の将卒を糾合したのに対し、教通は安芸国の小早川氏らの援軍によって、戦闘が続けられた。寛正五年(一四六四)通春は河波・讃岐国の細川勝元と衝突した。勝元は幕府に請い、周防国

河野通春花押

守護大内教弘をはじめ小早川氏に援助を求めた。伊予に来た教弘は幕命に反して通春を援け、また教弘の子政弘も幕府の諭旨に応ぜず通春と通じた。通春は応仁・文明の乱(応仁元年(一四六七)—文明九年(一四七七))に西軍に属して京都に出征した。乱後、細川義春が侵入した時、通春はいったん教通と和睦し、細川氏の軍を国外に追放したが、その後も宗家との対立はとけなかった。通春は志を得ないで、文明十四年閏七月十四日伊予国和気郡湊山(愛媛県松山市港山町)に没したという。

参考文献 『大日本史料』八ノ一四、文明十四年閏七月十四日条、景浦勉校訂『予陽河野家譜』、同編『河野家文書』(『伊予史料集成』三)、『愛媛県編年史』四

(景浦　勉)

こうのみちもり　河野通盛　?—一三六四　鎌倉時代末期から南北朝時代にかけて武家方として活動した伊予河野氏正系の武将。通有の子。九郎、はじめ通治のち通盛、対馬守、出家して善恵。元弘の乱(元弘元年(一三三一))に、鎌倉幕府の命によって上京し、六波羅探題を援けて蓮華王院・内野に転戦した。幕府の滅亡により、鎌倉で出家し隠遁生活に入ったが、足利尊氏が建武新政府に反するに及んで、還俗してその配下となり、河野氏の旧領を安堵された。通盛は尊氏の九州よりの東上にあたり、水軍を率いて合流し、湊川・東坂本・鞍馬口に転戦した。さらに通盛は尊氏の要請によって、河内国東条における宮方の軍を撃破した。その後通盛は帰郷し、温泉郡道後に湯築城(愛媛県松山市道後湯元町)を築き、本拠を高縄山城(愛媛県北条市)からここに移した。それは優勢であった宮方に対抗するうえに、道後平野を控制する必要があったからである。征西将軍宮滞在中の風早郡忽那島を攻撃したのをはじめとして、温泉・浮穴・喜多郡方面の宮方と激闘を繰り返しながら、次第に要衝を占拠した。通盛は不撓の努力によって、宮方の勢力を圧倒し、統率者としての地位を確保したばかりでなく、河野氏政権を安定させた。貞和六年(一三五〇)室町幕府から伊予国守護に任ぜられ、将軍家との間に緊密な関係が成立した。将軍足利義詮が南朝討伐を企てたとき、通盛は孫通行を河内国に派遣した。貞治元年(一三六二)通盛は子通朝に惣領職を譲って隠退し、余生を彼の創設した風早郡善応寺(北条市善応寺)に送り、同三年十一月二十六日没し、同寺に葬られた。法名は善応寺殿前対州大守日照善恵大禅定門。

河野通盛花押

参考文献 『大日本史料』六ノ二六、貞治三年十一月二十六日条、『予章記』、景浦勉校訂『予陽河野家譜』、同編『善応寺文書』(『伊予史料集成』二)、同編『河野家文書』(同三)、『愛媛県編年史』二・三、景浦勉『河野村史』

(景浦　勉)

こうのもろなお　高師直　?—一三五一　南北朝時代の武将。師重の子。右衛門尉・三河守・武蔵守。元弘三年(一三三三)足利尊氏挙兵の際、すでにその側近にあり、父祖以来の足利家執事の地位にあったと思われる。後醍醐天皇の新政権成立後は窪所衆に、建武元年(一三三四)八月の雑訴決断所機構拡充に際しては三番局奉行人に名を連ねた。翌二年七月、中先代の乱に際しては尊氏に従って鎌倉に下り、以後、特命による軍事行動の時以外は常に執事として尊氏に近侍していた。同三年(延元元)四月、尊氏が九州博多を発して東上し、翌五月、備後鞆ノ津で海陸に軍を二分した際、師直は海路の尊氏方に属し、陸路をとった直義軍とともに新田義貞・楠木正成を兵庫に破り入京。光明天皇を奉じた尊氏が征夷大将軍として室町幕府を創設すると、師直は執事として、弟師泰は侍所として幕府の中枢の地位を占めた。同四年八月陸奥の霊山を発した北畠顕家と翌暦応元年(一三三八)五月、和泉石津で戦ってこれを敗死させ、また、貞和三年(一三四七)秋ごろから行動が活発化していた河内の南朝軍を師泰とともに制圧し、翌四年(正平三)正月、楠木正行を四条畷に敗死させ、さらにこの月末には吉野に入り南朝の皇居以下を焼き払い、後村上天皇を賀名生に追うなど、その軍事行動もめざましいものがあった。師直・師泰のこの勝利は、幕府・北朝の危機を救ったが、一方、かねて胚胎していた尊氏の弟直義やその一党との対立を明確化した。『太平記』にしばしば描かれているような師直・師泰兄弟らに典型的な、旧来の権威を無視し、既成の秩序を逸脱した行為は、この時期に多くみられる。次第に成長しつつある畿内・近国の中小国人層の悪党的行動を庇護し、彼らを軍事力として組織化しつつ実力による制覇をめざす師直・師泰らの行動は、北条泰時の政治思想を理想とし、幕府の秩序の維持確立を志向する直義らとの幕府内部での対立を深める結果となった。同年四月から直義は養子直冬を紀伊に派遣しているが、これは直義の師直らへの対抗策であろう。一方、この年六月、直義派の大高重成が、突如、若狭守護職を解任、出仕を停められた。翌五年四月、直冬は長門探題として備後に下向した。閏六月、両派の対立は一挙に進行し、武力抗争に発展しようとしたが、尊氏の調停で合意が成立、尊氏は高師直の執事を罷免したが、代わって執事に就任したのは師泰の子師世であった。ここから師直の捲き返しが展開する。師直は河内・和泉守護として南軍を牽制していた師泰を上京させて直義攻撃にふみ切った。直義は尊氏邸に逃れたが、尊氏邸を囲んだ師直らは、その圧力のもとに直義派の上杉重能・畠山直宗の罷免、直義の幕政参加を停め尊氏の子義詮に代える、師直の執事復帰などの要求を容

高師直花押

れさせた。直義は夢窓疎石の調停で政務を継続することになったが、その権威はうすれ、師直は執事に復帰し、重能・直宗らは越前に流され、やがて師直の命によって殺された。観応元年(一三五〇)六月、直冬が中国・北九州で勢力を増大させるに及び、尊氏は師泰をその征討のため中国に派遣したが戦線は膠着し、尊氏が師直以下を率いてみずから直冬追討に赴こうとした時、直義は京都を出奔、南朝と和を講じて尊氏との対立を明らかにした。これに伴い各地の直義派諸将も挙兵し、翌二年二月、尊氏は直義党と摂津打出浜に戦って敗れ、師直・師泰もこの戦で負傷した。二月二十日尊氏は直義と和を結び、二十六日、尊氏に随行した師直・師泰をはじめ高一族は、上杉能憲のため摂津武庫川で討たれた。師直が塩冶高貞の妻に艶書を送るために吉田兼好に代作させたという記事をはじめ、『太平記』には師直の行動を批判した叙述は多いが、当時の武将としては教養があり、和歌をよくし、筆蹟もすぐれている。また暦応二年(一三三九)には『首楞厳義疏注経』を開版しており、信仰心に欠けていたとはいえない。

参考文献　『大日本史料』六ノ一四、観応二年二月二十六日条、高柳光寿『足利尊氏』、佐藤進一『南北朝の動乱』(中央公論社『日本の歴史』九)、同「室町幕府開創期の官制体系」(石母田正・佐藤進一編『中世の法と国家』所収)　(池永　二郎)

こうのもろふゆ　高師冬　?―一三五一　南北朝時代の武将。師行の子で、師直の従兄弟。師直の猶子となる。左衛門尉・三河守・播磨守。足利尊氏の将として活躍し、建武三年(一三三六)の比叡山攻撃に参加。暦応元年(一三三八)には高師泰とともに南都に発向、ついで上洛してきた北畠顕家軍を美濃青野原で防いだ。翌二年には上杉憲顕のあとをうけて関東管領として鎌倉公方足利義詮を補佐し、康永三年(一三四四)まで関東の経営にあたって功をあげた。これは上杉氏ら足利直義派の牽制と、常

高師冬花押

陸小田城の北畠親房を中心とする南朝軍の制圧を任務としたものであり、暦応四年(興国二)十一月には親房を小田城から同国関城に追い、康永二年(興国四)十一月には関・大宝両城も陥れて親房を東国から追った。この間、暦応四年から康永三年までは武蔵守護であった。その後、幕命により関東を離れて上洛、貞和三年(一三四七)より伊勢守護として各地に転戦したが、同五年尊氏が鎌倉公方義詮を上洛させ、足利基氏と交替させた際、上杉憲顕とともに再び関東管領となり、師冬は観応元年(一三五〇)正月、鎌倉に下向した。中央における直義と師直の対立が激化するとともに、師冬と上杉憲顕との不和も深まり、同年十二月末、憲顕追討のため基氏を擁して鎌倉を発向したが、相模毛利庄湯山で基氏の部下がひそかに基氏を擁して鎌倉に帰った。師冬は甲斐に赴いたが、憲顕らに攻められ、観応二年正月十七日、甲斐須沢城が陥り、師冬は自殺した。

参考文献　『大日本史料』六ノ一四、観応二年正月十七日条、小要博「関東管領補任沿革小稿―その(一)―」(『法政史論』五)　(池永　二郎)

こうのもろやす　高師泰　?―一三五一　南北朝時代の武将。師重の子で、師直の弟。越後守。建武二年(一三三五)七月、中先代の乱に足利尊氏に従い鎌倉に下る。すでにこの時期、著到状に証判を加えたり、軍勢の配備を令したりして、足利政権の侍所としての役割を果たしている。同年十一月、朝廷が尊氏追討のため新田義貞を

高師泰花押

将とした軍を東下させるや、師泰は尊氏の命により三河に赴き、これを迎え撃ったが敗れて退却、やがて進出した尊氏の軍に合流。京・兵庫の戦に敗れて九州に下った尊氏に随行。翌三年五月には足利直義を将とする陸路軍の副将として、兵庫に新田義貞・楠木正成らを破った。室町幕府成立後は侍所として執事師直とともに幕府を支え、各地に将として転戦し、同四年(延元二)三月には新田義貞を越前金ヶ崎城に攻めてこれを陥れ(このころ以後しばらく越後守護)、暦応二年(一三三九)には尾張守護として遠江に出陣。康永三年(一三四四)三月には引付五番頭人に任ぜられ、貞和二年(一三四六)には備後守護、翌三年には河内・和泉守護として、兄師直とともに同地の楠木正行らの南軍と戦い、同四年(正平三)正月には正行を河内四条畷に討ち取って、河泉両国の南軍を制圧したが、このころ河内磯長の聖徳太子廟を焼き、掃部寮領河内大庭を掠領して兵粮料所に宛てたり、別荘のことで公卿菅原在登の父祖の墓をあばき、のち在登父子を暗殺させるなど、人びとの指弾を買う行為も著しかった。同五年、直義と師直・師泰との対立が激化し、師直が執事職を罷免されると、師泰は兵を率いて河内から帰京、その武力を楯に逆に直義を抑えた。観応元年(一三五〇)六月、長門探題足利直冬が反尊氏の活動を活発化させると、師泰は尊氏の命により中国地方に下向したが、利あらず、やがて師直以下を率いてみずから西下した尊氏軍に合流したが、翌二年二月直義軍と播磨に戦って敗れ、みずからも負傷、二月二十日尊氏は直義と講和、二十六日尊氏に随行した師泰は師直以下高一族とともに、上杉能憲に摂津武庫川で討たれた。

参考文献　『大日本史料』六ノ一四、観応二年二月二十六日条　(池永　二郎)

こうひょうじん　高表仁　生没年不詳　中国唐朝から倭国(日本)に派遣された最初の使節。『日本書紀』に舒明天皇二年(六三〇)八月犬上三田耜(御田鍬)らを唐に遣わ

し、四年八月唐は高表仁を遣わして三田耜を送るとみえ、同十月難波津に至り盛大な出迎えを受けてから五年正月帰国するまで数十字の記事がある。唐側では『旧唐書』倭国伝以下、『通典』『唐会要』『冊府元亀』『資治通鑑』などに、『太宗実録』に原拠をもつと解される伝えを載せ、貞観五年(六三一)十一月新州(嶺南)刺史高表仁を倭に遣わしたが、表仁に綏遠の才なく倭王(あるいは王子)と礼を争って朝命を宣べずに還ったという。当時、唐は高句麗との対抗上、倭と結びその背後を脅かそうと意図したが、倭はそれに応じなかったと見られる。隋の元勲高熲《こうけい》の三男で、隋の太子勇の娘大寧公主と結婚した表仁を遣倭使と同一人とみる説(岑仲勉『隋書求是』)は、目下確証を欠くが蓋然性は大きい。

参考文献 池田温「裴世清と高表仁」(『日本歴史』二八〇)

(池田 温)

こうぶてい　洪武帝　一三二八―九八　一三六八―九八在位。中国の明朝初代の皇帝。姓名は朱元璋。字は国瑞。諡は高皇帝。廟号は太祖。一世一元の制を創始し、その年号から洪武帝という。平民出身から皇帝となり、蒙古族の元朝を倒し漢人王朝を再興。帝は一三二八年濠州鐘離東郷(安徽省鳳陽県東北)の貧農の生れで、十七歳の時、淮河一帯の大飢饉に父母兄を一時に亡くして同郷の皇覚寺に入門、托鉢僧となって地方を行脚遍歴した。二十五歳のとき一兵士として紅巾軍の将領郭子興の配下に身を投じ、たちまちその才略と抜群の功を認められて累進し、至正十六年(一三五六)小明王韓林児の宋政権から呉国公に封ぜられた。ついで西と東の強豪陳友諒・張士誠らを相ついで倒し、江南の統一を達成するとともに、元朝打倒の北伐軍を派遣し、洪武元年(一三六八)正月、金陵(南京)で帝位につき、国号を明、元号を洪武と定めた。時に四十一歳。帝は内政の根本的な改革に留意し、同十三年左丞相胡惟庸の反逆事件を機に、元朝以来の最高行政機関の中書省を廃して、その下の六部を独立させ、軍事の大都督府を五軍都督府に、監察の御史台を都察院に改め、また地方でも元代の行省を廃して、行政の承宣布政使司、軍事の都指揮使司、監察の提刑按察使司を分置させ、それぞれの長官を皇帝に直結し、君主独裁体制を確立した。新政権の軍隊として衛所制度を創設し、律令の改定にも着手して同三十年『大明律』を完成した。さらに同十四年に全国に里甲制を実施し、『賦役黄冊』『魚鱗図冊』を作成して財政的基礎を確立し、人民教化のために『六諭』を発布し、郷村に社学を設けた。対外的には、蒙古制圧のために遼東・青海の経略を進め、また海外諸国を招撫する方針から、朝貢貿易のみを公認し、それ以外は私貿易として禁止した。さらに元末明初の沿海地の倭寇・海寇の活動防止のため、海禁政策を強行した。日本に対しては、倭寇の禁止と朝貢を促す使節を再度派遣したが、林賢事件の発覚により、同十九年以後その通交を絶った。洪武三十一年没。七十一歳。

参考文献 『明史』太祖本紀、呉晗『朱元璋伝』、松本善海「洪武帝」(仁井田陞編『人物東洋史』所収)、和田清「明の太祖と紅巾の賊」(『東洋学報』一三ノ二)、佐久間重男「明初の日中関係をめぐる二、三の問題―洪武帝の対外政策を中心として―」(『北海道大学人文科学論集』四)、山根幸夫「明太祖政権の確立期について」(『史論』一三)

(佐久間重男)

こうぶんてんのう　弘文天皇　⇨大友皇子《おおとものおうじ》

こうべん　康弁　生没年不詳　鎌倉時代初期の仏師。運慶三男と見られ、建久六年(一一九五)東大寺大仏殿供養に快慶譲で法橋叙位との記録があるが、これは運慶長子の湛慶の誤りか。建久末年、運慶統率下に教王護国寺南大門二王・中門二天を造り、建暦二年(一二一二)ころ惣大仏師運慶のもとに一門が完成した興福寺北円堂造像では広目天像を分担造立した(時に法橋)。遺作には興福寺竜燈鬼像があり、建保三年(一二一五)法橋康弁が造ったことを記す書付が像内にあったという。一対をなす天燈鬼像とともに運慶風を継承している。

(水野敬三郎)

こうべん　高弁　⇨明恵《みょうえ》

ごうほう　杲宝　一三〇六―六二　南北朝時代の真言僧。東寺(教王護国寺)観智院第一世。はじめは弘基と称し、のちに杲宝と改む。姓は源氏、下野国の人と伝えている(一説に但馬国の人)。徳治元年(一三〇六)生まれる。幼年にして高野山に入り出家し、十八歳のころ、東寺宝菩提院の頼宝に師事し真言の教相を学んだ。また槇尾山の浄宝に随い三宝院流の灌頂をうけた。貞和二年(一三四六)二月八日、勧修寺慈尊院栄海に従い伝法灌頂をうけた(『杲宝入坦記』)。同四年三月東寺勧学会学頭となった。正平七年(北朝文和元、一三五二)二月二十五日付で十ヵ条の願文を草して生駒の文殊に祈った。延文三年(一三五八)二月法印に叙せられた。同六年十月四日、東寺において弟子の賢宝に灌頂を授けた(頼宝・杲宝・賢宝を三宝という)。杲宝は東寺に観智院をはじめて、大いに法筵をはった。貞治元年(一三六二)七月七日、京都東山八坂吉祥薗院において示寂した(観智院蔵康安二年(一三六二)具注暦頭書)。五十七歳。著作は多く遺され、東寺の代表的な学僧といえよう。『開心鈔』三巻、『玉印鈔』十巻をはじめ、『即身義東聞記』十巻、『十住心論鈔』十巻のごとき弘法大師の著書の註釈や、『大日経疏演奥鈔』五十六巻、『大日経疏鈔』二十九巻二十七冊などの註鈔、そのほか法流の聖教類が多いが、『東宝記』八巻(東寺蔵国宝本十二巻一冊は仁和寺宮の仰せに応じ文和元年に草した初稿本である)は、東寺の史料として重要である。杲宝は、東密の学匠のうち、高野山の宥快、根来寺の頼瑜と比せられる。教相では道範の説と同じく不二門説を説き、また禅宗の批判を行なった。事相では勧修寺・三宝院・西院の諸流をうけ、史学では東寺の歴史を明らかにした。東寺観智院金剛蔵には、杲宝の聖教類(弟子観宝・賢宝の筆記もある)が多く存する。

参考文献 『大日本史料』六ノ二四、貞治元年七月七

日条、卍元師蛮『本朝高僧伝』一七(『大日本仏教全書』)、大屋徳城「杲宝入滅の真相について」(『日本仏教史の研究』二所収)、中野義照「杲宝僧都奥書集」(『密教研究』二七)、山本信吉「東宝記概説」(東宝記刊行会編『国宝東宝記原本影印』所収)　(田中　久夫)

こうほうけんにち　高峯顕日　一二四一—一三一六　鎌倉時代後期の五山禅僧。諱は顕日、字は高峯。別に密道と号す。後嵯峨天皇の皇子といわれる。仁治二年(一二四一)城西の離宮に生まれた。康元元年(一二五六)、東福寺の円爾に入門して出家したが、文応元年(一二六〇)兀庵普寧が来朝して建長寺に住するや、参随してその侍者を勤めた後、下野那須に雲巌寺を開いてその開山となった。さらに弘安二年(一二七九)無学祖元が来朝するや、かねて懇意であった上野世良田の長楽寺一翁院豪の引合せで無学と対面し、ついで建長寺に無学に師事して、ついにその法を継いだ。やがて雲巌寺に帰ったが、正安元年(一二九九)一山一寧が建長寺に住したので、これに参じた。その結果、その令名は天下に聞こえ、大宰府横岳の南浦紹明《なんぽじょうみん》とともに、天下の二甘露門と称された。翌二年十二月鎌倉の浄妙寺、ついで嘉元元年(一三〇三)もと庵居していた邁常庵が禅寺に改められた万寿寺に住した。夢窓疎石や大燈国師宗峯妙超がはじめて高峯に参じたのは、この時代のことである。同三年浄智寺に住したのち、徳治二年(一三〇七)再び万寿寺に住した。夢窓が高峯から無準師範—無学祖元—高峯と伝えられた法衣を相伝されたのは、このころのことである。延慶二年(一三〇九)同寺を退いて、雲巌寺に帰ったが、そののち正和元年(一三一二)浄智寺に再住、同三年建長寺に入寺、翌四年正月退院して、雲巌寺に帰住した。翌五年十月二十日寂。七十六歳。雲巌寺正宗庵と浄智寺正統庵に塔す。仏国禅師・応供広済国師と勅諡された。著作に『仏国禅師語録』一巻と和歌集『仏国禅師御詠』一巻がある。その門派を仏国派といい、弟子に太平妙準・天岸慧広・枢翁妙環・大同妙喆・真空妙応・元翁本元・天庵妙受・無礙妙謙・此山妙在・夢窓疎石らがいる。有力な帰依者としては安達氏のほか、北条時宗夫人の覚山志道尼、同貞時夫人の覚海円成尼らがいる。なお、高峯四世の法孫で、絶海中津の法を継いだ叔京妙祁が、正長元年(一四二八)に『仏国応供広済国師行録』と題する行状を撰述している。　(今枝　愛真)

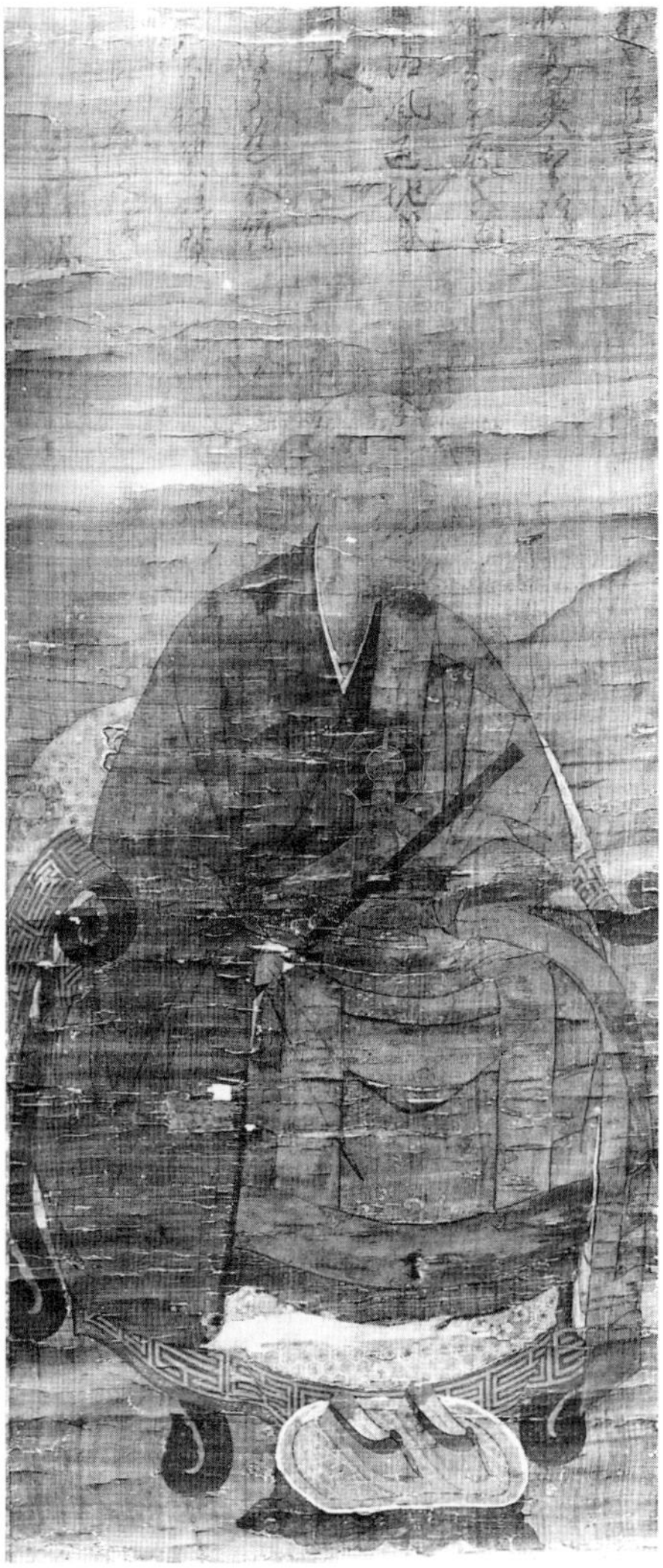
高峯顕日画像

こうぼうだいし　弘法大師　⇨空海《くうかい》

こうみょうこうごう　光明皇后　七〇一—六〇　聖武天皇の皇后。大宝元年(七〇一)藤原不比等の三女として誕生。母は県犬養三千代。名は安宿媛《あすかべひめ》、また光明子とも伝えている。幼少のときから聡敏であったという逸話がある。霊亀二年(七一六)皇太子首《おびと》皇子の妃となり、やがて神亀元年(七二四)二月皇子が即位して聖武天皇となると、彼女は夫人となった。同四年皇子が生まれ直ちに立太子したが、期待を裏切って翌年夭折した。ついで長屋王の変のあと、天平元年(七二九)八月それまでの慣習を破って臣下として皇后となった。その邸宅は父不比等の旧邸で平城宮の東に接していたが、ここを皇后宮とした(のち法華寺となる)。皇后はよく天皇を輔けて各方面に活躍し、いわゆる天平文化の発展に寄与するところが多かった。仏教に関してみると、興福寺に五重塔・西金堂を造営し、皇后宮に宮寺すなわち法華寺を創立し、天皇の病気平癒を祈って新薬師寺を造立し、また大規模な一切経の書写事業も行なった。このほか東大寺大仏の造顕は皇后の勧めによるものといわれ、国分寺の造営とくに尼寺の併置は皇后の関与するところであったと考えられる。皇后はまた社会救済事業にも尽くした。まず立后の翌年(天平二年)皇后宮職に施薬院をおいて薬草を病人に施し、同じころ孤児を収容する悲田院を設けた。こうした救済事業に関して、皇后が貧しい病人の垢を洗い、ハンセン病患者の膿を吸いとったという話が伝えられている。皇后はまた天平の政界の焦点の一つでもあった。藤原氏の輿望を担って立后した皇后であったが、天平九年の疫病で武智麻呂・房前・宇合・麻呂の四人の兄弟を失い、同

光明皇后自署

「積善藤家」

「内家私印」
光明皇后印

十二年には宇合の子広嗣が反乱(藤原広嗣の乱)を起して、藤原氏の勢力は一時衰えた。その間、皇后の異父兄にあたる橘諸兄が政権を握ったが、やがて武智麻呂の子仲麻呂が皇后の庇護のもとに台頭した。そのころ聖武天皇は病気がちで、皇后が事実上宮廷に重きをなしたが、天平勝宝元年(七四九)その娘阿倍内親王が即位した。孝謙天皇である。そして光明皇后に付属する皇后宮職は拡大強化されて紫微中台と改められ、仲麻呂はその長官として太政官の権限を奪うほどの力をもったのである。天平勝宝八歳五月二日聖武太上天皇が崩じ、その七七忌の六月二十一日、光明皇太后は先帝の遺品の数々を東大寺に施入した。この献納物が今の正倉院宝物の中心であって、天平文化を知る貴重な文化財であるが、これらはまた天皇と皇后の私的生活の片鱗をうかがうに足る遺品でもある。特に『楽毅論』『杜家立成雑書要略』の二巻は皇后の筆で、その剛気な筆勢は皇后の性格を想起させるものがある。天平宝字二年(七五八)中台天平応真仁正皇太后の尊号が奉られ、同四年三月病床に伏し、六月七日崩じた。ときに年六十。大和国添上郡佐保山東陵に葬られた。

参考文献 林陸朗『光明皇后』(『人物叢書』七九)、岸俊男「光明立后の史的意義」(『日本古代政治史研究』所収)、滝川政次郎「紫微中台考」(『法制史論叢』四所収)、和田軍一「光明皇后と正倉院」(『南都仏教』六)

(林 陸朗)

佐保山東陵《さほやまのひがしのみささぎ》 奈良市法蓮町にあり、奈良市街北辺の丘陵に位置し、聖武天皇の佐保山南陵の東に隣接する。『続日本紀』によると天平宝字四年(七六〇)六月癸卯(乙亥の誤りで十七日か)に佐保山に葬り、同年十二月勅して墳墓を山陵と称し、国忌の例に入らしめた。『延喜式』諸陵寮には「兆域東三町、西四段、南北七町、守戸五烟」とあり、遠陵とする。陵所は永禄年中(一五五八—七〇)に松永久秀の築いた多聞山城の郭内に入り、所伝を失ったが、明治十二年(一八七九)に現所を陵に治定した。

参考文献 上野竹次郎『山陵』上

(戸原 純一)

光明天皇画像

こうみょうてんのう 光明天皇 一三二一—八〇 一三三六—四八北朝在位。元亨元年(一三二一)十二月二十三日後伏見天皇の皇子として誕生。母は西園寺公衡の女、広義門院藤原寧子である。翌二年二月親王宣下あり、豊《とよ》仁《ひと》と命名。建武三年(延元元、一三三六)六月、足利尊氏が楠木正成らを破って入京するや、後醍醐天皇は難を延暦寺に避けたので、尊氏は光厳上皇に奏請して、その同母弟豊仁親王を皇位につけた。一方、後醍醐天皇は再起を期していったん京都に還幸したので、光明天皇はこれに太上天皇の尊号をたてまつり、その皇子成良親王を皇太子に立てた。しかし後醍醐天皇は同年十二月ひそかに京都を脱して吉野に遷幸し、半世紀にわたる南北両朝の対立が始まった。そこで光明天皇は皇太子成良親王を廃し、暦応元年(一三三八)八月兄上皇の皇子益仁《ますひと》(のち興《おき》仁と改名)親王を皇太子に立て、貞和四年(一三四八)十月これに皇位を譲って上皇となった。上皇は早くから仏教を信じ、夢窓疎石に帰依したが、正平六年(一三五一)十一月尊氏・義詮父子が南朝に降伏し、北朝が停廃されるに及び、その十二月にわかに落飾して仏門に入り、法号を真常恵と称した。ついで翌七年三月光厳・崇光両上皇らとともに、南朝の手によって河内東条に移され、さらに六月吉野の賀名生《あのう》に幽居の身となったが、文和三年(一三五四)三月河内の天野金剛寺に遷り、翌四年八月洛南の伏見に帰還、同地の保安寺に入った。その後は深草の金剛寿院や伏見の大光明寺に住し、さらに各地を遍歴して仏道の修業に精進したが、康暦二年(一三八〇)六月二十四日大和国長谷寺の庵室において崩御。波瀾に富んだ生涯をとじた。時に年六十。追号は遺勅により光明院と定められ、遺骨は伏見大光明寺に納められた。現在の大光明寺陵である。京都御所東山御文庫には、康永元年(一三四二)・貞和元年の自筆日記各一巻が伝蔵されている。

(橋本 義彦)

光明天皇花押

大光明寺陵《だいこうみょうじのみささぎ》 北朝の光明・崇光天皇の両陵をいい、京都市伏見区桃山町泰長老にあり、域内に伏見宮第二代治仁王(崇光天皇孫)の墓がある。三者同兆域で北面し、両陵はともに小円丘で東西に並び、その間に治仁王墓がある。光明天皇は康暦二年(天授六、一三八〇)六月二十四日大和国長谷寺で崩じ火葬ののち母広義門院の御願寺である伏見の大光明寺に蔵骨した。崇光天皇は応永五年(一三九八)正月十三日伏見殿で崩じ同十七日大光明寺に移し、同二十三日火葬、治仁王は応永二十四年二月十二日に薨去、同十五日伏見蔵光庵で荼毘、三月十三日大光明寺に納骨した。そののちこれらは次第に荒廃し、ことに大光明寺が、豊臣秀吉の伏見城築造に際して京北相国寺内に移転されたこともあってついにその所在を失うに至ったが、幕末以後それぞれ考証の結果現陵の決定を見た。まず崇光天皇は火葬後を伝える資料はないが大光明

寺に納骨したものと思われる。また地名の「泰長老」は大光明寺の跡に居住した兌長老(僧録西笑承兌)よりきているもので、当所を同寺跡と認められるので、元治元年(一八六四)当所を以て陵とした。次に光明天皇陵は、天皇は摂津国勝尾寺崩去の説もあって、同寺東谷にある石塔が元禄以来陵とされ、慶応元年(一八六五)に守戸が置かれたが、陵は大光明寺跡にありと考定して明治二十二年(一八八九)崇光天皇陵の東側に陵所を定め、さらに大正六年(一九一七)両陵の間に治仁王墓を決定した。

参考文献 『大日本史料』七ノ三、応永五年正月十三日・二十三日条、『法規分類大全』二編宮廷門、上野竹次郎『山陵』下 (中村 一郎)

こうみょうぶじにゅうどうどの 光明峰寺入道殿 ⇨九条道家《くじょうみちいえ》

こうや 空也 ⇨くうや

こうやおむろ 高野御室 ⇨覚法法親王《かくほうほっしんのう》

こうやだいし 高野大師 ⇨空海《くうかい》

ごうりん 杲隣 七六七—? 平安時代初期の真言宗の僧。空海の十大弟子の一人。神護景雲元年(七六七)生まれる。生国・家系等一切不明。大同三年(八〇八)出家。はじめ南部に遊学し東大寺に入って性相を学び、のち空海の弟子となったというが、その時期は明らかでない。弘仁三年(八一二)空海が高雄山寺に三綱を設置した際上座に補され、同十二年には空海から経仏等を伝授されている。天長十年(八三三)空海に随って高野山に入り、修禅院を開いたという。空海の滅後、伊豆に走湯房を開き、修禅寺を建立したともいう。承和四年(八三七)四月六日の円行の入唐に托して進物を青竜寺に送った書状の、伝燈大法師杲隣の署名を最後に杲隣の名はみられなくなるが、同三年には嶺東の杲隣と呼ばれているから、このころ伊豆に定住していたと考えられる。没年不明。付法の弟子に入唐八家の一人円行や十禅師真隆がいる。

参考文献 智燈『弘法大師弟子伝』(『弘法大師伝全集』附録)、道猷編『弘法大師弟子譜』(同)、三浦章夫編『弘法大師伝記集覧』 (和多 秀乗)

こうれいてんのう 孝霊天皇 『日本書紀』『古事記』に第七代と伝える天皇。和風諡号は大日本根子彦太瓊尊。『日本書紀』によれば孝安天皇の子で、母は天足彦国押人命の女の皇后押媛。孝安天皇七十六年立太子、同百二年父天皇が世を去ると、都を黒田廬戸宮に遷して翌年即位、磯城県主(記では十市県主)大目の女の細媛命を皇后として孝元天皇をもうけ、在位七十六年、百二十八歳(記では百六歳)で没したという。 (関 晃)

片丘馬坂陵《かたおかのうまさかのみささぎ》 奈良県北葛城郡王寺町本町にあり、陵形は方形で、南西に向く。『日本書紀』孝元天皇六年九月条によれば、崩御後六年に当所に葬った。『延喜式』諸陵寮の制は「在二大和国葛下郡一、兆域東西五町、南北五町、守戸五烟」とし、遠陵となっている。後世所伝を失ったが、元禄の江戸幕府の探陵のさい現陵をあげ、幕末に修補を加えた。

参考文献 谷森善臣『山陵考』(『(新註)皇学叢書』五)、上野竹次郎『山陵』上 (中村 一郎)

こうわかまる 幸若丸 ⇨桃井幸若丸《もものいこうわかまる》

こうんえじょう 孤雲懐奘 一一九八—一二八〇 鎌倉時代の曹洞宗の僧侶で、永平寺第二世。建久九年(一一九八)九条為通の曾孫、為実の孫として京都に生まれた。はじめ比叡山横川の円能法印について剃髪、ついで建保六年(一二一八)戒壇院で菩薩式を受けて出家し、天台宗のほか倶舎・成実・三論・法相などの南都の教学を学び、さらに証空について浄土教の奥儀を究めたのち、大日房能忍の弟子である大和多武峯の東山覚晏について臨済宗大恵派の禅を学んだ。やがて道元が帰国して建仁寺で新しい禅を唱えていることを聞いて、これと問答を交えたが、かえってその禅風にうたれた。そこで覚晏寂後の文暦元年(一二三四)の冬、深草に道場を開いていた道元のもとに参じ、翌嘉禎元年(一二三五)八月、ついに道元の法を嗣いだ。以来道元に随侍してその教化を助け、『正法眼蔵』をはじめ道元の著作の多くを助筆した。建長五年(一二五三)七月、道元のあとをうけて永平寺第二世となり、十五年に及んだ。文永四年(一二六七)席を弟子の徹通義介に譲ったが、同九年ごろには再住中で、弘安三年(一二八〇)八月二十四日寂した。年八十三。昭和五年(一九三〇)道光普照国師と勅諡された。弟子に徹通のほか義準・義演・寂円らがいる。一般に『正法眼蔵随聞記』の編者とされているが、同書は懐奘より後世になって編述されたものである。

孤雲懐奘画像

参考文献 『永平寺三祖行業記』 (今枝 愛真)

ごえんこういんどの 後円光院殿 ⇨鷹司冬教《たかつかさふゆのり》

ごえんゆうてんのう 後円融天皇 一三五八—九三 一三七一—八二北朝在位。延文三年(一三五八)十二月十二日後光厳天皇の第二皇子として誕生。母は広橋兼綱の女、崇賢門院藤原仲子(実父は石清水八幡宮祠官紀通清)。応安四年(一三七一)三月二十一日親王宣下あり、緒仁《おひと》と命名、同月二十三日父帝の譲りをうけて土御門内裏において践祚した。これより先、延文二年二月京都に帰還した

後円融天皇花押

崇光上皇は、持明院統の正嫡である自分の皇子(伏見宮栄仁親王)を後光厳天皇の次に皇位につけるべく室町幕府に働きかけたが、幕府は戦陣の間に苦楽をともにした後光厳天皇の意志を尊重せざるを得ず、緒仁親王の践祚を支持したのである。天皇は在位十一年余、永徳二年(一三八二)四月十一日皇子幹仁《もとひと》親王(後小松天皇)に譲位し、形式的ながら院政を開いた。ようやく体制を固めた幕府は、明徳三年(元中九、一三九二)閏十月南北両朝の合一に成功したが、上皇は翌四年四月二十六日、小川仙洞御所(故勧修寺経顕宿所)において崩御、即刻落飾して法号を光浄と称した。追号は遺勅により後円融院と定められた。時に年三十六。翌二十七日泉涌寺において火葬に付し、遺骨を深草法華堂に納めた。現在の深草北陵である。天皇の日記が『田記』と称して尊重されたことは、『建内記』(永享十一年(一四三九)二月二日条)にみえるが、現在は永徳元年・同二年・同四年の記文を若干伝えるにすぎない。また泉涌寺雲竜院に蔵する後円融院宸影(重要文化財)は、明応元年(一四九二)天皇の百年聖忌に際し、絵所預土佐光信が古図によって画き、同八年後土御門天皇が雲竜院主の奏請を納れて賛語を直筆したものであるという(『実隆公記』明応八年四月条)。→後深草《ごふかくさ》天皇《てんのう》(深草北陵)

[参考文献]『大日本史料』七ノ一、明徳四年四月二十六日条、岩橋小弥太「土佐光信の一遺作―後円融天皇宸影―」(『仏教美術』一六)　(橋本　義彦)

後円融天皇画像(土佐光信筆)

こおおぎみ　小大君　生没年不詳　平安時代中期の女流歌人。三十六歌仙の一人。父母未詳。三条院の東宮時代(寛和二年(九八六)―寛弘八年(一〇一一))に女蔵人《にょくろうど》として仕え、左近とも称したという。女蔵人は下級の女房ゆえ、家柄も低かったものと思われる。詠歌の最も古いものは藤原朝光の少将時代(天禄元年(九七〇)―天延元年(九七三))、最も新しいものは源頼光の美濃守在任中(長保三年(一〇〇一)―寛弘二年)のころのものと推定される。朝光と恋愛関係があり、宮仕えの関係から平兼盛・藤原実方・藤原公任らの有名歌人とも親しかったらしい。勅撰集入集歌は『拾遺和歌集』以下二十一首。彼女の家集『小大君集』は、流布本系では百四十八首(連歌の句は一首に計算)、ただし末尾に小野小町の歌五首と「入撰集歌」二首が含まれている。「忘れぬかぎりと思へどはかばかしうも覚えず、人ごとを言ふやうなり」という自記風の書き出しに始まり、宮仕え生活における親しい人々との交渉を、噂話や他人の歌を織りまぜ、逸話的に記した回想歌集で、おそらく自撰であろう。『小大君集』は、『群書類従』和歌部などに収められている。

[参考文献]『大日本史料』二ノ一一、寛仁元年五月九日条、『群書解題』九、戸谷三都江「小大君の歌」(『学苑』二二六)、萩谷朴「小大君」(『国文学解釈と教材の研究』四ノ四)　(藤岡　忠美)

小大君画像(佐竹本「三十六歌仙切」)

こがくそうこう　古岳宗亘　一四六五―一五四八　戦国時代の臨済宗大徳寺派の僧。諱は宗亙だが宗亘で通用。自号は乍苕・苕波。勅賜号正法大聖国師。寛正六年(一四六五)近江佐々木氏の一族に生まれ、建仁寺に入り、転じて大徳寺の春浦宗熙に参じ、その法嗣の実伝宗真に嗣法、永正六年(一五〇九)大徳寺七十六世住持に出世した。大仙院を建立して退隠したが、これの石庭を創案したのが有名。後柏原・後奈良両天皇の帰依をうけ肩輿に乗って宮中参入を許され、大永元年(一五二一)には後柏原天皇から仏心正統禅師号を勅賜された。大徳寺の教勢をあげ、法弟らに恵まれて北派を形成、その法流が全盛期の大徳寺の主流派となる。特に古岳は勃興の茶湯に関心し、町人茶人らを誘掖、「流れ圜悟」ほか圜悟墨蹟を集めたり、十牛図を作ったりした。堺に下向して南宗庵(のち南宗寺)を創め、法弟らの堺衆の誘掖と相まって大徳寺を茶湯の本山化せしめる。天文十七年(一五四八)六月二十四日大仙院において示寂。世寿八十四。語録を『乍苕稿』という。

参考文献　『堺市史』七、永島福太郎「大徳寺と茶道」(井口海仙・中村昌生他『大徳寺と茶道』所収)

(永島福太郎)

古岳宗亘花押

古岳宗亘画像

ごかしわばらてんのう　後柏原天皇　一四六四―一五二六　一五〇〇―二六在位。寛正五年(一四六四)十月二十日後土御門天皇の第一皇子として誕生。母は贈皇太后源朝子(贈内大臣庭田長賢の女)。諱は勝仁《かつひと》。文明十二年(一四八〇)十二月十三日親王宣下、同月二十日元服の儀あり。明応九年(一五〇〇)十月二十五日、後土御門天皇崩御のあとを承けて小御所において践祚。大永元年(一五二一)三月二十二日紫宸殿において即位礼を挙げた。応仁・文明の乱のあとを受けて諸国は疲弊し、朝廷の経済も窮迫し、後土御門天皇の大葬も崩御後四十三日にてようやく執り行うことができたというような状態であった。したがって費用がないため内侍所御神楽を延引し、あるいは元日節会その他の朝儀を停めることも通例のこととなり、即位礼のごときも、早くよりその議があって、践祚の翌年費用調達のため段銭を諸国に課したが進納は予期のごとくならず、その後室町幕府や地方豪族からの献金もあったがなお足らず、大永元年に至り将軍足利義稙より即位の資として一万疋が献金され、また本願寺光兼(実如)の献金もあって、ようやく践祚後二十二年目にして即位礼を挙げた。このような状況のうちにあって天皇は常に朝儀の再興に心掛けるとともに、国民の上に思をとどめ、永正四年(一五〇七)八月兵革連続して洛中不穏の際には伊勢神宮などをして天下の和平、国家の安全を祈らしめ、また大永五年十一月疱瘡が流行した時には宸筆の『般若心経』を延暦寺と仁和寺に納めて万民の安穏を祈ったのであった。大永六年四月七日、記録所において崩御。六十三歳。深草北陵(京都市伏見区深草坊町)に葬る。天皇は学を好み、詩歌管絃の道にも長じ、歌集を『柏玉集』という。また『後柏原天皇宸記』として、明応九年十一月・十二月、永正三年正月・二月、同六年正月、同九年正月、大永元年四月・五月の日記が伝えられている。

後柏原天皇花押

→後深草《ごふかくさ》天皇《てんのう》(深草北陵)

参考文献　和田英松『皇室御撰之研究』、浅野長武「室町時代の皇室と国民」(『(岩波講座)日本歴史』所収)

(後藤　四郎)

こがながみち　久我長通　一二八〇―一三五三　鎌倉・南北朝時代の公卿。後中院と号す。父は太政大臣久我通雄、母は源仲基の娘。弘安三年(一二八〇)生まれる。永仁五年(一二九七)従三位に叙せられ、乾元元年(一三〇二)参議を経て権中納言に進み、延慶二年(一三〇九)には権大納言となったが、正和二年(一三一三)に辞任した。元亨三年(一三二三)に大納言に還任したが、まもなく辞したらしく正中二年(一三二五)には前大納言となってい

久我長通花押

る。元徳元年(一三二九)また権大納言に復し左近衛大将、翌二年内大臣に進んだがまもなく辞任した。元弘元年(一三三一)右大臣兼東宮傅となり、翌年両職を辞したが、同三年六月右大臣に還任。建武元年(一三三四)右大臣を辞したが、同年末刑部卿に任ぜられ同四年までその任にあった。暦応三年(一三四〇)十二月太政大臣に任ぜられ、翌四年正月中院通冬にかわって奨学院別当氏長者となった。康永元年(一三四二)太政大臣を辞し、文和二年(一三五三)八月二十七日、赤痢のため死んだ。七十四歳。

参考文献 『大日本史料』六ノ一八、文和二年八月二十七日条
(池永 二郎)

こがみちまさ 久我通相 一三二六—七一 南北朝時代の北朝の公卿。千種太政大臣と号す。父は太政大臣長通、母は園基顕の娘。嘉暦元年(一三二六)生まれる。建武元年(一三三四)正四位下に叙せられ左近衛中将。南北朝期には北朝に仕え、同四年従三位に叙せられ、暦応三年(一三四〇)権中納言。康永元年(一三四二)には正三位に叙せられ、貞和二年(一三四六)従二位に昇り、翌年権大納言となったが、観応二年(一三五一)下﨟の鷹司冬通が超えて左近衛大将となったのを憤り権大納言を辞した。文和二年(一三五三)父長通死するに及び権大納言に復し、翌年右近衛大将を兼ね、奨学・淳和両院別当および氏長者となり、ついで正二位に昇り、延文元年(一三五六)には内大臣に進んだ。同五年内大臣を辞したが、貞治元年(一三六二)右大臣に任ぜられ、さらに翌二年従一位。同五年八月太政大臣に任ぜられたが、応安元年(一三六八)三月上表、同四年七月十二日出家。同月十四日病により俄に死んだ。四十六歳。

参考文献 『大日本史料』六ノ三四、応安四年七月十二日条
(池永 二郎)

こがみちみつ 久我通光 一一八七—一二四八 鎌倉時代前・中期の公卿。従一位太政大臣、後久我太政大臣と号す。後白河・後鳥羽両天皇の院の近臣として活躍した内大臣源通親の三男として、文治三年(一一八七)に生まれる。「みちてる」ともいわれる。母は刑部卿藤原範兼の娘で後鳥羽天皇の乳母三位局範子、夫の法勝寺執行能円が平家一門とともに都落ちした後、都にとどまって通親に嫁し、通光・定通(内大臣)・通方(大納言)らを生んだ。母が前夫との間に生んだ娘は、後鳥羽天皇の後宮に入り、土御門天皇の生母となった承明門院在子。また後鳥羽天皇の乳母で、朝廷に隠然たる勢力を振るった典侍の卿二位兼子は、母の妹にあたる。文治四年(一一八八)叙爵。建仁元年(一二〇一)鳥羽殿を修造した父の功により従三位。翌年正三位、従二位と進み、元久元年(一二〇四)権中納言、翌年正二位中納言となった。承元元年(一二〇七)権大納言、建保六年(一二一八)大納言、翌承久元年(一二一九)内大臣となったが、承久の乱ののち、辞任。この間、後鳥羽上皇の院司を勤めた。仁治三年(一二四二)四条天皇崩御後、弟の土御門定通の扶持を受けながら承明門院在子のもとで育った後嵯峨天皇が鎌倉幕府の推挙により即位すると、通光・定通兄弟は、西園寺公経《きんつね》・実氏父子と結んで活躍した。通光は寛元四年(一二四六)実氏のあとを受けて前内大臣からは異例の太政大臣に昇り、従一位となった。宝治二年(一二四八)正月十七日、病のため辞任、翌十八日没した。六十二歳。詠歌は『新古今和歌集』以下の勅撰集に選ばれ、琵琶にも秀でた。

参考文献 『大日本史料』五ノ二五、正月十七日条
(益田 宗)

久我通光画像

久我通光花押

ごかめやまてんのう 後亀山天皇 ?—一四二四 一三八三—九二在位。南朝第四代の天皇。父は後村上天皇。母は阿野実為の女であることはほぼ確実で、吹上本『帝王系図』の付紙にもこの事実がみえる。この女は嘉喜門院らしいが、確かなことはわからない。諱は熙成。弘和三年(北朝永徳三、一三八三)末ごろ、兄長慶天皇の譲りをうけて践祚、翌年元中と改元、元中九年(北朝明徳三、一三九二)閏十月南北両朝合一によって退位した。在位九年間、行宮にあって衰退の南朝を支えた。これより先、同年十月十三日足利義満より両朝媾和についての条件の提示があり、天皇はついにこれを受諾、同二十八日神器を奉じ、還御の儀式を整え、行宮を出発、この日橘寺に一泊、翌二十九日奈良興福寺東室に宿泊、閏十月一日同所に滞留、同二日夜嵯峨大覚寺に到着した。同五日神器が大覚寺より禁裏に渡御、また翌年十二月に至り、二間御本尊が禁裏に返進された。ここに南北両朝対立の時代は終り、北朝後小松天皇の一統に帰し、明徳の年号が存続、南朝は滅亡し、元中の年号は廃絶するに至った。応永元年(一三九四)二月六日、後亀山天皇は天竜寺においてはじめて義満に面接のことが行われた。その結果、同月二十三日天皇に太上天皇の尊号が贈進された。しかし

その当時廷臣間に、登極せざる帝に尊号を贈進することの可否につき議論のあったことが『荒暦』にみえる。同四年十一月二十七日尊号および兵仗を辞退し、その後出家を遂げ、金剛心と号した。これよりもっぱら隠棲生活に入り、側近に阿野実為・公為父子らわずかの者があるにすぎず、ときおり吉田兼熙・兼敦父子が参候して神道を進講することがあった。ところが応永十七年十一月二十七日、突如法皇は嵯峨を出奔、吉野山に入り、爾来ここに数年を過ごし、同二十三年九月広橋兼宣らの仲介で帰還した。この事件について当時の日記に、法皇は窮困と号して吉野に出奔し、将軍家が所領の本復について保証したとみえており、生活上の窮迫によるもののようではあるが、なお合一条件に定められた皇位継承の不履行についての不満と憤りが潜むものと解せられる。応永三十一年四月十二日崩御。年齢については確証を得ない。嵯峨小倉陵に葬られる。

参考文献　菅政友『南山皇胤譜』(『菅政友全集』)、村田正志「後亀山天皇の御事蹟」(『南北朝史論』所収)

(村田　正志)

嵯峨小倉陵《さがのおぐらのみささぎ》　京都市右京区嵯峨鳥居本小坂町にある。陵域の中央に南面(旧くは西面)する総高二・三メートルの五輪塔があり、基壇の四隅に接して東側に宝篋印塔二基、西側に五輪塔二基の小塔がある。当所は小倉山の東麓に位置し、旧福田寺跡にあたるので、小倉陵・福田寺陵とも称された。天皇奉葬の当時の文献はないが、近世の地誌類は当所を陵としてあげている。幕末修陵の際もここを陵所と定めて、福田寺陵と称したが、明治十二年(一八七九)現陵名に改定した。

参考文献　谷森善臣『山陵考』(『(新註)皇学叢書』五)、上野竹次郎『山陵』下

(中村　一郎)

こかんしれん　虎関師錬　一二七八―一三四六　鎌倉時代後期の五山禅僧。諱は師錬、字は虎関。聖一派東山湛照の法嗣。京都の人。父は藤原左金吾校尉、母は源氏。弘安元年(一二七八)に生まれる。同八年八歳で三聖寺の東山湛照に入門し、同十年比叡山で登壇受戒した。正応四年(一二九一)師を失って南禅寺の規庵祖円に参じた。永仁元年(一二九三)関東に下向し、円覚寺の桃渓徳悟に参じたが、やがて帰京して、菅原在輔や六条有房から儒学を学んだ。さらに同三年再び規庵に参じたが、同年秋鎌倉に下向し、翌四年四月の北条時宗十三回忌には、円覚寺の桃渓のもとで請客《しんか》侍者を勤めた。同五年秋、再び帰京して建仁寺の無隠円範に参じ、さらに正安元年(一二九九)二月南禅寺の規庵、嘉元二年(一三〇四)秋東福寺の蔵山順空、ついで無為昭元に参じた。徳治二年(一三〇七)関東に下向して、円覚寺の無為に参じた。その間、建長寺の一山一寧の門下に通って、大いに外学を修めた。正和元年(一三一二)建長寺の約翁徳倹に参じたが、翌二年十二月、後伏見上皇の命をうけて河東の歓喜光院に住した。同三年白河の済北庵に移り、五年伊勢に本覚寺を開いた。以後、この三寺を往来して兼住し、元亨二年(一三二二)八月済北庵で『元亨釈書』三十巻を完成した。正中元年(一三二四)十一月山城円通寺、嘉暦元年(一三二六)十月三聖寺に住し、元弘二年(一三三二)伊勢に神賛寺を開いた。同年九月東福寺に住したが、建武元年(一三三四)十二月退院、翌二年三聖寺に再住、同四年四月東福寺に再住、翌暦応元年(一三三八)八月同寺を退き、三聖寺内に如意庵を開いて退居し、翌二年南禅寺に昇住したが、同四年退院、東福寺海蔵院に退休したので、海蔵和尚と呼ばれた。そのち貞和二年(一三四六)六月、近衛基嗣の寄進によって柏野に建てた楞伽寺の立柱式を行なったが、翌七月二十四日海蔵院に寂す。六十九歳。南禅寺済北庵と東福寺海蔵院に塔す。本覚国師と勅諡された。著作に『元亨釈書』三十巻のほか、語録『十禅支録』『続十禅支録』三巻、詩文集『済北集』二十巻、『楞伽経』の注釈『仏語心論』十八巻、四六文の作法を説いた『禅儀外文集』二巻、日本における最初の韻書『聚分韻略』五巻などがある。弟子に竜泉令淬・無比単況・日田利渉・檀渓心涼・回塘重淵・性海霊見・清叟師仁らがいる。一山一寧のあとをう

虎関師錬花押

虎関師錬画像

けて当代五山学芸界の第一人者として活躍し、門下生からは次代を荷った夢巌祖応・起山師振・固山一鞏・大道一以・中巌円月らの俊英を多数輩出した。

参考文献　『大日本史料』六ノ九、貞和二年七月二十四日条　（今枝　愛真）

ごきょうごくせっしょう　**後京極摂政**　⇨九条良経《くじょうよしつね》

こくあ　**国阿**　一三一四―一四〇五　時宗国阿派・霊山派の派祖。正和三年（一三一四）二月播磨国に石塔四郎頼茂の子として生まれる。母は安倍氏。俗名国明。正中元年（一三二四）書写山に登り源栄に師事し天台の法門を学んで随心と号したが、貞和三年（一三四七）諸国修行の旅に出、たまたま遊行七代託何に会い、念仏の安心を聞いて時衆となり、名を国阿と改めた。以来諸国を遊行して永徳三年（一三八三）入洛し、同年九月東山の霊山寺を住持光英から、翌至徳元年（一三八四）十月には双林寺を勝行房からそれぞれ譲りうけて時衆道場とした。その後、越前・若狭を遊行して明徳元年（一三九〇）上洛し、応永十二年（一四〇五）九月十一日没した。九十二歳。墓は京都東山の正法寺にある。国阿の流れには国阿・霊山の二派があり、前者は東山双林寺、後者は霊山正法寺を本寺とした。

参考文献　『大日本史料』七ノ七、応永十二年九月十一日条、大橋俊雄『時宗の成立と展開』、同『一遍と時宗教団』（『歴史新書』一七二）、同「京都東山双林寺旧蔵国阿上人像について」（『日本仏教』二七）　（大橋　俊雄）

ごけいそうとん　**悟渓宗頓**　一四一五―一五〇〇　京都花園妙心寺中興の祖である雪江宗深の法嗣、いわゆる雪江下の四派の一つである東海派の派祖。応永二十二年（一四一五）に尾張国丹羽郡山名村（愛知県丹羽郡扶桑町）に生まれる。幼にして村人から小釈迦と呼ばれた。郷里の一寺にあって出家し、日峯宗舜・雲谷玄祥・義天玄詔・桃隠玄朔の諸禅師に歴参し、ことに桃隠の会下にあること数年であったが、不幸にしてその遷化に遇い、その後は雪江に従ってその鉗鎚に浴し、寛正五年（一四六四）仏《ぶつ》成道日《じょうどうび》（十二月八日）にその印記を受けた。時に年すでに五十に達していた。悟後も聖胎長養のため郷里にあって臥竜庵を構えてさらに修行につとめ、美濃の斎藤妙椿の深く帰依するところとなって、その創建にかかる金竜山瑞竜寺に迎えられ、文明十一年（一四七九）京都大徳寺に住し、翌年同寺に再住し、同十六年には妙心寺に住した。妙心寺住持中雪江より寺域に一隅の地を付属されて東海庵を建てた。また尾張の徳林寺を開き、美濃の汾陽寺を中興した。存命中の明応六年（一四九七）に後土御門院より大興心宗禅師の徽号を受け、同九年九月六日瑞竜寺の済北院で没した。年八十六。瑞竜・東海の両寺に塔して虎穴という。著書に『虎穴録』がある。

悟渓宗頓画像

参考文献　卍元師蛮『延宝伝燈録』二八（『大日本仏教全書』）、『妙心寺六百年史』　（古田　紹欽）

ごこうごんてんのう　**後光厳天皇**　一三三八―七四　一三五二―七一北朝在位。暦応元年（一三三八）三月二日光厳天皇の第二皇子として誕生。母は三条公秀の女、陽禄門院藤原秀子。諱は弥仁《いやひと》。仏門に入る予定で日野資名に養育されたが、政局の急変によりにわかに皇位についた。すなわち正平七年（一三五二）三月、足利尊氏・義詮父子の南朝降伏によってもたらされた正平の天下一統が破れたため、後村上天皇は光厳・光明・崇光三上皇および前皇太子直仁親王を伴って吉野の賀名生《あのう》に遷幸した。そこで京都を回復した義詮らは、光厳上皇の第二皇子を擁立して北朝を再興せんとし、同年八月十七日皇子は持明院殿より土御門内裏に入り、元服して弥仁と命名、親王宣

後光厳天皇花押

下のこともなく直ちに践祚したのである。時に年十五。しかしその後も室町幕府の内紛は絶えず、それに呼応する南朝軍の京都進攻におびやかされて、文和二年（一三五三）から康安元年（一三六一）までの九年間に三度も天皇は難を近江あるいは美濃に避けねばならなかった。しかしその後は南朝の勢力もいちだんと衰え、両朝講和の議も起り、また応安元年（一三六八）十二月には、足利義満が前年死去した義詮のあとをうけて征夷大将軍となり、幕府の体制も漸く安定し始めた。そこで天皇は年来の希望を果たすため、応安四年三月二十三日皇子緒仁《おひと》親王に譲位し、形式的ながら院政を開いたが、同七年正月疱瘡にかかり、その二十九日柳原殿において崩御、即刻落飾して法名を光融と称した。時に年三十七。二月二日追号を後光厳院と定め、その夜泉涌寺において火葬に付し、翌三日遺骨を深草法華堂に納めた。現在の深草北陵である。天皇の日記のいまに伝わるものは、貞治四年（一三六五）七月の「光厳院崩後諒闇終記」と、応安三年・同四年記のみであるが、応安三年記には、天皇の譲位を前にして、崇光上皇が皇子栄仁親王の践祚のため幕府に働きかけた経緯など、興味深い記事を載せている。（橋本　義彦）

↓後《ご》深草天皇《ふかくさてんのう》（深草北陵）

後光厳天皇画像

こごうのつぼね　小督局　一一五七―？　高倉天皇に仕えた女房。小督殿ともいう。保元二年（一一五七）生まれる。父は中納言正二位藤原成範。治承元年（一一七七）高倉天皇の第一皇女範子内親王を生む。その直後、宮仕をやめ、同三年尼となった。時に二十三歳（『山槐記』治承四年四月十二日条）。治承元年時点では、未だ安徳天皇が生まれていないから、『平家物語』小督局事の記述のように、自分の娘腹に皇子出生を願う平清盛の怒りを避けて、宮仕をやめたらしい。『建春門院中納言日記』には、承安四年（一一七四）の高倉天皇方違行幸に供奉していた十八歳の小督に二十余年後に再会した旨の記述がある。その後、元久二年（一二〇五）、藤原定家は嵯峨の宿所から高倉院の督殿《こうとの》の宿所に病気見舞に赴いている（『明月記』同年閏七月二十一日条）。なお、鎌倉時代初めに定めた諸女房名の区分（上﨟・小上﨟・中﨟・下﨟）によれば、督殿は中﨟に属する女房名としている（小は接頭語）。父成範が左衛門督であったことによるとする説もある。（益田　宗）

小督塚

小督局画像

ごこうみょうしょういんどの　後光明照院殿　⇨二条道《にじょうみち》平《ひら》

ごこまつてんのう　後小松天皇　一三七七―一四三三　一三八二―一四一二在位。名、幹仁《もとひと》。永和三年（一三七七）六月二十七日、前内大臣三条公忠の押小路《おしこうじ》邸で生まれた。父は北朝五代後円融天皇、母は公忠の娘厳子（通陽門院）。永徳二年（一三八二）四月七日、乳父日野資教邸で著袴、親王宣下のないまま、同十一日足利義満の室町邸に移り後円融天皇から受禅、ついで土御門内裏に入った。同年十二月二十八日、即位。即位の式では、左大臣の義満が幼帝を補佐したため、希代のこととされた。父後円融上皇が院政をとったが、まもなく崩じた。嘉慶元年（一三八七）正月三日元服。南北両朝合体の議によって、明徳三年（一三九二）閏十月五日、南朝の後亀山天皇から神器を受けた。三十六歳の応永十九年（一四一二）八月二十九日、十二歳の第一皇子（称光天皇）に譲位し、東洞院の仙洞御所（一条正親町）で院政をとった。称光天皇が崩じると、後崇光院の皇子を上皇の猶子として即位さ

後小松天皇花押

後小松天皇画像

せ（後花園天皇）、院政を続けた。永享三年（一四三一）三月二十四日、仁和寺宮永助入道親王を戒師にして出家。法名、素行智。同五年十月二十日崩御。五十七歳。泉涌寺で火葬。山陵は深草北陵（京都市伏見区）。生母通陽門院の死後は、義満の室であった日野資康の娘康子（北山院）を准母とした。皇子には、日野西資国の娘が生んだ称光天皇・小川宮（竜樹寺宮）のほか、花山院某の娘が生んだ一休宗純がいる。天皇が親政・院政をとった時期は、義満の全盛期にあたっている。天皇には、日記のごく一部分を集めた『後小松天皇宸記』（『（増補）史料大成』一）のほか、『御即位日神秘事』、『後小松院御百首』二種（『列聖全集』御製集四、『続群書類従』和歌部）、『後小松院御独吟和漢聯句』（『続群書類従』連歌部）や、薫物六種の秘法を述べた『むくさのたね』（『群書類従』遊戯部）がある。また、『続新古今和歌集』には二十四首が選ばれているほか、みずからの和歌を後崇光院に仰せて撰ばせた『後小松院御集』（散佚）もあった。なお帝国学士院編『宸翰英華』によれば、自筆消息など二十数点が現存する。

→後深草天皇《ごふかくさてんのう》（深草北陵）

（益田　宗）

ごさがいんのちゅうなごんのてんじ　後嵯峨院中納言典侍　一二二一―？　鎌倉時代中期の歌人。右大弁藤原光俊の女。母は未詳。本名親子。承久三年（一二二一）生まれる。尚侍藤原佺子（道家女）に仕え、のち、後嵯峨院に典侍として仕えた。尚侍家中納言・典侍親子朝臣ともいう。没年未詳。ただし、『弘安元年百首』の作者でもあるので、それ以後の没。『源承和歌口伝』によれば寛喜元年（一二二九）に九歳とするので、弘安元年（一二七八）当時は五十八歳になる。『続後撰和歌集』以下の勅撰集に三十三首入選。家集は散逸。

参考文献　橋本不美男・福田秀一・久保田淳編著『建長八年百首歌合と研究』下（『未刊国文資料』三期一七）

（樋口芳麻呂）

ごさがてんのう　後嵯峨天皇　一二二〇―七二　一二四二―四六在位。土御門天皇の第三皇子。母は参議源通宗の女で典侍の通子（贈皇太后）。承久二年（一二二〇）二月二十六日誕生。名は邦仁。翌三年の承久の乱の結果、父の土御門上皇が土佐（のち阿波）に流されて以後は母の叔父の源通方に養われ、暦仁元年（一二三八）通方が没してのちは祖母承明門院（土御門の母）の土御門殿に移った。仁治三年（一二四二）四条天皇が十二歳で没し、皇子がなかったため皇嗣が問題になり、九条道家は順徳上皇の皇子忠成王の擁立を図り、当時幕府の支持を受けて絶大な権勢を誇っていた西園寺公経をはじめ、公卿の大勢もこれを支持した。道家は順徳父子の外戚であったが、順徳上皇は承久の乱の際には、後鳥羽上皇の討幕計画に積極的に関係して佐渡に流されており、幕府は強く警戒していた。そのため幕府は忠成王の即位に反対し、安達義景を使者として上洛させ公卿たちの議を抑え、承久の乱の際、討幕計画にあずからなかった土御門上皇の皇子を擁立した。こうして同年正月二十日、二十三歳の皇子はにわかに土御門殿で元服、邦仁と名づけられ、権大納言四条隆親の冷泉万里小路殿で践祚し、さらに三月十八日太政官庁で即位の儀を行なった。すなわち後嵯峨天皇である。在位四年ののち寛元四年（一二四六）、皇子の久仁親王（後深草天皇）に譲位し、さらに正元元年（一二五九）には久仁に命じて弟の恒仁親王（亀山天皇）に譲位させたが、この後深草・亀山両天皇の二代二十六年余りにわたり、後嵯峨上皇は治天の君として院政を行なった。これまで朝廷の政治は、西園寺公経と女婿の九条道家を中心に推進されてきたが、後嵯峨の即位はこのような政情に変化をもたらした。さきに忠成王を支持した公経は、一転して後嵯峨を支持するようになったが、一方、孫の彦子を四条天皇の女御としていた道家にとって四条の死は打撃であり、忠成王擁立を図ったため、幕府の疑惑を深め、また公経も幕府の思惑を考えて、道家から遠ざかった。公経は道家の子でありながら、父と不和であった二条良実を関白に起用し、また孫の姞子を後嵯峨の中宮とし、摂関家から外戚の座を奪った。公経が寛元二年に没してのち、道家は勢力の挽回を企て、特に同四年後嵯峨上皇が院政を開始したのを契機に、良実にかえてその弟の一条実経を関白とし、幕府から朝廷への奏言を申し次ぐ関東申次も、道家・実経父子が掌握した。しかしその年、道家の子で鎌倉に下っていた前将軍頼経は、北条一族の名越光時らの謀叛に連坐して京都に追われ、その結果、道家も疑われて失脚、籠居を余儀なくされ、幕府の圧力で関東申次は西園寺実氏（公経の子）、ついで翌宝治元年（一二四七）摂政は近衛兼経にそれぞれ改められた。この事件を契機に、朝廷の政治に対する幕府の干渉は著しく強まった。幕府の要求で置かれた院評定衆は、独自の議決機能を持っており、治天の君に対する独立性が強く、人選には幕府の承認が必要であり、重事については幕府の意向を問わねばならず、院政も幕府の制約を強く受けるようになった。治天の君や天皇の決定も、幕府が行うのが常態となり、後嵯峨自身、自分の死後の治天の君の決定を幕府に一任する旨の自筆の勅書を幕府に遣した。

九条家の没落にとどまらず、摂関家が全般的に力を失い、摂関の地位は一層低落した。逆に西園寺家は外戚と関東申次の地位を独占、世襲して権勢を振った。建長四年(一二五二)には、九条家が幕府顚覆の陰謀に関係したとの嫌疑により、頼経の子の将軍頼嗣も廃された。こうして九条家から将軍を送ってきた摂家将軍の時代は終り、後嵯峨の皇子の宗尊親王が、最初の宮将軍として鎌倉に下った。しかし文永三年(一二六六)には、この宗尊も謀叛を理由に京都に追われ、その子の惟康王が将軍となっている。朝廷や将軍の地位が低下し、得宗の専制が強まったのである。後深草に命じて亀山に譲位させたことでも明らかなように、後嵯峨上皇は後深草よりもその弟の亀山を愛しており、同五年には、後深草上皇の皇子をさしおいて、亀山天皇の皇子世仁親王を皇太子とした。この処置は、当然後深草の不満を招くことになり、後深草系の持明院統と亀山系の大覚寺統との対立の端緒となった。後嵯峨が自分の後の治天の君の決定を幕府に一任したことと相まって、その死後、両者の対立は激化することになる。後嵯峨はあつく仏教を信仰し、熊野・高野などに参詣し、また寺塔の造営、経論の書写などにつとめた。和歌にも長じ、建長三年には藤原為家に命じて『続後撰和歌集』を、文永二年にも為家ら五名に命じて『続古今和歌集』を撰進させた。後嵯峨上皇は嵯峨に亀山殿を営み、文永五年十月五日同所で出家した。法名素覚。同九年二月十七日亀山殿内の寿量院で没した。年五十三。御陵は天竜寺内の嵯峨南陵。

参考文献 三浦周行『鎌倉時代史』(『日本史の研究』新輯一)、竜粛『鎌倉時代』下、橋本義彦「院評定制について」(『平安貴族社会の研究』所収)、上横手雅敬『鎌倉時代政治史研究』、森茂暁『鎌倉時代の朝幕関係』、上横手雅敬・元木泰雄・勝山清次『院政と平氏、鎌倉政権』(『日本の中世』八)

(上横手雅敬)

嵯峨南陵《さがのみなみのみささぎ》 京都市右京区嵯峨天竜寺芒ノ馬場町(天竜寺域内庫裡北隣)にある。文永九年(一二七二)二月十九日、遺詔により亀山殿の別院薬草院に火葬、翌日拾骨、銀壺に納め白絹の袋に包んで、仮に浄金剛院に安置したが、皇后藤原姞子(大宮院)が同院に法華堂を建立したので、翌十年六月二十一日御骨をここに移し納めた。浄金剛院には亀山天皇の御骨を納めた法華堂もあったが、後世ともに荒廃して所伝を失った。陵所については諸説があったが、幕末には、浄金剛院は天竜寺の方丈の北、塔頭雲居庵の西にあたり、後嵯峨・亀山両天皇の法華堂の位置は天竜寺の庫裡の北すなわち現陵の所と考定され、幕末修陵の際もこれによって修補し、慶応元年(一八六五)五月に竣功した。両陵は同形の檜皮葺宝形造の法華堂で南面して東西に並び、東側が後嵯峨天皇陵、西側が亀山天皇陵である。この時の経費は、本願寺の寺伝に亀山天皇より庇護を賜わったとあるので、その報恩のため、東本願寺が亀山天皇陵の分とともに当陵の分も献じている。修陵のころは両陵ともに浄金剛院法華堂といったが、その後、後嵯峨天皇陵は嵯峨殿法華堂、明治三十九年(一九〇六)嵯峨陵、大正元年(一九一二)に現陵名に改められた。火葬塚は右京区嵯峨亀ノ尾町亀山公園内にあって、亀山天皇・後伏見天皇火葬塚と同所である。

参考文献 谷森善臣『山陵考』(『(新註)皇学叢書』五)、上野竹次郎『山陵』下

(中村 一郎)

ごさんじょうてんのう 後三条天皇 一〇三四—七三 一〇六八—七二在位。諱は尊仁《たかひと》。長元七年(一〇三四)七月十八日、東宮敦良《あつなが》親王(後朱雀天皇)の第二王子として誕生。母は三条天皇の皇女禎子内親王(陽明門院)。同九年父親王の践祚後間もなく親王宣下をうけ、寛徳二年(一〇四五)正月、兄後冷泉天皇の践祚と同時に皇太弟となる。永承元年(一〇四六)十二月元服、ついで藤原能信の養女茂子を納れて妃とした。のちの白河天皇の生母である。爾来東宮に潜居すること二十四年、生母が藤原氏の出でないため、時の関白藤原頼通に忌憚され、東宮の地位すら脅かされたという。治暦四年(一〇六八)四月十九日、兄天皇の崩御のあと直ちに践祚し、関白には藤原教通を補したが、外戚の威権から解放された天皇は、積極的に親政を推進し、多くの治績を挙げた。そのうちでも特に有名なものは、荘園整理事業と公定枡(延久宣旨枡)の制定で、ことに荘園整理事業のため太政官に設置された記録荘園券契所(略して記録所)は、後世その性格を変えながらも再三復活され、あたかも天皇親政を象徴する機関のように見なされるに至った。また一方では皇室経済の強化を図り、各地に勅旨田を設定し、後三条院勅旨田の名で後世まで伝えられた。無実化した令制官田＝供御稲田を改編して、山城・河内・摂津などに御稲田を設け、御稲供御人を定めたのも、この治世に始まるといわれる(『百官和秘抄』)。しかし在位わずか四年半で、延久四年(一〇七二)十二月八日位を皇太子貞仁親王(白河天皇)に譲り、同時に女御源基子の所生の皇子実仁親王を皇太弟に立てた。この譲位を天皇が院政を始めるためとする説が古くからあるが、確証はなく、病気のためとする説が有力であり、また実仁親王を東宮に立てるのも目的の一つと考えられている。翌五年四月、病のため落飾、法名を金剛行と称したが、五月七日大炊御門殿において崩御した。年四十。

参考文献 橋本義彦『平安貴族』(『平凡社選書』九七)

(橋本 義彦)

円宗寺陵《えんしゅうじのみささぎ》 京都市右京区竜安寺朱山《しゅうやま》、竜安寺内にある(宮内庁編『陵墓要覧』は「えんそうじのみささぎ」とよんでいる)。後朱雀・後冷泉天皇陵と東西に並び、南面する円丘で三陵同域である。延久五年(一〇七三)五月十七日神楽岡の南の原に火葬、御骨を禅林寺内の旧房に安置した。しかし、のちに当陵を指して「円宗寺」(後三条天皇御願寺)と記しており、また当陵に派遣された権中納言藤原宗忠の日記に「従㆓円宗寺北大門大路㆒北行一許町、下㆑従㆑車、向㆓其所㆒、(中略)(此山陵在㆓円融院四

至」彼寺別当沙汰也」」(『中右記』嘉承二年(一一〇七)七月十二日条)とあることは、陵は禅林寺から円融寺の四至内に移されたものと思われる。円融寺は仁和寺の寺地内に建立されたものであるが、中世には衰退し、現在の竜安寺がその跡地であるといわれる。延慶元年(一三〇八)四月三十日に後宇多法皇が仁和寺・円宗寺に御幸の際「後三条院法華堂」に行っているが(『公秀公記』)、この法華堂の詳細は不明である。陵所はその後伝えるものはないが、幕末修陵の時、現陵を前記『中右記』の記事に合うものとして修補を加えた。

参考文献 谷森善臣『山陵考』(『(新註)皇学叢書』五)、上野竹次郎『山陵』下　(中村　一郎)

こしきぶのないし　小式部内侍　?—一〇二五　平安時代中期の女流歌人。橘道貞の女。母は和泉式部。長徳四年(九九八)ごろ生まれる。寛弘六年(一〇〇九)ごろ母とともに上東門院(藤原彰子)に出仕。翌年ごろ、母が藤原保昌と再婚して、保昌の任地丹後へ下向、小式部は都にとどまり、藤原定頼にからかわれて「大江山」の歌を詠んでから、歌才を認められたらしい。のち藤原教通や藤原頼宗にも愛され、寛仁二年(一〇一八)教通の子を生み、ついで万寿二年(一〇二五)藤原公成の子を生んで没し、愛宕に葬られた。彼女の歌は伝承歌ばかりで、真作らしいものは『後拾遺和歌集』の「しぬばかり」、『金葉和歌集』の「大江山」、『無名草子』の「いかにせん」の三首にすぎない。

参考文献 森本元子「小式部内侍」(『国文学解釈と教材の研究』四ノ四)、西本忠一「小式部内侍」(『平安文学研究』三一)　(吉田　幸一)

こじじゅう　小侍従　生没年不詳　平安時代後期の女流歌人。石清水八幡宮別当光清の女、母は花園左大臣家女房小大進。近衛天皇皇后でのち二条天皇に入内した太皇太后宮藤原多子に仕え、歌人として活躍、『続詞花和歌集』に入集。後年高倉天皇に出仕したが、治承三年(一一七九)出家。後鳥羽院の歌壇活動が開始されると、『正治初度百首』『三百六十番歌合』『千五百番歌合』などに加えられ、八十歳の高齢に及ぶまで活動を続けた。『千載和歌集』以下に五十四首入り、家集『小侍従集』(『古典文庫』一三三などに所収)が現存する。

参考文献 冨倉徳次郎『右京大夫・小侍従』、森本元子『私家集の研究』、杉本邦子「太皇太后宮小侍従」(『学苑』一九五)　(森本　元子)

こしないしんのう　高志内親王　七八九—八〇九　桓武天皇の第三皇子大伴親王(淳和天皇)の妃。のちに皇后を追号。延暦八年(七八九)、桓武天皇の第二皇女として誕生。母は藤原乙牟漏。平城・嵯峨両天皇の同母妹。同二十年十一月九日、加笄。大同四年(八〇九)五月七日、薨去。二十一歳。一品を贈られ、弘仁十四年(八二三)六月六日、皇后に追立。桓武天皇に鍾愛されたといわれ、大伴親王に配され、恒世親王、氏子・有子・貞子内親王を生んだ。　(佐伯　有清)

こしべのぜんに　越部禅尼　⇨藤原俊成女《ふじわらのとしなりのむすめ》

こじまたかのり　児島高徳　生没年不詳　南北朝時代の武将。備前の人。備後三郎と称し、備後守範長の子。元弘元年(一三三一)後醍醐天皇が北条氏討伐の軍をおこして笠置山に行幸し、諸国の兵を募ったとき、直ちにこれに応じて備前に挙兵した。しかし間もなく笠置は陥り、翌二年三月天皇は隠岐に遷されると聞いて、高徳は一族らの兵を率いて播磨・備前境の舟坂山、さらに播磨・美作境の杉坂に、遷幸の途次を要して、車駕の奪還を企てたが、事成らず、一味の衆も散じたため、高徳は一夜ひとり美作院荘の行在所に潜入して、庭前の桜樹に一篇の詩を書き留めて赤心を奏上した。同三年閏二月天皇が隠岐島を脱出して伯耆の船上山に遷ると、高徳は父範長とともに一族を率いて馳せ参じ、やがて千種忠顕に属して京都に攻め上り、六波羅攻略の戦にも参加した。建武中興後は備前に帰り、足利尊氏が建武政府から離反したのちも、高徳は引きつづき宮方に属し、今木・大富・和田・射越氏ら、備前邑久郡地方の一族とともに、足利方に敵対して備前・播磨の間に活躍した。また延元三年(北朝暦応元、一三三八)には新田義貞に属して越前に赴き、義貞が藤島に討死したのちは、義貞の弟脇屋義助に属して、興国三年(北朝康永元、一三四二)には伊予に転戦したこともある。さらに翌四年には備前において、丹波の荻野朝忠と通謀し、相呼応して兵をおこそうとしたが、密計が事前に洩れ、室町幕府は備前・備中・備後の守護に高徳の追討を命じたので、高徳は海路のがれて京都に入り、同志を語らって尊氏・直義らの邸の襲撃を企てた。しかしこれまた事成らず、同五年四月、五条坊門壬生の隠家を逆に幕兵に襲われて、信濃にのがれ、やがて剃髪して志純と号したというが、その後の消息は詳らかでない。これら高徳の事跡は『太平記』にみえるのみで、他の確実な史料にその名が伝わらないため、高徳を架空の人物とする論が、かつて行われたが、その後、田中義成・八代国治らによって『太平記』の記事の傍証となる史料なども指摘され、また児島氏が今木・大富・和田らの一族とともに備前邑久郡地方を中心に繁衍した土豪であることもほぼ確かとされ、今では高徳の実在を疑う人は少ない。

参考文献 田中義成『南北朝時代史』(『講談社学術文庫』)、中村徳五郎『児島高徳』、八代国治「児島高徳」(『国史叢説』所収)、藤井駿「児島高徳の一党たる今木・大富両氏について—高徳の実在論の一考察—」(『吉備地方史の研究』所収)　(水野恭一郎)

こじまほうし　小島法師　?—一三七四　『太平記』の作者と伝えられる人物。『公定《きんさだ》公記』(『洞院公定日記』)応安七年(一三七四)五月三日条には「伝聞去廿八九日之間小島法師円寂云々、是近日翫二天下一太平記作者也、凡雖レ為二卑賤之器一有二名匠聞一、可レ謂二無念一」とみえ、『太平記』の作者であると記述する。ただし、この人物につい

てそれ以外の伝記史料はなく、小島法師については児島高徳と結ぶ説や、また備前国児島半島に中世居た小島山伏と結び付ける和歌森太郎の説が存する。『太平記』四十巻は一時に成立したのではなく、何回かの書継ぎがあり、小島法師は『太平記』の最後に全体を編著した卑賤の出自の人物と考えられ、応安のころにおよそ現在の四十巻の『太平記』が成立したと考えられる。児島高徳については最近実在人物とする藤井駿の説が有力であるが、『太平記』の内容が特に西国武士についての記述が詳しい点がみられ、児島高徳と結び付ける説は無視できない。

参考文献　和歌森太郎『修験道史研究』(『東洋文庫』二一一)、藤井駿「児島高徳の一党たる今木・大富両氏について―高徳の実在論の一考察―」(『吉備地方史の研究』所収)
（岡見　正雄）

ごじょうおんじかんぱく　後成恩寺関白　⇨一条兼良《いちじょうかねよし》

ごじょうのきさき　五条后　⇨藤原順子《ふじわらのじゅんし》

ごじょうのさんみ　五条三位　⇨藤原俊成《ふじわらのとしなり》

ごじょうよりもと　五条頼元　一二九〇―一三六七　南朝の廷臣。法名は無礙宗性。正応三年(一二九〇)生まれる。父、大外記清原良枝の次男。宗尚の弟。母は未詳。後醍醐天皇に仕えて、大外記・音博士・図書頭・直講・穀倉院別当・助教・造酒正・加賀守・備中守・鋳銭次官・少納言・勘解由次官などを歴任した。延元三年(北朝暦応元、一三三八)後醍醐天皇が足利氏を追討する軍略から、皇子懐良親王を征西将軍に任じ、西国に派遣することになり、特に頼元を扈従させ、その守護と教育の任にあたらせた。そこで頼元は親王を奉じて南朝行宮を出発し、瀬戸内海を航して伊予忽那島に到着、ここに数年滞留した。その間、同四年八月十五日天皇の遺勅を受けたが、それには天皇が東宮義良親王(後村上天皇)に譲位したこと、万一崩御のことがあろうとも、官軍を励まし、必ず遺業を達成するようにとの趣旨が記されていた。その後、興国三年(北朝康永元、一三四二)五月一行は薩摩に上陸し、それより九州の豪族たる菊池・阿蘇ら諸氏の協力のもとに、頼元は終始親王を守って勢威をあげ、次第に軍を北進させて足利方を駆逐して行った。その間、南朝から度々綸旨や書状が到来し、頼元に宛てられたが、なかんずく正平八年(北朝文和二、一三五三)と考察される六月二十四日後村上天皇宸筆書状があり、頼元に賜わったものである。これは九州における戦略上の指示にあわせて、京都方面の形勢を報じたものである。次に同十一年(北朝延文元)と認められる同天皇宸筆仮名書状二通があり、これまた頼元・良氏父子に宛て、その労苦をねぎらったものである。同十六年(北朝康安元)のころは九州南軍が最も優勢であり、ついに大宰府に入城し、ほとんど九州全土を制するほどであった。同十八年(北朝貞治二)九月九日懐良親王より頼元に宛て、筑前三奈木荘および日向飫肥南北両郷地頭職を賜わり、子孫に相伝すべき旨の令旨が下った。これは頼元の多年にわたる労苦に報いたものと解せられる。同二十年に至り、四国の河野通直(通堯)が大宰府に来り、南軍に帰順し、加勢することになり、またその翌年ころには良成親王が懐良親王の後継者として南朝から九州に下向し、これに対抗するために、足利氏は九州探題渋川義行を派遣し、これより九州における南北両方の勢力分野に変化をもたらし、新しい形勢が生まれるに至った。晩年の頼元の動静は明らかでないが、すでに老齢であり、隠遁の身となったらしく、正平二十年には出家しており、同二十二年五月二十日三奈木荘で死んだという。一説に、同月二十八日の死没とも伝える。七十八歳。なお頼元の裔孫たる五条家には古文書多数が伝来するが、別に同家に旗一幅と鎧二領が伝存する。旗は頼元が後醍醐天皇より拝領したものといい、鎧一領は懐良親王の召料であり、一領は頼元の着用したものと称している。→懐良親王《かねよししんのう》

五条頼元花押

参考文献　『大日本史料』六ノ二八、正平二十二年五月二十日条、藤田明『征西将軍宮』、村田正志「(南朝関係)五条家文書の研究」(『村田正志著作集』二所収)、『五条家文書』
（村田　正志）

ごしらかわてんのう　後白河天皇　一一二七―九二　一一五五―五八在位。鳥羽上皇第四皇子。母は権大納言藤原公実の娘、待賢門院璋子。大治二年(一一二七)九月十一日、三条殿で誕生。同年十一月雅仁と命名、親王宣下。近衛天皇の死去に伴い、久寿二年(一一五五)七月二十四日、高松殿で践祚。この践祚は鳥羽法皇・美福門院・関白藤原忠通のはからいによるものであったが、同母兄の崇徳上皇はこれを不満とし、兄忠通と対立していた左大臣藤原頼長に接近した。保元元年(一一五六)鳥羽法皇の没後、後白河天皇・忠通方は、平清盛・源義朝らの武力によって、崇徳上皇・頼長方を破った。こののち天皇は、藤原通憲(信西)を重用して政治を行なった。その政治は、新制を下し、記録所を設けて荘園整理を行うなど、権力の強化を図るものであった。同三年八月十一日、皇子の二条天皇に譲位、上皇として院政を始め、院政は一時中絶もあったが、二条・六条・高倉・安徳・後鳥羽天皇の五代、三十余年に及んだ。上皇が重用した信西に対しては、同じく上皇の近臣藤原信頼、二条天皇側近の藤原経宗・惟方が反目しており、清盛・義朝の対立も激しかった。平治元年(一一五九)信頼・義朝は挙兵して信西を自殺させたが、清盛に敗れ、こののち平氏は全盛を迎えた。上皇が院御所法住寺殿に移ったのは、応保元年(一一六一)以来であり、熊野・日吉を勧請して新熊野《いまくまの》・新《いま》

日吉《ひえ》社を御所の鎮守とし、また蓮華王院を建立、千体の千手観音像を安置した。二条・六条(二条の子)天皇の時代は、両天皇の周辺に上皇に対立する勢力が結集しており、上皇の権力も弱かった。仁安三年(一一六八)上皇は清盛と謀って六条を退位させ、高倉天皇(二条の弟)を立てた。この結果、上皇は反対派を抑え、政治の実権を掌握するに至った。翌嘉応元年(一一六九)には出家して法皇となり、法名を行真と称した。後白河法皇はこれまで平氏の武力を用いてきたが、法皇が政権を握る一方、平氏の勢威も強まってくると、平氏との対立は深まり、法皇は近臣や寺院勢力を利用し、平氏に敵対するようになった。治承元年(一一七七)法皇の近臣が鹿ヶ谷で平氏打倒の密議をこらして露顕し、その後平氏との関係は極度に悪化、同三年ついに清盛は法皇を鳥羽殿に幽閉、その院政を停め、翌四年には娘徳子が生んだ安徳天皇(高倉の子)を立て、高倉上皇には名目だけの院政を行わせて、実権を握った。しかし弟高倉との皇位争いに敗れて不満を抱く以仁王は、源頼政を誘って平氏打倒の兵を挙げた。以仁王・頼政はやがて敗死したが、王の令旨に応じ、伊豆の源頼朝、木曾の源義仲ら各地の武士が蜂起した。この間、幽閉された法皇は、鳥羽殿から藤原季能の八条坊門烏丸亭、摂津福原の平教盛亭、平清盛(一説によれば重盛)の六波羅泉殿、平頼盛の六波羅池殿などを転々とした。戦況は平氏に不利で、養和元年(一一八一)高倉上皇ついで清盛が没すると、法皇は院政を再開、法住寺殿に戻った。寿永二年(一一八三)義仲が都に迫り、平氏は安徳天皇を奉じて西走したが、法皇は都にとどまった。入洛した義仲は法皇と対立し、法皇は鎌倉の頼朝と結んで義仲を退けようとしたため、義仲は法住寺殿を攻め、法皇を捕えた。頼朝は弟の範頼・義経を上洛させ、義仲を討った。法住寺殿は義仲に焼かれ、この後の院政は六条殿で行われた。さて範頼・義経は法皇の命で平氏追討にあたり、文治元年(一一八五)壇ノ浦で平氏を滅ぼした。しかし義経は次第に頼朝との対立を深め、ついに法皇に請うて頼朝追討の宣旨を出させたものの、これに応じるものは少なかった。頼朝は法皇が追討宣旨を発布した責任を追及し、守護・地頭の設置を承認させ、また右大臣九条兼実を内覧、ついで摂政に推して法皇の独裁を抑えようとし、公武関係は緊張した。しかし同五年、奥州の藤原泰衡が義経を討ち、さらに頼朝が藤原氏を滅ぼすと、義経問題をめぐる公武の対立は解消した。翌建久元年(一一九〇)頼朝は上洛して法皇と対面し、法皇の下で頼朝が御家人を率い、日本国総追捕使として国家の軍事警察を担当する体制が確立した。法皇が政治活動を行なったのは「武者の世」の到来を告げる保元の乱以来であり、清盛・義仲・頼朝らが交互に台頭する動乱期であった。後白河院政はこれらと対決、妥協しつつ権勢の維持に努め、時には危機に瀕しながらも、結局は永い戦乱に終止符をうち、政局の一応の安定をもたらすことに成功した。頼朝上洛の二年後、建久三年三月十三日、法皇は六十六歳で六条殿に没した。御陵は法住寺陵。法皇は深く仏教を信仰し、特に出家後は旺盛な政治活動のかたわら、『法華経』を読誦し、仏道に精進する日々を送った。諸寺・諸山への参詣も多く、熊野御幸は歴代最多の三十四回に及んだ。また芸能を好み、今様を集めて『梁塵秘抄』を編纂した。

後白河天皇像

[参考文献]『大日本史料』四ノ四、建久三年三月十三日条、上横手雅敬『源平の盛衰』(『講談社学術文庫』)、同『日本中世政治史研究』、同『鎌倉時代政治史研究』、安田元久『後白河上皇』(『人物叢書』一八九)、古代学協会編『後白河院』、棚橋光男『後白河法皇』、下郡剛『後白河院政の研究』
(上横手雅敬)

法住寺陵《ほうじゅうじのみささぎ》 京都市東山区三十三間堂廻り町にある法華堂陵。後白河院法華堂・蓮華王院法華堂・法住寺法華堂・法住寺御影堂などと呼ばれ、元治の修陵以後、法住寺法華堂を陵名としたが、明治三十九年(一九〇六)現陵名に改められた。後白河天皇は生前に、蓮華王院の東に法華三昧堂を建立し、建久三年(一一九二)三月十五日遺詔によって、この堂下に遺骸を葬った。堂には僧房や、丹波国曾我部荘・大和国山辺荘などの所領を付し、法華堂別当を補して祭祀し、江戸時代には妙法院が祭祀を継承していた。したがって元禄の陵改め以来陵とされていたが、文久の修陵にあたり、当所は御影堂で陵でないとの説が起きたので、堂を預かる実報院広淵(大仏天祐)は、元治元年(一八六四)堂下を試掘して石櫃を検出し、陵であることを証明した。疋田棟隆『山陵外史徴按』一〇に石櫃露出の図を収録する。現陵は木造本瓦葺単層切妻向拝造、三間三面床張西面の堂で、寛喜・慶長・慶安・元治の造替・修理を経て、昭和五年(一九三〇)解体修理したものである。堂下には石槨・石櫃を埋納し、同三十三年にその上に防火厨子を設けて、天皇の法体坐像を安置する。

像高約八二・七メートル、寄木内刳造、玉眼嵌入、全面布張り、上に漆を塗り、これに彩色している。像胎内には藤原為信筆の裏書のある法皇の白描図像と仮名願文とを納める。

参考文献 『大日本史料』四ノ四、建久三年三月十三日条、大仏天祐『後白河法皇御陵探索次第御届書』、上野竹次郎『山陵』下、宮内庁書陵部陵墓調査室他「後白河天皇法住寺陵の御像に関する調査報告」(宮内庁書陵部陵墓課編『書陵部紀要所収陵墓関係論文集』所収)　(石田　茂輔)

ごしんしんいんどの　後深心院殿　⇨近衛道嗣《このえみちつぐ》

ごすこういん　後崇光院　一三七二—一四五六　室町時代前期の親王で、伏見宮家第三代の当主。応安五年(一三七二)三月二十五日生誕。父は伏見宮初代栄仁《よしひと》親王、母は三条実治(阿野実治とするのは誤り)の娘治子。菊亭家(今出川家)で養育され、元服して貞成《さだふさ》と名乗る。貞成王の少青年期の伏見宮家は不遇であった。持明院統光厳院のあと、崇光・後光厳天皇と兄弟が皇位を継承したが、その後は後円融・後小松天皇と後光厳流が相継ぎ、継承すべき地位にあった崇光院の嫡男で、貞成王の父であった栄仁親王は、ついに継承することがなかったのである。貞成王十一歳の時、後小松天皇が践祚した。南北朝合一の実現した明徳三年(一三九二)、祖父崇光院は伏見殿で出家している。応永五年(一三九八)、貞成王二十七歳の年、崇光院は伏見殿で没したが、これは伏見宮家にとって決定的な意味を持つこととなった。持明院統の嫡流故に、崇光院の伝領していた皇室領である長講堂領・法金剛院領・熱田社領・播磨国衙などが後小松天皇によって没収されたのである。本来ならば、あるいは皇位を継承していれば父栄仁親王に伝領されて然るべきものであった。この年栄仁親王は伏見指月庵で出家を遂げる。同年後小松天皇は、宮家の経済を考慮し、花園天皇皇子直仁入道親王遺領であった室町院領七ヵ所を宮家領とし、さらに播磨国衙・同別納十ヵ所などを還付した。応永八年伏見御所の焼失後の数年間、父栄仁親王は嵯峨にある斯波氏の山荘などを仮寓としたが、後小松天皇による伏見荘還付の翌応永十六年、伏見に帰住した。同十八年、貞成王は伏見御所で元服した。時に四十歳の壮年である。これまでの記述に使用してきた貞成の名乗りも、この遅きに過ぎた元服の時に定められたものだった。今出川邸を居所としていた貞成王が、正式に父栄仁親王と対面したのもこの時であり、以後長くこの伏見御所で父とともに居することとなったのである。貞成王は、この元服の様子を、栄仁親王から今出川公行への琵琶秘曲伝授の次第とともに自記に留めている。貞成王二番目の日記(別記)である。その後永享七年(一四三五)に至る二十五年間、貞成王の居所となった伏見御所は、また当代文化の一つの核でもあった。御所を拠点とし、宮家・公家・地下衆そして時には芸能者をも交え含みこんで催された連歌会・茶寄合などの生活文化は、室町文化の典型でもあったのである。応永二十三年正月一日、四十五歳の貞成王は、かの『看聞御記』の筆を起し、文安五年(一四四八)四月に閣筆するまでの三十余年間書き続ける。この日記が、同時代の社会の解明にいかに大きく貢献したかについては多言不要である。この日記開始の年は、室町院領の宮家への安堵、室庭田幸子との間の長女誕生などの慶事もあったが、父栄仁親王の没した悲しみの年でもあった。宮家を継いだ兄治仁王は、翌二十四年二月急死し、貞成王が相続したが、治仁王の死について、貞成王による毒殺などの風評も流れ、後小松院への弁明などその対応に苦慮するなど、身辺のせわしない期であった。幸い何の咎もなくこの難事を乗り切った貞成王は、名実ともに伏見御所の主となったのである。同二十六年長男彦仁王が誕生した。のちの後花園天皇である。このころから宮家伝来の秘器・秘記類の後小松院への献呈が目立ち、両者の関係は完全に修復されていた。応永三十二年、念願の親王宣下を受けた。時に五十四歳、すでに老境であった。この年後小松院と称光天皇との父子間に継位問題をめぐって確執があり、天皇は譲位と出奔を企てた。後小松院はこの事態を回避するため貞成親王に出家を促した。親王はこれを容れ、七月五日伏見指月庵で薙髪したのである。法号を道欽という。次男貞常親王(伏見宮第四代)の誕生もこの年である。正長元年(一四二八)七月二十日、数年来病弱であった称光天皇が没した。同月二十八日親王の長男彦仁親王が践祚し、翌永享元年(一四二九)即位する。宮家年来の夢が実現したのである。永享四年、崇光院流皇統の由来や帝王学のあり方を記した『椿葉記』(『正統廃興記』)の清書を終え、翌々年後花園天皇に奏覧した。同七年には将軍足利義教の勧めもあり、思い出深い伏見をあとにして一条東洞院邸に移り、ここに常住したのである。文安四年十一月二十七日、太上天皇の尊号を受けたが、翌年二月には辞退した。文安五年四月七日を最後に長年綴った『看聞御記』の筆を閣く。この月十三日、室庭田幸子が没した。しかし貞成親王はこの後も筆を執り、宝徳三年(一四五一)から享徳三年(一四五四)に至るまでの『諸家拝賀記』(別記)を記している。康正二年(一四五六)八月二十九日東洞院御所で没した。八十五歳。諡号は後崇光院。伏見の大光明寺で火葬。著書には、『看聞御記』四十一巻、別記十三巻の日記のほか、後花園天皇への奏覧のために記された『椿葉記』、歌集である『沙玉和歌集』などがある。

後崇光院花押

参考文献 横井清『看聞御記』(『日記・記録による日本歴史叢書』古代・中世編一六)、市野千鶴子「伏見

御所周辺の生活文化」(『書陵部紀要』三三)　(田沼　睦)

伏見松林院陵《ふしみのしょうりんいんのみささぎ》　京都市伏見区丹後町にあり、東面する方丘である。康正二年(一四五六)九月四日伏見大光明寺にて火葬。陵所は、伏見宮の別邸であった指月庵の後身である月橋院の過去帳に松林院に御墓所ありと伝えている。伏見宮家は当所を世々陵としてきたが、慶応元年(一八六五)江戸幕府探陵の際に誤って後深草天皇の火葬塚とされた。その後、明治三十八年(一九〇五)に改めて後崇光院陵伝説地に指定され、大正六年(一九一七)七月に陵に決定、現陵名を称した。

参考文献　上野竹次郎『山陵』下　(中村　一郎)

ごすざくてんのう　後朱雀天皇　一〇〇九―四五　一〇三六―四五在位。寛弘六年(一〇〇九)十一月二十五日、一条天皇の第三皇子として誕生。母は藤原道長の女彰子。諱は敦良。同七年正月十六日、親王宣下。寛仁元年(一〇一七)八月九日、敦明親王の皇太子辞意により、後一条天皇の皇太子となる。同三年八月二十八日、十一歳で元服。長元九年(一〇三六)四月十七日、二十八歳で受禅し、同年七月十日に即位。寛徳二年(一〇四五)正月十六日、位を後冷泉天皇に譲り、同月十八日落飾、法名を精進行と称した。同日、東三条第で崩御。三十七歳。同年二月二十一日、香隆寺で火葬。陵は円乗寺陵。道長の女嬉子所生の子に後冷泉天皇、三条天皇皇女禎子内親王所生の子に後三条天皇・良子内親王・娟子内親王、敦康親王の女嫄子女王(藤原頼通養女)所生の子に祐子内親王・禖子内親王、藤原頼宗の女延子所生の子に正子内親王がある。また、『後朱雀天皇宸記』を著わし、『後拾遺和歌集』『新古今和歌集』『続古今和歌集』『新千載和歌集』に歌什が残されている。　(加藤　友康)

円乗寺陵《えんじょうじのみささぎ》　京都市右京区竜安寺朱山《しゅうやま》、竜安寺内にある。南面する円丘で、後冷泉・後三条天皇陵と東西に並び、三陵同域である。寛徳二年(一〇四五)二月二十一日に香隆寺の乾原にて火葬、遺骨を仁和寺内の円教寺に安置した。崩後十年天喜三年(一〇五五)に後冷泉天皇が天皇の素志をついで、円教寺内に新堂を建立して円乗寺と称した。陵名はこれによっている。しかし、陵の所在を明記したものはなく、『中右記』嘉承二年(一一〇七)七月十二日条に後三条天皇陵の近くにある旨が記されているが、その後は伝えるところがない。幕末修陵の際、現陵所に考定して修補を施した。火葬塚は京都市北区平野宮敷町にある。

参考文献　谷森善臣『山陵考』(『(新註)皇学叢書』五)、上野竹次郎『山陵』下　(中村　一郎)

こせのありひさ　巨勢有久　生没年不詳　鎌倉時代後期の画家。『巨勢氏系図』によれば、有行の三男で左近将監・従五位下・釆女正・壱岐守・従五位上・絵所長者とあるが、いずれも当時の記録・文書で立証でき、鎌倉時代最末期には高階隆兼のあとをうけて宮廷絵所預に就き、ついで正中二年(一三二五)に東寺絵仏師職に兼補されている。おそらく父のあとを継いだのであろう。その没後は両地位ともに他家に渡ったが、貞治二年(一三六三)にはその四男行忠がやはり絵所預のまま東寺絵仏師に補せられ、永和元年(一三七五)にはなお活躍している。適確な遺作はないが、巨勢派の中興者であり、のちに土佐家が譲りうけた宮廷絵所預領丹波国大芋荘は行忠が所有していた。

参考文献　堀直格『扶桑名画伝』、谷信一「東寺絵所」(『室町時代美術史論』所収)　(谷　信一)

こせのおおじ　巨勢邑治　?―七二四　七世紀末、奈良時代前期の公卿。巨勢は許勢にもつくり、名は祖父にもつくる。黒麻呂の子。大宝元年(七〇一)正月、粟田真人を遣唐執節使とする遣唐使の大位に任ぜられる。時に三河守、務大肆。翌二年渡唐、慶雲四年(七〇七)三月帰国し、その功により同年五月綿・絁・布・鍬・穀を給わった。翌和銅元年(七〇八)三月正五位上で播磨守に任じ、同五年正月従四位下、霊亀元年(七一五)正月従四位上に昇叙、同年五月右大弁となる。養老二年(七一八)三月中納言に任ぜられ、同三年正月正四位下、同五年正月従三位に叙せられた。同年三月勅により帯刀資人四人を給わり、神亀元年(七二四)二月正三位に昇叙、封を増されたが、同年六月没した。　(加藤　友康)

こせのおひと　巨勢男人　六世紀初めの顕官。河上の子。『日本書紀』継体天皇元年正月条によると、継体天皇の即位にあたり、男人は大連大伴金村・物部麁鹿火とともにこれを支持し、当時すでに大臣であったという。同二十一年筑紫国造磐井の乱にも金村・麁鹿火とともに遠征し、同二十三年九月没した。その女の紗手媛・香香有媛はともに安閑天皇の妃となったという。しかしこれらの男人に関する事績は、『古事記』には全く記されていないし、『続日本紀』天平勝宝三年(七五一)二月己卯条の雀部朝臣真人らの奏言によると、継体・安閑朝に大臣であったのは巨勢男人ではなく雀部男人であったことを、当時の巨勢氏が認めているなど、男人の事績については、その信憑性になお検討の余地がある。　(日野　昭)

こせのかなおか　巨勢金岡　生没年不詳　平安時代中期の絵師。『巨勢氏系図』に元隼人正・釆女正・従五位下とある。巨勢金岡が神泉苑監として菅原道真の依頼で神泉苑図を描いたのが貞観十一年(八六九)ころであり、この時道真二十五歳、絵師巨先生は推定三十五歳くらいだろう。仁和元年(八八五)藤原基経の五十賀屏風に、馬・道士・人居・舞楽・釣魚の図などを金岡が描き、道真の賛を藤原敏行が書いた。寛平七年(八九五)源能有の五十賀屏風に、廬山異花・呉山神水・天台山の二美人など中国の神仙道士を描いて、本文を紀長谷雄、詩を道真、敏行の書を付した。宇多天皇の寛平年中に紫宸殿の賢聖障子を金岡が描いた。前に弘仁年中(八一〇―二四)に描いた例があり、この中国賢人聖人三十二人肖像を先例によって描いたのだろう。元慶四年(八八〇)に唐本により孔

子・顔回・九弟子の十一肖像を金岡が描き、大学寮に懸けたのも、以前の宝亀六年(七七五)に始めた先型がある。当世の肖像画では仁和四年に御所の南庇の東西障子に弘仁以後の詩作の儒者の形状を描いた。これらの人物画は「古人の真」と称し、実像の写生画を「真」という。弘仁以後の作詩鴻儒像や元慶七年の道真詩賛の渤海大使裴頲像などは写真である。金岡は神泉苑のような林泉図や当代人物画を描く一方で、前代の百済画師の筆蹟も継承し絵所画風を創始した宮廷絵師である。ほかに十二神将図などの仏画がある。巨勢絵所の始祖である。

[参考文献] 堀直格『扶桑名画伝』二五、家永三郎『上代倭絵年表改訂版』 (亀田 孜)

こせのきんただ　巨勢公忠　生没年不詳　平安時代中期の絵所絵師。『巨勢氏系図』では金岡の次男、采女正・長者と記され、公望の弟とある。『古今著聞集』一一、画図には公忠は公茂の兄とあって、公忠以前の画風は生き物のような生動感があるが、公茂以下は現代風になったと評している。村上天皇の天暦十年(九五六、一説には天暦三年)に『坤元録』(魏王泰の中国古代地誌)のうちから大江朝綱に命じて詩題二十首をえらばせ、屏風八帖に采女正公忠が各情景を描き、小野道風が朝綱以下二人の詩賛を書写した。「坤元録屏風」は唐絵の屏風であって、天暦以降、長保・寛弘の一条天皇の代を経て、平安時代末期まで作られ、倭漢絵屏風の代表的画題である。

[参考文献] 堀直格『扶桑名画伝』三〇 (亀田 孜)

こせのせきまろ　巨勢堺麻呂　?—七六一　奈良時代後期の官僚政治家。名を関麻呂にも作る。孝徳天皇時代の左大臣徳陀古の曾孫。従五位上小邑治の子。伯父中納言正三位邑治の養子。天平十四年(七四二)従五位下に叙し、式部卿藤原仲麻呂に寵用され、その腹心として、式部少輔・大輔を歴任。天平勝宝元年(七四九)紫微中台成立とともに紫微少弼に任じ、のち大弼となる。天平宝字元年(七五七)橘奈良麻呂の陰謀を密奏、従三位に叙され左大弁・参議に昇る。同五年没。 (横田 健一)

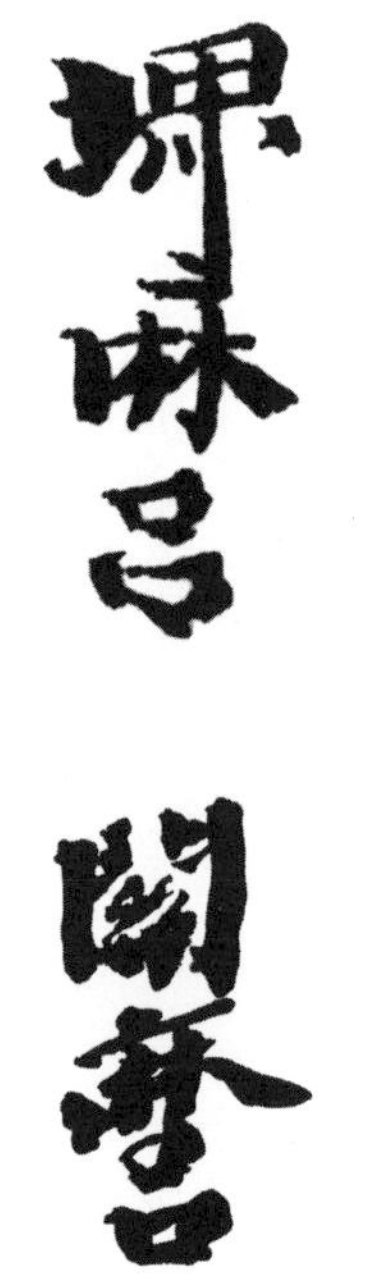

巨勢堺麻呂自署

こせのとくだこ　巨勢徳陀古　?—六五八　七世紀中ごろの顕官。徳陀・徳太・徳太古とも書く。皇極天皇元年(六四二)十二月、舒明天皇の喪にあたり大派皇子に代わって誄し、同二年十一月には蘇我入鹿の命をうけ山背大兄王を斑鳩宮に襲撃した。かように大化前代に蘇我氏の配下にあった徳陀古が、同四年六月中大兄皇子が入鹿を殺したので、漢直らが蘇我蝦夷を助けて抗戦しようとした時には、皇子の命をうけて漢直らに君臣の別あることを説いて退散させており、時勢の推移に柔軟に対処していたことが知られる。大化五年(六四九)四月大紫を授けられて左大臣となり、右大臣大伴長徳とともに朝政にあたり、白雉元年(六五〇)二月の白雉を迎える朝儀には帝徳の千秋万歳を奉賀した。同二年十二月新羅の貢調使が唐服を著て来泊した時、徳陀古は新羅を伐つべきことを奏した。斉明天皇四年(六五八)正月没。その子に中納言小錦中黒麻呂があり、その子孫は奈良時代を通じて顕官となった。 (日野 昭)

こせのなてまろ　巨勢奈氏麻呂　?—七五三　奈良時代前・中期の公卿。比等の子。天平元年(七二九)三月正六位上より外従五位下に叙せられ、造仏像司長官・民部卿などを歴任し、同十一年四月参議となる。同十三年七月には正四位上に叙せられ、金牙で飾った斑竹の御杖を賜わった。同年九月智努王とともに造宮卿に任ぜられ、翌十四年二月従三位に昇叙。同年八月・十二月、翌十五年四月・七月の紫香楽宮行幸および同十七年八月の難波行幸に際して留守となり、同十五年五月中納言に任ぜられ、同十八年四月北陸山陰両道鎮撫使を兼ねている。同二十年二月正三位、翌天平勝宝元年(七四九)四月従二位に昇叙し、大納言となった。同四年四月の大仏開眼に際して東宮留守官をつとめている。同五年三月三十日没した。時に大納言、従二位、兼神祇伯・造宮卿。『公卿補任』同年条には八十四歳とあるが、同天平十一年条の「天智天皇四(五か)年丙寅生」とする記載と合致しない。『万葉集』一七には、天平十八年正月の元正太上天皇御在所での肆宴で歌を作り奏したが、奈氏麻呂の歌は当時記されなかったので漏失したとみえ、また同一九には天平勝宝四年十一月新嘗会の肆宴での詔に応ずる歌六首中の一首として、彼の歌が残されている。 (加藤 友康)

こせののたり　巨勢野足　七四九—八一六　平安時代前期の公卿。参議兵部卿堺麻呂《せきまろ》の孫、式部大輔苗麻呂の長男として天平勝宝元年(七四九)生まれる。延暦八年(七八九)十月従五位下・陸奥鎮守副将軍となり、同十年七月大伴弟麻呂に従い征夷副使として蝦夷征討にあたる。のち兵部大輔・左衛士督・左兵衛督・兼春宮大夫などを歴任し、弘仁元年(八一〇)三月十日蔵人頭に補せられた。同時に補せられた藤原冬嗣とともに蔵人頭の初任とされる。同年兼中務大輔・参議、同二年従三位勲三等・兼右近衛大将、同三年中納言、同六年陸奥出羽按察使を兼ね、同七年十二月正三位に叙せられ、同月十四日没した。六十八歳。人となり鷹犬を好んだという。 (藤木 邦彦)

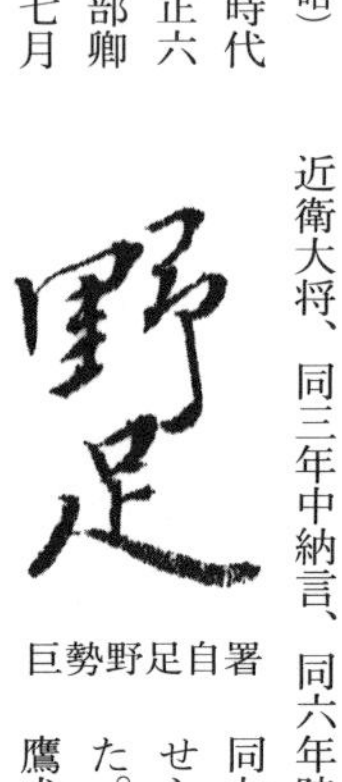

巨勢野足自署

こせのひと　巨勢人　生没年不詳　天智朝の有力官人。名は比等・毗登にもつくる。姓は臣。父は推古朝の官人大海。天智天皇十年(六七一)正月に蘇我果安・紀大人とともに御史大夫に任ぜられ、同年十一月、天智天皇の重病に際し、左大臣蘇我赤兄・右大臣中臣金および上記の

二人とともに大友皇子に従って、天皇の詔を守ることを誓った。これは天智の弟大海人皇子(天武天皇)の反乱を恐れたためだが、はたして大海人皇子は天智天皇の死後、翌天武天皇元年(六七二)六月に壬申の乱をおこした。人は、山部王・蘇我果安らと兵を率いて不破の大海人皇子を襲おうとしたが、内紛を生じ、山部王は人らに殺され、果安は自殺して失敗した。乱に勝った大海人皇子は、八月に処分を行い、人は子孫とともに配流された。しかし子の奈氏麻呂《なてまろ》は、聖武・孝謙の両朝に仕え、大納言に至っているから、子孫の配流はのち許されたとみえる。また兄弟の紫檀《したぬ》は、天武朝に京職大夫となった。

参考文献 直木孝次郎『壬申の乱』(『塙選書』一三) (直木孝次郎)

こせのひろたか 巨勢弘高 生没年不詳 平安時代中期の絵所絵師。広高・広貴・広孝とも書く。『巨勢氏系図』では金岡―公望―深江―広高。金岡四代目で巨勢絵様式の完成者。病弱のため一時出家したが、還俗して内裏の絵所に出仕、官は采女正。長保二年(一〇〇〇)に絵所長者として、一条天皇の御衣の五霊鳳桐文の図様を描き織部司に渡した。同四年には書写山の性空肖像を花山法皇の仰せで写生した。正暦年中(九九〇―九五)中関白藤原道隆が宮中の臨時客の行事に立てた、弘高筆の楽府屏風を損傷した。また道隆の東三条第の障子に歌絵を描き、長保元年藤原彰子の入内調度の冊子に歌絵を描き、同三年に藤原行成が造立した世尊寺に障子絵を描き、寛弘七年(一〇一〇)藤原道長三女妍子入東宮料の屏風を描くなど倭絵の作例が多い。

参考文献 『扶桑名画伝』三〇 (亀田 孜)

こせんいんげん 古先印元 一二九五―一三七四 南北朝時代の五山禅僧。諱は印元、字は古先。薩摩の人。永仁三年(一二九五)に生まれる。はじめ円覚寺の桃渓徳悟に入門した後、諸師に参じたが、文保二年(一三一八)入元して無見先覩、ついで中峰明本に参ずること数年、さらに古林清茂《くりんせいむ》・月江正印・笑隠大訢などに参じ、嘉暦元年(一三二六)帰国した。夢窓疎石と親しく、建武四年(一三三七)請われて甲斐の恵林寺に住し、ついで翌暦応元年(一三三八)に山城等持寺の開山となり、さらに暦応寺(天竜寺)の大勧進となった。貞和元年(一三四五)真如寺、観応元年(一三五〇)京都万寿寺、ついで相模の浄智寺に住し、また須賀川(福島県須賀川市)普応寺の開山となった。延文三年(一三五八)鎌倉の長寿寺の開山となり、翌四年円覚寺、ついで建長寺に住し、同寺内に広徳庵を構えた。応安七年(一三七四)正月二十四日寂。八十歳。建長寺広徳庵と長寿寺曇芳庵に塔す。正宗広智禅師と勅諡された。

参考文献 『古先和尚行状』 (今枝 愛真)

こそうけん 胡宗憲 ?―一五六二 倭寇を平定したので名高い明の武将。績渓(安徽省)の生まれ。字は汝貞、諡は襄懋。嘉靖十七年(一五三八)の進士。知県・御史となり、浙江を巡按したが、当時、日本の五島を根拠地として中国沿海を寇掠していた倭寇の首領王(汪)直を招撫しようと苦心をかさねた。まず王直とならぶ巨魁徐海に賄賂をおくって懐柔し、同じ海寇集団の頭目陳東・葉麻らを捕えさせたが、つづいて王直にも同じような懐柔策をもちい、欺いてついに投降させた。いわゆる戦略戦術に長じ、「権術多く功名を喜ぶ」と評せられたが、連年の征倭の功により右僉都御史・兵部右侍郎・右都御史にすすみ、王直平定の功によって嘉靖三十九年には太子太保を加えられた。かれの倭寇平定策は、互市を許すという懐柔策で、倭寇発生の根源をついてはいたが、結果的にはだまし討ちに終り、同四十一年にはかれもまた失脚して投獄され、自殺した。倭寇平定の功将には、さきに劉江・朱紈・王忬・張経らがおり、のちに兪大猷・戚継光・胡宗憲らがいる。明代倭寇研究の根本史料の一つ『籌海図編』十三巻は、かれの著とされているが、じつはかれの幕下鄭若曾の手になったものである。

参考文献 陳懋恒『明代倭寇考略』、田中健夫『中世海外交渉史の研究』、同『倭寇と勘合貿易』(『日本歴史新書』)、石原道博『倭寇』(吉川弘文館『日本歴史叢書』七) (石原 道博)

ごだいごてんのう 後醍醐天皇 一二八八―一三三九 一三一八―三九在位。正応元年(一二八八)十一月二日後宇多天皇の第二皇子として誕生。母は藤原忠継の女談天門院忠子。諱は尊治。延慶元年(一三〇八)九月十九日、持明院統の花園天皇の皇太子となり、文保二年(一三一八)二月二十六日践祚、同三月二十九日即位。元亨元年(一三二一)十二月後宇多法皇の院政を廃し記録所を再興した。吉田定房・万里小路宣房・北畠親房をはじめ、日野資朝・同俊基らを登用して天皇親政を実現した。天皇は諸政の刷新に努めたが、その実をあげるためには、鎌倉幕府の存在が障害となった。そこで、倒幕の計画を練るために、無礼講や朱子学の講書会を開いて同志を糾合した。しかし、この計画は事前に漏れ、正中元年(一三二四)九月、六波羅軍の急襲によって土岐頼兼・多治見国長らは殺された(正中の変)。天皇は、こののちも倒幕の意志を変えず、あるいは尊雲法親王(護良親王)を天台座主とし、あるいは南都北嶺に行幸して、畿内の大社寺の僧兵らを味方に引き入れようとした。すなわち、嘉暦元年(一三二六)の夏には中宮藤原禧子の安産を祈る修法に仮託して関東調伏の祈禱を延暦寺などで行わせ、元徳元年(一三二九)正月には、春日社・東大寺・興福寺などに行幸した。さらに、日野俊基らに命じて、山伏姿に変装して諸国を巡行させ、各地の政情や武士たちの動きを調査させた。花園上皇は、『誡太子書』に「乱ノ勢萌ス

後醍醐天皇花押

コト已ニ久シ」(原漢文)と記しているが、この表現は、後醍醐天皇側と鎌倉幕府との対立が顕在化しつつあったことの証左である。元徳三年四月、吉田定房の密告によって天皇の計画を知った鎌倉幕府は、ただちに長崎高貞らを上洛させ、日野俊基や円観・文観らを逮捕した。同年八月、天皇は、辛うじて京都を脱出して笠置に布陣し、近隣の土豪・野伏らに参陣を呼びかけた。しかしながら、この時も鎌倉幕府の大軍によって笠置は旬日を経ずして陥落し、楠木正成の河内赤坂城も幕府軍の蹂躙するところとなった。天皇は捕えられ、翌元弘二年(北朝正慶元、一三三二)三月隠岐へと流刑された(元弘の乱)。隠岐の配所に従ったのは、才色兼備をうたわれた阿野廉子や千種忠顕らであった。こうして倒幕運動は鎮圧されたかに見えたが、同年十一月ごろから、吉野で護良親王が、河内千早城で正成が再挙すると、諸国の反幕府運動が急速に展開した。悪党が諸国で蜂起し、幕府の支配機構が麻痺させられていったのである。このような戦局の転換に乗じて、元弘三年閏二月、天皇は隠岐を脱出して伯耆名和湊の長者名和長年の助けをうけて船上山にたて籠もり、朝敵追討の宣旨を諸国に発した。幕府の将として上洛していた足利高氏(尊氏)は四月下旬に天皇に応じて反幕府の旗幟を鮮明にし、五月七日には赤松氏と協力して六波羅軍を壊滅させた。東国においても、五月八日新田義貞が上野生品神社に挙兵し、長駆して鎌倉を攻略、二十二日には鎌倉幕府を倒壊させた。六月五日京都に還幸した天皇は、公家一統の政治をめざして、まず持明院統の後伏見・花園両上皇の所領を、ついで公家・寺社の所領を安堵し、討幕の功労者への除目を行なった。天皇は、みずから後醍醐と名乗ったように、延喜・天暦の世、すなわち醍醐・村上両天皇の治世を理想の時代として追慕し、律令国家最盛時に匹敵する政治を実現させようとした。「朕ガ新儀ハ、未来ノ先例タルヘシ」との発言は、天皇の覇気と自負の端的な表現であった。天皇は、その絶対的権威を示すために、土地の領有はすべて綸旨によってのみ確認されるものであり、綸旨によらない土地の安堵は認められないという個別安堵法を公布した。この法令は、土地領有についての前代からの慣習を根底からくつがえすものであっただけに、諸国武士の猛烈な反撥を招くこととなった。このため、天皇も当法の適用は北条氏関係の所領に限定し、当知行安堵については諸国平均安堵法へと変更せざるをえなくなったのである。朝令暮改は恩賞の不公平さとともに建武政府の自壊を招く根本原因であった。天皇は、記録所・恩賞方・武者所・雑訴決断所などの中央諸機関を整備充実させるとともに、地方行政機関として各地に国司と守護を併置させて各地域の治安維持にあたらせた。天皇は奥羽の地を重視し、元弘三年十月陸奥守北畠顕家を多賀城へ派遣した。顕家に義良親王を奉じて下向させ、東北の統治にあたらせようとしたのである。これが奥州将軍府である。同将軍府では、翌年正月式評定衆・引付・政所・侍所・寺社奉行・安堵奉行などの職制が定められ、旧幕府官僚にまじって、在地の有力武将がそれに任命されている。元弘四年正月二十九日、年号を建武と改めた天皇は、その絶対性を誇示するために大内裏の造営を発表した。しかし、戦乱の疲弊が残っている時点で、莫大な経費を必要とする造営の強行は、費用を賦課された諸国の武士や、その負担を転嫁された地方農民のはげしい反対をうけた。この間、天皇は諸国一・二宮の本家職・領家職を停廃し、諸国の関所を停止し、建武元年(一三三四)五月には徳政令を出したが、十分な効果はあがらなかった。同五月から八月にかけての若狭太良荘の農民訴状や、八月の『二条河原落書』などは全国各地の庶民たちの声であり、建武政府に対する痛烈な批判であった。建武二年六月に露顕した西園寺公宗らの反後醍醐運動は、天皇暗殺の謀議を含むものであり、同年七月には、北条時行が信濃において建武

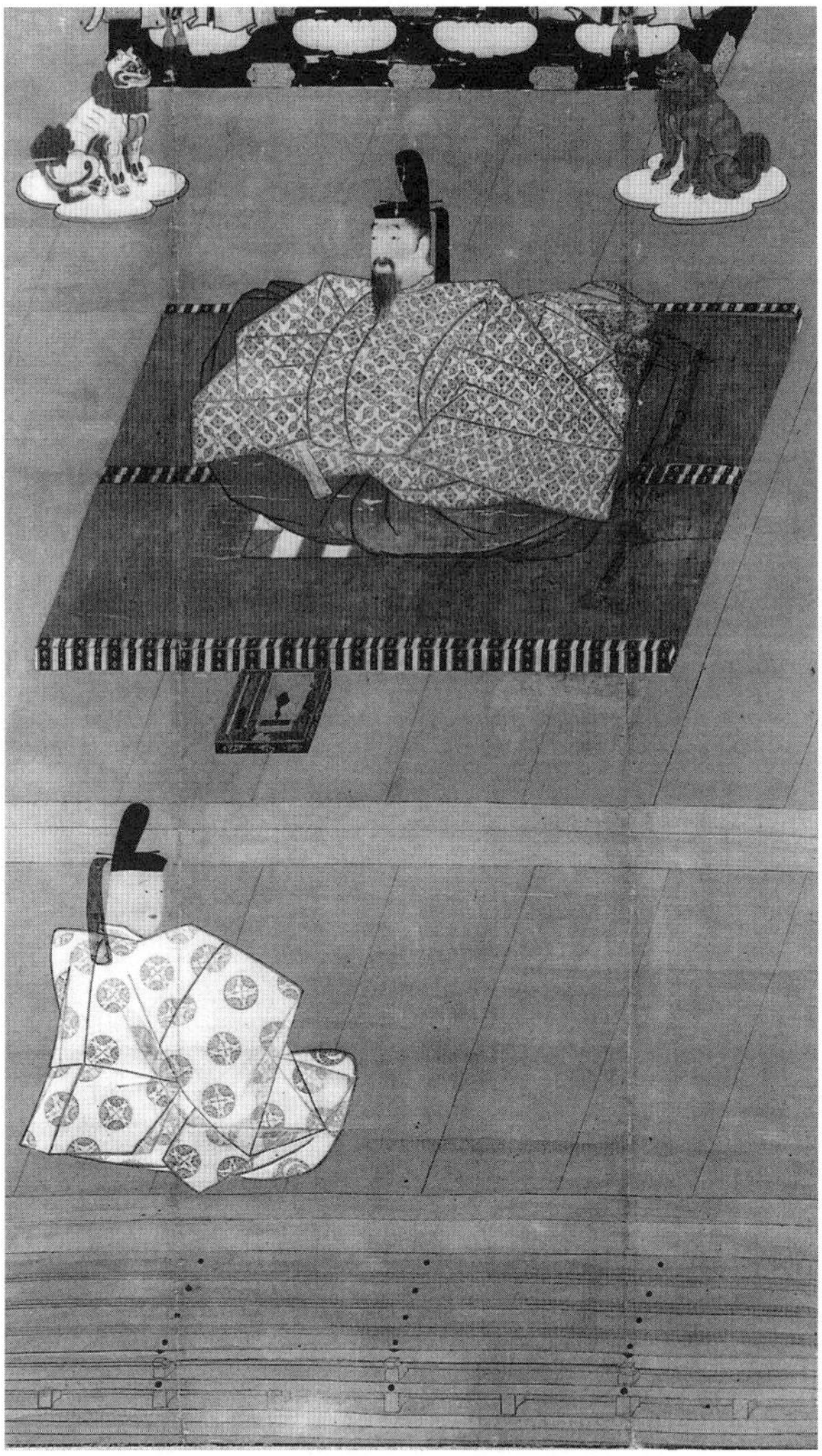

後醍醐天皇画像

政府に対して公然と反旗をひるがえしている(中先代の乱)。時行軍は鎌倉を攻撃して足利直義軍を破った。八月、足利尊氏は直義を救援するために京都を出発した。尊氏は、直義とともに時行軍を破り鎌倉を奪回したが帰京せず、十一月には新田義貞誅伐を名目に反建武政府の立場を明確にした。建武三年正月から六月にかけて、京中合戦、尊氏の西走、湊川の戦などが続いたが、後醍醐天皇方の敗色は日々濃厚となり、天皇はこの間二度までも山門(延暦寺)へ行幸した(建武の乱)。十月、足利尊氏の強請により、山門より京都へ帰るにあたって天皇は、恒良・尊良両親王とともに、新田義貞を越前へ下向させた。十一月、天皇は光明天皇へ神器を渡し、十二月には吉野へ潜幸して南朝を樹立した(南北朝分裂)。以後、吉野において京都回復を企てたが、延元二年(北朝建武四、一三三七)三月には越前金ヶ崎城が陥ち、翌三年五月には北畠顕家が石津で敗死し、同閏七月には新田義貞が越前藤島で戦死するなど南朝の勢力は急速におとろえていった。この頽勢を挽回するために天皇は、北畠顕信を鎮守府将軍として、親房とともに義良親王を奉じて陸奥へ下向させようとしたが、伊勢から東国へ航行中、暴風雨にまきこまれて遭難し計画は失敗した。義良親王は同四年(北朝暦応二)三月に、吉野に帰り皇太子となった。同八月十五日、天皇は義良親王(後村上天皇)に譲位し、翌十六日、朝敵討滅・京都奪回を遺言にして病没した。五十二歳。天皇は『建武年中行事』『日中行事』などを撰述し、『李花集』『新葉和歌集』などに心境を托した和歌を残している。陵墓は、奈良県吉野郡吉野町の塔尾陵。

[参考文献]『大日本史料』六ノ五、暦応二年八月十六日条、田中義成『南北朝時代史』(『講談社学術文庫』)、村田正志『増補南北朝史論』(『村田正志著作集』一)、佐藤進一『南北朝の動乱』(中央公論社『日本の歴史』九)、佐藤和彦『南北朝内乱史論』、黒田俊雄「建武政権の所領安堵政策」(『日本中世の国家と宗教』所収)、飯倉晴武「後醍醐天皇と綸旨」(豊田武先生古稀記念会編『(豊田武博士古稀記念)日本中世の政治と文化』所収)　(佐藤　和彦)

塔尾陵《とうのおのみささぎ》　奈良県吉野郡吉野町大字吉野山字塔ノ尾、如意輪寺内にある。治世の年号を取って延元陵ともいう。天皇の葬儀の日を伝えないが、延元四年(北朝暦応二、一三三九)八月天皇は病が重くなると、いろいろ言い遺した後に「玉骨ハ縦南山ノ苔ニ埋ルトモ、魂魄ハ常ニ北闕ノ天ヲ望ント思フ」といって左右の手に『法華経』五巻と剣を持って同月十六日崩じたので、「円丘ヲ高ク築テ、北向ニ奉レ葬」と『太平記』に述べている。同書はその場所を蔵王堂の東北とするが、実際は『吉野拾遺』に記載するように「如意輪寺の御堂のうしろ」の山にあたる。現在円丘は北面し、直径約二二メートル、高さ約四メートルである。当時の陵は堂塔もしくは平地に葬って墳丘を造らなかったが、円丘を営んだことは、陵の形式変遷上特記すべきことである。中世以前の陵は、近世に入ってほとんど荒廃するに至ったが、当陵には山陵守護の家が定まっており、代々奉仕してきたので、陵の威厳を保ってきた。たずねるものも多く、桜花や南朝の悲運を詠じた詩歌も多い。天保六年(一八三五)に四十二代遊行上人が円丘周囲の石柵を寄進している。なお参道の傍らに長慶天皇皇子世泰親王の墓がある。

[参考文献]『大日本史料』六ノ五、延元四年八月十六日条、上野竹次郎『山陵』下　(中村　一郎)

ごだいせんこんごういんどの　後大染金剛院殿　⇩二条《にじょう》尹房《ただふさ》

ごたかくらいん　後高倉院　一一七九―一二二三　持明院宮・持明院法皇・広瀬院とも称する。天皇として即位したことはないが、幼帝後堀河天皇の父として院政を行う必要から、太上天皇の尊号がたてまつられた。治承三年(一一七九)二月二十八日、高倉天皇の第二皇子として誕生。母は坊門信隆の女の七条院殖子。安徳天皇の異母弟、後鳥羽天皇の同母兄。諱は守貞、法名行助。寿永二年(一一八三)七月、平氏の都落ちには安徳天皇とともに西国に伴われたが、平氏滅亡後帰京。文治五年(一一八九)十一月十九日、親王宣下(無品)。建久二年(一一九一)十二月二十六日、元服・加冠、三品親王に叙せられた。不遇で皇位についての望みもないため建暦二年(一二一二)三月二十六日出家し、法名を行助と称した。承久三年(一二二一)五月、後鳥羽上皇は討幕の兵を挙げたが敗れ(承久の乱)、後鳥羽・土御門・順徳三上皇はそれぞれ隠岐・土佐・佐渡に配流され、仲恭天皇も廃帝となった。そこで鎌倉幕府はこの乱とは全く無関係で、しかも後鳥羽上皇と血縁的に近い人物を選んで天皇にたてることとした。ここに後鳥羽上皇の兄行助入道親王の第三子茂仁王が選ばれたが、これが後堀河天皇である。当時は院政が常の政体とされていたが、上皇はみな承久の乱の当事者として配流されており、それに代わるものとして同年八月、後堀河天皇の父行助入道親王に太上天皇の尊号をたてまつり、その院政をしくこととした。ここに行助入道親王の院政が実現したが、天皇の位につかず、しかも出家している親王に太上天皇の尊号をおくることは先例のないことで、当時の人々は全く異例のこととした。しかし幕府にとって、朝廷内から後鳥羽上皇の院政勢力を

後高倉院画像

完全に一掃することはもっとも重要なことであり、そのためにはこれが最善の処置であった。しかし後高倉院の院政は短く、二年後の貞応二年(一二二三)五月十四日、持明院殿に崩御した。四十五歳。後高倉院は幕府によって擁立されたため、公武の協調につとめたが、これはその後長く朝廷の基本的政策とされた。

参考文献 『大日本史料』五ノ一、貞応二年五月十四日条 (田中 稔)

兀庵普寧画像(靖菴筆)

兀庵普寧花押

ごったんふねい 兀庵普寧 一一九七—一二七六 鎌倉時代に来朝した臨済宗楊岐派の禅僧。諱は普寧、字は兀庵。中国、西蜀(四川省)の人。慶元三年(一一九七)に生まれる。はじめ儒学をうけたが、のち出家して唯識などの教学を修めること数年、ついに禅に転じ、蔣山の痴絶道冲、ついで阿育王山の無準師範の門に投じ、さらに無準に従って径山に移り、ついにその法を継いだ。のち霊隠寺・天童寺の首座を勤めたあと、慶元府の霊岩寺、常州の南禅寺に住したが、文応元年(一二六〇)旧知の間柄であった蘭渓道隆や円爾などの招きをうけて来朝し、博多の聖福寺に入った。ついで上京して、東福寺の円爾と旧交を暖めたが、北条時頼の要請をうけて建長寺二世となった。ときに、建長寺の本尊は地蔵菩薩であるから、仏である自分より下位であるというので、ついに仏殿を礼拝しなかったと伝えられる。この後、時頼は兀庵について熱心に参禅問法をかさね、弘長二年(一二六二)十月十六日朝、ついに悟りを開いて、兀庵から印可証明をうけている。しかし、時頼の死後、格調高いその禅風のよき理解者が得られず、しかも門徒の間で争い事が起きたため、嫌気がさして、文永二年(一二六五)日本人景用を伴って、在留わずか六年で帰国してしまった。その後、婺州の双林寺、温州の江心寺などに住した。至元十三年(一二七六)十一月二十四日寂。寿八十。宗覚禅師と勅諡された。著作に『兀庵和尚語録』一巻がある。弟子に東巌慧安・南洲宏海・天外志高らがいる。その滞在期間はわずかに数年間にすぎなかったが、大陸禅宗界の第一級の禅匠に接することができたということは、わが禅林のその後の発展にとってきわめて貴重な刺戟となった。 (今枝 愛真)

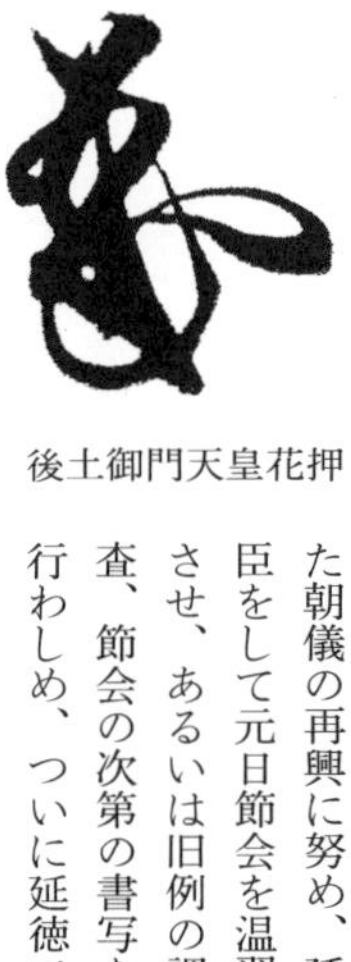
後土御門天皇花押

ごつちみかどてんのう 後土御門天皇 一四四二—一五〇〇 一四六四—一五〇〇在位。嘉吉二年(一四四二)五月二十五日後花園天皇の皇子として誕生。母は嘉楽門院藤原信子(藤原孝長の女、贈太政大臣大炊御門信宗の養女)。諱は成仁《ふさひと》。長禄元年(一四五七)十二月十九日親王宣下あり、翌二年四月十七日元服の儀を挙げた。寛正五年(一四六四)七月十九日土御門内裏において後花園天皇の禅りを受けて践祚。翌六年十二月二十七日太政官庁において即位礼を挙げた。天皇の即位後程なくして起った応仁・文明の乱は前後十一年にわたり、この間京都の市街は多く焼土と化し、騒乱は地方にも及んで皇室御料地をはじめ公家の所領は多く侵掠せられ、朝廷の経済もきわめて窮乏し、節会その他の恒例の朝儀も廃されるものが多くなった。乱のはじめ応仁元年(一四六七)正月十八日天皇は難を避けて将軍足利義政の室町第に臨幸、同月二十日還幸したが、同年八月二十三日戦乱の激化により再び室町第に行幸、これより十年近くここを仮宮として起居したが、文明八年(一四七六)十一月室町第類焼により小川第に移り、さらに北小路第・日野政資第へと移徙し、同十一年十二月に至って、修理成る土御門内裏に還幸した。この間義政側近の日野勝光・伊勢貞親ら政を左右し、義政夫人日野富子も政治に容喙して綱紀紊れて幕府の威令行われず、天皇は政務意のごとくならざるにより、譲位しようとしたことも一再にとどまらなかった。このような状況のもとにあって、天皇は応仁以来中絶した朝儀の再興に努め、廷臣をして元日節会を温習させ、あるいは旧例の調査、節会の次第の書写を行わしめ、ついに延徳二

年(一四九〇)から明応元年(一四九二)にかけて三節会をはじめ、殿上淵酔・乞巧奠などを再興した。明応九年九月二十八日崩御。年五十九。深草北陵(京都市伏見区深草坊町)に葬る。天皇学を好み、吉田兼倶・一条兼良・清原宗賢らに和漢の書を講ぜしめ、また歌道に長じ、『紅塵灰集』『いその玉藻』『後土御門院御百首』などの御集がある。 →後深草天皇《ごふかくさてんのう》(深草北陵)

参考文献 和田英松『皇室御撰之研究』、浅野長武「室町時代の皇室と国民」(『(岩波講座)日本歴史』所収)

(後藤 四郎)

こてだやすつね 籠手田安経 ?—一五八二 戦国時代、平戸松浦氏の武将。肥前国生月島・度島の領主。左衛門尉、兵部少輔。キリスト教に帰依し、ドン＝アントニオと称した。領内に教会・聖堂などを建て、仏像を焼き捨て、家族・家臣・領民も多数キリシタンとなった。松浦隆信がキリシタンを弾圧する中で、固く信仰を守り、永禄八年(一五六五)隆信が福田港のポルトガル船攻撃の際もこれに参加しなかった。天正十年(一五八二)初頭、扁桃腺炎で急死したが、勇将として数々の戦功があったので、松浦鎮信もその死を惜しんだ。妻はドナ＝イサベル、嫡子はドン＝ゼロニモと称し、安経の死後も領内のキリシタンを保護した。

参考文献 『耶蘇会年報』一(村上直次郎訳、『長崎叢書』二)、『イエズス会日本年報』(村上直次郎訳・柳谷武夫編、『新異国叢書』三・四)、ルイス＝フロイス『日本史』一—四(柳谷武夫訳『東洋文庫』四・三五・六五・一六四)、和辻哲郎『鎖国』(『和辻哲郎全集』一五)、片岡弥吉「籠手田一族」(『カトリック研究』二〇ノ四)

(瀬野精一郎)

こでらかんべえ 小寺官兵衛 ⇨黒田孝高《くろだよしたか》

こでらのみや 木寺宮 ⇨邦良親王《くによししんのう》

ことうしゅうしょう 古幢周勝 一三七〇—一四三三 室町時代前期の禅僧(臨済宗夢窓派)。諱周勝、字古幢、別に愛閒叟・離幻道人と称す。不遷法序の法を嗣ぐ。京都の人。俗姓清水谷。応安三年(一三七〇)生まれる。細川頼之室で叔母にあたる玉淵夫人に養育される。五歳、臨川寺にて不遷に謁し、七歳、天竜寺に掛籍。十三歳、不遷の南禅寺入寺に随って移り、師の寂後は太清宗渭・義堂周信・絶海中津・観中中諦・大岳周崇らの指導をうける。十七歳、足利義満の命で相国寺鹿苑院内の義満の居室(のちの蔭涼軒)に移る。隠遁志向が強く、二十三歳、南紀・四国の山中に潜居。二十七歳、義満の命で相国寺に帰り蔵主を勤む。やがて血書の一偈を残して再び林下に逃がる。四十歳代に至り義持の命で景徳寺(諸山)・等持寺(十刹)・相国寺(五山)に歴住。正長元年(一四二八)三月天竜寺入寺、四月鹿苑僧録となり併任のまま南禅寺・相国寺(三住)に住す。永享五年(一四三三)二月二十二日嵯峨宝性院で示寂。六十四歳。法嗣に順慶等助・真境性致・仲璋光珪ほかがいる。勅諡、鏡智法明禅師。

古幢周勝花押

参考文献 「勅諡鏡智法明禅師古幢大和尚行実記」(『諸祖行実』所収)、玉村竹二『五山禅僧伝記集成』

(今泉 淑夫)

ごとうすみはる 五島純玄 一五六二—九四 戦国大名。永禄五年(一五六二)肥前国福江(長崎県五島市)に生まれる。父は宇久純堯、母は不明。次郎、修理大夫、大和守、若狭守。天正十五年(一五八七)家督を嗣ぎ、九州征伐のため下向した豊臣秀吉に豊後国府内で謁し、秀吉は純玄の所領を安堵し、異国船警備を命じた。文禄元年(一五九二)秀吉は朝鮮出兵(文禄の役)にあたり、先陣を命じ、純玄は総勢七百余人を率い、軍船十七艘・属船八艘に分乗して出陣するに際し、それまでの宇久姓を五島姓に改めた。同四月名護屋(佐賀県唐津市鎮西町)を発し、釜山に上陸し、各地を転戦したが、同三年七月二十八日、疱瘡のため朝鮮陣中で没した。遺骸は酒漬にして福江に後送され、大円寺に葬られた。三十三歳。法名子峰源師。妻は秀吉の下知に従わなかったため、所領を没収された伊佐早の領主西郷純堯の妹との説がある。父純堯がキリスト教を保護したのに対し、純玄はキリシタン追放令を発したため、五島のキリスト教は一時下火となった。

参考文献 『寛政重修諸家譜』一八六、中島功編『五島編年史』上

(瀬野精一郎)

ことうたけざね 厚東武実 ⇨こうとうたけざね

ごとうまたべえ 後藤又兵衛 ⇨後藤基次《ごとうもとつぐ》

ごとうもときよ 後藤基清 ?—一二二一 鎌倉時代前期の武将。父は佐藤仲清。のち後藤実基の養子となる。最終官位は検非違使・左衛門少尉、従五位上。源平合戦に際しては源頼朝方に参じ、養父実基とともに屋島の戦などに加わって戦功をたてた。文治元年(一一八五)四月頼朝の吹挙なしに任官し、ほかの無断任官の御家人らとともに東国にある本領への下向を禁止された。この東国御家人任官輩交名の中で、基清は「目ハ鼠眼ニテ」(『吾妻鏡』)と評されており、彼の風貌の一端がうかがい知られる。元暦元年(一一八四)ごろ、彼は「馴二京都一之輩」(同)といわれており、早くより京都にいることが多かった。文治元年五月には頼朝の妹聟で京都守護の一条能保の侍として史料にみえているのも、古くから一条家と関係が深かったためである。讃岐国守護に任ぜられたが、頼朝死後の正治元年(一一九九)二月、中原政経・小野義成とともに院近臣源通親の襲撃を企てたとして捕えられ、守護職以下の官職をとかれ流罪に処された。しかし建仁二年(一二〇二)六月源通親の死後、流罪を宥された。基清はすでに建久九年(一一九八)ごろ、御家人でありながら院北面に仕え、後鳥羽上皇との関係も生じていたが、流罪宥免以後再び検非違使として在京すること多く、やがて院西面に候し、上皇との関係は密接になっていった。これも後藤氏が古くより検非違使として在京し、院・貴

族との接触が多かったことによる。承久三年(一二二一)五月の承久の乱に際しては、後鳥羽上皇方につき幕府方と戦ったが、敗れて捕えられ、七月二日斬罪・梟首された。関東御家人として幕府の恩顧をうけながら、叛いて院方についた罪による。承久の乱以前には、京都ならびに近国の治安維持の権限は院が握っており、基清らの在京御家人は常に院の命令を直接うけることが多く、後鳥羽上皇との個人的な結び付きが強くなっていったため、乱に際しては積極的に院方に参ずるに至った。（田中　稔）

参考文献　『大日本史料』四ノ一六、承久三年七月二日条

ごとうもとつぐ　後藤基次　?―一六一五　安土桃山時代の武将。通称又兵衛、隠岐と号した。父新左衛門はもと播磨別所氏の家臣で、のち小寺政職の下にあり病死した。幼少の又兵衛は黒田孝高に養育されたが、のち仙石越前守のもとに行き、さらに黒田長政によびもどされ、孝高・長政に仕えた。武勇にすぐれ、天正十五年(一五八七)豊臣秀吉の九州征伐や文禄元年(一五九二)の文禄の役などで、戦功をたてた。慶長五年(一六〇〇)関ヶ原の戦では長政の先手として戦う。嫡子左門は黒田如水に従った。同年長政が筑前国をもらったので、基次は一万六千石を給され嘉麻郡大隈城を預かった。行跡よからず他国他家と交際するを長政にきらわれ、同十一年筑前を立ち退き、池田輝政のもとにあったが、長政の要求で同十六年池田家をはなれた。浪人として大坂に隠棲したが、黒田家がこれを探索してその子を捕えたところ、豊臣秀頼がきいて、浪人でも大坂に住むものはわが民と基次を保護したので、黒田家もやむなくその子を返した。基次はその恩に感じ、同十九年の大坂冬の陣では、秀頼の招きに応じて京都から大坂に下り籠城した。しかし黒田家臣として以前に徳川家康に目見えた基次は、家康を天運に叶った名将といい、茶臼山にあらわれた家康を大坂城中から鉄砲でうつことをとめたと伝える。城中の重要作戦会議では真田幸村とともに家康住吉着陣の日に夜襲する奇襲戦法を提案したが、大野治長らに反対された。十一月二十六日今福の戦で佐竹勢と戦う木村重成の加勢を秀頼から命じられ、鉄砲隊を率いて鴫野の上杉勢と戦ったり、今福で木村らと奮戦したが、銃弾で左腕に重傷をおった。十二月二日大坂城付近を巡視する家康への狙撃を制止したため、基次の二心を疑うものもあったと伝える。また、基次は秀頼に諫言して講和をすすめた。翌元和元年(一六一五)夏の陣においては、大野治長のもとに所属したが、野戦の不利を説いて山岳戦を主張したので、秀頼に大和口の先手を命じられ、河内道明寺河原に進軍した。五月六日、これに応戦した伊達政宗の先手片倉勢の放つ鉄砲にあたり、戦死した。なお、慶安二年(一六四九)三月、基次の子が見つかって大坂の代官所に召し捕えられたと伝える。（高尾　一彦）

参考文献　『大日本史料』一二ノ一八、元和元年五月六日条、『黒田家譜』(『益軒全集』五)、『黒田記略』(同)、『黒田家臣伝』(同)、『徳川実紀』一・二

ごとうもとつな　後藤基綱　一一八一―一二五六　鎌倉時代前期の武将。鎌倉幕府有力御家人の一人。養和元年(一一八一)生まれる。父は後藤基清。正治二年(一二〇〇)当時、兵衛尉。建保元年(一二一三)当時、左衛門尉。寛喜元年(一二二九)二月検非違使。天福元年(一二三三)正月従五位上。嘉禎二年(一二三六)三月、佐渡守。同三年九月、正五位下に叙せられ、佐渡守を辞任。同年十月、玄蕃頭に任ぜられた。建長四年(一二五二)より引付衆に加えられ、死没するまでその任にあった。引付衆は、当時、鎌倉幕府内では評定衆につぐ地位にあり、彼は有力御家人の一人であった。父の基清は、幕府の成立後間もなくより、在京御家人の一人として京に留まり、警護などにあたっていた。その間次第に後鳥羽上皇に接近し、承久の乱に際しては京方(院方)について幕府方と戦うに至ったが、子の基綱は幕府方について戦い、戦功があった。乱後、基清は捕えられ、京方武士の中心的役割を果たしたため、その子基綱の手により斬罪の刑に処されるに至った。基清は、承久の乱まで播磨国守護であったが、京方の罪科により同国守護職は没収され、その職は基綱へは伝えられなかった。とはいえ、基綱は検非違使、佐渡守を歴任し、正五位下にまで昇り、引付衆をつとめ、幕府内部でも有力御家人の一人としての地位を保っていた。康元元年(一二五六)十一月二十八日没。七十六歳。（田中　稔）

ごとうゆうじょう　後藤祐乗　一四四〇―一五一二　室町時代の金工家。後藤家の始祖。祐乗は右衛門尉基綱の嫡子として永享十二年(一四四〇)に生まれたと伝え、幼名を経光丸、通称を四郎兵衛尉という(佐渡守を名乗ったという)。出身地は美濃国で、長じて将軍足利義政の側近に仕えた。正奥と諱した。足利家より近江国坂本郷中に食邑三百町(三百貫とも記す)を支給された。祐乗は剃髪入道してからの法号であるという。従五位右衛門尉に任ぜられ、後花園天皇の代に法印を勅許された。永正九年(一五一二)五月七日、七十三歳で没した。京都の蓮台寺に葬られた。子供は三人おり、長子の彦四郎は早世し、次男が二代目の宗乗、もう一人は女子であった。妻の没年は文亀二年(一五〇二)で妙祐と戒名した。祐乗の作品には自署有銘のものはなく、無銘または後代の人の極め銘のものばかりである。祐乗はたぶんに神格化されたもので、厳密にはその実体は不確実であるが、装剣金具を様式化し、材質のよい赤銅に魚子地・高彫で、竜・獅子などを彫り、その装飾効果が後世まで伝統として定着した。その影響力は金工史上最大のものである。現存作品で有名なものは前田育徳会所蔵の牡丹獅子造小さ刀拵(重要文化財)・濡れ烏笄がある。

参考文献　『大日本史料』九ノ四、永正九年五月七日条　（小笠原信夫）

ごとばいんのくないきょう　後鳥羽院宮内卿　生没年不詳　後鳥羽院に仕え、藤原俊成女と並び称された新古今時代女流歌人。父は源師光、母は後白河院女房安芸。「うすく濃き野辺の緑の若草にあとまで見ゆる雪のむら消え」の歌により、「若草の宮内卿」と称された。俊成九十賀の折には、俊成に賜わる歌の代作をするほどであったが、歌に精進のあまり早世した。没年は元久元年(一二〇四)十一月十日から翌二年三月二日の間かとされる。なお『大日本史料』四ノ九は、没年月日を『明月記』の記事により承元元年(一二〇七)五月九日とするが、誤りであろう。

参考文献　石田吉貞「宮内卿没年考」(『新古今世界の中世文学』下所収)、福田百合子「宮内卿」(『日本歌人講座』四所収)、神尾暢子「纂輯後鳥羽院宮内卿歌集稿」(『王朝叢書』三)、同「同補遺」(『王朝叢書』四)、岡村満里子「後鳥羽院宮内卿周辺」(『国文』五八)、奥野陽子「若草の宮内卿—風を見る心」(『女と愛と文学』所収)、錦仁「女流歌人群」(勉誠社『和歌文学講座』六所収)、有吉保「女流歌人宮内卿—新古今の彗星—」(『新古今和歌集の研究』続篇所収)、左海美佳「宮内卿の歌の世界」(『古典研究』二五)

(後藤　重郎)

ごとばいんのしもつけ　後鳥羽院下野　生没年不詳　鎌倉時代前期の女流歌人。後鳥羽院の女房。父は日吉禰宜祝部允仲、母は伊賀守源光基の女、源家長(『新古今和歌集』撰集の折の和歌所開闔)の室。『新古今和歌集』には信濃の名で二首入集、以後十三代集には下野の名で入集する。元久元年(一二〇四)の春日社歌合をはじめ、その出詠した折も多く、新古今時代代表女流歌人の一人である。建長三年(一二五一)九月十三夜『影供歌合』まで出詠、『増鏡』の記述によれば建長五年までは生存。

参考文献　安井久善「「後鳥羽院下野」攷」(日本大学『語文』八)、田中阿里子『女房三十六人歌仙の抒情』

(後藤　重郎)

ごとばてんのう　後鳥羽天皇　一一八〇—一二三九　一一八三—九八在位。高倉天皇の第四皇子。母は修理大夫坊門信隆の娘殖子(七条院)。治承四年(一一八〇)七月十四日、五条町の亭に生まれた。この年五月には平氏打倒の兵を挙げた以仁王が敗死し、六月には祖父後白河法皇・父高倉上皇・兄安徳天皇が福原に移り、八月には源頼朝が挙兵するという動乱期であった。寿永二年(一一八三)平氏が安徳天皇を伴って都落ちしたため、八月、後白河法皇の詔によって、後鳥羽天皇は閑院で践祚、尊成と名づけられた。三種の神器は平氏に持ち去られ、神器なしの異例の践祚であった。こうして安徳・後鳥羽両天皇が併立したが、文治元年(一一八五)平氏は壇ノ浦で滅亡、安徳天皇も入水した。建久元年(一一九〇)後鳥羽天皇は元服、摂政九条兼実の娘任子(宜秋門院)を中宮とした。当時は後白河法皇が院政を行い、政権を握っていたが、同三年、法皇が没し、天皇親政となると、実権は兼実に移った。しかし源通親らは兼実に対する反対勢力を形成していた。同六年、任子が後鳥羽天皇の皇女昇子を生んだのに対し、通親の養女在子(承明門院)が皇子為仁を生むと、通親の権勢は強まった。翌七年、通親の策謀で任子は宮中を追われ、兼実も罷免され、通親は全盛を迎えた。同九年正月、後鳥羽天皇は為仁(土御門天皇)に譲位して院政を始め、承久三年(一二二一)まで、土御門・順徳・仲恭天皇の三代、二十三年にわたり院政を行なった。特に建仁二年(一二〇二)通親が没してのちは政治を独裁した。上皇は貴族間の党派的対立を解消し、すべての貴族に支持される体制の樹立を図り、九条家をはじめ、通親の全盛下に不遇であった人々をも重用した。西面の武士を置いて直属軍を強化はしているが、最初から鎌倉幕府を倒そうとしたのではなく、むしろ将軍源実朝との関係を密にし、生母の弟である坊門信清の娘を実朝の妻として鎌倉に下すなど、公武の融和に努めた。その結果、当初は公武関係は円満であったが、幕府内での実朝の権

後藤祐乗画像

後鳥羽天皇花押

後鳥羽天皇画像(伝藤原信実筆)

限は弱く、執権北条氏を中心とする勢力は、上皇が実朝を介して御家人の権益を侵すことを警戒し、上皇と対立した。実朝は幕府内で孤立し、上皇との関係も次第に円滑を欠くようになった。承久元年上皇と幕府との対立を緩和する役割を果たしてきた実朝が殺されるに及び、上皇は討幕の決意を固めた。幕府は上皇の皇子を将軍として迎えることを求めたが、実朝の死で幕府の瓦解を望むようになった上皇はこれを拒んだ。結局、頼朝の遠縁にあたる九条頼経(兼実の曾孫)が鎌倉に下ることになった。上皇はこれを許したものの不満であり、討幕計画を進めた。さきに承元四年(一二一〇)上皇は土御門天皇に命じて弟の順徳天皇に譲位させたが、承久三年四月、順徳天皇も皇子(仲恭天皇)に譲位し、後鳥羽上皇の討幕計画を助けることになった。同年五月、後鳥羽上皇は執権北条義時追討の宣旨を発して挙兵、承久の乱が起ったが、上皇方は完敗し、六月には幕府軍は京都に入った。七月、上皇は鳥羽殿に移され、子の道助入道親王を戒師として出家、法名を金剛理、あるいは良然といった。出家の際、藤原信実に肖像を画かせたが、大阪府水無瀬神宮所蔵の画像(国宝)はこの時のものと伝える。幕府は後鳥羽上皇の兄守貞親王(後高倉法皇)に院政を求め、後鳥羽上皇の所領を没収して守貞に献上した。仲恭天皇は退位させられ、守貞の皇子(後堀河天皇)が践祚した。七月十三日、後鳥羽上皇は鳥羽殿を出発、隠岐の苅田御所に移された。その後十八年、上皇は和歌に心を慰め、仏道に励むわびしい生活を送ったが、延応元年(一二三九)二月二十二日、配地で没した。六十歳。同地で火葬され、遺骨は山城大原の西林院(一説に勝林院)に移され、のち仁治二年(一二四一)大原の法華堂に安置された。御陵は京都市左京区の大原陵と島根県隠岐郡海士町の火葬塚とがある。配流地により隠岐院とよばれ、延応元年五月、顕徳院の諡が贈られたが、上皇の怨霊が噂され、仁治三年には後鳥羽院と改められた。上皇は和歌にすぐれ、建仁元年には院御所二条殿に和歌所を置いてすぐれた歌人を集め、かれらの協力で元久二年(一二〇五)『新古今和歌集』を勅撰し、隠岐配流後に至るまでみずから追加・削除を行なった。また上皇は蹴鞠・琵琶・秦箏・笛などの芸能のほか、相撲・水練・射芸などの武技をもたしなみ、太刀を製作・鑑定するなど、文武にわたり多才多芸であった。上皇は多数の御領荘園を所有し、豊かな財力によって各所に院御所を造った。その院政期間における院御所の造営・移転は十八回を数える。特に水無瀬・鳥羽・宇治には壮麗な離宮を営み、そこに赴いて遊宴を行なった。洛中・洛外の社寺・名勝への御幸も多く、特にあつく熊野を信仰し、参詣は二十八回に及んだ。『新古今和歌集』のほか、日記『後鳥羽天皇宸記』、歌集『後鳥羽院御集』『遠島御百首』、歌論書『後鳥羽院御口伝』、仏書『無常講式』、有職故実書『世俗浅深秘抄』など多数の著書がある。

参考文献 『大日本史料』五ノ一二、延応元年二月二十二日条、上横手雅敬『鎌倉時代政治史研究』、目崎徳衛『史伝後鳥羽院』、上横手雅敬「後鳥羽上皇の政治と文学」(井上満郎・杉橋隆夫編『古代・中世の政治と文化』所収)、上横手雅敬「安徳天皇と後鳥羽天皇」(松尾葦江編『海王宮』所収)
(上横手雅敬)

大原陵《おおはらのみささぎ》 後鳥羽天皇と順徳天皇の陵。京都市左京区大原勝林院町にあり、三千院の北隣にあたる。後鳥羽天皇は延応元年(一二三九)二月二十二日隠岐で崩御、同二十五日苅田の山中で火葬、御骨は侍臣が都に持参して五月十六日大原勝林院(一説西林院)に安置した。時に梶井門跡であった皇子尊快入道親王が母修明門院と謀り、天皇の離宮水無瀬殿を移して勝林院の傍に法華堂を造り、仁治二年(一二四一)二月八日落慶納骨した。ところが翌三年九月十二日佐渡にて順徳天皇が崩御、翌日火葬、御骨は侍臣が翌寛元元年(一二四三)四月大原に持参、五月十三日後鳥羽天皇の法華堂に納めた。文明三年(一四七一)に後花園天皇の分骨塔が堂前に建てられたが、堂はその後荒廃し元の所在も不明となった。元禄年間(一六八八—一七〇四)の探陵の際勝林院の塔頭実光坊の後園にある十三重の石塔を後鳥羽天皇の陵とし、慶応元年(一八六五)には大原法華堂と称した。また明治二十二年(一八八九)六月にその背後の高台を法華堂の跡として順徳天皇陵とし、ともに大原陵と称した。この後鳥羽天皇陵の十三重塔は寛文二年(一六六二)五月地震で倒壊、舎利塔・如意輪観音像・懸仏などが塔内から出たが、これらを納入して元禄九年九月に復旧したもので、後花園天皇の分骨塔との説もある。後鳥羽天皇火葬塚は島根県隠岐郡海《あ》士《ま》町大字海士にあり、万治元年(一六五八)松江藩主松平直政が修理し、順徳天皇火葬塚は新潟県佐渡市真野町大字真野にあって真野御陵と呼ばれ、延宝七年(一六七九)佐渡奉行曾根吉正が修補した。

参考文献 『大日本史料』五ノ一二、延応元年二月二十二日・五月十六日条、同五ノ一三、仁治二年二月八日条、同五ノ一五、仁治三年九月十二日条、同五ノ一六、寛元元年四月二十八日条、上野竹次郎『山陵』下
(中村 一郎)

ごならてんのう 後奈良天皇 一四九六—一五五七 一五二六—五七在位。明応五年(一四九六)十二月二十三日

後奈良天皇像

後柏原天皇の第二皇子として権中納言勧修寺政顕第において誕生。母は豊楽門院藤原藤子（贈左大臣勧修寺教秀の女）。諱は知仁《ともひと》。永正九年（一五一二）四月八日親王宣下、同月二十六日元服の儀あり。大永六年（一五二六）四月二十九日後柏原天皇崩御のあとを承けて践祚。天文五年（一五三六）二月二十六日紫宸殿において即位礼を挙げた。天皇の代は皇室の最も式微した時期にあたり、即位礼のごときも大内・北条・今川・朝倉ら地方豪族の献金により践祚後十年にしてようやく挙行することができたのである。天皇は同九年六月疾疫流行の終熄を祈念して『般若心経』を書写し、三宝院義尭をして供養させたが、その奥書に「今茲天下大疫万民多阽二於死亡一、朕為二民父母一徳不レ能レ覆、甚自痛焉」と記したことは、皇室式微の中にもなお天皇としての深い自覚を示したものとして著名である。天皇はまた宸筆の『般若心経』を諸国一宮に奉納したが、その数は河内・伊勢以下二十四ヵ国に上り、阿波・伊豆など七ヵ国分が現存する。なお天皇は同十四年八月伊勢神宮に宣命を奉り、大嘗祭を行い得ないことを謝し、国力の衰微、時運の非なることを告げ、聖運の興隆と民戸の豊饒を祈願した。弘治三年（一五五七）九月五日年六十二にして崩御。陵は深草北陵《ふかくさのきたのみささぎ》（京都市伏見区深草坊町）という。天皇は学を好み、清原宣賢・五条為学らより漢籍を、吉田兼右・三条西実隆・同公条よりわが国の古典を学んだ。また文筆に長じ、御製の和歌などの伝わるもの少なからず、日記を『天聴集』といい、ほかに『後奈良院御集』『後奈良院御百首』『後奈良院御撰何曾』などが伝えられている。　→後深草天皇《ごふかくさてんのう》（深草北陵）

後奈良天皇花押

参考文献　和田英松『皇室御撰之研究』、浅野長武「室町時代の皇室と国民」（『（岩波講座）日本歴史』所収）　（後藤　四郎）

こにしじょあん　小西如庵　?—一六二六　文禄・慶長の役の講和使節。内藤飛騨守忠俊、徳庵に同じ。松永久秀の弟甚介と丹波八木城主内藤氏の娘との間に生まれ、青年時代にキリシタンとなり、ジョアン（如庵）と称した。足利義昭が勢いを失うとともに浪人となったが小西行長に登用され、小西如庵の名で著名である。朝鮮の役にあたり、文禄二年（一五九三）六月二十日、明国への講和使節に選ばれたが、明入国の手続きが長引き、同三年十二月六日、ようやく北京に入るを得、同十三日、明の大臣と日本の封貢につき議するところがあった。翌四年正月北京を発し帰国したが、明使が提出した条項は豊臣秀吉を激怒せしめ、慶長の役が始まった。関ヶ原の戦で小西行長が処刑されてのち、一時加藤清正に仕え、間もなく加賀の前田家の侍臣となり徳庵と称した。慶長十九年（一六一四）、キリシタンの故に高山右近とともにマニラに放逐され、寛永三年（一六二六）その地で客死した。

参考文献　ルイス＝フロイス『フロイス日本史』（松田毅一・川崎桃太訳）、ドン＝テオトニヨ＝デ＝ブラガンサ編『耶蘇会士日本通信』京畿篇下（村上直次郎訳『異国叢書』三）、Francisco Colin: Labor Evangélica, Ministerios Apostólicos de los Obreros de la Compañia de Jesús…en las islas Filipinas; Luis Frois: Apparatos para a História Ecclesiástica do Bispado de Japam（リスボン、アジュダ図書館蔵）、松田毅一「丹波八木城と内藤如庵について」（『Cosmica』七）　（松田　毅一）

こにしじょせい　小西如清　生没年不詳　豊臣秀吉の重臣小西行長の兄。如清は古い文献に立佐（隆佐）と混同されているが、小西立佐の長男で、行長の兄にあたることは明らかである。天正七年（一五七九）ころまでは法華宗徒であったが、間もなくキリシタンとなり、同十六年五月十日付のイエズス会総長宛五畿内信徒代表者の連署状には「こにし如清べんと」と署名している。父立佐・弟行長が羽柴（豊臣）秀吉のもとで立身出世するに従い如清も重んぜられ、室津や堺で要職についていたことが判明する。文禄三年（一五九四）に父立佐が逝去したのちは、秀吉から父の職を継承することを許されたというから、堺の代官に任ぜられたのであろう。

参考文献　『ローマ・イエズス会文書』（Japonica-Sinica 11 II. ff. 42—43）、松田毅一『（近世初期日本関係）南蛮史料の研究』　（松田　毅一）

こにしゆきなが　小西行長　?—一六〇〇　安土桃山時代の武将。弥九郎、摂津守。西洋人はそのキリスト教名を加え、「アグスチノ＝ツノカミ（津守）殿」と称した。行長の前半生についてはわずかのことしか判明しない。

「豊臣行長印章」
小西行長印

和泉堺の薬種商の家に出たとするのは、堺の薬種商小西家が著名なための混同らしく、両小西家の関係は立証できない。『備前軍記』四、『陰徳太平記』五八などは、弥九郎(行長)は羽柴(豊臣)秀吉と竹馬の友であったので、宇喜多家の使者に採用されたとするが、秀吉とは年齢が開きすぎていて幼少時から親しい関係にあったとは認め難い。一方、南蛮人宣教師の報告によれば、小西立佐は堺に生まれたが、早くより都に住んでおり、行長は弘治元年(一五五五)ごろその次男として「都」で出生し、「幼少時より都の教会でキリシタンの教義を学んだ」という。だが行長はいかなる縁故からか、備前・美作の領主宇喜多直家に仕え、その間、直家が織田信長に投降する際に頭角を現わすことになった。直家が行長を使臣に随伴させて上洛させたことと、当時、立佐がすでに信長の知遇を得ていたこととの間には関係があるかも知れない。立佐・行長父子は天正八年(一五八〇)ころから秀吉に重用され始め、同年立佐は播磨の網干へ使している。翌年行長は網干に近い室津で所領を得ている。同十年、行長はなお室津に居り、秀吉から小豆島の管理を委ねられた。同年十二月十四日付で、秀吉が行長に材木運搬の遅延について叱責した文書がある。『イエズス会日本年報』によれば、同十一年には塩飽から堺に至るまでの船舶を監督する水軍の長に任ぜられたというが、このころから秀吉の「舟奉行」(『川角太閤記』)の一人に任ぜられたのであった。同十三年には根来・雑賀征伐にその職名で参戦した。このころ、室津や小豆島が行長の管轄下にあったことは、当時行長に招かれて小豆島へ伝道に赴いた宣教師の報告に詳らかである。一介の商人から舟奉行へと破格の出世をした行長は、さらに同十六年閏五月十六日になり、肥後国宇土の城廻りで十二万石を給せられるに至った。豊臣秀吉は朝鮮出兵に際し、行長を一番隊の隊長に任命した。文禄元年(一五九二)四月十三日、女婿の宗義智らとまず釜山城を陥れ、東萊・梁山・尚州と順調に勝ち進み、五月二日に首都ソウルに達し翌日入城した。さらに平安道に進撃し、六月十五日には平壌を陥落させた。しかし朝鮮国王の要請に基づいて明軍が来襲し、攻防戦が展開する間、明の遊撃沈惟敬が平壌に来って、講和を申し入れたので、行長は八月三十日、惟敬と会談し、五十日間の休戦を約した。翌二年正月七日、明将李如松の軍に包囲されたので平壌を退き、四月十八日には、惟敬の和議を容れてソウルからも撤兵した。行長と惟敬は、この戦役の間、幾度となく会談しており、その内容は本役の史実の解明にきわめて重要であるが、日・明・朝のいずれの史料からも明らかでなく、奇々怪々と評されている。だが両者の間で和平実現のために両国政庁を欺く密約が交わされたことは察するに難くない。同年六月、行長の家臣小西(内藤)飛驒守如庵は、日本側の講和使節に選ばれ、翌年末、北京において明政府と和平条件を定めたが、およそその内容は、先に秀吉が提示した和件七条とは全く異なるものであった。したがって、慶長元年(一五九六)九月二日、行長に伴われて来た明国使節が秀吉に謁した時に、たちまちその内容が明らかとなって秀吉の激昂を買い、朝鮮への日本軍再出兵となった。行長がこれにより失脚しなかったことはむしろ不思議とすべきであろうが、ともかく行長は同二年正月十三日、肥前名護屋を出、八月には左軍の一将として南原を攻略、九月からは順天城の守りを固めた。翌三年、秀吉の死後二ヵ月を経、順天城において明軍を迎撃し、十一月十九日になってようやく軍を撤し、二十五日に釜山を出発して帰国の途についた。同五年七月に、毛利輝元を総大将として石田三成が徳川家康に対して挙兵した際、行長は西軍に参加し、九月十五日、関ヶ原に戦ったが、東軍の寺沢広高隊に敗北し、近江伊吹山中において捕縛された。ついで十月一日、行長は三成らとともに京都六条河原で斬首された。その死に臨みキリシタンの教義に反するとて自害を拒否し、先にポルトガル王妃から賜わったキリストとマリアの画像を押し戴きこれに祈ったと伝えられる。これによっても、天正十五年に伴天連追放令が発せられた直後、一時キリシタン信仰に冷淡になりはしたが、信徒の道を全うしたものと認められる。その一人息子は処刑され、宗義智に嫁した一女は離縁されてのち慶長十年長崎で死に、女婿小西弥左衛門はマカオに追放されて客死したので、小西立佐・行長の直系の子孫は断絶した。

参考文献 Luis Frois: Apparatos para a História Eclesiástica do Bispado de Japam(リスボン、アジュダ図書館蔵)、Georg Schurhammer: Die Riusas, Katholischen Missionen. 49. ルイス=フロイス『フロイス日本史』(松田毅一・川崎桃太訳)、池永晃『中世堺を代表する俊傑小西行長』、松田毅一『(近世初期日本関係)南蛮史料の研究』、石原道博『文禄・慶長の役』(『塙選書』三一)、豊田武『堺』(『日本歴史新書』)

(松田　毅一)

ごにじょうてんのう　後二条天皇　一二八五―一三〇八　一三〇一―〇八在位。名、邦治《くにはる》。弘安八年(一二八五)二月二日生まれる。父は大覚寺統の後宇多天皇。母は亀山天皇の女御准三宮近衛位子(新陽明門院)の官女、前内大臣堀川(源)具守の娘(後年、西華門院と宣下されたときに基子と名付けられた)。天皇は、後醍醐天皇の異母兄にあたる。弘安九年十月二十五日親王宣下、永仁六年(一二九八)六月二十七日元服、同八月十日持明院統の後伏見天皇の東宮となった。これより先、持明院統の後深草上皇は、子の伏見天皇即位とともに院政をとり、孫の皇子(後伏見天皇)を東宮に立てた。大覚寺統では、この決定は後嵯峨上皇の遺志に反するとして、吉田定房を使

後二条天皇画像

者にし鎌倉幕府に訴えた結果、次の後伏見天皇の即位に際して、大覚寺統の皇子(後二条天皇)の立太子が実現した。正安三年(一三〇一)正月二十一日受禅、同年三月二十四日即位。治世中は父後宇多天皇が院政をとり、東宮には持明院統の皇子(花園天皇)が立った。延慶元年(一三〇八)八月二十五日、二条高倉内裏で崩じた。二十四歳。同二十八日、北白河陵に葬る。後宮は、前太政大臣徳大寺公孝の娘、中宮忻子(長楽門院)、前左大臣一条実経の娘、尚侍頊子(万秋門院)、後醍醐天皇即位時に東宮に立った邦良親王の母、前参議藤原宗親の娘、典侍宗子がいる。家集に『後二条院御集』(原題『愚藻』、原本は京都御所東山御文庫所蔵)があり、『列聖全集』御製集三、『桂宮本叢書』二〇に所収。勅撰和歌集に十二首収録。また『後二条院御歌合』は、大覚寺統の二条流歌人たちの歌合である。 (益田 宗)

北白河陵《きたしらかわのみささぎ》 京都市左京区北白川追分町にある。陵は円墳で南面し、周囲に空堀がある。延慶元年(一三〇八)八月二十八日に北白川殿にて火葬し、その所を陵とした。その後荒廃したが、現地では福塚と称して伝えられ、元禄の幕府探陵の際は陵に擬せられ、幕末修陵の時には陵と定めて修補を加えた。西南に接して第一皇子邦良親王(後醍醐天皇皇太子)の墓がある。なお、父後宇多天皇の遺言により、同天皇蓮華峰寺陵に御分骨が納められている。

参考文献 上野竹次郎『山陵』下、谷森善臣『山陵考』(『(新註)皇学叢書』五) (中村 一郎)

ごにじょうどの 後二条殿 ⇨藤原師通《ふじわらのもろみち》

近衛兼経花押

このえいえざね 近衛家実 一一七九—一二四二 鎌倉時代の公卿。号、猪隈(熊)殿。猪隈(熊)関白ともいう。治承三年(一一七九)生まれる。近衛基通の長子。母は村上源氏の一流源顕信の娘顕子。顕信の叔母には家実の祖父基実を生んだ信子、基実の弟松殿基房を生んだ俊子がいる。建久元年(一一九〇)十二歳のとき後白河法皇の御所で元服し叙爵。翌二年従三位に進んだ。参議を経ず同八年権中納言、従二位。翌九年権大納言兼左近衛大将となる。翌正治元年(一一九九)右大臣、正二位となり、元久元年(一二〇四)左大臣。建永元年(一二〇六)九条良経急逝のあとを襲って摂政となり、ついで関白となった。以後、承久の乱前後の二ヵ月半を除いて、安貞二年(一二二八)まで摂関の地位にあった。承元元年(一二〇七)従一位を極め左大臣を辞したが、承久三年(一二二一)太政大臣となり、翌貞応元年(一二二二)これを辞した。暦仁元年(一二三八)准三后、仁治二年(一二四一)風病のため出家、法名円心。翌三年十二月二十七日猪熊殿に没した。六十四歳。日記『猪隈関白記』がある。

近衛家実花押

参考文献 『大日本史料』五ノ一六、仁治三年十二月二十七日条 (益田 宗)

このえかねつね 近衛兼経 一二一〇—五九 鎌倉時代の公卿。号、岡屋殿。岡屋関白ともいう。承元四年(一二一〇)生まれる。近衛家実の三子。母は修理大夫藤原季定の娘。兄家通・家輔は若死した。貞応元年(一二二二)十三歳のとき元服して叙爵。元仁元年(一二二四)、兄左大臣家通の死後、越階して従三位、参議を経ず権中納言となる。安貞元年(一二二七)内大臣、寛喜三年(一二三一)右大臣・左近衛大将、一上《いちのかみ》。嘉禎元年(一二三五)左大臣に転じ、翌二年極位に昇った。同三年四条天皇の摂政、氏長者。翌暦仁元年(一二三八)左大臣を辞し、仁治元年(一二四〇)太政大臣となり翌二年これを辞した。後嵯峨天皇の摂政、後深草天皇の摂政を経て、建長四年(一二五二)摂政を弟の左大臣近衛兼平に譲る。正嘉元年(一二五七)三月八日出家、法名真理。正元元年(一二五九)五月四日没。五十歳。日記『岡屋関白記』がある。娘宰子は鎌倉幕府六代将軍宗尊親王の御息所で、七代将

近衛兼経画像

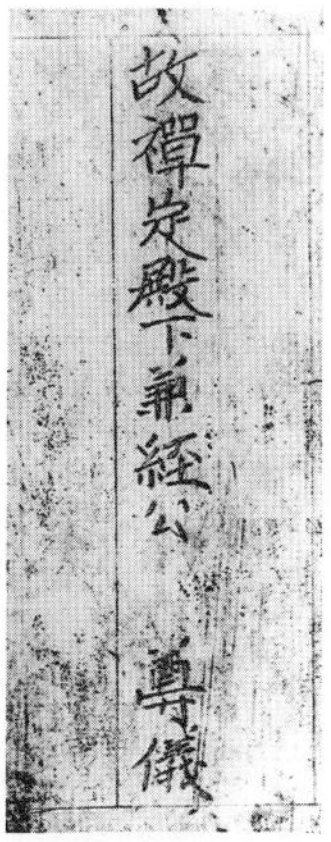

近衛兼経墓誌

軍惟康親王の母である。勅撰集歌人(『続後撰和歌集』から『新拾遺和歌集』)。　(益田　宗)

このえさきひさ　**近衛前久**　一五三六―一六一二　戦国・安土桃山時代の公家。近衛家十六代当主。天文五年(一五三六)稙家の男として生まれる。母は久我通言養女源慶子。初名晴嗣・前嗣。同九年元服、将軍足利義晴から諱の一字をもらう。十年従三位に叙せられ、十六年内大臣、二十二年右大臣、翌年関白・左大臣となる。永禄二年(一五五九)越後から上洛した長尾景虎(のちの上杉謙信)と固く盟約して血書の起請文を交わし、翌年九月関白の現職のまま越後に下り、さらに上野・下総に赴いた。その目的は景虎の関東平定を援け、その上洛を促すにあった。五年八月志を遂げずに帰京、十一年織田信長が足利義昭を奉じて入洛するや、義昭と隙を生じて出奔、本願寺光佐を頼って大坂に下り、反信長の勢力に加わった。数年ののち丹波に赴いたが、天正三年(一五七五)六月信長の奏請により帰洛を許された。以後信長と親交を結び、九月その要請によって九州に下り、大友・相良・島津ら諸氏間の和議を謀り、五年帰洛、六年准三宮。このころ大坂において長年にわたって頑強に信長に抵抗していた本願寺との調停に乗り出し、八年ついに本願寺を大坂から退城させることに成功した。十年二月太政大臣に任ぜられたが、程なく辞した。三月には信長の甲州征伐にも従軍している。六月信長が本能寺で横死するや、失意のあまり出家して竜山と号したが、讒するものがあって羽柴秀吉の難詰を受けたので、徳川家康を頼って浜松に赴き、翌年家康の斡旋により帰洛。十二年家康が秀吉と小牧に戦うや、立場に窮して一時奈良に隠れたが、間もなく和談が成立したので帰洛した。十五年上野の草津温泉に湯治に赴き、薬師堂において詠んだ法楽和歌十首が今も光泉寺に残っている。晩年東山慈照寺(銀閣寺)の東求堂に隠棲して余生を送る。慶長十七年(一六一二)五月八日没す。年七十七。東福寺に葬る。法名は東求院竜山空誉。和歌・連歌にすぐれ、青蓮院流(御家流)の書を能くし有職故実・馬術・放鷹などにも精通し、当代一流の文化人であった。近衛家に生まれて半生を流浪に終ったのは彼だけであるが、その地方遍歴は、たまたま近世初期における中央文化の普及、ひいては地方文化の興隆に多大の貢献をしたといえる。

参考文献　『大日本史料』一二ノ九、慶長十七年五月八日条　(近衛　通隆)

近衛前久花押

このえたねいえ　**近衛稙家**　一五〇三―六六　戦国時代の公卿。近衛家十五代当主。文亀三年(一五〇三)尚通の男として生まれる。母は徳大寺実淳女維子。永正十一年(一五一四)元服、将軍足利義稙から諱の一字をもらう。同日正五位下に叙せられ、禁色昇殿を聴された。同十二月従三位。ついで左大将・右大臣に累進し、大永五年(一五二五)関白・氏長者となったが、天文二年(一五三三)これを辞し、同四年三宮に准ぜられた。同五年再び関白・氏長者となり、翌年太政大臣に任ぜられたが、同十年上表して太政大臣を辞し、翌年関白をも辞した。稙家の父尚通と祖父政家もともに足利将軍から諱の一字をもらっており、当時の近衛家と将軍家の関係が知られる。特に稙家の妹(慶寿院)は将軍義晴に嫁して将軍義輝を生み、義輝もまた稙家の女を娶ったので稙家は自然将軍と行をともにすることとなった。ことにその晩年は将軍とともに京都の争乱を逃れて、近江の朽木や坂本に流寓の生活を送ることしばしばであった。永禄九年(一五六六)七月十日没。年六十四。東福寺に葬る。法名恵雲院覚天大円。　(近衛　通隆)

近衛稙家花押

このえつねただ　**近衛経忠**　一三〇二―五二　鎌倉・南北朝時代の公卿。家基の孫、家平の子。乾元元年(一三〇二)生まれる。正和二年(一三一三)従三位、累進して、左大臣、従一位、関白となり、堀川関白という。『虎関和尚紀年録』によるに家基に二子があり、家平は嬖妾の子にして長じ、経平は正室の子にして幼であった。家基は死にあたり経平を嗣とし、家平をして擁護させた。ところが家平は自立し、経平を廃して己の子経忠を立てた。経忠は後醍醐天皇に経平の子基嗣を讒奏し、その排斥をはかったので、基嗣は虎関師錬を頼み、北朝で栄達するを得たとある。これが何時のことかは判明しないが、経忠は夙に後醍醐天皇によって右大臣・関白となり、建武新政には左大臣に任じ、北朝光明天皇が践祚の日、同天皇により関白になった。ところが建武四年(延元二、一三三七)四月出奔して南朝に赴いた。しかし志を得ず、暦応四年(興国二、一三四一)五月のころ遁れて京都に帰ったが、ここでも冷遇されたらしく、そこで国々の藤原氏を糾合して、みずから天下の権を執らんとし、関東の小山氏を誘い、同氏を坂東管領にする旨報じたという。その後の動きは明らかでないが、正平七年(北朝文和元、一三五二)八月十二日南朝行宮賀名生《あのう》で出家し、翌日死んだ。五十一歳。

参考文献　『大日本史料』六ノ一六、正平七年八月十二日条　(村田　正志)

このえてんのう　**近衛天皇**　一一三九―五五　一一四一―五五在位。諱は体仁《なりひと》。保延五年(一一三九)五月十八日、

鳥羽上皇の皇子として誕生。母は権中納言藤原長実の女得子(美福門院)。同年七月親王となり、八月早くも皇太弟に立つ。永治元年(一一四一)十二月、崇徳天皇の譲りをうけて践祚。久安六年(一一五〇)元服するや、藤原忠通・頼長兄弟の養女が相ついで入内立后し、兄弟の抗争激化の因となった。久寿二年(一一五五)七月二十三日、近衛殿において崩御。年十七。 (橋本 義彦)

安楽寿院南陵《あんらくじゅいんのみなみのみささぎ》 京都市伏見区竹田内畑町の安楽寿院の南側にある近衛天皇の陵。近衛天皇は久寿二年(一一五五)八月一日葬送、船岡の西の山作所で火葬に付し、翌二日御骨は知足院に納め、火葬の跡に壇丘を築いた。これが近衛天皇火葬塚(京都市北区紫野花ノ坊町)である。以後八年、長寛元年(一一六三)十一月二十八日、御骨を知足院から鳥羽東殿の多宝塔へ改葬した。本塔は美福門院の御陵料として、保元二年(一一五七)十二月落成、鳥羽天皇陵三重塔の本御塔に対し、新御塔と称されたが、美福門院が崩御すると、遺命により高野山に納骨したので、空塔となっていたものである。以後、永仁四年(一二九六)・天文十七年(一五四八)両度の火災にも類焼を免れたが、慶長元年(一五九六)閏七月十二日の伏見大地震で転倒し、十年後の同十一年になって、豊臣秀頼の命により、片桐且元が再建した。以来、正保元年(一六四四)・元禄四年(一六九一)・寛政八年(一七九六)の大修理を経て、昭和九年(一九三四)解体修理を行い、翌十年竣工した。この間所伝に錯乱があり、元禄の陵改めでは鳥羽天皇陵とされたが、文久の修陵のおり、近衛天皇陵に復した。陵は木造本瓦葺二層の多宝塔で、周囲に透塀を巡らし、総高二三・一メートル、初層は柱真々五・八九メートル四方、東に面する。塔内は柱・天井・壁面に彩色の仏画を描き、内陣須弥壇に木造阿弥陀如来坐像(高さ一・一五メートル)と木造大日如来坐像(高さ〇・五六メートル)を安置し、塔の床下には〇・八五メートル四方の仙骨を納める石櫃が埋設されている。

参考文献 宮内省内匠寮編『安楽寿院南陵多宝塔修繕工事略誌』、上野竹次郎『山陵』下、谷森善臣『山陵考』(『(新註)皇学叢書』五) (石田 茂輔)

このえのぶただ 近衛信尹 一五六五―一六一四 安土桃山時代の公家。近衛家十七代当主。永禄八年(一五六五)前久の男として生まれる。母は家女房。初名信基・信輔。三藐院《さんみゃくいん》と号す。天正五年(一五七七)元服。加冠の役をつとめた織田信長から諱の一字をもらう。同年従三位、八年内大臣、十三年左大臣となったが、ほどなく関白二条昭実と争論を起して、豊臣秀吉に関白就任の口実を与える結果となった。秀吉について秀次が関白となるや、心中穏やかならず文禄元年(一五九二)正月左大臣を辞した。生来才気渙発、直情奔放の性格で、これは彼の書風にも現われているが、このころの彼は平人同様に振る舞い、参内もせず、公家衆や秀吉にも会わず、「近衛殿トテ崇メ申ス可キ様モ無之」と評された。時あたかも文禄の役の最中であったが、十二月朝鮮に渡ると称して京都を出奔し肥前名護屋に赴いたので、後陽成天皇は勅書を秀吉に賜いこれをとどめた。かように常規を逸した行動があった上、今出川晴季らの讒言があったので、ついに三年四月秀吉の上奏によって勅勘を蒙り、薩摩坊津に配流された。当地にとどまること三年、その間の事情は彼の日記に詳しい。本人としては心細い述懐もしているが、他方、領主島津義久以下から厚遇を受けたりもしている。慶長元年(一五九六)九月許されて帰京。六年左大臣に再任、十年関白・氏長者・准三宮となった。十九年十一月二十五日没す。年五十。東福寺に葬る。法名は三藐院同徹大初。嗣子がなかったので後陽成天皇の第四皇子信尋(信尹の妹前子の所生)が家を継いだ。禅を大徳寺の春屋・古渓両和尚に学び、また沢庵和尚にも参じた。和歌・連歌・絵画にすぐれ、ことに書道においては、青蓮院流より出て一派を成し、本阿弥光悦・松花堂昭乗とともに寛永の三筆と称せられた。世に近衛流、もしくは三藐院流という。その日記を『三藐院記』と称し、文禄元年から慶長十五年まで、断続して存する。

近衛信尹花押

参考文献 『大日本史料』一二ノ一六、慶長十九年十一月二十五日条 (近衛 通隆)

このえみちつぐ 近衛道嗣 一三三二―八七 南北朝時代の北朝の廷臣。堀川関白また後深心院と称する。父は関白基嗣、母は参議藤井嗣実の女。元弘二年(一三三二)生まれる。暦応元年(一三三八)十月従三位に叙し、同四年十二月権中納言に任じ、康永二年(一三四三)正月正三位に叙し、翌三年七月権大納言に任じ、貞和三年(一三四七)九月内大臣に任じ、右大将をかねた。翌四年四月正二位に叙し、左大将に転じた。同五年九月右大臣に任じ、文和四年(一三五五)八月従一位に叙し、延文五年(一三六〇)九月左大臣に任じた。翌康安元年(一三六一)十一月九日関白になり、氏長者となった。貞治元年(一三六二)十月左大臣を辞し、翌二年六月関白をやめた。嘉慶元年(一三八七)三月十七日死す。五十六歳。その日記を『愚管記』(『後深心院関白記』)と称する。 (村田 正志)

近衛道嗣花押

このえもとひら 近衛基平 一二四六―六八 鎌倉時代の公卿。号、深心院殿。別号、西谷。深心院関白ともいう。寛元四年(一二四六)生まれる。近衛兼経の長子。母は九条道家の娘仁子。建長六年(一二五四)九歳の時、後嵯峨上皇の御所で元服し叙爵。翌七年従三位、ついで四十四人を越えて権中納言となり、翌康元元年(一二五六)正三位に昇った。正嘉元年(一二五七)上首の中納言九人を越えて権大納言となり従二位に進んだ。翌二年正二位、

ついで上首の大納言九人を越えて内大臣となった。時に十三歳。弘長元年(一二六一)右大臣、同三年従一位、ついで一上《いちのかみ》となる。文永二年(一二六五)二十歳で左大臣、同四年関白、氏長者となったが、翌五年左大臣を辞し、痢病のため十一月十九日没。二十三歳。日記『深心院関白記』がある。その建長七年記は、基平十歳の時の日記を抜粋した古写本。娘に亀山天皇妃新陽明門院位子がいる。勅撰集歌人(『続古今和歌集』から『新拾遺和歌集』)。

(益田　宗)

ごはなぞのてんのう　後花園天皇　一四一九―七〇　一四二八―六四在位。名、彦仁《ひこひと》。応永二十六年(一四一九)六月十八日生まれる。父は、伏見宮第三代貞成《さだふさ》親王(後崇光院)。母は、右近衛少将庭田(源)経有の娘幸子(敷政門院)。経有の妹資子は、北朝崇光天皇の典侍となり、伏見宮初代の栄仁《よしひと》親王を生んでいる。後宮は、後土御門天皇生母で内大臣大炊御門(藤原)信宗の猶子、信子(嘉楽門院)。持明院統の後小松天皇は、応永十九年位をみずからの皇子(称光天皇)に譲り、上皇として院政をとった。これに対して、大覚寺統の皇胤や貴族は、南北朝合体の条件であった両統迭立の約束が反故にされたことに憤り、各地で兵を挙げたが、平定された。しかし称光天皇には皇子がなく、上皇のもう一人の皇子(小川宮)も応永三十二年若死したため、上皇は急ぎ皇嗣を決定しなければならなくなった。正長元年(一四二八)七月六日、大覚寺統の小倉宮は、この機を狙って伊勢へ下向し、北畠満雅を頼って挙兵しようとした。そこで上皇は、皇嗣に充てるため伏見宮の彦仁を御所に迎え取って、親王宣下のないまま、上皇の猶子とし、不測の事態に備えた。二十日、称光天皇が病死したため、二十八日彦仁が践祚し、翌永享元年(一四二九)十二月二十七日即位した。天皇は、はじめの数年間は後小松上皇の院政をうけたが、上皇の崩後三十一年間は親政で臨んだ。寛正五年(一四六四)七月十九日、皇子(後土御門天皇)に譲位し、東洞院の仙洞御所で左大臣足利義政を院執事にして院政をとった。応仁元年(一四六七)九月二十日、戦乱中の仮御所泉殿で俄かに出家。法名円満智。文明二年(一四七〇)十二月二十七日、中風のため同御所で崩じた。五十二歳。戦乱のため泉涌寺が戦陣になり、寺僧らも離散してしまっていたため、翌三年正月三日、上京の悲田院で遺体を火葬し本堂前に埋骨、その上に山茶花を植えたが、二月、遺言により丹波国山国の常照寺(常照皇寺)の後山にある光厳天皇の山国陵の傍に移して、山陵と定めた(後山国陵)。また、残った遺骨を大原法華堂に渡した。はじめ、後文徳院と追号されたが、昔の天皇の漢風の諡号(文徳)に後字を加える追号例はかつてないとする反対が出て、後花園院と改められた。父貞成親王は、後花園天皇が即位すると、皇位が持明院統のなかでも庶流の後光厳院流から嫡流である崇光院流に戻ったことを喜び、またこれが永く自流の子孫に伝えられることを願って、『椿葉記《ちんようき》』を著わし、天皇に君徳の涵養を諭した。天皇も父の期待に応え、寛正の大飢饉の際、将軍足利義政の奢侈を戒める詩を作るなど、「近来の聖主」と称えられた。天皇が皇子(後土御門天皇)に同様の趣旨を訓したのが、『後花園院御消息』(『群書類従』消息部)である。天皇の日記は、『親長卿記』文明五年三月十七日条の記事によれば、かつては存在したことがわかるが、今は伝わらない。和歌には『後花園院御集』三巻(『列聖全集』御製集四)・『後花園院五十首』(同)・『後花園院御百首』(同・『続群書類従』和歌部)、連歌には『後花園院御独吟百韻』(『列聖全集』御製集四・『続群書類従』連歌部ほか)などの作品がある。また『新続古今和歌集』撰進の命を下した。

参考文献　『大日本史料』八ノ三、文明二年十二月二十七日条

(益田　宗)

後山国陵《のちのやまくにのみささぎ》　京都市左京区京北町大字井戸字丸山の常照皇寺内にある。光厳天皇陵・後土御門天皇分骨所と同域。天皇は文明三年(一四七一)正月三日、応仁・文明の乱の騒擾のうちに悲田院にて火葬、同九日拾骨、火葬の地には土を封じて植樹し、二月五日御骨(歯および仏舎利一粒を加える)を常照寺に賜わった。天皇は生前光厳天皇を慕い、崩後灰骨を祖堂に安置せよとの遺志によったもので、同寺では御骨を光厳天皇陵側に蔵め、上に宝篋印塔を建てた。御陵は光厳天皇陵とともに常照寺によって祭祀されてきた。幕末修陵の際は、光厳天皇・後花園天皇両陵を山国陵と称したが、明治二年(一八六九)当陵を後山国陵と改称した。天皇の分骨所は京都市上京区般舟院前町の贈皇太后源朝子の般舟院陵内に、火葬塚は同上京区扇町大応寺境内にある。なお文明三年二月十一日に分骨を大原法華堂の側にも納めているが、現在の後鳥羽天皇陵である十三重の石塔をこれにあてる説もある。

参考文献　『大日本史料』八ノ四、文明三年正月三日・九

後花園天皇画像

後花園天皇花押

日、二月五日条、上野竹次郎『山陵』下　（中村　一郎）

こばやかわたかかげ　小早川隆景　一五三三―九七　戦国・安土桃山時代の武将。毛利元就の第三子。母は吉川国経の女妙玖。天文二年（一五三三）生まれる。幼名は徳寿丸、長じて又四郎。同十三年安芸国竹原小早川家をつぎ、翌年大内義隆のもとに人質となり三年にして帰る。同十九年沼田小早川家をつぎ両小早川家をあわせた。同二十年沼田高山城に入る。のち中務大輔ついで左衛門佐に任ず。兄吉川元春とともに父元就を助け、元就没後は甥輝元を助けて毛利氏を山陰山陽の大半と九州の一部を併有せしめ、兄元春とともに両川と称せられた。同二十三年より陶晴賢との決戦に折敷畑・矢野保木城・厳島などの戦に戦功あり、西方では永禄二年（一五五九）門司城の救援に赴き、同十二年には遠く筑前立花城を攻略した。北方では同六年以後たびたび尼子攻略に従った。元亀二年（一五七一）足利義昭の命に応じて備前の浦上・宇喜多と通じる三好氏の本拠讃岐に出兵、天正三年（一五七五）信長に応じた備中の三村氏を滅し、同四年以後水軍を以て本願寺などの反織田勢力を援助した。同十年秀吉の備中高松城攻囲に元春とともに対陣し、本能寺の変により秀吉がいそぎ和議を結び軍を返した時、隆景は機に乗じて秀吉を追撃しようとする主張を退けた。秀吉はこれに感じ、以後両者互いに提携するに至ったといわれる。翌年養子元総（秀包）を元春の子経言とともに人質として秀吉に出した。同十三年秀吉の紀州征服に警固船を動員して助け、また四国平定には元春とともに伊予を攻略し進んで讃岐に入った。戦後功により伊予三十五万石を与えられた。九州征伐には同十四年八月先鋒として豊前の攻略に任じ、以後九州諸城を攻めて功をたて、同十五年功により伊予を転じて筑前一国と筑後・肥前各二郡を与えられ、筑前名島に新城を築きここに治し、同年肥後に起った大一揆の鎮定にあたった。同十六年従五位下侍従に任じついで従四位下。同十八年の小田原征伐には尾張清須城自身在番と仮屋・須賀城の拠守に任じ、秀吉の小田原征伐の成功は隆景の献策によるといわれる。文禄元年（一五九二）の朝鮮出兵には一万人を統率し、第六軍主将として従軍各地に転戦し、特に翌年正月の碧蹄館の戦には立花宗茂らとともに明将李如松の大軍を破った。同年閏九月病により帰朝。このころ以後秀吉の猶子秀俊（のち秀秋）を嗣子とするに決したが、同四年領知をこれに譲り備後御調郡三原に隠退した。秀吉は筑前において五万石余の隠居料を給した。同年八月従三位権中納言に任じ、清華に列せられたが、慶長二年（一五九七）六月十二日三原城で没した。六十五歳。三原の米山寺（広島県三原市）に葬られる。法名泰雲紹閑。晩年は大徳寺玉仲宗琇との道交厚く参禅を怠らず、同寺に金鳳山黄梅院を創立し菩提所とした。また儒を学んで中庸の道の宣揚につとめ、慶長元年には名島学校を興し聖廟を建て少壮者を学ばせたという。没後慶長十四年位牌を防州闢雲寺（このとき泰雲寺と改称）に建てた。室は小早川正平の女。のち周防吉敷郡問田村に住み、問田大方と称せられた。

小早川隆景画像

小早川隆景花押

参考文献　『小早川家文書』、『江氏家譜』、『寛政重修諸家譜』六一八、渡辺世祐・川上多助『小早川隆景』
（松岡　久人）

こばやかわのりひら　小早川則平　一三七三―一四三三　室町時代前期の安芸国の武将。応安六年（一三七三）小早川春平の嫡子として生まれる。美作守入道常嘉のち常建。応永九年（一四〇二）嗣立。同十一年防長両国内平井祥助跡を預け置かれ、翌年安芸国沼田荘領家職下地領知の判物を得た。同十五年朝鮮に使船を派遣。同二十一年上使として九州に下り、探題渋川満頼とともに諸豪族間の周旋を行い、永享四年（一四三二）幕府に九州探題改補を建言した。永享五年正月二十六日没。六十一歳。法名は肯心院大言常建。死後子の持平と熙平が家督を争った。

参考文献　『小早川家文書』、『阿蘇文書』
（松岡　久人）

こばやかわひであき　小早川秀秋　一五八二—一六〇二　安土桃山時代の武将。豊臣秀吉の正室高台院の兄木下家定の第五子。母は杉原七郎左衛門家次の女。天正十年（一五八二）近江長浜に生まれる。幼名辰之助。幼少から秀吉の養子となり高台院の膝下に養育され羽柴秀俊と名のり、同十九年参議に任じ右衛門督を兼ね従四位下に叙せられたので金吾と呼ばれた。ついで丹波亀山十万石を与えられ、文禄元年（一五九二）権中納言に進み左衛門督に転じ従三位に叙せられ丹波中納言と称した。朝鮮の役が起ると同二年三月肥前名護屋に出陣したが、同年八月秀吉の側室淀が拾丸（秀頼）をもうけるに及び小早川隆景の養嗣子となり、同三年十一月備後三原城に赴いた。同四年関白豊臣秀次の事件に連坐して丹波の所領を没収されたが、ついで隆景が備後三原城に隠居すると同時にその旧領筑前一国および筑後の一部を与えられ、慶長二年（一五九七）六月隆景が没したのち秀秋を名のった。同年七月朝鮮再征軍の総大将として釜山に渡り、翌三年正月蔚山《ウルサン》の戦にはみずから奮戦して武名を挙げたが、その軽挙の科で帰国を命ぜられ、四月筑前等を取りあげ越前北庄を与えられた。翌四年二月秀吉の遺志に基づき、豊臣氏五大老から筑前・筑後の旧領に移された。関ヶ原の戦以前から徳川家康にくみし、その気配を察知した石田三成の命に従い伏見城攻撃に加わり、陽に西軍がわに属した。関ヶ原の戦にあたっては初め西軍にあって松尾山に陣したが、戦いなかばにして東軍に反応し徳川方大勝の因をなした。戦後、宇喜多秀家の旧領のうち備前・美作五十万石を与えられ岡山城に治し、ついで名を秀詮と改めたが、政道乱れ、諫言した老臣杉原紀伊守は誅伐され、稲葉通政は逐電し、家中の退散が多かったといわれる。同七年十月十八日岡山にて没。年二十一歳。死没の異常な事情を伝える諸説があるが確かでない。嗣子なく家は断絶した。法名瑞雲院秀巌日詮。備前岡山の本行院で火葬に付し、京都本圀寺の塔頭瑞雲院に納骨。

小早川秀秋花押

「秀穐」

小早川秀秋印

小早川秀秋画像

参考文献　『小早川家文書』、『木下家譜』、『寛政重修諸家譜』六一八、『岡山市史』二　（松岡　久人）

ごふかくさてんのう　後深草天皇　一二四三—一三〇四　一二四六—五九在位。後嵯峨天皇の第三皇子。母は太政大臣西園寺実氏の娘で中宮の姞子（大宮院）。寛元元年（一二四三）六月十日今出川殿で生まれ、二十八日久仁と命名、親王に立てられた。同四年正月四歳で践祚、父の後嵯峨上皇が院政を行なった。康元元年（一二五六）十一月母の妹公子（東二条院）が入内、翌正嘉元年（一二五七）正月中宮となった。在位十三年余で、正元元年（一二五九）十一月父の命によって弟の亀山天皇に譲位した。後嵯峨上皇は後深草天皇よりも亀山天皇を愛しており、後深草に皇子があるにもかかわらず、文永五年（一二六八）八月亀山の皇子世仁親王を皇太子とした。同九年二月、これまで院政を行なってきた後嵯峨法皇が没したが、その後の治天の君を後深草・亀山のいずれにするかについては、鎌倉幕府の決定に委ねる旨を遺命した。幕府は後嵯峨法皇の素意を大宮院に尋ね、その回答に従い、亀山天皇を治天の君と定め、天皇の親政が実現した。しかし後深草上皇はこの解決には不満であり、後深草系の持明院統と亀山系の大覚寺統との対立が生まれる端緒となった。同十一年正月亀山天皇は世仁親王、すなわち後宇多天皇に譲位したが、不満の募る後深草上皇は、翌建治元年（一二七五）四月太上天皇の尊号および随身兵仗を辞して出家しようとした。関東申次であった権大納言西園寺実兼

後深草天皇花押

(実氏の孫)は後深草上皇のために奔走し、幕府の斡旋によって十一月後深草の皇子熙仁親王(母は左大臣洞院実雄の娘、玄輝門院愔子)が皇太子に立てられた。弘安十年(一二八七)十月熙仁は践祚して伏見天皇となり、後深草上皇が院政を行なったが、諸事は幕府と実兼の意向によって決まった。翌正応元年(一二八八)三月伏見天皇に皇子胤仁(母は参議藤原経氏の娘経子)が生まれたが、胤仁親王は中宮鐘子(実兼の娘、永福門院)の猶子となり、翌二年四月皇太子に立てられた。同年十月には後深草上皇の皇子久明親王が征夷大将軍として鎌倉に迎えられるなど、時勢は持明院統に有利で、後深草・亀山の立場は以前とは逆転するに至り、これに不満を感じた亀山上皇は、同年九月に出家した。子孫が天皇・皇太子・将軍となったことに満足した後深草上皇も、翌三年二月には亀山殿で出家、法諱を素実と称した。当時の通例とは違って政務をも辞し、これまで執筆してきた日記の筆までも絶った。後深草上皇の院政はわずか二年余で終り、伏見天皇の親政となったが、その後も折にふれて天皇から政治の相談を受けている。後深草法皇は出家の翌四年十一月には東大寺で受戒した。永仁六年(一二九八)七月には胤仁親王が践祚して後伏見天皇となり、正安三年(一三〇一)正月後二条天皇(後宇多上皇の皇子)の践祚まで持明院統の治世が続いた。後深草法皇は嘉元二年(一三〇四)七月十六日富小路殿で没した。六十二歳。御陵は京都市伏見区深草坊町の深草北陵。日記に『後深草天皇宸記』がある。

後深草天皇画像

(上横手雅敬)

参考文献 竜粛『鎌倉時代』下、三浦周行『日本史の研究』新輯一

深草北陵《ふかくさのきたのみささぎ》 京都市伏見区深草坊町にある後深草天皇以下十二天皇の納骨堂。伏見宮栄仁親王・嘉楽門院・中和門院の遺骨も納める。はじめは後深草院法華堂といい、後光厳天皇納骨時以後は、深草法華堂という。江戸時代には、安楽行院法華堂・安楽行院御骨堂ともいう。明治三十九年(一九〇六)三月二十三日、現陵号が定められた。一般には十二帝陵・深草十二帝陵ともいう。『公衡公記』四(『史料纂集』)の「後深草院崩御記」によると、後深草上皇は生前、深草の経親卿山庄傍山を山作所とし、法華堂造営までの間、遺骨は深草にある経親卿管領の堂、安楽行院の仏壇下に安置するよう沙汰した。嘉元二年(一三〇四)七月十七日遺命に従って火葬し、安楽行院仏壇下に納骨した。九月五日、調進の遅れた骨瓶を納める朱漆小辛櫃に、公什僧正が骨瓶と灌頂五鈷とを納めて納骨し直した。『実躬卿記』によると、法華堂は、翌三年八月二十九日に伏見・後伏見両上皇臨御のもとに落慶供養を執行し、引き続いてここに遺骨を移納した。以後、当法華堂は、別表のように十四方の遺骨が順次納められた。この間に安楽行院は退転し、『和長卿記』明応九年(一五〇〇)十月十二日条の深草法華堂の註に「此法花堂、昔者安楽行院内之一堂也、於本院者、久退転、此一堂相残計也、革堂修行兼帯法花堂」と、法華堂のみ存在の状態となったが、やがて法華堂も朽損し、一方、安楽行院は復興したのか、これ以後の納骨記録には安楽行院のみがみられる。元和三年(一六一七)後陽成天皇崩御の際、法華堂が改築されたが、これも延宝八年(一六八〇)八月には破損し、雨漏りの状態となった(『俊方朝臣記』)。以後、法華堂は廃滅して小塚となり、やがて安楽行院住職空心が、同院諸堂復興の際ここに法華堂を再建した。当時、安楽行院は洛北般舟院に属していた(『山城名勝志』『山州名跡志』)。この法華堂再建は元禄十二年(一六九九)までに完了し、同年の松平信庸の諸陵調書の仁明天皇の項には「安楽行院御骨堂陵之由、鳥居忌垣等も有之候、不及竹垣候」とある。この調書では、当所は仁明天皇陵と誤伝されており、後深草・伏見・後伏見・称光の四天皇陵と深草法華堂は不明である。他の八天皇は泉涌寺・同雲竜院内に陵があり、後光厳天皇の遺骨は仁明天皇御骨堂に納骨したという旧記が泉涌寺にあるとする。享保の諸陵調書は、『山州名跡志』が当所を後陽成天皇・中和門院御骨堂としたためか、仁明天皇陵は不明とする。寛政十二年(一八〇〇)安楽行院はまた修補を行なった。幕末の修陵に際し、従来、泉涌寺内を陵所としてきた八天皇と、元禄以来、陵不明とした四天皇の陵所を当所に考定し、元治元年(一八六四)安楽行院と陵域を画して法華堂を改修し、翌慶応元年(一八六五)五月修補竣工、巡検使の発遣を受けた。明治十八年法華堂屋根の柿葺を瓦葺に改造し、同二十七年安楽行院建物撤去跡地の一部を編入して陵域を拡張した。大正六年(一九一七)伏見宮栄仁親王墓を当所に決定し、昭和五年(一九三〇)法華堂を

深草北陵法華堂被納骨者

被納骨者	没年月日	火葬年月日（火葬所）	納骨年月日	史料	備考
後深草天皇	嘉元二・七・一六	嘉元二・七・一七（深草の経親卿山庄傍山）	嘉元三・八・二九	公衡公記・実躬卿記	
伏見天皇	文保元・九・三	文保元・九・五（深草）	文保元・九・五	伏見上皇中陰記	
後伏見天皇	延元元・四・六	延元元・四・八（嵯峨野）	延元元・四・八	皇年代略記	
後光厳天皇	応安七・正・二九	応安七・二・二（泉涌寺）	応安七・二・三	師夏記・続史愚抄	天竜寺金剛院・天王寺・高野山・泉涌寺・安楽光院に分骨、泉涌寺雲竜院内に分骨所あり
後円融天皇	明徳四・四・二六	明徳四・四・二七（同）	明徳四・四・二八	常楽記・皇年代略記	泉涌寺雲竜院内に分骨所あり
称光天皇	正長元・七・二〇	正長元・七・二九（同）	正長元・八・四	同	『建内記』は泉涌寺雲竜院内に後光厳・後円融・称光院御塔ありとする
後小松天皇	永享五・一〇・二〇	永享五・一〇・二七（同）	永享五・一〇・三〇	看聞御記・師郷記	泉涌寺雲竜院内に灰塚あり
後土御門天皇	明応九・九・二八	明応九・一一・一一（同）	明応九・一一・一三	和長卿記	雲竜院・般舟院・山国常照寺に分骨、月輪陵内に灰塚、般舟院陵・山国陵内に分骨所あり
後柏原天皇	大永六・四・七	大永六・五・三（同）	大永六・五・四	二水記・続史愚抄	月輪陵内に灰塚あり
後奈良天皇	弘治三・九・五	弘治三・一一・二三（同）	弘治三・一一・二五	後奈良天皇御拾骨記・弘治三年記	般舟三昧院に分骨、月輪陵内に灰塚、般舟院陵内に分骨所あり
正親町天皇	文禄二・正・五	文禄二・二・二三（同）		時慶卿記	月輪陵内に灰塚あり
後陽成天皇	元和三・八・二六	元和三・九・二〇（同）	元和三・九・二二	後十輪院内府記・泰重卿記・皇年代略記	同
伏見宮栄仁親王	応永二三・一一・二〇	応永二三・一一・二四（大光明寺東門外）	応永二三・一二・一三	看聞御記	嵯峨浄金剛院に分骨、墓に決定
嘉楽門院（藤原信子）	長享二・四・二八	長享二・五・三（伏見の般舟三昧院）	長享二・五・四	親長卿記・実隆公記	墓は般舟院陵域内の宝篋印塔
中和門院（藤原前子）	寛永七・七・三	寛永七・七・四（泉涌寺）	寛永七・七・二九	泰重卿記	墓は月輪陵域内の無縫塔

また改修した。現状は、方三間の基壇上に二間四方の木造・本瓦葺、宝形造り磚敷で、正南面の法華堂が建ち、堂東側には般舟院塚とよぶ不整形塚が列ぶ。この塚は『山州名跡志』に「由縁不レ詳」と記すが、寛政十二年修補の安楽行院絵図面には「般舟院やしき」と表示し、御骨堂南面の道向い西側の地域は「寺中しんじゅゐん屋敷」と表示するので、後深草天皇が造営させたと伝える旧真宗院般舟堂の跡とも想像される。堂と塚とを中央にして土塀を巡らし、堂正面の土塀に冠木門を設ける。土塀の東側は旧安楽行院の現嘉祥寺境内地と接し、他の三方は陵墓地となる。当法華堂は以上のように創建以来幕末まで、深草安楽行院が管理祭祀を行なってきたが、大正以降の仏教辞典・歴史辞典の安楽行院の項は、みな当陵について誤まった説を記載する。この説は、深草安楽行院は持明院の仏堂安楽光院の移建寺院で、同院の深草移建後に当法華堂を同院に移すとする。これは吉田東伍著『大日本地名辞書』に起因すると思われる。同書は安楽行院は京都安楽小路にあった安楽光院を後光厳天皇の時に深草移建とし、当陵は真宗院内に創建し、同院退転により安楽行院に移すとする。その後発行の旧版『国史大辞典』は安楽行院・安楽光院を別寺とし、安楽光院は泉涌寺に移るとする。『古事類苑』宗教部三の安楽行院には、「又安楽光院と書す」「今泉涌寺の域内に在り」とし、両院の史料を混載し、これが誤説助長の一因とも思われる。大正四年『紀伊郡御陵墓誌』『紀伊郡誌』がこの誤説を採用して以後、定説化した。しかし、安楽行院は「後深草院崩御記」に、「経親卿管領堂也、在二深草一」とあり、当陵創建以前から当地に存在している。持明院の仏堂安楽光院の移転は、文明七年(一四七五)二月二十日同院類焼、本尊焼失以前にはあり得ないのでこれ以後となるが、焼失直後の深草移転としても、『和長卿記』の前記記述と矛盾する。当陵の真宗院内創建も、同院は乾元元年(一三〇二)に焼亡、京都綾小路に移って円福寺と

改称し、深草への重興は、延宝四年誓願寺五十九世瑞山竜空が雑賀氏の寄捨でなすと伝え、当陵の創建以前に退転しているので不可能である。当陵創建の地が真宗院の旧跡であっても、当時、安楽行院境内でないとする根拠はない。

参考文献 宮内庁書陵部所蔵『陵墓地形図』三〇〔S七〕、『古事類苑』帝王部、宮内省編『明治天皇紀』一一、上野竹次郎『山陵』下
（石田　茂輔）

ごふこうおんいんどの　後普光園院殿 ⇩二条良基《にじょうよしもと》

ごふしみてんのう　後伏見天皇 一二八八―一三三六　一二九八―一三〇一在位。名、胤仁《たねひと》。正応元年(一二八八)三月三日生まれる。持明院統の伏見天皇の第一皇子。母は前参議五辻(藤原)経氏の娘、典侍経子。養母は太政大臣西園寺実兼の娘、中宮鏱子(永福門院)。同年八月十日、親王宣下。翌二年四月二十五日、父伏見天皇の東宮となり、永仁六年(一二九八)七月二十二日、受禅。同年十月十三日、即位。父伏見上皇が院政をとる。正安二年(一三〇〇)正月三日、元服。翌三年正月二十一日、関東申次《もうしつぎ》西園寺実兼の画策によって立てられていた大覚寺統の東宮(後二条天皇)に譲位。後二条天皇の東宮として、後伏見上皇の弟の皇子(花園天皇)が立つにあたり、父の伏見上皇は、将来、持明院統が兄弟二流に分裂することを心配して、弟を兄後伏見上皇の猶子とし、さらに兄上皇に皇子が生まれたときは、この皇子を弟の猶子にすることを取り決めた。延慶元年(一三〇八)八月二十五日、大覚寺統の後二条天皇が崩じたため、持明院統の花園天皇の即位となり、再び父伏見上皇が院政をとった。正和二年(一三一三)、伏見上皇は鎌倉幕府と諮って、出家するに先立ち院政を子の後伏見上皇に譲った。しかし、文保二年(一三一八)二月二十六日、大覚寺統の後醍醐天皇が践祚したため、院政はその父後宇多上皇に代わった。元弘元年(一三三一)、後醍醐天皇が討幕の挙兵に失敗し出京すると、九月二十日、後伏見上皇の皇子(光厳天皇)が践祚し、上皇は再び院政をとった。同三年五月十六日、討幕に転じた足利尊氏らの軍勢が京都に攻め込むと、上皇は光厳天皇らとともに近江の太平護国寺に逃れたが、十七日の光厳天皇廃位によって、上皇の院政も終った。まもなく帰京、六月二十六日、旧仙洞御所の持明院で出家。法名理覚。建武三年(一三三六)四月六日、同院で崩ず。四十九歳。嵯峨野で火葬に付したあと、後深草院法華堂に納骨。山陵、深草北陵(京都市伏見区)。北朝の光厳・光明両天皇は、西園寺公衡の娘、女御寧子(広義門院)との間に生まれた皇子。日記『後伏見天皇宸記』、家集『後伏見院御集』のほか、装束について記した『後伏見院御抄』(散逸)が知られ、宸筆の消息・願文案などが数多く現存する。また、宸筆の『古今和歌集』(元亨二年(一三二二)奥書)も伝来する。和歌は、『新後撰和歌集』以下、『新千載和歌集』までに多く撰ばれている。 ↓後深草天皇《ごふかくさてんのう》(深草北陵)

後伏見天皇画像

後伏見天皇花押

参考文献 『大日本史料』六ノ三、延元元年四月六日条
（益田　宗）

ごほうおんいんどの　後報恩院殿 ⇩九条経教《くじょうつねのり》

こほうかくみょう　孤峯覚明 一二七一―一三六一　鎌倉・南北朝時代の禅僧。覚明、字は孤峯。奥羽会津の平氏の出。文永八年(一二七一)生まれる。七歳で出家の志

孤峯覚明画像

があり、十七歳で得度した。はじめ叡山で台密を学び、のち禅に入り、紀伊興国寺開山の心地覚心に従った。応長元年(一三一一)求法のために元に航し、中峰明本・無見先覩・断崖了義・雲外雲岫・古林清茂らについて奥旨をきわめた。帰国してさらに能登永光寺の瑩山紹瑾に参じて、曹洞の宗風を探り、仏祖正伝菩薩戒を付属された。のち出雲宇賀荘に至り、雲樹寺を創建して住した。当時は元弘の乱中で、後醍醐天皇は隠岐を出て伯耆船上山にあり、覚明は召されて宗要の勅問に奉答した。建武二年(一三三五)十月五日同天皇より国済国師号を賜わった。その後興国寺をつぎ、また京都妙光寺に住したが、南朝後村上天皇に召されて参内し、同天皇らに戒法を授けた。正平二年(北朝貞和三、一三四七)四月三日同天皇より三光国師号を加賜された。彼は南朝君臣の尊信があつかったが、また北朝光厳天皇の帰依もうけた。晩年、和泉高石に大雄寺《だいおうじ》を建てて住し、正平十六年(北朝康安元、一三六一)五月二十四日九十一歳で、ここに寂した。その著作に語録『徹心録』、説法『四会録』があるが、今日に伝来しない。弟子に古剣智訥・聖徒明麟・子晋明魏らがある。

[参考文献]『大日本史料』六ノ二三、正平十六年五月二十四日条、雲樹寺編『霊昭余光』、山川七左衛門『浜寺之由来』、村田正志「大雄寺の懐古」(『南北朝史論所収)　(村田　正志)

こほうげん　古法眼　⇩狩野元信《かのうもとのぶ》

ごほっしょうじにゅうどうどの　後法性寺入道殿　⇩九《く》条兼実《じょうかねざね》

ごほりかわてんのう　後堀河天皇　一二一二―三四　一二二一―三二在位。名は茂仁《ゆたひと》。建暦二年(一二一二)二月(一説に三月)十八日生まれる。父は高倉天皇の皇子守貞親王(持明院宮行助入道親王、後高倉院)で、安徳天皇と以仁王の弟、後鳥羽天皇の兄にあたる。母は前権中納言持明院(藤原)基家の娘陳子。はじめ十楽院仁慶僧正の弟子となる。親王宣下なし。承久の乱の直後、鎌倉幕府は後鳥羽上皇の院政を停止し、新しい院政の下で戦後処理を行おうとして、承久三年(一二二一)七月八日、後鳥羽上皇の兄行助入道親王を太上法皇(後高倉院)とし、翌九日仲恭天皇の位を廃したあとに親王の王子茂仁を迎えた。同年十二月一日即位。時に十歳。翌貞応元年(一二二二)正月三日元服。同二年、父後高倉院の死後、親政となった。天皇の後宮には、前太政大臣三条公房の娘皇后有子(安喜門院)・関白近衛家実の娘中宮長子(鷹司院)がいるが、皇子が生まれなかった。前摂政九条道家の娘で、朝廷の実力者前太政大臣西園寺公経の外孫にあたる中宮竴子(藻壁門院)が皇子(四条天皇)を生むと、蒲柳の質であった天皇の退位の願いと、次の天皇の外祖父の立場に立とうとする道家の野心とが一致し、翌貞永元年(一二三二)十月四日、二歳の皇子に譲位したが、その後も院政をとり、二年後の文暦元年(一二三四)八月六日、仙洞御所の持明院に崩じた。二十三歳。泉涌寺傍の観音寺陵に土葬。追号、後堀河院。前年の竴子の死去と天皇の不幸とが続いたため、世人は、天台座主の勅約を反故にされて憤死した師匠の僧正仁慶の祟りがあるといい、また隠岐に配された後鳥羽天皇の怨念があるとも噂した。天皇の詩歌は『和漢兼作集』『新勅撰和歌集』に選ばれているほか、『夫木和歌抄』によれば『御集兼作』の私家集もあったという。

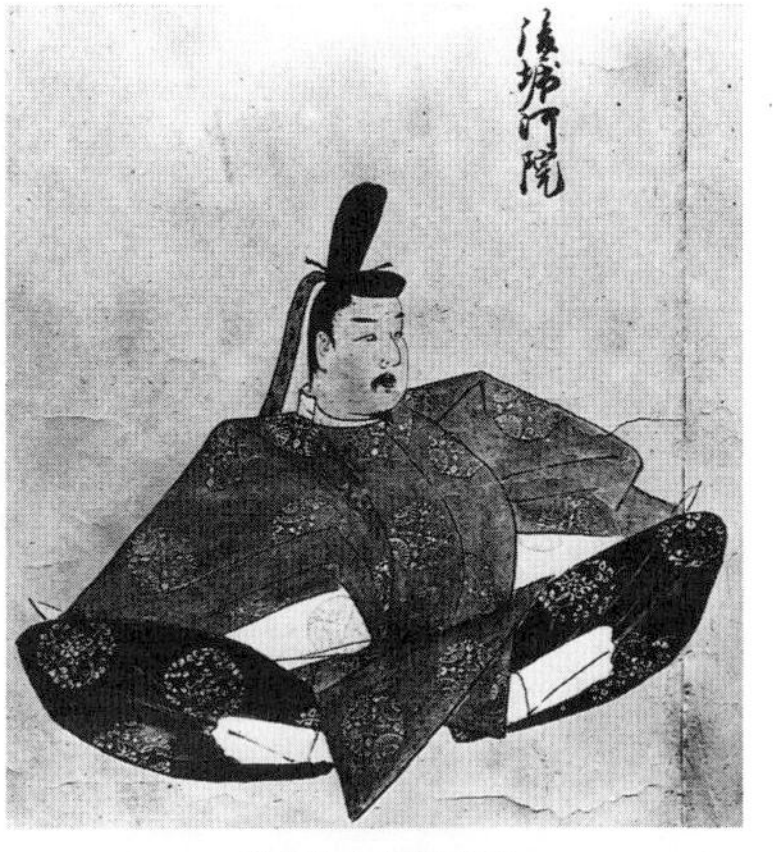

後堀河天皇画像

[参考文献]『大日本史料』五ノ九、文暦元年八月六日条　(益田　宗)

観音寺陵《かんのんじのみささぎ》　京都市東山区今熊野泉山町、泉涌寺内にある。陵は円丘で南西に面する。文暦元年(一二三四)八月十一日東山観音寺の傍らの法華堂に埋葬。仁治三年(一二四二)堂の前庭を拡張しているが、その後荒廃して所伝を失った。元禄の幕府探陵の際は『嵯峨二尊院旧記』によって、同院内の石塔に御骨を蔵するとしたが、『山陵志』が「泉涌寺来迎院北観音寺東丘、是陵所」と現陵の所を示し、幕末修陵の際もこれによって修補を加えた。

[参考文献]『大日本史料』五ノ九、文暦元年八月十一日条、谷森善臣『山陵考』(『(新註)皇学叢書』五)、上野竹次郎『山陵』下　(中村　一郎)

こまつのないだいじん　小松内大臣　⇩平重盛《たいらのしげもり》

こまつのみかど　小松帝　⇩光孝天皇《こうこうてんのう》

こまのちかざね　狛近真　一一七七―一二四二　鎌倉時代の興福寺所属の雅楽家。雅楽の流派の一つ、奈良楽人の大部分を形成した狛氏の出身者。笛と左舞を専業とする。治承元年(一一七七)奈良に生まれた。父については不明だが、母は狛光近の姉または娘の青蓮尼。狛則房の養子となり笛を習う。舞については外祖父の狛光季の秘曲を母の縁より伝えられ、その上祖父光近および則近、光則の二流を学び、当時の狛氏一統の秘曲を一身に集成した。また清原為則および大神是光より伎楽を、狛光方より三鼓を習った。それらの成果を天福元年(一二三三)近真五十七歳の時『教訓抄』として著わし、後世の雅楽の模範となった。元久元年(一二〇四)左衛門少志、建保六年(一二一八)左近衛将監、仁治二年(一二四一)従五位上に至る。左舞の一者を二十年つとめた。仁治三年正月二十五日同地で没した。六十六歳。

[参考文献]『大日本史料』五ノ一四、仁治三年正月二

十五日条、『教訓抄』一（『日本思想大系』二三）、『地下家伝』一一（『日本古典全集』）　（蒲生美津子）

こまのともかず　狛朝葛　一二四七―一三三一　鎌倉時代の興福寺所属の雅楽家。雅楽の流派の一つ、奈良楽人の大部分を形成した狛氏の出身者。笛と左舞を専業とする。宝治元年（一二四七）奈良に生まれた。父は狛光葛、祖父は『教訓抄』の著者狛近真。童名、海王丸。正五位上、周防守。一者を三十八年つとめる。著書に『続教訓抄』『掌中要録』『掌中要録秘曲』などがある。元弘元年（一三三一）同地で没した。八十五歳。なお、生没年については建長元年（一二四九）生まれ、元弘三年没とする説もある。　（蒲生美津子）

こまのふくしん　高麗福信　七〇九―八九　奈良時代の廷臣。武蔵国高麗郡の人。本姓は背奈公。和銅二年（七〇九）に生まれる。背奈氏は、『新撰姓氏録』より推すに、高句麗王好台七世の孫延興王の後と称する氏族であって、また、『続日本紀』延暦八年（七八九）十月乙酉条所載の伝によるに、高句麗が唐将李勣に攻め亡ぼされたときに日本に帰化した福徳の子孫といわれている。福信は右の福徳の孫であり、若年時代に伯父行文に伴われて、官途につくべく上洛した。上京後福信は、相撲巧者の故に内裏に召され、内竪所に侍せしめられ名をあらわし、まず右衛士大志に任ぜられた。しかしてその後順調に昇進し、天平十年（七三八）三月外従五位下、同十一年七月入内、同十五年五月正五位下、同十五年六月春宮亮、同二十年二月正五位上、天平勝宝元年（七四九）七月従四位下、八月中衛少将にして兼紫微少弼、十一月従四位上、天平宝字元年（七五七）五月正四位下、同四年正月信部大輔、同六年十二月内匠頭、天平神護元年（七六五）正月従三位、神護景雲元年（七六七）三月造宮卿但馬守にして兼法王宮大夫、その後武蔵守、近江守などを兼任し、さらに天応元年（七八一）五月弾正尹、延暦二年六月兼武蔵守に任ぜられた。その致仕の時は延暦四年二月である。その官歴中に武官あるいは造宮官が多いことは、彼の統帥の才を示している。なお、右の期間に彼の氏姓は、その立身に比例して、背奈王、高麗朝臣、高倉朝臣と改められている。延暦八年十月乙酉（十七日）没。八十一歳。　（利光三津夫）

高麗福信自署

こまのみょうぶ　小馬命婦　㈠生没年不詳　『小馬命婦集』を残した女性。堀川関白藤原兼通に仕え、その娘（堀川中宮媓子）が円融天皇に入内する折、お供をして命婦となる。天元二年（九七九）六月中宮が三十三歳で崩御したのちは致仕して尼となったようである。父母未詳。家集によると、「もちふむ（紀以文か）」ともっとも親しく、大中臣能宣・清原元輔らと和歌を贈答し、藤原公任・実方・道信・高遠らの集に名を残している。家集は六十三首。その中から『新古今和歌集』『新千載和歌集』『玉葉和歌集』に入集している。『拾遺和歌集』『後拾遺和歌集』に小馬命婦作とある作品はこの女性の作品ではない。

[参考文献]　藤本一恵「小馬命婦集について」（『女子大国文』一五）、同「小馬命婦集の作者」（同二〇）

㈡生没年不詳　藤原棟世と清少納言との間に生まれた女性。上東門院に仕えた。のち後一条天皇の内侍となり、一品宮章子に仕え、禖子内親王の歌合にも出席したともいわれる。

[参考文献]　岸上慎二『清少納言伝記攷』、池田亀鑑『研究枕草子』、西下経一「清少納言の女」（『文学』昭和七年九月号）、後藤丹治「清少納言息女考」（『国語国文』三ノ二）　（岸上　慎二）

ごみょう　護命　七五〇―八三四　平安時代の法相宗の学僧。美濃国各務郡の人。俗姓秦氏。天平勝宝二年（七五〇）に生まれる。十歳の時美濃国国分寺の道興に随って『法華経』『最勝王経』の音読に通じ、『百法論』や円測の同論疏を学び、その学識は郷里に著明であった。十五歳の時、平城京元興寺万耀に師事し、吉野山に入峯して苦行をつみ、十七歳で得度し、同寺の碩学勝虞（勝悟）について法性を学び、寸暇をみては吉野に入って虚空蔵求聞持法を修し、自然智の修得に努めた。十九歳で東大寺法進より沙弥戒、翌年に具足戒を受け、官僧としての第一歩をスタートした。延暦十三年（七九四）九月の叡山一乗止観院の初度供養に散花《さんげ》師をつとめ、同二十年五月に法華寺浄土院で『涅槃経』を講義し尼衆らに菩薩戒を授け、同二十四年正月の大極殿での最勝会には講師として経義を宣揚し貴族衆僧の注目をあびた。弘仁七年（八一六）大僧都となって僧綱の上首にあったため、最澄の菩薩戒壇創設の論争の矢面に立ち、叡山の戒壇院建立が勅許されるに及んで、その責任をとって、弘仁十四年の春、大僧都の僧官を辞退したが許されず、山田寺に隠棲した。淳和天皇もまた即位とともに詔して大僧都の待遇を与え、天長三年（八二六）三月の桓武天皇の仏事には特に召されて講師となり、翌四年十一月には宣命を以て僧正に任ぜられた。同六年九月八十歳を迎え、空海、子弟は賀詩を呈し、承和元年（八三四）三月の叡山西塔院供養には導師となり、同年九月戊午（十一日）に元興寺小塔院で入寂した（『続日本後紀』）。時に八十五歳。護命は平安時代初期きっての大学僧で、法相隆昌の起因をなし、また興福寺法相を地理的に「北寺の伝」と称するに対して、「南寺の伝」といわれる元興寺の法相教学は、護命の出現により、北寺の伝にとってかわるという未曾有の隆昌をもたらした。その門下には守寵・延祥・中継・泰演などが有名で、また著述もはなはだ多いが、勅命によって撰述された天長七年の法相宗要義を述べた『大乗法相研神章』五巻はその代表作である。世に小塔院僧正とも称

せられた。

参考文献 『日本高僧伝要文抄』三、家永三郎監修『日本仏教史』一、薗田香融「古代仏教における山林修行とその意義」(『南都仏教』四) (堀池 春峰)

ごむらかみてんのう 後村上天皇 一三二八―六八 一三三九―六八?在位。南朝第二代の天皇。後醍醐天皇の第七皇子。母は阿野公廉の女新待賢門院廉子。諱は義良《のりよし》、のちに憲良《のりよし》。嘉暦三年(一三二八)に生まれる。元弘三年(一三三三)後醍醐天皇が鎌倉幕府を滅し、公家一統の新政を始めると、北畠顕家を陸奥守に任じ、父親房とともに奥羽に下向させたが、その時義良親王を伴わしめた。その後足利尊氏が反すると、親王は北畠父子とともに西上し、天皇の行在所叡山に至り、同地において元服し、陸奥太守に任じ、また奥羽に赴いた。その本拠多賀国府が敵襲をうけ危険になり、霊山に移った。延元二年(北朝建武四、一三三七)再度西上の途にのぼり、各地に転戦の後、吉野行宮に入った。顕家が和泉で戦死の後、翌三年(北朝暦応元)同親王は宗良親王とともに北畠親房・顕信父子、結城宗広らに奉ぜられて三たび奥羽に赴くため伊勢大湊を出港したが、途中船団は暴風に遭い、義良親王の乗船は吹き戻されて伊勢に上陸し、それより吉野に帰還、皇太子になった。同四年八月十五日父天皇の譲りをうけて践祚した。正平三年(北朝貞和四、一三四八)正月足利方の高師直が大軍をもって吉野に来攻し、行宮をやきはらったために、天皇は紀伊に難を避けたが、のちに大和賀名生に移った。同五年(北朝観応元)に至り、足利氏一族武将の間の内訌が激化し、武力争闘を展開することになったが、さきに尊氏の弟直義が南朝に降参し、

後村上天皇画像

ついで尊氏が同じく南朝に降参した。そこで同六年十一月七日南朝は北朝崇光天皇を廃位させ、ついに天下を一統し、足利氏追討の計略をすすめることになった。後村上天皇は同七年二月賀名生行宮を発して河内東条を経て摂津住吉に至り、閏二月男山に進み、まさに京都を回復するまでになった。ところが足利氏はまた南朝に反し、尊氏の子義詮は男山の行宮に攻撃を加え、五月ついにこれを陥れた。天皇は敵の重囲を辛うじて脱出、賀名生に帰還するを得た。その後同九年(北朝文和三)十月天皇は河内天野に移り、金剛寺を行宮にした。同所に数年滞在の後、同十四年(北朝延文四)十二月観心寺に移り、さらにその翌年九月住吉に移り、同二十三年(北朝応安元)三月十一日同所において崩御。年齢四十一歳。観心寺後山に葬り、これを檜尾陵と称する。天皇は幼少の時代、奥羽に赴くこと二度に及び、苦難を味わったが、天皇になってから後も南北朝の戦乱のために安住の時なく、行宮を転々移動せしめ、またたびたびの戦闘にも加わり、ことに男山合戦の際は矢石の間をくぐることさえあった。しかし天皇は一面和漢の学を好み、和歌にすぐれた文才があり、琵琶・箏の音楽にもふかく通達していた。天皇が神仏に信仰あつく、伊勢神宮に親拝したこと、また水無瀬御影堂・金剛峯寺・鰐淵寺に願文を納めたことなどの事蹟があるが、禅僧孤峯覚明を特に尊信したことも顕著なる事蹟である。天皇の宸翰の今日に伝存するものはかなりの数に達するが、それは大覚寺統伝統の唐様に和様を加味したすぐれた書蹟であり、書道にも秀でた技能をもっていたと考えられる。

後村上天皇花押

参考文献 『大日本史料』六ノ二九、正平二十三年三月十一日条、木村武夫『後村上天皇の聖蹟』、村田正志「後村上天皇と三光国師」(『村田正志著作集』一所収)、同「村手重雄氏蔵後村上天皇宸翰の考証」(同一所収)、同「後村上天皇の琵琶秘曲相伝の史実」(同二所収) (村田 正志)

檜尾陵《ひのおのみささぎ》 大阪府河内長野市寺元にある。字名を檜尾といい、観心寺の裏山にあたる。観心寺境内より約二百二十段の石階を昇り、鬱蒼たる杉・檜に囲まれた所で、御陵は西面する小円丘にして、墳上には椿・檜・樫などが育生している。正平二十三年(北朝応安元、一三六八)天皇は住吉で崩じ、当所に葬られた。観心寺はかつて天皇の行宮であった所で、古来御陵を崇敬し、土地でも椿樹は天皇の頭の位置と伝えていた。近世になって『前王廟陵記』などや地誌類も当所を御陵と記し、幕末には江戸幕府が御陵として修営した。なお同寺の境内に崩後間もなく天皇のために法華三昧堂が建立された。近世には阿弥陀堂・御魂屋と称され、明治五年(一八七二)ころまで存在していた。

参考文献 『大日本史料』六ノ二九、正平二十三年三月十一日条、上野竹次郎『山陵』下、川瀬一馬「(新発見の資料に拠る)新待賢門院御陵墓攷」(『日本書誌学之研究』所収) (中村 一郎)

「金竜」

「雅輔」

「周仁」

後陽成天皇印

後陽成天皇画像

ごようぜいてんのう　後陽成天皇　一五七一―一六一七　一五八六―一六一一在位。元亀二年（一五七一）十二月十五日正親町天皇の皇子誠仁親王（陽光太上天皇）の第一王子として誕生。母は贈左大臣勧修寺晴右の女晴子（新上東門院）。初名和仁《かずひと》、慶長三年（一五九八）十二月周仁《かたひと》と改名。父親王が皇位を継承しないうちに没したため、代わって皇儲に定められ、天正十四年（一五八六）九月十七日立親王の後、十一月七日祖父天皇の譲りを受けて践祚し、同月二十五日即位礼を挙げた。在位二十六年を数え、慶長十六年三月二十七日政仁親王（後水尾天皇）に譲位。元和三年（一六一七）八月二十六日、四十七歳をもって崩御。後陽成院と追号し、京都深草の深草北陵に葬った。天皇の在位は、豊臣秀吉の全国平定から徳川家康の政権確立に至る年代で、公家社会が多年の衰微を脱して安定を得たときであり、天正十六年の聚楽第行幸は朝廷の回復を眼のあたりに示す威儀であった。このような時世にあって、天皇は朝儀の故実に精しく、公事儀式の復興に意を用いたが、また深く学問を好み、しばしば『伊勢物語』『源氏物語』などの古典を侍臣に講じ、述作も少なくない。和歌・書道・絵画も堪能で、古今集秘説の湮滅を惜しみ、勅使を派して細川幽斎を田辺城から退陣せしめたことは、歌道尊重の事蹟として著名である。また木製活字を作らせて、『古文孝経』『錦繍段』『勧学文』『日

後陽成天皇花押

本書紀神代巻』『職原抄』その他和漢の古典数種を印行せしめた。すなわち慶長勅版で、その文化史上の意義はすこぶる大きい。天皇の崩御に際し、廷臣中院通村は特に和漢の才を称え、炬火の滅した思いがすると痛嘆の意を日記に書き留めている。御撰には『伊勢物語愚案抄』『百人一首抄』『詠歌之大概抄』『名所方輿勝覧』その他、御製には『後陽成院御製詠五十首』その他があり、日記は慶長六年正月叙位記、同七年正月四方拝・小朝拝・叙位の記などが伝えられる。→後深草天皇《ごふかくさてんのう》(深草北陵)

参考文献 『大日本史料』一二ノ二七、元和三年八月二十六日条、帝国学士院編『宸翰英華』一、辻善之助『御歴代の聖徳に就いて』　(武部　敏夫)

これあきらしんのう　惟明親王　一一七九―一二二一　高倉天皇の第三皇子。治承三年(一一七九)四月十一日誕生。母は少将局(宮内大輔平義範の女)。大炊御門宮・承安第三宮・三宮とも号した。後鳥羽院の兄宮。文治五年(一一八九)十一月親王宣下、建久六年(一一九五)三月七条院殖子の猶子となり元服、三品に叙せられ、建暦元年(一二一一)出家、法名聖円。承久三年(一二二一)五月三日没。四十三歳。『正治二年院初度百首』『三百六十番歌合』『千五百番歌合』の作者。『新古今和歌集』以下の勅撰集に三十四首入集。

参考文献 『大日本史料』四ノ一五、承久三年五月三日条　(有吉　保)

ごれいぜいてんのう　後冷泉天皇　一〇二五―六八　一〇四五―六八在位。万寿二年(一〇二五)八月三日、東宮敦良親王(後朱雀天皇)の第一王子として誕生。母は藤原道長の女嬉子。諱は親仁。長元九年(一〇三六)十二月二十二日、親王宣下。長暦元年(一〇三七)七月二日、十三歳で元服。同年八月十七日、後朱雀天皇の皇太子となる。寛徳二年(一〇四五)正月十六日、二十一歳で受禅し、同年四月八日に即位。治暦四年(一〇六八)四月十九日、高陽院において崩御、四十四歳。御記として、『後冷泉院御記』十九巻があったことが、『殿暦』天永三年(一一一二)五月二十二日条、『中右記』同月二十五日条などにみえるが、今に伝わらない。また、『後拾遺和歌集』『金葉和歌集』『詞花和歌集』『新古今和歌集』『玉葉和歌集』などに歌什が残されている。

参考文献 角田文衛「後冷泉朝の問題」(『古代学』二七ノ一)　(加藤　友康)

円教寺陵《えんきょうじのみささぎ》　京都市右京区竜安寺朱山《しゅうやま》、竜安寺内にある。南面する円丘で、後朱雀・後三条天皇陵と東西に並び三陵同域である。治暦四年(一〇六八)五月五日船岡の西野に火葬、遺骨を仁和寺内にある円教寺に安置した(仁和寺山に置くと記するものもある)。陵所を明記したものはなく、『中右記』嘉承二年(一一〇七)七月十二日条に後三条天皇陵の付近にあったように記されているが、中世にはその所伝を失った。幕末修陵の際、現所を陵と定めて修補を加えた。火葬塚は京都市北区紫野上御輿町にある。

参考文献 谷森善臣『山陵考』(『(新註)皇学叢書』五)、上野竹次郎『山陵』下　(中村　一郎)

(伝)惟喬親王像

これたかしんのう　惟喬親王　八四四―九七　文徳天皇の皇子。母は紀名虎の女静子。承和十一年(八四四)に生まれる。第一子であり、天皇の鍾愛をも受けていたが、嘉祥三年(八五〇)、藤原良房の女明子に惟仁親王が生まれ、立太子したために、皇位継承の機会を失った。『江談抄』『大鏡裏書』などは文徳天皇が、惟喬親王の立太子を望んだが、藤原良房の威を憚って実現し得なかったとの話を載せる。天安元年(八五七)十二月、元服と同時に四品。同二年正月、大宰権帥、同十月、大宰帥。貞観五年(八六三)二月、弾正尹に転任。同六年正月―八月までと、同九年正月―十年正月まで、常陸太守を兼ね、同十四年二月、上野太守を兼ねたが、同七月病のため出家、小野に幽居した。法名素覚。詩歌を善くし、在原業平や、伯父紀有常らと親交があった。寛平九年(八九七)二月二十日没。五十四歳。小野宮と称された。京都市左京区大原上野町の五輪塔は墓と伝える。京の邸宅はのちに藤原実頼に伝領された。親王を木地師の始祖とする伝承が全

(伝)惟喬親王墓(京都市左京区大原所在)

国各地に散在するが、その由来は未解明。

参考文献　『大日本史料』一ノ二、寛平九年二月二十日条、目崎徳衛『平安文化史論』　（玉井　力）

これむねのきんかた　惟宗公方　生没年不詳　平安時代中期に活躍した明法家。惟宗直本の子。右衛門権少志・左衛門大志・主計助・大判事・勘解由次官・大和介・民部少輔・左衛門権佐・検非違使などを歴任、明法博士を兼ねて活躍したが、天徳二年（九五八）彼の奉った勘文《かんもん》に対して村上天皇から疑義が出されるという事件が起った。彼は自説に固執したが、天皇の命を受けた藤原文範の質問に答えられず、ついに大蔵権大輔に左遷された。その後美濃介兼明法博士に進み、正五位下まで昇進した。著書に『本朝月令』がある。

参考文献　『大日本史料』一ノ一二、安和二年四月四日条、和田英松「惟宗氏と律令」（『国史説苑』所収）　（虎尾　俊哉）

これむねのたかこと　惟宗孝言　生没年不詳　平安時代後期の漢詩人。世系不詳。大学頭、長門守、掃部頭を経て、寛治六年（一〇九二）八十歳位で伊勢守に任じ、永長元年（一〇九六）には伊賀守であった。作品は『本朝無題詩』の三十一篇をはじめ、『中右記部類紙背漢詩集』の十一篇、『本朝続文粋』の七篇などによって比較的多く残る。当時の有力作家で、文章生時代の長元七年（一〇三四）から作品があり、活躍期は六十年を越える。晩年藤原師通に学問を通じて恩顧を受けた。なお『懐風藻』の現存伝本は孝言の写本を祖とする。　（篠原　昭二）

これむねのただすけ　惟宗允亮　生没年不詳　平安時代中期一条天皇の時代に活躍した明法家。おそらく長保元年（九九九）ころ「律令の宗師」の意を寓する令宗《よしむね》と改賜姓。父母については不明であるが、惟宗公方の孫（子とする異説もある）で、同直本の曾孫にあたり、歴代の明法の名門の出身である。明法得業生から出身して、明法博士・勘解由次官・検非違使・左衛門権佐・大判事などを歴任し、しばしば勘文《かんもん》を奉りその学識をたたえられた。最後は従四位下河内守で終ったらしく、その死没はおそらく寛弘六年（一〇〇九）のことと思われる。主著に藤原（小野宮）実資の嘱を受けて編纂したと思われる『政事要略』百三十巻があり、随処に彼の明法学者としてのすぐれた資質を見ることができる。ほかに『類聚判集』百巻・『類聚律令刑名問答私記』一巻などの編著があり、またその日記『宗河記』の逸文も伝えられている。

参考文献　『大日本史料』二ノ九、長和四年六月二十二日条、和田英松「惟宗氏と律令」（『国史説苑』所収）、虎尾俊哉「政事要略について」（『古代典籍文書論考』所収）　（虎尾　俊哉）

これむねのなおむね　惟宗直宗　生没年不詳　平安時代前期の明法家。惟宗直本の兄。讃岐国香川郡の人で旧姓秦公《はたのきみ》。元慶元年（八七七）弟直本とともに本貫を讃岐から左京六条に移し、同七年惟宗朝臣と改賜姓。左少史・大判事・能登権介・勘解由次官・播磨大掾などを歴任、その間明法博士を兼ね、従五位下まで昇進している。仁和四年（八八八）阿衡の紛議に際して参議橘広相の罪名を勘申、この後の明法家惟宗氏の基礎をきずいたらしい。編著書不明。

参考文献　和田英松「惟宗氏と律令」（『国史説苑』所収）　（虎尾　俊哉）

これむねのなおもと　惟宗直本　生没年不詳　平安時代の明法家。旧姓秦公《はたのきみ》。法律文化の栄えた讃岐国に生まれ育ち、元慶元年（八七七）兄直宗とともに本貫を左京六条に移し、同七年惟宗朝臣と改賜姓。弾正少忠・右衛門少志・検非違使右衛門少尉・同大尉・勘解由次官などを経て主計頭となり明法博士を兼ねた。その間多くの勘文《かんもん》を奉り、また私第において律令を講ずべき由の宣旨を賜わっている。著書に『律集解』三十巻・『令集解』五十巻および『検非違使私記』二巻（藤原時平の嘱による）などがあるが、このうち現存する『令集解』は律令制および律令時代の研究に不可欠の史料である。

参考文献　『大日本史料』一ノ三、延喜七年二月二十八日条、和田英松『本朝書籍目録考証』、同「惟宗氏と律令」（『国史説苑』所収）、滝川政次郎「「定本令集解釈義」解題」（『日本法制史研究』所収）、利光三津夫他「惟宗直本に関する一考察」（『続日本紀研究』二ノ二）　（虎尾　俊哉）

これやすしんのう　惟康親王　一二六四―一三二六　鎌倉幕府第七代将軍。一二六六―八九在職。第六代将軍宗尊親王の王子。母は近衛兼経の女宰子。文永元年（一二六四）四月二十九日鎌倉に生まれる。同三年七月鎌倉幕府は宗尊親王を廃し惟康王を将軍の継嗣として朝廷に奏請し、朝廷は直ちに惟康王を征夷大将軍に任じた。同七年二月元服。同十二月朝廷は源朝臣の姓を賜い、従三位に叙した。弘安二年（一二七九）正月正二位。同十年六月中納言、右近衛大将。同十月源姓を改め、親王宣下。二品。ところが正応二年（一二八九）九月幕府は突如惟康親王に異図があるとして京都に逐った。親王は間もなく出家。嘉暦元年（一三二六）十月三十日没。六十三歳。なおこの事件は当時持明院統の院政下、自統の皇族が鎌倉将軍の座を占めることによって幕府との緊密を深めようとする持明院統側の意図と、幕府の長期にわたる同一将軍の存在を忌避しその更迭を図ろうとする方針との両者がたまたま折を得て実行されたものであろう。ちなみに次期将軍には持明院統から後深草上皇皇子久明親王が就任した。

参考文献　『外記日記』、『建治三年日記』、『吾妻鏡』、『増鏡』、竜粛『鎌倉時代史』　（辻　彦三郎）

これよしのはるみち　惟良春道　生没年不詳　平安時代前期嵯峨宮廷詩壇の詩人。惟良宿禰はもと錦部連で百済王族の後と称した。近江少掾、天長九年（八三二）三月従五位下、承和四年（八三七）正月伊勢介、同九年四月渤海客使接待、同十一年従五位上。嵯峨・淳和・仁明朝に仕

え、微官隠逸を好み惟逸人・良山人と称せられた。『経国集』に八首、『扶桑集』に四首、『和漢朗詠集』『新撰朗詠集』に佳句を収める。『日観集』(大江維時撰、今佚)十人の詩人のうち、小野篁の次、菅原是善の先に、唐名「大夫良春道」として序でられる。措辞豊麗、技巧に富み様式も多彩、すでに白詩の投影がみられる。嵯峨天皇の作に奉和した「青山歌」の雑言の長篇は有名。嵯峨朝後宮女流詩人惟氏はあるいは惟良春道の一族のものか。

参考文献　市河寛斎編『日本詩紀』一一、川口久雄『三訂平安朝日本漢文学史の研究』上・中　（川口　久雄）

ごんけん　**厳賢**　⇩良恵《りょうえ》

こんごうち　**金剛智**　六七一―七四一　梵語バジュラボーディ Vajrabodhi　インドの僧侶、中国密教の初祖。南インドのバラモン出身(一説に中インドの王族出身)。六七一年に生まれる。十歳のときナーランダ寺で出家して声明論《しょうみょうろん》を学び、十五歳で西インドに行き四年間因明《いんみょう》を学び、ついでナーランダ寺に還って二十歳で受戒し、六年間大小乗律・『般若燈論』『百論』『十二門論』を学んだ。二十八歳カピラバスツ城で瑜伽論・唯識論・弁中辺論を学び、三年を経て南インドに行き竜樹の弟子竜智に師事して七年間『金剛頂瑜伽経』など密教経典を学んだ。故に金剛智は中観派・瑜伽行派に通じ、密教にも熟達したのである。のちに中インドに帰り、また南インドに至り、国王から中国布教の許しを得てセイロンから船出し、南海を経て唐の開元七年(七一九)広州(広東)に到着し、翌八年洛陽に入った。それより洛陽・長安において訳経に従事し、『金剛頂瑜伽中略出念誦経』など密教経典八部十一巻を訳出した。同二十九年八月十五日、本国に帰ろうとし洛陽広福寺で病のために寂した。寿七十一歳。

金剛智画像

参考文献　『宋高僧伝』一(『(大正新修)大蔵経』五〇)、宇井伯寿『支那仏教史』(『岩波全書』)　（大野達之助）

こんこうぼう　**金光房**　一一五五―一二一七　平安・鎌倉時代前期の僧侶。東北地方に浄土教を弘めた先駆者。明達勇哲といい、石垣の金光房と呼ばれている。久寿二年(一一五五)筑後国竹野郷(福岡県久留米市田主丸町)に生まれ、応保元年(一一六一)同国高良山の精覚について出家、仁安二年(一一六七)比叡山に登り東塔北谷の恵光房円輔に師事した。文治元年(一一八五)帰国し石垣山観音寺の別当となったが、建久七年(一一九六)訴訟のため鎌倉下向の折、法然房源空の弟子安楽房遵西に会い浄土教の教えを聞き、それが縁で上洛し源空の弟子となった。正治元年(一一九九)源空の命を受け東国に下り、会津・南部・津軽の各地を遊歴し、遠野善明寺・藤崎摂取院などを建立、建保五年(一二一七)三月二十五日弘前の西光寺で没した。六十三歳。

参考文献　『大日本史料』四ノ一一、建暦二年正月二十五日条、佐藤堅瑞『金光上人の研究』　（大橋　俊雄）

こんしゅんじゅう　**金春秋**　六〇三―六一　六五四―六一在位。新羅第二十九代の王。諡太宗武烈王。真智王の孫、伊飡竜春の子、母は真平王の娘天明夫人。妃文妃は金庾信の妹。儀表英偉と伝えられ、若くして済世の志あり。善徳王十一年(六四二)百済が大耶城を攻略すると、高句麗の援軍を求め入麗したがかえって捕えられ、辛うじて脱出する。大化三年(六四七)十二月大阿飡として高向黒麻呂(玄理)・中臣押熊らを送って倭に至り、孔雀一隻・鸚鵡一隻を献じ、人質となって倭に滞在すること一年。『日本書紀』に「美姿顔、善談笑」と特筆される。翌年子を伴って入唐、唐の衣冠を採用し、真徳王四年(六五〇)からは新羅独自の年号を唐年号に切り替えるなど、唐の圧力に対し協調外交により対処するに与って力あった。位伊飡を授けられ、唐からは特進を与えられる。同八年真徳女王の死に際し、群臣は伊飡閼川を立てようとしたが、閼川は固辞して春秋を推し、娘聟にあたる金庾信の尽力を得て王位をつぐ。真骨出身最初の王と目され、ここから新羅の中代(『三国史記』。『三国遺事』は下古とする)に入る。庾信や唐から帰った息仁問らと協力、人材を登用し唐の制度文物を摂取して集権的国家の建設に努力。太宗七年(六六〇)百済征討戦にはみずから大軍を率い、唐軍と共同して義慈王らを擒え百済を滅ぼし、統一への基を築いた。八年六月五十九歳で没し慶州の永

(伝)武烈王陵碑の亀趺

敬寺の北に葬られた。伝武烈王陵には陵碑の美事な螭首と亀趺を留めている。

参考文献 三池賢一「金春秋の王位継承」(『法政史学』二〇)、同「金春秋小伝」(『駒沢史学』一五—一七)
(池田 温)

ごんぞう 勤操 七五四—八二七 奈良・平安時代前期の三論宗の学僧。大和国高市郡の人。俗姓秦氏。天平勝宝六年(七五四)に生まれる。母は島氏。十二歳の時、大安寺信霊に随い、のち同寺善議について三論教学を学んだ。宝亀元年(七七〇)の宮中および興福寺で行われた千僧度者の中に選ばれ、延暦十三年(七九四)の叡山一乗止観院の落慶供養には興福寺修円とともに堂達として勤仕し、同十五年、学友栄好の菩提を祈るために、平城京の東、高円山下の石淵寺《いわぶち》で法華八講を創始した。いわゆる石淵八講といわれ、八講の先例を開き、『梵網経』に替わり『法華経』による追修の式を始めたものとして著名である。弘仁四年(八一三)正月の大極殿の最勝講で三論宗を君父、法相宗を臣子の教として法相の論者を破り、延暦以来の三論宗の非勢挽回に雄名を馳せて、律師となり、同十年正月には少僧都、翌十一年の秋には弘福寺(川原寺)の別当として財政の整備にあたり、天長の初めには折から造建中の平安京西寺の別当になり、天長三年(八二六)に大僧都に補任され、翌四年五月八日に西寺北院で七十四歳の生涯をとじた。生前最澄や空海の天台・真言宗にも深い理解を示し、最澄は書翰・使僧を送り、空海また天長五年の周忌に、弟子の依嘱により「故贈僧正勤操大徳影讃幷序」を作文し、あるいは最澄・空海の催した天台講会や灌頂会に参加するなど、はなはだ協力的であった。今日醍醐寺・高野山普門院に所蔵する画像は、在りし日の勤操の説法の一面を描いたものとして著名なものである。没後の荼毘の日に僧正位が贈られ、出家贈官の先例となり、世に石淵僧正・石淵贈僧正と称せられた。

勤操画像

参考文献 『三論祖師伝』、福山敏男『奈良朝寺院の研究』、堀池春峰「醍醐寺蔵・勤操僧都画像に就いて」(『大和文華』二五)、同「弘法大師空海と東大寺」(『仏教芸術』九二)
(堀池 春峰)

こんにんもん 金仁問 六二九—九四 新羅の王族、三国統一の功労者。武烈王金春秋の次男、文武王法敏の弟。字《あざな》仁寿。二十三歳で入唐、宿衛に任じ二年後帰国。獐山城を築くに功あり。唐に乞師し、唐将蘇定方に随い百済の都城を陥れ義慈王以下を擒える(太宗七年(六六〇))。ついで入唐、唐命により高句麗を攻め平壌の固守に遇い、輸糧に努め唐軍の危難を救う。劉仁願・扶余隆と熊津に会盟(文武王四年(六六四))、また入唐して封禅に参加する(同六年)。ついで李勣の高句麗遠征に呼応(同八年)、大軍を率い平壌を攻めついに王を擒えこれを滅ぼし、大琢角干食邑五百戸に封ぜられ、唐からも食邑二千戸を賜わる。新羅が唐と対決するに至るや(同十四年)、唐は仁問を兄に代え王に立てようとしたが、文武王謝罪して許された。孝昭王三年(六九四)四月二十九日唐都に没す。年六十六。翌年慶州に帰葬、太大角干を追贈される。仁問は七回入唐し、宿衛にあること二十二年に及び、対唐外交に貢献した。墓碑下部残石(約三百数十字)が慶州博物館に現蔵。

参考文献 『三国史記』四四
(池田 温)

こんぱるしろじろう 金春四郎次郎 生没年不詳 室町時代の狂言役者。大蔵流宗家八世。『わらんべ草』(万治三年(一六六〇))、『大蔵弥右衛門家書上』(享保六年(一七二一))などによれば、金春禅竹の末子で、式三番一通りを相伝されたといい、宇治弥太郎らとともに狂言作者に擬せられるが、いずれも疑わしい。観世座与左衛門『四座之役者』金春方狂言の項に「四郎次郎 堺藤二郎弟也。金春かたの者也。謡手也」とあり、実在は確かであろうがその経歴など不詳。大蔵流狂言の歴史に重要な役割を果たした伝説的な人らしい。

参考文献 小林責『狂言史研究』
(片桐 登)

こんぱるぜんちく 金春禅竹 一四〇五—? 室町時代前期の能役者・能作者、金春大夫。名は貫氏・氏信、晩年竹翁・賢翁、また式部大夫、大夫譲渡後しばらく竹田大夫とも称し、法名が禅竹(正式には賢翁禅竹)。父は弥三郎、祖父は金春権守。観世大夫世阿弥の女婿。応永十二年(一四〇五)に生まれた禅竹は正長元年(一四二八)二月以前に金春大夫になっているが、同年世阿弥から『六義』『拾玉得花』を相伝された。禅竹は若いころから世阿弥・元雅父子から将来を嘱望され、直接世阿弥の薫陶を受けたことが現存の世阿弥書状から知られ、長じては観世座の音阿弥と並称されるほどの名手となった。世阿弥の秘伝書も一部は直接相伝されたり、『風姿花伝』『至花道』『花鏡』『人形図』『九位』など主要伝書は悉く所持するか一見するかの便宜を与えられたようである。彼は世阿弥の継承を志し、仏教哲理をもって能芸を理解し

金春禅竹花押

ようと試み、寛正六年(一四六五)九月に大夫を子の宗筠(元氏)に譲るまでに、『五音次第』『六輪一露之記』(以上康正元年(一四五五))、『歌舞髄脳記』『五音十体』『六輪一露之記注』(以上同二年)、『六輪一露秘注』(寛正六年)など著述をした。以後も旺盛な著述活動をし、『至道要抄』(応仁元年(一四六七)ころ)、『明宿集』、『申楽縁起』(応仁二年三月奥書)、『円満井座系図』、『稲荷山参籠記』(応仁元年)、『浄土教自力他力批判』(同)など数多い著作を残したが、これらは一休宗純・普一国師志玉・一条兼良・南江宗沅らとの直接の交渉から受けた思想的影響と神道・歌道の豊富な知識とを根柢にしているため、より哲学的、抽象的な思索にすぎる欠点があり、難解である。能作者としても優れ、『楊貴妃』『雨月』『玉葛』『芭蕉』『定家』など、舞歌中心の世阿弥系列の作法でありながら、曖昧な主題から特異な情趣・情感を現出する曲を書いている。大夫職譲渡の後も、なお竹田大夫を称して第一線で活躍していたらしいが、その後応仁二年秋から文明三年(一四七一)夏の間に死去。現在までに知られている禅竹の伝書のすべては『金春古伝書集成』所収。

参考文献 表章・伊藤正義『金春古伝書集成』解説、伊藤正義『金春禅竹の研究』、小西甚一『能楽論研究』

(片桐　登)

こんぱるぜんぽう　金春禅鳳　一四五四—?　室町時代後期の能役者・能作者、金春大夫。名は元安、通称八郎、法名禅鳳(正式には桐林禅鳳)。父は金春元氏(宗筠、文明十二年(一四八〇)没、四十九歳)、祖父は金春禅竹。享徳三年(一四五四)に出生、幼時から活躍を見せていたが、文明十二年父の没後金春大夫となる。大夫就任後は祖父や父をしのぐ活躍ぶりで、薪能・若宮祭礼能・中院能など南都の主要興行はもとより、明応二年(一四九三)の室町御所での演能や文亀元年(一五〇一)の今熊野、永正二年(一五〇五)の粟田口などでの勧進能興行に見られるように、京都への進出も見せ、金春座の勢力を天下に知らせ、観世座と比肩するものにした。大夫譲渡の年次は永正十五年以後と推定され、没年は不明だが、七十四、五歳までは生存したと思われる。伝書も残しているが、『毛端私珍抄』『反故裏の書一・二・三』『五音之次第』『音曲五音』『囃之事』など、能芸に関し具体的な記述で、当代の能の姿を知る上に重要である。特に、彼の芸談を筆録した『禅鳳雑談』(『禅鳳申楽談儀』)は、能楽史料として貴重であるのみならず、禅鳳が能芸だけでなく茶の湯をはじめとする風雅の道に嗜みが深かったことをも示しており興味深い。能作も試みているが、創作力の衰えた当代にあって、登場人物を多くするなど構想や演出に新趣向をこらした意欲的なものとの評価が高い。『嵐山』『生田敦盛』『一角仙人』『東方朔』『初雪』の五曲が、確実に禅鳳の作とされている。その伝書は『金春古伝書集成』に収める。

参考文献 表章・伊藤正義『金春古伝書集成』解説、小林静雄『謡曲作者の研究』

(片桐　登)

こんゆしん　金庾信　五九五—六七三　統一新羅の大功臣、金海金氏の祖。加耶金官国最後の王仇衡(仇亥にも作る)の曽孫、角干舒玄の子、母は万明。十五歳で竜華香徒の花郎となり、十七歳で寇賊を平げる志を立つ。金春秋(のちの太宗武烈王)の第三女を娶り、庾信の妹は春秋に嫁し両者は深く結ばれる。真平王五十一年(六二九)高句麗との戦いに武功を立てて以降、対百済・高句麗の歴戦に武勲を輝かす。真徳王元年(六四七)毗曇の内乱を鎮定、真徳女王を擁立する。女王の死(同八年)後政治危機に際しては、金春秋擁立の主導者として活躍。百済征討(太宗七年(六六〇))・高句麗平定(文武王八年(六六八))にも大将軍として新羅軍を統轄し、唐・新羅の対抗に際しても武威をあげた。武烈・文武両王を輔佐して中央集権的体制の整備に努め、太大角干に進み食邑五百戸・田五百結を受ける。文武王十三年七月一日七十九歳で没す。墓は慶州西岳里松花山にあり、十二支神像石雕で飾られている。『三国史記』金庾信伝は、玄孫長清撰『行録』十巻や「金庾信碑」などを批判的に取捨して成り、新羅の所伝としては際だって詳細、新羅史および新羅—唐関係の朝鮮史料として重要である。

金庾信墓

参考文献 国史編纂委員会編『韓国史』三、池内宏「百済滅亡後の動乱及び唐・羅・日三国の関係」(『満鮮史研究』上世二所収)

(池田　温)

さ

さいおんじきんしげ　西園寺公重　一三一七―六七　鎌倉時代後期・南北朝時代の公卿。父は内大臣実衡、母は家女房。文保元年(一三一七)生まれ、正中二年(一三二五)十二月、元服とともに従四位上侍従に叙任、以後累進して嘉暦三年(一三二八)九月、従三位、元弘元年(一三三一)二月任参議、同年十月に権中納言となる。建武新政が始まったあと、兄公宗の謀反計画を知り、建武二年(一三三五)六月、これを密告、その功により西園寺家を管領し、貞和五年(一三四九)九月内大臣となる。この時『園太暦』は「無㆓指賢才誉㆒、又非㆓家門正嫡㆒」と評している。すでに家門は正嫡である公宗の子実俊が相承していたらしく、公重は竹林院第に住したので竹林院と称せられたが、正平七年(一三五二)の南北朝一統の時、再び家門を安堵された。しかし一統の破綻により翌文和二年(一三五三)九月、京都を出て南朝に候し、西園寺を称して太政大臣に昇り、貞治三年(一三六四)七月、家督を男実長に譲って出家し、同六年九月三日、南朝において五十一歳をもって没した。

参考文献　『大日本史料』六ノ二八、貞治六年九月三日条、『花園天皇宸記』正中二年十二月十八日・十九日条　(今江　廣道)

さいおんじきんつね　西園寺公経　一一七一―一二四四　鎌倉時代中期の公卿。承安元年(一一七一)生まれる。内大臣実宗の男。母は権中納言持明院基家の女。安元二年(一一七六)叙爵。鎌倉幕府の開創以後、公経は将軍源頼朝との姻戚関係によって勢力を伸張することを得た。すなわち頼朝が再生の恩人とする平頼盛の女を外祖母とし、また頼朝の同母妹の婿として京都守護の職にあった一条能保の女全子を妻としたからである。建久七年(一一九六)十二月二十五日左中将で蔵人頭になった時、「超㆓中将上﨟六人㆒、(中略)以謂㆓中納言入道(能保)聟㆒有㆓此恩㆒」(『三長記』同月二十六日条)といわれた。同九年正月参議となり、十一月従三位となる。また摂関家との姻戚関係を鞏固にするため、承元二年(一二〇八)四月、妻全子の姉が九条兼実の男良経に嫁して生んだ道家に、女綸子を嫁がせている。承久元年(一二一九)将軍実朝横死後、鎌倉に迎えられて将軍となった道家の男三寅(頼経)は、綸子が生み、公経が外祖父として養育していたものだったから、ますます幕府との緊密さを増した。公経は後鳥羽上皇の院政期には、坊門信清と並んで関東申次であったが、上皇は密かに討幕計画を進め、同三年五月十五日、ついに執権北条義時追討院宣を下した(承久の乱)。その際、内応の恐れありとして公経は男実氏とともに弓場殿に召し籠められているが、その直前、家司三善長衡を鎌倉に遣して京都の形勢を通報させ、幕府方を勝利に導いた。乱後、幕府によって擁立された後堀河天皇の生母陳子(北白河院)と公経の母は姉妹であるから、この擁立は公経の進言によるものと推察される。かくて同年閏十月内大臣、翌貞応元年(一二二二)八月太政大臣に昇任、同二年正月従一位に昇叙、同年四月太政大臣を罷めたが、なお前大相国として、その権勢は朝廷に並ぶものがなかった。これより先、承久二年、神祇伯仲資王の有する京都北山の地を私領松枝荘と相博、入手していたが、ここに豪奢な別荘北山第と、のちの家名のもとになる西園寺を建立し、元仁元年(一二二四)十二月に北白河院・安嘉門院を迎えて落慶式を挙行した。

西園寺公経花押

安貞二年(一二二八)牛車宣旨をうけたとき、近衛家実は「先聴㆓輦車㆒、次可㆑聴㆓牛車㆒歟、直被㆑許㆓牛車㆒之事、執柄之外、無㆓其例㆒歟」(『猪隈関白記』九月九日条)と非難するが、摂関家同然の待遇を受けていたことが知られる。寛喜三年(一二三一)十二月二十二日出家。法名覚勝。依然入道相国として関東申次の任にあった。嘉禎二年(一二三六)幕府御家人橘公業相伝の所領たる伊予国宇和郡を幕府に所望し、ついに入手していることは(『吾妻鏡』二月二十二日条)、公経が朝廷のみならず幕府をも動かし得る権力を有したことを物語る。仁治三年(一二四二)後嵯峨天皇が即位すると、孫女姞子(大宮院)を入内・立后させ、かつての摂関家同様、皇室の外戚となる基礎を築いたが、この方針は子孫にも受け継がれた。寛元二年(一二四四)八月二十九日申刻、北山第において七十四歳の生涯を閉じた。『平戸記』同日条に「朝之蠹害、世之姧臣也」と酷評し、また「近年大旨任㆑意行㆓世事㆒」と記していることは有名である。しかし琵琶を良くし、『新古今和歌集』以下の勅撰集に多数の和歌が入集して

西園寺公経画像(『天子摂関御影』)

いるなど、文化面でも非凡であったことも事実である。公経が北山に建てた西園寺は現在京都市上京区高徳寺町に移転し、同寺には公経の法体像および墓がある。

参考文献　『大日本史料』五ノ一八、寛元二年八月二十九日条、竜粛『鎌倉時代』下　（今江　廣道）

さいおんじきんひら　西園寺公衡　一二六四―一三一五　鎌倉時代後期の公卿。文永元年（一二六四）生まれる。太政大臣実兼の嫡男。母は内大臣中院通成の女従一位顕子。同二年正月二歳で叙爵、建治二年（一二七六）正月従三位に叙せられて公卿の列に入り、以後も官位ともに累進して従一位左大臣に至ったが、延慶二年（一三〇九）六月これを辞し、応長元年（一三一一）八月二十日出家。法名静勝。以後、入道左大臣と称せられ、正和四年（一三一五）九月二十五日五十二歳をもって死去した。法号竹林院。また竹中殿ともいわれた。弘安六年（一二八三）参議となったころには、すでに関東申次である父実兼の命により、公武交渉の要点を日記に書いているが、正安元年（一二九九）実兼出家後はその職をついだ。これより先、正応三年（一二九〇）三月浅原為頼皇居乱入事件の詮議のとき、その裏に亀山上皇の陰謀ありとし、上皇を六波羅に遷すべしと主張したため、上皇は幕府に誓紙を提出し半年後に出家した。そのため大覚寺統と疎隔を生じ、持明院統に接近する結果となった。しかし伏見天皇の乳父で歌人の京極為兼が権勢を振るうようになったため、西園寺家は再び大覚寺統に近くなり、嘉元三年（一三〇五）亀山法皇は崩御に先立ち、後事を公衡に託した。公衡の妹昭訓門院瑛子が生んだ法皇の皇子恒明親王を大覚寺統の将来の皇儲と定め、公衡にその後見をするよう遺詔したのである。しかし後宇多上皇はこの遺詔に従わなかったため公衡と衝突し、公衡は同年閏十二月上皇の勅勘を蒙るに至った。幕府が介入して勅勘は二ヵ月ほどで解けたが、これらは当時の複雑な政情の一端を知り得るものである。その日記を『竹林院記』『竹林院入道左大臣記』などといい、弘安六年・正応元年・正和三年・同四年の日次記が西園寺家に伝来し、また昭訓門院・広義門院（公衡女寧子、後伏見天皇女御）御産別記と後深草・亀山両上皇の崩御別記が伏見宮に伝えられたが、現在は日次記・別記とも宮内庁書陵部所蔵である。また御物『春日権現霊験記』は、延慶二年三月に公衡が制作・寄進したものである。

西園寺公衡画像（『天子摂関御影』）

参考文献　竜粛『鎌倉時代』下、和田英松「春日権現験記に就て」（『国史国文之研究』所収）　（今江　廣道）

さいおんじきんむね　西園寺公宗　一三〇九―三五　鎌倉時代後期・南北朝時代の公卿。内大臣実衡の男。母は権大納言藤原為世の女。延慶二年（一三〇九）生まれる。正中元年（一三二四）十月、十六歳にして参議となる。時に従三位左近衛中将であった。翌二年十二月、位階の上首数人を超えて権中納言に昇り、元徳二年（一三三〇）二月、権大納言に任ぜられた。この間、嘉暦元年（一三二六）に父実衡死去のあとを継いで関東申次となり、若くして朝幕間の事に対処しなければならなくなった。しかし数年にして鎌倉幕府は滅び、後醍醐天皇の親政が行われることとなったため、公経以来の西園寺家の権威は失墜してしまった。『太平記』によれば、公宗はこの頽勢挽回のためには、再び北条氏に天下の権を執らせなければならぬと考え、北条高時の弟時興を家中にかくまい、家司三善文衡らを交えて建武新政府転覆の計略を練り、また北山第に浴室を新築し、そこに天皇の臨幸を仰いで弑虐をはからんとした。しかしこの計画は弟公重の密告によって暴露し、建武二年（一三三五）六月二十二日、一味の日野資名・氏光父子らとともに捕えられ、名和長年に命じて出雲国に配流されることが決まったが、出発の時、中院定平が「早く」といったのを、長年が誅殺せよとの意と誤解し、公宗の首を刎ねてしまったという。時に二十七歳。このうち逮捕以下の日については『園太暦』延文四年（一三五九）十二月二日条に「西園寺故大納言建武二年六月廿二日被召捕、同廿六日被勘罪名候、八月二日所誅之」とみえ、『匡遠宿禰記』建武二年六月二十二日条・同二十六日条にも、逮捕と罪名勘申のことがみえるが、二十七日条の流人宣下の記事は簡略で、その中に公宗の名が入っていたか否かは不明で、『師守記』貞和三年（一三四七）四月二十四日条に「西園寺故大納言（公宗卿）配流幷解官事、無所見候」とみえる。

参考文献　『大日本史料』六ノ二、建武二年八月二日条　（今江　廣道）

さいおんじさねうじ　西園寺実氏　一一九四―一二六九　鎌倉時代中期の公卿。建久五年（一一九四）生まれる。太政大臣公経の男。母は権中納言一条能保の女全子。同八年正月叙爵以後、累進して建暦元年（一二一一）正月叙従

西園寺公衡花押

西園寺実氏画像(『天子摂関御影』)

三位、ついで参議となる。建保六年(一二一八)十月任権中納言、翌承久元年(一二一九)正月鶴岡八幡宮で挙行された将軍源実朝任右大臣拝賀の儀に参列して武家と関係深いことを示したが、同三年五月承久の乱が起ると、父公経とともに弓場殿に召し籠められ、かろうじて斬罪を免れた。元仁元年(一二二四)任権大納言、寛喜三年(一二三一)任内大臣、嘉禎元年(一二三五)任右大臣と昇任し、位階も翌二年に従一位に昇ったが、一ヵ月後に右大臣を辞した。仁治三年(一二四二)正月後嵯峨天皇が即位すると、六月女姞子(大宮院)を女御として入内させた。姞子は八月に立后、翌寛元元年(一二四三)六月に皇子久仁親王を生んだ。同親王は二ヵ月後に皇太子となり、同四年正月に即位(後深草天皇)したので、実氏は天皇の外祖父として、同年三月太政大臣に任官したが、十二月辞した。その間の十月幕府によって関東申次に推挙され、後嵯峨上皇の院中評定の創設とともに評定衆となり、幕府の要請した徳政興行にあたった。後深草天皇が成人すると、康元元年(一二五六)次女公子(東二条院)を入内させた。公子は翌正嘉元年(一二五七)立后したので、二代の皇后の父となったのである。一方、姞子が建長元年(一二四九)に生んだ恒仁親王は両親に鍾愛され、天皇にまだ皇子の誕生がなかったので、正嘉二年皇太弟となり、翌正元元年(一二五九)十一月即位(亀山天皇)した。かくて二代の天皇の外祖父となった実氏は文応元年(一二六〇)十一月三日出家。法名実空。以後、入道相国と称され、なお関東申次の任にあり公武間の交渉にあたったが、文永六年(一二六九)六月七日七十六歳をもって死去した。その第を常盤井と称し、日記を『常盤井相国記』(一名、『常園記』)といい、伏見宮本『御産部類記』『后宮御着帯部類記』などに引用されている。

参考文献　竜粛『鎌倉時代』下

(今江　廣道)

さいおんじさねかね　西園寺実兼　一二四九―一三二二　鎌倉時代後期の公卿。建長元年(一二四九)生まれる。太政大臣公相の男。母は家女房大外記中原師朝の女。同七年正月の叙爵以後、累進して弘長元年(一二六一)従三位に叙せられて公卿の列に加わった。文永四年(一二六七)十月父公相が死去したので、同六年六月祖父実氏の死没後、家督として関東申次の重責を負うことになった。ちょうどこのころから後深草上皇と亀山上皇の争いが始まるが、皇嗣の決定、譲位の時期などは、関東申次たる実兼と幕府執権北条氏の計らいによるものであった。すなわち西園寺家が亀山天皇の中宮とした妹嬉子の寵遇が薄かったことから、亀山上皇院政下の建治元年(一二七五)十一月、後宇多天皇の東宮として後深草上皇皇子熙仁親王を立て、弘安十年(一二八七)十月熙仁親王が践祚(伏見天皇)して後深草上皇の院政が開始した。さらに正応二年(一二八九)四月東宮に伏見天皇皇子胤仁親王を立てるに及んで、後深草上皇方の持明院統と亀山上皇方の大覚寺統の皇統分裂を招き、南北朝時代六十年の戦乱の素因を作った。しかし永仁六年(一二九八)七月胤仁親王の即位(後伏見天皇)による伏見上皇の院政下において権勢を振るう京極為兼と衝突した実兼は大覚寺統に接近し、皇太子に後宇多上皇皇子邦治親王を立てて譲位を奏請し、正安三年(一三〇一)正月邦治親王が即位(後二条天皇)した。それと前後して女瑛子を亀山上皇の後宮に入れている。この間、官位とともに昇進し、正応元年叙従一位、同四年に太政大臣になったが、翌五年十二月辞官、正安元年六月二十四日家督を男公衡に譲って出家、法名を空性と称して北山第に隠棲した。しかし正和四年(一三一五)九月公衡死去により再び関東申次となる。時に天皇は持明院統の花園天皇で後伏見上皇の院政下であり、京極為兼が権勢を振るっていたので、再びこれと衝突して持明院統と疎隔を生じた。文保元年(一三一七)の「文保の御和談」も大覚寺統に有利な案であった。この年実兼は置文を書いて公衡の男実衡を家督と定め、元亨二年(一三

西園寺実兼画像(『天子摂関御影』)

西園寺実兼花押

一二二)九月十日、七十四歳をもって死去した。『花園天皇宸記』同日条に「晩年専帰㆓弥陀㆒、偏修㆓念仏㆒、(中略)正念不㆑乱、口唱㆓弥陀之名号㆒、怡然而逝」とみえる。同宸記の評語に「性質朴、少㆓文才㆒」とあるが、和歌は『続拾遺和歌集』以下の勅撰集入集約二百首、別に『実兼公集』一冊が伝わる。また琵琶をよくし、伏見・後伏見・後醍醐三天皇の師となり、家業の基を開いた。なお後深草院女房二条の『とはずかたり』にみえる「雪の曙」は実兼を指すと考えられている。

参考文献 竜粛『鎌倉時代』下 (今江 廣道)

さいおんじさねとし 西園寺実俊 一三三五―八九 南北朝時代の公卿。権大納言公宗の男。母は権大納言日野資名の女。『太平記』によれば、建武二年(一三三五)八月、公宗が誅殺された時、その妻は妊娠中で、公宗の百日忌当日誕生したのが実俊であるという。同四年叙爵の時の諱は実名であったが、のちに実俊と改む。康永三年(一三四四)に従三位、貞和五年(一三四九)正月に正三位となり、同年三月権中納言に任ぜられた。なお公宗の逮捕後、西園寺家は公宗の異母弟公重が継ぎ、その後家督

西園寺実俊花押

は一旦、実俊に帰したらしいが、正平一統にあたり、再び公重に安堵されたため、正平七年(一三五二)二月、実俊は公重に本邸北山第を空け渡している。しかし翌文和二年(一三五三)九月、公重は南朝に祗候したので、実俊が北朝における家督となった。同年十二月権大納言、貞治三年(一三六四)三月内大臣を経て、同五年八月右大臣に昇任したが、翌六年九月、病により辞官。永和元年(一三七五)三月従一位に昇る。康応元年(一三八九)六月四日出家し、同七月六日、五十五歳をもって没した。 (今江 廣道)

さいおんじさねひら 西園寺実衡 一二九〇―一三二六 鎌倉時代後期の公卿。正応三年(一二九〇)生まれる。左大臣公衡の男。母は権大納言中御門経任の女。同四年正月の叙爵以後、累進して嘉元二年(一三〇四)正月七日従三位に叙せられて公卿の列に加わり、さらに次第の昇進を経て、正中元年(一三二四)四月二十七日ついに内大臣に昇任したが、嘉暦元年(一三二六)十月辞任、同年十一月十八日三十七歳をもって死去した。この間、正和四年(一三一五)父公衡の死去により、関東申次の職は祖父実兼が再度就任したが、文保元年(一三一七)実兼は置文を書いて実衡を家督と定め、伝来の記録・文書や氏寺たる西園寺と本邸北山第を譲ることを記している。元亨二年(一三二二)九月の実兼死去により実衡はこれらを相続し、関東申次の職にも就任したが数年後には没している。嗣子公宗はまだ若く、西園寺家もかつての勢威はなくなり、庶流の洞院家などが重用されるに至った。 (今江 廣道)

西園寺実衡花押

さいぎょう 西行 一一一八―九〇 平安時代後期の遁世者、歌人。俗名を藤原義清という。憲清・則清・範清と記す史料もあり、「のりきよ」と訓んだと考えられる。『高野山文書』宝簡集所収の治承四年(一一八〇)のものとみられる消息には「円位」と自署し、『千載和歌集』にもこの名で十八首採られている。家は承平・天慶の乱に武功をたて下野守に任じられた藤原秀郷の嫡流で、代々左衛門尉・兵衛尉・内舎人などに任じられ、佐(左)藤と呼ばれた。また代々検非違使・院北面などに補せられ、祖父季清は『清獬眼抄』に「左藤判官季清記」が引用されるほどの練達の官人であった。所領に紀伊国田仲荘(和歌山県紀の川市打田町)などがあり、その富裕だったことが『台記』にみえる。義清は季清の子康清を父とし、今様・蹴鞠などにすぐれた監物源清経の女を母として、元永元年(一一一八)生まれた。父康清を幼少にして失ったらしく、長承元年(一一三二)臨時内給に内舎人を申請したが事成らず、保延元年(一一三五)勝光明院の成功に募って兵衛尉に任じられた。やがて鳥羽院の下北面に補せられ、また徳大寺家の藤原実能の家人として仕えた。和歌・流鏑馬・蹴鞠などに才能をあらわしたが、同六年遁世した。その原因は、切迫した無常観によるものと『西行物語』にみえ、ある上﨟女房に対する失恋によるものと『源平盛衰記』にみえるが、前代の能因法師など以後輩出した遁世歌人の例に倣ったものと考えられる。遁世後数年間は嵯峨・東山などに草庵を結び、長楽寺・双林寺などで催される歌会に出席し、また鞍馬寺などで仏教の修行にも励んだ。その後能因の足跡を慕い陸奥国への旅に赴き、白河関・信夫の里・武隈の松・

西行自署

西行画像

西行墓

衣河などの歌枕を訪ねつつ、平泉より出羽国に至った。帰洛後、高野山に入って草庵を結び、治承四年に及んだ。この間に毎年のごとく吉野山に花見の杖をひき、また天王寺・熊野・厳島・書写山などの寺社に参詣し、再度大峯修行もしたと伝えられる。仁安二年(一一六七)または三年には讃岐国に赴き、白峰に崇徳院の墓を訪ねて鎮魂の歌を詠み、弘法大師ゆかりの善通寺に草庵を結んだ。治承四年伊勢国に赴き、二見浦に近い安養山に草庵を結び、内宮祠官荒木田氏の人々と交わった。荒木田満良(法名蓮阿)の『西行上人談抄』は、西行晩年の生活と歌論を録した聞書である。文治二年(一一八六)東大寺大勧進重源の依頼を受けて、再建料砂金の勧進のため藤原秀衡を訪ねた。その往路鎌倉に立ち寄り、源頼朝に流鏑馬の技法などを講じた。翌年帰洛し、嵯峨に草庵を結んだ。同五年葛城山麓にある河内国の弘川寺(大阪府南河内郡河南町弘川)に草庵を結んだが、病を得て、翌建久元年(一一九〇)二月十六日入寂した。七十三歳。弘川寺境内に墓がある。かつて「願はくは花の下にて春死なむそのきさらぎの望月のころ」と詠んだとおりの最期として、藤原俊成・慈円・藤原定家・同良経などの感嘆するところとなった。元久二年(一二〇五)撰進の『新古今和歌集』には、後鳥羽上皇の敬慕によって九十四首採られ、巻軸にもその作が置かれた。これらにより、歌道と仏道の両面から名声が高まり、『西行物語』『撰集抄』などの伝説化が進んだ。その影響の広さ深さは、『とはずがたり』の著者後深草院二条、連歌師の宗祇・宗長、俳諧師の松尾芭蕉、歌僧似雲ら、中世・近世の文学者をはじめ、全国に流布する西行伝説によって知られる。『発心集』(鴨長明)に妻と女子が記され、『尊卑分脈』に僧隆聖、『源平盛衰記』に僧慶縁なる男子がみえる。自撰歌集には内宮・外宮に奉納した『御裳濯河歌合』『宮河歌合』があり、前者には俊成、後者には定家が判詞を加えている。また晩年の自撰かと思われる『山家心中集』もある。他撰歌集には『山家集』(流布本・異本)・『聞書集』『聞書残集』がある。二種の『西行全集』(昭和十六年(一九四一)・同五十七年)に、右の歌集と聞書・伝説などを収める。

参考文献 『大日本史料』四ノ三、建久元年二月十六日条、川田順『西行』、風巻景次郎『西行』(『風巻景次郎全集』八)、窪田章一郎『西行の研究』、目崎徳衛『西行』(『人物叢書』一八〇)、同『西行の思想史的研究』 (目崎 徳衛)

さいぐうのにょうご 斎宮女御 ⇨徽子女王《きしじょおう》

さいこう 西光 ⇨藤原師光《ふじわらのもろみつ》

ざいごちゅうじょう 在五中将 ⇨在原業平《ありはらのなりひら》

さいざん 柴山 生没年不詳 中国、明の宦官。四度琉球に使した。第一回は応永三十二年(洪熙元、一四二五)で、明成祖の尚巴志封王の勅諭を持参。第二回は同三十四年(宣徳二)皮弁冠服と、生漆・磨刀石購入のため銅銭二百万文を齎した。第三回は永享二年(宣徳五、一四三〇)で、宣徳三年付勅諭を齎し、この際私費を投じて琉球に大安禅寺を建てた。第四回は永享五年で、明宣宗から「日本と和好通商せよ」との勅諭(宣徳七年正月付)とさらに銅銭二千貫を持参した。この際、大安寺に千仏霊閣(天妃宮)を作った。柴山は日本へ赴かず、受林(日本僧正琪)が八至羅(八郎)に殺されたが、その八至羅が柴山の船に逃げ込み、柴山は八至羅をつれて明へ帰った。終りを全うしなかった使人であるが、明人にして四度も渡琉したのは、この人だけである。

参考文献 『歴代宝案』一・一二・一六、鄭秉哲他編『球陽』二、小葉田淳『中世南島通交貿易史の研究』、宮田俊彦「内官柴山四度の渡琉」(『茨城大学人文学部紀要』文学科論集七) (宮田 俊彦)

さいしん 済信 ⇨せいじん

さいせん 済暹 一〇二五―一一一五 平安時代後期の真言宗僧。仁和寺慈尊院に住した。南岳房僧都とも呼ぶ。万寿二年(一〇二五)生。朝臣文綱の子。応徳元年(一〇八四)仁和寺北院において大御室性信入道親王から伝法灌頂を授けられた。長治元年(一一〇四)の弘法大師御影供には東寺長者経範の死去により当参僧の一臈として供養法を務め、天仁二年(一一〇九)詔によって仁和寺に伝法会を置き、推されて『理趣経』の講師を勤めた。永久三年(一一一五)十一月二十六日没。九十一歳。学殖の誉れ高く、特に承暦三年(一〇七九)に、空海の詩文集『遍照発揮性霊集』全十巻のうち、散逸してしまった末尾三巻を『続遍照発揮性霊集補闕抄』三巻として再編集したことは名高い。このほかに、『釈摩訶衍論顕秘鈔』十八巻、『大日経住心品疏私記』十四巻、『悉曇字記鈔』三巻、『念仏滅罪因縁略鈔』一巻など数多くの著述がある。悉曇にも造詣が深く心覚と並び称せられる。付法弟子に、定意・静灌・念覚・聖寛・頼舜がいる。

参考文献 『大日本史料』三ノ一六、永久三年十一月二十六日条、広小路亨「済暹の研究」(『仏教研究』四ノ六)、大山公淳「仁和寺済暹僧都の教学―高野山教学展開の一として―」(『密教学』五) (和多 秀乗)

さいちょう 最澄 七六七―八二二 平安時代の僧、日本天台宗の祖。諡号伝教大師。叡山大師ともいう。近江国滋賀郡の人で、父は三津首百枝、母は不詳。幼名を広野という。三津首氏は後漢孝献帝の裔、登万貴王の後と

最澄自署

伝える志賀漢人系の渡来氏族である。『叡山大師伝』『伝述一心戒文』などには、弘仁十三年(八二二)の没、五十六歳とし、逆算して神護景雲元年(七六七)の生まれとなる。「度縁」「戒牒」などの年齢記載によれば天平神護二年(七六六)の生まれとなるが、これは戸籍の誤った記載を踏襲したものらしいので、信頼すべき伝記史料の説を採る。七歳、村里の小学に入り陰陽・医方・工巧を学んだが、十二歳のとき近江国分寺に入って大国師行表の弟子となり、唯識および禅法を修め、十五歳で国分寺僧として得度し、最澄と名のる。延暦四年(七八五)の春、東大寺の戒壇に入って具足戒を受けたが、同年七月中旬、世間の無常を観じ、比叡山に登って禅行生活に入った。この間、華厳教学を通じて天台教学に傾倒するに至った。延暦十六年、内供奉に補せられ、新たに一切経書写を発願し、七大寺の助成や大安寺の聞寂、下野の道忠らの知識を得て完成した。同十七年十一月、比叡山に南都の碩学を招いて法華十講を始修、同二十一年夏には、和気氏の主催する高雄山寺の天台会の講師に招かれるが、これが機縁となって入唐還学生に選ばれた。同二十三年七月訳語僧義真(のち初代天台座主)を伴い、遣唐第二船に乗って渡海、九月一日に明州に着岸した彼は、ただちに天台山に巡礼したのち、台州において天台山修禅寺座主道《どう》邃《すい》より天台法門および菩薩戒を受け、かねて同仏隴寺座主行満からも天台の付法を受けた。また翛然《ゆうねん》から牛頭《ごず》禅を、惟象《ゆいぞう》から大仏頂曼荼羅を伝授された。台州に留まること五ヵ月の間に、刺史陸淳の援助をうけて多数の天台法文を写得、翌年四月には越州に赴き、順暁から金剛界灌頂を受け、多くの密教の法文を写得した。五月初め明州に帰り、大素・江秘・霊光らから雑曼荼羅を伝授された。かくて最澄は在唐わずか九ヵ月の間に、多彩な法門を伝授されたので、これを円禅戒密の四種相承という。帰途は遣唐第一船に便乗し、延暦二十四年七月十五日、帰朝復命をとげた。請来の典籍は二百三十部四百六十巻を数えた。桓武天皇は新渡の法文を書写させるとともに、高雄山寺にわが国最初の灌頂道場を設け、諸宗の大徳に受灌せしめた。翌大同元年(八〇六)正月、最澄の奏請により南都の諸宗と並んで天台宗に年分度者二人(止観業・遮那業各一人)が允許され、ここに日本天台宗が開創された。こうして彼は比叡山を中心に教団の基礎がために努め、弘仁元年春、金光明・仁王・法華の三部の経の長講を始修、同三年には法華三昧堂を造立した。新帰朝の空海との間に親交が結ばれたのも同じ時期で、彼は空海に経典の借覧や密教の受学を懇請し、弘仁三年冬には弟子を率いて高雄山寺に赴き、空海より結縁灌頂を受けた。しかしこのような親交も同四年十一月、最澄が『理趣釈経』の借用を申し出、空海がそれを拒絶するに及び、急速に悪化する。その背後に弟子泰範の去就問題がからんでいたことも事実であるが、要するに二人の宗教観の相違が露呈されたのである。弘仁五年春、最澄は筑紫に行化し、筑前の竈門山寺に入唐渡海の宿禱を賽し、ついで豊前の宇佐・香春両神宮寺に『法華経』を講じた。六年八月、和気氏の請により大安寺塔中院に赴いて天台教義を講じたが、ついで同八年春ごろ、関東に巡化し、上野国緑野《みどの》郡浄土院と下野国芳賀郡大慈院に宝塔各一級を造り、塔別に『法華経』一千部八千巻を書写し安置した。鑑真の弟子、故道忠禅師の門徒たちがこれを助成したという。東西への布教は天台宗教団の全国的拡大の布石の意味をもつであろう。この関東行化を契機として始まったのが「三一権実諍論」である。当時奥州会津に住む徳一が『仏性抄』を著わし、法相宗義に立って『法華経』を権教と判じたのに対して、最澄は弘仁八年二月、『照権実鏡』を著わし、天台宗義に立脚してこれを反駁した。以後、両者応酬を重ねて弘仁十二年に及んだ。『守護国界章』など、最澄の一連の著作はこの論争の所産である。関東の旅から帰山した最澄は、弘仁九年三月、門弟たちを集めて小乗二百五十戒の棄捨を宣言し、同時に比叡山一乗止観院に大乗戒壇を建立する決意を表明した。同年五月、天台宗年分学生に大乗戒を授けて菩薩僧とし、十二年間の山修山学を課することを定めた「六条式」を撰上して勅許を請い、ついで同年八月これをくわしく規定した「八条式」を、翌十年三月には重ねて大乗戒の独立を訴えた「四条式」を奏進した。この三式を『山家学生式』とよぶ。はじめ黙殺の態度をとっていた南都・僧綱側も「四条式」の出るに及んで反撃に出、同年五月、南都七大寺の意見をまとめてこれをはげしく論難した。この僧綱の奏状にこたえて執筆されたものが、最澄の主著と目される『顕戒論』三巻である。しかし大乗戒壇独立の主張は最澄の生前には実現せず、彼は弘仁十三年六月四日、山上の中道院でその悲劇的な生涯を終えた。彼の宿願は、残された門弟(特に光定)の奔走や藤原冬嗣・良岑安世らの助力によって、没後七日目の六月十一日に至って勅許された。奈良時代の仏教は、六宗の組織はあったが、諸大寺における学団組織であり、国家に従属し、教団としての主体性を欠いていた。最澄が生涯の課題とした三一権実諍論は、国家仏教に対する宗派仏教の独立をめざす教理論争であり、大乗戒壇独立運動は、国家に対する仏教の自立をめざす教団改革であったと評するこ

最澄画像

とができる。しかし、最澄の開創にかかる日本天台宗は、円禅戒密の四種相承を基礎として成立した一種の総合仏教であり、やがて空海の真言宗、南都の旧宗とともにいわゆる「南都北嶺体制」を形成し、王法仏法相依思想を生み出し、長く古代国家を支える精神的支柱となった。貞観八年（八六六）七月、清和天皇よりわが国最初の大師号宣下をうけ、伝教大師の大師号を贈られた。墓は比叡山の浄土院にある。

参考文献　三浦周行編『伝教大師伝』、塩入亮忠『伝教大師』、天台学会編『伝教大師研究』、安藤俊雄・薗田香融校注『最澄』（『日本思想大系』四）、塩入良道・木内堯央編『最澄』（『日本名僧論集』二）、田村晃祐『最澄』（『人物叢書』一九三）、佐伯有清『伝教大師伝の研究』　（薗田　香融）

さいとうさねもり　斎藤実盛　?―一一八三　平安時代末期の武士。実直の男。武蔵国長井（埼玉県熊谷市妻沼町長井周辺）に住して長井斎藤別当と称した。『保元物語』『平治物語』『平家物語』などにその行動が描かれている。源義朝の郎従となり、保元元年（一一五六）の保元の乱と平治元年（一一五九）の平治の乱に義朝に属して参戦した。

斎藤実盛像

平治の乱の敗北後関東に逃れたが、その後平氏に仕えた。治承四年（一一八〇）源頼朝挙兵の時、平氏の東征軍に加わって富士川に至った。寿永二年（一一八三）五月二十一日、加賀国篠原（石川県加賀市内）の木曾義仲軍との戦いに、戦死を覚悟して錦の直垂を着、白髪を黒く染めて臨み、手塚光盛に討たれたことは著名であり、能『実盛』の題材となった。なお生年は不詳だが、『源平盛衰記』には没年七十三とある。　（石田　祐一）

斎藤実盛館跡

さいとうたつおき　斎藤竜興　一五四八―七三　美濃国の戦国大名。幼名喜太郎、右兵衛大夫。天文十七年（一五四八）に生まれる。斎藤義竜の子。母は浅井久政の女といわれている。永禄四年（一五六一）父の死後家督をつぎ稲葉山井ノ口城に拠った。織田信長の美濃侵攻に抗したが、年少の竜興は領国内を十分に掌握できず、部下の諸将に離反するものが出てきた。斎藤氏の重臣で美濃三人衆といわれた稲葉良通（一鉄）・氏家卜全・安藤守就らが信長に通じるに及んで抗し難く、永禄十年井ノ口城を退出して伊勢長島に移り、さらに摂津に赴き、三好三人衆をたより、一向一揆とも連絡をとり、反信長戦線をつくった。しかしやがて近江の浅井氏を経て、越前の朝倉義景をたよるに至った。そして天正元年（一五七三）八月二十日朝倉氏が信長に滅ぼされるに先立ち、竜興も朝倉氏と運命をともにし、同月十四日越前刀禰坂合戦で敗死した。二十六歳。法号瑞雲院竜貞居士。かくて美濃の戦国大名斎藤氏は道三・義竜・竜興の三代で滅亡した。なお、信長の井ノ口城攻略を永禄七年とする説もあるが、一般的には永禄十年説がとられている。

斎藤竜興花押

参考文献　『大日本史料』一〇ノ一七、天正元年八月十三日条、郷浩『落城私考』　（福田栄次郎）

さいとうどうさん　斎藤道三　?―一五五六　美濃国の戦国大名。油売商人から身をおこしたと称せられている。幼名峰丸。生涯に数回改名している。生誕は明応三年（一四九四）といわれているが、永正元年（一五〇四）五月生まれとの説もある。一般に広く伝えられているところによれば、先祖は代々北面の武士で、父は松波左近将監基宗といい、故あって牢人となり山城国乙訓郡西岡に居住していた。峰丸は美男子で聡明であったという。十一歳の春京都の法華宗の名刹妙覚寺に入り法蓮房といったが、やがて還俗して庄五郎（一説には庄九郎）と称し、西岡に帰って燈油問屋奈良屋又兵衛の娘を妻とし、山崎屋を号し油商人となった。妙覚寺にいたときのおとうと弟子日護房は、美濃国厚見郡今泉の鷲林山常在寺（岐阜市梶川町）住職となり日運上人と号していた。庄五郎は燈油を行商するうちに美濃国にも足をはこばせていたが、昔の誼をもって日運上人の推挙により美濃守護土岐氏の老臣長井長弘に仕えることとなった。武士となった庄五郎は長弘の家臣西村氏の遺蹟をついで西村勘九郎正利と名乗った。長弘は勘九郎の才能と武技にほれこみ、守護土岐政房の長男である革手城主政頼（盛頼）とその舎弟

斎藤道三花押

「斎藤山城」
斎藤道三印

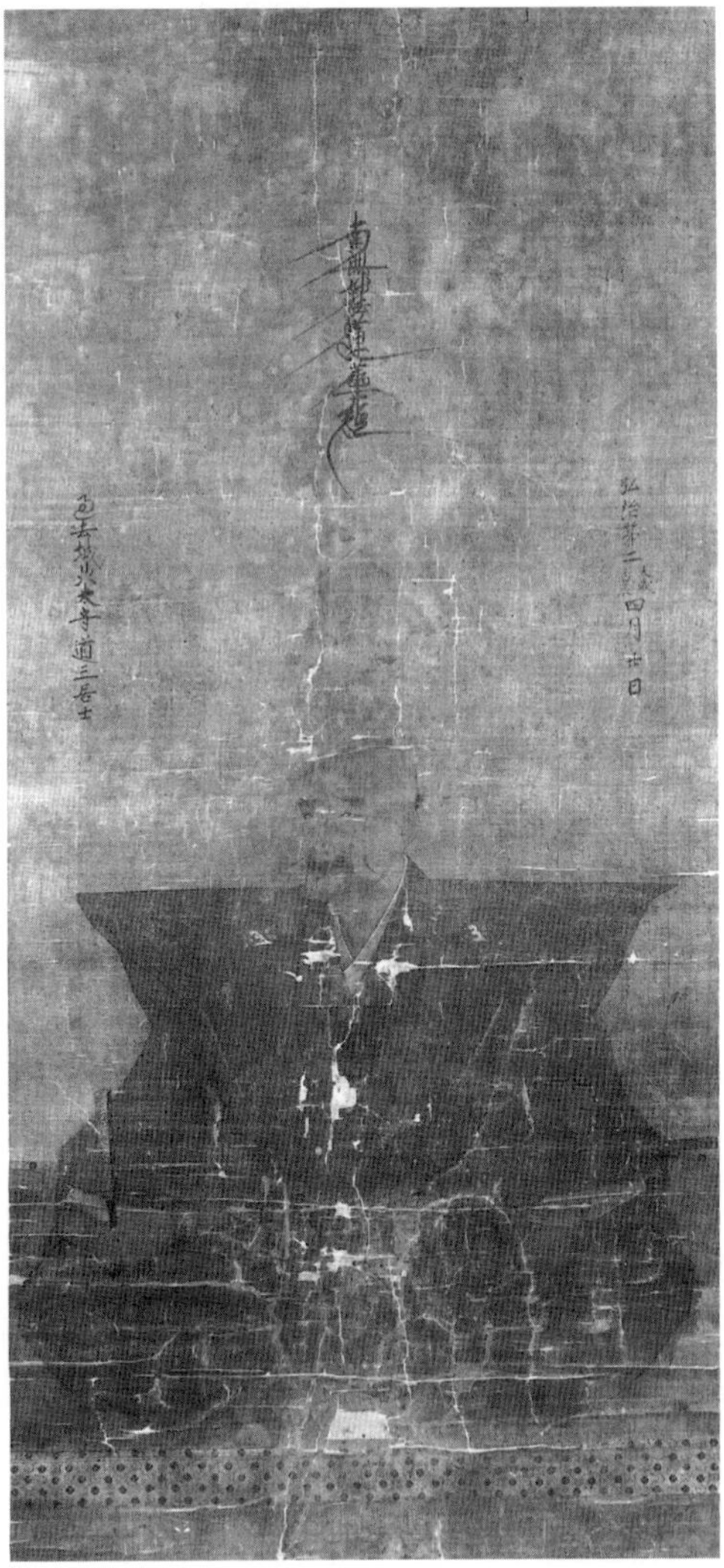

斎藤道三画像

鷺山城主頼芸に目通りさせたが、政頼は「大事をひきおこす曲者である」と近づけなかったのに対して、頼芸はその諸芸に通じているところに感嘆し勘九郎を寵愛したという。土岐家では家督相続の争いののち、政頼が惣領職をつぎ美濃国守護となったが、頼芸にとり入った勘九郎は、政頼を追放し、家督相続に敗れた頼芸を守護職につかせることを画策した。極秘のうちに戦備をととのえ、大永七年（一五二七）八月、五千五百の軍勢を率いて革手城に夜討ちをかけた。不意をつかれた政頼は越前国の朝倉孝景をたよって逃亡し、頼芸は兄に代わって土岐家惣領職につき美濃国守護となった。この戦功によって勘九郎はますます頼芸の信任を得たが、国の政事は土岐家代々の執権である長井長弘らによって行われていたので、次に長弘を除くことを考え、享禄三年（一五三〇）正月政務怠慢と不行跡を理由に長弘夫妻を殺害し、長井氏を乗取り、長井新九郎規秀と改名し稲葉山城を居館としたという。しかし長井氏を称したのは、一説では天文二年（一五三三）のことで、長弘が越前の政頼と内通したので上意討にしたともいわれている。長弘を討ったとき、長井・斎藤一族の反撃をうけて、新九郎は首を刎ねられんばかりになったが、日運上人のはからいで、長井・斎藤一族と和解が成立し難をまぬかれたという。また、このとき近江国守護佐々木修理大夫義秀も調停にのりだしたので、後日義秀から秀の一字をもらって新九郎秀竜と名乗ったともいわれているが、確実な史料には秀竜の文字はみられない。つづいて天文七年守護代斎藤利隆（あるいは良利ともいわれている）が没したとき、その家督を継ぎ斎藤新九郎利政と称した。同年九月の鷲見藤兵衛尉宛書状には「斎藤新九郎利政」とあり、同八年十二月美江寺の禁制には斎藤左近大夫を称している。美濃の名家である長井・斎藤を乗取った利政は勢力を拡大することはできたが、対立する者も多くあり、同九年から十年にかけては、頼芸の舎弟や斎藤・長井の一族などとの争いが絶えなかった。天文十一年利政は一挙に美濃国を奪わんとして、兵を集めて頼芸の居館大桑城を攻撃した。その軍勢は数千とも一万ともいわれている。頼芸は衆寡敵せず尾張国の織田信秀をたよって逃げおちていった。天文十三年越前に走った政頼と、尾張に逃げた頼芸は連絡をとりつつ、朝倉氏・織田氏の後楯を得て美濃に侵攻し、政頼は革手城に、頼芸は揖斐北方城に入った。その後両軍の戦いは続いたが、天文十六年十一月十七日政頼は病死し、頼芸は戦いに破れて越前にのがれた。ここに斎藤利政による美濃の支配は一応成り、同十七年には信秀と和睦し、娘濃姫を信秀の次子信長に嫁した。そして剃髪して道三と号し、嫡子左京大夫義竜に稲葉山井ノ口城を譲り、みずからは鷺山城に隠居した。晩年は義竜と不和になり、弘治二年（一五五六）四月二十日、道三は長良川畔において義竜の軍に破れて風雲の生涯をとじた。義竜は一説によれば頼芸の落胤ともいわれている。しかしこのような道三の素性と異なった記事を伝える古文書がある。それは『春日力氏所蔵文書』（もと『春日倬一郎氏所蔵文書』）の永禄三年（一五六〇）七月近江守護六角承禎（義賢）条書写で、家臣の平井定武・蒲生定秀等々に宛てたものである。文書は前闕であるが料紙三枚にわたる大部なものである。文中美濃の土岐・斎藤氏に関する記述の要点は、㈠土岐氏と六角氏は縁者である。㈡斎藤義竜の祖父新左衛門尉（道三の父）は京都妙覚寺の僧侶であったが、西村を名乗り、次第に勢力を得て長井氏と同姓となった。㈢義竜の父左近大夫（道三）は諸職を奪い、斎藤を名乗り、美濃を掌握した。㈣しかし義竜と父道三とは義絶となり、義竜は親の頸をとった等々である。永禄三年は道三の死去から四年後のことでその記述内容はかなり信憑性の高いもののように思われる。道三の父にあたる長井新左衛門尉と同姓同名のものが当時の古文書のなかにみえている。すなわちその一つは『筒井寛聖氏所蔵文書』の大永六年六月東大寺定使下向注文で、東大寺定使の美濃下向に際し長井新左衛門尉は油煙十挺、長井藤左衛門尉長弘は油煙五挺を負担している。また『秋田藩採集古文書』所収の大永八年（享禄元）二月十九日室町幕府奉行人奉書案によれば、佐竹氏知行分美濃国東山口が長井新左衛門尉なるものに押領されたとみえている。これ

らの「長井新左衛門尉」をすべて同一人物であるとすれば、道三の父は当時美濃国において長井長弘らとともに活躍していたということになる。この六角承禎条書を信用するとすれば、道三の「国盗り物語」は、実は道三一代ではなくて父子二代にわたる物語となり、その物語としての興味はうすらぐかも知れないが、可能性としてはこの方が高いのではないかと思われる。道三の文書の初見は、天文二年十一月二十六日長井景弘・長井規秀連署状であり、現在のところ松波庄五郎・西村勘九郎という署名の文書はみられない。初見文書に連署している景弘は長井長弘の子息と想定されている。道三は長井氏を乗取り長弘の遺児に相続を許さなかったといわれているが、この景弘と規秀の連署状をみると、必ずしもそうではなかったように思われる。また、道三は前述のように享禄三年正月か天文二年に長弘を殺害したといわれているが、享禄三年三月に長井長弘らの連署禁制が池田郡の竜徳寺に出されており(『竜徳寺文書』)、享禄三年説は誤りであろう。道三の文書として最も知られているのは、京都の妙覚寺所蔵の遺言状であろう。これは文化十四年(一八一七)に大坂の織田弥助なるものが妙覚寺に寄進したものである。しかし『備藩国臣古証文』によると岡山藩士斎藤佐左衛門なる者も道三遺言状を所持していたことが知られる。また、現在大阪城天守閣にも道三の花押のある遺言状が架蔵されているとのことである。とすると複数の遺言状があることになるが、これをどのように理解したらよいのであろうか。さらに一般的には遺言状があらわれてくるのは弘治年間よりもう少し時代が降るのではないかといわれており、道三遺言状については今後十分研究してみる必要があるのではないかと思われる。

参考文献 『岐阜県史』史料編古代・中世一・四、『岐阜市史』史料編古代・中世、稲村三郎『岐阜城と斎藤道三および織田信長』、村瀬茂七『斎藤道三と稲葉山城史』、桑田忠親『斎藤道三』、阿部愿「斎藤道三家系略考」(『史学雑誌』一六ノ五・七)、福田栄次郎「斎藤道三」(『歴史と人物』一一六)
(福田栄次郎)

さいとうとしみつ　斎藤利三　?—一五八二　戦国・安土桃山時代の美濃出身の武将。内蔵助。『美濃国諸家系譜』には天文七年(一五三八)生まれとあるが、『寛永諸家系図伝』によれば、天正十年(一五八二)四十九歳で没すとあるので天文三年生まれとなる。父は『寛永諸家系図伝』によれば伊豆守某とあり、『美濃国諸家系譜』には伊豆守利賢とある。母にしても明智光秀の妹とするもの、親順の女とするものなど諸説がある。また妻についても稲葉良通(一鉄)の女とするもの、姪とするものなどがあり、その生いたちについては未詳である。はじめ斎藤義竜に仕え、ついで一鉄に属したが、やがて織田信長に仕えた。天正八年光秀に迎えられて、一万石を与えられ家老として丹波に居した。天正十年六月二日光秀が信長を京都本能寺に襲撃するや、これに参加し、山崎の戦にも従軍したが、戦い敗れ堅田に逃げて捕えられた。同月十七日六条河原で斬られ、その首級は光秀の首級とともに本能寺に梟され、さらにその屍は光秀とともに粟田口で磔にされた。このとき利三は四十五歳(または四十九歳)。遺骸は京都真如堂の東陽院に葬る。徳川三代将軍家光の乳母春日局は利三の末女である。

参考文献 『大日本史料』一一ノ一、天正十年六月十七日条
(福田栄次郎)

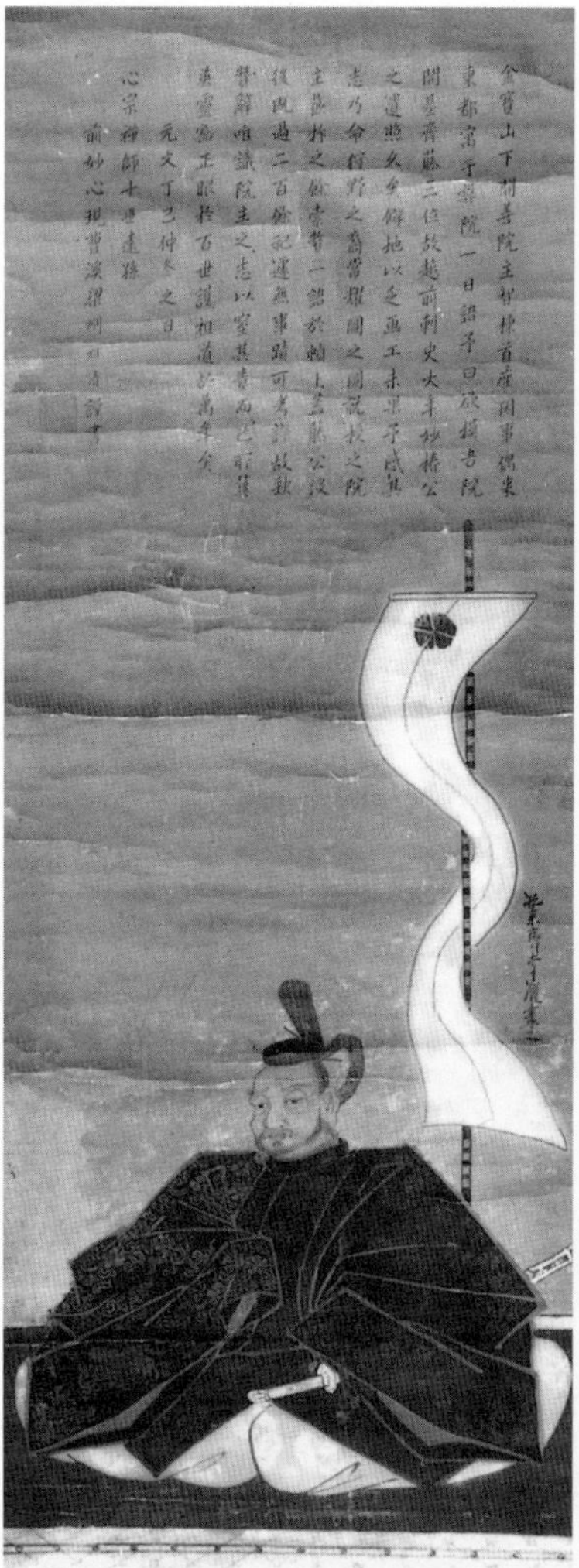
斎藤妙椿画像

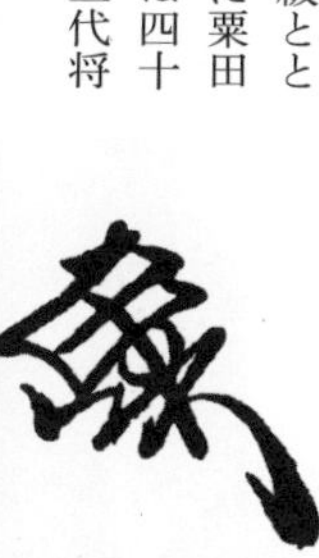
斎藤妙椿花押

さいとうみょうちん　斎藤妙椿　一四一一—八〇　室町時代後期の美濃国守護代。入道して持是院従三位法印妙椿と称した。応永十八年(一四一一)に生まれる。利永の子(利永の弟とする説もある)。応仁の乱には美濃守護土岐成頼にすすめて足利義視を奉じて西軍に属し、美濃国内の東軍にくみする長江氏らを破ったり、美濃と京都の連絡路線の確保につくしたりした。『長興宿禰記』には妙椿を「此者一乱中種々張行」と記しており、彼の活躍が公家方にも広く知れわたっていたようである。また、「不ㇾ譲㆓神謀武略於韓信白起㆒」(『竜泉景川和尚語録』)といわれた武将であったが、その反面学芸にも秀でた人物で、当時の一流文化人である東《とう》常縁・一条兼良との交遊も深かった。文明五年(一四七三)妙椿は兼良を美濃に招き厚くもてなしたが、兼良の紀行文『ふち河の記』はこのときのものである。文明十一年隠居したが、翌年二月二十一日七十歳で没した。法名開善院権大僧都妙椿という。妙椿が没したとき、壬生晴富はその日記『晴富卿記』に「無双福貴権威之

者也」と記しており、大乗院尋尊は妙椿が没したので足利義視が困却している旨を日記に書いている。妙椿の人柄や中央政界における立場がうかがわれる記録である。墓は岐阜市寺町の瑞竜寺にある。

参考文献『大日本史料』八ノ一二、文明十二年二月二十一日条　（福田栄次郎）

さいとうもとつね　斎藤基恒　一三九四―一四七一　室町時代前期の奉行人。応永元年（一三九四）に生まれた。初名基世、嘉吉元年（一四四一）基恒と改名、文安四年（一四四七）入道して玄良と名乗った。民部丞、ついで遠江守になった。幕府の奉行人は、将軍が臨席する評定始への出席資格である式評定衆を頂点に、引付衆（＝一方内談衆）・右筆衆というわば「位」に相当する格付けと、御前沙汰・政所沙汰など会議体の構成員である寄人、寄人の筆頭である開闔・執事代など「官」に相当する職務が組み合わされてその地位が示される。基恒は将軍足利義持のころ政所寄人ついで恩賞方（御前沙汰衆）となり、宝徳元年（一四四九）―二年政所執事代、享徳元年（一四五二）―長禄三年（一四五九）神宮開闔を勤めた。その間康正元年（一四五五）に一方内談衆、長禄二年には式評定衆になった。永享十二年（一四四〇）より康正二年までの幕府政務や人事を記した日記『斎藤基恒日記』を残し、息親基の日記とともに貴重な史料となっている。文明三年（一四七一）三月十九日没。七十八歳。

斎藤基恒花押

参考文献『大日本史料』八ノ四、文明三年三月十九日条　（桑山浩然）

さいとうよしたつ　斎藤義竜　一五二七―六一　美濃国の戦国大名。通称新九郎。初名利尚、弘治元年（一五五五）には「范可」と称しており、その翌年には一時的に高政と改名している。左京大夫、治部大輔。大永七年（一五二七）に生まれる。道三の子。実は土岐頼芸の妾深芳野が一子を宿し、道三に嫁して生まれたのが義竜であるといわれている。また一説には稲葉良通（一鉄）の妹が道三の正室となり、この稲葉氏が義竜の生母であるとしている。その後道三は明智光継の女を正室とし二子をもうけるに及び、道三と義竜の間は疎遠となったが、天文十七年（一五四八）道三は義竜に稲葉山井ノ口城を譲り、自分は鷺山城に隠居した。しかし弘治元年道三が実子孫四郎を立てんとしたので、義竜は孫四郎ら二人の弟を誘殺し、父道三と義絶し、ついに翌年長良川河畔において道三を敗死させた。永禄元年（一五五八）治部大輔に任ぜられ、同二年には室町幕府相伴衆に列せられたが、同四年五月十一日病没した。三十五歳。法号雲峯玄竜居士。

斎藤義竜花押

斎藤義竜画像

参考文献　稲村三郎『岐阜城と斎藤道三および織田信長』、村瀬茂七『斎藤道三と稲葉山城史』、桑田忠親『斎藤道三』　（福田栄次郎）

さいねん　西念　生没年不詳　平安時代後期の浄土信仰者。曾我部または藤原氏の出自と思われるが、俗名・身分などは不詳。保延六年（一一四〇）三月三日に出家し、過去四十年間の供養目録を携え、同年四月九日難波の四天王寺の西門から入水自殺を試み、二年後の康治元年（一一四二）三月十七日、自邸内に葬穴を掘り、極楽往生を祈願し、同年六月二十一日極楽願往生歌（四十八首）を詠じ、以後消息不明。明治三十九年（一九〇六）十一月京都市下京区松原通大和大路東入ル小松町四七五番地（東山区小松町）の地下から西念自筆の二種の供養目録と極楽願往生歌一巻が出土し、これにより熱狂的な浄土願生者の行業が明らかとなった。四十二年間にわたる多量の写経・造仏・読経・僧供などが記され、『法華経』を中心とした雑信仰や比叡山以下、日吉社・六波羅蜜寺・鞍馬寺・四天王寺・熊野・加賀白山など天台宗系寺社への供養がみられる。これらの全文は『平安遺文』一〇に翻刻されている。

参考文献　三宅米吉・津田敬武『院政時代の供養目録』(『帝室博物館学報』四)、角田文衛「沙弥西念の悲願」(『日本美術全集』七所収)、平林盛得「埋経と捨身」(橋本義彦編『古文書の語る日本史』二所収)、宮田俊彦「西念の供養目録および極楽願往生歌」(『寧楽遺文平安遺文月報』一〇)　(平林　盛得)

さいみょうじにゅうどうどの　最明寺入道殿　⇩北条時《ほうじょうとき》頼《より》

さいめいてんのう　斉明天皇　⇩皇極天皇《こうぎょくてんのう》

さえきかげひろ　佐伯景弘　生没年不詳　平安時代末期から鎌倉時代初めにかけて活躍した安芸国の厳島神社の神主。古来の司祭者たる佐伯氏一族の出身と称しているが、神主である一方では早くから平清盛と結びついてしばしば在京もし、平氏の家人として活動した。そのためか応保二年(一一六二)には平氏を称して掃部允に任ぜられ、仁安二年(一一六七)には民部大丞、従五位下となり、民部大夫、あるいは平民部大夫と通称された。平氏との関係を利用して安芸国内に多くの厳島社領を獲得し、みずからその支配にあたった。仁安三年には厳島神社の社殿の全部を私力で修造したというから、その実力のほども察せられる。景弘は平家納経はじめ今ものこる多くのすぐれた文化財に象徴されているような、この時期の厳島神社の興隆に中心的な役割を果たしたが、以後もますます平氏との結びつきを強め、寿永元年(一一八二)ごろには安芸守に任ぜられ、長門国の壇ノ浦まで平氏と同行した。しかしその後、処罰を受けることもなく、文治三年(一一八七)には、朝廷から、壇ノ浦で海底に沈んだ神器の宝剣捜索の勅使に任命されるなど、いかにも政治家らしい変り身の早さを見せている。同五年、子の景信に所領などを譲与したが、以後、その消息は知られていない。

参考文献　『厳島文書』(『広島県史』古代中世資料編二・三・五)、上横手雅敬『日本中世政治史研究』、秋山光和『平安時代世俗画の研究』、小松茂美『平家納経の研究』、小倉豊文「平家の厳島信仰について」(魚澄惣五郎編『瀬戸内海地域の社会史的研究』所収)　(石井　進)

さえきのいまえみし　佐伯今毛人　七一九―九〇　奈良時代の高級官人。養老三年(七一九)に生まれた。右衛士督外従五位下人足の子、大蔵卿正四位下真守《まもる》の弟。初めの名は若子、天平十九年(七四七)ころ、今毛人と改名。初め造甲賀宮司の主典として大仏の造顕に従事。その熱意と経験を買われて天平十七年より東大寺の造営に与った。同二十年、三十歳の時、造東大寺次官に補され、事実上の責任者として東大寺の造営に尽瘁し、苦心の末、天平勝宝四年(七五二)の四月九日、大仏の開眼会にまで漕ぎつけることができた。その後も東大寺の伽藍の完成に努め、同七歳には造東大寺長官に補されたが、その勝れた手腕が買われ、彼は三度も造東大寺長官を勤めた。その間、大宰大弐に任ぜられて下向し、怡土城を築き、また左大弁兼造西大寺長官となって西大寺を造営した。宝亀六年(七七五)、遣唐大使を命じられ、同八年には節刀を賜わったが、疾病のため渡航できなかった。延暦元年(七八二)、佐伯氏の出では前例のない従三位に叙された。やがて建設の手腕を認められて造長岡宮使に補され、新都の造営にあたった。延暦三年、参議に列せられ、翌年、正三位に進んだ。同八年に致仕し、翌九年十月三日に死去した。七十二歳。今毛人の生涯の大部分は東大寺の造営にあてられた。彼はこれに心血を注いでついに世紀の大事業を成就、後世に名を残した。なお、息子の三野は、右京大夫従四位下にまで進んだ。

佐伯今毛人自署

参考文献　角田文衛『佐伯今毛人』(『人物叢書』一〇八)　(角田　文衛)

さえきのいわゆ　佐伯石湯　生没年不詳　奈良時代の官人。大宝二年(七〇二)十一月、伊勢守・従五位上、時に太上天皇(持統)の行幸あり封十戸を賜わった。和銅二年(七〇九)三月、民部大輔・正五位下で征越後蝦夷将軍として節刀を賜わり征討に従事、八月、事おわって入朝、召見を賜わり優寵を加えられた。同三年正月、隼人・蝦夷入朝の儀に際し右将軍として朱雀大路に騎兵を並べ、隼人・蝦夷らを率いた。　(高橋　崇)

さえきのこまろ　佐伯子麻呂　?―六六六　蘇我入鹿打倒に活躍。姓《かばね》は連、名を古麻呂とも書く。贈大錦上。中臣鎌子らによって、その武勇・体力を中大兄皇子に推挙され、皇極天皇四年(大化元、六四五)六月、入鹿殺害に加わる。中大兄皇子の斬り込みに従って、入鹿の脚を傷つけ、止めを刺す。大化元年十一月、古人大兄皇子を攻め殺すのにも加わる。天智天皇五年(六六六)三月、病に倒れ、中大兄の見舞いを受ける。天平宝字元年(七五七)十二月、乙巳年(皇極天皇四年)の功田を三世に伝えしめられた。　(佐伯　有清)

さえきのまたなり　佐伯全成　?―七五七　奈良時代の官人。姓《かばね》は宿禰。天平十八年(七四六)四月、正六位上より従五位下。天平勝宝元年(七四九)閏五月、陸奥介在任中、貢金により従五位上を賞授。同四年四月、大仏開眼供養の日、久米舞舞頭となる。同年五月、陸奥守となり、天平宝字元年(七五七)六月、陸奥鎮守副将軍を兼任。この間、橘諸兄の反状を告げた者があり、全成も勘問されようとしたが、光明子の請によって事なくすんだことがあった。同年七月、橘奈良麻呂の謀反に際し、勘問を受け、天平十七年以来、奈良麻呂より謀反に誘われたことが何回もあったが、名分に背くという理由で参加を拒んだ事情を告げ、勘問が終って自殺した。　(佐伯　有清)

さかいべのいわつみ　境部石積　生没年不詳　坂合部磐

積にもつくる。七世紀後半の官人。白雉四年(六五三)遣唐使派遣の際に学生として入唐したという。天智天皇四年(六六五)守大石《もりのおおいわ》とともに遣唐使となり、同六年に旧百済を支配する熊津《ゆうしん》都督府熊山県令の司馬法聡に送られて筑紫都督府(のちの大宰府)に帰還したが、直接唐都に赴いたかどうか疑問。天武天皇十年(六八一)には封六十戸、絁《あしぎぬ》三十疋、綿百五十屯、布百五十端、钁《すき》百口が賜与されており、翌年には『新字』一部四十四巻の編集を命じられている。おそらく入唐の経験などによって得られた彼の学識が期待されてのことであろう。なお冠位は遣唐使となった際には小山、翌々年帰還した際には大山下とみえる。

参考文献 鈴木靖民「百済救援の役後の日唐交渉」(坂本太郎博士古稀記念会編『続日本古代史論集』上所収)

(鈴木　靖民)

さかいべのおまろ　境部雄摩侶　推古朝の新羅征討の大将軍。蘇我氏の一族。『日本書紀』推古天皇三十一年(六二三)是歳条に、大徳境部臣雄摩侶・小徳中臣連国を大将軍とし、数万の衆を率いて新羅を討ったが、新羅国主が降服を請うたので許したことを伝える。時の人は、この軍事は境部臣と阿曇連が先に多く新羅の幣物を得たので、大臣蘇我馬子に実行を勧めたもので、新羅問使吉士磐金の返旨を待たずに出陣したのは早計であったと評したという。

参考文献 井上光貞「推古朝外交政策の展開」(聖徳太子研究会編『聖徳太子論集』所収)

(日野　昭)

さかいべのまりせ　境部摩理勢　?―六二八　蘇我氏の一族。聖徳太子の近臣。『聖徳太子伝暦』には蘇我蝦夷の叔父とし、馬子の弟である。『日本書紀』によると、推古天皇二十年(六一二)二月、皇太夫人堅塩媛(稲目の女)を欽明天皇檜隈大陵に改葬する時、馬子は摩理勢に一族を代表して氏姓の本を誄《しのびごと》せしめた。同三十六年、推古天皇が皇嗣を定めないで死去し、蝦夷が群臣をあつめ議した時、摩理勢は聖徳太子の子の山背大兄王を推し、田村皇子(のちの舒明天皇)を推す蝦夷と対立、また蘇我一族が馬子の墓所に集合した時にも同調せず、泊瀬王(山背大兄王の弟)の宮に入り蝦夷の怒りをかった。しかし王の急死によって蝦夷の軍に攻められ、畝傍山に入り死んだ。

参考文献 本位田菊士「境部に関する若干の考察」(『日本古代国家形成過程の研究』所収)、日野昭「蘇我氏における同族関係」(『日本古代氏族伝承の研究』続所収)

(日野　昭)

さかいまさちか　酒井正親　一五二一―七六　戦国・安土桃山時代の武将。大永元年(一五二一)三河国に生まれる。父は酒井清秀。はじめ政家、与四郎と称す。三河譜代の中では、古参の一人であり、徳川家康の祖父松平清康に仕えて松平氏の三河統一に心血をそそいだ。天文四年(一五三五)清康が尾張国守山の陣で側近に暗殺されたとき子の松平広忠を奉じて伊勢にのがれ、のち岡崎城に広忠をむかえるため旧臣らとはかって岡崎入城を成功させた。これより家老職となり勤務をおこたらなかった。同十一年十二月家康の生誕のとき御胞刀の役をつとめた。正親の戦歴は、同十七年三月十九日の小豆坂の戦から始まる。広忠と織田信秀との激戦であるが、松平氏の庶子家と宗家との宗主権獲得戦争という一面をそなえていた。次に永禄三年(一五六〇)の桶狭間の戦では、家康の大高城兵糧入れに小荷駄奉行となって入城した。翌四年吉良義昭が叛旗をひるがえし、牛窪城主牧野貞成に西尾城を守らせ、みずからは東条城に移って三河攻略を目標とした。宗家に属する譜代の諸将は、西尾城にこもる牧野貞成を攻めたが、貞成はふせぐことができず、本拠の牛窪ににげかえったので正親は西尾城に入り諸事をととのえた。この功を賞せられて家康より西尾城を賜わる。同六年一向一揆がおきると、かつて松平氏に離反した荒川義広が再び叛旗をひるがえしたので、正親は他の諸将を鞭捷して奮戦し、義広を河内国に敗走させた。家康は三河統一を成功させ、さらに進んで今川氏の領土である遠江へ東進作戦を開始し、版図を拡大してゆくが、その間、正親は、重要とみられる元亀三年(一五七二)の三方原の戦や天正三年(一五七五)の長篠の戦をはじめ戦争には必ず出陣しており、武功派としての活動は徳川四天王に劣らぬものがあった。天正四年六月六日没。五十六歳。法名は全宗源昌寺。岡崎の竜海院(是字寺、愛知県岡崎市明大寺町)に葬られる。子孫に至り法名は源昌繁林双松院に改めた。

酒井正親墓

参考文献 『寛政重修諸家譜』五九、北島正元『江戸幕府の権力構造』

(北島　正元)

さかきばらやすまさ　榊原康政　一五四八―一六〇六　安土桃山時代の武将。徳川家康の四天王の一人で、武功派の中心的存在で勇名を大いに喧伝された功臣である。幼名小平太。式部大輔。天文十七年(一五四八)三河国上野に生まれる。長政の次子、母は道家氏の女。榊原氏は、先祖が伊勢国壱志郡榊原に住居していたことからおこった氏号と伝えられている。祖父清長の代三河に移り松平広忠に仕え、父長政は家康に仕えた。永禄三年(一五六〇)三河大樹寺においてはじめて家康に謁した。この年五月には桶狭間の戦があり、家康が大高城を出て大樹寺に入った際に謁見したのである。これ以後長く家康の側近にいて忠功をささげた。六年三河の一向一揆は松平譜代を多くまきこんだが、康政はあくまで家康側をはなれ

榊原康政花押

「寿福」
榊原康政印

ず、上野の合戦に初陣した。のち家康の一字を賜わり、康政を名のった。七年今川氏真の武将小原鎮実のよる吉田城を攻め、本多忠勝・鳥居元忠らとともに旗本の先手をつとめた。元亀元年（一五七〇）の姉川の戦でも本多広孝とともに奮戦して朝倉勢をやぶり、自分も負傷した。同三年の三方原の戦には先鋒部隊の中にあって奮戦した。ついで天正元年（一五七三）武田信玄の死後、その子勝頼が武田氏の属城長篠城を取り返すために三河・遠江に出兵したとき、康政は遠州森郷で大いに敵勢をやぶった。二年家康の遠州犬居城攻めに従軍し、敵将天野景貫の追跡をやぶる。三年の長篠の戦には長篠城外設楽原に他の諸将とともに奮戦して大戦果をあげた。八年より他の諸将と高天神城攻めに参加し、翌九年先頭して勇戦し高天神城を陥落させた。この落城によって武田氏の遠州における唯一の抵抗点が失われ、同時に武田氏の後退は不可避となった。十年武田氏滅亡。同年六月家康は泉州堺で本能寺の変報に接し、伊賀越の危難を冒して三河に帰ったが、このときの随行者の中に康政の顔がみえる。十二年全国統一者の座についた羽柴秀吉と家康とのあいだに小牧・長久手の戦がおこり、両者の緊張関係はさらに強化されたが、結局家康の妥協によって家康の秀吉への臣従が実現した。家康はこれ以後秀吉の側近として活躍し、秀吉の晩年には豊臣政権の最高諮問機関である五大老の筆頭として政務の中枢部に坐したのである。この間、康政は十八年の小田原征伐には家康に従い、家康が関八州を領するに及び上野国館林十万石を賜わった。慶長五年（一六〇〇）の関ヶ原の戦で家康は事実上覇権をにぎり、ついで幕府を開いたが、このころになると康政ら戦場を馳駆した武功派と家康の側近である本多正信・正純らの吏僚派との対立が激化し、「関ヶ原以後、透《すき》ト沙汰無之、引込候テ果申サレ候」（『鳩巣小説』）とあるように康政と本多との対立にしぼられるが、康政は家康を背景とした正信ら側近の権力の前に時勢の変化を認め、消極的に生きようとしたのである。こうして康政は退隠のまま慶長十一年五月十四日世を去った。五十九歳。法名養林院殿前大守職上誉見向大禅定門。館林の善導寺に葬られる。

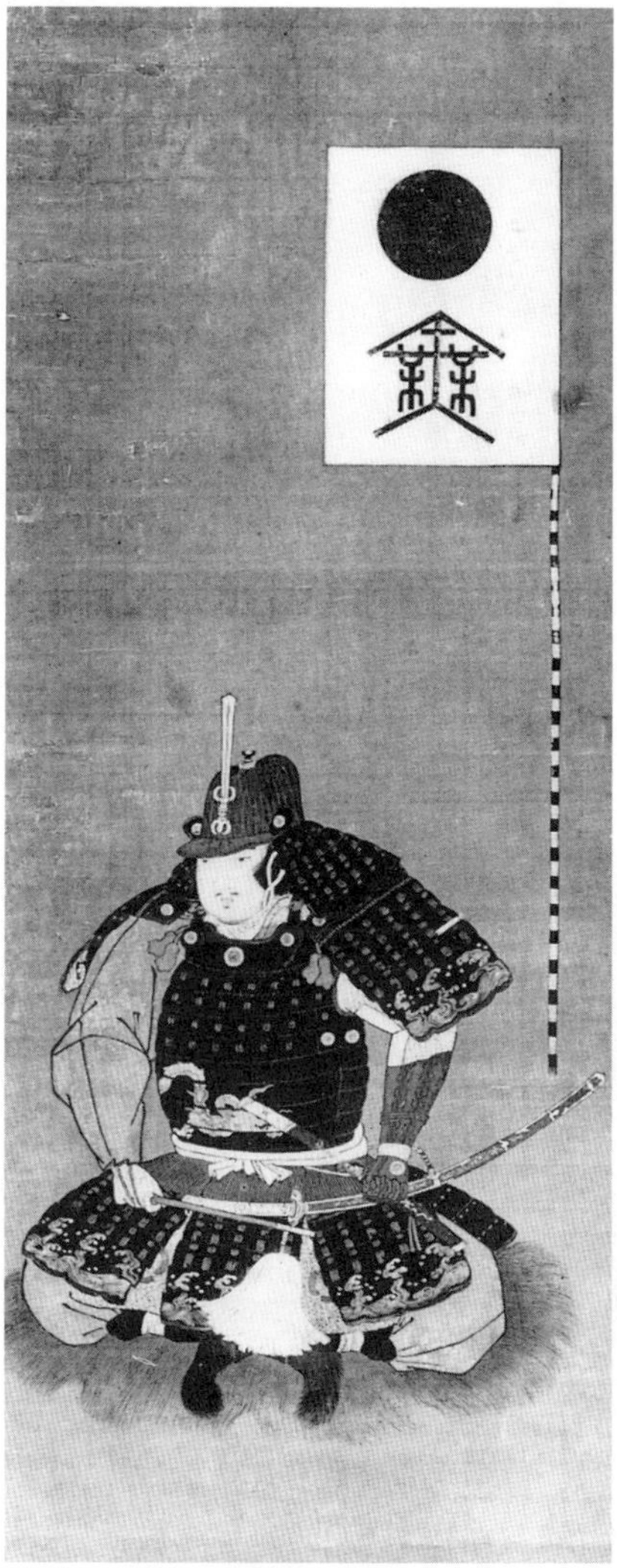

榊原康政画像

参考文献 『大日本史料』一二ノ四、慶長十一年五月十四日条、『寛政重修諸家譜』一〇〇、『榊原系譜』、北島正元『江戸幕府の権力構造』
（北島　正元）

さかしぶつ　坂士仏　?―一四一五　室町時代前期の医僧、坂流医学を代表する一人。名は慧勇、健叟・忠勇と号す。民部卿法印に叙せらる。その祖は清和源氏頼光五世の孫、充角から出たといわれ大和にいたが、祖父九仏より京都に移り医を業とした。父を十仏といい民部卿法印に叙せられたが、これは医師が僧位を受けた初期に属するものとされる。後光厳・後円融・後小松天皇に仕え上池院の号を賜わり、足利義詮・義満・義持の侍医となり、特に義詮に寵遇せられたという。士仏の名は彼の医術が父十仏にまさるために与えられたといわれ、また上池院の号もすでに十仏がこれを受けたとするものもあるが、士仏からでるという論が多く、以後これを同家の号とした。彼は「医術を学びて神に通ず」といわれ、その診療の内容は『康富記』『看聞御記』にも記されている。将軍の病気に際し必勝散を処したところ治って軍に利をもたらし、永和の初め後円融天皇が喉痺を病んだが彼の針治でよくなった。彼はまた和歌をよくした。応永二十二年（一四一五）三月三日没。八十八歳、または八十九歳と伝える。長子祖胤（起宗）、孫胤能、曾孫胤祐らいずれも幕府の医官となり、次子浄快は吉田氏を名のり盛方院系をたて、上池院系と並び称された。

参考文献 『大日本史料』七ノ二二、応永二十二年三月三日条、服部敏良『室町安土桃山時代医学史の研究』、山田重正『典医の歴史』、阿知波五郎「坂流医学」（京都府医師会編『京都の医学史』所収）
（長門谷洋治）

さかじょううん　坂浄運　生没年不詳　室町時代後期の

医僧、坂流医系の中で特に知られる。父は浄喜。明応年間(一四九二―一五〇一)に明に留学し、張仲景の『傷寒論』にもとづいた医方を学んで帰国。博学で医に精しく名声を得、後柏原天皇の病を治し、治部卿・法印に叙せられる。『遇仙方』八巻、『新椅方』三十一巻の著のほかに、山名因幡守某より方書を求められたのに応じ、曾祖父浄秀の『鴻宝秘要抄』を増補して『続添鴻宝秘要抄』(永正五年(一五〇八))を著わし、家伝の医方を集成する。本書は八巻よりなり、脈法・傷寒などにつき詳述する。室町時代の医学を知るに重要な書だが、その論ずるところは広く知られるに至らず、永田徳本がそれを受け継いでからようやく浸透した。また明からもち帰った丹青の貝を狩野元信に提供して釈迦の像を描かせ、嵯峨の清涼寺に納めたといわれる。

参考文献 服部敏良『室町安土桃山時代医学史の研究』、山田重正『典医の歴史』、阿知波五郎「坂流医学」(京都府医師会編『京都の医学史』所収)、三木栄「続添鴻宝秘要抄について」(『日本医史学雑誌』二五ノ四)

(長門谷洋治)

さがてんのう 嵯峨天皇 七八六―八四二 八〇九―二三在位。平安時代初期の天皇。諱は賀美能(神野)。桓武天皇と皇后藤原乙牟漏との間に、延暦五年(七八六)九月七日生まれ、三品中務卿を経て、大同元年(八〇六)五月十九日同母兄平城天皇の皇太弟となり、同四年四月一日受禅した。しかし病気のため譲位した平城上皇が太政官人半ばを率いて平城旧京に遷り、寵妃藤原薬子とその兄仲成に擁せられて朝政に干渉したので、天皇は巨勢野足・藤原冬嗣を蔵人頭に補するなどによって対抗した。弘仁元年(八一〇)九月、上皇の平城遷都の命を機として坂上田村麻呂以下の兵を派遣して上皇方を制圧した。上皇は入道し、薬子は自殺し、仲成は射殺され、皇太子高丘親王は廃され、阿保親王・藤原真夏らは左遷された。この「薬子の変」後、弘仁・天長・承和の約三十年間、嵯峨天皇(上皇)の権威と指導のもとに太平が続き、空海・小野岑守・同篁・良岑安世らの人材が輩出し、宮廷儀礼と詩文などの文化が栄えた。これを弘仁文化という。律令政治の整備のために編纂された『弘仁格』『弘仁式』、年中行事の次第を定めた『内裏式』、詩文の粋を集めた『凌雲集』『文華秀麗集』『経国集』などはその精華である。平城朝に停廃された諸行事が復活し、さらに内宴・朝覲行幸などの新儀の出現したことや、弘仁九年礼法・服色や、宮殿・諸門の名を唐風に改めたことなども、嵯峨天皇の意向によるものであろう。後宮も繁栄し、『本朝皇胤紹運録』には五十名の皇子女がみえる。弘仁五年その一部は源朝臣の姓をもって臣籍に降り、信・常・融らの嵯峨源氏は一時大いに廟堂に活躍した。弘仁十四年四月十六日皇太弟大伴親王(淳和天皇)に譲位後は皇太后橘嘉智子とともに冷然院に住み、さらに天長十年(八三三)淳和天皇が皇太子正良親王(仁明天皇)に譲位すると、洛西の嵯峨院に隠棲し、腹心の藤原三守・安倍安仁らを院司として、風流韻事を事とした。詩文にすぐれ、作品は『凌雲集』以下にみえる。また書にもすぐれ、「光定戒牒」などの遺品があり、空海・橘逸勢とともに三筆と称せられる。承和九年(八四二)七月十五日崩じた。五十七歳。遺詔して、「思下欲無位無号詣二山水一而逍遥、無事無為翫二琴書一以澹泊上」と心境を述べ、「死何用重二国家之費一」と薄葬を命じたところに、その風格がうかがわれる。しかし、その大きな権威が失われたことは、ただちに皇位継承をめぐる「承和の変」の勃発をみ、前期摂関制と呼ばれる北家藤原氏の擡頭を招くこととなった。

嵯峨天皇画像

参考文献 林陸朗『上代政治社会の研究』、渡辺直彦『日本古代官位制度の基礎的研究』、川口久雄『平安朝日本漢文学史の研究』、目崎徳衛「政治史上の嵯峨上皇」(『日本歴史』二四八)

(目崎 徳衛)

嵯峨山上陵《さがのやまのえのみささぎ》 京都市右京区北嵯峨朝原山町にある。大覚寺の西北七〇〇メートル、嵯峨野の北辺をめぐる御廟山の山頂に位置し、形状は円丘、もとは数個の巨石が置かれていたという。『続日本後紀』承和九年(八四二)七月丁未(十五日)条によると、天皇は崩御に際し薄葬のことを詳

細に遺命し、葬所については、山北幽僻不毛の地を択び、壙穴は棺を容れれば足り、封を築かず草を生えしめ、永く祭祀を断つべき旨を示した。崩御の翌十六日遺詔に従って山北幽僻の地に陵所を定め、即日葬儀をおえた。『延喜式』諸陵寮に当陵の記載がないのは、薄葬の趣旨が遵奉されたためであろう。しかし即位や改元の折には山陵使が立てられていたことが記録類にみえる。中世以降所伝を失い、嵯峨の二尊院あるいは清凉寺の境内にある石塔が陵所に擬されていたが、『山城志』『山陵志』は当所を陵所として示し、慶応元年(一八六五)修補を加え巡検使が派遣された。

[参考文献] 谷森善臣『山陵考』(『(新註)皇学叢書』五)、上野竹次郎『山陵』上　(戸原純一)

さかのうえのあきかね　坂上明兼　一〇七九―一一四七　平安時代後期の明法家。承暦三年(一〇七九)生まれる。坂上系図(『続群書類従』所収)に定成の息範政の子とあり、法家中原氏系図(宮内庁書陵部蔵『諸家系図』所収)に、俊光の息範政の子とある。筆者は、通説とは逆であるが、範政が、坂上より中原に養子となり、明兼の代に、歌道で名を高めるために本姓に復し、それ故に、この一流のみは、法家中原家において、坂上氏を本姓とすることになったと推定している。なお、明兼が、坂上姓に復したことについての直接史料としては、『文保記』(久安元年(一一四五))・『本朝世紀』(同二年)に、坂上明兼の称がみえるのみである。したがって、坂上明兼なる称は、明兼晩年の二、三年のものにすぎなかったと考えられる。明兼の官歴は、天永二年(一一一一)左衛門志(道志、『中右記』)、永久元年(一一一三)ごろ明法博士正六位上(『除目大成抄』)、同三年ごろ明法博士兼左衛門少志(『朝野群載』一一所収の同年十二月二十日勘文は、名を欠くも明兼であること確実)、保安四年(一一二三)ごろ修理左宮城主典正六位上行明法博士兼左衛門志(『東大寺文書』明法博士勘状案)、長承二年(一一三三)ごろ大判事兼明法博士安芸権介(同)であり、久安二年に、正五位下に叙され、加えるに伯耆権介を兼ねている。久安三年没。六十九歳。彼の著作としては『三十巻抄』などがあるが、いずれも伝わらない。『法曹至要抄』が彼の撰であるという説には疑いがあり、彼の学説がとり入れられてはいるが、その成立は鎌倉時代とみるべきである。同書が彼の撰とされたのは、彼の子孫の明法家たちが、法家中原氏の「章」に対して、ほとんど「明」の字を継いでいるところよりみて、彼が法家坂上氏の祖と仰がれたからであろう。ちなみにいうが、彼の私記として最も確実かつ長文のものは、『法曹類林』公務八所載の天承元年(一一三一)五月の問答である。なお、彼は『詞花和歌集』『千載和歌集』にそれぞれ一首の歌をのこしている。

[参考文献] 布施弥平治『明法道の研究』、坂本太郎「法曹至要抄とその著者」(『日本古代史の基礎的研究』下所収)、今江広道「法家中原氏系図考証」(『書陵部紀要』二七)、利光三津夫「法家坂上家の研究」(慶応義塾大学『法学研究』五四ノ一二)　(利光三津夫)

さかのうえのあきもと　坂上明基　一一三八―一二一〇　平安時代後期から鎌倉時代前期にかけての明法家。『裁判至要抄』の撰者。保延四年(一一三八)生まれる。父は大判事・明法博士兼成。祖父は法律書『法曹至要抄』の撰者坂上明兼(本書を明基撰とする説があるが誤り)。治承二年(一一七八)正月右衛門少志、文治元年(一一八五)十二月明法博士、同二年六月右衛門少尉に任ぜられた。同四年当時には検非違使としてみえ、正治元年(一一九九)越前権介、同二年正月従五位上となる。建永元年(一二〇六)十一月当時には正五位下となっており、またやがて山城守にも任ぜられた。承元元年(一二〇七)八月二十六日、後鳥羽上皇院宣によって『裁判至要抄』を撰進した。本書の法意は『法曹至要抄』をうけたところも多いが、中には独自の新しい法解釈がなされており、鎌倉幕府法にも影響を及ぼし、中世公家法研究上重要な書とされている。承元四年五月七日没。七十三歳。

[参考文献] 『大日本史料』四ノ一〇、承元四年五月七日条　(田中稔)

さかのうえのいらつめ　坂上郎女　⇨大伴坂上郎女《おおとものさかのうえのいらつめ》

さかのうえのおおいらつめ　坂上大嬢　⇨大伴坂上大嬢《おおとものさかのうえのおおいらつめ》

さかのうえのかりたまろ　坂上苅田麻呂　七二八―八六　奈良時代の武人。神亀五年(七二八)に生まる。犬養の子で田村麻呂の父。天平宝字元年(七五七)橘奈良麻呂が乱を企てたとき武勇を警戒されたほど。同八年の恵美押勝の乱に際し正六位上授刀少尉として中宮院の鈴印を守った。その功により従四位下、大忌寸賜姓。のち中衛少将兼甲斐守。天平神護元年(七六五)勲二等。翌年功田二十町を賜う。宝亀元年(七七〇)道鏡の姧計を告げた功により正四位下。のち陸奥鎮守将軍、翌年中衛中将兼安芸守。天応元年(七八一)正四位上、右衛士督兼丹波守。翌延暦元年(七八二)氷上川継の謀叛に連坐したが復職。同三年藤原種継らと山背国長岡村に京地を相した。同四年、従三位、宿禰賜姓、右衛士督・下総守のまま左京大夫。同五年正月七日没。時に年五十九。伝に「家世々弓馬を事として馳射を善くす、宮掖に宿衛して数朝に歴事す、天皇の寵遇優厚にして、別に封五十戸を賜ふ」(『続日本紀』原漢文)とみえている。

坂上苅田
麻呂自署

[参考文献] 高橋崇『坂上田村麻呂』(『人物叢書』二五)　(高橋崇)

さかのうえのこれのり　坂上是則　生没年不詳　平安時代前期の歌人。三十六歌仙の一人。加賀守好蔭の男、『後撰和歌集』撰者の一人望城の父。田村麻呂の子孫と伝えられる。延喜八年(九〇八)大和権少掾、少監物・中監物・少内記・大内記を経て、延長二年(九二四)従五位

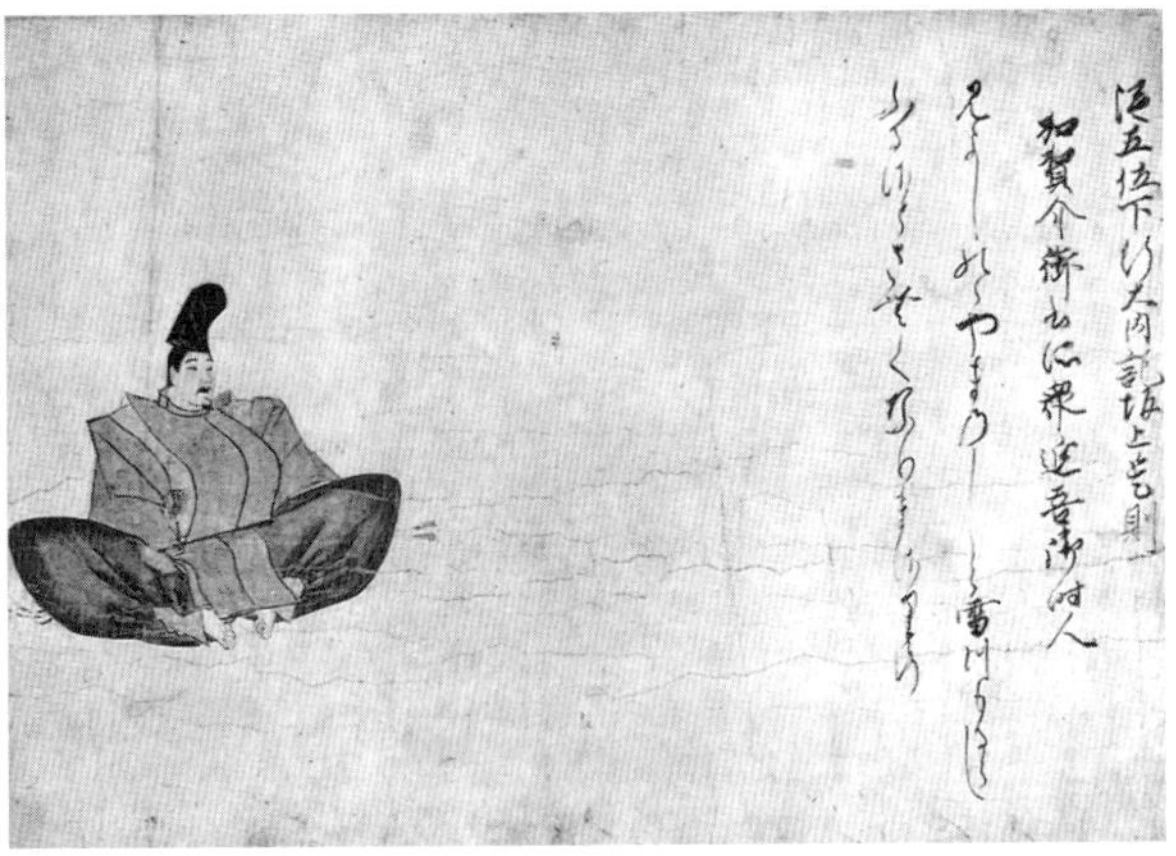

坂上是則画像(佐竹本「三十六歌仙切」)

下加賀介に至る。延長八年没という伝え(『坂上系図』)は事蹟から推すと信じえよう。宇多朝末期から醍醐朝にかけての宮廷関係の和歌の催しに参加し、『古今和歌集』には八首入集、二十一代集に合計四十一首入集。『古今和歌集』撰者たちとほぼ同等の身分の、儒系に属する専門歌人であった。家集『是則集』は三十六人集中にあるが、歌数五十首弱。定家手沢本が現存する。

(藤平 春男)

参考文献 『大日本史料』一ノ五、延長二年二月一日条

さかのうえのたむらまろ 坂上田村麻呂 七五八―八一一 平安時代初期の武将。天平宝字二年(七五八)に生まれる。苅田麻呂の子。宝亀十一年(七八〇)近衛将監。正史初見は延暦四年(七八五)十一月のことで、このとき正六位上から従五位下叙位。同六年、近衛将監従五位下で内匠助兼任、ついで近衛少将、越後守を兼ねる。光仁朝以来の蝦夷征討が強化されていく過程にあたり、同十年正月、田村麻呂は百済王俊哲とともに軍士・兵器点検のため東海道に派遣された。七月、大伴弟麻呂が征夷大使に、田村麻呂は副使の一人に任命された。翌年、従五位上。同十二年二月征討のため東下、同十三年六月「副将軍坂上大宿禰田村麿已下蝦夷を征す」(『日本紀略』、原漢文)と伝わり斬首四百五十七級、捕虜百五十人、獲馬八十五疋、焼却した村落七十五ヵ処の戦果をあげた。征夷使は翌年正月平安京に凱旋、田村麻呂は功により従四位上。のち、近衛少将のまま木工頭を兼任。同十五年正月、陸奥出羽按察使兼陸奥守、十月には鎮守将軍をも兼ね、同十六年十一月、征夷大将軍となる。同十七年閏五月従四位上、同十八年五月近衛権中将を兼ねる。同十九年十一月、諸国に配せる夷俘の調査に従事。同二十年二月十四日、田村麻呂は桓武天皇より節刀を賜わり四万の軍勢を率いて東下、九月二十七日遠く閉伊村まで夷賊を討伏し、十月二十八日帰京し節刀を天皇に返上、翌月征夷の功により従三位(勲二等もか)。十二月近衛中将。同二十一年、陸奥国胆沢城造営に派遣される(鎮守府は多賀城よりここに移る)。度者(僧侶)一人を賜わった。四月、蝦夷の首長大墓公阿弖利為・盤具公母礼とが同族五百余人を率いて田村麻呂に降伏、二人は田村麻呂に伴われて七月十日平安京に入る。首長らは田村麻呂の「此の度は願に任せて返し入れ其の賊類を招かん」(『日本紀略』、原漢文)との意見にもかかわらず、八月河内国杜山で処刑された。同二十二年、造志波城使として陸奥へ下るが、その際彩帛五十疋・綿三百屯などを賜わった。七月、刑部卿。同二十三年正月、再び征夷大将軍に任ぜられ造西大寺長官を兼ねた。八月、和泉・摂津両国に行宮地設定のため派遣さる。同二十四年六月、坂上氏として初の参議、蝦夷征討はこの年の暮に中止とされた。翌年三月桓武天皇崩御。その際、田村麻呂は殿中にあって天皇の側近に侍し、悲しみのあまり起つことを知らぬ安殿皇太子を助け殿を下り、皇太子に皇位の印と剣とを奉った。のち中納言・中衛大将。大同二年(八〇七)右近衛大将、侍従、兵部卿を経て同四年正三位。弘仁元年(八一〇)九月大納言。翌二年五月二十三日、平安京郊外粟田別業で没した。五十四歳。山城国宇治郡栗栖村に葬られたという。贈従二位。田村麻呂は、生前、京都に清水寺を建立した。娘の春子は桓武天皇の後宮に入り葛井親王と春日内親王を生んだという。

(高橋 崇)

参考文献 『田邑麻呂伝記』、高橋崇『坂上田村麻呂』(『人物叢書』二五)、亀田隆之『坂上田村麻呂』

坂上田村麻呂の葬儀(『清水寺縁起』より)

さかのうえのもちき 坂上望城 生没年不詳 平安時代中期の歌人。父は『古今和歌集』時代の代表歌人従五位下加賀介是則。御書所預の任にあった天暦五年(九五一)十月三十日、宮中の昭陽舎(梨壺)に撰和歌所が設けられ、大中臣能宣・清原元輔・源順・紀時文とともに『万葉集』の訓釈と『後撰和歌集』の撰集にあたった(梨壺の五人)。天徳四年(九六〇)三月三十日の有名な『内裏歌合』にも

歌人として召された。その後、少外記・大外記などを経て従五位下石見守に至る。天元元年(九七八)に没したとする説がある。勅撰集入集歌は『拾遺和歌集』以下わずかに三首。

参考文献　『大日本史料』一ノ一八、天元三年年末雑載、芦田耕一「坂上望城考―経歴および利壺の五人としての役割をめぐって―」(『国文学研究ノート』八)

(藤岡　忠美)

さがみ　**相模**　生没年不詳　平安時代中期の女流歌人。中古三十六歌仙の一人。父は未詳。あるいは源頼光ともいわれ、慶滋保章(一説に保胤)女を母として長徳四年(九九八)ころ生まれたらしい。二十歳ごろ某宮家に乙侍従の名で出仕か。このころ天王寺の歌を詠む。寛仁三年(一〇一九)ころ大江公資と結婚し同四年京に心を残しつつ(藤原定頼との恋愛が始まったか)相模に下向。よって相模と呼ばれる。在国三年目正月箱根権現に参詣し百首歌を奉納。権現の返歌を僧より得て再度百首を奉納。万寿元年(一〇二四)夫の任あけ上京。しかし定頼との恋愛、子のないこと、歌道への強い執心が公資との破鏡を速めた。公資が遠江へ去った後、入道一品宮脩子内親王家に出仕し歌壇における活躍が始まった。賀陽院水閣歌合(長元八年(一〇三五))に出て「五月雨」の歌で「満座殿中鼓動及二郭外一」(『袋草紙』)の賞賛を得たという。弘徽殿女御生子歌合(長久二年(一〇四一))、内裏歌合(永承四年(一〇四九))、前麗景殿女御延子歌絵合(同五年四月)、祐子内親王歌合(同年六月)、内裏根合(同六年)、皇后宮春秋歌合(天喜四年(一〇五六))などに出詠。歌人として時には指導的立場で一条朝より後冷泉朝後半まで活躍した。その歌はひたむきで独創的である。勅撰集に百八首入集。家集に流布本『相模集』、異本に桂宮本の『相模集』と『思女集』、他に『針切相模集』がある。

参考文献　臼田甚五郎『平安女流歌人』、同『平安歌人研究』、杉崎重遠「相模」(『和歌文学講座』六所収)、犬養廉「相模に関する考察―いわゆる走湯百首をめぐって―」(上村悦子編『論叢王朝文学』所収)、真鍋熙子「相模に関する一試論」(『国語研究』三一)

(上村　悦子)

さがらさきより　**相良前頼**　?―一三九四　南北朝時代の肥後の武将。近江守、法名立阿。応安元年(南朝正平二十三、一三六八)父定頼の譲りを受け、相良家家督となった。当時大宰府征西府の全盛期であり、前頼もこれに従っていたが、間もなく大宰府征西府が崩壊すると、探題今川了俊に属し、肥前・肥後を転戦した。しかるに永徳三年(南朝弘和三、一三八三)にわかに南朝方に転じ、後征西将軍宮良成親王から本領の球磨郡内と葦北荘を安堵され、以来南朝方として肥後・日向を転戦した。至徳二年(南朝元中二、一三八五)二月には征西府から肥前守護職に任じられ、十月には後亀山天皇から本領安堵の綸旨を受け、十一月には吉野賀名生《あのう》の行在所で昇殿を許された。応永元年(一三九四)正月十九日、日向都城《みやこのじょう》で島津元久と戦って討死した。

相良前頼花押

参考文献　『大日本史料』七ノ一、応永元年正月十九日条、『人吉市史』上

(工藤　敬二)

さがらためつぐ　**相良為続**　一四四七―一五〇〇　室町時代後期の肥後の武将。相良家第十二代の当主。庶流の永富(永留)相良家から相良家惣領となった長続の三男。文安四年(一四四七)に生まれる。応仁元年(一四六七)家督を継ぎ、翌年上京して細川勝元に属し応仁の乱に参加、文明二年(一四七〇)従五位下、帰国後同八年には島津氏と争って薩摩国牛屎院を領有、同十六年には名和顕忠を追い出して八代の古麓城に進出、さらに宇土・益城方面を制圧した。しかし明応七年(一四九八)菊池武運に敗れ、八代をも放棄して球磨に帰り、失意のうちに同九年六月四日(一説に二十日)人吉において没した。五十四歳。法名西華蓮船。廟所は如意山無量寿院(もと願成寺に隣接する観音寺上の台地にあったが、現在は廃絶)。為続は文人としても知られ、特に宗祇との間には親交があり、相良正任・大内政弘の周旋もあって、九州の大名ではただ一人『新撰菟玖波集』に入選した。また明応二年には領内統制のため七ヵ条からなる法式を制定した。いわゆる『相良氏法度』の最初である。

相良為続花押

相良為続墓

参考文献　熊本中世史研究会編『八代日記』、『人吉市史』一

(工藤　敬二)

さきのちゅうしょおう　**前中書王**　⇩兼明親王《かねあきらしんのう》

さくあ　**作阿**　生没年不詳　弘安七年(一二八四)夏、一遍智真が遊行し京都に入り東市に道場を占めた折、唐橋印承が帰依して作阿弥陀仏と号したのが作阿で、市屋道場(市中山)金光寺に住したといい、作阿の流れを市屋派と呼んでいる。一遍は空也を先達と仰ぎ、『一遍聖絵』七によれば、そのゆかりの地、平安京東市の道場に数日在住したという縁で、市屋派では空也・一遍・作阿を重視している。市屋派は時宗十二派の一。作阿は京都八条の人で、東寺の別所中室善貞の子として生まれたというが、その伝は明らかでない。唐橋は東寺の西一帯の地名

で、ここに住していた印承が一遍に帰依して時衆となったものであるが、市屋派は時宗遊行派とは江戸時代初期まで交渉はなかったようである。（大橋 俊雄）

さくげんしゅうりょう　策彦周良　一五〇一―七九　戦国時代、明への進貢貿易に活躍した禅僧。名は周良、策彦と号し、また謙斎と称した。文亀元年（一五〇一）四月二日管領細川家の家老井上宗信の第三子として生まれる。永正六年（一五〇九）京都北山鹿苑寺心翁等安のもとで仏門に入り、同十五年天竜寺で剃髪し具足戒を授かる。幼時から詩文の誉れがあり、儒釈に通じた等安の訓導によってその才はますます磨かれた。堺の豪商の外護で建立され、「漢書踵」と綽名された竺雲等連が開祖となった天竜寺塔頭妙智院の第三世住職となる。天文六年（一五三七）周防大内義隆の請に応じて京都を去り湖心碩鼎を正使とする入明進貢船団の副使としての任務に就き、同八年四月十九日五島奈留島を出帆、目的を果たして同十年六月二十六日奈留島帰着。第二次の入明は正使として天文十六年五月二十日奈留島出帆、同十九年六月九日山口に帰着し、義隆に報告している。この二回の入明進貢の旅を策彦は克明に記録して『策彦入明記』としてのこし、日明通交貿易史の研究に貴重な貢献をしている。翌年九月義隆は陶晴賢の叛乱に自尽した。こののち武田信玄・織田信長らとの交渉もあったが立身出世を望まぬ策彦は妙智院にあって隠遁の日を送り、天竜寺の護持につとめた。五山文学史の上にも多くの作品をのこしている。天正七年（一五七九）六月晦日、七十九歳をもって妙智院で入寂した。『策彦入明記』のほか『謙斎詩集』『謙斎雑稿』『城西聯句』『漢倭聯句』などが現存する。

参考文献　上村観光『五山詩僧伝』（『五山文学全集』五）、牧田諦亮編『策彦入明記の研究』（牧田 諦亮）

策彦周良画像

策彦周良花押

「策彦」

「策彦」
策彦周良印

さくまのぶもり　佐久間信盛　一五二七―八一　戦国・安土桃山時代の武将。織田信長の家臣。大永七年（一五二七）尾張に出生し、父は信晴という。初め牛助といい、出羽介・右衛門尉と称す。信長に従い尾張の山崎城を守る。永禄十一年（一五六八）信長の上洛に従って京都に入り、京都の治安維持に努める。近江永原城主となり、元亀元年（一五七〇）六月柴田勝家とともに六角承禎（義賢）を破り、ついで浅井長政・朝倉義景・比叡山衆徒への備えとして永原城を守る。同三年十月武田信玄の三河侵攻に対し、徳川家康の援軍として三方原の戦に参戦し敗北する。その後、浅井氏・朝倉氏および比叡山衆徒の制圧に尽力する。天正二年（一五七四）三月信長が勅許を得て、東大寺秘蔵の蘭奢待を切り取った際に奉行を勤める。同年六月信長が伊勢長島の一向一揆を攻めた時、柴田勝家らと西賀島口より攻め入り一揆を鎮圧した。同三年五月武田勝頼が三河長篠に進出した際、信長に従って先鋒を勤め、滝川一益とともに鉄砲隊を指揮して武田軍を打ち破る。四年以降、石山本願寺の攻囲に参加し、五年二月には、信長に従って紀州雑賀の一向一揆を平定する。六年十一月摂津伊丹城の荒木村重が本願寺や毛利氏と通じて信長に反するや、羽柴秀吉とともにその攻略に戦功をあげた。ひきつづいて石山本願寺攻めを勤めるも、攻囲策をとり、無為に五ヵ年を過ごしたことを信長に問責され、八年八月高野山に追放された。剃髪して宗盛と称す。九年七月二十二日紀伊国十津川の温泉で病気療養中に病死した。年五十五。法名は宗祐。京都紫野大徳寺の高東院に葬る。信盛は三十余年間、信長に仕えて戦功をあげ、柴田勝家や羽柴秀吉らの宿将と伍して活躍したが、晩年は信長の意に反することが多く、悲惨な最期をとげた。

佐久間信盛花押

参考文献　『寛政重修諸家譜』五三一（柴辻 俊六）

さくまもりまさ　佐久間盛政　一五五四―八三　安土桃

佐久間盛政花押

山時代の武将。織田信長の家臣。天文二十三年（一五五四）に尾張国御器所城で生まれる。父は盛次。母は柴田勝家の姉。通称幼名を理助といい、のちに修理亮・玄蕃允と称す。通称「鬼玄蕃」という。信長に従って、能登・加賀の一向一揆の鎮圧に奔走する。その功により加賀半国の守護職を与えられたが、天正八年（一五八〇）八月その叔父信盛が信長のために罰せられて高野山に追放された時、遠慮して閉居する。しかし加賀制圧の功により許されて柴田勝家に仕え、加賀の尾山城主となる。同十年六月本能寺の変により信長が横死すると、能登国石動山の一向宗衆徒らが温井実正らとともに反乱を起し、盛政は前田利家に従ってそれを鎮圧した。翌十一年四月信長没後の柴田勝家と羽柴秀吉との跡目争いでは勝家に属し、秀吉の家臣であった中川清秀を近江国大岩山で討ちとった。勝家は直ちに兵を引くように命じたが、盛政はそれに従わず、急ぎ救援にかけつけた秀吉と近江国の賤ヶ岳で対戦し、敗北して捕えられた。柴田勝家が越前北庄で自害した後、秀吉の降誘を受けたが拒絶し、車で京中を引きまわされたうえ、同年五月十二日山城国槇ノ島で斬殺された。年三十。法名は善俊。その室は一族の佐久間盛重の娘。

参考文献 『大日本史料』一一ノ四、天正十一年五月十二日条、高柳光寿『青史端紅』（『新書戦国戦記』二）　（柴辻　俊六）

さくらやまこれとし　桜山茲俊　?―一三三二　鎌倉時代後期備後国の武将。通称を四郎といい、備後の名族宮氏の一門であろうとされている。元弘元年（一三三一）鎌倉幕府追討の謀が露顕して、八月後醍醐天皇は笠置寺へ遷幸し、九月楠木正成が河内赤坂城に挙兵したのに呼応して、茲俊は備後一宮吉備津神社（広島県福山市新市町宮内）に拠って討幕の兵を起し、一時は備後国中を打ち従えるほどの勢いを示した。しかし、やがて笠置は陥落し、正成も赤坂城で自害したとの風聞が伝わるに及んで、集まった軍勢も士気沮喪して四散したので、茲俊はついに事成らずとみて、元弘二年正月二十一日吉備津神社に詣で、妻子を刺殺し社壇に火をかけ、みずからも一族郎党二十三人とともに自刃をとげた。茲俊挙兵の城跡には、のちに茲俊を祀る桜山神社が建てられた。また、後醍醐天皇を祀る大和の吉野神宮の摂社船岡神社にも、児島高徳・同範長とともに、茲俊が合祀されている。

参考文献 『太平記』三（『日本古典文学大系』三四）、菅茶山編『福山志料』、田尻佐編『贈位諸賢伝』一　（水野恭一郎）

ささがわごしょ　篠川御所　⇨足利満直《あしかがみつなお》

ささきうじより　佐々木氏頼　一三二六―七〇　南北朝時代の守護大名。嘉暦元年（一三二六）近江守護佐々木時信の子として生まれる。父時信は佐々木氏の惣領、左衛門尉・検非違使となり、六角氏と称した。元弘の乱では尊良親王の土佐配流を警固し、六波羅探題に従って戦った。六波羅滅亡後、同族佐々木京極導誉を頼って足利尊氏に降参した。幼にして家督を継いだ氏頼は、建武政権から近江守護を安堵されたが、尊氏の謀反にあたっては居城観音寺城に拠ってこれに応じた。以後常に尊氏側にあって戦ったが、観応擾乱がおこるとはじめ直義党に属したために去就に迷い、出家して崇永と号した。家督千手丸（義信）を守って弟山内信詮（崇誉）が一時守護になったが、間もなく尊氏に降った氏頼が守護に復活し、尊氏をたすけて足利直冬・斯波高経と戦い、尊氏の死後は義詮に仕え、延文四年（正平十四、一三五九）義詮に従って河内平石城を陥れ、吉野の皇居をおびやかした。翌年畠山国清と仁木義長が対立したときには、国清に与して義長を伊勢に追い、その叔父仁木義住と近江市原城で戦って降服させた。また貞治六年（正平二十二、一三六七）延暦寺僧徒が日吉神輿を奉じて南禅寺の春屋妙葩を強訴したときには、後光厳天皇の命をうけて防戦してこれを退ける功をたてた。出家して雪江崇永と号し、天竜寺の夢窓疎石に参禅したのでその法嗣である妙葩とは私的にも交際があり、亡父時信の菩提寺として佐々木荘に接して金剛寺を建て、亡母のために慈恩寺を建てていたが、康安元年（正平十六、一三六一）には寂室元光を開山に招いて永源寺を建てた。康暦元年（一三七九）八月には『大般若経』開版して諸社寺に施入している。応安三年（一三七〇）六月七日、京都六角邸で四十五歳で病死し、慈恩寺に帰葬したが、当時の武将のなかでは仏神を敬し道理を知るものと、その死が哀惜された。正室は京極導誉の女で、嫡子千手丸（義信）が生まれたが加冠後間もなく夭死し、亀寿丸（満高）が後嗣となった。亀寿丸は氏頼の庶子であるが、将軍義満の弟とする説もある。

佐々木氏頼花押

参考文献 『大日本史料』六ノ三二、応安三年六月七日条　（石田　善人）

ささきさだつな　佐々木定綱　一一四二―一二〇五　鎌倉時代前期の武将。康治元年（一一四二）生まれる。佐々木秀義の子。母は源為義の女。太郎と称す。平治の乱に源義朝に属して敗れた父秀義は近江佐々木荘を逃れて相模渋谷荘に居り、定綱は宇都宮に客居していた。治承四年（一一八〇）八月、秀義は大庭景親に招かれて源頼朝討伐のことを知り、たまたま渋谷荘にいた定綱を使として伊豆の頼朝に危急を報じた。八月十七日の頼朝挙兵に際しては弟たちとともに平（山木）兼隆の館に兼隆を攻めてこれを討ち取ったが、さらに山木の館に兼隆を攻めてこれを討ち取ったが、石橋山に敗れて渋谷荘にかくれた。その後十一月、佐竹秀義を常陸の金砂城に攻めて功を重ね、頼朝側近の御家人

として重用され、左衛門少尉となり、佐々木荘地頭に補せられ、ついで近江守護となった。建久元年(一一九〇)、比叡山千僧供養領であった佐々木荘年貢を水損のため対捍したことにより、翌二年三月、衆徒らは日吉社宮仕らを発遣、神鏡を捧げて定綱宅に乱入したため、次子定重が応戦、宮仕一両人を殺害、神鏡を破損したことから、衆徒は日吉神輿を奉じて宮中に強訴、また鎌倉へも訴えた。そこで定綱は薩摩に、長子広綱は隠岐、次子定重は対馬、三子定高は土佐に配流されたが、定重は衆徒のために近江辛崎に梟首された。建久四年三月に定綱は赦され、十月に鎌倉に参著。頼朝は大いに喜んで近江守護職をはじめ旧領を悉く安堵し、長門・石見両国の守護職に補した。元久元年(一二〇四)従五位上。翌二年四月九日没した。六十四歳。法名大泉寺秀山。

参考文献 『大日本史料』四ノ八、元久二年四月七日条

(安田 元久)

ささきたかうじ 佐々木高氏 一二九六―一三七三 南北朝時代の守護大名。永仁四年(一二九六)生まる。佐々木宗氏の子。外祖父宗綱の子となって京極氏の家督を継ぐ。北条高時に仕え佐渡守・検非違使となり、高時とともに出家して佐渡大夫判官入道と称した。高氏の名は高時からの拝領名らしい。法号は勝楽寺徳翁導誉。自署は「導誉」だが、一般に「道誉」と誤られて、ふつう佐々木道誉または京極道誉ともいう。元弘の乱には後醍醐天皇隠岐配流の護送役を命ぜられ、また天皇の腹心源具行を鎌倉からの命令で近江柏原で斬った。機を見るに敏な高氏は、足利尊氏に謀叛を勧めて六波羅探題を滅ぼし、建武新政府ができて雑訴決断所が設置されるとその所衆に列した。中先代の乱がおこり足利尊氏が弟直義救援のために東下するとき、導誉はその先鋒となり、また尊氏追討の新田義貞らの官軍を迎撃して諸戦に功をたてた。導誉が近江を制して東国との連絡を遮断したことは、常に官軍に不利を招く理由になっている。室町幕府が成立すると、内談方、引付方頭人さらに政所執事となり、近江・若狭・出雲の守護になった。暦応元年(一三三八)二月、西上する北畠顕家を高師泰・佐々木氏頼とともに美濃・近江境の黒地川に防いで伊勢に転進させた。同三年子秀綱が妙法院坊官と争ったことに立腹して、ともに亮性法親王の御所を襲って焼いたために山門から訴えられ、父子ともに上総国山辺郡に配流になった。『太平記』には、若党三百余騎が猿皮を靭《うつぼ》に掛け、猿皮の腰当《こしあて》をし、鶯籠《うぐいすかご》を持って見送りと称してつき従い、道々に酒肴を設け宿々に傾城《けいせい》を弄んで、朝廷と山門を愚弄したと書かれており、当時の婆娑羅《ばさら》大名の典型とされる。しかも配流は形式的で間もなく赦免されて出仕し、貞和四年(一三四八)正月には高師直に属して四条畷で楠木正行を敗死させ、のちには上総・飛騨・摂津の守護職をも加えた。観応擾乱では尊氏・義詮に味方して奮闘し、いよいよ権威を増大させた。はじめ導誉は高師直とよく、師直の死後は専権不遜で山名師義・仁木義長・細川清氏らが謀叛したのは導誉への怨みからだといわれ、『大日本史』は義詮が死ぬまで戦争が絶えなかったのはみな高氏が原因だ、と評している。近江では部下の土豪の利益を擁護して山門領荘園の侵略押領を黙認し、僧や公家からの評判は芳しくないが、反面、茶・香・花や猿楽などの芸能の理解者でもあり、初期の立花の口伝書『立花口伝大事』(『花道全集』一所収)の作者とされる。また時宗の京都における本拠の一つであった四条道場金蓮寺にその敷地を寄進している。応安六年(一三七三)八月二十五日、近江で疫癘のため死んだ。七十八歳。勝楽寺(滋賀県犬上郡甲良町)には貞治五年(一三六六)六月一日に子高秀が描かせた導誉自賛のある寿像が伝えられており、風雲児導誉の晩年の風貌を知ることができる。

参考文献 『大日本史料』六ノ三八、応安六年八月二十五日条、『滋賀県史』、林屋辰三郎『南北朝』(『創元

佐々木高氏花押

佐々木高氏画像

新書』四)、森茂暁『佐々木導誉』(『人物叢書』二〇八)
(石田　善人)

ささきたかさだ　佐々木高貞　⇩塩冶高貞《えんやたかさだ》

ささきたかつな　佐々木高綱　?―一二一四　鎌倉時代前期の武将。佐々木秀義の四男。四郎と称す。母は源為義の女。治承四年(一一八〇)八月の源頼朝挙兵には他の兄弟とともに馳せ参じて、平(山木)兼隆を討ち、石橋山の戦には椙山に奮戦して頼朝の危急を救い、常に頼朝の近くにあって功を重ねた。元暦元年(一一八四)正月、木曾義仲追討には源義経に従い、『平家物語』には、頼朝より与えられた名馬生唼《いけずき》に乗り、梶原景季と宇治川に先陣を競って名を挙げたという逸話を残している。左衛門尉に任じ、備前の守護に補され、また安芸・周防・因幡・伯耆・出雲・日向などに恩賞地を拝領している。兵火に罹った東大寺再建にあたり、周防国に十三丈の棟木を得るなど、材木の事を奉行し、杣出しの功を頼朝より賞された。建久六年(一一九五)、高野山大悲金剛院に出家して西入と号した。建仁三年(一二〇三)十月、延暦寺堂衆騒擾のとき、高野山から下って、騒擾鎮圧に赴く兄経高・盛綱に兵略を説き、嫡子重綱の死を予言したと伝えられる。建保二年(一二一四)十一月没。
(安田　元久)

ささきたかひで　佐々木高秀　?―一三九一　南北朝時代の守護大名。高氏(導誉)の三子。長兄秀綱・次兄秀宗の没後京極氏の家督を継ぎ、幕府の侍所となり、左衛門尉・治部少輔・能登守・大膳大夫に歴任。江北三郡(近江国浅井・伊香・坂田三郡)の分郡守護のほか、一時、出雲守護を兼ねた。康安元年(正平十六、一三六一)楠木正儀らが京都を攻めたとき、将軍足利義詮・後光厳天皇らを近江武佐寺に迎え、やがて父とともに京都を恢復して名をあげた。貞治五年(一三六六)、興福寺領越前河口荘を横領して南都僧徒の強訴を受けたことがきっかけとなり京極導誉以下の諸大名から排斥されて管領を失脚した斯波高経追討の軍に加わって勇戦した。応安三年(一三七〇)には美濃守護土岐頼康とともに管領細川頼之を退けようと謀ったが、将軍義満の怒りをかい、京都の邸と近江国犬上郡甲良の邸を破却焼撃された。高秀の子高詮は父のために弁訴し、二条良基も弁護してようやく許されて入京した。明徳二年(一三九一)十月に死んだが、『佐々木系図』は近江堅田で戦死としたという。六十三歳(『東寺王代記』)とも六十四歳(『常楽記』)ともいう。子高詮家督を継ぎ、明徳の乱の内野合戦の功によって出雲・隠岐両国守護を加賜され、侍所にもなった。
(石田　善人)

佐々木高秀花押

ささきつねたか　佐々木経高　?―一二二一　鎌倉時代前期の武将。佐々木秀義の次子。通称佐々木次郎。母は宇都宮氏女。平治の乱後、父とともに近江佐々木荘を去って相模渋谷荘に住した。治承四年(一一八〇)八月十七日、源頼朝伊豆挙兵に際し、兄定綱、弟盛綱・高綱らと相模から参じて平(山木)兼隆の一族堤信遠を襲い、信遠宅の前庭から進んで、源家の平氏を征する第一箭を放った。以来頼朝に従って常に側近にあり、文治五年(一一八九)奥州征伐に際しては鎌倉の留守に任ずるなど多くの功績を重ね、淡路・阿波・土佐の守護に補せられ、中務丞となる。京都に駐して宣陽門院御所を宿衛するなど洛中の警固にあたり、また幕命により六条若宮領土佐吾河郡に京都大番役以外の賦課を禁ずるなど、西国支配にも参与した。正治二年(一二〇〇)、淡路の国務を妨げ、大和国の賊の謀叛にそなえて淡路・阿波・土佐の軍勢を京都に集めて騒動をおこしたとの理由で、院庁の要請により三ヵ国の守護職以下の所帯を奪われたが、翌建仁元年(一二〇一)五月、子息高重を以て幕府に冤罪を訴えて赦され、十一月には鎌倉に赴き頼朝月忌に法華経供養を行い、帰洛に際して旧領を返付された。その後は京都に在り、建仁三年延暦寺衆徒騒擾するや、これを鎮圧して警備につとめた。承久三年(一二二一)六月、承久の乱には後鳥羽上皇の合戦計画に参じたが、敗れて鷲尾に退き、子高重は殺された。幕府軍の将北条泰時は使者を遣して投降を促したが、経高は六月十六日に自殺した。法名経蓮。

参考文献　『大日本史料』四ノ一六、承久三年六月十六日条
(安田　元久)

ささきどうよ　佐々木導誉　⇩佐々木高氏《ささきたかうじ》

ささきながはる　佐々木永春　生没年不詳　戦国時代の遣明使節。近江の人、姓は源氏。号は東林。明応二年(一四九三)西遊、当時日向飫肥の安国寺にいた桂庵玄樹に師事して宋学を修め、玄樹の送別詩を得て同四年入明、同六年寧波《ニンポー》の名士十二人の和韻詩と厳端の序、玄樹の『島隠集』のための洪常の序を持って帰国した。永正六年(明の正徳四、一五〇九)足利義澄の名において孔子を祀る儀礼を求めることを表面の目的としてかかげ、宋素卿(原名朱縞、寧波の人)とともに遣明船の四号船である細川船により入明、同年十一月には北京に在り、翌正徳五年五月までに寧波に戻り、「送源永春還国詩画巻」(京都国立博物館保管)を贈られて同年六月九日以後帰国した。この送別詩画巻は楊守阯の序、倪復・屠滽・董鑰・魏偁・方誌・陸偁・楊守随・張鼒・金洪・袁孟悌・宋似方霖ら十二人の送別詩、方仕の跋、孝宗・武宗朝の宮廷画家王諤の送別図より成り、ほぼ受贈時の原形を保持している。

参考文献　『大日本史料』九ノ二、永正六年是歳条、小葉田淳『中世日支通交貿易史の研究』、田中健夫『中世海外交渉史の研究』、川上涇「送源永春還国詩画巻と王諤」(『美術研究』二二一)
(川上　涇)

ささきのぶつな　佐々木信綱　一一八一―一二四二　鎌倉時代前期の武将。養和元年(一一八一)生まれる。佐々木定綱四男。四郎。母は新田義重の女。佐々木氏の嫡流を継ぐ。正治二年(一二〇〇)に幕府から追討されて逃亡

佐々木信綱花押

していた近江柏原荘住人柏原為永の所在をつきとめて、翌建仁元年(一二〇一)五月にこれを誅した。元久二年(一二〇五)閏七月、京都守護平賀朝政(朝雅)追討に、討手の先登に進み、敵の矢に大脛を射られた。このときの賞として院より寄懸目文を賜った。のち左近将監、右衛門尉となる。承久三年(一二二一)六月の承久の乱には、叔父経高をはじめ兄広綱など一門の多くが京方に与したが、信綱は北条泰時に属して上洛し、宇治川の先陣を芝田兼義と争い、渡河に成功して京都に入った。兄広綱は斬られ、その子勢多伽丸も信綱が梟首した。承久の功により翌貞応元年(一二二二)に左衛門尉に転じ、安貞元年(一二二七)九月、近江国佐々木・豊浦・羽爾(和邇)・堅田荘、栗本(太)北郡の地頭職を得た。十一月には検非違使の宣旨を蒙り、寛喜三年(一二三一)には近江守となり、翌貞永元年(一二三二)従五位上となり、守を罷めた。文暦元年(一二三四)幕府評定衆に加わり、その年の七月に出家して虚仮と号した。嘉禎元年(一二三五)七月、近江豊浦荘の替として尾張長岡荘地頭職に補され、翌二年に評定衆を罷めて遁世の意志により俄かに高野山に籠居した。仁治元年(一二四〇)十月には、北条政子の月忌仏事料として和泉国八田郷地頭得分を高野山金剛三昧院に寄進、また翌年二月には政子追善のため同国横山荘地頭得分を同院に寄進した。その六月に遁世し、同三年三月六日没した。六十二歳。

参考文献 『大日本史料』五ノ一四、仁治三年三月六日条 (安田 元久)

ささきひでつな 佐々木秀綱 ?―一三五三 南北朝時代の守護大名。高氏(導誉)の長子。佐衛門尉・検非違使・近江守に任じ、幕府侍所所司となる。父高氏と行をともにし、高氏入道後家督を継ぐ。暦応三年(一三四〇)妙法院の楓を折った奴が辱しめられたことから妙法院を焼討して延暦寺衆徒に強訴され、父とともに上総国山辺郡に流された。配流の途での傍若無人ぶりは『太平記』に詳しい。配流は形式的で、まもなく近江に帰り、貞和三年(一三四七)には高師直とともに河内四条畷で楠木正行と戦い、正行らを自殺させた。同五年高師直が足利尊氏と対立したときは師直側に与して尊氏邸を囲んだが、師直死後の尊氏・直義兄弟の抗争では終始尊氏側にあり、その立場を強化した。義詮が将軍宣下を受けたときの受宣使に、その子秀詮がえらばれたのは、義詮がいかに秀綱を信頼していたかを示す。文和二年(一三五三)南朝に属していた山名時氏が京都を攻めたとき、義詮は後光厳天皇を奉じて秀綱を頼って近江から美濃に逃れようとした。六月十三日秀綱は殿軍《しんがり》をつとめたが、堀口貞祐の率いる堅田真野浦の郷兵に乱射されて戦死した。

佐々木秀綱花押

参考文献 『大日本史料』六ノ一八、文和二年六月十三日条 (石田 善人)

ささきひでよし 佐々木秀義 一一一二―八四 平安・鎌倉時代前期の武将。近江国蒲生郡佐々木荘を本拠地とする。佐々木氏は宇多源氏または近江源氏と称する。宇多天皇の皇子敦実親王は、その子源雅信の子扶義を養子とした。扶義は近江などの国守を歴任し、その子成頼は近江国佐々木荘に土着して、佐々木を姓とした。その子孫は繁栄してこの地の豪族となり、武士が起る平安時代後期以後、その勢力は強大となった。秀義は天永三年(一一一二)に生まれた。源為義の女を娶り、平治の乱には源義朝に属して戦った。義朝が敗れてのち、秀義は平氏の権勢に従わず、本拠地を追われて藤原秀衡を頼り奥州に赴く途中、相模の渋谷荘司重国にとどめられて、渋谷荘に二十年を送った。治承四年(一一八〇)八月、源頼朝挙兵に際し、平家家人大庭景親より平家方の密事を聞き、嫡子定綱をして頼朝に告げさせ、諸子とともにこれを援けて伊豆・相模に戦い、元暦元年(一一八四)七月十九日、伊賀平氏追討の戦いに討たれた。七十三歳(『尊卑分脈』)。 (安田 元久)

ささきもりつな 佐々木盛綱 一一五一―? 鎌倉時代前期の武将。仁平元年(一一五一)に生まれる。佐々木秀義の三子。母は源為義の女。三郎と称す。幼名秀綱。仁安元年(一一六六)、父の命により十六歳で源頼朝に仕え、元服して盛綱と称した。治承四年(一一八〇)八月、頼朝挙兵にあたり、兄定綱・経高、弟高綱と相模から馳せ参じて山木攻めに加わり、平(山木)兼隆の首を挙げた。石橋山の戦、常陸佐竹攻めをはじめ多くの合戦に参じて、頼朝の信頼を得た。元暦元年(一一八四)、平家追討のために西上し、十二月には備前児島に城郭を構えた平行盛を攻め、藤戸の海路三丁余りを馬に乗りながら渡り、これを追い落とし、頼朝に賞讃された。これらの功により左兵衛尉となり、伊予・越後の守護に補された。正治元年(一一九九)頼朝の死後に入道して西念と号し、上野磯部に住した。建仁元年(一二〇一)四月、越後の城資盛が叛逆を企てたとき、幕命により上野より直ちに越後に軍を進め、鳥坂に資盛を攻めてこれを破り、資盛の姨母板額を捕えた。この合戦に一の箭を射た子息小三郎盛季は負傷した。同三年十月、延暦寺堂衆が城を構えて騒擾が

佐々木盛綱画像

絶えず、このとき勅命により兄経高とともに追討の軍に加わった。元久二年(一二〇五)閏七月、北条時政の妻牧氏の陰謀事件が発覚し、幕府は京都守護平賀朝政(朝雅)誅罰を在京御家人に命じた。ときに盛綱は佐々木広綱・高重らと朝政を六角東洞院の邸に襲い、これを殺した。

参考文献 『大日本史料』四ノ一三、建保三年十月十日条　（安田元久）

ざぜんいんそうず　坐禅院僧都　⇨俊寛《しゅんかん》

さたけさだよし　佐竹貞義　一二八七―一三五二　鎌倉・南北朝時代の武将。弘安十年(一二八七)に生まれる。常陸の豪族佐竹行義の子。駿河守・遠江守・上総介・常陸介。佐竹関係の諸系図は元弘元年(一三三一)常陸守護となったと伝える。鎌倉幕府の命で、同年笠置城攻めに参加。幕府滅亡後は、同族の誼もあってか、足利氏と結ぶ。建武二年(一三三五)中先代の乱では足利直義を援けて、武蔵鶴見に戦い、子息義直をはじめ一族から多く戦死者を出した。『円覚寺文書』によれば、実質的には建武元年ごろから、直義のもとで常陸守護の任にあたったとみられる。建武三年、常陸瓜連城の戦で子義冬を失う。四年にはたびたびの子息討死の賞として、尊氏から陸奥国雅楽荘地頭職を与えられた。嫡子義篤とともに、二代にわたって足利政権の確立に寄与したため、佐竹氏は以後、南北朝時代を通じ、常陸の守護職を継承し、また鎌倉時代初期に失った所領をも回復した。嘉元三年(一三〇五)薙髪、以後入道道源と称す。文和元年(一三五二)九月十日没。六十六歳。

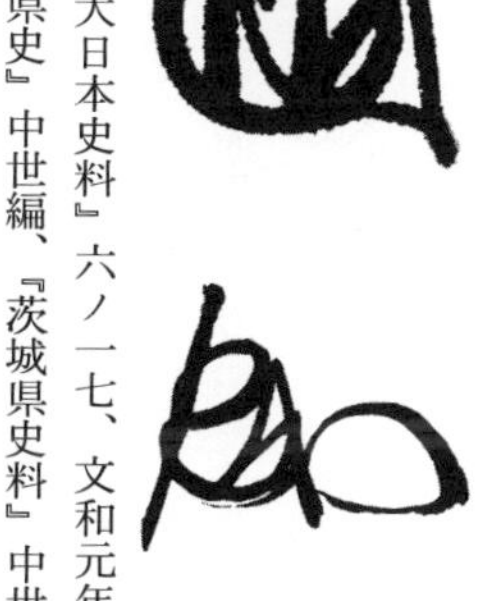
佐竹貞義花押

参考文献 『大日本史料』六ノ一七、文和元年九月十日条、『茨城県史』中世編、『茨城県史料』中世編二、中山信名編『新編常陸国誌』　（堤禎子）

さたけひでよし　佐竹秀義　一一五一―一二二五　鎌倉時代前期の武将。仁平元年(一一五一)生まれる。佐竹別当、常陸介。父は隆義。平安時代以来、常陸国北部に勢力を扶植した佐竹氏は、治承の内乱の際、平氏と結んで、源頼朝を圧迫した。治承四年(一一八〇)十月、頼朝は佐竹追討のため常陸へ向け軍を発した。当主隆義は滞京中であり、その子の秀義は金砂城の天険に拠った。頼朝はこの山城を攻めあぐんだが、隆義の弟義季の内応により、城は落ち、秀義は奥州花園山に逃亡した。佐竹氏の所領はことごとく没収され、頼朝幕下の諸将に充行われた。文治五年(一一八九)秀義は厚免されて御家人に列せられた。このころ名字の地佐竹郷周辺の所領を給付されたらしいが、鎌倉時代を通じ、佐竹氏の常陸国での活動の様相は明確でない。秀義には美濃国山田郷の地頭職を与えられたとも伝えられる。嘉禄元年(一二二五)十二月十八日、鎌倉名越の館で没し、常陸国太田郷(茨城県常陸太田市)の勝楽寺に帰葬。七十五歳。法名蓮実。

参考文献 『大日本史料』五ノ二、嘉禄元年十二月十八日条、中山信名編『新編常陸国誌』、『茨城県史』中世編　（堤禎子）

さたけよしひと　佐竹義人　一四〇〇―六七　室町時代中期の武将。童名竜保丸、初名義憲。右馬助、左馬助、左衛門佐、右京大夫。山内上杉憲定の次男。応永七年(一四〇〇)生まれる。同十四年常陸佐竹氏の当主義盛が後嗣のないまま死去したため、佐竹氏の本宗を継いだ。佐竹一族の中には、源姓佐竹氏を藤原姓の義人が相続することを喜ばぬ者が多かったが、鎌倉公方足利持氏の後援で、翌年常陸に入国した。十五世紀前半の幕府と鎌倉府の対立の中で、義人は終始持氏の側に立った。上杉禅秀の乱の後には功により、鎌倉府評定所頭人に任じられた。これに対し佐竹庶流の山入一族は幕府の後援を得て義人に抗し続けた。応永三十年には幕府から山入祐義が常陸守護に任じられ、翌々年には幕府と鎌倉府との和議により、義人と祐義とは常陸半国守護に任じられた。本宗をしのぐほどの山入氏の勢力に義人は長年にわたり、対応に苦慮し続けた。永享の乱ののち、義人は家督を子の義俊(初名義従)に譲ったが、実権はなお掌握し続けた。結城合戦ののち、残党は多く太田城の義人を頼り、室町幕府は太田城攻めの命を発し、義人も迎え討つ構えをみせたが、嘉吉の変で将軍足利義教が死んだため、事なきを得た。応仁元年(一四六七)十二月二十四日死去。六十八歳。法名耕山寺竹堂本晃。室は佐竹義盛の女。なお、初名の義憲から、義人への改めの時期は詳らかでないが、正長元年(一四二八)ごろから花押が著しく変化する。

佐竹義人花押

参考文献 『大日本史料』八ノ一、応仁元年十二月二十四日条、中山信名編『新編常陸国誌』、『茨城県史』中世編　（堤禎子）

さだずみしんのう　貞純親王　?―九一六　清和天皇皇子。母は中務大輔棟貞王の女。桃園親王と号する。貞観十五年(八七三)親王とされた。その後、四品に叙せられ、中務卿、兵部卿、上総太守、常陸太守などを歴任したが、延喜十六年(九一六)五月七日に没した。没時の年齢については、三十二歳説(『日本紀略』)、四十三歳説(『尊卑分脈』一説)、六十四歳説(『尊卑分脈』)などがあるが、いずれも信を置き難い。従来「清和源氏」の祖経基王は貞純親王の子とされてきたが、永承元年(一〇四六)の「源頼信告文」(『石清水文書』)によって、この系譜関係を疑問視し、源頼朝のころの作為にかかるものではないかとする見解が出されている。

参考文献　『大日本史料』一ノ四、延喜十六年五月七日条、竹内理三『武士の登場』(中央公論社『日本の歴史』六)、安田元久『武士世界の序幕』、星野恒「世ノ所謂清和源氏ハ陽成源氏ナル考」(『史学叢説』二所収)
（玉井　力）

さだつぐ　貞次　生没年不詳　備中国青江(岡山県倉敷市青江)住の刀工。祖の貞次は後鳥羽上皇の番鍛冶の一人に選ばれたという。銘は太刀の佩裏《はきうら》に「貞次」と二字にきる。国宝と重要文化財に指定された各一口ずつの太刀がある。姿は細身で反りが高く優美であり、直刃調の小乱れ刃をやく。貞次家は青江刀工団中での名門で鎌倉時代初期から同銘が何代か続き南北朝時代に至る。後代の貞次は身幅が広く大切先の大太刀を作り、小乱れ交りの広直刃をやく。末青江物に「大青江」と「小青江」と呼ばれる名物の刀がある、どちらも金象嵌銘の極めものである(ともに重要文化財)。

貞次押形

参考文献　『日本刀大鑑』古刀編三、『新版日本刀講座』三
（辻本　直男）

さだふさしんのう　貞成親王　⇨後崇光院《ごすこういん》

さだむね　貞宗　生没年不詳　鎌倉時代後期の相模国鎌倉居住の刀工で正宗の弟子。在銘の作刀は現存しないが、「相模国住人貞宗」「元弘二年(一三三二)十月日」のように鎌倉時代末期の年号を刻した小脇指があった(毛利本・大友本本阿弥光徳刀絵図所載)。後世の鑑定家によって彼の作と極められた刀や短刀はかなりの数に上り、名品が多い。亀甲・徳善院・伏見・寺沢(以上国宝)、二筋樋・切刃《きりは》・朱判・物吉・石田・池田・斎村・大鼓鐘(以上重要文化財)など名物にも多数選ばれている。姿は概して大振りであり、大抵刀身に剣や仏の種子などの彫物を施している。刃文は互《ぐ》の目乱れ刃を焼き皆焼《ひたつら》風のものがある。

参考文献　本間順治『正宗とその一門』
（辻本　直男）

さだやすしんのう　貞保親王　八七〇―九二四　清和天皇の第四皇子。南宮と号した。母は藤原長良の女高子。貞観十二年(八七〇)九月十三日生まる。元慶二年(八七八)八月はじめて『蒙求』を読む。同六年正月加冠、三品に叙せらる。同四月上野太守となり、ついで中務卿となる。仁和二年(八八六)六月右相撲司別当に任ぜられ、寛平三年(八九一)母高子の五十御賀に屏風を奉る。以後兵部卿となり、二品に叙せられ、ついで式部卿となる。親王は管絃にすぐれ、延喜八年(九〇八)正月の元日節会において琴を掌る。同十一年、勅命により横笛の伝授を始め、同二十年に終える。また同十九年横笛譜新撰の命をうけ、さらに同二十年、勅命により琵琶秘手の伝授を始める。同二十一年琵琶秘手の伝授を終え、同じころ横笛譜・琵琶譜の撰進がなされる。これらの『新撰横笛譜』『南宮琵琶譜』は、後世の楽人によって重視された。延長二年(九二四)六月十九日没す。五十五歳。

参考文献　『大日本史料』一ノ五、延長二年六月十九日条、福島和夫「新撰横笛譜序文並びに貞保親王私考」(『東洋音楽研究』三九・四〇合併号)、林謙三「南宮琵琶譜私考」(『雅楽界』五〇)
（荻　美津夫）

さつこうかく　薩弘恪　生没年不詳　七世紀後半、日本に帰化した唐人。持統朝ころの音博士。薩は薛が正しいか。唐人続守言と同じく斉明天皇七年(六六一)百済遺民軍に捕えられて、日本に送られてきたものか。持統天皇三年(六八九)続守言らとともに稲を賜い、同五年にも銀二十両を賜わった。翌六年にも同様に水田四町を賜わった。音博士として唐語を教授した功によるものであろう。天武天皇十年(六八一)以来の国史の編纂にも携わり、続守言らと『日本書紀』の述作にあたったとも考えられる。文武天皇四年(七〇〇)六月、刑部《おさかべ》親王・藤原不比等らとともに『大宝律令』撰定の功績により、禄を賜わった。この時、冠位は勤大壱とみえる。律令撰定事業において、彼は『永徽《えいき》律令』をはじめとする唐語文献の解釈などに主として携わり、唐風の律令条文作成に寄与したものであろう。

参考文献　森博達『日本書紀の謎を解く』(『中公新書』)
（鈴木　靖民）

さっさなりまさ　佐々成政　一五三九―八八　安土桃山時代の武将。天文八年(一五三九)生まれる。尾張国春日井郡比良村(名古屋市西区)出身。祖は佐々木源氏盛綱といわれる。その孫氏綱が上総国佐々荘を領し佐々姓を称す。子孫尾張に移り織田氏に仕う。成政は盛政の次男で内蔵助と称した。織田信長に従い天正元年(一五七三)朝倉義景を討ち、同三年本願寺一揆に功を現わし越前国府中を賜わり、のち越中富山城に移った。同十年本能寺の変後、羽柴(豊臣)秀吉に対し信長の旧臣らは抵抗し、多くは滅された。信長の遺子信雄は徳川家康と結んで同十二年四月小牧・長久手の戦を起した。成政はこれに呼応して加賀の前田利家を攻めた。同年十一月家康・秀吉間に和議が成るや、成政はこれを不満として家康・信雄に抗戦を唱えたが不成功に終った。怒った秀吉は翌年八月成政を攻め、成政は降伏したが秀吉は許さず殺そうとした。辛くも信雄の請いで赦されわずかに越中国新川一郡を与えられ、残る越中は前田領となった。同十五年秀吉の九州征伐に従い転戦、球磨・天草二郡を除く肥後国の領主となったが、その時秀吉は成政に領内国衆(国人)には先規のとおり知行を許し三年間の検地不許可、一揆発

佐々成政花押

佐々成政画像

生を戒むなどの厳しい条件をつけた。しかし多数の家臣団を率いて入国した成政は、この条件を厳守しえず、ついに隈府《わいふ》城主隈部《くまべ》親永ら多くの国人らの反抗をみるに至った。成政が一挙に制圧しようと隈府に赴いた留守に、隈本城(のちの古城《ふるしろ》)は一揆軍に囲まれ、苦戦の末辛くも成政は帰城し、筑前の小早川隆景、筑後の立花宗茂らの援軍を得てようやく一揆軍を平定した。秀吉は成政の失政を責め、安国寺恵瓊の助命願いにも許さず、同十六年閏五月十四日摂津国尼崎で死を賜い国除かるの命を加藤清正に伝達させた。五十歳(『佐々軍記』は五十三歳とする)。法名道閑(江村専斎(宗具)『老人雑話』下)。墓は兵庫県尼崎市寺町の法園寺にある。秀吉は統一政策として信長の遺臣をつぎつぎに排除していった。成政を国人の蟠踞する肥後に、厳しい条件を付して封じたのは最初から佐々成政と国人らを一挙に整理する目的の政略だったといえよう。

佐々成政墓

参考文献　『熊本県史』総説篇、『熊本県史料』中世篇、小瀬甫庵『太閤記』(『(改定)史籍集覧』六)、飯田忠彦編『野史』一七八、八木田政名『新撰事蹟通考』(『肥後文献叢書』三)　(森田　誠一)

さっとおう　察度王　一三二一―九五　一三五〇―九五在位。中世後期の琉球察度王統第一代の王。一三二一年(元亨元)生まれる。父は奥間大親《うひやあ》。母は羽衣伝説上の天女と伝える。王位につく以前、日本船に依って生誕地に近い港に輸入される鉄を買い入れて造った農具を農民に与え、また貧窮者の救済につとめたために領民から慕われ、ついに五〇年(観応元)、失政続きの英祖王統に代わり、推されて中山王となった。七二年(応安五、洪武五)明の太祖の招諭をうけて朝貢し、以後約五百年に及ぶ冊封関係の基を開いた。琉球の世の主が王を称し、また国名が元の瑠求から琉球となったのは、その時からであった。明との交通開始を契機に、九二年(明徳三)留学生を国子監に送り、これが以後王国末期まで続いた。明国からは同年閩人三十六姓が帰化し、その子孫は琉球の政治・外交・文化の発展につくした。また、九〇年には宮古・八重山の入貢をみ、中山の勢威は著しく高まった。琉球の世界史的舞台が開かれたのは察度王によってであった。九五年(応永二)十月五日(月日は明暦)没。七十五歳。

参考文献　向象賢編『中山世鑑』(『琉球史料叢書』五)、蔡温他編『中山世譜』(同四)　(宮城　栄昌)

さどあじゃり　佐渡阿闍梨　⇩日向《にこう》

さとうただのぶ　佐藤忠信　?―一一八六　平安時代末期の武士。四郎兵衛尉。父は陸奥国信夫荘司。『佐藤系図』は父の実名を元治としている。藤原秀衡の郎従。治承四年(一一八〇)十月、源義経が秀衡のもとを離れて兄頼朝の陣営に参加した時に秀衡の命により兄継信とともに義経に随従し、以後元暦元年(一一八四)二月に摂津国一谷、文治元年(一一八五)二月に讃岐国屋島、同年三月に長門国壇ノ浦で平氏と戦った。義経が頼朝に背いた後も義経と行をともにしたが、文治二年九月二十日義経と別れて京都にいた時に糟屋有季に襲われ、自殺した。八坂本『平家物語』では二十六歳、『義経記』では二十八歳とする。その行動は『平家物語』『義経記』などに描かれて広く知られる。また能『忠信』は吉野山中での義経の逃避行の時の忠信の活躍を描き、浄瑠璃『義経千本桜』四段目とともに忠信を吉野山に印象深く結びつけている。　(石田　祐一)

さとうつぐのぶ　佐藤継信　?―一一八五　平安時代末期の武士。三郎兵衛尉。陸奥国信夫荘司の男。『佐藤系図』は父の名を元治としている。忠信の兄。藤原秀衡の郎従。治承四年(一一八〇)十月、源義経が兄頼朝の陣営に参加するために秀衡のもとを離れた時より弟忠信とともに秀衡の命によって義経に属し、以後義経と行動をともにして平氏と戦った。文治元年(一一八五)二月十九日義経の軍が讃岐国屋島の平氏軍を攻めた時、戦死した。二十八歳という。『平家物語』は継信が義経を守って平教経に射られたと伝えている。　(石田　祐一)

さとうのりきよ　佐藤義清　⇩西行《さいぎょう》

さどのいん　佐渡院　⇩順徳天皇《じゅんとくてんのう》

さとみよしざね　里見義実　房総里見氏の祖とされる武将。嘉吉元年(一四四一)の結城合戦で父家基とともに結城城に籠城、父は討死したが義実は城を出て相模国三浦郡に逃れ、それより船で海上を渡り房総半島の南端白浜に上陸、安房国を平定して里見家の基礎をきずいたという。しかし、これはのちに書かれた軍記物語の筋書であって、数点の偽文書にはその名がみえるものの、その実在は確認されていない。おそらく架空の人物であろう。

参考文献　『大日本史料』八ノ二一、長享二年四月七日条、川名登『房総里見一族』、同「房総里見文書の研究」(『日本歴史』一七九)　(川名　登)

さとみよしたか　里見義堯　一五〇七―七四　戦国時代の武将、房総の大名。入道して岱叟院正五という。永正

里見義堯花押

四年(一五〇七)生まれる。里見家宗主義通の弟実堯の子。天文二年(一五三三)父を義通の遺子義豊に討たれ、かろうじて上総百首城に逃れたが、小田原北条氏の助力を得て義豊を討ち、里見家の宗主となって安房一国を領する。同四年、北条氏綱に従って河越などに出兵するが、同六年、下総から南下してくる小弓御所足利義明の勢力に押されて、これに臣従し北条氏と対立する。同七年、小弓義明に従って下総国国府台の戦に参陣、敗れて安房に帰る。しかし、この戦で小弓義明が敗死したことは幸いし、その後上総に進出、久留里に城を築いてここを本拠とし、重臣正木時茂・時忠兄弟を東上総に侵入させて、大多喜城・勝浦城を確保させ、また嫡子義弘を上総佐貫城に置いて三浦半島の北条勢に対抗した。北条氏の後押しによる領国内土豪の反乱に悩まされ、また北条軍の侵攻も受けたが、越後上杉謙信と結んでこれを退け、逆に三浦半島へ侵入した。永禄四年(一五六一)上杉謙信の小田原城包囲陣に義弘を参戦させたが、このころ入道して家を嫡子義弘に譲ったらしい。しかし、その後も実質上の宗主として里見軍を指揮し、下総から武蔵への侵攻を企てて下総国府台で北条氏政と対戦(第二次国府台合戦)、敗れて安房に退いたが、再び勢力を挽回し、同十年の上総三船山の戦では北条軍に大勝し、下総に侵出、北条氏の配下に立つ千葉氏一族を圧迫した。同十二年、上杉謙信が北条氏と和睦すると、これを怒って武田信玄と同盟を結び、あくまでも北条氏と対立した。しかし北条氏康が没し、信玄と北条氏の同盟が復活すると、再び上杉謙信に近づき、下総への侵攻をやめなかった。天正二年(一五七四)六月一日、上総久留里城に没する。六十八歳。法号を東陽院殿岱叟正五沙弥といい、安房国本織(千葉県南房総市三芳町)の延命寺に葬る。

(伝)里見義堯・義弘墓

参考文献 大野太平『房総里見氏の研究』、川名登『房総里見一族』
(川名 登)

さとみよしひろ 里見義弘 一五二五―七八 戦国時代の武将、房総の大名。大永五年(一五二五)生まれる。義堯の嫡子。母は不明。天文八年(一五三九)に元服し、太郎義弘といい、上総佐貫城を守る。その後、父に従って各地に転戦、永禄四年(一五六一)には越後上杉氏の小田原包囲軍に里見軍を率いて参戦、上杉謙信と会見する。そのころ、父義堯が入道し、義弘が里見家を相続したと思われるが、義弘が里見家宗主として出した文書で現存するのは、永禄八年のものが初見である。同七年の国府台の戦に父とともに参戦、敗れて安房に退いたが、同十年の上総三船山の戦では北条勢に大勝し、再び下総に侵出する。同十二年、上杉謙信が北条氏康と和睦すると、武田信玄と同盟するが、氏康の死後氏政が再び信玄と和睦すると、再び上杉氏に近づき、あくまでも北条氏に対抗した。しかし父義堯の死後、北条氏の圧迫にかてず、天正五年(一五七七)に北条氏政と和睦する。翌六年五月二十日、中風により死去。五十四歳。妙本寺日我の書状には「大酒故臓府やふれ候」とある。法号は瑞竜院殿在天高存居士。安房国本織(千葉県南房総市三芳町)の延命寺に葬るというが、上総国の瑞竜院(同君津市)にも墓といわれるものがある。

里見義弘花押

参考文献 大野太平『房総里見氏の研究』、川名登『房総里見一族』
(川名 登)

さとみよしより 里見義頼 ?―一五八七 戦国・安土桃山時代の武将、房総の大名。義弘の嗣子。実は義堯の子で、義弘の弟。義弘に男子がなかったため養子となったが、その後義弘と足利晴氏の女との間に梅王丸が生まれた。義弘は生前、安房国を義頼に、上総国を実子梅王丸に譲ることに定めたが、義頼は不満で、義弘が死ぬと、梅王丸を擁する上総の家臣たちと対立、天正七年(一五七九)義頼は上総に出兵、久留里・佐貫城などを落とし、梅王丸を捕えて出家させ、事実上義弘の遺領を全て相続した。翌八年、上総大多喜城の正木憲時が反乱、義頼は安房長狭郡から東上総へ出兵、憲時は死亡、大多喜城は落城したが、正木の家名の絶えるのを惜しみ、次男弥九郎に正木家を継がせて大多喜城に置いた。その後、甲斐の武田勝頼、あるいは上杉景勝と結び、北条氏と対立した。天正十五年十月二十六日に病死、法号は大勢院殿勝岩泰英居士といい、安房国青木(千葉県南房総市富浦町)の光厳寺に葬る。

里見義頼花押

「義頼」

「義頼」
里見義頼印

(伝)里見義頼墓

参考文献 大野太平『房総里見氏の研究』、川名登『房総里見一族』、同「房総里見文書の研究」(『日本歴史』一七九)　(川名 登)

さとむらじょうは 里村紹巴 一五二五―一六〇二 戦国・安土桃山時代の連歌師。法眼にまでのぼった。号は臨江斎。大永五年(一五二五)奈良の貧家に生まれた。周桂・里村昌休・三条西公条らに連歌・和歌・古典を学び、天文二十一年(一五五二)の昌休没後里村家を護り、昌休の子昌叱を養育した。谷宗養に次ぐ連歌師であったが、永禄七年(一五六四)宗養没後は第一人者として活躍。公条・近衛稙家・三好長慶・細川藤孝・明智光秀・豊臣秀吉・大覚寺義俊・聖護院道澄らをはじめ多くの人々と交渉があった。文禄四年(一五九五)豊臣秀次の事件に連座して流罪。慶長二年(一五九七)許されるが、活動も旧に復さないまま同七年四月十二日没。七十八歳。ただし、四十歳ごろ以降の資料に記された年齢から起算すると、生年は大永四年、没時は七十九歳となる。ある時期から年齢を一歳多く称するようになったらしいが、事情は不詳。法名は臨江紹巴法眼大徳。墓は京都市北区の大徳寺塔中正受院にある。子に玄仍・玄仲がいる。連歌の社交的機能重視のため、円滑な進行を第一とし、芸術性を軽視したことで褒貶一様ではない。なお、生存中里村氏を称した形跡はなく、里村紹巴と呼ばれるのは江戸時代になってからと考えられる。著作に、多数の連歌作品のほか、『連歌至宝抄』『紹巴富士見道記』『紹巴天橋立紀行』『源氏物語紹巴抄』などがある。

里村紹巴墓

里村紹巴画像(栗原信充『肖像集』)

里村紹巴花押

参考文献 小高敏郎『ある連歌師の生涯』、奥田勲『連歌師―その行動と文学―』(『日本人の行動と思想』四一)、両角倉一『連歌師紹巴―伝記と登句帳―』　(奥田 勲)

さなだまさゆき 真田昌幸 一五四七―一六一一 安土桃山時代の武将。初代上田城主。幼名源五郎、通称喜兵衛。安房守。真田弾正幸隆の第三子として天文十六年(一五四七)信濃国に生まれる。信之・幸村の父。武田信玄・勝頼父子に仕えて足軽大将を勤め、甲斐の名族武藤家をついだが、兄信綱・昌輝が天正三年(一五七五)に長篠の戦で討死したため、真田の姓に復して家を相続し、信濃国小県郡真田に住み、勝頼の援助を得て沼田城を中心とする北上州を勢力下においた。同十年の武田氏滅亡後は織田信長に属して本領安堵をうけたが、本能寺の変で政情が不安定になると、徳川家康に味方しながら戸石城(長野県上田市)に移って、小県郡の豪族を勢力下におさめ、信濃をねらう上杉・徳川・北条の勢力の間をぬって、翌十一年に上田城を築城した。同十三年家康が北条氏政と講和するために沼田城を北条氏に返付するよう命ずると、沼田は徳川氏から封ぜられたものではなく自力で得た土地なので、返却する必要はないと拒否し、徳川軍に上田城を攻められたがこれを撃退した。同十五年家康と講和し、ついで豊臣秀吉に属した。同十七年秀吉から沼田城を北条氏へ渡すように命ぜられ、これに従ったが、翌年の小田原征伐によって北条氏が滅亡すると、戦功により再び沼田を領した。慶長五年(一六〇〇)の関ヶ原の戦に際しては、次男幸村とともに西軍に味方して、上田城に拠って徳川秀忠の軍が西上するのを阻止し、秀忠を関ヶ原の戦に参加させなかった。この戦では東軍が勝利したため苦境に陥ったが、東軍に味方した長男信之の嘆願によって、所領は没収されたものの、幸村とともに一命を助けられ、紀伊国高野山麓九度山に幽居した。この地で慶長十六年六月四日没した。六十五歳。なお同十四年六月四日、六十五歳で没したとの説もある。法諡

真田昌幸花押

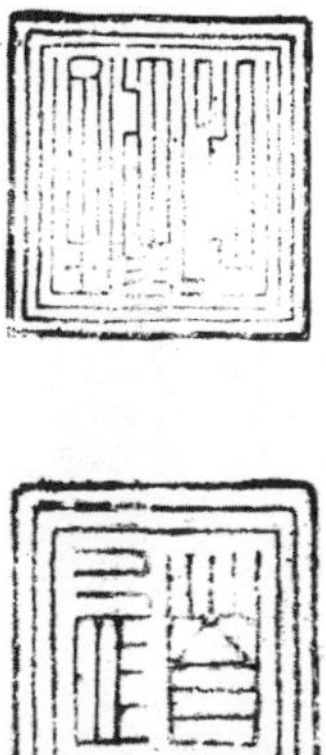
真田昌幸印

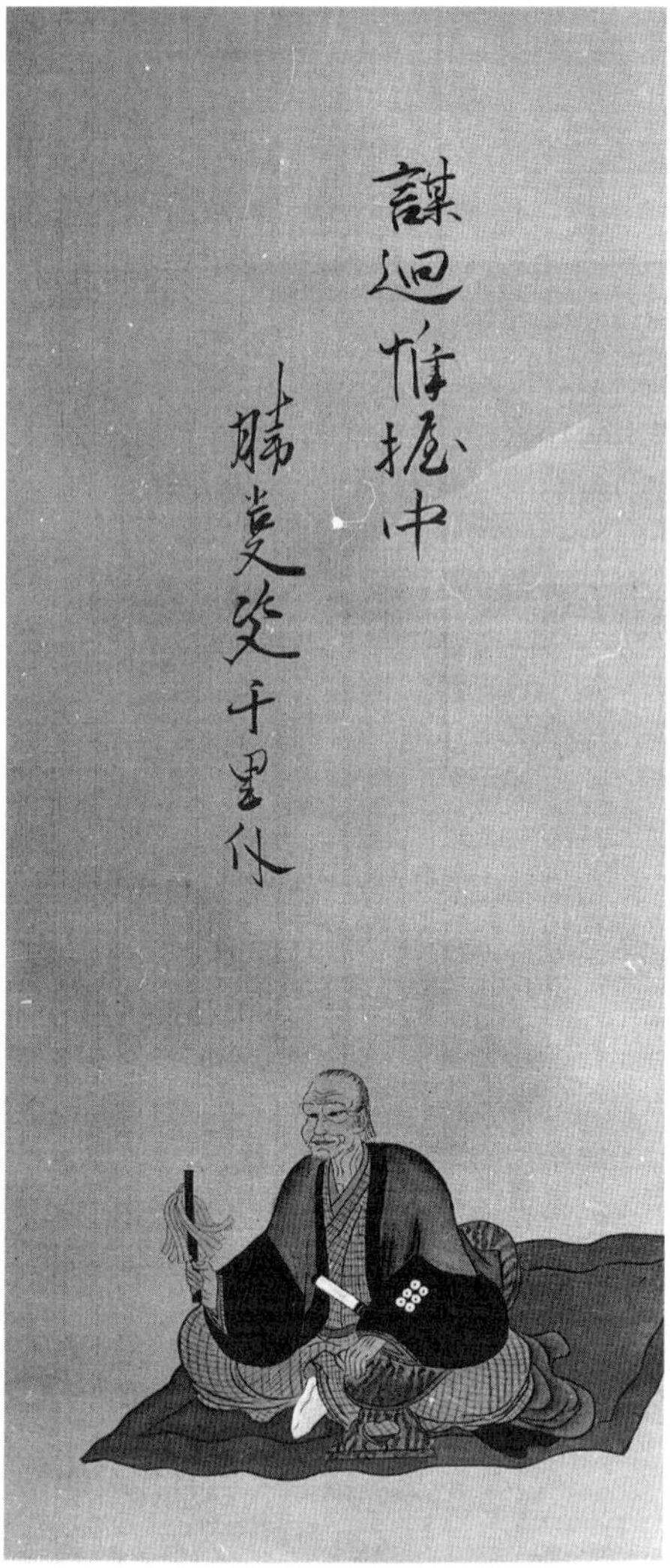

真田昌幸画像

は一翁干(閑)雪大居士。墓は和歌山県伊都郡九度山町善名称院にある。室は菊亭(今出川)晴季の娘ともいうが、異説もある。

参考文献 『大日本史料』一二ノ八、慶長十六年六月四日条、同一二ノ二一補遺、同条、『寛政重修諸家譜』六五四、『長国寺殿御事蹟稿』(『(新編)信濃史料叢書』一五・一六)、柴辻俊六『真田昌幸』(『人物叢書』二〇九)

(笹本 正治)

さなだゆきむら 真田幸村 一五六七—一六一五 安土桃山時代から江戸時代前期にかけての武将。幼名御弁丸、のち源次郎。左衛門佐と称す。名は信繁。幸村の名で有名であるが、この称の確実な史料はない。高野山蟄居中に剃髪して好白と号した。永禄十年(一五六七)信濃国上田城主真田昌幸の次男として生まれる。母は菊亭(今出川)晴季の娘。兄は信之。天正十三年(一五八五)上田城が徳川家康の軍に攻撃されたとき、父や兄とともにこれを迎撃して敗退させた。その後、父昌幸が上杉氏と結んだため一時景勝のもとに預けられたが、同十五年昌幸が豊臣秀吉へ帰属するに及び秀吉の近侍となり、大谷吉継の娘を妻とした。十八年の小田原征伐では父や兄とともに出陣、中山道の先鋒として功をあげ、文禄元年(一五九二)の朝鮮出兵時には名護屋まで出陣した。同三年に従五位下左衛門佐に叙任。慶長五年(一六〇〇)六月、徳川家康が上洛催促に応じない上杉景勝を討伐するため会津へ兵を動かした時、幸村は父や兄とともに従軍、七月二十七日下野国犬伏まで来たところ、上方で石田三成が兵をあげたとの情報を得た。兄の信之は、その妻が本多忠勝の娘である関係もあって徳川方に属したが、幸村は豊臣氏の旧恩に報いるため父昌幸とともに西軍に与して居城の上田城に拠り、中山道から西上する家康の子秀忠の率いる大軍を遮り、大いに戦功をあげた。このため秀忠は、九月八日にようやく木曾路を西上したが、関ヶ原の戦には参陣できなかった。結局、西軍が大敗したため、家康によって所領は没収され、昌幸・幸村とも生命が危うくなったが、東軍に属した信之の嘆願によって死を免れ、紀伊国高野山の麓九度山に蟄居することになった。同十九年大坂城で挙兵した豊臣秀頼の招きに応じて、幸村は十月九日手勢を率いて九度山を発ち大坂入城、同年の冬の陣では大坂城南天王寺口外堀の外に城塁を築き(世にこれを真田丸と称する)、これに拠って徳川方の軍を大いに悩ませた。翌元和元年(一六一五)夏の陣がおこると、幸村は大坂方の中心人物の一人として活躍したが、先に冬の陣の講和に際して総構を破壊され、三ノ丸まで埋められたことから、籠城は不可能だとして、城外に徳川軍を迎撃することにした。そして五月六日、後藤基次・薄田兼相らとともに大和口を防ごうとして、河内国片山道明寺へ赴いたが、基次らが敗死したので、手兵三百を率いて殿軍をつとめ、伊達政宗の大軍と戦い、これを破った。翌七日、幸村は長宗我部盛親とともに茶臼山に向かい、天王寺付近で松平忠直の軍と戦い、一時は徳川方の本陣に迫って家康を危機に陥れたが、衆寡敵せず、ついに忠直の家臣西尾仁左衛門の手にかかって戦死した。時に四十九歳。追号は大光院殿月山伝心大居士。葬地は不明。なお、世に幸村は生きのびて秀頼を奉じ、薩摩に遁れて島津氏を頼ったとの説もあるが、信じることはできない。

真田幸村花押

真田幸村画像

参考文献 『大日本史料』一二ノ一九、元和元年五月

七日条、『左衛門佐君伝記稿』(『(新編)信濃史料叢書』一八)、藤沢直枝『真田幸村』(『信濃郷土叢書』五)、藤直幹・原田伴彦編『(歴史家のみた)講談の主人公』(『三一新書』八〇)、達子勝蔵『真田幸村と一心院』、小林計一郎『真田幸村』、山本強哉「大坂陣と真田幸村」(史学地理学同攷会『歴史と地理』四ノ二・三)
(笹本　正治)

さぬきのいん　讃岐院　⇩崇徳天皇《すとくてんのう》

さぬきのすけ　讃岐典侍　⇩藤原長子《ふじわらのちょうし》

さぬきのながなお　讃岐永直　七八三―八六二　平安時代前期の明法家。『令義解』の撰者の一人。『令集解』所引「讃記」の著者に擬定されている。延暦二年(七八三)生まれる。讃岐国寒川郡出身で本姓讃岐公(承和三年(八三六)讃岐朝臣と改姓、右京三条二坊に転属)。弘仁六年(八一五)三十三歳で明法得業生となり、数年後に奉試及第、明法博士、大判事、勘解由判官・次官などを歴任した。その間、嘉祥元年(八四八)和気斉之の大不敬事件に坐して土佐国に流されたが、同三年に入京を許され本位本官に復した。勅命によって致仕後も私第で律令を講じたことや、唐に遺問を予定したほどの律の疑問点数十を悉く解義したことなどは著名。貞観元年(八五九)七十七歳で入内従五位下、同四年八月(十七日か)八十歳で没す。

参考文献　井上光貞「日本律令の成立とその注釈書」(『日本古代思想史の研究』所収)、滝川政次郎「従五位下守大判事兼行明法博士讃岐朝臣永直伝」(『国家学会雑誌』四〇ノ三・四)
(虎尾　俊哉)

さねつね　真恒　生没年不詳　平安時代後期の備前国の刀工。正恒・利恒・恒光・近恒ら「恒」を通字とする古備前物の一派に属し、その首長。代表作は静岡県の久能山東照宮にある大太刀(長さ八九・四センチ、国宝)。堂々とした姿とすぐれた出来映え、完全さの点で名物の大包平《おおかねひら》(東京国立博物館保管、国宝)と日本刀中の一、二を争う。銘は「真恒」と二字にきる。幅の広い刀樋を彫り、区《まち》下で掻流している。小板目の鍛えて互《ぐ》の目《め》調の乱れ刃をやく。

真恒押形

参考文献　広井雄一編『備前鍛冶』(至文堂『日本の美術』七三)、『日本刀大鑑』古刀篇二、『新版日本刀講座』九
(辻本　直男)

さねひとしんのう　実仁親王　一〇七一―八五　後三条天皇の第二皇子。母は女御源基子。延久三年(一〇七一)二月十日誕生。二宮とよばれたが、同年八月親王となり、実仁と命名された。延久四年十二月八日、父天皇の譲位、異母兄白河天皇の践祚にあたり皇太子に立ち、永保元年(一〇八一)八月紫宸殿において元服式を挙げたが、応徳二年(一〇八五)十一月八日、疱瘡に罹って没した。年十五。鳥部野に葬送、遺骨は仁和寺に納められた。後三条天皇は皇位を三条天皇の曾孫にあたる基子所生の実仁親王、さらにはその同母弟輔仁《すけひと》親王に伝える意向であったといわれるが、白河天皇は父帝の遺志を排して、実仁親王死去の翌年皇子善仁《たるひと》親王(堀河天皇)に皇位を譲った。院政開始の原因の一つをこの皇位継承問題に求める見解もある。
(橋本　義彦)

さねひとしんのう　誠仁親王　一五五二―八六　正親町天皇の第一皇子。母は内大臣万里小路秀房の女、贈准三宮房子。太上天皇の尊号を追贈せられ、陽光太上天皇と称せられる。天文二十一年(一五五二)四月二十三日誕生。永禄十一年(一五六八)十二月親王宣下を受け、天正十二年(一五八四)正月三品に叙せられた。幼少より皇儲と定められており、天正十四年に至り父天皇の譲位の時期も内定されたが、その儀の行われるのに先立ち、同年七月二十四日病により俄かに没した。三十五歳。院号を陽光院といい、京都東山の泉涌寺山内に葬った。陵名は月輪陵という。なお尊号の追贈は、王子後陽成天皇の受禅の同年十一月以降、親王の三周忌以前のことと推定されるが、その年次は未詳である。親王は和歌・連歌・雅楽・書道をよくし立花・楊弓の嗜みも深かった。歌集には『陽光院五十首』があり、手蹟としては『羽賀寺縁起』のほか消息類が多く伝えられている。妃は新上東門院晴子(贈左大臣勧修寺晴右の女)、王子女は後陽成天皇・八条宮智仁親王など十四人を数える。→四条天皇《しじょうてんのう》(月輪陵)

誠仁親王画像

参考文献　和田英松『皇室御撰の研究』
(武部　敏夫)

さねみつ　真光　生没年不詳　鎌倉時代中期の備前国長船派の刀工。長光の弟子。銘を「真光」または「備前国長船住人真光」ときる。太刀は腰反りで踏張りがあり、切先は猪首ごころとなる。地は板目鍛えで映《うつり》が立ち、刃文は丁子に互《ぐ》の目《め》交りであって、出来映えは長光や兄弟弟子の景光に似る。二字銘の真光の太刀(致道博物館蔵、国宝)は沸《にえ》づいて住人銘のものよりは少し古調である。

参考文献　広井雄一編『備前鍛冶』(至文堂『日本の美術』七三)
(辻本　直男)

さねもり　真守　刀工。伯耆国の大原と備前国の畠田に同銘の刀工がおり、どちらも有名。大原のは安綱の弟子で、時代は平安時代の末。銘は「真守」または「真守造」ときり、「大原」と書き添える例がある。作風は細身で

小出来、直刃《すぐは》調に小乱れ交りの刃をやく。太刀三口が重要文化財に指定されている。一方、畠田のは守家の弟子で、時代は鎌倉時代の末。銘は「真守」または「真守造」ときる。作風は身幅広く、丁子乱れの華やかな刃文をやく。太刀三口・剣二口が重要文化財に指定されている。

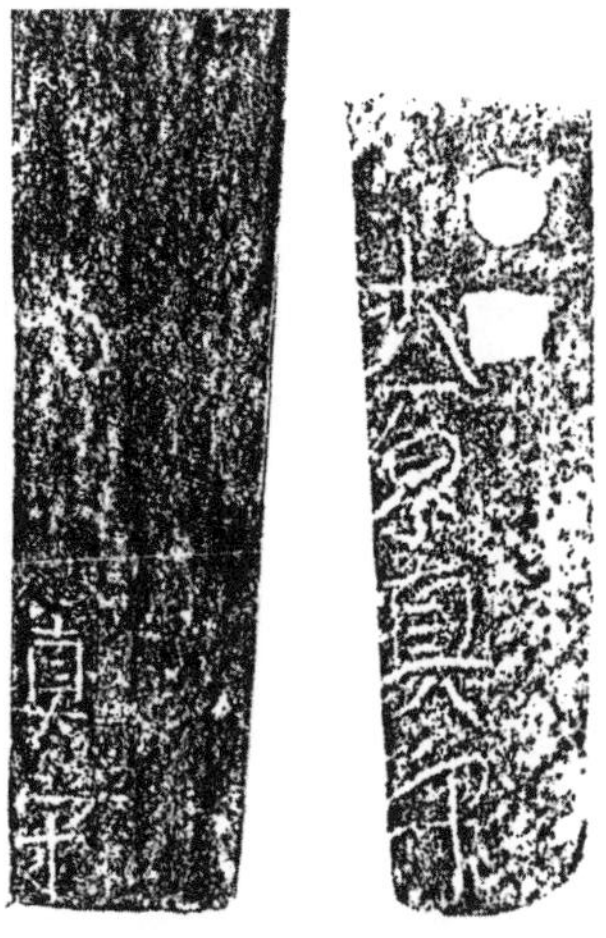

大原真守押形　　備前真守押形

参考文献　広井雄一編『備前鍛冶』(至文堂『日本の美術』七三)、『日本刀大鑑』古刀篇三、加島進「中世における長船刀工について」(『東京国立博物館紀要』六)　(辻本　直男)

さねやすしんのう　人康親王　八三一―七二　仁明天皇の第四皇子。光孝天皇同母弟。母は藤原総継女、女御沢子。天長八年(八三一)生まれる。承和四年(八三七)に山城国葛野郡空閑地一町を賜い、同十二年元服した。同十五年四品となり、上総太守、弾正尹、常陸太守を歴任したが、貞観元年(八五九)五月七日病を理由に出家した。法名法性。同五年には家田九十四町を延暦寺に施入し、同六年には詔により借財の返済を免除された。同十四年五月五日没す。四十二歳。　(玉井　力)

さののちがみのおとめ　狭野茅上娘子　生没年不詳　『万葉集』の女流歌人。茅上は弟上に作る本もある。『万葉集』一五の目録に蔵部女嬬とあるが、蔵部は不明。天平十一年(七三九)ごろ、すでに結婚していた中臣宅守が越前に流され、この事件をめぐって二人の間でよみ交された歌が『万葉集』一五の後半に一括して収録されている。娘子の歌は二十三首あり、宅守への激しい愛情を強い調子で歌い上げている点高く評価されているが、誇張やわざとらしさも認められる。

参考文献　石井庄司「中臣朝臣宅守と狭野茅上娘子」(『万葉集大成』九所収)、木下玉枝「中臣宅守と狭野茅上娘子」(有精堂『万葉集講座』六所収)、服部喜美子『万葉女流歌人の研究』　(曾倉　岑)

ザビエル　Francisco de Xavier　⇨シャビエル

さほひこおう　狭穂彦王　『古事記』『日本書紀』によれば開化天皇の皇子日子(彦)坐王の子。母は春日建国勝戸売の女沙本大闇見戸売。沙本毘古王にもつくる。垂仁天皇四年九月、同母妹である皇后の狭穂姫に匕首を授けて天皇殺害を勧め、みずから天下を取らんとしたが、同五年十月、姫はこれを実行し得ず、事情を露わし申した。そこで、天皇は狭穂彦王を攻め立てたが、王は稲城を築いて防ぎ、姫も兄の赦罪を願って許されないと知るや、皇子誉津別命を抱いて稲城に入った。天皇は母子の奪回をはかったが、わずかに皇子を取り返しただけであった。狭穂彦王は間もなく火を発した城中で妹とともに死んだという。雄略朝に采女を犯して譴責された歯田根命はその玄孫と伝えられ、『古事記』は日下部連・甲斐国造の祖とする。　(黛　弘道)

さほひめ　狭穂姫　『古事記』『日本書紀』によれば垂仁天皇の皇后。沙本毘売命にもつくる。またの名は佐波遅比売。父は開化天皇の皇子日子(彦)坐王。母は春日建国勝戸売の女沙本大闇見戸売。垂仁天皇二年二月皇后に立てられ、誉津別命を生んだ。同四年九月同母兄狭穂彦王から天皇弑殺を勧められ匕首を授けられた。同五年十月、天皇が来目の高宮に行幸し、皇后の膝を枕に昼寝した隙を窺って刺そうとしたが果たさず、事の次第を白状した。怒った天皇は狭穂彦王を攻めたが、この時、姫は兄の赦罪を請うたが宥されず、生まれたばかりの皇子を抱いて兄の籠る稲城に入り、皇子だけを手渡し、後宮に丹波道主王の五人の娘を推薦し、みずからは兄とともに火の手のあがった城中に没したという。　(黛　弘道)

さろまつ　佐魯麻都　六世紀中葉の倭系安羅《あら》人。加不至《かふち》費直《のあたい》(河内直)・阿賢移那斯《あけいなし》らとともに、かつて百済と戦って殺された那奇他甲背《なきたこうはい》を共通の祖として、安羅に出生・成長したとの説が有力。五三二年ころ倭系集団を実態とするいわゆる任那日本府が安羅に置かれると、執事として実務を担当した。四一年、加不至費直らと新羅に通じ、百済の招集に応じなかったことを百済の聖明王より責められた。四三年には聖明王が彼らの召喚を欽明天皇に願い、翌年にも同王は佐魯麻都らの存在が任那復興の障害になっていることを告げている。要するに彼らは日本府内において下級に位置したが、ある程度の軍事力をもち、また対百済交渉などに独自の判断・行動をとり得た親新羅・反百済的立場の人たちであった。

参考文献　笠井倭人「加不至費直の系譜について」(『日本書紀研究』五)、大山誠一「所謂『任那日本府』の成立について」(『古代文化』三二ノ九・一一・一二)、鈴木英夫『古代の倭国と朝鮮諸国』　(鈴木　靖民)

さわらしんのう　早良親王　七五〇―八五　光仁天皇の皇子、桓武天皇の同母弟。皇太弟。母は高野新笠。崇道天皇と追尊。天平勝宝二年(七五〇)生まれる。天応元年(七八一)四月、桓武天皇の即位とともに皇太子となる。延暦四年(七八五)九月、藤原種継射殺事件に際し、大伴家持・同継人・佐伯高成らが早良親王を君主としようとする計画のあったことを理由に、親王は同二十八日乙訓寺に幽閉された。その後、淡路に移配されるまでの十余日、親王は飲食を断ち、移送の途中、高瀬橋頭において死去した。三十六歳。親王の屍は淡路に送られ葬られた。同年十月、中納言藤原小黒麻呂らを天智天皇の山科山陵、治部卿壱志濃王らを光仁天皇の田原山陵、中務大輔当麻王らを聖武天皇の佐保山陵に遣わして、皇太子早良親王を廃する状を報告し、翌月、桓武天皇の皇子安殿親王

(平城天皇)を皇太子に立てた。延暦九年閏三月、桓武天皇の皇后藤原乙牟漏の死に伴う大赦令によって、早良は親王号を復されたらしく、あわせて淡路の親王墓に守冢一烟が宛てられ、随近の郡司に専当せしめた。同十一年六月、皇太子安殿親王の病は早良親王の祟りによるとの卜占があってから親王の霊への鎮謝が相ついで行われ、同十九年七月、親王に崇道天皇の尊号が追贈された。その後も崇道天皇の怨霊鎮祀が繰り返しなされ、同二十四年四月には改葬崇道天皇司の任命があった。『三代実録』天安二年(八五八)十二月九日条に「崇道天皇八嶋山陵在二大和国添上郡一」とみえる。貞観五年(八六三)五月の神泉苑における御霊会に際し、崇道天皇は御霊の一つとして祀られている。

参考文献 北山茂夫『日本古代政治史の研究』、佐伯有清『新撰姓氏録の研究』研究篇 (佐伯 有清)

八嶋陵《やしまのみささぎ》 奈良市八島町にあり、南面する円丘にして、正面に木戸門を設け、四周に土塀をめぐらす。親王は淡路配流の途中に没したので淡路に葬った。その後、都には諸種の災害が続き、これを親王の祟として鎮謝慰霊の事を行い、また崇道天皇と追尊し、墓を山陵とし、大和の八嶋陵に改葬した。『延喜式』諸陵寮に「兆域東西五町、南北四町、守戸二烟」とし、近陵に列している。後世陵上に神祠を建て崇道天皇社と称した。幕末修陵の時、この地の領主津藩藤堂氏が修補したが、明治十九年(一八八六)陵上の祠を移転し、あとに円丘を設けた。

参考文献 上野竹次郎『山陵』上 (中村 一郎)

さんこうぼう 三光坊 生没年不詳 室町時代後期の能面作家。近世世襲能面作家の三大家系である越前出目家・近江井関家・大野出目家の流祖として著名な能面作家で、近世の伝書類によると、十作の一人に数えられる夜叉の後裔で、本姓は千秋満広といい、越前平泉寺の僧となり、のちに比叡山や醍醐の最勝院に住したという。文明年中(一四六九―八七)の人とも、天文元年(一五三二)没ともいう。下間《しもつま》仲孝の『叢伝抄』が伝えるところでは癋見《べしみ》や尉の類を得意とするようで、「三光尉」という尉面のタイプの創始者と目されているが、正確な伝はまだ明らかにされていない。

参考文献 野上豊一郎『能面論考』、田辺三郎助「〝面打ち〟―能面作家考―」(『月刊文化財』一八七) (田辺三郎助)

さんじゅ 三修 八二九―九〇〇 平安時代前期の東大寺法相・真言兼学の学僧。俗姓は菅野氏。天長六年(八二九)に生まれた。寛平六年(八九四)に維摩会の講師をつとめたが、これより以前に入唐八家の一人である宗叡に真言宗を学んだ。翌七年十月に権律師、昌泰三年(九〇〇)五月に七十二歳で没した。なお没日は『日本紀略』では同二年五月十二日と伝える。少年のころより名山霊蹟を遊行し、二十四、五歳の仁寿年中(八五一―五四)に、当時叡山・金峯山などとともに七高山の一つにかぞえられていた近江国坂田郡の伊吹山に至り、仁明天皇によって創建された護国寺に止住していたが、伽藍の破損と法燈の断絶を憂えて、定額寺に指定されることを乞い、元慶二年(八七八)二月に至って勅許された。伊吹山の南麓下にある伊吹寺すなわち観音山護国寺がそれで、『近江国輿地志略』では三修を安祥上人とも称し崇敬している。平安時代末期の『今昔物語集』二〇には阿弥陀念仏口誦の聖人で無智不学の僧として画かれているが、これは『宇治拾遺物語』一三、念仏僧魔往生ノ事を題材とした創作とみられる。

参考文献 『大日本史料』一ノ二、昌泰二年五月十二日条、『僧綱補任』(『大日本仏教全書』) (堀池 春峰)

さんじょうきんただ 三条公忠 一三二四―八三 南北朝時代の公卿。正中元年(一三二四)生まれる。父は前内大臣実忠、母は左中将公直の女。生まれてまもなく叙爵し、建武四年(一三三七)従三位に叙せられ、康永二年(一三四三)権中納言、貞和三年(一三四七)権大納言、延文五年(一三六〇)内大臣となった。貞治元年(一三六二)従一位に叙せられ、内大臣を辞し、以後現官には就かなかったが、朝儀典例にくわしく、公家の間で重きをなした。女通陽門院厳子が後円融天皇の後宮に入り、後小松天皇を生んだので、同天皇の外祖父となった。長期にわたる日記『後愚昧記』を残し、南北朝時代後期の貴重な史料となっている。また和歌も勅撰集の『新千載和歌集』『新拾遺和歌集』『新後拾遺和歌集』『新続古今和歌集』にそれぞれ採られている。永徳三年(一三八三)十二月二十七日没した。六十歳。後押小路内大臣と号す。 (飯倉 晴武)

三条公忠花押

さんじょうさねかず 三条実量 一四一五―八三 室町時代の公卿。右大臣公冬の子。応永二十二年(一四一五)生まれる。名ははじめ実尚、実教。永享元年(一四二九)従三位に叙せられた時、実量と改めた。この叙位は父公冬が自邸を称光天皇崩御後、後花園天皇の皇居として供した賞である。以後順調に昇進して永享四年権大納言、宝徳二年(一四五〇)内大臣、長禄元年(一四五七)右大臣、同三年左大臣となった。この間、内大臣の時、嘉吉の乱で追討された赤松氏の遺臣に勧めて、吉野の南朝後胤から神璽を奪還させ、長禄二年それが京に持ちかえられると朝廷に取り次いだという(『赤松記』)。応仁元年(一四六七)出家して法名を禅空といった。文明十五年(一四八三)十二月十九日六十九歳で没した。後三条左大臣と号す。

参考文献 『大日本史料』八ノ一五、文明十五年十二月十九日条 (飯倉 晴武)

さんじょうさねふさ 三条実房 一一四七―一二二五 平安時代末期・鎌倉時代前期の公卿。没年から逆算すると、久安三年(一一四七)の誕生となる。内大臣藤原公教の三男。母は権中納言藤原清隆の女。閑院流藤原氏の嫡家を継ぎ、年少より侍従・左少将・右中将・蔵人頭を歴

三条実房画像(『天子摂関御影』)

任して、永暦元年(一一六〇)十四歳で従三位に叙され、その後も累進して文治五年(一

三条実房花押

一八九)には大納言より右大臣に昇り、翌建久元年(一一九〇)さらに左大臣に進んだ。この間、公事・政理に通ずる公卿として重んぜられ、源頼朝による文治元年の朝政改革に際しては議奏公卿の一人に指名され、また多年後白河院別当にも名を列ねた。建久七年三月病により上表、四月出家して静空と号した。しかしその後も公事の師として世人に仰がれ、「大恩教主御房」と称されたという(『玉蘂』承久二年(一二二〇)正月一日条)。嘉禄元年(一二二五)八月十七日、老病不食により死去。年七十九。ただし、八十二歳とする説もある。その日記を『愚昧記』という。

参考文献 『大日本史料』五ノ二、嘉禄元年八月十七日条 (橋本 義彦)

さんじょうてんのう 三条天皇 九七六―一〇一七 一〇一一―一六在位。貞元元年(九七六)正月三日、冷泉天皇の第二皇子として誕生。母は藤原兼家の女超子。諱は居貞。天元元年(九七八)十一月二十日、親王宣下。寛和二年(九八六)七月十六日、十一歳で兼家の南院第において元服。同日、立太子。寛弘八年(一〇一一)六月十三日、三十六歳で一条天皇より受禅、同年十月十六日、即位。長和五年(一〇一六)正月二十九日、敦成親王(後一条天皇)に譲位。天皇の在位中は藤原道長の全盛期で、しばしば軋轢があったが、天皇の眼病による皇位継承問題がおこると、道長は外孫の敦成親王の擁立を図り、天皇は、皇子敦明親王を皇太子に立てることで、みずからも譲位した。長和五年二月十三日、太上天皇の尊号を奉られ、寛仁元年(一〇一七)四月二十九日出家、法名を金剛浄と称した。同年五月九日、三条院で崩御。四十二歳。藤原済時の女娍子所生の子に、小一条院敦明親王・敦儀親王・敦平親王・師明親王・当子内親王・禔子内親王、道長の女妍子所生の子に禎子内親王がある。また、『後拾遺和歌集』『詞花和歌集』『新古今和歌集』『新千載和歌集』『新拾遺和歌集』などに歌什が残されている。

参考文献 『大日本史料』二ノ一一、寛仁元年五月九日条 (加藤 友康)

北山陵《きたやまのみささぎ》 京都市北区衣笠西尊上院町にあり、南南西に面する円丘。寛仁元年(一〇一七)五月十二日蔵骨の地を検見し、同夜入棺、ついで船岡山の西石陰《いわかげ》にて火葬、遺骨を北山の小寺中に納めた。陵所はその後所伝を失い、江戸幕府の探陵の際も不明で、明治二十二年(一八八九)六月に尊上院(三条院の訛称かとの説あり)と称する所にある当所を陵として修理を加えた。火葬塚は京都市北区衣笠鏡石町にあり、一条天皇火葬塚と同域である。

参考文献 『大日本史料』二ノ一一、寛仁元年五月十二日条、上野竹次郎『山陵』下 (中村 一郎)

さんじょうにしきんえだ 三条西公条 一四八七―一五六三 戦国時代の公卿。父は三条西実隆、母は勧修寺教秀の女。長享元年(一四八七)五月二十一日誕生。兄公順が出家したので(のちの西室僧正公瑜)次男ながら家督と決まり、二歳で叙爵し侍従に任ぜられ、永正二年(一五〇五)蔵人頭、同四年参議、同八年権中納言となり、さ

三条西公条花押

「公条」
三条西公条印

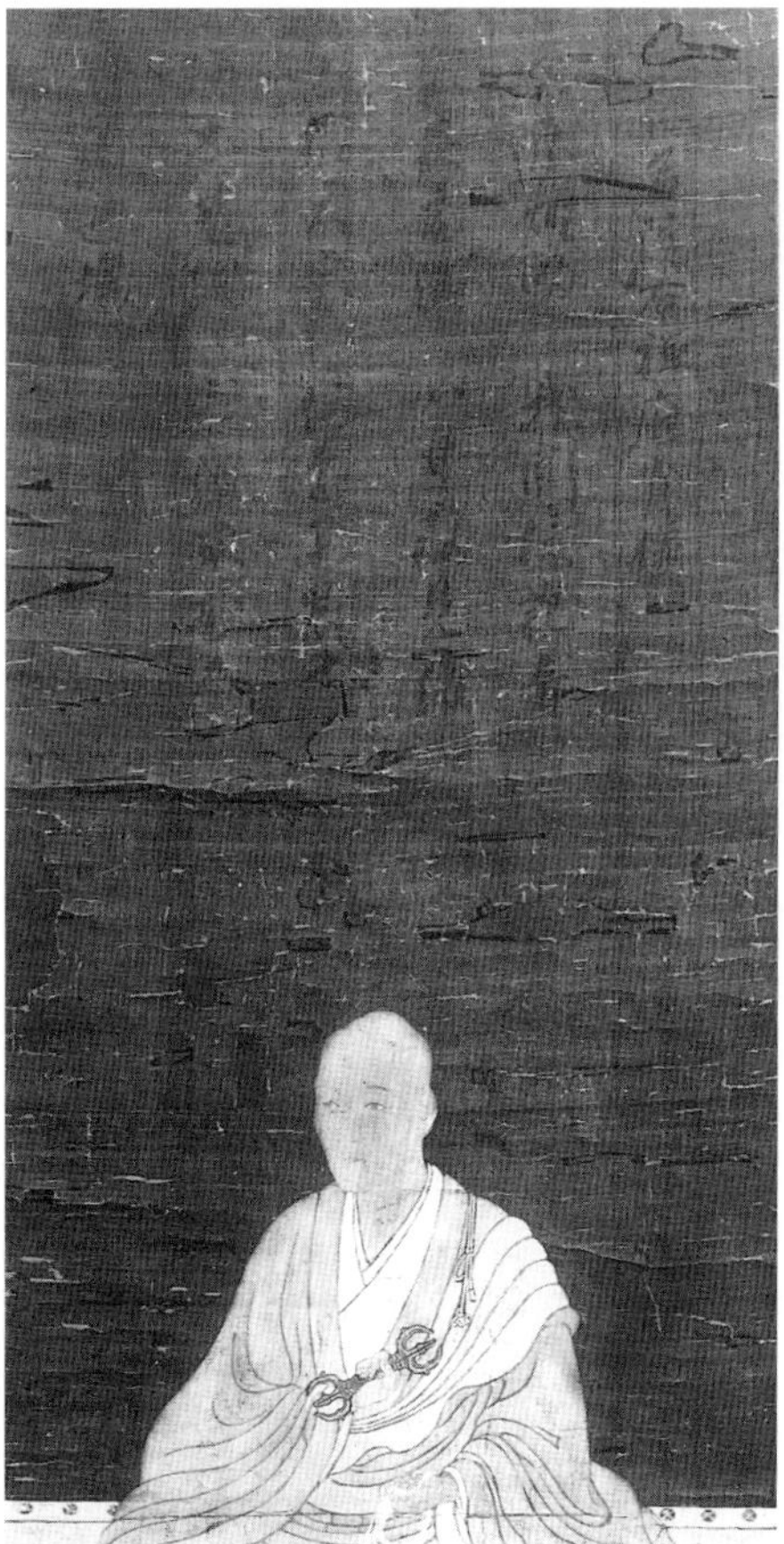
三条西公条画像

三条西公条墓

らに大宰権帥・神宮伝奏を歴任し大永元年（一五二一）権大納言に昇進した。その後二十年間この官にあったが天文十年（一五四一）正月内大臣に、同十一年三月右大臣に昇進し、十二年七月五十七歳で致仕、翌天文十三年二月二尊院で落飾した。法名仍覚、法号称名院。これ以後悠々自適し、永禄六年（一五六三）十二月二日七十七歳で寂して二尊院に葬られた。彼は父実隆はじめ諸家について和漢の学を修め、享禄二年（一五二九）に後奈良天皇に『古今和歌集』を進講して面目をほどこすなど、当時第一流の文化人として重んじられた。能登守護畠山義総の需めで成った『源氏物語細流抄』は父実隆の口述を彼が整理筆録したものである。なお彼の著としては『台記』を抜粋した『宇槐記抄』（永正十四年）、紀行『吉野詣記』（天文二十二年）などがある。

参考文献　芳賀幸四郎『三条西実隆』（『人物叢書』四三）

（芳賀幸四郎）

三条西実枝花押

さんじょうにしさねき　**三条西実枝**　一五一一―七九　戦国時代から安土桃山時代にかけての公卿、歌人。初名実世、実澄さらに実枝と改名。父三条西公条、母甘露寺元長の女。永正八年（一五一一）八月四日誕生。二歳で叙爵し四歳で侍従に任じ、右中将・蔵人頭を経て享禄三年（一五三〇）正月参議に進んだ。天文四年（一五三五）十二月権中納言に任じ、同十年三月権大納言に昇進し、同十三年六月に実澄と改名した。天文二十一年の九月ころから駿河に下り、永禄元年（一五五八）八月一旦帰洛したが翌年正月また駿河に下り、久しく在国した。元亀三年（一五七二）正月、一旦辞任したが天正二年（一五七四）三月権大納言に還任し、同年十二月実枝と改名し、同五年十一月大納言に転じ、天正七年正月二十日内大臣に任じ、同月二十四日六十九歳で没した。法名豪空、号三光院。嵯峨の二尊院に葬られた。祖父実隆・父公条の家説をうけて『源氏物語明星抄』二十冊、また有職故実書『三光院内府記』（別名『三内口決』）一巻をのこしている。

（芳賀幸四郎）

三条西実枝画像

三条西実枝墓

三条西実隆画像

さんじょうにしさねたか　**三条西実隆**　一四五五―一五三七　室町時代後期から戦国時代にかけて活躍した公卿、文化人。康正元年（一四五五）四月二十五日、三条西公保の次男として誕生。初名公世。母は甘露寺房長の女。長男実連が夭逝したので長禄二年（一四五八）四歳で叙爵し侍従に任ぜられ公延と改名、寛正元年（一四六〇）父公保の死去にあい、文明元年（一四六九）十五歳で元服し実隆と改名した。同七年蔵人頭に補せられ、同九年参議、同

三条西実隆花押

十二年権中納言、延徳元年（一四八九）権大納言と家格相応の順調な昇進をし、かつ侍従として後土御門天皇の信任を得ていた。しかしこの後の昇進はとどこおり、永正三年（一五〇六）二月、五十二歳でようやく宿望を達して内大臣に任じられ、その四月に辞任した。彼は壮年のころから当時の公家社会一般の風潮のままに浄土宗の信仰に傾いていたが、永正十三年六十二歳の時に廬山寺で落飾した。法名堯空、法号耕隠、院号逍遙院。彼は妻勧修寺氏との間に家督公条ら三男二女をもうけ、戦国争乱の世相と家計の不如意に心を痛めながらも京都を離れず、よく摂生につとめて古典復興の運動に挺身し、和学の最高の権威として一世に仰がれていたが、天文六年（一五三七）十月三日、八十三歳で死去した。嵯峨の二尊院に葬られた。実隆はその温厚篤実な性格の故に、後土御門・後柏原両天皇をはじめ各方面から信頼され、大永六年（一五二六）後柏原天皇の大葬と後奈良天皇の践祚の費用のことで奔走して成果をあげるなど、公卿として模範的な存在であった。しかし彼の業績として特筆されるべきは、世相の不安や家計の窮迫などの悪条件にも屈せず、一条兼良のあとをうけて中世和学の興隆を着実に推進したことである。実隆は二十一歳の時に飛鳥井栄雅の門に入って和歌を学び（雅号聴雪）、その翌年から牡丹花肖柏を介して宗祇に親近して『源氏物語』『伊勢物語』の講釈を聴聞し、三十三歳のころから宗祇から「古今伝授」を受け始め、ついに文亀元年（一五〇一）その伝授を了畢し、その正統を嗣いだ。彼はまた宗祇の『新撰菟玖波集』編纂の仕事に協力し、折からの戦乱で散佚の危険にさらされていた多くの古典の書写・校合や有職故実の保存などにもつとめた。しかも彼は他面、天隠竜沢・蘭坡景茝・月舟寿桂ら五山派禅僧とも交わって、『杜甫詩集』『東坡詩集』などについての彼らの講席に列し、かつ『史記』『漢書』『後漢書』『周易』などにまで関心を寄せ、精力的にそれらを書写している。彼はこのようにして古今伝授を継承し、和漢の学に通じた最高の文化人として、その名が全国的に知られ、彼の門には全国から各階層の人びとが参集した。彼の著作としては子公条の協力で成った『源氏物語細流抄』、有職故実書『多々良問答』、私家集『雪玉集』（別名『聴雪集』）、文亀元年から天文五年にかけての歌日記『再昌草』などがあり、彼の筆に成る色紙・短冊なども比較的に多く伝存している。また日記『実隆公記』をのこしている。

三条西実隆墓

参考文献　原勝郎『東山時代に於ける一縉紳の生活』（『筑摩叢書』九二）、芳賀幸四郎『三条西実隆』（『人物叢書』四三）

（芳賀幸四郎）

さんそうえうん　山叟慧雲　一二二七―一三〇一　鎌倉時代後期の臨済宗聖一派の禅僧。別に道空房と称した。安貞元年（一二二七）生。武蔵国飯沢の人。東福寺円爾に師事した。正嘉二年（一二五八）入宋。杭州浄慈《じんず》寺の断橋妙倫に参じ、無関玄悟らとともにその頂相に自賛を与えられた。方庵智圻・清虚□心にも学び、文永五年（一二六八）帰朝。東福寺で秉払《ひんぽつ》を勤め、まもなく博多承天寺に住持となり、円爾からの嗣法を宣言し、翌年十月横岳崇福寺に晋住した。近江国安楽寺の開山とされるが、また伊達政依の懇請で陸奥国勝満寺・東昌寺などの開山となり十年以上奥州に滞在した。永仁三年（一二九五）三月九条忠教の招請で東福寺五世に就任、亀山法皇はその上堂に臨席し、また北条貞時から東福寺への荘園寄進を受

山叟慧雲画像

けた。正安三年（一三〇一）七月九日示寂。七十五歳。東福寺正覚庵に塔し、その門流を正覚派という。『山叟和尚語録』がある。

参考文献 『仏智禅師伝』（『五山文学全集』一）、『扶桑五山記』（『鎌倉市文化財資料』二）、天瑞守選『慧日山宗派図』、『断橋妙倫禅師語録』（『卍続蔵経』一二二）、卍元師蛮『延宝伝燈録』一〇（『大日本仏教全書』）、『本朝僧宝伝』上（同）、白石芳留編『東福寺誌』、田山方南編『禅林墨蹟』乾、今枝愛真『中世禅宗史の研究』、島田修二郎「山叟慧雲像」（『国華』六九八）

（菅原　昭英）

さんぼうし　三法師　⇩織田秀信《おだひでのぶ》

さんみゃくいんどの　三藐院殿　⇩近衛信尹《このえのぶただ》

し

じいおしょう　慈威和尚　⇩円観《えんかん》

じうんみょうい　慈雲妙意　一二七四―一三四五　鎌倉時代後期・南北朝時代の臨済宗法燈派の禅僧。国泰寺派の派祖。文永十一年（一二七四）生まれる。十二歳の時、越後国五智山で出家して諸国を行脚し、日光山で『円覚経』を聴講した。さらに入宋僧との出合いなどから禅宗に志して建長寺・円覚寺などに遊学し、永仁四年（一二九六）には、越中国関野の二上権現のある二上山の後渓に草庵を結んだ。来訪した孤峯覚明に促されて紀伊国由良の無本覚心に参じ、その法を嗣いだとも、また覚心の死後覚明の印可を得たともいう。正安元年（一二九九）二上山に戻り、摩頂山東松寺を開き枯淡の禅風をかかげた。その後覚明の忠告を容れて諸堂を整え、また覚明の推挙で嘉暦二年（一三二七）参内して後醍醐天皇に禅要を説き、清泉禅師の号と紫衣をうけ、翌年東松寺は勅により国泰寺と改称され官寺になったという。貞和元年（一三四五）六月三日没。七十二歳。なお、貞治三年（一三六四）法孫の寂岸心光が書いたという行録は、成立・内容ともに検討を要する。

参考文献 『大日本史料』六ノ九、貞和元年六月三日条、卍元師蛮『延宝伝燈録』一五（『大日本仏教全書』）、高泉性潡『続扶桑禅林僧宝伝』一（同）、『氷見市史』

（菅原　昭英）

じえだいし　慈恵大師　⇩良源《りょうげん》

しえん　思円　⇩叡尊《えいぞん》

じえん　慈円　一一五五―一二二五　鎌倉時代前期の天台宗の僧。初名道快、諡慈鎮、無動寺法印・吉水僧正とよばれた。久寿二年（一一五五）四月十五日生まれる。父は関白藤原忠通、母は藤原仲光の女加賀。同母兄に兼実・道円・兼房ら、異母兄に基実・基房・覚忠らがあった。二歳で母に、十歳で父に別れ、権中納言藤原経定の未亡人に養われた。永万元年（一一六五）十一歳で延暦寺の青蓮院門跡に入り、第二代門主覚快法親王に侍した。仁安二年（一一六七）十三歳で出家、法名を道快と称した。嘉応二年（一一七〇）同親王の解文により一身阿闍梨に補せられ、ついで法眼に叙せられた。このころ、延暦寺の無動寺をはじめ、江文寺、および当時無動寺領となった西山の善峰寺などで修行を積んだ。治承二年（一一七八）には法性寺座主に任ぜられた。やがて仏法興隆のために交衆することを決意して下山入京する。養和元年（一一八一）法印に叙せられ名を慈円と改めている。この年、師覚快法親王の入滅に遭った。引きつづいて三昧院・法興院・常寿院・極楽院の検校や別当を兼ねたが、翌寿永元年（一一八二）無動寺検校に補せられ、無動寺法印とよばれた。同年十二月、全玄に従って灌頂を受け台密三昧流の法燈をついだ。寿永三年以後、兄九条兼実が後鳥羽天皇のもとに政権をとるに及んで慈円は平等院執印・法成寺執印を兼ね、建久三年（一一九二）後白河院他界ののちには天台座主・権僧正として後鳥羽天皇の護持僧に任ぜられ、朝廷・公家の祈禱によって仏法興隆に挺身することとなった。建久六年叡山大乗院に勧学講を開いて叡山の学解の推進、学僧の養成を期したが、その用途として源頼朝より越前国藤島荘を寄せられた。建久七年九条家の政治的失脚とともにその職位を辞して籠居したが、後鳥羽上皇の眷顧によって朝廷のための祈禱を再開した。建仁元年（一二〇一）座主に還補し、祈禱の功を以て翌々三年、大僧正に任ぜられた。前権僧正より直叙された初例である。元久二年（一二〇五）自房三条白川房に大懺法

慈円花押

院をたて、祈禱の道場としたが、後鳥羽院の命によってこの地を院に進じ、祇園の森の東の吉水の地にこれを移し整えて大成就院とした。これより吉水僧正とよばれた。承元元年（一二〇七）四天王寺別当に補せられたが間もなく辞して西山に籠居して閑地に就くこと五年に及んだ。この間もしきりに院の勅喚を蒙り、しばしば祈禱に任じている。建暦二年（一二一二）三たび座主となり、同年叡山東塔に開いた新青蓮院に住した。翌建保元年（一二一三）座主を辞した。同年四天王寺別当となり、また天台座主となった。四度の座主就任の初例である。このころ病あり、牛車の宣を蒙った。しかし、一方、院との間に政見などをめぐって対立を生じ、承久元年（一二一九）、院の前から退いて祈禱を中止した。この時に上った十首の歌が存する。同時に、しきりに神仏に願文を捧げて公武の協調を祈り、『愚管抄』の成立もこの間に在るかと思われる。承久三年乱の勃発、公武の衝突に傷心したが、翌貞応元年（一二二二）これより先、焼失した大成就院を、朝廷から返還された白河の故地に再建して祈禱再開を図った。再興願文には、朝廷と武家将軍とを併せ祈って公武のための祈禱の道場とすることを新たに規定した。また建保元年以来入滅まで引きつづき四天王寺別当であったのでその絵堂の復興整備にも尽力し、また叡山には山王十禅師の礼拝講を整えるなど、老病を推して叡山と四天王寺と両寺の興隆のために周旋奔走している。この間、門跡の将来を思って身後の計を定め、かねて建暦三年に起草した譲状を改めて、後鳥羽院の皇子たる弟子朝仁（道覚）親王に擬して来た門跡の相承を、幕府を憚って、あらためて弟子良快宛とした。嘉禄元年（一二二五）九月二十五日、叡山山麓の東坂本大和荘において多くの弟子に囲繞されて、七十一歳の生涯をとじた。世人は一世の識者を喪ったと哀惜した。その後十三年、嘉禎三年（一二三七）三月八日、四条天皇より慈鎮の諡をおくられた。慈円は延暦寺に遮那業を修め三昧流をくんで山門仏法の正統派を以て任じた。源空の浄土宗の興起と時を同じうしたが真向からこれに反対の意を表明している。叡山の先輩中とくに安然の思想を継承して幾多の著作をのこした。『(ビセイ)別』『法華別私記』『毗盧遮那別行経私記』『本尊縁起』などがその主なものであり、また語録に『四帖秘決』がある。またこの叡山仏法の立場から日本の通史『愚管抄』をかいて独自の史観を示し、公武合体の政治を謳歌し、同時に九条家の政治的立場を擁護した。また和歌を能くして当時の歌壇に重きをなし、『新古今和歌集』撰進のための和歌所の寄人にも加えられ、同集の入選歌数は西行について第二位、九十二首に及んでいる。家集を『拾玉集』といい、数千首の歌を伝存している。文学の世界においては大きく貢献したが、学解才芸ある人と交わり、なかんずく、『平家物語』もその庇護した人の手に成ったとも伝えられている。→九条《くじょう》兼実《かねざね》

慈円画像

参考文献　『大日本史料』五ノ二、嘉禄元年九月二十五日条、間中富士子『慈鎮和尚の研究』、同『慈鎮和尚及び拾玉集の研究』、赤松俊秀『鎌倉仏教の研究』、同『続鎌倉仏教の研究』、多賀宗隼『慈円の研究』、同『慈円』（『人物叢書』一五）　　（多賀　宗隼）

しおやきおう　塩焼王　⇨氷上塩焼《ひがみのしおやき》

しおやのこのしろ　塩屋鯯魚　？―六五八　七世紀中葉の官人。名は小戈にもつくり、木代と改める説もあるが、小代の誤り。大化二年（六四六）三月、前年八月に派遣された東国国司の功過を定めた時に、鯯魚以下六人の国司は天皇の命令によく従ったとの功績で孝徳天皇より讃えられている。しかし斉明天皇四年（六五八）十一月、有間皇子の謀反に連坐して守大石・坂合部薬とともに捉えられ、紀（和歌山県）の温湯に護送される途中か、そこよりの帰途、同月十一日藤白《ふじしろ》坂（和歌山県海南市藤白、または同県伊都郡高野町の藤代峰）で斬殺された。この時、鯯魚は「願令三右手作二国宝器一（できることならば、右手で国の宝器を作らせなさい）」といっているが、この意味はよくわかっていない。　　（鈴木　靖民）

しおやのこまろ　塩屋古麻呂　生没年不詳　奈良時代の明法官人。連姓で吉麻呂ともみえる。養老五年（七二一）に従七位下で、明法の学により退朝後に東宮へ拝侍を命ぜられ、また賞賜された。翌六年二月、『養老律令』撰修の功田五町を賜わり、神亀三年（七二六）には正七位下・令師。天平十年（七三八）ごろには明法の達吏と評され、翌十一年に極位の外従五位下。明法博士、判事、大学頭を歴任。『懐風藻』に五言詩がみえる。

参考文献　布施弥平治『明法道の研究』、野村忠夫『律令政治の諸様相』（『塙選書』六四）　　（野村　忠夫）

じおんだいし　慈恩大師　⇨窺基《きき》

じかくだいし　慈覚大師　⇨円仁《えんにん》

じがよざえもん　似我与左衛門　一五〇六―八〇　戦国・安土桃山時代の能役者（観世座の太鼓打）。初め与五郎国

広、のち与左衛門国広。本姓は檜垣本《ひがいもと》、似我は異名。当代の日記類は「観世与左衛門」とも記すが、自筆文書には「観世座与左衛門尉国広」と署名している。永正三年（一五〇六）生まれる。祖父は観世座（のちに金春座）小鼓打の与五郎吉久（美濃権守）、父は観世座太鼓打次郎大夫国忠。観世大夫道見（元広）の女婿で、同宗節（元忠）の姉婿にあたる。大永年中（一五二一―二八）から天正年中（一五七三―九二）初年にかけて活躍。確認できる出演記録は多くないが、名人上手と評され、将軍足利義輝の朽木谷滞在中に浅黄の調子緒を許された。持ち役以外の能楽諸芸の秘事にも通じていたという。天文二十三年（一五五四）小嶋弥四郎宛太鼓伝書や、『四座役者目録』（観世元信編）上巻の原典となった『四座之役者』など、国広自筆の伝書も現存し、その他の国広関係文書の多くとともに、能楽研究上の貴重な資料となっている。天正八年没。七十五歳。

参考文献　『（校本）四座役者目録』（『能楽史料』六）　（片桐　登）

しきけんもんいんのみくしげ　式乾門院御匣　生没年不詳　鎌倉時代の女流歌人。父は後久我太政大臣源通光。母は未詳。式乾門院の女房で御匣といったが、のち、安嘉門院に仕え、三条と呼ばれた。『十六夜日記』によると、鎌倉滞在の阿仏尼と、弘安二年（一二七九）十二月に歌の贈答をしているから、そのころまでは健在。『続後撰和歌集』以下の勅撰和歌集に五十二首選入。『弘安百首』（散逸）の作者。『女房三十六人歌合』の歌人。

参考文献　福田秀一・井上宗雄編『中世歌合集と研究』上（『未刊国文資料』三期一四）　（樋口芳麻呂）

しきしないしんのう　式子内親王　？―一二〇一　平安時代後期の斎院、同期から鎌倉時代初期にかけての歌人。女房三十六歌仙の一人。「しょくしないしんのう」ともいい、萱斎院・大炊御門斎院と呼ばれる。生年は未詳だが、仁平二年（一一五二）ころ、雅仁親王（後白河天皇）の第三女として誕生。母は権大納言藤原季成女成子（高倉三位）。平治元年（一一五九）十月二十五日三十一代斎院に卜定、嘉応元年（一一六九）七月二十六日、病のため退下した。建久三年（一一九二）三月の父後白河法皇の崩御以前出家していたか。法名は承如法、受戒の師は法然房源空であった。同八年三月ころ橘兼仲夫妻・歓心らの謀計に同意したとの理由で、洛外に追放されそうになったが、とどめられたという。正治二年（一二〇〇）秋、『正治二年院初度百首和歌』を詠進、十月一日には春宮守成親王（順徳天皇）を猶子としたが、同年閏二月ころから乳を煩い、十二月ころからは病篤く、翌建仁元年（一二〇一）正月二十五日、没した。五十歳ぐらいか。京都市上京区の般舟院陵域内にその塚と伝えるものがある。和歌を藤原俊成に学び、家集に『式子内親王集』がある。

参考文献　『大日本史料』四ノ六、建仁元年正月二十五日条、馬場あき子『式子内親王』（『紀伊国屋新書』A四六）、久保田淳『中世文学の世界』（『UP選書』九四）、本位田重美『古代和歌論考』　（久保田　淳）

しきじょう　色定　一一五九―一二四二　鎌倉時代前期の禅僧。法名を良祐、経祐、栄祐、晩年には色定と称している。筑前宗像社の座主兼祐と妙法尼の子として平治元年（一一五九）に生まれ、宗像社の第一宮座主となった。平安時代末期に流行した一切経書写の影響をうけて、一切経の書写を発願し、願主の宗像大宮司氏国や、宋商人の張成、李栄などの助成をうけて、文治三年（一一八七）から安貞二年（一二二八）に至るまでの四十二年間にわたって、五千二百四十巻の経文を一筆書写した。その間、経文を求め、紙墨を勧進して、その足跡は香椎・彦山・門司・安芸・讃岐・備後・淡路・紀伊から京都にまで及んでいる。書写された一切経は、宗像社の一切経堂に社宝として伝来していたが、明治の神仏分離令により、田島の禅宗寺院興聖寺の経蔵に移された。昭和三十二年（一九五七）に国の重要文化財に指定され、国費補助による修理事業により成巻された。昭和三十九年、宗像大社が管理団体に指定され、現在、四千三百二十二巻（重要文化財）、指定外七巻計四千三百四十九巻が福岡県宗像市田島の宗像大社神宝館に所蔵されている。これ以外に色定によって書写された一切経で各地に散佚した若干数の経巻と色定の入滅の年月を示す墨書銘のある色定の坐像（福岡県文化財）が存在する。なお良祐と禅僧安覚とを同一人と認定したことによる、色定の入宋説、栄西の弟子とする説もあるが、根拠はない。仁治三年（一二四二）十一月六日寂。年八十四。

参考文献　『大日本史料』五ノ一五、仁治三年十一月六日条、興聖寺編『色定法師一筆一切経文献集』、文化庁編『色定法師一筆一切経目録』、『宗像市史』通

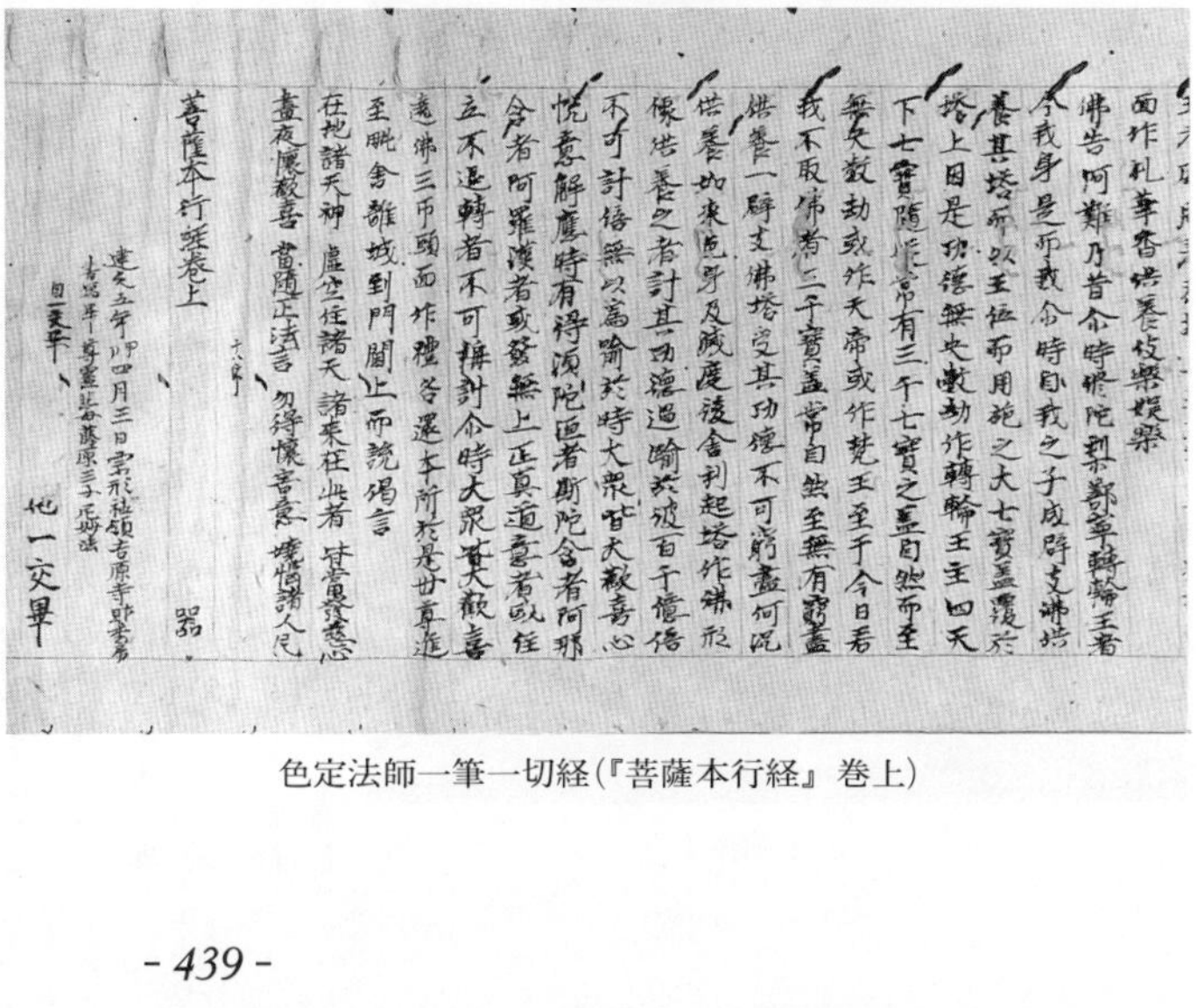

色定法師一筆一切経（『菩薩本行経』巻上）

史編二、河窪奈津子「色定法師一筆一切経調査報告」(『宗像大社神宝館館報』二) (今枝　愛真)

しきつひこたまてみのみこと　磯城津彦玉手看尊　⇨安寧天皇《あんねいてんのう》

しきのおうじ　施基皇子　?—七一六　天智天皇の皇子。母は越道君伊羅都売《こしのみちのきみいらつめ》。光仁天皇(白壁王)・湯原王・榎井王・春日王・衣縫女王などの父。芝基・志紀・志貴とも書き、光仁天皇の即位後、宝亀元年(七七〇)春日宮天皇と追尊され、また山陵の地により田原天皇とも称された。天武天皇八年(六七九)、天皇が吉野で行なった諸皇子の会盟に参加、持統天皇三年(六八九)には撰善言司に任じられた。霊亀元年(七一五)二品に叙せられ、『続日本紀』によれば翌二年八月甲寅(十一日)没した。『万葉集』には霊亀元年九月に薨じたとあるが、『類聚三代格』宝亀三年五月八日勅には、「丙辰年(七一六)八月九日崩」とあり、『続日本紀』宝亀二年五月条にも八月九日の忌斎のことがみえるから、やはり二年八月の没であろう。その子湯原王とともに和歌に秀で、『万葉集』に六首の歌があり、また同巻二には皇子が没した時の『笠金村歌集』所載の挽歌がある。

参考文献　金子武雄「天智天皇の諸皇子・諸皇女」(『万葉集大成』九所収) (笹山　晴生)

田原西陵《たわらのにしのみささぎ》　奈良市矢田原町にあり、光仁天皇田原東陵と約二キロを隔て東西相並んでいる。形状は、長径約五〇メートル、短径約三〇メートルの円墳。光仁天皇は即位ののち、父親王を追尊して春日宮天皇と称し、ついで墓を山陵と改めた。光仁天皇の後田原山陵に対して前田原山陵ともいう。『延喜式』諸陵寮に「在二大和国添上郡一、兆域東西九町、南北九町、守戸五烟」とあり、遠陵とする。中世所伝を失ったが『大和志』『山陵志』など当所を示し、幕末修陵の際に当地の領主津藩主藤堂高猷によって修補された。

参考文献　谷森善臣『山陵考』(『(新註)皇学叢書』五)、上野竹次郎『山陵』上 (戸原　純一)

しきのおうじ　磯城皇子　生没年不詳　天武天皇の皇子。母は宍人臣大麻呂の女檽媛娘《かじひめのいらつめ》で、忍壁親王の同母弟。名は、大和国の磯城県主が資養にあたったことに由来するのであろう。天武天皇八年(六七九)天皇・皇后・諸皇子が行なった吉野の会盟にも参加しておらず、朱鳥元年(六八六)封二百戸を加増されたこと以外、確実な事蹟は伝わらない。『新撰姓氏録』左京皇別には、官位は浄広壱で、三園真人・笠原真人の祖とあり、また『三代実録』貞観四年(八六二)五月条には、五代の孫坂井王に清春真人の姓を賜わったことがみえる。 (笹山　晴生)

じきょう　自彊　⇨竺雲等連《じくうんとうれん》

しぎょく　志玉　一三八三—一四六三　室町時代前期の東大寺戒壇院の長老。総円・渡西・談宗あるいは普一潤山志玉と称した。永徳三年(一三八三)に生まれた。出自などについては不詳。金沢称名寺で剃髪し、のち戒壇院長老融存について律・華厳教学を修め、さらに諸宗について造詣を深めた。応永二十四年(一四一七)に渡明、翌年成祖に『華厳経』を講じ、戒を授け普一国師の号を賜わった。同二十九年に多くの仏典類・什器などをもって帰国し、戒壇院に止住した。時に「和国の僧、大明天子の戒和尚となる、誠に本邦の美事」と評せられ、師融存の入寂のあと戒壇院長老となった。常に戒壇院で『華厳五教章』『大乗起信論』などを、さらに大仏殿で『華厳経』を講じ、戒律の宣揚につとめるなど聴講者は群を成したという。称光天皇はその功を尚び、重ねて国師号を授与し、時の人は志玉を「和漢両朝の国師」と称した。永享元年(一四二九)九月に足利義教の南都巡礼にあたって、摂政二条持基とともに戒壇院で戒を授け、同十二年四月には十二回にわたり『華厳経』普賢行願品の講義を行い、義教は親しくこれを聴聞するなど、志玉に深く帰依した。文安三年(一四四六)正月二日に戒壇院は千手堂などを残してほとんど全焼するに及んで、直ちに再興に着手し、同年八月には講堂の立柱式が行われ、義教また御教書を発して造営を援けた。志玉は寛正四年(一四六三)九月六日に八十一歳で没し、洛西栂尾の高山寺に埋葬された。応永二十一年には造東大寺大勧進となり、後年にも還補されたほか、金沢称名寺、鎌倉極楽寺、周防阿弥陀寺、讃岐屋島寺などにおいても『華厳経』を講じ、

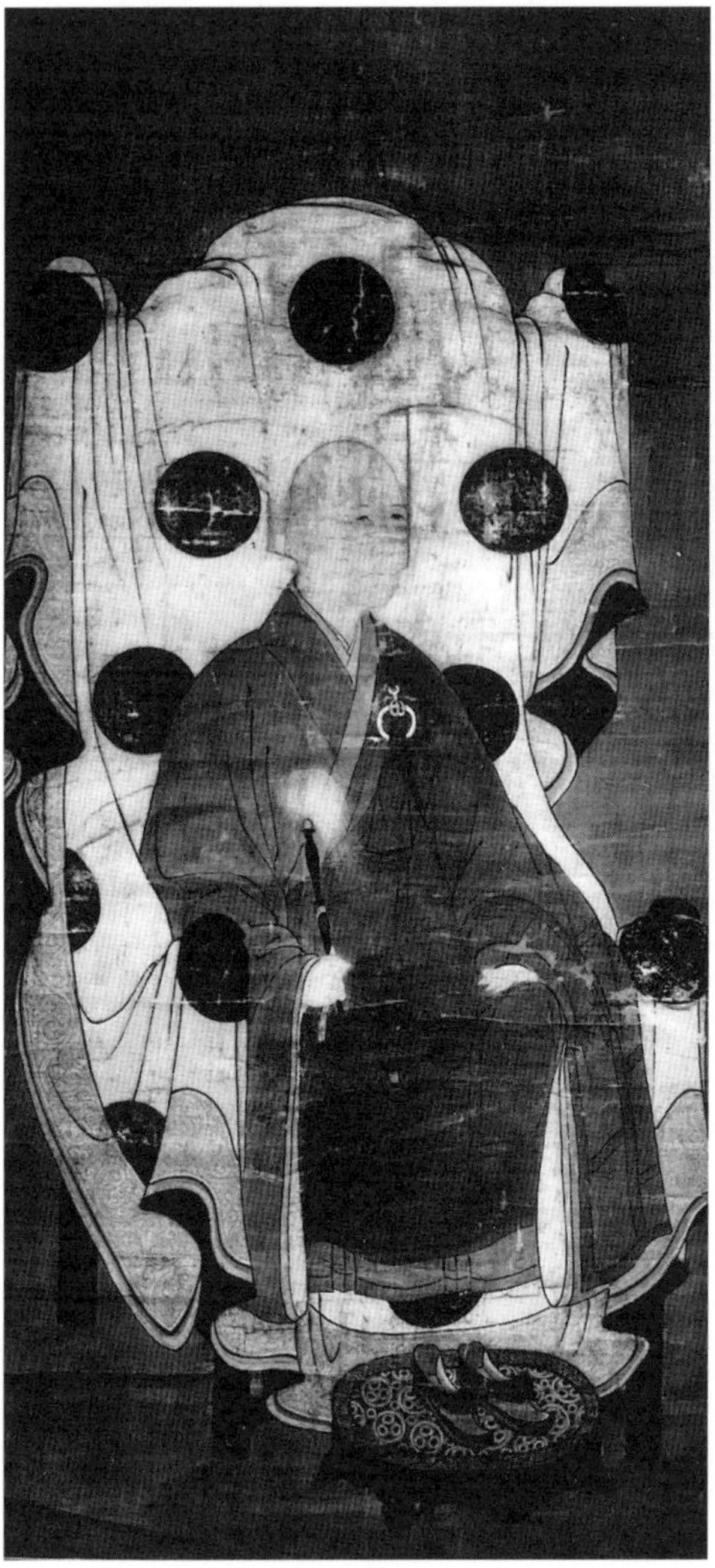

志玉画像

修覆に寄与したと伝え、康正二年(一四五六)正月の金春禅竹の『六輪一露之記』著述にあたっても、寂静枯淡の芸術美を追求した禅竹に大きな影響を与えた。

参考文献 『東大寺戒壇院住持記』、『本朝高僧伝』一八(『大日本仏教全書』)、芳賀幸四郎「水墨画と華厳の世界観」(『東山文化の研究』所収)、大屋徳城「室町時代の華厳学者」(『日本仏教史の研究』一所収)

(堀池 春峰)

しきりんせん 志岐麟泉 生没年不詳 戦国・安土桃山時代の肥後天草郡志岐城主。初名は又次郎、長じて鎮経《しげつね》、官途名は兵部少輔、のち大友義統から兵部大輔をうく。麟泉は大友宗麟(義鎮)からの諱名か。天草下島西部海岸一帯を本領地とするが、下島中部の本砥《ほんど》(本渡)や上島への進出を図って天草・上津浦《こうつら》氏と対立。そのため援助を有明海を隔てた肥前有馬晴純に求め、晴純の五男慶童丸(諸経、親重)を養嗣子に迎えるとともに、外国貿易を希求し宣教師の派遣を依頼する。永禄九年(一五六六)宣教師ルイス＝アルメイダを迎え、天草最初の布教を許可し、みずからも翌年に洗礼を受け、また教会堂を建立した。洗礼名ドン＝ジョアン。しかし元亀元年(一五七〇)以降、外国船の入港が途絶え、さらに対立中の天草氏の入信から布教に冷淡となり宣教師を追放。天正八年(一五八〇)、薩摩出水城島津義虎と婚姻関係で同盟を結び、以後、島津氏の肥後進出・竜造寺攻略に力を貸すが、豊臣秀吉の九州統一により服属。同十六年秀吉から宇土城主小西行長に合宿が命ぜられたが、翌年宇土城普請役を拒否し、天草五人衆の中心者となって志岐城で一揆を起す。戦局は一時有利であったが、小西氏援軍の加藤清正軍に城将木山弾正が破れて落城。妻子は行長に預けられたが、麟泉は薩摩出水に落去し、のち天草郡大多尾村で没したと伝えられる。子親重は小西氏家臣として朝鮮の役に参加し、のち加藤清正に仕えた。なお麟泉を親重(諸経)のこととするのは誤り。

参考文献 『熊本県史料』中世篇四、『耶蘇会年報』一(『長崎叢書』二)、本渡市教育委員会編『天草の歴史』、下田曲水『暫定天草切支丹史』、熊本日日新聞社編『新・熊本の歴史』三

(森山 恒雄)

じくうんとうれん 竺雲等連 一三八三—一四七一 室町時代の禅僧。臨済宗夢窓派。永徳三年(一三八三)遠江に生まる。俗姓井伊氏。別に自彊・小朶子・重艮叟と称す。地名《ちみん》「遠江」。天竜寺の大岳周崇に師事しその法を嗣ぐ。はじめ相国寺典座寮に拠って秉払《ひんぽつ》をとげ摂津広厳寺・相国寺(四十世)・南禅寺(百五十五世)を歴住。また相国寺崇寿院・天竜寺雲居院・臨川寺三会院など夢窓派の主要な塔院の主となった。宝徳二年(一四五〇)夢窓疎石百年忌に後花園天皇・足利義成(義政)が影前受衣するに際して受衣師を勤む。同三年天竜寺宝徳院開創。このころ相国寺鹿苑院主＝僧録司となる。享徳年中(一四五二—五五)に天竜寺妙智院を開き、長禄初年山城等持院に住す。応仁の乱時に伊勢に下って金剛宝寺を創建。文明三年(一四七一)正月七日同寺で示寂。八十九歳。『周易』『史記』『漢書』に通じ「漢書璉」と称さる。桃源瑞仙など五山僧の史書研究に与えた影響は大きい。著書に『瓶梅』があったが佚した。法嗣に心翁等安・叔陶等甄・子通周量ほかがいる。

竺雲等連花押

参考文献 『大日本史料』八ノ四、文明三年正月七日条、泉澄一「天竜寺塔頭・宝徳院について—その建立と再興—」(『史泉』四七)

(今泉 淑夫)

じくせんぼんせん 竺仙梵僊 一二九二—一三四八 鎌倉時代末期に元より来朝して五山で指導的役割を果たした臨済宗楊岐派の禅僧。諱は梵僊、字は竺仙。みずから来来禅子といい、別に最勝幢・思帰叟と号す。至元二十九年(正応五、一二九二)十一月十五日生まれる。明州象山県の人。姓は徐氏。はじめ湖州資福寺の別流□源に、のち杭州霊隠寺《りんにん》の瑞雲□隠、さらに晦機元熙・雲外雲岫・商隠起予・横川如珙・元叟行端・東嶼徳海・止庵普成・中峯明本・古林清茂《くりんせいむ》らに参じたのち、ついに古林の法を継いだ。天暦二年(元徳元、一三二九)夏、径山《きんざん》で明極《みんき》楚俊に逢い、同行して、同年六月来朝、翌年二月鎌倉に赴いた。元弘二年(一三三二)二月浄妙寺に住し、こののち足利尊氏・直義兄弟の篤い帰依をうけた。建武元年(一三三四)直義の推挙により浄智寺に住して楞伽院を開き、暦応元年(一三三八)大友氏の所領である相模三浦の無量寿寺の開山となった。同四年直義の推挙により南禅寺に住し、康永二年(一三四三)同寺内にも楞伽院を開いて退休した。貞和二年(一三四六)二月真如寺、同三年正月建長寺に住したが、翌四年退院し、同年七月十六日浄智寺楞伽院に寂す。寿五十七。楞伽院に塔す。著作には『竺仙和尚語録』七巻のほか、詩文集の『天柱集』『来来禅子東渡語』『来来禅子東渡集』各一巻などがある。弟子に大年法延・椿庭海寿らがいる。足利尊氏・直義兄弟や大友貞宗・氏泰父子などの篤い帰依をうけ、雪村友梅・竜山徳見・石室善玖・古先印元・中巌円月らと、古林清茂門下の金剛幢下と称する友社を結成し、二十一年の長きにわたって五山禅林で指導的役割を果たしたので、その高雅な学芸は宋元文化移植の面できわめて大きな影響をもたらし、五山文学隆盛の端緒をなすとともに、その後の発展方向を決定づけた。なお、弟子の椿庭海寿の依頼で、その死後十二年後に法兄の了庵清欲が撰述した『竺仙和尚行道記』がある。

竺仙梵僊花押

参考文献 『大日本史料』六ノ一一、貞和四年七月十六日条

(今枝 愛真)

じくん 慈訓 六九一—七七七 奈良時代の僧。「じきん」ともいう。その出自は河内国船氏。持統天皇五年

慈訓自署

(六九一)に生まれる。興福寺僧で、良敏より法相教学を学んだと伝える。ところが、『三国仏法伝通縁起』によれば、天平十二年(七四〇)の華厳開講に際しては複講師、十四年には講師になったといい、『続日本紀』には華厳講師とみえる。さらに、同時代の寿霊もその最高権威と認めていることからすると、彼の教学は、新羅の両宗兼学の影響をうけているというべきか。その上、呪術的性格の強いことも、慈訓関係文書により確認できる。大仏開眼のころよりは、宮中講師・看病禅師として禁中で力を発揮し、藤原仲麻呂と結んで勢力を伸張した。天平勝宝八歳(七五六)には少僧都、ついで興福寺別当となり、仲麻呂政権下の仏教政策推進の中心となる。しかし、反仲麻呂勢力が台頭すると、天平宝字七年(七六三)には、僧綱の任にあらずとして追放される。道鏡政権没落後の宝亀元年(七七〇)には、少僧都に再任されたが、すでに年老い、活躍の跡はたどれない。宝亀八年没。八十七歳。

参考文献 佐久間竜「慈訓」(『日本古代僧伝の研究』所収) (佐久間 竜)

じげい 時芸 ⇩綽如《しゃくにょ》

しげおかのかわひと 滋岳川人 ?―八七四 平安時代前期の陰陽家。本姓刀岐直。斉衡元年(八五四)九月滋岳朝臣と姓を賜わった時に、陰陽権允兼陰陽博士正六位上であった。以後、陰陽権助・播磨権大掾・同権介などを歴任し、貞観十六年(八七四)五月二十七日、従五位上陰陽頭兼陰陽博士安芸権介の官位を以て没した。著書の目録が『類聚国史』『本朝書籍目録』に、また陰陽道の名人であったことを示す説話が『今昔物語集』二四に収められている。

参考文献 和田英松『本朝書籍目録考証』、村山修一『日本陰陽道史総説』 (厚谷 和雄)

しげくに 重国 生没年不詳 桃山時代(十七世紀初め)の新刀鍛冶。大和国手掻《てがい》派の出身。作刀の銘文に「大和州住人 九郎三郎重国 居駿河州後 於紀州明光山(和歌山)作之 元和八年(一六二二)八月吉日」があって、彼の履歴が明らかである。和歌山へは、元和五年に徳川頼宣が移封されたため、これに従って移住した。二代目は文殊重国と呼ばれ、同銘は幕末に及ぶ。作風は、当時流行した相州風と、祖風の大和風がある。代表作に銘「於南紀重国造之」の刀(重要文化財)がある。

重国押形

参考文献 『日本刀大鑑』新刀篇一、内田疎天・加島勲『新刀名作集』 (加島 進)

しげののさだぬし 滋野貞主 七八五―八五二 平安時代前期の公卿、儒者。曾祖父大学頭楢原東人が伊蘇志臣の姓を賜わり、父尾張守伊蘇志臣家訳が延暦年中(七八二―八〇六)滋野宿禰の姓を賜わった。延暦四年生まれる。大同二年(八〇七)文章生となり、弘仁二年(八一一)少内記、以後大内記・図書頭・東宮学士・内蔵頭・宮内大輔・兵部大輔・大蔵卿・式部大輔などを歴任し、承和九年(八四二)参議に任ぜられた。なお、弘仁十一年外従五位下、翌年入内《じゅうない》、同十四年朝臣賜姓、嘉祥三年(八五〇)正四位下。仁寿二年(八五二)二月乙巳(八日)毒瘡により死去。六十八歳。天長八年(八三一)勅により諸儒と類書『秘府略』一千巻を編み、また天長四年勅撰詩文集『経国集』二十巻を編み、その序を書いた。ともに残欠が現存する。仏教を信仰し、その城南の宅を捨てて慈恩寺を創建した。長女縄子は仁明天皇の、また少女奥子は文徳天皇の後宮に入り、縄子は本康親王、時子・柔子両内親王を、奥子は惟彦親王、濃子・勝子両内親王を生んだ。

参考文献 川口久雄『平安朝日本漢文学史の研究』 (目崎 徳衛)

しげん 子元 ⇩無学祖元《むがくそげん》

じげんいんかんぱく 慈眼院関白 ⇩九条政基《くじょうまさもと》

じごん 慈厳 一二九八―一三五九 鎌倉時代後期・南北朝時代の天台僧、天台座主。永仁六年(一二九八)生まれる(『天台座主記』に「元徳二年(一三三〇)庚午四月廿三日座主宣命三十三歳」)。父は洞院実泰、母は小倉公雄女季子。『園太暦』記主洞院公賢同母弟。慈順僧正(父の叔父)の資。慈順の次に曼殊院門跡となる。元徳二年四月二十三日から十一月二十二日までのわずか七ヵ月間ではあったが、百十九世の天台座主に補されている。さらに観応二年(一三五一)十一月七日より翌文和元年(一三五二)六月二十六日の間には、再び座主に還補(第百三十二世)されている。延文四年(一三五九)九月二十八日入滅(権僧正慈眼作慈厳一回忌願文(曼殊院蔵))。六十二歳。僧伝や別伝がないため伝記の詳細は不明。著作としては、『公家御修法目録』一巻があり、また慈厳筆記に係るものに『胎金両部密印』二帖(吉水蔵)、『天台円教菩薩戒相承血脈譜』一巻(曼殊院蔵)および『門葉記』所収の『受戒次第』一巻、『勧学曼荼羅供見聞抄』などがある。

参考文献 『曼殊院門跡伝法師跡次第』 (武 覚超)

しないしんのう 禔子内親王 一〇〇三―四八 三条天皇の第二皇女。母は皇后藤原娍子(右大将藤原済時の女、娍子立后のとき済時贈右大臣)。長保五年(一〇〇三)誕生。寛弘四年(一〇〇七)十二月着袴。同八年十月内親王となる。長和四年(一〇一五)十一月三条天皇より権大納言藤原頼通の妻となることを進められた。父道長も頼通に大いに進めたが、頼通が喜ばなかった(頼通には妻として具平親王の女隆姫があり、二人の愛情が深かった)

ため、それは実現しなかった。寛仁三年(一〇一九)三月三品に叙せられ、万寿三年(一〇二六)二月五日内大臣正二位藤原教通(道長の次男、頼通の弟)と結婚した。永承三年(一〇四八)閏正月二十九日、四十六歳で死去した。

参考文献 『小右記』、『栄花物語』(『日本古典文学大系』七五・七六) (山中 裕)

じしょういんどの 慈照院殿 ⇨足利義政《あしかがよしまさ》

じしょうだいし 自性大師 ⇨覚鑁《かくばん》

しじょうだいなごん 四条大納言 ⇨藤原公任《ふじわらのきんとう》

しじょうたかかげ 四条隆蔭 一二九七―一三六四 南北朝時代の公卿。四条家の支流西大路隆政の次男、油小路家の祖となる。永仁五年(一二九七)に生まれ、翌年二歳で叙爵。元弘元年(一三三一)後醍醐天皇の討幕挙兵が失敗し、光厳天皇が践祚すると、蔵人頭に補せられ、つづいて同年参議に任ぜられたが、同三年後醍醐天皇の帰洛で、その官位はとめられた。建武三年(一三三六)南北両朝分裂後、北朝において参議に再任され、院政をとる光厳上皇の別当となり、光厳院政の有力な担い手となった。翌年権中納言に任ぜられ、貞和三年(一三四七)には権大納言に昇進した。この間、興福寺との軋轢によって、康永三年(一三四四)・貞和三年の二度にわたって放氏されたが、ともにまもなく許された。その後、観応擾乱で南山幽閉の憂き目にあった失意の光厳法皇に仕えたが、晩年は中風を病み、貞治三年(一三六四)二月、法皇を戒師として出家し、法名を歓乗といった。同年三月十四日六十八歳で没した。

参考文献 『大日本史料』六ノ二五、貞治三年三月十四日条 (飯倉 晴武)

四条隆蔭花押

しじょうたかすけ 四条隆資 一二九二―一三五二 南北朝時代の公卿。正応五年(一二九二)生まれる。左中将隆実の子。父は早世し祖父隆顕のもとで育った。『公卿補任』で「父故入道権大納言隆顕卿」としているのは間違い。後醍醐天皇に重用され、南朝に従った数少ない公卿の一人である。『太平記』では正中の変(正中元年(一三二四))以前から日野俊基らと同志のようにかかれているが、同変では追及されず、変後の嘉暦元年(一三二六)蔵人頭に補せられ、翌年参議に任ぜられ、以後、左兵衛督、検非違使別当、右衛門督を兼任し、元徳二年(一三三〇)権中納言に任ぜられた。元弘元年(一三三一)の元弘の乱では、後醍醐天皇の笠置臨幸に供奉し、そのまま行方をくらまし、同三年後醍醐天皇の帰京とともに再び現われ、建武政権の雑訴決断所・恩賞方などにも名を連ねて同政権の有力公卿となった。延元元年(北朝建武三、一三三六)南北両朝分裂後、後醍醐天皇に従い吉野に赴き、南朝において従一位権大納言に昇った。正平七年(一三五二)五月十一日男山八幡で足利義詮の軍と戦い、戦死した。六十一歳。のちに南朝から左大臣をおくられた。『新葉和歌集』に和歌がおさめられている。

参考文献 『大日本史料』六ノ一六、正平七年五月十一日条 (飯倉 晴武)

四条隆資花押

しじょうたかひら 四条隆衡 一一七二―一二五四 鎌倉時代の公卿。承安二年(一一七二)生まれる。権大納言隆房の子、母は平清盛の女。初名は長雅といった。官は建仁元年(一二〇一)蔵人頭、翌年参議に任ぜられてから、承元元年(一二〇七)権中納言、承久元年(一二一九)権大納言と順調に進み、その間、右衛門督、検非違使別当、大宰権帥を兼ね、権大納言辞退後は按察使に任ぜられ、位も正二位まで昇った。建保四年(一二一六)閏六月大江広元の申請で中原姓を改め、大江氏とする勅許を奉じた上卿を勤めた(『吾妻鏡』)。父隆房(寂恵)は歌人として有名であるが、隆衡の歌も勅撰集の『新勅撰和歌集』『続古今和歌集』『続拾遺和歌集』などに採られている。邸宅は冷泉通万里小路にあり、鷲尾殿と号した。長子隆綱は一家をたて西大路家の祖となり、次子隆親が嫡子として四条家を称するようになった。安貞元年(一二二七)出家、建長六年(一二五四)十二月十八日八十三歳で没した。 (飯倉 晴武)

四条隆衡花押

しじょうてんのう 四条天皇 一二三一―四二 一二三二―四二在位。諱は秀仁《みつひと》。寛喜三年(一二三一)二月十二日一条室町亭で誕生。後堀河天皇の第一皇子。母は藻壁門院藤原竴子(九条道家の娘)。同年四月十一日親王、十月二十八日皇太子となる。貞永元年(一二三二)十月四日父天皇の譲により践祚、十二月五日わずか二歳で即位。母方の縁者西園寺公経・九条道家らが権勢を振るったが、

四条天皇画像(『天子摂関御影』)

天皇は仁治三年(一二四二)正月九日、在位九年余にして閑院内裏に没した。歳十二。殿舎で顚倒したのが原因で大事に至ったという。陵は京都市東山区今熊野泉山町の月輪陵。四条天皇に皇嗣なく、道家は順徳上皇の子忠成王の即位を計り、公経も同意したが、鎌倉幕府はこれを拒否、強引に邦仁王(後嵯峨天皇)を即位させた。この紛争のため空位十一日に及び、朝臣の悲憤は激しかったが、以後、皇位選定権は幕府の掌中に帰した。

参考文献 『大日本史料』五ノ一四、仁治三年正月九日条、三浦周行『鎌倉時代史』(『日本時代史』五)

(杉橋　隆夫)

月輪陵《つきのわのみささぎ》　四条天皇以下二十方の陵を月輪陵、光格天皇以下五方の陵を後月輪陵といい、両陵は塋域をともにしている。京都市東山区今熊野泉山町にあり、泉涌寺後背の東山連峰月輪山の山裾を開いて陵域としたもので、拝所より一段と高所にあり、中央に西面して檜皮葺向唐門を建て、左右に透塀を配し、側面および背面は土塀がめぐる。域内にはほかに後土御門・後柏原・後奈良・正親町・後陽成各天皇の灰塚と、親王・門院方の墓が九基ある。当所に陵が設けられたのは四条天皇がはじめて、泉涌寺開山俊芿《しゅんじょう》との縁故によるものであった。こののち、後光厳天皇から後陽成天皇に至るまでのうち前後九代の天皇は、いずれも当所を火葬所にあて、深草の法華堂(深草北陵)に遺骨を納めるのを例とした。承応三年(一六五四)に後光明天皇が後水尾・明正両上皇に先立って崩御すると、従来の火葬の風を停めて土葬の制を採用し、久しく火葬所にあてられていたこの地に再び陵所が営まれ、これより歴代にして後水尾天皇から仁孝天皇に至る十三代の天皇および皇后の陵が、ことごとく当所に設けられることとなった。陵の様式は前代の主流であった木造堂宇にかえて一様に石造の塔が用いられ、その形式は天皇陵は九重塔、皇后陵は無縫塔・宝篋印塔などで一定ではない。当陵営建の時期は、四条天皇と陽光太上天皇を除けばほぼ江戸時代と重なっているが、土葬の採用によって前代の合葬の慣習はやみ、陵形はもっぱら石造の塔が用いられ、またこの間、営陵の地を他に求めることなく、当陵の域内に限ったことなどは、この時期の陵制上の特色であった。幕末に尊皇論が擡頭すると、陵域の狭隘さや、その制の簡素さが論議されるようになったが、孝明天皇の崩御を期に、復古思想の影響とも相まって山陵復興の議がおこり、月輪山の山腹に古制に則った高塚式の陵が築造されるに及んで、当陵域内への埋葬のことはやんだ。陵号は光格天皇陵を後月輪陵、仁孝天皇陵を弘化廟と称したほかは特に定められたものはなく、域内の陵は泉涌寺御廟・泉涌寺御塔などと称されていたが、明治十二年(一八七九)に後桃園天皇以前をすべて月輪陵、光格天皇以降を後月輪陵と称することに定められた。

参考文献 上野竹次郎『山陵』下、赤松俊秀監修『泉涌寺史』

(戸原　純一)

しじょうのみやのしもつけ　四条宮下野　生没年不詳　平安時代中期の後宮女房、歌人。従五位下下野守源政隆の女。『後拾遺和歌集』『金葉和歌集』の作者。兄弟に家貞・定隆・律師行政の三人がいる。「四条宮下野」の呼び名は、父が下野守であり、彼女が後冷泉天皇皇后四条宮寛子(藤原頼通第二女)に宮仕えしたからである。宮仕えしたのは永承六年(一〇五一)春のことと思われる。下野は、寛子入内に際して、その後宮の行事・渉外の担当者として特に選ばれて出仕させられたようである。その後、後冷泉天皇の在世十八年間を寛子の後宮女房として過ごしたが、治暦四年(一〇六八)四月十九日後冷泉天皇が崩御したため、皇后寛子は同年十二月落飾し、下野もおそらく寛子とともに出家したものと思われる。家集に『四条宮下野集』がある。冒頭に自序を置き、和歌二百二首、連句十九句を収めた自撰家集である。総歌数のうち約七十首は贈答などによる他人の詠である。本集の成立時期は延久年間(一〇六九―七四)と思われる。

参考文献 清水彰『四条宮下野集全釈』、犬養廉・橋本不美男編『御所本四条宮下野集』、益田勝実「四条宮下野の集」(『日本文学』五ノ五)、橋本不美男「四条宮下野の研究」(日本大学『語文』八)、同「四条宮下野伝の考察」(『和歌文学研究』九)

(島田　良二)

しじょうよりもと　四条頼基　生没年不詳　鎌倉時代の北条氏一門江馬氏の被官。官途が左衛門尉であるところから、一般には四条金吾と呼ばれている。父は日蓮遺文によると中務某(頼員と伝える)。寛元四年(一二四六)前将軍藤原頼経を奉じてその昵近者たちが北条時頼を討とうとしたという事件のとき江馬光時はその張本と目され伊豆に配流された。そのとき頼基の父は随従している。頼基は光時とその子江馬四郎に仕えており、四条氏は父子二代にわたる江馬氏の被官である。日蓮に厚く帰依し、日蓮も、直情径行で信仰に純粋な頼基を深く愛した。文

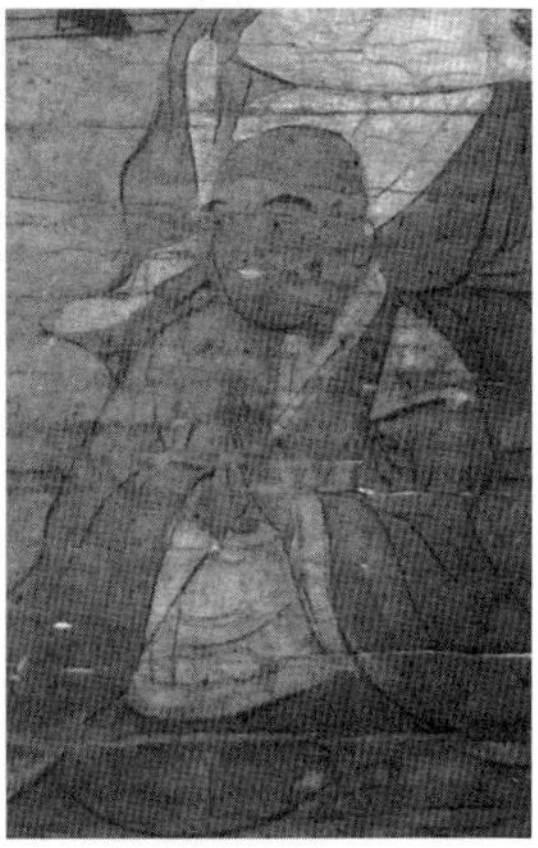

四条頼基(日蓮画像より)

永八年(一二七一)の竜ノ口法難のとき頼基は日蓮に殉死しようとしている。この法難のとき、頼基は主家江馬氏の庇護で事なきを得た。頼基にあてた日蓮の書は文永八年五月七日をはじめとして約四十編に及び、『開目抄』も託されている。江馬光時は叡尊に参じて以来真言律宗を深く信仰し、信仰面で主従は葛藤を来たしたが、日蓮の頼基に対する勧奨や頼基が医術によって主家の病気を治したことなどによって解決し、新恩の所領を得ている。北条氏一門の被官関係を具体的に示すものとして貴重である。没年について永仁四年(一二九六)六十七歳没その他の説があるが、不詳。

参考文献 高木豊『日蓮とその門弟』 (川添 昭二)

じしん 慈心 ⇩良空《りょうくう》

じしんぼう 慈信房 ⇩善鸞《ぜんらん》

しずかごぜん 静御前 生没年不詳 源義経の妾。白拍子。磯の禅師の娘。平安時代末期の京都で舞の名手として知られたと伝えられる。文治元年(一一八五)十一月、義経が兄頼朝に背いて京都より逃亡した時に随行したが、吉野山中で義経主従と離れて京都へ戻る途中蔵王堂で捕えられ、京都で北条時政の尋問を受けた後、翌二年頼朝のいる鎌倉へ送られて重ねて義経の行方につき尋問された。同年四月、頼朝夫妻の求めにより、鶴岡八幡宮で舞を舞って人々を感嘆させた。その時に「吉野山嶺の白雪踏み分けて入りにし人の跡ぞ恋しき」、「しづやしづ賤のをだまき繰り返し昔を今になすよしもがな」と歌った。頼朝はこの歌を不快に感じたが、妻の北条政子が彼ら夫妻の過去の身の上に言及してこれを宥めたと伝えられる。同年閏七月に鎌倉で男子を出産したが、この子は義経の男子である故に、その日のうちに殺された。同年九月に京都に帰った。その後の生活については不明である。『義経記』には二十歳の時に往生を遂げたと記されるが、信用する根拠はない。後世とくに『義経記』や能『吉野静』『二人静』および浄瑠璃『義経千本桜』四段目などによって人々に広く知られ、親しまれた。

参考文献 『吾妻鏡』 (石田 祐一)

したく 思託 生没年不詳 鑑真の弟子。中国沂州の人。姓は王氏。幼にして文殊・善財童子を夢にみ、また妙喜世界に遊ぶ夢をみて、仏法に心を寄せるに至り、鑑真について出家し、特に天台と律を学び、また広く文学に通じた。のちに台州の開元寺に住し、また天台山に移ったが、天宝二載(七四三)、鑑真が日本に渡ることを決意したのを知り、一緒に渡海することを願い、苦難をともにして六度目の航海で日本にやってきた鑑真の弟子の数少ない一人である。天平勝宝六年(七五四)、入朝後間もなく、日本の在来の僧を説得して旧戒を捨てて新たに鑑真を戒和上として受戒させ、授戒に加わっているが、また道璿の請いにより法励の『四分律疏』などを講じ、また天台をも講じ、みずからは天台沙門と称した。また師鑑真がいかに不惜身命の熱意に燃え、仏法東流のために苦難に屈せず、日本に渡ったか、その功を讃え、のちに伝えるために、『大唐伝戒師僧名記大和上鑑真伝』(略して「広伝」という)三巻を書いた。現存しないが、それを略抄したものが元開(淡海三船)の『唐大和上東征伝』一巻である。また『延暦僧録』を書いたことも忘れられない。

参考文献 『日本高僧伝要文抄』三、義澄『招提千歳伝記』中一(『大日本仏教全書』)、石田瑞麿『鑑真―その戒律思想―』 (石田 瑞麿)

しだよしひろ 志田義広 ⇩源義広《みなもとのよしひろ》

実恵自署

じちえ 実恵 七八六―八四七 平安時代前期の真言宗の僧。「じつえ」ともいう。檜尾僧都。空海の高弟。延暦五年(七八六)讃岐国に生まれる。佐伯氏。同二十三年受戒。はじめ大安寺の泰基に就いて法相を学び、のち空海に師事して弘仁元年(八一〇)に両部灌頂を受け、最初入壇の弟子と称された。同三年高雄山寺三綱の設置により寺主に任ぜられ、同七年空海の命により派遣されて高野山の創建に従事、天長四年(八二七)河内国檜尾の観心寺建立、承和三年(八三六)空海のあとを継いで東寺長者となり日本第二の阿闍梨と称される。同七年少僧都、同八年他の定額寺に准じて高野山に燈分・仏餉二座を申請して許され、同十年十一月には東寺に伝法職位を置き春秋二季の結縁灌頂を修することを許され、同年十二月東寺灌頂院で真紹に灌頂を授け、東寺具支灌頂の初例となった。結縁灌頂は翌十一年三月から始行された。同十二年、空海が創設した綜芸種智院を千四百貫文で沽却して丹波国大山荘を買得し、その収入で東寺の伝法会を経営することとし、同十四年四月三日から伝法会を開き、真言宗の経律論疏の講説の資とし教学の興隆をはかった。弘仁十四年に設置された五十口の僧の教学講説はこれによって実施され、空海筆頭の弟子として教団と教学の基礎を築いた。承和十四年十一月十三日(一説に十二月十二日)没。六十二歳。付法の弟子に恵運・真紹らがいる。著述には『檜尾口訣』二巻、『阿字観用心口決』一巻などがある。安永三年(一七七四)道興大師諡号。

参考文献 『弘法大師諸弟子全集』上、『東寺長者并高野検校等次第』 (和多 秀乗)

しちじょういん 七条院 一一五七―一二二八 高倉天皇の後宮。藤原(坊門)信隆の娘、母は藤原休子。名は殖子。保元二年(一一五七)誕生。はじめ高倉天皇の中宮平徳子(建礼門院)に仕え兵衛督君と称されたが、のち典侍となり守貞親王(後高倉院)・尊成親王(後鳥羽天皇)を生んだ。建久元年(一一九〇)四月十九日従三位・准三后、同月二十二日院号宣下。元久二年(一二〇五)十一月八日出家、法名真如智。安貞二年(一二二八)九月十六日没。歳七十二。後鳥羽天皇との母子の情きわめて親密であり、天皇は水無瀬殿ほか多くの荘園を譲進した。このため七

条院は、宣陽門院・八条院と並んで当代一級の財力を誇り、種々政争の策源地となった。また鎌倉三代将軍源実朝の室は七条院の姪にあたる。現在水無瀬神宮に遺る後鳥羽天皇の僧俗二様の肖像画は、承久の乱後、隠岐配流に先立って剃髪した天皇が藤原信実に描かせ、女院に形見として贈ったものと伝えられる。

参考文献 『大日本史料』五ノ四、安貞二年九月十六日条、八代国治「七条院御領考」(『国史叢説』所収)

(杉橋 隆夫)

じちん 慈鎮 ⇩慈円《じえん》

じっそうぼう 実相房 ⇩円照《えんしょう》

じっそん 実尊 一一八〇—一二三六 鎌倉時代前期の僧侶、興福寺第五十五別当、大乗院第五代門跡。藤原基房(松殿禅定殿下)の息で治承四年(一一八〇)出生、幼にして興福寺信円の室に入り、建久八年(一一九七)五月二十一日十八歳で権少僧都、正治元年(一一九九)には維摩会講師を遂げ、建仁元年(一二〇一)五月二十一日に権大僧都に転じた。翌二年閏十月二十三日に法印に叙せられ、承元三年(一二〇九)十月他寺探題の宣を被り、建保二年(一二一四)正月十七日三十五歳で権僧正に転じた。このころ信円より大乗院を譲られ同院の第五世となる。嘉禄二年(一二二六)七月三日、範円別当の辞任に伴い四十七歳で興福寺別当となり同年十二月三十日には僧正に転じた。安貞元年(一二二七)十二月十五日、後堀河院の春日行幸の賞として法務に叙せられたが、翌二年四月二十三日、興福寺の大衆が多武峯の坊舎を焼失したため、五月四日その罪科に依って別当を停廃された。しかし八月十九日に大衆の訴訟に依って還補し、寛喜元年(一二二九)五月二十七日には大僧正に昇進した。ところが同年十月二十八日に法務を辞し、翌二年二月九日には興福寺別当と大僧正を

実尊花押

辞退している。『法相宗系図』に依ると信円から良円(一乗院)とともに次第しており、法相の学匠であったことを物語っている。嘉禎二年(一二三六)二月十九日酉刻、菩提山正暦寺(建保六年に信円が再興した)において五十七歳で入寂した。

参考文献 『大日本史料』五ノ一〇、嘉禎二年二月十九日条

(高田 良信)

じっちゅう 実忠 七二六—? 奈良・平安時代前期の僧。その出自は明らかでないが、誕生は神亀三年(七二六)と推測される。良弁に師事し、天平宝字四年(七六〇)にはその目代となる。時に良弁は、東大寺別当・大僧都を兼任し、造東大寺司にも関与していた。恵美押勝の乱後には、西大寺や西隆寺の建立など、一連の仏事興隆事業に参画し、またこのころ、東大寺で、中鎮平栄を頂点とする実務派有能僧による鎮三綱体制が発足すると、少鎮に任命される。良弁なきあとの宝亀—延暦初年には、早良親王の下で寺主や造瓦別当となるが、延暦二年(七八三)等定の別当就任以後には、遷都をめぐる問題が悪化し、一切の実務から離れる。しかし、七年後には早くも復帰し、華厳供大学頭になったのを手始めに、造東大寺司の後身、造寺務所に関与して修理・造営面を一手にひきうけ、上座・知事などの要職を歴任し、最後には修理別当の任を与えられる。また、今に伝わる二月堂の十一面悔過は、彼によって創始されたという。

実忠自署

参考文献 『東大寺権別当実忠廿九箇条事』(『東大寺要録』七)、森蘊「実忠和尚の業績」(『奈良を測る』所収)、佐久間竜「実忠」(『日本古代僧伝の研究』所収)、松原弘宣「実忠和尚小論—東大寺権別当二十九ケ条を中心にして—」(『続日本紀研究』一七七)

(佐久間 竜)

じつどう 実導 一三〇九—八八 南北朝時代の浄土宗西山派の学僧。本山義示導の門下。号は仁空、諡は円応。中務少輔藤原為信の子。延慶二年(一三〇九)生まれる。初め比叡山で顕密両教を学び、嘉暦二年(一三二七)大原来迎院示導の室に入って、西山義・円頓戒を受く。師の三鈷寺転住に随伴し、文和四年(一三五五)同寺の住持となる。応安元年(一三六八)明導の遺嘱で廬山寺を兼帯、円・密・戒・浄の四宗兼学を唱え、教学興隆につとめた。『康永鈔』は大慈恩寺での示導の『観経疏』の講義を筆録添削したもの。また至徳三年(一三八六)には『西山上人縁起』六巻を撰し、祖師証空・先師示導の恩徳を讃えた。彼の円戒関係の著述は西谷流の円戒研究に強く影響した。門弟に頓証・昭慧・正睿・円慧らがいる。嘉慶二年(一三八八)十一月十一日寂。八十歳。

参考文献 森英純「仁空実導上人の円戒関係著書」(『西山禅林学報』一四)、石垣源瞻「西山に於ける円頓戒の問題」(『西山学報』一八)

(伊藤 唯真)

じつにょ 実如 一四五八—一五二五 室町時代後期から戦国時代にかけての僧侶。浄土真宗本願寺第九世。諱は光兼、童名は光養、教恩院と号す。第八世蓮如の第八子として長禄二年(一四五八)八月十日誕生。母は平貞房の娘蓮祐尼。応仁二年(一四六八)法嗣に指名され、延徳元年(一四八九)蓮如が隠退し寺務を譲られた。永正三年(一五〇六)北陸などの各地に門徒の一揆が起こった。実如自身も細川氏を支援して河内誉田城の畠山氏の攻撃を指令し、近畿門徒の不評を招いたので、以後は大名間の紛争への介入を避けた。大永元年(一五二一)には北陸門徒への三ヵ条の諭告を発し、一揆など起さぬよう行状をいましめた。かつて実如が継職に際し、これをためらったとき、蓮如は「御文《おふみ》」を門徒教化の指針とするようすすめた。そこで三百通の「御文」

実如花押

中から八十通をえらび五帖に収載し、これを流布した。蓮如には二十七人の子女がおり、各地重要地点に配置されていた。実如はこれら本願寺一族のうち嫡男を一門衆、次男以下を一家衆と称する一門一家の制を設けるなど、全国に進展した教線の整備強化につとめた。かくてその名声は明国にまで達し、永正十年杭州の画人鉄冠道人詹仲和は墨竹の画を描き讃を加えて実如に送ってきた。大永五年二月二日六十八歳で山科本願寺において死去した。醍醐寺厳助の日記に、葬儀には諸国から数十万人が参列したと記されており、盛大な葬送が行われたことが知られる。

参考文献 『本願寺史』一 (千葉 乗隆)

実如画像

じっぱん 実範 ?—一一四四 平安時代後期の顕密の学僧、戒律の復興者。大和中の川寺(成身院)の開山。京都の人。参議藤原顕実の第四子。字は本願、中の川少将・少将聖人とも称せられた。幼少のころ興福寺に入寺し、唯識法相を習学し、ついで醍醐寺の厳覚、のちに高野山教真にも真言密教を習い、さらに比叡山横川の明賢より天台の教学を修めた。興福寺に帰投したが、寺内の風潮にあきたらず、一時興福寺の東北、忍辱山円成寺に隠遁した。『元亨釈書』では一日花を採りに添上郡中の川の地に至って勝地を慕って成身院を創建したとするが、中の川の地は笠置と忍辱山に至る分岐点にあるうえ、近くに佐保川の清流を望む勝地であり、別所建立には相応しいところであり、ここに金剛界の成身会になぞらえ、成身院を建立し、真言・法相・天台の三宗兼学の寺とした。いわゆる中の川寺がそれで、大治四年(一一二九)四月には梵鐘を鋳造し、写本・義天版による仏典を納めた経蔵なども設けた。ことに仏教界の戒律の衰微を憂えて、唐招提寺に持戒伝律の師を尋ね、『四分律』などの研究を行い、律宗の興福寺西金堂衆の欣西の需めに応じて、保安三年(一一二二)八月に『東大寺戒壇院受戒式』を撰述した。世にいう実範式がそれで、成身院を中心に戒律の高揚、持律の必要性を説いた。行尊・蔵俊などに戒を授け、保延五年(一一三九)十月には知足院藤原忠実の平等院での出家にあたり、戒師を務めた。実範の戒律の中興はやがて鎌倉時代南都戒律の復興の原動力となった。また一方、長承元年(一一三二)三月の春日御塔の唯識会に不空羂索護摩を修し、康治元年(一一四二)八月には藤原頼長の請により病の平癒を祈り、息災の祈修として炎魔天供や、如意輪観音像の供養を行うなど、藤原宗忠や頼長らの信頼を得ていたことも忘却し得ない。晩年浄土教に帰依して、東大寺東南院の別所である山城国の光明山寺に移り、天養元年(一一四四)九月十日に没した。その著書も多く、『眉間白毫集』『病中修行記』『往生論五念門行式』など浄土教関係の著作のほか、『阿字義』『大経要義鈔』など真言密教に関する著述があった。

参考文献 『台記』、『律宗瓊鑑章』六(『大日本仏教全書』)、大屋徳城「実範及び其の思想」(『日本仏教史の研究』一所収)、堀池春峰「大和・中川寺の構成と実範」(『仏教史学』六ノ四・七ノ一) (堀池 春峰)

じつゆう 実融 一二四七—一三三九 鎌倉・南北朝時代の真言宗の僧侶。静空、のちに実融。証道上人。証道流の祖。藤原氏、京都の人。宝治元年(一二四七)生まれる。定円について得度し、京都・南都で戒律・密教・華厳を学ぶ。高野山安養院の頼賢から伝法灌頂を受け、高野山金剛三昧院第十二世長老に補せられ、足利尊氏の帰依を受ける。嘉暦元年(一三二六)二月東寺四天王を修理し、暦応二年(一三三九)正月十九日(一説、十五日)金剛三昧院で寂した。九十三歳(一説、九十歳)。

参考文献 『大日本史料』六ノ五、暦応二年正月十九日条、卍元師蛮『本朝高僧伝』一六(『大日本仏教全書』) (宮坂 宥勝)

じどう 示導 一二八六—一三四六 南北朝時代の浄土宗西山派の学僧、本山義流の流祖。号は康空、諡は広慧。弘安九年(一二八六)に生まれる。比叡山忠円の門下となり、廬山寺本光禅仙に顕密二教を学ぶ。十七歳で叡山無動寺相実系の法流を汲み、翌年横川三昧院良祐系の三昧院流を相承。のち関東に下向し、鎌倉弁谷の覚空仏観について西山義を学ぶ。帰洛後西山三鈷寺玄観の室に入り、宗脈と円頓戒を相承するが、師説に満足せず証空の『観門要義鈔』、証空直弟実信房(宇都宮頼綱)の聞書『積学鈔』により宗義を研鑽。その所説を本山義、三鈷寺義と

いう。雲林院に閑居ののち後醍醐天皇の命で大原来迎院に住す。元亨三年(一三二三)玄観の寂後三鈷寺を継ぎ、同天皇の戒師となる。康永年間(一三四二—四五)九条道教の請で大慈恩寺に転じ、盛んに善導の『観無量寿経疏』を講じた。門弟に示観・示浄・実導・明導がいる。貞和二年(一三四六)九月十一日寂。六十一歳。

参考文献 『大日本史料』六ノ一〇、貞和二年九月十一日条、『西山上人縁起』(『国文東方仏教叢書』一輯五)

(伊藤　唯真)

じとうてんのう　持統天皇　六四五—七〇二　六八六—九七在位。ただし正式即位は六九〇年。白鳳時代の女帝。もとの名は鸕野讃良《うののさらら》皇女。諡は高天原広野姫、大倭根子天之広野日女ともいう。天智天皇の第二女、母は蘇我倉山田石川麻呂の娘の遠智娘《おちのいらつめ》。大化元年(六四五)誕生。斉明天皇三年(六五七)十三歳で叔父の大海人皇子(天武天皇)と結婚。斉明天皇七年、斉明が中大兄皇子(天智)と計り、百済救援のため九州に赴くとき、持統は大海人とともに随行する。この年斉明は筑紫の朝倉宮で没し、その翌年の天智天皇元年(六六二)持統は娜ノ大津で草壁皇子を生む。百済救援軍は同二年に百済の白村江で大敗し、その前後に持統は夫・子とともに大和へ帰る。同六年、天智の近江遷都に従って近江大津宮に移る。大海人は天智の政治を助け、次期の天皇と目されたが、天智の晩年、天智が子の大友皇子(弘文天皇)に皇位を譲る意のあることを察し、同十年吉野山に隠れ、持統は草壁を連れてこれに従う。この年天智が没し、その翌年(六七二)大海人は持統らを従えて挙兵し、弘文を敗死させて皇位につく(天武天皇)。これが壬申の乱で、天武は都を飛鳥にかえし、天武天皇二年(六七三)浄御原宮で即位式を挙げ、持統を皇后とする。天武は律令制度をとりいれて中央集権の体制を推進するが、持統は天武を助けて功績が大きかったと『日本書紀』に伝えられている。朱鳥元年(六八六)の天武の死後は、皇太子の草壁とともに政治をとる。草壁が持統天皇三年(六八九)四月に病死したあと、同年六月に飛鳥浄御原令を施行、翌四年正月に即位して正式に天皇となり、官制の整備、百官の遷任、庚寅年籍の作成など律令制度の完成に力を尽くす。同八年には中国の様式にならって造営した藤原宮に遷都し、薬師寺の造営にも努めた。同十年、太政大臣高市皇子の死を機に、草壁の子の軽皇子(文武天皇)を皇太子とし、同十一年八月皇位を軽に譲り、太上天皇となって文武とともに政治を行う。大宝元年(七〇一)八月『大宝律令』が成り、翌年にかけて施行されるのを見とどけ、翌二年十二月二十二日没する。五十八歳。『万葉集』に歌六首がある。遺体は火葬され、天武の檜隈大内陵に合葬された。→天武《てんむ》天皇《てんのう》(檜隈大内陵)

参考文献 直木孝次郎『持統天皇』(『人物叢書』四一)、北山茂夫「持統天皇論」(『日本古代政治史の研究』所収)

(直木孝次郎)

しなののぜんじゆきなが　信濃前司行長　生没年不詳　『平家物語』の作者に擬せられる人物。信濃前司行長の名は、『徒然草』に『平家物語』の作者としてあげられ注目されているが、その伝承についてはなお種々の疑問点もあって明らかではない。同書によると、彼は後鳥羽院の時代、楽府《がふ》の論義の番に召されたが、「七徳の舞」を二つ忘れ、五徳の冠者という異名を付けられたことを心憂きこととし、学問を捨てて遁世した。その後は天台座主慈円に扶持せられたが、東国生まれの盲目法師生仏に協力し、『平家物語』を作ったという。彼は前歴が信濃守という以外に姓氏も不明で、しかるべき資料にもみえない。しかし、慈円は源平戦乱の死者供養のために大懺法院を造って、ここに説法・音芸の才ある者を扶持した事実があり、『徒然草』に記された行長の事歴や『平家物語』成立の伝承は一概に否定すべきではない。同時代に同名の実在人物として、藤原氏葉室家の中山行隆の第三子に「行長」があり、『尊卑分脈』に「下野守従五位」とみえる。九条兼実の日記『玉葉』に「下野守」「野前司」の肩書で名がみえる。兼実の家司で文才あり、特に漢詩に長じていた。『元久詩歌合』の作者として漢詩作品も残っている。その父行隆は『平家物語』にも登場する人物で、行隆の妹は平時忠室であった。また行隆の弟時光の子、すなわち行長の従弟にあたる時長については『尊卑文脈』に『平家物語』作者である旨の注記があり、『醍醐雑抄』平家作者事にも記事があって、これも『平家物語』作者の有力候補の一人である。その他にも葉室家には『平家物語』にかかわり深い人物が少なからず見いだされる。これらの条件から、行隆の子行長を以て『徒然草』の行長と同人とする意見が古く江戸時代からあって、現在ほとんど通説化しているが、信濃前司と下野前司の差は疑問であり、『尊卑分脈』の行長には時長のような『平家物語』作者を示す注記がない点からも、この通説にはなお問題が残る。いずれにせよ『徒然草』の信濃前司行長は『平家物語』作者として伝えられた人物であり、その記事は『平家物語』の成立事情を推測する有力な資料であることは否定できない。これにもとづいて考えるに、行長は十二巻本『平家物語』というよりも、むしろその生存時代から推して六巻本『平家物語』の作者、ないし平曲詞章の試作者と考えるべきであろう。

(冨倉徳次郎)

じにん　慈忍　⇩尋禅《じんぜん》

じねんそうじょう　慈念僧正　⇩延昌《えんしょう》

しのそうしん　志野宗信　一四四五—一五二三　香道志野流の流祖。松隠軒、三郎左衛門。香道家は宗信が三条西実隆に協力して香道を創始したとするが、宗信は足利義政の近習で歌道や茶道にも通じていたといわれる。彼の事蹟として有名なのは、文亀二年(一五〇二)六月下旬、宗信家で催された名香合である。肖柏・玄清・大碣・二階堂行二・松田長秀・肥田兼直・内藤元種・波々伯部盛郷に宗信と志野祐憲が連衆で、三条西実隆判、筆者肖柏

志野宗信画像(栗原信充『肖像集』)

となっている(『名香合』)。彼は、蜂谷宗悟『香道軌範』によれば大永三年(一五二三)八月一日没、七十九歳。また、島田貞郷『香会式法書』中の「蜂谷家香事伝来統系」では同十八日没、八十二歳、一説に七十九歳とある。八十八ヵ条の内容をもつ『宗信香之筆記』が伝承されるが、宗信の女という栄松尼の『栄松筆記』とともに検討を要する。なお、「篠ハ公方ノ御蔵本ナリ、香炉ノ家也」(『山上宗二記』)という「篠」は志野家と目される。

(神保　博行)

しのはらながふさ　篠原長房　?—一五七二　戦国時代の武将。大和守、右京進、弾正少弼と称す。法号岫雲。阿波国麻植郡の上桜城主で三好氏の有力被官。三千貫を領す。永禄九年(一五六六)三好三人衆・松永久秀の下にあって足利義栄を将軍職に就かせた。畿内での軍事行動と文化的才能は高く評価されている。織田信長と戦ったが元亀元年(一五七〇)に和を講じて阿波に帰り、戦国大名三好長治の下で『新加制式』二十二ヵ条を制定したが、その後、長治や弟の篠原自遁と不和を生じ、同三年に十河存保や雑賀衆に上桜城が包囲され、七月十六日嫡子長重とともに討死し、阿波篠原氏は滅亡した。一説に天正元年(一五七三)五月に没したとする。

篠原長房花押

参考文献　『大日本史料』一〇ノ一六、天正元年五月十三日条、『徳島県史』二

(三好昭一郎)

しばいえかね　斯波家兼　一三〇八—五六　南北朝時代の武将。延慶元年(一三〇八)生まれる。宗氏の子。高経の弟。母は大江時秀女か。童名千世鶴丸。初名彦三郎時家。建武政権下で式部丞任官。建武三年(一三三六)七月若狭国大将として入国。翌四年春の北朝除目で伊予守。このころ家兼と改名。暦応元年(一三三八)五月まで若狭守護に就任。以後も兄高経の代官として越前・若狭で活躍した。貞和元年(一三四五)八月北朝臨時除目で正五位下、さらに左京権大夫に昇進。足利尊氏・高師直党に属し、同五年八月から観応二年(一三五一)三月ごろまで、室町幕府引付方三番引付頭人に抜擢され、幕政を担当。しかし同年九月また若狭に派遣され、翌文和元年(一三五二)から同三年八月ごろまで再び同国守護に就任。その後、陸奥に転任し、吉良満家とともに、奥州管領(奥州探題)として行動した。延文元年(一三五六)六月十三日任国で没。享年四十九。法名円承。長子直持が奥州探題を継承、次子兼頼は羽州探題の祖となる。

斯波家兼花押

参考文献　『大日本史料』六ノ二〇、延文元年六月十三日条、佐藤進一『室町幕府守護制度の研究』上、小川信『足利一門守護発展史の研究』、佐藤進一「室町幕府開創期の官制体系」(石母田正・佐藤進一編『中世の法と国家』所収)

(遠藤　巌)

しばいえなが　斯波家長　?—一三三七　南北朝時代の武将。斯波氏惣領高経の長子。母は未詳。通称は尾張弥三郎。建武二年(一三三五)八月三十日、南北朝内乱の勃発とともに、足利尊氏から奥州管領(奥州探題)に任命され、ただちに父祖伝来の名字の地陸奥国斯波郡に赴き、行動を開始したという。『大日本史料』六ノ二収載のこの記事が通説となってきたが、家長は建武政権時には陸奥の所領にいたという説もあり、職務も当初は管領でなく奥州総大将であった。やがて鎌倉残留の足利義詮を補佐する鎌倉府執事に抜擢されたとみられ、同年暮には陸奥から鎌倉に入府し、鎌倉で関東・奥羽の管轄を担当した。建武三—四年中、父高経は越前守護、叔父時家(家兼)は若狭守護であり、家長を支えたのは主として鎌倉府の奉行衆であった。この組織を基盤にした家長が、駿河・甲斐以東の関東・奥羽諸国の諸氏に対して、軍勢催促、軍忠状証判、感状授与、恩賞推挙、所領安堵・預置、寺領寄進、禁制下付、相論審査などの権限を行使した二十数例の事績が知られる。特に奥羽両国に対しては、守護の存在する関東諸国と異なって、ことさらの軍政権を行使し、従弟斯波兼頼や宿老氏家道誠・御内侍所大泉平九郎・佐竹一族中賀野義長らを代官として派遣、または

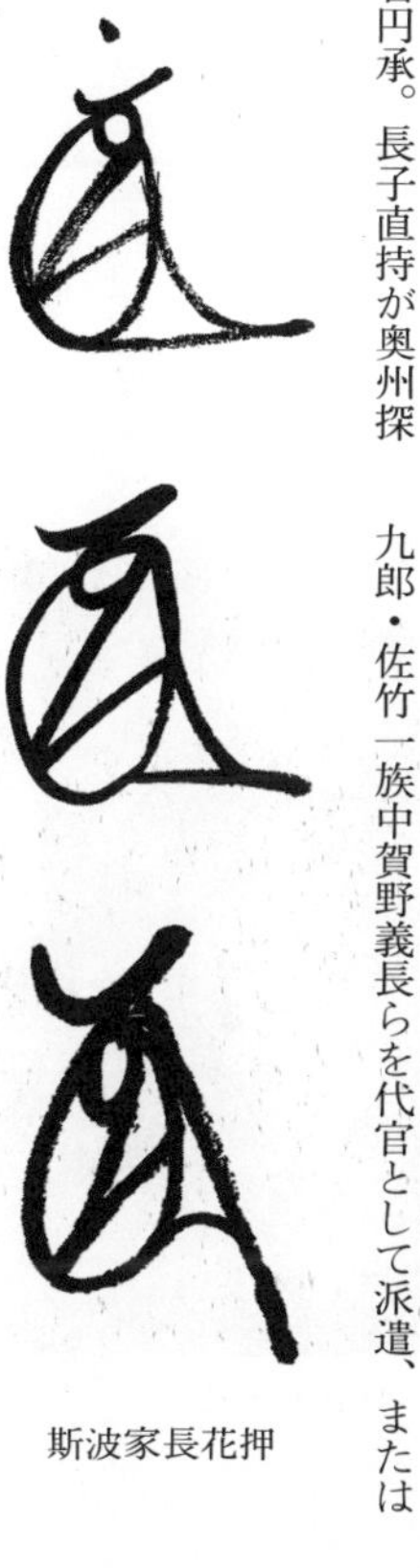
斯波家長花押

現地の有力武将を郡守護的な侍大将に補任した。このために、家長を奥州管領の初代とする後世の見解も生じたとみられる。建武四年二月奥州総大将の地位は石塔義房に交替されたが、同三月北朝除目で家長は陸奥守に任命され、ひきつづき奥羽両国支配にもかかわった。同年陸奥から再度の上洛軍を進める北畠顕家の鎌倉府攻撃をうけて、十二月二十五日家長は鎌倉杉本観音堂(一説に三浦半島)で自殺した。『武衛系図』によれば、享年十七。斯波一族から養子(詮経)を迎えてあとをつがせたといい、これが斯波郡高水寺城の斯波御所の系統であるという。奥州・羽州両探題の大崎・最上氏は家兼の子孫である。

参考文献 『大日本史料』六ノ四、建武四年十二月十三日条、小川信『足利一門守護発展史の研究』、遠藤巌「奥州管領おぼえ書き」(『歴史』三八)、伊藤喜良「初期鎌倉府」小論」(『文化』三三ノ四)　(遠藤　巌)

しばうじつね　斯波氏経　生没年不詳　南北朝時代の武将。官途、民部少輔・左京大夫。斯波高経の次男で、建武四年(一三三七)兄家長討死ののちは嫡子の地位にあった。文和元年(一三五二)の男山合戦には足利義詮の部将として淀の大渡を警固した。同三年父高経・弟氏頼は足利直冬に呼応して室町幕府にそむき、翌四年一時入京するが、氏経は幕府方にとどまり、父に代わって越前守護に補せられた。延文五年(一三六〇)三月将軍義詮から鎮西管領に起用されたが、幕府の支援態勢はすこぶる不充分で、氏経はようやく大友氏時の協力により、翌康安元年(一三六一)十月豊後府中に入った。ついで豊前を経て筑前に進出したが、貞治元年(一三六二)九月同国長者原に南軍菊池武光らと戦って敗れ、翌二年周防を経て帰京し、同四年八月鎮西管領は渋川義行に改替された。貞治元年以来弟義将が幕府執事となり、高経がこれを後見して幕政を運営していたが、氏経は幕政に関与した形跡がなく、帰京後は遁世して嵯峨の辺に住んだ。法号道栄と伝える。若年より歌人頓阿と交わり、和歌は『新千載和歌集』『新拾遺和歌集』『新後拾遺和歌集』などに撰ばれている。

参考文献 小川信『足利一門守護発展史の研究』、川添昭二「鎮西管領斯波氏経・渋川義行」(渡辺澄夫先生古稀記念事業会編『九州中世社会の研究』所収)　(小川　信)

斯波氏経花押

しばたかついえ　柴田勝家　?―一五八三　安土桃山時代の武将。尾張国愛知郡に生まれる。織田信行(信長の弟)に属して信長と敵対したが、のち許されて信長の家臣となる。元亀元年(一五七〇)六角承禎・義治父子と戦って近江長光寺に籠城した際、飲料水を貯えた水甕を叩き割って決死の覚悟を示したことから「甕破《わ》り柴田」の異名をとったという伝説がある。信長の奉行人として畿内・近国における戦闘に参加し、また水論などの裁定を行なっている。天正元年(一五七三)信長の浅井・朝倉攻撃にも活躍し、同三年北陸の一向一揆との対決では、門徒農民を高田派・三門徒派に転宗させ、本願寺の支配から離脱させる工作を行なっている。そののち信長から越前の支配を委ねられ北ノ庄(福井市)に移ったが、同時に、府中三人衆といわれる前田利家・佐々成政・不破光治が目付として配置され、相互監視の体制がとられた。このとき勝家は越前一国の公的支配権が与えられたように理解されているが、実際に支配が及んだのは丹生・吉田・坂井・足羽の四郡で、府中三人衆は今立・南条二郡が与えられ、残る大野・敦賀の二郡は金森長近らに支給されている。同四年三月勝家は領内に掟書を出して百姓の還住を命じ、新儀の主取りを禁止し、人夫を召使うときは自己の印判を用いることなどを規定している。新田開発につとめ、検地を施行し、北国街道から近江柳ヶ瀬に通ずる道路の開鑿を行うなど、民政にも力を入れている。一揆に加わった門徒農民から没収した武器を農具に打ち直し、または九頭竜川の舟橋をつなぐ鎖にしたという逸話も残され、豊臣秀吉の刀狩令の先駆という評価もうけている。天正八年勝家は加賀の一向一揆を事実上平定したが、その後も信長の北国征服戦争の中心となり、越後の上杉氏と対峙した。翌九年二月盛大に行われた信長の馬揃には上洛して参加したが、十年六月本能寺の変の際には居城の越前北ノ庄城の守りを固めた。そのため明智光秀追討におくれをとり、秀吉に主導権を奪われる結果となった。同月二十七日清洲会議の結果、勝家は秀吉の旧領である近江長浜が与えられたが、信長の後継者として信長の三子信孝の擁立に失敗し、政権の座から遠のけられた。十月十五日大徳寺で催された信長の葬儀にも出席できないよう仕向けられ、秀吉との対立関係は深まった。勝家は上杉景勝らと連絡をとりつつ秀吉に対抗しようとしたが、頼みとする景勝はすでに秀吉と盟約関係に入っており、さらに孤立していった。逆に秀吉は、越前が冬期は雪のため自由に行動できないことを見てとり、同年十二月勝家の属城である近江長浜城に柴田勝豊(勝

柴田勝家花押

柴田勝家印

柴田勝家墓

斯波高経花押

家の養子)を攻め、これを降した。秀吉はさらに美濃に進攻し、岐阜城の信孝に圧力を加え、信孝も降伏させた。翌天正十一年四月、勝家は秀吉と全面対決することとなったが、戦局の判断の失敗から同二十一日近江賤ヶ岳の戦で敗れ、北国街道をのがれて居城の北ノ庄城へのがれたが、追撃した秀吉軍に攻囲され、二十四日夫人小谷の方(信長の妹)とともに自殺した。没年齢は不詳。

参考文献 『大日本史料』一一ノ四、天正十一年四月二十四日条、『福井県史』一、牧野信之助「柴田勝家と民政」(史学地理学同攷会『歴史と地理』一ノ三)、松浦義則「柴田勝家の越前検地と村落」(『史学研究』一六〇) （三鬼清一郎）

しばたかつね 斯波高経 一三〇五―六七 南北朝時代の武将。嘉元三年(一三〇五)生まれる。足利宗氏(または家貞)の嫡子。母は大江時秀の女。通称は孫三郎。官は尾張守・修理大夫。玉堂と号し、法号を道朝という。元弘三年(一三三三)以来足利尊氏の部将として活動し、建武政権より越前守護に補せられ、建武二年(一三三五)正月には紀伊の北条氏残党の反乱を鎮定した。尊氏が建武政権にそむいて挙兵すると、これに属して入京、同三年長門に発遣されたのち越前守護に復し、新田義貞と分国内に連戦し、室町幕府の派した桃井直信・吉見頼隆らの援を受けて、暦応元年(一三三八)閏七月義貞を同国藤島に討ち取り、さらに同四年脇屋義助を駆逐してようやく越前を平定した。この間若狭守護を兼ねたが、尊氏に疎まれて康永元年(一三四二)九月この兼任を解かれ、さらに越前守護職も失った。そこで高経は足利直義と親交を結び、観応擾乱に際しては直義方として観応二年(一三五一)正月以来洛中警備・北国路警戒などにあたり、直義の主導下に幕政が再開されると越前守護に復した。同年八月直義とともに京都を逃れて越前金崎城に楯籠ったが、まもなく直義を見捨てて幕府に帰順し、越前守護職を安堵され、翌正平七年(一三五二)三月越前から攻め上って足利義詮の京都奪還・南軍撃退戦に加わり、ついで持明院御所を警備し、嫡子氏経(次男であるが長男家長は早く討死)を男山攻略戦に参加させた。ところが文和三年(一三五四)十二月足利直冬・山名時氏らが山陰から京都に迫ると、これに呼応して越前に挙兵、入京して直冬勢に合流したが、翌年六月越前に引き揚げ、延文元年(一三五六)正月再び幕府に帰参した。このように高経が反覆常ない有様であったのは、足利一門中最も高い家格を有しながら、尊氏の不信を買ったため幕府に勢力を張れず、分国の支配も不安定なことから来る焦りによるものであろう。同三年尊氏が没し、新将軍義詮が細川清氏を執事とすると、高経は京極導誉(佐々木高氏)と結んで清氏と対立し、康安元年(一三六一)導誉の讒言により清氏が失脚すると、高経は急速に地歩を高めた。すなわち同年末義詮をたすけて近江から入京して清氏・楠木正儀らの南軍を駆逐し、翌貞治元年(一三六二)七月義詮に政務補佐を依頼され、十三歳の四男義将を幕府執事とし、これを後見して幕政の中枢に参与し、「管領」と称された。『太平記』によると、このとき諸将は導誉の女婿である高経の三男氏頼を執事に推したが、高経はこれを排して義将を推したので、氏頼は不平のあまり出家遁世したという。ともあれ高経と導誉との深刻な対立抗争が惹起されたことは事実であって、同二年七月導誉以下の大名らが高経を討とうと計り、高経はこれに備えたという風聞が伝えられている(『後愚昧記』)。ここに高経は導誉の摂津・出雲両国守護職、評定衆、摂津多田院管領の職、および導誉の与党石橋和義の若狭守護職、評定衆を解任し、若狭は自分の分国に編入した。こうして導誉の勢力を削ぐ傍ら、五男義種を小侍所、のち侍所とし、嫡孫(氏経の嫡子)義高を引付頭人とし、彼らをも後見して軍事・裁判などの権限を掌握し権勢を強化した。高経の管領という地位は制度的なものではないが、従来執事・侍所・引付方などの分掌していた将軍補佐の機能が事実上高経にほぼ集中したことは、管領制成立の前提になったものと評価しうる。なお斯波氏の分国も、越前のほかに若狭・越中さらに山城を加えて四ヵ国となった。ただし急速に強めた高経の権勢は、もっぱら将軍の信任に依存するものであり、子弟の結束や国人の統制などに不安定要素があった。嫡子氏経は鎮西管領として康安元年以来九州に在ったが、貞治元年九月菊池武光らの南軍に大敗して翌年帰京し、ついで遁世したので、氏頼についで氏経の政治生命も失われた。また分国越前では有力国人朝倉高景(宗祐)が興福寺・春日社領河口荘を押妨したが、高経はこれを制止できず、同三年以来興福寺衆徒の嗷訴に直面した。そこで政敵京極導誉らの讒訴によって、高経の権勢はたちまち崩れ去り、同五年八月八日深夜、義詮は突如高経の陰謀露顕と称してその追討を諸将に命じた。高経は翌九日朝、義将以下一族とともに越前に走り、杣山城(福井県南条郡南越前町)に楯籠って討手の諸将に抗戦したが、翌六年七月十三日、六十三歳を一期として城中で病没した。なお、その没後まもなく義将は赦免を受けて越中守護に復し、やがて管領に登用されて幕府の重鎮となった。

参考文献 『大日本史料』六ノ二八、貞治六年七月十三日条、佐藤進一『室町幕府守護制度の研究』上、小川信『足利一門守護発展史の研究』 （小川 信）

しばたしげいえ 新発田重家 ?―一五八七 戦国時代越後の部将。因幡守。父は伯耆守綱貞か。新発田氏は、鎌倉幕府創業の功臣で越後国加地荘(新潟県新発田市)に地頭職を得た佐々木盛綱の後裔で、室町時代初期から一族加地氏らとともにその名をあらわし、戦国時代には竹俣氏などの同族とともに上杉輝虎(謙信)に属した。重家ははじめ庶家として五十公野《いじみの》(新発田市)を領したが、兄

尾張守長敦没後の天正八年(一五八〇)以降新発田氏家督を嗣ぐ。謙信没後の御館の乱では上杉景勝方に属してその勝利に貢献したが、同九年以降織田信長と結んで景勝と抗争した。本能寺の変後も景勝と和さず、景勝と豊臣秀吉が結ぶと越中の佐々成政と連携したが、成政が秀吉に降るとその命運は秀吉の握るところとなった。秀吉は徳川家康との抗争のため景勝に新発田攻撃を停止させ、徳川氏と和平が成立すると一転して新発田氏攻撃を命じた。同十五年十月二十五日、景勝軍の攻撃によって新発田城は落ち、重家も戦死して新発田氏は滅亡した。

参考文献 高橋義彦編『越佐史料』五・六、『新潟県史』資料編三―五・通史編二、『上越市史』別編上杉氏文書集・通史編、『新発田市史』上 (阿部 洋輔)

しばたっと 司馬達等 六世紀ごろの帰化人。『日本書紀』敏達《びだつ》紀には鞍部村主《くらつくりのすぐり》司馬達等とも記し、『元興寺伽藍縁起并流記資財帳』には桉師首《くらつくりのおびと》達等、『扶桑略記』には案部《くらつくり》村主司馬達止と記す。鞍作《くらつくり》氏の祖。鞍作多須奈《たすな》の父、鞍作鳥(止利)の祖父。『扶桑略記』欽明天皇十三年条に、「日吉山薬恒法師法華験記云、延暦寺僧禅岑記云」という引用で、司馬達等は大唐の漢人で継体天皇十六年二月に入朝し、大和国高市郡坂田原に草堂を造り、本尊を安置して帰依礼拝した。世は挙げてこれは大唐の神なりといったとみえる。この記載は『坂田寺縁起』の文を干支を誤って記したものであるとの説もあるが、また仏教が欽明朝の公伝以前にこういう形で民間に伝わったということも考えられる。『元亨釈書』一七には司馬達等を南梁の人としている。敏達天皇十三年九月に鹿深《かふか》臣が弥勒石像一軀、佐迫連が仏像一軀を百済から持ち帰ったとき、蘇我馬子はその二軀の仏像を乞い請け、達等と池辺直氷田を四方に遣わして修行者を求めさせ、播磨国で還俗僧高麗恵便を得た。馬子はこれを師とした。達等の女嶋(善信尼)とその弟子二人を出家させ、達等と氷田に付けて衣食を供せしめた。馬子が仏殿を宅の東方に造り、弥勒石像を安置し、三尼を招いて法会を行なったとき、達等は斎食の上に仏舎利を得て馬子に献上した。

参考文献 辻善之助『日本仏教史』一、関晃『帰化人』(『日本歴史新書』) (大野達之助)

しばやまけんもつ 芝山監物 生没年不詳 安土桃山時代の豊臣秀吉麾下の武将であり、千利休の高弟の一人。通称を源内、名乗を宗綱とする。利休の曾孫江岑宗左の『江岑夏書《こうこんげがき》』に、「利休弟子衆七人衆」として「四番芝山監物殿」と書かれている。蒲生氏郷・高山右近・細川忠興という知名の人に次ぐ高位が監物に与えられているのは、もっぱら利休との厚誼によるものと思われる。利休の書簡を集成した二百六十三点のうち、監物宛消息は十六通あり、余人を越えた最多の点数である。偶成の数値であるが、またそれだけに監物の利休親交が偲ばれよう。宇多源氏佐々木氏流(『寛政重修諸家譜』に二流をのせる)のほかに、尾張国海東郡芝山郷より起った芝山氏をあげられる。監物は、天正六年(一五七八)十二月信長の荒木討伐に従軍したことが知られる(『信長記』)が、先立って石山本願寺に属していたとする説もある。同十六年四月、後陽成帝の聚楽第行幸の前駆をつとめ(『太閤記』)、また小田原征伐への参戦もあるが、出自をふくめ、武将としての輪郭は明白でない。茶の湯記録は、天正九年二月十九日の『天王寺屋会記』を初見とする。利休から贈られた、長次郎の黒茶碗「雁取《がんとり》」の逸話が知られる。

参考文献 村井康彦『利休七哲・宗旦四天王』、小松茂美『利休の手紙』、桑田忠親『定本千利休の書簡』 (戸田 勝久)

しばよしあつ 斯波義淳 一三九七―一四三三 室町時代前期の武将、室町幕府の管領。応永四年(一三九七)生まれる。斯波義教(初名義重)の嫡男。治部大輔・左兵衛佐。応永十六年八月から翌十七年六月までと、永享元年(一四二九)八月から同四年十月までの二回管領に在任。この間応永二十五年父義教の死去に伴い、越前・尾張・遠江三国守護職を継ぐ。第一回の管領就任時は十三歳で、義教が後見し、祖父義将の没後まもなく辞任。第二回在任中の幕政は、主に将軍足利義教が宿老畠山満家・山名時熙らや醍醐寺座主満済の補佐により執り行い、また斯波家自身の政務も甲斐・朝倉・織田氏らの重臣がほとんど運営し、義淳は主導力を発揮できなかった。永享五年十一月重病に罹ると、将軍義教の命により弟の相国寺瑞鳳蔵主が還俗して義郷と名乗って家督を相続し、義淳は同年十二月一日、三十七歳で没した。 (小川 信)

斯波義淳花押

しばよしかど 斯波義廉 生没年不詳 室町時代後期の武将、室町幕府の管領。治部大輔・左兵衛佐。渋川義鏡の子。母は山名摂津守某の女。斯波義健の早世後、武衛家(斯波本家)を継いだ義敏が重臣甲斐常治・朝倉孝景らと争ったため、孝景および常治の遺子敏光らは義廉を擁立し、義廉は将軍足利義政の命により寛正二年(一四六一)十月武衛家を継ぎ、越前・尾張・遠江三国守護に補せられた。しかし義敏が、義政の寵臣で政所執事の伊勢貞親を通じて同六年十二月義政の赦免を受けたので、義廉は翌文正元年(一四六六)七月義敏の被官数名を捕えて斬り、さらに母の縁者である山名宗全(持豊)の援を受けて挙兵を計った。そこで義政は義廉を廃して義敏を三国守護に復したが、同年九月に宗全が細川勝元と結んで伊勢貞親・斯波義敏を駆逐すると、義廉は赦されて再び三国守護となり、翌応仁元年(一四六七)正月宗全の推挙で管領に任ぜられた。同年五月応仁・文明の乱が起ると義廉は西軍に加わり、翌二年七月管領を罷免された。同年閏十月東軍斯波義敏の越前制圧に対抗して朝倉孝景を越前に派し義敏を駆逐さ

斯波義廉花押

せたが、文明三年(一四七一)孝景が東軍に降ったため、義廉は最大の支持勢力を喪失した。同七年尾張に下り、織田敏広に擁されて義敏方の織田敏定を一時駆逐したが、上洛した敏定が同十年幕府から「凶徒退治」を命ぜられて下国すると、義廉は尾張でもまもなく支持勢力を失い、動静は不明となる。なお義廉の息子某は同十三年越前の朝倉氏景(孝景の子息)に迎え入れられたが、もとより何の実権もなく、その後は消息があらわれない。

〔参考文献〕『愛知県史』一、渡辺世祐『室町時代史』、永島福太郎『応仁の乱』(『日本歴史新書』)

(小川　信)

しばよしとし　斯波義敏　?—一五〇八　室町時代後期の武将。左兵衛佐・左兵衛督。斯波家庶流大野持種の子。享徳元年(一四五二)武衛家(斯波本家)当主斯波義健が嗣子のないまま早世すると、重臣甲斐常治・朝倉孝景らの計らいで武衛家を継ぎ、越前・尾張・遠江三国守護に補せられた。しかし常治の弟甲斐近江守らに擁せられて常治と対立し、康正二年(一四五六)常治の専横を室町幕府に訴えたが敗訴し、洛東に籠居した。長禄二年(一四五八)将軍足利義政の命により常治と和したが、翌三年古河公方足利成氏追討を命ぜられたのを好機として、その五月分国に攻め入って常治を敦賀城に囲み、かえって敗退した。たまたま常治が病没したため、義政は同年八月その子敏光に甲斐家を継がせるとともに、義敏の三国守護職を罷免して嫡子松王丸(のち義良《よしすけ》、義寛)に継がせ、義敏は大内教弘をたより周防に逃れた。さらに朝倉孝景・甲斐敏光らの運動により寛正二年(一四六一)十月義政は松王丸を廃し、渋川義鏡の子義廉に武衛家を継がせて三国守護としたが、義敏は将軍の寵臣で政所執事の伊勢貞親と妾同志が姉妹という縁故をたよって同六年十二月義政の赦免を受け、翌文

斯波義敏花押

正元年(一四六六)八月三国守護に復した。しかし貞親は足利義視を義政に讒したことなどにより同年九月山名宗全・細川勝元らに排斥されて近江に逃れたため、義敏も分国越前に走り、ここに義廉が三国守護に復した。応仁・文明の乱が勃発すると義敏は東軍に属し、西軍斯波義廉の派した朝倉孝景と越前国内に連戦したが、義敏の戦力は多年国内に実力を培っていた朝倉氏の比でなく、文明三年(一四七一)孝景が東軍に帰参して将軍家の直臣となるに及び、義敏は越前支配の実権を失い、やがて帰京した。その子義良は甲斐氏に擁せられて越前に進攻したが、同十五年尾張に移り、和与が成立して越前守護代は朝倉、尾張守護代は織田、遠江守護代は甲斐と決定した。義敏は同十七年六月義政の得度に伴い、入道して道海、別称を深叟と号した。永正五年(一五〇八)二月前将軍義尹(義稙)追討の幕命を受けたが、進発した形跡はない。同年十一月十六日没す。享年は『実隆公記』に「七十四歳か」と伝えられる。平素連歌を好み、『新撰菟玖波集』に七首撰ばれている。
→朝倉孝景《あさくらたかかげ》

〔参考文献〕『大日本史料』九ノ一、永正五年十一月十六日条、渡辺世祐『室町時代史』、永島福太郎『応仁の乱』(『日本歴史新書』)、永原慶二『下剋上の時代』(中央公論社『日本の歴史』一〇)

(小川　信)

しばよしのり　斯波義教　一三七一—一四一八　室町時代前期の武将。室町幕府の管領。斯波義将の嫡男で、母は吉良満貞の女。初名を義重という。治部大輔・左衛門佐・右兵衛督、入道して道孝と号す。応安元年(一三七一)生まれる。若くして明徳の乱に出陣、翌明徳三年(一三九二)八月の相国寺供養には将軍足利義満の後陣随兵の一番を勤めている。応永三年(一三九六)から五年の間に父の越前守護職を継ぎ、同六年ころ尾張守護、同十二年までに遠江守護を兼ね

斯波義教花押

た。同十二年七月管領に就任したが、その背後にあって幕政に重きをなしたのは父義将であり、同十六年六月義将が一旦管領に復した。同年八月義教の嫡子義淳が管領となり、義教はこれを後見したが、翌十七年五月義将が没すると、翌月義教父子は政務を辞した。同二十一年従兄弟の加賀守護斯波満種が将軍義持に疎まれて遁世し、富樫氏が同国守護に復したが、義教は何らの対応策も講じていない。また分国の統治もほとんど守護代に一任し、甲斐・朝倉・織田らの有力家臣の擡頭を促した。義教は父義将の庇護下に幕政を担当したが、その没後は振るわず、斯波氏の権勢は義教の時代からかげりが生じた。応永二十五年八月十八日、四十八歳で病没。

〔参考文献〕小川信『足利一門守護発展史の研究』、秋元信英「斯波義重の動向」(『歴史教育』一六ノ一二)

(小川　信)

しばよしまさ　斯波義将　一三五〇—一四一〇　南北朝・室町時代前期の武将、室町幕府の執事・管領。観応元年(一三五〇)生まれる。高経の四男。正しい訓みは「よしゆき」らしい。官途は治部大輔・左衛門佐・右衛門督。入道して法苑寺道将、別号を雪渓と称し、勘解由小路《かでのこうじ》殿と呼ばれ、また父の号を踏襲して玉堂とも呼ばれた。貞治元年(一三六二)七月父高経の推挙により十三歳で将軍足利義詮の執事となり、高経が後見して政務を行なった。同じころ越中守護となる。同五年八月京極導誉(佐々木高氏)の讒言により高経とともに失脚し越前に逃れたが、翌六年七月高経が没すると赦されて帰京し、越中守護に還補。ついで応安二年(一三六九)八月桃井直常・直信兄弟らの反乱を追討するため能登守護吉見氏頼らとともに

斯波義将花押

越中に発向し、同三年三月直常の嫡子直和を討ち取り、同四年八月桃井勢を潰滅させて分国越中を平定した。足利一門中随一の家系と前執事の経歴に桃井氏鎮圧の軍功を加えた義将は、諸将の注目するところとなり、やがて土岐頼康・山名時氏らに支持されて管領細川頼之排斥運動の中心となる。永和三年(一三七七)七月、義将の越中守護代と国人らが戦い、守護代は頼之の所領太田荘に押し寄せて荘内に逃れた国人を討ち、頼之は憤って軍勢を越中に派したので、天下の重事になろうと噂され(『後愚昧記』)、義将と頼之の確執が露呈した。やがて康暦元年(一三七九)二月義将は諸将とともに将軍義満から大和発向を命ぜられると、一旦近江に向かってのち入京し、それぞれ分国の兵を率いて入京した土岐頼康・京極高秀らとともに、閏四月十四日義満を花の御所に囲んで頼之追放を迫った。頼之は義満の命により一族・被官を伴って四国に下り、代わって義将は同月二十八日管領就任を命ぜられ、五月三日これを受諾した。なおこの後まもなく義将は越前守護畠山基国と分国を交換して、父高経の主な分国であった越前を回復した。管領義将は前任者頼之の定めた将軍・管領間の職権区分をほぼ踏襲し、施行・所務沙汰審理・御家人統制などを管領が総轄して将軍を補佐する管領制が一層整備された。また義将の就任後まもなく、政所執事は二階堂行照から伊勢貞継に交替するとともに政所の幕府料所管理権・雑務沙汰審理権などが強化し、同時に行照を頭人とする地方《じかた》が新設されて洛中屋地の管轄権が朝廷から幕府に移った。なお義満は新たに僧録の職を設け、春屋妙葩をこれに任じて禅僧の人事を掌らせ、禅宗統制が頼之時代の直接統制から僧録を通じる間接統制に移った。これらの新政策は義将の参画により実施されたものに相違ない。やがて明徳元年(一三九〇)義満が頼之を再び起用して山名時熙を討たせ、京極高秀らに命じて土岐康行を討たせたので、山名・土岐両氏を最大の与党とする義将は同二年三月管領を辞し、代わって細川頼之の弟で養子の頼元が管領となった。しかし同四年六月頼元が管領を辞すと、義将は義満の命により再任し、応永五年(一三九八)閏四月まで在任した。その管領在任は通算十八年に及んでいる。その後も義将は、ともに管領となった嫡子義教(初名義重)・嫡孫義淳の背後にあって幕府第一の宿老として重んぜられ、ことに応永十五年義満が没したとき、将軍義持に説いて義満への太上天皇の称号追贈を辞退させ、また義満の寵愛した足利義嗣への家督相続を退けて義持の地位を確定するなど、穏当な意見により幕府政治の安定に貢献した。さらに翌十六年六月から八月まで短期間ながら三たび管領となり、朝鮮に書簡を送って海賊禁圧を約束するとともに同国で開板した大蔵経の頒与を求めた。なお斯波氏の分国は、嘉慶元年(一三八七)加賀、応永七年までに尾張、同十二年までに遠江が加わり、越前とともに四ヵ国となった。かくて義将は幕政の安定と斯波氏の繁栄を目のあたりにしつつ、応永十七年五月七日六十一歳で病没した。平素禅宗を篤信し、また和歌・連歌をよくし、雅楽・絵画などの心得もある教養人であった。ただし、子弟に武士の心懸や教養を説いた教訓書『竹馬抄』は、巻頭に義将の名を記すが、おそらく仮託であろう。

[参考文献] 『大日本史料』七ノ一三、応永十七年五月七日条、小川信『足利一門守護発展史の研究』、今枝愛真『中世禅宗史の研究』、臼井信義「足利義持の初政と斯波義将」(『駿台史学』四)

(小川　信)

しばよしむね　斯波義統　一五一三―五四　戦国時代の武将。永正十年(一五一三)生まれる。尾張守護斯波義達の子。治部大輔・左兵衛佐。義達は尾張下四郡守護代織田大和守達勝に擁せられて同国清須(清洲)城に居たが、今川氏親と遠江に戦い、永正十四年敗れて降り、義統が斯波家当主となった。やがて達勝が没して織田彦五郎信友(達勝の子、ただし異説あり)が下守護代になると、義統はその専権を嫌い、那古野(名古屋)城主織田信長に内通した。信長は清須城を攻囲したが、義統は織田信友の老臣坂井大膳に殺害された。時に天文二十三年(一五五四)七月十二日。一説に同二十二年七月とする。享年は『系図纂要』によれば四十二。なお義統の子義銀は逃れて信長にたより、信長は弘治元年(一五五五)四月清須城を陥れて信友をたおし、この城に移って居城とし、義銀を斯波家当主とした。しかし義銀は永禄四年(一五六一)信長に抗して放逐され、守護斯波家は完全に滅亡した。

[参考文献] 太田牛一『信長公記』(『角川文庫』)、『清須合戦記』(『(改定)史籍集覧』一三)、『清洲町史』

(小川　信)

しばりんけん　芝琳賢　⇩琳賢《りんけん》

しぶかわこうし　渋川幸子　一三三二―九二　室町幕府第二代将軍足利義詮の正室。渋川義季の女として元弘二年(一三三二)生まれる。義季の姉妹は足利直義の室である。観応二年(一三五一)男児を産み千寿王と称したが、五歳で早世。以後子なく、妾紀良子(善法寺通清の女)の産んだ義満・満詮の養母となって養育にあたる。斯波氏と親しく、貞治四年(一三六五)甥の義行が十八歳で九州探題に抜擢されたのは、彼女と将軍家執事斯波義将との合作だという。同六年夫が死に、翌応安元年(一三六八)義満が将軍となってのちも、幕府内に隠然たる影響力を保ち、「大御所渋河殿」と呼ばれて義満の生母良子よりも重んじられた。永徳元年(一三八一)三月、後円融天皇の室町第行幸に際して、宮廷内の権勢家日野宣子とともに従一位に叙された。ちなみにこのとき、紀良子と義満の正室日野業子は従二位に叙されている。明徳三年(一三九二)六月二十五日没。六十一歳。法名は法観。嵯峨の香厳院に葬られた。

[参考文献] 臼井信義『足利義満』(『人物叢書』三八)、佐藤進一『南北朝の動乱』(中央公論社『日本の歴史』九)

(村井　章介)

しぶかわみつより　渋川満頼　一三七二―一四四六　室

渋川満頼花押

町時代前期の武将、九州探題。応安五年（一三七二）生まれる。渋川義行の子。右兵衛佐、左近大夫。号瑞祥院。満頼は、南北朝時代末期に畿内摂津や山陽道備中・安芸の守護に補任され、今川了俊（貞世）解任の翌年、すなわち応永三年（一三九六）に九州探題に任命された。筑前守護少弐氏・肥前千葉氏および肥後菊池氏を服属させることが当面の課題であり、主に北九州経営に努めた。探題府の所在地博多に対しては、対外交渉の拠点でもあり、十刹の承天寺を掌握（住持職補任）し、筑前に対しては大社宗像神社を掌握、そして肥前に対しては従来同様に分国（探題兼補国）となし、一門子弟（子息氏重、満泰）、被官（守護代吉見氏、戸賀崎氏）、奉行人（伊賀氏）を通じて、少弐氏・千葉氏対策を講じた。その間、満頼は、室町幕府によって、筑前御牧郡内に分布する御料所の一部（筑前東端、遠賀川中下流域）を「探題領」として給与された。日朝関係の面では、博多を拠点として、満頼みずから三十回余の交渉をしたのをはじめ、甥満直（のち九州探題）、譜代被官（板倉満家・宗寿・満景、吉見昌清）の交渉と一体的に行なった。文安三年（一四四六）三月十三日没。七十五歳。法名秀岳道鎮。

[参考文献] 川添昭二「渋川満頼の博多支配及び筑前・肥前経営」（竹内理三博士古稀記念会編『続荘園制と武家社会』所収）、山口隼正「「御料所」「探題領」管見」（『中世九州の政治社会構造』所収）、川添昭二「九州探題と日鮮交渉」（『西南地域史研究』一）　（山口　隼正）

しぶかわよしかね　渋川義鏡　生没年不詳　戦国時代初頭の武将。満頼の孫。右兵衛佐。永享の乱後、鎌倉公方の足利成氏は反上杉氏の豪族勢力を糾合、関東一円は再び戦いの巷となった。室町幕府は上杉氏を支持し、康正元年（一四五五）成氏を下総古河に奔らせたが（古河公方）、長禄元年（一四五七）六月、義鏡を関東探題に任じ、かつて武蔵国司であった曾祖父義行以来の知行地、武蔵国足立郡蕨城に下向させた。義鏡は将軍足利義政の下知を上杉勢の将兵に伝えて士気を鼓舞する一方、幕府に請うて、天竜寺に出家中の義政の弟香厳院（政知）を還俗させて関東に下向させ、同年十二月伊豆堀越に迎えた（堀越公方）。義鏡は将軍・堀越公方の命を奉じて古河勢に対抗し、諸所に奮戦したが、堀越公方の威厳は将軍の後楯や督励にもかかわらず低落して、上杉氏が関東管領の実権をにぎった。文明八年（一四七六）長尾景春が主家上杉氏に叛くと、太田道灌は翌年三月以降、勢力を盛りかえし、義鏡もこれに協力して武蔵・上野・相模・下総の各地に転戦、景春軍の撃破に活躍した。その後、渋川氏の勢威は下降の一途をたどり、大永六年（一五二六）には義鏡の子で北条氏綱の配下の義堯が扇谷上杉朝興の蕨城攻撃に自落し、その子義基が永禄十年（一五六七）上総国府台の戦に武蔵国岩槻の太田氏資らと出陣、敗死して滅んだ。なお、京都所司代板倉勝重は義堯の三男板倉頼重を祖父とする。

[参考文献] 青山延于『続皇朝史略』一、『列国譜』一、『続本朝通鑑』一八一、『鎌倉大草紙』、『正木文書』四・五、『将軍御内書幷奉書留』、『太田道灌状』、『寛政重修諸家譜』八一、『渋川系図』、『里見系図』、『蕨市の歴史』一　（丸山　雍成）

しぶかわよしとし　渋川義俊　一四〇〇―三四　室町時代前期の武将、九州探題。渋川満頼の子。左近将監。応永二十六年（一四一九）ごろ、父満頼に代わって九州探題に補任される。同年、朝鮮軍による対馬進攻（応永の外寇）に際しては、少弐満貞とともにこれを破る。肥後一宮阿蘇大宮司家の内訌、惟郷・惟兼の争いでは惟郷側に立つ。義俊の朝鮮交渉は、応永の外寇の翌年、応永二十七年からみえるが、抑留日本人の請還を眼目とし、博多を主舞台とした。また交易は、日本からは硫黄・銅・太刀・扇など国内生産物とともに丹木・胡椒など南海貿易品を主とし、回賜品は綿布・正布・人参などであり、また朝鮮に大蔵経を求めている。同三十年五月、義俊が少弐満貞に博多で敗れ、これを契機として九州探題渋川氏の勢力は急速に衰え始め、東肥前の一勢力となり、ついにはその存在意義を失う。朝鮮通交の面も同様で、探題の地位は低下、少弐氏・宗氏中心の統制下におかれる傾向にあった。永享六年（一四三四）十一月十四日没。三十五歳。

渋川義俊花押

[参考文献] 川添昭二「九州探題の衰滅過程」（『九州文化史研究所紀要』二三）　（山口　隼正）

しぶかわよしゆき　渋川義行　一三四八―七五　南北朝時代の武将、鎮西管領（九州探題）。渋川直頼の子。母は高師直の女。右兵衛佐、武蔵守。貞治四年（一三六五）八月、義行は、室町幕府によって鎮西大将（鎮西管領）としての九州下向が決定された。この決定には、渋川氏が将軍家足利氏一門であることもさることながら、特に叔母渋川幸子（父直頼の妹）がときの将軍義詮の正室であったことも関連があろう。義行は、ほぼ同時に下向途次にある山陽道備中・備後の守護にも補任され、一路西に向かった。しかし当時の九州は、征西府（懐良親王―菊池武光）を頂点とした宮方勢力が優勢で、その黄金時代であったため、義行は、山陽道にとどまったまま九州武士宛に若干の文書を発しているが、結局、任地九州には一歩も足を踏み入れることができず、帰京せざるを得なかった。永和元年（一三七五）八月十一日、二十八歳で没（『尊卑分脈』）。法名道祐。

渋川義行花押

[参考文献] 川添昭二「鎮西管領斯波氏経・渋川義行」（渡辺澄夫先生古稀記念事業会編『九州中世社会の研

究』所収)　(山口　隼正)

しぶやしげくに　渋谷重国　生没年不詳　鎌倉時代前期の武将。桓武平氏秩父氏の一族。重家の子。『畠山系図』などによると、祖父基家や父はともに河崎を姓とし、武蔵国南部に住した。重国の代の応保年間(一一六一―六三)武蔵国荏原郡から相模国高座郡渋谷荘までを領して本拠地とし、渋谷荘司と称した。治承四年(一一八〇)源頼朝挙兵の際、石橋山の戦で平家方に属したが、源氏方の佐々木定綱ら兄弟をかくまい、その家族を援けたので、養和元年(一一八一)八月、頼朝に降ったのち所領を安堵され、子息高重とともに御家人となった。文治元年(一一八五)二月、豊後合戦に源範頼に随って賀摩兵衛尉種益を討ちとり、頼朝から感状をうけ、同年十月には勝長寿院の供養に頼朝に供奉して参列した。『吾妻鏡』生前最後の記事は、建久五年(一一九四)十二月十五日条で、堂供養の導師を迎える伝馬を五疋割りあてられたことがみえている。伝墓塔は神奈川県綾瀬市の長泉寺にある。

参考文献　『神奈川県史』通史編一・別編一、『藤沢市史』四　(三浦　勝男)

じへん　慈遍　生没年不詳　鎌倉・南北朝時代の比叡山の学僧。吉田(卜部)兼顕の子で、『徒然草』の作者で有名な兼好の兄弟にあたる。弱年にして比叡山に登り剃髪受戒し、天台学を学ぶ。特に神書に精通し、後醍醐天皇に召されて仏法および神道のことを講じた。のち、大僧正に任ぜられた。当時、叡山では、神仏習合の思想が盛行し、本地仏垂迹神の考え方が定着していた時代であり、慈遍はかかる風潮を受けて、天台の立場から神道を専門的に研究し、『山王審鎮要記』三巻、『旧事本紀玄義』十巻、『豊葦原神風和記』三巻などの著述を残している。『山王審鎮要記』には元弘三年(一三三三)の自序がある。『豊葦原神風和記』には、伊勢神道の集大成ともいうべき『類聚神祇本源』が多く用いられているので、天台神道(山王神道)のみならず、伊勢神道の説も取り入れていたことが知られる。また上記以外の著作として慈遍には、『天台宗大事』一巻(自筆本、叡山文庫蔵)や、『密法相承審論要抄』一巻が現存する。

参考文献　卍元師蛮『本朝高僧伝』一七(『大日本仏教全書』)、渋谷亮泰編『(昭和現存)天台書籍綜合目録』　(武　覚超)

しまいそうしつ　嶋井宗室　?―一六一五　安土桃山時代の筑前博多の豪商、茶人。宗室は宗叱とも書かれる。名は茂勝。剃髪して端翁宗室と号し、また虚白軒・瑞雲庵とも称した。生年については天文八年(一五三九)とする説があるが根拠は明らかではない。『嶋井文書』によれば、天正の初年には豊後大友氏との交渉がみられ、宗室はこのときすでに博多津支配の一翼を担う存在であり、富裕な商人として大友氏と資金面で関係を持ち、また茶器の蒐集でもすぐれた能力を持った茶人であったことが知られる。宗室は大友氏を介して堺の天王寺屋(津田)道叱と関係を結び、天正八年(一五八〇)八月には堺に出て、津田宗及・山上宗二・藪内道和らの茶人・豪商と交際した。その後織田信長に近づき、同十年六月の本能寺の変の当日は招かれて同寺に宿泊し、変の最中に空海の筆蹟を持ち出して逃げたと伝えられている。信長の死後は、千利休を介して豊臣秀吉に接近した。秀吉は九州征伐の帰途、天正十五年六月筑前箱崎に滞在して、諸将の論功行賞を行うとともに宗室と神屋宗湛とに戦火で荒廃していた博多の復興を命じた。現在の博多の町割りの基礎はこのときにできたという。宗室は功により表口十三間半・入三十間の屋敷を許され、町役を免除された。同年六月十九日秀吉の陣所で行われた茶会の折、秀吉に対して宗室が「武士ハ嫌らひ」「武士ヨリ町人宜候」と答えたという逸話は、後世の所作ではあろうが、博多商人の気概を示したものとして喧伝されている。筑前を領有した小早川隆景の名島築城は翌十六年の二月から始まるが、宗室は宗湛とともに城下町の建設に協力した。秀吉は、九州征伐後朝鮮出兵の企図を明確にし、対馬の宗氏をして朝鮮国王の入朝を促させた。宗義智は和平派の小西行長、博多聖福寺の景轍玄蘇、それに宗室らと謀って、秀吉の意図を不発に終らすべく努力した。天正十七年、義智は偽の日本国王使船を仕立てて朝鮮に送ることにし、その協力を宗室に求めた。宗室はこの年、行長の使者として朝鮮に渡航した。翌年五月義智が宗室に対し、一生涯そむくことはないという誓紙を送っているのは、朝鮮との折衝の背後における盟約関係を語るものであろう。文禄元年(一五九二)出兵軍渡海の直前にも宗室は朝鮮に渡っているが、その目的は明らかではない。宗室にはまた、石田三成と示し合わせて、秀吉の出兵を諫止しようとしたという逸話も残っている。小早川隆景の養子秀秋が慶長三年(一五九八)に越前に移されると、博多は豊臣氏の蔵入地となり、三成が代官として下向、宗室はこれに協力した。朝鮮出兵にあたって博多は重要な兵站基地となったが、宗室は目立った活躍はしていない。関ヶ原の戦ののち、黒田長政が筑前に入国し、宗室は福岡城の普請に協力して、同十一年に知行三百石を与えられたけれども、これを辞した。同十五年、宗室は養嗣子信吉に充てて「生中心得身持可致分別事」十七ヵ条を遺した。そこには商人の生活態度に関する細かな訓誡が示されていて、天下の豪商として遠く海外にまで足跡を印した昔日の面影を読みとることはできない。元和元年(一六一五)八月二十四日死去。墓は福岡市崇福寺にある。大正五年(一九一六)生前の功により従五位が追贈された。

嶋井宗室花押

参考文献　『大日本史料』一二ノ二二、元和元年八月二十四日条、田中健夫『島井宗室』(『人物叢書』六二)　(田中　健夫)

しまくぼう　島公方　⇨足利義植《あしかがよしたね》

しまだのただおみ　**島田忠臣**　八二八―九二　平安時代前期の詩人。号は田達音《でんたつおん》。天長五年（八二八）生まれる。島田清田の孫。父母は不明。大学寮に入り、菅原道真の父是善に師事した。三十歳ごろ藤原基経の近習となり、来朝した渤海国使の接客使に任じられ、その後因幡権介・大宰少弐など地方官を経て帰京、兵部少輔に任じられたが、元慶七年（八八三）再び地方に出て美濃介となり、再度渤海使接客使にも任じられた。極官は従五位上伊勢介であった。その娘宣来子が道真に嫁したこともあって、二人は終生親交あり、寛平四年（八九二）忠臣が六十五歳をもって死去すると、道真は「今後再びあのように詩人の実を具えた人物は現われまい」と痛哭し、紀長谷雄も忠臣に私淑して「当代之詩匠」と讃えた。忠臣の弟に『文徳実録』編纂に携わった良臣があり、子息に仲平・仲方がある。著作には、もと『田達音集』十巻、『百官唐名鈔』その他があったが、今は伝わらない。現存の『田氏家集』三巻は、『田達音集』の一部の遺漏かともいう。平明ですなおな述懐詩がその特徴である。

参考文献　『大日本史料』一ノ一、寛平三年是歳条、川口久雄『平安朝日本漢文学史の研究』上、金原理『平安朝漢詩文の研究』、甲田利雄『「菅家文草」巻五の含む問題について―『日本紀略』の誤謬及び島田忠臣の没年に及ぶ―』（高橋隆三先生喜寿記念論集刊行会編『（高橋隆三先生喜寿記念論集）古記録の研究』所収）

（今井　源衛）

島津家久花押

しまづいえひさ　**島津家久**　一五四七―八七　安土桃山時代の武将。島津貴久の四男。又七郎・中務大輔と称す。天文十六年（一五四七）生まれる。元亀元年（一五七〇）、島津貴久・義久の入来院氏をはじめとする渋谷氏一族攻略により、入来院重嗣から奪った隈城を与えられ、同時に拝領した串木野に入部した。家久は、その後、下大隅の伊地知氏攻略に加わったが、天正三年（一五七五）伊勢参宮の目的もあって上洛し、連歌師里村紹巴らと交流している。上洛の間のことを記した『中書家久公御上京日記』は、当時の薩摩と京都との交通路、武士の社寺参詣のありさまを知り得る貴重な記録となっている。薩摩に帰ってからの家久は、天正四年の日向高原城攻めなど伊東氏攻略に加わり、同六年の日向高岡熊野権現棟札には守護代とみえる。さらに同年、伊東氏を保護する大友氏が耳川合戦により島津氏に敗北すると、家久は、翌七年伊東義祐の居城であった佐土原を与えられた。その後、家久は、同八年の肥後水俣攻めの大将をつとめ、さらに、同十三年高知尾を平定した旨を島津義弘に報告し、豊後大友氏の攻略を進言している。また、島津氏家中における大友氏攻略の軍議にあっては、豊後国内の反大友氏勢力である入田義実の救援を一つの理由に日向方面からの進出を主張した。この問題は、結局、肥後方面からの北九州進出に島津氏の方策は決定するのだが、同十五年豊臣秀吉の九州への進出により、家久は日向方面での防戦にあたり、島津氏の豊臣政権への敗北後、佐土原の豊臣秀長への譲渡を拒んだため、同年六月五日、秀長陣所で毒殺されたと伝えられている。四十一歳。墓は宮崎県宮崎郡佐土原町天昌寺にある。なお、家久の文学などへの関心は、島津氏一族の樺山玄佐から古今伝授をうけていることなどに示されている。

参考文献　伊地知季安・季通編『旧記雑録』後編（『鹿児島県史料』）、桃園恵真編『本藩人物誌』（『鹿児島県史料集』一三）、新城常三編『（近世初頭）九州紀行記集』（『九州史料叢書』四一）、『上井覚兼日記』（『大日本古記録』）

（福島　金治）

島津氏久花押

しまづうじひさ　**島津氏久**　一三二八―八七　南北朝時代の武将。大隅国守護。嘉暦三年（一三二八）に生まれる。島津氏五代貞久の四男、母は大友親時の女。奥州家島津氏の祖。兄の総州家島津氏の祖師久とともに島津氏六代に数える。又三郎、三郎左衛門尉、修理亮、越後守、陸奥守。二十歳のころから父貞久を助け、武家方として薩摩宮方の軍と戦う。観応二年（一三五一）九州の武家方が将軍（足利尊氏）方と佐殿（足利直冬）方に分裂するや、同年十二月筑前金隈において一色範光の軍に属し佐殿方の今川直貞と戦い負傷、恩賞をうけている。以後老齢の父に代わって主として大隅国の佐殿方畠山直顕の軍と戦う。文和二年（一三五三）には同国の敵味方の交名を注進しているが、税所氏をはじめ、禰寝《ねじめ》・肝付・野辺・蒲生氏など、国衙在庁郡司系、正八幡宮領関係の国人層の大半は直顕方で氏久の味方は少なかった。延文元年（正平十一、一三五六）氏久は宮方に転じ、三条泰季とともに加治木岩屋城を攻め、同四年には肥後の相良定頼らの軍と日向南郷国合の地で戦うなど、歴戦の過程で次第に国人層を味方につけ、翌五年には再び武家方に復し、しきりに預状・充行状・寄進状を発出して国人層のほか社寺勢力の服属をはかり、領国の形成につとめている。貞治二年（一三六三）には貞久から正式に大隅国守護職を譲られたが、同時に守護領として薩摩国指宿郡や筑前国今津村などを譲られ、また鹿児島郡地頭職、日向国高知尾荘などを与えられた。はじめ鹿児島東福寺城を拠城としたが、その後大隅国大姶良城、さらに日向国志布志内城に移り、勢力範囲も薩摩・大隅から日向へと拡大していった。守護代には譜代の本田氏を挙用した。応安四年（一三七一）今川貞世（了俊）が九州探題となると、はじめその指揮下に入ったが、永和元年（一三七五）肥後水島の陣で、氏久のすすめで来陣した少弐冬資を貞世が謀殺

るや、その不信行為を責めて断然帰国し離反した。同二年には貞世の派遣した今川満範および相良前頼・伊東氏祐らの軍が日向都城を攻囲、城将北郷誼久が固守、氏久は志布志を発して救援し、翌三年には城外蓑原で激戦が展開された。その際、新納実久は月一揆、本田重親は杉一揆、氏久みずからは小一揆の将として奮戦した。その後も氏久は貞世の後援により結成された南九州国人一揆と対抗しつつ独自の守護領国の拡充強化につとめている。嘉慶元年(一三八七)閏五月四日鹿児島(あるいは伊集院とも)で死去。六十歳。嫡子元久(母は伊集院忠国の女)がそのあとをついだ。墓は鹿児島県志布志市志布志町帖の大慈寺即心院跡、鹿屋市大姶良町の竜翔寺跡、鹿児島市池之上町の福昌寺跡にある。法名玄久齢岳。馬術の名手としても聞こえ、著述に騎乗十八ヵ条を記した『在轡集』がある。また大慈寺二世剛中玄柔に帰依した。磯鶴嶺神社鎮像殿に現存する氏久像は、もと大隅国正八幡宮鎮護の寺の一つ、正興寺の持国天像で、貞治五年造替にあたり、特に家門の繁栄を祈り自分の姿をうつしとらせたものという。

参考文献 伊地知季安・季通編『旧記雑録』前編一・二(『鹿児島県史料』)、『山田聖栄自記』(『鹿児島県史料集』七)、『寛政重修諸家譜』一〇八、山口隼正「南北朝期の大隅国守護について」中(『九州史学』三六)

(五味 克夫)

しまづこれひさ 島津伊久 一三四七―一四〇七 南北朝時代の薩摩国守護。師久の長男。上総介。法名久哲・道哲。貞和三年(一三四七)生まれる。貞治五年(一三六六)三月、父から薩摩国守護職などを譲られた。次第に南薩地域へも進出、料所(守護領)を設定して、国人に給分を充行い被官化する。永和二年(一三七六)、九州探題今川了俊に守護職を奪われ、薩摩国支配をめぐって抗争が激化する。伊久は、のち至徳二年(一三八五)ころ復職したが、両朝合一後は子息守久と不仲になり、ついに守護職には従弟の元久(奥州家)をあてた。応永十四年(一四〇七)五月四日(一説、四月六日)没。六十一歳。

島津伊久花押

参考文献 『大日本史料』七ノ八、応永十四年五月四日条、山口隼正「南北朝期の薩摩国守護について」(『史学雑誌』七六ノ六)

(山口 隼正)

しまづさだひさ 島津貞久 一二六九―一三六三 鎌倉・南北朝時代の武将。島津氏五代。薩摩国・大隅国守護、島津荘惣地頭。三郎左衛門尉、上総介。文永六年(一二六九)島津忠宗の嫡男として生まれる。母は三池道智女。文保二年(一三一八)、父忠宗より薩摩国守護職、十二島地頭職、薩摩郡地頭職、出水郡山門院・日置郡市来院・鹿児島郡永吉・讃岐国櫛無保・信濃国太田荘内南郷・下総国相馬内・日向国高知尾荘・豊前国副田荘などの譲状を与えられ、鎌倉幕府の安堵をうける。正中二年(一三二五)一族・家人多数を引率して薩摩郡を発し鹿児島郡に至る国内巡狩を実施、領内の統治につとめる。元弘二年(一三三二)元弘の乱出兵の恩賞として周防国楊井荘領家職を受領。翌三年後醍醐天皇・足利尊氏の催促に応じ、少弐・大友氏らとともに挙兵、博多に鎮西探題北条英時を攻め滅ぼす。その代償として薩摩国の旧領のほか、大隅国・日向国守護職に補任され(のち日向国の分は失う)、さらに恩賞として建武元年(一三三四)薩摩国市来院名主職・豊後国井田郷地頭職を受領。鎮西警固につき日向・薩摩両国の沙汰を命じられ、博多松口に駐留。翌二年十月の太政官符で中宮職領大隅国寄郡内下大隅郡・大禰寝院・鹿屋院・串良院・小原別符・西俣村・百引村・横河院・曾小川村内地頭領知分預所職が与えられている。同年建武新政府の内紛に際し尊氏の招きに応じ出京、後醍醐天皇方の軍と各所に戦い武功あり。帰国後は拠城を薩摩国府近傍の碇山城におき、薩隅両国の各地に出撃、南朝方の諸豪族(薩摩に島津氏支族伊集院氏をはじめ矢上・市来・谷山・指宿氏ら、大隅・日向に肝付・楡井氏ら)と戦う。特に南朝方の勢力は康永元年(興国三、一三四二)の薩摩入りから、貞和三年(正平二、一三四七)の肥後入りの間において強く、貞久も鹿児島東福寺城・谷山城などの戦いで一族・家人ともども苦戦を重ねている。観応元年(一三五〇)武家側の将軍(尊氏)方と佐殿(足利直冬)方への分裂以後、貞久は将軍方として日向大将畠山直顕ら佐殿方の勢力と争うようになった。大隅国の豪族の大半は佐殿方に属したからその制圧に腐心し、一時南朝方と提携したこともある。貞久の嫡子は宗久であるが、暦応三年(一三四〇)早世したため、三子の師久(総州家の祖)と四子の氏久(奥州家の祖)をたのみ、文和元年(一三五二)ごろより師久を碇山城に、氏久を東福寺城において、師久には薩摩国、氏久には大隅国の経営を代行させた。貞治二年(一三六三)四月、師久に薩摩国守護職、氏久に大隅国守護職などを分与し、七月三日薩摩国木牟礼城において死去。九十五歳(年齢に異説あり)。法名道鑑。墓は鹿児島県出水市野田町の感応寺と鹿児島市清水町の本立寺(五道院)跡にある。貞久の室は大友親時女で、その輿入の際、高崎・小田原氏ら豊後大友氏の家人で随従し来たり、定住して島津氏の家人となるものがあった。

島津貞久花押

参考文献 『大日本史料』六ノ二五、貞治二年七月三

日条

（五味　克夫）

しまづたかひさ　島津貴久　一五一四―七一　戦国時代の薩摩国の武将。島津忠良の嫡子。母は島津成久の娘。幼名は虎寿丸。又三郎・三郎左衛門尉と称す。官途は修理大夫・陸奥守。永正十一年(一五一四)生まれる。薩摩・大隅・日向三ヵ国での島津氏一族・国人の割拠状態と本宗家守護の弱体化のなかで、大永六年(一五二六)島津勝久の養子となった。その後、守護職の継承をめぐって島津忠良・貴久と実久・勝久との間に抗争がおきたが、天文四年(一五三五)に勝久は鹿児島から追放され、実久は同八年の紫原合戦に敗れ、島津氏一族中の守護職継承に絡む有力な対抗勢力はなくなり、同十四年北郷忠相らは伊集院に集まり貴久を守護として承認した。そして、同十九年には、島津元久以来の守護の居城の地となった鹿児島に内城を築いて伊集院から移り、同二十一年修理大夫の官途を与えられ、同年十二月には一族相互の契諾をかわし基盤を強化した。これ以降、契状類には貴久を「屋形様」と認めたものが出現するのであり、薩隅日三ヵ国の領主が大名としての権威を貴久に認めてくるのは天文年間の末のことと考えられる。その後、天文二十三年の岩剣城合戦を契機に大隅・日向方面への領域の拡大を行なった。そして、永禄七年(一五六四)貴久は陸奥守の官途を得、嫡子義久は修理大夫に任ぜられた。同九年出家し、伯囿と号した。貴久から義久への家督移譲はこの前後とみられる。この間、貴久は、天文十八年のシャビエルの鹿児島上陸にあたっては、最初は家臣の入信を認めたが、一年後、領内の不安定をもたらすことを理由にキリスト教を禁じた。一方、南蛮貿易には積極的な姿勢を見せているが、キリスト教への消極的姿勢から実ることはなかった。元亀二年(一五七一)六月二十三日、加世田(鹿児島県南さつま市)で没した。五十八歳。死後、貴久創建の南林寺(鹿児島市、現廃寺)はその菩提所となった。墓は、現在、鹿児島市池之上町の福昌寺跡墓地にある。

島津貴久花押

島津貴久画像

参考文献　『大日本史料』一〇ノ六、元亀二年六月二十三日条、伊地知茂七『島津貴久公』(『島津中興記』)、『鹿児島県史』一、原口虎雄『鹿児島県の歴史』(『県史シリーズ』四六)、山口研一「戦国期島津氏の家督相続と老中制」(『青山学院大学文学部紀要』二八)、福島金治『戦国大名島津氏の領国形成』、『聖フランシス・デ・サビエル書翰抄』(アルーペ・井上郁二訳、『岩波文庫』)

（福島　金治）

しまづただくに　島津忠国　一四〇三―七〇　室町時代の薩摩・大隅・日向国守護。初名貴久、又三郎。修理大夫、陸奥守。島津氏九代。島津氏八代久豊の嫡子。母は伊東祐安の女。応永十年(一四〇三)五月二日、穆佐高城《むかさたかじょう》(宮崎市高岡町)に生まれる。はじめ父久豊を助け、日向の経営にあたる。同二十八年父の命をうけ薩摩郡隈之城(鹿児島県薩摩川内市)に総州家の島津忠朝を攻囲、降伏させ、翌年には山門院木牟礼城(同県出水市高尾野町)に同守久を攻め肥前に追う。同三十二年父の死後襲職、将軍足利義教から三州守護職に補任される。永享二年(一四三〇)には真幸院徳満城(宮崎県えびの市)に守久の子久林を討ち、総州家島津氏の主流を滅ぼした。同四年、このころ国人の一揆がさかんに起り、忠国はその統制に苦慮し、弟の用久(好久・持久、薩州家島津氏祖)を挙用して守護職を代行させ、みずからは末吉に移居した。このため用久の勢力が伸び、所領の充行状も両方から発出されることになり兄弟間の不和はつのった。嘉吉元年(一四四一)三月、義教の弟大覚寺義昭が兄に追われて日向に潜伏、島津氏の庇護を求めたが、忠国は樺山孝久・山田忠尚らに命じ櫛間院(宮崎県串間市)永徳寺に囲み自刃させた。島津家ではその恩賞として琉球支配の権限を与えられたという。このころから用久との対立は一層深まり、忠国は鹿児島に帰り、用久は谷山に拠り武力衝突の危機を迎えた。しかし文安五年(一四四八)両者間の和解が成立。宝徳二年(一四五〇)には伊集院熙久を攻め肥後に追っている。長禄三年(一四五九)用久は死んだが、忠国の晩年は子の立久が代わって活躍、父子間に不和を生じ、実権は立久の手にうつり、忠国は政務から離れて南薩の加世田・坊泊に移居、一時琉球渡海を企てたともいう。文明二年(一四七〇)正月二十日没。六十八歳。法名大岳玄誉。墓は鹿児島市池之上町の福昌寺跡と加世田市武田の六角堂にある。磯鶴嶺神社鎮像殿には旧小城権現の神像として明応五年(一四九六)作の忠国像が現存する。

参考文献　『大日本史料』八ノ三、文明二年正月二十日条、伊地知季安・季通編『旧記雑録』前編二、『鹿児

島津忠国花押

島県史料』)、『寛政重修諸家譜』一〇八、五味克夫「島津忠国木像小考」(『鹿児島中世史研究会報』三八)
（五味　克夫）

しまづただなが　島津忠長　一五五一―一六一〇　安土桃山時代の武将。図書頭、入道して紹益と号す。日新斎島津忠良の第三子尚久の子。天文二十年（一五五一）七月十七日生まれる。従兄にあたる宗家十六代義久をたすけて野戦攻城に英名をうたわれる。日向の伊東氏討滅にも従軍し、天正十二年（一五八四）には義弘の子家久の副将として肥前島原に渡り、竜造寺隆信軍六万余をわずか三千の兵で破り隆信を殺した。以後も九州の各地に戦い、筑前岩屋城の高橋紹運を力攻して滅ぼし、九州制覇に大功をたてた。朝鮮の役には家久の輔佐をつとめた。帰朝後浅野長政が義弘に戦勝を祝したとき、「戦功の第一は忠長にある」と義弘が称揚したほどの大功をたてた。慶長四年（一五九九）の庄内の乱にも出陣、また関ヶ原の戦後肥後宇土城主小西行長方の求めに応じて救援し、加藤清正軍と同国佐敷で戦い、国境出水の警備にあたった。同七年義久の命により京都に赴き、徳川家康と和議を講じ、家久が同年十二月関ヶ原の戦後はじめて家康に謁するとき同行上洛した。薩州鹿籠に生まれ、天正六年には隅州串良に移り、同十一年十月八代の陣中で家老に任ぜられ鹿児島に帰り、同十六年薩州東郷十ヵ村七千二百石を与えられ、さらに慶長元年二月加増して一万石となる。のち朝鮮泗川での軍功として家久より日向諸県郡島内村千石を加増された。また同五年十二月に薩州祁答院山崎村・指宿十二町村計千石余加増され、同月同国宮之城虎居城に移り、子孫代々承襲した。慶長十五年十一月九日没。六十歳。法名、大徳山宗功寺殿既成宗功庵主。墓は鹿児島県薩摩郡さつま町の宗功寺墓地にある。

参考文献　山本正誼編『島津国史』二一・二二、本田親孚『称名墓志』三（『新薩藩叢書』三）、『鹿児島県史』一・二、『宮之城史』
（原口　虎雄）

しまづただひさ　島津忠久　？―一二二七　鎌倉時代前期の武将。島津氏初代。薩摩・大隅・日向国守護。島津荘総地頭。左兵衛尉、左衛門尉、豊後守。惟宗姓。忠久が島津を称したことを示す初見は『吾妻鏡』正治二年（一二〇〇）正月条の鶴岡社参供奉人交名であるが、その後もおおむね惟宗氏を称す。『島津氏系図』には源頼朝庶長子、母は比企能員妹丹後局とし、また丹後局は頼朝の妻北条政子の嫉妬をおそれて西国へ逃げ、摂津国住吉社の境内で夜間、雨の中狐火に守られて出産、近衛家の庇護をうけたなどの説話がある。このような説は、すでに室町時代の「酒匂安国寺申状」「山田聖栄自記」にあらわれている。あるいは近衛家の家司惟宗氏の出か。幕末、薩摩藩の史家伊地知季安は以仁王遺子説を唱えたがこれは誤り。在世年は治承三年（一一七九）―安貞元年（一二二七）とされるが、生年については疑問で、季安は十年出生年をさかのぼらせている。文治元年（一一八五）六月伊勢国波出御厨・須可荘地頭職、同八月島津荘下司職に補任され、翌二年には島津荘地頭職として安堵される。ほかに同荘の荘目代・留守・押領使職を兼ねる。同五年には島津荘荘官らを率いて奥州征伐に参加。当初荘官のうち忠久の命に違背するものがあったが、鎌倉幕府は特にこれを戒めた。建久八年（一一九七）作成の図田帳によれば、忠久の地頭職は薩・隅・日三国において約八千町にも及ぶ。同年大隅薩摩両国家人奉行人（守護職）に任命される。日向国守護もこのころの補任と思われ、三ヵ国（奥三州）守護となる。建仁三年（一二〇三）比企氏の乱に縁坐、所職を改易される。しかし間もなく薩摩国については旧に復す。建保元年（一二一三）和田氏の乱の後、甲斐国波加利新荘なども恩補され、承久三年（一二二一）には信濃国太田荘地頭職・越前国守護職に補任（このころ藤原姓を称す）。忠久の薩摩国（出水郡山門院木牟礼城）下向の時期については文治二年説ほか諸説あるが不詳。『吾妻鏡』に将軍供奉役勤仕の記事が散見されるので、一族あるいは被官の酒匂・本田氏らを下向させ、自身は主として京または鎌倉に在ったものか。室は畠山氏で、若狭国守護津々見忠季は弟。安貞元年六月十八日、守護・地頭職を子忠義（忠時）に譲渡して死去。法名得仏。墓は神奈川県鎌倉市西御門（江戸時代中期島津重豪の修営）、鹿児島県出水市野田町の感応寺、鹿児島市清水町の本立

島津忠久花押

島津忠久画像

寺(五道院)跡にある。なお、高山寺旧蔵(尚古集成館現蔵)の「武将像」(鹿児島県指定文化財)は忠久の肖像画と伝える。

参考文献 『大日本史料』五ノ三、安貞元年六月十八日条、『島津家文書』一、伊地知季安・季通編『旧記雑録』前編一(『鹿児島県史料』)、朝河貫一「島津忠久の生ひたち」(『史苑』一二ノ四)、井原今朝男「荘園制支配と惣地頭の役割」(『歴史学研究』四四九)、五味克夫「島津忠久画像由来」(『鹿児島大学法文学部紀要文学科論集』一四)、野口実「惟宗忠久をめぐって」(『中世東国武士団の研究』所収)、江平望『島津忠久とその周辺』 (五味 克夫)

しまづただまさ 島津忠昌 一四六三—一五〇八 室町時代後期の薩摩・大隅・日向の守護。初名は武久。官途は陸奥守。寛正四年(一四六三)生まれる。文明六年(一四七四)、父島津立久の死去により守護家の家督を継承したが、翌七年の肥後国境の相良・北原両氏の対立に端を発しての島津国久・季久の反乱、同十六年の伊作久逸・新納忠続の対立に始まる三国規模の内乱と国内の戦乱に生涯かかわることとなる。内乱の終息にあたっての一揆契諾状などによれば、忠昌の守護としての地位は庶家・一族の一揆契諾に支えられたものとなっており、弱体化していた。こうしたなかで、南島地域との貿易などに関心を寄せて印判状の発給を行い、また、文明十年二月には桂庵玄樹を鹿児島に招き、家臣伊地知重貞に『大学章句』を刊行させるなど朱子学の興隆に務めたが、永正五年(一五〇八)二月十五日自殺した。四十六歳。墓は鹿児島市の福昌寺跡墓地にある。文明年間の内乱鎮定の忠昌の功を讃えたものに『薩隅日内乱記』があり、この書は近世初頭に『文明記』に改作されている。

島津忠昌花押

参考文献 『鹿児島県史』一、重永卓爾「中世島津氏印判をめぐる諸問題」(『鹿児島短期大学付属南日本文化研究所叢書』一九)、福島金治「戦国島津氏琉球渡海印判状と船頭・廻船衆」(『戦国期印章・印判状の研究』所収) (福島 金治)

しまづただよし 島津忠良 一四九二—一五六八 戦国時代の薩摩国の武将。父は島津(伊作)善久。母は新納是久の娘常盤。幼名は菊三郎。通称は三郎左衛門尉。明応元年(一四九二)生まれる。父善久の没後、母常盤の再嫁した相州家島津運久の家督を継承し、相模守を名乗り、本領伊作とともに田布施・高橋・阿多を領して薩摩半島中部に勢力基盤を築いた。大永七年(一五二七)、本宗家守護島津勝久が忠良の嫡子貴久を継子とするにあたり、忠良は出家し日新斎と号した。その後、忠良は、家督継承をめぐって争った島津実久の勢力を排除し、勝久を鹿児島から追放し、近世島津氏発展の基礎をつくった。忠良晩年ごろの僧日我は、忠良の領国形成には、伊集院忠朗の功績大なることを記している。また、紀伊国の根来寺で善久・運久・常盤の供養を行い、琉球貿易に関わっていることは、背後の経済基盤を推測させるものである。儒・仏の教養の深かった忠良が作った「いろは歌」は、近世薩摩藩の武士の教養の核をなすものとして重視された。永禄十一年(一五六八)十二月十三日、加世田(鹿児島県南さつま市)で没す。七十七歳。墓は南さつま市の竹田神社(忠良の菩提寺日新寺が、明治の廃寺により神社となる)にある。

島津忠良像

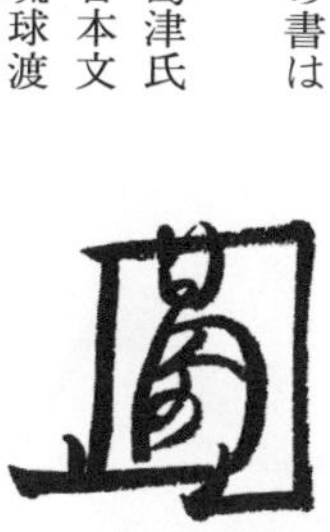
島津忠良花押

参考文献 『大日本史料』一〇ノ一、永禄十一年十二月十三日条、『鹿児島県史』一、北川鉄三編『島津史料集』、渡辺盛衛『島津日新公』(『島津中興記』)、三木靖『薩摩島津氏』(『戦国史叢書』一〇)、五味克夫「島津家物語—日我上人自記—」について」(『鹿大史学』二三) (福島 金治)

しまづひさつね 島津久経 一二二五—八四 鎌倉時代後期の武将。島津氏三代。薩摩国守護、島津荘惣地頭。初名久時。修理亮、下野守。嘉禄元年(一二二五)忠時の子として生まれる。母は伊達念性妹(尼忍西)。室は相馬胤綱女。文永二年(一二六五)守護職をつぎ、同六年薩摩国鹿児島郡地頭職、八年伊賀国長田荘地頭職につき鎌倉幕府の安堵状をうける。在鎌倉の御家人として幕府の格子番・昼番・供奉随兵役などを勤仕。建治元年(一二七五)元の再度の来襲に備え、幕府の命により九州に下向、筑前箱崎の薩摩国役所にあって防衛の任にあたる。翌二年薩摩国伊作荘・日置荘地頭職補任。弘安四年(一二八一)元軍来襲(弘安の役)に際しては薩摩国御家人らを統率して壱岐へ渡り奮戦。『蒙古襲来絵巻』に画かれる、十字紋の旗章を掲げ海戦に臨む兵船搭乗の一武将に「薩摩国守護下野守久親」と註記のあるのが久経であろう。同七年鹿児島に時宗の浄光明寺を修造、新鐘(銘文写を今に伝える)を寄進。同年閏四月二十一日箱崎で没。六十歳。法名道忍。墓は鹿児島県出水市野田町の感応寺と鹿児島市清

島津久経花押

水町の本立寺(五道院)跡にある。久経の没後、嫡子忠宗が襲職、島津氏四代当主となる。その弟久長は伊作荘・日置北郷地頭職を世襲、伊作家島津氏の祖となる。なお、「酒匂安国寺申状」によれば、久経在世中、弟久時(阿蘇谷、大炊助)は薩摩国守護代として市来院郡司市来氏との間で系図相論をおこし、両氏の惟宗姓の優劣について争った。久経は久時を罷免し、国内諸豪族の反撥を回避したと伝える。 (五味 克夫)

しまづもちひさ 島津以久 一五五〇―一六一〇 安土桃山・江戸時代初期の武将。初名は幸久・征久。又四郎・右馬頭を称す。天文十九年(一五五〇)薩摩国永吉(鹿児島県日置市吹上町)に生まれる。父は島津忠将、母は佐多上野忠成の女。永禄四年(一五六一)父忠将を合戦で失い、長じて、同八年八月に島津義久から大隅国帖佐郷を充行われている。その後、大隅国の要衝清水の領主に封ぜられ、天正二年(一五七四)には大隅国市成も以久に充行われ、同十五年の豊臣政権への島津氏の敗北まで清水の領主であった。同十九年豊臣政権の島津領再編策による種子島氏の知覧への移封に伴い、種子島・屋久島・恵良部を領することになり種子島に移り、文禄四年(一五九五)の太閤検地によってさらに安堵された。その後、慶長八年(一六〇三)関ヶ原の戦で討死した島津豊久領日向国佐土原が幕府領から島津氏にもどることになり、佐土原三万石を拝領することとなった。これ以後、佐土原は島津以久流の所領として続くこととなる。慶長十五年四月九日、山城国伏見において没す。六十一歳。法名は高月院照誉崇恕。墓は京都市下京区貞安前之町の大雲院跡墓地にある。

島津以久画像

参考文献 『大日本史料』一二ノ七、慶長十五年四月九日条、『寛政重修諸家譜』一〇九、伊知地季安・季通編『旧記雑録』後編一(『鹿児島県史料』) (福島 金治)

しまづもとひさ 島津元久 一三四三―一四一一 室町時代前期の守護大名。初名孝久。又三郎、陸奥守。法名玄忠。康永二年(一三四三)生まれる。氏久長男。応永十一年(一四〇四)大隅・日向の、同十六年薩摩の守護に補任。南北朝時代中期以来分裂の南九州三ヵ国守護職を統一した。実際には以前からこれら諸国に種々の権限を発動しており、九州探題今川了俊や従兄の薩摩国守護伊久と抗争する。応永十一年、元久・伊久和睦のため、足利義満は朝山師綱・重綱を派遣したほどである。清水城を築いて、守護家島津氏の本拠を現在の鹿児島市に確定し、応永元年ここに福昌寺(曹洞宗)を建立、島津家の菩提寺とする。開山には母方のおじ石屋真梁をあて、子息(仲翁守邦)も住持(三代)となし、同寺条々を相ついで作成、造営のため近辺の鹿児島郡・谷山郡の所領を盛んに寄進するなど、同寺の経営にきわめて熱心だった。また料所(守護領)の増加や、給分充行による国人の被官化などは著しい。惣地頭二階堂氏などの拠点だった南薩地域へ進出し、反武家方だった肝付氏の一族・庶子を被官化している。ただ中薩の入来院など惣地頭渋谷氏の支配する地域や、大隅一宮の正八幡宮領へは一向に進出できなかったことは注目すべきであろう。また加冠状を成し、国人の売券や寄進状に袖判を加え、みずからを権威付けている。さらに元久は、段銭を賦課し、薩摩の伊作氏(島津氏庶家)・入来院氏(惣地頭)、大隅の肥後氏・禰寝《ねじめ》氏など、管内の有力国人との間に契状(起請文)を成している。このようにして、元久は南九州一帯で島津氏の領国形成を本格化した。応永十七年六月、上洛して将軍足利義持に謁し、ついで伊勢大神宮に参詣しているが、領国化に一応のめどがついたことを象徴付けていよう。島津家一族や有力国人らを率いて上京、将軍御所はじめ有力武将の第に臨み、また京都五山にも赴いたのである。義持も元久の第に臨んだ。応永十八年八月六日没。六十九歳。

島津元久花押

参考文献 『大日本史料』七ノ一四、応永十八年八月六日条、山口隼正「南北朝期の薩摩国守護について」(『史学雑誌』七六ノ六)、同「南北朝期の大隅国守護について」下(『九州史学』四一) (山口 隼正)

しまづもろひさ 島津師久 一三二五―七六 南北朝時代の薩摩国守護。従五位下、左衛門少尉、上総介。法名定山道貞。正中二年(一三二五)生まれる。父貞久から薩摩国守護職などを譲与されたのは貞治二年(一三六三)四月のことだが、貞久がきわめて高齢のため、師久はこれ以前から軍事指揮面など公的権限の発動を認められていた。ときに観応擾乱期、はじめ貞久(山門院木牟礼城)と同様に北薩地域に居住(和泉荘知色城)していたが、中薩地域に進出(薩摩郡碇山城、鹿児島県薩摩川内市)、父子とも将軍方に立って行動した。そのため薩摩国は幕府方(将軍足利氏―鎮西管領一色氏―守護島津氏ライン)が優

島津師久花押

勢であり、同じ南九州でも、直義方(足利直義—直冬—国大将畠山直顕)が優勢だった日向・大隅両国の場合とは異なる。貞久の譲状において、師久は「惣領」に指定され、公事支配権や女子一期分の彼への帰属が明記されているが、薩摩国は師久(上総介、総州家)、大隅国は氏久(陸奥守、奥州家)へと、両国守護職は兄弟間に分割された。そして薩摩国でも両国の接点である、鹿児島郡(鹿児島市)の地頭職が氏久に譲与されたりして、以後、氏久＝奥州家の方が領国形成の上できわめて有利に事が進んだ。永和二年(一三七六)三月二十一日没。五十二歳。

参考文献 山口隼正「南北朝期の薩摩国守護について」(『史学雑誌』七六ノ六)　(山口　隼正)

しまづよしひさ　島津義久　一五三三—一六一一　安土桃山・江戸時代前期の武将。天文二年(一五三三)島津貴久の長子として生まれる。童名虎寿丸。初名又三郎忠良。足利義輝の偏諱を受け、三郎左衛門尉義辰、のち義久と改む。永禄七年(一五六四)修理大夫に任じた。近衛稙家の周旋による。永禄九年二月父貴久の譲を受け守護となる。永禄末年より肥後玖磨の相良氏と結んだ大口の菱刈氏を降し、薩摩一国を掌握した。元亀三年(一五七二)春、禰寝《ねじめ》氏を肝付《きもつき》氏と絶縁せしめ、天正二年(一五七四)二月伊地知氏・肝付氏を降して薩隅両国を統一。同五年伊東義祐を豊後に追い、六年十一月高城に大友義鎮の軍を大破、日向を領国化した。同七年から肥後に進攻し相良氏・阿蘇氏を圧迫した。同九年には相良氏を降し、翌十年肥前有馬の有馬鎮貴(晴信)の要請により島原半島に出兵し竜造寺隆信の軍と対峙した。この間、イエズス会巡察師バリニァーノとのあいだに交渉がもたれ、司祭館(鹿児島)設立と山川の南蛮貿易港化(定航船入港地化)が進展しつつあったが、十二年三月竜造寺隆信の敗死により肥前南半部に影響力を行使し得るようになり、司祭館設立と山川開港のことは中絶した。翌十三年十月羽柴秀吉は義久に大友氏との和親を勧めたがこれを拒否、筑前・豊後への侵攻を続行した。十四年末大友義統を豊前に走らしめ、全九州征服の間近きを思わせたが、十五年三月秀吉の介入を受け、同年四月十七日、日向根白坂において羽柴秀長の軍と戦って破れ、同年五月六日薙髪、竜伯と号し、同月八日川内泰平寺において秀吉に降り、薩摩・大隅・日向諸県郡などを安堵され、同年七月上洛。十月在京賄料一万石を充行われる。十六年九月十四日堺を出発、十月十四日鹿児島着、十七年十一月次弟義弘の長男又一郎久保を秀吉の命により家督後継者に定めた。文禄元年(一五九二)三月、文禄の役にあたり義久は病気を理由に参加せず、義弘が兵一万を率いて出兵した。しかし島津氏は窮乏のため軍費を賄えず、やむなく義久は薩摩・大隅・日向諸県郡の社寺領三分の一を徴して軍費にあてた。同年六月、梅北国兼ら数輩、肥後佐敷において騒擾し、累を島津歳久(義久の弟、祁答院領主)に及ぼし、歳久は自尽を余儀なくされた。この事件の事後処理(歳久遺臣の籠城解除)と薩隅検地実施のために細川藤孝(幽斎)が薩摩に下向したが、検地は延期された。同四年大隅国富隈(浜之市、鹿児島県霧島市隼人町)に移居した。これは家督後継者又八郎忠恒のために鹿児島の地をあけておくためであった(さきに家督後継者となっていた又一郎久保は、文禄二年九月朝鮮唐島にて病死)。文禄三—四年に太閤検地が実施されたが、同検地は近代以前に行われた唯一の中央権力の手による検地であり、この時決定された石高は当時の生産高のほぼ二倍に近く、以後の藩政に多大の影響を与えた。慶長七年(一六〇二)四月十一日徳川家康の所領安堵を受け、同九年十一月富隈より隼人城(鹿児島県霧島市)に移居。同十六年正月二十一日死去。享年七十九。法名、貫明存忠庵主妙国寺殿。墓は鹿児島市池之上町の福昌寺跡墓地にある。

島津義久花押

「義久」
島津義久印

参考文献 『大日本史料』一二ノ七、慶長十六年正月二十一日条、『旧記雑録』後編一解題(『鹿児島県史料』)、『鹿児島県史』一、桑波田興「薩摩藩の初期検地について」(鹿児島大学教育学部社会科研究室編『鹿児島の地域と歴史』所収)　(桑波田　興)

しまづよしひろ　島津義弘　一五三五—一六一九　戦国から江戸時代前期にかけての武将。島津貴久の第二子。母は入来院弾正忠重聡の女。幼名又四郎、初名忠平、兵庫頭を称した。天文四年(一五三五)七月二十三日生まれる。天正十四年(一五八六)八月足利義昭の偏諱をうけ義《よし》珍《まさ》、同十五年八月義弘と改名。同十六年六月侍従に任ぜられ、従四位下に叙せられ、羽柴姓を授けられた。慶長四年(一五九九)剃髪、惟新と号した。永禄七年(一五六四)北原氏の故地日州諸県郡飯野(宮崎県えびの市)に移居し、日向の伊東氏に対した。元亀三年(一五七二)五月、木崎原(えびの市)に伊東氏を大敗せしめ、天正四年八月、日州高原城を攻め、ついで伊東氏の本拠佐土原に迫り伊東氏を豊後に奔らしめた。同六年十一月、大友義鎮の軍を高城(宮崎県児湯郡木城町)に破り日向一国を手中にした。同九年八月、肥後水俣に相良義陽を伐ち、相良氏を屈伏せしめ、これより肥後・筑後・肥前攻略に従った。同十三年四月守護代となる。同十五年五月羽柴秀長に降伏、同年同月二十五日大隅一国ならびに日向真幸院を豊臣秀吉より安堵され、翌天正十六年六月上洛、七月豊臣姓羽柴氏を与えられ、天正十七年八月帰国を許される。この年、飯野より大隅国栗野に移る。文禄元年(一五九

島津義弘花押

「惟新」

「惟新」

「惟」

「惟新」

「藤原惟新」

島津義弘印

島津義弘画像

二)四月朝鮮に出兵、同四年四月陣中より召還、七月帰国。十二月栗野より帖佐(鹿児島県姶良郡姶良町)に移る。慶長二年三月、再度朝鮮に出兵、同三年十月泗川新寨の戦に大捷。同五年九月、関ヶ原の戦で敗戦、敵中縦断退却は南九州の人口に膾炙するところである。同年十月帰国後は向島(桜島)に蟄居した。同十一年帖佐より平松(姶良町)に移り、翌十二年加治木に隠棲した。元和五年(一六一九)七月二十一日卒す。享年八十五。法名、松齢自貞庵主。墓は鹿児島市池之上町の福昌寺跡墓地にある。義弘の事跡のなかで朝鮮人陶工招致のことは現在薩摩焼としてそのあとをのこしている。

参考文献 『大日本史料』一二ノ三一、元和五年七月二十一日条、伊地知季安・季通編『旧記雑録』前編二ー後編四(『鹿児島県史料』)、『寛政重修諸家譜』一〇八

(桑波田　興)

しみずむねはる　清水宗治　一五三七―八二　戦国時代の武将。天文六年(一五三七)生まれる。はじめ才太郎、字は長左衛門。はじめ備中国賀陽郡幸山に拠り、同国沖郡の旗頭石川久孝の女を娶り長谷川・鳥越らとともにその幕下に属した。久孝およびその嗣子が相ついで没して嗣子がなく、長谷川が高松城主となろうとしたが、宗治はこれを同城中で倒しみずから高松城主となった。毛利氏の進出に伴い小早川隆景の幕下に属し、宗治の謀により備中国奥郡も毛利支配下に入り、その押えとして穂田元清が猿懸城に置かれ、宗治は依然高松城に配置された。天正十年(一五八二)四月、織田信長の命をうけた羽柴秀吉が中国経略を進めて岡山に至り、蜂須賀家政・黒田孝高を使として備中・備後を下付する旨の信長の誓紙を送り内付を勧めたが、宗治はこれを断わり誓紙を毛利氏に届けた。秀吉は四月下旬八幡山より押し下り城を二重三重に包囲して攻め落とそうとしたが、城は四周に沼田を帯びる名城であり、隆景の差遣した軍勢を加えて堅守したため、力攻めを困難とみて水攻めに決し、城外一里余の間に高さ二丈の堤を築造し、足守川の流れをせきとめてこれに注いだ。毛利氏は救援の軍を進め、輝元は猿懸城に控え、隆景・吉川元春は岩崎山まで陣を進めたものの、秀吉の守備厳重のため城を救援できなかった。輝元は大勢の不利と高松城の陥落を目前にして講和を決意し、安国寺恵瓊を使者として秀吉にこれを提議したが、条件をめぐって行悩みとなった。たまたま本能寺の変の報に接した秀吉はこれを堅く秘して信長の援軍到来前の講和成立の必要を恵瓊に説いた。恵瓊から事態の切迫を聞いた宗治はみずから自刃を決意し、ここに和議は急転直下解決に向かった。宗治は沼田高山城に人質となっていた長子景治に辞世の和歌三首を遺し、秀吉から送られた酒肴により最期の盃を取り交わして、同年六月四日兄の入道月清、隆景よりの検使末近信賀とともに自刃した。時に宗治四十六歳。宗治の自刃により輝元も講和に同意し高松城兵は助けられた。宗治・月清・信賀の後裔はいずれも近世毛利家中に連綿とその家名を存している。

参考文献 『大日本史料』一一ノ一、天正十年六月四日条

(松岡　久人)

しみずりあん　清水里安　一五二六―七六　京都南蛮寺建立に尽力した有力キリシタン。大永六年(一五二六)生まれる。元法華宗徒で、永禄十年(一五六七)ごろにキリスト教に改宗。京都の高利貸業者であったと思われ、姥

柳町に建設された新教会、いわゆる南蛮寺建立の主動者の一人で、建設資金として四三タエルを寄進し、のち二〇〇クルザドを追加寄進した。「知慮および徳行において顕著な人物」と評され、死去前に妻子に説いて彼らをキリスト教に導いた。天正四年(一五七六)七月下旬没。五十一歳。

参考文献 『耶蘇会士日本通信』京畿篇下(村上直次郎訳、渡辺世祐註、『異国叢書』三)、ルイス＝フロイス『フロイス日本史』(松田毅一・川崎桃太訳)、松田毅一『(近世初期日本関係)南蛮史料の研究』、松田毅一監訳『十六・七世紀イエズス会日本報告集』三期四

(五野井隆史)

じみょう 慈猛 一二一一―七七 鎌倉時代の僧。字は良賢。密厳上人・薬師寺長老・留興長老とも称される。建暦元年(一二一一)二月生まれる。氏姓郷貫は不詳。はじめ比叡山に登り出家して入仏房空阿と称し、隆澄に恵心流、顕豪に檀那流を学んだが、のち唐招提寺良遍に律を学び下野薬師寺に下ったという。一方、寛元二年(一二四四)高野山金剛三昧院で上人灌頂を受け密教を学び慈猛と改め、さらに願行上人憲静とともに意教上人頼賢から東密三宝院流を、また浄月上人からも同流を受けた。後世その流れを慈猛流・慈猛意教流などと称する。慈猛は薬師寺を中心に活動し、関東で彼から律・密教を学ぶ僧が多く、特に下野小俣鶏足寺学頭頼尊は久しく就学し、文永五年(一二六八)に伝法灌頂を受け慈猛意教流を相承した。以後鶏足寺は同流の本寺となり、同流は下野・上野・武蔵を中心に広く関東に伝わり、同地における真言宗の展開に大きな役割を果たした。後宇多天皇は留興長老の号を賜わった。建治三年(一二七七)四月二十一日没。六十七歳。なお、これまで慈猛と密厳上人を別人とする書が多いが、無住は直接慈猛に会った話を『雑談集』四に載せて、「下野ノ薬師寺ノ長老密厳故上人」と記している。よって同人とすべきであろう。

慈猛花押

参考文献 『鶏足寺世代血脈』(『栃木県史』史料編中世四)、『慈猛上人行状記』、『南河内町史』史料編二・通史編古代・中世、稲見芳之助「下野薬師寺考」(『新興』一ノ三―二ノ一〇)、永村真「下野薬師寺の再興」(『栃木県史研究』二〇)

(坂本　正仁)

じみょういんもとはる 持明院基春 一四五三―一五三五 室町・戦国時代の公家、書家。権中納言藤原基藤の次男。享徳二年(一四五三)生まれる。明応六年(一四九七)従三位、文亀三年(一五〇三)正三位、同年参議、永正三年(一五〇六)参議を辞し、同年左衛門督、大永四年(一五二四)左衛門督を辞す。天文四年(一五三五)七月二十六日美濃において没。八十三歳(『公卿補任』天文四年条による。ただし同書明応六年条―大永七年条の年齢表記によれば生年は享徳三年、没年齢は八十二歳となる)。藤原行成以来の世尊寺家は代々朝廷の書役を勤めてきたが、後奈良天皇の天文元年第十七代行季の死によって断絶した。そこで世尊寺行高の門人で書に巧みであった基春に朝廷の書役を勤めさせることとした。以後朝廷の書役は世尊寺家に代わって持明院家の奉仕するところとなった。

(堀江　知彦)

しもこうべゆきひら 下河辺行平 生没年不詳 平安・鎌倉時代前期の武将。下総国下河辺荘司。行義の子。源頼朝の挙兵に参加し、頼朝から下河辺荘司を安堵された。以後頼朝に属し、有力御家人に列した。源平の争乱に際しては、一谷などの各地の戦闘に参加し、たえずその先陣を勤め、武勇をあげた。その結果、文治元年(一一八五)には播磨国の守護に任命された。その後の奥州征伐などにも参加した。その間、行平は頼朝の信任を受け、その寝所警固や各地への随兵役を勤めた。また武芸、特に弓の道に秀で鹿狩・流鏑馬・弓始などの射手を数多く勤め、頼朝から頼家の弓の師範を命ぜられるほどであった。頼朝の晩年には、重臣の一人として実朝の将来を託せられ、またその「門葉」に準ぜられて、一族に遇せられた。頼朝の死後の元久二年(一二〇五)におこった畠山重忠の乱にその追討の兵として活躍したのを最後に、事実上第一線を退いた。

参考文献 『古河市史』資料中世編、湯山学「多田源氏と東国」(『古河市史研究』三)、矢次京介「『吾妻鏡』にみられる下河辺行平」(同六)

(佐藤　博信)

しもつけのこまろ 下毛野古麻呂 ?―七〇九 律令国家成立期の貴族官僚。古麻呂は子麻呂にもつくる。北関東の雄族であった下毛野君氏に生まれ、天武天皇十三年(六八四)の八色《やくさ》の姓《かばね》で朝臣姓を賜わり、持統天皇三年(六八九)十月、直広肆《じきこうし》位にあった時、私有の奴婢六百人を解放した。文武天皇四年(七〇〇)六月、『大宝律令』編纂の功で禄を賜わり、大宝元年(七〇一)四月には親王以下に『大宝令』を講じた。同二年五月、国政に参議する地位を授けられ、同三年二月に律令編纂の功で田十町・封五十戸、翌三月さらに功田二十町を賜わって、功田は子に伝えられた。右大弁・兵部卿などを歴任し、和銅二年(七〇九)十二月二十日、正四位下式部卿で没した。

参考文献 布施弥平治『明法道の研究』、滝川政次郎『律令の研究』

(野村　忠夫)

しゃか 釈迦 わが国では普通に釈迦牟尼(〔S〕Śākya-muni,〔P〕Sakya-muni)の略称として、ゴータマ＝ブッダのことをいう(〔S〕はサンスクリット、〔P〕はパーリ語)。牟尼muniとは聖者の意。仏教の開祖。かれは姓をゴータマ(〔S〕Gautama,〔P〕Gotama、瞿曇《くどん》)、名をシッダッタ(〔S〕Siddhārtha,〔P〕Siddhattha)といい、前四六三年ころ(異説が多い)に、ネパールの釈迦族の中心地であるカピラ城(〔S〕Kapilavastu,〔P〕Kapilavatthu)の国王である浄飯王《じょうぼんおう》Śuddhodanaの長子として生まれた。誕生地はその近くのルンビニーLumbinī園であった。生後まもなく母(マーヤーMāyā夫人)を失い、叔母に育て

られた。十六歳のときに妃を迎え、一子ラーフラ Rāhula(羅睺羅《らごら》)を儲けたが、深く人生の問題に悩み、二十九歳で出家した。アーラーラ＝カーラーマ(〔P〕 Āḷāra Kālāma)とウッダカ＝ラーマプッタ(〔P〕 Uddaka Rāmaputta)という二人の仙人を順次に歴訪し、かれらの体得した禅定を修したが、その修行法に満足し得ず、そこで山林に籠って六年間苦行に勤めたが、やはりさとりを得ることができなかった。ついにガンジス河中流の南部にあるブッダガヤー Buddhagayā の菩提樹のもとで沈思瞑想し、三十五歳で大悟し、覚者 Buddha となった。それからベナレスに赴き、その郊外にある鹿の園(〔P〕 Migadāya 鹿《ろく》野《や》園《おん》)において旧友の修行者五人を教化して、ここに仏教教団が成立した。その後毎年雨期には一ヵ所にとどまって定住生活(雨安居《うあんご》)を行なったが、それ以外の時期には常に諸地方を遊歴して教化を行い、前三八三年ころ(異説も多い)クシナーラー(〔P〕 Kusinārā ネパール国境の近くにある)で八十歳で没した。なお、釈迦(〔S〕 Śākya, 〔P〕 Sakya, Sākiya)とは、本来ネパールのタライ Tarai 平原に住んでいた一つの部族の名である。日種(太陽の裔)であると称し、系譜に誇りをもっていた。前二—一世紀に北インドに侵入した塞種 Saka(スキタイ人)とは別の人種であると考えられる。

参考文献 中村元『ゴータマ・ブッダ』(『中村元選集』一一)　(中村　元)

じゃくえ　寂慧　⇨良暁《りょうぎょう》

じゃくえん　寂円　一二〇七—九九　鎌倉時代の来朝禅者。越前宝慶寺の開山。中国南宋の人。開禧三年(一二〇七)生まれる。宝慶年間(一二二五—二七)天童山景徳寺(中国五山第三位の名刹)の長翁如浄の会下で入宋参学中の道元と知り合う。如浄の没後、安貞年間(一二二七—二九)に道元を慕って来朝。深草の興聖寺・越前の永平寺に随侍するとともに如浄の祖廟である承陽庵《じょうようあん》の塔主《たっす》をつとめた。道元の滅後はその高弟孤雲懐奘に師事して禅の奥儀を究め、その法嗣となった。弘長元年(一二六一)永平寺を去って越前国大野郡に赴き、この地方の豪族伊志良氏の外護を得て宝慶寺の開山となった。正安元年(一二九九)九月十三日示寂。世寿九十三と伝える。法嗣には永平寺中興の祖といわれる義雲がおり、参学の徒には瑩山紹瑾《けいざんじょうきん》がいる。

参考文献 『越前宝慶由緒記』(『曹洞宗全書』室中・法語・頌古・歌頌・寺誌・金石文類)、司馬遼太郎『街道をゆく』一八、石川力山「曹洞宗寂円派の歴史的性格」(今枝愛真編『禅宗の諸問題』所収)、同「寂円派研究序説」(『日本仏教史学』一二)、東隆真「宝慶寺寂円禅師」(『傘松』四〇三)　(高橋　秀栄)

しゃくえんぼう　釈円房　⇨栄朝《えいちょう》

じゃくさい　寂済　一三四八—一四二四　室町時代前期の絵師。藤原光益の入道後の名。通称、六角絵所預。貞和四年(一三四八)に生まれ、応永十二年(一四〇五)に入道。彼の作品については、永徳三年(一三八三)の『北野天神縁起』、嘉慶二年(一三八八)の目蓮尊者絵、応永九年の賢聖障子絵、同十二年の禁裏御八講屏風絵、同二十一年の清凉寺本『融通念仏縁起』が記録によりわかる。現存作品の『融通念仏縁起』(重要文化財)は鎌倉時代の伝統的な大和絵様式を継承し、繊細緻密な描写を示すが、人物表現が明朗で、そこに新鮮さがある。応永三十一年二月三日没。七十七歳。

参考文献 宮島新一「十四世紀における絵所預の系譜」(『美術史』八八)　(宮　次男)

じゃくしつげんこう　寂室元光　一二九〇—一三六七　鎌倉・南北朝時代の入元禅僧。道号寂室(はじめ鉄船)、諱は元光。正応三年(一二九〇)五月十五日、美作の生まれ。姓は藤原氏。小野宮実頼七世の孫と伝えられる。乾元元年(一三〇二)十三歳、山城三聖寺の無為昭元に師事、嘉元二年(一三〇四)得度した。のち行脚に出て鎌倉禅興寺の大覚派の約翁徳倹に参じ、徳治二年(一三〇七)約翁が建仁寺に住持するに従い、延慶二年(一三〇九)約翁の指示により関東に下向、武蔵金沢称名寺の慧雲律師に律を学び三ヵ月で上京、南禅寺に住した約翁に随侍した。のち一山一寧に参じ鉄船の号を受けた。元応二年(一三二〇)可翁宗然らと入元、天目山の中峯明本に参じ、ついで径山《きんざん》の元叟行端、次に古林清茂《くりんせいむ》・清拙正澄・霊石如芝《りんしいじょし》らに歴参、元の泰定三年(嘉暦元、一三二六)帰朝した。中峯の枯淡隠逸な禅風に忠実な寂室は以後二十五年間、備前・美作の間に幽棲、俗塵を避けた。のち摂津の福厳寺に寓し、近江の往生院、美濃の東禅寺、甲斐の棲雲寺に住した。康安元年(一三六一)七十二歳のとき近江守護佐々木氏頼(雪江崇永居士)創建寄進の永源寺の開山となる。寺名は雪江崇永の「永」と佐々木氏の系譜の源氏から取るという。寂室は大寺名刹に出世することを好まず、諸山格の相模の長勝寺、十刹格の豊後の万寿寺、五山格の天竜寺の公帖をいずれも固辞、終生黒衣の平僧で通した。貞治六年(一三六七)九月一日没。寿七十八。永源寺含空台に葬る。応永二年(一三九五)円応禅師と勅諡、昭和三年(一九二八)正燈国師と追諡。詩偈にすぐれ能書家。

寂室元光花押

寂室元光像

門弟に霊仲禅英・松嶺道秀・弥天永釈・越渓秀格らがいる。『永源寂室和尚語録』には伝記から見て当然ながら上堂住山法語は全然なく、示衆法語・書簡・道号頌が多い。

参考文献 『大日本史料』六ノ二八、貞治六年九月一日条、卍元師蛮『本朝高僧伝』三一(『大日本仏教全書』)、上村観光『五山詩僧伝』(『五山文学全集』五)、玉村竹二『五山禅僧伝記集成』、今枝愛真『禅宗の歴史』(『日本歴史新書』)　(伊藤　東慎)

じゃくしょう　寂照　?―一〇三四　平安時代中期の入宋僧。大江斉光の第三子、俗名は定基。円通大師と号し、三河入道、三河聖ともいう。文章・和歌を善くし、蔵人・図書頭を経て、三河守となり、たまたま任国三河で妻を亡くしたことを契機に、永延二年(九八八)寂心(慶滋保胤)を師として出家、京都東山の如意輪寺に住す。ついで比叡山横川の源信(恵心僧都)に天台宗を、醍醐寺の仁海に密教を学ぶ。長保四年(一〇〇二)状をたてまつり、宋に向かい五台山に巡礼せんことを奏申し、その出発に際して摂津国山崎で母のために静照を請じて法華八講を行なった。長門国の報恩寺で療養の後、翌年肥前国より海を渡り、宋の明州に着いた。景徳元年(寛弘元、一〇〇四)真宗皇帝に謁して無量寿仏像・金字法華経・水晶数珠を進上し、皇帝より紫衣ならびに円通大師の号を賜わった。天台山に赴くことを願い、食糧の便宜を与えられている。入宋にあたって源信の委託を受けて天台宗に関する二十七ヵ条の質問状を南湖の知礼にもたらし、その答釈を得たので帰国しようとした時、寂照の徳を慕った三司使の丁謂の引き止めに会い、呉門寺に留まった。丁謂は自己の月俸を割いて寂照に給したという。寂照が日本から携えていった慧思の著『大乗止観』と『方等三昧行法』は、すでに中国では逸失してわずかに目録を残すだけであって、天竺寺の遵式がこれらを上板している。また宋に滞在中、藤原道長ら日本の貴族・文人と書状を交わし、日宋の文化交流に跡をのこしたが、ついに景祐元年(長元七、一〇三四)杭州で没した。蘇州の報恩寺内の普門院は寂照が生前に建てた仏堂で、その死後に寂照の影像が祀られ、熙寧五年(延久四、一〇七二)に入宋僧の成尋がここを訪れている。なお寂照は中国語が話せなかったので、もっぱら筆談によったが、王羲之風の書蹟は見事であったという。

参考文献 西岡虎之助「入宋僧寂照についての研究」(『西岡虎之助著作集』三)　(中井　真孝)

じゃくしん　寂心　⇩慶滋保胤《よししげのやすたね》

しゃくつる　赤鶴　生没年不詳　南北朝時代の仮面作家で、いわゆる十作の一人。喜多古能の『仮面譜』には「赤鶴吉成一透斎、時代竜右衛門同、越前国大野住」とあるが、世阿弥の『申楽談儀』には「あふみ(近江)にはしやくづる(さるがく也)、鬼のめんのじやうず(上手)也」とあって、近江国の人のようであり、また「近比《ちかごろ》ゐち(愛智)打とて」と続くところから、愛智より一時期早い南北朝時代の作家と推定されている。能面における種々の鬼面の成立もそのころに考えられ、現在能楽各宗家に伝存する鬼神系の能面の多くは彼の作伝をもっている。それは世阿弥が『申楽談儀』に「である(出合)のとびで(飛出)、此座の天神のめん、大べしみ(癋見)、小べしみ、皆しやくづる也」といっているのと符合し、能面における鬼面形成過程における赤鶴の存在意義を物語っている。

参考文献 野上豊一郎『能面論考』、田辺三郎助「鐘紡コレクションの能面・大癋見と大悪尉―赤鶴作法へのアプローチ―」(『国華』一一七四)　(田辺三郎助)

しゃくにょ　綽如　一三五〇―九三　浄土真宗本願寺第五世、越中井波瑞泉寺の開基。観応元年(一三五〇)三月十五日、本願寺第四世善如の子として生まれる。童名光徳丸、諱は時芸、別号は尭雲・周円。永和元年(一三七五)善如の譲状をうけて本願寺を継いだが、至徳元年(一三八四)二月二十八日、長男光太麿(光多賀麿、のちの巧如)に譲状を与え、その文中に「遼遠之境」に赴く旨が記されている。康応元年(一三八九)二月に父善如が没したが、その年の七月二

綽如花押

十四日、再度光太麿に譲状を書き、翌明徳元年(一三九〇)三月越中に赴き瑞泉寺を開いた。同年八月に執筆した『勧進状』(重要文化財)には同寺創立のいきさつが記されている。明徳四年四月二十二日光太麿あての三度目の譲状を書き、同月二十四日に没した。四十四歳。死没の場所は越中五箇山とも伝える。綽如は本願寺に鎰取役・御堂衆・都維那をおき、寺院としての体制を整えた。

参考文献 『大日本史料』七ノ一、明徳四年四月二十四日条、『本願寺史』一　(千葉　乗隆)

じゃくねん　寂念　⇩藤原為業《ふじわらのためなり》

しゃこくめい　謝国明　生没年不詳　鎌倉時代前期、博多に居住して対外貿易に活躍した、宋国臨安府出身(天保四年(一八三三)円証大完撰「謝国明之碑」)の商人。宋より帰国した円爾(聖一国師)に帰依し、仁治三年(一二四二)博多に承天寺を建立、円爾を招いて開山とした。寛元元年(一二四三)円爾の勧めにより、先年焼失した宋国径山万寿禅寺再建の資として材木千枚を寄進し、無準師範(仏鑑禅師)より礼状を贈られている。一方、宗像社社領の小呂島の地頭と称して社役を納めなかったため、同社より訴えられ、国明の死後とみられる建長四年(一二五二)に、宗像社の訴えを認める関東御教書が下されている。玄界灘に浮ぶ小呂島は中国・朝鮮航路の要地にあたり、国明は貿易の拠点として利用していたのであろう。その後、同島をめぐっては、国明の後家尼と三原種延との間に相論があり、さらに種延を前大宮司宗像氏業が訴えているが(建長五年六波羅書下)、結果は明らかでない。承天寺に元禄八年(一六九五)作の肖像画(南宗祖辰賛)、博多駅前に前記の碑が、それぞれ現存している。

なお、謝国明の卒年を「弘安三年(一二八〇)庚辰十月七日卒、春秋八十有八」(前記円証大完撰碑文)とする説があるが、すでに建長五年の六波羅書下に、謝国明の「遺領」「遺跡」「後家尼」などの語がみえるので、疑問である。

参考文献 広渡正利『博多承天寺史』、森克己「日宋貿易に活躍した人々」(『森克己著作選集』二所収)、川添昭二「鎌倉中期の対外関係と博多―承天寺の開創と博多綱首謝国明―」(『九州史学』八七・八八合併号)、榎本渉「宋代の「日本商人」の再検討」(『史学雑誌』一一〇ノ二)　(石井　正敏)

じゃそく　蛇足　室町時代の曾我派画家。源豊宗の研究によれば、「蛇足」は曾我派初代兵部采誉墨渓、二代式部夫泉宗丈、三代兵部紹仙、四代宗誉と代々みな名乗った号であった。墨渓は越前朝倉氏の家臣の家に生まれ、京都へ出て一休宗純に親炙した。画ははじめ李秀文から、京都で周文から学んだ。代表作に「達磨像」(大徳寺真珠庵蔵)がある。文明五年(一四七三)没(『大乗院寺社雑事記』十一月一日条)。宗丈は墨渓の子と推定され、赤蝿とも号した。代表作に真珠庵の障壁画がある。

蛇足(四代宗誉)画像(栗原信充『肖像集』)

参考文献 源豊宗『曾我蛇足』(『日本美術絵画全集』三)、田中一松他監修『大徳寺真珠庵・聚光院』(『障壁画全集』)、土居次義「曾我蛇足の没年と真珠庵過去帳」(『茶道雑誌』一九ノ四)、蓮実重康「兵部墨渓と曾我蛇足」(『仏教芸術』四三)、田中一松「曾我蛇足と宗丈をめぐる諸問題」(同七九)、源豊宗「曾我蛇足と朝倉文化」(『古美術』三八)　(河野　元昭)

じゃっこうだいし　寂光大師　⇨円澄《えんちょう》

シャビエル　Francisco de Xavier　一五〇六―五二　スペイン人イエズス会士。キリスト教(ローマ＝カトリック)を日本に最初に伝えた。古記録には「しびえる」(寛永ころの日繰《ひぐり》(祝日表))、「ジャヒエル」(『契利斯督《キリスト》記』)、「サベイリウス」(『西洋紀聞』)と表記され、現在もザビエル、ザベリオ、シャヴィエルなどさまざまな表記がある。出身国スペインでもXavier, Javier両様の綴があてられ、ともにハビエルと表音されるが、シャビエルはXavierのバスク・ポルトガル読みである。スペイン北東部ピレネー山麓のナバーラ出身でバスク人の血をひく。父ファン＝デ＝ハッスーJuan de Jassuはスペインに併合される以前のナバーラ王国の貴族で、国王の財政顧問・宰相を務め、母マリア＝デ＝アスピルクエタMaria de Azpilcuetaの出自も名門で、輿入れの際アスピルクエタとシャビエルの二城を嫁資として持参している。一五〇六年四月七日彼は第六子として首都パンプローナに近いシャビエル城で生まれ、育った。二五年十九歳の時パリ大学の聖バルブ学院に入学。同室のピエトロ＝ファーベルPietro Faberの感化で真摯な生活を続けるうちに、やはり同学院に学ぶ元スペイン軍人イグナシオ＝デ＝ロヨラIgnacio de Loyolaの指導を受け、三四年同志とイエズス会を実質的に創立した(教皇パウルス三世Paulus IIIの認可は四〇年)。同会の活躍に瞠目したポルトガル国王ジョアン三世João IIIは植民地東インドの布教に協力を仰ぐべく会員の派遣をロヨラに要請した。かくてシャビエルが推挙され、四一年四月七日彼は極東における教皇代理としてリスボンを出発。翌年五月六日ゴアに到着した。爾来七年間インド海岸、セイロン島、マラッカ、香料群島で超人的な布教活動に従ったが、「頑迷な」異教徒、イスラム教徒の抵抗に直面し、また新改宗者に対するポルトガル人の迫害、布教保護にあたるはずの国王の軍隊の非協力などから活動の割りに成果は得られなかった。四七年十二月マラッカで彼を尋ねてきた日本人アンジローと邂逅。その知性・人格にいたく惹かれ、また日本人一般の資質を聞き、さらに日本を知る友人ジョルジ＝アルバレスJorge Alvarezが彼の請を容れて綴った『日本記』を読んで東洋伝道の成果は日本でこそ見られるものと確信し、ポルトガル国王の支配の及ばぬ日本への渡航を決意した。日本が一人の強力な「国王」の実権下にあることを、また日本に「大学」のあることを聞いた彼は、まず「国王」に謁して布教許可を得、ついで「大学」で論争してキリスト教の権威を高めようと計画した。四九年四月アンジローを案内役とし、司祭コスメ＝デ＝トルレスCosme de Torres、修士ファン＝フェルナンデスJuan Fernandezほか二名を伴ってゴアを出発。マラッカで中国人のジャンクに乗り換えて同年八月十五日(天文十八年七月二十二日、聖母被昇天の日)鹿児島に上陸。領主島津貴久から住院を与えられ、布教の自由を得、上洛の便宜供与の約束もとりつけた。彼はアンジローの助力で教理を簡単にまとめ、それを島津氏の菩提寺たる禅刹福昌寺の境内で聴衆に読んだ。また同寺の住持忍室と親し

シャビエル画像

くなり、霊魂の不滅を論じ合った。信者は増加したが、仏僧の烈しい妨害があり、また内心期待した貿易の利益の空しさに失望した貴久の態度も硬化し、ついにキリスト教への改宗は死を以て禁じられた。彼は上洛を急ぎ、五〇年九月トルレス・フェルナンデス、日本人信者鹿児島のベルナルド、アンジローの弟ジョアンほか一名を従えて出発。市来を経て京泊から海路平戸に渡った。碇泊中のポルトガル船が彼を丁重に歓迎するのを見て、利に敏い領主松浦隆信は彼を厚遇し布教を許した。改宗者も多く出たが滞留一ヵ月余で同地をトルレス・ジョアンに委ね、厳寒の候、博多・下関を経て山口に到着した。一行の辻説法の噂は領主大内義隆に達し、謁見は許されたが布教許可はなく、成果も特になかった。程なく岩国あたりから海路泉州堺に到着。五一年一月勇んで入洛したが室町時代末期の京都は戦乱で廃墟にひとしく、天皇・将軍の権威は地に堕ち、比叡山の「大学」は異国人の故を以て彼の入ることを拒んだ。すべてを知った彼は滞在十一日で離京。淀川を下り堺へ戻った。彼は次の目標を山口に置き、当時中国一の富強を誇った大内氏の保護を仰いで、同地を布教の中心地たらしめようと考えた。まず平戸に赴き、祭器やかねて「国王」に献上すべきものとしていた時計・楽器・眼鏡・ポルトガルの酒・織物など珍奇な贈物とインド総督・ゴア司教の推薦状を携えて同年四月再度山口を訪れ、正式に領主大内義隆に謁見した。義隆は布教を許可し、住院として廃寺一宇を提供した。教勢は俄然活気を呈し、仏僧を含む訪問者が住院に殺到し、また天体の運行、雷、雨、月の盈虚《えいきょ》など自然現象の説明は聴衆を魅了した。一方彼はキリスト教を中国人が認めないことを訝かる疑問に接したが、これはのちの中国伝道の計画につながった。滞在中の改宗者は琵琶法師ロレンソ、山口のマテオはじめ五百余に及ぶ。またキリスト教の創造主の意味を明確にするため、布教上便宜的に使ってきた「大日《ダイニチ》」の語を廃し、ラテン語の「デウス」を用いた。逗留五ヵ月ころ、豊後の領主大友家の使者がポルトガル船の沖の浜入港と義鎮の招請を伝えてきたので、平戸から呼んだトルレスに山口を託し、海路豊後に至った。彼はポルトガル船長ドゥアルテ＝ダ＝ガーマ Duarte da Gama の勧告を容れ、盛儀を整えて同年九月十九日義鎮を府内の居城に訪ねた。義鎮はキリスト教に関心を寄せていたので礼を尽くして彼を迎え、直ちに布教を許し、時至れば自身改宗する旨語った。六十日余の滞在中彼は山口からの書翰で陶隆房の叛乱により大内氏は滅んだものの、義鎮の弟八郎(大内義長)が新領主に迎えられ、教会保護が保証されたことを知って安堵したが、鹿児島上陸以来全くインド・ヨーロッパから書翰がなく、また四九年に要請した援助者の派遣もなかったので、事情を気遣い、一応インドに帰還して問題を整理した後、日本の布教にあたるべき宣教師を選定し、再び来日しようと企てた。義鎮からポルトガル国王宛ての書翰と贈物を預かり、ヨーロッパに派遣すべき鹿児島のベルナルド、山口のマテオ両名とほか二名を伴って五一年十一月二十日ガーマの船で沖の浜を出発。翌年二月ゴアに帰着した。二年三ヵ月の日本滞在中の改宗者は千にも満たなかったが、理性によらなければ容易に信者にならないと見た日本人に寄せる期待は大きく、彼は書翰・口頭で「その文化・礼儀・作法・風俗・習慣はスペイン人に優る」「日本人ほど理性に従う人民は世界中で逢ったことがない」と伝えてやまなかった。また日本文化の源泉は中国にあり、中国伝道の成功は日本のキリスト教化を促すものと考えてゴアの総督使節の広東派遣を企てたが果たせず、直接中国に渡航すべく司祭バルタザール＝ガーゴ Baltasar Gago、中国人従僕アントニオほか一名を伴って五二年四月ゴアを、七月マラッカを出発。八月末広東港外上川島《サンシャン》に上陸した。鎖国下の中国入国の機を待つうちに熱病で倒れ、十二月三日早暁に没した。享年四十七。遺骸は同島に埋葬後、五四年ゴアに移された。一六一九年教皇パウルス五世 Paulus Ⅴにより福者に、二二年教皇グレゴリウス十五世 Gregorius ⅩⅤによりロヨラとともに聖人に列せられ、一九〇四年教皇ピウス十世 Pius Ⅹにより「世界の伝道事業の保護者」と定められた。

参考文献 『聖フランシスコ・ザビエル全書簡』(河野純徳訳)、吉田小五郎『聖フランシスコ・シャギエル小伝』、同『ザヴィエル』(『人物叢書』一二)、ラウレス『聖フランシスコ・サヴィエルの生涯』(松田毅一訳)、ルイス＝フロイス『日本史』(柳谷武夫訳、『東洋文庫』四・三五・六五・一六四・三三〇)、ゲオルク＝シュールハンメル「日本に於ける聖フランシスコ・ザヴィエル―一五四九―一五五一年―」(『キリシタン研究』一)、G. Schurhammer: Franz Xaver, sein Leven und seine Zeit. 4 vols.; G. Schurhammer: Der heilige Franz Xaver, der Apostel von Indien und Japan.

(岩谷十二郎)

しゃりほつ　舎利弗　サンスクリット Śāriputra (シャーリプトラ)、パーリ語 Sāriputta (サーリプッタ)の音写。シャーリは「さぎ」、プトラは「子」の意味であるとして、「鶖鷺子」ともいう。釈尊の弟子のうちで、最も有力な人。智慧第一と呼ばれる。マガダ国の首都であった王舎城の北の方にあるバラモンの家に生まれた。はじめは王舎城で、サンジャヤ Sañjaya という懐疑論者に従っていたが、のちに釈尊に帰依した。釈尊はかれを非常に信頼し、後継者と見なされていたこともあった(『スッタニパータ』五五六以下、『サンユッタ＝ニカーヤ』第一

舎利弗像

編)。かれの心境を詠じた詩が『テーラガーター』九八一—一〇一七に含まれている。　（中村　元）

しゅうあ　周阿　生没年不詳　南北朝時代の連歌師。俗名坂の小二郎。救済に師事。『文和千句』(文和四年(一三五五))に一座し、『菟玖波集』に二十二句入集しているころまでは中堅作家として活躍していたが、貞治ころから急速に頭角をあらわし、救済に次ぐ存在として、『応安新式』の制定やその後の式目補訂作業にも参与している。没したのは、永和二年(一三七六)八月以後翌三年の間のことと推定される。没した年の前年に九州に下向して、大宰府や箱崎宮で句を詠んでいるほか、東国に下向して、奥州浅香で詠んだ句をも残しているが、その時期は不明である。その作風は、知的で理づめで奇知の働きを主としたもので、一句の仕立てに趣向をこらし、人の意表に出るような作句を得意とした。周阿のこの技巧的な句風は、南北朝時代の後期には一世を風靡し、室町時代初期の連歌界もその影響下にあったが、室町時代中期になって宗砌や心敬が出現するに及んで、その亜流は否定され、有心・幽玄の句風が確立された。

参考文献　木藤才蔵『連歌史論考』上　（木藤　才蔵）

しゅうい　宗意　一〇七四—一一四八　平安時代後期の真言宗僧。「そうい」とも読む。大夫律師・安祥寺律師などとも称される。春宮権大夫源季宗の息。源基平の孫で勧修寺厳覚の俗甥である。承保元年(一〇七四)に生まれる。長治元年(一一〇四)十一月勧修寺で厳覚から伝法灌頂を受け、保安元年(一一二〇)九月に山科安祥寺座主職および小野聖教を付属されて瀉瓶《しゃびょう》となり、東密小野六流の一つ安祥寺流を創唱した。永治元年(一一四一)十一月権律師に補されたが、久安四年(一一四八)五月十九日没した。七十五歳。付法に実厳・念範らがいる。

参考文献　『血脈類集記』(『真言宗全書』)、上田進城編『山科安祥寺誌』　（坂本　正仁）

しゅうえい　宗叡　⇨しゅえい

しゅうげつとうかん　秋月等観　生没年不詳　室町時代後期の禅僧画家。薩摩の出身で禅僧となり、山口に出て雪舟等楊に画を習い、延徳二年(一四九〇)に等楊から印可の自画像を貰って明応元年(一四九二)に鹿児島に帰って福昌寺の住持となる。翌二年三月に入明して等楊像に青霞(杜堇)なる者に着讃して貰っており、それによると蔵主になっていたことがわかる。その原本は不明だが模本(重要文化財)が大阪市の藤田美術館にある。また弘治九年(明応五)閏三月十三日に北京会同で描く旨の款がある「西湖図」(重要文化財、石川県美術館保管)によれば、かなり長期の入明期間であった。鹿児島では島津忠昌に仕えた桂庵玄樹に指導されたようだが、遺品は少ない。

参考文献　『島隠漁唱』下　（谷　信一）

じゅうしやそうご　十四屋宗伍　？—一五五二　戦国時代の京都の茶匠。卒休斎あるいは休斎と号した。天文二十二年(一五五三)四月、嫡男の景勝が大徳寺の江隠宗顕に宗伍像(現存最古の茶人画像)の着賛を請うたが、その菩提供養のためらしい。この前々年の天文二十年六月に宗語(宗伍であろう)が息子の新四郎(景勝か)を伴って堺に下向、津田宗達の茶会に参じている(『宗達茶湯日記自会記』)。したがって宗伍は翌二十一年四月に死没し、画像調製はその一周忌にあたるものかと思われる。宗顕の賛によると、全用宗伍居士は宗顕の先師の古岳宗亘(大徳寺住持、大仙院開山)に参禅、茶名は高く、茶事にたずさわる士俗はすべて宗伍を師としたと絶賞される。茶湯開祖の村田珠光の嫡子で数寄者の名をあげた村田宗珠と並んで茶湯専業者(茶匠)の最初といえる。堺衆の山上宗二は宗伍を目は利かず、良い道具もないと評しているが、京都下京衆なのでことさら酷評したのであろう。宗伍の子弟が茶人として活躍したか否かも知られない。天正十年ごろから下京に十四屋隆正(建部隆勝とは別人らしい)という金融業者があり、吉田兼見の蔵元をつとめたりしたのが宗伍の一族らしい。もともと宗伍も金融業者として出世したといえる。なお、茶湯名人の武野紹鷗が茶を宗悟・宗陳に学んだといわれ(『南方録』)、そのうちの宗悟が宗伍らしいが詳らかではない。ちなみに、上掲の幻像賛によって宗悟ではなく宗伍と書いたのがわかる。

参考文献　永島福太郎『茶道文化論集』　（永島福太郎）

十四屋宗伍画像

しゅうしょう 宗性 ⇩そうしょう

しゅうほうみょうちょう 宗峯妙超 一二八二―一三三七 鎌倉・南北朝時代初期の禅僧。大徳寺開山。弘安五年(一二八二)十二月、播磨国揖西郡に生まれる。幼くして仏心をいだいて仏寺にしばしば往来し、十一歳書写山に上って戒信律師に師事し、爾来戒律を学ぶこと数年、ひそかに禅に心を寄せて鎌倉建長寺に至って老宿に見《まみ》え、二十三歳鎌倉万寿寺に高峯顕日に謁して参禅し、悟達の境を究めた。時に南浦紹明が南宋より帰国し、筑前の崇福寺から入洛して韜光庵に寓していることを聞いて師事し、紹明が洛の万寿寺に、また鎌倉の建長寺に住するや、随って参問を重ね、ついに大悟してその法を嗣いだ。時に年二十六。翌歳紹明が寂し、しばらく洛東の雲居菴に卜居したが、洛北の紫野に庵居を移すと、道俗の帰依するもの多きを加えた。後醍醐天皇は雲林院の地を寄進し、赤松円心(則村)父子が大檀越となり、玄慧法印・宗印尼の外護もあって竜宝山大徳禅寺の堂宇の落成となり、嘉暦元年(一三二六)十二月八日、祝国開堂をなした。これよりさき花園上皇はしばしば妙超を院に召して法談を行い、上皇と天皇から併せて大徳寺をもって勅願所となす旨の院宣・綸旨を受け、また併せて本寺は妙超門下の一流相承の寺であり、他門の者の入住を許さないという置文を受けた。建武四年(一三三七)十二月二十二日、五十六歳の比較的若い生涯を閉じた。その法燈は大応国師南浦紹明・大燈国師宗峯妙超・本有円成国師関山慧玄と系譜することから世にこれを応・燈・関という。主なる法嗣に徹翁義亨・関山慧玄がある。大燈の国師号は花園上皇(あるいは光厳天皇ないし光明天皇か)より賜わった「興禅大燈」の号を略していう。性智・宗貞・慧眼編『大燈国師語録』三巻がある。機鋒の鋭い禅風を伝える。またその遺墨は雄勁であり、墨蹟として古来評価が高い。

宗峯妙超花押

宗峯妙超画像

参考文献 『大日本史料』六ノ四、建武四年十二月二十二日条、『大燈国師行状』、巨海宗如編『大燈国師年譜』

(古田 紹欽)

じゅうれん 住蓮 ?―一二〇七 鎌倉時代前期の僧侶。法然房源空の弟子で美声であったという。陸奥寺主実遍の子。専修念仏の弘通につとめ、安楽房遵西とともに所々で別時念仏会に六時礼讃を行い、僧俗の帰依を受け、貴賤を問わず教えを広めた。元久元年(一二〇四)の源空が門下を戒めた「七箇条制誡」には十一月七日分に署名している。しかし、南都北嶺の念仏者弾圧は執拗で、建永元年(一二〇六)二月には興福寺の五師三綱によって、源空をはじめ、遵西・成覚房幸西・法本房行空らとともに、罪科に処せられるよう訴えられている。この時行空は源空に破門されたが、住蓮は直接の科を免れたようである。ところが同年十二月後鳥羽上皇が熊野臨幸の間、住蓮は遵西と東山鹿ヶ谷で六時礼讃を唱えた。帰依渇仰する人多く、それがきっかけで上皇の小御所の女房と坊門局の二人が出家した。これを知った上皇の怒りに触れ、源空門下への弾圧も強まり、住蓮は翌承元元年(一二〇七)、近江馬淵荘で斬罪となった。

参考文献 『大日本史料』四ノ九、承元元年二月十八日条、『法然上人絵伝』一一・三三、『皇帝紀抄』、『三長記』、『愚管抄』六、『私聚百因縁集』、三田全信『成立史的法然上人諸伝の研究』

(野村 恒道)

しゅえい 宗叡 八〇九―八四 平安時代前期の僧。入唐八家の一人。「しゅうえい」ともよむ。俗姓池上氏、左京の人。大同四年(八〇九)生まれる。はじめ大学寮で音律を習う。ついで弘仁十三年(八二二)出家。内供奉十禅師載鎮・延暦寺義真・興福寺義演・園城寺円珍らについて諸宗を学び、この間、天長八年(八三一)に具足戒、ついで菩薩戒を受ける。さらに東寺に移り、実恵・真紹らに師事した。また選ばれて東宮惟仁親王(清和天皇)に侍し、以後崩御に至るまで厚い帰依を受け、元慶三年(八七九)五月の出家に際しては、戒を授けている。貞観四年(八六二)真如親王に従って入唐。五台山・天台山に

巡礼する一方、汴州の玄慶、長安の青竜寺法全・慈恩寺造玄・興善寺智慧輪らを尋ね、修学に努めた。同七年福州より唐商李延孝の船で帰国、十一月東寺に帰着した。同十一年正月権律師、十六年十二月権少僧都に転じた。十八年東寺二長者となる。元慶三年十月大僧都を経ずに僧正に任じられた。同八年三月二十六日示寂。享年七十六。禅林寺僧正・円覚寺僧正・後入唐僧正などと称される。

参考文献 『三代実録』、『頭陀親王入唐略記』、『書写請来法門等目録』(『大日本仏教全書』)、杉本直治郎『真如親王伝研究』 (石井 正敏)

しゅえん 修円 七七一―八三五 平安時代前期の僧侶。宝亀二年(七七一)生まれる。出自は大和国小谷氏。賢璟に師事し法相教学を学ぶ。弘仁元年(八一〇)には律師、天長四年(八二七)には少僧都に任命され、同年、僧正として僧綱に返り咲いた護命や、大僧都となった空海らとともに、これ以後の僧綱の主導的役割を果たすに至る。この間、弘仁三年には興福寺第三代(一説、第四代)別当となり、同寺伝法院を創設し、深密会を修した。さらに晩年には室生寺に入り、承和二年(八三五、一説に元年)ここで入滅したと思われる。彼の法相教界での役割の大きさについては、『風信帖』に空海が、仏法の大事因縁を商量すべき人物として、最澄とこの修円をあげていることが注目される。また、彼の著述には『因明纂要記鈔』二巻、『因明纂要記秘心』一巻などがある。

参考文献 薗田香融「草創期室生寺をめぐる僧侶の動向」(『平安仏教の研究』所収)、福山敏男「室生寺の建立年代」(『日本建築史の研究』所収) (佐久間 竜)

じゅおうそうひつ 授翁宗弼 一二九六―一三八〇 南北朝時代の僧侶。臨済宗京都妙心寺の第二世。永仁四年(一二九六)生まれる。藤原宣房の長子藤房の後身であると伝えられるが詳らかでない。後醍醐天皇に仕え中納言に任ぜられ、当時儒林の雄とされた。公職の余暇、大徳寺の大燈国師(宗峯妙超)に参禅し、法諱を宗弼といい、あらあら所省があった。国師、一夕夢に親しく宗弼の手を握ると見た。覚めてこれを異とし、よって字を授翁とした。仏々授手祖々相承の義をとったのである。建武新政に後醍醐天皇を諫めて容れられず、ひそかに朝廷を逃れて洛北岩倉に至り、不二大徳に就いて剃髪した。時に三十九歳であった。二十年隠遁の後、大燈国師の嗣関山慧玄が妙心寺に住するに及んで、その席下に来り参究した。一日豁然として大悟し、投機の偈を提出した。関山の印可状には、「宗弼上人参得本有円成之話了、呈投機偈曰、此心一了不曾失、利益人天尽未来、仏祖深恩難報謝、何居馬腹与驢胎、余問曰、此心在何処、答云遍塞虚空、曰未審以何利益人天、答云、行到水窮処、坐看雲起時、曰仏祖深恩如何報、答曰、頭戴天脚踏地、曰馬腹驢胎為何不入、弼便礼三拝、余呵々笑曰上人今日大徹大悟矣、延文元(一三五六)仲春日、関山叟恵玄為宗弼上人書」とある。宗弼は関山の禅を嗣法した唯一の人である。妙心寺の第二世となり康暦二年(一三八〇)三月二十八日、八十五歳で示寂した。塔所を天授院といい、南朝の年号を以て命名している。勅諡号を円鑑国師・微妙大師という。

授翁宗弼画像

授翁宗弼花押

参考文献 『正法山六祖伝』、荻須純道『正法山六祖伝訓註』、無著道忠『正法山誌』、後藤光村『(妙心二世)円鑑国師』、川上孤山『妙心寺史』 (荻須 純道)

しゅかくほっしんのう 守覚法親王 一一五〇―一二〇二 平安・鎌倉時代前期の真言宗僧。後白河法皇第二皇子。母は権大納言藤原季成の女、高倉三位成子。仁和寺御室第六代。喜多院(北院)御室と称す。もと守性。久安六年(一一五〇)三月四日生まれる。永暦元年(一一六〇)二月十七日、仁和寺北院において出家、戒師は紫金台寺御室覚性入道親王。同年十月五日受戒。仁安三年(一一六八)三月二十七日一身阿闍梨の宣下を蒙る。同年四月十二日覚性より伝法灌頂を受け、嘉応元年(一一六九)十二月覚性入滅のあと

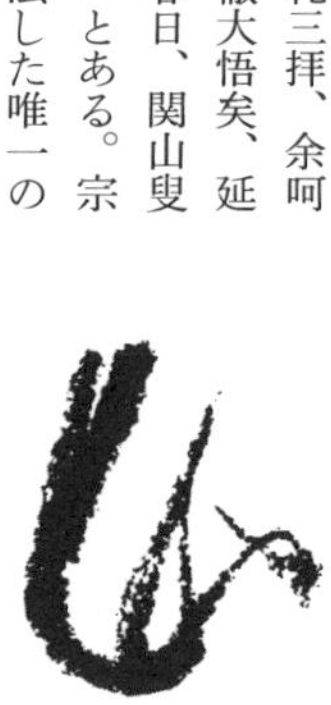
守覚法親王花押

守覚法親王画像

をうけ、仁和寺御室となる。翌二年閏四月二十八日、親王宣下。安元二年(一一七六)三月六日二品に叙せられ、治承元年(一一七七)五月高野山に参籠。この間、承安元年(一一七一)三月二十三日閑院において愛染明王法を修した。この後、治承二年十月平氏六波羅亭に中宮(建礼門院)御産御祈として孔雀明王経法を修し、のち安徳天皇の誕生があり、高倉天皇は勅書を以て賞した。寿永元年(一一八二)十二月の観音院の結縁灌頂には後白河法皇・八条院が臨幸した。元暦元年(一一八四)十一月五日道法法親王に伝法灌頂を授け、建久九年(一一九八)八月寺務を同法親王に譲った。建仁二年(一二〇二)八月二十五日入滅。五十三歳。廟所は仁和寺光明寿院。守覚は、広沢流を覚性と覚成から、小野流を勝賢と源運から伝受し、両流を統合した。著作としては『沢見鈔』『野鈔』など野沢両流の聖教をはじめとし、密教聖教が多く伝えられている。ほか文筆に関する著作、『北院《きたいん》御室《おむろ》日次記《ひなみき》』などの記録、『右記』『左記』など、多数存する。また、守覚が御室であった文治二年(一一八六)十月五日、東寺から仁和寺にかの『三十帖冊子』(国宝)が移された。

参考文献 『大日本史料』四ノ七、建仁二年八月二十六日条、卍元師蛮『本朝高僧伝』一三、『大日本仏教全書』、和田英松『皇室御撰之研究』、栂尾祥雲『秘密事相の研究』(『栂尾祥雲全集』二)、出雲路敬和「仁和寺史談」、太田晶二郎「『桑華書志』所載『古蹟歌書目録』」(『日本学士院紀要』一二ノ三)、土谷恵「中世初期の仁和寺御室」(『日本歴史』四五一)　(田中　久夫)

しゅがん　朱紈　一四九二―一五四九　中国、明の海禁政策を厳守し海上の粛正を断行した官僚。蘇州府長洲県(江蘇省)の人。字は子純。弘治五年(一四九二)生まれる。正徳十六年(一五二一)の進士。清廉剛直で知られた朱紈は、浙江・福建の海域を中心に盛大となった密貿易に対処するため、嘉靖二十六年(一五四七)七月、右副都御史として南贛巡撫から浙江巡撫兼福建軍務提督に起用された。彼は直ちに沿海地の現状を巡視し、出入船の監視や沿海住民の保甲をきびしくし、海禁の厳守と海寇・倭寇の取締りを強化し、海賊の本拠・密貿易の中心地を急襲させ、その絶滅をはかった。その結果、翌年四月密貿易の拠点双嶼港は潰滅し、李光頭・許棟ら多数の賊酋が逮捕・処刑された。しかし彼の徹底した海上の粛正は、密貿易の利益に潤っていた沿海地の郷紳層やこれと結ぶ官僚の反撃に遭い、独断処刑の罪を問われて失脚し、嘉靖二十八年ついに毒薬を仰いで自殺した。五十八歳であった。その死後、海禁が弛み海寇・倭寇の極盛期を招いた。

参考文献 『明史』朱紈伝　(佐久間重男)

じゅこう　珠光　⇩村田珠光《むらたじゅこう》

しゅし　朱子　一一三〇―一二〇〇　中国宋代の儒学者、思想家。諱は熹《き》、字は元晦《げんかい》、また仲晦。号は晦庵など。諡は文。朱子は尊称。婺源《ぶげん》(江西省)の人。南宋の建炎四年(一一三〇)九月十五日、尤渓(福建省)に生まれ、生涯の大部分を福建の各地で過ごした。父は吏部員外郎になった朱松、母は祝氏。十九歳で進士に及第、二十四歳で任官、各地の地方官を歴任し、煥章閣待制兼侍講を最後に六十五歳で退職、七十歳で完全に引退したが、任官以来実際に在職したのは合計十年に満たなかった。職務に

朱子画像(『朱子実記』より)

はきわめて熱心で民生の安定に力を尽くし、また、たび天子に意見を上申した。在職期間以外は主として研究・著述と門弟の教育に従事、学問の面では、北宋に始まる新儒学(宋学)を集大成し、朱子学と呼ばれる独自の学問体系を樹立した。儒学史上、孔子以後の第一人者というべき存在で、朝鮮・日本をも含めて後世への影響が非常に大きい。慶元六年(一二〇〇)三月九日、建陽(福建省)で没し、同県の九峰山に葬られた。年七十一。現在も同地に墓がある。『周易本義』『易学啓蒙』『詩集伝』『儀礼経伝通解』『四書集注』『四書或問』『資治通鑑綱目』『八朝名臣言行録』『太極図説解』『河南程氏遺書』『近思録』『伊洛淵源録』『小学書』『文公家礼』『楚辞集注』『朱文公文集』『朱子語類』ほか著書・編書多数。

参考文献 佐藤仁『朱子行状』(『中国古典新書』)、友枝竜太郎『朱子の思想形成』、阿部吉雄他編『朱子学入門』(『朱子学大系』一)、三浦国雄『朱子』(『人類の知的遺産』一九)

(山井 湧)

しゅしないしんのう 姝子内親王 ⇨高松院《たかまついん》

しゅじんそう 朱仁聡 生没年不詳 平安時代中期、対日貿易に活躍した宋の商人。日本には永延元年(九八七)十月の来航を初見とし、長徳元年(九九五)にも若狭に来着している。滞日中しばしば問題を起しており、長徳三年十月には若狭守に乱暴したことで、明法博士に罪名勘申が命じられている。長保二年(一〇〇〇)には、皇后藤原定子に進めた品物の代価受け取りをめぐって、大宰大弐を巻き込む紛争を生じている。なお、『続本朝往生伝』などには、仁聡が敦賀在留の折、訪ねてきた源信・寛印の師弟に、航海の安全祈願のため船内に掲げてある婆珊婆演底守夜神の画像を示して、その知識を試みたところ、二人が即座に画像に因んだ『華厳経』中の句を記したので、学識の深さに感嘆したという話が伝えられている。

参考文献 森克己『続日宋貿易の研究』(『森克己著作選集』二)、田島公「平安中・後期の対外交流」(『福井県史』通史編一)

(石井 正敏)

しゅめいもんいん 修明門院 一一八二―一二六四 後鳥羽天皇の寵妃、順徳天皇・雅成親王・寛成親王の生母。「すめいもんいん」ともいう。寿永元年(一一八二)に生まれる。父は反骨をもって知られた従二位式部少輔藤原範季、母は中納言平教盛の娘の従三位典侍教子。はじめ諱を範子と称したが、のち重子に改めた。宮中に参じている間に寵を蒙り、二条君《にじょうのきみ》と呼ばれたが、承明門院への愛寵が衰えるにつれて天皇の殊寵に預かり、諸皇子を産んだ。承元元年(一二〇七)六月七日、皇太弟の生母として准三宮と脩(修)明門院の号を宣下された。故事に詳しく、賭射の賭物に多額の銭を贈ったという逸話は著聞している。女院は早くより岡崎殿(京都市左京区岡崎東天王町、現在市立岡崎中学校敷地)を山荘としていたが、承久三年(一二二一)七月、後鳥羽上皇の出家の報に接し、薙髪して法名を法性覚と称した。順徳上皇は岡崎殿で母后と一夜をともにした後、佐渡に遷幸した。女院は七条院や卿二位局の遺領を承け、備中国を分国とし、すこぶる財政に恵まれていた。しかし、仁治元年(一二四〇)十一月には岡崎殿で強盗のため丸裸にされるという憂目もみた(『平戸記』仁治元年十二月一日条)。同三年の秋には順徳上皇の崩御の報に接した。晩年には時々四辻殿(一条大路北、万里小路末路西)をも御所とした。四辻殿は孫の善統親王に伝えられ、その子孫は四辻家(順徳源氏)を称した。文永元年(一二六四)八月二十九日、八十三歳をもって崩じた。

参考文献 『女院小伝』、『大日本史』列伝九

(角田 文衛)

じゅりょう 寿霊 生没年不詳 奈良時代・平安時代前期に活躍した東大寺僧。寿霊に関する史料としては、彼が著わした、唐の賢首大師法蔵の『華厳五教章』の註釈書『華厳五教章指事記』が残るのみである。このなかで彼は、審祥・慈訓を当代華厳教学の最高権威とみており、みずからを慈訓系の学者としている。なお、この本の著述年代は、引用文献の検討から、一応、最大限鑑真が渡来入京した天平勝宝六年(七五四)以後、空海が帰朝した大同元年(八〇六)までの間と考えられる。

参考文献 島地大等「東大寺寿霊の華厳学に就て」(『教理と史論』所収)

(佐久間 竜)

しゅんえ 俊恵 一一一三―? 平安時代・鎌倉時代前期の歌人、僧侶。「すんえ」ともよむ。早く東大寺の僧となり、公名《きみな》を大夫公・大進公などと称した。永久元年(一一一三)に生まれる。父は源俊頼、母は橘敦隆の女である。歌を父に習ったが、十七歳で死別し、歌壇に認められるのはおそく、久安二年(一一四六)三十四歳の時、はじめて左京大夫藤原顕輔朝臣家歌合に参加したらしい。勅撰集は『詞花和歌集』以下に八十五首、私撰集は『続詞花和歌集』以下に多数えらばれた。自撰の家集は『林葉和歌集』で、諸伝本の総歌数は千八首となる。洛外白川の僧房を開放して、地下《じげ》の歌人集団歌林苑を形成し、和歌政所・執行となってこれを主宰した。会衆は四十名ほどで、歌会を催し、『歌苑抄』『歌林抄』『影供集』『歌撰合』などの撰集を作った。建久二年(一一九一)以前に没したか。俊恵の歌論は、鴨長明の『無名抄』と、長明著に擬せられる『瑩玉集』とによって、穏やかな、とどこおりのない、象徴的な美を主とするものと知れ、その歌風は主張のとおり、平穏、静寂である。筆者編『俊恵法師全歌集』(『簗瀬一雄著作集』一)がある。

参考文献 簗瀬一雄『俊恵研究』(『簗瀬一雄著作集』二)、松野陽一「難波塩湯浴み逍遙歌群注解―歌林苑会衆羇旅歌考―」(森本元子編『和歌文学新論』所収)、島津忠夫「俊恵法師をめぐって―その和歌史的考察―」(『国語国文』二三ノ一二)、稲田繁夫「俊恵の歌論」(『長崎大学学芸学部人文科学研究報告』七)、大取一馬「俊恵法師の歌風とその位置」(竜谷大学『国文学論叢』一九)、同「俊恵と祐盛―その歌論と歌と―」(『高野山大

学論叢』一三)、同「歌林苑歌壇の形成とその歌風」(『密教文化』一二九)、石原清志「歌林苑俊恵の歌論と歌風」(『国語国文』四九ノ六)、石川暁子「歌林苑をめぐる歌人たち」(『和歌文学研究』五〇)　(簗瀬　一雄)

しゅんおくみょうは　春屋妙葩　一三一一―八八　鎌倉時代・南北朝時代の五山禅僧、僧録司。道号春屋、諱は妙葩。別号、芥室、不軽子《ふきょうす》、西河潜子《せいがのせんす》。応長元年(一三一一)十二月二十二日、甲斐(山梨県)の生まれ。姓は平氏。夢窓疎石の俗甥にあたる。正中二年(一三二五)美濃(岐阜県)虎渓山滞留中の夢窓について得度、翌年南禅寺住持中の夢窓のもとで登壇受戒した。のち夢窓の鎌倉下向に従って浄智寺・瑞泉院(のちの瑞泉寺)に移る。建武元年(一三三四)夢窓は南禅寺に再住したが、春屋はそのまま鎌倉で浄智寺住持の元僧竺仙梵僊の書状侍者をつとめ偈頌《げじゅ》の作風、中国梵唄《ぼんばい》の学習にはげんだ。同二年上京して夢窓に参じ、同三年南禅寺入寺の元僧清拙正澄についた。貞和元年(一三四五)天竜寺雲居庵主に任ぜられ、常に夢窓に随侍し『円覚経』を読み忽然大悟、夢窓から「春屋」の号を受け印可を得た。延文二年(一三五七)等持寺に住し、翌年の天竜寺の火災、康安元年(一三六一)臨川寺の炎上にあい、復旧に尽力した。貞治二年(一三六三)天竜寺に住したが、応安二年(一三六九)延暦寺と南禅寺の争いにより丹後(京都府)の雲門寺などに隠棲すること約十年、康暦元年(一三七九)天竜寺雲居庵に復職、さらに南禅寺に住し将軍足利義満の奏請により「天下僧録司」に任ぜられ全国の禅寺・禅僧を統轄した。同年十二月、後円融天皇から智覚普明国師の号を下賜、義満創建の宝幢寺の住持となり寺後に寿塔を造営、鹿王院と名づけた。永徳元年(一三八二)天竜寺に再住、至徳元年(一三八四)義満創建の相国寺には故夢窓を勧請して開山とし、みずからは第二世となる。嘉慶二年(一三八八)八月十二日、鹿王院に没し同院に塔す。寿七十八。著述は『夢窓国師年譜』、夢窓の法話・垂訓集『西山夜話』の編著、詩集『雲門一曲』のほか、『智覚普明国師語録』八巻(『(大正新脩)大蔵経』八〇所収)。この語録中の『宝幢開山智覚普明国師行業実録』は年譜にあたる。春屋は祖録・外典《げてん》を多く出版、いわゆる五山版の大半を占めた。弟子に厳中周噩《しゅうがく》・玉畹《ぎょくえん》梵芳らがいる。

参考文献　『空華日用工夫略集』、『臥雲日件録抜尤』(『大日本古記録』)、卍元師蛮『本朝高僧伝』三五(『大日本仏教全書』)、上村観光『五山詩僧伝』(『五山文学全集』五)、玉村竹二『五山禅僧伝記集成』　(伊藤　東慎)

しゅんかん　俊寛　生没年不詳　平安時代後期の後白河法皇近習の僧。村上源氏源雅俊の孫、木寺法印寛雅の子。少僧都から父の跡を受けて法勝寺執行となり、承安四年(一一七四)に八条院の仁和寺蓮華心院の堂供養に上座として奉仕、その賞の譲りで子の俊玄が法橋となる。治承元年(一一七七)六月の鹿ヶ谷事件によって平清盛の追捕をうけ、薩摩国硫黄島に配流される。この事件と配流後の俊寛の動きは『平家物語』に詳しいが、多くの虚構も含まれている。たとえば平氏倒滅の密議のなされたのを東山鹿ヶ谷の俊寛の山荘とするが、『愚管抄』では法印静賢の山荘とある。また流罪後の生活を、丹波少将藤原成経が平教盛の所領から衣食の料を送られてきたのと比較して、庇護者がなかったかのように叙述しているが、俊寛が八条院に仕え、その姉妹が八条院後見の平頼盛の妻妾であれば、八条院領か頼盛領からの援助があったとみられる。『平家物語』は俊寛を悲劇の主人公と記す傾

春屋妙葩花押

「芥室」

「春屋」

「釈妙葩印」
春屋妙葩印

春屋妙葩画像

向が強く、さらに召使いの有王との関係で有王物語が独自の発展をとげるに従って、俊寛に対する悲劇の虚構部分がふくらんだのであろう。ただ当時の史料からみても鹿ヶ谷事件で張本とみなされていたことは間違いなく、治承元年六月三日に追捕されると、六月六日に少僧都を停められ、やがて流罪となった。法勝寺執行は、かつて父寛雅によってその地位を奪われ、密議の場となった山荘の主である静賢が再び任じられている。俊寛が実際に張本であったかどうかはともかく、法勝寺執行は院主催の仏事を遂行し、膨大な法勝寺領荘園の管理を行う、いわば院近習の僧の象徴的地位であったから、張本とみなされたのであろう。配流後の俊寛についての確かな史料はないが、帰京の史料をみないので配流地で死去したものと考えられる。 （五味　文彦）

じゅんぎょう　順暁　生没年不詳　中国唐代の密教僧。出身地不詳。善無畏《ぜんむい》の弟子の義林に就いて真言秘密の法を学び、泰岳（山東省の泰山）の霊巌寺に住し、鎮国道場大徳阿闍梨と称されたが、のち越州（浙江省紹興）の竜興寺に移った。永貞元年（延暦二十四、八〇五）四月、わが国の最澄が弟子の義真らとともに竜興寺に来て、順暁より秘密灌頂を受け、種々の密軌道具類を与えられた。最澄の『顕戒論縁起』上所収の「大唐泰岳霊巌寺順暁阿闍梨付法文」によると、三種悉地《しつじ》の真言をあげて、三部三昧耶《まいや》法を灌頂・伝授されたという。その詳細は明確ではないが、最澄の『内証仏法相承血脈譜』ではこれを「胎蔵金剛両曼荼羅」と呼び、『顕戒論』上では「両部灌頂」と呼んでいる。いずれにせよ、最澄にはじめて密教を伝えた師として注目される。 （藤田　宏達）

しゅんげん　俊玄　⇨善如《ぜんにょ》

しゅんざい　俊才　一二五九―一三五三　南北朝時代の東大寺戒壇院の長老。生国・俗姓は不詳。字は十達と称した。正元元年（一二五九）生まれる。凝然より具足戒を受け、律・華厳の二宗を研学し、また東大寺新禅院の聖然より真言密教を修めた。一時京都の大通寺に止住して戒律の弘通に尽くし、東大寺真言院において庭儀の灌頂を行うなど密教にも造詣が深かった。元徳元年（一三二九）十月に了心本無長老が没して、戒壇院長老となり、後醍醐天皇の戒師となり国師号を賜わったと伝える。建武三年（一三三六）六月に造東大寺大勧進に補任され、東大寺八幡宮の大般若転読料所を周防国に定め、あるいは二月堂登廊を改築するなど、正中の変以来の騒然とした社会の動乱期にあって戒壇院の法燈を護持し、晩年鎌倉称名寺に入り、文和二年（一三五三）十月二日に九十五歳で没した。その著に『華厳五教章要文集』三十二巻があったと伝え、遺弟には照玄・円浄などが著名である。

参考文献　『大日本史料』六ノ一八、文和二年十月二日条、重慶編『伝律図源解集』下（『大日本仏教全書』）、『東大寺戒壇院住持記』（東大寺図書館蔵）、『周防国吏務代々過現名帳』（東大寺蔵） （堀池　春峰）

じゅんさい　遵西　⇨安楽《あんらく》

しゅんじょう　俊芿　一一六六―一二二七　鎌倉時代前期の律・天台・禅三宗兼学の学僧。京都泉涌寺の開山。我禅房、字は不可棄と号した。肥後国飽田郡味木荘の人で、仁安元年（一一六六）八月十日に誕生。幼時より聡明の誉れが高く、同国託麻郡池辺寺に入り、十八歳で剃髪、翌年大宰府の観世音寺で具足戒を受け、南北二京に遊学したが、特に戒律の必要を痛感し、帰郷して筒岳に正法寺を建て戒律を流布した。正治元年（一一九九）三十四歳の時、わが国の戒律の衰微を嘆いて、弟子安秀・長賀を伴って博多より入宋し、天台山・径山などに遊学した。径山で蒙庵元総に禅宗を学び、さらに四明山景福寺の如庵了宏について、日夜を問わずに戒律を修学すること三ヵ年に及び、律部を窮めた。了宏は竹渓法政の高弟で、当時律宗の神星と評された律僧であった。その後北峯宗印についてさらに天台の教理を修めたが、この宗印も法門の棟梁といわれ仏教界の指導的地位にあった僧で、八ヵ年留学し、宗印の高弟二人のうちの一人にかぞえられた。十三年の在宋中に律・禅・天台の三宗のほかに、浄土教も研鑽するかたわら、悉曇・書法にも造詣を深め、建暦元年（一二一一）に帰国した。『不可棄法師伝』によると律部の仏典三百二十七巻、天台・華厳宗や儒教などの典籍、水墨画の羅漢図、法帖、碑文など多数の書画類をたずさえて帰った。請来した律部の書籍は、宋朝撰述のものを網羅したものと思われ、また当時の宋朝の諸宗相融の風潮を身を以て体験した。帰国後栄西の請により建仁寺に留住し、また博多の崇福寺にも移住したりしたが、建保六年（一二一八）に中原（宇都宮）信房が洛東仙遊寺を俊芿に寄せるに及んで、清泉涌出した祥瑞にちなんで、泉涌寺と改めた。翌承久元年（一二一九）十月に『泉涌寺勧縁疏』と『殿堂色目』を作り、四方に喜捨を求めて、中国寺院の規矩による当寺再興を開始した。この勧進帳は今日泉涌寺に秘蔵され、国宝に指定されているもので、彩箋に山谷流によった運筆の妙はその発願文とともに破格のものとして、多くの人々を驚かせた。『不可棄法師伝』には書法を「真書草書之品、筆神墨妙」とか「縦横筆陣走竜蛇」と評している。後鳥羽院・後高倉院などは勧進帳をみて、当寺再興にそれぞれ准絹一万疋・一万五千疋を奉加したのをはじめ、多数の人々が喜捨を寄せた。元仁元年（一二二四）七月に泉涌寺は御願寺とな

俊芿像

俊芿墓

り、嘉禄二年(一二二六)の春、新建された重層の講堂で、教律二宗の講義を行い、ここに四宗(律・天台・禅・浄土四宗)兼学とした。俊芿に帰依した後鳥羽院・後高倉院・一条公経・久我通光・北条政子・北条泰時をはじめ、九条道家・徳大寺公継らはしばしば俊芿を訪ねて法筵に列したが、ことに道家は安貞元年(一二二七)に讃岐国二村郷の水田五十六町を当寺に施入した。俊芿の生きた時代は「末法已臻、真教陵夷」の時代であり、俊芿の戒律復興の提唱は仏教界にも反響を与えた。南都の戒律復興に挺身した笠置寺貞慶は、俊芿に律文の疑義を質し、年来の疑義を氷解したし、のちの西大寺叡尊もまた戒律の講義を聴聞した一人であった。従来の道宣・法礪・懐素の四分律三宗のほかに、宋朝の新しい律宗の学風を継承して、わが国の仏教の復興を計らんとした功績は大きく、北京律の祖と仰がれた。鎌倉時代中期の覚盛・叡尊・円晴らによる南都戒律の復興は、俊芿の高弟定舜が大和海竜王寺に請ぜられて、戒書の講義や指導にあたり、その目的は俊芿の没後に達せられた。その著書に『三千義備検』『坐禅事儀』『仏法宗旨論』『念仏三昧方法』などがあり、弟子として定舜・湛海・心海・了真・頼尊らがあった。安貞元年閏三月八日に泉涌寺で六十二歳の生涯を終えた。応永十八年(一四一一)十月に後小松天皇は大興正法国師の諡号を贈り、大永六年(一五二六)三月の三百年忌には後柏原天皇は香合を贈り、享保十一年(一七二六)二月に中御門天皇は大円覚心照と加諡、さらに明治天皇は月輪大師という大師号を追諡した。

参考文献 『大日本史料』五ノ三、安貞元年閏三月八日条、石田充之編『鎌倉仏教成立の研究—俊芿律師—』、高雄義堅「不可棄法師俊芿の研究」(『支那仏教史学』五ノ三・四)、土橋秀高「俊芿の律制」(『印度学仏教学研究』一七ノ二)

（堀池　春峰）

俊聖画像

しゅんじょう　俊聖　一二三九—八七　鎌倉時代中期の念仏僧。延応元年(一二三九)正月一日、筑後国竹野荘西好田(福岡県久留米市)に草野冠四郎永泰の次子として生まれた。寛元三年(一二四五)播磨国の書写山に登り、天台教学を修めたのち、建長六年(一二五四)鎌倉に下向、以来十五年間、良忠の膝下で浄土教を学び、文永十年(一二七三)「四大本《もと》より空、五蘊仮に建立し、宝号を所々に留む、これを名づけて一向と謂ふ」という頌を結んで名を一向と改め、学問をすてて修行に専念することとなった。その足跡は加賀国金沢から西は九州の薩摩・大隅両国にまで及び、文永十一年には宇佐八幡で踊り念仏を修した。遊行と踊り念仏をもって多くの民衆を教化したが、弘安十年(一二八七)十一月十八日近江国番場(滋賀県坂田郡米原町)で没した。四十九歳。墓は蓮華寺にある。一向俊聖の教団ということで、その教団は一向衆と呼ばれて一時は隆盛であった。一向衆が衰え、衆徒が浄土真宗の蓮如のもとに流入したとき、蓮如は「一向に専ら無量寿仏を念ず」る宗旨ということで一向宗と名付けた。俊聖の流れは一向派・天童派と呼ばれ、北関東から奥羽にかけ、番場蓮華寺・天童(山形県天童市)仏向寺の末寺が散在している。

参考文献 大橋俊雄『番場時衆のあゆみ』、同『時宗の成立と展開』、同『一遍と時宗教団』(『歴史新書』一七二)

（大橋　俊雄）

しゅんじょう　舜昌　一二五五—一三三五　鎌倉時代後期の僧侶。浄土宗総本山知恩院第九世。近江志賀郡の出身。姓は橘氏。父は弓削正家で、母は小野氏という。建長七年(一二五五)生まれる。十一歳の時比叡山に登り、唯真(一説では隆真)について出家し、顕密を修めて法華三昧を感得した。東塔の功徳院に住して法印に叙せられたが、浄土宗の開祖法然房源空の教えに傾倒し、知恩院第八世如一の弟子となった。文章に長じ、歴史にも才があり、徳治二年(一三〇七)後伏見上皇の勅命を受け、源空の伝記である『法然上人行状絵図』四十八巻を撰述したとされる。そして叡山の徒の非難に対しては、『述懐抄』を著わしてこれに応えた。建武二年(一三三五)正月十四日(一説には二十五日)八十一歳で寂したという。

参考文献 『法然上人行状絵図』(『浄土宗聖典』六)、忍澂『勅修吉水円光大師御伝縁起』(『浄土宗全書』一六)、円智編・義山重修『円光大師行状画図翼賛』(同一六)、鸞宿編『浄土伝燈総系譜』(同一九)、『(総本山)知恩院旧記採要録』(『大日本仏教全書』)、知恩院御忌法務局編『華頂誌要』(『浄土宗全書』一九)、『知恩院史』 (野村　恒道)

しゅんじょうぼう　俊乗房 ⇨重源《ちょうげん》

しゅんてん　舜天 一一六六―一二三七　第一代の琉球の国王とされ、尊敦ともいう。源為朝が伊豆の大島から渡来し、一一六六年(仁安元)大里按司の妹との間にもうけたのが舜天で、彼は天孫氏の最後の王を弑した権臣利勇を、義兵をあげて討ったので、国人に推されて王位についたという。一六五〇年(慶安三)、向象賢《しょうしょうけん》の『中山世鑑』にはじめて書かれてから、王府の正史はこれを踏襲している。その即位は一一八七年(文治三)に比定され、一二三七年(嘉禎三)在位五十一年、七十二歳で没したとされる。

参考文献 蔡温他編『中山世譜』(『琉球史料叢書』四・五)、『保元物語』、鄭秉哲他編『球陽』(『沖縄文化史料集成』五)、加藤三吾『琉球の研究』、『東恩納寛惇全集』一 (島尻勝太郎)

じゅんとくてんのう　順徳天皇 一一九七―一二四二　一二一〇―二一在位。諱は守成《もりなり》。後鳥羽天皇の第二(または第三)皇子として建久八年(一一九七)九月十日卯刻に生誕した。生母は、従三位式部少輔藤原範季を父とする重子(のち修明門院)、乳母は又従兄弟《またいとこ》の藤原憲子(岡前《おかざき》別当三位)であった。幼いころから怜悧であったうえに生母は上皇の殊寵を得ていたため、正治元年(一一九九)十二月には親王となり、翌二年四月には、四歳にして皇太弟に立てられた。承元四年(一二一〇)十一月二十五日、後鳥羽上皇の命によって土御門天皇は、位を皇太弟に譲り、順徳天皇は践祚した。つづいて十二月二十八日、太政官庁において即位の儀があげられ、藤原立子は女御とされた。ついで建暦元年(一二一一)正月、女御立子は中宮に立てられた(のち東一条院)。中宮との間には懐成《かねなり》(仲恭天皇)・諦子、また内大臣藤原信清の女の位子との間には穠子、従三位藤原清季の女との間には忠成ら三人の皇子女が生まれた。一方、天皇は乳母の憲子の妹で権大納言源通光の妻となり、内裏に仕えていた督典侍《こうのすけ》に情をかけ、彦成・善統《よしむね》の二皇子を生ませた。御所は、里内裏の閑院であった。在位は十年に及んだが、後鳥羽上皇の院政下であったため、みるべき治績をあげることはできなかった。天皇の外祖父の範季は、判官(源義経)贔屓で知られていたし、外祖母で養育にあずかり、かつ側近に仕えた従三位典侍教子は能登守平教盛の妹であった。すなわち天皇は、幼時より反幕府的な環境の中にあったといえる。政務にあずからない天皇は、有職故実の研究や歌論・詩歌・管絃の奥儀の修得に傾倒した。鎌倉幕府に対抗して皇威を振興するためにも、宮廷の行事・儀式・政務などの実際を明確にしておく必要があったが、天皇はこの目的をもってみずから『禁秘抄』を著わした。和歌への精進は、父帝の強い影響に発し、早くから天皇は藤原定家や藤原家隆らとともに歌合に参加し、歌才を磨いた。その歌風には平淡かつ典雅な趣があった。歌集としては、『順徳院御集』『順徳院御百首』『内裏名所百首』が今に伝えられている。歌論の方では、藤原俊成・定家・鴨長明らの後を承け、当代の歌論を大成した『八雲御抄』を著わした。その性格・環境からして天皇は、父上皇の倒幕計画には熱心に参与した。このため、承久三年(一二二一)四月二十日には皇太子懐成に位を譲り、上皇の立場に退いて倒幕に備えた。承久の乱ののち、すなわち承久三年七月二十一日、上皇は都を発って佐渡に向かい、配流の身になった。上皇に随行した人々の歴名の中には督典侍の名がみられた。上皇は、在島二十一年で仁治三年(一二四二)九月十二日、享年四十六をもって配所に崩じた。佐渡配流後、佐渡院とよばれたが、建長元年(一二四九)七月二十日順徳院と追号された。定家は、幕府を憚り、みずからが編集した『新勅撰和歌集』には、順徳院の御製は一首も採択しなかったが、定家あるいは為家は、『小倉百人一首』に、「ももしきや」の御製を採り、憂悶する上皇の心境を広く後世に伝えた。

順徳天皇画像

参考文献 『大日本史料』五ノ一五、仁治三年九月十二日条、和田英松『皇室御撰之研究』、長藤蔵『順徳天皇と佐渡』、角田文衞「岡前別当三位」(『王朝の明暗』所収) (角田　文衞)

真野御陵《まののみささぎ》 佐渡にある順徳天皇の火葬塚をいう。新潟県佐渡市真野町大字真野にある。火葬塚は陵とはいわないが、当所は古くから御陵あるいは御廟と称された。天皇は崩御の翌日真野山にて火葬、遺骨は京都大原陵に収められたが、地元では火葬所を陵として崇敬してきた。しかし近世に至って荒廃したので、古来守護してきた真輪寺とその本寺である国分寺が連名にて延宝六年(一六七八)佐渡奉行所に修補と保護を願いでた。時の奉行曾根吉正はこれを容れて翌七年に方五十間(約九一メートル)の兆域を寄進して修補を加え、石燈籠を献じた。江戸幕府が皇陵の探索修理を始めたのは元禄十年(一六九七)であるが、それより約二十年も前に僻遠の地で一奉行によって

修理が行われたことは注目される。この時の形状が現在に及んでいる。明治七年(一八七四)から政府が管理している。 ↓後鳥羽天皇《ごとばてんのう》(大原陵)

参考文献 『大日本史料』五ノ一五、仁治三年九月十二日条 (中村 一郎)

じゅんなてんのう 淳和天皇 七八六―八四〇 八二三―三三在位。延暦五年(七八六)桓武天皇の第三皇子として生まれた。母は藤原百川の女、旅子。諱は大伴。弘仁元年(八一〇)九月の薬子の変のため、同月十三日に皇太子高岳親王が廃されたので同日中務卿から皇太弟となり、同十四年四月十六日嵯峨天皇の譲位により践祚。清原夏野らを登用し、良吏を登用し地方官に大幅な権限を与え勘解由使を再設するなどの政治改革を行い、さらに検非違使を整備し、一方親王任国や勅旨田を置いて皇室財政の強化をはかり、『日本後紀』の編纂を継続させ、『令義解』をも撰述させた。天長十年(八三三)二月二十八日皇太子正良親王(仁明天皇)への譲位後は淳和院に住み、承和七年(八四〇)五月八日死去。五十五歳。同十三日遺骨は遺詔に従い京都大原野の西山嶺に散骨された。

参考文献 井上満郎『平安時代軍事制度の研究』、石母田正『古代末期政治史序説』、坂本太郎『六国史』(吉川弘文館『日本歴史叢書』二七)、押部佳周『日本律令成立の研究』、辻善之助『日本仏教史』一、笠井純一「天長・承和期における地方行政監察について」(井上薫教授退官記念会編『日本古代の国家と宗教』下所収)、福井俊彦「淳和朝官人」(早稲田大学高等学院『研究年誌』一一) (福井 俊彦)

大原野西嶺上陵《おおはらののにしのみねのえのみささぎ》 京都市西京区大原野南春日町にあり、同町の西方にそびえる大原山(小塩山ともいう)の山頂に位置する。形状は東西五〇《メートル》、南北四〇《メートル》の東面する長円丘。この地は古くから経塚または清塚といわれ、小礫を積み重ねた塚が数基東西に並んでいたといわれる。『続日本後紀』によると、天皇は崩御に際して、山陵を営まず骨を砕いて山中に散ずべきことを遺命した。よって承和七年(八四〇)五月十三日乙訓郡物集村に火葬し、薄葬の遺詔に従って大原野の西山の嶺の上に散骨し、国忌《こき》・荷前《のざき》を停めた。この故に『延喜式』諸陵寮は当陵を載せていない。元禄十二年(一六九九)の江戸幕府による諸陵探索の折には、物集村の御廟塚と称する火葬の地を陵所に擬したが、幕末の修陵に際し、散骨の故地について山陵を起し、陵号を大原野西嶺上陵と称した。なお御廟塚は、このとき改めて火葬塚に治定され、現在京都府向日市物集女《むこうもずめ》町出口に属している。

参考文献 上野竹次郎『山陵』上 (戸原 純二)

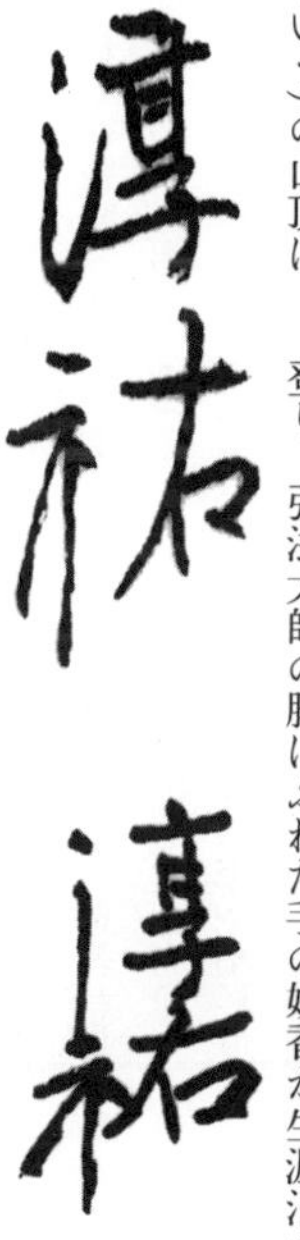

淳祐自署

しゅんにゅう 淳祐 八九〇―九五三 平安時代の真言宗僧。俗姓は菅原氏。石山内供と呼ばれる。父は菅原道真の子淳茂。京都の人。寛平二年(八九〇)誕生。家塾に学んだ後、観賢の室に入って出家。東大寺の戒壇に登って具足戒を受けた。真言の修行を積み、延長三年(九二五)二月、般若寺で観賢から伝法灌頂を受けた。短軀跛脚の上に病弱でさまざまな儀式に出るに適さず、醍醐寺座主に推されたが、辞退して石山寺に隠棲し、同寺の普賢院に住して密教修行と著作に専念し、道心堅固の僧として尊崇された。天暦七年(九五三)七月二日入滅。六十四歳。元杲・寛忠・真頼をはじめ門弟は多い。東寺を中心として真言宗の宗内統制を進めた観賢に対し、経軌に精進して「胎蔵界七集」三巻(『石山七集』所収)など数多くの作法次第をはじめとする聖教を著わし、東密の発展の上で大きな役割を果たした。観賢に従って高野山に登り、弘法大師の膝にふれた手の妙香が生涯消えなかったという伝えは広く知られる。

参考文献 『大日本史料』一ノ九、天暦七年七月二日条 (大隅 和雄)

淳祐像

じゅんにょ 順如 一四四二―八三 室町時代の浄土真宗本願寺派の僧侶。本願寺第八世蓮如の長男。嘉吉二年(一四四二)に誕生。母は平貞房の娘如了。童名は光高、諱は光助、願成就院と号す。河内(大阪府)出口光善寺の開基。蓮如の子女の多くは他寺へ喝食などに出されたが、順如は法嗣となることが予定され、蓮如の膝下で養育された。文正元年(一四六六)に父から寺務を譲られ、朝廷・公家・武家など渉外事務を担当した。応仁二年(一四六八)弟実如に法嗣の地位を譲ったのちも蓮如を助け活躍した。特に文明七年(一四七五)蓮如が越前国吉崎を退去した時、同十四年ころ仏光寺経豪が本願寺に帰参した時など、順如の支援や斡旋によるものであった。順如は酒豪で謡曲や能などをたしなみ、将軍足利義政の前で裸舞をして称讃されたという。近江(滋賀県)大津の近松顕証寺、河内の出口坊(光善寺)や枚方坊などに住持した。文明十五年五月二十九日没。四十二歳。

参考文献 『本願寺史』一 (千葉 乗隆)

じゅんにんてんのう 淳仁天皇 七三三―六五 七五八

—六四在位。諱は大炊《おおい》。天武天皇の孫、舎人親王の第七子。母は当麻山背。天平五年(七三三)生まれる。藤原仲麻呂の男真従の未亡人粟田諸姉を娶って仲麻呂の田村第に住んだが、天平勝宝八歳(七五六)聖武上皇が崩ずると、翌天平宝字元年(七五七)廃太子道祖《ふなど》王にかわって迎えられて立太子した。同二年八月一日孝謙天皇の譲りを受けて即位。その治世は仲麻呂の専権の時期で、仲麻呂に恵美押勝の名を与え、大師(太政大臣)に任じて種々の特権を許したほか、同五年十月には仲麻呂勢力下の近江の保良宮を副都としてここに遷った。そのころから道鏡を信任した孝謙上皇と対立し、翌年平城に還御すると国家の大事と賞罰の権限を上皇に奪われた。窮地に立った仲麻呂は反乱を企てて上皇方に鎮圧され、同八年十月九日天皇は廃されて淡路に幽閉された。淡路公・淡路廃帝と称される。翌天平神護元年(七六五)十月配所を逃亡して捕えられ、同月二十三日没した。三十三歳。のち宝亀九年(七七八)その墓は山陵(淡路陵)と追尊された。

参考文献 岸俊男『藤原仲麻呂』(『人物叢書』一五三)

(林　陸朗)

淡路陵《あわじのみささぎ》 兵庫県南あわじ市南淡町賀集にあり、周囲約九〇〇《メートル》、高さ二十数《メートル》の南北に細長い小丘で、水濠に囲繞されている。かつては天王森と称され頂部には牛頭天王社があったという。『続日本紀』によると、淳仁天皇は淡路公としてこの地にあること一年余にして俄に没したが、光仁天皇は宝亀三年(七七二)墓を改葬し、仏事を修して慰霊につとめ、さらに同九年には墓を山陵に列し、近傍の百姓一戸を宛て、母大夫人当麻山背の墓とともに管守せしめた。『延喜式』諸陵寮の制は「在淡路国三原郡、兆域東西六町、南北六町、守戸一烟」で遠陵とする。陵所はのち所伝を失うに至り、元禄十二年(一六九九)の江戸幕府による諸陵探索の折には、三原郡十一箇所村(南あわじ市三原町)の丘の松の地を陵所に擬したが、同郡中島村(同)や津名郡下川井村(淡路市一宮町)高島などにも陵所の伝承があった。仲野安雄は享保十五年(一七三〇)に『淡路常磐草』を著わし、丘の松は殯葬の地で天王森が陵所であることを考証した。それ以来この説が世に行われ、津久井清影や小杉榲邨らもこれに従い、明治七年(一八七四)に至り天王森が陵所に治定された。丘の松は陵墓参考地に指定されている。

参考文献 上野竹次郎『山陵』上、原義一『淳仁天皇淡路高島陵考』、同『淳仁天皇淡路陵旧説批判』

(戸原　純一)

じょうあ　成阿 ⇩了実《りょうじつ》

じょうあ　浄阿 ⇩真観《しんかん》

しょうあん　蕭庵 ⇩正宗竜統《しょうじゅうりゅうとう》

じょうあん　静安 七九〇—八四四　平安時代前期の僧。その出自は不明。西大寺の常騰より法相教学を学ぶ。その後近江国比良山に移り、『仏名経』を読誦し礼拝修懺を行なっていたが、そのことが帝闕に達し、承和五年(八三八)には招かれて律師となり元興寺に入る。そして、同年十二月には清涼殿で仏名会(仏名懺悔の法会)を修し、さらに同七年四月には灌仏会も行なっている。これらの行事は彼に始まるが、以後、宮廷内の年中行事として定着するに至る。また承和年中に近江国の和邇《わに》船瀬(和邇泊《とまり》)を造った。承和十一年三月三日没。五十五歳、あるいは四十五歳ともいう。

参考文献 岩城隆利編『増補元興寺編年史料』上

(佐久間　竜)

しょういちこくし　聖一国師 ⇩円爾《えんに》

しょうう　蕉雨 ⇩桃源瑞仙《とうげんずいせん》

しょうえ　証慧 一一九五—一二六四　鎌倉時代中期の僧侶。浄土宗西山四流の一つである嵯峨流の流祖。字は道観。建久六年(一一九五)京都に生まれる。文章博士藤原孝範の猶子。はじめ証入の弟子となり、のち直接証空に師事して西山義の奥義をきわめた。後嵯峨天皇の帰依を得、宮中で講義することによりさらに信任を増し、嵯峨小倉山に浄金剛院を建立した。ここを中心として布教活動に専心し、多くの弟子を集めた。門弟中では実道・道念・円道らが活躍し、嵯峨流と称して一時隆盛となったが、いつしか廃絶した。著書には『観経疏』に関する注釈書が多い。このほか『浄土宗名目』二巻、『当麻曼荼羅縁起』一巻がある。文永元年(一二六四)五月三日没。七十歳。

参考文献 『法水分流記』(『戊午叢書』一)、『浄土法門源流章』(『浄土宗全書』一五)

(玉山　成元)

じょうえ　定恵 六四三—六五　七世紀の僧。藤原鎌足の長子。貞慧にも作る(『家伝』上、貞慧伝)。『家伝』に記す没年齢から逆算すると皇極天皇二年(六四三)の生まれ。『日本書紀』白雉四年(六五三)五月壬戌条に学問僧定恵は内大臣の子で、遣唐大使吉士長丹に従い入唐したと記され、同書同五年二月条所引の『伊吉博得《いきのはかとこ》言(伊吉博得書)』に定恵は天智天皇四年(六六五)唐の劉徳高の船で帰国したとある。『家伝』によると、白鳳五年(白雉四年の誤り)十一歳で入唐し、長安の僧慧日の道場に住み、僧神泰に学び、内経外典に通じ、白鳳十六年(天智天皇四年)九月百済を経て帰り、百済滞在中に詩を作り、百済人からねたまれ(毒殺されたとする説と、毒《にく》まれたとする説がある)、十二月二十三日大原に没し、時に二十三歳、高麗《こま》僧道顕が誄を作ったと記す。『尊卑分脈』は定恵と藤原不比等の母は車持君与志古娘であるとする。

参考文献 横田健一「藤原鎌足と仏教」(『白鳳天平の世界』所収)、直木孝次郎「定恵の渡唐について」(『古代史の窓』所収)

(井上　薫)

しょうえん　尚円 一四一五—七六　琉球第二尚氏王統初代の王。現尚家の祖。一四一五年(応永二十二)に生まれた。父は尚稷。伊是名《いぜな》村の人で村人にいれられず国頭に逃れた。ここでも永住できず、首里に移居し、越来《ごえく》王子尚泰久に仕えた。泰久が王位に即くと、御物城《おものぐすく》御鎖側《おさしのそば》官(外交と貿易を司る)に登用された。尚徳王の代になる

尚円画像

と、これとあわず、しばしば諫めて容れられず旧領に隠棲した。尚徳の死後群臣に推され、一四七〇年(文明二)王位に即いた。在位七年、その間、明との朝貢が二年一貢となった。一四七六年七月二十八日(月日は明暦)没。六十二歳。はじめ見上森陵に葬られたが、一五〇一年(文亀元)尚真王により王家代々の墓である玉陵《たまうどん》が築かれ、移葬された。

参考文献『大日本史料』八ノ九、文明八年是歳条

(島尻勝太郎)

しょうえん　承円　一一八〇―一二三六　鎌倉時代前期の天台宗の僧。延暦寺座主。治承四年(一一八〇)生まれる。松殿禅定殿(藤原基房)の子で、母は太政大臣花山院忠雅の女。建久三年(一一九二)に、梨本門跡梶井正流の顕真より受戒。のち、承仁法親王のもとに入室、仙雲法印から灌頂を受ける。元久二年(一二〇五)十二月十三日、二十六歳で延暦寺座主(六十八世)に任ぜらる。翌建永元年(一二〇六)四月に叡山南谷の円融房に移り住む。承元元年(一二〇七)、叡山中古の学匠宝地房証真を叡山の総学頭に補し、翌二年には、山王二宮の彼岸所を御宿所として、ここに百箇日間参籠し、大宮宝前において、証真を証誠となして法華八講を修せしめた。参籠中の八月二日には後鳥羽上皇が日吉社に御幸し、勧賞ありと伝える。また同四年にも日吉社にて同様の参籠を行うなど、神仏習合の大行事をしばしば行なった。建暦二年(一二一二)、三十三歳の時、座主職を辞退す。その後建保二年(一二一四)―承久三年(一二二一)の七年間は、再び延暦寺座主(七十二世)に補せられるが、この間にも日吉社において論義や供養をたびたび行い、後鳥羽上皇の日吉社御幸も数度みられる。また承久三年には尊快入道親王に灌頂を授け、のち梨本門跡の寺院を尊快入道親王に委付し、嘉禎二年(一二三六)十月、大原にて寂す。五十七歳。

参考文献『大日本史料』五ノ一〇、嘉禎二年十月十六日条

(武　覚超)

じょうえん　定宴　生没年不詳　真行房と称し、十三世紀半ばごろから後半にかけて、東寺領荘園、特に東寺長者として嘉禎二年(一二三六)より宝治二年(一二四八)まで在任した菩提院行遍および東寺僧の大進僧都聖宴が深く関与した若狭国太良荘・伊予国弓削島荘・大和国平野殿荘・安芸国新勅旨田の四ヵ荘の現地における所務に広く干与し、また東寺政所の所下の公文として年貢支配の事務に辣腕をふるった有能な下級の寺僧。彼が東寺の政所公文として史料上に名を残すのは、正嘉二年(一二五八)から弘安二年(一二七九)までの約二十年間であるが、文永七年(一二七〇)には太良荘の内検使をつとめており、また時には沙汰雑掌として訴論のために六波羅に出向くなど多面に活躍、事務に練達した公文として東寺の上級僧侶の信任を得ていた。彼は太良荘の荘務において最も活躍し、業績もあげたが、その間に在地における自己の地盤を築きあげることにも成功した。彼が太良荘雑掌となるのは延応元年(一二三九)で、それ以後、再三にわたり地頭側との相論を行い、文永年間の末に至るまでこの荘の沙汰雑掌と所務雑掌(預所代)とを兼ね、文永九年には預所職を獲得。地頭の封建領主化の運動に対抗して、現地における荘官的領主制の確立に成功した。その没年は明らかでないが、彼の弘安二年十一月の書状(『東寺百合文書』や)にみずから「老耄術なく候の上、(中略)いよいよ起居たやすからず」と述べ、以後彼は史料上から消えるので、おそらくはこの年末か翌年の初めにかなりの老齢で死去したものであろう。

参考文献　網野善彦『中世荘園の様相』(『塙選書』五一)、稲垣泰彦「日本における領主制の発展」(『日本中世社会史論』所収)、安田元久「荘官的領主制の形成―太良庄預所定宴について―」(竹内理三編『日本封建制成立の研究』所収)、同「定宴・承誉・弁坊・淵信」(『日本初期封建制の基礎研究』所収)、舟越康寿「東寺領若狭国太良庄の研究」(『経済史研究』一八ノ一・二)

(安田　元久)

じょうおう　紹鷗　⇨武野紹鷗《たけのじょうおう》

しょうおうだいし　聖応大師　⇨良忍《りょうにん》

じょうおん　浄音　一二〇一―七一　鎌倉時代中期の僧侶。浄土宗西山義四流の一つ西谷流の流祖。諱は法興。建仁元年(一二〇一)唐橋雅清の子息に生まれる。派祖証空に師事後、洛西仁和寺西谷に光明寺を建てて布教に専念。多くの弟子が参集して隆盛となったが、のち東山の禅林寺に住む。意志が強く、もっぱら偏依善導の思想を貫き、五祖異徹義を主張したため、同門の人々とは思想上異なる面をもった。文永八年(一二七一)五月二十二日没。七十一歳。著書に『愚要鈔』があるが、この思想を大成したのは弟子行観である。行観は武蔵国鵜ノ木光明寺(東京都大田区)に住み『秘鈔』三十五巻を撰述して、西谷流を大成した。また了音は山城国八幡(京都府八幡市)および洛中六角で活躍、善導の『観無量寿仏経疏』を講じて西谷流を主張した。

参考文献『法水分流記』(『戊午叢書』一)、鸞宿編『浄土伝燈総系譜』下(『浄土宗全書』一九)

(玉山　成元)

じょうおんじかんぱく　成恩寺関白　⇩一条経嗣《いちじょうつねつぐ》

しょうが　勝賀　生没年不詳　平安・鎌倉時代前期の絵仏師。仁安―承元年間(一一六六―一二一一)ころに活躍した。『僧綱補任』(残闕本)寿永三年(元暦元、一一八四)法橋条に、「勝賀、真乗房、里　元八条院先生、出家及十年、宅間冠者為遠子、俗名為基」とあり、これによると勝賀は宅間為遠の子で俗名を為基といい、真乗房と号した。また寿永三年をさかのぼる十年(安元元年(一一七五))に出家したことになる。その画事を記録に求めると、嘉応元年(一一六九)以前に神護寺十二天屏風を描いたのが最も古く(『神護寺略記』)、ついで元暦元年以降同寺根本曼荼羅(同)、建久二年(一一九一)東寺灌頂院の十二天屏風(『東寺長者補任』『東宝記』)と両界曼荼羅(『東宝記』『東寺私用集』)以下、承元三年の押小路殿仁王講・最勝講の本尊(『伏見宮家御記録』)に至る密教修法の本尊を制作したことが『門葉記』『阿娑縛抄《あさばしょう》』に散見する。この間、元久二年(一二〇五)には九条兼実の命により善導和尚像を描いている。その多くは宮廷貴族の注文による仏画であるが、唯一の遺作は建久二年の東寺蔵十二天屏風である。その作風は肥痩の目立つ抑揚のある描線を駆使し、仏画に宋画の手法を導入している。　(宮　次男)

参考文献　『大日本史料』四ノ三、建久二年十二月二十八日条、渡辺一「東寺十二天屏風考」(『美術研究』六〇)、蓮実重康「詫磨勝賀論」(『美術史』三六)

しょうかい　聖戒　一二六一―一三二三　鎌倉時代後期の僧。時宗の開祖一遍の弟という。実子または甥との説もある。弘長元年(一二六一)伊予国に生まれ、文永八年(一二七一)十一歳の時に一遍の門に入る。その最初の弟子である。同十一年一遍が諸国遊行の旅に出るにあたって別れるが、まもなく行動をともにするようになる。正応二年(一二八九)一遍臨終の時には手厚く看病した。以後、真教の時宗教団とは別れ、山城国に本拠を置き、一遍の遺志をついで布教にあたった。またこれと並行し、一遍の伝記作成を企図し、貴族層の援助を受けて正安元年(一二九九)に完成させた。これが『一遍聖絵』全十二巻であり、一遍研究の根本史料である。さらに同年、関白九条忠教の力によって京都六条に歓喜光寺を創建し、その開山第一世となった。そこで聖戒の系統の時宗を六条派と呼ぶ。元亨三年(一三二三)二月十五日、洛東鳥辺山の草庵において没す。六十三歳。聖戒の伝として『開山弥阿上人行状』がある。　↓一遍《いっぺん》　(今井　雅晴)

参考文献　橘俊道「一遍と聖戒」(『時宗史論考』所収)

じょうかい　定海　一〇七四―一一四九　平安時代後期の真言宗僧。東密三宝院流の祖。三宝院大僧正・上生僧正とも称される。源顕房の子。白河天皇中宮賢子の異母弟で東大寺覚樹の舎兄である。承保元年(一〇七四)正月三日生まれる。はじめ醍醐寺義範の弟子となるが、師の示寂によって寛治三年(一〇八九)同寺三宝院勝覚に師事した。康和三年(一一〇一)十月醍醐寺無量光院において勝覚から伝法灌頂を受け、永久四年(一一一六)五月醍醐寺座主となった。保安二年(一一二一)四月上醍醐薬師堂を再建、東僧坊の建立、あるいは元永元年(一一一八)三月はじめて同寺に清滝会を開くなど、同寺の興隆に尽くした。大治四年(一一二九)四月に円光院別当、同年五月には東大寺別当となり、のち大講堂を再営した。同五年正月権少僧都に、天承元年(一一三一)護持僧に補された。長承二年(一一三三)十月に東寺一長者、同三年七月に法務となり、保延元年(一一三五)十月権僧正、同三年正月僧正、同四年十月大僧正に補された。醍醐寺僧で大僧正になったのは定海が最初である。同五年十月成勝寺別当となった。定海は多数の公請に応じたり、東寺長者として金剛峯寺座主を兼ねたりするなど権勢を誇った。久安元年(一一四五)諸職を辞し、同五年四月十二日没。七十六歳。付法に元海・一海らがいる。著に『大治記』『保延記』各一巻などがある。　(坂本　正仁)

定海花押

参考文献　『東寺長者補任』、『醍醐雑事記』、中島俊司『醍醐寺略史』、土屋恵『中世寺院の社会と芸能』

しょうかく　勝覚　一〇五七―一一二九　平安時代の真言宗の僧。三宝院権僧正ともいう。東寺長者、広隆寺別当。康平元年(一〇五七)生まれる。左大臣源俊房の子。母は陸奥守藤原朝元の女。醍醐寺座主定賢の弟子。義範・範俊の灌頂の資。応徳三年(一〇八六)六月、三十歳で醍醐寺座主となる。永長元年(一〇九六)八月、白河上皇落飾の戒師を勤め剃手の法眼と称される。長治元年(一一〇四)東大寺別当。永久三年(一一一五)醍醐寺三宝院を創建し清滝宮を醍醐寺の鎮守とする。天治元年(一一二四)東寺長者、同二年兼法務、寺務。同年東大寺別当復任。大治二年(一一二七)白河・鳥羽両上皇の高野御幸に供奉し大塔慶讃導師を勤める。待賢門院御座御祈の賞として天治二年権僧正となる。祈雨法などの効験で知られる。大治四年四月一日没。七十三歳。　(和多　秀乗)

参考文献　『東寺長者補任』二、『血脈類集記』四(『真言宗全書』)、『元亨釈書』一〇

しょうかく　聖覚　⇩せいかく

じょうかく　定覚　生没年不詳　鎌倉時代前期の仏師。康慶次男と伝え、治承四年(一一八〇)焼亡後の東大寺復興造仏に活躍した。建久五年(一一九四)中門二天のうち持国天像を大仏師として造立(多聞天像は快慶)、同六年の大仏殿供養に際して法橋に叙せられた。同七年大仏殿脇侍・四天王像を康慶・運慶・快慶とともに造る。脇侍は観音像を快慶と半身ずつ造って合体し、四天王像では多聞天像を分担した。建仁三年(一二〇三)の南大門二王像造立では湛慶とともに阿形像の大仏師となった(同像

納入経巻奥書)。同年の東大寺総供養の際には賞を覚円に譲り、これを法橋としたのが、知られる最後の記録である。

参考文献 黒川春村編『歴代大仏師譜』(『墨水遺稿』)、『東大寺南大門国宝木造金剛力士像修理報告書』

(水野敬三郎)

じょうかく 浄覚 ⇨宣瑜《せんゆ》

じょうかくぼう 成覚房 ⇨幸西《こうさい》

じょうがんじのそうじょう 貞観寺僧正 ⇨真雅《しんが》

じょうかんそうじょう 静観僧正 ⇨増命《ぞうみょう》

じょうがんぼう 乗願房 ⇨宗源《そうげん》

じょうぎょう 常暁 ?―八六六 平安時代前期の僧。入唐八家の一人。小栗栖律師・入唐根本大師などと称される。山城小栗栖路傍の捨子という。はじめ元興寺の豊安に三論宗を学び、別に真言宗を修める。承和五年(八三八)六月、三論留学僧として遣唐使に従って入唐し、揚州に至る。上京を望んだが許されず、同地の栖霊寺文琛および華林寺元照に師事し、密顕両法を学んだ。特に文琛からは大元帥法を学び、伝法阿闍梨位灌頂を受けた。翌六年八月帰国し、九月に請来目録を遣唐准判官藤原貞敏に託して朝廷に進めた。翌七年六月、大元帥明王像を山城宇治郡法琳寺に安置して修法院となさんことを請い、許された。ついで同年十二月にははじめて宮中の常寧殿において大元帥法を修した。以後、大元帥法は国家鎮護の秘法として重んじられ、仁寿元年(八五一)に至り、真言院後七日御修法に准じて、毎年正月八日より七日間宮中において同法を修することを勅許された。貞観六年(八六四)二月権律師に任じられ、同八年十一月三十日示寂した。享年不詳。

参考文献 『常暁和尚請来目録』(『大日本仏教全書』)、『入唐五家伝』(同)、堀池春峰「興福寺霊仙三蔵と常暁」(『歴史評論』一〇五)、小西瑛子「元興寺僧常暁の入唐求法」(『元興寺仏教民俗資料研究所年報』三)、佐藤長門「太元帥法の請来とその展開」(『史学研究集録』一六)

(石井 正敏)

しょうぐ 勝虞 七三二―八一一 奈良・平安時代前期の僧。勝悟とも書く。出自は阿波国板野郡凡直氏。天平四年(七三二)生まれる。神叡の弟子尊応に師事して法相と因明にくわしく、元興寺に住す。延暦十六年(七九七)三月には如宝とともに律師に任ぜられ、同二十四年正月十四日の桓武天皇不予に際しては、病気平癒のため放生を行なった。翌十五日には少僧都に昇進し、さらに大同元年(八〇六)四月には、桓武天皇崩御後の困難な状況のなかで大僧都となり、玄賓・永忠らとともに、僧綱の中心となって活躍する。弘仁二年(八一一)六月六日八十歳で寂するまでその任にあったが、統率力にすぐれ、任その人を得るといわれるほどであった。その弟子には、護命や守印らがいる。

勝虞自署

参考文献 岩城隆利編『増補元興寺編年史料』上

(佐久間 竜)

しょうくう 性空 ?―一〇〇七 平安時代中期の僧。書写上人。左京の人。従四位下橘善根の男。十歳で『法華経』を読み始め、三十六歳で出家、日向霧島山・筑前背振山で修行、のち播磨書写山に籠居、国司藤原季孝の助力を得て法華堂を建て、円教寺を開く。花山法皇の二度の御幸、具平親王・叡山僧源信・慶滋保胤・藤原実資・藤原行成・和泉式部・遊女宮木などの参詣や詩歌が知られ、支持者の多様さを示している。山岳修行の法華持経者として、また誕生時からの異相、修行中の霊験、胸の阿弥陀仏の彫物などが評判の因となった。法系は明らかではないが、天元三年(九八〇)叡山根本中堂供養に増賀とともに列席していることから良源の弟子と推定される。寛弘四年(一〇〇七)三月十日没。没年齢には八十歳(『元亨釈書』)、九十一歳(講堂供養願文(『書写山円教寺旧記』一二))、九十八歳(『性空上人伝記遺続集』)の諸説があるが、史料の性格から九十一歳が有力か。伝記として、生存中の長保四年(一〇〇二)のものと没直後の寛弘七年のものの二編がある。前者は『性空上人伝』(『群書類従』伝部)で、花山法皇が二度目の書写山御幸の際、直接行状を聞書したもの。性空の霊異談などが性空存生中からのものであることが知られ、信仰の実情を伝える点で貴重である。後者は『一乗妙行悉地菩薩性空上人伝』(『書写山円教寺旧記』二)で、遺弟延昭が、前者を参照し、長保四年以後も加えて詳述している。

参考文献 『大日本史料』二ノ四、長保四年三月六日条、同二ノ五、寛弘四年三月十日条、『群書解題』四上「性空上人伝」、平林盛得「花山法皇と性空上人」(『聖と説話の史的研究』所収)

(平林 盛得)

しょうくう 証空 一一七七―一二四七 鎌倉時代前期の僧侶。法然房源空の高弟で、浄土宗西山義の派祖。善慧房。治承元年(一一七七)十一月九日、源親季の長男として生まれる。久我通親の猶子となり、建久元年(一一九〇)源空の弟子となり、以後浄土教の奥義を学んだ。常随二十三年、円頓戒を相承したが、のち源空の推薦で日野の願蓮に天台学、政春に台密を学んだ。建暦二年(一二一二)源空没後、慈円の譲渡を受け、東山小坂から

証空画像

西山善峰寺北尾の往生院(三鈷寺)に移った。ここを中心に十年余、京洛内外に『観無量寿経疏』をはじめとする善導の著述に関する講説を行なった。その記録が現存する『観門要義鈔』である。安貞元年(一二二七)源空門下の法難による流罪を免れた。寛喜元年(一二二九)奈良当麻寺に参詣して「観経曼陀羅」を見て感激し、以後はその流通につとめた。寛元元年(一二四三)後嵯峨天皇の勅により歓喜心院を創建し、たびたび宮中に参内して西山義を講じ、円頓戒を授与した。宝治元年(一二四七)十一月二十六日、白河遣迎院で没。七十一歳。門弟により三鈷寺に埋葬、華台廟と称した。寛政八年(一七九六)鑑知国師の諡号がおくられた。建立した主な寺院には往生院(中興)・歓喜心院・浄橋寺・遣迎院などがあり、著書には『観無量寿経疏』関係のほかに、『当麻曼荼羅註記』『選択集密要決』など多数ある。帰依した信徒や弟子は多く、特に浄音・立信・証入・証慧の四人は西山四流を開き、大いに教線の顕揚につとめた。

参考文献 『大日本史料』五ノ二三、宝治元年十一月二十六日条、菊地勇次郎「西山義の成立」(『源空とその門下』所収)、玉山成元「源空門下における証空」(『日本仏教史学』一三)　(玉山　成元)

しょうげい　聖冏　一三四一—一四二〇　南北朝・室町時代前期の僧。酉蓮社了誉と号した浄土宗の第七祖。暦応四年(一三四一)十月十五日、常陸国久慈郡岩瀬(茨城県常陸大宮市大宮町)に白石志摩守宗義の子として生まれたが、五歳のとき父は戦乱にあい討死したため、貞和四年(一三四八)瓜連常福寺の了実について出家した。文和四年(一三五五)常陸太田の蓮勝について浄土教を学び、さらに延文三年(一三五八)には相模国桑原の定慧に師事するなどして、浄土教のみならず、広く仏教の奥義を究めた。当時の浄土宗は虎関師錬が『元亨釈書』に寓宗・附庸宗と呼んだように一宗とは認められていなかったのを嘆き、天台を真源に、真言を宥尊に、倶舎・唯識を明哲に、禅を月庵宗光と月察天命に、神道を治部大輔某に、和歌を頓阿に学ぶなどして、これらの学問を基礎とした新しい浄土宗学の樹立に努力した。そのため二祖三代の綱格からはみだす傾向もあったが、浄土宗の地位は向上し、退嬰的な風潮は次第に改められた。その著書『釈浄土二蔵義』三十巻と『浄土二蔵二教略頌』一巻は頌義と呼ばれ、浄土宗が諸宗にすぐれている法門であることを主唱したものである。また宗徒の養成にも心を用い、五重相伝の法を定め、伝授には百十四日間の修行を要求した。応永二十二年(一四一五)八月弟子聖聡の請により、瓜連常福寺を弟子了智に譲り、江戸小石川に移った。ここに居ること六年、著述と弟子の養成に心を用いたが、同二十七年九月二十七日没した。八十歳。墓は東京都文京区小石川三丁目の伝通院にある。

参考文献 大橋俊雄『法然と浄土宗教団』(『歴史新書』一七一)、香月乗光・伊藤唯真「浄土宗」(『日本の宗教』二所収)　(大橋　俊雄)

聖冏画像(栗原信充『肖像集』)

じょうけい　定慶　(一)生没年不詳　平安・鎌倉時代前期の仏師。定慶の名は文献上にはみえないが、その作品は興福寺と春日大社に伝わり、作風や名前の上から運慶・快慶とほぼ同世代の、この一門の仏師であったと推定される。その作品には寿永三年(元暦元、一一八四)の春日大社散手面(重要文化財)、建久七年(一一九六)の興福寺東金堂維摩像(国宝)、建仁元年(一二〇一)の同じく東金堂旧像と思われる帝釈天像(根津美術館蔵)、同二年のこれと一具をなす興福寺梵天像がある。維摩像以下に見られる作風の特色は、微細にわたる写実と形式面における宋代美術の影響の受容であり、運慶・快慶とは別の独自の作風を開拓している。興福寺西金堂旧像の金剛力士像(国宝)も定慶作との伝えがあり、同様の作風がうかがわれる。

参考文献 『日本彫刻史基礎資料集成』鎌倉時代造像銘記篇一、金森遵「仏師定慶について」(『東洋美術』二五)

(二)一一八四—?　鎌倉時代前期の仏師。元暦元年(一一八四)に生まれる。遺作に貞応三年(元仁元、一二二四)の大報恩寺六観音像(重要文化財)、同年の毘沙門天像(東京芸術大学蔵)、嘉禄二年(一二二六)の鞍馬寺聖観音像(重要文化財)、仁治三年(一二四二)の兵庫石龕寺金剛力士像(同)、建長八年(康元元、一二五六)の岐阜横蔵寺金剛力士像(同)があり、毘沙門天像では「肥後別当定慶」、石龕寺像では「大仏師南方派肥後法橋定慶」(「生年五十九」ともある)、横蔵寺像は「坪坂住人仏師法眼和尚位定慶」と各銘記中で称している。嘉禎元年(一二三五)北条泰時による将軍藤原頼経室追善のための造仏に従った「仏師肥後法橋」(『吾妻鏡』)はこの定慶にあたるとみられ、康元元年東大寺講堂造仏では湛慶・長快・栄快に伍して脇侍維摩像の大仏師となった。当時の慶派一門中で枢要の地位にあったと思われる。『高山寺縁起』には「康運改名定慶」とあるが、運慶第二子康運と同人とするにはやや若すぎる。遺作の毘沙門天像や金剛力士像は運慶風を継承しているが、六観音像や聖観音像では宋仏画の着衣形式や装飾的な髪型、人間くさい相貌を大胆にとり入れて、独特の作風に達している。

参考文献 『日本彫刻史基礎資料集成』鎌倉時代造像銘記篇一、金森遵「仏師定慶について」(『東洋美術』

二五)、深山孝彰「肥後定慶の菩薩像について」(『仏教芸術』一八七)

(水野敬三郎)

じょうけい　貞慶　一一五五―一二一三　鎌倉時代前期の法相宗の学僧。解脱房。笠置寺上人・解脱上人・侍従已講とも称せられた。少納言藤原通憲(信西)の孫、権右中弁藤原貞憲の子息。久寿二年(一一五五)五月二十一日誕生。応保二年(一一六二)八歳で興福寺に入寺、永万元年(一一六五)十一歳で得度、父貞憲の弟で後年興福寺別当にもなった覚憲に法相・倶舎・律などの指導をうけた。承安二年(一一七二)の夏に醍醐寺の実運より虚空蔵求聞持法の伝受をうけ、寿永元年(一一八二)に維摩会の竪義を遂げ、以後季御読経・最勝講・御斎会や法勝・法成二寺の御八講などの聴衆・問者・講師を勤め、将来を嘱望された。持戒と法相教学を通して修学求道につとめていた貞慶は、当時の仏教界や寺院生活には批判的であったようで、建久三年(一一九二)の春に隠棲を決意し、翌年秋に笠置寺に蟄居した(『般若台供養願文』)。「末代有り難き顕賢」として貞慶に期待をよせていた関白九条兼実のごときは、その隠棲を悲しんでいる。東大寺末寺の笠置寺についてはおそらく叔父勝賢・覚憲の助援があったと思われる。笠置寺との関係は、すでに寿永二年に弥勒石仏の斎会を行なったのを先例とし、建久元年十一月には弥勒信仰の高揚のために「竜華会願文」を起草執筆している。当寺に隠遁した貞慶は、建久六年十一月に般若台を創建した。これは十一年を要して書写した『大般若経』を納めた六角三間の堂と僧坊などより構成されていた。東大寺重源は翌七年に六葉の梵鐘(重要文化財)・『宋版大般若経』一部を寄進してこれを助け、同九年十一月には般若台の北方に十三重塔を創建し、元久元年(一二〇四)十月には竜華会を始行して弥勒信仰を流布するのに努めた。一方建久八年八月には播磨国浄土寺落慶の導師となり、建仁元年(一二〇一)十二月には元興寺玉華院の弥勒講のために『弥勒講式』を作り、翌二年には浄瑠璃寺の千基塔供養の導師、唐招提寺の東室を修理して釈迦念仏会を創始し、元久二年十月には法然房源空の念仏興行停止の「興福寺奏状」を作った。五十三歳の承元元年(一二〇七)に至り、恭仁京跡の北方の山寺を再興し、翌二年に移住し、補陀落山観音浄土に擬して海住山寺と名付けた(『明本抄日記』)。建暦元年(一二一一)九月には唐招提寺で『梵網経古迹記』を講じ、戒律の復興を計らんとし、建保元年(一二一三)正月には「海住山寺起請文」を作り、叔父覚憲の五七日の仏事を修し、二月三日九時ごろに五十九歳で示寂した。墓は笠置寺・海住山寺にある。法相・律宗にわたって弟子は多いが、中でも覚真・戒如・円玄・良算・璋円・覚遍は著名である。海住山寺・東大寺・法隆寺などには、自筆文書および自筆の冊子本が伝えられている。著書には『法相宗初心略要』『愚迷発心集』『唯識同学鈔』『法華開示抄』『観音講式』『弥勒講式』『地蔵講式』があり、とりわけ晩年に完成をみた『明本抄』十三巻は貞慶の法相宗についての学識と見解を示すものとして有名である。海住山寺には室町時代の木造御影像が、唐招提寺には同時代の画像が伝えられている。

貞慶像

貞慶花押

貞慶墓(京都府海住山寺所在)

参考文献　『大日本史料』四ノ一二、建保元年二月三日条、鎌田茂雄・田中久夫校注『鎌倉旧仏教』(『日本思想大系』一五)、佐脇貞明「貞慶の観音信仰と覚真」(『竜谷史壇』四二)、宮崎円遵「鎌倉時代南都の戒律復興」(『仏教史学』三)

(堀池春峰)

しょうけいほっしんのう　聖恵法親王　一〇九四―一一三七　白河天皇の第五皇子。長尾宮、華蔵院宮とも称される。仁和寺覚行・覚法両法親王の異母弟。嘉保元年(一〇九四)生まれる。母は藤原師兼の女。長治元年(一一〇四)十月十一歳で仁和寺に入り出家し、天永三年(一一一二)九月同寺成就院寛助から伝法灌頂を受け一身阿闍梨となり、のち同寺華蔵院に住して東密広沢六流の一つ華蔵院流の祖となった。保安四年(一一二三)十二月無品親王に、大治二年(一一二七)三月円勝寺塔供養導師の功によって三品親王に叙された。同五年二月高野山に登り覚鑁《かくばん》の願により仏堂創建を鳥羽上皇に内奏し許可を得たが、これが高野山伝法院の濫觴で新義真言宗の端緒となった。同年六月に再度高野山に登り引摂院を創建した。長承元年(一一三二)春鳥羽上皇病平愈のため孔雀経法を修し、その功により同年九月牛車の宣を賜わった。保延二年(一一三六)引摂院を良禅に譲り、翌三年二月十一日没した。四十四歳。著に『息災護摩次第』一巻がある。

参考文献　『中右記』、『仁和寺諸院家記』(『仁和寺史料』寺誌編一)

(坂本正仁)

しょうけいもんいん　**昭慶門院**　一二七〇—一三二四　亀山天皇の皇女。名は憙子内親王。母は藤原雅平女従三位雅子。准三后。文永七年(一二七〇)生まれる。永仁四年(一二九六)八月十一日院号をうけ昭慶門院と称する。のち出家して清浄源と号し、正中元年(一三二四)三月十二日没。五十五歳。後醍醐天皇の皇子世良親王の養母となっており、よって同女院死没の日、同親王の元服したことが『花園天皇宸記』にみえている。なお『亀山院御凶事記』(『公衡公記』別記)によるに、嘉元三年(一三〇五)七月二十六日、亀山天皇は崩御に先立ち、この日所領を同天皇に関係ある人々に分与しており、昭慶門院には甲斐国・大和波多小北荘・越前小山荘・備後殖田荘を譲与している。世に『昭慶門院御領目録』または『後宇多院御領目録』と称する皇室領目録が伝存するが、そのすべてが昭慶門院の知行する所領ではなく、その内の一部が同女院領であったと認められる。

参考文献　『本朝皇胤紹運録』、『増鏡』、『女院次第』、帝室林野局編『御料地史稿』　(村田　正志)

しょうけん　**勝賢**　一一三八—九六　平安・鎌倉時代の真言宗の僧侶。醍醐寺座主・東大寺別当・東寺二長者。侍従僧正または覚洞院権僧正と号す。初名は勝憲。京都の人。少納言藤原通憲(入道信西)の子で、兄に法勝寺執行静賢・安居院澄憲・広隆寺別当寛敏・興福寺別当覚憲・明遍などがいた。保延四年(一一三八)誕生。もと仁和寺越中法印最源の弟子。保元三年(一一五八)十二月権律師となり、平治元年(一一五九)四月三宝院において実運から伝法灌頂を受けた。永暦元年(一一六〇)五月醍醐寺十八世座主となり、また常喜院心覚から諸尊法の秘決を受法。応保二年(一一六二)四月同門の乗海らの反対に遇い高野山に逃れた。仁安二年(一一六七)正月少僧都に補されたが、嘉応二年(一一七〇)辞任し、承安四年(一一七四)十二月大僧都となる。治承二年(一一七八)五月乗海の示寂で再び醍醐寺座主となる。同三年正月法印となり、同年十二月座主職を実海に譲ったが、寿永元年(一一八二)十月実海の寂後、三たび座主に任ぜられた。翌二年七月木曾義仲が上洛したのをうけて、九月勝賢は法住寺において転法輪法を修し、後白河法皇の安穏と天下泰平を祈った。文治元年(一一八五)八月権僧正に転じ、同月後白河法皇の御所六条殿において守覚法親王とともに孔雀明王経法を修し、同三年十二月東寺二長者に任ぜられた。同五年七月神泉苑において祈雨御読経を修し、建久二年(一一九一)五月には醍醐寺にて祈雨のため孔雀明王経法を修し、その法験により阿闍梨五口を賜わり、清滝社に置いた。同三年十月東大寺別当。同四年三月東寺二長者ならびに権僧正を辞し、同十月座主職を実継に譲った。同六年三月東大寺大仏殿供養会には導師を勤めた兄の興福寺別当覚憲とともに出仕し、呪願を勤仕した。同七年四月覚洞院を成賢に譲り付法の正嫡とし、同年六月二十二日示寂。五十九歳。付法の弟子に成賢・守覚法親王・静遍など二十人あり。著作は、『異尊』四帖、『作法』二巻、『護摩』四巻、『建久二年祈雨記』一巻、『表白集』一帖など二十四部。事相に関するものが多く、守覚法親王の仰せによって編纂されたものも少なくない。

参考文献　『大日本史料』四ノ五、建久七年六月二十二日条、同四ノ補遺(別冊)、同日条　(武内　孝善)

しょうけん　**証賢**　一二六五—一三四五　鎌倉・南北朝時代の僧侶。浄土宗鎮西義一条派の確立に力を尽くした。向阿、また是心と号した。文永二年(一二六五)に生まれる。はじめ園城寺の僧となったが、隠遁の志深く、弘安十年(一二八七)京都西谷法光明院の一条派然空礼阿に師事した。乾元二年(一三〇三)三月十五日、専空から三条坊門高倉の専修院の仏殿・僧房・本尊などを譲られた。のちの清浄華院とされる。証賢はここで浄土宗の布教に努め、延慶二年(一三〇九)『往生至要訣』、正和五年(一三一六)『浄土四要義』を著わし、一条派が鎮西義の本流であることを主張し、また元亨のころ『三部仮名鈔』を著わし、法然房源空の教に帰り、在俗への教化も志した。貞和元年(一三四五)六月二日洛西池上の西光庵で寂した。八十一歳。

証賢花押

参考文献　『清浄華院文書』、湛澄『三部仮名鈔諺註』(『続浄土宗全書』八)、玉山成元『中世浄土宗教団史の研究』、『専修学報』(向阿上人特輯号)　(野村　恒道)

しょうけん　**聖賢**　一〇八三—一一四七　平安時代後期の真言宗僧。字は三密房。はじめ賢仁、のちに聖賢と改めた。威儀師少別当賢円の息で、醍醐寺理性院開基賢覚の舎弟。永保三年(一〇八三)に生まれた。天仁元年(一一〇八)三月醍醐寺無量光院にて同寺三宝院勝覚から伝法灌頂を受け、のち同寺に金剛王院を開き法幢を樹てた。その流れを金剛王院流と称し東密小野六流の一つに数えられる。久安三年(一一四七)正月四日没した。六十五歳。付法に源運・亮恵らがいる。著に『弘法大師広伝』二巻、『諸尊略頌』などがある。

参考文献　『金剛王院門跡列祖次第』、『血脈類集記』(『真言宗全書』)、中島俊司『醍醐寺略史』　(坂本　正仁)

しょうけん　**聖憲**　一三〇七—九二　鎌倉・南北朝時代の真言宗根来寺の僧。字は定林房。根嶺先徳・加持門先徳とも尊称される。徳治二年(一三〇七)和泉に生まれた。弥勒院実俊につき出家し、のち根来寺中性院増喜に随い密教を学び、中性院流を伝授され、さらに根来寺迎摂院順継・同蓮花院頼豪について頼瑜の学説を、久米田寺盛誉に華厳を学び、加持門学説を大成した。その後根来寺中性院を付属され、同大伝法院学頭になった。それまで新義真言宗の講論の論題はきわめて数が多く、習学に不便であったが、聖憲は頼瑜の学説を踏まえ『大疏百条第三重』『釈論百条第三重』各十巻を著わし、百条ずつの論題に整理した。以後新義真言宗の論題はこの範囲を出

ず同宗教学の根本となり、彼は大成者とされた。正平年中(一三四六—七〇)病にかかり、大徹禅師の来訪をうけ阿字観を語ったことは有名である。明徳三年(一三九二)五月二十九日没した。八十六歳。著に前記のほか『華厳五教章聴鈔』五巻、『病中寓言鈔』(『阿字観鈔』)一巻などがある。

参考文献　運敞『結網集』中(『大日本仏教全書』)

(坂本　正仁)

じょうげん　成賢　一一六二—一二三一　平安・鎌倉時代の真言宗の僧。成賢流の祖。宰相僧正または遍智院僧正と号す。京都の人。民部卿・中納言藤原成範の子で、勝賢の甥。応保二年(一一六二)生まれる。幼くして醍醐寺勝賢の室に入り諸経論を学び、文治元年(一一八五)十一月三宝院において勝賢から伝法灌頂を受く。建久四年(一一九三)三月勝賢が権僧正を辞退した替りに同五月権律師に任ぜられ、正治二年(一二〇〇)権少僧都。建仁三年(一二〇三)三月第二十四代醍醐寺座主となる。元久二年(一二〇五)六月座主職を良海に譲るが、翌建永元年(一二〇六)十月再び座主となる。承元元年(一二〇七)四月詔を受けて雨を祈り、その法験により五月法印。同二年三月大僧都に転じ、同四年二月東寺三長者に任ぜられ、建暦元年(一二一一)七月祈雨のため孔雀経法を修し、その賞として権僧正となる。建保六年(一二一八)三月土御門上皇は三宝院に臨幸し、同四月夢想により普賢延命法を修せしめ、遍智院に阿闍梨三口を賜わった。同九月座主職を光宝に譲り、すべての諸職を辞した。同十月大炊殿にて五大虚空蔵法を、翌承久元年(一二一九)二月賀陽殿にて仁王大法、同八月水無瀬殿にて普賢延命法をといったように、成賢は生涯に御修法に勤仕すること三十九度に及び、秘法を修すれば常に法験を示したといわれ、門弟らもその褒賞により僧官を得

成賢花押

た。寛喜三年(一二三一)八月二十八日遍智院などの堂舎荘園を道教に付嘱し、同九月十九日遍智院にて示寂。七十歳。付法の弟子は定範・静遍・光宝など四十二名を数え、特に道教・深賢・憲深・意教(頼賢)を四傑といい、ともに一家を樹てた。著作に『薄双紙』二帖十六結、『遍口鈔』六巻などがある。

参考文献　『大日本史料』五ノ六、寛喜三年九月十九日条

(武内　孝善)

しょうけんどうにん　蕉堅道人　⇨絶海中津《ぜっかいちゅうしん》

じょうごう　定豪　一一五二—一二三八　鎌倉時代前期の真言僧。仁平二年(一一五二)生まれる。父は民部権少輔源延俊。治承四年(一一八〇)大和忍辱山円成寺で忍辱山流(広沢流の一派)の始祖寛遍の嫡流兼豪から灌頂を受けた。いつ鎌倉に下ったかは明らかでないが、幕府の帰依を受け、正治元年(一一九九)には勝長寿院の別当に補され、承久二年(一二二〇)には鶴岡八幡宮寺社務とされた。翌三年、熊野三山新熊野検校・高野山伝法院座主ともされた。安貞二年(一二二八)東大寺別当に補され、嘉禎二年(一二三六)には東寺長者の宣下を受けた。その前年に大僧正に任ぜられ、同三年には祈禱の効を賞され護持僧とされた。しかし本拠は鎌倉であり、必要に応じて上洛した。その祈禱の効験については『吾妻鏡』などに多くの記載がある。暦仁元年(一二三八)九月二十四日京都で寂した。八十七歳。弁僧正・今熊野僧正と呼ばれた。

定豪花押

参考文献　『大日本史料』五ノ一一、暦仁元年九月二十四日条

(林　亮勝)

じょうごう　浄業　一一八七—一二五九　鎌倉時代中期の律僧。京都戒光寺の開山。字は法忍、一に曇照と号し

浄業像

た。山城国の人と伝えるが、出自など明らかでない。文治三年(一一八七)六月十八日誕生。十五歳で出家、二十歳で具足戒を受け、園城寺で顕密二教を修学し、さらに奈良へも遊学。中国、宋の律宗の盛行の状況を聞き、俊《しゅん》芿《じょう》帰朝の四年後の建保二年(一二一四)に入宋し、俊芿の師である如庵了宏の高弟鉄翁守一律師について律学を研修し、再び具足戒を受け、理宗皇帝より曇照宗師の号を賜わった。承久二年(一二二〇)に丈六仏などを船載して帰国し、洛南八条堀河の辺に戒光寺を創建して、戒律の宣揚にあたった。その後戒光寺を高弟の浄因に譲って、天福元年(一二三三)ごろに再び入宋し、帰国ののち大宰府に西林寺を建て、鎮西における戒律流布の道場とした。やがて入洛して洛東に東林尼寺を建てて、戒光寺の子院としたが、戒光寺は泉涌寺と並んで京都における戒律宣揚の道場であった。正元元年(一二五九)二月二十一日に七十三歳で入寂した。浄業の戒律は俊芿のそれとともに北京律といわれ、門弟の浄因は戒光寺の興隆を計る旁ら、泉涌寺の首坐として活躍し、南都で律学を講じ、相模国飯山に放光寺を建立し関東への戒律の流布を計った。一方戒光寺はその後転々とし、正保二年(一六四五)に泉涌寺内に移されたが、のちに廃絶した。

参考文献　『入唐諸家伝考』九(『大日本仏教全書』)、慧堅『律苑僧宝伝』一二(同)、卍元師蛮『本朝高僧伝』五八(同)、恵谷隆戒「俊芿律師の北京律を中心とした

京都の戒律復興運動」(石田充之編『(鎌倉仏教成立の研究)俊芿律師』所収)　(堀池　春峰)

じょうこうこくし　常光国師　⇩空谷明応《くうこくみょうおう》

しょうこうてんのう　称光天皇　一四〇一—二八　一四一二—二八在位。応永八年(一四〇一)三月二十九日、後小松天皇の第一皇子として生まれる。母は日野資国の女資子(光範門院)。諱は躬仁《みひと》、のち実仁。同十八年親王宣下、元服。翌十九年八月二十九日後小松天皇の譲りを受けて践祚、二十一年十二月十九日即位。外祖父資国の妹業子は足利義満の正室、資国の姪康子も義満の室で後小松天皇の准母、康子の妹栄子は足利義持の正室で称光天皇の准母である。日野氏を媒介にこれほど足利氏と密着した天皇は例がなく、なかば将軍家の一族とさえいえる。また在位中ずっと父の院政が続いており、政務に特筆すべき事蹟はない。生来病気がちで、晩年には弟小川宮の急死や父との不和の上に精神異常の徴候もあって、幸うすい生涯だった。新内侍・別当局との間に一人ずつの女子を儲けたが、母子ともに事蹟は不明。正長元年(一四二八)七月二十日、二十八歳で早世。法名大宝寿。追号は称徳・光仁の上一字ずつをとったもの。皇子なく、伏見宮貞成親王(後崇光院)の皇子彦仁王が後小松上皇の猶子となって、同月二十八日践祚した(後花園天皇)。同二十九日泉涌寺で荼毘に付され、のち深草北陵に葬られた。
↓後深草天皇《ごふかくさてんのう》(深草北陵)

称光天皇花押

参考文献　村田正志『証註椿葉記』(『村田正志著作集』四)　(村井　章介)

しょうこうぼう　聖光房　⇩辨長《べんちょう》

しょうこおう　肖古王　『日本書紀』神功皇后摂政紀にみえる百済王。『三国史記』の百済王第十三代の近肖古王(三四六—七五在位)にあたる。日本と交渉をもった最初の百済王と伝えられる。『三国史記』によると、三七一年王は太子(貴須)とともに高句麗の平壌城を攻め、高句麗王斯由(故国原王)を殺し、この年、都を漢山に移した。『晋書』によると、三七二年百済王句(近肖古王)は東晋に朝貢し、鎮東将軍・領楽浪太守に任命された。『日本書紀』によれば、神功皇后摂政五十二年、王は七支刀などを日本に献じたとあるが、『日本書紀』では王の在位は干支二運(百二十年)くり上げられており、これは同じ三七二年にあたるという。また『三国史記』によると百済はこの王の時、博士高興があらわれ、はじめて文字記録が可能になったという。『古事記』の百済国主照古王(近肖古王)の時、朝廷の記録係である史《ふひと》の祖の阿知吉師や和邇吉師が来朝したとの記録は、この伝承と呼応しているかに見える。『新撰姓氏録』にはこの王の後裔氏族として、三善宿禰・錦部連・石野連・春野連・己汶氏・汶斯氏などを伝える。また、この王に近の字が冠せられたのは、百済王系に第五代「肖古王」(在位一六六—二一四在位)が加上されたことによる。

参考文献　三品彰英『日本書紀朝鮮関係記事考証』上、坂元義種『百済史の研究』、同『古代東アジアの日本と朝鮮』、山尾幸久『日本古代王権形成史論』、平野邦雄『大化前代政治過程の研究』　(坂元　義種)

じょうさいもんいん　上西門院　一一二六—八九　鳥羽天皇の第二皇女。大治元年(一一二六)七月二十三日誕生。母は待賢門院藤原璋子。翌月早くも内親王となり、恂子と命名。翌二年准三宮宣下あり、賀茂斎院に卜定されたが、長承元年(一一三二)病により斎院を退下、同三年宣旨をもって統子と改名した。保元三年(一一五八)同母弟後白河天皇の母儀に准じて皇后となったが、翌平治元年(一一五九)院号宣下。永暦元年(一一六〇)仁和寺法金剛院において落飾、真如理と称した。文治五年(一一八九)七月二十日、六十四歳をもって没。母待賢門院より法金剛院領を伝領したが、『御料地史稿』には、上西門院領として六十一ヵ所をあげている。

参考文献　『大日本史料』四ノ二、文治五年七月二十日条

花園東陵《はなぞののひがしのみささぎ》　京都市右京区花園寺ノ内町にあり、東面する小円墳である。門院崩御の翌日双ヶ岡の南方にある法金剛院の辺にて火葬した。納骨については所伝はないが、門院はかつて同院内に小堂を建立し、のちに「東御堂」と称されたといわれるので、当時の風習から考えて当堂に納められたと思われ、明治二十二年(一八八九)東御堂跡を考定して陵所とし、同二十七年現陵号を称した。

参考文献　『大日本史料』四ノ二、文治五年七月二十日条、上野竹次郎『山陵』下、『法規分類大全』二編宮廷門　(中村　一郎)　(橋本　義彦)

じょうさん　盛算　?—一〇一五　平安時代中期の真言僧。高雄山寺別当・東寺二長者。寂年齢に八十五・八十四の二説があり、八十五歳ならば承平元年(九三一)の生まれとなる。父は不詳。摂政藤原伊尹の女(五君)の乳母を盛算の同胞とする記録がある。付法の師も東寺長者寛空・同寛静の二説がある。灌頂の師は同寛朝とされている。藤原道長家の修法を勤めていたが、一条天皇中宮彰子の護持僧となり、高雄山寺で皇子誕生の祈禱を行い、その効があったと賞されて、寛弘七年(一〇一〇)権律師に任ぜられた。その後、東寺二長者に加えられ、官も権少僧都に昇った。その居所によって清住寺僧都とも呼ばれた。長和四年(一〇一五)七月寂した。

参考文献　『大日本史料』二ノ九、長和四年七月是月条　(林　亮勝)

しょうしないしんのう　昌子内親王　九五〇—九九　冷泉天皇の皇后。朱雀天皇第一皇女。母は熙子女王。天暦四年(九五〇)生まれる。康保四年(九六七)皇后。天延元年(九七三)皇太后、寛和二年(九八六)太皇太后。長保元年(九九九)十二月一日橘道貞の三条宅で没した。五十歳。岩倉大雲寺に観音院を創建し、没するにあたって、真筆

の遺令一巻に同院のことなどを記した。藤原行成は、その日記『権記』のなかで、「深信二仏法一、有二后妃之徳一」と称した。

参考文献 『大日本史料』二ノ三、長保元年十二月一日条 （林　幹弥）

岩倉陵《いわくらのみささぎ》 京都市左京区岩倉上蔵町にあり、実相院の北隣にあたる。南面する小円墳であるが、裾部は方形に石積みを繞らしている。長保元年（九九九）十二月一日崩御、翌二日入棺、生前に営建した大雲寺内の観音院に移し、五日葬送した。『小右記』によれば葬送の日に院内に魂殿を作って棺を移して固め込めたとあり、また『権記』には翌年十二月に改葬のことを伝えているが、これらの詳しい経緯は未詳である。中世荒廃して所在を失ったが、明治十七年（一八八四）大雲寺の古図によって観音院の法華堂跡を陵所として、観音寺陵と称したが、同二十七年現陵号に改めた。

参考文献 『大日本史料』二ノ三、長保元年十二月五日条、上野竹次郎『山陵』下 （中村　一郎）

しょうしないしんのう　章子内親王 ⇨二条院《にじょういん》

しょうしないしんのう　暲子内親王 ⇨八条院《はちじょういん》

しょうしゅ　聖守 一二一五—九一　鎌倉時代中期の東大寺三論・真言兼学の学僧。東大寺真言宗中興の祖。俗姓藤原氏。建保三年（一二一五）生まれる。東大寺厳寛の次男で房号は中道。のち中道上人ともいう。戒壇院中興の円照の実兄。もと寛乗と称し、東南院の頼恵・定親に仕え、密教を醍醐報恩院の憲深に、三論を東南院の樹慶に学んだ。祖父寛豪已講は三論に造詣深く、そのため三論・真言兼学を志向し、仁治三年（一二四二）の二十八歳の時、三論にちなんで房号を中道、諱を聖守と改めた。この年蓮実によって再興された戒壇院北室に入室し、名匠を招いて戒律の講義を開き、院内の整地を行うなどし、建長三年（一二五一）、弟円照などが海竜王寺より移住するに及んで、後事を円照にゆだね、自身は白毫寺に移った。禅教律三宗一身の風潮によってか東福寺円爾の門をたたき禅法を学んだが、聖守の名を後世に伝えたのは、東大寺真言院・西南院の復興と、新禅院の創建であった。真言院は建長六年三月より文永十一年（一二七四）十二月にかけて復興された。中でも灌頂堂は正嘉二年（一二五八）十月に上棟、新建された舎利殿は東寺より分与された舎利を安置し、弘長二年（一二六二）に完成した。西南院は別当定済をたすけて、文永四年六月から同六年十月にかけて再興された。新禅院は仁治三年六月に別当定親の計画で創建されようとしたが、興福寺の妨害などで延引し、文永四年十一月から同十年に及んで新建され、三論宗専攻の一院となった。聖守は新建のこの院で、三論の智舜などを招き、『中論疏』の講座を開き、寺僧の学習に資するところがあった。当院には建治三年（一二七七）に至って瓦葺経蔵を建て、三論・法相など八宗関係の仏典を収蔵した。真言院は弘安四年（一二八一）四月に官符により鎮護国家道場となり、西南院は文永七年四月に後嵯峨院の祈願所とし、新禅院もまた弘安四年閏七月に後深草院の祈願所として、それぞれ院宣が下された。三院造立の手腕を認められたためか聖守は建治三年八月ごろに造東大寺大勧進職に補任された。時に六十三歳で、八月には湛慶の嫡子慶守を当寺大仏師職に補任している。この大勧進職は弘安五年で辞退したが、その在任中の治績は明らかでない。正応四年（一二九一）十一月二十七日七十七歳で没した。生前石清水八幡宮護国寺宮清より寄進された八幡の法薗寺の西北隅に葬ったという。今日聖守の遺品はあまり多くない。仁治二年九月の寛乗の奥書をもつ『東大寺要録』（醍醐寺蔵、重要文化財）、建長三年九月聖守開版の『即身成仏義』一帖（真福寺など蔵）、建長八年四聖御影・文永元年卯月東大寺真言院銅鐘（ともに東大寺蔵、重要文化財）、弘安三年十月東大寺公験櫃（奈良国立博物館など蔵）のほか、聖守消息などが東大寺に伝わっている。

聖守花押

参考文献 『円照上人行状』、『律宗瓊鑑章』（『大日本仏教全書』）、『東大寺続要録』諸院篇、堀池春峰「東大寺真言院再興奏状・同再興略記に就いて」（『大和文化研究』六ノ一一）、同「造東大寺大勧進聖守文書に就いて」（同一〇ノ一） （堀池　春峰）

しょうしゅう　蔣洲 ?—一五七二　戦国時代日本に渡航した明人。字は宗信。別号竜渓。出身は浙江省鄞県。青年時代は遊侠の者と交わり、奇策縦横の口舌の徒であった。嘉靖三十二年（天文二十二、一五五三）以来倭寇王直一味の活動がはげしくなり、根拠地を日本において中国大陸沿岸で行動するようになると中国側ではその対策に苦慮した。このとき蔣洲は寧波《ニンポー》府生員となり、直接日本に行って王直を説得すべきことを浙直総督胡宗憲に献策して容れられ、みずから日本渡航の使者となった。蔣洲は陳可願とともに嘉靖三十四年（弘治元、一五五五）に中国を発って、日本の五島に着き、王直と会見し、好条件を示して帰国を促し、承諾させた。ついで王直とともに松浦・博多地方を経て豊後大友氏のもとに至り、また山口の大内氏や対馬の宗氏とも連絡をとり、倭寇禁止について協力を求めた。嘉靖三十六年、蔣洲は王直とともに帰国したが、誤解を受けて投獄され、王直もまた誘殺された。ようやく嘉靖三十九年許されて「大忠義士」と賞された。隆慶六年（一五七二）直隷省昌平の旅舎で死去した。蔣洲の日本見聞の知識は鄭若曾の著書、特に『日本図纂』『籌海図編』の資料として採用され、中国人の日本認識に大きな影響を与えた。なお足利学校中門扁額

の「学校」の文字は蒋洲の筆といわれている。↓王直《おうちょく》

参考文献　田中健夫「明人蒋洲の日本宣諭—王直の誘引と戦国日本の紹介—」(『中世対外関係史』所収)、同「足利学校の中門の扁額」(『対外関係と文化交流』所収)

(田中　健夫)

しょうじゅうりゅうとう　正宗竜統　一四二八—九八　室町時代中期の臨済宗黄竜派の僧。別号蕭庵。美濃の人。東益之の子。正長元年(一四二八)生まれる。一族から出た江西竜派・慕哲竜攀・南叟竜朔・常庵竜崇は法叔・法兄・法嗣にあたり、すべて黄竜派に属した。建仁寺霊源院の瑞巌竜惺の室に入り法を嗣いだ。文明十二年(一四八〇)建仁寺の公帖を受けて入寺、明応元年(一四九二)まで輪番制によって七住した。この間長享二年(一四八八)南寺坐公文《いなりのくもん》を受けて足利義政預修三十三回忌陞座仏事を勤めた。瑞巌・江西に就学したほかに希世霊彦について『蒲室疏』の講義を受け、四六文を学んだ。また外学を相国寺の瑞渓周鳳に、天台学を太虚梵全に受けるなど修学の関心が広かった。その一大蔵書は書庫「秘密蔵」に保管した。明応七年正月二十三日寂。七十一歳。蔭涼軒主亀泉集証は正宗を「自二壮年之時一分二能講義、成二其人一非二凡人一、行令森厳、不レ堕二古風一、能守二法度一、欲レ復二旧規一之心一生有レ之」(『蔭凉軒日録』長享二年三月十八日条)と評価した。著書『禿尾長柄帚』『禿尾鉄苕帚』がある。

参考文献　玉村竹二編『五山文学新集』四

(今泉　淑夫)

じょうしゅん　定舜　?—一二四四　鎌倉時代中期の律僧。泉涌寺第三世長老。字は来縁。俗姓は不詳。俊芿《しゅんじょう》の高弟の一人で律書などについて造詣が深く、ことに講義に秀でていたと伝える。嘉禎二年(一二三六)の秋、覚盛・叡尊・円晴・有厳が自誓受戒を行い、南都戒律の復興の始動を開始したが、翌三年の春にこれら自誓四哲などの招請により、定舜は南都海竜王寺において三ヵ月の間にわたり、諸種の戒律典籍の講義や、布薩・食堂の作法規式に関して講じた。定舜の講義は南京律の復興に大きな影響を与えるとともに、以後南都諸寺の律僧と泉涌寺との間に交流が続くに至った。定舜は寛元二年(一二四四)三月五日に泉涌寺で没したが、年齢については明らかでない。高弟には智鏡・浄因などがあり、智鏡は定舜のすすめで入宋求法し、後年来航した蘭渓道隆と親交を結んだことで有名である。

参考文献　『円照上人行状』中、卍元師蛮『本朝高僧伝』五八(『大日本仏教全書』)、徳田明本「俊芿律師と南京律について」(石田充之編『鎌倉仏教成立の研究　俊芿律師』所収)

(堀池　春峰)

じょうしゅん　貞舜　一三三四—一四二二　南北朝・室町時代前期の天台僧で、滋賀県坂田郡山東町柏原にある成菩提院を中興した。建武元年(一三三四)生まれる。俗姓・生国ともに不詳。出家ののち、比叡山に登って貞済に師事し、西塔の宝園院に住した。応永年中(一三九四—一四二八)、柏原の成菩提院を再興、特に談義所として学問興隆に力を尽くす。応永二十九年正月、八十九歳で寂す。著作としては、『天台名目類聚鈔』七巻、『宗要柏原案立』六巻、『三百帖見聞』十巻、『十如是義私抄』一巻、『俗諦常住』一巻、『眷属妙義』一巻、『竜女分極』一巻、『三身義』一巻、『草木成仏』一巻、『仏土義』一巻、『二聖発心』一巻など、貞舜の草案に係る論義関係のものが多い。

参考文献　卍元師蛮『本朝高僧伝』一七(『大日本仏教全書』)、渋谷亮泰編『(昭和現存)天台書籍綜合目録』、『坂田郡誌』

(武　覚超)

じょうしょう　定昭　九〇六—八三　平安時代中期の真言宗の僧。定照とも書く。嵯峨僧都・一乗院僧都とも称する。東寺長者。左大臣藤原師尹の息。延喜六年(九〇六)生まれる。はじめ興福寺仁斅の室に入り出家、法相を学ぶ。応和二年(九六二)維摩会講師。康保元年(九六四)広沢の寛空に灌頂を受けて法相真言を兼ね、大覚寺別当となる。同三年十二月権律師。同四年正月東寺長者。安和元年(九六八)律師。天禄元年(九七〇)十月興福寺別当。天延元年(九七三)権少僧都。貞元二年(九七七)少僧都。天元二年(九七九)金剛峯寺座主。同年大僧都。同四年八月、往生極楽の障りとなるため興福寺・東寺・金剛峯寺の諸職を辞し、永観元年(九八三)三月二十一日、『法華経』を誦して端座入滅した。七十八歳。興福寺両門跡の一つ、一乗院はその創建にかかる。往生伝によれば死後も墓中で誦経振鈴の音が絶えなかったとあるごとく修験に富み、かつて女性に触れた指を切って指燈としたこと、興福寺の枯橘を蘇生せしめ、天童に護られて淀河を渡ったことなど霊験譚が多い。

参考文献　『大日本史料』一ノ二〇、永観元年三月二十一日条、『大覚寺門跡次第』、『古今著聞集』二(『日本古典文学大系』八四)

(和多　秀乗)

じょうしょう　定照　生没年不詳　鎌倉時代中期の天台宗の僧。上野国の人で、並榎《なみえ》の竪者ともいう。嘉禄元年(一二二五)正月、専修念仏の興隆に反発し、排撃するために、法然房源空の主著『選択本願念仏集』を論難した『弾選択』を著わし、これを京中に広めた。そこで源空の弟子の隆寛がこれに対論して『顕選択』を著わし、安貞元年(一二二七)閏三月、岡本の迎蓮という隆寛の弟子がそれを東国に披露した。これを読んだ人々が隆寛を支持したので、定照は翌月、『弾選択』と『顕選択』の両書を比叡山に送って、その是非を問うた。六月、比叡山の衆徒は集会して専修念仏の停止を訴え、祇園感神院の犬神人に源空の大谷墓堂を破壊せしめ、七月、ついに専修念仏の張本である隆寛ら三人が流罪に処せられた。これがいわゆる「嘉禄の法難」で、定照はそのきっかけを作ったのである。

参考文献　『大日本史料』五ノ四、安貞元年七月六日条、『金綱集』(『日蓮宗宗学全書』)

(中井　真孝)

しょうじょういんどの　勝定院殿　⇩足利義持《あしかがよしもち》

しょうしょうくん　蔣承勲　生没年不詳　中国、五代十国時代の呉越国の商人。日本には、承平五年（九三五）九月に来航して羊を献上した記事を初見とする。天慶元年（九三八）八月には、少監物源興国が承勲の貨物を受け取りながら、代価を支払わずに死去したため、大宰府庫の布を支給されている。その後、天暦七年（九五三）、呉越王銭弘俶（在位九四八―七八）の書状および品物を右大臣藤原師輔らに進め、帰国の際に師輔の呉越王への返書を託されている（『本朝文粋』）。これより先、承平六年に左大臣藤原忠平、天慶三年に左大臣藤原仲平が、それぞれ呉越王に送った書状を仲介したのも承勲であった可能性がある。また天暦七年には日本僧日延を便乗させて帰国しており、日本・呉越間の交渉に重要な役割を果たした。なお『本朝文粋』は蔣丞勲または蔣烝勲に作る。

参考文献　木宮泰彦『日華文化交流史』、西岡虎之助「日本と呉越との交通」（『西岡虎之助著作集』三所収）

（石井　正敏）

しょうじょうだいし　証誠大師　⇩一遍《いっぺん》

しょうしん　正信　⇩湛空《たんくう》

しょうしん　尚真　一四六五―一五二六　琉球第二尚氏王統三代の王。一四六五年（寛正六）に生まれる。尚円の子。尚円の死去時幼少の理由で、尚円の弟尚宣威が即位したが六ヵ月で退位し、七七年（文明九）尚真が十三歳で即位した。七九年（明成化十五）、明の憲宗の冊封をうけた。在位五十年の間に強固な中央集権制度を確立し、財政は安定し、文化は栄え、後世、「嘉靖の栄華」とうたわれた。「百浦添《ももうらそえ》欄干之銘」（百浦添は首里城正殿のこと）には、その治績を十一ヵ条あげている。次に尚真の治績を記す。㈠離島の征討。一五〇〇年（明応九）には八重山征討が行われた。八重山は三年間貢を絶ち中山に反逆を企てているという宮古の仲宗根豊見親の訴えにより、四十六隻の軍船に三千の兵を以て征討した。征討後、宮古・八重山両島には頭《かしら》が任命され統制を堅くした。また久米島でも、伊敷索《いしきなわ》按司・具志川按司が滅ぼされた。㈡宗教による統一。このころ神女の勢力は大で、尚宣威の退位も神女の力によるものであった。尚真は各間切のノロ（神女）に辞令を与え、三人の「大あむしられ」がこれを統率し、さらにその上に王の姉妹（のちには后）を聞得大君《きこえおおきみ》に任命して支配させ、神女の勢力を政治の下に置いた。一方、尚泰久以来仕えた禅僧芥隠を開山として、円覚寺を創建し、仏寺の宗たらしめた。㈢外国貿易。進貢貿易は前代以来盛んで、尚真は、暹羅《シャム》・満剌加《マラッカ》・安南・巡達《スンダ》・仏太泥《パタニ》にも遣船し、蘇木・胡椒などを求めて、明への進貢品とした。外国貿易の隆盛は、王府の財政を豊富にし、諸按司統制を容易にしたと考えられる。㈣諸按司統制。各間切に割拠していた諸按司を首里に聚居せしめ、その領地には代官を派遣して治めさせた。これらの按司・群臣は、冠の色、金銀の簪によって身分の高下を明示して統制に便した。「刀剣弓矢を蔵して護国の具となす」と「欄干之銘」にあるのは、武器の携帯を禁じ、兵乱を未然に防ぐ意味があったと考えられる。僧仙岩の建言によって、殉死が禁ぜられたことが国王頌徳碑（現存せず、碑文の拓本が残る）に記されている。一五二六年（大永六）十二月十一日（月日は明暦）没。六十二歳。王家の墓玉陵《たまうどん》に葬られた。

尚真画像

参考文献　蔡温他編『中山世譜』（『琉球史料叢書』四・五）

（島尻勝太郎）

しょうしん　性信　一一八七―一二七五　鎌倉時代の真宗信者で、親鸞の直弟二十四輩の第一とされる。下総国報恩寺の開基。文治三年（一一八七）に生まれる。寺伝では大中臣与四郎を称し、常陸国鹿島郡の人で、はじめ源空に師事し、のち親鸞に帰依したという。関東における高田門徒の祖真仏とともに親鸞の高弟として下総国横曾根・飯沼を中心に横曾根門徒を形成した。親鸞在世中、関東で起った親鸞の息男善鸞の異端事件には孤軍奮闘し、事件が善鸞の義絶で終結したことは有名である。建治元年（一二七五）七月十七日、八十九歳で没。ただし、もと報恩寺伝来の親鸞真筆『教行信証』巻末には弘安六年

性信像

（一二八三）に明性から譲り預かる旨の性信の奥書があり、没年は再考を要する。

参考文献 梅原真隆「法然親鸞性信の三代伝持の血脈相承」（『竜谷大学論叢』二四九） （柏原 祐泉）

しょうしん 性真 生没年不詳 鎌倉時代後期の浄土宗の僧。性心とも書かれる。浄土宗鎮西義藤田派（水沼義ともいう）の祖。然阿良忠の高弟で唱阿と号した。武蔵国藤田の人で、水沼上人・秩父上人とも称されたので、その派を藤田派（水沼義）と称する。この派はやがて弟子持阿良心が興隆し、土塔を造って秘伝の書を納めたとして土塔派とも呼ばれた。はじめ、比叡山に登り出家修行したが、康元元年（一二五六）のころには鎌倉光明寺で良忠に師事し、建治二年（一二七六）九月には良忠から『授手印』を授かった。弘安十年（一二八七）良忠の寂後郷里に帰り、正応年中（一二八八―九三）に下総国猿島郡藤田荘岩井に高声寺を開創した。永仁元年（一二九三）弟子良心に、自写した良忠述『決答授手印疑問鈔』を授与し、さらに良忠と自身の考えを含めた『授手印決答見聞』を授けている。

参考文献 『授手印決答受決鈔』（『浄土宗全書』一〇）、鸞宿編『浄土伝燈総系譜』（同一九）、撰門『檀林飯沼弘経寺志』（同）、玉山成元『中世浄土宗教団史の研究』 （野村 恒道）

しょうしん 証真 生没年不詳 鎌倉時代前期における叡山天台の学僧。宝地房と号する。天台の伝統的教学の復興に努め、広学竪義《りゅうぎ》の竪者《りっしゃ》、探題などの要職につき、承元元年（一二〇七）には叡山の総学頭に補せられるに至る。当時、叡山の座主であった慈円と深い交わりを持ち、また浄土念仏に関して源空とも交流した。著作も多く、三十部余りにも達するが、特に法華（天台）三大部を注釈した『法華三大部私記』（三十巻）は、永万年中（一一六五―六六）に筆を取り、承元元年の秋に至るまで添削・改定を加えたもので、その間、源平の合戦も知らなかったといわれる。なお、『三大部私記』のうちの『法華玄義私記』七には、当時、高まっていった本覚思想に対する批判がみえており、本覚思想に対する最初の批判者と称しうる。そのほか、『天台真言二宗同異章』（一巻）なども重要な論書である。

参考文献 佐藤哲英「宝地房証真のみた幻の円頓止観」（『続・天台大師の研究』所収）、佐藤哲英他「宝地房証真の共同研究」（『印度学仏教学研究』一八ノ二、一九ノ二） （田村 芳朗）

しょうしん 聖心 生没年不詳 平安時代末から鎌倉時代初期の高野山の僧で宝生房教尋の弟子（『高野山往生伝』教尋の項）。仮名は仏厳房。久安五年（一一四九）七月十五日、仁和寺覚法法親王が高野登山の折、小田原教懐聖人堂で行わせた盂蘭盆講には「七口聖人」の一人として散花《さんげ》役をつとめた（『御室御所高野山御参籠日記』（『高野山文書』））。のちに同山大伝法院の第十一・十八代学頭についた（醍醐寺蔵『大伝法院学頭補任次第』）。『玉葉』の嘉応二年（一一七〇）以後に名が頻出し、九条兼実や家族の受戒師、恒例念仏の導師を勤めたり、祈禱や法談を行うなど兼実に近侍した僧で、その信仰に与えた影響は大きい。医術もよくしたが、建久五年（一一九四）閏八月以後『玉葉』には名がみえなくなる。後白河法皇の命で『十念極楽易往集』六巻を撰集したが、その中で現在唯一内容が伝わる第六巻の「四、一期大要臨終門」は、大伝法院開祖の覚鑁作「一期大要秘密集」と全く同文のため、この書が聖心の原作でなく、当時流布した秘密念仏思想に関した諸書の転写・抄出の可能性が強い。

参考文献 井上光貞『新訂日本浄土教成立史の研究』、大屋徳城「仏厳と十念極楽易往集」（『日本仏教史の研究』三所収）、中野達慧「興教大師御撰述に対する書史学的研究」（『密教研究』三三・三四・三六）、和多秀乗「十念極楽易往集について」（『印度学仏教学研究』三二ノ一）、松崎恵水「興教大師覚鑁の一期大要秘密集について」（『平安密教の研究』所収） （坂本 正仁）

しょうじん 聖尋 生没年不詳 鎌倉・南北朝時代の真言宗の僧。東寺長者・醍醐寺座主。関白藤原基忠の子、東南院聖忠の弟。はじめ三宝院聖尊法親王の弟子となり、岳西院定耀に伝法灌頂を受け、また聖忠に受法してその正嫡となる。元亨二年（一三二二）東大寺別当となり東南院に住し、伝法院座主をかね、正中元年（一三二四）醍醐寺五十九代座主に補任。同年禁中に北斗供を修し、紫宸殿最勝講の証義を勤め、大僧正に補任さる。嘉暦二年（一三二七）東寺百十二代長者法務となり、醍醐寺座主を辞去。同三年正月には真言院御修法を勤めた。元徳二年（一三三〇）醍醐寺六十一代座主に再任され、山王・清滝の神祠を造営し、同年六月清滝権現の神前に勅願論義を開き（講師は心海大僧都、論者は杲宝など二十人）、醍醐の教風を広めた。同年秋座主・長者を辞任したが、寂年および年寿は不明。付法に聖珍がある。

聖尋花押

参考文献 『僧官補任』、『東大寺別当次第』、『東寺長者補任』、卍元師蛮『本朝高僧伝』五五（『大日本仏教全書』）、祐宝『伝燈広録』 （夏目 祐伸）

じょうじん 成尋 一〇一一―八一 平安時代中期の入宋僧。寛弘八年（一〇一一）生まれる。父方は藤原氏、祖父実方、父貞叙。母方は源氏で、曾祖父高明、祖父俊賢、生母名は未詳であるが、歌集『成尋阿闍梨母集』によって知られている。兄弟二人、弟（成尊?）が律師として仁和寺と関係した。七歳のとき、母方の親類にあたる文慶を頼って、京都岩倉の大雲寺に入る。文慶は大雲寺の初代検校、権大僧都、三条天皇の護持僧となり、さらに園城寺の長吏をつとめた名僧であった。成尋は文慶から金胎両部の大法・護摩法・諸尊別行儀軌などを学び、さらに悟円（致平親王）から金胎蘇三部の大法・護摩法、行円

(源国輔)や明尊からも台密の秘奥を受け、長久二年(一〇四一)に大雲寺の別当となる。宮中の法華八講に出仕し、天喜二年(一〇五四)に延暦寺の阿闍梨に補任され、また関白藤原頼通の護持僧として平等院との関係も深かった。大雲寺の発展につとめ、如宝院・宝塔院を建立した。天台寺門派に属し、特に三井の学僧慶暹・慶耀らと交わり、また『今昔物語集』の著者とも擬せられる源隆国(南泉房)は生母の兄弟で、その影響もあった。早くより渡宋を志し、康平三年(一〇六〇)三井の新羅明神に詣でて祈願したといわれ、延久二年(一〇七〇)宿願を果たさんがために、五台山と天台山の巡礼の裁可を奏上し、宋船の帰還に便乗を企つ。老母の嘆きをあとに、大宰府に向かい、待機中、円慶ら七名に灌頂を行う。延久四年三月十五日、一行八名は壁島(佐賀県唐津市呼子町加部島)から渡海、浙江の杭州に上陸、天台山に詣で、北上して汴京(河南省開封)から五台山の巡礼を果たす。汴京では神宗に謁見、日本のことを紹介した。あるいは都内の名刹を巡拝し、高僧やインド僧と交わり、勅旨によって祈雨の秘法を行じ、認められて善慧大師の号を賜わる(熙寧六年(延久五))。日本からたずさえるところ、天台真言の経書六百余巻、道具三十八種。円仁や奝然の巡礼記を献上。宋土で求得するところ、下賜の新訳経など四百十三巻をはじめ、印刷・写本など合わせて六百数十巻に及んだ。求得品を同行の帰還者五名に託送し、みずからは残留。元豊四年(永保元、一〇八一)十月六日、汴京の開宝寺において没。行年七十一。一説に天台国清寺に日本善慧国師之塔を建つという。日宋文化交流史上不朽の功績を残した。なお著作に『観心論註』『法華経註』『法華実相観註』『観経鈔』『普賢経科』『善財童子知識集』などがあり、うちもっとも注目すべきは『参天台五台山記』八巻。

参考文献 『続本朝往生伝』(『日本思想大系』七)、『明匠等略伝』(『阿娑縛抄』一九六)、『元亨釈書』一六、高泉性潡『東国高僧伝』六(『大日本仏教全書』)、卍元師蛮『本朝高僧伝』六七(同)、『寺門伝記補録』八・一五(同)、敬雄・慈本編『天台霞標』初ノ四(同)、『大雲寺縁起』(同)、『宋史』日本伝、『仏祖統紀』四五(『(大正新脩)大蔵経』四九)、高楠順次郎『成尋所記入宋諸師伝考』(『大日本仏教全書』)、島津草子『成尋阿闍梨母集・参天台五台山記の研究』、平林文雄『参天台五台山記校本並に研究』、新村出「成尋法師の入宋とその母」(『新村出全集』一〇所収)、鷲尾順敬「入宋僧成尋及び当時の日宋交通」(『日本仏教文化史研究』所収)、塚本善隆「成尋の入宋天台山行」(『塚本善隆著作集』六所収)、常盤大定「入宋せる日本善慧国師」(『日本仏教の研究』所収)、森克己「参天台五台山記について」(『森克己著作選集』二所収)、藤善真澄「成尋と楊文公談苑」(関西大学東西学術研究所編『関西大学東西学術研究所創立三十周年記念論文集』所収)、同「成尋の齎した彼我の典籍」(『仏教史学研究』二三ノ二)、玉井幸助「成尋阿闍梨の家系」(『文学』一一ノ七)、永井義憲「「仁和寺の律師」は成尊か」(『大正大学研究紀要』五二)、結城令聞「日本僧成尋法師とその入寂地の開宝寺址の調査」(『日華仏教』一ノ三)

(小野　勝年)

しょうしんにゅうどうしんのう　性信入道親王　一〇〇五—八五　平安時代中期の真言僧。寛弘二年(一〇〇五)八月一日三条天皇の東宮時代にその第四子として生まれる。母は藤原済時女の娍子。同八年十月親王宣下。諱師明。寛仁二年(一〇一八)八月仁和寺で済信を師として出家、ついで受戒し、治安三年(一〇二三)同寺で同じく済信から伝法灌頂を受けた。修行に励んださまは、長日に渉り穀を絶ち、長年月帯を解かなかったと表現されている。治暦四年(一〇六八)二月後冷泉天皇病気平愈の祈禱を行い、その効を賞されて牛車宣旨を受け、永保三年(一〇八三)二月には同じく祈禱の効を賞されて二品に叙された。天皇・皇太子らに対する祈禱は孔雀経法を中心として二十一度に及び、いずれも著効があったとされている。仁和寺二代門跡のほか、円宗寺長吏・法勝寺検校を兼ねた。大御室と通称された。勉学を好み、『護摩私記』『灌頂所用目録』などの著書があったという。付法の弟子に長信・寛助・済暹らがいる。応徳二年(一〇八五)九月二十七日寂。八十一歳。高野山に葬られた。

参考文献 『歴代皇記』(『(改定)史籍集覧』一八)、『御室相承記』(『仁和寺史料』寺誌編一)、『仁和寺御伝』(同寺誌編二)、『仁和寺系譜』(同)、『諸門跡譜』

(林　亮勝)

じょうすう　貞崇　八六六—九四四　平安時代中期の真言宗の僧侶。東寺長者・醍醐寺座主・金剛峯寺座主。真言院僧都または鳥栖《とずみ》寺僧都と号す。京都の人。三善氏。貞観八年(八六六)誕生。幼くして貞観寺恵宿の室に入り、延喜二年(九〇二)九月醍醐寺聖宝から伝法灌頂を受け、同十六年正月内供となる。天慶六年(九四三)老齢のため護持僧を辞任したいとの上表文によると、貞崇は昌泰二年(八九九)東寺二十僧を辞し、本願をいだいて金峯山に入り、草堂を結び、三十余年山蟄していたが、延長五年(九二七)詔により護持僧となり、以後十七年の間醍醐・朱雀二帝につかえたと記す。延長六年六月東寺に入寺し、同八年二月第四代醍醐寺座主に補される。初代座主観賢の入寂後、醍醐天皇が本願となり下醍醐の伽藍の造営工事が進められていたが、同年九月天皇は伽藍の完成を見ることなく崩御した。残された堂舎の整備は貞崇を中心として、翌年九月の醍醐天皇周忌法要を目標に進められた。承平元年(九三一)九月の周忌法要は御斎会に准ずる規模で営まれ、貞崇は読師を勤めた。同年六月には貞崇の奏状により醍醐寺に年分度者二人が置かれ、また、この年五重塔の造立が計画され、同四年九月にも年分度者一人が加えられ、天慶元年に御願の法華三昧堂が完成するなど、醍醐寺および醍醐寺教団の成立に貞崇の果たした役割は大なるものであった。承平二年九月権律師に任

ぜられ、同三年十月蓮舟に替わり東寺三長者に補され、同五年十二月律師に転じ、会理に替わって東寺二長者。天慶元年八月醍醐・朱雀二代にわたる護持僧の労により権少僧都に任ぜられ、同五年十一月第十二代東寺長者に補され、同十二月金剛峯寺座主を兼帯した。同七年七月二十三日（一説に二十一日・二十二日・二十六日）示寂。七十九歳（一説に八十歳・八十一歳）。著作に、昌泰三年六月五日の奥書をもつ『霊異相承慧印儀軌』一巻、『大峰界会万行自在法』一巻がある。

参考文献 『大日本史料』一ノ八、天慶七年七月二十三日条、『吏部王記』（『史料纂集』） （武内 孝善）

じょうすけなが 城資永 ?―一一八一 平安時代末期の越後国の豪族。父は資国。太郎と通称、助永・資長・助長・助成・資成とも記される。『吾妻鏡』『平家物語』など越後守に任ぜられたとするが誤伝。城氏は資永までの三、四代の間に大勢力を形成し、北越後はほぼその勢力下に入れていた。永万元年（一一六五）資永は岩船郡小泉荘での「濫行」を禁止されているが、彼の本拠地はこれに近い蒲原郡北部、奥山荘あたりにあったとみられる。源平争乱がおこると平家方に属し、甲斐の武田信頼、信濃から北陸へ進出しようとする木曾義仲と対峙し、養和元年（一一八一）には信濃に攻め込んだと伝えるが、まもなく病没し、家督は弟長茂（資職）が嗣いだ。

参考文献 『新潟県史』資料編二、通史編一、高橋義彦編『越佐史料』一、『新発田市史』上、松井茂「越後平氏と城助永」（『中世の地域社会と交流』所収） （阿部 洋輔）

じょうせん 乗専 一二八五―一三五七 鎌倉・南北朝時代の真宗の僧侶。真宗出雲路派本山毫摂寺《ごうしょうじ》の開基。丹波に生まれ、俗姓は和気氏。和気清麻呂の後裔と伝える。元亨三年（一三二三）書写の『教行信証』の識語に三十九歳と自署しているので、生年は逆算し弘安八年（一二八五）となる。もと清範法眼と称した。はじめ禅と法華を学び、のち本願寺覚如の高弟となる。丹波天田郡六人部荘に営んだ寺を本願寺に寄進し、毫摂寺と号したが、京都にも出雲路毫摂寺を建てた。乗専は多数の聖教類を書写している。覚如の死後、その子の従覚にすすめ覚如の伝記『慕帰絵《ぼきえ》』十巻を著わさせ、みずからも文和元年（一三五二）十月『最須敬重絵詞《さいしゅきょうじゅう》』七巻を作った。翌年存覚が今小路に建てた常楽寺を助成した。延文二年（一三五七）六月五日、大和吉野郡平尾村にて七十三歳で死去したと伝えられる。平尾村の徳善寺にその墓といわれるものがある。

参考文献 玄智『大谷本願寺通紀』五（『真宗全書』）、『本願寺史』一、重松明久『覚如』（『人物叢書』一一三） （重松 明久）

しょうせんこう 昭宣公 ⇨藤原基経《ふじわらのもとつね》

しょうそう 聖聡 一三六六―一四四〇 南北朝・室町時代前期の浄土宗の僧。浄土宗の第八祖。大蓮社西誉と号す。貞治五年（一三六六）七月、下総国に千葉氏胤の子として生まれた。幼にして明見寺（千葉寺）で真言密教を学んだが、のち至徳二年（一三八五）聖冏の教えを聞いて浄土教に帰依し、明徳四年（一三九三）十八通の相伝を受けて独立し、武蔵国で布教した。武蔵国では貝塚にあった真言宗光明寺を復興して浄土宗に改め増上寺を建立し、ここを中心に布教と僧侶の養成につとめるとともに、二十六部百数十巻に及ぶ著作をのこした。聖聡の努力は千葉・佐竹両氏に認められて寺領の寄進をうけ、のちの増上寺の基礎をきずいたが、永享十二年（一四四〇）七月十八日没した。七十五歳。墓碑は増上寺山内安蓮社にある。

参考文献 大橋俊雄『法然と浄土宗教団』（『歴史新書』一七一）、香月乗光・伊藤唯真「浄土宗」（『日本の宗教』二所収） （大橋 俊雄）

しょうたいきゅう 尚泰久 一四一五―六〇 琉球第一尚氏王統六代の王。一四一五年（応永二十二）に生まれた。尚巴志の第五子。王の即位前に志魯・布里の乱があり、五四年（享徳三）即位後も、護佐丸の讒死、阿摩和利の乱が起った。いずれも肉親・縁籍間の乱で、王の仏教尊信もこれと関係があると考えられている。京都の僧芥隠が来島して、その信仰を得、多くの寺院が建てられ、梵鐘が鋳られた。特に首里城正殿のいわゆる「万国津梁の鐘銘」は、琉球の貿易立国の精神を示すものとして知られる（同鐘は沖縄県立博物館蔵）。一四六〇年（寛正元）六月五日（月日は明暦）没。四十六歳。

参考文献 蔡温他編『中山世譜』（『琉球史料叢書』四・五）、鄭秉哲他編『球陽』 （島尻勝太郎）

しょうたつ 聖達 生没年不詳 鎌倉時代中期の僧。浄土宗西山派の祖善慧房証空の弟子。聖達の弟子には証空の門下に入れた円空立信や真弟子の聖観がいた。また、伊予の河野執行某の妻であった者を後妻に迎えて、のちに円空の弟子となる顕意道教の継父となり、伊予の河野氏との関わりをもった。建長三年（一二五一）より前、聖達は大宰府に近い筑前の原山に住んでいたが、この年、河野氏の出身である一遍は聖達に師事し、時宗の教義を開いたのち、聖達を尋ねて領解の趣を語り、聖達は念仏百遍を受けたという。また、聖達は肥前国藤津郡八本木村原山（佐賀県鹿島市浜町）に知恩寺を創建している。

参考文献 『法水分流記』（『法然教団系譜選』）、『浄土法門源流章』、菊地勇次郎「智真と西山義」（藤島達朗・宮崎円遵編『日本浄土教史の研究』所収） （野村 恒道）

じょうちょう 定朝 ?―一〇五七 平安時代中期に和様の仏像を完成した代表的仏師。康尚の子。寛仁四年（一〇二〇）二月、藤原道長が発願した法成寺無量寿院阿弥陀堂の丈六仏像九体の造営に康尚の弟子として定朝が従事していたことが知られる。これが定朝が文献にあらわれる最初である。治安二年（一〇二二）七月には、同じく道長の発願した法成寺金堂および五大堂の造仏賞として法橋に叙された。これは仏師の僧綱補任の初例であり、

画期的な事績である。法成寺金堂の仏像は、三丈二尺の金色大日如来像、金色二丈釈迦如来像、同薬師如来・文殊師利菩薩・弥勒菩薩像で、いずれも相好円満であったと伝えられている。五大堂の諸像は彩色二丈の不動尊を中心に、一丈六尺の四大尊が配されていた。その後かれは治安二年六月ころから造営の始まった法成寺薬師堂の造仏に従事した。この安置仏は、丈六金色の薬師如来七軀および脇侍の日光・月光菩薩像および六観音像の計十五軀の巨像であり、翌三年十二月に薬師堂に運ばれた。万寿三年(一〇二六)八月から十月にかけて中宮藤原威子(道長女)の御産祈禱のための等身仏像二十七体を定朝以下二十一人の大仏師と百五人の小仏師で造った。長元九年(一〇三六)四月には後一条天皇が崩御した後の仏事のために三尊仏を造り、長久元年(一〇四〇)五月には後朱雀天皇の念持仏として、一尺ばかりの純銀薬師如来像を造った。長久二年二月には、宴のための竜頭鷁首船の竜頭を制作していることが知られる。これは当時の仏師の職域が、かかる工芸的な彫刻にまで及んでいることを知る一例である。永承二年(一〇四七)十月から翌三年三月にかけて、興福寺の造仏に鑿をふるった。これは永承元年に焼亡した興福寺の諸堂の仏像の造立と修補の仕事である。定朝はその造仏の功により法眼位を授けられている。天喜元年(一〇五三)には、宇治平等院鳳凰堂の造仏を行なった。平等院は藤原頼通が宇治の別業を寺としたもので、天喜元年二月十九日に本尊の阿弥陀如来像を御堂に安置し、三月四日にその供養が行われた。この像が今日まで残る定朝の唯一の作品である。かれの最後の事績は西院邦恒堂の丈六阿弥陀如来像の造立である。本像の作者が定朝であるとする、同時代の史料は見出せないが、定朝が没してから七十余年後の記録である『長秋記』長承三年(一一三四)六月十日条に、邦恒朝臣堂の仏像が定朝の作で、当時これを「仏の本様」とし、仏師が規模としていたことが記されている。現在残る鳳凰堂の阿弥陀如来像をみると、その様式は、全く中国彫刻の型から脱皮し、当時の貴族のこころを反映した像様になっている。頭部・体軀は円形を組み合わせて構成され、胸は広く薄く抱擁力にみち、膝は広く低い。衣文線はほどよく整理され、まさに優美な貴族好みの仏像になっている。造像法も、寄木造の典型で、数個の木を組み合わせて頭部・体軀の基本部を造っている。定朝は当時の貴族のこころにかなった和様の仏像の完成者であるだけではなく、僧綱にまで昇進した最初の仏師で、仏師の社会的地位を高めることにも功績があった。天喜五年八月一日没。

定朝供養塔

[参考文献] 小林剛『日本彫刻作家研究』、田中嗣人『日本古代仏師の研究』

(久野　健)

しょうてつ　正徹　一三八一—一四五九　室町時代の禅僧、歌人。幼名尊命丸《そんみょうまる》。初名正清《まさきよ》、出家以後正徹と称した。字は清巌。招月庵・徹書記とも。永徳元年(一三八一)生誕。備中国小田郡小田神戸山城主小松康清(または秀清)の次男と伝えられる。応永二年(一三九五)ごろ、幕府奉行治部方の月次歌会に出座し、冷泉為尹《ためまさ》・為邦、今川了俊らとまみえ、以後冷泉派の歌人としての道を歩むことになり、応永十年前後には了俊らと石山寺に参詣し、同十二年には了俊から『西行上人談抄』など六部の歌書の相伝を受ける。さきに応永三年ごろ奈良の門跡に出仕したことがあったが、応永二十一年出家し、まもなく東福寺に入り、東漸和尚に師事し、書記を勤める。同年、細川道歓(満元)家の頓証寺法楽一日千句に出詠したころから歌人として認められ、以後武家主催の多くの歌会に出座する。永享十一年(一四三九)『新続古今和歌集』が奏覧されたときには、将軍足利義教の忌諱に触れていたこともあって一首も入集せず、結局勅撰集の歌人となることはできなかったが、晩年には草庵に月次歌会を催し、招かれて諸所の歌会に出座し、将軍義政に『源氏物語』を講義するなど、冷泉派の歌人として重んぜられた。永享四年、今熊野の草庵が類火にあい、二十歳以来の詠草二万数千首が灰燼に帰したが、なお多くの歌が『草根集』に残っている。まとまった日次詠草の存する永享元年以降は、その交友圏がきわめて広いことが知られ、正広ら直弟子も多数擁していた。自分では特に連歌を作らなかったが、連歌師の宗砌《そうぜい》・智蘊・心敬らもその門に出入し、連歌に与えた影響も大きい。長禄三年(一四五九)五月九日、七十九歳で死去。『草根集』のほかに歌論書『正徹物語』、紀行文『なぐさめ草』などがある。その歌風は多様であるが、藤原定家に傾倒し、夢幻的な幽玄を標榜した。

正徹画像(栗原信充『肖像集』)

参考文献 稲田利徳『正徹の研究』 （島津　忠夫）

しょうどう　勝道　七三五—八一七　奈良時代末期に日光を開いた僧侶。天平七年（七三五）下野国芳賀郡に生まれる。俗姓若田氏。少年のころから仏門に入り、天平宝字五年（七六一）下野国薬師寺の戒壇で如意僧都より得度受戒。日光の補陀落山（二荒山、現在の男体山）の登頂を決意し、神護景雲元年（七六七）四月上旬に登り始めるが成功せず、中腹で二十一日籠って引きあげた。その十五年後の延暦元年（七八二）三月、七日間の修行後はじめて山頂をきわめた。その後同三年再度登頂し山麓の中禅寺湖のほとりに神宮寺を開いた。延暦年間、上野国の講師に任ぜられた。このころ下野国都賀郡の城山に華厳宗の寺を建立している。また大同二年（八〇七）補陀洛山上で雨乞の祈禱をして雨をもたらし、その功により、伝燈法師位を授けられた。弘仁五年（八一四）空海は下野伊博士を通じての勝道の求めに応じて「沙門勝道歴山水瑩玄珠碑并序」（『性霊集』二所収）を草している。弘仁八年八十三歳で没。墓は日光山内開山堂および中禅寺湖の上野島にある。なお勝道はその後輪王寺、四本竜寺、中禅寺の開基などとして崇められ、幾つかの伝承が作られている。

勝道画像

参考文献 『日光山輪王寺史』、『日光市史』上、中川光熹「日光山修験道史」（『山岳宗教史研究叢書』八所収） （宮家　準）

じょうとう　常騰　七四〇—八一五　奈良・平安時代初期の僧侶。俗姓は高橋氏、京兆の人。天平十二年（七四〇）生まれる。はじめ興福寺で永厳に師事し法相教学を学ぶが、のち西大寺へ移る。学究としてすぐれた才能を発揮し、六十三巻もの経論に注釈を加えたという。僧綱には延暦二十四年（八〇五）六月に律師として入り、ついで九月には少僧都に任ぜられている。また、延暦二十二年には、梵釈寺別当と崇福寺検校をも兼務したという。弘仁六年（八一五）九月四日没。七十六歳。なお、彼は遅くとも摂関時代までには法相六祖の中に数えられており、その彫像が興福寺南円堂の、康慶一派の制作になる六祖像（国宝）に入っている。 （佐久間　竜）

常騰像

じょうとうもんいん　上東門院　九八八—一〇七四　一条天皇の中宮。藤原道長の長女。母は源雅信女倫子。名は彰子。永延二年（九八八）生まれる。長保元年（九九九）一条天皇の女御となる。翌二年中宮となり、長和元年（一〇一二）皇太后、寛仁二年（一〇一八）太皇太后。万寿三年（一〇二六）正月十九日、三十九歳で出家。法名は清浄覚。院号宣旨を賜わり、上東門院と号す。一条天皇の母后（皇太后）の東三条院詮子（藤原兼家の娘、円融院の女御）につづいて二人目の女院である。準太上天皇の待遇を受け、その院号は、宮城の門および居所の名称によって付けられる。上東門院の名称は、道長の土御門第が上東門院と称せられ、彰子の御在所であったことによる。道長の邸のうち、上東門邸・土御門邸・京極邸は同じものであり、ほかに批把邸、一条邸等々があったが、彰子は、内裏のほかは、この上東門邸にいることが比較的おおかったということができる。承保元年（一〇七四）十月三日没。八十七歳。 （山中　裕）

じょうとくいんどの　常徳院殿　⇩足利義尚《あしかがよしひさ》

しょうとくたいし　聖徳太子　五七四—六二二　推古天皇の摂政皇太子。本名は厩戸皇子。この名にちなんで厩前誕生の物語が『日本書紀』にみえるが、それは説話であって事実とは認められない。厩戸はおそらく誕生の地名から出た名であろう。太子にはほかに多くの名が伝えられる。上宮太子はその一つで、太子の住んだ宮殿の名から出たというが、今も奈良県桜井市に上之宮《うえのみや》という地名が残るから、それによるものであろう。太子の聡明さを讃えた和風の称号として、豊聡耳《とよとみみ》命・豊聡八耳命などがあり、主として仏教の立場から徳を讃えた称号に聖王・法王・法大王・法王大王などがある。聖王は推古天皇十五年（六〇七）の年紀のある法隆寺金堂薬師如来像光背銘に、法王大王は推古天皇四年の年紀のある伊予湯岡碑銘にみえるから、生前からの称号とみることができる。聖徳と熟したのは文武天皇慶雲三年（七〇六）造立の法起寺塔露盤銘が初出であるから、没後の諡と解すべきであろう。父は用明天皇、母は皇后穴穂部間人皇女。ふたりはともに欽明天皇の子であるが、母を異にする。用明天皇の母は蘇我稲目の女堅塩媛、間人皇女の母は同じく稲目の女、堅塩媛の妹小姉君。父は同じでも母が異なれば、その子の結婚は自由であることが古代の慣習であるが、この場合父母の母は稲目の女で同母の姉妹である。太子にとって蘇我氏の血は濃密な比重をもって体内にまじっていたといえる。太子の生誕の年については古来諸説が

聖徳太子像

南無仏太子像（太子二歳像）

童形太子像（童形団扇太子像）

孝養太子像（童形・袍衣・袈裟・柄香炉孝養太子像）

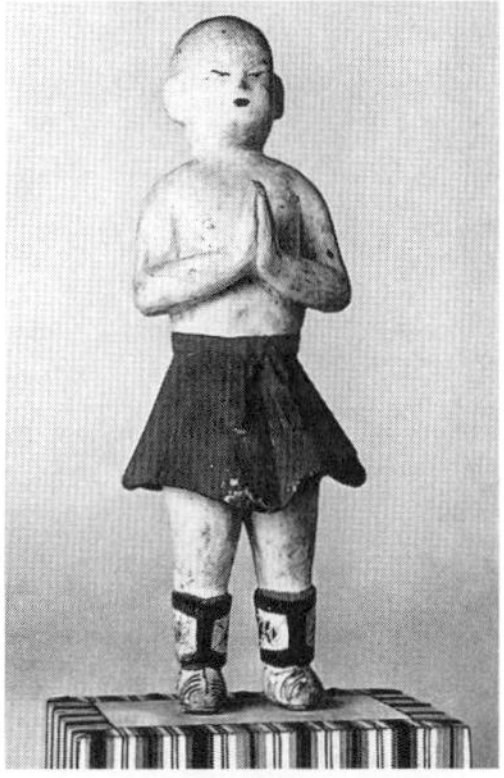
（短袴長靴太子二歳像）

（童形筆硯太子像）

馬上太子像（守屋討伐馬上太子像）

摂政太子像（唐本御影型摂政太子像）

（達磨寺型摂政太子像）

講讃太子像（勝鬘経講讃太子像）

（法隆寺聖霊院型摂政太子像）

（水鏡御影型摂政太子像）

（勝鬘経講讃太子像）

あるが、没年が推古天皇三十年二月二十二日というのは、法隆寺金堂釈迦如来像光背銘や中宮寺天寿国曼荼羅繡帳銘の一致するところで動かしがたく、享年四十九に疑わしいところはないので、それから逆算して敏達天皇三年をとるのが定説である。太子の生涯の事績を幼年時代から一年の落ちもなく記しているのは『聖徳太子伝暦』であるが、これは神異譚を交えたものだから、事実として認めることはできない。ほぼ事実として信じてよいものは、『日本書紀』崇峻天皇即位前紀の用明天皇が在位わずか二年で崩じたあとに起った、蘇我・物部氏の争いに、蘇我側の陣営に属して働いたことである。時に太子は十四歳であった。この時政治の主導権は、敏達天皇の皇后豊御食炊屋姫と大臣蘇我馬子にあったと思われるが、太子が守屋との合戦に蘇我側に立ったことは、以後の太子の生涯を規定する重要な意味をもったと考えられる。用明天皇のあとをついだ崇峻天皇は蘇我馬子との確執がもとで馬子の意を受けた東漢直駒によって殺害される。豊御食炊屋姫が五九二年即位して、日本で最初の女帝推古天皇の時代が始まる。天皇はその翌年当時二十歳の厩戸皇子を立てて皇太子とし、摂政とした。この摂政は後世の清和幼帝について設けられた藤原良房のように、天皇に代わって万機を行う任をもったのではなく、むしろ天皇の命をうけ、蘇我馬子とともに輔弼の任にあたるほどの位置にあったと解せられる。太子が摂政となって最初に天下に布告したことは、仏教を正式に国の宗教として受容することを公にしたことである。仏教は欽明朝に公伝されてからこの方、蘇我氏は一貫してこれを興隆することに熱心であったが、皇室の態度は一定せず、消極的であった。推古朝になってはじめて朝廷の態度が定まり、豪族たちもこれから君親の恩に報いるために、競って寺を建てるようになった。推古天皇三年高句麗の僧恵慈、百済の恵聡が来日した。両僧は仏教を弘めるに功績があり、特に恵慈は太子の仏教の師となった。師弟の契りは深く、太子の深い仏教への造詣は恵慈に負うところが少なくなかった。恵慈は推古天皇二十三年国に帰るが、三十年太子の訃を聞いて悲しみに堪えず、自分も来年の同月同日死んで浄土で太子にお目にかかろうとして、それを実行したと伝えられるほどである。恵慈・恵聡の二僧は来日以後法興寺に住まわされたが、この寺は蘇我馬子が守屋討伐の際の発願にもとづいて、百済から渡来した工人たちを駆使して建てた寺であり、日本で最初の堂塔伽藍を完備した大寺院であった。天皇と皇太子はともに誓願して銅繡丈六仏像各一軀を作り、これを法興寺の金堂にすえた。鞍作鳥の作であり、このころから法興寺は蘇我氏の私寺よりも国の官寺たる性格を帯びることになった。『日本書紀』は推古天皇八年から十一年にかけ、朝鮮半島で新羅と事を構え、任那を救うために将軍を派遣したと記す。しかし任那は欽明朝にすでに滅ぼされており今更大軍を派遣するのもおかしく、仏教の平和主義を信条とする太子の精神からいっても進んで行うほどのものであったかどうか疑われる。あとに任命した皇族将軍の死や、別の皇族将軍の妻の死によって、この挙を中止したと記すのは、太子の望むところであったろうと考える。推古天皇九年二月太子は宮室を斑鳩に造り、十三年にはそこに遷った。時の都飛鳥の豊浦からは十数キロもはなれた所であるが、ここに宮を造った理由は竜田を越えて河内に通ずる交通路の要衝にあったこと、また妃の膳姫にゆかりある土地であったことなどによるのであろう。斑鳩宮の跡は今法隆寺東院の地に求められ、発掘の結果幾棟かの掘立柱の建物が検出された。推古天皇十一年から太子の内政改革が始まる。十二階冠位を定めたことはその一つである。色を異にした冠を諸臣に与え、その身位の上下を明らかにしたもので、大徳・小徳・大仁・小仁・大礼・小礼・大信・小信・大義・小義・大智・小智の儒教の徳目を冠名とした十二階である。この冠位は本人の勲功によって昇級したから、これまでのカバネに代わり個人の奉公の念を高める上に効果があり、これを授与する天皇の尊厳を増す意味もあったであろう。この制度の源流は朝鮮半島の三国にそれぞれ求められるが、名称に五常の徳目を用いた例はなく、太子の理想主義的政治の姿勢を明瞭に示している。推古天皇十二年には『憲法十七条』を発布した。これは官吏への教訓にすぎないという説もあるが、よく読めば太子の深遠な国家観・政治思想を表わしたもので、立国の根本義を規定した法といってよい。太子の考えた国家は君・臣・民の三つの身分から成る。君は絶対であるが、礼を重んじ、信を尊び、賢者を官に任じ、民の幸福を図らねばならぬ。臣は君の命を受け、五常の徳を守り、公平に人民を治めねばならぬ。そしてすべての人は和の精神を体して国家の平和を保ち、仏教に従って枉った心を直さねばならぬ。この俗界での君・臣・民の三身分は仏国世界での仏・菩薩・衆生に比せられるものであり、菩薩の利他行によって衆生の救われる仏国の理想をここにも実現しようとするのである。『憲法十七条』には儒家・法家の具体的政策も述べられているが、根底には仏教思想が牢固として存在する。仏教篤信の太子の親しく作ったといわれるのにふさわしい。推古天皇十五年小野妹子を国使として隋に遣わし、「日出づる処の天子、書を日没する処の天子に致す、恙なきや」(原漢文)の国書を呈した。隋の煬帝はこれを快しとしなかったが、翌年鴻臚寺掌客裴世清を答礼使として日本に遣わした。その帰国にあたり、妹子は再び隋に赴き、学生学問僧八人を同行し、かの地の文物を学ばせた。隋に対する対等外交の勝利であり、五世紀代の倭王が南朝諸国に対して行なった服属外交を清算したものであった。推古天皇二十二年第二回の遣隋使が犬上御田鍬を大使として派遣された。遣隋使の派遣、学生学問僧の留学が、のちの日本文化の発展に寄与した功は偉大であった。このほか百済人味摩之が帰化して伎楽を伝えたことは、日本にはじめて中国西域の音楽をひろめた

ものとして意義深く、また百済の僧観勒が来日して暦本および天文地理の書、遁甲方術の書を伝えたことは、後世平安時代では推古天皇十二年はじめて暦日を用いたという伝説を生んだ。暦法を伝えたことは欽明天皇十四年にすでにみえているから、推古天皇のときはさらにそれが一般化されたことをいうのであろう。推古天皇二十八年太子が馬子と議して「天皇記及国記臣連伴造国造百八十部幷公民等本記」を録したと『日本書紀』にあるが、これは政府による歴史書編修の最初の試みとして注目に値する。新しい国造りの輪廓を定めて静かに国初以来の歴史を顧みる余裕を生じたのであろう。ここに用いられた天皇の号は、推古天皇十六年隋に送った第二回の国書に「東天皇、敬んで西皇帝に白す」(原漢文)とあるのなどと相まって、これまで大王とよばれた称号を、太子によって天皇と改められたのではないかという想像を起させる。以上編年的に太子の政治的な事績と思われるものを述べたが、最後に太子の仏教研鑽の瞠目すべき成果について記さねばならぬ。太子はその仏教に対する造詣を講経と製疏によって現わした。講経については『勝鬘経』と『法華経』の二部を対象とし、前者は天皇が太子を請じて行なったもので三日にして終ったこと、後者については天皇がその布施として播磨国の水田百町を賜わったことなどを『日本書紀』は記す。これらに対しては異伝もあって不確かなところもあるが、製疏の方は、『法華義疏』四巻、『維摩経義疏』三巻、『勝鬘経義疏』一巻が、太子の御製として天平十九年(七四七)勘録の『法隆寺伽藍縁起幷流記資財帳』に明記されているから、天平年間には法隆寺の重宝として珍蔵されていたことで確かな事実と考えられる。まして『法華義疏』は太子自筆の草本と認められるものが法隆寺に伝わり、明治の初め皇室に献納されて今に残るから、その存在に疑いを抱く筋はない。義疏は三書ともに経典の詳密な注釈書であって、各字句についての意味を説き教義を明らかにする。大陸学匠の先行の書をそれぞれ参考にしてはいるが、それに盲従はせず、独自の判断や解釈を示している。太子の到達した仏典理解の深遠さには舌を巻いて驚くのほかはなく、仏教の伝来初期にこれだけの受容咀嚼がなされたことが、後世の仏教発展の基に培ったことは大きい。しかも太子の仏教が知解の域にとどまらず、菩薩道の実践にまで及んだことは、後年の嫡子山背大兄王の殉教の行動からみて察せられる。親鸞が太子を「和国の教主」として尊んだのはもっともであって、太子は日本文化とくに日本仏教の恩人として大書すべき人物である。太子の墓は磯長

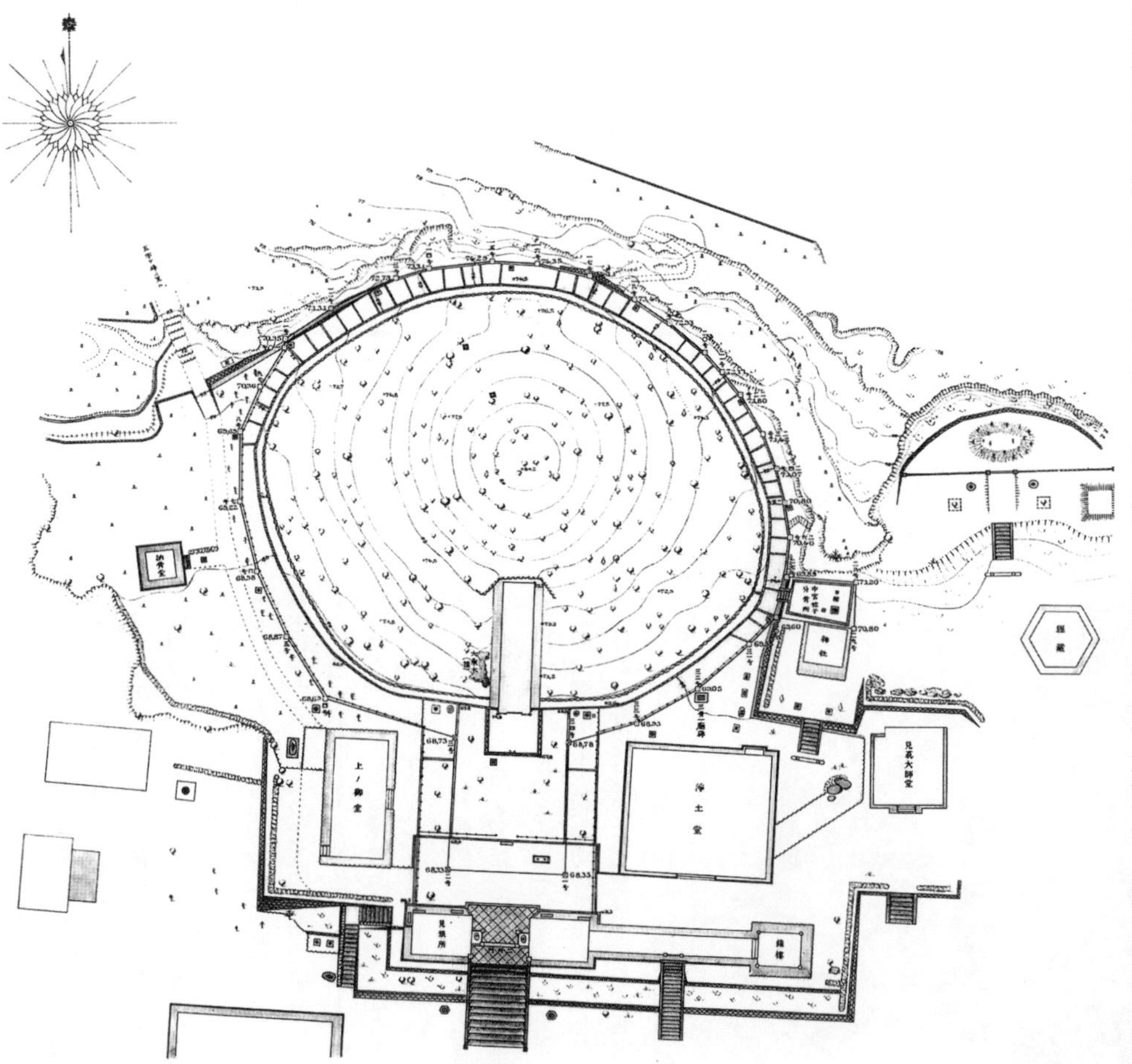

磯長墓平面図

墓といい、大阪府南河内郡太子町にある。

参考文献 聖徳太子研究会編『聖徳太子論集』、坂本太郎『聖徳太子』(『人物叢書』一七八) (坂本 太郎)

磯長墓《しながのはか》 大阪府南河内郡太子町の叡福寺の境域内にあり、『日本書紀』には磯長陵とある。丘陵の南斜面に築かれた南面する円墳。径は東西約五〇メートルで南北はやや短く、高さは南側から約一〇メートル前後を測る。周囲には結界石と称する碑石が二重にめぐり、羨道の前面には唐破風の屋蓋を伴う廊状の建物がある。当墓はかつては玄室内を拝することができたようで、三棺が納められているところから古来三骨一廟と称され、太子と前後して亡くなった母穴穂部間人皇女と妃膳大娘の三方を合葬した墳墓といわれている。『延喜式』諸陵寮の制は「兆域東西三町、南北二町、守戸三烟」で遠墓とし、合葬のことについては述べるところがない。『園太暦』によると貞和四年(一三四八)には高師泰の兵が墓内に乱入して狼藉を行うなどのこともあったが、墓側には叡福寺があって奉斎に任じ、太子信仰と相まって所伝を失うことがなかった。玄室内の状況については、寛政二年(一七九〇)に東本願寺の乗如が内部を拝した折の記録や、明治初年の宮内省官人の実検記によってその規模を窺うことができ、古墳編年上の一つの規準とされている。

参考文献 梅原末治「聖徳太子磯長の御廟」(平安考古会編『聖徳太子論纂』所収)、たなかしげひさ「聖徳太子磯長山本陵の古記」(森浩一編『論集終末期古墳』所収) (戸原 純一)

しょうとくてんのう 称徳天皇 ⇩孝謙天皇《こうけんてんのう》

じょうながもち 城長茂 ?―一二〇一 平安・鎌倉時代前期の越後国の豪族。父は資国。四郎、助職・助元・資茂・助茂・永用・永茂とも称さる。越後国白河荘を「沙汰」し(『九条家文書』)、「白川御館」とよばれた(『玉葉』)から、同荘を本拠としたとみられる。源平の争乱では平家方に属して、治承四年(一一八〇)秋、木曾義仲に追われた笠原頼直らが逃れて来たのを契機に木曾方と抗争に入った。養和元年(一一八一)春、兄資永が病没すると家督を嗣ぎ、越後軍の大将軍として信濃国に進攻したが千曲川河岸(『平家物語』など横田河原とする)の戦で大敗、帰国しようとすると永年対立した国衙在庁官人らに追われ、会津に逃れたとも本拠地へ籠ったとも伝えられる。木曾方を阻止する方策に苦慮した平家政権は長茂を越後守に任じたが実効は上がらず、寿永元年(一一八二)九月長茂は本拠地に近い小川荘赤谷(新潟県新発田市)に城郭を構えるとともに、妙見大菩薩をまつって源家を呪詛したものの宿願は果たせなかった。源頼朝の勝利で源平争乱が終ると、長茂は捕えられて鎌倉に送られ梶原景時に預けられた。師檀関係にあった熊野僧定任は、頼朝の免許を得て御家人にしてもらうようとりなしたが、長茂は頼朝との対面で臣従の礼をとらず囚人の地位を続けた。しかし、頼朝の奥州藤原氏討伐には梶原景時の推挙によって参陣を許され、離散した郎等も参集して功をあげた。建久三年(一一九二)六月には御堂新築にあたって、身長七尺余という体力を利して御堂の樑棟引きあげ作業に加わって頼朝の目を驚かせているので、このころは頼朝の免許を得ていたかもしれない。しかし、頼朝が没し、景時も討たれると、長茂はまた源家打倒にはしる。上京した長茂は建仁元年(一二〇一)正月二十三日後鳥羽上皇に将軍頼家征伐の宣旨を求めたが得られず、大番役で在京中の幕府御家人小山朝政の宿所を襲った。結局これも果たせず長茂は吉野山中に逃れたが官軍によって討たれ、城資家・同資正らの一族や新津四郎らの伴類とともにその首を京の大路にさらされた。長茂の挙兵は一ヵ月余で失敗に帰したが、本国越後でも兄資永の子資盛が姨母の板額御前らに助けられて挙兵し、幕府軍と戦った。これも平定されて越後城氏は昔日の力を完全に失うこととなる。

参考文献 『大日本史料』四ノ六、建仁元年正月二十三日条、高橋義彦編『越佐史料』一、『新潟県史』通史編一、『新発田市史』上、松井茂「越後平氏と城助永」(『中世の地域社会と交流』所収) (阿部 洋輔)

しょうにかげすけ 少弐景資 一二四六―八五 鎌倉時代後期の武将。少弐資能の子。少弐氏の系図類では、のちに名を盛氏と改め、豊前守に任じたとあるが、ともに直接史料はない。『蒙古襲来絵巻』では大宰少弐三郎左衛門尉景資とあり、文永十一年(一二七四)蒙古合戦の折には二十九歳であると記している。同じく、同合戦の折には「日の大将」として博多の息浜《おきのはま》を固め、五百余騎を率いて戦い、戦功の引付を行なっている。『八幡愚童訓』はこのとき景資は敵将流将公を討ったと記す。弘安四年(一二八一)蒙古合戦関係では、検討を要する文書であるが、『五条文書』の中に肥前国御厨海上合戦勲功の実正を糺した弘安七年四月十二日景資書状写がある。翌八年、安達盛宗(泰盛の子)とともに兄の少弐経資に抗し、筑前国岩門城(福岡県筑

(伝)少弐景資墓

少弐景資(『蒙古襲来絵巻』より)

紫郡那珂川町)で挙兵し、敗死した。四十歳。岩門城の西側(那珂川町寺山田)に景資の墓と伝える五輪塔がある。

→安達泰盛《あだちやすもり》

参考文献 川添昭二『九州中世史の研究』 (川添 昭二)

しょうにさだつね　少弐貞経　?—一三三六　鎌倉・南北朝時代の武将。父は盛経。筑前・壱岐・対馬の守護、鎮西探題の評定衆・二番引付頭人。文永十年(一二七三)生まれる。官途は筑後守。大宰府の執行、大宰少弐、守護としての関係史料を残しているが、異国警固・宇佐宮造替関係事蹟が目につく。対馬関係の史料が多くなっているのは、少弐氏の対馬支配の深化を示すが、蒙古の第三次遠征に備えての異国警固とも関連していよう。正中二年(一三二五)七月、建長寺造営料唐船の警固を管内武士に命じていることも注目される。文化的事蹟としては、大宰府の崇福寺を崇敬したこと、文芸を愛好したことなどが知られる。鎮西探題討滅の博多合戦で軍事指揮をとっている。建武政権下、筑前・豊前の守護に任ぜられた。建武元年(一三三四)、規矩高政・糸田貞義ら北条氏一族残党討伐の指揮をとった。守護職は嫡男の頼尚に譲り、足利尊氏が建武政権に背反するとこれに与同し、建武三年二月二十九日、菊池武敏らに攻められ、大宰府の有智山城で自殺した。「少弐氏歴世次第書」によれば、享年六十四歳。これによれば文永十年(一二七三)父盛経十七歳の時の生まれとなり、やや不審。法名は高鑑妙恵。

少弐貞経花押

参考文献 『大日本史料』六ノ三、延元元年二月二十九日条、川添昭二『九州中世史の研究』、山口隼正『南北朝期　九州守護の研究』、福岡県教育委員会編『浦城跡』(『福岡県文化財調査報告書』四五)、森茂暁「建武政権と九州」(川添昭二編『九州中世史研究』二所収) (川添 昭二)

しょうにさだより　少弐貞頼　一三七二—一四〇四　室町時代前期の武将。応安五年(一三七二)生まれる。少弐頼澄の子。嘉慶元年(一三八七)には筑前守護・大宰少弐であった徴証がある。その筑前支配は、残存史料からみる限り、怡土・志摩両郡を主とし、一部宗像郡に及んでいる。支配機構としては宗澄茂を守護代としていたことが知られる。発給文書は筑前を中心として肥前・豊前・薩摩・対馬などに及んでいる。その後半生は九州探題渋川満頼との抗争を主軸にしていた。応永十一年(一四〇四)六月二十日没。三十三歳。法名は怡雲本恵。

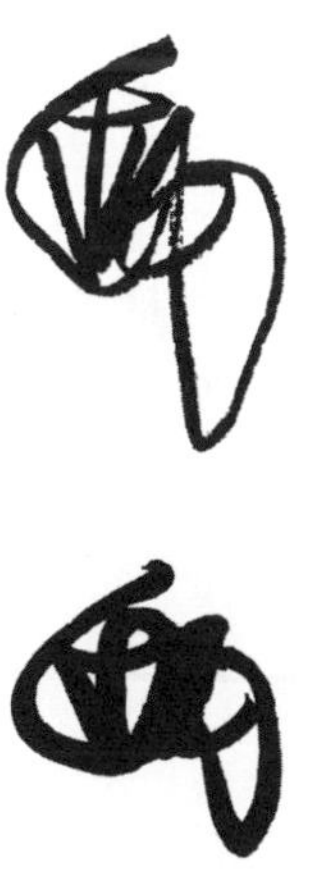

少弐貞頼花押

参考文献 『大日本史料』六ノ七、応永十一年六月二十日条、川添昭二「渋川満頼の博多支配及び筑前・肥前経営」(竹内理三博士古稀記念会編『続荘園制と武家社会』所収)、外山幹夫「少弐氏の衰滅過程と竜造寺氏」(『中世九州社会史の研究』所収)、本多美穂「室町時代における少弐氏の動向—貞頼・満貞期—」(『九州史学』九一) (川添 昭二)

しょうにすけよし　少弐資能　一一九八—一二八一　鎌倉時代の大宰少弐、筑前・豊前・肥前・肥後・対馬・壱岐の守護。建久九年(一一九八)生まれる。少弐資頼の子。官途は豊前守を経て筑後守、正嘉二年(一二五八)大宰少弐となる。資能の生涯にとってもっとも大きな事件は蒙古襲来である。資能は南浦紹明《じょうみん》を崇敬し、その住寺である大宰府の崇福寺に外護を加えているが、これは南浦紹明を対蒙古政策の相談役としていたことを意味しよう。従来の対馬守護に加えて文永十年(一二七三)十一月には、壱岐守護として史料にみえているのは、異国警固強化の一環であろう。文永九年五月十七日の異国警固番役覆勘状は同状の初見である。文永十一年十月蒙古初度の来寇で対馬・壱岐の守護代は討死している。その間の戦況は資能によってつぎつぎに鎌倉幕府に報ぜられている。資能自身、弘安四年(一二八一)閏七月十三日、蒙古合戦の傷がもとで死去したと伝える。八十四歳。法名覚恵。福岡県太宰府市の安養院跡にその墓と伝えるものがある。大正四年(一九一五)贈従三位。

少弐資能花押

(伝)少弐資能墓

参考文献 川添昭二『九州中世史の研究』 (川添 昭二)

しょうにすけより　少弐資頼　一一六〇—一二二八　鎌倉時代前期の大宰少弐、鎮西奉行、筑前・豊前・肥前・対馬の守護。永暦元年(一一六〇)生まれる。武藤頼平の子。武蔵の武士で、平氏の家人として源平合戦に参加し、とらわれて三浦義澄に預けられ、故実の知識によって放

少弐資頼花押

(伝)少弐資頼墓

免され、源頼朝の家人となった。建久二年(一一九一)正月平盛時とともに伊勢・志摩両国の平家没官地を巡検、同六年頼朝の再度上洛に従い、間もなく九州に下る。天野遠景のあとをうけて大宰府の支配を進め、在庁職の執行となり、有力府官層を主要構成員として守護国管轄のために大宰府守護所を形成、さらに嘉禄二年(一二二六)十月旧律令機構として鎮西全般に及ぶ権限を有する大宰少弐に任ぜられた。このように「鎮西を奉行する」資頼の立場は「鎮西奉行」といわれ、その概念規定については意見が分かれている。官途は嘉禄二年八月筑後守。安貞二年(一二二八)八月二十五日没。六十九歳。法名は覚仏、安養院殿と号した。福岡県太宰府市の安養院跡に資頼の墓と伝える五輪石塔がある。

参考文献 石井進『日本中世国家史の研究』、瀬野精一郎『鎮西御家人の研究』、川添昭二『中世九州の政治と文化』、同『九州中世史の研究』、藤岡俊雄「鎌倉初期の大宰府機構について」(『熊本史学』五五・五六合併号)　(川添　昭二)

しょうにつねすけ　少弐経資　一二二九—九二　鎌倉時代の大宰少弐、筑前・筑後・豊前・肥前・対馬の守護。寛喜元年(一二二九)生まれる。資能の子。その後半生は主として蒙古問題に費やされた。異国警固の体制を整え、文永・弘安両度の蒙古合戦を指揮し、建治元年(一二七五)・弘安四年(一二八一)二度にわたる異国征伐の計画では指揮をとる予定であった。石築地(元寇防塁)の築造工事を統轄し、文永蒙古合戦直後、蒙古合戦勲功賞配分の調査をしたのをはじめ、正応元年(一二八八)—同三年には大友頼泰とともに弘安四年蒙古合戦勲功賞の配分を行なっている。弘安九年、鎮西の武士を異国警固に専心させるために設けられた鎮西談議所の頭人の一人となっている。その前年十一月の岩門合戦で弟の景資を誅滅しているが、これは少弐氏全体からすれば勢力の減退である。蒙古襲来を契機として北条氏得宗の鎮西支配は強化され、経資は筑後・豊前・肥前の守護職を失っている。正応五年八月二日没。六十四歳。法名は浄恵。

参考文献 瀬野精一郎『鎮西御家人の研究』、川添昭二『九州中世史の研究』、同「鎮西特殊合議訴訟機関」(『史淵』一一〇)、同「鎮西談議所」(『九州文化史研究所紀要』一八)　(川添　昭二)

少弐経資花押

しょうにふゆすけ　少弐冬資　一三三七—七五　南北朝時代の大宰少弐、筑前守護。直接史料はないが対馬守護でもあったと推定される。建武四年(延元二、一三三七)生まれる。少弐頼尚の子で孫二郎と称した。大宰少弐として発給した文書の初見は豊前国中津郡大豆俵村を筑前宗像社に寄進した康安元年(一三六一)八月五日の大宰少弐藤原冬資寄進状(『宗像大社文書』)。直接発給文書の初見は『榊文書』延文六年(康安元)六月十九日の充行状で、同年末に頼尚は法名本通を称しているから、このころ家督をうけたのであろう。弟の頼澄は宮方の大宰少弐で、少弐氏内部は大きく二つに分かれており、冬資は筑前管内国人の被官化などに努力しているが、残存文書も少なく、宮方の隆盛期で勢力は不振であった。九州探題として今川了俊が下向してくると、これとの対立が激しく、ついに永和元年(一三七五)八月二十六日、肥後水島(熊本県菊池市七城町)で了俊のために誘殺された。「少弐氏歴世次第書」によれば享年三十九歳。生年はこれによって逆算。法名は天岸存覚。了俊は筑前守護はじめ冬資の諸権限を接取した。→今川貞世《いまがわさだよ》

参考文献 川添昭二「今川了俊」(『人物叢書』一一七)、山口隼正『南北朝期 九州守護の研究』、川添昭二「水島の陣」(『日本歴史展望』五所収)　(川添　昭二)

少弐冬資花押

しょうにふゆひさ　少弐冬尚　?—一五五九　戦国時代の武将。三十三歳死没説によれば大永七年(一五二七)の生まれということになる。享禄元年(一五二八)父資元から家督を譲られたと伝え、少弐松法師丸の名で判物などを出しているが、天文五年(一五三六)九月四日父資元が大内氏に攻められて自殺してからは、少弐氏の家督としての名実が備わってくる。冬尚を支えた勢力は、天文十二年二月四日の千栗八幡宮鐘銘や関係文書類によると、馬場・宗・江上・東・竜造寺・小田・横岳・杠その他が知られ、その中の「老共」といわれた者たち(『武雄鍋島家文書』一四)が、中枢部を形成していた。肥前国の佐賀郡・小城郡などを充行ったり預けたりしているが、実際の勢力は、ほぼ肥前国三根郡に限られていた。直接発給文書約五十通のうち五分の二は三根郡の『光浄寺文書』であり、祈願に強く頼る末期的状況が知られる。永禄二年(一五五九)正月十一日、竜造寺隆信に攻められて勢福寺城(佐賀県神埼市神埼町)にて自殺。その後、弟の政興などの動きもあるが、冬尚の死で少弐氏は事実上滅亡した。墓は神埼市神埼町城原《じょうばる》の真正寺裏にある。

少弐冬尚花押

参考文献　外山幹夫『中世九州社会史の研究』、川添昭二「大宰少弐冬尚伝稿」(『大宰府研究会会報』一四)、同「少弐冬尚関係編年史料集稿」(『少弐氏と宗氏』二〇)、同「少弐冬尚没年条史料―少弐政興史料―」(同二一)　（川添　昭二）

しょうにまさすけ　少弐政資　一四四一―九七　室町時代の武将。嘉吉元年(一四四一)に生まれる。少弐教頼の子。官途は大宰少弐。初名は頼忠。ついで文明三年(一四七一)九月以前に政尚と改め、同十一年十一月にはすでに政資と称している。応仁・文明の乱に乗じ、文明元年支持勢力である対馬守護宗貞国とともに対馬から筑前に入って大内軍を破り、大宰府に入り旧境を復した。以後、宗貞国を筑前守護代とし少弐氏の筑前支配は固まったが、間もなく宗貞国と不和になり、文明十年大内政弘が筑前を制圧したため支えきれず肥前に逃れ、以後少弐氏は東肥前の局地的勢力となる。政資の側近には老者といわれる者がいて直接政資を助け、筑前には守護代をおき、また対外貿易のこともあって博多代官をおいていた。肥前東部では相応に国人の支持を得ていた。明応六年(一四九七)四月十九日、大内義興の軍に敗れ、肥前小城郡で自殺。五十七歳。佐賀県多久市の専称寺に墓がある。

少弐政資花押

少弐政資墓

参考文献　佐伯弘次「大内氏の筑前国支配」(川添昭二編『九州中世史研究』一所収)、外山幹夫「少弐氏の衰滅過程と竜造寺氏」(『中世九州社会史の研究』所収)　（川添　昭二）

しょうにゅう　証入　一一九六―一二四五　鎌倉時代前期の僧侶。浄土宗西山義四流の一つ、東山流の流祖。字は観鏡。寂静房ともいう。建久七年(一一九六)仁田四郎忠常の子息として生まれる。祖の証空に師事して西山義の奥義を伝授された。証空門下の中では特に可愛がられた一人であった。のち京都東山宮辻子に阿弥陀院を創建して布教に専念した。徳を慕って参集する人々が多く、証源・由願・観明・唯鏡・蓮宿・覚入らの弟子を世に送り、一時大いに栄えたが、いつしか廃絶し、現在は伝わっていない。証入の教義は五祖一徹義といわれ、西谷流浄音法興の五祖異徹義と対比されるが、証入には著述が伝わらないため、詳細を明らかにすることはできない。寛元三年(一二四五)七月七日没。五十歳。

参考文献　『大日本史料』五ノ一九、寛元三年七月七日条　（玉山　成元）

しょうにょ　証如　一五一六―五四　浄土真宗本願寺第十世。永正十三年(一五一六)十一月二十日、本願寺第九世実如の次子円如の次子として誕生。童名は光仙、のち光養と改めた。諱は光教、号は信受院。関白九条尚経の猶子となった。大永五年(一五二五)祖父実如の死によって第十世を継いだ。時に十歳。母の慶寿院鎮永および外祖父顕証寺蓮淳の補佐をうけ、加賀一向一揆の内紛、各地門徒と領主との抗争などに対処した。天文元年(一五三二)八月、細川晴元の意をうけた六角定頼と法華宗徒により山科本願寺が焼かれたので、寺基を大坂(石山本願寺)に移した。その後、細川晴元をはじめ近畿の有力武将や各地領主と友好関係を結び、天文十年には宿敵であった越前の朝倉孝景とも和談した。また加賀に荘園を所有する京畿の社寺・公家の依頼に応じて年貢の取立てをするとともに、青蓮院・九条家・朝廷などに財的援助を行なった。そのため朝廷から天文八年に伏見院宸筆の和歌一巻と『栄花物語』、同十七年に尊円入道親王筆『鷹巣法帖』(『鷹手本』)、翌十八年には『三十六人家集』をそれぞれ賜わった。これらは現在、京都市の西本願寺に所蔵し、『三十六人家集』は国宝、『伏見天皇宸翰和歌集』『栄花物語』『鷹巣法帖』は重要文化財に指定されている。さらに同十八年正月二十六日に証如は権僧正の勅許をうけ、次第に寺家としての地位をたかめた。彼の筆記した『天文日記』には当時の本願寺をはじめ社会の情況などがくわしくしるされている。天文二十三年八月十三日没。三十九歳。

証如花押

証如画像

参考文献　『本願寺史』一　（千葉　乗隆）

しょうによりひさ　少弐頼尚　一二九四―一三七一　鎌倉・南北朝時代の武将。筑前・豊前・肥前・肥後・対馬の守護。永仁二年(一二九四)生まれる。官位については、頼尚の南朝年号使用の最終史料である鍋島報効会所蔵『法華経』第七巻奥書の「従五位上行大宰少弐兼筑後守藤原朝臣頼尚」が一番まとまった表記である。建武政権下、父貞経のあとをうけ筑前・豊前などの守護職を相伝し、足利尊氏が建武政権に離叛したあと筑前・豊前・肥

少弐頼尚花押

(伝)少弐頼尚墓

前・肥後の守護職に任じている。対馬については、明証はないが、前後の事情から推して、貞経のあとをうけ建武政権下以来守護であったろう。建武三年(一三三六)二月、父貞経が大宰府有智山城で敗死したあと九州に下ってきた尊氏を迎え、同年三月多々良浜の合戦で菊池武敏の軍を敗る中心的な役割を果たした。続く湊川の戦でも頼尚は勇戦したと、少弐氏に親近感をもつ『梅松論』に書かれている。多々良浜合戦後、尊氏は九州幕府軍の総帥すなわち鎮西管領(九州探題)として一色範氏を九州においたが、筑前を拠点とする頼尚と激しく競合し、貞和五年(一三四九)足利直義の養子直冬(尊氏の実子)が九州に入ると頼尚は直冬を奉じ、九州は宮方・将軍方(探題方)・直冬方と三分の紛乱状態になった。直冬が九州を去り、ついで一色範氏・直氏らが九州を去ると、頼尚は再び幕府方となり、延文四年(正平十四、一三五九)懐良親王・菊池武光の軍と筑後大保原《おおほばる》に戦って敗れ、以後、頼尚の勢力は急速に衰えた。康安元年(正平十六、一三六一)から子息冬資の活動が明らかになり、大宰府を拠点とする征西将軍府の隆盛時代に入り、同年末には、頼尚は法名梅渓本通を名乗っていた。貞治六年(一三六七)十月には在京していたことが知られる。「少弐氏歴世次第書」によれば、応安四年(建徳二、一三七一)十二月二十四日七十八歳で没したという。福岡県朝倉市朝倉町宮野字八坂の南淋寺に頼尚の墓と伝える宝篋印塔がある。

→足利直冬《あしかがただふゆ》　→一色範氏《いっしきのりうじ》

参考文献　川添昭二『九州中世史の研究』、山口隼正『南北朝 九州守護の研究』、外山幹夫「少弐氏の衰滅過程と竜造寺氏」(『中世九州社会史の研究』所収)

(川添　昭二)

じょうにん　成忍　生没年不詳　鎌倉時代の画僧。恵日房と号す。高山寺明恵の下に僧として近侍し、多くの仏画制作にあたった。建暦元年(一二一一)に書写された高山寺蔵八十巻本『華厳経』五一・五二の奥書「花厳宗末学沙門成忍」が初出で、以後建暦二年『十地論義記』三、貞応元年(一二二二)四十巻本『華厳経』四・一四・二四・三四を書写している。明恵の指導の下に絵師宅間俊賀とともに高山寺・平岡善妙寺における絵画制作に携わる。ことに明恵の肖像画を多く描いた画家として知られ、中でも最も著名な作品としては紙本著色明恵上人樹上坐禅図(国宝)がある。明恵が楞伽山中の樹上に坐禅する情景を描いた図で、その淡彩を基調とした軽妙な筆致による清澄な表現が特徴的である。成忍は明恵自身から直接寸法を測ることを許されたと伝えられ、このほか多くの明恵像を描いたことが『高山寺縁起』に散見される。さらに元仁元年(一二二四)平岡善妙寺の唐本十六羅漢像および阿難尊者像を図絵し、また高山寺西面持仏堂に明恵像のほか慈心房覚真(藤原長房)および南面学問所に毘盧舎那五聖曼荼羅など、また嘉禄三年(一二二七)礼堂の自在天を、寛喜四年(一二三二)南面学問所善財童子厨子扉に梵天・帝釈天・毘沙門天・韋陀天などを図絵している(以上『高山寺縁起』)。記録としては寛元元年(一二四三)東福寺の春日明神真像を図絵したこと(『施無畏寺文書』)が最後である。同時期に高山寺で活躍した宅間俊賀および宅間派との関係や僧侶としての活動等なお未詳である。

参考文献　高山寺典籍文書綜合調査団編『明恵上人資料』一(『高山寺資料叢書』一)、同編『高山寺経蔵典籍文書目録』一(同三)、森暢「明恵上人の画像について」(『鎌倉時代の肖像画』所収)、平田寛「明恵の周辺―恵日房成忍と俊賀の場合―」(『哲学年報』三四)、源豊宗「明恵上人の画像と其の筆者に就いて」(史学地理学同攷会『歴史と地理』二七ノ一)

(百橋　明穂)

しょうねんいんにゅうどうどの　称念院入道殿　⇨鷹司《たかつかさ》兼平《かねひら》

じょうは　貞把　一五一五―七四　戦国時代の浄土宗の僧侶。「ていは」とも読む。馨蓮社道誉と号す。永正十二年(一五一五)九月和泉国日根郡鳥取庄波宇手村に生まれる。姓は大谷氏。大永七年(一五二七)同国宝国(福)寺貞也につき出家。享禄四年(一五三一)武蔵国増上寺にて修学す。のち下総飯沼弘経寺の鎮誉祖洞に随い受法し、帰郷して講莚を開くが、学未だ足らざるを憾み、再び祖洞の下で研鑽を積む。天文年中(一五三二―五五)下総国千葉郡生実郷(千葉市中央区大巌寺町)に至り、城主原胤栄夫妻の帰依を受け大巌寺を開創。弘治元年(一五五五)七月、増上寺第九世に迎えられたが、永禄六年(一五六三)生実に帰住した。その後同国印旛郡臼井村(千葉県佐倉市臼井田)に新大巌寺(のち長源寺と改号)を創建し、天正二年(一五七四)十二月七日、六十歳で入寂。学徒の育成に功あり、道誉流伝法の祖。

参考文献　長谷川匡俊編『大巌寺文書』一・四、摂門編『三縁山志』(『浄土宗全書』一九)、大島泰信『浄土宗史』(同二〇)

(長谷川匡俊)

しょうはく　肖柏　一四四三―一五二七　室町・戦国時代の歌人、連歌師。夢庵《むあん》、牡丹花《ぼたんか》、弄花軒《ろうかけん》とも称する。嘉吉三年(一四四三)生誕。中院通淳《なかのいんみちあつ》の子、通秀《みちひで》の弟。早く出家して肖柏と称したが、その名は正宗竜統(東常縁の弟)の命名で、正宗の法嗣となった常庵竜崇(常縁の子)とも親しく交わり、禅的教養をもつ。また、宗祇に従って和歌・連歌を学び、公家出身

肖柏花押

の出自もあって早くから禁中に出入りし、文明十四年(一四八二)九月十三日何木百韻以下、後土御門天皇の内裏連歌にも参加する。応仁の乱と前後して摂津の池田に隠栖、はじめは京都と池田との間を往復していたが、長享元年(一四八七)以降は池田を拠点として、必要に応じ上京するようになる。池田には、当時、細川氏被官の池田正盛らがあり、その庇護のもとに風流な生活を送っていたが、戦乱に見舞われたこともあって、永正十五年(一五一八)和泉の堺に移住した。同地で在住の数奇者たちに和歌・連歌を指導し、古典の講義などをして日を送ったが、大永七年(一五二七)四月四日、八十五歳で没した。宗祇よりの古今伝授を堺の門人の間に伝え、これを堺伝授と称する。宗祇・宗長との『水無瀬三吟』『湯山三吟』が著名で、『連歌新式』を増補改訂した『連歌新式追加並新式今案等』がある。和歌および連歌の集をともに『春夢草』といい、ほかに『弄花抄』『肖聞抄』『古今集古聞』などの古典注釈の書、『三愛記』などの随筆がある。

参考文献 木藤才蔵『連歌史論考』下 (島津忠夫)

肖柏画像

しょうはし 尚巴志 一三七二—一四三九 琉球第一尚氏王統二代の王。はじめて統一王朝を建てた。伝承によれば、その祖は鮫川大主といい伊平屋の人。佐敷に移居して思紹を生み、思紹の子が尚巴志である。尚巴志は一三七二年(応安五)に生まれ、二十一歳のとき父に代わって佐敷按司となった。当時琉球は三山に分立抗争していたが、南山の紛争に乗じ島添大里按司を滅ぼし、中山王武寧が群臣の信を失ったのに乗じこれを滅ぼして父思紹を中山王とした。ついで山北を滅ぼし、南山も滅ぼして琉球が統一された。一四二一年(応永二十八)父の死によって中山王となったが、二五年(明洪熙元)には冊封使柴山が来島して冊封をうけた。首里城を整備して王都とし琉球最古の碑である「安国山樹花木記碑」を残している。国相懐機が王のために道教の本山に符録を求めた文書が残っている。王は明へ進貢したほか、瓜哇《ジャワ》・暹羅《シャム》などにも遣使し貿易した。琉球の貿易制度は王によって整備されたとされる。在位十八年で一四三九年(永享十一)四月二十日(月日は明暦)に没した。六十八歳。

参考文献 蔡温他編『中山世譜』(『琉球史料叢書』四・五)、鄭秉哲他編『球陽』、『明実録』、『歴代宝案』
(島尻勝太郎)

しょうはん 勝範 九九六—一〇七七 平安時代中期の僧侶。天台座主。姓は吉美氏。一説に清原氏。近江国野洲の人。長徳二年(九九六)誕生。比叡山の覚慶・覚超に学んだ。後三条天皇の護持僧をつとめ、延久二年(一〇七〇)五月、第三十三代天台座主、同十二月、円宗寺落慶供養に同寺権別当として参会し、翌三年、後三条天皇叡山行幸の賞により法印に叙せられ、同四年、院の不予のとき七仏薬師法を修し平癒を祈った。承保元年(一〇七四)、僧正。承暦元年(一〇七七)正月二十八日(あるいは十八日)没。八十二歳。著作に『西方集』『成菩提義』などがある。

参考文献 『天台座主記』、『元亨釈書』二五、『古事談』三、『今鏡』、卍元師蛮『本朝高僧伝』一一(『大日本仏教全書』)、進藤為善編『華頂要略』三三(『天台宗全書』)、河野房雄『平安末期政治史研究』 (佐々木令信)

じょうへん 定遍 一一三三—八五 平安時代後期の僧侶。東寺長者・東大寺別当。長承二年(一一三三)に生まれる。左馬権頭源顕定の男。保元元年(一一五六)尊寿院寛遍に伝法灌頂を受け、密教を研学して一家をなした。嘉応二年(一一七〇)大僧都に昇進し、東寺四長者。寿永二年(一一八三)東寺四十七代長者となり、東大寺別当を兼務。文治元年(一一八五)正僧正となり、法勝寺別当をかね、東大寺大仏の開眼導師を勤め、宮中に平家調伏法を修した。同年十二月十八日病のため入寂。寿五十三。その法流を忍辱《にんにく》山定遍方といい、尊寿院に相承した。弟子に宗遍・能遍・貞遍・定済がいる。

参考文献 『大日本史料』四ノ一、文治元年十二月十八日条、祐宝『伝燈広録』上 (夏目祐伸)

じょうへん 静遍 一一六六—一二二四 鎌倉時代前期の僧侶。仁安元年(一一六六)に生まれる。平頼盛の子で、寿永二年(一一八三)平氏が都落ちしたとき、頼盛は鳥羽

静遍花押

から引き返し、縁を頼って仁和寺にいた八条院暲子内親王のもとに身を隠し、母の池禅尼のゆかりで鎌倉に下り、源頼朝から厚くもてなされた。静遍の出家はおそらく平氏没落ののちであろうが、このような繋りから、まず仁和寺の僧となった。そのうえ醍醐寺三宝院の勝賢、その俗兄である高野山の明遍に師事し、また笠置の貞慶のもとで道心を凝した。そして浄土信仰の著しい京都の禅林寺に住持し、能説の才も現わした。こうして静遍は平氏の一門が法然房源空に帰するなかで反撥したが、『撰択本願念仏集』を読んで専修念仏に傾き、大谷の源空の墓に詣で、心円房（または心聞房・真蓮房）と称したのは建保以前であろう。建保五年（一二一七）仁和寺に秘蔵されていた善導の『般舟讃』が世に知れ、静遍はそこから十義を選んで註解し、源空の教えを続ぐ心で『続選択文義要抄』三巻を著わした。この書は真言の教学による専修念仏の解釈であるが、香川県三豊郡三野町の弥谷寺に伝存する『静遍僧都伝受目録』の写本が示すように、静遍は三宝院流の口決を中心に広く真言の諸法も伝受し、単に源空没後の弟子というだけでなく、真言宗の学僧としての地位も高かった。のち静遍は高野山蓮華谷の往生院に入り、貞応二年（一二二三）これを弟子の道範に譲り、翌元仁元年（一二二四）四月二十日入寂。五十九歳。

参考文献　『大日本史料』五ノ二、元仁元年四月二十日条、『明義進行集』（『仏教古典叢書』六）、『伝法灌頂師資相承血脈』、『播州法語集』、藤原猶雪『史料としての続選択文義要抄』、菊地勇次郎「武家平氏の浄土教」（下出積與編『日本史における民衆と宗教』所収）、同「源智と静遍」（『浄土学』二八）、同「醍醐寺聖教のなかの浄土教」（『醍醐寺研究紀要』五）
（菊地勇次郎）

じょうべん　浄弁　生没年不詳　鎌倉・南北朝時代の歌僧。康永三年（一三四四）の『金剛三昧院奉納和歌』の作者となり、そのころまで生存。九十歳前後で没か。比叡山天台系の僧であったことのほかは出自・家系も不明。『続千載和歌集』『続後拾遺和歌集』ごろは権律師、その後法印に叙された。二条派の歌人で、能与（誉）・頓阿・兼好とともに為世門の和歌四天王と称され、この中で最年長であった。歌壇に登場するのは為世が主催した正和四年（一三一五）の『花十首寄書』からで、正中元年（一三二四）為世から『古今和歌集』『後撰和歌集』の二条家説を伝授され、また『古今和歌集』と家説を子慶運と門弟運尋に与えた。嘉暦の末ごろ九州に下向し、北条英時・大友貞宗らに三代集を相伝、『臨永和歌集』『松花和歌集』の撰進にも関与した。『古今和歌集』の注釈もあり、家集に『浄弁並慶運集』（『私家集大成』五所収）が伝存する。そのうち浄弁詠は四十一首。勅撰入集歌は『続千載和歌集』以下六集に二十一首。

浄弁花押

参考文献　井上宗雄『中世歌壇史の研究―南北朝期―』
（荒木　尚）

しょうぼう　聖宝　八三二―九〇九　平安時代前期の真言宗の僧。醍醐寺の開山。天智天皇六世の孫にあたり、天長九年（八三二）兵部大丞葛声王の子として生まれた。恒蔭王と名乗ったが、十六歳で東大寺に入り、空海の実弟真雅を師として出家。その後、願暁・円宗に三論、平仁に法相、玄栄に華厳を学んだ。三十歳のころ京都に移り、山林抖擻の修行にも傾倒しはじめた。貞観十一年（八六九）興福寺維摩会の竪義に出て、三論宗の立場で賢聖義・二空比量義を論じて名を知られるようになった。

聖宝自署

貞観十三年、真雅から無量寿法を受けたのを最初に、密教の修行に入り、霊地を求めて山野を歩くうちに、貞観十六年、京都の東南の笠取山頂で、准胝・如意輪両観音像の造立と堂宇の建立に着手、貞観十八年に両像と二堂が完成した。この年を醍醐寺の創建の年とする。その後、真雅が没すると、その弟子真然を師として両部大法を受け、元慶八年（八八四）東寺の源仁から伝法灌頂を受けた。こうして、真言宗教団の中で名をあらわし、真雅の後をついで貞観寺座主となり、また飛鳥の川原寺の検校、東寺長者・東寺別当・西寺別当・東大寺東南院主・東大寺別当・七大寺検校などに命ぜられた。大寺院の要職につく一方、吉野の山岳行者のために、道を開き、渡し舟を整えるなどし、金峯山に如意輪観音・多聞天王・金剛蔵王菩薩の像をまつった。晩年貴族社会でも活動し、後七日法や祈雨法を修し、諸寺の造像につくした。『古今和歌集』に一首の和歌が収められている。延喜九年（九〇九）七月六日没。七十八歳。門弟は観賢・延敞・貞崇をはじめ多く、会理は仏像彫刻家として知られる。東密小野流の開祖として重んぜられ、中世後期以降、修験道中興の祖と仰がれた。また承平七年（九三七）に朝命によって書かれた『醍醐根本僧正伝』は、『聖宝僧正伝』のもとになった。宝永四年（一七〇七）東山天皇の勅によって理源大師の称号が贈られた。

聖宝画像（玄証『先徳図像』）

参考文献　『大日本史料』一ノ四、延喜九年七月六日

条、大隅和雄『理源大師聖宝』、佐伯有清『聖宝』(『人物叢書』二〇〇二)　(大隅 和雄)

じょうみょうじゅいんどの　浄明珠院殿　⇨二条晴良《にじょうはれよし》

しょうむてんのう　聖武天皇　七〇一―五六　七二四―四九在位。大宝元年(七〇一)文武天皇の子として藤原宮に生まれた。幼名首《おびと》。母は夫人藤原宮子、不比等の女である。慶雲四年(七〇七)父天皇の死に会い、祖母元明、伯母元正の二女帝が相ついで即位したが、その間に平城京の造営が進み、和銅七年(七一四)六月、首皇子は皇太子として元服を加えられた。霊亀二年(七一六)藤原不比等の女安宿媛(光明子)と成婚。しかし、養老三年(七一九)十月、皇太子は「未だ政道に閑はず」(原漢文、『続日本紀』)として「宗室の年長」たる舎人・新田部両親王の輔翼に期待する詔が発せられ、同五年正月には佐為王以下、当時第一級の文人宿儒ら十六人に詔して、「退朝の後、東宮に侍」(同)せしめている。皇太子は神亀元年(七二四)二月四日に元正天皇の譲りをうけて即位、爾後二十五年の治世がつづくが、同四年、光明子の所生で、その年のうちに皇太子に立てられた基王が夙くも翌五年に死去し、一方では県犬養広刀自所生の安積皇子の出生と重なって、宮中の空気は微妙に動かざるをえなかった。天平元年(七二九)二月の長屋王の変、同八月の光明子の立后という風に事態は進んでゆくが、天皇については同三年九月八日の日付をもつ『聖武天皇宸翰雑集』書写、また六年までに門部王らに命じて一切経書写の功を竟えていることを見逃しえないであろう。天皇の「帰依一乗」の志はこうして固められ、翌七年帰朝した玄昉に対する帰依も深められてゆく。たまたまそこに、同九年、光明子の異母兄四人を含む要路の大官が相ついで疫に斃れる異常な事態がおこり、宮中の緊張は再び昂まってくる。光明子の異父兄橘諸兄がその収束にあたり、十年正月、まず阿倍内親王(光明子所生)の立太子を実現させるが、ついに十二年九月、藤原広嗣の乱を避けることができず、十月の末には天皇自身平城京を放棄した。それ以後、恭仁宮・紫香楽宮・難波宮と転々せざるをえず、その間には諸国国分寺の建立、盧舎那大仏の造顕などの詔が発せられているが、十七年五月、五年ぶりに平城京に還幸するに至った。天皇はこのころから次第に健康を害するようになったらしく、以後しばしば不予の事実が伝えられ、十九年三月にはそのために新薬師寺も建立されている。一方、東大寺大仏の鋳造はこの年九月から開始されたといい、二十一年二月、陸奥国から黄金貢献のことがあった。四月、天皇は東大寺に行幸して、みずから「三宝の奴」と称し、また元号を天平感宝と改めている。ついで閏五月二十日のいわゆる勅施入願文には「花厳経為本」の語とともに、太上天皇沙弥勝満の名告りがみえて、問題を投じている。天皇はそれから三日の後、薬師寺(新薬師寺?)宮に遷り、七月二日、位を皇太子に譲った。孝謙天皇の治世が開始され、元号はまた天平勝宝と改められた。聖武天皇出家の時期についてはなお微妙な問題が残るが、出家そのことは事実であり、新薬師寺がある時期の行在所であったことは認められていいであろう。天皇はその後もなお病がちで、天平勝宝四年(七五二)四月の大仏開眼会にも果たして臨幸があったか否かは定かでない。六年四月、東大寺に幸し、唐僧鑑真について菩薩戒を受けたことは事実と認められるが、八歳三月、難波堀江に幸したのを最後に、四月からはまた不予の事実が伝えられ、五月二日、五十六歳にして世を去った。遺詔して道祖王を皇太子に立てたが、これがまた宮中に新たな波瀾を生むことになる。十九日、佐保山陵に葬送。出家帰仏の故に謚を奉らずといわれたが、のち天平宝字二年(七五八)八月に至り、勝宝感神聖武皇帝と策し、天璽国押開豊桜彦尊と謚されることになった。聖武天皇の後宮には、光明皇后と広刀自のほかに、矢代女王・藤原夫人二人(武智麻呂・房前の女)・橘古那可智(佐為の女)らが数えられるが、このうち皇子女の出生をみたのは、皇后と広刀自のみである。

参考文献　東大寺編『聖武天皇御伝』、『南都仏教』二(『聖武天皇特輯号』)　(川崎 庸之)

佐保山南陵《さほやまのみなみのみささぎ》　奈良市法蓮町にあり、奈良市街北辺の佐保丘陵に位置する。東は光明皇后の佐保山東陵に接し、南は佐保川がめぐっている。『続日本紀』によると、天平勝宝八歳(七五六)五月壬申(十九日)佐保山陵に葬送、その儀は仏に奉ずるがごとくであったという。同書には後佐保山陵とも記されているが、すでにこの地に文武天皇夫人宮子の山陵が営建されていたためで、『延喜式』諸陵寮はその位置によって佐保山南陵として掲げ、その制は「兆域東四段、西七町、南北七町、守戸五烟」で遠陵としている。『東大寺要録』によると同寺は当陵を本願山陵と称し、山陵守を置いて祭祀にあたり、朝廷においても山陵や東大寺に異変があると、奉告のために山陵使を派遣している。何時のころからか陵下に眉間寺が創建されて山陵に奉仕していたといわれ、永禄年間(一五五八―七〇)に松永久秀が当陵の東辺に多聞山城を築いた折にはその郭内に入ったが、陵所の所伝を失うことなく、元禄十二年(一六九九)の江戸幕府による諸陵探索の際は眉間寺後山の地を陵所にあて、幕末の修陵の際に同寺を他に移して修治を加えた。

参考文献　上野竹次郎『山陵』上　(戸原 純一)

しょうめいもんいん　承明門院　一一七一―一二五七　後鳥羽天皇の寵妃、土御門天皇の生母。源在子。左大臣藤原頼長の家司藤原顕憲を父とする法勝寺執行能円(平時子の異父弟)の娘。母は、刑部卿三位の名で知られる藤原範子。承安元年(一一七一)生まれる。母は、能円が平家一門とともに西走したのち、宰相中将(当時)源通親の妻となった。範子の兄の範季が、後鳥羽上皇の育ての親であった関係から、在子も早くから後宮に上り、皇子為仁らを産んだ。しかし在子は、母範子が正治二年(一二〇〇)に没したのちには通親と密通し、ために上皇の

寵が衰えた。為仁親王が建久九年(一一九八)に登位すると(土御門天皇)、国母が僧侶の娘では都合が悪いので、源通親の養女となり、源姓に変わった。ついで正治元年従三位に叙せられ准三后となり、建仁二年(一二〇二)正月、国母の故をもって女院に列せられ、承明門院と呼ばれた。土御門天皇の遜位後の建暦元年(一二一一)十二月、落飾して法名を真如妙(観)と称した。承久の乱後、土御門上皇は阿波国に遷徙し、女院はわびしい生活を送っていたが、仁治三年(一二四二)正月、孫の邦仁皇子が図らずも登位するに及んで(後嵯峨天皇)、一陽来復、俄に脚光を浴び、安穏な晩年を送った。正嘉元年(一二五七)七月五日、八十七歳をもって崩じた。ちなみに土御門天皇の諡号は、女院の御所土御門殿(土御門大路南、万里小路西)の名によっている。

参考文献 『愚管抄』五・六、『増鏡』一—七、『女院小伝』、『五代帝王物語』、『大日本史』列伝九、平岡定海「承明門院在子と宗性上人の関係について」(『南都仏教』四二) (角田 文衛)

じょうよ 定誉 九五七—一〇四七 平安時代中期の真言宗の僧。祈親上人・持経上人ともいう。天徳元年(九五七)生まれる。大和国葛城郡楠本、河井氏の出身ともいうが確証はない。七歳にして父を亡くし、十三歳で興福寺に入り法相を学ぶ。一説には京都出身、七歳で興福寺喜多院空晴の門に入ったともいう。のち子島の真興、入寺仙救に師事し密教を学ぶ。六十歳の時、長谷寺に詣り夢告によって二親の浄土が高野山の都率内院であることを知り、長和五年(一〇一六)三月高野山に入り、奥院御廟に鑽火を点じて供養した。これを持経燈籠という。はじめ大湯屋に住み、のち東室院を建立、検校成得を天野神宮院より招き正暦五年(九九四)大火後の高野山復興を発願して御影堂彼岸会を始行し、九枝燈を挑げた。検校峯杲・行明(北室)、長者仁海らと協力、明算が中院を再興して藤原道長の登山参詣を実現するなど高野山最盛期への基礎をつくった。永承二年(一〇四七)二月二日、釈迦文院において寂。九十一歳。以後忌日には大湯屋の湯を施行した。

参考文献 『元亨釈書』一四、『春日権現験記』、仁井田好古他編『紀伊続風土記』三六、懐英『高野春秋編年輯録』四・五(『大日本仏教全書』)、五来重『増補高野聖』(『角川選書』七九) (和多 秀乗)

しょうよういんどの 逍遙院殿 ⇩三条西実隆《さんじょうにしさねたか》

しょうりょうこくし 清涼国師 ⇩澄観《ちょうかん》

じょかい 徐海 ?—一五五六 中国明代の倭寇の頭目。安徽省歙《しょう》県の人。若くして杭州大慈山虎跑寺の僧侶となる。法名は普浄、通称は明山和尚。叔父徐惟学に誘われて天文二十年(一五五一)日本に渡来し、大隅某領主の人質とされる。翌年、倭人を誘って烈港の密貿易に参加したが、王直との不和事件があって別行動に転じ、同二十三年以後は柘林・乍浦を基地として江蘇・浙江の諸州県を連年襲撃した。弘治二年(一五五六)八月、総督胡宗憲の術中にはまり、平湖県沈家荘で捕えられ死す。

参考文献 李献璋「嘉靖海寇徐海行蹟考」(石田博士古稀記念事業会編『(石田博士頌寿記念)東洋史論叢』所収)、佐久間重男「王直と徐海—倭寇の巨魁—」(『人物海の日本史』三所収) (佐久間重男)

しょくしないしんのう 式子内親王 ⇩しきしないしんのう

しょくしゅげん 続守言 生没年不詳 七世紀後半、日本に帰化した唐人。持統朝ころの音博士。唐人薩弘恪らとともに斉明天皇七年(六六一)百済の遺臣鬼室福信の軍に捕えられて、天智天皇二年(六六三)ころまでに日本に送られてきたものか。かれを含む俘虜百余名ははじめ近江国に住まわされ、その後のち美濃国の不破・方県二郡に移された。続守言らはやがて朝廷に仕え、持統天皇三年(六八九)六月薩弘恪とともに稲を賜わり、同五年九月にも銀二十両を賜わった。翌六年十二月にも水田四町を賜わった。音博士として唐語を教授した功によるものであろう。その他、同朝における『浄御原令』の撰定や辞書・国史の編纂の事業などにあたって、唐語文献の読解などに携わったことも考えられ、『日本書紀』の述作者の一人とする説がある。

参考文献 森博達『日本書紀の謎を解く』(『中公新書』) (鈴木 靖民)

しょしゃのしょうにん 書写上人 ⇩性空《しょうくう》

じょすいそうえん 如水宗淵 生没年不詳 室町時代後期の禅僧画家。円覚寺の蔵主になっているが、かねてから画技を習得していたため山口の雪舟等楊を訪ねて多年にわたって学び、明応四年(一四九五)春に等楊自画讃の山水図を印可の証として与えられた。帰途、京都で景徐周麟など計六名の五山僧から本図に対する詩讃を別紙に認めてもらった。後世、合わせて一幅に仕立てられたものが「破墨山水図」(東京国立博物館蔵、国宝)である。円覚寺のために作画したにちがいないが、同寺には「跋陀婆羅像」(重要文化財)しか残っていない。等楊から京都にいる宗淵宛の明応九年十一月二十二日付の返書は大徳寺掛錫を暗示し、また景徐周麟も京都所在を述べている(『翰林胡蘆集』)から、このころからは京都中心に作家活動をしていたらしい。諸家に数点の遺品がある。等楊の画風を忠実に継承した弟子の一人である。

参考文献 朝岡興禎編『古画備考』、玉村竹二・井上禅定『円覚寺史』一 (谷 信一)

じょめいてんのう 舒明天皇 ?—六四一 六二九—四一在位。和風諡号は息長足日広額天皇。父は敏達天皇の皇子押坂彦人大兄皇子。母はその異母妹糠手姫皇女、またの名は田村皇女で、天皇の諱田村はこれに因む。推古天皇三十六年(六二八)推古天皇の没後、田村皇子を推す大臣蘇我蝦夷は、聖徳太子の遺児で皇位を主張する山背大兄王と対立し、紛争数ヵ月の後翌年正月に田村の即位を実現した。天皇は姪にあたる宝皇女(のち皇極・斉明

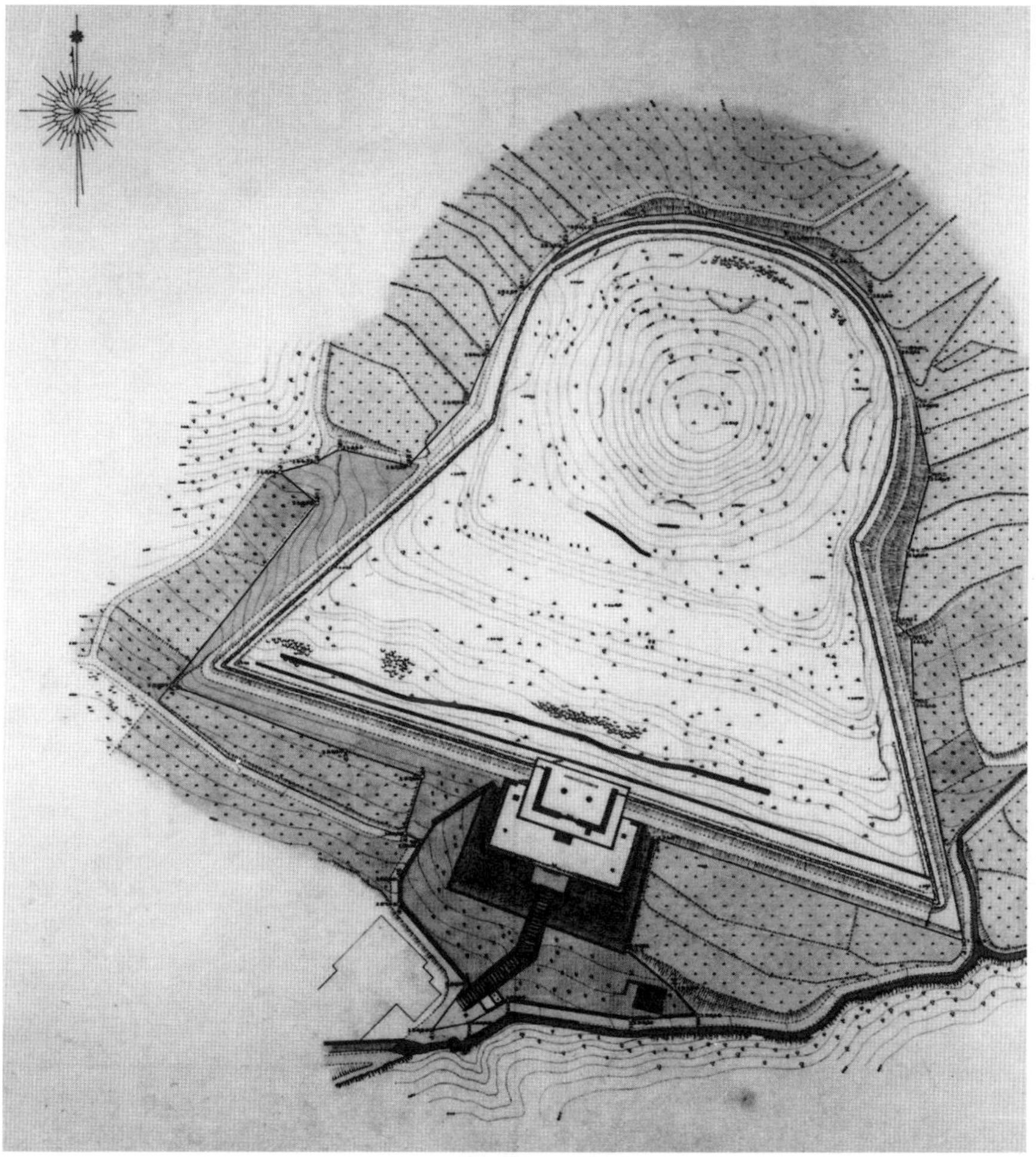
押坂内陵平面図

天皇)を皇后として葛城皇子(天智天皇)・間人皇女(孝徳天皇皇后)・大海人皇子(天武天皇)を儲け、蘇我馬子の娘法提郎媛を夫人として古人大兄皇子を生み、吉備の蚊屋采女に蚊屋皇子を生ませた。舒明天皇二年(六三〇)十月、飛鳥岡本宮に遷る。在位中に第一回遣唐使の派遣(二年)、唐使の来朝(四年)、百済宮および百済大寺の造営開始などのことがあったが、大臣蝦夷・入鹿父子の全盛期に際会し、さしたる事蹟を残すことなくして十三年十月九日崩じた。「百済の大殯」と呼ばれる盛大な殯宮儀礼を経て、やがて押坂陵に葬られた。なお、『本朝皇胤紹運録』『一代要記』などには崩年四十九とある。
(黛　弘道)

押坂内陵《おさかのうちのみささぎ》　奈良県桜井市大字忍阪にある上円下方墳。『日本書紀』は押坂陵とし、『延喜式』は現陵号を用いる。皇極天皇二年(六四三)九月六日滑谷岡《なめはさまのおか》から舒明天皇を改葬した。『延喜式』諸陵寮は、「兆域東西九町、南北六町、陵戸三烟」とし遠陵に入れ、陵内に田村皇女(糠手姫皇女)押坂墓、陵域内に大伴皇女押坂内墓、陵域内東南に鏡女王押坂墓があると記す。のち所伝を失い、元禄十年(一六九七)の調査では、奈良奉行所は舒明天皇の不分明陵として段ノ塚と呼ばれていた当陵を報告し、ここに決定された。元治元年(一八六四)九月修陵に着手し、地元で修陵資金を借用して山陵銀札を発行し、翌慶応元年(一八六五)十一月竣工した。墳丘は丘陵先端の傾斜地にあり、三段築成の下方部両側面は中途から傾斜面に吸収される。下方部幅は下段約一〇五メートル、中段約七八メートル、上段約五四メートル、高さ下段約七メートル、中段・上段各約四メートル、各段斜面にはところどころに一メートル前後の大石が露出し、本来の法面は巨石積み石垣である。上円部は高さ約一二メートル、間口・奥行とも約四五メートル、前面中央から左側の墳丘裾には直線状の積み石と角形隅石が露出し、上円部基礎は八角形と推測される。墳丘上部は堆積土に覆われているが、磚状の板石小口積みの法面が一部露出する。伏見桃山陵以後の近代の陵形は、当陵形をまねたものである。石室については、「文化山陵図」の説明書に、「山之半覆塚穴口石と見へ、長壱間程、都幅四尺程之石有之、往古石の下、広き口開き候て、雑人入込候故、埋み置候」とあり、文化年間(一八〇四―一八)に石室の口を塞いだことがわかる。谷森善臣著『山陵考』には、石室内に石棺が二つあり、奥は横、手前は縦で、二棺が丁字形に安置されていたと、石室開口時に見た里人の談話をのせている。

参考文献　上野竹次郎『山陵』上
(石田　茂輔)

しらいのいつ　白猪胆津　六世紀後半ころの百済系帰化人で白猪氏の祖。船氏の祖の王辰爾《おうしんに》の甥というが、兄の子か。『日本書紀』によると、欽明天皇十六年七月から十七年にかけて大臣蘇我稲目らが吉備地方(岡山県一帯)に赴き、広い地域にわたる白猪屯倉《みやけ》を設定し、葛城山田瑞子《みつこ》を田令《たづかい》に任命したが、その田部《たべ》がその後成年に達しても、丁籍に載っていないために賦課を免れるものが多

くなったので、欽明天皇三十年に胆津を遣して田部を検定させたところ、胆津《いつ》は丁籍の作成に成功したので、白猪史の氏姓を与え、田令に任命して瑞子の副としたという。白猪史はのち養老四年(七二〇)五月に葛井連に改姓した。

参考文献 関晃『帰化人』(『日本歴史新書』) (関 晃)

しらいのほね 白猪骨《ほね》 生没年不詳 律令国家成立期の文人的な下級官僚。史姓を帯び、名は宝然にもつくる。天武天皇十三年(六八四)十二月、留学していた唐から新羅を経て、新羅の使人に送られて筑紫へ帰着した。のち文武天皇四年(七〇〇)六月、務大壱《むだいいち》(構造的に大宝令制の正七位上に相当)の下級官僚で、律令国家の基本的な法体系を完成した『大宝律令』の編纂に参加した功で禄を賜わった。

参考文献 布施弥平治『明法道の研究』、滝川政次郎『律令の研究』 (野村 忠夫)

しらかのたけひろくにおしわかやまとねこのみこと 白髪武広国押稚日本根子尊 ⇨清寧天皇《せいねいてんのう》

しらかべおう 白壁王 ⇨光仁天皇《こうにんてんのう》

しらかわてんのう 白河天皇 一〇五三―一一二九 一〇七二―八六在位。諱は貞仁《さだひと》。天喜元年(一〇五三)六月十九日、皇太子尊仁《たかひと》親王(後三条天皇)の第一王子として誕生。母は権中納言藤原公成の女、贈皇太后茂子である。茂子の養父で、関白藤原頼通の異母弟である春宮大夫能信の庇護のもとに成長し、治暦四年(一〇六八)父後三条天皇の即位後ようやく親王となり、翌延久元年(一〇六九)立太子、延久四年十二月八日、父帝の禅りを受けて践祚し、同日源基子を母とする異母弟実仁親王を皇太子に立てた。父帝の意向によるものである。しかし応徳二年(一〇八五)皇太子が病没すると、翌年十一月二十六日、皇子善仁《たるひと》親王を皇太子に立て、即日譲位した。ただ新帝堀河天皇はまだ八歳の幼少であったため、おのずから上皇の庇護後見を必要とし、さらに嘉承二年(一一〇七)、鳥羽天皇が五歳の幼弱で践祚するに及び、上皇の執政はいよいよ本格化した。ついで元永二年(一一一九)鳥羽天皇の第一皇子顕仁《あきひと》親王が生まれると、上皇はやがてこの曾孫の皇子を皇位につけた。崇徳天皇である。一方、保安元年(一一二〇)関白藤原忠実が上皇の怒に触れて失脚すると、摂関の勢威はいちだんと低落した。こうして上皇は院中にあって政治の実権をにぎり、後世から院政と名づけられる政治形態を創始することになった。多年上皇の側近に仕えた藤原宗忠は、その日記『中右記』に上皇の治政を評して大要次のように述べている。「法皇は天下の政をとること五十七年、意にまかせ、法にかかわらず除目叙位を行なった。その威権は四海に満ち、天下これに帰服した。理非は果断、賞罰は分明、愛悪は掲焉、貧富の差別も顕著で、男女の殊寵が多かったので、天下の品秩が破れ、上下衆人も心力に堪えなかった」と。一面、上皇は仏教に帰依し、在位中白河の地に法勝寺を建てたのをはじめ、尊勝寺・最勝寺・円勝寺をつぎつぎに建立し、また永長元年(一〇九六)最愛の皇女郁芳門院の死をいたんで落飾した(ただし受戒せず、法号も定めなかったとする記録と、ひそかに受戒し、融観と号したとする記録が並存)。ことに晩年はしきりに殺生禁断の令を下し、次第に浄土信仰に傾斜していったが、大治四年(一一二九)七月六日、にわかに病に倒れ、翌七日、平癒祈願の仏事もとどめ、西方浄土を念じつつ、七十七年の生涯を閉じた。追号は、深い愛着をもつ白河の地に因んで、生前に白河院と定められていた。

参考文献 橋本義彦「白河法皇」(『平安の宮廷と貴族』所収) (橋本 義彦)

成菩提院陵《じょうぼだいいんのみささぎ》 京都市伏見区竹田浄菩提院町にある白河天皇陵。白河天皇は天仁元年(一一〇八)鳥羽に三重塔の寿陵建立を計画し、天永二年(一一一一)八月落成、ここに納骨するよう遺詔して崩じた。遺骸は大治四年(一一二九)七月十五日に、衣笠山の東麓(京都市北区衣笠西馬場町、火葬塚)で火葬されたが、遺骨は、遺詔の納骨塔が凶方にあたるため、吉方になるまで香隆寺に仮安置した。天承元年(一一三一)鳥羽に成菩提院を建立し、その落慶供養の翌日七月九日遺骨を香隆寺から三重塔に移し埋納した。納骨状態は『長秋記』によると、塔下に約一・二メートル四方の石筒を設けて、これに骨壺を納め、その上に、銅板経を納めた銅筥と、金胎両界の阿弥陀仏像を納めた銅小塔とを安置して石蓋をし土で埋めている。この塔は建長元年(一二四九)に焼失し、以後所伝が失われた。元禄十年(一六九七)の諸陵探索以後は、この三重塔に現鳥羽天皇陵をあて、申伝えなしとし、現陵は近衛天皇陵としてきた。元治元年(一八六四)塔の壇と称された現陵に改定し、修補を行なった。現状はこの修補で整形したもので、幅三・五メートルの堀に囲まれた、一六メートル四方の石垣積み方形区画に、高さ一・五メートルの方丘が載り、東面に拝所がある。昭和五十五年(一九八〇)―五十九年度に、宮内庁書陵部や京都市埋蔵文化財研究所が行なった陵外周部の発掘調査で、現在の堀の外側一二～一三メートルのところに、幅八・五メートル、長さ東西・南北各七〇メートルの堀が、当初は存在したことが判明し、堀内から三重塔の調度品かと思われる螺鈿金平塵の燈台台座残欠が出土している。

参考文献 上野竹次郎『山陵』下、谷森善臣『山陵考』(『(新註)皇学叢書』五)、京都市埋蔵文化財研究所編『鳥羽離宮跡発掘調査概報』、福尾正彦「成菩提院陵駐車場整備工事区域の調査」(『書陵部紀要』三三) (石田 茂輔)

じろうざえもんみつてる 二郎左衛門満照 生没年不詳 室町から安土桃山時代にかけての仮面作家。喜多古能の『仮面譜』は三光坊の甥としてこの名をあげ、「越前国府中新町(福井県武生市)ニ住ス」とする。近世襲能面作家の三大家系の一つ越前出目家の始祖とされる。面裏の鼻辺に縦に数条の刻みのあるもの、あるいは「歌舞」と

記されたものが、その作品であるとされるが、これらは工房の印とも考えられ、まだ明確には固定できない。滋賀県西教寺の天正九年(一五八一)作の真盛上人像の作者の一人である「出目次郎左衛門尉」(当時六十歳)と同一人とする説がある。

参考文献　中村保雄・杉浦茂『特別展・能面の美―越前出目家初代満照の作品―』、中村保雄「越前出目家と満照の作品」(『観世』二九ノ六)　(田辺三郎助)

しんいがく　沈惟岳　生没年不詳　奈良時代中期の帰化人。遣唐大使藤原清河らを迎えるために唐に遣わされた高元度らの一行が、天平宝字五年(七六一)八月に空しく帰国したとき、唐人沈惟岳は越州浦陽府折衝賞紫金魚袋の官位を帯び、押水手官(船長)として船員九人・水手三十人とともに、元度らを送って大宰府に来着した。部下の紀喬容以下三十八人は、惟岳の贓汚すでに露れ、部下を率いるに足らないとして大宰府に訴えたりしたが、認められなかった。当時来朝していた渤海国使が、唐国の動乱がなお続き、史朝義の勢力が盛んであることを朝廷に報告したので、惟岳らはしばらく帰国を抑えられ、やがて結局全員がそのまま日本に帰化することになった。かれらの主要なものは官位・氏姓を与えられて京に移されたが、惟岳は宝亀十一年(七八〇)十一月に正六位上から従五位下に叙せられ、その翌月に清海宿禰という氏姓を与えられて左京に編附された。その後延暦八年(七八九)三月に美作権掾に任ぜられたことが知られる。またそのほかでは、晏子欽・徐公卿が栄山忌寸、孟恵芝・張道光が嵩山忌寸、吾税児が永国忌寸、維敬宗が長井忌寸、盧如津が清川忌寸、王維倩・朱政が栄山忌寸、馬清朝が新長忌寸、沈庭勗が清海忌寸の氏姓を与えられている。

参考文献　関晃『帰化人』(『日本歴史新書』)　(関　晃)

しんえ　心慧　?―一三〇六　鎌倉時代後期の律僧。智海と称し、また道照房と号した。大納言兼房の孫とも息子ともいう。はじめ道性房に随ったが、のち憲静をはじめ宥祥・円祐・元瑜らについて野沢両流をうけた。また憲静や忍性などについて戒律を学び、北京律に造詣が深かった。永仁四年(一二九六)、北条貞時は元寇を退けるため、北条義時が建立した鎌倉の大倉薬師堂を改め覚園寺としたが、招かれて開山となった。住山後は四宗兼学の道場としたが、特に戒律の講義を盛んに開いたので、顕密の英俊が東西から集まった。徳治元年(一三〇六)四月二十七日覚園寺に没した。墓塔(宝篋印塔)は重要文化財。入滅にあたり「覚園寺修造事」について置文しているが、著書に『両部大経教主事』がある。

心慧花押

心慧墓

参考文献　金沢文庫編『金沢文庫古文書』、『血脈類集記』(『真言宗全書』)、卍元師蛮『本朝高僧伝』(『大日本仏教全書』)、慧堅『律苑僧宝伝』(同)、大森順雄編『覚園寺』、櫛田良洪『真言密教成立過程の研究』、熊原政男「鎌倉鷲峰法流伝来記」(『金沢文庫研究紀要』一)　(納富常天)

しんえ　真慧　⇨しんね

しんえい　神叡　?―七三七　奈良時代の大和元興寺の僧。唐国人との伝えもある。義淵僧正の徒で法相宗に属し、華厳・三論もよく兼学す。生年は不明。養老元年(七一七)律師、天平元年(七二九)少僧都に補任さる。養老三年道慈とともに食封五十戸を賜わり、天下桑門の秀として並び称された。芳野(吉野山)の現光寺で虚空蔵菩薩の霊感を得、自然智を授かったと伝えられ、俗に芳野僧都と呼ぶ。天平九年没。興福寺蔵法相六祖像(国宝)中に信叡とあり、神叡と同一人とする説と別人とする説がある。

信叡像

参考文献　『僧綱補任』(『大日本仏教全書』)、『扶桑略記』六、岩城隆利編『増補元興寺編年史料』上　(辻村泰善)

しんが　真雅　八〇一―七九　平安時代前期の僧侶。貞観寺僧正ともいわれた。讃岐国多度郡の人、本姓は佐伯直。延暦二十年(八〇一)誕生。父は佐伯直田公、空海の実弟。のち宿禰の姓を賜わり、右京職に移貫。空海の入京が許された大同四年(八〇九)に九歳で上京し、空海がいわゆる「勧縁疏」によって密教宣布を大々的に行なった翌年の弘仁七年(八一六)に、十六歳で兄空海に師事し、真言を学ぶ。十九歳で具足戒を受け、二十三歳のとき勅命により内裏で真言三十七尊の梵号を唱誦し、その珠を貫くような声に天皇は感動したという。実恵の書状に、「禁闥を灑掃して壇場を建立し、始めて秘教の甘露を嘗めた」のは天長皇帝すなわち淳和天皇とするから、これ

真雅自署

は淳和天皇践祚後の弘仁十四年十月の皇后院における息災法か、十二月の清涼殿における大通方広法と関係があろう。承和二年（八三五）には勅によって弘福寺別当となり、嘉祥元年（八四八）六月に権律師、同年九月に律師となる。仁寿三年（八五三）十月に少僧都、斉衡三年（八五六）十月に大僧都に任ぜられた。貞観二年（八六〇）に東寺長者、同六年二月には僧正となり、法印大和尚位を授けられた。勅によって輦車に乗ったまま公門を出入りすることを許されたほど、真雅は清和天皇の信任を厚くし、天皇の外戚の藤原良房の外護を得た。仁寿二年に嘉祥寺西院を建立し、のち貞観寺と改めたが、この寺を建立したのも藤原良房と相謀ってのことという。元慶三年（八七九）正月三日、貞観寺において七十九歳で没した。著作に『胎蔵大法次第』二巻、『胎蔵頸次第』、『六通貞記』などあり。付法の弟子に真然・真皎・源仁などがある。のち文政十一年（一八二八）に法光大師の諡号が贈られた。

真雅画像（玄証『先徳図像』）

参考文献 守山聖真『文化史上より見たる弘法大師伝』、香川県文化会館編『讃岐の五大師展―弘法・道興・法光・智証・理源―』（特別展目録）、小山田和夫『故僧正法印大和尚位真雅伝記』と『日本三代実録』真雅卒伝について」（『日本歴史』三六二）

（高木 訷元）

しんかい　信海　生没年不詳　鎌倉時代後期、弘安年間（一二七八―八八）京都醍醐寺に住した画僧。その経歴は明らかでないが、『尊卑分脈』に、似絵の名人として著名な藤原信実の子に、醍醐法印信海の名がみえ、その出身がわかる。彼の作品は醍醐寺に蔵される三点の白描画稿があるだけで、いずれも紙中押紙により、弘安元年十二月六日の毘沙門天図、弘安三年十一月の金剛童子図、弘安五年九月の不動明王図（以上、重要文化財紙本墨画密教図像のうち）であることがわかる。特に不動明王図は「有子細以今案私図之」と注記されており、通常の不動明王とは異なり、海中の岩上に立つ姿である。これは年代的にみて蒙古の来襲に対応する不動明王を表わすものと推察される。また金剛童子図も同様の海中岩上像であり、世相を反映した仏画として理解される。その描線はきわめて暢達し、すぐれた画技を示すものであるが、岩皴や海波の表現には大和絵的な要素があって、信海の出自を示唆している。

参考文献 粟野秀穂「信海筆不動明王図」（『史蹟と古美術』三ノ五）

（宮 次男）

しんかいぼう　心戒房　生没年不詳　鎌倉時代前期の僧侶。平宗盛の養子で、俗名を宗親といい、従五位下阿波守に任じられた。元暦元年（一一八四）平維盛の伴をして高野山に登り、新別所に住んで蓮社友に加わったという。そののち俊乗房重源の縁を頼って入宋し、深山に坐禅したと伝え、隠遁の志が強く、諸所を移り住み、四天王寺にいた妹の理円房が造ってくれた庵も棄て、どこということなく、山林を廻って跡をとどめなかったという。『一言芳談』六十四条には「三界六道には、心やすくしりさしすへてゐべき所なきゆゑ」に、いつも蹲居していたと記し、また百二十三条には、四国を巡っていたとき、ある百姓の家の壁に「念仏者ならで、念仏申して往生をとぐべし」と書き付けたと記し、心底の無常観をもとに名聞利養などへの執着を捨て、浄土教の諸教団の僧とは別の在り方を選んだ道心者といえる。

参考文献 懐英編『高野春秋編年輯録』七、『発心集』七、『徒然草』九八段、菊地勇次郎「武家平氏の浄土信仰」（下出積與編『日本史における民衆と宗教』所収）

（菊地勇次郎）

しんかく　心覚　一一一七―八二　平安時代後期の真言宗の僧。仏種房。宰相阿闍梨、常喜院阿闍梨。参議平実親の息。永久五年（一一一七）生まれる。三井寺（園城寺）に入り出家受戒。院の最勝会に講師珍海との論諍に敗れ東密に入ったという。のち光明山にも住す。醍醐寺理性院賢覚付法の資。保元元年（一一五六）高野山成蓮院兼意より灌頂を受け、生涯に醍醐寺実運・宝心・勝賢、高野山覚印・覚聖らに受法する。このころから『別尊雑記』に着手。寺門出身の心覚が容易に灌頂を受けられたのは、求法の志とその器量が特に優れていたためであるという。三井寺に因んで高野山に常喜院を建立し、安元元年（一一七五）堪増から往生院の坊舎を譲られたが治承四年（一一八〇）顕覚に坊舎資財を譲った。寿永元年（一一八二）六月二十四日、端坐往生した。六十六歳。治承四年入滅説もあり伝記に不明の部分が多い。著述すこぶる多く、『別尊雑記』五十七巻、『多羅葉記』三巻、『鵝珠鈔』七巻など百四十部を数える。

参考文献 『高野山往生伝』（『日本思想大系』七）、『仁和寺諸師年譜』

（和多 秀乘）

じんかく　深覚　九五五―一〇四三　平安時代中期の真言宗の僧。禅林寺僧正・石山大僧正ともいう。東寺長者、勧修寺長吏、東大寺別当。右大臣藤原師輔の十一男。天暦九年（九五五）生まれる。母は康子内親王。康保二年（九

六四)仁和寺寛忠の門に入り出家。広沢の寛朝の灌頂の資。天元二年(九七九)東寺入寺。正暦三年(九九二)東大寺別当。以後長徳四年(九九八)・長和五年(一〇一六)・治安三年(一〇二三)にも同寺別当に補任。長保四年(一〇〇二)藤原道長の病を加持して験あり。翌五年東寺長者。長和二年長者を辞して石山に住す。同五年神泉苑に祈雨。寛仁三年(一〇一九)藤原道長東大寺受戒の羯磨師を勤める。治安三年東寺長者。万寿三年(一〇二六)後一条天皇の御悩加持。翌四年太皇太后彰子(上東門院)の請により春宮の瘧病を加持して法験あり。如意輪法持者として著名。長元四年(一〇三一)東寺長者を辞し高野山に隠遁し無量寿院を草創。同六年東寺長者補任。長久四年(一〇四三)九月十四日、禅林寺において寂す。八十九歳。

参考文献 『東寺長者補任』一、『血脈類集記』(『真言宗全書』)、『仁和寺諸院家記』(『仁和寺史料』寺誌編一)、『勧修寺長吏次第』、『東大寺要録』五、『古今著聞集』一八(『日本古典文学大系』八四)、『古事談』三、『十訓抄』七、『今鏡』九、『雑談集』三(『古典文庫』四一)

(和多 秀乗)

真観画像

しんかん 真観 一二七五—一三四一 鎌倉時代後期の僧侶。時宗四条派の派祖。建治元年(一二七五)上総国に牧野太郎頼氏の子として生まれ、永仁元年(一二九三)同国丹生山円通寺で出家したのち、鎌倉極楽寺で良観に師事し律法を学ぶこと六年、紀伊国由良で心地覚心について禅法を修めたのち、諸国を遊行したが、その途次正安二年(一三〇〇)十一月上野国板鼻(群馬県安中市)で真教にあい、時衆となり、浄阿弥陀仏と号した。延慶二年(一三〇九)入洛し、四条・五条のあたりで念仏勧進していたとき、後伏見上皇の皇后河端女院(広義門院)の帰依をうけたのが縁で、四条に金蓮寺を建立し、ここに独住したが、暦応四年(一三四一)六月二日没した。六十七歳。四条派は時宗十二派の一派で、金蓮寺を本寺と仰ぎ、歴代の宗主は浄阿弥陀仏と称し、四条上人とも呼ばれ、京都を中心に賦算していた。 →金蓮寺《こんれんじ》

参考文献 『大日本史料』六ノ六、暦応四年六月二日条、『浄阿上人絵詞伝』(『定本時宗宗典』下)、『浄阿上人伝』(同)、大橋俊雄『時宗の成立と展開』

(大橋 俊雄)

しんかん 真観 ⇒藤原光俊《ふじわらのみつとし》

しんがん 信願 ⇒良遍《りょうへん》

じんぎこう 仁義公 ⇒藤原公季《ふじわらのきんすえ》

しんきょう 真教 一二三七—一三一九 鎌倉時代後期の僧。時宗の第二代遊行上人。他阿弥陀仏(初代)と称す。

真教画像

嘉禎三年(一二三七)に生まれるが、家系や出身地などは不明。一説に京都の壬生氏の出身というが信頼できない。出家ののち、浄土宗西山派の祖辨長の弟子であったという。建治三年(一二七七)九州遊行中の時宗の開祖一遍に出会い、その門に入る。以後、一遍が全国を遊行するのに従い、弟子たち(時衆)の中心的役割を果たす。正応二年(一二八九)一遍が兵庫で没すると、真教は衆に推されてその後継者として立った。かれの遊行も一遍同様十六年間に及んだが、一遍が全国各地を巡ったのに比べ、真教は北陸と関東とを繰り返し布教した。これは真教が一遍と異なり、時宗教団の確立と勢力発展の意図をもっていたからである。また、このために寺や道場の数を増加させ、時衆を積極的に定住させた。それは百ヵ寺以上に及んだ。さらにその時衆を統制するため、帰命戒(知識帰命)を作り、真教とその後継者には絶対服従させた。一遍が理想を追う宗教者であったのに対し、真教は卓越した組織者であった。嘉元二年(一三〇四)に引退してからも教団の発展に努力し、鎌倉の武士や京都の貴族とも親しみを増して、時宗は隆盛に向かった。元応元年(一三一九)正月二十七日相模国当麻(神奈川県相模原市)の無量光寺で没。八十三歳。著書に『他阿弥陀仏同行用心大綱』『道場誓文』、法語集に『他阿上人法語』、歌集に『大鏡集』がある。

〔参考文献〕『一遍聖絵』(『日本絵巻物全集』一〇)、『遊行上人縁起絵』(同一一)、今井雅晴『時宗成立史の研究』、金井清光『一遍と時衆教団』　(今井　雅晴)

しんぎょう　信行　生没年不詳　奈良時代の元興寺法相宗の学僧。『大般若経音義』三巻、『法華経音義』二巻(一説に『法華経玄賛音義』という)、『涅槃経音義』六巻、『瑜伽論音義』四巻、『大智度論音義』三巻、『梵語集』三巻などの著述が伝えられるが、その内わずかに『大般若経音義』の中巻の一部(石山寺蔵本・来迎院蔵本)と『法華経音義』などの逸文が伝存するにすぎない。その学風は中国の法相宗学を継承し、和訓の注を加えるなどの新味があったかと見られるが、詳細は不明である。

〔参考文献〕謙順編『諸宗章疏録』、橋本進吉「石山寺蔵 古鈔本大般若経音義中巻 解説」(古典保存会複製本解説)、三保忠夫「元興寺信行撰述の音義」(『国語と国文学』五一ノ六)　(築島　裕)

しんくう　信空　一一四六―一二二八　平安・鎌倉時代の浄土宗の僧侶。法蓮房と号し、京都白川に住したので、白川上人とも呼ばれ、その門下を白川門徒という。久安二年(一一四六)生まれる。葉室顕時の孫で行隆の子。保元二年(一一五七)十二歳の時、顕時の法師子として黒谷別所の叡空の許に入り、浄土宗の開祖法然房源空と法兄弟になり、叡空から円頓菩薩戒を受けた。叡空の滅後は源空に師事して、重ねて戒脈を相承するとともに、専修念仏の教えを学び、入室常随の弟子となった。専修念仏への天台宗の圧迫が強まると、源空は元久元年(一二〇四)『七箇条制誡』を示して門下を戒めたが、そのとき『制誡』の執筆役をつとめた。源空の遠流後は門下の長老として京都にあって教団を守り、源空の命によって勝尾寺に寄進する法衣を調えたりなどし、源空の滅後の中陰供養も作配した。建久九年(一一九八)の源空の『没後制誡』には、信空に黒谷本坊・白川本坊(白川二階房)や洛中の地一所などのほか、定朝作三尺の阿弥陀立像や摺写六十巻などの聖教などを譲ると記している。安貞二年(一二二八)九月九日、白川禅房内松林房に八十三歳で寂した。

〔参考文献〕『大日本史料』五ノ四、安貞二年九月九日条、『明義進行集』二、『広疑瑞決集』一、三田全信『浄土宗史の諸研究』、塚本善隆・三谷光順「法蓮房信空上人の研究」(『専修学報』一)　(野村　恒道)

信空(「光明本尊」より)

しんくう　真空　一二〇四―六八　鎌倉時代の三論・真言・律・浄土宗兼学の僧。京都大通寺の開山、真言宗では木幡義の始祖。京都の人、大納言藤原定能の孫、近衛少将藤原定親の子で俗名定兼と称した。元久元年(一二〇四)に生まれる。幼くして東大寺東南院に入り、時の院主定範を師とし、三論を貞禅・定舜に、法相・律を知足院悟阿について修学し、中観と称した。のち醍醐寺理性院行賢について両部灌頂をうけ、小野・広沢流を究め、ここに事相教相を兼ね、その学徳は高く評価され、権律師に任ぜられた。大納言律師と呼ばれたのはこのころであろう。嘉禎三年(一二三七)に覚盛について戒律の講義を聴聞し、木幡観音院に止住して律の宣揚につとめるとともに、入宋帰国した円爾(聖一国師)について参禅し、のち禅心とともに高野山に遁れた。建長三年(一二五一)に円照らの請により東大寺戒壇院に移り、『法華義疏』『三論玄義』を講じ、同院僧住について協議して戒壇興隆を助援し、高野山金剛三昧院の住持にむかえられ、その後木幡に還住した。のち石清水八幡の一禅尼創建の大通寺の開山にむかえられ、真言・三論・律・浄土の宗義を拡め、さらに文永四年(一二六七)に鎌倉の無量寿院より迎えられ、翌五年七月八日、六十五歳で没した。真言においては新知見を出し、木幡義と称せられ、三論・真言・律のほかに浄土教を兼修し、諸行本願義を唱え、著書に『往生論注鈔』六巻、『往生十因文集』三巻などがある。

〔参考文献〕『浄土法門源流章』、『円照上人行状』上、慧堅『律苑僧宝伝』一二(『大日本仏教全書』)、卍元師蛮『本朝高僧伝』六〇(同)　(堀池　春峰)

じんぐうこうごう　神功皇后　『古事記』『日本書紀』にみえる仲哀天皇の皇后。名は気長足姫《おきながたらしひめ》(『古事記』では息長帯比売。以下人名などは『日本書紀』の表記による)。記紀ともに皇后の記事は伝説的である。父は開化天皇の曾孫の気長宿禰《おきながのすくね》王、母は新羅の王子で日本に帰化し但馬に土着したという伝説上の人物天日槍《あめのひぼこ》の子孫の葛城高額媛《かつらぎのたかぬかひめ》という。また皇后は、しばしば神託を受けてそれを天皇に伝える巫女的役割をする。『日本書紀』によれば、仲哀天皇八年、熊襲を討つため筑紫の橿日宮《かしいのみや》に居る時、皇后は空国《むなしくに》の熊襲よりも宝の国の新羅を帰服させよとの神託を受けたが、天皇はこの神託を疑って従わなかったため、神の怒りを受け急死した。翌九年皇后はまた神託を受け、その神託に従って、熊襲を帰服させ、当時妊娠の身ながら新羅親征を決し、軍船を集め対馬の和珥津《わにつ》より進発し、新羅王を降服させ人質をとり貢調を誓わせた。さらに百済・高麗《こま》を帰順させて帰還し、筑紫宇瀰《うみ》(福岡県糟屋郡宇美町)で誉田別《ほむだわけ》皇子を生んだ。のちの応神天皇である。これがいわゆる新羅征討説話である。翌年、仲哀天皇と大中姫《おおなかつひめ》との間に生まれた麛坂《かごさか》王・忍熊《おしくま》王の反乱を平らげた。『日本書紀』は、この年を皇后摂政元年とする。この年を『日本書紀』のまま西暦に当てると二〇一年となる。摂政三年誉田別皇子を皇太子とし大和の磐余《いわれ》に若桜《わかざくら》宮を造営し国政を執ること六十九年百歳で死去。皇后の記紀の記事は新羅征討説話をはじめ事実と思われないことが多く、皇后自体も実在の人物ではないという説もある。『日本書紀』は、皇后を『魏志』倭人伝にみえる巫女的な女王卑弥呼と同一人と考えており、そのため皇后を卑弥呼と同時代の三世紀の人とし、関係事件もそれに合わせたようである。また神功皇后紀から中国・朝鮮の記事や文献の引用が多くなるが、たとえば百済王の即位年代を、干支は事実のままにして、年は事実より干支二運の百二十年繰り上げている例がある。これも同じ理由による。そこで新羅征討説話も、四、五世紀の大和王権の朝鮮半島侵入の事実が伝説化し皇后に結び付けられたのであり、皇后自体も、実は四、五世紀の実在の人物で、伝説化されて三世紀に繰り上げられたという考えもあり得るが実証は困難である。また『日本書紀』が、皇后を後世の概念で摂政とし、天皇と同列に神功皇后紀を立てたのも異例である。これも卑弥呼女王からの着想であろうが、その巫女的役割は、日本古代の政治における皇后(大后)の役割を考える上に、一つの示唆を与えるものかも知れない。

(伝)神功皇后像

参考文献　岡本堅次『神功皇后』(『人物叢書』二七)

(岡本　堅次)

狭城盾列池上陵《さきのたたなみいけのえのみささぎ》　奈良市山陵町にある前方後円墳の神功皇后陵。陵名は、『日本書紀』は成務天皇陵と同じ狭城盾列陵とし、『続日本後紀』は楯列山陵および楯列北山陵、『三代実録』は楯列山陵、『中右記』は秋篠山陵、『吉続記』は楯列池上とする。『延喜式』諸陵寮には、現陵名で「兆域東西二町、南北二町、守戸五烟」とし遠陵に入れ、毎年十二月の頒幣については、他の諸陵は各陵墓預人を派遣奉幣するが、当陵のみは諸陵寮主典以上を派遣奉幣すると規定する。この頒幣の差異は、久しく口伝により成務天皇陵を神功皇后陵と誤認し、神功皇后陵の祟があるごとに空しく成務天皇陵に謝していたことが、承和十年(八四三)図録を検し判明したとの『続日本後紀』の記事に起因するものであろう。当陵は平安時代には、陵域内の伐木などによる山陵鳴動や祟に対する陳謝や、天災などの救護祈願の山陵使発遣がたびたび行われ、文永五年(一二六八)には元寇に関し国家平安を祈願する山陵使発遣が行われた。その後再び所在の誤認が起り、元禄十年(一六九七)の幕府の諸陵探索の折には、現日葉酢媛命陵が神功皇后陵とされ、現陵は称徳天皇陵とされてこれが幕末まで踏襲された。文久三年(一八六三)『京北班田図』『西大寺敷地古図』によって現陵に改定し、修補を行い、旧陵に奉献されていた燈籠八基を現陵拝所に移建した。したがって江戸時代の現陵の状況を知るには、字五社神と所在表示のある陵を見ることが必要である。現陵の墳丘は、南南東に面する三段築成の前方後円墳で、後背部を除き、七区に区切られた周濠がある。長軸の長さ二七三メートル、前方部幅一六八メートル、後円部直径一九六メートル、高さ前方部二七・三メートル、後円部三三・七メートル。前方部頂上には埴輪列が遺存する。周辺に散在する小墳五基は陪塚に指定されている。

参考文献　帝室林野局編『神功皇后狭城盾列池上陵之図』、上野竹次郎『山陵』上、谷森善臣『山陵考』(『(新註)皇学叢書』五)

(石田　茂輔)

しんぐおう　辛禑王　一三六五―八九　一三七四―八八在位。朝鮮の高麗末期、第三十二代王。少名は牟尼奴、のち禑と改名。一三六五年生まれ、権臣辛旽のもとで育ったが、旽の誅殺後は宮中に収養され、七三年改名して江寧府院大君となり、翌年の恭愍王被殺のあとをうけ、九月二十五日即位。出生には辛旽の婢妾の所生、旽の養子などの所伝があり、『高麗史』などの正統論では嫡流とせず、辛姓を冠し、列伝に記録して、当時の複雑な政治背景を反映する。禑王の治世は王朝末期にあたり、内争が多発し、外政の対応に腐心した。南から連年内陸部まで侵攻する倭寇禁圧のため、五度にわたり室町幕府・九州探題今川了俊に遣使し、大内義弘とも通交したが実効なく、また元から明への王朝交替期に帰趨は容易に定

まらず、八八年の遼東征討戦を機にかえって親明派の李成桂らが実権を掌握して、王を廃した。はじめ江華と通津、翌八九年に黄驪に流され、同年十二月江陵で殺された。二十五歳。　(武田　幸男)

しんけい　心敬　一四〇六―七五　室町時代の連歌作家、歌人。初名心恵、連海(蓮海)と号す。応永十三年(一四〇六)紀伊国名草郡田井荘(和歌山市)に生まれる。東山山麓にあった十住心院の住持となり権大僧都に至った。二十歳代の中ごろから冷泉派の歌僧正徹に師事して和歌や王朝古典について教えを受け、その生涯を通じて多大の影響を受けた。連歌の師は不明だが、南北朝時代の連歌師救済の影響が大きい。四十歳前後のころから中堅作家として和歌や連歌の会に姿をみせ、五十歳以後には連歌界の中心的存在となっている。寛正四年(一四六三)には郷里の紀州に下向して、主著『ささめごと』を著わし、帰京以後、『所々返答』の第一状や自撰句集『心玉集』を書きおくっている。応仁元年(一四六七)大乱前夜の京都をあとにして伊勢に下向、さらに海路武蔵国品川に至って同地に草庵を構え、文明元年(一四六九)の夏には伊豆・駿河に旅し、翌二年正月には、太田道真(資清)主催の「河越千句」に宗祇などと一座、夏から秋にかけては白河関を越えて奥州会津に旅している。文明三年夏、騒乱を避けて相模国大山山麓の古寺に身を寄せ、文明六年には太田道灌主催の『武州江戸歌合』に一座して判者を務めている。翌七年四月十六日、大山の麓石蔵で没。享年七十。著書としては前記のほか、関東下向中の著作に、『ひとりごと』『所々返答』の第二状・第三状、『私用抄』『老のくりごと』などの連歌学書、『連歌百句付』『心敬百句付自注』『芝草句内岩橋』『吾妻下向発句草』『芝草内連歌合』『吾妻辺云捨』『十体和歌』などの作品集や自注があるほか、『権大僧都心敬集』には百首和歌三篇と題詠歌百三十二首を収める。その全作品を収めた『芝草』という八冊以上の書があったと推定されるが、現存せず、その全貌は明らかでない。心敬の連歌は、『竹林抄』や『新撰菟玖波集』に最も多く採られており、新古今和歌の美や技法を連歌の世界に生かした幽玄な句や、人生観照の深さのにじみ出た有心の句に特色をみることができる。その連歌論は、連歌に和歌と同様の詩心を求めるとともに、仏道とひとしく心地修行によって人間の真実を追究する態度を要請している点で、連歌論の到達点を示すものといえる。

心敬花押

心敬画像(栗原信充『肖像集』)

参考文献　『大日本史料』八ノ八、文明七年四月十二日条、荒木良雄『心敬』、湯浅清『心敬の研究』、金子金治郎『心敬の生活と作品』(『金子金治郎連歌考叢』一)　(木藤　才蔵)

しんげい　真芸　一四三一―八五　室町時代の水墨画家。永享三年(一四三一)誕生。真能の子、真相の父。真能・真芸・真相は各諱の下字に阿弥号を付して能阿弥・芸阿弥・相阿弥と称し、よってこの画派を阿弥派と呼ぶ。真芸は「学叟」の号をもつ。真能と同様、連歌師、表具師、座敷飾りの指導者としての幅広い活躍で幕府に仕えたが、同朋衆《どうぼうしゅう》として特にその収蔵書画の管理鑑定役を真能から継承する。その画跡はきわめて少なく、「学叟真芸五十歳」の款記がある「観瀑図」(根津美術館蔵、重要文化財)が確証ある唯一の作品。同図は横川景三の画賛によると、鎌倉建長寺の禅僧画家祥啓が京都に上り、「国手芸阿」について画を学んで三年、業成り送別の餞に真芸みずから画軸を描いて与えたものである。鎌倉画壇の巨匠となった祥啓との関係を証する記念的な作品で、真芸が管理する将軍家コレクションの名画を沢山学んで祥啓の画技は飛躍的に進展したはずであろうし、真芸自身もその職掌を生かして高い評価を得ていた。「観瀑図」はその時代には珍しい充填的な奥深い構図で描かれ、斬新な構成が見られる。文明十七年(一四八五)十一月二日没。五十五歳。『蔭凉軒日録』同年十一月三日条に、真芸宅に真芸死去を弔し、健蔵主と真相に面会したとあり、その他の記事からも真芸に周健という禅僧の兄弟がいたことがわかるが周健の画事は不明。また真芸も長生きしなかったことからその画事は真能・真相ほどは知られていない。

参考文献　『大日本史料』八ノ一七、文明十七年十一月二日条　(赤沢　英二)

じんけん　深賢　?―一二六一　鎌倉時代の真言宗の僧。醍醐寺地蔵院の祖。字は浄林(静林・乗琳)。按察法印または地蔵院法印と号す。出自未詳。元久二年(一二〇五)五月遍智院において成賢から三宝院流の灌頂を受け、翌建永元年(一二〇六)九月金剛王院において賢海から金剛王院流を重受。嘉禎二年(一二三六)五月二十四日、同学の道教が、自身の入寂に臨み、所領の大法秘法の密訣・秘口・宝篋台の革子などを深賢に付嘱し、幼き親快が成人したあと、これを親快に伝付することを遺嘱。延応元年(一二三九)正月覚洞院において親快に伝法灌頂を授け、所持する聖教・秘密儀軌など五百余箱を付嘱した。はじめ醍醐山内に浄林院を営み、のち地蔵院を創建して開祖となる。弘長元年(一二六一)九月十四日示寂。付法の弟子は親快・祐厳など十三人。著作に『秘蔵記鈔』『普賢延命記』『五

深賢花押

大虚空蔵記』などがある。

参考文献 『血脈類集記』八・一〇(『真言宗全書』)、祐宝『伝燈広録』中 (武内 孝善)

しんこう 真光 一二七七—一三三三 鎌倉時代の時宗当麻派の祖。建治三年(一二七七)の出生であるが、出自は未詳。三祖智得の弟子で、はじめ陵阿弥陀仏と号していた。呑海が中国地方を師の真教の命を奉じて遊行中、智得が没したので、師のあとを継いで相模国当麻(神奈川県相模原市)無量光寺に独住し、遊行上人位を相続して他阿弥陀仏と称した。これが契機となって真光と呑海との間に溝が生じ、呑海は同国藤沢に清浄光寺を建立した。以来遊行派(藤沢派)と当麻派に分かれ、当麻派は無量光寺を本山として独自の行動をつづけた。真光は独住十三年にして元弘三年(一三三三)五月八日没した。五十七歳。無量光寺には二祖真教・三祖智得の墓とともに、真光の墓碑も現存している。

参考文献 大橋俊雄『時宗の成立と展開』 (大橋 俊雄)

しんごう 真興 九三五—一〇〇四 平安時代中期の真言宗の僧侶。子島流(東密三十六流の一つ)の祖。子島僧都と号した。のち子島先徳と呼ばれた。河内の人。俗姓不詳。承平五年(九三五)誕生。幼くして松室仲算に師事し、天暦三年(九四九)興福寺に入り唯識・因明を、のち吉野山の仁賀について密教を学び、永観元年(九八三)十一月仁賀から伝法灌頂を受けた。壺坂寺に住し、のち子島寺に移り寺内に観覚寺を創立して法筵を開いたので、真興の法流を子島流(または壺坂流)と称した。長保五年(一〇〇三)十月興福寺維摩会の講師を勤め、法橋に任じられた。子島寺所蔵の子島曼荼羅(国宝)は、長保年間真興が一条天皇の病を祈った賞として天皇から賜わったと伝える。寛弘元年(一〇〇四)正月御斎会の講師となり、権少僧都に任じられたが、三月薬師寺最勝会の結願の日に辞退し、同年十月二十三日(一説に十四日)に示寂。七十歳(一説に七十一歳)。付法の弟子は、祈親・利勝・利朝など十二人。著作は法相・真言両宗にわたり、『唯識義私記』十二巻、『因明纂要略記』一巻(天禄二年(九七一))、『法華経玄賛一乗義私記』一巻(寛和元年(九八五))、『蓮華胎蔵界儀軌解釈』三巻(正暦五年(九九四))など三十三部を数える。

参考文献 『大日本史料』二ノ五、寛弘元年十月二十三日条 (武内 孝善)

じんしえいそん 神子栄尊 一一九五—一二七二 鎌倉時代、天台兼修の臨済僧。円爾(聖一国師)の法嗣。道号は神子、諱は栄尊(一説、号は栄尊、諱は口光)。建久六年(一一九五)六月二十六日、筑後の生まれ。俗姓平氏、判官康頼の子。七歳のとき栄西の弟子厳琳につき十三歳で得度、天台を学ぶ。のち上野長楽寺に至り栄西の弟子栄朝に師事した。嘉禎元年(一二三五)円爾とともに入宋、円爾と別れて諸山の老宿を歴訪、径山の無準師範の下で禅旨を究め三年を経て帰朝。仁治元年(一二四〇)肥前水上山に万寿寺を創建し開山となる。翌年、円爾の帰朝に及び円爾を万寿寺に請じ、みずからは地方に遊化、朝日寺・報恩寺・妙楽寺を開く。晩年京都に上り内大臣二条道良の帰依を受けた。文永九年(一二七二)十二月二十八日、万寿寺で寂し同寺に塔す。寿七十八。遺戒十一ヵ条あり。法嗣に亨菴宗元(年譜の編者)・楽山□□・徹叟道映・一関祖丘・神光了因らがある。

参考文献 『肥前国勅賜水上山興聖万寿禅寺開山勅特賜神子禅師栄尊大和尚年譜』、『水上山万寿開山神子禅師行実』、卍元師蛮『本朝高僧伝』二一(『大日本仏教全書』)、白石芳留編『東福寺誌』、同編『禅宗編年史』 (伊藤 東慎)

しんじかくしん 心地覚心 ⇨無本覚心《むほんかくしん》

しんじゃく 信寂 ?—一二四四 鎌倉時代の浄土宗の僧。法然房源空の弟子。信寂房、朝日山信寂とも呼ばれる。播磨加東郡朝日山に隠遁し、その東麓の堂に住した。のち源空の教えを聴き、洛東鳥部野に草庵を結び、師源空の『選択本願念仏集』を批判した高山寺の高弁の『摧邪輪』に対して、『慧命義』一巻を著わして反駁した。その教義は播磨義と称された。遠江横路の西蓮に、東海の辺民の教化を請われ、寛元元年(一二四三)の秋、遠江に下ったが、癰を患い、翌二年三月三日寂した。弟子に仏性・顕実・楽信などがいる。

参考文献 『法然上人行状絵図』四三(『浄土宗聖典』六)、『扶選択正輪通義』(『浄土宗全書』八)、三田全信『(改訂増補)浄土宗史の諸研究』 (野村 恒道)

しんしゅうぜんじ 心宗禅師 ⇨悟渓宗頓《ごけいそうとん》

しんしゅくしゅう 申叔舟 一四一七—七五 朝鮮王朝前期の官人。諱叔舟、字泛翁、号希賢堂、保閑斎ともいう。謚は文忠。太宗十七年(一四一七)六月十三日生まれる。父は申檣、本貫は高霊(慶尚北道)。一四三八年、はじめて設けられた詩賦進士試に応じて首席となり、翌年文科に及第し、その後集賢殿に入って俊才の名をほしいままにした。四三年(嘉吉三)には日本への通信使の書状官として京都へ往復し、対馬では宗貞盛との癸亥約条締結交渉にも関係した。五二年には首陽大君(のちの世祖)が謝恩使として中国へ行ったのに書状官として随行し、ついで五五年、首陽大君が端宗をしりぞける反正を行なって即位(すなわち世祖)すると、その承認を求める奏聞使として再び北京へ赴いた。そして反正への功により功臣の号を与えられた。官職は都承旨から芸文館大提学を経て、五八年には右議政となり、高霊府院君に封ぜられた。六〇年には江原・咸吉道都体察使となり、毛憐衛女真の討伐を行い、六二年には官人最高位の領議政になった。六八年に世祖が死去したのちは睿宗から成宗の初年にかけて院相の一員として国政に元老的な役割を果たし、成宗六年(一四七五)六月二十一日五十九歳で没した。申叔舟は訓民正音(ハングル)の制定に功があり、また漢語

にも造詣が深く、『東国正韻』『洪武正韻釈訓』『四声通攷』などの編纂に関係して音韻研究に不朽の足跡を残した。かれが漢語音韻の研究のために遼東へ幾度も足をはこんで明の翰林学士黄瓚に教えを請うた話は有名である。またかれは長い間礼曹(六曹の一つで外交担当)の職にあった。そして『成宗実録』の申叔舟卒伝に「事大交隣を以て己が任と為す」とあるごとく、かれは外交問題に意を用い、一四七一年には『海東諸国紀』を撰修している。申叔舟が臨終にあたって、成宗王へ「国家、日本と和を失ふことなかれ」と遺言したとの説は、その後有名で、柳成竜が『懲毖録』の冒頭にそのことを記したのが日本へ伝わり、松下見林の『異称日本伝』に載ったりしている。文集『保閑斎集』(『朝鮮史料叢刊』一四)がある。

参考文献 小倉進平著・河野六郎補注『(増訂補注)朝鮮語学史』、中村栄孝『日鮮関係史の研究』、田中健夫訳注『海東諸国紀』 (長 正統)

しんしょう 信証 一〇九八―一一四二 平安時代後期の真言宗僧。堀池僧正・三宮僧正・法浄院僧正などと称される。後三条天皇の第三皇子輔仁親王の息。承徳二年(一〇九八)生まれ。行意律師の弟子となり、天治元年(一一二四)三月仁和寺成就院寛助から伝法灌頂を受け一身阿闍梨に任ぜられた。常に西院に住しその法流を西院流と称する。大治二年(一一二七)九月に権大僧都、同四年四月に東寺一長者、同十月に法務となった。同五年二月中宮待賢門院の御産祈禱の勧賞によって法印に叙され、保延三年(一一三七)四月に権僧正、同四年十月に正僧正に補された。長承元年(一一三二)十月に覚鑁創建の高野山大伝法院供養の導師を勤め、翌年十二月には広隆寺別当となった。永治元年(一一四一)正月に護持僧となり同年三月鳥羽上皇出家には戒師を勤めた。康治元年(一一四二)四月八日没。四十五歳。著に『底瑟吒干栗多鈔』七巻などがある。

参考文献 『東寺長者次第』(『高野山大学論叢』二)、『血脈類集記』(『真言宗全書』三九)、『仁和寺諸院家記』(『仁和寺史料』寺誌編一)、中野達慧『興教大師正伝』 (坂本 正仁)

しんしょう 真照 生没年不詳 鎌倉時代の律僧。もと清禅といい、のち実乗房真照、入宋中は寂庵と号した。京都増福寺の僧。京都の人、俗姓不詳。京都東林寺の律僧浄因に戒律を学び、建長六年(一二五四)十月に戒壇院円照について受戒。増福・戒光寺に止住。律の疑問などを解決せんとして、正元元年(一二五九)に入宋求法し、寂庵と号し妙蓮律師に受戒法、行居律師に律三大部を学び、弘長二年(一二六二)の秋に帰国。東大寺戒壇院に止住し、律三大部などの講義を行うこと六ヵ年、文永五年(一二六八)の秋に終講した。この間一時凝然は復師を勤め、、戒壇院に鑑真の等身御影像を画いて安置し、後代の範とした。以後泉涌寺に移り、思允に帰事し、弘安四年(一二八一)六月に仏日房寂入死去により増福寺に移ったという。

参考文献 『円照上人行状』中、慧堅『律苑僧宝伝』一三(『大日本仏教全書』) (堀池 春峰)

しんじょう 審祥 生没年不詳 奈良時代の大安寺僧。審詳にもつくる。入唐して香象大師に師事し、華厳を学んだと伝えるが、新羅学生の呼称は、新羅へ留学した学僧の意味と考えられる。天平十二年(七四〇)、智識寺行幸を機縁として、良弁によって開始された金鐘寺での『華厳経』講説には、最初の講師として招請され、三ヵ年にわたり、三人の複師を立て十六人の学僧を招いて、旧訳六十華厳を講述、大仏造顕事業の思想的根拠を明らかにする。同じころ、大安寺にも盧舎那仏を本尊とする華厳院が造営されたが、これも審祥らの力によったものと思われる。また、彼はこのころの有数の経論所持者で、それらは、審祥師経録・審祥師書類・審祥大徳書などとよばれ、写経の際、大いに利用されている。その著書には、『花厳起信観行法門』一巻や、『妙法華経』の釈などがある。なお、没年は明らかでないが、天平十六年八月まではその存在が確認できる。

参考文献 堀池春峰「華厳経講説より見た良弁と審詳」(『南都仏教史の研究』上所収) (佐久間 竜)

しんじょう 真紹 七九七―八七三 平安時代前期の真言宗の僧侶。世に禅林寺僧都とも石山僧都とも称された。延暦十六年(七九七)生まれる。出生地および姓氏は不詳。一説に宗叡が真紹の甥であるところから、俗姓を池上氏、左京の人とする。弘仁十二年(八二一)に出家得度。はじめ大安寺に住し、のち東大寺を本寺とする。真雅の「師資付法次第状」では、実恵の付法弟子とされる。弘仁十二年十一月の藤原冬嗣にあてた空海の書状には、年少の弟子を冬嗣に嘱し、杲隣・実恵らに後事を託したことがみえているから、幼少にして空海に従って出家した真紹が実恵の付法弟子となったことも十分に推定される。承和七年(八四〇)十二月に東寺少別当となり、同十年十二月に伝法灌頂職位を授かり大阿闍梨となる。このときの記録に「真紹(年卌七臈廿三)東大寺」とある。同十四年に権律師、翌嘉祥元年(八四八)六月に律師。貞観五年(八六三)九月に山城国愛宕郡に禅林寺を建立。同十一年正月に少僧都。貞観十五年七月七日、七十七歳で禅林寺において寂す。著述に『禅林寺遺制記』一巻(『弘法大師諸弟子全集』中所収)あり。

真紹自署

参考文献 智燈『弘法大師弟子伝』下(『弘法大師伝全集』一〇附録)、道猷『弘法大師弟子譜』三(同)、守山聖真編『(文化史上より見たる)弘法大師伝』

(高木 訷元)

しんしょういん 信証院 ⇩蓮如《れんにょ》

しんしんいんかんぱく 深心院関白 ⇩近衛基平《このえもとひら》

しんずい 信瑞 ?―一二七九 鎌倉時代の僧侶。法然房源空の門下で白川門徒の祖信空の弟子。敬西房と号した。はじめ隆寛にも師事した。康元元年(一二五六)のころ、洛東弘願寺に住し、諏訪氏一族の上原馬允敦広の問に答え、浄土宗の教義について『広疑瑞決集』五巻を著わしている。弘長二年(一二六二)鎌倉に下向して、北条時頼に、源空の伝記(『黒谷上人伝』一巻、散逸)を贈り、時頼は信瑞に念仏の安心を尋ねている。翌三年時頼が没すると、諏訪の入道蓮仏は、書状でその模様を信瑞に報じている。また信瑞は博覧の人で、『明義進行集』(三巻、一巻は散逸)を著わして、源空やその門をたたいた弟子や協調者の伝記と主張を記すなど、師信空の唱えた無観称名の義をひろめた。『浄土三部経音義集』四巻や、泉涌寺の開山俊芿の伝記である『泉涌寺不可棄法師伝』一巻を著わしている。

参考文献 『法然上人行状絵図』二六(『浄土宗聖典』六)、『選択決疑鈔見聞』(『浄土宗全書』七)、望月信亨『浄土教之研究』、伊藤祐晃『浄土宗史の研究』、橋川正「明義進行集とその著者」(『仏教研究』三・四)、黒板勝美『明義進行集』解説(『仏教古典叢書』六)

(野村 恒道)

しんせい 真盛 一四四三―九五 室町時代の天台僧。天台真盛宗の祖。嘉吉三年(一四四三)正月二十八日伊勢一志郡小倭荘大仰郷に誕生。紀貫之十七世の末孫で、父の小泉左近尉藤能は伊勢国司北畠教具の侍衛の士。幼名は宝珠丸。七歳、川口光明寺盛源律師に師事、十四歳、光明寺において出家、真盛と号す。十六歳、尾張篠木談義所密蔵院に遊学、十九歳、比叡山に登り西塔南谷南上坊慶秀和尚の室に入り、爾来二十年間山を出ず、ひたすら天台教学の蘊奥を究めた。しかし、文明十四年(一四八二)四十歳の時、母の死に逢い、世の無常を感じ、ついに翌年春黒谷青竜寺に隠棲、『往生要集』の義に徹して、出離生死の要道を見出した。源信の旧跡西教寺に招かれ、ここを不断念仏の本寺として爾来十ヵ年近江・山城・越前・若狭・伊勢・伊賀・摂津・河内・和泉の諸国を巡化した。真盛は、治国安民の策はまず為政者を糺すにありとし、後土御門天皇・後柏原天皇をはじめ、親王・公卿・女官や国司・守護らの欲心を糺し、「兵杖を以て国を治むるに非ず、慈悲憲法を以て之を治むるなり」(河毛盛空入道宛書状)と無欲清浄専勤念仏を説き、社会浄化に奔走した。明応四年(一四九五)二月三十日、伊賀西蓮寺で寂。世寿五十三。文明十八年後土御門天皇より上人号を、永正三年(一五〇六)後柏原天皇より「円戒国師」の諡号を、明治十六年(一八八三)明治天皇より「慈摂大師」の諡号を下賜。著書に『奏進法語』『念仏三昧法語』などがある。

真盛花押

参考文献 牧野信之助編『真盛上人御伝記集』、色井秀譲・十河泰全・西村冏紹編『訳註真盛上人往生伝記』、佐藤定憲『真盛上人伝』、天台真盛宗宗学研究所編『西教寺真盛と日本天台の思想』

(西村 冏紹)

しんぜい 真済 八〇〇―六〇 平安時代前期の僧侶。世に高雄僧正とも紀僧正とも号する。俗姓は紀氏、左京の人。父は巡察弾正正六位上紀朝臣御園。延暦十九年(八〇〇)生まれる。少年にして出家、大乗を学んだが外伝にも通暁していた。文才にたけていたことは、彼が編纂した空海の詩文集『性霊集』の序文から窺知できる。空海は真済の器量をみて特に鍾愛し、天長元年(八二四)に両部大法を授けて伝法阿闍梨とした。時に真済は二十五歳であって、異例の若さで実恵につぐ第三阿闍梨となったことに人々は感嘆したという。承和三年(八三六)七月に真言請益僧として真然とともに入唐を試みたが、中途で遭難し留学は実現をみなかった。その後、高雄山で十二年間山門を出ることなく練行し、承和七年正月に内供奉十禅師となる。同年十二月には実恵にかわって神護寺別当になり、高雄山の経営にあたった。同十年権律師となり、またはじめて東寺二長者に補任されて実恵の後継者と目された。同十四年に律師、仁寿元年(八五一)七月に少僧都、同三年四月には高雄山に年分度三人を置くことを認められ、同年十月に権大僧都となる。斉衡三年(八五六)十月に僧正に任ぜられたが、その僧正位を先師空海に譲ることを申請してみずからはこれを辞退した。文徳天皇は感動して空海に大僧正位を追贈し、真済に僧正位を授けた。天安二年(八五八)八月、同天皇の病気平癒を祈ったが、皇位継承にからむ藤原氏の圧力に屈して隠居したという。貞観二年(八六〇)二月二十五日六十一歳で没す。紀長谷雄の『紀家集』に「東大寺僧正真

真済自署

真済画像

済伝」を収める。

参考文献　守山聖真編『(文化史上より見たる)弘法大師伝』、坂本太郎「六国史と伝記」(『日本古代史の基礎的研究』上所収)、小山田和夫「真済について―実恵・真紹との関係―」(『立正史学』四二)、稲谷祐宣「空海の弟子たち」(『印度学仏教学研究』一九ノ一)

(高木　訷元)

しんぜい　信西　⇨藤原通憲《ふじわらのみちのり》

しんぜん　真然　?―八九一　平安時代前期の僧侶。讃岐国多度郡の人、俗姓佐伯氏。一説に空海の甥という。生年については、延暦二十三年(八〇四)とする説(『弘法大師弟子譜』三)と弘仁二年(八一一)とする説(『弘法大師弟子伝』下)とがあり、没年時の年齢についても諸説があって定かでない。幼少にして出家し、はじめ大安寺に住した。のち真雅の付法弟子となり、空海なきあとの高野山の整備経営に尽力した。承和三年(八三六)七月に真済とともに入唐留学の途についたが、船が難破して果たさず、円行らと交代させられた。貞観十六年(八七四)十二月に権律師。同十八年に『三十帖策子』を高野山に持ち帰り、年分度試のことなどもからんで、東寺との間に軋轢を生ずることになる。元慶七年(八八三)十月に権少僧都。仁和元年(八八五)十月に少僧都となる。寛平三年(八九一)九月十一日、高野山中院にて没す。世に中院僧正あるいは後僧正と号す。『真然自筆日記』は東寺との対立で、金剛峯寺座主を真然の入室一門に限ることの正統性を主張するために、後世、真然に帰せられたものであろう。

真然画像(玄証『先徳図像』)

参考文献　『大日本史料』一ノ一、寛平三年九月十一日条、守山聖真編『(文化史上より見たる)弘法大師伝』

(高木　訷元)

じんぜん　尋禅　九四三―九〇　平安時代中期の僧。十九代天台座主。号飯室和尚・妙香院。諡号慈忍。天慶六年(九四三)生まれる。右大臣藤原師輔十男。母雅子内親王。師良源。天徳二年(九五八)延昌に受戒。権門藤原氏の後援と良源の推挙により異例の出世を遂げる。天延元年(九七三)楞厳院一身阿闍梨、同二年権少僧都、のち権僧正に至る。正暦元年(九九〇)二月十七日横川の別所飯室で没。四十八歳。著書『金剛宝戒章』『摩訶止観略決』など。

参考文献　『大日本史料』二ノ一、正暦元年二月十七日条、堀大慈「尋禅と妙香院」(『日本仏教』二三・二四)

(平林　盛得)

しんそう　真相　?―一五二五　室町・戦国時代の水墨画家。真芸の子。諱の相字に阿弥号をつけて相阿弥と称し、鑑岳の号がある。将軍家同朋衆《どうぼうしゅう》として書画の管理鑑定を職掌とした役柄で三代続いた画派、阿弥派の完成者。また芸術鑑賞史上にも大きな足跡を残し、永正八年(一五一一)には上中下に品等分けした中国画家列伝ともいうべき『君台観左右帳記《くんだいかんそうちょうき》』を、大永三年(一五二三)には座敷飾りの方式を示した『御飾記《おかざりき》』を作るが、これらは真能以来の阿弥派の仕事の集大成というべきもの。『蔭涼軒日録』には真相が狩野正信に対して画題や画本の選択、画事の相談などもしている記事もみられるが、三条西実隆の『実隆公記』や景徐周麟の『翰林葫蘆集』には画家としての活躍が記され、「国工相阿」と評価されている。彼の伝称作品は多いがその代表作品は大徳寺大仙院客殿室中間の襖十六面と仏間の小襖六面(現在掛幅十六幅と六幅、ともに重要文化財)で、永正十年の作である。これに類する牧谿《もっけい》様式で描いた山水図屏風(米国メトロポリタン美術館蔵)、山水図(米国クリーブランド美術館蔵)などもある。近年、これらとは別様式の周文風ともいうべき「観瀑図」が見出され、将軍家所蔵書画に関して仕えた職掌柄幅広い画風をこなしたと見られるが、やはり牧谿風の柔らかい画態に本領があったと見られる。『等伯画説』にも狩野元信が墨の調子を相阿弥に学ぶべきであると忠告されたとの記事がある。弟子に単庵智伝《たんあんちでん》があり、ほかに相阿弥の画風を継承する者は多いが是庵《ぜあん》もその一人。大永五年没。七十歳前後と思われる。

真相花押

参考文献　松下隆章「阿弥派論―主として相阿弥の画風について―」(同編『室町水墨画』所収)

(赤沢　英二)

しんそく　神息　生没年不詳　豊前国の刀工。室町時代の初めに書写された刀剣書の観智院本『銘尽』には、宇佐の住人で、元明天皇の和銅年間(七〇八―一五)の人とも、平城天皇の御剣を製作した人ともあるが、天国と併称される伝説上の古い刀工で、遺品の確実視されるものとしては宇佐神宮にある重要美術品の太刀くらいである。これは鎌倉時代初期を下らず、板目鍛えで細直刃をやき、焼落しがあって豊後国の行平と作風が近似する。

参考文献　石井昌国「九州物概説」(『日本刀大鑑』古刀編三所収)

(辻本　直男)

じんそん　尋尊　一四三〇―一五〇八　室町時代、興福寺第百八十代別当、大乗院第二十代門跡に就任した法相宗の学僧。永享二年(一四三〇)八月一条兼良の五男として出生。母は中御門宣俊の女。同十二年得度、以来、方広、法華、慈恩、維摩会研学竪義などを遂業するとも

尋尊花押

に享徳二年(一四五三)に少僧都、翌三年に大僧都、翌康正元年(一四五五)僧正に昇進。同二年二月十日宣下に依って興福寺別当に補任。また長谷寺・橘寺・薬師寺の各別当をも兼務。長禄元年(一四五七)六月大僧正となる。長禄三年三月二十三日興福寺別当を辞したが、応仁元年(一四六七)興福寺法務に任じられた。永正五年(一五〇八)五月二日、七十九歳で入寂している。尋尊は大乗院所蔵の古記録などから重要な記事を抄出して自己の備忘の料とした『大乗院日記目録』三巻をはじめ、宝徳二年(一四五〇)から永正五年に至る半世紀の間の世相の状況やみずから見聞した事柄を記録した『尋尊大僧正記』および尋尊がみずから書写したとする『寺務方諸廻請』を『大乗院寺社雑事記』二百五十八巻(尋尊筆は百九十八巻)に収録している。また『南都七大寺巡礼記』(『菅家本諸寺縁起集』という)を書写したり、応仁の乱の時、父一条兼良の記録を大乗院に保管して兵火より護ったことは名高い。尋尊は乱世の興福寺別当として朝廷および幕府との交流に努めつつ興福寺の安泰を計るとともに、法相宗の学僧としてその教学の振興に尽くした。南都を中心とした仏教史および一般国史研究上その功績はきわめて高い。

[参考文献] 鈴木良一『大乗院寺社雑事記—ある門閥僧侶の没落の記録—』(『日記・記録による日本歴史叢書』古代・中世編一八)、堀池春峰『南都七大寺巡礼記』解題(鈴木学術財団編『大日本仏教全書』九九)

(高田　良信)

しんだい　真諦　四九九—五六九　インド出身の翻訳僧。原名はパラマールタParamārthaといい、西インドのウッジャインの生れ。中国梁の武帝の招きで、扶南(今のカンボジア)経由で太清二年(五四八)に建康(南京)に入ったが、まもなく梁末の動乱にあい、南方の各地を転々と流浪し、恵まれぬ境遇にもかかわらず、多くの重要な訳経に従事した。訳出経論は、現存のものでも『金剛般若波羅蜜経』『摂大乗論《しょうだいじょうろん》』『摂大乗論釈』『中辺分別論』『仏性論』『三無性論』『倶舎釈論』など、三十部八十八巻ほどに及び、『大乗起信論』も真諦の訳出と見なされている。インドの無著《むじゃく》(アサンガ)・世親《せしん》(バスバンドゥ)の学説を系統だてて伝え、特に瑜伽唯識の『摂大乗』(および『摂大乗論釈』)の伝訳と研究に力を注ぎ、その唯識説を中心にやがて摂論宗が形成された。唐代になると玄奘の新訳が出て、摂論宗は法相宗に取って代わられるに至ったが、『大乗起信論』は広く中国・日本の仏教界に流布し、思想的に大きな影響を与えた。ただし、この書のインド撰述について疑義を立て、真諦訳を疑う説もある。

(藤田　宏達)

しんたいけんもんいん　新待賢門院　一三〇一—五九　後醍醐天皇の後宮、後村上天皇の生母。名は廉子。父は藤原(阿野)公廉、母は未詳。正安三年(一三〇一)生まれる。元応元年(一三一九)後醍醐天皇の中宮礼成門院の入内の際、上臈として参入、同天皇に侍し、元亨元年(一三二一)従三位に叙し、三位局と号した。建武二年(一三三五)准三后。南北朝となり、同天皇崩御ののち、正平六年(一三五一)十二月二十八日南朝において新待賢門院の女院号をうけ、同十二年(北朝延文二)九月落飾、同十四年四月二十九日崩。崩御の年齢については、同女院七七忌にあたり、後醍醐天皇女一品内親王(宣政門院懽子内親王)の正平十四年六月十五日中陰願文に「語二其宝算一、不レ及二耳順一年」とあるから、五十九歳であったと認められる。その所生に、後村上天皇をはじめ、恒良・成良二親王、祥子内親王らがある。大阪府河内長野市の観心寺に、現今、楠公首塚と称せられているものがあるが、賢耀の著作にかかる『観心寺参詣諸堂巡礼記』によると、この地点に、もと新待賢門院の墓があったようであり、おそらく江戸時代の享保二十年(一七三五)五月楠木正成の四百年忌が行われたころ、同寺僧堯恵が、荒廃した同女院墓を楠公首塚に改め、別に新しく現今の同女院墓を造築したものであろう。なお、奈良県吉野郡川上村高原にも新待賢門院墓と称するものがあるが、これは誤伝であり、信じられない。

[参考文献] 『大日本史料』六ノ二二、正平十四年四月二十九日条、川瀬一馬「(新発見の資料に拠る)新待賢門院御陵墓攷」(『日本書誌学之研究』所収)、村田正志「小倉宮の史実と伝説」(『村田正志著作集』一所収)

(村田　正志)

しんでんせいは　心田清播　一三七五—一四四七　室町時代前期の臨済宗夢窓派の僧。淡路の人。別号、聴雨叟・春耕・松花老人・松岡・謙斎。永和元年(一三七五)生まれる。はじめ建仁寺大統院の柏庭清祖について得度、のち天祥一庵(一麟)の法を嗣ぐ。聖徒明麟・大中善益・諸庵西肇に指導をうけ、ことに惟肖得巌に応永十五年(一四〇八)から二十四年まで従う。伊勢正興寺(諸山)、山城宝幢寺(十刹)を経て、嘉吉元年(一四四一)建仁寺に住し、文安四年(一四四七)南禅寺に昇住。退いてからは東山常在光寺に住み、同年示寂。月日不詳。七十三歳。惟肖文、江西(江西竜派)詩、太白(太白真玄)四六、心田講説を四絶と称した。詩集『心田詩藁』(『聴雨集』とも)、『聴雨外集』、文集語録『春耕集』、四六文集『心田播禅師疏』がある。法嗣に子材清鄴・斯立周幢がある。

[参考文献] 玉村竹二編『五山文学新集』別巻一、玉村竹二『五山禅僧伝記集成』、蔭木英雄『五山詩史の研究』

(今泉　淑夫)

しんにょ　真如　生没年不詳　平城天皇の第三皇子。俗名高丘親王。母は正四位下伊勢老人の女継子。大同四年(八〇九)四月平城天皇が弟の嵯峨天皇へ譲位するとともに皇太子となったが、翌弘仁元年(八一〇)九月薬子の乱によって廃される。弘仁十三年無品から四品に叙されたが、まもなく出家し、東大寺に入る。法名を真忠といい、

真如画像(『三国祖師影』)

のち真如と改めた。はじめ律師道詮に三論宗を習い、ついで空海に密教を学ぶ。斉衡二年(八五五)修理東大寺大仏司検校に任じられ、貞観三年(八六一)に功を終えた。まもなく入唐の勅許を得、翌四年七月宗叡・伊勢興房ら僧俗六十人を率いて大宰府を発し、九月明州に到着した。同六年二月洛陽に至り、五月長安に入った。長安では青竜寺の法全から胎蔵界・金剛界の法を受けた。このころ法名を遍明と改めている。さらに宗義を研究するため天竺行を志し、同七年正月三人の従者とともに広州より海路天竺に向かった。しかし、まもなく羅越国(マレー半島南端にあったとみられる)において遷化した。貞観七年、享年六十七と推定されている。なお、親王出家後、その子女は在原朝臣の姓を賜わっている。

参考文献 杉本直治郎『真如親王伝研究』、田島公「真如(高丘)親王一行の「入唐」の旅―「頭陀親王入唐略記」を読む―」(『歴史と地理』五〇二)

(石井 正敏)

しんね 真慧 一四三四―一五一二 室町・戦国時代の僧侶。下野国高田専修寺第十世住持。永享六年(一四三四)生まれる。父は同寺第九世定顕。伊勢・三河・越前・加賀など各地を巡歴して親鸞の教えを弘め、本願寺の蓮如に対抗して、高田派教団の勢力を拡大した。彼の化風は、「一本寺、二善知識、三信心、四念仏、是肝要也」との言葉に見られるように、本寺専修寺を中心とした教団の統制と、正しい伝統をついだ指導者の存在を重視した。実践面では「野袈裟」という簡易葬式用具を考案して、一般庶民にも葬礼を受けさせたのを特色とする。また積極的に朝廷に接近し、専修寺を皇室祈願所とし、みずからも法印に叙せられた。真宗高田派では彼を中興の祖とする。著書に『顕正流義鈔』『正信偈訓読鈔』などがある。永正九年(一五一二)十月二十二日没。七十九歳。

真慧花押

真慧画像

参考文献 『大日本史料』九ノ四、永正九年十月二十二日条、高田派宗務院編『真慧上人遺芳』、平松令三編『真宗史料集成』四、『高田学報』五二(真慧上人特集)、堤玄立「真慧上人の往生義」(『信と証』所収)、平松令三「高田専修寺真慧と本願寺蓮如」(北西弘先生還暦記念会編『中世仏教と真宗』所収)、田中久夫「専修寺真慧の勧化について」(『日本学士院紀要』七ノ三)

(平松 令三)

しんのう 真能 一三九七―一四七一 室町時代の水墨画家。将軍足利義政に仕え、同朋衆《どうぼうしゅう》の一人として将軍家伝来の書画の管理鑑定にたずさわるとともに連歌師、表具師、香の上手、座敷飾りの指導者などの幅広い活躍をみせた。応永四年(一三九七)誕生。諱の能字に阿弥号をつけて能阿弥と称し、阿弥派の祖となる。秀峰の号をもつ。その画跡は「応仁二年(一四六八)六月日為周健毛髪於泉涌寺妙厳院図之真能七十有二歳」の款記をもつ「白衣観音図」(溝口家蔵)があり、子の周健喝食《かっしき》のために描いたと知れる。遺作の少ない画家でほかに確証のある作品はなかったが、近年、水墨花鳥図屏風の大作が見出され「応仁三暮春初一日七十有三歳」の年記によってその制作年も判明した。牧谿《もっけい》様式で描いた優品で、雪舟に先行する水墨花鳥図屏風の実例としてきわめて史的意義は大きい。そのほか、伝能阿弥筆の「三保松原図」(頴川美術館蔵、重要文化財)は真能よりやや時代の降った阿弥派の作であろう。真能の画家としての記事は桃山時代の画家長谷川等伯の談話を集めた『等伯画説』に以下のように散見される。京都七条の時宗道場に「鳴鶴図」を描いて義政に激賞されたあまり、以後鶴を他所に描くことを禁止されていわゆる「筆留」となったこと、黙庵筆の「五位鷺図」の鷺の気持を「水清魚見」の画賛がよく示していることに感心してその絵を写したこと、馬麟筆の雀の子を巣に飼う絵を面白がって写したこと、義政のペットであるインコが逃げたのを画家の頓智でつかまえたこと、そのほか、画の外題《げだい》を書いたことや表具師としての活躍などの話もみられる。文明三年(一四七一)没。七十五歳。

参考文献 『大日本史料』八ノ八、文明八年三月十二日条

(赤沢 英二)

しんぱん 信範 一二二三―? 鎌倉時代中期の真言宗の僧、韻学者。明了房。貞応二年(一二二三)生まれる。道範の弟子であるが、韻学は承澄より伝授された。著書に、『悉曇私抄』『悉曇口決集』『調声要決抄』『全真和尚次第記双声畳韻等文釈』『悉曇字記聞書』『悉曇撮要図』『九弄十紐図私釈』『悉曇秘伝記』などがあり、中世韻学のすべての分野を網羅している。ことに、建長四年(一二五二)、新渡来の『韻鏡』を書写し、その後の著作の

中に『韻鏡』を利用し、日本における『韻鏡』盛行のさきがけをなした。彼の書写した『韻鏡』は信範本と称されており(原本は伝存しない)、日本における『韻鏡』諸本の源となった。永仁四(一二九六)、五年ころ没。

参考文献 馬渕和夫『韻鏡校本と広韻索引』、同『日本韻学史の研究』　(馬渕 和夫)

しんぶつ 真仏 一二〇九―五八 鎌倉時代中期の僧侶。親鸞の直弟。承元三年(一二〇九)生まれる。常陸国真壁郡椎尾村を本貫とする武士椎尾氏の出身と考えられ、関東教化中の親鸞に帰依してその門弟となった。下野国高田寺堂は、当時彼が相続していたと認められるが、親鸞がここを教化の一拠点とするに及んで、これを中心に門徒集団が形成され、彼はその指導者として、親鸞帰洛後の門弟たちの中心人物となった。またその寺堂は発展して、のちには専修寺と呼ばれ、高田派教団の本山となった。彼の筆跡は親鸞のそれに酷似し、専修寺(三重県)所蔵『三帖和讃』(国宝)は大部分彼の筆跡と推定される。彼の傘下からは顕智・源海・専信など有力な門弟が数多く輩出して、真宗初期教団中の大きな勢力となったが、親鸞に先立って正嘉二年(一二五八)三月八日没した。五十歳。真宗高田派・仏光寺派などでは彼を親鸞についで第二世とする。

真仏像

参考文献 『高田学報』九(真仏上人研究)、中沢見明「真仏伝説についての考察」(『真宗源流史論』所収)、真宗高田派本山編『影印高田古典』一(真仏上人集、平松令三解説)　(平松 令三)

じんむてんのう 神武天皇 『日本書紀』および『古事記』によれば、第一代の天皇で、皇室の祖先とされる。その名は、『日本書紀』神代、神皇承運章本文・同第一の一書によれば、神日本磐余彦《かんやまといわれひこ》尊という。鸕鷀草葺不合《うがやふきあえず》尊の第四子で、母は玉依姫《たまよりひめ》。甲寅の歳、諸兄とともに日向を発して、瀬戸内海を経て、河内の白肩《しらかた》の津に上陸したが、長髄彦《ながすねひこ》が孔舎衛《くさえ》坂に防いだために、紀伊に迂回し、この間に諸兄を失った。熊野で高倉下《たかくらじ》の迎えを受け、頭八咫烏《やたがらす》と日臣《ひのおみ》命(道臣命)の先導によって、中洲《なかつくに》(大和)に入った。菟田《うだ》では弟猾《おとうかし》(猛田《たけだ》県主の祖)が帰順し、吉野では井光《いひか》(吉野首の祖)・磐排別《いわおしわけ》(国樔《くず》部の祖)・苞苴担《にえもつ》(養《う》鸕《かい》部の祖)らが服従した。国見丘《くにみのおか》では八十梟師《やそたける》を斬り、さらにその余衆を忍坂《おさか》に亡ぼした。磯城《しき》では弟磯城(磯城県主の祖)が帰順した。ついに進んで長髄彦を鳥見《とみ》に撃った。戦の不利の際に、金色の鵄《とび》が磐余彦の弓弭《ゆはず》にとまり、敵はその光に眩いた。かねて長髄彦に奉ぜられていた饒速日《にぎはやひ》命は、磐余彦が天神の子であることを認めて、長髄彦を誅して帰順した。これが物部氏の祖先である。なお層富《そふ》の新城戸畔《にいきとべ》、和珥坂下《わにのさかもと》の居勢祝《こせのはふり》、臍見長柄丘岬《ほそみのながえのおかさき》の猪祝《いのはふり》などの土蜘蛛《つちぐも》も、すべて亡ぼされた。そこで磐余彦は畝傍《うねび》山の東南橿原《かしはら》の地に帝宅を造り、媛蹈鞴五十鈴《ひめたたらいすず》媛《ひめ》命を正妃に立て、辛酉の歳帝位に即いた。これを始馭《はつくに》天下之天皇《しらすすめらみこと》と称する。ついで功労のあった臣下に賞を与え、また鳥見山に霊畤を立てて、皇祖の天神を祭った。在位七十六年、寿百二十七歳で崩じ、畝傍山東北陵に葬った。

この伝承の中で、『日本書紀』に記された東征や即位に際しての詔命が、中国の史書の形式を模倣して作られたことは、いうまでもない。即位の年を辛酉と定めたことが、讖緯説の辛酉革命の説に基づいて、その一蔀《ぼう》のはじめを取ったことは、早く三善清行にこれを示唆するものがあり、伴信友がこれを主張し、那珂通世に至って定説となったものである。いまこれらの明らかな修飾を除いて、伝承を分析すると、それはほぼ『帝紀』と『旧辞』とを原史料とすると考えられる。『帝紀』は系譜的記事である。氏族の出自、陵墓・皇居などの所在に関する記事はこれに含まれる。氏族の出自に関しては、社会的地位を確認させるために作為されたものが多いから、必ずしも信用できないが、陵墓は顕著な造営物であるから、これに伴う記憶もしくは伝承は、注意に値する。『日本書紀』天武紀によれば、壬申の乱にあたって、高市郡の大領高市県主許梅《こめ》に神懸りがあったために、神武陵に馬および兵器を奉ったという。すなわちこの時に公式に神武陵とされたものが存在したばかりでなく、それは祭祀の対象でもあったのである(『多武峯略記』によると、この陵墓は、平安時代中期までは、荒廃しながらも、その位置を知られていたらしい)。そしてそれはさらに大化前代にさかのぼるべきものであり、『帝紀』が五世紀にはじめて記録として成立したとしても、口承による伝承は、より以前から存在したと考えることも可能であろう。皇居も陵墓と類似した性質を有する。「ミヤ」という言葉に示されるごとく、古代の皇居は、単に天皇の居住する場所であるにとどまらず、また神殿でもあり祭場でもあった。そして、それは天皇の治世とともに移動したから、特定の天皇を指す場合に、その名の上に皇居の所在を冠することは、きわめて一般的な用例であった。それがすでに五世紀に存在することは、熊本県江田船山古墳出土の刀銘によって確認される。おそらく歴代の皇居の所在も、それ以前から伝承されたのであろう。

周知のごとく神武天皇およびそれ以後の十数代の天皇の年寿および在位年数は異常に長い。これが作為であることはいうまでもないが、これは神武の即位を辛酉の歳

に定めたために、実年代との間に数百年の開きを生じ、しかも『帝紀』の伝える歴代の代数を動かすことができないために、不自然な操作を行なったからである。すなわちこれらの作為は、単なる机上の制作ではなく、全く『帝紀』の記載を尊重した結果にほかならない。そして『帝紀』の記載を尊重する限り、神武天皇の史的実在は、これを確認することも困難であるが、これを否認することも、より以上に困難なのである。これに対して、『旧辞』は物語である。近世の関東地方の各地に、平将門や源義家に関する口碑が存在するように、古代の奈良盆地とくにその周辺地域には、磐余彦に関する多くの口碑(地名説話を含む)が存在したらしい。これを集成し、適当に配列して、磐余彦の大倭平定の物語が成立したものと考えられる。猛田県主や磯城県主などの諸氏族の祖先に関する伝承も、多くは一応この物語の大筋が成立してから、これに寄生したものが多いようである。ただ物部氏などに関しては、その固有の伝承が動かし難かったために、その祖先である饒速日命を、磐余彦と同格に天神の子とする説話が保存されたのであろう。物語の中に挿入された多くの歌謡は、資料的には、全く系統を異にするものであって、それらはすべてもと大伴氏に属した久米部に伝えられた久米歌である。その中から地名その他で説話の内容に関係があるらしく考えられるものを取り入れたものである。いま綜合して物語の原型を推測すると、それは磐余彦と長髄彦(登美彦)との二人の首長の争闘、そして磐余彦の勝利というきわめて単純な図式となる。そしてこれはおそらく皇室に古くから保存された伝承であろう。

近年この磐余彦の大倭平定説話を以て、崇神天皇・応神天皇、もしくは継体天皇などの事蹟を、より古代に反映させたものとする説がある。しかしこれらの諸説は、いずれもその論証がすこぶる不充分なばかりでなく、その前提となる崇神・応神・継体の事蹟の史実性についての吟味を欠いているために、信用することができない。これと対蹠的に、磐余彦の大倭平定説話の前段階を構成する東征説話に、北九州の邪馬台国が東遷した事実が含まれていると主張する説もある。しかしこれは津田左右吉が早く指摘したように、皇室の祖先を説明するために、天孫が日向に降臨したという説話が設定されたために、これを実在する大和朝廷に結びつける必要から作為されたものであって、全く史実性を認めることはできない。しかしそれは単なる作為というよりは、むしろイスラエル民族のエジプト脱出の伝承に類似する一種の信仰というべきものであろう。

参考文献 文部省編『神武天皇聖蹟調査報告』、佐藤小吉編『飛鳥誌』、津田左右吉『日本古典の研究』(『津田左右吉全集』一・二)、植村清二『神武天皇』(『日本歴史新書』)
(植村　清二)

畝傍山東北陵《うねびやまのうしとらのすみのみささぎ》 奈良県橿原市大字洞《ほら》にあり、旧字名を「みさんざい」(「みささぎ」の訛り)という。南面する円丘で、方形の濠が巡っており、陵前の鳥居は黒木を用いている。『日本書紀』によれば、天皇は七十六年三月十一日に崩御、翌年九月十二日当陵に葬るとあり、『古事記』には陵は「畝火山之北方、白檮尾上《かしのおのえ》」にありとし、『延喜式』諸陵寮の制は「兆域東西一町、南北二町、守戸五烟」で、遠陵に班している。天武天皇が壬申の乱(六七二年)で大和に陣した際、高市郡の大領に神教があって、当陵に馬や兵器を供えて祭らせたことがある(『日本書紀』)。『続日本紀』文武天皇四年(七〇〇)八月条には「宇尼備《うねび》」などの山陵の樹木が故なくして枯れたとあるが、当陵かどうかは明らかでない。円融天皇の時に、神武天皇の神託によって陵側に国源寺が創建されたと伝えられている(建久八年(一一九七)撰の『多武峯略記』)。同寺はその後荒廃して明らかでないが、現在当陵域内に遺存する一群の礎石は同寺のものといわれている。中世以後当陵に関して伝えるものはなく、ついに荒廃して所在を失うに至った。近世になり勤王の気運に伴って皇陵の関心も高まり、元禄九年(一六九六)松下見林は『前王廟陵記』において、畝傍山の東北慈明寺村の「神武田《じぶでん》」という所にある小丘を陵所とした。当所の字名は「みさんざい」といい、貝原益軒も同所をあてたが、元禄十一年江戸幕府の皇陵探索の時は、現在綏靖天皇陵になっている四条村の塚根山を陵として竹垣を巡らした。しかしいろいろ異説も出て、竹口尚重が畝傍山の北方にある洞村の丸山(一名、御殿山)を擬してからは、この説に従うものも多かったが、嘉永二年(一八四九)奈良奉行川路聖謨がその著『神武御陵考』において前記の神武田の小丘が真陵であると論じてからは、この方が有力となり、両者の正否は決めかねたので幕末の修陵の際、文久三年(一八六三)二月勅裁によって神武田の方を陵とし、大いに修理を施した。

参考文献 谷森善臣『山陵考』(『(新註)皇学叢書』五)、上野竹次郎『山陵』上
(中村　一郎)

しんゆ　信瑜 一三三三―八二 南北朝時代の僧、尾張宝生院(現在名古屋市中区大須二丁目に所在、大須観音の名で知られる。北野山真福寺)二世。古典書写蒐集上大きな功績を残した。元弘三年(一三三三)生まれる。宝生院は建久年間(一一九〇―九九)尾張国中島郡長岡荘大須郷に創建された観音堂をもとに、元亨ころに開かれた寺である。その開山能信は伊勢の神宮にこもり、霊夢を得たが、それが後醍醐天皇にきこえて当寺開山ののち、その帰依を得、一方で仏典ほか和漢の諸書を蒐集して、今日に伝えられる真福寺文庫の基礎を開いた。信瑜もそのあとをよく継承し、南朝また伊勢神宮祠官と結びついて、古典また伊勢神道諸書を書写蒐集した。『古事記』現存古写本中最古の真福寺本(国宝)は、信瑜が賢瑜に命じ応安四年(一三七一)に上・中巻を、翌五年下巻を書写させた上、信瑜自身が点検、遺漏を補ったものであるが、同様同年書写点検した『類聚神祇本源』のほか、『神皇

実録』『神皇系図』など、信瑜の時代に書写蒐集の諸本が多く残されている。永徳二年(一三八二)八月七日没。五十歳。

[参考文献]『名古屋市史』社寺編　(鎌田　純一)

しんよ　心誉　九五七—一〇四五　平安時代中期の天台宗僧侶。園城寺長吏。実相房僧正。京都の人で、左衛門佐藤原重輔の子。右大臣藤原顕忠の孫。天徳元年(九五七)に生まれる。智証大師門徒(園城寺)の観修・穆算の二師について、顕密二教の奥義を学んだ。験力をもって名声を博し、藤原道長・頼通の信任が厚く、怨霊調伏・息災延命などのために活躍した。長和三年(一〇一四)十月に権律師、寛仁元年(一〇一七)権少僧都に転じた。治安二年(一〇二二)道長の要請により法成寺寺務となり、智証門徒がもっぱら任じられる端緒となった。万寿元年(一〇二四)六月権大僧都。長元元年(一〇二八)十二月権僧正に進み、二年園城寺の長吏となった。寛徳二年(一〇四五)八月十二日に没した。八十九歳。

[参考文献]『宇治拾遺物語』一(『日本古典文学大系』二七)、『古事談』三、『元亨釈書』九、卍元師蛮『本朝高僧伝』四九(『大日本仏教全書』)　(佐々木令信)

しんよ　真誉　一〇六九—一一三七　平安時代後期の真言宗僧。字は持明房。延久元年(一〇六九)生まれる。姓氏・郷貫は不詳。幼くして高野山に登り北室院良禅に師事し、保安三年(一一二二)十月仁和寺成就院寛助より伝法灌頂を受けた。後世この流れを持明院流と称する。覚《かく》鑁《ばん》の高野登山後、真誉は彼に「御入定大事」「柿袋大事」などを授けたという。大治二年(一一二七)十一月白河・鳥羽両上皇臨席の高野山東西両塔落慶供養の時、白河院方の奥院御経供養導師を勤めた。のち高野山中に持明院を創建したが、長承二年(一一三三)十一月覚鑁創建の大伝法院の末寺となった。保延元年(一一三五)二月覚鑁の譲りをうけ金剛峯寺・大伝法院両座主に補されたが、東寺長者定海らの反対にあい翌年六月辞し金剛峯寺検校執行となったが、同三年正月十五日没した。六十九歳。著に『柿袋』がある。

[参考文献]　三浦章夫編『興教大師伝記史料全集』二、中野達慧『興教大師正伝』、櫛田良洪『覚鑁の研究』　(坂本　正仁)

しんらさぶろうよしみつ　新羅三郎義光　⇨源義光《みなもとのよしみつ》

しんらん　親鸞　一一七三—一二六二　鎌倉時代の僧侶。浄土真宗の開祖。別名を綽空、善信といい、愚禿と号し、明治九年(一八七六)諡号見真大師を追贈された。承安三年(一一七三)に生まれる。父は皇太后宮大進日野有範。九歳の春に出家し、青蓮院慈円(慈鎮)の門に入り、範宴少納言公と号したという。のち比叡山で堂僧を勤め修学したが、建仁元年(一二〇一)二十九歳の時、京都六角堂に百日参籠し、聖徳太子の示現により東山吉水の法然房源空を訪ね、弥陀の本願他力(専修念仏)に帰した。元久元年(一二〇四)十一月、叡山の念仏停止に関する圧力に対し、源空が門弟を制戒した『七箇条制誡』(京都嵯峨二尊院蔵)に、親鸞は僧綽空と署名しているが、翌二年源空からその著『選択本願念仏集』を付属された。この年、興福寺もまた源空の専修念仏禁止の奏状九ヵ条を朝廷に提出し、ために弾圧が強くなり、承元元年(一二〇七)二月、源空・親鸞・行空・幸西らは流罪に、住蓮・安楽らは死罪に処せられ、源空は土佐国(実は讃岐国)に、親鸞は越後国国府に流された(承元の法難)。時に親鸞は藤井善信の俗名を与えられたが、以後愚禿と自称し非僧非俗の生活を信条とした。やがて建暦元年(一二一一)赦免されたが、なお同国に留まり弘教に努めた。妻恵信尼(前越後介三善為則(為教)の女という)との結婚は、在京中とも在越中ともされている。ついで建保二年(一二一四)、家族を伴い上野国佐貫《さぬき》を経て常陸国に移ったが、以後約二十年近く同国笠間郡稲田郷辺に住し、伝道に努力した。この間、下野国高田の真仏・顕智、下総国横曾根の性信、常陸国鹿島の順信、同国河和田の唯円、下総国蕗田《ふきた》の善性、奥州大網の如信(親鸞の孫)など多くの有力門弟が輩出し、いずれも小集団を形成して初期教団を構成した。また主著『教行信証』は、東国所住中に初稿本を完成し、のち再三の推敲を重ねて晩年に及んだ。その後貞永元年(一二三二)六十歳のころ、京都に帰ったが、一定地に居住せず、また恵信尼らを同伴したか否かも諸説がある。恵信尼は少なくとも康元元年(一二五六)以前には、越後に帰り住んでいた。帰洛後は、源空門下聖覚・隆寛の他力念仏に関する論著などを書写し註釈して門弟教化の具にしたが、東国教団では、特に大きな問題として善鸞事件が起っている。すでに東国所住時代から、東国教団には異端者が現われつつあったが、帰洛後は造悪無碍、賢善精進、一念・多念、有念・無念などの異端が横行し、それは親鸞の子慈信房善鸞のために一層紛糾した。善鸞は正意を説くため親鸞の使として下ったとみられるが、やがてかえって異端者の先頭に立つに至った。善鸞の異端の内容については詳細ではないが、建長八年(康元元、一二五六)五月二十九日付親鸞の「義絶状」によると、

親鸞花押

親鸞自署

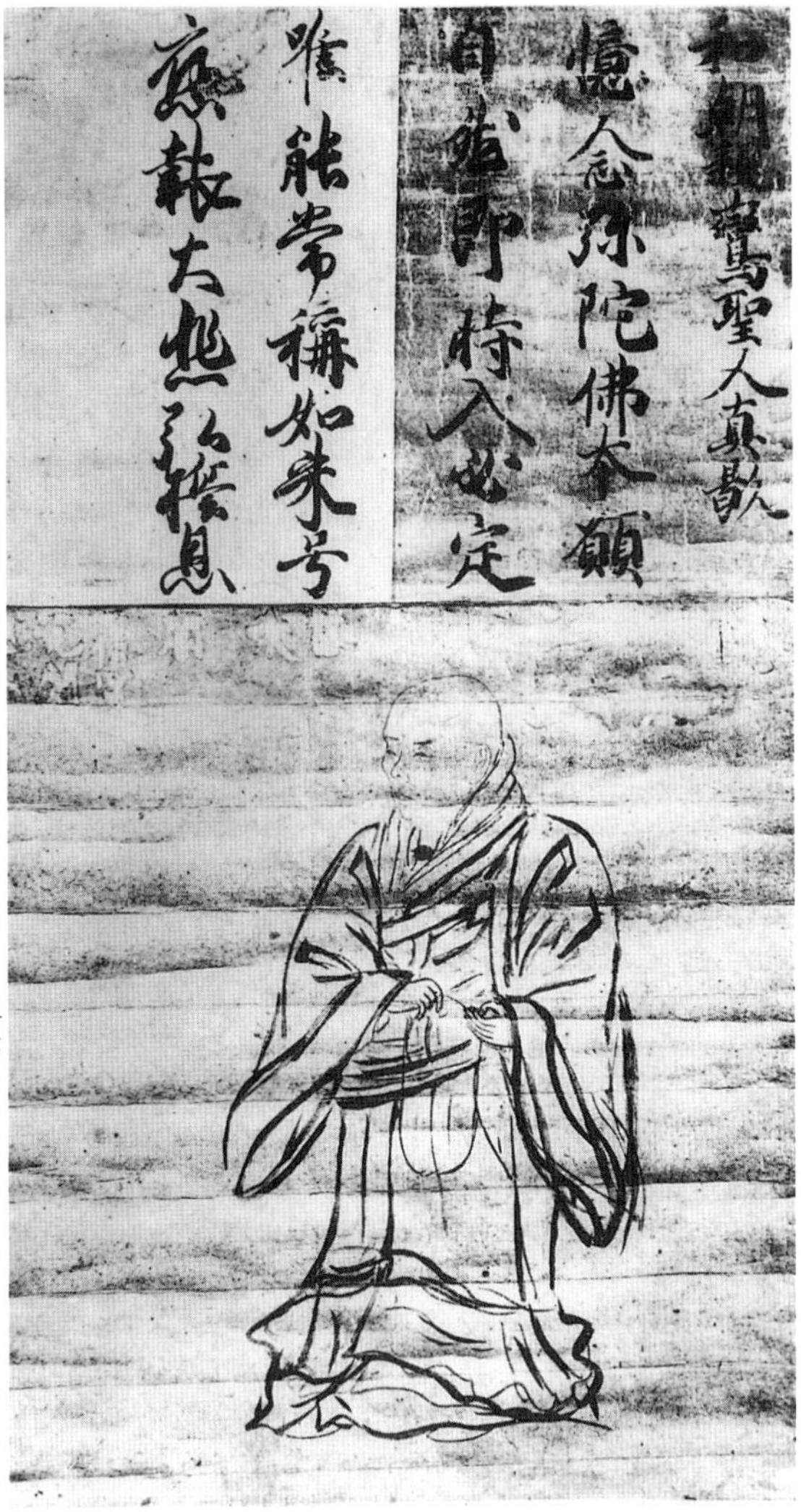

親鸞画像(専阿弥筆)

善鸞は、親鸞が東国門弟に説いた教えは虚言で、善鸞一人に夜に秘授されたものが正しいとし、教義の中心である阿弥陀仏の衆生救済の第十八願をしぼめる花に喩え、また継母にいい惑わされたと宣伝したり、東国門弟を鎌倉幕府や六波羅探題に訴えたりしたという。善鸞の事件は性信などの努力で幕府法廷の訴訟も治まったが、事実を知った親鸞は右の「義絶状」で親子の縁を断った。このころから親鸞の著作活動はより旺盛になり晩年に及んだ。弘長二年(一二六二)十一月二十八日、左京押小路南万里小路東の地(舎弟叡山東塔尋有の善法房と推定)に九十歳で没し、洛東鳥部野延仁寺で火葬し、大谷に納骨した。家族は、善鸞や印信・明信・道性の四男と覚信尼や小黒女房・高野禅尼の三女の七子があったと伝えるが、全部は確証しえないし、妻にも二人説・三人説がある。門弟は『親鸞聖人門侶交名牒』に下野・常陸・下総・武蔵・奥州・越後・遠江・洛中などの四十八名を載せ、その他に二十数名を数え得る。その教義は、信心為本、悪人正機、他力廻向《えこう》などの語で伝えられるごとく、自己の自力の行証のかなわぬ煩悩具足、罪悪生死の凡夫であることの徹底した自覚に基づき、ひたすら阿弥陀仏の側から廻向される凡夫救済の本願力に帰命し、信憑することを説くもので、その信心獲得《ぎやくとく》の念仏者は現生で正定聚(往生が確立した仲間)に入り、菩薩に等しい不退の位に住するといい、またあらゆる自力的精進や呪術的信仰を徹底して否定するものであった。著作は『教行信証』六巻をはじめ、『愚禿鈔』二巻、『浄土文類聚鈔』、『浄土和讃』『高僧和讃』『正像末和讃』、『皇太子聖徳奉讃』、『大日本国粟散王聖徳太子奉讃』、『入出二門偈頌』、『浄土三経往生文類』、『尊号真像銘文』、『一念多念文意』、『唯信鈔文意』、『如来二種廻向文』、『弥陀如来名号徳』などはなはだ多い。その他『末燈鈔』『親鸞聖人御消息集』『親鸞聖人血脈文集』などに収められた消息類や、唯円編『歎異抄』、『恵信尼文書』(西本願寺蔵)なども、親鸞の思想や行実などを知るに足る重要史料である。これらの著作・史料は、『真宗聖教全書』全五巻(うち二・四・五)、『親鸞聖人全集』全十八巻、『親鸞聖人真蹟集成』全九巻など多くに収められている。

参考文献 家永三郎『親鸞聖人行実』、教学研究所編『親鸞聖人行実』、辻善之助『親鸞聖人筆跡之研究』、鷲尾教導『恵信尼文書の研究』、中沢見明『史上之親鸞』、山田文昭『親鸞とその教団』、日下無倫『真宗史の研究』、藤原猶雪『真宗史研究』、宮崎円遵『親鸞とその門弟』、同『初期真宗の研究』、笠原一男『親鸞と東国農民』、松野純孝『親鸞』、赤松俊秀『鎌倉仏教の研究』、同『親鸞』(『人物叢書』六五)、古田武彦『親鸞思想』、『本願寺史』一

(柏原 祐泉)

親鸞像

す

ずいけいしゅうほう　瑞渓周鳳　一三九一―一四七三　室町時代臨済宗の僧。その名声は五山文学僧として一世を風靡した。臥雲山人・羖羊僧・刻楮子・竹郷子と号する。和泉堺の人で、明徳二年(一三九一)に生まれ、応永の乱で父を失い上京し、応永十一年(一四〇四)相国寺の無求周伸に師事、同二十年無求遷化により、その後は厳中周噩・天章澄彧・惟肖得巌に参じ、ことに学芸面の薫陶を受け、また南都興福寺の仏地院に赴き戒律・華厳を学んだ。永享八年(一四三六)八月、山城景徳寺(諸山)の官刹住持に任命され、入院して法を無求周伸に嗣いだ。同九年八月十刹の等持寺住持をつとめ、さらに同十二年八月相国寺第五十世住持となる。翌嘉吉元年(一四四一)同寺を退き、寺内に寿星軒を創めて隠居したが、同三年相国寺開山塔崇寿院の塔主となり、文安三年(一四四六)には相国寺鹿苑院塔主に任ぜられ僧録を司る。その後相国寺寿徳院・嵯峨大慈庵・北山鹿苑寺・岩蔵慈雲庵などに住し、その間、宝徳元年(一四四九)から同三年まで杜詩の講筵を催し、文明二年(一四七〇)には『臥雲夢語集』を撰述するなど文芸活動を行なった。将軍足利義教・義政に重んぜられ、文筆の才をもって幕府の外交文書作成にたずさわり、また永享十一年上杉禅秀の乱の調停使として関東下向を果たし、康正二年(一四五六)には再度鹿苑院僧録を勤め、さらに将軍義政の懇請で応仁元年(一四六七)にも同職を司るなど政治的才能をもち、幕府の政治・外交にかかわった。文明五年五月八日世寿八十三歳で慈雲庵において示寂。塔所は同庵および相国寺慶雲院に設けられ、同十四年後土御門天皇から興宗明教禅師と勅諡された。希宗友派・黙堂寿昭・春英寿芳・景甫寿陵などの法嗣を出し、横川景三・桃源瑞仙・景徐周麟などは学芸面で薫陶を受けた門下生である。著作は『臥雲日件録』、『臥雲稿』、『瑞渓疏』(『竹郷集』)、『刻楮』、『入東記』、『温泉行記』、『善隣国宝記』などがある。

参考文献　『大日本史料』八ノ六、文明五年五月八日条、玉村竹二『五山禅僧伝記集成』、今枝愛真『禅宗の歴史』(『日本歴史新書』)　(竹貫　元勝)

すいこてんのう　推古天皇　五五四―六二八　五九二―六二八在位。和風諡号は豊御食炊屋姫尊。諱は額田部。欽明天皇の皇女で、母は大臣蘇我稲目の娘堅塩媛《きたしひめ》。用明天皇の同母妹。崇峻天皇の異母姉。五五四年生まれる。七一年皇太子(敏達天皇)妃となり、七六年、前皇后広姫死没の後をうけて異母兄敏達天皇の皇后に立てられた。時に二十三歳。八五年三十二歳で敏達と死別し、その二年後には兄用明天皇が没し、九二年崇峻天皇暗殺の後、叔父蘇我馬子らに推され、女性としてはじめて皇位に登った。天皇はその諱から知られるように元来額田部の民を伝領したが、立后の翌年に設けられた私部をも支配するに及んで、その経済力は皇族の中でも擢んでたものとなった。崇峻天皇没時は三十九歳という分別盛りで、加えて叔父馬子とも親密であった。これらの要因が最初の女帝を生んだ背景であろう。『日本書紀』によれば九三年甥の厩戸皇子(聖徳太子)を皇太子に立てたとあるが、即位当初は長男竹田皇子と厩戸皇子との選択に迷って皇太子を立てず、六〇〇年ごろ竹田が没してはじめて厩戸を太子に立てて万機を委ねたとも推測される。在位中、冠位十二階の制定、十七条憲法の製作、遣隋使の派遣、『天皇記』『国記』の製作などのことがあったが、その間、官司制の整備・壬生部の設定にみられる皇室経済の基盤整備など政治・経済両面にわたる改革が推進された。六二二年聖徳太子の没後は蘇我氏への対応に苦慮したが、二八年三月七日皇嗣を定めぬまま七十五歳で世を去った(月日は『日本書紀』による)。推古朝は法隆寺に象徴される飛鳥文化の最盛期であった。　(黛　弘道)

磯長山田陵《しながのやまだのみささぎ》　大阪府南河内郡太子町大字山田にある。竹田皇子との合葬陵。『日本書紀』は遺詔により推古天皇を竹田皇子の陵に葬るとのみ記し、陵名を記さず、『古事記』は、御陵は大野岡上にあり、のちに科長大陵に遷すと記す。『延喜式』諸陵寮には、現陵名で「在河内国石川郡、兆域東西二町、南北二町、陵戸一烟、守戸四烟」と記し遠陵に入れる。『扶桑略記』康平三年(一〇六〇)六月二日条に、「河内国司、言上盗人擬推古天皇山陵之由」とあり、盗掘を受けた最初の陵である。当陵は江戸時代まで所伝があり、元禄の諸陵探索時に堺奉行は現陵の存在を報告している。墳丘は高さ約一八メートルほどの台地の端に位置し、南面する三段段築の方墳である。東西約六〇メートル、南北約五五メートル、高さ約一一メートル、東北隅が削られている。墳丘東側と前面には、幅八、九メートルの空堀があり、昭和五十四年(一九七九)の陵前境界線石垣設置工事区域の調査によると、空堀の堤は後世に水田上に築いたものである。墳丘の内部構造は、『文化山陵図』に「東之方に洞口石有之、下之方透より御石棺相見え申候」とあり、『河内国陵墓図』は「石棺露出の処三尺余、但南方正面なり」と記す。谷森善臣『諸陵説』所引の「田中貞昭の記」には、羨道《えんどう》の前面が崩落し、羨門《えんもん》が開口した折に内に入った実見談として、石室の広さ方一丈五、六尺、上下四方は盤石で畳み、精巧に磨いた石棺二基が左右に列び、右を推古天皇、左を竹田皇子と伝えていた旨を記す。

参考文献　上野竹次郎『山陵』上、陵墓調査室「昭和五十四年度陵墓関係調査概要」(『書陵部紀要』三二)　(石田　茂輔)

ずいしん　随心　⇩国阿《こくあ》

すいぜいてんのう　綏靖天皇　『日本書紀』『古事記』に第二代と伝える天皇。和風諡号は神渟名川耳《かんぬなかわみみ》尊。『日本書紀』によれば神武天皇の子で、母は事代主神の女の皇后媛蹈鞴五十鈴媛《ひめたたらいすずひめ》命。父天皇の死後、兄の神八井耳命とともに異母兄手研耳命を討って、翌年即位、都を葛城高丘宮に遷し、母皇后の妹の五十鈴依媛命（一説に磯城県主の女の川派媛、または春日県主大日諸の女の糸織媛）を皇后として安寧天皇を生み、在位三十三年、八十四歳（記では四十五歳）で没したという。（関　晃）

桃花鳥田丘上陵《つきだのおかのえのみささぎ》　奈良県橿原市大字四条町にあり、畝傍山の北北東にあたり、俗称を塚根山（あるいは塚山）という南面する円丘である。『日本書紀』によれば天皇は三十三年五月に崩じ、翌年（安寧天皇元年）十月当陵に葬り、『古事記』には陵は「衝田岡」にありと記している。『延喜式』諸陵寮の制は「桃花鳥田丘上陵」と称し兆域は方一町、守戸五烟で遠陵となっている。中世以来荒廃して所在を失ったが、近世になって元禄十一年（一六九八）幕府の探陵の際は畝傍山の西北にあたる慈明寺村のスイセン塚（一名主膳塚）があてられた。この時現在の所は神武天皇陵とされたが、文久三年（一八六三）に現在の陵に改定され、その跡はしばらくそのままになっていたが、近くに「ツキ田」という地名があることによって、明治十一年（一八七八）二月綏靖天皇陵に定められた。陵内にある文化五年（一八〇八）・文政八年（一八二五）の石燈籠は神武天皇陵として献上されたものである。

参考文献　谷森善臣『山陵考』（『（新註）皇学叢書』五）、上野竹次郎『山陵』上　（中村　一郎）

ずいせんじどの　瑞泉寺殿　⇨足利基氏《あしかがもとうじ》

すいにんてんのう　垂仁天皇　『古事記』『日本書紀』に第十一代と伝える天皇。活目入彦五十狭茅天皇（記は伊久米伊理毗古伊佐知命）・伊久米天皇などという。父は崇神天皇、母は大彦命の娘、皇后御間城姫。崇神天皇二十九年誕生、四十八年立太子、六十八年崇神天皇が亡くなると翌年纏向珠城宮に即位したという。先の皇后狭穂姫との間に誉津別皇子、後の皇后、丹波道主命の娘、日葉酢媛命との間に景行天皇ら三男二女、その他に十人前後の皇子女があった。記紀の所伝では誉津別の出生にまつわる狭穂彦・狭穂姫兄妹の謀叛事件が大きな比重を占めるほか、埴輪の起源・田道間守《たじまもり》の説話が有名。在位九十九年で崩じ、菅原伏見陵に葬られたという。（黛　弘道）

菅原伏見東陵《すがわらのふしみひがしのみささぎ》　奈良市尼辻《あまがつじ》町にある。『日本書紀』は安康天皇陵と同名の「菅原伏見陵」とし、『古事記』は「御陵在㆓菅原之御立野中㆒也」とする。『続日本紀』霊亀元年（七一五）四月庚申条は「櫛見山陵」とし「充㆓守陵三戸㆒」と記す。『延喜式』諸陵寮は現陵名で「在㆓大和国添下郡㆒、兆域東西二町、南北二町、陵戸二烟、守戸三烟」とし、遠陵に列する。『東大寺要録』雑事章は「菅原伏見野山陵」とする。江戸時代には蓬萊山と呼ばれた。元禄の諸陵探索時には、奈良奉行所は、蓬萊山を新田部親王墓の一説もあるが、地元では古来垂仁天皇陵と所伝の旨を記し、分明陵として報告している。墳丘は南面する三段段築の前方後円墳で、長軸の長さ二二四メートル、前方部幅一一九メートル、後円部径一二三メートル、高さ前方部一一・五メートル、後円部一八・五メートル、周濠がある。平地に築造されたように見えるが、外堤の基盤は東側が西側より四メートル余高く、台地先端の残丘を修形し築造されたものと考えられる。昭和四十年（一九六五）墳丘裾が崩壊し、裾廻りに護岸擁壁が設置された。崩壊は墳丘裾の葺石と段築の段の上に、濠を浚渫した泥土を、中世以後に盛土したことに起因する。陵前右側の濠内にある小円墳は、『文化山陵図』に「堀中南之方に橘諸兄公之塚有之候由、水中にて見へ不申」とあるが、幕末以来、「田道間守《たじまもり》の墓」と称されて製菓業者の信仰を得、陵域外の濠側にその拝所が設けられている。当陵周辺に散在する兵庫山ほか五基の小墳は陪冢《ばいちょう》に指定されている。当陵出土品には、宮内庁書陵部所蔵の盾・朝顔形円筒などの埴輪片がある。

参考文献　上野竹次郎『山陵』上、奈良県立橿原考古学研究所附属博物館編『（特別展）大和の埴輪』（『特別展図録』二二）、末永雅雄『古墳の航空大観』　（石田　茂輔）

すうざんきょちゅう　嵩山居中　一二七七―一三四五　鎌倉時代後期の入元禅僧。道号嵩山、諱は居中。建治三年（一二七七）、遠江国に生まれた。姓は源氏。正安元年（一二九九）に来朝した元僧の西澗子曇に詩才を認められ、のち建長寺に住した西澗に師事、その印可を得た。延慶二年（一三〇九）春、入元したが間もなく帰朝。文保二年（一三一八）再入元、古林清茂・中峰明本らに歴参六年、至治三年（元亨三、一三二三）秋帰朝。元弘二年（一三三二）南禅寺、延元元年（一三三六）建仁寺、康永元年（一三四二）円覚寺、同三年建長寺に住した。貞和元年（一三四五）二月六日没。六十九歳。建仁寺広燈庵と円覚寺瑞雲庵に分塔。諡号は大本禅師。語録に『嵩山集』がある。

参考文献　『大日本史料』六ノ八、貞和元年二月六日条、『臥雲日件録抜尤』（『大日本古記録』）、上村観光『五山詩僧伝』（『五山文学全集』五）、玉村竹二『五山禅僧伝記集成』　（伊藤　東慎）

すえおきふさ　陶興房　?―一五三九　戦国時代の武将。陶弘護の三男で、母は益田兼堯女。幼名三郎、のち中務少輔。兄武護早世のあとを承けて家督を継ぐ。人となり寡言重厚、文武兼備、ことに禅に心を傾けた。大内氏筆頭の家臣、周防守護代となる。永正五年（一五〇八）主君大内義興が足利義稙を擁して上京するや義興に近侍して謀にあずかり、軍事には前駆をつとめた。同九年尾張守と改める。同十年法名を祥岩道麟と撰したが、俗名の活動を続けた。大永二年（一五二二）防長豊筑芸石の兵の総将に任ぜられ、それより連年安芸・備後に出兵して領国拡大と安定につとめた。享禄元年（一五二八）義興の死に

あい義隆に仕えた。同二年尾張守を辞し、剃髪して道麟あるいは道麒と称した。天文元年(一五三二)北九州出征の主将となり、同三年冬まで各地に転戦、少弐資元・冬尚父子を事実上降してほぼ目的を達成した。同八年四月十八日没。法名大幻院殿透麟道麒大居士。妻は叔父弘詮女。長男興昌父に先んじて死し次男隆房(晴賢)嗣ぐ。墓は山口県周南市土井の建咲院にある。

参考文献 近藤清石編著『大内氏実録』、福尾猛市郎『大内義隆』(『人物叢書』一六)

(福尾猛市郎)

陶晴賢花押

すえはるかた 陶晴賢 一五二一—五五 戦国時代の武将。興房の次男で母は陶弘詮女。大永元年(一五二一)生まれる。幼名五郎、初名隆房。一説に美少年で主君大内義隆に寵愛されたという。しかし父と異なり文事の嗜みがなかった。天文六年(一五三七)従五位下、中務権大輔。同八年家督相続。翌九年尼子氏の南侵に対して安芸に出陣、これを退けた。十一年大内氏の総力をあげての出雲征服を唱えて義隆のもとに従軍、翌年大内勢大敗して山口に引き揚げた。隆房はその責任を義隆の奢侈・文事への傾倒などに帰したようである。同十四年尾張守を称し十七年従五位上に進む。そのころから武断派の中心となって義隆とその側臣相良武任ら文治派と激しく対立し、重臣中にはひそかに義隆に対して隆房を除くべしと進言するものがいたが義隆には決断がつかなかった。同十九年九月十五日山口の仁壁・今八幡両社例祭に義隆参詣の道を襲う計画ありとの風聞ひろまり、義隆は参詣を中止し、隆房もその無実を陳弁してその場は収まった。しかし十一月所領周防国都濃郡富田(山口県周南市富田町)に帰り、これより長期不出仕となり、着々謀叛計画を進め、二十年に入ると豊後大友氏に通じて義鎮の弟晴英を主君に迎える同意を得た。八月二十九日叛乱軍は山口市中に入り、大内氏諸重臣の兵まで連合した形をとって大内殿中はじめ文治派の居宅を荒らし廻り、義隆主従は夜陰に乗じて逃げたが、京都から来ていた公家たちはすべて殺された。土民まで叛乱に加わったようで、隆房はかねてより領民が苛税に苦しむのは義隆の奢侈と文事の結果であると宣伝していた。九月一日義隆主従は大寧寺(長門市)で自決、やがて隆房は晴賢と改名、二十一年大友晴英を主に迎え大内義長と改名させた。同年剃髪。二十二年石見の吉見正頼が晴賢に叛き、翌年には安芸の毛利元就も叛した。弘治元年(一五五五)九月晴賢みずから安芸国厳島の毛利方を討つべく渡島した。元就も夜陰に乗じて渡島、十月一日未明晴賢本陣を急襲して潰滅させ、晴賢自刃して果てた。三十五歳。法名は呂翁全薑大居士。墓は広島県佐伯郡廿日市町の洞雲寺にある。

参考文献 近藤清石編著『大内氏実録』、及川儀右衛門『毛利元就』、福尾猛市郎『大内義隆』(『人物叢書』一六)

(福尾猛市郎)

すえひろあき 陶弘詮 ?—一五二三 室町・戦国時代の武将。弘房の男。母は仁保盛郷女。幼名三郎。父が一族右田弘篤の遺領を継いで右田氏を称したのを承け、寛正六年(一四六五)その遺領を継ぐ。中務、のち兵庫頭。文明十年(一四七八)兄弘護とともに少弐氏を攻めて功あり、また同十一年冬弘護に代わって筑前守護代となる。のち陶氏に復したがそれは同十四年兄死し遺子幼少により陶家を宰したためと主君大内政弘の名代として上洛するについて陶の方がふさわしかったためと思われる。系図には「暫称陶氏」とあるが、文書類によれば後年まで陶を称している。永正十四年(一五一七)家を子隆康に譲り、ついで安房守と改め、大永三年(一五二三)十月二十四日没。生前より法名を鳳梧真幻昌瑞という。弘詮は『吾妻鏡』に傾倒したことでも知られ、文亀より大永に至る二十ヵ年を費やして諸本を捜索し、完本の書写を志とした。『吉川本吾妻鏡』四十七冊(四十七巻)と年譜一冊がその成果。他本を補うにたる記事も多い。第四十七巻に跋文があり、大永二年九月五日付である。

参考文献 近藤清石編著『大内氏実録』、田村哲夫「守護大名「大内家奉行衆」」(『山口県文書館研究紀要』五)

(福尾猛市郎)

陶弘護花押

すえひろもり 陶弘護 一四五五—八二 室町・戦国時代の武将。弘房の男、母は仁保盛郷女。康正元年(一四五五)九月三日生まれる。幼名鶴寿丸、通称五郎。天性俊邁といわれ和歌もよくした。応仁の乱に大内政弘のもと父と従う。文明元年(一四六九)加冠、主君政弘の偏諱を受けて弘護と名づけ、ついで越前守。同二年周防守護代となり大内氏中枢の政治にあたる。同年政弘の伯父大内教幸の叛乱に誘われたが従わず、翌年これを滅ぼした。同六年尾張権守。同九年主君政弘京より帰国するや、弘護は留守の功を讃えられ、これより日常座臥君側に侍した。同十年筑前守護代として少弐氏征討に従い、翌年帰国した。同十四年五月石見津和野の吉見信頼が政弘に来謁、よって政弘は二十七日宴を設けて諸将を饗応した。席上弘護は信頼と争いこれを刺殺したが、弘護もまた信頼に刺されて没した。行年二十八。法名昌竜院殿建忠孝勲大居士。

陶弘護画像

妻は益田兼堯女。子息幼少のため弘護の弟弘詮が家事を宰した。

参考文献 『大日本史料』八ノ一四、文明十四年五月二十七日条、近藤清石編著『大内氏実録』

(福尾猛市郎)

すおうのないし 周防内侍 生没年不詳 平安時代後期の女流歌人。本名、平仲子。父平棟仲は参議親信の孫、安芸守重義の子で、両度の源大納言師房家歌合に参加する歌人、和歌六人党の一人。母は加賀守源正職の娘。仲子は長元九年(一〇三六)から長久初年ころの誕生で、後冷泉朝に出仕、父の任国により周防内侍と呼ばれた。以後、後三条・白河・堀河の四朝に奉仕し、掌侍としての動向は『中右記』にみえる。藤原親子(白河院乳母)や、藤原顕季・藤原通俊など歌人と広く交渉を持つ。源信宗(小一条院の子)の愛人であった。『讃岐典侍日記』天仁元年(一一〇八)十一月二十四日条の記事により、それまでの生存が確認できるが、天永二年(一一一一)十一月に没した大江匡房に先だち出家、間もなく没したと見られる(『江帥集』)。『後拾遺和歌集』以下の勅撰集に三十五首入集。家集『周防内侍集』一巻(九十六首)がある。康和四年(一一〇二)の『堀河院艶書合』など晩年の詠を含まぬので、家集は自撰と見られる。

参考文献 上村悦子『王朝女流作家の研究』、増淵勝一『平安朝文学成立の研究—散文篇—』、稲賀敬二「周防内侍伝考」(『国語と国文学』三一ノ八)、同「周防内侍集(本文篇・研究篇)」(『私家集研究』一)

(稲賀 敬二)

すがののまみち 菅野真道 七四一—八一四 平安時代前期の公卿。『続日本紀』の撰者の一人。旧氏姓は津連。百済国貴須王の孫辰孫王の子孫といい、父の名は山守。天平十三年(七四一)生まれる。宝亀九年(七七八)二月、少内記となり、近江少目・右衛士少尉を経て、延暦二年(七八三)正月、正六位上より外従五位下に叙し、右衛士大尉・左兵衛佐などの武官を歴任。同四年十一月、東宮学士となり、皇太子安殿親王(平城天皇)の即位までこの任にあった。その後、図書助・図書頭・治部大輔・民部大輔・左大弁などを歴任。この間、延暦九年七月、津連を改めて菅野朝臣の氏姓を賜わり、翌十年ごろから『続日本紀』の撰修に携わった。同二十四年正月、参議となり、同年十二月、藤原緒嗣と天下徳政のことを相論し、軍事と造作とを停止すべしと主張する緒嗣に異議をとなえた。その後、大宰大弐・民部卿・大蔵卿を兼任し、大同四年(八〇九)三月、従三位に昇った。弘仁五年(八一四)六月二十九日没。七十四歳。

菅野真道自署

参考文献 坂本太郎『六国史』(吉川弘文館『日本歴史叢書』二七)

(佐伯 有清)

すがわらのありよし 菅原在良 一〇四三—一一二二 平安時代後期の漢詩人・歌人。父は文章博士定義で、母は藤原実方の女。長久四年(一〇四三)生まれる。文章博士・摂津守を経て、天永二年(一一一一)十二月、鳥羽天皇の御読書始に侍読を務め、同月式部大輔に任じた。同年、藤原敦宗・同正家・大江匡房らが相ついで他界した後、翰林の棟梁となり、名声を得た。作品は『本朝続文粋』『本朝無題詩』『教家摘句』『中右記紙背漢詩集』などに収める。在良はまた和歌をよくし、『新勅撰和歌集』以下の勅撰集に五首入撰したほか、家集『在良朝臣集』がある。ほかに『懐中抄』があったが散佚した。保安三年(一一二二)十月二十三日没。八十歳。

菅原在良花押

(篠原 昭二)

すがわらのきよとも 菅原清公 七七〇—八四二 平安時代初期の文人。宝亀元年(七七〇)に古人の四男として生まれる。幼少より経史に通じ、十五歳の時に東宮に侍し、二十歳で文章生、二十九歳で対策に及第し大学少丞となる。遣唐判官として延暦二十三年(八〇四)入唐し翌年帰朝、従五位下大学助となる。大同元年(八〇六)尾張

介となり、以後大学頭・左少弁・式部少輔などを歴任する。弘仁九年(八一八)彼の献議により儀式や衣服など唐風に改める詔が下る。翌年文章博士を兼ねて『文選』を講じ、つづいて式部大輔・左中弁・右京大夫・弾正大弼などに任じ、天長元年(八二四)播磨権守として京を出たが諸卿の議奏で再び召され、承和六年(八三九)従三位に叙せられて牛車で参内することを勅許された。同九年十月十七日没。七十三歳。性仁愛にして殺伐を好まず造仏写経を勤めとした。『令義解』や勅撰三集の撰者として名を列ね、詩文集『菅家集』は散佚したが十七首の詩を残す。嵯峨天皇側近の文人官僚であり、儒家として菅原氏の基礎を確立した。　（大曾根章介）

すがわらのこれよし　菅原是善　八一二—八〇　平安時代前期の文人学儒。弘仁三年(八一二)式部大輔清公の四男として生まれる。幼時より聡明で、十一歳の時童殿上し、帝前で書を読み詩を賦した。承和元年(八三四)秀才に挙げられ、同六年対策登科した。大内記・文章博士・春宮学士・大学頭・左京大夫・弾正大弼・刑部卿・式部大輔などを歴任し、美作・伊予・備前・播磨・近江などの国守となり、貞観十四年(八七二)参議、元慶三年(八七九)従三位に叙せられた。文徳天皇の侍読として『文選』『漢書』を進講し、つづいて清和天皇に『群書治要』を進講した。詔書・願文・鐘銘などを起草し、都良香らとともに『文徳実録』の編集に加わり、また大江音人らと『貞観格式』の選定にも参加した。『東宮切韻』、『銀牓翰律』、『集韻律詩』、『会分類集』(『会昌分類集』)などを著わしたが、今伝わらない。菅相公と称せられ、家集『菅相公集』十巻があるが今佚する。菅原道真の父。元慶四年八月三十日没。六十九歳。詩二首が『日本詩紀』にある。

参考文献　和田英松『本朝書籍目録考証』、川瀬一馬「東宮切韻について」(『古辞書の研究』所収)、川口久雄「是善の人と作品」(『平安朝日本漢文学史の研究』上所収)　（川口　久雄）

すがわらのすけまさ　菅原輔正　九二五—一〇〇九　平安時代中期の文学者。北野宰相といわれ、菅相公とも吏部侍郎ともいわれた。菅原在躬の子、母は同景行の女。延長三年(九二五)生まれる。天暦四年(九五〇)文章得業生、右少弁、さらに東宮学士、文章博士に累進し、円融・花山二代の侍読となる。長徳二年(九九六)参議・式部大輔を兼ね正三位に叙せらる。漢詩文をよくし、大江匡衡・藤原行成・源為憲・藤原為時らとの交遊が知られる。詩文は、『本朝文粋』真福寺本に「同融院願文」があり、『本朝世紀』に「東三条院八講咒願文」その他、『政事要略』二五、『朝野群載』二、『本朝麗藻』下などにも収められている。『菅相公草』一巻は今佚する。仏教に篤く、大宰府にあって多宝塔を創建。寛弘六年(一〇〇九)十二月二十四日没。八十五歳。

参考文献　『大日本史料』二ノ六、寛弘六年十二月二十四日条、川口久雄「本朝麗藻の詩人」(『平安朝日本漢文学史の研究』中所収)　（川口　久雄）

すがわらのたかすえのむすめ　菅原孝標女　一〇〇八—?　平安時代後期の女流作家、歌人。本名不詳。父孝標は道真五世の嫡孫。母は藤原倫寧《ともやす》の娘(『蜻蛉日記』の作者の異母妹)。寛弘五年(一〇〇八)生まれる。寛仁元年(一〇一七)父とともに任国上総に下り、同四年九月上京する。上京の折の旅の体験をはじめ五十余歳の晩年までの大要は日記にくわしい。上総に同行し、上京後離別した継母上総大輔は紫式部の娘(大弐三位)の姪にあたり、文学的環境に恵まれた孝標女は、歌人として『新古今和歌集』以下に入集し、『更級日記』を残した。また『夜半の寝覚』『浜松中納言物語』、今日伝わらない『みづから悔ゆる』『朝倉』等の物語の作者であるとも伝える(『更級日記』定家本勘物)。孝標女の男性との交渉は、宮仕えの間長久三年(一〇四二)から寛徳元年(一〇四四)にかけての源資通、結婚した夫橘俊通の二人が知られる。また万寿元年(一〇二四)に死んだ姉の遺児の母代りになって、その父との交渉も生まれたとすれば、それが万寿二年の日記に「雫に濁る人」と朧化されて登場する男性で、孝標女の初恋の相手だったかもしれない。日記には若いころ、物語に熱中したことを後悔している口ぶりであるが、それは日記の主題を一貫させるためのものであろう。関心の深いことをあからさまに口にしない彼女の性格に照らして、宮仕えでも結婚でも満たされない女性の思いを、虚構の物語創作を通して綴ったと考えられる。

参考文献　池田利夫「菅原孝標像の再検討—更級日記との関連に於て—」(『国語と国文学』五五ノ七)、犬養廉「孝標女に関する試論」(同三一ノ一)、稲賀敬二「孝標女の初恋の人は「雫に濁る人」か」(同四五ノ一二)　（稲賀　敬二）

すがわらのためなが　菅原為長　一一五八—一二四六　鎌倉時代前期の儒学者。保元三年(一一五八)菅原氏高辻家に長守の子として生まれ、文治三年(一一八七)叙爵、兵部少輔・式部少輔・大内記などを歴任、元久元年(一二〇四)正月文章博士となり同年四月土御門天皇の侍読となった。建暦元年(一二一一)十二月従三位に叙し非参議となり、その後、備後権守・大蔵卿などを経て承久三年(一二二一)正月正三位に叙せられ式部大輔を兼任。寛喜元年(一二二九)後堀河天皇の侍読となり、嘉禎元年(一二三五)正月参議に進み勘解由長官を兼ね、同三年十二月参議を辞し従二位に叙せられたが、勘解由長官などは元のごとくであった。仁治元年(一二四〇)十一月正二位に昇叙され寛元四年(一二四六)三月二十八日、八十九歳で没した。彼は家伝の旧註で儒書を講じ、特に『貞観政要』の講義を得意とし、尼将軍平政子の需めに応じてこれを和訳した(『仮名貞観政要』、正保四年(一六四七)刊)。彼は儒

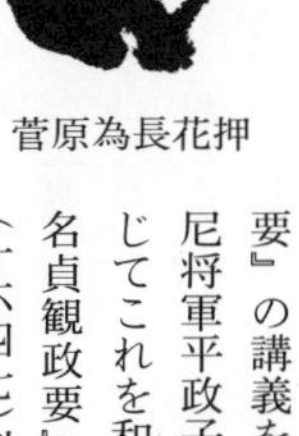
菅原為長花押

学のほか和歌もよくして、その作歌が『続古今和歌集』『続拾遺和歌集』に採られ、また朝廷の故実典礼にも通じ、よく長寿を保ったので国の重器として重んじられた。なお『文鳳鈔』十巻を編している。

参考文献 『大日本史料』五ノ二〇、寛元四年三月二十八日条、山崎誠「菅大府卿為長伝小考」(『国語国文』四八ノ七).

(芳賀幸四郎)

すがわらのひろさだ 菅原広貞 ⇩出雲広貞《いずものひろさだ》

すがわらのふみとき 菅原文時 八九九―九八一 平安時代中期の儒者。道真の孫。高視の子。母は菅原宗岳の女。菅三品と呼ばれる。昌泰二年(八九九)生まれる。承平三年(九三三)文章生。同五年穀倉院の学問料を支給され、承平の末に文章得業生。天慶五年(九四二)対策及第。その後、内記、弁官を歴任。天徳元年(九五七)六月文章博士となる。天徳年中には大学頭もつとめる。応和二年(九六二)に従四位下となる。康保元年(九六四)七月、式部権大輔、天元元年(九七八)十月十七日式部大輔に転じる。同四年正月七日、従三位となり、同年九月八日に没。八十三歳。彼は自分の経歴を二度にわたって「申従三位状」(天延二年(九七四)十一月十一日・天元三年正月五日、『本朝文粋』)に述べている。延長の初め内御書所に候し、内記を十余年、弁官に九年、式部権大輔十余年に及ぶ。内記時代に、五畿七道の諸神の名号の訛や階級の誤りを考正した。弁官に仕えても、詔命により、『叙位略例』一帙、目録とともに十一巻を撰ぶ。また、撰国史所の仕事にも従事した。彼は「吏部之労、往古無レ比」と主張し、「尋二高祖父清公朝臣之往跡一、遂変二八座無レ期之思一、偏仰二三品有レ例之恩一、是則以下公卿者依レ有二員数一而難レ拝、階級者為レ無二定数一可上レ易レ昇也」と語っている。ここに

菅原文時自署

朝堂での彼の位置が理解できる。天徳元年に封事三箇条を上る。学者として彼には弟子が多い。慶滋保胤もその一人である。作品は『本朝文粋』『扶桑集』などにみられる。『江談抄』からは、彼のエピソードの一端が知られる。『仁和寺御室御物実録』にみられる彼の自署からもあきらかなように、書にすぐれており、『尺素往来』によると、三賢につぐと絶賛されている。著書に、『文芥集』(今佚)、『教童指帰抄』(逸文)などがあげられる。

参考文献 『大日本史料』一ノ一八、天元四年九月八日条、『大日本史』二一四、川口久雄『平安朝日本漢文学史の研究』、柿村重松『本朝文粋註釈』、江談抄研究会編『古本系江談抄注解』、真壁俊信『天神信仰史の研究』、同『天神信仰と先哲』、読史生「菅原文時が三位博士と石川雅望が宗匠とにつきて」(『国学院雑誌』二ノ三・四)、栗田淳綱「菅原文時の封事に就いて」(『史学雑誌』三三ノ二・三)

(真壁 俊信)

すがわらのみちざね 菅原道真 八四五―九〇三 平安時代前期の学者・政治家。承和十二年(八四五)生まれる。父は菅原是善。母は伴氏。菅原氏は奈良時代の古人以来代々の学者の家であった。道真の祖父清公、父是善はいずれも学者の誇りとする文章博士・式部大輔に任じ、公卿の地位に列した。道真も幼少より父の厳格な教育をうけ、十一歳で詩を賦した。貞観四年(八六二)文章生、同九年文章得業生となり、同十二年方略試を受けて合格した。時に二十六歳である。これより順調に官途を進み、少内記から民部少輔を経、元慶元年(八七七)式部少輔・文章博士に任じた。学界はこの道真の昇進を快しとせず、いろいろないやがらせをした。特に同四年八月父是善が没してから、道真はいよいよ学者の非難の矢面てに立った。かれは博士である一方、父祖の経営した私塾である菅家廊下を背負ったからである。この廊下から出た秀才・進士は百人に近く、隠然たる学界の一勢力であった。同七年渤海客使裴頲らが加賀国に到着したのを迎えるために加賀権守を兼ね、かりに治部大輔の事を行えという命をこうむり、裴頲と詩を唱和し、接伴員としての任を果たした。仁和二年(八八六)道真は讃岐守に任ぜられ、文章博士・式部少輔の任をはなれた。これは菅家門下の勢いが隆盛をきわめるのを恐れた学者たちが、一時道真を地方に転出させ一派の勢いを抑えようとした運動が効を奏したのでもあろう。讃岐在任の四年間はかれにとっては無聊に苦しんだ毎日であった。しかしかれは熱心に国務にあたり、地方人民の生活を直接に知り、他日国政の衝にあたる素地を培ったといえる。またこの間に阿衡《あこう》問題(阿衡の紛議)が起ったが、道真は藤原基経に意見書を呈出し、この問題が学者の将来を萎縮させ文章を廃滅させるであろうことを憂え、基経自身のためにも何ら得るところはないことを諄々と説き、阿衡の詔書の作者橘広相のために適切な弁護を試みた。寛平二年(八九〇)国司の任期を終え、帰京してからの出世はめざましい。同三年蔵人頭・式部少輔・左中弁に任じた。宇多天皇の信任を得て、一躍政治の中枢部に関与したといえる。同六年には遣唐大使に任ぜられたが、派遣の事は実現されずに終った。この理由については古来いろいろの議論があるが、そのころ遣唐使が奈良時代の昔のような意義を失っていたことは事実である。珍奇な唐物の輸入は毎年来航する商船によってまかなわれていたし、巨大な組織となった使節の派遣に要する費用も財政上の負担となっていた。そして当時唐は凋弊し、使節が安全に唐の都に達することができるかどうかも不安の材料であった。もっともこれらのことは十分に知られた上で、なお遣唐大使を任命しているのだから、実行を中止した理由は別に求めねばならなくなる。直接の動機は、六年九月十四日付で提出した道真の、諸公卿に遣唐使の進止を議定することを請うた奏状にもとづき、停止を決定したのであるが、任命はその一月前の八月二十一日なのである。任命後一月もたたないうちに実行をやめるのは、初めから実行の意志のない形式だけの任命であったのではないか。大使

の道真、副使の紀長谷雄は、停止決定後もなおその官衙には大使・副使の職を称すること数年に及んでいる。この間かれの官位の昇進は急である。七年十月中納言に任じ従三位に叙した。父祖は三位にまで進んだが、中納言に任じた者はなかった。かれは五十一歳の若さで父祖を超えた官職に就いたのである。この年春宮権大夫を兼ねたが、これは天皇が東宮の輔導に道真の力を期待したからである。九年権大納言に任じ右大将を兼ねた。同日藤原氏の家督時平も大納言に任じ左大将を兼ねた。良房・基経と代々群臣の上首を占めた藤原氏にとって、まさにそれに雁行しようとする道真の官位昇進は基経の嫡子時平にとっては目の上の瘤である。この年宇多天皇は譲位し醍醐天皇の時代となる。昌泰二年(八九九)時平は左大臣・左大将に、道真は右大臣・右大将に任じ、両者の地位の拮抗にゆるぎはない。そこで時平およびその一味は、道真の女が天皇の弟斉世親王の室となっているから、ひそかに廃立を企てていると讒言し、延喜元年(九〇一)突如として、道真は大宰権帥に左遷された。官途にあった四人の男子も諸国に左遷せられ、顕栄の座をきわめた道真に思いがけぬ悲運がおとずれた。大宰府での生活は窮迫をきわめ、病魔にも犯された。そして同三年二月二十五日大宰府で没した。五十九歳である。遺言によって大宰府に葬る。そこが安楽寺であるという。道真は文人学者として古今にたぐい稀な人であった。その詩文は『菅家文草』『菅家後集』として伝わるが、唐の詩文の形を自家薬籠中のものとし、日本的な情緒を表わした作品は絶妙をきわめる。歴史家として『三代実録』の撰修に与り、『類聚国史』も編修した。後世かれの冤が明らかにされ、朝廷や藤原氏に不幸も続いたので、その霊魂を慰めるために正暦四年(九九三)正一位・太政大臣を贈られた。また天満天神として崇められ、京都の北野に祭られた北野神社は二十二社の中にも加えられた。

参考文献 『大日本史料』一ノ三、延喜三年二月二十五日条、太宰府天満宮文化研究所編『菅原道真と太宰府天満宮』、坂本太郎『菅原道真』(『人物叢書』一〇〇)
(坂本 太郎)

すがわらのみねつぐ 菅原岑嗣 七九三―八七〇 平安時代前期の医家、『金蘭方』の撰者の一人。延暦十二年(七九三)左京に生まれる。父は医師で『大同類聚方』の撰者の出雲広貞。医術に精通し、医得業生に補され、弘仁十四年(八二三)医博士に任じ、天長四年(八二七)内薬佑を兼ね、同七年侍医となる。累進し天安二年(八五八)典薬頭となるが、貞観五年(八六三)これを辞し隠棲し、同十年出雲姓を改めて菅原とした。清和天皇の勅を奉じ、物部広泉らとともに医学全書たる『金蘭方』五十巻を貞観十年に完成せしめた。しかし本書は今日に伝わらず、流布本は偽作とされる。後裔には名医が続出し、菅原姓を称して一派をなした。貞観十二年三月三十日没。七十八歳。

参考文献 富士川游『日本医学史』、山田重正『典医の歴史』
(長門谷洋治)

すけさだ 祐定 室町時代の備前国長船(岡山県瀬戸内市長船町)の刀工で、鎌倉時代に始まる名門長船派の最後を飾る。祐定家は余程人気があったと見え、祐定銘をきる刀工は六十余人もいたといい、その中でも永正・大永年間(一五〇四―二八)の与三左衛門尉祐定や彦兵衛尉祐定は同期の次郎左衛門尉勝光・宗光兄弟と並んで名工の名が高い。降っては天文年間(一五三二―五五)に源兵衛尉祐定がいる。蟹の爪と呼ばれる複式互《ぐ》の目文や直刃をやく。
(加島 進)

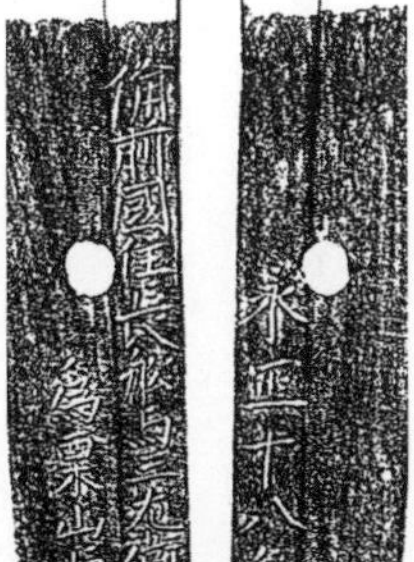
祐定押形

すけざね 助真 生没年不詳 鎌倉時代中期の備前国福岡(岡山県瀬戸内市長船町)の刀工。一文字派に属し、銘は「助真」と二字にきる。華麗な丁子《ちょうじ》乱れ刃を焼いたが、同派の多くが匂出来であるのに対し、沸《にえ》出来を得意とした。後年同国の国宗とともに鎌倉に移って相州物の樹立に貢献したとの説がある。名品が少なくなく国宝は二口あり、うち一口の日光東照宮の太刀は出来映えのすばらしさに加え、加藤清正から徳川家康に贈られ、家康は特に秘蔵したという由緒を伴い有名である。

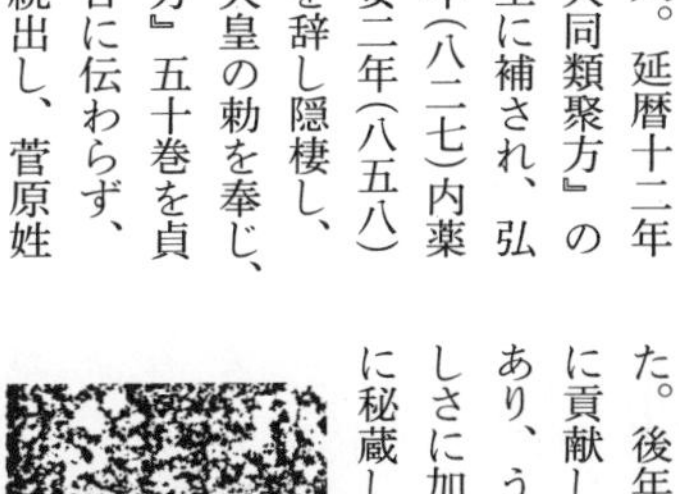
助真押形

参考文献 本間順治編『正宗』(至文堂『日本の美術』一四二)
(加島 進)

すげのあそまろ 習宜阿曾麻呂 ⇨中臣習宜阿曾麻呂《なかとみのすげのあそまろ》

すけひとしんのう 輔仁親王 一〇七三―一一一九 後三条天皇の第三皇子。三宮と称される。母は参議源基平の女、女御准三宮基子で、小一条院の孫にあたる。延久五年(一〇七三)正月十九日誕生。承保二年(一〇七五)親王宣下。後三条天皇は皇位を白河天皇から基子所生の実仁親王へ伝え、さらに輔仁親王へ伝えるよう遺詔したといわれるが、白河天皇が皇子の堀河天皇に譲位したため、仁和寺花園の地に風月を友として閑居した。その後、鳥羽天皇の永久元年(一一一三)、親王の護持僧仁寛を首謀者とする天皇暗殺陰謀事件が起り、親王は塩小路烏丸第に閉門謹慎するに至った。元永二年(一一一九)十一月二十四日病により出家、二十八日四十七歳をもって烏丸第に薨去、十二月五日観音寺北辺に葬られた。時人は「才智甚だ高く、能は文章に有り」(『中右記』)と評して不遇の死を悼んだが、その詩歌は『本朝無題詩』や『金葉和歌集』などに多数収められている。

参考文献 竜粛「三宮と村上源氏」(『平安時代』所収)
(橋本 義彦)

すけひら 助平 生没年不詳 平安時代後期の備前国の刀工。一般にいう古備前ものの一人。包平・高平とともに備前の三平といわれる。「備前国助平」と長銘にきる。遺品は少なく御物と東京国立博物館に一口ずつあり、姿は細身で、反りが高く、地は板目鍛え、刃は小沸《こにえ》のよくついた小乱れ刃を焼く。

助平押形

参考文献 広井雄一編『備前鍛冶』(至文堂『日本の美術』七三)
(加島 進)

すけみつ 祐光 備前国長船(岡山県瀬戸内市長船町)の刀工で、南北朝時代から室町時代にかけて数代いる。南北朝時代の作には徳川黎明会に「三貫 備州長船祐光 藤原六郎左衛門作 主薩摩助□□」「至徳三年(一三八六)十月日」銘の剣があり、三貫は価格、主薩摩助某は注文主、六郎左衛門は俗称であって、いろいろの事柄を具体的に記した好例である。室町時代の祐光は永享から文明にかけての各年紀作が知られている。長船派の勝光・宗光・忠光らと肩を並べる代表工であった。

祐光押形

(加島 進)

すけむね 助宗 生没年不詳 鎌倉時代の備前国福岡(岡山県瀬戸内市長船町)の刀工。父の則宗を助けて一文字派を創立した。また父とともに後鳥羽院の番鍛冶にも選ばれている。銘は「助宗」ときる。遺品では山形県米沢市の松岬《まつがさき》神社の太刀(重要文化財)が有名。これには当時の黒革包の太刀拵も一緒についている。細身の優雅な姿をし、直刃調に小乱れ刃を交えた穏やかな刃を焼く。ほかには東京国立博物館の太刀が知られている。

助宗押形

(加島 進)

すこうてんのう 崇光天皇 一三三四―九八 一三四八―五一北朝在位。諱は興仁《おきひと》(初め益仁《ますひと》)。建武元年(一三三四)四月二十二日、光厳上皇の第一皇子として誕生。母は三条公秀の女、典侍秀子(陽禄門院)。のち徽安門院寿子内親王を准母となす。暦応元年(一三三八)光明天皇の皇太子に立ち、貞和四年(一三四八)十月二十七日、十五歳で践祚し、同日花園上皇の皇子直仁親王を皇太子とした。父上皇が養父花園上皇の恩義に報いんとする意思によるものである。ところがその翌年に端を発した室町幕府の内紛は、全国的な争乱に発展し(観応擾乱)、観応二年(一三五一)十月、足利尊氏が弟直義に対抗するため南朝に降服したので、十一月七日、天皇および皇太子は廃位され、十二月二十八日天皇には太上天皇の尊号が贈られた。しかし間もなく状勢は一変し、南朝勢は京都から退却したので、上皇は、光厳・光明両上皇および直仁親王とともに南朝方に拘致され、河内国東条を経て、大和国賀名生に移された。ついで文和三年(一三五四)賀名生より河内金剛寺に遷座し、幽居三年ののち、延文二年(一三五七)二月に至ってようやく解放され、京都に還って伏見殿に居を定めた。明徳三年(一三九二)落飾して勝円心と称したが、応永五年(一三九八)正月十三日、六十五歳をもって伏見殿に崩じ、二十三日、伏見大光明寺に葬られた。追号は遺勅により崇光院と定められた。なお上皇の南方幽居の間、幕府は上皇の同母弟後光厳天皇を擁立したので、持明院統の正嫡を自任する上皇は、帰京後、皇子栄仁《よしひと》親王の皇位継承を幕府に強く要求したが、ついに実現せず、同親王を初代とする伏見宮家が成立することになった。しかし上皇の悲願は、のちに曾孫後花園天皇が称光天皇の没後、皇統を継いで達成された。

崇光天皇花押

→光明天皇《こうみょうてんのう》(大光明寺陵)

参考文献 『大日本史料』七ノ三、応永五年正月十三日条
(橋本 義彦)

すざくてんのう 朱雀天皇 九二三―五二 九三〇―四六在位。延長元年(九二三)七月二十四日、醍醐天皇第十一皇子として誕生。母は藤原基経の女皇后穏子。諱は寛明。延長三年に三歳で皇太子となり、同八年九月二十二日八歳で受禅。在位中藤原忠平が摂政・関白として執政する。穏子の偏愛の中で育ち、病弱であった。女御熙子女王の腹に昌子内親王が生まれたが、皇子の出生をみず、皇太子には同母弟成明親王(村上天皇)を立てた。在世中天災や疫疾がしばしばおこり、承平・天慶の乱が出来し、治安が乱れた。天慶九年(九四六)四月二十日に譲位し、天暦六年(九五二)三月十四日に出家。法名仏陀寿。同年八月十五日三十歳で死去。醍醐陵に葬る。

参考文献 『大日本史料』一ノ九、天暦六年八月十五日条、藤木邦彦「藤原穏子とその時代」(『東京大学教養学部人文科学科紀要』三三)
(森田 悌)

醍醐陵《だいごのみささぎ》 京都市伏見区醍醐御陵東裏町にあり、南面する小円丘である。天皇は天暦六年(九五二)八月十五日崩じ、同二十日山城国来定寺北野にて火葬、翌二十一日父醍醐天皇陵近く(南南東約五〇〇㍍)に納めた。中世は衰微し民家の竹林の中に存したが、醍醐天皇陵を上ノ御陵、当陵は下ノ御陵と称されて、その所伝を失うことはなか

った。元禄十一年(一六九八)の江戸幕府の山陵探索の際当所を陵として竹垣を施し、元治元年(一八六四)に大いに修補を加えた。

参考文献 『大日本史料』一ノ九、天暦六年八月二十日条、上野竹次郎『山陵』下　（中村　一郎）

すしゅんてんのう　崇峻天皇　?―五九二　『日本書紀』によると五八七―九二在位。諱は泊瀬部、また長谷部若雀命という。欽明天皇の皇子、母は大臣蘇我稲目の娘小姉君。同母兄に穴穂部皇子、異母兄に敏達・用明天皇、異母姉に推古天皇らがいる。五八七年用明天皇の崩後、蘇我馬子と物部守屋が戦端を開くと、諸皇子とともに馬子に加担して従軍し、戦後、炊屋姫尊(推古天皇)や馬子ら群臣に推されて即位し倉梯に都した。在位中は馬子が大臣として政権をもっぱらにしたので、これに不満を覚えた天皇は次第に馬子を憎むに至った。五九一年任那復興のため新羅を撃つべく大軍が筑紫に下向したが、翌年十一月三日その留守を狙った馬子の手先に暗殺され、即日倉梯岡陵に埋葬されてしまったという。皇子蜂子は出羽羽黒の開山と伝える。　（黛　弘道）

倉梯岡陵《くらはしのおかのみささぎ》　奈良県桜井市倉橋にある崇峻天皇の霊廟。『日本書紀』崇峻天皇五年十一月乙巳(三日)条には「是日葬二天皇于倉梯岡陵一」とあり、『古事記』は「御陵在二倉椅崗上一也」とする。『延喜式』諸陵寮は、倉梯岡陵の条に「在二大和国十市郡一、無二陵地并陵戸一」とし、当時すでに陵は所在不明となっていた。元禄十年(一六九七)の江戸幕府の諸陵探索では、奈良奉行所は当陵を未分明陵とし、候補地に岩屋山(赤坂山ともいい、現在国史跡の天王山古墳)と天皇屋舗との両所を挙げて決し難しとし、以後幕末まで探索を行なったが、幕末修陵時にも決定できなかった。谷森善臣著『山陵考』は「倉梯岡上陵」の陵名を設けて、岩屋山と天皇屋舗はいずれも古史に合わぬとする。明治九年(一八七六)二月七日教部省は、倉橋村雀塚を記紀の記載に合致するとし、「倉梯岡上陵」と決定、天皇屋舗の地を陵付属地とした。しかし当所は古史に合わぬとの意見があり、同二十二年七月諸陵寮は、『延喜式』撰修時に痕跡を失っていた陵地捜索は不能故、天皇と最も縁故ある地、皇居柴垣宮伝承地と天皇の位牌を安置する観音堂所在の天皇屋舗の両所を一廓として、「倉梯岡陵」と改定し、ここに陵を修営することを建議し、七月二十四日上奏裁可を得た。よって柴垣宮伝承地の小丘を陵主体部として西面する陵を修営し、観音堂背後の宝篋印塔線刻のある自然石を陵前に移建し、陵前北側の観音堂は、天皇と聖徳太子併記の位牌のみを安置する位牌堂に改めた。これが現在の陵で、「倉梯岡上陵」の地は、陵付属地雀塚と改称した。現在拝所にある燈籠には「倉梯岡陵前」と刻まれているが、陵名石標は旧陵のものを移建したものか、改定前の陵名「倉梯岡上陵」となっている。近ごろの論文には、当陵治定の経緯を調査することなく、当陵の考古学上の年代が新しいと当然のことを指摘し、当陵の治定は誤りと論じたものがある。

参考文献 『太政類典』二編山陵上、『法規分類大全』二編宮廷門、上野竹次郎『山陵』上　（石田　茂輔）

すじんてんのう　崇神天皇　『古事記』『日本書紀』などの皇室系譜では第十代の天皇。開化天皇の皇子。『日本書紀』によれば母は伊香色謎命《いかがしこめ》(『古事記』では伊迦賀色《いかがし》許売《こめ》命)と伝える。御間城《みまき》入彦《いりひこ》五十《い》瓊《に》殖《え》天皇(御真木《みまき》入日《いりひ》子《こ》印恵《いにえ》命)、御真木《みまき》天皇、美万貴《みまき》天皇などともよぶ。『古事記』に「所知初国」天皇、『日本書紀』に「御肇国天皇」と称していることが注目される。記・紀では師木水《しきのみず》垣《がき》(磯城瑞籬)宮に宮居したと所伝する。疫病が流行したので三輪山の神を祭祀し、また墨坂神・大坂神に奉幣し、さらに四道(記は三道)に将軍を派遣したり、武埴安彦《たけはにやすひこ》(建《たけ》波邇安《はにやす》王)の叛乱を鎮定したり、あるいは男女の調《みつぎ》(貢物)を定めたりしたことなどが記・紀にみえる。紀には天照大神と倭《やまと》(大和)の大国魂神の二神を殿内に祭るのをやめ、天照大神を倭の笠縫邑《かさぬいのむら》に遷したことや三輪君《みわのきみ》の始祖とする大田田根子《おおたたねこ》に三輪の大物主神を祭らせ、倭直《やまとのあたえ》の祖とする長尾市《ながおち》に大和の大国魂神を祭らせたことなどを記載する。また紀には出雲の神宝をめぐる説話などを伝える。『常陸国風土記』には美万貴天皇の代のこととする伝承を記し、『古語拾遺』には磯城瑞垣朝(崇神天皇の代)に関する説話などを載す。「所知初国」天皇(記)・「御肇国天皇」(紀)とする崇神天皇が、事実上の初代の王者であるとみなす説があり、神武天皇を「始馭天下之天皇《はつくにしらす》」(紀)と表現するのは、皇室の起源をさらに古くするための造作であるという。この「所知初国」「御肇国」天皇の表現は、記・紀の編纂者らの天皇観にもとづく歴史意識の投影であり、これをただちに史実とみなすことはできない。崇神天皇の伝承などにみられる三輪山を中心とする政治勢力を三輪王朝(三輪王権)とよび、河内を基盤とする新たな政治勢力を河内王朝(河内王権)とする説などもあり、また北方大陸系の騎馬民族が征服王朝を樹立したとする騎馬民族征服王朝説では、騎馬民族の後裔である崇神天皇に象徴される勢力が北九州に入って第一回の「建国」をなし、北九州から畿内に進出した応神天皇によって第二回の「建国」がなされたと解釈する。このように崇神天皇とその時期は、さまざまに評価されているが、文献伝承のみならず考古学の研究成果および東アジアの情勢のなかで綜合的に考察する必要がある。『古事記』には戊寅年十二月、百六十八歳で崩じたとし、『日本書紀』には六十八年十二月五日、百二十歳で崩じたとする。

参考文献 江上波夫『騎馬民族国家』(『中公新書』一四七)、上田正昭『大和朝廷』(『講談社学術文庫』)　（上田　正昭）

山辺道勾岡上陵《やまのべのみちのまがりのおかのえのみささぎ》　奈良県天理市柳本町字向山アンドにある。ニサンザイ古墳ともよばれる。主軸の長さ約二三七メートル《メートル》の前方後円墳。崇神天皇陵について、『古事記』には「御陵在二山辺道勾之岡上一也」、『日本書紀』には「葬二

于山辺道上陵」とあり、『延喜式』諸陵寮には「山辺道上陵(磯城瑞籬宮御宇崇神天皇、在二大和国城上郡一兆域東西二町、南北二町、守戸一烟)」とし遠陵とする。崇神天皇陵の南約六〇〇メートルに、西に前方部を向けて存する景行天皇陵と錯雑されてきた。景行天皇陵は向山古墳ともいわれている。蒲生君平は『山陵志』でニサンザイ古墳を景行天皇陵、向山古墳を崇神天皇陵となした。谷森善臣は『山陵考』でこの反対の考察をなし、この説が認められ、現在、宮内庁で治定されている。筆者は、ニサンザイ古墳と向山古墳を比較し、ニサンザイ古墳の方が型式の上で築造年代が古いものとなし、ニサンザイ古墳を崇神天皇陵とすることが適切であるとした。そして崇神天皇陵は古代山陵の中で最も正しく、かつ古くさかのぼるものとなした。

参考文献 斎藤忠「崇神天皇に関する考古学上よりの一試論」(『古代学』一二ノ一) (斎藤 忠)

すずかおう 鈴鹿王 ?―七四五 奈良時代の政治家。高市皇子の子。長屋王の弟。和銅三年(七一〇)無位より従四位下に叙され、神亀三年(七二六)従四位上に進み、五年ころ大蔵卿とある(『家伝』下)。天平元年(七二九)二月兄長屋王の変に坐したが、赦免され、三月正四位上にのぼった。三年諸司の推挙により参議となり公卿の列に加わり、四年従三位に叙された。七年の『相模国封戸租交易帳』にその食封五十戸・田百七十八町余などが記される(『大日本古文書』一)。九年九月知太政官事となった(太政大臣の規定が抽象的なためこの官が設けられ、太政大臣に相当する最高の官で、鈴鹿王は四人目で最後)。十年正三位、十五年従二位に叙され、このころ行幸の際、恭仁宮の留守をしばしばつとめた。十六年その宣によって『金光明経疏』が書写され(『大日本古文書』八)、十七年九月四日知太政官事兼式部卿従二位で没した。宝亀元年(七七〇)その旧宅を称徳天皇陵とするため、子の豊野真人出雲ら三人に位が授けられた。

参考文献 竹内理三「『知太政官事』考」(『律令制と貴族政権』一所収) (井上 薫)

すずきもんど 鈴木主水 一五四八―八九 安土桃山時代の武将。真田昌幸の家臣で上野国利根郡名胡桃城代。天文十七年(一五四八)生まれる。天正十七年(一五八九)十一月、北条氏邦家臣の沼田城代猪俣能登守範直と姉聟の中山九郎兵衛との謀略のために名胡桃城を乗っ取られ、仇を討とうとしたが果たせず正覚寺で切腹した。四十二歳。名胡桃は真田家の墳墓の地だったこともあって、昌幸が事件を豊臣秀吉に訴え出、これがきっかけの一つとなって小田原征伐がなされた。

参考文献 『群馬県史』一、河原綱徳編『真田家御事蹟稿』(『新編)信濃史料叢書』一五) (笹本 正治)

すどうじんぎょうこうてい 崇道尽敬皇帝 ⇨舎人親王《とねりしんのう》

すどうてんのう 崇道天皇 ⇨早良親王《さわらしんのう》

すとくてんのう 崇徳天皇 一一一九―六四 一一二三―四一在位。諱は顕仁《あきひと》。元永二年(一一一九)五月二十八日、鳥羽天皇の第一皇子として誕生。母は藤原公実の女、皇后璋子(待賢門院)。保安四年(一一二三)正月二十八日、曾祖父白河法皇の意向により、父天皇の禅りを受け五歳で践祚し、二月十九日即位の儀を挙げた。しかし大治四年(一一二九)法皇が崩じ、鳥羽上皇の執政が始まると、天皇をとりまく情勢はきびしくなり、永治元年(一一四一)十二月七日、心ならずも上皇の寵妃美福門院の生んだ近衛天皇に位を譲った。それでもなお皇子重仁親王の即位に望みをかけたが、久寿二年(一一五五)七月、近衛天皇の崩後をうけて崇徳上皇の同母弟後白河天皇が践祚し、ついでその皇子守仁《もりひと》親王(二条天皇)が立太子したため、その望みを絶たれ、ついに翌保元元年(一一五六)七月、鳥羽法皇の崩御を機に兵を挙げるに至った。保元の乱である。しかし合戦に敗れた上皇は、讃岐国に配流され、帰京の願いも空しく、長寛二年(一一六四)八月二十六日、四十六歳をもって配所に悶死した。その怨念は怨霊となって世人をおびやかしたので、治承元年(一一七七)七月朝廷は上皇の讃岐院の号を改めて崇徳院の諡号を贈り、さらに保元の戦場跡に粟田宮を建ててその霊を慰めた。なお天皇は和歌に秀で、歌聖西行とも親交があった。また実は白河天皇の皇子で、そのため鳥羽天皇は「叔父子」とよんで白眼視したという噂が伝えられた。もちろん明確な根拠があるわけではなく、保元の乱の結果などから造作された俗説とも考えられる。 (橋本 義彦)

白峯陵《しらみねのみささぎ》 香川県坂出市青海《おうみ》町にある。白峰(綾松山)の山頂に位置し、白峰寺境内の頓証寺の北西に接する。当所は『愚昧記』治承元年(一一七七)五月十七日条によると、勅して天皇の火葬所を山陵と称し、汚穢を防ぐため隍を掘り、民家を定めて陵の管理をさせ、陵側に一堂を建てて法華三昧を勤修し菩提をとむらわせた所である。この一堂は、讃岐国法華堂、讃岐国御影堂、頓証寺、崇徳院御廟などと称し、堂には源頼朝が文治元年(一一八五)四月所領を寄進し、朝廷が建久二年(一一九一)閏十二月所領を付し、常時追善供養を行わせた。元禄の諸陵探索時にも所伝明白で「古来より御廟所廻りに玉垣いたし、雑人入込不レ申候」と報告されている。陵は高さ約二・四メートルの方形墳で、元は東南に面し、陵前に廟堂があったが、慶応の修陵の折に廟堂と区分し、改めて西南面に拝所を設けた。

崇徳天皇画像

参考文献 上野竹次郎『山陵』下　（石田　茂輔）

すみのえのなかつおうじ　住吉仲皇子　仁徳天皇の皇子。母は磐之媛皇后。『古事記』には墨江中王と書く。『日本書紀』に皇子について次のような説話がみえる。皇子は同母兄の皇太子(後の履中天皇)の命令で、皇太子が妃にしようとした黒媛のもとに婚礼の吉日を告げに行ったとき、皇太子と偽って黒媛を姧した。その発覚を恐れた皇子は叛乱を起し皇太子の宮を焼いたが、かろうじて逃れた皇太子により殺されるというものである。『古事記』も皇子の叛乱の話を記すが上述の説話はみえない。天皇・皇太子の使として后妃予定者のもとへ行った皇子が、その女性と関係を持つようになるという説話は、記紀の景行天皇・仁徳天皇の記事にもみられる。　（亀田　隆之）

すみのくらりょうい　角倉了以　一五五四―一六一四　安土・桃山から江戸時代前期にかけての朱印船貿易並びに河川土木事業家。天文二十三年(一五五四)、嵯峨土倉の角倉の一門で医家でもあった父吉田宗桂(意庵)の長子として出生。母は中村氏。本名与七。諱光好。父ゆずりの科学者的な緻密さと土倉業からの大胆な企業者的な実行力を兼備していた。元亀元年(一五七〇)宗家角倉栄可の一女をめとり、翌二年に長じて全事業の協力者となった長男与一(素庵)を得、翌三年父の死によってたちまち土倉経営を相続したが、前半生は岳父栄可の影の存在で過ごした。角倉は栄可のもとで豊臣政権と協力していたので、了以の活動は江戸幕府とともに始まった。慶長八年(一六〇三)幕命によって安南国(ベトナム)貿易を開始し、例年往来を欠かさず、武器・硫黄などをたずさえ、薬種・書籍などをもたらした。同十六年まで了以が中心となって活動し、同年に素庵がうけついだ。了以はこれに並行して慶長九年嵯峨大堰川の開疏を計画し、翌十年これを建議し幕府も山城・丹後両国の生民の利益として許可、十一年三月着工、八月にはその工を完成した。了以はみずから現場に立ってこれを指導し、大石は轆轤索をもってひき、水中の石は鉄棒あるいは火薬を用いて破砕するなど多大の努力を払った。現在京都の嵐山大悲閣上の了以像は巨綱を捲いて座とし犂をもって杖としたその当時の姿を写している。その結果丹波世木より嵯峨に舟を通じ五穀・塩鉄・材石が載漕され、京都は有力な後背地をもつに至った。その成功によって翌十二年富士川の疏通をはかって成就、さらに翌十三年天竜川に着手したがこれは水勢猛激で成功しなかった。ついで同十五年京都において方広寺大仏の建立にあたって巨材輸送のため鴨川に水道を開いたが、翌十六年に至って鴨川に並行して高瀬川の運河建設を請願して、二条より鴨川の流水をとりいれ、伏見に至ることを計画した。これは鴨川水道に代わる永久施設として、水域の土地買収、浜地の年貢運上はじめ工事費の全般を負担したが、総額七万五千両を自弁したという。この運河によって京都は二条より直ちに伏見に至り、淀川を経て大坂に水路で結ばれ、江戸に政治的中心が移ってのちの経済的地盤沈下をくいとめることにもなった。その完成を見極めて慶長十九年七月十二日に没した。六十一歳。嵯峨二尊院に葬られた。その全事業は素庵にうけつがれた上、素庵の長子玄紀が京角倉として二条に住し主として高瀬川を、次子厳昭は嵯峨角倉として大堰川畔に住してその水路を管理しともに繁栄して幕末に至った。

角倉了以花押

角倉了以像

参考文献『大日本史料』一二ノ一四、慶長十九年七月十二日条、林屋辰三郎『角倉了以とその子』　（林屋辰三郎）

すわしんしょう　諏訪真性　生没年不詳　鎌倉幕府の執権北条時頼・時宗・貞時の御内人。『吾妻鏡』に建長三年(一二五一)十一月からみえる諏方三郎左衛門尉盛経で、『尊卑分脈』では盛重の子。文永三年(一二六六)六月以前に出家している。『建治三年記』に寄合衆としてみえ、平頼綱・佐藤業連と並ぶ時宗の御内の要人である。『香取神宮文書』に「地頭諏方三郎左衛門入道真性」とあり、『仏光国師語録』七や『明極和尚語録』三に参禅のことがみえる。

諏訪真性花押

参考文献 佐藤進一『鎌倉幕府訴訟制度の研究』、小林計一郎『信濃中世史考』、山岸啓一郎「得宗被官に関する一考察―諏訪氏の動向について―」(『信濃』二四ノ一)、細川重男『鎌倉政権得宗専制論』　（川添　昭二）

すわよりしげ　諏訪頼重　一五一六―四二　戦国時代の武将、信濃国の大名。頼満の孫。幼名宮増丸。のち刑部大輔。永正十三年(一五一六)生まれる。同十七年五歳で諏訪上社大祝となり、翌年母の死によりいったん退職したが、復任して享禄二年(一五二九)まで在任した。同三年父頼隆が三十二歳の壮年で没し、ついで天文八年(一五三九)祖父頼満が没したので、二十四歳で家督を嗣いだ。頼満は武田信虎と戦い、あるいは和し、また信濃府中の小笠原長時とも対抗していたが、頼重は家督を嗣いだ翌九年、信虎の娘禰々《ねね》(晴信の妹)を娶った。諏訪氏と武田氏は領土を接し、争ったり和したりを繰り返していた

諏訪頼重花押

から、これは政略結婚であった。十年五月、頼重は信虎・村上義清とともに信濃小県郡の海野棟綱を攻め、棟綱らを関東に追って海野平を占領した。同年六月、信虎は子晴信(信玄)に追放された。七月、関東の上杉勢が海野平に侵入、武田・村上は退いたが、頼重はひとり上杉と和睦し、武田との和は破れた。晴信はひそかに諏訪一族の高遠城主高遠頼継、上社禰宜満清、下社祝らを味方にし、天文十一年六月、不意に諏訪に侵入した。頼重は本城上原城(茅野市)を捨て、詰の城桑原城(諏訪市)にこもったが、ここでも一戦も遂げ得ず、七月四日降伏して甲府へ送られ、同二十日板垣東光寺で切腹させられた。二十七歳。法名頼重院一気道洪禅定門(『一蓮寺過去帳』)。「守矢頼真書留」によると、頼重は「おのづから枯れはてにけり草の葉の主あらばこそ又もむすばめ」という辞世を詠み、酒と肴を所望し、従容として腹を切ったという。しかし、祖父・父の代まで武田氏と対等の地位にあった諏訪氏が、一戦もせず亡びたのは、頼重の才略が五歳年下の晴信にははるかに及ばなかったからであろう。頼重の弟大祝頼高も甲府で殺された。信玄は妹禰々と嫡子寅王を甲府に移し、寅王を形式的に擁立したが、両者とも間もなく早世した。頼重の女小見氏は、のち晴信の側室となった。その子勝頼(信玄の四男)は諏訪四郎と称し、また諏訪氏の通字「頼」を名乗って名目的に頼重のあとを嗣いだ。武田氏滅亡後、頼重の従弟頼忠が諏訪氏を再興した。　(小林計一郎)

せ

ぜあみ　世阿弥　生没年不詳　室町時代前期の能役者、能(謡曲)作者、能楽伝書の著者。大和猿楽観世座の二代目大夫。幼名は藤若。通称三郎、実名は元清といい、秦氏を称した。法名は至翁・善芳。阿弥号は正式には世阿弥陀仏で、世阿・世阿弥はその略称、世子は敬称。生年は貞治二年(一三六三)説が定説だが、翌三年説もある。没年は嘉吉三年(一四四三)とされるが、これは享年を八十一とする一説による推定で、正確には不明。忌日は八月八日。父は観世座初代大夫の観阿弥清次。妻は寿椿(法名)。子は長子元雅と次子元能、他に女子(金春大夫氏信禅竹の妻)。世阿弥の誕生は観世座の創始者で父の観阿弥が擡頭し始めたころで、父が醍醐寺で七日間の猿楽を演じて名声を得た時には、少年世阿弥も出演していた。世阿弥が十二歳の時、観阿弥は京都今熊野で猿楽を興行したが、将軍足利義満がそこではじめて猿楽を見物し、観阿弥の至芸と美童世阿弥の可憐な姿とに魅了されたらしく、彼はこれ以後観世座の絶大な後援者となった。義満の観世父子、特に少年世阿弥に対する寵愛ぶりは人目をひき、それを非難する公卿もあったが、一方では公卿自身が義満の意を迎えるために競って世阿弥を贔屓する有様で、二条良基も世阿弥を呼び寄せて藤若という名を与え、彼を見出した義満の目の高さを讃えている。至徳元年(一三八四)、父の死によって観世大夫となった世阿弥は他座の進出もあって苦労もしたようだが、応永六年(一三九九)、京都一条竹鼻で義満後援の勧進能を興行した時には将軍義持も観覧しており、このころの世阿弥は名人としてすでに世間から認められていたらしい。最初の能楽論書『風姿花伝』の第一次完結はこの翌年のことである。このころから情趣本位の能を得意とする近江猿楽の犬王(道阿弥)が世阿弥以上に評価され、義満らの賞玩を得るようになったが、これが世阿弥に大きな影響を与え、大和猿楽本来の物まね芸から歌舞中心の能へと芸風を転じさせた。世阿弥が能の歌舞劇化を進めたことは、当代の武家貴人の嗜好に応じたことであり、同時に彼の能の質を向上させることにもなって、義満以上の鑑賞眼を持つ義持や周辺の武家貴族の批判にも堪え得たのである。応永二十九年ころ出家、観世大夫の地位を元雅に譲ったが、舞台を勤めつつ子弟の教育に力を注いだようである。『花鏡』『至花道』『三道』など、世阿弥の芸術論の骨格をなす伝書が執筆されたのはこのころであり、数々の優れた能が作られたのもこの時期だったらしい。しかし、かねて世阿弥の甥三郎元重(のちの音阿弥)を贔屓していた足利義教(義円)が将軍になる(正長元年(一四二八))と、世阿弥父子は次第に冷遇され、永享元年(一四二九)には仙洞御所への出入りを止められ、二年には醍醐清滝宮の楽頭職(猿楽主催権)を奪われた。こうした中でも世阿弥は女婿氏信のために『拾玉得花』を著わし、一座のために『習道書』を書くなど意欲を示しているが、永享二年には元能が出家遁世し、四年には観世大夫元雅が伊勢で客死して観世座は破滅の危機に瀕した。翌五年、元重が観世大夫になったが、大夫継承を巡って紛糾があったのか世阿弥は将軍義教の怒りにふれたようで、永享六年、七十二歳で佐渡へ流された。配流後も小謡曲舞集

世阿弥自署

世阿弥花押

『金島集』を作るなど能への意欲は失わなかったらしい。八年までは佐渡にいたが、許されて帰洛したか否かは不明。能役者としての世阿弥は、父観阿弥をはじめ近江猿楽の犬王、田楽の亀阿弥・増阿弥など先人や同世代の名人上手の長所を取り入れ、武家貴族を中心とする観客の好みの変化に合わせて芸風を転換発展させた名手であった。観阿弥が確立した物まね芸中心の能を、歌舞中心の能へとみがきあげ、幽玄美の理想を実現して能の芸術性を高めた功績は絶大である。能役者世阿弥が若年から老後に至る間に考え、体得したことや父の遺訓を、子孫のため、能芸道のために書き残したのが、二十種をこえる能楽論書である。応永七年に第一次完結をみた『風姿花伝』(第三まで)をはじめ、『花鏡』『至花道』『二曲三体人形図』『三道』『習道書』など、応永二十五年から永享年中まで、執筆は老後に集中するが、伝書はいずれも能のあり方を論じ、能芸美としての「花」をいかに咲かせるか、その稽古修道のあり方はいかにあるべきかを解明しており、文学史上でも稀に見る質の高さといえよう。また世阿弥は能の実作面でも卓越していた。『伊勢物語』『源氏物語』などの古典や『平家物語』など観客に身近な作品を典拠とし、舞歌にふさわしい人体を主人公(シテ)とする、いわゆる夢幻能形態の能を作った。構成は基本をふまえて細部に工夫をこらし、文辞は和歌や古文の修辞を巧みに応用し、流麗と同時に劇的な展開にも意を用いた秀作が多い。『高砂』『老松』『忠度』『頼政』『清経』『井筒』『檜垣』『班女』『砧』『融』その他、今日でも人気があり上演頻度の高い曲ばかりである。

参考文献　表章・加藤周一校注『世阿弥禅竹』(『日本思想大系』二四)、横道万里雄・表章校注『謡曲集』(『日本古典文学体系』四〇・四一)、香西精『世阿弥新考』、同『続世阿弥新考』、竹本幹夫『観阿弥・世阿弥時代の能楽』　(片桐　登)

せいかく　聖覚　一一六七―一二三五　鎌倉時代前・中期の僧侶。藤原通憲の孫、能説の澄憲の子。法然房源空の弟子とされ、「しょうかく」ともいう。洛北の里坊安《あ》居《ぐ》院(京都市上京区)に住したので安居院の法印とも呼ばれた。仁安二年(一一六七)生まれる。比叡山東塔北谷竹林房の静厳法印に学び、天台宗の恵心・檀那の両流を相伝し、また父澄憲の才をついで智弁は人にすぐれ、釈迦十大弟子の一人で説法に秀でた富楼那《ふるな》のようであると称され、安居院流の学派といわれるなど、のちまで天台宗の僧としての面を残している。やがて源空の門に近づき、源空が瘧病にかかると、九条兼実の懇請をうけ、説法によって聖覚自身の病とともに平癒させたという。また後鳥羽天皇の皇子で但馬に流された雅成親王から念仏の用心について下問されたのに答え、さらに源空が勝尾寺に留まっていたとき、一切経寄進の開題供養のため説法している。文暦二年(一二三五)三月五日六十九歳で寂した。源空の『選択本願念仏集』の意を受けて信心と他力念仏を勧めた『唯信鈔』を著わしたが、親鸞はそこに引用された経釈の要文を解釈した『唯信鈔文意』を書き、同じ源空門下の隆寛に対してと同じように支持している。そのほか、『四十八願釈』『願文記』『草案集』などの著書がある。

聖覚画像(「光明本尊」より)

参考文献　『大日本史料』五ノ九、嘉禎元年三月五日条、伊藤真徹「法然上人と通憲一族の帰浄―聖覚を中心として―」(『仏教大学学報』二六)、生桑完明「親鸞聖人の聖覚法印敬慕を物語る文献について」(『高田学報』三)、松野純孝「聖覚と親鸞」(『印度学仏教学研究』二ノ二)、同「『唯信抄』について」(『日本仏教』二八)、宮崎円遵「聖覚と源空・親鸞」(『金沢文庫研究』二〇ノ六)、山口光円「新出『草案集』と安居院流学派」(『仏教文化研究』五)　(野村　恒道)

せいかんしどん　西澗子曇　一二四九―一三〇六　中国、宋末・元初来朝の臨済宗僧。道号西澗、諱は子曇。宋の淳祐九年(一二四九)浙江省台州の生まれで、姓は黄氏。幼年、広度寺に出家し、十七歳で蘇州承天寺の石楼明につき、ついで浄慈寺の石帆《しっぱん》惟衍《いえん》に参じ石帆が天童寺に転住するに従い随侍すること六年、文永八年(一二七一)北条時宗の招きにより来朝。当時の中国政情は不穏、祥興二年(弘安二、一二七九)南宋は亡び元朝となる。西澗はその前年帰国、天童寺の環溪惟一に侍し、ついで台州の紫岩に住し石帆の法をついだ証を表明した。元の大徳三年(正安元、一二九九)貞時の招きに応じ一山一寧の来朝に従い再度来日。貞時弟子の礼をとり師を円覚寺に請じた。続いて建長寺に移り徳治元年(一三〇六)正観寺に退去。後宇多上皇帰依あつく禅要を問う。同年十月二十八日没。寿五十八。建長寺伝燈庵に葬る。塔名、定明。勅謚大通禅師。

参考文献　『大通禅師行実』、『元亨釈書』八、『本朝高僧伝』二三、上村観光編『五山詩僧伝』　(伊藤　東慎)

せいかんぼう　勢観房　⇨源智《げんち》

せいこう　済高　八七〇―九四二　平安時代中期の真言宗僧。貞観十二年(八七〇)生まれる。父は仁明天皇皇子の右大臣源多。元慶二年(八七八)、東大寺の承俊の室に入って出家、ついで真雅の弟子恵宿から両部大法を受けた。醍醐天皇が即位すると、母后藤原胤子の追福のために、山科に勧修寺が創建され、承俊が迎えられたが、延喜二年(九〇二)、醍醐寺の聖宝に伝法灌頂を受けた済高

が、同寺の別当に補せられ、さらに同十年、初代長吏となった。また、延長三年(九二五)、同寺で贈皇太后藤原胤子のために、大がかりな供養が営まれ、その導師をつとめた。同年、権律師。同六年、高野山第六世座主、東寺第十二代長者に補せられ、貞観寺座主をも兼ねた。同七年、聖宝の学統を受けて東大寺東南院をつぎ、高野山に三昧堂を創建。承平元年(九三一)律師、同五年少僧都、天慶三年(九四〇)大僧都となり、同五年十一月二十五日に寂。七十三歳。『日本紀略』などは年八十六とする。

参考文献 『大日本史料』一ノ八、天慶五年十一月二十五日条
（大隅　和雄）

せいしないしんのう　正子内親王　㈠八〇九―七九　淳和天皇皇后。嵯峨天皇皇女。母は皇后橘嘉智子。恒貞親王・恒統親王・基貞親王らの母。大同四年(八〇九)生まれる。天長四年(八二七)二月に立后し、同十年三月に皇太后となったが、淳和上皇の崩後尼となった。承和の変によって恒貞親王が廃太子された際には悲号してその母橘嘉智子を怨んだという。斉衡元年(八五四)四月に太皇太后となり、元慶三年(八七九)三月二十三日に没した。七十一歳。嵯峨の山腹に葬った。内親王は仏教に帰依すること篤く、貞観年間(八五九―七七)に延暦寺座主円仁より菩薩戒を受け、法名を良祚と称した。また東西京の孤児救済を行なったことや、嵯峨の旧宮を喜捨して大覚寺を開創し、傍に僧尼の療病のために済治院を設けたこと、淳和院を道場としたことなどが知られる。
（玉井　力）

㈡一〇四五―一一一四　後朱雀天皇の皇女。母は右大臣藤原頼宗の娘、女御延子。寛徳二年(一〇四五)四月二十日生まれる。康平元年(一〇五八)六月賀茂斎院となる。同三年四月紫野に入る。延久元年(一〇六九)七月病により斎院を辞し、その後、尼となる。押小路斎院・土御門斎院ともよばれた。永久二年(一一一四)八月二十日没す。七十歳。

参考文献 『大日本史料』三ノ一五、永久二年八月二十日条
（山中　裕）

せいしょうなごん　清少納言　生没年不詳　平安時代中期の歌人・随筆家。中古歌仙三十六人の中に入る。康保三年(九六六)ころ出生。本名未詳。一条帝の定子中宮(のち皇后)に出仕して清少納言の称を得る。清は清原氏の略称、天武天皇の流れを汲む。少納言は「下臈ながら中臈かけた」地位。父元輔は『後撰和歌集』の撰者の一人で、梨壺の五人と称され、曾祖父(祖父とも)深養父も古今集時代の有力歌人。受領階層の歌人の家柄に生まれ、家庭において歌人的教養を培うとともに、したたかさをも身につけて成人した。天元末年橘則光に嫁し、則長(進士・式部丞・越中守)などを生む。のち離別して定子のもとに正暦三(九九二)、四年に出仕。定子後宮を支える父中関白藤原道隆の盛時で、一条朝の四納言、藤原公任・源俊賢・藤原斉信・同行成らと文才を競った。しかし長徳元年(九九五)道隆の死去などにより政権の座は道隆の弟道長に移り、その後に道長の娘彰子の入内もあってはなはだしく不遇な世界を体験する。長保二年(一〇〇〇)には定子の崩御があり、清少納言の前途に重大な影がさす。定子の遺児に引きつづき仕えるか、己が家に籠ったかである。明瞭ではないが、しかし、いずれにせよ則光との離別の後に摂津守藤原棟世と再婚し、上東門院に奉仕した小馬命婦を儲けているので、受領の北の方としての立場は保持して過ごした。死没年時まではまだ二十数年間あるが、確実な史料はなく具体的な動静は判明しない。彼女の最終生存文献は、『古事談』による兄弟の致信が寛仁元年(一〇一七)殺害された折、同宿していたという記述である。そのほかの兄弟の死亡年時の明らかなものは、戒秀(花山院殿上法師・天台山門派祇園社別当)が長和四年(一〇一五)落雷による死去、雅楽頭為成の万寿二年(一〇二五)八十歳をもっての死去などを考えると、治安・万寿年間(一〇二一―二八)の死去ではないかと推定されている。六十歳前後である。場所は月輪であろう。月輪については、東福寺の近傍説と、愛宕山中腹の説に分かれている。説話の中の彼女は、流浪・落魄の主人公であり、そのままには受け取れないが、宮仕え時のごとくかがやかしいものでなかったこともまた事実であろう。中に、若殿上人が、彼女の零落をあわれむ言動に対して「駿馬の骨を買はずやありし」と応酬した話は、まことに彼女らしい片鱗を宿している。著作に『枕草子』『清少納言集』がある。

参考文献 『大日本史料』二ノ四、長保二年十二月十六日条、岸上慎二『清少納言』(『人物叢書』八六)、同『清少納言伝記攷』、萩谷朴校注『枕草子』(『新潮日本古典集成』)、角田文衛「清少納言の生涯」(『枕草子講座』一所収)
（岸上　慎二）

せいじん　済信　九五四―一〇三〇　平安時代中期の真言宗の僧侶。東寺長者・勧修寺長吏。左大臣源雅信の三男。天暦八年(九五四)生まれる。応和元年(九六一)勧修寺雅慶に師事し、永祚元年(九八九)遍照寺寛朝に伝法灌頂を受け正嫡となる。長徳四年(九九八)東寺二ノ長者、長保三年(一〇〇一)真言院で攘疫法を修し、東寺法務をかね、同四年権大僧都に補任。寛弘二年(一〇〇五)東大寺別当に補せられ在職二年。長和元年(一〇一二)雅慶のあとを受け勧修寺四代長吏。同二年東寺二十二代長者法務に任じ、正僧正となる。寛仁二年(一〇一八)師明親王(性信入道親王)出家の戒師となり、同三年大僧正、同四年牛車の宣旨を受ける(僧侶牛車の初例)。治安三年(一〇二三)仁和寺観音院で性信に伝法灌頂を授け、この年諸職を辞したが、万寿四年(一〇二七)藤原道長の葬儀導師となり、長元二年(一〇二九)封七十五戸を賜わる。同三年六月十一日示寂。七十七歳。多年にわたり灌頂大会・御修法導師を勤め、

済信花押

付法に、延尋・性信入道親王・念縁・賢尋・永照らがいる。

参考文献 『東寺長者補任』、卍元師蛮『本朝高僧伝』四九(『大日本仏教全書』)、祐宝『伝燈広録』上 （夏目　祐伸）

せいしんこう　清慎公 ⇨藤原実頼《ふじわらのさねより》

せいせつしょうちょう　清拙正澄　一二七四—一三三九　鎌倉時代後期、元から来朝の代表的臨済宗僧。南宋咸淳十年(一二七四)正月三日、福州連江の生まれ、姓は劉氏。月江正印の弟にあたる。十五歳報恩寺の月渓紹円について出家、ついで杭州浄慈寺の愚極智慧に参じ、その法をついだ。二十七歳、愚極の没にあい、その後は方山文宝に参ずること十五年。以後虎巌浄伏・東巌浄日に歴参、ついに袁州鶏足山聖因寺に住し在住四年した。松江の真浄寺に住持中、泰定三年(嘉暦元、一三二六)六月、日本の檀信の招請により弟子永鎮らと出帆、途中大風にあい八月ようやく博多に達した。翌年正月上京、北条高時に迎えられて建長寺に住した。在寺三年、禅規を刷新、寺内に公的寮舎を新造、規矩を『百丈清規』の旧に復した。元徳元年(一三二九)浄智寺に移り翌年、円覚寺に住した。住山三年目の正月十七日『百丈清規』の元祖、百丈懐海をまつる「百丈忌」を日本ではじめて設けた。元弘三年(一三三三)建長寺山内禅居庵に退去したが、後醍醐天皇の勅命により上京、建仁寺に住し延元元年(一三三六)南禅寺に遷住した。その間、信濃守護小笠原貞宗は信濃国に畳秀山開善寺を創建して清拙を開山に請じた。清拙は日本禅林の規矩を日本の風俗に即した『大鑑清規』を撰したが、清拙に帰依した貞宗はこれに基づきさらに一般世間の礼法成立に尽力し小笠原礼法にまで発展させた。暦応二年(一三三九)正月十七日「百丈忌」の当日没。寿六十六。建仁寺禅居庵と建長寺禅居庵に葬られる。勅諡大鑑禅師。この門派を大鑑門派といい、門弟に天境霊致・独芳清曇、『勅修百丈清規』を日本ではじめて出版した古鏡明千などがいる。さらにこの派から五山文芸の大家、希世(村庵)霊彦、遣明船で活躍した天与清啓などがでた。清拙と親交あった五山禅僧に虎関師錬・天岸慧広・明極楚俊・竺仙梵僊・雪村友梅がある。著書は『大鑑清規』のほか、『清拙和尚語録』、詩文集『禅居集』がある。

清拙正澄花押

清拙正澄画像

参考文献 『大日本史料』六ノ五、暦応二年正月十七日条、『東海一漚集』、上村観光『五山詩僧伝』、玉村竹二『五山禅僧伝記集成』 （伊藤　東慎）

せいそ　成祖 ⇨永楽帝《えいらくてい》

せいそ　世祖　一四一七—六八　一四五五—六八在位。朝鮮王朝第七代の王。諱は瑈、字は粋之、諡は恵荘。太宗十七年(一四一七)九月二十九日、忠寧大君(のちの世宗)の次子として生まれる。世宗十年(一四二八)、晋平大君に封ぜられ、後咸平、また晋陽、さらに首陽大君と改む。長兄の第五代文宗が在位三年余りで没し、その子端宗が即位すると、端宗三年(一四五五)、反正を行なって端宗を廃して即位した。この簒奪には抵抗が多く、端宗の復位を図って敗れた成三問ら死六臣と、世祖に仕えるのを拒んで下野した金時宗ら生六臣は後世忠臣として称えられた。世祖十四年(一四六八)九月八日、五十二歳で死去した。王陵は光陵といい、京畿道南楊州郡榛接面富坪里所在。日本との関係についていえば、世宗朝に癸亥約条で対馬島主と歳遣船定約を結んだのをうけて、その方式を拡大して、対馬以外の日本各地からの通交者をつぎつぎに歳遣船定約者にしていった。また世祖は熱心な仏教信者で、上院寺で観音現象があったり、円覚寺の落慶で雨花・舎利出現の奇瑞があったりしたことなどを内外に宣伝したため、この祝賀を名目として、世祖十二年以後、日本各地の諸氏名義の使者が多数渡航した。

参考文献 『朝鮮世祖実録』、『海東諸国紀』、中村栄孝『日鮮関係史の研究』、田中健夫『中世対外関係史』、長節子「朝鮮前期朝日関係の虚像と実像—世祖王代瑞祥祝賀使を中心として—」(『年報　朝鮮学』八) （長　正統）

せいそう　世宗　一三九七—一四五〇　一四一八—五〇在位。朝鮮王朝第四代の王。諱は裪、字は元正、諡は荘憲。太祖六年(一三九七)四月十日、芳遠(のちの太宗)の第三子として生まれる。母は閔氏(のちの元敬王后)、妃は昭憲王后沈氏(沈温の女)。太宗八年(一四〇八)、忠寧君に封ぜられ、同十二年には大君に進み、同十八年には王世子に冊封され、同年八月、父王太宗の譲位を受けて即位し、世宗三十二年(一四五〇)二月十七日五十四歳で死去した。王陵は英陵といい、京畿道驪州郡陵西面旺垈里所在。なお太宗は譲位後も兵権だけは掌握して太上王として世宗四年まで在世した。世宗は集賢殿を置き、多くの秀才を集めて学術を奨励し、そこから王朝を代表する逸材が輩出し、数多くの業績が生まれた。同二十五年の訓民正音の制定(頒布は二十八年)はその代表的成果であり、そのほか『高麗史』『農事直説』『五礼儀』『三綱行実』『竜飛御天歌』等々多くの書物も出来した。また世宗は科学技術の発展にも意を用いた。北方への進出がもっとも積極的に行われたのもこの時代で、豆満江方面

に六鎮を置き、鴨緑江上流方面にも太宗以来の政策を継承して四郡の設置を完了した。南方については世宗元年に太上王太宗の主導で対馬遠征(己亥東征すなわち応永の外寇)を行なったが、太宗の死後、世宗はもっぱら日本からの通交者の接待と統制の制度の確立をはかった。すなわち倭船来泊の浦所を太宗朝以来の薺浦・富山浦の二浦に、さらに塩浦を加えて三浦とし、そこに倭館を設置して、接待の円滑化を図った。そして倭人の恒居も人数を限り暫定的に認めた。また対馬島主発行の文引による通交者の統制を実施し、さらに歳遣船定約の制度も確立した。歳遣船制度成立の画期となったのは対馬島主宗貞盛と歳遣船五十船の定約を結んだ同二十五年の癸亥約条である。なお漁業についても同二十三年対馬島主宗貞盛と孤草島釣魚禁約を結んで対馬漁民の孤草島(現在の巨文島)への出漁を公認した。これらの諸政策は要するに対馬島主を優遇し、それをして他の通交者の統制に協力せしめようとするものである。 (長 正統)

参考文献 『朝鮮世宗実録』、『璿源系譜紀略』(震檀学会編『韓国史』年表)、中村栄孝『日鮮関係史の研究』

せいそう 成宗 一四五七—九四 一四六九—九四在位。朝鮮王朝第九代の王。諱は娎、諡は康靖。世祖三年(一四五七)七月三十日、第七代世祖の子暲(のち徳宗と追尊す)の第二子として生まれる。母は粋嬪韓氏(のちの昭恵王后)。同七年、者山君に封ぜられ、睿宗元年(一四六九)、叔父にあたる第八代睿宗が死去すると、祖母の尹大妃(貞熹王后、世祖の妃)の命により、十三歳で即位した。なお尹大妃は成宗七年(一四七六)正月まで、王に代わって政務をとり、以後、成宗が親政するようになった。王は成宗二十五年十二月二十四日、三十八歳で死去した。王陵は宣陵といい、ソウル特別市江南区三成洞所在。初めの妃は恭恵王后韓氏で、韓氏が成宗五年に十九歳で死ぬと尹氏が立った。しかし尹氏は同十年に廃され、その後に貞顕王后尹氏が立った。廃妃尹氏は同十三年に王命で自殺させられたが、この廃妃尹氏の子がのちに第十代の王燕山君となった。成宗は儒教主義を強くうちだし、みずからも経史に通じ性理学を深く学び、書画なども善くした。弘文館を設置したり、竜山(漢江のほとり)に読書堂を設けて有能な年少の士を集めて賜暇読書させたり、成均館に尊経閣を設けてそこへ書籍を賜与したり、養賢庫を設けて儒生への供饋を行なったりした。『東国通鑑』『東国輿地勝覧』『東文選』など王朝を代表するような書物が相ついでつくられたのもこの時代である。日本との関係についていえば、この王の初年ごろに、通交者の整理と定例化がほぼ完成し、それらの接待の仕方、たとえば使船の大小や船夫の定額、浦所での給食、上京時の人数、留浦の日限、過海料等々に関する規定もでき上がった。成宗二年に申叔舟が撰進した『海東諸国紀』はそれらをまとめたものである。また同八年には受図書人として通交権を認めていながら、未だ毎年の渡航船数が定まっていなかった者に対して歳遣船定約を結び、全受図書人の年間渡航船数を限定することに成功した。 (長 正統)

参考文献 『朝鮮成宗実録』、『璿源系譜紀略』(震檀学会編『韓国史』年表)、震檀学会編『韓国史』近世前期編、中村栄孝『日鮮関係史の研究』下、田中健夫『中世対外関係史』

せいそん 成尊 一〇一二—七四 平安時代中期の真言宗の僧。小野僧都ともいう。長和元年(一〇一二)生まれる。俗姓不明。『元亨釈書』に仁海僕隷の子とある。仁海入室灌頂の資で小野曼荼羅寺の二世となる。延久元年(一〇六九)権律師、同三年権少僧都、同四年東寺一長者となる。請雨経法などに験あり、後三条帝の寵遇を得る。延久四年十二月高野山中院流の祖明算に灌頂を授ける。その他の付法に義範・範俊らがある。『小野六帖口決』『真言付法纂要鈔』などの著がある。承保元年(一〇七四)正月七日寂。六十三歳。

成尊花押

参考文献 『血脈類集記』四(『真言宗全書』)、『東寺長者補任』一、永井義憲「成尊とその周辺」(『密教学研究』九) (和多 秀乗)

せいちょう 成朝 生没年不詳 鎌倉時代初期の仏師。康助・康朝につづく南京仏師の正系で、治承四年(一一八〇)焼亡後の興福寺復興造仏を院尊が独占するのに異議を申し立て、養和元年(一一八一)の造仏分担決定に際しては食堂大仏師を受けもった。しかし、いま残る食堂本尊千手観音立像は、その納入品に建保五年(一二一七)から寛喜元年(一二二九)に至る年記があり、成朝により完成されたといいがたい。文治元年(一一八五)鎌倉に下向し、源頼朝のために勝長寿院本尊丈六阿弥陀を造り、翌年、興福寺東金堂造仏の受持ちについて仏師院尚と争った。建久五年(一一九四)興福寺供養に際し、金堂弥勒浄土造仏の賞として法橋となる。これが成朝に関する最後の記録で、間もなく没したかと思われる。その遺作に文治五年ころの制作になる興福寺仏頭(旧西金堂本尊釈迦如来像)、また山梨放光寺二王像、山梨瑜伽寺十二神将像を比定する説がある。

参考文献 鈴木麻里子「山梨・瑜伽寺十二神将像について」(『仏教芸術』二五三) (水野敬三郎)

せいねいてんのう 清寧天皇 『古事記』『日本書紀』で第二十二代と伝える天皇。白髪武広国押稚日本根子天皇(記には白髪大倭根子命)・白髪皇子等という。父は雄略天皇、母は葛城円大臣の娘韓媛。雄略天皇二十二年立太子、二十三年雄略天皇崩後、異母弟星川皇子の反乱を討って磐余甕栗宮に即位。后妃・皇子女が全くいなかったので(記は没後、紀は生前)履中天皇の孫、押磐皇子の二子億計(仁賢)・弘計(顕宗)皇子を播磨に見出して皇嗣としたという。陵墓は河内坂門原陵と伝える。 (黛 弘道)

河内坂門原陵《こうちのさかどのはらのみささぎ》　大阪府羽曳野市西浦六丁目にある。『日本書紀』『延喜式』は現陵名を用いるが、『扶桑略記』は「坂門原陵」とする。『延喜式』諸陵寮には「在二河内国古市郡一、兆域東西二町、南北二町、陵戸四烟」とあり、遠陵に入れる。元禄の諸陵探索の際の、元禄十一年(一六九八)正月二十一日付け保田美濃守(宗易)・松平玄蕃頭(忠固)の調書は、陵所に大県郡平野村字坂門原と古市郡西浦村字白髪山の両所を挙げて白髪山を推し、「山之頂に石之唐櫃三尺斗土より上に出有之を、弐拾年程以前見付候故、其上え土を掛け松を植置申候、清寧之陵にて可有之哉と申伝候」と記し、白髪山に陵が決定された。墳丘は西南西に面する前方後円墳で、長軸の長さ一一一メートル、前方部幅一二〇メートル、後円部径四八メートル、高さ前方部一〇・六メートル、後円部九・五メートル。前後に区切られた周濠がある。墳丘の等高線はかなり乱れているが、本来は三段段築であろう。前方部の幅が極端に広く特異な形態をするのは、後世に堀の堆積土を墳丘に何度も盛土したために、変形したからである。昭和四十四年(一九六九)墳丘の裾廻りに、掘削をせぬロックフィールド工法により護岸が行われ、現代版葺石といわれている。同五十四年の外堤護岸工事区域の調査により、周濠は当初より狭くなっていることが判明し、埴輪・弥生式土器・土師器・須恵器・陶磁器・炻器《せっき》・瓦などの破片が出土した。陵背の道をへだてた所にある小前方後円墳の小白髪山は、陪塚《ばいちょう》に指定されている。

参考文献　上野竹次郎『山陵』上、帝室林野局製図『清寧天皇河内坂門原陵之図』、陵墓調査室「昭和五十四年度陵墓関係調査概要」(『書陵部紀要』三二)

（石田　茂輔）

せいむてんのう　成務天皇　『古事記』『日本書紀』に第十三代と伝えられる天皇。和風諡号は稚足彦尊《わかたらしひこ》。第十二代景行天皇の第四子で、母は皇后八坂入姫命《やさかのいりびめ》。景行天皇の皇子日本武尊の没後、景行天皇五十一年に立太子し、同六十年に天皇が崩じた後、翌年正月即位したという。后妃・子女について書紀には伝えがないが、『古事記』には穂積臣らの祖、建忍山垂根《たけおしやまたりね》の女弟財郎女《おとたからのいらつめ》を娶り、和訶奴気《わかぬけ》王を生んだとある。志賀高穴穂宮《しがのたかあなほのみや》にあって治政を行い、武内宿禰を大臣とし、地方支配のために国造・県主(書紀では稲置)を置き、国々の境界を画定したと伝えられるが、その事蹟に関する記述は著しく簡略かつ抽象的で、日本武尊や神功皇后の説話を介して景行と応神以降の系譜とを結ぶため、のちに歴代に加えられた疑いが強く、実在性に乏しい。四十八年に日本武尊の子足仲彦《たらしなかつひこ》尊(仲哀天皇)を皇太子とし、六十年、百七歳(記では九十五歳)で崩じ、狭城盾列《さきのたたなみ》陵に葬られたといい、記ではその崩年の干支を乙卯とする。

（笹山　晴生）

狭城盾列池後陵《さきのたたなみのいけじりのみささぎ》　奈良市山陵町にある。江戸時代には「石塚山」という。陵号は『日本書紀』は神功皇后陵と同一の「狭城盾列陵」、『続日本後紀』は「楯列南山陵」、『扶桑略記』は「池後山陵」、『東大寺要録』は「狭城盾陳池後陵」とする。『延喜式』諸陵寮は現陵号で「在二大和国添下郡一、兆域東西一町、南北三町、守戸五烟」とし遠陵に列する。当初陵号が神功皇后陵と同一のため、両陵の混乱を生じ、『続日本後紀』承和十年(八四三)四月己卯条に、神功皇后陵の奇異により図録を捜検したところ、当陵を世人の相伝により神功皇后陵と誤認して久しく祭祀を行なっていたことが判明した由を記す。以後所伝の混乱はなく、元禄の諸陵探索時には奈良奉行所は当所を分明陵として報告している。墳丘は丘陵上の縁に位置する南面の前方後円墳で、東は市道を隔て狭木之寺間陵が列び、南は高野陵陵域に接し、西と北は急傾斜で低地となる。長軸の長さ二一五メートル、前方部幅一〇九メートル、後円部径一三一メートル、高さ前方部一六メートル、後円部二三メートル、三段の段築で、前方部頂上には埴輪列が遺存する。後円部頂上の西半分に高さ二メートルほどの小丘がある特異な形態は、過去三回の発掘の影響である。初回は康平六年(一〇六三)三月の興福寺僧静範らの盗掘で、『扶桑略記』『百練抄』によれば、十月犯人静範ら十六名を配流し、十二月陵を修復し盗掘された宝物を返納した。二回目は本多政勝が郡山領主在任中のうちで、承応二年(一六五三)の間に、里人が採石中誤って石棺を掘り出し、棺内に鏡・刀剣があったので届け出たもので、政勝は天皇陵と知り元のごとく埋め戻させたという。しかし文化の山陵図には「御石棺之盍石と相見へ候、長サ一間幅三尺程之石六枚並埋リ有之候」とあり、石室の復旧はしていない。三回目は嘉永五年(一八五二)の勾玉類の盗掘で、奈良奉行所が犯人を捕え磔にし、盗掘坑を復旧、盗品は御所へ届け、月輪陵内に埋納されたという。文久三年(一八六三)陵前の濠を埋め拝所を設け、外堤を築いた。

参考文献　末永雅雄編『古墳の航空大観』、上野竹次郎『山陵』上

（石田　茂輔）

せいめいおう　聖明王　?―五五四　『日本書紀』欽明天皇紀などにみえる百済王。『三国史記』の百済王第二十六代の聖王(在位五二三―五四)にあたる。『三国史記』によると「聖」は諡《おくりな》で、諱《いみな》は明穠。『日本書紀』には聖明王のほかに明王・聖王・聖明・明などと記し、『梁書』には明、『陳書』には余明とある。余は百済王の王姓。聖明王は諡号と諱を合わせた名。なお、『日本書紀』や『梁書』は聖明王(明)の即位を五二四年と記す。『梁書』によると普通五年(五二四)、明は隆(父の武寧王)の死後、梁王朝から持節・督百済諸軍事・綏東将軍・百済王に封冊され、中大通六年(五三四)・大同七年(五四一)・太清三年(五四九)と梁に朝貢した。この間、涅槃などの経義・毛詩博士・工匠・画師などを梁に求め許された。『三国史記』によると五三八年、都を泗沘に移し、国号を南夫余と改めたという。王は北方の高句麗に対しては新羅と結んでこれにあたり、他方、南の任那地域に対しては日本の任那支配権を尊重する態度を示して任那諸国の盟主

的地位に立ち、同地域の新羅勢力を排除しようとした。また、王は高句麗や新羅との戦いに日本の軍事的援助を求めた。王が天皇に対して「臣」と称し、人質を出し、また梁から得た中国文化を日本に伝えたのもこの援助要請と関係があり、いわゆる仏教公伝もその代償の一環であった。しかし、たび重なる高句麗との戦闘は国力を疲弊させ、高句麗から得た漢城の地も新羅に奪われ、五五四年、王は新羅との戦いで殺され、百済は大敗北を喫した。なお『新撰姓氏録』右京諸蕃下にはこの王の後裔氏族として市往公を伝える。

参考文献 今西竜『百済史研究』、末松保和『任那興亡史』、坂元義種『百済史の研究』、同『古代東アジアの日本と朝鮮』、山尾幸久『日本古代王権形成史論』、平野邦雄『大化前代政治過程の研究』 (坂元 義種)

せいわてんのう 清和天皇 八五〇—八〇 八五八—七六在位。文徳天皇の第四皇子。母は藤原良房の女明子。諱は惟仁。嘉祥三年(八五〇)三月二十五日、良房の一条第で生まれ、同年十一月二十五日第一皇子で紀名虎の女の生んだ惟喬親王を越えて皇太子となり、天安二年(八五八)八月二十七日に文徳天皇死去のあとを受けて九歳で践祚。政治は外祖父で太政大臣の良房に委ね、貞観六年(八六四)の元服後も変わらず、同八年応天門の変が起ると、改めて勅命により天下の政治を摂行させ人臣摂政の例を開き、『続日本後紀』を編纂し、『貞観交替式』『貞観格』『貞観式』を施行した。同十四年の良房の死後はその養子基経の輔佐によりみずから政治をみた。天皇は学問を好み、鷹狩などは好まなかったといわれる。同十八年十一月二十九日、皇太子貞明親王(陽成天皇)に譲位し、元慶三年(八七九)五月八日夜落飾入道。法諱は素真。翌年十二月四日粟田院で死去。三十一歳。京都の水尾に葬ったので水尾帝とも称する。

参考文献 佐伯有清『伴善男』(『人物叢書』一五六)、櫛田良洪『真言密教成立過程の研究』、目崎徳衛「惟喬・惟仁親王の東宮争い」(『日本歴史』二一二)、水原一「惟喬・惟仁位争い説話について」上(『駒沢大学文学部研究紀要』三三) (福井 俊彦)

水尾山陵《みずのおやまのみささぎ》 京都市右京区嵯峨水尾清和の水尾山の山腹にあり、愛宕山の西南二キロの山間狭隘の地で、陵形は地を方形に画するのみである。『日本三代実録』によると元慶四年(八八〇)十二月七日洛東の上粟田山に火葬し、かねて終焉の地と定めおかれたこの地に葬り、水尾山陵と称されたが、薄葬の遺詔に従って山陵を起さず、『延喜式』諸陵寮は当陵を載せていない。陵下の水尾の里には天皇に関する遺跡もあり、古来その所伝を失わず、幕末修陵の際に修治を加えた。火葬塚は左京区黒谷町の金戒光明寺の裏山にある経塚と称する塚で、大正十五年(一九二六)に治定された。

参考文献 上野竹次郎『山陵』上 (戸原 純一)

ぜえん 是円 ⇨中原章賢《なかはらのりかた》

せきおくしんりょう 石屋真梁 一三四五—一四二三 南北朝・室町時代初期の禅僧。曹洞宗通幻派の高弟。薩摩の伊集院(島津)忠国の子として、貞和元年(一三四五)七月十七日生誕。六歳のとき広済寺に入って童子となり、十六歳のとき南禅寺の蒙山智明について正式に得度した。東陵永璵・中巌円月・寂室元光ら五山の禅僧に参学したが、曹洞宗の通幻寂霊のもとで禅旨を究明し、その法嗣となった。その後、薩摩に下向し、島津元久が応永元年(一三九四)に創建した福昌寺(島津氏の菩提寺)の開山になった。また長門の大寧寺、周防の泰雲寺、美作の西来寺などをも開創し、中国・九州地方に曹洞禅の教線を拡げた。応永三十年五月十一日示寂。七十九歳。

石屋真梁像

参考文献 『玉竜山福昌禅寺開山石屋禅師塔銘幷叙』 (高橋 秀栄)

せきけいこう 戚継光 ?—一五八七 中国明の武将。登州(山東省蓬莱)の生まれ。父のあとをつぎ都指揮僉事となり、いわゆる嘉靖大倭寇のとき、総兵官胡宗憲のもと、その鎮定に活躍。当時、明の衛所・軍卒は用うるに足らず、かれは精兵を召募・訓練し、戦法・艦船・兵器の充実につとめ、名高い王(汪)直をはじめ、浙江・福建の海寇を平定し、兪大猷と双璧とされる。隆慶元年(一五六七)海禁がとかれ海寇がやや鎮静すると、こんどは北辺防備にうつされ、総兵官として蒙古の侵略を防いだが、かれを信任した宰相張居正が死ぬと、給事中張希皐らに弾劾され、万暦十五年(一五八七)不遇のうちに没。著に『紀効新書』『練兵実紀』、詩文集に『止止堂集』五巻がある。壬辰・丁酉倭乱(文禄・慶長の役)のとき、かれの新法が朝鮮で見直されたが、『紀効新書』は中国より日本で愛読された。

参考文献 陳懋恒『明代倭寇考略』(『燕京学報』専号六)、石原道博「壬辰丁酉倭乱と戚継光の新法」(『朝鮮学報』三七・三八合併号) (石原 道博)

せきむねすけ 関宗祐 ?—一三四三 南北朝時代の武将。出自には不明の点も多いが、宝治合戦で没落した関政泰の子孫と思われる。宝治合戦(宝治元年(一二四七))で常陸国関郡(関荘)は北条得宗被官諏訪氏の支配に移るが、建武政権の成立に伴って再び関氏が宗祐によって再興された。そして、南北朝内乱期に入ると、足利尊氏によって関郡を与えられた結城朝祐(朝高)との対立は避けられず、朝祐死後も子息直朝・直光兄弟と宗祐の対立は

激化した。南朝勢力としての宗祐の軍功は、多くの北畠親房発給文書などによっても知られるが、中でも興国二年(北朝暦応四、一三四一)十一月十日の親房の関入城は、小田氏降参に伴う局面の大幅な転換であった。関城主宗祐の奮戦は旺盛を極め、興良親王・春日顕国らを擁している大宝城主下妻政泰とともに常陸南朝方の拠点を死守した。興国四年(北朝康永二)十一月、関・大宝両城はついに陥落し同月十一日宗祐は戦死、親房は吉野へ帰還している。

参考文献　『大日本史料』六ノ七、康永二年十一月十一日条、『関城町史』史料編三、宮本茶村『関城繹史』、吉田一徳『常陸南北朝史研究』　（糸賀　茂男）

ぜしないしんのう　媞子内親王　⇩郁芳門院《いくほうもんいん》

せしん　世親　生没年不詳　古代インドの仏教哲学者。サンスクリット語でバスバンドゥ Vasubandhu のこと。この名を訳して、古くは天親《てんじん》といったが、唐代以後は世親と訳す。古くは音写して婆藪槃豆《ばすばんず》とも書いた。生存年代はほぼ三二〇—四〇〇年ころ。ガンダーラ国(現在のパキスタン北部)のプルシャプラ Puruṣapura(現在の Peshawar)にバラモンの子として生まれた。はじめ小乗仏教の説一切有部で出家し、カシュミールに至ってその学派の根本典籍『阿毘達磨大毘婆沙論』を研究し、『阿毘達磨倶舎論』という綱要書を著わした(わが国の南都六宗の一つである倶舎宗はこれにもとづく)。のち兄アサンガ Asaṅga(無着・無著と訳される)の感化を受けて大乗仏教に転じ、多数の書を著わした。『唯識二十論』『唯識三十頌』は、唯識説の綱要書として知られ、わが国の法相宗(薬師寺など)はそれにもとづく。伝記としては『婆藪槃豆法師伝』が最も史実に近いと考えられている。　（中村　元）

世親像

ぜしん　是心　⇩証賢《しょうけん》

ぜっかいちゅうしん　絶海中津　一三三六—一四〇五　臨済宗夢窓派の僧。法諱は中津、はじめ要関と号しのちに絶海と改めたが別に蕉堅道人とも称した。父の俗姓は土佐の津野氏、母は惟宗氏で建武三年(一三三六)十一月十三日に生まれた。貞和四年(一三四八)上京して天竜寺に入って僧童となり、西芳寺の夢窓疎石にも師事し、剃髪した後の観応元年(一三五〇)以後は春屋妙葩に従った。翌年具足戒を受けて大僧となったが夢窓の示寂に逢い、文和二年(一三五三)に建仁寺に移錫して竜山徳見に参じついで大林善育に湯薬侍者、放牛光林のもとで禅客を務めることしばしばであった。貞治三年(一三六四)関東に下って報恩寺の義堂周信、建長寺の青山慈永・大喜法忻に参じて蔵主・侍香を務め、足利基氏より厚遇されることが多かった。応安元年(一三六八)入明して杭州臨安府の中天竺山の季潭宗泐に参じて焼香侍者・蔵主などの役位にあり、また景徳霊隠禅寺・護聖万寿禅寺の間を周旋して用貞輔良・清遠懐渭に参じ、洪武四年(応安四、一三七一)再び径山《きんざん》の季潭宗泐に参じた。同九年太祖洪武帝は絶海・汝霖の二人を英武楼に召見して法要を問い、また熊野古祠について詩を作らしめ、これを賞して唱和し、袈裟・宝鈔などを下して帰国を許した。この間に無逸克勤を介して、夢窓疎石の碑銘の撰文を宋濂に依頼した。永和四年(一三七八)帰国して京都に上り、康暦元年(一三七九)には天竜寺の性海霊見に参じて前堂首座となり、翌年十月甲斐の恵林寺に晋住した。永徳三年(一三八三)相国寺の鹿苑院に移り、至徳元年(一三八四)には将軍足利義満の意に逆らって摂津銭原に隠栖した。翌二年有馬の牛隠庵に移り、ついで細川頼之の招請によって阿波の普済院に住し、続いて大雄山宝冠寺を開いて初祖となった。同年十二月義満に呼び戻されて洛中の等持寺に住し、明徳二年(一三九一)七月には等持院に転住したが、翌年十月相国寺に住し、応永四年(一三九七)相国寺再住、同八年相国寺に三住し、義満は当寺をもって五山第一位に列し、鹿苑院を兼帯させたが同十二年四月五日に七十歳で寂した。相国寺勝定院・南禅寺霊岩院・嵯峨霊松院に葬った。門弟には鄂隠慧奯・西胤俊承・宝山乾珍・東洋允澎など二十余人があり、『絶海和尚語録』三巻と詩文集の『蕉堅稿』二巻がある。語録は西胤俊承の編する恵林寺語録、鄂隠の編する相国寺語録、慧瓘の編する再住語録、鄂隠の相国三住語録について、陞座・拈香・真讃・自賛・偈頌の順に配列され、永楽元年(応永十、一四〇三)の冬に堅中圭密を正使とする遣明使節に随伴した門弟の竜渓等聞は、浄慈寺の道聯に序文、径山の心泰に跋文を請うてのち帰朝した。応永十六年に後小松天皇より仏智広照国師の号を、同二十三年には称光天皇より浄印翊聖国師と勅諡された。なお年譜は同三十年八月に門弟の叔京妙祁によって撰述された。

参考文献　『大日本史料』七ノ七、応永十二年四月五日条、玉村竹二『五山禅僧伝記集成』、上村観光『五山詩僧伝』(『五山文学全集』五)、北村沢吉『五山文学詩稿』　（葉貫　磨哉）

絶海中津花押

「釈中津印」

「絶海」

「明水」

絶海中津印

せっこうそうしん　雪江宗深　一四〇八―八六　室町時代の臨済宗の禅僧。号は雪江、諱は宗深。摂津の出身で俗姓は源氏。応永十五年(一四〇八)生まれる。はじめ京都建仁寺の五葉庵で文瑛につき得度し五山派の諸禅僧に参禅したが、のち五山をでて尾張犬山の瑞泉寺に行き関山派の日峰宗舜に参じ、さらに日峰の法嗣義天玄承について修禅し、その法を嗣いだ。竜安寺に住し、寛正三年(一四六二)には大徳寺に奉勅入寺した。応仁の乱で妙心寺が焼失するとその再建復興に尽力したが、雪江を支援したのは細川勝元・政元であった。また文明九年(一四七七)後土御門天皇から妙心寺再興の綸旨下賜を受けた。法嗣に景川宗隆(竜泉派)・悟渓宗頓(東海派)・特芳禅傑(霊雲派)・東陽英朝(聖沢派)の四人を出し、四派四本庵による妙心寺教団運営組織形成の基礎をつくり、文明八年からは米銭納下帳を作製して寺院経済の確立をはかった。文明十八年六月二日寂、七十九歳。勅諡仏日真照禅師。妙心寺塔頭衡梅院を塔所とし、『雪江和尚語録』がある。

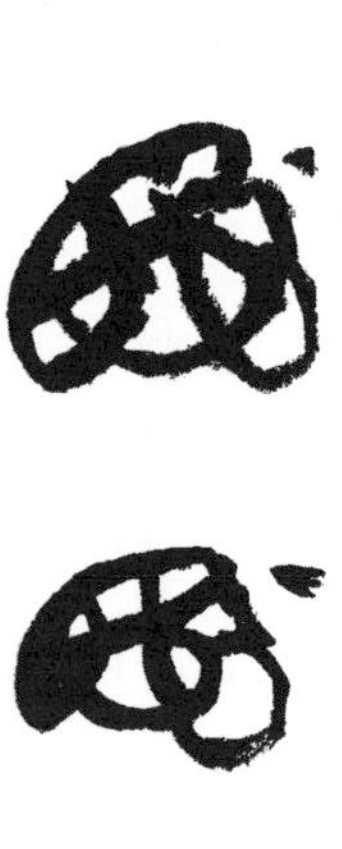
雪江宗深花押

雪江宗深画像

参考文献　『大日本史料』八ノ一八、文明十八年六月二日条、川上孤山『妙心寺史』、荻須純道『正法山六祖伝訓註』、竹貫元勝『妙心寺散歩』　（竹貫　元勝）

せっさい　雪斎　⇩太原崇孚《たいげんそうふ》

せっしゅうとうよう　雪舟等楊　一四二〇―?　室町時代の禅僧画家。わが国で最も個性的な中世唐絵様式を創造した。応永二十七年(一四二〇)に備中国(岡山県東半部)に生まれた。永享二年(一四三〇)と三年に相国寺住持であった春林周藤に師事し、享徳三年(一四五四)まで同寺に居て等楊なる諱をもち知客の職に就いているが、周藤が同寺を退去した後に誰の下にあったかは不明である。間もなく楚石梵琦の「雪舟」なる二大字を得たので相国寺の竜崗真圭に雪舟二字説を書いてもらって字としたが、南宋時代の詩人楊万里が書斎を釣雪舟と号していたことに因むものである。やがて周防国大内家を頼って山口に行き、雲谷なる軒号をもつ庵に住して画事に専念していたようだ。当時の高僧の詩文と等楊が弟子如水宗淵に与えた「破墨山水図」の自讃によると、相国寺の画僧であった大巧如拙の弟子の天章周文に同寺で絵事を教わったことがわかり、すでに一流の唐絵画家の域に達していた。大内家の遣明船に乗って応仁元年(一四六七)に博多を出て寧波《ニンポー》に着き、近郊の五山第三位の太白山天童景徳禅寺(略号、天童)から首座《しゅそ》(第一座)の職を与えられた。翌成化四年(一四六八)六月には北京で賜宴に与かり、翌年二月にも滞在しているが、夏には帰国している。前記の「破墨山水図」讃によると大運河を利用したようだから、寧波から杭州・蘇州・鎮江・揚州と北上したにちがいないので、その周辺の自然と都市とを熟視したであろう。同行した呆夫《ばいふ》良心は北京の礼部院に壁画を描いたと記し、彦竜周興は天子に賞められたと書いているけれども確かめる資史料がない。等楊の北京滞在中の行動は不明であるが、「破墨山水図」讃で北京には張有声と李在の二画家がいる旨を述べているが、前者は不明で後者は宣徳六年(一四三一)に没しているから、等楊入明時期には在世していないので、等楊の中国画壇への知識は必ずしも正確ではない。しかし多くの名画、特に中国の大自然の認識は等楊の画嚢を豊かにしたであろう。帰国後の等楊の居住地はしばらく不明であるが、「鎮田滝図」が数十年前まで存在していたことと、豊後の画室について良心が「天開図画楼記」なる一文を文明八年(一四七六)三月に作っていることから大分に住んでいたらしい。しかし『実隆公記』には山口に住む三条公敦の像を文明十一年に描いたとあり、また同年着讃の「益田兼堯像」(重要文化財、益田兼施蔵)が遺っているからその後山口

雪舟等楊自署

雪舟等楊花押

「雪舟」

「雪舟」

「等楊」
雪舟等楊印

雪舟等楊画像

に戻っていたといえる。同十三年には美濃国正法寺に行き、翌年は出羽国立石寺を写生(模本)しており、十五年に京都を経て十六年に山口に帰っている。十八年六月に山口に来た了庵桂悟は等楊の画室の遊賞文を「天開図画楼後記」と題して制作し、十二月には等楊は「山水長巻」(国宝、防府毛利報公会蔵)を描き、越えて延徳二年(一四九〇)冬には薩摩に帰る弟子の秋月等観に自画自讃の頂相(模本、藤田美術館蔵)を与えている。さらに明応四年(一四九五)三月に自画讃の「破墨山水図」(国宝、東京国立博物館蔵)を円覚寺の如水宗淵に印可の証として付与し、翌年には「慧可断臂図」(重要文化財、斎年寺蔵)を描き、十一月には京都に居る宗淵に返書(梅沢彦太郎蔵)を認めている。「天橋立図」(国宝、京都国立博物館蔵)の構図によると、文亀二年(一五〇二)の制作であらねばならぬ結論が出るので、同年は同地域に行き、ついでに加賀と能登に廻遊した形跡が強いが、永正三年(一五〇六)に雲谷軒で没したと推定される。すなわち等楊筆「山水図」(国宝、大原総一郎蔵)に牧松周省の七言八句の詩後に桂悟が追讃していて、その末尾に「牧松遺韻雪舟逝、天末残涯春夢驚、永正丁卯上巳前一日中略看于雲谷軒舎」とあるに基づく。永正四年三月二日に雲谷軒で係讃する時にはすでに等楊は死んでいたとの意味によって、その前年の山口没説が一般に信用されている。この仮定によれば八十七歳の長寿であって、中年以後の在住地は山口であり、多くの禅僧の詩文も雲谷軒在住時代の作品に対してであるから、雲谷軒時代が最も充実した作画時期であったといえる。主要な遺品を年代順に列記すると、「四季山水図」四幅(重要文化財、東京国立博物館蔵)には「日本禅人等楊」の落款と明王朝の末流者の鑑蔵印があり、当時の浙派形式を学んだ入明中の研究作である。文明十一年の「益田兼堯像」は大和絵的筆法が混じっていていささか異様であるが、「秋冬山水図」二幅(国宝、東京国立博物館蔵)は南宋水墨画を消化した等楊画法の完成作で、このころの作と推定され、諸家に分蔵されている団扇図は南宋画研究の跡を示すやはり同時期の習作であろう。最晩年の代表作は文明十八年の「山水長巻」、明応四年三月の落款をもつ「破墨山水図」、同五年の「慧可断臂図」、文亀元年の「天橋立図」である。ほかに七十一歳(延徳二年)の歳書のある「四季花鳥図屏風」(重要文化財、尊経閣文庫蔵)などの数点の着色大画面作品があるが、真筆の証明は容易でない。さて等楊は師の周文様式に立脚して中国唐絵を大胆に折衷したところに特色と価値があり、多くの弟子と祖述者が輩出して自然に雪舟派が形成された。

参考文献 朝岡興禎『古画備考』中、玉村竹二編『五山文学新集』四、田島志一編『雪舟画集』、沼田頼輔『画聖雪舟』、東京国立博物館編『雪舟』、熊谷宣夫『雪舟等楊』
(谷 信二)

せっそんしゅうけい　雪村周継　生没年不詳　室町時代の画家。一説に永正元年(一五〇四)の生まれで、八十二歳の作品がのこる。中居斎・舟居斎・鶴船などと号す。常州太田村の出身とされ、生涯を東北・関東地方で過ごし、戦国時代の地方画壇の第一人者として活躍した。「周継」の法諱より夢窓派の禅僧とみられるが、各地を遍歴して画事に励み、文人的な性格が強くうかがえる。雪舟に私淑し、また中国院体の山水・花鳥に学び、あるいは浙派の影響をうけるなど、水墨画の諸風を広く摂取しながら独自の様式を確立し、多数の作品をのこしている。しばしば奇抜な構図を用い、その画面は力強く動的な表現に富み、また墨の濃淡を活かした空気遠近法的な描写をもって水墨画家としてユニークな存在をなす。晩

雪村周継自画像

年は三春(福島県田村郡三春町)に隠棲し、雪村庵跡がのこる。代表作に「風濤図」「松鷹図」「呂洞賓図」(以上重要文化財)などがあり、またその著『説門弟資』はわが国初の画論といえる。

参考文献　田中一松編『雪舟・雪村』(『水墨美術大系』七)　(村重　寧)

せっそんゆうばい　雪村友梅　一二九〇—一三四六　鎌倉・南北朝時代の臨済宗一山派の僧。越後白鳥郷(新潟県長岡市近郊)の人、父は一宮氏、母は信州の須田氏である。正応三年(一二九〇)に生まれ幼時に鎌倉に赴いて一山一寧について僧童となり、年齢満ちてのちは叡山に登って受戒した。京都に下って建仁寺に掛錫したが、十八歳となった徳治二年(一三〇七)に、海を渡って元に入り、元叟行端・虚谷希陵・東嶼徳海・晦機元熙などに参じ、ついで道場山の叔平□隆に参じて侍者から蔵主に転じた。時に元は参学中の日本僧に間諜の疑いを寄せ、雪村は霅州の獄に投ぜられ、叔平もこれを匿ったとして獄中に繋がれて示寂した。刑吏の白刃が雪村に加えられようとしたとき、咄嗟に無学祖元の臨剣頌である「乾坤無地卓孤筇、且喜人空法亦空、珍重大元三尺剣、電光影裡斬春風」と朗誦し刑吏を驚嘆せしめて刑を免れた。赦されて長安にあったが再び四川の成都に流謫され、あること十年、この間に経・史・諸子の典籍を毎紙一覧してはこれを暗記して水中に投じて見る者を驚嘆させた。州の大官老儒は雪村の儒典の口講を受ける者が多かった。大赦によって再び長安に戻って三年した泰定四年(嘉暦二、一三二七)九月に、突然老親を夢見て帰国の思いが起ったが、天暦元年(嘉暦三、一三二八)に南山翠微寺に請ぜられて入寺し、香を一山一寧に焚て法嗣となり、元の朝廷は宝覚真空禅師の号を特賜した。住すること一年、翌年五月商船に乗じて博多に着岸し、帰路を鎌倉に取り由井浜で長年わが子の帰りを待った母親に邂逅し、この年は養母に専念したが、翌元徳二年(一三三〇)には一山の塔である建長寺玉雲庵の塔主となった。たまたま信州諏訪の金刺満貞によって慈雲寺に請ぜられ四月九日入寺した。翌年秋には神為頼によって山部の徳雲寺の開山となり、元弘二年(一三三二)には小串範秀が京都西禅寺に招き、建武元年(一三三四)には大友氏によって豊後の蔣山万寿寺に転住した。住すること三年、再び上洛して栂尾に隠栖したが、同四年に播磨の赤松則村は赤穂郡苔縄郷に法雲寺を構え、小串範秀の推奨を受けて雪村を開山に迎えた。幕府は暦応二年(一三三九)十一月に法雲寺を以て諸山に列し、十方住持の禅院となした。翌年法雲寺の側に大竜庵を構えて退居したが、この年に足利尊氏・直義兄弟は京都万寿寺に特請した。病を以て固辞すること三度に及んだが、かえって檀那赤松氏の勧奨不足と解釈されたので、大竜庵を出て良峯(善峯)に入って隠栖した。あること三年、赤松則村は懇に陳情したので康永二年(一三四三)八月十一日に上洛して万寿寺の席についた。翌年同月に退院して清水の清住庵に退居し、ついで有馬温泉に療養した。貞和元年(一三四五)二月に朝命によって東山建仁寺に住し、宗風大いに振るったが翌二年十一月に、急に法兄石梁仁恭の塔所建仁寺興雲庵に香資を寄せ、十二月十八日の石梁の忌斎を早めて欲しいと依頼した。塔主は十一月二十六日に忌斎を定め、当日法要に導師を務めた雪村は『楞厳呪』第五段に至って焼香し、大展三拝したのち右手半身が不随となった。朝廷からの医薬も退け、十二月二日黎明に侍者に命じて紙筆を求め、遺偈を左手で書かんとしたが字画が成らず、憤然として大筆を屏上に抛り、墨痕乾かざるうちに示寂した。年五十七。清住庵で荼毗し建仁寺興雲庵の石梁の側に葬った。のち赤松氏は建仁山内に大竜庵を構えて塔所とし、播磨法雲寺、備前宝林寺宝所庵にも分塔した。遺著に『宝覚真空禅師語録』『岷峨集』があり、門弟に大同啓初・雲渓支山・太清宗渭など十余人がある。

参考文献　『大日本史料』六ノ一〇、貞和二年十二月二日条、足利衍述『鎌倉室町時代之儒教』、玉村竹二『五山禅僧伝記集成』　(葉貫　磨哉)

せみまる　蟬丸　生没年不詳　平安時代の歌人、音楽家。古くは「せみまろ」とよむ。伝説的人物で諸伝がある。敦実親王の雑色(『今昔物語集』)、醍醐天皇第四皇子(『東関紀行』『平家物語』など)などといわれるが、仁明天皇の時の人(『無名抄』『和歌色葉』)ともいう。逢坂の関に庵室を構え、往来の人を見て、「これやこの行くも帰るも別れつつ知るも知らぬもあふさかの関」(『後撰和歌集』)と詠んだというのが、最も確実な伝承で、逢坂の関に住んだことは諸書で一致し、「関明神」として祀られる。逢坂の蟬丸のもとに源博雅が三年間通い続けて、ついに琵琶の秘曲「流泉」「啄木」を伝授されたという説話(『今昔物語集』など)は著名で、「盲琵琶」の祖とされるが、一方、良岑宗貞(遍昭)は和琴の伝授を受けた(『無名抄』)

ともいう。盲者とはいわず、単に乞食とする伝承(『後頼髄脳』など)もある。和歌は『後撰和歌集』一首のほか、『新古今和歌集』『続古今和歌集』に計三首を載せるが、いずれも説話とともに伝わった歌である。

参考文献 『大日本史料』一ノ一八、天元三年九月二十八日条、中山太郎『日本盲人史』、小沢正夫『古今集の世界』(『塙選書』一二) (篠原 昭二)

せんあ　仙阿　生没年不詳　時宗奥谷派の祖。一遍の兄で伊豆房と号したというが、その履歴は明らかでない。一遍に随逐して時衆となったが、一遍の入滅にあたって伊予国奥谷(愛媛県松山市道後)に帰り宝厳寺を開創した。仙阿のあとは尼珍一房が法燈を相続したが、康永三年(一三四四)遊行七代託何が来住したとき、道場の譲渡を申し出た。この年六月二十日珍一房は没した。後世、仙阿を派祖とする奥谷派は時宗十二派の一つにかぞえられ、住持が尼であった関係で、託何の代に藤沢派(遊行派)への合流が円滑になされたと説かれて来たが、むしろ当初からこの派は存在せず、一派とみなした時代があったとすれば地域的な呼称であったろう。

参考文献 大橋俊雄『時宗の成立と展開』 (大橋 俊雄)

ぜんあ　善阿　生没年不詳　鎌倉時代末期の連歌師。生誕地・生年などは不明。没年も不明であるが、正和元年(一三一二)三月の法輪寺千句(『菟玖波集』)に参加したころが最晩年にあたり、同年か翌正和二年の没と推定される。「花下連歌」の盛行に象徴される鎌倉時代末期地下連歌界の代表的指導者として活躍し、早く建治二年(一二七六)には連歌の式目『建治式』の制定に参加した。のちに二条良基の『応安新式』へと発展するものである。門下には救済・順覚・信昭・良阿・十仏らの上手が輩出し、ことに救済が推進力となって南北朝連歌の詩的確立を実現する。善阿の先駆的役割はきわめて大きい。句集に『連葉集』(佚書)があり、『菟玖波集』に三十二句選ばれている。その中の一句「夕日かたぶくみねのうき雲かけはしの上なる雪はと絶えして」のごとき、対照手法による明確な構成によって、和歌とは違った感性美を捉え、南北朝連歌への方向を示唆している。

参考文献 金子金治郎『菟玖波集の研究』 (金子金治郎)

ぜんあみ　善阿弥　生没年不詳　室町時代の水墨画の鑑蔵者、あるいは模作者と推定される人物。宋元の絵画に「善阿」の瓢形朱文印を捺したものがあり、善阿弥なる者の存在が問題視されている。牧谿筆「竹雀図」(重要文化財、根津美術館蔵)、同「双鳩図」をはじめ李安忠・馬遠らの作品十余幅に認められ、一説に足利義政に近侍した同朋衆の一人、庭師善阿弥の鑑識印と考えられている。しかしこれらの作品は宋元画の態をよく伝えるものの、骨組弱く、中国画独得の筆法の確かさを欠くことから、日本人による忠実な写しとみて、「善阿」は中国画模写専門の画家の印と改める説が有力であるが、結論を得ていない。また『室町殿行幸御餝記』中にも硯の所持者として善阿の名がみられるが、印の使用者との関係は推定の域を出ない。 (村重 寧)

ぜんえだいし　善慧大師　⇨成尋《じょうじん》

ぜんえぼう　善慧房　⇨証空《しょうくう》

ぜんがい　善愷　生没年不詳　平安時代前期の法隆寺僧。同寺の檀越少納言登美直名の不正を告訴したことで有名。この訴訟事件の発端は、承和十三年(八四六)以前と推定され、起訴状によれば、被告直名の罪は遠流に該当するものであったが、右少弁伴善男と左大史伴良田宗の二人は、他の五人の弁官が訴状を受推する際、原告善愷のために「私曲」をなし、違法の訴えを容認したと誣告《ぶこく》した。善男らの指摘した弁官の違法とは、㈠僧尼令有私事条(「権俗之法」)に抵触すること、㈡原告善愷に対する拘禁(「寧処於閑奥」)の不当性、㈢被告直名に対する罵議(「直名於国為奸賊之臣、於家為貪戻之子」)、㈣僧尼の訴状を弁官で受推することの不当性、㈤闘訟律告人罪条(「明注年月、指陳実事」)に抵触すること、などであった。これらは、当時の弁官局の慣例、すなわち行事法に基づいて執り行なっただけであるが、善男らにより、法意に照らして違法だと誣告され、ここに官宣旨を下して、弁官らの罪状について、法家に勘申させることになった。当代法曹界の第一人者といわれた明法博士兼勘解由次官大判事讃岐永直は、当初無罪と答申したが、その後、明法博士御輔長道・勘解由主典川枯勝成らとともに「公罪」と断じ、贖銅五十斤を徴納すべき由を勘申した。これに対し、善男と宗は「私罪」と断じ、解官の上、贖銅十斤を徴納すべきだと主張した。また弾正大疏漢部松長は、左中弁伴成益と左少弁藤原岳雄の二人は「公罪」、他の弁官は「私罪」に処すべきだとの断文を進上した。このように法家の勘申が区々でまとまらないため、改めて覆勘するよう命じた。その際に問題となったのが、「私曲相須」という字句の解釈であった。結局、訴状を受推した弁官側に、「私」はあっても「曲」がないのに、「私罪」が成立すると主張した善男・宗や権左中弁小野篁らの枉《おう》判《はん》が、そのまま官議で採択され、永直らは罪名勘申の失誤を問われ、官を解かれてしまった。この事件は承和十三年十一月十四日に判決が下り、これより先、九月二十七日に没した前右大弁和気真綱を除き、前左大弁従四位上正躬王・前左中弁従四位下成益・前右中弁従五位上藤原豊嗣・前左少弁従五位下岳雄の四人に、各贖銅十斤を徴納すべき旨の太政官符が、刑部省に下された。官符中に解官のことに触れていないのは、すでにこれ以前の正月から九月の間に、本官・兼官を解かれているためである。ついで、この四人は翌十四年五月二十七日、各位記一階を毀《やぶ》られたが、このうち正躬王・成益・豊嗣の三人は、一年後の嘉祥元年(八四八)十二月二十五日、名例律叙法条に基づき、先位より一等を降して叙せられている。勅の中に岳雄の名がみえないのは、死没したためであろ

う。一方、原告の善愷は永直らの断文に従えば、違令罪の「従」にあたり、笞四十を科せられたことになる。これに対して、被告の直名は無罪であったらしいが、中央から疎外されて、大宰少弐や豊後権守に転任し、嘉祥二年十二月十三日、任地で謀叛を起している。

参考文献 久米邦武『(平安初期)裏面より見たる日本歴史』、滝川政次郎『裁判史話』、鶴岡静夫『古代仏教史研究』、佐伯有清『伴善男』(『人物叢書』一五六)、岩橋小弥太『律令叢説』、渡辺直彦『日本古代官位制度の基礎的研究増訂版』、薗田香融「法隆寺僧善愷訴訟事件に関する覚え書」(『平安仏教の研究』所収)、玉井力「承和の変について」(『歴史学研究』二八六) (渡辺　直彦)

せんがいそぶん 泉蓋蘇文 ?―六六五　高句麗末期の専制的な執権者。伊梨柯須弥、蓋金とも書く。泉は音通で銭とも記す高句麗式の姓で、イリ(伊梨)・オルともよみ、もと淵の義訳、水神崇拝に由来するという。名の蓋蘇文はカスミ(柯須弥)の音に近く、蓋金《ガイソエ》は不完全な音訓写。代々有力な家系の生まれで、父の太祚は大人・大対盧に至ったが、父の死後その職位をついだ。まず唐に備える長城の監造者として登場するが、すでに中央で重きをなしたらしく、六四二年蓋蘇文の誅殺が謀られると、直ちに栄留王ら多数を殺害、新たに高句麗最後の宝蔵王をたて、みずから最高位の莫離支に任じ、政治・軍事・外交の実権を掌握した。ときに鬚面の偉丈夫の蓋蘇文は身に五刀をはき、地に伏した貴人・武将をふんで馬に乗り降りし、あえて仰視するものなく、人はみなその一行を避け隠れたという。卓越した指導力によって、百済・新羅や唐との厳しい国際関係に対応し、高句麗の再編と権力集中に成功した。唐からの道教移入につとめたりしたが、やがて新羅との抗争で唐と対立し、六四四―四五年に弑君の賊を除くと称する大規模な唐の侵攻をうけ、これを撃退した。さらにその後も六四七―四九年、六五五―六二年の間にほぼ連年、唐軍を迎え撃ち、これらをみな退けた。六六五年没。没年には六六四年、六六六年の異説もあるが、彼の死後に子の男生と男建・男産の間に対立が生じ、高句麗は滅亡の途を急いだ。

参考文献 『三国史記』二一・二二・四九、『旧唐書』一九九上、羅振玉『唐代海東藩閥誌存』、池内宏「高句麗討滅の役に於ける唐軍の行動」(『満鮮史研究』上世二所収)、李弘稙「淵蓋蘇文에 대한 若干의 存疑」(『韓国古代史의 研究』所収) (武田　幸男)

せんがく 仙覚 一二〇三―?　鎌倉時代の『万葉集』研究者。建仁三年(一二〇三)の生まれで、文永九年(一二七二)八月まで存命だったことが写本の奥書から知られる。常陸国生まれで、天台宗の僧侶であったらしい。家系は不明だが比企氏もしくはその縁故者ではないかとする説がある。十三歳で『万葉集』の研究に志し、その後歌学で名を知られるようになり、寛元四年(一二四六)正月、将軍藤原頼経から『万葉集』校勘の命を受けた。同年十二月書写を終了、翌宝治元年(一二四七)かさねて校合し奥書を加えた。この校勘を通じて『万葉集』の無点歌の存在を知り、長歌・短歌・旋頭歌計百五十二首に新訓を付けた。いわゆる仙覚の新点である。建長五年(一二五三)十二月、新点歌百五十二首に奏状を添え後嵯峨上皇に献上。その後も校勘作業は続けられた。文永二年本・文永三年本などのほか、文永九年本まで作られたらしい。仙覚の校勘は、使用した伝本の数も多く本文研究上高い価値を持つ。そのほか注釈面の業績もあり、『万葉集註釈』十巻が残されている。佐佐木信綱編『仙覚全集』(『万葉集叢書』八)がある。

参考文献 佐佐木信綱『万葉集の研究』一、武田祐吉「万葉集抄・仙覚・仙覚本」(『万葉集大成』二所収) (稲岡　耕二)

せんかてんのう 宣化天皇 『日本書紀』によれば、生没年は四六七―五三九年、五三六―三九年在位。諱は檜《ひの》隈高田《くまのたかだ》、諡を武小広国押盾天皇《たけおひろくにおしたて》という。継体天皇の皇子、母は尾張連草香の女の目子媛《めのこひめ》、安閑天皇の同母弟。安閑のあとをついで即位。檜隈の廬入野(奈良県高市郡明日香村檜前)に都し、仁賢天皇の女の橘仲皇女を皇后に立て、大伴金村・物部麁鹿火を大連、蘇我稲目を大臣とする。『上宮聖徳法王帝説』などは仏教伝来の年を欽明天皇戊午年とするが、戊午は六三八年で宣化の治世にあたる。これが継体・宣化朝と欽明朝併立説の根拠の一つである。廬入野宮で没す。年七十三。大和の身狭桃花鳥坂上陵に葬ると伝える。 (直木孝次郎)

身狭《むさの》桃花鳥《つき》坂上陵《さかのえのみささぎ》 奈良県橿原市鳥屋町にある。皇后橘仲皇女との合葬陵。江戸時代には「みさんざい山」という。『日本書紀』宣化天皇四年十一月条に「葬㆓天皇于大倭国身狭桃花鳥坂上陵㆒、以㆓皇后橘皇女及其孺子㆒合㆓葬于是陵㆒」とあるが、『延喜式』諸陵寮では当陵について「在㆓大和国高市郡㆒、兆域東西二町、南北二町、守戸五烟」とし、遠陵とするが、合葬については記していない。当陵は中世以後所在不明となり、元禄の諸陵探索で同十二年(一六九九)四月、京都所司代松平信庸は、現陵を決定し老中へ報告した。墳丘は丘陵の先端に位置し、丘尾を切断して築造した前方後円墳で、北北東に面する。現状は長軸の長さ一三八メートル、前方部幅七七メートル、後円部径八三メートル、高さ前方部一八・九メートル、後円部一八メートル、両側くびれ部には各造出しがある。墳丘裾は、前方部正面に河石積石垣、他は練石積擁壁を設ける。擁壁は昭和四十六年(一九七一)、侵蝕部に葺石などの遺構を破壊せぬ工法で施工、擁壁基礎外側には葺石遺構が埋没遺存する。周濠は寛永年間(一六二四―四四)に灌漑用水に利用するため、東側外堤を切り取って鳥屋池を作り、貯水量を増すため西側外堤の嵩上げを繰り返した。このため濠底が堆積土で埋まり、墳丘は裾が埋没したため小さくみえ、西側渡土手は水没して痕跡をとどめるだけとなった。当陵出土品には宮内庁書陵部所蔵の埴輪・須恵器などがある。

参考文献　『(宣化天皇・皇后橘仲姫皇女)身狭桃花鳥坂上陵之図』(宮内庁所蔵『陵墓地形図』)、上野竹次郎『山陵』上、陵墓調査室「昭和五十一年度陵墓関係調査概要」(『書陵部紀要』二九)　（石田　茂輔）

せんかん　千観　九一八―八三　平安時代中期の天台宗の僧。橘敏貞の子。延喜十八年(九一八)生まれる。運昭を師とし顕密を学び、食事のほか机を離れなかった。天暦八年(九五四)法華八講聴衆としてみえるが、その後摂津国箕面(大阪府箕面市)に隠遁し、顕密の研究と浄土行をもっぱらにした。応和二年(九六二)『法華三宗相対抄』『十願発心記』を著わし、同三年七月朝廷の命で雨を祈り、八月に宮中の清涼殿で行われた応和宗論のときに選ばれたが辞退、ほどなく摂津国金竜寺(大阪府高槻市)に移り、天禄元年(九七〇)には行誉から三部大法を受けた。また民衆教化のために『阿弥陀和讃』を作り、八制、十願をたてて念仏者たちの規範とした。貴族の女性の帰依も多く、康保四年(九六七)七月村上天皇女御・更衣出家の戒師をつとめ、十月千観のもとに藤原師輔室故盛子への位階追贈が報告され、藤原敦忠娘の師事なども知られる。永観元年(九八三、一説に同二年)十二月十三日、六十六歳で没した。

千観像

参考文献　『大日本史料』一ノ二〇、永観元年十二月十三日条、井上光貞『日本浄土教成立史の研究』(『井上光貞著作集』七)、同『日本古代の国家と仏教』(同八)、佐藤哲英『叡山浄土教の研究』、同「千観内供の研究」(『宗学院論輯』三〇)、乾克己「千観阿闍梨の伝と説話について」(『和洋女子大学紀要』三一文系編)　（西口　順子）

ぜんぎ　善議　七二九―八一二　奈良・平安時代前期の僧。天平元年(七二九)誕生。出自は河内国錦部郡恵賀連氏。大安寺僧。道慈より三論の法義を授けられたと伝えるが、年齢的にいささか無理なように思われる。しかし道慈と同じく入唐したとされており、帰国後は大安寺にあって、学徳すぐれた僧として令名高く、三論宗では彼を法将とよんだという。特に、延暦十七年(七九八)九月の詔や、同二十二年正月の勅からも推察されるように、当時の法相宗に対する三論宗劣勢という状況のなかで、彼にかける期待は大きかったと思われる。弘仁三年(八一二)八月二十三日没。八十四歳。弟子に安澄・勤操がいる。　（佐久間　竜）

ぜんけい　善慶　一一九七―一二五八　鎌倉時代前期に奈良を中心に活躍した仏師。建久八年(一一九七)に生まれる。善円の子あるいは弟子と考えられ、善派仏師を代表する一人である。建長元年(一二四九)に増全・行西・盛舜・観慶・弁実・迎摂・慶俊・尊慶らを率いて、西大寺の清涼寺式釈迦如来像を造った。本像は奝然が中国の宋から請来した京都清涼寺本尊の模像であるが、深い精神性まで表出することに成功している。同七年には、叡尊の発願した般若寺の丈六文殊菩薩像を造り、時期は不明であるが、叡尊の意をうけて、奈良の西興寺に伝わる地蔵菩薩像を修補したことが知られる。また神奈川県極楽寺の転法輪印を結んだ釈迦如来坐像は、忍性三十六歳のときに善慶に造らせた仏像であることが、同寺の縁起に記されている。正嘉二年(一二五八)没。六十二歳。なお、淡路島の正福寺の薬師如来坐像に、進上上座善慶が制作したと銘記されているが、その造法・作風から見て、別人と考えられる。その他、明応五年(一四九六)に春慶とともに長谷寺の造仏に従事した浄春房善慶や、元禄十三年(一七〇〇)に千葉県荘厳寺の十一面観音像を修理した大仏師和泉善慶らが知られる。

参考文献　小林剛「仏師善円・善慶・善春」(『日本彫刻作家研究』所収)、倉田文作「叡尊をめぐる仏師たち」(『奈良六大寺大観付録』一四)　（久野　健）

せんこうほうし　千光法師　⇩明庵栄西《みょうあんえいさい》

せんさい　瞻西　?―一一二七　平安時代後期天台宗の僧。生年・俗系不詳。声明・説法にすぐれ、弁説の妙、言泉わくがごとしと称讃されている。叡山離山の時期は明らかでないが、京都東山雲居寺に止住してのち、能説と浄土行で知られ、貴賤衆庶の帰依を得た。藤原宗忠・源俊房・源師頼たちもしばしば法会に請じ、寺に参詣している。元永元年(一一一八)極楽堂を再建、天治元年(一一二四)金色八丈阿弥陀仏を造立供養し、堂を証応弥陀院と号した。寺内では迎講が行われ、参詣の人びとは浄土願生の思いを深くした。また和歌をよくし、藤原基俊・有業ら歌人と交わりをもったことが知られる。大治二年(一一二七)六月二十日没。一説に六十六歳の生涯と伝える。

参考文献　鷲尾順敬「瞻西上人」(『無尽燈』一九ノ一〇)、藤田寛雅「雲居寺瞻西伝拾遺」(『仏教史研究』二)、宮地崇邦「実在人物の物語化―瞻西上人と『秋の夜長物語』―」(『国学院雑誌』六二ノ一)　（西口　順子）

せんしないしんのう　選子内親王　九六四―一〇三五　村上天皇の第十皇女。母は藤原師輔女の中宮安子。康保元年(九六四)四月二十四日誕生。同年内親王となり天延二年(九七四)三品に叙せられ、翌年六月に十二歳で賀茂斎院に卜定され、長元四年(一〇三一)九月老病のため退下し落飾す。同八年六月二十二日、七十二歳で没し蓮台

野に葬る。円融・花山・一条・三条・後一条天皇の五代五十七年間斎院として奉仕したので大斎院と称す。歌人としてすぐれ家集に『大斎院前の御集』『大斎院御集』『発心和歌集』があり、勅撰集に三十七首入首。『大鏡』師輔伝、『古本説話集』に人柄を伝え、『賀茂斎院記』『無名草子』に『源氏物語』創作の経緯を記す。

参考文献 橋本不美男「大斎院御集の性格」(『言語と文芸』二ノ三)、山田桂石「大斎院選子内親王の仏教」(『竜谷史壇』五六・五七合併号)、安西奈保子「大斎院選子サロン考」(『平安文学研究』六九)、所京子「選子内親王年譜稿」(『古代文化』三六ノ四)

(大曾根章介)

ぜんじゅ　善珠　七二三—九七　平安時代初期の興福寺法相宗の学僧。秋篠寺の開山、秋篠の僧正、秋篠の善珠とも称せられた。大和国の人、『日本霊異記』下には俗姓を跡氏、『扶桑略記』には安都宿禰、『僧綱補任』には阿刀氏とする。養老七年(七二三)生まれる。幼時母に従って大和国山辺郡磯城島村に居住し、のち得度して興福寺玄昉に師事して、唯識・因明などの学を修めるかたわら、諸宗にわたって造詣が深く、智行具足の僧であった。『正倉院文書』の中には、天平十八年(七四六)九月と天平勝宝五年(七五三)九月の自筆書状が伝存している。前者は『肇論疏』を写経所に返送し、後者は『十地論』『華厳論』など華厳関係の仏典の借書を乞うた書状である。天平勝宝五年三月の東大寺での仁王会に仁王講師として『仁王経』一部二巻を写経司に貸与している。『興福寺官務牒疏』によると、宝亀三年(七七二)に近江国に妙楽長興寺など四ヵ寺を創建したと伝えているが詳らかでない。

善珠自署

延暦十一年(七九二)二月、これより以前に施与された絁・綿類を辞退したことを大蔵省の上奏で知った桓武天皇が驚いたことが『類聚国史』にみえ、翌十二年正月には比叡山文殊堂供養に興福寺行賀・賢憬などと登山して堂達を勤め、さらに同十三年九月の中堂供養会には大導師を勤めた。同十五年三月には天皇の命をうけて、故物部古麿のための法華経供養の講師を勤めたという。翌十六年正月に伝燈大法師位であった善珠は僧正に任ぜられ、八日後の正月二十二日善珠に奉仕している弟子慈厚に対し、大和国の正税三百束が下賜されたが、同年四月二十一日、秋篠寺で七十五歳の生涯をとじた。『扶桑略記』の卒伝には、皇太子安殿親王(平城天皇)は善珠の御影像を図して当寺に安置したと伝えている。善珠が興福寺より秋篠寺へ何時ごろ移住したのかは詳らかでないが、仏教界粛正と教学の振興を計った桓武天皇の信頼に応えた学僧であった。『春日神社文書』の寛永九年(一六三二)霜月の秋篠寺書上には、当時破壊していた堂舎の中に、善珠堂のあったことをあげているし、今日興福寺南円堂には康慶作の法相六祖像(国宝)を安置し、その中に柄香炉をもった善珠坐像が含まれ、『尋尊大僧正記』文明六年(一四七四)九月の法相宗僧綱歴名の中にも、その名をとどめ「秋篠僧正」の注記がみられる。高弟には延暦二十四年の勅で秋篠寺に移った常楼や昌海・慈厚などが著名で、その著書は永超の『東域伝燈目録』、蔵俊の『注進法相宗章疏』などによって、多数にのぼりかつ多岐にわたったことが窺われ、「三蔵の秘旨を窮」めた碩学であった。『東域伝燈目録』には『法華経肝心』一巻、『最勝王経遊心決』三巻、『成唯識肝心記』八巻、『薬師本願経疏』一巻などの書名がみえる。

善珠像

参考文献 直木孝次郎「秋篠寺と善珠僧正」(『奈良時代史の諸問題』所収)、太田晶二郎「善珠の筆蹟」(『日本歴史』一七九)

(堀池　春峰)

せんじゅのまえ　千手前　一一六五—八八　鎌倉時代初期、駿河国手越出身の白拍子。『吾妻鏡』元暦元年(一一八四)四月二十日条および『平家物語』巻十「千手の前の事」によれば、南都の伽藍を焼き払った平重衡が伊豆の狩野介宗茂のもとに幽閉されていたとき、千手前は工藤祐経らとともに遣わされ、琵琶を弾じ詩を朗詠し今様を歌って重衡の心を慰めた。のちに重衡が斬殺せられたのを聞いて、千手前は信濃国善光寺でその菩提を弔っていたが、文治四年(一一八八)四月二十五日、二十四歳で没した。一説に歳三十四とするが、『平家物語』に「齢二十ばかりなる女房」とあり、また重衡の享年が二十九歳であるところから、二十四歳とするのが穏当である。

(滝川政次郎)

せんじゅん　専順　一四一一—七六　室町時代の連歌作者。別号、柳本坊・春楊坊。宗砌・智蘊が連歌の師か。歌人では正徹と交渉があった。華道の池坊では二十六世とし、立花の名手であったというが確証はない。ただし、六角堂頂法寺の僧で法眼にまで上ったことは確かである(『大乗院寺社雑事記』)。連歌の初出は嘉吉三年(一四四三)で、文安ころから宗砌・智蘊・忍誓・心敬らとともに活躍。康正元年(一四五五)宗砌没後は連歌界の第一人者となり、寛正から応仁ころには足利義政主催の連歌会にしばしば参加している。応仁の乱前後の動静は明らかではないが、文明四年(一四七二)十月以前には離京し、

以後美濃国で守護代斎藤妙椿の庇護下に在ったらしい。同地で『美濃千句』(文明四年)、『因幡千句』(同七年)、『後美濃千句』(同八年)の三つの千句の巻頭発句を詠んでいる。文明八年三月二十日同国で没したが殺害されたともいわれる。六十六歳。ただし没年については、長享元年(一四八七)七十一歳とする説などもある。宗祇は弟子で、七人の先達の一人として『竹林抄』に三百二十六句を収録している。『新撰菟玖波集』に百八句入集し、著作に『片端』、句集に『専順五百句』がある。

参考文献 石村雍子『和歌連歌の研究』、斎藤義光「連歌師専順年譜」(『大妻国文』一七) (奥田 勲)

ぜんじょ 禅助 一二四七―一三三〇 鎌倉時代後期の真言宗の僧。真光院大僧正とも称す。東寺長者(三度)。内大臣源通成の息。母は藤原頼綱の女。宝治元年(一二四七)生まる。文永二年(一二六五)開田准三宮法助に灌頂を受け、永仁元年(一二九三)大僧正。同二年二月東寺一長者、三月護持僧となるが、五月大僧正を辞し、高野山の訴訟により七月一長者辞任。徳治元年(一三〇六)亀山院一周忌に東寺結縁灌頂大阿闍梨を勤め、翌二年七月後宇多院落飾の戒師。同十二月東寺一長者。後宇多院の尊崇を受け、延慶元年(一三〇八)正月二十六日東寺において伝法灌頂を授け、勧賞として東寺座主(初例)に補され、また一旦は流祖益信に本覚大師の諡号を賜う。応長元年(一三一一)仁和寺別当、神護寺別当、文保二年(一三一八)後醍醐天皇護持僧、元応元年(一三一九)東寺一長者、翌年辞す。大伝法院学頭(三度)。元徳二年(一三三〇)二月十一日寂。八十四歳。

禅助花押

参考文献 『野沢血脈集』二(『真言宗全書』)、『仁和寺諸院家記(心蓮院本・恵山書写本)』(『仁和寺史料』寺誌編一)、『東寺長者補任』三・四、辻善之助『日本仏教史』三 (和多 秀乗)

ぜんしょうこう 善相公 ⇒三善清行《みよしきよゆき》

ぜんしょうぼう 禅勝房 一一七四―一二五八 鎌倉時代の僧侶。承安四年(一一七四)生まれる。遠江の人と伝え、はじめ天台宗の僧であったが、清水寺の本尊に道心を祈り夢想を得て、厭穢欣浄の心を起し、熊谷直実の説法を聞いて、吉水に法然房源空を四度訪ね、決定心を定めたという。源空が生まれつきの機根のままに念仏することを奨めたのに従って、一期の念仏に徹し、生国に帰ったのちは番匠として隠身の姿でいたが、建長のころには、遠江の一宮小国神社領内の蓮華寺で教化したようで、文義にもとづいて源空の教えを伝えたのではなかったが、注目すべき弟子とされていたようである。正嘉二年(一二五八)十月四日に寂した。八十五歳。

参考文献 『浄土伝統総系譜』上、『法然上人行状画図』四五(『日本絵巻物全集』一三)、『金沢文庫本念仏往生伝』(家永三郎『中世仏教思想史研究』所収)、『黒谷上人語燈録』(『浄土宗全書』九)、『決答授手印疑問鈔』(同一〇)、『一言芳談』、『法然上人伝』四下、菊地勇次郎「一言芳談のなかの源空と禅勝房」(大正大学浄土学研究会編『(小沢教授頌寿記念)善導大師の思想とその影響』所収) (菊地勇次郎)

ぜんしん 善信 ⇒親鸞《しんらん》

ぜんしんに 善信尼 六世紀末ごろの人。わが国最初の尼。司馬達等《しばたっと》の女。俗名は嶋(斯末売とも書く)。敏達天皇十三年九月、高句麗よりの渡来僧恵便に従って出家得度し善信尼と称す。『元興寺伽藍縁起幷流記資財帳』によれば、蘇我馬子は宅の東に仏殿を造り、百済から将来した弥勒の石像を安置し、善信尼とその弟子禅蔵尼・恵善尼の三尼を招いて斎会を催したという。翌十四年三月、物部守屋が仏教を迫害すると善信尼らを喚び法衣を奪って海石榴市《つばきいち》の亭に禁固した。崇峻天皇元年学問尼として百済へ遣わされ、戒律を学んで同三年三月に帰朝、桜井寺に居住した。そして善徳・善妙・妙光・善聡・善通らの諸尼を度した。

参考文献 辻善之助『日本仏教史』一 (大野達之助)

善導画像

ぜんどう 善導 六一三―八一 中国唐代の浄土教家。日本浄土宗の浄土五祖の第三祖。浄土真宗の七高僧の第五祖。臨淄《りんし》(山東省臨淄県、一説に泗州(安徽省泗県))に生まれ、姓を朱という。幼少のころ密州(山東省諸城県)で出家したのち、求道生活に入り、長安(西安)近郊の終南山の悟真寺に住し、さらに石壁山(太原の西南)の玄中

寺に道綽を訪ねて師事した。貞観十九年(六四五)道綽入寂後、長安に帰り、悟真寺・光明寺・慈恩寺・実際寺などに止住して浄土念仏の教えを弘め、多くの信奉者が出た。また襄州(湖北省襄陽県)にも教化は及び、咸亨三年(六七二)に始まった洛陽竜門の大盧舎那仏像造営の検校《けんぎょう》僧(監督の僧)となった「善道」も善導と同一人と見られる。六十九歳をもって入寂し、長安の南の神禾原《しんかげん》に葬られたが、その霊塔の側に建てられた香積《こうしゃく》寺の伽藍と大塔は、昭和五十五年(一九八〇)に中国仏教協会によって修復された。善導は「浄土三部経」の一つである『観無量寿経』について、「楷定古今《かいじょうここん》」(古今の諸師の説を批判し、正しい手本としての解釈を確定すること)の『観経疏』四巻(『観経四帖疏』)を著し、曇鸞・道綽の流れを受けて浄土教の称名念仏の思想信仰を大成した。著書としては、このほかに『法事讃』二巻、『観念法門』『往生礼讃』『般《はん》舟《じゅ》讃』各一巻があり、あわせて五部九巻と称する。善導の思想と実践は、中国では中唐期の法照・少康らに受け継がれたが、真の思想的後継者はむしろ日本の法然であり、その浄土宗の成立や門下の親鸞の浄土真宗の展開に大きな影響を与えた。

(藤田　宏達)

参考文献　藤田宏達『善導』

ぜんに　禅爾　一二五二―一三二五　鎌倉時代後期の華厳・律宗兼学の学僧。東大寺戒壇院中興第三代長老、久米田寺中興第二代長老。京都の人、安倍氏出身、晴明の末裔と伝える。建長四年(一二五二)生まれる。通説では生年を建長五年とするが、『律宗瓊鑑章』(東大寺図書館蔵)六の跋には「延慶二年(一三〇九)律宗末資禅爾五十八」とあり、通説より一年早く誕生していることが知られる。

禅爾花押

文永七年(一二七〇)十九歳で出家し、円戒房中一と称し、浄因・円照などの高弟であった八幡大乗院の琳海について戒律を学んだ。その後二十一歳の時に洛東金山院で、戒壇院の凝然より華厳教学の指導をうけたが、凝然をして「俊爽叡敏、義解縦横」といわしめたほどその聡明を発揮し将来を嘱望された。同十一年四月に凝然の師でもある円照より具足戒を受け、円戒房禅爾と改めたらしい。金山院は藤原隆親の別邸で円照に寄進、寺院に改造して戒壇院別院となり、律宗宣揚の出張所でもあった。以後東大寺戒院に止住し、凝然より律・華厳二宗や浄土教などの指導をうけ、研究を深め、伊賀国神戸の無量寿福寺で華厳の講義を行い、帰国してから凝然より別受戒をうけ、さらに円照の兄の真言院聖守より灌頂をうけ、心地覚心を紀州由良の西方寺(興国寺)に尋ねて参禅し、禅の玄旨を得た。聖守・円照の提唱した教禅一如の理念の実践ともいえるが、平生坐禅を好んで修し、後年久米田寺に禅堂を創建するに至った。あるいは建治二年(一二七六)ごろ伊勢参宮の帰途に洛西海印寺で夏安居を勤めるかたわら、凝然を輔佐し華厳・律の二宗の高揚につとめ、弘安六年(一二八三)九月には『華厳五教章』を私力で開板し凝然をも驚かせたが、後年の華厳教学発展に寄与した。当時すでに凝然の後継者であったが、弘安六年、和泉国久米田寺(隆池院)長老顕尊の要請により、戒壇院を捨てて久米田寺に移り、再興なった当寺の学山としての経営に参加することになった。当寺の知事となった禅爾は正応二年(一二八九)に行基によって造られた久米多池の修覆を行い、正安二年(一三〇〇)六月顕尊没後、当寺長老として華厳・律二宗の講義を行い、当寺の名声を一段と高揚し、正和五年(一三一六)ごろには関白二条道平家の被護をうけて寺領の確保を計り、学僧の養成に宛てた。師凝然は『戒壇院定置』に禅爾を後継者とし戒壇院長老を再確認しているが、凝然の甥の禅明房実円との関係から、禅爾はむしろ久米田寺の経営に全力投球をした感が深い。正中二年(一三二五)正月八日、久米田寺で七十四歳の生涯を終えた。著書に『初発心時』、『随文鈔』(金沢文庫蔵)、『華厳経文義綱目序科文』(同)がある。その高弟には久米田寺三世の明智房盛誉、称名寺湛睿などがあげられる。

参考文献　『円照上人行状』下、慧堅『律苑僧宝伝』一四(『大日本仏教全書』)、『戒壇院住持記』(東大寺図書館蔵)、『梵網戒本疏日珠鈔』四紙背文書(同)、納富常天「泉州久米多寺について」(『金沢文庫研究紀要』七)

(堀池　春峰)

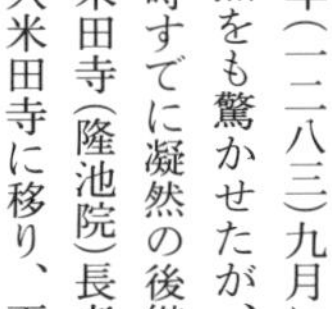

善如花押

善如画像

ぜんにょ　善如　一三三三―八九　浄土真宗本願寺第四世。元弘三年(一三三三)二月二日、本願寺第三世覚如の次子従覚の長子として誕生。童名は光養丸、諱は俊玄、伯耆守宗康と称す。権大納言日野俊光の猶子。仮号大納言、法印権大僧都。観応元年(一三五〇)十一月二十一日、祖父覚如から譲状をうけ、翌年正月十九日覚如の死により第四世を継いだ。時に十九歳。そのため父従覚・叔父存覚の補佐を得て寺務を執った。延文四年(一三五九)存覚に請い『歎徳文』を作らせ、宗祖親鸞の遺徳をたたえた。同五年正月には『教行信証』を和文にした『教行信証延書』十七帖を書写した。これよりさき延文二年七月五日、本願寺は勅願所になったとい

う。永徳元年(一三八一)九月二十四日、御影堂修復の募財勧進の文を書き、寺観の整備を行なった。永和元年(一三七五)二月二十八日、綽如にあて譲状を書き、康応元年(一三八九)二月二十九日没した。五十七歳。

参考文献 『本願寺史』一 (千葉 乗隆)

せんのどうあん 千道安 一五四六—一六〇七 安土桃山時代・江戸時代初期の茶湯者。名乗貞政、初名紹安、道号眠翁・推枕軒・可休斎。天文十五年(一五四六)生まれる。千利休の嫡子。母(宝心妙樹禅定尼、天正五年(一五七七)七月十六日没)は利休の先妻で阿波の三好氏の縁者と推定される。道安には、庶出の兄田中宗慶(楽家の祖)と、石橋良叱の妻となった姉がある。茶の湯の活動は早く、永禄十一年(一五六八)正月一日の茶会が自会の初出である。父の賜死に際し、飛驒高山の金森可重のもとに身を寄せた(阿波とする説もある)。男児がなく、一女子が義弟でもある万代屋宗安の子息宗貫(吉兵衛)に嫁し、与吉郎を儲けたが、宗貫・与吉郎が、ともに千姓をも称しているところから、豊臣秀吉によって再興を認められた京の少庵の家とは別に、道安系の堺千家ともいうべきものが存在したと思われる。茶の湯の上でも、道安と少庵は対比してとらえられているが、少庵が宗旦に早く家を譲って、茶の湯活動を限定したのに対し、古田織部も初め道安に学んだとされるし、門下の桑山左近(宗仙)の弟子に片桐石州があり、同じく金森可重(雲州)の子に宗和が出るなど、千家流と異なる茶系が展開したことが特筆される。好みの茶室として、道安囲《どうあんがこい》と呼ばれる小間《こま》があり、その構造(亭主の運びの立居が客から遮蔽される)から、道安蹇説があるがこの説はとれない。少庵の赦免とは別に、道安も慶長二年(一五九七)三月一日伏見で神谷宗湛を招いて世に出ており、同四年八月十六日に妻(一岫宗雲禅定尼)を失い、翌年春屋宗園から眠翁の道号を受け(『一黙稿』)、長年親しんだ紹安号を道安と改めた。細川忠興から養老料と思われる三百石の知行地(豊前国宇佐郡水崎村)を与えられ(『茶祖的伝』)、堺にあって利休嫡子としての面目を保ったものと考えられる。慶長十二年二月十七日没。六十二歳。

参考文献 村井康彦編『千利休』(『茶道聚錦』三)、高木文編『茶聖利休居士記録』、杉本捷雄『千利休とその周辺』、千宗左他『茶道の源流』一 (戸田 勝久)

せんのりきゅう 千利休 一五二二—九一 室町時代末期・安土桃山時代に出た茶の湯の大成者。抛筌斎利休宗易居士。堺の納屋衆の一人千与兵衛の子として大永二年(一五二二)に生まれ与四郎と称し、天文四年(一五三五)十四歳の時にはすでに千家の当主となっていた。彼は当時堺の町衆の間に流行していた茶の湯に興味を抱き、十七歳の時、北向道陳について能阿弥流の書院の茶を習い、ついでその紹介で武野紹鷗について珠光流のわび茶を学んだ。松屋久政の茶会記の天文六年九月十三日の条に「京都与四郎殿」の茶会の記載があり、これに「宗易の事也」という傍註があるが一抹の疑問がある。茶人宗易の存在を示す確実で早い史料は、同じ久政の茶会記の天文十三年二月二十七日の記載で、久政が当時二十三歳の

千利休花押

千宗易の茶会の客となったことが知られる。彼はこのころまでに、堺の茶人のならわしに随い、紹鷗の参禅の師である大林宗套に就いて受戒し「宗易」という法諱を授かっていたのである。宗易は弘治元年(一五五五)正月六日に堺の代表的茶人津田宗達を正客として茶会を催し、その年十月三日には奈良に赴いて松屋久政とともに絹屋宗林の茶会によばれ、十二月二十二日には津田宗達の茶会に招かれていて、このころから宗易の茶境が向上し茶人としての名声のようやく高揚しつつあったことが察せられる。他方、従来主として京都・奈良・堺の町衆に荷担されていた茶の湯は、天文末年のころから三好三人衆や松永久秀ら畿内の大名らにも愛好され始めていたが、永禄十一年(一五六八)九月、足利義昭を奉じて入洛し、やがて覇権を確立した織田信長がこれに執心してから一段と興隆し、信長は政略的な意図もあって堺の今井宗久と津田宗及とをみずからの茶頭として召し抱えた。宗易がいつごろから信長に親

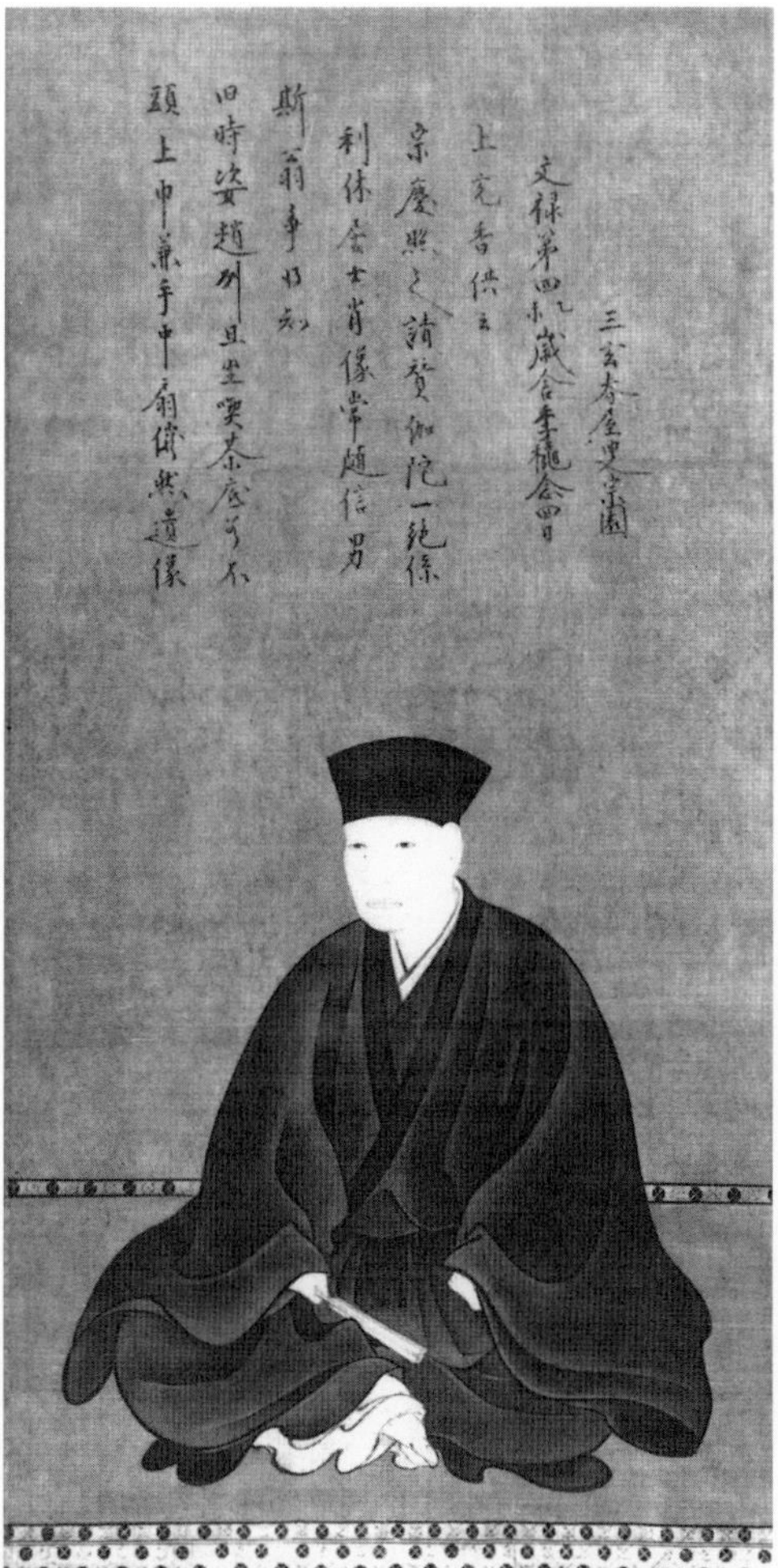

千利休画像

近したか明確でないが、『今井宗久茶湯日記抜書』や『津田宗及茶湯日記』によると、天正元年(一五七三)十一月から翌二年の三月の間には、信長の茶頭の一人となっていたようである。ただし茶頭としての席次は宗久・宗及の下であった。その宗易がこの両先輩を抜いて天下一の茶匠の地位を確立したのは、同十年六月の本能寺の変で信長が死に、ついで豊臣秀吉が覇者となってからである。とりわけ同十三年三月、秀吉主催の大徳寺山内における大茶会を主宰し、その年九月「利休」居士号を勅賜され、秀吉の禁裏茶会においてその後見の役を勤めてからである。利休はこの後いよいよ秀吉の信任を得、豊臣秀長と提携して秀吉の側近政治に深く関与し、秀長が大友宗麟に向かって「内々の儀は宗易、公儀の事は宰相(秀長)存じ候故、ご心配に及ばぬ」と語っていることで察せられるように、政治・軍事上の機密にも通じ大きな勢力をもつに至った。彼は同十五年正月の大坂城の大茶会ではその第一席を担当し、秀吉の九州征伐に随行して博多箱崎八幡社頭で宗及らとともに茶会を催し、その年十月の名高い北野の大茶湯では秀吉について第二席を担当した(宗及が第三席、宗久が第四席)。利休が大林宗套に参じたことは先に見たが、その後、大林の法嗣の笑嶺宗訢に参じ、さらに笑嶺の法嗣の古渓宗陳と意気投合して親交を結び、大徳寺派の禅にいよいよ深く帰依し、同十七年の正月には塔頭の聚光院に永代供養料を寄進して千家の墓所を営み、かつ念願の大徳寺山門の造営をなしとげた。翌十八年には秀吉の小田原征伐に随伴して箱根湯本などで茶事を担当し、伊達政宗を秀吉に取りなしたり、また銘「園城寺」の竹花筒を造ったりして八月に帰洛した。そして翌十九年閏正月までの間に『利休百会記』にみえるような茶会を頻繁に催し、平隠な生活を送っていた。ところが、この十九年正月二十二日に利休のよい理解者であり提携者であった豊臣秀長が病没したことは、彼にとって大きな打撃であった。すなわちこれを機会に石田三成らの利休排斥の策動が活潑となり、二月十三日秀吉から堺へ下り謹慎すべしとの命令が伝達された。利休は即日堺に下り、赦免運動などを拒否して身辺を整理し、その二十五日に「人生七十　力囗希咄(下略)」の辞世の偈を書きしたため、二十六日京都に護送されて葭屋町の自宅に入り、二月二十八日に従容として切腹し、波瀾の生涯を閉じた。七十歳。利休の首は一条戻り橋で獄門にかけられ、その傍に罪状を記した高札が立てられたが、その罪状としては大徳寺山門楼上にみずからの木像を祀るという不遜僭上の行為のあったこと、秀吉の茶頭でありながら茶器の売買などに関与して不当の利得を得たことの二つが記された。しかし、これだけでは賜死の原因としては薄弱なため、その背後に伏在する事情について種々の推測がなされ諸説が提起されている。その主なものの一つは、利休の女で万代屋宗安に嫁して後家になったお吟を側室に出せとの秀吉の要請を、利休が頑強に拒否したため両者が不仲になったという説で、『千利休由緒書』にも出ており、この説は江戸時代初期にすでに巷間に流布していた。その二は利休が秀長と結んで秀吉の側近として大きな勢力をもち、同じく側近であった石田三成一派と勢力を争うようになり、その抗争が秀長の病没を機に一挙に表面化し、秀吉がついに三成らの策動に乗せられたという説で、これが真相に最も近いであろう。しかし社会史的また文化史的な視角からの解釈にも傾聴すべきものがある。利休の切腹は種々な事情の複合によるもので、今後さらに研究されるべきものである。なお、利休の墓は京都大徳寺本坊の方丈裏と塔頭聚光院、および大阪府堺市の南宗寺とにある。

千利休墓(大徳寺聚光院所在)

参考文献　西堀一三『千利休研究序説』、桑田忠親『千利休』、堀口捨己『利休の茶』(『堀口捨己著作集』四)、唐木順三『千利休』(『筑摩叢書』六)、千宗左『表千家』、桑田忠親『利休の書簡』、芳賀幸四郎『千利休』(『人物叢書』一〇五)、杉本捷雄『千利休とその周辺』、熊倉功夫『千利休』(『日本を創った人びと』一五)、芳賀幸四郎『わび茶の研究』、村井康彦編『千利休』(『茶道聚錦』三)

(芳賀幸四郎)

せんゆ　宣瑜　一二四〇―一三三五　鎌倉時代後期の西大寺中興第三世の律宗の僧。浄覚房宣瑜と称する。仁治元年(一二四〇)生まれる。中興叡尊について受戒し、律儀や顕密二教について修学した。その後、『律苑僧宝伝』『本朝高僧伝』の伝記では興正寺とか興福寺に止住し、律宗の宣揚にあたったと記しているが、これはおそらく伊勢の弘正寺の誤伝であろう。弘正寺は弘安三年(一二八〇)三月、叡尊が門弟百余人を引率して伊勢神宮に詣で異賊(蒙古)退散・正法久住を祈願したのち、内宮の神域に建立した一寺で、永仁六年(一二九八)四月には西大寺・法華寺などとともに鎌倉幕府の祈願所三十四ヵ寺の一つにも選ばれた。叡尊は腹心ともいえる律僧に寺々の住持を任命したから、宣瑜も一時弘正寺の住職になっていたものと思われる。西大寺二世信空が正和五年(一三一六)正月に没し、大衆の推挙により西大寺に移り、律儀の普及と法燈の護持を計ったが、しばしば花園天皇に召されて戒を授けていることが『花園天皇宸記』によって判明する。同宸記の元応三年(元亨元、一三二一)二月二日条には「徳臈共高、尤可二仰信一、説戒誠有レ感、真実住二慈悲心一、済二度衆生一之願無レ私歟」などと記され律僧として高く評価されたし、後醍醐天皇も元亨三年九月二

十五日、浄覚(宣瑜)に対し戊亥山と付近の谷々に散在する田畠の領有につき、当寺律宗の進止を認める綸旨を下したのも評価の一斑を示すものといえよう。正中二年(一三二五)二月二十九日八十六歳で西大寺にて没した。墓所は中世に「寺西北林間」とよばれた今日の奥院。二代信空(慈真)と並置して立派な五輪塔が存在する。

参考文献 『西大寺文書』(『大日本仏教全書』) （堀池　春峰）

せんようもんいん　宣陽門院　一一八一―一二五二　後白河法皇の第六皇女覲子内親王。母は従二位高階栄子(丹後局)である。養和元年(一一八一)十月五日誕生。文治五年(一一八九)十二月九歳にして内親王宣下あり、名を覲子と賜わった。またこの日准三宮の宣旨を蒙り、ついで建久二年(一一九一)六月院号宣下あり、宣陽門院と称せられた。法皇の寵愛を蒙ること厚く、建久三年法皇の崩御に先立って厖大な長講堂領を譲与された。当時院の近臣であった源通親は、宣陽門院の院司となり、丹後局と結んで親幕府派の九条兼実らの勢力と対抗しており、宣陽門院はその拠点として当時の政界において重視され、将軍源頼朝も建久六年四月上洛の際、宣陽門院に伺候している。元久二年(一二〇五)三月落飾、法名を性円智という。建長四年(一二五二)六月八日七十二歳を以て伏見殿で没した。長講堂領は後深草天皇に伝えられ、持明院統の経済的基盤となった。

参考文献 『女院小伝』、竜粛「村上源氏の使命と通親の業績」(『鎌倉時代』下所収) （後藤　四郎）

ぜんらん　善鸞　生没年不詳　鎌倉時代の真宗僧侶。号は慈信房。親鸞の子で、長男とも次男ともいい、恵信尼は実母とも継母ともいう。真宗出雲路派毫摂寺および同山元派証誠寺では第二世とする。『最須敬重絵詞』五によれば、親鸞帰洛後、関東の門弟間に信仰上の動揺が起ったとき、善鸞は親鸞の使として下ったようであるが、やがて善鸞が中心となってかえって異端を説くに至った。建長八年(康元元、一二五六)五月二十九日付善鸞宛ての親鸞の「義絶状」によると、その異端とは、親鸞が関東門弟に説いた教えは虚言で、善鸞一人に夜に秘授された法門が正しいとし、教義の生命である阿弥陀仏の衆生救済のための第十八願を、しぼめる花に喩えて捨てさせ、また自分は継母にいい惑わされたと宣伝したり、さらに関東門弟を鎌倉幕府や六波羅探題に訴えたりした。その結果、関東教団では、一部有力門弟に随従していた念仏者が善鸞方に付く事件などの混乱が起った。善鸞の異端は性信などの努力で幕府への訴訟も調い、親鸞は先の「義絶状」で親子の縁を断った。『慕帰絵』四によると、その後の善鸞は東国で神子・巫女の首領となり、在地領主と交わり、祈禱者に属したようである。以上から、善鸞の異端の内容は、親鸞が説く本願他力の念仏を否定する自力的な「賢善精進」に類したものと察せられる。没年に弘安九年(一二八六)七十歳、正応五年(一二九二)八十二歳、建治三年(一二七七)七十一歳などの諸説がある。

参考文献 笠原一男『親鸞と東国農民』、宮地廓慧『親鸞伝の研究』、細川行信「唯善事件の波紋―善鸞と唯円について―」(宮崎円遵博士還暦記念会編『真宗史の研究』所収)、梅原真隆「善鸞上人の異義」(『六条学報』一八八)、大原性実「慈信房善鸞の異義について」(『竜谷大学論集』三五三) （柏原　祐泉）

ぜんりんじのそうじょう　禅林寺僧正　⇨宗叡《しゅえい》

ぜんりんじのそうず　禅林寺僧都　⇨真紹《しんじょう》

そ

そあ　祖阿　生没年不詳　応永八年(一四〇一)の遣明船の正使。瑞渓周鳳の『善隣国宝記』によると、応永の初年に博多商人の肥富《こいつみ》が明から帰国して、足利義満に日明通交の利益を説き、義満はこれに動かされて遣明使派遣にふみきったという。このときの正使が祖阿で、肥富は副使にされた。同船は翌応永九年明使天倫道彝らを伴って帰国し、日明関係開始の糸口となった。『吉田家日次記』は、祖阿のことを「遣唐使遁世者素阿弥」と書いている。このことは祖阿が当時将軍の側近に侍して雑用をつとめていた同朋衆の一人であったことを推測させる。このとき以後の遣明船の正副使は五山関係の僧が選ばれるのが普通であり、同朋衆が使節に任ぜられたのはきわめて異例であった。

参考文献 田中健夫『中世対外関係史』 （田中　健夫）

そいんこう　蘇因高　⇨小野妹子《おののいもこ》

そうあみ　相阿弥　⇨真相《しんそう》

ぞうあみ　増阿弥　生没年不詳　室町時代の仮面作家。喜多古能の『仮面譜』は六作の最初にあげ、「増阿弥久次(中略)永和年中(一三七五―七九)ノ人、山城国京都住、足利義満公同朋也ト云」としているが、古い文献にはみえない。世阿弥と同時代の田楽新座で名人と謳われた増阿弥と同一人とする説もあるが、詳らかでない。女面の一タイプである増(女)はその創作と伝えられている。

参考文献 野上豊一郎『能面論考』 （田辺三郎助）

そうい　宗伊　一四一八―八五　室町時代中期の武士、歌人、連歌作者。俗名杉原伊賀守賢盛《かたもり》。父(養父という)満盛も歌人・連歌作者。応永二十五年(一四一八)誕生。足利義政の近習五番衆の一人で、文武漢才に富み、一休宗純にも参禅。宝徳年間(一四四九―五二)から連歌作家の中堅として活躍。文明三年(一四七一)能阿のあとを継ぎ連歌宗匠となる。同十二年出家。同十四年宗祇と両吟した『湯山両吟』は当代の代表作の一つ。歌人としても室町幕府をはじめ諸方の歌会に参加している。宗祇が先達とした七人の連歌作者の一人で『竹林抄』に二百三十余句選ばれ、また『新撰菟玖波集』に四十六句入集している。句日記に『諸家月次連歌抄』がある。文明十七年十一月二十八日没。六十八歳。

参考文献　『大日本史料』八ノ一七、文明十七年十一月二十八日条、島津忠夫『連歌師宗祇』　(奥田　勲)

そういちけんぎょう　総一検校　?―一四六二　室町時代前期、平曲隆盛期の一方流の琵琶法師。想一とも書く。在名竹永、戒名源照居士。千一検校(師堂派の祖)のあと総検校職につく。在職七年。源照派の祖。禅僧太極はその日記『碧山日録』に総一の平曲の演奏のさまを、「悲惋豪壮曲折万端、聴者感泣不レ已矣」(寛正二年(一四六一)三月十九日条)と絶賛し、また寛正三年三月二十九日の総一の死を悼んで、「盲者在二城中一、唱二平氏曲一者五六百員、以二摠一一為二綱首一、咸惜二其伎一云」(同年三月三十日条)と記している。なお、『当道要集』に、総一の平曲演奏は平曲中興の祖覚一にも劣らず、特に呂の調律の吟に秀でていたこと、またこのことが後小松院の叡聞に達し仙洞に召されて演奏したこと、院の奏達により後花園天皇から紫衣着用が許されたなどの伝承を載せている。ただし、記録類でこの伝承を裏付けるものはなく、どの程度の信憑性を持つものか疑わしい。

参考文献　冨倉徳次郎『平家物語研究』　(信太　周)

そうえ　宗恵《かくえ》　⇨覚恵

そうおう　相応　八三一―九一八　平安時代天台宗の僧。俗姓は櫟井氏。天長八年(八三一)近江国浅井郡に生まれる。承和十二年(八四五)十五歳で叡山に登り、鎮操につき、十七歳で剃髪、六、七ヵ年間毎日修行のかたわら中堂に花を供えた。これを知った円仁は藤原良相に推挙し、得度受戒せしめ、不動明王法などを授けた。十二年籠山を誓って叡山の南に草庵を構え、苦修練行をつづけ、天安二年(八五八)文徳天皇女御多賀幾子の病を祈って名声をはせた。翌貞観元年(八五九)以降比良山の西安曇川の上流葛川、吉野金峯山で修行し、同五年叡山に戻り、仏師仁算らに命じて等身不動明王像を造立、同七年無動寺を建立し、元慶六年(八八二)天台別院とした。その間、貞観三年清和天皇の命で宮中に法を修し、同七年染殿皇后(藤原明子)の加持をして霊験を称されている。元慶七年東塔常行堂を修復し、仁和三年(八八七)から日吉社の造営にも力を尽くした。寛平元年(八八九)宇多天皇加持の功によって度者を賜い内供奉となり、延喜十一年(九一一)公私の公請を断って一室に籠り、同十八年十一月三日八十八歳で没した。叡山回峯行は相応を祖とし、現在も相応の故事によって行法が行われている。葛川息障明王院は相応が比良の修行地で生身の不動明王を感得し、その姿を刻して本尊としたと伝える。女人裁縫の衣を着ず、絹を身につけず、牛馬に乗らず、行住坐臥修行の生活であった。受法の弟子に遍斅・喜慶がある。

相応画像(『高僧蔵』)

参考文献　『天台南山無動寺建立和尚伝』、『大日本史料』一ノ五、延喜十八年十一月三日条　(西口　順子)

ぞうが　増賀　九一七―一〇〇三　平安時代中期の天台僧。参議橘恒平の子で延喜十七年(九一七)京都で生まれる。多武峯先徳とも称す。十歳の時、比叡山に登り良源に師事して万縁を杜絶して顕密の教えを学ぶ。応和三年(九六三)七月、如覚の勧によって多武峯に赴く。山川風物、意に適いここを終焉の地と定め、山月に対して三観を凝らし、磵泉を聴いて一心を澄まし、あるいは密供を修し、あるいは『法華経』を諷したという。毎年四季に法華三昧を修し、康保元年(九六四)には『摩訶止観』を講じ、翌年には『法華文句』を講じた。天延二年(九七四)維摩会を改めて法華会となし、一僧をして竪義せしめ奥義を論決したという。寛和元年(九八五)『法華玄義鈔』を撰し、正暦元年(九九〇)不動供を修してみずから不動形を現じたと伝える。また長徳二年(九九六)の夏安居には、昼夜に『法華経』を誦して観音・文殊を感得した。多武峯に住すること四十一年、長保五年(一〇〇三)六月九日、『法華経』を誦し金剛印を結んで寂す。年八十七。著作として上記のほかに『瑜伽論問答』七巻、『無言念仏観』一巻などがある。

参考文献　『大日本史料』二ノ四、長保五年六月九日条、渋谷亮泰編『(昭和現存)天台書籍綜合目録』、平林盛得「増賀の多武峯隠棲前後」(『聖と説話の史的研究』所収)　(武　覚超)

そうかくぜんじ　宗覚禅師　⇨兀庵《ごったん》普寧《ふねい》

そうかん　宗鑑　生没年不詳　室町・戦国時代の連歌師。『犬筑波集』の撰者として伝えられ、俳諧の開基として江戸時代に尊重された。天文八年(一五三九)または九年に七十七ないし八十六歳ぐらいで没か。出自・伝記も不明で、後年、「山崎宗鑑」というのも、山崎に住んでいた宗鑑というにすぎない。長享二年(一四八八)三月、能勢頼則興行の千句三つ物にその名がみえ、宗祇・肖柏・

宗鑑花押

宗長らと一座した連歌師であったことが知られる。宗長との交流により、一休宗純ゆかりの大徳寺真珠庵や薪の酬恩庵とは法縁が結ばれたようで、延徳三年（一四九一）の真珠庵開き以下に銭を寄進している。大永三年（一五二三）に宗長が酬恩庵に越年して俳諧に興じたことを記した『宗長手記』には、その座に宗鑑もいて宗長とその句を競っていることがみえる。連歌師としては山崎離宮八幡における霊泉連歌講などに関連して活躍していたようで、もっぱら俳諧に興味をもっていたらしい。山崎では竹を切って油筒を作り、それを売って風狂の生活を送っていたなどという伝えがさまざまに残っているが、すべて真偽不明というほかはない。ただ、いわゆる宗鑑流といわれる一群の筆蹟が少なからず残っていて、その古典類の筆写なども生計の資となっていたかと思われる。晩年山崎に隠棲していたことは、享禄三年（一五三〇）八月九日付真珠庵桐椿首座宛書状（『真珠庵文書』）により確実であるが、具体的には妙喜庵ほかのいくつもの伝承があり、さらに讃岐観音寺の興昌寺内に一夜庵を結んでそこで没したという伝えもある。『新撰犬筑波集』には天文九年前後と推定される作もあって、そのころの撰述と考えられ、自筆による伝本も二、三あり、晩年には宗鑑のもとで俳諧の作品が集められ、次第に撰集の態をなしていったことが知られる。撰集の中には、宗鑑の作も多く含まれていると思われるが、『宗長手記』と共通する二つの付句以外は不明である。

（伝）宗鑑自画像

参考文献　吉川一郎『山崎宗鑑伝』、潁原退蔵「山崎宗鑑伝」（『潁原退蔵著作集』二所収）、木村三四吾「山崎宗鑑」（明治書院『俳句講座』二所収）

（島津　忠夫）

そうぎ　宗祇　⇩飯尾宗祇《いのおそうぎ》

ぞうき　増基　生没年不詳　平安時代中期の僧侶歌人。出自・履歴も不明。『後拾遺和歌集』十二首をはじめ勅撰和歌集に計二十九首入集。中古歌仙三十六人の一人。家集『増基法師集』は別名『いほぬし』とよばれる紀行歌集で、熊野詣（三十首）・雑歌集（四十三首）・遠江紀行（五十首）から成る。「いほぬし（庵主）」とは増基の自称。なお『後撰和歌集』に一首入集し、『大和物語』一二二・一二三段に登場する同名の僧は、おそらく別人と考えられる。

増基花押

参考文献　増淵勝一『いほぬし本文及索引』

（藤岡　忠美）

そうきけい　宋希璟　一三七六―一四四六　朝鮮王朝初期の文官。諱希璟、字正夫、老松堂と号す。高麗朝末期の一三七六年、忠清道連山県竹安坊筠亭里に生まる。父は玄徳、本貫は新平（忠清道洪州牧の属県）。一四〇二年、二十七歳のとき科挙に及第し、以後司諫院・芸文館などの職を歴任し、明国へ派遣される使節に加えられたこともある。一四一九年（応永二十六）の応永外寇（朝鮮では己亥東征という）のあとで日本国王使亮倪が朝鮮へ渡っているが、宋希璟はその回礼使に任命され、亮倪一行を送りつつ、翌二〇年の閏正月から約十ヵ月間かけて京都へ往復している。その使命は、将軍が求請した大蔵経一部をもたらし、日本在住の朝鮮人漂流者と倭寇被擄人の送還を求めることであった。この使行に際して彼が記した記録が『老松堂日本行録』である。この旅行中、彼は当時倭寇の本拠地と見られていた対馬の実情をはじめ、北九州や西国各地ならびに京都の情勢をよく観察し、以後の朝鮮における日本認識の深化に寄与している。晩年は全羅道の潭陽に隠退し、一四四六年、七十一歳で死去した。以後その後孫はこの地に住んだ。夫人鄭氏は東萊鄭氏允孝の女。

参考文献　谷村一太郎・小川寿一校訂『新訂老松堂日本行録』、中村栄孝『日鮮関係史の研究』上、同「『老松堂日本行録』（井上本）の景印によせて」（『朝鮮学報』四五・四六）、村井章介校注『老松堂日本行録』

（長　正統）

そうきん　宗金　？―一四五四　室町時代前期の博多商人。応永年間（一三九四―一四二八）には京都に在住し、のちに博多に移ったらしい。応永の外寇の直後、応永二十七年朝鮮から回礼使宋希璟が日本に派遣されると、宗金は博多で一行の接待にあたり、また一行を先導して瀬戸内海を通過して京都に至った。宗金はこのときすでに幕府の要人や国内商人とかなり緊密な連絡の方法を確保していたらしい。朝鮮との通交貿易は世宗二年（応永二十七、一四二〇）から文宗即位年（宝徳二、一四五一）まで三十一年間にわたって記録されているが、「僧宗金」「石城商倭宗金」「筑州府石城県藤氏宗金」「日本筑州石城管事宗金」「石城小吏宗金」「富商石城府代官宗金」などの名称が連年のようにみえる。管事・小吏・代官などは博多の行政に参加していたことを示すものであろう。初めは九州探題渋川氏配下の商人あるいは使人として行動していたが、大友氏の代官をつとめ、やがて世宗七年には

朝鮮から図書(私印)を与えられて受図書人となり、独立した貿易商人として活動するようになる。宗金はさらに自己の子弟や使人を朝鮮に送ったり、朝鮮使節の護送や将軍の遣使に関係したりして、貿易活動の舞台を拡げていった。永享三年(世宗十三、一四三一)には将軍足利義教の使者として渡航した。また斯波・渋川・大友・少弐ら諸氏の下請貿易などを随時並行して行い、巨利を得た。文宗即位の年、宗金は大蔵経の賜与を朝鮮に求め、善山府得益寺所蔵の三千八百巻を与えられたが、これが最後の朝鮮との通交となった。一方、宗金は遣明船にも関係した。朝鮮の礼曹に、正統元年(永享八、一四三六)、竜室道淵を正使とする船で入明し、明の皇帝から段子二十匹・絹四十匹を与えられたと報告している。しかし正統元年に明から帰国した使節は恕中中誓で、竜室の帰国はそれよりも二年前のことであって、報告の内容は矛盾している。享徳三年(端宗二、一四五四)八月没。そのことは倭護軍藤九郎により翌年朝鮮に報告された。↓宗性《そうせい》春《しゅん》

参考文献 田中健夫「日鮮貿易における博多商人の活動」(『中世海外交渉史の研究』所収)、有光保茂「博多商人宗金とその家系」(『史淵』一六)、有光有学「中世後期における貿易商人の動向」(『人文論集』〈静岡大学人文学部人文学科研究報告〉二一)、上田純一『九州中世禅宗史の研究』、佐伯弘次「中世都市博多と「石城管事」宗金」(『史淵』一三三)、同「室町期の博多商人宗金と東アジア」(同一三六)、伊藤幸司『中世日本の外交と禅宗』

(田中 健夫)

そうけい 曹渓 ⇩慧能《えのう》

そうけい 宗慶 生没年不詳 鎌倉時代初期の仏師。従来、宗慶は、寿永二年(一一八三)に運慶がみずから発願した『法華経』第八巻の奥書中に、同写経の結縁者として、実慶・快慶・寛慶・源慶らの仏師とともにその名が記されているところから、慶派仏師の一人と考えられていたが、遺品は発見されなかった。近年、静岡県瑞林寺の地蔵菩薩坐像の体内墨書に、治承元年(一一七七)大仏師法橋□慶が本像の造立にあたったことを記すとともに、結縁小仏師として有慶・明賢・勧西らとともに宗慶の名がみえ注目された。さらにその後、埼玉県保寧寺の阿弥陀三尊の中尊像内から、建久七年(一一九六)大仏師宗慶が小仏師定助とともに本像の造立にあたった由の墨書銘が発見された。この阿弥陀三尊像の作風は、運慶が文治五年(一一八九)に制作した神奈川県浄楽寺の阿弥陀三尊像に通じる特色を持っており、まさしく宗慶が慶派仏師の一人であることが明確となった。なお、このほか同名の仏師は、延文二年(一三五七)に岐阜県興徳寺の管公像を造立した法橋宗慶や、安永八年(一七七九)に埼玉県宝積寺の蔵王権現像を制作した大仏師浅井宗慶らが知られる。

参考文献 佐藤昭夫「治承元年在銘の地蔵菩薩坐像について」(『国華』一〇四一)、田山信郎「運慶発願の法華経」(『東洋美術』特輯日本美術史一〇)、林宏一・内藤勝雄「騎西町保寧寺建久七年銘阿弥陀三尊像について」(『埼玉県立博物館紀要』八・九合併号)

(久野 健)

そうげん 宗源 一一六八―一二五一 鎌倉時代前期の浄土宗の僧侶。仁安三年(一一六八)三条長方の子として生まれる。乗願房と号した。はじめ仁和寺で真言宗を学び、悉曇《しったん》をよくし、天台宗にも通じた。三条氏は多くの法然房源空帰依僧を出した葉室氏の一族で、兄の三条長兼は、建永の法難のとき蔵人頭として南都北嶺からの圧迫を裁くなど、宗源が源空に近づく機縁があり、面授の門人と尊ばれたが、名利を厭って醍醐の樹下谷や清水の竹谷に住んだとされ、医師と称し、隠遁の志は深かった。しかも『沙石集』二や『徒然草』二二二に、亡魂の菩提には宝篋印陀羅尼と光明真言が勝れていると答えたように、文義を重んじ、浄土宗にこだわらず偏執のない明匠で、その教えは竹谷義と呼ばれている。『一言芳談』八一・一四九や『黒谷上人語燈録』(『和語燈録』)に引用の宗源にかかわる仮名法語のなかには、凡夫には自力で求める以外の善根を許しているが、晩年の法語と思われるものに、学問は但念仏の妨げになると説いている。このような宗源は公家の帰依も多く、鎮西義の二祖然阿良忠には、このごろ京中で盛んな教義は源空の教えと違うと答えている。建長三年(一二五一)没。八十四歳。

参考文献 『三長記』、『浄土鎮流祖伝』三(『浄土宗全書』一七)、『決答授手印疑問鈔』(同一〇)、『法然上人行状画図』四三(『日本絵巻物全集』一三)、『閑亭後世物語』(『続浄土宗全書』四)、『法水分流記』(『戊午叢書』一)、菊地勇次郎「乗願房宗源」(『仏教史研究』一〇)

(菊地勇次郎)

そうけんいんどの 総見院殿 ⇩織田信長《おだのぶなが》

そうさだくに 宗貞国 生没年不詳 室町時代後期の武将。対馬国守護。刑部少輔。彦七。前代の宗成職に子がなかったため、従弟貞国が応仁元年(一四六七)あとを継いだ。貞国の父盛国は前々代対馬国守護宗貞盛の弟。母は仁位宗氏の出で、法名を即月という。十四世紀半ばころに端を発する宗氏本宗と庶流の仁位宗氏との一世紀以上にわたる対立は、双方の血を引く貞国が家督を継いだことで解消した。朝鮮関係諸権益を利用して宗氏一族やその他島内諸氏への支配を強化する政策は、前々代貞盛がことに積極的に展開したが、それが貞国の代に至って実を結び、また貞国が仁家宗氏の血を引いていることも相まって、彼は島内の一円支配をほぼ完成した。貞国は一族やその他島内諸氏の朝鮮通交のための図書の賜給や歳遣船定約を朝鮮へ盛んに斡旋して、通交権の拡大を図っている。九州との関係では文明元年(一四六九)、貞国は将軍足利義政の命を受けて、それまで対馬へ亡命していた少弐頼忠(政資)を奉じて九州本土へ出兵し、大内氏を破って大宰府を占領し、九州における少弐氏・宗氏の

宗貞国大妻画像

宗貞国墓

旧領を回復した。そして貞国は博多を守ったが、少弐頼忠が肥前千葉氏の内訌に干渉して貞国に出兵を強制し、その結果貞国が大敗したころから、少弐氏との不和が始まった。そして同三年朝鮮から九州所領回復祝賀の宣慰官田養民が対馬へ来たのを機会に、貞国は頼忠に無断で帰島した。同十年九月大内政弘が少弐政資に決戦をいどんだときには、貞国は大内氏の呼びかけに応じて少弐救援の兵を出さなかったので少弐氏は完敗して肥前へ遁走した。近世の所伝によれば貞国は明応元年(一四九二)に子息の盛貞に職を譲り、同三年に没したことになっている。しかし朝鮮へは燕山君元年(明応四、一四九五)十一月にも貞国の使人が行っており、同二年二月に貞国死去に伴う致奠官の対馬発遣が決定している。すなわち朝鮮史料では貞国が没したのは一四九五年末ないし九六年初めということになる。

参考文献 『朝鮮世祖実録』、『朝鮮睿宗実録』、『朝鮮成宗実録』、『燕山君日記』、申叔舟『海東諸国紀』、『長崎県史』古代・中世編、史料編一、長節子『中世日朝関係と対馬』 (長　節子)

そうさだしげ　宗貞茂　?―一四一八　室町時代前期の武将。対馬国守護。刑部少輔。讃岐守。法名昌栄(正永)。宗霊鑑(法名)の子。応永五年(一三九八)それまで対馬島内の政権をとっていた宗一族庶流の仁位宗氏系の頼茂を討って政権をとった。しかしその後少弐氏に従って九州へ出兵中の同八年末、再び仁位宗氏の賀茂に政権を奪われ、翌年七月再び政権を奪還した。同年末、宗五郎なる者が謀叛を企てたが、機先を制して未然にふせぎ、以後鋭意領国の経営につとめ、ようやく安定にむかった。九州本土との関係では、主家の少弐氏を助けて九州探題渋川満頼や大内氏と抗争をくり返した。朝鮮との関係では、倭寇の禁圧に努力しその実績によって朝鮮の信頼を得た。応永二十一年朝鮮が日本各地からの通交者を制限するため使人発遣者を日本国王・対馬島・大内氏・少弐氏・九州探題など十処に限定することにした時、そのことを関係方面へ通告することは貞茂が引き受けて行なっている。朝鮮の統制策に協力して立場を強化するという対馬の伝統的な政策は、貞茂の時代にうち出されたものである。没した月日は正確にはわからないが、応永二十五年三月貞茂病気の報が朝鮮へ伝わり、やがて没すると、朝鮮では四月二十四日致祭のための使者李芸を遣わすことにし、倭寇取り締りの功績をたたえて特に厚く物を贈っている。

→宗頼茂《そうよりしげ》

参考文献 『朝鮮定宗実録』、『朝鮮太宗実録』、『長崎県史』古代・中世編、史料編一、長節子『中世日朝関係と対馬』 (長　節子)

そうさだもり　宗貞盛　?―一四五二　室町時代前期の武将。対馬国守護。幼名都都熊丸。右馬。彦六。対馬国守護宗貞茂の子。応永二十五年(一四一八)貞茂の死去によってあとを継ぐ。襲職当初は若年で、対立関係にあった同族の仁位宗氏や早田左衛門大郎などの勢力にはばまれて十分な支配力を発揮できず、倭寇活動が活発化したため、応永二十六年朝鮮から報復出兵(応永の外寇)を受けた。その後応永三十三年貞盛は朝鮮へ対馬島主文引制の実施を提案し、永享十二年(一四四〇)それを完全実施させることに成功した。この制によって日本からの渡航者はすべて対馬島主宗氏の発行する文引(渡航許可証)の携行を義務づけられた。また永享八年対馬の島民で朝鮮三浦に勝手に住みついていた恒居倭を朝鮮側の要請で刷還したが、代りに管下六十人の恒居を暫定的ではあるが認めさせた。嘉吉元年(一四四一)には朝鮮と釣魚禁約を結んで朝鮮全羅道南海の孤草島への出漁権を獲得した。嘉吉三年には朝鮮からの提案で島主の歳遣船を五十船に制限し、島主への歳賜米豆を二百石とする癸亥約条を結んだ。貞盛はこれら朝鮮に関係した諸権益を利用して対

宗貞盛画像

馬島内の反対勢力をたくみに押え、支配権を強化していった。このように貞盛は朝鮮関係では目ざましい成果をあげたが、九州方面では主家少弐氏の衰退に伴い形勢不利となり、文安元年(一四四四)肥前春日岳で大内軍に大敗して弟盛国・盛世が戦死し、筑前などの九州所領をすべて失った。享徳元年(一四五二)六月二十二日没。

参考文献 『朝鮮世宗実録』、『朝鮮端宗実録』、申叔舟『海東諸国紀』、『長崎県史』古代・中世編、史料編一、長節子『中世日朝関係と対馬』、李泰勲「朝鮮三浦恒居倭の刷還に関する考察」(『朝鮮学報』一九五)

(長　節子)

蔵山順空花押

ぞうざんじゅんくう　蔵山順空　一二三三―一三〇八　鎌倉時代の臨済宗の僧侶。円爾(聖一国師)の法嗣。道号は蔵山、諱は順空。天福元年(一二三三)元旦の生まれ。俗姓源氏。はじめ神子栄尊につき、のち円爾に参ずること三年、さらに建長寺の蘭渓道隆の道誉をきき鎌倉に赴き、その門下に学ぶ。北条時頼の出資により弘長二年(一二六二)入宋、径山に掛搭、偃渓広聞・荊叟如珏・淮海元肇に従い、径山を辞してさらに断渓□用・退耕徳寧・西巌了慧・石林行鞏らに参じ在宋七年、帰朝後は円爾の会下に入り書記を司った。文永七年(一二七〇)創建の肥前の高城寺の開山となり、ついで博多の承天寺に移り、正安二年(一三〇〇)東福寺第六世となり在住五年、嘉元三年(一三〇五)同寺を退く。延慶元年(一三〇八)五月九日双林庵で寂し、永明院に塔し広照と号す。寿七十六。のち円鑑禅師と勅諡される。語録一巻がある。師の門派を永明門派といい、法嗣に大道一以・固山一鞏らがある。

蔵山順空像

参考文献 『元亨釈書』八、卍元師蛮『本朝高僧伝』二二(『大日本仏教全書』)、白石芳留編『東福寺誌』、同編『禅宗編年史』、林岱雲『日本禅宗史』、今枝愛真『禅宗の歴史』(『日本歴史新書』)

(伊藤　東慎)

そうじ　荘子　中国古代の思想家荘周のこと。また荘周の著書とされる書物の名。唐の天宝元年(七四二)太宗は荘周に南華真人の号を追贈し、その書は『南華真経』とも呼ばれるようになった。荘周は道家に属する。荘が姓、周が名。前四世紀後半、宋の出身。蒙の漆園の吏となったが、結局は官途に就かない自由人として生を終えた。老子の思想を継いだとされる。しかし実在は疑わしく、生没年・履歴も不明。その著書とされる『荘子』は、実は戦国時代後期―前漢時代武帝期の道家諸思想の集成である。現在の三十三篇本(内篇七・外篇十五・雑篇十一)は西晋の郭象の編纂。『史記』に「十余万言」とみえるが、これを前漢末期の劉向《りゅうきょう》が五十二篇本に整理し、さらに削られて現在本となる。三十三篇中では内篇の斉物論篇が最古の部分で(前四世紀末の成立)、万物斉同(すなわち道)の哲学、自我の万物への冥合などを説く。道家思想は以後多方面に展開し、後世の思想・宗教・文学に大きな影響を与えた。日本には七世紀初めまでに渡来。『日本国見在書目録』は司馬彪注や郭象注などの十数種を挙げる。室町時代―江戸時代前半は林希逸の『荘子口義』が盛行するが、徂徠学派以降は郭象注がよく読まれ、同時に日本の学者の各自の注解が続々と作られるようになって、今日に至っている。

参考文献 厳霊峰編『無求備斎荘子集成』、高山寺典籍文書綜合調査団編『高山寺古訓点資料』二(『高山寺資料叢書』一三)、『宋刻経典釈文』、福永光司『荘子』(『中国古典選』一二―一七)、赤塚忠『荘子』(『全釈漢文大系』一六・一七)、金谷治訳注『荘子』(『岩波文庫』)、池田知久訳『荘子』(『中国の古典』五・六)、津田左右吉『道家の思想とその展開』(『津田左右吉全集』一三)、武内義雄『老子と荘子』(『武内義雄全集』六)、宇野精一・中村元・玉城康四郎編『講座東洋思想』三、福永光司『道教と日本文化』、前田利鎌「荘子」(『宗教的人間』所収)、武内義雄「日本における老荘学」(『武内義雄全集』六所収)、池田知久「『荘子』斉物論篇の知識論」(『日本中国学会報』二七)、郭沫若『中国古代の思想家たち』上(野原四郎・佐藤武敏・上原淳道訳)、馬叙倫『荘子義証』、王叔岷『荘子校釈』(『国立中央研究院歴史語言研究所専刊』二六)、関鋒「荘子哲学批判」(『荘子内篇訳解和批判』所収)

(池田　知久)

ぞうしゅん　増俊　一〇八四―一一六五　平安時代後期の真言宗の僧。中納言阿闍梨と称す。応徳元年(一〇八四)生まれる。一説には堀川中納言国俊の息。永久三年(一一一五)五月二十五日勧修寺勝福院において厳覚より伝法灌頂を受ける。のち仁海開創の曼荼羅寺子院随心院に入り、曼荼羅寺を復興して随心院と改めた。厳覚の資宗意(安祥寺流)・寛信(勧修寺流)に対し、増俊は随心院流の祖となって小野三流が成立した。永万元年(一一六五)二月十一日寂。八十二歳。弟子に顕厳・禅念がいる。

参考文献 『血脈類集記』四(『真言宗全書』)、『野沢血脈集』(同)、『諸門跡譜』、栂尾祥雲『秘密仏教史』(『栂尾祥雲全集』一)

(和多　秀乗)

ぞうしゅん　蔵俊　一一〇四―八〇　平安時代末期の興福寺法相宗の学僧。因明の蔵俊、菩提院上綱とよばれ、没後は菩提院贈僧正などとも称せられ、当代南都仏教界を代表する大学匠であった。長治元年(一一〇四)生まる。大和国高市郡池尻村(奈良県橿原市東池尻町)すなわち香久山の東北の村落の人で、俗姓は巨勢氏と伝える。若く

して興福寺に入寺し、覚晴に師事するかたわら、良慶已講、定清・長有両得業について唯識法相を学んだと『興福寺別当次第』では伝えているが、『台記』では蔵俊の師は教高という学僧であったという。日夜倦まぬ修学と才能で、門閥社会を構成していた興福寺内で、官僧としての出身は遅かったが、久安元年（一一四五）には『法華玄賛文集』一巻、久安三年には後世『菩提院鈔』といわれる『唯識論第六巻鈔』四巻を著わすなど、寺内屈指の学僧として注目され、藤原頼長にしばしば召されて、因明を講義した。久寿元年（一一五四）十月の高陽院御堂の八講に講師・問者を勤め、翌二年十月の維摩会の竪義に選ばれ、翌保元元年（一一五六）には年預五師となり、永万元年（一一六五）十二月には金堂十僧の一人に推挙され仁安三年（一一六八）六十五歳で維摩会講師、安元二年（一一七六）五月に権律師に補せられ、同年十一月、院宣により『注進法相宗章疏』を作って奉り、治承元年（一一七七）冬には元興寺別当、治承二年閏六月に権少僧都に進み、同三年五月に興福寺権別当に、同九月には当寺金堂の唐本一切経供養会の導師をつとめた。治承四年九月二十七日に七十七歳で没した。保元三年五月以降、季御読経・法成寺御八講・最勝講などに公請され、また興福寺菩提谷に興善院を創建し、多くの子弟を育成した。中でものち興福寺別当になった覚憲・信円や堯諶・恵範などは著名で、鎌倉時代初期の興福寺の法相唯識の碩学は「大略彼門流」とさえいわれた。建保二年（一二一四）八月十三日に遺弟らの奏上で僧正法印大和尚位が追贈された。興福寺の贈僧正蔵俊画像の画賛には、順徳天皇の僧官追贈の宣命が墨書として伝わっている。その著書も多かったが、現今写本などで伝わるものは、前記のほかに『大乗法相宗名目』十六巻や『因明疏鈔』四十一巻や散失したものに『因明疏広文集』三十八巻などがあったし、大東急記念文庫蔵の『因明論疏』巻上・中は、悪左府藤原頼長と蔵俊の関係を示す貴重な遺影として有名で重要文化財に指定されている。

参考文献　『春日権現験記絵』（『日本絵巻物全集』一五）、『兵範記』、『三会定一記』（『大日本仏教全書』）、大屋徳城「因明の集成家蔵俊」（『日本仏教史の研究』一所収）

（堀池　春峰）

そうしょう　宗性　一二〇二—七八　鎌倉時代中期の学僧。建仁二年（一二〇二）藤原隆兼を父に生まれた。建保二年（一二一四）に十三歳で東大寺に入寺した。そののち東大寺中院や、尊勝院の間を往復して『倶舎論』の研究を始めるとともに寺内の倶舎三十講などに参加し、同四年には中院のほかに尊勝院の住侶ともなった。その華厳教学などについては、その師であった弁暁について学んだ。主としてはじめは中院にいて華厳宗の論義などについて勉強していたが、その因明・唯識などの研鑽については、興福寺の覚憲の流れをくむ光明院系、勝願院系に負うところが大きかった。また貞慶の著わした『明本抄』にもとづいて因明学を学び、自分もまた『倶舎論』を中心にその註解の作成に努力して『倶舎論明思抄』を著わした。承久二年（一二二〇）ごろより、宗性が京都の法勝寺御八講の聴衆として招かれるようになってからは天台教学に対する研究を志して、叡山の智円との親交を深めた。この時『天台論義抄』などを抄している。また承久三年には『最勝講問答記』を写し、貴族出身僧侶として、また学侶として僧綱への昇進の道を計った。貞応元年（一二二二）よりは御斎会に参じ、季御読経・最勝光院御八講にも参じ、さらに『御斎会問答記』について大部の『法勝寺御八講問答記』を書写したが、その原本は師の興福寺覚遍（のち法隆寺別当）および延暦寺智円（のち無動寺長吏）より借り出したもので、現在それらの寺院に存在しない貴重な資料である。このような公請の法会には、必ず願文が読まれ、経釈がなされて、各寺の僧の美文を賞美する傾向にあったために、宗性も公請に応ずるものとして当然各年次の諸会忌辰などの要句を集め、『春華秋月抄』として、その草案および他人の自筆のものを集めて一書を編した。そしてのち宗性は尊勝院主として師弁暁・道性のあとをついで華厳宗（当時東大寺は八宗兼学であった）の中心人物となった。寛喜二年（一二三〇）よりは覚遍より貞慶の事をきき、貞慶思慕の念が高まり、東大寺末寺であった笠置山寺へ歩を進め、弥勒信仰に入り、ついに天福元年（一二三三）には有名な弥勒如来感応の要文を集め、嘉禎元年（一二三五）に清書して『弥勒如来感応抄』となした。この間、中院に帰ってからよりも信仰的傾向の強い感応抄と題する著作がこの期間に多く表われ、また一方阿弥陀を礼讃する『西方要決要文抄』をはじめ、『華厳経文殊師利菩薩感応要文抄』『華厳経普賢菩薩感応要文抄』を抄している。そして『弥勒如来感応抄』の作成に刺激されて、仏教の歴史的研究に意をそそぐこととなった。著作中の『名僧伝指示抄』『名僧伝要文抄』『法苑珠林指示抄』『大宋高僧伝要文抄』『日本高僧伝要文抄』などは一連のこの傾向の表われであった。仁治二年（一二四一）権律師、寛元元年（一二四三）権少僧都、同四年権大僧都、また尊勝院院主・華厳宗貫首となり、文応元年（一二六〇）七月二十日東大寺別当職に任ぜられ、宿願を果たすことができた。ついで最勝講証義者となり、弘長元年（一二六一）には後嵯峨上皇の東大寺への御幸あり、その光栄に浴した。文永の役における『蒙古国牒状』を書写し、『調伏異朝怨敵抄』と称した。また文永元年（一二六四）には後嵯峨上皇が東大寺で受戒し宗性はこのときの羯磨《こんま》師をつとめた。この功労によりさらに同六年権僧正に任ぜられた。同十二年には知足院に至り華厳教学の集成が行われ『地持論要文抄』『華厳

宗性花押

祖師伝』『華厳宗香薫抄』などが抄出され、その後はひたすら編著の整理に尽くし、新しい動きは見られないままに、弘安元年（一二七八）六月八日七十七歳で入寂した。その自筆本五百十四点を数え重要な足跡を残している。現存する宗性の編著の書目の中を教学的に分けると華厳（五十四）・法華（四十九）・天台（四十七）・法相（十七）・律（六）・浄土（一）などに及び、宗性は南都の偉大な学僧であったばかりでなく、彼の門下から凝然大徳を出すなどわが国仏教史上重要な存在でもある。

参考文献 平岡定海『東大寺宗性上人之研究並史料』、同『日本弥勒浄土思想展開史の研究』 （平岡 定海）

そうしょう 宗昭 ⇨覚如《かくにょ》

そうすけくに 宗助国 ?―一二七四 鎌倉時代中期の武将。対馬国地頭代。右馬允。資国とも書く。文永十一年（一二七四）十月、モンゴル軍の襲来により佐須浦（長崎県対馬市厳原町の西海岸）で戦い、同月六日子息らとともに討死した。同地の小茂田浜神社に祀る。同社には元禄十年（一六九七）に以酊庵輪番僧文礼周郁の撰した碑がある。助国は対馬国の守護・地頭であった少弐氏の地頭代であった。宗氏は対馬国在庁官人惟宗氏の後と考えられるが、助国が宗氏を名乗った初見である。同時代の文書には宗右馬允（斎藤定樹氏所蔵文書）とあるのみで、実名を記したものはない。鎌倉末期の成立と推定される『八幡愚童訓』に「地頭宗右馬允助国」とある。僧日澄（一四四一―一五一〇）撰の『日蓮上人註画讃』には「守護代資国」とある。地頭とするのは誤りで、守護代については、確証がない。厳原町下原の千一神社境内に、助国の首を祀ると伝える首塚、同町樫根の法清寺境内に胴塚がある。

宗助国首塚

宗助国胴塚

参考文献 『関東評定伝』、『寛政重修諸家譜』五〇一、『長崎県史』古代・中世編、長節子『中世日朝関係と対馬』 （長 節子）

そうせいしゅん 宗性春 生没年不詳 室町時代の博多商人。宗金の子。成化四年（応仁二、一四六八）天与清啓が正使となって入明した遣明船の土官《とかん》の首席をつとめた。土官は俗人から選ばれて船の運営の実務を担当するものである。この使節団は翌文明元年（一四六九）成化の新勘合をもたらして帰国したが、勘合は将軍には渡されず大内氏の手に落ちた。そこで、将軍足利義政は明との通交に景泰の旧勘合を用いることにしたが、文明七年（成化十一）性春を専使として朝鮮国王成宗のもとに送り、成宗から明に対して、義政が旧勘合を使用することに諒解を求めていることと新勘合給付の希望をもっていることとを伝えて仲介斡旋してくれるように依頼させた。成宗は義政の要求を拒絶したが、性春には爵位と物を与えて待遇した。 ➡宗金《そうきん》

参考文献 小葉田淳『中世日支通交貿易史の研究』、有光保茂「博多商人宗金とその家系」（『史淵』一六） （田中 健夫）

そうせき 宗碩 一四七四―一五三三 室町時代後期の連歌師。別号、月村斎。尾州茨江の鍬鍛冶の子という。文明六年（一四七四）生まれる。連歌・古典学を宗祇に学ぶ。三条西実隆に親近し、実隆の書写本・染筆などを地方武士に取り次いだり、年貢取り立ての使者となったりしている。連歌の初出は明応七年（一四九八）正月で、宗祇・宗長・玄清らと一座している。以下連歌作品はきわめて多く、実隆ともたびたび同席している。宗碩の生涯を特徴づけるのは旅行で、回数のみならず、方面の多様さにおいても他の連歌師をはるかに抜いている。生国に近い美濃、細川管領家の領国である摂津、和泉（特に堺）、伊勢などの近国をはじめ、種子島にまで及んだ九州旅行（永正十三年（一五一六）―十四年）、数度にわたる能登旅行という大旅行がそれである。九州は主として島津氏の支配下にあった薩摩・大隅・日向三国の連歌好士歴訪である。能登では守護畠山義総に実隆からの『源氏物語』伝授を仲介しているのが注目される。また宗祇の最後の旅にも同行している。享禄四年（一五三一）中国地方への旅に出立し三年めの天文二年（一五三三）四月二十四日に長門国で客死する。六十歳。なお、細川高国・近衛稙家の使者として働いたこともある。紀行『佐野のわたり』は大永二年（一五二二）の伊勢旅行の折のものである。著作に『勅撰名所和歌抄出』『藻塩草』『源氏男女装束抄』、

句集に『月村抜句』『宗碩回章』などがある。一座した千句連歌は『十花千句』『住吉千句』『伊勢千句』など。

[参考文献] 木藤才蔵『連歌史論考』下、金子金治郎『連歌師と紀行』 （奥田 勲）

そうそけい　宋素卿　？―一五二五　室町時代日明通交に活躍した明人。本名は朱縞。朱二官ともよばれた。明の浙江省鄞県の出身。明の弘治年間（一四八八―一五〇五）に日本人に従って来日し、永正八年（正徳六、一五一一）細川氏の遣明船の綱司となって入明した。ついで大永三年（嘉靖二、一五二三）には、細川船の正使鸞岡瑞佐（省佐）をたすけて明に渡った。このとき正徳勘合は大内船の謙道宗設が所持しており、細川船が所持していたのはすでに無効になっていた弘治の旧勘合であり、寧波《ニンポー》に到着したのも大内船入港のあとで、細川船は著しく不利な立場になった。しかし、素卿はいちはやく市舶司に賄賂を贈り、嘉賓館の席次も瑞佐を宗設の上に置かせることに成功した。このことにより大内船の一行は激怒して、細川・大内両氏の対立は暴動へと発展した。素卿は乱後捕えられ、嘉靖四年（大永五）四月明で獄死した。

[参考文献] 小葉田淳『中世日支通交貿易史の研究』 （田中 健夫）

そうたかちか　宗孝親　生没年不詳　鎌倉時代前期の武将。宗は惟宗氏の略。『吾妻鏡』では建久六年（一一九五）三月十日条将軍随兵交名に「宗左衛門尉」とあるのが初見だが、孝親が実際に左衛門尉に任官したのは建仁三年（一二〇三）正月（『明月記』）。建久七年以前安芸国守護となり在国司（在庁兄部職）を兼任、在京御家人としても活躍した。承久の乱には京方の部将として木曾川に会戦したが、乱の敗北により守護職を失い、没落したと思われる。

[参考文献] 佐藤進一『（増訂）鎌倉幕府守護制度の研究』、石井進「平氏・鎌倉両政権下の安芸国衙」（『歴史学研究』二五七） （杉橋 隆夫）

そうださえもんたろう　早田左衛門大郎　生没年不詳　室町時代前期の対馬の豪族。対馬の土寄崎や船越を根拠地として、一時は宗氏と対抗するほどの勢力を張っていた。特に宗貞茂の死後、そのあとをついだ子の貞盛がまだ幼少だった時期には島内最大の実力者になった。朝鮮の史料に「賊中万戸」などと書いてあるところからみて、前身は倭寇であったと考えてよいであろう。応永の外寇の直後、応永二十七年（世宗二、一四二〇）朝鮮から回礼使宋希璟が派遣されたときには応接にあたり、以後世宗朝を通じてしばしば使を朝鮮に送ったが、貿易の実態は宗氏をしのぐほどであり、一方倭寇の情報を朝鮮に報告するなどして、朝鮮の倭寇対策に協力する姿勢も示した。世宗八年（応永三十三、一四二六）には、朝鮮の巨済島の地を農耕地として下賜されるよう希望した。世宗十年（正長元、一四二八）を最後とし、以後、朝鮮の史料には早田左衛門大郎の名がみえなくなるので、このころ没したものと推定される。のち子の六郎次郎が頻繁に朝鮮と通交しているが、宗氏の勢力発展に伴い、早田氏はその家臣にくみいれられ、貿易上の活動も減少した。『海東諸国紀』にみえる上護軍平茂持・護軍皮古時羅・副司果平伊也知（早田彦八）らはいずれも左衛門大郎の後裔であろう。

[参考文献] 田村洋幸『中世日朝貿易の研究』、田中健夫「朝鮮との通交関係の成立」（『中世対外関係史』所収） （田中 健夫）

そうちょう　宗長　一四四八―一五三二　室町・戦国時代の連歌師。初名宗歓。柴屋軒とも号した。文安五年（一四四八）駿河の島田に生まれた。父は鍛冶職五条義助という。早く今川義忠に近侍し、寛正六年（一四六五）十八歳で出家した後も書記役のごときをつとめていて、合戦などにもたびたび従軍していたが、文明八年（一四七六）義忠戦死の後、今川家を離れて上京、一休宗純に参禅、また宗祇に師事して連歌を修行した。同十年の越後への旅や、同十二年の『筑紫道記』の旅にも宗祇に同行し、やがて『水無瀬三吟』『湯山三吟』をはじめ、宗祇一座の多くの作品に加わって、宗祇門の連歌師として頭角をあらわすようになる。明応五年（一四九六）三河下向からひき続いて駿河に帰国、改めて今川氏親に迎えられ、永正元年（一五〇四）宇津山の麓に柴屋軒を結庵。以後駿河と京都の間をめぐって、何度も海道筋を往来する。天文元年（一五三二）三月六日、八十五歳で小田原にて没したか。自撰句集に『壁草』『那智籠』『老耳』、連歌論書に『雨夜記』『連歌比況集』など、日記紀行には文亀二年（一五〇二）箱根湯本における宗祇の死をみとった折の紀行『宗祇終焉記』をはじめ、『東路《あずまじ》の津《つ》登《と》』『宇津山記』『宗長日記』などがある。

宗長花押

[参考文献] 木藤才蔵『連歌史論考』下、鶴崎裕雄『戦国を往く連歌師宗長』 （島津 忠夫）

そうつねしげ　宗経茂　生没年不詳　南北朝時代の対馬守護代（地頭代）。宗盛国の子。彦次郎といい官途は刑部丞。少弐貞経・頼尚二代の被官で、経の字も貞経から与えられたものであろう。家譜の類は、貞経とともに鎮西探題北条英時討滅に従ったと伝える。『宗氏家譜略』は、家督を継いだのは貞和五年（一三四九）と伝える。足利直冬の在九州期間中は主として肥前方面で活躍し、正平九年（北朝文和三、一三五四）に入ると筑前関係の遵行に従っている。後世、勇武の士であったと伝え、文明九年（一四七七）の「順叟大居士即月大姉肖像賛幷序」では足利尊氏から「九州侍所職」を賞賜されたと記している。少弐頼尚の代官としての活動がその実態である。頼尚が大保原《おおほばる》合戦（延文四年（一三五九））以後勢力を減退すると、経茂は対馬の支配を実質化し、所領・給分の充行・預置

き、仏神事の興行、漁業関係諸権益の安堵、島内の桝の統一など、その対馬支配は各分野にわたり、対朝鮮貿易を開始するなど、宗氏の対馬島主化を画期的に進めた。康安元年(一三六一)ころ出家、法名は雲岩宗慶。没年については応安三年(一三七〇)・同五年などの説がある。

参考文献 川添昭二『九州中世史の研究』、長節子『中世日朝関係と対馬』、山口隼正『南北朝期　九州守護の研究』　(川添　昭二)

そうにん　僧任　⇩等熙《とうき》

そうへきもんいん　藻璧門院　一二〇九—三三　後堀河天皇の中宮。諱は竴子。父は関白藤原(九条)道家、母は太政大臣藤原(西園寺)公経の娘、従一位准后綸子。鎌倉幕府第四代将軍藤原頼経は同母弟。承元三年(一二〇九)五月二十二日生まれる。後堀河天皇の後宮には政争が絶えなかったが、竴子は親幕的な関白道家の勢威を背景に寛喜元年(一二二九)十一月十六日入内、同二十二日女御に任じられた。翌二年二月十六日中宮に立てられ、三年二月皇子(四条天皇)を産んだ。天福元年(一二三三)四月三日、女院に列しられ、院号を藻璧門院と定められた。院号選定の折、「璧」字について、「璧」か「壁」かで議論があったが「璧」と定まった(『民経記』同日条)。また「藻」字を不吉とする評があった(『明月記』同月二十五日条)。女院は美貌をもって知られ、天皇の殊寵を蒙った。同年九月十八日、女院は皇子を産んだが、皇子は即日没し、女院もまた崩御した。二十五歳。父道家の月輪殿の南辺に葬られた。

参考文献 『大日本史料』五ノ九、天福元年九月十八日条　(角田　文衛)

そうへきもんいんのしょうしょう　藻璧門院少将　生没年不詳　鎌倉時代の女流歌人。建治二年(一二七六)閏三月成立の『現存三十六人詩歌』に選ばれているので、当時生存していたか。藤原信実の女。母は未詳。弁内侍は妹。藻璧門院(後堀河天皇の中宮藤原道家女竴子)の女房で、中宮少将とも呼ばれた。貞永元年(一二三二)『洞院摂政家百首』、同年三月『日吉撰歌合』、同年七月『光明峰寺摂政家歌合』、寛元元年(一二四三)十一月『河合社歌合』などの作者。『新勅撰和歌集』以下の勅撰集に六十一首入集している。　(久保田　淳)

そうほうそうげん　双峯宗源　一二六三—一三三五　鎌倉時代後期の臨済宗の僧。初めの諱は逢源、のち宗源と改める。弘長三年(一二六三)生まれた。筑前の出身。建治元年(一二七五)東福寺の円爾のもとで剃髪し法をついだ。弘安六年(一二八三)鎌倉円覚寺で無学祖元につき、ついで大休正念・西澗子曇・一山一寧・寂庵上昭の門をたたき、その間二十ヵ年に及んだ。嘉元三年(一三〇五)冬、筑前の横岳山崇福寺に住した。正和四年(一三一五)春、東福寺の懇請で入寺。元応元年(一三一九)鎌倉に下り、北条高時に迎えられた。高時は周防上得地保を東福寺に寄進している。元亨元年(一三二一)勅を受けて南禅寺に住し、東福寺を兼掌し、後宇多上皇から双峯禅師の号を賜わった。正中二年(一三二五)東福寺の東偏に桂昌庵を建て、嘉暦二年(一三二七)春東福寺に再住したが翌年退院、桂昌庵に退いた。建武元年(一三三四)末、東福寺に三住したが、翌二年十一月二十二日七十三歳で没した。暦応三年(一三四〇)双峯国師の号を勅諡され、その門流を桂昌門派という。

双峯宗源花押

双峯宗源画像(吉山明兆筆)

参考文献 『大日本史料』六ノ二、建武二年十一月二十二日条、『双峰国師語録』、『双峰国師年譜略』、白石芳留編『東福寺誌』があ る。　(川添　昭二)

そうぼく　宗牧　⇩谷宗牧《たにそうぼく》

そうましげたね　相馬重胤　?—一三三六　鎌倉・南北朝時代の武将。奥州相馬氏の祖。通称孫五郎。師胤の子。元亨三年(一三二三)岡田氏・大悲山氏らの一族とともに下総国相馬郡から陸奥国行方郡に下向し、はじめ太田村別所(福島県原町市)に住んだが、嘉暦元年(一三二六)同郡小高(相馬郡小高町)に館を構え、ここを拠点に奥州相馬氏発展の基礎を築いた。元弘三年(一三三三)七月後醍醐天皇の綸旨をうけて所領を安堵された。建武二年(一三三五)六月武石胤顕とともに伊具・亘理・宇多・行方諸郡および金原保の検断職に任じられ、あわせて行方郡の奉行を命じられたが、足利尊氏が建武政権に叛旗をひるがえすと尊氏側に属した。同年所領を子の親胤・光胤に譲った。翌三年惣領代の光胤に命じて小高の防備を固めさせ、斯波家長に従って鎌倉に赴いたが、陸奥国司北畠顕家の軍勢に敗れ、同年四月鎌倉の法華堂下で自害した。法名は天叟。

相馬重胤花押

参考文献 『大日本史料』六ノ三、延元元年四月十六日条、豊田武・田代脩校訂『相馬文書』(『史料纂集』)、岡田清一『中世相馬氏の基礎的研究』、豊田武・田代脩「中世における相馬氏とその史料」(『日本文化研究所研究報告』別巻三)、田代脩「相馬氏」(オメガ社編『地方別日本の名族』二所収)　(田代　脩)

そうまちかたね　相馬親胤　生没年不詳　南北朝時代の武将。通称孫次郎。出羽守。奥州相馬氏の祖重胤の子。元弘三年(一三三三)父重胤に代わって陸奥国行方郡内の所領安堵を陸奥国司北畠顕家に申請し、安堵の外題を与

相馬親胤花押

えられた。建武二年（一三三五）重胤から陸奥国行方郡小高・高・目々沢・堤谷・小山田・堰沢の各村、および下総国相馬郡増尾村などの所領を譲り与えられた。同年足利尊氏が建武政権に叛旗をひるがえすと尊氏側に属し、吉良貞家に従って下総国千葉城に発向し、ついで箱根坂水呑の合戦で戦功をあげたのち、足利尊氏に従って上洛した。同四年石塔義房の常陸国関城攻撃に加わったあと陸奥国行方郡に戻り、小高城に籠って南朝勢の広橋経泰らと戦った。暦応四年（一三四一）標葉・楢葉・岩城・岩崎・菊田らの近隣の諸氏とともに栗原郡三迫の合戦に参陣し、康永二年（一三四三）石塔義元の白河結城氏攻撃に加わり、さらに貞和三年（一三四七）には伊達郡の藤田・霊山・田村・宇津峰の南朝勢攻略に参陣するなど各地を転戦して戦功をあげた。観応二年（一三五一）観応擾乱の余波をうけて北朝勢力内部に混乱がおきると、陸奥国司北畠顕信から本領安堵や海道四郡守護職補任を条件に、しきりに南朝側に参陣することを要請された。しかし親胤はその要請に応ぜず、一貫して北朝側にふみとどまったため、同年小山出羽判官とともに陸奥国東海道守護に任じられ、また行方郡内の所領を安堵された。同年十月守永親王（宇津峰宮）らの南朝勢が陸奥国府を攻撃した際、これを迎え撃つため柴田郡倉本河に出陣したが、苦戦を強いられ親胤自身も疵を蒙った。以後、奥州管領吉良貞家のもとで、宇津峰などに拠る南朝勢と各地で激しい攻防戦を展開した。その後剃髪して聖心と号し、延文三年（一三五八）陸奥国行方郡小高村をはじめとする重代相伝の所領や当知行地をすべて子の胤頼に譲り与えた。法名は月洞聖心。

参考文献　豊田武・田代脩校訂『相馬文書』（『史料纂集』）、岡田清一『中世相馬氏の基礎的研究』、豊田武・田代脩「中世における相馬氏とその史料」（『日本文化研究所研究報告』別巻三）、田代脩「相馬氏」（オメガ社編『地方別日本の名族』二所収）

（田代　脩）

ぞうみょう　増命　八四三―九二七　平安時代の天台僧で、第十世延暦寺座主。静観と賜号される。承和十年（八四三）左大史桑内安峰の子として京都に生まれる。斉衡二年（八五五）、十三歳の時比叡山に登り、西塔院の延最に師事。翌三年、選ばれて度僧となり、貞観九年（八六七）菩薩戒を受け、円仁より天台学を学び、また円珍より密教の灌頂を伝受した。昌泰二年（八九九）園城寺の長吏に補せられ、つづいて延喜六年（九〇六）十月十七日延暦寺座主に任ぜらる。また宮中の玉体安泰の祈願を幾度も行い、霊験の効あり。宇多法皇は、増命について出家受戒し、入壇灌頂および菩薩戒を受け、さらに蘇悉地法や五瓶灌頂の秘法をも受けている。延喜二十二年五月座主職を退くも、翌延長元年（九二三）には権僧正、同三年には僧正に任ぜらる。同五年十一月十一日、八十五歳にて寂す。著作として『宗論御八講』一巻、『胎蔵界口伝』一巻などがあり、また智証大師の賜諡は、増命の遺奏によるものである。

参考文献　『大日本史料』一ノ六、延長五年十一月十一日条、『天台座主記』、渋谷亮泰編『昭和現存天台書籍綜合目録』

（武　覚超）

そうみん　僧旻　⇨旻《みん》

ぞうよ　増誉　一〇三二―一一一六　平安時代後期の天台宗寺門派の僧。一乗寺僧正と号す。正二位権大納言藤原経輔の子で、御室戸僧正隆明の甥にあたる。長元五年（一〇三二）誕生。六歳で園城寺に入り、年長じて大峯・葛城両山で苦行、熊野詣は十三度に及び、白河・堀河二代の護持僧として隆明と験徳を並称された。応徳三年（一〇八六）権大僧都。寛治四年（一〇九〇）白河上皇の熊野詣の先達をつとめた功ではじめて熊野三山検校に補され、洛東の地に熊野神を勧請してのちに修験道本山派大本山となる聖護院を建立した。嘉保元年（一〇九四）天王寺別当。永長元年（一〇九六）権僧正。康和二年（一一〇〇）園城寺長吏。同四年、僧正。長治二年（一一〇五）閏二月十四日、第三十九世天台座主に補されたが山徒の反対により翌日辞退した。同年五月、大僧正に任じられ尊勝寺・梵釈寺・崇福寺など十三ヵ寺の別当を兼ねた。永久四年（一一一六）正月二十九日没、八十五歳。

参考文献　『大日本史料』三ノ一七、永久四年正月二十九日条

（速水　侑）

そうよう　宗養　⇨谷宗養《たにそうよう》

そうよししげ　宗義調　一五三二―八八　戦国・安土桃山時代の対馬守護。晴康の長男。幼名熊太郎・彦七。刑部少輔なども称した。天文元年（一五三二）生まれる。同十一年十一月将軍足利義晴から諱字を与えられて義親を称し、同二十二年二月封をついで対馬守護となり、佐須盛廉ついで佐須盛円を守護代とした。弘治元年（一五五五）五月倭寇が朝鮮全羅道達梁を襲う事件（乙卯達梁の倭変）があり、義調は情報を伝えるなどして朝鮮の倭寇討伐に協力し、同三年には歳遣船を増加して三十隻に復することができた（丁巳約条）。永禄二年（一五五九）家臣の山本右馬康範と津奈弥八郎調親が賊船を率いて義調に叛し、船越浦を襲撃したが、義調は仁位豊前盛家にこれを討たせ、策をめぐらして壱岐勝本に康範・調親を誅した。同六年将軍足利義輝から讃岐守に任ぜられた。同九年、封を宗将盛（義調の養祖父）の次男茂尚（調尚）に譲り、府中（長崎県対馬市厳原町）宮谷の地に隠棲、御西殿とよばれ、閑斎一鷗と号した。しかし茂尚は病弱で、同十二

宗義調花押

宗義調画像

年に致仕し、弟の義純があとをついだが、これも天正七年(一五七九)に隠居し、そのあとは将盛の五男でわずか十二歳の義智(昭景)がつぐことになった。この間、義調は島主の地位にはなかったが隠然とした勢力をもち、朝鮮との通交貿易に努力し、通交貿易権を宗氏一族の手中に収めることに成功している。義智襲封後は補佐役として島内の政治をとりしきり、同十四年には仁位に来襲した賊船を壱岐に追って戦ったが、多くの死者を出した。天正十五年、豊臣秀吉の九州征伐が行われると、義調は家臣の柳川調信を薩摩川内の秀吉の陣所に送り、ついで義智にかわって再び島主の地位につき、みずから義智とともに筑前箱崎の秀吉の陣所に出頭して、秀吉から対馬一円の知行を許された。このとき秀吉は義調に朝鮮との折衝を命じ、義調もただちにこれに着手したが、その進行の途中、十六年十二月十二日に没した。五十七歳。義調の施政は前後三十六年の長きにわたった。椿齢宗寿長寿院と号し、墓は対馬市厳原町の太平寺にある。

参考文献 『寛政重修諸家譜』五〇一、藤定房『対州編年略』、陶山存編『宗氏家譜』(『対馬叢書』三)、『長崎県史』古代・中世編 (田中 健夫)

そうよしとし 宗義智 一五六八—一六一五 安土桃山時代の対馬守護、江戸時代前期の対馬藩主。宗将盛の五男。幼名彦三・彦七。永禄十一年(一五六八)生まれる。

宗義智花押

天正七年(一五七九)兄宗義純のあとをついで対馬守護となった。守護代は佐須調満(のち景満)。わずか十二歳の弱年だったので、すでに隠棲していた宗義調が補佐役として島政をみた。これよりさき同五年将軍足利義昭から諱字を与えられて昭景《あきかげ》を称したが、同十四年七月以後は義智に改め、対馬守を称した。翌十五年豊臣秀吉の九州征伐の直後、宗義調が守護に再任して、義智を嗣子とし、義調・義智の両人は筑前箱崎の秀吉の陣所に出頭し、対馬一円の知行を許された。このとき、秀吉は両人に対し、朝鮮が入朝するよう交渉することを命じた。翌十六年、義調は交渉の進行中に没し、義智は再度島主として、島政を主宰することになった。朝鮮との交渉に関する秀吉の督促は続き、義智は苦心折衝の結果、同十八年に至って朝鮮の通信使黄允吉の渡来を実現させることができた。義智は一行とともに京都にのぼり、秀吉との会見にこぎつけた。翌年通信使一行の帰国後、義智は功により、従四位下侍従に叙任された。ただ、秀吉が朝鮮使者に託した文書は大明計略の抱負を朝鮮に伝えたものであり、明を宗主国と仰ぐ朝鮮国王にそのまま伝達するわけにはゆかず、これを適当に糊塗して秀吉の朝鮮出兵を不発に終らせるため、義智は小西行長・嶋井宗室・景轍玄蘇らと協力画策するところがあった。義智はみずから朝鮮に渡って折衝にあたったりしたが、すべての努力は水泡に帰し、文禄元年(一五九二)秀吉の出兵が強行された。義智の軍は行長らの第一軍に配属され「ちやうせん国さきがけの御せい」とされ、対馬では十六歳から五十三歳までの男子をすべて動員した。第一軍は朝鮮の釜山に上陸し、短時日の間にソウルを占領、さらに平壌に進んだ。ここでは明の援軍の来襲があり、義智は勇戦してこれを退けた。翌二年になって講和の議がおこり、義智は明将謝用

宗義智墓

梓らを伴って肥前名護屋に帰り、同四年には秀吉から薩摩出水郡の地一万石を加増された。慶長元年(一五九六)には明の冊封使楊方亨らが渡来し、義智はこれを大坂城に導き秀吉と会見させた。翌二年、慶長の役が始まると義智はまた行長らと朝鮮に渡り歴戦して、秀吉から朝鮮巨済島を所領として与えられた。翌三年、秀吉の死後、義智は対馬に帰島したが、朝鮮貿易の杜絶と戦争とによって対馬の受けた打撃はきわめて大きかった。戦後、さきに秀吉から与えられた出水郡の地は、徳川家康により肥前田代領にかえられた。関ヶ原の戦では西軍に属したが、所領は無事で、のち朝鮮との修好回復に努力して同十四年には己酉約条を成立させ、江戸時代日朝通交の基礎を固めた。なお、義智は朝鮮出兵の直前の天正十九年宣教師ワリニァーノによって受洗し、行長の娘マリアを妻としていたが、関ヶ原の戦後にはこれを離別した。元和元年(一六一五)正月三日死去。四十八歳。朝鮮国王は特に万松図書を贈って弔意を表わし、毎年一隻貿易船を派遣することを許した。墓所は長崎県対馬市厳原町西里万松院。

参考文献 『大日本史料』一二ノ一七、元和元年正月三日条、『寛政重修諸家譜』五〇一、藤定房『対州編年略』、陶山存編『宗氏家譜』(『対馬叢書』三)、『長崎県史』古代・中世編、田中健夫「宗義智—離島の勇将—」(『対外関係と文化交流』所収) (田中 健夫)

そうよしもり 宗義盛 一四七六—一五二〇 室町時代

後期の武将。対馬国守護。初名盛順。通称彦七。讃岐守。対馬国守護宗材盛の長男。近世の所伝では義盛は永正二年（一五〇五）に父材盛隠退のあとを継いだとするが、材盛・盛順発給文書の年代・内容により盛順の家督継承を永正三年と推定する説もある。朝鮮史料には一五〇九年（永正六）四月（陰暦）材盛死去によりあとを継いだことがみえる。永正十七年まで対馬国守護であった。永正七年将軍足利義尹（義稙）から義の字を与えられ、屋形号を許され、義盛と名を改めた。対馬の所伝では、翌年上京して将軍義尹から北近江に八千貫の所領を与えられたというが、確証はない。永正七年三浦の乱が起り、対馬からも多数の兵船を朝鮮へ送って戦ったが完敗し、三浦の恒居倭は一切放逐され、対馬人の朝鮮通交を一切断たれたが、日本国王使弸中らを送って交渉し、永正九年壬申約条によって通交を回復することに成功した。近世に編纂された『寛政重修諸家譜』には永正十七年十二月六日、四十五歳で没したとある（冒頭の生没年の西暦はこれによった）。

宗義盛花押

参考文献 『大日本史料』九ノ一一、永正十七年十二月六日条、『朝鮮中宗実録』、『長崎県史』古代・中世編、史料編一、荒木和憲「一六世紀前半対馬の政変と三浦の乱」（九州大学二十一世紀CEプログラム『東アジアと日本―交流と変容』二）　（長　節子）

そうよりしげ　宗頼茂　生没年不詳　南北朝・室町時代前期の武将。対馬国守護。右馬大夫。至徳元年（一三八四）、「宗右馬大夫惟宗朝臣頼茂」が願主となって厳原八幡宮の修造を行なったことが、同社の享保五年（一七二〇）棟札に記録されており、これが頼茂の初見である。明徳三年（一三九二）ころから応永五年（一三九八）末まで対馬国守護。南北朝時代には北朝方。応永四年ころ朝鮮へ使者を送り修好関係をもった。対馬島主の朝鮮通交として史料でわかる限り宗宗慶（経茂）についで二度目で、朝鮮王朝になって最初である。頼茂前代の対馬国守護宗澄茂は仁位郡仁位中村に本拠をおく宗氏庶流の出であったが、惣領家から対馬の支配権を奪ったものである。頼茂はそれを継承していたのであるが、応永五年末、今度は頼茂が惣領家の宗貞茂によって政権を奪われた。『宗氏家譜』『寛政重修諸家譜』以下従来の所説では、頼茂と、『海東諸国紀』によって貞茂の父とわかる霊鑑とを同一人とするが、それは誤りで、頼茂は澄茂の血族であろう。→宗貞茂《そうさだしげ》

参考文献 『朝鮮太祖実録』、『長崎県史』古代・中世編、史料編一、長節子『中世日朝関係と対馬』　（長　節子）

そがじゃそく　曾我蛇足　⇨蛇足《じゃそく》

そがのあかえ　蘇我赤兄　生没年不詳　七世紀、天智朝末年の左大臣。大臣《おおおみ》蘇我馬子の孫、倉麻呂の子で、大化の右大臣石川麻呂の弟にあたる。斉明天皇四年（六五八）有間皇子に謀叛を勧めながら、かえってこれを密告して皇子を死に至らしめた。このころから皇太子中大兄皇子の信任を得たらしく、その娘常陸娘《ひたちのいらつめ》は皇子の妃となり、山辺皇女（大津皇子の妃）を生んでいる。天智天皇八年（六六九）筑紫率《つくしのかみ》（のちの大宰帥）に、同十年には左大臣に任じられた。以後同時に太政大臣となった大友皇子を輔佐し、同年末天皇の不予に際しては右大臣中臣金、御史大《ぎょしたい》夫《ふ》蘇我果安《はたやす》らの四重臣とともに天皇の詔を奉じ（大友皇子を推戴し）違うことなきを誓ったが、翌年壬申の乱に近江方が敗れたため捕えられ、子孫とともに配流された。その娘太蕤娘《おおぬのいらつめ》は天武天皇の夫人となり穂積皇子、紀・田形の二皇女を生んだ。　（黛　弘道）

そがのいしかわ　蘇我石川　蘇我氏の祖先とされる人物。武内宿禰《たけしうちのすくね》の子で、石河とも書く。『古事記』孝元天皇段には、建（武）内宿禰に九人の子があり、その一人として「蘇我石河宿禰」をあげ、蘇我臣・川辺臣・田中臣・高向臣・小治田臣・桜井臣・岸田臣らの祖とする。この氏の名は、蘇我が大和国の地名によることは明らかであるが、石川もまた地名にもとづくものらしく、『三代実録』元慶元年（八七七）十二月条の石川木村の奏言に、宗我石川が河内国石川の別業に生まれたので、石川を名としたとある。しかし石川は直ちに河内国のそれとは限定し難く、大和国高市郡にも石川（奈良県橿原市石川町）があり、前掲の七氏の本貫は高向臣を除き、すべて大和国内に比定されるので、大和国説はなお有力とみるべきであろう。

参考文献 三品彰英『日本書紀朝鮮関係記事考証』上、黛弘道「ソガおよびソガ氏に関する一考察」（『律令国家成立史の研究』所収）　（日野　昭）

そがのいしかわまろ　蘇我石川麻呂　？―六四九　大化改新政府の右大臣。大臣《おおおみ》蘇我馬子の孫、倉麻呂の子、連子・赤兄らの兄。蘇我倉山田石川麻呂・蘇我倉山田麻呂・倉山田臣・山田臣・山田大臣などとも記される。皇極天皇三年（六四四）中大兄皇子は中臣鎌足と蘇我蝦夷・入鹿父子の討滅を計画するが、その時有力者を仲間に引き入れる必要から、皇子は鎌足の勧めで石川麻呂の娘造媛《みやつこひめ》（遠智娘）を妃として婿舅のよしみを結んだという。翌年六月三韓進調の日に蘇我入鹿を誅伐する計画を打ち明けられた石川麻呂は、これを承諾し当日は女帝の前で三韓の表文を読み上げることとなった。しかるに表文が終りに近付いても暗殺団が一向に現われず、石川麻呂は流汗身に湿い、声は乱れ手はわなないたという。ともあれ、やがて入鹿は討たれ翌日には蝦夷も自殺して蘇我本宗家は倒れ、ついで大化改新政府が発足するが、石川麻呂は左大臣阿倍内麻呂とともに旧族・名族を代表する形で右大臣に任命された。しかし、改新政府内部において、皇極女帝の譲りを得て即位した孝徳天皇や左右の大臣らに必ずしも実権はなく、むしろ皇太子にとどまった中大兄皇子と内臣に任じられてこれを輔佐した中臣鎌足らが権

力を握ったために、権力闘争が次第に激化し、政府中枢部の分裂傾向があらわとなって来た。大化五年(六四九)三月石川麻呂の異母弟日向(字は身刺《むさし》)は石川麻呂に皇太子殺害計画のあることを密告し、中大兄がこれを信用すると事態を憂慮した天皇は再三石川麻呂に使を遣して虚実を問わせたが、石川麻呂は直接天皇の面前で答えたいというのみであったので、ついに天皇は兵を遣した。石川麻呂は難波から大和の山田寺へ逃げ帰り、二十五日妻子八人とともにその金堂内で自経して果てたが、のちにその首を斬られた。間もなく謀叛のことは事実無根と判明したが、皇太子は密告者日向を処罰すればみずからの不明を認めることになるのでやむなく筑紫大宰帥に任じて遠ざけたという。（黛　弘道）

そがのいなめ　蘇我稲目　六世紀の豪族。蘇我高麗《こま》の子、馬子の父。宣化・欽明朝の大臣。この間、大連の物部氏とならんで中央政治に顕著な活動を示した人物。その二人の女が欽明天皇の妃となったことにより、用明・崇峻・推古の三天皇の外祖父ともなった。その事績としては、屯倉経営へのすぐれた指導力の発揮があげられ、宣化天皇元年の那津の口宮家の設置や、欽明天皇十六年以降の吉備五郡の白猪屯倉、備前児島屯倉の設置・経営がある。後者では、耕作農民である田部の丁《よほろ》の名籍を造る新方式を導入し、また大和の大身狭・小身狭屯倉には、百済・高句麗からの渡来人を参加させ、さらに紀伊の海部屯倉を開くなど、朝鮮半島の情勢に対応した新施策がとられた。また、すすんで仏教を受容し、大和の小墾田《おはりだ》の家に仏像を安置し、向原《むくはら》の家を寺とし、大陸の文化や思想への理解を示すなど、開明的姿勢をもって、欽明朝末年までの政治に指導的役割を果たした。『日本書紀』によると、欽明天皇三十一年三月一日に没したという。

参考文献　日野昭『日本古代氏族伝承の研究』、遠山美都男『蘇我氏四代』(『ミネルヴァ日本評伝選』)　（日野　昭）

そがのいるか　蘇我入鹿　?―六四五　七世紀の豪族。蘇我蝦夷の子。林臣・林太郎・鞍作とも称される。皇極天皇即位のころから、国政をとり、その威勢は父の大臣蝦夷より勝るものがあったという。皇極天皇二年(六四三)十月、蝦夷は病によって参朝せず、私に紫冠を入鹿に授けて、大臣の位に擬したという。当時、入鹿は反蘇我氏的な動向に対処して、親縁にあたる古人大兄皇子の即位を画策し、同年十一月、その障害となる聖徳太子の長子の山背大兄王を斑鳩に急襲して、王をはじめ、その子弟妃妾を自殺させるに至った。蝦夷もこの行動を嘆いたが、これよりみずから警備を厳にするようになり、飛鳥の甘檮岡に家を建て、父の大臣の家を上の宮門《みかど》、入鹿の家を谷の宮門とよび、男女を王子《みこ》といい、武力をもって固めた。このほか畝傍山の東に家を起て、池をほって城《き》とし、東方の儐従者《しとべ》などの兵力をそなえ、漢氏の人らを配下とした。これに対して、中大兄皇子や中臣鎌足を中心とする改革派は、慎重に蘇我氏打倒の計画をすすめ、大化元年(六四五)六月十二日、三韓進調の日にことよせて宮中において、佐伯子麻呂らによって入鹿は暗殺された。雨中、屍体は席障子で覆われ、蝦夷に与えられた。中大兄皇子らは法興寺に入り城として備えた。蝦夷らも誅殺され、ここに蘇我氏の本宗は滅亡した。

蘇我入鹿首塚

参考文献　門脇禎二『蘇我蝦夷・入鹿』(『人物叢書』一七七)、遠山美都男『蘇我氏四代』(『ミネルヴァ日本評伝選』)　（日野　昭）

そがのうまこ　蘇我馬子　?―六二六　六―七世紀の豪族。蘇我稲目の子。嶋大臣《しまのおおおみ》とも称された。敏達朝から用明・崇峻・推古朝末年までの大臣。この時期の朝廷政治にきわめて大きな影響力をもった人物である。その政治的事績の主要なものをあげると、㈠敏達朝には、白猪屯倉と田部とを増益し、田部の丁の籍を造らせ、屯倉の経営に新機軸をうちだし、㈡用明朝には、穴穂部皇子と隙を生じ、物部守屋が皇子をたてようとしたのに反対して、豊御食炊屋姫尊(のちの推古天皇)を擁して対抗し、ついに穴穂部皇子を殺させた。さらに㈢諸皇子と群臣に勧めて物部氏と戦い、渋川の本拠を撃って守屋を滅ぼした。蘇我氏に比肩する大連氏族の没落によって蘇我氏の地位はいっそう強固なものとなった。かくて㈣崇峻天皇即位後も権勢をつよめたが、馬子の勢力拡張を不快とする崇峻天皇との対立をまねくに至ると、配下の東漢駒に命じて天皇を殺させ、これによって馬子は、㈤姪にあたる推古天皇の即位が実現すると、皇太子聖徳太子の君主権強化の政治に協調的姿勢をもって臨むとともに、㈥皇太子と共議して『天皇記及国記臣連伴造国造百八十部幷公民等本記』を撰録するなど、内政に治績をあげた。対外関係では、㈦太子の死後、新羅を討つため数万の軍衆をもって征討軍の派遣を強行した。この出師について時の人は、境部臣らが新羅の幣物を入手して馬子にすすめたためと評したといわれる。㈧推古天皇三十二年(六二四)、馬子は天皇に葛城県の下賜を奏請したが許されなかった。天皇中心の政治体制樹立の理念に反して、馬子がなお自氏の権勢拡張を企図していたことが窺える。しかし馬子と親しかった天皇もかれのゆきすぎた恣意を許さなかったことが知られる。馬子は新文化としての仏教の受容にきわめて熱心であった。これは稲目の崇仏をうけつぐもので、㈨敏達朝において、百済から鹿深臣のもたらした石仏像など二軀を請い、自宅の東方に仏殿をつくり、高

句麗僧の恵便を師として三人の尼僧を得度させたと伝えられるが、のち(〇)大野丘の北に塔を起て仏舎利を安置したという。時に物部氏との争乱がおこり、ために仏殿の破却に及ぶこともあったが、馬子はいよいよ崇仏の傾向を深めた。㈡用明朝には、天皇の三宝帰依に賛成し、㈢崇峻朝には、百済仏教の摂取をすすめ、善信尼を派遣して戒律を学ばせ、また㈢飛鳥の衣縫造の祖樹葉《このは》の家をこわして法興寺の造営に着手した。寺は推古朝に完成したが、馬子はその子善徳を寺司とし、慧慈・慧聡の両僧を止住させ、㈣推古天皇十三年、この寺の銅・繡丈六仏二軀を造り、飛鳥の仏教の中心寺院たらしめた。㈤馬子の病にあたっては男女一千人を出家させたといわれる。同三十四年五月二十日、馬子は死に、桃原墓に葬られた。奈良県高市郡明日香村島之庄にある、いわゆる石舞台古墳は馬子の墓ではないかといわれている。

(伝)蘇我馬子墓

参考文献　坂本太郎『大化改新の研究』、日野昭『日本古代氏族伝承の研究』、遠山美都男『蘇我氏四代』(『ミネルヴァ日本評伝選』)　(日野　昭)

そがのえみし　蘇我蝦夷　?―六四五　七世紀の豪族。蘇我馬子の子。父の死後、大臣となる。豊浦大臣とも称される。蝦夷は推古天皇の死(推古天皇三十六年(六二八))により、皇位継承問題の生じた時、みずから決定しようとしたが、群臣の従わないことをおそれ、これを諮った。しかし衆議はまとまらず、ことに蝦夷の叔父の境部摩理勢は、聖徳太子の旧恩を思うことあつく、太子の子の山背大兄王をつよく推挙してやまなかった。これに対して蝦夷は、田村皇子を推し、ついに摩理勢父子を攻め殺して、田村皇子の即位を実現した(舒明天皇元年(六二九))。これが舒明天皇である。皇極朝に蝦夷はひきつづき大臣であったが、その子の入鹿の威勢がつよまり、山背大兄王とその一族を攻め、大兄王らは自殺した。これには蝦夷も入鹿を罵ったといわれる。また蝦夷父子は民を動員して、かれら父子の墓をつくり、これを大陵・小陵とよび、その子女を王子《みこ》と称したという。かかる専横が、大化元年(六四五)の中大兄皇子らによる蝦夷父子の殺害事件を端緒とする改新政治に事態を進行させることとなった。この年六月十二日、宮中で入鹿が殺され、その屍を蝦夷に賜わった。蝦夷は漢直らと軍陣を設けて抗戦しようとしたが、中大兄皇子の遣した巨勢徳陀古の説得によって散り逃げ、翌十三日、蝦夷は誅された。この時、『天皇記』、珍宝を焼いたと伝えられている。なお、『家伝』上(『大織冠伝』)には、蝦夷は自殺したとする。

参考文献　門脇禎二『蘇我蝦夷・入鹿』(『人物叢書』一七七)、遠山美都男『蘇我氏四代』(『ミネルヴァ日本評伝選』)　(日野　昭)

そがのおあねのきみ　蘇我小姉君　六世紀の人。欽明天皇の妃。蘇我稲目の女。堅塩媛の同母妹(『日本書紀』)、あるいは堅塩媛の姨《おば》小兄比売とする所伝もある(『古事記』)。欽明天皇の妃となり、四男一女を生む。そのなかには穴穂部皇女(用明天皇の皇后、聖徳太子の母)や穴穂部皇子(物部守屋とむすび天下を取ろうとして失敗、蘇我馬子らによって殺された)があるほか、のちに即位した泊瀬部皇子(崇峻天皇)がある。この穴穂部皇子や泊瀬部皇子の動きから、小姉君の所生の皇子の間には、蘇我馬子の勢力から一線を画して独自の動きを示そうとする傾向のあったことが窺える。　(日野　昭)

そがのおちのいらつめ　蘇我遠智娘　生没年不詳　中大兄皇子(天智天皇)の妃。蘇我石川麻呂の第二女。中大兄皇子の婚約者となった姉が父の異母弟日向に盗まれたので急遽その身代りとして皇子の妃となった。『日本書紀』天智天皇紀には四嬪の一人で、「美濃津子娘」ともいったとあるが、これは「造媛《みやつこひめ》」の誤りであろう。天智天皇との間に大田皇女(大海人皇子妃)・鸕野皇女(天武天皇皇后・持統天皇)・建皇子の一男二女を儲けたという。『日本書紀』大化五年(六四九)三月条によると、父石川麻呂が讒死したことを悲しみ傷心の末に夭折したというが、斉明天皇四年(六五八)建皇子が八歳でなくなったというから、遠智娘は同皇子出生の白雉二年(六五一)まで生存したことは明らかであろう。　(黛　弘道)

そがのからこ　蘇我韓子　五世紀ころの人。蘇我満智の子という。『日本書紀』雄略天皇九年三月に、大伴談・紀小弓・小鹿火らと新羅を討って大勝したが、その遺衆との戦いで、談は戦死し、小弓も病没した、とする。同九年五月、小弓の子の大磐と小鹿火とが対立したが、小鹿火の詐言により、韓子は大磐を憎み、百済王とともに国界視察に赴いた時、後から大磐の鞍几《くらぼね》の後橋を射たが、逆に大磐によって射殺されたと伝えられている。　(日野　昭)

そがのきたしひめ　蘇我堅塩媛　六世紀の人。蘇我稲目の女。欽明天皇の妃となり、七男六女を生む。そのなか

にはのちに即位した橘豊日尊(用明天皇)・豊御食炊屋姫尊(推古天皇)や、伊勢大神に奉侍した磐隈皇女らがある。『日本書紀』推古天皇二十年(六一二)二月庚午条に「改㆓葬皇太夫人堅塩媛於檜隈大陵㆒」とあり、この日、軽の術《ちまた》において誄《しのびごと》したとして、改葬の盛儀をつたえているが、ここに堅塩媛を「皇太夫人」としているのは、律令制下で皇族出身でない天子の母を皇太夫人と称する(『令義解』)という、後世の語例を推古朝までさかのぼって用いたものであり、また檜隈大陵は欽明天皇の檜隈坂合陵《ひのくまのさかあいのみささぎ》と考えられるから、堅塩媛はその所生の推古天皇や蘇我馬子によって、改めて欽明天皇陵に合葬されたことになり、天皇の生母尊崇と蘇我馬子の自氏の権威を高めようとする企図が、この挙の要因となったことを推測させるものである。

参考文献 日野昭「蘇我氏における同族関係」(『日本古代氏族伝承の研究』続篇所収)　(日野　昭)

そがのくらのやまだのいしかわまろ　蘇我倉山田石川麻呂　⇩蘇我石川麻呂《そがのいしかわまろ》

そがのはたやす　蘇我果安　?—六七二　七世紀の人。天智朝の重臣。臣をカバネとする蘇我氏の一族だが、系譜や父母は不詳。天智天皇十年(六七一)正月、巨勢人らと御史大夫(大納言相当)となる。同年、大海人皇子が都を去って吉野に入った後、十一月に大友皇子・左大臣蘇我赤兄ら五人とともに内裏の繡仏の前で、天皇の詔を奉ずることを誓う。大友皇子を次代の天皇とすることが詔の内容であろう。翌天武天皇元年(六七二)六月、大海人皇子の挙兵により壬申の乱が起る。果安は大友を支持し、七月初め山部王・巨勢人らと数万の兵を率いて大海人軍を攻めるため、近江犬上川のほとりに至ったが、内紛が生じ、果安・人は山部王を殺し、ついで混乱のなかで果安は頸を刺して自殺した。山部王が大海人側に内応しようとしたのであろう。八月に乱が治まった後、果安の子はことごとく配流された。

参考文献 直木孝次郎『壬申の乱』(『塙選書』一三)　(直木孝次郎)

そがのひむか　蘇我日向　生没年不詳　七世紀の人。蘇我石川麻呂の異母弟。字は身刺《むさし》、無耶志・武蔵にもつくる。皇極天皇三年(六四四)中大兄皇子(天智天皇)との婚約成った兄の長女を輿入れの直前に盗み去って石川麻呂を窮地に陥れたが、このときは次女(遠智娘)が進んで身代りとなって解決した。大化五年(六四九)石川麻呂が皇太子中大兄皇子を殺害せんと謀っていると讒言した。そのため石川麻呂は難波を脱出して大和の山田寺に逃れ、ついで妻子とともに自害して果てたが、やがてその潔白が証明されると中大兄は表向き日向を罰するわけにも行かず、筑紫大宰帥に任命したが世人はこれを「隠流《しのびながし》か」といったという。日向は現地で孝徳天皇不悆に際し般若寺を起てたという。　(黛　弘道)

そがのまち　蘇我満智　五世紀中ごろの廷臣。『日本書紀』履中紀に蘇賀満智宿禰、『公卿補任』に蘇我満知宿禰、『古語拾遺』に同麻智宿禰とある。『蘇我石川両家系図』などによれば、満智は孝元天皇皇子彦太忍信命の孫の武内宿禰の孫で、蘇我石河の子。履中紀二年十月条には平群木菟《へぐりのつく》ら三人とともに国事を執ったとあり、『古語拾遺』には、雄略朝に至って斎蔵《いみくら》・内蔵のほかに大蔵が新設されると、満智はこれら三蔵の検校を命じられ、忌部・秦・漢・東文・西文などの諸氏を率いて三蔵を管理する職となったとある。満智の子が韓子、孫が高麗、曾孫が宣化・欽明朝の大臣《おおおみ》稲目と伝えられる。　(関　晃)

そがのむさし　蘇我身刺　⇩蘇我日向《そがのひむか》

そがのむらじこ　蘇我連子　?—六六四　七世紀の人。斉明・天智朝の大臣。大紫冠。石川麻呂の弟、赤兄の兄。『公卿補任』天智朝の項に「元年為㆓大臣㆒如㆑故」「在官三年」などとみえるほかに事績は伝わらないが、『続日本紀』にみえる曾孫石川年足の薨伝には「後岡本(斉明)朝大臣大紫牟羅志《むらじ》」ともある。『日本書紀』には天智天皇三年(六六四)五月に没したとみえる(『扶桑略記』は同年三月、五十四歳で没とする)。その子安麻呂・宮麻呂らの時代に氏を石川と改め、安麻呂の後は石足・年足・名足と代々高官を出し、蘇我氏の本流となった。　(黛　弘道)

ぞくしゅげん　続守言　⇩しょくしゅげん

そけい　祖継　⇩大智《だいち》

そごうかずまさ　十河一存　?—一五六一　戦国時代の阿波国の武将。通称左衛門督、讃岐守となる。一存は「かずなが」とも訓まれる。阿波の三好元長の四男として阿波国板東郡勝瑞(徳島県板野郡藍住町)に生まれた。のち讃岐国山田郡の十河城主の十河景滋の養子となり、三好氏の有力被官として活躍したが、特に寒川《さんがわ》郡の寒川氏と戦い、鬼十河と異名されて寒川氏武将たちに恐れられた。天文十八年(一五四九)に長兄の三好長慶が管領細川晴元と対立したので、讃岐の兵を率いて長慶を援け、長慶を退けようとした三好宗三を江口に討って京都に攻め込んだ。三好宗三を失った細川晴元は、三好勢を防ぐことができないとみて、将軍足利義輝を奉じて近江に逃げのびた。

十河一存花押

その居城である十河城跡は高松市十川東町城にあり、長尾街道や高松平野が眺望できる小高い丘に称念寺がある。この寺の境内が本丸で、すぐれた選地として知られている。本丸の北側に空堀があり、土橋で北の郭につながっているが、この北の郭の一画に一存の墓がある。永禄四年(一五六一)三月十八日にこの城で没した。法名は清光院殿春月宗円禅定門。嫡子の義継は兄長慶の養子として京都に出たので、兄の阿波勝瑞城主三好義賢の次男で甥の存保を養子に迎え、存保が十河氏を継ぐことになった。

参考文献 香西成資『南海通記』(『(改定)史籍集覧』

七）　　（三好昭一郎）

そせい　素性　生没年不詳　平安時代前・中期の歌人。延喜五年（九〇五）六十歳くらい、同十年春以降に没したらしい。古今集時代の代表歌人の一人で、『古今和歌集』入集三十六首は第四位。父は僧正遍昭。遍昭が良岑宗貞として在俗したときに生まれ、兄由性とともに早く出家したようである。仁明天皇の皇子で母が紀氏の出であった常康親王は出家して雲林院に住んだが、そこに遍昭・素性父子は出入りし、親王没時、親王の付嘱を受けて雲林院を遍昭が管理することとなった。素性も遍昭とともにあったらしく、父とともに宮廷社会と接触して歌人として活躍し、遍昭没後も雲林院にいたが、のち大和の良因院に移った。雲林院は遍昭・素性二代を通じて宮廷人と交流が多く、和歌・漢詩の催しの場となった。素性は宇多朝の歌合にはしばしば出詠、昌泰元年（八九八）の宇多上皇宮滝御幸の和歌の催しにも招かれた。他撰であるが『素性集』があり、古今集の六歌仙時代と撰者時代をつなぐ存在として重要な歌人である。『素性集』は『私家集大成』一に翻刻されているほか三十六人集の一集として活字化されているものが多い。

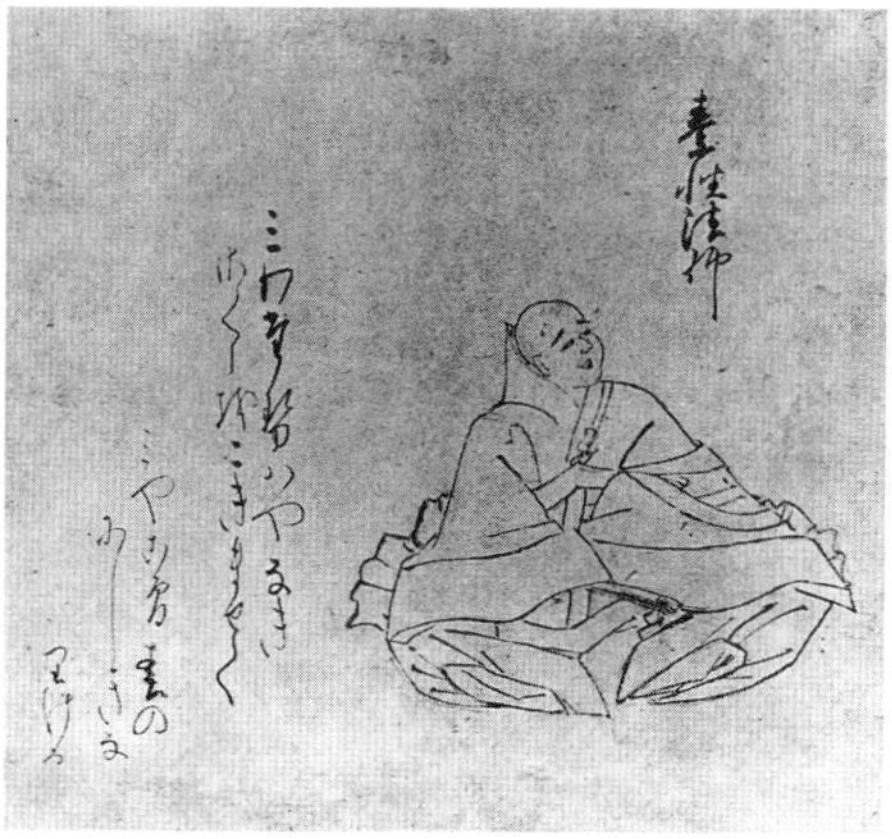

素性画像（為家本「三十六歌仙切」）

参考文献　蔵中スミ『歌人素性の研究』　（藤平　春男）

そていほう　蘇定方　五九二―六六七　中国、初唐の武将。名は烈、字《あざな》が通用。隋の開皇十二年（五九二）生まれる。冀州（河北省）の人。隋末の動乱に十五歳で父蘇邕に従って従軍、郷里に勇名を馳せる。唐の貞観初年、匡道府折衝都尉に任じ、李靖に従い突厥の頡利可汗を討ちこれを降した功により左武候中郎将を授けられた。永徽年間（六五〇―五六）に程知節に従い西突厥の阿史那賀魯討伐に赴いたが敗れ、顕慶二年（六五七）伊麗道行軍大総管として再び賀魯を討ち、ついに石国でこれを捕え西域を唐の版図に加え、功により左驍衛大将軍刑国公。ついで西域の思結都曼の反乱を平定。同五年熊津道大総管として水陸十万の兵を率い百済を討ち、国王義慈以下を虜にし東都に献じた。ついで遼東道行軍大総管として高句麗の浿江を破り平壌を囲んだが大雪に遇い軍を還した。乾封二年（六六七）七十六歳で没。荘と諡し幽州都督を贈られた。

参考文献　『旧唐書』八三、『新唐書』一一一、池内宏『満鮮史研究』上世二　（池田　温）

そとおりのいらつめ　衣通郎姫　『日本書紀』によれば允恭天皇皇后忍坂大中姫の妹弟姫のこと。同書に「弟姫容姿絶妙無レ比、其艶色徹レ衣而晃之、是以、時人号曰二衣通郎姫一也」とある。允恭天皇七年、新室に宴し、皇后みずから儛い、儛い終って当時の風俗のままにやむなく妹の弟姫を天皇に献じた。天皇は喜んで姫を近江坂田より召し上げようとしたが、姫は皇后の心情を畏れて七度召されても参向しない。舎人中臣烏賊津使主が派遣され、庭に伏して懇請七日、ついに姫を伴って倭の春日に至った。天皇は藤原に屋を構えて姫を居らしめたが、皇后の嫉妬はやまず、さらに河内茅渟に別宮を造って居らしめた。天皇は姫を深く愛し、大伴室屋に命じて、諸国造に科せてこの姫のために御名代藤原部を定めたと伝える。以上は『日本書紀』の所伝であるが、『日本書紀』よりもはやく成立した『古事記』は允恭天皇の皇女軽大郎女のまたの名を衣通郎女（衣通王）に作り、「御名所三以負二衣通王一者、其身之光、自レ衣通出也」と注し、同母兄木梨之軽太子と奸したため太子が伊余湯に流されたのを追い、ともに死んだと伝える。志良宜歌・夷振・読歌その他両者の歌謡を載せる。なおこれと同様の話は『日本書紀』にもみえるが、同書では衣通郎姫と軽大娘皇女とは別人としている。なお、この姫の名を本居宣長ほか「そとおしのいらつめ」と訓んでいるが、『古事記』には右のとおり、「身之光、自レ衣通出也」とあり、これは「ころもより、とおりいず」で「とおしいず」とは訓めないので「そとおりのいらつめ」がよい。　（川副　武胤）

そなかしち　蘇那曷叱知　『日本書紀』にみえる任那国の使節。蘇那曷叱智にも作る。同書では崇神天皇六十五年七月に、任那国から蘇那曷叱知が派遣され、垂仁天皇二年に帰国したとし、大和朝廷と朝鮮諸国との外交が始まったとしている。この記事は加羅諸国からの渡来開始の説明伝承によるものである。また、その帰国する際、垂仁天皇より任那王に赤絹百匹（二百段）を贈ったが、途中で新羅に奪われ、これが任那と新羅との抗争のはじまりであるとしている。これは金官加羅国と新羅国との抗争のはじまりを伝える説話である。また、分注には大加羅（金官加羅）国の王子ツヌガアラシトの説話をのせ、任《みま》那《な》の地名由来の説明伝承としている。蘇那曷叱知は朝鮮での借音字とみられ、その訳語には、中田薫の金官国第十代金仇亥の子金奴宗説、白鳥庫吉の于斯岐阿利叱智干岐説、三品彰英の金国（金官）邑君説、李丙燾の弁辰の渠帥（貴人）説などがある。

参考文献　三品彰英『日本書紀朝鮮関係記事考証』上、李丙燾「蘇那曷叱智考」（『日本書紀研究』六）　（井上　秀雄）

そねのよしただ　曾禰好忠　生没年不詳　平安時代中期

の歌人。父母の名も不詳。天徳四年(九六〇)ころ和歌の新形式としての百首歌を創始した。時に三十余歳であるから、延長八年(九三〇)から数年前までの誕生か。生涯を丹後掾としてながく六位に沈み、宮廷貴族から「曾丹後」「曾丹」と軽侮された。三百六十首の和歌を四季・月・旬の単位で区分した『毎月集』を作り、不遇感や田園自然の趣を斬新なことばでうたった。家集に『曾丹集』があり、好忠の詠歌は同時代および後代の新風和歌に大きな影響を与えた。

参考文献 『中古歌仙三十六人伝』、藤岡忠美『平安和歌史論』、窪田敏夫「曾禰好忠」(『日本歌人講座』二所収)　(藤岡　忠美)

そめどののきさき　染殿后　⇨藤原明子《ふじわらのめいし》

そんい　尊意　八六六―九四〇　平安時代中期の天台宗の僧。法性房と号す。俗姓息長丹生真人、左京の人。貞観八年(八六六)誕生。十一歳のとき鴨河東の吉田寺で地獄画をみて仏門に入る決心をしたという。はじめ栂尾寺の僧賢一の下で苦行し、ついで元慶三年(八七九)比叡山に登り、極楽寺座主増全を師主として仁和三年(八八七)受戒。増全に両部大法・諸尊護摩法を稟受し、また玄昭に蘇悉地法を学び、円珍に菩薩戒を受けた。延長四年(九二六)五月十一日、第十三世天台座主に補され治山十四年。台密の験者として知られ、仏頂尊勝法・不動法などを得意とし、祈雨・除病・安産などの祈禱で名声を得た。平将門の乱に際し大威徳法を修して調伏し験あったと伝えられる。天慶元年(九三八)大僧都。同三年二月二十四日、年来の極楽往生の願を改め兜率天を願い、七十五歳(八十一歳とも)で没した。同月、僧正法印大和尚位を追贈された。

参考文献 『大日本史料』一ノ七、天慶三年二月二十四日条　(速水　侑)

そんうんほっしんのう　尊雲法親王　⇨護良親王《もりよししんのう》

そんえんにゅうどうしんのう　尊円入道親王　一二九八―一三五六　伏見天皇の第五皇子。母は修理大夫三善俊衡の女。永仁六年(一二九八)八月一日生まれる。延慶元年(一三〇八)四月入室。同三年六月二十八日親王宣下。応長元年(一三一一)六月出家。同年八月青蓮院門主となる。元弘元年(一三三一)十月天台座主となったのをはじめ、三度座主職についた。暦応元年(一三三八)十月二品に叙される。延文元年(一三五六)九月二十三日に十楽院で没。五十九歳。墓は京都市西京区大原野小塩町の善峯寺にある。『入木口伝抄』『釈家官班記』『門葉記』『拾玉集』などの編著がある。親王は青蓮院流の流祖として名高い能書である。父天皇が「伝えて家の流とせよ」と親王にいったので「お家流」の名が起ったと伝えられている。親王にはその代表作ともいうべき「結夏衆僧名単」とよぶ一巻が残っている。これは建武二年(一三三五)、京都嵯峨の大覚寺に夏安居の行われたとき、集まった衆僧の連名をみずから執筆掲示したものである。親王ははじめ書道の口伝を世尊寺行尹に受けた。行尹は世尊寺家の第十二代にあたるが、第九代の経朝が世尊寺流を名のるころから、型にはまった流派の書として固定してしまった結果は、著しく精彩のないものになっていた。したがって、親王は世尊寺流の口伝を受けたものの、あきたらぬものを感じたのであろう。流祖藤原行成の書に、さらに小野道風の書に直接学ぶところがあったようである。それは前記の遺墨に見ても明らかなところで、豊かな量感と活動的に押し迫るような力とは、ともに道風の書の特質となっているからである。ただ注意したいのは、親王の時代の宮廷には朱子学の研究が盛んで、それに伴う中国書風の摂取ということが考えられる点である。これが当時の和様の書の一形体に「宸翰様」とよぶものが成立しているゆえんでもある。

参考文献 『大日本史料』六ノ二〇、延文元年九月二十三日条、堀江知彦『書道の歴史』(『日本歴史新書』)　(堀江　知彦)

尊円入道親王花押

尊円入道親王画像

ぞんかく　存覚　一二九〇―一三七三　南北朝時代の真宗僧侶。名を中納言・興親・親恵・光玄、房号を存覚と称した。正応三年(一二九〇)六月四日生まれ。本願寺第三世覚如の長子、母は僧教弘の女。叡山心性院経恵、同尊勝院玄智、京都毗沙門谷証聞院観高などに師事。延慶三年(一三一〇)以後大谷で父に従い伝道。空性房了源を指導、興正寺(のち仏

存覚花押

存覚画像

光寺）を創建させた。元亨二年（一三二二）父から義絶、暦応元年（一三三八）和解、康永元年（一三四二）再義絶、観応元年（一三五〇）再和解。義絶理由に本願寺留守職問題、東国門徒や仏光寺了源との関係などがある。建武四年（一三三七）備後で法華宗徒と対決。文和二年（一三五三）以後、京都今小路の常楽台に住した。応安六年（一三七三）二月二十八日没。八十四歳。大和国下市願行寺に遺骨を納めた。著書は『六要鈔』、『浄典目録』、『浄土真要鈔』、『存覚法語』、『常楽台主老衲一期記』（『存覚一期記』）、『存覚袖日記』など多く、後二著は同時代本願寺の一級史料。なお『存覚一期記』は存覚の誕生から没年までの自伝で、父覚如との経緯や本願寺や親鸞門流の動静などを詳述するが、七十二歳まではその子綱厳（慈観）が筆受し、以後は綱厳が加筆した。現存のものは大永年間（一五二一—二八）に加賀国光教寺顕誓が抄出したもので、原本は享禄末の乱で焼失した。

参考文献　『大日本史料』六ノ三七、応安六年二月二十八日条、『本願寺史』一、谷下一夢『存覚一期記の研究並解説』、日下無倫「存覚上人とその義絶の真相」（『宗学研究』二）、寺倉襄「存覚上人の教学」（『同朋学報』二〇）、山田文昭「存覚上人父子の義絶に就て」（『無尽燈』一九ノ二）　（柏原　祐泉）

そんかん　尊観　(一)一二三九—一三一六　鎌倉時代中期の浄土宗の僧。字良弁、号定蓮社。浄土宗三祖良忠の高弟で、東北地方における浄土宗発展の基礎をきずいた。下総国香取郡鏑木村北条朝時の子。延応元年（一二三九）生まれる。幼年より良忠に師事し、建治二年（一二七六）付法を受けた。良忠滅後、その門下は六派に分かれるが、尊観は一念業成の説を主張して注目をあび、同門の良暁と論争を続け、自己の正統性を主張した。鎌倉名越《なごえ》の善導寺に住んだため、後世尊観の教説を名越流とか善導寺義といった。代表的著書は『十六箇条疑問答』。口伝を尊重するところに名越派の特色がある。正和五年（一三一六）三月十四日没。七十八歳。長野善光寺南大門に住んだ明心が後継者となったが、その弟子妙観の代に東北地方に進出し、基盤が確立した。

参考文献　『鎌倉市史』史料編三・四、鸞宿『浄土伝燈総系譜』上（『浄土宗全書』一九）、玉山成元「名越・白旗派論争の価値」（『金沢文庫研究』二〇八）　（玉山　成元）

(二)一三四九—一四〇〇　南北朝・室町時代前期の時宗の僧。時宗遊行十二代。正平四年（北朝貞和五、一三四九）南朝にかかわりある人（深勝法親王など諸説あり）の子として生まれ、延文五年（一三六〇）遊行八代渡船の弟子となり、師阿弥陀仏と号した。嘉慶元年（一三八七）二月遊行の法燈をつぎ、他阿弥陀仏と名を改め伊豆国三島西福寺で賦算したが、その間兵庫道場真光寺・山形道場光明寺・甲府道場一蓮寺などに住し、賦算後は各地を遊行し、応永七年（一四〇〇）十月二十四日没した。五十二歳。墓は山口県下関市専念寺にある。

参考文献　磯貝正『尊観法親王考』、大橋俊雄『一遍と時宗教団』（『歴史新書』一七二）、今井雅晴『中世社会と時宗の研究』　（大橋　俊雄）

そんじょほっしんのう　尊助法親王　一二一七—九〇　土御門天皇の皇子。延暦寺座主。建保五年（一二一七）生まれる。母は法印尋慧の女。尊快入道親王の入室の弟子。貞永元年（一二三二）十一月八日受戒。最守にも師事し、建長四年（一二五二）八月二十八日親王宣下。公円座主より密教の灌頂を受けた。正元元年（一二五九）三月二十六日に第八十二世延暦寺座主に任ぜられ、さらに文永四年（一二六七）七月十五日（第八十五世）、弘安七年（一二八四）九月二十七日（第九十一世）、正応三年（一二九〇）二月十六日（第九十五世）の四度八年にわたって座主に補されている。また青蓮院の門跡にも任ぜられている。座主在職中は、宮中の災事や病気に際しては、勅によりたびたび七仏薬師法や熾盛光《しじょうこう》法などの大法を修して功賞せられた。正応三年十二月一日、七十四歳にて入寂。著述として『大講堂供養諷誦文』（弘安八年）や『大講堂供養願文』などがある。

参考文献　『天台座主記』、渋谷亮泰編『（昭和現存）天台書籍綜合目録』　（武　覚超）

そんじん　尊信　(一)一二二八—八三　鎌倉時代中期の興福寺大乗院の僧。関白九条教実の子息。安貞二年（一二

二八)生まれる。幼少のころに大乗院主円実をたよって興福寺に入り、信弘僧都について唯識法相について手ほどきを受けた。当時すでに門閥社会の中にあった寺院社会においては、貴種出身者は閑道の昇進が約束されていた。わずか八歳の嘉禎元年(一二三五)十月の維摩会の竪義に選ばれ、宝治元年(一二四七)には二十歳で当会の講師を勤めたが、時に権少僧都であった。維摩会の竪義・講師の年齢といい、僧官といい何もかも特例であるとともに、維摩会ひいては三会の形式化の一斑を窺うことができる。以後維摩会探題をしばしば務め、三十二歳の正元元年(一二五九)十一月に興福寺別当に補任されて七ヵ年在職、のち弘安元年(一二七八)正月に再び別当に推挙されたが、わずか一ヵ年で辞任し、同六年七月十三日に五十六歳(一説五十八歳)で没した。

参考文献　『興福寺別当次第』四、『興福寺寺務次第』、『三会定一記』(『大日本仏教全書』)、卍元師蛮『本朝高僧伝』一四(同)

㈡一三二四―八〇　南北朝時代の京都勧修寺の僧。亀山天皇の子息一品恒明親王の息、安井門跡尊守と兄弟。正中元年(一三二四)生まれる。建武年中(一三三四―三八)に勧修寺寛胤法親王の室に入り得度し、真言密教を研修し、貞和三年(一三四七)、二十四歳の時に伝法灌頂を受け、応安六年(一三七三)に勧修寺長吏に補せられ、同年九月十一日に東大寺別当に推挙された。康暦元年(一三七九)四月に勧修寺長吏を辞任し、翌二年に五十七歳で没した。後宝泉院殿と号した。弟子には実信・興信・継助などが輩出した。

参考文献　『後伝燈広録』、『勧修寺長吏次第』、『東大寺別当次第』

(堀池　春峰)

そんち　尊智　年没年不詳　中世の南都興福寺に所属した絵所座の一つ松南院座の祖と仰がれ、鎌倉時代前期を代表する絵師。生没年はもとより、出自も必ずしも明らかでない。『明月記』承元元年(一二〇七)五月条にみえるのが文献上の初出で、それによれば鳥羽上皇発願の最勝四天王院の障子に、兼康・康俊・光時らの絵師と、大輔房尊智の名で大和・山城などの名所十二景の制作をあてがわれたとある。その後建保元年(一二一三)有家・兼康・俊識・良賀らと法勝寺九重塔の壁画に参画し法眼に叙せられた。貞応元年(一二二二)には法隆寺舎利殿の聖徳太子勝鬘経講讃図に、元仁元年(一二二四)には四天王寺絵堂再建に参画し、嘉禄元年(一二二六)には内山永久寺に十六善神を描くなどの画歴があるほか、大乗院尋尊の筆録になる『本尊目録』では作品の数で筆頭に位し、仏画・世俗画の両面で当代を代表する絵師であったことをうかがわせる。尊智の南都進出の時期は明らかでないが、尊智およびその画系の興福寺との関係は、その作画の内容からみて興福寺別当をつとめた信円によって結ばれたとみられ、ために信円が住した一乗院・大乗院両院家の作画に関与しえたものと推考される。尊智の後には嫡子快智や弟子重命(尊蓮房)が著名であり、いずれも南都を中心に活躍した。現在法隆寺に伝存する聖徳太子勝鬘経講讃図の一本が上記舎利殿本ではないかといわれ、とすれば名手にふさわしい手堅い筆致をうかがわせる。また興福寺二天像(重要文化財)を尊智筆とする説があるが、確証はない。

参考文献　森末義彰『中世の社寺と芸術』、亀田孜『日本仏教美術史叙説』、『奈良市史』美術編、平田寛『絵仏師の時代』、宮島新一『宮廷画壇史の研究』

(濱田　隆)

そんちょうほっしんのう　尊澄法親王　⇩宗良親王《むねよししんのう》

そんとん　尊敦　⇩舜天《しゆんてん》

そんなん　村庵　⇩希世霊彦《きせいれいげん》

ぞんにょ　存如　一三九六―一四五七　室町時代前期の僧侶。浄土真宗本願寺第七世。応永三年(一三九六)七月十日、本願寺第六世巧如《ぎようによ》の子として誕生。諱は円兼、広橋大納言兼宣の猶子、仮号中納言。永享八年(一四三六)三月二十八日巧如の譲状をうけ寺務を継いだ。時に四十一歳。前代以来の北陸教化をうけつぎ、越前石田西光寺、加賀木越光徳寺・二俣本泉寺・吉藤専光寺、能登阿岸本誓寺などを拠点に強力な伝道活動を展開した。応永三十一年信濃長沼浄興寺性順に『安心決定鈔』を書写して授けたのをはじめとして、以後各地の門徒に多くの聖教を授与した。『教行信証』中から「正信偈」を抄出別行し、『三帖和讃』の普及をはかった。永享十年ころ、本願寺の阿弥陀堂と御影堂を造営した。長禄元年(一四五七)六月十八日六十二歳で没した。弟の空覚と如乗はそれぞれ京都常楽台・加賀本泉寺に住持した。存如没後、本願寺は蓮如が継いだ。

参考文献　『本願寺史』一

(千葉　乗隆)

た

ダ=ガーマ Duarte da Gama ⇩ガーマ

だいえん 大円 ⇩良胤《りょういん》

だいえんこくし 大円国師 ⇩無住道暁《むじゅうどうぎょう》

だいえんぜんじ 大円禅師 ⇩鏡堂覚円《きょうどうかくえん》

だいおうこくし 大応国師 ⇩南浦紹明《なんぽじょうみん》

だいかく 大覚 ⇩妙実《みょうじつ》

だいがくしゅうそう 大岳周崇 一三四五―一四二三 室町時代前期の臨済宗五山派の僧。法諱は周崇、大岳はその道号。貞和元年(一三四五)生まれる。阿波の人、俗姓は一宮氏。阿波補陀寺の黙翁妙誡について僧童となり、黙翁の嵯峨臨川寺に転住するに随って剃髪受戒した。長じて洛中の等持寺、鎌倉の円覚寺などに掛搭し、さらに夢巌祖応・履中元礼などの内外典の講席にも連なったが、のち、等持寺に住し、ついで応永九年(一四〇二)三月八日に相国寺の住持となった。退いてのち同十一年十月五日に鹿苑僧録に就任し、同二十一年六月七日までこの職にあった。この間の応永十七年三月には、将軍足利義持によって天竜寺に請ぜられ、降格されていた天竜寺の位次を再び五山第一位に復した。住すること半歳にして南禅寺に昇住し、晩年再び天竜寺に住したが年紀は詳かでない。住山後は相国寺山内に慧林院を創めて退休し、また嵯峨に性智院(のち宝積寺と改める)・正法庵を構えて居し、本師黙翁の華蔵院塔主なども務めたが、応永三十年九月十四日七十九歳で宝積寺に寂した。慧林・宝積の両寺に塔した。著書に『前漢書抄』『翰苑遺芳』『三国一覧合運図』などがあり、弟子には竺雲等連など二十余人がある。

大岳周崇花押

参考文献 『空華日用工夫略集』(『続史籍集覧』三)、『空華集』(『五山文学全集』二)、『蕉堅稿』(同)、『絶海和尚語録』(『(大正新修)大蔵経』八〇)、『五山歴代』、『天竜宗派』、卍元師蛮『延宝伝燈録』(『大日本仏教全書』)、玉村竹二編『扶桑五山記』(『鎌倉市文化財資料』二)、玉村竹二『五山禅僧伝記集成』、今枝愛真『中世禅宗史の研究』、北村沢吉『五山文学史稿』

(葉貫 磨哉)

だいかくぜんじ 大覚禅師 ⇩蘭渓道隆《らんけいどうりゅう》

だいきゅうしょうねん 大休正念 一二一五―八九 中国、宋の禅僧。嘉定八年(一二一五)誕生。宋国温州永嘉郡の出身。はじめ洞上の禅を伝える東谷明光に参じ、ついで天目山に登り、さらに臨済宗楊岐派の禅を伝える径山の石渓心月に参禅し嗣法した。わが国へは文永六年(一二六九)北条時宗の招請に応じ商船で渡航し、同年十月鎌倉の禅興寺に入り、同九年建長寺第三世住持となり、さらに寿福寺に住した。弘安七年(一二八四)円覚寺に第二世として住持したが、正応二年(一二八九)病となり正観寺に移って間もない同年十一月二十九日、七十五歳で寂し、寿福寺に遺骨が収められ、のち仏源禅師と謚された。『念大休禅師語録』七巻は、志淳・宗全・潜奇編で、歴住した禅興寺・建長寺・寿福寺・円覚寺の四会の語録である。小参・告香普説・大小仏事・頌古・仏祖讃頌・自讃・偈頌雑題・題序跋雑記・法語・蔵六菴円湛塔無生銘などが収録されるが、その語録によって高度の学識をそなえた禅僧であったことを知る。来日以来二十年に及ぶ禅宗宣揚活動は北条時宗や貞時、時宗の弟宗政などをはじめとする鎌倉武士に対して多大の感化を与えたものとみられる。また、その間に大川道通・嶮崖巧安(仏智円応禅師)・鉄庵道生(本源禅師)・秋礀道泉などの法嗣を出して一派をなし、大休派、あるいは謚号仏源禅師によって仏源派と称され、日本禅宗二十四流中の一流に数えられている。

大休正念花押

大休正念像

参考文献 『元亨釈書』八、玉村竹二「大休正念墨蹟『石橋頌軸序』に就て」(『日本禅宗史論集』上所収)

(竹貫 元勝)

だいきゅうそうきゅう 大休宗休 一四六八―一五四九 室町時代後期の臨済宗妙心寺派の僧。諱は宗休。俗姓は不詳。応仁二年(一四六八)生まれる。東福寺永明庵(蔵山順空の塔)に出家修学したが、のち五山派を去って竜安寺の特芳禅傑に参じ、永正九年(一五一二)十一月には大休の道号を付され、久しく参じて印可を受けた。特芳の寂後には西源院にあって竜安寺を兼ねたが、このころに斎藤利国室利貞尼(一条兼良女)の寄付する妙心山内の敷地に徳雲院を創めて開山となった。永正十三年三月には勅を奉じて妙心寺に入寺し、翌日玉鳳院に献香し終って竜安寺に退居した。大永三年(一五二三)六月には再び

大休宗休花押

大休宗休画像

妙心寺に入寺したが、薬師寺備後守室清範尼（赤松氏女）は妙心山内に霊雲院を構えて大休を請じ、本師特芳を勧請して二世に居し、特芳派下の中心道場となした。享禄二年（一五二九）四月二十九日に三度妙心寺に住し、後奈良天皇は久しく大休に参じたがついに印可を受け、天文十一年（一五四二）五月十三日には宸翰を降して報恩の叡慮を示し、国師号を特賜しようとしたが大休は固くこれを辞退した。駿河の今川義元はまた善徳院を拡大して大竜山臨済寺と称して開山に請じ、開堂後は席を太原崇孚に譲って帰京した。このほかに尾張犬山の青竜山瑞泉寺などにも歴住したが、晩年は霊雲院を亀年禅愉に譲り、竜安寺の傍に見桃院を構えて退居し、天文十八年八月二十四日寂した。年八十二（一説九十六）。語録に『見桃録』四巻（『国訳禅宗叢書』一〇所収）がある。同十九年二月七日に後奈良天皇より円満本光国師と諡された。

参考文献 卍元師蛮『延宝伝燈録』（『大日本仏教全書』）、無著道忠『正法山誌』、『正法山宗派図』、川上孤山『（増補）妙心寺史』

（葉貫　磨哉）

たいぎょく　太極　一四二一—？　室町時代の臨済宗の禅僧。太極は号で諱は不詳、別に雲泉とも号した。応永二十八年（一四二一）誕生。近江の出身で俗姓は鞍智氏。はじめ近江宏済寺で夢窓派の昻仲澄遵に師事したが、のち東福寺桂昌庵の開祖双峯宗源の法系下に属する隆中に参禅し嗣法して聖一派の禅僧となった。鞍智氏の一族性海竜縄大姉の外護を受けて東福寺桂昌庵中に霊隠軒を営み、また別に寮舎「霊雲」をもち、応仁の乱までは両所に住し、応仁二年（一四六八）洛南木幡の樹徳庵・広徳庵に移っている。学芸を建仁寺霊泉院の瑞巌竜惺、『漢書』を竺雲等連に学び、また将軍足利義教に重用された五山文学僧の景南英文にも師事した。博学多識の禅僧で詩文をよくし、季弘大叔など文筆僧と親交があったが、官寺に住持することなく法階も蔵主で終った。文明四年（一四七二）五十二歳までの生存は確認できるが寂年は不詳。長禄三年（一四五九）から応仁二年までの日記を残し、その日記を霊隠軒内に設けた書斎「碧山佳処」によって『碧山日録』と称する。ほかに『押韻集』の著がある。

参考文献 玉村竹二『五山禅僧伝記集成』、同「『碧山日録』記主考」（『日本禅宗史論集』下一所収）

（竹貫　元勝）

太源宗真画像

たいげんそうしん　太源宗真　?—一三七〇　南北朝時代の禅僧、曹洞宗太源派の祖。加賀の人。幼にして世俗の塵埃に染まるを嫌って仏門に入り、能登の総持寺の峨《が》山韶碩《ざんじょうせき》について参禅に励む。貞和五年（一三四九）印可を

太源宗真花押

認められ、その法を嗣いだ。貞治五年(一三六六)峨山が示寂するや、その後をうけて総持寺三世(これより総持寺の輪住制が始まる)の席を継いだ。その後、羽咋《はくい》の永光寺にも住したが、晩年加賀に仏陀寺を開創し開山となった。応安三年(一三七〇、一説に四年)十一月二十日示寂。世寿不詳。その塔頭を普蔵院といい、能登門前町にあったが、明治三十一年(一八九八)に焼失した。門下に了堂真覚・梅山聞本・幻翁碩寿らがいる。その頂相は福井県あわら市金津町の竜沢寺に伝わる。

参考文献 『大日本史料』六ノ三四、応安四年十一月二十日条 （高橋 秀栄）

たいげんそうふ 太原崇孚 一四九六—一五五五 戦国時代の臨済宗妙心寺派の僧。明応五年(一四九六)に駿河今川氏の被官庵原左衛門尉の子として生まれる。母は興津氏。出家ののちは善徳寺の琴渓舜について剃髪受戒し、九英承菊と安名《あんみょう》された。のち洛中の東山建仁寺に掛錫して修学したが、妙心寺の大休宗休の宗風を慕ってこれに参じ、道号法諱を改めて太原崇孚と称し、別号を雪斎と称した。印可されたのちの天文十四年(一五四五)五月には大休の頂相《ちんそう》を画いて自賛を請い、駿河臨済寺(静岡県静岡市)を開いて大休を初祖に請じて二世に居した。同十九年勅を奉じて妙心寺に住し山門の整備に尽くしたが、帰国ののちは清見寺(同清水市清水)・善徳寺(同富士市)の両寺を歴住し、晩年は志太郡葉梨(同藤枝市)の長慶寺に隠栖し、弘治元年(一五五五)十月十日六十歳で寂した。同三年三月に後奈良天皇より宝珠護国禅師と諡された。生前は今川義元を補佐して戦国大名の間に和議斡旋の労をとり、今川の勢力に大きく貢献したが、太原の寂後は今川の力も急速に衰微した。

太原崇孚花押

参考文献 『見桃録』(『国訳禅宗叢書』一〇)、卍元師蛮『延宝伝燈録』(『大日本仏教全書』)、『五山詩僧伝』(『五山文学全集』五)、川上孤山著・荻須純道補述『増補妙心寺史』 （葉貫 磨哉）

たいけんもんいん 待賢門院 一一〇一—四五 鳥羽天皇の皇后。諱は璋子。父は権大納言藤原公実。母は藤原隆方の女、従二位光子。康和三年(一一〇一)誕生。幼時より白河上皇のもとに収養され、永久五年(一一一七)入内して女御となり、翌元永元年(一一一八)立后(中宮)、崇徳・後白河両天皇以下、五皇子・二皇女を生む。天治元年(一一二四)院号宣下。仏教に帰依し、御願寺として円勝寺および仁和寺法金剛院を建て、熊野詣も数度に及んだ。康治元年(一一四二)法金剛院において落飾、真如法と称した。和歌を好み、周辺から崇徳天皇や西行などの歌人を輩出した。久安元年(一一四五)八月二十二日、三条高倉第において薨去。翌二十三日、仁和寺三昧堂に葬られた。時に年四十五。 （橋本 義彦）

花園西陵《はなぞののにしのみささぎ》 京都市右京区花園扇野町にあり、東面する小円墳。崩じた翌日入棺、同夜如在の礼を以て、かつて営建した法金剛院の三昧堂に移し、その石穴に埋葬した。当所は、亡くなった三条高倉第からは凶方にあたるので問題もあったが、遺言に従って行われた。後世、その所在を失ったが、明治八年(一八七五)当所を考定して陵所とし、同二十七年現陵号を称した。

参考文献 上野竹次郎『山陵』下 （中村 一郎）

たいけんもんいんのほりかわ 待賢門院堀河 生没年不詳 平安時代後期の女流歌人。神祇伯源顕仲の女。上西門院兵衛・大夫典侍は姉妹。はじめ令子内親王に仕えて前斎院六条と称し、のち鳥羽天皇中宮藤原璋子(待賢門院)に仕えて堀河と呼ばれた。大治元年(一一二六)摂政左大臣(藤原忠通)家歌合、また同三年八月父顕仲の主催した西宮歌合などに出詠した。さらには康治二年(一一四三)ころ崇徳上皇が出題下命した『久安百首』の当初歌人十四人のうちに選ばれ、当時の一流歌人として評価された。康治元年二月待賢門院の落飾とともに出家し、久安元年(一一四五)八月女院の死に伴い隠栖した。隠栖後に家集『待賢門院堀河集』を自撰したものと思われ、『久安百首』に詠んだ「長からむ心も知らず」の歌は、藤原定家の『小倉百人一首』に採用された。かなりの老齢で没したらしく、西行の『異本山家集』にも贈答歌がある。中古六歌仙の一人で、勅撰入集は『金葉和歌集』以下に六十六首。

参考文献 森本元子「待賢門院堀河とその家集」(平安文学研究会編『平安文学論究』三所収) （橋本不美男）

たいこうぎょうゆう 退耕行勇 一一六三—一二四一 鎌倉時代の兼密禅僧。道号退耕、諱は行勇。別号荘厳房。長寛元年(一一六三)、相模国酒匂(神奈川県小田原市、一説に京都)の生まれで、姓は不詳。幼年出家、鶴岡八幡宮の供僧となり永福寺・大慈寺の別当をつとめた。源頼朝・政子の帰依あつく頼朝の死後、政子の剃髪の戒師となる。正治二年(一二〇〇)栄西の鎌倉下向後、その門に入り嗣法した。建永元年(一二〇六)栄西のあとを受けて東大寺大勧進職となる。源実朝はたびたび行勇を寿福寺に訪ねて仏事法談を行なった。その実朝が承久元年(一二一九)鶴岡八幡宮で公暁に殺されると、実朝の冥福を祈るため紀伊国高野山の禅定院(のち金剛三昧院と改名)に入り同院を兼修禅の道場とした。政子は同院内に多宝塔を建て供養を営み、鎌倉幕府は同院を通じ高野山との関係を深めた。延応元年(一二三九)金剛三昧院を仏源房隆禅に譲り鎌倉に下向、浄妙寺・東勝寺に住した。『法燈円明国師行実年

退耕行勇花押

退耕行勇像

譜』によると阿波国に清浄寺を開き、また日竜寺を兼務して禅規を広めたという。仁治二年(一二四一)七月十五日(一説に七月五日)東勝寺に没し同寺に塔した。寿七十九。師は栄西同様、純然たる禅僧でなく、加持祈禱を行う密教的色彩が濃い。上野国世良田長楽寺を開いた釈円房栄朝とともに栄西門下の双璧といわれる。行勇の弟子、大歇了心は入宋して禅林の規矩を習学し日本に禅規を広め、兼修禅の色彩をぬぐい禅宗的色彩を明確にした。

参考文献 『大日本史料』五ノ一三、仁治二年七月十五日条、林岱雲『日本禅宗史』、伊藤古鑑『栄西』 (伊藤東慎)

たいこうじょせつ　大巧如拙　生没年不詳　室町時代前期の画家。詳しい伝記は明らかでないが、足利将軍家と密接な関係にあった相国寺の画僧として活躍した。事蹟では相国寺開山夢窓国師の碑銘建立に参与した記事(『臥雲日件録』)がわずかに知られ、将軍家や幕府の美術・工芸関係の仕事に広く従事していたことが推定される。遺品の数もきわめて少ないが、そのうち「瓢鮎図」(退蔵院蔵、国宝)は応永期を代表する記念的作品で、当時の五山の名僧三十一名が詩賛を寄せている。相国寺大岳周崇の序文によれば大相公(足利義持)の命により座右の小屏(座屏)として描かれたものとわかる。「三教図」(両足院蔵、重要文化財)はその賛に、如拙の命名が相国寺絶海中津の「大巧は拙なるが如し」の語に依拠するものであることを伝えている。このほかの遺品では周崇の愛蔵品であった「王羲之書扇図」(京都国立博物館蔵、重要文化財)が知られる。「瓢鮎図」の周崇賛には「新様を描かしむ」とあり、これは当時の武家貴族の好尚に合った新しい画様、南宋院体画風を示唆したものと思われる。すなわち馬遠らの辺角景構図や梁楷の減筆法による人物描写をとり入れた様式であり、それは以後の室町漢画に一つの指針を与えている。相国寺にはその後如拙の弟子とみられる周文、さらに雪舟らのすぐれた画僧が相つぎ、日本における水墨画の大成に大きな役割を果たした。

参考文献 松下隆章・玉村竹二監修『如拙・周文・三阿弥』(『水墨美術大系』六) (村重寧)

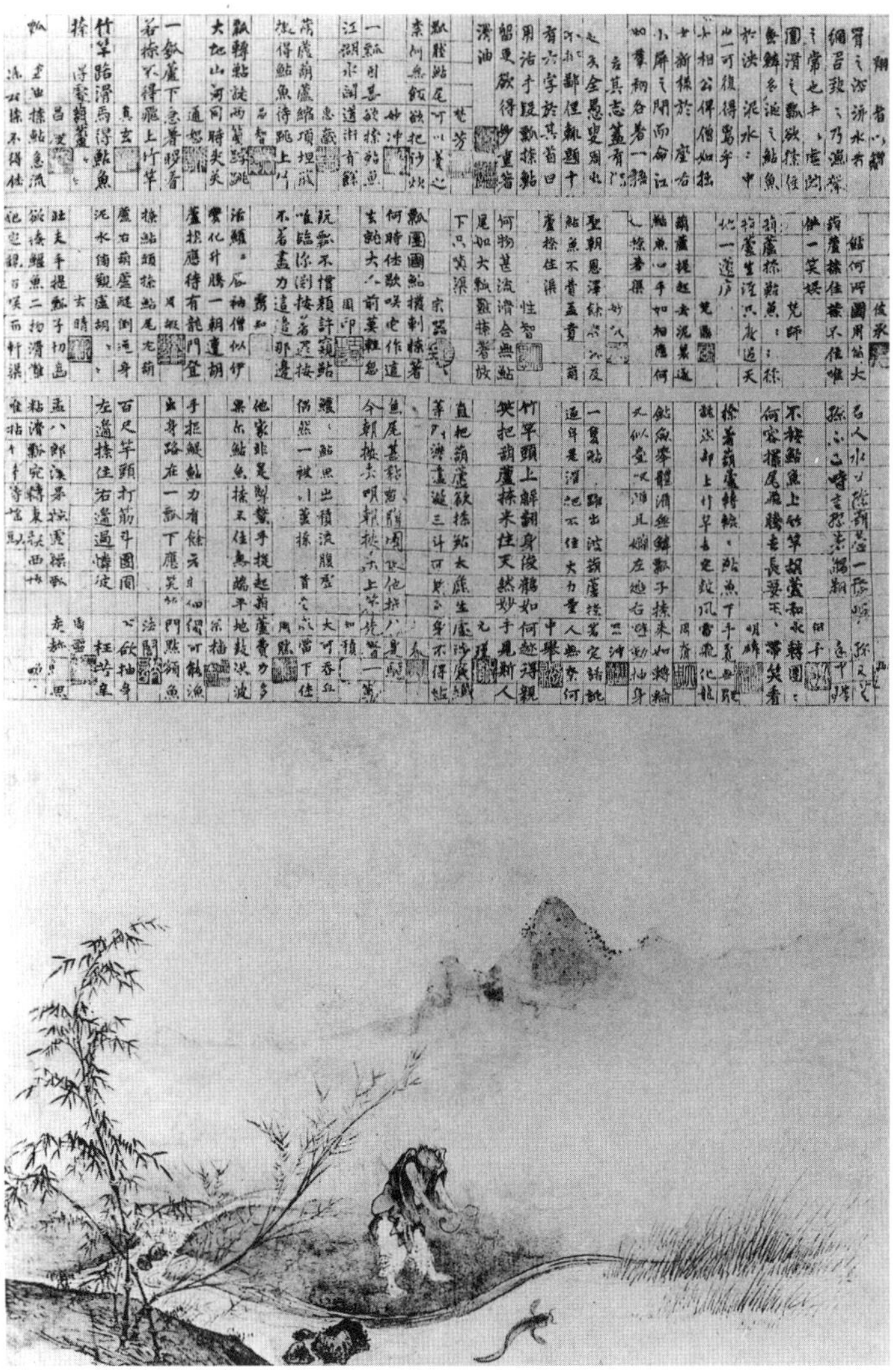
瓢鮎図(大巧如拙筆)

だいこうぼうこうけん　大光坊幸賢　生没年不詳　室町時代の仮面作家。喜多古能の『仮面譜』は十作《じっさく》・六作《ろくさく》につぐ中作《ちゅうさく》の最後にその名をあげ、「越前国平泉寺ノ僧、三光坊ノ弟子」としている。弟子の是閑吉満《ぜかんよしみつ》が大野出目《おおのでめ》家を起している。滋賀県長浜市浅井町の春日神社に天文十二年(一五四三)の本地仏があり、その銘に「大吉寺住僧/大光坊幸賢」とみえる。現在、京観世片山家にある飛出面に弘治三年(一五五七)の年記とともに「大吉寺西之坊幸賢作」の銘があり、他に「江州大光坊」「井関大光坊作」等の銘をもつ面が発見されてきて、これが同一作家のものであることが確認されるに至った。

参考文献 田辺三郎助「面打ち・大光坊幸賢と近江井関」(『月刊文化財』四二七) (田辺三郎助)

だいごてんのう　醍醐天皇　八八五―九三〇　八九七―

九三〇在位。仁和元年(八八五)正月十八日、宇多天皇の第一皇子として誕生。母は内大臣藤原高藤娘贈皇太后胤子。諱は維城、のち敦仁。寛平元年(八八九)親王宣下、同五年立太子、同九年七月三日、十三歳で元服、同日宇多天皇の譲位で践祚、同十三日即位。上皇は譲位に際して天皇に訓誡(『寛平御遺誡』)を与え、藤原時平と菅原道真を併用し、特に道真を重用すべきことを諭した。天皇は上皇の意を承けて親政を続けるが、延喜元年(九〇一)右大臣道真は讒言によって大宰権帥に左遷され、左大臣時平独り天皇を補佐して政権を握った。時平は延喜九年三十九歳で没するが、すでに父基経の遺志によって後宮に納れた妹穏子は、皇太子保明親王を生んで女御となっており、のち延長元年(九二三)には中宮に進み、時平の弟忠平も翌二年左大臣に進んで、穏子と協力して兄時平の政権を継承した。しかし、上皇は天皇の朝を通じてなお健在で、国政上にもしばしば指示を与え、天皇も君徳すぐれて終始親政に精励した。延喜二年には、時平に班田の励行、新規勅旨田開発の禁止、院宮王臣家による山野占有の停止など、一連の改革を行わせて律令制の維持を図り、同十四年には官人に国政上の意見を提出させ(三善清行『意見封事十二箇条』)、また随時ひろく政績への批判をきいた。なお、この一代における国家的事業に『三代実録』『延喜格式』の編纂、『古今和歌集』の勅撰などがある。中にも後者は、朝廷・後宮を通じて風雅の士女が輩出した新文化隆昌の様相を象徴している。その皇子村上天皇も当代を理想として親政を行い、同様の政治的文化的治世を現出させたから、当代と併せて「延喜・天暦の治」と称され、ともに聖代視された。しかし、社会の現実は、律令制の解体が急速に進みつつあり、これに対応する政治も、藤原摂関体制下に変質を進めるから、この聖代観も、律令国家最後の光輝を放つ時代として敬仰されたことによるかといわれる。天皇は延長八年病床に臥し、九月二十二日大漸に及んで皇太子寛明親王(朱雀天皇)に譲位、二十九日落飾して金剛宝と称し、同日四十六歳で崩御。陵は後山科陵。遺詔により諡せず、醍醐天皇・小野帝などと称する。後宮には中宮穏子(保明親王および朱雀・村上両天皇母)、女御藤原能子、更衣同淑姫(兼明親王母)、同源周子(源高明母)らがある。天皇の日記に『醍醐天皇宸記』がある。

参考文献 『大日本史料』一ノ六、延長八年九月二十二日・二十九日条、古代学協会編『延喜天暦時代の研究』、山口博『王朝歌壇の研究』宇多醍醐朱雀朝篇、角田文衛『紫式部とその時代』、竜粛「延喜の治」(『平安時代』所収)、黒板伸夫「藤原忠平政権に対する一考察」(『摂関時代史論集』所収)、森田悌「藤原忠平政権の動向」(『解体期律令政治社会史の研究』所収)、藤木邦彦「「延喜天暦の治」再論」(『歴史と文化』九)、同「藤原穏子とその時代」(同七)、所功「延喜の治の再検討」(『皇学館大学紀要』六)、同「平安後期に於ける延喜時代観」(『古代学』一四ノ二)、上横手雅敬「延喜天暦期の天皇と貴族」(『歴史学研究』二二八)

(藤木 邦彦)

後山科陵《のちのやましなのみささぎ》 京都市伏見区醍醐古道町にある醍醐天皇の陵。陵号は『類聚符宣抄』『扶桑略記』は「後山科山陵」、『日本紀略』は「山科陵」、『醍醐雑事記』は「山階新陵」とする。現陵号は『延喜式』諸陵寮の清和天皇太皇太后順子の陵号と同一であるが、同陵の現陵号は『三代実録』の同陵陵号「後山階陵」である。当陵は延長八年(九三〇)十月十一日天皇の遺骸と副葬品を埋葬、翌十二日陵上に卒塔婆三基を建て、翌承平元年(九三一)十一月に源添が勅を奉じ行なった陵湟掘削が終了、同四年七月十三日宣旨を醍醐寺に下し、当陵に陵戸五烟、徭丁二十五人を置き、しばらく諸陵寮の管理を停め、醍醐寺に陵を守らせた。以来醍醐寺は毎年天皇の聖忌九月二十九日には、陵前で法会を行い、江戸時代まで続けられた。現在陵は径四五メートルの平坦な円形樹林地で、周囲に幅約五メートル、深さ約一・二メートルの空堀、その外側に幅三・五メートルほどの低い小土手がめぐり、南面に拝所がある。埋葬施設は『醍醐雑事記』『西宮記』によると、兆域東西八町、南北十町を画し、方三丈、深さ九尺の穴を掘り、これに方一丈、高さ四尺三寸の校倉を納め、この中に棺と硯・書・筥・琴・箏・和琴・笛などを安置して蓋をし、埋土している。

参考文献 『大日本史料』一ノ六、『醍醐天皇後山科陵之図』(宮内庁所蔵『陵墓地形図』)、上野竹次郎『山陵』上

(石田 茂輔)

だいさいいん 大斎院 ⇨選子内親王《せんしないしんのう》

だいじょうみつもと 大掾満幹 ?―一四二九 室町時代前期の武将。常陸の豪族大掾詮国の子。常陸大掾。南北朝内乱期、祖父高幹・父詮国は北朝に属して動き、水戸城を拠点として比較的安定した勢力を保持したが、応永二十三年(一四一六)の上杉禅秀の乱に際して満幹は禅秀方に属し、国内でも佐竹氏に抗して、結局鎌倉公方足利持氏の軍門に降った。さらに、同三十三年には、府中(茨城県石岡市)青屋祭執行のため府中に出向中、公方派の江戸通房のために本拠地水戸城を奪取されている。以後、府中およびその近辺に拠点を置き、しかも、鎌倉公方の敵対者である満幹は幕府扶持衆として家運の維持に努めた。しかし、正長元年(一四二八)の足利義持の死去、翌永享元年(一四二九)の足利義教の将軍就任によってにわかに幕府と公方の関係は悪化した。公方持氏の幕府扶持衆への圧迫は強まり、この年十二月十三日、鎌倉雪下の大掾氏邸が急襲され、満幹・慶松父子は攻め殺された。法名凉峯浄清。

参考文献 宮本茶村『平氏譜』(『常陸誌料』)、『石岡市史』下、『水戸市史』上、塙作楽編『常陸の歴史』

(糸賀 茂男)

だいしんぼう 大進房 鎌倉時代後期、国光(新藤五)や行光・正宗の刀の彫物を彫ったと伝えられている人物。相州鍛冶の初祖国光の弟子の一人で、他の行光や正宗、

また貞宗らが刀工であるのに対し、刀身に種子(諸仏の梵字)や剣、護摩箸などの彫物を施す彫刻師であったという。たとえば名物の陸奥新藤五の太刀の梵字・剣・蓮台、御物の行光の短刀の倶利迦羅竜、名物の観世正宗の刀の樋中の梵字や倶利迦羅竜の彫物などがそれに擬せられている。

参考文献 本間順治編『正宗』(至文堂『日本の美術』一四二)　(辻本　直男)

だいせつそのう　大拙祖能　一三一三—七七　南北朝時代の入元禅僧。道号大拙、諱は祖能。正和二年(一三一三)三月三日相模の生まれ、姓は藤原氏。十四歳落髪、叡山登壇受戒。のち東福寺の双峯宗源、円覚寺の大川道通、建長寺の嶮崖巧安・東明慧日、天竜寺の夢窓疎石らに就いた。康永二年(一三四三)春、入元。無言承宣・東陽徳輝・千巌元長らに参じ千巌門下で一夜五更忽然大悟した。のち月江正印・了庵清欲らに参じ千巌没後、延文三年(一三五八)帰朝。のち筑前の顕孝寺、豊後の万寿寺、上野の吉祥寺、鎌倉の円覚寺・建長寺に住した。永和三年(一三七七)八月二十日没。寿六十五。円覚寺青松庵に塔す。勅諡広円明鑑禅師。

参考文献 『大拙和尚年譜』、卍元師蛮『本朝高僧伝』三三(『大日本仏教全書』)、玉村竹二『五山禅僧伝記集成』　(伊藤　東慎)

たいぜん　泰善　㈠生没年不詳　平安時代初期の平城元興寺三論宗の学僧。天長四年(八二七)五月に没した大安寺の勤操とともに文殊会を設けて畿内の諸所で貧窮者を救済していたが、勤操の死亡後に広く京畿内および全国に文殊会設置を上申し、天長五年二月に官符を以て施行された(『類聚三代格』二)。その法脈は詳らかでないが、飛鳥元興寺の道登・道昭・行基の系譜に連なる利他行の実践に尽くした僧で、当時は伝燈大法師位になっていたから、相当な学僧であったと認められる。私的な福祉事業を国策の一つとして年中行事化した功績は大きいといわねばならない。

参考文献 山田孝雄『三宝絵略注』、堀池春峰「南都仏教と文殊信仰」(『南都仏教史の研究』下所収)

㈡生没年不詳　平安時代中期の多武峯寺の検校、天台宗の僧。天延三年(九七五)三月に寺内に阿弥陀三尊・二十五菩薩像を安置した檜皮葺の浄土院を建て、貞元二年(九七七)に大和国守藤原国光の助援を得て、畝傍山の東北に神武天皇の御霊追善のために国源寺を建立し観音像を安置、毎年三月に法華経を講じたという。国源寺は奈良県橿原市大久保町に観音堂を今に伝え、神武天皇陵に擬せられている畝傍東北《うしとら》陵の守護寺であった。

参考文献 卍元師蛮『本朝高僧伝』四八(『大日本仏教全書』)、『多武峯略記』(同)　(堀池　春峰)

たいそ　太祖　⇩洪武帝《こうぶてい》　⇩李成桂《りせいけい》

だいち　大智　一二九〇—一三六六　鎌倉・南北朝時代の曹洞宗の禅僧。正応三年(一二九〇)肥後宇土郡長崎村に生まれ、七歳のとき寒巌義尹の住する大慈寺に投じて仏門に入る。正安二年(一三〇〇)義尹が示寂したため、肥後を離れて、鎌倉建長寺の南浦紹明、京都法観寺の釈運、加賀大乗寺の瑩山紹瑾らのもとを遊歴した。正和三年(一三一四)二十五歳のとき入元、十年余の在元中、雲外雲岫・古林清茂らに親参し五位の宗要を学んだ。正中元年(一三二四)に帰朝したあと、明峰素哲の膝下に参じてその法を嗣ぎ、加賀の祇陀寺に入寺したが、元弘三年(一三三三)ごろ肥後の豪族菊池氏の招きをうけ、聖護寺・広福寺に住して曹洞宗の地方発展に尽くした。貞治五年(一三六六)十二月十日示寂。世寿七十七。塔を大梅という。二百四十余首の偈頌《げじゅ》があり、大智の面目を知ることができる。なお、『延宝伝燈録』七に、「加州鳳凰山祇陀寺祖継大智禅師」という見出しで、大智の略伝を載せるが、大智は道号をもたなかったので、近世の各僧伝に「釈大智、字祖継」とか「禅師、名大智、号祖継」と表記されているのは誤りとみるべきである。また、「大智。一に祖継。素渓と称す」と書かれた辞典もあるが、それは、瑩山紹瑾に参学し、明峯素哲の法嗣となった竜松素渓と、同じく瑩山・明峯に参じた大智とが混同されたもので、これも訂正される必要がある。

参考文献 『大日本史料』六ノ二七、貞治五年十二月十日条、『大智仮名法語』(『禅門法語集』上)、『大智禅師偈頌』(『続曹洞宗全書』法語・歌頌)、水野弥穂子『大智』(『日本の禅語録』九)、熊本県立美術館編『寒巌派の歴史と美術』(第十一回熊本の美術展図録)、鈴木格禅「大智禅師」(『道元禅』一所収)、広瀬良弘「曹洞宗地方展開に関する一考察—大智と肥後国菊池氏の場合—」(『駒沢史学』二一)、同「曹洞宗史上における大智禅師の位置」(『宗学研究』一五)　(高橋　秀栄)

大智花押

だいちいんどの　大智院殿　⇩足利義視《あしかがよしみ》

たいちょう　泰澄　生没年不詳　加賀白山の開創者と伝える僧。「泰澄和尚伝」によれば、白鳳十一年(六八二、同二十二年とするものあり、私年号白鳳の相当年次には異説あり)六月十一日越前国麻生津《あそうつ》(福井市)に生まれた。三神安角《やすずみ》の次男にして母は伊野氏である。幼時より三宝を崇敬し、十四歳の時越知山《おちさん》(福井県丹生郡)に登り、十一面観音を念じ修行を積む。大宝二年(七〇二)文武天皇の勅により鎮護国家の法師となる。臥《ふせ》行者・浄定行者の二人が、徳を慕って弟子となる。養老元年(七一七)三十六歳で加賀の白山に登り、妙理大菩薩を感見する。同六年四十一歳のとき、元正天皇の病を祈り、加持力によって神融禅師の号を賜わる。神亀二年(七二五)行基白山に登って泰澄と相会す。天平九年(七三七)大流行の疱瘡を

終熄させた効により、大和尚位を授けられ、以後泰澄和尚と称す。天平宝字二年(七五八)越知山に帰り、大谷の仙窟内に籠る。神護景雲元年(七六七)称徳天皇の木塔百万基造立の誓願に応じて、一万基を勧進献上し、同年三月十八日、八十六歳にて入寂す。越の大徳と称せらる。

参考文献 『本朝神仙伝』、『元亨釈書』一五、卍元師蛮『本朝高僧伝』四六(『大日本仏教全書』)、高泉性潡『東国高僧伝』一(同)

(月光　善弘)

だいつうぜんじ　大通禅師　⇨愚中周及《ぐちゅうしゅうきゅう》

だいとうこくし　大燈国師　⇨宗峯妙超《しゅうほうみょうちょう》

だいとうのみや　大塔宮　⇨護良親王《もりよししんのう》

だいにちぼう　大日房　⇨能忍《のうにん》

だいにのさんみ　大弐三位　生没年不詳　平安時代中期の女流歌人。本名は賢子《かたいこ》。「弁の乳母」「越後の弁」とも。長保元年(九九九)ごろ出生、没年未詳。父は藤原宣孝、母は紫式部。三歳のころ父と死別。十八、九歳ごろ上東門院彰子に出仕、母方の祖父藤原為時の官名に基づいて「越後の弁」と呼ばれた。一時藤原定頼に愛されたが、やがて藤原兼隆と結婚し、万寿二年(一〇二五)親仁親王(のちの後冷泉天皇)誕生とともにその乳母に任ぜられた。長暦元年(一〇三七)ごろ高階成章と再婚、この間、上東門院菊合・権大納言師房歌合・永承四年(一〇四九)内裏歌合・永承五年祐子内親王歌合などに出席した。天喜二年(一〇五四)夫に引き続いて従三位に昇叙、「大弐三位」の称は夫の官名とこの官位に由来する。七十五歳ごろ、後三条天皇崩御の悼歌を詠じている。没年については、『岷江入楚《みんごうにっそ》』に承暦元年(一〇七七)とあるが根拠は明らかでない。家集に『藤三位集』(『大弐三位集』)があり、賢子の歌四十九首が入る。また「端白切《はたしろぎれ》」と呼ばれる平安時代末期写の古筆断簡三十四首が諸処に分蔵され、本文は現存本『藤三位集』とは別系統と認められる。勅撰入集三十九首のほかに歌合出詠歌若干があり、『小倉百人一首』には「有馬山いなの笹原風吹けばいでそよ人を忘れやはする」(『後拾遺和歌集』一二)が採られている。きめのこまかい修辞を用い、明快でしゃれた感じの歌が多い。

参考文献 『新編国歌大観』三、『私家集大成』二、岡一男『増訂源氏物語の基礎的研究』、角田文衛『紫式部の身辺』、島津久基『日本文学考論』、安西迪夫「平安女流文学者総覧(大弐三位)」(『国文学解釈と鑑賞』二五ノ九)、河北靖「大弐三位集成立試論」(『中古文学』二一)、関根慶子「紫式部と大弐三位」(『国文学解釈と教材の研究』四ノ四)、森本元子「大弐三位と中納言定頼」(『解釈』二五ノ五)

(今井　源衛)

だいば　提婆　㈠デーバダッタ Devadatta を音写して提婆達多と書き、略して提婆という。インドの人。仏教の開祖釈尊(ゴータマ＝ブッダ)の従兄といわれることもある。釈尊の競争者であったとして盛んに悪くいわれるが、実際は極端に厳格な戒律を守るべきことを主張した程度であったらしい。かれを崇拝する仲間は、法顕が四世紀にインドを巡礼したときに、舎衛城に存在していて、かれらはもろもろのブッダを供養していたけれども、釈尊を否認していたという。

㈡アーリヤデーバ Āryadeva 一七〇―二七〇年ころの人。竜樹(ナーガールジュナ Nāgārjuna)の弟子。漢訳では聖《しょう》天《てん》とも訳され、また略して提婆 Deva ともいわれる。ときには迦那提婆 Kāṇadeva ともいわれるが、迦那とは片目・独眼竜という意味であるから、明らかにあだ名である。南インドの人とも、またスリランカの王子ともいわれ、竜樹に就学してのち、諸方を遍歴して、他の学派との論争に努めたため、異学の徒の一人によって殺されたともいわれる。確実な著書としては以下のものがある。㈠『百字論』(『(大正新修)大蔵経』三〇所収)。チベット所伝では竜樹の著であるというが、最後の偈(詩句)は提婆の著であると考えられている。㈡『百論』(同所収)。このうち修妬路 sūtra として扱われている部分が提婆自身のものであり、説明の部分は婆藪 Vasu という人の書いたものである。㈢『四百論』Catḥśataka。四百の偈より成るが、古くから前半二百偈と後半二百偈とは別々に伝えられていたらしく、後半は玄奘によって漢訳され『広百論本』(同所収)として伝えられ、それを護法 Dharmapāla の解釈したものが『大乗広百論釈論』十巻(同所収)として伝えられている。サンスクリット原文は散佚したが今世紀に断片が発見され、チベット訳は Candrakīrti の註釈とともに伝えられている。いずれも空の思想を闡明しようと努めている。

(中村　元)

たいはん　泰範　七七八―?　平安時代前期の僧侶。元興寺を本寺として延暦二十一年(八〇二)得度。のち最澄について天台を学ぶ。最澄の信任厚く、弘仁三年(八一二)五月に比叡山寺の総別当兼文書司に任命されたが、叡山衆徒の内紛を惹起せしめ、近江の高島に隠棲。同年十二月、最澄の勧めにより高雄山における胎蔵灌頂を空海より受け、それ以後、空海に師事して真言を学び、実恵・杲隣・智泉とともに四大弟子の一人となる。最澄のたび重なる帰山の勧誘にもついに応ぜず、弘仁七年に勅許を得た高野山開創にあたっては、実恵とともに力を尽くした。しかしなぜか、これ以降の史料には泰範の名はまったく現われない。ただ承和四年(八三七)四月の僧綱牒における東寺定額僧名の上首に泰範が記載され、「年六十臈三十六」とある。後世、泰範と光定とが同一視されるに至るけれども、弘仁三年の高雄山における灌頂歴名からしても、事実無根であることがわかる。

参考文献 智燈『弘法大師弟子伝』上(『弘法大師伝全集』附録)、道猷編『弘法大師弟子譜』二(同)、守山聖真『文化史上より見たる弘法大師伝』

(高木　訷元)

だいほうじよしおき　大宝寺義興　?―一五八七　出羽国庄内地方の戦国武将。丸岡兵庫とも号した。天正十一

年(一五八三)庄内衆の国人一揆のため突如横死した兄武藤義氏のあと、家督をつぎ尾浦城主となった。庄内の領国化につとめ、庄内一円がほぼその傘下に入ったように見えたこともあった。しかし内実庄内諸将はそれぞれの思惑によって動いており、心服していなかった。特に山形城主最上義光と通謀していた東禅寺筑前(亀崎城主)との対立が激化していった。義興は越後勢をたより、上杉配下の本庄繁長の次男千勝丸を養子とし、その力を借りようとした。天正十五年東禅寺筑前が公然と反抗したため、義興はこれを猛攻し、亀崎城落城寸前にまでおいこんだ。ところがこの東禅寺筑前を救援すべく最上義光が大軍を率いて、六十里越を越えて庄内に侵入したため、形勢は逆転し、腹背に敵をうけた義興は大敗し天正十五年十月自害してしまった。

参考文献 『山形県史』一、『鶴岡市史』上

(誉田 慶恩)

たいまのおうじ 当麻皇子 用明天皇皇子。当麻皇子の名は『日本書紀』推古天皇十一年(六〇三)四月条に来目皇子(用明第二皇子、筑紫で病没)にかわって征新羅将軍になった「兄当麻皇子」の記事を初出とするが、これは同書用明天皇元年正月条に葛城直磐村の女広子が生んだという麻呂子皇子(「当麻公之先」とあり)と同一人物であろう。ただし、『古事記』用明天皇段には当麻之倉首比呂の女飯女之子の生んだ「当麻王」とあり、『上宮聖徳法王帝説』には葛木当麻倉首名比里古の女子伊比古郎女が「乎麻呂古王」を生むとあって、『日本書紀』とは母方の所伝に異同があるが、当麻皇子が大和葛城地方を本拠とした葛城氏一族の所生であることは間違いあるまい。なお皇子は、難波から播磨の赤石まで船で来たが、同行の妻の死後京に帰り、新羅征討は果たさなかったという(『日本書紀』推古天皇十一年七月癸卯条)。

参考文献 佐伯有清『新撰姓氏録の研究』考証篇一

(北村 文治)

たいまのけはや 当麻蹶速 垂仁朝の力士といわれる伝説上の人物。当麻邑に居て強力を誇り、力競べを望む者があれば死生を期せず争わんと豪語した。これをきいた天皇は、一臣の上申を容れて出雲国から野見宿禰を召して角力をとらせたところ、野見宿禰は蹶速の脇骨をふみさき、腰をふみくじいて殺してしまった。天皇はこれをほめて蹶速の地をとり上げて野見宿禰に賜わったが、それを腰折田《こしおれだ》といったという(『日本書紀』)。

(黛 弘道)

だいみんこくし 大明国師 ⇨無関玄悟《むかんげんご》

だいもんじやえいせい 大文字屋栄清 生没年不詳 安土桃山時代の町人。疋田氏。栄盛とも所見。また養清と記すものがあり、正しくは「ようせい」とよむか。上京立売に住んだ京都の有力町人であり、父の大文字屋栄甫(宗観)が、永禄十二年(一五六九)、織田信長の求めによって唐物茶入初花肩衝を手放したことは有名である。栄清は父の所持する虚堂墨蹟(もと武野紹鷗所持)をうけつぎ、天正十二年(一五八四)十一月、当時付近に屋敷を構えていた堺の豪商津田宗及、同じく付近に住む京の町人針屋宗和を招いて披露茶会を催している。博多の豪商神谷宗湛とも親交があった。天正十年代にその活躍が知られる。

(村井 康彦)

たいらのあつもり 平敦盛 一一六九—八四 平安時代末期の武将。嘉応元年(一一六九)平経盛の子として生まれる。位は従五位下、任官まで至らなかったため、俗に「無官大夫」と呼ばれた。『尊卑分脈』『平家物語』は経盛末子とするが、『桓武平氏系図』(『続群書類従』系図部所収)によれば親盛・広盛の弟があるという。篳篥《ひちりき》の名手と伝えられる。元暦元年(一一八四)二月七日の一谷の戦で兄経正・経俊とともに戦死した。十六歳。『平家物語』によれば、海上に逃れようとしたところを源軍の熊谷直実に呼びとめられ、引き返してこれと戦い、敗れて頸をかかれたという。また直実はこれを機に出家したともいう。この『平家物語』の伝承をもとに謡曲『敦盛』や浄瑠璃『一谷嫩軍記《いちのたにふたばぐんき》』が作られた。

参考文献 安田元久『平家の群像』(『塙新書』九)

(飯田悠紀子)

たいらのいえさだ 平家貞 生没年不詳 平安時代末期の武士。父は進三郎大夫平季(家)房、また筑後守平範季ともいう。父が平正盛の郎等となって以後、忠盛・清盛と累代平家に仕えた屈指の譜代家人。子に貞能がいる。長承元年(一一三二)はじめて内昇殿を許された忠盛に従って、主人を闇討ちから救った話は『平家物語』で有名。同三年海賊追捕の賞として左衛門尉に任官。平家の所領伊賀国鞆田荘の沙汰人としてその経営にあたる一方、鎮西に赴いて阿多忠景の追討や鎮西の経営に尽力する。保元の乱(保元元年(一一五六))で急ぎ上洛し、続く平治の乱(平治元年(一一五九))にも活躍。のち筑後(前)守となる。『平家物語』は、一谷の戦(元暦元年(一一八四))で戦死したとするが、一方ではすでに治承元年(一一七七)四月に「故筑前入道家貞」と記す。遅くとも治承四年十二月以前に没したと思われる。

参考文献 飯田久雄「平氏と九州」(竹内理三博士還暦記念会編『荘園制と武家社会』所収)

(飯田悠紀子)

たいらのかげきよ 平景清 生没年不詳 平安時代から鎌倉時代初期にかけての武将。父は上総介藤原忠清。本姓は藤原であるが、俗に平景清といわれる。おじ大日坊能忍を殺害し「悪七兵衛」と呼ばれた。伊勢・志摩出身の在地武士と思われる。治承四年(一一八〇)富士川に出陣した父忠清が、源頼朝の強勢を理由に、景清を信濃守に任じて追討使とするよう平宗盛に申し入れたが、実現せずに終った。寿永二年(一一八三)四月には、北陸の木曾義仲追討のため父忠清・兄忠光とともに侍大将として出陣したが、大敗を喫した。同年七月平氏一門に従って西走し、一谷・屋島・壇ノ浦と奮戦。水練の者と伝えられ、平家一門入水の中で壇ノ浦から逃れた。その後のこ

とは諸説あり、一説には幕府方に降って和田義盛ついで八田知家に預けられ、のち出家して常陸国に居たが、七日間の断食ののち東大寺供養の建久六年(一一九五)三月十二日に没したとも、また伊賀に赴いて平知盛の子知忠を擁し建久七年七月に挙兵したが敗れて逃走したともいわれる。浄瑠璃『出世景清』などの題材となっている。
(飯田悠紀子)

たいらのかねもり　平兼盛　?―九九〇　平安時代中期の歌人。三十六歌仙の一人。父は光孝天皇の曾孫篤行王。父の没年を延喜十年(九一〇)とすると(『古今集目録』)、兼盛は八十歳余まで生存。『三十六人歌仙伝』によると、天慶九年(九四六)従五位下、天暦四年(九五〇)越前権守、同年臣籍に下って平姓となり、応和元年(九六一)山城介、応和三年大監物、康保三年(九六六)従五位上、天元二年(九七九)駿河守となった。大監物在任中に再度受領を望む申文を奉っている(『本朝文粋』)。『日本紀略』に「歌仙也」と記される当代の代表歌人でありながら、天暦五年『後撰和歌集』の撰者に加えられなかったのを不審とする説(『袋草紙』)もある。『天徳四年内裏歌合』をはじめとする歌合・歌会・屏風歌の有力歌人であり、『大和物語』五六・五七・五八・七二・八六段に登場し、生存中から逸話の主人公とされた。家集に『兼盛集』がある。『後撰和歌集』以下八十九首入集する。正暦元年(九九〇)十二月没。

平兼盛画像(後鳥羽院本「歌仙」)

参考文献　『大日本史料』二ノ一、正暦元年十二月是月条、藤岡忠美『平安和歌史論』、中村忠行「村上・円融朝に於ける一歌人の生涯―平兼盛伝―」(『山辺道』一四)
(藤岡　忠美)

たいらのきみまさ　平公雅　生没年不詳　平安時代中期の武士。下総介良兼の子。致頼の父。平将門の仇敵の子として、これと対決。承平七年(九三七)一旦は良兼・貞盛らとともに追捕宣旨の対象となっている。将門が国家に対する本格的な反乱に突入したのちの天慶三年(九四〇)正月、新たに「東国の掾八人」が任ぜられるが、公雅もそのうちの一人で追捕凶賊使を兼ねた。将門敗死ののち、残党を捜索し、興世王を討った功により従五位上武蔵守となった。『武蔵国浅草寺縁起』などにもその名がみえる。

参考文献　『将門記』、『貞信公記』(『大日本古記録』)、福田豊彦『平将門の乱』、髙橋昌明『増補改訂・清盛以前』
(髙橋　昌明)

たいらのきよもり　平清盛　一一一八―八一　平安時代末期の武将。平忠盛の嫡子。実は白河院の落胤で、母は祇園女御の妹といわれる。懐妊後、白河院より忠盛に下賜され、生まれたのが清盛という(『仏舎利相承系図』)。この生母は清盛生誕の翌々年病没したらしい。武家としてはじめて太政大臣従一位の極官に昇り、平氏政権を現出した。その居館が六波羅にあったところから「六波羅殿」「六波羅入道」と呼ばれ、また「平相国」「平禅門」とも称された。〔軍事権門〕元永元年(一一一八)に生まれた清盛は、祖父正盛・父忠盛が院近臣として蓄えた政治力・経済力を背景に中央政界に地位を得、忠盛死後は武家棟梁としての地位を継承する。保元の乱(保元元年(一一五六))では後白河天皇方として勝利を収め、少納言入道信西と組んで勢力を伸ばす。ついで平治の乱(平治元年(一一五九))に源義朝を破り、軍事権門としての地位を確立した。両乱は「武」の重要性を政界内外に知らせる結果となり、以後清盛をはじめ平氏一門の官位は急速に上昇する。清盛自身は永暦元年(一一六〇)正三位参議となって、武家としてはじめて公卿に列し、仁安二年(一一六七)には内大臣正二位から太政大臣従一位にまで昇った。程なく官を辞し、翌三年二月病を得て出家、摂津福原に引退した。しかしその後も一門の総帥として、また国家権力の一翼をになう軍事権門として、政界に確固たる権力を保持し続けた。法名清蓮、のち静(浄)海。〔全国組織〕平治の乱のころまでに清盛は肥後・安芸・播磨の国守や大宰大弐を歴任し、父祖同様西国に基盤を形成、同地の武士組織化に尽力した。西国の海民がそうである結果として、清盛自身も対宋貿易や海上交通に深い関心を示し、摂津大輪田泊の修築を行なって宋船をここまで入航させることに成功。また伝説によれば安芸音戸の瀬戸の開削(あるいは修復)も手がけたという。平家納経で有名な厳島神社への崇敬も海上交通や西国武士組織と無関係ではないと思われる。清盛自身の志向性もあるが、それに加えて伊予の河野氏や越智氏、肥前松浦党などの水軍の掌握を目的として、かかる努力が続けられたといえよう。平氏の擡頭が院との深い結びつきによってもたらされた結果、西国の国守歴任、海賊追捕、西国に多い院領の支配等々により、平氏自身も必然的に西国を基盤とするようになったのであるが、平治の乱後、唯

平清盛花押

(伝)平清盛像

一の武門棟梁になり上がった平氏は、東国や北陸への進出を積極的にはかるようになる。敗れた源氏の基盤を継承し、源氏家人の組織化を果たすことが急務だったからである。東国や北陸の国守を一門で占めることによって、国衙を媒介とする軍事力の組織化をはかる必要があった。その意味で清盛は平治の乱後、全国を対象とする唯一の武門棟梁として、まさに軍事権門の名にふさわしい存在になったということができる。ただしどのように基盤を拡大しようと、平氏が対象地域の支配をどう行うか、どう在地武士を組織するかが問題となる。公権を媒介として在地武士を戦時に動かすことができたとしても、彼らの利害を代表しうる存在として主従制のもとに彼らを私的に組織化しなければ、武門棟梁としての存在意義はきわめて薄い。公権に基づく軍制を把握しただけでは充分とはいえないのである。その点で清盛の全国支配には脆弱性が認められ、そこに平氏政権の限界も内包されていたということができる。〔対朝廷勢力策〕旧来の朝廷勢力に対する施策の一つとして清盛が採用したのは婚姻政策である。一門の人々は政界の有力者と婚姻を結んだが、特に清盛の娘のうち盛子は関白藤原基実の室に、寛子は基実の子基通の室となり、徳子(建礼門院)は高倉天皇の中宮となって安徳天皇を生んでいる。基実が若くして他界した際にはその遺領を盛子に継がせ、実質的には清盛の管理下に置いてしまった。安徳天皇の即位(治承四年(一一八〇))後、清盛は天皇外祖父の地位を得ることとなる。また高倉天皇の母は、清盛妻時子の妹建春門院平滋子にほかならない。この時子・滋子姉妹は桓武平氏本宗の流れをくむ平時信の娘で、他にも清盛の子重盛・宗盛が時信の娘と婚姻を結んでいる。清盛はこの一流と婚姻を結ぶことにより、堂上公家平氏をも一門にとりこんだのであった。このほか院近臣として勢力を誇った藤原家成の家とは、重盛・知盛(清盛子)・教盛(清盛弟)らが幾重にも婚姻を重ね、村上源氏の流れをくむ僧俊寛の一族とも頼盛(清盛弟)が婚姻を結ぶなど、有力公家との婚姻関係は非常に密接なものであった。しかしそれにもかかわらず鹿ヶ谷の謀議(治承元年)で平氏倒滅の陰謀をめぐらしていたのは、家成の子成親や西光・俊寛などであった。彼らは後白河院近臣としての立場から、平氏を政敵とみなし決起しようとしたのである。基実死後の摂関家遺領横領事件に典型的にみられるように、平氏の婚姻政策はあまりに強引であったため、それによって生ずる政治的、経済的な利害の対立が、密接に結ばれた婚姻関係をはるかに上回って表面化したのであった。〔政権樹立〕このように清盛の施策は中央・地方双方において矛盾を呈し、特に後白河院とは対立が尖鋭化していった。一門による官位の独占や知行国・荘園の集積が、旧勢力の不満を促進し、彼らを後白河院のもとに結集させる結果となったのである。鹿ヶ谷の謀議のあと、治承三年に盛子が死去するとその遺領を院が没収、ついで清盛嫡子重盛の死去後はその知行国越前を院が奪うなど、院の攻勢が続き、ついに同年十一月清盛は福原から上洛してクーデタを敢行し、院を鳥羽殿に幽閉、反平氏の公家の官を解き、平氏一門や平氏家人、親平氏派の公家をもってこれにかえた。ここに清盛の独裁政権が樹立され、清盛による強引な暗黒政治が展開されることとなる。一門の多くが公卿・殿上人となり、知行国の半数以上を一門が占めたという『平家物語』の記載は、実にこのクーデタ以後の状況を物語るものである。不満分子を摘発するため京中に密偵「禿童《かむろ》」を放ったというのもこのころのことであろう。荘園の集積にしても、これ以後は上級領有者を戴かない平家領も出現し、平氏が権力者として頂点に立ったことを示している。しかしいかに圧政をしいても反勢力の動向は抑えようがなく、翌治承四年五月には以仁王・源三位頼政の挙兵があり、八月には伊豆の源頼朝、木曾の源義仲らの挙兵が相つぎ、諸国は内乱の様相を呈していった。清盛は福原遷都をもってこれに対抗したが、新都造営が思うにまかせぬまま還都のやむなきに至った。寺社勢力の活発な動きへの対策として同年十二月には南都焼打ちを敢行するが、これも仏敵の汚名を着せられるだけの結果に終り、かえって反平氏勢力の結集を強めてしまった。翌養和元年(一一八一)閏二月四日、熱病におかされた清盛は、家人平盛国の九条河原口の邸で、平氏の行末を案じながら六十四歳の生涯を閉じた。

[参考文献]『平家物語』(『日本古典文学大系』三二)、『玉葉』、安田元久『平清盛』(『人と歴史シリーズ』日本八)、上横手雅敬『平家物語の虚構と真実』上(『塙新書』六一)、五味文彦『平清盛』(『人物叢書』二一九)

(飯田悠紀子)

たいらのくにか　平国香　?―九三五　平安時代中期の常陸の土豪。『平家物語』や系図類は本名良望とし、常陸大掾・鎮守府将軍を勤めたことがみえる。九世紀末に父高望に従って関東に下向・土着したものと推察され、筑波山西麓の常陸国石田荘(茨城県筑西市明野町東石田辺)に住んでいたというが、前大掾源護と平真樹の争いにまきこまれ、承平五年(九三五)二月、甥の将門に攻められてその宅で焼死したらしい(『将門記』)。このため息子の貞盛は都から帰り、将門と戦うことになる。子に貞盛・繁盛がある。

[参考文献]『大日本史料』一ノ六、承平五年二月是月

条　（福田　豊彦）

たいらのこれなか　平惟仲　九四四―一〇〇五　平安時代中期の公卿。天慶七年(九四四)生まれる。父は平珍材、母は備中または備後郡司女とも讃岐人ともいう。康保三年(九六六)東宮昇殿以来、肥後守、大学頭、弁官、蔵人頭を経て、正暦三年(九九二)参議に任じ、長徳四年(九九八)中納言、長保三年(一〇〇一)大宰権帥となり、同五年従二位。しかし、宇佐宮宝殿に封をしたことから、同宮司の訴えにより寛弘元年(一〇〇四)権帥を停められ、翌二年三月十四日、腰の骨折が原因で大宰府に没した。六十二歳。弟平生昌が遺骨を携えて帰洛し薨奏が行われた。

参考文献　『大日本史料』二ノ五、寛弘二年三月十四日条　（林　幹弥）

たいらのこれひら　平維衡　生没年不詳　平安時代中期の武士。惟衡とも書く。丹波守貞盛の子、もしくは孫を養子としたもの。伊勢平氏の祖といわれる。伊勢国北部を本拠とし、押領使・在庁官人ら国衙軍事機構の中心を郎等に組織。在地で勢力をふるうとともに都に出て官途につき、両者の間を往来。長徳二年(九九六)または三年に一条天皇が女御元子のために京都堀河院を修造させた時、事にあたった。維衡の起用は元子の父右大臣藤原顕光の家人であったためと推測される。前下野守を称していた同四年、同族の致頼と伊勢で闘乱、召上げられて淡路に移郷された。寛弘三年(一〇〇六)伊勢守に任ぜられたが藤原道長らの反対にあって解任、上野介に転じた。その後道長・小野宮実資ら政界有力者に接近、臣従奉仕し、備前・常陸の各国守を歴任した。致頼流平氏との抗争は長徳四年以後も続き、維衡息正輔と致頼息致経は長元三年(一〇三〇)にも伊勢在地で闘乱事件を起している。従四位上を極位とし八十五歳で没したという。

参考文献　髙橋昌明『増補改訂・清盛以前』、山中武雄「伊勢平氏の濫觴」(『史学研究』七ノ二)、野口実「平貞盛の子息に関する覚書―官歴を中心として―」(『中世東国武士団の研究』所収)　（髙橋　昌明）

たいらのこれもち　平維茂　生没年不詳　平安時代中期の武将。鎮守府将軍。信濃守。従五位上。上総介平兼忠の子。『尊卑分脈』には繁盛の子とあるが、『今昔物語集』二五には「余五将軍維茂ト云者ハ此ノ兼忠ガ子ニテ有ケル」などとある。平貞盛の十五男として養子に入り、余五将軍と称された。鎮守府将軍・陸奥守を歴任した養父貞盛の地盤を陸奥国に継承し、「国ノ可然キ者」として「兵三千人許リ」を招集し得る実力を蓄えていた。十一世紀初頭、同国の豪族藤原諸任と合戦に及び、諸任を討って名を挙げた。その後、鎮守府将軍に補任されたらしい。武勇にすぐれている反面、信仰心も篤く、『法華経』八軸を毎日転読、恵心僧都源信に帰依して「極楽迎接曼陀羅一鋪」を送られ、八十歳で往生を遂げたという。その子孫は越後国の城氏として栄えた。その墓所は新潟県東蒲原郡阿賀町の平等寺にあり、寛文八年(一六六八)保科正之によって碑石が建立された。

参考文献　『後拾遺往生伝』中、野口実『坂東武士団の成立と発展』、同『中世東国武士団の研究』　（岡田　清一）

たいらのこれもり　平維盛　生没年不詳　平安時代末期の武将。平重盛の長男。母は官女とされる。仁安二年(一一六七)叙爵、右近衛少将、同権中将、蔵人頭などを経て養和元年(一一八一)従三位に叙したが、公卿昇進では、重盛没後平氏嫡流となった宗盛の長男清宗に一年遅れた。一方源平の争乱では総大将となった治承四年(一一八〇)の富士川の戦で戦わずして潰走、寿永二年(一一八三)の礪波山の戦では源義仲に惨敗し、平氏都落ちの原因となった。このため一門内では微妙な立場におかれ、西走後の元暦元年(一一八四)二月に屋島より脱出するに至った。その後は、出家を遂げ、元暦元年三月二十八日二十七歳で那智において入水した(『平家物語』)とも、源頼朝を頼って東下の途中に病死した(『源平盛衰記』)とも伝えられる。

参考文献　安田元久『平家の群像』(『塙新書』九)、角田文衞『平家後抄』(『朝日選書』一七九・一八〇)、上横手雅敬『平家物語の虚構と真実』上(同六一)、同「小松殿の公達について」(『和歌山地方史の研究』)　（元木　泰雄）

たいらのこれよし　平維良　？―一〇二二　平安時代中期の武将。系譜は不明。東国に勢力を振るった桓武平氏であろう。長保五年(一〇〇三)維良は下総国府を焼き打ちし、官物を略奪したとして下総守宮道義行から朝廷に報告された。朝廷は押領使藤原惟風を派遣して追捕させたが、維良は越後国に逃れた。その後、鎮守府将軍に補任されて陸奥国に居住したらしい。長和元年(一〇一二)馬六疋を左大臣藤原道長に献じており、維良は道長の庇護を仰いでいたことがわかる。同三年上洛して馬・胡籙・砂金・絹などを道長に献じて鎮守府将軍再任を果たしたが、道長への貢馬はその後も続いている。寛仁二年(一〇一八)陸奥守藤原貞仲と紛争を起して合戦に及んだが、推問使が派遣されて落着。その後、治安二年(一〇二二)没した(『小記目録』では同年四月十三日死去とする)。

参考文献　『大日本史料』二ノ一八、治安二年四月十三日条、『御堂関白記』(『大日本古記録』)、『小右記』(同)、『権記』、西岡虎之助「坂東八カ国における武士領荘園の発達」(『荘園史の研究』下一所収)、野口実『坂東武士団の成立と発展』、同『中世東国武士団の研究』　（岡田　清一）

たいらのさだふん　平貞文　？―九二三　平安時代中期の歌人。定文とも書く。『古今和歌集』古写本に「さたふん」と記す。祖父は桓武天皇の孫茂世王。父は従四位上右中将好風。貞観十六年(八七四)十一月二十一日、好風とともに臣籍に下る(『三代実録』)。『古今和歌集目録』によると、寛平三年(八九一)内舎人、延喜六年(九〇六)

従五位下となり、三河介・侍従・右馬助・左兵衛介を経て、延喜二十二年従五位上となった。色好みの男として世に「平中(仲)」と称され、「在中」の在原業平と「すきもの」の双璧とされた。平中はままならぬ恋に翻弄される存在として和歌説話に戯画化された。『平中物語』(『平中日記』『貞文日記』とも)は貞文の和歌を基に脚色したものか。歌人として知られ、延喜五年・六年に『平貞文家歌合』を主催するなど歌合に出詠し、紀友則・紀貫之・凡河内躬恒・壬生忠岑らの仲間であった。『古今和歌集』九首、『後撰和歌集』六首、『拾遺和歌集』五首、以下計二十六首入集。中古歌仙三十六人に入る。延長元年(九二三)九月二十七日没。

参考文献 『大日本史料』一ノ五、延長元年九月二十七日条、萩谷朴『平中全講』、目加田さくを『増訂平仲物語論』
(藤岡　忠美)

たいらのさだもり　平貞盛　生没年不詳　平安時代中期の武者。常平太・平将軍とよばれる。平国香の子。京に出て左馬允となっていたが、承平五年(九三五)に父国香が平将門に殺されたため常陸に帰国、常陸掾として叔父良兼らとともに従弟の将門と戦い、一時は追捕の官符が出されたが、京に上って政府に運動し、将門に対する招喚状を得た。その後帰国して山野に潜み、機をうかがっていたが、将門の反乱後、天慶三年(九四〇)二月、下野の豪族藤原秀郷や従弟の藤原為憲らと将門を下総国幸島《さしま》郡で討ち、功により従五位上、右馬助に任じられた。のち鎮守府将軍・丹波守・陸奥守などを歴任、従四位下に叙された。当時の武者としては最高の地位であるが、貞盛は『今昔物語集』二五にみえるように、孫や甥・甥の子などをつぎつぎと養子とし、源経基の子孫と並んで平氏が都の武者として発展する基礎を築いた。『今昔物語集』『古事談』などに多くの逸話がみえ、武略とともに処世術にもたけた人物であったらしい。平清盛につながる伊勢平氏や鎌倉時代の北条氏などもその子孫として系譜づけている。

参考文献 『将門記』、上横手雅敬「平将門の乱」(『日本中世政治史研究』所収)、福田豊彦「王朝軍事機構と内乱」(『(岩波講座)日本歴史』四所収)
(福田　豊彦)

たいらのさだよし　平貞能　生没年不詳　平安時代末期から鎌倉時代初期にかけての武士。父は平家貞。平清盛家令で清盛専一腹心の者といわれた。保元の乱・平治の乱に父家貞とともに参戦。その後清盛の近臣として活躍し、筑前守・肥後守を歴任。治承四年(一一八〇)近江・美濃・尾張源氏追討に発向し、翌養和元年(一一八一)には肥後菊池氏鎮圧のために同地へ下向、鎮西を経略して二年後の寿永二年(一一八三)七月初めに帰洛した。しかし木曾義仲・源行家の軍勢が京に迫ったため、同月末には平家一門とともに西走した。いったん京へ戻り公卿を同道させようとはかったが成功せず、一門と鎮西に赴いた。平氏が鎮西に入れず四国に向かった時点で貞能は一門から離脱、出家して平資盛とともに鎮西にとどまった。翌元暦元年(一一八四)豊後の住人に捕えられたというがその後行方ははっきりしない。『吾妻鏡』『平家物語』によれば紀伊に逃れた後、東国の宇都宮朝綱を頼り、源頼朝の宥しを得て余生を朝綱のもとで送ったという。

参考文献 上横手雅敬『平家物語の虚構と真実』(『塙新書』六一・六二)、飯田久雄「平氏と九州」(竹内理三博士還暦記念会編『荘園制と武家社会』所収)、北口英雄「平貞能とその周辺」(『栃木県立美術館紀要』二)
(飯田悠紀子)

たいらのしげひら　平重衡　一一五七―八五　平安時代末期の武将。生年については諸説があるが、『公卿補任』によると保元二年(一一五七)生まれる。平清盛の五男。母は平時子で宗盛・知盛の同母弟にあたる。応保二年(一一六二)叙爵。左馬頭、中宮亮、蔵人頭などを経て、極官は正三位左近衛権中将。本三位中将とも称された。武勇にすぐれ源平の争乱では平家方の主力として活躍、治承四年(一一八〇)五月には以仁王・源頼政を討滅、これに与同した興福寺・東大寺を十二月に焼打ちし、大仏殿以下を焼亡せしめた。翌養和元年(一一八一)三月には墨俣川の戦で源行家を破り、戦功により従三位に叙した。平氏西走後も寿永二年(一一八三)閏十月の水島合戦、十一月の室山合戦で源氏方を撃破。しかし翌年二月の一谷

平重衡画像

平重衡塔

の戦では捕虜となり、源平和平の仲介を試みたが失敗、鎌倉へ送られた。源頼朝には一年余りの間歓待を受けたが、興福・東大両寺衆徒の要求で南都へ連行され、焼打ちの報復として、文治元年(一一八五)六月二十三日、泉木津において処刑された。二十九歳。和歌や楽器も堪能で、『吾妻鏡』には、頼朝が言語・芸能の優美さを称讃したという逸話がある。

参考文献 安田元久『平家の群像』(『塙新書』九)、上横手雅敬『平家物語の虚構と真実』下(同六二)、村井康彦『平家物語の世界』 (元木 泰雄)

たいらのしげもり 平重盛 一一三八―七九 平安時代末期の武将。内大臣まで進み、その邸、六波羅小松第に因んで小松内大臣(内府)と称された。また仏教に深く帰依し、東山の麓に四十八間の精舎を建て、一間ごとに燈籠を懸けて修法を行なったので、燈籠大臣の異名をとったともいう。保延四年(一一三八)生まれる。平清盛の長男。母は右近将監高階基章の女。仁平元年(一一五一)叙爵。保元元年(一一五六)父に従って保元の乱に勝利を収め、翌二年正月その賞により従五位上。平治元年(一一五九)平治の乱でも源義朝・藤原信頼らが拠点とする大内裏を攻撃するなど大いに戦功があり、勲功の賞として同年十二月伊予守に遷任。長寛元年(一一六三)正月従三位。永万元年(一一六五)五月参議に列し、仁安二年(一一六七)二月父清盛が従一位太政大臣に任じられると同時に権大納言となった。また同年五月の賊徒追討宣旨(『兵範記』同月十日条所載)により、重盛を責任者とする平氏軍制が、院権力の下で国家的軍制として位置付けられたとする説もある。治承元年(一一七七)三月内大臣に至るも(正二位兼右大将)、同三年五月出家(法名浄蓮)、七月二十九日父に先立って四十二歳で病没。延慶本『平家物語』第三末二十四の一節からは法性寺に葬られたと解されるが、委細は不詳。器量大にして文武に秀で、特に『平家物語』では理想的人物として描かれているが、平資盛(重盛の次男)主従が藤原基房の従者に恥辱を受けたのを遺恨とする重盛が、武者に命じて基房に報復したという殿下乗合事件の真相からも窺えるように、実際の重盛には「深クネタク思」(『愚管抄』巻五)う性癖があったようである。

平重盛画像(伝藤原隆信筆)

参考文献 安田元久『平家の群像』(『塙新書』九)、上横手雅敬『平家物語の虚構と真実』(同六一・六二)、高柳光寿『日本武将評伝』、五味文彦「平氏軍制の諸段階」(『史学雑誌』八八ノ八) (杉橋 隆夫)

たいらのしげもり 平繁盛 生没年不詳 平安時代中期の常陸国の豪族。平国香の子で貞盛の弟。陸奥守、正五位下。『将門記』にはみえないが、寛和三年(九八七)正月二十四日付太政官符(『続左丞抄』一)によると、藤原秀郷や兄貞盛とともに天慶三年(九四〇)の平将門追討に活躍したが、恩賞には預からなかったという。繁盛は筑波郡水守(茨城県つくば市筑波町水守)に居住したと伝えるが、若いころには上京して九条師輔に仕え、武略とともに富裕をもって知られており、金泥大般若経一部六百巻を書写して比叡山に寄進した。また良文流の忠頼・忠光らと激しく争ったが、この対立は子の維幹と忠常の世代にまで継承される。子に上総介兼忠、余五将軍維茂(兼忠の子ともいう)、多気大夫維幹(惟基)などがあり、維幹の系統が父のあとをついで常陸に居住し、常陸の大掾職を継承して大掾家をおこす。

参考文献 大森金五郎「房総の平氏及び相馬御厨に関する古文書について」(『武家時代之研究』一所収) (福田 豊彦)

たいらのじし 平時子 ⇩たいらのときこ

たいらのじし 平滋子 ⇩建春門院《けんしゅんもんいん》

たいらのすけもり 平資盛 ?―一一八五 平安時代末期の武将。平重盛の次男。母は藤原親盛の女、二条院内侍。仁安元年(一一六六)叙爵。右近衛権中将を経て、寿永二年(一一八三)蔵人頭に任じ従三位に叙す。世に新三位中将と号す。治承四年(一一八〇)の以仁王・源頼政挙兵の際、大将軍として平等院攻めに活躍。同年の近江・美濃源氏追討にあたっても、叔父平知盛とともに追討大将軍として戦功をあげるなど軍略に秀でていた。寿永二年七月の平氏西走に行をともにし、一谷《いちのたに》・屋島を転戦。文治元年(一一八五)三月二十四日、長門壇ノ浦の戦で死没。二十八歳であったともいう。嘉応二年(一一七〇)の摂政藤原基房(松殿)との小競り合い、いわゆる「殿下乗合事件」の当事者であり、建礼門院右京大夫との恋も名高い。 (棚橋 光男)

たいらのせいし 平盛子 ⇩たいらのもりこ

たいらのたかむね 平高棟 八〇四―六七 平安時代前期の公卿。賜姓平氏。桓武天皇十五皇子葛原親王の長男。延暦二十三年(八〇四)誕生。弘仁十四年(八二三)従四位下に叙せらる。天長二年(八二五)閏七月平朝臣の姓を賜わり、臣下に降る。大学頭を長く勤める。承和十年(八

四三)従三位、仁寿元年(八五一)参議、天安二年(八五八)正三位、貞観六年(八六四)大納言となる。貞観九年五月十九日六十四歳で死没。六尺の長身で、読書を好み、性質温厚、晩年は深く仏教に帰依したという。十七人の男子があり、その内の惟範の子孫から平時子・時忠らが出ている。弟高見王の系統が武官として地方に土着していったのに対し、高棟の子孫は文官として中央にとどまり朝廷に仕えた。（飯田悠紀子）

たいらのたかもち　平高望　生没年不詳　桓武天皇の皇子葛原親王の孫高望王。上総介、従五位下。無位高見王の子であったが、寛平元年(八八九)に平朝臣の姓をうけたといわれ、それから遠くない時期に上総介として下向、そのまま関東に土着したと推察される。『平家勘文録』には、この年に民部卿宗章の反乱を追罰した功により翌年上総介に任じられ、朝敵を平げたので平姓を賜わったと伝えるが、その積極的な裏づけはない。しかし当時の関東には群盗や俘囚の反乱事件が相ついでおり、高望を群党追捕のために派遣された軍事貴族とみる見解が提出されている。子に常陸大掾国香・鎮守府将軍良持・下総介良兼・村岡良文などがあり、子孫は南関東の各地に広まるが、孫貞盛の子孫は中央に進出して源氏と並ぶ武士の棟梁となる。

参考文献　竹内理三「初期の武士団」(『日本人物史大系』一所収)　（福田　豊彦）

たいらのただつね　平忠常　?―一〇三一　平安時代中期の地方軍事貴族。陸奥介忠頼の子。村岡五郎良文の孫。父祖の勢力をうけつぎ、上総介(権介)・下総権介などに任じた。十一世紀初めころ、私威を背景に国守の命令を軽視する態度が多かったことから、当時常陸介だった源頼信に攻められ、その家人となった。また、京都の藤原教通とも主従関係を結んでいたらしい。万寿四年(一〇二七)上総で国衙に敵対する行動をおこし、翌長元元年(一〇二八)、安房国守を焼殺して房総半島を掠領、同年六月に追討の宣旨が下された。中央からの追討をおそれた忠常は追討停止の工作を試みたが、坂東に野心をもつ平直方が追討使に選任されるに及んで、その後約三ヵ年にわたって反乱を展開。しかし、同三年、源頼信が直方にかわって追討使に任ずると、翌年、戦わずして降伏し、京都に護送される途中、病を得て同年六月六日美濃国で死去した(法名常安。ただし出家は前年)。その頸は頼信により京都にもたらされたが、のちに忠常の従類に返給された。子の常昌・常近は許され、常昌の子孫は上総氏および千葉氏として発展した。

参考文献　『小右記』(『大日本古記録』)、『市川市史』五、大森金五郎『武家時代之研究』一、福田豊彦『千葉常胤』(『人物叢書』一六七)、野口実『坂東武士団の成立と発展』、同『鎌倉の豪族』一(『鎌倉叢書』三)、庄司浩「平忠常の乱について」(『軍事史学』八ノ四)　（野口　実）

たいらのただのり　平忠度　一一四四―八四　平安時代末期の武将、歌人。天養元年(一一四四)生まれる。父は平忠盛で清盛の末弟にあたる。母は丹後守藤原為忠の女ともされるが未詳。右衛門佐、伯耆守などを経て正四位下薩摩守に至る。源平の争乱では富士川の戦、墨俣川の戦、礪波山の戦などに大将軍の一人として参戦、そして元暦元年(一一八四)二月七日、一谷の戦において源氏方の武将岡部六弥太忠澄に討たれた。四十一歳であった。一方、忠度は藤原俊成に師事し歌人としても高名で、その作は『千載和歌集』『新勅撰和歌集』『玉葉和歌集』などの勅撰集にも収められている。寿永二年(一一八三)七月の平氏都落ちの際、将来の勅撰集への採録を依頼して、俊成に詠草一巻を託した逸話は有名。俊成はその中から「さゝ波や志賀の都はあれにしを昔ながらの山さくらかな」の一首を「よみ人知らず」として『千載和歌集』に載せている。またこの時の詠草は『平忠度朝臣集』として『群書類従』和歌部に収録されている。

参考文献　安田元久『平家の群像』(『塙新書』九)、井上宗雄『平安後期歌人伝の研究』(『笠間叢書』一〇〇)　（元木　泰雄）

たいらのただまさ　平忠正　?―一一五六　平安時代後期の武士。讃岐守正盛の子、刑部卿忠盛の弟。忠貞とも。兵衛尉に任じ、元永二年(一一一九)顕仁親王(崇徳天皇)生まれるや、家司の上官たる御監に補さる。左馬助に進んだが、長承二年(一一三三)鳥羽上皇の勘当をうけ、それより以後散位にとどまった。摂関家の藤原頼長に臣従、高陽院殿上人となる。保元の乱に際して崇徳・頼長方につき破れて、保元元年(一一五六)七月二十八日子供たちとともに六波羅で処刑。山城・伊勢の散在所領は没官されて後院領に編入された。（髙橋　昌明）

たいらのただもり　平忠盛　一〇九六―一一五三　平安時代後期の武士。讃岐守正盛の子。永長元年(一〇九六)生まれる。父について白河法皇の寵を得、検非違使・伯耆守・越前守を歴任。大治四年(一一二九)には山陽・南海両道の海賊を追捕。院判官代。法皇が没するとひきつづき鳥羽上皇の近臣として活躍。院別当となり、長承元年(一一三二)には得長寿院造進の功により内昇殿を許さる。翌年鳥羽院領肥前神崎荘の預所の立場を利用して日宋貿易に関与。保延元年(一一三五)再び追討使として山陽・南海の海賊を追捕、忠盛の家人にあらざる者を賊と号して都に連行したという。同五年南都の衆徒の入京を阻止。久安三年(一一四七)祇園社神人と嫡子清盛の従者の闘乱事件により、延暦寺僧徒から流罪に処すべしと訴えられる。この間備前守(重任)・中務大輔・美作守(重任)・尾張守・播磨守(重任)・内蔵頭を歴任、正四位上に叙せられた。鳥羽院御厩別当の地位にあるとともに、鳥羽院・美福門院両院の年預(執事別当)をつとめた。仁平元年(一

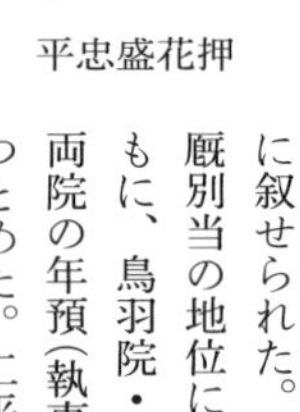

平忠盛花押

一五一）刑部卿に補せらる。武力・財力以外にも和歌など宮廷の教養を身につけ平氏の地位を高めた。仁平三年正月十五日没。五十八歳。没後の撰と推定される私家集『平忠盛集』がある。

参考文献 谷山茂・樋口芳麻呂編『未刊中古私家集』二（『古典文庫』一八八）、髙橋昌明『増補改訂・清盛以前』、谷山茂「平家の歌人」（『谷山茂著作集』六所収）、同「平忠盛と異本忠盛集」（同所収） （髙橋　昌明）

たいらのただより 平忠頼 生没年不詳 平安時代中期の地方軍事貴族。村岡五郎良文の子。陸奥介に任じ、経明とも称す。寛和三年（永延元、九八七）正月二十四日付太政官符（『続左丞抄』一）によれば、寛和元年ごろ、常陸国の平繁盛が金泥で書写した『大般若経』六百巻を延暦寺に奉納しようとしたところ、繁盛を「旧敵」とする忠頼は弟の忠光とともに武蔵国に移住し、これを妨害しようとした。繁盛はこれを朝廷に訴え、忠頼追捕の官符が下された。しかし、忠頼は中央の有力者と私的関係をもっていたらしく、この官符の撤回に成功している。兵としての名は高く、彼の子孫は畠山・千葉・上総などの有力武士団として発展を遂げた。

参考文献 竹内理三『武士の登場』（中央公論社『日本の歴史』六）、福田豊彦『千葉常胤』（『人物叢書』一六七）、野口実『坂東武士団の成立と発展』、同『鎌倉の豪族』一（『鎌倉叢書』三） （野口　実）

たいらのちかのり 平親範 一一三七―一二二〇 平安・鎌倉時代前期の公卿。保延三年（一一三七）生まれる。父は平範家、母は藤原清隆の女。久安元年（一一四五）叙爵。蔵人・弁官から蔵人頭を経て、永万元年（一一六五）参議に任じ正三位に至る。承安四年（一一七四）六月参議・民部卿を先途として出家。相蓮房（惣蓮房・想蓮房とも）円智と号す。正治元年（一一九九）洛北出雲寺再建の勧進、建保二年（一二一四）宣陽門院領護法寺の興隆、洛北毘沙門堂再興の本願など勧進活動を精力的に展開、出雲寺入道・毘沙門堂入道などとも称された。承久二年（一二二〇）九月二十八日没。八十四歳。追贈左大臣・正一位。日記に『相蓮房円智記』がある。

平親範花押

参考文献 『大日本史料』四ノ一五、承久二年九月二十八日条 （棚橋　光男）

たいらのつねしげ 平常重 ⇨千葉常重《ちばつねしげ》

たいらのつねたか 平経高 一一八〇―一二五五 鎌倉時代中期の公卿。治承四年（一一八〇）生誕。父は治部大輔行範で、代々実務官僚を勤めた高棟王流桓武平氏の出身。幼少期、藤原経房の養子となるが、建久元年（一一九〇）復姓。同年叙爵、承元三年（一二〇九）五位蔵人、建暦元年（一二一一）右少弁、以後弁官を歴任して右大弁に至り、承久二年（一二二〇）順徳天皇の蔵人頭となる。承久の乱でも地位は揺るがず、元仁元年（一二二四）従三位に叙されて公卿に列し、嘉禄二年（一二二六）より嘉禎元年（一二三五）まで参議、仁治元年（一二四〇）より建長二年（一二五〇）まで民部卿に在任。公事・朝儀に練達し高い識見を有した経高は、歴代天皇・摂関に厚い信任を受け諮問に与る。彼の日記『平戸記』は、承久の乱後の政情、公武関係、京の社会を知る重要史料。四条天皇没後の皇位継承等、幕府の朝廷介入に批判的な記述を残す。建長七年六月、七十六歳で死去。 （元木　泰雄）

平経高花押

たいらのつねもり 平経盛 一一二四―八五 平安時代末期の武将。天治元年（一一二四）生誕。平忠盛の子、清盛の異母弟。母は村上源氏顕房五男信雅の女。嘉応二年（一一七〇）従三位、治承元年（一一七七）正三位、養和元年（一一八一）参議。保元の乱（保元元年（一一五六））の後、安芸・常陸・伊賀の国守を経て若狭守となり、以後長らく若狭知行主を勤める。この間、たびたび宮廷の守護や追討使の任にあたる。寿永二年（一一八三）一門とともに西走、元暦元年（一一八四）二月一谷の戦で経正・経俊・敦盛など子息のほとんどを失う。文治元年（一一八五）三月二十四日壇ノ浦の戦で入水。六十二歳。

平経盛花押

参考文献 安田元久『平家の群像』（『塙新書』九） （飯田悠紀子）

たいらのときこ 平時子 一一二六―八五 平安時代末期の女性。平清盛の妻。出家後「二位尼」と呼ばれた。父は平時信。母は令子内親王家の半物《はしたもの》。大治元年（一一二六）誕生。同母弟に時忠、異母弟妹に親宗・建春門院滋子らがいる。平清盛と結婚して久安三年（一一四七）に宗盛、仁平二年（一一五二）に知盛、保元二年（一一五七）に重衡と建礼門院徳子を生む。仁安三年（一一六八）二月清盛とともに出家（四十三歳）。承安元年（一一七一）徳子が高倉天皇のもとに入内し治承二年（一一七八）言仁親王を出産、翌々治承四年に親王が即位（安徳天皇）するに及び、時子は天皇外祖母の地位を得ることとなった。養和元年（一一八一）閏二月清盛が病没した後、宗盛とともに平家一門を率い、寿永二年（一一八三）七月安徳天皇を奉じて都落ちし、文治元年（一一八五）三月二十四日、八歳の安徳天皇を抱いて壇ノ浦に身を投じて一門とともに滅んだ。六十歳。

参考文献 角田文衛『王朝の映像』 （飯田悠紀子）

たいらのときただ 平時忠 ？―一一八九 平安時代末期の公卿。父は平時信、母は令子内親王家の半物《はしたもの》。平清盛の妻時子の弟。親宗・建春門院滋子は異母弟妹。平氏隆盛の中で、仁安二年（一一六七）参議となり、治承三年

平時忠花押

(一一七九)正二位、寿永二年(一一八三)権大納言に昇った。智謀家として知られ、応保元年(一一六一)憲仁親王(父後白河院、母滋子、のちの高倉天皇)の立太子を謀って解官、出雲配流となり、八年後の嘉応元年(一一六九)にも藤原成親配流事件に関連して再度出雲配流となった。平氏全盛期に「この一門に非ざる者は男も女も法師も尼も人非人たるべし」と豪語したといわれる。寿永二年七月平氏西走に同行、文治元年(一一八五)三月壇ノ浦で生虜となる。堂上公家の故か、神鏡保全の功の故か、死一等を減ぜられて能登配流となる。しかしその後しばらくは京にとどまり、源義経を女婿としている。同年九月ようやく能登に赴き、文治五年二月二十四日配所で没した。享年六十とも六十二ともいう。なお奥能登の豪農時国家は時忠の子孫と伝えられる。

参考文献 『大日本史料』四ノ二、文治五年二月二十四日条、角田文衞『王朝の映像』、村井康彦『平家物語の世界』 (飯田悠紀子)

たいらのとくし 平徳子 ⇨建礼門院《けんれいもんいん》

たいらのとももり 平知盛 一一五二—八五 平安時代末期の武将。仁平二年(一一五二)生まれる。平清盛の四男。母は平時子で宗盛の同母弟。平治元年(一一五九)叙爵、治承元年(一一七七)に従三位に叙し、寿永二年(一一八三)の平氏西走時は従二位権中納言。永暦元年(一一六〇)より八年にわたり武蔵守、さらに治承四年以降は同国の知行国主として国内の武士の組織化に努めた。一方、清盛の「最愛之息子」として権勢をふるい、安元二年(一一七六)に知盛を超越して院近臣藤原光能が蔵人頭に任じられたことが、翌治承元年の鹿ヶ谷事件の伏線の一つともなった。源平の争乱では、治承四年五月に以仁王・源頼政を、同年十二月には近江源氏の山本義経らを討伐、清盛没後は宗盛のもとで平家の軍事的な中心として一門の指揮にあたった。しかし、木曾義仲に逐われて西走を余儀なくされ、元暦元年(一一八四)の一谷の戦では子息知章を失う。屋島の一門とわかれ長門国彦島を拠点とするが、屋島合戦後に合流。文治元年(一一八五)三月二十四日、壇ノ浦の戦の敗北を見届けた後、入水自殺した。三十四歳。知盛は武勇を謳われ、後年、謡曲『舟弁慶』以下の文芸にも取り上げられている。

参考文献 安田元久『平家の群像』(『塙新書』九)、村井康彦『平家物語の世界』 (元木泰雄)

たいらのともやす 平知康 生没年不詳 平安・鎌倉時代前期の武士。父は平知親。父とともに後白河院に仕え、安元二年(一一七六)四月の院の叡山御幸には北面として供人にみえる。治承二年(一一七八)正月、左兵衛尉から左衛門尉となり、平清盛のクーデタ後は院の「第一近習者」(『玉葉』)とみなされ、ついに養和元年(一一八一)正月には清盛により追捕され解官となったが、清盛の死後すぐに復帰して三月還任。さらに検非違使となり、父が壱岐守となったので壱岐判官、鼓をよくしたので鼓判官とも呼ばれた。寿永二年(一一八三)平家の都落ち後はいよいよ院の信頼厚く、その行動が原因となって同年十一月木曾義仲による院の法住寺御所攻め(法住寺合戦)がひきおこされ、同月再び解官。この事情は『平家物語』に詳しい。しかし翌元暦元年(一一八四)正月義仲滅亡後すぐに復帰、検非違使となるも、文治二年(一一八六)正月には源義経に与同の件で頼朝の奏請により解官。やがて弁明のため鎌倉に下ってからは、今度は幕府に出仕し、特に蹴鞠により頼家の側近くに仕えたが、建仁三年(一二〇三)九月の比企氏の乱後、帰京を命じられる。その生涯は源平争乱期の有為転変の社会情勢をよく反映している。

参考文献 五味文彦『平家物語 史と説話』 (五味文彦)

たいらのなおかた 平直方 生没年不詳 平安時代中期の中央軍事貴族。維時の子。摂関家の家人。長元元年(一〇二八)平忠常の乱に際し、検非違使右衛門尉であった直方は追討使に任じた。しかし、直方の一族は忠常にとって先祖以来の敵であったため、忠常側の激しい抵抗をうけ、乱を鎮定できないまま同三年更迭された。その後、能登守・上野介などを歴任し、都の武者として活躍。源頼義(直方に代わって追討使となり忠常の乱を鎮定した源頼信の子)を婿とし、義家は直方の外孫にあたる。源氏が東国経営の拠点にした鎌倉は、頼義が直方から譲られたものであるという。北条氏の祖とされる。

参考文献 『陸奥話記』(『日本思想大系』八)、竹内理三『武士の登場』(中央公論社『日本の歴史』六)、野口実『坂東武士団の成立と発展』、同『鎌倉の豪族』一(『鎌倉叢書』三)、庄司浩「平忠常の乱について」(『軍事史学』八ノ四) (野口実)

たいらのなりすけ 平成輔 一二九一—一三三二 鎌倉時代末期の後醍醐天皇方の廷臣。権中納言惟輔の子。正応四年(一二九一)生まれる。嘉暦二年(一三二七)七月、参議となり、翌年には丹波権守を兼ねた。後醍醐天皇の討幕運動に日野資朝らと参加。討幕の密計が漏洩することを恐れた天皇の命令により、元徳二年(一三三〇)四月一日、瀬尾兵衛太郎を派遣して、清水寺において、検非違使大判事中原章房を暗殺させた。元弘元年(一三三一)八月二十四日、挙兵のために、後醍醐天皇は東大寺に行幸した。しかし、翌日まで皇居に滞まっていた成輔は、六波羅の兵士によって大納言万里小路宣房とともに捕えられ、河越円重によって鎌倉へ護送される途中、相模早河尻において処刑された。元弘二年五月二十二日のことであった。四十二歳。 (佐藤和彦)

たいらののぶのり 平信範 一一一二—八七 平安時代

後期の官人・公卿。字平能。天永三年(一一一二)生まれる。兵部大輔知信の次男(一説に三男)。母は主殿頭藤原惟信の女。居所に因んで西洞院を称す。長兄時信の女子に平清盛の室時子、建春門院滋子らがある。保安二年(一一二一)三月十歳で文章生として出身。以後累進して蔵人頭正四位下権右中弁に至るも、嘉応元年(一一六九)十二月延暦寺衆徒の強訴に際し、「奏事不実」の罪名により(『百錬抄』)、備後国に配流。翌年二月召返、十二月本位に復す。承安元年(一一七一)正月従三位。正三位兵部卿を先途として治承元年(一一七七)七月所労により出家。文治三年(一一八七)二月十二日没、歳七十六。この間、摂関家累代の家司として藤原忠実・忠通・基実に仕え、鳥羽・後白河両院院司も勤めた。元来「にき(日記)の家」に生まれ(『今鏡』)、かかる経歴を加えた信範は朝政・儀式の次第に詳しく、たびたび執政の諮問に与った。日記を『兵範記』という。

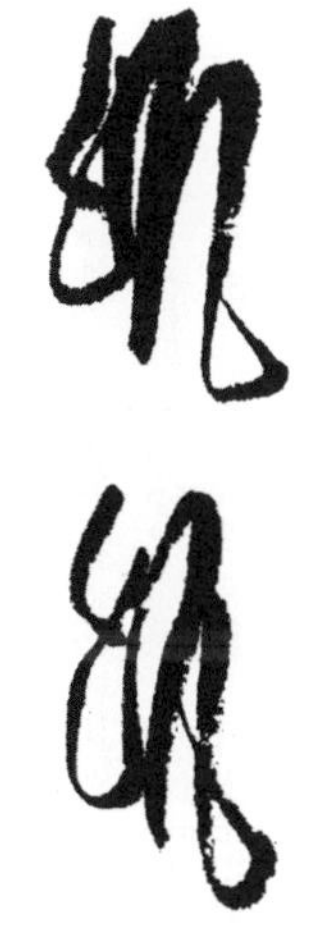
平信範花押

参考文献 『大日本史料』四ノ一、文治三年二月十二日条、同四ノ一六補遺、同日条、西田直二郎「兵範記に就いて—自筆本の研究—」(『日本文化史論考』所収)、杉橋隆夫「『人車記』とその周辺」(『陽明叢書記録文書篇月報』一三)

(杉橋　隆夫)

たいらののりつね　平教経　生没年不詳　平安時代末期の武将。父は平清盛の弟教盛、母は藤原資憲の女。同母兄に通盛がいる。本名国盛。治承三年(一一七九)十一月能登守。治承・寿永の内乱の中で北陸道追討副将軍となる。寿永二年(一一八三)七月一門とともに西走。『吾妻鏡』によれば元暦元年(一一八四)二月七日一谷で安田義定に討たれ、同月十三日に獄門に懸けられたという。しかし『玉葉』はこの頸が偽物で教経は現存しているとの風聞を伝え、『平家物語』『醍醐寺雑事記』も翌文治元年(一一八五)三月二十四日壇ノ浦で自害したとしている。一門きっての剛勇の士といわれ、『平家物語』では源義経の宿敵として描かれ、その自害の年を二十六歳としている。

参考文献 安田元久『平家の群像』(『塙新書』九)

(飯田悠紀子)

たいらののりもり　平教盛　一一二八—八五　平安時代末期の武将。大治三年(一一二八)生誕。平忠盛の子、清盛の異母弟。母は関白藤原師通次男家隆の女で待賢門院女房。仁安三年(一一六八)正三位参議。その後従二位中納言まで昇進する。その居館を門脇邸と呼んだところから、世に「門脇中納言」と称された。淡路・大和・越中・常陸・能登の国守を歴任した後、常陸や能登・越前の知行主となる。この間、内蔵頭・左馬権頭などの任にあたり、京都守護の参謀としての役割を果たす。実際の戦闘には一度も参加しないまま寿永二年(一一八三)一門とともに西走。翌元暦元年(一一八四)一谷の戦で長子通盛・三男業盛を失う。その翌年文治元年(一一八五)三月二十四日壇ノ浦の戦で次男教経(一説では一谷の戦で戦死という)とともに没す。五十八歳。

平教盛花押

参考文献 安田元久『平家の群像』(『塙新書』九)

(飯田悠紀子)

たいらのひろつね　平広常　?—一一八三　平安時代末期の豪族的武士。常澄の子。通称介八郎。世襲の職である上総権介に任じ、上総国全域と下総国の一部に分派した両総平氏の族長として大武士団を構成した。保元・平治の乱では源義朝に属したが、義朝の滅亡により平家に従う。しかし、治承三年(一一七九)十一月、平家の有力家人藤原忠清が上総介に任ずると、国務をめぐってこれと対立し、清盛から勘当された。翌年源頼朝が反平家の兵を挙げると、これに呼応して一族二万騎の大軍を率いて頼朝の陣に参向し、坂東諸武士団の帰趨を決定づけた。富士川の合戦後、頼朝の西上を諫止して常陸佐竹氏の征討を主張。佐竹合戦では中心的な役割を果たし、戦後、常陸にも勢力を広げた形跡がみえる。しかし、その強勢のゆえに、頼朝に対して下馬の礼をとらないなど不遜な振る舞いが多く、頼朝にとって家人統制上大きな障害となり、寿永二年(一一八三)末、頼朝の立場が国家的に認められた直後、鎌倉営中において、嫡子能常とともに誅殺された。

参考文献 『吾妻鏡』、『愚管抄』(『日本古典文学大系』八六)、福田豊彦『千葉常胤』(『人物叢書』一六七)、安田元久『鎌倉幕府—その政権を担った人々—』、野口実『坂東武士団の成立と発展』、同『鎌倉の豪族』一(『鎌倉叢書』三)、同『中世東国武士団の研究』、同「『玉藻前』と上総介・三浦介」(『朱』四四)、新田英治「頼朝をめぐる人々」(『日本人物史大系』二所収)、相田裕昭「平安朝末期房総における豪族的領主の支配構造—上総氏と千葉氏について—」(『史潮』一〇七)、伊藤邦彦「上総権介広常について」(『史潮』新九・一〇)

(野口　実)

たいらのまさかど　平将門　?—九四〇　平安時代中期の武者。桓武平氏高望の孫。父は良持。系図には父を良将、母を犬養春枝の女とするものがあり、その生年を延喜三年(九〇三)と伝えるものもある。将門は下総北部の豊田・猿島地方(茨城県西部)を地盤としており、若いころに藤原忠平に仕えたが、承平元年(九三一)に女論によって伯父良兼と対立し、同五年、常陸西部に勢力を張る前大掾源護と平真樹の争いにまきこまれ、護の子扶らや伯父国香を討ち、護の女婿であった伯(叔)父の良兼・良正や国香の子貞盛らと戦うことになる。同六年に護の訴

えにより京都に召喚され、朱雀天皇元服の大赦によって帰郷すると、一族間の争いは一層激化する。天慶二年(九三九)、武蔵国の国司と郡司との紛争調停に乗り出して成功せず、介源経基に謀反として訴えられた。この問題が解決しない内に同年十一月、常陸の土豪藤原玄明と国守の紛争に介入して国府に出兵、国府を焼き払ったことから将門の行動は国家に対する反乱となり、関東の諸国に出兵して国守を追い、弟や従兵を国司に任命し、みずから新皇と称して関東の自立をはかった。しかし同三年二月、下野の豪族藤原秀郷と従兄の平貞盛・藤原為憲らの軍に攻められ、下総国猿島郡で討たれ梟首された。『将門記』によると、将門は侠気に富む人物であり、皇胤の自覚をもちながら武芸によって身を立てようとする「つわもの」であったが、その領主としての性格や当時の武力編成の理解には多くの議論がある。すなわち将門やその敵人を私営田領主の範疇で捉え、合戦の主力となる伴類を律令公民の線上におき、従兵という領主間結合に封建制の源流を求めようとする見解が強いが、伴類を農奴または農奴主と捉えてそこに封建制の展開を求めようとする見解もある。また将門を利根川氾濫原野の開墾農場主として捉える見解がある一方、その根拠地の豊田郡鎌輪と猿島郡石井《いわい》がともに兵部省の官牧大結牧と長洲牧を背後にもっていた事実を重視し、将門を官牧の牧司として捉え直そうとする見解も提出されている。新皇将門の関東支配は数ヵ月にすぎなかったが、中央派遣の国司を追放した将門の行動は関東の民衆に大きな影響を与え、将門を英雄として仰ぐ気風は時とともに強まる。十世紀末には将門の死後の霊魂説話が形成され始め、十二世紀にはその子孫説話も作られていく。茨城県岩井市の国王神社、結城郡の山川不動、東京の神田明神をはじめ、将門をまつる神社は関東に少なくない。なお、将門の乱の経緯を描いた書『将門記』があり、『日本思想大系』八、『東洋文庫』二八〇・二九一、『(新撰)日本古典文庫』『平将門資料集・付藤原純友資料』(岩井市史別編)などに収められている。

[参考文献] 『大日本史料』一ノ七、天慶三年二月十四日条、福田豊彦『平将門の乱』(『岩波新書』黄一六八)、林陸朗『史実平将門』、同編『論集平将門研究』、北山茂夫『平将門』(『朝日評伝選』三)、赤城宗徳『平将門』(『角川選書』三二)、古典遺産の会編『将門記―研究と資料―』、梶原正昭・矢代和夫『将門伝説』、佐伯有清他『研究史将門の乱』、福田豊彦「王朝軍事機構と内乱」(『(岩波講座)日本歴史』四所収)、上横手雅敬「平将門の乱」(『日本中世政治史研究』所収)、竹内理三「初期の武士団」(『日本人物史大系』一所収)、大森金五郎「平将門乱の研究」(『武家時代之研究』一所収)　(福田　豊彦)

たいらのまさもり　平正盛　生没年不詳　平安時代末期の武士。出羽守正衡の子。隠岐守在任中の承徳元年(一〇九七)伊賀国の所領を媞子内親王の菩提所六条院に寄進して以来院の近臣化し、祇園女御・藤原顕季らと結んで勢力を伸長。白河院の下北面(北面の武士)。天仁元年(一一〇八)源義親を追討、武名をあげた。天永元年(一一一〇)六波羅に私堂を建立、二度にわたって白河法皇を迎える。法皇の造寺・造塔に功があり、尊勝寺曼荼羅堂・石清水八幡宮の大塔・御願の九体阿弥陀堂(のちの蓮華蔵院)などを造進。南都北嶺の僧徒の強訴入京を阻止、西海の海賊や京中強盗の追捕などに活躍。永久五年(一一一七)法皇の養女璋子の鳥羽天皇への入内に先立って、子忠盛らとともに政所別当に補さる。この間若狭(重任)・因幡・但馬・丹後・備前(重任)・讃岐の各国守を歴任、右馬権頭に任じ従四位下に達す。子忠盛のほか女婿の源有賢・藤原清隆らも白河・鳥羽院政と密着して政界に地歩を築いた。讃岐守在任中の保安二年(一一二一)六十歳を過ぎて没したと推測される。

[参考文献] 髙橋昌明『増補改訂・清盛以前』、竜粛「六条院領と平正盛」(『平安時代』所収)　(髙橋　昌明)

たいらのみちもり　平通盛　?―一一八四　平安時代末期の武将。平教盛の嫡男。母は藤原資憲の女。永暦元年(一一六〇)叙爵。京官として中務大輔・左兵衛佐・中宮亮、国司として常陸介・能登守・越前守などを歴任。治承三年(一一七九)には越前守に重任。寿永二年(一一八三)従三位に叙し、世に越前三位と称された。治承四年の近江・美濃源氏追討に活躍、養和元年(一一八一)三月の墨俣《すのまた》川の戦でも戦功をあげた。同年七月―十一月と寿永二年四月―五月の北陸道戦線では、いずれも源(木曾)義仲軍に破れた。中でも寿永二年五月の倶利伽羅峠の戦での大敗は有名。同年七月の平氏西走に行をともにし、翌元暦元年(一一八四)二月七日の一谷《いちのたに》の戦で敗死。　(棚橋　光男)

平通盛花押

たいらのむねつね　平致経　生没年不詳　平安時代中期の武士。備中掾致頼の子。「大箭ノ左衛門尉」とうたわれた勇武の士で、歌も一首『詞花和歌集』に入集。京都東宮町に寄宿するとともに伊勢北部から尾張にかけてを本拠とし、長和二年(一〇一三)には所領伊勢益田荘を私主藤原頼通に寄進。治安元年(一〇二一)東宮史生安行殺害の罪で追捕の対象となり解官。維衡流伊勢平氏と抗争を続け、長元三年(一〇三〇)伊勢で闘乱事件を起した。『今昔物語集』には頼通の命により明尊僧正を護衛する話がある。

[参考文献] 髙橋昌明『増補改訂・清盛以前』、網野善彦「伊勢国桑名」(『日本中世都市の世界』所収)　(髙橋　昌明)

たいらのむねもり　平宗盛　一一四七―八五　平安時代末期の武将。久安三年(一一四七)生まれる。平清盛の三男。母は堂上平氏出身の時子。同腹の妹に建礼門院徳子がある。保元二年(一一五七)十月叙爵。平治の乱におけ

平宗盛花押

る勲功の賞として平治元年(一一五九)十二月遠江守。仁安二年(一一六七)清盛が従一位太政大臣になり、同年八月二十一歳で参議、十二月従三位。その後、右大将・権大納言などを経て寿永元年(一一八二)内大臣。翌二年正月従一位、二月上表。身は嫡室所生の第一子として早くから急速な官位昇進を示し、治承三年(一一七九)七月異腹の長兄重盛の病没後、家督を相続。養和元年(一一八一)正月、折からの内乱に対処するため新設された畿内近国九ヵ国総官の職につき、軍事権門としての脱皮をはかろうとしたが、同年閏二月清盛が死去すると、器量父・兄に劣る宗盛は、ますます困難な立場に立たされた。寿永二年七月木曾義仲入京を前に安徳天皇を奉じて西走。一時は源氏の内紛に乗じ旧都福原を回復、京都を伺う形勢を示したが、源義経が率いる軍勢のため、一谷、ついで屋島の戦に敗れ、結局、文治元年(一一八五)三月壇ノ浦の決戦で平氏一門は壊滅、宗盛は子息清宗とともに捕えられた。同年五月義経に伴われて鎌倉に護送、源頼朝と対面もしたが、京都に送還される途中、六月二十一日近江国篠原(滋賀県野洲市)で斬られた。三十九歳。その首は翌々二十三日検非違使に引き渡され、獄門に懸けられた。

平宗盛画像(『天子摂関御影』)

参考文献　安田元久『平家の群像』(『塙新書』九)、上横手雅敬『平家物語の虚構と真実』(同六一・六二)、石母田正「平氏政権の総官職設置」(『歴史評論』一〇七)　(杉橋　隆夫)

たいらのむねより　平致頼　?―一〇一一　平安時代中期の武士。武蔵守公雅の子。平五大夫とよばれた。当代を代表する武士の一人として著名。備中掾に任ぜられたが、本領はむしろ傭兵隊長的なところにあり、天延二年(九七四)祇園が延暦寺の末寺化した時、父とともに郎等を祇園方に貸し出している。伊勢に本拠を有し長徳四年(九九八)同族維衡と在地で闘乱を起し、隠岐に流された。長保三年(一〇〇一)許され翌年本位に復す。寛弘八年(一〇一一)十月二日没。『古事談』『義貞記』などに勇武を語る説話が載せられている。

参考文献　『大日本史料』二ノ七、寛弘八年十月二日条、髙橋昌明『増補改訂・清盛以前』　(髙橋　昌明)

たいらのもりくに　平盛国　生没年不詳　平安時代末期の武士。桓武平氏支族で平氏家人。父は平季衡とも平権守盛遠ともいわれる。保元の乱・平治の乱に参戦。承安年間(一一七一―七五)ころ検非違使・左衛門尉として記録類に散見。通称主馬判官。本拠は伊勢と思われるが、鎮西にも知行所を有していた。平清盛の側近として活躍し、平家納経に深く関わったほか、養和元年(一一八一)清盛が病没したのも京都九条河原口の盛国の家においてであった。『吾妻鏡』は、文治元年(一一八五)生虜となって鎌倉に送られ岡崎義実のもとに預けられたが、断食ののち翌二年七月二十五日に七十四歳で没したとする。真実のほどは明らかでない。子に盛俊がおり、また『仏舎利相承系図』によれば清盛より仏舎利を預かった観音房なる人物は、この盛国の子であるという。

参考文献　『大日本史料』四ノ一、文治二年七月二十五日条、村井康彦『平家物語の世界』　(飯田悠紀子)

たいらのもりこ　平盛子　一一五六―七九　平安時代末期の女性。平清盛の三女。摂政藤原基実の北政所。白河殿と号す。准三后。高倉天皇准母。従三位。保元元年(一一五六)誕生。清盛の婚姻政策の一環として摂政基実の室となる。仁安元年(一一六六)基実が二十四歳で死没。このとき基実の長子基通(母は藤原忠隆女)が七歳の幼少であることを理由に、基実の遺領をすべて盛子(当時十一歳)が相続した。盛子の後見には清盛があたっていたため、実質的には摂関家領を平氏が横領することとなった。この策謀には、子息清邦を清盛の養子とし女輔子を清盛の子重衡と結婚させた藤原邦綱が関わっていたといわれる。盛子は治承三年(一一七九)六月十七日に二十四歳で病没。その遺領は成人した基通と然るべき藤原氏の人々に伝領されるべきところ、今度は後白河院がこれを没収した。このことが一因となって、同年十一月に清盛のクーデタが敢行されることとなる。

参考文献　村井康彦『平家物語の世界』　(飯田悠紀子)

たいらのもりつな　平盛綱　生没年不詳　鎌倉時代中期の武将。得宗被官。左衛門尉。父は、平資盛・国房ともされるが未詳。北条泰時の腹心で、承久の乱では上洛に随行した。家政面では元仁元年(一二二四)八月の家法制定を奉行し、文暦元年(一二三四)八月には尾藤景綱にかわり家令に任じられた。また侍所所司、得宗家執事などをつとめ、北条時頼の時期まで安堵状等の奉者、使者などとして活躍した。法名は盛阿。『吾妻鏡』建長二年(一二五〇)三月一日条の『閑院殿造営雑掌目録』には「平左衛門入道跡」とみえ、これ以前に死去している。

参考文献　佐藤進一『鎌倉幕府訴訟制度の研究』、奥富敬之『鎌倉北条氏の基礎的研究』、細川重男『鎌倉政権得宗専制論』　(元木　泰雄)

たいらのもりとき　平盛時　生没年不詳　鎌倉時代前期の幕府吏僚。関東にあっては公事奉行人《くじぶぎょうにん》を勤め、官位は

平盛時花押

民部丞、五位に昇った。『吾妻鏡』における初見は元暦元年(一一八四)十月二十日条で、藤原俊兼とともに三善康信を補佐し、新設問注所の業務にあたることと定められた。源頼朝の右筆としても重用され、もっとも多くの御教書を奉じ、書状を代筆した。頼朝は関東申次吉田経房に対して「広元・盛時か手跡にて候ハさらん時は、判ヲ可レ仕候也」と申し送り(『吾妻鏡』文治二年(一一八六)十月一日条)、かつ文治四年五月には、頼朝多忙の際は御教書に御判を加えず、大江広元の花押、広元に故障のあるときは盛時の書判をもって代用するとされるなど、鎌倉殿の側近吏僚として、広元に次ぐ地位にあったことがわかるし、京都側からもそのように遇せられた。正治元年(一一九九)二月頼家への代替り政所始に列席してはいるものの、頼朝没後は著しく活動の機会を減じ、建暦二年(一二一二)二月を最後として『吾妻鏡』から足跡を消す。ちなみに、今日に遺る盛時の奉書はすべて頼朝時代のものである。

参考文献 目崎徳衛「鎌倉幕府草創期の吏僚について」(『三浦古文化』一五)

(杉橋 隆夫)

たいらのもりとし 平盛俊 ?―一一八四 平安時代末期の武将。父は平盛国。平氏有力家人の一人で、父と同様平清盛の側近であった。保元の乱・平治の乱に参戦。清盛家の政所別当をつとめ、清盛の妾厳島内侍を妻とした。承安・安元年間(一一七一―七七)ころ越中守。治承・寿永の内乱では墨俣川の戦、北陸道追討などに侍大将として活躍、「平家第一之勇士」と評された。また平家の経済的支配機構にも深く参与し、鎮西宗像社を知行、摂関家領島津荘留守所として荘務を掌握、さらに播磨国安田荘をも支配下におさめていたらしい。そのような関係からか養和元年(一一八一)二月には丹波国諸荘園総下司に補任された。盛俊の子息越中次郎兵衛盛継(盛次)が後世丹波あたりに潜伏したことから推すと、盛俊は丹波と特殊な関係にあったのかもしれない。寿永二年(一一八三)七月一門とともに西走、翌元暦元年(一一八四)二月七日一谷の戦で戦死、同十三日に獄門に懸けられた。

平盛俊花押

参考文献 石母田正「鎌倉幕府一国地頭職の成立―鎌倉幕府成立史の一節―」(石母田正・佐藤進一編『中世の法と国家』所収)、飯田久雄「平氏と九州」(竹内理三博士還暦記念会編『荘園制と武家社会』所収)

(飯田悠紀子)

たいらのやすより 平康頼 生没年不詳 平安・鎌倉時代前期の武士。法名性照。西光(藤原師光)と同様に阿波国住人から後白河院に仕え、仁安三年(一一六八)十二月に兵衛尉から左衛門尉となり、承安四年(一一七四)正月には検非違使、同年三月、院が建春門院を帯同した厳島詣には北面下臈として西光らとともに供人となっている。「声におきてはめでたき声なり」と『梁塵秘抄口伝集巻十』に記された今様《いまよう》の名手でもって院に近仕したが、平氏討滅の陰謀に加わったとして治承元年(一一七七)六月の鹿ヶ谷《ししがたに》事件に連坐し配流された。この事情は虚実をとりまぜて『平家物語』に詳しい。和歌と説話をおりまぜて仏の教えを説く『宝物集』は配流地から帰京した治承二年ごろに書かれたとされるが、康頼に仮託したとみる説もある。平家が滅びたのちの文治二年(一一八六)閏七月に源頼朝によって阿波国麻殖保《おえのほう》を恩賞として与えられたが、これは康頼が検非違使であった時、義朝の墳墓の地尾張国野間荘を訪れ、小堂を建て弔ったことを賞してのものという。その後の活動は歌合での出詠が知られるばかりで、それも正治二年(一二〇〇)の石清水若宮社歌合を最後に不明。

参考文献 『宝物集 閑居友 比良山古人霊記』(『新日本古典文学大系』四〇)、五味文彦『書物の中世史』

(五味 文彦)

たいらのゆきもり 平行盛 ?―一一八五 平安時代末期の武将。平清盛次男基盛の子。基盛は応保二年(一一六二)三月に二十三歳で早世している。左馬頭正五位下。治承四年(一一八〇)五月以仁王の挙兵鎮圧に大将軍として活躍、翌養和元年(一一八一)には木曾義仲を討つため北陸道追討使となる。寿永二年(一一八三)七月一門とともに西走。翌元暦元年(一一八四)には備前児島に城郭を構えて都に迫る勢いを示したが佐々木盛綱のために追い落とされた。翌文治元年(一一八五)三月二十四日壇ノ浦で入水した。幼少より和歌をよくし、都落ちの際に詠んだ「ながれての名だにもとまれゆくみづのあわれはかなきみはきえぬとも」の歌は藤原定家撰の『新勅撰和歌集』に載せられている。

(飯田悠紀子)

たいらのよしかね 平良兼 ?―九三九 平安時代中期の土豪。平高望の子。下総介、従五位上。承平元年(九三一)に女論によって甥の将門と対立。承平五年に兄国香が将門に討たれた後、前常陸大掾源護の女婿であった関係もあり、姻婭の長として弟良正・甥貞盛らを率い将門と対戦、一時は追捕の官符も出されたが、天慶二年(九三九)六月に死去。子に公雅・公連があり、将門の反乱平定に名をあげるが、娘には将門の妻がある。

参考文献 『大日本史料』一ノ七、天慶二年六月是月条、『将門記』

(福田 豊彦)

たいらのよしぶみ 平良文 生没年不詳 平安時代中期の地方軍事貴族。上総介高望の子。村岡五郎と称し、鎮守府将軍に任じたという。すぐれた兵として名高く、武蔵国足立郡箕田郷の源充(嵯峨源氏)と一騎打ちで雌雄を争ったことが『今昔物語集』二五にみえる。平将門の叔父にあたるが、将門の乱の際の動静は全く不明。しかし、将門に敵対した繁盛(良文の甥、貞盛の弟)は、良文の子忠頼から「旧敵」とよばれており、『源平闘諍録』に良

文は将門の養子とみえるなど、後世の伝承では将門と親しいとする。なお、いわゆる坂東八平氏はすべて良文の子孫と称する。

参考文献 竹内理三『武士の登場』(中央公論社『日本の歴史』六)、野口実『坂東武士団の成立と発展』、福田豊彦『千葉常胤』(『人物叢書』一六七)、同「王朝軍事機構と内乱」(『(岩波講座)日本歴史』四所収)

(野口 実)

たいらのよりつな 平頼綱 ?―一二九三 鎌倉時代後期の武将。北条氏得宗家の内管領。左衛門尉。法名杲円、または果円・果然。『系図纂要』所収関一流系図には、平資盛の曾孫長崎盛綱の子とあるが確実ではない。弘安七年(一二八四)七月、北条貞時の執権就任に際し、妻が貞時の乳母だったので内管領に就任、得宗被官勢力の代表者となる。当時、貞時の外舅安達泰盛が、外様御家人の代表としてその信望を集め、若年の貞時を補佐して幕政の実権を握っていたが、頼綱はこれと対立。泰盛を貞時に讒言して、翌八年十一月の弘安合戦(霜月騒動)で安達氏を滅ぼし、外様勢力に打撃を与えて幕政を掌握した。以降、専制的恐怖政治を布いて、成人した貞時や北条一門に不安を抱かせるまでになり、永仁元年(一二九三)四月二十二日、次男飯沼資宗を将軍に擁立しようとしているとの長男左衛門尉宗綱の密訴を好機とした得宗貞時の討手に急襲され、鎌倉経師ヶ谷の自邸で一族九十余人とともに自害した。入道して平禅門と号していたので、これを平禅門の乱(平頼綱の乱)という。

平頼綱花押

参考文献 佐藤進一『鎌倉幕府訴訟制度の研究』、奥富敬之『鎌倉北条一族』、北条氏研究会編『北条氏系譜人名辞典』、奥富敬之『時頼と時宗』、細川重夫『鎌倉政権得宗専制論』

(奥富 敬之)

たいらのよりもり 平頼盛 一一三二―八六 平安時代末から鎌倉時代初期にかけての武将。長承元年(一一三二)生誕。平忠盛の子、清盛の異母弟。母は藤原宗兼の女池禅尼宗子。その居館を池殿といったところから、世に「池殿」「池大納言」と称された。後白河院・八条院ときわめて近い関係にあり、清盛の弟の中では圧倒的に優位な立場を保持した。常陸・安芸・三河・尾張守を歴任、のち越前・尾張・紀伊・加賀・佐渡の知行主となる。仁安元年(一一六六)従三位となり、最高位官は正二位権大納言。清盛・後白河院の対立が激化するに伴い、頼盛は一門中で特異な存在となり、治承三年(一一七九)の清盛クーデタではいったん右衛門督の官を解かれたほどであった。寿永二年(一一八三)の一門西走に際しても途中から京に引き返し、八条院のもとに身を寄せ、鎌倉の源頼朝を訪れて没官された旧領の返付を受けた。翌年本位本官に復し、平氏族滅後の文治元年(一一八五)五月出家、法名を重蓮といった。翌文治二年六月二日死没。五十五歳。

平頼盛花押

参考文献 『大日本史料』四ノ一、文治二年六月二日条、安田元久『平家の群像』(『塙新書』九)

(飯田悠紀子)

たいらのろくだい 平六代 生没年不詳 平清盛の嫡系最後の人物。六代は字で、六代禅師とも称する(『吾妻鏡』)。『平家物語』などでは六代御前と呼びならわし、系図類には、幼名六代、名は高清、僧名妙覚、三位禅師と号し、法名妙光(良潮)ともある。小松三位中将維盛の嫡男。母は藤原成親の女。平氏一門の西走に同道せず、母妹とともに潜伏したが、文治元年(一一八五)十二月北条時政に京都大覚寺北菖蒲沢で捕えられた(一説にこのとき十二歳)。しかし僧文覚の奔走により助命、預け置かれた文覚のもとでやがて出家した。建久五年(一一九四)四月文覚の書状を携えて鎌倉に赴き、六月には源頼朝と対面、「無二異心一者、可レ補二一寺別当職一之由」、その意向を示されたが(『吾妻鏡』)、結局、再び京で捕縛、関東に送られ、建久九年二月五日「多古江河」(神奈川県逗子市)で斬られたという(『鎌倉年代記裏書』など)。もっとも、処刑の理由・場所、没年齢などについて、『平家物語』他の所伝は区々で、実際は人知れず世を去った可能性もある。

参考文献 『大日本史料』四ノ五、建久九年二月五日条

(杉橋 隆夫)

だいりんそうとう 大林宗套 一四八〇―一五六八 戦国時代の臨済宗の僧。京都の出身で俗姓は藤原氏。文明十二年(一四八〇)生まれる。はじめ天竜寺天源庵の粛元寿厳に師事し、惟春寿桃と称して蔵主までつとめる。その後、文芸研鑽に偏った五山の風潮にあきたらず、大徳寺に移り東渓宗牧・玉英宗冏に参じ、ついで古岳宗亘に師事してその法を嗣いだ。徳禅寺に住し、天文五年(一五三六)大徳寺第九十世住持となり、三好長慶の帰依を受け堺南宗寺開山となる。また、松永久秀の帰依を得たほか、堺の豪商の帰依を受け、茶人武野紹鷗などの参禅を受けており、大徳寺と豪商・茶人との関係を一層密接なものとした。生前に後奈良天皇から仏印円証禅師の号を授けられ、また正親町天皇から正覚普通国師と諡された。法嗣に笑嶺宗訢を出し、永禄十一年(一五六八)正月

大林宗套画像

二十七日寂。八十九歳。

参考文献 卍元師蛮『延宝伝燈録』三二(『大日本仏教全書』)、古筆了仲編『竜宝山大徳禅寺世譜』

(竹貫 元勝)

たかおかしんのう 高丘親王 ⇨真如《しんにょ》

たかおかのひらまろ 高丘比良麻呂 ?—七六八 奈良時代の官僚。百済から渡来した沙門詠の孫。大学頭楽浪河内の子。わかい時に大学に学んで書物記録を渉覧した。天平勝宝三年(七五一)紫微中台少疏としてみえ、天平宝字二年(七五八)坤宮官少疏として、同四年には大疏、大外記として文書にみえる。恵美押勝(藤原仲麻呂)に寵用されたのである。同五年越前介に任ぜられたのも押勝が越前に勢力を持つからであろう。同八年九月、押勝の反乱を密告して、その功により授四位下、翌天平神護元年(七六五)正月には勲四等を授けられた。神護景雲元年(七六七)法王宮職が置かれると、法王宮亮に任ぜられ遠江守を兼ね、道鏡政権の中枢を占めた。同年宿禰姓を賜わった。同二年六月没した。押勝・道鏡と時の最高権力の推移をよく見て高官を得た人物である。

(横田 健一)

高丘比良麻呂自署

たかくらじ 高倉下 記紀にみえる紀州熊野の土酋。『日本書紀』神武天皇即位前紀戊午年六月条によると、神武天皇の一行が熊野の荒坂津で神の毒気にあたってことごとく気力を失い寝込んでしまった時、土地の豪族高倉下が夢をみた。すなわち、天照大神は武甕雷神に葦原中国の征討を命ずるが、武甕雷神はみずから赴かずともわが剣を下せば国はおのずから平定するであろうと答えて天照大神の承諾を得るや、高倉下の夢枕に立ち現われ、わが剣を韴霊《ふつのみたま》というが、これを汝の庫の中に置くから取り上げて天孫に献れと告げた。応諾したところで目覚めた高倉下が、神の教えのままに庫の中から剣を取り出して天皇に奉ったところ、天皇は直ちに目覚め、一行もことごとく覚醒して起ち上がったという。『古事記』の所伝も大同小異、『旧事本紀』の『天孫本紀』は饒速日尊の子で尾張氏の初代と伝える天香語山命のまたの名を高倉下命とするが、これは尾張氏と物部氏が同祖と伝え、かつ韴霊を物部氏の祖神と伝えることなどを背景とした付会の説であろう。

(黛 弘道)

たかくらてんのう 高倉天皇 一一六一—八一 一一六八—八〇在位。後白河天皇の第四皇子。諱は憲仁。母は贈左大臣平時信の女建春門院滋子。応保元年(一一六一)九月三日誕生。永万元年(一一六五)十二月親王宣下、翌仁安元年(一一六六)十月立太子。同三年二月十九日六条天皇の禅りを受け、三月二十日即位。承安元年(一一七一)正月三日元服、翌二年二月十日平清盛の女徳子(建礼門院)を中宮とした。治承元年(一一七七)六月のいわゆる鹿ヶ谷の謀議以後、後白河法皇と清盛との関係は悪化の一路をたどる。同二年十一月徳子が生んだ言仁親王(安徳天皇)を皇太子とした。同三年十一月清盛のクーデターにより、法皇の近臣は追放され、法皇は鳥羽殿に幽閉された。天皇は、父法皇と岳父清盛との対立を憂い、同四年二月二十一日皇太子に譲位した。『源平盛衰記』によれば、上皇となったあと、石清水八幡宮などに御幸になる例を破り、清盛をよろこばせるために厳島神社へ御幸になったという。養和元年(一一八一)正月十四日崩御。二十一歳。山城国の清閑寺陵に葬る。天皇は学問・詩歌・音楽にすぐれ、また寛大で温情ある性格であったので、多くの人に慕われたという。

(貫 達人)

高倉天皇画像

後清閑寺陵《のちのせいかんじのみささぎ》　京都市東山区清閑寺歌ノ中山町にある。清閑寺・高倉院法華堂・清閑寺法華堂などといわれてきたが、明治二十九年(一八九六)六条天皇陵と陵域を区分し、現陵号を設けた。『山槐記』『高倉院升遐記』によれば、養和元年(一一八一)正月十四日天皇崩御の夜、遺骸を清閑寺の法華堂に埋葬した。『玉葉』建久六年(一一九五)九月三日条に「高倉院法華堂三昧僧供田事、六口各二町、可レ充二賜交坂・大墓両御領一之由仰畢」とあり、『葉黄記』寛元四年(一二四六)六月二十七日条に「高倉院法華堂供僧、補二千誉律師一」とあって、当陵には所領を付して供僧を任命し、守陵祭祀を行わせた。のちに法華堂は消滅したが、寺僧の祭祀は行われ、元禄の諸陵探索時にも所在明白で、幕末には聖護院宮の管理下にあった。明治二十九年、四周に土塀を設け、南面に唐門を建て、十二月竣工に際して勅使を差遣し、奉告祭を行わせた。陵域は清閑寺本堂の北方約七〇㍍の山腹平坦地に位置し、間口二〇㍍、奥行一五㍍の土塀で区画された南南西に面する方形地である。墳丘は、この中央西寄りにある方約五㍍、高さ約〇・六㍍の石垣積みの法華堂の旧基壇かとみえるものである。なお、墳丘東側に小督局の塔と伝える石造の小宝篋印塔がある。

参考文献　宮内庁編『六条天皇清閑寺陵・高倉天皇後清閑寺陵之図』(宮内庁書陵部所蔵『陵墓地形図』一二八)、宮内省編『明治天皇紀』九、上野竹次郎『山陵』下　(石田　茂輔)

たかくらのふくしん　高倉福信　⇩高麗福信《こまのふくしん》

たかくらのみや　高倉宮　⇩以仁王《もちひとおう》

たかくらみつもり　高倉光守　生没年不詳　南北朝時代初期の廷臣。父権中納言経守。母藤原経業の女。子に経国がある。光守の官は勘解由次官、記録所寄人、右中弁。光守の経歴や事蹟については、ほとんど判明せず、また生没の年時も詳らかでない。しかし同氏は藤原高藤流の支流であり、吉田氏とも同族であり、光守は後醍醐天皇の蔵人として元弘から延元に至る年間、同天皇の綸旨を多く奉じており、また記録所寄人になっているから、建武新政の要務にもあたっていたものと考えられる。

参考文献　『大日本史料』六ノ二・四・五、村田正志『風塵録』(『村田正志著作集』七)　(村田　正志)

高倉光守花押

たかしなのえいし　高階栄子　?―一二一六　後白河法皇寵妃。後白河法皇皇女覲子内親王(宣陽門院)の生母。丹後局・丹二品・浄土寺二位と称せられた。父延暦寺執行法印澄雲。はじめ後白河法皇の近臣平業房に嫁し、従三位治部卿平業兼・中納言正二位教成ならびに女子三人(範能・宗隆・兼光室)を生む。治承三年(一一七九)平清盛は後白河法皇を鳥羽殿に幽閉したが、この際平業房は伊豆国へ配流となり、やがて死去した。法皇幽閉の際に側近に侍することを許されたのは丹後局らごくわずかの人のみであったが、法皇の寵があつくなったのはこのころからのことか。以後法皇は一時も彼女を傍から離さないほどとなり、朝廷内での彼女の発言力は強大で、九条兼実が日記『玉葉』に「近日朝務ひとへにかの唇吻にあり」(原漢文)と記したほどであった。文治二年(一一八六)三月、源頼朝の要求により、摂政は近衛基通から九条兼実に変えられたが、摂関家領の伝領については院の評定に加わり、頼朝の要求を退け近衛家領と九条家領の分割を実現させた。また同年七月に大江広元が院に召された際地頭の問題についての折衝を行い、謀叛人跡以外に対する地頭の進止停止を実現させた。文治三年には従三位となり、建久二年(一一九一)覲子内親王に宣陽門院の院号が宣下されるや従二位に叙された。後白河法皇の寵と彼女の政治的才能によって朝廷内でのその発言力は大きく、源頼朝もしばしば進物を行なっているほどである。後白河法皇の死に際しては遺領処分の議に与り、多くの荘園を長講堂領と定め、所生の宣陽門院に伝領させ、その勢力の維持を謀った。建久六年ごろ、源頼朝は女大姫を後鳥羽天皇の中宮として入内させることを望み、栄子への接近を企てた。そこで彼女は源通親と謀り、それを利用して政敵関白九条兼実を失脚させ、朝廷内の親幕府派の勢力を殺ぐことに成功した。しかしその後については政界における目立った事跡はみられない。建保四年(一二一六)没。

参考文献　『大日本史料』四ノ一四、建保四年是歳条、八代国治「長講堂領の研究」(『国史叢説』所収)　(田中　稔)

たかしなのきし　高階貴子　?―九九六　平安時代中期の歌人。式部大輔従二位高階成忠(高二位)の女。円融天皇の代に内侍とされ、高内侍と呼ばれた。『栄花物語』三に女性で漢字をよく書いたので内侍にされたと語る。中関白藤原道隆の室となり、伊周(儀同三司)・隆家・定子ら、三男四女の母。正三位に叙されたが、長徳二年(九九六)十月、中関白家没落のさなかに没した。推定年齢は五十歳前後。『大鏡』道隆伝にその漢詩の才を語る。和歌は『拾遺和歌集』以下に六首入集。そのうち、『新古今和歌集』の「忘れじの行末まではかたければ今日を限りの命ともがな」の作は、『小倉百人一首』にも選ばれて著名である。

参考文献　『大日本史料』二ノ二、長徳二年十月是月条　(久保田　淳)

たかしなのたかかね　高階隆兼　生没年不詳　鎌倉時代後期の宮廷絵師。詳伝は明らかでないが、画事についての記録をあげると、延慶二年(一三〇九)『春日権現霊験記』二十巻(宮内庁蔵、御物)を、絵所預右近大夫将監の身分で描く(同目録)のをはじめとし、現存作品では正和

元年(一三一二)の関白鷹司冬平讃「春日大明神影向図」(藤田美術館蔵)が銘文によって確かめられる。他に文献では、正和四年後伏見院寄進日吉七社神輿に描く(『公衡公記』同年四月二十五日条)、元応二年(一三二〇)花園院宸筆の普賢菩薩像の裏を押す(『花園院宸記』同年五月十九日条)、元亨元年(一三二一)花園院の命により、巨勢金岡筆愛染明王像を写す(『花園院宸記』同年三月四日条)、元徳二年(一三三〇)に藤原為信筆文永十一年(一二七四)『賀茂祭絵詞』を写す(『考古画譜』)。このほか花園院の御絵『ういのせう絵』二巻、『香助絵』二巻が絵所預隆兼筆であったと伝える(『看聞御記』永享十年(一四三八)十一月十三日条)。隆兼の画風は、『春日権現霊験記』が示すように、繊細華麗、一筆もおろそかにせず入念に描くもので、鎌倉時代大和絵の完成を示すものである。類似作品に、『駒競行幸絵巻』(和泉市久保惣記念美術館蔵、重要文化財)、『玄奘三蔵絵』(藤田美術館蔵、国宝)があり、『石山寺縁起』(石山寺蔵、重要文化財)巻一—三などは隆兼の様式を継承した作風を示す。

参考文献 宮島新一「十四世紀における絵所預の系譜」(『美術史』八八)
(宮　次男)

高階為章花押

たかしなのためあき　高階為章　一〇五九—一一〇三　平安時代の受領。備中守為家の長男。母は藤原義忠の女。康平二年(一〇五九)生まれる。父とともに、院の近臣として活躍。永保元年(一〇八一)正月、従五位下に叙され、ついで法勝寺の功により、越後守となる。以後、但馬・加賀・丹波などの守を連任。寛治四年(一〇九〇)四月、正四位下に叙せられた。『本朝世紀』の卒伝に「為章者白河法皇寵遇之人也、于レ時因幡守藤原隆時同為二近臣一、世語寵臣者称二此二人一而已」と、法皇の寵臣のようすがうかがえる。木工頭兼丹波守を辞した翌日、康和五年(一一〇三)十二月二十日に没。享年四十五。死の原因として、丹波守として法成寺領を滅亡させたため、藤原道長の祟との風聞がたった。

参考文献 『大日本史料』三ノ七、康和五年十二月十九日条、橋本義彦「院政政権の一考察」(『平安貴族社会の研究』所収)
(藤本　孝一)

たかしなのためいえ　高階為家　一〇三八—一一〇六　平安時代の受領。正四位下、院の近臣。大宰大弐成章の男。長暦二年(一〇三八)生まれる。後冷泉天皇の時、蔵人所を経て、周防・美作・播磨・伊予・近江・越前・丹後・備中などを連任、四十年余を受領として過ごした。その間、賀茂祭見物の桟敷過差や、尊勝寺阿弥陀堂造進など、財力の豊かさをみせている。また寛治七年(一〇九三)八月に、興福寺衆徒の訴えで、土佐国に配流されたこともあった。嘉承元年(一一〇六)十一月十七日没。享年六十九。

参考文献 『大日本史料』三ノ八、嘉承元年十一月十四日条
(藤本　孝一)

たかしなのなりただ　高階成忠　九二三—九九八　平安時代中期の学者。高二位と称す。法名道観。延長元年(九二三)生まれる。宮内卿高階良臣の子。天暦二年(九四八)文章生となり、課試に及第して大内記・大学頭・東宮学士を歴任し、寛和二年(九八六)従三位、翌年式部大輔となる。正暦二年(九九一)中宮定子の外祖父によって従二位に叙せられ、翌年姓真人を朝臣と改め、間もなく出家した。長徳四年(九九八)七月入滅す。七十六歳。高才の人だが、勢威をもって世に憚られた。

参考文献 『大日本史料』二ノ三、長徳四年七月是月条
(大曾根章介)

たかしなのなりとお　高階業遠　九六五—一〇一〇　平安時代中期の廷臣。没年より逆算すれば、康保二年(九六五)の誕生となる。父は左衛門権佐敏忠であるが、高階氏の繁栄を開いた従二位成忠を伯父にもつ。越中守・丹波守などを歴任し、特に藤原道長に近侍して、その「無双」の臣と評され(『小右記』寛仁二年(一〇一八)十二月七日条)、従四位上春宮権亮に至ったが、寛弘七年(一〇一〇)三月病により丹波守を辞し、同年四月十日に四十六歳をもって没した(『権記』同日条)。

高階業遠花押

参考文献 『大日本史料』二ノ六、寛弘七年四月十日条
(橋本　義彦)

たかしなのもりよし　高階積善　生没年不詳　平安時代、一条朝の詩人。式部大輔高階成忠の八男。長和三年(一〇一四)正四位下昇進、このころまで生存。『本朝麗藻』の編者で同集に詩五首、詩序二篇、その他『本朝文粋』『類聚句題抄』『教家摘句』などに詩および詩序を収める。勧学会の再興に尽力し、夢に白楽天と元稹に謁した詩(『本朝麗藻』)や、卑位ながら敦康親王の外戚を自任した句を作り、時の人に嘲笑されたこと(『江談』)などで知られる。

参考文献 『大日本史料』二ノ八、長和三年八月二十一日条、川口久雄『平安朝日本漢文学史の研究』、同『平安朝の漢文学』(吉川弘文館『日本歴史叢書』三六)、同『花の宴』、三瓶良男「高階積善撰『本朝麗藻』研究」(『並木の里』八・九・一一)
(川口　久雄)

たかしなのやすつね　高階泰経　一一三〇—一二〇一　平安・鎌倉時代前期の公卿。大治五年(一一三〇)誕生。父若狭守高階泰重。母修理権大夫藤原宗兼女。仁平元年(一一五一)蔵人、久寿二年(一一五五)左衛門少尉・検非違使・従五位下。河内守・出羽守・摂津守・少納言・右

高階泰経花押

京大夫・大蔵卿などを歴任し、寿永二年(一一八三)従三位(皇后宮亮・大蔵卿)となる。文治元年(一一八五)十二月、源義経の謀叛に係わったとして解官され、伊豆国配流の宣旨を下された。のちに許され、建久二年(一一九一)正三位。同八年出家し、建仁元年(一二〇一)十一月二十三日没。七十二歳。後白河法皇の側近の一人として院政の枢機に与ったが、源頼朝の勢力を抑えようとの計画に深く係わったため、源義経の謀叛を機に大蔵卿などを解官され、伊豆国配流となった。翌年配流は許されたが、院への出仕は文治五年ごろまで許されなかった。

参考文献 『大日本史料』四ノ七、建仁元年十一月二十三日条

(田中　稔)

たがたかただ　多賀高忠　一四二五—八六　室町時代の武将。近江京極氏の重臣、所司代。通称新左衛門・豊後守。応永三十二年(一四二五)近江国犬上郡多賀氏多賀高長の子として生まれる。京極持清弟とする説もある。寛正三年(一四六二)十月五日幕府侍所所司代となるが、文正元年(一四六六)十二月末、所司京極持清の京都出奔と同時に解任。応仁の乱には東軍京極持清麾下として近江・京都に転戦。文明元年(一四六九)八月観音寺城を攻落、六角高頼を追い将軍足利義政から感状を受けた。持清の死後に起った京極氏の内訌には、京極政高(政経)に与して京極政光・高清・坂田郡多賀氏多賀出雲守らと抗争。文明七年十月京極政高とともに近江を追われ、高忠は京都に雌伏したが、文明十七年四月十五日所司代に再任、その死に至る十八年八月十七日まで、京都の治安維持に従事。歌道・弓馬の故実に秀で『多賀高忠聞書』(『美人草』)、『就弓馬儀大概聞書』ほか多数の著作がある。享年六十二。法名宗本、号大源。墓は京都市下京区堺町の宗仙寺にある。

多賀高忠画像

多賀高忠花押

参考文献 『大日本史料』八ノ一八、文明十八年八月十七日条、二木謙一「故実家多賀高忠」(『中世武家儀礼の研究』所収)

(二木　謙一)

たかつかさかねひら　鷹司兼平　一二二八—九四　鎌倉時代の公卿。五摂家の一つ鷹司家の祖。安貞二年(一二二八)誕生。関白近衛家実の四男。母は従二位藤原忠行の女。嘉禎三年(一二三七)十歳で元服、正五位下右近衛少将に叙任され、翌暦仁元年(一二三八)には年中四度の加階を経て従二位権大納言兼右近衛大将に至った。仁治二年(一二四一)内大臣、寛元二年(一二四四)右大臣、同四年左大臣、宝治二年(一二四八)従一位と累進。建長四年(一二五二)兄近衛兼経のあとをうけて摂政・氏長者となり、同年

鷹司兼平花押

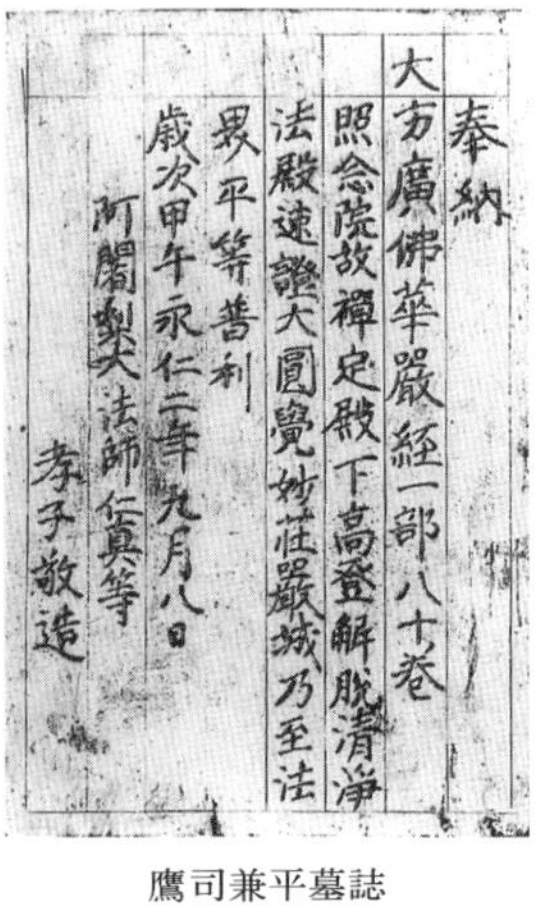

奉納
大方廣佛華嚴經一部八十巻
照念院故禪定殿下高登解脱清浄
法殿速證大圓覺妙莊嚴城乃至法
界平等普利
歳次甲午永仁二年九月八日
阿闍梨大法師仁眞等
孝子敬造

鷹司兼平墓誌

鷹司兼平画像(『天子摂関御影』)

太政大臣に昇った。同六年摂政から関白に移り、弘長元年(一二六一)辞した。建治元年(一二七五)再び摂政・氏長者となり、さらに弘安元年(一二七八)関白に任じられ、同十年まで在職。正応三年(一二九〇)出家して法名を覚理と号し、永仁二年(一二九四)八月八日、一説に三日、六十七歳で没した。称(照)念院殿と称され、日記『称念院関白記』、有職書『照念院殿装束抄』がある。

参考文献 『鷹司家系譜』(『華族系譜』一ノ一)、星野恒「五摂家分立考」(『史学叢説』二所収)

(宮崎 康充)

たかつかさふゆのり 鷹司冬教 一三〇五―三七 南北朝時代初期の廷臣。後円光院殿と称する。嘉元三年(一三〇五)生まれる。父冬平。実は鷹司基忠の三男であるが、冬平の子となる。母は藤原経平女。延慶二年(一三〇九)従三位となる。氏長者、東宮傅、左大将、左大臣、関白。従一位。建武四年(一三三七)正月二十六日没した。三十三歳。『公卿補任』に四十三歳とあるのは誤りと認められる。『続千載和歌集』以下の勅撰集に和歌数首が収められている。

参考文献 『大日本史料』六ノ四、建武四年正月二十六日条

(村田 正志)

たかながしんのう 尊良親王 ⇨たかよししんのう

たかののてんのう 高野天皇 ⇨孝謙天皇《こうけんてんのう》

たかののにいかさ 高野新笠 ?―七八九 光仁天皇夫人、桓武天皇の生母。本姓は和史《やまとのふひと》。百済武寧王の子純陀太子から出たと伝える。父は乙継、母は土師真妹。光仁天皇の白壁王時代に嫁し、山部王(桓武)・早良王・能登女王を生む。白壁王が即位して光仁朝となると、宝亀年中(七七〇―八〇)に高野朝臣と改姓し、天応元年(七八一)桓武即位により皇太夫人となり、延暦八年(七八九)十二月二十八日崩御。天高知日之子姫尊と諡し、大枝山陵に葬る。翌九年に皇太后、大同元年(八〇六)に太皇太后と追尊された。

参考文献 今井啓一「(桓武天皇御生母)贈皇太后高野氏と平野神」(『芸林』八ノ四)、林陸朗「高野新笠をめぐって」(『折口博士記念古代研究所紀要』三)

(林 陸朗)

大枝陵《おおえのみささぎ》 京都市西京区大枝沓掛町字伊勢講山にある。形状は径約五〇㍍《メートル》の南面する円丘。崩御の翌日御葬司・山作司などの諸司を任じて諸国に役夫を徴し、延暦九年(七九〇)正月十五日に大枝山陵に葬ったことが『続日本紀』にみえる。天安二年(八五八)に十陵四墓の制が定められると近陵に列した(貞観十四年(八七二)遠陵に移る)。『延喜式』諸陵寮には「兆域東一町一段、西九段、南二町、北三町、守戸五烟」とある。後世、山陰道老《おい》ノ坂の酒呑童子首塚なるものが陵所に擬されていたが、明治十三年(一八八〇)に現所が陵に治定された。

参考文献 上野竹次郎『山陵』上

(戸原 純一)

たかはしあきたね 高橋鑑種 ?―一五七九 戦国・安土桃山時代の武将。大友氏同族で家臣の一万田氏の出身、一万田親泰の子。一万田鑑実の弟。天文十五年(一五四六)以前に筑後の高橋村を本貫の地とする大蔵姓高橋氏の養子となって高橋家を継ぐ。官途は左衛門尉、三河守。入道してからは宗仙と称す。天文二十年に大友義鎮の弟晴英が大内氏を継ぐに際して、晴英に付随して山口に赴き、九州担当官となる。地位は最高位の評定衆ではなく、それに次ぐ奉行であったと思われる。弘治三年(一五五七)に大内義長(晴英)が滅亡すると九州へ帰って再び大友義鎮に仕え、筑前御笠郡にある岩屋城・宝満城の城督に就任。御笠郡を中心に大友氏の軍事・行政面を代表する存在になった。永禄四年(一五六一)毛利氏の誘いに応じて寝返り、岩屋・宝満を拠点として反乱を起し、毛利氏の豊前侵攻を助けた。永禄八年の大友氏と毛利氏の講和では、岩屋城・宝満城の領有を認められたが、永禄十年秋月種実らと再び反乱を起し、大友氏は主力軍を筑前につぎ込んだが、鑑種は立花城で反乱を起した立花鑑載を助けるために敵中を突破して立花城に入城するなどして奮戦した。同十二年鑑載は敗死し立花は落城したが、毛利氏はこういう状況に乗じて同十一年再び豊前に侵入、さらに翌年には筑前に入って粕屋郡の大友氏の拠点立花城を攻めおとした。大友義鎮は大内輝弘を山口に侵攻させて毛利氏の攻撃をそらし、翌年大友氏と毛利氏は再び講和を結んだ。鑑種はこの結果筑前を追放になったが、毛利氏は鑑種に、この戦いの中で小早川隆景が築いた小倉城を与えた。鑑種は小倉で盟友秋月種実の子元種を養子とした。天正六年(一五七八)に大友氏が日向耳川で島津氏に大敗すると翌年再び種実らと大友氏に挑み、田川郡の要衝香春岳を陥落させたが、同年死亡した。

(木村 忠夫)

たかはしじょううん 高橋紹運 ?―一五八六 戦国・安土桃山時代の武将。筑後の大蔵姓高橋氏の主。大友氏の重臣吉弘鑑理の子。高橋鑑種が大友氏によって追放されたあとに高橋氏を継いだ。実名は鎮種。官途は三河守、入道して三河入道紹運と名乗る。鑑種のあとを受けて、元亀元年(一五七〇)に筑前御笠郡の岩屋・宝満両城の城督に就任。御笠郡を中心に筑前南部の軍事、行政権を握った。子に戸次《べっき》家に養子に出した統虎(立花宗茂)と後継者の統増(立花直次)がある。天正七年(一五七九)筑前で秋月種実・原田信種・宗像氏貞らが反乱を起すと、立花城督戸次鑑連(道雪)とともに鎮圧にあたったが、制圧することができなかった。天正十二年には道雪とともに竜造寺氏の抑える筑後への遠征軍を組織、豊後の大友勢と共同行動を取ったが、翌年九月同僚戸次道雪が病に倒れたために撤退した。筑後出兵中に筑紫広門に統増の守る宝満城を奇襲で奪われたが、統増と広門の娘を婚姻させ、婿引出物として統増夫妻が宝満城を守ることとなり、紹運は岩屋城に入った。天正十四年島津氏が筑後を制圧して筑前に迫り、紹運に降伏を勧めたが、はじめ偽って降伏条件の調整を行なって引き延ばし、結局籠城して降伏

を拒んだ。島津勢は一ヵ月以上岩屋城を包囲して本国の残留部隊まで呼び寄せ、紹運の籠る岩屋城への攻撃に備え、七月二十七日早暁、島津直属軍を全面に立てて一斉に攻め掛かり、同日夕刻には岩屋城は落城し、紹運は自害した。岩屋城には統増の守る宝満城からの人質が取ってあったために、この勝利で隣接の宝満城はすぐに降参した。しかしこの戦闘のために日向から呼び寄せた宮崎衆は地頭の上井《うわい》覚兼《かつけん》をはじめほとんどが負傷あるいは討死し、ほかの島津主力軍も同様に大打撃を受けた。そのため以後島津勢は積極的な軍事行動を行うことができなくなり、紹運の息子の一人立花宗茂の守る大友氏の筑前北部の最大拠点立花城は、攻勢を掛けながらも攻め落とせず、豊臣秀吉の九州来攻を容易なものとした。

（木村　忠夫）

たかはしのむしまろ　高橋虫麻呂　生没年不詳　奈良時代の歌人。姓《かばね》は連。高橋連は、『新撰姓氏録』の右京神別に神饒速日命の後裔とし、河内国神別に饒速日命十四世孫伊己布都大連之後と記すように物部氏の一族である。山城国の優婆塞《うばそく》貢進解に「天平十四年(七四二)十二月十三日少初位上高橋虫麿」とあるのは同人か。天平四年藤原宇合の西海道節度使赴任時に壮行の歌を贈ったことと、時期は不明だが検税使大伴卿を筑波山に案内したことが、『万葉集』から確かめられる。宇合の常陸守時代にその下僚となり、『常陸国風土記』の編纂に関与したと見るのが通説だが、常陸赴任を天平六年以後とし、歌人としての活躍をその後と考える説もある。『万葉集』には虫麻呂作と明記された長歌一首のほかに『高橋連虫麻呂歌集』中のものとして長歌十四首・短歌十九首・旋頭歌一首がある。中国文学の影響の濃厚な生彩ある叙事的表現によって水の江の浦島子、真間の手児名(奈)、菟原処女などの伝説を詠んだ長歌は、特に有名。

参考文献　井村哲夫『憶良と虫麻呂』、中西進『旅に棲む』、五味智英「高橋虫麻呂管見」(『日本歌人講座』一所収)、犬養孝『万葉集の歌人 高橋虫麻呂』、坂本信幸「高橋虫麻呂論」(『万葉の歌人と作品』七所収)

（稲岡　耕二）

たかまついん　高松院　一一四一―七六　二条天皇の中宮。諱は姝子。鳥羽天皇の第四女。母は美福門院得子。永治元年(一一四一)誕生。久寿元年(一一五四)内親王となり、保元元年(一一五六)皇太子妃となる。翌二年准三宮。同三年二条天皇即位ののち、翌平治元年(一一五九)中宮となる。永暦元年(一一六〇)病により出家。法名を実相覚といった。応保二年(一一六二)二月、院号を与えられた。安元二年(一一七六)六月十三日崩御。年三十六。高松院領としては、文治二年(一一八六)二月の「関東知行国乃貢未済荘々注文」のうちに、越後国の青海荘と吉河荘がみえているほかは未詳である。

（貫　達人）

たかまどのひろよ　高円広世　生没年不詳　奈良時代の国司。初見は『続日本紀』天平宝字五年(七六一)五月壬辰条で、従五位下で摂津亮になったとある。尾張・山背・播磨・周防・伊予の国司を連任。宝亀元年(七七〇)、瑞獣の献上により、十月に正五位下に昇叙された『続日本紀』の記述を最後とする。『新撰姓氏録』右京皇別下に「出レ自二正六位上高円朝臣広世一也、(元就二母氏一為二石川朝臣一)続日本紀合」とある。天皇の後裔の注記がないが、父を文武天皇、母を石川刀子娘とし、石川朝臣広成を兄弟とする説がある。石川広成は天平宝字四年二月壬寅条に、高円朝臣の姓を賜わった記述が『続日本紀』にみえる。

参考文献　角田文衛「首皇子の立太子」(『律令国家の展開』所収)

（藤本　孝二）

たかまのはらひろのひめのみこと　高天原広野姫尊　⇩持統天皇《じとうてんのう》

たかみおう　高見王　生没年不詳　平安時代前期の皇族。桓武天皇の皇子葛原親王の子。桓武平氏高望流の祖。『源平盛衰記』に「彼の親王(葛原)の御子高見王は、無官無位にして失せ給ひにけり」とある。『本朝皇胤紹運録』にも「无位无官」とある。子の高望王の平氏賜姓を『源平盛衰記』は、寛平元年(八八九)五月十二日とする。子孫には、平貞盛・平将門・平忠常・平清盛など史上著名な人物が多い。

（佐伯　有清）

たかむこのくにおし　高向国押　生没年不詳　七世紀の人。『日本書紀』によると、皇極天皇二年(六四三)十一月、山背大兄王が蘇我入鹿に攻められ、胆駒山にかくれた時、入鹿は国押に王をとらえるよう命じた。しかし国押は天皇の宮を守って外へ出ようとしなかったので、やむなく入鹿がみずから行こうとしたという。また同四年六月、中大兄皇子が入鹿を誅したのち、漢直らが軍陣を設け皇子に反抗しようとした時、国押もその党に加わったが、皇子が巨勢徳陀を遣わして君臣の義を説かせたので、国押は抗戦の益のないことを漢直らに説き、剣を解き弓を捨てて、その党は解散したという。国押が入鹿の配下にありながら自主性を示したことが窺える。『続日本紀』には国忍とみえ、孝徳朝に刑部尚書大花上であったと伝え、子に麻呂がある。

（日野　昭）

たかむこのげんり　高向玄理　?―六五四　大化の国博士。本姓漢人のち史に改む。本名黒麻呂、玄理はその中国風表記であろう。渡来人の子孫。推古天皇十六年(六〇八)遣隋使小野妹子の再航に随って留学。舒明天皇十二年(六四〇)学問僧南淵請安とともに帰朝。大化元年(六四五)蘇我大臣家打倒を機に樹立された、いわゆる改新政府に僧旻とともに国博士として登用され、国政の顧問として活躍した。翌二年には新羅に使し、任那の調を罷める代りに人質を貢らせることを定めた。時に小徳冠。翌年金春秋に送られて帰朝。同五年僧旻とともに詔をうけて新官制の整備に着手したが、直後に左右大臣が相ついで没し、翌年白雉改元のことがあり、玄理や旻は孝徳天皇とともに中大兄皇子らから次第に疎外されたと思われる。白雉五年(六五四)遣唐押使として大使以下を率い

て渡海し、唐帝に拝謁した。時に大花下(一に大錦上)。同年帰国を果たさず唐に客死した。 (黛　弘道)

たかもちおう　高望王　⇩平高望《たいらのたかもち》

たかやまうこん　高山右近　一五五二―一六一五　安土桃山・江戸時代前期の武将。キリシタン大名。幼名彦五郎、のち友祥《ともなが》・長房、通称右近・右近大夫・右近允。ジュスト＝ウコン殿Justo Ucondonoと尊称される。千利休高弟の一人で南坊《みなみのぼう》・等伯と号す。天文二十一年(一五五二)高山友照(図書)の子として生まれる。永禄七年(一五六四)父の居城大和国沢(奈良県宇陀市榛原町)で日本人イルマンのロウレンソから受洗し、霊名ジュスト(寿子・重出)を授けられる。天正元年(一五七三)三月荒木村重の支持を得て摂津国高槻城主となる。六年秋、村重が織田信長に叛いた時、村重のために高槻城に拠ったが、信長の意を受けたパードレのオルガンティーノの勧告に従い出家になることを条件に信長に降り、四万石の本領を安堵される。十年本能寺の変が起ると、羽柴秀吉に属して山崎で明智光秀と戦った。翌十一年四月の賤ヶ岳の戦では佐久間盛政の大軍に攻められ岩崎山の陣を放棄して木ノ本の羽柴秀長の陣に退却する。同十三年閏八月播州明石六万石に転封。この間、牧村政治・蒲生氏郷・黒田孝高・瀬田左馬丞らの改宗に尽くす。十五年九州征討に従軍したが、同六月筑前箱崎で禁教令が発令され改易される。小西行長所領の小豆島・天草に隠れ住み、翌年加賀の前田利家に招かれ一万五千石を食む。同十八年小田原の役には利家に従って参陣、嗣子利長からも重用され軍奉行となる。文禄元年(一五九二)四月名護屋城で秀吉に謁し、その茶会に招かれる。慶長六年(一六〇一)自費で金沢に教会を設立し、加賀・能登・越中におけるキリシタン布教に努める。同十八年十二月の徳川家康の禁教令によって右近および内藤如安(小西行長)の一族は金沢から大坂を経て海路長崎に下る。翌十九年十月七日(一六一四年十一月八日)国外追放の処分を受けて長崎を出発し、マニラでは同市民の歓迎を受けたが、元和元年正月五日(一六一五年二月三日)病死。六十四歳。葬儀ミサは九日間続き、イエズス会のサンタ＝アンナ聖堂に葬られ、のちサン＝ホセ学院に移葬。その死は追放の苦しみによる殉教死と見做され、寛永七年(一六三〇)マニラで右近を聖人の列に加えるための正式調査が始まり、現在も列聖運動は継続中。

高山右近花押

参考文献　松田毅一監訳『十六・七世紀イエズス会日本報告集』一期一―五、二期一・二、三期四―七、ルイス＝フロイス『フロイス日本史』(松田毅一・川崎桃太訳)、「コリン著の高山右近伝」(佐久間正訳、H・チースリク解説・註、『キリシタン研究』一七)、『大日本史料』一二ノ一四、慶長十九年九月二十四日条、片岡弥吉『高山右近太夫長房伝』、ヨハネス＝ラウレス『高山右近の生涯』、海老沢有道『高山右近』(『人物叢書』一三) (五野井隆史)

たかやまそうぜい　高山宗砌　?―一四五五　室町時代前期の武家出身の連歌師。俗名、高山民部少輔源時重(『種玉庵宗祇伝』による)。但馬国守護山名家の家臣。応永の末ごろ和歌を正徹に、連歌を朝山梵燈庵に学ぶ。応永の末ごろ出家して一時高野山に住んだ(『初心求詠集』)が、永享五年(一四三三)将軍足利義教が山名常熙を奉行に命じて張行した北野万句に参加している(連歌作品の初見)のでこれ以前に京都に復帰したらしい。同年京都に草庵を新営し、山名持豊(宗全)や正徹らと和歌の交わりを重ねていることが正徹の家集『草根集』によって知られる。永享・嘉吉年間(一四二九―四四)の連歌活動は必ずしも大きいものではない。文安期に至って、従来の堂上・武将主導型の連歌会ではなく、地下の連歌作者たちによる会が盛んになっていくが、その中心的役割を果たしているのが宗砌であり、文安二年(一四四五)の『月千句』『雪千句』はそれらの成果である。同五年、連歌会所奉行となり宗匠の称を許され、七年間連歌界の第一人者の地位を保ち、その間、一条兼良とともに連歌式目の改訂増補を完成させた。享徳三年(一四五四)山名持豊は将軍義政の怒りにふれて但馬へ隠栖し、宗砌も家臣の一人として、奉行・宗匠の職を辞して但馬へ下り、翌康正元年(一四五五)没した。著作は、連歌論に、伊勢国司北畠教具に宛てた『古今連談集』のほか『初心求詠集』『密伝抄』など、句集に『連歌愚句』『連歌百句』などがある。

参考文献　島津忠夫『連歌史の研究』、金子金治郎『新撰菟玖波集の研究』 (奥田　勲)

たかやまながふさ　高山長房　⇩高山右近《たかやまうこん》

たかよししんのう　尊良親王　?―一三三七　後醍醐天皇の第一皇子。「たかなが」ともよまれる。母は御子左為世女為子。嘉暦元年(一三二六)元服して中務卿に任じ、二品に叙した。元弘の乱が起ると、父天皇に従って山城笠置山に立籠ったが、同城が陥るに先立ち、楠木正成の河内の居城に移った。元弘元年(一三三一)十月三日捕えられて京都に護送となり、佐々木大夫判官に預けられた。同十日検知を受け、十二月二十七日土佐に流罪が決定、翌二年三月八日出発し、かの地に赴いた。その後建武新政の世になって京都に帰還した。建武二年(一三三五)十一月足利尊氏・直義兄弟が鎌倉において天皇に反旗をあげるや、親王は勅命によって上将軍に任じ、新田義貞らを従えて東下したが、討伐の功をおさめるに至らず、かえって足利軍が西上することになった。翌延元元年(北朝建武三、一三三六)五月尊氏が九州から攻めのぼるや、天皇は難を叡山に避け、足利軍と京都の内外で戦闘を繰り返したが、天皇方は次第に不利になった。そこで天皇は権《かり》に尊氏の請を容れ、京都に帰還することになったが、万一に備え、帰還に先立ち、同年十月九日尊良親王および皇太子恒良親王は新田義貞に奉ぜられて北国に下向、十日越前金崎城に入った。ところが翌二年正月足利方の

将高師泰・斯波高経によって金崎城は包囲され、執拗なる攻撃を受け、苦戦の末、三月六日城は落ち、尊良親王は自害し、恒良親王は捕えられ、新田義顕ら一族その他百余人が戦死を遂げた。明治になり、両親王を奉祀する金崎宮が創建された。なお尊良親王は、母が歌道家の出であるところから和歌を好み、『続後拾遺和歌集』に一首、『新葉和歌集』に四十四首が採択されているが、別に尊経閣文庫に、『一宮百首』と称する歌集が伝存し、その内容は、春十九首・夏十五首・秋二十首・冬十二首・恋十五首・雑十五首から成り、合計九十六首であるが、これは春一首・冬三首を欠失したもので、元来百首存したものと考えられる。題名の下に元徳三年(一三三一)の年時があり、その時の成立であろう。これが同親王の歌集たることは、同一詠歌が『新葉和歌集』に中務卿尊良親王の作とあるによって確認される。

参考文献 『大日本史料』六ノ四、延元二年三月六日条、『増鏡』、菅政友『南山皇胤譜』三上(『菅政友全集』)、村田正志『風塵録』(『村田正志著作集』七)、同「一宮百首」(同五所収)　(村田　正志)

たからのおうじょ　宝皇女　⇨皇極天皇《こうぎょくてんのう》

たきがわかずます　滝川一益　一五二五―八六　安土桃山時代の武将。左近将監。大永五年(一五二五)滝川一勝の子として生まれる。織田信長に仕え、伊勢国司北畠氏との戦いに参加。永禄十二年(一五六九)大河内城攻撃の功によって北伊勢五郡を与えられ、付近一帯の指出検地を行なっている。一向一揆との対決のなかで、天正二年(一五七四)伊勢長島の要塞を海上から包囲して多数の門徒農民を殺害した。のち長島城主となり、同六年には九鬼嘉隆とともに鉄甲船を仕立て、毛利水軍の海上から石山本願寺へ兵粮搬入するのを阻止した。八年には明智光秀とともに大和国中の荘園領主から指出を徴収し、土地の権利関係や年貢の収納状況の調査を行なった。同年、北条氏が信長に使者を送った際の取次ぎにあたり、信長の甲信地方出陣の準備をしている。十年三月甲斐の武田勝頼が滅亡したのち、上野国と信濃国佐久・小県の二郡を領し厩橋城主となる。甲斐国に入った河尻秀隆とともに信長の東国経営の先陣を担った。しかし同年六月、本能寺の変によって信長が斃れると、北条氏政・氏直父子に攻められ、一旦はこれを退けたものの、神流川《かんながわ》の戦で大敗を喫し、本領の伊勢長島へ逃げ戻っている。信長の後継者争いでも羽柴秀吉に先手を取られ、大徳寺で催された葬儀にも閉め出された状態となったが、一益は織田信孝や柴田勝家と結び、これに対抗した。同年冬、秀吉が信孝の本拠である岐阜城を攻撃したことに対し、一益は翌年春に伊勢の亀山・峯の両城を攻め、雪のため行動の自由を失っている柴田勝家を側面から助けた。信孝もこれに呼応して大垣城を攻めたが、秀吉も桑名城をはじめ北伊勢を制圧し、北近江の賤ヶ岳の戦で勝家を破り、越前北庄城に追いつめ自殺させた。信孝も兄の織田信雄によって岐阜城を追われ、尾張の野間大御堂寺で切腹させられた。こののち一益は北伊勢五郡を差し出し秀吉に降伏している。十二年の小牧・長久手の戦では秀吉側に加わり、蒲生氏郷・堀秀政らとともに伊勢方面に出陣し、海上からの攻撃と計略によって尾張蟹江城主の前田与十郎らを内応させ奪取した。しかし徳川家康・織田信雄連合軍の反撃にあい、十数日でこれを放棄し、前田を切腹させ、みずからは子の一忠とともに舟で伊勢の楠へ退去した。このとき一益は降伏の起請文を書き、家康は二万の軍勢を率いて伊勢の白子へ赴いている。講和の後、秀吉の怒りをうけ、出家して京都妙心寺に入り、入庵と号し、さらに越前大野に蟄居した。十二年七月、秀吉は次子の一時に一万二千石を与えて家督を継がせ、一益には三千石の隠居料が与えられた。これは、以前に一益に対して一万五千石の知行を与える旨の契約がなされていたことによる。一益とともに蟹江城に籠った長子の一忠は追放された。一益は茶人としても知られ、信長から茶壺を拝領したこともあり、出家後も秀吉を招いて茶会を催している。天正十四年九月九日六十二歳で死去。法名道栄。高野山に葬られた。

滝川一益花押

滝川一益画像(栗原信充『肖像集』)

参考文献 『寛政重修諸家譜』六四九　(三鬼清一郎)

たぎしみみのみこと　手研耳命　神武天皇の皇子。『古事記』では当芸志美美命と書く。記紀ともに神武天皇が日向国に坐した時に、その国の吾田(阿多)の吾平津媛(阿比良比売)を娶ってこの皇子を生んだという。『古事記』によると神武天皇崩後この皇子は天皇の嫡后伊須気余理比売を娶り、天皇と嫡后との間に生まれた三皇子を殺そうと企て、逆に神八井耳命・神沼河耳命に殺される。その戦功により末弟神沼河耳命は建沼河耳命ともよばれ、即位して綏靖天皇となる。『日本書紀』では綏靖天皇即位前紀に記述があるが、神武后媛蹈鞴五十鈴媛命(『古事記』の伊須気余理比売にあたる)と婚姻の話柄はない。

参考文献 川副武胤『日本古典の研究』　(川副　武胤)

たきのけんぎょう　滝野検校　生没年不詳　安土桃山時代ないし江戸時代初期の琵琶法師。沢住検校とともに近

世の三味線伴奏の浄瑠璃の始祖として『色道大鏡』『和漢三才図会』『江戸砂子』『竹豊故事』などに伝えられる。諸書の間に若干の異同があるが、所伝の概要は、滝野検校が文禄年間(一五九二―九六)に平曲をもとに浄瑠璃の節付けをして語り始め、その伝授を受けた熊村小平太(薩摩浄雲)と杉山七郎左衛門(丹後掾)の両人がそれぞれ京都と江戸に語り広めた、というものである。

参考文献　小山正『浄曲の新研究』　(上参郷祐康)

たくが　託何　一二八五―一三五四　鎌倉・南北朝時代の僧。時宗の七祖で、時宗教学を大成した学僧。弘安八年(一二八五)上総国に生まれ、姓は矢野氏。智得について出家し、遊行の傍ら教学の研究につとめ、元亨元年(一三二一)京都の七条道場金光寺に住して宿阿弥陀仏と号した。暦応元年(一三三八)越前国河井荘(福井県坂井市丸岡町)往生院で、遊行七代を相続して宿阿弥陀仏を他阿弥陀仏と改めた。以来遊行十七年、文和三年(一三五四)八月二十日、七条道場で没した。七十歳。著書に『器朴論』三巻のほか、『同行用心大綱註』『条条行儀法則』『蔡州和伝要』『仏心解』『東西作用抄』各一巻などがある。

参考文献　大橋俊雄「遊行歴代上人伝」(『時衆研究』二三)　(大橋　俊雄)

たぐちしげよし　田口成良　生没年不詳　平安時代末期の動乱の中で活躍した阿波国の有力在地武士。重能・成能とも記す。民部大夫と称す。養和元年(一一八一)九月には伊予国に攻め入り源氏方の河野一族を破り、寿永二年(一一八三)七月の平氏西走の際に、一族以下一千騎を率いて協力するなど四国に平氏の根拠地を確保する上に力をつくした。屋島の戦のとき、田口一族が平氏軍の一翼をになったことは確かであるが、成良自身の活動は不明。弟の桜庭(桜間)介良遠は阿波国椿浦(勝浦)に上陸した源義経の軍に攻撃されて敗走し、また屋島の陣営が陥った翌日、平氏軍の一部が志度寺に籠ったため義経の襲撃をうけたが、この際に嫡子(?)の阿波教能が源氏側に降っている。ついで源平最後の決戦たる壇ノ浦の戦において、『平家物語』によると重能(成良)は戦闘中に平氏を裏切り三百艘の軍船を率いて源氏側についたという。しかし『吾妻鏡』文治元年(一一八五)四月十一日条によれば、平家軍の捕虜の中に民部大夫成良の名があり、いずれの正否をも決しがたい。　(安田　元久)

たくまのためとお　宅磨為遠　生没年不詳　平安時代後期に活躍し、宅磨派の始祖とも目される絵仏師。勝賀・為久の父。姓は藤原、豊前守に任ぜられた。冠者《かじゃ》の称がある。剃髪して法名を勝智、法印に叙せられたと伝えるが、法印位については疑問とする見方もある。伝えられる画事は、久寿二年(一一五五)以前に、高野山大伝法院境内中の覚王院内陣に三十七尊の柱絵を描く。大伝法院は長承元年(一一三二)の落成になるが、その堂内に両界曼荼羅と十六祖師影を描いた「大詫摩」も為遠の手になる可能性が強い。承安四年(一一七四)には、女院(建春門院か)の逆修供養のための御仏経に作画している。「金胎仏画帖」(熊本願成寺旧蔵、大和文華館ほか分蔵)は願成寺古文書の「覚」などにより、高野山伝来、彼の作と伝えられる。

参考文献　田中一松「金胎仏画帖と宅磨為遠」(『日本絵画史論集』所収)、平田寛『絵仏師の時代』　(大石　利雄)

たくまのためなり　宅磨為成　生没年不詳　平安時代の画家。『古今著聞集』一一(画図の条)によって知られる画家で、宇治平等院鳳凰堂の扉絵を一日で描き、また絵師良親の描いた坤元録屏風《こんげんろくびょうぶ》を写したともある。鳳凰堂に描いた画家と伝えられて古来有名であるが、その存在は立証されていない。絵所長者との伝えも根拠は不明。為氏の子、あるいは宅磨為遠の父に擬す説があるが、宅磨氏とするのは江戸時代の『図画考』あたりからで、宅磨派との関連は定かでない。

参考文献　堀直格『扶桑名画伝』三一、平田寛『絵仏師の時代』　(大石　利雄)

たくまのためひさ　宅磨為久　生没年不詳　鎌倉時代初期の宅磨派の画家。宅磨為遠の三男、すなわち勝賀の弟。『吾妻鏡』によると次のように記されている。姓は藤原、下総権守に任ぜられ、「無双画図達者」と称せられた。元暦元年(一一八四)源頼朝に招かれ京都から鎌倉に下向、聖観音像を描く。帰京に際し頼朝は鞍つきの馬を贈り餞別とした。翌文治元年(一一八五)再度下向して、新造の勝長寿院本堂後壁に、浄土の瑞相と二十五菩薩像を描いた。その際、完成をみた浄土の画様が、仏典の本説にそわないとして非難されている。宅磨派の進取的な性格を反映するものとして興味深いが、画蹟については明らかでない。この為久の下向を契機に、宅磨派と鎌倉地方の結びつきが生じ、以来この地で一系統を成したと考えられる。

参考文献　水尾博・三山進「絵巻における鎌倉派」(『国華』八〇八)、三山進「東国の宅磨派」(『金沢文庫研究』一八〇)、平田寛『絵仏師の時代』　(大石　利雄)

たくまのためゆき　宅磨為行　生没年不詳　鎌倉時代の宅磨派の画家。宅磨為久の子と伝え、左近将監に任ぜられた。寛喜三年(一二三一)、将軍藤原頼経が鎌倉五大堂建立のため土地を選び歩いた時、召して図絵させた(地相の類か)と『吾妻鏡』にある。さらに記録によると、同堂創建の折には高祖像を描いたという。為行は幕府に仕えて鎌倉に定住していた可能性も考えられ、のちの『鎌倉攬勝考』ほかは、鎌倉宅間《たくま》ケ《が》谷《やつ》の地名の由来を、将軍家絵所為行の居住によると伝えている。晩年は出家して法眼に叙せられたともいうが、画作を含め詳細は不明。鎌倉来迎寺の地蔵菩薩坐像ほかに名を残す宅磨浄宏は、彼の子孫と伝えられる。

参考文献　水尾博・三山進「絵巻における鎌倉派」(『国華』八〇八)、三山進「東国の宅磨派」(『金沢文庫研究』

一八〇)、平田寛『絵仏師の時代』　（大石　利雄）

たけいせきあん　武井夕庵　生没年不詳　安土桃山時代の武将。爾云、肥後守、二位法印。美濃の斎藤竜興の家臣から織田信長に転仕。豊臣秀吉らとともに山城の寺社領荘園の支配にあたり、土豪や名主百姓の違乱を停止し、年貢納入を命ずるなどの連署状を出している。また、北陸の一向一揆や石山本願寺攻略にも参画し、毛利氏との折衝にあたるなど、信長の側近として活躍した。文筆に長じ、信長朱印状の添状を多く発給し、右筆の中心的立場にあった。君臣の礼法をただすことなどで信長を諫めたこともあるといわれる。天正二年(一五七四)信長が東大寺正倉院に伝わる香木の蘭奢待《らんじゃたい》を切り取った際の奉行をつとめ、同八年には関東の北条氏政が信長に使者を送った際、これと対面している。九年の安土での馬揃えの儀式にも加わり、翌十年五月に安土総見寺で催された能舞台を信長とともに見物しているが、その後は歴史の表面から消えている。

参考文献　山鹿素行『武家事紀』一三(『山鹿素行全集』一三)　（三鬼清一郎）

たけおひろくにおしたてのみこと　武小広国押盾尊　⇨宣化天皇《せんかてんのう》

たけくらやじょうてき　竹蔵屋紹滴　生没年不詳　室町時代の堺の町人で茶人。時斎と号したという。『津田宗達他会記』天文十九年(一五五〇)二月二十四日朝の会に、紹滴の所持する船の花入の話が出てくるが、当時在世していたかどうかはわからない。『山上宗二記』に「堺竹蔵屋紹滴ハ名人也、貨狄ノ船一種也、花ノ名人也」という評価が残っているが、竹蔵屋は今井宗及や千利休とは別グループをなしていたから、どこまでわかっていっているのか、疑問に思える。紹滴が目利きした道具のうち、永禄十二年(一五六九)正月から油屋常祐の茶会に姿を見せるようになった紹滴肩衝は、今日に至るまで有名な油屋肩衝であり、そのほかにも曾呂利花入・松風大壺・宮王釜・客来一味絵・フトン水指などが、『松屋名物集』に記載されている。道具の価値観の変遷に伴って、紹滴の目利きも尊敬されながら次第にヌルシとされ、多くは評価の対象外となっていったもののようである。　（林　左馬衛）

たけざきすえなが　竹崎季長　一二四六―?　鎌倉時代の武士。肥後国の御家人として二度の蒙古襲来の防戦に活躍、『竹崎季長絵詞(蒙古襲来絵巻)』にみずからの武功をえがいたことで著名。寛元四年(一二四六)生まれる。菊池氏か、あるいは阿蘇氏か、いずれにせよ肥後国内の有力な豪族の庶流出身で、本領は益城郡竹崎(熊本県宇城市松橋町)らしい。文永十一年(一二七四)十月、博多湾岸に蒙古軍が上陸した際、すでに本領を失い、回復を図って係争中の身であった季長は、主従わずか五騎の小勢で、その日の大将武藤(少弐)景資の指揮下に加わり、先がけの武勲をあげた。しかしその功績が注進されなかったと知った季長は、翌建治元年(一二七五)みずから鎌倉に上り、幕府の実力者である御恩奉行安達泰盛に直訴、ついに認められて竹崎の地に近い肥後国海東郷(宇城市小川町)地頭に任ぜられた。弘安四年(一二八一)の弘安の役にも肥後国守護代安達盛宗(守護泰盛の次男)の指揮下に出陣、今回も先がけなど多くの武功をたてた。永仁元年(一二九三)二月九日、季長は肥後国二宮の甲佐大明神の加護や、安達泰盛の恩にむくいるため、蒙古襲来の合戦の武功や、鎌倉での直訴の次第をえがいた絵詞の作成を発意したらしい。やがて完成したのが『竹崎季長絵詞』であるが、その作成過程などは今日まで解明されていない点が多い。また同年正月二十三日には地頭として海東郷の郷社の祭田や修理田、出挙米に関する七ヵ条の置文を定め、のち正和三年(一三一四)正月十六日には、これを拡充した十八ヵ条の置文を出家後の法名法喜の名であらためて制定するなど、所領である海東郷の支配を進めた。正中元年(一三二四)三月四日、海東社に対し、修理の費用として銭百六十二貫文・米六十七石・田一町を寄進した文書が、季長の消息をつたえる最後の史料で、没年は不詳。

竹崎季長花押

(伝)竹崎季長墓

竹崎季長(『蒙古襲来絵巻』より)

参考文献 『塔福寺文書』(『熊本県史料』中世篇三)、『秋岡氏所蔵文書』(同四)、『平治物語絵巻・蒙古襲来絵詞』(『日本絵巻物全集』九)、熊本県教育委員会編『竹崎城―城跡調査と竹崎季長―』(『熊本県文化財調査報告』一七)、荻野三七彦「蒙古襲来絵詞に就いての疑と其解釈」(『歴史地理』五九ノ二)、石井進「『竹崎季長絵詞』の成立」(『日本歴史』二七三)、工藤敬一「竹崎季長おぼえがき」(同三一七)、佐藤鉄太郎『蒙古襲来絵詞と竹崎季長の研究』
(石井 進)

たけしうちのすくね 武内宿禰 『古事記』『日本書紀』にみえる、大臣《おおおみ》を出した葛城・平群・巨勢・蘇我の四氏をはじめ、二十八氏の祖先とされる伝承的人物。「たけのうちのすくね」ともいい、建内宿禰とも書く。『古事記』孝元天皇段によると、孝元天皇の孫(『日本書紀』孝元天皇七年条では曾孫)で、その七子から系図のような二十八氏が出たとされている。その事績については、『日本書紀』の記事が豊富で、かなり増広された形跡がある。おもな伝承をあげると、武内宿禰は、景行朝に蝦夷地を巡察し、棟梁の臣となり、成務朝にはじめて大臣となった。仲哀朝から神功皇后をたすけて神意をうけ、新羅との戦いや忍熊王の乱を平定して功があり、応神天皇の即位実現に貢献した。また気比の大神を拝し、韓人を率いて池を造ったほか、探湯《くかたち》によって自己の無罪をかちとった伝承などが知られている。これらのうち、『古事記』『日本書紀』が共通して記す伝承には、(一)「大臣」として歴朝に仕えた忠誠の臣であること、(二)「世の長人」「世の遠人」といわれる長寿の人であること、(三)「審神《さに》者《わ》」としての宗教的役割をもつこと、が基本的属性としてあげられるが、さらに、(四)渡来人を指導して灌漑開発にあたったという開明的性格が指摘できよう。しかし最も中核的な性格は、天皇(大王)の政治を扶翼する「大臣」の理想像が描き出されていることで、この傾向は特に『日本書紀』において著しい。これは、氏姓制下の大臣・大連政治のもとで「大臣」となった、葛城・平群・巨勢・蘇我の四氏がそろって武内宿禰を共通の祖先としているのに最もふさわしい伝承であることを示している。いわば「大臣」の理想像が歴史記述の形式で伝えられたものといえよう。なお、大化前代の蘇我氏全盛期に四氏が蘇我氏の配下にあったことは、この武内宿禰後裔氏族の系譜の形成に蘇我氏が主導的な役割を果たしたことを示していると考えられる。

孝元天皇――比古布都押之信命
- 味師(甘美)内宿禰
- 建(武)内宿禰
  - 波多八代(波多臣・林臣・波美臣・星川臣・淡海臣・長谷部君の祖)
  - 許(巨)勢小柄(許勢臣・雀部臣・軽部臣の祖)
  - 蘇賀(我)石河(蘇我臣・川辺臣・田中臣・高向臣・小治田臣・桜井臣・岸田臣の祖)
  - 平群都久(平群臣・佐和良臣・馬御樴連の祖)
  - 木(紀)角(木臣・都奴臣・坂本臣の祖)
  - 久米能摩伊刀比売
  - 怒能伊呂比売
  - 葛城長江曾都毘古(襲津彦)(葛城臣・玉手臣・的臣・生江臣・阿芸那臣の祖)
  - 若子(江野財臣の祖)

参考文献 日野昭「武内宿禰とその後裔」(『日本古代氏族伝承の研究』所収)、岸俊男「たまきはる内の朝臣」(『日本古代政治史研究』所収)、直木孝次郎「武内宿禰伝説に関する一考察」(『飛鳥奈良時代の研究』所収)、佐藤治郎「武内宿禰伝承の研究序説」(『日本歴史』四一六)
(日野 昭)

たけだかつより 武田勝頼 一五四六―八二 戦国・安土桃山時代の武将。甲斐の武田信玄の四男。母は諏訪頼重の娘。天文十年(一五四一)六月、父晴信(信玄)が武田家当主となり、翌十一年信濃国諏訪郡を攻め、諏訪頼重を誅殺した際、その娘を側室として同十五年勝頼が生誕した。四男なので諏訪氏の名跡を継承させ、永禄五年(一五六二)、伊那郡高遠城主として正式に諏訪四郎勝頼を名乗った。ところが同八年八月に信玄の長男の義信の謀反事件が発覚し、処断された。勝頼は同年十一月、織田信長の養女を妻とした。元亀二年(一五七一)ごろから父と行動をともにするようになり、代行として領内に文書を発給している。天正元年(一五七三)四月、西上作戦の途中で信玄が病没すると、勝頼は甲府に帰陣し、家督を継承した。しかしこれは非公式のものであって、父の遺言によってその喪は三ヵ年間隠された。その間、勝頼は信玄の政策を引きつぎ、東美濃・奥三河に再三出兵して、徳川家康を牽制した。天正二年六月には遠江へ侵攻して高天神城を陥落させ、家康を圧迫した。翌三年五月には、大軍をもって三河へ侵攻し長篠城を包囲した。しかし織田信長

「晴信」

「勝頼」

「五大力菩薩」
武田勝頼印

武田勝頼花押

武田勝頼画像

の援軍を得た家康によって、長篠(愛知県新城市)で大敗し、重臣の多くを戦死させて帰陣した。こののちは、東美濃・遠江の諸城を支えることができず、順次その領国規模を後退させていった。翌四年四月には父の葬儀を塩山恵林寺で営み、正式に家督を継承し、継目の安堵状を領内に多数発給した。そして家康に対抗するために、同五年正月、妻に北条氏政の娘を迎えた。しかし翌六年三月に越後の上杉謙信が病死し、その家督をめぐって景勝・景虎の争いが起ると、勝頼は氏政の実子であった景虎を支援するために越後へ出兵しながら、景勝と講和して撤兵し、その後は、妹を景勝に嫁して同盟を結んだので、北条氏政とは相反することになってしまった。これによって、駿河へ北条勢が攻め入り、遠江では家康の攻勢がつづき、勝頼は駿河で狭撃される型となり、自然と領内の軍役も過重となり、領国の疲弊と家臣団の離反を招く結果となった。同九年三月には高天神城が攻略され、遠江は完全に家康領となった。東駿河や西上野でも氏政に圧迫され、領国維持の困難さを察知して、韮崎に新府城を築いて甲府を撤退する準備を始めた。同年十二月に新府城へ移るが、翌十年正月、まず親族衆の木曾義昌が織田信長と通じて離反し、その討伐に向かった留守にやはり親族衆であった穴山信君が徳川家康に内通し、二月十二日には信長の長男信忠が木曾救援の兵を起して、余勢をもって信濃国伊那郡へ攻め入り、三月二日には高遠城が陥落した。同三日、勝頼は新府城に火を掛けて甲斐国都留郡の岩殿城へ向かった。しかし都留郡領主の小山田信茂の離反によって、織田軍との狭撃にあい、同十一日、一族とともに山梨郡田野(東山梨郡大和村)で自害した。三十七歳。これによって甲斐武田氏は滅亡した。墓は山梨県東山梨郡大和村の景徳院にある。

武田勝頼墓

参考文献　上野晴朗『甲斐武田氏』、同『定本武田勝頼』、柴辻俊六『武田勝頼』　(柴辻　俊六)

たけだしょうけい　竹田昌慶　一三三八—八〇　南北朝時代の医師。明医方の移入者、医家の名門竹田家の初代。暦応元年(一三三八)生まれる。幼名亀千代丸。後光厳天皇のとき兄が故あって関東に配流(山城国の竹田に蟄居ともいう)を命ぜられたが、昌慶もこれに従い、姓を竹田とする。のち赦されて京都にかえり山城守に補せられる。医方を修め、剃髪して実乗僧都と号す。応安二年(一三六九)渡明し金翁道士について牛黄円などの秘方を受け、名を明室《めいしつ》と改む。道士の娘を妻とし、二子を設く。洪武年間(一三六八—九八)に明の太祖の后の難産に際して功があり、安国公に封ぜられた。永和四年(一三七八)妻子を残したままで、医書と経穴に必要な銅人形などをもち帰国した。牛黄円を後光厳上皇と足利義満に献じたほか、後円融天皇を奉診して左衛門督に任ぜられ、康暦二年(一三八〇)法印に叙せられ、備後国鞆一円を采地として与えられた。官庫の地は京都三条(当時御倉町)。子孫から多くの名医が出、牛黄円は家伝の秘薬となった。康暦二年五月二十五日死亡。四十三歳。　(長門谷洋治)

たけだしんげん　武田信玄　一五二一—七三　戦国時代の武将。はじめ甲斐国から起り、のちに信濃、駿河、西上野、飛騨、東美濃、遠江・三河の一部に及ぶ地域を支配した。父は信虎で母は大井氏であった。大永元年(一五二一)十一月三日、駿河の今川氏親の臣であった福島正成勢が甲斐へ侵攻し、信虎と飯田河原(山梨県甲府市)で対戦している最中に、戦乱をさけて居館であった躑躅ヶ崎館の北方にあたる要害城で誕生した。幼名を太郎といい、元服して晴信と称した。官途は大膳大夫、信濃守に任ぜられ、永禄二年(一五五九)二月、出家して信玄と号し、法性院、徳栄軒とも称した。甲斐武田氏は、清和源氏の一流で、鎌倉時代初期に信義が甲斐国守護となり、以後、歴代が守護職を継承し、信玄は十七代目であった。天文十年(一五四一)六月、父信虎を縁戚関係にあった駿河の今川義元のもとへ追放し、そのクーデターによって

武田信玄花押

当主となった。この背景には、信虎がその政権末期に独断専行し、家臣団の離反を招き、かつ長男であった晴信を廃して、次男の信繁を取りたてる動きがあったからである。家督相続の直後から信虎による信濃侵攻策を継承し、翌天文十一年には、妹婿であった諏訪頼重を攻めてこれを滅ぼし、ついでその一族であった高遠頼継も撃破し、同十四年には伊那郡に侵攻して高遠城・箕輪城を攻略した。さらに佐久郡から小県郡へ侵攻し、葛尾城の村上義清を攻め、十七年二月には小県郡上田原で対戦して敗北するが、直ちに反撃に出て、七月には小笠原長時を、

武田信玄画像(長谷川等伯筆)

筑摩郡塩尻峠で打ち破った。十九年九月には村上義清を砥石城に攻め、その後も継続して小県・更級郡に侵攻し、同二十二年には、村上氏を越後へ、小笠原氏を下伊那郡に敗走させた。敗走した村上義清は、越後の長尾景虎(上杉謙信)を頼り、その援助によって旧領の回復を試みた。同年八月、景虎は信濃へ援軍を送り、更級郡川中島ではじめて甲越両軍が対陣した。これ以後、両者は連年にわたって北信濃で対決し、永禄七年までに主な対戦だけでも五度にわたって川中島で対決している。こうした北進策とともに、南信濃への進攻策も並行して行い、弘治元年(一五五五)には木曾郡に木曾義昌を攻めて降服させている。これによって北信を除く信濃をほぼ制圧し、ついでその周辺地であった西上野・東美濃・飛驒への侵攻を開始する。永禄四年十一月、武田勢は碓氷峠を越えて西上野を侵略し、同六年には吾妻郡の岩櫃城を攻略し、ついで倉賀野城を攻めている。これによって上杉謙信との攻防は北信から西上野地域に移り、北信も武田領となった。翌七年七月には木曾郡から飛驒を攻め、同九年九月には、西上野の反武田勢力の拠点であった箕輪城を攻落させている。この間、隣国の駿河今川氏、小田原北条氏とは婚姻関係を結んで三国同盟を保っていた。北関東では北条氏康と連携して上杉輝虎(謙信)と対決をつづけていた。しかし、永禄八年義信の謀反が発覚し、義信は幽閉され、関係した重臣層が処断された。嗣子を欠くことになった信玄は、直ちに高遠城主であった四郎勝頼に織田信長の養女を妻として迎え、体制の立て直しを計った。同十年には、義信に切腹を命じ、動揺した家臣団からは大挙して起請文を提出させた(『生島足島神社文書』)。

義信が刑死すると、その妻を今川氏真のもとへ帰し、駿河との同盟関係を絶った。そして翌十一年末には駿河へ侵攻し、氏真を掛川へ追った。氏真は援を北条氏に求め、氏康が駿河に出兵して信玄と対戦した。これによって三国同盟は解消され、以後、北条氏との抗争が激化していった。駿府を占領した信玄は、翌十二年三月、駿河薩埵山の戦で北条氏政に敗れ、一旦駿河から撤退する。その後、作戦をかえて、十月、西上野から武蔵を経て北条氏の本拠小田原城を包囲し、その遠征の帰路には相州三増峠で北条軍を敗り、その年の十二月には再度駿河に出兵し、駿府を再占領した。徳川家康も遠江に進出し、これによって今川氏は滅亡し、信玄による駿河支配が始められた。北条氏との対戦はその後も駿東郡や伊豆、上武国境付近でつづけられたが、元亀二年(一五七一)末に、北条氏康が病死するに及んで、その遺言によって両者の和睦がなり、信玄は再び西進策をとり、上洛作戦を展開させていった。翌三年に入ると、相ついで遠江・三河に出兵し、徳川家康およびその背後にいて畿内を掌握しつつあった織田信長と対決するに至った。十月には大軍をもってみずから出陣し、西上の途についた。十二月には家康の居城である浜松城に迫り、遠江の三方原で徳川・織田の連合軍を破っている。進んで三河へ入り野田城を攻め、その一方で積極的な外交作戦によって越前朝倉氏、近江浅井氏、本願寺勢力に働きかけて織田信長の包囲網を作っていった。しかし野田城を包囲中の天正元年(一五七三)正月、陣中で病を発し、三河長篠城に後退した。しかし病状が回復しないため、一旦甲府へ帰陣する途中、四月十二日信濃伊那郡三州街道上で五十三歳をもって病

「晴信」

「晴信」
武田信玄印

（山梨県恵林寺所在）

（甲府市岩窪町所在）

武田信玄墓

死した。その死は嗣子勝頼によって三ヵ年間秘喪が行われ、同四年四月に本葬が営まれ、塩山の恵林寺が墓所と定められた。法名は恵林寺殿機山玄公大居士。信玄の治政三十三年間にはこうした対外侵略を支えた政策として領国支配にいくつかの特徴的なものがみられる。まず、領国の法体系として、天文十六年（一五四七）六月には『甲州法度之次第』が定められ、分国法として父信虎期の総括をするとともに、その後の施政方針を明らかにしている。ついで永禄元年には、弟信繁が家訓を制定し、家臣団の忠誠を換起している。その家臣団編成は、親族衆・譜代家老衆・他国衆・譜代国衆・直臣衆の五類型からなり、最上層の親族衆・譜代家老衆は、征服地も含めた支城領に城主・城代として配置されており、また家臣団の中核をなす譜代国衆・直臣衆は、奉行・代官として実務を分担し、それぞれ侍大将として配下に寄親寄子制にもとづく寄子・同心衆を抱えて、全体として武田軍団を編成していた。信玄はこうした家臣団各層を配して村落支配を強化し、一方では直轄領も要所に配置して財政的基盤を固めた。知行地・直轄領・寺社領ともに局地的ではあるが検地や棟別調査を実施し、在地の直接掌握に努めた。城下町である甲府には商人・職人を集住させ、各種の特権を与えて領国の経済活動に奉仕させた。交通制度も早くから整備し、伝馬宿駅制は占領地にも及んでいた。このほか、信玄堤と俗称される治水政策や新田開発、甲州金、甲州枡と称される度量衡の統一や金山の開発など、信玄の創始といわれる施策は多い。家督直後の天文十年十月には、家印として竜朱印を定め、以後、数回の改刻を重ねて領国支配文書に多用した。他に伝馬朱印も創始して交通制度を整備している。こうした信玄の諸政策は、天正十年三月、嗣子勝頼が織田・徳川連合軍の甲州征伐によって滅亡した後も、多く武田遺制として家康によって在地で温存された。

参考文献　『大日本史料』一〇ノ一五、天正元年四月十二日条、奥野高広『武田信玄』（『人物叢書』一九）、磯貝正義『定本武田信玄』、笹本正治『武田信玄』（『ミネルヴァ日本評伝選』）　（柴辻　俊六）

たけだのぶかた　武田信賢　一四二〇―七一　室町時代の武将。はじめ治部少輔のち大膳大夫を称す。応永二十七年（一四二〇）信繁の次男として誕生。母は甲斐の武田信春の娘。室町時代初期の安芸武田氏は同国三郡の分郡守護であったが、永享十二年（一四四〇）信賢の兄信栄が一色義貫討伐の功で若狭守護職を拝領。同年七月二十三日没した信栄のあとを継いだ信賢は、前守護一色氏残党の蜂起を鎮圧し、文安元年（一四四四）国中半済を実施するなど主として若狭支配の確立に努め、安芸の分郡経営は父信繁が在国して行なった。応仁・文明の乱では東軍に属し「百戦百勝」（『天陰語録』）の活躍をしたと伝えるが、当時の記録には敗戦の記事が多い。乱最中の文明三年（一四七一）六月二日、五十二歳で病死。法名宗武。家督は弟国信が継いだが、子息の有無は不明。文芸に長じ、京都の自邸で月次和歌会をはじめ各種歌会をしばしば催していたことが『草根集』にみえる。

参考文献　『大日本史料』八ノ四、文明三年六月二日条、『福井県史』通史編二、米原正義『戦国武士と文芸の研究』、広島市祇園公民館編『安芸武田氏』　（河村　昭一）

たけだのぶしげ　武田信繁　一五二五―六一　戦国時代の武将。甲斐守護武田信虎の次男で、信玄（晴信）の同母弟。大永五年（一五二五）誕生。初名を次郎といい、長じて左馬助・典厩と称す。父信虎は嗣子晴信よりも次男の信繁を寵愛し、晴信を廃嫡する動きがあった。天文十年（一五四一）六月、晴信は機先を制して信虎を姉婿であった駿河の今川義元のもとへ追放し、家督を相続した。信繁は兄に従い国内で混乱は起らなかった。その後も信繁は兄晴信を助け、各地に転戦し、武勇の将と称された。『甲陽軍鑑』によると親族衆として二百騎持の侍大将に位置づけられている。永禄元年（一五五八）四月、その子信豊（左馬助）に百ヵ条の訓戒を与えた。その内容は当主晴信への忠誠と武将としての訓戒をまとめたもので、『武田信繁家訓』と称して、武田家の家法となった。同四年九月十日、越後上杉輝虎（謙信）との信濃川中島の戦で戦死。三十七歳。法名宗闇院と称し、墓は長野市篠ノ井の典厩寺にある。　（柴辻　俊六）

たけだのぶとき　武田信時　生没年不詳　鎌倉時代の武士。甲斐源氏。武田五郎二郎と称す。伊予守。父は信政、祖父の信光は武田家嫡流を継ぎ承久の乱で安芸国守護職を与えられる。信時の伊予守は祖父以来のもので、将軍藤原頼経時代の嘉禎三年（一二三七）、相模国大慈寺の新御堂供養に後陣をつとめた旨が『吾妻鏡』同年六月二十三日条にみえるほか、翌暦仁元年（一二三八）の頼経上洛の折にもその随兵として、その名がみえる（同年二月十七日条）。　（関　幸彦）

たけだのぶとら　武田信虎　一四九四―一五七四　戦国時代の武将。甲斐国の大名。甲斐国守護武田信縄の長男として明応三年（一四九四）に生まれる。幼名五郎。永正四年（一五〇七）に家督を嗣ぎ、はじめ信直と称す。大永元年（一五二一）から信虎と改め、左京大夫、のちに陸奥守を称す。信虎が家督した当時の武田氏は、父信縄の弟信恵が家督の座を狙って一族間の抗争が絶えなかった。甲斐国内では信恵に同調する国人も多く、戦国時代初期の動乱がつづいていた。信虎は家督を嗣いだ直後の永正五年十月、対立する叔父信恵を誅殺し、ついで都留郡の小山田氏を攻めた。同十六年八月、従来の政庁であった石和から府中（山梨県甲府市）に居館を移し、家臣団に新城下への集住を命じて、国内の統一事業を推進した。また、これに反対した有力国人の大井氏や栗原氏・今井氏を天文元年（一五三二）までに制圧し、国内の統一を完了した。同時に隣国への侵攻策も進め、大永元年に甲斐国内に侵入した今川氏親の臣福島正成を撃破したのちには、逆に駿河、相模へ出兵し、氏親・北条氏綱と対戦している。ついで同七年には信濃佐久郡へも侵攻し、翌享禄元年（一五二八）には諏訪郡で諏訪頼満と戦い敗北している。天文五年には、駿河今川氏の家督争いに関与して駿河へ出兵し、義元を支持して、その翌年に息女を嫁がせている。また同九年には息女禰々を諏訪頼重の妻として送り、同盟関係を結んで隣国との緊張関係を解消させた。内政的にも各種の印判状を発して支配の強化に効果を上げ、戦国大名としての基盤を確立させた。しかし国内統一を果たしたころより専制化が進み、一部の重臣層の離反を招き、翌十年六月には長男晴信（信玄）によって駿河の今川義元のもとに追放された。駿河隠退後の信虎は、義元が桶狭間で戦死すると信玄の駿河侵略を画策し、永禄六年（一五六三）、今川氏真によって駿河を追放された。その後、上京して将軍足利義輝の相伴衆となったが、西国流浪ののち、晩年に信濃へ入り、天正二年（一五七四）三月五日、信濃の高遠で没した。八十一歳。孫勝頼が甲府の大泉寺に葬った。

武田信虎画像

武田信虎花押

「信虎」

「信」
武田信虎印

武田信虎墓

参考文献　広瀬広一『武田信玄伝』、柴辻俊六『戦国大名領の研究』、同『甲斐武田一族』　（柴辻　俊六）

たけだのぶなが　武田信長　生没年不詳　室町時代前期の武将。信満の次男。八郎、右馬助。上杉禅秀の乱に父信満と加わり、応永二十四年（一四一七）信満の自殺後、鎌倉公方足利持氏が援助する逸見有直と甲斐に連戦する。幕府が甲斐国守護に登用した武田信元は、甥信長の子伊豆千代丸を嗣子としたから、信長の戦いは、叔父と実子を援助し、鎌倉府に抗するものであった。信元の死が推定される同二十八年九月と、同三十二年八月に持氏の将の討伐をうけた。同三十三年都留郡の国人加藤梵玄入道を率いて蜂起し、大いに逸見を破ったので持氏の親征を

招いた。信長は都留郡猿橋に出て防いだが、八月二十五日に降参し鎌倉に出仕した。永享四年(一四三二)四月二十八日、相模大山寺造営奉加帳写(『相州文書』)の九人のうち、信長は公方持氏・管領上杉憲実の次に署名しており、上位の序列がうかがえる。しかし翌五年三月一日、守護代跡部を排し伊豆千代丸を援助するために、鎌倉を出奔して持氏の怒りをかった。これよりさき幕府と鎌倉府との間に、守護任命をめぐって複雑な交渉が行われたが、持氏は降伏した信長を鎌倉へ出仕させる条件で、幕府が強く推す武田信重の就任を認めた。信長の鎌倉退去は、持氏への背反となった。当時甲斐には輪宝一揆と日一揆に結集する国人勢力があり、前者は守護代跡部と結び、後者は伊豆千代丸・信長に与した。しかし信長に昔日の勢いなく、同年四月二十九日のから河(あるいは荒河)合戦に大敗し、伊豆千代丸の戦死も推定され、日一揆の吉田・矢作・河内・仁勝寺・山県・柳沢・山寺・長塚・中条らが討死した(『一蓮寺過去帳』)。信長は駿河へ逃れた。幕府は持氏を牽制するために信長を保護し、持氏が鎌倉府分国外の駿河に出兵する計画を非難した。『鎌倉大草紙』はこの経緯を「京公方と鎌倉殿の御意趣のをこり初是也」と評している。同六年再び甲斐に入り跡部と戦ったが頽勢を挽回できず、駿河から京へ逃れた。跡部が信重の帰国を容認した背景には、信長との抗争があったと考えられる。同十二年の結城城攻撃に加わり、落城のときに分捕りの功名をあげ、祖父武田信春の旧領相模曾比・千津島を与えられた。宝徳元年(一四四九)九月、足利成氏が鎌倉公方に帰ると出仕して「近習」(『鎌倉大草紙』)に重用され、以後甲斐の政情に関与せず、一貫して成氏に忠勤した。同三年四月の長尾景仲・太田資清の乱で相模七沢山に逃れた管領上杉憲忠を帰参させる使者となり、享徳三年(一四五四)十二月二十七日に成氏の命をうけて憲忠を鎌倉に奇襲して殺した。ついで翌康正元年(一四五五)正月相模島河原で上杉軍を撃破し、正月二十二日の武蔵分倍河原合戦にも参陣し、各地を転戦する。のち信長は上総庁南と真理谷に築城して上総武田氏の祖となるが、成氏方と上杉方に分裂した千葉氏へ対処して配置されたのであろう。伊豆千代丸を上総武田氏二代信高とする説もある。

参考文献 渡辺世祐『(関東中心)足利時代之研究』、磯貝正義『武田信重』、鴇田恵吉「上総武田氏の研究」(『房総及房総人』二六ノ一〇—三二ノ一一)

(高島 緑雄)

たけだのぶひろ 武田信広 一四三一—九四 室町時代の北奥蝦夷地の武将。関連の同時代史料を欠き、具体像を確定しがたいが、松前藩側の近世記録『新羅之記録』『福山秘府』『松前家記』などにより、蝦夷島に拠る松前氏の元祖として強調される人物である。永享三年(一四三一)生まれる。若狭守護武田家の初代武田信栄の遺孤といい、二十一歳のとき叔父の若狭守護信賢のもとを離れ、家子佐々木繁綱・郎等工藤祐長らを引具し、関東を経て陸奥国糠部郡宇曾利郷田名部に至り、さらに享徳三年(一四五四)下国安東政季を奉じて蝦夷松前に渡島、同族出身という蝦夷上ノ国花沢館主蠣崎季繁の女婿に迎えられたという。そして、長禄元年(一四五七)アイヌ一斉蜂起の際、酋長コシャマイン父子を射殺するなど、乱鎮圧に武功を発揮し、その声望を高めたとされている。この系譜には異議をはさむ見解もあるが、アイヌ蜂起の発端となった志濃里館跡や信広の拠点となった上ノ国勝山館跡の発掘調査も近年行われ、信広が軍事的才能をもって蝦夷地館主たちの指導者的地位に就き、武装商人の頭目として若狭・蝦夷地間の交易船を差配した等々は、事実とみられるようになっている。右記記録では、明応三年(一四九四)五月二十日、六十四歳で死没。法名を荷擶院清巌涼真とする。函館市立函館図書館に後世作ながら竹田信広画像がある。武田蠣崎氏が蝦夷地館主たちの統属を強行するのは、信広の子蠣崎光広の代からである。

参考文献『新北海道史』七、海保嶺夫編『中世蝦夷史料』、『松前町史』通説編一上、海保嶺夫『中世の蝦夷地』(『中世史研究選書』)

(遠藤 巌)

たけだのぶみつ 武田信光 一一六二—一二四八 鎌倉時代の武士。甲斐源氏。信義の五男。応保二年(一一六二)誕生。伊沢(石和)五郎と称す。兄弟の一条忠頼、安田義定が相ついで源頼朝に誅殺され、嫡流として家督を相続した。治承四年(一一八〇)十月父の信義以下甲斐源氏の面々と駿河に挙兵、その後、文治五年(一一八九)頼朝の奥州進発に参加。この時期に信光は安芸国大名葉山介宗頼に軍勢催促を行なっており(『吾妻鏡』文治五年十月二十八日条)、同国の守護の可能性が高いといわれている。その後、同国守護職は信光の手を離れたらしく、信光の同国守護職への明確な徴証は、承久の乱後であった(『尊卑分脈』)。承久の乱で東山道の大将軍として活躍した信光は、京方没収地として同国の守護職を再度与えられたのであろう。仁治二年(一二四一)三月には海野幸氏と所領相論となり、海野氏に分を認めた裁定を不満とし「対二前武州(泰時)一欲レ遂二宿意一」(『吾妻鏡』仁治二年三月二十五日条)という事態に及んだが、信光(光蓮)の陳謝により、この件は不発に終っている。宝治二年(一二四八)十二月五日没。八十七歳。

参考文献『大日本史料』五ノ二七、宝治二年十二月五日条、佐藤進一『(増訂)鎌倉幕府守護制度の研究』

(関 幸彦)

たけだのぶみつ 武田信満 ?—一四一七 室町時代前期の武将、甲斐国守護。信春の嫡子。次郎、安芸守、法名明庵道光。鎌倉府に出仕し、女が上杉氏憲(禅秀)に嫁して憲方・持房・教朝を生んだ。応永二十三年(一四一六)の上杉禅秀の乱に、千葉兼胤・岩松満純らとともに禅秀の有力な縁族として鎌倉で反乱

武田信満花押

武田信満墓

に加わった。信満の戦闘は明らかでなく、帰国の時期も不明であるが、翌二十四年正月禅秀の滅亡後、家督を嫡子信重に譲り、山梨郡木賊《とくさ》山に退隠して恭順の意を表わした。しかし鎌倉を回復した公方足利持氏を恐れて出仕命令に応ぜず、正月下旬、持氏の将上杉憲宗の討伐にあって都留郡に戦い、逃れて二月六日木賊山に自殺した。推定没年齢は五十歳余。弟信元と嫡子信重は高野山に出奔し、伝統的な守護家武田氏は滅亡の危機に瀕した。東山梨郡大和村木賊の天目山棲雲寺に墓があり、同寺の位牌に棲雲寺殿明庵光公大居士とある。

参考文献　渡辺世祐『(関東中心)足利時代之研究』

(高島　緑雄)

たけだのぶもと　武田信元　生没年不詳　室町時代前期の武将、甲斐国守護。信春の三男。三郎、修理大夫、信濃守、陸奥守。上杉禅秀の乱には与しなかったが、兄信満の自殺後高野山に逃れ、剃髪して空山と号し閑居した。鎌倉公方足利持氏は逸見有直の守護補任を幕府に申請したが許されず、幕府は応永二十五年(一四一八)二月以前に信元を守護に任命し、甥で信濃国守護の小笠原政康に帰国を援助させた。同年十月以前に入部を果たし、守護代に跡部駿河(明海)・景家父子を登用した。持氏も信元の守護職を認めて、鎌倉府に出仕させた。一子彦次郎があったが早世したので、甥信長の子伊豆千代丸を嗣子に立て、系図と相伝の文書を譲った。信元は同二十八年以前に死去するが、この間逸見有朝を屈服できず、守護代跡部の専横があり、統治は安定しなかった。信元を信満の弟穴山満春と同一人とする史料と有力な考証がある。法名浄国院空山。

参考文献　渡辺世祐『(関東中心)足利時代之研究』、磯貝正義『武田信重』

(高島　緑雄)

武田信義墓

たけだのぶよし　武田信義　一一二八—八六　平安末・鎌倉時代前期の武士。治承・寿永の乱に活躍。甲斐源氏。新羅三郎義光の子義清は巨摩郡武田を本居とした。信義は義清の孫で、清光の子として大治三年(一一二八)に生まれ、治承四年(一一八〇)の以仁王の令旨に応じ挙兵、源頼朝方に参じ武功をたてた。同年十月の富士川の戦では平維盛軍を敗走させ、駿河守護となったが、元暦元年(一一八四)六月にはその子一条忠頼が謀叛の企ありとして誅せられ、以後失意のうちに文治二年(一一八六)三月九日死去。五十九歳。墓は山梨県韮崎市の願成寺にある。忠頼誅殺の真相は不明だが『吾妻鏡』の伝えるところでは「振二威勢一之余、挿二濫レ世志一之由、有二其聞一」(元暦元年六月十六日条)と載せており、頼朝による甲斐源氏勢力の抑圧策を示すものといえる。この結果、父の信義が頼朝から勘気を蒙ったことから、駿河守護はこの時期に信義の手を離れたと推定されている。

参考文献　『大日本史料』四ノ一、文治二年三月九日条、佐藤進一『(増訂)鎌倉幕府守護制度の研究』

(関　幸彦)

たけだはるのぶ　武田晴信　⇨武田信玄《たけだしんげん》

たけだもとあき　武田元明　一五五二—八二　戦国時代末期の若狭の武将。孫八郎。天文二十一年(一五五二)守護武田義統の子として生まれた。母は将軍足利義晴の女。永禄十年(一五六七)父義統の死により家督を継いだが、この時すでに武田氏の勢威はないにひとしく、譜代の家臣らは自領に引き籠り、元明に従わなかった。翌年八月越前朝倉氏が若狭に侵入し小浜を攻めた時、彼は朝倉氏の庇護を頼んで越前へ去り、ここに若狭武田氏は事実上滅亡した。天正元年(一五七三)八月朝倉氏が滅ぶと、元明は若狭へ帰り神宮寺などに潜居したと伝えるが、同九年かつての武田家臣逸見昌経の死去に伴い、その旧領の内三千石を織田信長から与えられた。しかし翌年の本能寺の変に際し、明智光秀に味方し丹羽長秀の居城佐和山を攻めたため、同年七月十九日近江海津で自殺させられた。時に三十一歳。法名紹昌、道号文甫。法雲寺殿。室竜子は京極高吉の女、高次の妹。元明の死後豊臣秀吉の側室となり、松丸殿といった。

参考文献　『大日本史料』一一ノ一、天正十年六月十六日条、猪俣安定『若狭守護代記』、米原正義『戦国武士と文芸の研究』、『小浜市史』通史編上、『福井県史』通史編二

(須磨　千頴)

たけだもとのぶ　武田元信　?—一五二一　戦国時代の武将、若狭守護。彦次郎。武田国信の次男。兄信親が早く死んだため、延徳二年(一四九〇)六月二十一日、国信の死去後家督を継いだ。翌年伊豆守に任官。文亀元年(一五〇一)大膳大夫、大永元年(一五二一)従三位。延徳

武田元信花押

三年・四年、将軍足利義材(義稙)の六角高頼討伐に従軍したのをはじめ、永正年間(一五〇四―二一)初期には将軍義澄の命を奉じて出陣するなど、終始幕府に忠勤を励んだ。一方貴族文化への志向が強く、三条西実隆をはじめ飛鳥井雅康や連歌師宗祇・宗長らと親交があり、自身「吐二歌詞一則可レ登二李杜之壇一、伝二書法一則可レ入二鐘王之室一」(『梅渓集』)と讃えられるほどの素養があった。また騎射に巧みで、武家故実書の作成にもきわめて意欲的であった。しかし、その領国支配は次第にかげりを見せ、文亀二年には苛政に反抗する国一揆が蜂起、同族中務大輔らが討死した。永正十六年十一月得度。法名紹壮、透関斎と号した。大永元年十二月三日没。雪嶺永瑾が「送過閭浮五十寒暑」と書いており(『梅渓集』)、享年五十か。

参考文献　『大日本史料』九ノ一三、大永元年十二月三日条、米原正義『戦国武士と文芸の研究』、『小浜市史』通史編上、『福井県史』通史編二、黒崎文夫「若狭武田氏の消長」(『一乗谷史学』一二)　（須磨　千頴）

たけちのおうじ　高市皇子　六五四―九六　天武天皇の皇子。知られる十人の皇子のうちでは最も早い白雉五年(六五四)の誕生。『日本書紀』には高市皇子命・後皇子《のちのみこ》尊《みこと》、『万葉集』には高市皇子尊と記される。母は宗形君徳善の女、尼子娘《あまこのいらつめ》。天武天皇元年(六七二)の壬申の乱には、天皇挙兵の報を得て近江を脱出、伊賀の積殖の山口で天皇の軍に合し、のち天皇から全軍の統帥を委任され、美濃の不破にあって活躍した。天武朝では、草壁・大津両皇子につぐ第三の地位にあったが、最年長の皇子として、壬申の乱時の活躍と相まって内外の信望が高かったと推測される。持統天皇四年(六九〇)、前年の皇太子草壁皇子の死をうけて太政大臣に任じられ、同六年、その封戸は五千戸に達し、同七年には浄広壱位に昇ったが、同十年七月十日没。『扶桑略記』には年四十三とある。『懐風藻』葛野王の伝によれば、皇子の没後、朝廷で皇嗣をめぐり紛議があったといい、翌年には草壁の子軽皇子(文武天皇)が立太子、持統天皇は皇位を譲った。『万葉集』二には、皇子の城上の殯宮で柿本人麻呂の作った挽歌を載せ、また、天武天皇七年、十市皇女が没したおりの皇子の作歌三首を載せる。天智天皇の女御名部皇女を室とし、子に長屋王・鈴鹿王、皇子の後裔と伝える氏に高階真人・永原朝臣・豊野真人・豊峯真人などがある。

参考文献　直木孝次郎『持統天皇』(『人物叢書』四一)　（笹山　晴生）

三立岡墓《みたておかのはか》　『延喜式』諸陵寮には「在二大和国広瀬郡一、兆域東西六町、南北四町、無二守戸一」とある。広瀬郡は奈良盆地西辺の馬見丘陵東麓の地で、広瀬郡の旧地にあたる奈良県北葛城郡広陵町の三吉大垣内には見立山《みたてやま》の字名が残っているが、当墓に擬すべき古墳は見当らない。　（戸原　純一）

たけちのくろひと　高市黒人　生没年不詳　七世紀末から八世紀初めにかけての歌人。姓《かばね》は連。『古事記』に天津日子根命を高市県主らの祖とし、『新撰姓氏録』に高市連を天津彦根命の後裔と記す。これらによれば壬申の乱の時天武天皇方に神託を伝えた高市県主許梅の一族と推定される。柿本人麻呂より少し遅れて出仕し活躍した歌人らしい。持統上皇の吉野行幸時の作歌、大宝二年(七〇二)三河行幸従駕歌のほか、山城・近江・摂津・尾張・越中などの諸国における作があり、一説に地方歌謡の采詩官であったともいう。『万葉集』にみえる短歌十八首はすべて旅の歌であり、「旅にして物恋しきに山下の赤のそほ舟沖に漕ぐ見ゆ」「桜田へ鶴鳴き渡る年魚市《あゆち》潟潮干にけらし鶴鳴き渡る」など視界から遠ざかる舟や鳥を詠んで、存在の不安やそこはかとない旅愁を感じさせる作品が多い。それらに含まれる自然の叙景的な表現によって山部赤人の先駆とも称されるが、赤人よりも主観性の濃いところがある。

参考文献　池田弥三郎「高市黒人・山部赤人」(『日本詩人選』三)、清水克彦「黒人における抒情の性格」(『万葉論集』所収)、森朝男「高市黒人」(『万葉集講座』五所収)、佐佐木幸綱「遅れて来る人」(『万葉へ』所収)、村瀬憲夫「藤原宇合と高市黒人」(『美夫君志』二一)　（稲岡　耕二）

たけなかしげはる　竹中重治　一五四四―七九　戦国時代の武将。もとの名は重虎、通称は半兵衛。重元の子。天文十三年(一五四四)生まれる。竹中氏は美濃国(岐阜県)の豪族であり、当初は美濃国守護斎藤竜興の武将として仕えていたが、永禄十年(一五六七)八月、織田信長が斎藤竜興を攻め、稲葉山井口城を奪って美濃国を制圧すると、信長の家臣となった。元亀元年(一五七〇)の近江浅井氏との姉川の戦や、天正三年(一五七五)の長篠戦などに活躍。やがて信長の命により羽柴秀吉の与力として中国攻めの征服戦に従事し、謀将として活躍した。『信長公記』によれば、天正五年十一月には、小寺官兵衛(黒田孝高)とともに播磨(兵庫県)の福岡野城(福岡城)を攻めている。翌六年には、備前八幡山の城主某を味方にした由を信長に告げ、秀吉とともに褒賞を与えられている。しかし、天正七年六月十三日、播磨攻めの陣中において病没した。三十六歳。

竹中重治花押

参考文献　『岐阜県史』通史編三、『兵庫県史』三　（黒田日出男）

たけのうちのすくね　武内宿禰　⇩たけしうちのすくね

たけのごしょ　竹御所　一二〇三―三四　鎌倉時代中期

の女性。建仁三年（一二〇三）生まれる。鎌倉幕府二代将軍源頼家の女。母は木曾義仲の女という。源氏正統断絶後、寛喜二年（一二三〇）二十八歳のとき四代将軍藤原頼経の御台所となる（時に頼経は十三歳）。四年後の文暦元年（一二三四）七月二十七日、鎌倉北条時房邸で、出産（死産）ののち死没。三十二歳。貞永元年（一二三二）末には父将軍追善のため大慈寺内に御願堂建立の上棟を行なっている。『尊卑分脈』は「竹御方」と記す。

参考文献　『大日本史料』五ノ九、文暦元年七月二十七日条

（飯田悠紀子）

たけのじょうおう　武野紹鷗　一五〇二―五五　室町時代末期の茶湯者。幼名松菊丸、通称は新五郎、名乗は仲《なか》材《き》、一閑・大黒庵と号す。父は信久、母は奈良の豪族中坊氏の娘。文亀二年（一五〇二）大和国吉野郡に生まれる。信久は応仁の乱に際会して、洛中で父と兄を失い、十一歳で孤児となるが、中坊氏の庇護を受け、また堺に転出してからは、三好氏の援護のもとに、有力な堺の町衆となる。信久の業体は、環濠都市堺の自衛のための軍隊を編成指揮すること、および武具の製造であった。そのため蓄財には成功したが、武田を武野と改姓せざるをえなかった。家名の興隆に腐心し、二十四歳の紹鷗を上洛させ、四条室町（京都市中京区菊水鉾町）に居宅を構えて勉学に出精させた。紹鷗は二十七歳の三月、三条西実隆にまみえて、和歌・連歌・歌学の指導をうけること十年に及んだ。この間の消息は『実隆公記』に詳しい。二十九歳、従五位下因幡守に叙任（『武野家系図』）、翌年、山科本願寺について出陣するなど、軍事に関与したが、三十一歳の二月十五日に、大徳寺の古岳宗亘のもとで出家剃髪している。世俗での栄進から脱却した紹鷗は、はじめ連歌に志を持っていたが、新しい芸術として誕生した茶の湯に着目し、村田珠光の門人、村田宗珠・十四屋宗伍らに接近して、唐物崇拝を基調とする喫茶の儀礼に侘茶としての展開を与え、千利休に伝達する役割を果たすに至る。三十六歳での実隆の死、信久の死に伴い、生活の拠点を堺に移す。武具製造業の権益を保有していたらしい。六十種の名物を所蔵する富豪である一方で、藤原定家の詠歌をひいて、浦の苫屋の無一物の境涯を推奨した。紹鷗の侘は、この二極（富裕と簡素）の間の遊泳を楽しむことにあった。利休の酷しさとは別の、閑雅の世界は後代に多くの支持者を得た。門人には、婿の今井宗久、津田宗及などがあり、次の茶の湯の黄金期を現出せしめた。『紹鷗十ヶ条』『侘の文』があるが、史料的な検討が求められる。弘治元年（一五五五）閏十月二十九日没す。五十四歳。子息の宗瓦、孫の宗朝など、注目すべき後裔もいた。紹鷗の文化的位相は武野家の歴史、すなわち屈曲した家の経緯の局面での捕捉を必要とする。墓塔は堺の臨江寺に存し、供養塔として堺の南宗寺、高野山のものが知られる。

参考文献　戸田勝久『武野紹鷗研究』、矢部良明『武野紹鷗』

（戸田　勝久）

武野紹鷗花押

武野紹鷗墓

武野紹鷗画像

たけはにやすひこのみこと　武埴安彦命　記紀系譜にみえる孝元天皇の皇子。『古事記』は建波邇夜須毗古命・建波邇安王と書く。母は河内青玉の女波邇夜須毗売（『日本書紀』は埴安媛）。『古事記』によれば、崇神天皇の御世高志の道（のちの北陸道）に派遣された大毘古命は、山代の幣羅坂で不思議な歌を歌う少女にあう。歌詞は記・紀本文・紀一云で違いがあるが、要するに天皇を暗殺する計画があるということを諷したもの。このことを報告された天皇は、山代の建波邇安王の邪心によるものとして、大毘古命に丸邇臣の祖日子国夫玖命を副えて討たせ、

これを殺した。『日本書紀』にはこの物語に、天皇の叔母にあたる倭迹迹日百襲姫命が登場し、さきに武埴安彦の妻吾田媛が倭の香山(天香具山)の土を領巾の端につつんで祈請し「是は倭国の物実」といって帰ったことから、少女の歌を武埴安彦の叛乱の企図を諷したものと判じたとある。間もなく武埴安彦と吾田媛は挙兵し、武埴安彦は山背から、吾田媛は大坂から京を襲わんとするが、ともにやぶれ両人は殺される。

参考文献 川副武胤『古事記の研究』 (川副 武胤)

たじひのあがたもり 多治比県守 六六八―七三七 奈良時代前期の貴族、官人。姓《かばね》は真人。生年は『公卿補任』天平九年(七三七)条に「薨、年七十」とあるのによれば天智天皇七年(六六八)である。父は文武朝の左大臣多治比島。慶雲二年(七〇五)に従五位下、霊亀元年(七一五)に従四位下に叙せられ、養老元年(七一七)遣唐押使として節刀を賜わり渡唐、翌二年帰朝。武蔵守・按察使・持節征夷将軍・中務卿などを歴任し、天平元年長屋王の変に際し、権に参議となる。このころ大宰大弐より民部卿に遷り、変後従三位。天平三年に参議、同四年に中納言および山陰道節度使に任ぜられ、同六年に正三位と昇進を重ね、知太政官事舎人親王、従二位右大臣藤原武智麻呂につぐ高官であったが、天平九年六月に没した。当時大流行した天然痘が死因であろう。

参考文献 高島正人「奈良時代の多治比真人氏」(『奈良時代諸氏族の研究』所収) (直木孝次郎)

たじひのいけもり 多治比池守 ?―七三〇 奈良時代初期の貴族、官人。姓《かばね》は真人。『続日本紀』に左大臣多治比嶋の第一子とある。持統天皇七年(六九三)に直広肆(従五位下に相当)となり、以後しばらく史上にみえず、和銅元年(七〇八)に従四位下民部卿、同年造平城京司長官、同七年に従三位、翌霊亀元年(七一五)に大宰帥、養老元年(七一七)善政により褒賞され、中納言を経て養老五年大納言、神亀四年(七二七)に従二位に昇進する。この間神亀二年に霊寿杖を賜わる。この時七十歳とすれば、生年は斉明天皇二年(六五六)となる。天平元年(七二九)の長屋王の変には、長屋王窮問の使者となる。翌天平二年九月に没した。 (直木孝次郎)

たじひのしま 多治比島 六二四―七〇一 七世紀の天武・持統・文武天皇の三代に仕えた貴族、官人。正確な生年は不明であるが、『公卿補任』大宝元年(七〇一)条に「年七十八」とあるのより推算すると推古天皇三十二年(六二四)の生まれ。宣化天皇の曾孫多治比王の子。姓《かばね》は真人。名は嶋・志摩とも書く。天武天皇十一年(六八二)、大鐘を奉ったのが初見、時に筑紫大宰であった。持統天皇三年(六八九)直広弐より直広壱(正四位下)に昇り、同四年正月の持統天皇の即位に際し賀詞を奏上、同年七月正広参(従二位)右大臣に叙任される。太政大臣高市皇子につぎ、臣下では第一の高官として政治に関与した。持統天皇十年輿と杖を賜わる。文武朝にも天皇の政治を補佐し、文武天皇四年(七〇〇)に左大臣、大宝元年三月正二位に叙せられ、同年七月に没した。子に池守・県守・広成・広足がある。 (直木孝次郎)

たじひのひろなり 多治比広成 ?―七三九 奈良時代前期の貴族、官人。姓《かばね》は真人。多治比島の第五子。和銅元年(七〇八)に従六位上より従五位下に叙せられ、同年下野守、養老三年(七一九)越前守となり、按察使を兼ねて能登・越中・越後の三国を管し、神亀元年(七二四)従四位下。天平四年(七三二)遣唐大使となり、翌五年節刀を授けられ、同年四月難波より出航、使命を果たして同六年十一月多褹島に帰着、翌七年平城に帰来。このとき吉備真備・玄昉が留学を終え、広成に従って帰朝したと考えられる。八年、菩提僊那が来日するのは、広成の請願によるという(波羅門僧正碑)。『懐風藻』『唐大和上東征伝』では氏《うじ》を丹墀につくる。入唐に際して用字を改めたか。同年従四位上より正四位上に昇り、同九年八月に参議、同年九月に従三位中納言、さらに翌十年には式部卿を兼ねる。天平九年の疱瘡の大流行後、橘諸兄につぐ高官となったが、天平十一年四月に没した。『懐風藻』に詩三首がある。 (直木孝次郎)

たじひのみつはわけのみこと 多遅比瑞歯別尊 ⇨反正《はんぜい》天皇《てんのう》

たじまもり 田道間守 『日本書紀』にみえる人名。『古事記』は多遅摩毛理と書く。『古事記』垂仁天皇段によれば、天皇が三宅連らの祖先にあたる多遅摩毛理という人物を常世国に遣わして登岐士玖能迦玖能木実(『日本書紀』は非時香菓と書き、今、橘というとある。その時(季節)でないのに実る果物の意か)を求めさせた。彼はその実を縵八縵・矛八矛(葉のついた枝、葉をとった枝各八枝の意)として齎《もたら》し帰朝したが、すでに天皇は崩じていた。彼は縵四縵・矛四矛を分けて大后比婆須比売命と天皇の御陵の前に献じ、みずからは叫び哭いて死んだという。『日本書紀』に「遠往二絶域一、万里蹈レ浪、遙度二弱水一、是常世国、則神仙秘区、俗非レ所レ臻」とあるとおり、神仙思想の影響によって生まれた説話である。

参考文献 川副武胤『古事記の研究』 (川副 武胤)

たじみくになが 多治見国長 一二八九―一三二四 鎌倉時代後期の武将。通称四郎二郎。後醍醐天皇の命をうけ鎌倉幕府追討の計画に参加した。『太平記』一、無礼講事には「爰に美濃国の住人土岐伯耆十郎頼貞・多治見四郎次郎国長と云者あり、共に清和源氏の後胤として武勇の聞へありければ資朝卿様々の縁を尋ねて昵び近かれ」とある。日野資朝を中心とする討幕計画は、正中元年(一三二四)土岐一族の船木頼治の裏切りによって露見し、六波羅探題は鎌倉に早馬をたてるとともに、九月十九日の明方、錦小路高倉にあった多治見国長の宿所と三条堀河の土岐頼兼の宿所を襲った。国長は奮戦の末、味方と刺し違えて死んだという。三十六歳。いま岐阜県多治見市字木に多治見国長屋敷跡が残っている。明治三十八年(一九〇五)正四位がおくられた。

参考文献 『岐阜県史』通史編中世　（福田栄次郎）

たしらかのおうじょ　手白髪皇女　記紀ともに仁賢天皇皇女、継体天皇皇后とする。欽明天皇の生母。母は春日大郎女（雄略天皇皇女）。『日本書紀』は手白香皇女と書く。仁賢天皇皇子小長谷若雀命が次代の武烈天皇であるが、この天皇に子がなかったので、応神天皇の五世の孫にあたる袁本杼命（『日本書紀』は男大迹王とし、誉田天皇（応神天皇）の五世孫彦主人王の子とする）を近江より迎え、この王が天皇となり、手白髪皇女を皇后とした。なお『古事記』はこの后に特に「大后」と注する。『延喜式』諸陵寮に「衾田墓、手白香皇女」とある。

参考文献 川副武胤『古事記の研究』、同『古事記及び日本書紀の研究』　（川副　武胤）

衾田陵《ふすまだのみささぎ》　奈良県天理市中山町にある。最近は旧字名により西殿塚古墳ともいう。『延喜式』諸陵寮は「衾田墓」とし、「在二大和国山辺郡一、兆域東西二町、南北二町、無二守戸一、令三山辺道勾岡上陵戸兼守二」と記し、遠墓とする。中世所在不明となり、明治九年（一八七六）教部省は現陵を定めて掌丁を置き、同二十二年修営した。丘陵の斜面に位置する南面の前方後円墳で、現状は長軸の長さ二二九メートル、前方部幅一三〇メートル、後円部径一四一メートル、高さ前方部二一・三メートル・後円部二九・二メートル。後円部頂上には、狭木《さき》之寺間《のてらま》陵後円部頂上の原初の形態のように方丘があり、前方部頂上にも方丘がある。遺物には特殊埴輪の存在が報告されており、古式古墳の様相をもつ。

参考文献 「皇后手白香皇女衾田陵之図」（『陵墓地形図』二五〇、宮内庁書陵部所蔵）、上野竹次郎『山陵』上、東潮「西殿塚古墳」（『奈良県史跡名勝天然記念物調査報告』四二）　（石田　茂輔）

たしろさんき　田代三喜　一四七三―一五四四　室町時代後期・戦国時代の医家。わが国における李朱《りしゅ》医学、後世派の開祖。曲直瀬《まなせ》道三の師。名は導道《どうどう》、諱が三喜、字は祖範《そはん》で範翁・意足軒・支山人などと号した。文明五年（一四七三）四月八日、武蔵国越生《おごせ》（埼玉県入間郡越生町古池、一説に川越）に兼綱の子として生まれる。代々の医家だが、彼も医を志し臨済宗妙心寺派の僧となり、足利学校主の利陽に学ぶ。長享元年（一四八七）中国明に渡り李東垣《りとうえん》・朱丹渓《しゅたんけい》の医学を学び、日本人留学僧医の月湖に師事し、明応七年（一四九八）帰国。鎌倉円覚寺江春庵に住んだが、のち下野国足利に移り、さらに永正六年（一五〇九）、古河公方《こがくぼう》の足利成氏の招きで下総国古河へ行き「古河の三喜」とよばれた。その後も関東一円を往来したが、足利学校遊学中の曲直瀬道三が彼に師事し、京都に李朱医学を持ち帰った。これがその後約二百年間にわたって日本医学の主流をなすに至った。『三喜廻翁医書』は三喜の代表的著作の集大成。天文十三年（一五四四）四月十五日、七十二歳（一説に天文六年二月十九日、七十九歳）で没した。茨城県古河市長谷町に供養碑がある。

田代三喜画像

参考文献 矢数道明『近世漢方医学史』　（長門谷洋治）

ただなりおう　忠成王　一二二二―八〇　順徳天皇の皇子。母は従三位藤原清季の女。『葉黄記』に元服のとき二十六歳とあるのに従えば貞応元年（一二二二）の生まれとなる。承久の乱で順徳上皇が佐渡に移された翌年である。宝治元年（一二四七）二月二十五日、民部卿平経高の計らいにより密々に元服。親王宣下はなく、石倉（蔵）宮または広御所宮と呼ばれた。弘安三年（一二八〇）十二月十三日、一説に十一日、五十九歳で没したといわれる。　（宮崎　康充）

ただのみつなか　多田満仲　⇨源満仲《みなもとのみつなか》

ただゆきつな　多田行綱　生没年不詳　十二世紀後半に活躍した武将。摂津国河辺郡多田荘（兵庫県川西市）を本拠とする多田源氏で多田太郎と称す。多田源氏は清和源氏源満仲の長子で摂津源氏の祖たる頼光に系譜をひき、行綱は頼盛の子。蔵人・伯耆守となる。治承元年（一一七七）五月、鹿ヶ谷事件のとき大納言藤原成親ら後白河院近臣の平氏打倒の謀議に加わったが、やがて謀議を平氏に密告し、計画発覚の端をつくる。しかし寿永二年（一一八三）七月、反平氏の旗をあげ摂津・河内両国で在地の内乱勢力を組織した。ついで文治元年（一一八五）十一月には、頼朝に反抗して都をのがれ西海へ向かわんとした源義経一行を、豊島冠者とともに摂津国河尻で襲撃しその前途を妨げるという動きをみせた。

参考文献 安田元久『武士世界の序幕』　（安田　元久）

たちばなあきつら　立花鑑連　⇨戸次鑑連《べっきあきつら》

たちばななおつぐ　立花直次　一五七二―一六一七　安土桃山・江戸時代初期の武将。筑後の大名三池立花家の開祖。元亀三年（一五七二）生まれた。高橋鎮種（紹運）の子。立花宗茂（統虎）の弟。初めは高橋を名字とした。統《むね》増《ます》・宗一・直次と名乗った。官途は民部少輔・主膳正。天正十三年（一五八五）、父紹運の筑後遠征中に宝満城を預かり、筑紫広門に城を奪われた。紹運は帰国後、広門の娘と統増を結婚させ、婿引き出物として宝満城を受け取り、統増夫妻を住まわせた。同十四年に島津氏が北上して紹運の籠る岩屋城を落城させると、宝満城籠城者の妻子が岩屋城に籠っていたために、人質として抑えられ

島津氏に降る。豊臣秀吉の島津氏制圧の後、宗茂の与力として筑後三池郡を秀吉より与えられた。秀吉の朝鮮侵略には兄宗茂とともに動員された。関ヶ原の戦では兄とともに西軍として伏見城などを攻撃、敗戦後筑後に戻ったが、佐賀の鍋島氏、肥後の加藤氏に攻められ、兄とともに降参、加藤清正に預けられ、のちに京都北山に隠遁した。慶長十八年(一六一三)に将軍徳川秀忠に拝謁、同時に立花名字に改めた。同十九年十月に常陸国筑波郡で五千石を与えられ、同年十一月の大坂冬の陣に従軍した。元和三年(一六一七)七月十九日死亡。四十六歳。法名道白。墓は東京都練馬区桜台の広徳寺別院にある。子の種次が跡を継ぎ同六年に筑後三池の大名に復帰した。子孫には幕府の若年寄になったものもいる。

参考文献 『大日本史料』一二ノ一〇、慶長十八年正月二十九日条
（木村 忠夫）

たちばなのありつら 橘在列 生没年不詳 平安時代中期の詩人。字は卿、法号は尊敬。尾張守秘樹の三男で、文章院に入学し才識抜群と称されたが、天下にその晩達を惜しまれた。安芸介から弾正少弼に任ぜられ、親交を結んだ源英明と『扶桑集』に唱和詩を詠んでいる。天慶七年(九四四)比叡山に登って出家し、同九年に東塔法華三昧堂の壁画讃を書いた。天暦七年(九五三)ごろ没したと思われる。弟子の源順編の『沙門敬公集』七巻、『尊敬記』は散佚し、わずかの詩文を残すのみである。

参考文献 『大日本史料』一ノ八、天慶七年十月是月条、亀田孜「橘在列賛の延暦寺東塔法華三昧堂の大師影像壁画」(『日本仏教美術史叙説』所収)、大曾根章介「源英明と橘在列」(『国語と国文学』四〇ノ一〇)
（大曾根章介）

たちばなのうじきみ 橘氏公 七八三―八四七 平安時代前期の公卿。後井手右大臣と号す。延暦二年(七八三)誕生。内舎人橘朝臣清友の男、嵯峨皇后嘉智子の弟。『尊卑分脈』『公卿補任』には母粟田小松泉子とみえる。

橘氏公自署

天長十年(八三三)非参議従三位から右近衛大将・参議となり、中納言・大納言を経て、承和十一年(八四四)仁明天皇の近親の故をもって右大臣に任じられた。同十四年十二月十九日、病により私第において没。六十五歳。贈正一位。薨伝には、太后の弟たるにより顕要を歴たとある。現在、梅宮大社の護王社はこの氏公を祀る。
（義江 明子）

たちばなのかちこ 橘嘉智子 七八六―八五〇 嵯峨天皇の皇后。檀林皇后と称せられる。内舎人橘朝臣清友の女。母は田口氏。仁明天皇および淳和皇后正子内親王の母。延暦五年(七八六)誕生。嵯峨天皇が親王の時に妃となり、大同四年(八〇九)夫人、弘仁六年(八一五)皇后、同十四年皇太后。仁明天皇の即位により太皇太后となる。檀林寺を建立し、比丘尼持律者の住寺とした。弟の右大臣氏公とともに橘氏子弟の学舎として学館院を設立。仁明天皇不予に際して尼となり、嘉祥三年(八五〇)五月四日崩。六十五歳。深谷山に葬られる。崩伝によれば、まだ少女の折に法華寺の尼が、将来、天子および皇后の母となることを予言したという。仏法に帰依し、宝幡・繡文袈裟などを沙門恵蕚に託して唐の僧・寺に施入した。橘氏の氏神梅宮神は、嘉智子が円提寺から葛野川頭に移祭したもの。現在、梅宮大社では嘉智子は相殿四座の一つに祀られている。法華寺十一面観音像は嘉智子をモデルとしたとの説もある。

参考文献 義江明子「橘氏の成立と氏神の形成」(『日本古代の氏の構造』所収)、久野健「法華寺の仏像」(『南都仏教』六)
（義江 明子）

嵯峨陵《さがのみささぎ》 京都市右京区嵯峨鳥居本深谷《ふかたに》町にある。形状は小円丘である。崩御の翌日嘉祥三年(八五〇)五月五日に深谷山に葬り、遺令によって薄葬し山陵を営まなかったことが『文徳実録』にみえる。『延喜式』諸陵寮には「兆域東西六町、南二町、北五町、守戸三烟、不ㇾ入₂頒幣之例₁」とある。のち陵所は所伝を失い、清涼寺の石塔を擬するなど諸説があったが、明治四十五年(一九一二)に現所を陵と定め、陵号を『延喜式』に従って嵯峨陵と治定した。

参考文献 上野竹次郎『山陵』上
（戸原 純一）

たちばなのきよとも 橘清友 七五八―八九 奈良時代の貴族。右大弁橘朝臣奈良麻呂の男、嵯峨皇后嘉智子の父。天平宝字二年(七五八)誕生。『文徳実録』嘉祥三年(八五〇)五月壬午(五日)条の嘉智子崩伝によれば、宝亀八年(七七七)高麗《こま》国使に接対して子孫大貴の相と評されたという。延暦五年(七八六)内舎人、同八年病没。三十二歳。弘仁六年(八一五)嘉智子の立后に伴い贈従三位。仁明天皇の外祖父として天長十年(八三三)贈正一位、承和六年(八三九)贈太政大臣。承和二年清友の名を避けて、清友宿禰氏は笠品宿禰に改姓された。相楽郡拝山墓に守冢一烟・墓地四町を充てらる。『古今和歌集』に井手の山吹を詠んだ歌を収む。現在、梅宮大社の相殿四座の一つに祀られている。
（義江 明子）

加勢山墓《かせやまのはか》 『延喜式』諸陵寮には「加勢山墓」とあるが、『続日本後紀』は「拝山墓」に作る。清友は仁明天皇の外祖父にあたる。故に天皇は即位ののち正一位、ついで太政大臣を追贈し、墓に守戸一烟を置いて管守させたことが『続日本後紀』にみえる。『延喜式』諸陵寮には「在₂山城国相楽郡₁、兆域東西四町、南北六町、守戸一烟」とあり、遠墓とする。いまその所在は明らかでないが『陵墓一隅抄』には「旧鹿背山村、在₂古寺池側₁今廃」とある。鹿背山村は現在京都府相楽郡木津町に属している。なお橘氏と縁故の深い同綴喜《つづき》郡の井手町のあたりに墓所を求める説もある。
（戸原 純一）

たちばなのこなかち 橘古那可智 ？―七五九 聖武天皇の夫人。橘夫人と称せられる。父は中宮大夫橘宿禰佐

為。聖武天皇の後宮に入り、天平九年(七三七)無位から従三位、天平勝宝元年(七四九)従二位。天平宝字元年(七五七)七月、橘諸兄の子奈良麻呂が乱に敗れてのち、同年閏八月、麻都賀・綿裳らとともに佐為の子孫は本姓橘朝臣を改めて広岡朝臣姓を賜わった。時に正二位。同三年七月五日に没す。法隆寺に天平十四年二月、木絵・櫃座・韓櫃など、同十八年五月には『大般若経』『大宝積経』『薬師経』を奉納。いずれも「正三位橘夫人宅」よりなされている。法隆寺の瓦葺講堂は旧橘夫人宅を施入。また正倉院に現存する天平勝宝四年四月の大仏開眼会の際の献物と思われる犀角把白銀葛形鞘珠玉荘刀子と琥碧誦数の牌にも「橘夫人」の名がみえる。献物牌の一つにみえる「橘少夫人」を、諸兄・佐為兄弟の母たる県犬養橘宿禰三千代(橘氏大夫人)に対して古那可智をさすとする説もある。

参考文献 『法隆寺縁起資財帳』、松島順正編『正倉院宝物銘文集成』 (義江 明子)

たちばなのためなか 橘為仲 ?―一〇八五 平安時代中期の歌人。筑前守義通の男。長久四年(一〇四三)淡路守、以後、皇后宮少進・同大進・左衛門権佐を経て治暦二年(一〇六六)蔵人、延久元年(一〇六九)越後守、承保三年(一〇七六)陸奥守に任じ、最晩年は太皇太后宮亮正四位下に至った。応徳二年(一〇八五)十月二十一日没。藤原頼通期の歌界に活躍、源大納言師房・四条宮寛子のもとに出入、後年、受領歌人の特異なグループ和歌六人党のメンバーに加えられたらしい。『後拾遺和歌集』以下の勅撰集に六首入集。家集に二種の『橘為仲朝臣集』がある。

参考文献 犬養廉「橘為仲とその集」(『国語と国文学』三五ノ一二) (犬養 廉)

たちばなのとしつな 橘俊綱 一〇二八―九四 平安時代の歌人。伏見修理大夫とも称せられた。長元元年(一〇二八)生まれる。関白藤原頼通の子で、母は進命婦《しんのみょうぶ》、頼通の正室をはばかって讃岐守橘俊遠の養子となった。丹波・播磨・讃岐などの守を歴任し、内蔵頭も勤め、その伏見の豪邸は有名で、多くの歌人や風流人が集まって歌会が開かれた。『後拾遺和歌集』以下の勅撰集に十二首を収めるが、ほかに笛や笙などもよくし、造園にもすぐれていたと伝えられる風流人で、『作庭記』著者の最も有力な候補者とされる。正四位上修理大夫近江守に至り、嘉保元年(一〇九四)七月十四日に六十七歳で没したことが『中右記』にみえる。

参考文献 『大日本史料』三ノ三、嘉保元年七月十四日条、真鍋熙子「橘俊綱考―その一―」(『平安文学研究』二五)、同「橘俊綱考―その二―」(『共立女子大学短期大学部紀要』四) (土田 直鎮)

たちばなのとよひのみこと 橘豊日尊 ⇨用明天皇《ようめいてんのう》

たちばなのなおもと 橘直幹 生没年不詳 平安時代の漢詩人。長門守長盛の子。橘公統に学び、大江維時の弟子ともいう。天暦から天元の間、大内記・大学頭・文章博士・式部大輔に任じ、正四位下に至る。左大臣藤原忠平や村上天皇の信任を得て、詩会に序を作り題を献じ、致仕の表を代作などした。天暦三年(九四九)、「坤元録屏風」に二首の詩を採られ、天徳三年(九五九)内裏歌合には、菅原文時・源順・大江維時とともに闘詩、二勝四敗(三勝三敗とも)一持であった。『新猿楽記』にも大江匡衡・大江以言・文時と比肩する者とされ、天暦八年民部大輔の兼任を要望した奏状は名文で、『和漢朗詠集』や『作文大体』にも引かれており、『十訓抄』『撰集抄』などにもそれにまつわる説話を伝え、さらに後世の『直幹申文絵巻』の材料ともなった。現存作品は、諸書合わせて、詩は二十二首、散文三篇。なお『扶桑集』の散佚部分にも彼の詩があったらしい。和歌は『後撰和歌集』『日本紀竟宴歌』に各一首。『作者部類』は「至康保四年(九六七)」というが、『大日本史料』一ノ一九、天元五年(九八二)七月是月条の説に拠れば、このころまで生存在京しているらしい。

参考文献 『直幹申文絵詞』(『(新修)日本絵巻物全集』三〇)、川口久雄『平安朝日本漢文学史の研究』 (今井 源衛)

たちばなのならまろ 橘奈良麻呂 七二一―五七 奈良時代の高級官人、政治家。橘諸兄《もろえ》の子。母は藤原不比等の娘。養老五年(七二一)生まれる。天平八年(七三六)父諸兄とともに橘宿禰を称したが、それ以前諸王時代の名は不詳。同十二年従五位下叙爵。以後大学頭・摂津大夫・侍従などを歴任。天平勝宝元年(七四九)従四位上で参議に列し、さらに兵部卿・右大弁などに任じた。かねてから藤原仲麻呂の勢力台頭に反撥していたが、天平宝字元年(七五七)大伴・佐伯・多治比などの古来の名族や現状に不満な諸王を糾合して政変を企画した。しかし未然に発覚して捕えられ、獄死したと見られる。三十七歳。子の清友の女嘉智子が嵯峨天皇の皇后となってから、名誉を回復し承和十年(八四三)従一位を、同十四年には太政大臣正一位を贈られた。 (林 陸朗)

たちばなのはやなり 橘逸勢 ?―八四二 平安時代前期の官人。父は従四位下入居。延暦二十三年(八〇四)、遣唐使に従って、空海・最澄らとともに留学。大同元年(八〇六)帰朝。承和の初めごろ、従五位下となったが老病をもって官につかなかったという。承和七年(八四〇)但馬権守に任ぜられた。同九年七月、承和の変の首謀者とされ本姓を剝奪、非人と改め伊豆国へ配流されたが、配送の途中八月十三日に遠江国板筑駅において死没した。これが冤罪であった可能性は強い。嘉祥三年(八五〇)、正五位下を追贈され本郷に帰葬することを許された。墓は姉小路北堀川東の地にあったという。仁寿三年(八五三)、さらに従四位下を贈られた。貞観五年(八六三)以来、中世に至るまで祟りを恐れた貴族たちによって御霊会の対象として祀られた。能書家として有名であり、隷書を得意とし、嵯峨天皇・空海とともに後世三筆と称さ

れ弘仁元年(八一〇)には、平安宮の北面の門の額題を書いた。また伊都内親王願文・興福寺南円堂銅燈台銘や『三十帖冊子』の一部などが彼の筆になるものと伝えられるが確証はない。

参考文献　『橘逸勢伝』、玉井力「承和の変について」(『歴史学研究』二八六)、福井俊彦「承和の変についての一考察」(『日本歴史』二六〇)　(玉井　力)

たちばなのひろみ　橘広相　八三七―九〇　平安時代前期の公卿。父は峰範。はじめ博覧と称した。承和四年(八三七)生まれる。貞観二年(八六〇)に文章生となり、対策及第し蔵人を経て同九年叙爵。翌年、広相と改名。その後文章博士・弁官・東宮学士・蔵人頭などを歴任し、元慶八年(八八四)参議。寛平二年(八九〇)五月十六日没。五十四歳。時に参議正四位上左大弁。翌日、中納言従三位を贈られた。彼は菅原是善門下の俊才で字を朝綾と称し、陽成・光孝・宇多天皇の侍読を勤めた。また、その女義子を宇多後宮へ納れており、文事を好む天皇は、親王時代からの師で、かつ、有能であった彼を重用した。仁和三年(八八七)十一月に端を発する「阿衡の紛議」においては責任者として危うく罪に問われるところであったが、かろうじて難なきを得た。この事件は、文人社会における分裂と天皇対藤原氏の関係が絡みあって起きたものであった。その際、菅原道真が広相の弁護に奔走したことは有名である。著作としては『朝官当唐官略抄』『文選少帖』『橘氏文集』『踏歌記』『蔵人式』などが知られるが現存するものは少ない。

参考文献　『大日本史料』一ノ一、寛平二年五月十六日条、坂本太郎『菅原道真』(『人物叢書』一〇〇)、弥永貞三「菅原道真の前半生」(『日本人物史大系』一所収)　(玉井　力)

たちばなのみちよ　橘三千代　⇩県犬養三千代《あがたのいぬかいのみちよ》

たちばなのもろえ　橘諸兄　六八四―七五七　奈良時代の高級官人、政治家。はじめ葛城《かずらき》王と称し、父は敏達天皇の裔、美努王、母は県犬養三千代。天武天皇十三年(六八四)生まれる。天平八年(七三六)弟佐為王とともに上表して、母の三千代が和銅元年(七〇八)にその忠誠を嘉されて賜わった橘宿禰姓を賜わることを願って許され、橘諸兄と称した。葛城王時代の和銅三年、従五位下に直叙されて官界に入り、天平三年諸司の挙によって参議に任ぜられ、翌四年従三位となった。同九年政権を掌握していた藤原四卿が相ついで没すると、諸兄は大納言、翌十年阿倍内親王が立太子すると諸兄は正三位右大臣に任じて太政官政治を領導した。同十二年藤原広嗣の乱の平定後、正二位に昇り、美濃行幸から南山城の相楽別業に近い恭仁《くに》の地に先導して天皇を迎え、ここに新都恭仁京を造営した。一方紫香楽に大仏鋳造を始め、十五年には従一位左大臣になるなどこのころが諸兄政権の絶頂期であった。その後、大仏造営の主導権をめぐる政情不安のなかで藤原仲麻呂が台頭し、その政治力は次第に諸兄を圧倒する傾向が強くなった。諸兄は天平勝宝元年(七四九)正一位に昇叙され、翌年には朝臣の姓を賜わったが、政治の実権は仲麻呂の手に移りつつあった。そうしたなかで天平勝宝八歳致仕し、翌天平宝字元年(七五七)正月六日、七十四歳で没した。『万葉集』に数首の歌をのこし、ことに大伴家持との接触を物語るものが多い。山城国相楽郡井出(京都府綴喜郡井手町)の別業にちなんで井手左大臣といわれた。

橘諸兄自署

参考文献　岸俊男『藤原仲麻呂』(『人物叢書』一五三)、北山茂夫『日本古代政治史の研究』、横田健一『白鳳天平の世界』、中川収「橘諸兄首班体制の研究」(『奈良朝政治史の研究』所収)　(林　陸朗)

たちばなむねしげ　立花宗茂　?―一六四二　安土桃山・江戸時代前期の武将。筑後国三潴郡柳川を居城とした立花家の初代大名。大友氏の一族吉弘氏から出て、筑後の高橋氏を継いだ高橋鎮種(紹運)の子。鎮種の同僚で立花城城督の戸次《べっき》鑑連(道雪)の娘誾千代の婿として戸次家に入った。はじめ宗虎と名乗ったというが管見の限りでは宗虎と名乗った文書はいずれも写しであり今のところ確証を得ない。統虎《むねとら》・正成・親成・尚政などと名乗り、宗茂の名乗りはもっとも新しい。官途は左近将監・侍従・飛驒守。天正十二年(一五八四)に道雪と実父紹運が協同して筑後へ遠征したときに立花城を守り、事無きを得た。同年秋道雪が筑後で病死したため、誾千代の代官として立花城督となり、紹運とともに大友氏の筑前支配の責任を担った。同十四年には紹運の守る岩屋城、弟統増(直次)のまもる宝満城を落とした島津勢が迫り、降伏を勧告したが、豊臣秀吉に立花の名字まで貰っているということを理由にこれを拒否して城を守り通し、秀吉勢の九

立花宗茂花押

立花宗茂印

州上陸で島津勢が撤退を始めると、筑後の星野氏が島津方として守る高鳥居城を攻め落とした。これらの功績により統虎は十五年六月に小早川隆景の与力として、筑後三池郡・山門郡・三潴郡・下妻郡を与えられた(三池郡は弟統増領)。養父道雪時代の立花城の軍事力は、道雪の先祖以来、あるいは道雪の時代からの被官、道雪の豊後時代からの寄揆(与力)、筑前立花城督就任に伴って大友氏から寄揆として付けられた立花城周辺の大友氏被官によって構成されていた。したがって統虎はこれらの構成メンバーを同質な「家臣」として編成し直さねばならなかった。しかし寄揆は統虎と本質的には対等な地位にある大友氏の被官だった過去があり、これを家臣化することにはかなりの困難が本来ならばあったはずである。統虎がこれに成功した理由はなによりも中央政権=豊臣政権によって大名として認定されたという事実である。統虎が島津氏から降伏を勧告された際に秀吉から立花の名字を貰ったからという理由で断わったのは、立花の名字すなわち立花城主、つまり大友氏の立花城の代官(城督)ではない独立権力者という立場を与えられたという認識に基づくものであろう。そしてこの立場は豊臣氏の軍勢が九州に上陸することによってさらに強化され、十五年五月にはそれまで筑前での寄揆であった薦野氏に立花の名字を与え、また文書の宛所の位置も統虎が秀吉から受け取る文書の宛所の位置に替え、秀吉と統虎の関係をそのまま旧寄揆との関係に当てはめた(のちに文書形式は変更)。下筑後を受け取ると山門郡の柳川を居城とし、十七年には領内を検地して御前帳の提出に備えた。この時の御前帳高(秀吉への指し出し高)は計十万石、その内高橋領一万石であったらしい。文禄元年(一五九二)には秀吉の動員に従って朝鮮に侵入した。朝鮮では碧蹄館の戦で島津氏らと小勢で明の大軍を破り、勇名を轟かした。慶長五年(一六〇〇)関ヶ原の戦では直接参戦はしなかったが西軍に属し、敗戦後柳川に帰って佐賀の鍋島氏、肥後の加藤氏を相手に戦ったが、結局加藤清正の勧告を受け入れて降参し、主な家臣を加藤清正に預けて浪人。江戸へ赴いた。同八年に徳川家康・同秀忠に召し出されて陸奥国棚倉で一万石を与えられて大名に取り立てられ、同十五年には陸奥・上総で一万石を加増され、二度の大坂の陣には徳川方として参戦した。元和六年(一六二〇)十一月に下筑後三潴・下妻・山門で十万九千六百石余を与えられ、再び柳川へ戻った。その後将軍秀忠の相伴衆となる。寛永十四年(一六三七)に隠居、弟直次の子忠茂を養子として跡を譲った。同十五年島原の乱の際は、隠居の身ながら将軍家光に命ぜられて島原に赴いた。同十九年十一月二十五日死亡。法名大円院松隠宗茂。墓は東京都練馬区桜台の広徳寺別院にある。

立花宗茂画像(土佐光起筆)

[参考文献] 中野等『立花宗茂』(『人物叢書』二二七)

(木村　忠夫)

たちばなやまたさぶろう　橘屋又三郎　生没年不詳　戦国時代の堺貿易商人。文之玄昌の著『鉄炮記』によれば、天文十二年(一五四三)種子島に鉄砲が伝来したとき、たまたま同地に滞在していた又三郎は、鉄砲の製作法と射撃術を学び、堺に帰って直ちに鉄砲の製作を始め、畿内一円にこれを広めたといわれる。のちに堺が鉄砲の一大生産地となったのは又三郎の功とされ、世人は又三郎を鉄砲又と称したという。しかし『鉄炮記』の記事によると、中央に鉄砲が伝播するのに関与した人物には、又三郎のほかに津田監物丞・根来寺杉坊某の二名が挙げられているため、普及の功績を又三郎に特定しがたいが、この津田監物丞は根来寺杉坊の院主津田監物と同一人物と思われ、また津田氏は橘姓を称していることから、「根来寺杉坊津田監物橘某」なる同一人の事跡が別々の情報として文之に伝えられ、不穿鑿のままそれらの人物が存在する記事になったとも考えられる。

(所　荘吉)

たつえもん　竜右衛門　生没年不詳　南北朝・室町時代前期ごろに活躍した能面作家の一人。世阿弥の『申楽談儀』めん(面)のこと条に「ゑちぜん(越前)にはいしわうひやうへ(石王兵衛)、其後たつゑもん(竜右衛門)、其後やしや(夜叉)、其後ぶんざう(文蔵)、其後こうし(小牛)、

其後徳若也」とあって、世阿弥のころの認識で、越前国における名のある能面作家中早いころの一人と考えられる。また「此座に年よりたるぜう(尉)、たつ(竜)右衛門」とか「若おとこめん(男面)は、たつ(竜)右衛門也」とあり、後世の伝書類にも若い男女や尉面を得意とするように伝えられている。したがって、現在能楽諸家に伝世する能面中、この種の面で竜右衛門作伝をもつものが多いが、その真偽のほどは明らかでない。

参考文献 野上豊一郎『能面論考』、田辺三郎助「〝面打ち〟—能面作家考—」(『月刊文化財』一八七)

(田辺三郎助)

伊達稙宗花押

「社」
伊達稙宗印

だてたねむね 伊達稙宗 一四八八—一五六五 戦国時代の武将。陸奥国伊達郡梁川・桑折西山城主。陸奥国守護。初称次郎、号は直山。長享二年(一四八八)陸奥国伊達郡に生まれる。父は伊達尚宗、母は越後守護上杉定実の娘。永正十四年(一五一七)足利義稙の一字を受けて稙宗と称し、左京大夫に任じられた。天文元年(一五三二)伊達郡梁川から同郡桑折西山城に移り、子息晴宗と争った伊達氏洞《うつろ》の乱(天文十一—十七年)後、伊具郡丸森に隠退、永禄八年(一五六五)六月十九日、丸森で死去した。七十八歳。大永二年(一五二二)陸奥国守護となり、天文四年『棟役日記』、同七年『段銭帳』を作成、同五年『塵芥集』を制定するなど、伊達氏の戦国大名権力成立に画期的な役割を果たした。半面、棟役・段銭賦課の強化により家中の反発を招いたことも否定できない(洞の乱)。二十数人の子女のうち二男六女までを相馬・蘆名・大崎・二階堂・田村・懸田・葛西などの諸家に入嗣・入嫁させ、奥羽中南部に絶対的な地歩を築いた。三十歳代のころ三条西実隆に和歌の批点を請い、晩年には近衛稙家に酷似した花押を用いるなど、京文化と文雅の道に傾倒した。法名は直山円乂智松院殿。墓は宮城県伊具郡丸森町の館跡と福島市小田の陽林寺にある。夫人は会津黒川城主蘆名盛高の娘(泰心院)。

伊達稙宗画像(長谷川養辰『伊達家歴代画真』)

伊達稙宗墓(宮城県伊具郡丸森町所在)

参考文献 伊達綱村編『伊達正統世次考』八・九、小林宏『伊達家塵芥集の研究』

(小林 清治)

だててるむね 伊達輝宗 一五四四—八五 戦国・安土桃山時代の武将。出羽国米沢城主。幼名は彦太郎のち総次郎。天文十三年(一五四四)九月伊達晴宗の次男として陸奥国伊達郡桑折西山城に誕生。母は飯野平城主岩城重隆の娘、久保姫。弘治元年(一五五五)、足利義輝より諱字を受け輝宗と名乗る。永禄七年(一五六四)十二月から翌八年四月のころに家督を相続した。天正三年(一五七五)従四位下左京大夫に叙任。家督相続後まもなく元亀元年(一五七〇)宿老中野宗時・牧野宗仲父子の謀反にあったが、よくこれを鎮圧し、その後は遠藤基信を宰臣として家中を統治した。外には、永禄九年会津蘆名氏と婚姻を結んで友好関係を保ち、東隣の相馬氏とは天正初年以来、連年にわたり伊具郡で戦い、天正十二年伊具郡を回復して講和した。同年十月、隠居して受心と号し、出羽国米沢西郊の館山に移った。翌十三年十月八日、出陣先の陸奥国安達郡宮森城から不慮にして二本松城主畠山義継に拉致される途中、伊達勢の銃撃により義継ととも

伊達輝宗花押

伊達輝宗印

伊達輝宗画像（長谷川養辰『伊達家歴代画真』）

に最期をとげた。四十二歳。法名は性山受心覚範寺殿。山形県東置賜郡高畠町夏茂の資福寺跡に輝宗の五輪塔がある。また、福島市佐原の慈徳寺に輝宗の首塚と称するものがある。夫人は山形城主最上義守の娘、義姫（保春院）。

参考文献『伊達治家記録』　（小林　清治）

だてはるむね　伊達晴宗　一五一九―七七　戦国時代の武将。出羽国米沢城主。初称次郎、入道号は道祐。永正十六年（一五一九）、陸奥国伊達郡梁川城主伊達稙宗の長男として梁川に生まれる。母は蘆名盛高の女。天文二年（一五三三）、足利義晴から諱字を受け、晴宗と名乗った。同十一年、弟実元の越後守護上杉家への入嗣に反対して、稙宗を幽閉し、以後同十七年まで奥州の諸家を巻き込む争乱（伊達氏洞《うつろ》の乱）を惹き起した。乱後、米沢に本拠を移し、弘治元年（一五五五）左京大夫、その後奥州探題となった。永禄七年（一五六四）十二月から翌八年四月のころに隠居し、陸奥国信夫郡杉目（福島市）に移った。洞の乱に功のあった中野宗時とその子牧野久仲（宗仲）および桑折《こおり》貞長を重用し、天文二十二年には家中に対する知行判物を一斉に再交付して知行を改め、あるいは確認し（『伊達晴宗采地下賜録』の作成）、同年懸田氏を滅亡させるなど、権力の強化に努めたが、宗時・宗仲父子を十分に抑えきれず、治世の後期には子息輝宗との対立を深めた。夫人岩城重隆の女、久保姫（栽松院）との間にもうけた十一人の子女を岩城・磐瀬二階堂・留守・石川・蘆名・佐竹・国分などの諸家に入嗣・入嫁させた。天正五年（一五七七）十二月五日、杉目で死去。五十九歳。法名は乾徳院殿保山道祐居士。墓は福島市舟場町の宝積寺にある。

参考文献　伊達綱村編『伊達正統世次考』一〇（『梁川町史』五）、『福島市史』一　（小林　清治）

伊達晴宗花押

「写」
伊達晴宗印

伊達晴宗墓

伊達晴宗画像（長谷川養辰『伊達家歴代画真』）

だてまさむね　伊達政宗　(一)一三五三―一四〇五　室町時代の武将。本領は陸奥国伊達郡。兵部権少輔・大膳大夫、五位下。入道して円孝と号す。文和二年（一三五三）誕生。父は伊達宗遠。夫人は石清水善法寺通清の娘（蘭庭尼）で、足利義満の母紀子と姉妹。永和三年（一三七七）宮城郡の余目《あまるめ》三河守と一揆契約を結んで勢力拡大を図り、応永六年（一三九九）―七年および同九年には鎌倉公方の軍と戦った。伊達宗遠の侵食した出羽国置賜郡長井荘を掌握し、また亘理・黒川・宇多・名取・宮城・深谷・松山など宮城県中部に及ぶ郡荘に支配の手を伸ばした。伊達氏中興の主とされ、仙台藩祖伊達政宗の名は彼の名を襲ったものである。応永十二年九月十四日死去。五十三歳。法名は儀山円孝東光寺殿。和歌をよくし山家霧・山家雪などの詠歌を遺した。その訃に接した足利義持は、「もののふの跡こそあらめ敷島のみちさへたへむことそ悲しき」など二首に紺紙金泥の『法華経』を添えて追悼

伊達政宗(一)画像（長谷川養辰『伊達家歴代画真』）

伊達政宗(一)花押

伊達政宗㈠墓
(山形県高畠町野手倉所在)

したと伝える。菩提寺は刈田郡湯原村(宮城県刈田郡七ヶ宿町)の東光寺、墓は山形県東置賜郡高畠町竹森字野手倉と同町夏茂字夏刈にある。

参考文献 『大日本史料』七ノ八、応永十三年七月三十日条、『余目氏旧記』

㈡一五六七—一六三六 安土桃山・江戸時代前期の武将。出羽国米沢城主・陸奥国会津黒川城主・岩出山城主・仙台城主。永禄十年(一五六七)八月三日、伊達輝宗の長男として米沢城に誕生。母は山形城主最上義守の娘、義姫(保春院)。幼名は梵天丸。天正五年(一五七七)元服、藤次郎政宗と称する。実名は伊達家中興の主とされる大膳大夫政宗のそれを襲名したものである。同七年、三春城主田村清顕の娘、愛姫《めご》(陽徳院)と結婚。同十二年十月、家督を相続した。同十九年従五位侍従、羽柴姓を許される。文禄二年(一五九三)従四位下、慶長二年(一五九七)右近衛権少将、同十三年陸奥守となり松平姓を許され、元和元年(一六一五)正四位下参議、寛永三年(一六二六)従三位権中納言に昇進した。天正十三年、大内定綱を追って塩松(東安達、福島県安達郡岩代町他)を入手したが、畠山義継に不慮にして拉致された父輝宗を義継もろともに伊達軍の銃撃で射殺する結果となった。同年安達郡本宮観音堂人取橋合戦で佐竹・蘆名らの連合軍と戦ったのち、翌十四年畠山氏を滅亡させ二本松領(西安達、同県二本松市他)を収めた。天正十六年安積郡の郡山をめぐって佐竹義重・蘆名義広以下の連合軍と交戦、のち相馬勢力を抑えて三春田村領を掌握した。翌十七年相馬領北境を攻め、馬をかえして会津磐梯山麓の摺上原《すりあげがはら》(磨上原)に蘆名義広の軍を破り、会津蘆名氏を滅亡させ、さらに岩瀬二階堂氏を攻滅し、これと前後して白川義親・石川昭光を服属させた。天正十八年会津黒川城で行われた伊達家佳例の七種連歌に「七種を一葉によせてつむ根芹」と発句して、仙道七郡(福島中通りの諸郡)を手に入れた得意を表現した。この時点における伊達領国は、当時本領といわれた伊達・信夫・長井(置賜)のほか、会津・岩瀬・安積・田村・安達・宇多・亘理・伊具・刈田・柴田・名取・宮城・黒川の諸郡および志田郡の一部に及び、さ

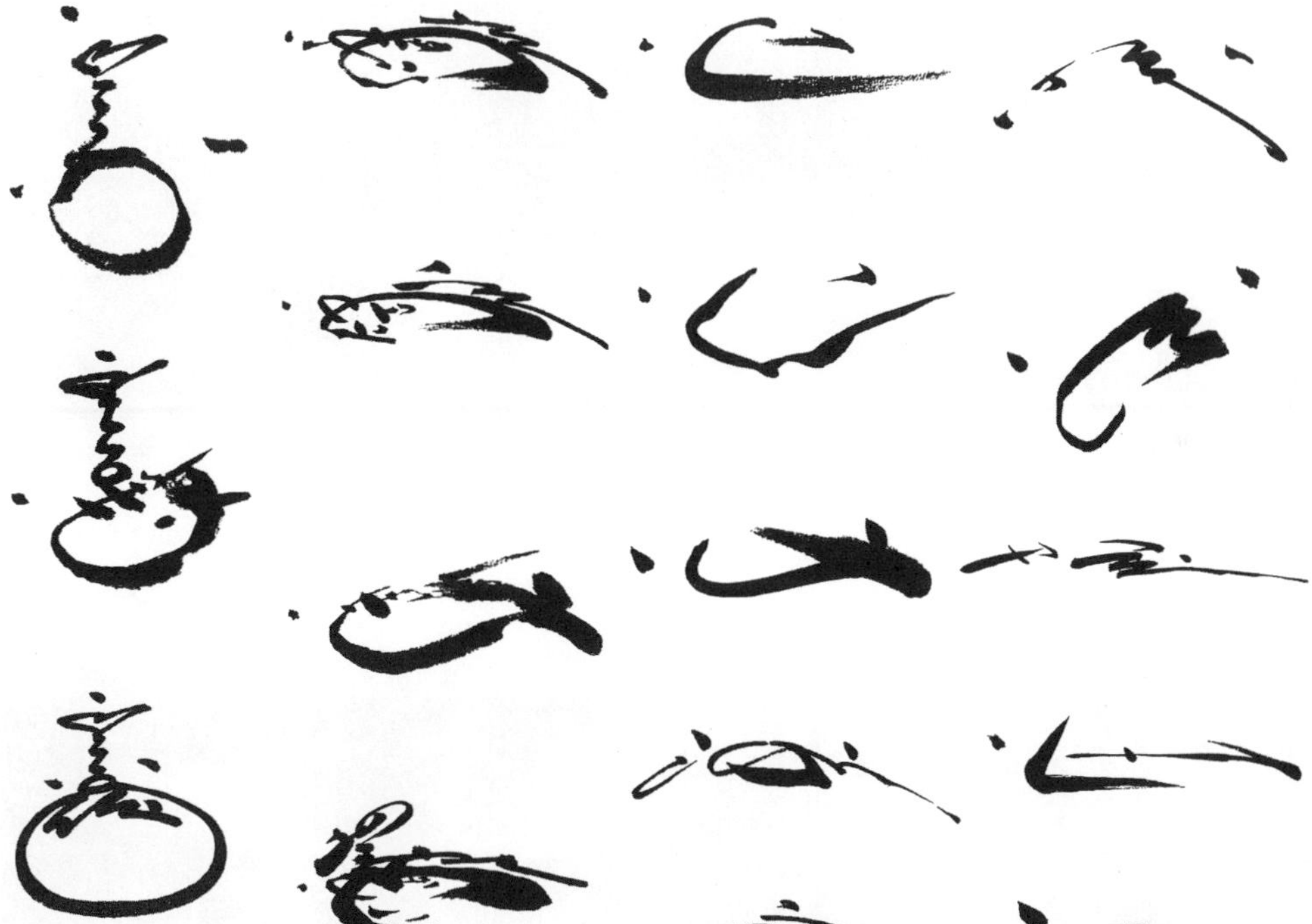

伊達政宗㈡花押

「竜納」
「政宗」
「政宗」
「威伝」
伊達政宗㈡印

馬上少年過
世平白髪多
残躯天所赦
不樂是如何
伊達政宗㈡画像（狩野安信筆）

らに軍事指揮下に入った白川・石川・大崎諸氏の領土を加えれば、浜通りを除く福島県と宮城県および岩手県南にわたる広大な勢力圏を構成した。この年、豊臣秀吉の小田原陣に参候し、関東奥両国惣無事令が伝達された天正十六年以後に攻め取った会津・岩瀬・安積の諸郡に加えて二本松を没収されて出仕を許された。天正十八年に起きた大崎・葛西一揆には会津城主蒲生氏郷とともに鎮圧にあたったが、この間における氏郷との駆引き、あるいは政宗の一揆煽動の疑いなどは、周知のところである。天正十九年独力で一揆を鎮定の後、伊達・信夫・長井・塩松（東安達）・田村・刈田を没収され、大崎・葛西旧領すなわち志田・遠田・栗原・玉造・加美・牡鹿・桃生・登米・本吉・磐井・気仙・胆沢・江刺の諸郡を与えられ、米沢から玉造郡岩出山に移った。文禄五年、これまで指南を仰いだ浅野長吉（長政）と絶交、石田三成に近づいたが、秀吉の死後まもなく、長女五郎八《いろは》と徳川家康の子忠

伊達政宗㈡廟（昭和20年戦災焼失前）

輝との婚約により家康に接近し、慶長五年の関ヶ原の戦には徳川方として上杉景勝の軍を白石城などに攻めた。関ヶ原決戦の直前、家康から刈田・伊達・信夫・長井その他合計四十九万余石を約束する判物を与えられたが、伊達・信夫などを攻略できず、またこの合戦のさなかに南部領で起きた和賀一揆を援助したために、結果は攻め取った刈田郡を与えられるにとどまった。同じころ慶長六年近江国に五千石を安堵され、のち慶長十一年常陸国に一万石、さらに寛永十一年(一六三四)近江国に五千石を給されて伊達六十二万石を確定させた。慶長六年、仙台城および仙台城下の建設を開始し、同年四月(公式には慶長八年)仙台城に移り、また岩出山から仙台に士民を引移した。以後、約十年間に城と城下町の建設を進め、慶長九年松島五大堂、同十二年塩竈神社、大崎八幡神社、国分寺薬師堂、同十四年松島瑞巌寺をそれぞれ造営した。同じころ、奥羽の旧戦国大名・国人を召抱え、従来の家臣と合わせて膨大な家臣団を擁し、これを一門・一家・準一家・一族以下の班に編制した。大身家臣が多数の陪臣を抱えつつ知行地の城館に居住し、番ごとに仙台に参勤居住するという、仙台藩特有の制度もこのころに定まったとみられる。藩建設の事業が一段落を迎えた慶長十八年、ソテロのキリシタン布教活動に連携して南蛮との通商を企図し、幕府の支持のもとに支倉六右衛門(長経・常長)をメキシコ・スペイン・ローマに派遣したが、まもなく幕府のキリシタン禁教が強化されたこともあって所期の目的を達せず、元和六年の支倉帰国となった。この間、慶長十九年、大坂冬の陣和議からまもなく、庶長子秀宗が宇和島十万石に封じられている。支倉帰還後、はじめて領内のキリシタン弾圧を行い、他方領内の産業振興に意を注ぎ、桑・漆の植栽を勧め、新田開発を一層推進した。元和九年から寛永三年にかけて行われた北上・迫《はさま》・江合の三河川の合流および北上川の石巻流出の工事は、北上川舟運の確立と江戸廻米の交通条件を整備し、あわせて旧大崎・葛西領を仙台藩の米作穀倉地帯に造成するための治水・灌漑の条件を整備した。寛永五年仙台城下南東郊の若林に屋敷を構え、花鳥風月を友とし狩と漁を楽しむ生活を送りながら江戸参勤と国政執行を続けた。父輝宗は遠藤基信を宰臣としたが、基信が輝宗に殉死した後の政宗は、片倉景綱と伊達成実を重用しながらも一門親類衆との談合(合議)によって政事を運営した。慶長以後は石母田宗頼・茂庭綱元らを奉行に取り立てこれを用いて独裁的な政事を行なった。他方、膨大な家臣団とくに万石クラスの大身家臣の存在は、藩財政を当初から苦しめ、政宗死後は一門大身層に対する藩主権力の確立が大きな課題となった。彼は、優れた武将である半面、特に和歌をよくし古典を愛し、茶道・能楽に長じ、能書家でもあった。豪華を好み、人の意表に出ることが多く、数々の伝説をのこしている。幼少のころ右眼を失明したが、虎哉宗乙の薫陶により、唐末の隻眼の勇将李克用にみずからを擬し、隻眼のコムプレックスを「独眼竜」のプライドへと転換させたものとみられる。曾祖父稙宗が陸奥国守護、祖父晴宗が奥州探題に補任され、父輝宗も奥州探題を自任したという、奥州探題家伊達の由緒は、政宗の意識と行動を生涯支配したとみられる。蘆名攻滅などについての豊臣秀吉の詰問に対しても、父の仇討とあわせて奥州探題家の由緒による正当性を主張した。河川・海上交通の利便を考慮しつつ、あわせて陸奥国府と国分寺に近い仙台の地を居城に選び、国分寺薬師堂・大崎八幡神社・奥州一宮塩竈神社・松島五大堂および瑞巌寺など陸奥一国の歴史に関わる古社寺を再興造営したこと、奥羽の戦国大名・国人を召抱えたことなど、いずれも彼の「奥州王家伊達」という抱負に基づくものといえる。寛永十三年五月二十四日、江戸桜田邸で死去。七十歳。法名は瑞巌寺貞山禅利。墓所は仙台瑞鳳寺瑞鳳殿。昭和四十九年(一九七四)瑞鳳殿(戦災焼失)の再建工事の際に行われた調査によれば、身長は一五九・四チセンで同時代の日本人の平均を示し、面長で鼻すじの通った貴族的な容貌をうかがわせ、手足は骨太であった。

参考文献 『伊達治家記録』、小井川百合子編『伊達政宗言行録―木村宇右衛門覚書』、『仙台市史』資料編一〇―一二、小林清治『伊達政宗』(『人物叢書』一八)、山田勝芳「伊達政宗の「独眼龍」―中国的故事あるいは制度受容の一面―」(東北大学『国際文化研究』一)

(小林 清治)

だてもちむね 伊達持宗 一三九三―一四六九 室町時代前期の武将。陸奥国伊達郡梁川城主。幼名松犬丸。兵部少輔、大膳大夫、五位下。入道して円宗と号す。明徳四年(一三九三)誕生。父は伊達氏宗。応永二十年(一四一三)信夫荘大仏城(福島市)に拠って鎌倉公方に抗し、また同三十一年のころには越後国内の争いに関与して同国荒川保の内を獲得した。のちに梁川城を本拠とし、同三十三年梁川八幡宮を造営、嘉吉元年(一四四一)祖母蘭庭禅尼(政宗夫人)の菩提寺として輪王寺を創建し、足利義教の奏により後花園天皇宸筆の扁額を賜わった。寛正三年(一四六二)から翌四年にかけて上洛した。『臥雲日件録』は同五年条で奥州伊達にふれて、これが奥州随一の強豪であり、伊達郡中に寺庵三百があり、東昌寺は僧二百人を擁することな

伊達持宗花押

伊達持宗画像(長谷川養辰『伊達家歴代画真』)

どを記している。子息郡宗を宮城郡の留守氏に入嗣させた。文明元年(一四六九)正月八日死去。七十七歳。法名は天海円宗真常院殿。なお、右の生没年には疑問もある。

参考文献 『大日本史料』八ノ二、文明元年正月八日条、『伊達正統世次考』、『梁川町史』一

(小林　清治)

だてゆきとも　伊達行朝　一二九一—一三四八　南北朝時代の武将。陸奥国伊達郡の地頭。左近将監、宮内大輔、従四位下。正応四年(一二九一)誕生。父は基宗。建武元年(一三三四)陸奥守北畠顕家が設置した奥州式評定衆に伊達左近蔵人行朝の名がみえる。同年春、津軽・糠部地方に蜂起した北条与党の鎮圧に出陣、建武二年冬顕家に従って上洛し、翌三年春足利尊氏を九州に走らせて帰国した。延元二年(北朝建武四、一三三七)正月、義良《のりよし》親王(後村上天皇)と顕家らを伊達郡霊山《りょうぜん》に迎え、八月顕家に従って再度西征、畿内各地に転戦した。同三年(北朝暦応元)九月、北畠親房らと陸奥に向けて伊勢大湊を出帆したが常陸に漂着し、伊達氏の本貫の地である伊佐城に拠って南党として戦った。興国元年(北朝暦応三、一三四〇)のころ、陸奥国に帰り、すでに一族の桑折《こおり》政長らが北党に移ったなかで、田村宗季と携えて南党として転戦した。正平二年(北朝貞和三、一三四七)九月の霊山落城のころに足利方に服属した。同じころ、伊達五山の首位にある東昌寺が安国寺となったことは、伊達氏の政治的文化的な重みを示すものといえる。正平三年五月九日死去。五十八歳。法名は円如延明院殿。のち綱村の世に念海と追号。夫人は田村氏。

伊達行朝花押

参考文献 『大日本史料』六ノ一一、正平三年五月九日条、『伊達正統世次考』、大槻文彦『伊達行朝勤王事歴』

(小林　清治)

たなかよしまさ　田中吉政　一五四八—一六〇九　安土桃山・江戸時代前期の武将、大名。三河国岡崎城主、筑後国主、同国柳川城主。宗政、長政、吉政と名乗る。官途は兵部大輔。天文十七年(一五四八)近江国に生まれる。父は重政、母は国友与左衛門(宮部善祥坊(継潤)家臣)の姉。織田信長、豊臣秀吉、同秀次、徳川氏に仕えた。信長のもとで鳥取城主宮部善祥坊の与力となる。秀吉のもとでは秀吉の甥の秀次の傅役となり、のちに関白となった秀次の大老の一人となり、天正十八年(一五九〇)には岡崎城主として五万七千余石を与えられた。秀次が処刑されると、常に秀次に諫言をし、またそれを秀吉に連絡していたという理由で加増され、十万石の大名となった。関ヶ原の戦では東軍(徳川側)に付き、石田三成を捕えた。戦後筑後一国を与えられ、柳川城を居城とし同城および支城を強化した。知行高は幕府への普請高からみて三十万石余と考えられている。筑後では筑後川のデルタの開発を積極的に行い、併せて河川改修をはじめとする治水事業も行なった。また田中高と呼ばれる新高を設定し、筑後の石高を七十七万石とし、寺社へは旧来の石高での知行を認めることで寺社の所領の実質的な大幅削減を行なった。なお田中高を打ち出した検地は慶長十三年(一六〇八)のことと考えられている。慶長十四年二月十八日、江戸に赴く途中、伏見で没した。六十二歳。京都の黒谷に葬る。

田中吉政花押

田中吉政画像

田中吉政印

参考文献 『大日本史料』一二ノ六、慶長十四年二月十八日条、レオン＝パジェス『日本切支丹宗門史』上(吉田小五郎訳、『岩波文庫』)、『久留米市史』

(木村　忠夫)

たなべのさきまろ　田辺福麻呂　生没年不詳　奈良時代の官人。史姓。百済系の渡来人の子孫か。天平二十年(七四八)三月造酒司令史で橘諸兄の使者として越中守大伴家持と越中掾久米広縄の館や布勢水海の歓迎の宴遊の古歌を含め短歌十三首が残され、天平十三—十六年ごろ平城京より恭仁京、難波京へ遷都に伴う旧都哀傷や新京讃美、足柄坂の死人や蘆屋処女《あしのやのおとめ》や弟の追悼、敏馬《みぬめ》通過など、長歌十、短歌二十一首が『田辺福麻呂歌集』として『万葉集』に収められている。万葉最後の宮廷歌人で、対句など技巧を用い現在の時点で景情を平明に歌う。

参考文献 佐野正巳『万葉集作家と風土』、井村哲夫『赤ら小船』、山崎馨『万葉歌人群像』、川口常孝『万葉歌人の美学と構造』、橋本達雄『万葉宮廷歌人の研究』、清水克彦『万葉論集第二』、野上久人『万葉集作家と抒情』、岡部政裕「高橋虫麻呂と田辺福麻呂」(『万葉集大成』一〇所収)、森淳司「田辺福麻呂」(『万葉集講座』六所収)、久米常氏「田辺福麿」(『国文学』一三

ノ一〇、二方千恵子「最後の宮廷歌人—田辺福麻呂像—」(『日本女子大学国語国文学会研究ノート』一四)　(林　勉)

たなべのはくそん　田辺伯孫　帰化系氏族の田辺史の祖。百尊とも書く。『日本書紀』雄略天皇九年七月条の河内国の奏言によると、飛鳥戸郡の人、田辺史伯孫は古市郡の書首加竜に嫁していた娘が出産したので、聟の家に行って祝賀し、月夜に帰途につき、誉田陵（応神天皇陵）のもとで赤い駿馬に乗った人に出逢った。伯孫はこの駿馬を手に入れたいと思った。その馬に乗っていた人は、伯孫の願いを知って馬を交換した。伯孫は馬を厩に入れた。翌朝その馬は土馬に変わっていた。誉田陵に行ってみると、自分の葦毛の馬は土馬の中にいたという。類似の話が『新撰姓氏録』にもみえる。この説話は『文選』赭白馬賦の影響をうけている。

参考文献　志田諄一「上毛野氏と帰化系氏族」(『日本上古史研究』三ノ四)　(志田　諄一)

たにそうぼく　谷宗牧　?—一五四五　戦国時代の連歌師。別号孤竹斎。越前一乗谷（福井市）出身（『梅庵古筆伝』）か。連歌を宗長・宗碩に学ぶ。永正十三年（一五一六）の『十花千句』（『月村斎千句』）に参加し数句詠んでいるのが連歌活動の初出。初期は宗長に同行して伊勢、宗碩に同行して九州各地から種子島などを旅行しているが、永正十七年以後は主に京都にあって連歌会に参加するほか、三条西実隆や近衛尚通・稙家父子らと交渉を持つ。その間も駿河・中国・九州への旅行が知られる。宗長・宗碩の没後、連歌界の第一人者となり、天文五年（一五三六）には連歌宗匠となる。同九年には将軍家初卯連歌・細川家北野法楽一日千句などに出座。晩年に及んでも旅に出ることが多く、天文十三年一子宗養とともに出京、織田信秀に女房奉書を伝え、駿河を経て関東に至り、天文十四年九月二十二日下野佐野の地で客死した。連歌は宗祇以来の正統を伝えたとされる。著作は、連歌論に『闇夜一燈』、句集に『孤竹』、紀行に『東国紀行』などのほか連歌の作品や注釈も多い。

参考文献　木藤才蔵『連歌史論考』下　(奥田　勲)

たにそうよう　谷宗養　一五二六—六三　戦国時代の連歌師。宗牧の子。別号無為・半松斎。大永六年（一五二六）生まれる。父に連歌を学び、天文十年（一五四一）の独吟連歌が連歌作品の初出であり、翌年『当風連歌秘事』を父から授けられることでわかるように、連歌の家を継承する立場が明確であった。同十三年父とともに東国の旅に出て、翌年下野佐野で父と死別するが、遺言により近衛家の庇護を得、以後連歌活動が著しく、天文二十年代には第一人者であった。三好長慶・尼子晴久らの武将や三条西公条・大覚寺義俊らの貴顕との交渉も密である。宗牧の遺風を伝え、宗祇以来の正統的連歌の継承者であったが、永禄六年（一五六三）十一月十八日、三十八歳で没し、踵を接して活動の幅を広げていた紹巴に第一人者の位置を譲る。『宮島千句』『石山四吟千句』など多くの連歌作品に出座するほか、『連歌天水抄』（昌休と共著）、『流木』などの連歌論、『半松付句』ほかの句集がある。

参考文献　木藤才蔵『連歌史論考』下、奥田勲『連歌師—その行動と文学—』(『日本人の行動と思想』四二)　(奥田　勲)

たねがしまときたか　種子島時尭　一五二八—七九　戦国時代の武将、種子島島主。享禄元年（一五二八）生まれる。初名は直時、弾正忠、従五位下、弘治四年（一五五八）以降は左近衛将監を称す。少時父恵時（加賀入道）と対立、島津氏の介入を招いた。時尭女は島津義久の後の夫人である。時尭の名を永く後世に伝えたのは、鉄砲伝来の時の種子島島主であったという歴史事実である。天正七年（一五七九）十月二日没。五十二歳。

参考文献　『種子島家譜』　(桑波田　興)

たまいせいあ　玉井西阿　生没年不詳　南北朝時代の大和の武将。南朝方で、本拠は開住城（奈良県桜井市）。本姓高階氏、代々鳥見山北麓の宗像神社の神官をつとめた家柄で、西阿は三輪山北麓玉井沼付近に本拠を定めて玉井を称したとされるが、大神神社の大神主で高宮氏とする説もある。史料上は開住西阿（『吉川家文書』）・三輪西阿（『太平記』）とみえ、玉井姓は同時期の史料にはない。なお西阿は法名で、俗名は勝房とされる。鎌倉時代後期より南大和の武士として擡頭したとみられるが、後醍醐天皇の吉野遷幸とともに南朝方として挙兵。建武四年（延元二、一三三七）十二月二十日付で足利直義は「開住西阿以下凶徒誅伐」のため南都に発向すべきことを吉川経久らに命じ（『吉川家文書』）、ついで暦応三年（興国元、一三四〇）直義はさらに仁木頼章らを派遣した（『麻生文書』）。しかし西阿の勢力は強く、興福寺領を押妨したので、同年十二月、これを訴えた春日神木が動座し入洛した。同月、細川顕氏が西阿討伐に南下、田代顕綱・同基綱・天野遠政・渡辺実らの武士が参加したことが、それぞれの軍忠状によって判明する。西阿は開住城のほか河合・安房・赤尾・鵄・外鎌（以上いずれも桜井市）に城を構え、興国二年七月に至るまで攻防戦をくりひろげた。この間北朝では、四月五日、西阿討伐祈請のため五壇法を持明院殿で修している（『五壇法記』）。七月二日開住城が陥ち、他の諸城も落城して、西阿の勢力は壊滅した。その直後に、西阿も没したものとみられる。贈従三位。なお四条畷の戦に楠木正行とともに討死した開地良円は、西阿の子とされる。

参考文献　中岡清一『大塔宮之吉野城』　(熱田　公)

ダミアン　Damião　?—一五八六　戦国・安土桃山時代の日本人イエズス会修道士。日本名不詳。天文七年（一五三八）ごろ筑前秋月（福岡県甘木市）に生まれ、はじめは仏寺の小僧となり、弘治二年（一五五六）ごろ府内（大分市）で洗礼を受け、以後、同宿《どうじゅく》としてキリシタン伝道に従事した。永禄二年（一五五九）にビレーラ神父に伴われて京都へ行き、同四年に府内で寺子屋式の教会学校を

つくり、博多・平戸・横瀬浦・島原などで働き、同九年に上《かみ》地区へ出かけ、フロイスの翻訳事業を手伝った。同十一年にイエズス会に入ったが、のちに一時脱会してから天正四年(一五七六)に再入会を許され、同六年、大友宗麟の改宗に際して大きな役割を果たした。同十四年に準管区長コエリゥとともに上京したが、同年(一五八六年十二月二十九日)下関で死去。

参考文献 H・チースリク『秋月のキリシタン』(『キリシタン文化研究シリーズ』三〇)

(H・チースリク)

たむらきよあき 田村清顕 ?―一五八六 戦国時代の武将。大膳大夫、侍従。父は田村隆顕、母は伊達稙宗の女。室は相馬顕胤の女。田村氏は代々陸奥国田村荘(福島県田村郡)を領して坂上田村麻呂の後裔と伝えるが、清顕はみずから「平清顕」と署名して平姓を名乗っている。元亀二年(一五七一)ごろ家督を継いで三春(同田村郡三春町)城主となった。同年、蘆名盛氏・盛興父子とともに常陸の佐竹義重の侵攻を迎撃し、寺山城(同東白川郡棚倉町)で佐竹勢を破り、首級五百をあげたといわれる。以後、蘆名・佐竹・結城・二階堂などの諸氏とたびたび同盟と対立をくり返した。天正二年(一五七四)蘆名盛氏・結城義親・佐竹義重が盟約を結び、清顕は一時孤立を余儀なくされた。同五年、積年にわたる伊達氏と相馬氏との抗争を調停しようとしたが不調に終った。しかし以後も、妻の実家(相馬氏)と母の実家(伊達氏)との対立を調停することにつとめた。同七年、女の愛姫《めごひめ》を米沢城主伊達輝宗の嫡子政宗に入嫁させ、伊達氏との盟約関係を緊密なものとし、翌八年以降、伊達氏の勢力を背景に二階堂・蘆名両氏とたびたび抗争を展開した。同十四年十月九日没し、三春の福聚寺に葬られた。法名は雲岳松公長雲寺。死因について、清顕の妻が甥の相馬義胤と図って謀殺したとの風聞もあった。清顕には男子がなく、後嗣を定めずに急死したため、田村家中は家督相続をめぐって紛糾し、田村月斎(顕頼、清顕の大叔父)を中心とする伊達党と田村梅雪斎(顕基、清顕の叔父)を中心とする相馬党の両派に分裂した。同十六年伊達政宗の調停で宗顕(清顕の弟氏顕の子)が家督を継いだが、以後、田村氏は自立性を失い、伊達氏に服属することになった。

参考文献 『福島県史』一

(田代 脩)

田村清顕花押

田村清顕墓

たむらのおうじ 田村皇子 ⇩舒明天皇《じょめいてんのう》

たむらのみかど 田邑帝 ⇩文徳天皇《もんとくてんのう》

ためつぐ 為次 生没年不詳 鎌倉時代初期の備中青江派の刀工。代表作に「狐ヶ崎」の号を持つ太刀(国宝)があり、吉香友兼が正治二年(一二〇〇)、梶原景時らを討つ時に佩用したとの由緒を伴い、古青江作中最も古くて完存の品である。姿は深く反り、腰に踏張りがあり、鍛えは小板目つみ、刃文は小乱れに小丁字交りで茎は強く反り、佩裏に「為次」ときる。ほかに見るべきものとしては重要美術品の太刀三口がある。

参考文献 山岡重厚『日本刀伝習録』、加島進「青江刀工の研究」(『MUSEUM』二八〇)

(辻本 直男)

ためひらしんのう 為平親王 九五二―一〇一〇 村上天皇の第四皇子。母は皇后安子(藤原師輔女)。天暦六年(九五二)誕生(月日は不詳)。親王宣下は同母弟守平親王(円融天皇)の例を参考にすれば誕生後一年以内と思われる。康保二年(九六五)正月の別給宣旨に「無品為平親王」とみえるが(『大間成文抄』)、同年八月元服し三品に叙せられ、のち一品式部卿に至る。親王は父母に愛育され、康保元年二月五日には親王のために盛大な子日御遊が行われた。親王は源高明女を妃としたため、同母兄冷泉天皇受禅に際し藤原氏に立太子を忌避され、弟守平親王が東宮となった。寛弘七年(一〇一〇)十一月七日没。五十九歳。子女には参議源頼定や婉子女王(花山天皇女御、のち藤原実資室)らがある。

参考文献 『大日本史料』二ノ六、寛弘七年十一月七日条、山中裕『平安朝文学の史的研究』、山本信吉「冷泉朝における小野宮家・九条家をめぐって―安和の変の周辺―」(古代学協会編『摂関時代史の研究』所収)、黒板伸夫「摂関制展開期における賜姓源氏―特に安和の変を中心として―」(『摂関時代史論集』所収)

(黒板 伸夫)

たらしなかつひこのみこと 足仲彦尊 ⇩仲哀天皇《ちゅうあいてんのう》

だるま 達磨 生没年不詳 禅宗の初祖。正しくは菩提達摩(または菩提達磨。サンスクリット語のBodhidharmaの音写)といい、達摩とも書く。円覚大師・聖冑《しょうちゅう》大師と号する。波斯《ペルシャ》国の人、あるいは南インドのバラモンの出身。おそらく西域を経由して北魏代に中国に入り、少なくともしばらく(五一六―二六年の間)洛陽に滞在した。『洛陽伽藍記』によれば、その折、永寧寺の九層の塔の金盤が日を受けて輝き、宝鐸が風を含んで鳴りわたるのを見て、「私は百五十歳のこの年まで、諸国を隈なく巡ってきたが、これほど美しい寺はなかった」と述べ、口に「南無」と唱え、合掌すること連日であった。また修梵寺に詣でた際には、鳥たちが近づかない金剛力士像を前にして、「本物の金剛力士だ(すばらしい出来ばえだ)」と呟いた、という。その思想は『二入四行論』一巻にまとめられている。門弟に道育・慧可がおり、かれらのもとから楞伽宗(『楞伽経』の研究グループ)が形成されていった。以上が、一次的資料によって知られる達磨の事

蹟である。だが、その後、主に六祖慧能を派祖とする南宗の興隆、発展と相まって、ほとんどまったく新しい達磨伝が作成・補訂されていき、宋代の『景徳伝燈録』や『伝法正宗記』においてそれはほぼ確定する。この禅宗(南宗禅)の達磨伝によれば、達磨は南天竺国の香至王の第三子で、般若多羅に就いて出家、嗣法ののち海路中国に渡り、梁の武帝と問答を交わした。やがて嵩山の少林寺にとどまって「面壁九年」の坐禅三昧の生活を送り、その間に臂を切断して誠意を示した慧可に入門を許し、法を伝えた。最後は、地論学派の慧光らの怨みを受けて毒殺された。遺体は熊耳山に葬られたが、北魏の使者の宋雲が西域からの帰途、葱嶺(パミール高原)で履《くつ》を片方ぶらさげてインドへ帰る達磨に出会った、と伝えられる。また日本では、平安時代の『伝述一心戒文』に、聖徳太子が推古天皇二十一年(六一三)十二月に片岡山に遊んだときに出会った乞食(飢者)が実は達磨であった、という伝説が記されている。なお、起き上がり玩具や縁起もののダルマは、「面壁九年」の達磨の坐禅の姿に由来するらしい。

参考文献 関口真大『達磨の研究』、松本文三郎『達磨』、同『達磨の研究』、柳田聖山『ダルマ』(『人類の知的遺産』一六)、胡適「菩提達摩考」(『胡適文存』三所収)、林岱雲「菩提達摩伝の研究」(『宗教研究』九ノ三)、田中良昭「菩提達摩に関する敦煌写本三種について」(『駒沢大学仏教学部研究紀要』三一)、伊吹敦「菩提達磨の〈楞伽経疏〉について」(『東洋学論叢』二三・二四)、松岡由香子「達摩の坐禅」(『禅文化研究所紀要』二四)、木村清孝「Bodhidharma's Practice of Recompense and Formation of Chan Buddhism An Angle to the Radical Problems of Chan Tradition」(『東アジア仏教思想の基礎構造』所収)、Le traité de Bodhidharma: première anthologie du bouddhisme Chan/Traduction et commentaire [par] Bernard Faure. —Éditions le Mail, 1986. The Bodhidharma anthology: the earliest records of Zen/ [Tr. by] Jeffrey L. Broughton. —University of California Press, 1999. Bodhidharmas Lehre des Zen: frühe chinesische Zen Texte/Übers. aus dem Chinesischen und mit einer Einfürung von Red Pine. Übers. aus dem Amerikanischen [von] Agatha Wydler. —Theseus, 1990.

(木村 清孝)

ダルメイダ Luis de Almeida ⇩アルメイダ

たわらちかとら 田原親虎 一五六〇—? 戦国時代のキリシタン武将。豊後大友氏の家臣田原近江守親賢(近江入道紹忍)の養子。永禄三年(一五六〇)生まれる。京の公卿柳原氏の子で、七歳のとき乞われて親賢の嗣となる。天正五年(一五七七年四月二十四日)、臼杵の教会でパードレ、フランシスコ＝カブラル Padre Francisco Cabral S.I. により受洗、霊名をシマン Simão と称す。養父母はこれを知って激怒して家から追い、親虎は府内のイエズス会住院(カーザ)に匿れた。翌六年八月、大友義鎮の日向国土持城移居に従う。のち、赦されて同年十一月、日向耳川の戦に養父とともに出陣し、敵の重囲に陥り戦死したとも、死地を脱して豊後国を遁れ堺に赴き、のち伊予国に移り住んで生涯を終えたともいう。なお、親虎を田原宗亀入道親弘の子、右馬頭親貫《ちかつら》に擬する説もある。

参考文献 姉崎正治『切支丹伝道の興廃』、Jean Crasset: L'Histoire de l'Eglise du Japon (1869); Pierre François-Xavier Charlesvoix Xavier Charlesvoix: L'Histoire et description générale du Japon (1736); Michel Steichen: Les Daimyô chrétiens (1904).

(加藤 榮一)

たわらとうだ 俵藤太 ⇩藤原秀郷《ふじわらのひでさと》

たわらのてんのう 田原天皇 ⇩施基皇子《しきのおうじ》

たんえい 湛睿 一二七一—一三四六 鎌倉・南北朝時代の学僧。本如房と号す。文永八年(一二七一)生まれ。幼にして東大寺凝然に戒律・華厳を学んだ。永仁元年(一二九三)般若寺真円につき戒律の研究に励んだが、正安二年(一三〇〇)以降は、鎌倉極楽寺を中心に金沢称名寺などで、華厳・戒律・浄土・真言などの研鑽に努めた。正和二年(一三一三)凝然の高弟、泉州久米田寺(大阪府岸和田市)禅爾に学び、宋代仏教の受容による華厳・戒律の教学を確立した。文保二年(一三一八)称名寺に住し、嘉暦元年(一三二六)には下総東禅寺(千葉県香取郡)の住持となる。暦応二年(一三三九)称名寺三世となり、貞和二年(一三四六)十一月三十日、七十六歳で称名寺に没した。霊波ら多くの弟子があったが、生涯を通じての精力的な著作活動と講義は、学山称名寺の教学を確立するとともに、東国における南都仏教の展開に力があった。著書は『華厳演義鈔纂釈』『華厳五教章纂釈』『起信論義記教理鈔』、律三大部の注釈など五十余部がある。

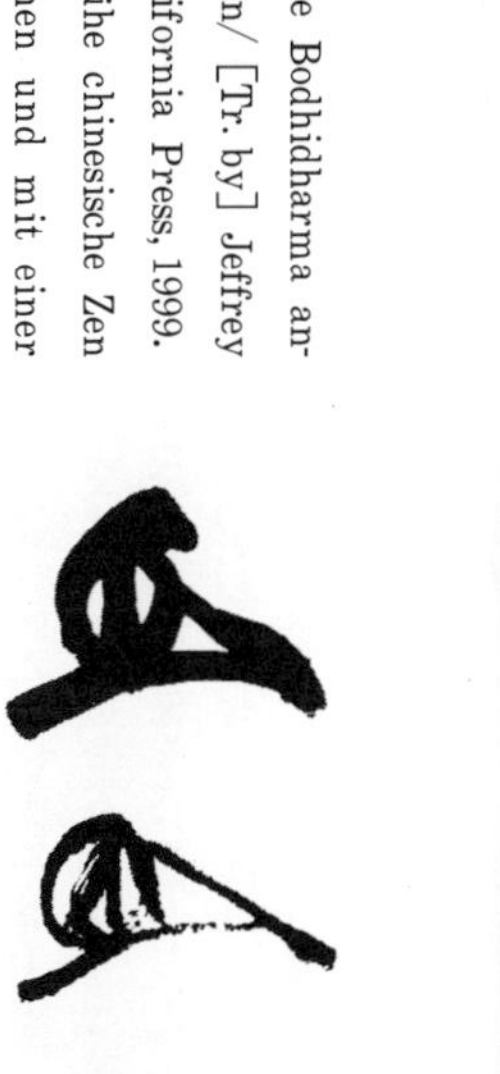
湛睿花押

参考文献 関靖『金沢文庫の研究』、納富常天『金沢文庫資料の研究』、同「湛睿の事績について」(『駒沢大学仏教学部論集』一六)、大屋徳城「金沢称名寺三世本如房湛睿」(『大谷学報』一五ノ三・四)、熊原政男「湛睿と泉州久米多寺」(『金沢文庫研究紀要』一)

(納富 常天)

たんかい 湛快 一〇九九—一一七四 平安時代後期の熊野別当。康和元年(一〇九九)に生まれる。熊野別当長快の四男。保延四年(一一三八)法橋に叙せられ、久安二年(一一四六)熊野別当に就任。以後二十六年間、別当に在職、二十度にわたり、鳥羽・後白河両上皇の熊野御幸を迎えた。久安五年法眼、仁平元年(一一五一)法印に叙

せられ、のち大僧都に任ぜられ、熊野は石清水八幡宮と同様の待遇を受けるに至った。従来熊野別当は新宮にいたが、湛快は本宮に拠り、さらに田辺に進出、同地に新熊野社を勧請したと伝え、別当家が新宮・本宮(田辺)の両流に分裂する原因となった。平治元年(一一五九)平清盛の熊野詣の留守に、源義朝が都で挙兵し、清盛が窮地に陥ると、湛快は清盛を助けた。平氏との関係は密接で、娘は平忠度の妻である。紀伊国南部《みなべ》荘の下司となっており、また三河国竹谷・蒲形両荘を開発領主から寄進されている。承安二年(一一七二)別当職を嫡子行範に譲り、同四年、七十六歳で没。

参考文献 宮地直一『熊野三山の史的研究』、五来重編『吉野・熊野信仰の研究』(『山岳宗教史研究叢書』五)　(上横手雅敬)

たんかい　湛海　生没年不詳　鎌倉時代中期の律宗の僧。宗師ともいい字は聞陽。よく経論に通じ、律を南都に学び、京都泉涌寺の俊芿の室に入って東山の首座となったという。嘉禎三年(一二三七)入宋し、両浙・南湖に遊び晦巌照について一心三観の旨を受け、北峯宗印・古雲元粋にも学んだ。淳祐四年(寛元二、一二四四)泰山の白蓮教寺に入り、仏牙を求めたが叶わず経論数千巻、楊柳観音(俗に楊貴妃観音と呼ぶ)、十六羅漢像などを請来して帰国。数年後再度入宋し、白蓮教寺の楼門・三重塔を復興寄進し、その功により長老建(堅)公より仏牙舎利を授かり、宝祐三年(建長七、一二五五)帰国。仏牙を泉涌寺戒壇堂に納め、毎年九月八日の舎利会を興した。没年は不明だが二十四日が命日という。

参考文献 赤松俊秀監修『泉涌寺史』、卍元師蛮『本朝高僧伝』五八(『大日本仏教全書』)　(辻村泰善)

たんかいこう　淡海公　⇩藤原不比等《ふじわらのふひと》

たんくう　湛空　一一七六―一二五三　鎌倉時代前期の浄土宗の僧。正信房(聖信房)と号す。安元二年(一一七六)京都に生まれる。徳大寺実能の孫、円実の子。はじめ比叡山で修学したが、のち浄土教に帰依し法然房源空の門弟となった。常に身近に仕えていた湛空は、源空およびその高弟信空から円頓戒を相承した。以後、この円頓戒の系統は法勝寺・元応寺・金戒光明寺などに伝えられた。建暦二年(一二一二)三十七歳のとき師の入滅に逢い、三七日忌追善供養の施主となった。その後、嵯峨二尊院に住して念仏弘通に努めたので、その門下を嵯峨門徒という。天福元年(一二三三)西山粟生野の幸阿弥陀仏の所(のちの光明寺)から源空の遺骨を迎え、二尊院に宝塔を建立してこれを安置した。建長五年(一二五三)七月二十七日、七十八歳で入寂。遺身は二尊院に葬られ、その碑が立てられた。死の直前には、貞永元年(一二三二)後鳥羽院の後宮修明門院から賜わった空海の飛行三鈷を高野山に返納した。門弟に睿澄・恵尋・信覚・覚空らがいる。源空遠流のときには配所まで随従したという弟子でありながら、元久元年(一二〇四)の『七箇条制誡』に署名のないのが疑問とされている。

参考文献 「空公行状」(碑文)、『法然上人行状画図』四二・四三、『法水分流記』(『戊午叢書』一)、『高野春秋編年輯録』八(『大日本仏教全書』)、望月信亨『浄土教之研究』、伊藤祐晃『浄土宗史の研究』、三田全信『成立史的法然上人諸伝の研究』、同『浄土宗史の新研究』、同「正信房湛空について―特に七箇条起請文及び四巻伝の著者に関する私見―」(『仏教文化研究』一〇)、菊地勇次郎「飛行三鈷―高野山勧発信心集について―」(大東急記念文庫『かがみ』七)　(福田行慈)

たんけい　湛慶　一一七三―一二五六　鎌倉時代の仏師。運慶六男中の長男。承安三年(一一七三)生まれる。建久末年運慶の統率下に東寺南大門二王、中門二天を弟たちと造ったのが記録上の初見で、建仁三年(一二〇三)東大寺南大門二王造立にあたって運慶・快慶らとともに大仏師をつとめた備中法橋は湛慶にあたると思われる。建暦二年(一二一二)完成の一門による興福寺北円堂造仏では持国天像を担当した。時に法眼。翌建保元年(一二一三)の法勝寺九重塔造仏で運慶の賞譲により法印位に上る。その後の主な事蹟を挙げれば、同六年より東大寺東塔四方四仏を他の大仏師たちとともに造り始め、貞応二年(一二二三)の醍醐寺閻魔堂造仏を快慶と分担し、同年運慶が没すると、翌元仁元年(一二二四)から二親の菩提を祈るために丈六阿弥陀を造り始め寛喜元年(一二二九)に完成、浄蓮華院を草創してその本尊とした。以後父のあとをついで一門を統率したとみられる。元仁元年から寛元二年(一二四四)にかけて高山寺諸堂塔の仏像や平岡善妙寺の神像を造り、嘉禎三年(一二三七)高野山大門の二王像を造立した。暦仁元年(一二三八)将軍藤原頼経が修した仁王八講本尊に、湛慶が大安寺本尊を模して造った釈迦如来像を用いている。建長元年(一二四九)に焼けた蓮華王院千体千手観音像の再興にあたっては修理大仏師となり、同六年にその中尊千手観音坐像を康円・康清などを率いて完成した。八年、東大寺講堂の本尊高二丈五尺の千手観音像を大仏師として造立の間、功を遂げずして死去した。時に八十四歳。講堂像は康円が大仏師を引き継いで完成した。湛慶の遺作には蓮華王院本堂中尊千

湛慶像

手観音像のほか同堂千手観音立像九体(各銘)があり、高知雪蹊寺の毘沙門天三尊像は造立年次は不明であるが銘記により湛慶法印位時代の作と知られる。高山寺の善妙神・白光神像、狛犬なども湛慶作か。これらによってみるに湛慶は運慶の新様を継承しながら、これを明快で落着きのある造型にまとめ、鎌倉時代中期の典型的な様式を形づくったものといえる。

参考文献 小林剛『日本彫刻作家研究』、麻木脩平「仏師湛慶について」(『史迹と美術』四〇四) (水野敬三郎)

たんごのつぼね 丹後局 ⇩高階栄子《たかしなのえいし》

たんぞう 湛増 一一三〇―九八 平安・鎌倉時代前期の紀伊熊野山の僧で同新宮別当。大治五年(一一三〇)の生まれで、父は同別当湛快(『熊野別当代々記』『熊野別当代々次第』)。ただし『尊卑分脈』(『(新訂増補)国史大系』)には「実源為義子」の註記がみえる。当初平氏と結んで勢力を伸張し、治承四年(一一八〇)源頼政・以仁王挙兵の際には、熊野における源行家の行動を平清盛に報じ、行家に与する熊野新宮の勢力を攻めた。元暦元年(一一八四)十月に新宮別当に補され(彰考館本『僧綱補任』)、熊野における主導権を握った。やがて源氏と結び文治元年(一一八五)には源義経の要請により熊野海賊を率い屋島・志度・壇ノ浦の合戦に参加し活躍したが、のちに源頼朝に近づき建久六年(一一九五)五月、頼朝上洛の折に対面を遂げた(『吾妻鏡』)。文治三年に法印権大僧都に補任された。建久九年五月八日没。六十九歳。父湛快につづき高野山蓮華乗院領南部荘の下司をもつとめた。

参考文献 『大日本史料』四ノ六、正治二年五月是月条、宮地直一『熊野三山の史的研究』 (坂本正仁)

だんなそうじょう 檀那僧正 ⇩覚運《かくうん》

たんねん 湛然 七一一―八二 中国、唐代天台宗の中興とされ、智顗《ちぎ》より六祖。荊渓尊者・妙楽大師・円通尊者と称す。景雲二年(七一一)常州晋陵荊渓(江蘇省武進県)儒家の戚氏に生まれ、二十歳のとき五祖玄朗に天台教観を学び、三十八歳出家、律・禅・華厳・唯識に深い理解を示し、玄宗・粛宗・代宗に召されたが固辞し、江南地方で天台智顗の著述の研究と発揚につとめ、晩年天台山に帰り、建中三年(七八二)仏隴道場で示寂した。七十二歳。著述には天台三大部の注釈『法華玄義釈籤』二十巻、『法華文句記』三十巻、『摩訶止観輔行伝弘決』四十巻のほか、『止観大意』一巻、『止観義例』二巻、『維摩経略疏』十巻、『維摩広疏記』六巻など、智顗の講述を儒典などを広く引用した博学をもって、華厳や唯識の教学を意識しつつ祖述した天台教学研究の基本的なもののほか、草木成仏から瓦礫仏性まで説いた『金剛錍論』や、法華懺法・方等懺法の『補助儀』『授菩薩戒儀』など実修の書もあり、天台教学の復興につとめた意義は大きい。

参考文献 日比宣正『湛然教学の研究』 (塩入良道)

湛然画像

たんばのまさただ 丹波雅忠 一〇二一―八八 平安時代中期の医家。父は名医の典薬頭忠明。治安元年(一〇二一)生まれる。長元七年(一〇三四)医道課試ののち侍医・右衛門佐・掃部頭・外記・穀倉院別当・丹波守・主税頭・典薬頭・施薬院使・侍従を歴任。「日本扁鵲」といわれ、多くの医療譚をのこす。寛治二年(一〇八八)二月十八日没。六十八歳。永保元年(一〇八一)『医心方』を抄録した『医略抄』のほか、『医心方拾遺』などの著がある。

参考文献 『大日本史料』三ノ一、寛治二年二月十八日条、新村拓『古代医療官人制の研究』 (新村拓)

丹波雅忠花押

たんばのやすより 丹波康頼 九一二―九五 平安時代中期の医家。丹波国天田郡の人。延喜十二年(九一二)生まれる。同郡和久郷(京都府福知山市)にある延喜式内社の天照玉命神社(祭神は天照国照彦火明命)は丹波氏の氏神かと考えられている。父母は不詳。『丹波氏系図』には「後漢霊帝―延王―石秋王―阿智王―高貴王(都賀使主)―志努直―駒子―弓束―首名―孝子(老連)―大国―康頼」とあるが、大国は奈良時代初期の人であり、康頼の父とするには不合理である。大国以前の系譜についても時間的に超越するところがあり信憑性はうすい。『坂上氏系図』を援用しているところから、丹波氏は倭漢氏系の帰化渡来人と考えられ、丹波史の流れをくむものと推測される。康頼のとき姓丹波宿禰を賜わる。永観二年(九八四)十一月医薬総合事典である『医心方』全三十巻を公家に撰進する。ほかに康頼撰とするものに『康頼本草』一巻、『神遺衆古秘法方録』三巻があるが、いずれも偽撰と考えられる。針博士・医博士・左衛門佐・左兵衛医師・丹波介を経歴し、従五位上に昇る。『左経記』長元七年(一〇三四)十二月二日条によれば、医道課試のことは康頼以来行われず、曾孫の雅忠に至って復活したとある。延慶本『医心方』(安政版『医心方』三〇、札記)には「長徳元年(九九五)四月十九日逝去、歳八十四」とある。

参考文献 『大日本史料』一ノ二一、永観二年十一月二十八日条、新村拓『古代医療官人制の研究』、同『日本医療社会史の研究』 (新村拓)

だんように 段楊爾 五・六世紀の百済人、五経博士。

継体天皇七年六月、任那四県の百済への割譲を仲介した穂積押山が百済から帰国する時、百済使とともに同道して来日した。同十年九月、後任の漢高安茂が来日して交代を認められているので、まもなく帰国したものとみられる。漢高安茂の後、馬丁安・王柳貴と続く、日本に交代で赴任した百済五経博士の初任。（石井　正敏）

だんりんこうごう　檀林皇后　⇩橘《たちばなの》嘉智子《かちこ》

ち

ちいさこべのすがる　少子部蜾蠃　『日本書紀』雄略天皇六年および七年条にみえる人名。雄略天皇六年、天皇は后妃に養蚕を行わせてこの業を勧めようと、蜾蠃に命じて国内の蚕《こ》を集めさせたところ、彼は児《こ》と間違えて嬰児を集めて来た。そこで天皇はわらって彼にその嬰児を養育させた。よって姓を少子部連と賜わったという。七年、天皇は三諸岳の神の形を見たいと、蜾蠃に対し、汝は膂力抜群ゆえ捉えて参れと命じたところ、彼は岳に登って大蛇を捉えて天皇に献じた。ところが天皇が斎戒を怠ったので、その大蛇は怒り、雷となって光りひろめき、目精がかがやいた。そのため天皇は畏れて殿中にかくれ、これを岳に放たせた。よって蜾蠃は雷という名を賜わったとある。小子部という氏族は古代に実在し、『日本書紀』『正倉院文書』『新撰姓氏録』にみえるが、さきの話は小子部の氏名にちなむ起源説話、後者も造作であろう。『日本霊異記』にも彼が天皇に雷を献じた別の話がみえる。

参考文献　佐伯有清『新撰姓氏録の研究』考証篇一（川副　武胤）

ちうん　智蘊　?—一四四八　室町時代前期の武家出身の連歌作者。宮道氏。俗名蜷川《にながわ》新右衛門親当《ちかまさ》。親俊の子。代々足利氏に仕える家柄に生まれ、足利義教のもとで政所の公役を勤め、右衛門少尉に任ぜられたが、義教横死(嘉吉元年(一四四一))後出家したらしい。早くから禅宗に帰依し、智蘊という法諱、五岑という道号はともに禅僧から受けたもの。正徹門下の歌人としての事績も残している。連歌の師は明らかではないが、永享五年(一四三三)の北野万句に初出以来多くの連歌会に参加している。宗砌・忍誓と並んで活躍し、宗祇の選んだ連歌七賢の一人である。自撰句集『親当句集』があり、『清巌茶話』(『正徹物語』下巻の称)は智蘊の聞書とする説が有力である。文安五年(一四四八)五月十二日没。

参考文献　石村雍子『和歌連歌の研究』（奥田　勲）

ちえん　智演　⇩澄円《ちょうえん》

ちがみのおとめ　茅上娘子　⇩狭野《さのの》茅上《ちがみの》娘子《おとめ》

ちぎ　智顗　五三八—九七　中国、陳から隋初の僧。中国仏教形成の第一人者とされ、天台宗の開祖であるが、慧文—慧思の相承から第三祖ともされ(『仏祖統紀』)、隋の晋王広(煬帝)から智者大師号を受けるが、一般に天台大師と称する。湖南省華容県(洞庭湖北岸)陳朝武官の陳起祖の子で、大同四年(五三八)生まれ、十八歳出家し、二十三歳光州(河南省信陽州光山)の大蘇山で慧思の門に入り、禅観を修行して『法華経』の心要を授かる。光大元年(五六七)師命により金陵(南京)の瓦官寺で『大智度論』や『次第禅門』を講じ、陳帝はじめ多くの帰依者や僧を教化したが、三十八歳天台山に籠り思索と実修の末天台教義を確立した。至徳二年(五八四)陳の永陽王の懇請に再び金陵に下り、光宅寺などで『仁王般若経』や『法華経』などを講じたが、陳朝滅亡の兵乱を避け荊州地方に巡化し、開皇十三年(五九三)創建した玉泉寺で『法

智顗画像(張思訓筆)

華玄義』、翌年『摩訶止観』を講述した。同十五年『浄名玄義』十巻を晋王に献じたのち天台山に帰り、立制法十条を作って天台山僧徒の指導にあたり、のち再び晋王に屈請せられ山を下りた途次、同十七年十一月二十四日石城寺で示寂した。六十歳。その思想は『法華経』によせて全仏教を体系づけた『法華玄義』、天台の観法である止観の実修を思想的に意義づけた『摩訶止観』、『法華経』を独自の思想で解釈した『法華文句《もんぐ》』各二十巻の天台三大部に説かれ、『法界次第初門』六巻、『維摩経略疏』十巻、『維摩経玄疏』六巻、『金光明経』の玄義二巻、同文句六巻、『観音経』の玄義二巻、同義疏二巻、『次第禅門』『四教義』各二巻、『三観義』二巻、『六妙法門』『観心論』各一巻など、仮託本を含めて四十六部百八十八巻が現存し、『法華三昧行法』はじめ各種の懺法類も後世まで実修され、放生会の創始者でもある。

参考文献 『隋天台智者大師列伝』(『(大正新脩)大蔵経』五〇)、『続天台宗全書』史伝部一、池田魯参『国清百録の研究』、佐藤哲英『天台大師の研究』、島地大等『天台教学史』 (塩入 良道)

ちきょう 智鏡 生没年不詳 鎌倉時代の僧侶。字は明観、月翁と号した。出身も不明。京都泉涌寺の開山俊芿《しゅんじょう》に師事して天台教学と特に四分律を学んだ。戒律復興の志を抱いたもので、俊芿示寂(安貞元年(一二二七))後は同門の定舜に教えを乞い、定舜が南都に招かれて叡尊・禅恵らに律文を講じたことから、南都の性相学にも関心を寄せ、これに通じた。暦仁年間(一二三八—三九)の初め入宋して律学を研鑽し、帰国後、泉涌寺第四世を継いだ。また律だけでなく、浄土教にも心を傾け、泉涌寺の来迎院に住して中国浄土教家の善導・元照の風をも学んでいるが、さらに在宋中、かの地で禅家の蘭渓道隆と親交を結び、道隆に来日を勧めて、来朝にあたっては来迎院に招いている。道隆はのちに鎌倉に召され、建長寺の開山となった。また宝治元年(一二四七)浄土宗西山派の祖証空の示寂の折、迎えられて菩薩戒の義理について討論したと伝える。弟子に浄因らがあり、南都律との交渉をますます深めるに至っている。

参考文献 慧堅『律苑僧宝伝』一一(『大日本仏教全書』)、卍元師蛮『本朝高僧伝』五八(同) (石田 瑞麿)

ちぐさ 千種 生没年不詳 室町時代の能面作家で、いわゆる六作の一人。千草とも書く。世阿弥の『申楽談儀』に「おとこめん、近比よきめんとさた有し、ちぐさ打也」とある。奈良市の奈良豆比古神社所蔵の能面中に、応永二十年(一四一三)の年記とともに「千草左衛門大夫作」の銘をもった癋見《べしみ》の面がある。まさに世阿弥が「近比」といった時期にあたり、また作柄も良いので、ここにいう千種の真作と考えられている。なお近世の伝書類には彫物の上手で、鐔も作り、鼓の胴師であったようにも書かれ、その活躍範囲も奈良地方と推定される。

参考文献 野間清六『日本仮面史』、田辺三郎助「〝面打ち〟—能面作家考—」(『月刊文化財』一八七) (田辺三郎助)

ちくさありふさ 千種有房 ⇨六条有房《ろくじょうありふさ》

千種忠顕花押

ちくさただあき 千種忠顕 ?—一三三六 南北朝時代の貴族、武将。後醍醐天皇の廷臣。村上源氏六条有忠の子。忠顕に至り、氏を六条とも千種とも称する。千種は伊勢の地名であり、忠顕が伊勢千種氏の祖であるに因る。忠顕は蔵人頭、左近衛中将、弾正大弼、丹波守、参議。従三位。後醍醐天皇の信任篤く、元弘の乱が起るや、天皇に随従して笠置山に籠り、忠勤した。笠置落城ののち、天皇以下皇子臣僚ら、事に関与した者は、罪の軽重により、あるいは斬られ、あるいは流されることになり、忠顕は佐々木高氏入道導誉に拘禁となった。天皇は流罪に決定、元弘二年(一三三二)三月七日京都を出発、四月二日隠岐島に到着、島後国分寺を行在所にした。天皇に従って渡島した者は少なく、数人であったが、忠顕は京都出発以来終始近侍して苦難を経た。天皇が隠岐に滞在中下された唯一の伝存文書たる『鰐淵寺文書』元弘二年八月十九日宸筆願文について、貞治五年(一三六六)三月二十一日同寺僧頼源の『鰐淵寺文書』送進状には、右宸翰には、「上卿千種宰相中将忠顕卿(于時六条少将云々)」と記されており、忠顕の存在が確認される。その後天皇は、翌三年閏二月二十四日同島を脱出し、伯耆大坂に上陸、ついで名和長年に奉ぜられて船上山を本拠とし、敵徒の来襲に対抗した。しかして同地に滞在中天皇は、出雲杵築社神主に宛て、同年三月十四日王道再興綸旨および同十七日宝剣代綸旨の二文書を発しているが、ともにその奉者は忠顕の名義になっている。しかし前文書は別人の筆、後文書は天皇宸筆の綸旨として著聞する。その後官軍の京都六波羅攻撃が行われるや、忠顕は勅命をうけ、兵を率いて赴き援助し、功を賞せられた。建武新政の世となり、忠顕は依然蔵人として政務に参与していることは、多くの文書の示すところである。その後足利氏の反により新政は崩壊し、京都は延元元年(北朝建武三、一三三六)正月および五月同氏のために再度占拠され、天皇は叡山に難を避けた。同年六月足利方軍勢は、叡山行在所に強烈な攻撃を加え、忠顕はついに同月七日西坂本で戦死を遂げた。彼は当時すでに出家していたようである。なお大正八年(一九一九)十一月その功により従二位を追贈されている。

参考文献 『大日本史料』六ノ三、延元元年六月五日条、『大日本史』列伝九三、村田正志『風塵録』(『村田正志著作集』七) (村田 正志)

ちけい 智憬 生没年不詳 奈良時代の東大寺僧。知憬・智環にもつくる。沙弥時代興福寺より移り、良弁直系の

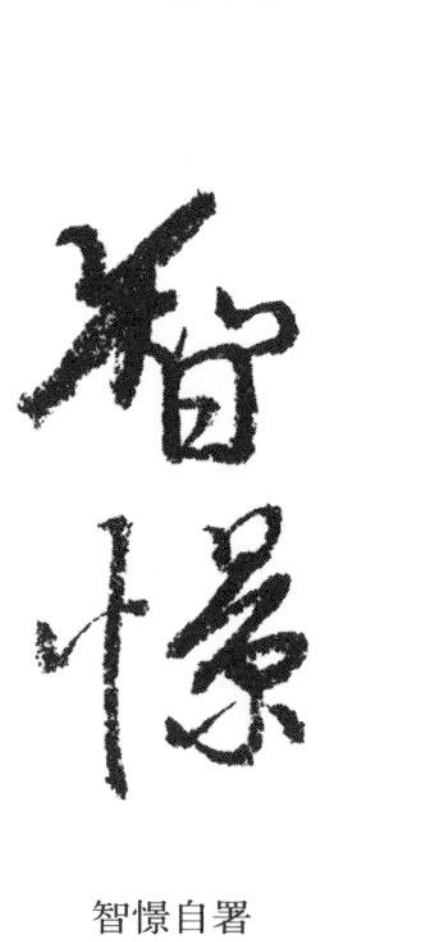

智憬自署

弟子となる。学系については、審祥を介して新羅華厳に列なり、常に羂索堂に住して学問修行し、やがて東大寺学団の指導的役割を果たすに至る。『三国仏法伝通縁起』によれば、天平勝宝元年(七四九)より四年にかけては『華厳経』六十巻と疏二十巻を、さらに『行事抄』まで講じたという。その上、『東域伝燈目録』によれば、彼の著述として、『無量寿経宗要指事』一巻、『無量寿経指事私記』一巻の名がみえ、浄土教への造詣の深さをも知ることができる。

参考文献　井上光貞『新訂日本浄土教成立史の研究』　（佐久間　竜）

ちこう　智光　七〇九―？　奈良時代の元興寺三論宗の僧。和銅二年(七〇九)、河内国安宿《あすかべ》郡に生まれ、俗姓鋤田連(のちに上村主と改む)、母は飛鳥部造という。九歳で出家、智蔵について三論を学び、頼(礼)光とともに三論宗元興寺流を伝えたとされる。『般若心経述義』『大恵度経疏』『中論疏記』『浄名玄論略述』『法華玄論略述』『盂蘭盆経疏述義』『無量寿経論釈』『観無量寿経疏』『四十八願釈』など十四編の著書があったとされる。『日本霊異記』などの行基信仰の説話では、文殊の化身行基によって改心し聖者となった学僧として、『日本往生極楽記』などの往生説話では学友頼光の縁で浄土変相図を感得し、観仏により往生をとげた学僧として登場する。東大寺凝然の『浄土法門源流章』ではわが国の浄土六祖の始とする。感得した浄土変相図は智光曼荼羅とよばれ、元興寺東室南階大坊の住房に安置されており、その住房は極楽房とよばれのち改築して元興寺極楽坊本堂となった。河内の鋤田寺・八田寺、元興寺の仙光院に住したという伝えもある。天平十九年(七四七)三月二十五日没とする説もあるが、実際には宝亀年間(七七〇―八一)に没したらしい。

参考文献　岩城隆利編『元興寺編年史料』上、元興寺仏教民俗資料刊行会編『智光曼荼羅』、末木文美士「元興寺智光の生涯と著述」(『仏教学』一九八二年十月)　（辻村　泰善）

ちしゃだいし　智者大師　⇨智顗《ちぎ》

ちしょうだいし　智証大師　⇨円珍《えんちん》

ちしん　智真　⇨一遍《いっぺん》

ちせん　智泉　七八九―八二五　平安時代前期の僧。讃岐国の人で空海の甥。父は讃岐滝宮の宮使で菅原氏、母は佐伯氏の出身で空海の姉という。延暦八年(七八九)生まれる。大安寺を本寺として出家し、大同の末年ごろ、空海の室に入って両部の大法を受け、弘仁三年(八一二)十二月、高雄山寺の三綱の一、羯摩陀那となる。以後常に空海の側近にあって苦楽をともにし、新来の真言宣布の事業をたすけた。天長二年(八二五)二月十四日、高野山東南院にて没す。一説に五月十四日滅。年三十七。大法師とも伝燈大法師ともいう。このとき智泉の夭逝を悼んで書いた空海の達嚫文(『性霊集』八)はあまりにも有名である。一説には智泉は画技にも秀でて、後世、智泉様と呼ばれる画風を残したともいう。

参考文献　智燈編『弘法大師弟子伝』上(『弘法大師伝全集』一〇)、道猷編『弘法大師弟子譜』二(同)、守山聖真編『(文化史上より見たる)弘法大師伝』　（高木　訷元）

ちぞう　智蔵　生没年不詳　七世紀の三論宗の学僧。中国呉国の出身。姓は熊凝氏。福亮在俗のときの子で、父福亮とともに斉明天皇代に来日。法隆寺・元興寺に住し、慧灌に従って三論を修学した。その後、入唐して吉蔵に謁して三論の余蘊を質し、その奥義を極めて帰国した。古来、わが国三論の第二伝者とする。帰国後はもっぱら法隆寺において三論を講じ、その弘通に努めたという。天武天皇二年(六七三)大和川原寺の大蔵経書写に際して勅命を受けて督役の任にあたり、その功績によって僧正に任命されている。入寂の年などは不明。弟子に大安寺道慈、元興寺智光・礼光などがある。

参考文献　『扶桑略記』五、『三論祖師伝集』下(『大日本仏教全書』)、『三国仏法伝通縁起』中(同)、卍元師蛮『本朝高僧伝』一(同)、『僧綱補任抄出』上、『元亨釈書』一・二一　（高田　良信）

ちたつ　智達　生没年不詳　七世紀の法相宗の学僧。斉明天皇三年(六五七)、新羅に使を遣わし、智達らを新羅使に付して唐に送ってくれるよう依頼した。しかし新羅が承諾しなかったので智達らは還帰した。翌斉明天皇四年秋七月、勅を奉じて智通とともに新羅の船に乗じて入唐し、玄奘に従って無性衆生の義を受けている。また、玄奘の法嗣窺基から法相宗の教理を学び、帰国して元興寺で法相宗を弘めたという。これをわが国法相宗伝来の第二伝とする。しかし、帰国の年代やそれ以外の事蹟を伝える史料はない。

参考文献　『三国仏法伝通縁起』(『大日本仏教全書』)、『八宗綱要』(同)、『内典塵露章』(同)　（高田　良信）

ちつう　智通　㈠生没年不詳　七世紀の僧侶。『日本書紀』によれば、斉明天皇四年(六五八)七月に、智達とともに勅を奉じて新羅船で入唐、玄奘に師事して無性衆生義をうけたという。同年入唐の記事は、『仏祖統記』にもみられる。ところで、この無性衆生義については、印度の学者である無性の教義にもとづく摂論宗とする説もあるが、伝統的解釈としては、『元亨釈書』や『三国仏法伝通縁起』などいずれもが、唯識・法相宗とする。その帰国年や、その後の事績などについては全く明らかでないが、『三国仏法伝通縁起』では法相宗の第一伝を道昭とし、この智通らを第二伝とする。ただ、『八宗綱要』

では、この智通と智達を第一伝とし、道昭を略している。

参考文献 富貴原章信『日本唯識思想史』、田村圓澄「摂論宗の日本伝来について」（『南都仏教』二五）

（佐久間 竜）

㈡一三一四—一四〇三 南北朝・室町時代前期の浄土宗西山派の僧。美濃立政寺の開山。字は光居。石見国（一説尾張国）の人。俗姓は葛西氏。正和三年（一三一四）生まれる。了音の法孫、永覚の弟子。美濃国根本庵に留錫中、文和三年（一三五四）後光厳天皇から北朝戦勝祈願の綸旨、ついで寺号を賜わり、同庵を立政寺と改めた。同寺は石川義熙、小野種壱《たねはつ》らを檀越として興隆した。至徳三年（一三八六）三月後小松天皇から香衣および祈禱所の綸旨を賜わり、明徳二年（一三九一）同じく常紫衣の綸旨を賜わり、法印に叙せられた。応永五年（一三九八）四月、寺規十箇条を制定。同十年五月一日に没した。九十歳。寺伝によれば同年八月光居菩薩号を賜わったとも、また生前の応永八年二条基満の執奏により同号を得たともいう。著書に『観経口筆鈔』『論註口筆鈔』『選択口筆鈔』など二十余巻がある。

参考文献 『大日本史料』七ノ六、応永十年五月一日条、『立政寺文書』（『岐阜県史』史料編古代・中世一）、伊東実臣編『美濃明細記』（『美濃叢書』二）、宇高良哲「中世浄土宗寺院の一考察—特に美濃立政寺文書を中心に—」（藤原弘道先生古稀記念会編『（藤原弘道先生古稀記念）史学仏教学論集』所収）

（伊藤 唯真）

ちどう 知道 生没年不詳 鎌倉時代の僧侶。源基定の法名。知道は中院中将と呼ばれたが（『好夢十因』文政四年（一八二一）板本附言）、『尊卑分脈』（『（新訂増補）国史大系』）によると、基定は「従四上、右中将、為基具子、文永六（一二六九）九十三出家、法名知道」とみえ、中院流の祖村上源氏の顕房から四代の通親よりさらに四代の孫にあたる。出家時の年齢は不明だが、中年の模様で、著作『好夢十因』は出家後十八年の弘安九年（一二八六）正月の作であり、このころまでの活動が確認される。出家後は洛北嵯峨あたり（三密蔵『好夢十因』奥）、あるいは東山の真言律寺白毫寺（『好夢十因』板本附言）に住したとも伝えるが、委細の行状は定かでない。出家後、真言密教の思想に拠り弥勒信仰を説き、兜率上生を勧めたりしているが、一方で真言密教の有り様に疑問をいだき、著作によると禅や専修念仏など当時盛行の新仏教思潮に深い関心を寄せて知識をもつなど、当時の公家出家者の信仰状況をよく示している。著作に『好夢十因』二巻、『光明真言式』一巻、『病中用心抄』一巻、『仏法夢物語』一巻などがある。

参考文献 田中久夫「仏教者としての知道」（『鎌倉仏教雑考』所収）、同「知道の『好夢十因』について」（『日本歴史』一九九）

（坂本 正仁）

ちばかねたね 千葉兼胤 一三九二—一四三〇 室町時代前期の武将。修理大夫。千葉介。千葉介満胤の子。明徳三年（一三九二）生まれる。応永十六年（一四〇九）七月、鎌倉公方足利満兼が死去した際、新田相模守が謀反、兼胤は鎌倉府の侍所（の所司か）として捕縛した。同二十年、下総国一宮の香取社に参詣しているが、これは同社の遷宮が一応終えてのことと思われる。同二十三年十月、いわゆる上杉禅秀の乱に兼胤は女婿として父満胤とともに禅秀に属したが、翌年、敗れて降伏。『千葉大系図』は応永三十三年に家督を相続したと記すが、同二十七年より二十九年にかけて、下総国内の諸寺に対して所領・所職の安堵・補任、寺領内狼藉に対する禁制の発布などを行なっており、守護職としての行為を認めることができる。『千葉大系図』はさらに同三十年、鎌倉公方足利持氏に叛した小栗満重を兼胤が攻撃したことを記載するが、史料的には未確認。永享二年（一四三〇）六月十七日死去。『千葉大系図』は三十九歳と記す。

千葉兼胤花押

参考文献 『鎌倉大草紙』、『千葉県の歴史』資料編中世五

（岡田 清一）

ちばつねしげ 千葉常重 生没年不詳 平安時代後期の武将。平常兼の子。『吾妻鏡』に「千葉大夫、元永以後、為当庄検非違所」と記載される千葉大夫は、常重あるいは父の常兼と考えられ、元永年間（一一一八—二〇）に千葉荘の検非違所になったことが知られる。その後、叔父常時の養子として天治元年（一一二四）六月に下総国相馬御厨を相続、さらに相馬郡司に補せられた。大治五年（一一三〇）六月、相馬郡を伊勢内宮に寄進した時、彼は正六位上の位階と下総権介の官職を併せ持っていた。保延元年（一一三五）二月、子息常胤に相馬御厨の地主職を譲与したが、その直後、御厨内公田官物の未進を理由に国守藤原親通に捕縛された。以後、相馬御厨の支配について国守親通・源義朝・平常澄・源（佐竹）義宗による対立が激化する。

参考文献 『取手市史』古代中世史料編、福田豊彦『千葉常胤』（『人物叢書』一六七）、岡田清一『中世相馬氏の基礎的研究』、野口実『千葉氏の研究』、鈴木哲雄『中世関東の内海世界』

（岡田 清一）

ちばつねたね 千葉常胤 一一一八—一二〇一 平安・鎌倉時代前期の武将。下総権介常重の子。母は大掾政幹の娘。元永元年（一一一八）に生まれる。保延元年（一一三五）二月、父常重から相馬御厨を譲与されたが、国守藤原親通から同御厨の支配を否定され、以後、源義朝・平常澄と対立した。久安二年（一一四六）四月、相馬郡司に補任され、その直後に相馬御厨を伊勢内宮に寄進。保元の乱（保元元年（一一五六））には義朝の郎等として出陣しており、御厨の支配強化のため義朝に従ったものと思われる。乱後、親通から権利を継承したとする佐竹義宗は、応保元年（一一六一）正月、御厨を伊勢内外二宮に寄

進、常胤も対抗して翌月に伊勢内外二宮に再寄進した。しかし、年貢を納入しなかった常胤の寄進は取り消され、御厨の支配権を失った。治承四年(一一八〇)九月、源頼朝の挙兵に加わるとともに、下総国内の敵対勢力を駆逐し、さらに頼朝をして佐竹氏を攻撃させて相馬御厨の支配回復を画策した。元暦元年(一一八四)二月、源範頼に属して摂津国一谷の戦に、さらに西国での平家追討に軍功を挙げた。文治五年(一一八九)の奥州合戦には、東海道大将軍として出陣、軍功により奥州に所領を与えられた。翌建久元年(一一九〇)十月、頼朝の上洛に随行。同五年六月、東大寺戒壇院の造営を命じられたが、同時期、下総国一宮香取社の造営をも行なった。正治元年(一一九九)十月、他の御家人とともに梶原景時を弾劾して鎌倉から追放した。鎌倉幕府創設に貢献したばかりでなく、下総国支配を強化して同国守護となる。諸国に所領を獲得して、子孫が発展する基礎をきずいた。頼朝の信頼も厚く、頼家の七夜儀を沙汰し、文治三年八月には洛中警護のために上洛するなど、東国御家人の重鎮とされた。さらに西国の範頼あての頼朝の書状にも、常胤を大切にすべきことが特に記されたり、建久三年八月の政所始めの際、政所下文による所領安堵に満足せず、頼朝直判のある下文を求めたことはよく知られている。建仁元年(一二〇一)三月二十四日、八十四歳で没した。

参考文献 『大日本史料』四ノ六、建仁元年三月二十四日条、『千葉県の歴史』資料編中世五、福田豊彦『千葉常胤』(『人物叢書』一六七)、野口実『坂東武士団の成立と展開』、同『中世東国武士団の研究』、同編『千葉氏の研究』、鈴木哲雄『中世関東の内海世界』、岡田清一『鎌倉幕府と東国』 (岡田 清一)

ちばひでたね 千葉秀胤 ?―一二四七 鎌倉時代中期の武将。上総権介。鎌倉幕府評定衆。上総権介常秀の子。仁治元年(一二四〇)八月、将軍藤原頼経の二所参詣に供奉以来、『吾妻鏡』に散見する。寛元元年(一二四三)閏七月、従五位上に叙せられ、翌年、評定衆に加えられた。執権北条泰時の死後、将軍頼経のもとには、北条(名越)光時・後藤基綱・三浦光村・千葉秀胤らの側近ともいうべき御家人集団が形成されつつあり、反執権勢力を構成していた。寛元二年、執権北条経時は頼経の子息を元服させて頼嗣と名のらせ、朝廷に対しては頼嗣の征夷大将軍の宣下を要請して実現させ、反執権勢力と対立した。同四年閏四月、経時が死去すると光時謀叛のうわさが流れたが、光時は出家して執権時頼に謝罪するという事件が起きた。六月、光時に同調したと思われる後藤基綱・藤原為佐・千葉秀胤・三善康持が評定衆から除名、さらに光時が伊豆国に配流、弟時幸は自殺した。同時に秀胤も上総国に追放された。この一連の事件を『鎌倉年代記』は「宮騒動」と記している。翌宝治元年(一二四七)六月、三浦泰村一族が滅ぼされると、泰村の女婿秀胤も大須賀胤氏・東素暹という同族に、上総国一宮大柳の館(千葉県長生郡睦沢町)を攻撃されて一族ともに全滅した。秀胤の所領は上総権介広常のそれを継承したものが中心で、両総に及んでいる。その遺領は主として足利義氏が継承したが、建長三年(一二五一)十二月、子息泰氏が自由出家したため、その所領下総国埴生荘が没収されて金沢実時に与えられた。また、「宮騒動」後、秀胤は所領の一部、たとえば下総国埴生西・印西・平塚などを没収されたが、それらも金沢実時に与えられた。この「宮騒動」・宝治合戦を通じて、北条氏の両総進出が進行したものと思われる。なお、正嘉三年(一二五九)当時の上総国守護として足利頼氏を確認できるが、同国守護職が上総権介広常以後、常秀・秀胤と継承されたか否かについては、史料的に確認できない。

参考文献 『大日本史料』五ノ二一、宝治元年六月五日条、『千葉県の歴史』資料編中世五、野口実『中世東国武士団の研究』、同編『千葉氏の研究』、岡田清一『鎌倉幕府と東国』 (岡田 清一)

ちほう 智鳳 生没年不詳 奈良時代の法相宗の僧。新羅の国の人で、渡来留学して大宝三年(七〇三)智鸞・智雄と入唐。撲(濮)揚智周について法相唯識を学んで帰国。飛鳥の元興寺(法興寺)に住して法相唯識を広めたといい、わが国法相宗の第三伝とされ、その教えは義淵に相伝されたといわれる。慶雲三年(七〇六)十月十六日、右大臣藤原不比等が大織冠鎌足の遠忌として維摩会を修し、智鳳を講師に任じたと伝えるが、資料不足で不明な点が多い。

参考文献 卍元師蛮『本朝高僧伝』六七(『大日本仏教全書』)、岩城隆利編『元興寺編年史料』上、田村圓澄「仏教経典の伝来と受容」(『田村圓澄日本仏教史』一所収) (辻村 泰善)

ちゃやしろうじろう 茶屋四郎次郎 一五四二―九六 京都町人の頭目、茶屋家の本家の代々の名称であるが、本項では初代四郎次郎に限定する。天文十一年(一五四二)生まれる。父は四郎左衛門明延。本姓中島氏。茶屋は永禄ころより三河の徳川氏の御用商を勤めていたが、初代四郎次郎(清延)は家康と同年齢であった関係上、若年より三河に赴いて家康の側近に仕え、家康とは特に昵懇な間柄となった。『茶屋四郎次郎由緒書』によれば、徳川氏の「上方之御買物御用」や「御陣等の御道具の御

茶屋四郎次郎清延像

調進」に携わり、それに三方ヶ原の戦、長篠の戦、小牧・長久手の戦、小田原の合戦などなど戦陣の御供数は五十三回にも及び、甲冑で実戦に参加して武勲を誇っている。同時に食糧や軍需物資の調達にもあたって貢献し、商人としての利益も得ていた。四郎次郎が家康との関係ではじめて歴史の表面に出てくるのは、天正十年(一五八二)の「伊賀越」においてであって、家康が安土城で織田信長に敬意を表してのち、すすめられて京都・堺で見物し、その地の有力町人と茶会などを楽しんでの帰途、本能寺の変によって信長の非業の最後に遭遇し「伊賀越」となるが、その節四郎次郎の気転と経済力とによって、家康は「生涯の危機」と称された事態を脱出することができた。その後豊臣秀吉政権下において隠密御用を承り、秀吉・家康の冷戦の中で、上方の情勢を家康に内通するなどスパイ的行動をとって貢献し、一時身辺が危険にさらされた。しかし四郎次郎はとにかく両者の政治的調整役を果たし、天正十四年には家康が上洛して京都の茶屋宅に落ち着き、ついで大坂城において秀吉に臣礼をとることになるが、家康を介してまた四郎次郎も秀吉に知られる仲となり、両雄の内使役をたびたび勤めるなど、陰ながら両者の和解に大きな役目を果たしていたようである。このように京都の政商茶屋の進出は目覚ましく、後陽成天皇の聚楽第行幸の際の家康の責任分担を四郎次郎が手がけ、家康の朝廷工作を担当し、家康の関東所領替の際の江戸町方の市中の町割に関与するなど、武士では果たされない役割をなし、ついには家康の江州代官を勤めることとなった。当時の茶屋は堺の納屋などと同じく『柳庵雑筆』に指摘されるように、武士のごとく太刀を佩き、弓箭を握り、軍役に従う存在であった。かくて初代四郎次郎は慶長元年(一五九六)閏七月二十七日に病没した。五十五歳。

参考文献　『茶屋文書』、川島元次郎『朱印船貿易史』、中田易直「茶屋四郎次郎由緒考」(『歴史地理』八七ノ一・二合併号)、同「近世初頭の貿易商人たち」(『日本人物史大系』三所収)

（中田　易直）

ちゆう　智雄　生没年不詳　奈良時代の法相宗の僧。大宝三年(七〇三)智鳳・智鸞とともに入唐し、法相宗を学んでわが国に伝えた。法相宗の伝来として、道昭を第一伝、智通・智達を第二伝、智鳳・智鸞・智雄を第三伝、玄昉を第四伝とする考え方がある。智鳳・智鸞・智雄については資料が乏しく不明な点が多い。

参考文献　『三国仏法伝通縁起』(『大日本仏教全書』)、岩城隆利編『元興寺編年史料』上、田村圓澄「仏教経典の伝来と受容」(『田村圓澄日本仏教史』一所収)

（辻村　泰善）

ちゅうあいてんのう　仲哀天皇　『古事記』『日本書紀』に第十四代と伝えられる天皇。和風諡号は足仲彦尊《たらしなかつひこ》。景行天皇の皇子日本武尊の子で、母は垂仁天皇の女両道入《ふたじのいり》姫《びめ》皇女。紀によれば、子に皇后気長足姫尊(神功皇后)の生んだ誉田別皇子(応神天皇)のほか、麛坂《かごさか》・忍熊《おしくま》・誉屋《ほむや》別《わけ》の諸皇子があった。叔父成務天皇に後嗣がないため、天皇の死後一年をおいて即位、九州南部の熊襲征討のため、穴門豊浦宮から進んで筑紫橿日宮に至ったが、西方の新羅国を征討せよとの神託を信じなかったため、筑紫に没したという。紀はそれを九年二月のこととし、年齢は記紀とも五十二とする。天皇の没後、皇后は新羅を征し、帰還後九州で応神天皇を生み、麛坂・忍熊両皇子の反抗を排して大和に至り、皇后の没後応神が皇位についた。仲哀天皇の遺骸は、神功摂政二年十一月、河内国の長野陵に葬られたという。仲哀天皇は、日本武尊と神功皇后の説話を皇室系譜上に位置づけるため、後次的に歴代に加えられた存在である可能性が強い。

参考文献　井上光貞『日本国家の起源』(『井上光貞著作集』三所収)

（笹山　晴生）

恵我長野西陵《えがのながののにしのみささぎ》　大阪府藤井寺市藤井寺四丁目所在。『日本書紀』は長野陵、『扶桑略記』は長野山陵、『延喜式』は現陵号とする。陵号の「野」のよみは、『陵墓要覧』など従来のものは「ぬ」。最近は旧字名「岡」により岡古墳ともいう。『日本書紀』は神功皇后摂政元年二月仲哀天皇の遺骸を穴門豊浦宮殯斂地より移し、同二年十一月当陵に葬ると記す。『延喜式』諸陵寮は「在二河内国志紀郡一、兆域東西二町、南北二町、陵戸一烟、守戸四烟」とし遠陵に入れる。中世所在不明となり、元禄の諸陵探索で、上原村の塚山と沢田村仲ッ山の二ヵ所の陵所のうち河内国錦部郡長野庄上原村の塚山に決定された。その後『河内志』『山陵志』『中津山陵考』などに異説が発表され、幕末の修陵の際現在の陵に改定修補し、慶応元年(一八六五)竣工した。南南西に面する前方後円墳で、周濠がある。墳丘長軸の長さ二四〇メートル、前方部幅一七四メートル、後円部径一三八メートル、前方部高さ一五・五メートル、後円部高さ一八・八メートル。東側くびれ部には造出しがある。墳丘の等高線は乱れが激しい。陵墓の工事に伴う近年の調査で、後世の大量盛土による濠堤の変形と、濠堤・墳丘部の埴輪列遺存が判明した。殯斂地は山口県下関市長府侍町一丁目、日頼寺の後山にあり、明治三十五年(一九〇二)諸陵寮所管とした。日頼寺には、極楽寺(同寺の旧称)は仲哀天皇聖跡であるから御祈願所とするとの観応二年(一三五一)の院宣写を綸旨として所蔵。

参考文献　「仲哀天皇恵我長野西陵之図」(『陵墓地形図』二五〇、宮内庁書陵部所蔵)、上野竹次郎『山陵』上、陵墓調査室「昭和五十年度陵墓関係調査概要」(『書陵部紀要』二八)、同「昭和五十八年度陵墓関係調査概要」(同三六)

（石田　茂輔）

ちゅうえん　忠延　生没年不詳　平安時代前期の僧。空海の付法十弟子の一人。生国・俗姓・卒時を詳かにしない。母は宗方朝臣氏の出身。頼我の『血脈抄』に忠仁公(藤原良房)の子とするも疑わしい。天長の初年に東大寺戒壇院で受戒、諸寺を巡遊して性相の義を学び、空海について両部の秘法を受く。空海は忠延の先妣の周忌に

『理趣経』を講ずる表白文(『性霊集』八)を作っている。天長元年(八二四)九月には神護寺定額僧二十一口の一員となり、承和四年(八三七)四月六日付の円行が入唐する際に託した青竜寺に寄せる書状には、実恵らとともに伝燈大法師忠延と連署している。しかし、なぜか同年四月五日付の東寺定額僧二十一口を補す僧綱牒には忠延の名は見あたらない。

参考文献 智燈編『弘法大師弟子伝』上(『弘法大師伝全集』一〇)、道猷編『弘法大師弟子譜』二(同)、守山聖真編『(文化史上より見たる)弘法大師伝』 (高木 訷元)

ちゅうかい 忠快 一一五九―一二二七 鎌倉時代初期の天台僧。房号は大教房。門脇中納言平教盛の子。平治元年(一一五九、一説に永暦元年(一一六〇))生まれる。文治元年(一一八五)壇ノ浦で生虜となる。時に権律師。伊豆配流の後、許されて帰洛(『吾妻鏡』)。同五年、台密穴太《あのう》流の契中に三部の灌頂を受く。京三条小川の住房にちなみ小川法印とよばれ、台密小川流の祖となる。源家将軍の知遇を得てたびたび東下、実朝のころには幕府祈禱僧として鎌倉で活躍。安貞元年(一二二七)三月十六日没。六十九歳。時に延暦寺楞厳院長吏、法印権大僧都。著書に契中の口伝を編した『密談鈔』六十巻、『船中鈔』三巻など。弟子は数多いが、『阿娑縛抄』の編者小川僧正承澄が有名で、同書に「ム云」として引用されるのが忠快の口伝である。

参考文献 『大日本史料』五ノ三、安貞元年三月十六日条、島地大等『天台教学史』 (速水 侑)

ちゅうがんえんげつ 中巌円月 一三〇〇―七五 鎌倉・南北朝時代の臨済宗大慧派の僧。法諱は円月、はじめ至道といったがのち円月と改めた。中巌はその道号、別に中正子・中正叟・東海一漚子とも称した。相模鎌倉の人。俗姓は土屋氏。正安二年(一三〇〇)正月六日に生まれ、幼名を吉祥丸といった。武蔵鳥山の乳母の家で養育され、

中巌円月像

徳治二年(一三〇七)に祖母に迎えられて相模亀ヶ谷に移り、やがて寿福寺に入って僧童となり至道と安名《あんみょう》された。立翁□基に寿福・大慈の両寺に随い道恵に『孝経』『論語』『九章算術』を受けたが、正和元年(一三一二)梓山律師について剃髪し、密教とその行法を受けた。翌年密教を棄て首座寮の寛通□円のもとで語録の素読を受け、禅宗への興味を示し、偈頌を作して嶮崖巧安からその文才を賞された。同三年乾明山万寿寺の雲屋慧輪に参じ、ついで円覚寺の東明慧日の門下に連なり法諱を円月と改めた。文保二年(一三一八)に入元を志したが許されず、京に登って万寿寺の絶崖宗卓、越前永平寺の義雲に参じ、元応元年(一三一九)には鎌倉浄妙寺の玉山徳璇、建長寺の東明慧日・霊山道隠、円覚寺の南山士雲らに参じ、元亨元年(一三二一)には不聞契聞とともに上京し、希明□祚の好意によって南禅寺帰雲庵に寄遇し、済北庵の虎関師錬に通参した。正中元年(一三二四)博多に赴き、船便を待つの間、大友貞宗の斡旋で豊後万寿寺の闡提正具に参じ、翌年秋にようやく入元した。雪竇山資聖寺・天寧寺の霊石如芝、虎丘山雲岩寺の済川若檝、鳳台山保寧寺の古林清茂、洪州の西山雲蓋山、呉門幻住庵の絶際会中、道場山万寿寺の東陵永璵などに参じ、この間に日本僧の竜山徳見・雪村友梅などにも参扣した。天暦二年(元徳元、一三二九)に郷友の不聞契聞が武昌の獄中にあるを聞き、赴いて救わんとしたが、赦免されたのを聞いて盧山東林寺の古林清茂に随い、ついで洪州の百丈山大智寺に至って東陽徳輝の会下で書記となった。解職ののち廬山の竜巌徳真・柏堅、永福寺の竺田悟心に、ついで婺州金華県の双林寺、同じく広福寺(智者)の蒙堂寮に留錫した。至順三年(元弘二、一三三二)杭州の浄慈寺にあったが、郷僧の大弁正訥とともに径山《きんざん》興聖万寿禅寺・雪竇山資聖禅寺・幻住庵を回って浙東に下り、郷僧の一峯通玄を伴って倭船に乗じて博多に着岸した。日本の元弘二年である。筑前多々良の顕孝寺、豊後の万寿寺に錫を止めたが、翌年に大友貞宗とともに上京し、南禅寺の明極楚俊の下で蒙堂寮に居し、『原民』『原僧』の二篇を撰述して後醍醐天皇に献呈した。建武元年(一三三四)鎌倉円覚寺に帰って東明慧日のもとで『中正子』を撰述し、後堂首座に要請されたが固辞し、後席を継いだ大川道通にも同職の要望があったが辞退した。建武二年に東明の建長寺住持就任に随って後堂首座に就任した。翌年円覚寺に移り、ついで宇都宮、常陸鹿島の安坊寺、下総相馬の竜沢庵に避難し、同四年に建長寺に帰着したが、大友氏泰は相模藤谷の崇福庵に請住した。また浄智寺の竺仙梵僊によって前堂首座に請われ、東明の建長寺にも前堂首座の要請があったが、強要を恐れて上京した。東明は建長寺を退院して浄智寺に移りたい希望があり、上京中の中巌に斡旋方を依頼した。足利直義の三条第と臨川寺の夢窓疎石を訪れて懇願したが、建長後住を予定していた大川道通の急死によって、後住の人選が沸騰し、東明の建長再住の形で決定した。直義・夢窓の両書を携えて東明に伝えたのち、崇福庵に住し、ついで上野利根荘に下り吉祥寺を開堂し、大友貞宗の追善供養と、香を東陽徳輝に嗣いで大慧派の意を表明した。曹洞宗宏智派の東明門弟の怒りは治まらず、ようやく別源円旨・東白円曙の仲裁で和合した。康永元年(一三四二)に再度の入元渡海を試みたが、官憲の禁止にあって果たさず、鎌倉に帰って崇福庵と利根荘との間を往還した。貞和三年(一三四七)

に吉祥寺に僧堂を建てて規矩を整えたが、十二月に方丈の火災にあって止々庵を創めて移り、同五年には鎌倉寿福寺の全提志令の下で前堂首座となった。後席を継いだ明岩正因にも観応二年(一三五一)に請われて首座となり、文和二年(一三五三)に乾明山万寿寺、同年十二月蔣山万寿寺、延文三年(一三五八)に京都万寿寺を歴住し、山内に妙喜世界を創めて退居寮とした。貞治元年(一三六二)四月建仁寺に移り、同山内に妙喜世界を移建した。同二年等持寺に住したが、翌年近江の六角・甲良両氏の外護で竜興寺を創め、近江と京との間を往還した。同六年鎌倉建長寺の公帖が下って赴任したが、翌年退院して帰京した。応安三年(一三七〇)に南禅寺に招請されたが固辞し、同六年には天竜寺復興の期待を寄せられて堅請されたが、老齢をもって辞退し、永和元年(一三七五)正月八日寂した。七十六歳。仏種慧済禅師と勅諡された。著書に『東海一漚集』『中正子』『自歴譜』『藤陰瑣細集』『文明軒雑談』『仏種慧済禅師語録』『日本書』『蒲室集註解』などがある。妙喜世界を妙喜庵と改称して全身を葬り、建長寺梅洲庵にも分塔した。門弟に南宗建幢・子建浄業・東湖浄暁・東生浄旭・帰宗浄惲・仲和原礼・西昆原池・大業建紹などがある。

参考文献 『中巌和尚自歴譜』(『五山文学新集』四)、『仏種慧済禅師語録』(同)、玉村竹二『五山禅僧伝記集成』、足利衍述『鎌倉室町時代之儒教』 (葉貫 磨哉)

ちゅうぎおう 忠義王 ?―一四五七 南朝の皇族。河野宮と称す。その系統や事蹟は明確を欠くが、後亀山天皇の子孫で、兄の北山宮自天王とともに、南朝再興運動につとめた事実は確認される。嘉吉三年(一四四三)九月の禁裏乱入事件(禁闕の変)ののち、神器のうちの神璽が凶徒のために行方不明となったが、嘉吉・文安のころ、吉野の奥の北山・河野両宮に奉ぜられ、南朝行宮も設けられたようである。忠義王文書が数通あり、内二通は原本が伝存する。しかしその後長禄元年(一四五七)十二月二日両宮は同時に赤松氏遺臣のために殺害され、その墓が奈良県吉野郡川上村神之谷金剛寺に存在する。→北《きた》山宮《やまのみや》

参考文献 菅政友『南山皇胤譜』(『菅政友全集』)、後南朝史編纂会編『後南朝史論集』、村田正志『(増補)南北朝史論』(『村田正志著作集』一) (村田 正志)

ちゅうぎこう 忠義公 ⇨藤原兼通《ふじわらのかねみち》

ちゅうきょうてんのう 仲恭天皇 一二一八―三四 一二二一在位。順徳天皇の皇子。母は九条良経女の立子(のち東一条院)。諱は懐成《かねなり》。建保六年(一二一八)十月十日に生誕し、間もなく翌月二十六日に立太子。順徳天皇が後鳥羽上皇(順徳父)の討幕計画に熱心に関わり譲位したため、承久三年(一二二一)四月二十日、閑院内裏において四歳で践祚した。その際、伯父の左大臣九条道家を摂政とした。承久の乱の結果、同年七月九日、鎌倉幕府の沙汰によって譲位させられ、後堀河天皇に代わった。仲恭天皇は、正式な即位礼や大嘗祭などもないうちに、わずか八十日ほどで譲位したため、半帝・後廃帝・九条廃帝などと呼ばれる。退位して、すぐ九条道家第や東一条院御所に渡御したが、十月二十一日、母の立子に伴われて西七条御所に遷御する。文暦元年(一二三四)五月二十日崩御。十七歳。明治三年(一八七〇)七月、改めて仲恭天皇という諡号が贈られた。陵は京都市伏見区の九条陵。

参考文献 『大日本史料』五ノ九、文暦元年五月二十日条 (山口 隼正)

九条陵《くじょうのみささぎ》 京都市伏見区深草本寺山町にあり、東福寺の南に位置している。天皇は九条殿で崩じたが、葬地を伝える文献は全くない。『陵墓一隅抄』は伏見街道沿いの塚本社の域内にある廃帝塚と称する塚を陵所に擬したが、明治二十二年(一八八九)に至り崩御の地に因んで九条通り東郊の高所に陵域を定め、小円丘を築いて陵所とした。廃帝塚は現在東山区本町十六丁目に属し、陵墓参考地となっている。

参考文献 『大日本史料』五ノ九、文暦元年五月二十日条、『法規分類大全』二編宮廷門、上野竹次郎『山陵』下 (戸原 純一)

ちゅうけい 仲継 ?―八四三 平安時代前期の僧侶。その出自は不明。『僧綱補任』にはその師を勝虞(悟)とする。ところが、『性霊集』にある彼の、護命八十歳を祝っての賀表によれば、元興寺僧で法相宗の碩学護命に師事したといっている。それが、いつのころからか薬師寺に入り、天長三年(八二六)には維摩講師に任命され、同七年には、薬師寺で南都三大会の一つに数えられた最勝会を創始している。同九年には律師となり、承和十年(八四三)入滅までこの任にあって活躍した。 (佐久間 竜)

ちゅうざん 仲算 生没年不詳 平安時代中期の法相宗の僧。興福寺空晴僧都が幼少より才能を認め薫育して、学徳を高めたが出処不詳の故僧綱に補されなかった。応和三年(九六三)村上天皇が『法華経』を写経し八月に清涼殿にて南北碩匠を招き慶讃のため十座の深議を講論させた時、天台の良源が法相の法蔵・平州を屈服せしめたので、民部卿藤原文範がこれを患い春日明神に詣ったところ仲算をみつけ、問者の仁賀・円芸に代わって論議をさせ見事に良源を屈服させた。これにより仲算は恩優賞を賜わり、法相宗は六宗の長官とされた。安和二年(九六九)喜多院林懐とともに熊野山に登り、那智の滝で『般若心経』を誦したところ、瀑水が逆上して千手観音像が現われ声を遺して姿を消したという。観音の応化であったと伝える。著書に『法華音釈』『法華略頌』『陀羅尼集』がある。安和二年、またある説に貞元元年(九七六)十月十九日に没す。

参考文献 『大日本史料』一ノ一六、貞元元年十月十

九日条

（辻村　泰善）

ちゅうじょうひめ　中将姫　伝説上の人物で、「当麻曼荼羅」の縁起にあらわれる。奈良県北葛城郡当麻町の当麻寺には、独特の「浄土変観経曼荼羅」があって、俗に「当麻曼荼羅」とよばれる。この曼荼羅の縁起は、『建久御巡礼記』、『当麻寺流記』、十巻本『伊呂波字類抄』四、『古今著聞集』二、『私聚百因縁集』七、『続教訓抄』一三、『元亨釈書』二八などに掲げられているが、さらに絵巻・奈良絵本・謡曲・浄瑠璃・歌舞伎などにも作られており、いわゆる「曼荼羅絵解」によっても知られる。それらの縁起によると、この中将姫にあたるのは、横佩大臣の娘であったが、天平宝字七年(七六三)に、当麻寺で出家して、法如尼と名のった。阿弥陀仏を念じていると、その化身の尼があらわれ、百駄の蓮の茎を集めさせて、観音の化身の女とともに、その糸で美しい曼荼羅を織りあげた。この法如尼は、宝亀六年(七七五)に、阿弥陀の来迎をうけて、極楽往生をとげたという。

（大島　建彦）

ちゅうしょおう　中書王　⇩兼明親王《かねあきらしんのう》

ちゅうじん　忠尋　一〇六五—一一三八　平安時代後期の天台宗僧。治暦元年(一〇六五)誕生。父は土佐守源忠季。幼くして叡山に登り、顕教を長豪・覚尋の二師に学び、密灌を良祐阿闍梨に受く。洛北曼殊院に住し、ついで比叡山西塔北谷東陽房に移る。永久三年(一一一五)東陽房の里坊として、京都東山大谷の地に十楽院を創建。元永元年(一一一八)権律師、天治元年(一一二四)権少僧都、大治五年(一一三〇)権大僧都、第四十六代天台座主となる。世に大谷座主と称す。長承元年(一一三二)権僧正、保延元年(一一三五)僧正、同三年大僧正(兼法務)に転じた。この間、天承元年(一一三一)三月得長寿院落慶供養、保延二年三月鳥羽勝光明院供養の導師をつとめた。同四年十月十四日、七十四歳をもって示寂。恵心流の教義を高揚させた。その門流を東陽院流という。門下皇覚が椙生流を開いた。著書に『無縫目』『四教顕抄』『東陽三十六個口決』『雑々集』『法華文句要義聞書』『枕双子』などがある。『漢光類聚鈔』『法華略義見聞』については、後人の仮託とする説がある。

参考文献　『天台座主記』、『元亨釈書』二六、卍元師蛮『本朝高僧伝』一一(『大日本仏教全書』)、硲慈弘『日本仏教の開展とその基調』

（佐々木令信）

ちゅうじんこう　忠仁公　⇩藤原良房《ふじわらのよしふさ》

ちゅうほうえんい　仲方円伊　一三五四—一四一三　南北朝・室町時代前期の臨済宗大覚派の僧。南嶺子越の法嗣。法諱は円伊、道号は仲方。懶室・懶団子とも号し、惟肖得巌・太白真玄とともに四六の三疏と称され、四六文にすぐれた才能を発揮した。文和三年(一三五四)生まれる。長門の人で、筑前聖福寺の南嶺について出家し、のち南都西大寺の高湛律師に戒律を学んでいる。嘉慶二年(一三八八)相国寺で書記をつとめたのをはじめ、播磨法雲寺・山城広覚寺・建仁寺・南禅寺の住持となり、晩年は建仁寺に長慶院を創めて隠退し、応永二十年(一四一三)八月十五日六十歳で寂した。雲荘徳慶・南陽□滕・全悟□保などの法嗣を出し、雲章一慶など学芸上の門生をもでている。語録『仲方和尚語録』、詩文集『懶室漫稿』があり、『伊仲芳四六之法』の著書を残し、絶海中津に学んだ四六文の作法を伝えている。

「円伊」

「仲方図書」

「西来単伝」
仲方円伊印

参考文献　『大日本史料』七ノ一八、応永二十年八月十五日条、卍元師蛮『延宝伝燈録』一七(『大日本仏教全書』)、玉村竹二『五山禅僧伝記集成』

（竹貫　元勝）

ちゅうれつおう　忠烈王　一二三六—一三〇八　一二七四—一三〇八在位。高麗第二十五代の王。諱は諶、ついで昛。一二三六年二月二十六日(月日は陰暦)に生まれる。二十四代元宗の長子。母は順敬太后金氏。六〇年世子となる。幼時より人質として元都に滞在することが多く、七二年には辮髪・胡服のいでたちで帰国、国人を泣かせた。七四年、フビライの娘クツルガイミシと結婚して元皇帝の駙馬《ふば》(婿)となり、同年、父の死を承けて即位。同年および八一年、元に強いられて参戦した二度の日本遠征に大敗(文永・弘安の役)、九〇年には元の叛乱軍の侵略を蒙って江華島に避難するなど、多難な治世だった。七八年、王はフビライに合浦(馬山)駐在の元軍をとどめて倭寇に備えるよう要請した。これを根拠に、高麗は倭寇鎮圧のため積極的に元軍を引きいれたとする説があるが、朝鮮を蔑視する伝統的な色眼鏡で視たもので説得力はない。王の晩年は世子源(のちの忠宣王)と不和となり、一三〇八年七月十三日(月日は陰暦)七十三歳で没した。王陵は慶陵という。

参考文献　池内宏『元寇の新研究』

（村井　章介）

ちょうい　長意　八三六—九〇六　平安時代前期の天台宗僧。俗姓紀氏。和泉国大鳥郡の人。世に露地和尚と称せらる。承和三年(八三六)誕生。幼くして円仁に随い顕密を綜習し、安慧に灌頂をうく。斉衡二年(八五五)二十歳の時、円澄に菩薩大戒をうけ、ついで円仁に伝法密灌をうく。昌泰二年(八九九)十月第九代天台座主、翌年十月内供奉十禅師、延喜三年(九〇三)法橋となる。同六年七月三日、七十一歳をもって示寂。翌年、あるいは翌々年四月、僧正法印大和尚位を贈らる。『真言菩提心義』にみえる十条五十九番の問答は、長意の問、円仁の決答

で構成されている。悉曇を円仁・安慧に継承し、安然に伝えた。弟子に玄昭がいる。

参考文献　『大日本史料』一ノ三、延喜六年七月三日条、『天台座主記』　（佐々木令信）

ちょうう　聴雨　⇩心田清播《しんでんせいは》

ちょうえん　長円　?—一一五〇　平安時代後期の定朝を祖とする正系の仏師。大仏師円勢の長子として生まれ、京都五条高倉に仏所をかまえ、皇族や貴族の発願する仏像をつぎつぎと制作し、活躍した円派の代表的仏師である。康和五年(一一〇三)には父円勢とともに白檀の薬師仏像を造ったのをはじめ、長治二年(一一〇五)には尊勝寺阿弥陀堂准胝堂および法華堂諸仏の造仏賞により法橋に叙され、元永元年(一一一八)白河新御願寺の造仏賞により法眼となった。大治四年(一一二九)には七仏薬師像、最勝寺五大堂の諸像および女院の御祈仏を制作し、同年十一月には興福寺大仏師を望んで果たさなかった。しかし清水寺別当となった。このことは長円が父円勢と同様、造仏界だけではなく、仏教界にもその勢力を伸ばそうとした野望のあらわれで、当時の仏師の一面を示している。大治五年十二月には最勝寺五大堂の造仏賞をその子長俊に譲り、長承元年(一一三二)十月には法荘厳院の造仏賞により法印となった。同三年には八条堀川堂の丈六九体仏像、保延六年(一一四〇)には五壇法本尊像、康治二年(一一四三)八月には皇后御願の金剛勝院の造仏賞を弟子勝円に譲った。久安元年(一一四五)には鳥羽新御堂の丈六九体阿弥陀像、同三年には主上御祈の尊勝王、愛染明王像および不動明王像など各十体を造った。同年八月鳥羽御堂の造仏賞を元円に譲り、同五年三月延勝寺の造仏賞を孫の勝円に譲り、勝円は法眼に叙された。このように長円は熱狂的な造仏の時代に遭遇し、活躍しただけではなく仏教界にも根をはり、政治的手腕を発揮し、その後円派の隆盛をまねいた仏師であるが、長円の生年は不明である。久安六年に没したことはわかっている。

参考文献　小林剛『日本彫刻作家研究』、田中嗣人『日本古代仏師の研究』　（久野　健）

ちょうえん　長宴　一〇一六—八一　平安時代中期の天台宗僧。京都の人。俗姓小野氏。伊賀守守経、あるいは守文の子。世に大原僧都と称せられる。長和五年(一〇一六)誕生。慶命・覚円に顕密二教を学び、ついで東塔の皇慶《こうげい》に師事して受法灌頂。灌頂の弟子は三十八人。治暦元年(一〇六五)十二月権律師、同三年元慶寺別当、承保元年(一〇七四)律師、同三年権少僧都となる。永保元年(一〇八一)四月二日、六十六歳をもって示寂。比叡山北谷定林房に住し、ついで大原勝林院に移る。『四十帖決』十五巻は、長宴が皇慶に常に侍しその口授に従い谷《たに》流《りゅう》の奥義を筆録したものである。長宴の一流を大原流という。著書に『五相成身私記』『大原集』『金剛界大灌頂秘要私記』『道場観集』などがある。

参考文献　『僧綱補任』四(『大日本仏教全書』)、『阿娑縛抄』一九五(同)　（佐々木令信）

ちょうえん　澄円　一二九〇—一三七一　鎌倉・南北朝時代の僧侶。禅宗からの批難に対し、浄土宗の教義が他宗に比しすぐれていることを主張した学僧で、浄円または智演ともいい、旭蓮社と号した。正応三年(一二九〇)、和泉国大鳥郡堺浜(大阪府堺市)に生まれ、南都で受戒したのち、比叡山に登り承遍および観豪に師事して天台の教学を学び、さらに虎関師錬から禅要、了慧から鎮西義を相承して了慧の弟子となった。正中二年(一三二五)渡元し、廬山の東林寺で優曇普度から慧遠流の浄土教を学び、元徳元年(一三二九)帰朝した。その後正慶元年(一三三二)までの間に、堺に廬山の風を模した旭蓮社を創建するとともに、他面著作活動を活潑に行い、浄土宗は教団的には附庸宗・寓宗ではなく、教義は小乗でなく大乗であることを明らかにした。応安四年(一三七一)七月二十七日に八十二歳で没した。一説に応安五年七月二十二日、九十歳で没したともいう。著書に夢窓疎石の『夢中問答』を批判した『夢中松風論』十巻、虎関師錬の『宗門十勝論』について論難した『浄土十勝論』十四巻、『浄土十勝論輔助義』四巻、その他『師子伏象論』六巻などが現存している。

参考文献　『堺市史』七、『泉州堺旭蓮社澄円菩薩略伝』、三田全信「旭蓮社澄円について」(『浄土宗史の諸研究』所収)　（大橋　俊雄）

ちょうが　長賀　生没年不詳　鎌倉時代を中心に、宋画の様式を積極的に受容し新様の仏画を作り上げた宅磨派の画系に属するとみられる画人。『経俊卿記』建長五年(一二五三)十二月二十二日の法勝寺阿弥陀堂供養条に仏画を描いて勧賞にあずかった一人として「法眼長賀」の名が初見する。遺品には「長賀法眼筆」の裏書を有する醍醐寺の不動明王図像をはじめ、「長賀」の印を有する二童子像(フリアギャラリー蔵)や十六羅漢図双幅などが知られる。一方、来朝の禅僧兀庵普寧像(京都正伝寺蔵、重要文化財)を描いた画人に法印長嘉があるが、本図が文永二年(一二六五)の帰国以前の作とみられることから、長賀の法印時代の作とし、その活躍年代が建長から文永に至る鎌倉時代中期の数少ない知名の画人と考えられている。それらの作品は伝統的な用筆の間に強い筆力が加味される。なお長賀の後裔とみられる画人に栄賀がある。

参考文献　田中一松「絵仏師長賀とその作品」(『美術史』四四)、平田寛『絵仏師の時代』　（濱田　隆）

ちょうかく　長覚　?—一四一六　南北朝・室町時代前期の高野山の僧。同山寿門学派の祖。字は本智房。出羽の生まれで安達時重の子。文和元年(一三五二)に湯殿山長宣のもとで出家し、同十一年に高野山東禅院に入り同院義宣・釈迦南院賢重らに悉曇《しったん》や真言密教などを学んだ。貞治三年(一三六四)から応安五年(一三七二)にかけ鎌倉・越後・能登などを遍歴、修学し、応安年中には東禅院に住したが、その後も京都や大和の諸寺を訪れ、禅や神道を学び、明徳四年(一三九三)、五年ごろには鎌倉に下り俊

誉から西院流を受けた。応永四年(一三九七)十月、高野山蓮華乗院領年貢押妨の嫌疑で擯出をうけたが、誤解とわかり程なく解かれた(『又続宝簡集』一〇三)。同十年冬に無量寿院に住し学侶を提撕したが、宝性院の宥快と並び一山の学侶を二分し、宥快の宝門学派(而二門説)に対し寿門学派(不二門説)を形成した。これを高野山教学史上「応永の大成」と呼ぶ。同二十三年十一月十五日没。世寿は七十一、七十五の両説がある。『大日経疏指南鈔』『釈論十二鈔私記』『悉曇決択鈔』などの著がある。

参考文献　寂本編『野峰名徳伝』下(『大日本仏教全書』)、卍元師蛮『本朝高僧伝』一七(同)、上田秀道編『長覚尊師と宥快法印』、栂尾祥雲『秘密仏教史』(『栂尾祥雲全集』一)　(坂本　正仁)

ちょうかん　澄観　七三八―八三九　中国唐代の華厳宗の僧。越州山陰(浙江省)の人。姓は夏侯氏。十一歳で出家し、曇一から律宗、玄璧から三論宗、慧苑の弟子の法詵から華厳宗、湛然から天台宗、牛頭惟忠・径山道欽から南宗禅、慧雲から北宗禅を学んだ。大暦十一年(七七六)、五台山と峨眉山に登り、文殊と普賢の像を感見した。のち、五台山大華厳寺に住し、八十巻『華厳経』の注釈『華厳経疏』六十巻と、弟子に請われて自疏に注釈した『華厳経随疏演義鈔』九十巻を著わした。六十巻『華厳経』を釈する法蔵の『華厳経探玄記』二十巻と並び、華厳研究の双璧と称され、その功績によって、華厳宗第四祖とされる。貞元十二年(七九六)長安に出て活躍し、徳宗は、清涼法師の号を賜い、憲宗は、僧統清涼国師の号を加賜した。ほかに『三聖円融観』『法界玄鏡』『心要』各一巻の著述が現存する。弟子に宗密・僧叡・宝印・寂光などがいる。諸伝で一致しないが、『華厳懸談会玄記』一に「開元二十六年(七三八)戊寅生、開成己未(八三九)卒、年一百二」と記す。

参考文献　陳垣『釈氏疑年録』、鎌田茂雄『中国華厳思想史の研究』　(池田　魯参)

ちょうぎ　長義　南北朝時代の備前国長船派の刀工。文和から康暦にかけての年紀作がある。南北朝時代の長船では兼光は北朝方に、また長義は南朝方につき、それぞれその方の年号をきった。長義ははじめと終りは北朝の、中ほどは南朝の正平年号を使っており、それは両朝の勢力の消長を物語るものであった。太刀、短刀ともに「備州長船住長義」または「備前国長船住長義」と大振りの長銘にきる。太刀姿は大きく、作風は沸出来で大模様の互の目刃を焼く。重要文化財には名物の大坂長義の短刀や、天正十八年(一五九〇)に国広が磨り上げた刀(徳川黎明会所蔵)、他に太刀二口がある。兄の長重に建武甲戌銘の短刀(国宝)があり、弟子の長守に正平や建徳年銘の脇指や短刀がある。正系の兼光派はのちのちまで栄え、傍系のこの派は南北朝時代で終る。　→兼光《かねみつ》

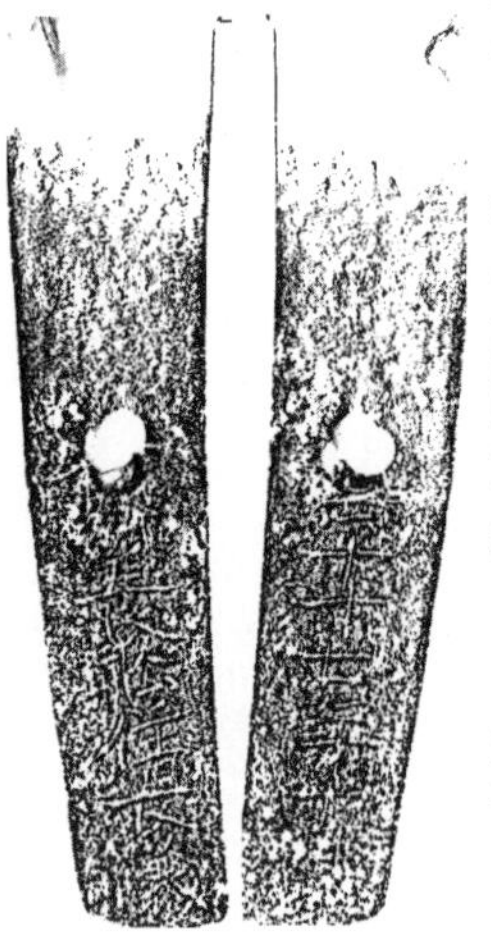

長義押形

参考文献　広井雄一編『備前鍛冶』(至文堂『日本の美術』七三)、加島進「中世に於ける長船刀工について」(『東京国立博物館紀要』六)　(辻本　直男)

ちょうけいてんのう　長慶天皇　一三四三―九四　一三六八―八三在位。南朝第三代の天皇。名寛成。後村上天皇の皇子。興国四年(北朝康永二、一三四三)生まれる。母は嘉喜門院と考定される。晩年出家して覚理と号したらしく、同天皇の称号長慶院は禅宗寺院の一坊たる長慶院に住したことに基づくものと考えられる。また同天皇を慶寿院と称したことも確実であるが、これは同天皇の崩御後、皇子海門承朝によって、菩提供養のためにつくられた寺院名による称号と解すべきである。同天皇は後村上天皇のあとをうけて践祚したが、正平二十三年(北朝応安元、一三六八)三月十一日後村上天皇の崩御直後か、あるいはその崩御をさかのぼる若干年前か確認しがたい。ただし正平二十三年春のころには確実に在位の事実が認められる。この当時から南朝は著しく衰退したので、同天皇の事蹟もあまり明らかでないが、践祚の当初は摂津住吉に行宮があり、間もなく大和吉野に移り、ついで同国天野の金剛寺に移り、天授五年(北朝康暦元、一三七九)のころ同国栄山寺に住した。弘和三年(北朝永徳三、一三八三)十月末か、翌元中元年(北朝至徳元、一三八四)閏九月前の間に譲位した。譲位後しばらく院政を行なった証拠があり、翌二年九月十日高野山に宸筆願文を納めた。出家後の晩年の状況はほとんど判明せず、その住処も不明であるが、和泉の長慶院なる禅院に居住したことが推測される。しかして応永元年(一三九四)八月一日崩じた。五十二歳と伝える。天皇の生涯は戦乱の世に終始したが、『仙源抄』の著作があり、和歌に秀いで、天授元年(北朝永和元)『五百番歌合』、同二年『千首和歌』(二百四首のみ現存)があり、『新葉和歌集』には御製五十三首が収録されている。同天皇の在位・非在位の問題は、江戸時代から諸家の間に異論があり、『新葉和歌集作者部類』の著者榊原忠次や『大日本史』編者徳川光圀は在位説を、塙保己一は『花咲松』を以て非在位説を唱えた。明治に至り、正統史学者はおおむね在位説であったが、谷森善臣は『嵯峨野之露』を以て非在位説を論じた。大正に至り、古写本『畊雲千首』奥書の発見があり、八代国治・武田祐吉の有力なる在位論説の発表があり、特に八代の『長慶天皇御即位の研究』は決定的な在位説として評価された。そこで大正十五年(一九二六)十月二十一日長慶天皇の皇統加列についての詔書発布があり、ここに同天皇在位の事実が公認された。またその後同天皇の御陵に関する調査研究が行われ、村田正

志の「長慶天皇と慶寿院」の発表があり、昭和十九年(一九四四)二月十一日同天皇の嵯峨東陵の決定を見るに至った。

参考文献 『大日本史料』六ノ二九、正平二十三年三月十一日条、同七ノ一、応永元年八月一日条、村田正志「長慶天皇と慶寿院」(『村田正志著作集』一所収)

(村田 正志)

嵯峨東陵《さがのひがしのみささぎ》 京都市右京区嵯峨天竜寺角倉町にある。天皇の晩年の行動を伝える資料はないので、陵墓の調査・管理を行う宮内省が京都府・大阪府・奈良県・和歌山県などを主として寺社旧家や、有力な伝説地などの調査を行なったが、陵墓関係の資料は発見できなかった。しかし天皇の皇子・近親者が晩年は地方を引き上げて入洛していることから天皇も最終時にはまた入洛したことが推定される。天皇の別称を「慶寿院」というが、これは皇子の海門承朝(相国寺三十世・嘉吉三年(一四四三)五月九日寂)が止住した嵯峨天竜寺の塔頭慶寿院によるものである。当時天皇の称号はその在所によって呼ばれたから、当院は天皇が住んだとも思われ、崩後は、その供養所であったと思われる。したがって当所は天皇にとって最も由緒深い所と考えられるので、その跡地を整備して陵所とし、昭和十九年(一九四四)二月十一日首記の陵号を定め、同時に域内に承朝の墓も定められた。

参考文献 『大日本史料』七ノ一、応永元年八月一日条、村田正志「長慶天皇と慶寿院」(『村田正志著作集』一所収)

(中村 一郎)

ちょうけん 澄憲 一一二六―一二〇三 平安・鎌倉時代初期の天台宗の僧。唱導の大家。公名は少納言、蓮行房と号し、通称は安居院法印《あぐいのほういん》。大治元年(一一二六)京都に生まれ、父は藤原通憲(信西)、母は高階重仲の女。珍兼から檀那流の法門を受け、比叡山東塔北谷の竹林院に住む。平治元年(一一五九)平治の乱に坐して下野国に配流されるが、ほどなく許され、承安四年(一一七四)最勝講において雨を祈り、その賞として権大僧都に任ぜられる。治承元年(一一七七)天台座主明雲の伊豆配流に際して、近江の粟津まで送り、明雲から一心三観の血脈相承を授かる。元暦元年(一一八四、時に法印)、後白河上皇御願の日吉社の如法仁王会をはじめ、多くの法会の導師となり、その説法唱導は名声を博し、「四海大唱導一天名人也」(『尊卑分脈』)と謳われた。建仁三年(一二〇三)八月六日没する。年七十八。常に里坊の安居院に住み、子聖覚らがあとをつぎ、唱導の安居院流をなす。法会の表白などを編したものに『言泉集』『転法輪鈔』などがある。

参考文献 『大日本史料』四ノ七、建仁三年八月六日条、円智・義山『円光大師行状画図翼賛』(『浄土宗全書』一六)、櫛田良洪「金沢文庫蔵安居院流の唱導書について」(『日本仏教史学』四)

(中井 真孝)

ちょうげん 重源 一一二一―一二〇六 鎌倉時代前期の僧。房号は俊乗。南無阿弥陀仏と号す。保安二年(一一二一)誕生。京都の紀氏を出自とし、十三歳のとき醍醐寺にて出家、十七歳で四国修行を志し、十九歳のときはじめて大峯修行に入った。そのほか熊野・御岳・葛城に登り、空海の遺跡をたずね密教に対する理解を深めるとともに、大陸への関心も高め、仁安二年(一一六七)四十七歳のとき入宋し、翌年栄西らとともに帰朝している。重源の前半生はあまりめざましいものでなかったが、入宋後の後半生は、東大寺の再建という畢生の大事業にかかわった。治承四年(一一八〇)に平家の南都焼打ちにより炎上した東大寺大仏殿を含めたこの寺の復興のために、法然房源空らの推挙で養和元年(一一八一)八月、東大寺造営勧進職に任じられたのは、重源六十一歳の時であった。重源は東大寺炎上の翌年、大仏殿の焼跡を整備し、再建にあたって、蓮実の杓を携えて、念仏を唱えて全国勧進への方途をさぐった。この再建事業は至難のわざで、勧進職任命から八年目の文治五年(一一八九)八月、九条兼実にその職の辞退を申し出たが、後白河法皇・九条兼実の要請で、大勧進職に任ぜられた。まず大仏の鋳造にあたっては、養和元年大仏の螺髪を鋳始め、寿永元年(一一八二)中国宋の鋳物師陳和卿《ちんなけい》をまねいて大仏尊像の修理をすすめ、翌年二月に大仏の右手、四月に頭部を鋳始め、約一ヵ月で完了し、元暦元年(一一八四)正月には左手を鋳造した。これで大仏の鋳造がほとんど終り、鋳金をほどこしたのち、文治元年大仏開眼供養が行われた。次に最大の難工事の大仏殿の再建にとりかかり、重源は、巨材を求め、同二年周防国を東大寺造営料国とし、材木調達のため杣に入って、長さ四〇㍍に及ぶ棟木を採り、四年には、用材の運搬について源頼朝の協力を得ている。重源はそのためにも、港湾の整備をせんとして、佐波川・三田尻港・家島群島・兵庫関・輪田泊・難波渡辺付近などを改修し、この東大寺建立を通じて、伊賀・播磨・備前などの荘園の強化をはかり、播磨大部荘、伊賀玉滝荘・黒田荘などの発展を期待し、また一方では、杣工の安全と、来世得脱のために、重源は播磨大部荘の地に浄土寺を、伊賀阿波荘に新大仏寺、難波渡辺の地に渡辺別所を、

重源花押

重 源 像

(伝)重源墓

周防国に阿弥陀寺を創建した。ことに播磨浄土寺や、伊賀新大仏寺には快慶による弥陀三尊仏などを造らせている。そのほか、入宋にあたっては宋版の一切経を帰朝にあたってもたらし、上醍醐寺や笠置寺に安置し、高野山に登っては念仏道場としての新別所を開いている。そしてその別所などでは迎講《ごうこう》を行なって阿弥陀信仰をたたえ源平の兵乱の犠牲者の霊をとむらい、陳和卿を伊賀の阿波荘などに入れたが違法多く、寺領を定範に譲っている。このように重源の生涯は大仏および大仏殿の再建に尽くされ、建仁三年(一二〇三)東大寺総供養が遂げられたのち、建永元年(一二〇六)六月五日(日付については諸説あり)、八十六歳で東大寺において入滅。現在奈良市川上町の伴墓に現存する三角五輪塔は重源の墓といわれる。また、重源が示寂するまでの間の造寺・造仏などの事業に関する記録『南無阿弥陀仏作善集』がある。

[参考文献]『大日本史料』四ノ九、建永元年六月四日条、小林剛編『俊乗房重源史料集成』(『奈良国立文化財研究所史料』四)、小林剛『俊乗房重源の研究』、南都仏教研究会編『重源上人の研究』、中尾堯・今井雅晴編『重源 叡尊 忍性』(『日本名僧論集』五)、平岡定海『東大寺の歴史』(『日本歴史新書』)、同「周防国阿弥陀寺の成立について」(岸俊男教授退官記念会編『日本政治社会史研究』下所収)、小山正文「重源上人入滅年月日考」(『東海仏教』二八)

(平岡　定海)

ちょうさい　長西　一一八四―?　鎌倉時代中期の浄土宗の僧。九品寺義の祖。覚明房と号す。元暦元年(一一八四)讃岐国西三谷(香川県丸亀市飯山町)に伊予守藤原国明の子として生まれる。九歳の時上洛し、菅家の長者に随って俗典を学び、十九歳で出家し、法然房源空の門に入る。元久元年(一二〇四)の『七箇条制誡』には百四人目に署名している。長西は源空の身近に仕えていたようであるが、建暦二年(一二一二)二十九歳の時、師の入滅に逢い、その後は長期間にわたり諸徳を歴訪することになった。住心房覚瑜や俊芿《しゅんじょう》らに天台止観や真言律などを学び、道元に会って禅を修める一方、浄土法門を温習することも多かったという。こうして長西は、念仏も諸行もともに往生の正因で、阿弥陀如来の本願の行であるという諸行本願義を主張するに至った。洛北の九品寺に住して講説などに努めたことから、彼の流義を九品寺義・九品義・九品寺流とも称する。入寂年次は不明であるが、『新抄』(『外記日記』)文永三年(一二六六)正月六日条には「是日覚明上人入滅」とみえる。門弟に京都で活躍した証忍・澄空・上衍・理円、長西の生国讃岐で弘教した覚心、鎌倉に進出した道教らがあり、特に道教およびその弟子性仙ら一派の関東における活躍はめざましかった。著述に『浄土依憑経論章疏目録』(『長西録』)や『選択本願念仏集名体決』『念仏本願義』『観経疏光明抄』『法事讃光明抄』『往生礼讃光明抄』『論註上巻釈』『群疑論疑芥』『専雑二修義』などがある。

[参考文献]『大日本史料』四ノ一一、建暦二年正月二十五日条、『浄土法門源流章』、石橋誠道『九品寺流長西教義の研究』、石田充之『(法然上人門下の)浄土教学の研究』下

(福田　行慈)

ちょうしょうこう　澄相公　⇨春澄善縄《はるずみのよしただ》

ちょうじろう　長次郎　生没年不詳　桃山時代の陶工。楽焼の宗家、楽家の初代とされる。楽家五代宗入の記した覚書『宗入文書』のうち楽焼系図によれば、長次郎は「あめや」とその妻「比丘尼」との間の息子で、この系図の記された元禄元年(一六八八)より百年前、天正十七年(一五八九)には没していたとされる。この一族は従来朝鮮半島からの来住とされてきたが、技術的には中国南方系の低火度釉法をもった瓦師であったとみられ、遺例では腹部に「天正二春　依命　長次郎造之」と篦彫した獅子留蓋瓦(楽美術館蔵)があり、また交趾釉風な釉法を用いた二彩瓜文平鉢(東京国立博物館蔵)などがある。その後千利休の侘茶の形成とともに、天正十年ごろから利休の指導を得て、手捏《てづく》ねによる成形で内窯焼の茶碗、のちに聚楽焼、楽焼と呼ばれる楽茶碗を焼造したものとみられている。また一説に利休から田中姓をもらい田中長次郎を称したというが、その生涯については不明な点が多い。楽家は従来初代長次郎、二代常慶、三代道入とされてきたが、先記『宗入文書』の楽焼系図によれば、長次郎や常慶のほか、田中宗慶・庄左衛門宗味の二人、あるいは二代目長次郎を加えて三人の陶工が居り、草創期の楽焼を作っていたものと考えられている。したがってこの期の作品を初楽、古楽と呼び、長次郎焼として把える試みも行われている。しかし伝世する長次郎焼の茶碗は作行きによっていくつかのグループに分けられ、たとえば赤楽茶碗銘白鷺や銘無一物(重要文化財)などは、長次郎の最も早い時期の作品、黒楽茶碗銘大黒《おおぐろ》(重要文化財)や赤楽茶碗銘一文字など端正な器形で半筒形のものは、完成期の作行きを示すものとする見解も行われている。また天正十四年の茶会記にみえる「宗易形ノ茶ワン」もこうした端正な器形の半筒茶碗であったかと推定されている。長次郎の茶碗は当時一般に今焼の茶碗と呼ばれ茶会記類に登場するが、それは長次郎作の茶碗として評価されるよりは、利休好みの茶碗として評価され、いわば長次郎は利休の茶碗師としての性格の強い陶工であったということができる。

[参考文献]磯野風船子『楽茶碗』、磯野信威『長次郎』

（『陶磁大系』一七）、林屋晴三編『長次郎』（『日本陶磁全集』二〇）、同編『茶碗一楽二萩三唐津』

（河原　正彦）

ちょうせい　長勢　一〇一〇—九一　和様彫刻の完成者として名高い定朝の弟子と伝えられる藤原時代の正系の仏師。寛治五年（一〇九一）十一月九日、八十二歳で死去したとあるから、その誕生は寛弘七年（一〇一〇）ということになる。その最初の事蹟は康平元年（一〇五八）二月に焼亡した法成寺の復興に携わったことであり、康平七年には広隆寺の日光・月光・十二神将像を制作した。幸いこれらの諸像は今日まで伝わり、長勢が定朝の様式を踏襲し、優美な中にも力強い作風をもっていたことを示している。治暦元年（一〇六五）十月には法成寺金堂の造仏賞により法橋となり、延久二年（一〇七〇）十二月円宗寺金堂の造仏賞により法眼に叙せられている。同金堂の仏像は、高さ二丈の盧舎那仏、各丈六の薬師如来と一字金輪像、梵天・帝釈と四天王像であった。承暦元年（一〇七七）十二月法勝寺講堂および阿弥陀堂の造仏賞により法印になる。阿弥陀堂の仏像は丈六阿弥陀九体、一丈の観音・勢至、六尺の四天王像であった。その後永保三年（一〇八三）十月法勝寺塔の仏像を造り、その賞を円勢に譲り、応徳二年（一〇八五）八月法勝寺常行堂の丈六阿弥陀如来像を造り、年次は不明であるが、下醍醐中院の半丈六の本尊阿弥陀如来像も制作している。藤原時代の正系の仏師はその事蹟のみ伝わり、制作した仏像が全く残っていない者が多いが、長勢は広隆寺の日光・月光および十二神将像が残っており、めぐまれた仏師である。その作風は菩薩像は優雅な面相と、ほどよい肉付をもち、十二神将像のような忿怒相の像でも怒りをあらわにしない表情にあらわされ、和様彫刻の典型的な様式を示している。

参考文献　『大日本史料』三ノ二、寛治五年十一月九日条、小林剛『日本彫刻作家研究』、田中嗣人『日本古代仏師の研究』

（久野　健）

ちょうそがべくにちか　長宗我部国親　一五〇四—六〇　戦国時代の武将。土佐国の大名。元親の父。幼名千雄丸（千王丸・千翁丸とも伝う）、信濃守、瑞応覚世。永正元年（一五〇四、文亀二年（一五〇二）説もある）土佐国長岡郡岡豊《おこう》城（高知県南国市）に生まる。父は長宗我部兼序。永正五年（六年説もある）本山・山田・吉良・大平の周辺諸豪族の攻撃で岡豊城が落城し兼序が敗死した時、家臣に伴われて城を脱出、幡多郡中村の一条房家を頼り、房家のもとで成長、長宗我部家復興を志した。同十五年房家の斡旋で岡豊城に帰って所領を回復し、東南の吉田城主の吉田周孝に妹を嫁がせてこれと結び、女を本山茂辰に配して勢力を伸張した。天文十六年（一五四七）ころ南接する長岡郡大津城主の天竺氏を討ち、つづいて横山・下田・池・十市・蚊居田ら長岡郡南部の諸豪族を支配下に入れ、同十八年ころ東に転じて山田氏を打倒し、同二十三年には父兼序追福のため岡豊城東麓に兼序寺を建立した。国親は仏教を崇敬し天文末年には入道して瑞応覚世と号したが、永禄元年（一五五八）には長男元親とともに国分寺金堂を再建した。弘治年間（一五五五—五八）の初め香美郡韮生《にろう》に兵を出して土豪の動きを封じ、弘治二年には本山氏に属する秦泉寺・大高坂・国沢ら土佐郡の豪族を討ち、同年五台山竹林寺と吸江《ぎゅうこう》庵の争論を斡旋解決した。永禄元年ころ三男親泰に東に隣る香宗我部家をつがせて香宗我部氏の所領を勢力圏内に入れた。同三年大津より種崎へ兵糧を運ぶ船が本山氏に襲われたことを理由に本山氏支城の長浜城攻略を計画し、謀略によって五月二十六日奇襲し、これを占拠した。ついで本山氏の主力と長浜戸の本に戦って勝利をおさめ、浦戸城に入った籠城軍を攻撃して敗走させた。しかし六月に入って急病となり永禄三年六月十五日岡豊城で没した。時に五十七歳（五十九歳ともいう）。岡豊城北の北谷に葬られた。

参考文献　山本大『土佐長宗我部氏』（『戦国史叢書』八）

（山本　大）

長宗我部元親花押

「元親」

「長元親」

長宗我部元親印

ちょうそがべもとちか　長宗我部元親　一五三八—九九　戦国時代の武将。土佐国の大名。幼名弥三郎、のち宮内少輔、羽柴土佐侍従。長宗我部国親の長男として天文七年（一五三八）長岡郡岡豊《おこう》城（高知県南国市）に生まる。幼少時は姫若子といわれた柔和な性格で国親は心痛していたという。永禄三年（一五六〇）五月長浜戸の本の戦で父国親に従って初陣し戦功をたて土佐の出来人といわれるようになった。同年六月国親の死後家督をつぐ。以後弟親貞・親泰をはじめ重臣久武内蔵助らの協力で本山・吉良・安芸・津野らの諸豪族を従え、天正二年（一五七四）家臣に追放された一条兼定の所領の幡多郡を手中におさめ、兼定の子内政を長岡郡大津城に移して娘を配し、同三年安芸郡東部の土豪を打倒して土佐を統一した。弟島弥九郎親益が謀殺されたことを理由に天正三年末ころ阿波に出兵し、同四年には南伊予、同六年には讃岐へ侵攻した。その後同九年ころまでに阿波の三好、伊予の西園寺・宇都宮、讃岐の香川・羽床らの諸氏を降した。その間天正六年には次男親和に香川家をつがせ、同九年には一条内政を伊予へ追放して土佐一条家を滅ぼした。同十年織田信長と対決することとなったが本能寺の変で危機を脱し、大兵を阿波に入れて十河（三好）存保を中富川に破り、勝瑞城を攻略して阿波を制圧した。つづいて東讃

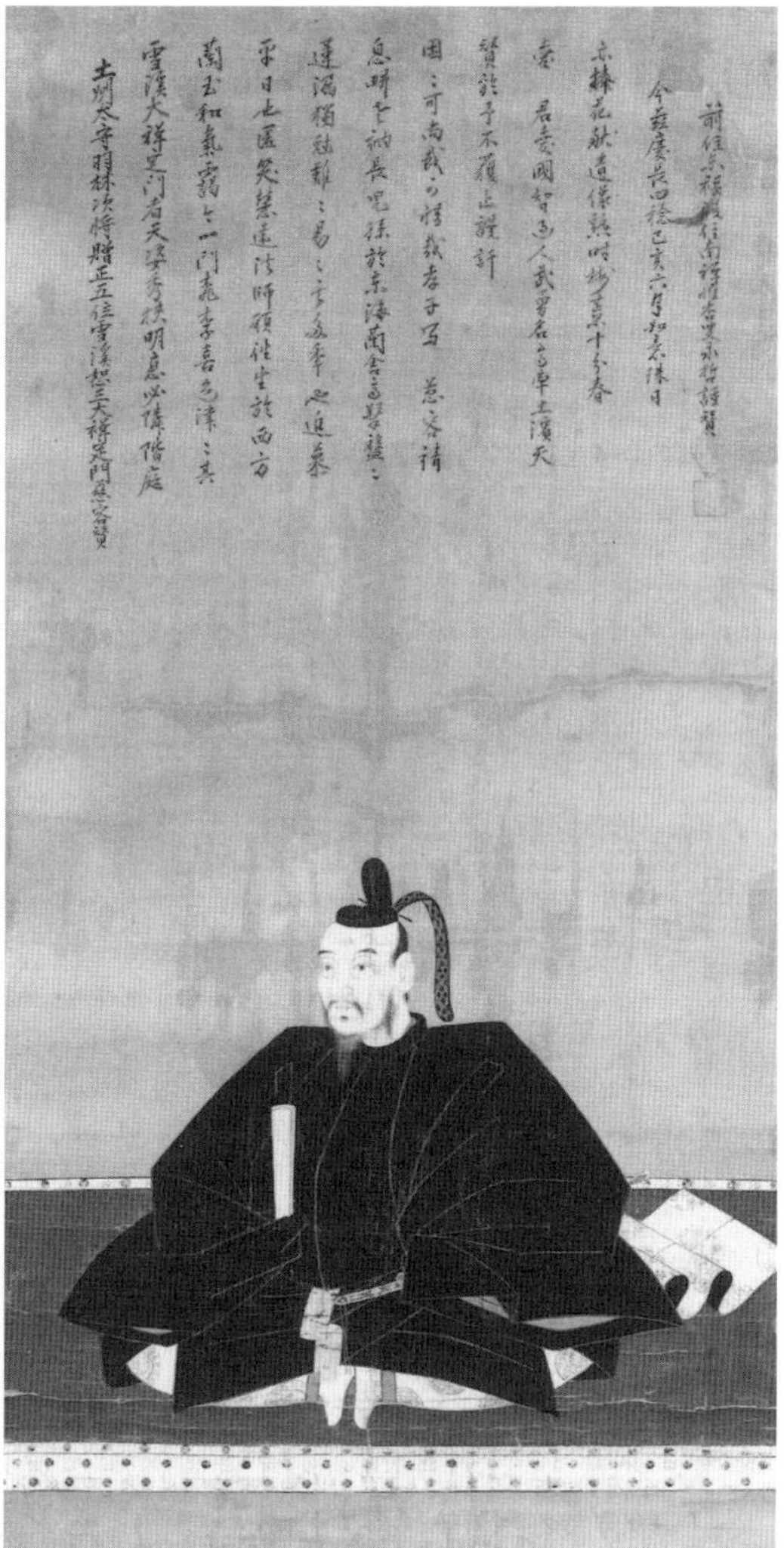

長宗我部元親画像

長宗我部元親墓

岐へ侵攻して十河城を囲み、同十二年これを陥れて讃岐を統一し、同十三年春には伊予湯築城主の河野通直を降して四国を制覇した。賤ヶ岳の戦で柴田勝家と、小牧・長久手の戦では織田信雄・徳川家康と結び、豊臣秀吉を挟撃しようとしたため、同十三年六月から七月にかけて秀吉の四国征伐にあい、降伏して土佐一国の領有を許された。同十四年秀吉の命で長男信親と九州に出兵し、島津勢と豊後の戸次川に戦って敗れ信親は戦死した。同十五年九月より検地を始め、同十六年岡豊より大高坂（高知市）に居城を移し、後嗣を四男盛親と定め、反対した一族の吉良親実・比江山親興に切腹を命じた。同十八年秀吉の小田原征伐に従軍し、帰国後浦戸城（高知市）に移った。文禄の役に従軍して従四位下少将となる。慶長元年（一五九六）サン＝フェリペ号漂着の処理を行い、同二年三月掟書を定め、慶長の役に出兵し同三年三月帰国した。同四年三月三男津野親忠を香美郡岩村に幽閉し、四月上洛したが同年五月十九日伏見で没した。六十二歳。法号を雪蹊恕三大禅定門といい、吾川郡長浜村（高知市長浜）天甫寺山に葬る（墓は県史跡）。元親は軍事活動のみならず領国経営に手腕を発揮した。秀吉より土佐一国を安堵されてからは、公儀優先を考え、家臣団を再編して久武・桑名・中内の三氏を中心に家老たち重臣と馬廻クラスに施政方針を徹底させ、月六度の会議により諸政策を定め、中部五郡と安芸・幡多の東西二郡にそれぞれ諸奉行を任命し、山間部や郷分・浦分の下級役人を監督させた。また在地の農民的武士である一領具足をそれぞれの地域の衆として組織し、軍事や労役に従事させた。城下町経営にも熱心で商工人を中心とする市町を岡豊・大高坂・浦戸などにつくったが居城移転や除封で未完成に終った。軍事・経済上の理由から山林資源を重視し竹木の伐採に規制を加えた。元親のこうした政策は『長宗我部地検帳』、掟書、『秦氏政事記』などの史料によって知ることができる。元親は一面において文化人であった。仏教・儒学に関心をよせ、南学を奨励し、和歌・連歌・茶道にも心得があった。現存する国分寺金堂・土佐神社・豊楽寺薬師堂は元親の修復したものである。

[参考文献] 中島鹿吉『長宗我部元親伝』、山本大『長宗我部元親』（『人物叢書』五七）、同『土佐長宗我部氏』（『戦国史叢書』八）、平尾道雄『長宗我部元親』

（山本　大）

ちょうそがべもりちか　長宗我部盛親　一五七五―一六一五　安土桃山時代の武将。土佐国の大名。幼名千熊丸、右衛門太郎（増田右衛門尉長盛を烏帽子親として右衛門、盛親を名乗る）、土佐守。天正三年（一五七五）岡豊《おこう》城（高知県南国市）に生まる。長宗我部元親の四男、母は斎藤氏。同十四年長兄信親の戦死後、後嗣と決定。一族の吉良親実・比江山親興はこれに反対し元親より自刃を命ぜらる。慶長四年（一五九九）元親の死後家督をつぎ、長浜（高知市）の慶雲寺を長宗我部氏の菩提寺とし、元親の法号にちなみ雪蹊寺と改め、元親の画像（重要文化財）と木像（秦神社神体）を納む。豊臣秀吉の小田原征伐に元親とともに従軍し、文禄・慶長の役にも出兵した。慶長元年

長宗我部盛親花押

「盛親」
長宗我部盛親印

十一月には近習・中間・小者の勤務について規定を定め、翌二年三月には元親と連名で掟書を発布した。関ヶ原の戦では西軍に属し、毛利・吉川・長束・安国寺らの諸将とともに南宮山麓に陣したが、西軍の敗色が濃くなると戦わずに帰国した。帰国後浦戸城をかためて関東軍にそなえるとともに井伊直政を通じて徳川家康にわびた。しかし兄の津野親忠を殺したため家康の怒りにふれたので上京して弁明したが許されず、領国を没収された。上洛後上立売の柳ガ厨子に屏居し、大岩祐夢と号し寺子屋の師匠をして十四年を過ごした。慶長十九年大坂冬の陣には豊臣秀頼の招きに応じ大坂へ入城した。翌元和元年（一六一五）の夏の陣では八尾方面に出陣し、藤堂高虎の兵と戦ったが、井伊直孝の軍に側面をつかれて敗走した。大坂落城後京街道を北に逃れ、山城の八幡付近の橋本に潜んでいるところを蜂須賀の家臣に捕えられ、京の大路を引き廻された末、五月十五日板倉勝重に六条河原で斬られた。四十一歳。法号は源翁宗本。京都五条寺町の蓮光寺に葬る。

長宗我部盛親墓

参考文献　『大日本史料』一二ノ二〇、元和元年五月十五日条、寺石正路『長宗我部盛親』　（山本　大）

ちょうでんす　兆殿司　⇩吉山明兆《きちざんみんちょう》

ちょうとくいんどの　長得院殿　⇩足利義量《あしかがよしかず》

ちょうねん　奝然　九三八―一〇一六　平安時代中期の東大寺の僧。俗姓秦氏。天慶元年（九三八）正月二十四日誕生。東南院観理に三論を学び、石山寺元杲《げんごう》に真言を学ぶ。天徳三年（九五九）受戒、戒師寛静。天禄三年（九七二）兄弟子義蔵と現当二世結縁状を認め、愛宕山に伽藍の建立を誓っており、このころから宋五台山巡礼の機会を伺っていたが、天元五年（九八二）宋商人の船便を得て入宋を決意した。翌永観元年（九八三）八月一日、弟子嘉因・盛算らを伴い、宋商陳仁爽らの船に便乗して入宋の途につき、同十八日台州に到着。九月に天台山に赴き、杭州・越州・泗州・楊州を経て、十二月に首都汴京（開封）に到着。太宗に謁し、銅製品および日本の「職員令」『日本年代記』などを献じ、日本の風土・地理などの質問に答えている。翌年三月、汴京から五台山に赴き、六月帰着。翌寛和元年（九八五）三月、再び太宗に謁し、法済大師号および印行されたばかりの大蔵経五千四十八巻、新訳経四十一巻などを賜わり、帰途につき、六月に台州に到る。七月二十一日、宮中で礼拝したインド伝来の優塡王造立と伝える釈迦如来像の模刻に着手し、八月十八日完成。同像造立の由来などを記し、その他の品々とともに胎内に納めた。翌二年七月、宋台州の商人鄭仁徳の船に便乗して日本に向かい、大宰府に帰着した。翌永延元年（九八七）二月入京し、釈迦像などを北野の蓮台寺に安置した。ついで三月には法橋に叙せられている。八月、愛宕山に清凉寺を建立し、将来の釈迦像を安置せんことを請い、準備を進めるが、奝然在世中には実現しなかった。翌二年、鄭仁徳の船を利用して弟子嘉因らを宋に遣わし、宋帝に書状および藤原佐理の手跡、種々の工芸品を贈り、先年の厚遇に謝している。永祚元年（九八九）七月、東大寺別当に補され、三年在任している。この後の経歴は詳らかでなく、長和五年（一〇一六）三月十六日入寂。七十九歳。没後、入宋にも同行した弟子盛算が師の遺志を継ぎ、嵯峨栖霞寺内釈迦堂を以て清凉寺と号せんことを奏請して勅許され、同所に釈迦像を安置して今日に至る。同釈迦像は鎌倉時代以降盛んに模刻されているが、昭和二十九年（一九五四）胎内から絹製の五臓や文書などが多数発見された。なお、奝然には在宋中の日記四巻があったが、現在では散逸し、逸文のみ知られる。

参考文献　『大日本史料』二ノ一〇、長和五年三月十六日条、木宮之彦『入宋僧奝然の研究』、塚本善隆「浄土宗史・美術篇」（『塚本善隆著作集』七）、西岡虎之助「奝然の入宋について」（『西岡虎之助著作集』三所収）、石井正敏「入宋巡礼僧」（『アジアの中の日本史』五所収）、山口修「奝然の入宋と上表文」（『仏教文化研究所年報』九）、同「奝然入宋求法巡礼行並瑞像造立記考」（『仏教学会紀要』一）、上川通夫「奝然入宋の歴史的意義」（『愛知県立大学文学部論集（日本文化学科編四）』五〇）　（石井　正敏）

ちょうほうこう　張宝高　？―八四一　新羅人で、新羅の政界および新羅・唐・日本間の貿易に活躍した。名前を、『三国史記』『三国遺事』などでは弓福・弓巴、杜牧『樊川文集』では張保皐、『続日本後紀』『入唐求法巡礼行記』などでは張宝高とする。はじめ唐の徐州に渡り、軍人となる。のち新羅に帰り、清海鎮（全羅南道莞島）を根拠地に海賊討伐に功をあげ、武名を高めた。八三九年、王位をめぐる争いに敗れて清海鎮に逃れた金祐徴を助けて閔哀王を討ち、祐徴を王位につけ（神武王）、その功績によって感義軍使に任じられ、封戸二千を支給された。ついで神武王を継いだその子文聖王は、父王と宝高との約束に基づき、宝高の娘を王妃にしようとしたが、貴族に反対されたため断念した。宝高はこの違約に怒り、清海鎮で反乱を起したが、朝廷側の刺客により殺害された。宝高が一代で巨富を築き、政界の重要人物となった基盤は、唐・新羅・日本を舞台とする貿易にあった。その殺害の裏にも貿易の利権をめぐる争いがあったとみられる。その在唐新羅人の間に勢力を築く一方、海上交通に至便の莞島に根拠地を置いて唐・日間の貿易に従事していた。宝

高自身が来日した明証はないが、早くから日本人とくに大宰府および筑前国の官人らと密接な関係を持ち、私貿易を行なっており、筑前国守文室宮田麻呂は取引相手として著名である。一方、承和七年（八四〇）十二月には使者を遣わして朝廷に方物を献じたが、人臣に境外の交無しとの理由で拒否されている。なお宝高の没年について、『三国史記』は文聖王八年（八四六）とするが、『続日本後紀』承和九年正月乙巳条の所伝に従い、同八年十一月とする。

参考文献 今西竜「慈覚大師入唐求法巡礼行記を読みて」（『新羅史研究』所収）、蒲生京子「新羅末期の張保皐の擡頭と反乱」（『朝鮮史研究会論文集』一六）、濱田耕策「新羅末期の海上の覇者」（『韓国史上における海上交通・交易の研究』所収）、林鐘寛「張保皐の海上活動の再照明と二一世紀海洋思想鼓吹方向」（同所収）

（石井 正敏）

ちょうゆうしん 張友信 生没年不詳 九世紀、日唐間の貿易に活躍した唐人。張支信とする史料もある。承和十四年（八四七）六月二十二日、在唐の日本人春日宅成・大神巳井、僧仁好・恵蕚・恵運らを乗せて明州望海鎮を出帆し、三箇日夜で肥前国遠値嘉島に到着した記事が初見。その後、貞観三年（八六一）十月、入唐のため西下した真如（高岳親王）の要請により、船一艘を建造。翌年五月完成し、真如以下僧俗六十人とともに博多を出帆、遠値嘉島を経て、九月七日、明州管内着。到着直後通事として活躍したが、その後の消息は明らかでない。貞観六年八月には大宰府が、大唐通事張友信が渡唐ののち、いつ日本に帰るかわからないため、不定期に来日する唐人に備えて、唐僧法恵を通事にあてることを請い、許されている。大宰府の通事として重要な役割を果たしていたことが知られる。

参考文献 杉本直治郎『真如親王伝研究』、森公章「大唐通事張友信をめぐって」（『古代日本の対外認識と通交』所収）

（石井 正敏）

ちらん 智鸞 生没年不詳 奈良時代の法相宗の僧。大宝三年（七〇三）智鳳・智雄らと入唐し、濮陽智周について法相宗を学んで帰国したといい、智鳳・智雄・智鸞をもってわが国法相宗の第三伝といわれる。彼らについては資料に乏しく不明な点が多い。三僧を新羅僧と見、新羅の法相宗を伝えたと解する説もある。

参考文献 「三国仏法伝通縁起」（『大日本仏教全書』）、岩城隆利編『元興寺編年史料』上、田村圓澄「仏教経典の伝来と受容」（『田村圓澄日本仏教史』一所収）

（辻村 泰善）

ちれい 知礼 九六〇―一〇二八 中国宋代天台学の大成者。四明尊者と称し法智大師と勅諡される。俗姓金氏、字は約言。建隆元年（九六〇）明州四明（浙江省寧波《ニンポー》府）に生まれ、十五歳太平興国寺で具足戒を受け、二十歳天台十二祖義寂門下の義通に教観を学び、乾符寺や保恩寺の講義に多くの学徒を集めた。当時義寂と同門の志因系の晤恩―洪敏・源清―慶昭・智円が天台学を唯心的に解釈したため、知礼はそれらの説に反駁を加え、『釈難扶宗記』に始まる数多くの論難の経緯は『四明十義書』『観心二百問』などに収められている。この両系の論争は七十年に及ぶ山家《さんげ》山外《さんがい》論争として、精微な学術研究を生んだ。天聖六年（一〇二八）正月五日没。六十九歳。代表作『十不二門指要鈔』や『金光明文句記』『金光明玄義拾遺記』『観経妙宗鈔』などで仏教性悪説を展開した。

（塩入 良道）

ちんういろう 陳外郎 室町時代初期、日本へ亡命した医師陳順祖の子孫。代々、この名を使ったとみられる。陳順祖は諱は宗敬、台州の人、元朝に仕え官礼部員外郎に至る。元亡んで来渡し博多に止住した。足利義満召すも赴かず、応永二年（一三九五）没す。嗣子宗寿、字は大年、義満の招きにより入洛し、応永十一年（永楽二、一四〇四）の遣明船で渡航したようで、おそらく通事を勤めたであろう。彼が中国からもたらしたという霊宝丹が透頂香《とうちんこう》である。同二十七年朝鮮通信使宋希璟が入洛のとき通事魏天とともに接伴にあたった陳外郎は大年である。大年は同三十三年没と伝え、その子が月海常佑で、大年とともに室町幕府の典医を勤めたという。文安三年（一四四六）没と伝え、その嗣子が祖田で字は有年という。文明十三年（一四八一）幕府は薩摩の島津氏に求めるものがあり陳外郎を使として下向させたが、それは同十五年の遣明船に進貢物として積んだ硫黄の調達であろう。長享二年（一四八八）蔭凉軒集証は次回の遣明船の役者を伊勢貞宗とも談合し正使は相国寺崇寿院主仲璋、居座の一人に陳外郎を書きたてた。その外郎は祖田で、内諾したという。硫黄調達の使者とし集証は外郎を推し、やがて幕命があったが外郎は辞退した。明応二年（一四九三）の堺発遣明船に外郎が居座とし渡航したかは疑わしい。『幻雲文集』の陳有年員外郎遺像に題する文によれば、祖田は漢詩・和歌にもすぐれていた。『幻雲詩藁』に「杏林員外郎赴登州、令嗣礼部公作詩、以惜其行」とあり、杏林員外郎は医の祖田で、能登に赴き、嗣子は友蘭晦である。『実隆公記』に大永三年（一五二三）外郎が温井俊宗書状を実隆へ届け、書状には『源氏物語』の歌につき所望ある旨記されていた。俊宗は文人風雅の能登守護畠山義総の重臣であり、彼も風雅の士であった。この外郎は祖田であろうかと思われる。『大館常興日記』に天文年中（一五三二―五五）能州在国の外郎のことがみえ、外郎は友蘭であろう。『雍州府志』に宗敬末裔が洛下西洞院に来住、透頂香を製造販売しており、小田原透頂香は余流とある。一方、小田原の所伝は、祖田の長子藤右衛門尉が小田原へ来り小田原外郎元祖となったという。

参考文献 小葉田淳『中世日支通交貿易史の研究』

（小葉田 淳）

ちんかい 珍海 一〇九一―一一五二 平安時代後期の画僧。寛治五年（一〇九一）、藤原（春日）基光の長男とし

て生まれ、出家して東大寺東南院覚樹に三論を学び、華厳・法相・因明にも通じた学匠であった。のち醍醐寺禅那院に住し、覚樹の実兄で醍醐三宝院座主になった定海や勧修寺寛信に密教を学び、定海が覚猷から「仁王経五方諸尊図」を借りたとき珍海が写したことを記している。醍醐では『法華経』や『維摩経』などを講じており、また維摩会(興福寺)・最勝会(薬師寺)・御斎会(宮中)の三会の講師を勤め已講となっている。東寺には双身歓喜天の白描図像があるが、その横に「珍海已講筆、天下第一絵師」とある。勝覚権僧正の本尊など多くの仏画を画いたことや醍醐・勧修寺の宝蔵にそれらが納められたこともしられており密教図像や仏画にその画才を存分に発揮したものと思われる。仁平二年(一一五二)十一月二十三日、六十二歳にて入寂した(『宇槐記抄』)。

(田村 隆照)

ちんげん 鎮源 生没年不詳 平安時代中期の天台宗僧。『大日本国法華経験記』(『法華験記』)の撰者。『法華験記』の巻初に「首楞厳院沙門」とあって、叡山横川首楞厳院の僧であったことが知られる。鎮源の行動が確認できるものとしては、滋賀県聖衆来迎寺所蔵の寛弘四年(一〇〇七)七月三日の「霊山院釈迦堂毎日作法」に続いて記された結縁者の歴名中に、鎮源の名がある。源信の主導で行われた横川霊山院の釈迦講には横川の住侶が多数参加しており、鎮源もその一員として加わっていた。『扶桑略記』が引用する『法華験記』に叡山智源撰の一本をあげており、智源の名は高野山宝寿院蔵『法華験記』にも巻末に「智源撰也」とし、のちに「鎮源」と訂正している。鎮源と智源については同一人物説・別人説があるが、『扶桑略記』所引の伝との比較研究により同系本とはされているものの、同一人物であると断定されるには至っていない。

参考文献 井上光貞『往生伝法華験記』解題(『日本思想大系』七)、千本英史『日本法花験記―高野山宝寿院蔵―』解説(『京都大学国語国文学資料叢書』三八)

(西口 順子)

ちんぜいしょうにん 鎮西上人 ⇨弁長《べんちょう》

ちんぜいはちろうためとも 鎮西八郎為朝 ⇨源為朝《みなもとのためとも》

ちんていかいじゅ 椿庭海寿 一三一八―一四〇一 南北朝時代の臨済宗古林派の僧侶。竺仙梵僊の法嗣。遠江の人。文保二年(一三一八)生まれる。竺仙に師事し、貞和六年(一三五〇)入元、帰朝は応安五年(一三七二)で、中国に二十三年間もの長期滞在をなした中国通の五山僧である。中国においては、天寧寺で蔵主を掌り、了庵清欲・月江正印・了堂惟一などに参じ、また浄慈寺に後堂首座をつとめるなどし、洪武五年(応安五、一三七二)には明の太祖の招請で鄞県の福昌寺に住している。帰朝後は、山城真如寺・浄智寺・円覚寺に住し、至徳三年(一三八六)に天竜寺第二十三世住持、翌嘉慶元年(一三八七)には南禅寺の第四十六世住持となった。のち南禅寺内の語心院に隠退したが、応永八年(一四〇一)閏正月十二日に八十四歳で寂し、塔は語心院と若狭高成寺回春庵に設けられている。法嗣は用堂□妙や、琉球円覚寺開山の芥隠承琥などがでている。『木杯余瀝』『伝燈録抄』などの著述をのこし、直翁智侃の塔銘『仏印禅師直翁和尚塔銘』や無関玄悟の塔銘を撰している。

椿庭海寿花押

参考文献 『大日本史料』七ノ四、応永八年閏正月十二日条、玉村竹二『五山禅僧伝記集成』

(竹貫 元勝)

ちんなけい 陳和卿 生没年不詳 鎌倉時代前期来朝の中国宋の工人。東大寺惣大工ともいわれた。来朝時期は寿永元年(一一八二)らしいが(『玉葉』)未詳。この年、鎮西から帰国しようとしていたとき俊乗房重源に請われて東大寺大仏の再興に従事し、舎弟陳仏寿ら宋人鋳物師七人と、わが国の鋳物師草部《くさかべ》是助・助延など十四人が加わり、翌寿永二年五月に大仏の仏頭を鋳造した。開眼供養は文治元年(一一八五)八月。この後、伊賀国山田郡有丸・広瀬・阿波杣山や播磨国大部荘などを与えられたが、いずれも東大寺浄土堂および大仏領として寄進している。文治二年には大仏殿建立を中心とする東大寺造営料所として周防国があてられ、重源が同国の国司職に補任された。同年四月、和卿は他の番匠とともに重源に伴われて周防国に下向し、佐波川上流の杣山に入って用材の切り出しにあたった。建久六年(一一九五)三月、東大寺供養の際、源頼朝は和卿を大仏殿に招見しようとしたところ貴客は「国敵対治のとき多く人命を断ち、罪業深重なり、謁に及ばず」(原漢文、『吾妻鏡』)といってこれを拒んだ。しかし、当初からわが国の工人たちと不仲であったといわれ、のちには重源とも同調できず、建永元年(一二〇六)ごろ両者は決別した。建保四年(一二一六)六月、鎌倉に赴いて将軍源実朝に謁したが、このとき和卿は「貴客は昔宋朝医王山の長老たり、時に吾はその門弟に列す」(原漢文、同)といって涕泣している。実朝は渡宋の念を深くし、和卿に造船するよう命じた。船は翌建保五年四月にでき、これを鎌倉の由比ガ浜に浮かべようとしたが失敗し、以後、和卿の消息は全くわからない。なお『広大和名勝志』によると、大仏殿前の金銅八角燈籠は和卿の作といい、『和州旧跡幽考』は、東大寺念仏堂に安置する重源の位牌を彫ったのは和卿であると記す。また、近世の『桜塢漫録』は「鎌倉彫は四条帝の御宇、運慶の孫康円、陳和卿と共に法華堂の仏具を彫りたるを始とす」と伝えている。

参考文献 『大日本史料』四ノ一四、建保五年四月十七日条、岡崎譲治「宋人大工陳和卿伝」(『美術史』三〇)

(三浦 勝男)

つ

ついしゅようぜい　堆朱楊成　代々、堆朱の技法を伝えた家系。初代長充は足利義詮に仕え、日本ではじめて堆朱の技法を行い、中国元代の彫漆工、張成・楊茂の一字を取って名としたといわれる。二十代まで業を継ぎ、記録としては三代長貞が堆朱堆黒の香箱を後花園天皇に献じたとの文書が古く、八代長宗以降の活躍が記録によってほぼ明らかにされる。堆朱楊成家に伝わる系図によれば、各代の略伝は次のとおりである。初代長充は延文から嘉慶ごろ(十四世紀後半)の人、二代長辰は応永・嘉吉ごろ(十四世紀末—十五世紀前半)に活躍し、三代長貞は宝徳年間(一四四九—五二)の人で初代よりも上作とされ、足利義政の命によって作品を多数制作し、天下に名が知られた。七代長親は豊臣秀吉の茶器を作り、この時代の作を難波彫と称し、のち相模国鎌倉に移る。八代長宗は鎌倉に住し、螺鈿を併用し、このころの作を鎌倉彫の堆朱と称した。十代長是は堆朱・螺鈿の名工といわれ、江戸に移住した。十九代経長の代に明治維新にあい、家業を一時中断したが、二十代長昭が復興し、博覧会・展覧会などに出品して活躍した。

長充—長辰—長貞—長嗣—長繁—長秀
—長親—長宗—長善—長是—長盛—長韻
—長利—均長—長蔭—長英—長邦
—国平—経長
　　　—長昭

参考文献　藤井秀五郎『昭和美術百家選』、荒川浩和監修『近代日本の漆工芸』　（荒川　浩和）

つうおうきょうえん　通翁鏡円　一二五八—一三二五　鎌倉時代後期の臨済宗大応派の禅僧。南浦紹明の法嗣。法諱は鏡円、道号は通翁。正嘉二年(一二五八)生まれる。はじめ教宗に所属していたが、のち禅宗に帰し、下野那須の雲巌寺で高峯顕日に師事し、また、筑前横岳の崇福寺の南浦紹明に参じ、印可は南浦紹明に得ている。その後、洛西に正眼庵を構えて隠栖していたが、元応年中(一三一九—二一)に京都万寿寺の第八世住持となり、さらに後醍醐天皇の勅によって南禅寺第八世住持となっている。正中二年(一三二五)閏正月二十一日、後醍醐天皇は、顕密諸宗と禅宗の宗論(正中の宗論)を清涼殿で開催し、通翁は侍者宗峯妙超を伴い禅宗側の主班として臨み、叡山の玄慧法印や東寺の虎聖など教宗側を論破して勝利をおさめた。しかし、同月二十七日南禅寺に帰る途中で寂した。六十八歳。塔院は南禅寺中に設けられ、正眼院と称し、卵塔は最勝輪と扁した。普照大光国師の号を生前に後醍醐天皇から下賜され、法嗣は徳翁祖碩・西江宗湛・中邦道和などがいる。

通翁鏡円花押

参考文献　卍元師蛮『延宝伝燈録』二〇(『大日本仏教全書』)、玉村竹二『五山禅僧伝記集成』　（竹貫　元勝）

つうげんじゃくれい　通幻寂霊　一三二二—九一　南北朝時代曹洞宗の僧。豊後国東郡武蔵郷(大分県東国東市武蔵町)の人とも、一説には京都勇士の子ともいい、また父は因州細川氏、母は岩淵長者の女ともいう。伝説では元亨二年(一三二二)、亡母の廟中に生誕するというが俗姓は不詳。世縁をきらい比叡山で出家し、生縁にちなみ僧名を寂霊とする。十七歳で豊後大光寺の定山祖禅に侍し、十九歳加賀大乗寺の明峯素哲のもとで修行し、文和元年(一三五二)三十一歳のとき能登総持寺の峨山韶碩に参じ、身心脱落の話を聞き大悟し法を嗣ぐ。応安元年(一三六八)総持寺五世として進住し、同三年足利氏の一族、細川頼之の招きにより、丹波永沢寺《ようたくじ》の初祖となる。また加賀に聖興寺を開いたが、まもなく法弟に譲る。その後、永徳二年(一三八二)と嘉慶二年(一三八八)にも総持寺に再住し、この間、五支院の一つ、妙高庵を開き、五院住職の輪番制による総持寺護持の規矩を整備する。至徳三年(一三八六)越前に開創した竜泉寺に赴き、明徳二年(一三九一)五月五日同寺で入寂。七十歳。了庵慧明ら「通幻十哲」といわれる門弟が全国に寺院を開き、その法系を「通幻派」という。また妙高庵・永沢寺・竜泉寺・聖興寺(一説に近江の総寧寺)を「通幻四個道場」という。門弟編『通幻禅師語録』一巻がある。

参考文献　卍元師蛮編『延宝伝燈録』七(『大日本仏教全書』)、湛元自澄編『日域洞上諸祖伝』上(『曹洞宗全書』史伝上)、明極即証『永沢寺通幻禅師行業』(同史伝下)、卍山道白『通幻和尚誕縁志』(『続曹洞宗全書』寺誌・史伝)、梅峯竺信『通幻寂霊禅師喪記』(同清規・講式)、中嶋仁道『通幻和尚の研究』　（桜井　秀雄）

通幻寂霊花押

つかのおみ　都加使主　五世紀に朝鮮から渡来したと伝える中国系帰化人。『日本書紀』応神天皇二十年九月条に、倭漢直《やまとのあやのあたえ》の祖の阿知使主とその子の都加使主が、己れの党類十七県を率いて来帰したとあり、『古事記』応神天皇段にも漢直の祖が渡来したとある。その後『日本書紀』には、阿知使主父子が応神朝末年に呉《くれ》(中国江南の地)の国に遣わされ、縫織の工女を連れて帰ったこと、雄略朝に百済から連れてきた諸種の技術者を漢直掬《つか》(都加使主)に統率させたこと、雄略天皇の死後、都加使主が大連大伴室屋とともに清寧天皇を助けて、星川皇子を攻め殺したことなどがみえる。また『坂上系図』に引く『新撰姓氏録』逸文によれば、都加使主の三子が兄腹・中腹・弟腹の三系統の祖となり、以後さらに多数の氏に分かれて発展したことになっている。これらはすべてをすぐに事実とはなしがたいが、帰化系の雄族倭漢(東漢)氏は、都加使主のときに朝廷における地歩を固め、のちの発展の基礎を作ったとみてよいであろう。

参考文献　関晃『帰化人』(『日本歴史新書』)　（関　晃）

つかはらぼくでん　塚原卜伝　一四八九—一五七一　室町時代後期の剣客。諱は高幹。延徳元年(一四八九)二月常陸国鹿島で鹿島神宮の祝部卜部覚賢(吉川左京)の次男として生まれ、のち塚原《つかばら》(茨城県鹿嶋市鹿島町須賀)の城主塚原土佐守安幹の養子となった。名字も「つかばら」と称したと思われるが、今は一般の訓みに従う。卜伝は実父から卜部家伝来の古剣法を学び、また養父から飯篠長威入道直伝の新当流兵法の相伝を受けたという。ただし卜伝の兵法の主流は後者の新当流であり、伝統系図では養父土佐守から義兄新左衛門を経て卜伝に至っている。卜伝はこれに工夫を加え、教則を整え、一つの太刀という秘術を極意としたという。これを鹿島新当流卜伝手筋という。一般には卜伝流ともいわれた。卜伝については『甲陽軍鑑』品第四十の記事をはじめ武者修行の話が多いが、諸国を巡り流儀を弘めたのであろう。その間、伊勢国司北畠具教《とものり》に兵法を伝授し、一つの太刀まで伝えたことが『北畠物語』巻第五、具教卿兵法の事の項に記されている。この話はその後神戸良政の『勢州軍記』その他にも載せられて、広く知られるに至った。天文ごろは卜伝の活動の最盛期であったと思われる。元亀二年(一五七一)二月十一日没。年八十三。法名宝剣高珍居士。墓は鹿島町須賀の梅香寺跡にある。

参考文献　日夏繁高『本朝武芸小伝』(『武術叢書』)、今村嘉雄編『剣術』三(『日本武道大系』三)、堀正平『大日本剣道史』　（島田　貞一）

つきのいきな　調伊企儺　六世紀の人。新羅が任那を滅ぼした時、敗れて捕虜となった武将。『日本書紀』欽明天皇二十三年七月是月条によると、人となり勇烈であった。河辺臣の失策で新羅に敗れたとき降伏せず、新羅の闘将が刀を抜き、褌《はかま》を脱がせ、尻を日本に向けて、「日本の将わが尻をくらえ」と叫ばせたのに対し、「新羅王わが尻をくらえ」と叫び、再三の責めに屈せず叫び続けて殺された。なお同条には、妻大葉子《おおばこ》の詠んだという歌、またある人の反歌が収められている。　（亀田　隆之）

つきのわかんぱく　月輪関白　⇨九条兼実《くじょうかねざね》

つきやまどの　築山殿　?—一五七九　徳川家康の正室。名は築山御前ともいう。生年については諸説あり、天文十二年(一五四三)とするもの、同二年とするものがあるが、はっきりしない。今川義元の重臣関口親永(氏広)の娘として生まれる。母は義元の妹といわれており、義元にとっては姪にあたるわけである。弘治三年(一五五七)、松平元康(徳川家康)と結婚し、永禄二年(一五五九)には長男の竹千代(のちの松平信康)を生み、さらにのちには長女亀姫(奥平信昌夫人)を生んでいる。ところが、後年、信康の妻として迎えた織田信長の娘徳姫との仲がうまく行かず、武田勝頼と内通しているとの嫌疑を織田信長にかけられ、岡崎城から浜松城に呼び出しをうけて赴く途中、天正七年(一五七九)八月二十九日、佐鳴湖《さなるこ》畔の富塚(静岡県浜松市)というところで家康の家臣によって暗殺された。法名ははじめ西光院殿、のち清池院殿。現在、静岡県浜松市広沢の西来院《せいらいいん》に廟がある。　（小和田哲男）

つくしのいわい　筑紫磐井　六世紀の筑紫国造。『日本書紀』に、継体天皇二十一年六月朝廷に反乱し、翌二十二年十一月大将軍物部麁鹿火と筑紫の御井郡に戦い敗死したという。『古事記』に「竺紫君石井」とある。磐井はそれ以前、朝廷に出仕したことがあるという。『筑後国風土記』逸文に記される磐井墓は、東北別区に石人などが立ち、解部《ときべ》と号する石人の前に偸人《ぬすびと》が地に伏していた。おそらくそれは磐井が朝廷で解部として争訟を司ったことを表示するものであろう。現在福岡県八女市吉田の丘陵上に西から東へ六十基余りの古墳群が展開し、西の石人山古墳(五世紀半ば)を磐井の祖父の代、その東の岩戸山古墳(六世紀前半)を磐井の墓、さらに東の乗場《のりば》古墳(六世紀後半)を磐井の子葛子の墓にあてる説もある。

参考文献　吉田晶「古代国家の形成」(『(岩波講座)日本歴史』二所収)、小田富士雄「磐井の反乱」(『古代の日本』三所収)　（平野　邦雄）

つじよじろう　辻与次郎　生没年不詳　桃山時代の鋳物師。特に千利休の釜師としてよく知られる。近江国栗田郡辻村の生まれで、名を実久、一旦と号した。西村道仁の弟子と伝え(『釜師之由緒』)、京三条釜座に住し、当代第一の釜師として豊臣秀吉より「天下一」の称号を許された。与次郎の釜は利休の好みをうけて鋳造されたもので、阿弥陀堂釜・雲竜釜・四方《よほう》釜などが著名であるが、いずれも蘆屋や天明など古作にはない独創的な形姿・肌合を示している。茶会記にみられるのは、『松屋会記(久好)』天正十八年八月九日に雲竜釜を利用したのが最も古い。技術的には鋳上がった釜をもう一度火中で焼き、肌をしめる仕上げを行う焼抜きを創始し、また釜の羽を故意に打ち落として古釜の雅味・風情を求める羽落ちも

得意とした。与次郎の作という釜は少なくないが、すべて極め物で、在銘作は皆無である。しかし、鰐口・梵鐘・燈籠などには在銘作があり、滋賀県兵主大社の天正十八年（一五九〇）銘銅鰐口、京都市豊国神社の慶長五年（一六〇〇）銘鉄燈籠（重要文化財）、秋田県西善寺の慶長十五年銘梵鐘などが知られている。　（原田　一敏）

つだけんもつ　津田監物　？—一五六七　戦国時代末期の砲術家。わが国最初の砲術といわれる津田流砲術の創始者とされる。『津田家譜』では楠正成四代の孫、河内国交野郡津田（大阪府枚方市）城主津田周防守正信から四代にあたる津田監物算行の長男で諱を算長といい、砲術家杉之坊妙算を弟としている。『津田流砲術濫觴』によると紀州那賀郡小倉荘吐前《はんざき》（和歌山市）の城主で、享禄年間（一五二八—三二）種子島に渡り鉄砲ならびに用法を得て、天文十三年（一五四四）紀州に帰り、根来寺門前町坂本の鍛冶芝辻徳右衛門に鉄砲の製法を教え、また諸国の人々に砲術の指導をしたという。永禄十年（一五六七）十二月二十三日に没した。算長には算正・自由斎の二子があり、わけても自由斎の名は高かった。しかし算長をもって根来寺杉坊の院主津田監物と同一人物とするには問題がある。おそらく彼の指示を受けた部下の事跡が、根来鉄砲衆の高名さのゆえに監物算長の功に仮託されたものと考えられる。　（所　荘吉）

つだそうぎゅう　津田宗及　？—一五九一　安土桃山時代の豪商。屋号天王寺屋。茶人としても知られ、今井宗久・千利休とともに織田信長、ついで豊臣秀吉の茶頭となり、三宗匠と称された。宗達の子で、通称助五郎。宗及は永禄八年（一五六五）ごろに得た法号で、同九年八月には堺の南宗寺の大林宗套から道号天信を与えられている。更幽斎と称した。なお「宗牛」のあて字（『兼見卿記』）のみられるところから「そうぎゅう」と濁って呼ばれたことがわかるが、これは今井宗久との混同をさけるためであったかも知れない。永禄十一年九月岐阜から上洛した織田信長が、堺に矢銭二万貫を課した際、当初は抗戦派が優勢であったが、信長の強硬な態度に崩れ、かわって和平派が擡頭した。

津田宗及花押

宗及は後者に属したが、信長への接近は今井宗久に遅れている。これは宗及が、信長と対抗した石山本願寺と関係が深かったことと無関係ではない。しかし同十二年二月、信長の上使佐久間信盛以下百人ほどが堺に下った時は、これを大座敷に迎えて饗応、ことに天正二年（一五七四）正月から二月にかけては岐阜に下り、岐阜城で信長の歓待を受けるなど、緊密な関係をもつに至っている。この前後元亀から天正初年にかけて、京・堺の町人の懐柔を意図し、上洛のつど京中で催した信長の茶会には、宗久・利休とともに奉仕しており、この間に信長の茶頭になったものとみられる。特に天正二年四月の相国寺茶会では、宗及と利休の二人だけが正倉院御物の蘭奢待《らんじゃたい》（香）を与えられ別格の扱いを受けている。以後信長に常時祇候したわけではないが、政商としての役割とともに茶事にもあたった。同十年六月一日、信長が明智光秀のために本能寺で横死した日、宗及は自邸に徳川家康・穴山梅雪らを招いて茶会を催しており、報を受けた家康らが急遽帰国するという一幕もあった。信長死後は引き続き秀吉の茶頭となり、同十三年三月の大徳寺総見院茶会や同十五年十月の北野大茶湯などには、利休とともに重要な役割を果たす一方、島津征伐・北条征伐などには秀吉に同道し、茶事に奉仕している。特に九州（主に豊後）は天王寺屋の商圏でもあったことから博多の豪商島井宗室や神谷宗湛との関係が生じ、ことに宗湛とは親交した。天正十八年十月、大坂でその宗湛を招いているのが最晩年の茶事で、翌年四月二十日に没した。南宗寺に葬られる。父宗達・子宗凡とともに茶会記を残しているが（『天王寺屋会記』）、宗及の自・他会記が中心。勅許紫衣事件に関わった大徳寺の江月宗玩は宗及の次子である。　（村井　康彦）

つだそうたつ　津田宗達　一五〇四—六六　戦国・安土桃山時代の堺の豪商、茶人。宗柏の子。永正元年（一五〇四）生まれる。宗達は南宗寺古岳宗亘から与えられた法名で、晩年大林宗套から居士号の大通を与えられた。屋号を天王寺屋といい、堺材木町に住む。永禄元年（一五五八）三月、北町衆・惣代を招いたのを手はじめに以後たびたび南北町衆や町代・年寄衆を自邸の大座敷で振舞うなど、有力町人であった。豊後地方に商圏をもち、弟天王寺屋道叱がしばしば下向している。茶人としても知られ、唐物名物など三十余種をもったが、志野茶碗を愛用したことが留意される。北向道陳・武野紹鷗ら堺の町衆茶人と親交し、堺における茶湯勃興期の一翼をになった。茶湯日記（自会記は天文十七年（一五四八）十二月—永禄九年五月、他会記は天文十七年十二月—永禄九年三月）を残しており、子の宗及、孫の宗凡のそれと合わせて『天王寺屋会記』と呼ばれている。永禄九年八月二日に没した。六十三歳。南宗寺に葬られる。没後宗及が父のため南宗寺に大通庵を創建し、春屋宗園を開山に請じた。　（村井　康彦）

つちみかどいんのこざいしょう　土御門院小宰相　生没年不詳　鎌倉時代中期の女流歌人。文永二年（一二六五）八月の『十五夜歌合』に出詠しているので、同年までの生存が確かめられる。藤原家隆の女。母は未詳。土御門院の女房であったが、土御門院の土佐遷幸後はその母后承明門院（源通親の猶子在子）に仕え、承明門院小宰相とも呼ばれた。嘉禎二年（一二三六）七月『遠島御歌合』、宝治元年（一二四七）『百三十番歌合』、同二年『宝治御百首』、康元元年（一二五六）『百首歌合』などの作者。『新勅撰和歌集』以下に三十九首入集している。　（久保田　淳）

つちみかどさだみち　土御門定通　一一八八—一二四七

土御門定通花押

鎌倉時代の公卿。正二位内大臣、後土御門内大臣と号す。父は後白河・後鳥羽両院の近臣として権勢を振るった内大臣源通親。母は刑部卿藤原範兼の娘で後鳥羽院の乳母刑部卿三位範子。文治四年(一一八八)に四男として生まれる。同五年叙爵。建仁元年(一二〇一)父の鳥羽殿修造の功を譲られ正四位下。翌二年従三位に叙せられ、元久元年(一二〇四)正三位に進み、承元三年(一二〇九)権中納言。建暦元年(一二一一)には従二位、建保二年(一二一四)正二位に昇り、同六年に権大納言となったが、承久三年(一二二一)七月に承久の乱によって恐懼し、閏十月免された。嘉禎二年(一二三六)には内大臣に進んだが、翌三年に辞任した。この間、土御門天皇の生母承明門院の別当、後鳥羽上皇の院司として別当を勤めた。宝治元年(一二四七)九月二十八日病により没した。六十歳。詠歌は『新勅撰和歌集』以下の勅撰集に選ばれている。

土御門定通画像(『天子摂関御影』)

参考文献 『大日本史料』五ノ二二、宝治元年九月二十八日条

(黒川 高明)

つちみかどてんのう 土御門天皇 一一九五―一二三一 一一九八―一二一〇在位。諱は為仁。後鳥羽天皇の第一皇子。母は内大臣源通親女の在子(のち承明門院)、実は法印能円の女ともいう。建久六年(一一九五)十一月一日(または十二月二日)生まれる。同九年正月十一日、四歳で践祚、三月三日即位礼。承元四年(一二一〇)十一月二十五日、後鳥羽上皇の命令により、皇弟の順徳天皇に譲位した。父後鳥羽上皇の討幕計画には関与しなかったので、承久の乱後、鎌倉幕府が後鳥羽・順徳両上皇を配流した際にも罪は問われなかった。しかし、ひとり京都にとどまるのを潔しとせず、みずから幕府へ申し出て、承久三年(一二二一)閏十月、土佐国に遷った。その際、右近衛少将源雅具らが供奉した。土佐国は封米が不足したようで、一年半ほどのちの貞応二年(一二二三)五月、隣国の阿波国に遷った。その間、嘉禄元年(一二二五)ころ、土御門上皇還京の風説が京都に流れたり、安貞元年(一二二七)二月、幕府が阿波守護小笠原長経をして上皇の御所を造営させたり、また同年閏三月には、熊野の衆徒が上皇を迎えようとして兵船で阿波に攻め寄せたりしている。やがて寛喜三年(一二三一)十月六日、不予により出家、法名は行源。続いて同月十一日、阿波国板野郡池谷で崩御、近くの里浦で火葬された。三十七歳。天福元年(一二三三)十二月、母の承明門院が、山城国金原に法華堂を建立、土御門天皇の遺骨を移葬している。配流地に因んで、土佐院・阿波院などとよばれる。詩歌にもすぐれ、『土御門院御百首』『土御門院御集』をはじめ、その作品は『和漢兼作集』や勅撰集(『続後撰和歌集』など)にも散見される。

土御門天皇画像

参考文献 『大日本史料』五ノ七、寛喜三年十月十一日条

(山口 隼正)

金原陵《かねがはらのみささぎ》 京都府長岡京市金ヶ原金原寺にある。阿波国の行宮で崩御、その地で火葬され、遺骨は崩御から二年を経た天福元年(一二三三)十二月十二日に金原の御堂に納められた。御堂は天皇の生母承明門院源在子が、遺詔に従って京都の西南にあたる西山山麓の金原に営建したもので、金原御堂とも、金原法華堂ともいわれる。このの ち、天皇の即位や元服などの際には告陵使が発遣され、蒙古襲来の時には当陵に国土の安泰を祈請している。いつのころからか御堂は亡び、嵯峨二尊院の後山にある石塔が陵所に擬されたこともあったが、『歴代廟陵考補遺』は大石の顕われた石塚と称する小丘を御堂の跡地と考定、幕末の修陵の際には御堂の八角形の跡地を陵所として修治を加えた。火葬塚は徳島県鳴門市大麻町池谷字大石にあるが、同市里浦町にもその伝承地がある。

参考文献 『大日本史料』五ノ七、寛喜三年十月十一日条、同五ノ九、天福元年十二月十二日条、上野竹次郎『山陵』下

(戸原 純一)

つちみかどみちかた 土御門通方 ⇩源通方《みなもとのみちかた》

つちみかどみちちか 土御門通親 ⇩源通親《みなもとのみちちか》

つついじゅんけい 筒井順慶 一五四九―八四 安土桃山時代の武将。大和郡山城主。天文十八年(一五四九)に生まれる。国衆の越智・十市・古市らが衰退し、ほぼ大和を制圧した父の興福寺官符衆徒(棟梁、一乗院門跡坊人筆頭)の順昭が天文十九年に病没したので二歳にして家督をつぎ、藤勝と称す。母の大方殿(のち芳秀宗英尼)が後見、一族の福住紀伊守宗職が庶政にあたった。大和守護代として一国支配を進めたが、永禄二年(一五五九)信貴山城主松永久秀の乱入に遭って筒井城を逐わ

筒井順慶画像

れ、山辺・宇陀両郡の山地や和泉堺付近に流寓した。やがて成人して藤政と改称、奈良北郊の多聞山を居城とする松永久秀に反撃を開始、反久秀の三好三人衆と提携したのも幸いして同九年には奈良に攻め上った。興福寺成身院において出家得度、陽舜房順慶と号し官符衆徒に列せられ、多聞山城攻略や久秀党の駆逐戦を展開する。翌十年、久秀が三好軍の陣営する大仏殿を夜討ちし、その兵火で大仏が炎上する不祥事も生じた。しかし、翌十一年に足利義昭を奉じて織田信長が入京、これに久秀が降服して大和守護に任ぜられたため、順慶は逆境に陥る。幸い元亀二年(一五七一)松永久秀が信長に反したので順慶がこれの討伐に起用され、明智光秀の配下となった。天正元年(一五七三)、政権樹立の信長に久秀は降参し信貴山城に隠居、多聞山城には信長の部将が城番として下向した。順慶が大和守護に任ぜられるのは同四年のことで、なお忠勤を強いられる。その前年、原田(もと塙)直政が大和守護に任ぜられ、大坂石山合戦の主力軍となったが戦死、その後任に順慶が起用されたのであり、主として大坂攻めが課せられた。なお、順慶は光秀の配下として大和今井郷(奈良県橿原市)の一向一揆を無血制圧した功もあり、信長からその養女を賜わっている。なお光秀の一子を養子にしたともいわれる。翌五年に織田信忠軍に属して松永久秀を信貴山城に討滅、翌六年に大和吉野郡の一向一揆を掃蕩、ほぼ一国支配を実現する。一国一城として郡山に築城開始。同八年、滝川一益・明智光秀を上使として大和一国の指出が徴せられるが(居検地)、順慶は大和国と郡山城を確保できた。同十年六月、本能寺の変後の山崎合戦には恩人光秀に与力を逡巡、一方、羽柴秀吉に款を通ずるなどして郡山城に籠城したため「洞ヶ峠の順慶」などという嘲罵をこうむる。洞ヶ峠に陣して勝負を観望、勝利の秀吉軍に参じたというのは荒説である。国衆の去就をはかりかね、郡山城でこれを監視、大和を死守する策を是としたらしい。順慶の武力は秀吉にも重視され、大和守護を安堵された。しかし、軍役は酷しい。なお、大坂城参勤の宿所を開設(南区順慶町が名残り)、また人質も徴される。同十二年尾張出陣中に発病、京都で療養したが薬効なく八月郡山城に帰還、同十一日に没。三十六歳。墓所は旧筒井城近く長安寺村(大和郡山市)に設定(五輪塔の覆堂は重要文化財)、母の芳秀尼が菩提所を奈良に建立し伝香寺と号した。ちなみに、順慶は官符衆徒の身分を誇り、春日社造替の大和一国段銭を催徴、神事法会を振興参仕した労功で僧都法印に勅任せられた。むしろ神国大和の永遠を祈ったといえる。なお、教学に励み、謡曲・茶湯などをも好んだ。刀剣・能面・謡本・茶器などの遺品も多い。「筒井筒」と称せられる「井戸茶碗」の所持も有名。しょせん、順慶は名族の御曹司的存在であり、しかも苦辛の末に大和を入手した。その大和を喪失するのを恐れたのが「洞ヶ峠

筒井順慶花押

筒井順慶五輪塔覆堂

順慶」の汚名をこうむった要因である。順慶の死去の病因は不食の胃浣痛といわれる。神経性胃疾患であろう。苦辛の連続のせいだが、そこで一層神佑冥助を信じ、これの祈願に努めたのである。順慶没後、年余にして養嗣子の定次が伊賀上野城に国替えを命ぜられた。秀吉の異母弟の秀長が入部したためで、神国大和などを誇る土着武士の一掃をはかったものである。

参考文献 『大日本史料』一一ノ八、天正十二年八月十一日条、永島福太郎『筒井順慶菩提所・南都伝香寺』、籔景三『筒井順慶とその一族』、永島福太郎「筒井順慶」(『大和志』六ノ一〇)　（永島福太郎）

つねあきらしんのう　常明親王　九〇六―四四　醍醐天皇の第五皇子。母は光孝天皇女、女御源和子。延喜六年(九〇六)生まれる。同八年親王宣下をうけた。はじめ将明親王と称したが、同十一年に兄とともに改名、常明親王とされた。同十八年はじめて参内し、同二十一年清涼殿において元服した。四品に叙し、刑部卿に任ぜられたが天慶七年(九四四)十一月九日に没した。三十九歳。

参考文献 『大日本史料』一ノ八、天慶七年十一月九日条　（玉井　力）

つねさだしんのう　恒貞親王　八二五―八四　淳和天皇第二子。母は嵯峨天皇皇女、皇后正子内親王。天長二年(八二五)生まれる。嵯峨・仁明両天皇の鍾愛をうけ、天長十年、仁明天皇の即位に伴って皇太子となった。父淳和天皇は再三これを固辞したが許されなかったという。承和九年(八四二)、嵯峨上皇の死後、いわゆる承和の変が発覚するが、これが恒貞親王を推戴しようとしたものであったため、皇太子を廃された。この事件は、現在では藤原良房らの廃太子を目的とした陰謀事件と解されている。その後、淳和院東亭子に閑居し、もっぱら仏道に精進し、嘉祥二年(八四九)に三品となったが出家し恒寂と称した(『三代実録』元慶八年(八八四)九月二十日条)。貞観十八年(八七六)に創建された大覚寺の初祖。元慶八年陽成天皇廃位に際して、藤原基経から即位の要請を受けたが、これを受けなかったという。同年九月二十日没。六十歳。幼時より知徳にすぐれ、経史・文章に通じ、また、書や琴も良くしたという(『後拾遺往生伝』)。

参考文献 『恒貞親王伝』、玉井力「承和の変について」(『歴史学研究』二八六)、福井俊彦「承和の変についての一考察」(『日本歴史』二六〇)　（玉井　力）

つねつぐ　恒次　鎌倉時代の備中国青江派の刀工で、後鳥羽上皇の番鍛冶の一人。年紀作はなく銘は佩裏に「恒次」ときる。恒の字の偏にリと忄の二種がある。作風は腰反りで踏張りがあり、小切先。地の鍛えは小杢目に澄肌入り、刃文は中直刃仕立に小乱れ交りである。名跡は代々うけつがれ、鎌倉時代中期にかかる作では数珠丸恒次(佩表銘、尼崎市本興寺所蔵)、鄙田青江恒次など名物の太刀がある。同末期の作では「備中国万寿庄住左兵衛尉恒次元徳二年(一三三〇)十月日」のごとく長銘で居住地と年紀を記す。短刀の作もある。重要文化財には土屋家旧蔵の太刀、上記本興寺の太刀、北野天満宮の太刀がある。

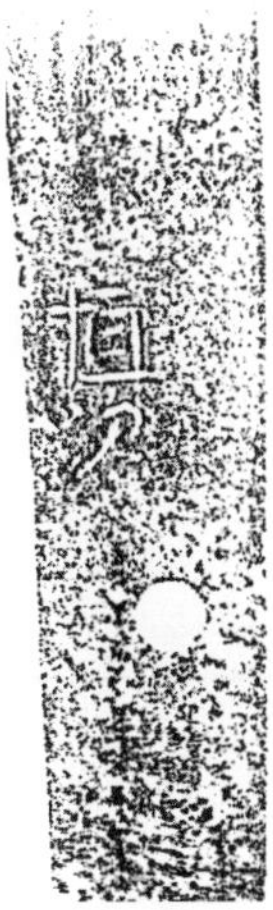
恒次押形

参考文献 山岡重厚『日本刀伝習録』、加島進「青江刀工の研究」(『MUSEUM』二八〇)　（辻本　直男）

つねながしんのう　恒良親王　⇨つねよししんのう

つねやすしんのう　常康親王　?―八六九　仁明天皇の第七皇子。母は更衣紀種子。幼少のころから沈敏であったと評され、父天皇の特に鍾愛するところであったという。承和七年(八四〇)には志摩国答志島を賜わった。嘉祥三年(八五〇)、仁明天皇の死去に遭って追慕の念止みがたく、ついに翌仁寿元年(八五一)出家した。時に無品。貞観十一年(八六九)旧居雲林院を僧遍照に付して精舎とし天台の教えを学ばせることとし、父の徳に報いようとした(『三代実録』元慶八年(八八四)九月十日条)。貞観十一年五月十四日没。著作に『洞中小集』がある。なお、雲林院は、元慶八年に元慶寺別院とされた。　（玉井　力）

つねよししんのう　恒良親王　一三二二―三八　後醍醐天皇の皇子。母は阿野公廉女新待賢門院廉子。元亨二年(一三二二)生まれる。建武元年(一三三四)正月二十三日後醍醐天皇の東宮となった。時に十三歳であったという。延元の戦乱が起り、延元元年(北朝建武三、一三三六)五月足利尊氏・直義兄弟が、九州から大挙京都に攻めのぼってきたので、天皇とともに叡山に難を避けた。それより天皇方と足利方との間にたびたび戦闘がくり返されたが、天皇方が次第に苦境に陥ったので、同年十月十日天皇は権宜に尊氏の請を容れ、京都に帰還した。しかし前途を危ぶむ新田義貞の忠言に従い、その前日の九日、義貞をして東宮恒良親王および一宮尊良親王を奉じて北国に下向し、万一に備えさせた。翌十日一行は越前敦賀の金崎城に入るを得た。『太平記』によれば、叡山出発にあたり、天皇は恒良親王にまた権宜ながら譲位の儀を行なったという。これを証するものとして、『結城文書』に、延元元年十一月十二日後醍醐天皇綸旨および同日新田義貞奉恒良親王御教書があり、二通の内容はほとんど同じで、同親王の越前下向のことを、去月十日越前敦賀に臨幸云々と記しており、また同二年二月九日新田義貞奉恒良親王御教書は綸旨形式を用いている。しかしながら延元元年十二月二十一日後醍醐天皇の吉野行幸が行われたので、北陸における右の事情は自然に解消となり、さらに同二年正月金崎城は足利方の将高師泰・斯波高経らの執拗なる攻撃を受け、苦戦の末三月六日落城し、尊良親王以下多くの将士が自害した。『太平記』によれば、恒良親王は執えられて京都に拘禁、毒薬を飲まされ、四月十三日死去したとある。その年次については、同書に

明確を欠き、また『桜雲記』には暦応二年(一三三九)七月十三日と記している。そこで『参考太平記』にはこれを考証し、尊良親王の自害が延元二年であり、その翌年とあるから、恒良親王の遺害は延元三年たることは明らかなりとあるが、疑いない事実かと考える。なお明治に至り、金崎宮が創建され、尊良親王とともに恒良親王も同社に奉祀されている。

参考文献 『大日本史料』六ノ四、延元二年三月六日条、村田正志編『風塵録』(『村田正志著作集』七)、菅政友『南山皇胤譜』(『菅政友全集』)、松本周二「結城文書による史実の発見」(結城宗広事蹟顕彰会編『結城宗広』所収)

(村田　正志)

つのとためもり　津戸為守　一一六三―一二四三　鎌倉時代前期の武士、御家人。菅原孝標《たかすえ》の孫、津戸為広の子。長寛元年(一一六三)に生まれる。居所は武蔵国多摩郡谷保で、この地に菅家ゆかりの天神社と別当安楽寺を移し再興したといわれる。治承四年(一一八〇)石橋山の戦以降源頼朝に従い、建久六年(一一九五)東大寺供養のとき供奉して上洛し、法然房源空に帰依した。法名は尊願。源空の根本の弟子と称され、熊谷直実とともに武蔵国での専修念仏弘通に尽力した。仁治三年(一二四二)十一月の如法念仏の結願日に割腹し、翌寛元元年(一二四三)正月十五日に往生したという。八十一歳。

参考文献 『定本法然上人全集』七、『拾遺和語燈録』中(『(大正新脩)大蔵経』八三)、『西方指南抄』下(『親鸞聖人全集』輯録篇)、『法然上人伝記』四下(『浄土宗全書』一七)、『法然上人行状画図』二八、『御伝翼賛遺事』(『浄土宗全書』一六)、『東京市史稿』宗教篇一、三田全信『(成立史的)法然上人諸伝の研究』、小此木輝之「法然門下の関東武士」(『仏教文化研究』三二)、梶村昇『津戸三郎為守』

(福田　行慈)

つのまみち　津真道　⇩菅野真道《すがののまみち》

つぼさかのそうじょう　壺坂僧正　⇩覚憲《かくけん》

つもりのくにもと　津守国基　一〇二三―一一〇二　平安時代の歌人。住吉社神主基辰の子。治安三年(一〇二三)生まれる。康平三年(一〇六〇)に住吉社三十九代神主となり、延久元年(一〇六九)に叙爵。白河天皇側近の藤原顕季・同公実・同通宗・大江匡房や、歌人の良暹法師・橘俊綱らと交流。万葉語の使用など、表現面での新しい試みをする。康和四年(一一〇二)七月七日没。八十歳。歌道に執し、『後拾遺和歌集』への入集を希望して、撰者に小鰺を贈った話が『袋草紙』や『井蛙抄』にみえる。『後拾遺集』以下の勅撰集に二十首入集。家集に『津守国基集』がある。

参考文献 『大日本史料』三ノ六、康和四年七月七日条、上野理『後拾遺集前後』、中島義紘「津守国基の閲歴」(『新潟県立十日町高校研究集録』昭和四十九年三月)、同「津守国基をめぐる人々」(同昭和四十九年十二月)

(上野　理)

つもりのとおる　津守通　生没年不詳　奈良時代初期の陰陽師。名は道にも作る。『万葉集』二に、大津皇子が密かに石川女郎《いしかわのいらつめ》に通じた折、この事実が津守通により占い露わされたとみえており、すでに天武朝ごろには陰陽の方面で著名であったことが窺われる。和銅七年(七一四)正月、正七位上から従五位下に進み、十月には美作守となっている。養老五年(七二一)正月、学業が優秀でその道の師範となる官人に賞賜が加えられた際に、陰陽の方面で賞賜せられた六名のうちの第二番目に津守連通とみえ、絁十疋、糸十絇、布二十端、鍬二十口を賜わっている。ついで同七年正月、従五位上に進み、翌神亀元年(七二四)十月には、外孫忍海手人大海ら兄弟六人に津守連の姓を賜わっている。また『家伝』下には、藤原武智麻呂が大納言に任ぜられたころの朝廷における人材が列挙されているが、彼は陰陽の筆頭に掲げられており、当時における陰陽の名人であった。

(厚谷　和雄)

つるどの　鶴殿　⇩九条基家《くじょうもといえ》

て

ていい　程頤　⇩程伊川《ていいせん》

ていいせん　程伊川　一〇三三―一一〇七　中国の北宋時代の思想家。宋学の始祖の一人。名は頤《い》。字は正叔。伊川先生と称せられた。程顥《こう》(明道)の弟。明道二年(一〇三三)河南省洛陽の近郊に生まれる。父は程珦《きょう》、母は侯氏。幼にして見識が高かった。胡瑗に師事、進士に挙げられたがしばらく仕えなかった。のちに秘書省校書郎、判西京国子監などを歴任したが、蘇軾《しょく》と不和であり、その政争で辞したり復職したりし、最後は宣義郎で致仕した。一一〇七年(大観元)九月五日、家で没した。七十五歳。兄の程顥、師の周敦頤、張載、邵雍《しょうよう》と併せて北宋の五子と称せられ、宋学の祖となった。その思想は、理・気の二元を説き、気をば万物の質料、理をば気をして万物を生ぜしめる原理とした。ただし理・気は互いに依存するとする。心については、明道の考えに近いが人心(人欲)と道心(天理)とに分ける。性については、本然の性(至善)と気質の性(善悪がある)とに分け、張載の考えに近い。修養法として静坐を重視し主一無適(精神を統一して気を散らさない)を説いた。朱子に大きな影響を与えた。後人が編録した『二程全書』がある。

参考文献 『宋元学案』一三・一四・一六・一七、『宋史』四二七、友枝竜太郎『朱子の思想形成』、市川安司『程伊川哲学の研究』

(加地　伸行)

ていこう　程顥　⇩程明道《ていめいどう》

ていじいんのみかど　亭子院帝　⇩宇多天皇《うだてんのう》

ていしないしんのう　禎子内親王　⇩陽明門院《ようめいもんいん》

ていしんこう　貞信公　⇩藤原忠平《ふじわらのただひら》

ていむしゅう　鄭夢周　一三三七—九二　高麗末期の文臣・学者。諱ははじめ夢蘭、ついで夢竜、のち夢周と改めた。字は達可。号は圃隠。諡号は文忠。父は瓘。母は李氏。本貫は迎日(慶尚北道)。恭愍王九年(一三六〇)、科挙に首席で及第し、恭愍王・辛禑王・辛昌王・恭譲王の四代に仕えた。禑王三年(永和三、一三七七)、海賊禁制を求める使者となって日本へ使いし、博多で九州探題今川貞世に交渉して、貞世に管下に対する禁賊を約させ、また倭寇によって掠去された俘虜数百人を伴い還ることに成功した。高麗では従来禁賊要請を、日本の中央政府に対して行なっていたが、これが転機となって、以後、その相手を今川貞世・大内義弘など倭寇根拠地の実力者に切りかえた。また元・明交替期に、明へ二度使いし、親明派として活躍した。恭譲王四年(一三九二)四月四日、李成桂を王に推戴する計をはばもうとして、かえって芳遠(李成桂第五子、のちの太宗)によって都開城の善竹橋の傍で殺された。時に五十六歳。性理学を深くきわめて東方理学の祖と称される。文集に『圃隠集』がある。

参考文献　『高麗史』列伝三〇、『高麗史節要』　（長　正統）

ていめいどう　程明道　一〇三二—八五　中国の北宋時代の思想家。宋学の始祖の一人。名は顥《こう》。字は伯淳。明道先生と称せられた。明道元年(一〇三二)河南省洛陽の近郊に生まれる。父は程珦《きょう》、母は侯氏。博覧強記の神童であった。夫人は彭氏。進士に挙げられたあと、京兆府鄠《こ》県主簿、沢州晋城の令、著作佐郎、奉議郎などを経て致仕した。宗正寺丞として召されたが、赴任前の哲宗元年(一〇八五)六月十五日、五十四歳で病没。王安石の部下であったが、のちに不和となった。弟の程頤《い》(伊川)とならんで二程子といわれ、師の周敦頤、張載、邵雍《しょうよう》と併せて北宋の五子と称せられ、宋学の祖となった。その思想は、乾元の一気を宇宙の本体とし、その気が分かれて陰陽二気となりそれが交感して万物が生まれるとする。また「心即性、性即天」(よく心を尽くせば天地と一体となる)と万物一体を説き、南宋の陸九淵(象山)や明の王守仁(陽明)に大きな影響を与えた。後人が編録した『二程全書』がある。

参考文献　『宋元学案』一三・一四・一六・一七、『宋史』四二七、友枝竜太郎『朱子の思想形成』、市川安司『程伊川哲学の研究』　（加地　伸行）

てっしゅうとくさい　鉄舟徳済　?—一三六六　南北朝時代の臨済宗夢窓派の僧。法諱は徳済、鉄舟はその道号、別に百拙とも号した。下野の人。出家して大覚派の師について剃髪したと思われるが、のち夢窓疎石に参じ、ついで至元年間(一三三五—四〇)の初めに同志とともに入元し、廬山の竺田悟心、開先寺の古智慶哲、金陵の古林清茂などの間を歴参し、元の順宗皇帝より円通大師と特賜された。帰国して天竜寺の夢窓疎石・無極志玄に参じて秉払を務め、貞和三年(一三四七)十二月には阿波の補陀寺に住して夢窓に嗣香を通じてその法嗣となった。康安二年(一三六二)二月に石室善玖の後席を継いで京都の万寿寺に出世し、晩年は播磨の瑞光寺、または嵯峨に竜光院を構えて閑居した。蘭石図・蘆雁図など水墨画の名手としても知られたが、貞治五年(一三六六)九月十五日に竜光院で示寂した。遺著に語録と詩集としての『閻浮集』があり、門弟には象外集鑑・華渓梵英の二人がある。

参考文献　『大日本史料』六ノ二七、貞治五年九月十五日条、『天竜宗派』、玉村竹二編『扶桑五山記』、上村観光『五山詩僧伝』(『五山文学全集』五)、玉村竹二『五山禅僧伝記集成』、北村沢吉『五山文学史稿』　（葉貫　磨哉）

てつしょき　徹書記　⇩正徹《しょうてつ》

てっつうぎかい　徹通義介　一二一九—一三〇九　鎌倉時代曹洞宗の僧。諱は義价とも書き、また義鑑ともいう。俗姓は藤原氏。承久元年(一二一九)二月二日越前に生まれ、寛喜三年(一二三一)十三歳、日本達磨宗の波着寺の懐鑑について剃髪し、翌年比叡山に上り具足戒を受け比丘となる。仁治二年(一二四一)懐鑑および他の門人とともに京都深草興聖寺の道元のもとに集団入門した。以来深く道元に帰投し、寛元元年(一二四三)道元の北越移錫に従い、永平寺で典座・監寺の要職に任じた。道元入滅

徹通義介画像

徹通義介花押

のあと孤雲懐奘に随って法を嗣ぐ。ついで師命を奉じ京都の建仁・東福、鎌倉の寿福・建長各寺を見学し、また正元元年（一二五九）中国に渡り四年の間、名刹を歴訪し『五山十刹図』を将来し、帰国後は永平寺の山門・廻廊などを整備し各種の儀礼規定を設けた。文永四年（一二六七）永平寺三世に晋住し在任六年で退き、山下の養母堂で母を養ったが、弘安三年（一二八〇）懐奘の入寂にあい六十二歳で再住した。永仁元年（一二九三）加賀国押野荘（金沢市）大乗寺の澄海の招きをうけ七十五歳で移り、真言院を禅院に改めて住した。同六年大乗寺を弟子の瑩《けい》山紹瑾《ざんじょうきん》に譲り、その後はひとり庵室に隠居し、延慶二年（一三〇九）九月十四日九十一歳で入滅した。塔を寺の西北隅に建て定光院という。門弟の紹瑾が、永光寺や総持寺などを開創してから曹洞宗の教勢は全国的に拡張された。

参考文献　『永平寺三祖行業記』（『曹洞宗全書』史伝上）、『（元祖孤雲徹通）三大尊行状記』（同）、懶禅舜融編『日域曹洞列祖行業記』（同）、湛元自澄編『日域洞上諸祖伝』上（同）、嶺南秀恕編『日本洞上聯燈録』一（同）、三州白竜編『大乗聯芳志』（同）　（桜井　秀雄）

てっとうぎこう　徹翁義亨　一二九五―一三六九　鎌倉・南北朝時代の臨済宗大応派の禅僧。法諱は義亨、道号は徹翁。永仁三年（一二九五）生まれる。出雲の人。六歳で京都建仁寺の鏡堂覚円の室に入り、十九歳のとき出家、南禅寺の通翁鏡円に参禅し、さらに、東山の雲居庵に棲止していた宗峯妙超（大燈国師）に師事して、以後二十年余に及び参禅随従した。建武四年（一三三七）宗峯から印可され、翌暦応元年（一三三八）大徳寺第一世住持として奉勅入寺した。霊山徳禅寺をはじめ、但馬安養寺などを開創し、貞治六年（一三六七）に大徳・徳禅両寺を徹翁派の一流相承刹となし、応安元年（一三六八）には両寺におのおの法度を制するなど、徹翁派による大徳寺教団の形成に尽力した。花山院覚円・天台座主二品親王竹苑・赤松則祐・日野中納言・足利義詮などの帰依者をもった。また、徹翁に参禅する学徒も多く、法嗣数十人ともいわれているが、学徒の指導は厳しく、言外宗忠・卓然宗立などの法嗣を出して大燈禅を後世に伝え、大徳寺の嫡流をなす。応安二年五月十五日寂。七十五歳。徳禅寺の正伝庵を塔所とする。勅諡号は大祖正眼禅師・天応大現国師という。語録は『徹翁和尚語録』といい、徳禅寺第四世春作禅興編。最も流布する版本は寛文九年（一六六九）大徳寺第百八十四世江雲宗竜が徳禅寺から出版した二巻本で、版木が徳禅寺に所蔵されている。『（大正新修）大蔵経』八一に所収。また、この春作禅興編の禅興本と数段を除き内容を異にする写本、尾崎家本の現存も確認されていて注目される。

徹翁義亨花押

徹翁義亨画像

参考文献　『天応大現国師行状』、玉村竹二「古版『徹翁和尚語録』の刊行について」（『日本禅宗史論集』下一所収）、竹貫元勝『日本禅宗史研究』、平野宗浄「「（尾崎家本）徹翁和尚語録」について」（『花園大学研究紀要』二）　（竹貫　元勝）

てっぽうまた　鉄炮又　⇩橘《たちばな》屋《や》又三郎《またさぶろう》

でわのべん　出羽弁　生没年不詳　平安時代中期の女流歌人。「いでわのべん」と呼ぶのが普通（『栄花物語』三三）。出羽守平季信の娘。寛弘年間（一〇〇四―一二）一条天皇の中宮彰子に仕え、のち彰子の妹で、後一条天皇中宮威子やその所生の馨子・章子内親王に仕えた。鷹司殿や祐子・禖子内親王らへも出入りし、歌合などに参加した。また『栄花物語』続編のうちの、巻三一から巻三六、そしてやや遅れて巻三七も彼女の作に成るであろうとの説がある。歌を通じての交友では源経信・大和宣旨・加賀左衛門・弁乳母らがあって、特に源経信とは親しい関係であった。歌風は、情趣性には欠けるが情熱的であり、純粋で明朗なところが宮廷人の間で信望を集めていたらしい。したがって、常識的で堅実な性格から来る特色と、彼女の知性がその歌には一貫していると評される。永承元年（一〇四六）に『栄花物語』からは姿が見えなくなるが、現存の『出羽弁集』は同六年を中心に撰ばれている。もっとも永承六年の一年間だけの歌集だとの説もある。『あらば逢ふ夜の』（書名のみ伝わり、本文は散逸）という物語の作者にも擬せられている。

参考文献　松村博司「出羽弁の生涯」（『歴史物語考その他』所収）、久保木哲夫「出羽弁集考」（『講座平安文学論究』一所収）、中山昌「栄花物語の性格と出羽弁」（『目白学園女子短期大学紀要』八）、枝松睦子「出羽弁集の一考察」（お茶の水女子大学国語国文学会『国文』三〇）　（河北　騰）

てんいんりゅうたく　天隠竜沢　一四二二―一五〇〇　室町時代の臨済宗一山派の僧。はじめ道号を天岩といい、のち天隠と改め、別号を黙雲と称した。播磨国揖西郡栗栖村（兵庫県たつの市新宮町）の人。応永二十九年（一四二二）生まれる。永享三年（一四三一）に建仁寺大昌院に入って天柱竜済の塔を拝して僧童となり、同十年に天柱

天隠竜沢花押

の法弟である宝洲宗衆について剃髪した。のち建仁寺住持の朴堂祖淳に侍し、朴堂の南禅寺・常在光寺と転住するにも随侍したが、応仁の乱が起ると、桂林徳昌とともに出京し、木幡の太極蔵主をたずね、ついで近江の永源寺に避難した。再び建仁寺に帰り、応仁二年(一四六八)九月には播磨斑鳩村に赴き、建仁寺との間に両度の往還をなしたが、文明元年(一四六九)には因幡若桜に移居した。同三年に再び播磨に帰り、赤松政則は幕府内に大昌院を構えて招いたので上京し、赤松時勝の十七回忌を修し、近隣の華蔵院にある正中祥端(幻住派)とも親交をもった。のち山城の西禅寺に住し、同七年には真如寺に出世して天柱竜済に嗣香を通じた。同十四年には建仁寺の公帖を受けて二百十八世となり、のち三住・四住と繰り返して明応八年(一四九九)までに建仁寺十住を勤めた。この間の長享元年(一四八七)四月には南禅寺の公帖を受け、再住入院を果たしている。明応九年九月二十三日示寂した。七十九歳。大昌院に塔じた。遺著に語録の『翠竹真如集』、詩集を『黙雲藁』、文集を『天隠和尚文集』または『黙雲文集』、法語偈頌集を『天隠和尚閑維法語』、四六文集を『黙雲集』、また中国・日本の名詩を集め、後進の童蒙のために編した『錦繡段』、四六文の作法を説いた『天隠和尚四六図』などの著作があり、門弟には江心竜岷・学庭竜授・汝器竜載・玉音□章・古泉宗亀などがある。

参考文献 玉村竹二編『天隠竜沢集』(『五山文学新集』五)、玉村竹二『五山禅僧伝記集成』 (葉貫 磨哉)

てんがんえこう 天岸慧広 一二七三—一三三五 鎌倉時代後期の臨済宗仏光派の僧。法諱は慧広、天岸はその道号。武蔵国比企郡の人、俗姓は伴氏。文永十年(一二七三)生まれる。十三歳で建長寺の無学祖元について僧童となり慧広と安名された。翌弘安九年(一二八六)十一月八日に南都東大寺の戒壇院に赴いて度牒を受け、ついで戒牒を受けて具足戒を受けた。のち四方を遍参したが、ついに下野那須の雲巌寺に至って高峯顕日に参じ、久しく侍して印可を受け、高峯の鎌倉円覚寺に晋住するに随って前堂首座となった。元応二年(一三二〇)に物外可什・別源円旨らと元国に渡り、杭州天目山の中峯明本に参じ、また袁州の仰山に赴く途中に、翰林学士掲傒斯(文安公)を訪れて仏光国師塔銘の撰文を依頼した。泰定三年(一三二六)に洪州の翠巌寺に掛錫し、ついで保寧寺の古林清茂、本覚寺の霊石如芝、鶏足山の清拙正澄に謁して、本師高峯の語録に序跋を申請した。径山《きんざん》の万年正続院の祖塔を拝したのち、再び金陵の古林清茂に随侍して偈頌主義の家風に傾倒したが、元徳元年(一三二九)に竺仙梵僊に東渡を勧めて明極楚俊に付随させ、物外可什らとともに同船帰朝した。伊豆の香山寺に住し、移って鎌倉の浄妙寺に昇ったが休耕庵を構えて退居した。上杉重兼は足利家時のために、建忠報国寺を開いて始祖に請じたが、建武二年(一三三五)三月八日寂した。年六十三。仏乗禅師と勅諡された。遺著に『東帰集』があり、『五山文学全集』一に収められている。

「天岸」

「慧広」

天岸慧広印

天岸慧広像

参考文献 『大日本史料』六ノ二、建武二年三月八日条、『仏光国師語録』九(『大日本仏教全書』)、『仏国禅師語録』(『(大正新修)大蔵経』八〇)、玉村竹二『五山禅僧伝記集成』、同「足利直義禅宗信仰の性格」(『日本禅宗史論集』下二所収) (葉貫 磨哉)

でんぎょうだいし 伝教大師 ⇨最澄《さいちょう》

てんじてんのう 天智天皇 六二六—七一 六六一—六八称制、六八—七一在位。大化改新の中心人物。和風諡号は天命開別尊《あめみことひらかすわけのみこと》。淡海(近江)大津宮天皇とも。推古天皇三十四年(六二六)の生。父は田村皇子(舒明天皇)、母は宝皇女(舒明皇后、皇極・斉明天皇)。同じ母の生んだ妹に間人皇女《はしひと》(孝徳皇后)、弟に大海人《おおあま》皇子(天武天皇)がいる。名は葛城《かずらき》皇子、開別皇子。父の即位後、中大兄《なかのおおえ》とよばれるようになったのは、大兄つまり皇位継承候補として、蘇我大臣馬子の娘の生んだ異母兄に古人大兄《ふるひとのおおえ》がいるためである。その古人大兄を大化改新着手後に兵を送って殺し、娘の倭姫《やまとひめ》を引き取ってのちに皇后としたが、二人の間に子はなかった。配偶者として他に八人を『日本書紀』は記載し、大友・建・川嶋・施基《しき》の四皇子と、太田・鸕野《うの》(持統天皇)・御名部・阿倍(元明天皇)ら十皇女を生んだとするが、『続日本紀』は施基を第七皇子とし、『扶桑略記』は子女を男六人・女十三人とし、他書にも大友皇子の弟妹についての所伝が残るなど、天智の子女はほかにもいた形跡がある。没した翌年に起った壬申の乱のために書物が多く失われたらしく、『日本書紀』も天智紀以前は天武紀以後にくらべて記事が簡略である。改新以前の中大兄については、父の殯《もがり》に年十六で誄《しのびごと》を述べたとあるほか、飛鳥寺の西の槻の木のある広場で催された蹴鞠の会で中臣鎌子(のちの藤原鎌足)と親しくなり、南淵請安《みなぶちのしょうあん》の所へ一緒に通う間に蘇我大臣家打倒の計画を練ったという話をのせている程度である。藤原鎌足の伝記『大織冠伝』にもほぼ同じ話がみえるが、旻《みん》法師

の堂へ通うとしている。請安も旻も、推古朝に隋へ派遣された第一回の留学僧であり、隋の滅亡と唐の興隆とを目撃し、舒明朝に帰国したばかりであった。彼らの説く王朝交代の論理は、折しも高句麗で大臣が国王らを殺して独裁者となり、百済では国王が反対派の王族や高官らを追放するなど、唐の圧迫を受けた朝鮮諸国激動の情報とともに、若い中大兄の危機感を鋭く刺激したことであろう。日本でも皇室と蝦夷・入鹿ら蘇我大臣家とのいずれかが主導権を握って、国家統一を強化しなければならぬ状況だったからである。ところが舒明の死後の皇位継承候補には、中大兄と古人大兄のほかにも、聖徳太子の子の山背大兄《やましろのおおえ》がいて、朝廷豪族たちの意見が一致しないために、皇后が即位すると(皇極天皇)、その翌皇極天皇二年(六四三)、入鹿は兵を斑鳩宮に派遣して山背大兄一族を滅ぼしてしまった。このような先制攻撃に対し、中大兄は鎌足とともに大臣家打倒の計画を練り、まず蘇我石川麻呂の娘を中大兄の妻に迎えて彼ら一族の分裂を策し、また暗殺者を雇って決行当日の手順を組み、さらに打倒後の新政府の人事や政策も立案したらしい。かくて皇極天皇四年夏六月十二日、飛鳥板蓋宮の正殿で外交儀礼が行われている最中に、侍立していた入鹿を暗殺した。このときに二十歳の中大兄は、暗殺者たちがひるんでいるのを見かね、率先して剣をふるい、入鹿に襲いかかったという。翌日、大臣蝦夷は自邸を焼いて自殺。翌々日、皇極天皇は弟の孝徳天皇に譲位。中大兄は皇太子として実権を掌握、阿倍内麻呂を左大臣、蘇我石川麻呂を右大臣、中臣鎌子を内臣、旻と高向玄理《たかむこのげんり》とを国博士とする新政権を樹立した。新政権は飛鳥寺の槻の木の下に群臣を集めて忠誠を誓わせ、はじめて年号を立てて大化元年とし、秋には東国や倭国に使者を派遣して当面の軍事的、財政的基盤とし、冬には都を飛鳥から難波に移し、大化二年(六四六)正月元日、いわゆる改新の詔を公布した。公地公民の原則、国・郡(評)・里などの地方行政組織、戸籍の作製や班田の収授、租税制度など、四綱目にわたって改革の方針を宣言したこの詔は、唐のような中央集権国家の建設をめざしていたが、改革の実現は、どれ一つを取り上げても容易ではなかった。中大兄自身、屯倉《みやけ》・入部《いりべ》のような私有地・私有民を返上したのをはじめ、中央では冠位十二階を十三階、さらに十九階と細分して、官僚機構の充実に対応させ、地方では国造の支配していた国を郡の前身である評に組みかえ、一里を五十戸で編成するなど、新政権は大化年間を通じて目標の達成に努め、内部に右大臣の石川麻呂のような批判者が出れば、中大兄は容赦なく粛清した。だがその翌年春、穴戸(長門)国で発見された白い雉が献上されると、これを天の下した祥瑞と自讃し、年号も白雉と改めた。はたしてこのころから改革の勢いも鈍くなる。やがて中大兄は孝徳天皇とも対立し、白雉四年(六五三)には母や弟妹とともに群臣を率いて飛鳥へ引き上げ、残された天皇が翌年冬に病死すると、再び母を立てて斉明天皇とし、みずからは引き続き皇太子として実権をとった。斉明朝の七年間は、飛鳥岡本宮造営などの大きな土木工事、阿倍比羅夫らの遠征による蝦夷地の支配、そして唐に滅ぼされた百済を復興しようとする努力に費やされたが、それが可能だったのは、大化年間の改革で朝廷の直接に支配する人民や財貨が増加したためと思われる。また中大兄の子どもたちのなかでは、右大臣石川麻呂の娘が生んだ建皇子が次の皇太子かと期待されていたのに、斉明天皇四年(六五八)八歳で死ぬと、皇位継承候補として浮上してきた孝徳天皇の遺子有間皇子を、土木工事を非難し反乱を企てたとして、処刑してしまった。かような内政問題を抱えているので、六六〇年(斉明天皇六)唐に滅ぼされた百済の遺臣が日本に救援を求めてきたことは、中大兄らに対するさまざまな不満をそらせる好機であった。そこでほぼ日本全国から兵を動員し、阿倍比羅夫らを将軍として朝鮮半島に送りこむ一方、みずからは母や弟や妻子を率いて北九州の筑前国朝倉に宮を移し、翌年母の斉明が病死した後も、皇位にはつかずに政務をみる、つまり皇太子の称制という形式で百済復興戦争を継続した。しかし六六三年(称制三)の白村江の戦いで、日本の水軍が唐の水軍に大敗するに至って復興を諦め、百済からの亡命貴族とともに全軍を日本に引き上げさせた。翌年には十九階の冠位を二十六階に増して官僚機構の充実に努めるとともに、諸豪族の氏上は朝廷が認定することとし、その民部《かきべ》・家部《やかべ》ら私有民も朝廷の監督下に置くなど、再び内政の改革に着手した。国際関係の変化に対しては、大化以来しきりに遣唐使を派遣して状況を把握しようとしていたが、白村江の敗戦後は、亡命貴族に指導させて大宰府の水城や、北九州から瀬戸内海沿岸にかけての朝鮮式山城を築いて唐の侵攻に備え、さらに彼らを近江や東国各地に住まわせて、その新しい技術による開拓や増産をはかった。こうして称制七年春、都を大和の飛鳥から近江の大津に移し、翌春には即位して天智天皇となった。近江遷都には、のちに柿本人麻呂が「いかさまに思ほしめせか」と歌ったように、不満の声は少なくなかったようだが、やはり唐の侵攻を顧慮しての決断だったらしい。ともかく近江朝の四年間は、表面上穏やかに過ぎた。即位の翌年秋の鎌足の病死は天智に打撃であったし、かねてから鎌足に命じて作らせていた律令も、律はもちろん、いわゆる『近江令』も体系的な法典としてはついに完成しなかったのではないかと疑われるけれども、大化以来、官僚機構をはじめ、さまざまな法令や制度がこのころまでに整ってきたことは確かである。近江朝では亡命貴族を教官とする大学ができたといわれ、『懐風藻』でも大友皇子の漢詩が最も古く、天智天皇九年(六七〇)に日本最初の全国的な戸籍である庚午年籍が作製されたのも、地方の役人まで漢字を書けるようになったためと考えられる。『万葉集』では舒明朝から天智朝ころにかけての歌が、作者の明らかになった最初の作品群といわ

れ、天智の歌は斎藤茂吉が「蒼古峻厳」と評しているけれども、弟の大海人皇子と額田女王の蒲生野での相聞のほうが初心者には印象あざやかであろう。しかしこの額田女王も大海人との間に十市皇女を生んでいるのに天智の妻となる。天智天皇十年正月、長子の大友皇子を太政大臣に任じて政を委ね、蘇我赤兄《あかえ》を左大臣、中臣金《こがね》を右大臣、蘇我果安《はたやす》・巨勢人《ひと》・紀大人《うし》を御史大夫として大友を輔佐する体制を整えてから新たな法令を公布したが、その冬十二月三日、大臣や御史大夫らに後事を託して世を去った。四十六歳。しかしこの人事に対する不満は翌年、壬申の乱が起きる直接の原因となる。ともあれ天智天皇は、親友だった藤原鎌足の子孫が奈良時代初期から歴代の大臣や高官として政権を掌握するようになり、奈良時代末期に施基皇子の子の白壁王が光仁天皇となって以後は皇統の祖とされたために、実際には弟の天武、娘の持統の両天皇が壬申の乱後に律令国家を完成させたにもかかわらず、後世の朝廷からは天智が律令国家の創始者と仰がれることとなった。だが、近親の団結が必要な武家時代、ことに儒教が広まり始めた江戸時代には、天智が義兄の古人大兄、義父の石川麻呂、甥の有間皇子らを容赦なく粛清していった事実が注目されて、人格的に非難されるに至った。結局平穏な時代には、激動の時代に生きた人物像が理解しにくかったのである。

（青木　和夫）

山科陵《やましなのみささぎ》　史書に山階陵・山階山陵などとも記す。京都市山科区御陵《みささぎ》上《かみ》御廟《ごびょう》野《の》町にあり、舌状に伸びる丘陵南端の緩斜面に立地する。典型的な上円下方墳で、南面する。上円部は、裾の径約四二メートル・高さ約七メートル、法面に段は認めないが、人頭大以下の円礫が顕著である。墳頂部の八角形に繞る石列や墳丘の等高線の走向から、上円部は平面八角形と推測される。下方部は、二段築成。上段は、一辺の長さ約四五メートルの方形で、四隅に大型の切石が認められる。下段は、地形に制約されて南辺が高く北辺が低い。南辺は長さ約六二メートル。南辺中央のテラスには、上段に接するようにして、約二メートル×三メートルの「沓石」と呼ばれる上面平坦な切石があり、礼拝の施設と考えられる。天武天皇元年（六七二）近江朝廷側がこの陵の営造のためと称して美濃・尾張の人夫を集めたことは、壬申の乱の直接的な発端となる。その後、工事は中断したのか、文武天皇三年（六九九）、諸臣を遣して陵を修造せしめた。以後、奈良・平安・鎌倉時代を通じて、外交使節の来朝、外敵の来襲、天皇の不予・即位・元服、皇太子の廃位、災異・祥瑞の出現などに際して使が陵に派遣されることが多く、近陵・荷前《のさき》奉幣の例にも長く預かった。光仁天皇以降、皇統が天智天皇系に復すること、陵所が平安京に近いことなどによる。『延喜式』諸陵寮は現陵号と同じで、「在二山城国宇治郡一、兆域東西十四町、南北十四町、陵戸六烟」とあり、近陵とする。鎌倉時代初期にはすでに陵所は荘園化し、預職が置かれ、種々の公事が課され（『諸陵雑事注文』）、南北朝時代以降もなお諸陵寮が所管し、沙汰人が置かれた。江戸時代に入っても「禁裏御領」として沙汰人の子孫である地元有力者によって守護が続けられた。元禄・享保・文久の修補を経て明治政府に引き継がれ、現在に至る。なお、この陵の形態は、舒明天皇押坂内陵《おさかのうちのみささぎ》のそれとともに、明治天皇伏見桃山陵以下の陵形の範とされた。ただし、当時、上円部の平面は、八角形ではなく、円形と考えられていた。

参考文献　上野竹次郎『山陵』上、白石太一郎「畿内における古墳の終末」（『国立歴史民俗博物館研究報告』一）、笠野毅「天智天皇山科陵の墳丘遺構」（『書陵部紀要』三九）

（笠野　毅）

てんしょうしゅうぶん　天章周文　生没年不詳　十五世紀前半に活躍した室町時代前期の代表的画家。臨済僧。諱は周文、字は天章、号は越渓、俗姓は藤倉。相国寺の都管《とかん》の役で寺院の土地財宝を司ったので、書画の管理をも行なったと思われる。また足利将軍家の御用絵師としても活躍した。彼の事蹟中で最も早く知られるのは、応永三十年（一四二三）将軍家の朝鮮派遣使節一行に加わって朝鮮に渡り翌年帰国したことで、彼の地では朝鮮官人が周文の描いた山水図を称賛した（『李朝実録』）。永享二年（一四三〇）大和片岡の達磨寺達磨像に彩色（同像造像銘）。永享五年ころ観音善財図を描く（愚極礼才観音像賛）。同七年建仁寺仏像見学（『蔭凉軒日録』）、同十年後崇光院に周文筆の障子絵を御目にかける（『看聞御記』）。同十二年雲居寺《うんご》本尊・二王像の造立を命ぜられ（『蔭凉軒日録』）、嘉吉三年（一四四三）天王寺聖徳太子像造立（『康富記』）。国内の記録からは造像に関する記事がこのほかにも多くみられる。周文の伝記を概括した希世霊彦の「周文都管像賛」（『村庵小稿』）に、彼の描いた仏寺堂宇の墻壁の仏画は飛動し、王公貴人第宅の屛障の花鳥山水は光り輝くと記し、あるいは前述の造仏にも言及して呉道子の善画と、楊恵之の善塑とを合して独り美名をほしいままにしたと称賛している。画事に関しては今日に伝来する作品に直接つながるところがなく、また確実な印章などが認められないので周文画を特定することが困難である。大正から昭和初期にかけての周文研究の展開の中に周文画の代表作がそれぞれの観点から選定されたが、今日、ほぼ周文の作品と認められているのは、水色巒光《らんこう》図（文安二年（一四四五）、東京、藤原家蔵）と竹斎読書図（同三年、東京国立博物館蔵）の二点で、様式の典型性、画格の高さ、制作年代などからその代表作と目されている。周文画の様式には郭熙らの北宋画と南宋院体画とくに馬遠・夏珪らの様式を融合したところに特色が認められ、また、脇本十九郎説以来近年も関心がもたれている李朝初期山水画との関連が指摘されている。室町時代の初期詩画軸には周文筆の伝称をもった山水画が多く、先の二点のほか三益斎図（応永二十五年、東京、静嘉堂蔵）、江天遠意図（同二十六年ころ、東京、根津美術館蔵）、山水図（永享九年ころ、京都、慈照院蔵）、江山夕陽図（同九年、東

京、小坂家蔵)、蜀山図(文安三年ころ、東京、静嘉堂蔵)などがその主なものであり、また四季山水図屏風(東京、前田育徳会蔵)をはじめ数点の山水図屏風も伝来する。周文様式は普遍的性格を強くもつことから、室町時代山水画に広く影響を及ぼし一世を風靡するに至った。近年、これら多くの伝周文画の中から、天遊松渓・岳翁蔵丘らの画家の作品が識別され、また李秀文についてもその作品が見出され、周文が朝鮮より帰国した応永三十一年に来日したとみられる別人と認められた。周文は相国寺において如拙から画法を伝授されたと伝えられ、弟子には墨渓(桃林安栄)・雪舟等楊らがあり、また小栗宗湛・岳翁蔵丘らも弟子筋と考えられる。

参考文献 渡辺一『東山水墨画の研究』、脇本十九郎「室町時代の絵画」(『(岩波講座)日本歴史』所収)、滝精一「周文画説」(『国華』三〇四・三〇五)、福井利吉郎「日本水墨画の本流」(『恩賜京都博物館講演集』七)

(赤沢 英二)

てんだいだいし 天台大師 ⇩智顗《ちぎ》

でんたつおん 田達音 ⇩島田忠臣《しまだのただおみ》

てんちてんのう 天智天皇 ⇩てんじてんのう

てんむてんのう 天武天皇 ?—六八六 六七三—八六在位。父は舒明、母は皇極(斉明)天皇で、天智天皇・間人皇女(孝徳天皇皇后)の同母弟。幼名を大海人《おおしあま》(「おおあま」とも)皇子といい、諡号を天渟中原瀛真人天皇《あまのぬなはらおきのまひとのすめらみこと》という。『一代要記』などに享年六十五とあるのによれば、推古天皇三十年(六二二)の誕生となるが、兄天智天皇より年長となるので疑問である。〔即位に至る事情〕天智天皇七年(六六八)立太子したとされ、天智朝には重要な政務に参画したと思われるが、のち天皇と反目した。『藤氏家伝』上には、天智天皇七年、酒宴の席で長槍を床に刺し通し、激怒した天皇に殺されようとしたが、中臣鎌足の諌めで事なきを得たとある。同十年、天智の子大友皇子が太政大臣となり、同年天智の死の直前、大海人皇子は近江の朝廷を去って吉野に引退した。翌天武天皇元年(六七二)、吉野を脱して美濃に赴き、東国の兵を集めて大友皇子を擁する近江の朝廷を倒し(壬申の乱)、翌年二月飛鳥浄御原宮《あすかのきよみはらのみや》で即位し、天武天皇となった。〔天武朝の政治〕天皇治世の初期には、麻続王《おみ》・屋垣王の配流などいくつかの事件があったが、天皇の指導力が強力に発揮されるに及び、政界は安定した。新羅が唐の勢力を駆逐して朝鮮半島の統一を完成したことにより、東アジアの情勢も安定の方向に向かった。天皇は新羅との国交は保持しつつ、中国の唐との交渉は断ち、天皇を中心とする畿内豪族層の結集の上に立つ、中央集権体制の確立に腐心した。天皇は豪族層を国家の官人として組織することに意を用い、天武天皇二年には大舎人の制を定め、官途につく場合まず大舎人として出仕させ、のちその才能に応じ、適当な官職につけることとした。官人の勤務の評価、官位の昇進のための考選の法も同七年に定められた。同十四年には、親王・諸王十二階、諸臣四十八階の新冠位制を施行、冠位授与の範囲を親王にまで拡大した。この前年の八色《やくさ》の姓《かばね》の制定も、位階の制と結合した新しい朝廷の身分秩序を定めたものである。皇族・豪族の経済的基盤についても、同四年、天智朝に諸氏に賜わった部曲《かきべ》を廃止する一方、食封制に改革を加えて封主・封民の間の私有民的な関係を断ち、国家の官人に対する給与としての性格に徹せしめた。天皇はまた、理念的な面で天皇を中心とする支配層の結束を強めることに努力した。伊勢神宮の祭祀を重んじ、奈良盆地の農業神としての広瀬・竜田祭を国家の手で行い、国造を諸国の大祓《おおはらえ》に奉仕させるなど、神祇の祭祀権を天皇に集中せしめた。天皇は仏教をも尊崇し、大官大寺の造営や川原寺での一切経書写事業などを行なったが、寺院・僧尼にはきびしい統制を加え、鎮護国家のためのものとして仏教を位置づけた。宮廷においては中国風の礼法・衣服、結髪法、乗馬法などを採用し、諸国から歌人・歌女を貢上させ、五節舞を創始するなど、礼楽備わった威容を誇示しようとした。官人の武装を整え、乗馬に習熟すべきことを再三命令しているのも、儀式への参列や行幸への供奉に備えてのものであり、同時に官人層の意識の結集をはかったものであろう。『日本書紀』天武天皇十年三月条にみられる帝紀および上古諸事の記定や、『古事記』序にみられる帝紀・旧辞の削偽定実などの天武朝の修史事業も、諸氏の由来を皇祖神から連なる天皇の系譜、歴代の事蹟の中に位置づけ、全支配層の意識の上での一体化をはかろうとするものであったと推測される。日本の古代国家と天皇制の基礎は、天皇によって固められたといってよい。〔晩年と死後の情勢〕『日本書紀』によると、天皇には皇后の鸕野讃良皇女(持統天皇)との間に生まれた草壁皇子のほか、大津・長・弓削・舎人・新田部・穂積・高市・忍壁・磯城の諸皇子と、大来・但馬・紀・田形・十市・泊瀬部・託基の諸皇女とがあった。天皇は皇位継承をめぐる争いの再発を恐れ、同八年、天智の二皇子を含めた六人の皇子と吉野で会盟して宥和をはかり、同十年、草壁皇子を皇太子とした。しかし才能にすぐれた大津皇子の存在は皇太子をおびやかし、朱鳥元年(六八六)九月九日の天皇の死の直後、変によって大津皇子は自殺した。天皇の死にあたっては二年余にわたる殯宮の儀が営まれ、持統天皇二年(六八八)十一月に至り、檜隈大内陵に埋葬された。『万葉集』には、天智天皇七年蒲生野遊猟のおり額田王に答えた歌をはじめ、四首の歌を載せる。天皇の死後は皇后の鸕野讃良皇女が称制し、皇太子草壁皇子の死後は即位して持統天皇となり、天武天皇の事業を継承して『浄御原令』の施行や藤原京への遷都を実現し、律令国家の地方・人民支配の体制を完成させた。天武天皇の諸皇子は、八世紀においても、忍壁・穂積・舎人各皇子が知太政官事となり、『大宝律令』の編纂(忍壁皇子)や『日本書紀』の編纂(舎人皇子)に関わるなど、政界に重きをなした。文武・元正・聖武・孝謙

(称徳)・淳仁の諸天皇は、いずれも天武天皇諸皇子の系譜をひくものであった。

参考文献 川崎庸之『天武天皇』(『岩波新書』青九八)、北山茂夫『天武朝』(『中公新書』五〇六)、石母田正『日本の古代国家』(『石母田正著作集』三所収)

(笹山 晴生)

檜隈大内陵《ひのくまのおおうちのみささぎ》 天武天皇・持統天皇合葬陵。奈良県高市郡明日香村大字野口(旧字名王ノ墓)所在。陵号は『日本書紀』大内陵、『続日本紀』大内山陵と大内東西陵、『諸陵雑事注文』青木御陵、『明月記』大内山陵。現在の陵号は『延喜式』諸陵寮による。持統天皇元年(六八七)十月二十二日草壁皇太子が公卿以下の人々を率いて陵造営に着工、同二年十一月十一日天武天皇遺骸を斂葬し、大宝三年(七〇三)十二月二十六日持統天皇遺骨を合葬した。『延喜式』諸陵寮は天武天皇陵の項に「兆域東西五町、南北四町、陵戸五烟」、持統天皇陵の項に「陵戸更不二重充一」とし、遠陵とする。『明月記』嘉禎元年(一二三五)四月二十二日条に、三月の当陵盗掘の記事を載せる。この盗掘現場実見記『阿不幾乃山陵記』には、当時の陵形、石室内・埋葬品の状況などが詳記されている。のち陵の所伝が混乱し、元禄の諸陵探索時に奈良奉行所は、当王《おうの》墓《はか》を不分明陵とし、武烈天皇陵と伝えるが天武天皇陵の誤伝かと報告し、王墓が天武天皇陵に決定され、享保・文化と経過した。安政の陵改めで、当所を文武天皇陵に、見瀬丸山(史跡丸山古墳後円部の畝傍《うねび》陵墓参考地)を天武天皇陵に改定した。幕末の修陵では、この改定により当所を文武天皇陵として、元治元年(一八六四)露出していた羨門《えんもん》正面に、拝所を設け神明門を建てたが、文久山陵図付属の『考証書』には、近年の説が文武天皇陵とする王墓は、旧説のように檜隈大内陵とするのが妥当とし、修陵はしたが意見の対立があったことが知られる。以後論議が続いたが、『阿不幾乃山陵記』発見により、明治十四年(一八八一)二月一日当所を檜隈大内陵に再改定し、同二十六年修補を行い、元禄諸陵探索時以来そのままになっていた御在所の陥落と羨門の露出を埋めた。現状は『阿不幾乃山陵記』に記す「陵形八角」の名残をとどめる不整円丘で、高さ約九㍍、径南北約四五㍍、東西約三六㍍、台地上東南端に位置し、南南東に面する。全域樹木が覆っているが、陵域西側には、石壇の法面《のりめん》の石積や敷石などの凝灰岩切石の遺構の一部が、所々に露出散見される。

参考文献 太政官記録局編『太政類典』五編四類山陵、『天武天皇・持統天皇檜隈大内陵之図』(宮内庁書陵部所蔵『陵墓地形図』二六九〔M九七ノ一〕)、上野竹次郎『山陵』上

(石田 茂輔)

てんもく 天目 生没年不詳 鎌倉時代後期の日蓮宗の僧。没年については、延慶元年(一三〇八)、建武四年(一三三七)四月二十六日の二説がある。日蓮に師事、弘安五年(一二八二)には、日蓮自筆の曼荼羅を授与されている。上(浄)法房、美濃阿闍梨の阿闍梨号を有しているところから、日蓮の高弟の一人であったと考えられる。日蓮の最高弟日昭・日朗・日興・日向《にこう》らに、永仁五年(一二九七)日蓮の檀越池上宗仲を介して日蓮遺文の集成を勧めたが容れられなかった。天目は『法華経』本門と迹門に勝劣の義があるとし、この立場から正安二年(一三〇〇)日昭らを批判したがかえって不評をうけたという。下野佐野に妙顕寺、武蔵品川に妙国寺、常陸小勝に本門寺を創建。日蓮と日興の弟子日弁も天目の本迹勝劣義に同調。この系統を天目門徒といい、日弁開山の上総鷲巣《わしず》鷲山寺《じゅせんじ》がその本拠であったので、鷲巣門徒ともよばれた。著書として、『円極実義抄』『本迹問答七重義』が伝えられている。

参考文献 『大日本史料』六ノ四、建武四年四月二十六日条、日蓮宗宗学全書刊行会編『日蓮宗宗学全書』一、立正大学日蓮教学研究所編『日蓮教団全史』上

(高木 豊)

てんよせいけい 天与清啓 生没年不詳 室町時代中期の臨済宗大鑑派の僧。遣明正使を勤めた。法諱清啓、道号天与。別に海樵・鵝湖・万里叟と号す。信濃国伊那郡の知久心源の子。同地の法全寺の伯元清禅(知久心源の兄)について出家した。長じて伯元に随侍して上洛、建仁寺の禅居庵に寓した。のち伯元の法を嗣ぎ禅居庵の塔主となり、同庵内に浄居軒を構え、書斎を杏花深処と称した。宝徳三年(一四五一)十月、遣明正使東洋允澎の一行に加えられて入明、代宗皇帝に謁見して功績があった。享徳三年(一四五四)七月帰朝。室町幕府はその功により同年十二月、能登の安国寺(諸山)の住持に任じ、さらに信濃開善寺(十刹)の住持に任じた。天与の外交手腕を評価した幕府は、寛正元年(一四六〇)六月には、遣明正使に任じ、同年建仁寺(五山)住持に任命した。一行は文正元年(一四六六)博多を出帆、翌応仁元年(一四六七)寧波《ニンポー》府に到着、憲宗皇帝に謁見し将軍足利義政の表を呈した。しかし随員の一人、又三郎が起した明人傷害事件で、天与は身をもって又三郎をかばい、皇帝に謝罪して許され、文明元年(一四六九)八月、土佐に帰着した。以後遣明正使として随員の犯した罪の責任をとるため、天与は一切の公職を辞して信濃の法全寺に退居した。その寂年、世寿を詳らかにしない。瑞渓周鳳・天隠竜沢・希世霊彦らと交友があり、著述に『万里集』『再渡集』があったが伝わらない。嗣法の弟子に月甫清光・古雲知因がある。

参考文献 『臥雲日件録抜尤』(『大日本古記録』)、『蔭凉軒日録』、玉村竹二『五山禅僧伝記集成』

(加藤 正俊)

と

どいみちます　土居通増　?—一三三六　南北朝時代伊予の武将。元弘三年(一三三三)閏二月、後醍醐天皇に味方して挙兵し、同族得能氏や忽那氏と連合して同年三月、宇都宮貞泰の根来山城を攻略し、ついで星岡で長門探題北条時直を撃退、さらに同年五月長駆して讃岐国鳥坂で鎌倉幕府の与党を破り、また後醍醐天皇の伯耆よりの帰着を兵庫に迎えた。建武の中興が成ると従五位下伊予権介のち備中守となった。建武二年(一三三五)二月風早郡に反旗をあげた赤橋重時を倒した。建武の新政が破れ、河野通盛が足利尊氏から河野氏の惣領職を認められ、帰国して伊予の南朝方に攻撃を加えたところ、得能氏らと新田義貞軍に属して京都にあったが、以後も延元元年(北朝建武三、一三三六)入京した尊氏軍を迎えての摂津豊島河原の戦、九州より東上した尊氏軍との兵庫での合戦、尊氏の叡山攻囲戦などに終始義貞の指揮下にあった。義貞が南朝方勢力再建のため北国に赴くと、これに従い、越前の荒乳の中山で斯波高経の襲撃を受けて戦死した。
(松岡　久人)

どうあみ　道阿弥　?—一四一三　室町時代前期の近江猿楽日吉座の能役者。名は犬王。法名道阿弥仏、略称が道阿・道阿弥。応永三年(一三九六)には犬阿弥と称し、のちに足利義満の法名道義の一字を与えられ道阿弥となる。世阿弥の著書によれば、舞歌の融合を根本に優美幽玄な芸風で、天女の舞を得意とし、近江猿楽の特色を体現していたという。応安六年(一三七三)以前にすでに名声を得ており、康暦二年(一三八〇)の勧進能興行や永徳二年(一三八二)、応永三年(一三九六)の活動記録もある。その世阿弥と拮抗して活躍し、情趣豊かな芸風が足利義満の目を惹いたようで、応永八年ころには世阿弥を凌ぐ贔屓を受けていたらしい。同十五年三月、後小松天皇の義満北山第行幸の際にも、道阿弥の芸が天覧に供されている。道阿弥の芸風と実力が後輩の世阿弥を刺激し、観阿弥以来の物まね主体の能から歌舞中心の幽玄能への転換を迫り、結果として能そのものを大きく変貌させることになった。世阿弥は「当道の元祖」四人の一人に道阿弥をあげ、高く評価している。応永二十年五月九日死去。

参考文献　『北野天満宮史料』三、『大日本史料』七ノ二、応永三年八月十五日条、同七ノ一八、応永二十年五月九日条、表章「犬王と岩童」(『能楽史新考』一所収)
(片桐　登)

どういん　道因　一〇九〇—?　平安時代後期の歌人。俗名藤原敦頼。清孝の子。母は藤原孝範女。従五位上右馬助に至る。寛治四年(一〇九〇)生まれる。承安二年(一一七二)出家。永暦から治承にかけて内大臣公教歌合以下に出詠、住吉社歌合・広田社歌合を勧進した。治承三年(一一七九)右大臣兼実歌合に名がみえ、寿永元年(一一八二)ごろまでに没。『無名抄』に数奇執心の逸話が伝わる。『現存集』(撰集)、『樗散集』(家集)があったが散逸。勅撰集入集は『千載和歌集』が初出。

参考文献　島津忠夫「道因法師考」(『和歌文学研究』五)、北村智子「道因法師考」(『女子大国文』一二五)、植木朝子「道因法師小考—今様との関わりをめぐって—」(『和歌文学研究』七八)
(島津　忠夫)

とういんきんかた　洞院公賢　一二九一—一三六〇　鎌倉・南北朝時代の公卿。法名空元。中園入道相国と号す。南朝では遍昭光院とも号した。正応四年(一二九一)八月生まれる。父は左大臣洞院実泰、母は藤原公雄の女季子。同年叙爵、永仁五年(一二九七)侍従、延慶二年(一三〇九)左大弁・参議、翌年権中納言・左兵衛督。後醍醐天皇が即位した文保二年(一三一八)に春宮大夫・権大納言、正中元年(一三二四)転正。元徳二年(一三三〇)内大臣に昇ったが翌年辞退。後伏見上皇の院執事、評定衆。元弘三年(一三三三)鎌倉幕府が滅んで建武新政府が成立すると内大臣に還任、翌年病により上表。建武二年(一三三五)従一位・右大臣となる。東宮(恒良親王)傅をつとめ、雑訴決断所頭人・伝奏など政府機関の要職につく。後醍醐天皇の寵妃阿野廉子の養父。建武三年南北両朝が分立して北朝で光厳上皇の院政が始まると、同四年右大臣を辞したが評定衆に加わり、暦応三年(一三四〇)にはすでにその活動の跡を残している。光厳上皇の院執事であったこともみおとせない。康永二年(一三四三)左大臣、たびたびの上表が容れられず貞和二年(一三四六)まで在任。ついで同四年には太政大臣となったが観応元年(一三五〇)上表。この間、北朝の重鎮として朝政の枢機に参与し、上皇の勅問に奉答するなど同上皇の院政を支えた。公賢はその高傑な人格と卓越した識見によって南北両朝・公武のわくを越えて厚い信任を得、正平六年(北朝観応二、一三五一)の正平一統の際には南北の交渉のまとめ役を果たした。当時の公家政道の廃退に心を痛め、その興行に尽力した。公賢は朝廷の有職故実に精通し、学識も豊かな当代随一の文化人でもあった。『皇代暦』『歴代最要鈔』などを著わし、日記『園太暦』を残した。延文四年(一三五九)四月十五日出家、隠遁に擬して黒衣を着

洞院公賢花押

した。翌五年四月六日没。七十歳。

参考文献 『大日本史料』六ノ二三、延文五年四月六日条、林屋辰三郎『内乱のなかの貴族』(『日本史論聚』七) (森 茂暁)

とういんきんさだ 洞院公定 一三四〇—九九 南北朝・室町時代前期の公卿。法名元貞、後中園左大臣と号す。暦応三年(一三四〇)正月二十六日生まれる。父は内大臣洞院実夏、母は持明院保藤の女。祖父公賢の期待を一身にうけ、公賢の例にならい七歳で元服、八歳で従四位下に叙した。文和四年(一三五五)参議、延文二年(一三五七)権中納言。祖父公賢が同五年没すると父実夏と大叔父実守との間で家門をめぐる争いが起るが、父実夏が没する貞治六年(一三六七)には公定はすでに義絶されていたため家門を相続できなかった。しかし室町幕府の執奏を通して、応安四年(一三七一)家督の地位を得、洞院家の当主となった。永和二年(一三七六)権大納言、応永二年(一三九五)内大臣・右大臣、同三年には左大臣に昇進、同五年辞。翌六年六月十五日出家、同日没。六十歳。『洞院公定日記』を残し、諸家の系図『尊卑分脈』を編んだ。

洞院公定花押

参考文献 『大日本史料』七ノ三、応永六年六月十五日条 (森 茂暁)

とういんげんさく 桃隠玄朔 生没年不詳 室町時代中期の臨済宗大応派の禅僧。京都の人。妙心寺で日峯宗舜に師事し、その法を嗣いだ。讃岐の慈明庵に三年間住し、のち伊勢に行く。同国朝明《あさけ》郡保々城主朝倉氏が大樹寺(三重県四日市市)を創建し、桃隠を開山に招請したのに応じたもので、師の日峯を勧請開山とした。その後、尾張の瑞泉寺に住するなどした。『桃隠集』『桃隠禅師語録』がある。勅諡号は禅源大沢禅師。

参考文献 卍元師蛮『延宝伝燈録』二八(『大日本仏教全書』)、同『本朝高僧伝』四一(同) (竹貫 元勝)

とういんさねかつ 洞院実雄 一二一七—七三 鎌倉時代中期の公卿。山階左大臣と号す。法名については『尊卑分脈』が浄覚、『公卿補任』が経学に作る。建保五年(一二一七)出生。父は西園寺公経、母は平親宗の女。安貞元年(一二二七)十一歳のとき叙爵、侍従となり、同三年従五位上。嘉禎二年(一二三六)左中将・蔵人頭、従三位。翌年参議、暦仁元年(一二三八)権中納言。仁治三年(一二四二)から後嵯峨天皇の治世が始まると大納言・内大臣・右大臣を歴任し、弘長元年(一二六一)左大臣、同三年上表。後嵯峨院政下では東宮傅・院評定衆をも兼ねた。亀山天皇の皇后佶子および後深草天皇の後宮愔子の父にして、世仁(後宇多天皇)・熙仁(伏見天皇)両親王の外祖父たる実雄の権勢は嫡家西園寺家をしのぐほど大きく、文永九年(一二七二)後嵯峨上皇の崩御に際しては実雄が処分状に従い諸事を奉行した。所労危急により文永十年八月四日出家、同十六日没。五十七歳。

洞院実雄花押

洞院実雄画像(『天子摂関御影』)

参考文献 竜粛『鎌倉時代』下 (森 茂暁)

とういんさねひろ 洞院実熙 一四〇九—? 室町時代前期の公卿。初名実博。法名元鏡。東山左府と号す。応永十六年(一四〇九)生まれる。父は内大臣洞院満季、母は法印兼真の女。応永三十一年従三位、非参議。正長元年(一四二八)参議を経ずして権中納言となったが、翌永享元年(一四二九)勅勘によって辞官。同二年還任し同四年権大納言、嘉吉二年(一四四二)に右大将、文安三年(一四四六)内大臣に昇ったが宝徳二年(一四五〇)辞職。しかし享徳三年(一四五四)に右大臣、康正元年(一四五五)には左大臣となった。長禄元年(一四五七)四月十一日辞官、同六月五日に出家。没年は明らかでないがまもなく没したものとみられる。朝儀典礼に通暁し、父祖公賢の著わした『拾芥抄』を補訂したともいわれている。現存の日記『実熙公記』(『洞院左府記』『東山左府記』ともいう)は永享四年・享徳二年の記事を部分的に収めている。 (森 茂暁)

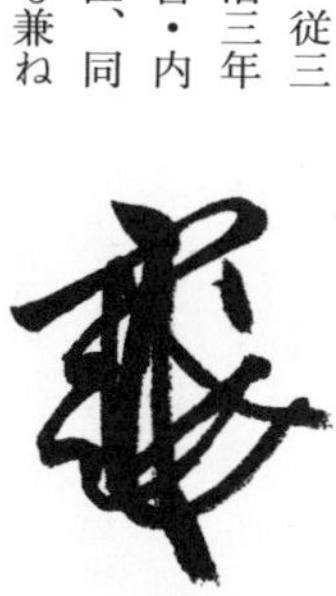

洞院実熙花押

とういんさねよ 洞院実世 一三〇八—五八 鎌倉・南北朝時代の公卿。延慶元年(一三〇八)出生。父は太政大臣洞院公賢、母は家女房。実夏の庶兄。後醍醐天皇の信任を得、嘉暦二年(一三二七)蔵人・権左中弁、翌年参議となる。元徳二年(一三三〇)権中納言・検非違使別当。翌元弘元年(一三三一)八月、元弘の変に際して六波羅探題に捕えられ解官、同二年身柄は父公賢に預けられた。鎌倉幕府が滅び建武新政府が成立すると本職に復し、雑訴決断所・恩賞方などの政府機関の要職を占めた。建武三年(一三三六)南北両朝の対立が開始されると南朝に仕え、越前に向かう新田義貞の軍に参じたが、やがて吉野に戻り従一位、権大納言、右大将にのぼったという。正平六年(北朝観応二、一三五一)、正平一統が確実となる

洞院実世花押

や、四条隆資と洞院実世が京都のことを沙汰するとの風評も立った。正平十三年(北朝延文三)八月十九日「水腫」により吉野で没。五十一歳。

参考文献 『大日本史料』六ノ二一、延文三年八月十九日条　(森　茂暁)

とういんせっしょう　洞院摂政　⇩九条教実《くじょうのりざね》

どうおう　道雄　?―八五一　平安時代前期の僧侶。讃岐国多度郡の人。俗姓は佐伯宿禰。空海・実恵らと同族。はじめ慈勝に師事して唯識論を学び、のち東大寺の長歳に従って華厳および因明をきわめた。年代は定かでないが、遅くとも天長四年(八二七)以前に空海に就いて真言を学んでいる。弟子伝などでは彼の受職灌頂を天長の初年としている。山城の乙訓郡木上に海印三昧寺を創建し、七家八宗の兼学をなさしめた。仁寿元年(八五一)三月には定額の寺となり、年分度者二人を許されている。受戒後の籠山十二年制を採用したのは最澄の『山家学生式』をならってのことであったろう。承和十四年(八四七)十二月二日に律師、嘉祥三年(八五〇)十二月八日に権少僧都となる。仁寿元年六月八日没。没時の年齢不詳。

参考文献 『元亨釈書』二(『大日本仏教全書』)、智燈『弘法大師弟子伝』下(『弘法大師伝全集』一〇附録)、道猷『弘法大師弟子譜』二(同)、守山聖真『(文化史上より見たる)弘法大師伝』　(高木　訷元)

どうかん　道観　⇩証慧《しょうえ》

とうがんえあん　東巌慧安　一二二五―七七　鎌倉時代中期の臨済宗宗覚派の禅僧。嘉禄元年(一二二五)生まれる。播磨の出身。はじめ書写山で天台教学を習い、剃髪受具ののちも学問に専念し、京都泉涌寺で律を学び、また石清水八幡宮で竜樹の『大智度論』百巻を閲したといわれる。まもなく聖教知識を求めての入宋を志し、正嘉元年(一二五七)博多に行き、渡航の商船を待つ間に悟空敬念と相見し師事した。京都に帰り洛東に福田庵を構えて住していたが、弘長二年(一二六二)鎌倉建長寺で兀庵《ごったん》普寧に謁しその法を嗣いだ。帰国する兀庵を鳥羽に見送りに行き、法衣と頂相、語録一部を授かった。その後、兀庵の嗣法者であることを疑問視されたため、文永八年(一二七一)兀庵からそれを証明する書簡を得る。文永五年聖護院執事静成法印が一条今出川に正伝寺を創建し、慧安はその開山となり、純粋禅を鼓吹したが、叡山衆徒の怨嫉をかい、鎌倉に行き寿福寺の大休正念に謁し、さらに奥州大守平(安達)泰盛が創建した聖海寺に招請をうけ住持した。建治三年(一二七七)十一月三日寂。五十三歳。応永二十年(一四一三)宏覚禅師と諡された。蒙古襲来のとき、「末の世の末の末まで我が国は万の国にすぐれたる国」(「宏覚禅師祈願開白文」)と詠したことはよく知られている。伝記は『東巌安禅師行実』と称し、『続群書類従』伝部に収められているが、作者・成立年次は不詳。東巌の一代記であるが、悟空敬念・兀庵普寧・大休正念などに触れた記載があり、特に兀庵については詳細に記述され、彼の動向を知る上で貴重である。

参考文献 卍元師蛮『本朝高僧伝』二一(『大日本仏教全書』)　(竹貫　元勝)

東巌慧安花押

「慧安」
東巌慧安印

とうき　等熙　一三九六―一四六二　室町時代の浄土宗一条派の僧。清浄華院第十世、金戒光明寺第十世。字は僧任、諡号を仏立慧照国師という。応永三年(一三九六)生まれる。父は万里小路嗣房と伝える。清浄華院第八世敬法の弟子、同第九世定玄(万里小路仲房の子)と同寮。応永三十年清浄華院第十世となる。同三十二年称光天皇の病悩を癒して有名となり、後小松上皇に円頓戒を授けた。永享元年(一四二九)後花園天皇から香衣綸旨を賜わった(『建内記』同年六月九日条)。皇室、貴族と関係が深く、清浄華院は敬法・定玄・等熙と相つぎ、一条派の黄金時代を築くとともに、一宗の本寺たる地位を確立した。寛正三年(一四六二)六月没。六十七歳。墓は清浄華院第五世向阿証賢の入寂地、西光庵(京都市右京区花園宮ノ上町)にある。没後同年八月仏立慧照国師の諡号を賜わった(一説に生前の文安三年(一四四六)正月とする)。著書に『三部経直弁』『選択集直弁』『菩薩戒経直弁』などおよそ二十三部がある。

参考文献 『清浄華院文書』(『京都浄土宗寺院文書』)、『清浄華院誌要』(『浄土宗全書』二〇)、玉山成元『中世浄土宗教団史の研究』、中井真孝「中世の浄華院について」(『仏教文化研究』二二)　(伊藤　唯真)

どうきょう　道教　一二〇〇―三六　鎌倉時代中期の真言僧。真言宗の法系小野流のうち、三宝院流道教方の祖。遍智院大僧都と称される。『血脈類集記』や『本朝高僧伝』、地蔵院深賢宛道教附法状(『三宝院流嫡々相承次第』『金沢文庫文書』)などには唐橋大納言源雅親の息とみえるが、『尊卑分脈』(『(新訂増補)国史大系』六〇上)にはみえない。醍醐寺遍智院成賢について出家し、灌頂を受け、寛喜三年(一二三一)八月にはその法系の正嫡とされ、

道教花押

道鏡自署

院家・院領・聖教などを伝領したが、嘉禎二年(一二三六)五月二十六日三十七歳で没したため門流は栄えなかった。著に成賢の口伝を集録した『遍口鈔』六巻などがある。

〔参考文献〕『大日本史料』五ノ一〇、嘉禎二年五月二十六日条　（坂本　正仁）

どうきょう　道教　⇩顕意《けんい》

どうきょう　道鏡　?―七七二　奈良時代の政治家、僧侶。河内国若江郡弓削《ゆげ》郷(大阪府八尾市)の豪族弓削氏出身。弓削氏は、その北方渋川郷を本拠とする軍事氏族物部氏の配下で弓を製造する部の伴造。僧侶としては義淵僧正の弟子、のち東大寺の良弁の弟子となる。青年時代に郷里の東方の葛木《かつらぎ》山に籠り、苦行して如意輪法を修行し、験力を得たという(『七大寺年表』)。ほぼ梵文にわたるという(『続日本紀』)。サンスクリットも学んだようである。天平宝字六年(七六二)四月、近江国石山保良宮に滞在中の孝謙上皇の病気を宿曜《すくよう》秘法を用いて治療して(高山寺蔵『宿曜占文抄』所引道鏡伝)、上皇の寵を得た。同四月二十三日に如意輪観音を本尊とする大和飛鳥の岡寺に越前国江沼郡山背郷五十戸が施入されたことは、道鏡の治療に如意輪法を用いたことへの報賽であろう。岡寺は道鏡の師義淵の開創で、道鏡はここで義淵に就いて学んだと推定される。天平宝字八年九月、孝謙の寵を失った藤原仲麻呂が反し、十八日に敗死すると、二日後、道鏡は大臣禅師に任命された。その二十日後、淳仁天皇は廃位され、淡路に幽閉され、孝謙上皇は称徳天皇として再位した。翌天平神護元年(七六五)閏十月、道鏡は太政大臣禅師に任ぜられ、右大臣藤原豊成を超えて、臣下の最高位の官を得、政権を獲得し、腹心の円興を法臣に任じ、仏教重視の政治を開始した。天平宝字八年十月に放鷹司を廃して放生司を設置し、魚鳥類を山野に放ち、鷹や犬を養って狩猟漁撈をすることを禁じた。また神社への供物を除いて、諸国が宮中へ魚や肉を貢ぐことを禁じた。十一月には、諸国国分寺の造営を促進し、国郡司が寺の封田や財物を犯し用いることを禁じた。また称徳天皇が、仲麻呂(恵美押勝)の反乱平定を祈り発願した四天王像を安置する四王院を中心とする西大寺の建立を、天平神護元年より開始し、薬師堂・弥勒堂の建立、密教的諸像も多く造立し、壮麗宏大な寺の建造が進められた。西大寺は東大寺に対抗する意図があったと思われる。造東大寺長官佐伯今毛人が造西大寺長官に任ぜられたのも、その一証である。押勝の乱の平定を祈り、発願された百万塔の製作も大事業である。宝亀元年(七七〇)四月に完成した三重木製の小塔で、中に世界最古の印刷物といわれる木版と銅版印刷の『無垢浄光陀羅尼経』を納め、畿内十大寺に十万基ずつ奉納され、現在法隆寺に四万余基が残る。僧寺である西大寺に対し、尼寺の西隆寺の建設もすすめられた。天平神護元年三月には、寺院の墾田は、天平勝宝元年(七四九)に定められた限度内の墾田は認めたが、天平十五年(七四三)の墾田永年私財法による権門勢家の墾田は厳禁した。大寺院の開墾は進んだが、貴族抑圧のこの法は貴族、豪族の反感を買い、道鏡失脚の遠因となった。僧尼は治部省から度縁を与えられて正式に僧尼となるが、道鏡は天平神護元年から治部省の印の代りに一切道鏡の私印を押させた。同年は非常な飢饉で米価が騰貴したので、二月に左右京備蓄穀の籾各二千石を東西市で、一斗百文で売らせ、四・五・六月に各一千石、計一万石を貧民に売らせ、大膳職の塩も売らせた。諸官司に三千三百石を売らせるほか、諸国の米・布などを売ったものに位を与えた。天平神護二年十月、道鏡配下の僧基真が隅寺(海竜王寺)の毘沙門天像胎内から、立派な仏舎利が出現したと上申した。これはのちに基真の詐欺とわかったが、天皇は道鏡の政治がすぐれているからと喜び、道鏡を法王に任じ、その月料は天皇の供御に准じた。神護景雲三年(七六九)初夏の候に宇佐八幡宮より「道鏡を天位につけたならば、天下太平ならん」との神託があり、和気清麻呂が勅命を受けて宇佐に詣で、神託を確めたが、初秋のころ、清麻呂は帰京し、神託は、「無道の人を排除せよ、天つ日嗣は皇緒を以てせよ」とあったと奏した。道鏡の野望は潰えたが故郷に由義宮を造営して西京と呼び、再度天皇の行幸を仰いで歓を尽くした。第二次行幸の宝亀元年四月の還幸後、天皇は病み、八月四日崩御した。道鏡は下野薬師寺別当に左遷され、同三年四月、この地で没し、庶人として葬られた。なお、正倉院に道鏡自筆の文書が残る。

〔参考文献〕横田健一『道鏡』(『人物叢書』一八)、平野邦雄『和気清麻呂』(同一二二)、北山茂夫『女帝と道鏡』(『中公新書』一九二)、滝川政次郎「法王と法王宮職」(『法制史論叢』四所収)　（横田　健一）

とうけい　桃渓　⇩了庵桂悟《りょうあんけいご》

道元花押

どうげん　道元　一二〇〇―五三　鎌倉時代の僧侶。日本曹洞宗の開祖。正治二年(一二〇〇)内大臣源通親を父とし、摂政太政大臣藤原基房の娘を母として、木幡の松殿山荘で生まれた、といわれている。幼くして父母に死別し、建暦二年(一二一二)春、養父である伯父藤原師家の制止を振り切って、叔父の良顕法眼を比叡山の麓に訪ね、その手引きによって横川の首楞厳院に行き、般若谷の千光房に入った。翌建保元年(一二一三)天台座主公円について剃髪、戒壇で大乗菩薩戒を受けて、仏法房道元と名乗った。こののち天台宗教学の奥儀を学んでいたが、天台宗では、一切の衆生はもともと仏であると教えるが、仏であ

道元画像

るのに人はなぜ修行を積まなければならないのかという疑問が、どうしても解けなかった。そこで叡山にいるかぎりこの問題を解決できないと悟った道元は、園城寺の公胤を訪ねた。しかし、公胤もそれには答えないで、宋に渡ってじかに禅宗を学んでくるがよいと勧めたので、建保五年秋、道元はまず建仁寺に赴き、栄西門下の仏樹房明全に参じた。そののち同寺で仏樹房明全らに学ぶこと六年あまり、やがて貞応二年(一二二三)道元は明全らと宋に渡った。このとき明州の港に日本の椎茸を買いに来た阿育王山の老典座から、禅の修行について大いに啓発された話は有名である。ついで道元は天童寺に赴いて、臨済宗大恵《だいえ》派の無際了派に参じ、同寺の惟一西堂や宗月・伝蔵主から、大恵派をはじめ臨済各派の嗣書を見ることを許された。さらに嘉定十六年(一二二三)秋、阿育王山に登り、広利禅寺の三十三祖の変相図を拝観したが、翌年冬、無際が寂したので、諸寺歴訪に旅立ち、宝慶元年(一二二五)春、径山《きんざん》に赴いて、無際の法兄弟の浙翁如琰についた。ついで天台山に行き、万年寺の元鼒《げんし》に参じてその嗣書をみ、さらに明州の大梅山護聖寺に寄り、台州の小翠岩では大恵派の盤山思卓にもまみえた。こののち鎮江の雁山能仁寺などをも訪れて、見聞を弘めている。やがて璡という老僧の勧めを思い出して、天童寺に赴いて同寺三十一世の如浄に参じ、入室問法をかさねて、同年ついに大悟した。さらに如浄に学ぶこと三年、安貞元年(一二二七)道元は釈尊正伝の仏法を伝えて帰国し、建仁寺に身を寄せた。こののち道元は、如浄から受け継いだ仏法の絶対性を強く主張し、坐禅こそ仏法の正門であり、大安楽の法門であるとして『普勧坐禅儀』を著わし、坐禅の仕方や心得を明らかにして、ひろく人々に禅を勧めた。そのため、天台衆徒から迫害を受け、寛喜二年(一二三〇)ころ建仁寺を追われて深草に移り、安養院に寄った。こののち精力的に説法を続けて『正法眼蔵』の大著述を開始し、如浄から学んだ仏法こそ仏教の神髄、すなわち「仏祖単伝の正法」であるという確信のもとに、他宗にするどい批判をあびせ、一世を風靡していた末法思想や念仏・祈禱をきびしく排斥した。やがて天福元年(一二三三)ころ、正覚尼や九条教家の寄進によって、もと極楽寺の一部であった観音導利院を中心に一寺を建て、ここを道場とした。ついで嘉禎二年(一二三六)十月同寺に僧堂を開き、そのころ寺号を観音導利興聖宝林禅寺と改称している。また翌年春、『典座教訓』を著わして、修行者の生活規律を一定させた。このようにして、ようやく深草道場の体制が整ってきた文暦元年(一二三四)冬、比叡山より目の仇にされていた大恵派の大日能忍の門下から孤雲懐奘《えじょう》がまず入門し、さらに同派の覚禅懐鑑や徹通義介なども越前波著寺から集団で入門した。このことがまた比叡山を刺激して、天台衆徒の圧迫が再び加えられるようになった。しかし今度は、道元も負けてはいなかった。そこで『護国正法義』を著わして、自分が伝えた禅こそ国家護持のための正法であると力説した。さっそく叡山側がこれをはげしく非難して朝廷に訴えたので、朝廷が叡山の言い分を認めた結果、天台衆徒の圧迫はますます激化した。しかも、寛元元年(一二四三)二月、藤原一門の絶大な支援を受けた円爾が深草に近い月輪山荘に東福寺を創建し、天台・真言・臨済禅の三宗を併存させたので、道元は東福寺側からも脅威を受けるようになった。そこで同年七月道元は、門下に加入した大恵派の越前波著寺関係の人たちの熱心な働きかけと、門弟波多野義重の招きによって、その所領である越前志比荘に移り、翌年大仏寺に入った。やがて同四年六月同寺を永平寺と改称し、ついで僧名をみずから希玄と改めた。そして道元は一段ときびしい修行に打ち込み、在家成仏や女人成仏を否定し、出家至上主義をつよめていった。その間宝治元年(一二四七)北条時頼の招きをうけて鎌倉に下ったが、まもなく越前に帰ってしまった。やがて永平寺を懐奘に譲り、建長五年(一二五三)八月二十八日京の宿で、黒衣の平僧の位のまま高潔無比の生涯を閉じた。五

十四歳。弟子に孤雲懐奘のほか詮慧・僧海などがいる。生前中に禅師号や紫衣を贈られたと伝えるのは誤りで、孝明天皇から仏性伝東国師、明治天皇から承陽大師と勅諡された。著作には『正法眼蔵』のほか『永平清規《しんぎ》』『学道用心集』『宝慶記』がある。

参考文献　大久保道舟『道元禅師伝の研究』、竹内道雄『道元』（『人物叢書』八八）、今枝愛真『道元—坐禅ひとすじの沙門—』（『NHKブックス』二五五）、同『道元—その行動と思想—』（『日本人の行動と思想』三）、同『道元とその弟子』　（今枝　愛真）

とうげんずいせん　桃源瑞仙　一四三〇—八九　室町時代の臨済宗夢窓派の僧。法諱は瑞仙、桃源はその道号、別に春雨・亦庵・卍庵・蕉雨・蕉了とも称し、地名《ちみん》を竹処といった。近江市村の人、小倉氏配下の下級武士市村備後守数信の子である。永享二年（一四三〇）六月十七日に生まれ、四歳で永源寺派下の慈雲庵で斉岳性均を礼して僧童となり、嘉吉・文安年間（一四四一—四九）のころに、相国寺勝定院の明遠俊哲について剃髪し、瑞仙と安《あん》名《みょう》された。易学を竺雲等連と瑞渓周鳳に、『史記』を竺雲等連・綿谷周瓞・牧中梵祐の両三人に学び、『漢書』を竺雲等連に、『礼記』を一条兼良と清原業忠に学んだ。また雲章一慶の講ずる『勅修百丈清規』の講席にも連なった。応仁の乱が起ると、横川景三と近江市村の慈雲庵に避難した。途中で東山瑞松院の希世霊彦に別れを告げ、近江兵主《ひょうず》の安楽寺にある月翁周鏡のもとに四、五日逗留し、九月になって慈雲庵に到着した。のち横川と景徐周麟を伴って近江永源寺を訪れ、京極方の武士小倉実澄の厚遇を受け、横川・景徐とともに山内の竜門庵に移り住んだ。文明二年（一四七〇）に至って永源寺山内に梅岑庵を構えて横川と別居し、同六年八月には山内で易学を講じ、同年十一月には『史記』の講席も開講した。併行する講義は同九年十二月まで続けられた。この間に『東坡詩集』『楞厳経』『三体詩抄』なども講じ、同十年の春に一時出京したが、再び近江に帰り、同十二年三月には『史記桃源抄』を抄した。同十三年四月に洛中の等持寺に請ぜられて入寺し、嗣香を明遠俊哲に通じて法嗣となった。同十八年八月に相国寺の公帖を受けて入寺し、開山塔崇寿院の塔主も兼帯した。九月に相国寺住持を退いて崇寿院に帰り、長享二年（一四八八）三月に足利義政の逆修十三回忌を修し、延徳元年（一四八九）正月には相国寺に再住し四月十六日に退院した。同年十月二十八日年六十で示寂した。嗣法の門弟はないが、遺著に『百衲襖』『史記抄』『三体詩抄』『蕉雨余滴』『勅修百丈清規雲桃抄』などがある。

参考文献　『大日本史料』八ノ二九、延徳元年十月二十八日条、足利衍述『鎌倉室町時代の儒教』、玉村竹二『五山禅僧伝記集成』、今泉淑夫「桃源瑞仙に関する新史料」（『日本歴史』四七五）　（葉貫　磨哉）

どうこう　道光　㈠生没年不詳　七世紀の僧。白雉四年（六五三）五月、遣唐大使吉士長丹の船で入唐、同行した学問僧のなかには、恵施・弁正・道昭・定恵らがいた。『三国仏法伝通縁起』によれば、入唐の目的は律蔵を学習させることにあり、天武天皇七年（六七八）に帰国し、わが国における戒律研究の先駆者といってよい。『依四分律抄撰録文』を著わしたという。『日本書紀』持統天皇八年（六九四）四月条によれば「贈㆓律師道光賻物㆒」とあり、この年に入寂したのであろうか。ここにいう律師は、天武天皇十二年三月以後、新たに加えられた僧綱の構成員であり、道光はどの時点からかは明らかでないがこれに任ぜられ、僧尼統領の一翼をになっていたのである。　（佐久間　竜）

㈡一二四三—？　鎌倉時代後期の浄土宗の僧。浄土宗鎮西義三条派の祖。字は了慧、望西楼・蓮華堂とも称す。

桃源瑞仙花押

「桃源」
桃源瑞仙印

桃源瑞仙画像

道光(二)花押

寛元元年(一二四三)相模国鎌倉に宍戸常重の子として生まれる。比叡山で修学ののち法然房源空に傾倒し、文永十一年(一二七四)に源空の法語・消息類を集録した『黒谷上人語燈録』を編纂した。建治二年(一二七六)浄土宗三祖然阿良忠に師事し、弘安三年(一二八〇)付法を受けた。浄土宗鎮西流の基礎固めに貢献し、円頓戒にも精通した。京三条の悟真寺(法林寺)に住したため、彼の一派を三条流・三条派といい、蓮華堂義とも称して良忠門下六派の一つに数える。著述に『聖光上人伝』『然阿上人伝』『選択集大綱抄』『無量寿経鈔』『新扶選択報恩集』などがある。

参考文献 『法水分流記』(『戊午叢書』一)、『新知恩院文書』、『清浄華院文書』、『善導寺文書』(『福岡県史資料』九)、玉山成元『中世浄土宗教団史の研究』、望月信亨『浄土教之研究』、玉山成元「中世における浄土宗の展開」(『大正大学研究紀要』五〇)、同「浄土宗における道光の位置」(同六一)　（福田　行慈）

どうこう　道興　?—一五〇一　室町時代後期の僧侶。園城寺長吏で聖護院門跡も歴任。近衛房嗣の子。文安四年(一四四七)伝法灌頂を受け、寛正六年(一四六五)准三宮に補せらる。室町幕府と密接な関係をもち、延徳二年(一四九〇)には足利義視の病気平癒を祈願し、その翌年には参陣して将軍義稙を加持し、また文亀元年(一五〇

道興花押

一)には義高のために加持を行う。さらに明応九年(一五〇〇)には参内して後土御門天皇の玉体を加持する。また熊野三山ならびに新熊野検校となり、明応五年新熊野修造勧進疏を書している。文明十八年(一四八六)には山城大雲寺にて灌頂を行い、延徳元年には山城三室戸寺の落慶供養を行う。また文明十八年六月上旬より翌年五月に至る約一年にわたって東国を巡歴し、その後明応二年(一四九三)には西国・四国歴遊の途に上るなど全国の聖跡や名所旧跡を巡っているが、東国巡歴の旅行記およびその詩文集は『廻国雑記』一巻(『群書類従』紀行部)として現存している。その他道興に関する文書としては宝徳三年(一四五一)の「請龍園城寺長吏職状」(『三井続燈記』七(『大日本仏教全書』))がある。文亀元年九月二十三日寂す。なお、「大永七年(一五二七)七月七日九十八歳遷化」とする『諸門跡伝』もあり、逆算すれば永享二年(一四三〇)生誕となる。

参考文献 『聖門御累代記』(『日本大蔵経』修験道章疏三)　（武　覚超）

とうこういんどの　東光院殿　⇨九条稙通《くじょうたねみち》

どうこうだいし　道興大師　⇨実恵《じちえ》

どうじ　道慈　?—七四四　奈良時代の大安寺僧。三論宗第三伝という。俗姓は額田氏。大和国添下郡の人。大宝二年(七〇二)入唐。長安の西明寺に止住。学問修行の様子について『続日本紀』には「渉く経典を覧、尤も三論に精し」(原漢文)とあり、『懐風藻』には「明哲を歴訪し、講肆に留連す、妙《くわ》しく三蔵の玄宗に通じ、広く五明の微旨を談ず」(同)と記す。さらに唐の宮中で、『仁王般若経』を講ずべき義学の高僧百人のなかに簡《えら》ばれたとも伝える。養老二年(七一八)帰国。彼に対する評価は、「性甚だ骨鯁、時に容れらえず」(同)という面もあったが、『続日本紀』養老三年十一月条には、釈門の秀たる者と記し、「戒珠満月を懐くがごとく、慧水滄溟に写すがごとし」(同)として、食封五十戸を施されたという。天平

道慈画像

元年(七二九)十月には律師に任ぜられ、仏教政策の推進に大きな役割を果たした。僧尼の質の向上をめざしての戒師招請計画、大安寺の移建や『日本書紀』編纂事業への参加など、その業績は多岐にわたる。また、『愚志』一巻を著わし、唐に比して虚設の多いわが国仏教界のあり方に、きびしい批判を加えたという。天平十六年十月二日、七十有余歳をもって寂去。

参考文献 井上薫「道慈」(『日本古代の政治と宗教』所収)、佐久間竜「道慈伝の一齣」(『日本古代僧伝の研究』所収)　（佐久間　竜）

とうじいんどの　等持院殿　⇨足利尊氏《あしかがたかうじ》

とうしないしんのう　統子内親王　⇨上西門院《じょうさいもんいん》

どうしゃく　道綽　五六二—六四五　中国隋末唐初の浄土教家。日本浄土宗の浄土五祖の第二祖。浄土真宗の七高僧の第四祖。幷州(山西省太原)に生まれ、十四歳で出家し、『涅槃経』の学習に専念し、慧瓚《えさん》に師事した。四十八歳のとき幷州の西南の石壁山玄中寺において曇鸞の石碑を読んで、その行実を敬慕し、浄土教に帰した。玄中寺に止住して、八十四歳で入寂するまで、『観無量寿経』を講ずること二百余回、仏名を称すること日に七万遍に及び、称名念仏の回数を小豆ではかったともいう。主著の『安楽集』二巻は、『観無量寿経』の要義・解釈を中心としたもので、曇鸞の思想を受けながら、末法の時代意識にもとづいて浄土思想を大きく展開した。門下には中国浄土教を大成した善導がいる。　（藤田　宏達）

どうしゅう　道宗　?―一五一六　室町時代後期の真宗篤信者。俗名は弥七(または弥七郎)。本願寺八世蓮如の子実悟の『実悟記』に永正十三年(一五一六)往生とあり、『越中赤尾道宗物語』(写本、近世中期ごろ、大谷大学蔵)の五十五歳往生説とあわせ、寛正三年(一四六二)誕生が推定される。越中礪波郡五箇山赤尾谷(富山県南砺市上平)の人で、行徳寺や道善寺の祖とされる。道場を構え、自誡の意味を込めた『道宗二十一箇条』を書いて信仰心の高揚に努めた。特に蓮如の教化に深く心酔し、みずから蓮如の『御文』多数を写伝し、代表的な門弟の一人に数えられる。後世、蓮如に傾倒した行実を戯画化したさまざまな物語を生んだ。近代以後ではいわゆる妙好人の典型としている。

道宗像

参考文献　岩見護『赤尾の道宗』、岩倉政治『行者道宗』、柏原祐泉「妙好人道宗の位置」(『近世庶民仏教の研究』所収)、橋川正「赤尾の道宗」(『仏教研究』七ノ一・二合併号)　(柏原　祐泉)

どうしょう　道昌　七九八―八七五　平安時代前期の僧侶。讃岐国香河郡の人。俗姓は秦氏。延暦十七年(七九八)生まれる。元興寺の明澄に師事して三論を学ぶ。弘仁七年(八一六)年分試に及第、得度。同九年東大寺戒壇院にて受戒。諸宗を兼学し、天長五年(八二八)空海に従って灌頂を受け、嵯峨葛井寺で求聞持法を修した。天長七年以降、宮中での仏名会の導師をつとめ、貞観元年(八五九)には大極殿での最勝会の講師をつとめ、興福寺維摩会の講師、大極殿御斎会、薬師寺最勝会などの講師にもなっている。貞観六年に権律師、同十六年に少僧都。生涯に『法華経』を講ずること五百七十座、承和年中(八三四―四八)には大井河の堰を修復し、行基の再来と称された。貞観十七年二月九日、隆城寺別室にて遷化。年七十八。

参考文献　『元亨釈書』三(『大日本仏教全書』)、卍元師蛮『本朝高僧伝』七(同)、智燈『弘法大師弟子伝』下(『弘法大師伝全集』一〇附録)、道猷『弘法大師弟子譜』三(同)、守山聖真『(文化史上より見たる)弘法大師伝』　(高木　訷元)

どうしょう　道昭　(一)六二九―七〇〇　七世紀の僧侶。道照にもつくる。舒明天皇元年(六二九)河内国丹比郡に生まれる。俗姓船連、父は恵釈という。出家して飛鳥の元興寺(法興寺)に入り、白雉四年(六五三)五月十二日、道厳・定恵らと遣唐大使小山上吉士長丹に従って入唐し、長安の大慈恩寺の玄奘三蔵について窺基(慈恩大師)とともに法相唯識を学び、相州の隆化寺の慧満について禅要を習う。斉明天皇七年(六六一)、仏舎利・経典・鐺子などを請来して帰国す。天智天皇元年(六六二)三月、飛鳥寺(法興寺)の東南隅に禅院を建て、ここに経論を納め、法相学、禅要を広めた。広く全国を周遊し社会事業を興し、宇治橋造営にも関わったとされる。文武天皇二年(六九八)薬師寺繡仏開眼の講師となり大僧都に補任された。同四年三月十日七十二歳で没し、遺命により栗原にて火葬にされた。わが国における火葬、社会事業の端緒をひらき、法相宗の第一伝、禅要の初伝をもたらしたといわれるが、歴史的にみると法相宗よりも摂論宗をもたらしたとされる。

参考文献　卍元師蛮『本朝高僧伝』一(『大日本仏教全書』)、岩城隆利編『増補元興寺編年史料』上、田村圓澄「摂論宗の伝来」(『田村圓澄日本仏教史』二所収)、中村浩「僧道昭に関する諸問題」(『大和文化研究』一三四)　(辻村　泰善)

(二)一二八一―一三五五　鎌倉時代末期から南北朝時代にかけて天皇の護持僧として活躍した園城寺長吏。弘安四年(一二八一)生まれる。後光明峰寺摂政(一条家経)の子と伝えられ、前大僧正行昭の弟子となり、嘉元三年(一三〇五)には平等院執印に補せられる。建武三年(一三三六)寺門ではじめて准三宮に任ぜられ、翌四年北朝光明天皇の護持僧となる。正安元年(一二九九)別当大僧正長乗に従って三部大法を受けてより、しばしば皇室のために密教の修法を行う。たとえば文保元年(一三一七)には持明院殿において伏見法皇御悩御祈のため、また元亨元年(一三二一)には土御門殿にて立坊御祈のため、建武四年には天下静謐のため、暦応元年(一三三八)には光厳上皇御瘧病御祈のため、それぞれ五壇法を修しており、嘉暦元年(一三二六)には昭訓門院御産御祈のために金剛童子法を行なっている。園城寺長吏には元応元年(一三一九)に八十三代として任命されたが、貞和三年(一三四七)には九十九代として再任されている。また暦応四年には四天王寺の別当職に補せられ、さらに熊野三山ならびに新熊野の検校職にも補せられている。文和四年(一三五五)十二月二十一日、七十五歳にて寂す。著作としては『胎密契愚鈔三昧流』(叡山南渓蔵・妙法院所蔵)二巻、『自行私記』(曼殊院所蔵)一巻がある。

参考文献　『大日本史料』六ノ二〇、文和四年十二月二十二日条、『三井続燈記』四(『大日本仏教全書』)、『寺門伝記補録』一四(同)　(武　覚超)

どうしょう　道昭　⇨中原章賢《なかはらのりかた》　⇨二階堂行方《にかいどうゆきかた》

どうしょうあんりゅうえい　道正庵隆英　一一七一―一

二四八　鎌倉時代前期に入宋し、漢方医薬の製法を伝えた医僧。京都の人。承安元年（一一七一）生まれる。藤原顕盛の子で、俗名は隆英。清水谷公定の養子となって官職に就き、経学に通じたが、治承の乱で、外祖父源仲家が戦死したのを機に官を辞し、仏門に入った。貞応二年（一二二三）建仁寺の明全および道元・廓然・亮照らに随って入宋。諸山を歴訪し、漢方医薬の製法を学んで帰朝した。その後、世事を断って洛西の木下（京都市上京区）に庵を結んで籠居、それより道正庵と称した。宝治二年（一二四八）七月二十四日死去。世寿七十八。江戸時代に入ってから、道元に随伴して入宋し帰朝したことを強調する道正伝がいくつか作られたが、史実としては疑わしいとの説がある。

参考文献　嶺南秀恕『日本洞上聯燈録』一二拾遺（『大日本仏教全書』）、藤原卜順『道正庵元祖伝』（同）、東隆真「道元とその門弟」（『講座道元』一所収）、河村孝道「道元禅師と永平寺の開創」（桜井秀雄他編『永平寺史』所収）、木下忠三「道正庵と鹿児島島津家に就いて」（『傘松』昭和六十三年三月号別冊）　（高橋　秀栄）

とうじょうえん　東常縁　⇩とうつねより

とうじょうかげのぶ　東条景信　生没年不詳　鎌倉時代中期の安房国長狭郡東条郷（伊勢外宮領として東条御厨ともよばれた。千葉県鴨川市）の地頭で、日蓮の対立者。景信は、源頼朝により地頭領主として安堵された東条七郎秋則の子孫と考えられる。近傍の清澄寺の円智房・実城房についた念仏者＝浄土教信奉者でもあった。建長四（一二五二）、五年のころ、景信は、「領家の尼」の所領を侵略しようとした。領家の所領が東条郷にあったか清澄寺を含む東北荘にあったかは未詳。さらに景信は清澄寺内で殺生禁断を犯して鹿を狩り、天台寺院清澄寺や二《ふた》間《ま》の寺（寺号不明）を浄土教に改宗させようとするなどの非法を行なった。その非法は、当時広汎に展開していた地頭領主制形成においてみられる非法と同じである。このとき、かつて両親が領家から「御恩」を蒙ったとして領家側について、雑掌的役割を果たし、景信の侵略を拒けたのが日蓮であった。のみならず、日蓮は、清澄寺において法華信仰を勧めるとともに、浄土教を批判した。同寺の円智房・実城房は、日蓮の師道善房を、日蓮を勘当＝寺外追放するよう恫喝した。景信の武力行使の気配もあったらしく、日蓮は勘当され鎌倉に去った。建長六年のころである。文永元年（一二六四）、安房に帰省した日蓮は、再び当地で弘通し信奉者を創出した。景信ら念仏者は、日蓮の行動を抑圧すべく、十一月十一日、東条松原大路にさしかかった日蓮らを襲撃した。日蓮の一行は十人ほどであったが、弟子一人を即座に討ち殺し、日蓮や弟子二人を傷害した。この危難をのちに「東条の御難」といい、さらに、この地が小松原とよばれるに至って、小松原法難といっている。日蓮は、このあと景信が死去したと記しているが、同三年の一時期日蓮が清澄寺に寄住しているところからすれば、景信の死去は、東条での襲撃後、同三年に至る間のことであったと考えられる。

参考文献　高木豊「清澄の日蓮」（『金沢文庫研究』一二四）、同「安房に帰った日蓮」（同一七六）　（高木　豊）

どうじょにゅうどうしんのう　道助入道親王　一一九六―一二四九　鎌倉時代の僧。仁和寺第八代御室。光台院御室。後鳥羽天皇皇子。母は坊門信清の女。建久七年（一一九六）十月十六日生まれる。正治元年（一一九九）十二月十六日親王宣下。諱は長仁。建永元年（一二〇六）十月十七日仁和寺北院において、道法親王を戒師として出家。建暦二年（一二一二）十二月二日一身阿闍梨宣下（十七歳）。同六日伝法灌頂を道法親王から受ける。建保二年（一二一四）十一月二十一日道法親王入滅のあと、仁和寺務に補せられた。承久元年（一二一九）正月三十日綱所を賜わり、同二月九日総法務の宣下を受けた。同三年七月八日、後鳥羽上皇出家の戒師、元仁元年（一二二四）十二月四日北山堂（西園寺公経建立）供養の大阿闍梨をつとめる。寛喜二年（一二三〇）八月三日高野山に参詣する。同三年二月某日寺務を道深法親王に譲り、三月高野山に籠居する。建長元年（一二四九）正月十六日（『岡屋関白記』による。『仁和寺御伝』などは十五日）、高野山において入滅。五十四歳。『決集』（仁和寺蔵、一巻）、『道助親王百首』、『道助親王五十首』がある。墓は高野にある。

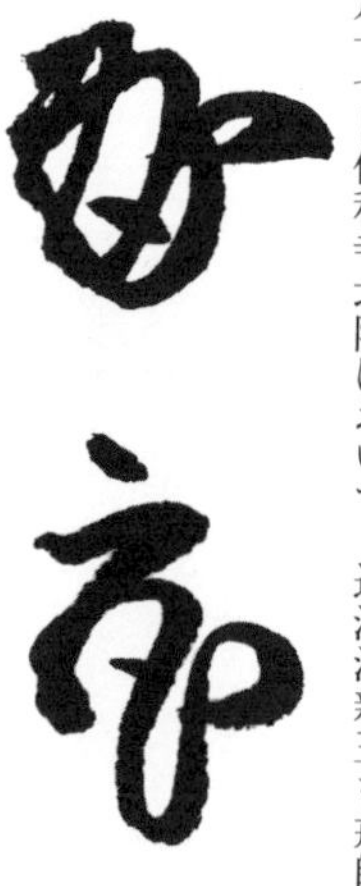

道助入道親王花押

参考文献　『百錬抄』、和田英松『皇室御撰之研究』　（田中　久夫）

とうしろう　藤四郎　⇩加藤《かとう》四郎《しろう》左衛門《ざえもん》景正《かげまさ》

どうせん　道宣　五九六―六六七　中国唐代四分律宗（南山律）の祖。呉興（浙江省湖州府烏程県）の人という。俗姓は銭氏。隋の開皇十六年（五九六）生まれる。大業八年（六一二）落飾し、二十歳で長安弘福寺の智首に従って具足戒を受けた。その後、律学を志し、智首について律を聴くこと十遍に及んだ。一時、終南山に移ったが、再び智首に聴講すること十遍、ついに学を達成し、武徳九年（六二六）、かれの代表的著述である『四分律行事鈔』三巻（現在十二巻）を著わした。また貞観元年（六二七）には『拾毗尼義鈔』三巻を著わし、その後さらに『四分律羯磨疏』二巻、『比丘含注戒本疏』三巻、『比丘尼鈔』三巻を書き、いわゆる律の五大部を完成した。そのほか『戒壇図経』『釈門帰敬儀』『浄心誡観法』など、律関係の著作をものしているが、学殖は広く多方面に及び、『続高僧伝』や『大唐内典録』といった経録、『広弘明集』『集古今仏道論衡』など仏教・道教の交渉を伝える資料

道宣画像

集などがあり、三十五部百八十八巻を数える。受法の弟子数千という。乾封二年(六六七)没。七十二歳。

参考文献 『宋高僧伝』一四(『(大正新修)大蔵経』五〇)
(石田 瑞麿)

どうせん 道詮 生没年不詳 平安時代前期の三論宗僧。武蔵国に出生。姓氏不詳。法隆寺東院院主寿仁の弟子として出家したとする。はじめ東大寺玄耀に従って三論を究め、真言密教をも修学したという。のち真如法親王に三論を教授している。嘉祥三年(八五〇)三月仁明天皇に御受戒の請定あり、斉衡元年(八五四)最勝会の第二座講師となり、天安元年(八五七)には座主として文徳天皇御前で論義を行なっている。特に聖徳太子を尊崇し、法隆寺東院の荒廃した姿を見てその再興を願い、貞観元年(八五九)五月十九日白河太政大臣藤原良房にそのことを奏聞し、同年九月十三日勅許を得て料物を賜い、大和国平群郡の私田七町四段を東院に施入しその再興を果たした。道詮の学識については『福貴寺道詮伝』に「四河海に入るも同じく無熱池に従う。而して七宗欺を俱に分つも三論より出ず。而して分る三論は是れ七宗之本諸宗は是れ三論の末也と。最も宗は太子及び慧慈の流れを汲んで遠く竜樹提婆の宗義を照す」(原漢文)とある。著書に『肝心』三巻、『大義鈔』三巻、『因明四種相違義』一巻、『破乗章』、『劫波章記』一巻、『掌珍記』などがある。『三会定一記』によれば貞観六年二月十六日権律師に補任したとする。晩年福貴寺を創建して隠棲してからも法隆寺の学問の振興を計り、安居の講師を務めている。ついに貞観十八年十月二日端坐して入滅したとする。この入寂の年代については同十五年三月二日とする説もある。この入滅前に維摩会に参勤し、その功によりて律師に補任している。入寂後、その業績を称えて塑像の坐像(像高八七・三センチ、国宝)を作り東院夢殿内に安置している。

道詮像

参考文献 『元亨釈書』一六、『僧綱補任』(『大日本仏教全書』)、卍元師蛮『本朝高僧伝』七(同)、長谷川誠「道詮律師坐像」(『奈良六大寺大観』三所収)
(高田 良信)

どうせん 道璿 七〇二―六〇 唐の僧。中国河南省許州の人。姓は衛氏。唐睿宗嗣聖十九年(七〇二)に出生。幼にして出家し、洛陽大福先寺に入り、定賓に従って具足戒を受け律蔵を学んでいる。その後神秀の付法華厳寺普寂に師事して禅・華厳を修め、のち大福先寺に還って衆僧を教化している。開元二十一年(七三三)日本僧栄叡・普照が入唐し、戒律を日本に伝えるため道璿の来日を要請した。この請を受けて、翌年十月インド僧菩提僊那・ベトナム僧仏哲らとともに遣唐副使中臣名代の船に乗り来日することとなったが、途中暴風に遭遇したという。この年時を『南天竺波羅門僧正碑文』では開元十八年十二月十三日とするが、栄叡らの入唐の年時から考えて開元二十二年を正説とする。苦難の末、天平八年(七三六)五月十八日筑紫大宰府に到着。七月摂津に入り、十月勅によって時服を下賜され、大安寺の西唐院に住し、『梵網経』『四分律行事鈔』を講じ、律蔵を弘める。同十五年三月興福寺北倉院で行表に具足戒を授け、禅・華厳を伝えている。天平勝宝三年(七五一)四月律師に補任し、翌年四月東大寺大仏開眼供養会の呪願師を務める。同六年二月鑑真の来日に際し菩提僊那とともに迎え、その労苦を慰問している。晩年病疾により吉野比蘇寺に隠棲し『梵網経』の註釈書三巻を著わし、達磨以下諸祖および師僧善友の冥福を祈って四季追福文を製したという。ま

た天平宝字三年(七五九)にも願文を作っているが、翌四年閏四月十八日、五十九歳で入寂した。

参考文献　『唐大和上東征伝』、『東大寺要録』一・二、『七大寺年表』、『僧綱補任』一(『大日本仏教全書』)、卍元師蛮『本朝高僧伝』二(同)　(高田　良信)

どうぞう　道蔵　生没年不詳　七、八世紀の百済僧。『日本書紀』によれば、天武天皇十二年(六八三)の旱に雩して雨を得、持統天皇二年(六八八)にも請雨して効験があったと記す。その後の活躍ぶりは明らかでないが、『続日本紀』養老五年(七二一)六月条によれば、道蔵はかつて法門の領袖、釈門の棟梁であった。ところが年八十をこえたので、所司に仰せて施物を賜い、その恩恵を老師所生の親族にまで及ぼしたとあり、その果たした役割をうかがうことができる。『東域伝燈目録』には、その著として『成実論疏』十巻をあげている。　(佐久間　竜)

どうちゅう　道忠　生没年不詳　奈良・平安時代の律僧。唐僧鑑真来朝後、鑑真に師事し、具足戒を受けて律を学び、鑑真より持戒第一を称された。伝えるところによると、東国に遊化して利民救済に努め、菩薩戒を授け、世人はかれを菩薩と呼んで尊崇したといい、慈光寺を建ててその第一世になったという。道忠は師鑑真を批判し、授戒権独専に抗して菩薩戒を授けたという説があるが、それは全くの誤解である。また最澄の弟子円澄ははじめ道忠に師事して菩薩戒を受け、また最澄が天台宗弘通のため広く経巻の書写を呼びかけたとき、それに応じて協力をおしまなかったと伝える。

参考文献　義澄『招提千歳伝記』(『大日本仏教全書』)、卍元師蛮『本朝高僧伝』五七(同)　(石田　瑞麿)

とうつねより　東常縁　生没年不詳　室町時代の武家、歌人。法号は素伝、別に昼錦居士と号した。応永八年(一四〇一)生まれとする説がある。父は下野守益之。家系は桓武平氏。東氏の先祖は下総の豪族千葉氏の出身で、東国御家人の千葉常胤の六男胤頼が下総東荘を領し、東氏を称した。胤頼の孫胤行の時代に美濃国山田荘に、入部し、下総から美濃に根拠地を移した。益之は胤行から七代の子孫である。常縁の俗弟正宗竜統に、父益之の『故左金吾兼野州太守平公墳記』(文明五年(一四七三))があり、この中に東氏一族についての詳しい記述がみえる。東氏一族には臨済宗黄竜《おうりょう》派に属する多くの学僧と出家者が輩出しており、父の益之もかつて永源寺の霊仲禅英の室に入り、父師氏の反対で還俗したが、霊仲の没後、再び大徳寺の春作禅興に師事するなど信仰の厚い人であった。益之はまた素明と号し、京洛歌壇の常連であり、飛鳥井雅縁・今川了俊(貞世)・常光院堯仁・同堯孝・清巌正徹らと交遊があった。常縁は兄氏数(宗玄)の養子となって家督を嗣いだが、父の文学的素養の影響を受けて和歌をよくし、堯孝や正徹の庵に出入りした。『東野州聞書』の冒頭に「文安六年(宝徳元、一四四九)七月廿二日、招月庵、妙行寺辺に暫旅宿ありしにたづねまかりて」とあるのによって、このころから、正徹・堯孝らに歌学の指導を本格的に受けたことが知られる。宝徳二年(一四五〇)十二月、父祖以来の門流である二条派の堯孝に正式に入門した(『聞書』)。享徳三年(一四五四)従五位下左近将監となった。翌康正元年(一四五五)鎌倉の足利成氏に対する室町幕府の討伐軍勢派遣に対応して、下総国の千葉氏が分裂抗争すると、常縁は幕府の命を受けて東国に下り、諸所に転戦した。応仁・文明の乱時にも関東にいたらしく、氏数の領地である美濃国郡上城が美濃守護代斎藤妙椿に攻略された。『鎌倉大草紙』には、このことを嘆いた常縁の述懐歌に感じた妙椿が郡上の返還を申し出て、常縁は妙椿と対面して本領を請け取り、郡上に入ったとみえる。文明元年、常縁は焼失した尊星王院を再建している(正宗竜統『禿尾長柄帚』)。その後の常縁の事蹟としてみられるのは、主に古今伝授など二条派歌学の伝承に関するもので、特に連歌師飯尾《いのお》宗祇に対して、文明元年京都において、ついで同三年には伊豆国三島において、二度にわたって『古今和歌集』を講じたことが「古今伝授」の創始としてよく知られている(『古今和歌集両度聞書』)。その後も『古今和歌集』をはじめ、『新古今和歌集』『百人一首』『伊勢物語』などを講じ、歌書類も多く書写している。岐阜県東氏所蔵の『伝授巻物部立』によれば、常縁は京では円雅にも学び、宗祇のほかに三浦道寸(義同)・近衛政家・三条西公保・足利義政らに歌道を伝授したとみえる。没年は、通説では文明十六年ごろとする。なお『粟飯原家文書』『遠藤家譜』によれば、明応三年(一四九四)四月十八日没、享年九十四とする説があり、孫の『東素山消息』にも「法名素伝九十余歳」とみえる。著書には上記諸書の聞書抄のほかに、『拾遺愚草』の五十八首を注した『東野州拾唾』、古歌に関する宗祇の質問に答えた七ヵ条の『東野州消息』、および約四百首を数える自詠の『常縁集』などがある。

東常縁花押

東常縁画像(栗原信充『肖像集』)

参考文献 横井金男『古今伝授沿革史論』、河村定芳『東常縁』、井上宗雄「堯孝・東常縁年譜」(『中世歌壇史の研究―室町前期―』所収)、玉村竹二「正宗竜統集解題」(『五山文学新集』四所収)、井上宗雄・島津忠夫編『東常縁』 (今泉 淑夫)

どうとう 道登 生没年不詳 七世紀の僧。元興寺沙門。高麗《こま》学生、入唐して吉蔵に師事し、三論宗を学んだともいう。山背の恵満の家よりでたと伝える。大化元年(六四五)八月になると、大化改新後の仏教政策推進のため、当時のすぐれた僧を網羅して作られた十師の一員に加えられる。また、同二年には山背の宇治橋を作り、人畜を済度したという(『日本霊異記』、宇治橋断碑)。さらに、『日本書紀』白雉元年(六五〇)二月条によれば、長門の国司が白雉を献じた時、彼は天皇の問いに答えて、高麗における白鹿や白雀を休祥とした例や、大唐に派遣した使者が、三足の烏をもち帰ったのを、国人が休祥なりとした例をあげ、白雉ならば、祥瑞であることはいうまでもないとしたとある。 (佐久間 竜)

とうどうたかとら 藤堂高虎 一五五六―一六三〇 江戸時代前期の伊勢国津藩主。幼名与吉、通称与右衛門。弘治二年(一五五六)生まれる。近江国犬上郡藤堂村(滋賀県犬上郡甲良町)の地侍藤堂源助虎高の次男。母は多賀良氏の女とら(妙青夫人)。元亀元年(一五七〇)浅井長政に属し姉川の戦に従軍、その後阿閉政家、磯野員昌、佐和山城主織田信澄と主を変えた。天正四年(一五七六)羽柴秀長に仕え、播州三木城攻め、但馬の一揆退治に功を挙げ、さらに伊勢峯および亀山城攻略、賤ヶ岳の戦、小牧・長久手の戦等々の戦功で同十三年一万石、同十五年九州征伐の軍功で佐渡守、はじめて紀州粉河二万石の城主となった。秀長の没後は子秀俊に仕えたが、秀俊も没し、一時高野山に入った。しかし、豊臣秀吉の懇命によりその直臣となり文禄四年(一五九五)伊予板島(宇和島)七万石、文禄・慶長の朝鮮出兵に水軍を率いて従軍。慶長の役では巨済島の海戦で朝鮮水軍を全滅させたが、李舜臣が再び将となったため苦戦した。再出兵の際の功により伊予国で一万石加増。一方、高虎はすでに天正十五年徳川家康の伏見第築造を機として家康に接近、朝鮮出兵中も家康より手紙が寄せられ、慶長四年(一五九九)先んじて弟正高を江戸に人質に出すなど家康の信任篤く、同五年関ヶ原の戦に東軍左縦隊として小早川秀秋・大谷吉継の軍を破り、この戦功で同年十二万石加増、伊予今治二十万石の大名となった。同十一年備中国で二万石加増、和泉守、同十三年伊賀一国と中部伊勢で二十二万九百五十石津城主に転封、この転封は大坂表非利の際は家康は上野城へ引取、秀忠は彦根城に入り防御の配慮(『高山公言行録』)であったといわれる。高虎は伏見・丹波亀山城などの築城に従事したが、同十六年大坂方に備えて上野・津城の大修築を行なった。上野の五層の天守は暴風により倒壊したが同十八年竣工、津・上野の城下町も整備した。大坂夏の陣に河内路の先鋒となり、八尾で長宗我部盛親と苦闘し、真田幸村のため危険に瀕した家康を救うなど戦功を挙げ、元和元年(一六一五)伊勢国四郡のうちで五万石、さらに同三年多年の忠勤で伊勢田丸五万石増封され三十二万三千九百五十石、同五年徳川頼宣の和歌山転封に伴い、田丸領は大和・山城の内五万石と交換になった。また日光東照宮造営、徳川秀忠の女東福門院の入内などにも奔走し寛永三年(一六二六)少将となった。晩年失明し寛永七年十月五日没。七十五歳。高虎は家康・秀忠への忠勤と巧みな処世術により津藩祖として藩政の基礎を築いた。高虎時代の初期藩政の特色は年貢・夫役の確保のため定十三ヵ条、家・人・馬改め、百姓家付帳の作成、百姓逃散・一揆防止のため十人組組織、平高《ならし》実施、あるいは土着郷士懐柔のため伊賀出身の家臣保田采女に藤堂姓を与え、伊賀者と称せられた忍者を採用し、元和九年松平忠直の変に備えて農兵五十人を募り無足人と称する農兵隊組織の起源を作った。高虎は文学・茶の湯・能楽を嗜み、子の高次に与えた太祖遺訓十九条が知られる。藩祖高山公と称され、江戸上野の寒松院(東京都台東区上野動物園内)に葬る。法号寒松院殿道賢高山権大僧都。

藤堂高虎画像

藤堂高虎花押

参考文献 喜田村矩常編『公室年譜略』(東京大学史料編纂所蔵)、『高山公実録』(上野市立図書館蔵)、藤堂高文編『宗国史』、藤堂高兌『補註国訳聿脩録』、津坂孝綽編『太祖創業志』、『寛政重修諸家譜』九〇〇、新井白石『藩翰譜』七下(『新井白石全集』一)、『津市史』一、七里亀之助『ふじの生涯』、林泉『藤堂高虎公と藤堂式部家』 (杉本 嘉八)

どうはん 道範 一一七八―一二五二 鎌倉時代の高野山の僧で同山八傑の一人。字は覚本房。治承二年(一一七八)和泉に生まれる。俗姓不詳。高野山正智院明任に

つき出家、建仁二年(一二〇二)同山宝光院に住し、建保四年(一二一六)十一月に明任から受法をしたが、教義を華王院覚海に学び門下の四哲に数えられ不二門思想を継承した。この思想は室町時代に長覚らにより大成された。京都禅林寺静遍や醍醐寺金剛王院実賢にも教義を学び受法をした。文暦元年(一二三四)に正智院に住し法筵を張ったが、嘉禎三年(一二三七)には同山執行となった。寛元元年(一二四三)正月、前年に起きた金剛峯寺と大伝法院との抗争の責を問われ讃岐に配流となったが、建長元年(一二四九)五月に赦免、帰山した。配流中の様子は自著『南海流浪記』に詳しい。建長四年五月二十二日没。鎌倉時代の高野山を代表する学匠であったが、覚鑁以来の真言念仏にも意を注ぎ『秘密念仏鈔』を著わした。先著のほか『初心頓覚鈔』『大日経疏遍明鈔』『行法肝要鈔』『貞応抄』など多数がある。世寿を僧伝類は六十九とするが『行法肝葉鈔』下の奥に宝治二年(一二四八)を「満七十」と記すので七十五とすべきである。

参考文献 寂本編『野峯名徳伝』下(『大日本仏教全書』)、謙順編『諸宗章疏録』三(同)、栂尾祥運『秘密仏教史』、櫛田良洪『真言密教成立過程の研究』、田中久夫「道範の「初心頓覚鈔」について」(『鎌倉仏教雑考』所収)、大山公淳「道範大徳の「高野秘事」」(『密教研究』一一)、蓮沢浄淳「覚海尊師の門下」(同一〇) (坂本 正仁)

どうみょう 道命 九七四—一〇二〇 平安時代中期の僧、歌人。中古三十六歌仙の一人。父は傅大納言藤原道綱、おそらくはその第一子。母は中宮少進源広(近広とも)女。藤原道長猶子との伝がある。永延元年(九八七)、二年ころ、比叡山にて出家、尋禅入室弟子、明豪に三部大法を受く。正暦元年(九九〇)二月十四日妙香院十禅師、長保三年(一〇〇一)十一月一日総持寺阿闍梨、長和五年(一〇一六)正月十八日天王寺別当。声美しく『法華経』読誦に優れる。永観元年(九八三)七夕の花山院歌合に出詠してより、院に親しく仕え、その崩御に際しては多くの哀傷歌を残している。法輪寺(京都市西京区嵐山)に住し、藤原定頼、赤染衛門らと交遊をもった。『枕草子』『栄花物語』などに逸話があり、和泉式部との恋愛を語る説話も多い。『後拾遺和歌集』以下に五十七首入集。懸詞を使った言語遊戯的即詠歌に特色がみられる。寛仁四年(一〇二〇)七月四日入滅、四十七歳。家集に『道命阿闍梨集』がある。

参考文献 『大日本史料』二ノ一五、寛仁四年七月四日条、三保サト子編『道命阿闍梨集本文と総索引』(『索引叢書』二)、上村悦子「傅大納言藤原道綱の妻妾・子女考」(『日本女子大学紀要』一八)、三保サト子「道命阿闍梨伝考—晩年の軌跡」(稲賀敬二編『平安王朝の文学—一条朝の前と後—』所収) (三保サト子)

とうみょうえにち 東明慧日 一二七二—一三四〇 曹洞宗宏智《わんし》派の来日中国僧。法諱は慧日、道号は東明《とうみょう》(「とうみん」ともいう)。南宋の咸淳八年(一二七二)に明州(浙江省)定海県に生まれ、俗姓は沈氏。九歳で奉化(浙江省)大同寺の沙弥となり、十三歳で剃髪し、十七歳で具足戒を受け、天寧(報恩光孝寺)に登り直翁徳挙の下で修行し契悟す。また天童・霊隠・万寿・蔣山・承天の諸寺を遍歴し、明堂の白雲山宝慶寺に六年間在住して説法した。延慶二年(一三〇九)北条貞時の招きに応じて来日し、相模禅興寺に住したが、翌年円覚寺に昇住し、まもなく山内に白雲庵を構えたが、なお万寿・寿福・東勝・建長の諸寺に移って法を開演した。また肥後の寿勝寺・善光寺開山として請された。暦応三年(一三四〇)六月白雲庵に隠退し、同年十月四日六十九歳で入寂した。門人が編集した『白雲東明禅師語録』三巻がある。中国臨済宗の大慧宗杲《だいえそうこう》(一一六三年寂)の看話禅《かんなぜん》に対し、曹洞宗の宏智正覚《わんししょうかく》(一一五七年寂)は黙照禅と称され、この禅風を伝えたのは永平道元であるが、ついで宏智正覚六世の直系法孫として伝法したのが慧日で、門末を日本禅宗二十四流の一として「東明派」という。五山禅林と結びつき発展し、越前朝倉氏の外護をうけ、門弟で入元した者もあり、文芸趣味にあふれた人が多く、すぐれた詩文をものしている。しかし朝倉氏滅亡後は、白雲庵を中心として文芸活動に専念する小集団となった。

東明慧日花押

参考文献 『大日本史料』六ノ六、暦応三年十月四日条、『扶桑五山記』三—五(『鎌倉市文化財資料』二)、嶺南秀恕編『日本洞上聯燈録』(『曹洞宗全書』) (桜井 秀雄)

東明慧日像

どうゆ 道瑜 生没年不詳 室町時代後期の真言僧。字は玄音。根来《ねごろ》寺左学頭、同寺十輪院住持。出自不詳。奈良長谷寺所蔵の「興教大師画像(月上院累代御影)」の裏書によって、長享二年(一四八八)前後に活躍した人物であったことがわかる。『根嶺教相血脈』によると、教相の師は左学頭極楽院政秀・智積院長盛、同資は妙音院頼誉・十輪院聖誉であった。室町時代後期、根来寺の学徒には同寺で出家成立した常住(学侶)衆と学問のために諸国から集まった客衆との二派があり、道瑜は後者に属する客僧であった。けれども篤学の誉高く、ついに満寺の衆評によって百三十人を超座して同寺学頭職に登った。常客二衆は彼を能化《のうげ》と尊称したという。同寺能化職は道瑜に始まる。同じころ、常住衆に前述した妙音院頼誉がおり、彼もまた能化と尊重された。これら両能化のもと、

同寺教学は大いに振興したのである。道瑜の著書に『論義方様鈔』その他がある。

参考文献　三浦章夫編『興教大師伝記史料全集』、根来寺文化研究所編『根来寺史』史料編一、村山正栄編『智積院史』、櫛田良洪『専誉の研究』、根来山誌編纂委員会編『根来山誌』　（山陰加春夫）

とうようえいちょう　東陽英朝　一四二八—一五〇四　室町時代の臨済宗妙心寺派の僧。法諱英朝、道号東陽。正長元年（一四二八）美濃国賀茂郡の土岐持頼の息として出生。五歳上京、天竜寺弘源寺開祖玉岫英種の童役をつとめ、のちに剃髪受具。天竜・南禅両寺の碩徳に就いて宗義を究め、詩文を学んだ。三十一歳、弘源寺を辞して竜安寺の義天玄承に参じ、義天寂後、弟子の雪江宗深に参じてその法を嗣いだ。文明十二年（一四八〇）丹波の竜興寺に入寺、同十三年勅を奉じて大徳寺に晋山、同寺五十三世住持となり、同十五年尾張の瑞泉寺に住し、同十七年妙心寺山内に堆雲庵を開創した。延徳元年（一四八九）妙心寺に晋山し同寺十三世住持となり、明応元年（一四九二）同寺を退居、山内の養源院に住した。同三年美濃定慧寺、同八年少林寺、文亀元年（一五〇一）大仙寺を開創。永正元年（一五〇四）八月二十四日、少林寺（岐阜県各務原市）にて示寂。七十七歳。妙心寺派四派の中の聖沢派の開祖とされる。諡号大道真源禅師。著述『宗門正燈録』『少林無孔笛』『正法山六祖伝』。

東陽英朝像

参考文献　卍元師蛮『延宝伝燈録』二八（『大日本仏教全書』）、同『本朝高僧伝』四三（同）、川上孤山『妙心寺史』上、禅文化研究所編『開祖大道真源禅師と聖沢派』　（加藤　正俊）

とうりんあんえい　桃林安栄　？—一四七三　室町時代中期の禅僧画家。号は墨渓、諱は采誉。酔墨斎の別号のほか兵部の通称もある。大徳寺の一休宗純に参禅し、画技は周文に学ぶ。兵部墨渓が描いた周文都管像に村庵霊彦が付した画賛がその著『村庵小稿』に収録され、彼は周文弟子の中で確証ある数少ない弟子の一人であることが示される。一休との関係では、その多くの頂相中墨渓筆の一休自賛像（大阪、少林寺蔵）が最も早い時期の享徳元年（一四五二）で、ほかに一休朱太刀像（享徳二年、東京、梅沢記念館蔵）、一休賛達磨図（寛正六年（一四六五）、京都、真珠庵蔵、重要文化財）が彼の筆になる。また一休は「酔墨」の二大字を与えて墨渓の住居の庵名としたり、「墨渓画師」の偈を作るなど親しい関係が認められる。『大乗院寺社雑事記』によると、彼は寛正六年奈良の大乗院の襖絵を描き、文明元年（一四六九）には応仁の乱を避けて酬恩庵に寓居していた一休のもとにきて仏龕の障子絵を描き、同五年に伊勢で没している。真珠庵の不明の画家蛇足筆の伝称ある襖絵真山水図は、同庵造営の延徳三年（一四九一）ごろのものであるから墨渓はそれよりほぼ二十年以前の画家となる。墨渓の水墨画は、粗豪な画風の曾我派に通じるところがあり、また一休との関係からも彼は曾我派の画家と見られる。彼の作品は以上のほか、布袋・寒山拾得など禅宗関係のもの、また深い画境を示した潑墨山水図（「采誉」印、米国、シアトル美術館蔵）も伝わる。

参考文献　裏辻憲道「蛇足墨渓の一考察」（『画説』一七・三二）、蓮実重康「兵部墨渓と曾我蛇足」（『仏教芸術』四三）　（赤沢　英二）

とうりんえいよ　東陵永璵　一二八五—一三六五　南北朝時代に来朝した中国元代の禅僧。曹洞宗宏智派の禅風を伝えた。明州四明の人。元の至元二十二年（一二八五）生まれた。無学祖元の俗姪の子にあたる。はじめ金陵保寧寺の古林清茂に参じて金剛幢下の宗風になじんだが、のち天童山景徳寺の雲外雲岫の門に投じてその法を嗣ぎ、曹洞宗宏智派の法系の人となった。観応二年（一三五一）足利直義が夢窓疎石のあとに天竜寺の住持となるべき人材を中国に求めた。その招聘に応えて同年に来朝した。来朝後は、京都の天竜寺・南禅寺、鎌倉の建長寺・円覚寺など五山の名刹に歴住した。貞治四年（一三六五）五月六日示寂。世寿八十一。墓は南禅寺の西雲庵に造立された。法嗣に中叟善庸・玉巌□璋・玄庵□宗がある。遺著に『璵東陵日本録』がある。

東陵永璵像

参考文献　『大日本史料』六ノ二六、貞治四年五月六日条、石川力山「曹洞宗宏智派における東陵永璵の位置」（『宗教研究』四八ノ三）　（高橋　秀栄）

とうれん　登蓮　生没年不詳　平安時代後期の僧侶歌人。治承二年（一一七八）三月十五日『別雷社歌合』に出詠しているので、それまでは生存していたことが知られる。系譜なども未詳。延慶本『平家物語』に、もと筑紫安楽寺の僧で近江の阿弥陀寺に住み、連歌を能くしたために平清盛に知られ、その庇護を受けたと語るが、事実は不明である。俊恵が主宰する歌林苑の会衆の一人で、源頼政・西行などとも交際があった。中古六歌仙の一人。家集『登蓮法師集』（『中古六歌仙』の一部）、『登蓮法師恋百首』が存する。『詞花和歌集』以下勅撰集に十九首入

集している。

参考文献　富倉二郎「登蓮法師考」(『帚木』七ノ一一)、松野陽一「登蓮法師の作風―歌林苑歌会と漢詩句摂取歌」(『文芸研究』九八)　(久保田　淳)

とおちのおうじょ　十市皇女　?―六七八　天武天皇の皇女。母は額田王。生年不詳。『懐風藻』葛野《かどの》王の伝には天皇の長女とあり、最年長の皇女であろう。天智天皇の子大友皇子の妃となり、葛野王を生んだ。天武天皇元年(六七二)の壬申の乱で皇子が没した後は父天皇のもとにあり、同四年二月には、阿閉皇女(元明天皇)とともに伊勢に参詣した。同七年四月七日、天皇が倉梯の河上の斎宮に天神地祇を祭るために出発する直前、病によりにわかに宮中で没し、赤穂(奈良県桜井市赤尾か)に葬られた。『万葉集』二には、皇女が没したおりの高市皇子の歌三首を載せる。『宇治拾遺物語』などには、壬申の乱のおり、皇女が近江朝廷の陰謀を吉野の父天皇に通報したとする説話があるが、信を置きがたい。　(笹山　晴生)

とがしまさちか　富樫政親　一四五五―八八　室町時代後期の加賀半国の守護。富樫介・二郎と号す。『官地論』には長享二年(一四八八)三十四歳で死去したとされるので、生年は逆算して康正元年(一四五五)となる。文安四年(一四四七)以来、父の成春は加賀の南半国を勢力地盤とした泰高と、加賀国を南北に二分して守護職の地位を得ていた。長禄二年(一四五八)、将軍足利義政は加賀北半国守護を赤松政則に与えたため成春が亡命したころ、政親は白山宮支配下の山内荘内にいた。のち赤松政則は守護職を罷免され、代わって政親が石川・河北両郡の守護職を獲得、能美・江沼郡領有の泰高と対立するに至った。文明五年(一四七三)七月に政親が加賀国勢の攻撃をうけたと『親元日記』にみえる。同六年七月ごろから本願寺門徒に支援された政親は、高田専修寺門徒に助援された弟の幸千代と家督を争い戦った。政親側には白山衆徒も加担し、同年十月十四日には、幸千代勢の拠る蓮台寺城(石川県小松市蓮代寺町)が陥落した。ついで同七年三月には政親は一向一揆と戦いこれを撃破、ために当時越前吉崎にいた蓮如は難をさけ、同年八月には吉崎を退去し、河内出口に赴いた。このころから政親は石川郡野々市に居り、能美郡粟津郷(小松市)の御幸塚に在城の泰高と対立した。長享元年九月、将軍足利義尚の近江守護六角高頼討伐の際、政親も槻橋親長らの有力家臣を率い出撃。その留守中一向一揆の動きが活発となったため、十二月政親は一揆制圧のため帰国。政親は一万余人を率い高尾山に立てこもった。一揆側は富樫氏一族の山川三河守を介して和議を申し入れたが政親は応じなかったため、同二年五月一揆蜂起。六月九日高尾城は陥落、政親以下籠城衆の多くは自害した。政親は絵をよくし好んで馬の絵を描いた。なお文明十三年京都から来た満室充禅師を迎え高尾山麓に大明寺を建てた。彼の妻は四辻中納言の娘とも尾張熱田大宮司の娘ともいわれ、のち高田専修寺の真慧に再嫁した。

富樫政親花押

参考文献　『大日本史料』八ノ二二、長享二年六月九日条、富田景周『越登賀三州志』、重松明久『蓮如と越前一向一揆』　(重松　明久)

とがしやすたか　富樫泰高　生没年不詳　室町時代の加賀南半国の守護。小二郎と号す。安高ともみえる。富樫家は元来藤原利仁の後裔と称し、加賀の在庁官人の出身。室町時代には足利一族以外で守護の地位を得ていた稀な家柄。泰高の父満春の掌握していた加賀守護職は、兄の教家がついだが、嘉吉元年(一四四一)教家は将軍足利義教の怒りにふれて任国を追われたため、醍醐寺三宝院に入り僧となっていた弟を管領細川持之が烏帽子親となって還俗させ、泰高と名のらせ加賀守護職に任じた。義教が嘉吉の乱で死去したのち、教家は畠山持国に接近し、加賀守護への返り咲きを策したが、加賀守護代の山川八郎は持国に反抗した。文安二年(一四四五)畠山持国に代わり細川勝元が管領となると彼は泰高を支持した。教家は越中に追放されたが、将軍足利義政は教家を助けた。のち教家は越中で病死した。富樫一族内の分裂抗争は、後援者の畠山・細川ならびに将軍家の争いに影響されることが大きかった。教家の死後子の成春は将軍義政の後援を得て、泰高と対立した。文安四年、北半国の守護には成春、南半国の守護には泰高が任ぜられた。長禄二年(一四五八)には将軍義政は北半国守護の成春を罷免し、赤松政則を任じた。さらにこれを政則より奪い富樫政親に与えた。応仁の乱では政親は東軍、泰高は西軍に属した。文明年間(一四六九―八七)ころも政親は北加賀、泰高は南加賀を領有しており、両者は対立色を強めていた。しかも政親は文明六年七月ごろから弟の幸千代と家督を争い、これを打倒したが、ついで一向一揆と対立し、長享二年(一四八八)には一揆の攻撃をうけ、高尾山で敗死するに至った。泰高はこのころ能美郡粟津郷(石川県小松市)の御幸塚に在城しており、一揆側について戦った。政親滅亡後は泰高は野々市に居城し、名目のみの加賀守護として一揆勢にとり立てられたが、国政の実権は一揆が掌握していた。ちなみに彼のあとは稙泰・泰俊と子孫ついだが、元亀元年(一五七〇)一揆に焼討ちされ、泰俊は越前溝江長逸をたよってのがれ、野々市の居館も廃絶した。

参考文献　『官地論』、富田景周『越登賀三州志』、重松明久『蓮如と越前一向一揆』　(重松　明久)

とがのおのしょうにん　栂尾上人　⇩明恵《みょうえ》

ときじょうにん　富木常忍　一二一六―九九　日蓮の最も初期からの檀越。御家人あるいは下総守護千葉介頼胤の被官とする二説がある。俗名は常忍《つねのぶ》、通称五郎、法名常忍《じょうにん》、日号は日常。建保四年(一二一六)生まれる。富木

富木常忍花押

（「とき」「土木」「富城」とも日蓮は表記）氏はもと因幡国法美郡富城郷（鳥取県鳥取市国府町）に住し、常忍の父と思われる中太入道法名蓮忍のころ関東に移住したらしく、常忍は下総国八幡荘谷中郷若宮戸村（千葉県市川市）に在住。日蓮とは鎌倉で邂逅したようで、以後日蓮に深く帰依し、かつ日蓮を支援した。檀越のなかでもきわだった識字能力をもち教学上の素養理解も深く、日蓮の主著『観心本尊抄』その他の閲読と保管を求められている。日蓮から最高弟の一人として指名されたその子日頂《にっちょう》との間に、日蓮没後乖離が生じて常忍は僧となり、若宮の持仏堂を法華寺とし、以後弘通と日蓮遺文の蒐集と保存に努め、永仁七年（一二九九）三月四日遺文の目録『常修院本尊聖教事』を作製、聖教類と法華寺を中山本妙寺日高《にちこう》に譲り、同月二十日死去。八十四歳。日常の系統を日常門流・中山門流という。

参考文献　中尾堯編『中山法華経寺史料』、立正大学日蓮教学研究所編『（昭和定本）日蓮聖人遺文』、同編『日蓮教団全史』上、中尾堯『日蓮宗の成立と展開』、高木豊『日蓮とその門弟』　（高木　豊）

ときたねつぐ　富木胤継　⇩富木常忍《ときじょうにん》

ときとうぶん　土岐洞文　生没年不詳　戦国時代、鷹描きで有名な武人画家。『本朝画史』に「画法は周文を師とし、山水人物は馬遠の風あり、或は土岐氏の一族と云う也」とある。その作例に「土岐美濃守筆」の落款と「洞文」の印をもつ鷹図（大阪、正木美術館蔵）があることから美濃の戦国大名土岐氏の一族と知れるが、『土岐氏系図』に洞文の名が見出せないことから素性は明らかではない。「鷹図」（東京、春雨寺蔵）の遺作を残した第十一代頼芸の号か、あるいは「白鷹図」（兵庫、個人蔵）を描いて有名な富景《とみかげ》の別号か、など諸説がある。洞文には山水人物も伝えられ画域は広いが、特に数幅伝えられる鷹図には戦国時代の気概が示される。　（赤沢　英二）

ときながしんのう　世良親王　⇩ときよししんのう

ときもちより　土岐持頼　？―一四四〇　室町時代の武将。伊勢国守護。刑部少輔、のち大膳大夫。康政の子。世保《よやす》氏を称す。応永三十一年（一四二四）仙洞女房の密通事件に関係して一時伊勢守護を解任されたが、正長元年（一四二八）北畠満雅が小倉宮を奉じて挙兵した際再任され、満雅を討って伊勢を平定した。永享十二年（一四四〇）五月十六日、国人一揆鎮圧のため大和三輪山麓に滞陣中、将軍足利義教の命をうけた長野氏らに攻められ、自害した。竜源寺春岩と号す。

土岐持頼花押

参考文献　谷口研語「美濃守護土岐西池田氏と伊勢守護土岐世保氏」（『日本歴史』三五六）　（谷口　研語）

ときやすまさ　土岐康政　？―一四一八　室町時代の武将。伊勢国守護。左馬助、のち大膳大夫。康行の子。世保《よやす》氏を称す。明徳元年（一三九〇）の土岐康行の乱では、父康行に従い、応永六年（一三九九）の大内義弘の乱でも、義弘に与して美濃長森城に叛したが、ともにのち赦免された。同十一年康行の没後、伊勢守護を継承。『看聞御記』によれば応永二十五年六月六日以前に死亡、『尊卑分脈』は九月十四日没とする。法名勝善院文岩善昌。　（谷口　研語）

土岐康政花押

ときやすゆき　土岐康行　？―一四〇四　南北朝時代の武将。美濃国守護、また伊勢国守護。左馬助、のち大膳大夫。初名義行。頼康の養子。実父は頼康の兄弟土岐揖斐頼雄。応安二年（一三六九）侍所沙汰始にはじめて奉行を勤める。康暦元年（一三七九）の政変では、父頼康とともに斯波義将派の有力な一員であったらしい。嘉慶元年（一三八七）、美濃・尾張・伊勢三ヵ国守護を兼帯した頼康の死後、その跡を継承したが、翌二年、尾張守護に弟土岐島田満貞が補任されたことから一族内紛の黒田合戦が起り、やがて康行の幕府に対する反乱に発展した。これは康行が伊勢国司北畠氏と呼応して幕府に反抗したものともされている。明徳元年（一三九〇）閏三月、この乱で最後の拠点とした美濃池田郡小島城（岐阜県揖斐郡揖斐川町春日）が陥落して、康行は没落するが、翌二年山名氏清との内野合戦に戦功を立て、伊勢守護のみ還補された。応永十一年（一四〇四）十月六日京都で没。法名法雲院笑岩善喜。

土岐康行花押

参考文献　『大日本史料』七ノ六、応永十一年十月六日条　（谷口　研語）

ときよししんのう　世良親王　？―一三三〇　後醍醐天皇第二皇子。母は西園寺実俊女遊義門院一条。大宰帥。上野太守。昭慶門院憙子内親王の養育をうけ、大納言北畠親房が乳父として奉仕した。賢明の才があり、父天皇も期待するところ大であったが、元徳二年（一三三〇）九月十八日早世した。『天竜寺重書目録』元徳二年九月十七日親房記すところの親王遺言により、別業河端殿を以て禅寺とした。これが臨川寺であり、寺域に親王の墓がある。また親房は親王に殉じて出家を遂げ宗玄と号した。

参考文献　『常楽記』、菅政友『南山皇胤譜』（『菅政友全集』）、大島武好『山城名勝志』九（『（増補）京都叢書』七）　（村田　正志）

ときよしんのう　斉世親王　八八六―九二七　宇多天皇第三皇子。母は橘広相女、義子。妃は菅原道真女。仁和二年（八八六）生まれる。昌泰元年（八九八）元服。ついで

三品となり兵部卿、上総太守などとなった。延喜元年(九〇一)正月、藤原時平・源光・藤原定国・藤原菅根らが、右大臣菅原道真が斉世親王を立てようとし、すでに宇多上皇の承認を得たと密奏したことから、菅原道真は大宰権帥に左遷されることとなったが、親王も出家して仁和寺に入った。真寂と称し、法三宮と呼ばれた。また遍明とも号した。ついで延喜二年には円成寺に移った。性叡敏にして常に紛争を厭ったと伝えられ、密教に精通し、『慈覚大師伝』をはじめ多くの仏教関係の著書を著わした。また、絵画もよくした。延長五年(九二七)九月十日没。四十二歳。

参考文献 『大日本史料』一ノ五、延長五年九月十日条 (玉井 力)

ときよりとお 土岐頼遠 ?―一三四二 南北朝時代の武将。美濃国守護。弾正少弼。頼貞の第七子。足利尊氏・直義に従い、建武二年(一三三五)の箱根竹ノ下合戦、翌三年の九州多々良浜の戦、京都五条大宮合戦などに活躍。歴戦の勇将として知られ、暦応元年(一三三八)北畠顕家の西上を足利方が美濃で迎撃した青野ヶ原の戦では「青野原の軍は土岐頼遠一人高名と聞し也」(『難太平記』)といわれる奮戦をした。同二年二月、父頼貞が病死すると、長兄頼宗(頼清)が早世のため頼貞のあとを継いで美濃守護となる。康永元年(一三四二)九月六日夜、伏見殿より帰還途中の光厳上皇の行列に樋口東洞院で行き合った際、上皇の牛車に矢を射懸けるという狼藉を働き、それが露顕して罪を問われると無断で美濃に下国した。同年十一月二十九日、軍勢を率いて上洛、臨川寺の夢窓疎石を頼って赦免を願い出たが許されず、十二月一日夜、六条河原において刎首された。法名乗船寺覚然大悟。乗船寺は岐阜市上雛倉にあり、同市長森の手力雄神社の宝篋印塔がその墓とも伝えられている。頼遠は南北朝時代初期に輩出した典型的な婆娑羅《ばさら》大名の一人に数えられ、上皇に狼藉を働いた際、彼がいった「何々、院と云か、犬と云か、犬ならば射ておけ」(『太平記』)という言葉は有名。和歌もよくし、『新千載和歌集』『新拾遺和歌集』『新後拾遺和歌集』の各勅撰集に入集している。加茂郡妙楽寺・同郡東光寺・武儀郡大悲院などの禅宗寺院は、開山を夢窓とし、頼遠の開基。なお、土岐氏主流がその本拠を東美濃土岐郡から平野部の厚見郡へと移したのは頼遠の時代とされているが、頼遠代の守護所については未確定。頼遠の子息は今峰・外山・北方・小柿など、いずれも厚見郡に隣接する本巣郡の地名を名字に冠しており、また、『太平記』が青野ヶ原の戦に敗れた頼遠は「長森城」に退去したとしていることよりすれば、厚見郡長森(岐阜市長森)守護所説が妥当か。

土岐頼遠花押

参考文献 『大日本史料』六ノ七、康永元年十二月一日条 (谷口 研語)

ときよりなり 土岐頼芸 一五〇一―八二 戦国時代の武将。美濃国守護。左京大夫、のち美濃守。文亀元年(一五〇一)生まれる。政房の子。はじめ美濃国方県郡鷺山城に不遇をかこっていたが、大永七年(一五二七)のちの斎藤道三によって美濃国主に擁立され、厚見郡革手城あるいは山県郡大桑《おおが》城に在城、やがて道三と不和になり、尾張の織田信秀を頼ってたびたび道三と争ったが、ついに道三に美濃を逐われ、土岐守護家は滅亡したという。これらの所伝は、道三伝説の影響が濃く、不明な部分が多い。長井規秀(のちの道三)によって美濃守護に擁立されたのは事実だろうが、それは天文四年(一五三五)のことと推定され、翌五年には美濃守に任官している。最終的に美濃を逐われた年次も、天文二十一年説が有力であるが、なお確定的ではない。晩年は織田信長に扶持されていたらしい。天正十年(一五八二)旧臣稲葉一鉄に迎えられ、大野郡岐礼《きれ》(岐阜県揖斐郡揖斐川町岐礼)に住したが、まもなく病を得、同年十二月四日死す。八十二歳。法名東春院文閑宗芸。岐礼の居館跡が菩提寺東春庵(のち法雲寺)で、墓も同所にある。なお、鷹の絵をよくしたというが、実物は現存しない。また、伝説では道三の子義竜の実父は頼芸であるという。→斎藤道三《さいとうどうさん》

土岐頼芸花押

参考文献 『大日本史料』一一ノ三、天正十年十二月四日条、岐阜県教育会編『濃飛両国通史』上、『岐阜市史』通史編原始・古代・中世 (谷口 研語)

ときよります 土岐頼益 一三五一―一四一四 南北朝・室町時代の武将。美濃国守護。美濃守、のち左京大夫。観応二年(一三五一)生まれる。頼世(頼忠)の子。父頼世以来、美濃池田郡に住したことから、はじめ池田氏を称す。土岐康行の乱には父とともに幕府の追討軍に加わる。その後、尾張古井城、美濃高桑・牧城などで戦功あり、一時、尾張海東郡萱津に住して萱津氏を称したともいう。応永二年(一三九五)頼世より美濃守護を継承。同五年には、前年死去した頼世追善のためか、美濃一宮南宮神社に大鉄塔を寄進している。同六年には大内義弘に呼応して厚見郡長森城に立て籠った同族肥田瀬詮直・世保康政や国人遠山氏らを討ち、同十年には侍所頭人に任ぜられた。応永二十一年四月四日守護所革手城において死す。六十四歳。法名興善寺寿岳常保。墓は岐阜県各務原市鵜沼の大安寺にある。なお、康行の乱以降、土岐氏の一族結合が崩れたため、頼益代には西美濃の国人領主富島氏が守護代に登用されている。

土岐頼益花押

参考文献 『大日本史料』七ノ二〇、応永二十一年四月四日条 (谷口 研語)

ときよりやす　土岐頼康　一三一八―八七　南北朝時代の武将。美濃・尾張・伊勢三ヵ国守護。刑部少輔、のち大膳大夫。文保二年(一三一八)生まれる。頼清(頼宗)の子。康永元年(一三四二)叔父頼遠の刑死後、美濃守護を継承。足利尊氏・義詮に従って各地を転戦し、有力守護として幕政にも重きをなした。観応擾乱では尊氏・義詮側で活躍、観応二年(一三五一)には尾張守護を兼帯。その後、貞治年間(一三六二―六八)には伊勢守護をも兼帯するが、同五年細川頼之の管領就任時に失う。これが原因か、康暦元年(一三七九)の政変では、斯波義将と結んで細川頼之排斥の首謀者となり、伊勢守護職を再度手中にした。この間、文和二年(一三五三)南朝方に敗れた義詮が後光厳天皇を奉じて京都を脱出すると、美濃池田郡小島(岐阜県揖斐郡揖斐川町)に後光厳の頓宮を造営。延文三年(一三五八)には尊氏死去に際し落髪して善忠と号した。土岐守護家は歴代厚見郡革手(岐阜市下川手)を守護所とするが、その革手城は頼康が築いて守護所としたもので、その北に菩提寺正法寺を建立したのも彼と伝える。『土岐累代記』『土岐家聞書』などによれば、それまでの守護所厚見郡長森城(岐阜市長森)は地狭く国政をみるに不便であったため、観応のころ、革手城を築き、長森城には弟直氏を入れ、その他、大野郡揖斐城を築いて弟頼雄を入れたという。頼康には嗣子がなかったため、頼雄の子康行を養子にしていたが、頼康と頼雄・直氏・頼世(頼忠)ら兄弟との結束は固く、頼康はこの兄弟たちを中心に、一族庶流を管国内所々に配置、その家紋桔梗を冠して桔梗一揆と呼ばれる一族一揆を軍事力の要にしていた。政略・武略に秀でていた反面、京都の邸で歌会を催し、二条良基邸をたびたび訪れるなど、風雅の道もよくし、『新千載和歌集』二首、『新拾遺和歌集』四首、『新後拾遺和歌集』四首と、勅撰集にも多く入集している。嘉慶元年(一三八七)十二月二十五日池田郡小島の瑞巌(岩)寺にて死去。七十歳。法名建徳寺節叟善忠。墓は瑞巌寺にある。　(谷口　研語)

土岐頼康花押

ときわごぜん　常盤御前　生没年不詳　平安時代末期の女性。九条院雑仕女。源義朝の妾で阿野全成(今若)・義円(また円成。乙若)・源義経(牛若)の母。平治の乱(平治元年(一一五九))で義朝が敗れたのち、六波羅に自首して三児の助命を請い、平清盛の妾となって女子(廊御方)を産んだという。のち大蔵卿藤原長成に嫁して能成を産む。『平治物語』『義経記』などに語られ、のち古浄瑠璃や幸若の題材ともなった。　(飯田悠紀子)

ときわみつなが　常磐光長　生没年不詳　平安時代末期の画家。『吉記』承安三年(一一七三)七月十二日条によって、当時法住寺殿に隣接して造営中であった建春門院御願の最勝光院御堂と同御所に、後白河院が特に絵師の常磐源二光長に命じて数多の障子絵を描かせたことが知られる。また、『玉葉』同年九月九日条の記載でも、光長はその御所に院の高野参詣、女院の平野行啓と日吉御幸の光景を表わし、そのとき参列した諸人物の面貌のみが藤原隆信の写描になることを伝える。『吉記』に常磐源二光長と記されたこの専門絵師は、後白河院に近侍した有能な画家で、その出身が源氏、しかも居所か出所が洛内常盤の地にあったことをわずかに憶測させるが、その経歴の詳細は不明。確証ある作品もまた遺存していない。ところが、『言継卿記』天文十八年(一五四九)九月十一日条に、光長筆と奥書に伝える『年中行事絵巻』が宮中に伝存したことが記されている。これとの関連で、現存する住吉如慶模写の『年中行事絵巻』、特にその絵を光長筆とする奥書を伝写した「朝覲行幸」と「射遺・賭弓」模本両巻が注目される。その群衆描写にみられる闊達自在な画趣は『伴大納言絵巻』とも共通し、祖本が後白河院政期に作成された大規模な絵巻であったことを類推させる。この絵巻の主導的画家として室町時代末期以後光長の名が知られ、その制作時期や画風からの推定によって『伴大納言絵巻』も常磐光長の作に帰される。なお、彼を藤原光長・土佐光長ともいうが、いずれも後世の仮託によるものである。

参考文献　福井利吉郎「絵巻物概説」(『(岩波講座)日本文学』一二所収)　(吉田　友之)

とくいつ　徳一　生没年不詳　平安時代前期、会津在住の法相宗の僧。生没年に諸説あるが、天平宝字四年(七六〇)ごろ―承和七年(八四〇)ごろの人と思われる。のち、恵美押勝の子とされた。若年の際、奈良(おそらく東大寺)で学び、二十歳ごろ東国へ移った。師は修円と伝えられるが疑問がある。弘仁六年(八一五)、空海は弟子康守を東国へ遣わし、徳一にも香をそえて書簡をおくり、新しい真言の書籍を写し、弘めることを依頼した。徳一は空海に対し、真言教学の十一疑問をあげた『真言宗未決文』を著わした。同八年ごろから最澄との間に激

徳一像

烈な論争を行い、天台教学・一乗思想を批判し、法相教学・三乗思想の真実性を主張し、『仏性抄』一巻、『中辺義鏡』三巻、『慧日羽足』三巻、『遮異見章』三巻、『中辺義鏡残』二十巻その他を著わした。三一権実諍論とよばれる。著書は、『止観論』を含めて十七種の名が伝えられるが、『真言宗未決文』『止観論』以外は散佚した。福島県の恵日寺・勝常寺、茨城県筑波山の中禅寺など、徳一開創と伝えられる寺が七十ヵ寺以上あり、恵日寺には徳一廟がある。

参考文献 高橋富雄『徳一と恵日寺』、田村晃祐『最澄』(『人物叢書』一九三)、同編『徳一論叢』、島地大等「徳一の教学に就て」(『教理と史論』所収)、塩入亮忠「徳一法師雑考並に伝教大師との論諍」(『新時代の伝教大師教学』所収)　(田村　晃祐)

とくえん　徳円　七八五―?　平安時代前期の僧侶。延暦四年(七八五)生まれる。十歳で出家し、広円について受学し具足戒を受ける。広円没後、最澄の門に入り天台を学ぶ。最澄から秘密灌頂を、義真から菩薩大戒を受け、円澄のあとを嗣ぐ。天長二年(八二五)に梵釈寺十禅師に任ぜられる。伝燈大法師位となり、円珍に三部三昧耶戒を授ける。天長八年九月二十五日に円澄とともに空海に宛て密教受法を請う手紙を出す。それは最澄がめざした円頓戒壇独立と密教学の体系化のうち、後者に力が入れられなかった義真の『天台法華宗義集』を批判してのことで、分裂混乱していく比叡山を統一するためであった。承和十一年(八四四)光定とともに唐長安の右街醴泉寺宗頴に質問状を送る。『唐決』二巻には「徳円疑問宗頴決答」とあって、このうち疑問十条は徳円の選んだものである。この『唐決』によって日本天台、特に密教が進展し、円仁・円珍・安然などの俊才が出て充実していく。没年は不詳である。

参考文献 上杉文秀『日本天台史』、仲尾俊博『日本初期天台の研究』　(福原　隆善)

とくがわいえやす　徳川家康　一五四二―一六一六　江戸幕府初代将軍。一六〇三―〇五在職。太政大臣。三河国岡崎の城主松平広忠の子として、天文十一年(一五四二)十二月二十六日に生まれた。幼名は竹千代。母は同国刈谷の城主水野忠政の娘で、名はお大(没後に江戸の伝通院に葬られ、法名を伝通院殿という)。当時の松平氏は、今川氏と織田氏との両勢力にはさまれた弱小の大名で、広忠は今川方に属したが、忠政の子の信元が織田方に転じたので、竹千代が三歳の時、お大は離別されて刈谷に帰り、のち尾張阿久比の城主久松俊勝に再嫁した。竹千代は六歳で今川氏に人質として送られる途中、三河田原の城主戸田康光に奪われて、織田信秀のもとに送られた。天文十八年に広忠が没すると、今川義元は岡崎城を管理下に置くとともに、安城《あんじょう》の城を攻略して、城主織田信広を捕え、この信広との人質交換によって、竹千代は岡崎に帰り、ついで駿府に移った。十九歳まで駿府に住み、弘治元年(一五五五)には元服して、次郎三郎元信と称し、同三年には今川氏の一族関口義広の娘(のちの築山殿)と結婚した。翌年までの間に元康と改名。人質ながら、松平家の当主として、このころから岡崎衆を率いて出陣したり、岡崎在城の家臣に定書を下したりした。永禄三年(一五六〇)五月の桶狭間の戦の前日十八日には、敵中に孤立した大高の城に兵糧を入れることに成功し、武名を挙げた。義元が敗死したのち、岡崎城に入って自立し、翌年には織田信長と和睦した。これにより今川氏から離反したが、駿府にいた妻関口氏と子の信康は、永禄五年に鵜殿長照の二子と交換されて無事に岡崎に移った。同年に清洲で信長と会見し、翌六年には、義元からもらった「元」の字を捨てて、家康と改名した。「康」は、勇名高い祖父清康の一字である。「家」の字は、源義家に由来するともいわれるが、確実ではない。同年九月に勃発して、翌七年二月までつづいた三河の一向一揆は、松平氏の家臣を二分した大きな動乱となったが、家康は勇敢に戦って、和睦により平定した。この一揆は、一向宗寺院の不入権を家康の部下が侵害したことが発端をなした点から、荘園制に由来する旧体制を温存するか否定するかを争う意味をもっていたと考えられるが、これに勝利したことにより、旧体制を否定した戦国大名としての家康の支配が、西三河の地域に確立された。ついで同七年に吉田(豊橋)と田原との両城を攻略して、東三河を支配下に入れた。翌八年から、本多作左衛門重次・高力与左衛門清長・天野三郎兵衛康景の三人を奉行に任命して、三河の民政を司らせ、俗謡に「仏高力、鬼作左、どちへんなしの天野三兵」と評されたというのも、領国支配の体制が整い始めたことを物語っている。家康が松平から徳川に改姓し、朝廷から従五位下三河守に叙任されたのは、永禄九年十二月である。同十一年に至り、前年に信長と和睦した武田信玄に呼応して、家康は遠江に出兵した。同年十二月に信玄も駿府を攻略し、家康に使者を送って、大井川を境に、駿河を武田氏が、遠江を徳川氏が取ることを協約した。十二年五月には今川氏真がいた掛川城が陥落して、遠江はほぼ平定された。翌元亀元年(一五七〇)に家康は引馬《ひくま》に築城して、本拠をここに移し、地名を浜松と改め、また岡崎には信康を置いた。

徳川家康花押

この間に信長は上洛に成功し、家康もこれに協力して、越前の金ヶ崎に兵を進め、一旦は京都に退却したが、六月に信長とともに近江の姉川で浅井・朝倉両氏の軍と戦って、勝利を得た。翌二年から武田氏は遠江と三河に侵入し、同三年十二月には、浜松城の北方を西上する信玄の軍勢に対し、家康はあえて出撃したが、三方原で大敗し、辛うじて帰城することができた。敗北したとはいえ、約三倍の大軍に対し積極的に戦ったのは、不名誉ではなかった。翌天正元年(一五七三)に信玄は没したが、武田勝頼の軍は引きつづいて遠江に侵入し、翌二年に高天神《たかてんじん》城を占領した。三年五月の三河の長篠の戦で、武田軍は大敗したが、この後も勝頼との対立はつづき、家康も大井川を越えて出兵したりした。しかし武田方の高天神城は堅固で、天正九年にこれを陥落させて、ようやく遠江全域を支配下に入れた。十年三月には、信長の甲州攻略の一翼を担って、家康は駿河口から甲府に入り、戦後に駿河を領国に加えた。六月に本能寺の変が起ったとき、家康は穴山梅雪とともに和泉の堺にいたが、宇治田原・信楽《しがらき》を経て、伊勢から船で岡崎に帰った。やがて七月に、混乱状態にある甲斐・信濃に出兵し、八月に甲斐の新府《しんぷ》に進み、若神子《わかみこ》で後北条氏と対陣したが、十月に和議を結び、甲斐と信濃(東・南部)に対する支配権を得た。この間に中央の政界では羽柴秀吉の勢力が伸び、織田信雄がこれと対立するに至ったので、家康は信雄を援助して、同十二年に尾張に出兵し、小牧山を本陣として、秀吉の大軍と対峙し、ついに屈服しなかった(小牧・長久手の戦)。講和ののち、同十四年に秀吉は老母を人質として岡崎へ送ることにより、家康を上洛させ、家康も大坂城で秀吉に臣従の礼をとり、正三位権中納言に叙任された。同年十二月に駿府に本拠を移し、これ以後は、駿・遠・甲・信・三の五ヵ国にわたる領地の統治に努力し、交通の整備、商工業の振興、新田の開発などを進めた。同十七年から翌年にかけては、領国に検地を実施し、かつ年貢・夫役に関する七ヵ条の定書を下して、農政の統一をはかっている。この間、十五年には従二位権大納言に昇進した。同十八年に後北条氏が滅びると、秀吉は家康に対し、後北条氏の旧領である伊豆・相模・武蔵・上野・上総・下総の六ヵ国への転封を命じ、家康はこれに従って、江戸を本拠と定めた。正式に江戸城に入ったのは、八月一日で、こののち八朔《はっさく》は関東入国を記念する日とされる。新しい領国は、近江などに散在する約十万石を合わせて、二百五十万石に達し、豊臣政権下で最大の大名となった。朝鮮出兵では渡海せず、やがて秀吉が病衰すると、五大老の筆頭として、大きな勢力をもち、官位も慶長元年(一五九六)には正二位内大臣に昇進して、内府《だいふ》とよばれた。同三年に秀吉が没したあと、家康は伊達政宗や福島正則らと姻戚関係を結ぶなど、禁制を破って独断専行したので、他の四大老や石田三成らとの間に対立が深まったが、かえってこの状勢を利用して勢力を伸ば

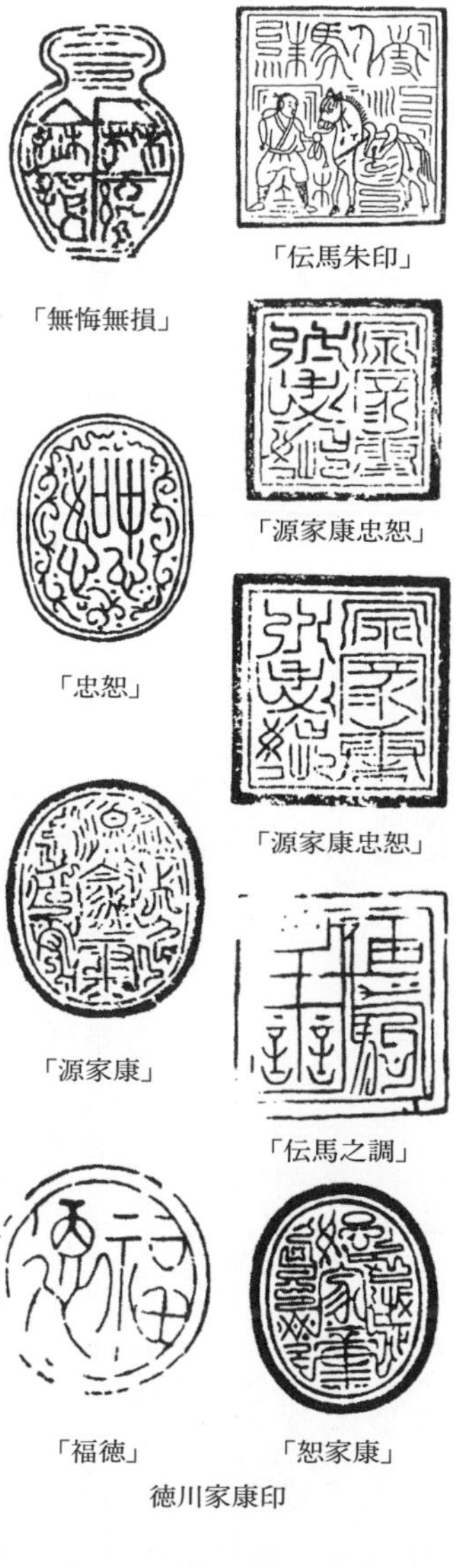

徳川家康印

徳川家康画像(徳川義直筆)

し、ついに同五年の関ヶ原の戦によって、武家政権の代表者としての地位を獲得した。同八年二月十二日には、後陽成天皇から征夷大将軍に補任され、従一位右大臣に昇進して、江戸幕府を開き、正式に全国に対する統治権を掌握した。この後、江戸と伏見とを往復し、同十年四月十六日に将軍職を子の秀忠に譲ったのちも、大御所とよばれて、同十二年からは駿府に居城し、朝廷・寺社関係や外交、および貨幣と交通など、全国的な政務を統轄して、江戸の幕府と並び、二元政治の体制をなした。同十六年には京都の二条城で豊臣秀頼と会見し、ついで同十九年から翌元和元年(一六一五)にかけての大坂の陣によって豊臣氏を滅ぼし、幕府の前途への不安を除くとともに、同じ元和元年には、『武家諸法度』と『禁中并公家諸法度』とを制定させて、幕府の基礎を固めた。安心した家康は、駿府に帰り、翌二年正月に田中(藤枝の東方)へ鷹狩に出た際に発病し、三月には太政大臣に任官、四月十七日に七十五歳で病死した。遺言により、同夜に久能山に遺体を移し、吉田神道による神式で葬るとともに、江戸の増上寺にも仏式の廟を作った。こののち天海の主張する天台系の山王神道に基づき、東照大権現の神号が勅許されて、翌三年四月には下野の日光山に改葬された。これにより、やがて「東照宮」または「東照神君」が、家康に対する尊称となる。家康は、健康な身体と明敏な判断力とに恵まれ、特に幼少時に不遇を経験したことにより、強い忍耐力を身につけて、人心を洞察し、情勢に的確に対処することができた。また弓馬の武術にも優れ、果敢な行動力を発揮して、譜代の家臣らを統率するとともに、豊臣政権末期には多くの大名の信望を集め、ついに秀吉の後継者となって、幕藩体制を確立し、こののち二世紀半に及ぶ平和な社会の秩序を成立させるという、大きな歴史的役割を果たしたのである。家康にはすぐれた家臣が多く、武将としては、四天王とよばれる酒井忠次・本多忠勝・榊原康政・井伊直政らが名高い。また、本多正信・正純の父子らには、政治上の機密に参画させた。鉱山の開発には大久保長安を、また家臣ではないが僧侶の天海・以心崇伝らを社寺や朝廷対策また外交などに活用している。学問を愛好し、藤原惺窩や林羅山ら儒学者の講義を聞いたが、詩文には関心がなく、史書を通じて、唐の太宗や源頼朝を尊敬していた。学者らに命じて古書や古記録を蒐集させ、また『孔子家語』『貞観政要』『吾妻鏡』『大蔵一覧』『群書治要』などを活字版で出版させたことは、一面では幕府開創の準備に役立ったとともに、文運興隆の端緒となった。政治上では特定の学問や宗派を偏重しなかったが、個人としては浄土宗の信者であった。家康の妻は、最初の築山殿が、長子信康とともに、甲州方への通謀を疑った信長の命令により、天正七年に殺されたあと、同十四年に秀吉との講和に際し、その異父妹の朝日姫を迎えたが、これは名のみの政略結婚で、二年後に別居し、十八年には死去した(南明院殿)。これ以後は正室を置かず、約十五人の側室に十男五女を生ませたが、その中に、次男秀康の母お万(永見氏、長勝院殿)、三男秀忠と四男忠吉の母お愛(西郷氏、宝台院殿)、五男信吉の母お都摩(秋山氏、下山殿)、六男忠輝の母お茶阿(朝覚院殿)、九男義直の母お亀(志水氏、相応院殿)、十男頼宣と十一男頼房の母お万(正木氏、養珠院殿)らがあり、また側近として政治上に重んじられた阿茶局らがいる。秀康は、豊臣秀吉ついで結城晴朝の養子となった(越前松平家の祖)ので、秀忠が将軍の地位を継承し、また義直・頼宣・頼房は、それぞれ尾張・紀伊・水戸の三家の始祖となった。

参考文献 『大日本史料』一二ノ二四、元和二年四月十七日条、『松平記』(『三河文献集成』中世編)、大久保彦左衛門『三河物語』(『日本思想大系』二六)、松平家忠『家忠日記』、板坂卜斎『卜斎記』(『(改定)史籍集覧』二六)、『朝野旧聞裒藁』(『内閣文庫所蔵史籍叢刊』特刊一)、『徳川実紀』、安積澹泊『烈祖成績』、内藤耻叟『徳川十五代史』、山路愛山『徳川家康』(『岩波文庫』)、徳富猪一郎『近世日本国民史』徳川家康、三上参次『江戸時代史』、辻善之助『日本仏教史』八、中村孝也『徳川家康文書の研究』、同『家康伝』、同『家康の族葉』、同『家康の臣僚』、同『家康の政治経済臣僚』、徳川義宣『新修徳川家康文書の研究』、小和田哲男編『徳川氏の研究』(『戦国大名論集』一二)、北島正元『江戸幕府の権力構造』、同編『徳川家康のすべて』、煎本増夫『幕藩体制成立史の研究』、所理喜夫『徳川将軍権力の構造』、桑田忠親『徳川家康―その手紙と人間―』(『旺文社文庫』)

(尾藤　正英)

とくがわのぶやす　徳川信康 ⇨松平信康《まつだいらのぶやす》

とくがわひでただ　徳川秀忠 一五七九―一六三二　江戸幕府第二代将軍。一六〇五―二三在職。法号台徳院殿。徳川家康の三男。母は家康の側室西郷氏於愛の方(宝台院)。天正七年(一五七九)四月七日遠江浜松城に生まれた。童名長松、のちに竹千代と改めた。長兄信康が自害、次兄秀康が羽柴(豊臣)秀吉の養子になったため、世子の地位についた。同十八年正月上洛、十五日秀吉に拝謁を遂げ、元服して秀吉の偏諱を受け秀忠と名乗り、従四位下侍従に叙任された。同十九年正四位下少将を経て参議兼右近衛権中将、文禄元年(一五九二)九月九日従三位権中納言に進んだ。慶長五年(一六〇〇)会津の上杉景勝攻撃には先鋒としてかの地に向かい、途中下野小山にて上方における石田三成の挙兵を聞き、父家康とともに西上した。この時家康は東海道を、秀忠は東山道をとったが、同年八月石田方の真田昌幸に進軍を妨害され、昌幸を信濃上田城に攻めた。そのため時間を空費し、関ヶ原にて東西両軍の会戦迫るとの飛報を受け関ヶ原に向かうも時すでに遅く、ついに合戦に参加することができなかった。このため、家康の勘気をこうむり、諸将の調停によってようやく赦された。同六年三月二十八日従二位権大納言、同八年二月十一日家康が征夷大将軍に任じられるとも

徳川秀忠花押

「忠孝」
徳川秀忠印

に、右近衛大将・右馬寮御監を兼ねた。この年、秀忠の長女千姫は、秀吉の遺児秀頼に入輿した。同十年二月二十四日、供奉の輩十万余人を率いて、江戸より上洛の途を進め、三月二十一日入洛、四月七日家康が将軍職を秀忠に譲る旨奏聞し、十六日に徳川氏第二代目の征夷大将軍に任じられた。この日あわせて淳和・奨学両院の別当、源氏長者、正二位内大臣に任じられ、牛車随身兵仗を賜わった。同十一年九月二十三日には新営なった江戸城に移る。同十二年には朝鮮通信使が来日し、五月六日拝謁を受け、また、同十四年には、島津家久の琉球侵攻を許し、これを服属させ、島津氏に与えた。ただし、この時期は、駿府の家康が実権を持ついわゆる「大御所時代」であって、秀忠はおもに東国を中心とした大名の統率にあたっている。同十九年三月九日従一位右大臣に叙任。

徳川秀忠画像

この年の大坂夏の陣では、家康とともに出陣し、ついに秀頼を自害させ、豊臣氏を滅ぼした。元和二年(一六一六)四月十七日の家康没後は名実ともに主権者となり、同五年広島城修築を理由に豊臣氏の旧臣である福島正則を改易するなど、一代の内にのべ四十一名の大名の改易を断行した。この中には、甥松平忠直や家康の遺老本多正純など一門や譜代に対するものもある。朝廷との関係では、同六年娘和子(東福門院)を入内させ、寛永四年(一六二七)紫衣事件のため後水尾天皇が退位した後は、孫にあたる幼女を即位させた。明正天皇である。また、対外政策については、中国船以外の外国船来航を長崎・平戸に限定し、武器輸出の禁、海賊行為の禁などの原則を堅持した。キリスト教に対しては家康の晩年の政策を引き継ぎ、弾圧を強めた。元和九年七月二十七日には長男家光に将軍職を譲り、大御所となって西ノ丸に移徙したが、なお実権を握り、土井利勝を信任して幕府権力の強化に努めた。寛永三年八月十八日従一位太政大臣。同九年正月二十四日没。年五十四。三縁山増上寺(東京都港区)に葬る。室は豊臣秀吉の養女、実は浅井長政の三女於江与(崇源院)で、秀吉の側室淀君の末の妹にあたる。

参考文献　『徳川幕府家譜』(『徳川諸家系譜』一)、藤野保『新訂幕藩体制史の研究』、高木昭作『江戸幕府老中制形成過程の研究』、藤井譲治『日本近世国家史の研究』、山本博文『寛永時代』(吉川弘文館『日本歴史叢書』三九)
(山本　博文)

とくがわひろただ　徳川広忠　⇨松平広忠《まつだいらひろただ》

とくさい　徳斉　⇨鞍作多須奈《くらつくりのたすな》

とくしないしんのう　篤子内親王　一〇六〇—一一一四　堀河天皇の皇后。後三条天皇の第四皇女。母は贈皇太后藤原茂子。没年から逆算すると、康平三年(一〇六〇)の誕生となる。祖母陽明門院のもとに養われ、治暦四年(一〇六八)内親王宣下、篤子と命名。延久五年(一〇七三)三月賀茂斎院に卜定されたが、同年父天皇の崩御により退下した。承暦三年(一〇七九)准三宮となり、寛治五年(一〇九一)堀河天皇の後宮に入り、同七年二月皇后(中宮)に立った。しかし皇子女を生むことなく、嘉承二年(一一〇七)天皇崩御の後をうけて落飾した。永久二年(一一一四)十月一日堀河院に崩じ、遺言により、即夜雲林院内の墓所に土葬された。五十五歳。なお天仁二年(一一〇九)近衛京極に御願寺証菩提院(京極堂)を建立したが(『百錬抄』)、同院領と中宮庁分十一ヵ所は藤原忠通に伝領され(『中右記』大治二年(一一二七)十二月二日条)、その一部は建長五年(一二五三)の『近衛家所領目録』にも載っている。

参考文献　『大日本史料』三ノ一五、永久二年十月一日条
(橋本　義彦)

とくぜんいん　徳善院　⇨前田玄以《まえだげんい》

とくだいじきんつぐ　徳大寺公継　一一七五—一二二七　鎌倉時代の公卿。安元元年(一一七五)生まれる。左大臣実定三男、母は上西門院女房。建久元年(一一九〇)十六歳で参議、累進して承元三年(一二〇九)内大臣、建暦元年(一二一一)右大臣に進む。承久の乱に後鳥羽上皇が西園寺公経を処断せんとしたのを諌止した(『承久記』)。乱後復任し、元仁元年(一二二四)左大臣に昇るも、安貞元年(一二二七)正月三十日五十三歳に没す。野宮左大臣といわれた。『公卿補任』には往生人とみえるが、かねて法然房源空に師事していた。歌人としても聞えたが、また琵琶・神楽・催馬楽などの血脈にも載る。しかし藤原定家から辛辣な非難を受けている。『宮槐記』(『公継公記』)断簡が残っている。

徳大寺公継花押

徳大寺公継画像
（『天子摂関御影』）

徳大寺実定画像（『天子摂関御影』）

徳大寺実基画像（『天子摂関御影』）

参考文献 『大日本史料』五ノ三、安貞元年正月二十一日条　　（水戸部正男）

とくだいじさねあつ　徳大寺実淳　一四四五―一五三三　室町時代後期の公卿歌人。文安二年（一四四五）生まれる。公有《きんあり》男。寛正三年（一四六二）従三位、のち従一位太政大臣。和歌を好み、三条西実隆に『古今和歌集』の難義、不審箇所の教示を受け、また冷泉為広らと親交があった。家集の『実淳集』（『私家集大成』六所収）は明応四年（一四九五）―永正三年（一五〇六）の編年体詠草で、途中欠年はあるが、史料的価値が高い。興福寺の僧となっていた子の空実に古今伝授を行い、その縁で晩年十市遠忠ら大和の人々に和歌を指導した。永正八年出家、法名忍継。禅光院と号した。天文二年（一五三三）八月二十四日没。八十九歳。

参考文献 井上宗雄『中世歌壇史の研究―室町後期―』　　（井上　宗雄）

徳大寺実定花押

とくだいじさねさだ　徳大寺実定　一一三九―九一　平安・鎌倉時代前期の公卿。保延五年（一一三九）生まれる。父は右大臣公能、母は権中納言藤原俊忠女。実定は嫡男で、二代皇后多子・後白河中宮忻子は同母妹。後徳大寺と号した。幼少で任官、保元元年（一一五六）従三位に叙し、累進して寿永二年（一一八三）には内大臣に進んだが、木曾義仲の強制により藤原師家にその地位を替えられた。義仲滅後復任、文治元年（一一八五）の平家滅亡後、源頼朝の奏請で議奏公卿の一人となり、翌二年に右大臣に転じ、同五年左大臣に進む。病により翌建久元年（一一九〇）上表、同二年入道し法名如円、同年閏十二月十六日五十三歳を以て没した。頼朝は彼の死をはなはだ惜しんだ。『庭槐抄』（『実定公記』）一巻を残すが、治承―寿永期における朝廷の綱紀の弛廃を具体的に記述している。『寿永改元定記』、有職故実の書『掌函補抄』十巻などの著作もある。彼は歌人として名高く、『千載和歌集』以下の勅撰集に入集し、多くの歌合集にも名を連ねている。家集の『林下集』は三百八十首を数える。また『平家物語』にはしばしば登場し、大原御幸にも随身し歌を詠んでいる。

参考文献 『大日本史料』四ノ三、建久二年閏十二月十六日条　　（水戸部正男）

徳大寺実基花押

とくだいじさねもと　徳大寺実基　一二〇一―七三　鎌倉時代中期の公卿。建仁元年（一二〇一）生まれる。左大臣公継の次男、母は白拍子。承久元年（一二一九）従三位に叙し、元仁元年（一二二四）権中納言、累進して寛元四年（一二四六）内大臣、建長五年（一二五三）太政大臣に昇る。翌六年上表、文永二年（一二六五）出家、法名因性。同十年二月十四日七十三歳で没す。徳大寺相国・水本太政大臣と称された。『徒然草』に彼の逸話二篇があり、迷信を斥けた果断な態度を知ることができる。『実基公記』（『徳大寺相国記』）を断簡として残し、『安貞二年放生会記』（『歴代残闕日記』三八）、『行幸部類記』（『大日本史料』四ノ一五、永久三年四月二十日条）、『御譲位部類記』（『群書類従』公事部）などの資料は重要である。　　（水戸部　正男）

とくのうみちつな　得能通綱　?―一三三七　南北朝時代伊予の武将。得能氏は伊予河野氏の一族。通綱は弥太郎通村の子。又太郎。元弘三年（一三三三）閏二月、後醍醐天皇に味方して挙兵し、同族土居氏や忽那《くつな》氏らと連合して、同年三月、宇都宮貞泰の根来山城を攻略し、ついで星岡で長門探題北条時直を撃退、さらに同年五月長駆して讃岐国鳥坂で鎌倉幕府の与党を破り、後醍醐天皇の伯耆よりの帰着を兵庫で迎えた。建武の新政が始まると従五位下に叙し備後守に任ぜられて、河野氏の惣領職《しき》をついだ。建武の新政が破れ、河野通盛が足利尊氏から惣領職を認められ、帰国して伊予の南朝方に攻撃を加えたころ、通綱は土居氏らと新田義貞軍に属して京都にあったが、以後も延元元年（北朝建武三、一三三六）入京した尊氏軍を迎えての摂津豊島河原の戦、九州より東上した

尊氏軍との兵庫での合戦、尊氏の叡山攻囲戦などに、終始義貞の指揮下にあった。義貞が南朝方勢力の再建のため北国に赴くと、これに従い、義貞の子義顕とともに越前金ヶ崎城(福井県敦賀市)を拠守したが、延元二年三月城と運命をともにした。

[参考文献] 『愛媛県編年史』二・三、『愛媛県史』古代二中世　(松岡　久人)

とくわか　徳若　生没年不詳　室町時代の能面作家で、いわゆる十作の一人。世阿弥は『申楽談儀』面の事の中で、越前の作家を石王兵衛・竜右衛門・夜叉・文蔵・小牛と並べ、最後にこの徳若をあげている。後世の伝書類によれば、三日月・あやかし・頼政などの霊がかった男面を得意としたようで、能楽各宗家をはじめとする伝世能面中のこの種のものに、徳若の作伝をもつものが多いが、その真偽は明らかでない。

[参考文献] 野上豊一郎『能面論考』、野間清六『日本仮面史』　(田辺三郎助)

とさのいん　土佐院　⇨土御門天皇《つちみかどてんのう》

とさのぼうしょうしゅん　土佐房昌俊　?—一一八五　平安・鎌倉時代前期の僧、武士。元来、大和国興福寺西金堂の堂衆。西金堂御油料所の「針の庄」の年貢所当に関連して代官小河遠忠を夜討にしたため、大番衆として上洛していた土肥実平に預けられた。その後、実平に伴われて関東に下向、源頼朝に仕えるようになったらしい。元暦元年(一一八四)八月、源範頼に属して平家追討に従い、豊後国に渡った。翌文治元年(一一八五)十月、頼朝に敵対した源義経追討に応じて上洛、義経の六条室町亭を強襲した。しかし、敗れて鞍馬山に逃れたが、捕縛され、六条河原で梟首された。平治の乱の際、義朝の郎等として常盤御前に義朝の死を急報した金王丸と昌俊を結びつける説もあるが、史料的には確認されない。

[参考文献] 『吾妻鏡』三—五、『源平盛衰記』四六　(岡田　清一)

とさみつなが　土佐光長　⇨常磐光長《ときわみつなが》

とさみつのぶ　土佐光信　生没年不詳　室町・戦国時代の画家。文明元年(一四六九)十月絵所預に就任、ときに右近将監。延徳二年(一四九〇)閏八月すでに刑部少輔とあり、明応五年(一四九六)十二月五日に刑部大輔の宣旨をうけた(『土佐文書』)。ちなみに、文亀三年(一五〇三)三月に完成した『北野天神縁起』(北野天満宮蔵、重要文化財)の奥書には、絵所預従四位下刑部大輔藤原朝臣光信とある。以後、『元長卿記』永正十八年(大永元、一五二一)正月条にその生存を記すが、没年は未詳。ただし、大永五年(一五二五)五月二十日九十二歳で他界したとする説(『思ひよる日』)がある。この間、延徳三年前後に土佐広周より室町幕府絵師職を引き継ぎ、多くの所領を得て土佐派の栄位を確立した。なお、寛正六年(一四六五)以降心敬や宗祇らの連歌会に加わり(『何船百韻』)、最晩年に至るまで和歌や連歌を介して公家階層や連歌衆と親交を結んだ。そうした当時の貴紳がおのおの日記に書き留めた光信の画業はきわめて多彩である。まず、『実隆公記』に文明七年から記録される「高野雲」と題する小絵巻をてがけたのに始まり、長享元年(一四八七)には『星光寺縁起』、文亀元年から同三年にかけて上記『北野天神縁起』、永正十四年に『清水寺縁起』(東京国立博物館蔵、重要文化財)などを制作している。ほかに、現存する明応四年の『槻峯寺縁起』(フリア美術館蔵)、同六年の『石山寺縁起』第四巻(石山寺蔵、重要文化財)、また『硯破草紙』や『地蔵堂草紙』などの小絵巻も光信の作と推定される。さらに、文明十四年ごろ肖像画家として高く評価され(『十輪院内府記』紙背文書)、長享二年に嘉楽門院の肖像画を制作し、翌延徳元年「後土御門天皇寿像」を、明応元年には「後円融院御影」(雲竜院蔵)を描いた。「桃井直詮像」(東京国立博物館蔵)も光信の作に帰せられるが、文亀元年作の三条西実隆肖像紙形もまた貴重な遺例として注目される。こうした作品系列のほかに、延徳元年作の「十王図」(浄福寺蔵、重要文化財)に代表される仏画の制作が知られる。さらに、異色作として後土御門天皇の着賛の「庚申図」があり、光信の水墨画法への関心を伝える。光信の画業における上記諸ジャンルは伝統的な絵画領域に属するが、いま一つ見過ごせない活動に、『実隆公記』永正三年十二月二十二日条に記された、「京中図屛風」一双の制作がある。それは越前の朝倉貞景の需めに応じた新調の作品であった。この京中図の屛風は、現存する「洛中洛外図屛風」を想起させ、しかもその先駆的な絵画の制作を伝えるのである。この記録と関連して、多くの光信伝称作のなかから「七十一番歌合絵」模本などにみられる職人描写があらためて注意され、同時に光信の大画面絵画制作の実態、たとえば足利義政の造営した東山殿障壁画制作への参加の可能性などが再検討されようとしている。

土佐光信画像

[参考文献] 木村徳衛編『土佐文書解説』、吉田友之『土佐光信』(『日本美術絵画全集』五)、宮島新一編『土佐光信と土佐派の系譜』(至文堂『日本の美術』二四七)、谷信一「土佐光信考」(『美術研究』一〇〇・一〇一・一〇三)、梅津次郎「後土御門天皇宸賛の墨画庚申図に就いて」(『国華』七四三)、榊原悟『星光寺縁起絵』

私見」(『MUSEUM』四二三)、岩崎佳枝「土佐光信の文芸活動(『語文』四七)」 (吉田　友之)

とさみつもち　土佐光茂　生没年不詳　戦国時代の画家。その名を「みつもち」と称したことは、『御湯殿上日記』永禄三年(一五六〇)九月十一日条および足利義晴肖像紙形(京都市立芸術大学蔵)の記載例によって知られる。土佐光信の後継者で、『元長卿記』大永二年(一五二二)正月条にその名をみる。翌年すでに絵所預・左近将監とあり(『土佐文書』)、天文元年(一五三二)六月刑部大輔にのぼり、以後永禄十二年まで活躍した。享禄二年(一五二九)に法然房源空・善恵の肖像画、同四年には『当麻寺縁起』(当麻寺蔵、重要文化財)を制作。翌天文元年足利義晴奉納の『桑実寺縁起』(桑実寺蔵、重要文化財)を完成して華麗な画風を確立した。当時の遺作として『八幡縁起絵巻』(杵原八幡宮蔵)も伝来している。天文三年に「長谷寺観音図」、翌年醍醐寺の「太元明王図」等をてがけ、同十三年から内裏記録所の襖絵を描いた。十九年五月、穴太で足利義晴の寿像を表わし、その紙形が現存する。同年観音寺城に「犬追物図」、永禄三年宮中で「車争い図」以下各種屏風を制作、同十二年足利義昭の二条館に障壁画を描くなど最晩年までの多彩な画歴が知られる。

参考文献　木村徳衛編『土佐文書解説』、小松茂美『桑実寺縁起』解説(『続日本絵巻大成』十三)、宮島新一編『土佐光信と土佐派の系譜』(至文堂『日本の美術』二四七)、榊原悟「桑実寺縁起詞書小解」(『MUSEUM』四〇一) (吉田　友之)

とさみつもと　土佐光元　一五三〇―六九　戦国時代の画家。享禄三年(一五三〇)生まれる。土佐光茂の子で、天文十年(一五四一)左近将監に任ぜられた(『土佐文書』)。光元の画業として、『源氏物語竟宴記』に語られた永禄三年(一五六〇)制作の「紫式部石山寺参籠図」が知られ、また『言継卿記』や『御湯殿上日記』などに主として扇絵の作成が記録されている。ところが、光元は天文末以来兵役につき、織田信長方に仕官、泉州の上神谷を知行した(『土佐文書』)が、永禄十二年八月に豊臣秀吉の出陣に加わり、但馬の陣にて戦没。四十歳。光元の伝称作品として「源氏物語色紙画帖」や「酒飯論絵巻」などがあるが、なお確証ある遺作をみない。

参考文献　木村徳衛編『土佐文書解説』 (吉田　友之)

とさゆきひろ　土佐行広　生没年不詳　室町時代の画家。応永二十一年(一四一四)ごろ、行広は清凉寺本『融通念仏縁起』(重要文化財)の上巻第六段と下巻第八段を描いた。その紙背の署名に土佐守藤原行広とある。だが、『教言卿記』では、応永十三年十月から翌々年にかけて、行広はすでに土佐将監の名でよばれている。以後、『建内記』『満済准后日記』『看聞御記』などで、嘉吉三年(一四四三)までの画業が伝えられる。その間、永享の初年ごろに出家して経光と号し、永享六年(一四三四)に『満済准后日記』でも土佐将監入道と記されている。ところが、『看聞御記』では同十三年三月以来、再び土佐将監の名がみられ、これを行広とは別人とする説もある。それでも土佐の呼称はこの行広で定着し、次世代の土佐広周に受け継がれた。主として足利将軍家を拠点にして肖像画や絵巻を制作し、その活動領域は前代の行光に酷似する。鹿苑寺の「足利義満画像」(重要文化財)、醍醐寺の「満済准后画像」、永享五年足利義教奉納の『神功皇后縁起』(誉田八幡宮蔵、重要文化財)などが行広の筆と推定されるが、二尊院の「二十五菩薩来迎図」は経光制作・結縁の遺品として貴重である。

参考文献　宮島新一編『土佐光信と土佐派の系譜』(至文堂『日本の美術』二四七)、谷信一「土佐行広考」(『美術研究』一二七・一二八) (吉田　友之)

とさゆきみつ　土佐行光　生没年不詳　南北朝時代の画家。『宣胤卿記』永正十四年(一五一七)十一月二十七日条に、土佐光信が先祖の行光について語ったことを記す。その行光は後光厳天皇が在位した文和元年(一三五二)から応安四年(一三七一)にかけて絵所預であった。貞治五年(一三六六)には中御門越前守藤原行光と記され(『石清水文書』)、翌年の『地蔵験記絵巻』の奥書には散位従四位上藤原朝臣行光とあって(『看聞御記』永享十年(一四三八)六月七日条)、官位を明らかにする。しかし、そこに土佐の称はない。伝称作品として「十王図」(二尊院蔵、重要文化財)が『実隆公記』の記載と関連して知られているが、宝篋院の「足利義詮画像」も注目されている。

参考文献　木村徳衛編『土佐文書解説』、宮島新一編『土佐光信と土佐派の系譜』(至文堂『日本の美術』二四七)、谷信一「藤原行光考」(『美術研究』八七) (吉田　友之)

とせいちゅう　杜世忠　一二四二―七五　元の国使。世祖フビライに仕え、礼部侍郎に至る。文永の役の翌年、すなわち建治元年(一二七五)、日本詔諭のため正使に選ばれ、副使の兵部侍郎何文著ら一行五名とともに、高麗を経て長門に上陸。鎌倉に送られたが、同年九月七日、竜の口で斬首された。三十四歳。辞世の漢詩が残っている。 (山口　修)

とだやすみつ　戸田康光　?―一五四七　戦国時代、東三河の武将。田原城主で、名乗りは宗光ともいった。田原城主戸田政光の子として生まれ、仮名《けみょう》は孫四郎、官途名を弾正少弼といった。西三河の松平広忠とは同盟関係にあり、娘(真喜姫)を広忠の後妻に送りこんでいる。康光の祖父憲光のころに今川氏の三河進出とともにその麾下に属し、今川氏親の命をうけて吉田城の牧野古伯を攻めたことなどがあったが、康光はひそかに尾張の織田氏に通じ、天文十六年(一五四七)八月、今川義元のもとに送られる途中の松平竹千代(徳川家康)一行をあざむき、尾張の織田信秀のもとに送りこんだ。ところが、この一件で今川義元の怒りをかい、同年九月に今川氏の大軍に田原城を攻められ、康光とその子尭光は討死し、以後、

戸田氏は急速に衰退していくことになった。なお、堯光の弟宣光は今川方に属していたため、この系統が家名を存続することになったのである。

参考文献　大口喜六『国史上より観たる豊橋地方』、豊橋市教育委員会『吉田城シンポジウム報告検証吉田城』　（小和田哲男）

とねりしんのう　舎人親王　六七六―七三五　天武天皇の第三皇子。母は妃で天智天皇の女新田部皇女。天武天皇五年（六七六）生まれる。淳仁天皇（大炊王、母は当麻山背）・御（三）原王・三島王・船王・池田王・守部王・室女王・飛鳥田女王らの父。持統天皇九年（六九五）浄広弐の位を授けられ、養老二年（七一八）二品から一品に昇叙、元正朝から聖武朝にかけ、新田部親王とともに宗室の年長として政界に重きをなした。勅命により『日本書紀』の編纂を主宰し、養老四年五月完成奏上、同年八月右大臣藤原不比等の死にあたっては、直後に知太政官事に任じられ、政界の動揺を防ぐ役を担った。天平七年（七三五）十一月十四日、おりからの疫病流行のなかで没、太政大臣を贈られた。『公卿補任』に年六十とあり、『万葉集』には三首をのせる。天平宝字三年（七五九）、淳仁天皇の父たる故をもって崇道尽敬皇帝と追号された。親王の遺子やその子の中には、淳仁天皇をはじめ、皇嗣をめぐる奈良時代後半の政界の混乱にまき込まれ、不幸な運命をたどった者が多い。

参考文献　川崎庸之「天武天皇の諸皇子・諸皇女」（『万葉集大成』九所収）、柳宏吉「舎人親王家の隆替」（『熊本史学』六）　（笹山　晴生）

とばそうじょう　鳥羽僧正　⇩覚猷《かくゆう》

とばてんのう　鳥羽天皇　一一〇三―五六　一一〇七―二三在位。堀河天皇の第一皇子。母は大納言藤原実季の女、贈皇太后苡子である。康和五年（一一〇三）正月十六日、左少弁藤原顕隆の五条邸に誕生、その年六月親王宣下あり、宗仁《むねひと》と命名され、八月には早くも皇太子に立った。ついで嘉承二年（一一〇七）七月十九日、父天皇崩御のあとをうけて皇位についたが、まだ五歳の幼帝であったため、祖父白河上皇の執政はいよいよ本格化した。ついで永久五年（一一一七）権大納言藤原公実の女璋子（待賢門院）を女御とし、翌年皇后（中宮）に立てたが、元永二年（一一一九）皇子が生まれるや、曾孫の速やかな即位を望む上皇の意向により、保安四年（一一二三）正月二十八日、皇子（崇徳天皇）に位を譲って上皇となった。しかし大治四年（一一二九）七月七日祖父上皇が崩御したので、ようやく院中に政務を執ることになった。上皇は白河院政末期の十余年間宇治に籠居していた前関白藤原忠実を政界に復帰させ、その愛児頼長を重用した。また祖父上皇の寵愛した待賢門院璋子を遠ざけ、権中納言藤原長実の女得子（美福門院）を納れて院の女御とし、保延五年（一一三九）皇子が誕生するや、永治元年（一一四一）天皇に迫って位を譲らせた。新帝は近衛天皇である。一方、同年上皇は鳥羽殿において落飾し、法名を空覚と定めた。すでにして久寿二年（一一五五）近衛天皇が病没したので、上皇は同天皇の異母兄にあたる雅仁《まさひと》親王（後白河天皇）を皇位につけた。上皇はこうした無理な皇位継承や激化する摂関家の内紛が、近い将来天下大乱の因となるべきことを予測し、保元元年（一一五六）六月病が重くなると、源・平の武士を召集して内裏高松殿と鳥羽殿との警固を厳重にしたが、七月二日ついに五十四歳をもって鳥羽安楽寿院御所に崩御した。遺詔により即日入棺、翌三日同院御塔に葬られた。安楽寿院陵である。追号して鳥羽院という。　（橋本　義彦）

鳥羽天皇画像（『天子摂関御影』）

安楽寿院陵《あんらくじゅいんのみささぎ》　京都市伏見区竹田内畑町の安楽寿院旧境内所在。鳥羽上皇は、鳥羽に三重塔の寿陵を右衛門督藤原家成に建立させ、保延五年（一一三九）二月二十二日この落慶供養を行い、三昧僧を付けて法華三昧を行わせた。保元元年（一一五六）七月二日上皇崩御の夜、遺詔により遺骸をこの塔下に納め、安楽寿院が祭祀管理を行なった。永仁四年（一二九六）八月三十日安楽寿院の火災で類焼。建武年間（一三三四―三八）に再建されたが、天文十七年（一五四八）再焼失。慶長十七年（一六一二）九月塔跡に仮堂を建立し、「本御塔」といった。このあと所伝が混乱し、元禄の諸陵探索調書は「本御塔ハ白川院御骨蔵ム、新御塔ハ鳥羽法皇尊骸蔵ム」と、現近衛天皇陵を鳥羽天皇陵と誤認し、これが幕末まで続いた。元治元年（一八六四）修陵にあたって改訂し、陵上の旧堂を陵北に移建、その跡に方十五尺の瓦葺宝形造塼敷の陵堂を新造した。移建した旧堂は、今も「本御塔」という。

参考文献　宮内庁編『鳥羽天皇安楽寿院陵之図』（宮内庁書陵部所蔵『陵墓地形図』）、上野竹次郎『山陵』下　（石田　茂輔）

どひさねひら　土肥実平　生没年不詳　平安時代末から鎌倉時代にかけての武士。鎌倉幕府の御家人。系図によれば桓武平氏村岡良文の子孫で、中村庄司宗平の子である。相模国足下郡の土肥郷（神奈川県足柄下郡湯河原町および真鶴町）を領して、土肥次郎と称した。父および弟土屋宗遠などとともに相模国南西部の所領に拠り、この地域におけ

土肥実平花押

土肥実平像

る有力な武士団を形成していた。治承四年(一一八〇)に源頼朝が平氏との戦いを始めた当初より、頼朝に随従して勲功を重ねた。同年八月の相模国石橋山における戦敗とそれに引き続く頼朝の危機に際しては、実平は頼朝に同行して安房国に渡り、敵の追求から逃れた。同年十一月には常陸国の佐竹氏攻略に従軍。元暦元年(一一八四)の木曾義仲討伐のための西上軍にも参加し、同年二月の摂津国一の谷における平氏との合戦には源義経の手に属した。同月、備前・備中・備後三ヵ国の守護に任ぜられた。同じ時に播磨・美作二ヵ国の守護に任ぜられた梶原景時と並んで、頼朝の信頼は特に厚かったと思われる。翌文治元年(一一八五)三月の長門国壇ノ浦の戦に至るまでの遠征軍の中で重きをなしていた様子が『吾妻鏡』の記事にみえる。文治五年の奥州藤原氏討伐にも従軍している。建久二年(一一九一)七月には鎌倉に在って、幕府の厩の立柱上棟の奉行をしている。その後の行動は不明である。実平の子小早川遠平は戦功により安芸国沼田本荘、新荘の地頭職を与えられ、子孫は安芸国で繁栄した。なお、神奈川県足柄下郡湯河原町城堀の城願寺は実平の創建と伝えられ、境内に土肥一族の墓がある。
(石田　祐一)

どひとおひら　土肥遠平　生没年不詳　鎌倉時代前期の武将。土肥実平の子。通称弥太郎。相模国早河荘土肥郷の領主。治承四年(一一八〇)の源頼朝の挙兵に父とともに参加。石橋山の敗戦の直後、頼朝らと土肥椙山に隠れ、頼朝らが真鶴から海路安房をめざして船出した折、一行と別れ、伊豆山密厳院に潜む北条政子の処に使いしたという。平氏討滅に父とともに西下し、安芸国沼田荘を戦功の恩賞として入手、小早川氏を興した。『吾妻鏡』では、建仁二年(一二〇二)五月、早河荘が筥根権現と中分された際の「預所」としてみえるのが最後であるが、このほか、長門国阿武郡・備後国太田荘・摂津国安富などの地に関する史料に名がみえる。建保元年(一二一三)の和田氏の乱に子の惟平が与して斬罪に処せられた時も、遠平は存命中であったらしいが、本領も没収されることはなかった。

参考文献　『湯河原町史』一、河合正治『中世武家社会の研究』、石井進『中世武士団』(小学館『日本の歴史』一二)
(福田以久生)

とみのいちい　迹見赤檮　六世紀の人。用明・崇峻朝ころの舎人。用明天皇二年四月仏教問題で大臣蘇我馬子との対立を深めていた大連物部守屋を側面から援けようとした中臣勝海は太子彦人皇子と竹田皇子の像を作って呪詛したが、やがて事の済り難きを知り、彦人皇子に帰付した。そこで赤檮は勝海が皇子の所から退出する時を伺い刀を抜いて殺した。七月天皇が没した直後に馬子は多くの皇族・豪族を味方につけて守屋を河内の渋河の本拠に襲ってこれを滅ぼし、積年の対立を解決したが、その際赤檮は朴の枝に昇って矢を射る守屋を射堕して、守屋とその子らを討ち取ったので、守屋の軍は総崩れになったという。『聖徳太子伝暦』には太子の舎人とある。
(黛　弘道)

ともえごぜん　巴御前　生没年不詳　平安時代末期・鎌倉時代前期の女性。木曾義仲の乳父中原兼遠の女。義仲の妾。武勇に長け、一騎当千とうたわれた。義仲に従って上洛、元暦元年(一一八四)義仲没後、信濃に帰る。『源平盛衰記』は、のちに和田義盛に嫁し、朝比奈義秀を産んだとするが、詳細は不明。
(飯田悠紀子)

ともなり　友成　備前国の代表的刀工。初祖的存在とみなされ平安時代の後期からの作があり、古備前友成の名で知られ、太刀の名作が多い。たとえば国宝(山本家・厳島神社)や御物(鶯丸の号のある)など。静嘉堂所蔵の太刀は「□五月六日友成」という紀年銘のある唯一の例で、削除された部分は『光山押形』によって「嘉禎□季」とあったことがわかる(重要文化財)。これらの太刀は身長が八〇センチ(二尺六寸)前後あり、深く反り、元身幅は広くて踏張があり、切先寄りは細くて直《す》ぐ状になる古雅で優美な姿をしている。地の鍛えは小板目で肌が細かくつまり、刃文は複雑多様な小乱れ刃で小沸が厚くつく。切先の刃は二重刃となる。一般に棒樋をほるが、山本家のはその中の腰元に剣を浮彫にしており、銘は「備前国友成造」ときる。厳島神社のは平宗盛の佩刀と伝え、刃文の調子が先の例の太刀にくらべ直刃仕立でやや単調である。銘も「友成作」と三字銘にきる。埼玉県川越市の喜多院と青森県弘前市岩木町の高照神社の太刀は全くの直刃に間遠に互《ぐ》の目を交え、逆ごころの小足をいれた出来で、鎌倉時代末の備前の景光に似た作風である(ともに重要文化財)。幕末期の長船刀工の祐永や祐包らは銘に「友成五十六代孫」とか「友成五十八代孫」とかを切り添えることで伝統の古さを誇ろうとしている。以上、太刀は国宝が二口、重要文化財が四口指定され、短刀は国宝が一口、厳島神社にある。

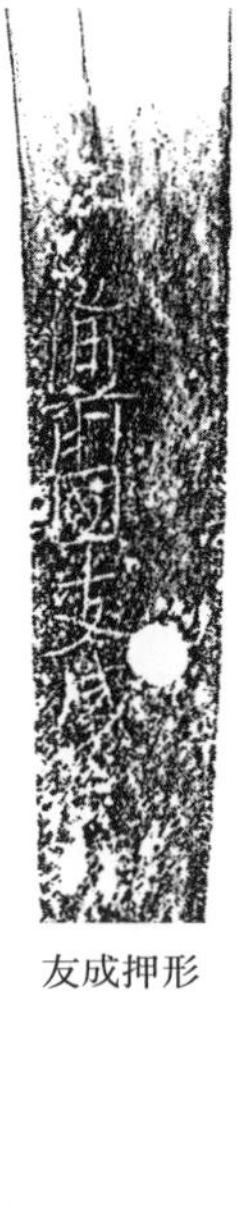
友成押形

参考文献　辻本直男「古備前と鎌倉期の友成」(『刀剣

美術』三四九）　（辻本　直男）

とものこわみね　伴健岑　生没年不詳　平安時代前期の官人。仁明天皇皇太子、恒貞親王に春宮坊帯刀として仕えたが、承和九年（八四二）七月、承和の変の首謀者とされた。『続日本後紀』によれば、嵯峨太上天皇没死の直前に、健岑が阿保親王のところへ来て、上皇の死を機として、恒貞親王を奉じて東国に赴こうと誘ったと記されている。阿保親王は、これを太皇太后橘嘉智子に密告、さらにそれは藤原良房の手を経て仁明天皇に上奏された。その結果、嵯峨上皇の死後、橘逸勢らとともに直ちに捕えられ拷問の末、隠岐国に流された。現在この事件は藤原良房らの廃太子を目的とした陰謀であったとされており、彼が伴氏出身であったことと春宮坊官人であったことが禍を呼んだものと思われる。貞観七年（八六五）五月に至って寛宥の処置がとられ出雲国に遷配された。

［参考文献］玉井力「承和の変について」（『歴史学研究』二八六）、福井俊彦「承和の変についての一考察」（『日本歴史』二六〇）　（玉井　力）

とものよしお　伴善男　八一一—六八　平安時代前期の公卿。弘仁二年（八一一）誕生（『公卿補任』）。父は大伴国道、母の名は未詳。同十四年、淳和天皇の諱大伴を避けて大伴宿禰の氏姓が伴宿禰となる。天長七年（八三〇）二十歳にして校書《きょうしょ》殿に出仕。同十年仁明天皇に奉侍。承和八年（八四一）二月大内記となり、翌九年正月蔵人、八月に式部大丞に任ぜられる。同十年正月正六位上から従五位下に昇叙、同年二月讃岐権介となる。十一年二月右少弁となり、十三年法隆寺僧善愷の訴訟事件に際し、正躬王らの違法行為を糾弾し、登美直名を弁護した。翌十四年正月従五位上に昇り、蔵人頭に就任。ついで同月右中弁となる。『入唐求法巡礼行記』によると、この年十一月二十五日、唐より帰国したばかりの円仁は、書状を善男に送っている。翌嘉祥元年（八四八）正月従四位下を授けられ、二月二日参議に就任。その後、班河内和泉田使長官・右大弁を歴任。同二年正月下野守を兼ね、二月右衛門督に任ぜられ、同年五月八日延暦寺に赴き灌頂を検校した。ついで検非違使別当・式部大輔・中宮大夫・美作守・讃岐守を歴任し、斉衡二年（八五五）正月七日従三位となり、翌二月右大臣藤原良房らとともに『続日本後紀』の撰修を担当。以後、伊予権守・民部卿・中納言を経て、貞観六年（八六四）正月十六日大納言に任ぜられた。この年の冬、左大臣源信・中納言源融らが反逆を企てているという投書にかこつけて、源信らを非難した。同八年閏三月、応天門の焼失にあたって、同門を焼いた犯人として告発され、同年九月、大逆罪に問われ伊豆国へ配流。政界に登場してからの善男は、藤原良房のもとで力量を発揮し、やがて源信らの勢力と対立した。それとかかわる応天門の変において、摂関政治を創始するのに障害となる恐れのある人物として善男は良房の犠牲になったものらしい。ここに古来の名族大伴氏の流れをくむ伴氏は没落。善男所有の宅地・資財・仏像・典籍などは、すべて没収され、それらの中には越前国加賀郡にあった大伴家持の没官田百余町もあった。これより先、貞観三年三月、東大寺大仏修理の開眼供養の時、賀陽親王らとともに監修の任に就いた。また同年八月藤原良房の家司伴大田常雄の伴宿禰への改姓請願に尽力し、さらに讃岐国人佐伯豊雄らの佐伯宿禰への改姓、および左京移貫問題に力を貸したことがあった。これらの善男の行為は、勢力扶殖の意図から出たことであろう。翌年十月山城国紀伊郡深草郷（京都市伏見区深草東伊達町一帯）の別荘を捨てて報恩寺を建立。また仁明天皇の冥福を祈るため毎年嘉祥寺において法華八講会を催し、同寺に食堂を建てた。報恩寺、および嘉祥寺食堂は、善男の配流後に、前者は桓武の柏原山陵の兆域内にあり、後者は仁明の深草山陵を汙穢したという理由で破却された。貞観十年伊豆の配所で没。五十八歳。善男の子には、応天門の変にかかわって隠岐国へ配流された中庸《なかつね》がいる。静岡県伊豆市天城湯ヶ島町の善名寺旧蔵の仏像銘にみえる善魚・善足は、善男の子であるという伝えがある。

［参考文献］佐伯有清『伴善男』（『人物叢書』一五六）、青木和夫「伴大納言」（和歌森太郎編『人物・日本の歴史』二所収）　（佐伯　有清）

ともひらしんのう　具平親王　九六四—一〇〇九　平安時代中期の詩人、歌人。後中書王・六条宮・千種殿とも称す。村上天皇の第七皇子で母は麗景殿女御荘子。康保元年（九六四）六月十九日誕生。二歳の時親王の宣下を蒙る。十四歳で元服して間もなく兵部卿となる。幼少より賢智人に勝れ、慶滋保胤や橘正通を師として学問詩文に励んだので、当時の学者詩人は親王の書閣に会して詩を賦している。永延元年（九八七）に中務卿に遷り、正暦二年（九九一）に『弘決外典抄』を撰述した。寛弘四年（一〇〇七）四月の内裏詩宴の際二品に叙せられたが、同六年七月二十八日に没した。四十六歳。当代無比の博学多識をもって知られ、一条朝の詩壇の中心的存在であった。また歌人としてもすぐれ、藤原公任と人麿貫之優劣論を闘わせたといわれる。能書家としてその書は中国に渡り、篳篥や箏に巧みで、『黄耆帖』の医術書を著わした。詩文集や家集は伝わらない。

［参考文献］『大日本史料』二ノ六、寛弘六年七月二十八日条、川口久雄『平安朝日本漢文学史の研究』下、大曾根章介「具平親王考」（『国語と国文学』三五ノ一二）、内野熊一郎「弘決外典抄の経書学的研究」（『日本学士院紀要』八ノ一・二）　（大曾根章介）

ともみつ　倫光　生没年不詳　南北朝時代の備前長船の刀工。基光・政光・秀光らとともに兼光の弟子。延文から応安までの年紀作があり、銘は「備州長船倫光」ときる。太刀・脇指・短刀の作があり、貞治五年（一三六六）二月日銘の大太刀（栃木県日光市の二荒山神社）は国宝、応安二年（一三六九）八月日銘の短刀（山梨県甲州市の恵林寺）は重要文化財。作風は尖りごころの互《ぐ》の目乱れ刃

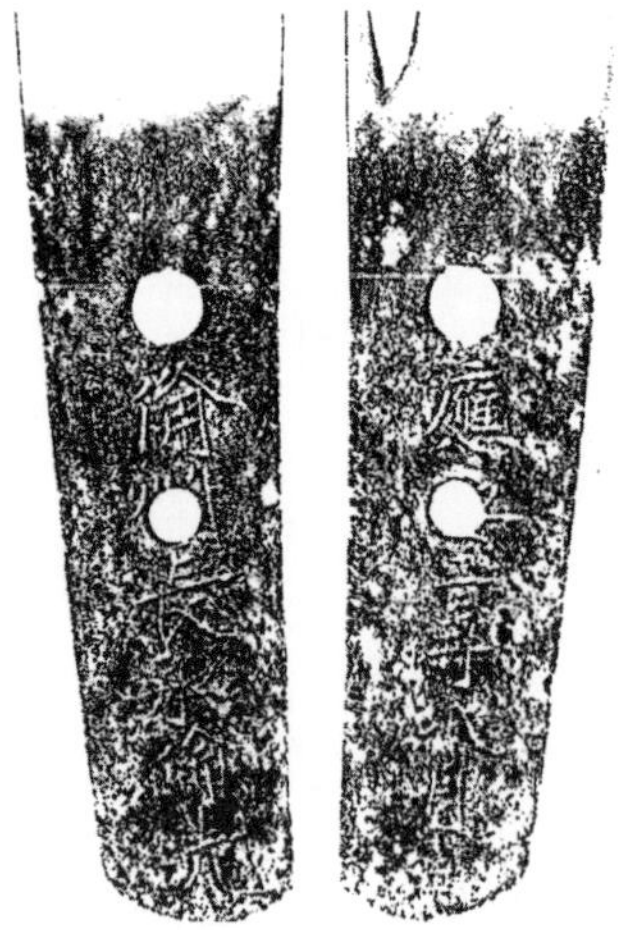

倫光押形

を揃えて焼き、切先の刃は鋭く尖って返る。倶利迦羅竜や種子などの彫物を得意とする。

[参考文献] 広井雄一編『備前鍛冶』(至文堂『日本の美術』七三)、加島進「中世における長船刀工について」(『東京国立博物館紀要』六) (辻本 直男)

とよ 台与 邪馬台国の女王卑弥呼の宗女。『三国志』の現存する刊本には「壹與」とあるが、宋本『太平御覧』所引の『魏志』には「臺擧」、『梁書』『北史』には「臺與」とある。「邪馬壹國」を「邪馬臺國」の誤記であるとみて、「壹與」も「臺與」の誤りとする説がある。魏の正始八年(二四七)ころ、卑弥呼が死ぬと、邪馬台国は男王を立てたが、国中服さず互いに誅殺し合い、二世紀末の倭国大乱の再現となった。そのため十三歳で卑弥呼の宗女であった台与を立てて王としたところ、国中ようやくにして治まったという。この宗女とは卑弥呼の一族の娘という意と思われるが、女王となった台与は卑弥呼以来の魏との外交関係を維持し、率善中郎将大夫掖邪狗らを魏の都洛陽に派遣して朝貢した。なお『日本書紀』神功皇后六十六年条所引の『晋起居注』によると、泰初(始)二年(二六六)「倭女王」が西晋に朝貢したことがわかるが、この「女王」を台与とする見解もある。 (酒寄 雅志)

とよきいりひこのみこと 豊城入彦命 上毛野君・下毛野君の始祖。豊城命ともいう。崇神天皇皇子。『日本書紀』によると母は紀伊国の荒河戸畔の女、遠津年魚眼眼《とおつあゆめま》妙媛《くわしひめ》で豊城入彦命と豊鍬入姫命を生んだ。崇神天皇四十八年条に天皇が豊城命と活目尊の兄弟のいずれかを継嗣に決めるため夢占いをさせたところ、兄の豊城命は御諸山の嶺に登り、東に向かって八廻槍を突きだし、八廻刀を振るった夢をみたことを奏した。弟の活目尊は御諸山の嶺に登って、縄を四方にはり粟を食べる雀を追いはらう夢をみたことを奏した。天皇は夢合せをし、豊城命は東方だけに向かっていたので東国を治めさせ、活目尊は四方に臨んでいたので皇位を継がせたという。

[参考文献] 志田諄一『古代氏族の性格と伝承』、同「上毛野氏の伝承について」(『日本歴史』一六四) (志田 諄一)

とよすきいりひめのみこと 豊鍬入姫命 『日本書紀』『古事記』によれば崇神皇女。母は紀国造の女、遠津年《とおつあ》魚眼眼《ゆめま》妙媛《くわしひめ》。豊鉏入日売命とも書く。『日本書紀』によれば、崇神朝において天照大神と倭大国魂神とを皇居に祭っていたが、天皇はその神威をかしこみ、天照大神を豊鍬入姫命につけて倭の笠縫邑に祭らせたという。のち垂仁天皇二十五年、大神を豊鍬入姫命から離し、倭姫命につけて伊勢国に遷し祭らせた。豊鍬入姫命の祭祀は、伊勢国鎮坐に至るまでの日神の祭祀伝承となるが、姫が、日神、日前神《ひのくまのかみ》を氏神とする紀国造につながり、三輪山の日神信仰(神坐日向神社)につながる檜原社の地に想定される笠縫邑に大神を祭ったという話は、伊勢の内宮の神格の成立に複雑な事情のあったことを推察させる。 (吉井 巌)

とよだらいえい 豊田頼英 一四〇三―九〇 室町時代の大和国人。興福寺大乗院方の衆徒。豊岡ともいい、下野公と称す。応永十年(一四〇三)生まれる。山辺郡豊田が本貫地で、豊田城跡がある。ただし『三箇院家抄』では「豊田分」の給分としては勾田荘(奈良県天理市勾田町付近)公文職が記されるのみである。また『大乗院日記目録』に豊田氏の系図があるが、頼英から始まり、覚英・楢若丸・憲英・慶英・英寛の子息五人、および覚英の子祐英・行英が記される。豊田氏は、おそらく頼英の時代に国人として擡頭したものとみられる。大和永享の乱では、越智氏方に属して活躍し、嘉吉三年(一四四三)には頼英父子が奈良に責め上って成身院光宣を攻め落とし、頼英は小泉・古市氏とともに「奈良中雑務」を命じられている。大和永享の乱以来、こうして頼英は筒井氏や成身院光宣と対立・抗争をくり返すこととなり、また筒井氏らが畠山氏を分裂させてからは、畠山義就方となった。康正元年(一四五五)には筒井氏一派を没落させて官符衆徒の棟梁筆頭となり、長禄三年(一四五九)筒井氏らが赦免されて復活するまで、官符衆徒として花々しく活躍、かたわら越智氏らと鬼薗山城を再興するなど、国人としても擡頭した。寛正三年(一四六二)には、東寺領河原城荘(天理市川原城町付近)の代官職にも任じられている。しかし義就派の中では古市氏と競合する関係にあり、頼英の官符衆徒はあたかも古市氏の代替りによる凋落期にあたり、古市澄胤の擡頭とともに頼英の衆徒また国人としての行動は制約されたようである。晩年の頼英は、僧侶としては中﨟にのぼり、権律師に任じられ、延徳二年(一四九〇)八月二十三日没。享年八十八。「随分奉公者也」と『大乗院寺社雑事記』は記している(同日条)。 (熱田 公)

とよとみひでつぐ 豊臣秀次 一五六八―九五 安土桃山時代の武将。孫七郎。中納言、内大臣、関白、左大臣。号高厳寺(瑞泉院・善正寺)。永禄十一年(一五六八)生まれる。父は豊臣秀吉の近臣三好吉房、母は秀吉の実姉日秀で秀吉の甥にあたる。天正十二年(一五八四)の小牧・長久手の戦には八千人を率いて出陣したが、有力家臣を失い、秀吉から「無分別」と叱責された。しかし翌年閏八月に秀吉から近江を中心に四十三万石が与えられ八幡山に居城。織田信長の安土にならって城下町建設をはか

豊臣秀次画像

り、楽市を令している。同十八年改易された織田信雄の旧領尾張と北伊勢五郡を与えられ、清洲城に入った。この折に秀次の家臣の多くは三河・遠江・駿河で知行を得、大名に成長した。同年の小田原攻めには先陣を承り、山中城・韮山城の攻略にあたり、翌年には奥州一揆鎮圧のため徳川家康とともに派遣され、検地や刀狩を実施している。嗣子鶴松の夭折により、同十九年十二月に秀吉から関白職を譲られ、聚楽第に入った。翌年に始まる朝鮮出兵には、国内にあって継舟・次飛脚の制度を定め、兵粮米の確保や独自の軍事編成によって京畿の警護にあたっている。文禄元年(一五九二)三月ころには人掃令を発し、全国一斉に家数・人数を調査し、夫役労働力の把握

豊臣秀次花押

「秀次正道」

「豊臣秀次」

豊臣秀次印

につとめた。この半年まえに当時の関白秀吉が行なった御前帳の徴収によって、全国の石高が調査されたが、これの集約も聚楽第の秀次のもとで行われていた。この二つの調査はいずれも関白の権能に基づいて、村―郡―国という律令制的な行政機構に則した形で実施された点に特色がみられる。しかし同二年秀吉に実子秀頼が誕生すると、秀吉との関係は徐々に悪化し、みずからの性格上の問題と相まって事態を深刻化させた。関白としての秀次の権限は天皇の意志を取り次ぐことにあり、国郡制的な統治原則に属することがらは、秀吉自身も、たとえ自己の身辺にかかわる事件でも、秀次を通すという形式を踏まなければ何もなしえなかった。一方で、秀次は尾張の個別領主という存在であったが、秀吉は尾張に検使を派遣して蔵入地にまで立ち入り、年貢の収納状況などを調べ上げた。また全国から陰陽師などを集め、荒地の開発を行なっているが、その間は国中の夫役を免除する代りに秀吉が代官となることを令している。これは秀次の領主権を著しく侵害するものであった。同四年七月、秀次は謀反を企てたという理由で関白・左大臣の職を解かれ、わずかの従者とともに高野山に追いやられ、十五日切腹させられた。二十八歳。八月二日子女・妻妾ら三十余人も京都三条河原で処刑され、多数の近臣も殺された。このような暴力的処断は豊臣政権の崩壊を早める結果となった。秀次の性格が残忍であるといった悪評は、宣教師の記録にも見出せるほどであるが、ことさら創られた面があることも考える必要があろう。古筆や芸能を好み、経典の補修などにも意を払っていた。京都市中京区の瑞泉寺は秀次の追善のために建立された寺院で、境内にその墓がある。

参考文献　太田牛一『大かうさまくんきのうち』(『斯道文庫古典叢刊』三)、斎木一馬「関白秀次の謀叛」(『斎木一馬著作集』二所収)、岡田正之「豊臣秀次の事に就きて」(『史学雑誌』四ノ三八)

(三鬼清一郎)

とよとみひでよし　豊臣秀吉　一五三七―九八　安土桃山時代の武将。天文六年(一五三七)生まれる。『太閤素生記』によれば尾張国愛知郡中村(名古屋市)の木下弥右衛門の子という。弥右衛門は織田信秀の足軽、負傷して村に帰り百姓となった。秀吉の母なか(大政所、天瑞院)は弥右衛門との間に、姉とも(瑞竜院日秀)と秀吉を生み、弥右衛門死後織田家の同朋であった竹(筑)阿弥に嫁し、一男一女をあげた。秀長と旭姫(南明院)である。秀吉の幼名は猿、日吉丸とも伝える。十六歳のとき父の遺した永楽銭を持って中村を出、清須で木綿針にかえ、針を商いつつ流浪するところを松下加兵衛(之綱)に拾われ家来となったが、同輩の妬みにあい出奔、やがて織田信長に仕えた。信長のもとで草履取から次第に出世した経緯は小瀬甫庵『太閤記』に詳しく、清須城の割普請や美濃墨俣《すのまた》築城においてみせた迅速な成功、薪奉行としての算勘の巧みさなど、秀吉の手腕を示す挿話が描かれている。他方、『祖父物語』は秀吉が卑賤視された職人集団と関係が深かったとしている。確実な古文書の上でかれが姿を現わすのは、永禄八年(一五六五)十一月信長が美濃の坪内利定らに与えた知行充行状にそえた添状で、木下藤吉郎秀吉の署名がある。そのころから信長の奉行衆として、丹羽長秀などとともに活動していた。木下の姓については、正室ねい(北政所、高台院)の兄家定が木下を名のっているところから、入聟によって妻の実家の姓を借りたとみる説がある。天正元年(一五七三)七月木下姓を改め、羽柴姓に替えた。丹羽長秀と柴田勝家にあやかったものと伝える。時期的には信長による足利義昭の追放、室町幕府の滅亡と一致していた。筑前守の受領名もこのころから名のったと思われる。信長入京以後秀吉は京都周辺の政務を奉行していたが、天正元年九月浅井氏滅亡

豊臣秀吉花押

「豊臣」
豊臣秀吉印

後の江北に大名として封ぜられ、今浜(長浜)に築城した。天正五年十月信長の命をうけて中国平定に出陣、播磨・但馬の経略に従事、三木城主別所長治の反乱を鎮定し、備前の宇喜多直家と結び、八年因幡・美作に入り、九年十月吉川《きっかわ》経家の籠る鳥取城を陥落させ、伯耆に進出、転じて淡路を押え、十年三月備中に向かい、五月高松城に清水宗治を囲んだ。六月二日本能寺の変に信長が斃れると、その報を秘して高松城救援の毛利輝元と講和を結び、宗治を自殺させて反転、十三日山城山崎に明智光秀と戦いこれを破った。光秀は敗走の途中土民に討たれ、秀吉によって首を本能寺に梟《きょう》された。秀吉は柴田勝家・丹羽長秀・池田恒興らと尾張清須に会議し、信長の長男信忠の子三法師(秀信)を織田氏の後継者と定め、分国を再編、江北を勝家に譲り、みずからは山崎に拠った。以後、信長死後の主導権をめぐる闘争となったが、秀吉は天正十一年四月柴田勝家を近江賤ヶ岳に破り、勝家を本城越前北荘(福井)に攻めて自殺させ、勝家と結んだ信長の三男信孝も自殺、滝川一益らは降伏して、覇権の基礎を固めた。五月池田恒興を美濃に移し、秀吉は摂津大坂城に入り、八月畿内・近国の検地と知行割を実施、大坂城の大規模な築造に着手、ここを本城とした。この時期、秀吉は三法師を擁し、信長の五男御次丸(秀勝)を養子にした地位を活用し、信長の葬儀や一周忌の法要を行い、平秀吉を名のるなど、信長の正統の後継者であることを前面に押し出していた。のちまで用いることになった朱印も使用し始めている。天正十二年信長の次男信雄は徳川家康と結び、秀吉と対立した。秀吉は犬山城に入り小牧山に陣した家康に対したが、四月配下の甥秀次・池田恒興・森長可らは家康の本拠三河を衝こうとして尾張長久手の戦に家康に敗れ、恒興・長可以下が戦死した。十一月秀吉は信雄と講和、ついで家康もこれに従った。小牧・長久手の戦は、東国を平定して征夷大将軍の職につこうとした秀吉の権力構想(信長の継承)に転換を余儀なくさせた。十一月かれは従三位権大納言に昇任、公卿への道をふみだす。従来、秀吉は天正十年十月従五位下左近衛権少将、十一年五月従四位下参議に叙任したとされているが、ともに十二年十月以降遡及して叙任されたもので、文書はあるがその時点の事実ではない。天正十三年三月正二位内大臣、七月従一位関白となった。関白は古来摂家に限られた職であったが、秀吉は近衛前久の養子となり、藤原秀吉としてこの職についた。このころ弟秀長を将として四国を平定、ついで北国に進み越中・越後・飛驒から信濃に勢力を伸ばした。十四年五月妹旭姫を家康に嫁させ、十月母大政所を岡崎に質として送り、家康をして入京、臣従の礼をとらせることに成功、十一月信長以来の課題であった正親町天皇の譲位を実現、陽光院(誠仁親王)第一王子で十六歳の和仁(周仁)親王を後陽成天皇として即位させた。秀吉は太政大臣となり(十二月)、藤原氏を改め、豊臣姓を名のり、近衛前久の女前子を養子とし、新天皇の女御として入内せしめ、外戚の地位についた。このころ大村由己に書かせた『任官之事』には、秀吉の祖父を萩中納言という架空の公家とし、皇胤を匂わせる創作がなされている。天正十五年五月島津義久を降伏させて九州を平定、六月キリシタンの統制にかかわる二つの法令を発し、大名の自由な入信と大名による領民へのキリスト教入信の強制とを禁じ、人身売買を禁止するとともに、日本を「きりしたん国」に対置される「神国」と認識し、宣教師の追放を命じた。明の衰退とヨーロッパ勢力の進出という東アジアの新しい情勢のもとで、近世的な国家意識を表明したものといえる。天正十六年四月、秀吉は京都内野に新築した聚楽第に天皇を迎え、二十九名の大名から起請文をとって政権の基盤を固めた。信長によって追放された足利義昭もこれを機に帰京、剃髪して秀吉の知行を受け、室町将軍家は消滅した。七月秀吉は刀狩令と海賊取締令を発し、百姓の武装解除と耕作専念義務を定め、海民の掌握につとめた。関白政権による天下統合はこれ以後加速度を増したが、その手段は、大名ごとの領域支配を支援・確立して一揆を制圧し、領域内外の紛争は関白の裁定によって停止、裁定違犯者は関白によって編成された軍勢により制裁する

豊臣秀吉画像

というかたちをとった。北条氏政・氏直父子の討伐はその典型例である。天正十五年暮関東・奥羽に発せられた惣無事令は両地域における武力紛争の全面的停止を命じたものであるが、北条氏は真田氏との係争地である上野沼田領に関する秀吉の裁定を侵犯し、公儀の名による「誅伐」を受けることになった。天正十八年秀吉は諸大名を動員して小田原城を攻め、七月北条氏を滅ぼし、八月会津城に入り、関東・奥羽の大名領知を確定、同時に徳川家康の江戸転封に代表される大規模な大名の移封・除封を実施し、天下統合を終えた。十九年八月、家臣団下層を構成する奉公人・侍・中間・小者らが町人・百姓となること、百姓が商売・賃仕事に出ることを禁じ、身分の社会的流動化に歯止めをかけ、その統制を強めた。同年暮関白の職を甥秀次に譲り、みずからは太閤として実権を握り、翌文禄元年(一五九二)諸大名に命じて朝鮮出兵を実行した(文禄の役)。秀吉の大陸侵略構想は関白就任直後からあり、国内における惣無事令と表裏をなしていた。九州平定後朝鮮の入貢と明への案内を朝鮮国王に求め、それに応じなかったことを理由に出兵したもので、秀吉は肥前名護屋に城を築いて本営とした。日本軍は緒戦で朝鮮二王子を捕え明の国境まで進出したが、義軍の蜂起と明軍の介入により戦線は膠着状態となり、文禄二年六月いったん講和となった。同三年八月側室淀殿との間に次男(秀頼)が生まれた。秀吉は正室との間に実子に恵まれず、秀勝死後も秀秋(三好のち小早川)・秀家(宇喜多)・智仁(六宮のち八条宮)を養嗣子とし、天正十七年淀殿が長男鶴松を生んだときは欣喜したが、十九年の鶴松夭折に落胆、秀次を豊臣家の継嗣とした。秀頼誕生を機に秀吉は隠居城であった山城伏見城を諸大名に命じ大拡張し、天下統合の中枢とし、城下に町屋敷を建設せしめた。こうした動きは国制の頂点である関白の地位にいた秀次との間の矛盾を表面化させ、ついに文禄四年七月秀次は謀叛の罪により自殺、諸大名は秀頼への忠誠を誓約させられるに至った。八月大名・寺社以下の統制を主眼とした天下支配の掟および掟追加が徳川家康・毛利輝元ら有力大名の連署によって発せられた。大名相互の自主的な盟約を停止したことに象徴されるように、戦国時代が法制的に終幕を告げたものといえる。有力大名と直臣の奉行によって構成される権力機構はこの時点で成立し、慶長三年(一五九八)七月の五大老・五奉行の職制として整備された。慶長元年九月来日した明使楊方亨を大坂城に引見した秀吉は意に反した表文にその無礼を怒り、使節を追い返すとともに再度の朝鮮出兵を命じた(慶長の役)。このたびは秀吉は伏見城に居り、諸軍も朝鮮南半部の沿岸地帯確保に努めるうち、三年八月十八日秀吉が死去(六十二歳)、やがて全軍撤退となった。秀吉の辞世は「つゆとをちつゆときへにしわかみかなにわの事もゆめの又ゆめ」であった。四年四月洛東阿弥陀ヶ峰西麓(京都市東山区)に営まれた廟所に埋葬され、朝廷は豊国大明神の神号を贈り、豊国社が設立された。秀吉は信長の政策を継承し、中世社会に形成されつつあった町と村を社会制度の基礎単位として公認し、特に天正十二年以降の検地において三百歩＝一段制と京枡使用という統一基準による土地丈量により石高制を創出、町村ごとに町人・百姓の土地保有を認定した。それは職能別の役賦課にもとづく身分編成への動きとともに近世社会の骨格をつくりだしたものであった。秀吉は百姓の境遇から身を起し、社会の頂点に立ち、大名領主権力による近世国家の創始者となった。新井白石もいうように「かかる事、我朝にしては希なる」ことであり、死後江戸時代前期にかけて多くの伝記が作成された。小瀬甫庵『太閤記』・竹中重門『豊鑑』・林羅山『豊臣秀吉譜』などが代表的で、甫庵のように儒教的立場から論評を加えたものがある。その後江戸幕府のもと豊臣時代の史実究明が禁圧されるなかで、江戸時代中期以降身分制社会の流動化に伴い、武内確斎『絵本太閤記』・栗原柳庵『真書太閤記』などの大衆的文芸作品が民衆の身分上昇への憧憬と結びついて愛好され、広汎な読者を得た。今日でも秀吉の生涯は勤勉・工夫・奇略などを含む日本人の好む出世物語の典型とされている。

[参考文献] 三鬼清一郎編『織田・豊臣政権研究文献目録(一九八三年十二月現在)』、同編『豊臣秀吉文書目録』、同補遺一、同編『稿本豊臣秀吉文書』一、『大日本史料』一〇編・一一編、大村由己『天正記』、『太閤素生記』(『(改定)史籍集覧』一三)、小瀬甫庵『太閤記』(『岩波文庫』)、太田牛一『大かうさまくんきのうち』、桑田忠親『豊臣秀吉研究』、同『豊太閤伝記物語の研究』、渡辺世祐『豊太閤の私的生活』、安良城盛昭『幕藩体制社会の成立と構造』、藤木久志『豊臣平和令と戦国社会』、田中義成『豊臣時代史』、朝尾直弘『天下一統』(『大系日本の歴史』八)、同「豊臣政権論」(『将軍権力の創出』所収)、宮地直一「豊太閤と豊国大明神」(『神祇と国史』所収)、染谷光広「木下秀吉の文書についての補説」(『日本歴史』三〇〇)、石井進『中世のかたち』(『日本の中世』一)

(朝尾　直弘)

とよとみひでより　豊臣秀頼　一五九三―一六一五　豊臣秀吉の第二子。文禄二年(一五九三)八月三日大坂城内に生まれた。母は側室浅井氏(茶々、淀殿)。秀吉は実子に恵まれず、浅井氏との間に鶴松を得たが三歳にして死別した。このため秀頼誕生の喜びは大きく、みずから肥前名護屋の陣中より正室北政所に書状を送り、「拾い」と名づけるよう命じた。民間の習俗にならい松浦讃岐守重政を拾い親とし、生育の健全を期したところによる。

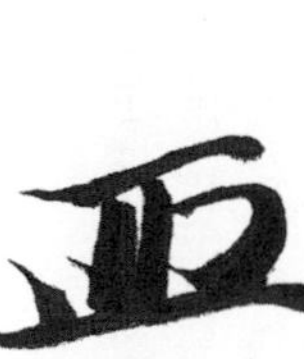

豊臣秀頼花押

「秀頼」
豊臣秀頼印

（伝）豊臣秀頼画像

秀吉は当時甥秀次を養嗣子として聚楽第に住まわせ、みずからは伏見の隠居城に居たが、秀頼の誕生を機に諸大名に命じて伏見城の大拡張普請を行わせ、文禄三年十二月秀頼をここに迎えた。翌四年三月朝廷は童形の秀頼の伏見移居を賀して勅使を派遣している。秀吉は養子秀次と秀頼との関係調整に悩み、誕生の翌九月には日本国を五分して四分を秀次に、一分を秀頼に分かつ案を示し、翌々十月には秀頼と秀次の女との婚約を提起した。文禄四年七月秀次を自殺させると、前田利家を秀頼の傅とし、徳川家康・毛利輝元以下の諸大名、石田三成・増田長盛ら奉行衆につぎつぎと秀頼への奉公と忠誠を誓約させ、血判起請文をあげさせた。慶長元年（一五九六）五月秀頼は入洛、参内して従五位下に叙爵、十二月大坂城において拾を秀頼と改めた。翌二年四月より秀吉は京都の内裏の東に屋敷を築いていたが、その完成とともに九月秀頼をここに移らせ、ついで参内、元服せしめ、従四位下左近衛権少将に叙任し、同月さらに権中将に進んだ。同三年七月秀吉の病が重くなると五大老・五奉行の職制を定め、諸大名に血判誓書の提出を求めて、秀頼への奉公、法度置目の遵守、公儀への奉仕、徒党の禁止、私に下国しないことなどを誓わせ、八月死に臨んで家康以下の有力大名に「返々秀より事たのみ申候」と遺言した。秀頼は遺言により翌四年正月伏見から大坂に移る。五年九月の関ヶ原の戦後は実質上摂津・河内・和泉六十五万七千石の大名となった。しかし、国制上の官位は家康に雁行し、六年三月権大納言、七年正月正二位、八年四月内大臣、十年四月右大臣と進んだ。秀吉の法度置目を中軸とする豊臣体制の存在がそれをもたらしていた。この間、八年七月徳川秀忠の女千姫と結婚し、十二年正月右大臣を辞した。十六年三月家康は後水尾天皇を擁立すると、秀頼を二条城に迎えて謁見し、これを機に体制は徳川へと転換が進む。一説にこの会見で秀頼の凡庸でないことをみてとった家康が豊臣氏を滅亡させる決意を深めたといわれる。秀頼は近畿諸社寺の造営に力を尽くしたが、同十九年方広寺大仏殿再興に際し鋳造した鐘銘の件を口実に家康は大坂城を囲み（冬の陣）、いったん講和したものの元和元年（一六一五）再び兵を起してこれを攻めた（夏の陣）。秀頼はよく戦ったが、五月八日大坂城は陥落、秀頼は母とともに自害し、豊臣氏は滅びた。二十三歳。秀頼の男子国松は捕えられて京都六条河原に斬られ、女子は尼となり、鎌倉東慶寺に入れられて天秀と称した。

参考文献　『大日本史料』一二ノ二〇、元和元年五月八日条、渡辺世祐『豊太閤の私的生活』

（朝尾　直弘）

とよはらのときもと　豊原時元　一〇五八―一一二三　平安時代後期の京都方の楽家（雅楽）。左近将監。康平元年（一〇五八）生まれ。時光の四男。笙を家業とし、堀河天皇の師範にもなった。笙は兄の公里・時忠に習ったが、時忠の荒いところを棄て、公里の素直なところを加えて、両人の流れと異なる別類であり、研究熱心な名人であったという。『続教訓抄』に、幼少に父を失い習わなかった秘曲（太食調入調といわれている）を、父の弟子源義光が関東に下る時（後三年の役か）に随行し、授かったということについて、時元が逢坂関でという説と、時秋（時元の子）が足柄山で授けられたという二説を載せる。保安四年（一一二三）六月二十一日没。六十六歳。

（東儀信太郎）

とよはらのむねあき　豊原統秋　一四五〇―一五二四　戦国時代の京都方の楽家（雅楽）。歌人・書家・本草家としても知られた。「すみあき」とも呼ぶ。宝徳二年（一四五〇）生まれ。治秋の子。笙を家業とし、後柏原天皇の師範にもなった。応仁の乱以後の世相に楽道の失われることを憂い、『體源抄』（旁《つくり》に豊原の姓が入っている）を子孫のために書いたが、これは狛近真『教訓抄』、安倍季尚『楽家録』とともに三大楽書として、雅楽に携わる者の必読書となっている。大永四年（一五二四）八月二十日没。七十五歳。

（東儀信太郎）

とよみけかしきやひめのみこと　豊御食炊屋姫尊　⇨推《すい》古天皇《こてんのう》

とりいいんせつ　鳥居引拙　生没年不詳　戦国時代の茶人。堺の人。生没年不詳であるが、『山上宗二記』には村田珠光の弟子とするから、年齢的には珠光と武野紹鷗の中間とみられる。当時茶人を「茶湯者」「侘数奇（者）」および「名人」の三種に分類することが行われたが、引拙は珠光・紹鷗とともに古今の茶湯名人にあげられている。名人の条件である唐物をはじめとする名物道具を多数（三十種ばかり）所持していたといい、のちに織田信長や豊臣秀吉の有に帰したものも少なくない。引拙はそれら名物を台子《だいす》や袋棚に飾る式法を創案したことでも知られる。その茶法は「珠光ノ風体」を出るものではなかったが、七十歳で没した時、「十月時雨ノ比ノ木葉、乱ルヽニ似リ」（『山上宗二記』）と評されている。

（村井　康彦）

とりいすねえもん　鳥居強右衛門　?―一五七五　戦国時代の武将。三河長篠城主奥平信昌の家臣で、天正三年（一五七五）五月の長篠・設楽原の戦の前哨戦で活躍した。すなわち、長篠城が武田勝頼の大軍に囲まれ、落城寸前になったとき、城中での軍評定の場において徳川家康の

もとに援軍を求める密使として城を出ることを申し出、実行した。予定通り岡崎城に至って家康に長篠城の窮状を伝え、すぐに家康および織田信長が出陣するという返事を得て長篠城に戻ってきた。ところが、城に潜入するところを武田軍に捕えられてしまい、武田側では、強右衛門を城近くに連行し、「援軍はこないから降参するように」といわせようとした。強右衛門はそのことを承知し、城中に向かってしゃべることになったが、実際にいったのは「すぐ援軍が到着する」との内容だったのである。そのため強右衛門は怒った武田勢のために磔にかけられ、殺されてしまった。一説に名乗りを勝商《かつあき》とするが未詳。

参考文献 大久保彦左衛門『三河物語』(『日本思想大系』二六)　（小和田哲男）

とりいもとただ 鳥居元忠 一五三九―一六〇〇 戦国・安土桃山時代の武将。天文八年(一五三九)生まれ。鳥居忠吉の子で、徳川家康が今川氏の人質となったとき駿府に随従し、のち、家康の三河統一、遠江経略の戦に従軍する。元亀三年(一五七二)の三方原の戦で負傷して跛になったという。天正十年(一五八二)の本能寺の変ののち、後北条氏の将北条氏勝の軍を破った功により、家康から甲州郡内の地を与えられ、また、同十八年の豊臣秀吉の小田原攻めのときには、浅野長政らを助けて岩槻城の太田氏房を攻め、その功によって秀吉から感状を与えられている。家康の関東入国に際しては下総国矢作において四万石の所領を与えられた。慶長五年(一六〇〇)の関ヶ原の戦のとき、家康はこの元忠を伏見城の総大将として残した。そのため、伏見城は同年七月十九日から始まる西軍の総攻撃をうけ、八月一日に落城し、そのとき元忠も戦死をとげたのである。六十二歳。墓は京都市左京区の知恩寺にある。

参考文献『寛政重修諸家譜』五六〇　（小和田哲男）

とりぶっし 止利仏師 ⇨鞍作鳥《くらつくりのとり》

トルレス Cosme de Torres 一五一〇―七〇 イエズス会宣教師。一五一〇年スペイン、バレンシアに生まれる。三四年ごろ司祭となり、最初はマジョルカに居り、三八年にメキシコに渡り、その後、スペイン艦隊の嘱託司祭となった。四六年にフランシスコ＝シャビエルに会い、ともにゴアへ行き、四八年にイエズス会に入会、天文十八年(一五四九)にシャビエルとともに日本へ渡った。シャビエルが日本を去ってから彼は同二十年から元亀元年(一五七〇)まで日本におけるイエズス会の上長を務めた。弘治二年(一五五六)まで山口におり、その後、豊後府内(大分市)へ移った。永禄五年(一五六二)に大村領内のキリシタン伝道開始につき、横瀬浦・平戸などへ行き、翌六年に大村純忠に洗礼を授けた。同年に横瀬浦の港が破壊されてのち彼は有馬領口之津に定住するようになった。元亀元年に新任の上長カブラルが来日すると、トルレスは志岐における宣教師会議に参加し、同年(一五七〇年十月二日)に同地で死去した。

参考文献 パチェコ＝ディエゴ『長崎を開いた人―コスメ・デ・トーレスの生涯―』(佐久間正訳)　（H・チースリク）

トルレス Balthazar de Torres 一五六三―一六二六 イエズス会宣教師。一五六三年十二月十四日、スペイン、グラナダに生まれる。七九年にイエズス会に入り、修練、人文課程、哲学の勉強を終え、八六年に助祭となり、同年、帰国途中の天正遣欧使節一行に同行してインドへ赴き、八七年五月にゴアに着いた。そこで神学課程を終えて司祭に叙階されてから九〇年に澳門《マカオ》へ移り、七年間、神学の講義を担当した。慶長五年(一六〇〇年八月十三日)に来日、一年間、有馬のセミナリヨで日本語を習い、同六年(一六〇一年六月十日)に長崎で終生誓願を立て、同年に豊前中津へ送られ、同八年に京都、上京のレジデンシャ(住院)、同十二年に大坂、つづいて六年間、金沢のレジデンシャに居た。同十八年のキリシタン禁令と伴天連追放令の際、堺に隠れ、元和元年(一六一五)の大坂夏の陣のとき大坂の明石掃部の屋敷にいた。大坂落城の時の冒険的な脱出について、体験者としての貴重な報告を残している。休養のため一時長崎へ行き、同二年に再び堺へもどったが、病気のため同五年に長崎へ移り、寛永三年(一六二六年三月二十日)に捕縄され、長崎西坂で火刑にされた(一六二六年六月二十日)。六十二歳。

参考文献 レオン＝パジェス『日本切支丹宗門史』(吉田小五郎訳、『岩波文庫』)、Josef Frantz Schütte「一六一四・一五年、大坂の陣と日本の教会」(『キリシタン研究』一七)　（H・チースリク）

とんあ 頓阿 一二八九―一三七二 南北朝時代の歌人。俗名二階堂貞宗。泰尋・感空とも号した。正応二年(一二八九)誕生。藤原師実子孫説もあるが、二階堂光貞男説が有力。二十歳ごろ出家し、比叡山・高野山で修行したが、のち金蓮寺の浄阿の門に入り、時衆となる。和歌は、「応長百首」の詠が家集『草庵集』に収載されるから、二十四、五歳以前に始めたらしい。二条為世の門人となり、正和元年(一三一二)為世女為子の没時には、二条為定・為藤らと哀傷歌を交している。同四年「花十首寄書」の作者に加わる。元応二年(一三二〇)為世撰の『続千載和歌集』に一首入選。このころ、為世から古今伝授を受けたらしい。歌僧としての名声は次第に高まり、浄弁・兼好・慶運とともに為世門の和歌四天王と称された。建武二年(一三三五)「内裏千首」の作者に加えられ、足利尊氏・直義兄弟にも信任され、高野山金剛三昧院奉納和歌も詠進。二条派歌人の重鎮として、撰者二条為明が貞治三年(一三六四)十月に没したあとを引き継いで、十二月に『新拾遺和歌集』を完成させた。勅撰和歌集には、『新拾遺和歌集』の読人知ら

頓阿花押

頓阿画像(栗原信充『肖像集』)

ずの五首を加え、四十九首が選入される。二条良基の信頼も厚く、良基の問いに答えた『愚問賢註』を執筆している。応安五年(一三七二)三月十三日没。八十四歳。京都市東山区鷲尾町の双林寺に供養塔が建てられている。家集に『草庵集』『続草庵集』『頓阿法師詠』、歌論書に『愚問賢註』『井蛙抄』、日記随筆に『高野日記』と『十楽庵記』(偽書説が有力)があり、連歌は『菟玖波集』に十九句が選入されている。

参考文献　『大日本史料』六ノ三五、応安五年三月十三日条、石田吉貞『頓阿・慶運』、井上宗雄『中世歌壇史の研究—南北朝期—』、井上宗雄・久保田淳・樋口芳麻呂・和田茂樹『頓阿法師詠と研究』(『未刊国文資料』三期九)　(樋口芳麻呂)

どんかい　**呑海**　一二六五—一三二七　鎌倉時代後期の時宗の僧。他阿弥陀仏・有阿弥陀仏と号し、恵永と称す。文永二年(一二六五)相模国俣野荘西野(神奈川県藤沢市)に生まれる。豪族俣野景平の弟。出家して時宗遊行上人第二代の真教の門に入る。正安三年(一三〇一)京都七条に金光寺を開く。遊行上人第四代を称し、相模国藤沢に清浄光寺を建てて本拠とする。呑海の系統である遊行派は、後世、時宗最大の勢力となった。嘉暦二年(一三二七)二月十八日、清浄光寺で没する。六十三歳。『呑海上人法語』がある。

呑 海 像

参考文献　今井雅晴『中世社会と時宗の研究』　(今井　雅晴)

どんちょう　**曇徴**　生没年不詳　七世紀の高句麗僧。『日本書紀』推古天皇十八年(六一〇)三月条に、高麗王より貢進され、五経を知り、彩色(顔料)・紙墨をつくり、また碾磑《みずうす》を造ったとみえる。『聖徳太子伝暦』には、太子が曇徴らを斑鳩宮に入れ、ついで法隆寺に安置したとあり、『元亨釈書』にもその伝がある。紙墨は以前から伝えられていたのだから、このとき新たな製紙技術が伝えられたという意味で、それを太子が完成させたとの説が江戸時代からあり、三経義疏はこの新たな紙に記載されたとの説もある。

参考文献　寿岳文章『日本の紙』(吉川弘文館『日本歴史叢書』一四)、滝川政次郎「碾磑考」(『(増補新版)日本社会経済史論考』所収)　(平野　邦雄)

どんらん　**曇鸞**　生没年不詳　中国北魏代の浄土教家。日本浄土宗の浄土五祖の初祖。浄土真宗の七高僧の第三祖。山西省の雁門《がんもん》または汶水《ぶんすい》の出身で、出家してから当時最も盛んであった三論宗の流れを汲み、四論すなわち竜樹の『中論』『十二門論』『大智度論』と提婆《だいば》の『百論』を研究した。その後不老神仙の法を求めて江南に行き、梁の大通年間(五二七—二九)に道士の陶弘景を訪ね、『仙経』十巻を授けられた。しかし帰路、洛陽で北インドから渡来した菩提流支《ぼだいるし》に会い、浄土経典の一つ『観経』(『観無量寿経』)を授けられ、ただちに『仙経』を焼き捨て浄土教に帰した。のち幷州(山西省太原)に住し、晩年にはその西南の石壁山玄中寺に移った。一説には玄中寺は曇鸞が創建したともいう。寂年については、『続高僧伝』六に東魏興和四年(五四二)五月六十七を以て寂すというが、北斉天保五年(五五四)になお在りともいわれ不詳。主著は、世親造・菩提流支訳『無量寿経優婆提舎願生偈《うばだいしゃがんしょうげ》』(『浄土論』または『往生論』ともいう)を注解した『浄土論註』(または『往生論註』)二巻であり、これによって浄土思想をはじめて中国に定着せしめる基礎を築き、後世に大きな影響を与えた。ほかに『讃阿弥陀仏偈』一巻、『略論安楽浄土義』一巻も真作と認められている。　(藤田　宏達)

な

なおひとしんのう　直仁親王　一三三五—九八　花園天皇の皇子。母は宣光門院実子。建武二年(一三三五)誕生。光厳天皇の養子とされ、貞和四年(正平三、一三四八)十月二十七日、崇光天皇の皇太弟に立てられた。観応二年(正平六、一三五一)十一月七日廃され、北朝の三上皇(光厳・光明・崇光)とともに吉野に迎え取られたが、延文二年(正平十二、一三五七)二月京都に帰還。のちに出家し、応永五年(一三九八)五月十四日、六十四歳で没した。萩原宮と呼ばれた。

参考文献　『大日本史料』七ノ三、応永五年五月十四日条　(宮崎　康充)

ながいむねひで　長井宗秀　一二六五—一三二七　鎌倉時代後期の幕府重臣。文永二年(一二六五)関東評定衆宮内権大輔長井時秀と秋田城介安達義景の娘との間に生まれ、弘安五年(一二八二)に引付衆となって宮内権大輔に任ぜられ、ついで評定衆となって、永仁元年(一二九三)には越訴頭人・執奏となり、得宗北条貞時を補佐した。永仁六年には引付頭人となり、正安二年(一三〇〇)ごろに官途も掃部頭にかわり、ついで出家。法名道雄。長井氏は、大江広元の次男時広の流れにあって幕府の重臣として活躍したが、なかでもこの宗秀は得宗専制の傾向が強まるなかで、得宗私邸での会議の寄合衆に任ぜられ、その政治を支えた。寄合衆となった永仁二年には南都衆徒の争いの調停のため幕府の使者として京に派遣され、貞時死後には安達時顕・長崎高綱らと「御内宿老」と称され、北条高時を補佐した。また歌をたしなみ文人としても知られる。勅撰集の作者。嘉暦二年(一三二七)没。六十三歳。

長井宗秀花押

参考文献　小泉宣右「御家人長井氏について」(高橋隆三先生喜寿記念論集刊行会編『(高橋隆三先生喜寿記念論集)古記録の研究』所収)、佐藤進一「鎌倉幕府職員表復原の試み」(『中央大学文学部紀要』史学科二八—三〇)　(五味　文彦)

なかうらジュリアン　中浦ジュリアン　一五七〇—一六三三　天正年間(一五七三—九二)ローマに派遣された少年使節の一人。イエズス会司祭。肥前中浦(長崎県西海市)出身。元亀元年(一五七〇)に生まれ、天正十年少年使節の副使として大村純忠により遣わされる。帰国後イエズス会に入り慶長十三年(一六〇八)司祭に叙階。博多中心に布教し禁教令施行後は肥前口ノ津から九州各地に宣教し、寛永十年(一六三三)豊前小倉で捕われた。穴吊しの刑により同年九月十九日長崎で殉教死した。六十四歳。

参考文献　『大日本史料』一一ノ別巻、『デ＝サンデ天正遣欧使節記』(泉井久之助他訳、『新異国叢書』五)、結城了悟「新史料天正少年使節」(『キリシタン研究』二九輯)、H・チースリク『キリシタン時代の邦人司祭』(『キリシタン文化研究シリーズ』二二)、J. F. Schütte: Monumenta Historica Japoniae.　(五野井隆史)

ながおかげとら　長尾景虎　⇨上杉謙信《うえすぎけんしん》

ながおかげなか　長尾景仲　一三八八—一四六三　室町時代前期の武将。山内上杉憲忠・房顕の家宰。武蔵・上野守護代。孫四郎景重、左衛門尉景仲、文安四年(一四四七)春より昌賢と号す。鎌倉長尾房景を父に、白井長尾清景女を母として嘉慶二年(一三八八)鎌倉に出生(『長林寺系図』によると房景甥)。九歳で叔父白井長尾景守の養子となり、応永八年(一四〇一)景守の死没によって家督を継ぐ。上杉禅秀の乱(応永二十三年)には由比ヶ浜に陣をとり、足利持氏の鎌倉退出を助けた。永享の乱(永享十年(一四三八))は将軍足利義教と関東公方持氏の対立が原因で、関東では持氏と管領上杉憲実の争いとなった。景仲は、憲実方の武将として山内上杉家宰長尾忠政(総社)とともに、上野の国人たちを率いて戦った。永享の乱・結城合戦によって、景仲と上野国の中小領主層との関係は深まり、勢力を拡大した。文安三年隠退した上杉憲実の嫡子憲忠が関東管領に就任し、景仲は山内上杉家の家宰となった。文安五年五月上野国大蔵坊(修験)宛書状によると、上杉憲実・清方について憲忠が上野守護であり、景仲が守護代であった。宝徳元年(一四四九)足利持氏の子成氏が関東公方となった。この年、公方成氏十六歳(十一歳)、山内憲忠十七歳、扇谷顕房十五歳と若年であり、山内家宰の景仲と、扇谷家宰太田資清の両人が政治の実権を持ち、上杉憲実の代を目標としていた。成氏は、里見義実・結城成朝など持氏旧臣の子孫を重用したため、両上杉との対立を深め、宝徳二年四月景仲・資清などが成氏を攻め江島合戦となる。このあと所領没

長尾景仲花押

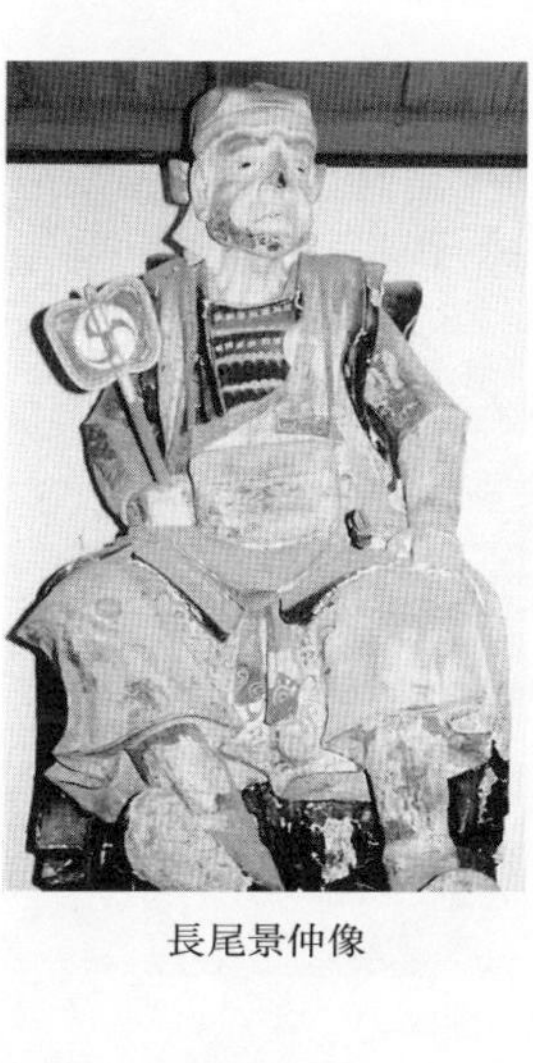
長尾景仲像

収問題から、享徳三年（一四五四）十二月成氏は憲忠を殺害した。景仲は、憲忠の弟房顕を後嗣とし、上野平井城に迎え成氏軍と武蔵分倍河原などで戦った。幕府は景仲の要請により成氏討伐を決め、駿河守護今川範忠を派遣し、範忠が鎌倉に攻め入ったため、成氏は古河へ拠った。成氏と両上杉氏の戦いは、文明十年（一四七八）正月の和議成立まで続く。景仲は、上杉方の中核となって活躍し「東国不双の案者」（『鎌倉大草紙』）と称された。長禄三年（一四五九）上野国羽継原（群馬県館林市）の戦に、嫡子景信・長尾景棟（総社）・長尾景人（鎌倉）らとともに成氏軍を打ち破った。寛正四年（一四六三）八月二十六日、七十六歳で鎌倉にて没。法名は月澄院殿俊叟昌賢庵主。本拠の上野白井城（群馬県渋川市子持）の西北に、月江正文を開山に招いて創建した双林寺がある。

参考文献 『双林寺伝記』、練馬郷土史研究会編『関東長尾氏関係文書集』一（『郷土研究史料』二二）、『群馬県史』資料編七、勝守すみ編『長尾氏の研究』（『関東武士研究叢書』六）、同「山内上杉氏領国支配と守護代」（『群馬大学教育学部紀要』人文・社会科学編一八）、同「山内上杉氏の権力構造とその展開」（『日本中世史研究』五）

（唐澤　定市）

ながおかげなが　長尾景長　一四六九―一五二八　室町時代の武将。山内上杉氏の家宰。房景、新五郎、但馬守、亭泉斎、禅香と称す。文正元年（一四六六）十一月、鎌倉長尾景人は、足利荘代官職に補任されて入部し足利長尾の祖となったが、景人の次男（長尾正統系図によると孫）景長は、兄定景について三代目の家督を嗣いだ。明応五年（一四九六）十二月に禁制（『小野寺文書』）を出しており、この時期、すでに当主であった。永正七年（一五一〇）上杉顕定死後、嗣子憲房と養子顕実（足利政氏弟）が対立した。景長は、上野白井城を本拠とする憲房について、武蔵鉢形城の顕実を攻めている。永正九年七月七日付上野新田金山城の横瀬国経あての禅香書状（『由良文書』）によって、禅香（景長）が山内上杉憲房の家宰に就任していたことを示している。享禄元年（一五二八）正月十五日没。六十歳。景長開基の長林寺（栃木県足利市西宮町）に葬られる。法名長林寺殿笑岩禅香大居士。画業に優れていて、自画像（長林寺二世傑伝禅長の讃がある。長林寺蔵。重要美術品）・山水図などがある。景長の子憲長、同孫当長（政長とも称し、のちに景長と称す）の三代に画業は継承され、三代の自画像が長林寺に所蔵されている。

長尾景長花押

長尾景長自画像

参考文献 『鑁阿寺文書』（『栃木県史』史料編中世一）、『栃木県史』通史編三、『近代足利市史』三、勝守すみ編『長尾氏の研究』（『関東武士研究叢書』六）

（唐澤　定市）

ながおかげはる　長尾景春　一四四三―一五一四　室町時代の武将。孫四郎・四郎右衛門・右衛門尉（長林寺本『長尾系図』では左衛門尉）・伊玄斎と号す。法号は大雄伊玄。白井長尾景信を父とし、越後府中長尾頼景の娘を母として嘉吉三年（一四四三）出生。祖父景仲・父景信は、山内上杉家の家宰として活躍したが、文明五年（一四七三）六月景信が病死すると、山内上杉顕定は、総社長尾忠景（景信の弟）を家宰とした。景春は、これを不満として、鎌倉から上野国白井城（群馬県渋川市子持）に退いて伊玄入道と改名。文明八年六月、景春は武蔵国鉢形城（埼玉県大里郡寄居町）に拠り、古河公方足利成氏と通じ

長尾景春花押

て、上杉顕定に叛いた(長尾景春の乱)。文明九年正月、景春は、武蔵国五十子《いかっこ》(埼玉県本庄市)の上杉顕定・扇谷上杉定正の陣を攻撃し、顕定らは那波(群馬県伊勢崎市堀口町)へ敗走した。景春方に参加したのは、祖父景仲以来長尾氏に培われた西上野の在地領主(国人層)であり、長野為兼(「当国中一揆の旗本長野左衛門尉為兼」(『松陰私語』五))を中心に景春被官の武士宝相寺・吉里など、これに武蔵・相模の武士たちを合わせて二、三千人に及んだ。戦場は、武蔵国から上野国に移り、山内・扇谷両上杉は協力して景春と戦った。扇谷上杉氏の家宰太田道灌は江戸城にいて、武蔵・相模の景春党を討ち、同年四月平塚(東京都北区)の豊島泰明を攻略、つづいて石神井城も落とし豊島氏を没落させた。同年七月この状況の中で足利成氏が景春支援のため上野の滝(群馬県高崎市上滝町)へ出陣。上杉方は、白井城へ退いた。同年十二月成氏軍が北上し、上杉方も白井城を出て広馬場(北群馬郡榛東村)で対陣中、俄に大雪が降り合戦が中止された。この直後に、足利成氏と上杉顕定・同定正の間に和議が成立した。和議成立後も武蔵国において両派の小競合が続き文明十年七月、太田道灌が鉢形城の景春を急襲して落城させた。管領上杉顕定を鉢形城に迎えて相模・武蔵・上野より成氏・景春の勢力を一掃した。乱後、両上杉の対立は深まり、文明十八年太田道灌が暗殺され、両上杉の間で戦となった。景春は、扇谷上杉定正方について山内上杉顕定と戦った。両上杉の戦は二十年に及び、永正二年(一五〇五)和睦した。永正四年越後国に内乱が起り、守護代長尾為景討伐のため上杉顕定が出陣すると、景春は為景と呼応して永正七年顕定の養子憲房を破り白井城を回復した。顕定より和議が出されたが承知せず、反山内を貫いた。永正十一年八月二十四日、七十二歳で没した。死去の場所は不明であるが、凉峰院殿大雄伊玄庵主が法名であり、空恵寺(渋川市子持上白井)の長尾家累代墓地に墓石がある。

参考文献 『大日本史料』九ノ五、永正十一年八月二十四日条、『双林寺伝記』、『鎌倉大草紙』、『太田道灌状』、勝守すみ編『長尾氏の研究』(『関東武士研究叢書』六)、『子持村史』 (唐澤 定市)

長尾為景花押

長尾為景印

ながおためかげ 長尾為景 ?―一五四二 戦国時代前期の武将、越後国守護代。父は信濃守能景。父の戦死(永正三年(一五〇六))後守護代となるが、翌年には守護上杉房能と対立して自殺させ、上杉定実を守護に擁立した。室町幕府からは公認されたが、永正六年房能の兄関東管領上杉顕定(可諄)の攻撃を受け、国人衆の離反もあって一時越中に逃れた。翌年帰国し、逆に顕定を追撃して南魚沼郡六日町の長森原で自刃させた(永正の乱)。この戦乱を通じて権限を強化した為景は守護定実と対立を生じ、守護直臣層・守護派国人と戦ってこれを壊滅させ、戦国大名へのみちを歩み始めた。同十六年能登守護畠山氏、越中守護で当時紀伊国にいた畠山尚順と連携して、父能景の戦死の原因とみなされた越中守護代神保慶宗らを討つため越中に侵攻し、翌年末には慶宗らを討ち取り、大永元年(一五二一)尚順から越中国新川郡守護代職を与えられた。ただ越中の一向一揆を制圧できず、同年二月越後国内で一向宗禁制政策を再確認するにとどまった。一五二〇年代には北条氏綱やこれと対立する上杉朝興など関東の諸氏と交渉をもつが、関東では積極的行動をとっていない。大永年間以降は幕府・朝廷との交渉を積極的にすすめ、三管領に準ずる毛氈鞍覆・白笠袋の使用を許され、子息道一は将軍義晴の偏諱を授けられて晴景と称した。この中央接近は、守護権限を併合して権力を強めつつあった為景に対する国人衆から反発が強まってきたことへの対応であった。享禄三年(一五三〇)上条定憲ら反為景方が挙兵したが、阿賀北(下越)の国人衆を味方にしていったんは抗争を回避したものの、天文四年(一五三五)には再び反為景戦線が結成された(享禄・天文の乱)。これに対して「治罰」＝内乱平定の綸旨を得るなどの工作を行なって収拾につとめたが、結局守護定実の復権を認め、みずからは政局の一線から退いて、子息晴景を表面に立てた二頭政治を採らざるをえなくなり、晩年は反為景派国人衆との間で辛うじて保たれた政治的均衡のなかで過した。為景の没年を『越佐史料』などは天文五年とするが、同九年には生存が確認されるからその後に死去したことは明らかで、米沢上杉藩の正史『謙信公御年譜』は同十一年没とする。為景ははじめ六郎、永正の乱中は桃渓庵宗弘と併称し、永正十年ごろから弾正左衛門尉、大永四年以降信濃守、享禄・天文の乱以後は紋竹庵張恕、ときに蘇久・黄博とも称した。法名は道七。

参考文献 高橋義彦編『越佐史料』三、『新潟県史』資料編三―五・通史編二、井上鋭夫『上杉謙信』、羽下徳彦「越後に於る永正―天文年間の戦乱」(『中世日本の政治と史料』所収)、佐藤博信「戦国大名制の形成過程」(『越後中世史の世界』所収)、矢田俊文「戦国期の守護代家」(『日本中世戦国期権力構造の研究』所収) (阿部 洋輔)

ながおよしかげ 長尾能景 ?―一五〇六 室町時代後期の武将、越後国守護代。弾正左衛門尉、のち信濃守。父は信濃守重景。父の死(文明十四年(一四八二))以降守護上杉房定・房能のもとで守護代。この時期は守護権力の安定期で、能景は守護直臣層・外様国人衆とも係争を

長尾能景花押

生じなかった。房能が明応七年(一四九八)に発した守護不入権の再確認政策、すなわち徴証なき不入地の没収＝守護領化に対しては、守護代としてはその施策に協力しつつ自領については権益を守っている。明応六年には禅僧曇英慧応を招いて越後春日山(新潟県上越市)に林泉寺を開き、長尾氏の菩提寺とした。永正元年(一五〇四)、房能の兄関東管領上杉顕定を援けて武蔵に出陣し、ついで同三年には能登畠山氏と連携して越中に出陣、一向一揆と戦ったが九月十九日礪波郡般若野(芹谷野、富山県礪波市)で戦死した。法名高岳正統。

参考文献　高橋義彦編『越佐史料』三、『新潟県史』通史編二・資料編三―五、『富山県史』通史編二、井上鋭夫『一向一揆の研究』　（阿部　洋輔）

ながさかちょうかん　長坂釣閑　?―一五八二　戦国時代の武将で甲斐武田氏の家臣。武田信玄・勝頼の二代に仕え、甲斐国巨摩郡逸見筋長坂郷(山梨県北杜市長坂町)を領す。実名を光堅といい、はじめ左衛門尉を称し、出家して釣閑斎と号す。『甲陽軍鑑』によれば、信玄期には足軽大将衆で、騎馬四十騎足軽四十五人持であった。出自ははっきりしないが、信玄の代に近臣となり、重用されて侍大将となった。永禄八年(一五六五)の信玄の長男義信の謀反事件に長男源五郎が連座して誅殺されたが、光堅には類が及ばなかった。信玄の没後、天正三年(一五七五)五月に、嗣子勝頼が三河国長篠の戦で大敗し、多くの重臣が戦死すると、光堅と跡部勝資とが宿老に任用され、以後の政策決定に深く関与することになった。とりわけ、同六年の越後上杉氏の跡目争い(御館の乱)では、上杉景勝への支援を進言し、その結果、北条氏政と断絶する結果を招き、妄臣の悪評を得ることになった。十年三月、武田氏の滅亡後、織田信長に誅殺された。　（柴辻　俊六）

「信」
長尾能景印

ながさきたかさだ　長崎高貞　?―一三三四　鎌倉時代末期の武将。円喜入道長崎高綱の子、内管領長崎高資の弟(一説に高資の子)。通称四郎左衛門尉。『太平記』には「悪四郎左衛門尉」ともある。正中元年(一三二四)、南条宗直とともに上洛して、日野資朝・同俊基を鎌倉に護送。元弘元年(一三三一)九月、幕府軍の侍大将として上洛、笠置攻めや赤坂城攻略に参加。同三年六月、千早城包囲中に幕府の滅亡を知り、大和般若寺で出家して宮方に降伏。建武元年(一三三四)三月二十一日(『蓮華寺過去帳』)、五月九日(『南朝編年記略』)、または七月九日(『太平記』)、京都阿弥陀峯で斬られた。

参考文献　『大日本史料』六ノ一、建武元年三月二十一日条　（奥富　敬之）

ながさきたかすけ　長崎高資　?―一三三三　鎌倉時代末期の武将。円喜入道長崎高綱の子。通称新左衛門尉。文保年間(一三一七―一九)ごろ、父の譲りを得て内管領に就任し鎌倉幕府滅亡まで幕政の実権を掌握していたが、その施政は放縦と無策に流れ多く失敗した。内管領就任の直後、奥州安東氏に訴訟が起ったとき、双方から収賄して「理アルヲ非トシ」たため(『異本伯耆巻』)、紛争を激化させて奥州安東氏の乱を招いた。しかも、工藤祐貞・宇都宮高貞・小田高知らの軍勢をつぎつぎに送ったものの、十年以上もの間、乱を鎮定することができず、ようやく、嘉暦三年(一三二八)十月に「和談之儀」をもって乱を終結させた(『北条九代記』)。このことは、幕府の権威を失墜させて反幕勢力の胎動を促したのみならず、幕府内部にも彼の施政に対する反対を惹起させることになった。正中元年(一三二四)の変に際して、後醍醐天皇の廃立、護良親王の遠流、日野俊基・同資朝らの死罪などの強硬意見を主張したが、二階堂道蘊らの反対にあって寛大にせざるをえず、資朝の佐渡配流程度の処置で済ませた。嘉暦元年三月、北条高時の出家に際して、金沢流北条貞顕を執権に擁立したが、これも高時の弟北条泰家の反対によって挫折し、貞顕はわずか十日で執権職を辞して出家した。かわって赤橋流北条守時が執権に就任したが、「是モ高資ガ僻事シタリ」と世評されたという(『保暦間記』)。元弘元年(一三三一)八月、高資の専権を怒った得宗高時が、高資の叔父長崎高頼や丹波長朝らに高資誅伐の密命を下したがすぐに発覚。高資は高頼らを陸奥などに配流した。このとき、高資に詰問された高時は「我ハ不知」と弁解して高資の怒りを避けたという(『保暦間記』)。元弘三年五月二十二日、新田義貞に鎌倉を攻め落とされたとき、高時ら北条一門のほか、父高綱や次男高重らとともに、鎌倉葛西ヶ谷の東勝寺で自刃して果てた。

長崎高資花押

参考文献　北条氏研究会編『北条氏系譜人名辞典』、細川重男『鎌倉政権得宗専制論』　（奥富　敬之）

ながさきたかつな　長崎高綱　?―一三三三　鎌倉時代後期の武将。得宗被官長崎光綱の子。通称三郎左衛門尉。法名円喜。長崎禅門・長入道などと呼ばれた。嘉元三年(一三〇五)の北条宗方事件の直後には、得宗北条貞時の近臣になっていたらしい。正和五年(一三一六)七月、北条高時の執権就任と同時に内管領になり、幕政の実権を掌握した。文保元年(一三一七)、持明院・大覚寺両皇統の皇位迭立を定めた「文保の和談」は、その直後のことである。そのころにはすでに「老耄」で、その施政は「正体ナカリケリ」という情況だったので(『保暦間記』)、すぐに嫡子高資に家督と内管領を譲って出家したが、元亨三年(一三二三)十月の貞時の十三年忌の式に上席を占

め、貞時追善のために『金剛経』千部を摺写させるなど、御内宿老として幕閣に隠然たる勢力を有していた。元弘三年(一三三三)五月二十二日、鎌倉幕府滅亡に際して、高時ら北条一門や子高資、孫高重らとともに鎌倉葛西ヶ谷の東勝寺で自刃して果てた。

参考文献　北条氏研究会編『北条氏系譜人名辞典』、細川重男『鎌倉政権得宗専制論』、同「内管領長崎氏の基礎的研究」(『日本歴史』四七九)　(奥富　敬之)

なかしひめのみこと　中蒂姫命　別名長田《ながた》大娘皇女・中磯皇女。『日本書紀』一本によれば履中天皇皇女、母は幡梭皇女。『古事記』は長田大郎女、允恭天皇の皇女、母は忍坂之大中津比売命とする。この皇女は『書紀』の名形大娘皇女にあたるが、『古事記伝』は『古事記』の允恭皇女を誤伝としている。『古事記』によればこの皇女ははじめ大日下王に嫁す。安康天皇は讒言によってこの王を殺し、この妃を納れ、やがて皇后とした。前夫大日下王との間に儲けた目弱王(紀は眉輪王)は、このため天皇を弑し、目弱王は大長谷王(紀は大泊瀬皇子、のちの雄略天皇)に誅される。のち雄略天皇は即位後大日下王の妹若日下部命を納れ、これを立てて皇后(大后)とする。この一連の説話にはおそらく何らかの史実が存在し、それに基づいているのであろう。

参考文献　川副武胤『古事記の研究』　(川副　武胤)

なかじょういえなが　中条家長　一一六五―一二三六　鎌倉時代前期の武士。普通は「ちゅうじょう」と称す。永万元年(一一六五)生まれる。八田知家の養子。実は小野義勝(成尋)の子。右馬允、左衛門尉、出羽守、従五位下。元暦元年(一一八四)平家追討の源範頼に従軍、以後、一谷・豊後国などに転戦。文治五年(一一八九)奥州藤原氏追討に父義勝とともに出陣。建久元年(一一九〇)自由任官の科により父子ともに解官されたが、御家人としては重用され、同四年慈光寺(埼玉県比企郡)での後白河法皇一回忌には奉行として活動した。同六年毛呂季光と合戦に及ばんとしたが和解。建仁三年(一二〇三)将軍源実朝元服に侍座に臨席、佐々木定綱とともに代始め使節として上洛。鎌倉若宮大路に宿所を所有していたらしく、承元四年(一二一〇)・寛喜三年(一二三一)の両度、家長宅が焼失している。幕府の有力御家人(宿老)の一員として、将軍源頼家・実朝・藤原頼経らに仕えた。嘉禄元年(一二二五)十二月、北条時房・泰時の下に幕府評定衆の一員となり、幕政に参与。貞永元年(一二三二)七月『御成敗式目』制定にあたり、起請文にも連署。嘉禎二年(一二三六)八月五日所労のため評定を欠席、同月二十五日死去。七十二歳。

参考文献　『大日本史料』五ノ一〇、嘉禎二年八月二十五日条、『新編埼玉県史』資料編七、渡辺世祐・八代国治『武蔵武士』、藤野三吉『中条氏と常光院』、同「中条氏の文教と勤王」(『埼玉史談』一一ノ二)、埼玉県立歴史資料館編『中世武蔵人物列伝』　(伊藤　一美)

ながたとくほん　永田徳本　生没年不詳　戦国時代から江戸時代初期にかけての医者。諱は徳本。号は知足斎、乾室など。出生地不明。寛永七年(一六三〇)二月十四日百十八歳で没したといわれるが生没年の真偽不明。没地は、甲斐とも信濃ともいわれる。長野県岡谷市に徳本の墓といわれるものがある。名利を求めず、頸に薬嚢をかけて牛に乗り、各地を「一服十八文」と呼び歩き、将軍徳川秀忠の病気を治した時も、十八文しか取らなかったという。医学を玉鼎に学んだといわれる。後漢の張仲景の『傷寒論』に強く影響を受け、当時流行の温補療法を否定し、攻撃的な治療を行なった。病因は、外からの風寒によって、体内に毒が鬱滞することにあるとした。病名で病気を分類することなく、症状に対して治療を行なった。著書は『医之弁』一巻、『徳本医方』(『知足斎医鈔』は同一書)一巻がある。他の著書は、すべて偽書といわれる。

参考文献　小松帯刀『医聖永田徳本伝』、富士川游『日本医学史』　(矢部　一郎)

永田徳本画像

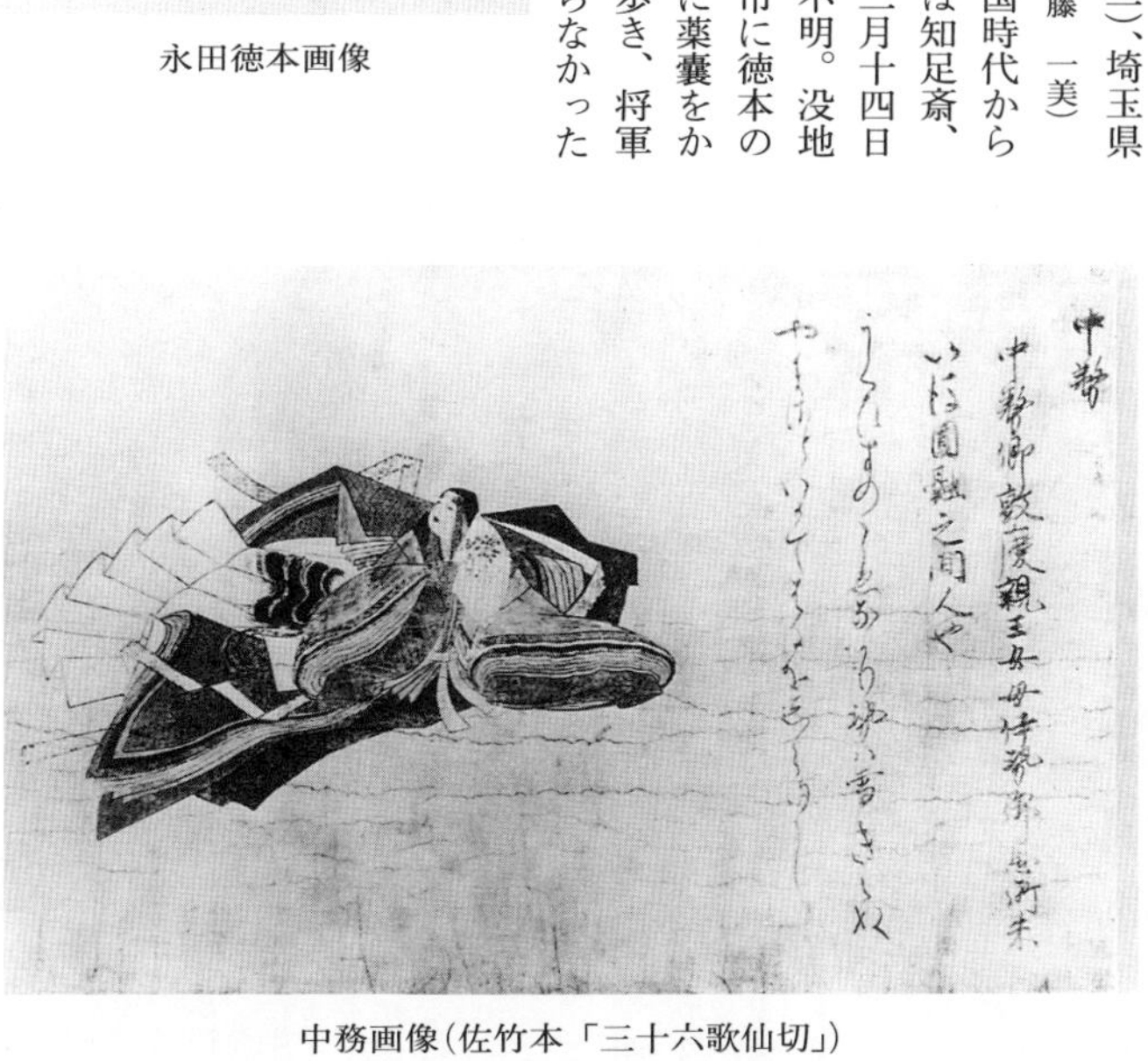

中務画像(佐竹本「三十六歌仙切」)

なかつかさ　中務　生没年不詳　平安時代中期の女流歌人。三十六歌仙の一人。延喜十二年(九一二)ころ生まれ、永祚元年(九八九)以後、八十一歳以上で没したかという推定(片桐洋一)がある。父は宇多天皇の皇子中務卿(の

ち式部卿)敦慶親王、母は『古今和歌集』の代表的女流歌人伊勢。『中務集』『信明集』をはじめ『元輔集』『源順集』『恵慶集』などの同時代人の私家集や、村上朝から円融朝にかけての歌合出詠によって、動静を知りうる。その娘が一条摂政藤原伊尹との間に光昭を生んでおり伊尹周辺の人であったこともあって、当代の女流歌人としての名声は高く母伊勢と並び称せられた。藤原実頼・同師氏・同師尹や元良親王・常明親王などと関係を結んだらしいが、源信明《さねあきら》との関係が最も深い。女房としては藤原忠平や実頼に仕えたかと推測されている。家集『中務集』は二系統あり、西本願寺本『三十六人集』所収本と宮内庁書陵部蔵御所本『三十六人集』(甲本)所収本に代表される。『後撰和歌集』以降の勅撰集に六十九首入集。

参考文献 『大日本史料』一ノ一七、天元三年正月二十九日条、臼田甚五郎『平安歌人研究』、山口博『王朝歌壇の研究―村上冷泉円融朝篇―』 (藤平 春男)

なかつかさのないし　中務内侍 生没年不詳　鎌倉時代後期の女性。日記作者。伏見院に春宮から仕えた女房で伏見院中務内侍ともいう。本名藤原経子。父は従三位宮内卿藤原(高倉)永経。母は不明。弘安三年(一二八〇)ごろから後深草院の御所(冷泉富小路殿)に出仕し、春宮(伏見院)に仕えて同十年内侍、翌十一年伏見天皇即位の折は神器を捧持した。正応五年(一二九二)三月ごろ病のため退出。弘安三年から書き始めた日記が名高い。ほかに『玉葉和歌集』に二首入集。 (福田 秀一)

なかつすめらみこと　中皇命 『万葉集』一の題詞に二例みえる舒明朝から斉明朝にかけての歌人。中皇命とは誰を指すかは問題で、賀茂真淵が荷田春満の説として間《はし》人《ひと》皇女をあげて以後、多くの注釈書はそれによっている。しかし、喜田貞吉は『続日本紀』宣命などにみえる「中都天皇」と中皇命を同一の称とし、これを先帝と後帝との間をつなぐ中間天皇もしくは中宮天皇の略称と見、舒明朝の宇智野の歌の題詞にみえる中皇命を皇極(斉明)天皇、斉明朝の紀伊国作歌の場合を倭太后(倭姫王)と推定した。また折口信夫《しのぶ》は、中皇命を神と天皇との間に立つ聖なる仲介者の意と解し、すべての皇后は中つ天皇であると考え、『万葉集』の二例ともに皇極(斉明)天皇とした。これらに対し、中宮天皇と大后天皇は、もと皇后であった天皇を指し、仲天皇と「中都天皇」は中継ぎの天皇を意味し、中皇命とは区別すべきであるとの井上光貞の批判があり、それを受けた中西進は、「すめらみこと」とは読むものの、天皇と皇命とは別であって、中皇命は二例とも間人皇女であろうと考えた。間人皇女は舒明天皇の皇女で天智・天武と同母の兄妹。のちに孝徳天皇の皇后となった。間人説が有力だが問題は残されている。宇智野の歌は、題詞に「天皇、宇智野に遊猟したまふ時に中皇命の間人連老をして献らしめたまふ歌」(原漢文)とみえ、作者について中皇命説と間人老説とがある。中皇命の伝誦する古長歌に、老が短歌をあわせて献ったものか。斉明朝の三首には女性らしい口吻と親密な情愛が湛えられている。

参考文献 井上光貞『日本古代国家の研究』、喜田貞吉「中天皇考」(佐佐木信綱編『万葉学論纂』所収)、山崎馨「中皇命は誰か?」(『日本文学の争点』上代編所収)、中西進「中皇命とは誰か」(『国文学解釈と鑑賞』三四ノ二)、神野志隆光「中皇命と宇智野の歌」(伊藤博・稲岡耕二編『万葉集を学ぶ』一所収)、小林敏男「中天皇について」(『古代女帝の時代』所収) (稲岡 耕二)

なかつひめのみこと　仲姫命 応神天皇の皇后、仁徳天皇の母。『古事記』は中日売命に作る。『日本書紀』によれば応神天皇二年三月皇后となり荒田《あらた》皇女、大鷦鷯《おおさざき》天皇(仁徳天皇)、根鳥《ねとり》皇子を生んだ。姉の高城入《たかきいり》姫、妹の弟姫も応神天皇の妃となった。仲姫という名は中子の故であろう。『日本書紀』仁徳天皇即位前紀と『古事記』応神天皇段によれば景行天皇の皇子五百城入彦《いおきいりひこ》王の子の品《ほん》陀真若《だまわか》王が姫の父である。応神・仁徳両天皇は、四世紀末五世紀初めに実在し、さらに応神王朝の成立を考える説もあるので、記紀の仲姫の出自の記事も考究に値する。 (岡本 堅次)

(伝)仲姫命像

仲津山陵《なかつやまのみささぎ》 大阪府藤井寺市沢田四丁目(旧字仲ッ山)所在。明治十六年(一八八三)五月十七日明治天皇は、当所に応神天皇皇后仲姫命陵兆域を定め、これに該当する民有地を買収することを聴許し、同十八年六月十七日さらに民有地を買収して兆域を拡張し、御拝所を建設せしめた。陵号は、同二十八年四月十四日字名をとり定めた。皇后仲姫命は、『日本書紀』『延喜式』などに崩御、陵所などの記載がなく、陵墓の伝説もない。当陵は、応神天皇陵から適当な距離にある巨大古墳を活用して、応神天皇皇后霊廟を陵として修営したと思われる。現状は長軸二八八《メートル》、三段築成、南西に面する前方後円墳で、周囲に土堤を築き、空堀がめぐり、南西面に拝所がある。『河内国陵墓図』には、当所を允恭天皇陵として墳上の勾玉散在を記すので、江戸時代以前に主体部盗掘があった古墳とうかがわれる。外堤南側に隣接する中山塚・八島塚の方墳二基は陪塚に指定。

参考文献 宮内省編『明治天皇紀』六、上野竹次郎『山陵』上、宮内庁編『皇后仲姫命仲津山陵之図』(宮内庁書陵部所蔵『陵墓地形図』三九〇―一一) (石田 茂輔)

なかとみのいかつおみ　中臣烏賊津使主　大和時代の廷臣で中臣氏の祖先とされる伝説上の人物。烏賊津連・伊賀都臣・伊賀津臣・雷大臣とも書かれる。『日本書紀』仲哀紀・神功紀には仲哀天皇が筑紫の橿日《かしひ》宮で急死したとき、烏賊津連は四大夫の一人として神功皇后を守護し、皇后のために審神者《さにわ》となって、新羅征討の神教を下した神の名を聞き出したとあり、『尊卑分脈』には雷大臣は仲哀天皇のときに大兆の道を習い、亀卜の道に達し、卜部の姓を賜ったとあり、『続日本紀』天応元年（七八一）七月癸酉条の右京人栗原勝子公の上申には、伊賀都臣が神功朝に百済に使して彼土の女に生ませた二子がわが国に帰化して、美濃国不破郡の栗原勝一族の祖となったとあり、『日本書紀』允恭紀七年十二月朔条には、天皇が一舎人の中臣烏賊津使主を近江の坂田に遣わして弟姫（衣通郎姫）を召したとある。（関　晃）

なかとみのおおしま　中臣大島　?—六九三　七世紀後半の廷臣。中臣糠手子の孫、許米《こめ》の子で馬養の父。『日本書紀』によれば、天武天皇十年（六八一）三月に大山上の冠位で川島皇子以下とともに帝紀・上古諸事の記定に加わり、平群子首と二人が筆をとってこれを記録し、同年十二月に小錦下に進み、朱鳥元年（六八六）には天武朝制定冠位の直大肆だったが、官は兵政官の長官だったらしく、同年九月天皇の殯《もがり》の庭で兵政官の事を誄《しのびごと》している。その後持統天皇四年（六九〇）正月の天皇即位の儀と同五年十一月の大嘗会に神祇伯として天神寿詞《あまつかみのよごと》を読んでおり、同七年三月ころに死去した。時に直大弐。その間天武天皇十三年十一月に朝臣姓になり、同十四年九月の記事から死去まで藤原（葛原）朝臣姓を称している。また『懐風藻』に大納言、『中臣氏系図』に引く『大中臣本系帳』に中納言とあるが、納言在任の時期は明らかでない。栗原寺露盤銘によれば、晩年に草壁皇子のために栗原寺の建立を発願したが、果たさずして死んだ。『懐風藻』に五言詩二首がある。（関　晃）

なかとみのおみまろ　中臣意美麻呂　?—七一一　七世紀末から八世紀初めの廷臣。名は臣麻呂とも書く。中臣国子の孫、国足の子で、東人・清麻呂の父。はじめ藤原（葛原）朝臣を称したが、文武天皇二年（六九八）八月の詔により、不比等の家以外はすべて中臣姓に復した。朱鳥元年（六八六）十月、大舎人で大津皇子の謀反事件に関連して捕えられたが、事件後に赦され、持統天皇三年（六八九）二月に務大肆の冠位で判事、同七年六月に直広肆、文武天皇三年十二月に直大肆で鋳銭司長官に任じ、大宝二年（七〇二）三月に『大宝令』位階の正五位下から位一階を進められ、慶雲二年（七〇五）四月左大弁、和銅元年（七〇八）三月中納言兼神祇伯、同四年閏六月二十二日正四位上で死去した。（関　晃）

なかとみのかつみ　中臣勝海　六世紀後半の廷臣。『日本書紀』によれば、敏達天皇十四年大臣蘇我馬子が前年に百済から伝来した仏像を崇敬して、石川の宅に仏殿を造り、大野丘の北に塔を建てて大いに仏事を行なったのに対して、中臣勝海大夫は大連物部守屋とともに、疫病の流行を理由にそれらの仏殿・塔・仏像を破却し、善信尼以下の尼らを捕えて笞うった。その後用明天皇二年四月に守屋と勝海は、天皇が病を得て看護のために豊国法師を内裏に引き入れるのを阻止しようとしてから、馬子と決定的に対立し、同月勝海はその家に衆を集めて守屋を助けようとしたが、その抗争の中で舎人迹見赤檮《とみのいちい》に斬り殺されたという。勝海は祭祀専門職の中臣氏の中心人物として排仏に努めたとみられるが、『中臣氏系図』所引の『大中臣本系帳』にも『尊卑分脈』にもその名が全くみえない。（関　晃）

なかとみのかね　中臣金　?—六七二　七世紀後半の廷臣。中臣糠手子の子で藤原鎌足の従兄弟。天智天皇九年（六七〇）三月に近江の大津京で山の御井の傍りに諸神の座を敷いて幣帛を班ったときに祝詞を読み、翌十年正月五日に神事を宣り、同日に大友皇子が太政大臣、蘇我赤兄が左大臣、金が右大臣、蘇我果安・巨勢人・紀大人の三人が御史大夫（のちの大納言）に任ぜられた。やがて翌十年十一月天皇の病状が進むと、同二十三日に右の六人は内裏西殿の織物の仏像の前で、近江朝廷の後継者である皇子を中心に結束を誓ったが、翌十二月三日に天皇が世を去ると、翌年六月に壬申の乱が起り、朝廷は東国の兵を集めて近江に攻め込んだ大海人皇子（天武天皇）の軍勢に敗れ、金は捕えられて同八月に近江の浅井の田根で斬られ、金の子はみな配流された。金の冠位は『中臣氏系図』『尊卑分脈』には小紫、『公卿補任』には大錦上とある。（関　晃）

なかとみのかまこ　中臣鎌子　六世紀中ごろの廷臣。『日本書紀』では欽明天皇十三年十月条に、百済の聖明王が仏像・経論などを献じてきたという仏教伝来の記事を掲げ、そのとき鎌子は大連物部尾輿《おこし》とともに、国神の怒りを招くことを理由に仏法の受容に反対したが、天皇が試みに受容派の大臣蘇我稲目に仏像を礼拝させ、やがて国内に疫病が流行すると、尾輿と鎌子はこれを仏像を礼拝したためとして、仏像を投棄すべきことを奏し、天皇がこれに従って仏像を難波の堀江に流し棄て、伽藍を焼くと、天に風雲なくしてたちまち大殿に火災が起ったと記している。鎌子は勝海と同じく、祭祀専門職の中臣氏を代表する立場で排仏に努めたとみられるが、『中臣氏系図』に引く『大中臣本系帳』には鎌子の名がみえず、『尊卑分脈』には鎌大夫の名がみえるが、年代がややさかのぼる。（関　晃）

なかとみのかまこ　中臣鎌子　⇩藤原鎌足《ふじわらのかまたり》

なかとみのすげのあそまろ　中臣習宜阿曾麻呂　生没年不詳　奈良時代の官吏。天平神護二年（七六六）従五位下に叙し、神護景雲元年（七六七）九月、豊前介に任ぜられた。宇佐八幡神職団と交渉ができたのは、このころか。その後大宰主神に転じ、道鏡の弟、大宰帥弓削浄人の下僚となる。浄人におもねり、宇佐八幡の神教といつわり

「道鏡を天位に即けば、天下太平ならん」との神託を奏上した。神護景雲三年初夏のころか。称徳天皇は和気清麻呂を使として宇佐に遣わし、神託を確かめさせたところ、偽託であることが明白となり、道鏡の即位は成らなかった。宝亀元年（七七〇）八月、道鏡の下野配流とともに阿曾麻呂は多褹島守に左遷され、同三年六月、大隅守となった。

参考文献 横田健一『道鏡』（『人物叢書』一八）

（横田 健一）

ながぬまむねまさ 長沼宗政 一一六二—一二四〇 鎌倉時代前期の武将。長沼氏の祖。下野大掾小山政光の子。母は宇都宮宗綱の娘。応保二年（一一六二）生まれ。はじめ五郎と称し、のちに淡路守となる。寿永二年（一一八三）源頼朝と対立した志田義広を下野国で討ち、その後、源範頼に従い平家追討に従軍。文治五年（一一八九）頼朝の奥州藤原氏攻撃に従い、翌建久元年（一一九〇）および同六年の頼朝上洛に随行した。頼朝から信濃国善光寺地頭職を与えられたが、承元四年（一二一〇）八月、改替。正治二年（一二〇〇）十一月、美濃国大榑荘の地頭職を得る。その後、建仁三年（一二〇三）の比企能員追討、元久二年（一二〇五）の畠山重忠追討に従い、さらに承久の乱に従軍す。その直後、摂津国守護職・同国藍荘地頭職を、さらに淡路国守護職、同国笑原保・上田保地頭職を給与され、国守・守護を兼帯して淡路国を支配した。摂津国守護職はその後に改替されたが、淡路国守護職は鎌倉時代末期まで相伝、貞応二年（一二二三）には淡路国の大田文も作成された。寛喜二年（一二三〇）八月、嫡子時宗に譲与した所領は、本領長沼荘・下野国御厩別当職・淡路国守護職をはじめとして、武蔵・陸奥・美濃・美作・備後などの諸国に及ぶものであった。仁治元年（一二四〇）十一月十九日、下野国長沼荘（栃木県芳賀郡二宮町）にて七十九歳で死去。

長沼宗政花押

参考文献 『大日本史料』五ノ一三、仁治元年十一月十九日条、『吾妻鏡』、『栃木県史』史料編中世一・通史編三

（岡田 清一）

なかのいんさだひら 中院定平 生没年不詳 鎌倉・南北朝時代前期の公家、武将。陸奥守定成の子。初名良定。源定平ともいう。左近衛中将。後醍醐天皇の倒幕計画に早くからかかわっていたらしく、元弘元年（一三三一）五月、天皇の京都脱出に際して、天皇に偽装した花山院師賢に従って叡山に登った。その後は護良親王に従っていたようで、元弘三年四月には殿法印良忠とともに一方の大将として大和から京へ攻め上り、六月には大和に出兵して、北条時治・高直以下を搦め取り、やがて護良親王に従って入京した。建武政権下においては恩賞方寄人となり、建武二年（一三三五）六月、西園寺公宗らの陰謀が露顕するや、結城親光・名和長年らを率いて公宗らを逮捕した。翌年五月、新田義貞軍の将として湊川に足利勢と戦って敗れ、後醍醐天皇に従って叡山に逃れたが、翌年十月、天皇の帰京に際しては、命をうけて河内東条に赴き、再挙を期したが、その後の消息は不明である。

中院定平花押

（池永 二郎）

なかのいんちかみつ 中院親光 ？—一三七七 南北朝時代の公卿。父は権大納言光忠。初名光房。徳治二年（一三〇七）叙爵。文保二年（一三一八）正五位下、侍従に叙任され、親光と改名。以後累進して元徳元年（一三二九）、参議に任ぜられ左近衛中将を兼ね、翌年従三位に叙せられたが、この年辞任。元弘三年（一三三三）十月、正三位に昇叙されたが、建武三年（一三三六）、足利尊氏が西国より入京した際、後醍醐天皇に従って比叡山に逃れ、天皇の和談とともに天皇に従って帰京。しかし天皇が吉野に逃れたため、南朝に通謀のことを疑われて翌年幕府に捕われた。観応二年（一三五一）、尊氏・足利義詮が南朝に降った際、二条師基らとともに南朝に帰参し、権中納言に任ぜられた。その後、北朝復活とともに京に帰り、貞治二年（一三六三）権中納言となり、すぐ辞任。翌年正二位に叙せられ、応安六年（一三七三）、権大納言に進んだが翌年辞任。永和三年（一三七七）四月に没。

（池永 二郎）

なかのいんみちしげ 中院通重 一二七〇—一三二二 鎌倉時代後期の公卿。父は権大納言通頼。母は権大納言藤原顕朝の娘。文永七年（一二七〇）生まれる。文永八年二歳で叙爵。以後累進して弘安七年（一二八四）左近衛中将、翌年従三位に叙せられ、同十年参議、左衛門督、検非違使別当。翌正応元年（一二八八）正三位に叙せられ、中宮権大夫、権中納言に任ぜられる。右衛門督、検非違使別当を兼ねた。正応二年従二位、同四年正二位に進み、同五年には権大納言、中宮大夫となった。永仁六年（一二九八）、中宮大夫を罷めたが、正安三年（一三〇一）春宮大夫を兼ねた。徳治二年（一三〇七）いったん職を辞し

中院通重画像（『天子摂関御影』）

たが、延慶二年(一三〇九)還任。正和二年(一三一三)淳和院別当。翌々年大納言に進み、奨学院別当。同五年大納言を辞し、従一位に昇叙。元応元年(一三一九)閏七月、内大臣に進んだが十月十八日これを辞し、元亨元年(一三二一)出家。法名良乗。翌年九月十五日、五十三歳で没。

(池永 二郎)

なかのいんみちなり　中院通成　一二二二—八六　鎌倉時代の公卿。大納言通方の次男。母は権中納言一条能保の娘。貞応元年(一二二二)生まれる。嘉禄元年(一二二五)正月の叙爵以後、累進して仁治三年(一二四二)三月蔵人頭、四月には叔父通行を超えて従三位に叙せられて公卿の列に加わり、翌寛元元年(一二四三)参議に任ぜられ、右衛門督となった。寛元三年正三位に昇叙、宝治元年(一二四七)権中納言に進み、建長元年(一二四九)従二位に叙せられ、同三年左衛門督に転じ、翌年には権大納言に任ぜられた。建長六年正二位に叙せられ、文応元年(一二六〇)より文永六年(一二六九)まで淳和奨学両院別当であった。文永六年四月、内大臣に任ぜられたが、同年十一月上表、翌年十二月十三日出家した。法名性乗。弘安九年(一二八六)十二月二十三日没した。六十五歳。

中院通成花押

中院通成画像(栗原信充『肖像集』)

(池永 二郎)

なかのいんみちひで　中院通秀　一四二八—九四　室町時代の公卿。父は権大納言通淳。母は中院通敏の娘。正長元年(一四二八)生まれる。初名通時。永享十年(一四三八)叙爵。以後累進して宝徳二年(一四五〇)参議に任じ、左近衛中将を兼ね、享徳二年(一四五三)従三位、権中納言に叙任。寛正三年(一四六二)権大納言に進んだ。文明十三年(一四八一)従一位に昇叙、同十七年三月二十五日腫物のため危急に及び、特に内大臣に任ぜられ、二十七日辞任。のち、病癒え、長享二年(一四八八)六月二日に出家、法名十輪院済川妙益。洞院公賢の日記『園太暦』を洞院公数から購入して抄写したことは著名だが文芸にも長じていた。その日記を『十輪院内府記』という。明応三年(一四九四)六月二十二日、中風のため六十七歳で没。

中院通秀花押

(池永 二郎)

なかのいんみちふゆ　中院通冬　一三一五—六三　鎌倉・南北朝時代の公卿。父は権大納言通顕。母は白拍子明一。正和四年(一三一五)生まれる。正和五年従五位下、侍従に叙任。以後累進して元徳元年(一三二九)従三位、翌年参議。元弘元年(一三三一)正三位、暦応元年(一三三八)権中納言、翌年左衛門督を兼ね、暦応三年従二位権大納言に進み、康永元年(一三四二)正二位、貞和五年(一三四九)には大納言に任ぜられた。貞治二年(一三六三)閏正月二十四日従一位に叙せられ、翌日没した。四十九歳。その日記を『中院一品記』という。

中院通冬花押

参考文献　『大日本史料』六ノ二四、貞治二年閏正月二十四日条

(池永 二郎)

ながのおうじ　長皇子　?—七一五　天武天皇の第四皇子。長親王・那我親王とも書く。母は妃で天智天皇の女大江皇女。弓削皇子の同母兄で、栗栖王・長田王・智努王(文室浄三)・大市王(文室邑珍)・広瀬女王らの父。持統天皇七年(六九三)浄広弐の位を授けられ、霊亀元年(七一五)六月四日没。『続日本紀』には没時の品階を一品とするが、和銅七年(七一四)正月壬戌条に二品とみえてのち昇叙の記事はなく、この後の国史の記事にも二品と記すものが多いが、一品に叙された記事が脱落している可能性もある。『万葉集』には五首をのせ、また皇子が獦《かり》路池《じのいけ》に遊んだおりの柿本人麻呂の作歌二首がある。

参考文献　川崎庸之「天武天皇の諸皇子・諸皇女」(『万葉集大成』九所収)

(笹山 晴生)

なかのおおえのおうじ　中大兄皇子　⇨天智天皇《てんじてんのう》

なかのおむろ　中御室　⇨覚行法親王《かくぎょうほっしんのう》

なかのかんぱく　中関白　⇨藤原道隆《ふじわらのみちたか》

なかのしんのう　仲野親王　七九二—八六七　桓武天皇の第十二皇子。母は藤原朝臣大継の女河子。延暦十一年(七九二)誕生。弘仁五年(八一四)四品を授けられ、天長七年(八三〇)大宰帥となる。同十年、三品となり、承和九年(八四二)弾正尹に任じ、同十四年、二品を賜わる。嘉祥三年(八五〇)式部卿となり、仁寿三年(八五三)常陸太守を兼ねる。貞観三年(八六一)上総太守を兼ね、同五年大宰帥に遷った。翌年、輦車に乗り宮中に出入りすることを勅許された。幼少のころから利発で、性格は寛大。藤原緒嗣から受学した音儀詞語に詳しく、六条第で藤原基経・大江音人らに音詞曲折を教えたという。貞観九年正月十七日、七十六歳で没。墓は高畠墓といい、山城国葛野郡内の地(京都市右京区太秦垂箕山町)にあった。茂世・輔世・当世・班子ら男十四人、女十五人の父で、女班子は光孝天皇の女御。所生の宇多天皇践祚の日に皇太夫人となり、外祖父の仲野親王に一品太政大臣が追贈された。

(佐伯 有清)

高畠墓《たかばたけのはか》　京都市右京区太秦垂箕山町にある。形状は前方後円墳。墓制が時代と合わないのは廃墳を利用したものであろうか。親王は宇多天皇の外祖父にあたる。故に天皇は即位ののち親王に一品太政大臣を追贈した。『延喜式』諸陵寮は近墓に列し、「在山城国葛野郡、墓戸一烟」とある。同書の中務省の条、『拾芥抄』などはその所在によって葛野墓と称している。のち墓所は所伝を失ったが『陵墓一隅抄』には「在太秦村西中野村管内高燥之地、土人呼曰帷子辻垂箕山」とある。明治八年(一八七五)に墓に治定された。　(戸原　純一)

ながのなりまさ　長野業政　一四九九―一五六一　戦国時代上野国の武将。信濃守・一盛斎と称す。長野憲業(信業)の次男。明応八年(一四九九)生まれる。関東管領上杉憲政に仕え、憲政が北条氏康と戦い平井城から上州を退去すると、管領上杉家の再興を名分とし、北条・武田氏の侵攻に対抗するため西上野の武士たちを結集し、居城箕輪城にちなみ「箕輪衆」と称す。永禄三年(一五六〇)上杉憲政とともに、長尾景虎(上杉謙信)が関東に出陣し、長野業政は箕輪衆を率いて参陣した。「関東幕注文」(『上杉家文書』)によると、箕輪衆十九人のうち、業政と同じく「檜扇」の紋を持つ南・小熊・浜川・羽田・八木原・須賀谷・和田など十人、長塩・漆原・高田・倉賀野・大戸・羽尾など九人であり、業政と一族である厩橋衆(長野氏二・他二)四人と合計二十三人の勢力である。業政は、十二人の子女を小幡氏など西上野の城主に嫁がせ、西上野最大の軍団を形成したが、武田信玄の上州攻略が本格化する直前の永禄四年六月二十一日、六十三歳にて没した。法名は実相院殿一清(盛)長純大居士。墓は群馬県高崎市箕郷町の長純寺にある。

参考文献　『群馬県史』資料編七、『箕郷町誌』、群馬県教育委員会編『箕輪城跡』、近藤義雄『箕輪城と長野氏』(『上毛文庫』四)　(唐澤　定市)

ながのなりもり　長野業盛　一五四八―六六　戦国時代上野国の武将。右京進・弾正忠。父は長野業政、母は保土田氏女。天文十七年(一五四八)生まれる。永禄四年(一五六一)父業政が没すると十四歳で家督を嗣ぐ。遺言により、業政の死を秘していたが、武田信玄の西上野侵攻は激しくなり、同年十一月国峰城が攻略されて小幡氏は武田方に降り、箕輪城を中心とした一揆の一角が破られた。永禄七年六月ごろまでに倉賀野城、年末までに安中・松井田城も落城し、武田勢は本城の箕輪城近くまで寄せていた。永禄八年二月、信玄は、諏訪上社と佐久新海明神に願文を捧げ、箕輪城をはじめ惣社・白井・嶽山などの諸城攻略を祈り上州に出陣。翌九年九月、武田勢の攻撃によって業盛は自害し、箕輪城は落城した。十九歳。業盛の墓は、箕輪城の東南約三キロの井出(群馬県高崎市群馬町)の井野川に面した段丘上にあり「おこり様」と呼ばれている。法名などは不明である。長野氏の滅亡によって信玄の西上州支配が確立した。

参考文献　『群馬県史』資料編七、群馬県教育委員会編『箕輪城跡』、近藤義雄『箕輪城と長野氏』(『上毛文庫』四)　(唐澤　定市)

なかのよしなり　中野能成　生没年不詳　鎌倉時代前期の武士。五郎と称し、のちに左馬允。信濃国志久見郷地頭職を領し、中野郷内の名田・屋敷を支配す。文治五年(一一八九)源頼朝の奥州藤原氏攻撃に加わり、建久元年(一一九〇)および同六年の頼朝上洛に随行す。頼朝の死後、将軍頼家に近習し、建仁三年(一二〇三)九月、比企能員が北条氏に滅ぼされた際、その一派として禁縛され、所領を没収されたと『吾妻鏡』にある。ただし、『市河文書』によれば禁縛と同日に北条時政から本所を、さらに志久見郷地頭職を安堵されており、裏面で両者が相通じていたとも推測される。その後、志久見郷は没収されて北条重時に与えられたが、その直後に重時から能成に返還された。文暦元年(一二三四)娘藤原氏に中野西条内の田・在家を、仁治元年(一二四〇)には孫正康にも屋敷・田・在家を譲与した。同年、北条時房の死に際して出家、建長元年(一二四九)子息忠能に中野西条・志久見郷の地頭職を譲与、同四年以前に死去したらしい。法名妙蓮。

参考文献　石井進『鎌倉幕府』(中央公論社『日本の歴史』七)、湯本軍一「信濃国における北条氏所領」(『信濃』二四ノ一〇)　(岡田　清一)

なかはらすえとき　中原季時　?―一二三六　鎌倉時代の御家人。鎌倉幕府の京都守護、右京進、駿河守、従五位下。中原親能の子。源頼朝側近の武士として重用され、建久五年(一一九四)四月三日鶴岡八幡宮臨時祭の奉幣使として参宮した(『吾妻鏡』)のをはじめ、同五月四日には寺社訴事の執申を命じられ、同十月十三日には永福寺内新造堂の供養の導師を東大寺別当僧正に依頼するための使節として上洛しており、以後鎌倉と京都との交渉を担当した。同十二月二日鶴岡八幡宮奉行人に任じられている。『吾妻鏡』元久元年(一二〇四)三月三日条では、それまでの右京進から駿河守に転じており、同二年十月十日には京都守護に任じられ、将軍源実朝の死を契機に出家した。承久の乱の直前、承久元年(一二一九)正月二十八日までその任にあった。出家後は駿河入道行阿と称しており、承久の乱には宿老として鎌倉の留守役にあたった。また父親能より筑前国宗像郡東郷曲村地頭職、筑後国上妻荘内蒲原次郎丸惣地頭職、肥前国長嶋荘地頭職を伝領していることが知られる。嘉禎二年(一二三六)四月六日脚気により死去した。

参考文献　『大日本史料』五ノ一〇、嘉禎二年四月六日条、瀬野精一郎『鎮西御家人の研究』　(瀬野精一郎)

なかはらちかあき　中原親鑒　生没年不詳　鎌倉幕府の評定衆、引付頭人。摂津親鑒とも称した。隼人正、刑部大輔。正五位下。法名道準。父は同じく鎌倉幕府の評定衆、引付頭人であった中原(摂津)親致(法名道厳)、親鑒は評定衆に嘉暦元年(一三二六)に任じられ、元弘三年(一

三三三)鎌倉幕府滅亡まで在任した。引付頭人には嘉暦二年に任じられ、はじめ五番引付頭人であったが、元徳二年(一三三〇)四番引付頭人に転じ、元弘元年正月に退任している。鎌倉幕府滅亡後の動静については明らかでない。

参考文献 『北条九代記』下 (瀬野精一郎)

なかはらちかよし 中原親能 一一四三—一二〇八 鎌倉時代前期の御家人。鎌倉幕府の公事奉行人。京都守護、明法博士、斎院次官、美濃権守、式部大夫、掃部頭、穀倉院別当。正五位下。法名寂忍。康治二年(一一四三)生まれる。親能の父については諸説があり、『尊卑分脈』では中原広季の子で、大江広元と兄弟とある。『大友家文書録』では実父は参議藤原光能であったが、母が前明法博士中原広季の女であったので、外祖父中原広季の養子となり、中原氏を称することになったとする。『玉葉』寿永二年(一一八三)九月四日条によれば、その後中納言源雅頼の家人となり、その子兼忠の乳母の夫の関係にあったことがわかる。これよりさき親能は相模国の住人に養育され、そこで流人の身の源頼朝と知己となり、その後京都に帰っていたが、頼朝の挙兵を知って京都を脱出して関東に下り、頼朝の側近として政権樹立に参画したとする説があるが確証に欠ける。親能が頼朝の側近としての活躍を示す初見史料は、前記『玉葉』の記事で、源雅頼に書状を送り、頼朝の使節として上洛することを述べたものである。その後同年十一月に頼朝の代官として源義経とともに上洛し、親能が対公家交渉において万事奉行している。さらに京都に滞在して土肥実平と平氏追討の謀議をめぐらし、元暦元年(一一八四)二月十六日には後白河法皇の使として頼朝に上洛を促すために鎌倉に下向しており、同四月には平家追討の頼朝の命を伝えるため再度使節として上洛するなど、東奔西走の活躍をしており、同年十月には公文所寄人、翌文治元年(一一八五)には源範頼に従って平氏追討のため各地を転戦しており、範頼の参謀役を果たしている。同年正月二十六日には範頼とともに周防国より豊後国に渡っており、親能らの鎮西各地の転戦の功に対し、頼朝は感状を発給している。その後鎌倉に帰り、頼朝の側近として政権中枢にあって重用されており、建久二年(一一九一)正月十五日には公事奉行人に任じられた。またしばしば上洛して公家との折衝、京都と鎌倉との連絡にあたっており、その活躍から京都守護の呼称が与えられている。正治元年(一一九九)六月三十日故源頼朝の女子三幡が死去したのを機に、親能はその乳母の夫であったことから出家し、以後掃部頭入道寂忍と称している。親能の鎌倉における邸宅は亀谷にあった。親能は全国各地に散在する多数の所領所職を保有しており、知られる所領所職として伊勢国荻野荘一方・昼生荘預所・東園・西園村・高垣名・福武名・高成名・豊富・安富、駿河国蒲原荘、越後国大面荘、近江国頓宮、美作国布施郷、阿波国高越寺荘、長門国所領所職、相模国大友郷地頭郷司職、豊後国大野荘地頭職、筑前国宗像郡東郷曲村地頭職、筑後国上妻荘内蒲原次郎丸惣地頭職、肥前国佐嘉御領末吉名惣地頭職・基肄郡南郷堺別符行武名・長嶋荘惣地頭職、日向国島津荘寄郡新名五十町・浮目七十町・新納院百二十町・調殿十六町・宮崎荘三百町などの地頭職、大隅国正八幡宮領田千二百九十六町三段小地頭職、薩摩国正八幡宮一円御領荒田荘八十町、鹿児島郡内地頭職、薩摩国惟澄所領などがあった。このほか親能が天野遠景の後任として鎮西奉行に就任したとする説や、豊後・肥後・筑後国守護職などに補任されていたとする説もあるがいずれも確証はない。ただ親能は鎮西に多くの所領所職を有し、鎮西に特殊権限を有していたことは認められる。これら鎮西の所領所職は親能から子の中原季時、養子の大友能直に譲られており、大友氏の豊後国に有した所領所職は親能から譲られたものとされている。大友能直の出自については諸説があるが、『明月記』建保元年(一二一三)五月十四日条に「故親弘(能)入道養子左衛門尉(実父三浦之輩云々)」また『吾妻鏡』建保元年五月二十二日条に「故掃部頭親能入道猶子左衛門尉能直」とあり、大友氏の鎮西における発展は、能直が親能の猶子であったことに淵源があったことは明らかである。親能は承元二年(一二〇八)十二月十八日京都において没した。六十六歳。

中原親能花押

参考文献 『大日本史料』四ノ一〇、承元二年十二月十八日条、瀬野精一郎『鎮西御家人の研究』、石井進『日本中世国家史の研究』、佐藤進一『鎌倉幕府訴訟制度の研究』、竹内理三「鎮西奉行についての一、二の考察」(魚澄先生古稀記念会編『(魚澄先生古稀記念)国史学論集』所収)、渡辺澄夫「豊後大友氏の出自について」(『大分県地方史』二四) (瀬野精一郎)

なかはらのぶふさ 中原信房 ⇨宇都宮信房《うつのみやのぶふさ》

なかはらのりあり 中原章有 生没年不詳 鎌倉・室町時代前期の明法家。法家中原氏章直流の人物。明法博士章名の孫。嘉元元年(一三〇三)ごろ右衛門少志(おそらくは道志)、正和三年(一三一四)ごろ左少尉。建武元年(一三三四)の『雑訴決断所結番交名』には正親町大夫判官とあるから、五位に達したものと考えられる。同四年明法博士、貞和三年(一三四七)主計助を兼任し、博士を辞している。章有は法家中原氏においては庶流であるが、『東寺百合文書』によれば、その家号を継いだ子息は使

中原章有花押

庁において有力な官人となった。その理由は、主として章有の代より最勝光院寄検非違使として、同院より給与をうける権を獲得したことにあったらしい。

参考文献 布施弥平治『明法道の研究』、今江広道「法家中原氏系図考証」(『書陵部紀要』二七)、利光三津夫「最後の明法紛失状」(慶応義塾大学『法学研究』六一ノ四)　（利光三津夫）

なかはらのりかた　中原章賢　生没年不詳　鎌倉・南北朝時代の明法家。俗名中原章賢、出家して是円房道昭と称す。中原章継の子。正応四年(一二九一)に衛門少志に任ぜられ、同五年には右衛門尉に昇進した。建武新政府の雑訴決断所結番交名にその名がみえる。政府解体後、足利尊氏に従い、建武三年(一三三六)尊氏の諮問に答申する形で弟真恵とともに『建武式目』を提出している。明法家としての是円は公家法ばかりでなく武家法にも通じており、『御成敗式目』に注釈を加えた著書であるいわゆる『是円抄』(今佚)はよく知られている。生没年はともに不詳であるが、弟の真恵が貞和二年(一三四六)に六十五歳で死んでいるから、是円の生年は真恵の生まれた弘安四年(一二八一)以前であることはまちがいない。また、その没年は、『師守記』紙背文書、「文殿廻文」(貞和四年七月付)にその名がみえるから、それ以降である。なお、この是円房道昭を幕府奉行人家の二階堂氏の一族とみて、二階堂道昭とする説があったが、その誤りが指摘され、中原章賢の法名であることが明らかになった。

参考文献 笠松宏至『建武式目』解題(『日本思想大系』二一)、今江広道「建武式目の署名者、是円・真恵の出自」(『日本歴史』三五七)、利光三津夫「鎌倉末・南北朝期における明法家達」(慶応義塾大学『法学研究』六〇ノ六)　（大三輪竜彦）

なかはらのりふさ　中原章房　(一)生没年不詳　鎌倉時代前期の明法家。『検非違使補任』文応元年(一二六〇)条に十七歳にして道志に任ぜられたとみえる家系不詳左尉章時の子息で、文永二年(一二六五)少尉に在任していたが、同年五月出家した。

(二)?—一三三〇　鎌倉時代後期の明法家。法家中原氏章親流章保の子。嘉元元年(一三〇三)少判事兼左衛門大志、正和四年(一三一五)ごろ主税助兼左衛門権少尉安芸権介、嘉暦三年(一三二八)大判事に任ぜられた。『太平記』に、「中家一流ノ棟梁、法曹一途ノ碩儒」といわれたのはこの人である。『地下家伝』によれば、彼はまた明法博士にも任ぜられたごとくであるが、その在任の時期は不詳である。章房が元徳二年(一三三〇)四月一日暗殺されたことは『太平記』にみえ、その二子章兼・章信がその下手人を討ち取ったことは、文官の敵討の例として世に知られている。なお、この章房の系統より勢多大夫判官と称する章兼・章頼が出で、のちの博士家勢多氏の祖となり、章房流は法家中原氏の嫡流となった。

中原章房(二)花押

参考文献 布施弥平治『明法道の研究』、今江広道「法家中原氏系図考証」(『書陵部紀要』二七)、利光三津夫「法家「勢多」「町口」両氏についての覚書」(『神道大系月報』六四)　（利光三津夫）

なかはらのもろお　中原師緒　生没年不詳　鎌倉時代後期の明法官人。大外記師冬の子。造酒正、木工助、助教を経て、文保二年(一三一八)大外記に任ぜられ、正五位上に叙せられ、以後周防権守、越後権守を順次兼ね、元亨二年(一三二二)従四位下に昇叙、また博士、掃部頭を兼ねた。正中元年(一三二四)嫡子師治に掃部頭を譲り、大外記を辞し、六月十八日出家した。法名を性照という。その後は『外記補任』元弘元年(一三三一)師治の尻付に父入道師緒朝臣とみえ、同じく建武元年(一三三四)師治は重服によって職を去るとあるが、これは師緒の死去を指すものであろうか。元応二年(一三二〇)後醍醐天皇が翌年辛酉革命にあたり改元しようとしたのに対して、讖緯説は迷妄の説として、旧例を停められるよう進言したという。　（飯倉晴武）

なかはらもろかず　中原師員　一一八五—一二五一　鎌倉幕府の評定衆。中原師茂の子。元暦二年(一一八五)生まれる。明経准得業生であったが、建久八年(一一九七)十二月十五日権少外記、同九年三月二十二日少外記、正治元年(一一九九)三月二十三日大蔵権少輔、建仁二年(一二〇二)四月十五日直講、建保六年(一二一八)正月十三日助教。嘉禄元年(一二二五)鎌倉幕府の評定衆が置かれると、三浦義村・二階堂行村・二階堂行盛・三善康俊らとともに師員も初代の評定衆に任じられた。寛喜元年(一二二九)穀倉院別当、同三年五月三日摂津守、貞永元年(一二三二)七月十日の『御成敗式目』の起請文には評定衆の一員として連署している。同年十二月十五日博士、文暦元年(一二三四)四月二日大膳権大夫、嘉禎二年(一二三六)十二月十八日主計頭、仁治二年(一二四一)二月一日正四位下、建長三年(一二五一)六月十五日病気により出家、法名行厳。同年六月二十二日没。六十七歳。この間師員は有職故実、天文、方位、吉凶の占などあらゆる諮問に対し、該博な知識によって的確な回答を示し、将軍以下の絶大な信頼を得ており、死去するまで二十六年間の永きにわたり、評定衆として在任し、幕府政治に参画した。

中原師員花押

参考文献 『関東評定衆伝』　（瀬野精一郎）

なかはらもろしげ　中原師茂　一三一二—七八　南北朝時代の明法官人。大外記師右の子。正和元年(一三一二)生まれる。暦応二年(一三三九)父の譲りで大炊頭に任ぜられる。北朝のもとで貞和元年(一三四五)父の死後、局務、大外記に任ぜられて以来、永くその職にあった。故実に通じ、よく公事について先例を勘進した。貞和元年

三河介、同三年備後権守、五年穀倉院別当、観応元年(一三五〇)博士、文和三年(一三五四)土佐権守、弾正少弼、同四年従四位下、五年従四位上、延文三年(一三五八)正四位下、同五年下総守、貞治五年(一三六六)正四位上の官位歴がある。弟の日記である『師守記』に動静が記されている。永和四年(一三七八)七月七日没。六十七歳。

参考文献『外記補任』、小林花子『師守記』解題(『史料纂集』) (飯倉 晴武)

なかはらもろもり 中原師守 生没年不詳 南北朝時代の明法官人。父は大外記師右。北朝にあって大炊頭を経て建武二年(一三三五)権少外記に任ぜられ、同四年雅楽頭を兼ね、暦応元年(一三三八)少外記に転じ、雅楽頭を止め主計権助を兼ねたが、この年以降『外記補任』にみえない。それ以後、記録所寄人になっているほか、『系図纂要』所収『中原系図』には、前後に院上北面、直講、助教、博士を歴任し、位は正五位上とある。兄の局務大外記師茂を補佐し、その任を完遂させることにつとめた。『外記補任』応安三年(一三七〇)嗣子師豊の尻付に「故主税頭師守男」とあるので、これ以前に没したとみられる。押小路姓を名乗り、同氏祖といわれるが、子孫は室町時代末期に絶えた。日記を『師守記』という。

参考文献 小林花子『師守記』解題(『史料纂集』) (飯倉 晴武)

なかはらやすとみ 中原康富 ?—一四五七 室町時代中期の外記局官人。応永七年(一四〇〇)ころ生まれる。英隆の子。父祖以来の隼人正、日向守、権少外記に任ぜられ、文安四年(一四四七)以前に権大外記となる。そのころ、隼人正を子息康顕に譲った。大学助を兼ねたこともある。晩年に中務権少輔も兼ねた。位ははじめ正六位上、文安四年暮に従五位下、享徳二年(一四五三)ころ従五位上、長禄元年(一四五七)正五位下に叙せられた。有職故実に通じ、叙位除目や諸節会などに公卿や弁官をよく補佐した。学問にもすぐれ、伏見宮や花山院家など多くの公家の子弟を教えたほか、和歌・連歌の会にも参加した。嘉吉二年(一四四二)鷹司家の家礼となり、同家の家政にも尽くした。年齢は嘉吉二年に四十余歳、宝徳三年(一四五一)には十一歳の春拝任以来、外記の労四十余年と日記にある。所領として山城大住荘、宇治田原郷、西京隼人町、河内萱振保、近江竜門隼人司領、丹州少所を有しているほか、主水司領、大炊寮領の沙汰をし、鷹司家から播磨緋田荘を与えられていた。長禄元年(一四五七)二月十六日没した。日記『康富記』がある。

参考文献『歴名土代』、矢野太郎『康富記』解題(『増補)史料大成』三七)、坂本良太郎「中原康富の学問」(『文化』一〇ノ一一) (飯倉 晴武)

中御門宣明花押

なかみかどのぶあき 中御門宣明 一三〇二—六五 南北朝時代の廷臣。法名乗誓。乾元元年(一三〇二)生まれる。参議中御門経宣の子。母は肥後守藤原長成女。宣明は、官途、木工頭、勘解由次官、春宮亮、蔵人頭などを経て、暦応元年(一三三九)参議、貞治元年(一三六二)権大納言。位、延文元年(一三五六)正二位。後醍醐天皇の蔵人として元弘・建武から延元にわたり再々綸旨を奉じており、また記録所寄人にもなっている。延元元年(建武三、一三三六)五月足利尊氏が、九州から攻めのぼって京都に侵入し、同月二十七日天皇が叡山東坂本に難を避け幸すると、これに随従した。しかしその後南北朝時代になると、北朝の廷臣となった。そこで正平六年(観応二、一三五一)十一月南朝後村上天皇の一統の世になると、彼の立場は苦しくなり、同年十二月二十八日南朝の賀名生《あのう》行宮に参候している。しかし時勢が急変し、翌年七月足利氏によって北朝の再興がはかられ、後光厳天皇の擁立には、その議にあずかっている。貞治四年(一三六五)六月三日六十四歳を以て没した。なお『新千載和歌集』以下勅撰集に三首の和歌が収められている。

参考文献『大日本史料』六ノ二六、貞治四年六月三日条 (村田 正志)

なかみかどのぶたね 中御門宣胤 一四四二—一五二五 室町時代後期の公卿。嘉吉二年(一四四二)権大納言明豊の男として誕生。甘露寺親長の女を娶る。同三年二歳にして叙爵。康正二年(一四五六)右少弁・蔵人に任ぜられて以後朝廷の実務にたずさわり、寛正二年(一四六一)には後花園天皇の蔵人頭、同五年には後土御門天皇の蔵人頭に補任された。文正元年(一四六六)参議、応仁二年(一四六八)権中納言、長享二年(一四八八)権大納言に昇進し、永正八年(一五一一)には従一位に叙されたが、まもなく官を辞し、出家して乗光と号し、大永五年(一五二五)十一月十七日、八十四歳で没した。宣胤は応仁の乱による朝儀の荒廃を嘆き、その復興を志して、一条兼良らに請い先例を学び、それを後輩に懇切に指導した。自身も和歌を好み、また書道に長じ、しばしば依頼に応じて揮毫している。その日記に『宣胤卿記』があり、朝儀・文化活動についての豊富な記述がある。 (小泉 宜右)

中御門宣胤花押

なかみかどのぶひで 中御門宣秀 一四六九—一五三一 室町・戦国時代の公卿。文明元年(一四六九)八月十七日

権大納言宣胤の男として誕生。母は甘露寺親長の女。吉田兼倶の女を娶る。同三年三歳にして叙爵。同十五年権右少弁・蔵人に任ぜられ、以後同十八年左少弁、明応二年(一四九三)右中弁、同四年蔵人頭・左中弁に昇進した。この間長享二年(一四八八)から明応三年まで南曹弁(勧学院別当)を勤めている。明応八年参議、永正元年(一五〇四)権中納言、永正十五年権大納言に任ぜられ、享禄四年(一五三一)には従一位に叙されたが、同年七月九日、六十三歳で没した。法名乗円。その日記に『宣秀卿記』(明応九年・永正九年・享禄四年)がある。また文明十六年から明応八年までの蔵人および蔵人頭在任期間に奉じた綸旨・口宣案などを記録した『宣秀卿御教書案』があり、当時の朝廷の政務の実態を知る重要な史料である。

中御門宣秀花押

(小泉 宣右)

ながみつ 長光 備前国長船の刀工。父光忠の後を継ぎ長船派隆昌のもとを築く。二代あり、初代には文永・弘安の年紀が、二代目は左近将監を名乗り、正応から嘉元にかけての年紀作がある。ただし二代目にも二字銘はある。初代は光忠の風をうけて大きめの丁子刃に互《ぐ》の目を交えた華やかな刃文をやき、二代目は上記風でいて出入の少ないやや単調なものと、直刃を主体としたものとをやく。そしてそれらを子の景光や弟子の近景・真長らにつたえた。華やかな刃文の初代には沸と匂がふくよかにつき悠揚せまらぬところがあるが、二代目の直刃の方には匂口がキリリと締まるきびしさが見られる。地の鍛えは板目で映があざやかに立つ。彫物は刀樋の程度。しかし二代目には腰元に三鈷剣や種子を彫る例を見掛ける。長光は古来より名工の誉が高く、大般若長光の太刀の名は室町時代に価六百貫と称せられたことにもとづく。国宝・重要文化財は二十八口を数え、その中には太刀・小太刀・薙刀・剣があり、指定件数は最も多い。

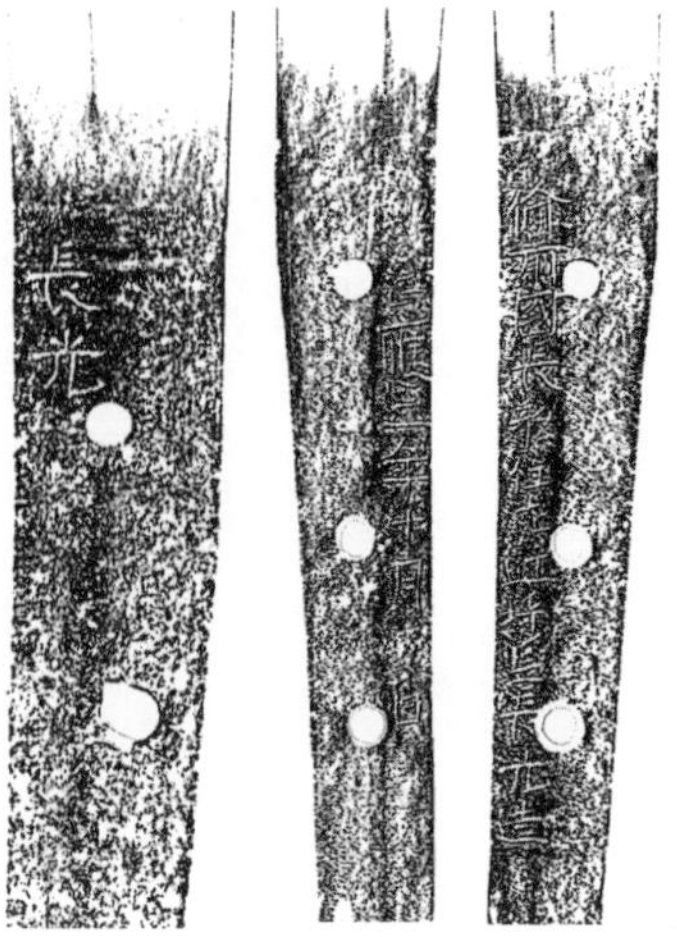

長光押形

参考文献 広井雄一編『備前鍛冶』(至文堂『日本の美術』七三)、山岡重厚『日本刀伝習録』、加島進「中世における長船刀工について」(『東京国立博物館紀要』六)

(辻本 直男)

ながやおう 長屋王 六八四—七二九 奈良時代の皇親の大官。父は高市皇子、母は御名部皇女。天武天皇十三年(六八四)に生まれる。慶雲元年(七〇四)無位から正四位上に叙されたのは、皇親として蔭位制の最初の適用で、かつ太政大臣の嫡男という出自のため規定より三階高く、これは政権担当者の藤原不比等が王を藤原氏と皇族の間の緩衝としようと意図したことによる叙位といわれる。王の最初の任官は和銅二年(七〇九)の宮内卿で、翌三年式部卿となり(この間、従三位)、同七年正月王は封百戸を増され封租全給とされ、親王に准じる待遇を受けたが、同年六月首皇子(母は藤原宮子)が皇太子となり、また不比等が娘の長娥子を王の側室としたのは和銅年中であった。霊亀二年(七一六)正月、王は正三位に叙され、この年安宿媛が首皇太子の妃となった。養老二年(七一八)三月王は大納言となり、同九月不比等の長男武智麻呂が王の後任として式部卿となり、人事権を握っている。以上のように王と藤原氏の昇進や、藤原氏と皇室との関係深化が互いに前後し、不比等は王に好意を寄せながら自家の栄進をはかった。養老四年八月不比等が没し、王は代わって政権を担当し、五年正月従二位右大臣となり、七年四月三世一身法を施行し、律令制維持のため思いきった政策を実施した。神亀元年(七二四)二月、首太子が即位して聖武天皇となり、王は正二位左大臣に登った。天平元年(七二九)二月漆部造君足らが王は国家を傾けようとしていると密告し、天皇は六衛府の兵で王の家(佐保宅)を囲ませ、同十二日王は自尽した。四十六歳。妻の吉備内親王も男子四人らと自経した。王夫妻の墓は奈良県生駒郡平群町にある。王は和銅五年と神亀五年に『大般若経』各六百巻を書写させ、その一部が残り、それぞれ、和銅経・神亀経などとよばれている。また千の袈裟を唐の大徳に施したことが『唐大和上東征伝』にみえ、短歌五首(『万葉集』)詩三篇(『懐風藻』)が伝わる。

参考文献 中川収『奈良朝政争史』、寺崎保広『長屋王』(『人物叢書』二二一)、川崎庸之「長屋王時代」(『川崎庸之歴史著作選集』一所収)、北山茂夫「白鳳末期の諸問題」(『万葉の世紀』所収)、黛弘道「藤原不比等と県犬養橘三千代」(井上光貞編『大和奈良朝』所収)、笹山晴生「奈良朝政治の推移」(『(岩波講座)日本歴史』三所収)

(井上 薫)

なかやまさだちか 中山定親 一四〇一—五九 室町時代前期の公卿。正二位権大納言中山満親の男として応永八年(一四〇一)出生。母は伊予守満貞女。定親は三歳の応永十年叙爵、同十三年侍従、同二十年四月二十一日元服、左少将に任ぜられ、同二十七年正月十三日蔵人頭に補せられた。翌二十八年十二月二十一日参議となってからは嘉吉元年(一四四一)十二月権中納言に任ぜられるまで、途中永享三年(一四三一)九月二十六日に母を喪って

中山定親花押

一時退いたほかは参議にとどまった。永享八年十月十七日、広橋兼郷にかわって武家伝奏に補せられ、また兼郷の所領の一部を幕府より与えられた。同九年十月二十六日、左大臣足利義教亭への行幸の際の賞として従二位に叙せられ、嘉吉三年三月十六日権大納言となり、同年六月十五日弾正尹を兼ね、文安三年（一四四六）正月二十九日正二位に叙せられ、同年四月二十九日権大納言を辞し、同五年六月二十三日出家した。法名祐繁。定親は故実家として知られ、朝儀の復興をめざして諸書を渉猟。彼の日記『薩戒記』はこのため早くから書写されている。神宮奉行・光範門院（後小松院後宮）別当等を歴任。子に親通・親輔と醍醐寺法務大僧正賢深がいる。『新続古今和歌集』作者。長禄三年（一四五九）九月十七日没。五十九歳。（田中 博美）

なかやまただちか　中山忠親　一一三一―九五　平安・鎌倉時代前期の公卿。藤原氏。中山内大臣と称せられる。天承元年（一一三一）誕生。父権中納言藤原忠宗。母参議藤原家保の女。保延六年（一一四〇）従五位下。蔵人・近衛少中将・蔵人頭などを経て、長寛二年（一一六四）参議、仁安二年（一一六七）従三位・権中納言。右衛門督兼検非違使別当・中宮権大夫・春宮大夫（安徳天皇の皇太子時）・建礼門院別当などを経て権大納言・大納言、建久二年（一一九一）内大臣に昇任。同五年上表・出家、翌建久六年三月十二日没。六十五歳。墓は京都市上京区の廬山寺にある。朝儀故実・法制などに通じ、朝務に参画、後白河院庁別当の一人。文治元年（一一八五）十二月、源頼朝により議奏公卿の一人に推挙された。その日記『山槐記』は源平争乱期前後の重要資料。著作に『貴嶺問答』があり、『水鏡』も彼の著と伝えられる。『文覚四十五箇条起請文』（国宝）は彼の筆になる。

中山忠親花押

中山忠親画像（『天子摂関御影』）

参考文献　『大日本史料』四ノ四、建久五年十二月十五日条　（田中 稔）

なからいろあん　半井驢庵　一五〇一―七七　安土桃山時代の医師。名は光成《みつなり》・瑞策《ずいさく》、通仙軒のち通仙院と号す。半井家は和気氏のあと。文亀元年（一五〇一）生まれる。父は明親（春蘭軒）で、驢庵の名は父より受け継ぎ子孫もこれを襲した。医術に精《くわ》しいため家業を嗣ぎ、宮内大輔に任ぜられる。典薬頭で昇殿を許され、織田信長・豊臣秀吉からも厚遇を受ける。深黒の素絹を着て参内することを許されたが、これは正親町天皇の御宇、法印に叙せられるべきところ、前任の法印がいたので、このような服装で法印の上位に着座するという、普通の医官と異なる特例であった。また『医心方』三十巻を下賜された（文化庁現蔵、国宝）。晩年は堺に隠棲した。曲直瀬《まなせ》流と並んで半井流医術がその後も存続し得たのは彼によるところが大きい。天正五年（一五七七）八月二十五日死亡。七十七歳。京都大徳寺真珠庵に葬る。法名通仙院良室瑞策大居士。

参考文献　『寛政重修諸家譜』六七九、京都府医師会医学史編纂室編『京都の医学史』、石野瑛「大医和気・半井家系の研究」（『中外医事新報』一二四七）　（長門谷洋治）

なごえたかいえ　名越高家　？―一三三三　鎌倉時代後期の武将。尾張守。名越流北条遠江守貞家の子。嘉暦元年（一三二六）より元弘三年（一三三三）まで評定衆。元弘三年三月、後醍醐天皇の隠岐脱出の報により、足利高氏とともに京都に派遣され、四月十九日入京。同二十七日、伯耆に向かったが、山城久我畷の合戦で、赤松一族佐用範家に射殺された。まだ二十代だったらしい。

参考文献　北条氏研究会編『北条氏系譜人名辞典』、細川重男『鎌倉政権得宗専制論』　（奥富 敬之）

なごえときあき　名越時章　一二一五―七二　鎌倉時代中期の武将。遠江式部大夫と称す。建保三年（一二一五）生まれる。父は名越朝時。母は大友能直の女。暦仁元年（一二三八）閏二月十五日大炊助、ついで同二十七日式部少丞に任ぜられ、同年九月一日式部大丞に転任、同日叙爵す（『関東評定衆伝』）。仁治二年（一二四一）六月十六日筑後守護としての沙汰を命ぜられており、これ以前より在職していたことが知られる（『吾妻鏡』）。寛元三年（一二四五）四月、父朝時没後大隅守護職を継承す。同月、尾張守に任ぜられたが、同四年二月、任を去る。同年五月、兄光時が前将軍藤原頼経と謀り、執権北条時頼追討を計画し、これが露顕した時には、弟時長・時兼らとともに、時頼に野心なき旨を陳謝し許された（『吾妻鏡』）。宝治元年（一二四七）七月、評定衆に加えられ、同年十二月、京都大番役が三ヵ月に短縮された時には十六番に結番された。建長三年（一二五一）六月、三番引付頭人となる。同五年九月、肥後国の地頭相論に関する関東の裁許を施行しており、肥後守護の在職が知られる（『豊後詫摩文書』）。康元元年（一二五六）四月、二番引付頭人となる。弘長三年（一二六三）十一月二十二日、北条時頼の死により出家、法名見西。以降尾張入道と称した。文永元年（一二六四）六月、一番引付頭人となる。同三年三月、引付衆が廃止されたのに伴い一番引付頭人を止められ、毎

日の評定の奏事の一番に結番された。同六年四月、引付衆が再設置され、再び一番引付頭人となる。同九年二月十一日、執権北条時宗が、兄の六波羅南方北条時輔に異心ありとして追討しようとした時、時章の弟教時が時輔与党であったため、まちがえられて時宗の討手大蔵頼季らのため鎌倉で襲撃され、殺された。五十八歳。しかし、時章の容疑ははれ、討手五人は斬首された。

参考文献 佐藤進一『(増訂)鎌倉幕府守護制度の研究』、川添昭二「北条氏一門名越(江馬)氏について」(『日本歴史』四六四)、磯川いずみ「北条氏庶家名越氏と宮騒動」(『鎌倉』八六)、細川重男『鎌倉政権得宗専制論』

(菊池 紳一)

なごえともとき　名越朝時　一一九四―一二四五　鎌倉時代中期の武将。名越氏の始祖。相模次郎・陸奥次郎と称す。建久五年(一一九四)生まれる。北条義時の次男。母は比企朝宗の女。建永元年(一二〇六)十月元服。建暦二年(一二一二)五月、将軍源実朝室の官女に艶書を送り、潜かに局から誘い出したことが発覚し、実朝の勘気を蒙り、父義時に義絶され、駿河国富士郡に下向し蟄居した(『吾妻鏡』)。建保元年(一二一三)四月、和田義盛の乱の直前に、父義時に召し出され、同年五月、乱中御所の防衛にあたった。この時義盛の子朝比奈義秀と戦い疵を蒙り、実朝に賞された。承久元年(一二一九)七月、九条道家の子三寅(のちの頼経)の鎌倉下向に供奉。同二年十二月、式部少丞に任ぜらる(『関東評定衆伝』)。同三年五月の承久の乱にあたって、朝時は北陸道大将軍として鎌倉を進発、同年六月、越中国般若野荘(富山県礪波市付近)で官軍を破り、入洛した。貞応二年(一二二三)正月式部大丞。同十月、幕府より北陸道の守護成敗の条々について尋沙汰するよう命ぜられているが、この時、朝時は加賀・能登・越中・越後の守護を兼ねていた。元仁元年(一二二四)正月、叙爵、周防権守を兼任。同年六月、父義時が没すると大隅守護となり、あわせて五ヵ国の守護を兼ねた。嘉禄元年(一二二五)九月、越後守に任ぜられ、国務も兼ねた。同二年には正月二日に、安貞二年(一二二八)以降は正月三日に垸飯役を勤めており、幕府において、執権・連署に次ぐ地位にあったことが知られ、将軍の方違《かたたがえ》には朝時の名越亭に渡るのが常例となっていた。貞永元年(一二三二)八月、従五位上。嘉禎二年(一二三六)七月、遠江守に遷任。同年九月、評定衆に加えられたが、本望ではないとしてまもなく辞退した。暦仁元年(一二三八)七月正五位下。仁治二年(一二四一)四月従四位下。同三年五月十日出家。法名生西。寛元三年(一二四五)四月六日、五十二歳で没す。

名越朝時花押

参考文献 『大日本史料』五ノ一八、寛元三年四月六日条、佐藤進一『(増訂)鎌倉幕府守護制度の研究』、川添昭二「北条氏一門名越(江馬)氏について」(『日本歴史』四六四)、磯川いずみ「北条氏庶家名越氏と宮騒動」(『鎌倉』八六)、倉井理恵「鎌倉将軍送還の成立」(『鎌倉』八八)、細川重男『鎌倉政権得宗専制論』

(菊池 紳一)

なごえみつとき　名越光時　生没年不詳　鎌倉時代中期の武将。北条(名越)朝時の長男。母は大友能直女(寛喜二年(一二三〇)四月九日に没した)。越後太郎、周防右馬助などと呼ばれ、やがて父のあとをうけて越後守となった。父朝時の時から鎌倉の名越に屋敷をおき、名越氏を称し、また伊豆国江馬(静岡県伊豆国市長岡町)の地を領した。朝時は承久の乱に功あり、北陸道の守護を管轄する地位にあり、名越一家は栄え、光時も弟時章・時長・時幸らとともに将軍藤原頼経に親愛され、頼経・頼嗣二代の将軍に近侍した。元仁元年(一二二四)祖父北条義時が死んでその子泰時が執権となったが、泰時・朝時はきわめて親密であった。しかし仁治三年(一二四二)泰時の死後は、その子孫たる執権家と名越氏とは次第に疎隔してゆく兆があらわれた。頼経の父藤原道家は摂政をやめていたが、なお内覧の地位にあり、貞永元年(一二三二)四条天皇が立つと外戚として摂政して京都の政界に大きな力をもった。これに呼応するごとく鎌倉でも在職すでに十九年の久しきにわたる頼経はその周囲に一つの勢をきずいてその中心となっていた。名越氏はその勢力の代表のごとくにみられ、大族三浦氏の一族三浦光村もこれと気脈を通じていた。特に泰時のあとをついだ経時が、病のため職を弟時頼に譲るや、時頼は頼経一派に対する疑惑を深め、両勢力の間は緊張の度を加えた。あたかもこのころ、寛元三年(一二四五)四月父朝時が五十三歳で没した。七月頼経は出家したがなおその勢力を保持していた。時頼は光時兄弟が頼経を擁して執権の地位をうかがっているとし、機先を制して、同四年五月名越家一族およびその一派を罰して一挙にその勢力をたおした。光時は出家して(法名蓮智)、時頼に陳謝の意を表したが、六月伊豆の江馬に流され、越後守その他のおもな所帯の職を収公された。弟時章・時長は陳謝して事なきを得たが、時幸は自殺した(あるいは病死とも伝える)。なお、その一党と目された後藤基綱・藤原為佐・千葉秀胤・三善康持らもそれぞれ職をやめさせられ、あるいは流され、頼経も七月京都に送還された。朝時は信濃の善光寺の信仰が深く、同寺の修営につくすように子息に遺言した。父の死後子息たちは遺言を守って大檀那となってこれを造営し盛んな供養を行なったという。

参考文献 『大日本史料』五ノ二〇、寛元四年五月二十四日条、三浦周行『鎌倉時代史』、竜粛『鎌倉時代』下、安田元久編『鎌倉将軍執権列伝』、佐藤進一『(増訂)鎌倉幕府守護制度の研究』

(多賀 宗隼)

なすすけたね　那須資胤　?―一五八三　戦国時代の下

野国の武将。次郎と称す。修理大夫。室は蘆野日向守資豊の女。父は那須政資、母は大田原備前守資清の女。はじめ森田氏を称したが、天文二十年(一五五一)に兄高資が宇都宮広綱・千本資俊に謀殺されたのち、那須氏の家督を継いで烏山城主となった。会津の蘆名盛氏や白河の結城義親とたびたび干戈を交え、永禄元年(一五五八)には皮籠原《かわごはら》(福島県白河市)に結城義親を攻めた。同三年、蘆名盛氏・結城義親の侵攻に対抗し、弟の福原資経や黒羽城主大関高増を先鋒として小田倉(福島県西白河郡西郷村)で防戦したが、苦戦を強いられ、ようやく撃退することができた。しかしこのころから那須衆の結束が乱れて離反するものが相つぎ、同六年には大関高増が常陸の佐竹義重と結び、資胤を烏山城に攻めた。資胤はこれを迎え撃って撃破したが、以後、同十一年に至るまで断続的に戦闘が続けられた。資胤は大関高増と和議を結び、再び那須衆の結束をはかって那須郡に君臨した。その後も佐竹氏をはじめとする外部勢力の侵攻が相ついだが、資胤はそれらとたびたび攻防をくり返して下野国東北部にその勢力を維持していった。天正十一年(一五八三)二月十一日没。法名は江月院蘆錐玄雪。天性院(栃木県那須烏山市)に葬られた。

参考文献 『寛政重修諸家譜』七三五、飯田忠彦編『野史』一〇八、荒川善夫『戦国期東国の権力構造』、同『戦国期北関東の地域権力』

(田代　脩)

なすのよいち　那須与一　生没年不詳　鎌倉時代初期の武士。与一は通称で、下野国の豪族那須資隆(資高)の十一番目の子とされ、余一とも書く。『那須系図』でははじめ宗隆でのち資隆に改めたとされるが、『平家物語』では宗高とする。小兵ながら弓矢をよくしたと伝えられ、文治元年(一一八五)二月、源義経に従って屋島の戦に加わった与一が、平家方の小舟に立てた扇の的を一矢でみごとに射落して敵味方の賞讃を博した話は、『平家物語』や『源平盛衰記』に名場面として描かれていて著名である。この時与一は、『平家物語』では二十歳ぐらい、『那須系図』では十七歳とされている。これらの功により丹波国五箇荘、信濃国角豆荘、若狭国東荘宮川原、武蔵国太田荘、備中国絵原荘を拝領したとされる。しかし与一(宗隆)の名も所領拝領のことも確かな史料にはみえず、物語上の人物としての色彩がきわめて濃い。後世、幸若舞・能楽・歌舞伎などに与一を素材とした話が多く取り上げられるようになる。『那須系図』では建久元年(一一九〇)に源頼朝の上洛に供奉して山城国で没し、伏見の即成院に葬られたとあり、『寛政重修諸家譜』では文治五年八月八日に山城国伏見で没し、法名を禅海宗悟即成院と号したとされる。

(田代　脩)

なつかまさいえ　長束正家　?―一六〇〇　安土桃山時代の豊臣氏の奉行。通称は新三・大蔵大輔。最初は丹羽長秀の家臣であったが、天正十三年(一五八五)四月に長秀が死去すると、その卓越した理財の才能を見込まれて豊臣秀吉に召し抱えられ、次第に重用されていった。同年七月より奉行の一人となり、同十五年の九州征伐における蔵米の集結・分配を担当し、同十八年の小田原征伐でも、兵粮奉行をつとめた。そして、そうした豊かな経験を買われて、文禄・慶長の役に際しても、兵粮奉行に任じられた。こうした兵粮確保・輸送などに優れた手腕を発揮したのみならず、近江・越前など各地における太閤検地の奉行ともなり、豊臣政権の蔵入・知行方の算用すなわち財政面の担い手として活躍した。また、同十五年の九州制圧に際して秀吉が行なった博多再興の町割り(都市建設)奉行ともなり、文禄元年(一五九二)には、肥前名護屋城、同三年には、伏見城の工事を分担した。同四年六月には、増田長盛に代わって近江国水口五万石の城主になる。のちに十二万石に加増となり、従四位下侍従に叙任された。慶長三年(一五九八)ころに設けられたと思われるいわゆる五大老・五奉行の設置に際しては、五奉行の一員とされた。同五年の関ヶ原の戦において、石田三成らとともに西軍を率い、徳川家康らの東軍と戦う。自身は伊勢口を固めて伊勢安濃津城を攻撃。九月十五日の合戦では南宮山に陣取ったが、吉川広家に邪魔されて、戦わずして水口城に帰城。池田長吉に城を包囲されて、十月三日に自殺した。墓は近江安乗寺(滋賀県蒲生郡日野町中之郷)にある。法名は大心院殿速成居士。その四男大学(祐順)が紀伊に逃れて、浅野家の家臣のところに身を寄せたと伝えられている。

長束正家花押

参考文献 小瀬甫庵『太閤記』(『岩波文庫』)、『長束系譜』、藤木久志『織田・豊臣政権』(小学館『日本の歴史』一五)、桑田忠親『豊臣秀吉研究』

(黒田日出男)

なべしまなおしげ　鍋島直茂　一五三八―一六一八　江戸時代前期の大名。幼名は彦法師丸、通称は孫四郎、諱は信昌・信生・直茂、受領名は飛驒守・加賀守。清房の次男。母は竜造寺家純の女。天文七年(一五三八)三月十三日、肥前国佐賀郡本庄村(佐賀市本庄町)に生まれる。同十年、西千葉家の養子となったが、のち十年にして佐賀に召還され、竜造寺隆信に対する臣従が始まる。弘治二年(一五五六)、隆信の母(慶誾《けいぎん》)が直茂の父清房に再嫁し、隆信とは義兄弟となる。直茂は、こうした血縁関係を通じて、竜造寺氏の有力な譜代家臣となっていくが、特に元亀元年(一五七〇)、今山合戦において、大友氏の大軍を撃退し、鍋島氏の地位を不動のものとした。その後直茂は、竜造寺軍の陣立構成の先陣をつとめ、隆信の北九州制覇に大きな役割を果たした。天正十二年(一五八四)隆信が島原合戦において戦死すると、隆信の子政

鍋島直茂花押

家および竜造寺氏の一門・重臣より領国政治の委任をうけた。天正十五年における豊臣秀吉の島津征伐後、翌十六年、長崎代官に任命されたが、同十八年、肥前神埼郡のうちにて四万四千五百石を与えられ、この年軍役を免除された政家の子高房に代わって佐賀藩政を総攬した。こうして、佐賀藩においては、家督と支配が分離したまま文禄・慶長の役を迎えるが、朝鮮出兵が直茂に命じられることによって、竜造寺家臣団は鍋島軍を構成し、朝鮮陣中における戦闘を通じて、主従制をいっそう強化した。文禄五年(慶長元、一五九六)、竜造寺氏の一門・重臣は、直茂の嫡子勝茂に対し、起請文を提出して忠節を誓い、佐賀藩における直茂—勝茂体制を承認した。慶長三年(一五九八)、朝鮮より帰国ののち上洛し、伏見において豊臣秀頼に謁見したが、慶長五年の関ヶ原の戦では西軍に味方し、柳河の立花宗茂を討つことで本領を確保することに成功した。翌慶長六年、勝茂とともに出府して、徳川家康に対し奉公の意を表明、次男忠茂を証人として提出する一方、当時江戸にあった高房に対して堪忍料を支給し、竜造寺家の家督の維持につとめた。しかし、同十二年、高房・政家が相ついで死亡し、竜造寺本家が断絶したため、江戸幕府の裁定により、竜造寺家の家督は勝茂が相続することとなり、ここに家督と支配が鍋島氏に統一されて、名実ともに鍋島佐賀藩が成立した。この年、直茂は致仕したが、なお佐賀藩政を後見した。佐賀藩では、慶長十年から同十五年にかけて総検地を実施し、高三十五万七千三十六石を打ち出したが、同十八年、公儀権力は、これを公認し安堵する旨の朱印状を交付した。これより先、慶長十四年、勝茂と相談のうえ、忠茂に対して定米(物成高)一万石を与えて鹿島鍋島家を創設したが、元和三年(一六一七)には、勝茂の長男元茂に隠居料定米一万三百六十三石と直茂付の家臣八十三名を与えて小城鍋島家を創設した。元和四年六月三日没。八十一歳。肥前佐賀郡本庄村の高伝寺に葬る。法名は日峯宗智大居士。

鍋島直茂画像

[参考文献]『大日本史料』一二ノ二九、元和四年六月三日条、『寛政重修諸家譜』八二三、『佐賀県史』上・中、『佐賀市史』一・二、藤野保編『佐賀藩の総合研究』
（藤野　保）

なりながしんのう　成良親王 ⇨なりよししんのう

なりよししんのう　成良親王　一三二六—？　後醍醐天皇の第六皇子。母は阿野公廉女新待賢門院廉子。上野太守。征夷将軍。嘉暦元年(一三二六)に生まれる。建武新政が成立し、元弘三年(一三三三)十二月十四日勅命により、足利直義が鎌倉を鎮するにあたり、成良親王を奉じて下向した。その後建武三年(一三三六)八月十五日光明天皇が践祚すると、同年十一月十四日その東宮に立てられた。時に十一歳であったという。これは光明天皇の践祚により、後醍醐天皇と両立のかたちとなったので、足利尊氏らが後醍醐天皇の意を迎えるためであったと解される。しかしこれも南北朝となったのちには廃されてしまった。その死没の年時については明確を欠き、『太平記』によると、延元二年(一三三七)三月六日越前金崎城陥落ののち、恒良親王とともに、成良親王も足利氏のために京都に幽閉され、四月十三日恒良親王毒死ののち、二十日余りのち成良親王も同じく毒死したとある。しかし『師守記』康永三年(一三四四)正月六日条に、今日後醍醐院皇子の先坊が死去したとあり、あるいはこの「先坊」が成良親王にあたるかも知れず、明確でない。

[参考文献]『大日本史料』六ノ四、建武四年三月六日条、同六ノ八、康永三年正月六日条、菅政友『南山皇胤譜』(『菅政友全集』)
（村田　正志）

なわあきおき　名和顕興　生没年不詳　南北朝時代の南朝方武士。名和氏古系図によるに、顕興は長年の孫で、義高の子、実は叔父基長の子で、義高のあとを継いだとある。法名紹覚。官途は検非違使、宮内少輔、弾正大弼、伯耆大夫判官、伯耆守。位、従四位下。弘和四年(元中元、一三八四)七月の菊池武朝申状によれば、顕興は正平十三年(北朝延文三、一三五八)伯耆を去り、父祖以来

由縁ふかい肥後八代《やつしろ》に来って城を構え、菊池氏らと協力して九州に在る征西将軍宮懐良・良成二親王に奉仕し、南朝軍の有力者であったようである。八代城は一名古麓《ふるふもと》城とも称し、同城は球磨《くま》川下流に沿った山城である。主城は飯盛城であり、それに丸山・鞍掛・勝尾などの支城があり、頂上に八丁城が聳え、合わせて十七ヵ所に及び、宇土《うと》から水俣《みなまた》にわたる広地域を占めていたと伝え、今もその遺跡が認められる。また山麓の球磨川に面した台地に名和館跡が存し、八代市内に久厳寺と称する顕興の菩提寺がある。　（村田　正志）

参考文献　門脇重綾『名和氏紀事』（『因伯叢書』）、平泉澄『名和世家』、名和長朋『名和系譜写真抄録』

なわながとし　名和長年　？—一三三六　鎌倉・南北朝時代の武士。初名長高。法名釈阿。東市正、左衛門尉、伯耆守。従四位下。行高の子。はじめ父祖以来の本拠伯耆長田《ながた》に在って長田氏を称したが、のちに名和（鳥取県西伯郡大山町）に移り、名和氏と称した。元弘の乱にあたり、後醍醐天皇は一旦は戦いに破れて隠岐に流され、島後《とうご》の国分寺に隠忍したが、元弘三年（一三三三）閏二月同島を脱出し、雲・伯の海上を数日漂流したのち、同月二十八日伯耆大坂に上陸した。長年はこれを迎えて船上山に奉じ、近隣の軍兵を集めて護衛し、敵徒佐々木清高らの来襲を撃退した。天皇の御感一方ならず、勅言を以てその功を賞し、この時名和氏の家紋を賜わったと伝える。やがて天下の形勢がかわり、天皇方の優勢が伝えられ、京都六波羅攻撃の軍が発せられると、子義高が出向き、これに加わった。五月二十三日天皇は船上山を出発、還幸の途にのぼると、長年は随従して京都に赴いた。建武新政の世になり、記録所寄人・恩賞方衆・雑訴決断所衆などの要職に任じ、新政に献身した。ところが建武二年（一三三五）十一月、足利尊氏が鎌倉に在って叛し、西上して京都に攻め入り、一旦はこれを西走させたが、翌延元元年（一三三六）五月九州から攻めのぼり、京都を侵す事態になった。そこで天皇は再度難を叡山に避け、これからたびたび天皇方と足利方との間に戦闘がくり返され、同年六月三十日の京都合戦に長年は敗れ、戦死を遂げた。その戦況は『梅松論』『太平記』などに詳しく記されており、その戦没地については、『梅松論』には三条猪熊とあり、『太平記』には大宮とあるが、昭和十五年（一九四〇）四月有志により、戦死の地を上京区旧大宮通一条下ル梨木町と確認し、殉難碑が建てられた。またこれより先、明治十九年（一八八六）一月右の地の奥左側にも同遺蹟碑が建てられている。なお長年に対し、明治十六年八月従三位、昭和十年五月従一位が追贈せられた。また郷国伯耆名和に、はやく長年を祀る社が建立されたが、明治九年旧鳥取藩主池田慶徳の建言書によれば、同社は明治七年県社に列せられた。その後同十一年一月別格官幣社に列せられた。これが今日の名和神社の由緒である。　（村田　正志）

名和長年花押

参考文献　『大日本史料』六ノ三、延元元年六月三十日条、『大日本史』列伝九七、村田正志『風塵録』（『村田正志著作集』七）、平泉澄『名和世家』、名和長朋『名和系譜写真抄録』

なんこうそうげん　南江宗沅　一三八七—一四六三　室町時代の臨済宗一山派の僧。法諱は宗沅。南江は道号。別号を漁庵・鷗巣とも称した。美濃の人。俗姓は土岐氏。嘉慶元年（一三八七）生まれる。出家して雲渓支山に参じて剃髪し、死別の後は雲渓の門弟に随侍し、長じて雲渓の塔を拝してその法を嗣いだ。のち江西竜派について五山の学芸を学び、惟肖得巌に従って南江の道号を付与された。心田清播・太極蔵主・季弘大叔・瑞渓周鳳など、五山の文筆僧とも交友を持った。のち相国寺を出て林下に走り、洞済両宗の師に参学し、特に一休宗純とは師弟関係とも思える緊密さがあった。永享四年（一四三二）に一休とともに泉南に遊び、本拠をこの地に定めて京との間を往還した。康正二年（一四五六）に一休が薪の南浦紹明の塔所である妙樵庵を再興すると、この塔を守るなど大徳派下の継承者とも思える行動をとった。五山・林下のいずれとも取れる曖昧な行歴は、卍元師蛮をして「服を更めて俗に返る」と表現しているが証拠はない。寛正四年（一四六三）に病に罹り、住吉の草庵に寂した。年七十七。詩文集を『漁庵小稿』または『鷗巣臆稾』といい、詩集を『鷗巣詩集』という。

参考文献　卍元師蛮『延宝伝燈録』三五（『大日本仏教全書』）、玉村竹二編『南江宗沅集』（『五山文学新集』六）、足利衍述『鎌倉室町時代之儒教』、北村沢吉『五山文学史稿』、上村観光『五山詩僧伝』（『五山文学全集』五）、玉村竹二『五山文学』（『日本歴史新書』）、同『五山禅僧伝記集成』、蔭木英雄『五山詩史の研究』　（葉貫　磨哉）

なんざんしうん　南山士雲　一二五四—一三三五　鎌倉時代後期の臨済宗聖一派の僧。法諱士雲、道号南山。建長六年（一二五四）遠江国に出生。藤原氏。文永のはじめ東福寺の円爾について出家し、大休正念に参じてその侍者を勤めた。弘安三年（一二八〇）円爾末期の病床に侍し、円爾よりその師無準師範所伝の法衣を授けられた。永仁六年（一二九八）筑前国承天寺に入寺、嗣香を円爾に通じてその法を嗣いだ。正安三年（一三〇一）美濃の法蔵寺に住し、徳治二年（一三〇七）北条貞時の請によって鎌倉の東勝寺に住した。その後、東福寺・寿福寺・円覚寺に歴住し、元応二年（一三二〇）建長寺に住した。元亨元年（一三二一）鎌倉に崇寿寺を、同二年東福寺山内に荘厳蔵院を開創。同三年九州に下向、筑前の承天寺に寓すること十年余、元弘三年（一三三三）上洛、

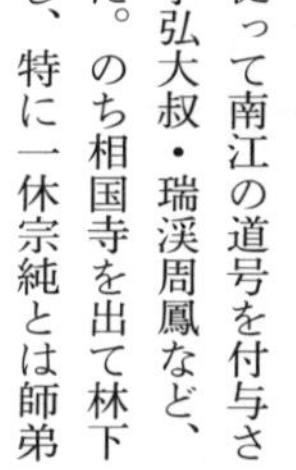
南山士雲花押

南山士雲画像(吉山明兆筆)

荘厳蔵院に退居。建武二年(一三三五)十月七日示寂した。八十二歳。荘厳蔵院と円覚寺伝宗庵に塔した。

参考文献 『大日本史料』六ノ二、建武二年十月七日条、竹庵大縁『南山和尚行実』 (加藤 正俊)

なんそんばいけん 南村梅軒 ⇨みなみむらばいけん

なんぶのぶみつ 南部信光 ?—一三七六 南北朝時代の南朝の武将。幼名力寿丸。三郎と称す。大炊助、薩摩守。父は南部信政、母は工藤右衛門尉貞行の女の加伊寿御前。父信政が死去したため、正平五年(北朝観応元、一三五〇)、祖父政長から所領を譲られて家督を継いだ。以後、父祖の遺命を守り、根城《ねじょう》(青森県八戸市)を拠点に一貫して陸奥国における南朝勢力の中心として活躍した。同十年(北朝文和四)、北畠顕信の推挙で大炊助、ついで翌年には薩摩守に任じられた。その後、本領の甲斐国波木井郷(山梨県南巨摩郡身延町)に帰り、同二十二年(北朝貞治六)、北朝勢の神大和守の攻撃を受けたが、逆襲してこれを攻略した。その功により、後村上天皇から神郷(比定地不詳)半分のほか、鎧・太刀一腰を与えられた。天授二年(北朝永和二、一三七六)正月二十三日病没した。法名は嶂外青公。なお信光のあとは、嫡子長経が幼少であったため弟の政光が家督を継いだ。贈従三位。 (田代 脩)

南部信光花押

参考文献 『遠野市史』二

なんぶまさなが 南部政長 ?—一三六〇 南北朝時代の南朝の武将。六郎と称す。遠江守。父は南部政行。師行の弟。元弘三年(一三三三)五月、新田義貞の鎌倉幕府攻略に参加し、功によって甲斐国倉見山(山梨県南都留郡西桂町)を与えられた。その後、陸奥国に下り、建武二年(一三三五)八月、中先代の乱に呼応した北条与党の乱を鎮定するなど、兄師行を援けて陸奥の支配に力を尽くした。延元二年(北朝建武四、一三三七)に師行が北畠顕家に従って西上したのちは、根城《ねじょう》(青森県八戸市)を拠点に南朝勢力の中心となって津軽の豪族曾我貞光らとたびたび攻防を展開した。同三年(北朝暦応元)五月に師行が和泉国石津(大阪府堺市)で討死したのち、そのあとを継いだ。同四年以降、数度にわたる足利尊氏の帰降勧告をすべて拒絶し、一貫して陸奥における南朝勢力の中核として活躍した。興国四年(北朝康永二、一三四三)、苦戦の末、曾我師助らの攻撃を撃退し、後村上天皇から太刀と甲冑を拝領し、同六年(北朝貞和元)には北畠顕信から陸奥国甘美郡を与えられた。嫡子信政が政長に先立って死去したため、正平五年(北朝観応元、一三五〇)、所領を孫の信光に譲り、同十五年八月に没した。法名は舜叟敲堯。明治四十一年(一九〇八)贈正五位。 (田代 脩)

南部政長花押

参考文献 『遠野市史』二

なんぶもろゆき 南部師行 ?—一三三八 南北朝時代の南朝の武将。又次郎と称す。遠江守。父は南部政行。同族の南部長継の養子となってそのあとを継ぎ、甲斐国波木井郷(山梨県南巨摩郡身延町)を本領とした。元弘三年(一三三三)十月、北畠顕家が義良《のりよし》親王を奉じて陸奥国府(宮城県多賀城市)に下向するのに随従し、糠部・岩手・閉伊の各郡を管轄し、糠部郡八戸に根城《ねじょう》(青森県八戸市)を築いて拠点とした。建武元年(一三三四)、鹿角郡の闕所地を与えられ、同二年八月、中先代の乱に呼応した北条与党を鎮定した。同年十一月に足利尊氏・直義が後醍醐天皇に叛旗を翻すと、北畠顕家はそれを討つため義良親王を奉じて西上したが、師行は弟政長とともに陸奥にとどまり、足利方についた津軽の豪族曾我貞光・安東家季らと攻防を展開した。延元元年(北朝建武三、一三三六)北畠顕家は義良親王とともに再び陸奥国府に下向し、翌年戦況悪化のため霊山(福島県伊達市霊山町)に移ったが、師行もこれに従った。同年八月霊山を発し後醍醐天皇の命で上洛する義良親王・北畠顕家に従って関東に進出し、各地で足利勢を撃破して鎌倉に入った。同三年(北朝暦応元)正月北畠顕家らと鎌倉を出て沿道の足利勢と戦いながら西上し、伊勢・伊賀を経て河内に入り、天王寺などで激戦を展開した。しかし同年五月二十二日、高師直の大軍に攻められて北畠顕家は和泉国石津(大阪府堺市)で討死し、師行もまた一族とともに討死を遂げた。法名は旗峰玄紅。師行には嗣子がいなかったため、そのあとは弟の政長が継いだ。明治二十九年(一八九六)贈正五位。 (田代 脩)

参考文献 『遠野市史』二

なんぼうそうけい 南坊宗啓 生没年不詳 安土桃山時代の大徳寺派の僧。千利休の高弟でその秘伝書を著わしたとされる。同じく慶首座と同一とする説もある。南坊とは、その住持した僧院の名称で、集雲庵ともいう。開山岐翁紹偵(禎)は一休宗純との重縁(師弟また父子とする)を有して、堺市之町六間筋にこの自坊を創建した。宗啓はこの寺院の二世とされているが『南方録』明応八年(一四九九)に七十二歳であった岐翁と直接の関係は成立しない。大徳寺の立花大亀は、開山岐翁と二世宗啓との間に「一世」の存在を推論しているが、妥当な理解といえる。砂張の舟花入「淡路屋舟」(野村美術館蔵)の、今井宗薫の添状に、この花入の所持者である堺の富商、淡路屋にふれ、「其子南坊ト申老僧」とあるのが宗啓の

実在を示す有力な資料である。宗啓の書状、自作の茶器(箱書など)が伝存しているが、いまだ客観性を得るに至っていない。元禄三年(一六九〇)に、立花実山によって成立した茶書『南方録』は、その原著者を南坊宗啓としている。しかしこれも実山の証言によるもので、客観的証明はない。実山の著作『南方録目』の「節席部」三月二十八日の項に「集雲庵南坊二世宗啓禅師正忌也、文禄二(一五九三)癸巳年今月今日、出庵行脚、不知所終、故以㆓今日㆒為㆓正日㆒」と書いている。すなわち、消息を絶ったとするし、立花大亀による琉球渡航説も生まれる。いずれにしても、南坊宗啓は、立花実山の『南方録』の中で生きているし、この茶書あることによって、茶道南坊(方)流も成立するし、南坊宗啓はその流祖に立てられて顕在化している。

参考文献 戸田勝久『南方録の展開』 (戸田 勝久)

なんぽじょうみん 南浦紹明 一二三五―一三〇八 鎌倉時代の臨済宗大応派の僧。法諱は紹明、南浦はその道号。駿河国安部郡の人。俗姓は藤原氏。嘉禎元年(一二三五)誕生。幼時に郷里の建穂寺の浄弁について出家の法を学び、建長元年(一二四九)年十五にして剃髪受戒し、建長寺の蘭渓道隆の席下で紹明と安名された。正元元年(一二五九)入宋し、諸寺の知識に参じたのち、杭州浄慈寺に赴いて虚堂智愚の門を扣き、問答応酬して掛錫を許されて知客を司った。咸淳元年(文永二、一二六五)六月大いに器許され、虚堂の寿像を画いて賛を請うた。この年八月に虚堂は径山に移り、南浦も付随して参禅し、一夕大悟して偈を虚堂に呈した。虚堂はこの者ついに大悟徹底したと諸寮を触れ廻り、大衆の南浦を見る眼が一変して尊敬された。咸淳三年の秋に虚堂の会下を辞して帰国した。辞するにあたって、虚堂は偈を与えて送行の餞とし、巨山志源・無象静照・通首座など同参の日本僧をはじめ、知人が虚堂の偈に和韻して頌軸を作って南浦に贈った。帰国して建長寺の蘭渓に参じて蔵主となり、文永七年(一二七〇)秋に筑前早良郡興徳寺の檀越に招請され、十月二十八日に入寺し、虚堂に嗣香を通じて法嗣となった。嗣法書および入院の語を、曇侍者に託して径山の虚堂のもとに呈して嗣法を報告した。虚堂は「吾が道東せり」といって喜んだという。文永九年六月ごろまで住山し、同年十二月二十五日に、同国横岳の崇福寺に入寺した。住すること三十三年、嘉元二年(一三〇四)に後宇多法皇の詔を受けて上洛し、法皇は宮中に南浦を召して禅要を問い、大いに皇情に叶え、同三年七月二十日に京都万寿寺に入寺せしめた。また法皇は東山の故址に嘉元寺を創めて開山に請じようとしたが、叡山衆徒の反対によって不可能となった。徳治二年(一三〇七)関東に下って正観寺に仮寓し、北条貞時の帰依を受けて建長寺に入寺した。十二月二十九日入寺後の小参に、明年十二月二十九日に示寂するような句があったので、大衆は不思議に思ったが、果たして翌延慶元年(一三〇八)十二月二十九日に、たちまち微疾を示して遺偈を書し、跏趺して示寂した。年七十四。法臘六十。勅して円通大応国師と諡された。よってこの門派を大応派という。弟子に月谷宗忠・即山宗運・絶崖宗卓・通翁鏡円・雪庭宗禅・可翁宗然・峰翁祖一・即庵宗心・宗峯妙超・済川宗津・秀崖宗胤・物外可什・雲川宗竜・松巌宗友・柏庵宗意・月堂宗規・滅宗宗興・東州宗隅などがある。塔所は、絶崖宗卓が勅を奉じて京都に竜翔寺を創めて開山に請じ、開山塔を祥雲庵といい、柏庵宗意は建長寺山内に天源庵を追塔し、筑前崇福寺には瑞雲庵を建塔した。滅宗宗興は拝塔嗣法の徒で、峰翁祖一の加担を得て、尾張妙興寺を構えて南浦を勧請した。宗峯妙超は大徳寺の開山であるが、この門派は室町時代中期以後に五山派を脱して林

南浦紹明花押

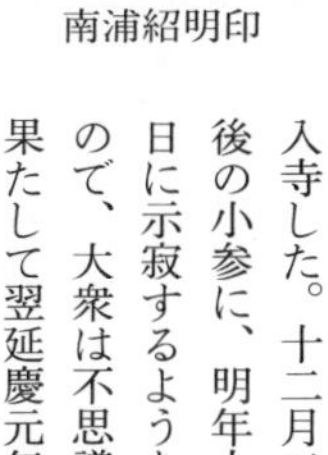
「南浦」
南浦紹明印

南浦紹明画像

下に属した。南浦の行状は月堂宗規が撰述し、月堂の弟子無我省吾はこれを携えて入元し、杭州臨安府の中天竺寺に赴き、住持の用章廷俊に塔銘を求め、応安五年（一三七二）十二月に滅宗宗興はこれを上梓した（『円通大応国師塔銘』）。興徳・崇福・万寿・建長の四会語録（『大応国師語録』）は、洪武八年（永和元、一三七五）五月十九日付の大竜翔集慶寺（天界）住持季潭宗泐の叙があり、跋は文永九年三月の西澗子曇、元徳二年（一三三〇）四月の明極楚俊、洪武三年四月の杭州臨安府の径山住持以中智及の跋がある。五山版のほかに寛永十八年（一六四一）・延宝二年（一六七四）・宝暦三年（一七五三）・寛政九年（一七九七）・明治四十年（一九〇七）の各版がある。

参考文献　玉村竹二『五山禅僧伝記集成』　（葉貫　磨哉）

に

にいたべしんのう　新田部親王　？—七三五　天武天皇の第七皇子。母は夫人で藤原鎌足の女五百重娘。道祖王・塩焼王の父。文武天皇四年（七〇〇）浄広弐の位を授けられ、元正朝から聖武朝にかけては、舎人親王とともに宗室の年長として政界に重きをなし、ことに軍事の中枢を掌握する地位にあった。養老四年（七二〇）八月、右大臣藤原不比等が没した直後には、知五衛及授刀舎人事となって宮廷の軍事を統轄し、政界の動揺に備えた。神亀元年（七二四）、聖武天皇の即位にあたり二品から一品に昇叙、ついで大将軍の称号を得た。天平三年（七三一）、社会の動揺に備えて畿内に惣管、諸道に鎮撫使を置いたおりには、大惣管に任じられた。同七年九月三十日、おりからの疫病流行のなかで没。親王の子道祖王は、天平勝宝八歳（七五六）孝謙天皇の皇太子に立てられたが、翌天平宝字元年（七五七）廃位、同年の橘奈良麻呂の変に係わって刑死、塩焼王は変後氷上真人の姓を賜わって臣籍に降ったが、同八年の恵美押勝の乱に係わって斬殺、塩焼の子川継も、延暦元年（七八二）桓武天皇に対する謀反のかどで配流されるなど、いずれも皇嗣をめぐる政争のなかで不幸な運命をたどった。　（笹山　晴生）

にかいどうさだふじ　二階堂貞藤　一二六七—一三三四　鎌倉時代後期の武将。鎌倉幕府政所執事行藤の子として文永四年（一二六七）に生まれる。出羽守を称す。元徳二年（一三三〇）引付頭となり、元弘二年（一三三二）政所執事となる。元応二年（一三二〇）出家し、法名は道蘊《どううん》。討幕の機運が高まる中で、幕府側に立って朝廷との交渉にあたり、朝幕関係の調停を計った。正中元年（一三二四）討幕計画が発覚し（正中の変）、後醍醐天皇から幕府にあてて今後北条氏討伐のようなことは考えないという内容の誓書が届けられた際に、「天子が武臣に直に告文を与えた例は中国にも日本にもない。うっかり披見すると神仏の祟りが恐ろしい。文箱をあけずにお返しすべきだ」といって北条高時を諫めた話は『太平記』に記されていてよく知られている。元弘三年、鎌倉方として吉野に大塔宮護良親王を攻め、続いて千早城の攻撃に参加した。六波羅の敗北によって天皇側に下ったが、幕府滅亡後、その才学を認められて許され、建武政府では建武元年（一三三四）雑訴決断所所衆に任じられ、北陸道の訴訟問題に携わったが、陰謀に加担したとして同年十二月二十八日子や孫とともに六条河原で殺された。六十八歳。

二階堂貞藤花押

参考文献　『大日本史料』六ノ二、建武元年十二月二十八日条　（大三輪竜彦）

にかいどうゆきかた　二階堂行方　一二〇六—六七　鎌倉時代中期の武将。隠岐五郎左衛門尉・大蔵少輔・和泉前司などと称され、行方は行賢ともつくる。二階堂行村の子。建永元年（一二〇六）生まれる。しばしば将軍出御の行列の随兵を努め、宝治元年（一二四七）の三浦氏の乱（宝治合戦）では幕府方として戦う。建長元年（一二四九）引付衆に加えられる。将軍藤原頼嗣の側近として、申次を努め、猿楽をたびたび演じた。建長四年、将軍頼嗣を廃して宗尊親王を将軍に請う使節として上洛。建長五年十二月二十一日、四番引付頭人。正元元年（一二五九）評定衆に加えられ、引付頭人を兼任したが弘長二年（一二六二）六月頭人を辞す。弘長三年十月八日中風を煩い、文永元年（一二六四）十二月十日職を辞して出家。法名道

昭。同四年六月八日没す。六十二歳。

参考文献　『吾妻鏡』、『関東評定衆伝』

（大三輪竜彦）

にかいどうゆきまさ　二階堂行政　生没年不詳　鎌倉時代前期の鎌倉幕府吏僚。二階堂氏の祖。父は藤原行遠。母は熱田大宮司季範の妹という。母方が源頼朝の母の家にあたる関係からか鎌倉幕府の文吏として早い時期から幕政に参画している。元暦元年（一一八四）十月、源頼朝が幕府の庶務一般を扱う機関として公家の政所を模した公文所を開設すると、その公文所寄人となった。公文所はのちに政所と名を改めたが、その時期は頼朝が平宗盛を捕えた功によって従二位に叙せられた文治元年（一一八五）とも右近衛大将に任じられた建久二年（一一九一）正月ともいう。初期の政所は幕府の一般行政事務の管理と鎌倉市中の御家人以外の訴訟および鎌倉市政を行なった。組織は別当を長官に令・案主・知家事からなり、発足当時の別当は大江広元で、行政も建久二年正月には政所令に任じられ、建久四年には別当に昇任している。北条執権政治下では、政所の所掌は幕府の財政事務のみに限定され、別当が執権あるいは連署となり、二階堂氏が政所執事としてその事務を所管した。政所の所在地は幕府の郭外で、幕府の西南、南が横大路、塔の辻の場所（鶴岡八幡宮の東隣付近）であったといわれる。文治五年頼朝は奥州征伐で見た藤原泰衡管領の精舎を模して、義経・泰衡をはじめとする数万の怨霊をなだめ、三有の苦果を救うために永福寺の建立を発願し、建久二年行政は三善善信・藤原俊兼とともに造営奉行に任じられている。永福寺は中尊寺の二階大堂大長寿院を模して建てられ、建久三年十一月二十五日落慶供養が行われた。行政の屋敷はこの寺の近くにあり、それに因んで二階堂氏を名乗った。

（大三輪竜彦）

二階堂行政花押

にかいどうゆきもり　二階堂行盛　一一八一—一二五三　鎌倉時代前期の鎌倉幕府の文吏。父は政所執事二階堂行光。養和元年（一一八一）に生まれる。建保六年（一二一八）十二月九日、民部少丞に任じ、承久三年（一二二一）正月五日、従五位下に叙す。貞応二年（一二二三）三月二十八日には北条政子が造作の方違《かたたがえ》のために行盛の山荘に入った。元仁元年（一二二四）執権北条義時の急死後、その後任をめぐる争い（伊賀氏の変）から閏七月伊賀光宗が政所執事を解任されると、行盛が政所執事となった。政子との信頼関係は厚く、嘉禄元年（一二二五）七月十一日政子が没し、その死が公表された翌十二日に諸人の出家が相ついだが、その最前に出家を遂げた。法名は行然。出家後も政所執事の職に止まり、この年以来評定衆に列せられ、泰時、経時、時頼の三代の執権を補佐している。貞永元年（一二三二）泰時が政治の公平を期して評定衆連署の起請文を召した際には「沙弥行然民部大夫」とその中に名を記す。同年十一月十七日には将軍家御台所が方違のために行然の家に出かけている。『御成敗式目』の制定にも参画し、建長四年（一二五二）四月三十日には四番引付の頭人となるなど、執権合議制下で幕府文吏として重きをなしたが、建長五年十二月八日、七十三歳で没した。

参考文献　『関東評定伝』

（大三輪竜彦）

にこう　日向　一二五三—一三一四　鎌倉時代の僧。日蓮の最高弟の一人。建長五年（一二五三）上総国藻原《もばら》郷の武士の家に生まれ、のち日蓮に師事し、はじめ天台宗を学んだが、のち日蓮に師事したと伝える。日蓮の遺文には、佐渡房・佐渡公とみえ、佐渡阿闍梨・民部阿闍梨ともよばれた。甲斐身延に隠栖した日蓮の命をうけて諸方に使いし、日蓮の書状を解説したほどであった。弘安五年（一二八二）十月日蓮は示寂に先立ち本弟子六人（のちの六老僧）を指命したが、日向もその一人。日蓮没後、藻原に妙光寺を開創。藻原・鎌倉にいたが、同八年ごろから身延に在住、日興もまたこのころから身延に常住してともに久遠寺を経営したが、檀越波木井実長の信仰をめぐり対立、日興が身延を去るや久遠寺の経営にあたり同寺二世となり、正和二年（一三一三）同寺を日進に譲り藻原に隠退、翌三年九月三日没した。六十二歳。日向の系統を日向門流・身延門流とよぶ。著書に『金綱集《きんこう》』がある。同書は、日向が日蓮から聴聞したことやみずから集めた経論類の要文から成り、この時期の日蓮宗の立場からする諸宗批判の大綱を示した。

日向花押

参考文献　身延山久遠寺編『身延山史』

（高木　豊）

にしきのこうじどの　錦小路殿　⇨足利直義《あしかがただよし》

にしなもりとお　仁科盛遠　生没年不詳　鎌倉時代前期の武士。信濃国の住人。その出自は平氏とする説がもっとも有力。仁科中方の子、通称仁科二郎。二子を伴って熊野へ詣でたが、その途次後鳥羽上皇の熊野詣に会い、二子とともに盛遠も召されて院の西面（あるいは北面）に候することとなった。しかし、鎌倉幕府は彼が無断で院に奉公することを不法として、関東御恩の所領二箇所を没収した。承久元年（一二一九）三月、上皇はその所領の返付を北条義時に命じたが、拒絶された。同三年五月、承久の乱がおこると、彼は院方に参じ、六月三日には糟屋有久らとともに北陸道に向かい、礪波山に陣したが、

同八日の合戦に大敗した。その後の事跡は詳らかでないが、瀬田で討死したともいわれる。『吾妻鏡』承久三年六月三日条には「仁科次郎盛朝」とあるが、『仁科系図』には盛朝について「後盛遠ト改」とあり、盛遠と盛朝は同一人物であろう。

参考文献 『大日本史料』四ノ一六、承久三年六月八日条 （田中 稔）

にしのみやのさだいじん 西宮左大臣 ⇨源高明《みなもとのたかあきら》

にしむらかんくろう 西村勘九郎 ⇨斎藤道三《さいとうどうさん》

にじょういん 二条院 一〇二六―一一〇五 後冷泉天皇の皇后。後一条天皇の第一皇女。母は摂政太政大臣藤原道長の三女威子。諱は章子。万寿三年（一〇二六）十二月九日誕生。翌四年二月内親王となる。長元三年（一〇三〇）十一月着袴の儀が華やかに行われる。和歌の会もあり、その儀は三ヵ夜に及んでいる。同時に准三宮、一品に叙せらる。長暦元年（一〇三七）十二月着裳。皇太子親仁親王の妃となる。寛徳二年（一〇四五）正月後朱雀天皇譲位により親仁親王受禅。受禅の日、女御となる。二十歳。四月八日親仁親王は後冷泉天皇となり即位。翌永承元年（一〇四六）七月中宮となる。治暦四年（一〇六八）四月皇太后。同月後冷泉天皇崩御。後三条天皇即位。延久元年（一〇六九）三月出家。同年七月太皇太后となる。同四年白河天皇即位。承保元年（一〇七四）女院号をうけ、二条院と称す。天皇の母后でなく女院となったのは、これがはじめてである。長治二年（一一〇五）九月十七日八十歳で崩御。京都市左京区吉田神楽岡町の菩提樹院陵が陵に治定されている（後一条天皇陵と同域）。

参考文献 『大日本史料』三ノ八、長治二年九月十七日条 （山中 裕）

にじょういんのさぬき 二条院讃岐 生没年不詳 平安・鎌倉時代前期の歌人。源三位頼政の娘。母は従五位下源斉頼の女（実は孫）。中宮権大進藤原重頼の妻。二条天皇に仕えて内裏歌壇に活躍。寿永元年（一一八二）賀茂社奉納百首選に加わり家集自撰。一時期後鳥羽天皇中宮藤原任子に仕えたが、正治二年（一二〇〇）後鳥羽院歌壇に迎えられて活動を再開。最晩年は順徳院内裏歌壇にも名を列ねた。建保五年（一二一七）ごろ七十七歳くらいで没。『千載和歌集』以下の勅撰集に七十二首（重複一首を除く）入る。

参考文献 森本元子『私家集の研究』、同「二条院讃岐とその周辺」（『笠間叢書』一八二） （森本 元子）

にじょうただふさ 二条尹房 一四九六―一五五一 戦国時代の摂家公卿。関白二条尚基の子。明応五年（一四九六）十月十二日誕生、永正五年（一五〇八）元服、同八年従三位、同十二年内大臣、同十五年関白、右大臣、大永元年（一五二一）左大臣、天文二年（一五三三）准三宮、同三年再び関白となった。京都荒廃の時期で、たびたび地方に下っている。享禄元年（一五二八）に備後国へ下向して以来、加賀・出雲などにも下向、天文十四年からは子良豊とともに大内氏を頼り周防国山口に滞在していたが、同二十年八月二十九日大内氏滅亡に遭い、避難中に没した。五十六歳。法名を後大染金剛院殿と号した。 （飯倉 晴武）

にじょうためうじ 二条為氏 一二二二―八六 鎌倉時代中期の公卿歌人。貞応元年（一二二二）生まれる。藤原為家男。母は宇都宮頼綱女。藤原為氏ともいう。建長三年（一二五一）参議。のち正二位権大納言。和歌の家二条家の祖。父に和歌の指導を受け、歌壇で大きな力を持ったが、弟為教や継母阿仏尼とは不和で、これがのちに歌の家の分裂を招来した。寛元元年（一二四三）『河合社歌合』以下多くの歌合に出詠、また『宝治御百首』『弘長百首』などを詠進、亀山院の命を受けて弘安元年（一二七八）『続拾遺和歌集』を奏覧した。和歌は、上記の百首、『続後撰和歌集』以下の勅撰集、『新和歌集』（宇都宮一族とその関係者の詠を集めたもの。為氏はその監修者か）以下の私撰集、河合社歌合以下の歌合などにみえる。平明優艶な歌風である。『大納言為氏集』は為氏と子為世の詠を集めた後世の他撰集。連歌もよくした。文永七年（一二七〇）十一―十二月の自筆日記が冷泉家時雨亭文庫蔵。公卿日記によると廷臣としても有能であったらしく、公事に精勤している。弘安八年出家、法名覚阿。同九年九月十四日没。六十五歳。阿仏尼と播磨国細川荘（兵庫県三木市）の領有をめぐっての訴訟があり、鎌倉に下向してその地で没したと思われる。

二条為氏花押

参考文献 『古記録集』（『冷泉家時雨亭叢書』六一）、金子磁「藤原為氏の生涯」（『立教大学日本文学』三一）、小林強「藤原為氏の詠作活動について」（『研究と資料』一六） （井上 宗雄）

にじょうためさだ 二条為定 一二九三―一三六〇 鎌倉・南北朝時代の公卿歌人。永仁元年（一二九三）生まれる。二条為道男。母は飛鳥井雅有女。元亨三年（一三二三）参議。のち正二位権大納言。文和四年（一三五五）出家、法名釈空。叔父二条為藤が『続後拾遺和歌集』の撰半ばに没したのち撰者となり、正中二年（一三二五）奏覧。姉妹が妃となっていた後醍醐天皇に近仕したが、元弘の乱後は京にとどまり、南朝にも款を通じつつ足利氏に接近、二条良基や足利尊氏の推挙により『新千載和歌集』の撰者となり、延文四年（一三五九）奏覧。延文五年三月十四日没。六十八歳（享年異説がある）。和歌は『玉葉和歌集』以下の勅撰集、『続現葉和歌集』以下の私撰集などにみえ、『文保御百首』ほか

二条為定花押

の定数歌がある。『為定集』は二系統あり、一は私撰集、一は為定の家集だが、ともに後人の撰。

参考文献 『大日本史料』六ノ二三、延文五年三月十四日条、井上宗雄『中世歌壇史の研究—南北朝期—』、三村晃功『中世私撰集の研究』 （井上 宗雄）

にじょうためふじ　二条為藤　一二七五—一三二四　鎌倉時代後期の公卿歌人。建治元年（一二七五）生まれる。二条為世男。母は賀茂氏久女。延慶元年（一三〇八）参議、のち正二位中納言。父に和歌を学び、優艶な二条家風の歌を能くしたが、家以外の飛鳥井雅孝・九条隆教・冷泉為相とも親しく、清新さを求める意欲があった（『花園天皇宸記』）。『続後拾遺和歌集』の撰半ばに没した。作品は『文保御百首』『新後撰和歌集』以下の勅撰集、『続現葉和歌集』以下の私撰集そのほかにみえる。歌話が『井蛙抄』に引かれる。正中元年（一三二四）七月十七日没。五十歳。

参考文献 井上宗雄『中世歌壇史の研究—南北朝期—』、岡崎裕子「二条為藤年譜」（『立教大学日本文学』六一）、小川剛生「『後光明照院関日記（道平公記）』解題・翻刻・人名索引」（国文学研究資料館『調査研究報告』二二） （井上 宗雄）

にじょうためふゆ　二条為冬　？—一三三五　鎌倉時代後期の廷臣歌人。二条為世男。一三〇〇年代初頭の生まれか。正四位下左中将に至る。為世五十代の子で、可愛がられ、『続後拾遺和歌集』の撰半ばで二条為藤が没した時、為世は為冬を強引に撰者に推したが、二条為定の反対で成らなかった。正和四年（一三一五）『花十首寄書』（幸鶴の幼名で出詠）、『続後拾遺和歌集』以下の勅撰集、『続現葉和歌集』以下の私撰集に入集。技巧的で平弱な歌風である。建武二年（一三三五）十二月十二日後醍醐天皇方の将として、駿河国竹の下（静岡県駿東郡小山町）で足利軍と戦い、伊豆国佐野山（同三島市）で討死（『梅松論』）。なお『為冬集』は後人他撰の私撰集。

参考文献 井上宗雄『中世歌壇史の研究—南北朝期—』、三村晃功『中世私撰集の研究』 （井上 宗雄）

にじょうためよ　二条為世　一二五〇—一三三八　鎌倉・南北朝時代の公卿歌人。建長二年（一二五〇）生まれる。二条為氏男。母は飛鳥井教定女。弘安六年（一二八三）参議。のち正二位権大納言。藤大納言と称せられた。為氏以来、大覚寺統の庇護を受け、為世も後宇多院に信任されて『新後撰和歌集』を嘉元元年（一三〇三）に奏覧した。持明院統の伏見院に近仕した従弟の京極為兼と延慶三年（一三一〇）勅撰集の撰者となることをめぐって烈しく抗争。『延慶両卿訴陳状』はその論争の一部である。大覚寺統の治世になると歌壇の指導権を握り、元応二年（一三二〇）『続千載和歌集』を奏覧した。為藤・為冬・為定・為明ら一門の歌人や、能与・浄弁・頓阿・兼好・慶運ら地下の歌人を育成し、鎌倉時代末期歌壇における伝統派の大立者であった。元徳元年（一三二九）出家、法名明融。暦応元年（一三三八）八月五日没。八十九歳。和歌は、『嘉元仙洞御百首』『文保御百首』などの定数歌、『続拾遺和歌集』以下の勅撰集、『続現葉和歌集』（為世の撰か）以下の私撰集などにみえる。『為世集』は後人の編んだその家集。歌論書に『和歌庭訓』がある。平淡美を重んじ、余情ある歌を尊んだ。連歌を能くし、地下の文化人を育てたことに見るように、時代の流れを見る眼があった。

二条為世花押

参考文献 『大日本史料』六ノ五、暦応元年八月五日条、井上宗雄『中世歌壇史の研究—南北朝期—』、酒井茂幸「二条為世全歌集」（『研究と資料』四〇—四四）、同「二条為世年譜」（同四九） （井上 宗雄）

にじょうてんのう　二条天皇　一一四三—六五　一一五八—六五在位。後白河天皇の第一子。諱は守仁。母は大炊御門経実の女贈皇太后懿子。康治二年（一一四三）六月十七日生まれる。鳥羽天皇の皇后美福門院得子に養育され、仁和寺覚性法親王の弟子となったが、久寿二年（一一五五）後白河天皇践祚ののち、親王宣下、皇太子となり、元服した。保元三年（一一五八）即位。平治元年（一一五九）姝子内親王、のち徳大寺実能の女育子を中宮とした。平治の乱に藤原信頼・源義朝のため黒戸御所に遷されたが、潜かに脱出して平清盛の六波羅邸に入った。永万元年（一一六五）位を皇太子順仁親王（六条天皇）に譲り、七月二十八日崩じた。年二十三。山城香隆寺陵に葬る。天皇は筋を通す性格で、恣意放慢な後白河院政を認めず、藤原経宗・同惟方を信任し、政事は関白基実と相談して決めたので、院との関係は穏やかでなかった。『源平盛衰記』によれば、天皇は政事には叶うが、孝道にはそむくといわれたという。 （貫 達人）

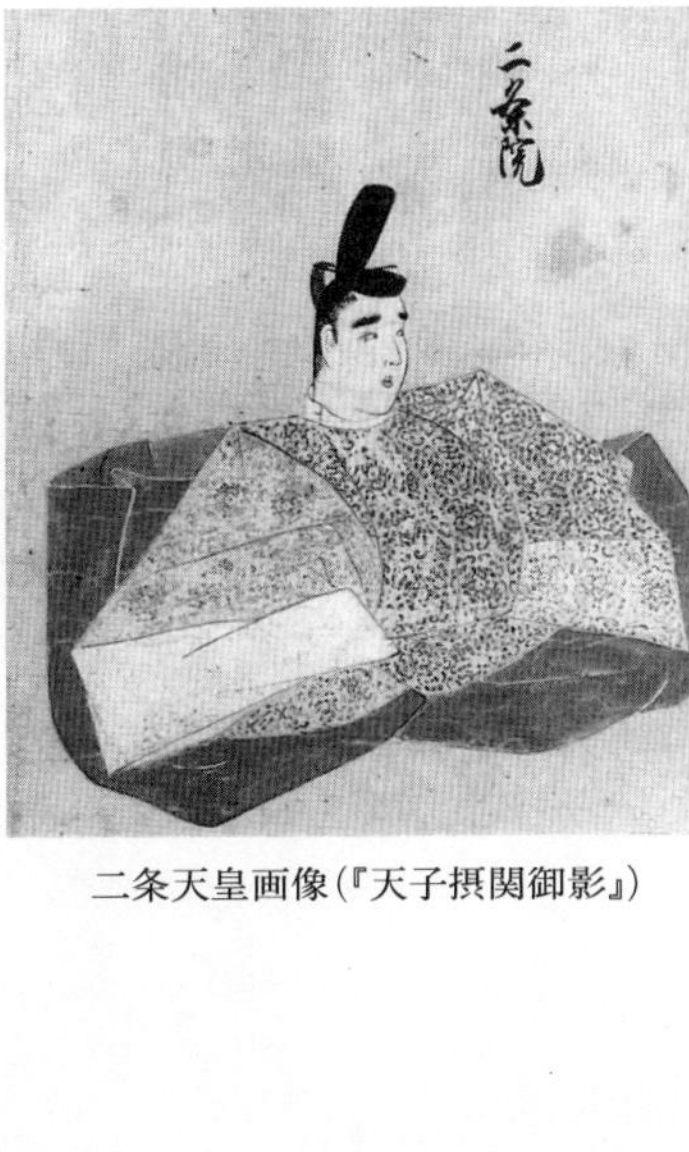

二条天皇画像（『天子摂関御影』）

香隆寺陵《こうりゅうじのみささぎ》　京都市北区平野八丁柳町にある二条天皇霊廟。二条天皇の遺骸は、永万元年（一一六五）八月七日香隆寺東北の野で火葬。遺骨を香隆寺本堂に安置し、境内に天皇の旧殿で三昧堂を造り、仁安元年（一一六六）七月二十六日落成。ここに嘉応二年（一一七〇）五月十七日遺骨を移納した。その後香隆寺・陵堂ともに消滅し、所伝痕跡を失い、元禄以来探索を続けたが、発見できなかっ

た。明治二十二年(一八八九)五月二十五日諸陵寮は、諸陵助足立正声の調査意見を採用、陵址発見は不能故、『中右記』記載により考定した香隆寺旧址中点付近の良地を卜し修陵の外なしと、大北山村字宇多川の小高い茶畑に陵域を定め、廟陵造営を建議し、六月三日裁可を得た。よって造営したのが現陵である。間口約七〇㍍、奥行約五〇㍍の方形陵域南面に拝所を設け、その後を方形に小土堤で区画し、この中央に径一七・五㍍ほどの低い円丘を設けている。

参考文献 『法規分類大全』二編宮廷門、上野竹次郎『山陵』下、宮内省編『明治天皇紀』七、宮内庁編『二条天皇香隆寺陵之図』(宮内庁書陵部所蔵『陵墓地形図』一六七)　(石田　茂輔)

にじょうのきさき 二条后 ⇨藤原高子《ふじわらのこうし》

にじょうのりさだ 二条教定 ⇨飛鳥井教定《あすかいのりさだ》

にじょうはれよし 二条晴良 一五二六―七九 戦国時代の摂家公卿。大永六年(一五二六)四月十六日誕生。父は関白尹房《ただふさ》、母は九条尚経女。天文五年(一五三六)元服叙爵、同七年従三位、翌年権中納言、以来毎年昇進する。同十六年左大臣、十七年関白となった。同二十二年関白を辞す。永禄九年(一五六六)准三宮、同十一年足利義昭元服には越前朝倉館に下向して加冠の役を勤めた。同年織田信長が義昭を奉じて入洛すると関白に還り、天正六年(一五七八)まで義昭・信長政権下で公家の筆頭としてあった。天正七年四月二十九日五十四歳で没。法名を浄明珠院殿と号す。　(飯倉　晴武)

にじょうみちひら 二条道平 一二八八―一三三五 南北朝時代前期の廷臣。兼基の嫡子。母は侍従御子左為顕女。正応元年(一二八八)生まれる。官途は東宮傅、左右大将、左大臣、関白、氏長者。位、永仁三年(一二九五)従三位、以後累進して正和三年(一三一四)従一位。後光明照院殿と称する。道平は元弘元年(一三三一)後醍醐天皇の討幕のはかりごとに関与したらしく、同二年四月十日鎌倉幕府から問責され、父兼基に預けられたことが、『花園天皇宸記』『公卿補任』などにみえている。そこでその後天下の状勢がかわり、後醍醐天皇が隠岐から船上山に赴き同地に滞在中、同三年五月十七日道平は、詔命によって左大臣・氏長者に復し、建武二年(一三三五)二月四日四十八歳を以て没した。なお彼には『新後撰和歌集』以下の勅撰集に数首の和歌が収められており、また『後光明照院関白道平公記』と称する残闕日記が伝存する。

二条道平画像(『天子摂関御影』)

参考文献 『大日本史料』六ノ二、建武二年二月四日条、『増鏡』(『日本古典文学大系』八七)　(村田　正志)

にじょうもろもと 二条師基 一三〇一―六五 南北朝時代南朝の中心的公家。正安三年(一三〇一)誕生、父は関白兼基、母は源兼任女。応長元年(一三一一)叙爵、翌正和元年(一三一二)従三位、以来摂家子弟として順調に昇進。同五年権大納言、延元元年(建武三、一三三六)暮後醍醐天皇が吉野に潜幸すると、翌年初めその朝に祗候した。延元三年(暦応元)南朝で内大臣に任ぜられ、後村上天皇の代に左大臣、関白となった。たびたび合戦にも従軍し、正平十四年(延文四、一三五九)出家したが、その翌年の赤松宮攻めにも大将軍となっている。正平二十年(貞治四)正月二十六日六十五歳で没した。光明台院と号す。子の教基も南朝で関白、孫の冬実も左大臣になった。

二条師基花押

参考文献 『大日本史料』六ノ二六、貞治四年正月二十六日条　(飯倉　晴武)

にじょうよしざね 二条良実 一二一六―七〇 鎌倉時代中期の公卿。摂政九条道家の次男。母は太政大臣西園寺公経の娘綸子。建保四年(一二一六)生まれる。嘉禄二年(一二二六)正五位下、寛喜元年(一二二九)従三位、嘉禎元年(一二三五)内大臣、翌年右大臣、暦仁元年(一二三八)左大臣となり、仁治三年(一二四二)関白となる。その後、父の寵は弟の一条実経に傾き、寛元四年(一二四六)心ならずも関白を実経に譲った。同年、名越光時の乱に連坐して、前将軍九条頼経が鎌倉を追われて帰洛すると、頼経の父道家も失脚したが、道家はこの事件について、良実が北条氏に内通したと疑い、良実を義絶し

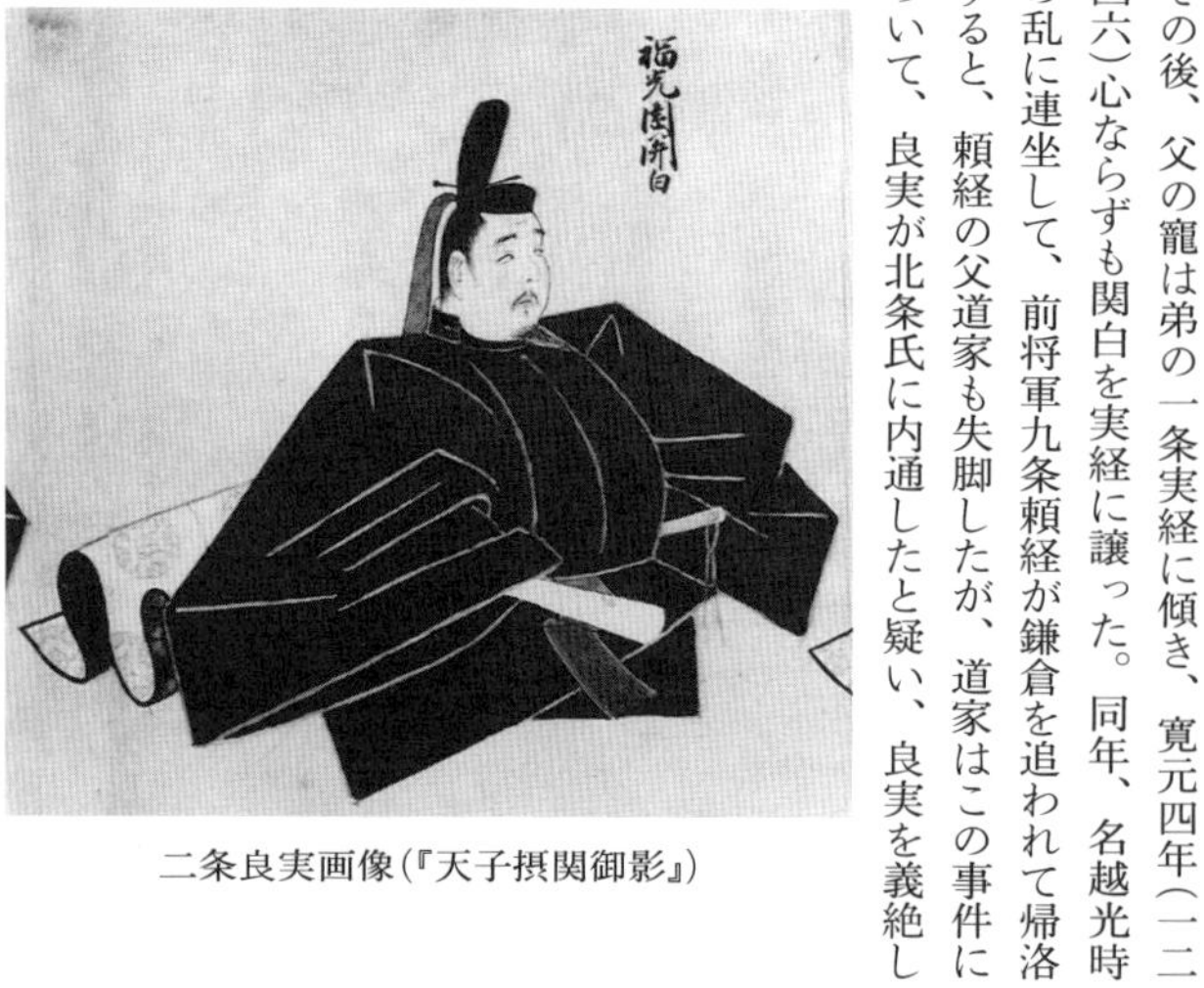

二条良実画像(『天子摂関御影』)

た。弘長元年(一二六一)再び関白となり、文永二年(一二六五)関白を実経に譲ってのちも、内覧の宣旨を受け、政界に重きをなした。文永七年十一月十一日出家(法名行空)、同二十九日、五十五歳で没。普光園院と号す。二条京極邸に住み、二条家の祖となり、同家は五摂家の一つに数えられた。

参考文献 三浦周行『鎌倉時代史』(『日本史の研究』新輯一)、同「鎌倉時代の朝幕関係」(同一上所収)、星野恒「五摂家分立考」(『史学叢説』二所収)、上横手雅敬『鎌倉時代政治史研究』 (上横手雅敬)

にじょうよしもと　二条良基　一三二〇―八八　南北朝時代の公卿。連歌作者、歌人。関白左大臣道平の子。母は西園寺公顕の女。道号春渓。諡号後普光園院。別に五湖釣翁・関路老槐と号した。元応二年(一三二〇)生まれる。摂関家としての官歴は順調で、嘉暦三年(一三二八)従三位、元徳元年(一三二九)権中納言、建武三年(一三三六)権大納言、暦応三年(一三四〇)内大臣、康永二年(一三四三)右大臣、貞和二年(一三四六)関白・氏長者、同三年従一位左大臣、貞治二年(一三六三)関白、永和二年(一三七六)准三后、永徳元年(一三八一)太政大臣、没年の嘉慶二年(一三八八)四月に摂政、同年六月十二日摂政をやめ関白、同日関白を辞して翌十三日に没した。六十九歳。その青壮年期は南北朝争乱の最中にあたり、姉が後醍醐天皇の女御になるなど、はじめは後醍醐天皇に近かったが、建武三年足利尊氏の奏請で光明天皇が良基第で践祚して以後、崇光天皇の元服時の加冠役、後光厳天皇元服にも加冠役を勤めるなど、北朝方に属して活動する。そのため文和二年(一三五三)南朝方が京都を攻略して、足利義詮が後光厳天皇を奉じて美濃に下った時、家記・文書群などを没収されている。康永二年春日社頭に祈願し、貞治二年同社に願文を執筆して関白就任を祈願するなど、近衛・鷹司・一条家と競って家流の安泰に努めた。この点では、良基と三十八歳の年齢差があって良基の指導をうけることの多かった将軍足利義満との親近関係が功を奏して子息らも順調に昇進することができた。良基の家族関係はやや複雑である。長男師良は関白にまで昇ったが、永和元年関白を辞し、同四年四月発狂して、康暦二年(一三八〇)出家、永徳二年五月三十八歳で没した。師良には道豪・桓教・良順の三子がいたが、系図類に良基の子として記載されているのは、その発狂後の措置と考えられる。美濃へ下ったのを縁に土岐頼康の女を妻に迎えて、次男師嗣と三男経嗣を得た。師嗣は二条家の家督を継ぎ、二度関白となり、経嗣は一条経通の養嗣子となった。兼良はその次男である。良基にはほかに准三后道基(道意と改名)・同満意・禅僧惟秀梵樟・尼香光院がいる。中世公家の子弟は嫡子を除いて大寺院に入ってその勢威を以て宗家を扶助する例が多く、良基の場合も南北朝時代の困難な時期を乗り切るのに力があったと思われる。師良の不幸を措けば良基は家族と家庭に恵まれていたといえる。良基の経歴で特筆すべきはその文学的活動である。南北朝時代は鎌倉時代に引き続いて、和歌と歌論が文学的関心の重要な対象であったが、新しく登場した連歌は当時の才能ある人々の参加によって時代を代表する分野となった。この分野で良基の影響は大きい。貞和二年『僻連抄』、同五年その決定稿である『連理秘抄』を著わして、救済《きゅうぜい》に奥書、玄恵に序文を求めた。延文二年(一三五七)『菟玖波集』を完成。貞治二年『愚問賢注』、応安五年(一三七二)『筑波問答』『連歌新式』、永和二年『九州問答』、康暦元年『連歌十様』、嘉慶元年『近来風体抄』を著わした。さきの師良の発狂に際しても良基は連歌に打ち込んで省みず、「普通の儀に非ず」と評されるほどであった。この間、公武の歌会・連歌会に出席して、その活動は文学史上注目すべきものである。家格からいっても良基の活動は連歌の社会的評価を高める役割を果たしたのである。さらに由阿《ゆうあ》を藤沢から呼んで『万葉集』を学び、行阿に『源氏物語』の秘説を受けるなど、地下《じげ》のすぐれた学者から古典学の成果を摂取した積極的な姿勢が注目される。漢学についても、僧阿一から『詩人玉屑』『毛詩』を学び、足利義満の勧めに従って義堂周信・太清宗渭などについて漢詩を学んだ。また有職的世界の中心的存在として伝統を継承するために、故実と行動の記録につとめ、自身の美濃下向記録である『小島の口ずさみ』、興福寺の神木帰座の一件記録『さかき葉の日記』、内裏の法華懺法儀式次第『雲井の御法』、将軍家行幸記『さかゆく花』、宮中の故実書『女房の官しなの事』『百寮訓要抄』などを著わした。死没の前日に自家の庭園の由緒を『二条押小路家門亭泉記』として残しているのは、その記録精神の強靱さを語っている。これらは当時の公家の重要な関心事でもあった。人的交流の面で興味深いのは禅僧義堂周信との交渉である。康暦二年三月鎌倉から上洛した義堂を義満の紹介で知るようになるが、自宅や各寺の和漢連句会に参会したり禅録の講義を求めるなどして次第に禅宗と漢詩の世界に親しむようになる。義堂は嘉慶二年四月に示寂し、良基も同六月没した。良基と競合する立場にあった近衛道嗣がその前年に五十五歳で没し、義満と親しくなることで財産を得たが代りに心労繁多で病むようになったといわれた。良基の立場も似たもので、両者の間にあった義堂の立場は微妙であった。なお良基が義満とともに猿楽の世阿弥を愛寵したことはよく知られている。

二条良基花押

参考文献 木藤才蔵『二条良基の研究』、伊藤敬『新北朝の人と文学』、井上宗雄『中世歌壇史の研究―南北朝期―』 (今泉淑夫)

にちいん　日胤　?―一一八〇　平安時代後期の園城寺所属の天台僧。千葉介常胤の子で律静房と号す。伊豆の源頼朝より願書をうけて京都石清水八幡宮に参籠し、頼

朝の武運を祈って千日の『大般若経』見読の修法を行う。治承四年(一一八〇)第六百日目に霊夢を感じたが、高倉宮(以仁王)が三井寺(園城寺)に入るを聞き、これに従って平家と戦い五月二十六日奈良光明山鳥居にて討たれる。日胤の弟子には日恵(帥公)がおり、先師の遺命をうけて千日の大願を果たしたという。

参考文献　『吾妻鏡』　(武　覚超)

にちいん　日印　一二六四―一三二八　鎌倉時代後期の日蓮宗の僧。文永元年(一二六四)生まれる。越後の人。はじめ天台僧であったが、永仁二年(一二九四)鎌倉妙本寺日朗の『摩訶止観』第一の講述を聴いて改宗入門して日印と名乗り、摩訶一房と称するのは、これによるという。同六年越後に青蓮華寺(のち本成寺と改める)を建立、天台・真言の僧を帰伏させて日順・日暹と改めさせ、日順は黒瀬本法寺、日暹は氷見蓮乗寺を開創した。日印はまた、鎌倉松葉谷に本勝寺を建ててここに止住した。元亨元年(一三二一)日蓮の忌日十月十三日逮夜の仏事を妙本寺と別に執行。このとき日朗相伝の聖教を借りうけたが、これを返さなかった。後世、日印は「三箇の重宝」を借りて返さなかったと伝えるようになる。仏事執行は日印の別立の意志のあらわれで、日印は妙本寺と訣別、本勝寺を弟子日静に譲り、越後本成寺に帰り、嘉暦二年(一三二七)本成寺を門家の棟梁と定め日静に付嘱、島妙蓮寺に退隠して翌三年十二月二十日没した。六十五歳。

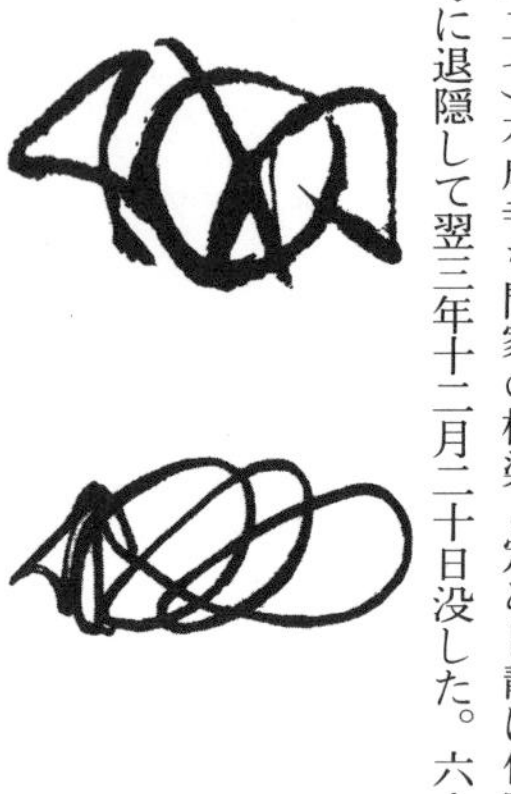

日印花押

参考文献　立正大学日蓮教学研究所編『日蓮教団全史』上　(高木　豊)

にちえい　日叡　一三五二―一四〇〇　南北朝・室町時代前期の日蓮宗の僧。上行院と号す。文和元年(一三五二)生まれる。甲斐波木井氏の出身と考えられ、二十二歳にして身延久遠寺第七世となる。一方、日朗の比企谷門流は鎌倉比企谷妙本寺・武蔵池上本門寺の両寺(両山)を拠点としていたが、四世日山は適宜な後継者がないので老僧順番に両山を管理すべきことを遺言して没した。日叡はこれを聞いて、両寺の檀越狩野氏の斡旋によって両寺を管理することとし、身延と両寺の三寺一寺の制を作った。門流を異にする異例の統合で、狩野氏の強い働きかけによると考えられる。日叡はまた比企谷日輪草創の下野宇都宮妙勝寺の住持も兼ね、富士門流に属した甲斐小室妙法寺日尊を論破して身延門流に所属させ、さらに中山門流への進出を試みたが果たせず、応永六年(一三九九)隠退、翌七年五月七日没した。四十九歳。同八年日億が久遠寺住持になると、両山はその法弟の日行を迎えて両山の主として、各山一主となった。著書に『雑々記』その他がある。

参考文献　身延山久遠寺編『身延山史』、立正大学日蓮教学研究所編『日蓮教団全史』上　(高木　豊)

にちえん　日延　生没年不詳　平安時代中期の延暦寺の僧。肥前国の人、権律師仁観の弟子。中国天台山の徳韶より延暦寺座主延昌に、中国で散佚した天台教籍の書写送付の要請があったのに応えて、日延は送使として天暦七年(九五三)に天台山を領す呉越国へ渡った。そのとき暦家賀茂保憲は奏聞して、日延が仁観の弟子として暦術に心得があるとの理由で、当時用いられて久しい宣明暦後の新暦法の学習と請来を委嘱した。日延はこれらの使命を帯びて渡海し、経典の送致に歓喜した呉越王銭弘俶《こうしゅく》より紫衣を贈られ、内供奉に准ぜられた。ついで申請して司天台に入ることを許され、「新修符天暦経幷立成」を学び、兼ねて日本未請来の内典・外典《げてん》千余巻を受伝し、天徳元年(九五七)に帰国した。彼が伝えた符天暦は保憲に預けられ、翌年から宣明暦と並んで造暦に用いられることになり、また内典は延暦寺の学堂に、『春秋要覧』『周易会釈記』などの外典は大江家に留め置かれた。このほかに銭弘俶が阿育王の故事に倣って作った八万四千の金銅宝篋印小塔の一つを伝え、肥前国司多治比実相に贈っている。村上天皇はその労を賞して僧綱宣旨を賜わるが、日延はそれを固辞し、ついで大宰府に下向して康保年中(九六四―六八)故藤原師輔のために大浦寺を建立した。その後の日延の消息は不明であるが、彼の符天暦請来はわが国における宿曜《すくよう》道成立の契機となり、十世紀末ころから符天暦を奉じて暦算や星占を行う宿曜師が多数現われることになる。また『二中歴』一三、一能歴の禄命師の項に日延の名が記され、禄命の術をも伝えたものと思われる。

参考文献　桃裕行「日延の天台教籍の送致」(森克己博士還暦記念会編『対外関係と社会経済』所収)、同「日延の符天暦齎来」(竹内理三博士還暦記念会編『律令国家と貴族社会』所収)、竹内理三「「入呉越僧日延伝」釈」(『日本歴史』八二)　(山下　克明)

にちがく　日覚　生没年不詳　平安時代後期の延暦寺の僧、宿曜《すくよう》師。陰陽家安倍晴明の曾孫政義の子。『二中歴』一三、一能歴の宿曜師の項には良祐の弟子、また易筮《えきぜい》項には扶尊の弟子とある。日覚の事蹟として注目されるのは時計を製作していることで、『朝野群載』一の「十二時漏刻銘幷序」(『本朝続文粋』一一にも「蓋天十二時銘幷序」として載る)および「十二時不動尊銘」によると、嘉保二年(一〇九五)に円形の天盤と方形の地盤よりなり、回転して時刻によって十二神将が現われ、音韻を発する機械仕掛の時計を作り、永久四年(一一一六)に至り新たに「潤色」を加えたという。また日覚は暦算・占術にも通じ、永久五年十一月十五日の月食論争では、暦博士賀茂家栄・宿曜師真観とともに、算博士三善為康・宿曜師深算の説に対抗し(『大日本史料』三ノ一八、同日条)、

天永二年(一一一一)八月十九日には、陰陽家安倍泰長とともに相撲の事について占いを行なっている(『長秋記』)。

参考文献 吉田光邦「〝十二時不動尊銘〟、〝蓋天十二時銘〟小考」(『科学史研究』七〇)、中山茂「宿曜師日覚について」(同七一)　(山下　克明)

にちぐ　**日具**　一四二三―一五〇一　室町時代の日蓮宗の僧。京都妙顕寺六世。応永三十年(一四二三)生まれる。安芸厳島の人と伝える。妙顕寺月明に入室、十八歳で同寺住持となった。二十四、五歳のころにはすでに備中野山に隠栖しているが、後住の日芳を後見して妙顕寺門流＝六条門流を指導した。明応六年(一四九七)吉田兼倶から日蓮宗の三十番神勧請についての質疑が妙顕寺・本国寺・妙蓮寺に寄せられた時、日具は妙顕寺日芳に代わってこれに答えて、兼倶の称賛を得たという。日具はまた六条門流の正統としての竜華(妙顕寺)教学を確立しようとして、日蓮遺文を観心思想の立場から注釈した『澗底函底抄』、日蓮の教学を達意的に述べた『義山致谷集』を著わしている。文亀元年(一五〇一)二月十二日没。七十九歳。

参考文献 立正大学日蓮教学研究所編『日蓮教団全史』上　(高木　豊)

にちげん　**日現**　一四九六―一五六一　戦国時代の日蓮宗の僧。両山(比企谷妙本寺・池上本門寺)十一世。仏寿院と号す。明応五年(一四九六)生まれる。備前岡山の出身とされるが、近時武蔵池上氏とする史料が紹介された。両山九世日純に師事、武蔵仙波談所で天台宗を学び、京都にも九年間留学在京した。大永四年(一五二四)日純から池上妙法坊(覚源院)の坊跡相続を允可され、天文三年(一五三四)大坊本行寺を継承して火災に遭うがこれを復興、のち両山十一世となる。権大僧都法印。同十七年妙本寺が類焼するや復興に努め、永禄二年(一五五九)達成。同四年七月二十一日六十六歳で没した。墓は池上本門寺にある。著述に『助顕第一義抄』があり、弟子京都妙覚寺日典らがいて、のちに展開する不受不施派の先駆者として位置づけられている。

参考文献 『大田区史』資料編寺社一・二、立正大学日蓮教学研究所編『日蓮宗宗学全書』一八、同編『日蓮教団全史』上、新倉善之「仏寿現師伝雑考」(宮崎英修先生古稀記念論文集刊行会編『日蓮教団の諸問題』所収)　(高木　豊)

にちこう　**日向**　⇩にこう

にちこう　**日興**　⇩にっこう

にちじ　**日持**　生没年不詳　鎌倉時代後期の僧。日蓮の本弟子六人の一人。甲斐公・蓮華阿闍梨と号す。駿河松野氏出身。駿河国蒲原の天台寺院四十九院で修学し、同寺の日蓮の弟子日興の教化によりその弟子となり、同寺の治部房と出身地松野郷の大夫房を弟子とした。またこれにより松野氏も日蓮に未見ながらも供養の品々を身延に届ける檀越になっている。弘安元年(一二七八)日興とともに四十九院を追放されたようで、その後は松野・身延を往還したらしい。同五年十月八日、日蓮は本弟子六人を指定、日持をその一人とした。日蓮没後、身延の廟所輪番が行われ、日持は五月を担当したが、輪番はやがて行われなくなった。日興は日蓮没後日持が背いたという。日持はおそらく鎌倉に出たのであろう。日蓮七年忌にあたる正応元年(一二八八)、日持は侍従公日浄とともに願主となって日蓮影像(池上本門寺安置、重要文化財)を造立した。その後、東北地方・北海道を経て大陸の地に弘通したと伝える。

参考文献 立正大学日蓮教学研究所編『日蓮宗宗学全書』二、同編『日蓮教団全史』上、高木豊『日蓮とその門弟』、影山堯雄『蓮華阿闍梨日持上人』、前嶋信次「日持上人の大陸渡航について」(『史学』二九ノ四、三〇ノ一・二)　(高木　豊)

にちじつ　**日実**　?―一四五八　室町時代の中世日蓮宗の僧。竜華院と号す。裏辻家の出身。応永二十年(一四一三)の京都妙本寺(妙顕寺)月明の僧正補任は日蓮宗を拒否してきた延暦寺僧徒を刺戟し、この結果、僧徒は妙本寺を破却した。このため月明は丹波に避難したが、京都の日蓮門徒は同寺復興を企て一寺を建立、本応寺とし、月明を迎えようとした。月明は弟子具円を派遣して復興の事にあたらせたが、門徒の一部は具円に反発、別に一宇を建て本仏寺と号して本応寺と対立した。月明は両寺の和融を試み、本仏寺はそれに随ったが、本応寺衆徒は随わず、寺名を立本寺と改め、かえって延暦寺末寺となり、裏辻家の子弟である日実を同寺貫首に擁立した。日蓮宗の公家接近および延暦寺対策のなかでのことである。したがって、日実はもと天台僧、あるいはこれにより天台僧となったのではないかと考えられるが、日実の行実は未詳。長禄二年(一四五八)四月二十二日没。この立本寺の延暦寺末寺としての期間はわずかであったらしい。

参考文献 立正大学日蓮教学研究所編『日蓮教団全史』上　(高木　豊)

にちじゅう　**日什**　一三一四―九二　南北朝時代の日蓮宗の僧、顕本法華宗の開祖。正和三年(一三一四)四月二十八日生まれる。会津黒川の石堂氏の出身。はじめ玄妙能化と称される天台宗の学匠であったが、日蓮の『開目鈔』『如説修行抄』を読んで感動し、日蓮宗への改宗を思い立ち、富士門流への帰入を考えたが、中山門流下総真間弘法寺に入った。ときにすでに六十七歳であった。中山門流の学僧の養成にあたり、かつての会津の弟子たちも日什に随って改宗した。日蓮の百年忌にあたる永徳元年(一三八一)その法門を公武に奏すべく上洛、関白二条師嗣や管領斯波義将に会見している。このとき、二位権少僧都の宣旨を得ている。翌年、鎌倉に本興寺を建立、鎌倉公方足利氏満に法華信仰受持を勧め、上洛して師嗣にあい、師嗣を感

日什花押

動させたという。同三年、三たび上洛するが、このとき中山門流の貫首日尊が日什の集めた上洛の費用をとりあげるに及んで両者の対立は決定的となり、日什に別立の想いを抱かせたらしい。上洛した日什は京都六条坊門室町に小庵を建て、同地弘通の拠点とした。さらに府中玄妙寺・同吉美妙立寺を建立、前者を門徒の本寺と定め、日什の中山門流からの独立の意識とその実行を示した。嘉慶二年(一三八八)の「日什門徒等可存知事」はその宣言である。その日什は日蓮から教えをうけるという直授日蓮と『法華経』を継承していくという経巻相承の立場をとった。しかしその反面、「法華本門戒血脈」という仏法相承関係を設定。康応元年(一三八九)京都の小庵を妙満寺として弘通の根拠地とした。明徳二年(一三九一)将軍足利義満に法門を奏上して、重ねての追訴を禁じられ、京都を出て関東を経て会津に下り、門徒の体制を整えるべく、玄妙寺を得道の寺、妙満寺を転法輪の寺、会津妙法寺を入涅槃の寺と規定、三寺を一寺とした。しかし、京都弘通を弟子に強く要請しているように、妙満寺がこの門徒の本寺になっていく。同三年二月二十八日没。七十九歳。墓所は福島県会津若松市の妙国寺。日什の系統を、日什門流・妙満寺派ともいい、のちに顕本法華宗と公称する。

参考文献 立正大学日蓮教学研究所編『日蓮宗宗学全書』一〇、同編『日蓮教団全史』上 (高木 豊)

にちじょう 日乗 生没年不詳 戦国・安土桃山時代の僧。宗派は法華宗であったともいうが不詳。朝山日乗あるいは日乗朝山とする二説がある。出身にも出雲・美作説がある。弘治元年(一五五五)上洛し、梶井宮で出家した。この際、後奈良天皇から上人号を受けているが、これは日乗のたびたびの夢想を関白近衛前嗣(前久)が天皇に取り次ぎ、天皇がこれを奇特としたからという。以後、朝廷に出入りし、内裏の修造に携わる一方、永禄六年(一五六三)には毛利氏と大友氏の停戦調停のために聖護院道増らとともに活動している。同十年には事情は不明であるが、摂津西宮で入獄し、翌十一年四月には勅免により出獄して、上洛している。同年織田信長が上洛してからのちは、信長に才を認められたためか、寵を受け、奉行人的な役割を果たしている。主に朝廷との折衝にあたって内裏修造の奉行を勤めるなどし、毛利氏との交渉などにも関わっていた。毛利氏の使僧安国寺恵瓊は、日乗の活躍は古代中国の周公旦・太公望に匹敵するものであると称賛する一方、油断のならない人物であるとも評している(『吉川家文書』)。信長はキリスト教に理解を示したが、日乗は排撃の急先鋒に立っていたようで、ポルトガル人宣教師フロイスは、その著『日本史』の中で、口をきわめて日乗を非難している。『日本史』には、永禄十二年四月、日乗が、フロイス・日本人修道士ロレンソと信長の面前で宗論を交えて、敗れたとする記事もある。この後も日乗のキリスト教排撃活動は続き、同年キリスト教の熱心な保護者である和田惟政を信長に讒言し、失脚させている。翌元亀元年(一五七〇)惟政が復帰したころ日乗は失脚したともいうが、疑わしい。少なくとも朝廷の信頼は引き続き厚かったようで、同二年にもまだ内裏修造の任にあたっている。しかし、天正年間(一五七三―九二)に入ってほどないころには確実に信長の寵を失ったらしい。同五年病死したとする説もあるが確定できない。。墓は久しく不明であったが、昭和初年に京都知恩寺の無縁墓の中から発見された。

参考文献 三浦周行『歴史と人物』(『国民学芸叢書』三)、奥野高広『増訂織田信長文書の研究』上、補遺・索引、荻野三七彦「怪僧日乗について」(『日本歴史』五二八) (久保健一郎)

にちじょう 日常 ⇩富木常忍《ときじょうにん》

にちじょう 日静 一二九八―一三六九 鎌倉・南北朝時代の日蓮宗の僧。京都本圀寺開山。妙竜院と号す。永仁六年(一二九八)生まれる。父は上杉氏、母は足利氏で、足利尊氏の叔父と伝えるが、疑問視されている。はじめ駿河国池田本覚寺を開いた治部公日位についたが、のち摩訶一房日印に師事して、日印から鎌倉本勝寺・越後本成寺を譲られた。京都に弘通していた日印の弟子日祐に招かれて、暦応元年(一三三八)上洛、本勝寺を六条堀川に移して本国寺(のち本圀寺)と号したという。実質的には同寺開山でありながら、日蓮を初祖、日朗・日印を二祖・三祖とし、日静みずから四祖とした。日静は、先行した日像の妙顕寺とならび称される寺院に本国寺を発展させた。弟子に建立院日伝・円光房日陣・楞厳房日叡(鎌倉妙法寺創建)がいて、応安二年(一三六九)日静は本国寺を日伝に、本成寺を日陣に譲り、同年六月二十七日没した。七十二歳。墓所は本圀寺。日静=本国寺の系統を六条門流といい、日像=妙顕寺の系統四条門流とともに京都日蓮宗を形成した。

日静花押

参考文献 『大日本史料』六ノ三一、応安二年六月二十七日条、立正大学日蓮教学研究所編『日蓮宗宗学全書』一八、同編『日蓮教団全史』上、辻善之助『日本仏教史』五 (高木 豊)

にちじん 日陣 一三三九―一四一九 南北朝・室町時代前期の日蓮宗の僧、法華宗陣門流の祖。円光房・門一阿闍梨と号す。暦応二年(一三三九)生まれる。越後荒川の栗原氏の出身という。はじめ越後本成寺に学び、のち京都本国寺日静に師事。日静は臨終の折、本国寺を日伝に、本成寺を日陣に譲った。日陣は本成寺を根拠地として北陸・東北・関東・東海に弘通した。応永四年(一三九七)上洛した日陣は六条門流の本寺本国寺日伝と『法華経』の本門・迹門の一致・勝劣をめぐり論争していく。日伝は一致を、日陣は勝劣を主張して論争は八ヵ年に及

んだが、この論争のなかで日陣は同十二年に『本迹同異決』を著わしている。しかし論争の決着をみないまま日陣は本国寺と訣別、十三年京都四条堀河油小路に本禅寺を建立、洛中に勝劣義を弘通した。のち同寺を日登に委ねて越後に帰ったが、京都弘通すなわち本禅寺のことに想いをいたし、日陣の魂魄は四条堀河＝同寺にとどめるとまでいっている。二十六年五月二十一日、本成寺を日存に、本禅寺を日登に付嘱して没した。八十一歳。墓所は京都鳥辺山。この系統を日陣門流・本成寺派と称している。

参考文献　立正大学日蓮教学研究所編『日蓮宗宗学全書』七・二三、同編『日蓮教団全史』上、法華宗編『門祖日陣聖人の研究』、執行海秀『日蓮宗教学史』

（高木　豊）

にちぞう　日像　一二六九―一三四二　鎌倉時代後期の日蓮宗の僧。京都妙顕寺開山。肥後房・肥後阿闍梨と号す。文永六年（一二六九）生まれる。下総平賀氏出身と伝える。幼少時日朗に師事、さらに日朗の師日蓮の弟子となり経一丸の名を与えられたといい、本尊を授与された。日蓮没後再び日朗に学び、永仁元年（一二九三）京都弘通を企て鎌倉を出る。この弘通は日蓮の遺命によるという。日蓮の遺蹟を巡拝、北陸を経て上洛した。途中能登の真言僧を帰伏させ日乗と名乗らせた。同二年上洛した日像は、まず洛内の商工人を信奉者にしていき新興勢力を形成したが、その一方諸宗の圧迫も強くなり、徳治二年（一三〇七）以来三度にわたり洛中を追放された。これをのちに三黜三赦の法難とよんでいる。三度目の追放を赦された日像は綾小路大宮に建てた法華堂＝妙顕寺を拠点として弘通した。元弘三年（一三三三）護良親王の令旨によって後醍醐天皇の京都還幸を祈り、翌建武元年（一三三四）には妙顕寺を勅願寺とし弘通を認める同天皇の綸旨を得、同三年には将軍の祈禱所となり、公武の間における妙顕寺の地位を安定させた。当時他の日蓮門徒も上洛して祈願所になることを要請したが、妙顕寺の取り次ぎがなければとりあげなかったように、同寺は京都日蓮宗の重鎮であった。日像は妙顕寺を弟子大覚（妙実）に譲り康永元年（一三四二）十一月十三日七十四歳で没した。墓所は京都深草の宝塔寺。延文三年（一三五八）大覚の祈雨の功により日蓮に大菩薩、日朗・日像に菩薩号が贈られ、日像菩薩と称せられるに至った。

日像花押

参考文献　『大日本史料』六ノ七、康永元年十一月十三日条、立正大学日蓮教学研究所編『日蓮宗宗学全書』一・一九、同編『日蓮教団全史』上

（高木　豊）

にちでん　日伝　一三四二―一四〇九　南北朝・室町時代前期の日蓮宗の僧。京都本国寺（のち本圀寺）五世。建立院と号す。康永元年（一三四二）生まれる。鎌倉の人。本国寺日静に師事。応安二年（一三六九）日静から本国寺を譲られた。その伝記は未詳だが、本国寺の寺伝によれば、足利義満の帰依をうけ大客殿建立の木材を寄せられたといい、至徳三年（一三八六）同寺五重塔を建立したと寺院経営の様子を伝える。応永四年（一三九七）に上洛した同門で日静から越後本成寺を譲られた日陣は『法華経』本門・迹門の一致・勝劣につき本勝迹劣の説を唱えた。日伝は六条門流を代表する本国寺貫首として一致を主張、論争は八ヵ年に及び、この論争のなかで日伝は『本迹問答高広義』を著わした。この間、同五、六年のころ尾張に弘通して萱津妙勝寺を帰入させて坂東総本寺とし、同十三年、日陣が本国寺と訣別した年には、弟子を堺に派遣して殿賑を誇っていたこの地に成就寺を建立させ、同地弘通の根拠としていて、日陣に対抗する意味もあったろうが、本国寺教線の伸張に努めている。同十六年四月一日没。六十八歳。

参考文献　立正大学日蓮教学研究所編『日蓮教団全史』上、執行海秀『日蓮宗教学史』

（高木　豊）

にちべん　日弁　一二三九―一三一一　鎌倉時代の僧。日蓮の孫弟子、日興の弟子。越後房。延応元年（一二三九）生まれる。駿河国富士郡熱原（静岡県富士市）滝泉寺の住僧で日興の弟子となり、同寺の下野房日秀とともに同地域の農民に日蓮の教えを弘め信奉者とした。このため同寺院主代により追放されようとして、なお同寺にとどまった。弘安二年（一二七九）刈田狼藉を口実に熱原の信奉者である農民二十名が逮捕され鎌倉に連行されると日蓮・日興の指示によりその救出の最先端に立ったが、日蓮の指示で下総の富木《とき》常忍（日常）のもとに身を寄せた。日蓮没後遺物の配分にもあずかり、日蓮の廟所守護の輪番を担当したが、師日興によれば、弘安年中日興に背き、独自な活動をしたらしく、その著作と伝える『円極実義抄』下では本迹勝劣の立場を表明、永仁元年（一二九三）には諸宗との対決を望む申状を書いているように折伏《しゃくぶく》の態度を鮮明にしていて、このため応長元年（一三一一）閏六月二十六日暴徒に襲われ死んだという。七十三歳。上総国鷲栖（千葉県茂原市）に鷲山《じゅせん》寺を開創、この系統は鷲栖門徒とよばれた。

参考文献　立正大学日蓮教学研究所編『日蓮宗宗学全書』一・二、同編『（昭和定本）日蓮聖人遺文』二、堀日亨『熱原法難史』、高木豊『日蓮とその門弟』

（高木　豊）

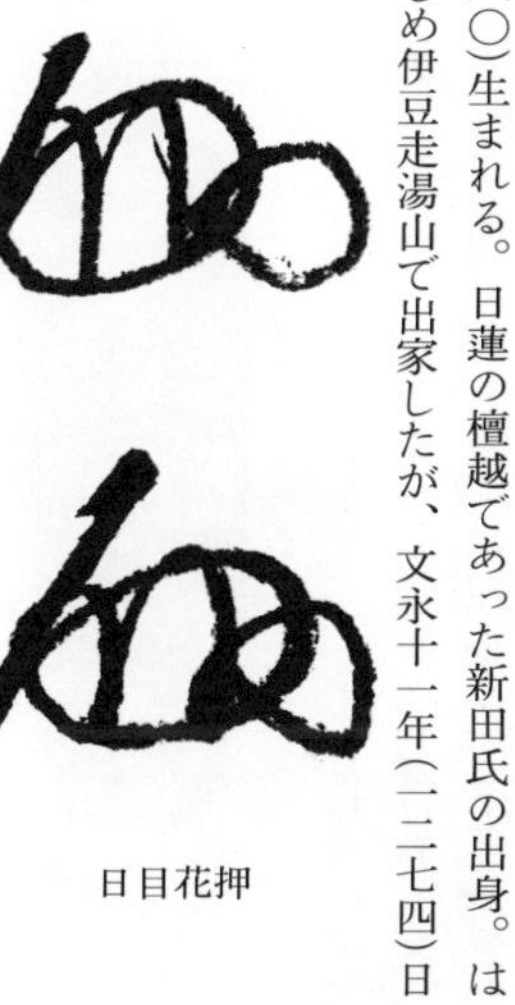

日目花押

にちもく　日目　一二六〇―一三三三　鎌倉時代後期の日蓮宗の僧。富士大石寺三世。蓮蔵房。文応元年（一二六〇）生まれる。日蓮の檀越であった新田氏の出身。はじめ伊豆走湯山で出家したが、文永十一年（一二七四）日

日目画像

興にあい師事するに至り、かつ日興の師日蓮の弟子となり弘安二年(一二七九)には日蓮から本尊を授与されている。日蓮没後、師日興が身延を離去するやこれに随い駿河富士に至り、日興の教化をたすけた。永仁六年(一二九八)の日興の「白蓮弟子分与申御筆御本尊目録事」(本尊分与帳)に日華・日秀・日禅・日仙・日乗とともに「日興第一の弟子」と記されている。元弘三年(一三三三)日興示寂の折、法門を奏上すべき遺命をうけて日尊・日郷を伴い上洛しようとしたが、十一月十五日途中美濃国垂井で没した。七十四歳。墓所は大石寺。日目の一族新田氏は陸奥にも分出したので、日目はこれら同族の間およびその地に弘通して、日興=富士門流の教線伸張に貢献した。

[参考文献]『大日本史料』六ノ一、元弘三年十一月十五日条、立正大学日蓮教学研究所編『日蓮宗宗学全書』二、堀日亨編『富士宗学要集』八、堀日亨『富士日興上人詳伝』、高木豊「日興とその門弟」(川添昭二他編『研究年報日蓮とその教団』四所収)

(高木 豊)

にちもん 日文 ⇩旻《みん》

にちゆう 日祐 一二九八―一三七四 鎌倉・南北朝時代の日蓮宗の僧。中山法華経寺三世。浄行院・大輔公と称す。永仁六年(一二九八)生まれる。下総千葉氏の出身と考えられ、千葉胤貞の猶子。出家して日高に師事、若くしてその譲りをうけて若宮法華寺・中山本妙寺を拠点とする中山門流の貫首となった。その活動はみずから記した『一期所修善根記録』に示されている。その活動は『法華経』の転読と書写、堂舎の造営の勧進と結縁、法門上奏のための上洛、説法唱導、身延参詣などに要約され、活動の範囲は下総・上総にわたっていて、この時期の活動的な日蓮僧の様相を示している。さらに日祐は、中山門流の初祖日常の日蓮真蹟の蒐集と護持を継承し、法華・本妙両寺の日蓮遺文真蹟・写本などを整理して康永三年(一三四四)『本尊聖教録』を作製しており、真蹟・写本を管理する貫首権を確立したといえよう。著書に、宗論に備えたと考えられる『問答肝要抄』『宗体決疑抄』がある。両寺本尊・聖教および所領を弟子日尊に譲り、応安七年(一三七四)五月十九日没。七十七歳。墓所は中山法華経寺。

[参考文献]『大日本史料』六ノ四〇、応安七年五月十九日条、中尾堯編『中山法華経寺史料』、立正大学日蓮教学研究所編『日蓮宗宗学全書』一、同編『日蓮教団全史』上、中尾堯『日蓮宗の成立と展開』

(高木 豊)

にちら 日羅 六世紀の百済の官人。達率の官位を帯びた。『日本書紀』によれば、敏達天皇十二年七月、天皇は任那の復興を計ろうとして、宣化天皇の時、大伴金村が海表に派遣した火葦北国造刑部靫部阿利斯登の子で、当時百済に在った日羅を召した。百済の国王がはじめこれを拒んだために実現しなかったが、再度の招請によって、恩率・参官・徳爾ら数人の百済側の使者とともに来朝した。阿斗の桑市に滞在し、天皇の諮問に応じて、黎民を護養し、上下を饒富ならしめ、国力を充実したうえで、船舶を多く造り、威を示して百済の国王を召すことや、百済が九州方面に勢力を伸ばすことへの対応策、要害の地に塁塞を築くべきことなどを進言したという。恩率・参官は帰国に際し、滞留する徳爾らに日羅の暗殺を命じた。徳爾らは機会を窺うが、日羅の身に火焔のような光があり、恐れて果たせなかった。十二月晦日にその光が失われたので、暗殺した。その後、日羅は蘇生して、暗殺が従者の所為で、新羅とは関係がないことを告げたという。天皇はその墓を小郡の西畔の丘前に営ませ、妻子を石川の百済村、水手らを石川の大伴村に分かち置き、徳爾らを推問して、身柄を日羅の眷属に委ねた。眷属の葦北君らは徳爾らを殺して弥売嶋に投じ、また日羅を葦北に移葬したという(その墓と伝えられるものが熊本県葦北郡津奈木町福浜・同県八代郡坂本村久多良木などにある)。任那をめぐる百済との折衝の過程で生じた事実を踏まえた所伝とみてよいであろう。『聖徳太子伝暦』では、聖徳太子と関係づけた奇瑞譚を附加してある。

(伝)日羅像

[参考文献]矢野盛経『日羅公伝』、今井啓一「日羅と勝軍地蔵・愛宕神」(『神道史研究』五ノ三)

(飯田 瑞穂)

にちりゅう 日隆 一三八五―一四六四 室町時代前期の日蓮宗の僧。法華宗本門流の祖。至徳二年(一三八五)生まれる。越中桃井氏の出身。応永九年(一四〇二)上洛し、京都妙本寺(妙顕寺)日霽に入室、慶林坊(桂林房)日立といい、のち日隆に改めた。妙本寺僧であった伯父日存・叔父日道に学ぶ。同十二年日霽没後、同寺後継者月明の行動を日存・日道とともに諫めたが容れられず、同寺の改革志向者たちと出寺、五条坊門西洞院の、かつて日像に帰依した柳酒屋某の日像堂に拠り、以後、天台教学をはじめ諸宗の教学を学び、その一方、本応寺を二度にわたって建てたが、月明により破却されたという。同二十三年越中元成寺、二十七年尼崎本興寺、二十八年河内本厳寺、三十三年越前本勝寺・本隆寺、翌年正法寺な

どを建立、永享元年(一四二九)京都の豪商小袖屋宗句の請いにより上洛して内野に本応寺を創建し、同五年同寺は六角大宮に移り本能寺と改号、同寺を京都の本寺とした。これより先、日隆は『法華天台両宗勝劣抄』(『四帖抄』)を撰述、この年、同書を洛中の諸山に送り、『法華経』の本門・迹門の勝劣、本門八品が『法華経』のにない手である上行菩薩所伝の宗要であり、その八品重視、依拠の立場にあることを明らかにした。さらに日隆は中国・四国に弘通して諸寺を創建するとともに、本能寺・本興寺両山一寺体制を樹立し、信心法度を定めて門徒の結合を図った。弘通の合間にも著述に努め『私新抄』その他を著わしたが、晩年には著述に専念して『本門弘経抄』『開迹顕本宗要集』などを遺し、その著述三百数十巻と記録され、日蓮系の僧のなかで、最も著述の多い学僧であった。また、日隆は弟子の教育のため享徳三年(一四五四)本興寺に勧学院を創建している。日隆の教学の特徴は、当時の日蓮宗にみられた広学多聞の傾向を排斥して『法華経』本門八品に依拠したことにあり、その弘通の特色は、弘通が広域にわたり、のちの教団展開の拠点を創出したことにあった。寛正五年(一四六四)二月二十五日没。八十歳。墓所は尼崎本興寺。日隆の系統を日隆門流・八品派とよび、この系統は明治九年(一八七六)日蓮宗八品派、同三十一年本門法華宗と公称、昭和十六年(一九四一)には本隆寺派・本成寺派と合同して法華宗、同二十七年別立して法華宗本門流となった。

参考文献　『日隆聖人全集』、立正大学日蓮教学研究所編『日蓮宗宗学全書』三、同編『日蓮教団全史』上、宗門史編纂委員会編『法華宗門史』

(高木　豊)

にちりん　日輪　一二七二―一三五九　鎌倉・南北朝時代の日蓮宗の僧。比企谷妙本寺・池上本門寺両山の三世。治部公・大経阿闍梨と号す。文永九年(一二七二)生まれる。下総平賀氏の出身と伝える。日朗の直弟。その伝記は未詳であるが、文保二年(一三一八)日朗から両山の貫首職を譲られ、比企谷門流を統率する地位についたが、その後、日印が両山に訣別して一派を立てるなどのことがあった。同門(一説に兄という)で京都進出を果たした日像との交信を絶えず続け、妙顕寺が勅願寺になったことを知らされ「当宗の為悦」とし、日像没後も妙顕寺と交流を続け、延文四年(一三五九)、妙顕寺大覚の祈雨の功により日蓮に大菩薩、日朗・日像に菩薩号を贈られたことを聞き、「当宗の本望これに過ぎず」とまで喜んでいる。日輪自身は大磯妙輪寺・木更津光明寺などを創立したというが、守勢的な感を免れないであろう。ただその書状は、当時の鎌倉・京都日蓮宗の動きをうかがわせるに足るものである。延文四年四月四日没。八十八歳。

日輪花押

日輪画像(栗原信充『肖像集』)

参考文献　『大日本史料』六ノ二二、延文四年四月四日条、『大田区史』資料編寺社一・二、立正大学日蓮教学研究所編『日蓮宗宗学全書』一、同編『日蓮教団全史』上

(高木　豊)

にちれん　日蓮　一二二二―八二　鎌倉時代の僧、日蓮宗の開祖。貞応元年(一二二二)安房国長狭郡東条郷片海(千葉県鴨川市小湊町)に生まれる。日蓮は「海人が子」と自称し、教団では武士の子と伝えるが、当地の荘官クラスの子と考えられる。幼名を薬王丸・善日麿とも伝える。天福元年(一二三三)のころ近傍東北荘の天台寺院清澄寺に登り、嘉禎三年(一二三七)ごろ出家得度。房号は是聖房といい、僧名ははじめ蓮長、さらに日蓮と改めたと伝える。出家の動機は無常感抱懐にあった。遠国安房に就学の師なしとした日蓮は、延応元年(一二三九)のころから、鎌倉さらに京畿に留学。留学の中心地は天台宗比叡山延暦寺で、日蓮は『涅槃経』の「法に依れ、人に依らざれ」の教えにより『法華経』をよるべき法＝経典とする法華至上主義に到達、その一方、反浄土教の立場をとっていった。建長四年(一二五二)のころ清澄寺に帰り、翌年四月(三月とも)二十八日同寺において法華信仰弘通を開始。教団ではこれを立教開宗とする。弘通は反浄土教の主張を伴ったので、同寺内の浄土教信奉者や近傍の地頭東条景信ら信奉者たちから反発をうけた。加えて、日蓮はその父母が「御恩」を蒙った領家の尼に味方して、尼の土地を侵蝕しようとした景信の野望を摧いたことも重なり、景信は清澄寺での日蓮の師道善房に日蓮の勘当＝追放を迫った。このため、日蓮は建長六年のころ同寺を退去、鎌倉に出て名越《なごえ》で教えを弘める。やがて正嘉元年(一二五七)から文応元年(一二六〇)にかけて地震・暴風・洪水・疫病・飢饉などが続出、死者・病者・飢餓者が輩出した。日蓮は災害続出の原因と対策を宗教的立場から考え、『守護国家論』(正元元年(一二五九))・『立正安国論』(文応元年)を執筆、『立正安国論』を北条氏得宗北条時頼に提出。『立正安国論』は、邪法である法然浄土教に人々が帰依して法華信仰を棄捨したことを災害続出の原因とし、対策を浄土教徒への布施禁止と法華信仰への回帰とし、そうしなければ、経に説くように

日蓮花押

自界叛逆《ほんぎゃく》難(内乱)と他国侵逼《しんぴつ》難(侵略)の起ること疑いなしとした。『立正安国論』での主張を知った鎌倉浄土教徒は、日蓮と問答をしたばかりでなく、名越に日蓮を襲撃した。その危難は免れたが、日蓮は幕府により弘長元年(一二六一)伊豆国伊東に配流、同三年赦免。翌文永元年(一二六四)、日蓮は安房に帰省して弘通するが、東条松原大路で東条景信らによる襲撃の難にあうが(小松原法難)、免れて鎌倉にもどった。一連の受難のなかで、法華信仰弘通者の値難を予言した仏のことばの体現者としての自覚と仏のことば=予言の実証者としての自負とが、「法華経の行者日蓮」として表現されるようになる。文永五年服属か交戦かの選択を迫る蒙古(モンゴル)の国書が到来、『立正安国論』の他国侵逼難の現実化が日蓮や他の人々に意識され、日蓮に帰依する者も増えていくが、この時期日蓮は、「是一非諸」とよばれるラジカルな法華択一の立場にたち、浄土教・禅・律の諸宗を批判、日蓮の信奉者の言動も先鋭化した。このため、日蓮らは同八年訴えられ、九月十二日幕府の弾圧をうける。このころ蒙古襲来の気配が高まり、幕府は翌九月十三日関東在住の御家人で九州に所領をもつ者に自身または代官がその所領に下向して防衛体制下に入ることと所領内の悪党鎮圧を命じた。幕府の膝元鎌倉での日蓮らの言動を悪党における反秩序的な言動とみての弾圧と考えられ、日蓮は相模竜口で危く斬首されようとしたが難を免れ、佐渡に流謫。門弟のなかにも流刑・拘禁・御内追放・所領没収される者があったとともに転向者が続出、潰滅的打撃を蒙る。日蓮の斬首されるかの危難になぞらえて竜口法難というが、むしろ文永八年の法難というにふさわしい一連の弾圧である。同十一年に及ぶ流人生活のなかで、日蓮は、受難の意味づけと法華信仰弘通者の使命感とを『開目鈔』(同九年)に、法華信仰実践の集中的表現としての唱題の救済論的意味づけを『観心本尊抄』で行なった。同九年の北条時輔の乱は自界叛逆難の現実化としてうけとられた。同十一年鎌倉にもどされ、北条時宗の被官平頼綱に会見、蒙古防衛にかかわる真言密教重用不可を勧告するが、いれられず、五月鎌倉を去り漂泊の旅に出、一時期滞在の地とした甲斐国身延山に最晩年の弘安五年(一二八二)まで過ごすことになる。この間、『撰時抄』(建治元年(一二七五))、『報恩抄』(同二年)などの執筆とともに、各地の信奉者に書状やその信仰生活の中心となる曼荼羅本尊を書き送った。身延入山後は、信奉者のなかには、日蓮に帰依するため親子・主従間の軋轢を生じた者もあったが、日蓮はかれらを励ましたばかりでなく、弘安二年駿河国富士郡熱原に起ったいわゆる熱原法難にも身延で対処した。しかし、次第に健康を害していき、ついに同五年九月に病身を養うべく身延を出て常陸の温泉に向かうが、途中武蔵池上の信奉者池上宗仲の館に留まり、日昭ら六人を本弟子に指定して十月十三日示寂。六十一歳。池上で荼毘にふし、遺言により身延に墓所を設けた。大正十一年(一九二二)「立正大師」号を贈られた。

日蓮像

[参考文献] 立正大学日蓮教学研究所編『(昭和定本)日蓮聖人遺文』、法蔵館編集部編『日蓮聖人真蹟集成』、立正安国会編『日蓮大聖人御真蹟対照録』、山川智応『日蓮聖人伝十講』、姉崎正治『法華経の行者日蓮』、家永三郎『中世仏教思想史研究』、大野達之助『日蓮』(『人物叢書』六)、戸頃重基『日蓮の思想と鎌倉仏教』、川添昭二『日蓮—その思想・行動と蒙古襲来—』、田村芳朗『日蓮—殉教の如来使—』(『NHKブックス』二四〇)、高木豊『日蓮とその門弟』、同『日蓮—その行動と思想—』(『日本人の行動と思想』四)、佐藤弘夫『日蓮』(『ミネルヴァ日本評伝選』)　(高木　豊)

にちろう　日朗　一二四五—一三二〇　鎌倉時代後期の僧。日蓮の弟子、日蓮宗日朗門流の派祖。寛元三年(一二四五)四月八日生まれる。下総平賀氏出身と伝えるが、日蓮の檀越某の子息で、早く日蓮の弟子になったらしい。筑後房のち大国阿闍梨とよばれる。「文永八年(一二七一)

日朗花押

の法難」(竜口法難)では投獄された。弘安五年(一二八二)十月日蓮の指命により六人の本弟子の一人に加えられ、日蓮没後には日蓮所持の立像釈尊像を譲られ、日蓮の廟所守護の輪番では日昭の正月に次ぐ二月を担当したほどの高弟であった。同七年北条貞時に日蓮の『立正安国論』(広本)を上呈して、浄土教徒や密教徒による住房破却の動きが起ると、天台宗沙門の名のもとに題目弘通の許可を要請してこれをしのいだ。鎌倉比企谷に法華堂を開創、比企谷妙本寺がこれで、一方、日蓮七年忌にあたる正応元年(一二八八)のころ日蓮終焉の地武蔵国池上に日蓮御影堂を日蓮以来の檀越池上氏とともに造立してその大別当となったようである。池上本門寺がこれで、妙本寺・本門寺を両山とよび、両山住持は妙本寺に常住した。さらに下総平賀に本土寺を開創、この三寺をその山号(長興山・長栄山・長谷山)と寺号から三長三本とよび、これらを拠点に日朗門流・比企谷門流(近世では両山住持が本門寺に常住して池上門流)が形成され、関東にその教線を伸張するばかりでなく、日朗門下の日印の弟子日静および日像が日蓮宗の京都進出を果たしていき、中世日蓮教団の主要な部分を占めていった。元応二年(一三二〇)一月二十一日没。七十六歳。墓所は両山。

日朗像

参考文献 立正大学日蓮教学研究所編『日蓮宗宗学全書』一、同編『日蓮教団全史』上、『大田区史』資料編寺社一・二、宮崎英修『不受不施派の源流と展開』、高木豊『日蓮とその門弟』
(高木 豊)

にっきよしなが　仁木義長 ?―一三七六　南北朝時代の足利一門の武将。右馬権助・越後守・右馬頭・右京大夫。父は仁木義勝。頼章の弟。伊勢・志摩、伊賀を中核として三河・遠江・備後の守護職を歴任。加えて侍所頭人に二度就任。義長の史料上の初見は、建武新政府が建武元年(一三三四)正月に鎌倉に創設した関東廂番《ひきしばん》の第一番に「仁木四郎義長」が配属された事実である。『多田幸太氏所蔵文書』(『神奈川県史』資料編三)によれば、義長は同年三月武蔵国久良岐郡富岡郷(横浜市金沢区富岡町)を拝領したことが知られる。同二年正月には鎌倉での弓場始に射手として参加(『御的日記』)。義長の活動は鎌倉で開始されたわけである。三年二月足利尊氏が鎮西に逃れると義長もこれに随従。六月に上京するまでの間、九州における軍事活動を展開して一色氏を首班とする鎮西管領成立の布石をなした。義長は上京後も兄頼章とともに終始尊氏党として室町幕府政治の中枢に位置した。義長が康永三年(一三四四)四―八月の間、さらに観応元年(一三五〇)の二度にわたって侍所頭人のポストを占めたことはそのことをよく表わしている。義長の権勢の浮沈は兄頼章とともにあったようで、頼章が観応二年十月将軍家の執事に就任すると俄然守護管国を増加させている。観応擾乱をのりきった尊氏が延文三年(一三五八)に没すると、頼章は執事を辞任し、翌四年没。擾乱後の有力守護の擡頭の中で、細川清氏・土岐頼康・佐々木氏頼ら有力守護と抗争していた義長は有力な後援者を失った。清氏らは同五年七月義長排斥をもくろみ、その追放に成功した。義長は分国伊勢へ逃れ、翌年には南朝に参じた。しかし貞治五年(一三六六)八月の政変で斯波高経一族が没落したのち再び幕府に復帰、伊勢守護に補せられたが、まもなくこれを失い凋落した。応安四年(一三七一)七月義長は祇園社に大般若供料二結を納めた。永和二年(一三七六)九月十日(九日ともいう)没。

仁木義長花押

参考文献 小川信『足利一門守護発展史の研究』、森茂暁「室町幕府執事制度に就いて―仁木氏を素材として―」(『史淵』一一四)
(森 茂暁)

にっきよりあき　仁木頼章 一二九九―一三五九　南北朝時代の武将。通称二郎三郎。周防守・伊賀守・兵部大輔・左京大夫を歴任。正安元年(一二九九)義勝の第二子として誕生。義長は直弟。建武二年(一三三五)八月二日、鎌倉に挙兵した足利尊氏に従って北条時行を討伐。翌三年(延元元)二月十二日、摂津打出西宮浜における楠木正成との合戦に敗れた尊氏が、鎮西に走って再起をはかった際、頼章は尊氏の命令により丹波に赴き兵を募り、五月二十九日に丹波の兵を率いて上洛し、東寺において新

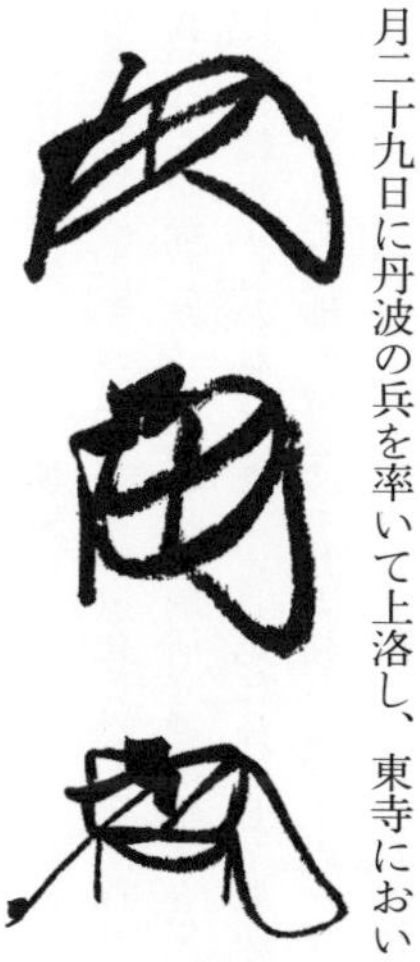

仁木頼章花押

田義貞・名和長年の軍を破った。さらに建武四年（延元二）には越前金崎城に義貞を攻め、貞和三年（正平二、一三四七）には吉良貞家らと陸奥の南朝方諸城を攻め、同四年正月には高師直らと河内四条畷に南軍を破り楠木正行らを戦死せしめるなど、各地に転戦して戦功をたてた。足利氏の内紛観応擾乱の際には高師直に加担して直義に叛き、直義方の石塔頼房の入京をさけ、観応二年（正平六、一三五一）正月十五日京都の自邸を焼いて義詮に従って出京し、尊氏らとともに丹波に遁れた。十月二十一日、義詮の判による幕府沙汰始の時、頼章は幕府執事に補任された。十一月四日尊氏の直義征討の軍に従い京都を出発し、駿河薩埵山において直義軍と戦った。翌正平七年（一三五二）正月五日、尊氏が直義と和睦して鎌倉に入った時、頼章は弟義長・畠山国清とともに使者として直義を迎えた。閏二月二十日、上野に挙兵した新田義宗・同義興・脇屋義治らの軍を武蔵人見原・金井原で迎えうちこれを破った。文和四年（正平十、一三五五）正月二十五日京都近傍に陣した楠木正儀らの南軍を攻めるため、二月十一日丹波の軍勢を率いて嵐山に出陣、東山の尊氏の軍に呼応し、山陰道の通路を塞いで南軍の来援と兵粮運送を絶った。延文三年（正平十三、一三五八）五月剃髪して道環と号し、翌四年十月十三日、京都において六十一歳をもって没した。

参考文献 『大日本史料』六ノ二二、延文四年十月十三日条　（小泉　宜右）

にっけ　日華　一二五二―一三三四　鎌倉時代後期の僧。日蓮の孫弟子、日興の高弟。寂日房。甲斐国の地頭御家人秋山氏の出身。建長四年（一二五二）生まれる。もと同国鰍沢蓮華寺住僧であったが、日興の弟子となり、弘安三年（一二八〇）には日蓮から本尊を授与され、その没後には身延の日蓮廟所守護の輪番を担当している。正応元年（一二八八）日興の身延離山に随い駿河国富士に移る。蓮華寺住僧や甲斐大井氏・同族秋山氏を教化した。佐渡流刑中の日蓮に給仕した師日興に帰依した佐渡門徒の教化のため渡島したらしく、日興から本尊を与えられた佐渡在住の大和房日性は日華の弟子。日華の兄弟にあたる秋山泰忠が讃岐に移るや田村に法華堂を建て、のち讃岐本門寺の基を開く。元弘三年（一三三三）日興没後富士に帰り、南条時光の室の土地寄進をうけて妙蓮寺（のちの富士五山の一つ）を創め、甲斐小室に妙法寺、鰍沢に経王寺を創建したと伝え、かつて在住した蓮華寺を改宗させたようである。建武元年（一三三四）八月十六日妙蓮寺で没。八十三歳（一説に八十六歳）。

参考文献 堀日亨編『富士宗学要集』八、堀日亨『富士日興上人詳伝』、高木豊「日興とその門弟」（川添昭二他編『研究年報日蓮とその教団』四所収）　（高木　豊）

にっこう　日興　一二四六―一三三三　鎌倉時代後期の僧。日蓮の本弟子六人の一人。伯耆房・白蓮阿闍梨とよぶ。寛元四年（一二四六）三月八日生まれる。父は甲斐国大井氏、母は駿河国西山氏と考えられ、その母は武蔵国綱島氏に再嫁、日興は母方の地に近い駿河国蒲原荘の天台寺院四十九院に入寺、のち供僧となり、近傍の天台寺院実相寺とも往還、住僧と交流した。文永二（一二六五）、三年ごろ駿河富士郡に来た日蓮に邂逅、これより師事したと考えられ、四十九院を拠点として甲斐・駿河・伊豆に師説を弘め、日蓮の佐渡流謫の折には渡島して仕えた。弘安二年（一二七九）富士郡に熱原法難が起るや日興は現地に在って身延の日蓮と連絡をとりながら事にあたった。日蓮の示寂にあたっては、その遷化葬送記録を作り、遺物配分を記録した。身延の日蓮廟所守護の輪番を担当したが、輪番が行われなくなると身延に在住して廟所に仕えた。やがて当地の檀越波木井《はきい》実長と信仰上の対立を来たして正応元年（一二八八）身延を離去、富士郡の檀越南条時光の請いをうけてのちの大石寺の基を開いた。このころすでに他の本弟子五人と対立も生じていた。永仁六年（一二九八）発願して、南条・石河両氏を施主とし同地の法華衆・講衆の合力を得て、日蓮御影堂・本化《ほんげ》垂迹天照大神宮・法華本門寺根源の三者を含む重須本門寺を創めるとともに、同年、かつて日蓮に申し請うて授与された本尊の目録「白蓮弟子分与申御筆御本尊目録事」（本尊分与帳）を作製。目録は日蓮在世中の日興の弘通活動の成果を示すが、日蓮没後のそれを示すのも、日興図顕の本尊で、その数は百九十幅を超えている。元弘三年（一三三三）二月七日没。八十八歳。墓所は重須本門寺と大石寺。日興の弟子・門徒は檀越の氏族の諸地域への分出によって広域にわたって存在していて、他の本弟子の弘通のエリアが一地域に限られたのに対して特徴的である。日興の系統を日興門流・富士門流とよぶ。大石寺・本門寺（重須）を継承した日目・日妙、日興門流を京都に進出させた日尊ら多くの弟子がいる。なお、日興の富士門流は明治九年（一八七六）独立して日蓮宗興門派となり、同三十二年本門宗と改称した。翌三十三年大石寺派は独立して日蓮宗富士派と称し、四十五年日蓮正宗と改めた。昭和十六年（一九四一）本門宗は日蓮宗に統合された。

参考文献 立正大学日蓮教学研究所編『日蓮宗宗学全書』二、同編『日蓮教団全史』上、堀日亨編『富士宗学要集』八、堀日亨『富士日興上人詳伝』、高木豊『日蓮とその門弟』、同「日興とその門弟」（川添昭二他編『研究年報日蓮とその教団』四所収）　（高木　豊）

日興花押

にっしゅう　日秀　(一)一二六五―一三三四　鎌倉時代後

期の日蓮宗の僧。日蓮の弟子。丹波公・丹波阿闍梨と号す。文永二年(一二六五)生まれる。弘安五年(一二八二)の日蓮の葬送に参列、日蓮の廟所守護の輪番を担当したほどの弟子であるが、これ以外の伝記は未詳。伝承によれば、上総墨田《すだ》の高橋時忠の子で、時忠は日蓮に帰依して、その子出羽を出家させたという。時忠の同族に同国藻原に斎藤兼綱がいて同じく日蓮に帰依して妙光寺を創建、日蓮はこれを日向《にこう》に管理させたが、日向が身延久遠寺に常住するようになったとき、日向は日秀に同寺を譲り、日秀は同寺第三世になったという。上洛して法門を奏上したとも伝える。墨田の妙福寺(現妙源寺)、相模宮田の実相寺は日秀開創という。建武元年(一三三四)正月十日没。七十歳。

(二)一三八三—一四五〇　室町時代前期の日蓮宗の僧。京都本満寺の開山。玉洞妙院と号す。永徳三年(一三八三)生まれる。父を関白従一位近衛道嗣と伝え、応永二年(一三九五)京都本国寺日伝に師事したという。伝未詳であるが、近衛家の支援により本満寺を開創した。同寺は広宣流布山の山号をもつが、その由来は、道嗣が別荘を割いて一宇を構え日秀に『法華経』を講じさせたとき、後小松天皇は日秀を僧都位に叙し、講経の場を『法華経』の「広宣流布・本願満足」の八字をとり広宣流布山本願満足寺としたという。日秀はまた、富楼那・舎利弗に匹敵するといわれるほど能説であったとも伝える。日秀の出家および本満寺開創は、日蓮宗の公家接近、公家の日蓮宗接近のあらわれの一つ。宝徳二年(一四五〇)五月八日没。六十八歳。

参考文献　立正大学日蓮教学研究所編『日蓮教団全史』上　(高木　豊)

(三)一四九五—一五七七　戦国時代の真言宗の僧侶。字は玄紹。根来寺第二十一代学頭、同寺智積院住持。明応四年(一四九五)生まれる。出自不詳。十三歳で出家。少壮の時から博覧強記の誉れの高かった学僧で、天文三年(一五三四)ごろ南都に赴いて華厳・三論・倶舎・唯識・因明などの教学を学び、弘治三年(一五五七)には醍醐寺に登って源雅大僧正から報恩院流の伝授を受けた。弘治二年根来寺智積院の化主となる。同院晋住の日、日秀は六大法身の論議を行なったが、こののち、智積・妙音両院の新住持は登任の日に六大法身の講筵を開くことが恒例となったという。天正五年(一五七七)十一月十二日入寂。行年八十三。

参考文献　三浦章夫編『興教大師伝記史料全集』、根来寺文化研究所編『根来寺史』史料編一、村山正栄編『智積院史』、櫛田良洪『専誉の研究』、根来山誌編纂委員会編『根来山誌』　(山陰加春夫)

にっしゅう　日祝　一四二七—一五一三　室町・戦国時代の日蓮宗の僧。京都頂妙寺開山。月蔵房と号す。応永三十四年(一四二七)生まれる。下総国千葉氏の出身と伝え、幼時中山法華経寺六世日薩に随い出家した。文明五年(一四七三)上洛して弘通。土佐国守護細川勝益の帰依をうけ、その寄進により聞法山頂妙寺を開創した。その一方、公家のなかにも信奉者を創出したが、とりわけ近衛政家はしばしば同寺に参詣して日祝の法談を聴聞しており、その子尚通も同じで、かつ親交を続けている。長享二年(一四八八)日祝が権僧正に任じられたのも、そうした公家との交流があり、その支援があったからであろう。明応八年(一四九九)細川氏の外護により土佐に桂昌寺その他を開創した。このように、日祝は公家・武士や京都の商工人を信奉者とし、頂妙寺の末寺を形成したが、僧俗に及ぶ門徒集団の維持と結合を進めるべく掟=法度も制定した。永正十年(一五一三)頂妙寺以下諸末寺を幼時からの弟子日言に譲り、同年四月十二日に没している。八十七歳。墓所は頂妙寺。

参考文献　『大日本史料』九ノ四、永正十年四月十二日条、『後法興院記』、『後法成寺尚通公記』、立正大学日蓮教学研究所編『日蓮教団全史』上　(高木　豊)

にっしゅつ　日出　一三八一—一四五九　室町時代前期の日蓮宗の僧。三島・鎌倉両本覚寺開山。一乗房と号す。永徳元年(一三八一)生まれる。武蔵の人。はじめ天台僧であったが、身延久遠寺九世日学の教化をうけて日蓮宗に改宗した。応永十八年(一四一一)のことと推定されている。同二十六年には甲斐に正行寺、二十八年にも甲斐に常徳寺・常在寺を開創し、三十一年伊豆三島に本覚寺を開いたと伝える。のち鎌倉に出て弘通、永享八年(一四三六)鎌倉天台宗の宝戒寺心海と法論して屈伏させた。これを「永享問答」という。同年日出は鎌倉公方足利持氏にこの記録を提出するとともに宗義を述べ法華信仰を勧めたが、讒訴があり、持氏は日蓮宗を禁圧しようとし、改宗しない者を罰しようとした。しかし、日蓮門徒がかえって処刑を願う強い態度を示したため、持氏はこれを中止したという。「永享法難」がこれで、のち持氏の寄進をうけた日出は夷堂橋際に本覚寺を建立した。のちに同寺を東身延とよんだのは弟子の日朝である。長禄三年(一四五九)四月九日没。七十九歳。

参考文献　立正大学日蓮教学研究所編『日蓮宗宗学全書』一八、同編『日蓮教団全史』上、身延山久遠寺編『身延山史』、室住一妙『行学院日朝上人』　(高木　豊)

にっしょう　日昭　一二二一—一三二三　鎌倉時代の僧。日蓮の弟子、日蓮宗日昭門流の派祖。出自・享年については諸説があり、一説に下総印東氏の出身と伝える。もと天台僧であったが、日蓮の弟子となる。弁阿闍梨とよばれ、日蓮の身延入山後も鎌倉において師の教えを弘めていた。弘安五年(一二八二)十月日蓮の指名による六人

日昭花押

の本弟子(六老僧)の上首に位置し、日蓮没後には日蓮所持の『註法華経』を譲られ、日蓮の廟所守護の輪番では年頭の正月を担当するほどの高弟であった。鎌倉浜土の法華寺を拠点としたが、幕府による教団の弾圧の危機に当面すると、天台沙門と名乗り、幕府のための長日勤行をもってこれをしのいだ。徳治元年(一三〇六)越後の風間信昭により相模国名瀬に妙法寺を創立、同寺はのち信昭により越後国村田に移転した。元亨三年(一三二三)三月二十六日没。百三歳(一説に八十八歳)。日昭の系統を日昭門流・浜門流とよび、法華寺・妙法寺を二大拠点として、中世日蓮教団の一角を構築したが、この門流のなかには、天台宗に受戒した僧もいた。

参考文献　立正大学日蓮教学研究所編『日蓮宗宗学全書』一、同編『日蓮教団全史』上、高木豊『日蓮とその門弟』　（高木　豊）

にっしん　日辰　一五〇八―七六　戦国時代の日蓮宗の僧。京都要法寺十三世。広蔵院と号す。永正五年(一五〇八)生まれる。京都の人。父は田村量親、茶道の開祖村田珠光に茶を学び、村田宗親と号したという。同十一年京都富士門流の住本寺十一世日法につき出家。その没後は同十二世日在に師事した。本隆寺日真・富士西山本門寺日心らに日蓮教学を学んだばかりでなく、清原宣賢らから神道・儒学・医学などを学ぶ。天文十六年(一五四七)にはそれまでの北野宮寺一切経閲読の成果を『大蔵抜萃』にまとめた。同十七年には、天文法難(天文法華の乱)後の処置として京都富士門流の二大拠点住本寺と上行院両寺を要法寺とした。さらに富士北山・西山両本寺の融和をはじめ富士門流の大寺の融和を図り実現。弘治元年(一五五五)日在の跡をうけて要法寺十三世に就任。『造仏論議』など多くの教学上の著作と同派の僧伝『祖師伝』を撰述、その著述等身に及んだという学匠であった。天正四年(一五七六)十二月十五日没。六十九歳。

参考文献　堀日亨編『富士宗学要集』八・九、立正大学日蓮教学研究所編『日蓮宗宗学全書』三、同編『日蓮教団全史』上、原日認『法燈よみがえる―広蔵院日辰上人―』　（高木　豊）

にっしん　日真　一四四四―一五二八　室町・戦国時代の日蓮宗の僧。法華宗真門流の開祖。大経房・常不軽院と号した。文安元年(一四四四)生まれる。但馬の人。父は権大納言中山親通、母は山名時義の女で、幼時山名家菩提寺妙境寺の日全につき出家したと伝え、若年時延暦寺・園城寺で天台教学を修めたというが、文正元年(一四六六)一致派の京都妙本寺に入り宗義を研修する一方、勝劣派の本能寺・妙蓮寺の僧とも交流、碩学・学匠の名を得た。長享二年(一四八八)本迹勝劣の論議のあとのこれに関する妙本寺前住日具との応酬を契機に、日真は独立して、翌延徳元年(一四八九)大林房日鎮らとともに四条大宮に本隆寺を創建し、一派を開いた。この動きは、寛正七年(文正元、一四六六)の盟約による一致・勝劣両派の融和を解体させていった。日真は、『法華経』本門を勝、迹門を劣としたが、日隆が本門八品に依拠したよりもいっそうラジカルで、本門寿量品を正意としたから、勝劣重視の故にかつて交流した本能寺・妙蓮寺とも対立するに至った。この日真の系統を日真門流・本隆寺派と称した。日真は弘通にも努め、若狭に本境寺、越前に本興寺を草創、越前平等会寺の日唱を末寺とともに帰伏させた。明応七年(一四九八)後土御門天皇の命で『天台三大部科註』を書写、文亀三年(一五〇三)後柏原天皇に献上して賞せられたように、天台教学関係書である本書や『科注法華経』『法華十妙不二門科文』などが伝えられるが、日真の日蓮教学書は伝えられていない。享禄元年(一五二八)三月二十九日没。八十五歳。日真の系統の日真門流・本隆寺派は、明治九年(一八七六)日蓮宗本隆寺派、同三十一年本妙法華宗と公称、昭和十六年(一九四一)には八品派・本成寺派とともに合同して法華宗、同二十七年別立して法華宗真門流となった。

参考文献　立正大学日蓮教学研究所編『日蓮教団全史』上、執行海秀『日蓮宗教学史』　（高木　豊）

にっしん　日進　生没年不詳　鎌倉時代後期の日蓮宗の僧。身延久遠寺三世。三位公・大進阿闍梨と号す。下総曾谷氏の出身という。日蓮の弟子日向《にこう》に師事、さらに日蓮にもついた。その伝記は未詳であるが、日蓮没後か京都で研鑽、久遠寺二世日向のあとをうけて三世に就任、その後も上洛して聖教類を書写する一方、上総・下総に教えを弘めている。当時中山門流の貫首であった日祐の身延参詣もしばしばであり、日祐との交流は深かった。日進の没年には、元徳二年(一三三〇)・建武元年(一三三四、七十六歳)・貞和二年(一三四六、七十二歳)などの諸説があるが、日進のあとをうけたのは日善である。その日善に日蓮宗初期の重要書である『金綱集』の写本を与えていることは、日進による伝来を考えさせる。後人がその内容によってつけた題名であるが、日進の所記を集めたものに『三国仏法盛衰之事』『破浄土義論法華正義』『日本仏法弘通次第』『日蓮聖人御弘通次第』『三国仏法見聞』『破邪立正』などがある。

参考文献　『大日本史料』六ノ二、建武元年十二月八日条、立正大学日蓮教学研究所編『日蓮宗宗学全書』一、同編『日蓮教団全史』上、身延山久遠寺編『身延山史』　（高木　豊）

にっしん　日親　一四〇七―八八　室町時代の日蓮宗の僧。京都本法寺開山。応永十四年(一四〇七)生まれる。上総埴谷氏の出身。父は千葉一族の埴谷重継(重継の養子とする説もある)。兄(のちの日国)とともに同地妙宣寺日英に入門。日英没後中山法華経寺五世日暹《にっせん》に、その没後同六世日薩に師事する。自記『本法寺縁起』によれば、その活動は二十一歳の時、応永三十四年に始

日親花押

日親画像

まるという。同年上洛弘通、筑前・鎌倉に布教、ついで永享五年(一四三三)中山門流の鎮西総導師として肥前に行き同地門徒の信仰の混乱をただしたが、中山の貫首日有は日親からうけた批判への怨みと同地の僧の訴えにより同八年日親の総導師職をとりあげ、翌年日親を中山門流から追放した。日親は同年上洛、その後最初の本法寺を建て、同十一年将軍足利義教に法華信仰受持と他宗の信仰の棄捨とを勧めるが、義教は重ねての建言を禁じた。しかし、翌十二年日親は足利義満の三十三年忌において再度訴えるべく『立正治国論』を作りその清書中逮捕され、再度の言上禁止に背いたとして投獄され、かずかずの責苦をうけた。なかに灼熱の鐺＝鍋を日親にかぶせ改信を迫ったと伝え、のちに、「鍋かぶり＝冠鐺日親」といわれるのはこれによる。やがて嘉吉元年(一四四一)に義教が殺害され、この事件が契機となり日親は赦される。この投獄のとき、狩野氏の理哲尼によって日親のために建てられた本法寺は破却されたが、康正年間(一四五五—五七)同寺を再建した。そのころ日親は九州に弘通したが、当地の諸宗僧侶の反発による訴えを幕府がとりあげ、本法寺を破却、千葉胤鎮に日親の護送を命じた。寛正元年(一四六〇)のことで、京都到着は同三年である。再度投獄されたが、翌年赦免、三条万里小路に本法寺を三たび建立して、関西中山門流の本寺とし、長享元年(一四八七)本法寺法式を定めて門徒の行動を規定、同年『本法寺縁起』を起草、己れの行動の軌跡を記した。日親は日蓮門下としての強い正統意識をもち、『折伏正義抄』『埴谷抄』『伝燈抄』はそれを表出したものである。長享二年九月十七日没。八十二歳。

参考文献 『大日本史料』八ノ二三、長享二年九月十七日条、中尾堯編『中山法華経寺史料』、立正大学日蓮教学研究所編『日蓮宗学全書』一八—二〇・二二、同編『日蓮教団全史』上、中尾堯『日親』(『日本人の行動と思想』一五)、同『中世日蓮宗の成立と展開』

(高木 豊)

にったただつね 仁田忠常 一一六七—一二〇三 平安・鎌倉時代前期の武士。仁田四郎と称す。新田・日田とも書いた。父母ともに未詳。伊豆国仁田郷(静岡県田方郡函南町)の住人。仁安二年(一一六七)生まれる。治承四年(一一八〇)八月の石橋山の戦の際源頼朝に従った。以降頼朝の信任厚く、文治三年(一一八七)正月、忠常が危篤に陥った時には頼朝みずからこれを見舞っている。同元年平氏追討のため西海に下った源範頼に従って九州に渡り、同五年の奥州合戦にも従軍。また建久元年(一一九〇)・同六年の頼朝上洛にも従った。同四年五月の富士の巻狩において、乱入した曾我祐成を討ち取った。二代将軍頼家の信任も厚く、建仁二年(一二〇二)九月、頼家は小町の忠常宅で小笠懸を催している。翌三年六月の駿河での狩の際、頼家の命で富士山麓の人穴を探検。同年九月の比企能員の乱では、北条時政の命により時政亭に参向した能員を誅し、比企氏討伐に功を挙げた。しかし、危篤状態から回復した頼家は忠常に時政討伐を命じた。この命を受けながら同六日忠常は勲功の賞を受けるため時政亭に参向した。同夜その帰亭の遅れを怪しんだ兄弟・郎党が軽挙したため忠常は謀反の疑いをかけられ、時政亭より御所に向かう途中加藤景廉によって誅された。三十七歳。

参考文献 市古貞次・大島建彦校注『曾我物語』(『日本古典文学大系』八八)

(菊池 紳一)

にったよしあき 新田義顕 ?—一三三七 南北朝時代の南朝方武将。新田義貞の嫡子。母は安藤左衛門五郎重保の娘。義貞の鎌倉攻めに参加し功績を挙げ、建武政府のもとで越後守、従五位上となる。延元元年(北朝建武三、一三三六)四月の武者所結番に一番方の頭人として新田越後守義顕と記載されている。『太平記』によれば、南北朝内乱初期の京都合戦では義貞と行動をともにし、やがて後醍醐天皇に供奉して比叡山に立て籠もり京都に攻撃をかけた。その後、父義貞とともに尊良・恒良両親王を奉じて越前に下向した。日本海に突き出た要害の地の金崎城(福井県敦賀市)に拠って軍兵を集め勢力を拡張した。建武四年(一三三七)正月、総大将高師泰の美濃・尾張・遠江軍に、斯波高経の北陸道軍、仁木頼章の丹波・

美作軍、今川頼貞の但馬・若狭軍などが加わり城を海・陸から包囲した。三月六日に飢餓状態の中で落城した。その直前に義貞は脱出したが、義顕は尊良親王とともに自害した。系図には二十一歳とも十八歳とも記される。

[参考文献]『福井県史』一、『敦賀郡誌』、群馬県教育会編『新田義貞公根本史料』、『群馬県史』資料編五、峰岸純夫『新田義貞』（『人物叢書』二三九）

（峰岸 純夫）

にったよしおき　新田義興　一三三一―五八　南北朝時代の南朝方の武将。新田義貞の次子。母は上野一宮貫鋒社神主天野時宣の娘。没年から逆算すると元弘元年（一三三一）の生まれ。幼名徳寿丸、従五位下、左兵衛佐。延元二年（北朝建武四、一三三七）北畠顕家が西上した時東国の軍勢を率いて参陣し功績を挙げたが、顕家に対抗意識のある義貞は喜ばず、また妾腹の故もあって疎んじられ、もっぱら東国で活動することとなった。観応擾乱で足利尊氏と直義が対立すると、直義派の上杉憲顕と結んで正平七年（一三五二）閏二月十五日に義宗・義治らとともに宗良親王を奉じて義興は上野に蜂起した。この日、世良田《せらだ》長楽寺に軍勢ならびに甲乙人の狼藉を停止する禁制を与えている。そして上野守護宇都宮氏綱の守護代芳賀高貞の軍を撃破して武蔵に進出し、さらに鎌倉を占領した。十九日から二十八日にかけて武蔵国人見原・金井原・笛吹《うすい》峠などの各地で足利尊氏軍との合戦を行い（武蔵野合戦）、最終的には敗北して越後に逃れた。翌文和二年（正平八、一三五三）三月、尊氏は義興与同の武士の新田荘や上野各地の所領などを没収して長楽寺普光庵に寄進している。その後、越後で宗良親王を奉じた義宗・義興らの活動が魚沼郡方面でみられるが、義興は武蔵・上野方面の味方の要請で武蔵に下り、ゲリラ的な活動に従事していた。武蔵守護畠山国清は義興討滅に心を砕き、竹沢右京亮に命じて義興に近づかせ、江戸遠江守と共謀して、延文三年（正平十三、一三五八）十月十日、多摩川の矢口渡し（東京都大田区矢口、稲城市矢野口の二説あり）で渡河中に謀殺したという（『太平記』など）。二十八歳と系図に記されている。義興の死によって東国での南朝方の勢力はほぼ消滅した。江戸時代に戯作者福内鬼外（平賀源内）は浄瑠璃に「神霊矢口渡《しんれいやぐちのわたし》」を書き大当りをとった（明和七年（一七七〇）初演）。義興の怨霊の祟を鎮めるため新田神社（大田区矢口一丁目）が建てられている。

新田義興花押

[参考文献]『大日本史料』六ノ二二、延文三年十月十日条、群馬県教育会編『新田義貞公根本史料』、『群馬県史』資料編五、峰岸純夫『新田義貞』（『人物叢書』二三九）

（峰岸 純夫）

にったよしさだ　新田義貞　?―一三三八　鎌倉・南北朝時代の武将。新田朝氏の嫡子。小太郎。左中将、右衛門佐、治部大輔を歴任。義貞は元弘三年（一三三三）河内に蜂起した楠木正成討伐の楠木合戦に御家人として参加したが途中で上野に帰国した。ところが幕府の軍費調達の有徳《うとく》銭徴収のため紀出雲介親連と黒沼彦四郎入道が徴税使として新田荘の世良田《せらだ》に入部し譴責したので、義貞は親連を捕え黒沼を梟首《きょうしゅ》した。この事件がきっかけとなり義貞は五月八日新田荘内一井郷（群馬県太田市新田町市野井）の生品《いくしな》明神で一族を集め討幕の挙兵をした。笠懸野から東山道を西に進み上野国衙に圧力をかけながら八幡荘（高崎市）で越後・上野の一族などを結集した。そこから武蔵に進撃し鎌倉街道を南下するなかで東国各地の軍勢が雪だるま式に膨れあがった。足利千寿王丸（義詮）を擁した足利軍、足利氏被官高《こう》氏の一族の三浦大多和氏などの援助を得て、小手指《こてさし》河原（埼玉県所沢市）・分《ぶ》倍《ばい》河原（東京都府中市）合戦などで幕府軍を撃破し鎌倉に迫り、十八日に稲村が崎の海岸線を突破して鎌倉に雪崩込み、二十二日東勝寺に北条高時以下を攻め滅ぼした。幕府滅亡によって成立した後醍醐天皇の建武政権下では従四位上に叙せられ、上野・越後・播磨の国司（弟脇屋義助は駿河の国司）となり、国司庁宣などを発給して管国の支配にあたった。足利尊氏との対立は鎌倉制圧の時点から生じ、建武二年（一三三五）七月北条時行の中先代《なかせんだい》の乱が起ると尊氏は関東に下向し、義貞討伐を名目に建武政府に叛旗を翻し、南北朝内乱となった。幕府の再建を目ざす足利尊氏に対して、義貞は建武政府を擁護する南朝方の立場で以後活躍することになる。義貞は尊氏討伐の竹下の戦に敗れ、京都にもどり京都の争奪戦で北畠顕家の援助を得て尊氏を九州に追い落とした。しかし分国の播磨での赤松円心討伐に失敗し、再度上洛する尊氏軍と湊川で楠木正成とともに戦い敗れた（正成は戦死）。義貞は後醍醐天皇を奉じて比叡山に逃れ、京都奪回作戦などに従事したが、建武三年十月尊氏の和平工作によって後醍醐天皇は京都に帰還する時、義貞・義助らは恒良親王を奉じて越前に下り金崎《かねがさき》城に立て籠もった。翌建武四年正月、足利軍は高師泰を総大将とし諸国の軍勢を集めて城を包囲して糧道を絶ったので、城中は飢餓状況となり三月六日落城した。尊良親王や新田義顕以下は自殺し恒良親王は捕えられた。義貞はその直前に杣山《そまやま》城に脱

新田義貞花押

（伝）新田義貞像

出することができた。同年八月、陸奥の北畠顕家は大軍を率いて上洛し京都に迫った。これに呼応して義貞は延元三年(北朝建武五、一三三八)二月に杣山城を出撃、斯波直常軍を鯖江に撃破し越前国府も攻略しその勢力は著しく拡張された。しかし北畠軍は各地で幕府軍に阻まれ、同年五月二十二日顕家は和泉堺浦《さかいのうら》の合戦で戦死した。義貞は五月には斯波高経らの黒丸城(福井市)を包囲して足《あす》羽《わ》郡の諸城を落としていった。六月には越後の大井田氏経が来援した。この時藤島城(福井市毛矢)に斯波方の平泉寺衆徒が立て籠もり、これを新田軍が攻撃していた。閏七月二日に義貞は支援のため五十騎で駆けつける途中、黒丸城から藤島救援に出撃した三百騎と遭遇し、深田の中に追い落とされて矢に当たり自害した。三十七歳～三十九歳といわれる。元弘三年五月に新田荘を出陣してから五年余、南朝方の総大将として鎌倉・京都・播磨・比叡山・越前と転戦に明け暮れした生涯を閉じた。鎌倉幕府討滅の大功績で一躍政界に踊り出たが、その栄光の重荷を背負い続けた五年間であった。尊氏は「安養寺殿(義貞)追善料所」として暦応二年(延元四、一三三九)十一月に義貞の所領八木沼郷を世良田長楽寺に寄進し、観応元年(正平五、一三五〇)十二月には木崎村安養寺の「義貞跡」が岩松頼宥に与えられた。太田市尾島町安養寺にある明王院は義貞・義助の菩提寺でここは二町四方の堀を巡らし、義貞の館跡である可能性がある。なお義貞の花押は鎌倉占領の時点で変化する。また義貞の子息義興・義宗の反幕府行動がその後も展開されるが、延元四年(北朝暦応二)の顕家・義貞、翌年の後醍醐天皇の死は南朝方の衰退を決定づけた。

参考文献 『大日本史料』六ノ四、暦応元年閏七月二日条、藤田精一『新田氏研究』、群馬県教育会編『新田義貞公根本史料』、『群馬県史』資料編五、『新田荘と新田氏』(『新田町誌』四)、峰岸純夫『新田義貞』(『人物叢書』二三九)、山本隆志『新田義貞』(『ミネルヴァ日本評伝選』)　(峰岸　純夫)

にったよししげ　新田義重　一一三五―一二〇二　平安・鎌倉時代前期の東国の武将。新田一族の祖。父は源義国、母は上野介藤原敦基娘。義家の孫。没年から逆算すると保延元年(一一三五)の生まれ。義重は上野国新田郡の西南部の「空閑の郷々」を私領として開発し、その地主職《しき》を左衛門督藤原忠雅家に寄進し、左衛門督家は保元二年(一一五七)に義重を新田荘の下司職に任命している。忠雅が太政大臣になるに及んで、嘉応二年(一一七〇)に新田郡一円に新田荘が拡大された。承安二年(一一七二)に境を接する伊勢大神宮領薗田御厨《みくりや》への濫妨を働き訴えられている。仁安三年(一一六八)に「空閑の郷々」十九郷を妻と「らいわうごぜん」(頼王御前か、子義季の幼名)に、また義兼には承安二年に譲状を作成するなどし、新田荘と上野中央部の八幡荘などの所領を五人の子息らに分割している。治承・寿永内乱が起った時、平宗盛の家人として在京していた義重は源頼朝蜂起と石橋山合戦敗北の情勢を忠雅に報告し、源氏を討つと称して帰国し、八幡荘寺尾館(城)に軍兵を集めて独自の勢力を形成したが、やがて子息の里見義成・山名義範に遅れて頼朝に服属して叱責を受けた。また義重の娘(源義平後家)に頼朝が艶書を遣した時、北条政子の怒りを恐れるあまりに帥六郎に再嫁させ頼朝の勘気を蒙っている。それ故、新田荘などの所領を維持することができたものの上野の守護になることができず(守護は安達氏)、終生幕府の中で重用されなかった。建久四年(一一九三)四月に上野国三原荘の狩倉が催された時、頼朝は義重の新田館(鎌倉街道沿いの寺尾館か)に遊覧している。建仁二年(一二〇二)正月十四日に没した。この時政子は、「源氏の遺老」の死に対し不見識であるとして将軍源頼家の蹴鞠の会を中止させている。法名上西、『尊卑分脈』では六十八歳とある。官位は九条院判官代、左衛門尉、大炊助、従五位下である。

参考文献 『大日本史料』四ノ七、建仁二年正月十四日条、群馬県教育会編『新田義貞公根本史料』、『群馬県史』資料編五・通史編三、峰岸純夫「東国武士の基盤」(『中世の東国』所収)　(峰岸　純夫)

にったよしむね　新田義宗　?―一三六八　南北朝時代の南朝方の武将。新田義貞の第三子。母は常陸小田氏の娘。左近衛少将、武蔵守、正五位下。義貞・義顕亡き後は新田家嫡子として兄義興とともに南朝方の中心となって東国で活動した。暦応三年(興国元、一三四〇)六月から八月にかけて、越後魚沼郡を本拠地にした活動がみられる。すなわち南保重貞に対して奥山荘内黒河郷地頭職《しき》を安堵したり、信越国境の志久見口の関所より志久見郷に攻め込み長峰に陣を敷いたりしている。義宗ら新田一族の越後の本拠地、魚沼郡の波多岐荘・妻有荘は、鎌倉時代から新田氏の支族里見氏系の里見・大島・大井田・羽川氏らが勢力を張っており、義貞の鎌倉攻めにも参加している。建武政権下では義貞代官として越後府中に入った堀口貞政を支えていた。この地域に義宗や脇屋義治らが宗良親王を迎えて活発に活動した。新潟県十日町市川西町の上野節黒城は拠点の城で、その付近には正平(南朝)年号の自然石板碑《いたび》の分布が見られる。観応擾乱が起りそれが東国に波及すると、義宗・義興らは足利直義派の上杉憲顕と結び、正平七年(一三五二)閏二月十六日に魚沼郡から上野に進出して蜂起し、ここで守護宇都宮氏綱の守護代芳賀高貞を撃破し武蔵に進出している。さらに十八日には足利尊氏らを武蔵石浜方面に追い落とし鎌倉を制圧している。やがて尊氏方の反攻が開始され武蔵野合戦が各地で連続して行われた。しかし最後の笛吹《うすい》峠の合戦で敗北して越後に退却した。延文三年(正平十三、一三五八)十月には矢口渡しで兄義興が謀殺されたが、義宗の越後での反

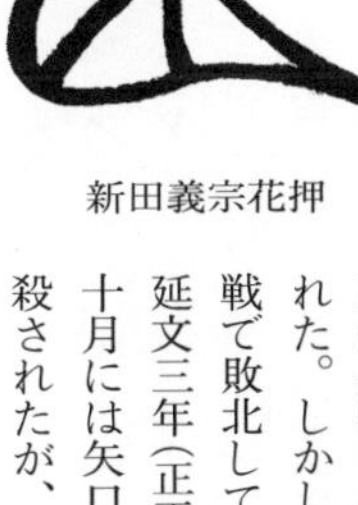

新田義宗花押

抗行動がしばらく継続された。その後、応安元年(正平二十三、一三六八)七月越後・上野国境に蜂起し、守護上杉氏に攻められて敗死したと伝えられる(『喜連川《きつれがわ》判鑑』)。義宗の死によって東国での南朝方の組織的抵抗は終息した。

参考文献 『大日本史料』六ノ二九、応安元年七月是月条、群馬県教育会編『新田義貞公根本史料』、『群馬県史』資料編五、『新田荘と新田氏』(『新田町誌』四)、『新潟県史』通史編二、峰岸純夫『新田義貞』(『人物叢書』二三九) (峰岸 純夫)

にっちょう 日頂 一二五二―一三一七 鎌倉時代後期の僧。日蓮の弟子。伊与房のち伊与阿闍梨とよぶ。建長四年(一二五二)生まれる。日蓮の檀越でのちに僧となった富木《とき》常忍(日常)の子息。もと天台僧であったらしいが、父日常の日蓮帰依により日蓮に師事したか。文永八年(一二七一)日蓮が佐渡に流謫されるや随行して同地でも仕え、日蓮から学生・器量者とその資質を評価され、弘安五年(一二八二)十月日蓮の指命により六人の本弟子の一人に加えられ、日蓮没後その廟所輪番を担当したほどの高弟であった。日蓮没後、下総国真間弘法寺を拠点として教えを弘め、鎌倉においても、正応四年(一二九一)には天台法華宗沙門を称して申状を幕府に提出、『法華経』の教えの尊崇を要請、不審あれば他宗との対決も辞さないことを主張した。翌年には某宗の僧良実に公場対決を誘うなどの動きをしている。のち父日常との関係が悪化したためか、父と訣別して下総を去り、駿河の日興のもとに赴き、重須本門寺学頭になり、文保元年(一三一七)三月八日同地で没したという。六十六歳。墓所は同本門寺。

参考文献 立正大学日蓮教学研究所編『日蓮宗宗学全書』一、同編『日蓮教団全史』上、影山堯雄『開山伊与阿闍梨日頂上人と真間山』、堀日亨『富士日興上人詳伝』、高木豊『日蓮とその門弟』 (高木 豊)

にっちょう 日朝 一四二二―一五〇〇 室町時代の日蓮宗の僧。身延久遠寺十一世。はじめ宝聚院、のち行学院と号す。応永二十九年(一四二二)生まれる。伊豆宇佐美郷の出身。幼くして三島本覚寺の日出に師事した。のち永享十二年(一四四〇)から文安二年(一四四五)にかけて、関東天台の仙波檀林で天台宗を学んだ。この間、佐渡の日蓮の遺跡を巡礼、京都にも留学したという。師日出から三島・鎌倉両本覚寺をうけてその経営にあたるとともに、足利学校で儒学を修め、京畿諸寺で諸宗を学んだともいう。寛正二年(一四六一)久遠寺十世日延が没するやその跡をうけて同十一世貫首に就任、以後その死に至るまで、久遠寺の発展に努める。諸堂の現在地への移転、年中行事・月次行事制定、日蓮の伝記『元祖化導記』編集、日蓮遺文の写本の書写と蒐集および『録内御書』『録外御書』の集成、遺文の注釈書『御書見聞』、『法華経』の注釈書『補施集』その他の著述、門下の教育のために論議を興したことがそれらである。明応九年(一五〇〇)六月二十五日没。七十九歳。墓所は久遠寺。

参考文献 立正大学日蓮教学研究所編『日蓮宗宗学全書』一三・一四、同編『日蓮教団全史』上、室住一妙『行学院日朝上人』、身延山久遠寺編『身延山史』 (高木 豊)

にっぽう 日法 一二五九―一三四一 鎌倉時代後期の日蓮宗の僧。日蓮の弟子。和泉公・和泉阿闍梨と号す。正元元年(一二五九)生まれる。甲斐国柴田氏あるいは信濃国佐野氏の出身と伝える。弘安二年(一二七九)日蓮から本尊を授与され、同五年の日蓮葬送に参列、その後の日蓮の廟所守護の輪番も担当したほどの弟子。日蓮の七年忌にあたる正応元年(一二八八)侍従公日浄・蓮華阿闍梨日持が願主となり日蓮の影像(池上本門寺安置、重要文化財)を造立した。このときこれを制作したのが日法と伝えられる。日法を日蓮影像彫刻の名手として、ほかにもその制作とされるものが諸寺に伝来されている。日法はまた、日蓮の遺文『下山抄』を書写・伝持しているが、のちの集成された遺文セットの伝持に対し、個別遺文伝持というこの時期の伝来の様相を示している。その所記と伝える『連々御聞書』『御法門聞書』は日蓮の膝下にあったときの日蓮の講義の聴講ノートとされている。甲斐に立正寺、駿河に光長寺を創建して門徒の拠点とした。暦応四年(一三四一)正月五日没。八十三歳(ほかに九十歳、九十四歳とも)。

参考文献 立正大学日蓮教学研究所編『日蓮宗宗学全書』一 (高木 豊)

日法花押

にっぽうそうしゅん 日峰宗舜 一三六八―一四四八 室町時代前期の臨済宗関山派の僧。法諱はじめ昌昕、のち宗舜、道号日峰。応安元年(一三六八)洛西嵯峨に出生。俗姓藤原氏。九歳、天竜寺本源庵の岳雲周登(夢窓疎石の法嗣)の門に投じ、十五歳出家。諸方行脚の後、摂津海清寺の無因宗因(妙心寺三世)に参じた。無因が河内の観音寺、京都大宮の円福寺と遷るに従って参侍し、その印可を得た。応永十七年(一四一〇)無因の寂後、美濃・尾張に聖胎長養し、同二十三年、犬山に瑞泉寺を開創した。応永の乱(同六年)後、妙心寺が足利義満に取潰されてより三十年が経過した永享年間(一四二九―四一)、日峰は門中の諸老宿の招請を受けて上洛し、荒廃した妙心寺に住山(第七世)して復興につとめ、境内に寿塔養源院を設けた。文安四年(一四四七)細川勝元の推挙によって、

日峰宗舜花押

日峰宗舜画像

関山派からはじめて大徳寺に勅住(第三十六世)した。翌文安五年正月二十六日示寂。八十一歳。妙心寺中興の祖とされ、禅源大済禅師号を勅諡された。

参考文献　東陽英朝編『正法山六祖伝』、卍元師蛮『延宝伝燈録』二八(『大日本仏教全書』)、同『本朝高僧伝』四一(同)　(加藤　正俊)

蜷川親元花押

にながわちかもと　蜷川親元　一四三三―八八　室町時代の幕府近臣。親当の子。法名道寿、道号友石、不白軒と号する。永享五年(一四三三)生まれる。室町幕府の政所執事伊勢貞親・貞宗の被官で政所代を勤めた。若年の寛正六年(一四六五)ころには御庭水番・御物奉行などを勤め、応仁の乱に際して一時近江に居たが、文明五年(一四七三)六月上洛し、同年八月政所代となった。執事伊勢氏の代官として政所へ提出される文書の受理にあたり、その控え(賦引付)や、政所発給文書の控え(御判引付)を残した。また日記を残しており、応仁以後における守護との交渉など、この時期の史料として貴重である。故実に通じ、和歌をよくし、能書家としても当時から著名であった。長享二年(一四八八)五月二十五日親元が死去した時、三条西実隆は、その日記に、若いころ親元の恩を受けたので遺札に経文を記して遺族に送った、と記している。五十六歳。土佐光信系統の画家が描いたと推測される肖像(内閣文庫所蔵)が残っている。

蜷川親元画像

参考文献　『大日本史料』八ノ二二、長享二年五月二十五日条、『蜷川家文書』、桑山浩然校訂『室町幕府引付史料集成』(『日本史料選書』二〇・二六)、坂井誠一『遍歴の武家―蜷川氏の歴史的研究―』、相沢正彦「蜷川親元像紙形について」(『MUSEUM』四四四)　(桑山　浩然)

にほんまつよしつぐ　二本松義継　?―一五八五　安土桃山時代の武将。右京大夫。陸奥国安達郡二本松城主。二本松(畠山)義国の子。南北朝時代の奥州管領畠山国氏の子孫であり、畠山義継ともよばれる。二本松(畠山)氏の当主として、北境の伊達氏との緊張に終始した。天正二年(一五七四)、北境の信夫郡八丁目城(福島市)を伊達輝宗に奪回され、田村清顕の調停により、五十騎の軍役を伊達氏に勤める条件でこれと講和した。天正十年伊達輝宗の相馬攻めに際して、塩松(東安達)城主大内定綱とともに人数を率いて伊具郡に参陣するなど、二度にわたって参陣している。が、その後まもなく定綱とともに会津蘆名・佐竹の連合勢力に加わることとなった。義継が姻戚関係を結んで同盟した大内定綱が天正十三年九月小浜城(福島県二本松市岩代町)から敗走するに至って、義継は二本松城を中心とする杉田川と油井川の間の五ヵ村に、杉田川以南か油井川以北かのいずれかを加えることを条件に伊達政宗に降伏を申し入れた。政宗はこれを許さず、五ヵ村のみを許し子息を伊達氏の居城である米沢城に人質に出すことを条件とした。義継はこれに屈服し、十月八日義継のために取りなすところのあった輝宗に礼を表すべく、その在陣する安達郡宮森城(岩代町)に輝宗を訪問した。御礼を終えた義継は、玄関まで送り出した輝宗をとらえ、そのまま二本松城に拉致しようとしたが、阿武隈川岸の高田原(粟の巣、対岸は二本松領)に至ったとき、駆けつけた政宗勢の銃撃によって輝宗もろともに

最期をとげた。『成実記』はこの事件が、伊達方の小者の戯言を義継方が耳にしたことから偶発したものであるという説、また義継の計画的な行動であるという説、両説を記している。『仙道会津元和八年老人覚書』は、政宗の急攻のなかで輝宗を刺して自害した、としている。『成実記』によれば義継の没年は三十三歳である。これより逆算すると天文二十二年(一五五三)生まれとなる。遺体は伊達方の手で段々に切断し藤づるで縫い合わせて、小浜の町に磔にかけられたという。法名、月峯円公。福島県伊達郡川俣町の頭陀寺に義継の首塚があり、福島市の宝林寺に位牌がある。

参考文献　『伊達治家記録』、『松府来歴金華鈔』(『二本松市史』三)、飯田忠彦編『野史』一四一

（小林　清治）

にょいち　如一　一二六二—一三二一　鎌倉時代後期の浄土宗の僧。知恩寺六世・知恩院八世。如空とも称す。仏元真応智慧如一国師と号する。大江斉光の孫、家光の子。弘長二年(一二六二)生まれる。京都南禅寺で儒典を学ぶが、父の死に遭い、知恩寺四世道意に師事、浄土の教えを受ける。さらに木幡派慈心良空に顕密を導かれ、浄土宗三祖良忠に浄土宗の宗義を教示される。また伏見・後伏見・後醍醐天皇に招かれ参内し、元応二年(一三二〇)十二月十六日には、花園院と法談し、『選択本願念仏集』を講じる(『花園天皇宸記』)。のちに鷹司兼平が開基である京都智恵光院の開山となる。また和歌にも秀でていて、『続千載和歌集』『新千載和歌集』の釈教歌の部に歌が採られている。元亨元年(一三二一)三月六日寂する。六十歳。

参考文献　心阿『浄土鎮流祖伝』(『浄土宗全書』一七)、『浄土宗寺院由緒書』上(『増上寺史料集』五)、三田全信『(成立史的)法然上人諸伝の研究』

（野村　恒道）

にょくう　如空　⇨如一《にょいち》

にょしん　如信　一二三五—一三〇〇　鎌倉時代の真宗の僧。本願寺および錦織寺二世。嘉禎元年(一二三五)善鸞の子として生まれる。親鸞の孫にあたり、幼少から親鸞の膝下で薫陶を受け、青年期に父善鸞に従い関東に下向したものとみられる。親鸞の高弟であり、初期真宗教団の重鎮であった。関東から何度か上洛したようであるが、弘安十年(一二八七)十一月十九日に京都大谷で覚恵・覚如(本願寺三世)父子に真宗の要義を伝授したという。その後も覚恵・覚如父子と正応三年(一二九〇)に相模余綾山中で面会した。のちに大谷影堂を本願寺に発展させた覚如は、三代伝持の血脈を説き、法門が法然房源空・親鸞・如信の三代を経て覚如に相承していることを主張した。正安元年(一二九九)十二月下旬、陸奥大網東山から常陸金沢に移った。覚如が銘を記した如信五十七歳の寿像(西本願寺蔵)があり、その裏書および『最須敬重絵詞』によれば、正安二年正月四日、金沢にて六十六歳で没した。茨城県久慈郡大子《だいご》町上金沢の法竜寺に墓があり、また大網の草庵はのち願入寺(現在、茨城県東茨城郡大洗町に移転)となった。自筆文書として、建治三年(一二七七)十一月一日付びわ女預状(西本願寺蔵)がある。

如信墓

如信(『慕帰絵』より)

参考文献　宮崎円遵『初期真宗の研究』、『本願寺史』一

（首藤　善樹）

にょどう　如道　一二五三—一三四〇　鎌倉時代の浄土真宗の僧。越前三門徒教団の始祖。父は平判官康頼、母は賀茂氏。建長五年(一二五三)四月生誕。文応元年(一二六〇)八歳で親鸞の門に入り、法名を空如と称す。のち三河に赴き、円善の弟子となる。福井市専照寺蔵の「八列祖御影」には、善導—源空—親鸞—真仏—専海—円善—如道—道性との法脈相承関係が示され高田専修寺系の法脈を引いていたことがわかる。越前では土豪波多野治良左衛門通貞の帰依を受け、正応三年(一二九〇)足羽郡大町(福井市大町)に道場を建てのち専修寺と称する。横越の道性や鯖江の如覚らは如道の弟子となり、越前三門徒教団を構成。本願寺覚如・存覚父子は応長元年(一三一一)五月大町に来錫、存覚は『教行信証』を如道に伝授。正和二年(一三一三)長泉寺別当孤山隠士は『愚暗記』を作り、如道に解答を迫ったのに対し、この疑難に対して如道は『愚暗記返札』で答えた。彼は古来越前における秘事法門の元祖といわれるが、西山派の思想的影響を強くうけているものの、秘事法門的傾向は認められ

ない。暦応三年(一三四〇)八月十一日寂。八十八歳。

参考文献　村上専精『真宗全史』、藤季涳『愚暗記返札の研究』、重松明久『中世真宗思想の研究』　(重松　明久)

にょほう　如宝　?－八一五　奈良・平安時代前期の僧。胡国の人。伝律授戒の師として来朝した鑑真に従い、天平勝宝六年(七五四)入朝。入朝後、東大寺戒壇院で受戒、鑑真の法弟となり、律学を研鑽した。一時、下野の薬師寺に住し、持律厳正をもって世に謳われ、天平宝字七年(七六三)、鑑真の入滅に遭い、師の委嘱により鑑真創建の唐招提寺に住した。同寺は本来、律学を講じて律徒を養成する道場であるから、如宝が得た成果は十分発揮されることとなった。こうして桓武天皇の尊崇を得、天皇

如宝自署

はじめ后妃・皇太子に菩薩戒を授ける栄誉に浴し、また勅によって唐招提寺に大殿を建立し、以後、ここをもって律講の本山とする永式を建てた。大同二年(八〇七)少僧都に任じられているが、東大寺戒壇院の戒和上第一世法進のあとを受けて第二世を継ぎ、唐招提寺では法載・義静のあととして第四とされる。空海と親交があったことが知られ、弟子に豊安・寿延・昌禅があり、在俗の受戒者はその数を知らないという。弘仁六年(八一五)正月七日没。

参考文献　義澄『招提千歳伝記』上一(『大日本仏教全書』)、慧堅『律苑僧宝伝』一〇(同)　(石田　瑞麿)

にわたしげすけ　庭田重資　一三〇五－八九　南北朝時代の公卿。嘉元三年(一三〇五)生まれる。父は従三位茂賢。祖父は権中納言経資。応長元年(一三一一)右兵衛権佐に任じられて以来、左少将、右少将などを経て建武三年(一三三六)に蔵人頭、ついで内蔵頭を歴任した。同四年参議に任じられ、暦応元年(一三三八)従三位に叙せら

庭田重資花押

れた。康永元年(一三四二)越後権守を兼ね、同二年正三位を経て、同三年権中納言に任じられたが、貞和元年(一三四五)に辞任した。同四年従二位、延文四年(一三五九)正二位に叙せられた。康応元年(一三八九)八十五歳で没し、権大納言を追贈された。なお、重資の女資子は崇光天皇に近侍して栄仁《よしひと》親王(伏見宮家の初代)を生み、また重資の子経有の女幸子(敷政門院)は栄仁親王の王子貞成《さだふさ》親王(後崇光院)の室となって彦仁王(後花園天皇)を生むなど、皇室および伏見宮家と密接なかかわりをもっていた。　(田代　脩)

にわながひで　丹羽長秀　一五三五－八五　安土桃山時代の武将。丹羽長政の子。天文四年(一五三五)生まれる。織田信長に仕え、羽柴秀吉らとともに各地に転戦し、濃尾から近江・山城の支配にあたった。元亀元年(一五七〇)の姉川の戦には徳川家康の軍を助け、近江横山から坂本に移って浅井・朝倉連合軍と戦い、さらに佐和山城に入って小谷城を牽制した。天正三年(一五七五)の北陸一向一揆の鎮圧に加わり、山城の寺社に下知を下すなど、信長の側近武将として活躍し、信長より惟住の称号が与えられ、惟住五郎左衛門と名乗った。天正五年の松永久秀攻撃には中心的役割を果たした。天正六年には明智光秀を援けて波多野秀治を丹波八上城に攻め、翌七年には羽柴秀吉に従って播磨三木城の包囲に加わった。八年の北陸一揆攻めでは柴田勝家とともに出陣し、若狭小浜にあって廻船を支配、加賀の一揆勢への物資補給を遮断する戦術をとった。天正十年六月の本能寺の変の際は織田(津田)信澄とともに大坂におり、河内国森口まで進んだが信長の死を聞いて引き返し、織田信孝と謀って周辺部を制圧、また信澄が明智光秀の婿であることによってこれを攻め、自殺に追いこんだ。さらに尼崎で羽柴秀吉と合流し、山崎の戦で光秀を破った。清洲会議の結果、長秀は若狭一国と近江国滋賀・高島の二郡を領することになり、大溝に居城した。信長の宿老として事後処理にあたり、柴田

丹羽長秀花押

丹羽長秀画像

勝家・羽柴秀吉・池田恒興と長秀の四人連署で高山右近らに知行を配分しており、また秀吉と連署の禁制を近江・美濃などに下している。天正十一年の賤ヶ岳の戦では坂本より海津口を固めて柴田勝家の南下を阻止し、さらに大軍を率いて追撃し、越前北庄城へ追い詰め勝家を自殺させ、勝家に加担した佐久間盛政らを捕縛して秀吉の許に送った。この功績により越前・若狭両国に加賀半国(江沼・能美郡)が与えられ、北庄城に入部した。このうち江沼郡は長秀より溝口秀勝に与えられ、これを秀吉も承諾したことにより、四万四千石に相当する分は溝口領となった。同年秀吉は従四位下参議となるが、秀吉からの上洛要請に応じなかったので、一時的に両者の間柄は険悪となったが、長秀は重臣である村上義明を送って和解につとめ、翌十二年春に上洛、侍従に任ぜられた。小牧・長久手の戦では周囲の状勢が微妙であるため領国を離れることなく、加賀の前田利家とともに北陸の一揆勢力に備えた。そのころより病にかかり、天正十三年四月十六日に没。五十一歳。大隣宗徳総光寺と号す。長秀の死後、子息の長重が継嗣したが、同年五月に長重が発給した知行充行状に秀吉が袖朱印を捺している。これは長重が幼少のため、家臣団統治に動揺をひきおこさないための配慮である。秀吉はみずからの姓である羽柴を、丹羽・柴田から一字ずつとったことから知られるように、長秀には一目置いていた。長秀の病気が重くなったとき、秀吉は医師の竹田定加を北庄に遣している。

参考文献 『大日本史料』一一ノ一四、天正十三年四月十六日条、『寛政重修諸家譜』六九九

(三鬼清一郎)

にんがい　仁海　九五一—一〇四六　平安時代中期の僧。小野曼荼羅寺(随心院)開山。東寺長者。一名を千心といい、和泉の人で宮道惟平の子。天暦五年(九五一)生まれる。七歳で高野山に登り、雅真に師事して得度受戒の後、醍醐延明院元杲に学び、正暦元年(九九〇)伝法灌頂を受けて正嫡となる。さらに諸方に遊学して密教の深義を探り、正暦二年小野に牛皮山曼荼羅寺を建立して一流を開いた。その名声を慕って入門するもの多く、広沢流の寛朝と並び称され、小野流といい、小野僧正と呼ばれた。長和三年(一〇一四)東寺凡僧別当となり、寛仁二年(一〇一八)畿内の大旱には勅命によって神泉苑に雨を祈り、法験を得て権律師に補任。以後降雨を祈ること九回、そのたびに効験を現わしたので雨僧正と称され、名声は宋にも伝えられ雨海大師という。治安三年(一〇二三)権少僧都に進み、東寺二長者となる。長元二年(一〇二九)東大寺別当、同四年権大僧都に昇り、東寺二十二代長者法務に補任。同六年法印に叙任され、長暦二年(一〇三八)僧正に昇進。長久四年(一〇四三)神泉苑に雨を祈った功により、輦車の宣旨と封七十五戸を賜わる。同年深覚のあとを受けて東寺長者に復任し、金剛峯寺座主を兼ねた。門下に成尊(正嫡)・成典・覚源・真覚・円照・法円・性信ら多数。著作も多く『釈教諸師製作目録』には百七十九種、『諸宗章疏録』には百五十六種を挙げる。主なものに『護摩鈔』三巻、『尊勝鈔』『十一面鈔』『大明集』各二巻、『請雨経次第』『金剛界次第』『大雲経祈雨壇法』『曼荼羅鈔』『祈雨日記』各一巻、『小野六帖』『伝受集四帖』など。永承元年(一〇四六)五月十六日没。九十六歳。

参考文献 『東寺長者補任』、祐宝『伝燈広録』下、白井優子「雨僧正仁海と空海入定伝記」(『日本仏教』四一)

(夏目　祐伸)

にんかん　仁寛　生没年不詳　平安時代後期の真言宗の僧侶。東院阿闍梨・伊豆阿闍梨と号す。のち蓮念に改名。左大臣源俊房の息。康和三年(一一〇一)醍醐寺無量光院において兄の三宝院勝覚から伝法灌頂を受け、天永二年(一一一一)までには後三条天皇の第三皇子輔仁親王の護持僧となった。永久元年(一一一三)十月、不遇の輔仁親王を皇位に就けようとして鳥羽天皇の暗殺を企てたことが発覚し、同月、伊豆国大仁《おおひと》に配流された。十六年後の大治四年(一一二九)六月には召還の官符が下っている。室町時代の高野山の学僧宝性院宥快らによって、邪教立川流の始祖と目されるが、今日その見解は検討を要する。

参考文献 『大日本史料』三ノ一四、永久元年十月五日条、水原堯栄『邪教立川流の研究』、守山聖真『立川邪教とその社会的背景の研究』、櫛田良洪『真言密教成立過程の研究』

(山陰加春夫)

にんくう　仁空　⇨実導《じつどう》

にんけんてんのう　仁賢天皇　『日本書紀』によれば第二十四代天皇、在位十一年。父は履中天皇の皇子市辺押磐皇子、母は蟻臣(葛城氏)の女子荑媛。顕宗天皇の同母兄、武烈天皇の父。実名は億計《おけ》。『古事記』には意祁王とみえる。他に大脚・大為・大石尊・嶋郎・島稚子などの通称が伝わる。父皇子が雄略天皇に殺されたあと、難を逃れて弟弘計《おけ》(顕宗天皇)とともに播磨に潜伏。見出されて大和に戻ると、名乗りをあげるのに功のあった弘計こそ先に即位すべしとしてみずからは皇位継承を固辞した。顕宗天皇の崩後、石上広高宮で即位。この宮に付属するのが石上部舎人であろう。父皇子の市辺宮も石上にあった。天皇には播磨潜伏時代に川村・縮見高野の二宮があったとされる。『日本書紀』によれば、仁賢天皇十一年八月八日に崩じ、十月埴生坂本陵に葬られたという。

参考文献 山尾幸久「倭王権による近畿周辺の統合」(『日本古代王権形成史論』所収)、篠原幸久「王権構想における顕宗・仁賢の位置をめぐって」(『続日本紀研究』二五七)

(遠山美都男)

埴生坂本陵《はにうのさかもとのみささぎ》　大阪府藤井寺市青山三丁目(旧大字野中字ボケ山)所在。陵号は『日本書紀』ほか現在と同一。陵号の「埴生」のよみは『陵墓要覧』などの宮内庁のもののふりがなは「はにふ」。『日本書紀』によると仁賢天皇十一年十月癸丑天皇を葬った。『延喜式』諸陵寮では兆域は二町四方、守戸は五烟、遠陵に入れる。中世に所

伝を失い、元禄の諸陵探索では所在不明とする。その後麦飯仙覚峯が『仁賢天皇山陵考』で現陵を考証、幕末の修陵にあたり現陵を定め、元治元年（一八六四）修補した。羽曳野《はびきの》丘陵の北東斜面裾に位置し、坂本の陵号に合う。南西に面する三段築成の前方後円墳で、周濠がある。現状は長軸の長さ一一〇メートル、前方部幅一〇七メートル、後円部径六五メートル、高さ前方部一二・四メートル、後円部一一・五メートル。陵背外堤は下田池に接し、池の縁で当陵外堤施設と思われる埴輪列が検出されている。先年の当陵整備工事区域の調査では、原初の外堤は検出されず、後世の変形が考えられる。陵北西にある農神山という不整形塚は当陵陪塚に指定。

参考文献　『仁賢天皇埴生坂本陵之図』（宮内庁書陵部保管『陵墓地形図』三〇七（L七五））、上野竹次郎『山陵』上、陵墓調査室「昭和五十九年度陵墓関係調査概要」（『書陵部紀要』三七）

（石田　茂輔）

にんしょう　忍性　一二一七—一三〇三　鎌倉時代の真言律僧。鎌倉極楽寺開山。字は良観房。西大寺叡尊の弟子として戒律復興、授戒活動、非人や病者らの救済、道路修築や架橋などの慈善救済事業、開版事業など幅広い活動をしたことで著名。建保五年（一二一七）七月十六日大和国城下郡屏風里（奈良県磯城郡三宅町）に生まれた。父は伴貞行。貞永元年（一二三二）十六歳で生母を失い同国額安寺に入り、翌年には東大寺戒壇院で受戒した。このころから行基への崇敬を強め、文殊信仰に傾倒した。延応元年（一二三九）九月に十重戒、仁治元年（一二四〇）四月に通受戒を叡尊から受け、寛元三年（一二四五）九月には和泉国家原寺で同じく叡尊から別受戒を受けて比丘となった。この間額安寺・西大寺・般若寺など大和の諸寺を舞台に戒律復興に励むとともに、非人らの救済事業を行なっている。建長四年（一二五二）になり関東に下るが、これが西大寺系律教団の関東弘布と北条氏との結び付きをもたらす契機となった。忍性は同年八月鎌倉に到着するが定住の場を得ず、九月十五日に常陸鹿島社に詣で、十二月には小田氏領の常陸三村寺清涼院に入った。弘長元年（一二六一）に清涼寺釈迦堂主に請われて鎌倉に移るまで三村寺を根拠に活動し、同寺のほか、同国般若寺や東城寺などを律院化し、西大寺系律教団の関東弘通の足場を築いた。鎌倉移住後は弘長元年十一月に北条重時葬儀の導師を勧めたり、同年十二月には大慈寺釈迦堂

忍性画像

忍性花押

奈良県竹林寺出土石櫃

奈良県額安寺所在五輪塔

神奈川県極楽寺所在五輪塔

同出土骨蔵器（嘉元元年銘）

同出土骨蔵器（嘉元元年銘）

同出土骨蔵器（嘉元元年銘）

忍性墓・骨蔵器

別当を兼ね、翌二年春には北条業時の請待で鎌倉多宝寺に住するなど北条氏との関係を強め、同年に叡尊が北条時頼らの招請で授戒のため鎌倉に下向した時も、忍性や三村寺僧らの尽力が大であった。文永四年(一二六七)八月には律院とされた極楽寺の開山に招かれ、以後没するまで長老として止住した。忍性は当寺を鎌倉での西大寺系律教団の中心として伽藍を整えるだけでなく、救済事業の場として病宿・癩宿・薬湯室・療病院・坂下馬病屋などの救療施設をも併設している(「極楽寺伽藍古図」)。このほかにも北条氏の推挙で建治元年(一二七五)十月に摂津多田院別当、弘安七年(一二八四)に鎌倉永福寺・同五大堂明王院・同大仏浄泉寺の各別当、永仁元年(一二九三)八月に東大寺大勧進、翌年には四天王寺別当に就いている。また救済事業の経済的裏付のためいくつかの津料・関銭の徴収権や荘園を与えられた。一方、弘安四年七月の稲村崎での攘夷祈禱、同九年の祈雨のごとく幕命で何度も修法を行なっている。これは真言僧としての立場、外護者との関係上当然の行為であった。永仁六年四月には幕府に願って西大寺以下同寺教団の僧寺・尼寺三十余を関東御祈禱寺としている。忍性は文永二年四十九歳で阿闍梨となり、同四年に阿性房覚宗、正応元年(一二八八)には叡尊からそれぞれ伝法灌頂を受けており、師叡尊同様に真言密教と律は併存一体のもので「専恢興律宗、兼弘伝密教」(極楽寺蔵『良観上人舎利瓶記』)の姿が相応しかったといえる。嘉元元年(一三〇三)七月十二日極楽寺で没した。八十七歳。遺骨は、鎌倉の極楽寺、大和の額安寺・竹林寺に分葬された。嘉暦三年(一三二八)五月、後醍醐天皇から忍性菩薩の号を許された。

[参考文献] 『鎌倉市史』社寺編、史料編三・四、辻善之助編『慈善救済史料』、田中敏子「忍性菩薩略行記(性公大徳譜)について」(『鎌倉』二二)、同編「忍性菩薩行実編年史料」(同四四―五二)、和島芳男『叡尊・忍性』(『人物叢書』三〇)、同「忍性菩薩伝―中世における戒律復興の史的研究―」(『日本名僧論集』五所収)、川岸宏教「忍性と四天王寺―御朱印縁起信仰の展開―」(同所収)、吉田文夫「忍性の社会事業について」(同所収)、中村元「悩める人々への奉仕―忍性の社会活動―」(『日本宗教の近代化』所収)、和島芳男「常陸三村寺と忍性」(『金沢文庫研究』一八ノ七)、同「極楽寺の縁起と忍性」(同二三ノ六)、桃裕行「極楽寺多宝塔供養願文と極楽寺版瑜伽戒本」(同六ノ一〇・一一)、太田次男「(金沢文庫保管)古鈔本所引の白氏詩文について(上)」(同二一ノ七)、吉田文夫「忍性の思想と教学」(『日本仏教』四・六)、追塩千尋「忍性の宗教活動について」(『仏教史学研究』二二ノ二)、湯山学「伊豆・箱根(二所)の地獄谷と鎌倉極楽寺忍性」(『鎌倉』四二)、松尾剛次『忍性』(『ミネルヴァ日本評伝選』)

(坂本　正仁)

にんじょしゅうぎょう　仁如集堯　一四八三―一五七四　戦国時代臨済宗一山派の僧。法諱集堯、道号仁如。別に睡足翁・雲間野衲と号す。文明十五年(一四八三)信濃の井上氏に生まれる。相国寺雲頂院の亀泉集証の門に投じ、のちにその法を嗣いだ。詩文については特に天隠竜沢に学び、関山派の亀年禅愉の禅にも親しんでいる。播磨の法雲寺・宝林寺に住し、天文十三年(一五四四)十二月、相国寺に住山(九十一世)、同十六年南禅寺の坐公文を受けた。永禄三年(一五六〇)、それまで相国寺の夢窓派のみで占められていた鹿苑院の塔主職を、一山派出身者としてはじめて勤め、僧録のことを司った。天正二年(一五七四)七月二十三日、老病の故を以て雲頂院内に設けられた雲泉軒に退休、同月二十八日寂した。世寿九十二歳。法嗣賢仲集良。著述に『鏤氷集《るひょうしゅう》』四巻二冊がある。中世五山文学作者の掉尾を飾る人で、彭叔守仙や策彦周良などと親交があった。

仁如集堯花押

[参考文献] 『信濃史料』一四、天正二年七月二十八日条、上村観光『五山詩僧伝』、今枝愛真『中世禅宗史の研究』

(加藤　正俊)

にんそう　仁宗　生没年不詳　平安時代中期の興福寺の僧。宿曜《すくよう》師。興福寺には、十世紀末ころから符天暦に基づき星占や暦算を行う宿曜師が輩出するが、仁宗はその初出。『二中歴』一三、一能歴の宿曜師の項にもその名が記されている。活動の初見史料は、『小右記』天元五年(九八二)五月十六日条の仁宗が藤原実資のために宿曜を勘申したとあるもの。ついで天理図書館所蔵『天文秘書』六四所載の「符天暦経日躔差立成」の付記に、「于時興福寺　仁宗依長徳元年(九九五)八月十九日造暦宣旨推歩」とあり、長徳元年八月十九日に仁宗が造暦の宣旨を蒙り、符天暦をもって暦算を行なっていたことが知られる。彼は造暦の労によって長保二年(一〇〇〇)西大寺別当に補任され、寛弘元年(一〇〇四)三月秩満改替している(『朝野群載』一五所収、長治二年(一一〇五)二月二十一日付暦道叙爵請奏、『東寺文書』西大寺別当次第)。なお、長和四年(一〇一五)七月八日暦博士賀茂守道が僧仁統とともに造暦することを申請した際、父光栄と故仁宗の先例を挙げ(『小右記』)、これによって仁宗の造暦が賀茂光栄と共同で行われていたこと、この年以前に仁宗が没していたことがわかる。

[参考文献] 桃裕行「宿曜道と宿曜勘文」(『立正史学』三九)

(山下　克明)

にんちゅう　仁忠　生没年不詳　平安時代の僧。最澄の弟子で、特に宗政面で延暦寺の維持に尽力した。最澄入寂後の翌弘仁十四年(八二三)、一乗止観院においてはじめて出家した二人の得度者の勘籍のことで光定と対立した。仁忠は一般民衆の戸籍を管轄する民部省から移し治部省玄蕃寮において取り扱うべきであるとした。これに対して大乗戒壇独立に尽力した光定は新制度によるべきであると主張した。このほかにも延暦寺の経営に自負を

もつ仁忠は義真や光定などとしばしば対立したようである(『伝述一心戒文』)。天長元年(八二四)五月二十三日に義真・円澄らとともに『延暦寺禁制式』二十二条をつくり、延暦寺の上座僧としての面目を発揮した。この禁制式は現在は十五条が残っているが、同年七月五日に公認されている。最澄の伝記としてもっとも信頼あるといわれる『叡山大師伝』の作者の「一乗忠」は仁忠のことであるといわれているが、真偽のほどは未詳。

参考文献 敬雄・慈本編『天台霞標』五ノ一(『大日本仏教全書』)、中尾俊博『日本初期天台の研究』

(福原 隆善)

にんとう 仁統 生没年不詳 平安時代中期の宿曜《すくよう》師。『二中歴』一三、一能歴の宿曜師二十二名のうちに名がみえ、当時多数の宿曜師を輩出した興福寺の僧。仁統は、藤原行成のために月食の慎みを勘申し、藤原道長のために本命供を行い、宿曜勘文を進めるなど、頻りに貴族の星占・祈禱を行なっている。また長和四年(一〇一五)七月に暦博士賀茂守道の申請により造暦の宣旨を蒙り、暦家と共同して暦を造り、万寿二年(一〇二五)三月その労によって西大寺別当に補任された。

参考文献 桃裕行「宿曜道と宿曜勘文」(『立正史学』三九)

(山下 克明)

にんとくてんのう 仁徳天皇 『古事記』『日本書紀』に第十六代と伝える天皇。名は大雀《おおさざき》・大鷦鷯。父は応神天皇、母は仲姫。父帝の没後、異母弟の皇太子菟道稚郎子《うじのわきいらつこ》皇子を助けて異母兄の大山守皇子を倒した。皇太子と皇位を譲りあうこと三年、皇太子の自殺に伴い即位して難波高津宮に都し、葛城磐之媛を皇后に立てて履中・反正・允恭天皇ら四男と、妃の日向髪長媛との間に一男一女をもうけた。炊烟のたちのぼらないのを望見して民の困窮を察し、三年間課役を免じて聖帝《ひじりのみかど》とたたえられたといい、難波の堀江・感玖《こむく》大溝の開鑿、茨田《まんだ》堤・横野堤の築造、茨田屯倉《みやけ》の設置など大阪平野開発の伝承を有している。また聖帝という理想的な天皇像のほかに、吉備黒日売・八田皇女との結婚や雌鳥皇女への求婚を皇后に邪魔され、皇后のはげしい嫉妬に悩まされる人間臭い物語も伝えられている。『日本書紀』は没年齢を記さず在位八十七年で没したとするが、『古事記』では八十三歳でなくなったとする。陵墓の百舌鳥耳原中陵《もずのみみはらのなかのみささぎ》は大阪府堺市大仙町の大山《だいせん》古墳(墳丘の全長四八六メートルのわが国最大の前方後円墳)に比定されているが、これを疑問視する見解もある。聖帝伝説は虚構にすぎず実際は巨大な古墳を営んだ専制君主であったとする意見や、仁徳天皇を倭の五王の讃または珍に比定する説、仁徳王朝の開祖とみる説、応神天皇・仁徳天皇同一人格説などがある。

(前之園亮一)

百舌鳥耳原中陵《もずのみみはらのなかのみささぎ》 大阪府堺市大仙町にある。市の東郊の平闊な台地上に立地する巨大古墳の一つで、南に履中天皇陵・御廟山古墳・いたすけ古墳などが存する。前方

百舌鳥耳原中陵

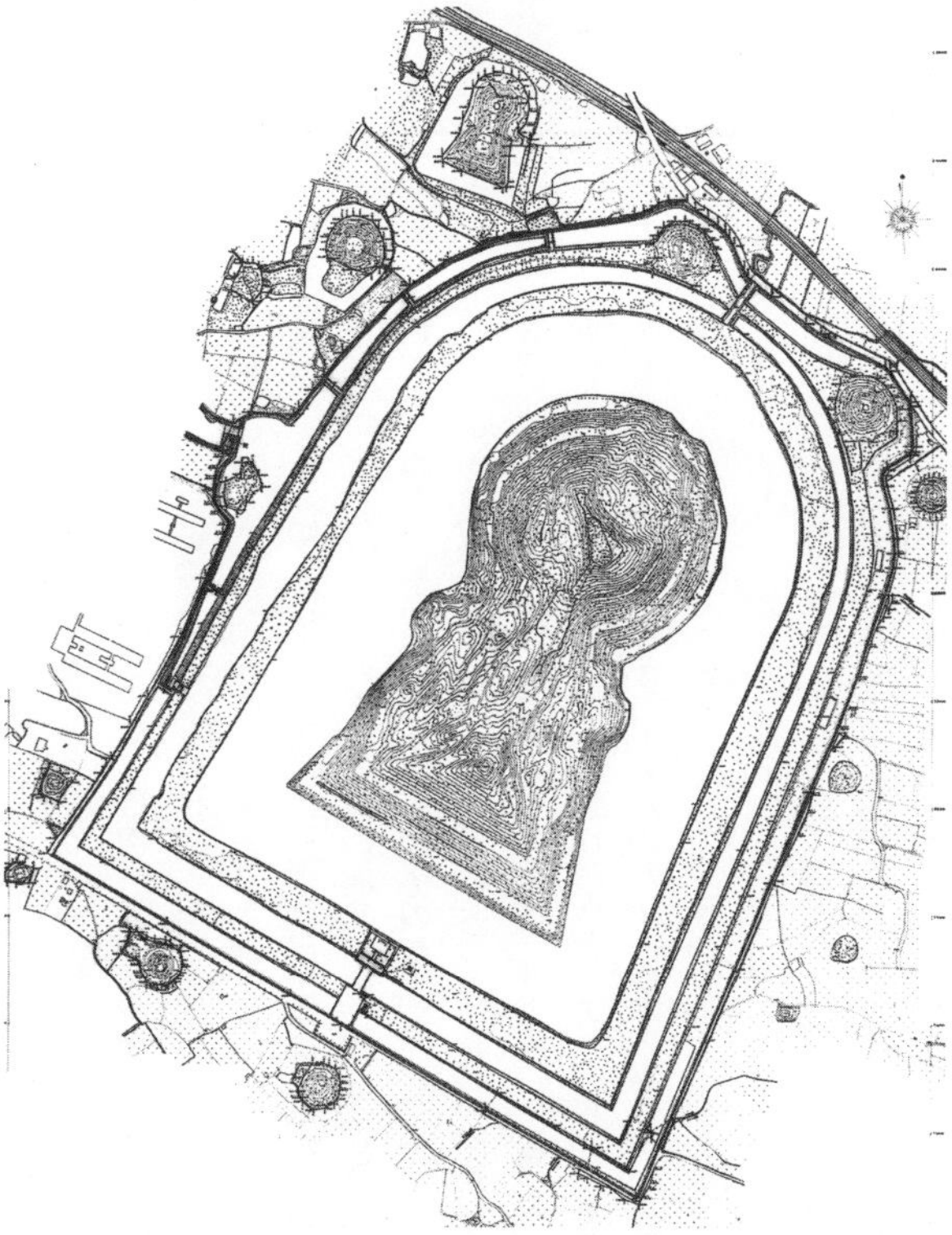

同(平面図)

部は南南西に面する。かつて梅原末治が、宮内庁所蔵の縮尺千分の一の実測図にもとづいて土木工学者高橋逸夫の協力によって算出した結果によれば、主軸の長さ四七五メートル、後円部の径二四五メートル、後円部の高さ約三〇メートル、前方部の幅三〇〇メートル、前方部の高さ約二七メートルという。また土量については、現在の形状で一三六万七〇六二立方メートル、築造当時の復原形にあっては一四〇万五八六六立方メートルという。墳丘の表面積は一〇万四一三〇平方メートルで、葺石は和泉砂岩・花崗《かこう》岩の石塊である。全面に掩われたとみなされる葺石の総量についてば、その厚さを仮に二五センチとすると二万六〇三三立方メートルを算するという。墳丘は三段に築成され造出部が設けられており、三重の堀がめぐらされている。内部の堀の幅は、前面で七〇メートル、くびれ部で一一五メートル(東側)および一二〇メートルに測られている。なお外の堀はもとところどころに堀形をなしていたのを明治になって復原的に掘開したものという。また墳丘には凹部や谷状をなす箇所もあり、後世の一部変貌のあとが認められる。墳丘や周堤部には埴輪列が存する。大型のもので、梅原末治は、外堤には三めぐりの埴輪列が認められるとなし、実測図の上から円筒列の総長を測り、円筒の大きさに円筒相互の間隔を加えた値を仮に一尺六寸(約四八・五センチ)とすると、これに要した円筒は一万三千七百四十余個になり、墳丘について同様に算出すると、埴輪列が四めぐりあったとした場合は九千七百七十個、三めぐりの場合でも六千七百四十個となり、総数二万個を越えるとなしている。ほかに、人物・犬・水鳥・馬などの形象埴輪も発見されている。なお明治五年(一八七二)秋、台風による土砂崩壊のため前方部南東の中段部に長持形石棺と竪穴式石室とが発見され、眉庇《まびさし》付冑・短甲・鉄製大刀・ガラス容器が出土したが、ボストン博物館所蔵の青蓋作銘細線式獣帯鏡・金銅製単鳳環頭大刀柄頭も本陵から出土したものとされている。陪塚も十余基あり、その中の塚廻古墳は明治四十五年六月の発掘により刳抜木椀片や四獣鏡・五獣鏡・勾玉・管玉などが発見され、ことに勾玉には長さ六・一センチという大きい硬玉質のものがある。本陵は『延喜式』諸陵寮に「百舌鳥耳原中陵(難波高津宮御宇仁徳天皇、在和泉国大鳥郡、兆域東西八町、南北八町、陵戸五烟)」とあり、遠陵とされるもので、『日本書紀』仁徳天皇六十七年十月条には百舌鳥耳原の地名説話に伴って寿陵(天皇の生前に築造された陵)であったことを示す記事がある。なお、後世、城砦として一部地域が利用されたことも考えられる。前方部には尾張谷といわれる箇所があり、山陵築成に徴せられた尾張国の人々にちなむ伝承があるが、築成工事にあたって各国々からの徴発のあったことを示すものかも知れない。大仙陵ともいわれている。ちなみに、近年、仁徳天皇陵とすることに学問的な疑問をいだき「大山《だいせん》古墳」という名称も提出されているが、墳丘の形態と重厚な歴史の伝承の上から、仁徳天皇陵とすることが適切と考えてよい。

参考文献 『大阪府史』一、梅原末治「応神・仁徳・履中三天皇陵の規模と営造」(『書陵部紀要』五)

(斎藤　忠)

にんみょうてんのう　仁明天皇　八一〇―五〇　八三三―五〇在位。弘仁元年(八一〇)、嵯峨天皇の第一皇子として誕生。母は橘清友の女嘉智子。諱は正良《まさら》。弘仁十四年四月、叔父にあたる淳和天皇の皇太子に立った。時に十四歳。天長十年(八三三)二月二十八日、淳和天皇の譲位を受けて践祚。時に二十四歳。皇太子にははじめ淳和上皇の皇子恒貞親王が立ったが、嵯峨・淳和両上皇崩御後の承和九年(八四二)七月、伴健岑らの謀反が発覚(承和の変)、恒貞親王は皇太子を廃され、同年八月、天皇の第一皇子道康親王(のち文徳天皇)が皇太子に立てられた。嘉祥三年(八五〇)三月十九日、病により出家、同月二十一日、清涼殿に崩御。四十一歳。陵地深草の名により深草帝(天皇)とも称される。

(厚谷　和雄)

深草陵《ふかくさのみささぎ》　京都市伏見区深草東伊達町にある。形状は方丘で南面し、堀がめぐっている。嘉祥三年(八五〇)三月二十五日葬送、陵域には樹木を一丈おきに列栽し、陀羅《だら》尼《に》を納めた卒都婆を設け、天皇ゆかりの清涼殿を陵側に移して嘉祥寺としたことが『文徳実録』にみえる。『三代実録』によるとさらに貞観寺が造営されたが、貞観三年(八六一)に兆域を定め、同八年には「改㆓定深草山陵四至㆒、東至㆓大墓㆒、南至㆓純子内親王冢北垣㆒、西至㆓貞観寺東垣㆒、北至㆑谷」と改められた。『延喜式』諸陵寮の制は「兆域東西一町五段、南七段、北二町、守戸五烟」で近陵に列している。中世以降所在を失い、現深草北陵が陵所に擬されたこともあったが、幕末に嘉祥寺や貞観寺の廃址に近く位置している東車塚と称する塚を陵所と考定し、修治が加えられた。

参考文献 上野竹次郎『山陵』上

(戸原　純一)

にんもん　仁聞　平安時代から江戸時代まで豊前宇佐・豊後国東《くにさき》を中心に伝播した信仰上の僧名。室町時代以前は人聞、以後は仁聞と書く。通常、仁聞菩薩という。平安時代には、八幡大菩薩の前身を人聞菩薩といい、宇佐宮御許山の神徳を称讃しここで行ずる僧とともに修行したとされる。鎌倉時代初期にはじめて国東六郷山の二ヵ寺に人聞がみえるが、室町時代には養老二年(七一八)六郷山を開基したとされ、江戸時代には六郷山全部の寺や宇佐宮・弥勒寺領内の寺々を開いたと説かれている。

参考文献 中野幡能編『宇佐神宮史』史料篇三・五、中野幡能『八幡信仰史の研究(増補版)』上、同「人聞菩薩伝」他(『仏教民俗学大系』一〇所収)、同「人聞菩薩とその源流」(『豊日史学』一九一)

(中野　幡能)

ぬ

ぬかたのいまたり　額田今足　生没年不詳　平安時代前期(弘仁・天長期)の明法家。本姓額田国造、のち額田宿禰。天長三年(八二六)明法博士の地位にあった今足は、明法諸家の「令律問答私記」を撰び定めて律令の条文解釈を公定すべきことを上申し、この献策は、結局、その死後とおぼしき天長十年『令義解』として結実した。天長六年叙の従五位下が極位か。今足の勘文は『政事要略』『法曹類林』などにみえ、また『令集解』に引く「額云」「額大夫」「額博士説」も今足の令私記と見られる。

参考文献　布施弥平治『明法道の研究』

(虎尾　俊哉)

ぬかたのおおきみ　額田王　生没年不詳　『万葉集』初期の代表的歌人。父は鏡王であるが系譜不明。大海人皇子(天武天皇)との間に十市《とおち》皇女を生む。その十市皇女の子の葛野《かどの》王の死は慶雲二年(七〇五)であって『懐風藻』に「時年三十七」とあるのを没年とすれば、葛野王の生年は天智天皇八年(六六九)である。十市皇女・額田王がそれぞれ十七、八歳で母となったと仮定すると額田王の生年は舒明天皇七(六三五)、八年ごろとなる。なお「時年三十七」を葛野王式部卿拝命時とする説によれば四年早まる。のちに天智後宮に召されたかと推測されるが確かな資料はない。没年も明らかでないが『万葉集』に持統天皇吉野行幸時の弓削皇子への答歌がみえ、持統天皇四年(六九〇)から八年ごろの作と考えられるので、六十歳近い生存が確かめられる。『万葉集』に長歌三首、短歌九首を収める。斉明・天智両朝の公的な場における雑歌・挽歌が大部分である。王の作に作者に関する異伝が多く、左注により斉明天皇や中大兄皇子の作とみる説もあるが、王を実作者、左注に伝える斉明や中大兄を形式上の作者とし、集団を代表して歌った王を考える説が有力。近江遷都や熟田津《にきたつ》解纜時の歌、天智天皇挽歌など国家的行事における作品のほか、蒲生野《がもうの》薬猟や春秋競憐の詩宴における作歌などに豊かな才情をしのばせる。集団に共有される歌の表現に個の抒情を胚胎させる王の歌風は、口誦歌謡から記載の和歌へと転換する柿本人麻呂の時代を予想させるものとして注目される。

参考文献　谷馨『額田王』、中西進『万葉集の比較文学的研究』、伊藤博『万葉集の歌人と作品』上(『古代和歌史研究』三)、橋本達雄『万葉宮廷歌人の研究』、吉井巌「額田王覚書」(『万葉』五三)、身崎寿『額田王万葉歌人の誕生』

(稲岡　耕二)

ぬかたべのおうじょ　額田部皇女　⇩推古天皇《すいこてんのう》

ぬなくらふとたましきのみこと　渟中倉太珠敷尊　⇩敏達天皇《びだつてんのう》

ね

ねいいっさん　寧一山　⇩一山一寧《いっさんいちねい》

ねのおみ　根使主　坂本臣の祖。『古事記』『日本書紀』によると、安康天皇は弟大泊瀬皇子(雄略)に大草香皇子の妹幡梭《はたひ》皇女を配せんとし、「坂本臣祖根使主」を使者に遣わすが、根使主は承諾の礼物押木玉縵《おしきのたまかつら》を盗み、大草香皇子が拒絶したと報告した。このため皇子は天皇に攻め亡ぼされたとある。その後、雄略天皇十四年正月呉使来朝の際、根使主は玉縵を着し共食者の任務を果たした。皇后幡梭皇女がその玉縵を識別したので、根使主の悪事が露見し、根使主は日根に逃れて抵抗するが、官軍に殺害され、その子孫は皇后の大草香部と茅渟県主の負嚢者に二分されたという。以上の伝承に関しては、坂本臣の本居地が和泉国和泉郡坂本郷である(『新撰姓氏録』和泉国皇別に「坂本朝臣、紀朝臣同族」とある)点に着目して、当初は根＝日根郡に勢力を張っていたのが、右の事件でその地を失い、和泉郡の郡領氏族茅渟《ちぬ》県主の支配下に入るという消長過程があったことが推定されている。

参考文献　岸俊男「紀氏に関する一試考」(『日本古代政治史研究』所収)、藤間生大「古代豪族の一考察―和泉における紀氏・茅渟県主・大鳥氏の対立を例として―」(『歴史評論』八六)

(森　公章)

ねんあ　然阿　⇩良忠《りょうちゅう》

ねんくう　然空　⇩礼阿《らいあ》

の

のうあみ　能阿弥　⇩真能《しんのう》

のういん　能因　九八八―？　平安時代中期の歌人。俗名橘永愷《ながやす》、法名融因、のち能因、古曾部入道とも。長門守元愷の男。一説に兄為愷の養子という(『中古歌仙三十六人伝』)。「万寿元年(一〇二四)(中略)年三十七」(『能因法師集』)より逆算、永延二年(九八八)の出生。寛弘初年文章生となり肥後進士と号し、藤原長能に師事、歌道の師承はここに始まるという(『袋草紙』)。二十六歳ごろ出家、難波・児屋・古曾部に住した。彼の出家は宗教的な契機というよりも、官途を閉ざされた下層貴族の処世の観があり、偏執的に和歌に没入するその後の生きざまからもそれと知られる。自由な境涯に身を置いた彼は、大江嘉言・源道済・橘則長・藤原兼房ら受領層歌人と広く交友、甲斐・陸奥・伊予など各地に旅行、独自な歌境を深めるとともに、長元八年(一〇三五)高陽院水閣歌合、永承四年(一〇四九)内裏歌合、同五年祐子内親王家歌合などにも出詠、上流社会にも確固たる地歩を築いた。永承五年以後の消息は不明で、爾後近々のうちに没したものであろう。編著に秀歌撰『玄々集』、歌学書『能因歌枕』、家集『能因法師集』、佚書に『八十島記』『題抄』などがある。歌風は、瑣末的な修辞に腐心する時流に対して平明清新な抒情をむねとし、晩年、藤原範永ら和歌六人党歌人たちの指導者として和歌史上に新風を拓いた意義は大きい。中古三十六歌仙の一人で、『後拾遺和歌集』以下勅撰入集六十五首。風狂数奇の歌人としての説話は『袋草紙』以下に散見する。

参考文献　目崎徳衛「能因の伝における二、三の問題」(『平安文化史論』所収)、犬養廉「能因法師研究」(『国語国文研究』三〇・三五)、川村晃生「能因法師考―大江氏歌人との交友をめぐって―」(『国語と国文学』五三ノ一)
(犬養　廉)

のうさん　能算　？―一〇九四　平安時代後期の興福寺の僧、宿曜《すくよう》師。康平五年(一〇六二)に西大寺別当、ついで承保二年(一〇七五)から没年に至るまで法隆寺別当に任じ、その間承暦三年(一〇七九)に大威儀師となる。『二中歴』一三、一能歴の宿曜師の項には仁統の弟子とみえる。能算は、承暦三年の善仁親王(堀河天皇)誕生に際して本命元辰供を行い、藤原師通に頻りに宿曜勘文を進め、日月食の有無や暦月の大小に関して暦道と論争するなど、天皇・皇子・貴族の星占や祈禱、暦算を行う宿曜師としての活動が顕著であり、西大寺・法隆寺の別当就任は、後冷泉天皇・白河天皇に対する宿曜勘文進献と星供奉仕の労によるものと考えられる。嘉保元年(一〇九四)六月二十七日没。その子息に宿曜師明算がいる。

参考文献　『大日本史料』三ノ二、寛治七年二月十九日条、同三ノ三、嘉保元年六月二十七日条、桃裕行「宿曜道と宿曜勘文」(『立正史学』三九)
(山下　克明)

のうにん　能忍　生没年不詳　平安・鎌倉時代前期の僧、達磨宗(日本禅宗の一派)の開祖。房号は大日房、諡号は深法禅師。俗姓は平氏。悪七兵衛の異名で有名な平景清の叔父と伝える。若年に出家し、諸経論を究めたが、天台僧覚阿の伝禅や来朝宋人の風聞から禅に関心をいだき、師を得ないまま自証独悟した。研究者の間では「天然の禅者」と評されている。摂津水田(大阪府吹田市)に三宝寺を開き、数人の門弟と見性成仏義の究明をめざしたが、畿内の人々に師承のないことを譏られたため、文治五年(一一八九)、弟子の練中・勝弁を宋国に代行渡海させた。大慧宗杲の法嗣で育王山の住持であった拙庵徳光は、その嗣承を認め、淳熙十六年(文治五、一一八九)六月三日付で、釈尊から数えて第五十一代の祖師たる嗣書を付与した。二弟子の帰朝後、禅風大いにあがり入京唱禅をめざしたが、建久五年(一一九四)、臨済宗黄竜派の禅を伝え弘めようとしていた栄西ともども、その布教を停止させられた。能忍の前に京都進出をはばまれた栄西は、能忍を極端な戒行の否定と偃臥に妄執する「空見の徒」であると厳しく批難した。しかし、日蓮の遺文に法然房源空と並べてその名が記されているように、能忍の活躍ぶりは栄西よりも上まわっていた。建久六年ごろ没。甥の景清が三宝寺を訪れたので、弟子を酒屋に走らせたところ、官への密告かと疑った景清によって刺殺されたと伝える。弟子に多武峯で宗風を弘めた仏地房覚晏らがある。

参考文献　柳田聖山『ダルマ』(『人類の知的遺産』一六)、高橋秀栄「大日房能忍と達磨宗に関する史料」(『金沢文庫研究』二二ノ四、二二ノ七・二三ノ一合併号)、同「三宝寺の達磨宗門徒と六祖普賢舎利」(『宗学研究』二六)、嗣永芳照「日本曹洞宗に於ける大日能忍の達磨宗の消長―徹通義介をめぐって―」(『書陵部紀要』一八)、石井修道「仏照徳光と日本達磨宗―金沢文庫所蔵「成等正覚論」を手がかりとして―」(『金沢文庫研究』二〇ノ一一・一二)、高橋秀栄「大日房能忍の行実」(『日本仏教史学』一五)、中尾良信「大日房能忍の禅」(『宗学研究』二六)
(高橋　秀栄)

のうひめ　濃姫　生没年不詳　織田信長の正室。父は斎藤道三。美濃の斎藤道三と尾張の織田信秀は数年来争っていたが、天文十七年(一五四八)に平手政秀の斡旋によって両者の和議が成立し、その証しとして、翌年春に道三の娘である濃姫は信秀の長男信長に嫁した。典型的な政略結婚であるが『信長公記』などに記述がみられず、文書に「信長御台」とあっても、これが濃姫を指すか否かも不明である。信長と結婚した年を天文十七年とする

説もある。

参考文献　岐阜県教育会編『濃飛両国通史』上　(三鬼清一郎)

のちのえんこういんどの　後円光院殿　⇩鷹司冬教《たかつかさふゆのり》

のちのきょうごくせっしょう　後京極摂政　⇩九条良経《くじょうよしつね》

のちのごうしょうこう　後江相公　⇩大江朝綱《おおえのあさつな》

のちのこうみょうしょういんどの　後光明照院殿　⇩二《に》条道平《じょうみちひら》

のちのじょうおんじかんぱく　後成恩寺関白　⇩一条兼《いちじょうかね》良《よし》

のちのしんしんいんどの　後深心院殿　⇩近衛道嗣《このえみちつぐ》

のちのだいせんこんごういんどの　後大染金剛院殿　⇩二条尹房《にじょうただふさ》

のちのちゅうしょおう　後中書王　⇩具平親王《ともひらしんのう》

のちのふこうおんいんどの　後普光園院殿　⇩二条良基《にじょうよしもと》

のちのほうおんいんどの　後報恩院殿　⇩九条経教《くじょうつねのり》

のちのほっしょうじにゅうどうどの　後法性寺入道殿　⇩九条兼実《くじょうかねざね》

のとやひょうご　能登屋兵庫　生没年不詳　戦国時代の豪商。堺の会合衆《えごう》。根太《ねぶと》香合・胡銅梔子《くちなし》口柄杓立・枇《かじ》香炉などを所持していたが、『天王寺屋会記』によれば、天文十八年(一五四九)十二月二十一日に茶道具を津田宗達が購入披露しているので、同じ会合衆である紅屋と並び称されてはいるが、比較的早く没落して行ったと見られている。　(林　左馬衛)

ののみやのさだいじん　野宮左大臣　⇩徳大寺公継《とくだいじきんつぐ》

のぶいえ　信家　生没年不詳　十六世紀後期の鐔工。尾張国の人。武田信玄に招かれて甲州に移住したと伝える。形は木瓜《もっこう》・丸が多く、厚手の鉄地に、亀甲・唐草・梅樹などを毛彫であらわすものや、題目や、「運有天」、剣の極意をうたう道歌などを文字であらわすものなどがある。信家の鐔は武人に賞玩された。武将のすぐれた打刀拵につけた遺例は多い。「芸州住信家」と銘のある鐔は、子孫がその地で繁栄したもの。鐔工の信家は甲冑師明珍派信家とは別人である。

「運有天」銘文字鐔(信家作)

参考文献　秋山久作『中村覚太夫信家鐔集』、若山泡沫『刀装小道具講座』一　(加島　進)

のぶふさ　信房　生没年不詳　平安・鎌倉時代前期の備前国の刀工。後鳥羽上皇から日本国の鍛冶の惣長者に任ぜられたという。銘は「信房作」ときる。国宝は酒井家に一口。御物は一口あり、十万束の異号がつく。重要文化財は四口、ともに個人蔵。酒井家のは古備前もの一般の小模様な作風であり、御物のはやや大出来の刃文を焼く。備前国の同時代に福岡一文字派に延房がいる。この工は番鍛冶に選ばれていて、「延房作」と銘をきる。

信房押形

参考文献　今村長賀・別役成義編『刀剣講話』、『日本刀大鑑』古刀編二、佐藤貫一編『御物・東博銘刀押形』、山岡重厚『日本刀伝習録』　(辻本　直男)

のみのすくね　野見宿禰　土師宿禰(八色の姓《かばね》以前は連)の祖。『新撰姓氏録』や『続日本紀』天応元年(七八一)六月条などによると、天穂日命の十四世孫という。『日本書紀』垂仁天皇七年条には、出雲国の勇士で、喚されて当麻邑の勇悍士の当麻蹶速《けはや》を相撲で殺害したとある。また、三十二年条には垂仁皇后の日葉酢媛の葬儀にあたり、それまでの近習者の殉死にかえて、出雲国の土部に人・馬など種々の物の形を埴輪に造らせて、天皇に献上したとある。ここまでは埴輪の起源伝承であるが、同条に、その功により野見宿禰は土部の職に任命されたとあるのは、土師宿禰が天皇の喪葬を掌る由縁を述べた伝承である。『出雲国風土記』の飯石郡条に野見の野の地名がみえる。なお、『播磨国風土記』の揖保郡条には土師弩美《のみ》宿禰とみえ、立野で死亡したという。

参考文献　佐伯有清『新撰姓氏録の研究』考証篇三　(吉村　武彦)

のりしげ　則重　生没年不詳　鎌倉・南北朝時代の越中国の刀工。佐伯姓。呉服郷の出身で、鎌倉に赴き新藤五国光に学び、正宗とは相弟子という。短刀に元亨四年(一三二四)紀その他がある。太刀と短刀の作があり、地の鍛えは大板目が杢目風となって渦巻き、太めの肌に沸が厚くつき、金筋やチケイが交って則重肌(松皮肌とも)と呼ばれる独特の大肌を創り出し、刃文は沸づく大乱れ刃をやく。銘は「則重」ときる。国宝に短刀一口(永青文庫)、重要文化財に太刀二口(福井県毛矢藤島神社蔵・個人蔵)と短刀三口、極めものの刀三口がある。短刀の一口は大倉文化財団の蔵。なお同期に同国松倉郷出身の義弘がおり、名工として並称されている。

則重押形

参考文献　『新版日本刀講座』二、『日本刀大鑑』古刀編三　(辻本　直男)

のりふさ　則房　生没年不詳　鎌倉時代中期の備前国の刀工。片山(岡山県邑久郡)の住、ここと福岡とは相接し

この地区一帯の刀工団はそれぞれ一文字派を称した。この派は彼と真利くらいで数は少ない。作風は福岡一文字派の吉房に似て、姿は広身幅で猪首切先であり、刃文は大模様の丁子乱れで豪壮華麗である。刃が少し逆がかるところが福岡派と相違する。国宝に太刀と刀の各一口があり、刀の方は大磨上げ無銘の極めもの。どちらも個人蔵。片山一文字極めの長巻は二口(重要文化財)、山形県の上杉神社にある。

則房押形

参考文献 山岡重厚『日本刀伝習録』、『日本刀大鑑古刀編二』、広井雄一編『備前鍛冶』(至文堂『日本の美術』七三) (辻本 直男)

のりむね 則宗 生没年不詳 鎌倉時代前期の備前国の刀工。備前国福岡(岡山県瀬戸内市長船町)に住し、同地に栄えた一文字派の初祖で後鳥羽上皇の番鍛冶には子の助宗、その他とともに選ばれている。茎《なかご》に菊紋をきることを許されたというが、現存の太刀は「則宗」の二字銘だけで菊を彫り添えたものはない。彼をはじめとしてこの時代の福岡一文字派の作風は古備前ものを継承し、わずかに華やかさを加える程度であり、鎌倉時代中期の同派の華麗な出来とは異なるので区別して古一文字と呼ばれる。国宝は東京の日枝神社に一口、重要文化財は個人蔵に二口、御物に一口、また助宗の優品は山形県米沢市の松岬神社(重要文化財)、東京国立博物館に各一口ある。

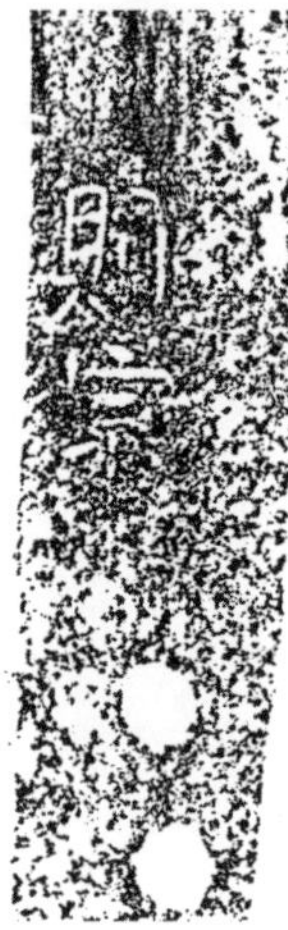
則宗押形

参考文献 広井雄一編『備前鍛冶』(至文堂『日本の美術』七三)、山岡重厚『日本刀伝習録』、今村長賀・別役成義編『刀剣講話』、佐藤貫一編『御物・東博銘刀押形』 (辻本 直男)

のりよししんのう 義良親王 ⇨後村上天皇《ごむらかみてんのう》

は

はいきゅう 裴璆 生没年不詳 平安時代前期に二度来日した渤海の大使裴頲の子。みずからも渤海の大使として延喜八年(九〇八)伯耆に来着し、翌年入京。帰国に際し鴻臚館で催された餞別の宴の詩巻の序を大江朝綱が書き、その中の「前途程遠(下略)」の一句が『和漢朗詠集』にとられて名高い。延喜十九年再び来日し、朝綱らと旧好を温めている。この時、裴璆は朝綱が大臣の位に上っていないことを知って、日本は賢才を登用しない国であると嘆じたという話が伝えられている(『江談抄』七)。日本から帰国したのち、九二五年(後唐同光三)に朝貢使として後唐に赴いている。その翌年渤海が契丹に滅ぼされたのち、故地を支配した東丹国に仕え、その使者として延長七年(九二九)に丹後に来着した。しかし入京を認められず、また契丹王を誹謗する言動があったため怠状を提出させられている。

参考文献 新妻利久『渤海国史及び日本との国交史の研究』、上田雄『渤海使の研究』 (石井 正敏)

ばいざんもんぽん 梅山聞本 ?―一四一七 室町時代前期の曹洞宗の僧。美濃の人。ある律師について出家し

梅山聞本花押

たのち禅門に交わり、諸国歴参を経て加賀の仏陀寺の太源宗真に随侍し、その法を嗣いだ。永徳二年(一三八二)、小布施正寿に招かれて、越前の竜沢寺(福井県あわら市金津町)の開山と

梅山聞本画像

なった。さらに加賀に金剛寺を開創して道俗を接化した。師の道誉を聞いた足利義満は、使者を遣して上洛を促したが、固辞して赴かなかった。応永二十四年(一四一七)九月七日示寂。世寿不詳。法嗣に傑堂能勝・如仲天誾・太初継覚・妙勇・曇湖・特岳明尊らがある。真偽未詳ながら、『梅山和尚戒法論』一巻が著書として伝わっている。ほかに『普蔵院規式』がある。

[参考文献] 卍元師蛮『延宝伝燈録』七(『大日本仏教全書』)、同『本朝高僧伝』三九(同)、竹内弘道「梅山聞本の考察」(『曹洞宗研究員研究紀要』一九)

(高橋　秀栄)

ばいしないしんのう 禖子内親王 一〇三九―九六 後朱雀天皇の第四皇女。母は一条天皇の第一皇子敦康親王の娘、藤原頼通の養女、嫄子女王。長暦三年(一〇三九)八月十九日誕生。同じ月に母中宮は崩御。永承元年(一〇四六)八歳で斎院となり、嫄子女王の祖父具平親王を六条宮と称することにより六条斎院とよばれた。中宮嫄子崩御後は頼通の高倉第で養育されたため、高倉殿の四宮ともいう。幼いころより和歌にすぐれ、女房たちと歌合をよく行なっており、天喜三年(一〇五五)五月三日の六条斎院の歌合は有名である。これは物語合といわれ、頼通が後見となる大規模なもので頼通が歌合の進行に重要な関係をもっている。この歌合のために十八の新作の物語を造り、そのなかから歌を選び出している。同四年・五年にも禖子内親王の歌合が行われた様子が見られる。康平元年(一〇五八)四月病により斎院を退き、以後、数十年病身のまま過ごし、永長元年(一〇九六)俄に病重くなり、九月十三日没した。五十八歳。

[参考文献]『大日本史料』三ノ四、永長元年九月十三日条、萩谷朴『平安朝歌合大成』四

(山中　裕)

はいせいせい 裴世清 生没年不詳 遣隋使小野妹子を送って倭国(日本)に派遣された隋の使者。名門裴氏の出。『日本書紀』に推古天皇十六年(隋大業四、六〇八)四月「大唐使人裴世清、下客十二人、妹子臣に従ひて筑紫に至る」(原漢文)以下、六月丙辰(十五日)難波津に泊り、八月癸卯(三日)入京、同壬子(十二日)朝廷に召し国信物を庭におき、「皇帝問倭皇」云々の隋国書を言上し、丙辰(十六日)朝に饗され、九月乙亥(五日)難波の大郡に饗され、辛巳(十一日)罷り帰るに至る詳しい記事を残す。帰国には再び妹子が大使として同行、高向玄理《たかむこのげんり》・僧日文(旻《みん》)らを留学生・僧として伴った。使者世清の身分官職は秘書省文林郎(従八品)、鴻臚寺掌客(正九品)であり、帰国後唐初に主客郎中(従五品上)に任じたことが盛唐の郎官石柱に刻され、さらに江州刺史(正四品下)となった(『新唐書』巻七一上宰相世系表裴氏)。

[参考文献]『隋書』倭国伝、池田温「裴世清と高表仁」(『日本歴史』二八〇)

(池田　温)

はいてい 裴頲 生没年不詳 渤海の大使として平安時代前期に二度来日。初度は元慶六年(八八二)加賀に来着。文豪の誉れ高く、在京中には、特に接待の任にあてられた菅原道真・島田忠臣らと詩文を贈答している。道真は日本人の作五十九篇を集めた詩巻を贈り、序文の中で裴頲の詩作の才能を高く評価している(『菅家文草』七)。寛平六年(八九四)再度来日して道真らと再会し、旧好を温めており、この時も詩会が催された(同五)。この後、子の裴璆《はいきゅう》も三度来日している。

[参考文献] 新妻利久『渤海国史及び日本との国交史の研究』、上田雄『渤海使の研究』

(石井　正敏)

はがぜんか 芳賀禅可 ?―一三七二 南北朝時代の下野国の武将。実名高名《たかな》、法名直山禅可、松林院殿と号す。芳賀氏は主家宇都宮氏と姻戚関係を結ぶなど密接な関係にあったが、時に対立もした。南北朝の内乱期、「清ノ

芳賀禅可画像

党旗頭芳賀兵衛入道禅可」(『太平記』)は宇都宮氏綱に従って足利方に属すが、氏綱の父公綱は一貫して南朝側に立った。そのため禅可の拠る飛山城は、南軍の春日顕国の軍勢に攻略されている。観応二年(一三五一)十一月の駿河の薩埵《さった》山合戦では、宇都宮氏綱とともに足利尊氏方に属して活躍した。氏綱は勲功の賞として上野国・越後国の守護職に任じられた。禅可の子高家・高貞はその守護代となっている。ところが鎌倉公方足利基氏は、突如貞治元年(一三六二)氏綱の越後守護職を奪って関東管領上杉憲顕に与えてしまった。この処置に激怒した氏綱・禅可は、武蔵の岩殿山・苦林野で基氏の軍勢と戦うが、屈伏する。乱後の禅可の動静は不明だが、一説に応安五年(一三七二)八十二歳で没したともいう。菩提寺である栃木県真岡市田町の海潮寺には、室町時代の作といわれる禅可の肖像画が伝存する。（新川 武紀）

参考文献 『真岡市史』六

はがたかさだ 芳賀高貞 生没年不詳 南北朝時代の東国の武将。宇都宮貞綱の長子。五郎、兵庫助、弾正少弼、のちに伊賀守。はじめ公貞、また綱世と改め、高貞となる。母が宇都宮氏の有力家臣芳賀氏の女であったことから、芳賀高名(禅可)の養子となり、芳賀高貞を名のり、甥にあたる宇都宮氏綱を補佐して活躍した。観応擾乱において、観応二年(一三五一)駿河の薩埵《さった》山合戦、翌年の武蔵野合戦において、上野国方面の足利尊氏方を組織し重要な役割を果たした。足利直義方の没落以後、上野・越後の守護職を宇都宮氏が獲得すると、その守護代となって赴任した。越後では、文和・延文年間(一三五二―六一)に、上杉憲顕方と戦闘しつつ、その支配を行い、貞治二年(一三六三)上杉憲顕の関東復帰を阻止するため、上野国板鼻に行動を起し、武蔵の岩殿山にて鎌倉公方足利基氏の軍に撃破されている。応安元年(一三六八)宇都宮氏および平《へい》一揆が鎌倉公方足利氏満に反乱を起した時も、その中心的役割を果たしている。法名、本性院徹山道覚。

参考文献 河野守弘『下野国誌』九・一〇、佐藤進一『室町幕府守護制度の研究』上、渡辺世祐『(関東中心)足利時代之研究』、『栃木県史』通史編中世（峰岸 純夫）

はかまだれ 袴垂 生没年不詳 平安時代中期の盗賊。本名未詳。力強く、足が速く、思慮が深かった。追剝をしようと、京都市中で藤原保昌と知らずにあとをつけたが隙がなく、逆にとがめられ、その邸宅で衣を与えられたが、後まで恐怖を感じた。捕えられたが大赦により釈放され、関山で裸で路傍に臥し、不用意に近づく者の衣裳・武器を奪ったという。後世袴垂と藤原保輔を同一人とする説があるが、別人である。

参考文献 『今昔物語集』二五・二九(『日本古典文学大系』二五・二六)、『宇治拾遺物語』二(同二七)（山田 英雄）

はきいさねなが 波木井実長 一二二二―九七 鎌倉時代の御家人、日蓮の有力檀越。貞応元年(一二二二)生まれる。甲斐源氏加賀見遠光の三男南部光行の三男。巨摩郡南部波木井(山梨県南巨摩郡身延町)に住したので波木井を称した。日蓮の弟子日興の教化をうけて文永六年(一二六九)ごろ日蓮に帰依した。日蓮晩年の隠栖の地身延は実長の所領であり、日蓮が一時期の滞在地と考えた身延に在住することを勧めたのも実長であったといわれ、弘安五年(一二八二)九月十九日、日蓮はその死に先立って実長に身延での処遇を感謝し、かつ墓を身延に立てるよう遺言している。そのとおり墓＝廟所が身延に造られたが、弟子による輪番が行われなくなると、実長を「第一の弟子」とする日興が常住するようになった。それを喜んだ実長にも日蓮以来の檀越という意識があり、日興には日蓮の教えを厳格に継承し人々にも継承させようという想いがあり、ついに実長の宗教行為を師説に背くものとして日興は身延を離去した。永仁五年(一二九七)九月二十五日没。七十六歳。実長の子息たちも日蓮・日興に帰依している。

参考文献 立正大学日蓮教学研究所編『日蓮宗宗学全書』一・二、宮崎英修『波木井南部氏事蹟考』、早川一三『富士日興上人身延離山の研究』、堀日亨『富士日興上人詳伝』（高木 豊）

はぎわらのいん 萩原院 ⇨花園天皇《はなぞのてんのう》

はくうんえぎょう 白雲慧暁 一二二三―九七 鎌倉時代の臨済宗聖一派の僧。法諱慧暁、道号白雲。別に隠谷子と号する。貞応二年(一二二三)讃岐美濃郡に生まれる。幼にして比叡山に登り行泉に就いて台教を学んだ。十七歳、剃髪受具。二十五歳、京都東山泉涌寺の月翁智鏡に参じて四分律を学んだが、文応元年(一二六〇)衣を改めて東福寺の円爾に参じ、爾来服勤すること八年、文永三年(一二六六)入宋。台州瑞巌寺の希叟紹曇に参じて大悟し、弘安二年(一二七九)帰朝。世俗を避けて隠栖したが、正応五年(一二九二)九条忠教の請を受けて東福寺第四

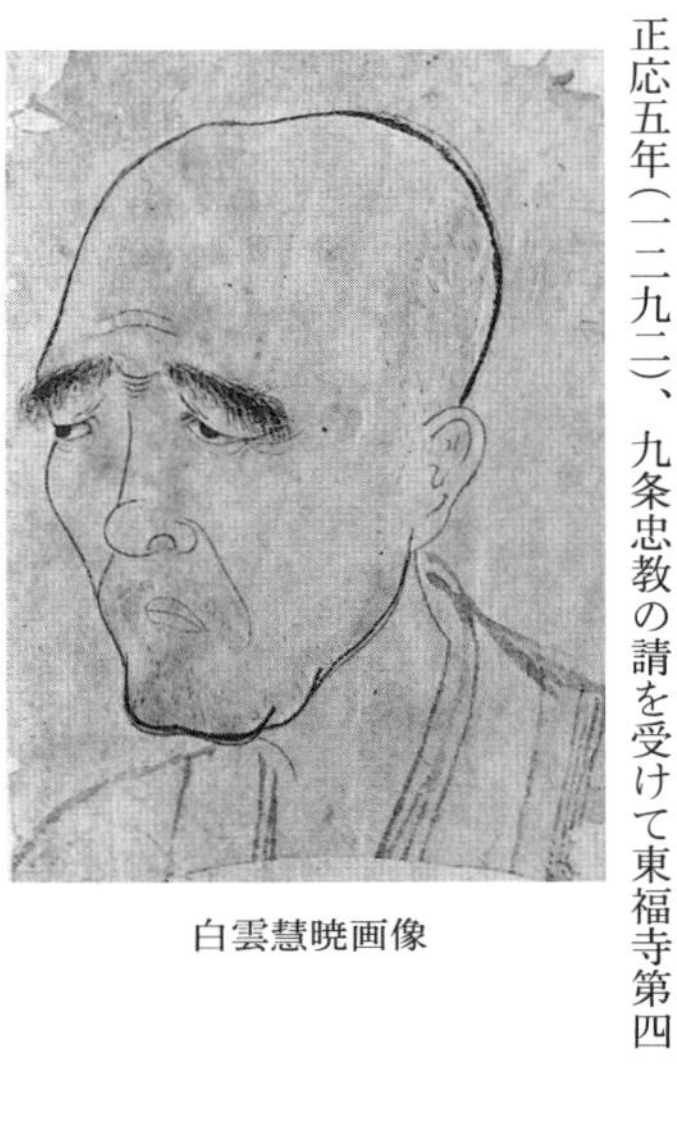

白雲慧暁画像

「白雲」

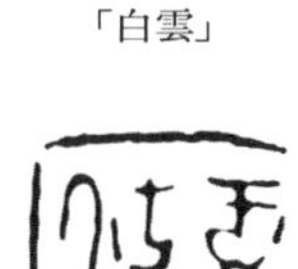

「恵暁」

「隠谷」

白雲慧暁印

世の住持となり、円爾の法を嗣いだ。永仁の初め同寺を退き、洛北に栗棘庵を結び退隠。永仁五年(一二九七)十二月二十五日寂した。世寿七十五。仏照禅師号を勅諡された。のちにその法系を栗棘門派と称した。著述に『仏照禅師語録』二巻と、仮名法語『由迷能起』一巻がある。

参考文献 『仏照禅師塔銘』、『元亨釈書』八(『大日本仏教全書』)、卍元師蛮『延宝伝燈録』一〇(同)、同『本朝高僧伝』四一(同)　(加藤　正俊)

はくりのかける　羽栗翔　生没年不詳　奈良時代の官吏。吉麻呂の子。翼の弟。霊亀二年(七一六)吉麻呂が留学生阿倍仲麻呂の傔人(従者)として入唐し長安に滞在した時、唐の女性との間に生まれた(『類聚国史』一八七)。天平六年(七三四)遣唐使船の帰航に際して父に従い来日。その後、官途につき、天平宝字三年(七五九)在唐の遣唐大使藤原清河を迎える遣唐使の録事として渤海使揚承慶の送使を兼ね渤海に至るが、唐の安史の乱による政情不安などのため大使高元度らと少人数で長安に入った。途中、登州開元寺で願主の一人となり、その仏殿西廊外の僧伽和尚堂内の壁に西方浄土の絵を描かせた(『入唐求法巡礼行記』)。清河に仕えて長安に長期滞在したらしいが、帰国船に乗ったか、唐に客死したか不明。

参考文献 木宮泰彦『日華文化交流史』、角田文衛「葉栗臣翼の生涯」(『紫式部とその時代』所収)　(鈴木　靖民)

はくりのつばさ　羽栗翼　七一九―九八　奈良・平安時代の官吏。氏を葉栗にもつくる。吉麻呂の子。翔の兄。霊亀二年(七一六)以来遣唐留学生阿倍仲麻呂の傔人として長安にいた吉麻呂と唐の女性との間に養老三年(七一九)生まれた(『類聚国史』一八七)。天平六年(七三四)父に従い来日し、山背国乙訓郡を本貫とする。出家して僧となるが学業優秀のため還俗し官吏に登用される。宝亀六年(七七五)遣唐使の録事(のち准判官)、同七年大外記兼勅旨大丞、臣姓を賜わる。同八年副使小野石根らと入唐。翌九年第二船か第三船で帰国。宝亀十一年唐で行われる『宝応五紀暦経』を貢上した。延暦元年(七八二)丹波介、同五年本草に詳しいため内薬正兼侍医となり天皇に側近。同七年左京亮、ついで同八年内蔵助をそれぞれ兼ねた。勅旨所の助にも任じた。延暦十七年五月二十七日没す。八十歳。ときに正五位上(『日本後紀』延暦十六年正月甲午条)。

参考文献 角田文衛「葉栗臣翼の生涯」(『紫式部とその時代』所収)　(鈴木　靖民)

はしばひでかつ　羽柴秀勝　(一)一五六八―八五　安土桃山時代の武将。織田信長の第四子、於次丸、みずから次秀勝と署名している。永禄十一年(一五六八)生まれる。豊臣秀吉の養子となり、近江で秀吉と連署の知行充行状を発給し、長浜八幡宮の奉加帳に名を連ねるなど、秀吉の近江支配の後盾となった。秀吉に従って信長の中国攻めに参陣し、備前・備中にすすんだが、天正十年(一五八二)六月の本能寺の変によって引き返し、山崎の戦で明智光秀を破った。同年十月に大徳寺で営まれた信長の法要には、秀吉の指示により、兄にあたる織田信雄・信孝に出席を求める書状を出し、葬列では後轅を担った。清洲会議ののち、明智光秀の本拠であった丹波亀山城に入り、同年九月にその付近で家臣に知行を与えている。賤ヶ岳の戦、小牧・長久手の戦には丹波一国の人数を率いて参陣し、美濃の寺社に制札を下すなど、信長の遺領支配の中心的存在であった。天正十三年十二月十日没。十八歳。従三位に叙せられ丹波中納言と呼ばれている。

羽柴秀勝(一)花押

「秀勝」

羽柴秀勝(一)印

参考文献 渡辺世祐『豊太閤の私的生活』、森岡栄一「羽柴於次秀勝について」(『長浜城歴史博物館年報』一)

(二)一五六九―九二　安土桃山時代の武将。三好吉房の次男で豊臣秀次の弟、母は秀吉の姉の瑞竜院日秀。小吉と称す。永禄十二年(一五六九)生まれる。秀吉の養子であった次秀勝(織田信長四子)の死後、遺領の丹波亀山を与えられ、天正十五年(一五八七)の九州攻めには本役五千人を率いて出陣した。しかし、秀吉に領地の知行高について不満を申し立てたことによって怒りを買い、勘当の憂き目をみた。天正十七年十月に蜂屋頼隆の遺領が与えられ、越前敦賀で知行を回復することができた。小田原の役の後、甲斐一国が与えられ、城下の府内に伝馬役免許などの法令を出している。のち岐阜に移る。朝鮮出兵の際の陣立書で秀勝は、軍役八千人、岐阜少将となっている。文禄元年(一五九二)五月に秀吉が策定した三国国割計画では、朝鮮全土の統治者に擬せられている。同年九月九日に朝鮮の唐島(巨済島)で病死。二十四歳。無嗣断絶となった。

「秀勝」

「秀勝」

羽柴秀勝(二)印

参考文献 渡辺世祐『豊太閤の私的生活』　(三鬼清一郎)

はしばひでなが　羽柴秀長　?―一五九一　安土桃山時代の武将。豊臣秀吉の異父弟で筑阿弥を父、天瑞院(大政所)を母とする。木下小一郎。美濃守。天正十二年(一五八四)六月ころまでは長秀と名乗る。常に秀吉の片腕となって行動をともにした。天正二年の伊勢長島攻めでは先陣を承り、同五年からの中国攻めでは但馬竹田・出《いず》石《し》城などに城代として入ってこれを守備し、鳥取城攻略などでも戦功を立てた。天正十年六月の本能寺の変ののち、明智光秀の討伐で活躍し、同年十月の織田信長の葬儀に際しては大軍を率いて上洛し、柴田勝家・滝川一益

羽柴秀長画像

らの宿老を牽制する役割を果たした。同十一年の賤ヶ岳の戦では近江の佐和山城にあって北国路を塞ぎ、同十二年の小牧・長久手の戦では近江から伊勢・美濃への通路を守備し、さらに各地に転戦した。天正十三年の紀州攻めでは各地に制札を下し、太田城の水攻めなどで中心的役割を果たし、和睦後には一揆勢の安全を保証する書状を出している。さらに四国征伐では秀吉の名代をつとめ、紀伊・和泉の浦々の舟を徴発して阿波に上陸し、長宗我部元親を土佐に追いつめ降伏させた。同年閏八月に大和・紀伊・和泉および伊賀の一部を与えられ、大和郡山に居城した。紀伊の総国検地を行い、大和の寺社に制札を下し、東大寺大仏殿の復興に援助を与えるなど領国支配につとめている。天正十四年正月参議従三位、十月権中納言、十一月正三位となり、翌年の九州役では一万五千人を率いて出陣し、毛利・吉川・小早川・大友らの軍勢とともに日向・大隅方面から島津氏を追い、秀吉軍と挟撃する体制をとった。こののち従二位権大納言に叙任され、大和大納言と称した。天正十七年山城淀城の改修を行い、夫役や石垣の礎石を奈良町中に課した。また大和岩淵谷に池を作るなど普請も行なっている。このころより病が重くなり、天正十九年正月二十二日没す。奈良県大和郡山市箕山町《みのやま》の大納言塚はその葬地。遺領は甥の羽柴秀保が継いだ。

羽柴秀長花押

「羽柴秀長」
羽柴秀長印

参考文献 渡辺世祐『豊太閤の私的生活』

（三鬼清一郎）

はしひとのあなほべのおうじ 泥部穴穂部皇子 ⇨穴穂《あなほ》部皇子《べのおうじ》

はしひとのおうじょ 間人皇女 ？—六六五 舒明天皇の皇女。母は皇極（斉明）天皇。中大兄皇子（天智天皇）・大海人皇子（天武天皇）は同母の兄・弟。『大安寺伽藍縁起幷流記資財帳』にみえる「仲天皇」、『万葉集』巻一の題詞の記す「中皇命」、野中寺弥勒菩薩造像銘にみえる「中宮天皇」を皇女に比定する説がある。母皇極天皇の同母弟軽皇子（孝徳天皇）の皇后となった。白雉四年（六五三）孝徳天皇と中大兄皇子が飛鳥への還宮をめぐって対立、中大兄皇子が群臣を率い難波から飛鳥河辺行宮に移ると、母とともにそれに従った。以後、天智天皇四年（六六五）二月二十五日に死去するまで、皇女が中大兄皇子の即位を阻む存在であったとする理解がある。同六年の二月に母とともに小市岡上陵（『延喜式』諸陵寮に「越智崗上陵」）に合葬された。

参考文献 土屋文明「中皇命私考」（『万葉集私注』一〇所収）、田中卓「中天皇をめぐる諸問題」（『田中卓著作集』五所収）、同「中皇命と有馬皇子」（同所収）、吉永登「間人皇女」（『万葉—文学と歴史のあいだ—』所収）、同「中皇命の歌一首について」（『万葉—その異伝発生をめぐって—』所収）、八木充「乙巳の変後の政権構成」（『日本古代政治組織の研究』所収）、同「七世紀中期の政権とその政策」（同所収）

（遠山美都男）

はせくらつねなが 支倉常長 一五七一—一六二一 伊達政宗によりスペイン・イタリアに遣わされた慶長遣欧使節の大使。はじめ与市、のち六右衛門、また長経とも称した。常長の自署は確認されないが、元禄年間（一六八八—一七〇四）編纂の『伊達治家記録』に六右衛門常長の記載がある。一族は常の一字を使用した。元亀二年（一五七一）生まれる。父は山口常成、父の兄支倉時正の養子となる。慶長十三年（一六〇八）十月二十二日の知行充行状によると、六十貫（六百石）余りを有する。父の犯罪に連坐し、一時所領を没収される。同十八年九月スペインとの通交貿易を熱望する政宗の命によりフランシスコ会修道士ソテーロとともに陸奥国牡鹿郡月浦（宮城県石巻市）をサン＝ファン＝バプティスタ号で出帆、アカプルコ・メキシコ市を経由して十九年十一月マドリードに着く。翌元和元年（一六一五）正月スペイン国王フェリーペ三世に謁し政宗の書状を捧呈。キリスト教に改宗、霊名はフェリーペ＝フランシスコ。同年九月ローマに入りサン＝ピエトロ宮で教皇パウロ五世に拝謁し政宗の書状を呈した。ローマ市から公民権を贈られ貴族に列した。同六年マニラ経由で長崎に着き八月二十六日仙台帰着。同七年六月中旬以降八月ごろまでに病没。五十一歳。彼の将来品は仙台市博物館にあり、平成十三年（二〇〇一）国宝に指定された。彼のものとされる墓碑の一つが仙台市光明寺にある。

支倉常長花押

支倉常長画像

参考文献 「一六一九年十一月三十日付日本発信のジ

エロニモ＝アンジェリス書翰」(ローマ＝イエズス会文書館所蔵日本・中国部三四)、『大日本史料』一二ノ一二、慶長十八年九月十五日条、同一二ノ四五、元和八年七月一日条、補遺、仙台市博物館編『慶長遣欧使節関係資料編』(『仙台市博物館図録』二)、松田毅一『慶長使節』、利倉幸一『支倉常長考』、支倉常長顕彰会編『支倉常長伝』、ロレンソ＝ペレス『ベアト・ルイス・ソテーロ伝』(野間一正訳)、高橋由貴彦『ローマへの遠い旅—慶長使節支倉常長の足跡—』、佐藤憲一「「支倉常長追放文書」の年代について」(『仙台市博物館調査研究報告』八)、浜田直嗣「旧支倉家関係史料について」(同四)、五野井隆史『支倉常長』(『人物叢書』二三四)　(五野井隆史)

はせべのぶつら　長谷部信連　?—一二一八　平安・鎌倉時代前期の武士。通称長兵衛尉。父は右馬允為連。十六歳のころから滝口の武士となり、院に侵入した強盗を、一人で四人まで討ちとり、二人をいけどりにしたことで武名をあげる。またその功により左兵衛尉に任ぜられたという。のち以仁《もちひと》王(三条宮)に仕え、「三条宮侍」と称される。治承四年(一一八〇)五月、以仁王の平氏追討計画が発覚するや、宮をいち早く園城寺に逃し、みずからは御所にとどまって討手を待ち、時間かせぎを図ったが、結局、検非違使藤原光長によって捕縛されてしまった。その後、信連は平清盛の六波羅邸に連行され、平宗盛の厳しい詮議を受けたが、光長配下の五、六人に対し、刃傷に及んだ理由についての申しひらきはしたものの、以仁王の行方などについては、頑として口を割らなかった。侍にふさわしい堂々たる態度が、平氏方に感銘を与え、清盛も伯耆国日野(鳥取県日野郡日野町)に配流して、一命を助けた。平氏滅亡ののちは、梶原景時を通じて源頼朝のもとに参向した。文治二年(一一八六)四月、頼朝は信連を特に御家人に列し、あわせて安芸国検非違所ならびに荘公を安堵したと『吾妻鏡』は記すが、その詳細は不明である。ただ荘公の中には、信連死没地、能登国大屋荘河原田(石川県輪島市大和町付近)も含まれるか、と推測される程度である。能登には、のちに信連子孫の長氏が大いに発展したこともあって、信連にかかわる遺跡・伝承が今なお多く残る。居館跡と伝える地は、石川県加賀市山中町塚谷町に残るが、輪島にもあり、輪島市域の河原田川下流近辺には墓所も存するという。また鳳至郡穴水町の長谷部神社では、信連の肖像と伝えられるものが御神体として祀られている。建保六年(一二一八)十月二十七日河原田において没す。一説に齢七十二という。

参考文献　『大日本史料』四ノ一四、建保六年十月二十七日条　(吉井　宏)

長谷部信連墓

はたけやまくにきよ　畠山国清　?—一三六二　南北朝時代の武将。家国の子。初名阿波次郎、のち左近将監・修理権大夫・阿波守に任じ、正五位下に叙せられ、入道して法名道誓。建武二年(一三三五)十一月、足利尊氏追討のため下向した新田義貞を迎えうった足利直義に従軍、翌年正月以降、尊氏の部将として京都・九州を転戦、おそらくその功により五月には和泉に進出、七月以降和泉守護、九月以降は紀伊守護として活躍した。和泉守護としての活動は建武四年四月を以て終り、以降は紀伊守護に専念した。貞和三年(一三四七)、楠木正行らの南軍が河内・和泉で蜂起すると、幕府は国清を細川顕氏とともに南軍追討に発向させた。貞和五年、足利直義と高師直の不和が表面化したころ、国清は高師泰に代わって河内・和泉両国守護を兼ねたが、翌年十一月に入って尊氏・直義の不和に及ぶと、国清は直義を河内石川城に迎え入れ、十二月以降直義を擁して尊氏方と畿内各地に戦って尊氏を苦しめ、尊氏の直義に対する和議申入れに大きな役割を果たした。観応二年(一三五一)、その功により引付頭人となり、四月には修理権大夫に任ぜられた。同年七月三十日、直義の北国落ちに随行したが、その後尊氏に帰順した。尊氏はこれを喜び十月、尊氏の推挙によって正五位下に昇叙、翌月には直義追討のため尊氏に従って関東に下り、十二月には駿河薩埵山に、翌正平七年(一三五二)正月には箱根早河尻に直義軍を破るなど、直義を窮地に追いこんだ。同年閏二月には尊氏と新田義宗や旧直義党との武蔵野合戦にも尊氏方の宿将として活躍、三月には新田義興らを相模河村城に攻めてこれを破るなどその活躍は著しかった。文和二年(一三五三)六月、尊氏は南軍・直冬党の京都進出に対抗するために上洛するに際して、鎌倉公方足利基氏を補佐させるために七月、国清を関東執事に補した。関東執事としての国清は、延文三年(一三五八)十月、新田義興を武蔵矢口渡で謀殺し、東国における南軍の死命を制したが、翌年、将軍足利義詮の畿内南軍制圧に協力させるため、基氏は国清に東国の兵を率いて上洛せしめ、国清は河内・和泉・紀伊守護

畠山国清花押

畠山国清墓

として各地に転戦して功をあげた。しかし、長陣の間に国清に従って上洛した東国の将士は戦いに倦み、帰国するものが相つぎ、国清も延文五年八月、鎌倉に帰った。鎌倉府に帰った国清は、無断で帰国した東国の将士の罪を責めて所領没収などの措置をとったので、彼らはこれを怒り国清の罷免を要求して基氏に強訴した。このため基氏はやむをえず康安元年(一三六一)十一月、国清の鎌倉執事の職を追い、国清は伊豆に走って兵を集めようとしたが応ずるものがなく、貞治元年(一三六二)九月、基氏に降ったが赦されず、国清は藤沢道場を経て上洛して七条道場に入り、南朝に降ろうとしたが、これもことが進まず、ついに大和・山城の間に窮死した。『畠山家記』によればその死は貞治三年ともいう。墓は静岡県伊豆の国市韮山町奈古谷の国清寺にある。

参考文献 『大日本史料』六ノ二四、貞治元年九月是月条、小川信『足利一門守護発展史の研究』

(池永 二郎)

はたけやましげただ 畠山重忠 一一六四―一二〇五 平安・鎌倉時代初期の武士。武蔵国男衾郡畠山(埼玉県深谷市川本町畠山)を本拠とする畠山庄司重能の嫡子。母は三浦大介義明の女(あるいは孫)。畠山庄司次郎と称す。治承四年(一一八〇)八月、源頼朝が挙兵した際、父重能が大番役で在京中であったため、弱冠十七歳でその追討に出陣。頼朝軍との合流を果たせず、本拠地に引き返す途中の三浦一族の軍と遭遇して鎌倉由比ヶ浜で激戦を交えた。この合戦は勝敗がつかず、重忠はいったん退き、あらためて河越太郎重頼らとともに三浦一族を相模国衣笠城に攻めて、これを陥れ、三浦義明を自害させた。しかし、同年十月、房総を平定した頼朝が武蔵に入ると、これに服属し、相模入国に際しては先陣をつとめた。その後、木曾義仲の追討、平家の追討に従軍し、宇治川の合戦や一谷の戦で活躍。文治元年(一一八五)河越重頼が源義経に縁座して誅せられたことによって、彼の帯していた武蔵国留守所惣検校職を継承したものと思われる。同三年、重忠が地頭職を与えられていた伊勢国沼田御厨で重忠の遣した代官が乱妨をはたらいたことを訴えられたため、囚人として従兄弟の千葉胤正に預けられ、所領四ヵ所を没収されたが、胤正のとりなしで赦免された。同五年、奥州藤原氏征討の際、大手の先陣をつとめ、阿津賀志山の戦で、藤原国衡の首級を獲るなどの活躍をみせ、恩賞として陸奥国葛岡郡惣地頭職を与えられている。翌建久元年(一一九〇)、頼朝上洛の際、先陣をつとめ、院参にも随従した。同六年、再び頼朝が上洛したときも先陣に候している。重忠ははじめ武蔵国の御家人足立遠元の女を娶り、小次郎重秀を儲けたが、のちに北条時政の女とも婚し、六郎重保が生まれた。元久二年(一二〇五)この重保と北条時政の後妻牧の方の女婿である平賀朝雅との対立を背景に、武蔵国への進出を企図する北条氏の策略によって、武蔵国二俣川でわずか百数十騎をもって幕府の大軍と激戦ののち、愛甲季隆の射た矢にあたって討ちとられた。四十二歳。重忠は剛勇、廉直の鎌倉武士の典型として美談・佳話が『吾妻鏡』にも数多く伝えられており、また、文治二年四月、静御前が鶴岡八幡宮の廻廊で舞をみせた際に銅拍子をうつなど、歌舞音曲の才にもめぐまれていたことが知られ、さらに建久三年九月、鎌倉永福寺庭池の大石を一人で持ち運んで据えつけるなど、大力であったといわれる。なお、鎌倉における重忠の屋敷は幕府の南門の前辺にあった。墓は埼玉県熊谷市川本町畠山にある。

畠山重忠墓

参考文献 『大日本史料』四ノ八、元久二年六月二十二日条、八代国治・渡辺世祐『武蔵武士』、貫達人『畠山重忠』(『人物叢書』九二)、安田元久『武蔵の武士団』(『有隣新書』二八)、岡田清一編『河越氏の研究』(『関東武士研究叢書』二期四)、野口実「鎌倉武士の心性」(五味文彦・馬淵和雄編『中世都市鎌倉の実像と境界』)

(野口 実)

はたけやましげよし 畠山重能 生没年不詳 平安時代後期の武士。秩父太郎大夫重弘の子。武蔵国男衾郡畠山(埼玉県大里郡川本町畠山)を本拠として畠山庄司と称した。久寿二年(一一五五)鎌倉にあって南関東の武士団の統合をすすめていた源義平が叔父の義賢を武蔵国比企郡の大倉館に急襲した際、義平の軍に属した。これは、当時、武蔵国留守所惣検校職を秩父一族の庶流である叔父の重隆が掌握しており、義賢がこの重隆の養君であったことによるものとみられる。ちなみに、重能の妻の父(あるいは祖父)が相模の三浦介義明、姉妹の夫が下総の千葉介常胤と、ともに源義朝の家人であったことも重要である。平治の乱後、武蔵国が平家の知行国となったことを契機に、重能はその家人となって「重恩」を蒙るに至り、国内の武士団の棟梁の地位を確立した。治承四年(一一八〇)源頼朝が東国に兵を挙げたときは、弟の小山田有重とともに大番役のために在京中で(『平家物語』七、『愚管抄』五)、そのまま平家の軍に属して北陸道を転戦。

寿永二年（一一八三）の平氏一門都落ちに際しては、西海への同行を願ったが、平知盛（『吾妻鏡』では平貞能）の口添えで身の暇をたまわり、武蔵に下向した（『平家物語』七）。

参考文献 八代国治・渡辺世祐『武蔵武士』、貫達人『畠山重忠』（『人物叢書』九二）、安田元久『武蔵の武士団』（『有隣新書』二八）、野口実『坂東武士団の成立と発展』、岡田清一編『河越氏の研究』（『第二期関東武士研究叢書』四） （野口 実）

はたけやまたかくに 畠山高国 一三〇五―五一 南北朝時代の武将。上野介。法名信元。系図に畠山時国（初名国氏）の子とするが、年代が合わない。嘉元三年（一三〇五）生まれる。足利尊氏に属し、建武三年（一三三六）京都周辺で戦ったのち、伊勢守護となって暦応元年（一三三八）まで同国多気郡・度会郡などで南軍と戦った。貞和元年（一三四五）嫡子国氏が奥州一方管領に補任されると、ともに多賀国府に下向して国氏を後見した。しかし高国父子は尊氏派、いま一方の奥州管領吉良貞家は足利直義派であって、幕府における両派の対立激化に伴い、奥州両管領の協調も破れ、さらに観応擾乱の勃発により両者は交戦状態となり、高国父子は留守氏・宮城氏らとともに岩切城（仙台市岩切・宮城県宮城郡利府町神谷沢）に立て籠ったが、貞家とその属将和賀氏・結城氏らに破られ、観応二年（一三五一）二月十二日味方百余名とともに自害した。四十七歳。ただし国氏の子国詮はやがて再起し、二本松畠山氏の祖となる。

畠山高国花押

参考文献 小川信『足利一門守護発展史の研究』、『宮城県史』一、遠藤巌「奥州管領おぼえ書き―とくに成立をめぐる問題整理―」『歴史』三八） （小川 信）

はたけやまたかまさ 畠山高政 一五二七―七六 戦国時代の武将。河内高屋城主、河内守護。二郎、修理亮、尾張守、法名一空。畠山政国の嫡男。大永七年（一五二七）生まれる。天文十九年（一五五〇）八月父の死に伴い家を継ぎ、河内守護代遊佐長教がこれを補佐した。翌年五月長教が暗殺されると近臣安見直政を守護代とした。将軍足利義藤（のち義輝）と三好長慶との対立に際し、高政・直政は長慶に与し、天文二十二年八月長慶とともに京都へ攻め上り、義藤を近江へ走らせた。やがて安見直政は勢力を振るい高政をないがしろにしたので、高政は永禄元年（一五五八）十一月高屋城（大阪府羽曳野市古市）から和泉の堺へ逃れ、紀伊の湯川直光の支持を受け、翌二年八月長慶の全面的支援を得て高屋城を奪回し、直光を守護代にした。ところが高政は長慶に無断で直政と和し、再び直政を守護代にしたので、長慶は高政の背信を憤り、同三年六月河内に進攻し、十月には直政の飯盛山城（大阪府四条畷市南野）、高政の高屋城を相ついで降した。高政は直政とともに堺へ逃れたが、近江の六角義賢と提携し、根来寺の衆徒の援を受けて翌四年挙兵し、五年三月和泉の久米田（大阪府岸和田市久米田）で長慶の弟義賢（実休）をたおし、高屋城を奪回した。続いて高政は長慶の河内飯盛山城を攻めたが、同国教興寺（大阪府八尾市）で長慶の嫡男義興らと戦って大敗し、紀伊に逃れた。永禄七年長慶は病没。同九年二月高政は松永久秀と和して三好三人衆と戦ったが、敗れてまたも安見直政とともに堺に逃れた。同十一年九月織田信長が足利義秋（のち義昭）を奉じて入京すると、高政は摂津芥川城（大阪府高槻市芥川）で義秋・信長に謁し、河内半国を安堵されて高屋城に入った。翌十二年重臣遊佐信教らの専横を憎み、信教を討とうとして失敗し、紀伊の岩室城（和歌山県有田市・有田郡有田川町）に逃れた。高屋城の信教は高政の弟昭高を擁立した。天正元年（一五七三）六月信教は昭高を殺したので、高政は信長の援を受けて挙兵した。信教は三好康長・本願寺顕如と組んで抗戦、天正三年四月高屋城は陥ったが、信長はこれを破却し、高政は失意のうちに翌四年十月十五日病没した。五十歳。河内国錦部郡観心寺（大阪府河内長野市寺元）に葬る。法名多宝寺殿。実力主義の戦国時代末期にあって、名門畠山家の退勢を何とか挽回しかけてはそのつど蹉跌を味わった、波瀾に富む生涯であった。なお彼の甥貞政は織田信雄に与同して羽柴秀吉の兵に岩室城を落とされたが、その男政信は徳川家康に仕え、政信の男基玄は江戸幕府の高家となる。

畠山高政花押

参考文献 『寛政重修諸家譜』九八、『細川両家記』、『足利季世記』（『（改定）史籍集覧』一三）、長江正一『三好長慶』（『人物叢書』一四九）、今谷明『守護領国支配機構の研究』、小川信「国学院大学図書館所蔵『畠山家文書』―翻刻と考察―」（『国学院大学図書館紀要』一） （小川 信）

はたけやまただあき 畠山直顕 生没年不詳 南北朝時代の武将。七郎、修理亮、治部大輔。宗義の子。建武三年（一三三六）三月、筑前国多々良浜の戦で大勝後、大宰府滞在中の足利尊氏によって、国大将として日向国に派遣される。日向国に設置された足利氏所領（島津荘など）の確保、反武家的行動をとる肝付《きもつき》兼重らの誅伐のためであった。当時、日向国には別に守護もいるので（大友氏泰・島津貞久）、まさに守護・大将併置方式の一例とい

畠山直顕花押

え、この点、九州では唯一の例である。貞和元年(一三四五)に至り、日向国守護職を兼帯する。直顕は入国当初から国人層の誘引に努め、逸早く日向の土持氏・那珂郡司日下部氏、大隅の禰寝《ねじめ》氏、豊後の大友出羽氏を掌握し、暦応元年(一三三八)から翌年にかけては、それまで反対方だった伊東氏・野辺氏・益戸氏・肝付氏らも相ついで帰服した。早くから下文や感状・安堵状まで発給し、独自の遵行系統ももっていた。代官として、侍所入田氏をはじめ結城行郷・友永澄雄・後藤範宗・野本行秀らがおり、主に軍事指揮面にあたらせている。観応擾乱期、足利直冬—直顕ラインを形成し、特に日向・大隅両国の有力国人層をほとんど把握、当地域ではこのラインが幕府方ライン(将軍家—鎮西管領一色氏—島津氏)に優越していた。領国形成の志向も強いことは、特に所領拡大(在地諸勢力と結託して、島津荘地域—宇佐宮領諸地域に進出)や発給文書の書止文言(「仍執達如件」→「状如件」)の面から窺える。しかし、将軍家御台所領の日向国穆佐《むかさ》院・島津院に対する「押妨」行為を激化したため、将軍家としては、文和元年(一三五二)、ついに直顕の同国守護職を解任し、鎮西管領一色直氏をこれに代えた。また次第に島津氏久(大隅国守護)の勢力に圧倒され、延文五年(一三六〇)にみずから氏久に契状を出し、やがて九州探題今川了俊の勢力に吸収されてしまう。なお直顕には、実名(義顕→直顕、暦応三年八月—四年七月)、官途(修理亮→治部大輔、延文元年四月—二年二月)、花押(四通り、貞和元年(一三四五)九月—同四年十月—延文四年十月—貞治元年(一三六二)八月)について変化を辿れる。

参考文献 山口隼正『南北朝期九州守護の研究』 (山口 隼正)

はたけやまただむね 畠山直宗 ?—一三四九 南北朝時代の武将。大蔵少輔。宗国の子。足利直義(将軍足利尊氏の弟)と高師直(尊氏の執事)が次第に対立していった際、直宗は、上杉重能らとともに直義側に立つ。貞和五年(一三四九)八月十四日になり、高師直が、尊氏に上杉重能・畠山直宗・僧妙吉(直義の帰依僧)らの引渡しを請うたため、ついに尊氏は、重能・直宗両人を配流に処し、直義の政務を罷めさせ、代わって義詮(尊氏の子)にあたらせることを約した。そして翌十五日に重能・直宗両人を北陸の越前に流し、やがて十二月に彼らはそこで殺された。 →上杉重能《うえすぎしげよし》

参考文献 『大日本史料』六ノ一二、貞和五年八月十五日条 (山口 隼正)

はたけやまひさのぶ 畠山尚順 一四七五—一五二二 戦国時代の武将。初名尚慶。尾張守。法名卜山。勝仙院竜源と号す。畠山政長の子。文明七年(一四七五)生まれる。明応二年(一四九三)政長が河内国正覚寺(大阪市平野区)で自害したとき、陣中を脱出して紀伊にのがれ、越中にのがれた前将軍義材と呼応して明応八年反撃を試み、畠山義豊(初名基家、義就の嫡男)を河内北部の十七ヶ所に攻め滅ぼした。しかし義豊の嫡男義英をたすける細川政元勢に破られて、紀伊に逃げ帰った。翌九年尚順は根来寺・粉河寺の衆徒とともに和泉を侵し、和泉半国守護細川元有を同国岸和田城(大阪府岸和田市岸城町)にたおしたが、政元の派した赤沢朝経に破られて再び紀伊に退く。やがて永正元年(一五〇四)義英と和して河内高屋城(大阪府羽曳野市古市)に入り、同国誉田城(同)の義英と河内を半国ずつ分領した。しかし永正四年細川政元の暗殺を機として細川氏の一族・被官が細川澄元方と同高国方とに分かれて争乱を起すと、尚順は高国方に加担して澄元方の義英と戦った。これよりさき周防に逃れて大内義興に頼った前将軍足利義尹(はじめ義材、のち義稙)が、翌五年義興とともに東上すると、尚順は高国とともにこれを和泉に迎えてともに上洛し、再び将軍となった義尹から細川家の家督と紀伊・河内・越中などの守護職を公認され、続いて幕命を受けて赤沢長経を大和に攻め滅ぼした。同八年高屋城を嫡男稙長に譲って紀伊国広城(和歌山県有田郡高城山)に移り住んだが、同十七年家臣に背かれて堺に走り、続いて一旦広城を奪回したが、再び敗れて淡路にのがれ、大永二年(一五二二)七月同地で没した。四十八歳。

畠山尚順花押

参考文献 『大日本史料』九ノ一六、大永二年七月十七日条、『寛政重修諸家譜』九八、今谷明『守護領国支配機構の研究』、『大阪府史』四 (小川 信)

はたけやままさなが 畠山政長 一四四二—九三 室町時代後期の武将。室町幕府の管領、相伴衆。河内・紀伊・越中などの守護。次郎(または弥二郎)、尾張守、左衛門督。実父は畠山持国の弟持富。弥三郎(義富か)の弟。嘉吉二年(一四四二)生まれる。兄弥三郎は細川勝元の後援で、持国の実子義就と家督を争ったが、長禄三年(一四五九)秋ころ弥三郎が急に没したため、その後継者として家臣に擁立され、翌四年細川勝元・伊勢貞親の仲介で将軍足利義政から畠山宗家の家督を安堵された。続いて政長は幕府の義就追討軍とともに河内の岳山城に義就を攻め、寛正四年(一四六三)ようやくこれを陥れた。翌寛正五年正月京都に凱旋した政長は同年九月管領に就任するが、文正元年(一四六六)義就は山名宗全に頼って上洛し、義政の赦免を受けて三ヵ国守護となり、政長は管領を罷免され、山名派の斯波義廉が管領となった。ここに政長は自邸を焼いて上御霊社(京都市上京区)に立て籠もり、義就勢と戦って敗れたが、同年五月政長を支援する細川勝元は大軍を京都に集めて宿敵の山名方に攻め寄せ、ここに応仁の大乱が勃発した。勝元はいちはやく幕府を東軍の陣営としたので、政長は義政から再び家督を認め

畠山政長花押

られ、守護職を回復した。大乱は当然畠山分国にも波及し、河内・越中などでも両派が戦った。文明九年(一四七七)義就の河内下向によって京都の戦乱は終息したが、両畠山の対立は継続し、河内は大半義就に奪われた。翌十年政長は山城守護を兼ね、山城にも再び両畠山軍の対立が及んだが、同十七年南山城の国人・地侍衆は国一揆を結成して西軍の撤退を要求し、これに応じて政長も撤兵した。延徳二年(一四九〇)義就が病没し、その子基家(のち義豊)が継ぐと、新将軍足利義材(のち義尹、さらに義稙と改名)は明応二年(一四九三)河内に出陣して基家を討ち、政長はこれに従軍して、河内・大和の諸城を陥れた。しかしその間に細川政元は将軍義材を廃して香厳院清晃(義澄)の擁立と基家の赦免を発表し、被官上原元秀・安富元家らを河内に遣して義材・政長を討たせ、ここに同年閏四月二十五日同国正覚寺城(大阪市平野区正覚寺)を政元方に囲まれた政長は、嫡子尚順を脱出させて自害した。五十二歳。墓は大阪市平野区正覚寺東之坊にある。法名実隆寺殿。ここに両畠山の争乱は尚順と基家(義豊)・義英父子との間に継続されることとなった。

[参考文献]『寛政重修諸家譜』九八、『大阪府史』四、今谷明『守護領国支配機構の研究』、同『室町幕府解体過程の研究』 (小川 信)

はたけやまみついえ 畠山満家 一三七二—一四三三

室町時代前期の武将。室町幕府管領、相伴衆。基国の嫡男。尾張守、左衛門督。法名道端。真観寺殿と号す。応安五年(一三七二)生まれる。明徳三年(一三九二)の相国寺供養に、父基国とともに郎等三十騎を率いて行列の先頭を勤めた。しかし北山殿足利義満に疎まれて退き、応永六年(一三九九)の応永の乱に父基国とともに出陣して力戦したが赦されなかった。そのため応永十三年基国が没すると、弟畠山満慶《みつのり》が家督として河内・紀伊・越中・能登の四ヵ国守護となった。しかし同十五年義満が没したため、満家は満慶から宗家の家督を譲り受け、河内・紀伊・越中三ヵ国守護となり、満慶は能登一国守護を保って能登守護畠山家(匠作家)の初代となった。満家は応永十七年から同十九年までと、同二十八年から永享元年(一四二九)までとの両度管領に在任した。第二回在任中の正長元年(一四二八)正月将軍足利義持の臨終に際し、醍醐寺座主満済と計って、石清水八幡宮の社頭で籤を引き、義持の弟義円(義教)を将軍に擁立した。管領退任後も幕府の宿老として将軍義教の諮問にあずかり、伊勢国司北畠満雅反乱事件の事後処理、関東・奥羽諸大名の動向をめぐる幕府と鎌倉公方足利持氏との対立、九州における大内氏と大友・少弐氏らとの対立などの諸問題につき、重臣会議を主導し、満済とも計って穏当な意見を具申して、ややもすれば過激に走ろうとする義教を抑制し、幕府政治の安定を保つのに功があった。永享五年九月十九日没。六十二歳。

畠山満家花押

[参考文献]『寛政重修諸家譜』九八、『満済准后日記』、小川信『足利一門守護発展史の研究』、今谷明『守護領国支配機構の研究』、同『室町幕府解体過程の研究』、『七尾市史』七、佐藤進一「足利義教嗣立期の幕府政治」(『法政史学』二〇) (小川 信)

はたけやまみつのり 畠山満慶 一三七二—一四三二

室町時代前期の武将。能登守護、相伴衆。左馬助、修理大夫。法名道祐、別称真源。勝禅寺殿と号す。『尊卑分脈』などは諱を満則とするが、慶にも「のり」の訓があるので満慶は「みつのり」であろう。応安五年(一三七二)生まれる。管領畠山基国の次男であるが、兄満家と同年生まれであり、あるいは双生児か。満家が足利義満の勘気に触れて退居したため、満慶は応永十三年(一四〇六)父基国が没すると畠山宗家を継いで、河内・紀伊・能登・越中四ヵ国守護となるが、翌々年義満が没すると兄満家に家を譲り、能登一国守護にとどまり、能登守護を世襲する修理大夫家(匠作家)の初代となった。その後も満家とともに幕政に参画し、応永二十五年には足利義嗣与同の嫌疑を受けたが、処罰を免れた。将軍足利義教のもとでも、重要政治方針を議する重臣会議にしばしば加わり、相伴衆に列し、幕府の宿老として重んぜられた。永享四年(一四三二)六月二十七日没。六十一歳。

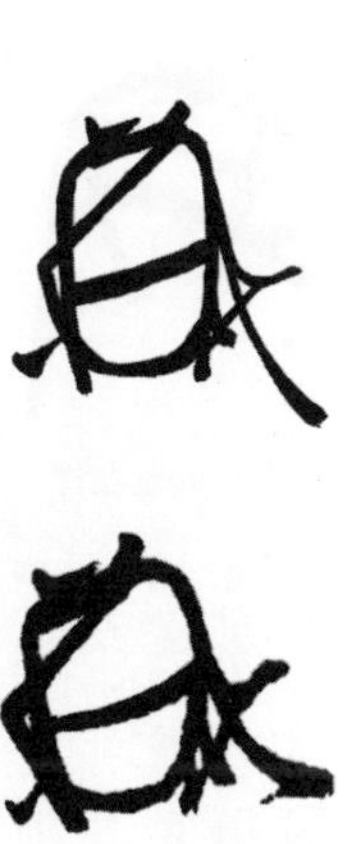
畠山満慶花押

[参考文献]笠雲等連「勝禅寺殿真源大居士肖像賛幷序」(日置謙編・松本三都正増訂『増訂加能古文書』補遺)、米原正義『戦国武士と文芸の研究』、『七尾市史』七 (小川 信)

はたけやまもちくに 畠山持国 一三九八—一四五五

室町時代前期の武将。室町幕府の管領、相伴衆。河内・紀伊・越中などの守護。尾張守、左衛門督。法名徳本。光孝寺殿と号す。畠山満家の嫡男。応永五年(一三九八)生まれる。永享五年(一四三三)父満家の死に伴い家督を相続したが、細川持之と対立し、また持国の異母弟持永を寵愛した将軍足利義教に退けられ、河内に閉居した。義教の横死(嘉吉元年(一四四一))後まもなく幕府に復帰して持永を討ち滅ぼし、翌嘉吉二年管領となり、幼将軍義勝のもとで幕府政治を主導した。文安二年(一四四五)一旦管領を細川勝元に譲り、同四年分国紀伊に南朝の皇胤円胤が挙兵すると、みずから出動してこれを鎮定した。

畠山持国花押

しかしこのころから加賀守護職の問題などをめぐり細川一族との対立を強めた。宝徳元年(一四四九)再び管領となり、山城守護を兼ね、将軍足利義成(のち義政)を補佐しつつ畠山氏の勢力拡張に努めた。享徳元年(一四五二)再び勝元に管領を譲り、幕府の宿老として重んぜられたが、勝元・山名宗全の連携によって持国の権勢は制約されるようになった。長らく子がなかったので、異母弟持富を養子としたが、のち妾腹に義就が生まれたため、これを家督に定め、これを不満とした持富の子弥三郎(持富か)は被官神保次郎左衛門・同越中守椎名某らに擁せられて反乱を図った。持国は享徳三年彼らを討って次郎左衛門・越中守らをたおしたが、弥三郎が細川勝元の支援を受けて反撃したため、持国は隠居した。しかし家督を譲られた義就は将軍義政の庇護を受けて攻勢に転じ、弥三郎派と分国内外で戦闘を繰り返すようになる。要するに、持国は畠山氏の権勢強化に努めたが、それが細川勝元らとの対立を深め、しかも家督相続問題を起して一族・家臣の内訌を露呈し、この内訌が持国の細川・山名との対立にからんで激化したのである。持国はこの内訌のさなか、翌康正元年(一四五五)三月二十六日没。五十八歳。

[参考文献]『寛政重修諸家譜』九八、今谷明『守護領国支配機構の研究』、同『室町幕府解体過程の研究』、『大阪府史』四、『富山県史』通史編二 (小川 信)

はたけやまもとくに 畠山基国 一三五二―一四〇六 南北朝・室町時代前期の武将。室町幕府の管領。義深の嫡男。三郎、右衛門佐。法号徳元。文和五年(一三五二)生まれる。永和二年(一三七六)と明徳三年(一三九二)の

畠山基国花押

二回侍所頭人に在任。この間康暦元年(一三七九)父義深の死去に伴い越前守護を継承したが、まもなく越中守護に転じ、ついで永徳二年(一三八二)河内守護を兼ねて楠木正儀を追討し、明徳二年までに能登守護をも兼ねた。同年末の明徳の乱に勇戦し、山城守護を一時兼任し、相国寺供養の盛儀には侍所頭人として警固にあたった。こうして足利義満の信任を得た基国は、応永五年(一三九八)畠山氏としてはじめて管領に任ぜられ、やがて三職(三管領)と呼ばれる家格の成立する端緒となった。翌応永六年の応永の乱には、みずから堺に出陣して鎮定にあたり、その功により紀伊守護を兼ね、摂津欠郡および大和宇智郡も分郡に加えた。また近臣遊佐氏・神保氏などを守護代に登用するとともに国人の被官化に努めた。こうして基国は北山殿義満をよく補佐して幕府政治の安定化に寄与するとともに、分国を拡大し、畠山氏の中興の祖となった。応永十三年正月十七日没。五十五歳。法名長禅寺殿春岩。

[参考文献]『大日本史料』七ノ七、応永十三年正月十七日条、『寛政重修諸家譜』九八、佐藤進一『室町幕府守護制度の研究』上、小川信『足利一門守護発展史の研究』、今谷明『守護領国支配機構の研究』、『富山県史』通史編二、『大阪府史』四 (小川 信)

はたけやまよしずみ 畠山義純 一一七六―一二一〇 鎌倉時代前期の武将。足利太郎、遠江守。安元二年(一一七六)生まれる。足利義兼の長男であるが、母が遊女であったため足利家を継げず、北条時政の女を母とする弟義氏が家督となる。義純ははじめ新田義兼の女と結婚して田中時朝・岩松時兼の二子をもうけた。のち元久二年(一二〇五)畠山重忠が北条時政に討たれると、義純は北条政子・義時の計らいで政子の妹である重忠の後家と再婚し、畠山氏の名跡を継いだ。その年次は不明であるが、幕府は承元四年(一二一〇)五月重忠の後家にその所領を安堵しているから(『吾妻鏡』)、その前後であろう。義純の官位は従五位下遠江守と伝えるので、北条一族に準じた優遇を受けたと思われる。承元四年十月七日没。三十五歳。最乗寺一峰義純と号す。さらに時政の女を母とする嫡子泰国は畠山家を継ぎ、上野介となり、御家人として活動するが、その子孫は足利尊氏に属し、嫡流は室町幕府の管領家となる。

[参考文献]『大日本史料』四ノ一〇、承元四年十月七日条、『寛政重修諸家譜』九八、小川信『足利一門守護発展史の研究』 (小川 信)

はたけやまよしなり 畠山義就 一四三七―九〇 室町時代後期の武将。初名義夏。伊予守、右衛門佐。管領畠山持国の男。永享九年(一四三七)生まれる。はじめ持国に子がなく、異母弟持富を養子にしたが、のち側室の子として義就が生まれ、義就は文安五年(一四四八)十二歳で持国の家督となった。持国は享徳三年(一四五四)持富の子弥三郎を擁する家臣の反乱計画を察知し洛中でこれを討った。弥三郎が細川勝元の援助を受けて反撃したため、持国は隠退し、義就は一旦伊賀に逃れた。しかし直ちに将軍足利義政を頼って上洛し、弥三郎を駆逐し、翌康正元年(一四五五)持国が没すると山城・河内・紀伊・越中守護職、大和宇智郡などの遺領を安堵された。弥三郎は長禄三年(一四五九)急死したが、その弟政長は家臣に擁せられ、細川勝元・伊勢貞親の援助を受けて翌寛正元年(一四六〇)義政から畠山家の家督を認められた。ここに四ヵ国守護職を罷免された義就は、河内に下って岳山城(竜泉寺城、大阪府富田林市竜泉)に立て籠もり、幕府の追討軍に抗して勇戦したが、寛正四年ついに城が陥った。義就は高野山を経てやがて大和国に移り、文正元年(一四六六)大和・紀

畠山義就花押

伊・河内の味方の国人を集めて河内に進み、政長方を破り、続いて山名宗全の援をうけて上洛し、またも将軍義政の赦免を得た。管領を罷免されて窮地に立った政長が翌応仁元年(一四六七)正月洛北上御霊社(京都市上京区)で挙兵すると義就はこれを攻め落とし、これが同年五月応仁の大乱の勃発する直接の端緒となった。大乱中義就は山名方の西軍にあって勇将として知られ「当時(現在の意)の名大将」とよばれたが、東軍方の幕府からは反逆者として守護職を取り上げられた。しかし、文明九年(一四七七)義就は河内に下って国内をほぼ平定し、紀伊・大和にも勢力を及ぼした。ここに京都の大乱はほぼ終息したが、両畠山の戦闘は継続し、義就は政長の河内進行に対抗して、河内の主要部を確保し、文明十五年には山城南部に進出し、文明十七年両軍の決戦が迫ったが、山城国一揆の要求で撤兵した。その後も義就は河内周辺の実力支配を続けたが、延徳二年(一四九〇)十二月十二日同国の陣中で病没した。五十四歳。法名宝泉寺。嫡男基家(のち義国)が遺志を継いで幕府に抗戦を続けた。

参考文献 今谷明『守護領国支配機構の研究』、同『室町幕府解体過程の研究』、『大阪府史』四

(小川 信)

はたけやまよしひで 畠山義英 生没年不詳 戦国時代の武将。河内守護。次郎。上総介、右衛門佐。基家(義国)の男。義就の孫。明応八年(一四九九)父が畠山尚順《ひさのぶ》と戦って敗死すると、幼少で家督を継いで河内守護となり、同国誉田城(大阪府羽曳野市古市)を居城とした。永正元年(一五〇四)尚順と和して守護職を譲るが、同四年講和は破れ、岳山城(竜泉寺城、大阪府富田林市竜泉)に立て籠もった。のち細川澄元・三好之長の畿内進出に呼応し、永正十七年三月大和の越智家全とともに河内高屋城(羽曳野市古市)を攻め落として畠山稙長(尚順の嫡子)を駆逐するが、之長が細川高国に敗れると、吉野にのがれた。大永元年(一五二一)十月尚順と和して前将軍義稙に属したが、その後消息不明。なお義英の嫡男義堯(義宣)は、同七年畿内に進行した三好元長に味方して活動したが、河内守護代木沢長政と一向宗徒に攻められて天文元年(一五三二)六月十七日、河内石川道場(大阪府南河内郡河南町か)で自殺し、長政の擁立した弟在氏には実権がなく、ここに義就流畠山氏の没落は決定的となった。なお義英と義堯を同一人とみる説もある。

畠山義英花押

参考文献 今谷明『守護領国支配機構の研究』、同『室町幕府解体過程の研究』、『大阪府史』四、弓倉弘年「戦国期河内畠山氏の動向」(『国学院雑誌』八三ノ八)

(小川 信)

はたけやまよしふさ 畠山義総 一四九一―一五四五 戦国時代の武将。能登守護。次郎、左衛門佐、修理大夫。畠山義統の次男慶致と推定される保寧院徳宗の嫡男。延徳三年(一四九一)生まれる。将軍足利義稙の御供衆として活動したのち、永正十一年(一五一四)下国して(国人の一部と結んだ一向一揆の反乱とみられる)能登の「錯乱」を静めた。翌十二年伯父義元(義統の嫡男)の死に伴い能登守護家を継いだ。永正十七年には越後の長尾為景と呼応して越中の神保慶宗・一向一揆軍を鎮圧し、前後三十年にわたる在国の統治で、能登畠山氏の政治的安定をもたらした。義総はまた文芸の上でもすこぶる顕著な活動を行なっている。すなわち三条西実隆・公条父子との交流による『源氏物語』『伊勢物語』『古今和歌集』などの研究、冷泉為和・宗碩らの能登下向による和歌・連歌の興隆、清原宣賢・彭叔守仙の下向指導による儒典・漢詩文の研究、重臣丸山梅雪の庇護による茶湯愛好などにより、能登畠山文化の黄金時代を築いた。天文十四年(一五四五)七月十二日没。五十五歳。法名興臨院殿伝翁徳胤。

畠山義総花押

参考文献 米原正義『戦国武士と文芸の研究』、『七尾市史』七、東四柳史明「能登畠山氏家督についての再検討」(『国学院雑誌』七三ノ七)

(小川 信)

はたけやまよしむね 畠山義統 ?―一四九七 室町時代後期の武将。能登守護。左衛門佐。畠山義有の男。永享九年(一四三七)ごろ生まれる。父義有が永享十一年(一四三九)、十二年ごろ陣没したため、祖父義忠の嫡孫として家督を継ぎ、康正元年(一四五五)には能登守護に在職、同年六月宗家の畠山義就とともに河内に畠山政長と戦う。祖父義忠が寛正元年(一四六〇)義就追放のとき隠遁したため、名実ともに能登畠山氏の当主となり、将軍義政の御相伴衆に列した。応仁の乱には西軍にあって戦い、文明九年(一四七七)能登府中(石川県七尾市)に下って分国の統治を強化するとともに、幕府に莫大な特産物などを贈った。長享二年(一四八八)には幕命により加賀に出兵して一向一揆と戦い、ついで能登一向一揆を未然に防止した。明応二年(一四九三)越中に走った前将軍足利義材《よしき》(のち義稙)を奉じて京都奪還を計るが成功しなかった。これらの活動の傍ら、義統は祖父義忠の文芸愛好をうけついで、歌道・連歌に長じ、かつ絵画の趣味もあり、特に和歌では在京中は正徹と交わり、下国後は再三その高弟正広を招いて歌会を催し、能登府中の文芸活動をおこした。明応六年八月二十日没。法名大寧寺殿大彦徳孫。

畠山義統花押

参考文献 米原正義『戦国武士と文芸の研究』、『七尾市史』七

(小川 信)

はたときよし 畑時能 ?―一三四一 南北朝時代の武将。六郎左衛門と称す。武蔵国秩父郡の住人。のち、信濃に移る。南北朝内乱の開始とともに、新田義貞の軍兵

となる。のち、脇屋義助に属して活躍した。三井寺の合戦などで戦功をあげる。『太平記』には「日本一の大力、剛者」とあり、謀略に秀で、騎射をはじめあらゆる武芸を能くしたという。延元二年(北朝建武四、一三三七)以後は越前を転戦し、脇屋軍の一員として、足利方の斯波高経の軍勢と戦った。義助の拠った杣山城が陥落したのちも、坂井郡の鷹巣城を死守した。この合戦の際における時能の愛犬犬獅子の逸話は有名である。興国二年(北朝暦応四、一三四一)、伊地知山の合戦は混戦となり、時能は流矢にあたり陣没した。 (佐藤和彦)

はたのかわかつ 秦河勝 七世紀ごろの人。推古朝の聖徳太子の近侍者。山背国葛野郡を本拠とする秦氏の族長的人物。川勝とも書く。『日本書紀』『広隆寺資財交替実録帳』『広隆寺縁起』などを総合すると、推古天皇十一年(六〇三)、聖徳太子より仏像をうけ葛野に蜂岡寺(広隆寺)を建てたとし、同十八年に来朝した新羅・任那使の導者となっているが、おそらく推古天皇三十年に太子の病気平愈か追福のため寺を建立し、そのときに太子よりかつて賜わった新羅の弥勒菩薩像を安置したとする記事の方に信憑性があろう。河勝は皇極天皇三年(六四四)東国不尽河(富士川)のあたりで大生部多が蚕に似た虫を常世神としてまつり、巫覡もこれにことよせ村里を迷わせたので、かれらを打ちこらしめたという。『上宮聖徳太子伝補闕記』『聖徳太子伝暦』には、用明朝に物部守屋の討伐に、太子の軍政人として参加し、冠位十二階の大仁、のち小徳を賜わったという所伝がある。

(伝)秦河勝像

参考文献 平野邦雄『大化前代社会組織の研究』、今井啓一『秦河勝』(『帰化人の研究』三) (平野邦雄)

はたのさけのきみ 秦酒公 五世紀ごろの人。雄略天皇の近臣。秦造酒ともいう。『日本書紀』雄略天皇十二年十月壬午条に、天皇が木工闘鶏御田《こだくみつげのみた》(猪名部御田)が采女を姧したと疑いこれを刑しようとしたとき、天皇に侍坐し琴声をもって戒めたので、御田は刑を免れたという。また秦民を臣連らがほしいままに駈使するのを憂え、天皇の詔により秦造として百八十種勝を率い庸調の絹縑を献上し、朝廷に積んだので禹豆麻佐(太秦)を称するに至ったという(同十五年条)。『新撰姓氏録』左京、山城国諸蕃には、功満王三世孫、弓月君の孫普洞王(浦東君)の男とあり、おなじような説話をのせるが、秦民の数を九十二部一万八千六百七十人とする。また秦民を役し、八丈蔵を宮側にたて貢物を納めることとし、はじめて大蔵の官員をおき、その長官となったという。 (平野邦雄)

はたのしままろ 秦嶋麻呂 ?—七四七 奈良時代の造宮省の官人。姓を秦下、秦公、太秦公、秦伊美吉、秦忌寸と記す。天平十四年(七四二)、造宮録として恭仁宮を造営し、その功によって正八位下より従四位下に昇叙され、太秦公の姓と多くの禄物を賜わった。こののち造宮輔となり、天平十七、八年までその任にあったが、天平十九年、長門守に任ぜられ、年内に没した。この時も従四位下。秦氏としては最高位にあたる。『尊卑分脈』『公卿補任』に、その女は藤原葛野麻呂の母とある。 (平野邦雄)

はたのちょうげん 秦朝元 生没年不詳 奈良時代の官人。僧弁正の子。医家。大宝年中(七〇一—〇四)、留学生の父、兄朝慶とともに唐にあったが、父兄の客死によって一人帰国した。養老三年(七一九)忌寸姓を賜わり、こののち医術において師範たるに堪えるとして禄物を賜い、また弟子をとり漢語を教授した。官位は従六位下、正六位上、外従五位下と昇叙している。天平年中(七二九—四九)、入唐判官に任ぜられ、父の故をもって唐帝より厚く賞賜され、帰国後、天平九年図書頭、同十八年主計頭となったのが、官歴の最終で、いずれも外従五位上。この間、『万葉集』一七に、太上天皇(元正)の雪見宴に侍し、左大臣橘諸兄にもし歌を作りえなければ麝をもって贖えと戯れられ、黙していたという。『尊卑分脈』は朝元の女を藤原式家菅継の母とし、『公卿補任』は藤原種継の母とするから、このばあいは朝元は種継の外祖父となる。 (平野邦雄)

はたのひではる 波多野秀治 ?—一五七九 戦国時代の武将。丹波国多紀郡を支配する土豪で八上城主(兵庫県多紀郡篠山町)。織田信長の支配に激しく抵抗した。天正五年(一五七七)より明智光秀・細川藤孝らによる山陰道攻略が始まり、同年末に丹後・但馬の国人衆が波多野氏に対して反乱を起したのに乗じて、光秀は八上城を包囲した。『信長公記』によれば、館の三里四方を光秀の軍勢が取り巻き、堀を掘り柵を幾里にも取り巻き、塀際には町屋のような小屋掛けをして見張番を置き、獣も通れぬほど厳重に警備したといわれる。籠城者のうち餓死が続出し、ひそかに脱出を企てる者は斬られるという状態が続いたが、秀治は一年余り堪えぬき、降伏の勧めにも応じなかった。天正七年光秀は自分の母(異説あり)を人質に出して和議を申し入れ、秀治が城から出たところを捕えた。秀治は安土へ護送され、六月二日城下の浄厳院で磔刑に処せられた。護送中に死んだという説もある。これによって波多野氏は滅亡した。

参考文献 嵐瑞澂「丹波八上城落城の真相」(『兵庫史学』四二) (三鬼清一郎)

はたのむねさだ 秦致貞 生没年不詳 平安時代の絵師。法隆寺の記録には致真と記すものが多い。治暦五年(延久元、一〇六九)二月の円快作法隆寺蔵聖徳太子像(重要文化財)の彩色の絵師をつとめた。この像の胎内墨書は、

絵師秦致貞と記している。致貞はまた、同年六月の法隆寺絵殿の『聖徳太子絵伝』(国宝)の絵師でもある。『絵伝』は法隆寺献納宝物として東京国立博物館に現蔵。古様な自然景観のなかに、太子伝を五十余景に描く。記録に、秦致貞は摂津大波郷住人とある。当時の絵師の地方在住として注目される。

参考文献 丸尾彰三郎編『日本彫刻史基礎資料集成』平安時代造像銘記篇二、奈良国立博物館編『聖徳太子絵伝』

(平田 寛)

はたのやくに 羽田八国 ?―六八六 壬申の乱時の将軍。名を矢国にもつくる。もと公姓で、八色の姓《かばね》で真人を賜姓される。天武天皇元年(六七二)七月、壬申の乱に際しては近江軍の将軍であったが、乱中の近江朝廷側の内紛時に、子の大人《うし》ら一族を率いて、大海人皇子軍に帰降し、将軍となる。越前地方に派遣されたのち、出雲狛とともに三尾城(近江)を攻略した。天武天皇十二年に、伊勢王らと天下に巡行して、諸国の境界を区分した。時に大錦下とあるが、誤りあるか。朱鳥元年(六八六)三月に発病、大弁官直大参とみえる。同月二十五日没し、壬申の乱の功により直大壱を贈位。羽田公(波多君にもつくる)は、『古事記』応神天皇段に若野毛二俣王の子意富々杼王をその祖とする。羽田は近江国の地名(滋賀県八日市市羽田《はねだ》)。

参考文献 『八日市市史』一

(吉村 武彦)

はたのやしろ 羽田八代 羽田(波多)氏の始祖と伝えるが実在したか未詳。『古事記』孝元天皇段によると、建内宿禰の九人の子(男七人・女二人)の筆頭に八代をあげ、波多臣・林臣・波美臣・星川臣・淡海臣・長谷部君の祖とする。『日本書紀』によると、応神天皇三年、百済の辰斯王が天皇に礼を失したので、紀角らとともに派遣されて王を責め、百済は辰斯王を殺して阿花王を立てたので帰国したという。また履中天皇即位前紀には、天皇が皇太子の時、矢代(八代)の女黒媛を妃としようとしたが、仲皇子と不倫関係にあり、ために皇子を攻め殺したとある(ただし『古事記』は黒比売を葛城葦田の女とする)。

(日野 昭)

はたのよししげ 波多野義重 生没年不詳 鎌倉時代中期の武将。六波羅評定衆。相模国波多野荘を本領とする波多野義経(常)の弟忠綱の子。義通の孫にあたる。出雲守。法名は如是。承久の乱に際し、兄経朝とともに北条時氏に従って上洛、美濃国摩免戸・莚田・杭瀬川で戦い、宇治橋の合戦で京方のため右目を射られた。仁治三年(一二四二)十二月十七日六波羅蜜寺の近くで郎従とともにはじめて道元の法話をきき(『正法眼蔵』二二、全機)、寛元二年(一二四四)七月には所領の越前国志比荘の地に道元を招き、大仏寺(のち永平寺と改称)の建立に貢献した(『永平開山道元和尚行録』など)。また、建長二年(一二五〇)には一切経を寄進している。宝治元年(一二四七)十一月、鶴岡放生会に際して、先陣随兵の筆頭に名がみえる。この時、次位の三浦盛時がかれの下に記されたのを怒って訴え出た折、先の軍忠を揚言している記事がみえる。このころには六波羅から帰東していた。宗尊親王の建長四年四月の下向時には、京都から供奉して下向してきたとある(『吾妻鏡』)。

参考文献 『神奈川県史』別編一、『秦野市史』一、湯山学「鎌倉後期における相模国の御家人について㈢」(『鎌倉』二六)

(福田 以久生)

はたひのおうじょ 幡梭皇女 ⇩草香幡梭皇女《くさかのはたひのおうじょ》

はちじょういん 八条院 一一三七―一二一一 鳥羽天皇の皇女。母は美福門院藤原得子。天皇退位後の保延三年(一一三七)四月八日誕生、「釈尊誕生の日に生る」として世人の祝福をうけた(『中右記』)。翌四年四月内親王となり、暲子と命名、久安二年(一一四六)四月准三宮の宣旨を蒙ったが、保元二年(一一五七)五月落飾して金剛観(金剛性・金剛覚とする異伝もあり)と称した。応保元年(一一六一)十二月十六日、二条天皇の准母の儀をもって院号宣下あり、八条院と称した。后位を経ずに女院となった最初の例である。深く仏法に帰依し、承安四年(一一七四)二月仁和寺中に蓮華心院を建立したが(『百錬抄』)、建暦元年(一二一一)六月二十六日、七十五歳をもって薨じ、翌日同院に葬られた。墓は京都市右京区鳴滝中道町にある。女院は父上皇の鍾愛をうけ、近衛天皇の崩後、女帝に擬せられたといわれ(『愚管抄』)、上皇および美福門院より莫大な所領を譲られた。女院はその財力を背景として、後白河天皇の皇子以仁王を猶子として庇護し、その王子道性および王女(三条姫宮)を御所で養育し、さらにその王女を内親王に立てて所領を伝えんことを奏請したが、聴許されなかった。一方、後鳥羽天皇の皇女昇子内親王(春華門院)を猶子として御所に引き取ったので、女院の没後、遺領の大部分は同内親王に伝えられた。

参考文献 『大日本史料』四ノ一一、建暦元年六月二十六日条

(橋本 義彦)

はちじょういんのたかくら 八条院高倉 生没年不詳 鎌倉時代の歌人。法印澄憲の女。母は高松女院と推定され、嘉応二年(一一七〇)～承安四年(一一七四)ごろに生まれた。『続拾遺和歌集』中の「身はかくて六十の春を過しきぬ年の思はん思ひ出もなし」の詠が嘉禎三年(一二三七)の覚寛法印勧進七十首であることから、このころ六十余歳位。鳥羽院皇女八条院暲子に出仕。『源家長日記』建仁元年(一二〇一)の記事に後鳥羽院に召されたとある。『新古今和歌集』に初出。『建保四年内裏歌合』『建保五年内裏歌合』『貞永元年八月十五夜歌合』などに出詠。

参考文献 谷山茂『新古今集とその歌人』(『谷山茂著作集』五)、井上宗雄『鎌倉時代歌人伝の研究』

(有吉 保)

はちすかまさかつ 蜂須賀正勝 一五二六―八六 戦国時代の武将。初名小六、のち彦右衛門尉。大永六年(一

蜂須賀正勝花押

五二六)尾張国海東郡蜂須賀村(愛知県海部郡美和町)に正利の子として生まれる。母方の在所丹羽郡宮後村(江南市)に居住し木曾川筋川並衆の蜂須賀党を率いて川筋を掌握。はじめ美濃の斎藤道三に、ついで尾張の犬山織田氏、岩倉織田氏に仕え、のち清須の織田信長に属し桶狭間の戦に従軍。永禄七年(一五六四)信長の臣木下(豊臣)秀吉に従って東美濃宇留間攻め、美濃稲葉山城の焼打ちに参加。九年秀吉の墨俣築城に功をたて、以後秀吉直臣として多くの合戦に従う。十年稲葉山城攻め、十一年近江箕作山城攻めに参加。元亀元年(一五七〇)越前金崎城より撤退の際、殿軍を勤める秀吉を援けて奮戦。同年姉川の戦に参陣の後、近江横山城在番。二年佐保山城を降し、三年浅井郡の宮部善祥坊を誘降。天正元年(一五七三)小谷山城京極丸の浅井久政を攻め自殺させた。この年秀吉より長浜の内に所領を与えられ、同年伊勢桑名郡の一揆を平定。以後同郡西別所に在番。翌二年長嶋一揆を攻撃。この間の勢州長陣に対し信長より伊勢河内中江において二千五百貫を扶助された。四年安土城本丸の石垣作事奉行。途中石山一揆攻撃のため大坂楼岸に出陣し信長より戦功を賞せられ、五年秀吉の播州入りに従い、上月城を攻め、その後辰野に在番。六年より八年正月にかけ、別所長治の三木城を囲んで降し、その功により竜野城主となる。また信長より尾張海東郡において加増。九年鳥取城を攻める。十年備中高松城水攻めの築堤惣奉行。本能寺の変が起ると城将清水宗治と交渉して開城に成功。十一年織田信孝・滝川一益・柴田勝家を岐阜・伊勢・近江に攻め、賤ヶ岳の戦を経て北庄に進む。同年大坂築城の縄張りを差配。丹波・河内にて大坂在住料として五千石加増をうける。十二年小牧・長久手の戦には参加せず大坂城在番。この間根来・雑賀一揆に囲まれた岸和田城を救援。十三年根来・雑賀一揆攻めに加わる。ついで長宗我部攻めに病をおして参加。帰陣の後、病床に臥す。秀吉より阿波一国を給せられたが辞し、嫡子家政が拝領。正勝は摂津において養生分五千石を与えられ、十四年五月二十二日、大坂にて死去。六十一歳。法号良岩浄張。墓は徳島市の興源寺にある。

蜂須賀正勝画像

参考文献 『寛政重修諸家譜』三六一、吉田雄翟『武功夜話』　(新井喜久夫)

はちまんたろうよしいえ 八幡太郎義家 ⇨源義家《みなもとのよしいえ》

はっしん 法進 七〇九―七八 奈良時代の僧。中国唐の人。景竜三年(七〇九)生まれる。揚州白塔寺の僧で、鑑真が授戒伝律の師として日本に渡ることを決意した当初から随行し、辛苦をともにして、天平勝宝六年(七五四)入朝した。東大寺の戒壇院創建にあたって師を助け、聖武上皇の信任篤く、鑑真が大僧都に任じられた時、一緒に律師として僧綱に列した。その後、宝亀元年(七七〇)少僧都、同六年には大僧都に任じられ、皇室の信任のほどが知られる。また鑑真が唐招提寺を開き、律学講演の道場としてからは戒壇院の戒和上第一世となり、唐禅院を継いでいるが、地方出身者の出家の便を考慮して戒壇を下野薬師寺と筑紫観世音寺に設けたことは法進の指導にまつところ多大である。爾来、戒壇院に加えて、これを天下三戒壇と称する。しかし法進の功績は政治的な側面のみではなく、その講律に見られ、該博な学識は律の「五大部」「三要疏」や『梵網経疏』の講義に明らかであるが、さらに天台宗の教学にも通じ、天台の「三大部」を講ずること四度に及んだと伝えられる。またその著述に『東大寺受戒方軌』一巻、『沙弥十戒威儀経疏』

法進自署

五巻、『梵網経疏』六巻または七巻があって、『受戒方軌』は当時の受戒作法の在り方を伝えて、影響が大きく、『梵網経疏』も最澄の天台円戒に指針を与えたものである(ただし現存しない)。門弟に聖一・慧山らがある。宝亀九年九月二十九日没。七十歳。

[参考文献] 慧堅『律苑僧宝伝』一〇(『大日本仏教全書』)、義澄『招提千歳伝記』中一(同)、石田瑞麿『鑑真―その戒律思想―』(『大蔵選書』一〇)　（石田　瑞麿）

ばっすいとくしょう　抜隊得勝　一三二七―八七　南北朝時代の臨済宗法燈派の僧。法諱は得勝、抜隊はその道号。相模中村の人。嘉暦二年(一三二七)十月六日に生まれる。俗姓は藤原氏。文和四年(一三五五)二十九歳の正月十七日、相模治福寺の応衡について落髪したが、僧衣を纏わず経典を誦せず至る処で閑坐した。のち同国に隠遁する明極《みんき》楚俊の門弟である得瓊に問法し、ついで建長寺の肯山聞悟に参じ、以後はじめて僧衣を着した。常陸法雲寺の復庵宗己、奥州田村郡の大禅寺、武蔵・相模に隠遁する道人の間を歴訪し、再び得瓊に問禅したが、出雲雲樹寺の孤峯覚明に参じるよう指示された。延文三年(一三五八)四月十七日、孤峯の席下に至って参請し、門前に仮宿して通参問法した。六月に至って大いに印可され、抜隊の道号を付与され、相模に帰ってこの経過を得瓊に報じた。相模の七沢・弥勒寺などに仮寓ののちに、和泉大雄寺に赴いて結夏を過ごし、紹暁とともに辞して美濃桐山に庵居した。ついで紀伊・近江を回って近江永源寺の寂室元光に参じ、再び紀州須田に居して、孤峯の参徒竹巌用貞と交遊を結んで商量した。去って能登総持寺の峨山韶碩に参じて洞上の宗旨を探り、近江を経て遠江の天方に庵居したが、さらに伊豆を巡って相模須々萱に住した。ついで同国津久井郡青山、駿河国鷹打山・世那、伊豆国鍋沢山、相模国簑毛、伊豆国三戸野山、武蔵国横山、甲斐国竹森と転住し、宝珠寺の昌秀の勧めに応じて塩山に移り、領主の武田刑部法光(信成)の外護を受けて向嶽寺開山となった。のち和泉の大雄寺、出雲の雲樹寺に拝請されたが、病と称して辞して就かず、嘉慶元年(一三八七)二月二十日寂した。六十一歳。全身を観音殿の大悲閣下に葬った。『抜隊和尚語録』六巻、『抜隊仮名法語』一巻、『塩山和泥合水集』三巻がある。行状(『甲州塩山向岳庵開山抜隊和尚行実』)は『続群書類従』伝部に収められ、『語録』六にも「行録」として収載されるが、多少語句の相異が見られるものの大きな変化はない。弟子の通方明道の撰であるが、のちに峻翁令山が重録した。慶安四年(一六五一)の板本のほかに『(大正新修)大蔵経』続諸宗部、塙本『名僧行録』二、林家本『禅林僧伝』五にも所収。

抜隊得勝画像

[参考文献] 卍元師蛮『延宝伝燈録』一五(『大日本仏教全書』)、『塩山向嶽禅庵小年代記』(『甲斐史料集成』一二)、関口貞通『向嶽寺史』、『群書解題』四下「甲州塩山向岳庵開山抜隊和尚行実」　（葉貫　磨哉）

はつせべのわかさざきのみこと　長谷部若雀尊　⇨崇峻《すしゅん》天皇《てんのう》

はっとりじほう　服部持法　生没年不詳　鎌倉・南北朝時代初期の武士。諱不明。通称右衛門太郎。入道号持法。改号道秀。伊賀国阿拝《あべ》郡服部郷(三重県上野市)を本貫とする伊賀国屈指の有力御家人として北伊賀(阿拝郡・山田郡)に勢威を振るった。正安二年(一三〇〇)ごろから東大寺領名張郡黒田荘に越後房観俊らの悪党が蜂起し、東大寺の鎮圧依頼をうけた六波羅探題が遵行使を下したが不遵行に終り、ために東大寺は両使の改替を求めた。これに応じた六波羅は、嘉暦二年(一三二七)、伊賀守護代平常茂と持法に悪党召進を命じた。持法らは荘内に入部したものの、その遵行は悪党逐電を報告するだけの不徹底なものであった。さらに六波羅は三月と七月の二度にわたって悪党住宅の破壊と交名人召捕を命じた。しかし持法らの態度は消極的で、病と称して入部せず、ようやく八月に入部したが交名人逐電を報告するにとどまっ

服部持法花押

た。そこで六波羅は、国中の地頭御家人を催しての逐電交名人召進を厳命し、持法らはようやく交名人を参対せしめた。鎌倉幕府滅亡後、建武三年(一三三六)ごろ、持法は本拠地服部郷高畠村の地名をとり高畠右衛門太郎入道道秀と名のり、鞆田荘・玉滝荘・湯船荘・阿波荘・広瀬荘以下の東大寺領北伊賀諸荘園を侵略し、寺家から当国名誉大悪党張本として訴えられた。この北伊賀悪党は、持法を中心として血縁関係・血縁擬制関係・婚姻関係等によって集合した服部党と、同様の集団である柘植党・河合党などが結合した国人一揆であった。したがって守護仁木義直・同義長らもこれを鎮圧することはできなかった。貞和二年(一三四六)七月二十日、足利幕府は持法と柘植新左衛門尉の両人に伊賀安国寺の寺領保護と造営成否の注進を命じている。室町時代に入っても守護仁木氏と伊賀国人は共存し、末期に至って仁木氏が滅亡すると、惣国一揆が結成され、その一国支配は、天正九年(一五八一)の織田信長の伊賀侵攻まで継続した。

(小泉　宜右)

参考文献　小泉宜右「伊賀国黒田庄の悪党」(稲垣泰彦・永原慶二編『中世の社会と経済』所収)

花園天皇花押

花園天皇画像(豪信筆)

はなぞのてんのう　花園天皇　一二九七―一三四八　一三〇八―一八在位。伏見天皇の第四皇子(一説に第二皇子)。母は左大臣洞院《とういん》実雄の女、顕親門院季子。名は富仁。永仁五年(一二九七)七月二十五日誕生。正安三年(一三〇一)八月十五日、着袴の儀があり、同日親王宣下。同月二十四日、兄後伏見上皇の猶子として、大覚寺統の後二条天皇の皇太子に立てられた。これは父伏見上皇の配慮によるもので、将来後伏見上皇に皇子が生まれた時には、その皇子を富仁親王の猶子として皇統を継承させ、持明院統が二流に分裂することのないように定められていた。延慶元年(一三〇八)八月二十六日、後二条天皇崩御のあとを受けて践祚。時に十二歳。ついで、天皇より九歳年長である大覚寺統の尊治親王(後醍醐天皇)を皇太子とした。同年十一月十六日、太政官庁で即位の儀があり、応長元年(一三一一)正月三日、二条富小路の里亭で元服した。十一年間の在位中、前半は父伏見上皇の、後半は兄後伏見上皇の院政が行われ、文保二年(一三一八)二月二十六日、後醍醐天皇に譲位した。まれに見る好学の君主であった天皇は、上皇となったのち、後伏見上皇から、その皇子で持明院統の次期皇位継承者である量仁親王(光厳天皇)の教育を託され、これに情熱を傾けた。元徳二年(一三三〇)二月に上皇みずから草して親王に与えた『誡太子書』に、上皇の学問に対する基本理念が示されている。建武二年(一三三五)十一月二十二日、法勝寺の円観慧鎮を戒師として落飾。法名を遍行と称した。やがて、それまで御所としていた持明院殿から洛西花園の萩原殿に移り、宗峯妙超・関山慧玄を師として、晩年は禅宗信仰に没頭した。貞和四年(一三四八)十一月十一日、五十二歳で崩ず。花園院と追号され、また萩原院とも呼ばれた。陵は十楽院上陵(京都市東山区)。日記『花園天皇宸記』があり、『玉葉和歌集』以下の勅撰集への入集も多い。

(宮崎　康充)

参考文献　『大日本史料』六ノ一二、貞和四年十一月十一日条、岩橋小弥太『花園天皇』(『人物叢書』九九)、橋本義彦「『誡太子書』の皇統観」(安田元久先生退任記念論集刊行委員会編『中世日本の諸相』下所収)

十楽院上陵《じゅうらくいんのうえのみささぎ》　京都市東山区粟田口三条坊町、青蓮院と知恩院の間、華頂山の麓の丘上にある。十楽院は青蓮院三院家の一つ。『園太暦』所収『慈厳僧正記』に「於十楽院上山、構山作所奉葬之云々」とある。

(飯倉　晴武)

ハビエル　Francisco de Xavier　⇨シャビエル

はむろさだつぐ　葉室定嗣　一二〇八―七二　鎌倉時代中期の公卿。権中納言藤原光親の子。初名光嗣、ついで高嗣・定嗣と改む。母は参議藤原定経の女。父光親は後鳥羽上皇の近臣で、承久の乱のとき、幕府追討の宣旨を

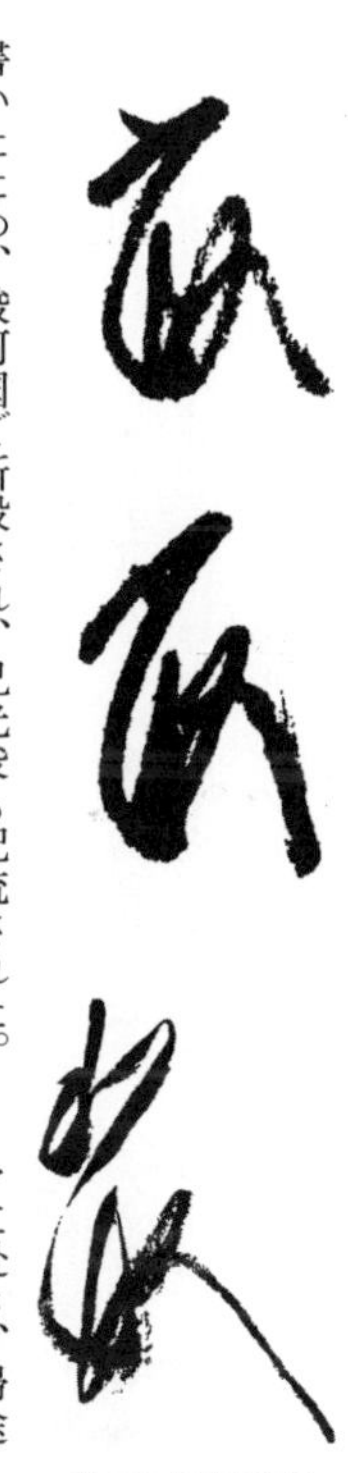
葉室定嗣花押

書いたため、駿河国で斬殺され、兄光俊も配流された。承元二年(一二〇八)生まれる。建保二年(一二一四)叙爵、同五年但馬守となって以後、やや官位の昇進が遅れたとはいえ、美濃守・蔵人・右中弁など歴任の後、仁治二年(一二四一)蔵人頭となり、定嗣と改名。翌三年には正四位下参議、さらに同年従三位。政務にすぐれ、大蔵卿・左兵衛督・検非違使別当などを務め、後嵯峨天皇の信任をうく。寛元四年(一二四六)天皇譲位ののちは、上皇の院司として活躍、宝治二年(一二四八)には正三位、権中納言に昇る。建長二年(一二五〇)官を辞して出家し、定然と号して山城の葉室の別業に退いた。文永九年(一二七二)六月二十六日没。六十五歳。日記『葉黄記』は寛喜二年(一二三〇)から建長元年まで存し、寛元四年以降詳しく、後嵯峨院政期の史料として貴重である。
(綾村　宏)

はやぶさわけのおうじ　隼別皇子　応神天皇の皇子。母は桜井田部連祖の嶋垂根の女、糸媛。隼総別皇子・速総別王とも記す。『日本書紀』仁徳天皇四十年条によれば、天皇が雌鳥《めとり》皇女を妃としようとして皇子を遣わしたところ、皇子は皇女と密通して復命しなかった。天皇はこれを知り恨みに思ったが、罰しなかったため、皇子は増長して天皇を侮り、それを知って天皇は皇子を殺そうとした。皇子は皇女をつれて伊勢神宮へ逃げたので、天皇は臣下に追わせ、伊勢蔣代野《こもしろの》で、皇子らを殺したという。『古事記』にもほぼ同様の記事があるが、皇女が皇子に反乱をそそのかしたとするなど、多少の相違が見られる。
(亀田　隆之)

はらマルチノ　原マルチノ　?—一六二九　天正遣欧使節の副使。永禄十一年(一五六八)ごろ肥前国大村領波佐見に生まれる。ポルトガル語でマルチーニョ＝ド＝カンポ(カンポは原の意)といわれる。天正十年(一五八二)ローマに赴き、帰途インドのゴアで巡察師ヴァリニァーノに対し感謝の演説をラテン語で行う。この演説は同十六年同地で日本人の手により印刷されキリシタン版の先駆となる。十八年帰国しイエズス会に入る。慶長十三年(一六〇八)司祭に叙階。語学の才に恵まれキリシタン版の作成翻訳に従事。教会公証人として日本司教を補佐、同十八年イエズス会日本管区長秘書、翌年澳門《マカオ》に追放されロドリゲスの『日本教会史』執筆に協力し一六二九年十月二十三日同地で病没。日本人イエズス会員中、卓抜した才能と学識を有した。

参考文献　『大日本史料』一二ノ別巻、『デ・サンデ天正遣欧使節記』(泉井久之助他訳、『新異国叢書』五)、ルイス＝フロイス『九州三侯遣欧使節行記』(岡本良知訳)、結城了悟『新史料天正少年使節』(『キリシタン研究』二九輯)、H・チースリク『キリシタン時代の邦人司祭』(『キリシタン文化研究シリーズ』二二)、福島邦道「原マルチノ小考」(『実践国文学』一二)、宮崎賢太郎「天正遣欧使節の人物研究」(『長崎談叢』六八)、J.F. Schütte: Monumenta Historica Japoniae I, Monumenta Missionum Societatis Iesu, Vol. 34.
(五野井隆史)

ばらもんそうじょう　婆羅門僧正　⇨菩提僊那《ぼだいせんな》

バリニァーノ　Alexandro Valignano　一五三九—一六〇六　イエズス会東インド巡察師。一五三九年イタリアのキエティに生まれ、五七年パドバ大学で法学博士号を取得し、六六年イエズス会入会、ローマ＝コレジョ(神学院)で哲学と神学を学び、七〇年、司祭、翌年、修練長、七二年マチェラータのコレジョ院長となる。翌七三

「IHS」
バリニァーノ印

年ローマで東インド巡察師に任命され盛式終生誓願を立て、翌年、四十一名のイエズス会士とともにリスボン出港、ゴアを経て、七八年マカオ着。翌天正七年(一五七九)口之津着。翌年、有馬鎮貴(晴信)に授洗、翌九年、五畿内を巡察し織田信長の歓待を受け、日本イエズス会第一回協議会(臼杵・安土・長崎)を開催しシャビエル以来山積していた司牧と布教問題を処理した。日本の準管区昇格、下《しも》・豊後・都の三布教区制、日本年報(『イエズス会日本年報』)の作成、マカオ市との生糸貿易による財政の確立、大村純忠から寄進された長崎港と茂木の受領による経済と布教の拠点確保、日本人聖職者養成機関セミナリヨ・コレジョ・ノビシアドの設立、イエズス会内の日本人との融和、禅僧を範とした礼法の制定など、日本の言語・文化・風習に対する適応政策は大航海時代の海外布教史上画期的なものであった。同十年、みずから立案した遣欧少年使節(天正遣欧使節)とともに長崎出港、十八年、使命を果たした使節とともにゴアから再来日、長崎着。豊臣秀吉の伴天連《バテレン》追放令に対処するため加津佐で第二回総協議を開催、使節の舶載した活字印刷機によるキリシタン版の出版に着手する。翌年、インド副王使節として秀吉に謁し、長崎で第一回管区会議を開催して離日、一五九三年、東アジア布教の拠点としてマカオにサン＝パウロ＝コレジョを設立。慶長三年(一五九八)新司教セルケイラとともに三たび来日し長崎で第二回管区会議を開催、同七年、関ヶ原の戦後の布教事業再編成のため、長崎で協議会を開催後、翌年マカオへ向かい、一六〇六年一月二十日、同地で病死。組織者としての手腕、深い学識と人格により、シャビエルの精神を継承したキリシタン史上の中心人物である。著書に『東インド巡察記』、『日本のカテキズモ』、『日本イエズス会士礼法指針』、

『日本巡察記』、『東インドイエズス会史』、『日本キリスト教史』第一巻がある。

参考文献 ヴァリニャーノ『日本巡察記』(松田毅一他訳、『東洋文庫』二二九)、同『日本イエズス会士礼法指針』(矢沢利彦・筒井砂訳、『キリシタン文化研究シリーズ』五)、同『日本のカテキズモ』(家入敏光訳)、同『東インド巡察記』(高橋裕史訳、『東洋文庫』七三四)、ルイス＝フロイス『フロイス日本史』(松田毅一・川崎桃太訳)、高瀬弘一郎編訳『イエズス会と日本』(『大航海時代叢書』二期六・七)、海老沢有道・松田毅一『エヴォラ屏風文書の研究』、高瀬弘一郎『キリシタン時代の研究』、岡本良知『十六世紀日欧交通史の研究』、同『キリシタンの時代—その文化と貿易—』、アルバレス＝タラドゥリス編註「日本イエズス会第二回総協議会議事録と裁決(一五九〇年)」(井手勝美訳、『キリシタン研究』一六)、「日本イエズス会第一回協議会(一五八〇—八一年)と東インド巡察師ヴァリニアーノの裁決(一五八二年)」(井手勝美訳、同二二)、井手勝美『キリシタン思想史研究序説』、J. L. Alvarez Taladriz: A. Valignano S. J., Sumario de las cosas de Japon (1583), Monumenta Nipponica Monographs, No. 9; J. F. Schütte S. J.: Valignanos Missionsgrundsätze für Japan, Vol. I-1, 2; J. F. Schütte S. J.: Monumenta Historica Japoniae I, Monumenta Historica Societatis Iesu, Vol. 111.　(井手　勝美)

はるずみのよしただ　春澄善縄　七九七—八七〇　平安時代前期の漢詩人。本姓は猪名部造。のち春澄朝臣に改める。澄相公と称される。延暦十六年(七九七)生まれる。祖父は伊勢の一郡の少領、父は周防の大目であった。善縄は苦学力行により天長五年(八二八)文章得業生となり、同七年対策に及第。淳和天皇に登用され、内記・東宮学士を経て承和十年(八四三)、文章博士になる。淳和・仁明・文徳天皇三代の鴻儒。大学では『後漢書』、清涼殿では『荘子』『漢書』『文選』『晋書』などを進講した。貞観二年(八六〇)に参議、同三年に式部大輔、同四年に正四位下、同十二年には従三位に叙せられた。また、斉衡二年(八五五)文徳天皇の詔により、藤原良房・伴善男・安野豊道らとともに『続日本後紀』二十巻の編輯を始めたが、途中善男らが脱落したため、貞観十二年良房とふたりで完成上奏した。彼の詩は『経国集』に「七言、奉レ試賦二挑燈杖一首(七言十韻仍以二挑燈杖一為レ韻)猪善縄」としてみえ、散文は神仙・漏刻の問策(『本朝文粋』巻三所収)がのこる。荘・老・周易の三玄の学に通じ、陰陽道を信じた。その作品には列仙伝・神仙伝などの道教的影響がみられる。貞観十二年二月十九日没。七十四歳。

参考文献 川口久雄『平安朝日本漢文学史の研究』、坂本太郎「六国史とその撰者」(『日本古代史の基礎的研究』上所収)、同「藤原良房と基経」(『古典と歴史』所収)　(川口　久雄)

バレト　Belchior Nuñes Barreto　?—一五七一　イエズス会宣教師。ポルトガル人。一五二〇年ごろポルトに生まれる。三六年にコインブラ大学で哲学、つづいて五年間教会法を学び博士号を得た。四三年にコインブラでイエズス会に入り、同地で神学を勉強し司祭に叙階された。五一年にインドへ派遣され、五二年にバセイン地区の上長、五三年に管区長に任命された。当時インド管区に属していた日本布教地区を視察に弘治二年(一五五六)来日、同三年まで在日、その間、宗教用語問題の方針を決め、サビエルのカテキズモを再編成した。バレトが作成しロレンソ西によって日本語に翻訳され、『二十五箇条』として知られているこの教理書は、元亀元年(一五七〇)まで使用されていた。また、将来日本でつくる予定のコレジョのため、哲学・神学・『聖書』・修養・自然科学など各種の書籍を多数携えてきた。一五五七—六八年コチンのコレジョの院長を務め、その後、ゴアに居り、七一年八月十日にそこで死去した。　(H・チースリク)

ばんあ　鑁阿　⇨ばんな

はんえん　範宴　⇨親鸞《しんらん》

はんがく　板額　生没年不詳　鎌倉時代前期の女性。『吾妻鏡』では「坂額御前」。越後国の豪族城資国の女。建仁元年(一二〇一)正月、京都で幕府への叛乱を企てた兄弟の長茂に呼応して、甥の資盛とともに越後国蒲原郡(新潟県胎内市中条町)で蜂起。前守護佐々木盛綱の率いる幕府軍との合戦で抜群の射芸を示した。奮戦空しく、信濃国住人藤沢清親に生捕られ、六月、鎌倉に送られたが、容色にすぐれ、臆気のない態度は御家人たちに感銘を与え、甲斐源氏の浅利義遠は鎌倉殿源頼家に願って、彼女を妻に迎えた。

参考文献 角田文衞『平家後抄』(『朝日選書』一七九・一八〇)　(野口　実)

はんしじょおう　班子女王　八三三—九〇〇　光孝天皇の女御。仲野親王の女。母は当宗氏。天長十年(八三三)生まれる。時康親王(光孝天皇)の室に入り、王子定省(宇多天皇)らを産した。元慶八年(八八四)四月、親王の即位により女御となり、仁和三年(八八七)十一月、宇多天皇の即位により皇太夫人となった。寛平九年(八九七)七月、醍醐天皇の即位とともに皇太后となった。昌泰三年(九〇〇)四月一日崩御。六十八歳。山城国葛野郡頭陀寺辺に葬られた。

参考文献 『大日本史料』一ノ二、昌泰三年四月一日条　(厚谷　和雄)

はんじゅん　範俊　一〇三八—一一一二　平安時代の僧侶。曼荼羅寺(随心院)三世。東寺長者。興福寺威儀師仁盛の子。長暦二年(一〇三八)生まれる。幼時叔父の曼荼羅寺成尊に師事して出家、南都で法相・三論を学び、延久三年(一〇七一)小野に帰り成尊に伝法灌頂を受け、同門の義範と並称され確執も生じた。承保元年(一〇七四)成尊臨終の時、白河天皇の使者が成尊に付法相続を尋ねたが、成尊は両者の優劣をいわず、範俊を顧みたので範

俊を正嫡とした。同二年朝命により神泉苑に雨を祈るも、義範が醍醐山に大仏頂法を修したので法験がなく、範俊は恥じて那智山に隠れ一千日愛染王供を修したという。翌年天皇の病気平癒を祈って効験を得、その後君側に侍した。承暦二年(一〇七八)上訴して、義範の領得せる曼荼羅寺を解任し、みずから曼荼羅寺に住し、八祖相承の法具は鳥羽の宝蔵に納め、弟子の厳覚に付嘱した。康和三年(一一〇一、一説に二年)興福寺権別当、長治元年(一一〇四)東寺三十六代長者、同二年法務国師となる。晩年は鳥羽に住して愛染法や尊勝法を修し、白河法皇を護持したので鳥羽僧正と称された。門下に厳覚(正嫡)・良雅・勝覚・覚法などがおり、著作に『竹寸鈔』十帖、『無名鈔』二帖、『如法愛染次第』一帖がある。天永三年(一一一二)四月二十四日没。七十五歳。

参考文献 『大日本史料』三ノ一三、天永三年四月二十四日条、『東寺長者補任』、祐宝『伝燈広録』下、土師原穆秀「義範・範俊の係争に就いて」(『密宗学報』五七・五八)　(夏目　祐伸)

ばんしょういんどの　万松院殿　⇨足利義晴《あしかがよしはる》

はんぜいてんのう　反正天皇　『古事記』『日本書紀』に第十八代と伝える天皇。名は多遅比瑞歯別《たじひのみずはわけ》。父は仁徳天皇、母は葛城磐之媛。淡路で誕生し生まれながらにして歯が美しく整っていたという。父帝の没後、皇太子の去《い》来《ざ》穂《ほ》別《わけ》皇子(履中天皇)を殺そうと謀った住吉仲皇子(いずれも同母兄)を討った。履中天皇の皇太子に立てられ、履中の没後に即位して河内の丹比柴籬宮《たじひのしばがきのみや》に都し、津野媛・弟媛との間に一男三女をもうけたが、子孫で天皇になったものはいない。即位後の事績・物語は伝わらず、在位五年(『日本書紀』)にして六十歳(『古事記』)でなくなったと伝える。その百舌鳥耳原北陵は大阪府堺市北三国ヶ丘町の田出井山古墳に比定されている。倭の五王の珍を反正天皇にあてる説が有力である。　(前之園亮一)

百舌鳥《もず》耳原北陵《のみみはらのきたのみささぎ》　大阪府堺市北三国ヶ丘町二丁(旧字田出井)所在。『日本書紀』は陵号を耳原陵とし、允恭天皇五年十一月甲申反正天皇を葬るとする。『延喜式』諸陵寮は現陵号で「兆域東西三町、南北二町、陵戸五烟」とし、遠陵に列す。中世所伝混乱し、元禄の諸陵探索時には、堺奉行は三ヵ所の伝承地を挙げ、うち二ヵ所は書付に合わずと報告、現陵に決定され幕末に至り、元治元年(一八六四)拝所を設けた。墳丘はやや西を向く南面の前方後円墳で、長さ一四八メートル、前方部幅一一二メートル、後円部径七六メートル、高さ前方部一五・三メートル・後円部一四メートル、三段築成で周濠がある。周辺にある方墳鈴山・天王の二基は陪冢《ばいちょう》に指定。昭和五十五年(一九八〇)堺市教育委員会による陪冢鈴山に面する当陵東側地区の発掘調査で、周濠二重説と、出土埴輪の縦刷毛目が当陵比定年代より新しいとの説が報道された。しかし同年の当陵整備工事事前調査では、現陵域外側の濠または池の存在徴象は、東側では検出されたが、陵前外側には存在しなかった。また出土埴輪は横刷毛目が大半で、縦刷毛目は一部混在し、二型式の埴輪併用年代の存在が明らかとなった。

参考文献 『反正天皇百舌鳥耳原北陵之図』(宮内庁書陵部所蔵『陵墓地形図』三二四(L八五))、上野竹次郎『山陵』上、陵墓調査室「昭和五十五年度陵墓関係調査概要」(『書陵部紀要』三三)　(石田　茂輔)

はんとうし　半陶子　⇨彦竜周興《げんりゅうしゅうこう》

ばんな　鑁阿　?―一二〇七　平安・鎌倉時代前期の真言宗の僧。「ばんあ」とも読む。高野法華房ともいわれ、高野山の勧進聖として活躍した盲目の僧。文治二年(一一八六)五月、後白河院領であった備後国大田荘を高野山根本大塔長日不断金剛・胎蔵両界大法用途料として寄進させることに成功し、建久元年(一一九〇)六月、みずから置文を定めて荘務経営に努力した。その置文の袖には「勧進沙門鑁阿」と自筆で書かれ、また二つの手印も押されている。以後大田荘は中世を通じて高野山の最も重要な財政基盤の一つとなった。鑁阿は建久三年正月十五日、荘官・百姓らに下文を出し、所当官物を少しも未進することなく、勧農に励めば現世安穏、後世善処は保障されると述べている(『高野山文書』宝簡集)。晩年には和泉国の荒野の開発にも従事した。承元元年(一二〇七)没。一説に鑁阿を栃木県足利市の鑁阿寺《ばんなじ》の開基である足利義兼と同一人物とする説があるが、義兼の法号が鑁阿であり、高野山に住したとの伝承(『高野春秋編年輯録』)から、両者が混同されたのであろう。　↓足利義兼《あしかがよしかね》

参考文献 『大日本史料』四ノ一〇、承元二年七月十四日条　(新川　武紀)

はんにゃじのそうじょう　般若寺僧正　⇨観賢《かんげん》

はんぶんこ　范文虎　生没年不詳　中国、元朝の武将。初め南宋の武将として元軍と交戦したが、至元十二年(一二七五)元軍に降伏。以来、宋都臨安(杭州)の攻略に従った。至元十八年(弘安四)、征日本行省の右丞として、江南軍十余万を率い、日本に遠征。いわゆる弘安の役であるが、八月一日(日本暦閏七月一日)の颶風により日本沿海(肥前国鷹島(長崎県松浦市))で大軍は覆滅。文虎は辛うじて帰国したが罰せられず。至元二十四年、ノヤンの反乱には皇帝フビライの親征に従軍。功を立て、東北地方鎮撫のため、遼東行省の設置を建言している。

参考文献 『新元史』范文虎伝、池内宏『元寇の新研究』、山口修『蒙古襲来』　(山口　修)

ばんりしゅうきゅう　万里集九　一四二八―?　室町時代の臨済宗一山派の徒。万里、法諱は集九、応仁の乱後に還俗して漆桶《しっつう》万里と称した。また別に梅庵・椿岩とも号し、地名《ちみん》を江左という。正長元年(一四二八)九月九日に生まる。近江安曇郡の人。俗姓は速水氏。東福寺永明院の叔父梅西□湖について僧童となり、嘉吉三年(一四四三)ごろに相国寺雲頂院の大圭宗价に随侍して集九と安名された。寛正元年(一四六〇)に、東山の常在光寺の一華建怤に参じて、学芸面における教示を受けることが多く、建仁寺霊雲庵・相国寺雲頂院・南禅寺雲門庵にお

いても一華の講席に連なり、また東福寺宝渚庵の雲章一慶の『勅修百丈清規《はじょうしんぎ》』の講席にも列した。文正元年（一四六六）には季瓊真蘂《きけいしんずい》の会下で、蔵主に昇って秉払《ひんぽつ》を遂げた。応仁元年（一四六七）に戦乱が起ると相国寺は灰燼と化し、近江の浄行院・正伝庵などに仮寓、翌年上洛して雲頂院にあったが再び出京し、文明元（一四六九）、二年ごろは美濃の竜門寺、ついで天寧寺に寄居し、さらに尾張に赴いて妙興寺西住軒に寄寓した。文明三年に再び美濃に戻り、還俗の時期はこのころであるといわれる。妻子は別に置き、夢窓派の鈍仲全鋭の開山になる鵜沼の承国寺に寄寓し、大応派の大安寺、法燈派の正法寺などを中心として、文芸的風雅な活動を続け、同十二年には梅花無尽蔵と名づけた庵室を構えて定住した。承国寺の鈍仲の法系に連なる梅心瑞庸と交遊を結び、また子鷹梵鶚、法燈派の春岳寿崇、大応派の虎渓徳眈・慶甫宗誕、隠遁の僧春渓宗熙、夢窓派の彦竜周興、関山派の悟渓宗頓・東陽英朝・景川宗隆とも交遊を結んだ。十三年に美濃守護代斎藤氏の命で、革手の城中で『三体詩』を講じ、春岳寿崇の依頼で伊自良の楊岐庵に赴いて『唐詩』を講じ、また文明九年から十四年まで、『東坡詩集』全二十五巻を講じ、のち一書に纒めて『天下白』と号した。十七年に、庵室の梅花無尽蔵を改築拡大して安定したが、江戸城主の太田資長（道灌）からの招請があり、九月七日に随伴の僧とともに鵜沼を発して関東に下り、十月二日江戸城に到着した。江戸では叔悦禅懌の芳林院に仮寓し、ついで一字を与えられ、この庵室もまた梅花無尽蔵と命名した。太田氏の庇護によって日々を過ごしたが、十八年七月二十六日、太田道灌は上杉定正のために相模の糟屋で殺害された。美濃に帰ろうとするが、定正に抑留されてとどまり、叔悦禅懌の請に応じて黄庭堅の詩二十巻を講じた。講案を『帳中香』という。長享二年（一四八八）八月十四日に江戸を発し、武蔵国鉢形、上野国白井・沼田、越後国府中を経た後の十一月に、能生の天台の寺院太平寺にとどまり、越年して三年四月までこれにあった。四月二十九日に太平寺を発し、五月五日に飛驒の関門を過ぎ、十三日に鵜沼に到着した。承国寺春沢軒の梅心瑞庸を訪れて帰宅の挨拶を述べた後に、庵室の梅花無尽蔵に帰着した。延徳二年（一四九〇）に虎関師錬の『禅儀外交』（四六文作法の解説書）を講じた。万里の平生の詩作は『梅花無尽蔵』七巻に収め、『三体詩』の講を抄した『暁風集』、『臨済録』を抄した『臨済録梅庵抄』、『中興禅林風月』を抄した『棘門集』などがあり、文亀二年（一五〇二）三月に七十五歳であったが、何時まで生存したか死没年代は不明である。実子に千里瑞翼（文明十三年五月十四日没）と百里等京があり、還俗した後も禅林との文雅の交わりを断つことはなかった。

参考文献 玉村竹二『梅花無尽蔵』解題（『五山文学新集』六）、足利衍述『鎌倉室町時代之儒教』、玉村竹二『五山禅僧伝記集成』、前島康彦『太田氏の研究』（『関東武士研究叢書』三）、中川徳之助『万里集九』（『人物叢書』二一五）

（葉貫　磨哉）

ひ

ひえだのあれ　稗田阿礼　生没年不詳　『古事記』（『原古事記』）の撰修に際し、天武天皇の勅により、著述を終えたその『古事記』をその文字に臨んで誦習し、やがて和銅四年（七一一）元明天皇の詔により太安万侶がこれを補注再編する作業をたすけた人物。この結果和銅五年の撰上、現にみる『古事記』となる。天武天皇の勅をうけた年時は未詳であるが、諸種の徴証から天武天皇十三年（六八四）前後と推定される。当時二十八歳、身分は舎人。聡明を伝える（『古事記』序文）。姓の稗田については、『西宮記』裏書に縫殿寮に貢進する猿女《さるめ》につき「薭田」の姓がみえるので猿女君（公）氏に属することが知られる。この氏は天鈿女《あめのうずめ》命のあとと称し（『日本書紀』神代宝鏡開始章主文）、『弘仁私記』序また阿礼をそのまま「天鈿女命之後」とする。この氏の猿女貢進の職掌から、阿礼を女性とする説もあるが、記序の「舎人」の表記からみて男子であろう。

参考文献 本居宣長『古事記伝』二（『本居宣長全集』九）、倉野憲司編『古事記大成』六、川副武胤『古事記の研究』、柳田国男「稗田阿礼」（『定本柳田国男集』九所収）

（川副　武胤）

ひがきのおうな　檜垣嫗　生没年不詳　平安時代の歌人。『後撰和歌集』雑三によれば、筑紫の白川に住んでいた時、大宰大弐藤原興範がその家の前を通って水を求めた。その時、水をさし出しながら「年経ればわが黒髪も白川のみづはくむまで老いにけるかな」と詠んだという。興

範が大弐の任にあったのは、延喜十一年(九一一)から五年間である。同じ歌の相手が、『大和物語』一二六段では小野好古、『檜垣嫗集』では清原元輔で、興範より後代の人物である。『大和物語』一二七段・一二八段にも出ているが、座興的才能を持ち、機知に富んだ技巧的な作品を作る歌人として評価されている。『袋草紙』には「肥後国遊君檜垣、老後ニ落魄者也」とあるが、『檜垣嫗集』によったものらしい。なお『檜垣嫗集』は、檜垣嫗を作者と見ることはできず、作者未詳の私家集である。集中に、清原元輔が寛和二年(九八六)肥後守として下り、また上京することが語られているが、元輔は正暦元年(九九〇)に肥後で没しているので、それ以後の成立と考えられる。歌数三十一首。

参考文献　『大日本史料』一ノ七、天慶四年五月二十日条、阿部俊子「檜垣嫗」(『国文学』四ノ四)、高橋正治「檜垣嫗集」(『私家集研究』二)、西丸妙子「『檜垣嫗集』成立考」(『古代文化』三五ノ七)　(高橋　正治)

ひがしさんじょういん　東三条院　九六二―一〇〇一　円融天皇の女御。諱は詮子。父は太政大臣藤原兼家。母は藤原中正の女、贈正一位時姫。道長の姉。応和二年(九六二)生まれる。円融天皇の天元元年(九七八)八月入内、十一月女御となり、三年正月従四位下となる。これより先、関白藤原頼忠の女遵子が女御にいたが、天皇の意は詮子にあった。天元三年六月兼家の邸、東三条第において懐仁親王(一条天皇)を生んだ。しかるに遵子が同五年三月皇后となったため、兼家は心おだやかでなく、参内することもまれになり、同年十二月懐仁親王着袴の日に詮子は参内したが三日にして退出し、円融天皇と詮子・兼家との間柄は不穏な状態であった。天皇は次の天皇(花山)即位後は、必ず詮子所生の皇子懐仁を東宮にすると兼家に約束し譲位した。詮子は花山天皇の寛和二年(九八六)三月正三位になり、同年六月一条天皇が践祚すると翌七月五日皇太后となった。正暦二年(九九一)九月十六日出家、皇太后宮職を止め、太上天皇に準じて院号をさずけられ東三条院と称せられた。女院号のはじめとする。藤原氏北家、特に九条家流の発展は詮子の力によるところが大であり、また、道長が内覧となったのも詮子の一条天皇への説得による。父兼家の邸、東三条第は詮子に伝領され、東三条院の称号もそれによる。長保三年(一〇〇一)閏十二月二十二日、院別当藤原行成の第で崩御。四十歳。鳥辺野に葬送。陵は京都府宇治市木幡《こはた》にあり宇治陵と称する。

参考文献　『大日本史料』二ノ四、長保三年閏十二月二十二日条、竜粛「女院制の成立」(『平安時代』所収)、山中裕「藤原兼家論」(坂本太郎博士古稀記念会編『続古代史論集』下所収)、橋本義彦「女院の意義と沿革」(『平安貴族』所収)　(山中　裕)

ひがしさんじょうのおおにゅうどう　東三条大入道　⇨藤原兼家《ふじわらのかねいえ》

ひがしやまどの　東山殿　⇨足利義政《あしかがよしまさ》

ひがみのかわつぐ　氷上川継　生没年不詳　奈良・平安時代前期の貴族。氷上塩焼(塩焼王)の子。母は不破内親王。姓は真人《まひと》。宝亀十年(七七九)正月無位から従五位下に叙せられ、延暦元年(七八二)正月因幡守に任ぜられた。ところが同年閏正月川継の資人大和乙人が兵仗を帯して宮中に入ったところを捕えられ、推問の結果、川継が衆をあつめて朝廷を傾けようと陰謀していたことが発覚した。川継は逃走したが大和国葛上郡で捕えられ、このクーデターは未遂に終った。結局川継は死罪にあたるところを罪一等を減ぜられて伊豆国三島に流され、妻藤原法壱も同行せしめられ、母不破内親王および川継の姉妹は淡路国に配された。この事件は天智系桓武天皇に対する一部天武系皇親などの反感からでたものと推察され、連坐するものはかなり多かった。すなわち大宰員外帥藤原浜成は川継の妻法壱の父であるところから与党と目されて、その帯する参議侍従の職を解かれ、山上船主は隠岐介に、三方王は日向介に左遷され、さらに左大弁大伴家持・右衛士督坂上苅田麻呂・散位伊勢老人・大原美気・藤原継彦ら五人も職事は解官、散位は京外に移された。そのほか川継の姻戚、知友ら三十五人が与党とされて連坐し追放された。しかしこのうち大伴家持・坂上苅田麻呂らは同年五月に復任しているので他の連坐の人々も早く赦免されたのであろう。ただし三方王と山上船主は同年三月別の厭魅事件で配流された。伊豆に配流された川継は、やがて延暦十五年十二月にはその課役が免除され、同二十四年三月に至って罪も赦された。その後帰京して大同元年(八〇六)三月従五位下に復し、同四年二月典薬頭に任ぜられ、弘仁三年(八一二)伊豆守に転じた。このときも従五位下であった。以後史上にみえない。

参考文献　林陸朗「奈良朝後期宮廷の暗雲―県犬養家の姉妹を中心として―」(『上代政治社会の研究』所収)、阿部猛「天応二年の氷上川継事件」(『平安前期政治史の研究』所収)　(林　陸朗)

ひがみのしおやき　氷上塩焼　?―七六四　奈良時代の皇族。新田部親王の子で塩焼王と称したが、天平宝字二年(七五八)氷上真人《まひと》塩焼と改めた。道祖《ふなど》王の兄。室は不破内親王。『公卿補任』の年齢を逆算すると霊亀元年(七一五)の生まれ。はじめ天平五年(七三三)無位から従四位下に叙せられ、同十二年には正四位下に昇ったが、同十四年十月女嬬四人とともに平城の獄に下され、ついで伊豆国三島に流された。その真相は不明であるが、同十七年四月許されて上京し、翌年正四位下に復した。天平宝字元年三月皇太子道祖王が廃されると、一部の人に皇嗣に推されたが、不成功に終った。同年七月の橘奈良麻呂の乱にもかかわったが、直接陰謀に加わっていないとして赦され、翌年氷上真人塩焼と改めて従三位を授けられた。その後参議を経て中納言となり文部卿(式部卿)を兼ねたが、八年九月、恵美押勝の乱の際、恵美押勝(藤原仲麻呂)に擁せられ、近江への敗走の途中、偽立され

て今帝と称したが、一党とともに捕らえられ江北の地で斬られた。

参考文献 中川収『奈良朝政争史』(『歴史新書』一四)、同『奈良朝政治史の研究』、林陸朗「奈良朝後期宮廷の暗雲―県犬養家の姉妹を中心として―」(『上代政治社会の研究』所収)、塚野重雄「不破内親王の直叙と天平十四年塩焼王配流事件」(『古代文化』三五ノ三・八)（林　陸朗）

ひがみのしけしまろ　氷上志計志麻呂　生没年不詳　奈良時代の貴族。氷上塩焼(塩焼王)の子。母は不破内親王。天平宝字八年(七六四)九月、恵美押勝の乱に坐して父塩焼が斬られたとき、志計志麻呂は母が不破内親王であるため連坐しなかった。その後神護景雲三年(七六九)五月、母内親王が県犬養姉女らと謀って、朝廷を傾け志計志麻呂を皇位につけようとして、天皇を厭魅したということで、内親王は厨真人厨女と改名させられて京から追放され、志計志麻呂は土佐国に流された。なお、「しけし」とは穢れる、荒れるの意もあるから、堕された名で川継と同一人物ではないかとも思われる。（林　陸朗）

ひきともむね　比企朝宗　生没年不詳　平安・鎌倉時代前期の武将。比企藤内と称す。父は遠宗、母は比企尼(『比企系図』)。内舎人に任ず。元暦元年(一一八四)正月の木曾義仲の滅亡後まもなく北陸道勧農使に任じられたものと考えられ、同年四月ごろには若狭国西津・越前国河和田荘に対して下知している。このほか越中国般若野荘、越前国鮎川荘・志比荘に関して沙汰した史料が残る。勧農使は建久二年(一一九一)二月以前に免じられた。元暦元年八月、平家追討のため源範頼に従って西海に下向。文治二年(一一八六)八月、後白河法皇の熊野詣用途を京納するため源頼朝の使節として上洛。その後しばらく在京し、同年九月、一条能保の命により南都興福寺の聖弘得業坊を捜索し、源義経の家臣堀弥太郎らを捕えた。同五年奥州藤原氏追討に従軍、頼朝の命により陸奥国岩井郡の仏閣について沙汰した。御所に仕えていた娘姫の前が北条義時に見初められ、建久三年九月に嫁した。名越朝時の母である。同五年二月北条泰時の元服に出席した。

参考文献 佐藤進一『(増訂)鎌倉幕府守護制度の研究』、浅香年木『治承・寿永の内乱論序説』（菊池　紳一）

ひきよしかず　比企能員　?―一二〇三　平安・鎌倉時代前期の武将。比企藤四郎と称す。父母は未詳。源頼朝の乳母比企尼の養子。阿波国の人という。義兄比企朝宗が没したのち比企氏を継ぐ。養母の縁から源頼朝に従った。寿永元年(一一八二)十月源頼家が生まれるとその乳母夫に任じられた。元暦元年(一一八四)五月、頼朝の命により、和田義盛とともに志水(源)義高残党討伐のため信濃に発向し、同年八月、平家追討のため源範頼に従って西海に下向、翌文治元年(一一八五)正月、九州に渡った。同年六月には鎌倉におり、頼朝と平宗盛対面の際の取次ぎを勤めた。同五年七月の奥州藤原泰衡追討には北陸道大将軍として宇佐美実政とともに出羽国を平定し、翌建久元年(一一九〇)正月に大河兼任が出羽で挙兵した際には、東山道大将軍として上野・信濃の兵を率いて出陣した。同年十一月の頼朝の上洛に供奉し、十二月頼朝の推挙で右衛門尉に任じられた。頼朝の側近として信任が厚く、上野・信濃の守護を勤めた。また能員の屋敷は京都からの使者や僧侶の宿所にもなった。同六年二月、再度の頼朝上洛にあたり、供奉人の中から選ばれて、沿道警備のため千葉常秀とともに上洛した。頼朝没後の正治元年(一一九九)四月、宿老として十三人の合議制の一人に加えられ、同年十月の梶原景時排斥にも荷担した。娘の若狭局が頼家に嫁して一幡を生んでいることから、子息らを頼家に近侍させ、みずからは外戚として権勢を振るい、北条氏を凌ぐようになった。建仁三年(一二〇三)八月、頼家が危篤になると、北条時政は突然関東二十八ヵ国の地頭職と日本国総守護職を一幡に、関西三十八ヵ国の地頭職を頼家の弟千幡(実朝)に譲与することを定めた。この決定に不満を持った能員は、同年九月頼家が回復すると時政の専横を訴え、頼家も時政追討を能員に命じた。この密議は北条政子から父時政に伝えられ、九月二日仏事にかこつけて誘い出された能員は時政の名越亭で天野遠景・新田忠常のために殺され、翌日比企一族も一幡とともに滅亡した。

参考文献 佐藤進一『(増訂)鎌倉幕府守護制度の研究』、永井晋「比企氏の乱の基礎的考察―「吾妻鏡」建仁三年九月二日条と「愚管抄」の再検討から―」(『埼玉地方史』三七)（菊池　紳一）

ひぐちかねみつ　樋口兼光　?―一一八四　平安時代後期の武将。木曾党と呼ばれる武士団の首領中三権守中原兼遠の子で、今井兼平の兄。信濃国筑摩郡樋口谷に住したので樋口次郎と称した。兼遠に養育された木曾義仲が治承四年(一一八〇)九月に挙兵して以来、義仲の乳母子として弟兼平とともに各地に転戦してその覇業達成に尽力、佐久党の根井行親・楯親忠とならんで木曾の四天王と称されるほど武名をとどろかせた。寿永二年(一一八三)七月平氏を都落ちさせて宿願の入京を果たした義仲は九月には後白河法皇の命によりさらに西国へ下向するが、留守にする京都の守護は最も信頼する兼光に命じている。また義仲に離反した叔父源行家が元暦元年(一一八四)正月河内国石川に拠って叛するとその討伐に差遣されたが、その間に源頼朝の軍と戦った義仲・兼平が討死したとの報を得て帰洛中に源義経の軍に捕えられ、前年の院の御所法住寺攻めの際の暴虐行為の責めを負って、同月二十七日に刑死させられた。

参考文献 『信濃史料』（下出　積與）

ひこうしのおう　彦主人王　『日本書紀』継体天皇即位前紀によると、応神天皇四世孫で継体天皇の父。妻は振媛(布利比弥にもつくる。垂仁天皇七世孫という)で、端麗な美人であることを聞き、のちの近江国高島郡の三尾の別業より、三国の坂中井(越前国坂井郡)に使者を遣し

て、迎えたという。継体の幼年時に没した。『釈日本紀』所引の『上宮記』逸文には汙斯《うし》王とつくり、母は牟義都国造の女子、久留比売命とする。

参考文献 黛弘道「継体天皇の系譜について」(『律令国家成立史の研究』所収)　(吉村　武彦)

ひこひとのおうじ　彦人皇子　⇩押坂彦人大兄皇子《おしさかのひこひとのおおえのおうじ》

ひさあきらしんのう　久明親王　一二七六―一三二八　鎌倉幕府第八代将軍。一二八九―一三〇八在職。後深草天皇第六皇子。母は三条公親女房子、遊義門院の御匣。建治二年(一二七六)九月十一日誕生。正応二年(一二八九)九月に前将軍惟康親王が網代の輿に逆さに乗せられて京都へ送還されると、十月に親王宣下、将軍宣下をうけ、内管領平頼綱の子飯沼資宗に迎えられ関東に下った。この将軍交代には、長期の将軍在任を喜ばない北条氏の政策と持明院・大覚寺両皇統の対立関係がうかがえる。以後十九年間、久明は形式的には鎌倉幕府を代表して御家人を統率する地位にあったが、実権はなく、北条貞時による得宗専制が着実に進められる。任中には、永仁元年(一二九三)の平頼綱・資宗父子の誅殺、正安三年(一三〇一)の貞時の出家、嘉元三年(一三〇五)の連署北条時村の殺害などの事件があり、京都にも正応三年(一二九〇)の浅原為頼内裏乱入事件などがあるが、久明はそれら紛争の圏外にあった。延慶元年(一三〇八)八月京都に帰るが、失策によるものではなく、子の守邦王が将軍職を継ぐ。嘉暦三年(一三二八)十月十四日京都で没す。五十三歳。妻としては、守邦の母である前将軍惟康女と久良の母の冷泉為相女とが知られている。

参考文献 福田豊彦「久明親王」(安田元久編『鎌倉将軍執権列伝』所収)　(福田美也子)

ひさまつとしかつ　久松俊勝　一五二六―八七　戦国時代の武将、尾張国知多郡阿久比(阿古居)城主。はじめ定俊・長家、弥九郎、佐渡守。『寛永諸家系図伝』には定義子説と定益次男で定義弟説とがあるが、『寛政重修諸家譜』は定義子説をとる。母は不詳。天文十五年(一五四六)ごろ水野忠政女於大(前松平広忠室、徳川家康生母)を二度目の妻とし、三男四女をもうける。永禄三年(一五六〇)以後家康に従い、同年の三河山中医王山砦攻め、同五年の同国宝飯郡西郡《にしのこおり》(愛知県蒲郡市)の上ノ郷《かみのごう》城攻めに功があり、上ノ郷落城後同城主となる。妻於大とともに岡崎城にあって留守居をつとめ、阿久比は庶長子定員、上ノ郷は於大所生の長子康元に譲ったというが、蒲郡市清田《せいだ》町の安楽寺に佐渡守長家と署判した永禄八・九年の寺領寄進状二通があるので、譲与はこれ以後であることがわかる。天正十五年(一五八七)三月十三日西郡で死去(『家忠日記』)。年六十二。法名宗心。安楽寺と知多郡阿久比町卯坂の洞雲院に墓がある。

参考文献 『蒲郡市誌』資料編　(新行　紀一)

びだつてんのう　敏達天皇　六世紀後半の天皇。『古事記』『日本書紀』によれば、欽明天皇の第二子で母は石《いし》姫《ひめ》皇后。幼名は不明。渟《ぬ》中《な》倉太珠敷《くらふとたましき》尊は和風諡号か。父天皇を継いで五七二年に即位、三年後に大和の磐余《いわれ》に訳《お》語田《さだの》(他田)幸玉宮《さきたまのみや》を営み、初め息長真手王の女の広姫を皇后として押坂彦人大兄皇子らを生み、皇后の死後異母妹の豊《とよ》御《み》食《け》炊屋《かしきや》姫《ひめ》尊(推古天皇)を皇后として、竹田皇子・尾張皇子らを生んだという。その治世は蘇我氏権力の上昇期で、大臣蘇我馬子と大連物部守屋の対立が、崇仏可否の問題などをめぐって深まりつつあったが、政局はほぼ安定していた。治世の初めに高句麗との正式の国交が開始され、そののち任那諸国の回復にも努力が続けられたが、あまり効果はなかった。後世、天皇を排仏者とする見方があったらしく、敏達紀には「天皇仏法を信ぜずして、文史を愛す」(原漢文)とある。五八五年八月瘡病の流行で世を去り、母の石姫皇后の磯長陵に合葬されたという。　(関　晃)

河内《こうちの》磯《し》長中尾陵《ながのなかのおのみささぎ》　大阪府南河内郡太子町大字太子(旧字奥城)にある。欽明天皇皇后石姫磯《し》長原陵《ながはらのみささぎ》と同一墳。『日本書紀』崇峻天皇四年四月甲子条は、「葬㆓訳語田天皇於磯長陵㆒、是其妣皇后所㆑葬之陵也」と二陵の陵号を磯長陵とするが、『延喜式』諸陵寮は陵号と墓号に分記し、現陵号の項は「訳語田宮御宇敏達天皇、在㆓河内国石川郡㆒、兆域東西三町、南北三町、守戸五烟」、磯長原墓の項は「石姫皇女、在㆓河内国石川郡敏達天皇陵内㆒、守戸三烟」とし、遠陵と遠墓にする。一墳の二陵に別箇に守戸を付しており、合葬ではなく前方部と後円部との別埋葬と思われる。丘陵上に位置する三段築成の前方後円墳で、北西に面する。長さ九四メートル、前方部幅七〇メートル、高さ前方部一二メートル・後円部一二・九メートル、くびれ部には双両に作り出しがあり、空濠がめぐる。陵墓地形図には、南西外堤三ヵ所に埴輪七基が表示され、埴輪列のある最後の陵である。当陵は所伝を失わず、元禄の諸陵探索時には叡福寺領であった。元治元年(一八六四)拝所を設け、明治三十二年(一八九九)御在所を修補した。

参考文献 『敏達天皇河内磯長中尾陵・欽明天皇皇后石姫皇女磯長原陵之図』(宮内庁書陵部保管『陵墓地形図』三一二〔L七九〕)、上野竹次郎『山陵』上　(石田　茂輔)

びとうかげつな　尾藤景綱　?―一二三四　鎌倉時代の武士。北条泰時の被官。秀郷流の尾藤知景の子。次郎と称し、法名は道然。『吾妻鏡』建保元年(一二一三)五月三日条和田合戦の折にはすでに泰時の側近であり、承久の乱(承久三年(一二二一))には左近将監として泰時に従っている。景綱の家は泰時の邸内にあり、妻は泰時の次男時実の乳母で、安貞元年(一二二七)六月十八日時実が横死したとき景綱は出家している。元仁元年(一二二四)閏七月二十九日、得宗家の初代家令となり、同年八月二十八日泰時が家務条々を定めたとき平盛綱とともに奉行をつとめ、寛喜二年(一二三〇)正月二十六日得宗領武蔵国太田荘の開発を奉行しており、このとき得宗家の家務執行機関である公文所の総轄をしていたことが知られる。

景綱はこのようにして泰時の北条氏一門に対する支配の安定強化を推進していった。文暦元年(一二三四)八月二十一日、病気のため家令職を平盛綱に譲り、翌二十二日に死去。

参考文献 『大日本史料』五ノ九、文暦元年八月二十一日条、佐藤進一『鎌倉幕府訴訟制度の研究』、奥富敬之『鎌倉北条氏の基礎的研究』、佐藤進一「鎌倉幕府政治の専制化について」(竹内理三編『日本封建制成立の研究』所収)、岡田清一「御内人〝尾藤氏〟に就いて」(『武蔵野』五二ノ二)、井上恵美子「北条得宗家の御家人について」(『白山史学』二六)　(川添　昭二)

ひなみしのみこのみこと　日並知皇子尊　⇨草壁皇子《くさかべのおうじ》

ひのありのり　日野有範　一三〇二―六三　南北朝時代の公卿。乾元元年(一三〇二)生まれる。父の藤範は是円・玄恵などとともに『建武式目』の起草者八人のうちの一人であった。有範は、正和五年(一三一六)従五位下、右兵衛権佐に叙任されたのち、建武四年(一三三七)少納言、暦応元年(一三三八)弾正大弼、貞和二年(一三四六)大学頭、同四年治部卿などを歴任した。また足利直義と密接なかかわりがあって室町幕府の禅律方頭人に登用されたりしたが、直義派の一人であったため、観応の擾乱で失脚した。延文二年(一三五七)十一月に復帰して非参議従三位に叙せられて公卿に列した。貞治元年(一三六二)正三位、ついで式部大輔に叙任され、さらに翌年駿河権守を兼任したが、同年十二月一日に六十二歳で没した。墓は法界寺(京都市伏見区日野西大道町)にある。　(田代　脩)

ひのありみつ　日野有光　一三八七―一四四三　室町時代前期の公卿。嘉慶元年(一三八七)生まれる。父は権大納言日野資教。蔵人頭、左大弁を経て、応永十八年(一四一一)参議正四位上に叙任される。以後、同二十年権中納言、同二十一年正三位、同二十二年右衛門督、同二十四年従二位、ついで後小松上皇の院執権などを歴任し、同二十八年権大納言に累進した。そして同三十一年正二位、翌三十二年従一位に叙せられたが、同年権大納言と院執権を辞任して出家し、祐光と号した。将軍足利義教に疎まれて所領を奪われたりしたので、かねてから幕府に遺恨を抱いていた。そのため嘉吉三年(一四四三)九月に南朝の尊秀王が後亀山天皇の皇胤と伝える金蔵主・通蔵主兄弟を奉じて挙兵し、京都に乱入して清涼殿を侵した際、これに内通し、神剣・神璽を奪取して比叡山延暦寺の根本中堂に立て籠った。しかし管領畠山持国に率いられた幕府軍やそれに呼応した延暦寺衆徒らに攻められ、九月二十六日、尊秀王らとともに誅滅された。五十七歳。また子の資親も、事件とは無関係であったにもかかわらず捕えられ、一族とともに斬首された。　(田代　脩)

ひのいて　肥猪手　六五〇―?　八世紀初めの筑前国嶋郡(福岡県糸島郡地方)の大領(郡司の長官)。追正八位上、勲十等。君姓、正確には肥君猪手。白雉元年(六五〇)生まれる。遺存の大宝二年(七〇二)戸籍断簡の整理復原によると、嶋郡川辺里の戸主(五十三歳)で、戸口数百二十四人と当地域における最大の成員を擁し、直系親として、庶母・嫡妻とその子・孫十五人のほか妾四人(一人死)とその子・孫十六人をもち、傍系親として、弟妹の家族六人、従子の家族七人のみならず従父兄弟の二家族十七人をも含み、なお寄口二十六人とさらに他に卓越する奴婢三十七人を所有する。奴婢の内わけは戸主奴婢十人、戸主母奴婢八人、戸主私奴婢十八人、所有者不明一人で、そのうちの戸主奴婢が「祖父伝来産」にあたると考えられ、したがって猪手は「累世相継富家」の家父長として、伝統的な族長的性格をもつ。その経済的基盤としては、戸籍にみる十三町六段百二十歩の口分田と郡司大領としての職分田六町が国家より給授されるが、その戸の富裕化しえた理由はこうした口分田・職分田よりも、猪手の官人としての公権力および族長的な力を利しての他に優越する空閑地の占取・開墾＝墾田所有の拡大とその蓄稲による私出挙にあったと思われる。

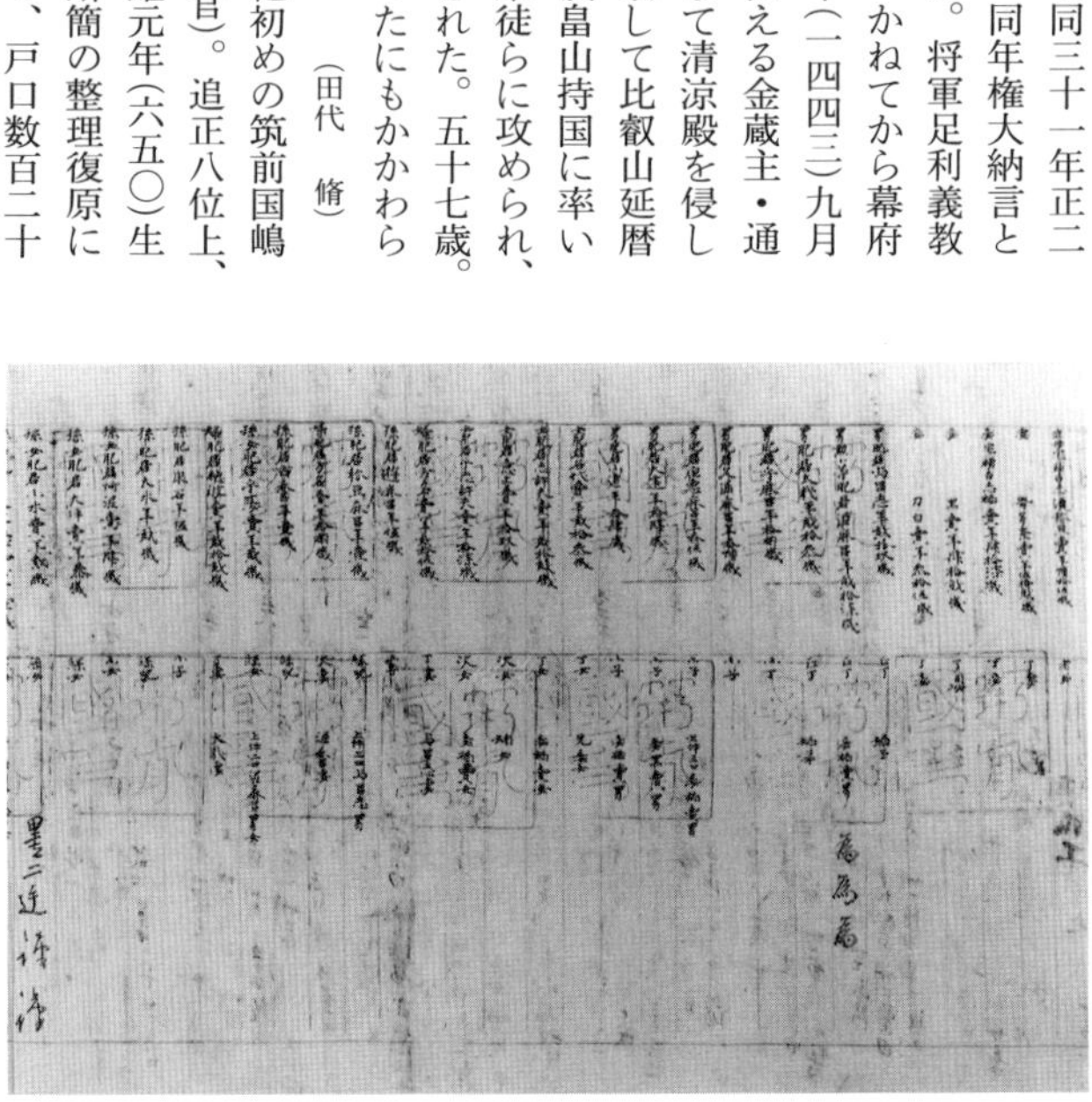

大宝二年筑前国嶋郡川辺里戸籍断簡

参考文献　北山茂夫「大宝二年筑前国戸籍残簡について」(『奈良朝の政治と民衆』所収)、門脇禎二「筑前国嶋郡川辺里戸籍からの考察」(『日本古代共同体の研究』所収)、宮本救「日本古代家族法の史的一考察」(『日本古代の家族と村落』所収)　(宮本　救)

ひのうちみつ　日野内光　一四八九―一五二七　室町時代後期の公卿。延徳元年(一四八九)生まれる。前名高光、ついで澄光。太政大臣徳大寺実淳の次男で、母は下野守源教春の女。権中納言日野政資の養子となる。明応四年(一四九五)従五位下に叙せられ、同八年侍従に任じられて以来、右大弁、蔵人頭などを歴任し、大永元年(一五二一)参議となり、ついで左大弁、従三位に叙任された。翌年越中権守を兼ね、造東大寺長官に補せられた。同三年権中納言に任じられ、同五年春日祭の上卿を勤める。

同六年権大納言に任じられたが、同七年二月十三日、将軍足利義晴を擁した細川高国らとともに、三好勝長・政長らと戦って敗れ、京都の専勝寺（または西七条〈京都市下京区〉）で討死した。三十九歳。法号は後広寿院花谷道栄。永禄二年（一五五九）左大臣従一位を追贈された。

（田代　脩）

ひのおのそうず　檜尾僧都　⇩実恵《じちえ》

ひのかつみつ　日野勝光　一四二九―七六　室町時代中期の公卿。将軍足利義政室の日野富子の兄。永享元年（一四二九）生まれる。父は蔵人右少弁日野政光（のち重政と改める）。母は従三位北小路苗子。永享六年に祖父義資が盗賊に襲われて横死し、父政光が出家したため、若年で家督を継いだ。嘉吉元年（一四四一）十三歳で元服したのち、右少弁、蔵人を経て、宝徳二年（一四五〇）には正四位下に叙せられ、同年のうちに蔵人頭右中弁、右大弁、参議に累進した。同三年従三位に叙せられ、左大弁、権中納言、享徳元年（一四五二）正三位、康正元年（一四五五）従二位権大納言、長禄三年（一四五九）正二位、寛正六年（一四六五）従一位、文正元年（一四六六）後花園上皇の院執権、応仁元年（一四六七）内大臣に任じられた。文明八年（一四七六）左大臣に任じられたが、同年六月十四日に辞任し、翌日、四十八歳で没した。遺言により法号は唯称院と号し、千本歓喜寺に葬られた。現在墓は法界寺（京都市伏見区日野西大道町）にある。妹の日野富子が将軍足利義政の室であった関係から、権勢をふるって蓄財にも励み、「凡《およ》そ近来有徳無双の仁なり、大福長者の如し、天下の衆人これを押大臣《おしのおとど》と号す」（『大乗院日記目録』、原漢文）などと評され、「権威無類、和漢の重宝、山岳の如く集め置かる」（『長興宿禰記』、原漢文）といわれるほどであった。そのためその死は「希有の神罰なり」（『大乗院寺社雑事記』、原漢文）とも評され、医師の竹田昭慶による毒殺説が当時から流布していた。京都市左京区の知恩寺にその画像が残されている。

日野勝光花押

日野勝光画像

参考文献　『大日本史料』八ノ八、文明八年六月十四日条

（田代　脩）

ひのくにみつ　日野邦光　一三二〇―六三　南北朝時代の南朝方の公卿。童名阿新丸《くまわかまる》。元応二年（一三二〇）生まれる。父は権中納言日野資朝。正中の変で捕えられ佐渡に配流されていた父資朝に面会するため、当時十三歳であった阿新丸ははるばる佐渡に赴いたが、本間山城入道のために父が謀殺されたことを知り、その子三郎を殺して父の仇を討ったのち、追手の追跡をふり切って佐渡を脱出したという話は、『太平記』に載せられていて人々によく知られている。建武政権のもとでは後醍醐天皇に仕えて左兵衛権督に任じられた。南北朝内乱が始まると、南朝方の廷臣として終始活躍し、正平五年（北朝観応元、一三五〇）には勅使として鎮西に赴き、菊池惟澄に挙兵を促したり、同十六年（北朝康安元）には藤原隆俊・細川清氏らとともに京都を攻めて足利義詮が率いる幕府軍を撃破したりしている。『系図纂要』所収の系図によれば、同九年（北朝文和三）参議正四位上、同十年左兵衛督、同十二年（北朝延文二年）従三位、同十五年権中納言に任じられ、同十八年（北朝貞治二）に没したという。四十四歳。

参考文献　『大日本史料』六ノ二五、貞治二年是歳条

（田代　脩）

ひのくまのたみつかいのはかとこ　檜隈民使博徳　五世紀後半の廷臣。『日本書紀』雄略天皇二年十月条に天皇の暴悪を述べたあとに、ただ史部《ふみひと》の身狭村主青《むさのすぐりあお》と檜隈民使博徳らを愛寵したとあり、同八年二月条にこの青と博徳が呉《くれ》の国（中国江南の地、すなわち当時の南朝）に遣わされたこと、同十年九月条に呉が献った鵝鳥二羽を持ち帰ったが、その鵝鳥が筑紫で水間君《みぬまのきみ》の犬に喰われて死んだことがみえ、さらに同十二年四月条にも青と博徳を呉に遣わしたこと、同十四年正月条に呉が献った工人の漢《あや》

織《はとり》・呉織《くれはとり》と衣縫《きぬぬい》の兄媛《えひめ》・弟媛《おとひめ》を連れて帰ったことがみえる。同応神天皇三十七年条にも倭漢《やまとのあや》氏の祖の阿知使主《あちのおみ》とその子の都加使主《つかのおみ》を呉に遣わして、縫工女《きぬぬいめ》を求めさせた記事がみえており、これらが中国南朝の史書にみえる倭の五王の遣使記事に対応する日本側の伝えのすべてであるが、身狭村主や檜隈民使は倭漢氏配下の帰化系の小氏族だったから、当時かれらが外交官として、何度か南朝諸国に使いした事実が、互いに混乱してこのような形で伝えられたものか。檜隈は倭漢氏が本居地とした大和国高市郡檜隈(檜前《ひのくま》)村の地。檜隈民使氏はのちに首の姓を与えられたらしい。

参考文献　関晃『帰化人』(『日本歴史新書』)、同「倭漢氏の研究」(『史学雑誌』六二ノ九)　(関　晃)

ひのこうし　日野康子　⇩北山院《きたやまいん》

ひのしげみつ　日野重光　一三七〇—一四一三　室町時代前期の公卿。父は権大納言日野資康。裏松とも号し、日野氏の一流である裏松家の祖となる。応安三年(一三七〇)生まれる。蔵人頭、右大弁などを歴任したあと、明徳三年(一三九二)参議となり、翌年従三位に叙せられる。以後、応永元年(一三九四)権中納言、同二年左衛門督正三位、同三年権大納言従二位、同十年正二位、同十五年従一位、同十八年大納言へと累進した。二十年後小松上皇の院執権となったが、同年三月十六日、四十四歳で没した。善永と号し法名は兆年(『尊卑分脈』では亀年)。文安二年(一四四五)左大臣を追贈され、広寿院と号した。姉の康子が三代将軍足利義満の室、妹の栄子が四代将軍足利義持の室、女の重子が六代将軍足利義教の室となるなど、姻戚関係を通じて将軍家と密接なかかわりをもって権勢をふるった。応永の改元に際し、勘者に選ばれて応永の年号を勘進したが、重光自身は将軍義満の意に違い、改元仗議に出仕できなかった。また武家伝奏や南都伝奏などを勤め、公家や寺社の訴訟を幕府に取り次いだ。

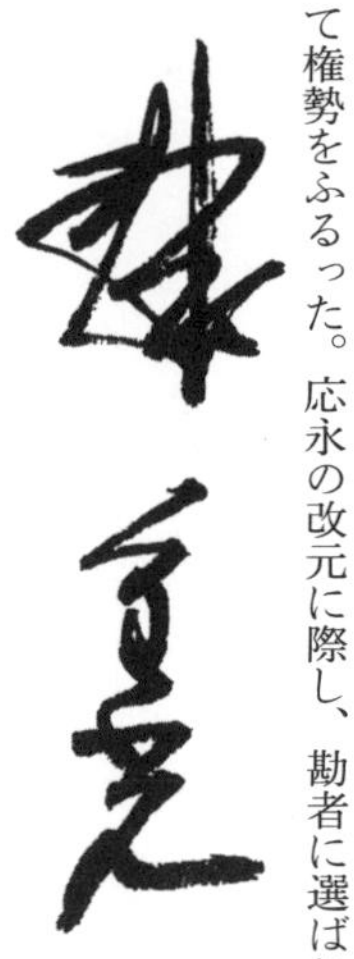
日野重光花押

参考文献　『大日本史料』七ノ一八、応永二十年三月十六日条　(田代　脩)

ひのじゅうし　日野重子　一四一一—六三　室町幕府第六代将軍足利義教室、義勝・義政の母。日野(裏松)重光の女。応永十八年(一四一一)生まれる。姉(観智院)とともに義教の側室となったが、永享三年(一四三一)六月、正親町三条尹子《ただこ》が正室の地位につき、また義教の対公家政策の厳しさから、日野家の地位は危くなる。しかし重子の生んだ義勝は、義教の最初の男子であり、正親町三条尹子の猶子とされ、やがて将軍となる。義勝の早死によって義政も将軍の座を獲得したので、重子の地位は高くなった。甥政光の娘にあたる日野富子が義政の正室となって以後は、富子の後楯ともなった。将軍義政時代の宝徳三年(一四五一)、尾張守護代問題で義政の乳母であり側室でもある今参局《いままいりのつぼね》の口入を怒り、室町御所から嵯峨に出て隠居しようとしたが、諸大名の支持を得てもどった。そして長禄三年(一四五九)、今参局は富子の生んだ子を調伏したとして、ついに死においやられている。寛正四年(一四六三)八月八日病を得て没す。五十三歳。高倉殿、勝智院と号した。　(田端　泰子)

ひのすけとも　日野資朝　一二九〇—一三三二　鎌倉時代後期の公卿。正応三年(一二九〇)生まれる。父は権大納言正二位日野俊光。蔵人頭、左兵衛督を歴任して、元亨元年(一三二一)参議となり、翌年正四位上に叙せられ、文章博士兼山城権守となる。同三年従三位に叙せられ検非違使別当に任じられたが、同年十一月別当を辞し、勅使として関東に下向し、ついで権中納言となった。日野俊基とともに後醍醐天皇の討幕計画に参画し、その中心となった。『太平記』によれば、密議を偽装するため無礼講と称する宴会をしばしば催したという。しかし正中元年(一三二四)謀議が露顕して六波羅探題に捕えられ、鎌倉に送られたのち、翌年佐渡に配流された(正中の変)。元弘元年(一三三一)に後醍醐天皇の討幕計画が再び露顕し、翌年天皇が隠岐に流されたとき(元弘の変)、本間山城入道のために配所において殺された。四十三歳。なお、このとき、父に会うためはるばる佐渡まで訪ねてきた子の阿新丸《くまわかまる》(日野邦光)が、父が謀殺されたことを知ってその仇を討った話は、『太平記』によってよく知られている。新潟県佐渡市真野町の真野宮には、順徳天皇や菅原道真とともに日野資朝が合祀されている。また日記に『資朝卿記』(『歴代残闕日記』五四)がある。(田代　脩)

日野資朝花押

ひのすけな　日野資名　一二八五—一三三八　鎌倉時代後期の公卿。弘安八年(一二八五)生まれる。父は権大納言正二位日野俊光。母は藤原公寛の女。正中の変で佐渡に流された日野資朝は弟。永仁四年(一二九六)叙爵して左兵衛佐に任じられて以来、右大弁、蔵人頭、左大弁、造東大寺長官などを歴任し、正和四年(一三一五)参議となる。同五年従三位、文保元年(一三一七)権中納言、同二年検非違使別当、正三位、元亨元年(一三二一)従二位、元徳二年(一三三〇)正二位、治部卿、元弘元年(一三三一)按察使に任じられた。同年鎌倉幕府が持明院統の光厳天皇を擁立するにあたり、大覚寺統の後醍醐天皇からの神器の伝授に関与し、以後、光厳天皇に重用されて翌年権大納言に任じられた。同三年足利尊氏に攻められて六波羅が陥落したとき、探題の北条仲時らとともに光厳天皇を奉じて京都を脱

日野資名花押

出したが、近江の番場(滋賀県米原市)で出家した。また建武二年(一三三五)足利尊氏が後醍醐天皇に叛旗を翻したのち、持明院統の天皇を擁立しようとする尊氏の意を受けて光厳院の院宣を取りつぎ、南北両朝が分裂するきっかけをつくったといわれる。暦応元年(一三三八)五月二日に没。五十四歳。日記に『資名卿記』(『歴代残闕日記』五六)がある。

参考文献 『大日本史料』六ノ四、暦応元年五月二日条 (田代 脩)

ひのとしもと 日野俊基 ?―一三三二 鎌倉時代後期の公卿。父は大学頭日野種範。元亨三年(一三二三)後醍醐天皇に抜擢されて蔵人頭に任じられた。日野資朝とともに後醍醐天皇に近侍して天皇の討幕計画に参画し、無礼講に事寄せて討幕の密議をはかった。しかし正中元年(一三二四)謀議が露顕して資朝とともに捕えられ、鎌倉に護送されたが、間もなく赦免された(正中の変)。元弘元年(一三三一)再び後醍醐天皇の討幕計画に加わったが失敗し、捕えられて鎌倉に送られ(元弘の変)、翌年六月、鎌倉の葛原岡(神奈川県鎌倉市梶原・山ノ内)で殺された。同地に墓(国史跡)と俊基を祀る葛原岡神社がある。 (田代 脩)

日野俊基墓

ひのとみこ 日野富子 一四四〇―九六 室町幕府第八代将軍足利義政室、義尚母。日野政光の女。永享十二年(一四四〇)の生まれで、康正元年(一四五五)十六歳の時義政(二十歳)に嫁す。長禄三年(一四五九)男児を生んだが、すぐに死亡、この事件は義政の乳母であり側室でもある今参局《いまいりのつぼね》の調伏によるとの讒言があり、そのため今参局は近江に追放、配所へ向かう途中切腹したとされる。寛正五年(一四六四)四月、義政と揃って糺河原の勧進猿楽を見物するなど、その後しばらく平穏な日々をおくったが、翌六年男子義尚を生み、すでに義政の養子となり元服していた義政の弟義視との間に反目が生じる。これが応仁の乱の一因となった。義尚ははじめ伊勢貞親・日野勝光(富子の兄)を後楯とし、貞親死後は勝光が隠然たる力をもっていたが、勝光も文明八年(一四七六)死去すると、富子が年若い将軍義尚をたてて政治の舞台に登場することになる。義尚は九歳で元服、文明五年に将軍となったが、このころ義政は政治に倦み、諸将をはじめ公家も武家も退廃をきわめていたため、政道の中心は自然に御台富子に移った。政治の中心にいた富子はまた天下の富を集中させる位置にあり、集められた富を、大名・小名に対する高利貸や、米商売を行うための準備として米倉をたてることなどに運用したとされ、そのほか、禁裏の諸行事や手当に使用、寺社にも多額の寄進をしている。同十二年から十三年にかけて、富子は京の七口に関所を設け、関銭を徴収しようとした。これは「上下甲乙人迷惑珍事関也」といわれた悪評高いものであり、富子は土民と関所設置・破却で一進一退を繰り返している。文明十年からは再び義政が執政し、十一年には義尚も成人となり新しい権力として登場したので、このころには富子の行動も経済的補佐にとどまったと考えられるが、富子自身、経済的補佐を将軍家の一員として当然の行為と考えていた。延徳元年(一四八九)義尚が近江鈎《まがり》の陣で病没すると、富子は葬儀を主催し、次の将軍に義尚の猶子としていた義視の子義材を推挙した。義政も翌二年に没したので、富子は薙髪し、一位の尼となった。入京した義視・義材父子と富子の間は険悪で、細川政元と義材の対立も厳しくなり、富子は同じく義尚の猶子となっていた堀越公方足利政知の子義遐(義澄)を猶子とし、政元と手を結んで将軍位にたてた。このように晩年将軍がめまぐるしく変わったが、その決定に富子はいずれも関与し、尼御台として決定権を有していた。明応五年(一四九六)五月二十日、五十七歳で没した。死後「七珍万宝」といわれる多くの遺産を残したという。妙善院と号した。 (田端 泰子)

日野富子画像

ひのふし 日野富子 ⇨ひのとみこ

ひはすひめのみこと 日葉酢媛命 垂仁天皇の皇后。丹波道主王の女。景行天皇の生母。日葉酢根命(『日本書紀』)ともいい、日葉洲媛命(同)・氷羽州比売命(『古事記』)・比婆須比売命(同)とも書く。『日本書紀』垂仁天皇三十二年七月条に日葉酢媛命の葬儀に際し、天皇は野見宿禰の進言で、陵墓に生きた人を埋める代りに出雲国の土部百人に埴を取り人馬や種々の物の形を作らしめ、媛の墓にたて、これを埴輪と名付けたとある。これと同じ伝承は『続日本紀』天応元年(七八一)六月壬子条にもみえる。また、『古事記』垂仁天皇段では、この大后の時、石祝《いしき》作《つくり》と土師部を定め、狭木之寺間陵に葬られたとある。 (三宅 和朗)

狭木之寺間陵《さきのてらまのみささぎ》　奈良市山陵町《みささぎ》にあり、成務天皇陵の東側に市道を挟み並列する。『日本書紀』は、垂仁天皇三十二年七月六日に日葉酢媛命が薨じ、その墓所に殉死にかえはじめて埴輪を立てたと記すが、墓所・墓号の記載を欠く。『古事記』は「葬二狭木之寺間陵一」と墓を陵とする。『延喜式』に記載がないのは、営建事情から土師《はじ》氏が以来管理にあたって来たためであろうか。嘉承元年(一一〇六)菅原陳経撰『菅家御伝記』は、「日葉酢媛命狭城墓」の註記に「今狭城盾列池前陵是也」と記し、当時は所在明白で陵と呼んでいたが、以後記録を欠く。明治八年(一八七五)教部省は、元禄の諸陵探索時から幕末の神功皇后陵の五社神改定まで、神功皇后陵として幕府の保護を受けて来た当所を、狭木之寺間陵に考定した。同十二年陵前に拝所を設け、同二十九年御在所を修補した。前方部三段・後円部四段築成の前方後円墳で、長さ二〇八メートル、前方部幅九〇メートル、後円部径一三〇メートル、高さ前方部一二・三メートル・後円部一一・三メートル、渡土堤で三区分された濠が巡り、南面する。後円部四段目頂上には、径二〇メートル、高さ三・二メートル、コンクリート玉石張の円丘が載る。この玉石張は、大正五年(一九一六)の盗掘復旧工事で設けたもの。この時諸陵寮は、主体部工事前後の実測図や、副葬品の石膏模型・写真などを製作したので、古代高塚式陵墓中で最も資料が整っている。石室は、内法《うちのり》南北八・五五メートル・東西一・〇九メートル、長側壁は割石小口積み、短側壁は有孔大板石、天井石は縄掛突起作り出しのある板石列べ、上に屋根形石を置く特異な形である。石室を覆って方丘を築き、裾は石積みとし外側を埴輪列で囲む。方丘上には笠形埴輪七、八基があったという。この笠形埴輪は、日本古来のきぬがさを摸した物というが、墳上に笠形を立てる発想は、印度の仏塔ストゥパのうちで、サーンチーにある紀元前一世紀・紀元二世紀造立の伏鉢塔と共通する。また円丘上に方丘を載せる形は、この伏鉢塔ストゥパの伏鉢《ふくばち》と平頭《へいとう》の関係と共通し、墳丘を囲繞する埴輪列の配置も、ストゥパの欄楯の配置と共通する。当陵後円部とストゥパの形態は、偶然の一致にしては共通点が多い。垂仁紀には、天日槍《あめのひぼこ》・田道間守《たじまもり》らの海外交流説話があり、北方仏教伝来以前のこの当時に、印度の仏塔や極楽浄土の形態情報が伝来しており、在来の葬法改革にあたり、これを採用した可能性も考えられ、当陵の墳形は研究を要する。

参考文献　太政官記録局編『太政類典』三編四類山陵、上野竹次郎『山陵』上、梅原末治「古式古墳観」(近畿日本鉄道創立五十周年記念出版編集所編『大和の古文化』所収)、石田茂輔「日葉酢媛命御陵の資料について」(『書陵部紀要』一九)　(石田　茂輔)

びふくもんいん　美福門院　一一一七—六〇　鳥羽天皇の皇后藤原得子。永久五年(一一一七)伊予守藤原長実の第二女として誕生。母は左大臣源俊房の女、方子。長実は六条修理大夫顕季の男で、父と並んで諸国の守を歴任し、院判官代・別当として白河上皇に近侍し、参議を経て権中納言に昇った。得子は父母の鍾愛のもとに育ち、長承三年(一一三四)ごろから鳥羽上皇の寵を得、翌保延元年(一一三五)叡子内親王を、同三年暲子内親王(八条院)を生み、同五年ついに皇子(近衛天皇)を出産、さらに永治元年(一一四一)三人目の皇女姝子内親王(高松院)を生んだ。ついで同年十二月二十七日、近衛天皇の即位式にあたって皇后に昇り、以後、「国母の皇后」として宮廷内外に隠然たる勢威をきずいた。久安五年(一一四九)八月三日、后位を去って美福門院の号を宣賜されたが、保元元年(一一五六)六月十二日、鳥羽上皇の臨終に際し、安楽寿院において落飾、法名を真性空と称した。ついで勃発した保元の乱では、故上皇の遺詔によって朝廷方の盟主と仰がれたが、保元三年八月後白河天皇から二条天皇への譲位を実現して、多年の宿願を果たした。永暦元年(一一六〇)十一月二十三日、四十四歳をもって白河押小路殿に薨じ、翌日鳥羽東殿において火葬に付され、遺命によって遺骨は高野山に埋納された。鳥羽上皇から譲与された安楽寿院領以下の所領は、所生の八条院暲子内親王に伝領され、八条院領の中核となった。

参考文献　橋本義彦「美福門院藤原得子」(『平安の宮廷と貴族』所収)　(橋本　義彦)

高野山陵《こうやさんのみささぎ》　和歌山県伊都郡高野町大字高野山字蓮華谷、不動院内にある。鳥羽東殿において火葬し、皇后の弟藤原時通が御遺骨を奉持してここにおさめた。『山槐記』永暦元年(一一六〇)十二月六日条に「美福門院御骨奉渡高野御山、依御遺言也」とあるように皇后の遺令によるものである。　(飯倉　晴武)

ひみ　日氷　生没年不詳　室町時代中期の能面作家。氷見とも書く。江戸時代の能楽師で故実家でもあった喜多古能の『仮面譜』は、「日氷宗忠、時代竜右衛門同、越中国日氷郡住、一説ニ、法華宗ノ僧ト云」として十作《じっさく》の一七番目にあげる。下間《しもつま》仲孝の『叢伝抄』にも十作の一として、霊系の面を得意とするごとく書いている。現在、宝生家所蔵の本面中に文亀四年(永正元、一五〇四)在銘の姥《うば》面があって、これが日氷作伝をもっているが、真偽のほどは明確でない。ほかに痩男《やせおとこ》・蛙《かわず》・俊寛・霊女などやや淋し気な作風のものに日氷作伝の面が多く、そうしたジャンルを得意としたように考えられる。

参考文献　野上豊一郎『能面論考』、中村保雄「面打"日氷"と油日神社の面」(『観世』二九ノ一〇)　(田辺三郎助)

ひみこ　卑弥呼　⇨ひめこ

びみょう　微妙　生没年不詳　鎌倉時代前期の舞女。「みみょう」とも。父は京の官人右兵衛尉為成。建久年間(一一九〇—九九)、讒言によって父が禁獄、奥州に配流され、母も悲嘆のあまり死亡、七歳で孤児となった。建仁二年(一二〇二)三月、愁訴のため鎌倉に参向し、源頼家・北条政子に舞を献じた。事の由を知った政子は、微妙の志に感じ、奥州に使者を送って父為成の消息を尋

ねさせたところ、すでに死亡していた。悲しんだ微妙は同年八月、臨済宗栄西に従って出家、持蓮と号した。政子は深沢の里に庵所を与えて保護した。

参考文献　『吾妻鏡』　（田沼　睦）

ひむかのかみながひめ　日向髪長媛　仁徳天皇の妃。『古事記』では髪長比売につくる。記紀ともに応神・仁徳両巻にみえる。日向国諸県《もろかた》君牛諸《うしもろ》(『日本書紀』は牛諸井《うしもろい》につくる)の女。記紀所伝大同小異。『古事記』によれば応神天皇が比売を麗美ときいて喚上げたとき、太子の大雀《おおさざき》命(のちの仁徳天皇)が難波津(書紀は桑津邑に安置すという)でこれをみて、賜わらんことを請い、これがかなえられてその后(妃)としたとする。その豊明《とよのあかり》の際の天皇の歌二首、のち太子の歌二首(書紀は天皇の歌一首、太子の答歌一首、のち太子の歌二首)を掲げる。その歌詞は記紀ともほぼ同じ。書紀は媛の貢上について「一云」として幾分異なる伝を併載する。その腹に波多毘能大郎子《はたびのおおいらつこ》(大日下《おおくさか》王。書紀では大草香皇子につくる)と、波多毘《はたび》能若郎女《のわきいらつめ》(長目比売《ながめひめ》命またの名は若日下部《わかくさかべ》命。書紀では幡梭《はたひ》皇女につくる)がある。『古事記』には、のちの安康・雄略両記にわたって、この大日下王と若日下部命についての長大な説話が展開する。この、日向を本貫とする髪長比売が、その生母として登場するのは、「日向」と「日下」との関連において、右の説話を導入するための設定かとみられる。

参考文献　川副武胤『古事記の研究』、同『日本古典の研究』　（川副　武胤）

ひめこ　卑弥呼　二世紀末—三世紀前半の邪馬台国の女王。「ひみこ」ともいう。二世紀後半に倭国に戦乱がつづき、一八〇年代ごろ卑弥呼は共立されて王となった。鬼道にすぐれ、未婚であり、弟が国政を助けていたという。王位について以来、人々の前に姿をあらわさず、婢千人が侍し、ただ一人の男が飲食を給し、辞を伝えるため卑弥呼の居処に出入りしていたと伝えられている。このような卑弥呼の姿は、人々に接すると王の霊力・呪術力が弱まると信じて隔離・幽閉された原始的祭祀王の性格に類している。魏の景初三年(二三九)六月、卑弥呼は大夫の難升米らを魏の都洛陽に遣し、魏帝に男の生口四人、女の生口六人、班布二匹二丈を献じて朝貢した。これに対し、同年十二月に魏帝は詔書を発して卑弥呼を「親魏倭王」とし、金印紫綬を仮授し、同時に銅鏡百枚など数々の物品を賜与することとし、正始元年(二四〇)、帯方郡の太守弓遵らがさきの詔書・印綬を奉じて倭国に至り、魏帝の詔書や賜与の物品を卑弥呼のもとにもたらした。同四年、卑弥呼は大夫の伊声耆ら八人を魏へ派遣し、生口や倭錦などを魏帝に献上した。同八年、卑弥呼と狗奴国の男王卑弥弓呼との対立が、帯方郡の太守王頎によって魏に報じられ、この時、卑弥呼も載斯烏越らを帯方郡に遣して、狗奴国との戦闘の状況を知らせた。この戦乱のさなかに卑弥呼は死んだらしく、径百余歩の冢《ちょう》が作られ、奴婢百余人が徇葬されたという。邪馬台国九州説では古く卑弥呼を「熊襲」の女酋とし、近くは天照大神に比定する説があり、一方邪馬台国大和説では神功皇后とみなす説が早くからあり、その後、倭姫命・倭迹《やまとと》迹日百襲姫《とびももそひめ》命などを卑弥呼とする説があるが、いずれも定説とはなっていない。

参考文献　『新訂魏志倭人伝他三篇』(石原道博編訳、『岩波文庫』)、志田不動麿『倭の女王』、佐伯有清『ヤマタイ国とヒミコ』、白鳥庫吉「倭女王卑弥呼考」(『白鳥庫吉全集』一所収)、同「卑弥呼問題の解決」(同所収)、内藤虎次郎「卑弥呼考」(『内藤湖南全集』一所収)、坂本太郎「魏志倭人伝雑考」(『日本古代史の基礎的研究』上所収)　（佐伯　有清）

ひめたたらいすずひめのみこと　媛蹈鞴五十鈴媛命　神武天皇の皇后。『古事記』では富登多多良伊須須岐比売《ほとたたらいすすきひめ》命またの名を比売多多良伊須気余理比売《ひめたたらいすけよりひめ》とする。記には大物主《おおものぬし》神が三嶋湟咋《みしまのみぞくい》の女勢夜陀多良比売《せやだたらひめ》を「見感」じて丹塗矢に化してかわやの下から「美人」の「富登」をつき云々の説話を載せる。「神御子」で神武天皇の「大后」。『日本書紀』では事代主《ことしろぬし》神と三嶋溝橛耳《みしまのみぞくいみみ》神の女玉櫛媛《たまくしひめ》との間の女子とする。『古事記』によれば、天皇はこの比売の許に幸し、「一宿御寝坐」し、やがて日子八井《ひこやい》命・神八井耳《かんやいみみ》命・神沼河耳《かんぬなかわみみ》命を生む(『書紀』では神八井《かんやい》命・神渟名川耳尊につくる)。神沼河耳命はのちの綏靖天皇である。『古事記』では神武天皇の崩後、天皇が日向に在った時阿多の阿比良比売《あひらひめ》を娶って生んだ当芸志美美《たぎしみみ》命がこの「適后」伊須気余理比売命を「娶」ったとする。

参考文献　川副武胤『日本古典の研究』　（川副　武胤）

ひゃくじょうぜんじ　百丈禅師　⇩懐海《えかい》

ひゅうがのかみながひめ　日向髪長媛　⇩ひむかのかみながひめ

ひらがともまさ　平賀朝雅　?—一二〇五　鎌倉時代前期の武将。清和源氏新羅三郎義光流、平賀義信の子。母は比企尼(源頼朝の乳母)の三女。朝政とも書く。執権北条時政の後妻牧の方の娘婿となる。武蔵守、右衛門権佐を歴任。建仁三年(一二〇三)比企能員が将軍源頼家に訴え、北条氏を倒そうとしたとき、比企討伐に加わる。比企氏滅亡、頼家幽閉後に京都守護となる。さらに元久元年(一二〇四)伊賀・伊勢に起った富田基度・平盛時らの「三日平氏の乱」を平定し、功により乱のとき逃走した山内首藤経俊所持の伊賀・伊勢両国の守護職に任じられた。在京中、畠山重保(重忠の子)と不和になり、このことを義母牧の方に讒訴したことから、元久二年六月時政は畠山重忠・重保父子を討った。同年閏七月牧の方が朝雅を将軍に擁立しようとしたが露顕し、時政は出家して義時に執権を譲った。義時は在京御家人五条有範・後藤基清・佐々木広綱らに命じ、朝雅を京都六角東洞院邸に討ち、敗走した朝雅は同月二十六日に射殺された。

参考文献　『大日本史料』四ノ八、元久二年閏七月二

十六日条 （綾村 宏）

ひらがよしのぶ 平賀義信 生没年不詳 平安時代末期・鎌倉時代初期の武将。清和源氏新羅三郎義光の孫、平賀盛義の子。大内惟義・平賀朝雅の父。義遠ともいう。大内四郎・平賀冠者と号す。平治の乱では源義朝につき最後まで従う。治承四年(一一八〇)源頼朝が挙兵すると直ちに応じる。元暦元年(一一八四)頼朝の推挙により武蔵守に任官、従五位下に叙せられる。善政を行い、頼朝はその治政を以後の国司の模範とするように府庁に壁書させたという(『吾妻鏡』建久六年(一一九五)七月十六日条)。文治元年(一一八五)義朝の遺骨を南御堂に埋葬の時、特別に参列を許され、その居館は建久三年頼朝に征夷大将軍の除書を持参した勅使の亭となった。文治五年奥州征伐に従軍。二代将軍頼家の乳母の夫であり、建仁三年(一二〇三)十月三代将軍実朝の元服の時には加冠役を勤める。永福寺の門・塔などを建立。承元元年(一二〇七)二月までに没す。 （綾村 宏）

ひらてまさひで 平手政秀 一四九二—一五五三 戦国時代尾張の武将。はじめ清秀。五郎左衛門。中務丞。経秀の子。明応元年(一四九二)生まれ。織田信秀に仕える。信秀が嫡男吉法師(信長)に那古野城(現名古屋城二ノ丸の地)を与えた時、家老となり傅育にあたる。天文十二年(一五四三)、信秀の命により上京し禁裏修理要脚を献上。同十五年、信秀の居城古渡城(名古屋市中区)における信長の元服に立ち会う。翌十六年、信長の初陣に従って三河吉良・大浜に赴く。同年、信秀の美濃出陣の隙に古渡城を攻め敵対した清須織田氏と翌十七年に講和をとりつけ、また斎藤道三の娘濃姫と信長の婚約を成立させた。しかし信秀の没後も行状の改まらない信長に対し、同二十二年閏正月十三日所領志賀村(名古屋市北区)で僧沢彦に後事を託して諫死。六十二歳。非を悟った信長は沢彦に命じて春日井郡小木村(愛知県小牧市)に政秀寺を建て、冥福を祈った。同寺は小牧・長久手の戦で焼失。のち清須に再建されたが、名古屋遷府に伴い名古屋に移転、現存する。

参考文献 『名古屋市史』人物編一 （新井喜久夫）

平手政秀像

ひらやますえしげ 平山季重 生没年不詳 平安・鎌倉時代前期の武士。武蔵七党の一つ西党(日奉《ひまつり》氏)に属す。直季の子。多西郡船木田荘平山郷(東京都日野市平山)を本領とし、院武者所に祇候したため平山武者所とよばれた。保元・平治の乱の際、源義朝の軍に属す。治承四年(一一八〇)平家打倒の兵を挙げた源頼朝に従い、同年十一月、佐竹攻めで先登の功をたてた。元暦元年(一一八四)正月、宇治川の戦で橋桁の先陣、翌月の一谷の戦でも熊谷直実と西ノ城戸で先陣を争うなど多くの手柄をたてた。しかし、文治元年(一一八五)頼朝の許可を得ずに右衛門尉に任官したため、一時墨俣以東への下向をとどめられた。同五年、奥州合戦に従軍。建久三年(一一九二)八月、実朝誕生のとき、鳴弦役をつとめた。同六年、頼朝の上洛に供奉。頼朝は彼の容貌を「顔ハフワ〳〵トシテ」(『吾妻鏡』)と評している。 （野口 実）

参考文献 八代国治・渡辺世祐『武蔵武士』、安田元久『武蔵の武士団』(『有隣新書』二八)

ビレラ Gaspar Vilela ?—一五七二 イエズス会宣教師。ポルトガル人。一五二四年ごろエボラに生まれ、いつどこで司祭になったかは不明であるが、司祭になってから五三年にインドでイエズス会に入り、弘治二年(一五五六)にヌニエス＝バレト神父一行と一緒に来日した。最初は平戸へ派遣され、特に籠手田氏の領内で伝道し、度島(長崎県平戸市度島町)・生月(同北松浦郡生月町)などで集団洗礼を行なった。これは、江戸時代を通じて信仰を守り通したいわゆる潜伏キリシタンの基礎となった。永禄元年(一五五八)に平戸で公に仏像・経典などを焼き棄てたため、騒動が起ったので、神父は豊後へ退いた。その後、ビレラは考え直し、日本の文化・風俗への順応方針の先駆者となった。翌二年に日本人伝道士ロレンソとダミアンとともに京都へ赴き、京都地方での伝道を開始した。最初は、極貧のうちに苦労しまた迫害を受けたが、永禄六年以後、清原枝賢・結城忠正・高山図書など武士階級の洗礼ののち、布教活動は急速に発展した。永禄九年に彼は九州へ召還され、同十一年、長崎甚左衛門(純景)の領内で伝道を開始し、漁民の集団改宗につづき城下の仏寺を聖堂に改造し、トードス＝オス＝サントスとし、すなわち諸聖人にささげた(今の春徳寺の場所(長崎市夫婦川町))。ビレラの指導で何人かの聖人の小伝が翻訳され、また典礼の方面では、ミサ中の対話、聖週間の諸行事などに日本的な要素が導入された。神父の書簡は二通がエボラ版の日本書簡集に収録され、

村上直次郎による邦訳が『イエズス会士日本通信』下(『新異国叢書』二)にある。過労で健康を害したので、七〇年にインドへ送られたが、七二年にゴアで死去した。キリシタン伝道の開拓者の一人として高く評価されている。 (H・チースリク)

ひろはしかねあき 広橋兼顕 一四四九―七九 室町時代後期の公卿。父は従一位贈内大臣綱光、母は従四位下藤原満親(幕府評定衆摂津守満親か)の娘。宝徳元年(一四四九)九月十八日誕生。康正元年(一四五五)叙爵。寛正四年(一四六三)十五歳で元服、治部大輔に任じた。文正元年(一四六六)蔵人、翌応仁元年(一四六七)右少弁、文明三年(一四七一)右中弁、同六年正四位下に叙し、翌七年左中弁、蔵人頭となる。同九年敷奏、武家伝奏、右大弁、南都伝奏を兼ね参議に任じた。同十一年従三位、権中納言となり、同年五月十四日に没した。時に三十一歳。法名恵寂、道号照室。

広橋兼顕花押

参考文献 『大日本史料』八ノ一一、文明十一年五月十四日条 (田沼 睦)

ひろはしかねなか 広橋兼仲 一二四四―一三〇八 鎌倉時代後期の公卿。居所により家名を勘解由小路《かでのこうじ》と称す。父は権中納言経光、母は大宰大弐藤原親実の娘。寛元二年(一二四四)誕生。建長四年(一二五二)九歳で元服。正嘉元年(一二五七)叙爵し、正元元年(一二五九)治部少輔に任じた。弘安元年(一二七八)関白家(鷹司兼平)執事となり、同七年蔵人、同十年右少弁、正応元年(一二八八)左少弁、同二年右中弁、左中弁に転じた。この年には右・左宮城使となり、造興福寺長官も兼ね、さらに関白家(近衛家基)執事になっている。同三年に右大弁、左大弁となって春宮亮も兼ね、四年に蔵人頭に任じた。翌五年日野長者となり参議に任じた。永仁元年(一二九三)敷奏となり従三位に叙され、権中納言となった。翌二年正三位、正安元年(一二九九)従二位に叙された。延慶元年(一三〇八)出家して兼寂と号し、同年正月二十日没した。時に六十五歳。文永十一年(一二七四)―正安二年間の日記『勘仲記』は、時の政治状況に詳しく、また裏文書も内容豊富である。和歌もよくし、『新後撰和歌集』に撰じられている。 (田沼 睦)

広橋兼仲花押

ひろはしかねのぶ 広橋兼宣 一三六六―一四二九 室町時代前期の公卿。父は権大納言仲光、母は家女房。貞治五年(一三六六)誕生。応安元年(一三六八)三歳で学問料を給される。同三年文章得業生となり、五年七歳で元服、翌年叙爵し治部権少輔に任じた。永徳三年(一三八三)蔵人、嘉慶二年(一三八八)右少弁に任じ文章博士となる。同年左少弁、明徳元年(一三九〇)右中弁、応永元年(一三九四)正四位下に叙され、蔵人頭、左中弁に転じた。翌二年右大弁、四年左大弁、六年造東大寺長官となり、翌七年参議に任じた。八年敷奏、武家伝奏、権中納言となり従三位に叙され、十二年従二位。十四年左兵衛督、検非違使別当となった。翌年大宰権帥、十七年には正二位権大納言に任じた。三十年従一位大納言となり、三十二年これを辞し、准大臣となり出家した。法名常寂。永享元年(一四二九)九月十四日没。六十四歳。贈内大臣、法号は後瑞雲院。伯母に崇賢門院仲子(後円融天皇生母)を持ち、みずから武家伝奏になったことなどから朝幕の政情にも詳しく、至徳四年(嘉慶元、一三八七)―正長元年(一四二八)間の日記は、この期の政治史に欠かせない史料である。 (田沼 睦)

広橋兼宣花押

ひろはしつなみつ 広橋綱光 一四三一―七七 室町時代後期の公卿。父は権中納言兼郷、母は神祇伯資忠王の娘豊子女王。永享三年(一四三一)六月十三日誕生。文安二年(一四四五)十五歳で元服、叙爵して治部少輔に任じた。同五年蔵人、宝徳二年(一四五〇)右少弁、左少弁、権右中弁に転じ、享徳元年(一四五二)右中弁、右京城使となった。同二年左中弁、左宮城使、蔵人頭、氏院別当、右大弁を経て、翌三年参議に任じた。康正元年(一四五五)造東大寺長官を兼ね、左大弁に転じた。同二年権中納言、右兵衛督、検非違使別当となり、長禄三年(一四五九)家職となっていた敷奏、武家伝奏となった。寛正六年(一四六五)従二位、文明二年(一四七〇)権大納言に任じ、同五年正二位に叙された。同八年には南都伝奏も兼ねる。同九年、左大臣鷹司政平・右大臣近衛政家などに越階して従一位に叙され、准大臣となった。同年二月十四日四十七歳で死去。贈内大臣、法号は引接院。法名秀寂。連枝・子女に後土御門・後柏原天皇乳母、二条政嗣室などを持ち、武家伝奏と合わせて公武に権勢があった。文安三年―文明八年間の日記は、当時の政情、公武

関係を知る重要な史料である。

参考文献　『大日本史料』八ノ九、文明九年二月十四日条　（田沼　睦）

ひろはしつねやす　広橋経泰　生没年不詳　南北朝時代の南朝方武将。修理亮。元弘三年（一三三三）北畠顕家の奉行として陸奥で活躍する。建武二年（一三三五）顕家の上洛の際にも陸奥にとどまり霊山城を守った。翌年、翌翌年には、陸奥における北朝方の拠点であった伊達郡河俣城・行方郡小高城・岩崎郡湯本城などを攻撃して、顕家なき後の南朝方として気を吐き、さらに南進して常陸佐竹氏などと戦っている。その後の動きは不明であるが、興国三年（康永元、一三四二）の『白河結城文書』にみえる広橋肥後権守は同一人物かもしれない。　（田沼　睦）

ピント　Fernão Mendez Pinto　一五〇九―八三　ポルトガルの冒険的旅行家。一五〇九年生まれる（一五一一年・一四年説あり）。いわゆる大航海時代の風潮に乗じて一五三七年ごろインドに赴いたのち、五八年までの約二十年間、東南アジア・中国・日本水域をあるいは奴隷として、また兵士として、商人として、宣教師として、海賊として遍歴し、その間の見聞を自伝的にまとめた。これはPeregrinaçãoとしてピントの死後一六一四年刊行され、ヨーロッパの読書界に大きな波紋を捲き起こした。彼は四度日本を訪れており、全二百二十六章のうち二百章以降は日本関係の記述に充てられており、種子島来航当時からザビエルとともに日本布教に携わったことや、大友宗麟との会見など中国情勢などを含め当時の東アジアのキリスト教伝道のことなどが叙述されている。全体的にみて必ずしも事実に基づく記述ではなくむしろ多分にフィクションを交えた文学的作品と評価されている。しかし側面史としては無視しえない記述が各処に見られるなど注目すべき著作といえよう。完訳には岡村多希子訳『東洋遍歴記』（『東洋文庫』三六六・三七一・三七三）がある。一五八三年没。　（箭内　健次）

ふ

ぶあん　豊安　？―八四〇　平安時代前期の僧。三河国の人。唐招提寺に入って如宝に師事して律学を修め、持戒堅固で世に聞えた。弘仁六年（八一五）如宝の示寂により、翌年五月、唐招提寺第五世となり、また律師として僧綱に補せられた。平城上皇は親しく菩薩戒を受け、尊崇するところきわめて篤かったといわれる。天長四年（八二七）少僧都に進んでいるが、同七年、六宗にそれぞれ宗義を明らかにする書を書くようにとの淳和天皇の勅が下り、豊安は律宗を代表して『戒律伝来宗旨問答』三巻（現存するものはその上巻のみ。『戒律伝来記』と称する）を書いた。いわゆる六本宗書の一つである。また著書に『鑑真和上三異事』一巻があり、承和二年（八三五）には大僧都に補されているが、特に豊安は唐招提寺に五重塔・回廊などを建立してその整備に尽くした点、功績は大きい。承和七年九月十三日没。一説に七十七歳没という。没後翌八年、僧正に追補された。

参考文献　義澄『招提千載伝記』上一（『大日本仏教全書』）　（石田　瑞麿）

フェルナンデス　João Fernandes　一五二六―六七　スペイン人、イエズス会修道士。一五二六年にコルドバに生まれ、四七年にポルトガルのコインブラで修道士（Irmão）としてイエズス会に入り、四八年にゴアへ派遣され、天文十八年（一五四九）にフランシスコ＝シャビエルの同伴者として日本へ渡った。彼は語学の才能に卓越し早くに日本語を修得してシャビエルの通訳をつとめ、ともに平戸・博多・山口・京都へ行き、シャビエルが日本を去ったとき山口に残った。天文二十二年に豊後、府内（大分）へ移り、永禄元年（一五五八）にガーゴ神父とともに博多へ行き、翌年、筑前の戦乱のため豊後へ戻ったが、永禄五年以後、主に平戸・度島《たくしま》・生月《いきつき》など平戸領内で伝道に従事した。日本語に精通していたので、彼は各主日の福音、キリスト受難録、福音および教理説明の説教などを翻訳し、また新来の宣教師のため、はじめて日本文法書と辞書を作成したが、それはすべて永禄六年に度島で焼失した。永禄十年五月二十日（陽暦六月二十六日）に平戸で死去した。→シャビエル

参考文献　ディエゴ＝パチェコ『最初のイルマン』　（H・チースリク）

ふかき　不可棄　⇩俊芿《しゅんじょう》

ふかくさのみかど　深草帝　⇩仁明天皇《にんみょうてんのう》

ふかねのすけひと　深根輔仁　生没年不詳　平安時代中期の名医。本姓は代々医業をもって朝廷に仕えた蜂田薬師。『新撰姓氏録』では諸蕃に収めているが、百済からの帰化渡来氏族である。本拠は和泉国大鳥郡蜂田郷。承和元年（八三四）文主のとき深根宿禰姓を賜わる。仁和三年（八八七）宗継は内薬正・侍医・医博士・針博士にて加賀介を兼ね、名医の評を得る。その孫輔仁は延喜十八年（九一八）右衛門医師のとき『掌中要方』一巻を撰し、また同年ごろ唐初の『新修本草』に準拠した『本草和名』（『輔仁本草』『和名本草』ともいう）二巻を撰している。ほかに『養生抄』七巻を著わし、その抄録と思われる『養生秘要抄』一巻を同二十一年に著わしている。延長三年（九二五）には権医博士にて典薬頭菅原行貞の門徒であったことが知られる。承平六年（九三六）侍医となり、名医の評を得る。『二中歴』名医の項にもその名が掲げられている。

参考文献　新村拓『古代医療官人制の研究』　（新村　拓）

ふくう　不空　七〇五―七七四　唐朝の玄宗・粛宗・代宗の三代に信任され、密教を中国に定着させるため活躍した西域出身のインド系の僧。正式には不空金剛 Amogha-vajra という。諱、広智。真言付法の第六祖。羅什・玄奘と並ぶ三大翻訳家、あるいは真諦を加えて四大翻訳家の一人。七〇五年生まれる。早くから父母を失い、母方の叔父に連れられ、十三歳で長安に入る。翌々年長安に至った金剛智について出家し、密教を授けられる。開元二十九年（七四一）、師を失い、翌々年インド、スリランカに旅し、新しく密教関係の経論五百余部を中国に持ち帰り、精力的に翻訳に従事するとともに、密教の呪的な力を活用して朝野の信頼を得た。天宝十四載（七五五）、安禄山の乱に際しては、勅命により住坊の大興善寺に壇を築き、帝のため祈り、その後の密教宣布を容易ならしめた。『金剛頂経』系統の主要経典や『仁王経』などの護国経典の翻訳が有名。晩年は五台山を中心に文殊信仰を鼓吹し、大暦九年（七七四）六月十五日、大興善寺に没す。七十歳。空海の師恵果は不空の晩年の弟子。弟子の厳郢の『唐大興善寺故大徳大弁正広智三蔵和尚碑銘并序』は陝西省博物館に現存する。

不空画像

参考文献　『代宗朝贈司空大弁正広智三蔵和上表制集』（『（大正新脩）大蔵経』五二）、『大唐故大徳贈司空大弁正広智不空三蔵行状』（同五〇）、長部和雄『唐代密教史雑考』（『神戸商科大学研究叢書』一三）、松長有慶『密教―インドより日本への伝承―』（『中公文庫』）
（松長　有慶）

ふくしままさのり　福島正則　一五六一―一六二四　安土桃山・江戸時代前期の武将。安芸国広島藩主。尾張の住人福島市兵衛正信の長男。母は豊臣秀吉の伯母木下氏と伝えられている。永禄四年（一五六一）尾張海東郡二寺邑（愛知県海部郡美和町）に生まれる。幼時より秀吉に仕え、市松と称した。はじめ知行二百石を領し、天正六年（一五七八）播磨三木城攻め、同九年因幡鳥取攻め、同十年山崎の戦などに戦功を顕わし、同年九月二十五日播磨神東郡矢野仙分三百石を加増された。同十一年四月二十一日の近江賤ヶ岳の戦では一番槍、一番首の殊勲をたて、八月一日近江栗太郡および河内八上郡のうち五千石を与えられた。いわゆる七本槍の面々はいずれも三千石で、その功績のほどと秀吉の期待が窺われる。同十二年の小牧・長久手の戦には二重堀の退き口の際に、翌年の紀伊雑賀攻め（紀州征伐）には和泉畠中城攻めに功あり、伊予今治城主に抜擢され十一万石を領し、七月には従五位下左衛門尉に叙任、左衛門大夫と称した。同十五年九州征伐に従軍、戦後戸田勝隆と肥後の代官および検地奉行を務め、同十八年には北条氏攻め（小田原征伐）にも従軍、伊豆韮山城攻めの先手となってこれを落とした。文禄元年（一五九二）、文禄の役には渡海して竹島にて代官を勤め、兵粮輸送などにも関与した。同四年尾張清洲城主となり二十四万石。慶長二年（一五九七）七月二十六日侍従に進んだ。秀吉没後の慶長五年閏三月四日、かねて対立していた石田三成を加藤清正・細川忠興ら六大名とともに襲い、失脚に追い込んだ。徳川家康の会津上杉景勝攻撃（会津征伐）にも従軍し、三成が大坂にて挙兵すると、率先して三成攻撃を主張、東軍の先鋒となって西上し八月十九日清洲に入城した。この時、家康の本隊の進軍が遅いことを憤って到着を待ったが、家康の使者村越直吉が東軍味方の証拠として出馬せよと伝えたことにより軍事行動を開始、二十二日美濃に進んで杉原五左衛門の守備する竹鼻城を落とし、翌日加藤嘉明・細川忠興らとともに織田秀信の籠る岐阜城を攻撃、靫屋口を破り柏原彦右衛門の守る瑞竜寺丸を乗取って、秀信を投降させた。九月十五日の関ヶ原の戦では、先陣を勤め、宇喜多秀家・島津義弘の軍と戦った。十九日家康の命により京都の警護を担当し、二十三日には大坂に至った。この過程における正則の働きは、秀吉恩顧の武将であるにもかかわらず家康に属し、積極的に三成攻撃を主張するという抜群の政治的功績を上げたので、同年十一月安芸・備後二ヵ国四十九万八千二百二十三石の大封を与えられ、広島城主となった。ただし、これは周防・長門に押し込められた毛利氏への押えという意味もある。同七年三月七日右近衛少将に進む。翌年二月家康の上洛に供奉し、同十年二月の上洛にも供奉した。長男正友は早世

福島正則画像

福島正則花押

していたが、同十二年、養子としていた正之を乱行の理由で殺害。同十五年六月家康の命により尾張名古屋城の普請を勤める。同十九年の大坂冬の陣の時は、江戸にとどまり留守居を勤めたが、これは家康が正則を警戒したためと伝えられている。秀吉の遺児豊臣秀頼攻撃は、正則にとっても痛恨事であり、秀頼荷担はもとよりできなかったが、大坂蔵屋敷の兵粮米については大坂方の奪うに任せたという。元和元年(一六一五)の夏の陣には、徳川秀忠の命により継嗣の三男忠勝を出陣させたが、戦闘には間にあわなかった。同三年六月二十一日参議に任じ、従四位下に叙す。同五年六月九日、牧野忠成・花房正成を上使として、先に広島城を無届けで修築したことを咎められ本丸そのほかことごとく破却すべきことを命じられながら、石垣を少し壊しただけでそのままにしておいたことを責められ、安芸・備後両国を没収され、陸奥津軽への転封を命じられた。しかし、津軽の津軽信枚が転封を喜ばず、また七月津軽が遠方であるとの理由で越後魚沼郡の内二万五千石と信濃川中島二万石の四万五千石を与えられることになり、信濃高井郡高井野邑(長野県上高井郡高山村)に蟄居した。この時本多正純は正則を庇う姿勢を見せたが、これは同八年正純失脚の重要な罪状となっている。同六年三男忠勝が没し、越後の二万五千石は返上し、寛永元年(一六二四)七月十三日高井野邑において没した。年六十四。この時、正則の家臣津田四郎兵衛が、幕府の検使の到着前に高井郡鴈田村巌松院(同郡小布施町雁田)において遺骸を火葬したため、領地を没収された。法名海福寺殿前三品相公月翁正印大居士。のち、四男正利が、川中島の旧領の内三千石を与えられ、寄合に列した。遺骨は京都妙心寺海福院(京都市右京区花園妙心寺町)に葬られた。高野山悉地院、東京三田の生覚院にも墓がある。室は津田長義の女、継室は牧野康成の女。剛直な性格で、意にあわぬ人間に対しては著しく攻撃的になるが、旧誼を忘れず、気に入った人間に対しては厚情をかけた。幕府に対しても強硬な態度を貫き、たとえば関ヶ原の戦後、島津家久が上洛した時、保護する姿勢を示すなど徳川家に対する圧力者として行動し、幕府旗本には傲慢ともいえる対応をしている。このような行動が幕府に嫌われ、晩年の不遇を招いたと考えられる。武辺のみの大名ではなく、秀吉存命中は、検地奉行や兵粮奉行なども勤め、正則死後正利が秀忠・家光に献上した遺物の中に、きのめの肩衝・あふらの茶入などの名物があることから、茶道にも通じていたことが知られる。

参考文献 『寛政重修諸家譜』一四三九、『福島家系譜』、『広島県史』近世一、平出鏗二郎「福島正則の狂暴」(『史学雑誌』五ノ一二)、瀬川秀雄「福島正則の改易を論ず」(同八ノ一・三・四)、笠谷和比古『近世武家社会の政治構造』
(山本　博文)

ふくりょう　福亮　生没年不詳　七世紀の僧。法起寺塔婆露盤銘には、戊戌年(舒明天皇十年(六三八))聖徳皇御分として、弥勒像一軀を敬造し、金堂を構立したとあり、大化元年(六四五)八月の詔では、十師に任ぜられている。『日本書紀』の記載から、福亮を狛大法師とする見解もあるが、『扶桑略記』には呉学生、『元亨釈書』では呉国人で、三論を嘉祥よりうけたといい、『三国仏法伝通縁起』によれば、慧灌僧正より三論宗をうけ、智蔵に伝えたという。この智蔵は福亮在俗時の子といわれ、『懐風藻』には俗姓禾田氏とあることからすると、福亮は呉国人ではなかったのではないか。『元亨釈書』には、斉明天皇四年(六五八)中臣鎌足より山科陶原家(京都市山科区)の精舎に請ぜられ、『維摩詰経』を講じたと記す。

参考文献 横田健一「『懐風藻』所載僧伝考」(『白鳳天平の世界』所収)
(佐久間　竜)

ふけどの　富家殿　⇩藤原忠実《ふじわらのただざね》

ふこういんどの　普広院殿　⇩足利義教《あしかがよしのり》

ふこうおんいんどの　普光園院殿　⇩二条良実《にじょうよしざね》

ふじいしんのう　葛井親王　八〇〇—五〇　桓武天皇の第十二皇子。母は坂上大宿禰田村麻呂の女春子。延暦十九年(八〇〇)に生まれ、同二十四年六歳の時、帯剣を勅賜され、同年八月山城国相楽郡の畠十三町を賜わる。弘仁十年(八一九)、四品を授けられ兵部卿となる。のちに上野太守・常陸太守を歴任。承和八年(八四一)十一月、三品に昇る。嘉祥三年(八五〇)正月、大宰帥となり同年四月二日没す。時に五十一歳。性格は機敏で射芸を良くした。この特技は「外家大納言(田村麻呂)之遺風」と称され、十二歳の時、嵯峨天皇に促され弓矢の美技を披露。その際、田村麻呂は驚動喜躍して親王を抱きかかえ舞ったが、天皇は外孫を褒めすぎると大笑したという逸話がある。承和二年正月、仁明天皇が射場に御した時、これに侍したのも親王が射芸を良くしたことを物語る。晩年は酒に溺れた。親王には棟良王ら二十余人の子があった。
(佐伯　有清)

ふじなよしつな　富士名義綱　生没年不詳　鎌倉・南北朝時代の武将。塩冶高貞の一族という。検非違使左衛門尉。通称三郎。出雲の住人とも佐渡の住人ともいう。元弘二年(一三三二)三月、後醍醐天皇が隠岐に流された時、義綱は同国守護佐々木清高の手に属し、行在所の警固にあたった。翌三年閏二月、中門警固の番にあった義綱に、出雲守護塩冶高貞を頼って隠岐を脱出しようという計画が打ち明けられ、高貞説得を依頼された。この時、天皇から近侍の官女を与えられたともいう。この計画に加担した義綱は、ひそかに隠岐を抜け出し、高貞の館に赴き、勅命を伝えて挙兵を勧めた。高貞は一旦は義綱を捕えて押し籠め隠岐へ帰ることを止めた。しかし同月二十八日、天皇が名和長年の助力によって隠岐をのがれ、伯耆国船上山に遷幸した時、高貞と義綱は打連れて軍勢を率いて天皇方に参陣した。
(小泉　宜右)

ふしみてんのう　伏見天皇　一二六五—一三一七　一二八七—九八在位。名は熙仁《ひろひと》。文永二年(一二六五)四月二

伏見天皇花押

十三日誕生。後深草天皇の第二皇子、母は左大臣洞院実雄の娘玄輝門院愔子。建治元年(一二七五)十一月、大覚寺統の後宇多天皇の東宮となり、弘安十年(一二八七)十月二十一日、二十三歳で践祚。正応元年(一二八八)三月十五日即位、翌二年には天皇の第一皇子胤仁親王の立太子が実現し、持明院統は春を迎えたが、両統の対立・軋轢は一段と激化した。天皇は十三ヵ条の新制発布など政道刷新に努めた。しかし天皇側近の京極為兼が関東申次西園寺実兼と対立し、実兼は大覚寺統に接近して鎌倉幕府の干渉も強くなり形勢が逆転した。天皇は永仁六年(一二九八)七月二十二日に譲位となり、御子の後伏見天皇も在位三年たらずで退位し、皇位は大覚寺統の後二条天皇に移った。しかし持明院統の幕府に対するまき返しが成功して伏見上皇の第二皇子富仁親王が東宮に立ち、延慶元年(一三〇八)八月に践祚した(花園天皇)。これで伏見上皇の再度の院政となったが、上皇は正和二年(一三一三)十月に出家(法名素融)、文保元年(一三一七)九月三日、五十三歳で崩じた。陵墓は京都市伏見区深草坊町の深草北陵。これで持明院統は中核を失い、上皇が抵抗していたいわゆる「文保の御和談」や室町院領の伝領問題も未解決のまま残された。天皇は両統迭立問題については終始強い主張を貫き、政道刷新・門閥打破などに卓見を示した。また学問・文芸に優れ、和歌は京極為兼を師とし、多くの秀詠があり『伏見院御集』などの歌集もある。みずから和歌集の勅撰を企画し、正和二年に『玉葉和歌集』が撰進された。書もその当時藤原行成以上との評があり、日本書道史上有数の能書家である。日記に『伏見天皇宸記』(『天聴御記』)がある。→後深草《ごふかくさ》天皇《てんのう》(深草北陵)

伏見天皇画像(『天子摂関御影』)

参考文献 『神皇正統記』、『増鏡』九・一〇・一一、三浦周行『鎌倉時代史』(『日本史の研究』新輯一)、竜粛『鎌倉時代』下、水戸部正男『公家新制の研究』、矢野太郎『伏見天皇宸記』解題(『(増補)史料大成』三)、肥後和男「伏見天皇」(『歴代天皇紀』所収)、和田英松「皇室と文学」(『国史説苑』所収)

(飯田 久雄)

ふしょう 普照 生没年不詳 奈良時代の興福寺の僧。生国不詳。戒法の不備を嘆いた隆尊の願いが上聞に達して授律伝戒の師を招請することが決まり、普照は興福寺の僧栄叡とともに入唐の命を受け、天平五年(七三三)遣唐使に随伴して渡海した。唐土では道璿に逢って遣唐使の帰国とともに日本に送ったが、その後、空しく年を送って、入唐後、すでに十年に達したため、にわかに同行の僧をつのり、帰国のため揚州に至って、たまたま揚州大明寺に江淮の化主と仰がれた鑑真に謁する機会に恵まれた。しかも鑑真みずから仏法弘通のため不惜身命の決意をもって渡海を約束する結果となった。しかしたび重なる難破・妨害・漂流などにより、十二年の歳月を経、六度目にして、唐土に来朝していた遣唐使帰国の好便を得て、鑑真招請は成功したものである。その間、栄叡は客死し、普照も落胆の余り鑑真一行と別れ、偶然にも遣唐船に乗ってはじめて鑑真らの乗船を知った事実は注目される。天平勝宝六年(七五四)、鑑真入朝後、十師による受具の制は旧来の僧の反撥を買い、普照はこれが正しい仏制であることを鑑真の弟子思託とともに論説して、戒律の本義を明らかにした。仏教教団が戒律の正しい受持によって成立しうることを示した功績は大きい。かれも伝法に努め、律疏の講義を能くしたのは当然であるが、帰国後の事蹟の不明な点が多い中で、天平宝字三年(七五九)平城京外の路傍に果樹を植えて旅人の便をはかるよう上奏したことが知られる。

参考文献 『日本高僧伝要文抄』三(『大日本仏教全書』)、『唐大和上東征伝』一(同)、石田瑞麿『鑑真―その戒律思想―』(『大蔵選書』一〇)

(石田 瑞麿)

ふじわらせいか 藤原惺窩 一五六一―一六一九 安土桃山・江戸時代前期の朱子学者。名は粛、字は斂夫《れんぷ》。惺窩はその号。ほかに柴立子・北肉山人・惺々子・妙寿などと称した。永禄四年(一五六一)播磨国三木郡細河村(兵

藤原惺窩画像(渡辺華山模写)

庫県三木市細川町桃津)で藤原(下冷泉)為純の三男として生まれた。彼が藤原定家の十一世の孫であったことは、彼の学風と深い関係をもつ。父為純は代々の地播磨細河荘を領したが、惺窩は七、八歳のころ仏門に入り、播磨竜野の景雲寺の禅僧東明宗昊《そうこう》、ついで文鳳宗韶に学んだ。十八歳の天正六年(一五七八)、父為純は三木城主別所長治に攻められて戦死。京都相国寺普広院住職の叔父清叔寿泉を頼って上洛、相国寺で禅学に励んだ。惺窩の儒学傾斜は三十歳ころ師承や五山の一部の風気によって醸成されていたが、文禄二年(一五九三)三十三歳で徳川家康に招かれ、翌年にかけて江戸に赴き、『貞観政要』を講じたころ、「をろかにもにしとばかりはたのむかな穢土に浄土はありける物を」(『惺窩先生倭謌集』四)と歌っているところにもすでに明瞭である。慶長元年(一五九六)六月、直接中国の新儒学に触れるため渡明を企て、冬に薩摩半島東南端の山川津から出帆したが風濤に遭って鬼界島に漂着(内藤湖南旧蔵『南航日記残簡』参照)、翌夏、

「惺窩之印」

「北肉山人」
藤原惺窩印

「冷泉府書」
藤原惺窩蔵書印

京都に帰ってからは直接六経に学び、いよいよ儒者たる確信を堅めた。この確信への刺戟となったものに、竜野時代から彼と親交があり、その有力な後援者であった赤松広通を通じて文禄・慶長の役の捕虜で、朝鮮の有名な朱子学者李退渓の流れを汲む姜沆《きょうこう》と出会ったことがあげられるが、これはあくまで惺窩自身の裡に醸成確立しつつあった信念を鼓舞するものであったろう。慶長五年、入洛中の家康に深衣道服で謁したことは、形式的にも僧侶を去って儒者たることを顕示したもの。同九年にのちに家康に仕えて江戸時代朱子学の総本山の観を呈した林羅山が入門、また関西朱子学の大宗となった松永尺五《せきご》・堀杏庵《きょうあん》・那波活所・菅得庵・石川丈山・林東舟(羅山の弟)・吉田素庵・吉田意庵らがつぎつぎに入門、その余波は和歌山藩主浅野幸長をはじめ多くの大名に及び、後陽成天皇も惺窩に道を問うに至った。こうしたことが惺窩を近世日本朱子学の開祖といわしめた理由である。しかし彼は朱子学啓蒙期のためもあって、深遠で独創的学者とはいいがたい。彼の最大の特色は、のちの一部の朱子学者のごとく固陋一徹ではなく、朱子学を主としつつも、陸象山・王陽明の長所をも捨てず、実践を旨とする大らかな学風を樹立したところにあり、一面またその先祖の血をひいて国学・和歌にも造詣深く、『日本書紀』『万葉集』『徒然草』などの方面でも啓蒙的役割を果たしている。彼は名誉欲に遠い詩人的性格のためもあって、慶長十年の夏秋の交に京都北郊の市原に山荘を営んで隠栖し、木下長嘯子・松永貞徳らと親交を結び、同十九年春、羅山の建議と推薦により、京都に設立されるはずであった学校の長官に擬せられたが受けず、市井の学者に終始した。その死は元和五年(一六一九)九月十二日のことで、京都において五十九歳で没した。現在、墓は相国寺林光院の墓地内にある。刊本の著書には、『惺窩先生文集』(藤原為経編)、『惺窩文集』(正編林羅山編・続編菅得庵編)、『惺窩先生倭謌集』(『惺窩先生文集』所収)、『寸鉄録』、『逐鹿評』(一名『大学要略』)、『文章達徳綱領』があり、ほかに自筆稿本に『明国講和使に対する質疑草稿』、『姜沆筆談』、『朝鮮役捕虜との筆談』、『南航日記残簡』、『日本書紀神代巻』(改修本)などがあるが、みな『藤原惺窩集』(上・下。国民精神文化研究所、昭和十三年(一九三八)・十四年)に所収。

参考文献 太田青丘『藤原惺窩』(『人物叢書』一八五)、池田亀鑑「藤原惺窩と国文学」(藤村博士功績記念会編『近世文学の研究』所収)、太田兵三郎「藤原惺窩の学的態度」(徳川公継宗七十年祝賀記念会編『近世日本の儒学』所収)、阿部吉雄「藤原惺窩と朝鮮儒学」(『日本朱子学と朝鮮』所収)、金谷治「藤原惺窩の儒学思想」(『日本思想大系』二八所収)

(太田　青丘)

ふじわらのあきすえ　藤原顕季　一〇五五―一一二三　平安時代後期の歌人。宿所の六条烏丸に因み六条修理大夫と呼ばれ、歌道家六条家の始祖。藤原北家末茂流美濃守隆経の男。母は白河天皇の乳母従二位親子。天喜三年

藤原顕季花押

（一〇五五）生まれる。白河天皇の叔父にあたる閑院流藤原実季の猶子となり、延久四年（一〇七二）十八歳の時に白河天皇の六位蔵人となり、翌年叙爵。承保二年（一〇七五）讃岐守、以後近隣の熟国国司を継続して歴任、財力を蓄えた。嘉保元年（一〇九四）修理大夫、長治元年（一一〇四）造宮賞により非参議従三位、以後も修理大夫に在職した。応徳三年（一〇八六）白河院政開始後は院別当となり、経済官僚と院政の要の地位を保持し、白河院政をささえ、実質的な権力と財力は摂関家をしのいだ。保安四年（一一二三）八月出家、同年九月六日没。六十九歳。承暦元年（一〇七七）家に歌合を催し、『承暦二年内裏歌合』をはじめ公私の歌会・歌合への出詠は多く、特に白河院側近筆頭として、堀河天皇歌壇に対して院歌壇を形成指導した。晩年は自邸に歌会・歌合を催し、元永元年（一一一八）六月にははじめて柿本人麿影供歌会を主催した。『内大臣（忠通）家歌合』をはじめ、各処の歌合の判者となり、藤原顕仲・源俊頼・藤原仲実・隆源・琳賢らの歌人を身辺に集め、歌壇の庇護者として活躍した。その歌論の主たる傾向は『実行家歌合』に、また詠歌は自撰の『顕季集』に知られる。勅撰入集は『後拾遺和歌集』以下に五十七首。顕輔・清輔とつづく六条藤家の始祖として尊重された。

参考文献　井上宗雄『平安後期歌人伝の研究』

（橋本不美男）

ふじわらのあきすけ　藤原顕輔　一〇九〇―一一五五

平安時代後期の公卿歌人。父は白河院の近臣（乳母子）で六条藤家歌学の祖、修理大夫顕季。母は大弐藤原経平の女で、『後拾遺和歌集』撰者藤原通俊の妹。顕輔はその顕季の三男として寛治四年（一〇九〇）生まれる。白河院の信任と両親の庇護のもと、官途では幸運な歩みを踏み出している。康和二年（一一〇〇）蔵人。以後、諸国司などを歴任。保安四年（一一二三）正月には新院（鳥羽院）の別当に補せられたが、同年九月には父顕季に死別。たまたま心外な讒言にあい、白河院からきびしく疎外される。しかし大治四年（一一二九）七月に白河院他界。同五年二月には関白藤原忠通女聖子（崇徳妃）の中宮亮となり、保延三年（一一三七）十月には従三位。同五年正月には左京大夫を兼ね、久安四年（一一四八）七月、正三位。久寿二年（一一五五）五月七日没。六十六歳。ただし『兵範記』では六十七歳。歌壇における顕輔は源俊頼の新風に追従する面もあったが、基本的には穏健中正な父顕季の詠風を継承、六条家歌学の象徴たる人麿影も譲与されている。歌合は永久元年（一一一三）の加賀守顕輔歌合をはじめ、自家主催の歌合は十度、他家の歌合に出詠すること約十三度。にもかかわらず、顕輔自身が判者になったのは久安五年六月の家成家歌合と同七月の山路歌合のみ。その判詞も謙虚である。定数歌としては長承元年（一一三二）内裏十五首、康治元年（一一四二）大嘗会歌、久安六年百首などがある。その他、折々の歌会歌や贈答歌も秀作は『顕輔集』に採られている。勅撰集では、まず天治二年（一一二五）の『金葉和歌集』に「あふと見てうつつのかひはなけれどもはかなき夢ぞ命なりける」以下十四首入撰。天養元年（一一四四）には崇徳院から『詞花和歌集』撰進の院宣があり、仁平元年（一一五一）これを奏覧。彼自身の歌は「難波江の葦間にやどる月みればわが身一つも沈まざりけり」「夜もすがら富士の高嶺に雲きえて清見が関にすめる月かげ」などの名作六首を撰んでいる。この集は歴代勅撰集中、最も歌数が少ない。また、これを批難して、藤原教長が『拾遺古今』、寂超が『後葉和歌集』などを撰んでいる。しかし、顕輔自身の歌は全勅撰集を通じては八十四首入撰。生新な叙景と滋味ある抒情とに一風を成している。

藤原顕輔花押

参考文献　井上宗雄『平安後期歌人伝の研究（増補篇）』、井上宗雄・片野達郎『詞花和歌集』

（谷山　茂）

ふじわらのあきたか　藤原顕隆　一〇七二―一一二九

平安時代後期の公卿。参議大蔵卿藤原為房の次男。母は美濃守源頼国の女。没年から逆算すると、延久四年（一〇七二）の誕生となる。寛治二年（一〇八八）従五位下に叙されて以来、若狭守・右衛門権佐・右少弁・左少弁・右中弁などを歴任、嘉承二年（一一〇七）には弁・蔵人・衛門佐の三事兼帯の栄に浴した。ついで内蔵頭・左中弁・近江守を経て、保安元年（一一二〇）右大弁蔵人頭より従三位に昇り、同三年参議に任じ、さらに同年中に権中納言に進み、ついで正三位に叙された。その間、白河院の執行別当として威権をふるい、「天下の政、此の人の一言に在り」（原漢文、『中右記』）といわれ、「よるの関白」（『今鏡』）の異名をとったが、大治四年（一一二九）正月十五日、五十八歳をもって没した。洛西葉室に山荘を営んだので、葉室中納言と称され、爾来それが家名となった。

（橋本　義彦）

藤原顕隆花押

ふじわらのあきただ　**藤原顕忠**　八九八―九六五　平安時代中期の公卿。左大臣時平の次男、母は大納言源湛女。昌泰元年(八九八)生まれる。延喜十三年(九一三)従五位下で出身、承平七年(九三七)参議、天慶四年(九四一)五人を越えて権中納言となり従三位に叙し、天暦二年(九四八)大納言、天徳四年(九六〇)右大臣。康保二年(九六五)四月二十四日没。六十八歳。富小路右大臣とよばれ、歌人でもあった。菅原道真の怨霊を畏れ、政治的野心も持たず、慎み深い態度で終始し、父や兄弟と異なって長寿を保ったと伝えられる。

参考文献　『大日本史料』一ノ一一、康保二年四月二十四日条　（黒板　伸夫）

ふじわらのあきつな　**藤原顕綱**　生没年不詳　平安時代の受領歌人。讃岐入道とも称す。参議兼経の男。母は藤原順時の女明子で弁乳母(陽明門院の乳母)。左馬頭、丹波・讃岐・但馬守などを歴任し、正四位下。その子女の道経・兼子・長子ら一族とも相携えて、六条や御子左の歌の家ともつながり、歌壇の基盤を支えた。歌合では承暦二年(一〇七八)から長治元年(一一〇四)ごろにかけて六度ほど出詠。また『万葉集』『古今和歌集』『源氏物語』など、貴重な証本の書写伝承にも功績があった。家集に『顕綱集』があり、勅撰集では『後拾遺和歌集』以下に二十五首入選。『尊卑分脈』に「康和五年(一一〇三)六月二十七日卒、七十五」とあるのは誤りで、およそ嘉承二年(一一〇七)ごろ没か。

参考文献　谷山茂「讃岐入道家と俊成」(『谷山茂著作集』二所収)、犬養廉「藤原顕綱の系譜」(『国語国文学研究』一四)　（谷山　茂）

ふじわらのあきのぶ　**藤原顕信**　九九四―一〇二七　平安時代中期の貴族。藤原道長三男。母は源高明女の明子。正暦五年(九九四)生まれる。寛弘元年(一〇〇四)叙爵。同二年侍従、同三年左兵衛佐と進んだが、長和元年(一〇一二)正月十六日、十九歳の時、従四位下右馬頭の地位を捨てて皮堂の行円のもとに赴いて出家。比叡山無動寺に上って道長を悲しませた。その後、大原で修行を続けたが、万寿四年(一〇二七)五月十四日、根本中堂で参籠中に没した。三十四歳。

参考文献　『大日本史料』二ノ七、長和元年正月十六日条、松村博司「栄花物語における皮聖と藤原顕信」(『栄花物語の研究』三所収)、梅村恵子「摂関家の正妻」(青木和夫先生還暦記念会編『日本古代の政治と文化』所収)　（倉本　一宏）

ふじわらのあきひら　**藤原明衡**　?―一〇六六　平安時代中期の詩人。字は耆莱または安蘭。敦信の嫡男で母は良峰英材女(一説に橘恒平女)。幼時父のもとで養育され、寛弘元年(一〇〇四)文章院に入学、長和三年(一〇一四)学問料を支給されたが、儒家出身でなかったため後輩に追い越され、十八年後に対策に及第した。その労により左衛門尉に任じられたが、長元七年(一〇三四)と長久二年(一〇四一)の二度にわたり、省試の際に不祥事件を起している。永承四年(一〇四九)ころに出雲守となり、天喜四年(一〇五六)式部少輔に任じ、康平五年(一〇六二)に文章博士を兼ねてから、東宮学士・大学頭などを歴任し従四位下に至る。治暦二年(一〇六六)九月に老齢と病気のため文章博士を辞し、十月十八日に没した。享年は七十八か。後冷泉朝第一の詩人で、その博学は抜群であった。学者として年号の勘申、対策の問頭博士を勤め、貴紳の依頼で辞表や願文を書き、詩宴に列席した。彼の作品は『本朝続文粋』『本朝無題詩』などにみえ、歌人としてもすぐれる。特筆すべき業績はその編著述にあり、平安時代の文章の精粋を集めた『本朝文粋』十四巻をはじめとして、男子用の書簡文二百余篇を収録した『明衡往来』、当時流行した猿楽の内容やあらゆる職業を往来物風に記した『新猿楽記』など新しい分野を開拓した。詩文の秀句を集めた『本朝秀句』五巻は散逸した。該博な知識と柔軟な精神を持った異色偉大な学者詩人である。

参考文献　川口久雄『平安朝日本漢文学史の研究』下、大口源三郎「藤原明衡」(『歴史地理』七一ノ三)、大曾根章介「藤原明衡論」(『国語と国文学』三五ノ三)、同「藤原明衡の壮年時代」(『中央大学国文』一六)、三保忠夫「藤原明衡論考」(『大谷女子大国文』一六)、同「藤原明衡論考(続)」(『大谷女子大学紀要』二〇ノ二)　（大曾根章介）

ふじわらのあきみつ　**藤原顕光**　九四四―一〇二一　平安時代中期の公家。号堀川左大臣、広幡・悪霊左大臣。天慶七年(九四四)生まれる。父関白太政大臣兼通、母式部卿元平親王女。応和元年(九六一)従五位下、天延三年(九七五)参議。貞元二年(九七七)参議従四位下からこの年の内に四度昇進し、権中納言、正三位となる。のち左衛門督、検非違使別当、右大将、按察使、右大臣、東宮傅などを歴任、寛仁元年(一〇一七)左大臣、治安元年(一〇二一)従一位、同年五月二十五日没。七十八歳。家柄と長寿で、一条・三条・後一条の三帝、二十六年間大臣の座にあったが、朝儀の執行に疎く、従兄弟の藤原道長や、藤原実資らにしばしば批判された。一条天皇女御とした女元子は皇子を出生せず、密通事件を起し、また東宮敦明親王御息所とした女延子も、道長女の寛子との争いに敗れて憂死するなど後宮対策でも失敗、死後悪霊となって道長に祟ったと伝えられる。

参考文献　『大日本史料』二ノ一七、治安元年五月二十五日条　（平林　盛得）

ふじわらのあきより　**藤原顕頼**　一〇九四―一一四八　平安時代後期の公卿。権中納言藤原顕隆の長男。母は越

藤原顕頼花押

後守藤原季綱の女、鳥羽天皇の乳母悦子(母を美濃守源頼綱の女とする異伝あり)。没年から逆算すると、嘉保元年(一〇九四)の誕生となる。天仁元年(一一〇八)従五位下に叙されて以来、出雲・丹後・丹波の守を歴任する一方、左衛門権佐・右少弁・右中弁・蔵人頭を経て、天承元年(一一三一)参議に昇り、さらに権中納言に進み、大宰権帥を兼ねたが、永治元年(一一四一)両官を辞し、民部卿に任ぜられ、ついで正二位に叙された。その間、鳥羽上皇の腹心として「内外権を執り、際会人に超ゆ」(原漢文)と評され(『本朝新修往生伝』)、公卿を辞した後も、重要な議事には参与した。久安四年(一一四八)正月三日、病により出家、五日没した。十三日、嵯峨野常磐杜の西北に埋葬された(『本朝世紀』)。歳五十五。その第宅、九条高倉第にちなんで九条民部卿とよばれ、その日記は『九民記』と称された。(橋本　義彦)

ふじわらのあさかり　藤原朝狩　?―七六四　奈良時代の貴族。名を朝猟・朝獦にもつくる。藤原仲麻呂の子で四男と推測される。天平宝字二年(七五八)父とともに藤原恵美朝臣姓を賜わった。同元年従五位下に叙され陸奥守に任ぜられ、同三年正五位下に昇叙。同二・三年にかけて出羽国雄勝城、陸奥国桃生城の造営にあたり、同四年陸奥国按察使兼鎮守府将軍として褒賞されて従四位下に昇叙。同五年仁部卿、東海道節度使を兼ね、同六年参議となる。多賀城碑によれば同年多賀城の修造にあたった。同八年九月の父仲麻呂の乱(恵美押勝の乱)には父と行をともにし父より三品に叙されたが、同月十八日琵琶湖のほとり近江国高島郡勝野の鬼江(滋賀県高島郡高島町勝野の乙女ヶ池)で斬られた。

参考文献　岸俊男『藤原仲麻呂』(『人物叢書』一五三)、薗田香融「恵美家子女伝考」(『史泉』三二・三三)

(今泉　隆雄)

ふじわらのあさただ　藤原朝忠　九一〇―六六　平安時代中期の公卿、歌人。三十六歌仙の一人。三条右大臣藤原定方の五男。母は藤原山蔭の女。土御門中納言と号す。延喜十年(九一〇)生まれ、同十七年八歳で昇殿。蔵人、侍従、左近衛中将、天暦六年(九五二)参議、大宰大弐、讃岐守などを歴任して応和三年(九六三)従三位・中納言になり、康保三年(九六六)十二月二日没す。五十七歳。天徳四年(九六〇)『内裏歌合』に詠進。笙の名手。家集に『朝忠集』がある。『後撰和歌集』以下に二十一首入集。

参考文献　『大日本史料』一ノ一一、康保三年十二月二日条

(島田　良二)

ふじわらのあすかべひめ　藤原安宿媛　⇨光明皇后《こうみょうこうごう》

ふじわらのあつただ　藤原敦忠　九〇六―四三　平安時代中期の公卿、歌人。三十六歌仙の一人。左大臣時平の三男。母は本康親王の女廉子(『尊卑分脈』)とも、在原棟梁の女(『公卿補任』)ともいう。枇杷中納言また土御門・本院ともいった。延喜六年(九〇六)に生まれ、同二十一年従五位下、以後、侍従・左兵衛佐・右衛門佐・左近衛中将・蔵人頭などを経て、天慶二年(九三九)参議、同五年権中納言従三位に至り、翌六年三月七日没す。三十八歳。和歌・管弦の道にすぐれ、醍醐・朱雀朝に活躍した。比叡の西坂本に風流な山荘を持ち、中務・伊勢などの歌人が訪ねた。『後撰和歌集』『大和物語』によると、御匣殿・斎宮雅子内親王・藤原季縄女右近・藤原玄上女らと親交があった。『敦忠集』には斎宮女御雅子内親王との贈答歌が多くある。和歌は恋歌にすぐれ、縁語・掛詞などの技巧的な歌もあるが、比較的素直に詠んだ歌が多い。『百人一首』にも採られる。家集に『敦忠集』がある。『後撰和歌集』以下に三十首入集(『勅撰作者部類』)。

参考文献　『大日本史料』一ノ八、天慶六年三月七日条

(島田　良二)

ふじわらのあつのぶ　藤原敦信　生没年不詳　平安時代中期の詩人。大内記合茂の子。明衡の父。円融天皇の時文章生となり、当時の歌合にしばしば出席している。寛弘四年(一〇〇七)四月の内裏密宴に招かれ、長和元年(一〇一二)ころに山城守となり、同四年十二月の敦良親王読書始に列席して詩を賦し、晩年は不遇で出家している。生涯を地方官で終えたが、学者への夢を嫡子明衡に託し、院政期に活躍した藤原式家の儒門確立の基礎を築いた。

(大曾根章介)

ふじわらのあつみつ　藤原敦光　一〇六三―一一四四　平安時代後期の漢詩人。父は明衡で、母は安房守平実重の女。康平六年(一〇六三)に生まれる。明衡のおそらく七十を過ぎての子で、四歳で死別、兄敦基の養子として文章道を歩んだ。嘉保元年(一〇九四)対策及第、承徳二年(一〇九八)式部丞に任じてより、大内記・文章博士・大学頭などを経て、保安三年(一一二二)式部大輔に至ったが、儒官の功労による参議任官の望みはついにかなわなかった。みずから「儒林の孤枝詞苑の凡卉なり、唯、文学を嗜みて、立身の計となす」(原漢文)といい、頼る者とてなく、才能と勉学によってのみ生きたが、長い生涯は失意と孤独に満ちる。作品は『本朝続文粋』を圧する五十一篇をはじめとして『朝野群載』『表白集』などに残る八十余篇の文章と、『本朝無題詩』の六十余篇の漢詩、『金葉和歌集』の二首が主なものであるが、『本朝続文粋』所収の「柿本朝臣人麿画讃」「白山上人縁起」が知られ、特に保延元年(一一三五)の変異疾疫・飢饉・盗賊に関する「勘申」は有名である。著作として、父の業を継ぐ『続本朝秀句』や『本朝帝紀』があったが散逸した。官職への強い執着にもかかわらず、『本朝新修往生伝』には「凡そ一生の間、深く仏法を信ず」(原漢文)とある。多くの文人貴族と同様に浄土信仰を意に添わない現実に耐える手段とし、酒などとともに用いたと思われるが、『往生拾因』に序文を記し、『三教指帰注』を著わしたのは、単なる余業とは考えられない。なお、敦光が六十九歳の時に死去した娘姫子は『後拾遺往生伝』『三外往生伝』に往生人として記される。天養元年(一一四

四)四月、病のため出家し、同十月二十八日没した。八十二歳。

参考文献 中川徳之助「詩・酒・仏」(『国文学攷』一五)、大曾根章介「院政期の一鴻儒―藤原敦光の生涯―」(『国語と国文学』五四ノ八)　（篠原　昭二）

ふじわらのあつむね　藤原敦宗　一〇四二―一一一一　平安時代後期の漢詩人。父は藤原実政で、母は藤原国成の女。長久三年(一〇四二)生まれる。蔵人・左衛門権佐・文章博士を経て応徳元年(一〇八四)左少弁に任じ、ついで摂津守を兼ね、昇殿を許されたが、寛治二年(一〇八八)父実政の流罪に連座して解任された。その後、承徳二年(一〇九八)式部少輔に任じてより大学頭・東宮学士・式部権大輔を経て、天仁元年(一一〇八)丹波守に至り、天永二年(一一一一)九月十六日没した。七十歳。作品は『本朝続文粋』の七篇、『本朝無題詩』の五篇などが主なものである。藤原宗忠は「才知、すこぶる傍輩に勝る、名儒と謂ふべし」(原漢文)と評するが、敦宗は宗忠の実母の従兄弟にあたるから、過褒かも知れない。

参考文献 『大日本史料』三ノ一二、天永二年九月十六日条　（篠原　昭二）

ふじわらのあつもと　藤原敦基　一〇四六―一一〇六　平安時代後期の漢詩人。父は文章博士明衡で、母は平実重の女。敦光の兄。永承元年(一〇四六)出生。明衡晩年の子として幼時より文章道に入り、十四歳で学問料を給うなど秀才の道を歩んで、寛治二年(一〇八八)文章博士に任じ、「天下の属文の人、弟子に非ざるはなし」(原漢文、『中右記』)と謳われ、一方では関白師通の家司も勤めたが、官職には父弟と同様恵まれず、死去の前々年には悲痛な「京官を申すの状」(『本朝続文粋』六)を書いている。作品は『本朝続文粋』『本朝無題詩』『中右記部類紙背漢詩集』などに収めるが、学者として畢生の仕事と思われる『国史後抄』『柱下類林』は一部を残して散逸した。嘉承元年(一一〇六)七月十六日没。六十一歳。

参考文献 『大日本史料』三ノ八、嘉承元年七月是月条　（篠原　昭二）

ふじわらのあらち　藤原愛発　⇨ふじわらのちかなり

ふじわらのありいえ　藤原有家　一一五五―一二一六　鎌倉時代前期の歌人。久寿二年(一一五五)生まれる。大宰大弐重家の男、母は中納言藤原家成の女。初名仲家、法名寂印。六条藤家の有力歌人であり、文治・建久期より活躍が目ざましい。御子左家の歌風にも近く、六条家が御子左家に圧せられたのちもその地位を失うことなく、和歌所寄人・『新古今和歌集』撰者となり、六条家代表歌人として活躍した。建仁二年(一二〇二)大蔵卿に任官、承元二年(一二〇八)には従三位に叙せられた。建保四年(一二一六)四月十一日没。六十二歳。『千載和歌集』以下勅撰集に六十七首入集。

参考文献 『大日本史料』四ノ一四、建保四年四月十一日条、小島吉雄『新古今和歌集の研究』続篇、谷山茂『新古今集とその歌人』(『谷山茂著作集』五)、同『新古今時代の歌合と歌壇』(同四)、井上宗雄『平安後期歌人伝の研究』、茶田智子「藤原有家論」(『大谷女子大国文』八)、鈴木徳男「藤原有家の和歌」(『中世文芸論稿』七)、西前正芳「藤原有家の和歌活動をめぐって」(日本大学国文学会『語文』五三)、同「藤原有家考」(『日本大学人文科学研究所研究紀要』二七)、同「藤原有家伝に関する基礎的諸問題」(『古典論叢』一四)、同「藤原有家の和歌―旧風から新風へ―」(有吉保編『和歌文学の伝統』所収)、井上宗雄「新古今時代における六条家」(『古代文化』三七ノ一一)　（後藤　重郎）

ふじわらのありくに　藤原有国　九四三―一〇一一　平安時代中期の公卿。字は藤賢。父は藤原輔道、母は近江守済俊女(『公卿補任』)とも近江守源守俊女(『尊卑分脈』)ともいう。天慶六年(九四三)生まれる。貞元二年(九七七)に従五位下に叙せられて以来、石見守、越後守、蔵人、右中弁、右大弁などを歴任し、永祚元年(九八九)に勘解由長官を兼ね、さらに正暦元年(九九〇)には蔵人頭や従三位に叙任された。同二年、秦有時殺害事件に関与して除名されたがやがて許され、大宰大弐や弾正大弼を歴任し、また長徳二年(九九六)に在国から有国に改名した。長保三年(一〇〇一)参議に列し従二位に叙せられたが、その後も同五年に勘解由長官に再任されたほか、伊予権守や播磨権守を兼ね、さらに寛弘七年(一〇一〇)には修理大夫も兼任した。同八年七月十一日、六十九歳で没した。藤原惟成とともに文章に巧みなことで知られた。室の三位徳子(橘仲遠の女)は一条天皇の乳母を務めた。

参考文献 『大日本史料』二ノ七、寛弘八年七月十一日条　（田代　脩）

ふじわらのありひら　藤原在衡　八九二―九七〇　平安時代中期の公卿。粟田左大臣、万里小路大臣とも称される。父は大僧都如無、母は良峯高見の女。寛平四年(八九二)に生まれる。如無の兄藤原有頼の嗣子となった。延喜十三年(九一三)五月文章生、同十九年正月少内記となり、刑部少輔・大学頭・式部大輔・右大弁などを歴任し、天慶四年(九四一)十二月参議に任ぜられた。天暦元年(九四七)四月権中納言・従三位に進み、同二年正月中納言、天徳四年(九六〇)八月大納言となった。安和二年(九六九)三月の安和の変での左大臣源高明の左遷により右大臣に任ぜられ、天禄元年(九七〇)正月には、左大臣に進んだが、十月十日に致仕出家し、同日没した。七十九歳。同月二十日、従一位が追贈された。

参考文献 『大日本史料』一ノ一三、天禄元年十月十日条　（加藤　友康）

ふじわらのあんし　藤原安子　九二七―六四　村上天皇の中宮。右大臣藤原師輔の女、母は贈正一位藤原盛子。冷泉・円融両天皇、為平親王、承子・輔子・資子・選子四内親王の母。延長五年(九二七)生まれる。天慶三年(九四〇)四月十九日、飛香舎において成明親王(村上天皇)と結婚し、同九年女御となり、天暦十年(九五六)従二位

に叙し、天徳二年(九五八)立后、中宮を称し、選子内親王を出産した数日後の康保元年(九六四)四月二十九日、主殿寮に崩じた。年三十八。陵は山城宇治郡木幡(京都府宇治市木幡)の中宇治陵。小一条女御といわれた、天皇寵愛の藤原芳子を土器の破片で打った話が『大鏡』にみえる。また、天皇は彼女の妹の登子の入内を迫ったがこれを拒否した、という話が伝えられるように(『栄花物語』)、天皇も安子に対しては「いみじうをぢまう」(『大鏡』)した状態であった、という。しかし、政務に関しては、しばしば天皇から諮問をうけたが、善政をすすめるところが多かった、という。師輔の没後は、一門の中心的存在として重きをなした。康保四年皇太后、安和二年(九六九)に太皇太后を追贈された。

参考文献 『大日本史料』一ノ一一、康保元年四月二十九日条 (林 幹弥)

ふじわらのいえたか 藤原家隆 一一五八―一二三七 鎌倉時代前期の歌人。保元三年(一一五八)の誕生。父は権中納言光隆、母は太皇太后宮亮藤原実兼女。若いころから藤原俊成に和歌を学び、俊成の息定家らとともに詠歌に励んで、新進歌人として知られ、正治二年(一二〇〇)後鳥羽上皇が詠進させた『正治二年院初度百首和歌』にも加えられ、建仁元年(一二〇一)には和歌所寄人、ついで『新古今和歌集』撰者の一人とされ、いわゆる新古今歌壇において重きをなし、順徳天皇の時代には定家と双璧のごとく見なされていた。官途には恵まれず、侍従・上総介・宮内卿などを歴任、建保四年(一二一六)正月五日宮内卿のまま従三位に叙せられた。後鳥羽上皇の信望篤かっただけに、承久の乱以後は不遇であったが、晩年に至るまで作歌意欲は衰えなかった。嘉禎元年(一二三五)九月十日従二位に叙せられたが、翌年十二月二十三日病により出家、法名を仏性といった。晩年は摂津国天王寺に下り、嘉禎三年四月九日酉の刻、八十歳で同地に没した。大阪市天王寺区夕陽丘に塚がある。自歌合に『家隆卿百番自歌合』がある。

参考文献 『大日本史料』五ノ一一、嘉禎三年四月九日条、久保田淳『新古今歌人の研究』、谷山茂『新古今時代の歌合と歌壇』(『谷山茂著作集』四)、山崎敏夫「藤原家隆」(『日本歌人講座』四所収) (久保田 淳)

藤原家隆像

ふじわらのいえただ 藤原家忠 一〇六二―一一三六 平安時代後期の公卿。関白藤原師実の次男。母は美濃守源頼国の女。没年から逆算すると、康平五年(一〇六二)の誕生となる。延久四年(一〇七二)従五位下に叙されて以来、侍従・右近衛少将・左近衛中将を経て、承暦四年(一〇八〇)従三位に昇り、ついで永保二年(一〇八二)参議に任ぜられた。それより累進して、保安三年(一一二二)右大臣に昇り、さらに従一位左大臣に進んだが、保延二年(一一三六)五月十二日、病により出家、十四日七十五歳をもって没した。その間、保安元年関白藤原忠実が内覧を停められて失脚したとき、その後任に擬せられたという(『愚管抄』)。花山院を伝領したので、花山院左大臣と号し、その嫡流花山院家は、摂家に次ぐ家格、清華に列した。 (橋本 義彦)

藤原家忠画像(『天子摂関御影』)

ふじわらのいえなり 藤原家成 一一〇七―五四 平安時代後期の公卿。参議藤原家保の三男。母は近江守藤原隆宗の女、典侍悦子(宗子・隆子とする異伝あり)。没年から逆算すると、嘉承二年(一一〇七)の誕生となる。白河院近臣として「近習無双」といわれた家保を父とし(『永昌記』)、保安三年(一一二二)従五位下に叙されて以来、若狭・加賀・讃岐・播磨の守を歴任し、保延二年(一一三六)従三位に昇り、さらに参議を経て権中納言に進み、右兵衛督・右衛門督などを兼ね、正二位中納言に至った。その間、鳥羽院政下では、「天下の事を挙げて

藤原家隆花押

藤原家成花押

一向家成に帰す」(原漢文、『長秋記』)といわれ、さらに従妹の美福門院と手を結んで勢威を伸ばし、「院第一ノ寵人」と評された(『愚管抄』)。久寿元年(一一五四)五月七日病により出家、二十九日四十八歳をもって没し、翌日東山の塔中に埋葬された(『台記』)。子孫は四条・山科・油小路などの諸家に分かれて繁栄した。　(橋本　義彦)

ふじわらのいえよし　藤原家良　一一九二―一二六四　鎌倉時代の歌人。建久三年(一一九二)生まれる。父は正二位大納言忠良、母は権大納言藤原定能女。建暦元年(一二一一)従三位、貞応元年(一二二二)正二位、元仁元年(一二二四)中納言。以後、権大納言・大納言を経て仁治元年(一二四〇)内大臣、翌二年辞任。衣笠内大臣と号す。文永元年(一二六四)九月十日没。七十三歳。建保二年(一二一四)『月卿雲客妬歌合』、同三年『四十五番歌合』、同六年『中殿和歌御会』(絵図に似顔がみえる)に出詠、寛元二年(一二四四)『新撰六帖題和歌』を主催して、藤原為家・同光俊(真観)らと相互に加点、宝治二年(一二四八)『宝治百首』の作者となった。同年成立の『万代和歌集』(初撰本)を真観と共撰、同集再撰本を撰集したかといわれ、建長元年(一二四九)成立の『現存和歌六帖』にも深く関わっている。建長三年『影供歌合』、同八年『百首歌合』、弘長元年(一二六一)『弘長百首』、同二年『三十六人大歌合』などに出詠、同年、藤原基家・同行家・真観とともに、為家が撰集中の『続古今和歌集』の撰者に加えられたが、作業の途中で没した。『新勅撰和歌集』以下の勅撰集に百十八首(『新後撰和歌集』『玉葉和歌集』に重出一首を含む)入集。家集を藤原定家に送って撰歌と批評(『衣笠内府歌難詞』)を受けた。定家の『毎月抄』は定家が家良に送ったという説(頓阿『井蛙抄』)もある。家集に二系統あり、いずれも自撰と考えられる。自筆自詠といわれる「御文庫切」は定家撰定の六十首に相当し、藤田美術館所蔵の巻軸五首と奥書(陽明文庫蔵『予楽院臨書手鑑』は七首半と奥書)のほか、数種の古筆手鑑に貼付されている。

藤原家良画像(『天子摂関御影』)

参考文献　和歌史研究会編『私家集大成』四、『新編国歌大観』二・六、橋本不美男・福田秀一・久保田淳編『建長八年百首歌合と研究』下(『未刊国文資料』三期一七)、安井久善『藤原光俊の研究』、井上宗雄『中世歌壇史の研究―南北朝期―』、福田秀一『中世和歌史の研究』、三村晃功『中世私撰集の研究』　(濱口　博章)

ふじわらのいし　藤原苡子　一〇七六―一一〇三　堀河天皇の女御。名を茨子に作る文献もあるが、伝写の間の誤りによるものと思われる。父は大納言藤原(閑院)実季、母は大宰大弐藤原経平の女、睦子。没年から逆算すると、承保三年(一〇七六)の誕生となる。堀河天皇の皇后篤子内親王に皇子の出産がないため、白河上皇の指示により、承徳二年(一〇九八)十月入内、十二月女御宣下あり、やがて懐妊したが、康和元年(一〇九九)四月流産した。ついで同五年正月十六日、待望の皇子(鳥羽天皇)を出産したが、同月二十五日産褥に没した。二十八歳。二月三日鳥辺野(京都市東山区)の南において火葬し、翌朝遺骨を宇治木幡(京都府宇治市木幡)に埋葬した。嘉承二年(一一〇七)鳥羽天皇が践祚するに及び、皇太后を追贈され、さらに翌天仁元年(一一〇八)国忌が置かれた。

参考文献　『大日本史料』三ノ六、康和五年正月二十五日条、橋本義彦「鳥羽天皇の生母の名」(『平安貴族社会の研究』所収)　(橋本　義彦)

ふじわらのいし　藤原威子　九九九―一〇三六　後一条天皇の中宮。藤原道長の第三女。母は源雅信の女倫子。長保元年(九九九)十二月二十三日生まれる。長和元年(一〇一二)八月尚侍、翌二年九月従二位、寛仁二年(一〇一八)三月七日入内、四月二十八日女御となり、十月十六日中宮となった。長元九年(一〇三六)九月四日、病により出家、同月六日崩御。三十八歳。同月十九日、園城寺北地桜本に葬られた。所生に章子内親王(二条院)らがある。　(厚谷　和雄)

ふじわらのいし　藤原為子　(一)生没年不詳　鎌倉時代後期の歌人。藤原(京極)為教の女、母は三善雅衡の女。京極為兼の姉。名は「ためこ」とも訓む。その歌は『続拾遺和歌集』以下に入集し、『新後撰和歌集』では院(伏見院)大納言典侍、『玉葉和歌集』では従三位、その後従二位。為兼とともに伏見院に信任され、院を中心とする京極派歌壇において上位の女流歌人として活躍し、歌合の判者ともなる。家集に『藤大納言典侍集』(神宮文庫・竜谷大学各蔵)がある。勅撰集入集歌は百二十一首。

参考文献　岩佐美代子「大宮院権中納言―若き日の従二位為子―」(『和歌文学新論』所収)、小屋洋子「従二位為子年譜考」(『立教大学日本文学』一八)、小原幹雄「藤原為子年譜小考」(『島大国文』九)

(二)生没年不詳　鎌倉時代後期の歌人。藤原(二条)為世の女。名は「ためこ」とも訓む。後宇多院皇后遊義門院に仕えて権大納言、のち後二条院に仕えて大納言典侍と称された。後醍醐院の東宮時代に寵を受けて尊良親王・宗良親王・瓊子内親王らを生む。応長元年(一三一一)ころ没。没後従三位を追贈された(『増鏡』一三)。二条派風の優婉な歌風で、勅撰集には『新後撰和歌集』以下に計七十一首入集。宗良親王はのち南朝の『新葉和歌集』の撰者となる。

参考文献 井上宗雄『中世歌壇史の研究―南北朝期―』 （次田 香澄）

ふじわらのいんし 藤原胤子 ?―八九六 宇多天皇女御、醍醐天皇生母。父は内大臣藤原高藤、母は宇治郡大領・宮内大輔宮道弥益女列子。仁和元年(八八五)源定省(宇多天皇)の第一子敦仁(醍醐天皇)を生む。宇多即位後、同四年更衣、寛平五年(八九三)女御、従四位下。同八年六月三十日没。没年二十一とする説は疑わしい。翌九年、醍醐即位により贈皇太后。生前、祖父弥益の領所に建立した勧修寺は高藤流藤原氏の氏寺となった。

参考文献 『大日本史料』一ノ二、寛平八年六月三十日条 （山口 英男）

小野陵《おののみささぎ》 京都市山科区勧修寺北大日町にある。『延喜式』諸陵寮には近陵とあり、陵名もその記載によっている。小野郷という地名によるものである。兆域は「東限㆓百姓口分幷観修院山㆒、南限㆓小栗栖寺山幷道㆒、西限㆓橿尾山岑㆒、北限㆓松尾山尾幷百姓口分㆒」と記されている。中世以降は胤子との関係で勧修寺が守ってきたが、明治八年(一八七五)改めて治定された。

参考文献 上野竹次郎『山陵』 （飯倉 晴武）

ふじわらのうおな 藤原魚名 七二一―八三 奈良時代の公卿。房前の第五男。母は房前の異母妹(姉とも)従四位下片野。母を清河の女とも伝えるのは、清河が魚名と同母であったことによる誤伝であろう。養老五年(七二一)生まれ、天平二十年(七四八)二月、正六位上より従五位下。その後、河内守となり天平宝字元年(七五七)五月、従五位上となり、以後、備中守・上総守を歴任。この間、正五位上。天平宝字五年正月、従四位下に昇り、同年九月宮内卿。天平神護二年(七六六)十一月、正四位下を経て従三位に昇叙。神護景雲二年(七六八)二月、参議となる。時に大蔵卿。宝亀元年(七七〇)十月、正三位となり翌年三月大納言。その後、中務卿・近衛大将・大宰帥を兼ね従二位に昇る。さらに内臣・忠臣・内大臣を経て天応元年(七八一)正月、正二位。同年六月左大臣兼大宰帥となる。延暦元年(七八二)六月、氷上川継の事件に連座して左大臣を免ぜられ、大宰帥として任に赴く途中、病を得て摂津の別業で療養し、やがて京師に召還されれ同二年七月二十五日没した。六十三歳。生前仏教を深く信じ、守真居士と称する。 （佐伯 有清）

ふじわらのうじむね 藤原氏宗 八一〇―七二 平安時代前期の官人。藤原北家。藤原葛野麻呂の子。母は和気清麻呂女。弘仁元年(八一〇)生まれる。仁明朝に蔵人となり、承和五年(八三八)叙爵。その後、式部少輔、左近衛少将、右少弁、左右衛門権佐、春宮亮(皇太子道康親王)、右中弁、右近衛中将、右大弁などを歴任し、その間嘉祥三年(八五〇)に文徳天皇の即位とともに蔵人頭となり、翌仁寿元年(八五一)、従四位下で参議に昇任した。その後、検非違使別当、左大弁、左衛門督などを兼ね、貞観三年(八六一)中納言に昇進した。同六年権大納言、同九年大納言となったが、大・中納言の間に左右近衛大将を兼ねた。同十二年に右大臣となり十四年二月七日没した。六十三歳。時に正三位。没時に正二位が贈られた。その官歴からみて、有能な官人であったことが推測される。また、『貞観格式』の編纂にたずさわった。 （玉井 力）

ふじわらのうちまろ 藤原内麻呂 七五六―八一二 平安時代前期の貴族、政治家。北家房前の孫、真楯の三男。冬嗣の父。天平勝宝八歳(七五六)生まれる。天応元年(七八一)従五位下になり、諸官を歴任して延暦十三年(七九四)従四位下で参議に列した。その後中納言・大納言を経て大同元年(八〇六)正三位右大臣となり、弘仁三年(八一二)十月六日没した。五十七歳。その性格は温雅で人々はよく悦服し、桓武・平城・嵯峨三朝の難局の枢機に参与して重んぜられ、一度も過失がなかったという。のちの北家隆盛の基礎を築いた人といえる。 （林 陸朗）

ふじわらのうまかい 藤原宇合 ?―七三七 奈良時代の官人。藤原不比等の第三子で母は蘇我連子の女娼子(『尊卑分脈』)。『公卿補任』などにみえる没年齢から逆算すると持統天皇八年(六九四)の生まれか。馬養とも書く。広嗣・良継・田麻呂・百川・蔵下麻呂らの父。藤原式家の祖で、式家の名は宇合が多年式部卿の地位にあったことによる。霊亀二年(七一六)遣唐副使に任じられ翌養老元年(七一七)渡唐、同二年帰国、常陸守、ついで式部卿となり、天平三年(七三一)参議となったが、同九年八月五日、流行した疫病のため参議式部卿兼大宰帥正三位で没。『公卿補任』などに年四十四とある。『懐風藻』に詩六首、『経国集』に「棗賦」一首、『万葉集』に作歌六首があり、文学の才にすぐれ、『尊卑分脈』の伝には集二巻があったとする。他方神亀元年(七二四)には持節大将軍として陸奥の蝦夷の反乱を平定、天平元年の長屋王の変には兵を率いて王の宅を囲み、同四年には西海道節度使に任じられ、西海道諸国の防衛のための警固式を作るなど、武事においても活躍した。 （笹山 晴生）

ふじわらのおきかぜ 藤原興風 生没年不詳 平安時代の歌人。三十六歌仙の一人。相模掾正六位上道成の男。参議浜成の曾孫。院藤太と号す。昌泰三年(九〇〇)相模掾、延喜二年(九〇二)治部少丞、同四年上野権大掾、同十四年下総権大掾を経て、正六位上治部丞に至る。寛平御時后宮歌合・昌泰元年亭子院女郎花合・延喜十三年亭子院歌合・同年内裏菊合の詠者。家集に『興風集』がある。勅撰集には『古今和歌集』以下に三十八首入集。

参考文献 『大日本史料』一ノ四、延喜十四年四月二十二日条 （島田 良二）

ふじわらのおぐろまろ 藤原小黒麻呂 七三三―九四 奈良時代の貴族。子黒麻呂とも記す。天平五年(七三三)生まれる。房前の孫、鳥養の次男。母は大伴道足の女。葛野麻呂・道継・道雄の父で、一女は桓武天皇の後宮に入った。天平宝字八年(七六四)従五位下、宝亀四年(七

藤原小黒麻呂自署

七三)従四位下、天応元年(七八一)正三位と昇叙する。官歴は天応元年以前は式部少輔、中衛少将、右衛士督、また諸国守を歴任。宝亀十年参議、延暦三年(七八四)中納言、同九年大納言と昇任。その間兵部・民部・中務卿、左京・皇后宮大夫を歴任。天応元年征東大使として征夷にあたり、また遷都にあたって長岡・平安京の地をみる使者となった。延暦十三年七月一日没。時に大納言正三位。年六十二。　(今泉　隆雄)

ふじわらのおつぐ　藤原緒嗣　七七四―八四三　平安時代前期の貴族、政治家。式家百川の長子。宝亀五年(七七四)生まれる。桓武天皇は百川の旧功に恩義を感じてその子緒嗣を鍾愛し、延暦七年(七八八)元服にあたって殿上に召して親しく加冠し、正六位上を授け内舎人に任じ、かつて父百川が献上した剣を授け、封戸百五十戸を下賜するなど特別に遇した。同十年に従五位下、二十一年従四位下で参議に列したが、ときに二十九歳であって、これも天皇の特別の配慮によるものであった。同二十四年殿上で菅野真道と徳政を論じ、その意見がいれられて、征夷と造都の二大事業が民を苦しめるものとして停止された。平城朝大同元年(八〇六)の諸道観察使の制は緒嗣の建議するところであり、みずから山陽道観察使に任じ、畿内、そして東山道に転じ、刑部卿を兼ね、また陸奥出羽按察使として赴任し、辺境に任ずる官人の待遇改善や、民労の回復に努めた。嵯峨朝に入って藤原冬嗣のもとで弘仁六年(八一五)従三位、同十二年大納言、淳和朝の天長二年(八二五)右大臣に任じ、翌三年冬嗣の没後は台閣の首班となり、同九年左大臣、翌年正二位に昇った。この間、国の利害知りて奏せざることなし、といわれ、ことに民政を重んずる政論家と評される。また『新撰姓氏録』の撰述に加わり、『日本後紀』の編纂の首班となるなど文化面でも力を尽くした。承和十年(八四三)七月二十三日左大臣正二位で没。七十歳。贈従一位。

参考文献　林陸朗「藤原緒嗣と藤原冬嗣」(『上代政治社会の研究』所収)　(林　陸朗)

ふじわらのおとえい　藤原乙叡　⇨ふじわらのたかとし

ふじわらのおとさだ　藤原弟貞　⇨山背王《やましろおう》

ふじわらのおとただ　藤原乙縄　?―七八一　奈良時代の官人。弟縄とも書く。藤原南家豊成の三男。母は路虫麻呂の女。天平宝字元年(七五七)橘奈良麻呂の乱のとき、その与党とされて日向員外掾に左遷されたが、藤原仲麻呂が死滅すると、父豊成は右大臣に復し、乙縄も従五位下となった。その後諸官を歴任して、宝亀十年(七七九)従四位上刑部卿で参議に列した。天応元年(七八一)六月六日没したときも参議従四位上であった。　(林　陸朗)

ふじわらのおとむろ　藤原乙牟漏　七六〇―九〇　桓武天皇の皇后。平城天皇の母。父は良継。母は阿倍朝臣古美奈。天平宝字四年(七六〇)生まれる。延暦二年(七八三)二月無位から正三位となり、ついで夫人となる。同年四月十八日立后。同九年閏三月十日崩御。三十一歳。謚号は天之高藤広宗照姫尊。大同元年(八〇六)五月、皇太后を追尊。乙牟漏の性格は柔婉で母儀の徳があったという。平城天皇のほか賀美能親王(嵯峨天皇)・高志内親王を生む。　(佐伯　有清)

高畠陵《たかばたけのみささぎ》　京都府向日《むこう》市寺戸町大牧にあり、長岡宮跡の北西にあたる長岡丘陵の東斜面に立地している。形状は径約七〇メートルの南面する円丘。延暦九年(七九〇)閏三月十一日葬儀営陵のために近隣諸国から役夫を徴し、二十八日長岡山陵に葬送したことが『続日本紀』にみえる。天安二年(八五八)には荷前の幣に預って近陵に列した(康保元年(九六四)遠陵に移る)。『延喜式』諸陵寮は陵号を高畠陵として掲げ「兆域東三町、西五町、南三町、北六町、守戸五烟」とある。中世以降所伝を失ったが、明治十二年(一八七九)に現所に治定された。

参考文献　上野竹次郎『山陵』上　(戸原　純一)

ふじわらのおとも　藤原雄友　七五三―八一一　奈良・平安時代前期の公卿。天平勝宝五年(七五三)誕生。藤原南家是公の第二子、母は橘佐為の女。延暦二年(七八三)従五位下、同十七年従三位、同二十三年正三位と昇叙。同九年参議、同十七年中納言、大同元年(八〇六)大納言に任ぜられる。同二年妹の桓武天皇夫人吉子所生の伊予親王の変によって伊予国配流。弘仁元年(八一〇)正三位に復位。同二年四月二十三日没。時に正三位宮内卿。年五十九。大納言を追贈される。　(今泉　隆雄)

ふじわらのおんし　藤原温子　八七二―九〇七　宇多天皇女御、醍醐天皇養母。七条后・東七条皇后などと称す。貞観十四年(八七二)に生まれる。父藤原基経、母操子女王。阿衡《あこう》の紛議の収拾と関わって仁和四年(八八八)十月入内、女御となる。寛平二年(八九〇)均子内親王を生む。同五年正三位。同九年醍醐天皇が即位し、継母としてはじめて皇太夫人となったが、宇多上皇はこれに賛成しなかったという。翌昌泰元年(八九八)諸司の分直、例給の雑物を辞し、東五条堀川院より上皇の朱雀院に移る。延喜三年(九〇三)東七条宮(亭子院)に遷御。同五年出家。同七年六月八日没。三十六歳。当時の後宮歌壇の中心の一人で、伊勢が仕えた。作歌が『後撰和歌集』『伊勢集』などにみえる。

参考文献　『大日本史料』一ノ三、延喜七年六月八日条、同補遺、目崎徳衛「宇多上皇の院と国政」(古代学協会編『延喜天暦時代の研究』所収)　(山口　英男)

宇治陵《うじのみささぎ》　平安時代の藤原氏出自の皇后など十七方の陵。京都府宇治市木幡《こはた》にあり、JR奈良線の東方に、東西一キロ、南北二キロにわたり三十七ヵ所に分散しており、各方の墳塋は区別ができないので第一号墳を総拝所としてい

る。明治十年(一八七七)十一月に別表記載のように十七方の陵、三方の墓を治定し、木幡陵と称したが同二十七年六月宇治陵と改称した。木幡の地は古代から墳墓地とされた所で藤原冬嗣の墓も当所に営まれたが基経が「相二地之宜一、永為二一門埋骨之処一」(木幡寺鐘銘幷序)としてからは、藤氏一族の墓は当地に造られ、その出自に係る后妃や所生の皇子の墓もここに営まれた。『延喜式』諸陵寮によれば冬嗣の「後宇治墓」の兆域は、東西・南北各十四町とある。同式にはその妻美都子の「次宇治墓」、基経の「次宇治墓」、時平の「又宇治墓」も記載されているが、兆域の記事がないのは冬嗣の墓の兆域内にあったためで、ほかの一門・皇妃の陵墓もこの内にあったものと思われる。そのため道長の時には古塚纍々としていたので、祖霊を祀るためその地域に寛弘二年(一〇〇五)三昧堂を造り浄妙寺を建立した。同寺は中世に廃絶したが、近年木幡赤塚の俗に浄妙寺墓《じょうめんじばか》という墓地の西方から三昧堂の遺構と認められる基壇が発掘された(宇治市教育委員会編『浄妙寺跡発掘調査概要』)。宇治陵は現在広大な地域にわたっているが、浄妙寺の位置が判明すればその近くに求むべきであろう。なお十七方のうち資料に陵号のみえるのは穏子(宇治陵)・安子(後宇治陵、あるいは中宇治陵)・懐子(今宇治陵)・茂子(今宇治陵、あるいは後宇治陵)・苡子(後宇治陵)のみである。この五陵と超子・嬉子の陵は天皇の母あるいは皇后の陵として山陵を置かれ、近陵に列し荷前の別貢幣を受けている。また温子・媓子・娍子・威子・彰子・歓子・敦道親王・生子については宇治関係の資料はみえないが、藤氏一門の墓所である当所に墓を営んだものとされている。

宇治陵被葬者一覧

名	天皇との続柄	崩薨年月日	近陵置廃	備考
温子	宇多女御(皇太夫人)、醍醐養母	延喜七・六・八		深草山に火葬
穏子	醍醐皇后、朱雀・村上母	天暦八・正・四	置 天暦八・一二・一六 廃 嘉承二・一二・一三	鳥部野に火葬
安子	村上皇后、冷泉・円融母	康保元・四・二九	置 康保元・一二・二二 廃 保元三・一二・二九	愛宕郡の東南の野に火葬
懐子	冷泉女御(皇太后)、花山母	天延三・四・三	置 永観二・一二・一七 廃 寛弘八・一二・二七	
媓子	円融皇后	天元二・六・三		鳥部野に火葬
超子	冷泉女御(皇太后)、三条母	天元五・正・二八	置 寛弘八・一二・二七 廃 寛徳二・一二・一三	
詮子	円融女御(皇太后)、一条母	長保三・閏一二・二二		鳥部野に火葬、宇治山納骨
遵子	円融皇后	寛仁元・六・一		般若寺の東北に火葬、翌年木幡納骨
娍子	三条皇后	万寿二・三・二五		雲林院西院の西北に火葬、後に改葬
嬉子	後朱雀女御(皇太后)、後冷泉母	万寿二・八・五	置 寛徳二・一二・一三 廃 承保二・五・二四	船岡の西野に火葬、木幡納骨
妍子	三条皇后	万寿四・九・一四		大峯寺の前野に火葬、木幡納骨
威子	後一条皇后	長元九・九・六		桜本に火葬
茂子	後三条女御(皇太后)、白河母	康平五・六・二三	置 承保二・五・二四	
彰子	一条皇后、後一条・後朱雀母	承保元・一〇・三		大谷口に火葬
歓子	後冷泉皇后	康和四・八・一七		鳥部野に火葬
苡子	堀河女御(皇太后)、鳥羽母	康和五・正・二五	置 嘉承二・一二・一三	鳥部野に火葬、木幡納骨
寛子	後冷泉皇后	大治二・八・一四		一坂東辺(宇治南)に火葬、木幡納骨
敦実親王	宇多皇子、母胤子	康保四・三・二		(墓)
敦道親王	冷泉皇子、母超子	寛弘四・一〇・二		(墓)
生子	後朱雀女御	治暦四・八・二一		(墓)

(中村 一郎)

参考文献 上野竹次郎『山陵』、林屋辰三郎「藤原道長の浄妙寺につて」(『古代国家の解体』所収)

ふじわらのおんし **藤原穏子** 八八五―九五四 醍醐天皇の中宮。藤原基経の女。母は人康親王の女。仁和元年(八八五)生まれる。延喜元年(九〇一)三月、醍醐天皇の女御となり、同三年十一月、皇子崇象(保明、文献彦太子)を産した。崇象は翌四年二月、皇太子に立てられたが、延長元年(九二三)三月、病により没した。同年四月二十六日、中宮となり、皇子寛明(朱雀天皇)・成明(村上天皇)、皇女康子らを産した。朱雀天皇の即位により、承平元年(九三一)十一月、皇太后となり、天慶九年(九四六)四月、村上天皇の即位とともに太皇太后となった。天暦八年(九五四)正月四日、昭陽舎において崩御。七十歳。鳥戸山に火葬し、宇治木幡に葬られた。日記に『太

后御記』がある。

参考文献 『大日本史料』一ノ一〇、天暦八年正月四日条、斎木一馬「最も古い婦人の日記『太后御記』について」(『斎木一馬著作集』二所収)、藤木邦彦「藤原穏子とその時代」(『東京大学教養学部人文科学科紀要』三三)　(厚谷　和雄)

ふじわらのかげきよ　藤原景清　⇩平景清《たいらのかげきよ》

ふじわらのかどのまろ　藤原葛野麻呂　七五五—八一八　奈良・平安時代前期の官人。藤原北家。藤原小黒麻呂の子。母は太秦公嶋麻呂女。妹は桓武天皇の後宮に入っている。天平勝宝七年(七五五)生まれる。延暦四年(七八五)従五位下となり、少納言を経て右少弁に任じられた。その後、中弁、大弁と昇進し、皇太子安殿親王(平城天皇)のための春宮亮、春宮大夫を兼ねた。同十八年には大宰大弐に転じ、二十年には遣唐大使に任命された。同二十三年、最澄・空海らとともに入唐し、二十四年六月に帰朝した。同年七月には従三位昇進を果たし、大同元年(八〇六)二月には春宮大夫に再任された。同年三月、平城天皇が受禅するや権参議に任命され、翌月には参議に昇進し、式部卿を兼ねた。さらに、同二年、六道観察使設置とともに東海道観察使となり、三年二月、中納言に昇った。平城天皇の東宮時代からの近臣といってよいが、弘仁元年(八一〇)九月のいわゆる「薬子の変」の際には藤原真雄とともに平城上皇を固く諫めたが聞き入れられなかったという。彼は、藤原薬子とも姻戚関係にあったが、この諫止の功をもって罪を免れた。弘仁九年十一月十日に没した。時に中納言正三位民部卿。六十四歳。　(玉井　力)

藤原葛野麻呂自署

ふじわらのかねいえ　藤原兼家　九二九—九〇　平安時代中期の公卿。大入道殿。延長七年(九二九)に生まれる。父は右大臣藤原師輔、母は兄伊尹・兼通、妹安子と同じ武蔵守藤原経邦女盛子で三男。子女は藤原中正女時姫との間に道隆・道兼・道長・超子・詮子(東三条院)、藤原倫寧女との間に道綱、藤原国章女との間に綏子(三条天皇尚侍)などがいる。天暦二年(九四八)従五位下、参議を経ず安和元年(九六八)兄兼通を超越して従三位、同二年中納言、天禄三年(九七二)正月権大納言、閏二月大納言と兼通に先んじて昇進した。同年十月摂政太政大臣伊尹が病気のため辞表を提出すると、円融天皇の前で権中納言兼通と摂政の後継を争った(『済時記』)。兼通は同年十一月に伊尹が没すると大納言を経ずに内大臣になり政務の実権を握った。そして兼通は貞元二年(九七七)四月藤原頼忠を左大臣とし、十月頼忠に関白を譲り、兼家は同時に右近衛大将から治部卿に左遷され蟄居した。天元元年(九七八)六月兼家は再び参内し、十二月頼忠が太政大臣となるとともに右大臣となった。一方、安和元年十二月超子を冷泉天皇女御とし、天元元年十一月詮子を円融天皇女御とした。超子は居貞親王(三条天皇)を生み、詮子は懐仁親王(一条天皇)を生んだ。円融天皇のあと永観二年(九八四)八月に冷泉天皇皇子の皇太子師貞親王が天皇(花山天皇)となると、詮子の生んだ懐仁親王を皇太子とし、天皇の外戚となる機会をうかがった。寛和二年(九八六)六月、花山天皇を道兼・道綱らの陰謀で出家、退位させ、皇太子懐仁親王を天皇に即けることに成功した。そして、摂政・氏長者となり政治の実権を掌握し、七月詮子は皇太后となり、さらに居貞親王が皇太子となり、右大臣を辞し、八月准三宮となった。道隆・道兼・道長も相ついで公卿となり、勢力を増した。永祚元年(九八九)太政大臣となり、正暦元年(九九〇)五月関白となるが直ちに辞して出家し、関白道隆に譲った。法名如実。邸宅は東三条第、出家とともに法興院となった二条京極第。天元二年天台座主良源を頼んで比叡山横川に父師輔の遺志をついで恵心院を建立した。弟尋禅は良源の弟子となり寛和元年はじめて摂関家出身の天台座主となった。兼家の人となりや兼通との確執、花山天皇の出家などは『栄花物語』巻一・二に叙述されている。正暦元年七月二日没。六十二歳。

参考文献 『大日本史料』二ノ一、正暦元年七月二日条、松村博司『栄華物語全注釈』一(『日本古典評釈・全注釈叢書』)、飯倉晴武「済時記」(『書陵部紀要』二三)　(石上　英一)

ふじわらのかねざね　藤原兼実　⇩九条兼実《くじょうかねざね》

ふじわらのかねすけ　藤原兼輔　八七七—九三三　平安時代中期の貴族、歌人。三十六歌仙の一人。邸が賀茂川堤に近かったため堤中納言・京極中納言とも。父は右中将利基。元慶元年(八七七)生まれる。昌泰元年(八九八)讃岐権掾、延喜三年(九〇三)内蔵助、同九年蔵人、同十七年蔵人頭、同二十一年参議、延長五年(九二七)従三位権中納言、同八年中納言兼右衛門督。承平三年(九三三)二月十八日没。五十七歳。三条右大臣藤原定方とは良門を祖父とする従兄弟の関係にあり、しかも兼輔は定方女を妻としたため二人はきわめて親密であった。定方の妹胤子は宇多上皇の女御で醍醐天皇母であり、兼輔女桑子は醍醐天皇の更衣であった。兼輔の代表歌とされる「人の親の心は闇にあらねども子を思ふ道にまどひぬるかな」は桑子の身を案ずる親心を詠んだとされる。人柄は情愛が深く世話好きで寛容であり、和歌・管絃を好み、常に多くの風流人士が兼輔のもとに集った。紀貫之・凡河内躬恒などの庇護者として果たした役割は大きい。紫式部の曾祖父にあたる。『古今和歌集』四首、『後撰和歌集』二十三首、以下二十九首が勅撰集に入る。家集に『兼輔集』がある。

参考文献 『大日本史料』一ノ六、承平三年二月十八日条、藤岡忠美『平安和歌史論』、目崎徳衛『紀貫之』

（『人物叢書』七三）、工藤重矩「藤原兼輔伝考」（『語文研究』三〇・三三・三六）、藤岡忠美「藤原兼輔の周辺」（『国語と国文学』五〇ノ一）　（藤岡　忠美）

ふじわらのかねみち　藤原兼通　九二五―七七　平安時代中期の公卿。堀川殿。藤原師輔の次男。母は武蔵守藤原経邦の女の盛子。延長三年（九二五）生まれる。同母の兄伊尹《これまさ》、弟兼家、妹安子（村上天皇中宮、冷泉・円融天皇の母）がいる。男には左大臣顕光（母は元平親王女）・大納言朝光（母は有明親王女能子女王）、女には円融天皇中宮媓子（堀川中宮、母は能子女王）らがいる。天慶六年（九四三）従五位下に叙せられ、安和二年（九六九）正月参議。しかし弟兼家は同年二月参議を経ずに中納言となり兼通を超越した。天禄三年（九七二）閏二月権中納言。同年十月摂政太政大臣伊尹が病気のため辞表を提出すると、兼通・大納言兼家は円融天皇の前で直ちに摂政を停めることを主張して、次の摂政になることを両者で言い争った（『済時記』）。同年十一月伊尹が没した後、大納言を経ずに内大臣に任じられ、左大臣源兼明・右大臣藤原頼忠、大納言兼家らを超越し政務の実権を握った。これは外戚の権威と伊尹の遺命によるとされる（『親信卿記』）。天延元年（九七三）女御媓子が中宮になり、同二年正月従二位、二月氏長者を頼忠から引き継ぎ、太政大臣、正二位、三月円融天皇の関白となり、同三年従一位となる。貞元元年（九七六）五月内裏焼亡後、同年七月から二年七月まで兼通第である堀川院を内裏として円融天皇と中宮が一時遷った。しかし、病気となり、十月関白・氏長者を藤原頼忠に譲り、大納言兼家を右近衛大将から治部卿に左遷し、同年十一月八日没する。五十三歳。諡は忠義公、遠江国に封じられ、正一位を贈られる。天元元年（九七八）には、頼忠が女遵子を入内させ、兼家は右大臣になり女詮子を入内させ（天元二年に媓子没）、頼忠と兼家が対立するようになる。

参考文献　『大日本史料』一ノ一六、貞元二年十一月八日条、飯倉晴武「済時記」（『書陵部紀要』一二三）　（石上　英一）

ふじわらのかまたり　藤原鎌足　六一四―六九　大化改新の功臣で藤原氏の祖。もと中臣鎌子といい、『大織冠伝（鎌足伝）』（『家伝』上）によれば字は仲郎、推古天皇二十二年（六一四）大和国高市郡の藤原（のちの藤原京の地か）の邸に生まれた。父は小徳中臣御食子《みけこ》（『日本書紀』舒明紀に弥気、『大織冠伝』に美気祜）、母は大伴夫人（『尊卑分脈』に大伴咋《くい》の女の智仙娘とある）。幼年より学を好み、特に兵書の『六韜《りくとう》』を熟読し、体軀堂々たる偉丈夫だったという。鎌足を常陸地方の出身とする説が一部にあるが、確証はない。『日本書紀』『大織冠伝』によれば、舒明朝初年に朝廷は鎌足に錦冠を授けて、朝廷の祭祀を掌る中臣氏の宗業を継がせようとしたが、固辞して摂津の三島に引退した。やがて皇極朝に入ったころから皇族中の人材を求めて、まず皇極女帝の弟の軽皇子（孝徳天皇）に接近を試みたが、ついで舒明天皇と女帝の間の子である中大兄皇子（天智天皇）と親密になり、これと窃かに蘇我氏権力の打倒による政局転回の謀議を進めた。これを皇極紀・『大織冠伝』は主として皇権の回復を目的としたもののごとく叙述しているが、それだけでは改新によって律令制度を採用し、政治・社会制度の根本的改革を行なった理由が説明できないから、やはり当時の緊迫する国際情勢に対応して、根本的な改革を行おうとしたものとすべきであろう。まもなく皇極天皇二年（六四三）の冬に唐の太宗がいよいよ高句麗大遠征を決意し、国内で蘇我入鹿が実権を握り、聖徳太子の子の山背大兄王一族（上宮王家）をいきなり攻め滅ぼしたころから、鎌足と中大兄皇子は権力奪取の具体的計画に入り、翌三年鎌足の意見により、蘇我石川麻呂の女を皇子の妃に納れることによって麻呂を、ついで宮門警衛を専門職とする佐伯子麻呂らの武人を謀議の仲間に引き入れ、翌四年（大化元、六四五）六月十二日、飛鳥板蓋宮《いたぶきのみや》における三韓進調の儀式の場で、入鹿の不意を襲ってこれを斬った。その結果、皇族・群臣のほとんどが中大兄皇子の側についたため、翌十三日入鹿の父の大臣《おおおみ》蘇我蝦夷は孤立無援の中に亡び、翌十四日孝徳天皇が即位して、皇子はその皇太子となり、阿倍内麻呂と蘇我石川麻呂が左右大臣《だいじん》、鎌足が内臣、僧旻と高向玄理が国博士となって、いわゆる改新政府が発足した。『日本書紀』ではこのときまでは鎌足を鎌子と書き、以後は鎌足と書いている。また孝徳紀・『大織冠伝』にはともにこのとき鎌足が大錦冠を授けられたとあるが、大錦冠は大化三年制定の冠位であるから、これはやや後の事実をさかのぼって記したものか。なお鎌足はその後白雉五年（六五四）正月に紫冠を授けられている。改新政府は発足後、同月十九日に年号を建てて大化とし、同年末に都を難波の長柄豊碕宮《ながらのとよさきのみや》に移したが、以後大化五年の末ころまで、大化改新、すなわち長期にわたって律令制度を整備してゆくに必要な態勢への切り換えが積極的に進められた。ただその間における鎌足の改革に関する事蹟は、ほとんど史料上にみえないが、しかし内臣というのは、おそらく新制度の立案にあたる国博士を指揮し、実権者である皇太子を輔佐して、改新政治を推進する地位だったと推測されるから、鎌足の意志は改革のすべての面に及んでいたとみてよいであろう。大化六年（白雉元）二月に朝廷では、前年に長門国から献上された白雉の祥瑞を祝い、改新政治の成功を謳歌する大がかりな祝典が行われ、年号が白雉と改められており、その時点で当面の改革が一段落し、以後は律令制度の整備期に入ったとみられていたことが推測されるが、しかしまたそのころから朝鮮半島を中心とする東アジアの国際情勢が一段と急迫の度を加えたため、その対応策に追われて、諸制度の整備は実際にはかなりその進行を阻害されざるをえない状況となった。やがて白雉四年に中大兄皇子は都を難波から飛鳥に戻し、これに同意しなかった孝徳天皇が翌五年独り難波の宮殿で世を去っ

たため、皇極上皇が再び即位(斉明天皇)したが、その斉明朝と次の天智朝には、すでに孝徳天皇・阿倍内麻呂(病死)・蘇我石川麻呂(讒死)・僧旻(病死)・高向玄理(入唐中に客死)はこの世になく、改新政府の中心人物で残るところは中大兄皇子(天智天皇)と鎌足の二人だけとなっていたから、海外情勢への対応も律令制度の整備も、すべて鎌足が皇子を輔佐して進めざるをえないこととなった。そのうちの対外政策は、鎌足が死に臨んで「生きては則ち軍国に務むること無く」云々と述べたように、自己の最大の責務としていたが、唐の圧倒的な軍事力によって、日本が支援した百済と高句麗は滅ぼされた。しかし律令制度、特に公地公民制関係の諸制度の整備は、最初の全国的戸籍である庚午年籍の完成が示すように、この時期に一応の段階に達した。またいわゆる『近江令』の成立を意味するか否かは別としても、『大織冠伝』には鎌足が「礼儀を撰述し、律令を刊定」したということが述べられている。天智天皇は特に近江遷都(天智天皇六年(六六七))以後、大友皇子や一部の上流貴族とともに、専制的権力を形成する方向に進んだようで、鎌足はこれに対して天皇と皇太弟大海人皇子(天武天皇)の間を執りなしたり、自分の女を大友皇子の妃に納れたりして、天皇と中央貴族層全体との調和の維持に努めていたが、天智天皇八年十月十六日に近江の大津京の邸で病死した。享年五十六。天皇は死の前日に大織冠と大臣の位と藤原の姓を鎌足に賜与したが、この大織冠は天智天皇三年制定の二十六階冠位の第一階で、日本人では他に例がないため、後世鎌足の異名となった。また大臣の位は、これまで鎌足が内臣であったところから、『日本書紀』以下はこれ以後鎌足をすべて内大臣と書いているが、このころ内大臣という官職があったわけではないから、これは単に大臣の身分を与えられたにすぎないものとみるべきであろう。また藤原の姓ははじめ広く中臣氏の氏人がこれを継承したが、文武天皇二年(六九八)八月の詔で鎌足の子の不比等の系統のみに限定された。なお生前鎌足に与えられたという功田一百町が天平宝字元年(七五七)十二月に大功田と定められたことが『続日本紀』によって知られ、また鎌足が生前合計一万五千戸という莫大な封戸を与えられたとの伝えがあったことが、『大織冠伝』など奈良時代以降の史料にみえるが、後者はこれを疑う見方が強い。鎌足の正室は鏡女王(系不詳)とされているが、長男の僧定恵は白雉四年十一歳で入唐し、天智天皇四年に帰国して同年末に没し、次男の不比等は右大臣正二位にまで昇り、養老四年(七二〇)八月に死んで太政大臣を贈られており、ともに『尊卑分脈』に母は車持国子の女の与志古娘とある。このほか氷上娘と五百重娘の二女子があり、ともに天武天皇夫人となって、それぞれ但馬内親王と新田部親王を生んだ。『万葉集』二に鎌足と鏡王の女の贈答歌と鎌足が采女安見児を娶った時の歌がみえ、『歌経標式』に鎌足の秋歌一首がみえる。また生前篤く仏教を信じ、白雉年間から私財を割いて元興寺(飛鳥寺)に『摂大乗論』の講説を開き、鏡女王の勧めで山階寺を建てて維摩会を興したというが、山階寺はのち大和国高市郡に移って厩坂寺、さらに平城京に移って興福寺となり、藤原氏の氏寺として大いに栄えた。鎌足が死ぬと百済からの亡命者沙宅紹明がその碑文を撰したといい、伝記として恵美押勝(藤原仲麻呂)が天平宝字年間に撰したとみられる『大織冠伝(鎌足伝)』(『家伝』上)が今日に伝わっている。鎌足の墓は『大織冠伝』によれば約一年の殯礼の後、天智天皇九年閏九月六日に山階(京都市山科区)の精舎(山階寺)に葬ったというが、『多武峯縁起』ははじめ摂津国島下郡の阿威山(大阪府高槻・茨木両市境界の阿武山古墳とする説がある)に葬り、のち長子定恵がこれを大和の多武峯に移したとする。なお天安二年(八五八)十二月の荷前《のさき》の幣を献じる十陵四墓の制を定めた詔には、「贈太政大臣正一位藤原朝臣鎌足多武峯墓、在二大和国十市郡一」とある。

参考文献 田村圓澄「藤原鎌足」(『塙新書』三)、田口卯吉「藤原鎌足」(『鼎軒田口卯吉全集』一所収)、青木和夫「藤原鎌足」(『日本古代の政治と人物』所収)、横田健一「藤原鎌足と仏教」(『白鳳天平の世界』所収)、丸山二郎「中臣氏と鹿島香取の神」(『日本古代史研究』所収)、山田英雄「中臣鎌足伝について」(『日本歴史』五八)

(関　晃)

ふじわらのかんし　藤原寛子　(一)?―一〇二五　小一条院の女御。藤原道長の女。母は源高明の女明子。寛弘六年(一〇〇九)三月二十七日高松殿に著裳。寛仁元年(一〇一七)十一月二十二日、東宮を辞し小一条院の院号を授けられた敦明親王と婚した。『栄花物語』ゆふしでは時に十九歳と伝える。万寿二年(一〇二五)七月八日、病により出家、翌九日山井殿に没した。遺骸は同月十一日巌蔭に葬られた。所生に敦元親王・儇子内親王がある。

参考文献 『大日本史料』二ノ二一、万寿二年七月九日条

(厚谷和雄)

(二)一〇三六―一一二七　後冷泉天皇の皇后。四条の后という。太政大臣藤原頼通の女。母は贈従二位藤原祇子。長元九年(一〇三六)誕生。永承五年(一〇五〇)十二月入内。女御となり、翌年皇后となった。治暦四年(一〇六八)四月十六日、藤原教通の三女、歓子が皇后となったため、中宮になった。後三条天皇の延久元年(一〇六九)七月、皇太后、白河天皇の承保元年(一〇七四)六月、太皇太后となり、その後、宇治に法定院と称する御堂を建て、そこに住むなどしていたが、崇徳天皇の大治二年(一一二七)八月十四日崩御となった。九十二歳。和歌にも関心が深く、天喜四年(一〇五六)四月、寛子の主催による皇后宮春秋歌合は有名である。また、法華八講にも積極的な参加がみられ、治暦元年九月の高陽院の御八講には華美な捧物をおくり、美しい装束で参上している。

(山中　裕)

ふじわらのかんし　藤原歓子　一〇二一―一一〇二　後

冷泉天皇の皇后。関白藤原教通の三女。母は藤原公任の女。治安元年(一〇二一)生まれる。永承二年(一〇四七)十月十四日、後冷泉天皇に入内。翌年七月十日女御となり、同四年、皇子を生んだが、死産であった。母が公任の女であったために、歓子は人柄に風流なところが多いといわれた。同五年頼通の娘寛子が入内し、翌年皇后となったため、歓子はしばらく内裏に参らず、天皇のまねきにも応ぜず、山城愛宕郡小野の里にこもっていた。同六年七月十日准三后。治暦四年(一〇六八)四月十七日、皇后となった。白河天皇の承保元年(一〇七四)皇太后宮となり、その秋、尼となって小野の里の住居を寺となし、常寿院を建立した。寛治五年(一〇九一)白河上皇の御幸を迎え、嘉保二年(一〇九五)には、小野堂を供養するなどしたが、康和四年(一一〇二)八月十七日、小野山荘に崩御。八十二歳。陵を宇治陵という。小野の里におり、小野山荘に崩御等々のことから小野皇太后とよばれた。

参考文献 『大日本史料』三ノ六、康和四年八月十七日条　（山中　裕）

ふじわらのきっし　藤原吉子　?―八〇七　桓武天皇の夫人。伊予親王の母。父は是公。延暦二年(七八三)二月、無位から従三位に昇り、ついで夫人となる。大同二年(八〇七)十一月、伊予親王とともに川原寺に幽閉され、飲食を絶たれた。親王母子は毒薬を飲み自殺。時の人はこれを哀れんだという。弘仁元年(八一〇)七月、亡き吉子のために二十人を度せしめ、同十年三月、本位号に復せられ、同十四年七月さらに号位を復された。承和六年(八三九)九月、贈従三位、同年十月、さらに従二位を贈られた。祟りがあるためとのことであった。　（佐伯　有清）

大岡墓《おおおかのはか》　所在は未詳。夫人の没後、贈位を行い御霊会を修するなど、ひたすら慰霊につとめたが、昌泰元年(八九八)に疫病が流行した折には、夫人の墓の祟によるとして、墓に使を派して鎮謝し、守戸を置いて管守させたことが『扶桑略記』の巻二十三裏書にみえる。当墓が伊予親王の巨幡墓とともに頒幣の列に加えられたのは、その不遇な死に謝するためで、『延喜式』諸陵寮の制は遠墓とし、「在山城国葛野郡大岡郷、守戸一人」とある。元禄の諸陵探索以来、誤って文徳天皇陵に擬定されていた天皇の杜古墳(史跡、京都市西京区御陵塚ノ越町)を当墓に比定する説もある。　（戸原　純一）

ふじわらのきっし　藤原姞子　⇨大宮院《おおみやいん》

ふじわらのきゅうし　藤原宮子　?―七五四　文武天皇の夫人。藤原不比等の女。母は賀茂比売。「みやこ」とも訓む。文武天皇元年(六九七)夫人となり、大宝元年(七〇一)首皇子(聖武天皇)を生んだ。養老七年(七二三)従二位に叙せられ、神亀元年(七二四)聖武天皇が即位すると大夫人と称せられた。この時は正一位とある。まもなく皇太夫人と改められたが、皇太后ともあり、孝謙朝では太皇太后と称された。天平九年(七三七)僧玄昉の看護によって長年にわたる病が癒えたと伝える。天平勝宝六年(七五四)七月十九日崩じ、千尋葛藤高知天宮姫之尊と諡され佐保山陵(佐保山西陵)に火葬される。　（林　陸朗）

佐保山西陵《さほやまにしのみささぎ》　所在は不明。天平勝宝六年(七五四)八月四日に佐保山で火葬、天平宝字四年(七六〇)には光明皇太后の墓とともに墓を山陵と称された。これより三后の墳墓は陵と称されることとなった。『延喜式』諸陵寮の制は遠陵に列し、「兆域東西十二町、南北十二町、守戸五烟」とある。中世以降所伝を失ったが、北浦定政の『打墨縄』、津久井清影の『陵墓一隅抄』は、ともに聖武天皇佐保山南陵(奈良市法蓮町小字北畑)の北西にあたる「大黒之芝」と称する地を示している。　（戸原　純一）

ふじわらのきよかど　藤原清廉　生没年不詳　平安時代中期、十世紀と十一世紀の交のころの下級官人。伊賀国や大和国に所領を有した私領主としても知られる。長徳三年(九九七)円教寺作料により、大蔵少丞で正六位上に叙せられ(『除目大成抄』)、寛弘元年(一〇〇四)正月五日に大蔵大丞で従五位下に叙せられている(『権記』)。寛仁二年(一〇一八)五月十一日には、興福寺・円教寺焼亡のことで復興の相談を受けている(『小右記』)。その後間もなく、七十七歳で没したとみられる(康平六年(一〇六三)二月十六日藤原信良解案)。『今昔物語集』二八、三十一話に「怖猫語」として、清廉が官物を出さないのに困った大和守藤原輔公が、武力を用いずに猫で清廉をおどし、未進官物を取ったという、「猫恐《ねこおじ》ノ大夫」藤原清廉の話が載っている。伊賀国の猛者として知られる藤原実遠の父。

参考文献 皆川完一「大和守輔公と猫恐大夫清廉」(『新訂増補)国史大系月報』六四)　（中野　栄夫）

ふじわらのきよかわ　藤原清河　生没年不詳　奈良時代の官吏。藤原房前の第四子、母はその異母妹という。鳥養・永手・真楯の弟で、魚名・千尋・楓麻呂らの兄。入唐して河清に改める。天平十二年(七四〇)正六位上から従五位下に叙され、中衛少輔・大養徳(大和)守を経て、天平勝宝元年(七四九)参議となる。同二年九月遣唐大使となり、同四年閏三月以後、明州から入唐。五年正月長安蓬莱宮含元殿での朝賀の時、副使大伴古麻呂らとともに新羅と席次争いを生じた。玄宗より特進を授かり、帰国にあたって詩を贈られた。玄宗に鑑真の日本招請の許可を願うが失敗し、揚州にいた鑑真にひそかに会い、渡航を誘う。十一月蘇州黄泗浦から出航するが河清や阿倍仲麻呂の船は遭難し驩州(安南)に漂着。翌年再び長安に戻り秘書監を兼ねる。天平宝字三年(七五九)日本は迎藤原河清使を唐に遣わすが、唐は安禄山の乱を理由に河清を抑留し帰国を認めなかった。同四年渤海使が河清の上表と貢物をもたらし、宝亀元年(七七〇)新羅使が河清の郷親あての書翰を進めた。同七年河清の帰国を促す遣唐使を任命し、八年六月以後唐に至った。同九年使とともに河清の娘喜娘が渡来するが、河清は帰国しなかった。この間、在唐のまま文部(式部)卿・仁部(民部)卿・常陸

守に任じられ、従三位に昇るが、これらは時の為政者で同族の藤原氏との縁故による。同十年二月従二位を追贈。宝亀八年の迎使の時か、遅くとも十年までにすでに唐に客死していた。『日本紀略』延暦二十二年(八〇三)条に大暦五年(宝亀元)正月、七十三歳で死没し、潞州大都督を贈られたとするのは、阿倍仲麻呂との混同があるとされる。『万葉集』に遣唐使任命の際の歌一首を残す。

参考文献　安藤更生『鑒真大和上伝之研究』、杉本直治郎『阿倍仲麻呂伝研究』、増村宏『遣唐使の研究』

（鈴木　靖民）

ふじわらのきよすけ　藤原清輔　一一〇八—七七　院政期の歌学者。初名隆長。左京大夫顕輔男。母は高階能遠女。一説に、長治元年(一一〇四)生まれる。仁平元年(一一五一)従五位上、承安二年(一一七二)ごろ正四位下前太皇太后宮大進で、治承元年(一一七七)六月二十日没。七十歳か。『頼政集』『重家集』に「三位大進」の呼称がみられるが、叙三位の明徴はない。青年期の事跡はほとんど知られず、四十代後半に『久安百首』詠進のころから歌壇の第一線に登場する。歌学書『奥義抄』を崇徳院に献じ、仁平年間には『和歌一字抄』を撰。父撰進の『詞花和歌集』の助力をめぐって軋轢が生じ、藤原教長の『詞花集』批判の書『拾遺古今』に肩入れをしたという(『八雲御抄』)が結局和解し、父から人麻呂の影を授けられて歌道師範家としての六条家を継ぐ。反詞花的撰集『後葉和歌集』(寂超)には『牧笛記』(散佚)を著わして反駁したという。二条天皇期に入ると『袋草紙』、『題林』(散佚)を天皇に進覧し、応保二年(一一六二)貝合で藤原範兼・同俊成を論破して歌壇第一人者の座を占め『続詞花和歌集』を撰ずるが、天皇崩御に会い、勅撰集とはならなかった。平氏全盛期には摂関家(松殿基房・九条兼実)歌壇をはじめとする各層の歌合判者を勤め、擡頭してきた御子左家の俊成と対抗して歌壇の指導権を競い、六条家歌学の確立に努めた。基房に献じた『和歌初学抄』、顕昭・藤原経平と共編の『和歌現在書目録』、『古今和歌集』『後撰和歌集』など古典の書写もこの期の作。平安歌学の集大成の功績は大きい。『扶桑葉林』二百巻(散佚)もあった。家集に『清輔集』(四百四十四首)がある。

参考文献　井上宗雄『平安後期歌人伝の研究』、谷山茂『千載和歌集とその周辺』(『谷山茂著作集』三)、同『新古今時代の歌合と歌壇』(同四)、小沢正夫他『袋草紙注釈』、藤岡忠美他『袋草紙考証歌学篇』

（松野　陽一）

ふじわらのきよただ　藤原清正　?—九五八　平安時代中期の歌人。三十六歌仙の一人。堤中納言兼輔の次男。延長八年(九三〇)従五位下、以後蔵人・斎院長官・修理権亮・左近衛少将などを経て、天暦十年(九五六)正月紀伊守になり、天徳二年(九五八)七月没す。天暦九年『内裏紅葉合』『天暦御時内裏前栽合』『天暦御時中宮歌合』に詠進。壬生忠見・藤原敦忠らと親交があった。家集に『清正集』がある。『後撰集』以下に二十八首入集。

参考文献　『大日本史料』一ノ一〇、天徳二年七月是月条

（島田　良二）

ふじわらのきよひら　藤原清衡　一〇五六—一一二八　後三年の役における主要人物の一人。平泉藤原氏の始祖。天喜四年(一〇五六)生まれる。父は藤原経清、母は前九年の役で滅亡した安倍頼時の女子。父経清が安倍氏に加担したため惨刑に処せられ、安倍氏滅亡後、母は出羽山《せん》北《ぼく》の在地豪族清原武貞のもとに再嫁するが、このとき清衡は母の連れ子として清原氏に養われ清原姓を名のる。このときすでに武貞には嫡男真衡《さねひら》が生まれていた。母は再婚後、家衡を生んだ。そこで清衡からみれば、長兄真衡は異父異母兄、弟家衡は異父同母弟という複雑な家族関係であった。この三兄弟をめぐり清原氏同族間に紛争がおこった。はじめ清衡は弟家衡と結び嫡兄真衡と争ったが、真衡が陣中で急病死した後は、家衡と争うことになる。しかし陸奥守源義家(八幡太郎)の支持をうけて寛治元年(一〇八七)十一月十四日、家衡を滅ぼすことに成功する。これが後三年の役の終結である。その結果、清衡は安倍氏の遺領陸奥の「奥六郡」と清原氏の遺領「出羽山北」とをあわせ領有することになり、亡父の藤原姓を名のり居館を平泉(岩手県西磐井郡平泉町)に定め、中尊寺造営をなしとげ、いわゆる平泉文化の基礎をきずいた。大治三年(一一二八)七月十三日病没。七十三歳(『中右記目録』大治三年七月二十九日条)。しかし死亡月日については七月十六日説もあるし、中尊寺の寺伝では七月十七日となっている。

参考文献　『奥州後三年記』、東北大学東北文化研究会編『奥州藤原史料』、板橋源『北方の王者』、高橋富雄『(奥州)藤原氏四代』(『人物叢書』一二)

（板橋　源）

ふじわらのきんざね　藤原公実　一〇五三—一一〇七　平安時代後期の公卿。大納言藤原実季の長男。母は大宰大弐藤原経平の女、睦子。没年から逆算すると、天喜元年(一〇五三)の誕生となる。治暦四年(一〇六八)従五位下に叙されて以来、白河天皇の外舅実季の勢威を背景として、蔵人・左近衛中将・蔵人頭を歴任、承暦四年(一〇八〇)参議に昇り、ついで権中納言に任じ、左衛門督などの重職を兼ね、さらに正二位権大納言に進み、春宮大夫を兼任した。嘉承二年(一一〇七)十一月十二日、飲水病のため出家、十四日没した。五十五歳。鳥羽天皇の践祚に際し、新帝の外舅の故をもって執政の座を競望したという。三条高倉に邸宅を構え、子孫は三条・西園寺などの諸家に分かれて繁栄した。

参考文献　『大日本史料』三ノ九、嘉承二年十一月十二日条

（橋本　義彦）

ふじわらのきんし　藤原忻子　一一三四—一二〇九　後白河院の皇后。長承三年(一一三四)に生まれる。父は藤原公能。母は権中納言藤原俊忠の女、豪子。祖父の実能が鳥羽院の命により後白河天皇に扈従した関係で、久寿二年(一一五五)に入内。その翌年に立后して中宮、平治

元年(一一五九)には皇后となり、承安二年(一一七二)に皇太后となった。長期にわたり後宮に位置した関係から、実能・公能・実定と続く、清華の家としての徳大寺家の政界での隆盛をもたらした。承元三年(一二〇九)八月十二日没。七十六歳。なお、同じ徳大寺家に、後二条天皇の皇后となって、長楽門院の院号を受けた女性も藤原忻子という。

参考文献 『大日本史料』四ノ一〇、承元三年八月十二日条 (五味 文彦)

ふじわらのきんすえ 藤原公季 九五七―一〇二九 平安時代中期の公卿。諡仁義公。閑院太政大臣とよばれる。天徳元年(九五七)生まれる。右大臣師輔の第十一子、母は醍醐天皇皇女康子内親王。誕生直後に母、四歳で父を失い、姉の村上天皇中宮安子に養育され、皇子に等しい扱いをうけたと伝えられるが(『大鏡』三)、姉も八歳の時に没している。康保四年(九六七)冷泉天皇即位当日十一歳(『公卿補任』十二歳)で元服、ついで正五位下、侍従、左中将、備前守、播磨権守から円融朝の永観元年(九八三)参議、以下近江守、春宮権大夫、春宮大夫、按察使、左大将を経、一条朝の藤原伊周失脚後長徳三年(九九七)内大臣、後一条朝寛仁元年(一〇一七)右大臣、皇太弟(敦良親王)傅、甥藤原道長のあと治安元年(一〇二一)太政大臣となる。従一位。長元二年(一〇二九)十月十七日没。七十三歳(『小記目録』)。贈正一位、甲斐国に封ぜらる。閑院流の祖で、子孫は三条・西園寺・徳大寺に分流した。

参考文献 土田直鎮「衰日管見」(高橋隆三先生喜寿記念論集刊行会編『(高橋隆三先生喜寿記念論集)古記録の研究』所収) (平林 盛得)

ふじわらのきんとう 藤原公任 九六六―一〇四一 平安時代中期の歌人・歌学者、文人、有識故実家。四条大納言と呼ばれる。康保三年(九六六)出生。家系は、藤原北家小野宮流。摂政関白太政大臣清慎公実頼の孫で、関白太政大臣廉義公頼忠の長男。母は、醍醐天皇皇子中務卿代明親王女厳子。同母の姉妹に、円融天皇皇后遵子、花山天皇女御諟子がいる。従兄弟にも、能筆の佐理、歌人の高遠、『小右記』記主の賢人右府実資など、人材が多い。その子は、歌人の権中納言定頼、大二条関白藤原教通室など。官歴は、天元三年(九八〇)元服して、正五位下、侍従、同五年、従四位上、永観元年(九八三)、左近衛権中将、寛和元年(九八五)、正四位下、永祚元年(九八九)、蔵人頭、正暦三年(九九二)、参議、長徳元年(九九五)、左兵衛督、皇后宮大夫、同二年、右衛門督、検非違使別当、同四年、勘解由長官、長保元年(九九九)、従三位、同三年、中納言、左衛門督、正三位、寛弘二年(一〇〇五)、皇太后宮大夫、従二位、同六年、権大納言、長和元年(一〇一二)、太皇太后宮大夫、正二位、治安元年(一〇二一)、按察使、万寿元年(一〇二四)致仕。『大鏡』などで漢詩・管絃・和歌の三船の才を称された才人で、歌人としては、中古三十六歌仙の一人に数えられ、一条朝の歌壇の第一人者として、藤原仲文・小大君・藤原実方・藤原道信をはじめとして、源兼澄・大中臣輔親・藤原長能・源道済、あるいは和泉式部・清少納言・紫式部などとの交渉があり、次代の能因や藤原範永などにも感化を与えた。私撰集の『拾遺抄』を著わして、勅撰集の『拾遺和歌集』に大きな影響を及ぼしたこと、歌学書の『新撰髄脳』『和歌九品』により、心姿具有と余情美の歌論を樹立したこと、秀歌撰の『三十六人撰』を編纂して、三十六歌仙を選び出したこと、漢文とも関わるが、詩歌の詞華集の『和漢朗詠集』を撰述したことなど、その業績は大きい。寛和元年、同二年の両度の内裏歌合、長保五年の藤原道長家歌合に出詠し、長保元年の道長女彰子入内屛風歌、同三年の東三条院詮子四十賀屛風歌、寛仁二年(一〇一八)の藤原頼通大饗屛風歌を詠進するなど、当時の宮廷や権門の代表的な和歌関係の行事のほとんどに関与している。家集に『公任集』があり、『拾遺和歌集』以下の勅撰集に八十九首入集。前掲以外に私撰集に『如意宝集』(散佚して断簡のみ)、『金玉集』、『深窓秘抄』、秀歌撰に『前十五番歌合』、『後十五番歌合』(他作説もあり)などがあり、ほかにも『古今集注』『歌論義』『四条大納言歌枕』などの歌学書があったらしい。漢詩の作品は『本朝麗藻』などに収められ、仏典の注釈書の『大般若経字抄』もある。有識故実書の『北山抄』は、源高明の『西宮記』や大江匡房の『江家次第』と並ぶ重要な著作である。万寿二年、長谷に籠居、同三年、解脱寺で出家、長久二年(一〇四一)正月一日、現地で没した。享年七十六。

参考文献 小町谷照彦『藤原公任』(『王朝の歌人』七)、伊井春樹・津本信博・新藤協三『公任集全釈』、小沢正夫「公任」(『講座日本文学』三所収)、村瀬敏夫「藤原公任伝の研究」(『東海大学文学部紀要』二)、伊井春樹「公任年譜考」(『国文学研究資料館紀要』一〇)、竹鼻績『公任集注釈』(『私家集注釈叢刊』一五) (小町谷照彦)

ふじわらのきんなり 藤原公成 九九九―一〇四三 平安時代中期の公卿。幼名犬。号滋野井別当。閑院流。長保元年(九九九)生まれる。太政大臣藤原公季の孫。中納言藤原実成の男、母は播磨守藤原陳政女。寛弘八年(一〇一一)従五位下。侍従・右兵衛佐・右近衛少将・近江権介などを経て、後一条朝に蔵人頭、さらに備前守・左近衛中将、万寿三年(一〇二六)参議。左兵衛督・播磨権守・検非違使別当、後朱雀朝の長暦元年(一〇三七)中宮権大夫、備前守、長久四年(一〇四三)従二位権中納言。同年六月二十四日没。四十五歳。幼時祖父公季に愛されて養子となり、公季の朝参に常に同車したと伝えられる(『大鏡』三)。『後拾遺和歌集』など勅撰集歌人。女茂子(道長の男能信の養女)は後三条天皇女御で、白河天皇の母。 (平林 盛得)

ふじわらのきんのり 藤原公教 一一〇三―六〇 平安

藤原公教花押

藤原公教画像(『天子摂関御影』)

時代後期の公卿。通称は三条内大臣・三条内府など。康和五年(一一〇三)生まれる。太政大臣実行の子。母は修理大夫藤原顕季の女。蔵人頭などを経て長承二年(一一三三)、正四位下で参議に任官。以後、保延二年(一一三六)に権中納言、久安五年(一一四九)に中納言、同六年に権大納言と昇進をかさね、保元二年(一一五七)には大納言を経ずに一挙に内大臣に就任。位階も正二位に達した。その間、左兵衛督・左衛門督・左近衛大将などを兼任。また、保元元年には同年十月に復置された記録所の上卿《しょうけい》に任命され、弁・寄人《よりうど》らを指揮して荘園整理にあたった。内大臣在任中の永暦元年(一一六〇)七月九日、赤痢にて没。五十八歳。なお、元永元年(一一一八)から久安四年までの日記として『公教公記』(『教業記』『三条内府記』などとも)が伝わる。　(虎尾　達哉)

ふじわらのきんよし　藤原公能　一一一五―六一　平安時代後期の公卿。通称は大炊御門右大臣。永久三年(一一一五)生まれる。権大納言実能の子。母は権中納言藤原顕隆の女。左大臣実定の父。蔵人頭などを経て保延四年(一一三八)、正四位下で参議に任官。以後昇進をかさねて、永暦元年(一一六〇)には権大納言から一挙に右大臣に就任。その間右近衛大将などを兼任し、位階も正二位に達した。また実娘の多子(藤原頼長養女)を近衛天皇の皇后に立て、同じく忻子を後白河天皇の皇后に立てるなど、皇室との間に外戚関係をもとりむすんだが、いずれも外孫には恵まれなかった。在任中の応保元年(一一六一)八月十一日、四十七歳で没した。なお、歌人としても知られ、『詩花和歌集』以下の勅撰和歌集に入集している。　(虎尾　達哉)

藤原公能花押

藤原公能画像(『天子摂関御影』)

ふじわらのくすこ　藤原薬子　?―八一〇　平城天皇の後宮に仕えた女官。藤原種継の女。また藤原清成の女、種継の妹とも伝える。藤原縄主と婚し三男二女をもうけたが、その長女が桓武天皇の皇太子安殿親王(平城天皇)の室に入った折、みずからも東宮宣旨として仕えた。一時桓武天皇により退けられたが、親王の即位のあと、典侍ついで尚侍となり、大同三年(八〇八)十一月、従四位下より正四位下に昇叙、翌四年正月従三位に叙された。平城天皇の譲位後、兄藤原仲成とともに上皇に従って嵯峨天皇の朝廷と争ったが敗れ、弘仁元年(八一〇)九月十二日、平城宮に於て自殺した。『日本後紀』は卒伝に「巧求二愛媚一、恩寵隆渥、所レ言之事、無レ不二聴容一、百司衆務、吐納自由」と伝える。

参考文献　黛弘道「藤原薬子」(笠原一男編『日本女性史』一所収)、橋本義彦「〝薬子の変〟私考」(『平安貴族』所収)　(厚谷　和雄)

ふじわらのくにつな　藤原邦綱　一一二一―八一　平安時代後期の公卿。保安二年(一一二一)に生まれる。父は右馬権助盛国。母は藤原公長の女。父の身分は低かったが、邦綱は、摂関家の藤原忠通に仕えるうちに、その厚い信任を得た。検非違使を経て、忠通の養女呈子の中宮職を管掌し、壱岐・和泉・越後・伊予・播磨守などの受領を歴任したことにより巨富を蓄積する。保元の乱後の宮城造営に摂関家の家司として尽くしたことから、位階昇進してついに、仁安元年(一一六六)蔵人頭から参議に任ぜられ、公卿となった。忠通の死後は、子の基実に仕え、基実の室平盛子(清盛の女)の後見人となり、やがて基実死後の遺領を盛子に相続させるに至って平氏との結びつきを強くした。その後は大納言まで昇進し、五条大納言と称され、女を六条・高倉・安徳三天皇の乳母となして、平氏政権の時代に並びない権勢を誇った。養和元年(一一八一)閏二月二十三日に没。六十歳。

藤原邦綱花押

参考文献　『平家物語』六　(五味　文彦)

ふじわらのくにひら　藤原国衡　?―一一八九　平安時代後期の武士。西木戸太郎。秀衡嫡子、泰衡異母兄。文治五年(一一八九)源頼朝の奥州征伐の折、平泉方は陸奥国伊達郡阿津賀志山(福島県伊達郡国見町)を最前線防衛

拠点とし国衙が大将軍、兵二万。合戦は八月八日に始まり十日に大勢が決し国衙は敗れ、奥州第一の駿馬高楯黒で出羽へ逃れんとしたが芝田郡大高宮辺で和田義盛の矢に傷つき、乗馬が深田にはまったところを畠山重忠の門客大串次郎に討たれた。

参考文献 『大日本史料』四ノ二、文治五年八月十日条、東北大学東北文化研究会編『奥州藤原史料』、高橋富雄『(奥州)藤原氏四代』(『人物叢書』一二)、高橋崇『奥州藤原氏』(『中公新書』一六二二)　(高橋　崇)

ふじわらのくにみち　藤原邦通　生没年不詳　鎌倉時代前期の吏僚。父母は未詳。藤判官代・大和判官代と称す。『吾妻鏡』に「洛陽放遊客」とあることから、京都の下級貴族出身であったと思われる。安達盛長の推挙で伊豆国配流中の源頼朝の右筆となっていた。治承四年(一一八〇)八月源頼朝が伊豆国目代山木兼隆討伐を行うのに先立って、兼隆の館での酒宴で郢曲を歌うなど、兼隆に気に入られて数日間逗留し、館内をはじめ周辺の形勢の詳細を図示して帰参した。頼朝の側近にあって右筆のほか公事の奉行、取次ぎ役、頼朝の使い、供奉人などを勤めた。元暦元年(一一八四)十月公文所の寄人となる。文治二年(一一八六)九月九日頼朝に菊の花と絶句詩を献じたところ、そのみごとさに打たれた頼朝は、毎年献じるように命じたという。建久五年(一一九四)閏八月八日の清水義高の仏教供養の際には布施取役を勤めた。

参考文献 竜粛『鎌倉時代』上、目崎徳衛「鎌倉幕府草創期の吏僚について」(『三浦古文化』一五)　(菊池　紳一)

ふじわらのくらじまろ　藤原蔵下麻呂　七三四―七五　奈良時代の貴族。倉下麻呂とも記す。天平六年(七三四)誕生。宇合の第九子。母は佐伯徳麻呂の女の家主娘。天平宝字七年(七六三)従五位下に叙され、同八年恵美押勝の乱の殊功で従三位に昇叙。左兵衛督、近衛大将、兵部卿、春宮大夫などを歴任し、宝亀五年(七七四)参議に任ぜられる。同元年藤原永手らとともに光仁天皇擁立に功があった。同六年七月一日没。時に参議大宰帥従三位勲二等。年四十二。　(今泉　隆雄)

ふじわらのけいし　藤原経子　⇩中務内侍《なかつかさのないし》

ふじわらのけんし　藤原賢子　一〇五七―八四　白河天皇の皇后(中宮)。父は右大臣源顕房、母は権中納言源隆俊の女、隆子。関白藤原師実の養女となる。没年より逆算すれば、天喜五年(一〇五七)の誕生。延久三年(一〇七一)皇太子貞仁《さだひと》親王(白河天皇)の宮に入り、皇太子の践祚後、承保元年(一〇七四)女御より立后した。ついで敦文親王をはじめ、媞子内親王(郁芳門院)・令子内親王を相ついで出産し、承暦三年(一〇七九)には善仁《たるひと》親王(堀河天皇)を生んだ。その後さらに禛子内親王を生んだが、応徳元年(一〇八四)九月にわかに病に罹り、同月二十二日三条殿に薨じた。歳二十八。天皇の悲嘆ははなはだしく、「周忌の間、天下の政皆もって廃務」(原漢文、『扶桑略記』)といわれ、後年、藤原宗忠は天皇の逃位の理由を皇后の薨去に求めている(『中右記』)。十月一日鳥辺野(京都市東山区)に火葬し、同二年七月遺骨を醍醐山上の円光院(京都市伏見区)に納めた。寛治元年(一〇八七)堀河天皇より太皇太后を贈られた。　(橋本　義彦)

上醍醐陵《かみのだいごのみささぎ》　白河天皇中宮藤原賢子、同皇女、皇后媞子内親王(堀河天皇准母、郁芳門院)、同皇女、皇后令子内親王(鳥羽天皇准母)の三陵と、鳥羽天皇皇女禧子内親王墓を合葬する三陵一墓で、西南に面する円墳。京都市伏見区醍醐醍醐山、すなわち醍醐山の峰の上にある。中宮賢子は応徳元年(一〇八四)九月二十二日三条内裏に崩御(二十八歳)、十月一日鳥部野に火葬し、お骨を峰の一房に安置していたが、翌二年七月十日に賢子のために建立した円光院(一間四面の堂)の上棟の日にお骨を金銅の塔に納め、これを石の辛櫃に入れて仏壇下に納めた。媞子内親王は永長元年(一〇九六)八月七日崩御(二十一歳)、同十六日夜船岡山の北に火葬、お骨を前記仏壇下の北西隅に納め、令子内親王は天養元年(一一四四)四月二十一日崩御(六十七歳)、同二十九日夜石陰に火葬、お骨を同仏壇下東南隅に納めた(両皇女は中宮賢子の所生)。また禧子内親王は、長承二年(一一三三)十月十日没(十二歳)、火葬ののち当仏壇下西南隅に納めた。明治八年(一八七五)十二月右四方の陵墓と定め、同二十七年上醍醐陵と称し、同二十八年当時存在していた宝形造の法華堂を廃して、現在の小円墳とした。なお、中宮賢子の火葬塚は京都市東山区今熊野泉山町鳥戸野陵内に、媞子内親王のは同市北区紫野西野町にあり、他の二人は不明である。

↓郁芳門院《いくほうもんいん》　↓令子内親王《れいしないしんのう》

参考文献 義演『醍醐寺新要録』、上野竹次郎『山陵』下　(中村　一郎)

ふじわらのけんし　藤原妍子　九九四―一〇二七　三条天皇の中宮。藤原道長の第二女。母は源雅信の女倫子。正暦五年(九九四)生まれる。寛弘元年(一〇〇四)十一月尚侍、同七年正月従二位に叙され、二月二十日、十七歳で東宮居貞親王(三条天皇)の室に入った。親王の即位とともに、同八年八月二十三日、女御となり、ついで長和元年(一〇一二)二月十四日中宮となった。寛仁二年(一〇一八)十月十六日皇太后、万寿四年(一〇二七)三月十三日、所生の禎子内親王(陽明門院)を東宮敦良親王(後朱雀天皇)に入れることを得たが、九月十四日、病により法成寺近くの今南殿において出家、ついで崩御した。三十四歳。同月十六日、大谷大峯寺前野において火葬し、遺骨は木幡に葬られた。　(厚谷　和雄)

ふじわらのけんし　藤原兼子　一一五五―一二二九　鎌倉時代前期の宮廷政治家。刑部卿藤原(高倉)範兼の女として久寿二年(一一五五)に生まれる。父の官名にちなんで卿局と通称され、自身の官位昇進に応じて卿典侍、卿三位、卿二位とも呼ばれた。姉の範子は後鳥羽天皇の後宮に入って為仁(土御門天皇)を生んだ源在子(承明門院)

の母である。姉妹は父の死後、叔父で範兼の養子になった範季のもとで育ち、範季が後鳥羽天皇を養育していた関係から、やがて姉妹とも後鳥羽の乳母としての地位を得た。『三長記』建久九年（一一九八）正月十一日条に土御門天皇の下級女房の一人（正六位上）として名を連ねているのが、兼子の確実な史料上の初見だが、後鳥羽院政の開始に伴って急速な官位の昇進を遂げ、正治元年（一一九九）正月典侍、その二年後には従三位に叙された。典侍となって間もない四十五歳のとき藤原宗頼と結婚、建仁三年（一二〇三）に死別するや年も改まらぬうちに藤原（大炊御門）頼実と再婚した。朝廷の重事を左右し、その威勢のほどは「権門女房」と評された（『明月記』建仁三年正月十三日条）。将軍源実朝と坊門信清の娘との婚儀を斡旋し、また建保六年（一二一八）上洛した北条政子には、実朝の後嗣として、自分の養育している冷泉宮頼仁親王を勧めるなど、対幕府政策にも常に参与したが、承久の乱後は漸次勢力を失い、寛喜元年（一二二九）八月十六日、七十五歳で没す。本宅を構えた京極殿御所の旧地、二条町家をはじめ、兼子が集積した家地・荘園・動産の類は厖大な量に及び、その多くは死に臨んで猶子修明門院重子（範季女）に譲られた。

参考文献 『大日本史料』五ノ五、寛喜元年八月十六日条、三浦周行「丹後局と卿局」（『日本史の研究』新輯二所収）、上横手雅敬「女の争い—北条政子と藤原兼子—」（笠原一男・下出積與編『中世日本の二人の主役』所収）、五味文彦「卿二位と尼二位—女人入眼—」（『お茶の水女子大学女性文化資料館報』六） （杉橋 隆夫）

ふじわらのげんし 藤原嫄子 一〇一六—三九 後朱雀天皇の中宮。式部卿敦康親王の五女。母は中務卿具平親王の女。太政大臣藤原頼通の養女となる。長和五年（一〇一六）誕生。長暦元年（一〇三七）正月七日入内。同月二十九日女御となり、正四位下となる。同年三月一日、中宮となり、禎子内親王（同年同日、中宮を皇后に改む）と二后並立となった。同二年四月、祐子内親王が生まれた。ついで、翌三年八月十九日、禖子内親王が生まれたが、同二十八日に崩御した。二十四歳。 （山中 裕）

ふじわらのこうし 藤原高子 八四二—九一〇 清和天皇女御、陽成天皇母。二条后と称される。名は「たかきこ」とも訓む。父は藤原長良、母は同総継女乙春。承和九年（八四二）生まれる。基経は同母兄。入内以前の在原業平との悲恋物語が伝わる。応天門の変直後の貞観八年（八六六）十二月女御となり、同十年貞明親王（陽成天皇）を生み、親王は翌年立太子。同十二年貞保親王を生む。同十三年従三位。元慶元年（八七七）陽成即位により皇太夫人。同二年山城国愛宕郡（京都市左京区岡崎東天王町）に東光寺を建立。同六年天皇元服に際し皇太后。寛平八年（八九六）東光寺僧善祐と密通したとして皇太后を廃される。延喜十年（九一〇）三月二十四日没。六十九歳。天慶六年（九四三）本位に復された。後宮歌壇の中心で、大和絵屏風の発達に寄与する。

藤原高子自署

参考文献 『大日本史料』一ノ四、延喜十年三月二十四日条 （山口 英男）

ふじわらのこうし 藤原媓子 九四七—七九 円融天皇の皇后。堀川中宮と称す。太政大臣藤原兼通の女、母は能子女王。天暦元年（九四七）誕生。天延元年（九七三）二月入内、四月女御、七月一日皇后。天元二年（九七九）六月三日没。年三十三。陵は山城国宇治郡木幡（京都府宇治市木幡）の宇治陵。彼女が藤原伊尹の女をおさえて入内したのは、年長の故という（『大鏡』）。また、彼女の死去は、兼通の弟の藤原兼家に幸運をもたらすであろうし、兼家の女の円融天皇女御藤原詮子の立后もあろう、との世評を生んだ（『栄花物語』）。

参考文献 『大日本史料』一ノ一七、天元二年六月三日条 （林 幹弥）

ふじわらのこうぜい 藤原行成 ⇨ふじわらのゆきなり

ふじわらのこうみょうし 藤原光明子 ⇨光明皇后《こうみょうこうごう》

ふじわらのこれかた 藤原惟方 一一二五—? 平安時代後期の公卿。天治二年（一一二五）に生まれる。父は鳥羽院の近臣民部卿藤原顕頼、母は二条天皇の乳母藤原俊子。両親の関係から美福門院に仕え、越前・丹後・遠江守を歴任した。保元の乱後には検非違使・弁官・蔵人の三事を兼帯して、藤原信西の推進する諸政策に協力した。やがて二条天皇の側近としてその即位を推進し、即位とともに蔵人頭となり天皇親政に向け動き出した。平治元年（一一五九）正月二日、従三位となる。同年、中納言藤原信頼が反信西の気運を強めるとこれと結んだ。兄光頼に続いて検非違使別当となり、信頼・源義朝が挙兵すると、同一歩調をとって

藤原惟方花押

いたが、平清盛の帰京を許した情勢をみて、信頼から離れて二条天皇を清盛の六波羅邸に移しいれ、平治の乱を乗り切った。乱後は二条天皇の側近として力を振るったが、後白河上皇の反感をかって、永暦元年（一一六〇）に長門国に流され、出家。法名寂信。仁安元年（一一六六）に召還される。歌集に『粟田口別当入道集』がある。

参考文献 五味文彦「信西政権の構造」（『平家物語 史と説話』所収）、梶原正昭「近臣と政治感覚—惟方—」（『国文学』二一ノ九） （五味 文彦）

ふじわらのこれきみ 藤原是公 七二七—八九 奈良時代の貴族。南家武智麻呂の孫、乙麻呂の子。神亀四年（七二七）生まれる。はじめ名を黒麻呂といい、天平神護元年（七六五）是公と改めた。天平宝字五年（七六一）従五

位下に叙せられ、以後累進して宝亀五年(七七四)正四位下で参議に列し、中納言・大納言を経て、延暦二年(七八三)右大臣となり、同八年九月十九日没した。ときに年六十三。右大臣従二位兼中衛大将で従一位を贈られた。時務に暁習して割断滞ることなしといわれた。女の吉子は桓武夫人として伊予親王を生んだが、大同二年(八〇七)謀反を疑われて母子ともに死去した。 (林　陸朗)

ふじわらのこれしげ　藤原惟成　?—九八九　平安時代中期の廷臣、文人。父は藤原雅材、母は同忠正女。花山天皇の乳母子で、五位蔵人・権左中弁・左衛門権佐の三事を兼帯する実務官僚として、天皇外戚の藤原義懐とともに花山朝の新政を主導した。寛和二年(九八六)六月、天皇が突然出家退位すると、政界にとどまることなく、義懐とともに即日出家した。法名悟妙、のち寂空。永祚元年(九八九)十一月没。三十七または四十七歳。歌集に『惟成弁集』がある。

参考文献　『大日本史料』二ノ一、永祚元年十一月是月条、山本信吉「花山天皇出家」(『日本と世界の歴史』七所収) (山口　英男)

ふじわらのこれただ　藤原伊尹　⇨ふじわらのこれまさ

ふじわらのこれちか　藤原伊周　九七四—一〇一〇　平安時代中期の公卿。帥内大臣・儀同三司と称す。天延二年(九七四)生まれる。父は藤原道隆、母は高階成忠女貴子。正暦元年(九九〇)道隆が祖父兼家を継いで関白となるや、右中将、蔵人頭、正四位下。同二年参議から従三位権中納言、同三年正三位権大納言、同五年叔父道長らを超えて二十一歳で内大臣に進んだ。翌長徳元年(九九五)道隆が病床につき、後任の関白就任を父子で熱望したが、勅許を得られず、同三月道隆病気中に限って内覧に任ぜられた。四月には関白なみの随身を得ることに成功。しかしその強引なやり口は一条天皇の心証を害し、同月道隆が没するや叔父道兼が関白に就任。彼が在職数日で五月に没すると、天皇生母東三条院藤原詮子の口添えもあって道長が内覧となり、のち右大臣に進んだ。この後伊周と道長の対立は深まり、仗座での二人の激烈な口論や、弟隆家と道長の従者同士の衝突・殺傷沙汰が続き、高階成忠による道長呪詛も噂された。情勢の緊迫する中、翌二年正月、藤原為光の娘に通う伊周がその妹に通う花山法皇を誤解し、隆家と相談して法皇に矢を射かけた事件が表沙汰となり、二月伊周兄弟の罪名勘申が命ぜられた。四月、法皇狙撃、東三条院呪詛、私に大元帥法を修したことを罪状として配流が決定。大宰権帥に左遷された伊周は、折から懐妊退出中の妹中宮定子の二条邸に隠れ、出家姿で配流先に送られる途中も病気と称してなかなか動かず、五月播磨国逗留を認められた。同十月母貴子と定子の見舞に俗人姿で秘かに入京、露見して大宰府に護送された。翌三年三月大赦で罪を免ぜられ、十二月入京。長保三年(一〇〇一)本位に復し、同五年従二位、寛弘五年(一〇〇八)准大臣、同六年正月正二位となるも、政治的にはもはや、無力であった。同二月東三条院呪詛事件が起き、朝参を止められたが、間もなく許された。翌七年正月二十八日没した。三十七歳。歌集『儀同三司集』の存在が知られる。

参考文献　『大日本史料』二ノ六、寛弘七年正月二十八日条、土田直鎮『王朝の貴族』(中央公論社『日本の歴史』五)、目崎徳衛「道長の前半生」(『王朝のみやび』所収)、土田直鎮「中関白家の栄光と没落」(『国文学』一二ノ七) (山口　英男)

ふじわらのこれのり　藤原惟憲　九六三—一〇三三　平安時代中期の公卿。権中納言藤原為輔の孫、駿河守惟孝の子。母は伴清廉女。応和三年(九六三)生まれる。藤原道長の家司として活躍。寛和元年(九八五)に従五位下となり、因幡守・甲斐守・近江守・播磨守・大宰大弐などの地方官を歴任し、この間左京大夫や春宮亮を帯びている。治安三年(一〇二三)に非参議のまま従三位となり、万寿元年(一〇二四)に正三位に昇叙。長元六年(一〇三三)三月二十六日に七十一歳で死去した時も非参議正三位。受領を歴任する間蓄積した財産により主家たる摂関家へ奉仕するなどし、道長の愛顧を得た。ただし地方官として悪辣な収取を行なったようで、長元二年に大弐の任を終え帰京した時の様子について当時の右大臣藤原実資は、九国二島の財物を底を払って奪取したと述べ、貪欲の人と評している(『小右記』)。典型的な受領家司であった。

参考文献　森田悌『受領』(『歴史新書』一〇)、佐藤堅一「封建的主従制の源流に関する一試論」(安田元久編『初期封建国家の研究』所収) (森田　悌)

ふじわらのこれふさ　藤原伊房　一〇三〇—九六　平安時代後期の公卿。長元三年(一〇三〇)生まれる。参議行経の子、行成の孫。母は源貞亮女。蔵人・左中弁などを経て延久四年(一〇七二)参議、のち権中納言・大宰権帥、正二位に至るが、権帥在任中に契丹との密貿易を企てたため官を止められた。能書で知られ、寛治元年(一〇八七)堀河天皇の大嘗会の屏風の筆者となった。永長元年(一〇九六)九月十六日出家、同日没。六十七歳。法名妙智院殿特進黄門真嵓寂翁行隣大居士。その確実な筆跡に「自筆請文」(『東大寺文書』のうち)があるほか、伊房筆と推定されるものが数種ある。和歌もよくし、『後拾遺和歌集』以下の勅撰集に入集している。

参考文献　『大日本史料』三ノ四、永長元年九月十六日条、春名好重「藤原伊房」(『墨美』九四) (中村　順昭)

藤原伊房花押

ふじわらのこれまさ　藤原伊尹　九二四―七二　平安時代中期の公卿、摂政。諡謙徳公。一条摂政と称す。名は「これただ」とも訓む。藤原師輔の第一子として延長二年(九二四)生まれる。母は同経邦女盛子。同母妹安子は村上天皇の中宮、冷泉・円融両天皇の母。師輔の没した天徳四年(九六〇)参議、冷泉即位の康保四年(九六七)従三位権中納言から権大納言、翌安和元年(九六八)正三位と進む。安和の変直後の同二年三月大納言となり、叔父師尹とともに陰謀の中心の一人と目される。同八月円融天皇が即位、娘の冷泉女御懐子所生の師貞親王(花山天皇)が東宮に立った。翌天禄元年(九七〇)正月右大臣、五月天皇外伯父として摂政に任じ、七月従二位、同二年十一月正二位太政大臣。当代次代の外戚として絶大な権力を握ったが、同三年八月病臥し、十一月一日四十九歳にして没す。贈正一位、三河国に封ぜらる。才学優れ、過差を好み、また好色であったという。歌集に『一条摂政御集』があり、日記『謙徳公記』の存在が知られる。

参考文献　『大日本史料』一ノ一四、天禄三年十一月一日条　（山口　英男）

ふじわらのこれみち　藤原伊通　一〇九三―一一六五　平安時代後期の公卿。俗称は大宮大相国・九条大相国。寛治七年(一〇九三)生まれる。権大納言宗通の子。母は修理大夫藤原顕季の女。蔵人頭などを経て、保安三年(一一二二)正四位下で参議に任官。右兵衛督などを兼任。大治五年(一一三〇)の除目で叔父の長実が参議在任一年半で権中納言に昇任したのに対しみずからは参議にとどまったことを不服として、辞任を申し出たが認められず、そのまま籠居して出仕しなかったために、同年十二月解任された。その後長承二年(一一三三)に至り、長実の死去に伴い権中納言として廟堂に復帰。以後保延二年(一一三六)に中納言、永治元年(一一四一)権大納言、久安六年(一一五〇)大納言、保元元年(一一五六)内大臣、同二年左大臣と順調に昇進をかさね、永暦元年(一一六〇)には太政大臣に就任し、位階も正二位に達した。永万元年(一一六五)病を得て官を辞し、ただちに出家。同年二月十五日、七十三歳で没した。『大槐秘抄』の筆者としても知られる。　（虎尾　達哉）

藤原伊通花押

藤原伊通画像(『天子摂関御影』)

ふじわらのこれゆき　藤原伊行　生没年不詳　平安時代後期の官人。定信の子。世尊寺家の第六代。女に建礼門院右京大夫がいる。官歴は不明な点が多く、保元二年(一一五七)宮内少輔で従五位上となった。能書で知られ、二条・六条両天皇の大嘗会の屏風の色紙形の筆者となり、また藤原頼長の上表の清書などをつとめた。その書論をまとめた『夜鶴庭訓抄』は日本における書論書の嚆矢とされる。古典の研究家でもあり、『源氏物語』の最古の注釈書である『源氏釈』は伊行が『源氏物語』の行間や余白に加えた注記を一巻にまとめたものである。その筆跡には永暦元年(一一六〇)書写の葦手下絵『和漢朗詠集』(京都国立博物館蔵、国宝)がある。『世尊寺家現過録』によれば安元元年(一一七五)三十八歳で没とするが、その活動時期に比べて疑問もある。　（中村　順昭）

ふじわらのさだいえ　藤原定家　一一六二―一二四一　鎌倉時代前期の歌人、歌学者、古典学者。名の、歌道での読み癖は「ていか」。藤原長家流(御子左家)。父は正三位皇太后大夫俊成、母は藤原親忠女の美福門院加賀。応保二年(一一六二)生まれる。同母兄成家のほか同胞は多い。はじめ藤原季能女、のち西園寺実宗女と結婚して嗣子為家を儲ける。仁安元年(一一六六)叙爵。安元元年(一一七五)侍従。文治五年(一一八九)から二十一年間、左近次将にとどまったが、建暦元年(一二一一)従三位、侍従(再任)。建保二年(一二一四)参議。同四年治部卿となり侍従を辞し、正三位。同六年民部卿に昇る。貞応元年(一二二二)参議を辞して従二位。安貞元年(一二二七)民部卿を辞して正二位。貞永元年(一二三二)権中納言に至ったがその年辞し、翌天福元年(一二三三)十月出家。法名明静。仁治二年(一二四一)八月二十日没。八十歳。世に京極中納言とよぶ。墓は、京都市上京区相国寺本山墓地(普広院より移す)にあるのをそれと伝える。作歌は十七歳の治承二年(一一七八)『別雷社歌合』が初見で、養和元年(一一八一)『初学百首』、翌年父の命で『堀河院題百首』を詠んで認められる。文治二年父の知己西行の勧進による『二見浦百首』でようやく新風を顕わし、同三年『殷富門院大輔百首』『閑居百首』。同じころ父の『千載和歌集』撰定にも助力し、八首入集している。文治の初め、九条家に仕えたらしいが、同五年慈円の『早率露胆百首』に和して再度速吟の百首を試み、『女御任

藤原定家画像

子(九条兼実女)入内屏風和歌』を詠む。また西行の自歌合『宮河歌合』に加判してその賛辞を受ける。建久元年(一一九〇)にも『一字百首』『一句百首』などの速吟を試みて習練に努めるほか九条良経主催の『花月百首』に参加、爾来その主宰する九条家の歌苑での活躍はめざましく、翌二年『十題百首』、同四年『歌合百首(六百番歌合)』、同七年『韻歌百二十八首和歌』を詠み、同九年には守覚法親王主催の『御室五十首』もあって新風の確立をみた。その特色は後年『近代秀歌』でみずから「余情妖艶」と呼んだもので、俊成が従来の主知的な風情(趣向)本位の歌の行詰りを克服するために提唱した姿本位の歌風をさらに推進し、詞の意味よりも意味にまつわる情調やイメージの効果を主とする一種の象徴詩的な美を追求した。そのため六条家などの旧派からは「新儀非拠の達磨歌」と非難されたが、後鳥羽院の歌壇支配の端緒となった正治二年(一二〇〇)『院初度百首』ではからずも院の知遇を得て一躍歌壇の主流に直り、その新風を布くことになる。続いて『仙洞十人歌合』、翌建仁元年(一二〇一)には『老若五十首歌合』『院第三度百首』『仙洞句題五十首』を詠み、翌二年右百首が千五百番歌合に結番されるとその判者に加えられた。同年の『三体和歌御会』『水無瀬釣殿当座六首歌合』『水無瀬殿恋十五首歌合』も注目される。建仁元年七月『新古今和歌集』撰修のため和歌所が設置されると寄人を命ぜられ、ついで撰者に列して選歌、部類に尽力するが、元久二年(一二〇五)三月の竟宴をめどに一応終功。またこの年『元久詩歌合』、翌建永元年(一二〇六)『卿相侍臣歌合』、承元元年(一二〇七)『最勝四天王院障子和歌』、同二年『住吉社歌合』に召されて詠進。同三年には鎌倉将軍源実朝に請われて歌論書『近代秀歌』を送り、余情妖艶風に頽廃を見せた歌壇を厳しく批判するとともに本歌取の手法を力説している。同四年順徳天皇が即位して中心が内裏に移ったいわゆる建保期歌壇では師範家的位置に就き、実作も建保三年『内大臣(九条道家)家百首』『内裏名所百首』、翌四年『内裏百番歌合』、同六年ごろの『道助法親王家五十首』などに本歌取、縁語・懸詞の技巧を尽くしてしかも暢達した、円熟の歌風を見せている。すでに同四年に家集『拾遺愚草』や『定家卿百番自歌合』を自撰して生涯の歌業を整理しており、『二四代集』(『定家八代抄』)の撰述も同じころである。また『明月記』によれば建保期から寛喜にかけて長連歌が定家をも巻き込んで盛行しているが、これはやがて来るべき和歌から連歌への移行の予兆といってよい。すでに後鳥羽院歌壇末期の承元ごろから院との間に疎隔が生じていたが、承久二年(一二二〇)『内裏二首御会』での作が逆鱗にふれて閉門を命ぜられたまま承久の乱を迎え、以後交渉は絶える。乱後の歌壇は昔日の俤なく、定家の作歌意慾にも衰えがみえるが、なお貞永元年『洞院摂政(九条教実)家百首』があり、同年の『石清水若宮歌合』や嘉禎三年(一二三七)『順徳院御百首』の判詞などに晩年の歌論はうかがわれる。歌論書『詠歌之大概』もこのころの作かという。貞永元年六月、後堀河天皇の下命で単独、勅撰集の撰集にあたり、十月譲位直前に奏覧、嘉禎元年三月終功する。これが『新勅撰和歌集』で、歌風は『新古今和歌集』の花に対して実と評されている。晩年ことに力を注いだのは歌学書の述作で、『秀歌大体』、『物語二百番歌合』、『毎月抄』(存疑)、『下官集』、『顕注密勘』(承久三年)、『三代集之間事』(貞応元年)、『僻案抄』(嘉禄二年(一二二六))、『定家長歌短歌之説』(貞永元年)、『小倉百人一首』(嘉禎元年)などがあり、また三代集はじめ諸私家集、『伊勢物語』『源氏物語』『土左日記』『更級日記』などの古典を書写校勘して証本を作り、後代に伝えた功績は計り知れない。ほかに日記・古記録の書写、有職に関する撰述もあり、浩瀚な日記『明月記』を残している。晩年の定家が占めた歌壇での指導的位置は嫡子為家によって維持されたが、その後も江戸時代まで二条・冷泉両家ないしは両派の師範家的活動があって、定家はその大宗として尊崇され続ける。最も影響したのは『新勅撰和歌集』の定家、すなわち「実」と評された端麗な歌風で、特に二条派では俊成撰の『千載和歌集』、為家撰の『続後撰和歌集』を併せて「家の三代集」と呼び規範とした。しかし他方究極の歌風となれば『新古今和歌集』の定家という理解も冷泉派といわず根強いものがある。したがって定家の歌論も貴重され、やがて鎌倉時代末から室町時代初めにかけて『未来記』、『雨中吟』、『定家十体』(存疑)、『愚見抄』、『愚秘抄』、『三五記』、『桐火桶』などの仮託書が簇出するに至ったが、真作と信じられて大きな影響を遺したものも少なくない。和歌のみならず書風も江戸時代に入ると「定家様(流)」と呼ばれ、和様書道の一として確立された。

藤原定家花押

藤原定家墓

[参考文献] 『大日本史料』五ノ一三、仁治二年八月二十日条、『私家集大成』四、久保田淳『訳注藤原定家全歌集』、久松潜一校注『歌論集能楽論集』(『日本古典文学大系』六五)、藤平春男校注『歌論集』(『日本古典文学全集』五〇)、石田吉貞『藤原定家の研究』、藤平

春男『新古今歌風の形成』、田中裕『中世文学論研究』、久保田淳『藤原定家』(『王朝の歌人』九)、村山修一『藤原定家』(『人物叢書』九五)　(田中　裕)

ふじわらのさだかた　藤原定方　八七三―九三二　平安時代の公卿。三条右大臣と称される。父は藤原高藤、母は宮道弥益の女。貞観十五年(八七三)に生まれる。寛平四年(八九二)内舎人、同八年正月従五位下に叙位。右近衛少将・右近衛権中将などを経て、延喜九年(九〇九)四月参議となる。同十三年正月中納言・従三位、同十九年九月には右近衛大将を兼ね、同二十年正月大納言に進んだ。延長元年(九二三)四月には、東宮傅となり、同二年正月には右大臣に昇った。同四年正月従二位に叙位され、同八年十二月左近衛大将も兼ねた。承平二年(九三二)八月四日、右大臣従二位兼左近衛大将で没す。六十歳。十一日従一位を追贈された。京都市山科区勧修寺南谷町に墓がある。歌人としても聞え、宇多・醍醐両天皇の時代の宮廷歌壇に影響を与え、紀貫之らの庇護者としても知られる。家集に『三条右大臣集』があり、作歌は『古今和歌集』以下の勅撰集に入集している。

〔参考文献〕『大日本史料』一ノ六、承平二年八月四日条　(加藤　友康)

藤原貞敏自署

ふじわらのさだとし　藤原貞敏　八〇七―六七　平安時代前期の雅楽家。雅楽の日本への移入と国風化に寄与した。琵琶の祖。大同二年(八〇七)に生まれる。刑部卿従三位藤原継彦の第六子。承和二年(八三五)美作掾となり、同年十月十九日遣唐准判官を兼任。同五年唐に至り、琵琶の名手劉二郎(一説に廉承武)について「流泉」「啄木」「楊真操」の秘曲を学ぶ。楽譜数十巻と紫壇紫藤製の琵琶二面(玄上《げんじょう》・青山《せいざん》の名器)を贈られ、同六年八月に帰国。同年十月一日仁明天皇・群臣の前で琵琶を演奏した。昇進して三河介・主殿助・雅楽助・雅楽頭・備前介・掃部頭を経て貞観六年(八六四)備中介となる。従五位上。伝授された時の琵琶譜『琵琶諸調子品』が宮内庁書陵部に伝存する(複製本『琵琶譜』がある)。貞観九年十月四日、六十一歳で没した。　(蒲生美津子)

ふじわらのさだのぶ　藤原定信　一〇八八―?　平安時代後期の官人。寛治二年(一〇八八)生まれる。定実の子、伊房の孫。母は源基綱女。世尊寺家の第五代。官歴は未詳の部分が多く、正五位下宮内大輔に終ったらしい。能書で知られ、康治元年(一一四二)近衛天皇の大嘗会に屏風の色紙形を書いたのをはじめ、種々の書き役となった。また二十三年間をかけて独力で一切経五千余巻を書写し、仁平元年(一一五一)十月七日これを完成して春日神社に供養し、三日後に多武峯で出家した。時に六十四歳。法名生光。没年不詳。その筆跡の伝存するものは和漢朗詠集切・戸隠切法華経など比較的多く、小野道風の屏風土代(御物)、藤原行成の「白氏詩巻」(東京国立博物館蔵、国宝)に加えた跋もある。　(中村　順昭)

ふじわらのさだより　藤原定頼　九九五―一〇四五　平安時代中期の歌人。四条中納言と呼ばれる。長徳元年(九九五)出生。家系は藤原北家小野宮流。曾祖父実頼、祖父頼忠は摂政や関白を勤め、太政大臣に至った。父は、才名を謳われた権大納言公任。母は、村上天皇皇子昭平親王女。右中弁、蔵人頭、参議を経て、正二位権中納言に至り、兵部卿を兼ねたが、寛徳元年(一〇四四)、病気のため致仕し、出家した。歌人としては、中古三十六歌仙の一人に数えられ、長元八年(一〇三五)五月十六日の賀陽院水閣歌合に出詠し、『後拾遺集』以下の勅撰集に四十六首入集、家集の『定頼集』を残している。管絃に長じ、読経に優れ、能書の評判も高い。やや軽薄な風流才子で、女流歌人の大弐三位や相模と親しく、小式部内侍に戯言したところ、即座に、「大江山幾野の道の遠ければまだふみも見ず天の橋立」(『百人一首』など)と詠み返され、返答に窮した話はよく知られる。寛徳二年正月十九日没。享年は五十一。

〔参考文献〕森本元子『私家集の研究』、同『定頼集全釈』、森本真奈美「定頼とその家族」(『相模国文』一二)、近藤みゆき『古代後期和歌文学の研究』　(小町谷照彦)

ふじわらのさねかた　藤原実方　?―九九八　平安時代の官人、歌人。北家左大臣師尹孫、従五位上侍従定時(貞時)男。母は左大臣源雅信女。幼くして父を失い、叔父左大将済時の養子となり、済時室の母、延光北の方に養育される。天禄三年(九七二)任左近将監、翌年従五位下。以後、侍従・左兵衛権佐・左近少将・右馬頭・右近衛中将・左近衛中将を歴任。長徳元年(九九五)正四位下陸奥守、同四年十二月任地で没。舞や和歌に優れた風流人で、藤原公任や清少納言らと交遊があった。『小右記』や『権記』に記されるほど、儀式の言動には先例にこだわらない奔放な性格である。辺地で客死という数奇な晩年であるため、多くのエピソードを生む。陸奥国赴任は藤原行成との口論が原因とするのも、その一つである。中古三十六歌仙の一人で、『実方朝臣集』があり、『拾遺和歌集』以下の勅撰集に六十七首入集している。

〔参考文献〕『大日本史料』二ノ三、長徳四年十二月是月条、岸上慎二「藤原実方について」(『和歌文学研究』一二)、福田幸子「藤原実方考」(『文学論藻』三九)、山口恵理子「藤原実方―その陸奥下向をめぐって―」(『国文目白』一七)、同「藤原実方―その実像―交友関係の側面から」一(同一九)、増淵勝一「藤原実方伝考」一(『並木の里』一七)、石飛力「藤原実方小考」(『東洋大学短期大学論集』日本文学篇一九)、岡嶌偉久子「実方陸奥下り考」(『甲南女子大学大学院論叢』四)、

相賀敬子「藤原実方―その説話をめぐって―」(『常葉国文』五)、金沢規雄「藤原実方研究―陸奥守就任をめぐって―」(『宮城教育大学国語国文』一二)、北村杏子「小右記における藤原実方をめぐって」(『平安文学研究』六三)、同「藤原実方雑考」(『青山学院女子短期大学紀要』三三)、高島康子「陸奥の実方―その伝説の原形と変貌―」(『国学院大学大学院紀要』七)
(山口　博)

ふじわらのさねかつ　藤原実雄　⇨洞院実雄《とういんさねかつ》

ふじわらのさねすえ　藤原実季　一〇三五―九一　平安時代の公卿。権中納言藤原公成の男。母は淡路守藤原定佐の女。没年から逆算すると、長元八年(一〇三五)の誕生となる。永承元年(一〇四六)従五位下に叙されて以来、侍従・近衛中将を経て蔵人頭に補され、延久四年(一〇七二)参議に昇った。ついで白河天皇の即位後は、天皇の外舅として官位の昇進も目覚しく、顕職を歴任して正二位大納言に達し、按察使を兼ねたので、按察大納言と称された。また天皇の譲位後は院別当の上首となり、院内外に勢威をふるったが、寛治五年(一〇九一)十二月二十四日、にわかに病を発して頓滅した。五十七歳。白河上皇はこれを悼んで、同夜の院御仏名を取り止め、新年の院拝礼以下も停止したが、世人も「良臣国を去る」(原漢文、『為房卿記』)とその急死を惜しんだ。
参考文献　『大日本史料』三ノ二、寛治五年十二月二十四日条
(橋本　義彦)

ふじわらのさねすけ　藤原実資　九五七―一〇四六　平安時代中期の公卿。幼名大学丸(存疑)。号後小野宮。賢人右府。天徳元年(九五七)生まれる。参議藤原斉敏の四男。母は播磨守藤原尹文女。祖父藤原実頼の養子となる。安和二年(九六九)従五位下、円融朝天元四年(九八一)から一条朝初期まで蔵人頭を勤め、永祚元年(九八九)二月参議、以後、左兵衛督・右衛門督・中納言などを経て、長保三年(一〇〇一)権大納言兼右近衛大将、後一条朝治安元年(一〇二一)右大臣、後冷泉朝永承元年(一〇四六)正月十八日出家して即日没。九十歳。極官位右大臣従一位。養父実頼から富裕な財産や記録文書を譲られ、先例故実の豊富な知識、官人としての気骨、小野宮家の本流意識などにより、実頼弟藤原師輔の九条家流である権勢家藤原道長の唯一の批判者となる。長保元年道長女彰子入内の際、道長から依頼の屏風和歌詠進を拒否したり、長和元年(一〇一二)女御娍子の立后の儀式を道長の威圧を恐れずに執行して三条天皇の信頼を得ている。また彰子を賢后と呼び、彰子の信任を受け、寛仁二年(一〇一八)道長の著名な「望月の和歌」の披露の引立役をするなど、単なる対立者の位置ではない。実子は不明な点もあるが、天台僧良円、兼頼室となる千古(養子資平女説もあり)、ほか一女(母源惟正女)の一男二女。資産の大部分を千古に譲るほか、養子資平(兄懐平男)と良円に一部を分けている。道長より九歳年長で、万寿四年(一〇二七)七十一歳の時道長が没し、その子頼通五十五歳の時に没した。藤原摂関時代全盛時に生き、その世相を克明に記した日記『小右記』を遺している。また『小野宮年中行事』がある。
参考文献　赤木志津子『摂関家の諸相』、桃裕行「忌日考」(『桃裕行著作集』四所収)
(平林　盛得)

ふじわらのさねつな　藤原実綱　一〇一三―八二　平安時代中期の文人。長和二年(一〇一三)正月生まれる。父は資業で、母は備後守藤原師長の女。東宮学士・大学頭などを経て、康平六年(一〇六三)式部大輔に至り、その間、但馬・美作・伊予・備中の国司を歴任した。作品は『本朝続文粋』の八篇その他多くないが、天喜四年(一〇五六)の『殿上詩合』の撰者を務め、延久四年(一〇七二)の大極殿修復の宴には詩序を作製して、その功により昇殿を許されるなど、日野流を継承発展させた文人として、当代の評価は高い。歌人としても『後拾遺和歌集』などに三首入集する。永保二年(一〇八二)三月二十三日没。七十歳。
(篠原　昭二)

ふじわらのさねとお　藤原実遠　?―一〇六二　平安時代中期、十一世紀前半の下級官人。左馬允。伊賀国名張郡に所領を有した私領主として有名。父清廉。天喜四年(一〇五六)二月二十三日散位藤原実遠所領譲状案(『東南院文書』)で所領を養子藤原信良に譲っている。実遠は康平五年(一〇六二)四月十日に没したので、養子信良は同六年二月十六日に、譲与の安堵を申請している(『東大寺文書』)。寛治二年(一〇八八)六月十九日東大寺領伊賀国名張郡定使懸光国解案(内閣文庫蔵『伊賀国古文書』)に、実遠は伊賀国の猛者で、諸郡に実遠の所領があり、郡々に田屋を立て、佃を宛て作っており、国内の人民は皆実遠の従者として服仕したので、加地子を取らなかったという古老の話がみられる。天喜四年の所領譲状に、伊賀国内に広がる実遠の所領がみられる。石母田正が『中世的世界の形成』で典型的な私営田領主と位置づけて以来、注目されるようになったが、その性格付けには異論が多い。『今昔物語集』にみられる「猫恐ノ大夫」藤原清廉は藤原実遠の父。実遠の所領の多くは父清廉から譲られたものと見られる。

藤原実遠花押

参考文献　黒田日出男「私営田領主藤原実遠と「猪鹿の立庭」」(『日本中世開発史の研究』所収)
(中野　栄夫)

ふじわらのさねのり　藤原実範　生没年不詳　平安時代中期の漢詩人。父は四位但馬守能通で母は藤原元尹の女。蔵人式部丞を経て、文章博士・大学頭に任じたが、康平五年(一〇六二)十月、病のため辞任。作品は『本朝無題詩』の十五篇および『本朝続文粋』の九篇などが主なものであるが、子の成季・季綱以下の子孫が南家流の家学を形成したので、その始祖として仰がれる。また、熱田大宮司流も子の季兼より始まる。父の能通は受領を歴任

し、絵師良親に屏風二百帖を描かせたことがあるが、実範は伝えた唐絵屏風を高階成章に売却したという説話が『古今著聞集』一一にある。康平五年十月以後まもなく死去したか。（篠原　昭二）

ふじわらのさねふさ　藤原実房　⇩三条実房《さんじょうさねふさ》

ふじわらのさねまさ　藤原実政　一〇一九—九三　平安時代中期の漢文学者。寛仁三年（一〇一九）生まれる。父は式部大輔資業で、母は加賀守源重文の女。十七歳で穀倉院学問料を支給され、文章道を歩んで、後三条・白河天皇二代の侍読を務めた。延久四年（一〇七二）には抜擢されて左中弁に任じ、承暦四年（一〇八〇）参議になった。応徳元年（一〇八四）大宰大弐に転じたが、寛治元年（一〇八七）宇佐八幡宮と争い、翌年十一月伊豆に流され、そのまま配所で同七年二月十八日死去。七十五歳。作品は少ないが、後三条天皇との交情をめぐる説話は『今鏡』などで有名である。

参考文献　『大日本史料』三ノ二、寛治七年二月十八日条　（篠原　昭二）

ふじわらのさねゆき　藤原実行　一〇八〇—一一六二　平安時代後期の公卿。通称は八条太政大臣。承暦四年（一〇八〇）生まれる。権大納言公実の子。母は美濃守藤原基貞の女。中納言実隆の弟。内大臣公教の父。蔵人頭などを経て永久三年（一一一五）、正四位下で参議に任官。以後、昇進をかさねて久安六年（一一五〇）には太政大臣に就任。位階も従一位に達した。保元二年（一一五七）辞任後、永暦元年（一一六〇）出家。法名は蓮覚。応保二年（一一六二）七月二十八日、八十三歳で没した。八条北万里小路西に邸宅があったという。なお、天永二年（一一一一）から天治元年（一一二四）までの日記として『高野御幸記』（『実行公記』）が伝わる。（虎尾　達哉）

藤原実行画像（『天子摂関御影』）

藤原実行花押

ふじわらのさねよし　藤原実能　一〇九六—一一五七　平安時代後期の公卿。通称は徳大寺左大臣。永長元年（一〇九六）生まれる。大納言公実の子。母は藤原隆方の女で、堀河・鳥羽両天皇の乳母、光子。権中納言通季の弟。右大臣公能の父。保安二年（一一二一）、正四位下より従三位に叙せられ、翌三年権中納言に任官して廟堂に列した。以後、権大納言・大納言・内大臣と昇進をかさね、保元元年（一一五六）には左大臣に就任。その間左兵衛督・右衛門督・左右近衛大将などを兼任。位階も同二年には従一位に達した。また久安三年（一一四七）には徳大寺を建立。清華家の一たる徳大寺家の称呼はこれによる。保元二年五月二度にわたって辞任を請うも容れられず、七月病を理由に出家。法名真理。九月二日、仁和寺小堂において没。年六十二。なお、保延三年（一一三七）時の日記が『実能記』として伝わる。また、『金葉和歌集』以下の勅撰和歌集に作歌が収められている。（虎尾　達哉）

藤原実能画像（『天子摂関御影』）

藤原実能花押

ふじわらのさねより　藤原実頼　九〇〇—七〇　平安時代中期の公卿。小野宮殿、小野宮のおとどとも称された。藤原忠平の長男。母は宇多天皇の女源順子。昌泰三年（九〇〇）生まれる。藤原時平の女との間に敦敏・頼忠・斉敏を儲ける。女には朱雀院女御の慶子、村上天皇女御の述子がいる。斉敏の子実資を養子として四男とする。延喜十五年（九一五）従五位下に叙せられ、承平元年（九三一）参議、同四年従二位中納言、天慶二年（九三九）大納言、同七年右大臣、同九年従二位、天暦元年（九四七）左大臣。同三年に父関白太政大臣忠平没後は政務の中心となるが、同四年、弟の右大臣師輔の女の村上天皇女御安子（中宮）の生んだ憲平親王が皇太子となり、以後師輔が権勢をふるった。同八年正二位、康保元年（九六四）従一位、同四年六月冷泉天皇の受禅により関白、十二月太政大臣、安和二年（九六九）円融天皇の受禅により摂政。天禄元年（九七〇）五月十八日没。七十一歳。没後、贈正一位、清慎公と諡され、尾張国に封じられる。邸宅（小野宮）・所領はのちに実資に伝領された。朝廷の公事・儀式の小野宮流の祖。日記『清慎公記』（『水心記』『小野宮殿記』なども称される）は散逸したが、儀式書・部類記などに多数の逸文が伝えられ

る。歌人でもあり、家集『清慎公集』があり、勅撰集にも多数入集。箏・笙などの管弦名人。

参考文献 『大日本史料』一ノ一三、天禄元年五月十八日条、和歌史研究会編『私家集大成』一

（石上 英一）

ふじわらのさり 藤原佐理 ⇨ふじわらのすけまさ

ふじわらのしげいえ 藤原重家 一一二八―八〇 平安時代後期の公卿歌人。『詞花和歌集』撰者顕輔の男。清輔の弟、季経の兄。母は家女房。大治三年（一一二八）生まれる。幼名は光輔。叙爵後、重家と改名。長承三年（一一三四）蔵人、爾後諸国司などを歴任。応保二年（一一六二）中傷によって除籍されたが、長寛二年（一一六四）還昇。以後も刑部卿・中宮亮などを経て、嘉応二年（一一七〇）正月には従三位。三船の才を兼ねて、要路に如才なく奉仕、父顕輔よりも早い昇進で、六条藤家の名誉を守った。その後も大宰大弐に任ぜられたが、安元二年（一一七六）出家。法名は蓮家（『玉葉』）あるいは蓮寂（『和歌色葉』）。やがて治承四年（一一八〇）十二月二十一日没。

藤原重家画像

藤原重家花押

五十三歳。久安三年（一一四七）から治承三年まで、約二十八回の歌合に出詠。自邸で催した歌合も二度あるが、そのうち仁安元年（一一六六）の歌合では、家兄清輔のライバル藤原顕広（俊成）を判者に迎えている。また治承三年九月の右大臣家歌合では重家が判者になっている。その家集『重家集』は平治元年（一一五九）ころからの詠草を年代順に編集したもので、当時の歌壇事実を検証するのに便である。勅撰集に採られた重家の歌は『千載和歌集』以下に三十首。『歌仙落書』では「風体面白きさま」と、その知的構成のたくみさが認められ、『治承三十六人歌合』ではその名が巻軸にずしりと据えられている。

参考文献 谷山茂・樋口芳麻呂編『（未刊）中古私家集』二（『古典文庫』）、井上宗雄「六条藤家の人々」（『平安後期歌人伝の研究（増補版）』所収）、谷山茂「歌合における六条家の人々」（『谷山茂著作集』四所収）

（谷山 茂）

ふじわらのしし 藤原忯子 九六九―八五 花山天皇の女御。弘徽殿女御と称す。安和二年（九六九）生まれる。父は花山朝の大納言藤原為光、母は同敦敏女。永観二年（九八四）十月入内、翌月女御。花山後宮には関白藤原頼忠・権大納言藤原朝光らも娘を入内させたが、忯子が寵愛をもっぱらにしたという。懐妊後、悪阻から病臥し、翌寛和元年（九八五）七月十八日没。十七歳。贈従四位上。天皇はその死を深く悲しみ、これが翌二年六月、突然の出家退位を引きおこす背景となった。

参考文献 『大日本史料』一ノ二三、寛和元年七月十八日条

（山口 英男）

ふじわらのじゅうし 藤原重子 ⇨修明門院《しゅめいもんいん》

ふじわらのしゅんし 藤原竴子 ⇨藻璧門院《そうへきもんいん》

ふじわらのじゅんし 藤原順子 八〇九―七一 仁明天皇の女御。藤原冬嗣の女。母は藤原真作の女尚侍美都子。五条后と称せられる。大同四年（八〇九）生まれる。皇太子正良親王（仁明）の室に入り、天長四年（八二七）八月、十九歳で皇子道康（文徳）を生んだ。同十年、仁明天皇の即位とともに女御となり、従四位下に叙された。承和九年（八四二）八月、皇太子恒貞親王の廃太子により、所生の道康親王が仁明天皇の皇太子に立った（承和の変）。同十一年正月従三位、嘉祥三年（八五〇）四月、文徳天皇の即位とともに皇太夫人となり、東五条院に移った。斉衡元年（八五四）四月皇太后となったが、清和天皇即位後の貞観三年（八六一）二月出家、同六年正月太皇太后、同十三年九月二十八日崩御した。六十三歳。十月五日、後山階陵に葬られた。嘉祥元年に安祥寺を建立するなど、仏教に帰依すること篤く、五条宮において東大寺戒壇諸僧より大乗戒を受け、また天台座主円仁より菩薩戒を受けたことなどが伝えられる。

（厚谷 和雄）

後山階陵《のちのやましなのみささぎ》 京都市山科区御陵沢ノ川町にある。形状は円墳。『三代実録』に太皇太后が崩御して山城国宇治郡後山階山陵に葬ったとある。『延喜式』諸陵寮には遠陵に列し、仮陵戸五烟とあるが、兆域の記載はない。ここは順子御願による安祥寺の近くである。

参考文献 上野竹次郎『山陵』上

（飯倉 晴武）

ふじわらのじゅんし 藤原遵子 九五七―一〇一七 円融天皇の皇后。父は太政大臣藤原頼忠、母は正三位厳子女王。天徳元年（九五七）生まれる。天元元年（九七八）四月入内、五月女御、五年三月皇后となり、中宮を称した。居所により四条中宮などと呼ばれた。長徳三年（九九七）出家、長保二年（一〇〇〇）皇太后、長和元年（一〇一二）太皇太后。寛仁元年（一〇一七）六月一日死去。年六十一。子がなかったので「素腹の后」の異名がある。彼女の立后は、女御藤原詮子の父藤原兼家の憂憤を招いた、という。彼女は「いみじき有心者・有識」といわれ（『大鏡』）、深く仏道に帰依し、法会を厳修し、僧侶に対する供養を

怠らず、源信の托鉢にあたっては、美しい器を用いて供養した話が伝えられている(同)。般若寺(奈良市般若寺町)に葬られ、のち宇治陵(京都府宇治市木幡)に改葬された。

参考文献 『大日本史料』二ノ一一、寛仁元年六月一日条　(林　幹弥)

ふじわらのしゅんぜい　藤原俊成　⇨ふじわらのとしなり

ふじわらのしょうし　藤原彰子　⇨上東門院《じょうとうもんいん》

ふじわらのしょうし　藤原璋子　⇨待賢門院《たいけんもんいん》

ふじわらのしょくし　藤原殖子　⇨七条院《しちじょういん》

ふじわらのすえつな　藤原季綱　生没年不詳　平安時代の漢詩人。父は文章博士実範で、母は高階業敏の女。文章生・検非違使・少納言・備前守・越後守などを経て、大学頭に至る。作品は『本朝無題詩』の十六篇をはじめ、『殿上詩合』『中右記部類紙背漢詩集』『和漢兼作集』などに残る。『本朝続文粋』の「陰車讃」は、大江朝綱や藤原明衡の戯詩の伝統を継ぐ。著述に『季綱切韻』『季綱往来』『使庁日記』などがあったことが知られる。生没は未詳であるが、天喜四年(一〇五六)には殿上詩合に文章生として出席し、承徳三年(康和元、一〇九九)の作品が『朝野群載』一七にあり、『中右記』康和四年(一一〇二)九月十一日条は「故季綱」と記す。なお『本朝書籍目録』は季綱を『本朝続文粋』の撰者とするが、所収作品の傾向から否定されている。　(篠原　昭二)

ふじわらのすえなか　藤原季仲　一〇四六―一一一九　平安時代後期の公卿。権中納言藤原経季の次男。母は備後守藤原邦恒の女。没年から逆算すると、永承元年(一〇四六)の誕生となる。康平元年(一〇五八)従五位下に叙されて以来、少納言・右少弁・左少弁・左中弁などを歴任、蔵人頭に補され、嘉保元年(一〇九四)参議に昇り、左大弁を兼ねた。ついで権中納言に進み、正二位に昇り、大宰権帥を兼ねて赴任したが、長治二年(一一〇五)日吉社の訴えによって解官され、周防国に配流、さらに常陸国に移され、元永二年(一一一九)六月一日、七十四歳をもって配所に没した。訃報に接した藤原宗忠は、「才智あり、文章あり、惜しむべし、哀れむべし、ただ心性直ならず、遂にその殃に逢ふか」(原漢文、『中右記』)と評している。顔色が黒かったので「黒帥」とあだ名され、その日記も『玄記』と名付けられた。

藤原季仲花押

参考文献 『大日本史料』三ノ二二、元永二年六月一日条　(橋本　義彦)

ふじわらのすえのり　藤原季範　⇨熱田大宮司季範《あつただいぐうじすえのり》

ふじわらのすがね　藤原菅根　八五六―九〇八　平安時代前期の文人、政治家。字は右生。斉衡三年(八五六)生まれる。右兵衛督良尚の子。母は菅野高年の娘。文章生出身、因幡掾・少内記を経て、寛平五年(八九三)敦仁親王(醍醐天皇)立太子とともに菅原道真の後任として春宮侍読を勤めた。その功を認めた菅原道真は、彼に従五位上を授けられることを上奏し、文中にその人柄の無私にして経史文に通じ、春宮に『曲礼』『論語』『後漢書』などをよく口授したと述べている。同九年醍醐天皇即位とともに昇殿、勘解由次官・式部少輔を経て、昌泰二年(八九九)文章博士、その五月には『史記』を進講し、翌年蔵人頭に至った。しかし延喜元年(九〇一)正月二十五日の道真の左遷に際しては、蔵人頭兼左少将という職責もあってか、大恩のある道真を裏切って、藤原時平一味に加わり、醍醐天皇を諫止しようとした宇多上皇を阻止した(その一因は、かつて殿上の御遊の折、道真に頰を打たれたのを恨んだためとも伝えられる)。その形だけの処罰のしるしに翌日大宰大弐に貶されたが、一ヵ月後には蔵人頭に復職した。その後春宮亮・式部大輔などを歴任、延喜八年従四位上参議に至り、同年十月七日(十七日とも)死去した。五十三歳。雷神と化した道真の祟りとも伝えられる。篤学の人で、起家の儒者として当時知られており、『延喜格』の編纂にも加わっている。現存する漢詩は二首、ともに『雑言奉和』に収められ、一つは光孝天皇のときの内裏詩会の応製詩、一つは左大臣時平の城南水石亭の詩会での献詠である。

参考文献 『大日本史料』一ノ三、延喜八年十月七日条、同一ノ二、延喜元年正月二十五日条、所功「菅原道真の配流」(太宰府天満宮文化研究所編『菅原道真と太宰府天満宮』上所収)　(今井　源衛)

ふじわらのすくなまろ　藤原宿奈麻呂　⇨藤原良継《ふじわらのよしつぐ》

ふじわらのすけなり　藤原資業　九八八―一〇七〇　平安時代中期の公卿。日野三位とも称された。父は藤原有国、母は三位徳子(橘仲遠女で一条天皇の乳母)。永延二年(九八八)生まれる。右少弁、東宮学士などを経て、長和二年(一〇一三)従五位上に叙せられ、さらに蔵人、左衛門権佐、文章博士、丹波守などを歴任した。治安元年(一〇二一)勘解由長官、同三年式部大輔を兼任し、また播磨守や伊予守なども務めた。寛徳二年(一〇四五)非参議で従三位に叙せられ、永承元年(一〇四六)式部大輔に再任された。同六年に出家して法名を素舜と号し、日野(京都市伏見区)の山荘に隠居して法界寺薬師堂を建立した。延久二年(一〇七〇)九月二十四日(『尊卑分脈』。『公卿補任』では八月二十四日)、八十三歳で没した。　(田代　脩)

ふじわらのすけふさ　藤原資房　一〇〇七―五七　平安時代中期の公卿。寛弘四年(一〇〇七)生まれ。藤原実資の養子藤原資平の長男。母は藤原知章女。母方から菅原道真の血を承けている。小野宮家の嫡流として、長暦二年(一〇三八)三十二歳で蔵人頭、長久三年(一〇四二)三十六歳で参議、寛徳元年(一〇四四)三十八歳で従三位と、実資の存命中は順調に官位が進んだが、その後は春宮権

大夫としてのち後三条天皇と結びつき摂関家と対立する立場に立ったために不遇であった。神経質でかつ病弱であり、天喜五年(一〇五七)正月二十四日、正三位参議春宮権大夫として五十一歳で没した。日記『春記』が伝存する。

参考文献 桃裕行「春記」(『桃裕行著作集』五所収)、『春記』解題(『(増補)史料大成』七) (龍福 義友)

ふじわらのすけまさ 藤原佐理 九四四—九八 平安時代中期の公卿。名は「さり」とも読みならわす。天慶七年(九四四)生まれる。左少将敦敏の子、実頼の孫。母は参議藤原元名の女。四歳の時に父を失い、祖父実頼に養育され、蔵人・左中弁などを経て、天元元年(九七八)参議となる。その後、讃岐などの国司を歴任し、大宰大弐となるが、正暦五年(九九四)宇佐八幡宮の神人と闘乱し、翌年大弐の職を止められて京に召還された。長徳三年(九九七)再び朝参を許されるが、翌四年七月、正三位兵部卿で没した。五十五歳。早くより能書で知られ、当時の第一人者として円融・花山・一条の三代の天皇の大嘗会の悠紀《ゆき》・主基《すき》屏風の色紙形の筆者となり、また内裏の額を書くなどの活躍が伝えられ、その筆跡は「佐蹟」と称され、小野道風の「野蹟」、藤原行成の「権蹟」とともに「三蹟」といわれる。その確かな遺品には「詩懐紙」(香川県歴史博物館蔵、国宝)、書状の「離洛帖」(畠山記念館蔵、国宝)などがある。

参考文献 『大日本史料』二ノ三、長徳四年七月是月条、春名好重『藤原佐理』(『人物叢書』五八)、小松茂美『平安朝伝来の白氏文集と三蹟の研究』 (中村 順昭)

藤原佐理花押

ふじわらのすけゆき 藤原相如 ?—九九五 平安時代中期の歌人。内蔵頭相信の男。母は和泉守藤原俊連の女。敦忠の孫。女婿に歌人源兼澄がいる。蔵人を経て正五位下、出雲守となり、長徳元年(九九五)五月二十九日没す。作品は『後十五番歌合』、『栄花物語』見はてぬ夢、『十訓抄』六などにみえる。藤原道信・清原元輔・大中臣能宣などとも交遊がある。家集に『相如集』がある。『詞花和歌集』以下に七首入集。

参考文献 『大日本史料』二ノ二、長徳元年五月二十九日条 (島田 良二)

ふじわらのすけよ 藤原佐世 八四七—九七 平安時代前期の儒学者。佐世は「すけつぎ」ともよむ。従五位下民部大輔菅雄の男。母は伴氏。式部卿宇合の裔。承和十四年(八四七)生まれる。菅原是善の門に学び、文章得業生に挙げられ、貞観十四年(八七二)越前大掾従七位下で渤海国使接待の任にあたった。同十六年対策及第、民部少丞を経て、元慶元年(八七七)従五位下に叙せられ、同三年には陽成天皇の都講として『御注孝経』を講じた。藤原基経の家司として、同八年大学頭、仁和二年(八八六)式部少輔となる。同三年基経の関白辞退の表に対する宇多天皇の勅答文中の「宜しく阿衡の任を以て卿の任となすべし」(原漢文)の「阿衡」の一語が、閑職の意であると論難し、学儒の議論を政治にからませた「阿衡の紛議」を起した。そのためか寛平三年(八九一)陸奥守兼大蔵権大輔に遷せられ、のち従四位下右大弁に任ぜられ、同九年秋任国より帰京の途次に没した。五十一歳。多賀城において『古今集注孝経』を撰した。また、『日本国見在書目録』を撰し、当時日本にあった漢籍の目録を今日にのこした。同書は『旧唐書』芸文志に先んずること四十年、現存室生寺本でも巻数一万五千五百十六巻を著録する。

参考文献 『大日本史料』一ノ二、寛平九年是秋条、『政事要略』三〇、川口久雄「日本国見在書目録編修とその特色」(『三訂平安朝日本漢文学史の研究』上所収) (川口 久雄)

ふじわらのすみとも 藤原純友 ?—九四一 平安時代中期の地方官人。北家長良の孫良範の男。伊予前司高橋友久の子で、良範の養子となったとする説もある。伊予掾を勤め、在地に勢力を持ったが、天慶二年(九三九)、関東での平将門の反乱とほぼ同時に、守紀淑人の制止をふり切り、配下の海民の船団を従えて瀬戸内海で反乱をおこした。翌三年二月、朝廷は純友に従五位下を授け、懐柔の政策をとったが、純友は各地の国府などを襲撃した。同年平将門の乱が平定されると翌四年二月、朝廷は本格的な征討にのりだし、同月、伊予の純友の本拠地を襲い、純友に大きな打撃を与えた。五月、純友は大宰府を襲ったが、同月二十日、博多津の決戦に敗れ、伊予に逃げ帰ったところを、六月二十日、警固使橘遠保のために討たれた。

参考文献 『大日本史料』一ノ七、天慶四年六月二十日条、林陸朗『古代末期の反乱』(『歴史新書』三)、松原弘宣『藤原純友』(『人物叢書』二二〇)、小林昌二「藤原純友の乱」(『古代の地方史』二所収)、同「藤原純友の乱再論」(『日本歴史』四九九)、下向井竜彦「警固使藤原純友」(『芸備地方史研究』一三三)、同「「藤原純友の乱」再検討のための一史料」(『日本歴史』四九五)、福田豊彦「藤原純友とその乱」(同四七一) (笹山 晴生)

ふじわらのせいし 藤原生子 一〇一四—六八 後朱雀天皇の女御。長和三年(一〇一四)八月生まれる。関白藤原教通の長女。母は藤原公任の女。寛仁二年(一〇一八)十一月袴着。御匣殿別当となる。長暦三年(一〇三九)十二月二十一日入内、閏十二月女御となる。ついで正五位下になり、寛徳元年(一〇四四)正月従三位。後朱雀天皇

は、后に立てようとしたが、果たせず、寛徳二年正月、病が重くなるにつき、内裏を退出した。『栄花物語』根あはせには、この際天皇は、生子立后のことをめぐり、寵愛のあまり夢を見たとある。天皇崩御後、永承元年(一〇四六)十月、正二位に進み、同五年三月従一位となった。天喜元年(一〇五三)三月、尼となる。治暦四年(一〇六八)八月二十一日薨ず。年五十五。梅壺女御・弘徽殿女御という。墓は宇治墓にある。 (山中 裕)

ふじわらのせいし　藤原娍子　九七二―一〇二五　三条天皇の皇后。藤原済時の女。母は源延光の女。天禄三年(九七二)生まれる。正暦年中(九九〇―九五)、東宮居貞親王(三条天皇)の室に入り、王子敦明(小一条院)らを産した。寛弘八年(一〇一一)八月、親王の即位により女御となり、長和元年(一〇一二)四月、皇后に立った。寛仁三年(一〇一九)三月、病により出家。万寿二年(一〇二五)三月二十五日、陽明門第にて崩御。五十四歳。雲林院西北に葬られた。

参考文献　『大日本史料』二ノ二一、万寿二年三月二十五日条 (厚谷 和雄)

ふじわらのせいし　藤原聖子　⇨皇嘉門院《こうかもんいん》

ふじわらのせきお　藤原関雄　八〇五―五三　平安時代前期の官人。延暦二十四年(八〇五)生まれる。参議真夏の子、内麻呂の孫。天長二年(八二五)文章生試に合格したが、官途につかず東山に閑居し「東山進士」と称された。淳和上皇の再三の要請により承和元年(八三四)官に出仕し、勘解由判官、刑部少輔などを経て従五位下治部少輔に至った。音楽を得意とし、淳和上皇から秘譜を賜わった。また書にすぐれ、南池院・雲林院の壁書を書いたという。仁寿三年(八五三)二月十四日没。四十九歳。その筆跡と推定されているものに円珍の入唐に際して書かれた「治部省牒」(東京国立博物館蔵、国宝)と「円珍位記」(園城寺蔵、国宝)がある。また和歌が『古今和歌集』に二首、詩が『経国集』に一首残されている。

藤原関雄自署

参考文献　村瀬敏夫「藤原関雄考」(『湘南文学』八) (中村 順昭)

ふじわらのせんし　藤原詮子　⇨東三条院《ひがしさんじょういん》

ふじわらのそのひと　藤原園人　七五六―八一八　平安時代前期の貴族。北家房前の孫、楓麻呂の子。天平勝宝八歳(七五六)生まれる。宝亀十年(七七九)従五位下になり、中央・地方の諸官を歴任し、権参議を経て大同元年(八〇六)従四位上で参議に列し、ついで山陽道観察使となり、同四年従三位、さらに中納言・大納言を経て弘仁三年(八一二)右大臣となった。同九年十二月十九日没した。ときに年六十三、右大臣従二位兼皇太子傅で、左大臣正一位を贈られた。園人は良吏と称され、ことに地方官として治績をあげ、住民が追慕して神として祀った所もあったという。公卿としても民生に関する意見を上申することが多かった。また嵯峨天皇の勅を奉じて万多親王らとともに『新撰姓氏録』を撰した。山科大臣と称された。

参考文献　佐伯有清『新撰姓氏録の研究』、角田文衛「山科大臣藤原園人」(『角田文衛著作集』五所収) (林 陸朗)

ふじわらのたいし　藤原泰子　⇨高陽院《かやのいん》

ふじわらのたいし　藤原帯子　?―七九四　皇太子安殿親王(平城天皇)の妃。父は百川。延暦十三年(七九四)五月二十八日、病を得て木蓮子院に移り急死。大同元年(八〇六)六月九日、皇后を追贈される。 (佐伯 有清)

河上陵《かわかみのみささぎ》　所在は不明。平城天皇即位の大同元年(八〇六)六月に皇后位を贈られ、陵に奉告使が発遣されたが、翌二年八月陵域が定められた。その折、陵の四至内に入った百姓の土地には、替地として乗田を与えるか、あるいは代価を給したことが『類聚国史』にみえる。『延喜式』諸陵寮の制は遠陵とし、「在二大和国添下郡一、兆域東西四町、南北四町、守戸五烟」とある。津久井清影の『聖蹟図志』には富雄川西岸の小和田村(奈良市大和田町)の茶臼山を図示している。 (戸原 純一)

ふじわらのたかあき　藤原隆章　生没年不詳　南北朝時代の画家。京都祇園社の大絵師職をつとめ、因幡守に補せられる。観応二年(一三五一)、本願寺三世覚如上人の伝記絵『慕帰絵』十巻を藤原隆昌とともに制作。同絵巻は京都西本願寺に伝存し、十巻のうち第二・五・六・八巻を隆章、第三・四・九・十巻を隆昌、他の二巻は後世に紛失のため、文明十四年(一四八二)に藤原久信が補作したもの。隆章と隆昌は密接な関係にあったとみられ、正平七年(一三五二)には隆昌が祇園社の絵師職を継ぎ、また延文元年(一三五六)には『諏訪大明神縁起並祭礼絵』の制作にともに携わっている。『慕帰絵』は南北朝時代の大和絵の典型を示し、また室内の調度や文芸、習俗などに詳細な描写が尽され、生活風俗資料としても重視されている。 (村重 寧)

ふじわらのたかいえ　藤原隆家　九七九―一〇四四　平安時代中期の公卿。関白道隆の子。母は高階成忠の女、貴子。中宮定子の弟。天元二年(九七九)に生まれる。永祚元年(九八九)に従五位下となり、正暦五年(九九四)に十六歳で従三位参議になり、翌長徳元年(九九五)には権中納言に昇格し、二ヵ月後に正任中納言となっている。父の政治力により若年で台閣に連なったが、その死後長徳二年に花山法皇に矢を射かけ東三条院を呪詛するなどの罪で、兄伊周とともに貶降され、出雲権守に遷されている。この左遷は、対立していた叔父藤原道長との政争における敗北を意味している。その後長徳四年に至り罪を免され帰京し、長保四年(一〇〇二)に権中納言に復任している。長和三年(一〇一四)には大宰権帥を兼任し、大

宰府へ来ていた唐人医師に患っていた眼病を診てもらうため、赴任している。権帥在任中、寛仁三年(一〇一九)には刀伊の入寇を撃退している。治安三年(一〇二三)に中納言を辞し、男経輔を権右中弁に申任し、その後、大蔵卿や再度の大宰大弐に任じた。寛徳元年(一〇四四)正月一日没。六十六歳。

[参考文献] 土田直鎮『王朝の貴族』(中央公論社『日本の歴史』五)

(森田 悌)

ふじわらのたかすえ　藤原隆季　一一二七—八五　平安時代後期の公卿。中納言藤原家成の長男。母は加賀守高階宗章の女。『公卿補任』記載の歳から逆算すると、大治二年(一一二七)の誕生となる。長承二年(一一三三)鳥羽院第一の寵臣家成の嫡男として七歳で従五位下に叙され、但馬・讃岐・越後・土佐の守を歴任、保元三年(一一五八)従三位に昇った。それより参議・中納言を経て正二位権大納言に進み、その間、左衛門督・中宮大夫などを兼ねる一方、後白河院・高倉院の執事別当に補され

藤原隆季花押

て院中の権を執り、また妹が平重盛に嫁した縁などによって平氏とも親交を結び、治承三年(一一七九)には、当時「親王任ずる所の官」(原漢文、『玉葉』)とされていた大宰帥に任ぜられて世人を驚かせた。しかし寿永元年(一一八二)三月、「当世の有識、尤も惜しむべきの人なり」(原漢文、『吉記』)と惜しまれながら、帥・納言両官を辞し、同年五月病により五十六歳をもって出家、文治元年(一一八五)正月十一日没した。五十九歳。その邸四条大宮第により、四条大納言とか大宮大納言と称された。

(橋本 義彦)

ふじわらのたかすけ　藤原隆祐　生没年不詳　鎌倉時代の歌人。父は従二位藤原家隆。母は藤原雅隆女。『正治二年十月一日歌合』に「侍従隆祐」としてみえ、早くから侍従であったらしい。従四位下に至る。『建長三年九月十三夜影供歌合』に「散位藤原朝臣隆祐」としてみえ、この時までの生存が知られるが、没年未詳。若い時は有望な歌人と目されながら、宮廷歌壇では恵まれず、大成しなかった。宮内庁書陵部蔵本の家集『隆祐朝臣集』は「百番自歌合」を含んでいる。勅撰集には『新勅撰和歌集』以下に採られている。

[参考文献] 久保田淳「藤原隆祐について」(『中世文学』一〇)

(久保田 淳)

ふじわらのたかとお　藤原高遠　九四九—一〇一三　平安時代中期の歌人。中古三十六歌仙の一人。天暦三年(九四九)生まれる。藤原実頼の孫で参議斉敏の男、母は播磨守藤原尹文の女で、日記『小右記』の実資は同母弟。従兄弟に佐理・公任もいる。康保元年(九六四)正月七日従五位下、侍従・少将・右馬頭・右兵衛督などを経て正暦元年(九九〇)正月十一日従三位に叙された。正暦三年兵部卿、長徳二年(九九六)左兵衛督、寛弘元年(一〇〇四)十二月大宰大弐、二年四月二十四日正三位に叙されたが、六年八月、筑前守藤原文信の訴状により任を解かれて上洛したという(『中古歌仙三十六人伝』による。『公卿補任』には大宰大弐の記載なく、正三位は長和元年(一〇一二)とする)。没年は長和二年五月(『尊卑分脈』に十一日、『中古歌仙三十六人伝』に六日、『御堂関白記』に十七日、『日本紀略』に十六日など諸説がある)。六十五歳。家集『大弐高遠集』があり、『拾遺和歌集』以下の勅撰集に二十七首入集(『二十一代集才子伝』では二十九首)。和歌のほか笛にもすぐれ、『枕草子』『中古歌仙三十六人伝』などにより、一条帝の笛の師であったと知られる。

[参考文献] 『大日本史料』二ノ七、長和二年五月十六日条

(関根 慶子)

ふじわらのたかとき　藤原隆時　生没年不詳　平安時代後期の廷臣。左衛門佐藤原清綱の男。母は信濃守平貞盛の女。白河天皇の譲位後、院判官代となり、寛治二年(一〇八八)正月、堀河天皇の朝覲行幸に際し、院司の賞に預って従五位上に叙され、ついで院別当に補された。一方、但馬・近江・因幡などの守を歴任し、その近江守当時の富裕なことは、京中の「江州五倉」の存在で喧伝された(『中右記』康和四年(一一〇二)三月二十八日条)。『本朝世紀』康和五年十二月二十日条の高階為章の卒伝には、為章・隆時両人を指して「世の寵臣を語る者、此の二人を称するのみ」(原漢文)ともてはやされている。

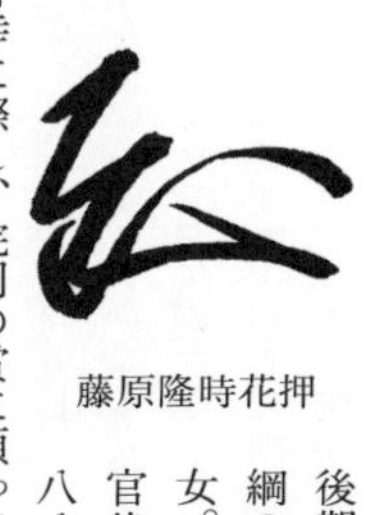
藤原隆時花押

(橋本 義彦)

ふじわらのたかとし　藤原乙叡　七六一—八〇八　奈良・平安時代前期の公卿。天平宝字五年(七六一)誕生。藤原南家右大臣継縄の子。母は桓武天皇の後宮で力をもった尚侍百済王明信。延暦三年(七八四)従五位下、同十年従四位下、同十九年従三位と昇叙し、同十三年参議、同二十二年権中納言(『公卿補任』による)、大同元年(八〇六)中納言に任ぜられた。左京大夫・中衛大将・兵部卿・越前守・山城守などを歴任。父と母のおかげで桓武天皇の寵遇をこうむって出世し、私第へ行幸をうけることもあった。しかし、皇太子時代の平城天皇に不敬のふるまいがあったために、大同二年伊予親王事件に連なって無実にもかかわらず解官された。大同三年六月三日没。時に散位従三位、年四十八。

(今泉 隆雄)

ふじわらのたかのぶ　藤原隆信　一一四二—一二〇五　平安・鎌倉時代前期の歌人、画家。康治元年(一一四二)生まれる。父は、皇后宮少進藤原為経(大原三寂の一人、寂超)、母は、藤原親忠女(美福門院加賀)。藤原定家の異父兄で似絵《にせえ》画家藤

藤原隆信花押

原信実の父。美福門院・八条院・後白河院の侍臣。上野介・越前守・若狭守を歴任する。また右馬権頭・右京権大夫をつとめ、正四位下に叙せられる。平安時代後期における多くの歌合・歌会への出席が知られ、『千載和歌集』をはじめとする勅撰集ほか、私撰集への入集が認められる。建仁二年(一二〇二)には和歌所寄人に加えられている。家集に『隆信朝臣集』がある。また物語(『うきなみ』)や歴史物語(『弥世継』)も書いたことが知られているがいずれも現存しない。画家としては肖像画に堪能であったらしく、承安三年(一一七三)供養の建春門院御願最勝光院御堂障子に描かれた平野行啓・日吉御幸図は絵師常磐光長が担当したものの、供奉した人々の面貌は隆信が描いた。この時期、世俗画において、実在する人物の似顔を作品に描く例としてはきわめて珍しく、次代に流行をみせる似絵の先駆として注目される記録である。また現存する神護寺蔵の伝源頼朝像・伝平重盛像・伝藤原光能像(いずれも国宝)は『神護寺略記』の記載どおり隆信の作とする説があるが、現段階では確定はできない。このほか『大原図』・法然上人像などの画事が伝えられる。建仁二年出家、源空に帰依した。元久二年(一二〇五)二月二十七日没。六十四歳。法名戒心。

参考文献 『大日本史料』四ノ八、元久二年二月二十七日条、井上宗雄「常盤三寂年譜考―附藤原隆信略年譜―」(『国文学研究』二二)、中村文「藤原隆信年譜―付その和歌について―」(『立教大学日本文学』三八)

(米倉 迪夫)

ふじわらのたかふさ　藤原高房　七九五―八五二　平安時代前期の官人。藤原北家。参議従四位上藤嗣の第三子。母は大納言紀古佐美女。延暦十四年(七九五)生まれる。弘仁十三年(八二二)右京少進となり式部大丞を経て、天長四年(八二七)叙爵。美濃介を経て、承和八年(八四一)従五位上となり嘉祥二年(八四九)越前守となる。同三年四月に正五位下に昇叙し、仁寿元年(八五一)四月次侍従を兼ねたが、翌二年二月二十五日に没した。五十八歳。身長六尺、大変な力持ちで意気あり、細事にこだわらぬ性格であったと伝え、美濃介の任中に威恵両様の施政を行い、取締りを厳しくしたため盗賊がいなくなったという。美濃国安八郡で迷信を排して、堤防修理を行なった話や、席田郡で妖巫の害毒を除くために単騎入郡し、その一味を追捕し厳罰に処した話などが伝えられている(『文徳実録』仁寿二年二月壬戌条)。合理的な政策をとった典型的な能吏としてよい。

(玉井 力)

ふじわらのたかふじ　藤原高藤　八三八―九〇〇　平安時代前期の公卿。左大臣藤原冬嗣の孫。内舎人良門の次男。母は西市正高田沙弥麿女。承和五年(八三八)生まれる。貞観四年(八六二)右近将監となり、同七年蔵人となり、禁色を許され、同十年叙爵した。その後、右兵衛権佐・左近衛少将・兵部大輔などに任ぜられたが、醍醐天皇の母が高藤の女(胤子)であった関係から、同天皇の立太子のころより急速な昇進をし、寛平六年(八九四)には非参議従三位。翌年には参議となった。さらに、寛平九年には中納言、昌泰二年(八九九)には大納言に昇り、その翌年の昌泰三年には奈良時代末より任命されたことのなかった内大臣に就任した。同年三月十二日没。六十三歳。贈正一位太政大臣。小一条内大臣とも勧修寺内大臣とも称した。院政期以降、名家の一つとして発展した勧修寺家は、この高藤に源を発している。

参考文献 『大日本史料』一ノ二、昌泰三年三月十二日条、橋本義彦「勧修寺流藤原氏の形成とその性格」(『平安貴族社会の研究』所収)

(玉井 力)

小野墓《おののはか》　所在は不明。高藤は宇多天皇女御胤子の父で、醍醐天皇の外祖父にあたる。故にその没後太政大臣正一位を追贈され、墓は荷前の幣に預かって近墓の列に加えられた。『延喜式』諸陵寮には「在二山城国宇治郡小野郷一」とある。京都市山科区の勧修寺西方の鍋岡山の頂を当墓にあてる伝承がある。

(戸原 純一)

ふじわらのたかみつ　藤原高光　?―九九四　平安時代の官人、歌人。法名、如覚。道号、寂真。北家右大臣師輔八男。母は醍醐天皇皇女雅子。伊尹・兼通・兼家らの異母弟。天暦二年(九四八)童殿上、侍従・左衛門佐を経て天徳四年(九六〇)右近衛少将。応和元年(九六一)従五位上に叙せられ、十二月出家。『談峰縁起便蒙』は康保四年(九六七)八月十五日没とするが、『多武峯略記』によると、安和二年(九六九)十月まで生存する。同書のいう正暦五年(九九四)三月十日没か。『三十六歌仙伝』は卒年不詳とする。出家を主題にしたのが『多武峯少将物語』。『栄花物語』『大鏡』に説話がある。三十六歌仙の一人。勅撰集には『拾遺和歌集』以下に二十三首入集。『高光集』がある。

参考文献 『大日本史料』一ノ一一、応和元年十二月五日条、同二ノ二、正暦五年三月十日条、玉井幸助『多武峯少将物語―本文批判と解釈―』、山口博『王朝歌壇の研究(村上冷泉円融朝篇)』、平林盛得『聖と説話の史的研究』、田代愛子「平安貴族のアンニュイ―藤原高光を中心として―」(『香椎潟』二四)、芦田耕一「高光出家の原因をめぐって」(『平安文学研究』五八)、山根退助「藤原高光の出家」(『国語国文研究』九)

(山口 博)

ふじわらのたかよし　藤原隆能　生没年不詳　平安時代後期、十二世紀中ごろに活躍した宮廷画家。その作画や事蹟として文献上明らかなものは次の四項にすぎない。(一)久安三年(一一四七)三月二十八日に行われた藤原忠実七十賀の調度である蒔絵硯筥の海賦蓬萊《かいぶほうらい》の絵様を主殿頭《とのものかみ》隆能が描いたことが『台記別記』にみえ、ついで(二)久寿元年(一一五四)八月九日、鳥羽金剛心院供養に際し、扉絵を描いた賞として正五位下に叙せられ(『台記』『兵範記』)、また(三)翌久寿二年十二月の除目で三河守に任ぜられた(『兵範記』)。さらに(四)『吉記』承安四年(一一七四)九月二十二日、吉田経房が熊野詣の途次四天王寺におい

て鳥羽上皇の肖像を拝見したことを記す際、これは当院すなわち後白河院の仰せによって「故隆能」が描いたものであると註している。この記事は隆能没年の下限を示すのみならず、その作画が鳥羽院の崩御（保元元年（一一五六））以後であったことも知られる。これらの記録によっても隆能が当時の宮廷絵師としてかなり高い地位を占め、鳥羽院の院政後期から後白河院にかけて重用されていたことが察せられる。一方、江戸時代中期の画家住吉広行がその著『倭錦《やまとにしき》』において、『源氏物語絵巻』のうち五島美術館現蔵の一巻（当時は阿波蜂須賀家蔵）についてその画家を隆能と鑑定したことから、他の諸巻をも含めこの絵巻を「隆能源氏」と呼ぶ俗称が明治以後広く行われていた。しかし両者を結びつける文献的根拠は全く存せず、絵巻の制作年代は隆能の活躍期よりややさかのぼると考えられるので、同絵巻の複数の担当絵師の中に隆能が加わっていた可能性はきわめて少ないと判断される。

参考文献 秋山光和「源氏物語絵巻の構成と技法」（『平安時代世俗画の研究』所収） （秋山 光和）

ふじわらのたくし 藤原沢子 ？―八三九 仁明天皇の女御。贈太政大臣藤原総継の女。母は贈正一位藤原数子。天長年中（八二四―三四）、東宮正良親王（仁明）の室に入り、時康王（光孝）ら三男一女を生んだ。親王の即位とともに女御となったが、承和六年（八三九）六月三十日、突然の病により没した。『続日本後紀』の卒伝は「寵愛之隆、独冠二後宮一」と伝え、即日従三位が贈られた。元慶八年（八八四）、光孝天皇の即位とともに皇太后を贈られ、国忌・山陵が置かれた。 （厚谷 和雄）

中尾陵《なかおのみささぎ》 京都市東山区今熊野宝蔵町にある。沢子は元慶八年（八八四）皇太后の尊号を追贈されると、墓を陵として四至を定められた。『三代実録』同年十二月十六日条に陵名も中尾陵とあり、「東限レ谷、南田、西隍、北谷、有二山四町五段一」と記載がある。翌年には守家五戸が置かれた。また元慶八年に定められた十陵五墓に加えられた。その時は鳥辺山陵とある。『延喜式』諸陵寮には近陵に列している。中世以後不明となったが、近世末の調査をふまえて、明治十三年（一八八〇）に治定された。

参考文献 上野竹次郎『山陵』上 （飯倉 晴武）

ふじわらのたし 藤原多子 一一四〇―一二〇一 近衛天皇の皇后。のち、二条天皇の後宮に入る。右大臣藤原公能の第三女。母は中納言藤原俊忠の女、豪子。保延六年（一一四〇）誕生。幼にして左大臣藤原頼長の養女となり、久安四年（一一四八）多子と命名のうえ、従三位に叙され、同六年正月入内、女御宣下あり、三月皇后に昇った。その間、頼長の異母兄の摂政藤原忠通も養女呈子を入内、立后させて対抗したので、摂関家分裂の一因となった。保元元年（一一五六）十月皇太后に、同三年二月太皇太后に転上したが、さらに永暦元年（一一六〇）、二条天皇の召命を拒みえずして入内したので、「二代の后」と称された。永万元年（一一六五）十二月、天皇崩御の後を追って落飾、隠棲したが、建仁元年（一二〇一）十二月二十四日、六十二歳をもって薨じた。美貌の聞え高く、書画に堪能にして、琴・琵琶も善くしたという。

参考文献 『大日本史料』四ノ七、建仁元年十二月二十四日条 （橋本 義彦）

ふじわらのただざね 藤原忠実 一〇七八―一一六二 平安時代後期の公卿。号知足院、富家殿。承暦二年（一〇七八）十二月生。関白師通の長男。母は右大臣藤原俊家女従一位全子。のちに祖父師実の養子となる。寛治二年（一〇八八）元服。同五年従三位。権中納言を経て権大納言。康和元年（一〇九九）父の急死で内覧氏長者。同二年右大臣。長治二年（一一〇五）関白。嘉承二年（一一〇七）鳥羽天皇の践祚で摂政。この時白河法皇は外舅藤原公実の任摂政も考慮したとされる。天永三年（一一一二）従一位、ついで太政大臣。永久元年（一一一三）辞し、関白。白河法皇の権力が増大する中で摂関家の勢力維持に努力し、法皇との関係を次第に悪化させた。法皇の命じた娘泰子（高陽院）の入内を一度は辞退しながら、保安元年（一一二〇）再度天皇に求められると承諾したため、法皇の怒りを買い、十一月に内覧を停止され事実上関白を罷免された。翌年正月形式的に許されて嫡子忠通に職を譲り、以後宇治に籠居した。大治四年（一一二九）白河法皇が没し、鳥羽院政が始まると政界に復帰。以前より父を退ける形で関白となった忠通に不満を持ち、才能ある弟の頼長を寵愛していたが、長承元年（一一三二）内覧の院宣を受け、関白の忠通と親子で並立した。同二年泰子が上皇の後宮に入り、翌年皇后となり、忠実の政治力が強化された。保延六年（一一四〇）六月准三后。十月二日宇治平等院で出家（法名円理）。以後宇治に住み頼長を後見する。久安六年（一一五〇）近衛天皇元服の際、頼長・忠通がそれぞれ養女の多子・呈子の入内を争ったことを契機に、摂政を頼長に譲るよう忠通に求めた。しかし忠通の拒否に逢い、同年九月義絶して頼長を氏長者とし、仁平元年（一一五一）鳥羽法皇に奏して内覧とした。久寿二年（一一五五）近衛天皇の死後忠実・頼長の呪咀によるとの風聞が流れ、法皇に憎まれて一挙に権力を失う。保元元年（一一五六）鳥羽法皇の死の直後、崇徳上皇・頼長が挙兵した保元の乱の際には動きを示さず、敗走中負傷した頼長に対面を拒んだ。乱後は摂関家領保全のため忠通に所領を譲り、またその計らいで配流を免れて知足院に屏居し、応保二年（一一六二）六月十八日没。八十五歳。和歌・音楽に優れ、日記『殿暦』および忠実の言談を大外記中原師元が筆記した『中外抄』『富家語談』がある。

参考文献 『殿暦』解題（『大日本古記録』）、元木泰雄『藤原忠実』（『人物叢書』二二四）、橋本義彦『藤原頼長』（『人物叢書』二一〇）、高群逸枝「藤原忠実」（『平安鎌倉室町家族の研究』所収） （吉田 早苗）

ふじわらのただのぶ 藤原忠信 一一八七―？ 鎌倉時代前期の公卿。父は内大臣藤原信清。母は権大納言藤原定能の女。文治三年（一一八七）生まれる。承元元年（一

藤原忠信花押

二〇七)に参議、建保六年(一二一八)に権大納言となる。承久の乱では宇治で幕府軍と戦い、敗北。捕えられたが、将軍源実朝室の兄であることから斬刑を免れ、承久三年(一二二一)出家、越後に配流となる。寛喜二年(一二三〇)春に帰京し、暦仁元年(一二三八)五月なお存命であるが(『吾妻鏡』)、没年などは不詳。

参考文献 『大日本史料』五ノ一、承久三年七月二十三日条　(槇　道雄)

ふじわらのただひら　藤原忠平　八八〇―九四九　平安時代中期の政治家。元慶四年(八八〇)誕生。藤原基経の四男、母は人康親王女。寛平七年(八九五)正五位下で出身、累進して昌泰三年(九〇〇)参議となったがすぐに叔父清経に譲った。延喜八年(九〇八)参議に還任、翌九年兄左大臣時平が没すると、兄仲平を超えて権中納言、氏長者となったが、宇多法皇や妹の穏子の後援が大きかったらしい。右大将ほか多くの要職を兼ね、中納言を経て同十一年大納言に越任、右大臣源光に次ぐ政権の第二位に進出した。同十三年光が没し、翌年右大臣。以後長く右大臣兼左大将として政権を掌握し、延長二年(九二四)左大臣に転じた。同八年醍醐天皇没し、皇子の幼帝朱雀天皇即位により摂政。承平六年(九三六)太政大臣に任じて翌七年天皇元服の加冠を勤め、天慶四年(九四一)摂政を辞し関白となる。同九年朱雀天皇は弟村上天皇に譲位するが引き続き関白となり天暦三年(九四九)八月十四日没。七十歳。諡は貞信公。当時子の実頼・師輔が左・右大臣であった。彼の生涯は顕栄を極めたが、彼の時代に承平・天慶の乱が起るなど中央政府の衰退が目立つ。しかし近年忠平政権下で地方官の権限を強め、租税収取を請け負わせるなど現実に即応した体制への転換が行われた点が注目されている。また摂関政治の形式が定着したのも彼の時であり、貴族政治の基盤ともいえる宮廷儀礼も彼によって集成され、実頼(小野宮流)・師輔(九条流)およびその子孫に継承された。

参考文献 『大日本史料』一ノ九、天暦三年八月十四日条、坂本賞三『日本王朝国家体制論』、佐藤宗諄『平安前期政治史序説』、森田悌『平安時代政治史研究』、同『解体期律令政治社会史の研究』、竹内理三「口伝と教命」(『律令制と貴族政権』二所収)、角田文衛「藤原忠平の栄達」(『紫式部とその時代』所収)、黒板伸夫「藤原忠平政権に対する一考察」(『摂関時代史論集』所収)、村井康彦「藤原時平と忠平」(『歴史教育』一四ノ六)　(黒板　伸夫)

ふじわらのただひら　藤原忠衡　一一六七―八九　平安・鎌倉時代前期の武士。奥州平泉藤原秀衡の三男。泉三郎・泉冠者と称せられた。仁安二年(一一六七)生まれる。秀衡の館(柳之御所遺跡)にほど近い「泉屋の東」に住まいした。文治五年(一一八九)夏六月二十六日、兄の泰衡のために誅殺された。二十三歳。誅殺の理由は、「与(予)州に同意」、すなわち源義経に同意ということであった。同年閏四月三十日の義経殺害に賛同しなかったことによるものか。「奥州に兵革あり」(『吾妻鏡』同年六月二十六日条、原漢文)と記録されているから、忠衡の誅殺に際しては、軍事的衝突を伴ったようだ。奥州一宮塩竈神社(宮城県塩竈市一森山)の境内には忠衡の寄進と伝える鉄燈籠が立つ。「奉寄進　文治三年七月十日　和泉三郎忠衡敬白」と銘を記す。その真偽については慎重な判断が求められるべきものか。→藤原秀衡《ふじわらのひでひら》　→藤原泰衡《ふじわらのやすひら》

参考文献 『大日本史料』四ノ二、文治五年六月二十六日条　(入間田宣夫)

ふじわらのただぶみ　藤原忠文　八七三―九四七　平安時代中期の官人。式家枝良の男。母は息長氏。貞観十五年(八七三)生まれる。左馬頭・右近衛少将、諸国の守などを歴任、天慶二年(九三九)参議となった。翌三年正月平将門の乱鎮定のため右衛門督に任じ、征東大将軍となり二月出発したが、関東への到着以前、平貞盛・藤原秀郷らによって乱は鎮定され、忠文は恩賞を受けられなかった。帰京後四年五月、藤原純友の大宰府襲撃の報をうけて征西大将軍となり、翌月乱を鎮定した。天暦元年(九四七)六月二十六日、参議民部卿正四位下で没。七十五歳。中納言正三位を追贈された。鷹・馬を愛し、宇治に所領を有して宇治民部卿と称したという。大納言藤原実頼の反対で恩賞を受けられなかったため実頼を怨み、死後実頼の子女に祟って悪霊民部卿と称されたとの俗説がある。

藤原忠文自署

参考文献 『大日本史料』一ノ九、天暦元年六月二十六日条　(笹山　晴生)

ふじわらのただまろ　藤原縄麻呂　七二九―七九　奈良時代の貴族。名を縄万呂・綱麻呂にもつくる。天平元年(七二九)誕生。藤原南家豊成の第四子、母は房前の女。継縄・乙縄の弟。天平勝宝元年(七四九)従五位下、天平宝字八年(七六四)従四位下、神護景雲二年(七六八)従三位にそれぞれ昇叙。天平宝字八年参議(『公卿補任』による)、宝亀二年(七七一)中納言に任ぜられる。ほかに兵部少輔、礼部大輔、民部卿、勅旨大輔・卿、皇太子傅、

藤原縄麻呂自署

中衛大将、備中守、近江守、同按察使などを歴任。宝亀元年藤原永手らとともに光仁天皇の擁立に功があった。同十年十二月十三日没。時に中納言従三位兼勅旨卿侍従勲三等。年五十一。従二位大納言を追贈される。 (今泉 隆雄)

ふじわらのただみち　藤原忠通　一〇九七—一一六四　平安時代後期の公卿。号法性寺殿。承徳元年(一〇九七)閏正月二十九日生。摂政・関白忠実の長男。母は右大臣源顕房女従一位師子。嘉承二年(一一〇七)元服。天永元年(一一一〇)従三位。権中納言・権大納言を経て永久三年(一一一五)内大臣。保安元年(一一二〇)忠実は娘泰子(高陽院)の入内問題で白河法皇の不興を買って内覧を停止され、翌二年忠通が関白となる。このことで忠通に不満を抱いた忠実は弟頼長を寵愛するようになった。一方法皇の専制権力が拡大し摂関家の地位が低下した。同三年左大臣従一位。同四年崇徳天皇の摂政。大治三年(一一二八)太政大臣、同四年に辞し関白。直後の白河法皇の死、鳥羽院政の開始で忠実が政界に復帰し、長承元年(一一三二)内覧の院宣を受け実権を掌握した。永治元年(一一四一)近衛天皇の摂政。久安五年(一一四九)再度太政大臣、同六年三月辞す。同年正月の天皇の元服に伴い、頼長が養女多子を入内させ皇后に立てたことに対抗し、天皇の生母美福門院(藤原得子)の養女呈子(九条院)を改めて養女として入内させ中宮とした。この時忠実から摂政を頼長へ委譲するようにと繰り返し求められたが拒否したため、九月に至り、忠実は忠通を義絶して頼長を氏長者とした。同年十二月関白となるが、翌仁平元年(一一五一)頼長が内覧となった。これに対抗して美福門院との関係を密にし、病弱な近衛天皇の後嗣決定に関わろうとした。久寿二年(一一五五)天皇の死で後白河天皇が践祚し関白。一方忠実・頼長は近衛天皇を呪咀したとの噂で失脚した。保元元年(一一五六)鳥羽法皇の死の直後の保元の乱で崇徳上皇・頼長が敗れると、摂関家の保全のため忠実の所領を相続し、その配流を防いだ。同三年二条天皇践祚で嫡子基実に関白を譲る。応保二年(一一六二)六月八日法性寺殿で出家(法名円観)。長寛二年(一一六四)二月十九日同所で没。六十八歳。法性寺山に葬る。詩歌・音楽・書のいずれにおいても当代の一流とされ、ことに能書として名高く、その力強い書風は「法性寺流」と称され、鎌倉時代以降貴族のみならず武士の間でも重んぜられた。漢詩集『法性寺関白御集』、歌集『田多民治集』、日記『法性寺関白記』などがある。

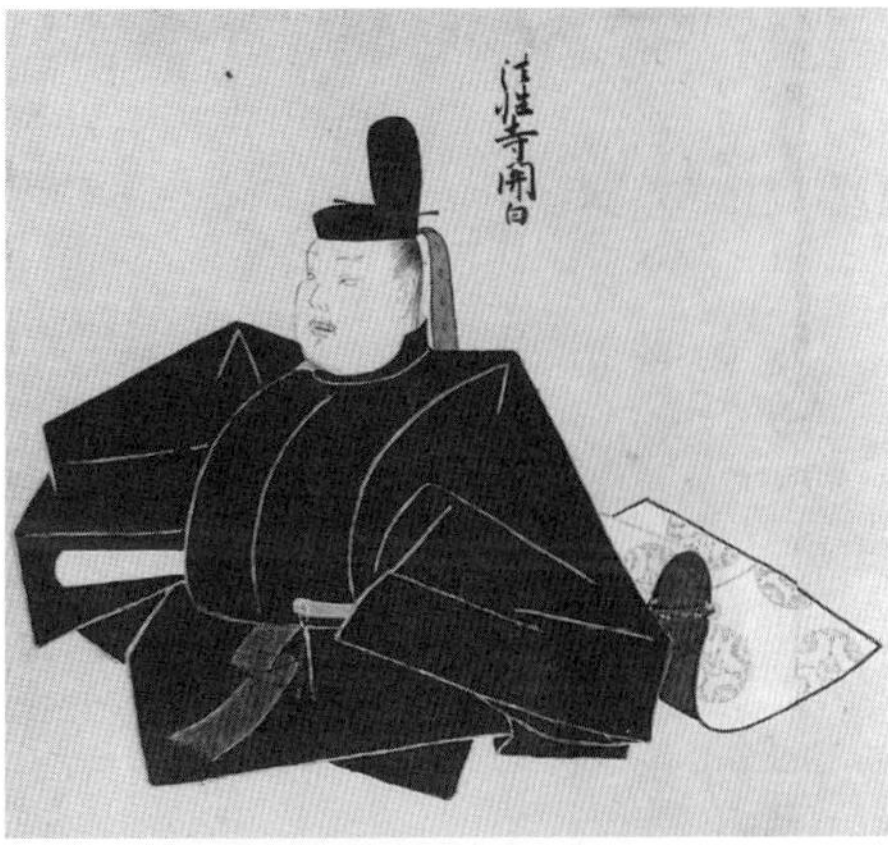

藤原忠通画像(『天子摂関御影』)

藤原忠通花押

[参考文献]　橋本義彦『藤原頼長』(『人物叢書』一二〇)、高群逸枝「藤原忠通」(『平安鎌倉室町家族の研究』所収) (吉田 早苗)

ふじわらのたねつぐ　藤原種継　七三七—八五　奈良時代の公卿。宇合の孫、清成の子で名を種嗣にも作る。母は秦忌寸朝元の女。天平九年(七三七)生まれる。天平神護二年(七六六)十一月、従六位上より従五位下に叙せられ、神護景雲二年(七六八)二月以降、美作守・近衛少将・兼紀伊守・兼山背守を歴任。宝亀四年(七七三)十二月十四日付「校生貢進啓」によると近衛員外少将として左京一条二坊の人校生坂本朝臣松麻呂を東大寺写経所に貢進。同五年正月従五位上、その後、正五位下・正五位上・従四位下を経て、天応元年(七八一)四月、従四位上となる。この間、近衛少将・左京大夫・兼下総守を歴任。以後左衛士督・兼近江守となり、延暦元年(七八二)三月、参議に任ぜられ、同年六月、正四位下に昇る。同二年四月、従三位に叙せられ、翌三年十二月には正三位となった。この間、式部卿・兼近江按察使・中納言を歴任。同年五月、中納言として藤原朝臣小黒麻呂らとともに遷都のため山背国乙訓郡長岡村の地を相し、六月には造長岡宮使に任ぜられ、十一月、都は長岡の地に移された。延暦四年九月二十二日、長岡京で賊のため射撃され、翌日、第において没した。時に中納言正三位兼式部卿で、四十九歳。即日、正一位・左大臣が贈られ、大同四年(八〇九)四月には太政大臣が追贈された。種継は桓武天皇の信任厚く、政治を委任され、中外のことすべて決を取ったという。長岡遷都を主導し、桓武が平城に行幸中、右大臣藤原朝臣是公とともに留守司となって建設途上の長岡京にとどまっていたところを射殺され、両箭が身を貫いていたと伝えられている。種継暗殺の犯人・関係者の捜索により大伴宿禰継人・同竹良らとその与党数十人が逮捕され、訊問の結果みな犯行を認めたので、斬刑ないし流

藤原種継自署

刑に処せられた。継人・佐伯宿禰高成らの陳述によると故中納言大伴家持が相謀って、大伴・佐伯両氏に呼びかけ種継を除こうとし、皇太子早良親王に申しでて、その事を遂行したという。間もなく早良親王は乙訓寺に幽閉され、絶食していたためか淡路へ移送の途中で絶命した。種継暗殺事件は、種継主導の政治への不満が、旧族大伴・佐伯両氏を主軸に爆発したものであり、家持・高成ら事件関係者の多くが春宮坊の官人であったので早良親王の身にまで事が及ぼされるという捏ち上げ事件にまで発展した。『延暦僧録』逸文は、種継を真木尾居士とし、河内国真木尾山寺での体験によって報恩供養するなど仏教に心を寄せていたことを伝え、その朱注には「法号円戒」とある。

参考文献　佐伯有清『新撰姓氏録の研究』研究篇、村尾次郎『桓武天皇』(『人物叢書』一一二)、福山敏男・中山修一・高橋徹『新版長岡京発掘』(『NHKブックス』四六四)、北山茂夫「藤原種継事件の前後」(『日本古代政治史の研究』所収)、栄原永遠男「藤原種継暗殺事件後の任官人事」(中山修一先生古稀記念事業会編『長岡京古文化論叢』所収)、山田英雄「早良親王と東大寺」(『南都仏教』一二)

(佐伯　有清)

ふじわらのたびこ　**藤原旅子**　⇩ふじわらのりょし

ふじわらのたまろ　**藤原田麻呂**　七二二―八三　奈良時代の公卿。宇合の第五子。母は小治田朝臣牛養の女。養老六年(七二二)生まれる。天平十二年(七四〇)兄の広嗣の乱に坐して隠岐に配流。同十四年召還されて蜷淵山に隠棲し仏教の修行に務めたという。天平宝字五年(七六一)正月、正六位上から従五位下に昇叙、以後礼部少輔・左虎賁衛督を歴任。この間、遣唐副使となったが入唐しなかった。陸奥出羽按察使・右中弁・外衛大将などを経て、天平神護二年(七六六)七月、参議となる。時に外衛大将兼丹波守、位は従四位下。ついで大宰大弐・左衛士督・三河守・兵部卿を歴任。宝亀二年(七七一)十一月、従三位に叙せられた。この後、摂津大夫・中務卿・中衛権大将を経て、同十一年二月、中納言となり、天応元年(七八一)四月、正三位に進み、六月には大納言兼近衛大将に任ぜられた。延暦元年(七八二)六月右大臣に昇ったが、翌二年三月十九日没した。時に右大臣従二位兼行近衛大将皇太子傅。六十二歳。性格は恭謙で物に競うことがなかったという。

(佐伯　有清)

藤原為家花押

ふじわらのためいえ　**藤原為家**　一一九八―一二七五　鎌倉時代の歌人。幼名三名。元服後為家。法名融覚。中院禅門、民部卿入道と呼ばれた。建久九年(一一九八)誕生。父は藤原定家、母は藤原実宗女。建仁二年(一二〇二)叙爵。侍従、左少将、左中将、蔵人頭、参議(嘉禄二年(一二二六))、右兵衛督、右衛門督、権中納言を経て、正二位権大納言、民部卿に至る。康元元年(一二五六)病のため五十九歳で出家。建治元年(一二七五)五月一日没。七十八歳。墓は京都市右京区嵯峨二尊院門前善光寺山町の厭離庵にある。温和な性格で、順徳天皇に寵愛され、和歌は建暦二年(一二一二)・三年内裏詩歌合以下に見出されるが、蹴鞠の方により熱心で、父を慨嘆させた。二十六歳の貞応二年(一二二三)『為家卿千首』以後、作歌活動も本格化し、『洞院摂政家百首』『新撰六帖題和歌』『宝治百首』などを詠み、歌道師範家としての力量を認められ、後嵯峨院の命で建長三年(一二五一)『続後撰和歌集』を撰進した。正元元年(一二五九)にも『続古今和歌集』の撰定を命ぜられたが、弘長二年(一二六二)に反御子左派の真観らが撰者に追加され、文永二年(一二六五)に撰進されたが、不満が残った。晩年は嵯峨中院に阿仏尼と隠棲し、二条・京極・冷泉三家分立の因を作った。家集に『大納言為家集』(二千百首収載)など四系統の伝本がある。勅撰和歌集には三百三十三首が選入される。作風は平明温雅である。連歌は『菟玖波集』に三十七句が収められる。歌学書に『詠歌一体』『万葉集佳詞』、注釈書に『古今序抄』がある。物語歌撰集『風葉和歌集』の撰者か。

参考文献　安井久善編『藤原為家全歌集』、佐藤恒雄編『藤原為家全歌集』、風巻景次郎『新古今時代』(『風巻景次郎全集』六)、石田吉貞『新古今世界と中世文学』、久保田淳「為家と光俊」(『国語と国文学』三五ノ五)、佐藤恒雄「藤原為家の青年期と作品」(『中世文学研究』二・三)、同「藤原為家年譜(晩年)」(同一三)

(樋口芳麻呂)

ふじわらのためうじ　**藤原為氏**　⇩二条為氏《にじょうためうじ》

ふじわらのためかね　**藤原為兼**　⇩京極為兼《きょうごくためかね》

ふじわらのためさだ　**藤原為定**　⇩二条為定《にじょうためさだ》

ふじわらのためすけ　**藤原為相**　⇩冷泉為相《れいぜいためすけ》

ふじわらのためたか　**藤原為隆**　一〇七〇―一一三〇　平安時代後期の公卿。参議大蔵卿藤原為房の長男。母は美濃守源頼国の女。没年から逆算すると、延久二年(一〇七〇)の誕生となる。寛治元年(一〇八七)従五位下に叙されて以来、甲斐守・中宮権大進・右少弁・左中弁・遠江守などを歴任、蔵人頭に補された。ついで保安三年(一一二二)参議に昇り、左大弁を兼ね、さらに従三位に進んだが、大治五年(一一三〇)九月八日、痢病により没した。六十一歳。世に「器量儻に倜れ、才気人に軼る」(原漢文、『後拾遺往生伝』)と評された。第宅が四条坊門(永昌坊)にあったので、その日記を『永昌記』という。

子孫は吉田(甘露寺・坊城・万里小路)・勧修寺などの諸家に分かれて繁栄し、いわゆる「名家」の過半を占めた。（橋本　義彦）

藤原為隆花押

ふじわらのためつぐ　藤原為継　一二〇六—六五　鎌倉時代中期の画家。建永元年(一二〇六)生まれる。似絵《にせえ》画家藤原信実の嫡男。初名は為忠。中務権大夫、大和権大夫、左京権大夫などをつとめ、正嘉二年(一二五八)従三位に叙せられる。画に関わる記録は残っているものの具体的な作画記録は見あたらない。しかし『随身庭騎絵巻』(大倉文化財団蔵)の一部を為継の筆とする説や、「親鸞聖人影(鏡御影)」の筆者専阿を為継にあてる説がある。文永二年(一二六五)没。六十歳。弟に「不動明王像」(醍醐寺蔵)など白描図像の作品を残す醍醐寺の信海がいる。（米倉　迪夫）

ふじわらのためとき　藤原為時　生没年不詳　平安時代中期の学者、漢詩人。父は藤原氏北家良門流、雅正。母は藤原定方女。紫式部の父。菅原文時に師事した。官歴は、安和元年(九六八)に播磨権少掾となり、永観・寛和年間(九八三—八七)権力者の藤原義懐の力で式部丞・蔵人に取り立てられたが、花山天皇退位とともに失職、十年後漢詩をもって一条天皇に哀訴して越前守となった。その後再び失職したが、寛弘六年(一〇〇九)に左少弁・蔵人に復し、その二年後越後守として現地に赴いたが、長和三年(一〇一四)六月に辞職、帰京した。同五年四月二十九日出家。寛仁二年(一〇一八)藤原頼通邸の屏風の料に詩を献じているが、その後は明らかでない。その官歴は概して不遇であるが、当時から一流の詩人として認められ、東三条院詮子・藤原道長・同頼通らの邸に招かれ、詩会・歌合せに参加、献詠している。その詩は、『本朝麗藻』『類聚句題抄』『和漢兼作集』などに合わせて二十七首(現存二十五首)、『寛仁二年藤原頼通大饗屏風詩』の中にも一首(七絶)がある。和歌は四首を遺している。耽美的な作風のものが多い。

参考文献　『大日本史料』二ノ一〇、長和五年四月二十九日条、岡一男『源氏物語の基礎的研究』、萩谷朴『紫式部日記全注釈』下、島津久基『紫式部』、今井源衛『紫式部』(『人物叢書』一三一)、同「紫式部の父系」(山岸徳平・岡一男編『源氏物語講座』六所収)（今井　源衛）

ふじわらのためなり　藤原為業　生没年不詳　平安時代後期の歌人。木工権頭為忠の次子。母は待賢門院女房(なつとも)。出家して法名寂念。弟の寂超(為経)・寂然(頼業)と並んで常盤(大原)の三寂と呼ばれる。在俗時は伊豆守・伊賀守・中宮権大進・対馬守などを歴任。歌も父主催の参河国名所歌合や為忠家両度の百首などに出詠。しかし出家したのは、平治元年(一一五九)から永万元年(一一六五)の間で、三兄弟中いちばんおそい。出家後も仁安元年(一一六六)重家家歌合以下、治承二年(一一七八)別雷社歌合まで、数度の歌合に出詠。治承四年から寿永元年(一一八二)の間に成った『一品経和歌懐紙』には彼の最後の詠がみえる。また、以上の間にみずから寂念房歌合をも主催。勅撰集では『千載和歌集』以下に六首入集。『歌仙落書』では弟二人は選ばれているのに寂念はまだ採られていない。しかし『治承三十六人歌合』では三寂揃ってみられる。

参考文献　井上宗雄「常盤三寂年譜考」(『平安後期歌人伝の研究』所収)（谷山　茂）

ふじわらのためのぶ　藤原為信　一二四八—？　鎌倉時代後期の歌人、画家。父は藤原伊信。左馬権頭、左京権大夫、刑部卿を歴任し、嘉元二年(一三〇四)従三位に至る。徳治元年(一三〇六)出家。法名は寂融、法性寺と号した。家集に『為信集』があり、関東下向のことや冷泉為相・二条為道との交友が知られる。また「文永加茂祭絵」(模本現存)、「天子影」(宮内庁蔵)、「後白河法皇像」(法住寺陵安置の後白河院彫像胎内より発見)の作者として知られ、曾祖父藤原信実以来の似絵《にせえ》画家の系譜に属す。（米倉　迪夫）

ふじわらのためのり　藤原為教　⇨京極為教《きょうごくためのり》

ふじわらのためふさ　藤原為房　一〇四九—一一一五　平安時代の公卿。但馬守隆方の男。母は右衛門権佐平行親の女。永承四年(一〇四九)生まれる。醍醐天皇の外祖父であった高藤に始まる勧修寺流藤原氏に属す。延久五年(一〇七三)に従五位下となり、遠江守・加賀守・尾張守などの受領を経歴する一方で、蔵人・弁官を帯び、康和四年(一一〇二)に白河上皇の院別当となり、嘉承二年(一一〇七)に鳥羽天皇が即位すると蔵人頭に任命され内蔵頭を兼ね、天永二年(一一一一)に参議となっている。永久元年(一一一三)には従三位に叙されるが、同三年に腫物を病み、同年四月一日出家し、翌二日死去している。享年六十七。実務処理の才能に富み、蔵人として後三条・白河・堀河・鳥羽の四朝の近側に仕え、摂関藤原師実・師通二代の家司として家務をとり、白河院中における別当としての活躍がめざましい。官途にあった間日記を書きつづけており、それを『為房卿記』と称すが、一部を残し散逸している。『撰集秘記』『装束抄』『貫首抄』などの儀式書を著述している。

藤原為房花押

参考文献　『大日本史料』三ノ一六、永久三年四月一

日条、橋本義彦『平安貴族社会の研究』、河野房雄『平安末期政治史研究』、所功校注『(京都御所東山御文庫本)撰集秘記』(『古代史料叢書』一)　（森田　悌）

ふじわらのためふじ　**藤原為藤**　⇩二条為藤《にじょうためふじ》

ふじわらのためふゆ　**藤原為冬**　⇩二条為冬《にじょうためふゆ》

ふじわらのためみつ　**藤原為光**　九四二―九二　平安時代中期の公卿。藤原師輔の第九男。母は醍醐天皇の第九皇女雅子内親王。天慶五年(九四二)生まれる。天徳元年(九五七)従五位下、以後、侍従・左中弁・左中将などを歴任、安和二年(九六九)蔵人頭に補し、天禄元年(九七〇)参議に任じた。天延元年(九七三)権中納言、同日従三位に進んだ。貞元二年(九七七)大納言、寛和二年(九八六)右大臣に任じ、永延元年(九八七)従一位に叙された。同二年法住寺を供養、正暦二年(九九一)正月輦車を聴され、九月七日太政大臣に任ぜられたが、翌三年六月十六日没した。五十一歳。正一位を贈られ相模公に封ぜられ、恒徳公と諡された。日記に『法住寺相国記』がある。

参考文献　『大日本史料』二ノ一、正暦三年六月十六日条　（厚谷　和雄）

ふじわらのためもり　**藤原為守**　⇩冷泉為守《れいぜいためもり》

ふじわらのためよ　**藤原為世**　⇩二条為世《にじょうためよ》

ふじわらのちかなり　**藤原愛発**　七八七―八四三　平安時代前期の公卿。左大臣藤原内麻呂の七子。延暦六年(七八七)生まれる。平城朝に文章生となって、応詔の詩をよくしたが、弘仁六年(八一五)従五位下兵部少輔となり、ついで中務少輔・民部少輔・右中弁などを経て、天長元年(八二四)従四位下となり、翌々年には参議となった。さらに大蔵卿・春宮大夫・左大弁などを経て同九年には従三位中納言兼民部卿となった。人となりは柔和で、政治には通熟していたという。承和七年(八四〇)に正三位となり、ついで大納言になったが、同九年の承和の変で連座し京外に追放され、翌年九月十六日に山城国久世郡の別荘で生涯を閉じた。五十七歳。　（佐藤　宗諄）

ふじわらのちかみつ　**藤原周光**　生没年不詳　平安時代後期の漢詩人。民部丞藤原頼長の子で、文章博士藤原敦基の養子。天治元年(一一二四)四十六歳前後で文章生、康治元年(一一四二)従五位下に進みこの時検非違使、後年大監物に至る。保元三年(一一五八)内宴に招かれ、老齢のため弟子の高官に支えられ階を昇り面目を施した。藤原忠通の恩顧を受け、釈蓮禅とも親交がある。『本朝無題詩』に最多の百五首が採られ暗い胸中を吐露した作が多い。

参考文献　佐藤道生「藤原周光の生涯」(『平安文学研究』六七)　（堀内　秀晃）

ふじわらのちはる　**藤原千晴**　生没年不詳　平安時代中期の軍事貴族。父藤原秀郷が平将門を討ったことによって中央の武力として登用され、康保四年(九六七)六月、村上天皇崩御の際、固伊勢関使をつとめた(『本朝世紀』)。安和元年(九六八)八月以前、前相模権介千晴と前武蔵権介平義盛が在地で紛争を起したことが知られ(『日本紀略』)、千晴が本拠である坂東において勢力の維持・拡大をはかっていたことがうかがわれる。千晴は左大臣源高明を本主としていたらしく、同二年三月、安和の変にからんで息子久頼および随兵らとともに検非違使源満季により検挙・禁獄され(同)、その後、隠岐に流罪とされた(『扶桑略記』)。

参考文献　野口実『坂東武士団の成立と発展』、同『伝説の将軍藤原秀郷』、土田直鎮『王朝の貴族』(中央公論社『日本の歴史』五)、羽下徳彦『惣領制』(『日本歴史新書』)、鮎沢寿「摂関家と多田満仲」(古代学協会編『摂関時代史の研究』所収)　（野口　実）

ふじわらのちょうし　**藤原長子**　生没年不詳　平安時代後期の女流歌人。承暦三年(一〇七九)ごろの生まれか。父は藤原顕綱(讃岐入道)。姉(伊予三位兼子)が堀河天皇の乳母だった縁で、康和二年(一一〇〇)堀河天皇に出仕、讃岐典侍と呼ばれた。天皇崩御後、ひき続いて鳥羽天皇に再出仕し、「堀河院の御乳母子」と呼ばれたというから、姉兼子の養女であったかもしれない。元永二年(一一一九)病のため宮仕えを退き(『長秋記』)以後の消息は不明。『讃岐典侍日記』がある。

参考文献　玉井幸助『讃岐典侍日記全註解』、稲賀敬二『源氏物語前後』(『和泉選書』二)、守屋省吾『平安後期日記文学論』(『新典社研究叢書』八)、谷山茂『藤原俊成―人と作品―』(『谷山茂著作集』二)　（稲賀　敬二）

ふじわらのつぐただ　**藤原継縄**　七二七―九六　奈良・平安時代前期の貴族、官人。藤原南家豊成の次男。母は路虫麻呂女。神亀四年(七二七)生まれる。天平宝字七年(七六三)従五位下に叙せられ、累進して天平神護二年(七六六)従四位下右大弁で参議に列した。その後宝亀二年(七七一)従三位となり、同十一年中納言に任じ、征東大使を兼ねた。ついで延暦二年(七八三)大納言、同九年右大臣に昇った。継縄は政迹聞えず、才識はなかったが、謙虚な人柄であったので世の謗りを免れたといわれる(『日本後紀』)。継縄の室百済王明信は尚侍として桓武天皇に寵せられ、その交野の別業にしばしば行幸があった。延暦十五年七月十六日没。年七十。右大臣正二位兼皇太子傅中衛大将であった。桃園右大臣と称された。かつて桓武天皇の勅を奉じて『続日本紀』の撰修を主宰し、完成は没後になったが、延暦十三年その一部十四巻を撰進した。贈従一位。　（林　陸朗）

ふじわらのつねすけ　**藤原恒佐**　八七九―九三八　平安時代中期の公卿。通称は一条右大臣・土御門など。元慶三年(八七九)生まれる。左大臣良世の子。母は山城介紀春豊の女、勢子。蔵人頭などを経て延喜十五年(九一五)、従四位下で参議に任官。以後昇進をかさねて承平七年(九三七)には右大臣に就任。位階も正三位に達した。在任中の天慶元年(九三八)五月五日、六十歳で没した。贈正二位。

参考文献　『大日本史料』一ノ七、天慶元年五月五日条　（虎尾　達哉）

ふじわらのつねつぐ　藤原常嗣　七九六―八四〇　平安時代前期の公卿。父は葛野麻呂。母は菅野朝臣池成の女浄子。延暦十五年（七九六）に生まれる。大学に学び、弘仁十一年（八二〇）右京少進に任ぜられ、ついで式部大丞。同十四年正月、正六位上から従五位下に昇る。以後、下野守・春宮亮・右少弁を歴任。天長三年（八二六）正月、従五位上を授けられ、その後正五位下・従四位下に進む。同八年七月、参議となる。これより以前、蔵人頭・勘解由長官などを歴任。ついで右大弁となり、同十年二月、清原真人夏野らとともに『令義解』を撰述。その後、従四位上に叙せられ、承和元年（八三四）正月、遣唐大使となる。その後、左大弁・大宰権帥となり、同五年七月入唐、翌六年八月帰国。同年九月、従三位に叙せられ、同七年四月二十三日没。四十五歳。常嗣は学問にすぐれ隷書を能くし、詩文にも長じ、『経国集』に「秋日登叡山謁澄上人」の詩を伝えている。初期天台の外護檀越の一人。薨伝には「立性明幹、威儀可称」とある。円仁の『入唐求法巡礼行記』に渡海・入唐中の常嗣らの動向が詳記されている。

参考文献　佐伯有清『最後の遣唐使』（『講談社現代新書』五二〇）、小島憲之「釈最澄をめぐる文学交流―嵯峨弘仁期文学の一側面―」（天台学会編『伝教大師研究』所収）　（佐伯　有清）

ふじわらのつねみつ　藤原経光　一二一二―七四　鎌倉時代中期の公卿。建暦二年（一二一二）誕生。父は権中納言頼資。母は源兼資の女。嘉禄二年（一二二六）従五位下。安貞二年（一二二八）蔵人となり、天福元年（一二三三）には右少弁・右衛門権佐を兼ねて三事兼帯となる。延応元年（一二三九）蔵人頭、仁治二年（一二四一）参議、左大弁、従三位、宝治元年（一二四七）権中納言。翌二年権中納言を辞す。建長七年（一二五五）正二位、文応元年（一二六〇）民部卿。文永十一年（一二七四）四月十五日出家（法名蓮寂）、同日没。六十三歳。経光の家は頼資の代に日野家より分出した家で、経光の時期には勘解由小路を家の号とした（室町時代に広橋家となる）。蔵人・弁官を経て公卿となる官歴は経光の家柄の特徴であるが、経光は同時に摂関家の近衛家と鷹司家に随従して保護を受けた。彼の日記『民経記』は大量の自筆本が現存する。　（石田　祐一）

藤原経光花押

ふじわらのつねむね　藤原経宗　一一一九―八九　平安・鎌倉時代前期の公卿。その邸宅の所在地により家名を大炊御門という。父は大納言経実。母は藤原公実女従三位公子。元永二年（一一一九）生まれる。保安四年（一一二三）二月叙爵。康治元年（一一四二）正月蔵人頭。久安五年（一一四九）七月参議。久寿二年（一一五五）九月外甥守仁親王（二条天皇）が春宮になると春宮大夫を兼任。保元元年（一一五六）四月権中納言、ついで右衛門督を兼任。同三年二月権大納言。同年二条天皇が践祚すると外戚として信任を得、天皇親政派の中心となる。平治元年（一一五九）の平治の乱の際、院政派の中心信西を除くことに成功したが、永暦元年（一一六〇）二月後白河上皇のため解官、三月阿波国に配流された。応保二年（一一六二）三月召還。長寛二年（一一六四）閏十月右大臣。仁安元年（一一六六）十一月左大臣となり、以降文治五年（一一八九）二月までの二十四年間在任。召還後は平家に接近し、嘉応元年（一一六九）四月建春門院別当となる。寿永二年（一一八三）七月に平家西下後は、後白河法皇に接近し、同年閏十月には院庁別当としてみえる。晩年は朝廷の長老として法皇の信任も厚かった。文治五年二月出家、法名法性覚。同月二十八日、七十一歳で没す。

藤原経宗花押

藤原経宗画像（『天子摂関御影』）

参考文献　『大日本史料』四ノ二、文治五年二月十三日条　（菊池　紳一）

ふじわらのていか　藤原定家　⇨ふじわらのさだいえ

ふじわらのていし　藤原呈子　⇨九条院《くじょういん》

ふじわらのていし　藤原定子　九七六―一〇〇〇　一条天皇の中宮・皇后。貞元元年（九七六）生まれる。父は関白藤原道隆、母は高階成忠女貴子。名は「さだこ」とも訓む。一条天皇の元服した正暦元年（九九〇）正月入内、翌月女御、十月立后。当時、太皇太后・皇太后・先帝（円融）皇后がいずれも存命のため、定子は中宮と称し、これが皇后・中宮の称号を別個に用いる先例となる。長徳元年（九九五）道隆・叔父道兼が相ついで没し、兄伊周と叔父道長の対立が深まる中、懐妊して同二年三月、二条邸に退出。四月伊周らの左遷が決し、落飾。十二月修子内親王を生む。同三年六月、天皇の希望により世の不評を押して再び入内。長保元年（九九九）第一皇子敦康親王を生むも、道長政権下に不遇であった。翌二年二月、

道長女彰子が立后、中宮となり、定子は皇后と称を改め、一帝二后並立の初例となる。同十二月媄子内親王出産の翌十六日没。二十五歳。定子の宮は当時の後宮サロンの一つで、清少納言が仕えたことでも著名。

参考文献『大日本史料』二ノ四、長保二年十二月十六日条、土田直鎮『王朝の貴族』(中央公論社『日本の歴史』五)、同「中関白家の栄光と没落」(『国文学』一二ノ七)、上村悦子「定子と彰子」(同)　(山口　英男)

鳥戸野陵《とりべののみささぎ》　京都市東山区今熊野泉山町にあり、泉涌寺北方の丘陵上に位置している。定子は長保二年(一〇〇〇)十二月十六日に没した。二十七日夜柩を鳥戸野にうつし、同所に埋葬されたが、死去前後のことは『栄花物語』に詳しい。同書によると当時通例であった火葬を用いず、土葬によって葬られたことが窺える。のち陵所は所伝を失うに至ったが、明治十二年(一八七九)に現所が陵に治定された。鳥戸野は平安京開都以来藤原氏をはじめとする貴紳の葬地とされたところで、洛東阿弥陀ヶ峰の西麓一帯の地をいい、当陵はそのやや南寄りに位置している。陵域内には小さな塚が点在していて、皇后定子の陵のほかに、醍醐天皇皇后穏子・円融天皇女御皇太后詮子・後朱雀天皇皇后禎子内親王・後冷泉天皇皇后歓子・白河天皇皇后賢子・堀河天皇女御贈皇太后苡子の火葬塚が域内にある。

参考文献『大日本史料』二ノ四、長保二年十二月十六日・二十七日条、上野竹次郎『山陵』下　(戸原　純一)

ふじわらのときなが　藤原時長　生没年不詳　『平家物語』作者に擬せられる人物。『尊卑分脈』には藤原姓の時長は数人みえるが、一般に知られているのは、『平家物語』の作者の一人とされている葉室時長である。『尊卑分脈』五、顕隆卿等孫(葉室)には時長という名は三人みえる。長方の子の時長、時光の子の時長、盛隆の子の時長である。しかし「盛隆改時光而依白河院院宣帰本名畢」とあり、時光と盛隆は同人である。この盛隆(時光)の子時長は、『尊卑分脈』には「書平家物語其一人也」あるいは「平家物語作者随一」とある。また、『醍醐雑抄』には「或平家双紙奥書云、当時令世之盲法師了義坊(実名如一)之説云、平家物語中山中納言顕時子息左衛門佐盛隆、其子民部権少輔時長作之、又将門・保元・平治已上四部同人作」とある。文体の全く違う『将門記』と『保元物語』などが同一の手になったとは考えられないが、この時長が文筆にかかわる人物であったことはうかがわれる。『徒然草』には『平家物語』の作者として「信濃前司行長」をあげているが、この時長と行長とは従兄弟の関係にある。『尊卑分脈』によればこの時長は正五位下あるいは従四位上、民部少輔であった。　(福田栄次郎)

ふじわらのときひら　藤原時平　八七一—九〇九　平安時代前期の政治家。貞観十三年(八七一)誕生。藤原基経の長男。母は人康親王(仁明皇子)女。本院大臣ともいう。仁和二年(八八六)正月、宮中において光孝天皇自身の加冠で元服し同時に蔭位制を超えた正五位下を授けられたが、このような殊遇は彼が初例という。翌三年正月従四位下、同年二月右近衛権中将。八月宇多天皇受禅、蔵人頭となる。寛平二年(八九〇)正月従四位上となったが、さらに同年十一月に越階して従三位に昇ったのは父基経の重病に関わっていると思われる。基経は翌三年正月没し、彼は三月に参議となる。以後左右衛門督や検非違使別当を兼ね、同五年中納言・右大将・春宮大夫、同九年六月には大納言・左大将に昇り、政権の首座に着くとともに、前年没した左大臣良世のあとを承けて氏長者となる。七月醍醐天皇即位に際し正三位に昇叙。宇多上皇は新帝に与えたいわゆる『寛平御遺誡』の中で、時平を菅原道真とともに重用すべく諭して居り、権大納言・右大将となった道真とともに文書内覧を命ぜられた。昌泰二年(八九九)二月、時平は左大臣、道真は右大臣となり、延喜元年(九〇一)正月、ともに従二位に昇るが、その直後道真は女婿斉世親王の即位を策したとして廃立の罪に問われ、大宰権帥に左遷の形で配流された。これは時平を中心とする藤原氏・源氏の工作といわれ、後世道真に対する尊崇の深化とは対照的に、彼は悪人視された。しかし政治家としての資質に優れ、説話などでは剛毅・磊落な性格を伝えている。また、よく醍醐天皇を輔佐していわゆる「延喜の治」を推進した。同七年正二位、同九年四月四日、三十九歳で没。太政大臣・正一位を贈られる。男子のうち顕忠が右大臣に昇ったが、保忠・敦忠は納言で没し、女子の仁善子は東宮保明親王に嫁したが親王は早世、ついで所生の慶頼王が立坊したが夭折し、道真の怨霊の祟といわれた。ほかに敦実親王室(源雅信・重信母)、藤原実頼室(頼忠母)らの女子があった。

参考文献『大日本史料』一ノ四、延喜九年四月四日条、服藤早苗「元服と家の成立過程—平安貴族の元服と叙位—」(前近代女性史研究会編『家族と女性の歴史』古代・中世所収)、竹内理三「口伝と教命」(『律令制と貴族政権』二所収)、村井康彦「藤原時平と忠平」(『歴史教育』一四ノ六)　(黒板　伸夫)

又宇治墓《またのうじのはか》　所在は不明。没後太政大臣を追贈され、墓は遠墓に列した。時平は天皇の外祖父ではないが、生前の権勢によって頒幣の例に入ったものであろう。『延喜式』諸陵寮は又宇治墓として載せ、墓戸一烟が配されていて兆域の記載を欠く。現在宇治陵が治定されている京都府宇治市木幡一帯の地は、藤原氏一門の埋葬の地で、同陵域内の三十番神塚には時平塚の称もあって、時平の墓とする伝承がある。　(戸原　純一)

ふじわらのとくし　藤原得子　⇨美福門院《びふくもんいん》

ふじわらのとしいえ　藤原俊家　一〇一九—八二　平安時代中期の公卿。号大宮右府、壬生。寛仁三年(一〇一九)生まれる。御堂関白藤原道長の孫。右大臣藤原頼宗の第二子、母内大臣藤原伊周女。長元四年(一〇三一)十

三歳で元服、従五位上。後一条朝の末から後朱雀朝の蔵人頭、長暦二年(一〇三八)参議。大蔵卿・右衛門督・左衛門督・検非違使別当・按察使・民部卿を歴任、承暦四年(一〇八〇)正二位右大臣、永保二年(一〇八二)十月二日没。六十四歳。催馬楽の名手で、『古事談』『続古事談』『古今著聞集』などに逸話がみえる。日記『大右記』があり、子孫は中御門・持明院・一条・坊門などに分流した。

参考文献 『栄花物語』 (平林 盛得)

藤原俊成花押

ふじわらのとしなり 藤原俊成 一一一四―一二〇四 平安・鎌倉時代前期の歌人。「俊成」は、通常「しゅんぜい」と音読される。御子左家権中納言藤原俊忠の三男として永久二年(一一一四)に生まれた。母は伊予守藤原敦家の女。十歳で父と死別、葉室顕頼の養子となり、名を顕広といったが、仁安二年(一一六七)に本流に復するとともに俊成と改め、安元二年(一一七六)九月二十八日、重病によって出家。法名、釈阿。住居が京都五条にあり、正三位に達したので、五条三位と呼ばれた。元久元年(一二〇四)十一月三十日に入寂。九十一歳。墓は現在、京都市東山区本町の東福寺南明院にある(葬られた当時は法性寺の寺領であった)。大治二年(一一二七)正月十九日に従五位下に叙せられ美作守に任ぜられて以後、加賀守・遠江守・三河守・丹後守・左京大夫などを歴任。仁安元年八月二十七日に従三位に、翌二年正月二十八日に正三位に叙せられ、嘉応二年(一一七〇)七月二十六日に皇后宮大夫に、承安二年(一一七二)二月十日に皇太后宮大夫に任ぜられた。十八、九歳の天承・長承ごろから作歌を始め、それから三、四年の間に藤原為忠家の二度の百首歌に作者となるなどして、のちの大原三寂・西行らとも親しく交わるようになった。保延四年(一一三八)に藤原基俊に入門して歌学を学んだが、作歌の上では源俊頼に私淑した。保延六、七年に詠んだ『述懐百首』によって歌才が認められ、久安六年(一一五〇)崇徳院主催の『久安百首』の作者に加えられてから声望が高まり、仁安元年に『中宮亮重家朝臣家歌合』の判者となったのをはじめとして、歌壇の指導者としての地位を獲得。治承二年(一一七八)には守覚法親王の要請により自撰歌集『長秋詠藻』を献上、後白河院の院宣により文治四年(一一八八)に成立した『千載和歌集』の撰者にもなった。『千載和歌集』成立以後ますます円熟し、『新古今和歌集』成立の直前まで長寿を保ち、子息の藤原定家ら新古今時代の新進歌人たちを育成した。その時期に、建久元年(一一九〇)の『五社百首』、正治二年(一二〇〇)の後鳥羽院主催『正治初度百首』、建仁元年(一二〇一)の後鳥羽院主催『千五百番歌合』百首などの力作、重要な判詞を遺した建久四年の『六百番歌合』、建久九年ごろの『慈鎮和尚自歌合』、建久八年に式子内親王に献上した歌論書『古来風体抄』、研究書『万葉集時代考』『古今問答』などがあり、定家が正治二年の『正治初度百首』の作者に加えられることを請願した『和字奏状』もある。また、建仁元年七月に設置された和歌所の寄人にも加えられ、建仁三年十一月には歌人としての功績で、後鳥羽院から九十の賀を賜わった。その実作の道は、人間的真実に根ざし、古典からも積極的に摂取しつつ、感覚と想像力とを高揚させた優艶の美を深めて象徴的な歌境を成就するという幽玄美創造の道であり、中世美学に及ぼした影響が大きい。

参考文献 『大日本史料』四ノ八、元久元年十一月三十日条、谷山茂『藤原俊成―人と作品―』(『谷山茂著作集』五)、松野陽一『藤原俊成の研究』 (峯村 文人)

ふじわらのとしなりのむすめ 藤原俊成女 生没年不詳 鎌倉時代前期の歌人。皇太后宮大夫俊成卿女・侍従具定母・嵯峨禅尼・越部《こしべ》禅尼。中御門中納言藤原家成男右少将尾張守盛頼を父とし、俊成の女八条院三条を母として承安元年(一一七一)ごろ出生。祖父俊成に養わる。土御門内大臣源通親男通具の妻となり一男(具定)一女を生んだが、通具は土御門天皇乳母按察局と結婚。後鳥羽院歌壇に招かれて、『千五百番歌合』に加えられ、建仁二年(一二〇二)七月参院。以後の歌壇活動はめざましく、『新古今和歌集』に二十九首入集。建保元年(一二一三)出家後も順徳院内裏歌壇で活躍、『内裏名所百首』などにも参加。承久の乱後数年、安貞元年(一二二七)夫通具の死後嵯峨に隠棲。新勅撰集撰進に際し家集を自撰した。仁治二年(一二四一)藤原定家の没後、播磨国越部荘に下向。建長三年(一二五一)為家が『続後撰和歌集』を撰した折、『越部禅尼消息』を書き送る。その後程なく没す。八十三歳くらい。勅撰入集百十六首。なお『無名草子』の作者に擬せられる。

参考文献 石田吉貞『新古今世界と中世文学』、森本元子『俊成卿女の研究』 (森本 元子)

ふじわらのとしひと 藤原利仁 生没年不詳 平安時代中期の軍事貴族。民部卿藤原時長の子。母は越前国人秦豊国の女。越前国の豪族有仁の女婿として当国に留住しながら(館跡伝承地は福井県敦賀市御名《ごみょう》に所在)、摂関家に出仕。延喜十一年(九一一)上野介となり、以後、上総・武蔵など坂東の国司を歴任。この間、群盗蜂起の鎮圧に活躍し(『鞍馬蓋寺縁起』)、鎮守府将軍にも任命された。十世紀半ばから十一世紀初めごろにかけて鎮守府将軍に代々任じられた秀郷流藤原氏は姻戚関係によって利仁の坂東における地盤を継承した可能性がある。十二世紀初頭の段階において、利仁は加賀・越前斎藤氏などの共通の祖と仰がれ、また王朝国家初期の代表的武官として伝説化されており、『今昔物語集』二六の「芋粥」の説話は有名である。

参考文献　浅香年木『古代地域史の研究』、同『治承・寿永の内乱論序説』、野口実『坂東武士団の成立と発展』、同『伝説の将軍藤原秀郷』、戸田芳実『日本領主制成立史の研究』、高橋昌明「将門の乱の評価をめぐって」(『文化史学』二六)、保立道久「庄園制的身分配置と社会史研究の課題」(『歴史評論』三八〇)

(野口　実)

ふじわらのとしゆき　藤原敏行　?―九〇一　平安時代前期の歌人。三十六歌仙の一人。『小倉百人一首』の作者。『古今和歌集目録』は「延喜七年(九〇七)卒」と記すが、『家伝』の「昌泰四年(延喜元、九〇一)卒」とある記事をも引く。藤原南家の陸奥出羽按察使富士麻呂の長子、母は紀名虎の女で、妻は在原業平室の妹。貞観八年(八六六)内舎人から少内記に任じ、大内記、六位蔵人を経て叙爵、地方官から右兵衛佐となり、仁和二年(八八六)右少将、同四年五位蔵人、寛平六年(八九四)権中将、同七年蔵人頭。従四位上右兵衛督にまで昇った。『是貞親王歌合』や『寛平御時后宮歌合』などに出詠、宇多朝の宮廷歌壇で活躍し、紀友則ら卑官の専門歌人との交際があって、彼らの宮廷歌壇への登用に努めた。感覚の繊細さや機智性、また整った韻律などに宮廷歌人の風雅を示しているが、心情吐露の作もある。『古今和歌集』十九首、『後撰和歌集』四首入集(その後の勅撰集に計六首)し、その両集入集歌を主として没後に集められた小家集を原型とするのが三十六人集所収の『敏行集』である。歌人としては六歌仙時代と撰者時代の橋渡し的存在で、また能書として知られ(神護寺鐘銘など)、『江談抄』『今昔物語集』などに逸話が伝えられる。

藤原敏行自署

参考文献　『大日本史料』一ノ三、延喜元年是歳条、村瀬敏夫「藤原敏行伝の考察」(早稲田大学平安朝文学研究会編『(岡一男博士頌寿記念論集)平安朝文学研究』所収)、菊池成子「敏行」(『一冊の講座―日本の古典文学』四所収)

(藤平　春男)

ふじわらのともいえ　藤原知家　一一八二―一二五八　鎌倉時代の歌人。六条。父は正三位顕家、母は伊予守源師兼女。寿永元年(一一八二)生まれる。承久元年(一二一九)従三位、寛喜元年(一二二九)正三位、暦仁元年(一二三八)病により出家(法名蓮性)、正嘉二年(一二五八)正月没。七十七歳。『内裏名所百首』、『中殿和歌御会』(絵図に似顔がある)、『石清水若宮歌合』その他に出詠、嘉禎元年(一二三五)自歌合の『日吉社歌合』に藤原定家の判を、寛元元年(一二四三)の『河合社歌合』に藤原為家の判を受けたが、次第に反御子左家に傾き、『百三十番歌合』において為家の判詞に納得せず、後嵯峨院に陳状を奉った(『蓮性陳状』)。私撰集『明玉集』を撰び、家集もあったらしいが、いずれも散佚した。

参考文献　橋本不美男・福田秀一・久保田淳編『建長八年百首歌合と研究』下(『未刊国文資料』三期一七)、福田秀一『中世和歌史の研究』、井上宗雄『中世歌壇史の研究―南北朝期―』、同「六条藤家の盛衰」(『国文学研究』一五)、鈴木徳男「建保期の藤原知家」(『中世文芸論稿』三)、同「貞永期の藤原知家」(『国文学論叢』二三)

(濱口　博章)

ふじわらのとよなり　藤原豊成　七〇四―六五　奈良時代の貴族。武智麻呂の長子として慶雲元年(七〇四)に生まれた。不比等の孫にあたり、同母弟に仲麻呂がある。母については安倍朝臣貞吉の娘とする説と、安倍真虎の娘とする説とがあるが、いずれにせよ右大臣従二位阿倍朝臣御主人《みうし》の孫娘であったらしい。養老七年(七二三)に内舎人で兵部大丞を兼ね、翌神亀元年(七二四)に従五位下に昇った。以後順調に昇進し、天平九年(七三七)に不比等の男子四人が疫病で死ぬと、藤原氏からただ一人、参議として太政官に入った。天平勝宝元年(七四九)に右大臣に任ぜられ、天平宝字元年(七五七)には正二位に叙されたが、この年に起った橘奈良麻呂の乱に、第三子の乙縄が関係したとして大宰員外帥に左遷された。しかし天平宝字八年に弟の仲麻呂が乱を起すと、右大臣に復し従一位に昇せられた。翌天平神護元年(七六五)十一月二十七日に没した。六十二歳。『正倉院文書』に、中納言藤原宅から写経所に料紙を進めたことがみえる。また信楽京にあった筑紫帥藤原殿の板殿二宇を造石山院所に売却したことがみえ、紫香楽にも宅があったことが知られる。

(長山　泰孝)

藤原豊成自署

ふじわらのながかた　藤原長方　一一三九―九一　平安時代後期の公卿。保延五年(一一三九)に生まれる。本名憲頼。父は院の近臣藤原顕長。母は権中納言藤原俊忠の女。父の知行国の受領を歴任した後、平治の乱前後から蔵人・弁官となり、さらに検非違使に任じられて実務に長じ、蔵人頭を経て安元二年(一一七六)参議に任じられ、公卿となった。「当世之名士」「末代之才士」と称され(『玉葉』)、治承四年(一一八〇)の源頼朝の謀反の議定では、平氏におもねず後白河院政の復活や、流罪の藤原基房の帰京を主張した話は『古今著聞集』の政道忠臣として載せられたエピソードである。また『続古事談』にも高く評価されている。三条中納言と称した。建久二年(一一九一)三月十日没。五十三歳。

参考文献　『大日本史料』四ノ三、建久二年三月十日条、五味文彦『書物の中世史』

(五味　文彦)

ふじわらのなかざね　藤原仲実　一〇五七―一一一八　平安時代後期の歌人。藤原式家流、越前守能成の男。母は源則成の女。天喜五年(一〇五七)生まれる。二十歳代後半に白河天皇の六位蔵人、応徳二年(一〇八五)叙爵。陽明門院院司として紀伊などの国守となり、寛治五年(一〇九一)四宮篤子内親王(陽明門院養女)の入内により、その乳母子としての親近から家司を兼ね、嘉保元年(一〇九四)中宮篤子の権大進。備中守当時その財力で中宮御所堀河殿を造進、のち越前守となり中宮亮を兼ね、永久二年(一一一四)篤子死去まで側近に侍した。元永元年(一一一八)三月二十六日没。六十二歳。中宮職時代は源俊頼らの堀河天皇歌壇の一員として備中守仲実朝臣女子根合を催し、『堀河院百首』など公私の歌会・歌合に出詠。散位以後は『永久四年百首』を勧進し、歌合の判者となり、歌学者として『綺語抄』など多くの学書を著わした。和歌は『金葉和歌集』以下の勅撰集に二十三首入集。

藤原仲実花押

参考文献　『大日本史料』三ノ一九、元永元年三月二十六日条、橋本不美男『院政期の歌壇史研究』　(橋本不美男)

ふじわらのながて　藤原永手　七一四―七一　奈良時代後期の貴族、政治家。藤原北家房前の次男。母は牟漏女王。和銅七年(七一四)生まれる。天平九年(七三七)従五位下に叙せられ、累進して天平勝宝六年(七五四)従三位、翌八年参議を経ずに権中納言に任じ(『公卿補任』)、翌年中納言になった。橘奈良麻呂の乱では与党の勘問にあたり、その後天平宝字八年大納言、天平神護二年(七六六)右大臣、さらに左大臣に転じたが、政治の実権は法王道鏡のもとにあった。宝亀元年(七七〇)称徳天皇が崩ずると、直ちに藤原百川らと策を禁中に定め、白壁王(光仁天皇)を擁立し、道鏡の動きを封じた。光仁天皇が即位すると永手は正一位に叙せられたが、翌二年二月二十二日没した。ときに左大臣正一位。年五十八。天皇ははなはだ痛惜し、宣命を賜い太政大臣を贈られた。『万葉集』一九に天平勝宝四年大倭守のときの歌一首がある。長岡大臣と称せられた。　(林　陸朗)

藤原永手自署

ふじわらのながとう　藤原長能　生没年不詳　平安時代中期の歌人。「ながよし」ともいう。家系は、藤原北家長良流。出生は、天暦三年(九四九)か。父は、正四位下伊勢守倫寧。母は、刑部大輔源認女。道綱母の異母弟。同母説も。帯刀先生、右近将監、左近将監、蔵人、近江少掾、図書頭、上総介を経て、従五位上伊賀守に至った。中古三十六歌仙の一人で、天延三年(九七五)三月十日藤原為光家歌合、寛和元年(九八五)・同二年内裏歌合、長保五年(一〇〇三)五月十五日藤原道長家歌合などに出詠し、『拾遺和歌集』以下の勅撰集におよそ五十九首入集、家集の『長能集』を残している。花山院の側近として親しく仕えていたらしく、院の撰とされる『拾遺和歌集』の編纂にも何らかの形で関与していたのではないかと考えられる。また、能因と歌道では最初の師弟関係があったといわれ、能因撰の『玄々集』には入集歌では最多の十首収められている。没したのは、寛弘六年(一〇〇九)正月二十八日伊賀守に任じられて間もなく、六十歳過ぎのころか。

参考文献　『大日本史料』二ノ六、寛弘六年正月二十八日条、平安文学輪読会編『長能集注釈』、犬養廉『平安　和歌と日記』　(小町谷照彦)

ふじわらのなかなり　藤原仲成　七六四―八一〇　平安時代前期の官人。藤原式家、藤原種継の長子。母は粟田道麿女。薬子の兄。天平宝字八年(七六四)生まれる。父暗殺後の延暦四年(七八五)十一月叙爵。その後、出羽守、出雲守を経て右少弁、左少弁、左中弁と昇進し、延暦二十年従四位下となり、大宰大弐に任命された。平城朝には右兵衛督、右大弁を歴任し大同四年(八〇九)四月には北陸道観察使に昇った。ついで大蔵卿を兼ねたが同五年六月観察使廃止とともに参議となった。妹薬子とともに平城天皇の寵遇を得、勢力を振るった。弘仁元年(八一〇)九月十日、いわゆる「薬子の変」が発覚すると直ちに京において捕えられ、右兵衛府に禁錮の後、首謀者として翌日射殺された。四十七歳。『日本後紀』には、「性狼抗、使レ酒、或昭穆無レ次、忤二於心一不レ憚二掣蹶一」と酷評され、妻の姨を暴行しようとしたことや伊予親王母子に無実の罪をきせ自殺させたことなどが記されている。『日本後紀』は「薬子の変」の事実上の責任者であった平城天皇を表面に出さず薬子兄弟に全責任を負わせようとする傾向があり、事実確定には慎重な配慮が必要である。ただ、上皇の寵のみに依拠した仲成らの行動が多くの官人たちの反感を買うものであったことは事実であろう。

参考文献　橋本義彦『平安貴族』(『平凡社選書』九七)　(玉井　力)

ふじわらのなかひら　藤原仲平　八七五―九四五　平安時代中期の公卿。枇杷左大臣と称される。父は藤原基経、母は人康親王の女。貞観十七年(八七五)に生まれる。仁和二年(八八六)二月正五位下に叙位。右近衛少将・右近衛中将などを経て、延喜元年(九〇一)三月蔵人頭、同八年二月に参議となった。同十七年正月従三位・中納言、延長五年(九二七)正月大納言、承平三年(九三三)二月には右大臣に進んだ。同七年正月には左大臣に転じ、天慶二年(九三九)十一月輦車《れんしゃ》を聴された。同八年九月一日出家し、法名を静覚と号した。時に、左大臣正二位兼左近衛大将皇太子傅。同月五日、七十一歳で没した。弟の忠

平に大臣就任を超されたが、世人からは性格温和で蓄財の才に長けていたとの評を得た。作歌は『古今和歌集』以下の勅撰集に入集し、伊勢との歌の交流が『伊勢集』に収録されている。

参考文献　『大日本史料』一ノ八、天慶八年九月一日条　（加藤　友康）

藤原仲文画像(佐竹本「三十六歌仙切」)

ふじわらのなかぶみ　藤原仲文　九二二―九二　平安時代中期の歌人。三十六歌仙の一人。信濃守公葛の男。延喜二十二年(九二二)生まれる。天暦年間(九四七―五七)に東宮蔵人になり、康保四年(九六七)従五位下、以後加賀守・伊賀守などを歴任し、貞元二年(九七七)正五位下になり、正暦三年(九九二)二月没す。七十一歳。清原元輔・大中臣能宣・藤原公任らと交遊があった。冷泉院の側近として仕えたほか藤原頼忠・藤原道兼にも仕える。家集に『仲文集』がある。『拾遺和歌集』以下に七首入集。

参考文献　『大日本史料』二ノ一、正暦三年二月是月条　（島田　良二）

藤原仲麻呂自署

ふじわらのなかまろ　藤原仲麻呂　七〇六―六四　奈良時代の貴族、政治家。南家武智麻呂の第二子。母は安倍貞吉の女、貞媛(一説に真虎の女)。慶雲三年(七〇六)生まれる。幼少の時から聡敏で書記にすぐれ、算術に精通し、はやくから頭角を現わした。天平六年(七三四)従五位下に叙せられ、同十二年の藤原広嗣の乱、ついで恭仁京造営、紫香楽宮行幸のころから政界に台頭し、同十三年民部卿に任じ、同十五年参議従四位上で左京大夫を兼ね、同十七年には民部卿で近江守を兼ねた。ことに光明皇后の信任を得て、大仏の造営を推進し、左大臣橘諸兄の勢力と対抗し、次第にそれを凌ぐ勢いになった。すなわち天平勝宝元年(七四九)大納言となり中衛大将を兼ね、さらに紫微中台を設置してその長官紫微令に任じ、以後ここを基盤として勢力を広め「枢機の政ひとり掌握より出で、豪族右族みなその勢をねたむ」(原漢文、『続日本紀』)という状況であった。同四年大仏開眼の日仲麻呂の田村第に孝謙天皇を迎えるなど天皇との連携も密であったが、同八年聖武上皇崩ずるや、翌天平宝字元年(七五七)天皇・皇太后とはかって皇太子道祖王を廃し、大炊王を皇太子に立てた。これより先、仲麻呂は大炊王を田村第に住まわせ亡男真従の婦粟田諸姉を娶せていたのである。他方仲麻呂は紫微内相となり、橘奈良麻呂のクーデターを未然に防いでその一党を滅ぼして地位を固めた。翌年大炊王即位して淳仁天皇となると仲麻呂は大保(右大臣)に任じ、恵美押勝の名を賜わり、功封三千戸・功田百町を下賜され、鋳銭・挙稲の権利と恵美家印を用いることを許された。また百官の官名を唐風に改め、四年仲麻呂は大師(太政大臣)に昇り、その男真先・訓儒麻呂・朝獦は参議になり、小湯麻呂・薩雄・辛加知・執棹は衛府関国司に任じ、その余の顕官はみな姻戚でないものはなく、ひとり権威を欲しいままにした。そして翌年仲麻呂の勢力下の近江国保良に副都を造営し、六年には正一位となり、近江の鉄穴二処を賜わり、また帯刀資人六十人を給うなどの特権を得た。しかし一方、孝謙上皇と淳仁天皇とは不和となり、上皇には道鏡が結び付いて勢力を強めていたのである。そして上皇は天皇から「国家の大事」を握る権限を奪うに至った。不安を感じた仲麻呂は八年九月都督四畿内三関近江丹波播磨等国兵事使に就き、軍事権の掌握を企図し、その兵の簡閲にかこつけて身辺の兵力を増強しようとした。このとき密告によって逆謀が露顕し、上皇方の軍と鈴印の争奪があったあと仲麻呂は近江に走り、官軍はこれを追った。仲麻呂は越前に入ろうとして近江高島郡に至って塩焼王をたてて今帝とし、愛発関に向かったが官軍に敗れ、舟で逃げたが、高島郡勝野鬼江で官軍の軍士石村石楯に捕らえられて斬られた。年五十九。その妻子・従党三十四人も斬られた。なお仲麻呂は生前『家伝』(『藤氏家伝』)を編纂したり、祖父不比等が首として選定し未施行であった『養老律令』を施行したり先祖顕彰に勤めることがあった。

参考文献　岸俊男『藤原仲麻呂』(『人物叢書』一五三)、野村忠夫『律令官人制の研究増訂版』、中川収『奈良朝政争史』(『歴史新書』一四)、同『藤原仲麻呂政権の

崩壊過程」(『奈良朝政治史の研究』所収)、角田文衛「恵美押勝の乱」(『律令国家の展開』所収)、岩橋小弥太「仁正皇太后と藤原仲麻呂」(『歴史教育』二ノ五)、木本好信『藤原仲麻呂政権の基礎的考察』 （林　陸朗）

ふじわらのながら　藤原長良　八〇二―五六　平安時代前期の官人。延暦二十一年(八〇二)生まれる。藤原冬嗣の長子。母は藤原真作女、尚侍美都子。良房・良相・順子(文徳天皇母)とは同腹の兄弟。また基経の実父であり、高子(陽成天皇母)の父でもある。弘仁十二年(八二一)昇殿し、内舎人を経て天長元年(八二四)叙爵。侍従、左兵衛権佐、左衛門佐などになり、同十年正五位下。やがて従四位下に昇り左右馬頭、蔵人頭、左兵衛督を歴任し、承和十一年(八四四)従四位上参議に任ぜられた。文徳朝に従三位、正三位を授けられ斉衡元年(八五四)権中納言となったが、同三年七月三日に没した。五十五歳。「志行高潔、寛仁有ㇾ度」(『文徳実録』斉衡三年七月癸卯条)と評され、仁明天皇の東宮時代に近侍し信任された。決して遅い昇進ではないが、仁明朝以降、弟の良房に先を越されている。しかし、兄弟間の関係は非常に良かったという。陽成天皇外戚の故をもって元慶元年(八七七)正一位左大臣、同三年太政大臣を追贈された。 （玉井　力）

ふじわらのなみふじ　藤原並藤　七九二―八五三　平安時代前期の陰陽家。父は豊前介藤原石雄。延暦十一年(七九二)生まれる。天長六年(八二九)従五位下に叙し、以後、筑後守・陰陽頭・和泉守などを歴任、承和七年(八四〇)再び陰陽頭に任じ、以後はずっと陰陽頭であった。同十四年加賀守を兼ね、嘉祥三年(八五〇)従五位上に進んだが、仁寿三年(八五三)五月十三日、六十二歳で没し、同日正五位下が加えられた。並藤は陰陽推歩の学をよくし、天文風星に明暁したと伝える。 （厚谷　和雄）

ふじわらのなりちか　藤原成親　一一三八―七七　平安時代後期の公卿。保延四年(一一三八)に生まれる。鳥羽院の寵臣藤原家成の三男、母は藤原経忠の女。父家成の知行国越後・讃岐の受領となり、後白河天皇の即位とともにその寵を得て少将・中将となった。平治の乱では藤原信頼と行をともにして解官された。しかし、平重盛の婿であった関係から死罪を免れ、その後は後白河院の「男のおぼえ」といわれるほどの寵を得て、仁安元年(一一六六)に従三位に叙され、公卿となった。しかし二条天皇の訴えと、延暦寺の衆徒の訴えにより、二度にわたり解官、配流されたが、そのつど後白河院の保護により復任し、後白河院の寵臣として権勢を振るった。やがて平氏の権力の圧迫を蒙り、望んだ右大将の官職に平宗盛が任じられたことから、ついに反平氏の謀計を後白河の近習西光や俊寛らとめぐらした。だが、摂津源氏の密告で計画は洩れ、治承元年(一一七七)に備前国に流され、ついで同年七月九日に殺害された。四十歳。

[参考文献]　五味文彦『院政期社会の研究』 （五味　文彦）

ふじわらのなりとき　藤原済時　九四一―九五　平安時代中期の公卿。小一条大将と称される。父は藤原師尹、母は藤原定方の女。天慶四年(九四一)に生まれる(『公卿補任』の一本によれば六月十日生まれ)。天徳二年(九五八)正月従五位下に叙位。侍従・左近衛少将・左中弁・春宮亮などを経て、天禄元年(九七〇)八月参議となった。天延三年(九七五)正月権中納言、貞元二年(九七七)十月右近衛大将を兼ね、天元元年(九七八)十月中納言に進み、同五年三月中宮大夫を兼ね、永観元年(九八三)八月権大納言、正暦元年(九九〇)六月左近衛大将を兼ね、同二年九月大納言に進んだ。その女娍子は、居貞親王(三条天皇)に入内したが、その立后を見ることなく、長徳元年(九九五)四月二十三日、正二位大納言兼左近衛大将で没した。五十五歳。死後、長和元年(一〇一二)四月に右大臣を追贈された。日記に『済時記』があり、『玉葉』治承四年(一一八〇)十二月二十三日条によれば、「小一条大将済時卿自筆記三巻」の存在が知られるが、現在は写本の一部が伝存するにすぎない。また、琴の名手としても聞え、作歌は『拾遺和歌集』以下の勅撰集に入集している。

[参考文献]　『大日本史料』二ノ二、長徳元年四月二十三日条 （加藤　友康）

ふじわらのなりのぶ　藤原斉信　九六七―一〇三五　平安時代中期の公卿。太政大臣藤原為光次男。母は左少将藤原敦敏の女。康保四年(九六七)生まれる。天元四年(九八一)叙爵され、以後、永観二年(九八四)侍従、寛和二年(九八六)左少将、正暦五年(九九四)蔵人頭と累進し、長徳二年(九九六)従四位上で参議に任じられた。以後も、長保三年(一〇〇一)従三位で権中納言、寛弘六年(一〇〇九)正二位で権大納言、寛仁四年(一〇二〇)大納言に進んだ。この間、中宮大夫・民部卿などを兼任。長元八年(一〇三五)三月二十三日、六十九歳で没した。「病無くして死す」(『公卿補任』、原漢文)とある。政務に堪能で、一条朝の四納言の一人と称され、『江談抄』『古事談』『枕草子』などにも逸話がみえる。 （倉本　一宏）

ふじわらのねいし　藤原寧子　⇨広義門院《こうぎもんいん》

ふじわらののぶきよ　藤原信清　一一五九―一二一六　鎌倉時代前期の公卿。号は太秦内府・坊門内府。父は贈左大臣藤原信隆。母は大蔵卿藤原通基の女。平治元年(一一五九)生まれる。建久八年(一一九七)に従三位、翌年参議となり、建仁三年(一二〇三)には権大納言となる

藤原信清花押

藤原信清画像(『天子摂関御影』)

が、翌元久元年(一二〇四)辞任。建暦元年(一二一一)に還任し同年内大臣となるが、翌年辞任。建保三年(一二一五)に嵯峨別業で出家、翌四年三月十四日、五十八歳で没する。院近臣としても活躍した。

参考文献 『大日本史料』四ノ一三、建保四年三月十四日条 (槇 道雄)

ふじわらののぶざね 藤原信実 生没年不詳 鎌倉時代の歌人、画家。祖父は『今鏡』の作者かとされる藤原為経(寂超)、父は同じく歌人・画家の藤原隆信。母は中務少輔長重の娘。初名は隆実。中務権大輔・備後守・左京権大夫をつとめ、正四位下に叙せられる。この家系には歌人・画家が多いが、特に平安末・鎌倉・南北朝時代を通じて似絵《にせえ》といわれる分野に著名な画家を輩出したことで有名。歌人としては、鎌倉時代初期の有力歌人が世を

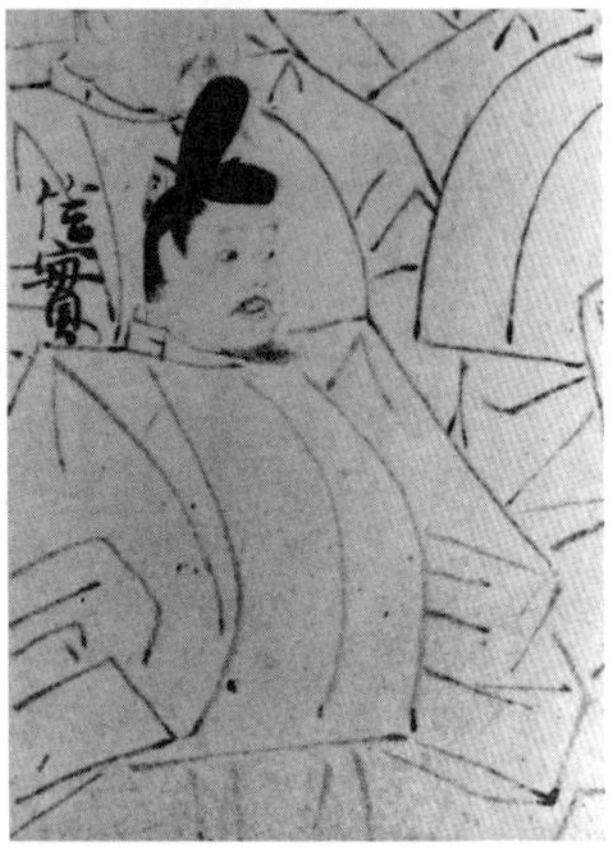

藤原信実画像(『中殿御会図』より)

去った後の鎌倉時代中期歌壇において相対立する御子左派と反御子左派双方と親交を持ちうる存在であった。家集に宝治二年(一二四八)ごろの編纂になると思われる『信実朝臣集』がある。勅撰集には百三十数首の入集をみる。その他『今物語』の作者といわれる。画家としての事蹟は同一家系の他の画家に比べると多彩である。『古今著聞集』に記される後鳥羽院の「御幸御あらまし」を描いた絹絵三巻や、似絵を好んだ後堀河院の命により描いた北面や随身の影、『高野日記』に記される「みなせ殿の四季の絵四巻」などについては伝えられる作品はない。しかし建保六年(一二一八)八月、順徳天皇の中殿御会の様を、参列した人々の面貌に興味の中心を置きつつ描いた記録絵的な『中殿御会図』は模本が現存する。また承久の乱後、隠岐配流となる直前に信実に描かせ七条院へ進ぜられたと『吾妻鏡』などの伝える「後鳥羽院像」は水無瀬神宮に現存する画像(国宝)にあたる可能性が非常に高いし、宝治元年の院随身を描いた『随身庭騎絵巻』(大倉文化財団蔵、国宝)の一部を信実筆とする説がある。その他、安貞元年(一二二七)の「正治元年(一一九九)新日吉小五月図」(藤原為家が信実に描かせて後堀河院の内裏に持参)、寛喜二年(一二三〇)の嵯峨における「善導大師影」模写、天福元年(一二三三)の「九条大納言撰三十六歌仙絵」などの事蹟を知ることができるがいずれも作品は残らない。これらの画蹟をみると題材は人物画、それも似絵といわれる分野での仕事が注目される。制作の時期はほぼ後鳥羽・後堀河院の時代に集中している。鎌倉時代における似絵の流行は後堀河院の仰により成った『似絵詞』(東洋文庫蔵)や現存する諸作品などから窺えるが、信実とその家系に連なる画家たちを抜きにしては考えにくい。宝治二年ごろ出家して法名を寂西と号した。文永三年(一二六六)の竟宴を境に当世篇と故人篇に分けて作成された『続古今集作者目録』の当世篇に名を載せるため少なくとも同年までは存命しており、没年はそれから数年後のことと推定されている。その生年については、宝治二年七十三歳あるいは文永二年八十九歳を没年とする資料から逆算した安元二年(一一七六)あるいは治承元年(一一七七)とする通説は信実自身の歌に詠まれた年齢と矛盾しない。

参考文献 井上宗雄「藤原信実年譜考証―承久まで―」(森本元子編『和歌文学新論』所収)、久保田淳「藤原信実試論」(『和歌文学研究』五)、米倉迪夫「藤原信実考」(『美術研究』三〇五) (米倉 迪夫)

ふじわらののぶなが 藤原信長 一〇二二―九四 平安時代の公卿。関白藤原教通の三男。母は大納言藤原公任の女。治安二年(一〇二二)誕生。長元五年(一〇三二)従五位下に叙されて以来、蔵人・右近衛権中将・蔵人頭を経て、長久二年(一〇四一)従三位に昇り、さらに累進して延久元年(一〇六九)大納言より内大臣に昇り、承暦四年(一〇八〇)にはついに太政大臣に進み、寛治二年(一〇八八)従一位に叙されたが、その数日後に致仕した。その間、関白教通の没後、関白の座をめぐって藤原頼通の嫡男、左大臣藤原師実と競いあったと伝えられている。嘉保元年(一〇九四)九月三日、老病により出家、同日没した。七十三歳。九条烏丸に邸宅を構えたので、九条太政大臣と称された。また邸地に建立した城興寺は、没後に白河上皇の御願寺に寄進され(『中右記』)、その後付属の荘園とともに後白河上皇に伝領されたが、上皇の崩後、後院領となって後鳥羽天皇に伝えられた(『山槐記』『玉葉』)。

参考文献 『大日本史料』三ノ三、嘉保元年九月三日条 (橋本 義彦)

ふじわらののぶふさ 藤原宣房 ⇨万里小路宣房《までのこうじのぶふさ》

ふじわらののぶより 藤原信頼 一一三三―五九 平安時代後期の公卿。長承二年(一一三三)に生まれる。父は鳥羽院の近臣藤原忠隆、母も同じ院近臣藤原顕頼の女。父の知行国土佐・武蔵の受領を歴任し、保元の乱後には

藤原信頼花押

後白河天皇の「あさましき程に御寵ありけり」といわれるほどの寵を得て、中将・蔵人頭を経て保元三年(一一五八)二月、二十六歳で参議に任じられ、同年には中納言に任じられた。その急速な官位昇進を藤原信西に警戒され、右大将の望みを断たれたことから、保元の乱後の所遇に不満をもつ源義朝を語らって平治の乱をおこした。院・天皇をおさえ、信西を討って乱に勝利したかにみえたが、帰京した平清盛が差し出した主従の礼をとる名簿に心を許したことから情勢は一変。院・天皇を清盛の六波羅邸に奪回されて孤立し、平氏との戦に敗れた。そして、東国に敗走する義朝に見捨てられ、ついに捕えられて平治元年(一一五九)十二月二十七日、六条河原で斬刑に処せられた。二十七歳。幼時からの激しい性格もあって悪右衛門督と称せられた。

参考文献 五味文彦『院政期社会の研究』

(五味 文彦)

ふじわらののりすえ　藤原範季　一一三〇―一二〇五　平安・鎌倉時代前期の公卿。父は藤原能兼。母は高階為賢の女。のち兄範兼の養子となる。大治五年(一一三〇)生まれる。久安六年(一一五〇)十二月穀倉院の学問料を賜わり、仁平二年(一一五二)十二月秀才。保元三年(一一五八)正月叙爵。以降、近江・常陸・上野などの受領を歴任。承安三年(一一七三)七月上野介を辞し、猶子範光を知行国紀伊守に申任した。安元元年(一一七五)式部権少輔、翌年院分国陸奥守を兼任。治承三年(一一七九)

藤原範季花押

十一月の平氏のクーデターで解官。寿永元年(一一八二)三月還任。元暦元年(一一八四)九月再び院分国備前守を兼任、文治元年(一一八五)正月木工頭。範季は本来九条兼実の家司であり、養和元年(一一八一)十二月以降後白河院庁の別当としてみえ、院の近臣でもあった。文治二年十一月源義経同意の罪で解官。同五年出仕を許され、建久八年(一一九七)十二月従三位。範季は後鳥羽天皇を幼いころ養育し、娘範子(のち改め重子、修明門院)が順徳天皇を生むなど、後鳥羽院の近臣でもあった。建仁三年(一二〇三)正月従二位。元久二年(一二〇五)五月十日、七十六歳で没す。

参考文献 『大日本史料』四ノ八、元久二年五月十日条

(菊池 紳一)

ふじわらののりなが　藤原教長　一一〇九―?　平安時代後期の公卿。大納言藤原忠教の次男。母は大納言源俊明の女。『公卿補任』記載の年齢から逆算すると、天仁二年(一一〇九)の誕生となる。元永二年(一一一九)従五位下に叙され、侍従・近衛少将・同中将を経て、崇徳天皇の保延四年(一一三八)蔵人頭に補され、永治元年(一一四一)参議に昇った。ついで天皇の譲位後、新院別当となり、正三位に進んだが、保元元年(一一五六)正月参議・中将両官を辞し、左京大夫に遷った。しかし同年七月、崇徳上皇の挙兵に随従し(保元の乱)、敗走して広隆寺に入り、出家して観蓮と号したが、捕えられて常陸国に配流された。応保二年(一一六二)召還され、帰京後しばらくして高野山に入り、山と京の間を往反していたらしい。没年は治承二年(一一七八)から同四年の間とされるが、治承四年の死没とすれば七十二歳である。教長は能書の誉れ高く、晩年書道の口伝『才葉抄』を著わし、また和歌にも長じ、『古今集註』を述作した。私家集『貧道集』は、その伝記の好資料である。

参考文献 多賀宗隼「参議藤原教長伝」(『鎌倉時代の思想と文化』所収)、岩橋小弥太「藤原教長」(『国語と国文学』三〇ノ一二)

(橋本 義彦)

ふじわらののりなが　藤原範永　生没年不詳　平安時代中期の歌人。長良流中清の男。母は藤原永頼の女。長和五年(一〇一六)蔵人、のち尾張守・但馬守・阿波守などを歴任、康平七年(一〇六四)摂津守に任じ、延久二年(一〇七〇)ごろ出家、津入道と号した。永承五年(一〇五〇)祐子内親王家歌合・天喜四年(一〇五六)皇后宮春秋歌合など藤原頼通期の歌界に活躍、受領層歌人たちと広く交友、和歌六人党の一員として家集に『範永集』一巻がある。『後拾遺和歌集』以下勅撰入集三十首。

参考文献 千葉義孝「藤原範永試論―和歌六人党をめぐって―」(『国語と国文学』四七ノ八)、同「藤原範永の家集とその周辺」(『明星学苑研究紀要』一)

(犬養 廉)

ふじわらののりみち　藤原教通　九九六―一〇七五　平安時代中期の公卿。号大二条殿・大二条関白。長徳二年(九九六)六月七日生まれる。摂政太政大臣道長の男。母は左大臣源雅信女従一位倫子。寛弘三年(一〇〇六)元服。同七年従三位。権中納言・権大納言を経て治安元年(一〇二一)内大臣。永承二年(一〇四七)右大臣。康平元年(一〇五八)従一位。同三年左大臣。治暦四年(一〇六八)娘の後冷泉天皇女御歓子の立后を契機に、兄頼通から関白を譲られる。その直後、後冷泉天皇の死により後三条天皇が践祚。三条天皇皇女禎子内親王を母とする天皇は、東宮時代に関白頼通からさまざまな圧力を受けており、藤原氏に対する反感が強く、摂関家を抑えて積極的に親政を行なった。このため関白教通の実権は低下していった。『続古事談』には、藤原氏の氏寺である興福寺南円堂の造営を、大和国司の重任成功によって行おうとしたところ、天皇が強く反対したため、教通が藤原氏の公卿を朝議の場から退出させた話がみえる。教通自身こうした事態を避けるため、兄頼通とも対立しながら、後朱雀・後冷泉両天皇の後宮に娘を入れていたが、皇子の誕生がなかったのである。延久元年(一〇六九)左大臣を辞す。同二年太政大臣、翌三年辞す。同四年白河天皇が即位し関白となる。晩年には、頼通から先の関白移譲の折の約

東に従い、頼通の嫡子師実に関白を譲るよう求められたがこれを拒み続けた。教通としては嫡子信長に譲りたいとの意であったとされるが、結局教通の死後師実が関白となった。承保二年(一〇七五)九月二十五日、八十歳で没し、正一位を追贈された。『愚管抄』に父道長が教通を「ヨキ子」と思っていたとあり、故実に優れており、日記『二東記』を残している。（吉田　早苗）

ふじわらのはまなり　藤原浜成　七二四—九〇　奈良時代の公卿、歌学者。一名は浜足。神亀元年(七二四)に生まれる。贈太政大臣藤原不比等《ふひと》の孫。参議麻呂の子。母は稲葉国造気豆の娘で因幡国八上郡出身の釆女《うねめ》であった。宝亀三年(七七二)参議、天応元年(七八一)四月大宰帥《だざいのそち》として九州に赴任したが、わずか二ヵ月後に員外の帥に下げられた。翌延暦元年(七八二)閏正月に氷上川継《ひかみのかわつぐ》が都で謀反の嫌疑により流罪になると、妻の父であった浜成は参議・侍従の官を解かれ(帥だけは元のまま)、同九年二月十八日に任地で死んだ。六十七歳。『続日本紀』の薨伝に「天応元年、坐レ事左遷」とあるのによれば、彼にとっては九州ゆきそのものが政治色のある左遷だったのだろう。学者としての浜成は、ちょうど参議に任ぜられた宝亀三年の序跋をもつ『歌経標式』の著者として有名である。『続日本紀』に「略渉二群書一、頗習二術数一」と評されているのは、彼が儒教・仏教以外の雑学にも通じていたという意味で、その人物の一面をいい表わしているようである。（小沢　正夫）

ふじわらのひでさと　藤原秀郷　生没年不詳　平安時代中期の武人。後世、俵藤太と号する。俵の名は相模国の田原を領したことに由来するという(『結城系図』)。父は下野大掾村雄、母は下野掾鹿島の女と伝える。下野国の土豪として在地に勢力を扶植し、延喜十六年(九一六)同族とともに配流の処分を受け、延長七年(九二九)にも下野国司からその濫行を中央に訴えられている。天慶三年(九四〇)、平将門の乱にあたっては、下野押領使として平貞盛に協力、同年二月、将門を下野国に破り、下総国に追撃してこれを滅ぼした。同年三月、功により下野掾で従四位下に叙され、十一月には下野守に任じられた。子に千国・千晴・千常らがある。安和二年(九六九)の安和の変に千晴が関わり、配流されたことによって、秀郷の子孫の中央進出は阻まれたが、その子孫は小山氏・足利氏など、関東北部を中心に在地武力として勢力を誇った。中世には、豪勇の秀郷が近江の三上山の蜈蚣《むかで》を退治し、富と将軍の地位を得るといういわゆる俵藤太の伝承が発展し、御伽草子や絵巻として人々に親しまれた。明治十六年(一八八三)贈正三位、大正七年(一九一八)贈正二位。

参考文献　『大日本史料』一ノ九、天暦元年閏七月二十四日条、野口実『坂東武士団の成立と発展』、同『伝説の将軍藤原秀郷』（笹山　晴生）

ふじわらのひでひら　藤原秀衡　?—一一八七　平安・鎌倉時代前期の武士。奥州平泉藤原氏の三代目当主。保元二年(一一五七)、父基衡死去のあとをうけて、奥六郡の主となり、出羽・陸奥の押領使として、両国を管領することになった。秀衡三十六歳のころとされる。嘉応二年(一一七〇)五月二十五日に鎮守府将軍・従五位下、養和元年(一一八一)八月二十五日には陸奥守・従五位上に叙任された。秀衡の母は安倍宗任の女。前九年の役で敗れた安倍頼時の孫女にあたる。父方の秀郷流藤原氏の血脈に、母方の土着の俘囚長の血脈、この二つの血脈を兼ね合わせた秀衡の容姿は、現存のミイラにも明瞭に残されている。秀衡のミイラは中尊寺金色堂の西北壇の金棺内に納められた。昭和二十五年(一九五〇)の調査によれば、身長一六〇チセン前後。怒り肩の肥満体質であった。鼻筋が通り、顎の張った大きな顔であった。歯根が著しく暴露し、重度の歯槽膿漏をうかがわせる。虫歯もあった。軟弱の美食の結果かとされる。死因は骨髄炎性脊椎炎ないしは脊椎カリエスかと想定される(レントゲン検査による)。血液型はAB型。秀衡の遺体に副えられた、杖(木製)・念珠玉(木製・ガラス製)・水晶露玉(金装)・黒漆塗太刀鞘残片・羅・白綾・錦・金銅鈴などは、中尊寺の博物館(讃衡蔵)に展示されている。いずれも、京都のそれに勝るとも劣らない、当代一流の工芸品であった(朝日新聞社編『中尊寺と藤原四代』、中尊寺編『中尊寺御遺体学術調査最終報告書』)。秀衡の正妻は前民部少輔藤原基成の女。基成は康治二年(一一四三)—仁平三年(一一五三)の間に陸奥守をつとめること三度に及び、平泉二代の基衡と親しい間柄となった。任期が終わっても都に帰らず、衣川館に居を構えるに至った。秀衡の岳父として重大な発言力を有した。その女の腹に生まれた泰衡が、兄の国衡をさしおいて、秀衡の後継者となったのは当然である。国衡が「父太郎」「他腹之嫡男」とよばれたのに対して、泰衡は「母太郎」「当腹太郎」と称せられたという(『愚管抄』『玉葉』)。秀衡の館は金色堂の正方、無量光院の北にあり、平泉館《ひらいずみのたち》とよばれた。北上川の段丘に位置するその場所はいま、柳之御所とよばれている。無量光院は秀衡の祈願寺。新御堂《みどう》ともよばれた。阿弥陀丈六を本尊とする壮麗な建築は宇治平等院を上回る規模を誇った。加羅御所《からのごしょ》は秀衡の常の居所。無量光院東門の一郭を占める。この御所で起床の後、北向いの平泉館に赴いて政務を執るという、秀衡の日常生活が察せられる。平泉館の周辺、西木戸のあたりには、長男国衡・四男隆(高)衡(本吉冠者)らの家宅、泉屋の東には三男忠衡(和泉三郎)の家が、とりまくように建ちならんだ。後継者の次男泰衡は加羅御所を引きついだ。これらのうち、無量光院は昭和二十七年に発掘調査が行われ、本堂とその後方の建物、北廊・南廊、池と中島、中島内の建物(三宇)などが確認された(文化財保護委員会編『無量光院跡』)。本堂四壁扉には秀衡の手になる狩猟の図絵が描かれていたと伝え、武人(殺生人)なりの往生を願う気持のあらわれかとされる。平泉館(柳之御所)については、

北上川の改修工事に伴う緊急発掘が昭和六十三年に開始された(五ヵ年の計画)。初年度には遺跡の高台の崖下をとり囲む大溝、おびただしい量の土器《かわらけ》(土師質土器)、木製品、そして建物跡の柱穴群などが発掘された。今後の発掘の成果が期待されている(岩手県埋蔵文化財センター『柳之御所跡』)。秀衡の権力は、奥六郡の郡主(郡司)、さらには陸奥・出羽押領使という、父祖以来の官職によって基礎づけられていた。衣川以北の奥六郡の支配を根拠として、両国の一円に及ぶ軍事・警察の権限をつかさどる官職である。諸郡の郡司クラスを主体とする武士団十七万騎を統率する貫首となったのは、その官職によるところが大きい。鎮守府将軍の拝命はそれをますます進めることとなった。しかし、両国の民事・行政の実務までが、平泉に集中したということはない。両国の国司ならびに国衙(多賀城・城輪柵《きのわのさく》)の役割は失われることがなかった。秀衡が陸奥守となった数年間(養和元年―寿永三年(一一八四))は、その唯一の例外をなす時期であった。秀衡の財力は、奥州名産の金と馬によって支えられていた。たび重なる貢金・貢馬は、中央政界における秀衡の評価を高くし、京都文化の受入れ、さらには鎮守府将軍任命の条件をかたちづくった。永万元年(一一六五)大高山・刈田峯両社の年貢金を神祇伯家に進める。仁安二年(一一六七)後白河上皇の面前で行われた競馬に出走の二十頭のうち二頭を献上する、などのことが知られる。将軍就任後の承安三年(一一七三)には、高野山五大多宝塔ならびに皆金色釈迦如来像の開眼供養に際して、その莫大な費用を寄進して感謝をされている。「奥州鎮守府将軍藤原朝臣は、将帥累葉の家に生まれ、勢徳希有の人たり、しかうして仁義性を受け、仏法心に刻む、殊《こと》に真乗の教行を仰ぎて、専ら当山の仏法に帰す」(「高野検校阿闍梨定兼塔供養願文」、原漢文)という讃辞が残されている。陸奥守となった養和元年にも、東大寺の復興事業に助勢をしている。「奥州の猛者藤原秀平真人は殊に慇《いん》懃《ぎん》の志をあらはし、専ら知識の方便をめぐらす」(『東大寺造立供養記』、原漢文)と記されている。秀衡が陸奥守に任命されたのは平氏の推挙による。治承四年(一一八〇)に兵をあげた源頼朝の勢力を背後から牽制しようとする意図によるものである。この任命については、「天下の恥」なりとする公家側の批判があった(『玉葉』)。しかし、秀衡が白河関を越えることはなかった。文治元年(一一八五)、平家の滅亡によって、平泉は頼朝の最後の攻撃対象とされるに至った。源義経を匿ったことは、平泉を攻める絶好の口実にされた。その危機の最中の文治三年十月二十九日、平泉館にて、秀衡は死を迎えた。六十六歳という。義経を主君(大将軍)として、兄弟の和融を保ち、頼朝にあたるべしという遺言があり、祭文(起請文)が記された。秀衡の当時の妻を「他腹嫡男」の国衡に娶らせるという措置も命じられた。しかし、鎌倉の強圧の前に、秀衡の遺言はその実を結ぶことなく、水泡に帰した。

参考文献 『大日本史料』四ノ二、文治三年十月二十九日条、東北大学東北文化研究会編『奥州藤原史料』、佐々木博康校訂『奥州平泉文書』、『平泉町史』、高橋富雄『(奥州)藤原氏四代』(『人物叢書』一二)、平泉文化研究会編『奥州藤原氏と柳之御所跡』、同編『日本史の中の柳之御所跡』、小林清治・大石直正編『中世奥羽の世界』(『UP選書』一八五)、大矢邦宣「中尊寺金色堂内両脇壇再考」(『岩手史学研究』七〇)、同「奥州藤原氏五代」、大石直正『奥州藤原氏の時代』、入間田宣夫『都市平泉の遺産』

(入間田宣夫)

ふじわらのひでやす 藤原秀康 ?―一二二一 鎌倉時代前期の武将。従五位上大和守藤原秀宗の長子。母は伊賀守源光基の女。滝口、左兵衛尉兼主馬首、左衛門尉、下野守、武者所、上総介、若狭守、伊賀守、河内守、備前守、淡路守、検非違使、大夫尉、右馬助、能登守、従四位下。鳥羽殿十二間御厩造進の功により後鳥羽院御厩奉行、院の北面・西面に任ぜられる。検非違使として盗賊逮捕に活躍、また諸国の守も歴任し、院の寵臣となる。承久三年(一二二一)に承久の乱がおきると、上皇方の総大将となり、六月三日大手にあたる美濃国摩免戸《まめど》(岐阜県各務原市前渡西・東町)に出陣。官軍が敗れると警固の地を棄てて帰京。十二日、二千余騎を率いて再度食渡《じきのわたし》(岐阜県羽島郡岐南町)に出陣するが、宇治・勢多の戦いに敗れて逃走。弟の河内判官秀澄とともに南都に潜伏し、さらに河内国へ逃れるが、十月六日鎌倉方に捕えられ、八日京都六波羅に護送され、十四日乱の首謀者として処刑される。

参考文献 『大日本史料』五ノ一、承久三年十月六日条、平岡豊「藤原秀康について」(『日本歴史』五一六)

(久保田和彦)

ふじわらのひろつぐ 藤原広嗣 ?―七四〇 奈良時代の貴族。宇合の長男。藤原広嗣の乱の首謀者。式家の中心人物として、藤原氏の再建をめざしたが、その行動は急進的で、橘諸兄や玄昉・吉備真備と対立し、藤原氏内部でも孤立したらしい。このため、天平十年(七三八)十二月、大宰少弐に左遷された。彼は、同十二年八月末に上表文を提出して、玄昉と吉備真備を非難し、挙兵したが、その企ては失敗した。彼は肥前国松浦郡値嘉島《ちかのしま》へのがれたが、捕らえられて斬殺された。この乱によって、藤原式家は、一時衰退を余儀なくされた。

(栄原永遠男)

ふじわらのひろなり 藤原広業 九七六―一〇二八 平安時代中期の公卿、漢詩人。有国の子、母は藤原義友の女。貞元元年(九七六)生まれる。長徳三年(九九七)秀才、文章博士、式部大輔を経て、寛仁四年(一〇二〇)参議、従三位に叙せられ、のち勘解由長官を兼ねる。『史記』『千字文』の講書をはじめ、詩会の出題、詩序の製作など、早くから活躍するが、大江匡衡には及ばない(『小右記』)との評もある。弟資業とともに、儒家七家のうち西曹藤

家(日野流)の祖である。長元元年(一〇二八)四月十三日没。五十三歳。『本朝文粋』『本朝続文粋』『扶桑略記』『本朝小序集』に文が、『本朝麗藻』『類聚句題抄』『中右記部類紙背詩集』『新撰朗詠集』に詩句が残されている。

参考文献 川口久雄『三訂平安朝日本漢文学史の研究』、桃裕行『上代学制の研究』
(川口 久雄)

ふじわらのふささき 藤原房前 六八一―七三七 奈良時代の官人。藤原不比等の第二子で母は蘇我連子の女娼子。天武天皇十年(六八一)生まれる。永手・真楯・清河・魚名・御楯・楓麻呂・藤原夫人(聖武天皇の夫人)・宇比良古(藤原仲麻呂の室)などの父。藤原北家の祖。兄武智麻呂の南家に対し、居宅が北方に位置したため北家と称された。『万葉集』には房前を北卿と称した例もある。若くして行政能力にすぐれ、養老元年(七一七)には左大臣石上麻呂など要官の死をうけて朝政に参議、同五年従三位となった。元明上皇の信任あつく、同年十月の上皇の死にあたっては右大臣長屋王とともに遺詔を受け、また内臣として内廷・外廷の連絡の任にあたった。以後、授刀督・中衛大将として宮廷の武力を掌握、天平四年(七三二)には東海・東山両道節度使となったが、同九年四月十七日、流行した疫病のため参議民部卿正三位で没。『懐風藻』などに年五十七とある。同年十月正一位左大臣を贈られ、食封二千戸をその家に賜わり、天平宝字四年(七六〇)には転じて太政大臣を贈られた。『懐風藻』に詩三首、『万葉集』に作歌一首がある。
(笹山 晴生)

ふじわらのふじまろ 藤原富士麻呂 八〇四―五〇 平安時代前期の官人。藤原南家。藤原村田の第二子。母は県犬養以綱女。延暦二十三年(八〇四)生まれる。若くして大学に入り、『史記』『漢書』に通暁した。仁明天皇の東宮時代に信頼され、春宮少進となった。天長十年(八三三)三月天皇受禅とともに叙爵し右近衛少将に補任された。その後、承和の変の際には近衛を率いて、伴健岑・橘逸勢の捕縛に向かった。変後、正五位下右近衛中将に昇進し、承和十二年(八四五)には従四位下、翌年、陸奥出羽按察使となったが、この時、天皇は特に清涼殿に引見して赴任の労をねぎらった。嘉祥二年(八四九)勅によって京に呼びもどされたが、翌三年二月十六日背の疽のために没した。四十七歳。温雅な性格であったが弓馬にも長じており、士卒の心をよく把え、天皇から将帥の才有りと評価された。没時には「人皆これを悲惜す」と『続日本後紀』にある。
(玉井 力)

ふじわらのふひと 藤原不比等 六五九―七二〇 奈良時代の政治家。鎌足の第二子。史とも書く。母を車持国子の女与志古娘とし、不比等を天智天皇の皇胤とする説があるが、信用しがたい。斉明天皇五年(六五九)生まれる。幼時山科の田辺史大隅の家に養われたといわれ、不比等(史)の名はそれに由来しよう。持統天皇以後歴代の信任あつく、その女宮子は文武天皇の夫人となり、大宝元年(七〇一)首皇子(のちの聖武天皇)を生んだ。また持統天皇の信任する県犬養三千代との間に安宿媛(光明子)をもうけ、光明子が霊亀二年(七一六)、皇太子首皇子の妃となることにより、皇室と二重の姻戚関係を結んだ。文武天皇二年(六九八)、鎌足に賜わった藤原朝臣の姓は子不比等にのみ伝えることとされ、文武の死直前の慶雲四年(七〇七)四月には、歴朝に奉仕した功により食封五千戸を賜わり、不比等はうち二千戸のみを受けた。天平勝宝八歳(七五六)の『東大寺献物帳』に、草壁皇子(文武天皇の父)から不比等に賜わった黒作懸佩刀が、不比等から文武へ、文武の死後不比等へ、不比等の死後また首皇子へと継承されたとあることも、不比等と皇室との緊密な関係を物語る。政治の面では大宝元年直広壱から正三位に叙せられ、中納言から大納言となり、刑部親王のもとで『大宝律令』の編纂に活躍、和銅元年(七〇八)には右大臣に昇った。同年に始まる平城遷都の事業も、不比等が主唱した可能性が大きい。晩年には『養老律令』の編纂を主宰したが、養老四年(七二〇)八月三日、右大臣正二位、六十二歳で没(『懐風藻』は六十三歳とする)。太政大臣正一位を追贈された。『延喜式』諸陵寮には、大和国十市郡の多武岑墓を不比等の墓とする。のち天平宝字四年(七六〇)、近江国十二郡に封じられ、淡海公と称された。律令制の形成期にあって政務の運営を指導し、国家の基礎を固める上に大きく貢献するとともに、皇室との姻戚関係により、特権貴族としての藤原氏の地位を不抜のものとした。武智麻呂・房前・宇合・麻呂の四人の男子はそれぞれ藤原南家・北家・式家・京家の祖となって政界に活躍し、女子も長屋王・橘諸兄・大伴古慈斐など有力な皇族・貴族の室となった。平城京における不比等の居宅は宮城の東に隣接し、のち光明子に伝領され、法華寺となった。仏教の信仰厚く、父鎌足の開いた山階寺を飛鳥の厩坂から平城京に遷し、興福寺を建立、また同寺に維摩会を興した。同寺の北円堂は、養老五年、不比等の一周忌に創建された。『懐風藻』に詩五首を載せる。

参考文献 上田正昭『藤原不比等』(『朝日選書』三二〇)、高島正人『藤原不比等』(『人物叢書』二一二)
(笹山 晴生)

多武峯墓《とうのみねのはか》 伝不比等(淡海公)の墓は三ヵ所にある。養老四年(七二〇)八月不比等は六十三歳(『懐風藻』)で死ぬ。天平二年(七三〇)墓前祭を催すが、埋葬地の記録はない。『延喜式』諸陵寮に、近墓として「多武岑墓(贈太政大臣正一位淡海公藤原朝臣、在㆓大和国十市郡㆒、兆域東西十二町、南北十二町、無㆓守戸㆒)」とあるが、同書内閣文庫本の書入れに「国史並貞観式云、大織冠墓云々、今文已違㆑式誤也」とあるように、父鎌足の墓とかんがえられたこともあった。また『江家次第』では「八墓大和国一所(多武峯淡海公)」としている。現在、奈良県桜井市多武峯にある談山神社の十三重塔婆(現建物は天文元年(一五三二)再建、重要文化財)を、これにあてている。

しかし、『公卿補任』養老四年条に「十月八日戊子、火㆓葬佐保山推山岡㆒、従㆓遺教㆒也」とあり、『帝王編年記』には「養老四年八月三日薨、六十二、葬㆓佐保山㆒」とある。『聖蹟図志』によると、聖武天皇佐保山南陵の西に「淡海公」と記した小山を描いている。奈良市法蓮町北畑に通称、西淡海公・東淡海公の二基の墳墓がある。これは聖武天皇陵の西北にある陪塚で、い号・ろ号と名付ける。い号は径約三〇メートルの円墳、現在の高さ約二メートル、雑木が茂る。その東方にあるろ号は南北約二五メートル、東西約三五メートル、高さ五メートルの円墳である。野淵竜潜『大和国古墳取調書』(明治二十六年(一八九三))には『山陵廻日記』を引用し不比等の墓とするものの、い号を火葬地、ろ号を墓所とする。い号では焼土などは認められない。『奈良市史』考古編(昭和四十三年(一九六八))では藤原宮子(不比等の女)の佐保山西陵をどちらかにあてようと示唆している。いずれも談山神社、聖武天皇陵とのかかわりによって想定されており、考古学的には実証できていない。

(猪熊　兼勝)

ふじわらのふゆお　藤原冬緒　八〇七―九〇　平安時代前期の公卿。父は豊伴、母は大伴永主の女。大同二年(八〇七)生まれる。承和十年(八四三)勘解由判官となり、蔵人・右少弁などを経て、嘉祥三年(八五〇)惟仁親王の立太子により春宮亮・次侍従となった。貞観初年には吏幹と称された良官能吏としての名声があり、貞観八年(八六六)に新羅問題がおこると再度大宰大弐に任ぜられ、元慶三年(八七九)には民部卿として畿内の班田実施と官田四千町の設置を提言した。この間、貞観十一年には参議となり、元慶六年には正三位大納言となったが、仁和三年(八八七)四月に致仕した。その政治は現実に立脚した提言が多く、通儒と評された。寛平二年(八九〇)五月二十三日、八十四歳で没した。

参考文献　『大日本史料』一ノ一、寛平二年五月二十三日条

(佐藤　宗諄)

ふじわらのふゆつぐ　藤原冬嗣　七七五―八二六　平安時代前期の官人。右大臣内麻呂の第二子。母は飛鳥部奈止麻呂女、女孺百済永継。桓武天皇皇子良峯安世とは異父同母。宝亀六年(七七五)生まれる。度量が大きく、「器局温裕、識量弘雅」と評され、文武の才を兼ね備え、かつまた寛容でよく衆人の歓心を得たと伝えられる。延暦二十年(八〇一)大判事となり、左衛士少尉・左衛士大尉などを経て大同元年(八〇六)叙爵した。平城朝には春宮大進・亮、侍従、右少弁などを歴任し、天皇や東宮に近侍した。大同四年、嵯峨天皇が即位するや正五位下、従四位下と一ヵ月間に二度も昇叙をうけ、左衛士督となりその後大舎人頭・中務大輔を兼ねた。弘仁元年(八一〇)三月、嵯峨・平城両天皇の対立関係の中で、嵯峨天皇によって蔵人所が設置されるや東宮時代からの近臣として初代の蔵人頭に就任し、同年九月には造平城宮使に任ぜられた。「薬子の変」の後、式部大輔を兼ね従四位上となり、弘仁二年正月参議に就任した。その後、左衛門督・春宮大夫・左近衛大将など要職を経て同五年には従三位、七年権中納言、九年大納言、十二年右大臣と累進した。淳和朝に入って天長二年(八二五)には延暦元年以来空席であった左大臣に就任したが、翌天長三年七月二十四日に没した。五十二歳。没時に正一位を贈られ、文徳天皇の即位後、天皇外祖父として太政大臣を贈られた。律令制変質期とされるこの時期の政界の中心にあって、良吏の起用を提言して採用されるなど、現実を直視した政策を推進した。一方、その妻藤原美都子を嵯峨・淳和両帝の後宮に尚侍として勤仕させ、その女順子(文徳母)を、東宮正良親王(仁明天皇)の後宮に納れるなど、皇室との結びつきを強め藤原北家繁栄の基礎を作った。また、弘仁十二年藤原氏出身の学生のために勧学院を開き、同氏出身の身寄りのない者のために封戸を割いて施薬院の費用にあてた。当時、文章経国思想が盛行したが、彼もまた文人的素養を有し、その詩が『凌雲集』『文華秀麗集』『経国集』などに残されている。また、『弘仁格式』『内裏式』などの撰集にかかわった。『日本後紀』の編纂にもかかわったが完成を待たず没した。閑院大臣と称した。

参考文献　林陸朗「藤原緒嗣と藤原冬嗣」(『上代政治社会の研究』所収)

(玉井　力)

後宇治墓《のちのうじのはか》　所在は不明。冬嗣は仁明天皇女御順子の父、文徳天皇の外祖父にあたる。故に天安二年(八五八)に十陵四墓の制が定められると、荷前の幣に預って近墓に列した(元慶元年(八七七)遠墓に移る)。『延喜式』諸陵寮は後宇治墓として載せ、「在㆓山城国宇治郡㆒、兆域東西十四町、南北十四町、守戸二烟」とある。現在宇治陵が治定されている京都府宇治市木幡一帯の地は、藤原氏一門の埋葬の地で、同陵域内の赤塚または夫婦塚と称する塚には、冬嗣・藤原美都子夫妻の墓とする伝承がある。なお『日本紀略』に深草山に葬った記事があるところから、木幡埋葬を疑う説もあるが、深草山は火葬の地を示すものであろうか。

参考文献　林屋辰三郎「藤原道長の浄妙寺に就いて」(『古代国家の解体』所収)、堅田修「藤原道長の浄妙寺について」(古代学協会編『摂関時代史の研究』所収)

(戸原　純一)

ふじわらのほうし　藤原芳子　?―九六七　村上天皇の女御。小一条女御・宣耀殿女御といわれた。左大臣藤原師尹の第一女。母は右大臣藤原定方の女。天徳二年(九五八)女御。康保四年(九六七)七月二十九日死去。所生に昌平・永平両親王がいる。美貌をもって聞え、髪は長く、車から母屋の柱に及んだという。天皇の寵を得たため中宮藤原安子に妬まれた。父の薫陶を得て、習字、弾琴、『古今和歌集』の暗誦に長じ、天皇の試問にも誤らなかった。

参考文献　『大日本史料』一ノ一二、康保四年七月二十九日条

(林　幹弥)

ふじわらのまさつね　藤原雅経　⇨飛鳥井雅経《あすかいまさつね》

ふじわらのまたて　藤原真楯　七一五―六六　奈良時代の貴族。霊亀元年(七一五)出生。元の名は八束で、真楯の名は天平宝字四年(七六〇)に賜わった。房前の第三子、母は美努王の女の牟漏女王。天平十二年(七四〇)従五位下、同十六年従四位下、天平宝字四年従三位、同八年正三位と昇叙。同二年以前に参議、同六年中納言、天平神護二年(七六六)大納言に任ぜられる。ほかに右衛士督・治部卿・中務卿・右大弁・授刀大将・式部卿・大和守・摂津大夫・大宰帥などを歴任。天平神護二年三月十二日没。時に大納言正三位。年五十二。公平な人柄だったので聖武天皇の寵遇をこうむり、また大宰帥として渤海使を宴した際、その賞讃をうけたという。『万葉集』に八首の歌をのこす。　（今泉　隆雄）

ふじわらのまなつ　藤原真夏　七七四―八三〇　平安時代前期の官人、平城天皇近臣。宝亀五年(七七四)生まれる。右大臣藤原内麻呂長男。母は飛鳥部奈止麿女、女孺百済永継。冬嗣や良峯安世と同母。延暦二十二年(八〇三)叙爵。桓武朝において中衛権少将、春宮権亮、春宮亮を歴任。平城天皇に信任され、天皇の即位した大同元年(八〇六)には二度の加階を受けて従四位下となり、近衛権中将、右近衛中将などを経て、同四年山陰道観察使、翌年観察使廃止とともに参議となった。弘仁元年(八一〇)九月の「薬子の変」の時には上皇とともに平城京にいたが平安京に呼び戻され、上皇側近として備中権守に左遷された。二年後に本官に復され、同十三年に従三位となり、淳和朝には刑部卿となったが、天長七年(八三〇)十一月十日に没した。五十七歳。　（玉井　力）

藤原真夏自署

ふじわらのまろ　藤原麻呂　?―七三七　奈良時代の官人。不比等の四男で浜成・百能らの父。母は藤原鎌足の女五百重娘(天武天皇の夫人)とする所伝がある(『尊卑分脈』)。『公卿補任』にみえる没年齢から逆算すると、持統天皇九年(六九五)の誕生。藤原京家の祖で、京家の名は麻呂が京職大夫の地位にあったことによる。養老・神亀・天平三度の改元にかかわる祥瑞の出現にいずれも関与、天平三年(七三一)諸司の挙によって兵部卿で参議となり、同九年には持節大使として東北に赴き、大野東人らによる陸奥・出羽連絡路の建設を指揮したが、流行した疫病のため同年七月十三日没。ときに参議兵部卿従三位。『公卿補任』には年四十三とある。『懐風藻』に詩五首、『万葉集』に作歌三首を残す。『万葉集』巻四の「大伴郎女の和ふる歌四首」の左注によれば、大伴坂上郎女を妻としたことがあった。なお平成元年(一九八九)、平城京二条大路上の溝状遺構から兵部省卿(麻呂)宅政所にあてた天平八年八月二日付の中宮職移の文書木簡が出土したことから、同遺構の北にあたる左京二条二坊五坪の一郭が麻呂の宅であった可能性が生まれた。　（笹山　晴生）

ふじわらのみちいえ　藤原道家　⇨九条道家《くじょうみちいえ》

ふじわらのみちかね　藤原道兼　九六一―九五　平安時代中期の公卿。応和元年(九六一)に生まれる。粟田関白・二条関白、町尻。父は藤原兼家で三男。母は藤原中正女時姫で、道隆・道長・超子・詮子(東三条院)と同母の兄弟姉妹。子には中納言兼隆(母は道兼の叔父藤原遠量の女。子孫から宇都宮氏が出た)、一条院女御尊子がいる。永観二年(九八四)八月花山天皇の蔵人、十月左少弁。兄道綱と謀って、故弘徽殿女御藤原忯子への追悼の思いの深い花山天皇を誑《たぶら》かし、寛和二年(九八六)六月二十三日丑刻、内裏から密かに脱出させ元慶寺(花山寺)に移し天台座主尋禅を招き剃髪させた。花山天皇の出家、退位により詮子の生んだ皇太子懐仁親王が天皇(一条天皇)に即き、兼家は摂政となり政治の実権を掌握した。道兼も、寛和二年七月参議、十月権中納言・従三位、十一月正三位、永延元年(九八七)従二位、永祚元年(九八九)権大納言、正二位、正暦二年(九九一)内大臣、同五年右大臣となる。長徳元年(九九五)四月十日関白道隆が出家して没すると、兄道隆の子の内大臣伊周を退けて二十七日関白、二十八日氏長者となるが、当時すでに病気で、十一日後の五月八日に没し七日関白と評された。三十五歳。没後、同月十一日に弟道長に内覧宣旨が下り、道長が実権を握ることとなった。贈太政大臣・正一位。第宅は二条第。粟田山荘を造った。

参考文献　『大日本史料』二ノ二、長徳元年五月八日条、松村博司『栄華物語全注釈』一(『日本古典評釈・全注釈叢書』)　（石上　英一）

ふじわらのみちすえ　藤原通季　一〇九〇―一一二八　平安時代後期の公卿。権大納言藤原公実の三男。母は左中弁藤原隆方の女、従二位光子。没年から逆算すると、寛治四年(一〇九〇)の誕生となる。鳥羽天皇の外舅を父とし、堀河・鳥羽二代の御乳母を母として、承徳二年(一〇九八)九歳で従五位下に叙され、近衛少将・同中将を経て、鳥羽天皇の天永二年(一一一一)蔵人頭に補された。ついで永久三年(一一一五)参議に昇り、累進して正三位権中納言に至り、左衛門督を兼ねたが、大治三年(一一二八)六月十七日、三十九歳で没した。子孫は西園寺・今出川・洞院などの諸家に分かれて繁栄した。　（橋本　義彦）

ふじわらのみちたか　藤原道隆　九五三―九五　平安時代中期の公卿。中関白、後入道関白。天暦七年(九五三)に生まれる。父は藤原兼家で長男。母は藤原中正女時姫で、道兼・道長・超子・詮子(東三条院)は同母の兄弟姉妹。子には守仁王女との間に権大納言道頼、高階成忠女貴子(高内侍)との間に内大臣伊周・中納言隆家・中宮定子らがいる。永観二年(九八四)従三位。寛和二年(九八六)六月の花山天皇の一条天皇への譲位以降、兼家の権

力掌握に伴い、七月権中納言、正三位、権大納言、従二位、正二位、永祚元年(九八九)内大臣。正暦元年(九九〇)正月、女定子を一条天皇に入内させ二月女御とした。五月五日兼家が病気で摂政を辞して関白となり、ついで八日関白も辞すると、道隆が関白、十三日氏長者となり、二十六日摂政に替わった。十月定子は中宮となる。同四年関白。長徳元年(九九五)正月、次女原子(内御匣殿)を皇太子居貞親王(三条天皇)に入内させ、三月九日、前年末からの病気により、子の内大臣伊周に内覧の宣旨を受けて公事を行わせ、伊周に関白を譲ろうとしたが許されず、四月三日関白を辞して再度伊周の関白就任を奏請したが許されなかった。六日出家。長徳元年四月十日没。四十三歳。没後道兼が内大臣伊周をしりぞけて関白に就任した。大酒飲みであったと伝える。

[参考文献]『大日本史料』二ノ二、長徳元年四月十日条、松村博司『栄華物語全注釈』一(『日本古典評釈・全注釈叢書』)　(石上　英一)

ふじわらのみちつな　藤原道綱　九五五―一〇二〇　平安時代中期の公卿。藤原兼家次男。母は藤原倫寧の女。天暦九年(九五五)生まれる。天禄元年(九七〇)叙爵され、左衛門佐・蔵人・右中将などを歴任、永延元年(九八七)従三位に叙される。正暦二年(九九一)参議、長徳二年(九九六)中納言兼右大将、同三年大納言と累進したが、ついに大臣には上れなかった。寛仁四年(一〇二〇)十月十三日、病のため出家、十五日に没した。六十六歳。諸書に芳しくない逸話がみえる。

[参考文献]『大日本史料』二ノ一六、寛仁四年十月十五日条、梅村恵子「藤原道綱母子と兼家の生活」(人間文化研究会編『女性と文化』三所収)、同「摂関家の正妻」(青木和夫先生還暦記念会編『日本古代の政治と文化』所収)、上村悦子「傅大納言藤原道綱の妻妾・子女考」(『日本女子大学紀要』一八)　(倉本　一宏)

ふじわらのみちつなのはは　藤原道綱母　?―九九五　平安時代の歌人。日記文学『かげろふ日記』の作者。受領藤原倫寧の女。生年は承平六年(九三六)ごろと推定される。藤原兼家と結婚、一子道綱を産む。『かげろふ日記』のほか、家集『道綱母集』(『傅大納言殿母上集』とも)がある。『拾遺和歌集』以下の勅撰集に三十八首入集。中古三十六歌仙の一人。『前十五番歌合』(藤原公任)、『時代不同歌合』(後鳥羽院)、『小倉百人一首』(藤原定家)などに選歌され、長く歌人としての声価を保持した。長徳元年(九九五)五月二日没。

[参考文献]『大日本史料』二ノ二、長徳元年五月二日条、岡一男『道綱母』、上村悦子『蜻蛉日記の研究』、増田繁夫『右大将道綱母』(『日本の作家』九)、有精堂編集部編『蜻蛉日記』(『一冊の講座　日本の古典文学』一)　(宮崎　荘平)

ふじわらのみちとし　藤原通俊　一〇四七―九九　平安時代後期の歌人。永承二年(一〇四七)生まれる。小野宮流大宰大弐経平の男。養母は藤原家業の女、実母は高階成順の女。したがって伊勢大輔の孫にあたる。康平二年(一〇五九)叙爵、蔵人・弁官を経て応徳元年(一〇八四)参議右大弁、嘉保元年(一〇九四)従二位権中納言に至り、康和元年(一〇九九)八月十六日没。五十三歳。彼の生涯は白河天皇の側近として政界に密着、その和歌観も王道復古の理念に立つものであった。延久三年(一〇七一)後三条院住吉御幸和歌に奉仕。承保二年(一〇七五)九月には白河天皇による『後拾遺和歌集』編纂の勅を奉じ、応徳元年六月より撰集に着手、同三年九月奏覧したが、このころすでに源経信による『難後拾遺』が提出されたこともあって、ただちに改訂を重ね、寛治元年(一〇八七)八月、目録序を加えて翌月再奏した。この間、承保三年殿上歌合、承暦二年(一〇七八)内裏歌合に出席。応徳三年実兄通宗朝臣女子達歌合には判者を勤め、その後も寛治七年郁芳門院根合、翌嘉保元年高陽院七番歌合に参加するなど、多彩に活躍している。彼の詠風は『古今和歌集』の伝統を踏まえながらも趣向・表現・声調に機知を求め、時に平俗に堕するきらいがあり、後世、「ひとへにをかしき風体」と評された。『後拾遺和歌集』以下、勅撰入集二十七首のほか諸撰集に十八首の作品をとどめる。ほかに経信の論難に答えた『後拾遺問答』(佚書)を通俊作とする考えもあるが疑問である。

[参考文献]『大日本史料』三ノ五、康和元年八月十六日条、上野理『後拾遺集前後』、井上宗雄『平安後期歌人伝の研究』、近藤潤一「藤原通俊の和歌―附藤原通俊年譜」(『帯広大谷短期大学紀要』四)　(犬養　廉)

ふじわらのみちなが　藤原道長　九六六―一〇二七　平安時代中期の公卿。摂政、太政大臣。御堂関白・法成寺関白などの別称がある(ただし実際には関白になっていない)。法名は行観、のちに行覚と改める。康保三年(九六六)生まれる。父は藤原兼家、母は藤原中正の女時姫。天元三年(九八〇)正月、従五位下に叙位。侍従・右兵衛権佐・少納言・左近衛少将・左京大夫などを歴任し、永延元年(九八七)九月非参議従三位となる。同二年正月、十一名を超えて参議を経ず権中納言となり、正暦二年(九九一)九月権大納言に進んだ。長徳元年(九九五)四月には、長兄の関白道隆が病により関白を辞し出家ののち死去。この間、内覧の職を代行したのは、道隆の子伊周であったが、道隆の弟道兼が関白に就任。彼が十日後に死去すると、道長はそのあとを襲い五月内覧の宣旨を受け、その地位を確立し、六月には右大臣、氏長者となり、翌二年七月には左大臣に進んだ。関白・内覧の地位をめぐって、道隆の子伊周・隆家の中関白家と道長との間に軋轢が生じ、この年正月の伊周・隆家兄弟が従者に花山法皇を弓で射させた事件、三月の東三条院藤原詮子呪詛事件、四月の大元帥法修法密告事件などがおこり、四月伊周を大宰権帥、隆家を出雲権守に左遷することとなった。二人は翌三年に召還されることはあっても、再び道

長の対抗馬とはなり得ず、この事件を契機に中関白家の追い落としが確定することとなった(長徳の変)。長保元年(九九九)十一月には、その女彰子を一条天皇に入内させ、翌二年二月中宮に冊立し、寛弘五年(一〇〇八)九月の敦成親王(のちの後一条天皇)の誕生により外戚としての地歩を固めた。長和元年(一〇一二)二月には妍子を三条天皇の、寛仁二年(一〇一八)十月には威子を後一条天皇の、それぞれ中宮に立て、「一家立三后、未曾有」(『小右記』同年十月十六日条)と評され、この威子立后の宴で詠じた「望月の歌」に象徴される栄華を築いた。しかしこの間、寛弘八年六月の三条天皇即位により、八月には関白就任要請を拝辞することがあり、内覧宣下を受けるが、三条天皇との確執がしばしば生じ、三条天皇の眼疾を理由に譲位をしきりに勧めている。長和四年十月には、摂政に准じて除目・官奏を行なった(『御堂関白記』同年十月二十七日条)が、一方依然として一上の儀を行なったこともみえる(『小右記』同年十二月十日条)。翌五年正月天皇は譲位し、後一条天皇の受禅により、摂政となった。同年六月准三宮、年官・年爵を賜わり、十二月には左大臣を辞し、寛仁元年三月には摂政をも辞したが、同年十二月には太政大臣となった。この間、三条天皇の譲位の際の天皇の意向を無視できず、長和五年正月より東宮には同天皇皇子敦明が立てられていたが、寛仁元年八月、敦明は東宮を辞退し、敦良親王(のちの後朱雀天皇、彰子所生)が立太子することとなった。この背景には、道長が敦明の立太子に際し、「壺切の御剣」を奉らなかった(『小右記』同年八月二十三日条)ことなど、三条天皇・敦明への掣肘が伺える。同二年二月には太政大臣も辞し、同三年三月には院源を戒師として出家し、法名を行観と称し、六月には行覚と改め、九月には東大寺において受戒した。この間、五月には旧のごとく准三宮とされている。万寿四年(一〇二七)十二月四日、法成寺において六十二歳で没した。翌日入棺、七日に鳥辺野に葬送された。道長と源雅信の女倫子(鷹司殿)との結婚は、永延元年十二月、道長二十二歳、倫子二十四歳であった。雅信は、当初この結婚に賛成でなかったらしく、母藤原穆子の力によってまとまったとされる(『栄花物語』三)。倫子所生の子に、頼通・教通・彰子(一条天皇中宮)・妍子(三条天皇中宮)・威子(後一条天皇中宮)・嬉子(東宮敦良親王妃)がある。また、源高明の女明子(高松殿)とは翌二年に結婚したが、この結婚は姉である詮子の取り持ちがあったらしい(『栄花物語』三)。明子所生の子に、頼宗・能信・顕信・長家・寛子(小一条院女御)・尊子(源師房室)がある。その他に、源重光の女所生の子に長信、猶子に源成信(父致平親王、母源雅信の女)・藤原兼経(父藤原道綱、母源雅信の女)などがある。道長の女子は天皇あるいは東宮の妻として、三代の天皇の母として、道長の外戚としての地位を確立させるとともに、男子は摂関・大臣を輩出する一門として、後世にもその繁栄を引き継いだ。このような道長の栄華は、種々の逸話を生み出したが、若き日の彼の人相を、尋禅の従僧が占い、他の兄弟に比べ限りなく優れており、「とらの子のけはしき山のみねをわたるがごとし」と評したという(『大鏡』五、太政大臣道長上)のもその一つであろう。また、彼の資質を形成した青年時代の剛毅さを物語る逸話も数多く伝えられている。父兼家が、藤原公任を評価し、わが子は公任の影さえ踏めないと口惜しがったところ、兄の道隆・道兼はものも言えないでいたが、道長は「かげをばふまで、つらをやはふまぬ」と言ってのけたという話や、花山天皇の言い出した肝だめしで、兄たちは途中怖じけづいて帰ってきたが、彼は大極殿の高御座の柱を削って帰ってきたという話が同じく『大鏡』(同上)に収められている。道長の精神生活を晩年まで規定することとなった仏教への傾斜は、姉詮子の死去前後の長保年間ころより深まったとされる。寛弘四年八月には、金峯山に参詣し、みずから書写した『弥勒経』『法華経』『阿弥陀経』などを埋経したが、この時の経筒には「寛弘四年(丁未)八月十一日」の年紀が記され、五百余字の銘文が刻まれた経筒として伝存する(金峯神社所蔵、国宝)。また、諸寺・諸堂の造立に励み、寛弘二年十月宇治木幡浄妙寺三昧堂供養、同三年十二月法性寺五大堂の供養、寛仁三年七月無量寿院の木造始、翌年三月落慶供養を行い、その後も無量寿院諸堂の造立を続け、治安元年(一〇二一)七月には、後一条天皇・太皇太后(彰子)・皇太后(妍子)・中宮(威子)・東宮(敦良親王)も臨席し、金堂供養が盛大に行われ、引き続き薬師堂・釈迦堂も建立され、一大伽藍を備えた法成寺として発展した。さらに法華三十講などの法会もしばしば催している。このような道長の仏教への帰依は、自身の病気、嬉子・妍子・顕信の死去(それぞれ万寿二年八月・同四年九月・同四年五月)などにより、一層その傾斜を深めたが、臨終に際しても、立て回した屏風の西側を開けて、九体の阿弥陀仏に面し、西向き北枕に臥した、釈迦入滅の姿勢をとったという(『栄花物語』三〇)。道長の政治観・政治運営をみる時、三条天皇時代は内覧の地位にとどまり、一上の事を行なったことにもみられるように、太政官機構の首班として政治機構の運営を行なっていることは注目される。また、彼が長徳元年五月から寛仁元年三月に頼通に摂政を譲るまでの時期、天皇に対する奏上を彼一人に限定する体制をとっていたとされることにも留意すべきであろう。そして、頼通に早く摂政の座を譲ったことは、父兼家やみずからの権力掌握の過程における一族の争いの経験から、それを未然に防ぐことをも意図していたであろう。また道長の地方政治観には、寛仁以前には、国司苛政上訴を行う百姓を追い払った国守を勘当するなど、国司の弾圧を不当とする認識があったが、治安ころからは、国司苛政上訴闘争に対する態度が変化したとされる。その背景として、在地の勢力による国司の国内支配に対する法的手段を採った抵抗、それに伴う太政官の法理の

適用による国司の敗退、すなわち前期王朝国家体制の動揺へと帰結することに対する反動として、国司擁護の姿勢が強まったことが考えられるとする見解もある。道長の学問・文芸への造詣の深さは、「作二棚厨子二双一、立レ傍、置二文書一」(『御堂関白記』寛弘七年八月二十九日条)に際して、「三史・八代史・文選・文集・御覧(『修文殿御覧』)・道々書・日本紀具書等、令・律・式等具、幷二千余巻」があったということにも示されている。また同記には、天皇や貴族たちとの書籍や書の贈答が数多くみられ、土御門第・宇治別業などで作文の会もしばしば催し、長保五年には「太政大臣殿三十講歌合」を主催するなど、学問・文芸を愛好した。歌の贈答を通じての交遊関係も多岐にわたり、公任(『前大納言公任卿集』に採録)・赤染衛門(『赤染衛門集』に採録)をはじめとする多数の人々との贈答歌が勅撰集や家集に残されている。彼の日記である『御堂関白記』は、永久五年(一一一七)には、自筆本三十六巻の所在が推定される(陽明文庫所蔵『旧記目録』『御堂御暦記目録』)が、そのうち自筆本十四巻のほか、藤原師実の筆になるとされる古写本十二巻、『御堂関白記』を抄出した『御堂御記抄』(ともに同文庫所蔵)などの写本の形で現在に伝えられている。これは道長を中心とした藤原氏の全盛期を知る格好の史料である。また、家集に『御堂関白集』があり、『拾遺和歌集』以下の勅撰集にも入集している。道長の邸宅としては、東三条殿・土御門殿(上東門第・京極殿とも)・枇杷殿・小二条殿と称される京内の邸宅のほか、宇治の別業もみられる。

参考文献　『大日本史料』二ノ二五、万寿四年十二月四日条、中村匡男『道長の栄華』(『若い世代と語る日本の歴史』一一)、赤木志津子『御堂関白』、北山茂夫『藤原道長』(『岩波新書』青七六四)、目崎徳衛『王朝のみやび』、土田直鎮『王朝の貴族』(中央公論社『日本の歴史』五)、山中裕『藤原道長』(『歴史新書』四五)、同「藤原道長」(『平安人物志』所収)、坂本賞三「国司苛政上訴と中央貴族の地方政治観」(『日本王朝国家体制論』所収)、同「「御前定」の出現とその背景」(『史学研究』一八六)、加藤友康「藤原道長」(元木泰雄編『王朝の変容と武者』所収)
（加藤　友康）

ふじわらのみちのぶ　藤原道信　九七二―九四　平安時代の官人、歌人。北家太政大臣為光三男、右大臣師輔孫。母は摂政伊尹女。天禄三年(九七二)生まれる。寛和二年(九八六)凝華舎で元服し、従五位上。伯父兼家の養子となる。兼家の子道兼の養子説もある(『栄花物語』)。藤原遠量女と婚す。侍従・右兵衛佐を経て、永延二年(九八八)左近衛少将、その後、備後・越前・丹後などの国司を歴任、正暦二年(九九一)左近衛中将、同五年従四位上。正暦五年七月十一日没。年二十三(『勅撰作者部類』)。心・容姿ともに優れ、一条朝の名歌人として知られた。藤原実方・和泉式部・赤染衛門・藤原公任らとの交遊がある。才惜しまれて早逝したため、病没の際のエピソードが伝えられている。辞世歌は「口なしの園にや我が身入りにけむ思ふ事をも言はでやみぬる」(『千載和歌集』)。『道信集』があり、勅撰集には『拾遺和歌集』以下に四十八首入集する。

参考文献　『大日本史料』二ノ二、正暦五年七月十一日条、安藤太郎『平安時代私家集歌人の研究』、大隅順子「藤原道信とその和歌についての一考察」(『香椎潟』一〇)
（山口　博）

ふじわらのみちのり　藤原通憲　一一〇六―五九　平安時代後期の政治家。嘉承元年(一一〇六)に生まれる。父は文章生藤原実兼で、大江匡房の『江談抄』の筆録にあたった人物。その父が通憲七歳の時、急死して、裕福な受領の高階経敏の養子となり、さらに高階重仲の女をめとった。待賢門院の判官代からさらに鳥羽院の判官代となって、鳥羽院に親しく仕えたが、それは彼の博識多才によるところが大きい。しかし出世は遅れて、康治二年(一一四三)に日向守から少納言に任じられたが、それ以上を望めぬことから、藤原姓に復して三十九歳で出家。法名ははじめ円空、のちに信西。出家後の活動は目覚ましく、法体の鳥羽法皇にますます近づき、院の政治的顧問格となった。『本朝世紀』『法曹類林』などの多数の書物を著わし、博識多才はますます磨きがかかった。『通《つう》憲《けん》入道蔵書目録』にはその研鑽ぶりがうかがえる。やがて通憲が政界の中心人物になったのは、そうした学識にもよるが、何よりも後妻の紀伊守藤原兼永の女朝子が後白河天皇の乳母となったことによる。後白河天皇の後見となった通憲は後白河天皇の即位を画策して、摂関家の藤原忠通を動かし、これを実現させた。しかしこの地位はあくまでも中継ぎであって、東宮には後白河天皇の実子とはいえ、美福門院の養子となっていた守仁親王がついた。また崇徳上皇も重仁親王を擁しており、後白河天皇の立場を固める必要があった。そのことから、飢饉と代替りの情勢のなかでおこしたのが保元の乱である。源平の武士を動員して実力によって後白河天皇の治天の地位を固めると、死刑の復活により断固とした政治的態度を示し、諸種の新政策を実施していった。まず保元元年(一一五六)閏九月十八日に荘園整理令をはじめとする新制七ヵ条を発したが、そこには王土思想を掲げて、土地と人に対する天皇権力のあり方が示されており、続いて十月二日には記録所を設けた。これは荘園整理とともに訴訟をも扱う機関で、長官に藤原公教をすえ、子俊憲を弁官として強力な政治機関として機能させた。十一月十八日には京都復興のために京中兵仗制止令が出され、また祇園祭をはじめとする諸社の祭が整備され、翌年十月に諸国に費用を割りあてて進めていた宮城の造営がなると、そこを舞台とした公事・行事を再興した。これらの諸政策に法体の信西は後白河天皇の別勅を得て関与し、子の俊憲・貞憲や成憲(成範)・脩憲(脩範)を、弁官・蔵人や近衛にそれぞれ任じて関与させた。また経済的には

知行国三ヵ国を有し、また後白河天皇の直領である後院領に藤原頼長の没官領をくみいれてこれを管轄し、さらに平氏の武力を頼んで絶大なる権力を行使した。だが美福門院が二条天皇の践祚を要請し、これをいれて後白河天皇が退位すると、信西の力は次第に弱まった。二条の親政推進派の動きが活発化する一方で、後白河院の寵を得た藤原信頼が信西と対立し始めたからである。ついに平治元年(一一五九)十二月、平清盛の熊野詣の留守をついて信頼・源義朝が兵をあげたため、信西は奈良に逃れようとしたがかなわず、同年十二月十三日、逃亡の途中で自殺をはかったところを捕えられ斬首された。時に五十四歳。通称は少納言入道。

参考文献　角田文衛「通憲の前半生」(『王朝の明暗』所収)、五味文彦「信西政権の構造」(『平家物語　史と説話』所収)、桜井秀「藤原通憲入道信西」(『歴史地理』三四ノ三・五・六)、岩橋小弥太「少納言入道信西」(『国学院雑誌』六〇ノ六)　(五味　文彦)

ふじわらのみちまさ　藤原道雅　九九二―一〇五四　平安時代中期の歌人。中古三十六歌仙の一人。正暦三年(九九二)生まれる。儀同三司伊周の男。母は源重光の女。幼名松君。寛弘元年(一〇〇四)叙爵、蔵人・東宮権亮などを経て左近中将、長和五年(一〇一六)正月従三位に昇ったが、同年初冬、三条院皇女前斎宮当子内親王と密通、院の勘当を受けた。中関白家の嫡流として道長体制に対する反撥もあってか、粗暴無頼の奇行が多く、荒三位と呼ばれ、万寿三年(一〇二六)には中将も罷免、右京権大夫に貶されたが、寛徳二年(一〇四五)左京大夫に復した。同元年夏、八条の山荘で歌会を催し(『家経朝臣集』)、また永承二年(一〇四七)には同山荘で「左京大夫八条山庄障子和歌合」を主催している(二十巻本歌合巻ほか)。晩年は時勢を諦観、八条の山荘に閑居して受領歌人たちとの雅交に安住したらしい。天喜二年(一〇五四)七月二十日没。六十三歳、一説に六十二歳。『後拾遺和歌集』以下の勅撰集に七首の作品をとどめる。

参考文献　井上宗雄『平安後期歌人伝の研究』　(犬養　廉)

ふじわらのみつちか　藤原光親　一一七六―一二二一　鎌倉時代前期の公卿。父は権中納言藤原光雅。母は右大弁藤原重方の女。安元二年(一一七六)生まれる。三事兼帯を経て、承元二年(一二〇八)に参議、建暦元年(一二一一)に権中納言となる。建保元年(一二一三)正月に按察使を兼ねるが、翌二年正月には権中納言を辞する。同四年正月に還任するが、同年六月に再び辞し、同五年正月に正二位となる。また、後鳥羽院の寵臣として活躍し、一方、同院の年預別当、順徳院の執事別当となっている。一方、世襲的職務として近衛家実の家司、従三位藤原麗子の家司なども勤め、勧修寺流藤原氏の氏長者でもあった。承久の乱の際、はじめは後鳥羽院を諫めたというが、ついには院宣を承り、乱後はその責任をとり、捕われて鎌倉に護送される途中、承久三年(一二二一)七月十二日、駿河の加古坂(静岡県駿東郡小山町・山梨県南都留郡山中湖村)で武田信光のために斬首されたが、その直前に出家し、法名を西親とする。時に四十六歳。加古坂峠の南に墓がある。なお、日記『中都記』(別名『心言記』)は断片のみ現存。

藤原光親花押

参考文献　『大日本史料』五ノ一、承久三年七月十二日条　(槇　道雄)

ふじわらのみつとし　藤原光俊　一二〇三―七六　鎌倉時代の歌人。父は権中納言光親、母は順徳院の乳母経子。建仁三年(一二〇三)生まれる。幼時から順徳院に近侍し、右少弁・蔵人となったが、父が承久の乱に加担して斬られると、光俊も流された。帰洛後、藤原定家に師事して

藤原光俊花押

『洞院摂政家百首』に出詠、官位も嘉禎元年(一二三五)正四位下、右大弁に昇進したが、翌年にわかに出家した。法名真観。(右大)弁入道と呼ばれる。建治二年(一二七六)六月九日没。七十四歳。寛元二年(一二四四)、藤原家良・同為家らと相互に加点して『新撰六帖題和歌』を撰したが、同四年、知家が判者となった『春日若宮社歌合』に参加して為家と対立した。その後、撰集もしくは関与したものに『万代和歌集』、『現存和歌六帖』、『秋風抄』、『石間集』(散佚)などがある。康元元年(一二五六)、反御子左派の『百首歌合』に参加、判者の一人となる。文応元年(一二六〇)以後、しばしば鎌倉に下って将軍宗尊親王の歌道師範となり、弘長二年(一二六二)、『続古今和歌集』の撰者に追加された。文永三年(一二六六)宗尊親王の失脚とともに歌壇を引退するが、為家の死後に復帰、建治元年、『摂政家月十首歌合』の判者、翌二年、『現存三十六人詩歌』の和歌を撰んだが間もなく没した。歌集に『閑放集』、歌論書に『簸河上《ひのかわかみ》』がある。

参考文献　和歌史研究会編『私家集大成』四、『新編国歌大観』二・六、安井久善『藤原光俊の研究』、福田秀一『中世和歌史の研究』、三村晃功『中世私撰集の研究』、井上宗雄『中世歌壇史の研究―南北朝期―』、同「真観をめぐって」(『和歌文学研究』四)、久保田淳「為家と光俊」(『国語と国文学』三五ノ五)、佐藤恒雄「藤原光俊伝考」(『中世文学研究』八・九)　(濱口　博章)

ふじわらのみつなが　藤原光長　⇨常磐光長《ときわみつなが》

ふじわらのみつより　藤原光頼　一一二四―七三　平安時代後期の公卿。権中納言藤原顕頼の長男。母は権中納

藤原光頼花押

藤原三守自署

言藤原俊忠の女。没年から逆算すると、天治元年(一一二四)の誕生となる。長承元年(一一三二)従五位下に叙されて以来、伯耆守・右少弁・左衛門佐・右中弁などを歴任、その間、蔵人に補されて三事兼帯の栄に浴した。ついで内蔵頭・蔵人頭を経て、保元元年(一一五六)参議に昇り、累進して正二位権大納言に至ったが、長寛二年(一一六四)辞官出家して光然(のち理光)と号し、以後洛西桂の里に隠棲したので、桂大納言と称された。『愚管抄』には、「光頼大納言カツラノ入道トテアリシコソ、末代ニヌケデ、人ニホメラレシカ」とその賢才をたたえている。承安三年(一一七三)正月五日、五十歳をもって没した。

(橋本　義彦)

ふじわらのみもり　藤原三守　七八五―八四〇　平安時代前期の貴族、政治家。南家武智麻呂の曾孫、巨勢麻呂の孫、真作の第五子。母は御井氏。延暦四年(七八五)生まれる。早く大学に入り、五経を学び、大同四年(八〇九)従五位下に叙せられ、以後諸官を歴任したが、特に東宮時代から仕えた嵯峨天皇の信任が厚く、弘仁七年(八一六)参議に列し、九年春宮大夫を兼ね、同十二年に従三位権中納言となり、皇后宮大夫を兼ね、十四年に正三位中納言に任じたが、嵯峨天皇の退位に際しては辞して嵯峨院に仕えた。天長五年(八二八)異例に召されて大納言に任じ、諸官を兼任して承和五年(八三八)右大臣となったが同七年七月七日没した。ときに右大臣従二位皇太子傅。年五十六。従一位を贈られた。『弘仁格式』『内裏式』の編纂に当っている。

(林　陸朗)

ふじわらのむちまろ　藤原武智麻呂　六八〇―七三七　奈良時代の官人。藤原不比等の長子。母は蘇我連子(蔵大臣)の女娼子。豊成・仲麻呂・弟麻呂・巨勢麻呂らの父で、またその女は聖武天皇の夫人。邸宅が平城宮の南にあったため南卿と称されたといい、藤原南家の祖となった。天武天皇九年(六八〇)四月、大原(奈良県高市郡明日香村小原)の第に誕生。大宝元年(七〇一)、二十二歳で内舎人として官途につき、大学頭・近江守・式部卿などを歴任して治績をあげ、また皇太子首皇子(聖武天皇)の東宮傅としてその教育にあたった。神亀元年(七二四)の聖武天皇の即位後、藤原氏の代表者として力を強め、天平元年(七二九)、長屋王の失脚後大納言となり、光明子の皇后冊立を実現、政界を領導した。同六年従二位右大臣に昇進、九年、流行した疫病にかかり、勅して正一位に叙し、左大臣に拝したが、七月二十五日没。五十八歳。八月五日佐保山に火葬、のち大和国宇智郡阿陁郷の墓に葬られた。天平宝字四年(七六〇)、子仲麻呂の奏請により太政大臣を追贈。伝に僧延慶撰の『武智麻呂伝』(『藤氏家伝』下)がある。

(笹山　晴生)

後《のちの》阿《あ》陁墓《だのはか》　奈良県五條市小島町の栄山寺の裏山にある。国史跡。栄山寺には古来武智麻呂墓の伝承があって、「天平」の文字のある碑石の断片のごときものが保蔵されているという。『藤氏家伝』には佐保山で火葬したことがみえるが、のちに藤原南家と縁故が深く、武智麻呂の創建と伝えられる栄山寺に埋葬されたものであろう。皇室と外戚関係にない武智麻呂の墓が、頒幣の例に入った事情は明らかでないが、『延喜式』諸陵寮は後阿陁墓として載せ、その制は「兆域東西十五町、南北十五町、守戸一烟」とあり遠墓としている。藤原良継の阿陁墓に対し、時代の先行する武智麻呂の墓に「後」の字を冠するのは、墓が諸陵寮の管掌下に置かれた時期の先後を示していると考えられるが、明らかではない。

参考文献　『五条市史』

(戸原　純一)

ふじわらのむねすけ　藤原宗輔　一〇七七―一一六二　平安時代後期の公卿。権大納言藤原宗俊の三男。母は左大臣源俊房の女。没年から逆算すると、承暦元年(一〇七七)の誕生となる。寛治元年(一〇八七)従五位下に叙され、近衛少将・同中将を経て蔵人頭に補され、保安三年(一一二二)参議に昇った。以後諸官を歴任して、保元元年(一一五六)右大臣に進み、ついに従一位太政大臣に至ったが、永暦元年(一一六〇)上表して官を辞し、応保二年(一一六二)正月二十七日出家、同三十日、八十六歳の天寿を全うした。蜂を飼って愛玩したので、蜂飼大臣とあだ名された(『十訓抄』)。

藤原宗輔画像(『天子摂関御影』)

(橋本　義彦)

ふじわらのむねただ　藤原宗忠　一〇六二―一一四一　平安時代後期の公卿。権大納言藤原宗俊の長男。母は式部大輔藤原実綱の女。没年から逆算すると、康平五年(一〇六二)の誕生となる。承保元年(一〇七四)従五位下に叙されて以来、近衛少将・右中弁・内蔵頭・左中弁・右大弁・蔵人頭を歴任して、康和元年(一〇九九)参議に

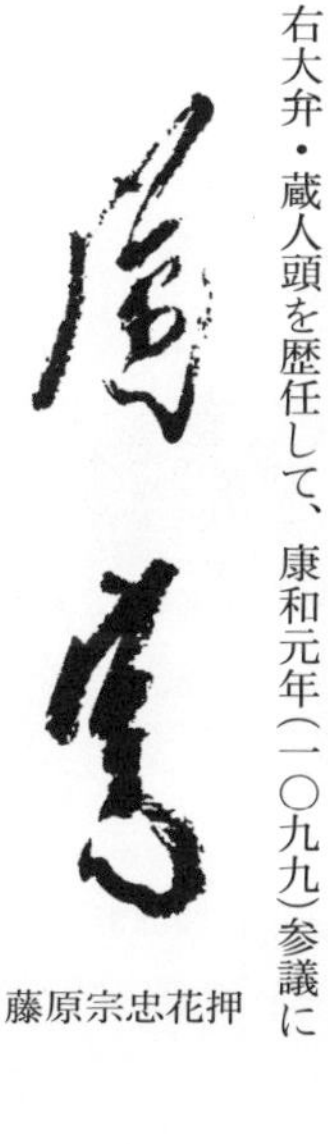

藤原宗忠花押

藤原宗忠画像(『天子摂関御影』)

昇った。それより累進して天承元年(一一三一)内大臣に昇り、さらに保延二年(一一三六)右大臣に進み、ついで従一位に叙されたが、保延四年老病のため辞官出家し、永治元年(一一四一)四月二十日、八十歳をもって没した。宗忠は典礼故実に精通したばかりでなく、勤勉篤実な人柄で白河上皇や堀河天皇の信任を得、関白藤原忠実には顧問として遇された。また外祖父実綱をはじめ、紀伝道日野家の学者に囲まれて文事に精進し、『作文大体』『韻華集』などを著わした。その第宅の称により中御門右大臣と称し、その日記は『中右記』とよばれたが、みずからは父宗俊の日記を「尊林」と称したのに対して、「愚林」と謙称したという(『玉葉』)。（橋本　義彦）

ふじわらのむねみち　藤原宗通　一〇七一―一一二〇　平安時代後期の公卿。右大臣藤原俊家の男。母は備前守源兼長の女。没年から逆算すると、延久三年(一〇七一)の誕生となる。応徳元年(一〇八四)従五位下に叙されて以来、白河天皇の寵を蒙って加階任官ごとに諸人を超越し、嘉保元年(一〇九四)蔵人頭より参議に昇り、累進して正二位権大納言に至った。その間、白河院別当となり、「上皇万事を仰せ合はさる、仍つて天下の権威傍若無人なり」(原漢文、『中右記』)といわれ、一身に権大納言・民部卿・中宮大夫の三官を帯し、一家で備中・因幡両国を知行し、「福貴相ひ兼ね、家門繁昌す」(同)とうらやまれながら、保安元年(一一二〇)七月二十二日、五十歳の壮齢で九条堂に没した。（橋本　義彦）

ふじわらのむねゆき　藤原宗行　一一七四―一二二一　鎌倉時代前期の公卿。父は左大弁藤原行隆。母は典薬助藤原行兼の女(美福門院女房、のち八条院女房越前)。初名は行光。同じ葉室流の権大納言藤原宗頼の子となり宗行と改める。弁官などを経て、建保二年(一二一四)に参議、同六年に権中納言となるが、翌承久元年(一二一九)辞任。承久二年に正三位に叙される。この間、後鳥羽院の院司、土御門院の院司(年預別当)などを勤め後鳥羽院に『貞観政要』を進講するなどした。一方、従三位藤原麗子の家司も勤めている。また、承元二年(一二〇八)には伯耆、そののち加賀を知行国として給わり、建暦二年(一二一二)ごろには下野の足利荘の領家職を給わっている。承久の乱後に出家するが許されず、朝廷側の張本の一人として関東に送られ、駿河の藍沢(静岡県御殿場市大字新橋字高橋)において承久三年七月十四日、小山朝長により斬首された。時に四十八歳。

藤原宗行花押

参考文献　『大日本史料』五ノ一、承久三年七月十四日条　（槇　道雄）

ふじわらのむねよし　藤原宗能　一〇八五―一一七〇　平安時代後期の公卿。本名宗隆。号中御門内大臣。応徳二年(一〇八五)生まれる。右大臣藤原宗忠の長男、母は美濃守藤原行房女。承徳元年(一〇九七)従五位下。蔵人頭を経て天承元年(一一三一)参議。のち中宮権大夫・右兵衛督・右衛門督・検非違使別当・皇太后宮大夫などを歴任。康治二年(一一四三)正二位。さらに春宮大夫・大納言などを経て応保元年(一一六一)内大臣、長寛二年(一一六四)男宗家に正三位を譲り内大臣を辞す。仁安三年(一一六八)六月十二日出家、嘉応二年(一一七〇)二月十一日没。八十六歳。

藤原宗能画像(『天子摂関御影』)

参考文献　高群逸枝『平安鎌倉室町家族の研究』　（平林　盛得）

ふじわらのめいし　藤原明子　八二八―九〇〇　文徳天皇女御、清和天皇母。染殿后と称す。名は「あきらけいこ」とも訓む。天長五年(八二八)生まれる。父は藤原良房、母は嵯峨皇女源潔姫。嘉祥三年(八五〇)文徳天皇の四男惟仁親王(清和天皇)を生み、親王は同年立太子。仁寿三年(八五三)従三位。天安二年(八五八)践祚に際して清和を擁して東宮に遷御。その即位により皇太夫人、従一位。この後約十年間天皇と同居。貞観六年(八六四)天皇元服に伴い皇太后。同八年東宮より常寧殿に遷御。元慶六年(八八二)孫陽成天皇の元服により太皇太后。同七年清和上皇の周忌法会を円覚寺に催す。仁和元年(八八五)服御を減じ、女官を本司に直さしめることを請うた。昌泰三年(九〇〇)五月二十三日没。七十三歳。物気に悩み、天狗のために嬈乱された話が『今昔物語集』などに伝わる。

参考文献　『大日本史料』一ノ二、昌泰三年五月二十三日条、目崎徳衛「文徳・清和両天皇の御在所をめぐ

って」(『史元』二ノ一〇)　(山口　英男)

白河陵《しらかわのみささぎ》　『延喜式』諸陵寮に太皇太后(藤原明子)の陵として本陵を掲げている。同書には山城国愛宕郡上粟田郷(京都市左京区北白川)にあって、陵戸三烟、四至は「東限二勝隆寺東谷一、南限下自二御在所一南去十一丈上、西限二贈正一位源氏墓北一、北限二白河一」とある。寛延三年(一七五〇)森幸安写の『中古京師内外地図』(『(新訂増補)故実叢書』三八)に記載されているが、現在までその位置は確認されていない。　(飯倉　晴武)

ふじわらのもとかた　藤原元方　八八八―九五三　平安時代中期の公卿。父は藤原菅根、母は藤原氏江の女。仁和四年(八八八)に生まれる。延喜六年(九〇六)文章得業生、同十七年正月従五位下に叙位。刑部少輔・右少弁・中宮亮・左京大夫・東宮学士・式部大輔などを経て、天慶二年(九三九)八月参議となった。同五年三月には、従三位・中納言となり、天暦五年(九五一)正月正三位・大納言に進んだ。同七年三月二十一日、大納言兼民部卿正三位で没した。六十六歳。元方の女祐姫は村上天皇との間に広平親王を儲けたが、藤原師輔の女安子との間に生まれた憲平親王(冷泉天皇)が立太子したことから、悲嘆のうちに没した元方は、怨霊となって冷泉以後歴代の天皇に祟ったとされる。

参考文献　『大日本史料』一ノ九、天暦七年三月二十一日条　(加藤　友康)

ふじわらのもとざね　藤原元真　生没年不詳　平安時代中期の歌人。三十六歌仙の一人。甲斐守従五位下清国の三男。紀名虎女を母とする。承平五年(九三五)加賀掾をふりだしに玄蕃允・修理少進などを経て、応和元年(九六一)従五位下、康保三年(九六六)丹波介となる。天暦十年(九五六)宣耀殿御息所歌合、天徳三年(九五九)中宮女房歌合、同四年内裏歌合などに詠進。前十五番歌合に選ばれた。家集に『藤原元真集』がある。『後拾遺和歌集』以下二十七首入集。

藤原元真画像(佐竹本「三十六歌仙切」)

参考文献　『大日本史料』一ノ一一、康保三年正月二十七日条　(島田　良二)

ふじわらのもとざね　藤原基実　一一四三―六六　平安時代後期の公卿。号六条殿・中殿。康治二年(一一四三)生まれる。摂政・関白忠通男。母は中納言源国信女従二位信子。久安六年(一一五〇)元服。仁平二年(一一五二)従三位。権中納言・権大納言を経て保元二年(一一五七)右大臣。同三年二条天皇践祚で父に代わり関白氏長者。ただし実権は忠通にあった。永暦元年(一一六〇)左大臣。平清盛の勢力が増すなかで、長寛二年(一一六四)二月父が没し、二ヵ月後に清盛女盛子(九歳)と結婚。清盛の摂関家と結ぶ政策の一環であった。同年左大臣を辞す。永万元年(一一六五)六条天皇の摂政。仁安元年(一一六六)七月二十六日没。二十四歳。船岡辺(京都市北区)に葬る。贈太政大臣従一位。嫡子基通は幼く、摂政氏長者は弟基房が継ぐが、遺領の大部分は盛子(白河殿)が基通の後見として伝領した。基通以後代々近衛殿に住み、のちに近衛を家名としたため、基実が祖とされる。

参考文献　高群逸枝「藤原基実」(『平安鎌倉室町家族の研究』所収)　(吉田　早苗)

藤原基実画像(『天子摂関御影』)

ふじわらのもとつね　藤原基経　八三六―九一　平安時代前期の摂政・関白。諡昭宣公。堀川太政大臣と号す。承和三年(八三六)生まれる。藤原長良の三男、叔父良房の養嗣子。母は同総継女乙春。同母妹高子は清和天皇女御、陽成天皇母。貞観六年(八六四)参議。応天門の変では良房とよく連携し、変直後の同八年十二月、七人を超えて従三位中納言となる。以後、摂政良房の下で実務を主宰。同十二年大納言。良房病没に先立つ同十四年八月、正三位右大臣となり基経執政体制が確立。翌年従二位。同十八年十一月、二十七歳で譲位した清和天皇の命により、良房の例に従って新帝陽成幼少の間の摂政となる。元慶二年(八七八)正二位。こののち藤原冬緒の意見を入れて畿内を中心に五十年ぶりの校班田を実施し、元慶官田を設置。出羽俘囚の乱(元慶の乱)には藤原保則らを起用して巧みに収拾。国政に積極姿勢を見せた。同四年十二月清和上皇が没し、その遺志により太政大臣に任じ、同五年正月従一位。ところが基経はこの職を執拗に辞退し、同六年正月天皇が元服するや、今度は摂政辞任の上表を繰り返し、この間ほとんど政務の場に出なかった。これは、陽成の天皇にふさわしからぬ資質に不安と不満を感じたための行動とみられ、公卿一同もこれに同調したらしい。同七年十一月禁中での格殺事件を契機に、基経はついに強硬手段を取って天皇の廃立を決意。翌八年二月天皇は余儀なく退位を表明した。基経はここで特に外戚となることを求めず、後継の天皇に五十五歳の従兄弟仁明皇子時康親王(光孝天皇)を推戴し、即位後は政務に精励した。光孝天皇も擁立の功を徳として基経優遇に意を用い、太政大臣の職掌を調査の上、同六月、以後官庁に座して万政を領行し、奏下のことはまず諮稟せよと命じた。関白と明記されてはいないが、その職の濫觴はこの詔に求められる。天皇は仁和三年(八八七)八月没し、その前日、天皇の意を汲んだ基経の同意のもと、第七皇子定省が皇太子に立った。即位した宇多天皇は十一月、万機巨細皆太政大臣に関白したのち奏下すること旧事のごとくせよとの詔を下した。関白の語の初見である。基経は型通りに辞退したが、橘広相起草の勅答からいわゆる阿衡の紛議が起き、基経は再び出仕を止めた。紛議は最前から彼が神経を尖らせていた自己の職掌への疑義に端を発し、次代の外戚を廻る広相との対立や学者・学閥間の争いが絡み、新帝に対して自己の政治的立場を確認する狙いもあったとみられる。結局天皇は譲歩を余儀なくされ、翌四年六月訂正の詔を下したうえ、同十月基経女温子を女御に入内させて、両者はようやく宥和した。寛平二年(八九〇)秋、基経は病床につき、翌三年正月十三日没。五十六歳。贈正一位、越前国に封ぜらる。好学で文化・儀礼面の造詣深く、元慶年間の日本紀講書に積極的に関与、同三年『文徳実録』を撰進。政務について学者に諮問することもしばしばであった。年中行事御障子を献じ、笙の祖とも伝える。

藤原基経自署

参考文献　『大日本史料』一ノ一、寛平三年正月十三日条、北山茂夫『平安京』(中央公論社『日本の歴史』四)、目崎徳衛「関白基経」(『王朝のみやび』所収)、坂本太郎「藤原良房と基経」(『古典と歴史』一一所収)、米田雄介「藤原良房の猶子基経」(亀田隆之先生還暦記念会編『律令制社会の成立と展開』所収)

（山口　英男）

次宇治墓《つぎのうじのはか》　所在は不明。寛平三年(八九一)正月十五日山城国宇治郡に葬り、同年末には荷前の幣に預って近墓に列したことが『日本紀略』にみえる。基経は醍醐天皇皇后藤原穏子の父で、朱雀・村上両天皇の外祖父にあたるが、穏子が入内するのは基経没後のことで、埋葬後直ちに近墓に列したのは生前の権勢によるものであろう。後宇治墓ともいわれるが『延喜式』諸陵寮は次宇治墓として載せ、墓戸一烟が配されていて兆域の記載を欠く。現在宇治陵が治定されている京都府宇治市木幡一帯の地は、藤原氏一門の埋葬の地で、同陵域内の狐塚と称する塚は当墓にあてられている。なお『古今和歌集』に深草山に葬ったとする和歌がみえ、『西宮記』に「昭宣公薨時、柩先至二小野墓所一」とあるため、木幡埋葬を疑う説もある。深草山も小野墓所も同所を指すものと思われるが、これは火葬の地を示すものではなかろうか。

参考文献　『大日本史料』一ノ一、寛平三年正月十三日条、林屋辰三郎「藤原道長の浄妙寺に就いて」(『古代国家の解体』所収)、堅田修「藤原道長の浄妙寺について」(古代学協会編『摂関時代史の研究』所収)

（戸原　純一）

ふじわらのもととし　藤原基俊　一〇六〇―一一四二　平安時代後期の歌人。藤原北家、頼宗の孫、右大臣俊家の三男(『尊卑分脈』)、母は下総守高階順業の女。康平三年(一〇六〇)生まれる。名門の出自であったが、承暦元年(一〇七七)ごろ叙爵、左衛門佐、間もなく従五位上に叙されたが、永保二年(一〇八二)に左衛門佐を辞し、以後生涯を従五位上前左衛門佐でおわった。保延四年(一一三八)出家、法名覚舜、金吾入道とよばれた。歌壇への進出も遅く史料的には寛治七年(一〇九三)『郁芳門院根合』に堀河の代作がはじめ。康和二年(一一〇〇)『宰相中将国信家歌合』、長治元年(一一〇四)『左近権中将俊忠家歌合』、永久四年(一一一六)『雲居寺結縁経後宴歌合』などに出詠、源国信家と雲居寺の歌合では判者を務めた。康和期ころより源俊頼とともに和歌新時代の指導的立場に立ち、両者の歌論の相異が世に注目された。『堀河院百首』の有力歌人として出詠、内大臣藤原忠通の知遇をうけ、元永元年(一一一八)、同二年の『内大臣

家歌合』、保安二年（一一二一）の『関白内大臣家歌合』などの歌人・判者となっている。また、長承二年（一一三三）『相撲立詩歌合』を撰し、藤原公任の『和漢朗詠集』につぐ『新撰朗詠集』を編した。このように和漢の学に深く通じ、『本朝無題詩』（十七首）などに漢詩の作品も残している。家集に『基俊集』があり、歌学書も著わしたようだが散佚した。『万葉集』次点者の一人。古代的知識に深く、伝統的発想・表現を重んじ、優雅で格調高い歌を求めた。身勝手な性格のようであったが、歌壇の長老と仰がれ、藤原俊成も師事した。康治元年（一一四二）正月十六日没。八十三歳。

参考文献　橋本不美男『院政期の歌壇史研究』　（橋本不美男）

ふじわらのもとなが　藤原元命　生没年不詳　平安時代中期、十一世紀後半の下級官人。魚名流藤原氏。経臣の子というが異説もある。母は源致の女。従四位下。永延二年（九八八）十一月八日付けで、尾張国の郡司・百姓らは、国守の非法・横法を数え上げて、三十一ヵ条の解文を作成し朝廷に訴えた。藤原元命は、そのとき訴えられた尾張守として有名。この訴えを受けた朝廷は、翌永祚元年（九八九）四月五日の除目で、元命の尾張守を停止し、後任として藤原文信が任命された（『小右記』）。百姓らの訴えが通ったのである。元命は解任されはしたが、政治的生命を失ったわけではなく、長徳元年（九九五）四月の吉田祭では、上卿弁が不参であったので、散位元命が、その代りをつとめている（『日本紀略』）。

参考文献　阿部猛『尾張国解文の研究』　（中野　栄夫）

藤原元命花押

ふじわらのもとひら　藤原基衡　生没年不詳　平安時代後期の豪族。清衡の子。六郡・出羽押領使と伝わる。大治三年（一一二八）清衡没後以降、保元二年（一一五七）ころまで平泉にあって奥羽に君臨した。白河院近臣陸奥守藤原師綱が検田を強行しようとした時これを拒否、合戦となり国司方に損害を与えた。また、基衡が在地領主として管理する藤原摂関家の高鞍・本良（宮城県）、大曾禰・屋代・遊佐（山形県）の五荘園の年貢増徴をめぐって長年にわたり藤原頼長と争ったことは有名（『台記』仁平三年（一一五三）九月十四日条）。基衡の財力は毛越寺《もうつう》建立に際立ち、その本尊薬師像は仏師雲慶の作で、その見事な出来栄えの故、鳥羽院はその奥州下りを禁じたという。岩手県西磐井郡平泉町の中尊寺金色堂に遺体をおさめる。

参考文献　東北大学東北文化研究会編『奥州藤原史料』、高橋富雄『（奥州）藤原氏四代』（『人物叢書』一二）、高橋崇『奥州藤原氏』（『中公新書』一六二二）　（高橋　崇）

ふじわらのもとふさ　藤原基房　一一四五―一二三〇　平安時代後期の公卿。号松殿・菩提院・中山。久安元年（一一四五）生まれる。摂政・関白忠通男。母は中納言源国信女国子。保元元年（一一五六）元服。同二年従三位、権中納言。永暦元年（一一六〇）権大納言を経て内大臣。応保元年（一一六一）右大臣。長寛二年（一一六四）左大臣。仁安元年（一一六六）兄の摂政基実が急逝し、その嫡子基通は幼少のため、摂政氏長者を継ぐ。この時平清盛は、基実室で十一歳の娘盛子（白河殿）が基通を後見するという名目で基実の遺領の大部分を支配下に置き、基房には一部しか譲らなかった。嘉応二年（一一七〇）七月、往来で基房と平重盛の子資盛の従者が争い、資盛の車が破壊される事件が起きた。基房は直ちに重盛に謝罪したが、十月に参内途中を平家の武士に襲われた（殿下乗合）。こうした平氏に対する不満から後白河法皇に近づき院政の中核となる。同年太政大臣、承安元年（一一七一）辞す。同二年関白。治承三年（一一七九）盛子・重盛が没すると、法皇の意を受けて遺領を収公し、また清盛の女婿となっていた基通を超越して八歳のわが子師家を権中納言とした。これらのことを怒った清盛は、十一月基房・師家以下の院の近臣を解官し、基通を関白とした。基房は大宰府に配流が決まるが、二十一日出家して（法名善観）備前に改められ、翌年召し返された。寿永二年（一一八三）平家西走に乗じて勢力の復活を計るが法皇に入れられず、入京した義仲と結び、十一月の法住寺殿焼打ちの際に、師家を摂政として実権を握る。しかし翌年正月の義仲の敗死で師家が罷免され、以後政治の表面から退く。公事・有職の識者として知られた。寛喜二年（一二三〇）十二月二十八日木幡で没。八十六歳。

藤原基房花押

藤原基房画像（『天子摂関御影』）

参考文献　『大日本史料』五ノ五、寛喜二年十二月二十八日条　（吉田　早苗）

ふじわらのもとみち　藤原基通　一一六〇―一二三三　平安・鎌倉時代の公卿。号普賢寺殿・近衛殿。永暦元年（一一六〇）生まれる。摂政・関白基実男。母は従三位藤原忠隆女。仁安元年（一一六六）基実が急死し、基通が幼少のため、基実弟基房が摂政氏長者を継ぐが、平清盛の策により、基実室の清盛女盛子（白河殿）が基通を後見す

藤原基通画像(『天子摂関御影』)

る名目で、遺領の大部分を伝領。以後平氏との関係は深く、のちに清盛女寛子と結婚する。嘉応二年(一一七〇)元服。承安四年(一一七四)従三位。治承三年(一一七九)盛子の死後後白河法皇と基房が基実の遺領を収公したこと、非参議従二位の基通を超越して基房の嫡子師家を権中納言としたことなどを怒った清盛が、武力により基房らを解官すると、内大臣関白となり遺領も受け継いだ。翌四年安徳天皇の摂政。寿永元年(一一八二)内大臣を辞す。容姿が美しく後白河法皇に寵愛され、同二年平家西走の際その計画を法皇に告げ、また同行したが引き返した。続く後鳥羽天皇の践祚で法皇は基房・九条兼実を退けて基通を摂政とした。十一月源義仲の法住寺殿焼打ちが起き、師家に代わられるが、翌年正月義仲の戦死で摂政に復す。文治二年(一一八六)源頼朝の力を背景にした兼実が摂政となり、基実遺領をも氏長者たる兼実に譲れと求められるが、後白河法皇が受け入れず、以後近衛家領として確立。建久三年(一一九二)法皇の死でうしろだてを失う。同七年の政変で兼実を排斥した源通親に推され関白。同九年土御門天皇の摂政。建仁二年(一二〇二)通親が死ぬと、後鳥羽上皇に閉門を命ぜられ摂政を辞す。高弁(明恵)に帰依し、承元二年(一二〇八)七月五日西林寺で出家(法名行理)。その後も政治との関わりを持ち、天福元年(一二三三)五月二十九日普賢寺で没。七十四歳。高野山に葬る。

参考文献　『大日本史料』五ノ九、天福元年五月二十九日条、高群逸枝「藤原基通」(『平安鎌倉室町家族の研究』所収)　(吉田　早苗)

ふじわらのももかわ　藤原百川　七三二—七九　奈良時代後期の官人、政治家。藤原式家宇合の八男。母は久米若女。天平四年(七三二)生まれる。はじめ名を雄田麻呂と称し、宝亀二年(七七一)ころ百川と改めた。まず天平宝字三年(七五九)従五位下に叙せられ、多くの要職を歴任し、ことに神護景雲三年(七六九)道鏡が由義《ゆげ》宮をつくると、河内守ついで河内大夫として道鏡政権に深く食い込んだ。しかし宝亀元年称徳天皇が崩ずると、直ちに藤原永手らと策を禁中に定め、白壁王(光仁天皇)を擁立し、道鏡の動きを封じた。宝亀二年参議に列したが、他戸《おさべ》皇太子を廃し、山部親王(桓武天皇)を皇太子に立てたのに与かって力があったと見られる。同十年七月九日没した。ときに年四十八、参議従三位中衛大将兼式部卿であった。のち桓武天皇は、帝位に就くことができたのは百川の功によるものとして、その子緒嗣を特別に遇した。また女旅子は桓武天皇の夫人で淳和天皇の母となり、弘仁十四年(八二三)五月、淳和即位にあたって百川は外祖父として太政大臣正一位を贈られた。

参考文献　中川収「光仁朝政治の構造と志向」(『奈良朝政治史の研究』所収)　(林　陸朗)

相楽墓《さがらのはか》　所在は不明。百川は桓武天皇夫人旅子の父、淳和天皇の外祖父にあたる。故に淳和天皇の即位に際して正一位太政大臣を追贈され、墓は遠墓の列に加えられた。延暦十六年(七九七)に墓地として山城国相楽郡に二町六段の田を賜わったが、『延喜式』諸陵寮には「兆域東西三町、南北二町、守戸一烟」とある。京都府相楽郡木津町大字相楽小字城西に百川・諸姉夫妻の墓と伝える塚がある。　(戸原　純一)

ふじわらのもろいえ　藤原師家　一一七二—一二三八　平安・鎌倉時代の公卿。号松殿・天王寺。承安二年(一一七二)生まれる。摂政・関白基房の三男。母は太政大臣藤原忠雅女従三位忠子。治承二年(一一七八)元服。当時基房は関白として後白河院政の中心であり、同三年十月師家は従三位権中納言となり、平清盛の女婿である藤原基通の官位を越えた。これが契機となり、十一月清盛は基房・師家らを解官した。寿永二年(一一八三)平家が西走すると基房は入京した源義仲と結び、十二歳の師家を摂政とした。この時師家は権大納言で、内大臣藤原実定の官を借りたため、時人は「かる(借)の大臣」と呼んだ。翌年正月の義仲の敗死で辞す。貞永元年(一二三二)九月六日天王寺で出家(法名大心)。暦仁元年(一二三八)十月四日同所で没。六十七歳。

藤原師家画像(『天子摂関御影』)

参考文献　『大日本史料』五ノ一二、暦仁元年十月四日条　(吉田　早苗)

ふじわらのもろざね　藤原師実　一〇四二—一一〇一　平安時代後期の公卿。号京極殿、京極太閤、後宇治殿。長久三年(一〇四二)生まれる。摂政・関白頼通の三男。

母は贈従二位藤原祇子(因幡守頼成女か)。天喜元年(一〇五三)元服。同三年従三位。権中納言、権大納言を経て康平三年(一〇六〇)内大臣。治暦元年(一〇六五)従一位右大臣。延久元年(一〇六九)左大臣。源師房女麗子を妻とし、その姪の顕房女賢子を養女とするなど、村上源氏との結びつきを強めた。延久三年賢子を東宮(白河天皇)妃に入れ、天皇即位後の承暦三年(一〇七九)、賢子は中宮として善仁親王(堀河天皇)を生んだ。これより先の治暦四年、父頼通は師実への移譲を前提に弟教通に関白を譲っていたが、その後教通は師実への関白移譲を求める頼通の要請に応じなかった。承保二年(一〇七五)教通が没し、師実が白河天皇の関白となった。永保三年(一〇八三)左大臣を辞し、嫡子師通を内大臣とする。応徳三年(一〇八六)堀河天皇の践祚とともに師実は摂政となる。寛治二年(一〇八八)太政大臣、翌三年辞す。同四年関白。嘉保元年(一〇九四)師通に関白を譲り、大殿と称された。康和元年(一〇九九)師通が急逝した後は、その子忠実を補佐した。同三年正月二十九日病により宇治別業で出家し(法名法覚)、二月十三日没。六十歳。宇治の栗小馬山に葬られた。白河天皇とは、天皇が賢子を深く愛したこともあって、協調的な関係にあり、摂関としてその院政に協力した。儀式や作法に通じ、詩歌・音楽・書道に優れ、歌集『京極関白集』がある。日記『京極関白記』(『師実公記』)は大部分が散逸し、宮内庁書陵部所蔵の、治暦四年十一月大嘗祭記(『九条家歴世記録』一(『図書寮叢刊』)所収)の古写本(九条家旧蔵)のほか、『御堂御記抄』などにみえる逸文が知られるばかりである。

参考文献　『大日本史料』三ノ五、康和三年二月十三日条、高群逸枝「藤原師実」(『平安鎌倉室町家族の研究』所収)、角田文衛「関白師実の母」(『王朝の映像』所収)　(吉田　早苗)

ふじわらのもろすけ　藤原師輔　九〇八―六〇　平安時代中期の公卿。九条右大臣、坊城右大臣とも称される。父は藤原忠平、母は源能有の女。延喜八年(九〇八)に生まれる。延長元年(九二三)九月従五位下に叙位。侍従・右兵衛佐などを経て、承平元年(九三一)閏五月蔵人頭となり、同五年二月参議となった。天慶元年(九三八)六月には七人を超えて権中納言・従三位となり、同五年三月大納言、同八年十一月には右近衛大将を兼ね、天暦元年(九四七)四月右大臣に進み、同九年二月正二位に叙位された。兄の左大臣実頼は氏長者で「一の人」であったが、師輔は人望も厚く兄にまさっていたが「一くるしき二」(『栄花物語』月の宴)などといわれた。天暦四年七月、村上天皇の女御となっていた女安子の生んだ憲平親王(冷泉天皇)が、藤原元方の女祐姫の生んだ広平親王を退けて立太子したために、師輔は外戚としての地位を固め、以後子孫は摂関の地位を独占することとなった。天徳四年(九六〇)五月一日、病により出家し、同月四日に五十三歳で没した。藤原経邦の女盛子との間に伊尹・兼通・兼家・忠君・安子など、雅子内親王との間に高光・為光など、康子内親王との間に公季・深覚などの子があった。著作に、日記『九暦』、『九条年中行事』、『九条殿遺誡』などがあり、家集『師輔集』には、女性との贈答の歌八十余首が収められ、作歌は『後撰和歌集』以下の勅撰集に入集している。また『九条年中行事』を編んだことから、有職故実の流儀を確立したものとして、兄実頼の小野宮流に対し、九条流の祖とされることとなった。

参考文献　『大日本史料』一ノ一〇、天徳四年五月四日条　(加藤　友康)

ふじわらのもろなが　藤原師長　一一三八―九二　平安時代後期の公卿。左大臣藤原頼長の次男。母は陸奥守源

藤原師長花押

信雅の女。保延四年(一一三八)誕生。祖父の前関白忠実の子となり、久安五年(一一四九)元服当日正五位下に直叙され、仁平元年(一一五一)十四歳で参議に昇り、久寿元年(一一五四)には権中納言に進んだが、保元元年(一一五六)、保元の乱に坐して土佐国に配流された。長寛二年(一一六四)京に召還され、従二位に復し、ついで権大納言に進み、安元元年(一一七五)内大臣に昇り、治承元年(一一七七)ついに従一位太政大臣に至ったが、同三年後白河上皇と平清盛の衝突により、上皇の近臣として尾張国に流され、出家して理覚と号した。養和元年(一一八一)帰京を聴されたが、建久三年(一一九二)七月十九日、五十五年の波瀾に富んだ生涯を閉じた。経学・絃律の才を備えたと評され(『玉葉』)、ことに琵琶と箏の奥義を究め、琵琶の譜『三五要録』、箏の譜『仁智要録』を著わした。私堂を妙音院と号し、申請して御祈願所としたので、妙音院太政大臣と称された。

藤原師長画像(『天子摂関御影』)

参考文献　『大日本史料』四ノ四、建久三年七月十九日条　(橋本　義彦)

ふじわらのもろまさ　藤原師尹　九二〇―六九　平安時代中期の公卿。小一条左大臣と称される。父は藤原忠平、母は源能有の女。延喜二十年(九二〇)に生まれる。承平二年(九三二)十一月従五位下に叙位。侍従・左兵衛佐・右中弁などを歴任し、天慶七年(九四四)四月に蔵人頭・

左近衛中将となり、同八年十一月に参議に任じた。天暦二年(九四八)正月には、五人を超えて権中納言となり、同五年正月中納言、同十年正月正三位に叙位、同年四月には右近衛大将を兼ねた。天徳四年(九六〇)八月権大納言、康保三年(九六六)九月大納言、同四年九月には皇太弟傅となり、十二月右大臣に進み、この日輦車《れんしゃ》を聴された。安和の変に際して、源満仲の密告により、左大臣源高明を左遷し、安和二年(九六九)三月左大臣となったが、十月十五日に左大臣正二位で没す。五十歳。二十日に正一位が追贈された。逸文の形で伝わる日記『小左記』(『小一条記』『小一条左大臣記』などともいわれる)があり、また作歌は『後撰和歌集』に入集している。（加藤　友康）

参考文献　『大日本史料』一ノ一三、安和二年十月十五日条

ふじわらのもろみち　藤原師通　一〇六二―九九　平安時代の公卿。号後二条殿。康平五年(一〇六二)九月十一日生。摂政・関白師実の男。母は右大臣源師房女従一位麗子。延久四年(一〇七二)元服。承保二年(一〇七五)従三位。参議・権中納言・権大納言を経て永保三年(一〇八三)内大臣。嘉保元年(一〇九四)父の譲りを受けて関白氏長者。剛毅な性格で、堀河天皇を助け、また摂関家の勢力維持に努めた。ことに白河上皇の院政に批判的で、「おり位のみかとの門に車立つ様やはある」(『今鏡』)と公言したという。関白になる前年の寛治七年(一〇九三)上皇から荘園制止の諮問を受けた時には、院の近臣である受領層が荘園を新立しているのではないかと皮肉な答えをしている。嘉保二年美濃守源義綱との争いに端を発し、延暦寺衆徒が強訴を企てた時には、兵を発遣して阻止した。そのため死後日吉山王の祟りによるとの説が流れた。永長元年(一〇九六)従一位。康和元年(一〇九九)六月二十八日瘡病により出家して没。三十八歳。広隆寺東北の野に葬る。死後六年間摂関が置かれず、摂関家の後退と院政の躍進の契機になったとされる。その死にあたり『本朝世紀』は「公受性豁達、賢を好み士を愛し、(中略)嘉保・永長の間天下粛然」(原漢文)と評している。大江匡房・惟宗孝言に師事して儒学その他を学び、多くの書物を閲覧・書写し、匡房に『江家次第』の執筆を命じたとされる。また容姿が優れ、詩歌・書道・音楽に堪能で、日記『後二条師通記』がある。（吉田　早苗）

参考文献　『大日本史料』三ノ五、康和元年六月二十八日条、『後二条師通記』解題(『大日本古記録』)、高群逸枝「藤原師通」(『平安鎌倉室町家族の研究』所収)

ふじわらのもろみつ　藤原師光　?―一一七七　平安時代後期の廷臣。法名西光。出身は阿波国の在庁官人の子というが不明で、少納言入道信西の家人となり、勅定によって鳥羽院の寵臣藤原家成の子とされたという。左衛門尉に任ぜられ、平治の乱では信西に従い、京を逃れた信西に渡宋を勧めたものの、信西がこれに応ぜず、ほかの家人とともに出家して難を逃れた。のちに後白河院に仕えて近習の伝奏として活躍し、院の御倉預として後白河院政を支えた。治承元年(一一七七)の鹿ヶ谷の謀議では藤原成親らと平氏打倒の陰謀をめぐらしたのが発覚し、捕えられて拷問のすえ、事件の全貌を白状したが、この間の事情は『平家物語』が詳しく記すところである。やがて朱雀大路に引き出されて斬首された。治承元年六月一日夜半のことであった。（五味　文彦）

ふじわらのやすすけ　藤原保輔　?―九八八　平安時代中期の下級官人、のちに強盗。藤原致忠の四男、保昌の弟。正五位下。日向権介・右馬助・右京亮・右兵衛尉。天元五年(九八二)正六位上、日向権介となったが、任符を返上。寛和元年(九八五)正月弾正少弼大江匡衡、下総守藤原季孝が刃傷され、同三月藤原斉明・同保輔兄弟の所為とわかり、追捕の宣旨が出て、同四月斉明は近江において殺されたが、保輔はのがれた。永延二年(九八八)閏五月藤原景斉家などへの強盗、源忠良・平維時殺害計画が露顕して追求され、花園寺で出家して逃走しようとしたが進退窮まり、自害せんとしたが捕えられ、六月十七日獄中で死亡した。（山田　英雄）

参考文献　『大日本史料』二ノ一、永延二年六月十三日条

ふじわらのやすただ　藤原保忠　八九〇―九三六　平安時代中期の公卿、雅楽家。寛平二年(八九〇)生まれる。左大臣藤原時平の長男。母は一品式部卿本康親王女廉子。延喜十四年(九一四)参議右大弁、同二十一年従三位、延長八年(九三〇)正三位・大納言、承平二年(九三二)右大将、同三年按察使。八条大将、賢人大将とも号される。祖父の昭宣公藤原基経より笙の秘曲「荒序」の相伝を受け、本朝の鳳笙の始祖の地位にある。延喜五年正月二十二日醍醐天皇の前で笙を吹き、曲調が並びなかったため、橘皮という笙の名器を賜わった。また各種の御遊に参加し、同十八年二月二十六日、六条院での朝覲行幸の時には笙を吹き、時に琴も弾じた。同二十一年十月十八日の舞楽の催しの時には、承和の時以来舞われなかった放鷹楽の舞に、珍しい装束を調達して話題となった。承平六年七月十四日、四十七歳で没した。（蒲生美津子）

参考文献　『大日本史料』一ノ七、承平六年七月十四日条、『古今著聞集』六、『鳳笙師伝相承』、『続教訓抄』

ふじわらのやすのり　藤原保則　八二五―九五　平安時代前期の官人。藤原南家乙叡の孫、貞雄の男。母は安倍弟富の女。天長二年(八二五)生まれる。文徳朝の斉衡二年(八五五)から出仕、民部大丞などを経て、貞観八年(八六六)、従五位下で備中権介に任じた。以後備中守・備前権守を歴任、大いに仁政を施したという。元慶二年(八七八)、元慶の乱(出羽俘囚の乱)がおこるや、同年五月出羽権守に任じられ、秋田に赴き、陸奥鎮守将軍小野春風らと協力し、懐柔の策によってそれを平定した。その後も讃岐権守・大宰大弐など地方官として活躍、仁和

三年(八八七)、従四位上に昇った。宇多天皇に抜擢され、寛平三年(八九一)左大弁、翌四年参議となり、五年には民部卿を兼ねたが、同七年四月二十一日、七十一歳で没。晩年は仏教に心をよせ、一室を叡山の東坂に営んで入道念仏したという。のち三善清行は保則を良吏の典型としてその伝を理想化し、『藤原保則伝』を著わした。菅原道真の「路遇白頭翁」の詩(『菅家文草』)にも、保則の良政を讃えた句がみられる。大正四年(一九一五)贈従三位。

参考文献 『大日本史料』一ノ二、寛平七年四月二十一日条 (笹山 晴生)

ふじわらのやすひら 藤原泰衡 ?—一一八九 平安・鎌倉時代前期の武士。奥州平泉藤原氏の最後の当主(四代目)。藤原秀衡の次男。京下りの公家、前民部少輔藤原基成の女を母とする。武略にすぐれた長兄の国衡が「父太郎」「他腹之嫡男」と称されたのに対して、泰衡は「母太郎」「当腹太郎」といわれた(『吾妻鏡』『玉葉』『愚管抄』)。文治三年(一一八七)十月、秀衡死去のあとをうけて、泰衡が陸奥出羽押領使の地位についたのは、母方の血統の高貴によるものか。国衡・泰衡の二人の「兄弟和融」のうえ、源義経を「主君」として「給仕」せよ、その「三人一味」の結束をもって、源頼朝の攻撃に備えよ、という秀衡の遺言があったと伝える(『玉葉』)。義経を「大将軍」として、「国務」せしめよという遺言であったともいう(『吾妻鏡』)。文治五年閏四月三十日、泰衡の兵数百騎は義経が住まいする藤原基成の衣川館を襲った。ついで、弟の泉三郎忠衡も殺害された。秀衡の遺言が実行されなかったのは、泰衡が鎌倉方の圧力に屈伏したためとされる。同五年八月二十一日、頼朝の攻撃によって、平泉は陥落。館に火を放って北方に逃れた泰衡は翌九月三日、肥(比)内郡贄柵《にえのさく》(秋田県大館市二井田)で殺された。糠部・肥内の諸郡を経て、泰衡が目ざした最後の目的地は「夷狄嶋」(北海道)であった。泰衡を殺害したのは「数代郎従、河田次郎」であった(『吾妻鏡』)。同月六日、泰衡の首は紫波郡陣岡(岩手県紫波郡紫波町陣ヶ岡)の頼朝の本営に運ばれ、首実検の後、眉間に八寸の鉄釘を打ちつけて柱に懸けられた。首を持参した河田次郎は恩賞を与えられず、主人殺しの罪により斬刑に処せられた。泰衡の首は間もなく返されて平泉に戻り、中尊寺金色堂内に納められ、父秀衡の金棺のかたわらで眠りについた。享年は三十五または二十五といわれる。父に似て鼻筋が通り頑丈な顔立ちの頭骨が今に伝わる。血液はB型。 ↓藤原秀衡《ふじわらのひでひら》

参考文献 『大日本史料』四ノ二、文治五年九月三日条、朝日新聞社編『中尊寺と藤原四代』、中尊寺編『中尊寺御遺体学術調査最終報告書』 (入間田宣夫)

ふじわらのやすまさ 藤原保昌 九五八—一〇三六 平安時代中期の中級貴族。南家武智麻呂流。致忠の子。母は元明親王の女。天徳二年(九五八)生まれる。日向・大和・丹後などの国守や左馬頭などの京官を歴任。藤原道長・頼通に家司として仕え、寛弘八年(一〇一一)八月、従四位下に叙された(『御堂関白記』『小右記』)。兵家の出身ではないが武勇にすぐれ、『今昔物語集』二五の強盗袴垂《はかまだれ》を恐れさせた説話は有名。歌も詠み、音楽の嗜みもあった。和泉式部の夫としても知られる。長元九年(一〇三六)九月、七十九歳で没。

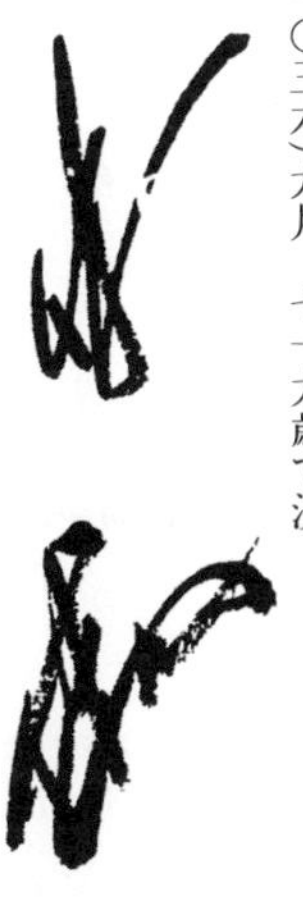
藤原保昌花押

参考文献 山中裕『和泉式部』(『人物叢書』一八四)、角田文衞「紫式部と藤原保昌」(『紫式部の身辺』所収)、佐藤堅一「封建的主従制の源流に関する一試論」(安田元久編『初期封建制の研究』所収)、朧谷寿「大和守源頼親伝」(『古代学』一七ノ二)、野口実「南家黒麻呂流藤原氏の上総留住と「兵家」化」(『政治経済史学』三六三)、関幸彦「袴垂と保昌」(元木泰雄編『王朝の変容と武者』所収) (野口 実)

ふじわらのやつか 藤原八束 ⇨藤原真楯《ふじわらのまたて》

ふじわらのやまかげ 藤原山陰 八二四—八八 平安時代前期の公卿。高房の子で、母は藤原真夏の娘。天長元年(八二四)生まれる。右衛門少尉・春宮大進などを歴任し、清和天皇の即位(天安二年(八五八))により、従五位下蔵人となった。のち右近衛少将・美濃守・渤海使の郊労使などを歴任し、貞観十七年(八七五)に従四位下蔵人頭となり、ついで右大弁となった。清和天皇が譲位すると、上皇に陪従することを希望し、たびたび官を辞そうとしたが許されず、元慶三年(八七九)には参議、仁和二年(八八六)には従三位中納言となり、翌年民部卿となった。同四年二月四日、六十五歳で没した。平安京の北東、神楽岡に吉田春日社(京都市左京区吉田神楽岡町)を貞観年中に建立したと伝えられ、また摂津国の総持寺(大阪府茨木市総持寺一丁目)は山陰の発願によると伝えられる。

参考文献 『大日本史料』一ノ一、仁和四年二月四日条 (佐藤 宗諄)

ふじわらのゆきなり 藤原行成 九七二—一〇二七 平安時代中期の公卿。名は「こうぜい」とも読みならわす。天禄三年(九七二)生まれる。右近衛少将義孝の子、摂政伊尹《これまさ》の孫。母は源保光女。一条天皇の四納言の一人。幼くして父を亡くし、青年期は不遇であったが、長徳元年(九九五)蔵人頭に抜擢され、これは源俊賢の推挙によるという。その後は順調に昇進し、左中弁・右大弁などを兼ね、長保三年(一〇〇一)参議となり、さらに権中納言・大宰権帥を経て寛仁四年(一〇二〇)権大納言に至った。一条天皇・藤原道長に信任が厚く、道長の子長家を娘の婿に迎えている。諸種の才芸にすぐれ、『枕草子』『栄花物語』などに多くの逸話が伝えられ、和歌は『後拾

藤原行成花押

遺和歌集』以下の勅撰集に入集し、詩文も数首伝えられている。とりわけ能書家として著名で、藤原佐理の没後はその第一人者として、三条・後一条の二代の天皇の大嘗会の悠紀《ゆき》・主基《すき》屛風の色紙形の筆者となったのをはじめ、内裏の門や殿舎の額を書くなど、能書としての多くの事跡が伝えられている。その書は小野道風に学んだといわれるが、温雅な書風で和様の大成者とされる。万寿四年(一〇二七)十二月四日正二位権大納言で没。五十六歳。その筆跡は極官が権大納言であったことから「権蹟」とよばれ、小野道風の「野蹟」、藤原佐理の「佐蹟」とならんで「三蹟」と称される。その書流は行成の創建した世尊寺にちなんで世尊寺流という。真跡には「白氏詩巻」(東京国立博物館蔵、国宝)などがある。また、その日記『権記』があり、行成の事績のみならず、当時の政治動向などを伝える重要史料である。

参考文献 『大日本史料』二ノ二六、万寿四年十二月四日条、中田勇次郎編『藤原行成』(『書道芸術』一五)、黒板伸夫『藤原行成』(『人物叢書』二〇六)、小松茂美『平安朝伝来の白氏文集と三蹟の研究』、春名好重「藤原行成」(『墨美』一三〇)

(中村　順昭)

ふじわらのゆきひろ　藤原行広　⇨土佐《とさ》行広《ゆきひろ》

ふじわらのゆきまさ　藤原行政　⇨二階堂《にかいどう》行政《ゆきまさ》

ふじわらのゆきみつ　藤原行光　⇨土佐《とさ》行光《ゆきみつ》

ふじわらのよしお　藤原刷雄　生没年不詳　奈良時代の官人。藤原仲麻呂の六男、母は大伴犬養の女。天平勝宝四年(七五二)従五位下に叙され遣唐留学生として入唐。天平宝字八年(七六四)の仲麻呂の乱(恵美押勝の乱)に際しては若きより禅行を修していたため死を免れ隠岐に配流。宝亀三年(七七二)従五位下に復し同九年従五位上に昇叙。延暦十年(七九一)までに但馬守・上総守・大学頭・右大舎人頭・陰陽頭などを歴任。仲麻呂の息の薩雄また僧延慶と同人とする説があるが確かでない。

参考文献 岸俊男『藤原仲麻呂』(『人物叢書』一五三)、薗田香融「恵美家子女伝考」(『史泉』三二・三三)

(今泉　隆雄)

ふじわらのよしたか　藤原義孝　九五四―七四　平安時代中期の公卿、歌人。一条摂政と呼ばれた権力者藤原伊尹の四男。母は代明親王の娘恵子女王。冷泉天皇の女御で花山天皇の母である懐子は姉。また三蹟の一人として有名な藤原行成は息である。天暦八年(九五四)生まれ。天禄元年(九七〇)左兵衛権佐に、また翌二年には右近少将となって将来を嘱望されていたが、天延二年(九七四)九月十六日の夕刻に、当時猖獗を極めていた疱瘡のために世を去った。同日の朝に亡くなった兄の少将挙賢に続いての死であったために、特に世間の同情を集めた。享年二十一。『今昔物語集』巻一五第四二話などによれば、眉目秀麗、幼いころから道心深く、公務の間にも『法華経』を誦し、日常、魚鳥を口にしなかったほどであったので、死後も疑いなく極楽に至ったという。和歌にすぐれ、『拾遺和歌集』以下の勅撰集に十一首採られている。『義孝集』は彼の死後、ゆかりの人々によって編纂されたものであるが、そのおおむねは真作としてよい。

参考文献 『大日本史料』一ノ一五、天延二年九月十六日条、今井源衛『花山院の生涯』

(片桐　洋一)

ふじわらのよしただ　藤原義忠　?―一〇四一　平安時代中期の文人。父は大和守為文。大内記・式部少輔などを経て、権左中弁兼大和守に至ったが、長久二年(一〇四一)十月一日、吉野川に溺死した。年齢は未詳。寛弘四年(一〇〇七)ごろには内宴に文人として列席する。長和五年(一〇一六)には大嘗会主基方の和歌詠者に選ばれ、万寿二年(一〇二五)には歌合を主催し、一方、頼通の大

藤原義忠花押

饗料の屛風詩を詠むなど、和漢にわたって活躍した。頼通の愛顧を受け、長元六年(一〇三三)の『白河院子日記』は頼通主催の宴の記録であり、『鷹司殿屛風詩』の選考をめぐる争いにより、頼通に勘当されたが、のち和歌を献じて許されたという説話がある。作品は、『本朝続文粋』に三篇、『金葉和歌集』以下の勅撰集に五首が選ばれている。

(篠原　昭二)

ふじわらのよしただ　藤原良縄　八一四―六八　平安時代前期の公卿。藤原内麻呂の孫、大津の子で、母は紀南麻呂の娘。弘仁五年(八一四)に生まれ、承和四年(八三七)に内舎人となり、皇太子恒貞親王に信頼されて蔵人に抜擢された。その後、左馬大允・内蔵助などを歴任し、仁寿二年(八五二)に従五位下侍従となり、春宮亮を経て斉衡三年(八五六)に蔵人頭となった。さらに左近衛中将・右大弁・勘解由長官を経て、天安二年(八五八)には参議となり、左大弁・右衛門督・検非違使別当を経て正四位下となった。清和天皇の即位および大嘗祭を経て、貞観九年(八六七)には太皇太后宮大夫となったが、翌年二月十八日に五十五歳で没した。人柄は温和至誠で、法制にも詳しく教養をもち、若くして将来を嘱望された。特に文徳天皇に信頼され、内外の諸事はすべて委任され、あやまることはなかったという。父母にも孝養を尽くし、喪にあたってはほとんど死に瀕したという。山城国葛野郡に道場真如院を建立し、出家した母が居住し、食封や俸禄を施入した。

(佐藤　宗諄)

ふじわらのよしちか　藤原義懐　九五七―一〇〇八　平安時代中期の公卿。天徳元年(九五七)生まれる。父は藤原伊尹、母は恵子女王。同母姉懐子は冷泉天皇女御、花山天皇母。永観二年(九八四)正月春宮亮の労により従四位上。八月花山天皇践祚により蔵人頭。当時父・兄・姉ともに亡く、若年の義懐が外戚として執政を支え、近臣の藤原惟成とともに花山朝の新政を主導した。十月従三位から正三位、翌寛和元年(九八五)九月参議、十一月従二位、十二月権中納言。文盲であったが有職に通じ、天

皇の体面維持に苦労した話が伝わる。同二年六月天皇が突然出家退位すると、政界にとどまるのを諦め、惟成とともに即日出家。法名悟真、のち寂真。寛弘五年（一〇〇八）七月十七日没。五十二歳。作歌が勅撰集などに伝わる。

参考文献 『大日本史料』二ノ六、寛弘五年七月十七日条、山本信吉「花山天皇出家」（『日本と世界の歴史』七所収） （山口 英男）

ふじわらのよしつぐ 藤原良継 七一六―七七 奈良時代後期の貴族、政治家。式家宇合の第二子。母は石上麻呂の女。霊亀二年（七一六）生まれる。はじめ名を宿奈麻呂といい、宝亀元年（七七〇）ころ良継と改めた。天平十二年（七四〇）兄広嗣の反に坐して伊豆に流されたが、間もなく赦されて少判事に任じ、同十八年に従五位下に叙せられた。以後越前・上総・相模・上野などの守、民部少輔・右中弁・造宮大輔を歴任したが、藤原仲麻呂の専権に反抗し、佐伯今毛人・石上宅嗣・大伴家持らと謀ったが捕えられ、その責めを一人で受け、姓や位を奪われた。しかし仲麻呂の叛に際しては追討に功があり、従四位下勲四等に叙せられ、さらに昇叙して天平神護二年（七六六）には従三位、宝亀元年には参議となった。称徳天皇崩ずるや藤原永手らと策を禁中に定めて白壁王（光仁天皇）を立て、翌二年中納言から内臣に任ぜられて政治の実権を握り、ついで内大臣になったが、同八年九月十八日没した。時に年六十二。極官は内大臣従二位で従一位を贈られた。その女乙牟漏は桓武天皇の皇后となり、所生の平城天皇が即位すると、良継は外祖父として大同元年（八〇六）正一位太政大臣を追贈された。

藤原良継自署

参考文献 中川収「藤原良継の変」（『奈良朝政治史の研究』所収）、同「藤原良継の境涯」（『北海道私学教育研究紀要』二五） （林 陸朗）

阿陁墓《あだのはか》 所在は不明。良継は桓武天皇皇后乙牟漏の父、平城・嵯峨両天皇の外祖父にあたる。平城天皇の即位に際し太政大臣を追贈され、墓は頒幣の例に入った。『三代実録』の貞観八年（八六六）十月二十三日条に「贈太政大臣藤原朝臣墓在二大和国宇智郡阿陁郷一、詔置二守冢傜丁十二人一」とあるが、阿陁墓と藤原武智麻呂の後阿陁墓とのいずれを指すかは定かでない。『延喜式』諸陵寮の制は遠墓に列し、「兆域東西十五町、南北十五町、守戸一烟」とあり、武智麻呂墓と兆域の面積がひとしいことから、おそらく両墓は墓域を同じくしていたと思われ、奈良県五條市小島町の栄山寺の裏山にある武智麻呂墓の近辺に所在すると考えられる。

参考文献 『五条市史』 （戸原 純一）

ふじわらのよしつね 藤原良経 ⇨九条良経《くじょうよしつね》

ふじわらのよしなが 藤原能長 一〇二二―八二 平安時代中期の公卿。号三条内大臣。治安二年（一〇二二）生まれる。御堂関白藤原道長の孫。右大臣藤原頼宗の三男、母は内大臣藤原伊周女。頼宗の弟権大納言能信の養子となる。長元八年（一〇三五）十四歳で元服、従五位下。蔵人頭・右近衛中将から長久四年（一〇四三）参議。のち検非違使別当・左衛門督・春宮大夫などを歴任、承暦四年（一〇八〇）正二位内大臣、皇太子傅。永保二年（一〇八二）十一月十四日没。六十一歳。白河天皇女御道子の父。 （平林 盛得）

ふじわらのよしの 藤原吉野 七八六―八四六 平安時代前期の公卿。藤原綱継の子。延暦五年（七八六）生まれる。弘仁十年（八一九）には従五位下駿河守となり、所内は粛清となったとして、その治績が評価され、同十四年淳和天皇の即位に伴って中務少輔となった。左近衛少将・畿内巡察使・皇后宮大夫・右兵衛督などを経て、天長五年（八二八）参議兼式部大輔となり、翌々年には正四位下右近衛大将兼春宮大夫、さらに同九年には従三位権中納言となった。仁明天皇の即位により正三位となったが、右近衛大将を辞して淳和上皇に陪従し、承和七年（八四〇）五月に淳和上皇が崩御すると、辞職を願い出たが許されず、同九年承和の変に連座して大宰員外帥に左遷された。同十二年に山城国に移され、翌十三年八月十二日に六十一歳で没した。学問をよくし、性格は温和で、王侯の気風があり、肉食をしなかったという。 （佐藤 宗諄）

ふじわらのよしのぶ 藤原能信 九九五―一〇六五 平安時代後期の公卿。藤原道長四男。母は源高明の女、明子。長徳元年（九九五）生まれる。寛弘三年（一〇〇六）叙爵され、侍従・右兵衛佐・蔵人頭などを歴任。長和三年（一〇一四）従三位に叙され、寛仁元年（一〇一七）権中納言、治安元年（一〇二一）権大納言と進んだが、異母兄頼通に対抗して禎子内親王の中宮大夫となったため権大納言に据え置かれ、治暦元年（一〇六五）二月九日、七十一歳で没した。寛徳二年（一〇四五）後冷泉天皇の意を体して尊仁親王（のちの後三条天皇）の立太子に寄与し、東宮大夫となった。後三条に入れた養女茂子（藤原公成の女）がのちの白河天皇を産み、外祖父となったため、延久五年（一〇七三）太政大臣正一位を追贈された。

参考文献 河野房男「後三条天皇の立坊と藤原能信」（『平安末期政治史研究』所収）、梅村恵子「摂関家の正妻」（青木和夫先生還暦記念会編『日本古代の政治と文化』所収）、角田文衞「皇太弟尊仁親王」（古代学協会編『後期摂関時代史の研究』所収） （倉本 一宏）

ふじわらのよしふさ 藤原良房 八〇四―七二 平安時代前期の政治家。諡号忠仁公。通称白河大臣・染殿大臣。冬嗣の次男、母は南家真作女の尚侍藤原美都子。延暦二十三年（八〇四）生まれる。嵯峨天皇に風采と才能を愛され、皇女源潔姫を妻とした。天長三年（八二六）蔵人、同五年従五位下、大学頭・春宮亮・左近衛少将などを経て、

天長十年仁明天皇即位にあたって蔵人頭となり、承和元年(八三四)参議に昇進したが、翌二年には上席の公卿七人を越えて権中納言に抜擢された。承和九年七月、嵯峨上皇の崩御に際していわゆる承和の変が起るや、機に乗じて皇太子恒貞親王を廃し、その側近の大納言藤原愛発・中納言同吉野を追放し、同母妹の女御順子所生の道康親王(文徳天皇)を皇太子に立てた。以後、外戚として政権を握り、嘉祥元年(八四八)右大臣、嘉祥二年従二位に進んだ。翌三年仁明天皇が急死し、文徳天皇が践祚するや、女明子所生の惟仁親王(清和天皇)を生後九ヵ月にして強引に皇太子に立てた。やがて文徳天皇は良房の権力を厭い、第一皇子惟喬親王を皇太子にしようと企て、良房との間にはげしい暗闘があったようであるが、それは成功せず、真相は国史にも陰蔽されている。天安元年(八五七)異例の太政大臣に任じられ、翌二年文徳天皇が崩じて、九歳の幼帝清和天皇が立つと、天下の政を摂行した。貞観六年(八六四)天皇が元服した後、これを辞退したとみられるが、同八年応天門の変が起ると、八月十九日勅を奉じてまた「天下の政を摂行」し、伴善男らを断罪した。古来良房を人臣摂政のはじめとするのは、『三代実録』貞観八年八月十九日条に基づくが、『大鏡裏書』『公卿補任』などに天安二年摂政となると記されたのは、職員令における太政大臣の規定により、当然幼帝の政を摂行したと解釈したためであろう。貞観十四年二月十五日、流行の「咳逆」病により禁中の直廬を出て、東一条第で療病に努めたが、九月二日に没した。六十九歳。愛宕郡白河に葬られた。正一位を追贈され、美濃国に封ぜられ、忠仁公と諡号を賜わるなど、先祖不比等以外に比をみない殊遇を受けた。男子に恵まれなかったが、兄長良の子基経の才幹を見抜いて養子とし、応天門の変後に自己同様七人を越えて中納言に抜擢し、変後の政局の主導権を自家に確保して、後世における摂関政治の基礎を確立した。『貞観格式』『儀式』『続日本後紀』の編纂、貞観寺(嘉祥寺)の建立と外護、盛儀をきわめた仁明天皇四十歳の算賀行事、「染殿のきさき」(明子)の宮における詠歌(『古今和歌集』一)などに、その事跡と人物をみることができる。

[参考文献] 坂本太郎「藤原良房と基経」(『古典と歴史』所収)　(目崎　徳衛)

後愛宕墓《のちのおたぎのはか》　所在は不明。貞観十四年(八七二)九月四日に山城国愛宕郡の白川のあたりに葬り、同年末には清和天皇の外祖父にあたる故に近墓の列に加えられ(元慶八年(八八四)遠墓に移る)、のち守戸一烟を置いて管守させたことが『三代実録』にみえる。『延喜式』諸陵寮は、その室源潔姫の愛宕墓に対して後愛宕墓として載せ、「在二山城国愛宕郡一、守戸一烟」とあり、兆域の記載はない。　(戸原　純一)

ふじわらのよしみ　藤原良相　八一三―六七　平安時代前期の官人。弘仁四年(八一三)生まれる。藤原冬嗣の第五子。母は藤原美都子。良房および文徳天皇母順子と同母。またその女多可幾子、多美子はそれぞれ文徳・清和両天皇の女御となった。良相は若くして大学に学び、承和元年(八三四)蔵人となり、同五年叙爵。左近衛少将を拝し、「承和の変」の際には近衛を率いて皇太子直曹を包囲した。その後左近衛中将を経て嘉祥元年(八四八)に参議に昇進した。ついで中将・右大弁を兼ね、文徳朝に入ると春宮大夫をも兼ね、権中納言、大納言、右大将などの要職を経て天安元年(八五七)に右大臣に就いた。出自、学識に恵まれ「局量開曠」「有二才弁一」(『三代実録』貞観九年(八六七)十月十日条)と評された実力者で、特に貞観初年には「機務に専心」したといわれ、良房政権下で大きな力を持った。また貞観元年には延命院・崇親院などを設け藤原氏の貧窮者救済にあたった。同八年、応天門が炎上すると、伴善男と良相は左大臣源信に放火の罪を着せようとしたらしいが、藤原良房が信を弁護したため大事に至らなかった。これは源氏の進出に対する良相の危機感をあらわす事件としてよいが、良相と良房の間にも食い違いが生じてきていたことを表わすものといえる。貞観九年十月十日没。五十五歳。贈正一位。『続日本後紀』『貞観格』『貞観式』の編纂に関わった。

[参考文献] 佐伯有清『伴善男』(『人物叢書』一五六)　(玉井　力)

ふじわらのよしやす　藤原能保　⇨一条能保《いちじょうよしやす》

ふじわらのよしよ　藤原良世　?―九〇〇　平安時代前期の官人。「つきよ」「つぎよ」とも読む(『尊卑分脈』)。藤原冬嗣の第八子。母大庭王の女。文徳朝嘉祥三年(八五〇)に蔵人となり、仁寿元年(八五一)に叙爵した。その後右衛門権佐、左兵衛権佐、右兵衛佐、左近衛権少将、同少将などを歴任し、清和朝には中宮大夫、蔵人頭を兼ね、貞観十二年(八七〇)に参議に昇進した。さらに、中納言、大納言と進み、左右近衛大将を兼ね、寛平三年(八九一)に右大臣、同八年に左大臣に進んだ。関白藤原基経の没後は藤原氏の氏長者となったが、昌泰三年(九〇〇)十一月十八日に没した。贈従一位。『日本紀略』は七十七歳、『公卿補任』は七十八歳、『扶桑略記』は七十九歳とする。昌泰三年、『興福寺縁起』を撰進した。

[参考文献] 『大日本史料』一ノ二、昌泰三年十一月十八日条　(玉井　力)

ふじわらのよりただ　藤原頼忠　九二四―八九　平安時代中期の貴族。左大臣藤原実頼の次男、母は左大臣藤原時平の女。延長二年(九二四)生まれる。はじめ時平の長男保忠の子となる。子は代明親王女厳子女王との間に公任・遵子(円融天皇皇后)・諟子(花山天皇女御)。天慶四年(九四一)従五位下、応和三年(九六三)参議、安和元年(九六八)従三位中納言、天禄元年(九七〇)権大納言、同二年正三位右大臣。同三年十月摂政太政大臣藤原伊尹が辞表を提出し、その弟権中納言藤原兼通・大納言藤原兼家が摂政の地位を争った時、伊尹と親しかった頼忠は兼通を支持し、十一月に伊尹が没すると氏長者となるが、

天延二年(九七四)氏長者を兼通に譲る。貞元元年(九七六)一上宣旨を蒙る。兼通は兼家を押えるため貞元二年四月左大臣源兼明を親王とし、頼忠を左大臣とした。十月兼通が没すると円融天皇の関白・氏長者となり(同時に大納言兼家は右大将から治部卿に左遷)、天元元年(九七八)太政大臣となり遵子を入内させる(天元五年皇后)。遵子には子がなく、天元三年右大臣兼家の女の女御詮子が懐仁親王を生み、永観二年(九八四)花山天皇が即位すると皇太子には懐仁親王が立った。頼忠は花山天皇の関白となるが公事に従わず政治の実権は藤原義懐が掌握した。寛和元年(九八五)末に起きた興福寺領備前国鹿田荘の相論を氏長者として解決することができなかった。同二年六月花山天皇が出家し懐仁親王が即位すると(一条天皇)、兼家が摂政となり実権を掌握した。永祚元年(九八九)六月二十六日没。六十六歳。没後、正一位を贈られ、駿河国に封じられ、廉義公の諡号を賜る。邸宅は三条殿。

参考文献 『大日本史料』二ノ一、永祚元年六月二十六日条、飯倉晴武「済時記」(『書陵部紀要』一三)

(石上 英一)

ふじわらのよりつぐ 藤原頼嗣 一二三九―五六 鎌倉幕府第五代将軍。一二四四―五二在職。第四代将軍頼経と中納言藤原親能女(大宮殿)との間に延応元年(一二三九)十一月二十一日、鎌倉の丹波良基宅で生まれた。寛元二年(一二四四)四月二十一日、元服して頼嗣と名乗り、同二十八日、従五位上・右近衛少将に叙任、征夷大将軍となった。以後累進して建長元年(一二四九)六月、左近衛中将、同三年六月、従三位に昇った。この間、寛元三年七月二十六日、執権北条経時の妹(檜皮姫)を室に迎えた。しかし、建長三年十二月、僧了行らの幕府顛覆の陰謀が露顕した際、前将軍頼経が絡んでいるとの嫌疑が生じたところから、北条氏は、この機会に頼嗣を廃して九条家と絶縁し、もともと望んでいた皇族将軍を実現しようとした。こうして建長四年四月一日、宗尊親王が将軍として鎌倉に下着したのと入れ違いに、翌二日、頼嗣は鎌倉を発して帰洛の途についた。帰洛後の頼嗣については明らかでないが、康元元年(一二五六)九月二十五日に没したとの報らせが、六波羅から幕府に届けられた。十八歳。

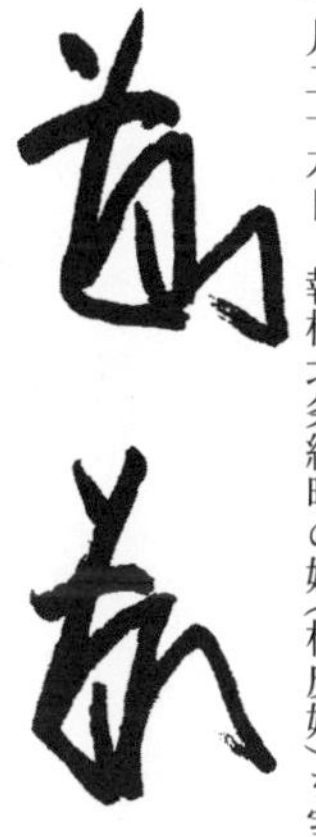
藤原頼嗣花押

参考文献 三浦周行『鎌倉時代史』(『日本史の研究』新輯一)、竜粛『鎌倉時代』上、新田英治「藤原頼嗣」(安田元久編『鎌倉将軍執権列伝』所収)

(新田 英治)

ふじわらのよりつね 藤原頼経 一二一八―五六 鎌倉幕府四代将軍。一二一九―四四在職。摂関九条流藤原道家三男、母は太政大臣西園寺公経の娘従一位准三后綸子(『百錬抄』に淑子)。建保六年(一二一八)正月十六日、寅歳の正月寅の月の寅刻に生まれたので幼名三寅丸。三代将軍源実朝急死直後、母が頼朝の姪の娘だったので、皇族将軍下向を後鳥羽上皇に拒絶された幕府に迎えられ、承久元年(一二一九)六月二十五日西園寺邸を出立、同七月十九日鎌倉に入り鎌倉殿四代目を嗣立。同三年の承久の乱には無関係。元仁元年(一二二四)六月の伊賀氏の変で廃立の危険があったが、北条政子の奔走で回避。嘉禄元年(一二二五)十二月二十日、大蔵御所から宇津宮御所に移徙。同二十九日執権北条泰時を加冠役として元服、頼経と称す。翌年正月二十七日将軍宣下、正五位下征夷大将軍兼右近衛少将。安貞元年(一二二七)正月二十六日近江権介。寛喜二年(一二三〇)十二月九日、二代将軍源頼家の遺姫で二十八歳の竹《たけの》御所《ごしょ》鞠子と結婚、同三年二月五日従四位上、三月二十五日左中将、四月八日正四位下、貞永元年(一二三二)正月三十日備後権守、二月二十七日従三位、天福元年(一二三三)正月二十八日権中納言、文暦元年(一二三四)十二月二十一日正三位、嘉禎元年(一二三五)十月八日按察使、十一月十九日従二位、同二年七月二十日正二位、十一月二十二日民部卿、暦仁元年(一二三八)二月十七日入洛、二十三日右衛門督、二十六日検非違使別当、三月七日権大納言、四月十八日権大納言辞任、十月二十九日鎌倉下着、この間、京都では父道家、兄教実が交互に摂関就任。鎌倉では執権政治が確立していて将軍に実権はなく、名越流北条、三浦、千葉、評定衆などの側近をもって反得宗派を形成したが、寛元二年(一二四四)四月二十八日、執権北条経時に強要されて将軍職を子頼嗣に譲り、翌三年七月五日鎌倉久遠寿量

藤原頼経花押

藤原頼経像

院で出家、法名行智(行賀とも)。以後も大殿と呼ばれて権力回復を図ったが、同四年五月二十四日、執権北条時頼に自邸を封鎖され、側近は処断された。頼経も追却されて七月二十八日京都六波羅の若松殿に入った(宮騒動)。直後、父道家の関東申次も解任されて権勢を失い、かわって関東申次を世襲することになった西園寺家の勢力が伸張した。しかし、京都に帰ってからも権力回復の陰謀に努め、宝治元年(一二四七)六月五日の宝治合戦(三浦氏の乱)は、三浦泰村・光村兄弟らが頼経の鎌倉帰還を図って失敗した事件という側面もあり、建長三年(一二五一)十二月、足利泰氏が自由出家の廉で所領一処を没収され、了行法師らが陰謀の疑いで処断されたのも、背後に道家・頼経父子の存在が濃厚である。翌四年二月二十一日道家が死ぬと、三月二十一日には五代将軍頼嗣も京都に追却された。康元元年(一二五六)八月十一日没。三十九歳。同年九月二十五日頼嗣も没し、相つぐ父子の急死の背後に何事かが推測される。父子二代を藤原将軍・摂家将軍・公卿将軍・七条将軍などと呼ぶ。

参考文献　田中稔「第四代将軍藤原頼経」(安田元久編『鎌倉将軍執権列伝』所収)、奥富敬之『鎌倉北条氏の興亡』、同『鎌倉史跡事典』、同「摂家宮家将軍」(『鎌倉武士』所収)、大森金五郎「将軍藤原頼経の第址及び幕府址に就て」(『歴史地理』三二ノ三・四)

(奥富　敬之)

ふじわらのよりなが　藤原頼長　一一二〇—五六　平安時代後期の公卿。関白藤原忠実の次男。母は忠実の家司、土佐守藤原盛実の女。保安元年(一一二〇)五月誕生。生まれ月にちなんで、幼名を菖蒲若《あやわか》(安也若・綾若)と名付けられた。忠実の正室源師子を嫡母とし、さらに天治二

藤原頼長花押

藤原頼長画像(『天子摂関御影』)

年(一一二五)異母兄の摂政藤原忠通の子となる(『中右記目録』)。大治五年(一一三〇)正月、内裏および鳥羽院・待賢門院の昇殿を遂げるにあたり、頼長と命名されたが、摂関家最盛期の道長と頼通に通じるよい名字とされた(『中右記』)。ついで同年四月、元服に際して正五位下に直叙され、近衛少将・同中将を歴任して、天承元年(一一三一)従三位に昇り、さらに長承元年(一一三二)参議を経ずに権中納言に補された。ついで同二年、白河・鳥羽・崇徳三代の外戚を誇る閑院流藤原氏の権中納言実能の女幸子を娶ったが、時に幸子は頼長より八歳年長の二十二歳であった。同三年正二位権大納言に進み、保延二年(一一三六)には十七歳で内大臣に昇って世人を驚かせた。それより頼長はいちだんと朝儀・公事に精励し、ことに久安三年(一一四七)左大臣源有仁の没後を承けて一上の宣旨を蒙り、蔵人所別当となるや、直ちに外記日記・殿上日記の筆録を督励し、上日月奏の励行を命じ、官政以下の朝儀の復興に努めた。ついで同五年従一位左大臣に進んだが、さらに執政の座を目指して、翌六年幸子の姪で養女の多子を近衛天皇の後宮に入れた。一方、忠実は頼長の才学と公事に精励する姿をみて、摂関家の再興を頼長に期待し、多子の入内・立后が終るや、執政の座を譲り渡すよう摂政忠通に要請した。しかし忠通がこれを峻拒したので、忠実は忠通を義絶し、氏長者の職を取り上げて頼長に与え、さらに翌仁平元年(一一五一)鳥羽法皇に懇願して、頼長に内覧の宣旨を蒙らせた。こうして頼長は待望の執政の地位に就いたが、摂政から関白に転じた忠通との対立はいよいよ激しくなった。しかも「なにごともいみじくきびしき人」(『今鏡』)と評された頼長は、「悪左府」の異名をもって恐れられる一方、廷臣の間に反発を招き、法皇も次第に「ウトミ思召」すようになり(『愚管抄』)、久寿二年(一一五五)近衛天皇の崩御を機として、法皇の信任を失って失脚し、宇治に籠居した。ついで保元元年(一一五六)七月二日、法皇が崩ずるに及び、同月十日、崇徳上皇の招きに応じて白河殿に入り、兵を挙げたが、あえなく敗れて重傷を負い、奈良に逃れて生母の兄千覚律師の房に入り、十四日悩乱のうちに三十七年の生涯を閉じ、即夜般若山のほとりに葬られた(『兵範記』)。頼長は政務のかたわら異常なまでに勉学に励み、「日本第一大学生」(『愚管抄』)と評されたが、貴族一般の傾向に反して、文章道よりも経学を重んじた。また和歌の道に堪えずと公言して、ほとんど作歌の形跡を遺していないのも、当時の貴紳には珍しいが、はなはだ個性の強い、異色の公卿であったことは、その日記『台記』に読みとることができる。頼長は幸子と結婚してからは、おもに岳父実能の大炊御門高倉邸に住み、邸内に有名な書庫(大炊文庫)も建てているが、久安六年氏長者となってからは、幸子を伴って摂関家の本邸、東三条殿に入り、さらに異母姉の高陽院の御所、土御門殿に移り住んだ。一方、幼少期をすごした宇治とは、生涯を通じて縁が深く、父忠実の常住する宇治と京との間をしばしば往復し、仁平三年には宇治の小松殿を伝領し、失脚後の最晩年は宇治に閑居していた。宇治左大臣と称するゆえんである。また久安四年忠実から譲与された荘十八ヵ所を中核とする頼長の所領二十九ヵ所は、乱後の保

元二年没官されて後院領に編入された(『兵範記』)。
参考文献 橋本義彦『藤原頼長』(『人物叢書』一二〇)、岩橋小弥太「悪竜粛「藤原頼長」(『平安時代』所収)、岩橋小弥太「悪左府伝」(『国学院雑誌』五五ノ一) (橋本 義彦)

ふじわらのよりみち 藤原頼通 九九二―一〇七四 平安時代中期の公卿。幼名田鶴、号宇治殿、宇治関白。正暦三年(九九二)正月生まれる。摂政太政大臣道長の男。母は左大臣源雅信女従一位倫子。長保五年(一〇〇三)元服。寛弘三年(一〇〇六)従三位。権中納言、権大納言を経て寛仁元年(一〇一七)三月内大臣。同月父の譲を受け二十六歳で後一条天皇の摂政となるが、実権は道長にあり、頼通自身もそれを受け入れていた。たとえば同年八月の除目では、道長は宇治の別業に赴き、関与せずとの態度を示したにもかかわらず、人々はこれをよしとせず、頼通もまた除目の間に使者を送って道長の指示を仰いでいる。同三年十二月関白。この年の三月、以前から病気がちだった道長は出家し、政治との直接の関わりは少なくなった。しかしその威勢は衰えず、治安三年(一〇二三)・万寿二年(一〇二五)には、頼通の監督不行き届きを叱責して勘当している。治安元年従一位、ついで左大臣。万寿四年道長が没し、頼通は名実ともに摂関家の筆頭となる。後一条天皇に続き、長元九年(一〇三六)に後朱雀天皇、寛徳二年(一〇四五)に後冷泉天皇が即位し、頼通は引き続いて関白であった。康平三年(一〇六〇)左大臣を辞し、嫡子師実を内大臣とする。同四年太政大臣、翌年辞す。治暦三年(一〇六七)准三后。同四年弟教通に関白を譲る。摂関在職の間の政策として荘園整理がある。長久元年(一〇四〇)には論議が行われ(実施は確認されていない)、寛徳二年・天喜三年(一〇五五)には太政官符が下されて実施された。一方道長の死の翌年の長元元年前上総介平忠常が反乱を起し、同四年になって鎮定された。永承六年(一〇五一)には、陸奥の安倍氏が反乱を起し、源頼義が追討を命ぜられたが、結局平定されたのは康平五年であった(前九年の役)。また永承七年には、道長から伝領した宇治の別業を寺に改めて平等院と号し、翌天喜元年に阿弥陀堂(鳳凰堂)を完成させている。頼通が関白を辞した直後、後三条天皇が践祚した。天皇は三条天皇皇女禎子内親王を母としており、頼通をはじめとする藤原氏によって東宮の地位を脅かされていたため、即位後は摂関家の勢力削減に力を注いだ。こうした天皇と頼通の対立については『古事談』『愚管抄』などにみえる。頼通が入内させた養女嫄子(後朱雀天皇中宮)・女寛子(後冷泉天皇皇后)に皇子の誕生がなく、後三条天皇の即位とともに外戚の地位を失ったことが、摂関家勢力低下の一因とされている。また頼通は、教通に対して、移譲の際の約束に従い師実に関白を譲るよう求めたが、ついに入れられなかった。晩年は平等院に住み、延久四年(一〇七二)正月二十九日出家し(法名蓮花覚、のちに寂覚)、承保元年(一〇七四)二月二日、八十三歳で没した。
参考文献 高群逸枝「藤原頼通」(『平安鎌倉室町家族の研究』所収)、槇道雄「藤原頼通政権論」(『年報中世史研究』一〇) (吉田 早苗)

ふじわらのよりむね 藤原頼宗 九九三―一〇六五 平安時代中期の公卿、歌人。号堀河右大臣、入道右大臣。幼名巌君。正暦四年(九九三)生まれる。摂政太政大臣道長の次男。母は左大臣源高明女明子。寛弘元年(一〇〇四)従五位上。同八年従三位。検非違使別当・按察使・右衛門督・春宮大夫・右大将などを歴任、永承二年(一〇四七)内大臣、康平元年(一〇五八)従一位、同三年右大臣、治暦元年(一〇六五)正月五日出家、同年二月三日没。七十三歳。摂関となった異母兄藤原頼通の栄達に劣り、女延子を後朱雀天皇、女昭子を後三条天皇の女御に入れたがともに皇子の出生はなかった。歌人として声望が高く、藤原公任に次ぐと讃えられ、『後拾遺和歌集』以下勅撰集に入集し、家集『入道右大臣集』がある。また『続本朝往生伝』に往生者として収められている。子孫は中御門・一条・持明院・白河・高倉などの諸家に分流して栄えた。
参考文献 『栄花物語』 (平林 盛得)

ふじわらのりょし 藤原旅子 七五九―八八 桓武天皇の夫人。淳和天皇の母。父は百川。母は藤原良継の女諸姉。「たびこ」とも読む。天平宝字三年(七五九)生まれる。延暦四年(七八五)十一月、無位から従三位となる。翌年正月、夫人。同七年五月四日、三十歳で死去。同日、妃の号と正一位を贈られ、弘仁十四年(八二三)五月には皇太后を贈られた。 (佐伯 有清)

宇波多陵《うはたのみささぎ》 京都市西京区大枝中山町にあり、径約二〇メートルの南面する円丘。淳和天皇は即位に際し皇太后位を贈り、天長元年(八二四)には陵号を後大枝陵と称し、近陵に列した(天安二年(八五八)遠陵に移る)。『延喜式』諸陵寮は宇波多陵として載せ、「兆域東西四町、南一町、北三町、守戸五烟」とある。所在は久しく失われていたが、明治十三年(一八八〇)に現所に治定された。
参考文献 上野竹次郎『山陵』上 (戸原 純一)

ふじわらのれんし 藤原廉子 ⇨新待賢門院《しんたいけんもんいん》

ふせないしんのう 布勢内親王 ?―八一二 桓武天皇の第五皇女。母は中臣丸朝臣大魚の女豊子。布施内親王にも作る。延暦十六年(七九七)四月から大同元年(八〇六)三月まで伊勢斎王。大同三年十月、平城天皇の北野遊猟に際し奉献。弘仁三年(八一二)八月六日没。時に無品。四品を追贈される。薨伝には人となりを「資性婉順、貞操殊励」と記す。同年十一月、布勢内親王の墾田七百七十二町が東西の二寺に施入された。東寺への施入分は、同年十二月十九日付『民部省符案』によって伊勢国飯野・多気両郡の大国荘、摂津国豊島郡の垂水荘、越前国の高興荘・蒜島荘であったことがわかる。このうち大国荘は、墾田百八十五町九段百八十歩からなる。同荘の山下里・

井於里には内親王が東大寺に施入した土地もあった。東寺への施入は内親王が生前、空海に寄貢していた縁によるものと伝える。弘仁四年九月には内親王家の直銭一万貫が遺命によって修理諸寺料に充てられた。

参考文献　竹内理三「変質期寺領荘園の構造—東寺領に就いて—」(『寺領荘園の研究』所収)　（佐伯　有清）

ぶつげんぜんじ　仏源禅師　⇩大休正念《だいきゅうしょうねん》

ぶっこくぜんじ　仏国禅師　⇩高峯顕日《こうほうけんにち》

ぶつじぜんじ　仏慈禅師　⇩無極志玄《むきょくしげん》

ぶつじゅぼう　仏樹房　⇩明全《みょうぜん》

ぶっしょうぜんじ　仏照禅師　⇩白雲慧暁《はくうんえぎょう》

ぶってつ　仏哲　生没年不詳　林邑(インドシナ)僧。奈良時代日本に楽舞を伝え(『日本高僧伝要文抄』など)、仏徹とも記す(『南天竺婆羅門僧正碑并序』など)。天平八年(七三六)インド僧菩提僊那に従って来日し、大安寺に住み、林邑楽と菩薩・抜頭の舞などを教えた(『南天竺婆羅門僧正碑并序』『元亨釈書』)。林邑楽は雅楽曲中の一部門となり、林邑八楽(菩薩・陵王・迦陵頻・安摩・倍臚・抜頭・胡飲酒・万秋楽)のうち万秋楽以外の七曲は仏哲が伝えたとされる。林邑楽は大仏開眼会(天平勝宝四年(七五二)、『東大寺要録』)や大仏仏頭修理供養無遮大会をはじめ、朝廷饗宴・寺院斎会などに演奏された(『続日本紀』『続日本後紀』『三代実録』)。大同四年(八〇九)雅楽寮の林邑楽師は二人と定められ(『日本後紀』)、元慶七年(八八三)林邑楽人百七名をして大安寺で調習させ(『三代実録』)、毎年六月林邑楽具を曝涼した(『延喜式』雅楽寮)。仏哲が天平九年伊勢神宮の祭に勤仕したと記される『志摩国風土記』逸文は奈良時代の風土記か疑わしく、他種類の記録と思われる。

参考文献　田辺尚雄「天平時代の楽舞について」(朝日新聞社編『天平の文化』所収)、岸辺成雄「音楽」(『図説日本文化史大系』三所収)、高楠順次郎「奈良朝の音楽殊に『臨邑八楽』に就いて」(『史学雑誌』一八ノ六・七)、岸辺成雄他「正倉院楽器調査概報」(『書陵部紀要』一—三)　（井上　薫）

ぶっとちょう　仏図澄　二三二—三四八　中国の初期仏教時代に活躍した僧。亀茲国(クチャ)の出身。九歳で出家し、罽賓《けいひん》国(カシュミール)に遊学し、西晋の永嘉四年(三一〇)に敦煌を経て洛陽に来たが、その時すでに七十九歳であったという。それまでの経歴の詳細は不明であるが、洛陽では神通力や呪術の達人として種々な奇蹟をあらわし、仏教を弘めた。後趙王の石勒の信奉を得、石虎の治下ではそれまで西域人に限られていた出家を漢人にも認めさせた。仏図澄の教化力は大きく、門徒一万人に近く、また八百九十三ヵ所に及ぶ仏寺を建立した。著作も訳経も残さなかったが、戒律を厳格に守り、門下には道安・竺法雅・竺法汰・僧朗ら、五胡十六国時代後半の仏教の重要な人物を輩出し、中国仏教の発展に大きな影響を与えた。建武十四年(三四八)十二月八日没。百十七歳で没したという。

参考文献　『高僧伝』九(『(大正新脩)大蔵経』五〇)　（藤田　宏達）

ぶつにちじょうこうこくし　仏日常光国師　⇩空谷明応《くうこくみょうおう》

ぶつりゅうえしょうこくし　仏立慧照国師　⇩等熙《とうき》

ふなどおう　道祖王　?—七五七　奈良時代の皇族。新田部親王の子で、天武天皇の孫にあたる。天平九年(七三七)九月無位より従四位下に、同十二年十一月従四位上に叙せられ、同二十年四月元正太上天皇崩御の際には山作司に任ぜられている。天平勝宝八歳(七五六)五月聖武太上天皇崩御のとき、その遺詔によって皇太子に立てられた。ときに中務卿従四位上。ところが翌天平宝字元年(七五七)三月、太上天皇の喪中に侍童に通じ機密のことを巷間に漏洩するなど、淫縦なふるまいが多いとして皇太子を廃されてしまい、かわって藤原仲麻呂の田村第に住んでいた大炊王《おおいおう》が立太子した。同年七月橘奈良麻呂の変が発覚すると、その同党として捕えられ、名を麻度比と改められたうえ、拷問をうけて杖下に死亡した。　（熊谷　公男）

ふにどうにん　不二道人　⇩岐陽方秀《ぎようほうしゅう》

ぶねいおう　武寧王　四六二—五二三　五〇一—二三在位。百済《くだら》の王。諱は斯麻(斯摩)あるいは隆。『日本書紀』は、その父琨支が倭に向かう途中、筑紫各羅嶋で生まれたので嶋王と呼ばれたという説話を伝えている。『梁書』には余隆とある。四七五年の熊津(公州)遷都でかろうじて滅亡の危機を免れた百済であったが、この王代に至るころまでには、ようやく国内の安定が実現し、対外的にも大きな成果をあげるようになった。即位後まず前王を殺害した苩加を誅殺した。そして北からの高句麗の攻撃をくい止めると同時に、南の加羅地方に積極的に進出し、五一二、三年ごろまでには上哆唎《おこしたり》・下哆唎《あるしたり》・娑陀・牟婁・己汶・滞沙などを獲得して全羅南道全域にわたる支配権をほぼ確立した。また、その過程で倭と密接な交渉を重ね、五一三年と五一六年に五経博士を送っている。さらに五二一年には梁に朝貢して「使持節都督百済諸軍事寧東大将軍百済王」の官爵号を受けた(『梁書』百済伝)。一九七一年には、公州で武寧王陵が未盗掘の状態で発見された。塼築の墓室や青磁などの遺物に中国南朝の影響がみられる。また墓誌石には、王が五二三年五月七日に六十二歳で没したことが記されている。

参考文献　『三国史記』百済本紀　（木村　誠）

ふねおう　船王　生没年不詳　奈良時代の皇族。舎人《とねり》親王の子で、天武天皇の孫にあたる。吉備真備とともに当代の碩学と称された。神亀四年(七二七)正月無位より従四位下に叙せられ、天平勝宝四年(七五二)四月東大寺の大仏開眼会には伎楽頭を務めている。天平宝字元年(七五七)七月橘奈良麻呂らの謀反が発覚すると、百済王敬福らとともに諸衛府の人々を率いて与党の取り調べを行なった。そのときの拷問によって黄文王・道祖王・大伴古麻呂ら六人が杖下に死亡。淳仁天皇の即位に伴って同

三年六月に親王とされ、三品に叙せられた。同六年正月二品。同八年九月藤原仲麻呂の乱が起り、仲麻呂が誅殺されると、その与党として諸王に貶されて隠岐に流された。（熊谷　公男）

ふねのえさか　船恵尺　生没年不詳　七世紀中ごろの廷臣。名は恵釈とも書く。元興寺の僧道昭の父で、冠位は小錦下に至った。『日本書紀』によれば、大化元年（六四五）六月十三日、大化改新に際して大臣《おおおみ》)蘇我蝦夷が死に臨んで『天皇記』・『国記』・珍宝を悉く焼いた時、恵尺が炎の中から『国記』を取り出して中大兄皇子に奉ったという。この『国記』は、推古朝末年に聖徳太子と大臣蘇我馬子がともに議して撰修を始めた『天皇記』以下の史書の一部とみられているが、今日全く伝わらない。（関　晃）

フビライ　忽必烈　Khubilai　一二一五―九四　元朝の初代皇帝。クビライとも表記される。廟号は世祖。モンゴル帝国第五代大汗。成吉思汗の末子トゥルイの第三子。兄モンケが大汗になると、命ぜられて中国の征服に従い、雲南からチベットを平定、さらに北ベトナムの大越国を服属させた。一二五九年にモンケが没すると、翌六〇年、みずからクリルタイを召集して大汗の位につく。反対する勢力は、弟アリクブカを大汗に選出して抗争したが、六四年には降服した。この抗争につづき、オゴタイの孫ハイドゥは、あくまでもフビライの主権を認めず、六六年に挙兵し、フビライは治世の末まで、これを鎮圧できなかった。こうして西方の諸汗国は独立の形勢となり、モンゴル大帝国も事実上、解体したのである。フビライは金朝の旧都（北京）を都として、大都と称し、七一年には中国風に国号を建て、大元と称した。さらに七六年には南宋を降伏させ、七九年にはその余党をことごとく滅して中国の統一を完成する。統治にあたっては、中国の官制を採用し、統一通貨を発行するなど、中国の王朝としての体制を確立した。中央官庁としては中書省のみを存置し、地方には行中書省を設けたが、これは略称を行省と呼ばれ、今日の「省」の起源となる。しかし一方では、モンゴル人を優遇し、モンゴル語の公式使用、モンゴル兵制の施行をはじめ、パスパ文字の採用、ラマ教の尊崇など、モンゴル至上主義をつらぬいている。その治政のはじめには高麗を属国とし、また大軍を発して日本や南海を攻め、その服属を図った。日本遠征は、日本史の上で元寇、または文永・弘安の役として知られている。しかし海をこえての遠征は、日本をはじめ、ベトナム・ジャワ、ともに失敗に終った。在位三十五年の間に、東西の交通は発達し、ポーロ一家をはじめ、遠くヨーロッパから来往する者も相ついだ。その末年にはカトリック教も伝えられている。

参考文献　『元史』世祖本紀、愛宕松男『忽必烈汗』、山口修『蒙古襲来』
（山口　修）

忽必烈画像

ふみのねまろ　文根麻呂　?―七〇七　七世紀の人。壬申の乱の功臣、舎人。姓《かばね》を書首より文忌寸に改められた。名は根摩呂・尼麻呂・禰麻呂とも書く。天武天皇元年（六七二）大海人皇子（天武天皇）に従い、吉野より東国に赴き、村国連男依らとともに兵数万を率い、美濃不破より近江に向かった。大宝元年（七〇一）その功により中功封百戸を賜い、四分の一を子に伝えしめられ、慶雲四年（七〇七）九月二十一日没したとき従四位下。勅使により正四位上を贈られた。その後、霊亀二年（七一六）子の馬養に田を賜わり、天平宝字元年（七五七）壬申年の功田八町は中功とし、二世に伝えることを許すとある。天保二年（一八三一）大和国宇陀郡八滝村（奈良県宇陀郡榛原町）より、銅板墓誌が出土した。

参考文献　奈良国立文化財研究所飛鳥資料館編『日本古代の墓誌』、関晃「倭漢氏の研究」（『史学雑誌』六二ノ九）
（平野　邦雄）

文禰麻呂墓誌　短冊型銅板の片面に刻まれており、これを入れる銅製の箱が付属している。文字は一行十七字で二行。禰麻呂の官位と没年月日を記すだけの簡単なものであるが、「壬申年将軍」とあるのは、『日本書紀』や『続日本紀』が壬申の乱での功を記しているのと合致す

文禰麻呂墓誌

同拓本

る。『続日本紀』は慶雲四年(七〇七)十月二十四日条にその死を記すが、『続日本紀』の記事は正四位上の追贈を記すものであって、死没の日付はこの墓誌を正しいとすべきであろう。この墓誌は天保二年(一八三一)に現在の奈良県宇陀郡榛原町八滝にある丘陵から、ガラス製骨蔵器やこれを納める金銅壺などとともに掘り出された。長さ二六・二センチ。東京国立博物館蔵。国宝。銘文は「壬中年将軍左衛士府督正四位上文禰麻/呂忌寸慶雲四年歳次丁未九月廿一日卒」とある。

参考文献　奈良国立文化財研究所飛鳥資料館編『日本古代の墓誌』、奈良県立橿原考古学研究所編『奈良県遺跡調査概報』一九八一年度　（東野　治之）

ふみょうこくし　普明国師　⇨春屋妙葩《しゅんおくみょうは》

ふもん　普門　⇨無関玄悟《むかんげんご》

フランシスコ＝ザビエル　Francisco de Xavier　⇨シャビエル

ふるいちちょういん　古市澄胤　一四五二—一五〇八　興福寺衆徒の戦国武人。享徳元年(一四五二)、奈良東郊の古市城に播磨公胤仙の次男として出生。興福寺発心院に入り、寛正六年(一四六五)十四歳で出家(『大乗院寺社雑事記』)、倫観房澄胤と称し六方衆(若衆)となった。しかし、文明七年(一四七五)退寺、兄の丹後公胤栄(西軍)を隠居させ、家督して衆徒播磨公澄胤と称した(胤栄の反論もある)。飛鳥の一乗院門跡方の国民越智氏らと結んで、北大和の筒井氏を圧倒した。同十年正月から筒井氏に代わって興福寺官符衆徒(その棟梁職、略して官符。正しくは雑務検断職。職掌は奈良代官、大和守護代)を獲得、大和に覇をとなえる。なお、将軍家料国の南山城(南都寺社領が充満)に進出、東軍の細川政元に寝返り、文明十七年、大名排除の山城国一揆の国人らを指導、その成功で将軍家から相楽・綴喜両郡の代官職を授かる(山城守護は伊勢貞宗)。しかし、明応八年(一四九九)、国衆連合をはずれ、ひとり細川政元の部将赤沢朝経の長期奈良進駐を迎えたため勢力を失った。永正五年(一五〇八)七月、赤沢長経軍に属して河内高屋城の畠山尚順を攻めたが敗戦、帰国の道中で同二十五日に斬られたともいわれる。五十七歳。澄胤は一世の風雲児、戦国文化大名のはしりともいえる。商工座衆や馬借集団を握り、戦中・戦後復興の京都に物資を上せて巨利を得、なお将軍家や九条家に参じたり、文化芸能人らを古市城に招いたりした。古市は東山文化の能楽の金春・観世両大夫、連歌師猪苗代兼載、茶湯の名人珠光らのパトロンとなった。ちなみに古市迎福寺寓居の安住寺経覚(九条家出身)に献じた「林間(淋汗)茶湯」が有名だが、これは丹後公胤栄の所進、古市播磨は誤りである。また奈良では蔵元から土一揆鎮圧の礼銭を得たが、現実には徳政令を発するなどしている。延徳元年(一四八九)十一月には春日若宮祭の田楽頭役を勤仕して権律師に昇った。ちなみに、僧徒だから「すみたね」とはいわず、また古筆界で宗超と号したというのは誤解、天正年間の京都の医師で数寄者の古市宗超(『言経卿記』)、同名異人である。

参考文献　永島福太郎『応仁の乱』(『日本歴史新書』)、同『茶道文化論集』、同「古市澄胤」(高柳光寿博士頌寿記念会編『戦乱と人物』所収)、同「古市播磨と林間茶湯」(『日本美術工芸』三三一)　（永島福太郎）

ふるたおりべ　古田織部　一五四四—一六一五　安土桃山・江戸時代前期の茶人。天文十三年(一五四四)生まれる。千利休の次代の名人で、織部流茶道の開祖。美濃の人。通称左介、初名景安、天正十六年(一五八八)ころ、重然と改めた。宗屋・印斎と号したが、大徳寺の春屋宗園に参禅して、金甫の号を与えられている。織田信長の美濃侵攻時に父重定とともに参戦、また山城・摂津の代官をつとめた。父重定は、豊臣秀吉の同朋衆で勘阿弥と称したが、のち還俗して古田主膳正重定と称したという。天正六年、摂津茨木城主中川清秀の女を娶るが、天正十年前後から千利休書状に左介の名が現われる。豊臣秀吉に仕え、天正十三年従五位下織部正に叙任、山城国西岡三万五千石を支配した。天正十五年九州征伐、十八年小田原征伐に従軍したが、その折利休から織部に送られた「武蔵鐙の文」は名高い。織部は早くから千利休について茶道を学び、その将来性を嘱目されていた。天正十九年、堺に蟄居を命ぜられた利休を、細川三斎とともに淀で見送った。利休の死後、古田織部の名は次第に高まるが、慶長三年(一五九八)秀吉が逝くと、西岡を嗣子古田山城守重広に譲り、亡父重定の遺領三千石を隠居用として、伏見で茶事に没頭した。慶長五年関ヶ原の戦で、常陸の佐竹義宣を帰属させた折の働きを認められ、徳川家康から近江に七千石を与えられ、あわせて一万石を知行する大名となった。慶長八年、のちに織部流茶道を発展大成させることになる小堀遠州に師事される。慶長十三年大坂城で織田有楽斎とともに豊臣秀頼に献茶し、慶長十五年江戸に赴いて、二代将軍徳川秀忠に台子を伝授したのが、名声の頂点となる。慶長十九年の大坂冬の陣では、家康によく思われず、なんとか許されたが、翌元和元年(一六一五)の夏の陣直後、豊臣方に内通し謀反を企てたという罪を問われ、六月十一日、伏見の自邸で切腹、生涯を閉じた。七十二歳。墓は京都市上京区上天神町の興聖寺と大徳寺塔頭三玄院にある。織部は天才的な美意識を持った茶人で、時代に応ずる武家風の茶道を志向し

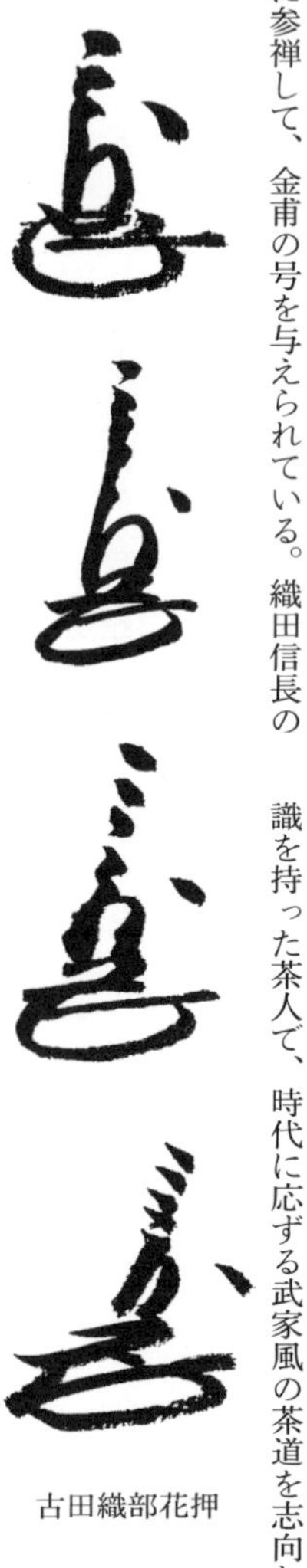

古田織部花押

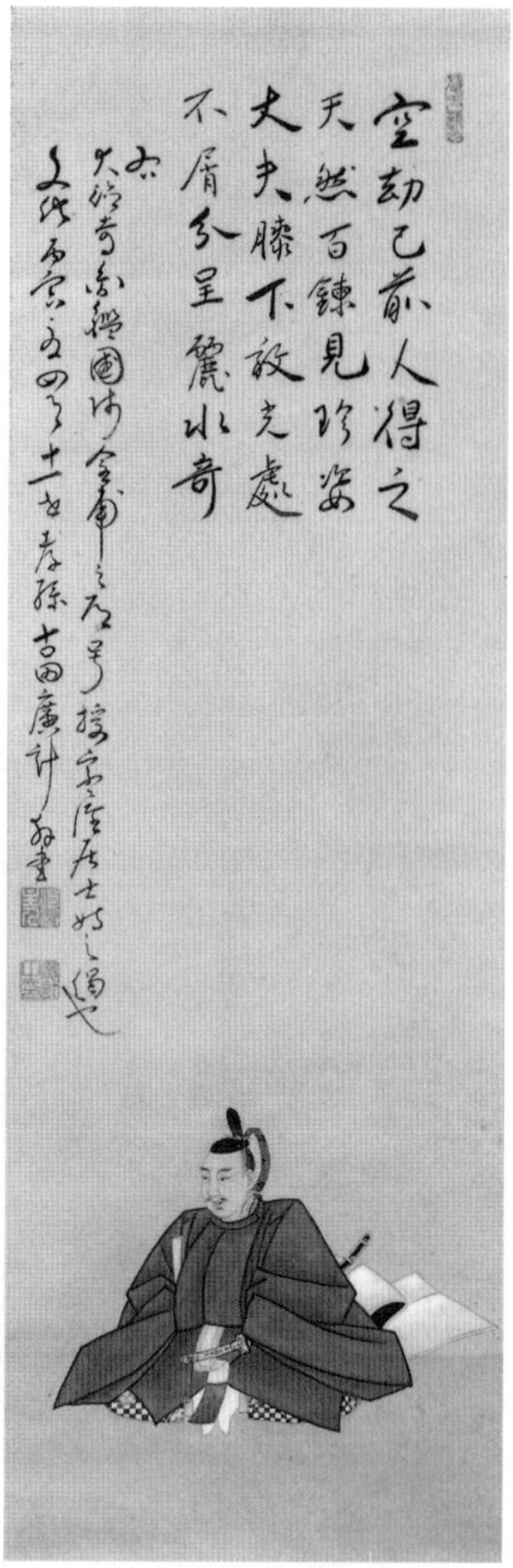

古田織部画像

たから、その進歩的な分だけ保守派の顰蹙を買い、誤解されることも多かったが、利休が実現した茶味を大きく明るく展開した。茶室では、名古屋城猿面茶室・興福寺八窓庵・安楽庵茶室などが知られ、沓形茶碗・餓鬼腹茶入などの異形な作意が著名であるが、その筋釜などに呼応する古雅端正な好みも、伝えられている。しかし何といっても、美濃陶器に与えた影響は甚大で、織部焼という人なつこい民芸が定着した。織部の書風には、明るく雄勁な律動を伝える独自性がある。結果的に遠州流を開くことになった小堀遠州のほかに、茶道の著名な門人として、徳川秀忠・本阿弥光悦・上田宗箇・山本道句・清水道閑らが、挙げられている。

参考文献 『大日本史料』一二ノ二一、元和元年六月十一日条、桑田忠親『古田織部』、市野千鶴子校訂『古田織部茶書』 （林 左馬衛）

ふるひとのおおえのおうじ　古人大兄皇子　?—六四五　舒明天皇の皇子。古人大市皇子とも書く。大兄は皇位継承資格を示すとみられる一種の称号。母は大臣《おおおみ》蘇我馬子の女の法提郎媛《ほほてのいらつめ》。皇極天皇二年(六四三)十月に大臣蘇我蝦夷の子の入鹿が朝廷の実権を握ると、皇子を天皇に立てようとし、翌月急に巨勢徳太らを遣わして、聖徳太子の子の山背大兄王らを斑鳩宮《いかるが》に攻め滅ぼした。しかし皇子への譲位がなかなか実現しないうちに、同四年六月に大化改新が開始され、舒明天皇と皇極女帝の間の子である中大兄皇子(天智天皇)が、中臣(藤原)鎌足らとともに宮中で入鹿を斬り、蝦夷を滅ぼして権力を握った結果、女帝の弟の孝徳天皇が即位して、中大兄皇子がその皇太子となった。これに対して古人皇子は、直ちに出家して吉野の離宮に引退したが、同年九月に皇子が蘇我田口川掘らとともに進めている謀反計画に自分も加わっているという吉備笠垂《しだる》の自首があり、中大兄皇子は同十一月に人を吉野に遣わして皇子を斬らせ、皇子の妃妾もみな自殺した。この謀反計画はどれだけその実があったか疑わしい。皇子の女の倭姫王はのちに天智天皇の皇后となった。 （関 晃）

ぶれつおう　武烈王　⇩金春秋《こんしゅんじゅう》

ぶれつてんのう　武烈天皇　『日本書紀』によれば、生没年は?—五〇六で、四九八—五〇六在位。名は稚鷦鷯《わかさざき》(『古事記』は若雀)。仁賢天皇の皇子で、母は雄略天皇の皇女の春日大娘皇后。仁賢のあとをついで即位。泊瀬列城(奈良県桜井市初瀬の周辺)を都とし、春日娘子を皇后にたて、大伴金村を大連とした。即位前に、大伴金村と謀って、大臣の平群真鳥を殺害した。継嗣がなく、子代として小長谷部を定めた。継嗣が絶えたため、その理由として『日本書紀』には暴虐記事が多く記されたと考えられる。即位前紀に、「頻造ニ諸悪一、不レ修ニ一善一」、「国内居人、咸皆震怖」とある。泊瀬列城宮で没す。大和の傍丘磐杯丘陵に葬ると伝える。 （吉村 武彦）

傍丘磐坏丘北陵《かたおかのいわつきのおかのきたのみささぎ》　奈良県香芝《かしば》市大字今泉、旧字ダイゴにある。『日本書紀』の陵号は、顕宗天皇陵と同じ「傍丘磐杯丘陵」。『延喜式』諸陵寮は現陵号で、「在ニ大和国葛下郡一、兆域東西二町、南北三町、守戸五烟」とあり、遠陵とする。『扶桑略記』も現陵号であるが、「高二丈、方二町」と陵域が縮小する。以後記録を欠くが、元禄の諸陵探索時に、奈良奉行所は葛下郡片岡平野村北東の字片岡山石ノ北の古墳を武烈天皇の分明陵と報告、以後幕末までここが当陵として保護された。『山陵志』は、葛下郡築山《つきやま》村の古墳(大和高田市大字築山、磐園《いわぞの》陵墓参考地)を当陵、この南方の陵家村の古墳(大和高田市大字池田、陵西《おかにし》陵墓参考地＝児山)を南陵としたが、安政の陵改めではこれを否定した。しかし幕末修陵時には諸説分かれて修陵できず、ようやく明治二十二年(一八八九)六月三日、傍丘磐坏丘南陵などの考定とともに、葛下郡今泉村字ダイゴ、志都美神社森の北に現陵を考定し、兆域を定めて修陵し、同二十六年三月勅使が参向し、修陵竣工奉告祭を行なった。北東に面し南西に延びる長さ二五〇《メートル》、高さ前部約一〇《メートル》、後部約二〇《メートル》の山形墳で、前面に凹字形空濠があり、その前に拝所がある。

参考文献 『法規分類大全』二編宮廷門、『武烈天皇傍丘磐坏丘北陵之図』(宮内庁書陵部保管『陵墓地形図』二六〇〔L五八〕)、上野竹次郎『山陵』上、宮内省編『明治天皇紀』七・八 （石田 茂輔）

フロイス　Luis Frois　一五三二—九七　安土桃山時代に三十数年在日し、日本に関する厖大な通信と著書を後世に残したイエズス会司祭。一五三二年ポルトガルの首都リスボアに生まれ、十六歳の時にイエズス会に入り、ただちにインドに向かった。早く上長から文筆の才能を認められ、ゴアでは東アジア各地から届けられるイエズス会員の報告書を整理し、まとめてヨーロッパに送付す

る係に任ぜられた。永禄六年(一五六三)に西彼杵半島の横瀬浦において日本に第一歩を印した。翌年平戸を出発し、永禄八年の元日に京都に着いた。しかし仏教徒たちからキリシタン宗門の布教に反対され、摂津・河内の各地を流転せざるを得なかった。その時、突如として織田信長が登場し、フロイスは二条城の工事場で初対面して以来、信長から並々ならぬ寵遇を受け、岐阜城や安土城や京都で信長を訪ね、また上方を中心として日本の事情に精通し、数多くの通信をヨーロッパに送付し続けた。天正四年十二月(一五七七年一月)、兵庫で乗船して豊後に赴き、大友氏の領内で布教に従事した。天正七年(一五七九)、イエズス会日本巡察師としてバリニァーノが来日すると、その通訳を務めて上洛した。天正十年からは日本副管区長付司祭として『日本年報』の主な執筆者となったが、翌年、『日本史』と題してシャビエル以後の日本布教史の執筆を命ぜられ、死去する直前までその著述を継続した。また天正十三年には『日欧風習対照』と題する小著(覚書)を執筆した。その翌年には副管区長の通訳として大坂城に関白豊臣秀吉を訪れたが、天正十五年には伴天連追放令が出されたので九州を転々とし、文禄元年(一五九二)から三年間澳門《マカオ》に赴き、帰日し、慶長二年五月二十四日(一五九七年七月八日)、長崎のイエズス会の修道院において病死した。遺骨は長崎に葬られた。

参考文献 松田毅一『(近世初期日本関係)南蛮史料の研究』
(松田 毅一)

ふわないしんのう 不破内親王 生没年不詳 聖武天皇の皇女。母は県犬養広刀自。安積親王・井上内親王の妹。塩焼王(氷上塩焼)の室。神護景雲三年(七六九)五月、県犬養姉女らと謀って朝廷を傾け、その子志計志麻呂を皇位につけようとして、天皇を厭魅したという理由で、厨真人厨女と改名させられて京から追放された。そのときの詔によると、これより以前にも勅によって親王の名を削られたことがあったという。その後宝亀三年(七七二)厭魅事件は誣告であったとして許されて復籍し、翌年四品に復し、天応元年(七八一)には二品に昇ったが、翌延暦元年(七八二)閏正月その子氷上川継の謀反に坐して淡路国に流された。同十四年十二月に和泉国に移された。

参考文献 林陸朗「奈良朝後期宮廷の暗雲」(『上代政治社会の研究』所収)、中川収「神護景雲三年五月の巫蠱事件」(『日本社会史研究』一五)
(林 陸朗)

ぶんぞう 文蔵 生没年不詳 南北朝・室町時代前期の能面作家。観世宗節の所伝によったといわれる下間《しもつま》少進(仲孝)の『叢伝抄』は「十作」の一人として赤鶴《しゃくつる》・越(愛智・竜右衛門《たつえもん》・夜叉についてこの名をあげ、女面の巧者のように記す。この所伝の元に『申楽談儀』があるとすれば、彼も越前の人と考えられる。『仮面譜』は「福原文蔵」とし、日光・弥勒・夜叉につぐ十作の一人とみなしている。伝説的な能面作家のなかでは、その作伝を持つ遺品の少ない方で、したがって作風も不明である。

参考文献 野上豊一郎『能面論考』、表章「能面に関する室町期の古記録」(『観世』二六・二七)
(田辺三郎助)

ふんだりかいんどの 芬陀利華院殿 ⇨一条内経《いちじょううちつね》

ぶんぶおう 文武王 ?—六八一 六六一—八一在位。新羅《しらぎ》の王。朝鮮三国の統一を実現した。諱は法敏。太宗武烈王(金春秋《こんしゅんじゅう》)の長子。百済《くだら》滅亡の翌年に即位した文武王は、唐と連合して百済復興軍と戦い、六六三年には白江の河口(白村江、現在の錦江河口付近)で倭の水軍を破り、さらに六六八年には唐軍とともに高句麗を滅ぼした。その後、百済・高句麗の残存勢力を糾合して唐軍と戦い、六七六年、唐勢力の排除に成功して朝鮮半島に対する統一的支配を確立した。六八一年七月一日没(月日は陰暦、『三国史記』新羅本紀)。
(木村 誠)

ふんやのあきつ 文室秋津 七八七—八四三 平安時代前期の官人。文室浄三(智努王)の孫、大原の第四子。延暦六年(七八七)生まれる。弘仁七年(八一六)従五位下に叙せられ、翌年甲斐守に任じ、以後内外に歴任して、天長七年(八三〇)従四位下で参議に任じ、右大弁を兼ね、ついで左大弁に転じ、春宮大夫・左近衛中将を兼ね、検非違使別当・右衛門督に任じたが、承和九年(八四二)伴健岑の謀反(承和の変)に連坐して出雲員外守に左降され、翌年三月二日配所で没した。正四位下、五十七歳であった。その卒伝によると、非違を監察するに長じ、武芸においては驍将と称するに足る人物であったが、飲酒の席では必ず酔泣の癖があったという(『続日本後紀』)。
(林 陸朗)

ふんやのおおち 文室大市 七〇四—八〇 奈良時代の貴族。天武天皇の孫。長親王の第七子。名を邑珍とも書く。慶雲元年(七〇四)生まれる。はじめ大市王といい、天平勝宝四年(七五二)兄智努王とともに文室真人の姓を賜わった。天平十一年(七三九)従四位下に直叙され、以後刑部卿・大蔵卿・弾正尹・民部卿などを経て天平神護元年(七六五)に従三位、翌二年に参議に列した。ついで中納言を経て宝亀二年(七七一)大納言に任じられたが、翌三年老病のため致仕を乞うて許されず、五年に至って致仕が許され、同十一年十一月二十八日没した。ときに前大納言正二位、年七十七であった。その伝に、勝宝以後政変によって辜に陥る者が多かったので、大市は髪を削り沙門の姿となって身を全うせんと図ったとある(『続日本紀』)。
(林 陸朗)

ふんやのきよみ 文室浄三 六九三—七七〇 奈良時代の貴族。天武天皇の孫。長親王の子。持統天皇七年(六九三)生まれる。はじめ智努王といい、天平勝宝四年(七五二)臣籍に降下して文室真人の姓を賜い、天平宝字五年(七六一)ころ名を浄三と改めた。養老元年(七一七)従四位下に直叙され、神亀五年(七二八)この年夭折した皇太子のための造山房司長官に任じられ、天平十三年(七四一)恭仁京遷宮に際して造宮卿となった。同十九年従

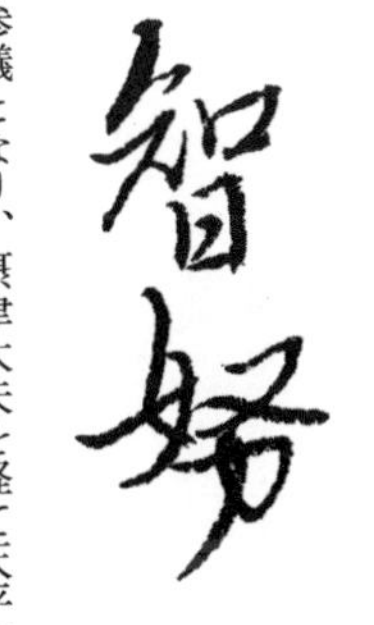
文室浄三自署

三位非参議となり、摂津大夫を経て天平宝字元年に参議、同四年に中納言、同六年に御史大夫(大納言)となったが、同八年致仕し、神護景雲四年(七七〇)称徳崩御後の皇嗣問題で一部の人びとに推されたが固辞し、その十月九日没した。時に年七十八。従二位元大納言。死に臨み薄葬して鼓吹を辞せよと遺言したので諸子これに遵い、当代これを称したという。『日本高僧伝要文抄』延暦僧録に沙門釈浄三菩薩伝として浄三の伝を載せ、東大寺兼法華寺大鎮、浄土院別当に任じ、鑑真大和上の菩薩戒をうけ、のち伝燈大法師位を授けられ、『三界章』『仏法伝通日本記』を著わしたとある。 (林 陸朗)

ふんやのちぬ　文室智努　⇨文室浄三《ふんやのきよみ》

ふんやのやすひで　文屋康秀　生没年不詳　平安時代前期の歌人。縫殿助宗于の男、大舎人允朝康の父。貞観二年(八六〇)刑部中判事、三河掾を経て元慶元年(八七七)山城大掾、同三年縫殿助に任じた(以上『古今和歌集目録』)。『是貞親王家歌合』の詠が『古今和歌集』に二首入るが、高野切や清輔本には息朝康の詠としていて疑問があり、それを除くと『古今和歌集』入集三首、『後撰和歌集』には一首。六歌仙の一人として『古今和歌集』両序で批評され(真名序は名を「文琳」と記す)「詞はたくみにて、そのさま身におはず、いはば商人のよき衣着たらむがごとし」と、巧緻な表現が身についた高雅さになっていないというやや否定的評価を受けている。『古今和歌集』雑下に、三河掾任官時の小野小町との親密さを示す贈答歌がある。表現の巧緻さは撰者時代の先駆をなし、卑官だが和歌の巧みさで知られていた存在であったようである。中古三十六歌仙の一人。『小倉百人一首』の歌は息文屋朝康作の可能性が濃い。

参考文献　服部一枝「康秀」(『一冊の講座 日本の古典文学』四所収) (藤平 春男)

ふんやのわたまろ　文室綿麻呂　七六五―八二三　平安時代前期の官人。文室真人浄三(智努王)の孫、三諸朝臣大原の長子。天平神護元年(七六五)に生まれる。延暦十四年(七九五)従五位下。右大舎人助・近衛将監・出羽権守・近衛少将・播磨守・侍従・中務大輔・右兵衛督・右京大夫・左大舎人頭などを歴任、大同四年(八〇九)三山朝臣、間もなく文室真人を賜姓さる。翌弘仁元年(八一〇)の薬子の変で平城上皇側にあり京へ召喚され左衛士府に禁錮されたが、坂上田村麻呂の献言で許され正四位上・参議になり上皇の東道を阻止。変後、大蔵卿兼陸奥出羽按察使。同二年征夷将軍に任ぜられ、爾薩体・幣伊二村(岩手県北部)の蝦夷を討ち、宝亀五年(七七四)以降の陸奥辺境の蝦夷征討を終らせ、かつ延暦二十二年に営造された志波城を水害のため移転させた。徳丹城がその移転先である。功により従三位・勲五等。弘仁七年右近衛大将。八年兵部卿を兼ね、同九年中納言。勲四等。同十四年四月二十四日没。五十九歳。

参考文献　川上多助『平安朝』上(『綜合日本史大系』三)、新野直吉『古代東北史の基本的研究』 (高橋 崇)

へ

へいぜいてんのう　平城天皇　七七四―八二四　八〇六―〇九在位。宝亀五年(七七四)八月十五日桓武天皇第一皇子として誕生、母は藤原良継の女乙牟漏。諱は安殿。延暦四年(七八五)立太子、大同元年(八〇六)五月十八日桓武天皇死去のあとを受けて即位、同二年藤原南家出身吉子を母とする皇弟伊予親王が謀叛の疑で捕えられ、毒をあおいで自害する事件が起る。天皇は尚侍藤原薬子を寵愛し、その兄仲成これを利用し、式家の繁栄を計る。同四年四月病気のため位を弟嵯峨天皇に譲り上皇となる。薬子・仲成ら上皇の重祚を企て、上皇同年十一月旧都平城京に宮殿新造、十二月に遷って政務を握ろうとして天皇と対立、弘仁元年(八一〇)九月挙兵したが成功せず薙髪。天長元年(八二四)七月七日崩御。五十一歳。一に奈良の帝ともいう。平城天皇は造都と征夷のために、財政的に弛緩した桓武天皇の政治を受けつぎ、病身と藤原氏内部の紛争、他氏との抗争にわずらわされながらも、前代からの政治を引き締めるために、財政緊縮と民力の休養をめざし、官司の削減と冗官の整理を行い、官人の適切な配置と下級官人の優遇をはかった。また、地方官の監督を厳にし、政策の徹底をはかろうとした前代の政策を受けつぎ、畿内および七道に観察使を置いた。守勢的な政治ではあったが、小さくまとまって、確実な枠の内での政治を行うため、令にそのよりどころを求めた令制強調的な政策をとったとみられる。

参考文献　大塚徳郎『平安初期政治史研究』、門脇禎

二『日本古代政治史論』、目崎徳衛「平安朝の政治史的考察」(『平安文化史論』所収)、門脇禎二「大同期政治の基調」(『日本歴史』一八〇)、大塚徳郎「平安初期の政治史上の平城朝」(『史潮』六九)、同「観察使について」(『日本歴史』一七五)　(大塚　徳郎)

楊梅陵《やまもものみささぎ》　奈良市佐紀町にあり、平城宮大極殿跡の真北に位置している。形状はほぼ円丘状をなし、南面している。天長元年(八二四)七月十二日楊梅陵に葬り、十月十一日陵戸五烟を配して山陵の管守にあたらせたことが『類聚国史』にみえ、同年末には近陵に列した。『延喜式』諸陵寮の制は「兆域東西二町、南北四町、守戸五烟」で遠陵としている。中世以降所伝を失ったが、北浦定政の『打墨縄』は現陵を示し、幕末修陵の際に陵として修治を加えられた。なお、近年平城宮跡の発掘調査によって、当陵は前方後円墳(市庭古墳)の後円部を利用して営建されたもので、前方部は平城宮造営の際に削平されていたことが明らかになった。

参考文献　上野竹次郎『山陵』上　(戸原　純一)

へきたんしゅうこう　碧潭周皎　一二九一―一三七四　南北朝時代の臨済宗夢窓派の僧。法諱は周皎、道号は碧潭。土佐の人。執権北条氏の末裔であるという。正応四年(一二九一)に生まれる。出家して仁和寺の禅助に学び、密教の奥義を究めて大阿闍梨位に陞ったが、夢窓疎石の宗風を慕って禅に帰した。延元元年(北朝建武三、一三三六)に後醍醐天皇が吉野に遷幸の折に、宇治平等院において碧潭を招いて法要を問われたので、のち天竜寺境内に天皇追薦のための亀頂塔が落成した時に、夢窓から供養の大導師に薦選され、その功によって法衣を授けられて法嗣となった。貞治四年(一三六五)五月に赤橋登子(登真院殿)が没し、子の将軍足利義詮は碧潭を山城等持寺に招き、百日の間経典を講じさせた。また幕命を受けて祈雨の法を修し、功験あって金錫一杖の法施を受けた。禅密兼修の宗旨は夢窓の信頼を厚くし、西山の西芳寺に住したが、管領細川頼之は西山に衣笠山地蔵院を創めて開山に請じた。碧潭は夢窓を勧請して二世に居し、別に宝殿を構えて地蔵を安置した。官寺に出世することなく隠逸を好み、応安七年(一三七四)正月五日寂した。八十四歳。全身を地蔵院の尸陀林に葬り、のちに宗鏡禅師と勅諡された。門弟に旭峯妙朝・秀巒周棟・義海周勝・節翁中励・深渓昌資などがあり、俗弟子に桂岩居士(細川頼之)と夫人の玉潤大姉がある。

参考文献　『宗鏡禅師伝』、卍元師蛮『延宝伝燈録』二五(『大日本仏教全書』)、玉村竹二『五山禅僧伝記集成』、同「日本禅宗史の一側面を物語る聖教奥書三則」(『日本禅宗史論集』下二所収)　(葉貫　磨哉)

碧潭周皎画像

へきだんじょう　日置弾正　一四四四―一五〇二　室町時代後期に古流弓術を革新して新流を興した日置流の始祖。文安元年(一四四四)伊賀国愛田村(三重県伊賀市)に生まれる。名は正次のほか宗品・影光・豊秀があり、号を道以・威徳と称し、剃髪して瑠璃光坊という。平安時代末に滅亡した平氏の一族宗清が伊賀の地に潜入して平氏を興し、その子孫が伊賀日置氏となり、弾正正次のごとき名人が現われた。正次は平氏系射法に源氏系逸見流を併伝し、応仁・文明の乱に近江の六角佐々木氏のために、箕作山下の内野の地で多賀党と奮戦して勇名を高めた。諸国を遊歴し、審固持満・飛貫中の射法秘術を会得し、当時遊戯化されていた古流弓術を改革したという。この秘法は明応ごろ近江の吉田重賢に伝えられ、吉田流の基盤となった。正次はのち大和日置に住し、高野山に登ったが、晩年伊賀の故山に帰り、文亀二年(一五〇二)同地で没した。五十九歳。

参考文献　日夏繁高『本朝武芸小伝』(『武術叢書』)、石岡久夫『弓術』(『日本武道大系』四)　(石岡　久夫)

へぐりのつく　平群木菟　五世紀の豪族。木菟は都久とも書く。『古事記』孝元天皇段の系譜によれば、平群氏

の始祖は建(武)内宿禰の子の都久という。『日本書紀』仁徳天皇元年正月条によると、天皇誕生の時、父の応神天皇が武内宿禰に瑞を問うたところ、皇子(のちの仁徳天皇)と大臣武内宿禰の子が同じ日に生まれ、しかも皇子の産屋に木菟が、大臣の子の産屋に鷦鷯《さざき》が飛び入るという奇瑞があったとし、両者の産屋に入った鳥の名をとりかえて、太子を大鷦鷯皇子とし、武内宿禰の子を木菟としたという祖先伝承を伝えている。木菟は百済王の無礼を詰問するため百済に派遣され、また加羅に遣わされて、秦氏の祖弓月君の率いる人夫を葛城襲津彦とともに伴い帰国したという。履中天皇即位前紀には、太子(履中)をたすけ功績があったことを伝えるが、これらの記事の史実性については検討の必要がある。 (日野 昭)

へぐりのまとり 平群真鳥 五世紀の豪族。平群氏の祖木菟(都久)の子。『日本書紀』によると、雄略天皇即位とともに大臣となり、大連の大伴室屋・物部目と並んで執政の大任にあたった。次の清寧・顕宗・仁賢の三朝にも国政の中枢にあったが、仁賢天皇の没後、真鳥は国政を専らにし、日本の王となろうとし、太子(のちの武烈天皇)のためと偽って宮を造営してそこに住み、太子が官馬を求めると、承知しながら進めず、またその子鮪《しび》も、太子の娶ろうとした影媛(物部麁鹿火の女)を奸すなど、臣節にもとる行為があった。このため太子は大伴金村に鮪を討たせ、さらに真鳥をも討滅させたという。ただ『古事記』にはこれらの真鳥の専権には全くふれていないし、王子(のちの顕宗天皇)と志毘《しび》との対立も菟田首の女の大魚をめぐる恋人争いという伝承になっており、その記載の史実としての信憑性には検討の余地がある。 (日野 昭)

へちかん ノ貫 生没年不詳 安土桃山時代のわび茶人。ノ桓ともかく。京都の町人の出で、山科に庵居し奇行をもって知られた。『源流茶話』には「ノ貫は侘すきにて、しいて茶法にもかかはらず、器軸をも持たず、一向自適を趣とす、(中略)異風なれども、いさぎよき侘数奇なれば、時の茶人、交りをゆるし侍りしと也」とあり、『茶話指月集』はノ貫が手取釜一つで雑炊も煮、茶の湯もわかしたと、その清貧振りを叙述している。また表千家二代の随流斎良休宗左は、露地ではく雪駄はノ貫の意匠から出たと記している。しかしノ貫の存在をきわだたしめたのは、天正十五年(一五八七)秋の豊臣秀吉の北野大茶湯の時、直径一間半の朱塗りの大傘を立てて茶席を設けて人目をひき、秀吉を驚喜させたことである(『長闇堂記』)。なお千利休を招待し、庵前に陥穽を設けて利休を陥しいれ、沐浴させ新衣を供したなどとの逸話も伝えられているが、どこまで信用してよいか疑問である。 (芳賀幸四郎)

べっきあきつら 戸次鑑連 一五一六—八五 戦国時代、豊後大友氏の年寄。入道名道雪、麟伯軒と号す。永正十三年(一五一六)に生まれる。豊後の戸次氏の惣領で、父は戸次親家。官途は伯耆守。大友義鎮の時代の年寄。のちに筑前立花東西、松尾・白岳の城督。近世柳川立花氏の祖。永禄四年(一五六一)に戸次氏としてははじめて年寄に就任。毛利氏との対決のため、軍事的能力の高い年寄が必要となったためではないかと考えられる。史料で知られる軍事行動は弘治三年(一五五七)に秋月氏・筑紫氏の宅所を攻めた時である。永禄五年には門司関の攻防で指揮官の一人となり、門司周辺で攻防を繰り返したが、同五年末に敗戦。永禄十年には毛利氏に通じて筑前で反乱を起した秋月種実の鎮圧のため筑前に派遣され、種実と秋月休松で戦い激戦の末敗軍。種実に「多年の鬱憤を散じた」といわれた。しかし同年七月七日には宝満城の九ノ峯を直接攻め落として面目を保った。同十一年には立花城攻略を指揮、立花鑑載を倒した。永禄十二年には筑前の支配権をめぐって大友氏と毛利氏とが全面対決し、前線指揮官として攻防の中心の筑前立花城周辺を転戦。五月十八日には立花城西側の長尾で毛利の陣を攻めたが、小早川隆景・吉川元春ら指揮下の鉄砲隊・弓隊のために指揮下の筑後・豊後の軍勢主力は接近を阻まれ敗退。鑑連の直属軍などが白兵戦に持込んだが及ばず敗れた。その後毛利氏は大内輝弘に山口を急襲されて急ぎ撤退し、落城した立花城は同僚の年寄吉弘鑑理が城督になった。ところが鑑理は急死したために鑑連があとを襲うこととなった。これと同時に豊後を勤務地とする年寄は勤務不能になり、解任されたようである。鑑連には子息がなかったために弟鎮連の子を養子にする約束をしたが、何かの事情でこれは成立せず、天正三年(一五七五)五月、娘誾千代(誾千世)に筑前をはじめとする新所領立花東西・松尾・白岳城督と筑後・肥後の所領などを譲り、宝満・岩屋城督高橋鎮種の子統虎を養子とし、娘誾千代と結婚させた。譲り状の写しを見ると本拠地豊後の所領がみえず、あるいはこの分は鎮連に譲ったのかも知れない。天正六年十二月に大友義統が日向耳川で島津氏に大敗すると、翌年早々に筑前で反乱が起り、以後道雪(永禄五年に主義鎮の剃髪の際、一度剃髪。天正三年に再び剃髪、道雪と名乗る)は筑前の反乱鎮圧のため高橋鎮種とともに東奔西走する。天正十二年豊後と共同作戦を計画し鎮種とともに、佐賀の竜造寺氏の勢力下にほぼ陥った筑後に攻めいるが、竜造寺側の抵抗は強く、一度豊後勢を残して筑前に帰り、翌年再び筑後に侵入したが、同年九月筑後高良山(福岡県久留米市御井町)近くで病死した。七十歳。梅岳寺(福岡県粕屋郡新宮町立花口)に葬られる。 (木村 忠夫)

戸次鑑連花押

べつげんえんし 別源円旨 一二九四—一三六四 南北

朝時代の曹洞宗の僧。法諱は円旨、道号は別源。越前の人、俗姓は平氏。永仁二年(一二九四)十月二十四日生まれ。幼くして仏種寺(福井県南条郡南越前町)の童行となり、十六歳で得度したが、中国曹洞宗の一派、宏智《わんし》派の禅を伝えた来日僧東明慧日が相模円覚寺(神奈川県鎌倉市)在住中に十二年間随い嗣法する。元応二年(一三二〇)入元し、中峯明本・古林清茂《くりんせいむ》らに参じ、元徳二年(一三三〇)帰国した。その間、正中二年(一三二五)に古林清茂の印可証明を得ている。入元中の詩文『南游集』と、帰国後の詩偈『東帰集』各一巻があり、いわゆる五山文芸僧として知られた。なお康永元年(一三四二)朝倉広景の招きで越前足羽の弘祥寺(跡、福井市)の開山となり、また善応寺(福井県大飯郡おおい町)・吉祥寺(跡、同小浜市)を開創した。その間、請いにより鎮西の寿勝寺(跡、熊本県宇土市)四世として住したが翌年弘祥寺に帰り、文和三年(一三五四)南禅寺(京都市左京区)に住した東陵《とうりん》永璵の招請により分座秉払《ひんぽつ》している。ついで延文二年(一三五七)幕府の命により京都の真如寺(京都市北区)に住したが、翌年の秋、病いを得て越前に帰る。さらに貞治三年(一三六四)足利義詮の招請をうけ建仁寺(京都市東山区)四十四世の住持となるが、同年十月十日入寂。世寿七十一歳、法臘五十四年。中巌円月撰『日本故建仁別源和尚塔銘幷序』(『曹洞宗全書』所収)がある。

参考文献 『大日本史料』六ノ二六、貞治三年十月十日条、湛元自澄編『日域洞上諸祖伝』上(『曹洞宗全書』)、嶺南秀恕編『日本洞上聯燈録』一(同) (桜井 秀雄)

べっしょながはる 別所長治 ?—一五八〇 戦国時代の武将。小三郎。播磨国守護赤松氏の一族で、先祖が同国別所に住したのでこれを姓とした。父長勝。祖父重治のとき三木城に移り、播磨東部の美嚢・明石・印南・加古・多可・神東・加西・加東の八郡を領有した。永禄十一年(一五六八)に織田信長が足利義昭を擁して上洛した際にはこれに加勢、叔父の別所重宗は百五十人を率いて尼崎へ迎えに出、天王寺に陣を張った。元亀元年(一五七〇)信長の上洛の折には、播磨国衆や別所一族とともに在京すべきことが命ぜられた。このころ、備前の浦上宗景の侵攻をうけている。天正三年(一五七五)十月には信長と謁見し、翌四年の年頭には信長への挨拶を行なっているが、天正六年の信長の中国征伐に際しては、かねてから交わりのあった毛利輝元との関係もあって、これに対抗した。信長は中国征伐に際し、当初は長治に先鋒を命じようと考え、羽柴(豊臣)秀吉にそれをはからせたが、長治が二十歳の若輩であることから、考えをかえて秀吉を先鋒としたことから、長治が怒って叛旗をひるがえしたという説もある。天正六年二月、秀吉は播磨に入り書写山円教寺に陣をとった。播磨の国人衆のほとんどが秀吉に従うなかで、長治は三木城に立て籠った。秀吉は三木城を包囲したが、長治もまた本願寺や毛利輝元の援助を得て対抗し、摂津伊丹の荒木村重もこれに呼応した。戦いは長期化する様相をとったが、三木城への糧食補給に成功せず、城内は混乱状態となった。天正八年正月、長治は浅野長政を介して降伏を申し出、籠城中の将士の助命を条件に、長治は一族とともに自決し、これによって播磨は平定された。

参考文献 『別所長治記』、『寛政重修諸家譜』四七二 (三鬼清一郎)

べんあ 辨阿 ⇨辨長《べんちょう》

べんえん 辯円 ⇨円爾《えんに》

べんけい 弁慶 ?—一一八九 鎌倉時代前期の僧。熊野別当の子といわれ、幼名を鬼若丸、号を武蔵坊という。はじめ比叡山の僧として西塔の武蔵坊に住していたが、のちに源義経の従臣となって数々の勲功をたて、文治五年(一一八九)衣川の戦いで義経に殉じたと伝える。『吾妻鏡』に弁慶の名はみえるが、『平家物語』をはじめ『義経記』『弁慶物語』などの文学書によって英雄化、豪傑化された。 (武 覚超)

へんじょう 遍照 八一六—九〇 平安時代前期の歌人。六歌仙の一人。桓武天皇の皇子大納言良峯(岑)安世の男で、俗名は良峯宗貞、素性の父。遍昭にもつくる。弘仁七年(八一六)生まれる。承和十一年(八四四)蔵人、同十二年叙従五位下、のち左兵衛佐、左少将と昇り、嘉祥二年(八四九)蔵人頭、同三年叙従五位上。同年三月仁明天皇崩の直後出家、叡山で修行し、貞観十一年(八六九)法眼和尚位を受け、元慶三年(八七九)権僧正、仁和元年(八八五)僧正に昇る。在俗時から作歌を試みたらしいが、伝存作品の大部分は出家後の詠。在俗時にも仁明朝の廷臣として活躍したが、叡山で慈覚大師(円仁)・智証大師(円珍)に師事してやがて僧綱を掌るようになり、宮廷の尊崇をうけた。仁和元年宮中で七十賀宴が催され、翌年は食邑百戸を賜わって輦車に駕しての宮門出入を許され

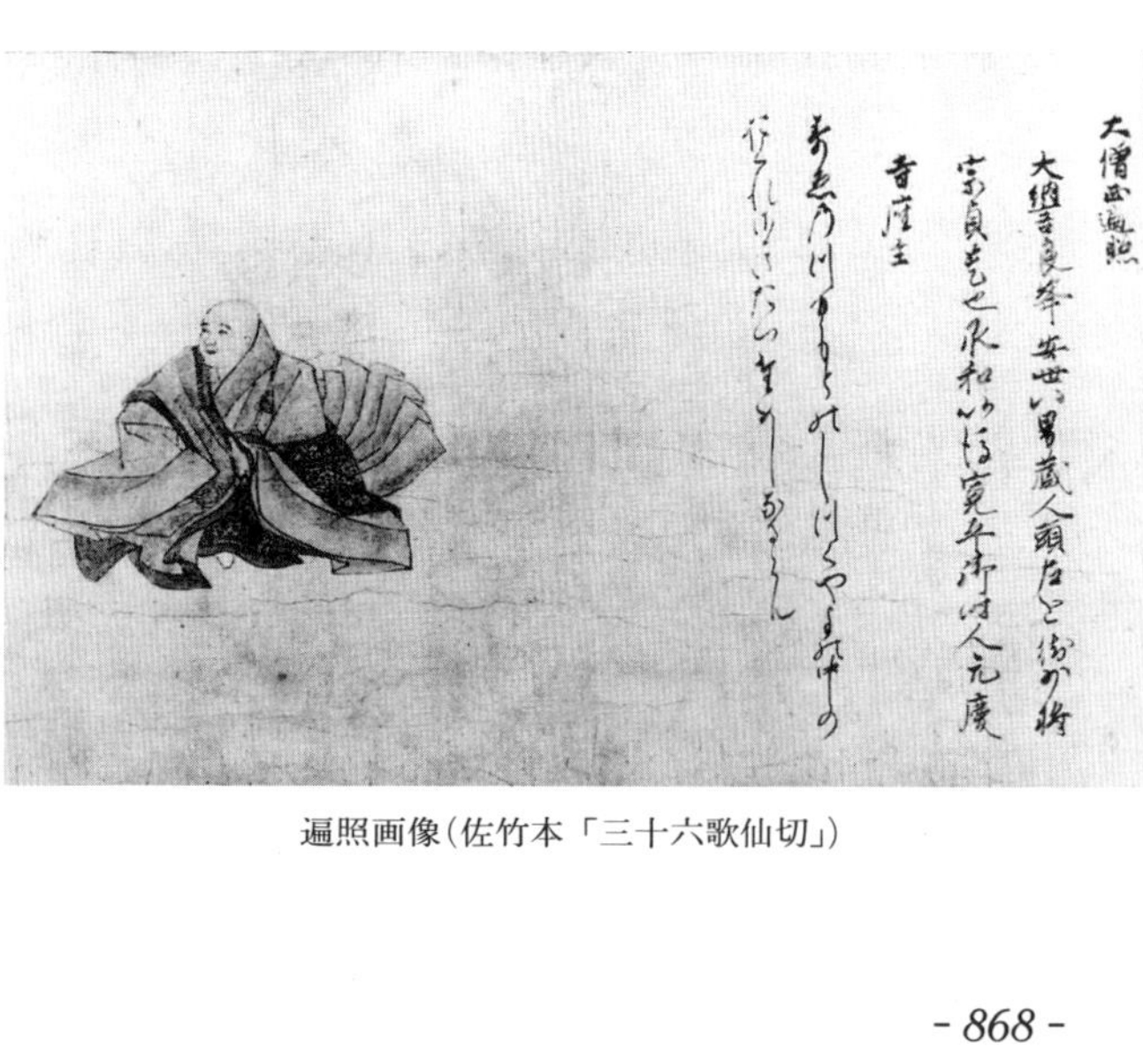

遍照画像(佐竹本「三十六歌仙切」)

ている。『古今和歌集』に十七首入集、以下の勅撰集とあわせて勅撰集には計三十五首採られる。家集『遍昭集』は小歌集であるが、三十六人集の一つで、『古今和歌集』両序にいわゆる六歌仙の一人として「歌のさまはえたれどもまことすくなし」と評され、絵に画いた美女にたとえられ、その洒脱軽妙さとそれをうらづける磨かれた知性が独特の味わいを生んでいる。元慶寺を建立して座主となり、花山僧正と呼ばれた。寛平二年(八九〇)正月十九日没。七十五歳(一説に七十六歳、また七十四歳説もある)。墓は元慶寺の西南(京都市山科区北花山中道町)にある。

参考文献 『大日本史料』一ノ一、寛平二年正月十九日条、久曾神昇『西本願寺本三十六人集精成』、島田良二『(平安前期)私家集の研究』、目崎徳衛「僧侶および歌人としての遍照」(『平安文化史論』所収)、蔵中スミ『遍昭』(『一冊の講座 日本の古典文学』四所収)、増田繁夫「遍昭伝攷」(『甲南大学文学会論集』二八)

(藤平 春男)

べんしょう 弁正 奈良時代の僧。

(一)?―七三六 弁浄・弁静にもつくる。白雉四年(六五三)五月学問僧として入唐したが、帰国年は不明。養老元年(七一七)七月には少僧都となり、天平元年(七二九)十月には大僧都、同二年十月には僧正に任ぜられたが、同八年入滅。

(二)生没年不詳 『懐風藻』に二首の五言律詩を残す。俗姓は秦氏。性滑稽にして談論をよくし、少年にして出家、大宝年中(七〇一―〇四)に入唐、囲碁をよくし、玄宗皇帝にも賞遇され、朝慶・朝元の二子を得た。朝元は帰国したが、弁正は朝慶とともに客死した。

参考文献 横田健一「『懐風藻』所載僧伝考」(『白鳳天平の世界』所収)、王勇「望郷の還俗僧」(薗田香融編『日本仏教の史的展開』所収)

(佐久間 竜)

べんちょう 辨長 一一六二―一二三八 平安・鎌倉時

辨長花押

代の僧。浄土宗第二代、鎮西流の祖。字は辨阿、聖光房と号し、鎮西上人・筑紫上人・善導寺上人とも尊称される。応保二年(一一六二)五月六日、筑前国遠賀郡香月荘楠橋邑(福岡県北九州市八幡西区香月)古川弾正左衛門則茂の子として生まれた。仁安三年(一一六八)菩提寺妙法について出家、安元元年(一一七五)筑紫観世音寺で登壇受戒し、以後八年間、白岩寺の唯心、明星寺の常寂について天台学を修学した。寿永二年(一一八三)比叡山にのぼって観叡の室に入り、のち証真に師事して天台の奥義をきわめた。建久元年(一一九〇)郷里の香月に帰り、翌年油山の学頭に推挙され、草野永平の帰依を受けた。同四年三明房の死により無常を感じ、浄土の法門に心をひかれるようになった。同八年明星寺三重塔に安置する本尊を注文するため上洛したとき、法然房源空を訪ねて得心し弟子となった。いったん帰って本尊の開眼をすませた辨長は再上洛し、元久元年(一二〇四)まで源空について浄土の学問を学び、念仏の奥義を伝授されて筑後に帰り、高良山のふもと厨寺《くりやでら》(安養寺)で千日の如法念仏を行

辨長画像

い、一躍有名となった。承久二年(一二二〇)檀越草野永平は山本郷の善導寺(前光明寺、福岡県久留米市善導寺町飯田)を改築して大伽藍とし、ここが九州における念仏布教の中心地となった。辨長は源空の教えを顕彰し、浄土宗正流の宗学を確立して、精力的な活躍を展開した。安貞二年(一二二八)十月二十五日、肥後往生院で四十八日間の別時念仏を行なったが、この間に撰述した『末代念仏授手印』は、浄土宗五重伝法の中心として相伝されていった。辨長は筑前・筑後・肥後に及ぶ地域を教化し、善導寺をはじめ多くの寺院を建立したが、良忠・聖満・宗円をはじめ傑出した弟子も多い。暦仁元年(一二三八)閏二月二十九日寂。七十七歳。伝記は道光の『聖光上人伝』にくわしい。著書には『徹選択本願念仏集』をはじめ、『念仏名義集』『浄土宗要集』など多数。

参考文献 『大日本史料』五ノ一一、暦仁元年閏二月二十九日条

(玉山 成元)

べんねん 辯円 ⇨円爾《えんに》

べんのないし 弁内侍 生没年不詳 鎌倉時代中期の女流歌人、日記作者。後深草院弁内侍とも呼ばれる。父は左京権大夫藤原信実。母は不詳。従二位藤原雅平との間に参議藤原実永室となった女子を生んでいる。雅平は寛喜元年(一二二九)の誕生なので、弁内侍の誕生もその前後か。寛元元年(一二四三)十一月十七日『河合社歌合』に「春宮弁」の名で加わっているのによれば、後深草天皇の東宮時代から女房として出仕したと見られる。『新後撰和歌集』雑歌下に、妹少将内侍の没後出家し、その後まもなく父信実を失ったとみえ、『井蛙抄』六、雑談には、老後坂本の北仰木に隠栖し、亀山院より七夕歌会の題を与えられて詠進したという。日記に『弁内侍日記』がある。和歌は『続後撰和歌集』以下に、連歌は『菟玖波集』にみえる。

参考文献 玉井幸助『弁内侍日記新注』

(久保田 淳)

べんのめのと　弁乳母　生没年不詳　平安時代中期の女流歌人。本名、藤原明子（『光厳院宸記』断片）。父は藤原順時、母は紀敦経女（『大鏡』裏書）。藤原兼経との間に顕綱を生んだ。一説に右大弁致方の娘で、兼経の乳母となり、兼経の没後、顕綱の養母となったかともいう。長和二年（一〇一三）三条天皇皇女禎子内親王（陽明門院）の乳母として出仕。承暦二年（一〇七八）内裏歌合に参加している。家集『弁乳母集』には他人の歌の混入が認められる。なお家集は『群書類従』和歌部、『新編国歌大観』三、『私家集大成』二などに収められている。

参考文献　角田文衛『王朝の後宮』、犬養廉「藤原顕綱の系譜」（『国語国文研究』一四）、守屋省吾「弁乳母のこと」（『立教大学日本文学』三七）、片山剛「「弁乳母集」序説」（『国文論叢』一二）、稲賀敬二「兼経の乳母「弁の君」（弁乳母）は顕綱の養母か―『弁乳母集』の作者をめぐって―」（『広島大学文学部紀要』四五）

（稲賀　敬二）

ほ

ほううん　法雲　四六七―五二九　中国梁代に活躍した僧。光宅寺法雲、または単に光宅ともいう。開善寺智蔵・荘厳寺僧旻《そうびん》とともに梁の三大法師と称される。姓は周氏。義興陽羨（江蘇省宜興県）の出身。七歳のとき建康（南京）近郊の鐘山定林寺の僧印のもとで出家し、のち僧成・玄趣・宝亮・僧柔・慧次・慧集らに師事した。建武四年（四九七）夏、三十歳にして妙音寺ではじめて『法華経』『維摩経』を講じ、高い評価を得た。梁の武帝の厚遇を得て天監三年（五〇四）帝が創建した光宅寺に住し、種々の大乗経典を講じた。普通六年（五二五）に勅して大僧正に任ぜられたが、大僧正叙任の初例とされる。著書として『法華経義記』八巻が現存しているが、この書は聖徳太子撰と伝える『法華義疏』の中で「本義」と呼んで下敷きにされ、大きな影響を与えている。

参考文献　『続高僧伝』五（『（大正新脩）大蔵経』五〇）

（藤田　宏達）

ほうかくしんくうぜんじ　宝覚真空禅師　⇩雪村友梅《せっそんゆうばい》

ほうきょういんどの　宝篋院殿　⇩足利義詮《あしかがよしあきら》

ほうきんに　法均尼　⇩和気広虫《わけのひろむし》

ほうこう　法興　⇩浄音《じょうおん》

ほうこうだいし　法光大師　⇩真雅《しんが》

ほうこくちん　方国珍　一三一九―七四　中国、元末の群雄の一人。延祐六年（一三一九）生まれる。別名を国真という。浙江省黄巌県の人。父の名は方伯奇といい、代々漁業や塩業を家業としながら、他方では地主の田土を耕している佃戸でもあった。黄巌県では地主と佃戸との差別が厳しく、佃戸は地主に恭事していたが、方国珍はこれに非常な反感を抱いていた。至正八年（一三四八）十一月、地主の陳氏から海寇と通じているという誣告をうけたので、陳氏を殺し乱を起した。これが、いわゆる「元末の反乱」の発端である。方国珍は兄の方国璋や弟の方国瑛らとともに海上に逃げ、江浙参政多爾済巴勒の追捕をうけたが、逆にこれを捕えるとともに、江南から税糧を元都へ送る海上輸送ルートをおさえたのである。そのため、当時、江南の経済力に依拠していた元の朝廷では、非常に困惑し、方国珍に官位を与えて招撫した。しかし、方国珍は、元朝に対し反覆常なく、帰順するたびに官位はあがり、至正二十一年には江浙行省左丞相・衢国公に累進した。しかし、この間、一方では、応天府（あとの南京）を本拠に着々と勢力を拡大しつつあった朱元璋（明の太祖）が、招撫の使者を送ると、黄金・白金・文綺を献上し、また温・台・慶元の三郡を献じ、次子の方関を人質にしたいと申し出た。しかしながら、この朱元璋に対しても反服常なく、しばしば拡廓帖木児や陳友定と好みを通じ、朱元璋勢力下の地方を攻撃した。至正二十七年明将湯和は大軍をもって、方国珍を攻撃し、方国珍は所部を率いて海上にのがれたが、湯和に追い詰められ、部将の投降が相ついだ。方国珍もついに子の方関を遣わし降伏し、のちに本人も入朝し、広西行省左丞に任ぜられ、洪武七年（一三七四）に京師で没した。五十六歳。元末の群雄のほとんどが非業の死を遂げたのに対して、方国珍は珍しく終りを全うしたが、しかし、その余衆は「多く島嶼にのがれ、倭を勾して寇を為す」（原漢文、『明史』兵志）とか、「方国珍を滅ぼすも、その余燼、海に亡入する者は、毎に島倭の人を誘ひて掠む」（同、『靖海紀略』）とかいわれており、方国珍の遺民と倭寇とは密接な関係があったようである。

参考文献　奥崎裕司「方国珍の乱と倭寇」（明代史研究

会・明代史論叢編集委員会編『山根幸夫教授退休記念明代史論叢』所収）　（川越　泰博）

ほうざん　宝山　⇨雲林院文蔵《うんりんいんぶんぞう》　⇨湛海《たんかい》

ほうじゅ　宝寿　奥州舞草鍛冶の代表工。宝寿は良工である上に佳名であることも手伝い、ことに好まれて平安時代から室町時代の終りごろまで引き続き作刀を残している。銘は代々、宝寿と二字にきる。年紀作の古いところでは正中、建武、永和、永徳、応永などの太刀がある。作風は地鉄に黒味があり、鍛えは板目流れ、刃はうるみ勝ちの小乱れ刃である。彫物を施すのが多い。静嘉堂の太刀は鎌倉時代中期の作、武州御嶽《みたけ》神社（東京都青梅市）の大太刀は南北朝時代の作で、ともに重要文化財。宝寿は修験者であったようで、「大和国住塔本宝寿」「延慶二（四。応長元、一三一一）」年紀の剣は談山神社（奈良県桜井市）の旧蔵で、大和廻国中の作と見られる。

宝寿押形

参考文献　『新版日本刀講座』三、『日本刀大鑑』古刀編三　（辻本　直男）

ほうじゅういんどの　法住院殿　⇨足利義澄《あしかがよしずみ》

ほうしゅくしゅせん　彭叔守仙　一四九〇―一五五五　戦国時代の臨済宗聖一派の禅僧。法諱をはじめ周仙と称したが、のちに守仙と改む。道号は彭叔、別に瓢庵と号した。信濃の出身で、生年は延徳二年（一四九〇）、諏訪社の神官の家に生まれたという。東福寺塔頭不二庵の自悦守懌（東福寺第百八十四世）に師事し、嗣法した。不二庵に住して内外典の謄写に親しみ、真如寺に住持し、天文七年（一五三八）東福寺住持、ついで同十六年に南禅寺に移り、のち東福寺に善慧軒を創して退隠所とした。能登の崇寿寺、近江の慧雲寺などにも住し、一山派の仁如集堯（永禄三年（一五六〇）鹿苑僧録就任）などと親交する。特に東福寺に二十四住し、住山十八ヵ年に及んだ。弘治元年（一五五五）十月十二日寂。六十六歳。『彭叔和尚語録』『猶如昨夢集』などがある。

彭叔守仙花押

「善慧軒」
彭叔守仙蔵書印

参考文献　白石虎月編『東福寺誌』　（竹貫　元勝）

ほうしょう　豊璋　生没年不詳　七世紀の百済の王子。父は義慈王。余豊・扶余豊・豊章にもつくり、糺解・翹岐とも記す。余（扶余）は百済王の姓で、豊（豊璋）は名。糺解と翹岐は音通で実名か。豊璋王・百済君とも称する。皇極天皇二年（六四三）正月妻子や弟禅広（塞上・余勇）、叔父忠勝、大佐平沙宅智積らとともに人質として来日。六四一―四二年の義慈王即位にからむ政争、さらには前年（六四二年）の新羅侵入、旧任那領奪回を背景とする友好策のために遣わされたものか。豊璋は来日直後の同年大和三輪山で養蜂を試みたり、白雉元年（六五〇）穴門国司の白雉献上の際、諮問に対してその祥瑞たることを史籍により答えたりした。斉明天皇六年（六六〇）百済が新羅と唐により滅ぼされると、残民勢力は復興のため、同年十月・七年四月日本に使を遣わして救援とともに豊璋の送還と国王への即位を求めた。同年九月豊璋は長津宮で織冠を授かり、多蒋敷の妹を妻として、狭井檳榔らの護衛軍に送られて百済の地に還った。天智天皇元年（六六二）五月遺臣鬼室福信らに擁立され、正式に即位した。しかし十二月以後、州柔（周留）から避城への移都を強行して失敗したため、福信・檳榔らとの間に不和を生じた。二年六月福信の謀反を疑って斬殺。これを機に、八月新羅・唐の軍は州柔城を攻め、日本の救援軍を白村江に破ったので、豊璋は高句麗に逃れて、行方不明となった。『万葉集』に歌を残す軍王を豊璋のこととする説がある。

参考文献　西本昌弘「豊璋と翹岐」（『ヒストリア』一〇七）、同「豊璋再論」（『日本歴史』六九六）、鈴木英夫「大化改新直前の倭国と百済」（『続日本紀研究』二七二）、宋浣範「七世紀の倭国と百済」（『日本歴史』六八六）、胡口靖夫「百済豊璋王について」（『国学院雑誌』八〇ノ四）、鈴木靖民「皇極紀朝鮮関係記事の基礎的研究」（『国史学』八二・八三）、山尾幸久「大化改新直前の政治過程について」（『日本史論叢』一・二）　（鈴木　靖民）

ほうじょう　法定　生没年不詳　七世紀初め来日した高句麗僧。『日本書紀』推古天皇十八年（六一〇）三月条によると、高句麗嬰陽王が、曇徴《どんちょう》とともに貢上した僧。普通、南北朝より初唐に至るころの僧は、外典《げてん》にくわしかったといわれているが、法定もまた、例外ではなかったのであろう。　（佐久間　竜）

ほうじょうあきとき　北条顕時　⇨金沢顕時《かねざわあきとき》

ほうじょううじかつ　北条氏勝　一五五九―一六一一　安土桃山時代の武将。相模国玉縄城主。左衛門大夫。また江戸時代初期の下総国岩富藩主。父は氏繁でその次男。母は北条氏康の娘。永禄二年（一五五九）生まれる。兄氏《うじ》舜《きよ》のあとを継いで第六代の玉縄城主になっているが、天正十年（一五八二）五月に、左衛門大夫と呼ばれ足柄城（神奈川県南足柄市）の普請をしているから、城主就任はそれ以前とみてよい。同十二年ころは下野方面に出陣しているが、一方、印文未詳の方形朱印を用いるなどして城

北条氏勝花押

領の支配にあたっている。豊臣秀吉の小田原攻めの際には、山中城(静岡県三島市)の防備を固め、籠城して戦ったが、同十八年三月二十九日の落城とともに玉縄城に逃げ帰った。ついで四月二十一日には徳川家康の勧告をいれて降伏し開城している。家康の関東入国後、下総国岩富一万石の城主に取り立てられ、慶長五年(一六〇〇)の関ヶ原の戦では岡崎城などを守備した。同十六年三月二十四日岩富城で死去。ときに五十三歳。下総国印旛郡直弥村(千葉県佐倉市)の宝金剛寺に葬る。法名は上岳寺角翁良牛。

参考文献 『大日本史料』一二ノ七、慶長十六年三月二十四日条、佐藤博信編『(相州玉縄城主)玉縄北条氏文書集』 (佐脇 栄智)

ほうじょううじしげ 北条氏繁 一五三六―七八 戦国・安土桃山時代の武将。相模国玉縄城第四代城主。のち下総国飯沼城主。通称は善九郎、実名ははじめ康成、のちに氏繁。左衛門大夫、常陸守(正しくは介)。父は綱成、母は北条氏綱の娘。天文五年(一五三六)生まれる。十六歳を迎えた天文二十年、北条氏康に従って上野・下野方面に出陣しているのが初陣であろう。永禄元年(一五五八)には父とともに常陸・下野方面に出陣したが、同四年の長尾景虎(のちの上杉輝虎(謙信))来襲時には、綱成が下総国有吉城に出陣したため玉縄城を守備した。元亀二年(一五七一)十月三日の北条氏康死去を契機に、康成から氏繁へと改名し、同時に家督を継いで四代目城主の座についたが、それは同三年正月のことであろう。天正五年(一五七七)半ばに家督を嫡子氏舜《うじきよ》に譲ったとみられ、飯沼(逆井)城に移っている。隠居後は常陸守を称したが、同六年六月十三日に同城で死去。四十三歳。法名は竜宝寺大応栄公。墓ははじめ神奈川県鎌倉市植木の竜宝寺にあったが、のち静岡県袋井市国本の上岳寺に移されたとの伝えがある。なお、印文「顛趾利出否《てんしりすいひ》」の長方形朱印を使用したほか、印文未詳の丸形印も用いたという。

参考文献 佐藤博信編『(相州玉縄城主)玉縄北条氏文書集』、太田晶二郎「口絵「大鋸引森文書」解説」(『日本歴史』二七〇) (佐脇 栄智)

北条氏繁花押

「顛趾利出否」北条氏繁印

ほうじょううじつな 北条氏綱 一四八七―一五四一 戦国時代の武将。相模国小田原城主。通称は新九郎、はじめは伊勢を称し、のち北条に改める。従五位下左京大夫。長享元年(一四八七)に生まれる。父は北条早雲(伊勢宗瑞)、母は小笠原備前守の女という。永正十五年(一五一八)、三十二歳のときに早雲から家督を譲られたとみられ(一説では二月八日)、虎の印判・調の印判を使用し始めて新しい支配体制を整え、その二年後の十七年には小田原周辺や鎌倉などで代替り検地を実施した。大永元年(一五二一)、父の遺言を守り箱根湯本(神奈川県足柄下郡箱根町湯本)に早雲寺を創建したと伝え、また同四年正月、江戸城の扇谷上杉朝興を攻めて朝興を河越城(埼玉県川越市郭町)へ敗走させ、武蔵への進出とその制覇を開始した。氏綱はこの江戸城奪取の前年に朝興との抗争の中で、朝興の「他国の凶徒」論理に対抗して、氏を伊勢から北条に改めている。その時期は三年六月から同年九月までの間に行われ、また鎌倉幕府の執権北条氏に因む改姓は相武支配とその統治の正当性を主張するためとみられる。氏綱は北条改姓に引き続いて叙爵し、従五位下左京大夫に叙任された。天文元年(一五三二)、鎌倉の鶴岡八幡宮の造営に着手するが、このころ関白近衛稙家の姉(尚通の女)を後添として迎えている。同六年の初めには駿河へ出陣して今川義元と戦った、いわゆる河東一乱があり、同年七月には河越城などを攻略して武蔵をほぼ征服した。その翌七年十月の第一次国府台《こうのだい》(千葉県市川市)の戦では、生実《おゆみ》御所足利義明を討ち取り、里見義堯を安房へ敗走させている。このころの氏綱の勢力範囲は、駿河半国(富士川以東)・伊豆・相模・武蔵・上総・下総に及んだと伝える。同八年、氏綱の女が古河公方足利晴氏に嫁ぎ、北条家と公方家の関係はさらに深められた。鶴岡八幡宮の造営は九年に完成し、盛大な落慶式を行なったが、この造営の成功は北条氏の偉大さを内外に誇示したものとみられる。氏綱は、父早雲のあとをうけて戦国大名北条氏の成長を図った人物であったが、一方、岳父となった近衛尚通とは大永年代から交渉をもち、同二年には尚通から氏綱に「酒天童子絵詞」が贈ら

北条氏綱画像

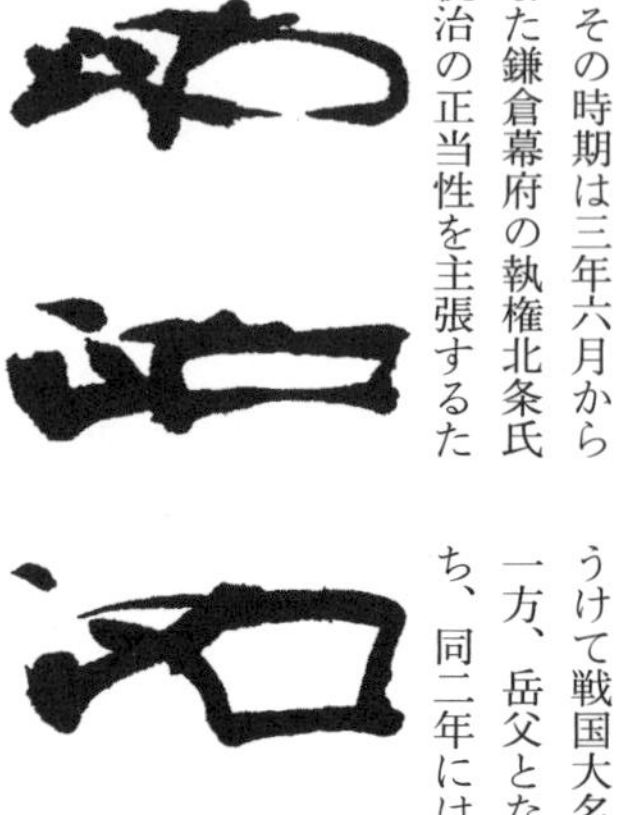

北条氏綱花押

「郡」北条氏綱印

れ、天文元年には尚通が氏綱の要請をいれて、鶴岡八幡宮造営のための奈良番匠らの下向を許している。また翌天文二年、後奈良天皇は勅使を小田原に遣わし、伊豆の御料所の貢租献上を氏綱に命じたが、この下向について三条西実隆は、「未曾有の事」とその日記に記している。氏綱は、天文十年の夏ごろから病にかかったと伝え、その五月二十一日には五ヵ条から成る家訓を氏康に書き置いている。そして七月四日に出家し、その十九日(一説では十七日)に没した。五十五歳。法名は春松院殿快翁宗活大居士、早雲寺に葬る。

参考文献 『快元僧都記』(『神道大系』二〇)、『今川為和集』(『私家集大成』七上)、『後法成寺関白記』、『神奈川県史』通史編一、佐脇栄智「北条氏綱と北条改姓」(小川信先生の古稀記念論集を刊行する会編『日本中世政治社会の研究』所収)、田辺久子・百瀬今朝雄「小田原北条氏花押考」(『戦国大名論集』八所収)

(佐脇 栄智)

ほうじょううじてる 北条氏照 ?—一五九〇 戦国・安土桃山時代の武将。武蔵国滝山(のち八王子)城主。通称は源三、陸奥守。父は氏康でその三男、母は今川氏親の娘(瑞渓院)。天文九年(一五四〇)から同十一年の生まれとされる。天文末ごろ滝山城主大石定久のあとを継ぎ、大石を称したこともあるが、北条を称している場合が多い。永禄二年(一五五九)ごろ滝山城に入ったとみられ、同二年から印文「如意成就」の方形朱印を使用しその領域の支配と経営を始める。同十一年には下総国栗橋城を接収し古河公方の反北条勢力に対抗したが、翌十二年成立の相越同盟交渉にも活躍する。同年の武田晴信(信玄)

北条氏照花押

「如意成就」

北条氏照印

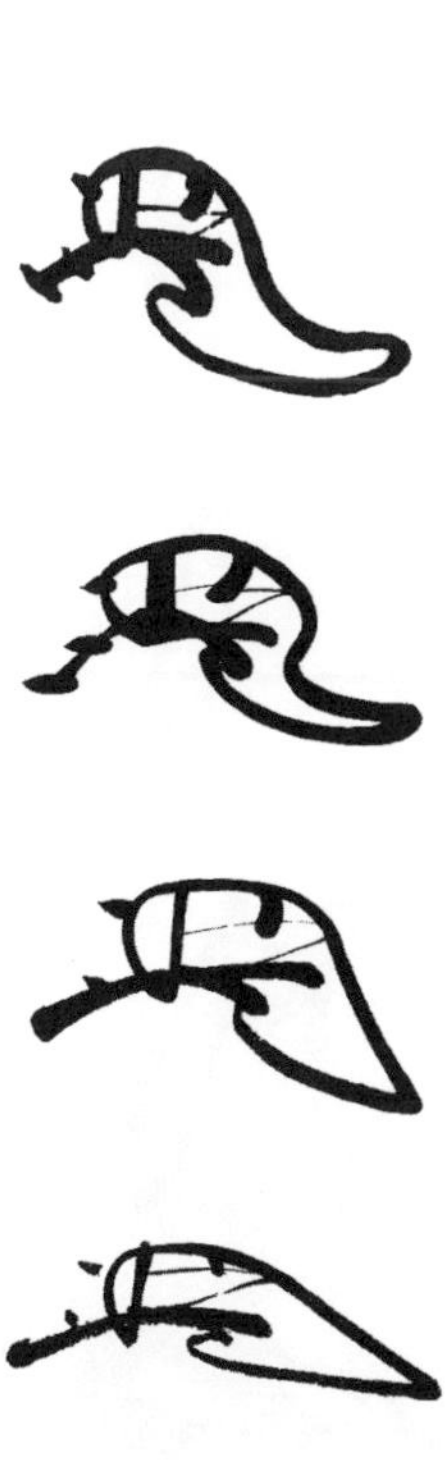

北条氏直花押

小田原攻城の際、滝山城を攻撃され、また三増峠の追撃戦では敗北した。元亀の末年ころ印文未詳の方形朱印に改め、また家臣の編成替えをしたとみられる。天正三年(一五七五)に下野国の小山氏を駆逐し、以来、栗橋城を拠点に北武蔵から下総北部・下野南部に支配領域を形成する。同七年から織田信長と接触し外交面でも活躍。同十年の本能寺の変後、弟氏邦と上野国ついで信濃国小県・佐久地域に進入して占領する。同年末の足利義氏没後は古河公方領を支配している。同十六年には防備を固めた八王子城に移る。十八年の小田原征伐では、八王子・栗橋・小山・榎本などの諸城を家臣に守らせ、みずからは小田原に籠城して戦った。降伏後は豊臣秀吉から切腹を命じられ、七月十一日に兄氏政とともに自刃した。法名は青霄院殿透岳宗関。

参考文献 下山治久編『(武州滝山・八王子城主)北条氏照文書集』

(佐脇 栄智)

ほうじょううじなお 北条氏直 一五六二—九一 安土桃山時代の武将。相模国小田原城主。幼名は国王丸。通称は新九郎。従五位下、左京大夫。斎号は見性斎。父は氏政でその次男、母は武田晴信(信玄)の娘(黄梅院)。永禄五年(一五六二)の誕生。同十二年五月に今川氏真の養子となり駿河国を譲られる。十六歳を迎えた天正五年(一五七七)五月、梶原政景を常陸国小田城に攻めたときが初陣。武田勝頼と駿河国黄瀬川で対陣中の同八年八月十九日、父氏政から家督を継ぎ、第五代当主となる。翌九年には代替り検地の替りに段銭の増徴を行う。十年六月の本能寺の変の直後、織田信長の部将で上野国厩橋《まやばし》城にいた関東管領滝川一益を攻め破り、一益を関東から駆逐。さらに信濃国小県・佐久地方を平定して甲斐国に進出し、武田氏の旧領支配をめぐり徳川家康と争い、若神子《わかみこ》(山梨県北杜市須玉町)で対陣した。同年十月に至り、上野国の領有と家康の娘督姫との婚姻を条件に講和を結ぶ。翌十一年八月督姫と結婚。その後天下統一をめざす豊臣秀吉の来攻に備えるため、諸城の修築や軍備の増強など臨戦体制の確立に奔走した。秀吉の上洛催促に対しては同十六年に叔父氏規を派遣したにとどまり、また翌十七年には上野国名胡桃《なぐるみ》城を奪う事件を起して秀吉の小田原攻めを招いた。十八年四月以来三ヵ月にわたり秀吉軍の小田原城攻囲を支えたが、七月五日に降伏し開城した。秀吉から氏直の高野山への追放と氏政らの切腹を命じられたが、氏直は七月十七日に印文未詳の朱印を用いて家臣の忠節を賞し主従の関係を解き、その一行は二十一日に小田原をたち高野山に向かった。翌十九年二月秀吉から赦免されて一万石を与えられ、のち大坂に移ったが、十一月四日に死去。三十歳。法名は松巌院太円宗徹。墓は神奈川県足柄下郡箱根町湯本の早雲寺

北条氏直画像（土佐光起筆）

にある。氏直の死により北条嫡流は断絶したが、氏規の子氏盛があとを継いでいる。

参考文献 『神奈川県史』通史編一　（佐脇　栄智）

ほうじょううじまさ　北条氏政　一五三八—一五九〇　戦国時代の武将。相模国小田原城主。北条家第四代目当主。通称は新九郎。左京大夫。隠居後は相模守、また截流斎と号した。父は北条氏康、母は今川氏親の娘（瑞渓院）。天文七年（一五三八）の生まれで、相甲駿の三国同盟成立後の同二十三年十二月、武田晴信の娘（黄梅院）を正室として迎えた。永禄二年（一五五九）十二月に父氏康から家督を譲られたとみられるが、その当時の関東は天候の不順による飢饉と疫病の流行に見舞われていたため、翌三年の二月から三月にかけて徳政を実施してこれに対処している。また同年六月には、代物法度《だいもつはっと》を改定して精銭と地悪銭の法定混合比率を確立し（百文中、精銭七十文、地悪銭三十文）、これを諸商売の取引にも適用させた。同四年三月には長尾景虎（のちの上杉輝虎、謙信）の小田原攻城を退けたが、この景虎の来襲を契機に領国内で禁止していた一向宗（浄土真宗）の布教を解除する宗教政策の変更を行なっている。同七年正月、里見義弘の軍と下総の国府台《こうのだい》で戦い勝利を収め（第二次国府台の戦）、同年七月には太田氏資の内応とともに、その父資正の岩槻城を攻略して武蔵をほぼ平定した。同九年関東管領上杉輝虎が推戴していた足利藤氏を幽閉先の伊豆で殺したが、このころから翌十年にかけては上野の由良氏・北条《きたじょう》氏、下野の佐野氏、下総の簗田氏らが輝虎を離れて服属し、北関東でも優位に立った。同十年八月今川氏真とともに甲斐への塩の輸送を停止する経済封鎖を行なったが、

「有效」
北条氏政印

翌十一年十二月に晴信が駿河へ侵攻すると、氏政は同国薩埵山に出陣し武田軍と戦い、遠江の懸川へも援軍を派遣した。この事件によって宿敵上杉氏との講和交渉が促進され、同十二年閏五月に至って相越同盟が成立した。そのため氏政の室（晴信の娘）は甲斐へ送り帰されたが、晴信は九月上旬に上野から武蔵に侵入、十月一日には小田原城を総攻撃し、同月六日には三増《みませ》合戦が行われた。元亀二年（一五七一）十月三日父氏康の死により、氏政は名実ともに当主の座に着いたが、間もなく晴信との講和交渉を始め、同年十二月に相甲同盟が成立し相越同盟は破綻した。翌三年正月には軍役を改定して軍事力の強化を図っている。天正五年（一五七七）正月その妹（尾崎殿）を武田勝頼に嫁がせて反織田信長の立場を示したが、翌六年に輝虎没後の上杉家継嗣紛争が起きると、間もなく相甲同盟は破れた。翌七年九月に徳川家康と和睦して勝頼を挟撃することを約し、勝頼と駿河の黄瀬川で対陣したが、勝頼と上杉景勝に対抗するため信長にも接近している。八年八月に再び勝頼と黄瀬川で対峙したが、同月十九日に陣中で家督を氏直に譲り当主の座から退いた。ときに氏政は四十三歳、氏直は十九歳。氏政の引退は親織田、武田撃滅の具現とみられる。隠居後の氏政は、岳父晴信の花押に似通う花押を改め、父祖の型に似る花押

北条氏政花押

北条氏政画像(土佐光起筆)

を用い始める。同時に「御隠居様」などと敬称され、また「有効」の印判を用いて氏直の政務を助け、その後見となった。その後、天下統一を進める豊臣秀吉の上洛要求にもついに応じなかったが、十六年八月の弟氏規の上洛前後から、表面上は氏直の後見の座から退いている。小田原征伐に際しては、最終的に籠城説を決断したといわれる。降伏後、秀吉から切腹を命じられ、十八年七月十一日の晩に小田原城下の医師田村安栖の屋敷で弟氏照とともに自刃した。五十三歳。法名は慈雲院殿勝巌宗傑大居士。墓所は神奈川県足柄下郡箱根町湯本の早雲寺。

参考文献 『神奈川県史』通史編一、佐脇栄智『後北条氏の基礎研究』 (佐脇 栄智)

北条氏盛花押

ほうじょううじもり　北条氏盛　一五七七—一六〇八　安土桃山・江戸時代前期の武将。河内国狭山藩の初代藩主。天正五年(一五七七)生まれる。父は伊豆韮山城主だった北条氏規で、仮名の助五郎と受領名の美濃守を世襲している。母は北条綱成の女。天正十八年の豊臣秀吉による小田原攻めのとき、父氏規が徳川家康と親交があったことから、小田原開城後は家康に召し出され、翌十九年の九戸政実の乱には、家康に従って陸奥岩手沢まで進んでいる。同年十一月五日、秀吉より下野国足利において北条氏直の遺領の一部、四千石を充行われ、これ以後、秀吉に属すことになり、文禄元年(一五九二)、文禄の役にあたっては、氏規とともに肥前国名護屋城に駐屯した。慶長五年(一六〇〇)、氏規の死により、その遺領七千石(実際は六千九百八十石)を相続し、さきの四千石と合わせ、一万一千石を領することになった。秀吉死後は家康につき、慶長五年の会津討伐のときには家康に従って下野国小山まで下り、また、関ヶ原の戦でも、東軍に属して西尾吉次のもとで働き、本領を安堵されている。同十三年五月十八日に没し、大坂の専念寺に葬られた。三十二歳。

参考文献 『大日本史料』一二ノ五、慶長十三年五月十八日条、『寛政重修諸家譜』五〇六 (小和田哲男)

ほうじょううじやす　北条氏康　一五一五—七一　戦国時代の武将。相模国小田原城主。通称は新九郎。従五位下左京大夫。隠居後は相模守、また御本城様・本城などと敬称され、太清軒と号した。永正十二年(一五一五)に生まれる。父は北条氏綱、母は養珠院宗栄とみられる。享禄三年(一五三〇)に上杉朝興の軍を破った小沢原(神奈川県川崎市多摩区)の戦が氏康の初陣。天文六年(一五三七)七月、北条氏が扇谷上杉氏の本拠となっていた河越城(埼玉県川越市郭町)を奪取したころから、氏康は北条家の家督を相承すべき一人として、父氏綱とともに政務に関与し始め、同十年七月の氏綱死没前後に家督を継ぎ、第三代当主の座についた。ときに二十七歳。その翌十一年と翌々十二年にかけて、相模の中央部、武蔵の東南部および南部、伊豆の韮山付近などで代替り検地を実施したが、同時に、新当主として、祖父早雲・父氏綱が承認していた公事の免除などを、先例に任せて安堵している。同十四年になると、河東一乱以来今川義元との間で小康を保っていた駿河の富士川以東の地域をめぐる紛争が再燃し、関東管領上杉憲政らが義元と結んだため、氏康は重大な危機に立たされた。しかし武田晴信の斡旋により、氏康と義元・憲政の間に講和が成立した。その結果、氏康は富士川以東の駿河を失うことになる。翌十五年四月、氏康は北条綱成らが守備する河越城の救援に向かい、その二十日に憲政らを撃って大勝した。この河越の夜討といわれる戦で、上杉朝定らは戦死し、憲政は上野の平井城(群馬県藤岡市西平井)に敗走し、足利晴氏は古河(茨城県古河市)に帰った。朝定らの敗死によって扇谷上杉氏は滅亡する。この河越の戦以後に、大石氏・藤田氏など北武蔵の武将らが氏康に服属することになる。十九年四月、税制を改革して領国経営の基礎を固めた。この改革では、諸点役と呼ばれた税を整理統合して税率六%の懸銭を創設したほか、棟別銭を一間当たり五十文

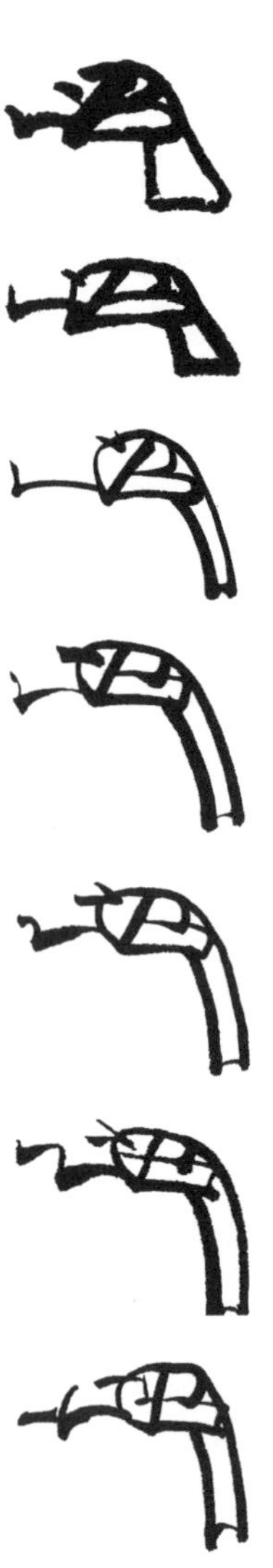

北条氏康花押

「武栄」

「厳」

「機」

北条氏康印

から三十五文に減額し、また段銭の税率も八%にされたとみられるなど、税目の整理と税率の改正を行なっている。翌二十年、上杉憲政を上野の平井城に攻め、厩橋城(群馬県前橋市大手町)から白井城(群馬県北群馬郡子持村)へと追い詰め、二十一年正月ついに憲政を越後の守護代長尾景虎(のちの上杉輝虎、謙信)のもとへ走らせた。また二十一年十二月、古河公方足利晴氏に対し、その子義氏(母は氏綱の女、芳春院)に家督を譲らせている。こうした関東の経略が一段落し、二十三年二月に氏康が駿河へ軍を進めると、義元の軍師であった太原崇孚(雪斎)らの斡旋があり、氏康・義元・晴信の三大名が瀬古(静岡県富士市)の善徳寺で会見し、それぞれの子女の婚姻を条件に講和したとする「善徳寺の会盟」が行われたと伝えている。この会盟の有無は現在なお確認されないものの、氏康の駿河進軍を契機として三国同盟が締結されていることは事実である。氏康の駿河進攻は、天文十四年に割譲を余儀なくされた富士川以東の駿河を奪回するためとみられ、その結果は相甲駿の三国同盟が成立し、氏康は関東、義元は三河、晴信は北信濃の経略にあたることになる。またこの二十三年十一月には、足利晴氏・藤氏父子を捕えて相模の波多野(神奈川県秦野市)に幽閉し、義氏に家督を安堵させるとともに、義氏を北条氏の直轄領域であった鎌倉の葛西ヶ谷《かさいがやつ》(神奈川県鎌倉市小町)に置いている。翌弘治元年(一五五五)、北武蔵の河越周辺でかなり大規模な検地を実施したが、この年にはまた段銭の増徴、正木棟別銭の創設賦課といった税制の調整を行なっている。北条氏の伝馬手形に押された伝馬専用印判(印文「常調」)は、永禄元年(一五五八)に初見されるから、この時期に北条氏の伝馬制が確立されたものと推測される。翌二年二月、氏康は太田豊後守ら三名に命じて、家臣らに対する普請役賦課の状況を主として調査させ、その基本台帳としての『小田原衆所領役帳』を作成させたが、その年の十二月に、家督を氏政に譲り、隠居した可能性が強い。ときに氏康は四十五歳、氏政は二十二歳。この代替り前後に、小田原城を本城とする支城制がほぼ固められたものとみられる。この二年にはまた、代物法度《だいもつはっと》を制定して、精銭(善銭)と地悪銭(中銭ともいう)の法定混合比率を百文中、精銭七十五文・地悪銭二十五文と規定する貨幣対策を実施したが、翌三年にはこの代物法度を改定して、精銭七十文・地悪銭三十文とし、北条氏における精銭と地悪銭の法定混合比率を確立している。氏康は隠居後もなお小田原城内の本城にいたので、御本城様などと呼ばれ、氏政の後見としてその政務を助けた。同四年三月、長尾景虎の小田原来攻を退けたが、七、八年ころからは将軍足利義輝らによって、北条・上杉両氏の講和が進められたこともあり、また対武田氏戦略などから、十二年閏五月に相越同盟が成立している。この同盟は、氏康の主導で行われた。これより前の九年から、氏康は印文「武栄」の印判と、印文「厳」の印判(当主が用いた「調」印判の類)を使用していた。氏康は元亀元年(一五七〇)の七、八月ごろから、中風を病んだらしく、これ以後は文書に花押を据えることなく、その代用として印文「機」の鼎形印判を用いているが、発病後一年余り経た同二年十月三日に没した。ときに五十七歳。法名は大聖寺殿東陽宗岱大居士。墓は神奈川県足柄下郡箱根町湯本の早雲寺にある。戦国大名北条氏の始祖となった早雲は、巧みな外交手腕によって領国を拡大するとともに、検地の実施、新基準の貫高制の採用など、土地制度の改革を推進し、戦国大名としての基礎を築いた。二代氏綱は、虎の印判などを使用し始め、それまでの郡代・代官まかせの支配から、領国民を直接把握するという新しい領国支配体制を整え、また武蔵への進出、北条改姓ののちに叙爵されて、確固とした戦国大名に成長している。そして三代氏康は、広範囲に検地を実施し、その結果を基礎に税制の改革を行い、また公定枡(榛原《はいばら》枡)の設定、貨幣制度の確立、伝馬制の確立など諸制度の整備を成し遂げている。さらに小田原城を本城とする支城制の確立などが挙げられ、氏康の時代に至って、北条領国は形成されているといえよう。税制改革実施の翌天文二十年から、虎の印判状が増大していることについては、民政充実の表れとみられている。四代氏政以降は、天下統一をめざした

北条氏康画像

織田信長・豊臣秀吉・徳川家康らと交渉をもつようになって、五代氏直のとき秀吉により滅ぼされた。

参考文献　『上杉家文書』一、『大日本史料』一〇ノ七、元亀二年十月三日条、『神奈川県史』通史編一、相田二郎「北条氏の印判に関する研究」(『相田二郎著作集』二所収)、佐脇栄智「後北条氏の検地」(『後北条氏の基礎研究』所収)、田辺久子・百瀬今朝雄「小田原北条氏花押考」(『戦国大名論集』八所収)

(佐脇　栄智)

ほうじょうかねとき　北条兼時　一二六四―九五　鎌倉時代後期の六波羅探題、鎮西惣奉行。文永元年(一二六四)生まれる。北条時宗の弟宗頼の子、得宗時頼の孫。相模七郎と称し、初名を時業といった。『六波羅守護次第』は従兄弟で七歳下の得宗貞時の猶子と記している。弘安三年(一二八〇)六月、父宗頼のあとをうけて長門守護となる。在任一年有余で同職を去り弘安四年閏七月には播磨守護名代になっている。翌五年十一月従五位下修理亮。さらに摂津守護名代となり、同七年十二月六波羅南方となり、同十年九月同北方に移り、摂津・播磨の守護を兼ねている。正応元年(一二八八)三月越後守に任じ、翌年六月従五位上に叙せられた。永仁元年(一二九三)正月六波羅探題を辞して鎌倉に帰り、同年三月異国警固のため鎮西に赴いた。翌四月同じく鎮西に赴いた北条(名越)時家とともに、対モンゴルの緊張の高まりの中で、強力な軍事指揮権、所務・検断の聴訴・審理権などをもち、寺社興行を進め鎌倉幕府―北条氏の鎮西支配を支え、鎮西惣奉行所と呼ばれた。時家とともに両者を初代の鎮西探題とする意見もある。永仁三年四月鎌倉に帰って、評定衆となり、同年九月十八日(十九日ともいう)死去。三十二歳。

北条兼時花押

参考文献　網野善彦「「関東公方御教書」について」(『日本古文書学論集』五所収)、川添昭二「鎮西惣奉行所―北条兼時・時家の鎮西下向―」(『金沢文庫研究』二〇〇)、友成和弘「鎌倉時代における鎮西統治機関についての一考察」(同二七五)、石井清文「北条貞時政権期に於ける評定の様相」(『政治経済史学』一二一)、村井章介『アジアのなかの中世日本』

(川添　昭二)

ほうじょうこれさだ　北条維貞　⇨大仏維貞《おさらぎこれさだ》

ほうじょうさだあき　北条貞顕　⇨金沢貞顕《かねざわさだあき》

ほうじょうさだとき　北条貞時　一二七一―一三一一　鎌倉時代後期の執権。幼名幸寿。執権時宗を父とし文永八年(一二七一)誕生、母は安達義景の女(泰盛の女ともする)。室は安達泰宗の女(大方殿)。弘安七年(一二八四)父の没後十四歳の若年で執権となる。翌年相模守となり左馬権頭兼任。連署は業時であったが、当時の実力者は評定衆で外戚の泰盛と、得宗(北条氏家督)被官の上首平頼綱であり、前者は外様御家人の、後者は御内人(北条氏家人)の支持を得て対立関係にあった。弘安八年十一月、機先を制した頼綱は貞時を奉じて泰盛を討ち、その与党を粛清した。弘安霜月騒動である。以後数年頼綱の専権時代がつづく。しかし永仁元年(一二九三)四月、すでに二十三歳になっていた貞時は命を下して頼綱らを誅し(平禅門の乱)みずから政治の実権を掌握、霜月騒動で処分された金沢顕時らを復帰させ、北条一門をはじめ御内人・外様御家人の統制につとめ、自身を頂点とする強力な支配体制をうちたてようとした。まず同年十月、これまでの引付を止め、従来の引付頭人にかえて執奏をおき、すべて貞時が聴断する形に変更、二年後には旧に復し五方引付をおいたものの得宗の権限は前より一段と強化された。また評定衆の会議にかわって秘事・重事はもっぱら得宗および特定少数の北条氏一門・御内人らからなる寄合衆の会議で決するようになる。もちろん御家人救済にもつとめ、蒙古合戦の恩賞地配分にも不十分ながら努力を重ね、はじめ御家人で所領を知行しない者でも祖父母が下文を帯していれば御家人として安堵するといっていたのを、さらに一代延長して曾祖父が下文を帯していれば御家人として安堵するよう範囲を拡大したりしている。永仁五年の徳政令では御家人中心の保護政策を露骨に打ち出し、質入売買地について、二十年以内であれば無償で本主に返却させ、非御家人凡下が相手であれば二十年経過のものでも取り戻すことができるとした。しかし一方では越訴を禁止するなど御家人統制の強化につとめていることも見逃せない。正安三年(一三〇一)八月二十三日、三十一歳で出家隠退、執権は聟の師時、連署は宣時より時村に交代した。しかし間もなく得宗として政務に復帰、嘉元元年(一三〇三)嗣子高時誕生。同三年一門内の抗争で連署時村が殺害され、敵手の宗方も誅滅される事件あり。延慶元年(一三〇八)将軍は久明親王より守邦親王に交代。このころの政治の矛盾については『平政連諫草』によりうかがえる。応長元年(一三一一)九月、執権師時没し宗宣に交代。連署は聟熙時。同年十月二十六日、四十一歳で病没。高時九歳で跡をつぐ。法名最勝園寺殿崇演。墓所は円覚寺仏日庵。生前仏寺の保護につとめた。元亨三年(一三二三)の円覚寺における十三年忌は盛儀をきわめた。

北条貞時花押

参考文献　竜粛『鎌倉時代の研究』、奥富敬之『鎌倉北条氏の基礎的研究』、佐藤進一「鎌倉幕府政治の専制化について」(竹内理三編『日本封建制成立の研究』所収)　(五味　克夫)

ほうじょうさねとき　北条実時　⇩金沢実時《かねざわさねとき》

ほうじょうさねまさ　北条実政　⇩金沢実政《かねざわさねまさ》

ほうじょうしげとき　北条重時　一一九八―一二六一　鎌倉時代の連署・六波羅探題。執権北条義時の三男。兄に泰時、(名越)朝時、弟に政村、(金沢)実泰らがいる。母は比企藤内朝宗の娘。平時親の娘などとの間に、為時・長時・時茂・義政・業時の五子がある。建久九年(一一九八)六月六日出生。承久元年(一二一九)小侍所が設置されるとその別当となり、将軍側近として近侍した。承久二年修理権亮、貞応二年(一二二三)駿河守、従五位下に叙せられる。寛喜二年(一二三〇)には上京、時氏に代わって六波羅探題となり、以後十八年間在任し、西国御家人の統轄にあたった。その間、嘉禎三年(一二三七)相模守となり、位階も漸次昇進し、寛元二年(一二四四)には従四位上となる。『御成敗式目』制定(貞永元年(一二三二))にあたり、その主旨を述べた重時宛の泰時仮名消息は著名である。宝治元年(一二四七)、三浦氏の滅亡した宝治合戦の後、執権北条時頼の招きにより鎌倉に戻り、幕府の連署に就任し、女婿の時頼とともに幕政の中心にあった。その間信濃・若狭・和泉・讃岐の守護をつとめ、特に信濃守護は長く在任した。建長元年(一二四九)に陸奥守になったのち、康元元年(一二五六)連署を辞して、覚念上人を戒師として出家した。法名は観覚という。その後、藤沢から移建した極楽寺の山荘にあったが、弘長元年(一二六一)六月発病し、十一月三日、六十四歳で没した。極楽寺殿と称される。藤原定家と親好があり、歌人としてもしられる。『新勅撰和歌集』『続後撰和歌集』『続古今和歌集』『続拾遺和歌集』『玉葉和歌集』『千載和歌集』など多くの勅撰和歌集に和歌を残す。さらに、伝存する最古の武家家訓である『六波羅殿御家訓』、『極楽寺殿御消息』(『北条重時家訓』)の作者としてもしられる。

北条重時花押

(伝)北条重時墓

参考文献　桃裕行『北条重時の家訓』(『桃裕行著作集』二)　(綾村　宏)

ほうじょうせいし　北条政子　⇩ほうじょうまさこ

ほうじょうそううん　北条早雲　一四三二―一五一九　戦国時代の武将。小田原北条氏の初代。早雲は庵号で、また北条を称したことはなく、一般に言い古されているこの呼称は、俗称というほかない。正しくは、伊勢を氏とし、新九郎を通称としている。入道してからは、「早雲庵宗瑞」あるいは「宗瑞」とみずから記している。実名は長氏とされ、また氏茂などを伝えているが、いずれも確証はなく不明である。永正十六年(一五一九)に八十八歳で没したと伝えているから、逆算すると永享四年(一四三二)の生まれとなる。その出自については、諸説紛紛としているが、㈠田中義成に代表される伊勢国の関氏一族出身説、㈡京都の伊勢氏出身説(渡辺世祐らが支持)、㈢備中国の伊勢氏説(藤井駿提唱)、の三説が主要なものである。『北条五代記』『北条盛衰記』などに記している山城国宇治・大和国在原は、住国について述べているにすぎない。現在では、㈠の関氏一族出身説は、その証拠とされた宗瑞自身の書状の解釈の相違から否定的となり、また㈢説と㈡説の折衷説が小和田哲男によって提出されている。㈡の京都の伊勢氏出身説は、杉山博・奥野高広・今谷明らにより補強されて定説化しつつある。しかしその父母を確定するまでには至っていない。早雲が明確に歴史上に登場するのは、文明八年(一四七六)のことである。この年二月、駿河の守護今川義忠は塩買坂《しおがいざか》(静岡県菊川市小笠町大字高橋)で戦没したが、家督相続をめぐる今川家の内紛に、早雲は竜王丸(氏親)支持の側に立って、小鹿範満支援のため扇谷上杉定正から派遣されてきた太田道灌と出会い、この両者が中心となって調停を成功させ内紛を一応収拾したときである。この年、早雲・道灌ともに四十五歳であった。早雲の駿河下向の年次については、長禄元年(一四五七)説など四説ほどあるが、文明元年説が最も可能性が高く、また今川義忠の室となっていた妹(北川殿)をたよって駿河に来て、石脇城(静岡県焼津市)を居城としていたと推測される。文明十年代に上洛し、その十四年から十七年に至る四年間のある時期に、京都紫野の大徳寺で春浦宗熙に従い禅修行を積んでいる。幕府に出入りしたのもこの時期とされる。範満の支援者であった道灌が謀殺された翌長享元年(一四八七)、早雲は範満を駿府の館に攻めて自害させ、竜王丸を駿府に移して名実ともに今川家の家督とした。この功績により、駿河の富士下方十二郷を与えられ、興国寺城(静岡県沼津市根古屋)城主となる。延徳三年(一四九一)堀越御所足利政知没後の紛糾した伊豆国に攻め入り、政知の子茶々丸を討って平定し、韮山(静岡県伊豆の国市韮山町)に城を築いて居城とし、伊豆の経営にあたった。早雲の伊豆進攻の年次については、明応二年(一四九三)説もある。同四年九月、相模の小田原城(神奈川県小田原市城山)を攻め、大森藤頼を追ってこれを奪い、関東進出の第一歩を印した。小田原城攻略に関し

北条早雲花押

北条早雲画像

ては、早雲が藤頼に故意に接近し、ついに鹿狩りを口実として急襲したように伝えているのは事実でなかろう。その背景には、扇谷上杉定正没後の関東情勢の変化が大きく関係していたとみるべきであろう。早雲の伊豆・相模への進出は、抗争する定正と山内上杉顕定を利用しての行動とみられるが、小田原城攻略の翌年、早雲は相模で顕定の大反撃をうけ、弟の弥次郎を失っている。永正元年九月、早雲は今川氏親とともに扇谷上杉朝良を援助して、顕定と武蔵の立川原(東京都立川市)で戦い大勝した。また同年、京都の医者陳定治を小田原に招いて透頂香の製造販売を行わせるなどして、城下の整備を図っている。同三年時点で、すでに検地の実施と新基準の貫高の採用が確認され、新しい領国支配体制の基礎固めを行なっている。同三年と同五年の二回にわたり、氏親の援軍として三河に出陣しているが、同七年ごろからは相模の征服を開始し、同九年八月には岡崎城(神奈川県平塚市・同伊勢原市)に三浦義同を攻めて、住吉城(神奈川県逗子市)に敗走させ、その十三日にはじめて鎌倉に入っている。早雲は「枯るる樹にまた花の木を植ゑそへてもとの都になしてこそみめ」と詠じたと伝え、荒廃した鎌倉の再興を誓っていることが知られる。

「纓」
北条早雲印

同じ九年に玉縄城(神奈川県鎌倉市)を築き、翌十年には義同の反撃を退け、さらに新井城(神奈川県三浦市)に追い込め、十三年七月、ついに義同・義意父子を討って三浦氏を滅亡させ、相模を征服した。十五年には家督を氏綱に譲ったとみられるが、翌十六年八月十五日に伊豆の韮山城で没。八十八歳。箱根湯本の早雲寺(神奈川県足柄下郡箱根町)に葬る。法名は、早雲寺殿天岳宗瑞。早雲は死没直前の十六年四月二十八日、箱根領別当勘忍分などの地を菊寿丸(長綱)に与えたが、その文書の紙背に、印文「纓」の黒印を継目印として用いている。家訓といわれるものに『早雲寺殿廿一箇条』があり、また家法として『伊勢宗瑞十七箇条』の存在が指摘されている。平生『太平記』を愛読していた一面をもち、また「針をも蔵に積むべきほどの人」という批評のとおり、倹約家でありながら経済思想のすぐれた人物であったといえる。

[参考文献]『大日本史料』九ノ九、永正十六年八月十五日条、田中義成『足利時代史』、渡辺世祐『室町時代史』、杉山博『北条早雲』、小和田哲男『後北条氏研究』、今谷明『言継卿記』(『日記・記録による日本歴史叢書』古代・中世編二三)、藤井駿「北条早雲と備中国荏原荘」(『吉備地方史の研究』所収)、奥野高広「伊勢宗瑞の素生」(『武蔵野』五七ノ二)

(佐脇　栄智)

北条高時花押

ほうじょうたかとき　北条高時　一三〇三―三三　鎌倉時代後期の執権。北条氏最後の得宗。嘉元元年(一三〇三)に生まれる。父は北条貞時、母は安達泰宗(安達時顕説あり)の女。相模太郎と号す。延慶二年(一三〇九)正月元服。応長元年(一三一一)六月、従五位下左馬権頭となったが、十月二十六日、父貞時の死により得宗九代となり服喪により官位返上、翌年二月復任、正和五年(一三一六)従五位上、但馬権守となる。同年七月十日、北条基時にかわって執権、文保元年(一三一七)正五位下相模守、三年に修理権大夫兼任。嘉暦元年(一三二六)出家し、執権職を金沢《かねざわ》貞顕に譲る。高時の執権就任以前より、幕府の実権は内管領長崎高綱と子の高資、母の父にあたるともいう安達時顕(秋田城介入道)の手にあり、十四歳で執権に就任した時、連署の金沢貞顕はその寄合出仕と評定始を「一門盛事」と喜んだ。それは幼時より病弱で「頗る亡気の体」(『保暦間記』)といわれてもいる高時に対する期待から出たことばでもあった。在職中、皇統をめぐるいわゆる「文保の御和談」の建議と挫折、奥州における安東氏の内訌と長崎氏の結託、そしてその征討など難題がつづく中、正中の変(正中元年(一三二四)九月)がおこり、大覚寺統の後醍醐天皇に譲位を要求する持明院統の工作は、盛んになった。これに対して譲位を阻止しようとする大覚寺統と、双方の鎌倉への使者が相ついで下向したことを『太平記』は、「競べ馬」といっている。その最中の嘉暦元年三月、高時は俄かに出家し、法名を日輪寺崇鑑と称し、あとを貞顕に譲った。元亨三年(一三二三)十月十九日、高時は父貞時の十三回忌法要を円覚寺で行なったが、その費用は四千貫を越える盛儀であったことが、『円覚寺文書』で知られる。一方、貞顕がその子貞将(六波羅探題)にあてたと思われる書状の一部には高時について「田楽の外他事なく候」と記され、また別のも

のには「連日御酒、当時何事もさたありぬとも不覚候」(『金沢文庫古文書』)とある。高時が田楽を好んだ話は、『太平記』にもみえるところである。元弘三年(一三三三)五月、隠岐の後醍醐天皇の密命をうけた新田義貞を主将とする討幕軍の鎌倉突入に際し、高時自身の戦闘の記録はないが、同年五月二十二日に葛西ヶ谷の東勝寺で、一門のもの八百七十余人とともに自刃した。三十一歳。鎌倉中で北条氏に殉じて落命したもの六千余人(『太平記』)とある。そして同年九月一日、建長寺で百ヵ日の法要が父貞時の十三回忌法要に比べると、ささやかに行われた(『建長寺文書』崇鑑大禅定門百ヶ日小疏)。神奈川県鎌倉市小町三丁目にある宝戒寺は、北条氏滅亡ののち、高時らの菩提を弔うために、後醍醐天皇によって開創された寺である。現在、鎌倉市小町には、「高時腹切やぐら」といわれる所がのこっている。

参考文献 『神奈川県史』、『鎌倉市史』、安田元久編『鎌倉将軍執権列伝』、奥富敬之『鎌倉北条氏の基礎的研究』

(福田以久生)

ほうじょうつななり　北条綱成　一五一五―八七　戦国・安土桃山時代の武将。相模国玉縄城第三代城主。左衛門大夫、隠居後は上総あるいは上総入道を称し、法名は道感。永正十二年(一五一五)生まれる。駿河今川氏の家臣福島正成の子で、正成戦没ののち北条氏綱に養われたといわれる(北条庶子の伝えもある)。天文十一年(一五四二)五月三日に二代玉縄城主北条為昌が若くして死去したため、その養子として同城主を継承、河越城主も兼ねた(河越城主はのち大道寺盛昌と交替)。同十五年に河越城で奮戦したほか、永禄七年(一五六四)の第二次国府台《こうのだい》の戦や同十二年の三増《みませ》合戦でも戦功をあげた。書状の懸紙にみずから五大力菩薩と記しているのがある。北条氏康没後のおそらく元亀三年(一五七二)正月に、その嫡子氏繁に家督を譲り後見となる。天正十五年(一五八七)五月六日に死去。ときに七十三歳という。法名は円竜院堂眩道感などを伝える。なお、弟に刑部少輔綱房、妹に松田盛秀の室がいる。

北条綱成花押

参考文献 佐藤博信編『(相州玉縄城主)玉縄北条氏文書集』、『神奈川県史』通史編一

(佐脇　栄智)

ほうじょうつねとき　北条経時　一二二四―四六　鎌倉時代中期の執権。時氏の長子、母は安達景盛女(松下禅尼)、幼名藻上御前。元仁元年(一二二四)生まれる。文暦元年(一二三四)三月、元服して弥五郎経時、なお弥四郎だったかも知れない。同年八月から嘉禎二年(一二三六)十二月まで小侍所別当。同三年二月左近将監、仁治二年(一二四一)八月従五位上、同三年六月十五日、祖父泰時の死後を承けて執権就任。寛元元年(一二四三)二月、評定衆を三番とし、番ごとに沙汰日を定めた。同六月正五位下。同七月、武蔵守大仏流北条朝直を遠江守に移して、武蔵守に就任。同二年四月二十八日、四代将軍藤原頼経を廃して、その子頼嗣を五代将軍に擁立、同七月、妹檜皮姫をその室に入れて、北条氏得宗家と将軍家との姻戚関係を復活。同三年五月病気になり、翌年三月二十三日、病気悪化と嗣子の幼弱とにより、執権職を弟時頼に譲って辞任。同四月十九日出家、法名月輪寺安楽。同閏四月一日死去。二十三歳。墓は鎌倉光明寺にある。

北条経時墓

北条経時花押

参考文献 『大日本史料』五ノ二〇、寛元四年閏四月一日条、奥富敬之『鎌倉北条氏の基礎的研究』、同『鎌倉北条一族』、同『時頼と時宗』、同『鎌倉北条氏の興亡』

(奥富　敬之)

ほうじょうときくに　北条時国　?―一二八四　鎌倉時代後期の六波羅探題。従五位下左近将監。相模式部大夫と称す。法名親縁。佐介流北条時員の子。建治元年(一二七五)十二月二十七日六波羅探題南方。同三年五月丹波守護。弘安七年(一二八四)六月二十日呼び返されて常陸国伊佐郡配流。同八月出家。直後出雲経廻の噂あり(『鰐淵寺文書』)。同十月三日(八月十三日とも)誅殺。同四月の時宗急死および同八月の北条時光佐渡配流との関連が推測される。

北条時国花押

参考文献 奥富敬之『鎌倉北条一族』、同『鎌倉北条氏の興亡』、北条氏研究会編『北条氏系譜人名辞典』、細川重男『鎌倉政権得宗専制論』

(奥富　敬之)

ほうじょうときさだ　北条時定　(一)一一四五―九三　平安・鎌倉時代前期の武将。久安元年(一一四五)生まれる。平六と称す。父は時兼。時政の甥。時定系を本来北条氏の惣領家であったとする説もある。治承四年(一一八〇)八月源頼朝の挙兵に参加。文治元年(一一八五)十一月源義経追討のため上洛する時政に従い、同二年三月二十七日時政鎌倉下向以降は、時政の眼代として義経追捕や洛中の警衛にあたる。このころ、すでに傔仗であった。同年五月十二日和泉国で源行家、翌十三日その子光家を、六月十六日大和国で義経の婿伊豆有綱を誅す。これらの

北条時定(二)画像

勲功を賞した頼朝の推挙によって七月十八日左兵衛尉に任ず。その後検非違使としてもみえる。九月十三日時政の地頭代として、最勝寺領越前国大蔵荘での押領を頼朝にとがめられた。その後伊賀国若林御園・河内国領などの押領も訴えられた。同五年四月十日賀茂臨時祭および御祈りの功により左衛門尉に任ず。建久元年(一一九〇)七月十八日辞退。同四年二月二十五日京都において四十九歳で没す。

[参考文献]『大日本史料』四ノ四、建久四年二月二十五日条、上横手雅敬「吾妻鏡文治三年九月十三日条をめぐる諸問題」(『鎌倉時代政治史研究』)、杉橋隆夫「北条時政の出身—北条時定・源頼朝との確執—」(『立命館文学』五〇〇号)　(菊池　紳一)

(二)?—一二九〇　鎌倉時代の肥前国守護。父は北条時氏、母は安達景盛の女(松下禅尼)。執権北条経時・北条時頼の同母弟。六郎と称し、のちに弘安九年(一二八六)ごろ為時と改名。従五位下・左衛門佐・遠江守。宝治元年(一二四七)六月五日の三浦氏の乱には大手の大将軍として軍勢を率い活躍している。肥後国阿蘇郡小国郷(熊本県阿蘇郡小国町)に所領を有し、文永十一年(一二七四)に同地に立護山満願寺を建立した。モンゴル襲来に備えるため鎮西に下向し、弘安四年にそれまでの肥前国守護少弐経資に代わって守護に就任した。そしてモンゴル合戦恩賞地として肥前国高来西郷山田荘(長崎県雲仙市吾妻町)領家・惣地頭両職が配分されている。正応二年(一二八九)守護職を子息の定宗に譲り、博多で没した。法名道性(異説道顕)。死亡の時期については、『尊卑分脈』は正応二年八月とするが、『高城寺文書』正応五年三月十三日北条定宗書状の文中に「任正応元年十一月七日・同二年十一月二十五日故殿(為時)寄進状」とあり、また時定が建立した筑前国早良郡姪浜(福岡市早良区姪浜)興徳寺にある寺記には時定の没年を正応三年十月十五日とし、『満願寺年代記』では正応三年十二月十五日とする。なお満願寺には時定のものと伝える五輪塔と重要文化財に指定されている時定の画像が所蔵されている。

北条時定(二)花押

[参考文献]瀬野精一郎『鎮西御家人の研究』、同「鎮西探題と北条氏」(『歴史の陥穽』所収)、村井章介「蒙古襲来と鎮西探題の成立」(『アジアのなかの中世日本』所収)　(瀬野精一郎)

ほうじょうときすけ　北条時輔　一二四八—七二　鎌倉時代中期の六波羅探題。北条時頼の子。母は時頼の妾で幕府の女房だった将軍家讃岐。幼名宝寿丸。宝治二年(一二四八)五月二十八日鎌倉で生まれる。康元元年(一二五六)八月十一日、九歳で元服、加冠役の足利利氏の一字を受けて相模三郎時利と称す。以降、幕府の行事にしばしば参列、廂番などを勤む。弘長元年(一二六一)正月四日、父時頼に兄弟の順を改められ、弟太郎時宗・四郎宗政の下位に置かれた。正嘉二年(一二五八)四月十五日、十一歳で小山長村の娘と結婚。このころより射手・随兵・供奉人・昼番衆・鞠奉行などの幕府公式の所役を勤む。文応元年(一二六〇)元旦前後のころに時輔と改名。文永元年(一二六四)十月六波羅探題南方に任ぜられて、十一月九日に上洛。同二年四月二十一日従五位下式部丞、のち治部大輔を経て式部大輔。同三年七月に将軍宗尊親王が陰謀の嫌疑を受けて廃立、京都に追却されると、その第一御子惟康王の将軍迎立に関して六波羅探題として後嵯峨院政権と折衝、惟康王の将軍宣下に功があったと思われる。同五年正月に蒙古の国書の到着により、同三月五日に老齢の執権北条政村にかわって弟時宗が執権に就任すると、本来の兄として不満が募るようになったという。折から蒙古・高麗の使節の頻繁な来朝に際して

北条時輔花押

も、時宗と見解を異にしていたという。こうして時宗との間に対立が生ずると、もともと北条氏得宗家と対立していた名越流北条氏と結び付くようになったとされているが、定かではない。同九年二月十一日、鎌倉で名越時章・教時兄弟が時宗の討手に討たれると、同十五日に時宗の早馬での下知を受けた六波羅探題北方北条義宗に攻められ、京都六波羅で戦死した(二月騒動)。二十五歳。『保暦間記』には、吉野に逃げ入ったとある。このとき伯耆守護。正応三年(一二九〇)十一月、次男も拷試の上に斬首された。

参考文献 奥富敬之『鎌倉北条一族』、同『時頼と時宗』、同『鎌倉北条氏の興亡』、北条氏研究会編『北条氏系譜人名辞典』、細川重男『鎌倉政権得宗専制論』

(奥富 敬之)

北条時房花押

ほうじょうときふさ 北条時房 一一七五―一二四〇 鎌倉時代中期の連署。安元元年(一一七五)生まれる。北条時政の三男、義時の弟。文治五年(一一八九)四月、元服して五郎時連と称し、七月には奥州合戦に従軍。蹴鞠をよくし、二代将軍源頼家に近侍した。建仁二年(一二〇二)六月、時房と改名。元久二年(一二〇五)三月主殿権助、四月式部丞、八月従五位下・遠江守、九月駿河守、承元元年(一二〇七)正月武蔵守となる。建保元年(一二一三)五月、和田氏の乱の功により上総飫富荘《おふのしょう》(飯富荘)を与えられ、同五年十二月、相模守に転じた。翌六年二月、姉政子の熊野詣に随行、帰途政子は京都で後鳥羽上皇の乳母藤原兼子に会い、上皇の皇子を三代将軍源実朝の後継者に迎えることを内約した。時房は上皇に召され、院の蹴鞠に参候した。十月、従五位上に昇る。承久元年(一二一九)正月、実朝が殺されると、政子は上皇の皇子を将軍に迎えたいと奏上したが、上皇は摂津国長江・倉橋両荘の地頭の改補を求めた。三月、時房は使者として千余騎を率いて上洛、上皇の要求に対する拒否を伝え、さらに将軍の下向を請うた。公武関係が険悪化し、同三年五月、承久の乱が起ると、時房は甥の泰時(義時の子)とともに東海道の大将軍として攻め上り、六月、京都に攻め入り、それ以来、泰時・時房は六波羅探題として、それぞれ六波羅北方・南方の任についた。乱の勲功によって、時房は伊勢守護に任ぜられ、同国内十六ヵ所を与えられ、また淡路国志築荘地頭となった。元仁元年(一二二四)六月、執権義時が没すると、泰時が執権となり、翌嘉禄元年(一二二五)七月、政子の没後、泰時は連署を新設、時房をこれに任じた。寛喜三年(一二三一)十二月正五位下、文暦元年(一二三四)正月従四位下となり、嘉禎二年(一二三六)二月修理権大夫を兼ね、翌三年正月従四位上となり、十一月相模守を辞した。将軍九条(藤原)頼経の上洛に従って在京中の暦仁元年(一二三八)閏二月には、正四位下に叙せられた。仁治元年(一二四〇)正月二十四日没。六十六歳。法名は行念または称念。

参考文献『大日本史料』五ノ一二、仁治元年正月二十四日条、上横手雅敬『北条泰時』(『人物叢書』九)、同『日本中世政治史研究』

(上横手雅敬)

ほうじょうときまさ 北条時政 一一三八―一二一五 平安・鎌倉時代前期の武将。鎌倉幕府初代執権。保延四年(一一三八)生まれる。北条四郎と称す。父は四郎大夫時方(時家とする系図もある)。母は伊豆掾伴為房の女。北条氏は代々伊豆国田方郡北条(静岡県伊豆の国市韮山町)に拠っていたが、伊豆国の在庁官人であったとの説もある。時政の前半生については不明な点が多いが、『曾我物語』『源平盛衰記』などによれば、永暦元年(一一六〇)三月、伊東祐親とともに伊豆国田方郡蛭ヶ小島(静岡県韮山町)に配流された源頼朝の監視役を命じられ、嘉応二年(一一七〇)四月、伊豆大島で反乱を起した源為朝征伐に従ったという。また治承元(一一七七)、二年ごろ、時政が京都大番役勤仕のため在京していたとき、娘政子と流人頼朝の間に娘(のちの大姫)が誕生した。これが平家に聞こえるのを恐れた時政は、政子を伊豆国目代山木兼隆に嫁がせようとしたが、政子は走湯山権現にいた頼朝のもとに走り、結局二人の仲を認めざるをえなかったという伝承が残る。同四年五月以仁王の令旨をうけた娘婿頼朝を助けて挙兵の計画を練り、八月山木兼隆を討ったが、相模国石橋山での戦いに敗れ、頼朝より一足早く海路安房国に渡り、同地で合流した。九月頼朝の使いとして子の義時とともに甲斐国武田氏のもとに向かい、十月甲斐・信濃の軍勢とともに南下し、富士川で平家軍を敗走させ、駿河国黄瀬川(静岡県沼津市)に進出してきた頼朝軍と合流した。以降平

北条時政花押

北条時政像

家追討の間は頼朝の側近にあってこれを輔佐した。文治元年（一一八五）十一月頼朝の代官として源義経追討のため千騎の軍勢を率いて上洛した。時政は後白河法皇や院近臣を威嚇しつつ、荘園・公領の別なく全国一律に、田地一段ごとに五升の兵糧米を徴収することを法皇に認めさせた。時政の任務は、いわば進駐軍の司令官的なものであり、畿内近国における義経の追捕、義経与同の院近臣の処分、京都の治安維持などにあたった。しかし、翌二年三月法皇より拝領した七ヵ国地頭職を辞退し、あとの洛中警護を甥の北条時定以下に任せて、鎌倉に下向した。なお文治年間以降駿河・伊豆両国の守護に在職した。同五年六月伊豆国北条内に奥州藤原氏征討を祈念して願成就院を建立。七月頼朝の奥州藤原泰衡征討に従う。建久四年（一一九三）五月二日頼朝の富士野夏狩に先立って、駿河国の狩猟場整備を命じられ鎌倉を出発した。この狩の最中曾我兄弟の仇討事件が起きるが、その背景には時政がいたという説もある。正治元年（一一九九）正月、頼朝が没しその子頼家がそのあとを継ぐと、その専制的な行動が御家人の反感をかい、四月には頼家の親裁をとどめ時政を含む宿老十三人の合議制とする処置がとられた。同二年四月従五位下遠江守に叙任され、将軍の外祖父としてだけではなく、幕府内での地位を固めていったが、一方、頼家やその外戚比企能員とは対立を深めていった。建仁三年（一二〇三）八月頼家が重病になると時政はその遺跡譲与を定め、頼家の嫡男一幡に関東二十八ヵ国の地頭職を、頼家の弟千幡（のちの実朝）に関西三十八ヵ国の地頭職を相続させることにした。九月これを知った能員は激怒してこれを頼家に訴え、頼家から時政追討の命をうけたが、政子から急報を受けた時政は機先を制して名越亭に能員を誘殺し、比企一族とともに一幡を殺害した。そして頼家を廃し、千幡を将軍にすえ、将軍の外戚として、また政所の執権別当として幕府の実権を握った。同月時政が単署の下文《くだしぶみ》で諸国の御家人の所領を安堵したのをはじめとして、以降同様の文書が多く発給されていることはこれを裏付けている。元久元年（一二〇四）後妻牧の方の女婿平賀朝雅を京都守護に任じた。翌二年六月牧の方の讒訴により、先妻の娘婿畠山重忠に謀反の疑いありとして討手を差し向け、重忠を武蔵国二俣川（横浜市旭区）付近で殺した。ついで牧の方と謀り実朝を廃して平賀朝雅を将軍にしようとしたが、政子・義時の反対にあい、同年閏七月にわかに出家して伊豆国北条に退隠した。法名は明盛。承元元年（一二〇七）十一月伊豆の願成就院の南に塔婆を建立。建保三年（一二一五）正月六日腫れ物のため北条において没した。七十八歳。

北条時政墓

[参考文献]『大日本史料』四ノ一三、建保三年正月六日条、安田元久編『鎌倉将軍執権列伝』、杉橋隆夫「鎌倉執権政治の成立過程—十三人合議制と北条時政の「執権」職就任—」（御家人制研究会編『御家人制の研究』所収）、奥富敬之「鎌倉北条氏所領増減過程の考察—時政の代を中心として—」（竹内理三先生喜寿記念論文集刊行会編『荘園制と中世社会』所収）、柏美恵子「比企氏の乱と北条時政」（『法政史論』七）、菊池紳一「北条時政発給文書について—その立場と権限—」（『学習院史学』一九）

（菊池紳一）

ほうじょうときます　北条時益　？—一三三三　鎌倉時代後期の六波羅探題南方。北条政村流時敦の子。元徳二年（一三三〇）七月、任命をうけ八月二十六日に上洛。加賀・讃岐・伯耆・丹波の諸国の守護を兼ねて、反幕挙兵の諸氏を抑え元弘三年（一三三三）三月以降、護良親王の檄に応じて播磨に挙兵した赤松則村の軍と戦った。しかし反旗を翻した足利高氏の軍に敗れ、探題北方の北条仲時とともに、光厳天皇、後伏見・花園両上皇を奉じて東へ逃げたものの、同年五月七日夜に京都東山で野伏に射られ戦死した（『太平記』）。仲時らは、天皇以下を還し、近江国番場（滋賀県米原市）の蓮華寺で一門とともに自殺したが、時益の廟所もここにある。

（福田以久生）

北条時益花押

ほうじょうときむね　北条時宗　一二五一—八四　鎌倉時代中期の執権。父は北条時頼、母は時の連署北条重時の女。建長三年（一二五一）五月十五日、時頼の母松下禅尼の居宅である甘縄の安達邸で生まれた。幼名は正寿。庶兄に時輔がいた。康元元年（一二五六）十一月父時頼が出家して執権を重時の子長時に譲った。時宗が幼いための中継ぎとしての措置である。翌年二月将軍宗尊親王の御所で元服し時宗と命名された。七歳である。文応元年（一二六〇）二月、小侍所に入った。小侍所は将軍出行の際の催促や弓始射手の選定などをつかさどった。別当は北条氏一門の好学で知られる金沢実時で、時宗は形式的には副別当格であったが、以後四年間連署になるまで実時について幕府儀容面を中心に政務教育を受けた。時宗の文事関係の中国系の教養はこの期間を中心に蓄積されたとみられる。弘長元年（一二六一）四月、十一歳の時、安達義景の娘で十歳になる堀内殿と結婚した。彼女はのちに駆込寺として有名な東慶寺の開山になる。同年十二月従五位下左馬権頭となる。同三年十一月二十二日、父時頼が三十七歳で死去。文永元年（一二六四）七月、執権長時が出家し、翌月死去。連署の政村が執権となり、十

北条時宗花押

北条時宗画像

四歳の時宗が連署となった。翌年正月従五位上、但馬権守となり、同年三月相模守となる。同三年七月、政村・時宗・実時・安達泰盛らの主導によって将軍宗尊親王が廃され、京都に送還、親王の王子で三歳の惟康王が将軍となった。同五年正月、モンゴルの国書が日本にもたらされ、日本はいやおうなしにモンゴルの対高麗・南宋政策の環の中に組み込まれることになった。同年三月、時宗は執権となり、モンゴル問題の真正面に立つこととなった。以後、弘安七年(一二八四)に没するまでの十六年間は、まさに時宗政権の時代といってよい。その時宗政権の前後を分けるのが文永九年の二月騒動(北条教時の乱)である。これは、評定衆で一番引付を兼ねる名越時章と、その弟で同じく評定衆である北条(名越)教時を鎌倉で誅殺し、庶兄の六波羅探題南方の時輔を同北方の北条義宗に誅殺させた事件である。時宗はこの事件を通して北条氏一門をほぼ完全に掌握し得宗としての地位を安定させた。モンゴル問題の外圧は幕府内部の反得宗的因子の粛清を正当化したのである。文永十一年十月、モンゴルは国書を拒絶した日本に攻め込んだ。いわゆる文永の役である。モンゴル軍は対馬・壱岐を経て博多に上陸し合戦を展開するが、撤退した。建治年間(一二七五—七八)幕府は時宗を中心に防御体制を諸方面にわたって積極的に整備し、元使杜世忠を竜ノ口に斬り、モンゴル(元)の日本侵攻の基地高麗を逆攻撃しようという異国征伐を企てた(不実行)。弘安二年南宋を完全に滅ぼした元は同四年東路・江南両軍をもって日本を攻めた。いわゆる弘安の役で、閏七月一日、いわゆる「神風」で壊滅的打撃を受けた。元はこのあと日本招諭を試みるが、結局成功しなかった。同五年、時宗は無学祖元を開山として鎌倉山内に円覚寺を建立した。主旨は両度蒙古合戦の戦死者・溺死者らを弔うためであった。しかし元の三征に対する防備の手をゆるめるわけにはいかず、長期間にわたる防御態勢の維持、合戦その他による社会の矛盾は激化しつつあった。安達泰盛らによる政治改革案が練られている最中の弘安七年四月四日、時宗は三十四歳の若さでその生涯を閉じた。法号は法光寺殿道杲《どうこう》。墓堂は円覚寺仏日庵である。異国防御に関連しながら、国内政治では文永十年思い切った御家人所領回復令を出している。翌年、亀山天皇の院政開始のあと、後宇多天皇の東宮に後深草上皇の皇子熙仁《ひろひと》親王(伏見天皇)を推戴して持明院統・大覚寺統両統迭立の端緒を作っている。禅宗を崇敬して大休正念・無学祖元らに参じ、詩文にも相応の力量をもっていた。

[参考文献] 関靖『史話北条時宗』、川添昭二『北条時宗』(『人物叢書』二三〇)、黒田俊雄『蒙古襲来』(中央公論社『日本の歴史』八)、網野善彦『蒙古襲来』(小学館『日本の歴史』一〇)、工藤敬一『北条時宗』(『日本を創った人びと』九)、渡辺晴美「北条時宗の家督継承条件に関する一考察」(『政治経済史学』一一〇・一一一)、同「得宗専制体制の成立過程」(同一二五・一三九・一六二・一六五)、川添昭二「北条時宗の研究」(『日蓮とその時代』)、村井章介『北条時宗と蒙古襲来』、奥富敬之『時頼と時宗』、同『北条時宗』、佐伯弘次『モンゴル襲来の衝撃』

(川添 昭二)

ほうじょうときむら 北条時村 一二四二—一三〇五 鎌倉時代の鎌倉幕府評定衆、六波羅探題、連署。仁治三年(一二四二)生まれる。北条政村の子。はじめ陸奥三郎のちに新相模三郎と称している。『吾妻鏡』には廂衆・昼番衆・二所奉幣使・鞠奉行などとしてみえる。弘長二

北条時村花押

年(一二六二)正月左近将監に任じ叙爵。文永六年(一二六九)四月引付衆となり、翌年十月評定衆となる。同八年七月陸奥守に任じ、同十年六月二番引付頭。建治三年(一二七七)十二月、モンゴル防備強化の情勢の中で六波羅探題北方となる。弘安五年(一二八二)八月武蔵守、弘安十年八月六波羅探題を辞して関東に帰り、同年十二月一番引付頭、正応二年(一二八九)五月寄合衆となり、同年八月従四位下に叙されている。正安三年(一三〇一)八月連署となる。和泉・美濃・周防・長門の守護で、越後の国務を執っている。歌人としても知られ、『続拾遺和歌集』以下の勅選集に入集している。嘉元三年(一三〇五)四月二十三日、北条宗方に討たれて死去した。六十四歳。

〔参考文献〕佐藤進一『(増訂)鎌倉幕府守護制度の研究』、細川重男『鎌倉政権得宗専制論』 (川添昭二)

ほうじょうときもち　北条時茂　一二四一—七〇　鎌倉時代中期の六波羅探題、摂津・若狭の守護。没年齢については三十歳説・三十一歳説があるが、『吾妻鏡』などにより三十歳とし、生年を仁治二年(一二四一)とする。北条重時の三男(四男説あり)。母は兄長時と同母で平基親の女。字は陸奥弥四郎。妻は北条政村の女で、その間の子が時範である。建長六年(一二五四)三月、母の服喪の金沢実時にかわり、一時、小侍所別当となっている。

北条時茂花押

康元元年(一二五六)六月、六波羅探題北方として入洛。正嘉元年(一二五七)二月従五位下左近将監、文永四年(一二六七)十月陸奥守となる。六波羅探題南方は北条時輔である。モンゴル問題が切迫しつつある文永七年正月二十七日、六波羅探題在任十五年で死去。父重時・兄長時に続き前後四十年間極楽寺流が六波羅探題北方を専有したのである。時茂の和歌は勅撰集の『続古今和歌集』『続拾遺和歌集』『新後撰和歌集』にそれぞれ二首・一首・一首が入っている。

〔参考文献〕桃裕行『武家家訓の研究』(『桃裕行著作集』三)、石井清文「執権北条長時と六波羅探題北条時茂」(『政治経済史学』一一二) (川添昭二)

ほうじょうときもり　北条時盛　一一九七—一二七七　鎌倉時代中期の武将。時房の子。建久八年(一一九七)生まれる。承久三年(一二二一)の承久の乱には父に従って上洛。貞応元年(一二二二)八月、掃部権助に就任。『吾妻鏡』には、元仁元年(一二二四)六月、執権北条義時の没後、六波羅探題であった北条泰時・時房が鎌倉に帰っておのおの執権・連署となり、それに代わって時氏(泰時の長男)と時盛が上洛して六波羅探題となったとあるが、実は時房は翌嘉禄元年(一二二五)七月まで六波羅探題の任にあり、時氏・時盛は上洛していたものの、正式にそれぞれ六波羅北方・南方となったのは、それ以後である。嘉禎二年(一二三六)七月越後守・従五位下、三年四月従五位上、暦仁元年(一二三八)八月正五位下となる。仁治三年(一二四二)五月、執

北条時盛花押

権泰時の病により鎌倉に下り、六月には出家。法名勝円。建治元年(一二七五)十二月、孫の時国が六波羅南方となると、時盛も上洛したが、同三年五月二日、六波羅で没す。年八十一。

〔参考文献〕上横手雅敬『日本中世政治史研究』 (上横手雅敬)

ほうじょうときゆき　北条時行　?—一三五三　鎌倉・南北朝時代の武将。幼名は『保暦間記』に勝長寿丸、『梅松論』に勝寿丸、『太平記』に亀寿、『北条系図』に全嘉丸・亀寿丸とある。相模次郎と称す。鎌倉幕府最後の得宗北条高時の次男。正慶二年(元弘三、一三三三)五月二十二日、鎌倉幕府が滅亡し高時ら北条一門が自刃したとき、叔父北条泰家の命を受けた得宗被官諏訪盛高に擁されて鎌倉を脱出、信濃諏訪社を中心とした諏訪神党に匿われた。このとき、五大院宗繁に擁されて鎌倉脱出を図った兄相模太郎邦時(万寿丸)は、宗繁の裏切りで新田義貞に捕えられ、十五歳で斬られた。建武二年(一三三五)、鎌倉時代に関東申次として権勢のあった西園寺公宗は反建武政権の陰謀を企て、北条泰家(刑部少輔時興と変名)を畿内近国の将、越中守護北条有時の子時兼を北国の将、時行を東国の将に擬したが、陰謀は六月に発覚失敗した。しかし七月十四日、諏訪頼重・滋野一族ら神党に擁されて時行は信濃で挙兵、同国守護小笠原貞宗と戦って鎌倉に出撃、武蔵久米川・女影原などで渋川義季・新田岩松経家・小山秀朝らを敗死させ、同井出沢で足利直義を破って同二十五日に鎌倉を奪還した。しかし、京都から足利尊氏が馳せ下ると、八月八日以降、遠江橋本、佐夜中山、高橋、箱根、相模川、片瀬川と連敗、同十九日、諏訪頼重らが自刃して鎌倉を奪回された(中先代の乱)。逃れた時行は、建武四年(延元二)七月、後醍醐天皇から朝敵恩免の綸旨を得て南朝方となり、同十二月、北畠顕家とともに鎌倉を奪還、翌年正月に美濃青野原合戦に参加、観応擾乱《かんのうじょうらん》に際して、正平七年(一三五

二)閏二月、新田義宗・義興とともに一時鎌倉を占領したが、尊氏に敗れて新田兄弟とともに鎌倉を脱出した。翌年、時行は尊氏に捕えられ、五月二十日、長崎駿河四郎・工藤二郎らとともに鎌倉の西郊竜口で斬られた。

参考文献 『大日本史料』六ノ一八、文和二年五月二十日条、奥富敬之『鎌倉北条氏の興亡』、同「北条余党の中先代の乱」(『鎌倉武士』所収)　(奥富　敬之)

ほうじょうときより　北条時頼　一二二七―六三　鎌倉時代中期の執権。幼名戒寿丸。北条五郎と称す。北条時氏の次男。母は安達景盛の娘松下禅尼。安貞元年(一二二七)五月十四日辰刻、京都六波羅で生まれる。寛喜二年(一二三〇)四月十一日、父時氏の六波羅探題北方離任により鎌倉帰着。嘉禎三年(一二三七)四月二十二日、執権祖父北条泰時邸で元服、加冠の将軍藤原頼経の一字を受け五郎時頼と称す。暦仁元年(一二三八)九月一日左兵衛少尉。延応元年(一二三九)十一月二日毛利季光の娘と結婚。寛元元年(一二四三)閏七月二十七日左近将監。同二年三月六日従五位上。同四年三月二十三日、重病の兄経時の譲りを得て家督と執権職を嗣立。『吾妻鏡』のこの日の記事に、のち寄合衆に発展する「深秘御沙汰」の語初見。同五月、前将軍頼経・名越流北条光時らの陰謀を探知、同二十四日に兵をもって頼経御所と鎌倉中を制圧して未然に抑え、直後に評定衆の後藤基綱・藤原為佐・千葉秀胤・三善康持(問注所執事も)を罷免、光時を伊豆江間郷に、千葉秀胤を上総一宮に配流、頼経を京都に追却した(宮騒動)。ついで同十月、頼経の父前摂政九条道藤原道家の関東申次罷免と西園寺実氏の同職任命を京都に要求、実現させた。これにより九条家の勢威は落ち、かわって以降代々関東申次を世襲した西園寺家の地位があがり、同十一月後嵯峨院政にも実氏を中心とした院評定衆が創設され、朝政刷新にもなった。宝治元年(一二四七)四月、幕初以来の雄族三浦氏の討滅を図り、外祖父安達景盛を高野山より招いて三浦氏を挑発、同六月五日異心なきを誓う三浦泰村を奇襲して滅ぼし、同七日千葉秀胤も上総一宮で滅ぼして実権を確立、専制化を強めた(三浦氏の乱)。この時点を得宗専制の成立と見る説もあるが、建長元年(一二四九)六月十四日相模守に任じ、同十二月九日、訴訟の公正迅速を目的として評定衆の下に引付衆を付設したことをもって、合議制の進展、執権政治の最盛期とする見方もある。同三年十二月、自由出家のかどで足利泰氏の所領一所を没収。謀叛の疑いで了行法師・矢作左衛門尉らを追捕処断。両事件の背後に九条一族の陰謀を探知するや、翌年春、将軍藤原頼嗣を廃立京送して、後嵯峨上皇の第一皇子宗尊親王を将軍に迎えた。時頼の政治には、宝治元年十二月に京都大番役を六ヵ月から三ヵ月勤番に減じ、同二年閏十二月に寒中の的調べを止めるなどの御家人擁護、建長三年六月に地頭・農民間の訴訟の法を定め、同五年十月の十三条の新制で撫民のことを定めるなどの農民保護があり、特に質素倹約を勧めて、沽酒の一屋一壺制、過差・博奕・鷹狩の禁、薪・炭・蒿などの物価の統制などが有名。全体に北条氏得宗家に対する外様御家人、地頭に対する領家と農民、惣領に対する庶子などの弱者の救済を図ったので、善政と謳われて人気があり、ついに変装して諸国を廻国し勧善懲悪を行なったという廻国伝説が生じた。この伝説が最初にみえるのが『増鏡』九草枕であるが、ほかにも『弘長記』にもあり、謡曲「鉢の木」「藤栄」「浦上」などの話を生んだ。この伝説を時頼が廻国使という密偵を諸国に派遣したことの反映と見る説と、伝説のある地域が多く得宗領であることから、この時期に得宗領がもっとも増加したという解釈がある。康元元年(一二五六)十一月二十二日、赤痢により執権職を極楽寺流北条長時に譲り、翌日出家して最明寺入道覚了房道崇と号す。長時の地位は家督時宗の幼稚の間の眼代でしかなく、直後平癒した時頼は実権を回復して後見政治を行なった。その権力は執権職に由来せず、得宗たるの地位によっていたことは明白で、この時点より以前に得宗専制が成立していたと見るべきであろう。弘長三年(一二六三)十一月二十二日戌刻、最明寺北亭で死没。三十七歳。前後十八年間に及ぶ時頼の政治は、泰時の政治と並んで鎌倉幕府中興の仁政と謳われたが、反面、北条氏得宗家の権力のより強度な伸張を図ったことも否定できない。神奈川県鎌

北条時頼花押

北条時頼像

北条時頼墓

倉市の明月院に墓がある。

参考文献　奥富敬之『鎌倉北条氏の基礎的研究』、同『鎌倉北条一族』、同『時頼と時宗』、同『鎌倉北条氏の興亡』、同『北条時宗』、同「北条時頼の回国説と密偵組織」(『鎌倉武士』所収)、安田元久「北条時頼」(『鎌倉幕府―その実力者たち―』所収)、阿部征寛「執権北条時頼」(安田元久編『鎌倉将軍執権列伝』所収)、川添昭二『北条時頼の信仰』(『法華』六五ノ四)、豊田武「北条時頼の廻国伝説」(『中世史研究』一)、三浦周行「北条時頼の廻国説批評」(『史学雑誌』二四ノ六)、同「北条時頼廻国論批評」(『歴史地理』二二ノ四)、八代国治「北条時頼の廻国説を論ず」(同二二ノ二)、長沼賢海「時頼廻国の説を評してその信仰に及ぶ」(『仏教史学』三ノ二)、北条氏研究会編『北条氏系譜人名辞典』、細川重男『鎌倉政権得宗専制論』

(奥富　敬之)

ぼうじょうとしざね　坊城俊実　一二九六―一三五〇　鎌倉時代後期の公卿。永仁四年(一二九六)生まれる。藤原定資の子。母は藤原隆康の女。民部大輔・権右中弁・右中弁・装束司率分所勾当・左中弁・紀伊権守・左宮城使・右大弁・蔵人頭などを歴任。文保二年(一三一八)二月十一日参議に任じられ、大嘗会検校・左大弁・造東大寺長官などを兼任したが、元応二年(一三二〇)参議・左大弁を辞任。元弘元年(一三三一)後醍醐天皇に代わって光厳天皇が即位すると大宰大弐・権中納言・大宰権帥となり、翌年従二位に叙せられた。しかし元弘三年六波羅探題が滅亡したため、北条仲時は光厳天皇らを伴って京都を脱出し、関東に逃亡しようとした。俊実も供奉していたが、近江国番場宿で反幕軍に攻撃され、仲時は一族とともに討死し、光厳天皇は捕えられた。そこで俊実は出家し、以後隠遁生活を送り、観応元年(一三五〇)二月二十三日没した。五十五歳。『風雅和歌集』に俊実の和歌三首が収録されている。

坊城俊実花押

(瀬野精一郎)

ほうじょうともとき　北条朝時　⇨名越朝時《なごえともとき》

ほうじょうなかとき　北条仲時　一三〇六―三三　鎌倉時代後期の六波羅探題。徳治元年(一三〇六)生まれる。普恩寺流北条基時の子。法名時阿。弾正少弼を経て従五位下越後守。元徳二年(一三三〇)十一月(七月二十一日とも)鎌倉を発して上洛、同十二月二十七日六波羅探題北方就任。翌年、幕命によって後醍醐天皇の廃立を図ったが、天皇は笠置山に逃れた。仲時は天皇が比叡山に匿れていると思いこれを攻めたが事実を知って攻撃を笠置山に向け、鎌倉からの援軍を得て九月二十八日に笠置山を陥し、やがて天皇を捕え、幕命によって隠岐に配流した。以後、護良親王・楠木正成らの追討に従事。このころ、信濃守護。正慶二年(元弘三、一三三三)五月、赤松則村・足利高氏らと戦い京都を攻め陥されたので、六波羅探題南方北条時益とともに光厳天皇、後伏見・花園両上皇を奉じて東帰を図ったが、同九日、近江国番場宿で五辻宮(守良親王)を奉じた在地の反幕軍に包囲され、四百余名の麾下とともに自刃した。二十八歳。墓は滋賀県米原市番場の蓮華寺にある。

北条仲時花押

参考文献　平泉澄「北条仲時の最後」(『歴史地理』四一ノ一)、菊池山哉「北条仲時主従四百余人の墳墓」(『掃苔』六ノ七)、久米邦武「国宝蓮華寺過去帳」(『中央史壇』一ノ四)、北条氏研究会編『北条氏系譜人名辞典』、細川重男『鎌倉政権得宗専制論』

(奥富　敬之)

ほうじょうながとき　北条長時　一二三〇―六四　鎌倉時代中期の幕府第六代執権。寛喜二年(一二三〇)二月二十七日相模国鎌倉で誕生。父は重時、母は平時親の女。陸奥四郎と称す。寛喜三年に六波羅探題北方となった父に伴われて上洛、宝治元年(一二四七)の三月に北条時盛女と結婚、五月には鎌倉に戻る。だが、同年七月二十八日、父に代わって六波羅探題北方に任ぜられて上洛。建長四年(一二五二)三月、第六代将軍に迎えられた宗尊親王に供奉して短期間鎌倉に帰ったものの、康元元年(一二五六)まで京都にいた。同年の三月、父の出家を機に呼び戻され、六月に評定衆に加わり、七月に武蔵守に任ぜられ、十一月二十二日には第六代目の執権職についた。ただ北条嫡流家の時宗が成長するまでの間、職を預けられたにすぎず、実権は執権職を退いた時頼が握っていた。正嘉二年(一二五八)十二月、従五位上に叙され、時頼死

北条長時像

北条長時花押

去の翌年、文永元年(一二六四)七月二日に出家。翌月十一日執権を辞任、政村に譲る。同月二十一日、鎌倉の浄光明寺で病没した。三十五歳。法名、専阿。墓所は不明。

参考文献 桃裕行『北条重時の家訓』(『桃裕行著作集』三)、筧泰彦『中世武家家訓の研究』、安田元久編『鎌倉将軍執権列伝』 (三山 進)

ほうじょうなりとき 北条業時 一二四一―八七 鎌倉時代後期の連署。仁治二年(一二四一)生まれる。極楽寺流北条重時の子。陸奥七郎と称す。正元元年(一二五九)四月十七日弾正少弼、同七月二十七日左馬権助兼任。文永二年(一二六五)六月十一日引付衆。同三年三月十一日妻北条政村の娘、嫡男時兼を生む。建治二年(一二七六)四月十四日左馬権助辞任。同三年五月十八日越後守兼任。弘安三年(一二八〇)十一月四日駿河守に転ず。建治三年四月四日に兄義政が病いによって辞任して以来空席だった連署に、弘安六年四月十六日に就任。同七月二十日従五位上。同九月二十六日正五位下。同七年八月八日陸奥守に転ず。連署として執権得宗時宗および貞時を補佐して、弘安の役の処理および弘安八年十一月十七日の霜月騒動の鎮定などに功があったという。同十年六月十八日病により連署を辞して出家。法名鑑念(堅念)。同二十六日没。四十七歳。西大寺系律宗の拠点鎌倉多宝寺の開基と目されている。

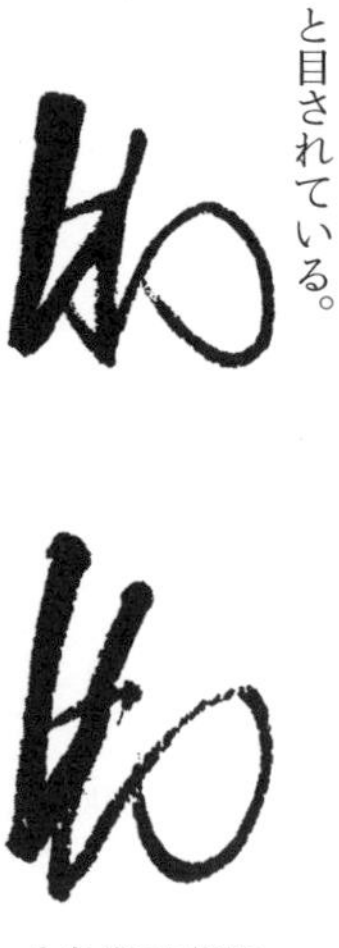
北条業時花押

参考文献 北条氏研究会編『北条氏系譜人名辞典』、細川重男『鎌倉政権得宗専制論』 (奥富 敬之)

ほうじょうのぶとき 北条宣時 一二三八―一三二三 鎌倉時代後期の連署。暦仁元年(一二三八)生まれる。大仏流北条朝直の子。はじめ武蔵五郎時忠と称す。文永二年(一二六五)六月十一日、引付衆になったころには宣時と改名していた。同四年六月二十三日従五位下武蔵守。同十年九月七日評定衆。建治三年(一二七七)八月二十九日引付頭。弘安六年(一二八三)十二月十六日従五位上。同八年九月二日正五位下。同十年八月十九日、執権得宗北条貞時のもとで連署に就任。正応二年(一二八九)六月二十三日陸奥守に転ず。同八月七日従四位下。この間、佐渡・遠江の守護を兼任。正安三年(一三〇一)八月二十二日の貞時の執権辞任により、翌日連署を辞任。同九月四日出家して法名永園(恩)寺忍昭。嘉元三年(一三〇五)から延慶二年(一三〇九)まで得宗分国若狭の守護を務めた。元亨三年(一三二三)六月三十日没。八十六歳。『続拾遺和歌集』『続千載和歌集』『玉葉和歌集』『新後撰和歌集』に和歌がある。

北条宣時花押

参考文献 北条氏研究会編『北条氏系譜人名辞典』、細川重男『鎌倉政権得宗専制論』 (奥富 敬之)

ほうじょうひさとき 北条久時 一二七二―一三〇七 鎌倉時代後期の六波羅探題。文永九年(一二七二)生まれる。赤橋流北条義宗の子。陸奥彦三郎と称す。早く河内・摂津・信濃・紀伊・日向守護。正応元年(一二八八)八月二日右馬助、叙爵。同二年閏十月六日刑部少輔。永仁元年(一二九三)三月二十三日六波羅探題北方、同四月四日入洛。同三年八月八日従五位上。同十二月二十九日越後守。同五年六月十八日六波羅を辞し帰東。同六年四月九日評定衆。正安三年(一三〇一)八月二十三日一番引付頭。嘉元二年(一三〇四)三月六日寄合衆兼官途奉行として幕政の枢機に参画。六月六日武蔵守。徳治元年(一三〇六)六月十二日正五位下。同二年二月九日武蔵守辞任。同三月二十六日出家、法名因憲。同十一月二十八日没。三十六歳。歌人でもあった。

北条久時花押

参考文献 北条氏研究会編『北条氏系譜人名辞典』、細川重男『鎌倉政権得宗専制論』 (奥富 敬之)

ほうじょうひでとき 北条英時 ⇩赤橋英時《あかはしひでとき》

ほうじょうひろとき 北条熙時 一二七九―一三一五 鎌倉時代後期の執権。弘安二年(一二七九)に生まれる。政村流北条為時の子。妻は北条貞時の娘。引付衆・小侍所・評定衆・京下奉行・長門探題を経て、寄合衆・引付頭・連署ののち、正和元年(一三一二)六月二日、大仏《おさらぎ》宗宣のあとをうけて執権となるが、在職三年の間、連署はおかなかった。嘉元三年(一三〇五)四月、得宗の貞時や執権の北条師時に叛いて侍所別当の北条宗方が乱をおこした時、熙時の祖父北条時村は殺され、熙時もねらわれた。熙時は貞時の命により、宇都宮貞綱や師時に代わって執権となった宗宣とともに、宗方を討った。以後、幕府内で重きをなした。しかし正和四年七月、病と称して出家(法名道常)辞職し、同十八日(『鎌倉年代記裏書』)、三十七歳で没した。『北条九代記』では、その死没について「十月九日寅刻卒」「(七月)十八日」と二ヵ所に載せている。熙時の執権時に、両統の対立は激しく京極為兼の失脚、南都北嶺の僧徒の嗷訴、大和国の地頭設置、日吉神人と六波羅武士の衝突などの難事が続くなか、実権を握る内管領長崎高資の擡頭などがあった。『玉葉和歌集』『新後撰和歌集』に作詠が収められている。

北条熙時花押

参考文献 安田元久編『鎌倉将軍執権列伝』 (福田以久生)

ほうじょうまさあき　北条政顕　一二六九―？　鎌倉時代後期の鎮西探題。肥前・肥後・豊前三ヵ国の守護も兼任。文永六年(一二六九)生まれる。父は鎮西探題北条(金沢)実政。従五位下。掃部助、上総介。実政の出家により、正安三年(一三〇一)十一月二日鎮西探題に就任。この時政顕三十三歳。その職にあること約十五年の長期にわたり、神領興行令による相論に対する多くの裁許状を発給している。その間嘉元三年(一三〇五)から延慶二年(一三〇九)までの約四年間ほど最終裁断権をうばわれているが、これは侍所所司北条宗方の陰謀事件との関連によるものである。その後再び最終裁断権を付与され、探題としての職務を遂行しているが、正和五年(一三一六)探題を辞任し、文保元年(一三一七)北条随時が探題に就任するまでの間、政顕の子種時が職務を代行している。しかし政顕の辞任によって、鎮西探題は金沢氏一族から離れることになった。政顕の没年については不明である。

北条政顕花押

[参考文献]　瀬野精一郎『鎮西御家人の研究』、同「鎮西探題と北条氏」(『歴史の陥穽』所収)、村井章介「蒙古襲来と鎮西探題の成立」(『アジアのなかの中世日本』所収)

(瀬野精一郎)

ほうじょうまさこ　北条政子　一一五七―一二二五　鎌倉幕府初代将軍源頼朝の正妻。父は北条時政。保元二年(一一五七)生まれる。頼朝との出会いの機縁は父時政が平治の乱後伊豆配流に処せられた頼朝の監視役であったこと、また二人が通じ合うようになったのは長女大姫の年齢などから推して治承元年(一一七七)ころであったと考えられている。この時、政子が、平氏の威を恐れる父の反対を押し切り深夜豪雨の中を伊豆山権現で待つ頼朝のもとへ走ったという『源平盛衰記』の話は、史実か否かは別として、政子の人間性と素朴な鎌倉時代地方武士の家に育った女性の一典型を知らせる逸話として有名である。治承二年大姫誕生。ところで当時は全盛を極めた平氏政権が鹿ヶ谷の謀議を直接の契機として衰退への道を歩み始め、全国的規模の反平氏運動の機運が高まりつつあった時代にあたり、頼朝と政子の置かれた環境も急速に変化していった。『吾妻鏡』などの記事によれば源家旧臣たちが頼朝の周囲に集まるのみならず、時政も頼朝を婿として認知、また反平氏・源家再興の後援者となっていったと記されている。治承四年八月頼朝が以仁王の令旨を奉じて挙兵、石橋山での敗戦はあったものの十月には全関東をほぼ制圧し鎌倉に居を定めると正式に御台所として迎えられた。寿永元年(一一八二)長子頼家、文治元年(一一八五)ころ次女三幡、建久三年(一一九二)次子実朝を相ついで出産。鎌倉政権も安定期に入った建久六年、頼朝に随って上洛、東大寺再建法要に列席したほか京都諸寺巡拝、また当時女流宮廷政治家として朝廷内に大きな影響力を有していた後白河院寵姫丹後局(高階栄子)と会見、大姫入内問題について意見を交換している。建久八年大姫死去、正治元年(一一九九)正月には頼朝が急死、間もなく出家して尼となる。その後、二代将軍に長子頼家が就任するとこれを後見、最高権力者頼朝亡き後幕府内部が動揺し、また若年の頼家による専恣的政治が行われることを防ぐ目的から、将軍の訴訟親裁権を停止、宿老御家人十三名による合議制を成立させる一方、父時政・弟義時と結んで幕府内における北条氏の地位向上と実権掌握に努める。このため政子・時政らの処置に不満の頼家との関係が次第に悪化、建仁三年(一二〇三)頼家が重病に陥ると頼家の帯する日本国総守護および総地頭職を頼家の長子一幡と弟実朝に分割譲与。さらにこの処置に不満の頼家の舅比企能員の一族を滅ぼすとともに一幡を殺害。頼家を伊豆修禅寺(静岡県伊豆市修善寺)へ幽閉した。三代将軍に次子実朝が任じられると再び後見役として幕政に参画。元久二年(一二〇五)畠山氏討伐事件を発端として時政と義時の間に隔絶が生じると弟義時と結び時政と対立。同年七月、時政の後室牧の方による陰謀事件(平賀朝雅の乱)が発覚すると、当時、時政邸に居た実朝を自分のもとに引き取り、父と牧の方を伊豆北条(静岡県伊豆の国市寺中)に幽閉した。またこのころ後鳥羽院を中心として討幕の気運が活発になってきた京都政界との和解工作のため建保六年(一二一八)にはみずから上洛、子に恵まれない実朝の後継将軍として後鳥羽院の皇子を鎌倉へ迎えられるよう画作、当時朝廷内に隠然たる勢力を築きつつあった藤原兼子(卿二位)と会談してその内諾を得ることに成功した。しかしながら翌承久元年(一二一九)正月右大臣拝賀のため鶴岡八幡宮に参詣した実朝が頼家の遺児公暁によって暗殺されると、京都側は前の密約を破棄して親王将軍の鎌倉下向を拒否、やむをえず鎌倉では頼朝の遠縁にあたる左大臣九条道家の四男で二歳の三寅(頼経)を後継者として迎えた。政子はこの幼将軍にかわって簾中で政務を後見、世に「尼将軍」と称されることとなった。承久三年後鳥羽院は北条義時追討宣旨を諸国に下し討幕運動を開始。いわゆる承久の乱は結果的には鎌倉方の圧倒的勝利のもとに終結したものの幕府創設以来最大の危機であり、この時政子は頼朝の正妻として諸御家人を前にして頼朝の恩義を説き幕府の結束を促したのである。乱後は仏事供養や一家内の仕事を中心としながらも義時を全面的に支援して乱の終戦処理にあたった。その後元仁元年(一二二四)義時が没すると義時の後室伊賀氏とその実家の陰謀を抑え(伊賀氏の変)、執権職を義時の長子泰時に継がせ、同時に義時の弟時房を連署として泰時の補佐役とするなど執権政治体制の確立に尽力した。嘉禄元年(一二二五)七月十一日没。六十九歳。法名如実。妙観上人とも号した。墓所は当初、勝長寿院御堂(鎌倉市雪ノ下法華堂跡)内に築かれたが、のち寿福寺と高野山にも分骨された。極位は建保六年十月十三日に叙せられた従二位。

北条政子墓

その人物像については「女丈夫」「嫉妬深い」といった評判があるが、これは後世の戯作者による興味本位のもので、『吾妻鏡』などに語られる数々のエピソードによれば当時の東国女性の一般的姿の一つであったと考えられる。現在の研究は歴史上、政子の役割について武士政権成立の過程で本質的に貴族性を具備する頼朝と、彼を戴いた東国武士団との緩衝剤的意義、また将軍から執権へと幕府の実権が移行する際の潤滑剤的意義を評価することに重点がおかれている。

参考文献　『大日本史料』五ノ二、嘉禄元年七月十一日条、安田元久『源頼朝』、渡辺保『北条政子』(『人物叢書』五九)、岡部周三『吾妻鏡の人びと』、奥富敬之『鎌倉北条氏の基礎的研究』、三浦勝男「頼朝と政子」(『国文学解釈と鑑賞』三一ノ六)、杉橋隆夫「北条時政と政子」(『歴史公論』五ノ三)、五味文彦「卿二位と尼二位」(『お茶の水女子大学女性文化資料館報』六)、関幸彦『北条政子』(『ミネルヴァ日本評伝選』)

(並木　優記)

ほうじょうまさむら　北条政村　一二〇五―七三　鎌倉時代中期の執権。陸奥四郎と号し、式部大夫・右馬権頭・陸奥守・相模守・左京権大夫などを歴任。元久二年(一二〇五)六月二十二日生まれる。北条義時の四男。母は伊賀朝光の女(通称伊賀氏)。北条泰時・名越朝時・北条重時の異母弟。義時と伊賀氏との間の最初の子であり、『吾妻鏡』にも「相州鍾愛若公」とみえる。建保元年(一二一三)十二月二十八日、三浦義村が烏帽子親となり、九歳で元服し、四郎政村と号した。将軍九条三寅(藤原頼経)の側近衆となったが、元仁元年(一二二四)六月父義時の急死後、執権の座をめぐって伊賀氏を中心とする政村かつぎ出し運動が起き(伊賀氏の変)、北条政子・兄泰時によって事件は鎮定され、伊賀氏は失脚したが、政村は泰時の配慮によって厚免された。その後、幕府の要職につくことはなかったが、延応元年(一二三九)評定衆に就任し、はじめて幕政にたずさわることになった。時に政村三十五歳であった。政村が政治的に頭角を現わしたのは北条時頼が執権となってからであり、建長元年(一二四九)新設された引付衆の一番頭人、康元元年(一二五六)連署に就任、時頼のあとを継ぎ執権となった北条長時の下でも、政村は引き続き連署としてこれを補佐した。文永元年(一二六四)長時が病没するが、家督北条時宗が幼少であったため、暫定的に政村が執権になり、時宗は連署に就任した。時に政村六十歳であった。執権としての政村は、文永三年の将軍宗尊親王の廃位、京都への送還、惟康王の将軍擁立、引付衆の廃止などの重要問題の処理に政治的手腕を発揮している。しかし文永二年には相模守を時宗に譲り、みずからは左京権大夫に転じるなどしており、多くの政治的陰謀・権力争いの渦中に巻き込まれた体験を有し、かつ見聞してきた政村は、疑惑の目で見られるような行動を極力避けようとしていたふしが見える。そして時宗が十八歳に成長した同五年執権を時宗に譲り、みずからは再び連署として時宗を補佐する役に廻っている。執権の位についた者が再び連署になることは前例のないことであった。そのころモンゴルの襲来を目前にして、幕政は多難な時期であったが、政村は若い時宗を補佐し、着々と防備を強化する政策を決定している。しかし十年五月十八日病が重くなり、死を覚悟して出家し法名を覚崇と称した。そして同年五月二十七日没。六十九歳。政村は和歌にもすぐれ、三十七首が勅撰和歌集に収録されている。

北条政村花押

参考文献　安田元久編『鎌倉将軍執権列伝』

(瀬野精一郎)

ほうじょうみつとき　北条光時　⇨名越光時《なごえみつとき》

ほうじょうむねかた　北条宗方　一二七八―一三〇五　鎌倉時代後期の六波羅探題、評定衆。弘安元年(一二七八)生まれる。北条宗頼の次男。母は大友頼泰の女。『関東開闢皇代幷年代記』によると字は相模七郎、本名久時。正応五年(一二九二)十二月左兵衛尉に任じ、永仁二年(一二九四)二月従五位下、右近将監に任じ、同五年六月六波羅探題北方となり翌月入洛。六波羅探題としての発給文書は南方の北条宗宣との連署で、『東寺百合文書』と永仁五年九月七日の御教状から関東下向後の『東大寺文書』正安二年(一三〇〇)十二月十二日付の御教書まで知られる。六波羅探題在任中の正安元年三月従五位上に叙し、翌二年十一月六波羅探題を退任して関東に帰り翌月評定衆となる。同三年正月四番引付頭となり、同年四月左近将監、八月駿河守に任じ越訴頭となる。嘉元二年(一三〇四)十二月侍所所司となる。同三年四月二十三日、連署の北条時村を、北条貞時の命と称して誅殺したが、同年五月四日、貞時らの兵に討たれた。二十八歳。

北条宗方花押

参考文献　『鎌倉年代記』(『(増補)続史料大成』五一)、網野善彦『蒙古襲来』(小学館『日本の歴史』一〇)、石井進『中世武士団』(同一二)、千々和到『板碑とその時代』(『平凡社選書』一一六)、田村裕「奥山庄波月条絵図の作製背景をめぐって」(『日本史研究』三二〇)、細川重男『鎌倉政権得宗専制論』　　(川添　昭二)

ほうじょうむねのぶ　北条宗宣　⇨大仏宗宣《おさらぎむねのぶ》

ほうじょうもととき　北条基時　?―一三三三　鎌倉時代後期の六波羅探題・執権。極楽寺流北条時兼の子。正安二年(一三〇〇)十一月、北条宗方に代わって六波羅探題北方に任命され、翌三年六月上洛。嘉元元年(一三〇三)十月鎌倉に帰着、辞任。在任中、大覚寺統の亀山法皇が持明院統後伏見天皇の譲位を強く求め、正安三年正月に邦治親王が即位して後二条天皇となったが、その東宮をめぐって両統の対立は激化し、結局富仁親王の立太子が実現したものの大覚寺統の不満は強く残った。この政局の斡旋に基時は努力した。鎌倉帰着後、評定衆就任の徴証はなく、嘉元三年引付頭人、延慶三年(一三一〇)信濃国守護を兼ねる。正和四年(一三一五)八月十二日、北条熙時の辞職によって執権に就任、讃岐守から相模守に任ぜられたが、一年後の七月十日辞職して執権職を北条高時に譲った。十一月に出家、法名を信忍と称し、普恩寺と号した。元弘三年(一三三三)五月、よく化粧《けわい》坂を守って新田義貞軍を支えたが、二十二日、葛西ヶ谷の東勝寺で一門とともに自決した。六波羅探題として在京していた息男仲時が近江国番場(滋賀県米原市)で自刃した報を得ていた基時は、「待てしばし死出の山辺の旅の道同く越えて浮世語らん」と堂の柱に書きつけたと『太平記』にある。

北条基時花押

参考文献　『信濃史料』四、『鎌倉年代記』、佐藤進一『(増訂)鎌倉幕府守護制度の研究』、安田元久編『鎌倉将軍執権列伝』、奥富敬之『鎌倉北条氏の基礎的研究』　　(福田以久生)

ほうじょうもりとき　北条守時　⇨赤橋守時《あかはしもりとき》

ほうじょうもろとき　北条師時　一二七五―一三一一　鎌倉時代後期の執権。武蔵四郎、西殿と称す。法名は道覚。建治元年(一二七五)に生まれる。父は北条宗政であるが、執権北条時宗の養子となったともいう。北条貞時の女婿。弘安七年(一二八四)小侍所に就任。内管領平頼綱父子が討たれた永仁元年(一二九三)に評定衆・引付頭人に任じられ、正安三年(一三〇一)出家した貞時のあとをついで執権に就任する。しかしその登用をめぐる反発から、従弟北条宗方による連署北条時村夜討事件がおきる。若い師時に対して連署の時村は六十歳の老練な政治家であり、この人事配置は幕府の伝統的なものであるが、時村の孫の熙時も貞時の女婿である。一方、事件の首謀者として処刑される宗方は「内ノ執権(内管領)」と呼ばれており、この事件は得宗政権の内部紛争とみられる(『保暦間記』)。師時の執権期には、夜討・強盗など検断関係の法令が多く発せられ、訴訟手続の簡素化も進むが、それも得宗専制強化の施策とみることができる。『鎌倉年代記』裏書によると、師時は貞時と同じ屋敷に住み、そこが「殿中」とも呼ばれた政庁であった。応長元年(一三一一)九月二十二日に出家。同日、評定の座で没した。三十七歳。その死には宗方の怨霊説もある。

北条師時花押

参考文献　福田豊彦「北条師時」(安田元久編『鎌倉将軍執権列伝』所収)　　(福田美也子)

ほうじょうやすいえ　北条泰家　生没年不詳　鎌倉時代後期の武将。父は北条貞時。母は安達泰宗女、また安達時顕女ともいう。はじめ四郎時利、のちに時興、法名恵《え》性《しょう》、慧性・恵清ともみえる。嘉暦元年(一三二六)三月、退任した同母兄高時のあとの執権就任を望んだが、内管領長崎高資の反対により実現せず出家。後任の執権金沢《かねさわ》貞顕が一ヵ月遅れて出家・辞任したのは、泰家の反対を恐れたためといわれる。元弘三年(一三三三)五月、十万余騎という幕府の大軍を率いて分倍河原(東京都国立市・府中市)に新田義貞の軍を破るが、三浦氏が新田方に付いたため、その後の合戦に破れ鎌倉に退く。この敗戦は鎌倉幕府の命運を縮めたが、幕府滅亡に際しては高時の遺児を密かに信濃に落とし、みずからも自刃を装い鎌倉を脱走。還俗して刑部少輔時興と改名、京都の西園寺公宗邸に潜伏、信濃の時行ら北条与党の結集・蜂起を謀った。その背後には持明院統との関係も推察されている。しかし建武二年(一三三五)六月に露見して遁走。建武三年二月に深志介知光らと信濃で兵を挙げ、村上信貞や守護小笠原貞宗らと合戦している(『市河文書』)。その最期は不明。　　(福田美也子)

ほうじょうやすとき　北条泰時　一一八三―一二四二　鎌倉時代中期の幕府執権。寿永二年(一一八三)に生まれる。執権義時の長男。幼名金剛。建久五年(一一九四)元服、頼時と称し、のち泰時と改名。建仁二年(一二〇二)三浦義村の娘を娶り、翌三年、長男時氏誕生。建暦二年(一二一二)安保実員の娘との間に次男時実誕生。建保元年(一二一三)将軍源実朝の学問所番に選ばれる。同年、和田氏の乱の戦功によって、陸奥国遠田郡を与えられた。同六年、侍所別当に就任。承久三年(一二二一)五月、承久の乱が起ると、叔父時房とともに大軍を率いて東海道から上洛、後鳥羽上皇方を破って、六月都に入り、泰時

北条泰時花押

は六波羅北方、時房は同南方として六波羅探題の任に就いた。元仁元年（一二二四）六月、父義時の死で鎌倉に帰り、あとを継いで執権となった。さきに承久元年、源実朝が暗殺されると、幕府は左大臣九条道家の子の三寅を鎌倉に迎え、事実上は北条政子が政務をとり、執権義時がこれを補佐していた。嘉禄元年（一二二五）政子が没すると、泰時は大いに政治の刷新を試みた。まず連署を設けて時房をこれに任じ、さらに評定衆を置いて幕政を評議させたが、これらの政策は、それまでの独裁政治を改め、合議政治への転換を図るものであった。また幕府を大倉から宇都宮辻子《ずし》に移し、鎌倉大番の制を整え、さらに三寅を元服させて頼経と命名し、翌二年には朝廷に申請して頼経を征夷大将軍に任命させるなど、将軍に関する体制を整備した。貞永元年（一二三二）には、武家最初の法典である『御成敗式目』を制定、公平な裁判を行うための基準とした。嘉禎元年（一二三五）から三年にかけて興福寺と石清水八幡宮、延暦寺と近江の佐々木氏との間に紛争が起ったが、泰時は臨時に大和に守護、興福寺衆徒知行の荘園に地頭を置くなど、強硬な態度で興福寺・延暦寺の横暴を抑え、事態を処理した。都市鎌倉の発展に関する功績も大きい。泰時は鎌倉の家地の面積を測るのに丈尺を用い、面積の単位として戸主《へぬし》を採用した。家の集合体としての保を市政の基本単位とし、保に保奉行人を置き、市中の取締りや道路の清掃・保持の責任者とした。これらは京都の制に倣ったものである。鎌倉の海は遠浅で、港としての条件に恵まれていなかったが、勧進聖往阿弥陀仏が人工島の築造を試み、泰時が強力に援助し、貞永元年には和賀江島が築かれた。この結果、鎌倉は北九州を中継地として、中国とも水路で結ばれることになった。鎌倉と外部を結ぶ山越の道路も造られた。仁治元年（一二四〇）には鶴岡八幡宮の脇を山内に越える巨福呂《こぶくろ》坂が造られ、翌二年には鎌倉から良港六浦への六浦道が新造された。鎌倉の僧徒に対しては、僧兵のように顔を包んで市内を横行することを禁じ、念仏者が魚鳥を食い、女人を招き寄せ、党類を結び、酒宴を好むことを禁じるなど、統制を強めた。暦仁元年（一二三八）僧浄光が勧進によって鎌倉の深沢に大仏堂の建立を企てると、泰時はこれを援助し、仁治二年には大仏殿が上棟され、泰時が没した翌年、寛元元年（一二四三）に供養が営まれた。当時朝廷では九条頼経の父の道家や、外祖父の西園寺公経が実権を握っており、公武関係はおおむね円満であったが、嘉禎元年、道家らが承久の乱で流された後鳥羽・順徳両上皇の還京を図った際には、泰時はこれを強く拒否した。暦仁元年、頼経の上洛にあたっては、泰時も多数の御家人とともに上洛、十ヵ月も在京し、朝廷側との友好を深め、また在京中に京都に篝屋《かがりや》を設けることを決定、治安の強化に努めた。仁治三年四条天皇が急死した際、皇嗣の候補者として順徳上皇の皇子と土御門上皇の皇子が擬せられ、公卿の間では前者の方が有力であった。しかし順徳が承久の乱の際に討幕に積極的であったことを嫌った泰時は、皇位問題に干渉して、土御門皇子（後嵯峨天皇）を推戴した。この処断は、順徳の外戚であった九条家と幕府との亀裂を深めた。当時の幕府体制は安定していたが、それでも泰時の晩年には、貨幣経済の発展が御家人の所領を脅し始めた。泰時はこれに対処するとともに、御家人領の統制を強めた。延応元年（一二三九）には陸奥に銭の流布を禁じ、山僧・富商を地頭代にすることを禁じた。『御成敗式目』は恩領の売買を禁じたほかは、御家人がその所領を自由に処分するのを認めていたが、仁治元年の「追加」では、恩領については質入までも禁止し、私領についても御家人以外への売買を禁じた。官歴は建暦元年修理亮、建保四年従五位下、承久元年武蔵守、嘉禎二年左京権大夫を兼ね、延応元年正四位下。仁治三年五月出家（法名観阿）、六月十五日六十歳で没。泰時の政治は世の賞讃を以て迎えられ、堯・舜の再来とまでいわれた。反面、摂政近衛兼経は泰時を極重悪人と評しており、まったく悪評がなかったわけではない。しかし後世でも、北畠親房から頼山陽に至るまでが泰時を讃え、武家が皇室から政権を奪ったことを非難する中で、泰時だけを例外と見ている。

北条泰時墓

〔参考文献〕『大日本史料』五ノ一四、仁治三年六月十五日条、上横手雅敬『北条泰時』（『人物叢書』九）、『鎌倉市史』総説編、石井進・大三輪竜彦編『武士の都鎌倉』（『よみがえる中世』三）
（上横手雅敬）

ほうじょうゆきとき　北条随時　?—一三二一　鎌倉時代後期の鎮西探題。肥前国守護も兼任。父は肥前国守護北条定宗。従五位下。遠江守。定宗の死後、肥前国守護は鎮西探題が兼任することになったが、随時は肥後国阿蘇郡小国郷（熊本県阿蘇郡南小国町）、肥前国高来西郷山田荘（長崎県雲仙市吾妻町）領家職・惣地頭職など鎮西の所領所職を相伝していた。北条政顕の鎮西探題辞任後、約一年半の未補の期間を経て、文保元年（一三一七）に探題に就任したが、約四年間在任して、元亨元年（一三二一）六月二十三日博多で没した。探題在任中、随時の被

北条随時花押

官を鎮西探題引付衆に登用している。肥後国満願寺（熊本県阿蘇郡南小国町）を外護したため、同寺域内に随時のものと伝えられる五輪塔がある。

参考文献　瀬野精一郎『鎮西御家人の研究』、同「鎮西探題と北条氏」（『歴史の陥穽』所収）

（瀬野精一郎）

ほうじょうよしとき　北条義時　一一六三—一二二四　鎌倉時代前期の第二代執権（一二〇五—二四）。相模守・陸奥守・右京権大夫を歴任、また駿河・伊豆・若狭・越後・大隅・信濃の守護となる。長寛元年（一一六三）北条時政の第二子として生まれる。母は伊東入道女。幼名は江馬四郎・江馬小四郎。のちに徳宗と号す。治承四年（一一八〇）源頼朝の挙兵に父時政・兄宗時とともに参加、石橋山の戦で宗時が戦死したため、嫡子の地位を得た。以後父とともに頼朝の側近としてその鎌倉入りに協力。養和元年（一一八一）四月、頼朝の祗候衆となり、頼朝の最も信頼する少壮御家人の一人となった。元暦元年（一一八四）、源範頼の平家追討軍に従い、翌年正月、豊後国に渡り、葦屋浦合戦に武功を立てた。文治五年（一一八九）七月、奥州征伐軍に加わり、常に頼朝の側近に侍し、軍略・軍政的資質をみせ始めた。ついで建久元年（一一九〇）十一月の頼朝上洛に際し、先陣の随兵に加わったが、そのころから義時に対する頼朝の信頼は特に厚くなり、「他日必ず子孫の補佐たらん」「義時をもって家臣の最となす」と称賛した。頼朝の死後、宿老御家人十三名の合議制が生まれたとき、義時は三十七歳の若さでこれに加わった。建仁三年（一二〇三）、比企氏の乱に際し、義時は時政の命により、将軍源頼家の子一幡の館に拠った比企一族を破り、一幡を殺した。またこの事件に関連して、仁田忠常一族が尼将軍政子の住む大御所を襲ったとき、義時は御家人たちを指揮して、彼らを討ち取った。ついで将軍頼家の追放・幽閉、実朝将軍の実現、元久元年（一二〇四）七月の頼家殺害など、義時の主導とみられている。この時期、北条氏による有力御家人排除の動きは積極化したが、元久二年六月に畠山重忠追討が行われ、この時義時は父時政と意見が対立し、畠山擁護の態度を示したものの、結局は時政の命に従って追討の大軍を率いて鎌倉を進発、武蔵国二俣川に重忠を討滅した。しかしこの畠山氏追討の原因となった重忠への嫌疑が無実であることが明白となり、かえってその裏に牧の方（時政の後妻）やその女婿平賀朝雅の陰謀があり、時政もこれに加担している情勢がみえてきた。義時はまず重忠讒言の張本として稲毛重成・榛谷重朝を誅し、また時政に対する警戒を強めたが、やがて牧の方らによる将軍実朝謀殺計画が発覚、義時は政子と協力して実朝を自邸に迎え、多くの御家人を集めて公然と時政に対抗したため、この陰謀は未然に防止され、時政は失脚・引退した。義時は政所別当の地位につき、幕政の最高責任者として権力を集中するに至ったが、そのころから彼の地位は執権と呼ばれるようになり、彼は次第に独裁的政治を展開し、執権政治の基礎を固める方向に進む。義時は執権体制強化の障害となる有力御家人に対する抑圧策を積極化し、承元三年（一二〇九）に諸国守護人の終身在職を改め、定期交替制にしようとしたが、これは諸豪族御家人らの反対により断念した。しかしこの諸豪族抑圧策がやがて義時と和田義盛との正面衝突を招き、建保元年（一二一三）の和田氏の乱となる。義時の挑発によって起ったこの事件は、約二日間の激戦ののち和田氏の壊滅によって義時の勝利に終り、それまで義盛が占めていた侍所別当の地位も義時の手中に入った。こうして幕府内部での義時の独裁的権力はいよいよ強化されるが、彼の官位も次第に昇進し、乱の三年後の建保四年には従四位下に叙し、翌年五月右京権大夫に任じ、十二月には陸奥守を兼ねた。この官位は従五位下遠江守の時政を越え、鎌倉武士としては違例の高さであった。承久元年（一二一九）正月、鶴岡八幡宮社頭で将軍実朝暗殺事件が起ったが、この時実朝の御剣奉持の役にあった義時が途中でにわかに病気となり、その役を中原仲章に譲り、小町の自邸に帰ったため難を逃れた。このため義時が未然に暗殺計画を知っていたとの憶測も生まれ、さらには爾後の収拾策などとも関連して、暗殺事件そのものが義時の陰謀であったとの解釈が有力である。しかしこれには異論もあり、真相は必ずしも明らかでない。この実朝の死により源氏の正統が絶えたため、鎌倉武家社会内部では動揺をかくせず、将軍の地位をねらおうとする動きもみられた。源氏の一族阿野時元が駿河に挙兵したのもその一つであるが、義時は金窪行親に命じてこれを討伐させた。また義時は源氏の血縁者で将軍職継承の策動をする可能性のあるものを一掃しようとつとめたらしく、翌承久二年四月には、京都で頼家の遺子の一人、禅暁を殺している。このとき義時は、皇族将軍を迎えることを考え、その実現のために策動したが成功せず、結局九条家から二歳の幼児三寅（のちの藤原頼経）を迎えて鎌倉の主とすることになった。三寅が幼少の間は政子が代わって政治を聴き、義時が将軍家のことを奉行するという体制をとった。しかしそのころ京都の後鳥羽院政権と鎌倉武家政権との間の緊張が高まり、相互の関係は尖鋭化しつつあった。そのため義時は、承久元年二月に、伊賀光季を京都守護として特派し、京都の治安維持と院当局の監視にあたらせていたが、さらに大江親広をも京都守護として上洛させた。一方後鳥羽上皇のもとでは倒幕計画が着々と進められ、ついに承久三年五月、上皇は

北条義時花押

畿内近国の武士や諸寺の僧兵を召集するとともに、伊賀光季を討ち、北条義時追討の宣旨を発して、討幕の行動をおこした。いわゆる承久の乱である。生涯で最大の難局に直面した義時は、御家人たちの向背を最も心配したが、三浦義村以下有力御家人のほとんどが幕府への忠誠を誓い、幕府側は一致団結して反撃態勢を整えることができた。義時は嫡子泰時・第二子朝時、弟の時房を大将軍とする十九万の大軍を、東海・東山・北陸の三道から京都に進めた。五月二十一日に鎌倉を発した幕府軍は、尾張(木曾)川・宇治川など京方軍の防禦線を突破し、早くも六月十五日には京都を制圧してしまった。幕府軍の完勝であり、義時は乱の主謀たる後鳥羽上皇以下に対しきわめて厳しい態度をとり、乱後の処置にも完璧を期した。この勝利により義時の幕府内での最高権力者たる地位が確定したのみならず、義時の主導する鎌倉政権が、公家政権に対し支配的位置を保つという関係が確立した。そして公家政権の監視を主たる目的とする幕府の出先機関として、六波羅探題が置かれたのもこのときである。こうして新たに展開された執権義時の政治は、全国的政権としての新しい方向をとることとなる。義時はこの新たな政治目的のための諸計画を実現すべく努力したであろうが、その志を果たすことなく、元仁元年(一二二四)六月十三日落飾出家し、同日六十二年の生涯を終えた。『諸家系図纂』には「号安養寺」とある。法華堂(神奈川県鎌倉市西御門)の東ノ山に葬られたというが現在は不詳。

参考文献 『大日本史料』五ノ二、元仁元年六月十三日条、安田元久『北条義時』(『人物叢書』八二)

(安田 元久)

ほうじょうよしまさ 北条義政 一二四二―八一 鎌倉時代後期の連署。仁治三年(一二四二)生まれる。極楽寺流北条重時の子。はじめ陸奥六郎時景(時量)と称す。早くから廂衆・昼番衆などとして将軍宗尊親王に近侍。正元元年(一二五九)四月十七日従五位下左近将監。文永二年(一二六五)六月十一日引付衆。同四年十一月評定衆。同六年四月二番引付頭。同七年五月二十日駿河守。同十年六月十七日、執権得宗北条時宗の連署になり、同七月一日武蔵守に転ず。文永の役に際し執権時宗を補佐。建治三年(一二七七)四月四日病のため出家、法名道義(政義とも)。同五月二十二日遁世逐電、信濃善光寺に詣でて所領の同国塩田荘に退隠。この突然の退隠には事情があったようで、同六月に所帯を没収されたというが確証はない。弘安四年(一二八一)十一月二十七日、塩田荘で没。四十歳。『続拾遺和歌集』『続千載和歌集』『玉葉和歌集』『新後撰和歌集』に和歌がある。塩田流北条氏の祖。

北条義政花押

参考文献 黒坂周平「塩田北条氏と信濃守護」(『信濃』二五ノ一二・二六ノ二)、北条氏研究会編『北条氏系譜人名辞典』、細川重男『鎌倉政権得宗専制論』、奥富敬之『鎌倉史跡事典』、黒坂周平「塩田北条氏と信濃守護」(『信濃』二五ノ一二・二六ノ二)

(奥富 敬之)

ほうぞう 法蔵 (一)?―九六九 平安時代中期の法相・真言宗の僧。俗姓は藤原氏、左京の人。寛救に唯識、延僘に三論、定助に密教を学び、東大寺実相院に住した。法相宗の碩学として知られ、天徳四年(九六〇)に興福寺維摩会講師となり、応和三年(九六三)八月に内裏清涼殿で南都・北嶺の学匠が『法華経』を講じた、いわゆる応和の宗論で、延暦寺の良源と論争したことは著名。また密教・宿曜《すくよう》にも通じ、応和元年閏三月に計度(都)星形像供法を修し、さらに村上天皇の本命供をめぐり陰陽家賀茂保憲と論争して同年十月に勘文を進め、本命供で祀る本命宿は法蔵の主張が認められて暦算により定められることになった。その暦算に用いる暦法は、天徳元年に延暦寺の僧日延が呉越国より請来し、のちに宿曜師が星占・暦算に用いた符天暦とみられ、『二中歴』一能歴の宿曜師の項に彼を筆頭に置き、『歴代皇紀』に「宿曜之精也」と記すのも、これらの活動と係わる。康保元年(九六四)権律師に任じ、翌年東大寺別当となる。ついで安和元年(九六八)権少僧都に昇るが、同二年二月三日(一説に正月三日)寂した。六十二歳、また六十五歳ともいう。著作には『金剛般若経秘賾』四巻、『大般若経玄文』二十巻などがある。

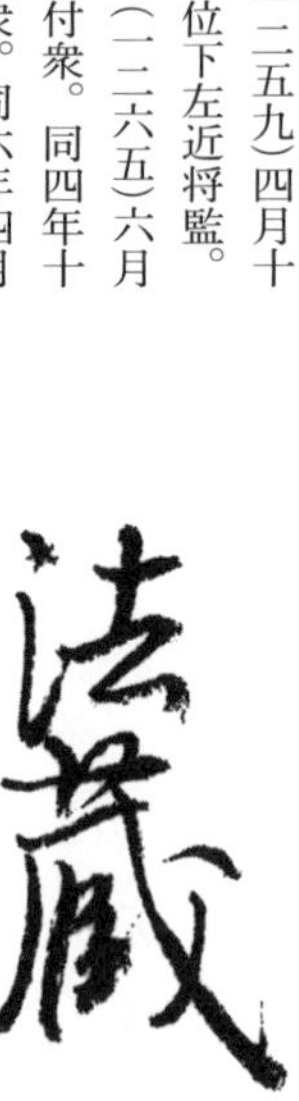

法蔵(一)自署

参考文献 『大日本史料』一ノ一二、安和二年二月三日条、山下克明「宿曜道の形成と展開」(古代学協会編『後期摂関時代史の研究』所収)

(山下 克明)

(二)六四三―七一二 中国唐代の華厳教学の大成者。華厳宗の第三祖。賢首大師・香象大師などと呼ばれる。姓は康氏。長安で生まれ、十七歳のとき太白山に入って仏典を学び、のち洛陽雲華寺の智儼(華厳宗第二祖)より『華厳経』の講義を聞いて、その門下に投じた。智儼の没後、二十八歳のとき、則天武后が太原寺を創建するに及んで勅によって出家、入寺した。インドより来た地婆訶羅《じばから》に請うて旧訳《くやく》『華厳経』(六十華厳)の「入法界品」の欠文を補い、実叉難陀《じっしゃなんだ》による新訳『華厳経』(八十華厳)の訳経に参加するなどした。『華厳経』を講ずること三十余回といい、華厳教学の組織・大成につとめ、七十歳で没した。著書に『華厳経探玄記』『華厳五教章』『華厳経旨帰』『華厳経義海百門』『修華厳奥旨妄尽還源観』『華厳遊心法界記』『大乗起信論義記』など多数ある。また新羅の義湘に宛てた書簡(「寄海東書」)の真蹟が現存している。

法蔵㈡画像

参考文献 崔致遠撰『唐大薦福寺故寺主翻経大徳法蔵和尚伝』(『(大正新脩)大蔵経』五〇所収)

（藤田 宏達）

㈢生没年不詳 百済僧。『日本書紀』天武天皇十四年(六八五)十月条によれば、優婆塞《うばそく》益田直金鍾と美濃国に派遣され、白朮を煎しめ、翌十一月に献上したという。また、持統天皇六年(六九二)二月条には陰陽博士沙門法蔵とみえ、銀二十両を賜わっている。なお、このほか『唐大和上東征伝』(鑑真が日本渡海を決意した折、随伴者たらんことを願った弟子の一人)、『法隆寺伽藍縁起并流記資財帳』(『智度論』『大般若経』『花厳経』を天朝のため知識敬造し、法隆寺に献納した僧)、『三国仏法伝通縁起』(東大寺法相宗の僧)にも同名の僧がみえる。

（佐久間 竜）

ほうどう 法道 播磨国法華山一乗寺(兵庫県加西市坂本町)を根拠に十一面観音を信奉し、近畿地方の山岳寺院を開いたとされる伝説上の仙人。法道についての文献上の初見は、同国御岳山清水寺(加東郡社町平木)に所蔵される養和元年(一一八一)八月の播磨国清水寺僧弁忠施入状(『平安遺文』八)。それには、この寺は往昔法道仙人が草創建立し、手ずから十一面観音・毘沙門天の木像を彫刻して安置したとある。鎌倉時代末に虎関師錬が編集した『元亨釈書』に法道仙人伝が収録され、有名になった。彼は天竺の人で、霊鷲山に棲む神力自在の五百持明仙の一人であったが、孝徳天皇のころ紫雲に乗って日本に渡り、播州法華山に棲み、千手大悲銅像と仏舎利・宝鉢を持し、常に法華を誦し、密観を修し、また常に鉢を飛ばして供を受けたので、州人は空鉢仙人と称した。また天皇の不予を持念・加護し、平復したこと、さらに法道は多くの精舎を営んだが、それが諸州に往々にしてある、と述べている。室町時代初期に著わされた播磨の地誌『峯相記』に、法道仙人開基の寺として法華山一乗寺など二十ヵ寺を挙げ、江戸時代の『播磨鑑』ではさらにおびただしい数の法道開基寺院をみる。

参考文献 田中久夫「播磨・但馬の山岳伝承—法道仙人と牛頭天王(広峰社)—」(『山岳宗教史研究叢書』一六所収)、同「観音信仰と播磨の法道仙人—『元亨釈書』記載の法道伝説の成立事情について—」(『日本歴史』三四六)

（鈴木 昭英）

ほうとうえんみょうこくし 法燈円明国師 ⇨無本覚心《むほんかくしん》

ほうねんぼう 法然房 ⇨源空《げんくう》

ほうみょうに 法明尼 七世紀の尼。

㈠生没年不詳 高句麗の老比丘尼。『元興寺伽藍縁起并流記資財帳』によると、蘇我馬子の求めに応じて播磨国より現われ、司馬達等の女、嶋女ら三人に仏教を教えている。

㈡生没年不詳 百済人。斉明天皇二年(六五六)中臣鎌足が病気で苦しんでいた時、法明が『維摩詰経』を読誦すると、偈《げ》いまだ終らざるうちに疾がいえた。これに感伏した鎌足は、翌三年山階陶原家(京都市山科区)に精舎をたてて斎会を設けた。これが維摩会のはじめになったと伝える(『扶桑略記』『元亨釈書』『興福寺縁起』『今昔物語集』など)。

（佐久間 竜）

ほうみょうぼう 法明房 ⇨良尊《りょうそん》

ぼうもんきよただ 坊門清忠 ?—一三三八 鎌倉末・南北朝時代初期の公卿。父は左中将坊門俊輔。弁官を経て、嘉暦二年(一三二七)従三位、翌三年に参議、同年九月に左京大夫を兼ねるが、元徳元年(一三二九)二月に官職を辞し正三位となる。同二年還任し、さらに翌三年正月辞任。その後、元弘三年(一三三三)六月、後醍醐天皇の還京に伴い還任し右大弁となり、翌建武元年(一三三四)九月に大蔵卿、従二位となる。同二年十一月、足利尊氏が新田義貞討伐の上奏をした際にはそれに反対し、翌年、楠木正成が足利軍を京都に招き入れ殲滅することを提案した際にも反対し、それぞれその意見を通したが、

坊門清忠花押

結局、延元元年(一三三六)五月に摂津湊川の敗戦を招き、同年十二月に後醍醐天皇に同行して吉野へ移る。翌年正月に左大弁に転じるが、同年三月に官職を辞し、延元三年(北朝暦応元)三月二十一日、吉野において没した。

参考文献 『大日本史料』六ノ四、暦応元年三月二十一日条 （槇　道雄）

ぼうもんすけよ　坊門資世 生没年不詳 南北朝時代、征西将軍宮懐良親王令旨の奉者。右中将・大蔵卿。征西将軍宮懐良親王令旨は、九州下向以来、勘解由次官五条頼元を奉者として発給されていたが、『阿蘇家文書』正平十六年(康安元、一三六一)十月二十三日を最後に、頼元は奉者から姿を消し、代わって『河上神社文書』正平十六年十月二十八日を初見として、右中将坊門資世が奉者として令旨が発給されている。その後資世の官途は正平十九年(貞治三)に右中将から大蔵卿に変わっているが、正平二十一年正月ごろまで奉者を勤め、その後奉者は左少将池尻胤房と交替している。資世のその後の動向については不明である。 （瀬野精一郎）

ぼうもんどの　坊門殿 ⇨足利義詮《あしかがよしあきら》

ほうれんぼう　法蓮房 ⇨信空《しんくう》

ポーロ　Marco Polo 一二五四―一三二四 中世イタリアの商人、旅行家。渾名ミリオーネ(百万)。ポーロ家は一〇三三年アドリア海東岸のダルマチアから西岸のベネチアに移住し、商業に従事していた。マルコは一二五四年生まれる。父ニコロ。七一年父と伯父マッフェオに伴われて陸路東行し、ともに七五年から九一年まで元朝世祖フビライ汗の臣下として中国に滞在した。この間彼らは征服地の経済調査や外地との貿易交渉にあたり、九一年イル汗国王の求妻使節の道案内兼西欧諸王への使者として海路西行し、九五年ベネチアに帰る。マルコはその後ジェノバとの海戦に参加して捕われ、その獄中での回顧談を同囚の騎士物語作家ピサのルスティケロが九八年一書にまとめたのが『東方見聞録』である。釈放後ベネチアの聖ジョバンニ＝グリソストモ教区に住まい、貴族の娘ドナータ＝バドリエールと結婚しファンティーナ・ベレッラ・モレータの三女を得ていずれも貴族の子弟にとつがせた。懐胎暦一三二三年一月九日付の遺言状を残して同日中に没し、聖ロレンゾ教会に葬られた。家系は一五世紀に絶え、墓も教会の大改築で一八世紀に位置不明となった。イタリア地理学協会は一九世紀末にベネチア中央郵便局裏の通称「百万の庭」に面した一家屋をマルコの住居跡と指定した。一九五四年イタリアで大規模な生誕七世紀記念行事が行われ、爾来ポーロ研究は躍進した。中国では八〇年以降「中西友好使者」と評価し、八三年に記念金・銀貨を発行した。

参考文献 渡邊宏編『マルコ・ポーロ書誌―一四七七―一九八三―』、佐口透『マルコ＝ポーロ』(『人と歴史シリーズ』東洋一一)、『愛宕松男東洋史学論集』五、榎一雄「マルコ・ポーロの財産」(『月刊シルクロード』四ノ一)、余士雄『馬可波羅介紹与研究』(『文献百科識知叢書』)、李則芬「馬可波羅遊記索隠」(『東方雑誌』復刊一一ノ四・五)、Giovanni Orlandini ed., Marco Polo e la sua famiglia, Archivio veneto-tridentino 9; Alvise Zorzi: Vita di Marco Polo veneziano; Rodolfo Gallo: "Marco Polo, la sua famiglia e il suo libro," in Istitudo veneto di scienze, lettere ed arti ed., Nel Ⅶ centenario della nascita di Marco Polo. （渡邊　宏）

ぼくさい　墨斎 ⇨没倫紹等《もつりんしょうとう》

ぼくしないしんのう　穆子内親王 ?―九〇三 光孝天皇の皇女、斎院。母は参議正如王の女、桂心と伝える。元慶六年(八八二)四月、二世王女として賀茂斎院に卜定され、同八年、父光孝天皇が即位した後も引き続き斎院。臣籍に降った他の皇子女と異なり、同四月内親王となる。仁和三年(八八七)父天皇の死により斎院を退下。延喜三年(九〇三)十二月五日没。退下後、醍醐天皇に配し、有明親王を生むとの説もあるが、疑問。

参考文献 『大日本史料』一ノ三、延喜三年十二月五日条 （山口　英男）

ぼくずいせい　朴瑞生 生没年不詳 李氏朝鮮初期の文官。字は汝祥、栗亭と号す。父は中郎将漸、本貫は比安。太宗七年(一四〇七)、科挙に合格し、兵曹佐郎・集賢殿副提学・工曹参議・判安東府事などを歴任する。正長元年(一四二八)十二月、日本通信使として、副使李芸とともに、同年没した足利義持への弔問と新将軍足利義教の慶賀のために派遣された。翌永享元年(一四二九)六月、義教と接見し、十二月に帰国した。その際、義教は明国入朝の希望があることを伝え、その転奏を要請したが、朝鮮側は実行に至らなかった。瑞生は、帰国後十五ヵ条に及ぶ復命書を提出したが、これには当時の日本社会の様子が詳細に述べられている。その主な内容は、対馬島から兵庫までの海賊数や地方豪族との関係、仏典の尊重の状況、農村における水車の活用、銭の流通、浴室、街市の制、被虜朝鮮人を奴婢として売買していることなどである。

参考文献 『朝鮮世宗実録』四六、朝鮮総督府朝鮮史編修会編『朝鮮史』四ノ三、秋山謙蔵「朝鮮使節の観たる中世日本の商業と海賊」(『日支交渉史話』所収)、三宅英利『近世日朝関係史の研究』、関周一「朝鮮王朝官人の日本観察」(『歴史評論』五九二) （関　周一）

ぼくとんし　朴惇之 生没年不詳 高麗朝末・李氏朝鮮初期の文官。高麗末に秘書官、李朝では判殿中寺事・承枢府提学・恭安府尹などを歴任し、明国への使節も務めている。応永四年(一三九七)大内義弘の使者永範・永廊の回礼使(通信官)として日本に派遣された。同五年山口にて大内氏に謝意を表した後、京都に入り、足利義満に対して敬意を表し、三島の倭寇の禁圧を要求した。義満は禁賊の約束をし、同六年の惇之帰国の際に、百余人の被虜人を送還し、使者を派遣して大蔵経の板木と仏具を

求めさせた。これが室町幕府最初の朝鮮への遣使である。この時惇之は、大内義弘の重臣平井備前入道祥助の家蔵本であった日本地図（壱岐・対馬の図を欠くもの）を模写して帰り、のちに礼曹判書許稠に贈った。この地図は、申叔舟が『海東諸国紀』の地図を作成する際、参考になったと考えられる。また同年、判殿中寺事として降倭を定州に分置する任にあたっている。

参考文献 『大日本史料』七ノ三、応永五年八月是月条、朝鮮総督府朝鮮史編修会編『朝鮮史』四ノ一、中村栄孝『日鮮関係史の研究』上、田中健夫『中世対外関係史』 （関　周一）

ほくりくのみや　北陸宮　一一六五―一二三〇　以仁王の子。木曾宮また還俗宮ともいう。以仁王が治承四年（一一八〇）五月の平氏討伐の挙兵に敗れて没するや、乳母夫讃岐前司重秀が奉じて北陸へ逃れたのを、木曾義仲が守護した。平氏都落ち後の皇位継承に義仲が強く推挙したが後白河法皇の容れるところとならず、院と義仲の不和の一因となる。義仲の敗死後は嵯峨に隠棲し寛喜二年（一二三〇）七月八日、六十六歳で没したという。『本朝皇胤紹運録』は「僧法円」をあてているが確かではない。

参考文献 『大日本史料』五ノ五、寛喜二年七月八日条、『参考源平盛衰記』、『（改定）史籍集覧』三―五、『玉葉』、『信濃史料』 （下出　積與）

ほくりんぜんに　北林禅尼　⇩阿仏尼《あぶつに》

ほしかわのおうじ　星川皇子　雄略天皇の皇子。母は稚媛。磐城皇子の弟。『日本書紀』雄略天皇七年是歳条には、天皇が吉備上道臣田狭の妻稚媛を奪い妃としたとある。雄略天皇二十三年八月天皇は遺詔して星川皇子を警戒すべき旨を大伴室屋らに告げた。清寧即位前紀によると、星川皇子は母稚媛の言に従い、大蔵の官をとり天下の位に登ろうとしたが、大伴室屋は大蔵を囲み皇子らを焼き殺して乱を平定したという。また吉備上道臣は星川皇子の乱を助けるため上京せんとし、乱平定を聞き途中で戻ったが、その過により山部を奪われたとある。稚媛の出自は葛城氏とも吉備氏ともあり、星川皇子の乱は雄略朝における有力豪族と天皇との関係を考察する材料を呈している。

参考文献　吉田晶「吉備氏伝承に関する基礎的考察」（『吉備古代史の展開』所収） （森　公章）

ほしなまさとし　保科正俊　一五一一―九三　安土桃山時代の武将。藤沢荘の代官保科正則の長男として誕生。弾正忠・筑前守。通称甚四郎。世に「槍弾正」といわれて勇猛の誉れが高い。天文十四年（一五四五）武田信玄に臣従し、翌年から信濃に参戦。同十七年には塩尻峠の戦いで小笠原氏を破り、二十年下伊那に参陣した。永禄十二年（一五六九）信玄と共に小田原後北条氏攻めなど、信玄・勝頼に従い、軍功は三十七度におよび、信玄からの感状も数通あった。天正十三年（一五八五）十二月、正直・正光（子と孫）が真田氏との対陣の隙を狙って小笠原貞慶が高遠攻めを実施した。留守を守っていた七十五歳の正俊はわずか百騎の家臣と共に巧みな戦略で、五千の小笠原勢を鉾持除の戦いで見事に破った。その後、正俊の消息は不明であるが、文禄二年（一五九三）八月六日八十三歳（一説には八十七歳）で、上野箕輪にて没した。上野館林の茂林寺に葬られる。法名月真。室は小河内美作守某が女。

参考文献 『寛政重修諸家譜』二五〇、『寛永諸家系図伝』三、『保科御事歴』、『高遠町誌』人物編 （長谷川正次）

ほしなまさなお　保科正直　一五四二―一六〇一　安土桃山時代の武将。天文十一年（一五四二）信濃国伊那郡高遠（長野県伊那市高遠町）に誕生。父は正俊。越前守・弾正忠。通称甚四郎。天正十年（一五八二）十月徳川家康に臣従して、伊那に二万五千石を領す。同十一月同郡箕輪に藤沢頼親を降服させ、同十二年九月木曾義昌攻めに参加、羽柴秀吉来援の報に殿軍としてしりぞく。翌十三年閏八月信濃国上田に真田氏と戦い忠功あるも、家臣の多くを失う。同十二月高遠郊外六道原に小笠原貞慶を破り、家康より感状と包永の一刀を賜わる。同十七年七月方広寺大仏建立にあたり、富士山中にて大材木を伐り出し、また甲斐国浄居寺城の普請を奉行する。同十八年に小田原征伐に加わり、のち下総国多胡に一万石にて移る。翌年九戸の乱討伐に一味して陸奥国岩手沢に至る。慶長六年（一六〇一）九月子正光とともに高遠に帰り、同月二十九日に高遠にて没。六十歳。法名天関透公建福寺。高遠建福寺に葬られる。室は家康の異父同母妹久松佐渡守俊勝の女。

保科正直花押

参考文献 『寛政重修諸家譜』二五〇、『寛永諸家系図伝』三 （長谷川正次）

ほそかわあきうじ　細川顕氏　？―一三五二　南北朝時代の武将。細川頼貞の嫡子。小四郎。兵部少輔・陸奥守。元弘の乱以来足利尊氏に従って行動し、建武三年（延元元、一三三六）二月、一族とともに四国に派遣され、従兄弟細川和氏と連名で恩賞を充行う権限を尊氏から委ねられて、これを行使し、四国の軍勢を集めて尊氏軍の畿内進攻に合流した。同年八月以来山城・近江・摂津・河内・和泉・大和に転戦して官軍と戦う傍ら、同年末ごろから河内・和泉・讃岐（一時は土佐も）の守護を兼ね、二弟定禅・皇海の活躍と相まって勢力を強め、また暦応三年（興国元、一三四〇）から康永三年（興国五、一三四四）までと、貞和二年（正平元、一三四六）に侍所頭人として活動している。翌三年九月楠木正行の率いる南軍と河内・摂津に戦って連敗し、十一月

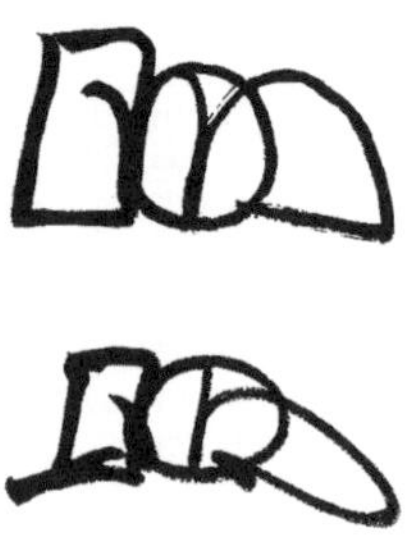

細川顕氏花押

京都まで逃れたため河内・和泉守護を罷免され、高師直一族が代わって守護となり功名を揚げた。そこで顕氏は足利直義に近付いて、貞和五年十月直義を錦小路堀川の自邸に迎え入れた。翌観応元年(正平五、一三五〇)十一月、観応擾乱が起ると、分国讃岐に渡って軍勢を集め、ついで直義方の先鋒として翌年二月尊氏の布陣した播磨国書写山に攻め寄せ、直義党優勢裡に和議が結ばれる一因をなし、和泉守護に復した。しかし同年七月擾乱が再燃すると、直義党から離れてその北国下向に随行せず、尊氏から和議の使者として直義のもとに派遣されたが、和議は不成功に終った。翌正平七年(一三五二)閏二月、在京の足利義詮とともに南軍の急襲を避けて近江に逃れ、三月京都奪回に功あり、四月には後村上天皇の男山(石清水八幡)の行宮を攻める総大将となり、五月十一日これを陥れた。しかしこの戦いで子息政氏が討死し、続いて七月五日、顕氏自身が急死した。法名勝園寺巒興。顕氏は軍務・政務の傍ら和歌に精進し、直義が高野山金剛三昧院に奉納した仏名和歌に三首みえ、『風雅和歌集』以下の勅撰集に七首入撰している。なお、嫡子繁氏は讃岐・土佐守護になるが、延文四年(正平十四、一三五九)に夭折し、顕氏の子弟の活動は養子業氏が引付頭人となる程度にとどまった。

参考文献 『大日本史料』六ノ一六、正平七年七月四日条、小川信『細川頼之』(『人物叢書』一六四)、同『足利一門守護発展史の研究』、佐藤進一『室町幕府守護制度の研究』 (小川 信)

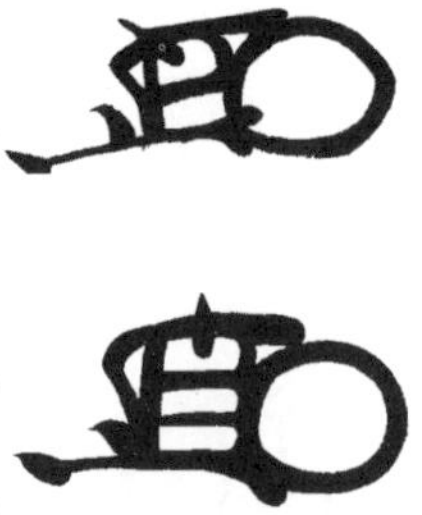

細川氏綱花押

ほそかわうじつな 細川氏綱 ?―一五六三 戦国時代の武将。室町幕府最後の管領。二郎、右京大夫。典厩家当主細川尹賢の子。細川高国の実子稙国の没後、高国の家督を継ぐ。天文十二年(一五四三)七月高国の残党玉井某らに擁せられ、摂津槇尾寺に挙兵して細川晴元に対抗し、ついで和泉の堺に攻め入るが、三好範長(のち長慶)に破られ、河内の八尾城に拠った。やがて畠山政国・遊佐長教と結び、天文十五年以来摂津国衆三宅国村・池田信正らに支援されて晴元・三好政長と連戦した。同十七年十月三好長慶が晴元に背いて氏綱を擁して以来、氏綱方は優勢となり、翌十八年六月、晴元および前将軍足利義晴・将軍足利義藤(のち義輝)を近江に駆逐した。同二十一年正月義藤が長慶と和して入京すると、二月に氏綱は長慶とともに幕府に出仕し、右京大夫に任ぜられ、管領となったが、その実権はまったく長慶に掌握されていた。永禄二年(一五五九)八月山城の淀城(京都市伏見区納所)に移され、同六年十二月二十日同城で没し、ここに管領職は廃絶した。

参考文献 長江正一『三好長慶』(『人物叢書』一四九)、今谷明『守護領国支配機構の研究』、同『室町幕府解体過程の研究』 (小川 信)

ほそかわうじはる 細川氏春 ?―一三八七 南北朝時代の武将。淡路守護。法師丸・彦四郎。兵部少輔・左衛門佐。細川師氏の子。貞和四年(正平三、一三四八)父の死没に伴い、幼少で淡路守護を継ぎ、やがて文和二年(正平八、一三五三)までに元服した。細川清氏の南朝への帰順に呼応して、ともに讃岐に渡り細川頼之と戦ったが、清氏の敗死後間もなく幕府方に降り、応安元年(正平二十三、一三六八)の将軍足利義満元服には打乱箱・陪膳の役を勤め、また同六年には河内南軍追討の大将に起用され、長慶天皇の天野行宮を攻略する戦果を挙げた。康暦元年(天授五、一三七九)の政変には細川頼之とともに京都を逃れたが、やがて再び赦されて、淡路守護に復した。このように氏春は両度の離反にもかかわらず、巧みに幕府に復帰し、子孫相ついで戦国時代まで分国淡路を保持した。嘉慶元年(元中四、一三八七)十月十九日没。法名松柏院泰山安公。

参考文献 小川信『足利一門守護発展史の研究』、同『細川頼之』(『人物叢書』一六四)、佐藤進一『室町幕府守護制度の研究』下 (小川 信)

ほそかわかずうじ 細川和氏 一二九六―一三四二 南北朝時代の武将。寛正本『梅松論』は「ともうち」と振り仮名する。弥八、阿波守。細川公頼の長子。永仁四年(一二九六)生まれる。元弘の乱に際して足利尊氏を補佐し、建武政権から阿波守に任ぜられ、建武元年(一三三四)宮中の御修法の折、南庭を警護したと伝える。翌二年八月尊氏の中先代の乱鎮定に従軍し、駿河国府(静岡市)の合戦で分捕の功名をたてた。建武三年(延元元)尊氏から一族とともに四国へ分遣され、特に和氏は従兄弟細川顕氏とともに四国における恩賞授与権を尊氏から委ねられて、これを実施し、四国の軍勢を集めて、足利方の京都占領に功があった。尊氏の幕府開設に伴い引付頭人として訴訟審理に活動し、暦応三年(興国元、一三四〇)侍所頭人に転じた。また初代の阿波守護と伝えられ、暦応二年(延元四)阿波国秋月荘に補陀寺(のち阿波安国寺となる)を建立し夢窓疎石を開山に招じている。なお暦応三年四月には河内国橘島荘光国名を臨川寺三会院に寄進し、河内にも所領があったことがわかる。引退して法号を竹渓、道号を道倫と号し、康永元年(興国三、一三四二)九月二十三日、四十七歳で没した。彼はまた歌道に堪能で、その和歌は康永三年の『直義金剛三昧院奉納和歌』に五首、『風雅和歌集』以下の勅撰和歌集にも十首えらばれてい

細川和氏花押

る。

参考文献　『大日本史料』六ノ七、康永元年九月二十三日条、小川信『細川頼之』(『人物叢書』一六四)、同『足利一門守護発展史の研究』

(小川　信)

ほそかわかつます　細川勝益　?―一五〇二　室町時代後期の武将。土佐守護代。三郎、遠江守、治部少輔。『尊卑分脈』などによれば細川義季の子宗義の子孫。土佐守護代細川持益の子。応仁元年(一四六七)持益の死没により守護代を継ぐ。明応四年(一四九五)京都の頂妙寺に洛中の地を寄進した。また文亀元年(一五〇一)正月曾祖父細川頼益追善のため、守護所のある田村荘(高知県南国市田村)に桂昌寺(のち細勝寺)を建立した。翌文亀二年六月四日没す。法名常院。土佐守護代は嫡子政益が継ぐが、このころには安芸・香宗我部・山田・本山・長宗我部・吉良・大平・津野などの有力国人の自立化が進み、細川政元暗殺に始まる中央の細川氏の分争と相まって、細川氏の土佐支配は急速に弱まり、土佐は戦国争乱の時代を迎える。

細川勝益花押

参考文献　『細川氏家譜』(細勝寺所蔵)、『高知県史』古代中世編

(小川　信)

ほそかわかつもと　細川勝元　一四三〇―七三　室町時代前期の武将。幕府管領。聡明丸、六郎、右京大夫。管領細川持之の嫡子。永享二年(一四三〇)生まれる。嘉吉二年(一四四二)八月の持之の死没に伴い、十三歳で細川宗家を嗣ぎ、幼将軍足利義勝の偏諱を受けて勝元と名乗り、摂津・丹波・讃岐・土佐四ヵ国守護を継承した。文安二年(一四四五)三月十六歳で管領に就任し、宝徳元年(一四四九)まで、さらに享徳元年(一四五二)から寛正五年(一四六四)までと、応仁二年(一四六八)から文明五年(一四七三)の死没時までと、計三回、通算二十一年余り在任した。当時細川氏は一族で八ヵ国守護、またいわゆる四職の山名氏は同じく九ヵ国守護で、相拮抗する大勢力であった。そこで勝元はまず山名持豊(入道して宗全)の女婿となり、畠山氏の内訌にはともに畠山政長を支援し、また享徳三年赤松政則取り立てに反対した持豊を足利義政が追討しようとしたのを諌めるなど、持豊との協調によって細川氏の勢力の維持・強化を図った。しかし赤松家再興運動が本格化すると、勝元はこれを支援し、これに反対する持豊と対立するようになった。ついで寛正元年義政の信任の厚い伊勢貞親が政所執事になると、勝元は貞親と結んで斯波氏・畠山氏などの内紛に干渉し、義政に説いて寛正六年持豊の後援するその姻戚斯波義廉を却け、斯波義敏を赦免させた。また畠山氏の内訌については、持豊が畠山義就を支援するに至ったのに対し、勝元は畠山政長を支援し続けた。こうして勝元と持豊の対立があらわになると、東海・北陸から九州北部に至る諸大名間の争いは、すべてこの対立と結びつき、彼らは細川党・山名党に二分するに至る。たとえば加賀半国守護をめぐる争いでは富樫政親は勝元方、同泰高は持豊方となる。また飛驒・出雲・隠岐守護で四職の京極持清は、山名氏に対抗するため勝元にくみし、周防・長門・筑前・豊前守護大内政弘や伊予守護河野通春は、細川氏との多年にわたる対抗関係から山名方となった。さらに将軍家の継嗣争いが起り、義政の弟足利義視が勝元を、義政の実子義尚の母日野富子が持豊を頼るに及んで、両党の対立は一層激化した。文正元年(一四六六)伊勢貞親が義視を義政に讒言して失敗し、追放されると、持豊は一挙に権勢確立を策し、翌応仁元年正月、義政に迫って管領畠山政長の出仕を停め、与党斯波義廉を管領にした。ここに同月の政長対義就の洛北上御霊社での対戦が導火線となって、勝元・持豊はともに京都に兵を集め、同年五月二十六日細川方は山名方を攻撃、山名方はただちに応戦し、応仁の乱が勃発した。当初は、幕府を占拠して将軍義政を擁し錦旗を申し下した勝元方の東軍が優勢であったが、大内・河野勢が上洛して山名方の西軍に加わり、また翌二年義政が伊勢貞親を赦免して政所執事に再任したため、義視は幕府を脱出して山名の陣に加わり、両軍の勢力はほぼ互角となった。やがて両軍とも敵方の後方攪乱を行い、かつこれと結んだ諸国国人の反乱が起り、戦局は地方に波及した。こうした戦乱長期化の状況のなかで、文明五年三月持豊が病没したのに続いて、勝元は同年五月十一日同じく病没した。四十四歳であった。彼は平素妙心寺の義天玄承、つ

細川勝元花押

細川勝元像

いで雪江宗深に参禅し、京都に竜安寺(京都市右京区竜安寺御陵ノ下町)、分国丹波に竜興寺(京都府南丹市八木町)を創建した。また和歌・絵画・鷹狩・犬追物などを嗜み、医術を研究して医書『霊蘭集』を著わすなど、多趣味であった。また彼は食通であったと伝えられ、邸宅は王侯のごとしといわれたように、生活はすこぶる奢侈であった。ともあれその権勢欲が幕府政治の混乱を助長し、大乱勃発の一因となったことは疑いない。法名竜安寺仁栄宗宝。墓は竜安寺にある。

参考文献 『大日本史料』八ノ六、文明五年五月十一日条、小川信『山名宗全と細川勝元』(『日本の武将』)、永島福太郎『応仁の乱』(『日本歴史新書』)、永原慶二『下剋上の時代』(中央公論社『日本の歴史』一〇)、『京都の歴史』三、今谷明『守護領国支配機構の研究』、同『室町幕府解体過程の研究』　(小川　信)

ほそかわガラシャ　細川ガラシャ　一五六三—一六〇〇　安土桃山時代の代表的なキリシタン女性。細川忠興夫人。永禄六年(一五六三)明智光秀の次女として生まれる。本名玉子、ガラシャ Gracia は霊名。諡は秀林院。天正六年(一五七八)織田信長の媒酌により細川藤孝の息忠興と結婚し、細川氏の居城山城勝竜寺城(京都府長岡京市)に輿入れ、のち丹後宮津城に住む。天正十年本能寺の変後に丹後の味土野(三戸野、京都府京丹後市弥栄町)に幽閉される。十二年豊臣秀吉に許されて復縁し大坂玉造の細川邸に移る。忠興が高山右近から聴いて話すキリスト教の教義に関心を抱き、忠興の九州出陣中の天正十五年二月二十一日(一五八七年三月二十七日)、復活祭の祝日に侍女数人を従えてイエズス会の教会を訪れ、スペイン人パードレのセスペデス Gregorio de Céspedes と日本人イルマン高井コスメに会って説教を聴き教理について質す。翌日侍女頭の清原枝賢女の小侍女おいとの方を遣して教理を学ばせ、彼女を通じて教理の理解を深める。小侍女は日本人イルマン洞院ビセンテ Vicente より教えを受けて受洗しマリアと称す(清原マリア)。夫人は同年八月マリアから洗礼を受く。インド副王使節として上洛したヴァリニァーノ Alexandro Valignano は彼女に幾度も使者を遣した。司祭らの贈ったキリシタン版『コンテムツス＝ムンジ』(『キリストにならいて』)を愛読して信仰を深め、ローマ字文の書状を司祭に送り、みずから霊的書物を日本語に訳して侍女らに読み聞かせ彼女らの改宗に努める一方、教会に対する物的援助も惜しまなかった。慶長五年(一六〇〇)、忠興が徳川家康の上杉征伐に従って出陣中の七月十七日(一六〇〇年八月二十五日)石田三成が人質となるよう命じて玉造の細川邸を包囲するや、家老小笠原少斎は忠興の命令もあって夫人に最期の時が来たことを伝え、礼拝堂に入って祈る夫人をみずからの手で討った。三十八歳であった。夫人の最期の様子は侍女霜の手記『霜女覚書』により知られる。大阪市東淀川区東中島の崇禅寺境内に夫人とその殉死者少斎の墓がある。また、熊本市黒髪四丁目の泰勝寺跡にも細川忠興夫妻の廟所がある。

参考文献 松田毅一監訳『十六・七世紀イエズス会日本報告』一期三・三期七、ルイス＝フロイス『日本史』五・一二(松田毅一・川崎桃太訳)、『細川家記』一〇、ヘルマン＝ホイヴェルス『細川ガラシア夫人』、ヨハネス＝ラウレス『細川ガラシヤ夫人』(柳谷武夫訳)、結城了悟『キリシタンになった大名』(『キリシタン文化研究シリーズ』二七)　(五野井隆史)

ほそかわきようじ　細川清氏　?—一三六二　南北朝時代の武将。通称弥八、初名元氏。左近将監・伊予守・相模守。細川和氏の嫡子。父和氏の没した翌年の康永二年(興国四、一三四三)三月にはすでに元氏と名乗り、左近将監であった。観応擾乱に際し、叔父細川頼春とともに足利尊氏党として活躍し、伊予守となる。観応二年(正平六、一三五一)九月、尊氏の近江出撃に従軍、正平七年(一三五二)四月山城男山の後村上天皇行宮攻略戦に加わり、いずれも戦傷を負った。ついで伊賀守護となり、同年十月伊勢に発向して南軍を圧迫し、翌文和二年(正平八、一三五三)六月足利義詮が南党・足利直冬党の進攻を避けて近江・美濃に逃れたときは、殿軍を勤めて敵の追撃をかわし、また鎧の上から後光厳天皇を背負って山越えしたという。文和四年正月以来の直冬党に対する尊氏の京都奪回戦にも活躍し、三月東寺の直冬の本陣に迫って、またも数箇所に負傷したと伝える。これらの剛勇とともに幕府における地位も急上昇し、すでに文和三年には相模守に転任、宿老に伍して評定衆・引付頭人となり、若狭守護に転じている。延文二年(正平十二、一三五七)六月、越前守護を競望し、尊氏に拒否されて阿波に出奔した。翌三年尊氏の死により帰京し、同年十月一挙に幕府執事に起用されて将軍義詮の政治を補佐した。翌延文四年末関東執事畠山国清らとともに河内に出陣し、楠木氏の拠点赤坂城などを陥れ、五月帰京。ついで諸将とともに伊賀・伊勢・志摩・三河守護の有力武将仁木義長を京都から追放した。しかし清氏は権勢に奢って諸将の反感を招き、かつ将軍の所務沙汰親裁を犯すなど専恣の振舞があったため、康安元年(正平十六、一三六一)九月、謀叛の嫌疑を受けて分国若狭に没落した。しかし守護代頓宮大和権守が追討軍に内応したため清氏は吉野に逃れて南朝に帰順。同年十二月楠木正儀らとともに京都に突入したが、まもなく駆逐され、翌貞治元年(正平十七、一三六二)正月四国に落ち延び、従兄弟細川頼之と讃岐白峯西麓(香川県坂出市内)に戦い、七月二十四日討死した。

細川清氏花押

参考文献　『大日本史料』六ノ二四、貞治元年七月二十四日条、小川信『細川頼之』(『人物叢書』一六四)、同『足利一門守護発展史の研究』、佐藤進一『室町幕府守護制度の研究』上　(小川　信)

ほそかわすみもと　細川澄元　一四八九—一五二〇　戦国時代の武将。通称六郎。阿波守護細川成之の孫、同義春の子。延徳元年(一四八九)生まれる。文亀三年(一五〇三)五月、阿波から迎えられて細川京兆家当主政元の養子となり、将軍足利義澄の偏諱を受けて澄元と名乗る。翌永正元年(一五〇四)九月摂津守護代薬師寺元一らは主君政元を廃して澄元を立てようと謀って、山城淀城(京都市伏見区淀本町)に挙兵したが、政元に討たれて敗死した。同三年二月細川成之の家臣の阿波国人三好之長が将軍義澄に召されて入京し、澄元をたすけ、澄元は摂津守護に補せられた。翌四年六月、政元の近臣香西元長らが政元の今一人の養子細川澄之を擁して政元を暗殺し、澄元を襲ったので、澄元は之長とともに近江に逃れた。ついで八月、一族細川高国・同政賢らが澄之・香西元長らを滅ぼすと、澄元は之長とともに上洛し、京兆家の家督を相続して、丹波・讃岐・土佐守護をも兼ねた。しかしまもなく高国と不和になり、同五年四月高国の攻撃を逃れて之長とともに近江に走り、ついで阿波に帰り、高国が大内義興とともに足利義稙を擁して幕政を握った。同八年七月澄元は細川政賢に呼応して阿波から攻め上ったが、政賢が敗死したためこの挙は失敗した。大内義興が同十五年分国周防に帰ると、澄元は三好之長に擁せられて再挙を計り翌十六年十一月、之長とともに四国の兵を集めて摂津兵庫(神戸市)に上陸し、高国方を連破して十七年三月同国伊丹城に入った。続いて之長は上洛して、将軍義稙から澄元の京兆家督相続を申し請けた。しかしそれも束の間で、同年五月高国の逆襲が成功し、之長は洛中で捕らえられて切腹したので、澄元は再び阿波に逃れ、翌六月十日失意のうちに病没した。三十二歳。法名真乗院宗泰安英。天竜寺塔頭真乗院に塔が建てられた。澄元の一生は、近畿の戦国動乱と細川家の分裂・衰退とを象徴するかのような、挫折と苦難の生涯であった。

細川澄元花押

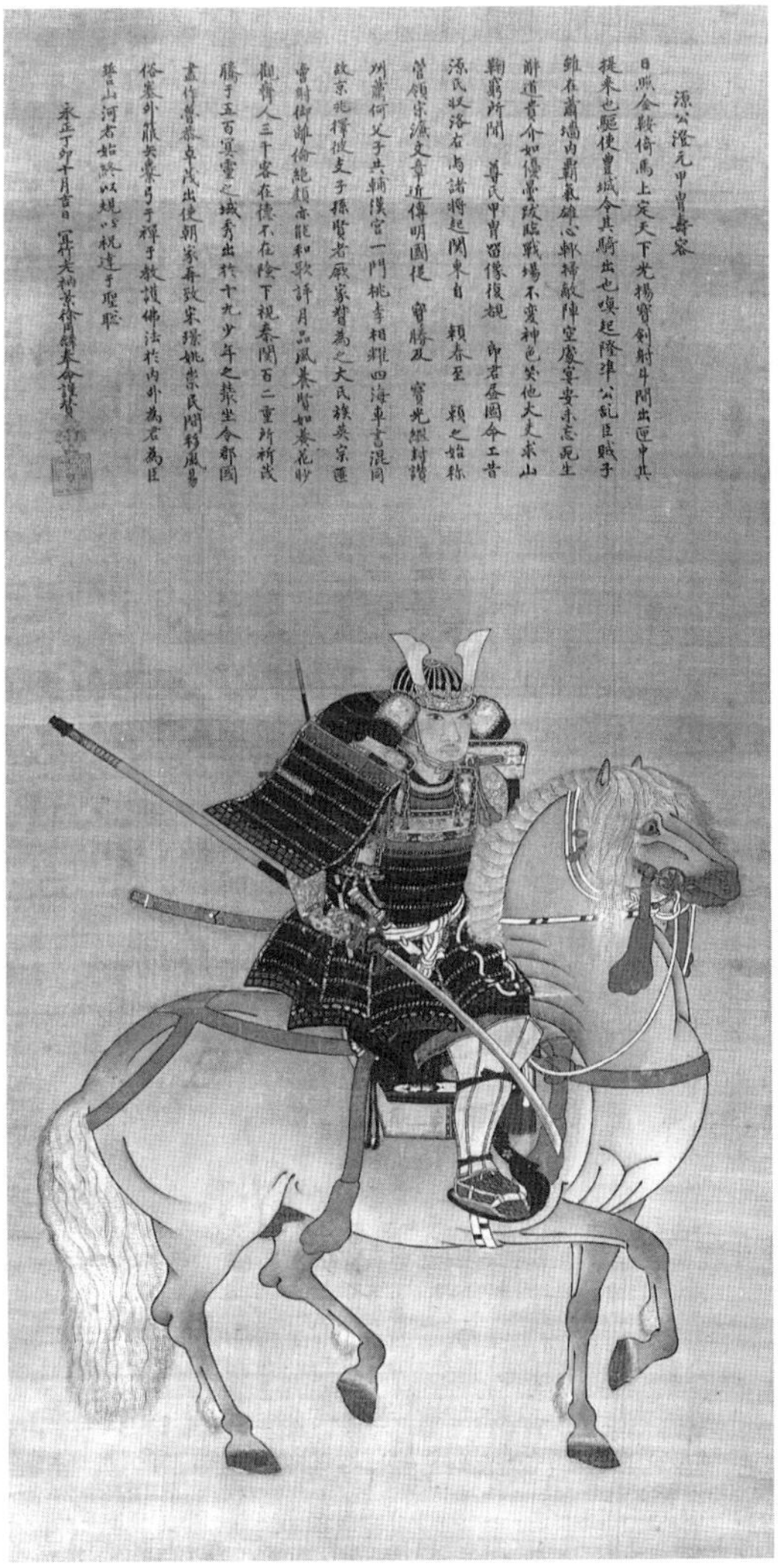

細川澄元画像

参考文献　『大日本史料』九ノ一一、永正十七年六月十日条、『細川両家記』、『後鑑』　(小川　信)

ほそかわすみゆき　細川澄之　一四八九—一五〇七　室町時代後期の武将。幼名聡明丸。通称九郎。前関白九条政基の実子。母は武者小路隆光女。延徳元年(一四八九)生まれる。細川政元の養子となり、永正元年(一五〇四)元服し、将軍足利義澄の偏諱を受けて澄之と名乗った。同三年四月丹波守護となり、養父政元の命を受けて、一族細川政賢とともに丹後に発向し、同国守護一色義有と戦う。翌四年四月政元とともに再び丹後に進発し、五月ともに帰京したが、まもなく三たび出陣した。ここに六月、家臣香西元長・薬師寺長忠らは、政元を暗殺し、政元の今一人の養子澄元を攻めて近江に駆逐すると、翌七月、澄之は丹波から入京して彼らに擁せられ、将軍義澄から京兆家家督を認められた。しかし細川高国・同政賢以下多くの一族・家臣は澄元に味方して挙兵し、澄之は八月一日、宿所の洛中崇禅寺遊初軒を高国らに攻められて自殺した。十九歳であった。香西元長・薬師寺長忠らもともに滅びた。この澄之派家臣の政元暗殺と澄之以下の滅亡は、細川両家の乱の端緒となり、畿内周辺の戦国争乱の激化を招いた。

細川澄之花押

参考文献『細川両家記』、『後鑑』 （小川 信）

ほそかわたかくに 細川高国 一四八四―一五三一 戦国時代の武将。幕府管領。通称六郎。民部少輔・右京大夫・武蔵守。従四位下。法名道永、のち常桓。道号松岳。細川政春の子。文明十六年（一四八四）生まれる。永正四年（一五〇七）六月細川政元の家臣香西元長・薬師寺長忠らが政元を殺してその養子細川澄之を擁立すると、高国は淡路守護細川尚春とともに幕府を警固し、ついで故細川政元の養子という名目で右京大夫に任じ、摂津・丹波・讃岐・土佐守護を兼ね、管領となって、大内義興とともに幕政を運営した。永正八年七月、細川政賢・同尚春が澄元に味方し、和泉・摂津に高国方を破って入京すると、高国は義興とともに足利義稙を奉じて、八月、一旦丹波に逃れて兵を集め、洛北船岡山に政賢を討ち滅ぼし、京都を回復した。永正十五年大内義興が分国支配強化の必要に迫られて周防に引き揚げると、機をうかがっていた三好之長は澄元を擁して翌十六年十一月挙兵し、十七年三月入京した。高国は一旦近江に退き、六角・土岐・朝倉ら諸氏の援軍と丹波の内藤貞正の支援を受けて京都を襲い、之長を捕らえて殺し、阿波に逃れた澄元もまもなく病没した。大永元年（一五二一）三月、義稙が高国の専横を嫌って出京し、淡路に逃れると、高国は同年七月播磨の赤松義村のもとに寄寓していた故将軍足利義澄の子亀王丸（足利義晴）を迎えて将軍に擁立し、専制権力を確立した。同年十月、再挙を計って和泉の堺に着いた義稙を奉じた畠山義英を攻めて義稙を駆逐した。大永五年四月、入道して道永を号し、嫡子稙国に管領職を譲ったが、稙国は同年十月早世した。六年七月一族細川尹賢が高国の近臣香西元盛を高国に讒言した上、殺したので、元盛の兄といわれる丹波の波多野稙通、弟といわれる大和の柳本賢治らは、挙兵して高国・尹賢打倒を計り、三好之長の甥勝長・政長らもこれに呼応して阿波から堺に着岸した。高国は洛北勝軍山（京都市左京区北白川瓜生山町瓜生山）に城を築いて京都防備を策し、ついで翌七年二月入京を計った三好勝長・波多野・柳本らと戦って、勝長をたおしたが、波多野・柳本らの軍は入京し、高国は将軍義晴を奉じて近江に逃れた。ここに三好元長（之長の孫）は足利義維（義澄の子）を奉じ、堺に拠って畿内に指令を発した。同年十月高国は義晴を奉じて入京し、翌享禄元年（一五二八）正月三好元長と和睦を図ったが、講和は破れ、五月、高国は近江に逃れ、高国政権は事実上崩壊した。ついで高国は伊賀・伊勢・越前・出雲を廻って諸大名に京都回復を説き、享禄三年六月、主君赤松政村に背いた備前の浦上村宗とともに播磨に柳本賢治と戦ってこれを滅ぼし、続いて摂津に進み、富松・大物などの城を陥れた。しかし翌四年六月摂津天王寺に三好元長・赤松政村の連合軍と戦って敗れ、村宗は戦死した。高国は同国尼崎に走ったが、六月八日捕らえられて大物広徳寺で自刃した。四十八歳。平素和歌・連歌・書道などの教養を積んだほか、すこぶる多趣味で、戦陣の合間にも連歌会・猿楽・犬追物・鷹狩などを催している。

細川高国画像

細川高国花押

参考文献『実隆公記』、『尚通公記』、『細川両家記』、今谷明『室町幕府解体過程の研究』 （小川 信）

ほそかわただおき 細川忠興 一五六三―一六四五 安土桃山・江戸時代前期の武将、茶人。山城国勝竜寺城主細川藤孝の長子として、永禄六年（一五六三）十一月十三日京都に生まれた。母は沼田光兼の女麝香（のちの光寿院）。幼名は熊千代。生後間もなく、将軍足利義輝の命により細川輝経の養子となり、その家名を継いだが、実際には父母の手許で養育された。同八年五月将軍義輝が三好義継・松永久秀らに殺されたあと、父藤孝は一乗院

「tada uoqui」

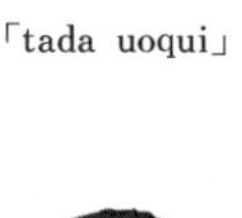

「tada uoqui」
細川忠興印

覚慶（のちの足利義昭）を擁して近江・北陸などに流寓したので、幼年の忠興は勝竜寺城を離れて家臣とともに京都に隠れ、同十一年藤孝の勝竜寺城回復により帰城した。天正五年（一五七七）二月、織田信長が雑賀一揆を攻撃したとき、父藤孝とともに従軍して和泉国貝塚合戦で初陣、続いて松永久秀攻撃にも参加、このころから、織田信長の長子信忠の諱字を与えられて与一郎忠興と名乗った（細川家の家史『綿考輯録』には元服の時期は不明とし、『寛政重修諸家譜』一〇五では六年とする）。以後摂津・播磨・丹波・丹後方面に父とともに転戦、同八年七月信長から丹後十二万石余を与えられ、八月入国、はじめ八幡山城に居し、のち宮津城を築いてこれに移った。またこの間同六年八月には明智光秀の女玉（のちのガラシャ・秀林院）を妻に迎えた。同十年の本能寺の変では、光秀は信長を倒したあと細川父子の協力に大きな期待を寄せていた。しかし彼らは直ちに髻を払って信長に対する弔意を表わし、また忠興は妻を丹後国味土野（京都府京丹後市弥栄町）の山中に蟄居させるなどして光秀に与せず、反光秀の行動を示した。事変後政局の主導権を握った羽柴秀吉は、このような細川父子に対し「別して入魂」の旨の誓紙を送るとともに、忠興には丹後国一円の知行を安堵する書状を送り（天正十年七月十一日）報いた。本能寺の変を契機に藤孝は剃髪、隠居して幽斎玄旨と号し、忠興が当主となった。秀吉政権下に入った忠興は、その後小牧・長久手の戦、九州平定、関東平定など秀吉の天下統一に協力、これに伴って官職も進み天正十三年七月十一日従四位下侍従、十六年には左近衛少将に任じられた。また秀吉の朝鮮出兵にあたっては文禄の役に出陣、主として慶尚道方面で行動したが、晋州城攻撃では多大の損害も被った。日明の講和交渉がはじまると文禄二年（一五九三）閏九月に帰国、慶長元年（一五九六）九月の秀吉と明使の接見には忠興は奏者役を勤め、このとき従三位参議に昇任、越中守に任じられた。豊臣秀吉の没後は武将派の一人として石田三成と対立、慶長四年十一月には徳川家康・秀忠に別心ない旨の誓紙を出して家康勢力側に投じ三男光（のちの忠利）を証人として江戸に送った。家康はこれに対し五年二月、大坂の台所料との名目で豊後国杵築六万石を加増した。同年九月関ヶ原の戦がおきると家康軍に属して行動し、美濃国岐阜城を攻略、九月十五日の合戦では忠興軍は首級百三十六を挙げ、その後父幽斎の丹後田辺城を救援、さらに同国福知山城の小野木公郷を降すなどしたが、大坂屋敷に残留していた妻のガラシャ夫人を失うなどの犠牲も払った。戦後の論功行賞では豊前一国と豊後国国東郡および同国速見郡の旧領計三十九万九千石が与えられ、慶長五年十二月新領国に移り豊前中津城に入城、翌六年には新領の検地、知行割を行い、七年には関門海峡を抑える小倉の地に新城を築

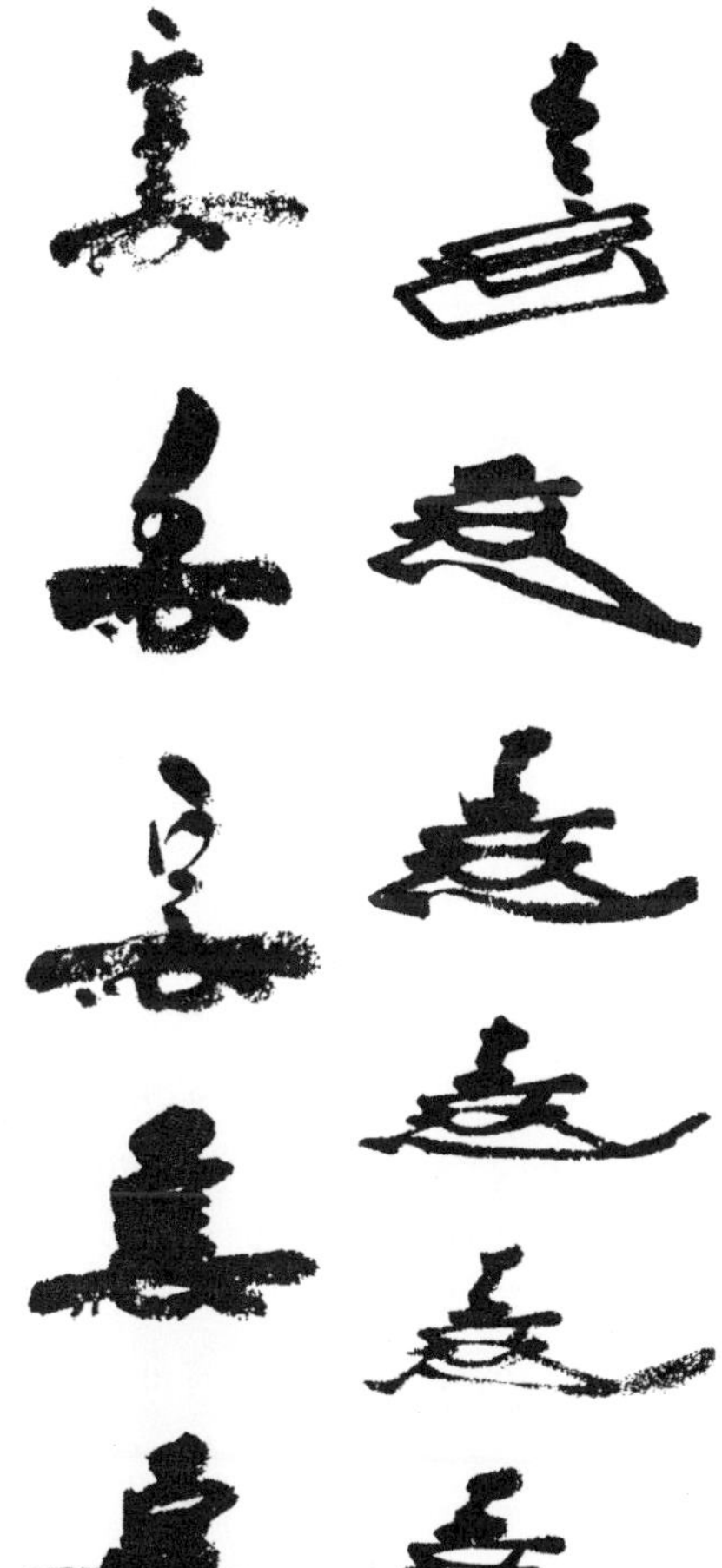

細川忠興花押

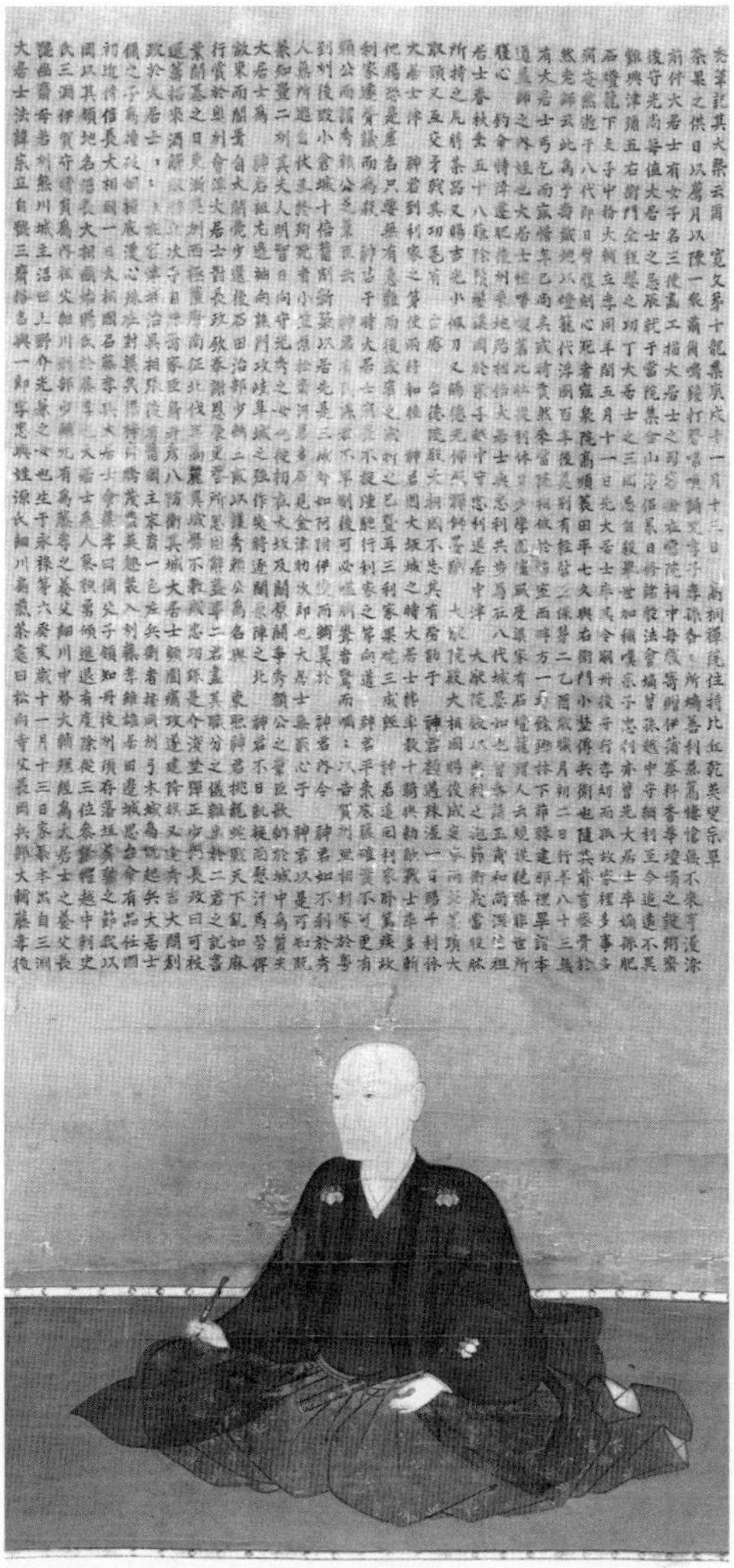

細川忠興画像

きこれに移るなど領国体制を整備した。大坂の陣を経て元和四(一六一八)、五年ごろから病気がちになり、隠居を幕府に願い、同六年閏十二月許可されて嗣子忠利に家督を譲り、剃髪して三斎宗立と号し、中津城を隠居城としてこれに移った。寛永九年(一六三二)十月加藤忠広改易のあとをうけて細川家が肥後に国替えになると、忠利は熊本城に入り、三斎は八代城を隠居城として同年十二月ここに移った。寛永十八年三月忠利は父に先立って死んだが忠興は長寿を保ち、正保二年(一六四五)十二月二日八十三歳の高齢をもって八代に没した。法号は松向寺殿三斎宗立大居士。墓は熊本市黒髪四丁目の泰勝寺跡細川家墓所にある。また、遺言により遺骨は京都に送られ、正保三年正月、紫野大徳寺高桐院に埋葬された。忠興は父藤孝以来の鋭い政治感覚を受けつぎ、時々の政権の主流を見誤らなかったが、それを可能にしたのはたとえば江戸幕府との関係においては土井利勝・伊丹康勝や幕府右筆の曾我家、あるいは妻の明智氏の縁を通じての春日局・稲葉正勝など、幕府要路者との親密な関係保持とそこからの正確な情報の入手であった。隠居後は忠利がこれを継承したが、父子の間には不断の情報の交換があり、忠興は終生藩政の指導から離れなかった。しかし一面では、その家柄もあって当時屈指の文化的教養の持主でもあった。武家故実に通じていたほか鷹狩・能・和歌・連歌などを好んだが、特に茶湯においては千利休の高弟で利休七哲の一人に数えられている。天正十五年の北野の大茶会では自身の茶屋を影向《ようごう》の松の根かたに構え、これを松向庵と名付けたので、これが法号の松向寺殿のもととなった。忠興の茶湯の系統を三斎流とよび、その門弟一尾伊織がおこした一尾流もその一流である。以上のような忠興の多面的な行動、特に慶長五年以後の活動については約二千通にものぼる彼の書状がその面目を伝えている。

参考文献 『細川家史料』一—八(『大日本近世史料』)、『綿考輯録』二・三(『出水叢書』)、村井益男「細川忠興」(児玉幸多・木村礎編『大名列伝』二所収)

(村井 益男)

細川晴元花押

ほそかわはるもと 細川晴元 一五一四—六三 戦国時代の武将。幼名聡明丸、通称六郎。官途右京大夫。法名一清、道号心月。細川澄元の子。永正十一年(一五一四)生まれる。永正十七年父澄元が阿波で没したため、七歳で家督を継ぐ。大永六年(一五二六)十月の細川高国方の内紛に乗じて柳本賢治らと呼応し、三好政長(三好之長の甥)・同元長(之長の嫡孫)らに擁せられて阿波に挙兵し、翌七年三月、足利義維(義澄の子)とともに元長に奉ぜられて和泉の堺に着岸した。元長・柳本賢治らは京都の支配をめぐり一進一退ののち、享禄元年(一五二八)五月、高国を京都から駆逐するが、柳本賢治・三好政長らの讒言を信じた晴元は、元長を疎み、堺公方と呼ばれた義維とともにしばらく堺に滞在し、茨木長隆を京都代官として政務を代行させた。享禄四年六月、元長は高国を滅ぼすが、晴元は同年八月畠山義宣の家臣木沢長政を援けて摂津中島に出陣し義宣を破るなど、独自の行動を取り、翌天文元年(一五三二)六月、元長を除こうとした木沢長政・三好政長らとともに、本願寺光教(証如)に依頼して一向宗徒を動かし、堺南庄の顕本寺に元長を包囲して自刃させた。ここに元長の奉じていた足利義維も阿波に帰った。一方、晴元は同年八月、法華宗徒と結んで山科本願寺を焼き打ちしたため、二年二月一向宗徒に攻められて一旦淡路に走ったのち、本願寺と講和した。かくて天文五年七月京都の法華一揆が叡山の衆徒と六角定頼の軍により鎮圧されると、晴元は同年九月入京して将軍足利義晴に謁し、翌六年四月定頼の娘を妻とし、八月右京大夫に任ぜられ、六角氏や本願寺との提携により、幕府政治を主導した。しかし晴元政権の安定は長続きせず、天文十一年以来、細川氏綱(高国の従兄弟尹賢の子)が高国の跡目と称して挙兵すると、その与党は次第に力を増した。天文十七年八月、三好長慶(初名範長)は一族三好政長打倒を唱えて晴元に背き、翌天文十八年六月、政長を摂津の江口に打ち滅ぼし、細川氏綱を奉じて入京したので、晴元は前将軍足利義晴・将軍足利義藤(のち義輝)とともに近江に逃れ、ここに細川政権は完全に崩壊して三好政権に移行した。天文二十一年正月将軍義輝が長慶と和し、晴元の子聡明丸(のち昭元・信良)を伴って入京すると、晴元は入道して若狭に逃れ、ついで丹波から入京を図るが成功せず、ついに永禄四年(一五六一)五月長慶と和して摂津普門寺に隠棲し、同六年三月一日病のため、波瀾の生涯を終えた。五十歳であった。

細川晴元墓

参考文献 『後鑑』、長江正一『三好長慶』(『人物叢書』一四九)、今谷明『室町幕府解体過程の研究』

(小川 信)

ほそかわふじたか 細川藤孝 一五三四—一六一〇 安土桃山時代の武将。幼名万吉、元服して諱は藤孝、与一郎、ついで兵部大輔を称し、剃髪して幽斎玄旨と号した。

細川藤孝花押

天文三年（一五三四）四月二十二日、三淵晴員の次男として京都東山岡崎（京都市左京区）に誕生。母は清原宣賢の女（一説には、母は足利義晴の側室で、懐妊のまま晴員に下されたという）。天文七年将軍義晴に謁見、翌年義晴の命により御供衆細川播磨守元常の養子となる。同十五年十三歳で元服、十三代将軍足利義藤（義輝）の偏諱を受けて藤孝と名乗り、与一郎と称し、義藤の側近に侍して申次をつとめ、同二十二年四月、従五位下兵部大輔に叙任。相つぐ義藤の近江出奔にも同行、この間、同二十三年に養父元常が病死したため、細川の家督を相続。永禄八年（一五六五）五月、将軍義輝が京都で暗殺されると、藤孝は米田監物らとともに、義輝の舎弟で大和興福寺に監禁されていた一乗院覚慶（足利義昭）を救出して諸国を流浪。やがて明智光秀らと共謀して義昭の上洛を計画、織田信長の援助を得て、同十一年九月上洛に成功し、義昭は十五代将軍となった。義昭の京都追放後の天正元年（一五七三）七月、信長の家臣となり、この時与えられた山城の所領にちなみ、苗字を一時、長岡と改めた。同八年三月従四位下侍従に叙任。さらにこの年丹後の内で十二万石余りを長男忠興に与えられたので、藤孝も丹後に入り、宮津に築城した。本能寺の変の際、縁戚につながる明智光秀に誘われたがこれを拒絶、剃髪して幽斎玄旨と号し田辺城に移った。天正十三年十月、羽柴秀吉の奏請によって二位法印に叙され、同十四年四月には在京料として山城西岡に三千石の地を与えられる。九州征伐、小田原征伐に従軍、文禄の役には名護屋に在陣。関ヶ原の戦には子忠興ともども東軍に属し藤孝は田辺に籠城、一万五千余の西軍を六十日にもわたってひきつける大功をたてた。慶長十五年（一六一〇）八月二十日、京都三条の自邸で没した。享年七十七。法号徹宗玄旨泰勝院。遺骨は南禅寺天授庵（京都市左京区）に葬られた。藤孝は若くして歌道に志し、三条西実枝より『古今和歌集』の秘訣を受けて二条家歌学の正統をつたえ、和歌・連歌の道に達し、九条稙通より『源氏物語』の奥義を授けられ、また茶道・料理・音曲・刀剣鑑定・有職故実など、あらゆる学術芸能の極致を極めた戦国安土桃山時代における屈指の文化人である。関ヶ原の戦の際には、田辺に籠城して西軍に包囲された幽斎の討死を憂慮した八条宮智仁親王が、使者を遣わして開城を勧告し、さらに後陽成天皇も古今集秘事の伝統の絶えることを惜しみ、勅命をもって開城の叡旨を伝えさせたことは有名。武芸にも秀で、剣法を塚原卜伝に学び、弓術の印可を波々伯部貞弘から受け、弓馬故実を武田信豊から相伝されている。著述は『伊勢物語闕疑抄』『百人一首抄』『室町家式』などをはじめ、歌道・有職故実に関するものが多い。歌集に『衆妙集』がある。

（二木 謙一）

細川藤孝画像

参考文献 『大日本史料』一二ノ七、慶長十五年八月二十日条、『寛政重修諸家譜』一〇五、桑田忠親『細川幽斎』

ほそかわまさもと　細川政元　一四六六―一五〇七　室町時代後期の武将。幼名聡明丸、通称九郎。官途右京大夫。従四位下。御相伴衆。室町幕府管領。細川勝元の子。文正元年（一四六六）生まれる。文明五年（一四七三）勝元の死去により八歳で家督を相続し、摂津・丹波・讃岐・土佐守護を継承、一族細川政国（持賢の子、勝元の従兄弟）がこれを後見した。文明十年十一月、前将軍足利義政の偏諱を受けて政元と称し、同十二年十二月判始を行う。同十八年七月右京大夫に任じ、幕府管領となる。一旦管領を畠山政長に譲り、長享元年（一四八七）八月から短期間再任。延徳元年（一四八九）三月、将軍足利義煕（義尚の改名）が近江鈎の陣中に早世すると、政元は足利政知の子僧清晃（のちの足利義澄）の擁立を図ったが、畠山政長らは足利義視の子義材（のちの義尹・義稙）を擁立し

細川政元花押

て将軍とした。そこで政元は明応二年（一四九三）閏四月重臣安富元家・上原元秀らを派して政長を河内の陣中に攻め殺させ、将軍義材を廃し、清晃を還俗させて将軍とした。これが将軍義澄（はじめ義遐《よしとお》、ついで義高）である。かつ政元は管領となり、ここに細川京兆家は管領の地位を完全に独占し、幕府内に専制権力を樹立したかのように見える。しかし政元政権は安富・薬師寺以下、近臣（内衆）の有力者九名ないし十名の構成する評定衆（年寄衆）に支えられており、近臣団の内部抗争や摂津・丹波の国衆の不満などという不安定要素を内包した。しかも政元は修験道に凝って妻帯せず、九条政基の子澄之と阿波守護細川家から迎えた澄元という二人の養子を取り、さらに政務を省みず、これを有力近臣に委ねるに至ったので、近臣の内争は激化した。永正元年（一五〇四）九月、澄元擁立を計った薬師寺元一らの叛乱は失敗したが、阿波の三好之長が上洛して澄元を後見するに及び、澄之を擁する内衆香西元長・薬師寺長忠らは政元の暗殺と澄之の擁立を計り、政元は永正四年六月二十三日自邸で彼らに殺害された。四十二歳。京都竜安寺（京都市右京区竜安寺御陵ノ下町）に葬る。法名大心院雲関興公。ここに細川両家の乱が勃発し、畿内周辺における戦国内乱の激化を招いた。

参考文献 『細川両家記』、『細川大心院記』、『後鑑』、今谷明『室町幕府解体過程の研究』、横尾国和「細川氏内衆安富氏の動向と性格」（『国史学』一一八）

（小川　信）

細川満元花押

ほそかわみつもと　細川満元　一三七八—一四二六　室町時代前期の武将。幕府管領。幼名聡明丸、通称五郎。官途右馬頭・右京大夫。従四位下。法号道歓、道号悦道。管領細川頼元の子。永和四年（一三七八）生まれる。応永四年（一三九七）五月、頼元の死没により家督を継ぎ、摂津・丹波・讃岐・土佐の守護となる。応永十九年三月管領となり、同二十八年七月まで在職し、将軍足利義持を補佐して幕政を運営した。この間、応永二十二年伊勢国司北畠満雅の叛乱、同二十三年前関東管領上杉禅秀の乱、同二十五年禅秀の乱に関わった足利義嗣（義持の弟）の誅殺などの事件が続発し、また有力守護と将軍近臣との確執も起りつつあった。しかし満元は有力守護大名諸氏と提携し、将軍の近臣富樫満成を失脚させるなどして、室町政権の安定保持に貢献した。傍ら近臣（内衆）を細川分国内荘園の請所代官に口入し、分国内への勢力浸透を計った。応永三十三年十月十六日没す。四十九歳。

参考文献 『看聞御記』、小川信『足利一門守護発展史の研究』、伊藤喜良「義持政権をめぐって」（『国史談話会雑誌』豊田・石井両先生退官記念号）

（小川　信）

細川持之画像

ほそかわもちゆき　細川持之　一四〇〇—四二　室町時代前期の武将。御相伴衆、幕府管領。通称九郎。官途中務少輔・右京大夫。従四位下。法名常喜。管領細川満元の子。応永七年（一四〇〇）生まれる。永享元年（一四二九）七月、兄持元の早世により家督を継ぎ、摂津・丹波・讃岐・土佐守護となる。同四年十月管領となり、将軍足利義教の下で幕政に参画した。しかし同五年畠山満家・斯波義淳、同七年満済准后・山名時熙などの宿老が相ついで没したため、持之以下の諸大名は義教を抑えることができず、怒りに触れて処罰・処刑される公卿・武将・高僧などが相ついだ。しかし永享十年永享の乱勃発に際しては、持之は義教の意を受けて上杉憲実を支援する傍ら、諸大名と計って、義教の親征を阻止した。さらに嘉吉元年（一四四一）六月二十四日、将軍義教が横死すると（嘉吉の乱）、持之は翌々日諸大名を幕府に招集して会議し、義教の子千也茶丸（足利義勝）を擁立し、日ごろ義教から罪を得ていた人々を直ちに赦免し、赤松満祐追討の軍を進発させた。翌二年六月病のため管領を辞し、入道して常喜と号し、同年八月四日没した。四十三歳。

細川持之花押

参考文献 渡辺世祐『（関東中心）足利時代之研究』、

斎木一馬「恐怖の世—嘉吉の変の背景—」(『斎木一馬著作集』二所収)　（小川　信）

ほそかわゆうさい　細川幽斎　⇨細川藤孝《ほそかわふじたか》

ほそかわよりはる　細川頼春　?—一三五二　南北朝時代の武将。通称九郎または源九郎、官途刑部大輔・讃岐守。細川公頼の次男。管領細川頼之の父。元弘の乱以来足利尊氏に従って活動し、建武政府の蔵人となる。建武元年(一三三四)春、宮中の射礼に能射の名を得て後醍醐天皇の御衣を賜わり、尊氏からは、日向国内の所領を与えられた。翌年中先代の乱鎮定に東下した尊氏に随行してその側近に仕え、建武三年(延元元)兄和氏ら一族とともに四国に派遣され、軍勢を糾合して足利軍の畿内進攻に合流した。翌年八月、淡路に発向して南軍追討にあたり、暦応元年(延元三、一三三八)五月、高師直、従兄弟細川顕氏らとともに北畠顕家を和泉の石津に討ちたおすなどの功名を揚げた。阿波・備後の守護となり、両国の経営につとめる傍ら、暦応四年(興国二)から翌康永元年(興国三、一三四二)にかけて、伊予に進攻して南軍と激戦を交え、南朝の伊予守護大館氏明を討ち取った。しかしこの伊予侵入は同国随一の豪族河野氏と細川氏との永年にわたる対立抗争の発端となった。貞和二年(正平元、一三四六)斯波高経が尊氏に疎まれて越前守護を罷免されると、頼春はその後任の越前守護を兼ね、備後は高師泰が守護となった。観応元年(正平五、一三五〇)勃発した観応擾乱に際し、頼春は尊氏党の有力部将として、京都内外で直義党と戦うとともに、翌年正月紀伊水軍安宅須佐美一族に分国阿波の地を安堵して彼らを配下にするなどの工作を行なった。直義の主導下に一旦幕府政治が再開されると、越前守護は罷免されて斯波高経が再任したが、擾乱が再燃して尊氏が南朝と講和し直義を討つため東下すると、頼春は足利義詮とともに京都を守り、従四位下・讃岐守に叙任され、侍所頭人・引付頭人となったが、正平七年(一三五二)閏二月二十日南軍が和議を破り京都に突入したため、急遽防戦にあたり、七条大宮付近で戦死した。四十九歳。一説に五十四歳。京都建仁寺塔頭永源院に葬る。法名光勝院宝洲祐繁。平素和歌を嗜み前述の射礼での栄誉にあたり即座に一首の和歌を詠じており、また康永三年の仏名和歌に三首、『風雅和歌集』以下の勅撰集に八首撰ばれている。

細川頼春画像

細川頼春花押

参考文献　『大日本史料』六ノ一六、正平七年閏二月二十日条、小川信『細川頼之』(『人物叢書』一六四)、同『足利一門守護発展史の研究』、佐藤進一『室町幕府守護制度の研究』　（小川　信）

ほそかわよりもと　細川頼元　一三四三—九七　南北朝時代の武将。幕府管領。幼名聡明三郎、初名頼基。細川頼春の第四子で、母は近衛経忠の女。康永二年(一三四三)生まれる。兄頼之の養嗣子となる。官途右馬助・右京大夫。従四位下。細川宗家の当主はこれ以後代々右京大夫の官途を踏襲し、同家は京兆家と呼ばれる。応安二年(正平二十四、一三六九)三月、幕府方に降った楠木正儀を救援するため河内に発向。応安六年ころから摂津守護。永和四年(天授四、一三七八)十一月、細川業秀を救援するため紀伊に発向し、南軍橋本正督らを破り、帰京した。康暦元年(一三七九)閏四月、康暦の政変により、摂津守護罷免、頼之ら一族とともに四国に下るが、永徳元年(一三八一)足利義満の赦免を受けて上洛、幕府に出仕し、摂津守護に復す。明徳二年(一三九一)四月幕府管領となり、頼之がこれを後見した。続いて明徳の乱に際し頼之とともに幕府軍を指揮し、乱鎮定の功により翌三年正月丹波守護を兼ねる。ついで同年三月頼之の死去に

細川頼元花押

より讃岐・土佐守護も兼ね、摂津・丹波・讃岐・土佐四ヵ国が細川京兆家の世襲分国となる基を開く。以上のように頼元はよく兄頼之をたすけて室町幕府の安定と細川氏の繁栄に尽くした。同年八月将軍義満の親臨する相国寺供養に郎党二十三騎を率いて列した。翌四年六月管領を辞し、応永二年(一三九五)六月出家。応永四年五月七日病没。五十五歳。法名妙観院春林梵栄。『新後拾遺和歌集』『新続古今和歌集』作者。

参考文献 『大日本史料』七ノ二、応永四年五月七日条、『花営三代記』、小川信『細川頼之』(『人物叢書』一六四)、同『足利一門守護発展史の研究』

(小川　信)

ほそかわよりゆき　細川頼之　一三二九―九二　南北朝時代の武将、室町幕府管領。阿波・讃岐・伊予・土佐守護。元徳元年(一三二九)三河国額田郡細川郷(愛知県岡崎市)に生まれる。細川頼春の嫡子。母は武田小島氏または秋田氏と伝え剃髪して里沢禅尼という。通称弥九郎、官途右馬助、右馬頭、武蔵守。入道して法号を常久、道号を桂岩という。若くして父頼春とともに夢窓疎石の法話を聴き感化を受ける。観応元年(一三五〇)以来父の分国阿波で南軍小笠原氏以下と戦い、戦果を収めた。同三年父の討死に伴い阿波守護を継承し、同国国人を率いて南朝方の布陣する男山(京都府八幡市)の攻撃軍に加わる。ついで再び阿波に下り、伊予守護を兼ねて、足利直冬党と戦った。文和四年(一三五五)正月南軍と直冬党が呼応して京都に突入すると、従兄弟細川繁氏とともに四国・中国勢を率いて足利義詮軍に合流し、摂津神南《こうない》(大阪府高槻市)の戦に功名があった。翌延文元年(一三五六)将軍足利尊氏から中国管領に任ぜられて発向し、直冬党と連戦する傍ら、備前・備中・備後・安芸・伊予などの諸国について幕命の遵行や武士への感状授与・所領預置などの活動を続け、直冬党を衰退させるに至った。南朝に降った前幕府執事細川清氏(頼之の従兄弟)が勢力挽回を策して貞治元年(一三六二)四国に赴くと、讃岐白峰西麓(香川県坂出市)の決戦で清氏を討ち倒した。ここに直冬党の有力武将大内弘世・山名時氏が相ついで幕府に帰順し、直冬党が壊滅したのに伴い、頼之は中国管領の任を解かれ、従来の阿波・伊予とともに新たに讃岐・土佐守護を兼ね、四国管領とよばれた。貞治六年将軍足利義詮に招かれて上洛し、その十一月重病に陥った義詮の委託を受け、翌月義詮の死没とともに幼少の三代将軍足利義満を補佐し、幕府管領となる。翌年義満の元服に際して武蔵守に任ぜられた。管領在任は十二年に及び、この間に、皇位継承問題につき後光厳天皇を支持したのをはじめ、義満の速やかな官位昇進、義満と典侍日野業子との婚儀、花の御所と呼ばれる室町邸の造営、勅撰和歌集撰進の発議などを実施し、公武にわたる将軍家の権威を増大することに努め、一方、洛中検断権の幕府への接収、石清水八幡宮以下の寺社造営の援助、京都五山に対する統制強化、楠木正儀の誘降と伊勢・河内南軍の圧迫、今川了俊の鎮西管領起用と発遣など、幕府権力の拡充と全国制覇の実現をめざす施策をつぎつぎと打ち出した。応安五年(一

細川頼之花押

細川頼之画像

三七二)義満の判始めを執り行い、次第に将軍親裁権を拡大したが、やはり頼之政権の長期化に伴い、幕府諸大名の反感が募り、頼之が細川一族を重用したことも、これを助長した。もともと非協力的であった山名・土岐・渋川らの諸氏のほか、与党的立場にあった赤松氏や京極氏も、分国内の事件や同族の内紛への頼之の干渉を憤って反対派に回り、ついに彼らは康暦元年(一三七九)閏四月、前幕府執事斯波義将を主将として頼之排斥の兵を挙げ、義満に迫って頼之を罷免させた(康暦の政変)。頼之は剃髪して常久と号し、一族・家臣とともに四国に退いたが、追討軍の機先を制して同年十一月伊予に進攻して世田山城(愛媛県西条市)を奇襲し、河野通直を討ち取った。ついで養嗣子頼元に幕府と交渉させて、伊予守護職の河野氏への返還を代償として赦免を受け、頼元は在京した。頼之はなお讃岐の宇多津に在住して分国支配に専念したが、康応元年(一三八九)義満の厳島詣でと称する瀬戸内巡見に際し、一行の乗船百余艘を提供し、かつ随行して全面的に奉仕した。ここに頼之は翌明徳元年(一三九〇)山名氏の内紛に際し、義満から山名時熙追討を命ぜられ、備後に渡って時熙を降した。同二年義満に招かれて上洛し、管領に就任した頼元を後見して幕政の中枢に復帰した。同年十二月の明徳の乱には一族以下二千余騎を率いて陣頭指揮し鎮定に大功があり、丹波を頼元の分国に加えたが、まもなく翌三年三月二日病死した。六十四歳。その多年にわたる軍事活動と幕政の中心としての政治活動は、幕府政治の安定・強化に大きく貢献するとともに、細川一族が約八ヵ国にのぼる世襲分国を獲得し、室町幕府における地歩を確立する基ともなった。平素和歌・連歌の素養があり、和歌は勅撰集に十三首入撰。かつ漢詩文を愛好し、管領罷免時の七言絶句が伝えられている。また禅に深く傾倒し、碧潭周皎(宗鏡禅師)を尊信し、絶海中津・義堂周信らと親交を結び、洛西の景徳寺・地蔵院、阿波秋月(徳島県板野郡土成町)の光勝院・宝冠寺を創建し、土佐の吸江庵(高知市五台山)ほか数寺を再興した。墓所は彼が師周皎のために創建した洛西地蔵院にある。

[参考文献] 小川信『細川頼之』(『人物叢書』一六四)、同『足利一門守護発展史の研究』、細川潤次郎『細川頼之補伝』、猪熊信男『細川清氏と細川頼之』、臼井信義『足利義満』(『人物叢書』三八)、佐藤進一『室町幕府守護制度の研究』、森茂暁『南北朝期公武関係史の研究』

(小川　信)

ぼだいせんな　菩提僊那　七〇四―六〇　インドの僧。婆羅門(インド四姓中の最上階級)出身。婆羅門僧正ともいわれる。七〇四年生まれる。五台山の文殊菩薩を拝するため来唐した。入唐留学僧理鏡らの要請で天平八年(七三六)唐僧道璿・林邑僧仏哲らと来日し大安寺に入り、常に『華厳経』を誦し、同十四年優婆塞貢進解に師主として記される。天平勝宝三年(七五一)僧正に任ぜられ、翌四年東大寺大仏開眼導師として用いた筆が正倉院に残る。同八歳『国家珍宝帳』願文に名が記され、大仏造営に深く関与した。天平宝字二年(七五八)上皇・皇太后に尊号を奉り、同四年二月二十五日五十七歳で没し、登美山の右僕射林に葬られたという。近年霊山寺(奈良市)の菩提僧正墓が発掘されたが、遺物はなく供養墓と考えられ、本墓の発見が待たれる。『万葉集』一六にみえる婆羅門はかれをさし、弟子に修栄らがいる。

菩提僊那自署

[参考文献] 『南天竺婆羅門僧正碑幷序』、井上薫「国家珍宝帳と大唐西域記の関係」(田村圓澄先生古稀記念会編『東アジアと日本』考古・美術編所収)、堀池春峰「婆羅門菩提僧正とその周辺」(堀池春峰編『霊山寺と菩提僧正記念論集』所収)、井上薫「流沙を渉り来唐・来日した菩提僊那」(同所収)

(井上　薫)

ぼたんかしょうはく　牡丹花肖柏　⇨肖柏《しょうはく》

ほっしょうじどの　法性寺殿　⇨藤原忠通《ふじわらのただみち》

ほづみしんのう　穂積親王　?―七一五　天武天皇の皇子。『続日本紀』には第五皇子とある。母は夫人蘇我赤兄の女大蕤娘《おおぬのいらつめ》。紀皇女・田形皇女の同母兄。『万葉集』巻一六によれば境部王の父。持統天皇五年(六九一)浄広弐で封五百戸を加増。大宝元年(七〇一)、『大宝令』の施行に伴い二品に叙せられたと思われる。慶雲元年(七〇四)封二百戸を加増、同二年九月、刑部親王の死をうけて知太政官事となり、霊亀元年(七一五)正月一品に叙せられたが、同年七月二十七日没。『万葉集』に作歌四首がある。異母妹但馬皇女と交情があり、同巻の「降る雪はあはにな降りそ吉隠《よなばり》の猪養の岡の寒からまくに」(原万葉仮名)は皇女没後の親王の悲傷歌である。また同四の大伴坂上郎女の歌の左注によれば、大伴坂上郎女ははじめ親王に嫁し、すこぶる寵愛を受けたという。

[参考文献] 川崎庸之「天武天皇の諸皇子・諸皇女」(『川崎庸之歴史著作選集』一所収)

(笹山　晴生)

ほづみのおしやま　穂積押山　任那の哆唎《たり》国ないし下哆《あるした》唎《り》国の国守。カバネは臣。穂積臣氏は大和国山辺郡穂積を本拠とする、物部系の氏族。『日本書紀』によれば、継体天皇六年に百済へ派遣されて以降、上記の国守とみえる。同年十二月の百済への上哆唎《おこしたり》・下哆唎・娑陀・牟婁の四県割譲に際し、大伴金村に承諾を与えた。時に、百済から賂を受けたとの流言があった。継体天皇七年六月、百済は押山にそえて五経博士を献じ、己汶の地を要請した。継体天皇二十三年三月に、百済から倭への朝貢用の津路として加羅の多沙津を乞われ、押山は天皇に奏上したというが、これは継体天皇七年の事項の別伝という。なお、『百済本記』にみえる委《やまと》の意斯移麻岐弥は、

押山のことをさす。（吉村　武彦）

ぼつりんしょうとう　没倫紹等　⇩もつりんしょうとう

ほていおしょう　布袋和尚　布袋ともいう。日本では、江戸時代には七福神の一つに数えられているが、それ以前、鎌倉・室町時代にはまず禅僧の画題としてもてはやされた。大きな布袋をかつぐ托鉢僧の姿には、中国の民間仏教の影響が認められる。「布袋は弥勒の所作なり」という信仰があり、弥勒仏が下生するまで弥勒仏の分身として、各地をさまよい歩くとされる僧のモデルは、中国唐代末に出現した浙江省四明山の僧だという説がある。『景徳伝燈録』の布袋和尚の伝には、氏族は未詳、名は契此といい、太り腹で、杖を以て布袋を荷なって放浪し、長汀子・布袋師と称された。また吉凶を占ってはずれることがなかった。梁の貞明三年(九一七)に没し、その辞世の偈《げ》に「弥勒真弥勒、分身千百億、時時示時人、時人自不識」という、とある。布袋は宋末・元末にも出現したといい、別に「哄笑仏」の名称もあった。布袋の出現によって世紀末の世相に救いがもたらされるという民間信仰は、日本では流行しなかったが、布の袋の中に財宝が入っており、世人に分かち与えるという現世利益の面が表出している。（宮田　登）

踊布袋（梁楷筆）

ほとけごぜん　仏御前　生没年不詳　『平家物語』に登場する白拍子。平清盛に寵愛されていた白拍子祇王・祇女の名声を聞き、清盛の西八条邸に参じたことから清盛の寵を得るに至ったが、祇王・祇女が清盛に退けられたことに世の無常を感じて祇王らが籠る嵯峨野を訪れ、尼となったと伝えられる。その事実関係を確定するのは難しいが、鎌倉時代に盛んになる尼寺をめぐる説話として広まったものが、『平家物語』にとりいれられたのであろう。

参考文献　滝川政次郎『遊女の歴史』(『日本歴史新書』)（五味　文彦）

ほむたわけのみこと　誉田別尊　⇩応神天皇《おうじんてんのう》

ほりかわかんぱく　堀川関白　⇩近衛経忠《このえつねただ》

ほりかわてんのう　堀河天皇　一〇七九―一一〇七　一〇八六―一一〇七在位。白河天皇の第二皇子。母は関白藤原師実の養女、皇后賢子(実父は右大臣源顕房)。承暦三年(一〇七九)七月九日誕生。同年十一月親王宣下あり、善仁《たるひと》と命名。応徳三年(一〇八六)十一月二十六日立太子、即日父帝の禅りを受けて践祚した。同年十二月十九日大極殿に即位の礼を挙げ、在位二十二年に及んだが、嘉承二年(一一〇七)七月十九日、二十九歳をもって貴賤男女哀悼のうちに堀河殿に崩じた。同月二十四日、堀河院と追号、火葬して香隆寺に納骨したが、永久元年(一一一三)三月、仁和寺中に改葬した。天皇は温厚仁慈、「末代ノ賢王」(『続古事談』)とたたえられ、和歌管絃の道に長じ、特に笙・笛を能くして、それにまつわる逸話を多く遺している。なお、天皇の践祚後も白河上皇が院中に政を聴いたので、それをもって院政の開始とするのが普通であり、また村上源氏が外戚の縁により朝廷に強固な勢威を築いたのも、その治世の特色の一つである。

参考文献　『大日本史料』三ノ九、嘉承二年七月十九日条（橋本　義彦）

後円教寺陵《のちのえんきょうじのみささぎ》　京都市右京区竜安寺朱山の竜安寺内北東部にあり、一条天皇陵の西に並ぶ。堀河天皇遺骸は、嘉承二年(一一〇七)七月二十四日香隆寺南西の野で火葬、翌朝拾骨。遺骨は円融院内に埋納の予定であったが、同所が三年間凶方にあたるため、仮に香隆寺僧房に安置し、火葬所には塚を築き、上に石卒都婆を建てた。永久元年(一一一三)三月二十二日遺骨を香隆寺より仁和寺円融院内に移して埋葬し、塚を築いて三重石塔を建て、塔中に『法華経』、陀羅尼などを納めた。当所は、『本朝世紀』久安五年(一一四九)十二月二十五日条に、「後円教寺」と号すとある。のち所伝を失い、元禄の諸陵探索報告書は陵場所相知れずとする。このの ち陵・火葬塚の所在について種々の説が出、幕末の修陵にあたり、一条天皇陵とともに現陵を考定、火葬塚は衣笠村等持院の四角塚(京都市北区等持院東町)に考定した。元治元年(一八六四)当陵と一条天皇陵に各拝所を設けたが、大正元年(一九一二)二陵を中央にして土塁をめぐらし、南面の二陵共用の一拝所に改造した。墳丘は径約二〇メートル、高さ四メートル余の円墳で、一条天皇陵墳丘西側に接し、樹木が覆う。三重石塔はない。

参考文献　『大日本史料』二ノ一五、寛仁四年六月十六日条、同三ノ九、嘉承二年七月二十四日条、同三ノ

一四、永久元年三月二十二日条、上野竹次郎編『山陵』下　(石田　茂輔)

ほりぐちさだみつ　堀口貞満　一二九七―一三三八　南北朝時代の武将。三郎と称す。永仁五年(一二九七)に生まれる。父は貞義。上野国新田郡の住人。祖先が新田荘の南辺堀口に住したことにより氏としたという。新田義貞に従って鎌倉を攻撃し、赤橋守時を斬るなどの功をあげた。この功により、建武元年(一三三四)後醍醐天皇から正六位上、大炊助に、翌年には、従五位上、美濃守に補任された。建武三年(延元元、一三三六)後醍醐天皇が足利尊氏と和を結び、延暦寺を出ようとした時、貞満は、天皇に建武新政府樹立にあたって新田義貞の戦功が第一であったことを泣きながら訴え、尊氏との和睦に難色を示した。天皇は貞満の諫言を受け入れた。義貞に恒良親王・尊良親王を奉じて越前に赴き、南軍の拠点を作るようにとの密命を下した。貞満は、義貞とともに両親王を奉じて、越前金崎城に拠った。翌年、北畠顕家が陸奥より西上した時、美濃国根尾徳山にいた貞満は、出兵して顕家軍を助けた。暦応元年(延元三、一三三八)正月越前において四十二歳で没したという。　(佐藤　和彦)

ほんいんのじじゅう　本院侍従　生没年不詳　平安時代の女流歌人。家系未詳。村上天皇中宮安子・承香殿女御徽子女王(斎宮女御)などに仕えた。その間、青年時代の一条摂政藤原伊尹・堀河太政大臣藤原兼通の兄弟、土御門中納言藤原朝忠らと恋歌をかわし、恋愛関係もあったらしい。天慶・天暦年間(九三八―五七)に彼女の若い華やかな時期があったと思われ、村上天皇の後宮に出入する貴公子たちにもてはやされた才女であった。『天徳四年内裏歌合』に一首詠進しているから、天徳四年(九六〇)には健在であったことが知られる。『後撰和歌集』以下の勅撰集に十六首入る。家集に『本院侍従集』があり、物語的叙述をとることで注目されるが、「上達部の次郎」(兼通)と「いとこ」の女君(本院侍従)との恋の経過をたどる贈答歌三十九首から成る。これによると、兼通十八歳の天慶五年から本院侍従との恋が始まったことになるから、二人の年齢を同じと見立てると、彼女の生年は延長三年(九二五)ごろということになる。なお、平中説話に登場する本院侍従とは別人である。

[参考文献]『大日本史料』一ノ一六、貞応二年十一月八日条、高橋正治『本院侍従集影印と諸本』、西原和夫「本院侍従について」(『国語と国文学』二七ノ三)、後藤利雄「本院侍従集に就いて―女は斎宮女御か―」(同三三ノ三)　(藤岡　忠美)

ほんがくだいし　本覚大師　⇨益信《やくしん》

ぼんしょう　梵勝　生没年不詳　室町時代の後南朝の皇族。『康富記』康正元年(一四五五)二月二十九日条によるに、相国寺慶雲院主梵勝蔵主・舎弟梵仲侍者兄弟が昨日逐電して行方が知れぬ。この宮兄弟は南朝玉川宮の末孫であると記している。玉川宮は、南朝長慶天皇の皇子であるが、諱はわからない。また梵勝・梵仲は、その末孫とあるが、確認ができない。しかしてこの両宮のその後の行動は全くわからないが、『蔭凉軒日録』長享元年(一四八七)七月十八日・二十四日・二十五日条によると、梵邵・梵仲なる後南朝王子の名がみえている。同記事によると、これより先、梵邵は五歳、梵仲は四歳で将軍足利義教の猶子になり、相国寺に置き、毎年二千疋が付与されることになったとある。梵勝と梵邵とが同一人たる証はないが、その弟宮がともに梵仲とあるから、梵勝・梵邵は同一人と認むべきである。しからば梵勝・梵仲は長禄元年(一四五七)十二月二日吉野の奥で、赤松氏遺臣に殺害された後南朝王子北山宮自天王・河野宮忠義王ではないと認定される。

[参考文献]村田正志『風塵録』(『村田正志著作集』七)、芝葛盛「史蹟と地方伝説」(『史蹟名勝天然紀念物』一六ノ三)　(村田　正志)

ま

まえだげんい　前田玄以　一五三九―一六〇二　安土桃山時代の武将。生国美濃。出自や父母については明確ではない。『寛政重修諸家譜』などは藤原利仁流の斎藤季基の末裔とする。『系図纂要』などには、はじめ比叡山の法師だったとあり、『武功雑記』は尾張小松原の寺の住持だったとする。半夢斎・民部卿法印と号し、慶長元年(一五九六)五月には朝廷から徳善院の称号を授けられた。天文八年(一五三九)生まれる。『信長記』に天正七年(一五七九)すでに織田信忠の家臣だったことがみえるから、これ以前に織田家に仕えていたものであろう。天正十年六月の本能寺の変の後、諸将が会合して織田信長の遺領の配分を定めた清洲会議の際に、信忠の遺児三法師(のちの織田秀信)の守役に任ぜられている。翌十一年五月二十一日に織田信雄によって「京都奉行職」に補せられてから、行政官としての彼の本格的活動が始まる。羽柴秀吉の意を受けて京都の市政をつかさどるこの職は、天正十年七月に桑原次右衛門がいったん就任したが、失政の科ですぐに罷免され、杉原家次・浅野長政の両名に替わるなど、当初容易に適任者を得なかった。しかし玄以はみごとな手腕で秀吉の期待に応え、その篤い信任を得て、以後慶長五年の関ヶ原の戦の直前まで十七年間の長きにわたって京中の政務を統括し続けた。『玄以法印下知状』

前田玄以花押

前田玄以画像

と題する写本には、就任直後の天正十一年六月から翌十二年四月までに彼が京中の寺社や商工業者などに宛てて出した判物が七十通も収められており、その精励ぶりと管轄の幅広さとを伝える。また、京洛の寺社などに宛てて得分の安堵や係争の裁定などのために出された彼の判物が大量に現存することからも、その活発な活動ぶりがうかがえる。ちなみに、織田信長の時期に京都の行政の任にあったのは村井貞勝だが、玄以の室はその貞勝の女であった。あるいは行政上の手法について貞勝から学ぶところがあったのかも知れない。慶長三年七月、死を覚悟した秀吉が幼少の秀頼を輔佐する体制を固めるために五奉行の制度を定めたとき、浅野長政・増田長盛・石田三成・長束正家の四名とともにその任に就いた。『甫庵太閤記』はその際の玄以の職掌について「所司代として、洛中洛外之出入、神社・仏閣之儀に至るまで、一人として裁判可申候事」と記している。なお、所領として秀吉から丹波亀山の地を与えられていた。秀吉の死後、石田三成方と徳川家康方の間に抗争が生じたときには、当初三成方に属して慶長五年七月十七日には家康を弾劾した諸大名宛ての檄文に連署している。しかし、実際の戦闘には参加しなかったとみえ、河内天野に閑居し、関ヶ原での戦闘が終った後の同年十月十六日に家康に謁して本領の安堵を受けている。細川忠興の取りなしが効を奏したらしい。慶長七年五月七日大坂にて病没した。享年六十四。京都の妙心寺蟠桃院に葬る。

(山室　恭子)

まえだとしいえ　前田利家　一五三八―九九　安土桃山時代の武将。犬千代、孫四郎、又左衛門尉。天文七年(一五三八)尾張国愛知郡荒子村(名古屋市中川区荒子町)に前田利春(利昌)の四男として生まれる。幼少のころより織田信長に仕えたが、永禄二年(一五五九)同輩との争いから信長の勘気を蒙り、二年間ほど蟄居した。帰参を許されたのちは美濃斎藤氏、伊勢北畠氏、近江浅井氏、越前朝倉氏や一向一揆勢力などとの戦いに出陣し戦功をたて、赤母衣衆の一人に加えられている。天正三年(一五七五)柴田勝家に越前一国の支配権が与えられた際、利家は不破光治・佐々成政とともに府中三人衆として、勝家を監視する目付役の職を与えられた。天正五年には勝家を総大将とする北国一揆討伐軍に加わり、同九年の馬揃には越前衆として参列するなど、常に勝家に属して行動している。同年八月、信長より能登国を与えられ七尾城に入った。これによって一国支配の大名格となり、佐々・柴田と並んで北陸における織田勢力の領国支配の拠点を形成した。本能寺の変ののち、能登国での勢力回復をはかって挙兵した畠山氏の遺臣や、石動山天平寺の僧徒などの一揆を追討している。天正十一年の賤ヶ岳の戦では、はじめ勝家側に立ったが、羽柴秀吉の誘いに応じて降伏し、加賀討伐の先陣を承った。これによって能登国および加賀半国を与えられ、金沢城に拠った。利家は家臣に知行割を行なって領国支配を固めている。天正十二年の小牧・長久手の戦の際には在国して守備にあたり、翌十三年の秀吉の北国攻めには越中国に出陣し、佐々成政を富山城に破っている。天正十四年三月、上洛して従四位下・権少将に任ぜられ、秀吉が名乗っていた筑前守を受領した。利家は秀吉と尾張時代から親しい間柄にあり、三女の摩阿姫は秀吉の側室となり加賀殿と呼ばれた。四女の豪姫は宇喜多秀家の夫人となるが、生後ま

前田利家花押

「利家長寿」

「利家」

「万善」
前田利家印

前田利家画像

もなく秀吉の養女となっている。天正十五年の九州征伐には、羽柴秀次とともに京・大坂の守護にあたり、代わって長男の利勝(利長)が参陣した。天正十八年の小田原攻めでは、北関東の松井田城包囲戦に加わり、さらに武蔵国の一部地域に独自の禁制を発布している。また奥州出征の際には、伊達政宗と秀吉との仲介役を果たした。文禄元年(一五九二)の朝鮮出兵では八千人の軍役が課せられ、肥前名護屋に駐留した。同年五月に朝鮮の都が陥落した直後、渡海を急ごうとした秀吉を徳川家康とともに諫止したほか、家康とともに名護屋における過書を発給している。文禄二年明の講和使節渡来の折には、家康らとともに応接にあたっている。文禄三年四月、秀吉は京都の利家邸を公式訪問したが、その折に従三位権中納言になっている。茶会・能会・花見などを通じて秀吉との間柄は親密であった。文禄四年の秀次事件の直後に発布された掟・掟追加は、家康・利家など六名が連署しており、秀吉の宿老として筆頭格の地位にあった。また、秀頼に対して忠誠を誓った起請文を提出しており、傅役としての責任を負わされている。慶長元年(一五九六)秀吉・秀頼父子の参内に供奉し、それを機に従二位権大納言に昇進した。慶長三年四月、家督を利長に譲ったが、秀吉の死に際して後事を託され、利家は大坂城に入って秀頼の後見となった。諸大名と秀頼との間を取り次ぐ役割も果たしている。慶長四年正月には、家康が秀吉の制定した法に違反したとして、家康を譴責する中心的役割を果たしたが、やがて和解した。利家は家康と協力して秀吉死後の体制固めを行うつもりであったが、健康を害しており、同年閏三月三日に大坂城で没した。六十二歳。法名は高徳院殿桃雲浄見居士。墓は金沢市南郊の野田山にある。これによって家康の政治的立場は一段と強まり、利長との対立関係も生じたが、利長の大坂退城によって直接的な危機は回避され、ほどなく関ヶ原の戦を迎えることとなる。

参考文献 『寛政重修諸家譜』一一三一、永山近彰編『加賀藩史稿』一、岩沢愿彦『前田利家』(『人物叢書』一三六)、和田文治郎『前田利家公』、菊池紳一『前田利家』

(三鬼清一郎)

まえだとしなが　前田利長　一五六二―一六一四　安土桃山・江戸時代前期の大名。第二代金沢藩主。藩祖前田利家の嫡男。永禄五年(一五六二)正月十二日尾張国荒子(名古屋市中川区荒子町)に生まれる。母は正室松(芳春院)。幼名犬千代、のち孫四郎。初諱は利勝、天正十七年(一五八九)に利長と改めた。父利家とともに織田信長に仕え、九年八月越前国府中(福井県越前市)の城将となり父の旧知三万三千石を受け、十二月信長の四女永(玉泉院)と結婚。十一年父とともに柴田勝家軍に付いて羽柴秀吉軍と相対し、近江国柳ヶ瀬(滋賀県伊香郡余呉町)辺に出陣したが敗色に及んで撤退、秀吉に臣従して四月加賀国松任四万石を領知した。同十二―十三年父とともに越中国の佐々成政と戦って勝ち、十三年九月越中国礪波・射水・婦負三郡に転封され、羽柴姓を許されて越中国守山城へ移る。同年十一月従五位下肥前守となり、十四年六月従四位下侍従、十二月豊臣姓を許された。十五年九州征討で豊前国岩石城攻めなどに戦功あり、十八年小田原征討で父とともに転戦して武蔵国八王子城攻めなどに奮闘、のち奥州検田に従った。文禄二年(一五九三)閏九月左近衛権少将、四年九月権中将、慶長二年(一五九七)九月参議に任じた。十月居城を越中国富山に移す。三年四月父の隠居で家督を継ぎ、従三位権中納言に進む。これより先、父とともに豊臣秀頼の傅であったが、四年閏三月父の死後、五大老に列した。しかし八月大坂より帰国、九月徳川家康に加賀征伐の動きがあり、母芳春院を江戸へ人質に出すことで和解し、十二月権中納言を辞退。同五年関ヶ原の戦に際して徳川方に付き加賀国大聖

「長盛」

「秀」
前田利長印

前田利長花押

前田利長画像

寺城山口宗永を討って北陸の情勢を有利に導き、同国江沼・能美郡を領有し、また徳川方に付かなかった弟利政の能登国も還付されて加賀・能登・越中三ヵ国に百二十万石を領有するに至った。十年六月家督をまだ十三歳の庶弟利光（利常）に譲り、越中国新川郡二十二万石（異説あり）を養老領として富山城に移る。十四年三月富山城焼失して一時同国魚津城に居り、九月同国射水郡関野（富山県高岡市本丸町）に築城して移り高岡と改めた。みずからを豊臣秀頼方と公言したが、十五年腫物を生じ、十六年再発して五月に遺誡を作り、六月幕臣本多正信の次男で正純の弟政重を本藩へ召し抱えて徳川氏と親近をはかり、また同年家臣数十名十万石ほどを本藩へ返付した。十九年病が重くなり、徳川対豊臣の戦機が近付く中で自分の領知と城を捨て京都へ隠棲するつもりであったが、五月二十日高岡城で死去した。享年五十三。自死とみられる。法号瑞竜院。高岡郊外に葬り、正二位権大納言を追贈された。のち三代利常は巨大な墓所と牌所瑞竜寺（国宝、高岡市関本町）を造営した。利長の政治は、まず豊臣氏と徳川氏の対立が深まる中で徳川方を貫き、豊臣秀頼方である自分を次第に退けて前田家の社稷を立てた守成の功が指摘される。内治では隠居後も慶長十五年ころまで本藩を総監し、慶長七年重臣太田但馬を誅殺するなど家中統制に意を尽くし、新田開発と走百姓取締りなどのために十村制度を立て、慶長十年越中の総検地を行い、役家、棟役銀の制、夫役の夫銀化などの徴租の整備をはかった。またキリシタンに寛容であり、千利休の高弟として茶湯に堪能であった。

参考文献　『大日本史料』一二ノ一四、慶長十九年五月二十日条、『寛政重修諸家譜』一一三一、『加賀藩史料』一・二、日置謙編『石川県史』二、『富山県史』通史編三、『金沢市史』通史二、高沢裕一「前田利長の進退」（同編『北陸社会の歴史的展開』所収）、同「補説」（『文化財論考』二）　（高沢　裕一）

まえだとしはる　前田利春　？—一五六〇　戦国時代の武将。尾張国愛知郡荒子城主。金沢藩祖前田利家の父。利昌ともいう。家則・利勝とするものもあり。通称蔵人・縫殿助。荒子（名古屋市中川区荒子町）に二千貫の地を領した。永禄三年（一五六〇）七月十三日没。法号道機庵休岳。その画像は石川県七尾市の長齢寺にあり、重要文化財。また位牌所の京都紫野大徳寺塔頭興臨院にも天正十四年（一五八六）十二月十三日付の玉仲宗琇の賛のある一幅がある。

参考文献　『寛政重修諸家譜』一一三一、『加賀藩史料』一　（高沢　裕一）

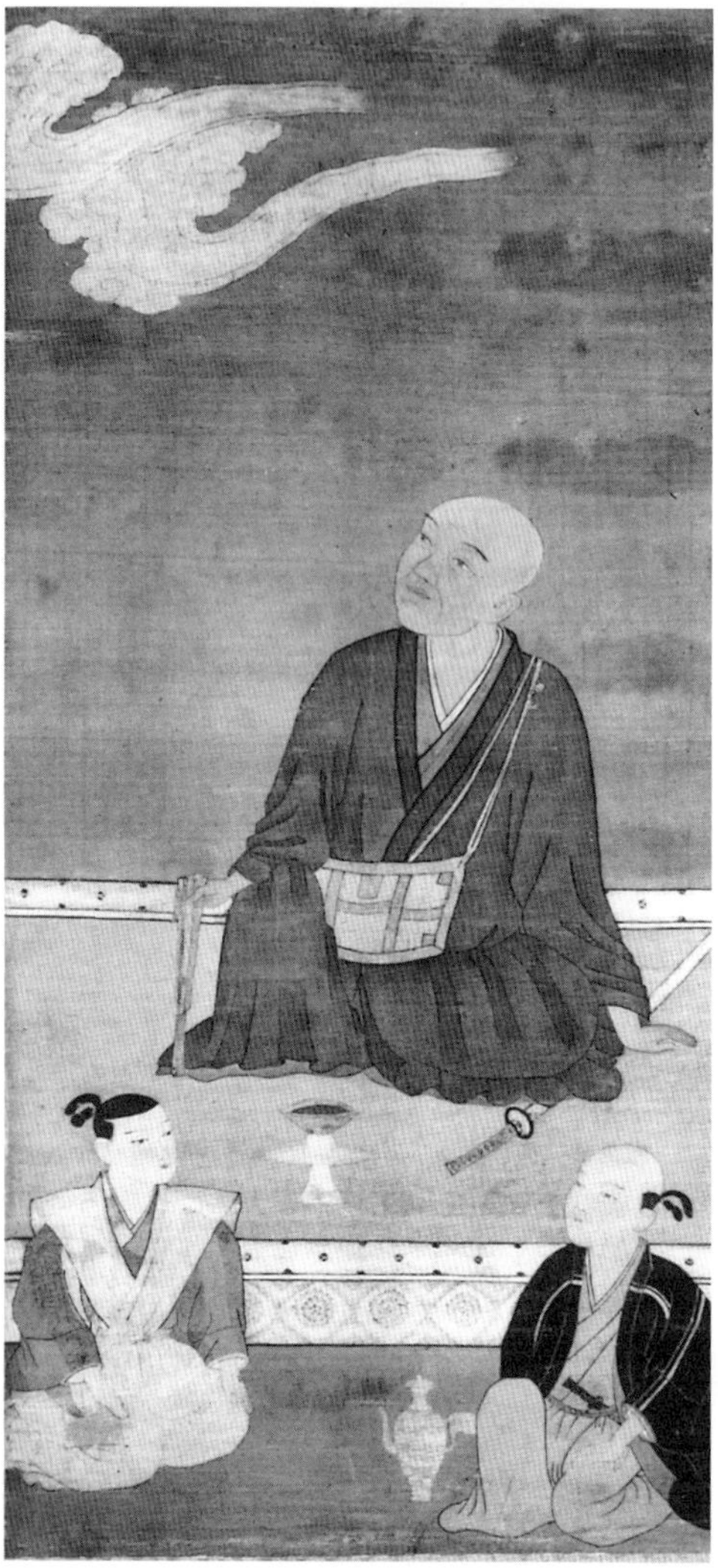

前田利春画像

まかかしょう　摩訶迦葉　釈迦の十大弟子の一人。パーリ語名マハー＝カッサパ Mahā-kassapa に相応する音写語。また、大迦葉ともいう。古代インド、マガダ国の王舎城近郊に富豪のバラモンの子として生まれた。若くして出家し、釈迦の成道後三年目ごろに仏弟子となり、八日目にして早くも阿羅漢（聖者）の境地に入ったという。常に弊衣を着け、仏弟子中、もっとも執著の想のない清廉な人格で、厳格な頭陀行を実践していたため、頭陀第一と呼ばれた。釈迦の入滅後、教団の統率者となり、王舎城で第一回の経典結集を行なったと伝わる。のち、中国の禅宗ではこの人を特に尊ぶ。単に迦葉という時は、このほか、過去七仏の第六仏や、その他のひとを指す場合もある。　（丘山　新）

まがりのおおえひろくにおしたけかなひのみこと　勾大兄広国押武金日尊　⇨安閑天皇《あんかんてんのう》

まきしまあきみつ　真木嶋昭光　生没年不詳　戦国・安土桃山時代の武将。玄蕃頭と称す。『細川家記』によれば、一色信濃守輝光が山城槇嶋城（京都府宇治市）にあって槇嶋氏を称し、その子の孫六重利が昭光であるという

がはっきりしない。むしろ山城五ヶ荘(宇治市)の有力名主で荘官でもあり、室町幕府の奉公衆でもあった槇嶋氏の系譜をひくと考える方が自然かもしれない。いずれにせよ、前半生は不詳で、史上に姿を見せるのは、十五代将軍足利義昭が織田信長との関係を断って、公然と敵対した天正元年(一五七三)からである。当時すでに義昭の近臣であったようで、同年七月八日付の本願寺顕如の義昭への返書は昭光と一色藤長に宛てられている。七月三日義昭は槇嶋城に立て籠り、十八日には信長軍の攻撃に屈して同城を出、河内の若江城(大阪府東大阪市)に移り、十一月には同城も出て放浪生活に入った。この間、そしてこれ以降、昭光は一貫して義昭に付き従っていった。義昭は和泉堺(大阪府堺市)、紀伊由良(和歌山県日高郡由良町)などを経て同四年毛利氏を頼って備後鞆(広島県福山市)に移り、膨大な数の信長打倒を呼びかける御内書を各地の大名に送っているが、そのうちかなりの数に昭光の副状が伴っている。わずかなうちとはいえ、義昭の近臣の筆頭格となっていたと考えられる。同十年信長が本能寺で横死し、羽柴(豊臣)秀吉が天下の実権を握ると、同十五年義昭はようやく帰京がかなった。翌年義昭は出家して余生を送ることになり、昭光は義昭に近侍し続けた。慶長二年(一五九七)八月二十八日義昭が死去すると、太閤秀吉は施薬院全宗に御闍維(法儀の主導僧)は昭光と相談して決めるように示唆している。九月一日義昭の遺体は京都の等持院に安置されるが、この時昭光は剃髪している。八日葬儀が行われ、旧奉公衆らとともに参列して亡き義昭を送った。『細川家記』によれば、この後秀吉・秀頼に仕え、元和元年(一六一五)大坂落城後は豊前に潜んでいたところを細川忠興に見出され、無役の知行千石を与えられ、余生を暮らしたというが、確証はない。要するに史上の昭光は義昭(それも没落後の)とともにあり、義昭とともに消えたといえよう。

参考文献 『宇治市史』二

(久保健一郎)

まきのかた　牧の方　生没年不詳　鎌倉時代前期の女性。父は牧宗親(『愚管抄』)。宗親の妹とする説もある(『吾妻鏡』)。北条時政の後妻。子に政範、平賀朝雅室、稲毛重成室、宇都宮頼綱室、坊門忠清室などがいる。寿永元年(一一八二)十一月、義娘北条政子に源頼朝の寵女亀前の存在を密告。政子は牧宗親に命じて広綱宅を破却させたが、これを聞いた頼朝は宗親を召し出し、激怒してみずから宗親の髪を切り取ったという。建久二年(一一九一)九月上洛。父宗親が平頼盛の家人であったので京都とのつながりが深く、娘たちの中には公家・殿上人に嫁いだものもいる。元久元年(一二〇四)十一月、女婿朝雅からの畠山重忠・重保父子謀反の訴えを夫時政に讒言。同二年六月畠山一族は時政の命により滅ぼされた。しかし、この事件の処理をめぐって時政の先妻の子政子・義時との間に隔絶が生じ、同年閏七月十九日牧の方が朝雅を将軍に擁立しようとする陰謀が発覚したとして、実朝が時政邸から義時邸に移され、即日時政は出家、翌日伊豆国北条に移され、牧の方もこれに従ったと思われる。安貞元年(一二二七)正月、牧の方は京都で夫北条時政の十三年忌供養を行なった。

参考文献 『大日本史料』四ノ八、元久二年閏七月十九日条、杉橋隆夫「牧の方の出身と政治的位置―池禅尼と頼朝と―」(『古代・中世の政治と文化』所収)

(菊池 紳一)

まさきときつな　正木時綱　?―一五三三　戦国時代の房総の武将。正木氏の初代とされる人物で、相模の三浦時高の子といわれるが、不明。大膳大夫。俗書は時綱とするが、同時代史料では通綱。永正五年(一五〇八)の史料には安房国の国衙奉行人としてみえ、里見氏に属したが、安房山之城に拠って長狭郡をおさえ、半独立的な勢力をなした。天文二年(一五三三)七月二十七日、里見氏の内紛に巻き込まれ、里見義豊に討たれた。法名古山正範。

参考文献 川名登『房総里見一族』、大野太平『房総里見氏の研究』

(小谷 俊彦)

まさきのりとき　正木憲時　?―一五八一　戦国・安土桃山時代の武将。房総の大名里見氏の家臣。正木通綱(時綱)の子時茂の養子。大膳亮。時茂の跡を継ぎ上総小田喜(大多喜)城に居る。里見義弘に属し、天正五年(一五七七)には、義弘の命を受けて、越後の上杉謙信に書を送り関東出陣を要請するなど、外交面でも活躍。義弘の死後、里見氏に背き、義弘の後嗣義頼に攻められて天正九年九月小田喜城に没した。自害とも家臣に殺されたともいう。法名知叟道種。

参考文献 川名登『房総里見一族』、大野太平『房総里見氏の研究』

(小谷 俊彦)

まさきまさやす　正木正康　生没年不詳　戦国・安土桃山時代の武将。房総の戦国大名里見氏の臣正木時忠の子とされる人物。左近大夫と称し、上総勝浦城に居たが、里見氏に背き、天正十五年(一五八七)城を追われて流浪、海賊となり、翌年勝浦城を奪回、さらに十七年には上総小浜城を奪い、これに拠って里見氏に抵抗したが、敗れて城を捨て、勝浦に戻ったという(『関八州古戦録』)。しかし、これは俗書に載せる話であって、正康の名も確実な史料にはみえず、実在が疑問視される。

参考文献 大野太平『房総里見氏の研究』

(小谷 俊彦)

まさつね　正恒　平安時代後期の備前国の刀工で、古備前物の中にあって友成と並び称される名工。しかし一人ではなく同銘工が二、三人はおり、その間に時代差が認められる。また銘の字体にも相違がある、すなわち「恒」

正恒押形

の扁が「刂(りっとう)」のものと、「十(十字)」のものとの二種である。「正」はどれも草書体の正の字。太刀姿は腰反りが高く、踏張がつき、小切先であり、地は板目鍛えでよくつまり、映が通る。刃文は直刃仕立で小丁子や小乱れ刃を交え、小足が繁くはいる。切先の刃は焼が深く丸く返る。彫物はほとんどみない。茎《なかご》は雉子股仕立が多い。国宝は五口、重要文化財は九口あり、指定件数は多い。徳川黎明会(国宝)や林原美術館(重要文化財)の太刀は古い方の例にはいる。東京国立博物館の太刀はそれに次ぐ。同銘で、同じ時代に備中国の青江派に名工がいる。それの代表作は鶴岡八幡宮の太刀(国宝)である。鍛え肌に青江特有の澄肌があるとか、茎の鑢《やすり》目が備前物は勝手下りであるがこれは大筋違である、などの相違点は見られるが、姿から作風まで区別の立て難いほどによく似ている。青江正恒の重要文化財の太刀は六口ある。筑紫正恒は豊前国の刀工で青江正恒の子といわれるが正体は明らかでない。

参考文献 山岡重厚『日本刀伝習録』、広井雄一編『備前鍛治』(至文堂『日本の美術』七三) (辻本 直男)

まさなりしんのう　雅成親王　一二〇〇―五五　後鳥羽天皇の皇子。正治二年(一二〇〇)九月十一日誕生。母は修明門院藤原重子である。同年十月八日宣陽門院覲子内親王の養子となり、その六条殿に住んだので、六条宮とよばれた。元久元年(一二〇四)正月九日親王宣下あり、名を雅成と賜わった。長ずるに及んで、父天皇の武芸奨励の意を体して弓馬・水練・角力などに励んだが、承久の乱に際し、討幕計画に参画したため、承久三年(一二二一)七月但馬国に配流された。嘉禄二年(一二二六)九月脱出を図ったが失敗し、配所で落飾した。建長七年(一二五五)二月十日没。五十六歳。

参考文献 『大日本史料』四ノ六、正治二年九月十一日条、同五ノ一、承久三年七月二十四日条、同五ノ三、嘉禄二年九月是月条 (後藤 四郎)

まさみおう　正躬王　七九九―八六三　桓武天皇の孫。贈一品万多親王の第七子。実は第一子か。弘仁七年(八一六)、十八歳にして文章生試に及第。天長六年(八二九)正月、従四位下に叙せられ、弾正大弼・刑部大輔・右京大夫を歴任。承和七年(八四〇)八月、参議となり、同九年正月、従四位上に昇り、左大弁に任ぜられた。同十三年、善愷訴訟事件の際、右少弁伴善男らと対立して敗れ解官。翌年五月、位記一階を毀《やぶ》られ、嘉祥元年(八四八)十二月、降位されて従四位下。以後治部卿・弾正大弼・刑部卿を歴任。その間、仁寿元年(八五一)十一月に従四位上、斉衡二年(八五五)正月、正四位下に進み、貞観三年(八六一)正月、再び参議となる。同五年五月一日没。年六十五。時に刑部卿・兼越前権守。性格は聡穎で、史漢を渉読し、文章を巧みにつづったという。

参考文献 佐伯有清『伴善男』(『人物叢書』一五六) (佐伯 有清)

まさむね　正宗　生没年不詳　鎌倉時代後期の相州鎌倉の刀工。近世以降斯界の第一人者とされてきた。「相州住正宗、嘉暦三年(一三二八)八月日」銘の短刀が徳川黎明会にある。これは名物の大坂長銘正宗であるが、大坂の陣で罹災し焼身となって残ったもの。ほかには正宗または正宗作と在銘の短刀が四口知られている。正宗の名は応永三十年(一四二三)書写の観智院本『銘尽』に出ており、それの系図書きでは新藤五国光の弟子となっている。降った室町時代の刀剣書でもかなり重視はしているが、足利将軍家の重宝には選ばれておらず、正宗が名工として特別の扱いを受け出したのは豊臣秀吉の時代からであって、沸《にえ》出来で大乱れの激しい作柄が世の好みに合ったからであろう。秀吉は功臣への賞賜にそうした名刀を必要としたのであり、公認の刀剣鑑定所にされた本阿弥光徳らはその意を体してそのような刀探しと極めに力を尽くした。今日、生ぶ在銘の太刀は見られず、刀類は大磨上げの無銘か、金象嵌銘の極めものばかりである。明治二十九年(一八九六)の七月、今村長賀が投じた正宗よりも大昔の作品が在銘で残っているのに、正宗の作品だけが何故大磨上げ無銘なのかの疑問説(世にいう正宗抹殺論)は大反響を呼んだ。その後正宗の正体を見極めようとの真面目な風潮が生まれ、姿は概して大柄で、地は大板目、刃文は激しい沸出来の、変化に富む大のたれの互の目乱れ刃で、刃中に盛んに金筋が働く、などの共通項をもとにして出来映えのすぐれたものを順次採り上げて昭和八年(一九三三)から城和泉守昌茂の刀と名物太郎作の刀がまず重要美術品に認定され、昭和十一年には旧国宝に昇格。漸次この方針は拡大された。なお城昌茂の刀は昭和二十六年の第一回の新国宝にも選にあがっている。現在、国宝は刀四口(うち二口は金象嵌銘)、短刀五口(名物の庖丁正宗三口が含まれる)であり、重要文化財は刀六口(うち一口は金象嵌銘)、脇指一口、短刀三口(一口の不動正宗は在銘)である。名物には四十一口選ばれている。正宗には弟子に地許の広光がいるが、日本の各地から教をうけに刀工が大勢、鎌倉へ集まったといわれ、その中の優秀者を選んで正宗門の十哲の説が生まれている。孔門の十哲になぞらえたものであるらしいが、永正年間(一五〇四―二一)の『日本鍛冶系図』では八人、慶長十六年(一六一一)の『古今銘尽』では広光のほかに、貞宗(出身地が近江)、義弘と則重(越中)、兼氏と金重(美濃)、国重と来国次(山城)、兼光と長義(備前)、左(筑前)の十人(計十一人)をあげており、寛政四年(一七九二)の『古刀銘尽大全』ではそれへ直綱(石見)を加えていて、顔触には多少の加減があって一定しない。正宗は鎌倉時代末期から南北朝時代の初めにかけての争乱によって治安の悪くなった鎌倉をさけて諸国を遊歴し、各地の刀工

正宗押形

の来歴や作風を調べ上げて『国々廻《めぐり》』という冊子を書いたといわれ、それが後々の刀剣研究家の指針になっているとの説(『古今銘尽』)もある。しかしその書物は残っていない。生没に関して「文永元(一二六四)生、康永二(一三四三)死、八十一歳」とする『古刀銘尽大全』の記事は信を置きかね、詳細は不明である。鎌倉には正宗の井戸と伝えられる場所もある。

参考文献 本間順治・佐藤貫一編『正宗とその一門』、辻本直男『図説刀剣名物帳』一、本間順治編『正宗―相州伝の流れ―』(至文堂『日本の美術』一四二)、同編『相州伝名作集』

(辻本 直男)

ましたながもり 増田長盛 一五四五―一六一五 安土桃山時代の武将。大名。仁右衛門、右衛門尉と称した。天文十四年(一五四五)尾張国中島郡増田村に生まれた。生地は一説に近江国浅井郡益田郷ともいう。「増田」は、『義演准后日記』慶長三年(一五九八)二月十七日条に「ました」と読みが振ってあり、『天正年中大名帳』にも「真下」とあるので「ました」と読むのが正しい。はじめ羽柴秀吉に仕えて二百石。天正十二年(一五八四)小牧・長久手の戦に従軍、その戦功で二万石に加増され、翌年五月従五位下右衛門尉に叙任。豊臣家の年寄として秀吉の知行雑務に従事し、翌年からは、九月二十五日付の上杉景勝宛秀吉朱印状に石田三成と連署で副状を発給するなど東国政策にも重きを占める。同十五年関戸の奉行。同十八年正月には京都賀茂川に三条橋を架けた。二月小田原攻めに従軍、この戦後処理の過程で、安房の里見領の知行改めをはじめとする下野・常陸・安房の諸大名への仕置を担当した。文禄元年(一五九二)秀吉が朝鮮侵略を開始すると、肥前名護屋城の本営において玉薬・兵粮の輸送の事を担当し、六月には秀吉の命を受けて渡海、七月以降漢城(ソウル)にとどまり秀吉の渡海を待った。翌二年三月二十日付の秀吉朱印状によると、安房の里見義康や下野の宇都宮国綱・成田氏長・那須衆らの軍事指揮権をも任されている。五月講和交渉が開始されると、名護屋に帰り明使の応接役を勤めた。翌年伏見城の工事を分担。同四年六月、豊臣(羽柴)秀保の跡の大和郡山城二十万石を与えられた。この時、従四位下侍従に叙任されたようである。この間、天正十九年閏正月には長束正家とともに近江を検地。文禄三年十月には石田三成とともに常陸の佐竹義宣領を検地し、恩賞として佐竹領内にて三千石が加増されている。慶長二年十月安房を検地。同三年秀吉の死にあたっては、石田三成・浅野長政・長束正家・前田玄以らとともに豊臣家の五人の年寄(いわゆる「五奉行」)に数えられ、徳川家康らいわゆる五大老と合議して政務にあたることを命じられた。このうち三成は家康の専権を抑止しようと努力するが、加藤清正・福島正則・細川忠興ら七大名によって失脚した。同五年家康が上杉景勝攻撃のため東下すると、三成は兵を挙げ、長盛はこれに与して毛利輝元らと大坂城西ノ丸に入り、家臣高田小左衛門を関ヶ原に派遣した。長盛は、家康と内通していたようで、小左衛門も関ヶ原においては参戦しなかった。敗北後、使者を遣わして降を乞うたが許されず、十月領地を没収され、高野山に追放された。この時、郡山城にあった渡辺勘兵衛らが徳川方に堂々と城を明け渡し、賞賛を博したことは有名である。のち、武蔵岩槻に流され高力清長に預けられた。元和元年(一六一五)大坂の陣終結後、その子盛次が大坂方にあったため死を命ぜられ、五月二十七日自害した。七十一歳であった。

増田長盛花押

増田長盛画像(栗原信充『肖像集』)

参考文献 桑田忠親『豊臣秀吉研究』、斉藤司「豊臣期関東における増田長盛の動向」(『関東近世史研究』一七)

(山本 博文)

まじませいがん 馬島清眼 ?―一三七九 南北朝時代の眼科医。尾張国海東郡馬島(愛知県海部郡大治町)の薬師寺の塔頭、蔵南坊の僧で、薬師寺の中興開山。大僧都。あるとき夢で異人より眼科の秘伝書を授けられ、試みたところ卓効を奏し、ついに馬島眼科の名は世に普く知られるところとなったという。その医術からして、秘伝書とは中国の医書と考えられる。康暦元年(一三七九)三月十九日入寂。享年未詳。寺内墓域に葬られた。

(小曾戸 洋)

ますだかねたか 益田兼堯 ?―一四八五 室町時代の武将。石見国の豪族益田氏の十五代当主。幼名益一九、松寿、通称孫次郎。はじめ左馬助、のち越中守。兼広ともいった。兼理の子、母は出雲国の馬田某の女。父益田兼理は大内氏に従って少弐氏と戦い、永享三年(一四三一)筑前国深江(福岡県糸島郡二丈町)において戦死した。室町幕府の要人である畠山氏は、義就と政長に分かれて争っていたが、兼堯は幕府の命をうけ寛正二年(一四六一)から同六年ころまで、義就の兵と河内国の桐山(大阪府南河内郡千早赤坂村桐山)・淀子《よどし》(千早赤坂村吉年)・岳山(富田林市竜泉)などに戦い、将軍足利義政から戦功として剣馬を与えられている。このころ、伊勢守筆による『引付抜書』に兼堯の名がみえており、幕府の引付衆になっていたのではないかといわれている。また、このころ兼堯は子息貞兼に譲状を書いている。兼堯の晩年は益田に大雄庵を創建し信仰の生活に入り、文明年中(一

益田兼堯画像(雪舟等楊筆)

四六九―八七)には彼の発意で万福寺(島根県益田市東町)の庭園がつくられたという。なお、雪舟等楊筆といわれる画像(重要文化財)があるが、これには東光寺住職周鼎の賛がある。文明十七年五月二十三日没。法名大雄院殿全国瑞兼。墓は旧七尾城大手門に近い尾崎丸山下の三方に土塀を巡らした老松の下にある。

参考文献 『大日本史料』八ノ一七、文明十七年五月二十三日条、『益田市誌』上、広田八穂『中世益田氏の遺跡』 (福田栄次郎)

ますだのなわて 益田縄手 生没年不詳 奈良時代の工匠。越前足羽郡の人。東大寺・西大寺の建築に携わり、奈良時代の工匠として最高位まで進んだ。天平勝宝八歳(七五六)、造大殿所大工正六位上とみえ、翌天平宝字元年(七五七)外従五位下、同八年従五位下となり、天平神護元年(七六五)益田連の姓を賜い、神護景雲二年(七六八)遠江員外介に任じられ、翌年従五位上に進んだ。東大寺大仏殿の大工といわれてきたが、東大寺関係の工匠には、縄手のほかに天平勝宝三年に外従五位下になった木工寮長上神磯部国麻呂と、神護景雲元年に外従五位下になった猪名部百世がおり、大仏殿大工はいずれとも決め難い。 (太田博太郎)

まついゆうかん 松井友閑 生没年不詳 織田信長の家臣。出自不明。『信長記』には尾張「清洲の町人友閑」とみえる。宮内卿法印と号した。信長に登用され、その使者として各方面との折衝にあたることを主な任務として活動した。永禄十二年(一五六九)春には上京の、翌年春には堺の茶人たちからそれぞれ名器を召し上げるための使者をつとめ、天正三年(一五七五)四月には三好康長の投降を取り次ぎ、同年十月には大坂の本願寺との和睦を斡旋、天正五年八月には叛旗を翻した松永久秀父子、翌六年十一月には同じく荒木村重の慰撫にあたっている。ことに天正八年閏三月の本願寺との勅命講和の際には、信長側の代表として大坂方との交渉にあたった。また、京畿の寺社などに宛てた判物類も少なからず残されており、その広範な活動ぶりを伝える。天正十年の本能寺の変の後の動向はわからない。天正十四年六月十四日には、羽柴秀吉によって「堺政所」の職を罷免されたことが『多聞院日記』にみえる。 (山室恭子)

松井友閑花押

まつうらそうあん 松浦宗案 生没年不詳 『清良記』の著者に擬せられた人。架空の人物とする説もある。大正十二年(一九二三)刊の滝本誠一編『続日本経済叢書』一に、松浦宗案著『清良記』七が収められ、解題に「松浦宗案が領主土居清良の諮問に答えたもので、著作者は宗案自身にあらず、土居水也である」と滝本みずからが記している。同書の中に「永禄七年(一五六四)正月吉日 松浦宗案/土居左兵衛殿」と松浦宗案が土居左兵衛に充てて書いたかのような記載があることより、『清良記』の原型は松浦宗案の手になったと主張したのは、菅菊太郎であった。しかし近藤孝純は架空の人物と反論した。昭和十年(一九三五)代後半に児玉幸多・山口常助の研究によって、近世農書説は確立した。入交好脩は土居家所蔵の彦根藩津田理右衛門直康が宇和島藩士土居甚右衛門ほか二名に宛てた書状を『井伊年譜』九を参照して『清良記』は寛永五年(一六二八)土居水也の作と『社会経済史学』一三ノ一〇に推定した。これは昭和三十年入交著『清良記―親民鑑月集―』に収録した。山口常助は、昭和四十八年「『清良記』の作者および成立年代」(『伊予史談』二〇七・二〇八合併号)において、「成立は土

居清良の死んだ寛永六年から、水也の死んだ承応三年(一六五四)までの二十六年間である」と断定している。昭和五十五年刊の『日本農書全集』一〇所収の『清良記』(親民鑑月集)は、現代語訳・解題は松浦郁郎・徳永光俊の担当であるが、前記の山口説を正確なものとして踏襲している。同書は、「戦国末期を想定して近世初期に著わされた「親民鑑月集」の中に、中世農業から近世農業への移行の過程が表現されている」としている。

参考文献 菅菊太郎『松浦宗案』、児玉幸多「清良記に就いて」(『歴史地理』七五ノ五)、山口常助「清良記の文献的批判—第七巻を中心として—」(『歴史学研究』九七)、近藤孝純「松浦宗案は架空の人物」(『伊予史談』一〇〇)

(入交 好脩)

まつしたぜんに 松下禅尼 生没年不詳 鎌倉時代中期の武家の女性。安達景盛の娘、同義景の妹。北条時氏の妻、同経時・時頼・為時・時定らの母。元仁元年(一二二四)六月二十九日六波羅探題北方の夫とともに上洛、寛喜二年(一二三〇)四月十一日夫とともに鎌倉帰着、同六月十八日の夫の死後、出家して実家の鎌倉甘縄邸に帰り、建長三年(一二五一)五月、同邸で次男時頼室(北条重時の娘)の時宗出産をみる。文応元年(一二六〇)五月十日父景盛の十三回忌の施主。次男執権時頼を甘縄邸に迎えた折、みずから障子の切り張りを行なって倹約を教えた『徒然草』の挿話は有名。宝治の乱(三浦氏滅亡)を将来する北条・安達両家の紐帯の地位にあった。

参考文献 北条氏研究会編『北条氏系譜人名辞典』

(奥富 敬之)

まつだいらいえただ 松平家忠 (一)一五四七—八二 安土桃山時代の武将。徳川家康の家臣。左太郎、又七郎、紀伊守。三河国宝飯《ほい》郡形原(愛知県蒲郡市)を本領とする形原松平家五代で天文十六年(一五四七)生まれ。父は家広、母は水野忠政女。家康の従兄弟にあたる。永禄七年(一五六四)より家康の三河平定、遠江攻め、武田氏との戦いに酒井忠次組下として参陣し、遠江宇津山・馬伏塚・小笠の城番を勤める。天正三年(一五七五)の長篠の戦には鳶巣山攻めに参加して戦功あり。同十年七月の甲斐平定にも従軍したが、同年十月十六日に形原で没。三十六歳。法名浄雲。妻は酒井正親女。形原の光忠寺(蒲郡市西浦町)に葬る。

参考文献 『大日本史料』一一ノ二、天正十年十月十六日条、『寛政重修諸家譜』二三

(二)一五五五—一六〇〇 徳川家康の家臣。又八郎、主殿助。三河国額田郡深溝《ふこうず》(愛知県額田郡幸田町深溝)を本領とする深溝松平家四代目。弘治元年(一五五五)生まれ。父は伊忠、母は鵜殿長持女。天正三年(一五七五)から、武田氏との戦、甲斐平定、小牧・長久手の戦、小田原攻めなどに酒井忠次組下として参陣し、また普請の巧者として浜松城ほか多数の城砦工事に関与。天正六年の家中は侍八十五人、中間百二十六人、鉄砲十五、弓六、鑓二十五という構成で(『家忠日記』)、同十八年の知行書立(島原本光寺文書)では年貢高八千九百四十八俵余であった。関東移封後は武蔵国忍城主で一万石。文禄元年(一五九二)下総上代《かしろ》に移封。同三年伏見城築造に加わり、巧者ぶりを豊臣秀吉に賞さる。同年下総小見川に移封。慶長四年(一五九九)より鳥居元忠・内藤家長らと伏見城番。同五年七月十八日より関ヶ原の戦の前哨戦として西軍の猛攻をうけ、同晦日に諸将とともに自刃。ときに四十六歳。法名慈雲院賀屋源慶。祖父好景・父伊忠と三代続けての討死である。天正五年より文禄三年に至る日記(『家忠日記』)は、家康の動向や三河の中級在地領主の生活と文化・教養、日常生活を伝える好史料である。

参考文献 『寛政重修諸家譜』二九、『(新編)岡崎市史』二

(新行 紀一)

まつだいらきよやす 松平清康 一五一一—三五 戦国時代の三河国の武将。徳川家康の祖父。次郎三郎、清孝。永正八年(一五一一)三河国碧海郡安城(愛知県安城市)生まれ。父は信忠、母は水野氏か。大永三年(一五二三)に家督を嗣ぎ、安城松平家四代、松平一族の惣領となる。翌年、岡崎松平家の額田郡山中城を奪取して岡崎家三代信貞を退隠させ、岡崎城に移転。当時の岡崎城は乙川南岸の明大寺にあった。以後、連年の戦いを始める。同五年に加茂郡足助の鈴木重政を攻めて降服させ、姉(一説に妹)於久を重政嫡子重直の妻としたのを手始めに、享禄二年(一五二九)には東三河の牧野氏を攻めて吉田城を陥し、田原戸田氏や山家三方衆(作手奥平・長篠・田峰菅沼)、設楽、西郷、二連木戸田、伊奈本多ら東三河国人衆を帰服させた(天文二年(一五三三)説もあり)。同年にはまた幡豆郡小島の鷹部屋氏を追い、ついで妹を東条吉良氏の持広の室に納れた。同三年には八名郡宇利の熊谷氏を滅ぼし、四年には加茂郡伊保の三宅氏の城を奪った。さらに尾張への進出をすすめ、天文四年までに春日井郡品野・愛知郡岩崎を入手していた。美濃三人衆らと結んで織田信秀挟撃体制を形成した清康は四年十二月に尾張守山城を攻めたが、同月五日朝に家臣阿部弥七郎に殺されて二十五歳の生涯を終えた。法名善徳院年叟道甫、埋葬の地岡崎菅生の丸山にのち家康が随念寺(岡崎市門前町)を建立した。清康の連年の戦闘行動は桜井松平家との惣領争いを外部へ転嫁し、同時に三河統一と戦国大名支配確立を目指したものであった。岡崎城の竜頭山への移転と城下形成、安城家菩提寺大樹寺の修造と勅願寺

松平清康画像

（愛知県大樹寺所在）

（愛知県大林寺所在）

松平清康墓

化、岡崎五人衆なる奉行制の創設、直轄領支配のための代官—小代官制、「世良田次郎三郎清康安城四代岡崎殿」(大樹寺多宝塔身柱銘)という源姓世良田氏の使用などがその徴憑であるが、それが中途で坐折し、その遺産は孫家康に伝えられることになった。

参考文献『(新編)岡崎市史』二、新行紀一『一向一揆の基礎構造』　(新行 紀一)

まつだいらちかうじ　**松平親氏**　生没年不詳　室町時代の武士。在世は十四世紀後葉から十五世紀前葉か。徳川家康の父祖松平八代の初代で源姓松平氏の祖とされる。新田氏の末裔で諸国遍歴の末三河に来住し、はじめは酒井氏の女婿、のち加茂郡松平郷(愛知県豊田市)の土豪松平太郎左衛門信重の女婿になったというが、源氏末裔説は近世の付会。松平郷の伝承では連歌会の執筆を勤めて教養を認められた遍歴者とする。

松平親氏像

参考文献『朝野旧聞裒藁』親氏君御事蹟(『内閣文庫所蔵史籍叢刊』特刊一ノ一)、『豊田市史』一、『(新編)岡崎市史』二　(新行 紀一)

まつだいらちかただ　**松平親忠**　?—一五〇一　室町時代の三河の国人。三河国碧海郡安城(愛知県安城市)を本領とする安城松平家初代。右京亮。松平信光の子、母は不明。文明初年に額田郡鴨田郷(岡崎市)に分立し、のち安城に移転。明応二年(一四九三)の井田野合戦後に松平一族中での地位を高め、加茂郡大給(豊田市)・滝脇(同)、碧海郡安城・桜井(安城市)、幡豆郡矢田(西尾市)に庶家を分出。文亀元年(一五〇一)八月十日没。七十一歳、一説に六十三歳。法名大胤西忠。墓所大樹寺は文明七年(一四七五)、鴨田の旧館跡に親忠が創建した安城家の菩提寺である。

松平親忠墓

参考文献『(新編)岡崎市史』二、新行紀一『一向一揆の基礎構造』　(新行 紀一)

まつだいらのぶやす　**松平信康**　一五五九—七九　戦国時代の武将。竹千代、次郎三郎。永禄二年(一五五九)三月六日駿府で誕生。徳川家康の長男。母は関口義広女(築山殿)。桶狭間の戦後も駿府に抑留されていたが、同

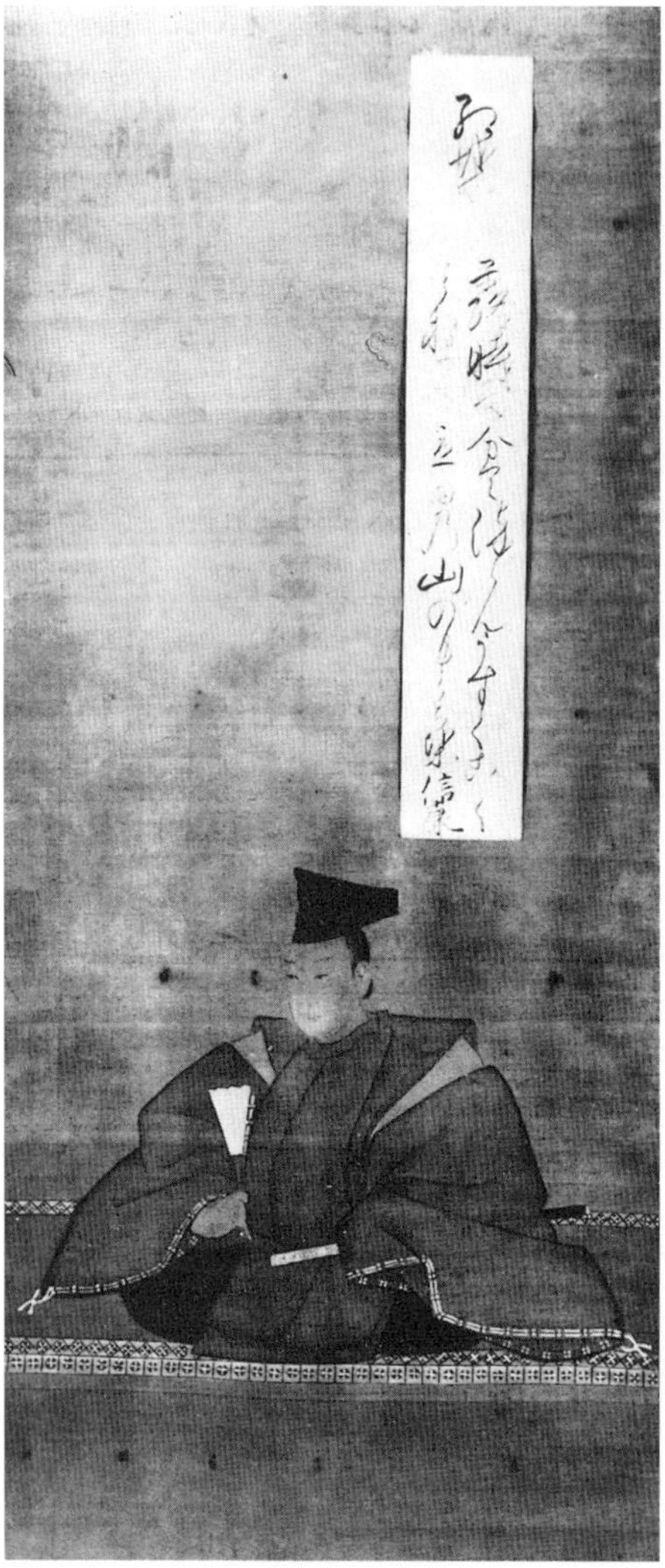
松平信康画像

五年人質交換で母とともに岡崎へ引き取られた。六年三月、織田信長の女五徳（徳姫）と婚約し、十年五月に結婚。元亀元年（一五七〇）元服して岡崎城主となり、岡崎次郎三郎信康と称した。永禄九年末に父家康は徳川に改姓していたから、以後は徳川信康ということになる。平岩親吉が傅役兼家老とされた。初陣は天正元年（一五七三）九月の三河国設楽郡武節城攻めと伝えるが、場所には疑問あり。同三年、岡崎町奉行大賀弥四郎・松平新右衛門を主謀者とする武田勝頼通謀の家臣一揆は未然に処断したが、種々の不行跡が伝えられており、妻および父との対立が激化したらしい。妻から信長への訴状に端を発して、家康・信長の間で信康処分が議され、七年八月四日に信康は岡崎城を出され、遠江堀川城・同二俣城に移され、九月十五日に切腹させられた。二十一歳。法名騰雲院殿達岩善道大居士。墓所は静岡県浜松市二俣町二俣の清滝寺。

参考文献 『（新編）岡崎市史』二、中村孝也『家康の族葉』　（新行　紀一）

まつだいらひろただ　松平広忠　一五二六―四九　戦国時代の三河国の武将。徳川家康の父。千松丸、仙千代、次郎三郎。父は清康、母は青木貞景女。大永六年（一五二六）岡崎生まれ。天文四年（一五三五）十二月に清康が尾張守山で死んだ時は十歳。織田信秀の来襲は撃退したが、桜井松平家の信定に追われて伊勢・遠江を流浪。叔母婿吉良持広や今川義元の後援を得て岡崎回復をはかり、

松平広忠花押

六年六月に帰還に成功し、十二月九日元服。以後、今川氏部将として東進をはかる信秀と対抗した。九年六月に安城城を奪われ、一族忠倫、老臣酒井忠尚らは信秀に通じた。十年水野忠政女於大と結婚し、翌年十二月家康が誕生。十一年八月の小豆坂の戦で今川・松平勢は織田勢に敗れ、十二年には叔父信孝が織田氏に奔った。同年七月水野忠政が死に後嗣信元が織田氏に属したため於大を離別。翌年渥美郡田原城主戸田康光女と結婚。十四年九月安城を攻めて敗北。十六年八月に竹千代（家康）を義元へ人質として送るが、途中で戸田康光に奪われて信秀の手に渡された。このような四面楚歌の情況は、十七年三月十九日の第二次小豆坂の戦の勝利や同年四月の信孝の戦死によって好転し始めたが、十八年三月六日、広忠は織田方の佐久間全孝の刺客岩松八弥に刺殺され、二十四歳で死んだ。法名応政道幹。岡崎城外能見原で荼毘に付され、のち永禄四年（一五六一）に家康が同地に松応寺（愛知県岡崎市松本町）を建立した。墓は法蔵寺（岡崎市本宿町）・大林寺（魚町）・大樹寺（鴨田町）・広忠寺（桑谷町）にあるが、形式からみると法蔵寺のものが最も古い。

松平広忠墓
（愛知県法蔵寺所在）

参考文献 『（新編）岡崎市史』二、中村孝也『家康の族葉』　（新行　紀一）

まつだいらやすちか　松平康親　一五二一―八三　戦国・安土桃山時代の武将。徳川家康の家臣。初名松井忠次、左近、左近将監、周防守。大永元年（一五二一）三河国幡豆郡饗場（愛知県幡豆郡吉良町）生まれ。父は松井忠直、母は不詳。青野（東条）松平家三代家忠の伯父で、幼少の甥を後見して各地を歴戦。永禄七年（一五六四）幡豆郡東条城代。天正三年（一五七五）遠江牧野城主となり、松平姓を許され康親と改名し周防守を称す。同十年駿河三枚橋城主。十一年六月十七日同地で没す。年六十三。法名崇輝。東条の法応寺に葬る。

松平康親花押

参考文献 『大日本史料』一一ノ四、天正十一年六月十七日条、埼玉県立図書館編『石川正西見聞集』『寛政重修諸家譜』三七三、観泉寺史編纂刊行委員会編『今川氏と観泉寺』　（新行　紀一）

まつながひさひで　松永久秀　一五一〇―七七　戦国時代の武将。はじめ弾正忠、永禄三年（一五六〇）二月弾正少弼となる。山城守とも称す。永正七年（一五一〇）生まれる。前半生は謎に包まれており、阿波の出身とも京都の西郊西岡の商人出身とも摂津の百姓出身ともいう。天文十年（一五四一）以前三好長慶に随従したと考えられ、はじめ右筆で、ついで訴訟取次の奏者となった。当初軍事活動が華々しかったのはむしろ弟の長頼であった。同二十年七月長頼とともに相国寺に拠る細川晴元の軍を退け、同二十二年三月にも晴元を破っている。弘治二年（一五五六）六月以前摂津滝山城（神戸市中央区）主となり、長慶より摂津西半国の経営を任され、同時に播磨の三木・明石両郡を勢力下に治めた。永禄二年八月大和信貴山城（奈良県生駒郡平群町）に移り、翌三年七月から大和侵略に乗り出した。八月末には大和北半、十一月には全域を平定し、その功によって長慶から大和一国を与えられた。この後、眉間寺山に多聞城（奈良市法蓮町）を築いている。このころからようやく軍略家として頭角を現わし始め、同四年から五年にかけては、京都で六角義賢、和泉で畠山氏の軍が三好氏と対するが、このときも長慶の子義興

松永久秀花押

らとともに各地を転戦した。同五年の三月久米田(大阪府岸和田市)の戦で和泉の三好軍は長慶の弟実休(之康、義賢)が戦死するなど大敗北を喫し、同月中旬には長慶の籠城する飯盛山城(大阪府四条畷市)が畠山の大軍に包囲された。このとき久秀は飯盛山城後詰の中心として活躍し、三好軍の体勢を立て直した。五月教興寺(大阪府八尾市)・葉引野(羽曳野市)の戦で三好軍は畠山軍に大勝し、中心的な活躍をした久秀は一挙に武名を上げた。九月にはかねてから対立していた伊勢貞孝父子を山城長坂山(京都市北区)に攻撃して敗死させた。翌六年義興が死ぬと長慶は悲嘆にくれて精彩を欠くようになり、三好政権にかげりが見え始める。この機に乗じて久秀はいよいよ政権の中で力を得ていったようで、七年に長慶が死ぬとその弟十河一存の子義継があとをついだが、事実上久秀と三好三人衆(三好長逸・三好政康・石成友通)が政権を二分するに至った。同八年五月十九日三人衆と謀り、十三代将軍足利義輝を二条御所に襲撃して暗殺した。義輝はかつて父十二代将軍義晴とともに三好政権に敵対し、和解後も何かと隙を生じていた(永禄四・五年の六角・畠山軍の攻撃にも義輝が加担していたと噂された)ため、勢力の伸長を狙う久秀・三人衆にとって障害となったのである。同年八月丹波の黒井城(兵庫県丹波市春日町)を包囲していた弟長頼が戦死し、三好政権は丹波一国を失ったが、このころから三人衆との対立が表面化し始めた。十一月には三人衆が義継を飯盛山城から高屋城(大阪府羽曳野市)に奪い去り、十四代将軍義栄(正式な任官は十一年二月)から久秀追討の御教書を得た。ここに久秀と三人衆はついに決裂し、河内・大和に戦火が拡大して畿内近国は騒然とした状態に陥った。同九年二月四日久秀は多聞城外で三人衆の軍を破ったが、十七日和泉上之芝(大阪府堺市)で大敗北を喫して大和に退却した。五月には堺に移って挽回を図ったが、形勢不利と見たのか六月に出奔して行方をくらまし、三人衆が優位を確立した。しかし、同十年二月かねてから三人衆に冷遇されていた三好義継が久秀方に奔ってきた。これに伴い久秀方に寝返る者もあり、形勢は再び五分となった。四月久秀は多聞城に戻り、大和で小競り合いが続いた。同年十月久秀は東大寺に陣取る三人衆の軍に夜襲をかけ、勝利を得たが、混乱の中で東大寺が炎上し、大仏が焼失するに至った。十一年九月織田信長の上洛に際して、三人衆は逃亡し、久秀と三好義継は降伏して大和一国と河内半国をそれぞれ安堵された。元亀二年(一五七一)五月久秀は甲斐の武田晴信(信玄)に通じて信長に背いた。当時畿内は十五代将軍足利義昭の暗躍もあって反信長勢力の攻勢が続き、混乱状態にあった。しかし、天正元年(一五七三)三月西上の途次にあった晴信が三河で病没すると形勢は信長有利に傾き、七月には義昭も追放されて室町幕府が崩壊した。ここに同年十二月久秀も降伏し、許された。冷徹・酷薄をもって知られる信長が久秀を許したのは、その能力に利用価値を見いだしていたからだといわれる。しかし、同三年には信長により大和守護職を剥奪され、同五年十月には信貴山城に拠って信長に背いたが、ついに抗しきれず同月十日自殺した。六十八歳。久秀に関してはさまざまな憶測や誤伝が多い。永禄六年の三好義興の死は久秀の毒殺であるとか、同七年の三好長慶による弟安宅冬康の誅殺は久秀の讒訴によるなどといわれた。また、同十年の大仏焼失も久秀によるといわれたが、実際は三人衆側の失火であったらしい。宣教師フロイスは著書『日本史』の中で、永禄四年ごろの久秀の権力について、天下の支配権を握っていると評しているが、誇張ないし過大評価と考えた方がよい。京都所司代になったという説も誤りである。出自や前半生がほとんど知られず、急速に成り上がってきたことや、将軍義輝を暗殺したことなどが久秀像の形成に大きな影響を与えてきたといえよう。なお、久秀は茶湯を愛好し、数々の名器を秘蔵した。永禄十一年九月信長に降伏した際には、八代将軍義政も愛用した茶入「作物茄子」を献上し、天正五年信貴山城に滅んだ際には名器の茶釜「平蜘蛛」とともに火中に消えたという。→三好長慶《みよしながよし》

参考文献　今谷明『戦国三好一族』、同『室町幕府解体過程の研究』、長江正一『三好長慶』(『人物叢書』一四九)、奥野高広『増訂織田信長文書の研究』

(久保健一郎)

まつらさよひめ　松浦佐用姫　伝説上の人物で、水神の生贄にされたという女。『万葉集』五によまれたように、佐賀県唐津市の鏡山では、大伴狭手彦との別れを惜しみ、船にむかって領巾《ひれ》を振りつづけたといい、後代の伝説によると、そのまま石に化したと伝えられる。『肥前国風土記』の「褶振峯《ひれふり》」の項には、この領巾振りの説話に続けて、佐用姫にあたる女が、蛇体の男についていって、沼の底に沈んでしまったと記されている。室町時代の『さよひめ』という草子には、長者の娘のさよ姫が、その家の没落の後に、奥州の人買いにわが身を売って、池の大蛇の人身御供に立てられるが、形見の『法華経』を読むことによって、その蛇身の苦しみをのがれさせ、みずからも富貴の身となったと記されており、現に奥羽地方の各地には、これと同系の伝承が知られている。本来は水神に仕える巫女であったものが、その生贄に捧げられたと考えられたのであろう。

参考文献　柳田国男『妹の力』(『定本柳田国男集』九)

(大島　建彦)

まつらしげのぶ　松浦鎮信　一五四九―一六一四　江戸時代前期の肥前国平戸藩主。通称は源三郎、受領名は肥前守、宗信と号し、のち宗静に改め、天正十七年(一五

松浦鎮信花押

八九）、法印に叙し式部卿と称す。隆信（道可）の長男。母は杉隆景の次女。天文十八年（一五四九）平戸に生まれる。永禄十一年（一五六八）、家督相続後、再三大村純忠と確執をつづけ、天正十四年には、純忠との間に領域協定を成立させた。天正十五年、豊臣秀吉の九州征伐に際しては、父隆信とともに出陣し、その功績によって旧領六万三千二百石を安堵され近世大名としての地位を確定した。この年、秀吉の命によって領内検地を実施する。朝鮮の役に際しては、嫡子久信とともに、小西行長が率いる一番隊に属して出兵したが、これを契機に、兵農分離を強行し、家臣団に対する統制を強化する一方、慶長四年（一五九九）には亀岡城を構築し、家臣団を城下に集中して城下町平戸を整備した。同五年関ヶ原の戦では東軍に属して旧領を安堵されたが、翌六年致仕し、嫡子久信が封を襲った。しかし、久信がわずか一年にして死亡、嫡孫隆信（宗陽）が十三歳で三代藩主となったため、引き続き藩政を後見した。父隆信以来の外国貿易の利に着目した鎮信は、慶長五年、オランダ船が豊後に漂着したとき、船一艘を建造してマラッカに派遣し、オランダ船の平戸入港を勧告した。こうして、慶長十四年にはオランダ船、同十八年にはイギリス船が平戸に入港し、それぞれ商館が開設されて、平戸貿易が繁栄する基礎を築いた。それは同時に、平戸藩にいち早く商品流通の途を開き、藩体制を貿易利潤に寄生せしめることとなった。慶長十九年五月二十六日没。六十六歳。平戸最教寺（平戸市岩の上町）に葬る。法名天融源長慈源院。室は西郷純隆の女。

松浦鎮信画像

参考文献 『大日本史料』一二ノ一四、慶長十九年五月二十六日条、『長崎県史』藩政編、村上直次郎『貿易史上の平戸』、藤野保『新訂幕藩体制史の研究』、同『日本封建制と幕藩体制』 （藤野 保）

まつらたかのぶ　松浦隆信 一五二九―九九 戦国時代の武将。松浦家第二十五世。通称は源三郎、受領名は肥前守、道可と号す。興信の長男、母は波多興の女。享禄二年（一五二九）平戸に生まれる。松浦党に系譜をひく平戸松浦氏は、党の単位細胞である平戸党の結束を通じて在地領主として発展したが、第二十三世弘定の時代には、津吉《つよし》・生月《いきつき》・田平《たびら》・江迎《えむかえ》・佐々・大島・度島《たくしま》などを領有し、各在地名を名乗る在地領主を被官化して勢力を拡大した。興信のあと、天文十年（一五四一）襲封した隆信は、さらに鷹島・佐世保・日宇《ひう》・早岐《はいき》・志佐および壱岐・針尾島・相神浦などを領有支配し、こうして北松浦郡を中心に壱岐国を合わせ領有する戦国大名に発展し、その上に平戸松浦氏の戦国法である『松浦隆信十一ヶ条』（『道可公御代御条目』）を制定施行した。天文十九年、ポルトガル船が平戸に入港し、シャビエルが平戸を巡歴した際、隆信はこれを歓待して布教を許可し、平戸貿易の基礎を開いた。しかし、永禄四年（一五六一）に発生した宮の前騒動（平戸人とポルトガル人との間の刃傷事件）を契機に、ポルトガル船の入港地は大村領に移る。同十一年致仕後も領主権の確保につとめ、天正十五年（一五八七）、豊臣秀吉の九州征伐に際しては、嫡子鎮信とともに出陣して旧領を安堵された。慶長四年（一五九九）閏三月六日没。七十一歳。平戸城下に葬る。法名印山道可尊勝院。室は波多忠武の女。継室は杉隆景の女。

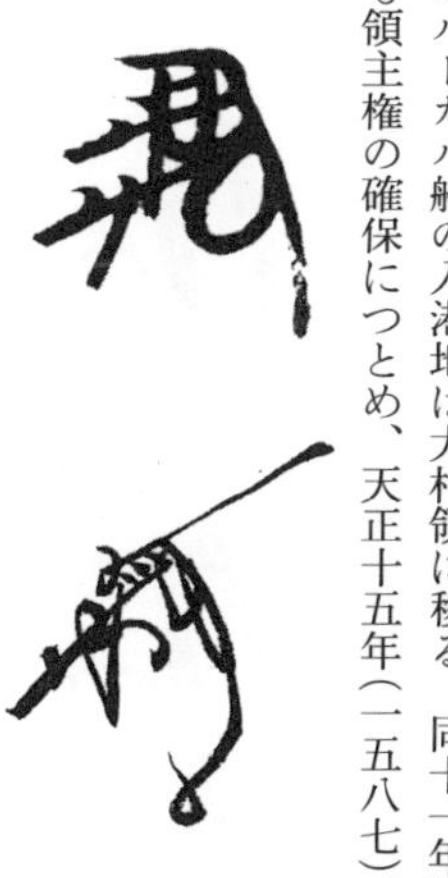

松浦隆信花押

参考文献 『長崎県史』藩政編、藤野保『新訂幕藩体制史の研究』、同『日本封建制と幕藩体制』、同「戦国大名家臣団の存在形態」（『日本歴史』一二一） （藤野 保）

までのこうじすえふさ　万里小路季房 ?―一三三三 鎌倉時代後期の公卿、後醍醐天皇側近の一人。正四位下、右大弁参議。権大納言万里小路宣房の息。中納言万里小路藤房の弟。正安三年（一三〇一）叙爵。延慶元年（一三〇八）後醍醐天皇の立太子とともに春宮権少進となり、元応二年（一三二〇）に蔵人、元亨三年（一三二三）権右少弁になると、兄藤房とあわせて「兄弟弁官例」になった。正中二年（一三二五）には後醍醐天皇の中宮（西園寺禧子、礼成門院。後京極院とも）の権大進をも兼ね、嘉暦三年（一三二八）蔵人頭、元徳二年（一三三〇）参議に進んだ（兼右大弁・中宮亮）。元弘元年（一三三一）、討幕の謀が漏れ、後醍醐天皇が兄藤房と洛外に行方を晦ませた際、季房は中宮を嵯峨の野宮《ののみや》に避難させたが、まもなく六波羅の軍勢に捕えられた。この間に出家を遂げたとする説（『公卿補任』）もある。笠置山で天皇や兄とともに捕えられたとする説（『太平記』）は誤り。配流先は下野国（『増鏡』）・下総国（『公卿補任』）とも常陸国長沼駿河守のもと（『太平記』）ともいう。鎌倉幕府滅亡の数日前の元弘三年五月二十日誅された。子の仲房（のちに准大臣）が祖父宣房の子として万里小路の家督を嗣いだ。季房の日記は、嘉吉元

万里小路季房花押

年(一四四一)ごろ、すでに万里小路家に残っていなかったようである。 (益田 宗)

までのこうじときふさ 万里小路時房 一三九四—一四五七 室町時代前期の公卿。法号、建聖院。応永元年(一三九四)十二月二十七日生まれる。父は内大臣嗣房、母は家の女房。勧修寺流の藤原氏。父嗣房は、はじめ子に恵まれなかったため、同流の甘露寺兼長の子を嗣子(重房、のち豊房)に迎えたが、時房が生まれたため、家督は時房に移った。八歳の応永八年叙爵、十八歳で後小松天皇の蔵人となり、二十一歳で蔵人頭左大弁となり、翌々年、参議に昇った。その後、権中納言を経て、三十二歳の応永三十二年、権大納言となり、武家伝奏・南都伝奏をも勤めた。後年、父の例に倣って内大臣を望んだが成功せず、五十二歳の文安二年(一四四五)の歳末、やっとの思いで望みを達したが、翌年早々、洞院《とういん》実熙の強請に遭い、未拝賀のまま官を辞した。長禄元年(一四五七)十一月二十日没。六十四歳。浄蓮華院(旧吉田堂)に葬られた(後世、清浄華院に改葬)。妹に建聖院主徹堂恵通、子には、那智から補陀落渡海した准大臣冬房(菩提院儀同三司)・清浄華院主玄周(勅謚、興慧和尚)がいる。日記『建内記』(『大日本古記録』十巻)がある。

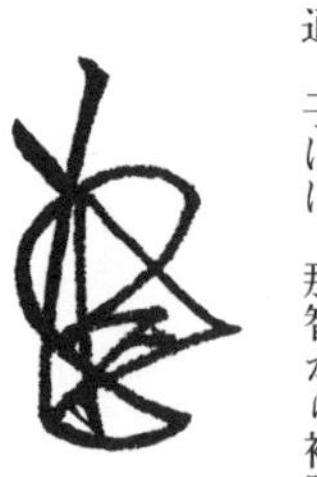
万里小路時房花押

参考文献 『建内記』一〇解題(『大日本古記録』) (益田 宗)

までのこうじのぶふさ 万里小路宣房 一二五八—一三四八 鎌倉・南北朝時代の公卿。従一位、大納言。家は勧修寺流藤原氏。従三位資通の子。初名通俊。大覚寺統の後二条天皇即位の正安三年(一三〇一)蔵人。弁官を歴任し、嘉元三年(一三〇五)蔵人頭、参議。天皇崩御後は官職を辞したが、再び大覚寺統の後醍醐天皇即位の文保二年(一三一八)権中納言として復帰、正中元年(一三二四)権大納言に昇った。この年、後醍醐天皇の討幕の謀が発覚すると、宣房は勅使として鎌倉に下向して釈明に努めた。権大納言昇進はこの功ともいう。この後、辞任・還任を二回繰り返し、元弘元年(一三三一)二月大納言に昇った。同年八月、天皇が再び討幕を企て笠置山に籠った際、息藤房・季房がこれに加担したため、宣房は六波羅に出頭して武士に預けられたが、翌二年四月、幕府はこれを許して帰宅させ、新帝の持明院統光厳天皇の許に出仕するよう命じた。『太平記』五、宣房卿歴仕両朝事は、これに取材したもの。建武新政では、一流の吉田定房とともに活躍し、建武元年(一三三四)七月大納言を辞したが、従一位に昇り、翌年還任・辞任を繰り返し、延元元年(北朝建武三、一三三六)正月出家した。彼の出家を、新政批判の空気のなかで、進退谷った結果と解釈する説がある。四代の孫万里小路時房の日記『建内記』文安四年(一四四七)十月十八日条に宣房の遠忌を修する記事があるから、この記事によって、貞和四年(一三四八)十月十八日没したことになる。若年のころ、後宇多法皇の院政に積極的に参画し、時弊を論じ意見を呈していることが、彼の日記『万一記』の元応元年(一三一九)・同二年条にみえている。ついで後醍醐天皇の親政下では、吉田定房・北畠親房とともに重用されたため、後三条天皇時代の大江匡房・藤原伊房・藤原為房が三房と称えられたのに対し、彼ら三人は後の三房と称えられた(『臥雲日件録抜尤』)。また『太平記』『増鏡』にも逸話が散見する。

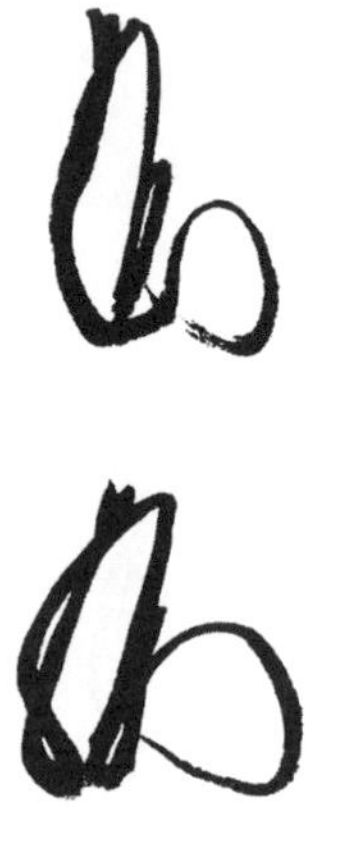
万里小路宣房花押

参考文献 『大日本史料』六ノ三、延元元年正月是月条 (益田 宗)

までのこうじふじふさ 万里小路藤房 生没年不詳 鎌倉時代後期の公卿、後醍醐天皇の近臣の一人。正二位、中納言。『公卿補任』の記載から逆算すると、永仁三年(一二九五)か同四年の生まれとなる。権大納言万里小路宣房の息。参議万里小路季房の兄。文保二年(一三一八)正五位下右少弁。それ以前の官歴は不明。以後、弁官として昇進し、元応二年(一三二〇)に後醍醐天皇の中宮(西園寺禧子、礼成門院。後京極院とも)の亮を兼ね、元亨三年(一三二三)蔵人頭。同年弟季房も弁官となったため、「兄弟弁官例」とされた。正中元年(一三二四)参議、嘉暦元年(一三二六)権中納言となり、元弘元年(一三三一)中納言に転じた。同年、後醍醐天皇の討幕の謀が漏れると、天皇とともに事前に行方を晦ませたが、まもなく捕えられ、翌年常陸国に配流となった。元弘三年、鎌倉幕府滅亡後、京都に戻り建武の新政府に出仕したが、翌年の建武元年(一三三四)十月五日出家した。その後の消息は不明で、妙心寺二世授翁宗弼が藤房であるとの巷説も生じた。出家については、伊勢貞丈『藤房卿遁世之条考』がある。藤房は後醍醐天皇近臣中の硬骨漢であり、建武

万里小路藤房花押

万里小路藤房画像

新政の誤りを天皇に直諫したが容れられずに出家失踪したという話や、雨中の笠置山での天皇との和歌の応酬など、『増鏡』『太平記』ほかに逸話が散見する。日記としては、嘉暦元年改元記(四月二十六日条、『歴代残欠日記』五五)が残るのみ。

参考文献 『大日本史料』六ノ二、建武元年十月五日条

(益田　宗)

まなせどうさん　曲直瀬道三　一五〇七—九四　戦国・安土桃山時代の医師。名は正盛《まさもり》また正慶《まさよし》、字は一渓《いっけい》。号は雖知苦斎《すいちくさい》、のち勅命によって翠竹斎と改む。別号、盍《こう》静翁《せいおう》・寧固《ねいご》。通称道三。父は宇多源氏姓佐々木氏の出で堀部左門親真、母は目賀多氏。永正四年(一五〇七)京都柳原に生まれた。同十一年江州守山(滋賀県守山市)の天光寺に入り、同十六年京都の相国寺蔵集軒に移った。享禄元年(一五二八)関東足利学校に入り、正文伯に師事して経史・諸子百家の書を学修した。同四年会津柳津《やないづ》(福島県河沼郡柳津町)において名医田代三喜に会い、入門して当時の先端医学である李朱医学(李東垣・朱丹渓らの医学)を学んだ。天文十四年(一五四五)京都に帰り、僧籍を脱して医業に専念。将軍足利義輝や細川晴元らの知遇を得て学舎啓迪院《けいてきいん》を京都に創建し、その名声は全国に響いた。天正二年(一五七四)『啓迪集』八巻を集大成して正親町天皇の叡覧に供し、天皇は策彦周良に命じて序文を作らしめた。同二十年二月後陽成天皇より橘の姓と今大路の家号を賜わった。晩年、号を亨徳院と改む。あとは玄朔(延寿院)・玄鑑以下十二世を継ぎ、正純(亨徳院)・正琳(養安院)らが分家を継承、代々官医として栄えた。初代道三は、日本医学中興の祖と称される。文禄三年(一五九四)正月四日没。享年八十八。京都の十念寺(京都市上京区)に葬られた。慶長十三年(一六〇八)正二位法印の口宣を賜わる。『啓迪集』『薬性能毒』『弁証配剤医燈』『百腹図説』をはじめ著書多数。

曲直瀬道三画像

曲直瀬道三花押

参考文献 『寛政重修諸家譜』五九三、矢数道明『近世漢方医学史』、同「日本医学中興の祖曲直瀬道三」(『漢方の臨床』九ノ一一・一二合併号)

(矢数　道明)

ままのてこな　真間手児奈　下総の真間(千葉県市川市真間付近)にいたという伝説上の乙女。勝鹿(葛飾)真間娘子とも。『万葉集』三巻の四三一—四三三の山部赤人の短歌・反歌、九巻の一八〇七・一八〇八の長歌・反歌、一四巻の三三八四・三三八五の下総国の歌などにみえる。それらによれば、手児奈は、家が裕福でないため粗末な身なりで、毎日、真間の井戸で水を汲んだり、入江で藻を苅ったりしていたが、その美貌は隠しようもなく、彼女に言い寄る男は後を絶たなかった。手児奈はわが身の分を知り、ついに海に身を投げみずから生命を絶ったという。これは、同じ『万葉集』にみえる摂津の葦屋処女伝説と同様のものであろう。赤人の歌によれば、真間には手児奈の墓といわれるものがあったらしい。現在、真間には手児奈を祀る手児奈堂があり、その北側の亀井院には真間の井と伝えられる古井戸がある。

(遠山美都男)

まゆわおう　眉輪王　目弱王とも記す。安康天皇を暗殺した人物。父は大草香皇子、母は中蒂姫。『日本書紀』安康天皇紀および雄略天皇即位前紀によれば、父は根使主の讒言によって安康天皇に攻め殺され、その嫡妻中蒂姫は天皇の皇后にされた。眉輪王は母の故に助命され宮中に養われたが、のちに天皇を父の仇と知って、熟睡中にこれを刺し殺した。これを知った大泊瀬皇子(雄略天皇)が兄らを疑って責めたとき、坂合黒彦皇子は深く疑われることを恐れて眉輪王とともに葛城円大臣の宅に逃げ込んだ。円大臣は女の韓媛と宅七区を奉献し贖罪を請うたが大泊瀬皇子は聞きいれず、円大臣の宅に火をかけ、眉輪王らは焼き殺されたという。

(亀田　隆之)

マルコ゠ポーロ　Marco Polo　⇨ポーロ

まんがん　満願　生没年不詳　奈良・平安時代前期の民

満願像

間遊行僧。万巻とも称す。延暦七年（七八八）成立の『多度神宮寺伽藍縁起幷資財帳』によれば、天平宝字七年（七六三）十二月、伊勢国桑名郡の同神社の近くの道場に居住し丈六阿弥陀像を造り、「吾れ久劫を経て重き罪業を作し、神道の報を受く、今冀くは永く神身を離れんがために三宝に帰依せんと欲す」（原漢文）との多度神の託宣に接し、神坐山の南に小堂を建て、神像を安置してこれを多度大菩薩と称した。桑名郡郡司水取月足や美濃国優婆塞県主新麿が鐘や塔を寄進し、のちにこの小堂は多度神宮寺に発展した。また『類聚三代格』二所収嘉祥三年（八五〇）官符が引用する承和三年（八三六）の官符には、鹿島神宮司大中臣朝臣広年の解《げ》に称《いわ》くとして、「天平勝宝年中（七四九—五七）修行僧満願此部（常陸国）に到来し、神のために発願し始めて件の寺を建て、大般若経六百巻を写し奉り仏像を図画し、住持すること八箇年」（原漢文）にして去ったと記す。さらに建久二年（一一九一）成立の『箱根山縁起』にみえる万巻も、満願と同一人と考えられている。同書によれば養老四年（七二〇）沙弥智仁の子に生まれ、満二十歳で剃髪し、天平宝字元年箱根山に錫を投じ、練行すること三年、一夕に霊夢あり、比丘形・宰官形・婦女形の三容の権現応化の垂迹像を感得した。よってその三容を一社に祀り、箱根三所権現と称した。弘仁七年（八一六）十月二十四日、勅に応じ、上京の途中、三河国楊那郡（愛知県八名郡）に九十七歳で没すという。

このように満願は、広く諸国を遍歴した遊行僧で、在地の神々と仏教を習合させ、神宮寺創立や神像製作に大きな役割を果たした。この時期、いわゆる神身離脱型の神仏習合は、新しい勧農神を求める富豪層の進出を背景に、民間遊行僧の主導によって行われたとされるが、満願の活動は、その典型的事例である。もと箱根三所権現社本地堂安置の木造万巻上人像（重要文化財）は、一木造りで平安時代初期の翻波様式を見せ、満願没後間もない時期の作とみられる。

参考文献 高取正男『民間信仰史の研究』、五来重『修験道入門』、西田長男「僧満願の神宮寺創立」（『神社の歴史的研究』所収）、五来重「箱根山修験の二種の縁起について」（『山岳宗教史研究叢書』一四所収）、久野健「万巻上人像について」（『平安初期彫刻史の研究』所収）
（速水　侑）

まんさい　満済　一三七八—一四三五　室町時代前期の真言宗の僧。醍醐寺座主。准三后。まんせい、法身院准后とも呼ばれる。父は権大納言今小路師冬、母は聖護院房官法印源意の娘で足利義満室業子に伺候し白河殿と号す。永和四年（一三七八）二月誕生。満済は将軍義満の猶子となり、醍醐寺報恩院隆源大僧正の門に入って得度、応永二年（一三九五）三宝院門主、第七十四代醍醐寺座主となる。治山三十九年。同六年法印に叙され、十六年大僧正に転じ、正長元年（一四二八）准三后。この間、二度にわたり東寺一長者、四天王寺別当にも任じられた。明徳三年（一三九二）に義満が建てた法身院は在京中の満済の居所となり、正月の評定始を終えた将軍をここに迎えることが恒例の行事となっていく。満済は永享六年（一四三四）に醍醐寺座主職を門弟の宝池院義賢（義満弟満詮子息、のち遍智院准后）に譲って法身院に隠退、翌七年六月十三日に没した。享年五十八。満済は将軍義満に寵愛されて法身院を付され、賢俊以来将軍家と密接な関係にある三宝院の院務職に、定忠（日野忠光息）をとどめて任命されて門跡となったが、義満の死後にその袈裟が満済に与えられたことは両者の親密な関係を象徴するものといえよう。次の将軍義持の信頼も厚く、所領の安堵や給与が行われたが、このころから満済は、護持僧として将軍身辺の攘災・祈禱にあたるだけでなく、政治や外交の諸問題について将軍の諮問を受け、幕政の機微に参画するようになる。そして正長元年に後継者を定めずに義持が没すると、満済は管領畠山満家らとはかり、青蓮院義円（義教）を巧妙な手段で将軍に擁立し、早急に政局を安定させた。そうした関係もあってか、義教の信頼は絶大で、後花園天皇の擁立、中断されていた明との国交回復、たび重なる関東公方との紛争を始め、諸大名や奉公衆の家内部の紛争に至るまで、政治外交の諸問題に関しても満済に諮問し、満済を通じて管領や諸大名の意見を徴することが少なくなかった。ともすれば「正道」を理想として将軍専制への道を歩もうとする義教と、よろず事勿れと「天下の無為《ぶい》」を口実に大名連合による幕政運営を望む有力守護大名との間にあって、両者の意志を疎通させた満済の役割は大きかった。将軍の身辺に仕える奉公衆や奉行人との関係もよく、この時代には彼らと守護大名との衝突もおきなかった。「黒衣の宰相」といわれるゆえんである。万事に峻厳であった義教の治世には公家・武家を問わず将軍の不快を蒙って蟄居する者が少なくなかっただけに、満済に対する諸人の期待は大きく、政治に関わりながら私利を追わず私党を作らなかったその人柄は、「天下の義者」という後崇光院貞成親王の評に最もよく表明されている（『看聞御記』永享七年六月十

満済花押

三日条)。満済の遺言によって将軍からの蟄居を許された者もあったという。その日記『満済准后日記』は、『看聞御記』とならぶ室町時代前期の基本史料である。

参考文献 『満済准后日記』序文(『京都帝国大学文科大学叢書』四)、森茂暁『満済』(『ミネルヴァ日本評伝選』)　(福田　豊彦)

まんじゅうやそうじ　饅頭屋宗二　一四九八—一五八一　戦国・安土桃山時代の歌学者。字は桂室、林逸・方生斎と号す。明応七年(一四九八)生まれる。南北朝時代に来朝した宋人、林浄因の子孫。浄因は奈良に住んで饅頭を製し、奈良饅頭の始祖となる。宗二も家業をつぎ、饅頭屋を屋号としたが、学問を好み、儒家の清原宣賢、神道家の吉田兼右について学ぶ一方、唐宋の詩文に通じ、興福寺一乗院などでこれを書写している。また連歌を牡丹花肖柏に学び、『古今和歌集』の奈良伝授を伝え、『源氏物語林逸抄』五十四巻を著わす。天正九年(一五八一)没。八十四歳。饅頭屋本『節用集』の板行者と目されるが確証はない。

参考文献 奈良県編『大和人物志』、川瀬一馬「饅頭屋林宗二に就いて」(『続日本書誌学之研究』所収)　(村井　康彦)

まんぜい　満誓　⇩笠麻呂《かさのまろ》

まんたしんのう　万多親王　七八八—八三〇　桓武天皇の第五皇子。母は藤原朝臣鷲取の女小屎。延暦七年(七八八)誕生、同二十三年正月、茨田を万多と改める。大同四年(八〇九)十月、中務卿四品として東院に奉献。弘仁五年(八一四)六月、藤原朝臣園人らと『新撰姓氏録』を完成させ上表。翌年七月、再度上表。同八年正月、三品に昇り、同十年四月、勘本系使として藤原朝臣緒嗣らとともに旧記によって訛謬を判定することを上奏し許されている。同十四年九月には式部卿となり、天長五年(八二八)正月、大宰帥となる。同七年四月、二品に進み、同年四月二十一日死去。時に四十三歳。一品を贈られる。子に正躬王・正行王らがいる。

参考文献 佐伯有清『新撰姓氏録の研究』研究篇・考証篇一　(佐伯　有清)

満済画像

み

みうらたねよし　三浦胤義　?—一二二一　鎌倉時代前期の武将。三浦義澄の子で義村の弟。母は伊東祐親の女。平九郎判官と称した。『諸家系図纂』などは源頼朝の猶子とする。鎌倉幕府の御家人で右衛門尉・左衛門尉・検非違使となる。兄義村とともに北条執権家に従い、元久二年(一二〇五)六月の畠山重忠追討、同年閏七月の牧氏の事変(平賀朝雅の乱)などに功をたて、建保元年(一二一三)五月の和田義盛の乱では和田氏との約に背いて事変を北条義時に告げ、その追討の功で上総国伊北郡《いほう》(千葉県いすみ市夷隅町・勝浦市)を賞賜された。のち義時を怨み(『承久記』は兄義村を怨むという)彼に抗して京都に移った。承久三年(一二二一)五月、藤原秀康に誘われて討幕の企てに加わり(承久の乱)、兄義村に上皇方への味方を勧めたが退けられて失敗。事変では京方大将軍として総指揮にあたり、京都守護伊賀光季を誅伐して後鳥羽上皇から賞詞を賜わる。六月に幕府の軍勢が西上するに及び、諸将と美濃国摩免戸《まめど》(岐阜県各務原市)を守備し奮戦したが敗退。再び軍勢を整えて宇治川に進み、供《く》御瀬《ごせ》を守ったが、武田信光の幕軍に敗れて京都に退き、東山に陣した。しかし、利なくここでも敗れ、嵯峨太秦《うずまさ》にのがれて西山木島社《このしま》(京都市右京区太秦森ヶ東町)に子供とともに身を隠していたが、進退きわまり自殺。胤義父子の首級は義村のもとに送られた。ときに六月十五日。東国三浦郡の矢部にいた胤義の子のうち、幼児四人が逗子田越川のほとりで斬られている。

参考文献 『大日本史料』四ノ一六、承久三年六月十五日条、北村包直『三浦大介及三浦党』、高橋恭一『三浦党と鎌倉武士道』、『新横須賀市史』資料編古代・中世一　（三浦　勝男）

みうらときたか　三浦時高　一四一六―九四　室町時代前期の相模国の豪族。三浦義明の後裔で高明の第三子。応永二十三年（一四一六）生まれ。三浦介。義同《よしあつ》（道寸）の養父で相模国三浦郡（神奈川県三浦市三崎町小網代）新井城の城主。永享元年（一四二九）相模国守護に任じ、はじめのころは鎌倉公方足利持氏に仕えていた。しかし、永享十年八月、持氏が室町将軍家足利義教に反逆した際、これを諌止した上杉憲実が上野国に出奔、持氏が憲実追討のため武蔵国高安寺に出陣すると、時高は鎌倉府の留守を命ぜられた。ところが、十月これに背いて憲実に応じ、本拠三浦に退いて戦備をととのえ、鎌倉に進入してこれを占拠した。箱根の戦闘に敗れ、引き上げる途中の持氏は鎌倉に入ることもできず、決定的な打撃をうけ、翌年二月自害した（永享の乱）。この乱の結果、時高の声望が高まり、新井城を拠点としておおいに威勢を振るったが、嗣子に恵まれず、主筋にあたる上杉高救《たかひら》の子（持朝の孫）を養子とした。これが三浦道寸義同である。ところが、晩年に実子高教が生まれたため御家騒動となった。時高は義同を殺して高教を立てようとしたので、義同はいったん出家して道寸と称し足柄総世寺（神奈川県小田原市久野）に難を避けていたが、明応三年（一四九四）兵を挙げて新井城に時高・高教を攻め滅ぼした。ときに九月二十三日、時高七十九歳。法名聖方、または聖亀。当時の人びとは、主君の足利持氏を滅ぼした報いでわが子に討たれたと評している。時高に代わって三浦介の名跡をついだのは義同である。

参考文献 『鎌倉管領九代記』（『史籍集覧』編録類）、『鎌倉九代後記』（『（改定）史籍集覧』五）、三浦大介義明公八百年祭実行委員会編『三浦大介義明とその一族』　（三浦　勝男）

みうらみつむら　三浦光村　一二〇五―四七　鎌倉時代中期の武将。三浦義村の三男。母は土肥遠平の女。三浦泰村の弟。幼名駒若丸、駿河三郎と通称。承久元年（一二一九）正月、将軍源実朝が暗殺されたとき、公暁が将軍を討ち取った旨の使者を三浦義村に遣わしたのは、光村が幼少のころ公暁の門弟に列していたためという。寛喜三年（一二三一）左衛門尉、嘉禎三年（一二三七）壱岐守、仁治二年（一二四一）能登守に任ぜられ、寛元二年（一二四四）には評定衆に加えられて、没するまで三年間これを務めている。これより先貞応二年（一二二三）十月、光村は北条重時・結城朝広らとともに将軍藤原頼経の近習第一番を勤め、以来、二十余年に及んで仕えた昵近の間であった。寛元四年名越光時が頼経に通じて新執権北条時頼を除こうとした陰謀が発覚して頼経が鎌倉から追放された際（宮騒動）、光村は時定・資村らとともに護送供奉人となって上洛した。供奉し終って鎌倉へ戻る日、光村は頼経のそばをなかなか離れず落涙千行の態であったといい、後日光村は人々に「相構へて今一度鎌倉中に入れ奉らんと欲す」（原漢文、『吾妻鏡』）と語っている。頼経を鎌倉から追放した北条氏を怨み、再び彼を鎌倉に迎えようとする光村の強硬論は、宝治元年（一二四七）六月の宝治合戦へと展開していった。合戦で敗退し、源頼朝の墳墓堂である法華堂で一族とともに自殺したのは六月五日。『系図纂要』は四十三歳であったといい、『吾妻鏡』は光村を評して「骨張の気あり」と述べている。墓は神奈川県鎌倉市西御門の三浦一族墓。

参考文献 『大日本史料』五ノ二二、宝治元年六月五日条、北村包直『三浦大介及三浦党』、三浦大介義明公八百年祭実行委員会編『三浦大介義明とその一族』　（三浦　勝男）

みうらやすむら　三浦泰村　一一八四―一二四七　鎌倉時代中期の武将。生年は諸説あるが、『承久記』は承久三年（一二二一）十八歳と記し、元久元年（一二〇四）生まれとする。三浦義村の次男。母は土肥遠平の女。景村・景泰らの父。駿河二郎と称した。妻は北条泰時の女。承久の乱（承久三年）に父とともに東海道軍に加わり、北条泰時に従って宇治川の渡河戦で功績をあげた。掃部権助・式部少丞・若狭守を歴任して正五位下となり、暦仁元年（一二三八）には評定衆に列して幕政の重責を担った。翌延応元年（一二三九）父の死によって家督をつぎ、北条執権家と姻戚関係を結んで勢力を強大にしたが、逆に北条氏の警戒するところとなった。寛元四年（一二四六）北条時頼が執権に就くと、北条（名越）光時・三浦光村・同家村らが前将軍藤原頼経を擁して北条時頼を討滅しようとする謀反がおきたが、事件は露顕して未然に防止され、頼経は京都に送還された（宮騒動）。この事件に泰村の弟光村が深くかかわっていたことから、北条氏と三浦氏との間は次第に疎隔を生じ、時頼は外祖父安達景盛の勧めもあって泰村と三浦一族の討滅を企図するに至った。北条・三浦両氏の対立が頂点に達した宝治元年（一二四七）六月五日、景盛の意をうけた孫の安達泰盛が泰村を攻めると、時頼もこれに与同して攻撃したため、泰村は故源頼朝の墳墓堂である法華堂にこもり、主だった一族二百七十六人と自殺した（三浦氏の乱）。六十四歳。そしてこれに殉じた自刃者は都合五百余人に及び、ここに鎌倉時代を通じて活躍した三浦一族が滅亡した。墓は神奈川県鎌倉市西御門の三浦一族墓。

参考文献 『大日本史料』五ノ二二、宝治元年六月五日条、北村包直『三浦大介及三浦党』、高橋恭一『三浦党と鎌倉武士道』、三浦大介義明公八百年祭実行委員会編『三浦大介義明とその一族』、『新横須賀市史』資料編古代・中世一　（三浦　勝男）

みうらよしあき　三浦義明　一〇九二―一一八〇　平安時代後期の武将。桓武平氏高望王の子孫。相模介義継（次）の子。寛治六年（一〇九二）生まれる。義澄・義連ら

三浦義明像

三浦義明墓
(神奈川県満昌寺所在)

の父。相模国三浦荘衣笠(神奈川県横須賀市)に本拠をかまえて三浦氏を称し、世襲の官である大介を号して天治年間(一一二四―二六)以来、相模国の在庁官人として国務に参画していた。治承四年(一一八〇)源頼朝の挙兵に呼応し、石橋山の戦に長子義澄以下の一族を遣わして助けようとしたが降雨にはばまれて果たせず、また石橋山敗戦の報により帰郷の途中、鎌倉由比ガ浜で畠山重忠軍と戦い、これを破った。しかし、三浦氏の跡を追った重忠は河越重頼・江戸重長らに加勢を依頼し、衣笠城を攻めて落城させた。八十九歳の義明は「老命を武衛に投げうって子孫の勲功に募らんと欲す」(原漢文、『吾妻鏡』)といって、義澄ら一族を頼朝のもとに赴かせ、ひとり城にとどまって最期を遂げた。ときに同年八月二十七日。源氏再興のために忠誠を尽くし、三浦一族繁栄のため捨て石となった雄将である。彫像と墓は横須賀市大矢部の満昌寺にあり、鎌倉材木座の来迎寺にも墓がある。

参考文献 北村包直『三浦大介及三浦党』、高橋恭一『三浦党と鎌倉武士道』、永原慶二編『鎌倉と京都』(『人物・日本の歴史』四)、三浦大介義明公八百年祭実行委員会編『三浦大介義明とその一族』

(三浦 勝男)

みうらよしあつ 三浦義同 ?―一五一六 室町・戦国時代の武将。扇谷上杉高救《たかひら》の子。母は大森氏頼の女。新井城主三浦時高の養子。三浦介。法名瑞雲庵道寸。陸奥守・従四位下。時高に実子高教が生まれたのち不和となり、時高は義同を殺して高教を立てようとしたので、義同はいったん出家して足柄総世寺(神奈川県小田原市久野)に隠退した。しかし明応三年(一四九四)九月、兵を挙げて新井城(神奈川県三浦市三崎町小網代)に時高・高教を攻め滅ぼし、相模国守護職と新井城を掌中におさめて三浦氏をついだ。のち義同は家督を実子の義意に譲って新井城におき、みずからは相模中郡(神奈川県平塚市)を支配して、その拠点岡崎城に移り威勢を振るっていたが、永正九年(一五一二)八月、伊勢宗瑞(北条早雲)の攻撃をうけて岡崎城は落とされ、住吉城(神奈川県逗子市小坪)から新井城に退いて防戦した。三方を海に面し、大手を引橋によって支える新井城の守りは固く、北条氏の攻撃を三年間持ちこたえたが、永正十三年七月十一日に落城、義同は家臣百余輩とともに討死して三浦一族は

三浦義同花押

滅亡した。『相州兵乱記』は義同を評して「文武二道ノ良将ナリ」と記している。これによって後北条氏の相模国平定が完遂したことになる。なお『寛政重修諸家譜』は義同は六十六歳で没したと伝えている。墓は、義同が中興した円覚寺寿徳庵にある。

参考文献 『大日本史料』九ノ六、永正十三年七月十一日条、三浦大介義明公八百年祭実行委員会編『三浦大介義明とその一族』、赤星直忠『三浦半島城郭史』上(『横須賀市史』八)

(三浦 勝男)

みうらよしずみ 三浦義澄 一一二七―一二〇〇 鎌倉時代前期の武将。三浦義明の次男で幼名荒次郎。三浦介・相模国守護。大治二年(一一二七)生まれ。相模国三浦郡矢部郷(神奈川県横須賀市大矢部)に住した。治承四年(一一八〇)八月、源頼朝が石橋山で敗れた直後、畠山重忠・河越重頼・江戸重長らに攻められて本拠三浦の衣笠城が落城したとき、父の命で一族とともに安房に渡り頼朝をたすけた。九月、安房国の長狭常伴が頼朝の居所を襲撃しようとしたが、義澄は事前に察知してこれを敗走させ、頼朝とともに上総・下総・武蔵を経て鎌倉に入っている。十月の富士川の戦の帰途、義澄は相模国府で頼朝から本領安堵のうえ、新恩の所領を与えられ、三浦介の称を許されて幕府宿老の一人に数えられるなど、初期幕政の重要な役割を担った。元暦元年(一一八四)八月、源範頼に従って平氏追討に加わり、中国を西進して周防に達した。翌文治元年(一一八五)、範頼が豊後に渡海するに際し、周防の警備のため留守を命ぜられて不満であったが、源義経軍が壇ノ浦をめざして周防まで進出すると、義澄は平氏追討の先鋒を命じられ、その討滅に従って功をたてた。文治五年の奥州征伐にも戦功をたて、翌建久元年(一一九〇)の頼朝上洛では随兵役をつとめ、在京中にはこれまでの勲功の賞として頼朝から右兵衛尉に推挙されたが、嗣子義村に譲った。建久三年頼朝が征夷大将軍に任じられると、義澄は頼朝の使者として比企能員以下を従えて鶴岡八幡宮でその除書(任命書)を受け取る大役を果たした。頼朝は、父祖の功により三浦氏を厚く処遇したのである。正治元年(一一九九)の頼朝の没後、訴訟の

裁決に将軍源頼家の直裁をとどめ宿老十三名による合議制となったとき、義澄はその一員に加わった。彼は幕政における重臣の地位を占め、以後の三浦一族が活躍する基盤を築いたのである。また、正治元年十二月には諸将とともに梶原景時を鎌倉から追放する事件（梶原景時の乱）に加担し、翌二年正月二十三日に没した。七十四歳。墓は三浦郡矢部郷の薬王寺（現清雲寺、横須賀市大矢部）にある。

参考文献 『大日本史料』四ノ六、正治二年正月二十三日条、北村包直『三浦大介及三浦党』、高橋恭一『三浦党と鎌倉武士道』、三浦大介義明公八百年祭実行委員会編『三浦大介義明とその一族』、阿部正道「相模国三浦氏と周防国」（『神奈川県立博物館研究報告』一〇）

（三浦　勝男）

みうらよしつぐ　三浦義継　一〇六七―一一五九　平安時代後期の武将。三浦為継の子で義明や芦名為清・岡崎義実らの父。治暦三年（一〇六七）生まれ。平六庄司・六郎庄司・荒太郎と通称。三浦介。満昌寺蔵『三浦系図』は義継元服のとき八幡太郎源義家が烏帽子親となり、義の字を与えたと伝える。また後三年の役には父為継とともに参加したと伝えるが確証はない。天養元年（一一四四）九月、源義朝は相模国田所目代散位源頼清や在庁官人と共謀して、伊勢大神宮領であった高座郡大庭御厨鵠沼郷（神奈川県藤沢市鵠沼）を、にわかに鎌倉郡であると称して乱入し、神宮の供祭料稲米を奪い取り乱暴を働くという事件を起した（『天養記』）。このとき動員された一千余騎の有力豪族の一人として「三浦庄司平吉次（義継）・男同吉明（義明）」が参加している。ほかに和田太郎（杉本義宗か）が加わっているのは、背後に三浦党なる武士団が存在し、これが源義朝の勢力下に統率されていたことを意味していよう。平治元年（一一五九）没。九十三歳。墓塔は横須賀市大矢部の清雲寺にある。

参考文献 『神奈川県史』資料編一、高橋恭一『三浦党と鎌倉武士道』、三浦大介義明公八百年祭実行委員会編『三浦大介義明とその一族』

（三浦　勝男）

みうらよしむら　三浦義村　？―一二三九　鎌倉時代前期の武将。三浦義澄の嫡男で母は伊東祐親の女。泰村・光村らの父。幼名平六。駿河守・評定衆に任じた。源頼朝の挙兵以来、元暦元年（一一八四）と翌文治元年（一一八五）の平氏追討や文治五年の奥州藤原氏征討に従うなど、父とともに各地に転戦し、建久元年（一一九〇）頼朝が上洛したときは父の功によって右兵衛尉に任じた。のち左衛門尉に転じ、さらに駿河守となり正五位下に叙せられた。正治元年（一一九九）十二月の梶原景時追放事件（梶原景時の乱）では朋友の結城朝光を助けて梶原一族を退けるという政治的手腕をみせ、北条氏につぐ大豪族として幕政での重要な地位を占めるに至った。そして頼朝の意向どおり建仁二年（一二〇二）には女を北条泰時に嫁がせて北条氏との関係を固め、さらに勢威を強めた。元久二年（一二〇五）北条時政の命により北条義時とともに畠山重忠を討滅したが、この事件は牧の方が時政に讒訴したためで、畠山氏に叛意のなかったことが判明すると、義村は事件の関係者である榛谷重朝・重季・秀重らを鎌倉の経師谷（神奈川県鎌倉市材木座）で討った。同年閏七月、将軍源実朝を廃して平賀朝雅を擁立しようとした牧の方の陰謀（平賀朝雅の乱）が発覚したとき、義村は北条政子・義時に協力して実朝の安全を守った。この事件で時政は落飾して伊豆に隠退し、義時が執権となったのである。建保元年（一二一三）五月の和田合戦では、当初、義村は弟胤義らとともに義盛に同心の約束をして起請文まで書いていたが、にわかに義時に通じて北条氏を援け、同族和田一族を葬った。承久元年（一二一九）正月の実朝暗殺事件では、公暁の求めを退けてこれを梟首し、承久三年五月の承久の乱では京都方への味方をことわり、弟胤義の反逆に同心せずに幕府を援け、北条泰時の軍に従って上洛し、尾張川・宇治川で戦功をあげた。元仁元年（一二二四）六月、義時が急死すると、義時の妻伊賀氏らにより一条実雅を将軍に、北条政村を執権に立てるという陰謀（伊賀氏の変）に誘われたが、政子の説得で反転、北条執権家に忠誠を示した。そして執権泰時に信任されて翌嘉禄元年（一二二五）十二月、評定衆に任じ、これにより義澄が築いた幕政における三浦一族の地位をより強固なものとし、没するまでの十四年間にわたり幕府の枢機に参画してその権勢を振るった。また、『御成敗式目』の制定にも参与するなど、三浦一族の最盛期を築いた人物である。延応元年（一二三九）十二月五日頓死。法名南向院義天良村禅定門。神奈川県三浦市南下浦町金田の南向院跡に、義村墓と伝えるものがある。

三浦義村花押

参考文献 『大日本史料』五ノ一二、延応元年十二月五日条、北村包直『三浦大介及三浦党』、高橋恭一『三浦党と鎌倉武士道』、三浦大介義明公八百年祭実行委員会編『三浦大介義明とその一族』、『新横須賀市史』資料編古代・中世一

（三浦　勝男）

みずのおのみかど　水尾帝　⇨清和天皇《せいわてんのう》

みすみかねつら　三隅兼連　？―一三五五　南北朝時代の武将。石見国三隅高城（島根県浜田市三隅町）城主。孫二郎、石見守、入道して信性。益田兼高の次男兼信は、石見国那賀郡三隅を本拠として三隅氏を称したが、その曾孫にあたるのが兼連である。元弘三年（正慶二、一三三三）後醍醐天皇が伯耆国船上山（鳥取県東伯郡琴浦町赤《あか》琦《さき》）において兵をつのるや、兼連は一族を率いてこれに参じた。六月には天皇に従って京都に入っている。建武三年（延元元、一三三六）以降足利氏に関係の深い上野頼兼が石見守護となったが、翌四年頼兼は大軍を率いて三隅高城を攻めており、観応元年（正平五、一三五〇）高師

三隅兼連墓

直は石見守護となるや、やはり大軍をおくり込んで三隅高城を攻撃している。こうした攻勢のなかで兼連は西石見の南朝方勢力の中心として活躍している。正平十年（北朝文和四、一三五五）には南朝方の将足利直冬とともに京都に入ったが、足利尊氏の軍勢と戦って三月十二日に戦死した。墓は三隅家の菩提寺である三隅町三隅の正法寺にある。また、昭和三年（一九二八）から十年がかりで地元の有志によって三隅高城山麓に三隅神社が設立され、南朝の忠臣としてここにまつられている。大正十一年（一九二二）正五位が追贈される。

参考文献 広田八穂『西石見の豪族と山城』

（福田栄次郎）

みちしまのしまたり 道嶋嶋足 ?—七八三 奈良時代後期の武将。陸奥国牡鹿郡人。はじめ丸子と称したが、天平勝宝五年（七五三）八月大初位下で牡鹿連賜姓。その後上京か。天平宝字元年（七五七）橘奈良麻呂が乱を起すにあたりその武勇を警戒された。同八年恵美押勝の乱ではその息訓儒麻呂を射殺、授刀将曹従七位上から従四位下、宿禰賜姓、功田二十町支給。同年授刀少将兼相模守。天平神護元年（七六五）勲二等、近衛員外中将。このころ道嶋宿禰賜姓。同二年正四位上。神護景雲元年（七六七）陸奥大国造。同三年その請により陸奥国十八の郡の六十七人に賜姓あり。宝亀元年（七七〇）蝦夷宇漢迷公宇屈波宇らが賊地へ逃げ帰り城柵を侵すと揚言したことの虚実を検問した。時に近衛中将。同九年兼下総守。同十一年中衛中将内厩頭兼播磨守。延暦二年（七八三）正月八日没す。卒伝に「体貌雄壮、志気驍武、素善㆓馳射㆒」と『続日本紀』。同十五年勅で功田は大功から下功と修正された。

参考文献 井上光貞「陸奥の族長、道嶋宿禰について」（『日本古代国家の研究』所収）、伊藤玄三「道嶋宿禰一族についての一考察」（高橋富雄編『東北古代史の研究』所収）

（高橋 崇）

みちのおびとな 道首名 ?—七一八 奈良時代前期の官人。若年より律令を学び、のち、『大宝律令』編纂に従事し、その施行に際しては大安寺で僧尼令を講説している。和銅四年（七一一）に正六位上から従五位下に叙され、同五年に遣新羅大使に任ぜられた。その翌年筑後守に任ぜられ、肥後守を兼ねた。『続日本紀』養老二年（七一八）四月の卒伝によれば、任地にあっては、民生の安定に積極的に努め、肥後味生池をはじめ多くの池溝をひらき政績を上げたので、彼の死後百姓は神として祀り敬愛したという。正五位下で没した。『続日本紀』が彼のような五位以下の官人について、詳細な伝を記載することは異例であるが、これは『続日本紀』編纂時にあたる延暦期は地方政治振興の気運が高まった時期でもあったので、良吏顕彰の必要から首名の伝を収載するに至ったものといわれる。貞観七年（八六五）には良吏を追賞されて従四位下を贈られている。『懐風藻』に五言詩一首をのせるが、その記載中の五十六歳を没年齢とすれば、天智天皇二年（六六三）の生まれとなる。

参考文献 亀田隆之「良吏政治」（『日本古代制度史論』所収）、林陸朗「『続日本紀』掲載の伝記について」（岩橋小弥太博士頌寿記念会編『日本史籍論集』上所収）

（亀田 隆之）

みつただ 光忠 生没年不詳 鎌倉時代中期の備前国の刀工。同国で非常な繁栄を極める長船派の初祖。御物に「備前国長船光忠」ときる太刀があるし、子の長光に文永・弘安の年紀作がある。先行する隣地福岡での一文字派について学ぶ。中でも吉房の作に近似する。姿は鎌倉時代中期特有の身幅広く、猪首切先の豪壮型、地の鍛は板目で映が通り、刃取には広狭の変化をつけ、刃文は匂出来の大房の丁子刃に互の目刃を交え、これを自派の標識とした。銘は二字にきる。光忠と本阿弥光徳が極めた金象嵌銘入れの刀もあり、この方は在銘品より一般に華麗である。国宝は徳川黎明会の在銘の太刀と、永青文庫ならびに個人蔵の金象嵌銘の刀の三口、重要文化財は在銘の太刀が七口、金象嵌銘の刀が一口、無銘の刀が四口、そのほかに剣一口がある。織田信長はことのほか光忠を好み二十五振も収蔵したといわれている。

光忠押形

参考文献 山岡重厚『日本刀伝習録』、広井雄一編『備前鍛冶』（至文堂『日本の美術』七三）、加島進「中世における長船刀工について」（『東京国立博物館紀要』六）

（辻本 直男）

みつよ 光世 生没年不詳 平安時代後期の筑後国三池の刀工。同銘は室町時代まで続く。初代には典太、伝多などの俗称がつく。太刀は身幅が広く、それに釣り合う幅広の刀樋を彫り、刃文は直刃を焼くなどを特色とする。名品には前田育徳会の名物の大典太（国宝）や久能山東照宮のソハヤノツルキウツスナリと刻んだ無銘の太刀（重要文化財）などがある。後代もこの作風を守る。太刀のほかに短刀も作る。銘は「光世」「光世作」ときる。

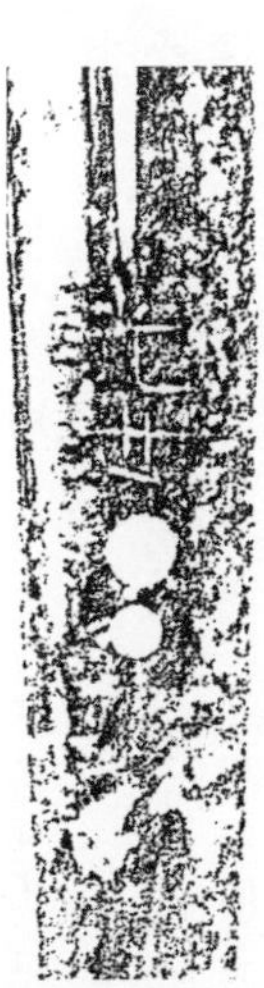
光世押形

参考文献 小泉冨太郎「西海道概説」(『日本刀大鑑』古刀編三所収)　（辻本　直男）

みどうかんぱく　御堂関白　⇨藤原道長《ふじわらのみちなが》

みとら　三寅　⇨藤原頼経《ふじわらのよりつね》

みなせちかなり　水無瀬親成　生没年不詳　後鳥羽上皇の臣下。上皇の水無瀬離宮跡を譲与され、この地に住して上皇の遺影を奉じたことから、親成以後は水無瀬氏を称するに至った。本来、祖父親兼・父信成は後鳥羽上皇の信任あつく、承久の乱のおきた承久三年(一二二一)には、『公卿補任』によれば、親兼は五十歳、信成は二十五歳であった。親成は当時五歳前後と推定され、成人後は「宰相中将」の官職を上皇より受けていたようであるが、委細は不詳である。信成・親成も上皇への忠節を守り、延応元年(一二三九)二月に上皇が隠岐で崩ずると、親成は上皇の遺詔(御手印置文)を遵奉し、上皇の所領であった出雲の持田・加賀荘の知行を弟の信氏とともに委託され、水無瀬離宮跡に居住して御影堂を建立し、上皇の菩提を弔うのである。　（二宮　正彦）

みなぶちのじょうあん　南淵請安　大和時代末期の遺隋学問僧。南淵漢人《あやひと》は中国系と称して朝鮮半島から渡来した比較的新しい帰化系の小氏。居地は飛鳥の南淵(奈良県高市郡明日香村稲淵)か。『日本書紀』によれば推古天皇十六年(六〇八)九月小野妹子を大使とする二度目の遣隋使に随行して隋に赴き、舒明天皇十二年(六四〇)十月新羅を経て帰国した。同皇極天皇三年(六四四)正月朔条に中大兄皇子が中臣鎌子(鎌足)とともに、南淵先生のもとに通って周孔の教えを学ぶ途上で大化改新の計画を練ったとあるのは、請安のこととみられる。

参考文献 関晃『帰化人』(『日本歴史新書』)　（関　晃）

みなぶちのとしな　南淵年名　八〇七―七七　平安時代前期の官人。大同二年(八〇七)に生まれる。本姓は、息長真人。永河の子(弘貞の子ともいう)。聡明清幹な人柄で、碩儒とも評された。文章生から少内記などを経て、承和八年(八四一)従五位下となり、筑前・尾張などの国守や式部少輔を経て、文徳天皇の即位(斉衡三年(八五六)に伴って蔵人頭となり、式部大輔・春宮亮・右京大夫などを歴任して、貞観元年(八五九)には勘解由長官を兼任し、以後十年間兼務した。この間貞観三年には右大弁、翌々年には左大弁となり、貞観六年には五十八歳で参議となった。その後、民部卿・右衛門督・春宮大夫を兼任し、同十四年に従三位中納言、同十八年十二月には大納言となったが、翌元慶元年(八七七)四月八日に致仕を上表し、同日(九日ともいう)七十一(七十ともいう)歳で没した。『貞観格』『貞観式』『左右検非違使式』などの法制の整備に参加し、『文徳実録』の編纂にも加わった。　（佐藤　宗諄）

南淵年名自署

みなぶちのひろさだ　南淵弘貞　七七七―八三三　平安時代前期の漢詩人。宝亀八年(七七七)誕生。従四位下坂田朝臣奈氏麻呂の次男、母は従五位下槻本老の娘。弘仁十四年(八二三)十二月、弟、永河とともに南淵朝臣の姓を賜わる。大学で学問を広く学び、若くして文章生となり、弘仁元年大内記、同七年従五位下、同十二年には淳和天皇の東宮学士に任ぜられた。天長元年(八二四)式部大輔、従四位下に昇進、同年参議。同四年二月二十九日に伊勢斎内親王(氏子)の帰京を報告のため、石作山陵に遣わされる。同年、滋野貞主・菅原清公らと『経国集』の編纂に参画、みずからも五言詩一首を採録された。同七年、正四位下。刑部卿、右兵衛督を経て、翌年従三位に至る。同十年には清原夏野・藤原常嗣・菅原清公らと『令義解』十巻を編集。選進当日殿上で『新撰令釈疑義起請』を校読した。同年九月十九日(『公卿補任』は十八日)五十七歳で没。　（金原　理）

みなみむらばいけん　南村梅軒　生没年不詳　戦国時代に出て、土佐の儒学いわゆる海南学派(略して南学派)の興隆の土台を置いた儒学者。南村は姓でなく、「なんそん」と読み、号であるとの説もある。号、離明翁。その生地も履歴も明らかでないが、おそらく京都五山派の儒僧について朱子学を学び、その教養をもって周防山口の大内義隆に仕えていたが(『大内氏実録』)、天文十七年(一五四八)か十八年のころ、その理由は不明であるが土佐にやって来た。弘岡城主吉良宣経が梅軒の人柄と学識とに感じてこれを賓師の礼をもって厚遇し、老臣吉良宣義らとともに儒学と兵法の書の講義を聴聞した。梅軒の学風は儒禅一致の立場に立ち、もっぱら朱子の新註にもとづいて四書を講じ、日常の修養と実践とを重んじたもので、その感化が次第に浸透していた。しかし彼は天文二十年九月、吉良宣経が長曾我部氏討伐の陣中で病を得て没すると、後嗣の宣直の暗愚に愛想をつかして土佐を離れた(『吉良物語』)。梅軒はその後周防に帰り、また大内義長の御伽衆の一員となったが、弘治三年(一五五七)四月、毛利元就に攻められて義長が自刃し大内氏が滅びると、彼は周防国吉敷郡上宇野郷白石(山口市)に隠栖し、ここで生涯を終ったようである(『大内氏実録』)。梅軒がわずかの期間ながら土佐でまいた儒学の種は、やがて芽ばえて好学の気風をかもし、その学統から忍性・如淵・天質が現われ、天質の門から慈沖、還俗して谷時中が出た。そしてこの谷時中の門から野中兼山・小倉三省・山崎闇斎らが輩出し、海南学派として近世儒学の重要な一翼をなしたことは、周知のとおりである。　（芳賀幸四郎）

参考文献 足利衍述『鎌倉室町時代之儒教』、和島芳男『中世の儒学』(吉川弘文館『日本歴史叢書』一一)

みなもとのあきふさ　源顕房　一〇三七―九四　平安時

代後期の公卿。右大臣源師房の次男。母は摂政藤原道長の女、尊子。没年より逆算すると、長暦元年(一〇三七)の誕生となる。永承二年(一〇四七)従五位下に叙されて以来、侍従・近衛中将を経て蔵人頭に補され、康平四年(一〇六一)参議に昇った。その後も藤原摂関家との親密な関係を背景として順調に昇進し、永保三年(一〇八三)兄の左大臣俊房と並んで右大臣に昇った。その間、女の賢子が摂関家の嫡嗣師実の養女として皇太子貞仁親王(白河天皇)の宮に入り、ついで立后(中宮)してつぎつぎに皇子女を生み、さらに応徳三年(一〇八六)外孫の堀河天皇が践祚するに及び、兄俊房を凌いで村上源氏の主流の座を占めたが、嘉保元年(一〇九四)九月五日、五十八歳をもって六条邸に没した。六条右大臣と号す。また鳥羽離宮の西方、久我に別荘を営んだので、これが村上源氏の嫡流、久我家の家名の由緒となった。

参考文献 『大日本史料』三ノ三、嘉保元年九月五日条、橋本義彦『源通親』(『人物叢書』二〇〇二)

(橋本 義彦)

みなもとのあきまさ　源顕雅　一〇七四—一一三六　平安時代後期の公卿。承保元年(一〇七四)生まれる。父は右大臣源顕房。母は信濃守藤原伊綱の女。康和四年(一一〇二)六月、蔵人頭右中将から参議に任ぜられた。のち正二位権大納言に至る。詩文・管絃に暗く、その無能を嘲笑された話が『古事談』二、『古今著聞集』六などにみえる。保延二年(一一三六)十月四日出家、同月十三日に没す。年六十三。楊梅大納言と号した。

(宮崎 康充)

みなもとのあきみち　源顕通　一〇八一—一一二二　平安時代後期の公卿。永保元年(一〇八一)生まれる。太政大臣源雅実の長男。母は宮内卿藤原師仲の女。承徳二年(一〇九八)正月、十八歳で蔵人頭に補せられ(『中右記』同月二十八日条)、翌康和元年(一〇九九)十二月、参議となる。極官は正二位権大納言。保安三年(一一二二)四月八日、四十二歳で没す。久我大納言と号し、『古事談』二、『古今著聞集』などに説話が伝えられている。

(宮崎 康充)

みなもとのあきもと　源顕基　一〇〇〇—四七　平安時代中期の公卿。長保二年(一〇〇〇)生まれる。権大納言源俊賢の長男。母は右兵衛督藤原忠君(一説に忠尹)の女。関白藤原頼通の猶子となる。年少より学問を好み、長元二年(一〇二九)正月、蔵人頭左中将から参議に任ぜられ、ついで従三位権中納言となる。後一条天皇の恩寵厚く、天皇崩御後の長元九年四月二十二日、「忠臣二君に仕えず」として横川楞厳院に登り落飾した。法名円照(一説に円昭)。のち大原に住し、内外の典籍に親しみ念仏読経の生活を送る。永承二年(一〇四七)九月三日、四十八歳で没した。歌人として知られ、『後拾遺和歌集』以下の勅撰集に四首入集している。

参考文献 『続本朝往生伝』(『日本思想大系』七)

(宮崎 康充)

みなもとのあきら　源明　八一四—五二　嵯峨天皇の皇子。母は飯高氏。常の同母弟。弘仁五年(八一四)生まれる。同年、信・弘らとともに源朝臣の姓を賜わり左京一条一坊に貫付せられた。才学にすぐれ、父天皇に勧められて対策を試みた。天長九年(八三二)従四位上に叙せられ大学頭に任ぜられた。諸官を歴任して、嘉祥二年(八四九)正四位下で参議に列した。明は常に勉励に努め、諸子百家に通じたが、翌三年兄仁明天皇の崩御にあうや、哀慕に堪えず仏道に帰依し、政界から身をひき出家して素然と号した。仁寿二年(八五二)十二月二十日横川に入滅した。ときに三十九歳。ときの人その節操を高く評して感慕したという。横川宰相入道と称せられた。

参考文献 林陸朗「嵯峨源氏の研究」(『上代政治社会の研究』所収)

(林 陸朗)

みなもとのありひと　源有仁　一一〇三—四七　平安時代後期の公卿。後三条天皇の皇子輔仁親王の男。母は大納言源師忠の女。没年から逆算すると、康和五年(一一〇三)の誕生となる。永久三年(一一一五)白河上皇の猶子として白河殿において元服、一時は皇嗣に擬せられたが、元永二年(一一一九)五月、鳥羽天皇に皇子(崇徳天皇)が生まれるに及び、同年八月、源朝臣の姓を賜わり、特旨をもって従三位に直叙された。爾後諸人を超越して昇進を累ね、保安三年(一一二二)早くも内大臣に昇り、天承元年(一一三一)には従一位右大臣に進み、保延二年(一一三六)左大臣に転じた。しかし久安三年(一一四七)正月病により辞官、ついで出家して成覚と称したが、同年二月十三日、四十五歳をもって没した。花園左大臣と号す。時の内大臣藤原頼長は有仁を評して、容貌壮麗、諸芸に長じ、礼儀に精通して失礼少なしと称讃している(『台記』)。その日記『花園左大臣記』は八十余巻にのぼり、「近代の人、大事の公事等、偏に花園左府の次第・日記等を伺ひ見る」(原漢文)といわれた(『玉葉』)。

(橋本 義彦)

源有仁画像(『天子摂関御影』)

みなもとのありふさ　源有房　生没年不詳　平安時代後期の歌人。周防中将と号す。村上源氏俊房流大蔵卿師行

の男。母は大宮大進藤原清兼女。花園左大臣源有仁に養わる。応保元年(一一六一)ころ侍従、治承二年(一一七八)正四位下。養和元年(一一八一)十一月中将となり、まもなく出家したらしい。このころ家集を自撰。作歌活動は活潑で、仁安元年(一一六六)の「中宮亮重家歌合」はじめ公私の歌合に参加したが『千載和歌集』には採られず、『新勅撰和歌集』に二首入る。なお、同名の歌人に、同じく村上源氏で顕房流顕仲男の有房がおり、『千載和歌集』に入集しているのはこの有房である。

参考文献　井上宗雄『平安後期歌人伝の研究』

（森本　元子）

みなもとのありまさ　源有雅　一一七六—一二二一　鎌倉時代前期の公卿。父は参議源雅賢。母は伊予守藤原信経の女。頭中将を経て、承元三年(一二〇九)正月に参議、建暦二年(一二一二)正月に右兵衛督・検非違使別当を兼ね、同年六月には権中納言となる。建保二年(一二一四)二月に検非違使別当を辞し、同年十二月に左兵衛督に転じるが、翌年八月、官職を辞し、従二位となり、十二月には勅授帯剣。建保六年正月に正二位に叙される。妻の従三位藤原憲子は順徳院の乳母、その女子は土御門院の後宮に入って仙華門院を産み、みずからも後鳥羽院の近臣として活躍した。また、右馬頭源資時に神楽を学び、父からは和琴と催馬楽《さいばら》を伝授され、子の資雅に伝えた。承久の乱に際して罪に問われ、出家。北条政子に助命嘆願したが、その許可の到着する以前、甲斐の稲積荘内小瀬村で小笠原長清に斬られた。時に承久三年(一二二一)七月二十九日、四十六歳であった。

参考文献　『大日本史料』五ノ一、承久三年七月二十九日条

（槇　道雄）

みなもとのいえなが　源家長　?—一二三四　鎌倉時代の歌人。生年未詳(承安ごろか)。醍醐源氏、蔵人時長男。妻は日吉社禰宜祝部《はふりべ》允仲の女で後鳥羽院女房下野。建久七年(一一九六)非蔵人として後鳥羽帝に出仕、同九年院の譲位に伴い院蔵人。以後、兵庫頭・備前守・但馬守などを歴任、安貞元年(一二二七)従四位上に至る。彼が出仕したころは後鳥羽院歌壇の活動開始期で、正治二年(一二〇〇)院第二度百首、翌建仁元年(一二〇一)「千五百番歌合」の百首を召される。また同元年和歌所(勅撰集編纂事務所)が設置されると開闔《かいこう》に補され、『新古今和歌集』撰定実務の主任として昼夜精励。多くの歌会・歌合にも参加。その前後のことは『源家長日記』にも詳しい。建保四年(一二一六)十二月、完成段階の『新古今和歌集』を書写。嘉禄二年(一二二六)・安貞元年、藤原定家書写『古今和歌六帖』を書写校訂(現存諸本の祖本)。後鳥羽院隠岐遷幸後も藤原家隆らと共に文通。『新古今和歌集』以下に入集。文暦元年(一二三四)没。六十余歳か。

（福田　秀一）

みなもとのいし　源懿子　?—一〇七八　平安時代中期の女房。父は中宮亮・近江守源高雅。上東門院に中将君として仕えていたころ、藤原道長の子長家と結婚し、道家・忠家・祐家らを生み、のちに典侍・三位となって、女院中において勢力を振るった。長子道家の死により長暦二年(一〇三八)に出家。承暦二年(一〇七八)に没した。忠家の子孫に俊成・定家らがおり御子左家がつくられてゆく基礎が定まった。

（五味　文彦）

みなもとのかねあきら　源兼明　⇨兼明親王《かねあきらしんのう》

みなもとのかねずみ　源兼澄　生没年不詳　平安時代中期の歌人。出生は、天暦九年(九五五)ころか。家系は、光孝源氏。鎮守府将軍信孝の子。祖父公忠、伯父信明は三十六歌仙。叔父観教・勝観・寛祐、女子命婦乳母は勅撰歌人。大中臣能宣の女婿。東宮帯刀、左馬允、蔵人所雑色、蔵人、式部丞、左衛門尉、若狭守などを経て、従五位上加賀守に至った。大中臣輔親と並ぶ一条朝の専門歌人で、永観元年(九八三)藤原為光家障子歌、長保三年(一〇〇一)東三条院四十賀屏風歌、寛弘元年(一〇〇四)一条天皇松尾社行幸和歌、長和元年(一〇一二)大嘗会主基屏風歌を詠進し、長保五年五月十五日藤原道長家歌合に出詠した。『拾遺和歌集』以下の勅撰集に十一首入集、家集の『兼澄集』を残している。姻戚の能宣・輔親をはじめとして、清原元輔・曾禰好忠・恵慶法師・安法法師・藤原公任・藤原実方・藤原長能などと交渉があった。長和四年前後に、六十歳ほどで没したか。

参考文献　『大日本史料』二ノ七、長和元年十一月二十二日条、小町谷照彦「源兼澄論ノート」(『国文学ノート』九)、増淵勝一『平安朝文学成立の研究』韻文編、春秋会『源兼澄集全釈』(『私家集全釈叢書』一〇)

（小町谷照彦）

みなもとのかねなが　源兼長　生没年不詳　平安時代中期の歌人。和歌六人党の一員。本名重成。醍醐源氏道成男。母は平親信女。右兵衛佐・備前守・讃岐守などを経て正五位下に至った。長久二年(一〇四一)弘徽殿女御歌合・同年源大納言家歌合・永承四年(一〇四九)内裏歌合に参加。また同五年祐子内親王家歌合には、男性一名の欠を藤原経衡と競望。藤原頼通が即題競詠を命じ、判者藤原頼宗はこれを持としたが、結果的には服喪となって不参加(『袋草子』)。晩年は妻の死により出家したと伝えられ(『宝物集』)、天喜五年(一〇五七)までの生存が確認される(『扶桑略記』)。『後拾遺和歌集』に五首入集。

参考文献　上野理『後拾遺集前後』、犬養廉「和歌六人党に関する試論—平安朝文壇史の一齣として—」(『国語と国文学』三三ノ九)、増淵勝一「和歌六人党伝考—藤原経衡を中心として—」(『和文学研究』二六)

（犬養　廉）

みなもとのかねゆき　源兼行　生没年不詳　平安時代中期の官人。陽成天皇皇子の源清蔭の曾孫、父は能書で著名な延幹。官歴はあまり明確でないが、治安三年(一〇二三)には少内記であり、その後、内匠頭・大和守などを歴任した。能書家として活躍し、少内記として位記などを清書し、藤原頼通の上表文なども書き、藤原行成・

源兼行花押

定頼に次ぐ時期の能書の第一人者として後冷泉・後三条・白河の三代の天皇の大嘗会の悠紀・主基屏風の色紙形の筆者となった。その筆跡には九条家本『延喜式』(東京国立博物館蔵)の紙背文書中に書状一通があり、また平等院鳳凰堂の扉絵の色紙形なども兼行の筆と推定されている。

[参考文献] 小松茂美『平等院鳳凰堂色紙形の研究』 (中村 順昭)

みなもとのきし 源基子 一〇四九—一一三四 後三条天皇の女御。小一条院の男、参議源基平の女。母は権中納言藤原良頼の女。没年より逆算すると、永承四年(一〇四九)の誕生となる。はじめ後三条天皇の皇女聡子内親王に仕えたが(『栄花物語』)、天皇の寵を得て、延久三年(一〇七一)二月、実仁親王を生み、翌月女御となった。ついで同四年十二月、実仁親王の立太子にあたって准三宮の宣下を蒙り、同五年正月、輔仁親王を生んだが、同年五月七日、後三条上皇の崩御により落飾した。長承三年(一一三四)七月二日、老病のため、輔仁親王の男、右大臣源有仁の邸において死去、翌日西院の墓所に葬られた。行年八十六(『長秋記』)。 (橋本 義彦)

みなもとのきんただ 源公忠 八八九—九四八 平安時代中期の官人、歌人。三十六歌仙の一人。別称は滋野井弁。光孝天皇孫、大蔵卿国紀次男。信明の父。寛平元年(八八九)生まれる。延喜十一年(九一一)昇殿、同十八年蔵人、以後、醍醐・朱雀両朝の蔵人を勤める。承平二年(九三二)従五位上、同三年権右中弁兼山城守、同七年蔵人を信明に譲り、右中弁となる。天慶元年(九三八)従四位下、同三年大宰大弐になるが、赴任せず、同四年近江守、同六年右大弁を兼ねる。同八年病により右大弁を辞す。天暦二年(九四八)十月二十九日没(『日本紀略』)による。『三十六人歌仙伝』などは二十八日没。六

源公忠画像(佐竹本「三十六歌仙切」)

十歳。醍醐・朱雀両天皇の信望を得、『貞信公記』には能吏としての姿がうかがわれる。放鷹・合香の名手。和歌にも優れ、日本紀竟宴和歌の歌人となるなど、宮廷歌人として活躍する。紀貫之から辞世歌を贈られる。『公忠集』があり、勅撰集には『後撰和歌集』以下に二十一首入集する。延喜を延長と改元したのは公忠の夢想によるという話など、幾つかの説話が『大和物語』『宇治拾遺物語』『江談抄』などにある。

[参考文献]『大日本史料』一ノ九、天暦二年十月二十九日条、臼田甚五郎『平安歌人研究』、山口博『王朝歌壇の研究』宇多醍醐朱雀朝篇、杉谷寿郎「歌人源公忠」(『りてらえやぽにかえ』五)、高橋良雄「貫之が公忠に遺した歌一首」(『国文学解釈と鑑賞』四四ノ二)、浜口俊裕「公忠集歌史実年時考」(『日本文学論集』一・二)、盧愛子「源公忠小考」(『女子大国文』三八) (山口 博)

みなもとのくにあき 源国明 一〇六四—一一〇五 平安時代後期の廷臣。康平七年(一〇六四)生まれる。父は若狭守藤原師基。母は備前守源定良の女。父師基の聟であった大納言源俊明の養子となる。ただし、史料上では源姓・藤原姓両様の表記が錯綜している。左衛門佐・越後守・備前守などを歴任し、正四位上内蔵頭兼伊予守に至る。また、白河院庁の執行別当をつとめた。長治二年(一一〇五)四月十七日、四十二歳で没す。

[参考文献]『大日本史料』三ノ八、長治二年四月十七日条、河野房雄『平安後期政治史研究』 (宮崎 康充)

みなもとのくにざね 源国信 一〇六九—一一一一 平安時代後期の公卿、歌人。延久元年(一〇六九)生まれる。右大臣源顕房の四男。母は美濃守藤原良任の女。承徳二年(一〇九八)正月、蔵人頭左中将から参議に任ぜられた。極官は正二位権中納言。天永二年(一一一一)正月十日早暁に出家。同日四十三歳で没した。坊城中納言と号する。堀河天皇の側近に仕え、当時の歌壇の中心的歌人であり、『金葉和歌集』以下の勅撰集に多く入集している。

[参考文献]『大日本史料』三ノ一一、天永二年正月十日条、橋本不美男『院政期の歌壇史研究』 (宮崎 康充)

みなもとのざいし 源在子 ⇨承明門院《しょうめいもんいん》

みなもとのさだひら 源定平 ⇨中院定平《なかのいんさだひら》

みなもとのさだふさ 源定房 一一三〇—八八 平安時代後期の公卿。大治五年(一一三〇)生まれる。父は権中

源定房花押

納言源雅兼。母は大納言源能俊の女。右大臣源雅定の猶子となる。保元二年(一一五七)十月二十七日、蔵人頭左中将から参議に任ぜられた。のち累進して正二位大納言に至る。文治四年(一一八八)六月十九日出家。同年七月十七日、五十九歳で没した。堀川大納言と号し、歌人・能書家としても聞えた。

参考文献 『大日本史料』四ノ二、文治四年六月十九日条

(宮崎 康充)

みなもとのさだむ 源定 八一五―六三 嵯峨天皇の皇子。母は尚侍百済慶命。弘仁六年(八一五)生まれる。淳和天皇の猶子となり、天皇に寵愛され、天長四年(八二七)親王宣下のことを推められたが嵯峨太上天皇の許すところとならず、翌五年源朝臣の姓を賜わった。同九年十八歳で従三位直叙も特別の待遇であった。翌十年参議に列し、嘉祥二年(八四九)に中納言に任じ、貞観元年(八五九)には大納言に昇った。しかし「深宮の内に養長して未だ嘗て世俗の艱難を知らず」と評され、性格は温雅で音楽を愛好した風雅な人であった。貞観五年正月三日大納言正三位右近衛大将で没した。時に四十九歳。従二位を贈られた。四条大納言・賀陽院大納言と称せられた。

参考文献 林陸朗「嵯峨源氏の研究」(『上代政治社会の研究』所収)

(林 陸朗)

みなもとのさねあきら 源信明 九一〇―七〇 平安時代中期の歌人。三十六歌仙の一人。従四位下右大弁公忠の男。延喜十年(九一〇)生まれる。承平七年(九三七)蔵人に任ぜられ、以後若狭守・信濃守・陸奥守などを歴任して安和元年(九六八)従四位下に任ぜられ、天禄元年(九七〇)没す。六十一歳。村上天皇の時、名所絵の屏風や中宮七十賀の屏風歌などを詠んだ。伊勢の娘中務《なかつかさ》とは多くの贈答歌を残している。家集に『信明集』がある。『後撰和歌集』以下に二十一首入集。

参考文献 『大日本史料』一ノ一三、天禄元年是歳条

(島田 良二)

源信明画像(佐竹本「三十六歌仙切」)

みなもとのさねとも 源実朝 一一九二―一二一九 鎌倉幕府第三代将軍。一二〇三―一九在職。幼名千幡。建久三年(一一九二)八月九日鎌倉で誕生。父は源頼朝、母は北条政子。正治元年(一一九九)正月十三日父が急死、兄頼家が第二代将軍となった。建仁三年(一二〇三)の八月二十七日、頼家病気のため代わって関西三十八ヵ国の地頭職に補せられ、翌月二日比企一族が滅亡し、頼家が伊豆修禅寺に幽閉されると、同月七日には従五位下に任ぜられ、将軍職をつぎ、名を実朝と改めた。時に十二歳。元久元年(一二〇四)正月に従五位上、二年正月には正五位下・右近衛権中将にそれぞれ叙任せられた。元久二年の六月には畠山重忠が討たれたが、七月八日、畠山一党の所領を功労者に分賜した時のことを『吾妻鏡』は「将軍家御幼稚の間」すべて母政子の計らいによった旨を記す。実朝の置かれていた立場がよくわかる。同じ年閏七月、北条時政が妻牧氏とともに平賀朝雅の将軍擁立を企てて失敗、時政は伊豆に隠退、嫡子義時が執権となり、朝雅も討たれた。建永元年(一二〇六)二月に従四位下に叙せられたのをはじめ官位は順調に進み、承元三年(一二〇九)には従三位・右近衛中将、建暦元年(一二一一)正三位。この年、下向した鴨長明が実朝に「謁し奉ること度々に及」(『吾妻鏡』)んだ。年中行事への親臨や寺社参詣の公的役割を果たすだけで政治の実権を持たなかっ

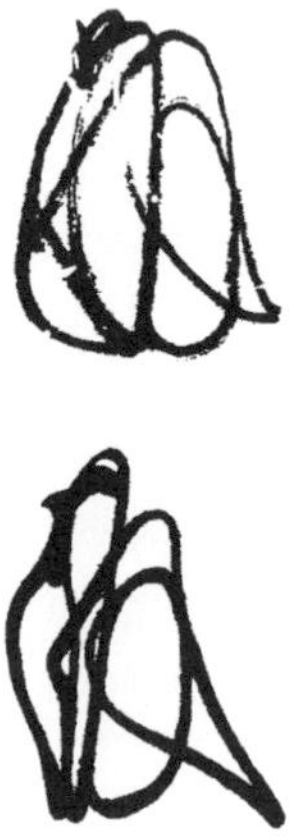

源実朝花押

源実朝像

(伝)源実朝供養塔

た実朝は和歌に心を傾け、早く元久二年四月に十二首を詠じ、歌会もしばしば催した。最初の師は藤原定家の弟子内藤知親と推測されているが、のちには定家に批評を請い、定家から『詠歌口伝』や『万葉集』を贈られている。鴨長明をたびたび引見したのも、和歌への関心に基づく。建暦二年従二位に叙され、明庵栄西を導師に迎えて大慈寺(廃絶)を開創。建保元年(一二一三)正二位。この年五月和田義盛が挙兵、北条氏に討たれて和田一族が滅びる。同四年には六月権中納言、七月左近衛中将と進み、九月、北条義時の命をうけた大江広元から官位昇進への願望を諫言され、「源氏の正統此の時に縮まり畢《おわ》んぬ、子孫敢てこれを相継ぐべからず、然らば飽くまで官職を帯し、家名を挙げんと欲す」(『吾妻鏡』)と答えた。また同年六月、東大寺大仏再興にたずさわった宋人陳和《ちんな》卿《けい》と対面、十一月、渡宋用の船の建造を命じた。船は翌年完成したが海に浮かばず、渡宋の夢は破れる。同六年正月権大納言に任ぜられたが、大将補任を望んで使者を京都に送り、その年三月には左近衛大将を兼任、十月には内大臣、十二月には右大臣に昇った。翌承久元年(一二一九)正月二十七日、右大臣拝賀のため鶴岡八幡宮寺に参詣、神拝の終ったあと、頼家の遺子公暁に暗殺された。室坊門信清女とのあいだに子供はなかった。時に二十八歳。鎌倉勝長寿院に葬られたが同院は廃絶して墓も滅び、鎌倉市扇《おうぎ》ガ谷《やつ》寿福寺に供養塔と思える石造五輪塔が建つ。家集に『金槐和歌集』がある。

参考文献 『大日本史料』四ノ一四、承久元年正月二十七日条、『愚管抄』(『日本古典文学大系』八六)、川田順『源実朝』、斎藤茂吉『源実朝』(『斎藤茂吉全集』三三)、竜粛『鎌倉時代』上、中野孝次『実朝考』、小林秀雄『無常といふ事』(『小林秀雄全集』八)、鎌田五郎『源実朝の作家論的研究』、吉本隆明『源実朝』(『日本詩人選』一二)、志村士郎『金槐和歌集とその周辺』、松永伍一『実朝游魂』 (三山 進)

みなもとのしげのぶ 源重信 九二二―九五 平安時代中期の公卿。延喜二十二年(九二二)生まれる。父は宇多天皇の皇子式部卿敦実親王。母は左大臣藤原時平の女。源姓を賜わり臣籍に下る。右中将・左兵衛督・修理大夫などを経て、天徳四年(九六〇)八月、参議に任ぜられた。安和二年(九六九)安和の変に際し、左大臣源高明の聟であったことから昇殿を止められたが、のちに許され、正暦二年(九九一)九月、右大臣に昇った。同五年八月、左大臣に転じ、ついで皇太子傅となった。長徳元年(九九五)五月八日没す。年七十四。同月二十六日に薨奏があり、正一位を追贈された。管絃に巧みで朗詠の達者であった。六条左大臣と号する。

参考文献 『大日本史料』二ノ二、長徳元年五月八日条 (宮崎 康充)

みなもとのしげゆき 源重之 ?―一〇〇〇 平安時代中期の歌人。源兼信の子。伯父源兼忠の子として出身、康保四年(九六七)十月、冷泉天皇の即位とともに春宮坊帯刀長より右将監に任じ、同月左将監に転じた。翌十一月従五位下に叙し、ついで相模権介となった。天延三年(九七五)左馬助に任じ、貞元元年(九七六)七月相模権守に任ぜられたが、長保二年(一〇〇〇)陸奥国において没。貞元二年八月の三条左大臣(藤原頼忠)家歌合や寛和元年(九八五)二月、紫野に催された円融上皇の子日の御遊に召されるなど、歌人としての名は高く、勅撰集に入集の歌も多い。三十六歌仙に数えられ、家集に『重之集』がある。

源重之画像(上畳本「三十六歌仙切」)

参考文献 『大日本史料』二ノ四、長保二年是歳条、目崎徳衛「源重之について―摂関期における一王孫の生活と意識―」(『平安文化史論』所収) (厚谷 和雄)

みなもとのしたごう 源順 九一一―八三 平安時代中期の官人、歌人。延喜十一年(九一一)に生まれる。父は嵯峨天皇の子源定の孫源挙(あるいは攀)。奨学院学生。学生字は源階、唐名は真瑛(峡)。天暦七年(九五三)文章生、同十年勘解由判官、応和二年(九六二)民部少丞・東宮蔵人、同三年民部大丞、康保三年(九六六)従五位下・下総権守、同四年和泉守、天延二年(九七四)従五位上(治国の賞)、天禄二年(九七一)よりの散位の期間を経て、天元三年(九八〇)能登守。承平四年(九三四)―五年ころ、母(承平五年秋没)が仕えていた勤子内親王(醍醐天皇第

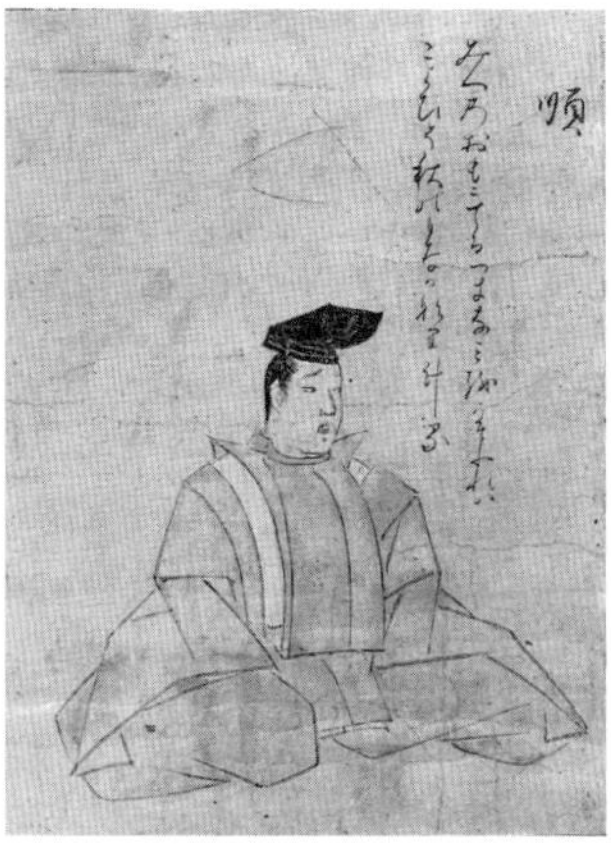

源順画像（業兼本「三十六歌仙切」）

四皇女）の命に応じて『和名類聚抄』を撰進した。歌人として名高く、天暦五年に内裏の梨壺に設置された撰和歌所に大中臣能宣・清原元輔・紀時文・坂上望城とともに候して（梨壺の五人）、『万葉集』の読解と『後撰和歌集』の撰集に携わった。天徳四年内裏歌合・天禄三年規子内親王歌合などにも参加し、多くの屏風歌・障子歌などを詠進し活躍した。無常を詠嘆する歌も多く、また康保三年源順馬名歌合（『歌合』『類聚歌合』所収）・百首和歌（『曾禰好忠集』所収）や、あめつち歌（あめつち四十八文字を首尾に置いた和歌）・双六盤歌・碁盤歌・物名歌など技巧に優れた歌もある。家集は『源順集』。『拾遺和歌集』以下の勅撰集への入集歌が多数ある。のち藤原公任により三十六歌仙に列せられる。文章にも優れ詩文の作法の『作文大体』『新撰詩髄脳』を撰した。また、みずからの沈淪の境遇を述べた「五嘆吟幷序」「無尾牛歌」、申文、重明親王・源高明・具平親王などに侍した時の詩序などの詩文が『本朝文粋』『扶桑集』に多数残されている。橘正通・源為憲は弟子。大江匡房によれば、詩文の才は橘在列に勝り慶滋保胤・大江以言に劣ると評し、菅原文時と仲が悪かったと伝える（『江談抄』）。永観元年（九八三）没。七十三歳。佐竹本「三十六歌仙切」などに肖像画がある。

参考文献 『大日本史料』一ノ二〇、永観元年是歳条、岡田希雄「源順伝及年譜」（『立命館大学論叢』四）、同「源順及同為憲年譜」（同八・一二） （石上 英一）

みなもとのしゅうし　源周子　?—九三五　醍醐天皇の更衣。近江更衣と号した。父は右大弁従四位上源唱。所生に勤子・都子・敏子・雅子の四内親王、時明・盛明両親王、高明・兼子の子女がいる。うち、高明・兼子は源姓を賜わる。延喜二年（九〇二）二月十九日の殿上賭弓に物を献じ、同三年正月二十二日の内宴に陪膳を奉仕して禁色を許された。天皇との贈答歌は『後撰和歌集』『新古今和歌集』『玉葉和歌集』に所収。承平五年（九三五）冬死去。

参考文献 『大日本史料』一ノ六、承平五年是冬条 （林 幹弥）

みなもとのすけかた　源資賢　一一一三—八八　平安時代後期の公卿、歌人。永久元年（一一一三）生まれる。宮内卿源有賢の長男。母は備中守高階為家の女。諸国の受領を歴任、宮内卿・修理大夫を経て、応保元年（一一六一）正月、従三位となる。翌年六月、二条天皇を呪詛した罪で信濃に配流されたが、二年後に召し返され、仁安元年（一一六六）七月、参議となる。後白河院近臣として活躍し、正二位権大納言に昇った。治承三年（一一七九）十一月、平清盛のクーデターで解官され、のち権大納言に還任されたが、寿永元年（一一八二）三月二十日に出家し、文治四年（一一八八）二月二十六日、七十六歳で没した。家集に『入道大納言資賢卿集』があり、郢曲・催馬楽にも巧みであった。

源資賢花押

参考文献 『大日本史料』四ノ二、文治四年二月二十六日条、井上宗雄『平安後期歌人伝の研究』 （宮崎 康充）

みなもとのすけよし　源扶義　九五一—九八　平安時代中期の廷臣。近江守に任じたため、近江源氏の祖という。父は左大臣源雅信。母は大納言藤原元方の女。天暦五年（九五一）誕生。天延三年（九七五）文章生（学生の字は源叔）。貞元二年（九七七）蔵人、天元三年（九八〇）三十歳にして従五位下に叙し、以後、国司を兼任し、右少弁・左少弁・左中弁などを経て、正暦二年（九九一）蔵人頭、同三年正四位下、五年八月参議となり、右大弁を経て、長徳二年（九九六）左大弁に任じ、同四年七月二十五日没。四十八歳。一条天皇の名臣と称された。

参考文献 『大日本史料』二ノ三、長徳四年七月二十五日条 （林 幹弥）

みなもとのたかあきら　源高明　九一四—八二　醍醐天皇の皇子。母は源唱の女周子。西宮殿・西宮左大臣などとも称される。法名は覚念。延喜十四年（九一四）生まれる。同二十年十二月、源姓を賜わり臣籍に降下。延長七年（九二九）二月元服、同八年十一月従四位上に叙位（『公卿補任』で延喜八年のこととするのは延長八年の誤りであろう）、天慶二年（九三九）八月参議となる。その後、大蔵卿・右衛門督などを兼ね、同九年四月従三位に昇叙。天暦元年（九四七）四月権中納言、同二年正月中納言、同七年九月大納言に昇進し、この間、中宮大夫・左近衛大将などを兼ね、康保三年（九六六）正月には右大臣、翌四年十月正二位に叙位、十二月には左大臣に至った。しかし、安和二年（九六九）三月、いわゆる安和の変に連座し、大宰権帥に左降。同日出家し、京にとどまることを願ったが許されず、筑紫に配流され、天禄三年（九七二）四月に召還されるまで、かの地にとどまった。帰京後は、政界に復帰することなく、山城国葛野郡の別屋に住し、天元五年（九八二）十二月十六日、六十九歳で没した。文安五年（一四四八）九月従一位を追贈されている。家集に『西宮左大臣御集』があり、『後拾遺和歌集』以下の勅撰集に二十二首が入集しているが、歌人としての評価は当時それほど高くはなかったと考えられている。安和の変に

おける高明自身の具体的関わり方は必ずしも明らかではなく、事件に対する当時の人々の驚きは、『蜻蛉日記』などにも窺われるものの、『源氏物語』における光源氏像は高明に擬したものとする『河海抄』の説などに現われる「悲劇の主人公」のイメージは、時代とともに増幅されていったものとみられる。また、有職故実書としての『西宮記』の著作があり、琵琶の名手としても知られている。子に、忠賢・惟賢・俊賢・経房・為平親王室・明子(藤原道長室)・藤原正光室らがある。

参考文献 『大日本史料』一ノ一九、天元五年十二月十六日条、山口博「源高明と藤原氏」(『国語と国文学』三七ノ一一)、山中裕「栄花物語・大鏡に現われた安和の変」(『日本歴史』一六八)
(加藤　友康)

みなもとのたかくに　源隆国　一〇〇四―七七　平安時代中期の公卿。説話集作者。もと宗国、寛仁二年(一〇一八)改名。権大納言俊賢の次男。母右兵衛督藤原忠尹の女。寛弘元年(一〇〇四)生まれる。長和三年(一〇一四)十二月従五位下、長元七年(一〇三四)七月八日参議兼右兵衛督、従三位(上東門院(藤原道長女彰子)行幸賞)。長久四年(一〇四三)九月権中納言、永承元年(一〇四六)九月正二位、同六年二月十三日関白藤原頼通の女寛子の立后とともに皇后宮大夫を兼任、康平四年(一〇六一)二月権中納言を辞任、治暦三年(一〇六七)二月権大納言、承保元年(一〇七四)正月辞任、承暦元年(一〇七七)六月病により出家、七月九日に没した。年七十四。多くの逸話があり、『宇治拾遺物語』序には、老年、避暑先の宇治平等院の南泉坊で往来の人から説話をききとったという。現存の『宇治拾遺物語』は隆国作ではなく、隆国は散逸した『宇治大納言物語』を作ったと考えられている。『後拾遺和歌集』以下の勅撰集に和歌が五首入っている。浄土教文を編輯した『安養集(抄)』がある。

参考文献 『古事談』、『古今著聞集』、『勅撰作者部類』
(山田　英雄)

みなもとのためとも　源為朝　一一三九―七〇　平安時代後期の武将。源為義の八男、母は摂津国江口の遊女。保延五年(一一三九)に生まる。鎮西八郎と称す。『保元物語』に父為義の言として、「はるかの末子為朝冠者こそ、鎮西にてそたちたるものにて候が、弓矢をとりてもおそらくは父祖にもこえ、うちものとつてもたつしやに候。合戦のみちも能々心得たる奴にて候」とあり、幼時より剛勇の聞えが高かった。兄たちを兄ともしない荒武者であった為朝は十三歳の時に父為義によって鎮西に追放されたが、豊後国に住して阿蘇氏の婿となり、九州各地の武士を従えようとして転戦し、鎮西の惣追捕使を僭称した。訴えによって召喚を命じられたが応じなかったため、久寿元年(一一五四)十一月二十六日父為義は検非違使を解官され、翌年四月三日には、管内を騒擾させている為朝与力の禁遏を大宰府に命じた宣旨が出された。父の解官を知った為朝はわずかの手兵を率いて上洛したが、保元の乱に遭遇し、父に従って崇徳上皇方に加担した。父の推挙により合戦について献策し、内裏高松殿に夜襲をかけ、三方から火を放って一方から攻撃をかけることを主張したが、左大臣藤原頼長の反対で容れられず、白河殿の西門の防備にあたった。七月十一日未明に始まった合戦で為朝は寄手の平清盛軍を撃退したが、兄義朝軍による白河殿の焼打ちによって敗北し近江に走った。父為義らが処刑されたのちも近江の坂田辺に隠れ住んでいたが、八月二十六日に至り前兵衛尉源重貞の探索によって捕えられた。身柄は翌日京都に護送され、勅定によって検非違使源季実に引き渡され、陣に移された。後白河天皇も密かに為朝を覧じたという。重貞はその日のうちに別功賞として右衛門尉に任じられた。『保元物語』によると、公卿の僉議の結果、為朝はその武芸の才によって死を免ぜられ、伊豆大島に流された。その後為朝は近隣の島々を従えて租賦を奪い、島民に濫妨をはたらいたので、嘉応二年(一一七〇)に伊豆介工藤茂光が上洛してこれを訴え、朝廷では茂光に為朝の追討を命じ、茂光は兵を集めて攻めたため、為朝は大島で自害して果てたという。三十二歳。『尊卑分脈』には、「仍つて工藤介茂光に仰せ付けられ、追討せられ畢んぬ、首を京都に奉るの間、獄門の北陣に梟せられ畢んぬ、安元三三六討死」(原漢文)とあり、為朝の死を安元三年(治承元、一一七七)三月六日のこととしている。伝説によれば、為朝は大島を脱出して琉球にわたり、婦を娶って舜天王を生んだという。源為朝の子と称する舜天王は、文治三年(一一八七)に最初の王統を確立した。頼山陽の詩に「堂々たり源家第八郎、射は羿を凌ぐ可し猿臂長(中略)琉球の弾丸は吾が大羽箭に当たるに足らず、聊か弋取して死亡を救う、蛮酋女を納れて将種を留めんとし、羆熊夢に入りて啼くこと喤々たり、膂力は父に類す好身手、賊を誅して国を有つ真天王」とある。

(伝)源為朝画像

参考文献 『兵範記』二(『(増補)史料大成』一九)、『台記』二(同二四)、『百錬抄』
(鈴木　英雄)

みなもとのためのり　源為憲　?―一〇一一　平安時代中期の漢詩人。字は源澄。光孝源氏、筑前守忠幹の子。文章生出身で、内記・蔵人・式部丞・三河権守・遠江守・美濃守などを経て寛弘六年(一〇〇九)伊賀守となり、同八年八月任地で没した。良吏であった。学生のころから源順に師事し、応和三年(九六三)『善秀才宅詩合』に参加した。天禄元年(九七〇)藤原為光の息誠信のために『口《くち》遊《ずさみ》』を、永観二年(九八四)尊子内親王に『三宝絵』を、寛弘四年藤原道長の息頼通に『世俗諺文《せぞくげんぶん》』を書くなど、

権門子女の教養書を作った。仏教にも関心深く勧学会にも参加した。『本朝文粋』『本朝麗藻』『類聚句題抄』『拾遺和歌集』『女四宮歌合』などに作品を残す。

参考文献 『大日本史料』二ノ七、寛弘八年八月是月条、岡田希雄「源為憲伝攷」(『国語と国文学』一九ノ一)　（堀内　秀晃）

みなもとのためよし　源為義　一〇九六―一一五六　平安時代後期の武将。源義親の四男、母は不詳。永長元年(一〇九六)に誕生。六条堀河に邸宅があり、検非違使に任官したため六条判官とよばれる。父の対馬守義親は鎮西で濫妨をはたらいたとして訴えられ、康和三年(一一〇一)七月に追討の宣旨が発せられた。翌年十二月隠岐に流罪となったが、義親は配所に赴かず、出雲で目代を殺害したため、平正盛が追討使に任じられ、天仁元年(一一〇八)正月正盛は義親を討って帰京した。この時為義は祖父義家の命によって叔父義忠の継嗣となった。天仁二年二月、源家の内紛によって義忠が殺害されたが、これに関連して義家の弟義綱が追捕され、佐渡に流罪となった。この義綱追捕の任にあたったのが為義であり、この功によって為義は左衛門尉に任官し、源家の正嫡の地位を確立した。年齢わずか十四歳であった。永久元年(一一一三)延暦寺と興福寺が闘諍を起すと、為義は平正盛とともにその制止にあたり、保安四年(一一二三)延暦寺僧徒が蜂起し入京を企てた時にも平忠盛と防止に努めるなど源家の嫡流として平家とともに寺院勢力の強訴の禁圧にあたった。また康治二年(一一四三)には内大臣藤原頼長に臣従し、久安六年(一一五〇)九月に藤原忠実が関白忠通を義絶し、氏長者の地位を剥奪して左大臣頼長に授けた時に、忠実の命をうけた為義は御倉町に駐屯し、為義の息男頼賢・仲賢が朱器・台盤など摂関家家伝の重器の奪取にあたった。久寿元年(一一五四)為義は左衛門尉検非違使の官職を解かれた。保元の乱には為朝らの子息を率いて崇徳上皇方に加担し、白河殿の防衛にあたったが、嫡子義朝の奇襲に敗れた。七月十一日には為義追討の宣旨が出されたが、為義は比叡山で出家して法名義法と称し、義朝のもとに身を投じて降伏した。義朝はみずからの武功によって父為義の助命を嘆願したが容れられず、為義は七月三十日船岡で斬られた。六十一歳。『保元物語』によると為義はその所領北白河の円覚寺に葬られたとされている。

(伝)源為義画像

参考文献 『百錬抄』、『兵範記』二(『(増補)史料大成』一九)、『台記』二(同二四)、『愚管抄』(『日本古典文学大系』八六)、安田元久『武士世界形成の群像』、上横手雅敬「院政期の源氏」(御家人制研究会編『御家人制の研究』所収)　（鈴木　英雄）

みなもとのちかひろ　源親広　⇩大江親広《おおえのちかひろ》

みなもとのちかゆき　源親行　生没年不詳　鎌倉時代の学者。法名、覚因。清和源氏。源光行の男。左馬允・式部大夫・河内守など歴任したが、鎌倉に在住することが長く、幕府に仕え、源実朝・藤原頼経・宗尊親王三代の和歌奉行を勤めたという。『明月記』『吾妻鏡』には頼経の雪見・花見・蹴鞠の遊びに供奉したことがみえる。父の影響もあって、早くから藤原定家を歌の師と仰ぎ、学問に親しみ、建保三年(一二一五)には累代の秘本をもって『万葉集』を書写し、貞応二年(一二二三)には『新古今和歌集』八本の異同を書き出して定家に用捨を乞うたというが、特に力を尽くしたのは、父の業を継いでの嘉禎二年(一二三六)以来の『源氏物語』の諸本比校による河内本の整定であって、建長七年(一二五五)にこれを完成させた。康元元年(一二五六)には『古今和歌集』八本を寂恵・北条実時ら七人の協力で校合している。その他、父が着手して完成を果たせなかった『源氏物語』の注釈書『水原抄』を完成させたが、今は散佚した。ただその『水原抄』中の最秘の説を抄出し、親行みずからさらに補説を加えたものに、のちその子聖覚、孫行阿が代々加筆して作りあげたものが現存の『原中最秘抄』である。生没年は未詳だが、任官・文通などの記録からみて、文治四年(一一八八)ごろ出生、建治三年(一二七七)を隔たらぬころ九十歳近くで没したか。

参考文献 山岸徳平「(尾州家河内本)源氏物語開題」、山脇毅『源氏物語の文献学的研究』、池田亀鑑『源氏物語大成』七、池田利夫『河内本源氏物語成立年譜攷―源光行一統年譜を中心に―』　（松尾　聡）

みなもとのつねのぶ　源経信　一〇一六―九七　平安時代後期の公卿。宇多源氏に属し、宇多天皇の皇子敦実親王の曾孫にあたる。父は権中納言源道方。長和五年(一〇一六)生まれる。長元三年(一〇三〇)叙爵の後、三河権守・刑部少輔・少納言・左馬頭などを歴任し、康平五年(一〇六二)右中弁、翌年権左中弁、ついで治暦元年(一〇六五)蔵人頭、右大弁となり、同三年参議となる。延久元年(一〇六九)従三位、同三年正三位、翌四年従二位に昇叙され、同年左大弁に転じた。さらに承保二年(一〇七五)権中納言となり、承暦元年(一〇七七)正二位に昇叙、永保三年(一〇八三)権大納言、さらに寛治五年(一〇九一)大納言に転じた。この間、中宮権大夫・大蔵卿・伊予権守・播磨権守・勘解由長官・皇后宮権大夫・民部卿・皇后宮大夫などを兼任した。嘉保元年(一〇九四)大宰権帥を兼ねて任地に赴き、承徳元年(一〇九七)閏正月六日大宰府で没した。時に八十二歳。死去にあたり、藤原宗忠の『中右記』は経信を、詩歌・管絃に長じ、倭漢の学を兼ね、法令にも通じた「朝家之重臣」と賛えてい

る。経信の日記を『帥記』という。歌集には『大納言経信集』『帥大納言集』があり、著作には歌学書『難後拾遺』がある(一説に源俊頼の作とも伝える)。なお『伊勢物語』の注釈書『和歌知顕集』は経信の作とされているが、これは後世の仮託であろう。また『本朝無題詩』『中右記部類紙背漢詩集』などに漢詩を伝えているほか、『朝野群載』『本朝続文粋』にも文章がみえる。伏見宮家旧蔵『琵琶譜』(宮内庁書陵部所蔵)は経信の筆であることが、藤原兼実の奥書により知られる。

参考文献 『大日本史料』三ノ四、承徳元年閏正月六日条、後藤祥子「源経信伝の考察」(『和歌文学研究』一八)　(吉岡　真之)

みなもとのつねもと　源経基　?―九六一　平安時代中期の武将。父が清和天皇の第六皇子貞純親王であったので六孫王と号す。母は右大臣源能有女。賜姓一世源氏。武蔵介であった天慶元年(九三八)任国において権守の興世王とともに武蔵国足立郡司の武蔵武芝と争いを起した。平将門の調停でおさまるかにみえたが、武芝一派が経基の営所を包囲したことから、将門らも武芝に味方して自分を殺すのではないかと思いこみ、京都へ逃げ帰り、彼らが反乱を企てたと報告、従五位下に叙せられた。この後、将門追討の征東副将軍に任じられて下向。それがかたづくや西国で起きた藤原純友の反乱の追捕次官として鎮圧に加わった。純友滅亡直後の天慶四年九月、警固使・大宰権少弐に任官していた経基は豊後国の佐伯院において南海道の賊徒と戦い首領の桑原生行を捕え、馬・絹などを押収した。また任地において、国籍不明の二艘の舟が対馬に着いたことを中央に報告している(『貞信公記』天慶九年十一月二十一日条)。彼の武力は未熟なもので「未だ兵の道に練れず」(原漢文、『将門記』)と評された。応和元年(九六一)十一月四日没。京都市南区の六孫王神社に経基のものと伝える墓がある。

参考文献 『大日本史料』一ノ一〇、応和元年十一月四日条　(朧谷　寿)

みなもとのとおる　源融　八二二―九五　嵯峨天皇の皇子。母は大原全子。弘仁十三年(八二二)生まれる。源朝臣の姓を賜わり、仁明天皇の猶子となり、承和五年(八三八)加冠、正四位下に叙せられた。嘉祥三年(八五〇)従三位となり、斉衡三年(八五六)参議に列せられた。ときに右大臣藤原良房のもとで大納言に信、中納言に定と弘、参議にはほかに多がいて、源氏は一大勢力であった。貞観六年(八六四)中納言になり、同八年応天門の変で信との共謀の密告があったが無実となり、同十二年大納言に昇進し、十四年良房・氏宗没するや、超えて左大臣に昇った。しかしやがて藤原基経が台頭し、同十八年右大臣ながら摂政となり、元慶四年(八八〇)には融を超えて太政大臣に任じた。これを機として融は多くは出仕せず、嵯峨の棲霞観に籠った。同八年陽成天皇が退位すると、融は即位の意向を示したが、基経に退けられた。仁和三年(八八七)従一位となり、寛平七年(八九五)八月二十五日没した。ときに年七十四。正一位を贈られた。生前東六条の賀茂川のほとりに別荘河原院を営み風雅な生活をしたことで知られ、河原左大臣と称された。

(伝)源融墓

参考文献 『大日本史料』一ノ二、寛平七年八月二十五日条、山中裕「源融」(『平安人物志』所収)、林陸朗「嵯峨源氏の研究」(『上代政治社会の研究』所収)、川崎庸之「嵯峨源氏のうごき」(『日本人物史大系』一所収)　(林　陸朗)

みなもとのときわ　源常　八一二―五四　嵯峨天皇の皇子。母は飯高氏。弘仁三年(八一二)生まれる。同五年、信・弘らとともに源朝臣の姓を賜わり左京一条一坊に貫付せられた。父天皇は常の「操行深沈、風神清爽」なのを見て、特に寵愛したという。天長五年(八二八)十七歳で従四位下に直叙され、同八年従三位、翌九年参議を経ずに中納言に昇進した。二十一歳の若さであった。その後正三位で左近衛大将を兼ね、承和五年(八三八)に大納言、同七年に右大臣、十一年には左大臣と順調に昇り、以後十年ほど台閣の首班の地位にあった。常は「容儀閑雅、言論和順」であり、才能の士を推引し、讒佞の徒を遠ざけ、「丞相の器」と評された。斉衡元年(八五四)六月十三日左大臣正二位で没した。ときに年四十三。正一位を贈られた。東三条左大臣と称される。『日本後紀』の編纂に加わっている。

参考文献 赤木志津子「賜姓源氏考」(『平安貴族の生活と文化』所収)、川崎庸之「嵯峨源氏のうごき」(『日本人物史大系』一所収)、林陸朗「嵯峨源氏の研究」(『上代政治社会の研究』所収)　(林　陸朗)

みなもとのとしあき　源俊明　一〇四四―一一一四　平安時代後期の公卿。『體源抄』では名を「としあきら」と訓む。寛徳元年(一〇四四)誕生。醍醐源氏権大納言源隆国の三男。母は参議左大弁源経頼の女。天喜元年(一〇五三)叙爵。承保二年(一〇七五)六月、蔵人頭左中将から参議に任ぜられ、検非違使別当など顕要の官を歴任したのち、正二位大納言民部卿に至る。永久二年(一一一四)十二月二日、数ヵ月来の重病により出家、同日七十一歳で没した。朱雀に邸宅があったことから朱雀民部卿と号する。公事に通達し、数々の行事の上卿をよくつとめ、白河院近臣として朝廷で重きをなした。また藤原摂関家の当主忠実との交宜も厚く、摂関家の重鎮で『中右記』の記主である藤原宗忠は俊明を厳親のごとくに仰ぎ、公事について教えを蒙ることも多かった。『古事談』

などに能吏としての説話を残す一方、『続後撰和歌集』『続拾遺和歌集』などに和歌が入集している。

参考文献　『大日本史料』三ノ一六、永久二年十二月二日条　（宮崎　康充）

みなもとのとしかた　源俊賢　九六〇―一〇二七　平安時代中期の公卿。醍醐天皇皇孫。左大臣源高明三男。母は藤原師輔三女。天徳四年（九六〇）に生まれる。安和二年（九六九）父の左遷にあったが昇進には影響せず、天延三年（九七五）叙爵された。侍従、左兵衛権佐、右中弁、蔵人頭、右兵衛督などを歴任し、長徳元年（九九五）従四位下で参議に任じられた。寛弘元年（一〇〇四）権中納言、寛仁元年（一〇一七）権大納言に進んだが、同三年、致仕した。この間、治部卿を十八年間にわたって兼任したほか、一条天皇中宮彰子の中宮権大夫・皇太后宮大夫・太皇太后宮大夫を一貫して勤めるなど、道長の権勢を表裏両面から支えた。藤原公任・同斉信・同行成とともに四納言の一人に数えられた、摂関期の典型的な能吏といえる。また、妹の明子は道長室である。万寿四年（一〇二七）六月十二日出家し、十三日没。六十八歳。彰子の出家の一年半後、道長の死去の半年前にあたる。『大鏡』『古事談』に賢者としての逸話がみえる。

参考文献　安西廸夫「源俊賢の生涯」（『言語と文芸』六七）　（倉本　一宏）

みなもとのとしふさ　源俊房　一〇三五―一一二一　平安時代後期の公卿。右大臣源師房の長男。母は摂政藤原道長の女、尊子。没年より逆算すると、長元八年（一〇三五）の誕生となる。寛徳二年（一〇四五）関白藤原頼通の養子として従五位上に直叙され、侍従・近衛中将を経て、永承五年（一〇五〇）従三位に昇り、天喜五年（一〇五七）参議に任じ、以後累進して永保二年（一〇八二）大納言から右大臣に昇り、翌年左大臣に転じた。大臣在職四十年、保安二年（一一二一）正月、病を称して上表辞官し、翌月出家して寂俊といったが、十一月十二日、端座念仏して入寂したという（『後拾遺往生伝』）。行年八十七。堀川左大臣と号す。俊房は文筆に長じ、政理に通じ、堀河天皇の外祖父にあたる弟顕房とともに村上源氏の最盛期を築いたが、一面では後三条天皇が皇嗣に擬したといわれる三宮輔仁親王と親密な関係を結んだため、朝廷における立場を困難にし、村上源氏の主流の座を顕房の子孫に譲る結果を招いた。その日記を『水左記』といい、自筆原本八巻が伝存している。

参考文献　竜粛「三宮と村上源氏」（『平安時代』所収）、米谷豊之祐「源俊房と院政開始期の政局」（『大阪産業大学論集』（人文科学編）六一）　（橋本　義彦）

みなもとのとしより　源俊頼　一〇五五―一一二九　平安時代後期の歌人。宇多源氏。法名は能貪《のうたん》。天喜三年（一〇五五）生まれる。大納言経信の三男、母は土佐守源貞亮女。一時橘俊綱の猶子となる。少将を経て白河朝末に従四位下左京権大夫。堀河天皇に近侍したが、嘉保二年（一〇九五）父の大宰権帥赴任に同行、承徳元年（一〇九七）大宰府で父を失い上京、再度堀河天皇に仕えたが官途は進まず、長治二年（一一〇五）木工頭に任ぜられたが天永二年（一一一一）官を退き、その後は従四位上前木工頭で終始した。その間伊勢に二度下り、しばらく斎宮に仕えた。父経信は和漢の学、詩歌の道、管絃の芸、法令の事のすべてに深く達していたが、俊頼は管絃と和歌の才をうけた。篳篥《ひちりき》の奏者として承暦二年（一〇七八）内裏歌合などに参列し、早くから楽人としての才は認められていたが、和歌は寛治三年（一〇八九）父経信判者の四条宮扇合に作者となったのが初見である。大宰府より帰京後は、堀河院歌壇の事実上の推進者として活躍し、公私の歌会・歌合に出席した。特に組題類聚百首のはじめである『堀河院百首』の当初の企画者であった。退官後も『永久百首』の有力歌人となり、内大臣藤原忠通家の多くの歌合の作者・判者として活躍し、また諸家の歌会・歌合を指導した。天治元年（一一二四）白河法皇の院宣により第五代勅撰集『金葉和歌集』を撰し、二度の改編を経て大治元年（一一二六）、二年の間三奏本を奉呈した。新奇な用語と珍しい趣向を重んじたきわめて革新的な和歌を詠み、中世和歌に多大な影響を与えた。大治四年没。七十五歳。家集に『散木奇歌集』、歌学書に『俊頼髄脳』。『金葉和歌集』以下に二百十首入集。子に俊恵がいる。

参考文献　池田富蔵『源俊頼の研究』、上野理『後拾遺集前後』　（橋本不美男）

みなもとのともちか　源具親　生没年不詳　鎌倉時代の歌人。村上源氏。父は右京権大夫師光（生蓮）、母は白河院女房安芸。後鳥羽院宮内卿の兄。従四位下左少将、法名如舜。妹宮内卿とともに後鳥羽院側近歌人として、正治―承元年間（一一九九―一二一一）のころの和歌行事に頻繁に出詠する。和歌所寄人となり、『新古今和歌集竟宴和歌』にも連なるが、宮内卿ほど精進しなかったといわれる。弘長二年（一二六二）三十六人大歌合に出詠、そのころまで存生。『新古今和歌集』以下勅撰集に二十一首入集。

参考文献　井上宗雄『平安後期歌人伝の研究増訂版』、谷山茂『新古今集とその歌人』（『谷山茂著作集』五）　（後藤　重郎）

みなもとののりより　源範頼　生没年不詳　平安・鎌倉時代前期の武将。父は源義朝。母は遠江国池田宿の遊女。源頼朝の異母弟。通称蒲冠者。史料上の初見は『吾妻鏡』養和元年（一一八一）閏二月二十三日条でこの時頼朝の命により志田義広追討のため下野国に出陣している。これ以前の経歴は不詳だが治承四年（一一八〇）八月の頼朝の挙兵直後にはその軍門に参じたと推測される。寿永二年（一一八三）末頼朝代官として弟源義経とともに京都占領中の木曾義仲追討のため出陣、翌元暦元年（一一八四）正月二十日近

源範頼花押

江国勢多(大津市瀬田)で義仲勢を討ちそのまま鎌倉勢としてはじめて上洛に成功した。二十九日には当時播磨・摂津両国境一ノ谷にあって京都奪還の機会を窺う平氏追討のため大手大将軍として出京、摂津国生田の森に進軍して搦手義経軍とともにこれを敗走させた。その後帰洛、間もなく京中治安維持のため義経を京都に残して鎌倉に帰還。六月頼朝の推挙により三河守に任官。八月八日平氏追討のため再度出陣。二十九日入洛、朝廷から追討使の官符を賜わり、九月一日山陽道を経由して九州に渡り平家軍を背後から攻撃することを目指して出陣した。しかし平氏軍の反撃により出陣は長期化、ようやく文治元年(一一八五)二月になり義経が出陣、翌月長門壇ノ浦で平氏を壊滅させることに成功。範頼は九州に渡海、ここに残留して戦後処理と九州における鎌倉幕府支配の確立に努めた。同年四月、三河守辞任。十月鎌倉帰還。その後の動勢については不詳だが建久四年(一一九三)五月二十八日に起きた曾我兄弟の仇討事件の際、頼朝暗殺の浮説が流れたが、この時鎌倉留守居役であった範頼が頼朝の妻北条政子に「自分が健在であり、源氏の代は無事である」と、進言。頼朝帰還後、これが謀反として問題となり(『保暦間記』)、八月十七日伊豆配流に処せられた。その後の記録は存在しないが配流直後誅殺されたと推測されている。

参考文献 『大日本史料』四ノ四、建久四年八月十七日条、安田元久『源義経』、同編『源頼朝』、岡部周三『吾妻鏡の人びと』　(並木　優記)

みなもとのはくが　源博雅　⇩みなもとのひろまさ

みなもとのひかる　源光　八四六―九一三　仁明天皇の皇子で源朝臣の姓を賜わった。承和十三年(八四六)生まれる。貞観二年(八六〇)従四位上に直叙され、翌三年次侍従に補せられ、その後諸官を歴任して元慶八年(八八四)正四位下で参議に列した。ついで寛平三年(八九一)中納言従三位になり、大納言を経て延喜元年(九〇一)菅原道真左降ののち右大臣に昇任し、同九年藤原時平の没後、廟堂の首班となった。同十三年三月十二日狩猟の途次落馬して没した。年六十八。ときに右大臣正二位左近衛大将。正一位を贈られた。才智賢明の評があった。西三条右大臣と称される。

参考文献 『大日本史料』一ノ四、延喜十三年三月十二日条、角田文衛「右大臣源光の怪死」(『紫式部とその時代』所収)、林陸朗「賜姓源氏の成立事情」(『上代政治社会の研究』所収)　(林　陸朗)

みなもとのひろまさ　源博雅　九一八―八〇　平安時代中期の雅楽家。『博雅笛譜』(正称、『新撰楽譜』。異称、『長竹譜』)の撰者。延喜十八年(九一八)生まれる(一説に延喜十九年)。父は醍醐天皇第一皇子克明親王の長男。母は藤原時平女。承平四年(九三四)正月七日従四位下に叙せられ、天暦元年(九四七)四月二十二日すでに中務大輔、天徳三年(九五九)三月二十四日すでに右中将、応和元年(九六一)十二月一日すでに右兵衛督、康保二年(九六五)八月七日すでに左中将、天延二年(九七四)十一月十八日従三位皇太后宮権大夫に叙せられる。このことから「博雅三位」ともいわれる。天元三年(九八〇)九月二十八日(一説十八日)六十三歳で没した。母の兄藤原敦忠に(一説敦実親王にも)和琴を学び、天慶六年(九四三)敦忠没後は御遊に重用される。天暦五年正月二十三日の内宴に、天徳四年三月三十日の御遊に和琴を奏す。また横笛を源雅信に学び、康保三年二月二十一日の内宴に、同年十月七日の殿上侍臣の楽舞御覧に横笛を吹く。同年十月十四日、勅命により『新撰楽譜』を撰した。このほか郢曲を敦実親王に、箏を醍醐天皇に、琵琶を源脩(一説に源修)、大篳篥を良岑正行に、神楽篳篥を大石富門に学んだ。雅楽の多方面の技術を習得し、楽才を称える説話や逸話が非常に多く残されている。さらに天暦七年には蹴鞠、天徳三年三月二十四日に殿上賭射に参加、同四年三月三十日、応和二年五月四日、康保三年八月十五日の内裏歌合にも参加した。

参考文献 『大日本史料』一ノ一八、天元三年九月二十八日条、林謙三「博雅笛譜考」(『雅楽―古楽譜の解読―』所収)　(蒲生美津子)

みなもとのふさあきら　源英明　?―九三九　平安時代中期の漢詩人。斉世《ときよ》親王の長男、母は菅原道真の女。父が道真の左遷に遭って出家し、幼少時代は不遇であったが、十六歳で四位、十七歳で侍従となり、醍醐天皇の信任も厚く近衛中将を経て延長五年(九二七)蔵人頭となる。天皇と宇多法皇の崩御後は不遇をかこち詩酒に憂さをまぎらわせ、橘在列と親交を結んだ。天慶二年(九三九)春に四十歳に満たずに没す。父の遺言で『慈覚大師伝』を完成した。家集『源氏小草』五巻は伝わらず、『本朝文粋』『扶桑集』などに十数首の作品がある。

参考文献 『大日本史料』一ノ七、天慶二年是春条、大曾根章介「源英明と橘在列」(『国語と国文学』四〇ノ一〇)　(大曾根章介)

みなもとのまこと　源信　八一〇―六八　嵯峨天皇の皇子。嵯峨第一源氏。母は広井氏。弘仁元年(八一〇)生まれる。同五年はじめて源朝臣の姓を賜わり左京一条一坊に貫付せられて戸主となった。幼少のときから読書を好み、草隷の書を好くし、図画も巧みであったが、さらに父天皇から琴笛・琵琶の教えを受けた。天長二年(八二五)十六歳で従四位上に直叙され、侍従・治部卿などを経て同八年参議に列した。その後承和二年(八三五)正三位となり、同九年に中納言、嘉祥元年(八四八)には大納言に任じた。しかし、このころから藤原良房の台頭が著しく、信はその下で天安元年(八五七)には左大臣、翌二年には正二位となったが、風雅の士であった信は政争の人ではなく、策士伴善男の好餌として応天門の変に巻き込まれた。辛うじてその累は免れたが、以後門を閉ざして出仕せず、貞観十年(八六八)閏十二月二十八日憂悶のうちに没した。ときに年五十九。翌年正一位を贈られた。

北辺大臣と称せられる。

参考文献 赤木志津子「賜姓源氏考」(『平安貴族の生活と文化』所収)、川崎庸之「嵯峨源氏のうごき」(『日本人物史大系』一所収)、林陸朗「嵯峨源氏の研究」(『上代政治社会の研究』所収) (林 陸朗)

みなもとのまさかね 源雅兼 一〇七九—一一四三 平安時代後期の貴族。薄雲中納言と呼ばれた。承暦三年(一〇七九)六条右大臣顕房の八男として生まれる。母は因幡守藤原惟綱女の因幡掌侍惟子。大治五年(一一三〇)参議となり、天承元年(一一三一)従三位権中納言に至る。

源雅兼花押

保延元年(一一三五)四月辞任、同十二月出家し、康治二年(一一四三)十一月八日没。六十五歳。白河院・鳥羽院に才を愛された(『今鏡』)。歌才があり、内大臣忠通や神祇伯顕仲の歌合に出詠、家集に『雅兼卿集』(八十三首)がある。『白河御堂供養記』『雅兼卿記』がある。 (松野 陽一)

みなもとのまささだ 源雅定 一〇九四—一一六二 平安時代後期の公卿、歌人。嘉保元年(一〇九四)生まれる。太政大臣源雅実の次男。元永二年(一一一九)二月、参議に任ぜられ、累進して久安五年(一一四九)七月、内大臣に任ぜられて左大将を兼ね、翌六年八月、右大臣に進んだ。久寿元年(一一五四)五月二十八日出家。法名蓮如(一説に法如)。応保二年(一一六二)五月二十七日、六十九歳で没した。中院入道右大臣と号す。幼時より雅楽に長じ、康和四年(一一〇二)三月、白河法皇の五十賀に九歳で胡飲酒を舞って衆人を感嘆させたといわれる。また、歌人としては藤原顕輔・同俊頼らと交

源雅定花押

源雅定画像(『天子摂関御影』)

渉があり、『金葉和歌集』以下の勅撰集への入集も多い。

参考文献 山田洋嗣「源雅定年譜」(『立教大学日本文学』四四) (宮崎 康充)

みなもとのまさざね 源雅実 一〇五九—一一二七 平安時代後期の公卿。右大臣源顕房の長男。母は権中納言源隆俊の女。没年より逆算すると、康平二年(一〇五九)の誕生となる。治暦四年(一〇六八)従五位下に叙されて以来、侍従・近衛中将を経て蔵人頭に補され、承暦元年(一〇七七)従三位に昇り、さらに同年参議に任ぜられた。ついで堀河天皇が践祚するに及び、外舅として昇進の速度を早め、康和二年(一一〇〇)権大納言より内大臣に昇り、保安三年(一一二二)ついに従一位右大臣より太政大臣に進んだ。源氏の太政大臣補任の初例である。天治元年(一一二四)病により辞官出家し、蓮覚と称したが、大治二年(一一二七)二月十五日、六十九歳をもって没し、二十二日久我山荘の西辺に葬られた。久我太政大臣と号す。雅実は舞楽を能くし、堀河天皇の勅命により、楽家の多資忠の遺子忠方に胡飲《こんじゅ》酒の舞を伝授したことなどが永く世に語り伝えられた。

参考文献 竹内道雄「久我雅実に関する覚書」一・二(『長岡工業(短期大学・高等専門学校)研究紀要』一ノ二・三) (橋本 義彦)

みなもとのまさのぶ 源雅信 九二〇—九三 平安時代中期の公卿。延喜二十年(九二〇)生まれる。父は宇多天皇の皇子式部卿敦実親王。母は左大臣藤原時平の女。源姓を賜わり臣籍に下る。天暦五年(九五一)正月、蔵人頭右中将から参議に任ぜられ、ついで治部卿・左兵衛督・左衛門督などを兼帯。天禄元年(九七〇)正月、権中納言となる。同年八月、中納言に転じて按察使を兼帯。同三年正月、大納言となる。貞元二年(九七七)四月、右大臣に昇り、同年十二月皇太子傅となった。以後、花山・一条・三条の三帝の傅をつとめる。天元元年(九七八)十月、左大臣に転じ、正暦四年(九九三)七月二十六日、重病のため出家。法名覚貞(一説に覚実)。同月二十九日に没した。年七十四。一条左大臣と号し、また鷹司殿とも呼ばれた。名臣の聞え高く、管絃・郢曲にもことのほか堪能であった。女倫子は摂政藤原道長に嫁し、関白頼通・上東門院彰子らを生んでいる。

参考文献 『大日本史料』二ノ二、正暦四年七月二十六日条 (宮崎 康充)

みなもとのまさみち 源雅通 一一一八—七五 平安時代後期の公卿。権大納言源顕通の長男。母は権大納言源能俊の女。没年より逆算すると、元永元年(一一一八)の誕生となる。幼にして父を亡い、叔父の右大臣源雅定の養嗣子となる。大治四年(一一二九)従五位下に叙され、

源雅通画像(『天子摂関御影』)

源雅通花押

近衛少将・同中将などを経て、久安六年(一一五〇)参議に昇り、侍従を兼ね、爾後累進して仁安三年(一一六八)正二位内大臣に至った。その間、皇后宮権亮や美福門院別当として藤原得子に近侍し、また得子の従兄藤原家成の妹を娶り、近衛中将のとき、家柄の低い家成の台嶺登山の前駆を勤めたので、「山送りの中将」とあだ名されたという(『台記』『明月記』)。嘉応元年(一一六九)以降、病のため籠居したが、「故実を伝ふるの人」として推重された(『玉葉』)。安元元年(一一七五)二月二十七日、五十八歳をもって久我の別荘に没した。久我内大臣と号す。

(橋本　義彦)

みなもとのまさる　源多　八三一—八八　仁明天皇の皇子。天長八年(八三一)生まれる。承和二年(八三五)源朝臣の姓を賜わった。嘉祥二年(八四九)従四位上に直叙され、翌三年阿波守に任ぜられたが、仁明天皇が出家すると多も従って出家した。しかしまもなく復任し、斉衡元年(八五四)には参議に列した。その後諸官を歴任し、貞観十二年(八七〇)に中納言となり、大納言を経て、元慶六年(八八二)右大臣に昇り、このとき融《とおる》が左大臣で源氏が左右の大臣を独占した。仁和四年(八八八)十月十七日、五十八歳で没した。ときに右大臣正二位左近衛大将。従一位を贈られた。

参考文献　『大日本史料』一ノ一、仁和四年十月十七日条、林陸朗「賜姓源氏の成立事情」(『上代政治社会の研究』所収)

(林　陸朗)

みなもとのみちかた　源通方　一一八九—一二三八　鎌倉時代の公卿。大納言正二位。土御門大納言と号す。中院家の始祖。父は後白河・後鳥羽両院の近臣として権勢を振るった内大臣源通親。母は刑部卿藤原範兼の娘で後

源通方花押

鳥羽天皇の乳母刑部卿三位範子。文治五年(一一八九)に五男として生まれる。通光(太政大臣)・定通(内大臣)の同母弟である。建久五年(一一九四)従五位下に叙せられ、建仁二年(一二〇二)従四位下、建暦元年(一二一一)順徳天皇の蔵人頭、同二年従三位に叙せられ公卿に列し、建保三年(一二一五)参議となった。承久二年(一二二〇)権中納言、貞応二年(一二二三)正二位に進み、天福元年(一二三三)には中宮大夫となり、暦仁元年(一二三八)大納言に昇った。この間、嘉禄元年(一二二五)四月に上野国を知行国として給わり、また宣陽門院の院司を勤めた。通方は異母兄通宗が早世したこともあって、その女通子と土御門天皇との間に生まれた皇子邦仁親王(後嵯峨天皇)を養育した。暦仁元年十二月二十八日後嵯峨天皇の践祚を見ず、病により没した。五十歳。通方は当代の有職家であったらしく、著書『餝抄』二巻がある。ほかに『臨時公事衣抄』『雑衣抄』『羽林籠鶴抄』『本朝沿革礼』『仁王会抄』などの著があったようであるが、みな佚亡して伝わっていない。詠歌は『新勅撰和歌集』以下の勅撰集に選ばれている。

(黒川　高明)

参考文献　『大日本史料』五ノ一二、暦仁元年十二月二十七日条

みなもとのみちちか　源通親　一一四九—一二〇二　平安・鎌倉時代前期の宮廷政治家。正二位内大臣にまで進み、土御門あるいは久我《こが》内大臣と号する。村上源氏の流、内大臣雅通の長子として久安五年(一一四九)誕生。母は美福門院(ついで八条院?)女房、典薬助藤原行兼の女。

源通親花押

源通親画像(『天子摂関御影』)

保元三年(一一五八)八月叙爵。父雅通は、美福門院が皇后であったときの皇后宮権亮や美福門院の女八条院の別当を勤め、通親自身も、後年八条院庁別当に任じられており、通親が依拠すべき基盤の一つに、美福門院—八条院の関係があったと思われる。一方通親は、はじめ花山院忠雅の女を妻としたが、承安元年(一一七一)には、平教盛の女との間に次子を儲けている。平氏の後援を恃んでのことであろう。安元元年(一一七五)二月、父の死により家督を継承。ときに正四位下右近衛権中将。平氏の擁する安徳天皇に近侍し、治承三年(一一七九)正月、上臈を超えて蔵人頭に補せられ、翌四年正月任参議。同年二月、天皇の退位に伴い新院庁別当となり、養和元年(一一八一)には高倉院御給として従三位に叙された。この間、平氏、清盛の意向に従うことしばしばで、九条兼実からは「只察二権門素意一、不レ知二朝家之巨害一」と痛罵されたが(『玉葉』治承四年五月二十七日条)、寿永二年(一一八三)七月に平氏が西走して以降は、後鳥羽天皇の乳母高倉範子を室に迎えるなどして政治的立場の更新をはかり、後

白河法皇近臣の列に加わった。こうした面での節操は別として、通親の朝務に対する献身と手腕は、政敵兼実でさえ「奉公之至、無㆓比㆑肩之人㆒」「奉公勝㆓等倫㆒、其身為㆓才卿㆒」と評さざるをえないほどであり（『玉葉』文治二年（一一八六）六月一日、十月三日各条）、文治元年十二月、源頼朝の申請により議奏公卿に選任、建久初年には、頼朝の長女大姫の入内工作を依頼されるなど、関東の信任をも獲得した。通親は法皇の寵姫丹後局（高階栄子）と結んでこの工作にあたる一方、建久二年（一一九一）六月、局所生の覲子《きんし》内親王に宣陽門院の号を定め、みずからは女院庁別当に補された。かくして同院庁は、すでに兼実側勢力の拠点と化した八条院に対して、通親・丹後局を中心とする法皇の側近らが集う策源地となった。翌年三月の法皇の死後もこれに拠って勢力の温存に努め、範子が前夫との間になした女在子（のちの承明門院）が、建久六年に後鳥羽天皇の第一皇子為仁を出産すると、為仁は通親に養育されることになった。翌年十一月、通親は仇敵兼実一派を廟堂から追放（建久七年の政変）、建久九年正月には為仁の践祚を実現（土御門天皇）、後鳥羽院庁の別当にも任じて朝政を掌握した。正治元年（一一九九）正月の頼朝の死による動揺期を捉え、京都政界における残余の親幕派勢力を一掃。同年六月内大臣に進んで、以前からの右大将を兼ね、その権勢は世に「源博陸《はくりく》（関白の謂）」と称せられたほどだったが、晩年は後鳥羽上皇の政治的成長によって、掣肘を受けることも多かった。建仁二年（一二〇二）十月二十一日急死。五十四歳。和歌・文章に優れ、勅撰集にも多首を遺す。著作に『高倉院厳島御幸記』『高倉院昇霞記《しょうかき》』がある。

参考文献　『大日本史料』四ノ七、建仁二年十月二十一日条、永原慶二編『鎌倉と京都』（『人物・日本の歴史』四）、『京都の歴史』二、竜粛「村上源氏の使命と通親の業績」（『鎌倉時代』下所収）、杉橋隆夫「鎌倉初期の公武関係」（『史林』五四ノ六）、橋本義彦『源通親』（『人物叢書』二〇三）　（杉橋　隆夫）

みなもとのみちとも　源通具　一一七一―一二二七　鎌倉時代前期の公卿、歌人。承安元年（一一七一）出生。村上源氏。土御門内大臣通親の男、母は平教盛の女。藤原俊成女と結婚、のち、承明門院の妹按察局と結婚。建仁元年（一二〇一）参議となり、正二位大納言に陞る。新古今歌壇において父通親の名代として活躍、和歌所寄人、『新古今和歌集』撰集の折の筆頭撰者。その詠は漢詩の趣があり、白楽天の詩を見る心地とも評され、家集も存したらしいが現存せず。『新古今和歌集』以下勅撰集に三十七首入集。安貞元年（一二二七）九月二日没。五十七歳。

源通具花押

参考文献　『大日本史料』五ノ四、安貞元年九月二日条、谷山茂『新古今集とその歌人』（『谷山茂著作集』五）、同『新古今時代の歌合と歌壇』（同四）、森本元子『俊成卿女の研究』、部矢祥子編『源通具全歌集』、後藤重郎「通具と俊成卿女―新古今和歌集所収歌をめぐって―」（山崎敏夫編『中世和歌とその周辺』所収）、山口逵子「俊成卿女と通具」（『大谷女子大学紀要』三）、目良有子「源通具歌集成稿」（『甲南女子大学大学院論叢』七・八）、辻勝美「新進歌人群」（『和歌文学講座』六所収）、近藤香「源通具の初期の和歌について」（『立正大学大学院日本文学研究』一）　（後藤　重郎）

みなもとのみちなり　源道済　？―一〇一九　平安時代中期の歌人、漢詩人。中古三十六歌仙の一人。光孝源氏公忠の曾孫、信明の孫。能登守方国の男。文章生より長徳四年（九九八）宮内少丞となり、蔵人・式部少丞・同大丞などを経て長和四年（一〇一五）筑前守兼大宰少弐に任じ、寛仁二年（一〇一八）正五位下に至ったが翌三年任地に没した。享年は不明。王氏の末流として藤原道長体制下に官途は低迷したが、和歌・詩文に卓越。歌人としては、能因らの指導的立場にあり、長保三年（一〇〇一）十月東三条院詮子四十賀の屏風歌を詠進、同五年五月左大臣道長家歌合に出詠。藤原長能とともに『拾遺和歌集』の編纂にも参画したらしい。『拾遺和歌集』以下勅撰入集六十一首（『金葉和歌集』三奏本五首を含む）。著作に歌学書『道済十体』、家集に『道済集』がある。漢詩人としては大江以言に師事、『本朝麗藻』『類聚句題抄』『本朝文粋』に作品をとどめている。

参考文献　『大日本史料』二ノ一五、寛仁三年是歳条、杉崎重遠『勅撰集歌人伝の研究』、竹下豊「源道済について」（『論集日本文学・日本語』二所収）、五島和代「源道済試考」（『文芸と思想』三二）　（犬養　廉）

みなもとのみつなか　源満仲　九一二―九七　平安時代中期の武将。経基の嫡男。多田満仲・多田新発意《しんぼちい》と称す。延喜十二年（九一二）生まれる。越前・武蔵・摂津・常陸などの国守、左馬権頭などを歴任。安和二年（九六九）に起きた安和の変で陰謀を密告して正五位下に叙せられ、朝廷にその名をうった。加えて宿敵藤原千晴を失脚させた。彼の武勇を語るものとしては自宅に入った強盗を追捕したこと、故平将門子息の入京に備えての朝廷派遣の警備に加わったことなどがある。なお一条朝に輩出した

源満仲画像

武士五名のなかに彼の名が挙がっている(『続本朝往生伝』)。摂津国に多田院を経営し、多田源氏発展の嚆矢となった。『小右記』逸文の永延元年(九八七)八月十六日条に「前摂津守満仲朝臣於二多田宅一出家云々、同出家之者十六人、尼卅余人云々、満仲殺生放逸之者也、而忽発二菩提心一所二出家一也」とある。『今昔物語集』一九には眷属、親しき郎等、数百人の従者が満仲のもとに存在して武士団を形成していたようにあるが、これは満仲時代のものではなく、この説話集成立の十二世紀中ごろの武士団の投影と考えるべきである。長徳三年(九九七)没。八十六歳(八十八歳説もある)。兵庫県川西市の猪名川沿いに満仲ほかを祀る多田神社がある。

参考文献　『大日本史料』二ノ三、長徳三年是歳条、熱田公・元木泰雄『多田満仲公伝』、朧谷寿『清和源氏』(『歴史新書』三九)、元木泰雄『源満仲・頼光』(『ミネルヴァ日本評伝選』)　(朧谷　寿)

みなもとのみつまさ　源満政　生没年不詳　平安時代中期の武将。経基の子。『日本紀略』正暦五年(九九四)三月六日条にある内裏放火にからむ京都近郊の盗賊探索にかり出されているのが初見記事である。「武勇の人」であった。陸奥・武蔵守の歴任が確認され、主君と仰ぐ藤原道長への貢馬は、任国で得たものであった。一条天皇朝下に輩出されたすぐれた武士の一人に挙げられている。平安京左京の一条大路南に邸宅があった。　(朧谷　寿)

みなもとのみつゆき　源光行　一一六三―一二四四　鎌倉時代の学者。法名、寂因。清和源氏。豊前守光季の男。長寛元年(一一六三)生まれる。民部大丞をはじめとし、大和守・河内守・大監物などを歴任した。元暦元年(一一八四)鎌倉に下り、父の平家に加担した罪の許しを源頼朝に請願したのをはじめとして、建久九年(一一九八)ごろ以後は鎌倉に滞在することが多く、学問や歌などをもって源頼朝・頼家・実朝に用いられた。承元元年(一二〇七)ごろ京に戻り、建暦二年(一二一二)には後鳥羽院北面として仕えた。承久の乱には院方に加担したため斬罪が決定したが、辛うじて助命された。その後有職家として鎌倉で用いられ、間で数年の在京期もあるが、没したのは鎌倉である。漢詩文を藤原孝範、和歌を藤原俊成に学び、一歳年長の歌人藤原定家らとも交友関係にあった。『蒙求和歌』『百詠和歌』および『楽府和歌』(散佚)は将軍実朝への献上の著作であろうという。最大の業績は子親行と二代にわたっての『源氏物語』の注釈書『水原抄』(散佚)の著作、河内本本文の制定を果たしたことであるが、『平家物語』の成立にも関わりを持っていたという伝えも注目されている。家集は伝わらないが、勅撰集への入集歌十八首をはじめ、諸書にみえる歌を集めると、作者推定作までを加えて八百余首に及ぶ。寛元二年(一二四四)二月十七日没。八十二歳。

参考文献　『大日本史料』五ノ一七、寛元二年二月十七日条、山岸徳平『(尾州家河内本)源氏物語開題』、山脇毅『源氏物語の文献学的研究』、池田亀鑑『源氏物語大成』七、池田利夫『河内本源氏物語成立年譜攷―源光行一統年譜を中心に―』、同「源光行の生涯とその文学」(吉岡曠編『源氏物語を中心とした論攷』所収)　(松尾　聡)

みなもとのむねゆき　源宗于　?―九三九　平安時代の歌人。三十六歌仙の一人。光孝天皇の孫、是忠親王の男。寛平六年(八九四)に従四位下となり、源姓を賜わり臣籍に下る。以後丹波権守・摂津権守・相模守・右京大夫などを歴任し、天慶二年(九三九)十一月二十三日(『貞信公記』では、二十二日)没す。『寛平御時后宮歌合』、昌泰元年(八九八)の『亭子院女郎花合』の詠者。延喜十三年(九一三)三月『亭子院歌合』の左方人も勤めた。家集に『宗于集』がある。『古今和歌集』以下に十五首入集。

参考文献　『大日本史料』一ノ七、天慶二年十一月二十三日条　(島田　良二)

みなもとのめいし　源明子　?―一〇四九　平安時代中期の女性。高松殿とも称した。父左大臣源高明(醍醐皇子)、母不詳。幼時父が失脚(安和の変)、醍醐皇子盛明親王の養女となる。したがって明子女王とする説もある。のち東三条院詮子に養われ、藤原道長室となる。地位は正室源倫子に及ばないが、男子の頼宗は右大臣、能信・長家は権大納言、女子の寛子は小一条院女御、尊子は源師房(村上皇孫、右大臣)室となる。なお男顕信は若年で出家し父母を悲嘆せしめた。永承四年(一〇四九)没(『公卿補任』)。

参考文献　『大日本史料』二ノ二六、万寿四年十二月四日条、『御堂関白記』(『大日本古記録』)、『小右記』(同)、『栄花物語』、『大鏡』、『大鏡裏書』　(黒板　伸夫)

源宗于画像(佐竹本「三十六歌仙切」)

みなもとのもろふさ　源師房　一〇〇八―七七　平安時代中期の公卿。初名資定。村上源氏の祖。寛弘五年（一〇〇八）生まれる。父は村上天皇の皇子中務卿具平親王。母は式部卿為平親王の女。二歳で父を亡くしたが、姉の隆姫女王が藤原頼通室となったことにより、頼通の猶子として養育された。寛仁四年（一〇二〇）十二月二十六日、十三歳で元服（『小右記』）。同日源姓を賜わり、名を師房と改めた。万寿元年（一〇二四）九月、従三位に叙せられ、同三年十月には権中納言に任ぜられた。累進して従一位右大臣に昇り、左大将・皇太子傅を兼ねる。承暦元年（一〇七七）二月十七日出家、同日七十歳で没した。土御門右大臣と号する。和漢の才人として聞え、『後拾遺和歌集』以下の勅撰集への入集も多い。また藤原摂関家と密接な姻戚関係を結び、村上源氏の政界進出の礎を築いた。日記『土右記』は『長秋記』元永二年（一一一九）五月十一日条に「故土御門殿御記九十七巻（自万寿四年至承保三年）」とあることから、もと五十年分あったといわれるが、現在は延久元年（一〇六九）夏記のみが存する。

参考文献　井上宗雄『平安後期歌人伝の研究』、木本好信「『土右記』と源師房の一考察」（『国書逸文研究』一八）　（宮崎　康充）

みなもとのもろみつ　源師光　生没年不詳　平安・鎌倉時代前期の歌人。法名生蓮。村上源氏俊房流大納言師頼の男。母は大納言藤原能実女。一時左大臣藤原頼長に養われる。子女に歌人具親・宮内卿。十八年間余り従五位上侍従の官にいて仁安元年（一一六六）八月以前右京権大夫。二年後辞職。寿永元年（一一八二）前後に出家。官途の不遇に対し歌人活動は活潑で公私自他の歌合に関与、家集を自撰。晩年は「千五百番歌合」の判者となり、元久元年（一二〇四）初めころ没。推定七十余歳。

参考文献　井上宗雄『平安後期歌人伝の研究』　（森本　元子）

みなもとのゆきいえ　源行家　？―一一八六　平安末・鎌倉時代前期の武将。本名義盛。為義の十男、熊野新宮に住し新宮十郎と呼ばれた。治承四年（一一八〇）四月八条院蔵人となり行家と改名、同年五月に挙兵した以仁王の令旨を奉じ東国に下向、源頼朝をはじめとする諸国源氏の蜂起を促した。頼朝挙兵後、独自の行動をとり、翌養和元年（一一八一）三月には平重衡・維盛の軍勢と墨股川で戦ったが敗走。この戦闘で行家の率いる尾張・三河を中心とする武士六百九十余人が損害を被ったという。さらに寿永元年（一一八二）五月行家は平家追討のため伊勢神宮に祈願の助力を乞うが、受け入れられず、また延暦寺との提携も不調に終った。その後鎌倉に赴くが頼朝にいれられず、信濃の木曾義仲に加わり行動を共にした。翌寿永二年七月義仲とともに平氏西走後の京都に入り、その功により同年八月従五位下備後守に叙任され数日後に備前守に遷任された。義仲・行家の入京後の論功行賞では頼朝第一、義仲第二、行家第三とされ（『玉葉』）、後白河法皇をはじめとする王朝貴族たちの源氏諸将の格付けを窺うことができる。『平家物語』によれば平家追討のため西下した義仲に対し、行家は讒奏をなし、このため行家は義仲との衝突を避けるべく播磨へ下向、ここで平知盛以下の平氏軍と遭遇、当国揖西郡室山（兵庫県たつの市御津町）で戦い和泉へと敗走した。その後、義経を中心とする義仲追討軍と歩調を合わせるべく上洛の機を窺っていた行家は河内石川城を義仲の将樋口兼光に追われ、紀伊名草に退却した。ついで平氏滅亡後の文治元年（一一八五）義経と頼朝の対立が表面化するに及び、義経と協力、同年十月後白河法皇に頼朝追討の宣旨を請い、行家は四国の地頭に補せられた（『吾妻鏡』）。行家の補任された四国地頭は義経の九国地頭とともに鎌倉幕府の国地頭の先駆をなすものであり、王朝国家による義経・行家への強大な権限付与を意味した。こうして行家は義経との協同戦線で頼朝に対抗しようとしたが、頼朝追討のために必要な軍勢を得ることができず、同年十一月六日義経とともに西海に赴くため摂津大物浦を発った。しかし疾風のため渡海は失敗、両人に対する追討の院宣が諸国に下された。その後、鎌倉側の捜索にもかかわらず両人の行方は不明であったが、文治二年五月に至り和泉・河内方面に潜伏している行家の行状が判明、追捕のため派遣された北条時定・常陸坊昌明らによって和泉の在庁日向権守清実の小木《こぎ》郷（大阪府貝塚市近木）の宅に身を寄せていた行家は捕えられ、同年五月十二日赤井河原で梟首された。翌十三日には行家の一男光家も誅せられた。行家の首級は二十五日鎌倉に送られた。

参考文献　『大日本史料』四ノ一、文治二年五月十二日条、石母田正・佐藤進一編『中世の法と国家』　（関　幸彦）

みなもとのよしあり　源能有　八四五―九七　平安時代前期の公卿。文徳天皇皇子。母伴氏。承和十二年（八四五）生まれる。仁寿三年（八五三）源氏を賜姓し、貞観二年（八六〇）山城国宇治郡荒田を与えられた。同四年、無位から従四位上を直叙され、次侍従、加賀守、大蔵卿などを経て、同十四年に参議となった。その後、左兵衛督、左近衛中将などを兼ね、元慶元年（八七七）に従三位となり、左衛門督、検非違使別当などを兼ねた。同六年には中納言に昇進し、ひき続き督、使別当を兼任した。その後民部卿、右近衛大将、皇太子傅などを兼ね、寛平三年（八九一）に大納言、同八年に右大臣となったが、九年六月八日に没した。五十三歳。贈正二位。近院大臣と称した。和歌に長じ『古今和歌集』『続後撰和歌集』などに作品が載せられている。『三代実録』の編纂にも関わったが完成を待たずに没した。その女厳子は清和天皇女御。

参考文献　『大日本史料』一ノ二、寛平九年六月八日条　（玉井　力）

みなもとのよしいえ　源義家　一〇三九―一一〇六　平安時代後期の武将。長暦三年（一〇三九）に生まれる。頼

源義家(『後三年合戦絵巻』)

義の長子。母は平直方の女。幼名源太。石清水八幡宮で元服したため八幡太郎と称す。義家が出自をもつ清和源氏は、身分的には中級貴族に属するが、当時貴族出身者のなかで武的要素を強くもつ人々があり、彼らは中央官職の「武官」に任ぜられ、中央政府を支える武力となった。このような武的性格をもつものが「武者」と呼ばれ、その任務遂行のため、私的な従者(郎等・郎従など)を率いて武力を行使した。当時の武者の中で代表的な存在が、清和源氏(ことに河内源氏)の人々であり、父頼義も「武官」を経て諸国の守を歴任するといった有力な「武者」であった。こうして義家は、はじめから「武者」たるべきことを運命づけられて成長したのである。『尊卑分脈』以下の諸系図の記載によれば、義家は左馬尉・左衛門尉・左近将監・左馬権頭・兵部大輔・検非違使などを経て、河内・相模・武蔵・信濃・出羽・下野・伊予・陸奥の守などを歴任、正四位下に叙されている。まさに中流貴族の経歴であるが、他方では「天下第一武勇之士」「武士の長者」と称され、さらに「武威天下に満つ、誠に是大将軍に足る者也」と評され、当代随一の「武者」であった。前九年の役では、頼義に従い、鳥海柵では大風雪の中で危地に立ったが、義家の奮戦でわずかに勝利を得た。康平五年(一〇六二)乱を平定し、翌年乱の功賞として従五位下、出羽守に叙任、武将の名声を高めた。そのころ大江匡房に「未だ兵法を知らず」と評され、かえって匡房に師事したといわれる。承暦三年(一〇七九)、美濃で合戦を始めた源重宗を勅命により追討し、永保元年(一〇八一)、検非違使とともに園城寺に赴き悪僧を逮捕している。永保三年、陸奥守兼鎮守府将軍となったが、たまたまおこった出羽の清原氏の内紛に介入して後三年の役をおこす。この乱は寛治元年(一〇八七)におさまり、その際義家は朝廷に追討の官符を請うたが、当局側はこの乱を私闘とし、行賞もなかったので、義家は私財を頒って将士に報いた。寛治五年、義家は弟の義綱と、それぞれの郎等藤原実清・清原則清の領地争いに関与して対立、合戦に及ばんとした。このとき源氏の主家である関白藤原師実が争乱の調停に動き、検非違使をして両者を諭させ、紛争原因を調査させた。そして合戦を未然に防ぐため宣旨を五畿七道に下して、諸国から兵士が京都に上ることを禁止し、同時に諸国の百姓が田畠の公験を義家に寄付することを禁じた。このため源氏内部の私闘は無事におさまったが、さらに翌年には義家が構立した諸国荘園を停止すべき宣旨が出された。義家の在地領主の間での声望がいかに大きく、義家への所領寄進とそれに伴う義家の荘園設立の動きが高まっていたことが推察されるが、同時にこの停止令で義家の経済力が傾き始めたことも否定できない。承徳二年(一〇九八)院の昇殿を許されたが、康和三年(一一〇一)七月、次男対馬守義親が鎮西において叛乱を起し、さらに嘉承元年(一一〇六)六月、三男の義国が常陸国で騒擾事件をおこすなどのことにより、義家の中央における立場は苦しいものとなった。そしてこの年の七月、病を得て没した。六十八歳。墓は大阪府羽曳野市通法寺の国史跡通法寺跡にある。

源義家墓

参考文献 『大日本史料』三ノ八、嘉承元年七月是月条、安田元久『源義家』(『人物叢書』一三〇)

(安田 元久)

みなもとのよしかた 源義賢 ?—一一五五 平安時代後期の武将。清和源氏義家の孫、為義の次男。母は六条大夫重俊の女。木曾義仲の父。東宮帯刀長を勤めて帯刀先生と呼ばれ、また多胡先生ともいう。延慶本『平家物語』(第三本)に、「義賢、去仁平三年(一一五三)夏比より上野国多期(胡)郡に居住したりけるが、秩父次郎大夫重隆が養君になりて武蔵国比企郡へ通けるほどに、当国にも不レ限隣国までも随けり」とみえるように、十二世紀半ばに上野国多胡郡を基地として活躍し、武蔵北西部の豪族秩父重隆の養子となり北武蔵にも勢力を伸ばしていた。しかし鎌倉を根拠地として南関東の武士団の組織を進めていた兄義朝の勢力と衝突、久寿二年(一一五五)八月十六日に武蔵国比企郡の大蔵館(埼玉県比企郡嵐山町大蔵)で、義朝の長男義平によって討たれる。墓は大蔵館跡にある。この合戦に関しては、延慶本などの読み本系の『平家物語』に「久寿二年八月十六日、故左馬頭義朝が一男悪源太義平が為に大蔵の館にて義賢重隆共に被討にけり」とある程度で詳細は分からないが、『吾妻鏡』の記述もほぼ一致する。なお、この合戦時には二、三歳の幼児であった義仲(駒王丸)は、母(または乳母)とともに信濃国に落ち、信濃国の豪族木曾仲三兼遠の許で成人したと伝えられている。

(福田美也子)

みなもとのよしくに 源義国 ?—一一五五 平安時代後期の軍事貴族。源義家の第三子。母は日野氏一門の中宮亮藤原有綱の女。加賀介・式部丞・帯刀長などを歴任、

従五位下。永久二年(一一一四)八月、上野国で藤原家綱(秀郷流藤原氏)が雑物を押取して国司に訴えられた時、義国は嫡流の兄為義と互いに家綱は自分の郎等ではないと主張して争っている。両者ともこの犯科人との関係を否定し責任遁れをしているが、家綱が源家の郎等であったことは確かなことと考えられる。久安六年(一一五〇)、義国は参内の途中に右大将(のちに左大臣)藤原実能の行列に出合い、狼藉を働いたということで実能の従者に馬から打ち落とされてしまった。これに怒った義国郎従が、実能邸に押しかけてこれを焼き払った。この事件によって、義国は勅勘をこうむり下野国足利の「別業」(宅のある拠点)に引き籠ってしまった。すでに康治元年(一一四二)に安楽寿院領足利荘が立荘されており、この時、義国はここに下向したことになる。その後の活動については明らかでないが、後年義国の孫足利(矢田)義清が寿永二年(一一八三)十月に平家追討に出発する直前、京都の寺に『大般若経』を納め、義国夫妻および義国母(義家妻)を供養しているが、この奥書に「上野国新田住式部大夫加賀介従五位下義国」とある。足利荘の経営が軌道に乗った後、義国は隣の上野国新田郡に居住し、その開発に従事していたと思われる。この新田荘は保元二年(一一五七)に成立している。義国は久寿元年(一一五四)に仏門に入り、世人は「荒加賀入道」と称したという。「暴れん坊」と「足利」をかけた称号と考えられる。翌久寿二年六月二十六日に没している。義国の跡は、足利荘を基盤とする足利義康、新田荘を成立させた新田義重の二子に継承された。義国の歴史的役割は、東国下向によって、足利・新田両氏の発展の基礎をつくった点に求められる。

参考文献 『足利市史』上、『近代足利市史』一、柳田貞夫『足利氏の世界』
(峰岸 純夫)

みなもとのよしちか 源義親 ?―一一〇八 平安時代後期の武将。源義家の第二子。母は源隆長の女。従五位上、左兵衛尉を経て対馬守となったが、在任中人民を殺害し、貢物を押領したため、康和三年(一一〇一)、大宰大弐大江匡房の訴えにより、追討をうけることとなった。この追討使に義家の使者も同行、彼を召還しようとしたが、これに応ぜず、かえって追討の官使をも殺害した。しかしその翌年、捕えられて隠岐に配流されたが、やがて嘉承二年(一一〇七)に出雲に渡り、目代を殺し、財物を奪うなどの濫妨をくり返した。ここにおいて朝廷は、因幡守平正盛を追討使とし、義親追討を命じた。正盛は翌天仁元年(一一〇八)正月六日、雲戸城に義親を誅殺、その首を京にもたらし、これを梟首《きょうしゅ》した。この討伐の功により、また正盛ならびに白河上皇以下の宣伝活動が加わり、凱旋した正盛が大いにその武勇の名を高めたが、一方で義親追討の真偽が疑われ、これ以後も義親と自称するものの出現や義親生存の風評が続いた。

参考文献 『大日本史料』三ノ一〇、天仁元年正月六日条
(安田 元久)

みなもとのよしつな 源義綱 ?―一一三四 平安時代後期の武将。頼義の第二子、母は平直方の女、賀茂二郎と称す。前九年の役では兄義家とともに頼義に従い、安倍貞任を討ち、その功により左衛門少尉に任ぜられ、ついで陸奥・伊勢・甲斐・信濃の守を歴任。寛治五年(一〇九一)、義綱の郎等清原則清と義家の郎等藤原実清とが河内国の所領を争ったことを起因として、義綱は義家と合戦に及ばんとした。当時義綱は、義家と対抗するほどにあなどりがたい武力をもっていたと思われる。この両者が都を舞台に合戦する様子を示したとき、当局者をはじめ京都の人々は大いに驚き、かつ恐怖におののいたが、朝廷は義家に圧力をかけて、ようやく危機を脱した。このとき義綱に対しては何らの処置もなかった。寛治七年、出羽国で平師妙・師季が国守信明の館を焼いて財物を奪うなどの叛乱をおこしたが、陸奥守としてその追討を命ぜられて下向した義綱は、みずから出陣せず、郎等の藤別当をして師妙を誅伐、与党をことごとく降服させた。彼は嘉保元年(一〇九四)三月、師妙・師季の首級を携えて京都に凱旋した。このときに『中右記』には「武勇の威、自《おのずか》ら四海に満つるの致す所歟」(原漢文)と記し、義綱の強大な武力に驚嘆している。天仁二年(一一〇九)、義家の子義忠が何者かに誅殺されたとき、朝廷はこれを義綱の子義明の所為と断じ、検非違使源重明に追捕させた。義綱はこれを冤罪とし、近江甲賀山に拠って当局に抵抗したが、源為義がその追捕を命ぜられるに及び、義綱は降服し、佐渡に配流された。その後入洛したものの、長承三年(一一三四)再び譴責をうけ、自殺した。
(安田 元久)

みなもとのよしつね 源義経 ㈠一一五九―八九 鎌倉時代前期の武将。平治元年(一一五九)に生まれる。幼名牛若丸。のちに九郎判官と称される。父は義朝。母は九条院雑仕常盤。源頼朝の異母弟。平治の乱に父義朝が敗死し、生後間もない義経は母や兄今若(全成)・乙若(義円)らとともに捕われたが、将来の出家を条件として一命を助けられ、洛北鞍馬寺にあずけられた。しかし成長するに及び、当寺を脱出してみずから元服、源九郎義経と称し、奥州平泉の藤原秀衡の庇護をうけた。治承四年(一一八〇)八月、兄頼朝が伊豆に挙兵したとき、その軍門に参加するため平泉を離れ、十月黄瀬川の陣において兄とはじめて対面した。寿永二年(一一八三)末、兄源範頼とともに頼朝の代官として京都に向けて出陣、元暦元年(一一八四)正月、京中に狼藉をくり返していた源義仲を討ち、頼朝配下の武将として、はじめての入洛を果たした。ついで後白河上皇の院宣をうけて、当時摂津一谷に布陣し入京の期をうかがっていた平氏の追討のために

源義経㈠花押

出京、いわゆる鵯越《ひよどりごえ》の奇襲戦法により、平氏軍に潰滅的打撃を与えて、これを海上に追い、大きな勲功を挙げた。一谷合戦後、頼朝の命により平氏軍を追走することなく帰洛、そのまま洛中の治安警備の任にあたり、上皇および京都貴族の信頼を得た。しかし上皇による頼朝・義経の離間策にのせられ、義経は頼朝の許可なく検非違使・左衛門少尉に任官したため、頼朝の警戒するところとなり、平氏追討の任を解かれた。文治元年(一一八五)正月、再び平氏追討に起用されると、二月阿波国に渡海し、讃岐国屋島に陣を構えていた平氏軍を背後から奇襲してこれを西走させ、さらに追撃して、三月には長門国壇ノ浦で平氏一族を潰滅させた。現地において戦後処理にあたったのち帰洛したが、この出陣の間に梶原景時以下の関東御家人と対立し、景時の讒訴もあって、赫々たる戦功にもかかわらず頼朝から一層の不信をうけるに至った。この際使者を立てて異心なきことを頼朝に陳じたが許されず、五月、生虜の平宗盛父子を伴って鎌倉に下向したものの、鎌倉入部を拒否され、相模国腰越に滞在して、頼朝に陳訴するため、大江広元にとりなしを依頼する「腰越状」を送ったりしたが、ついに許されず再び囚人宗盛らを伴い帰洛した。八月末伊予守に任官したが、頼朝派遣の刺客土佐坊昌俊の襲撃をうけ、また鎌倉側の挑発が激化したため、ついに頼朝に抵抗する意思を明確化し、以前より頼朝と対立していた叔父行家と結んで、ひそかに上皇の御所に参向、頼朝追討の院宣の発給を要求した。このため上皇は十月十八日に至り院宣を与えることとなる。鎌倉側では義経謀叛にそなえて軍兵の準備を進めていたが、この追討の院宣を知るや、直ちに第一陣を京都に向けて発向させた。その情報を得た京都および畿内は混乱状態となり、そのためか義経のもとには意外に軍兵が集まらず、彼は一旦西海に赴いて軍勢を再興せんと決意、上皇に要請して、義経は九国地頭職に、行家は四国地頭職に補任されたのち、十一月六日大物浜から乗船したものの、暴風雨のため難破し、わずかな手兵も四散してしまった。その後、畿内各地を転々と逃亡したが、鎌倉幕府側の探索が厳しく、危険を感じた義経は、数名の従者とともに再び奥州に逃れて藤原秀衡を頼った。この間鎌倉方では、義経の名が九条兼実の嗣子良経と同訓であることを憚り、義行と改名、さらに義顕と改めている。文治三年に入って義経の所在が判明し、頼朝は再三藤原氏に対して義経の引渡しを要求した。同年十月秀衡が死去すると、その嫡子泰衡は鎌倉側の強圧に屈し、文治五年閏四月三十日義経を衣川の館(岩手県西磐井郡平泉町)に襲撃、義経は妻子とともに三十一歳の生涯を終えた。現在、館跡には天和三年(一六八三)に伊達綱村の建立した祠堂が建つ。また、神奈川県藤沢市藤沢二丁目の白旗神社は、義経の首級を埋めた地と伝えられ、義経を祭神とする。そののち義経の数奇な運命と悲劇的な最期のため、彼を英雄視する伝説や物語が多く生み出されたが、なかでも『義経記』は最も著名な物語として、現在に至るまで多くの人々に訴え続けるものがあり、いわゆる「判官びいき」の心情を育ててきた。

[参考文献]『大日本史料』四ノ二、文治五年閏四月三十日条、数江教一『源義経―義経伝と伝説―』(『アテネ新書』五八)、渡辺保『源義経』(『人物叢書』一三三)、安田元久『源義経』(『日本の武将』七)、近藤好和『源義経』(『ミネルヴァ日本評伝選』)

(二)生没年不詳　平安時代後期の武将。『尊卑分脈』には源義光の曾孫で、山本義定の子、山本冠者と号し、伊賀守・若狭権守とするが、この官歴は疑問がある。『吾妻鏡』には「義光より以降五代の跡を継ぎ、弓馬の両芸に秀でた」とある。また前兵衛尉としてあらわれ、近江国の有力在地武士と推定される。安元二年(一一七六)十二月に、平家の讒言により佐渡国に配流され、治承三年(一一七九)勅命により赦された。その翌年頼朝の挙兵に際し、義経は弟の柏木義兼とともに、近江国の在地武士を組織し、十一月半ばころから反平氏の活発な動きを始めた。この叛乱勢力は近江国を押え、琵琶湖の水運を支配下に入れ、北陸道の運上物を点じ取るなどの活躍をしたが、平知盛の征討軍に敗れた。義経は逆賊の張本として追及されたが、やがて十二月の初め鎌倉に逃れ、土肥実平の斡旋により、源頼朝に祇候し、ここに頼朝と近江の反平氏勢力との連絡が完了した。これ以後の山本義経の活動は史料の上から消滅し、明らかとなっていない。

(安田　元久)

みなもとのよしとし　源能俊　一〇七一―一一三七　平安時代後期の公卿。延久三年(一〇七一)生まれる。大納言源俊明の長男。母は若狭守藤原師基の女。永保元年(一〇八一)十二月、故師基の近衛宅で元服。康和二年(一一〇〇)七月、蔵人頭権左中弁から参議に任ぜられた。のち正二位大納言治部卿中宮大夫に至る。長承三年(一一三四)二月二十日、重病により石蔵で出家。保延三年(一一三七)十一月二十五日、六十七歳で没した。

(宮崎　康充)

みなもとのよしとも　源義朝　一一二三―六〇　平安時代後期の武将。源為義の長子として保安四年(一一二三)に誕生、母は淡路守藤原忠清の女。生年は没年から逆算したものであり、出生地も不明である。『保元物語』には父為義の言として、「嫡子にて候義朝こそ、坂東そだちのものにて、武勇のみちにたけて候へ」とあり、久安元年(一一四五)の官宣旨案には「上総曹司源義朝」と記され、また義朝が鎌倉の亀谷に館を構えていたことが『吾妻鏡』にみえ、義朝の嫡子義平が「鎌倉悪源太」と称されていることから、義朝は幼少から東国で成育したと考えられている。成人した義朝は鎌倉を中心とする相模を本拠として南関東一帯で勢力の拡張につとめ、在地武士の家人化をおしすすめるとともに、天養元年(一一四四)の相模国大庭御厨押領事件や康治二年(一一四三)から久安元年にかけて起った下総国相馬御厨をめぐる千

葉氏との紛争を通じて所領の拡大と有力武士の服属をはかった。その後義朝は東国の武士団統合を嫡子義平の手にゆだねて上洛し、都の武者となった。仁平三年(一一五三)には従五位下・下野守に任じられ、父為義の官を超越した。久寿二年(一一五五)八月、相模から武蔵に進出した嫡子義平は、大蔵館の合戦で叔父源義賢と秩父重隆を討った。義賢と「父子之約」をなしていた義朝の弟源頼賢は信濃に走り、義平に対抗しようとして鳥羽院領を侵したため、十月義朝に対して頼賢追討の院宣が発せられた。翌年起った保元の乱に際して義朝は、相模の大庭景義、両総の上総広常・千葉常胤、武蔵七党などの東国武士を結集し、平清盛とならんで後白河天皇方の軍事力の中核となった。天皇方の作戦は義朝の主張によって機先を制する夜襲に一決し、七月十一日未明、崇徳上皇方の白河殿を奇襲して勝利を得た。父為義や兄弟たちを敵として戦った義朝は、その戦功により右馬権頭に任じられて昇殿を許され、ついで左馬頭に昇進した。しかし乱後の処置はきびしく、父為義に対する義朝の助命嘆願はまったく容れられず、七月三十日、義朝は父、兄弟らを斬刑に処した。この後、義朝は後白河院の近臣として権勢を振るっていた藤原通憲(信西)との提携を策し、通憲の三男是憲を婿にすることを望んだが、通憲に拒否された上、通憲がその子成範に平清盛の女を迎えることを約束したため、当時通憲と権勢を争っていた藤原信頼と接近するようになった。平治の乱では乱中に従四位下・播磨守となり信頼方の軍事力として活躍したが、平清盛との合戦に敗れ、嫡子義平・次子朝長・三子頼朝らと戦場を脱出して勢多を渡り、美濃国赤坂の青墓に逃れた。子息らと別れた義朝と郎従鎌田正清は尾張国知多郡に入って、野間の内海庄司長田忠致を頼り、その保護によって東国に赴こうとしたが、永暦元年(一一六〇)正月三日、忠致に謀殺された。時に義朝三十八歳。その首級は忠致によって京に送られ、東獄門前の樹にかけられた。文治元年(一一八五)八月、頼朝の請によって後白河法皇は刑官に命じて義朝の首を尋ね出し、大江公朝を勅使として遺骨を鎌倉に送らせた。九月三日、遺骨は南御堂の地に葬られた。墓所は尾張国野間荘(愛知県知多郡美浜町野間)の大御堂寺。

参考文献 『平治物語』(『日本古典文学大系』三一)、『愚管抄』(同八六)、『吾妻鏡』、『兵範記』、安田元久「古代末期に於ける関東武士団」(同編『日本封建制成立の諸前提』所収)、上横手雅敬「院政期の源氏」(御家人制研究会編『御家人制の研究』所収) (鈴木 英雄)

みなもとのよしなか　源義仲　一一五四―八四　平安時代後期の武将。木曾義仲・木曾冠者・旭将軍と称される。久寿元年(一一五四)に生まれる。父は春宮帯刀長源義賢、母は遊女と伝える。寿永二年(一一八三)の入洛以前は根本資料を欠き、延慶本・盛衰記・長門本など語り系の『平家物語』によらざるをえないところ多く、生年にも異伝がある。久寿二年八月、父義賢が武蔵大蔵館(埼玉県比企郡嵐山町大蔵)で討たれたため、幼児の義仲は信濃国木曾に逃れ、乳母の夫中原兼遠の許で成人した。治承四年(一一八〇)四月、以仁王の令旨が届けられると義仲は、信濃国の武士に回状を廻して九月に挙兵、平家方人小笠原頼直を越後国に走らせ、父の地盤であった上野国に進出したが、源頼朝勢力との衝突を避けて信濃国に帰った。翌養和元年(一一八一)六月、越後国の城長茂(資永・助職とも伝える)を千曲川畔の横田河原(長野市篠ノ井横田)に破り、九月には義仲追討に下向した平通盛らの軍を越中国水津《すいつ》(福井県敦賀市)で破り、北陸道をほぼ平定する。二年にわたる西国の飢饉を脱した寿永二年四月、平家は維盛・通盛ら十万の大軍を北陸道に派遣するが、源行家の去就と絡んで頼朝は義仲と対立、関東勢は上野国から信濃国に侵入する。平家との決戦をひかえた義仲は、嫡子清水冠者義高を鎌倉に送って頼朝と和睦、五月に平家の大軍を越中国倶利加羅谷(富山県小矢部市石坂)で破り、七月に叡山大衆との提携を実現、行家とともに入京し、平家追討・洛中警護の院宣を受けた。後白河法皇は義仲を伊予守に任ずるが、頼朝を勲功第一として上洛を促して義仲を牽制、さらに大軍の京都駐留・兵糧徴収問題や、安徳天皇後の皇位に義仲が以仁王の皇子北陸宮を強く推したことなどもあって、両者の間隙は急速に拡大した。一方、頼朝はこの機に乗じて京都政界への接近をはかり、寿永二年十月宣旨によって東海・東山両道の沙汰権を公認される。入洛した源軍は各地勢力の寄せ集めであって義仲の統制がきかず、また早くから京下の官人・僧侶などを結集して御家人間の紛争処理や京都との折衝にあたった頼朝と比較すると、義仲の周囲にある者は大夫房覚明のみで政治性が低かったのである。かくて義仲が平家との水島(岡山県倉敷市)・室山(兵庫県たつの市御津《みつ》町)などの合戦救援に離京した隙に、十一月、院近臣平知康らが院御所法住寺殿に拠って反義仲の兵を挙げる。この法住寺合戦は義仲の帰京によって簡単に終るが、焼討ちの中で天台座主明雲や円恵法親王も倒れ、法皇は捕えられて五条内裏(近衛基通邸)に押しこめられた。義仲はまた、摂政近衛基通・内大臣徳大寺実定らを罷免、前関白松殿基房の子師家を内大臣・摂政・

源義仲花押

源義仲墓

氏長者とし、みずからは院厩別当となり基通の家領八十余所を獲得、院近臣四十余人を解官した。しかしこのクーデターにより義仲の孤立化はいっそう深まり、西の平氏、東の頼朝のほか、山門大衆も反義仲勢力に追いやった。義仲は頼朝との決戦に備えて平氏と内々の和平をはかり、また法皇を奉じて北陸に下ろうともしたが果たせず、翌寿永三年正月、源範頼・源義経ら関東の大軍に破られ、二十日に近江国の粟津(大津市粟津町)で討たれた。三十一歳。墓は大津市馬場一丁目の義仲寺にある。

(福田美也子)

参考文献 『大日本史』列伝五、下出積與「木曾義仲」(『人物探訪日本の歴史』三所収)

みなもとのよしひら　源義平　一一四一—六〇　平安時代後期の武将。永治元年(一一四一)に生まれる。為義の孫、義朝の子。母は橋本遊女などとも伝えるが(『尊卑分脈』)、不詳。悪源太(『平治物語』)・鎌倉悪源太(『尊卑分脈』)と称された。これは久寿二年(一一五五)十五歳のとき叔父で木曾義仲の父の義賢を武蔵国大倉館で敗死させたことによる。保元の乱にはかかわった形跡がないが、平治元年(一一五九)の平治の乱には父義朝を援けるべく上京。時に左衛門少尉であった。義朝の長子として戦闘に活躍したが、平清盛の嫡男重盛との内裏紫宸殿前庭での合戦はよく知られている。二条天皇を擁した平清盛を六波羅第に攻めたが敗北。父義朝とともに東国に帰還して源氏勢力の再編を企図し、美濃国青墓で別れて単独行動をとる。義朝の死後は京都に潜入して清盛の暗殺をねらったが逆にとらえられ、永暦六年(一一六〇)正月十九日京都の六条河原で斬首。二十歳。

(井上　満郎)

みなもとのよしひろ　源義広　生没年不詳　平安時代後期の武将。本名は義範または義憲。志田(志太とも)三郎先生と称した。源為義の子、義朝には弟、為朝・行家には兄にあたる。一説では義朝の養子(延慶本『平家物語』)、非蔵人(『前田家本系図』)、二条院の蔵人(『尊卑分脈』)などとある。先生と称しているから東宮の帯刀先生となったらしい。金刀比羅宮本『保元物語』には父為義・弟為朝らとともに保元の乱で崇徳上皇方に加わったとするが、義広の名を記さない本も何系統かあり、『兵範記』にも義広参戦のことはみえないので、疑問とすべきであろう。平氏全盛時代には常陸国南部の信太郡に居住し、付近に勢力をのばして志田三郎と称していた。『平家物語』では以仁王挙兵に際し、密使となった源行家が伊豆国の源頼朝に王の令旨を伝達したのち、義広のもとに向かったとする。治承四年(一一八〇)十一月、頼朝が常陸国の佐竹氏を討滅した直後、国府で義広・行家と面会したと『吾妻鏡』にはみえる。その後も常陸南部を中心に独自の勢力を維持したが、鎌倉に拠る頼朝の東国支配の進展とともに両者の対立は深まり、寿永二年(一一八三)二月、義広は数万の兵を集めて頼朝攻撃に立ち上がった。しかし下野国野木宮で、はじめ偽って義広に同意の様子を見せていた同国の豪族小山朝政らと戦って敗北を喫した。そこで、義広は信濃国を中心に勢力の拡大につとめていた甥の源義仲の軍に投じ、これが頼朝対義仲の対決の導火線となった。以後、義広は義仲とともに北陸道を進んで同年七月、平氏をやぶって入京し、信濃守に任ぜられた。元暦元年(一一八四)正月、頼朝の代官義経らの軍を宇治・一口方面に防戦して敗北し、行方不明となった。『吾妻鏡』は同年五月四日、伊勢国羽取山で波多野・大井・山内氏らの軍と合戦の末、斬首されたとするが、『平家物語』は文治元年(一一八五)末、義経とともに頼朝に反抗したのち、その翌年かに伊賀国の千戸の山寺で自殺し、首を取られたとする。

(石井　進)

参考文献 石井進「志太義広の蜂起は果して養和元年の事実か」(『鎌倉武士の実像』所収)

みなもとのよしみつ　源義光　一〇四五—一一二七　平安時代後期の武将。源頼義の第三子。母は平直方の女。寛徳二年(一〇四五)生まれる。新羅三郎・館三郎などと称す。弓馬の術にすぐれ、また笙の名手と伝えられる。後三年の役に際し、兄義家が奥羽の地に苦戦していることを聞き、奏上して兄の救援に赴くことを請うたが許されず、ついに寛治元年(一〇八七)左兵衛尉の官を辞して戦場に赴き、義家とともに金沢柵で清原武衡・家衡らを破り、京に帰った。のち刑部丞に任ぜられ、さらに常陸介・甲斐守・刑部少輔を歴任、従五位上に至った。笙は豊原時忠から秘曲をうけ、名器「交丸」を得たという。『古今著聞集』には、時忠の弟時元が義光に秘曲を授け、その子時秋が秘曲の滅ぶことをおそれ、義光を足柄山まで送り、山中で義光よりこれを伝授されたという伝説が残るが、実際には、奥州下向のとき名器を戦場で失うことをおそれて、逢坂山で別れを告げた時忠に返し与えたというのが史実と思われる。なお義光は常陸の佐竹氏、甲斐源氏らの祖とされる。大治二年(一一二七)十月二十日没。八十三歳。

(安田　元久)

参考文献 庄司浩「新羅三郎義光—事跡と実像—」(『古代文化』二八ノ八)

みなもとのよりいえ　源頼家　一一八二—一二〇四　鎌倉幕府の第二代将軍。一二〇二—〇三在職。源頼朝の長男。母は北条政子。寿永元年(一一八二)鎌倉の比企能員邸に生まれる。幼名は万寿(または十万)。能員妻・河越重頼妻(能員の妹)・梶原景時妻らが乳母となる。頼家の安産を祈って源頼朝は諸将に命じて若宮大路の段葛を築造させたという。頼朝の嫡子として武技に優れた青年武将として成長し、建久八年(一一九七)に従五位上左近衛少将に叙任した。正治元年(一一九九)正月、父の死後家督を継ぎ、鎌倉殿の地位を得、朝廷からは頼朝の遺領継承を認める宣旨を与えられるとともに、左近衛中将に転じ、翌年には従三位左衛門督となる。建仁二年(一二〇二)正月、正三位、同七月従二位征夷大将軍。鎌倉殿継承直後、北条氏

源頼家花押

(伝)源頼家像

によって訴訟の親裁を停止され、幕政の実権を北条時政以下十三名の宿老会議に奪われた。その後小笠原長経・比企時員・中野能成以下近侍五人を重用し、彼らの特別待遇を下知したが、さらに梶原景時事件の際はこの股肱の重臣をみすてて族滅に追いやり、また御家人所領のうち五百町を越える分を収公しようと計画したことなどを考えあわせると、彼は幕初以来の大豪族を抑圧しようとの姿勢を持ったものと思われる。安達景盛の妾を奪い、景盛追討を謀って政子に諫められたとの乱行の逸話を残すが、これも有力御家人排斥のあらわれともいえる。また境相論に際して絵図面に線を引き、「広狭は運による」といったとの話も残り、近習以外の御家人を遠ざけ、蹴鞠に熱中したとも伝えられるが、これは実権を失った頼家の欲求不満の結果の所業ともとれるものの、その態度は実際には御家人の信望を裏切るものであった。能員の女若狭局との間に一幡が生まれ、比企氏が将軍外戚の地位に立ったため、時政がこれを警戒し、建仁三年八月、頼家の急病に際し、頼家死後に一幡と、頼朝の第二子千幡(実朝)とに諸国地頭職を分譲する案(権力の分轄)を出し、両者の対立を激化させた。その年の九月、比企一族は北条氏に攻められ、一幡とともに族滅したが、このことを知った頼家は和田義盛・仁田忠常に時政追討を命じた。しかし義盛はこれを時政に告知し、忠常は時政によって誅殺された。孤立した頼家は出家落飾を強いられ、同月二十九日に伊豆修禅寺(静岡県伊豆市修善寺町)に幽閉されたが、翌元久元年(一二〇四)七月十八日、北条氏の討手により殺された。二十三歳。墓所は修禅寺境内の指月ケ丘にある。法名は法華院殿金吾大禅閤。

参考文献 『大日本史料』四ノ八、元久元年七月十八日条

(安田 元久)

みなもとのよりざね　源頼実　一〇一五―四四　平安時代中期の歌人。和歌六人党の一員。長和四年(一〇一五)生まれ。清和源氏頼光の孫。頼国の男。母は藤原信理の女。官途は従五位下左衛門尉にとどまったが、長暦二年(一〇三八)、長久二年(一〇四一)両度の源大納言家歌合に出席。異常に歌道に執心、命に替えて秀歌を詠ませ給えと祈り一首の秀歌を得て夭折したという(『袋草紙』)。『後拾遺和歌集』以下に七首入集。家集に『故侍中左金吾集』があり、家集勘物によると「寛徳元年(一〇四四)六月七日卒、年三十」とある。

参考文献 犬養廉「和歌六人党に関する試論―平安朝文壇史の一齣として―」(『国語と国文学』三三ノ九)、千葉義孝「源頼実とその家集」(『和歌文学研究』三二)

(犬養 廉)

みなもとのよりちか　源頼親　生没年不詳　平安時代中期の武将。満仲の子。大和源氏の祖。当時「武勇人」とされ京内外の盗賊捜索や犯人逮捕に従事した。周防ほか数ヵ国の受領を歴任したが、なかでも三度に及んだ大和守在任により大和国に大きな勢力を形成した。寛弘三年

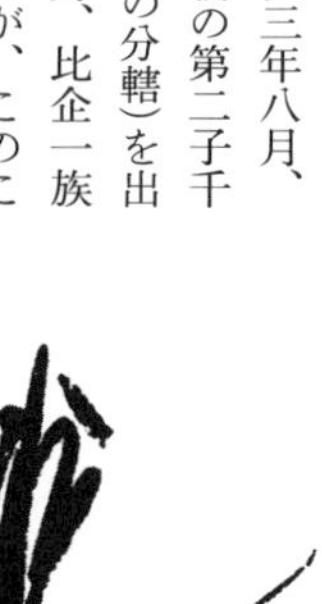
源頼親花押

(一〇〇六)郎等の馬允当麻《たいまの》為頼《ためより》が興福寺領を侵略して殺人事件を起したことを契機に、長期にわたって興福寺・春日社との紛争が絶えなかった。そのため藤原道長は両者の間で苦慮せざるを得なかった。頼親のもとには手荒な郎等が集まっていたようで、襲撃殺害事件をよく起している。「頼親は殺人の上手なり」(『御堂関白記』)といわれたゆえんである。また頼親は摂津国にも居宅をもち所領も多かった。それが原因で、道長の推挙を得ながら摂津守任官が実現されなかった。三度目の大和守で頼親晩年のとき、子息の頼房が興福寺大衆と合戦に及び、大衆側に死者がでたことで訴えられ、永承五年(一〇五〇)頼親は土佐、当の頼房は隠岐へ配流となった。なお『栄山寺文書』によって三度にわたった大和国守の頼親の花押が知られる。

参考文献 朧谷寿「大和守源頼親伝」(『古代学』一七ノ二)

(朧谷 寿)

みなもとのよりとも　源頼朝　一一四七―九九　鎌倉幕府の創始者。初代将軍。一一九二―九九在職。久安三年(一一四七)源義朝の三男として生まれる。母は熱田大宮司藤原季範の女。熱田大宮司家は鳥羽法皇・待賢門院(鳥羽の中宮璋子)・後白河天皇・上西門院(鳥羽皇女統子)らに近仕するものが多く、義朝もその縁で鳥羽法皇の寵を得て、仁平三年(一一五三)には下野守となった。保元元年(一一五六)に起った保元の乱で、後白河天皇側について戦功をたてた義朝は、右馬権頭、ついで左馬頭に任ぜられた。頼朝は十二歳のとき(保元三年)、統子が皇后の尊号を得た機会に皇后宮権少進に任官、翌平治元年(一一五九)二月、統子が上西門院の女院号を与えられたとき、上西門院蔵人となり、さらに六月には二条天皇の蔵人となった。彼がこのような官職を歴任したのも母方の関係によるものと考えられる。平治元年十二月に起

源頼朝花押

った平治の乱に際し、頼朝は源家の嫡男の資格を以て初陣、藤原信頼・源義朝らが一時政権を握ったときに従五位下、右兵衛権佐となった。しかし平清盛のために敗れた義朝・頼朝らは、翌永暦元年(一一六〇)東国に逃れんとしたが、その途中頼朝は父義朝の一行とはぐれ、美濃で平頼盛の郎等平宗清に捕われて京都に送られた。平氏側の厳酷な戦後処理策の中で当然斬罪となるところを、一命を助けられ(清盛の義母池禅尼の助命嘆願によるとの説が有力)、伊豆国に配流された。伊豆ではその地の豪族伊東祐親・北条時政らの監視のもとで約二十年の春秋を送り、その間に時政の女の政子と結婚した。やがて治承四年(一一八〇)、以仁王の平氏打倒の挙兵に際して発せられた令旨が頼朝のもとに達した。また一説によれば文覚が後白河上皇の意志を密かに伝えて頼朝に挙兵を促したともいう。かくてこの年の八月頼朝は、時政以下伊豆や相模の武士たちを糾合して兵を挙げ、まず平氏一門で伊豆の目代であった山木兼隆を討滅し、緒戦を飾った。ついで父祖の地鎌倉を目指して東進したが、相模の石橋山で平氏方の大庭景親らの軍に阻まれ、また背後を伊東祐親に襲われたため、敗れて箱根山中に逃れ、軍勢が分散したなかで土肥実平らわずかの兵とともにひそかに海路安房国に渡った。この地で北条時政・三浦義澄らと合し、再起をはかるため上総介広常・千葉常胤らの協力を求め、上総・下総から武蔵に入り、はじめ平氏側に立った武蔵の畠山・河越・江戸以下多くの在地武士を配下に収めることに成功、ついに鎌倉に入りここを拠点とした。頼朝の挙兵を知った平清盛はこれを討伐するため、平維盛を総大将とする大軍を東下させたが、頼朝はこれを邀え討つため軍勢を駿河国富士川に進め、川を挟んで平氏軍と対陣した。しかし一夜水鳥の羽音に驚き周章した平氏軍は、ほとんど戦わずに敗走した。この時頼朝は平氏を追って上洛の軍を進めんとしたが、千葉常胤らの諫言によりこれをやめ、東国の平定につとめ、まず頼朝に敵対した常陸の佐竹氏を討ち、上野の新田氏に服属を促し、また下野の小山氏以下有力武士の参向を得て、治承四年末には鎌倉を本拠とする一地方政権を確立した。そしてこのころ御家人統率機関としての侍所を設置し、和田義盛をその別当に任じた。その後頼朝の勢力は駿河から遠江へとのびたが、翌養和元年(一一八一)三月、尾張の墨俣川の戦において平氏の東征軍に敗れ、戦線は膠着状態となる。一方で治承四年信濃に挙兵した源義仲が、信濃から越後へと進出し、北陸道を制圧、寿永二年(一一八三)七月、平氏を追って上洛を果たした。しかしこの義仲は、都で後白河法皇との対立を招き、頼朝は法皇と結んで義仲の失脚をはかった。平氏の都落ちによって実質的に政権を握った法皇に対し、頼朝はしきりに画策したため、両者は急速に接近し、頼朝は東国沙汰権・東国軍事支配権を与えられるという内容の、いわゆる寿永二年十月宣旨を受けることに成功した。この宣旨の発給は、頼朝が実力で征服していた東国に対する支配権を朝廷から公認されたことを意味するとともに、その反面朝廷もまた内乱状態であった東国の支配を頼朝の力を媒介として回復したことを意味する。この法皇と頼朝との密かな提携は、義仲の怒りを招き、十一月に義仲は法皇を幽閉したが、頼朝は弟の範頼・義経の軍を上洛させ、元暦元年(一一八四)正月、義仲を敗死させた。そのころ西走した平氏は勢力を回復して、摂津の福原に前進陣地を構えていたが、法皇の命をうけた範頼・義経らは二月にこの平氏軍を攻め、海上に追い落とした(一ノ谷の戦)。この戦いののち、範頼は鎌倉に帰り義経は京都にとどまり治安維持に任じたが、鎌倉では兵粮米や軍船の調達、西国武士の招致などのため、約半年の間休戦状態を続けた。またこの間に幕府体制の強化につとめた頼朝は、元暦元年十月には公文所・問注所を設置した。やがて頼朝は範頼に命じて平氏追討のための軍を発遣、範頼軍は山陽道を西進して、文治元年(一一八五)に入ると豊後国に渡り、長門彦島を本拠とする平氏一門の背後を扼することに成功した。一方義経は、頼朝の意志を無視して検非違使左衛門尉に任官し、頼朝の怒りを招いたものの、再び平氏攻略のための出陣を命ぜられて屋島の平氏を急襲し(屋島の戦)、さらに海上を西走する平氏を追って三月には長門国壇ノ浦で平氏を滅亡させた(壇ノ浦の戦)。この戦勝により頼朝は従二位に叙せられ、公卿に列したが、そのころから弟義経との対立がようやく尖鋭化していった。その不和の裏には頼朝の勢力伸長を牽制するため義経を

(伝)源頼朝画像(伝藤原隆信筆)

源頼朝墓

利用せんとする後白河法皇の策謀があったとみられる。頼朝は刺客を京都に送り、義経を襲撃させたが失敗、ここに義経が叛意をかため源行家と協力して後白河法皇に強要し、頼朝追討宣旨を出させた。しかし義経のもとに集まった兵力は少なく、義経は都を立ち去る。一方この追討宣旨のことを知った頼朝は、北条時政以下の東国の大軍を京都に進め、その武威を示した。そこで法皇はこの宣旨を撤回し、逆に義経追討の院宣を出したが、頼朝は法皇の責任を追求し法皇に対し強い政治的要求を行い、これを承認させた。その要求の一つは、親義経派の院の近臣数名を解官配流させ、また親頼朝派の十名の議奏公卿を推挙して彼らの合議による政治の運営を進め、さらに九条兼実を内覧として政治を主導させる体制をつくることであり、これは法皇の独裁を抑止することを目的とした。また要求の第二は、義経追討とこの時期の叛乱防止の具体策として全国的に守護・地頭を設置する勅許を得ることであった。さきに寿永の宣旨によって東国の支配は確立していたが、このたびは西国武士をも統率する体制が生まれたのである。やがて義経が奥州藤原氏を頼ったとき、頼朝はしきりに藤原氏に圧力をかけ、ついに文治五年藤原泰衡は義経を討った。しかし頼朝は藤原氏がこれまで義経を庇護してきたのを責め、みずから大軍を率いて奥州征討の途につき、藤原氏を滅ぼした。この結果陸奥・出羽両国も幕府の直轄地域となり、頼朝の支配はだいたい全国的なものとなり、「天下兵馬の権」が彼の手に帰した。また治承四年以来の源平争乱に基づく全国的内乱は十年ぶりに終熄して平和が恢復し、同時に義経問題を契機として激化した法皇と頼朝との対立が解決し、朝幕関係が変化した。それまで再三法皇から上洛を求められていた頼朝であったが、奥州制圧に成功したのち建久元年(一一九〇)ようやく上洛し、法皇と対面、権大納言右近衛大将に任命された。しかし頼朝は間もなくこの両官を辞して鎌倉に帰った。そのころから法皇と頼朝の対立は緩和し、頼朝が法皇に接近する姿勢を示し、それに伴い兼実の利用価値が低下したためか、頼朝と兼実との関係が疎遠となり始める。またそのころから頼朝は長女大姫を入内させようと考え始め、法皇の側近の源通親や丹後局(高階栄子)らに近づいていった。建久三年後白河法皇が没すると、それまで法皇と対立していた兼実が政治の実権を握り、そのはからいで頼朝はかねてから望みながら法皇に拒否されてきたところの征夷大将軍に任命された。しかしこれはもともと奥州征討のために必要であった官職であり、藤原氏滅亡のいまは実質的には無意味な官職である。そこで頼朝は建久五年に征夷大将軍辞任を申し出たが、朝廷はこれを受理しなかった。建久六年頼朝は東大寺再建供養に出席することを名目に、妻の政子や大姫らを伴って再度上洛した。このとき入内計画が病気などのため延引していた大姫を丹後局にひきあわせ、入内工作を促進した。当時兼実の全盛下で法皇の旧側近は失意の立場におかれていたが、入内問題とからんで頼朝が彼らに接近したため、彼らの立場が有利となるきざしが見えた。頼朝が鎌倉に帰って間もなく、京都では後鳥羽天皇の中宮任子(兼実の女)が皇女昇子を生み、ついで通親の養女在子が皇子為仁を生んだため、通親の政治的地位が強化し、彼の画策により建久七年任子は宮中を追われ、兼実は関白を罷免された。頼朝はこのような京都の情勢を黙視しながら大姫入内のことが有利に展開することを期待していたが、その大姫は建久八年に没し、また兼実の失脚により京都の政治についての頼朝の影響力が弱化する結果となった。建久九年後鳥羽天皇が譲位し、為仁(土御門天皇)が四歳で即位したため、外祖父の通親の権勢が強まる。この即位に際し、頼朝はこれに強く反対したが、その主張は無視されてしまった。しかし大姫の死後頼朝は次女の三万の入内に執念をもやし、大いに画策したため、ついに三万は女御の称号を与えられ正式の入内を待つばかりとなった。頼朝は三万を伴って上洛し、公武の関係をも刷新せんとの意図を持ったが、その実現を見ないうちに、建久九年末病に罹り、翌正治元年(一一九九)正月十一日に出家し、同十三日五十三歳で死去した。『吾妻鏡』その他比較的信頼できる史料によれば、頼朝は、稲毛重成が亡妻(政子の妹)の追福のため相模川に架橋したとき、その落成供養に出席した帰路、何らかの理由で落馬したのが死因とされる。その遺骸は幕府後方の丘陵の持仏堂(神奈川県鎌倉市西御門二丁目、国史跡)に納められた。

[参考文献]『大日本史料』四ノ六、正治元年正月十一日条、『頼朝会雑誌』、黒川高明『源頼朝文書の研究』、山路愛山『源頼朝』(『東洋文庫』四七七)、大町桂月『源頼朝』(『桂月全集』四)、幸田露伴『頼朝・為朝』、遠藤元男『源頼朝』、永原慶二『源頼朝』(『岩波新書』青三〇八)、安田元久『源頼朝新訂版』、浅野晃『源頼朝』(『世界偉人伝全集』四七)、河内祥輔『頼朝の時代』(『平凡社選書』一三五)、安田元久編『源頼朝―その生涯と時代―』、石井良助『大化改新と鎌倉幕府の成立』、辻善之助「源頼朝について」(『日本文化史』別録一所収)、石母田正「頼朝の日本国総守護職補任について」(『石母田正著作集』八所収)、大森金五郎「源頼朝」(『歴史公論』二ノ七)、同「源頼朝と義経との関係批判」(『中央史壇』一ノ五)、同「源頼朝の奥州征伐」(『史学雑誌』一一ノ五・七)、同「源頼朝の功業」(『歴史教育』六ノ一〇)、同「源頼朝の信仰心」(『神道学雑誌』九ノ八・九)、牧健二「源頼朝に対する評論」(『史林』二一ノ一)、江部陽子「源頼朝の宗教政策」(『お茶の水史学』九)

(安田 元久)

みなもとのよりのぶ 源頼信 九六八―一〇四八 平安時代中期の武将。安和元年(九六八)生まれる。満仲の子。河内源氏の祖。二十歳のとき左兵衛尉であったように中央官界に身を置き、一時的に藤原道兼、ついで弟の道長に長く仕えた。上野介のときの貢馬をはじめ道長への追

従ぶりは兄たちに劣らず、藤原実資をして「道長の近習」といわしめた(『小右記』寛仁三年(一〇一九)七月八日条)。一方、実資への奉仕にも余念がなく、その功あって美濃守任官が実現している。長元元年(一〇二八)に起きた平忠常の乱では、当初の追討使平直方の戦功が思わしくなかったことで甲斐守在任中の頼信がこれに替わった。これを知った忠常は一戦も交えずに帰降し、乱はあっけない幕切れで終った。乱の平定者として頼信の名は坂東一円になりわたり、武家の棟梁への大きな礎となった。ほかに石見・伊勢・常陸の国守を歴任し、鎮守府将軍も経験した。頼信の兵力には私的な「館の者ども」と公的な「国の兵ども」がいた(『今昔物語集』)。彼は河内守をきっかけに河内国石川地方に勢力を扶植した。それを指し示すかのように大阪府羽曳野市の通法寺跡そばの葡萄畑のなかに頼信の墓がある。永承三年(一〇四八)没。八十一歳。

参考文献 朧谷寿『清和源氏』(『歴史新書』三九)

(朧谷 寿)

源頼信墓

みなもとのよりまさ 源頼政 一一〇四―八〇 平安時代後期の武将、歌人。通称源三位頼政。長治元年(一一〇四)生まれる。仲政の子で、母は藤原南家友実の女。摂津源氏の始祖頼光から五代にあたり、摂津国渡辺(大阪市中央区)を本拠とした。早くより朝廷に出仕し、白河院の判官代を経て保延二年(一一三六)に蔵人・従五位下となる。久寿二年(一一五五)兵庫頭。保元元年(一一五六)の保元の乱には大半の源氏一族とは別に源義朝らとともに後白河天皇方に属した。同三年には二条天皇即位のときに狂人を捕えた功績によって院昇殿を聴される。この翌年にようやく従五位上へと昇進した。平治の乱においては義朝の勧誘によってはじめ藤原信頼側に属するも、保元の乱で義朝が父や弟と対立しており、ために人望を失うことを恐れてほどなくして離反した。清和源氏とはいえ中央官界での生活の長い頼政らしい決断であったといえよう。二条天皇が平清盛の六波羅第に入ったことを知って頼政もあとを追い、藤原通憲・清盛側に属するところとなった。天皇の六波羅第入りを知った義朝の追撃を六条河原で防ぎ、源氏でありながら平氏に付くのは恥辱でないかとの義朝の非難に対して、弓箭をもって皇家に仕えるのが務めであり天皇に弓ひく義朝こそ叛臣であろうと応じたという(『平治物語』)。乱後も官位の昇進はなく内昇殿も聴されず、和歌に託して思いを述べたところようやく許可されたといい(『源平盛衰記』)、仁安元年(一一六六)に正五位下となった。こののちの官位の昇進は順調で、仁安二年従四位下、同三年従四位上、嘉応二年(一一七〇)右京権大夫、承安元年(一一七一)正四位下と経て、治承二年(一一七八)に従三位・非参議となった。この昇進は頼政七十五歳のときであって、武家流源氏出身の人物としては異例のものであった。清盛が頼政の老年であることを憐み、源氏は多く逆賊となるも頼政ひとり資性正直で勇名の聞え高いとして強く三位への昇進を進言したという。翌三年に出家し、法名は真蓮または頼円。清盛の後白河法皇幽閉、公卿の大量解官事件(治承三年のクーデター)直後のことである。同四年の以仁王の挙兵では王に属して清盛と対立した。しかし延暦寺・園城寺を味方につける策が成功せず、南都興福寺を頼って京都を脱出。その途中の宇治で平氏軍の追撃をうけ、宇治橋を撤去して抗戦するも敗れ、五月二十六日平等院で自殺した。七十七歳。寺内の扇の芝がその場所と伝えられている。歌人としても著名で、院政期歌壇に重きをなした。藤原清輔・藤原俊成などと交流をもって歌会などを催しており、『新古今和歌集』『千載和歌集』などの勅撰和歌集に六十余首が採録されている。自撰家集の『源三位頼政集』もあって、当時の京都朝廷においては武将としてよりも歌人としての評価のほうが高かったともいえる。なお宮中で夜鳴く怪鳥鵺《ぬえ》を退治したという伝説をもつが異伝が多く、いかなる歴史的事実にもとづくものか確定しがたい(『大日本史』列伝)。

参考文献 多賀宗隼『源頼政』(『人物叢書』一六六)

(井上 満郎)

源頼政画像

みなもとのよりみつ 源頼光 九四八―一〇二一 平安時代中期の武将。天暦二年(九四八)生まれる。満仲の嫡男。母は源俊の女。摂津源氏の祖。三条天皇の皇太子時代の二十年余にわたって春宮坊へ出仕し、その間に大進から権亮に進んでいる。内蔵頭も歴任するなど中央の生活が主であった。その間、備前・但馬などの国守も経験

し、なかでも美濃守には二度なった。初度の折、隣国の尾張守大江匡衡と互いの門出を祝う消息を交わしている(『本朝文粋』七)。頼光は受領歴任で得た財力で摂関家への奉仕に努めた。永延二年(九八八)藤原兼家の二条京極第新築の宴で三十頭の馬を贈り、その子道長が寛仁二年(一〇一八)に土御門殿を新造するや必要な家具調度のいっさいを献上し、その品々を見るために人垣ができたという(『小右記』寛仁二年六月二十八日条)。左京一条に所在の自邸に女婿の藤原道綱(道長の異母兄)を一時期住まわせたこともある。摂津国での動静は皆無で、死去の治安元年(一〇二一)七月十九日に「摂津守頼光」(『左経記』同日条)とあるのが摂津との関わりを示す唯一のものといってもよい。七十四歳であった。四天王や酒呑童子の話は頼光を猛き武士として描いているが、その実像はたぐれない。いずれも後世に作られた伝説の域を出るものではなかろう。一条天皇時代の武士として頼光が挙がっているが、これも摂関に侍ろう「都の侍」程度のことであろう。

参考文献 『大日本史料』二ノ一七、治安元年七月十九日条、朧谷寿『源頼光』(『人物叢書』一五〇)、元木泰雄『源満仲・頼光』(『ミネルヴァ日本評伝選』)
(朧谷 寿)

みなもとのよりもち 源頼茂 ?―一二一九 鎌倉時代前期の武将。頼政の孫、頼兼の子。諸国国司を経たのち鎌倉幕府に出仕し、将軍源実朝に家司として仕えている。承久元年(一二一九)に大内守護として京上したが、同年七月十三日謀反を企てたとして追捕され、内裏の仁寿殿で敗れて自殺。『保暦間記』には将軍位を望んだと伝えるが真偽のほどは不明。

参考文献 『大日本史料』四ノ一五、承久元年七月十三日条
(井上 満郎)

みなもとのよりよし 源頼義 九八八―一〇七五 平安時代後期の武将。永延二年(九八八)生まれる。源頼信の嫡子。母は修理命婦。幼名王代丸。長元四年(一〇三一)父とともに平忠常の乱を平定したが、早くより射芸の達人として知られていた頼義は、この征討によりいよいよその武名を高めた。その後小一条院判官代として敦明親王に仕え、さらに相模守・武蔵守・下野守などを歴任、東国武士の多くを門客として組織するに至った。永承六年(一〇五一)陸奥の浮囚の長安倍頼時が叛乱を起したとき、国守藤原登任に代わって陸奥守に任じ、鎮撫に赴き、一旦は頼時を降服させたが、天喜元年(一〇五三)鎮守府将軍となったのち、頼時およびその子貞任が再び叛逆したため、これより康平五年(一〇六二)に至るまで、奥羽の地に転戦を続け、ようやく叛乱を平定した(前九年の役)。頼義はその功によって正四位下伊予守に任ぜられたが、上洛の途中、康平六年には鎌倉において石清水八幡宮を由比郷に勧請して、源氏の氏神とし、翌康平七年、虜囚安倍宗任(貞任の弟)を伴って上洛した。なお彼はその武勇をみこまれて、平直方の女を娶ったこと、伊予守在任中、官物公事の徴納ができず、私財をもって進済したことなどが伝えられる。承保二年(一〇七五)剃髪して伊予入道と称し、まもなく十一月二日(一説、七月十三日)死没した。八十八歳。大阪府羽曳野市通法寺の通法寺跡(国史跡)に墓碑がある。
(安田 元久)

(伝)源頼義像

源頼義墓

みなもとのりんし 源倫子 九六四―一〇五三 平安時代中期の女性。鷹司殿とも称す。康保元年(九六四)誕生。父左大臣源雅信(宇多皇孫)・母藤原穆子(中納言朝忠女)。永延元年(九八七)藤原道長と結婚、正室として摂関の頼通・教通、彰子(一条后、後一条・後朱雀母)・妍子(三条后)・威子(後一条后)・嬉子(後朱雀東宮時の妃、後冷泉母)らを生む。寛弘五年(一〇〇八)夫を超え従一位、長和五年(一〇一六)三宮に准じ年官年爵封戸を賜う。長暦三年(一〇三九)出家、天喜元年(一〇五三)六月十一日没。九十歳。仁和寺(京都市右京区御室)に葬られる。

参考文献 『大日本史料』二ノ二六、万寿四年十二月四日条、『御堂関白記』(『大日本古記録』)、『小右記』(同)、『紫式部日記』(『日本古典文学大系』一九)、『栄花物語』、『大鏡』、『大鏡裏書』、岩井隆次「従一位源倫子」(『古代文化』三七ノ一一)
(黒板 伸夫)

みのおう 美努王 ?―七〇八 七世紀末―八世紀初の

官人。敏達天皇の曾孫で栗隈王の子。天武天皇元年(六七二)の壬申の乱には、弟の武家王とともに筑紫大宰の父を近江朝廷側の使者の手から護った。持統天皇八年(六九四)浄広肆で筑紫大宰率となり、以後左京大夫・摂津大夫・治部卿を歴任、和銅元年(七〇八)五月三十日従四位下にて没。『万葉集』一三には、美努王の死にあたって詠まれたと思われる挽歌がある。県犬養東人の女三千代を妻とし、子に葛城王(橘諸兄)・佐為王(橘為王)・牟漏女王がある。(笹山　晴生)

みぶただとお　壬生匡遠　?―一三六六　南北朝時代の壬生官務家の当主。父は千宣。正和五年(一三一六)主殿頭となる。ついで元亨三年(一三二三)二月に太政官の史の最上首である左大史に就任し、終生左大史の地位にあって壬生家の地位の維持・向上に力を注いだ。その間、元応二年(一三二〇)に能登権介、康永二年(一三四三)に備前介を兼ねたほか、記録所勾当・修理東大寺大仏長官などを兼任し、建武政権の雑訴決断所の職員となった。平安時代中期以来、左大史は五位に叙されるのが例であったが、匡遠は貞和五年(一三四九)左大史としてはじめて従四位下となり、のちに正四位上に昇叙された。貞治五年(一三六六)五月四日没。宮内庁書陵部の壬生家旧蔵本の中に自筆日記と判断されるもの三巻があるが、断簡を綴ったもので、年次も建武二年(一三三五)・同四年、暦応元年(一三三八)・同二年のそれぞれ一部と、年次未詳のもの若干にすぎない。

壬生匡遠花押

参考文献　三上景文『地下家伝』(『日本古典全集』)、『官務伝』(西尾市立図書館岩瀬文庫所蔵)、『壬生官務装束使史兼国例』(京都大学文学部所蔵『壬生家文書』)、『壬生家系譜』(吉岡　真之)

みぶのただみ　壬生忠見　生没年不詳　平安時代中期の歌人。三十六歌仙の一人。別名なた。忠岑の子。天暦八年(九五四)に御厨子所定額膳部、天徳二年(九五八)に摂津大目となる。天暦七年『村上御時菊合』、同十年『麗景殿女御歌合』に出詠。また『天徳四年内裏歌合』、同『斎宮女御徽子女王歌合』に出詠した「恋すてふ我名はまだき立ちにけり人知れずこそ思ひそめしか」が平兼盛の詠歌と競い合った説話が知られる。『後撰和歌集』以下に三十五首入集。家集に『忠見集』がある。

壬生忠見画像(後鳥羽院本「三十六歌仙切」)

参考文献　『大日本史料』一ノ一一、村上天皇御代、『三十六人歌仙伝』(藤岡　忠美)

みぶのただみね　壬生忠岑　生没年不詳　平安時代の歌人。三十六歌仙の一人。散位安綱の男。寛平初年に左近衛番長、延喜初年に右衛門府生となり、『古今和歌集目録』によればその後御厨子所膳部、摂津権大目であったらしい。以後の消息は不明。忠岑は卑官に沈む身を嘆き、『古今和歌集』に収める長歌では近衛府から衛門府への転任を喜ばず、宮仕え三十年に及ぶ老齢を嘆じている。『古今和歌集』撰者の一人でもあったが、延喜五年(九〇五)の撰進時に五十歳近くか。歌作活動は、寛平期にすでに歌人として名を成し、『寛平御時后宮歌合』『是貞親王家歌合』に出詠し、延喜五年に右大将藤原定国四十賀の屏風歌を献じた。召されて詠作した屏風歌は数多い。同七年には宇多法皇の大井川行幸に際して和歌を詠じ、紀貫之とは別に仮名序を献じた。忠岑は『大和物語』に逸話が記され、即興歌もよくしたらしい。『古今和歌集』以下の勅撰集に八十余首入る。その著とされる天慶八年(九四五)の歌論書『和歌体十種』は偽書説がつよい。家集に『忠岑集』がある。

壬生忠岑画像(佐竹本「三十六歌仙切」)

参考文献　『大日本史料』一ノ三、延喜七年九月十日条、村瀬敏夫『古今集の基盤と周辺』、山口博『王朝歌壇の研究』宇多醍醐朱雀朝篇、迫徹朗『王朝文学の考証的研究』(藤岡　忠美)

みぶはれとみ　壬生晴富　一四二二―九七　室町時代の

壬生晴富花押

官人。小槻氏隆職流、官務左大史晨照《あさてる》の子。応永二十九年(一四二二)生まれ、同三十三年叙爵元服、その後、家の例として民部少輔、主殿頭、造東大寺次官を経て、応仁二年(一四六八)臨終近い父のあとを承けて官務左大史に補任された。応仁・文明の乱中は西軍にあって、文明四年(一四七二)官務職を嗣子雅久に譲った。同十四年正四位上に進み、延徳二年(一四九〇)には小槻氏壬生流としてはじめて治部卿に任ぜられた。同年出家して法名を道秀といった。没年は従来永正元年(一五〇四)十一月二十二日とされてきたが、これは子息雅久の没年月日で、晴富は明応六年(一四九七)と推定され、多宝院と号された。七十六歳。父晨照の代から引き続いた、同族大宮長興とのたび重なる官務・氏長者職相論から一流を守るためや、官務となった雅久の後見として努力したほか、壬生家文庫の修復や所領の管理に奔走し、ある程度の実績をあげた。著作に『建武三年以来記』『続神皇正統記』『官務文庫記録』(当局遺誡)、日記『晴富宿禰記』がある。

参考文献 三上景文『地下家伝』(『日本古典全集』)、『壬生家系譜』、飯倉晴武「壬生晴富の没年と官長者の交代」(『日本歴史』五一六)　(飯倉　晴武)

みぶまさひさ　壬生雅久　?—一五〇四　室町時代の官人。官務小槻氏壬生流の子孫。父は晴富。生年不詳。叙爵のち主殿頭を経て、文明四年(一四七二)左大史、官務に補任され、以後修理東大寺大仏長官や美濃権介など

壬生雅久花押

を兼ねた。位は文明元年正五位上、同六年従四位下、延徳三年(一四九一)従四位上に昇り、系譜によれば翌明応元年(一四九二)正四位上とある。同三年同族大宮時元に官務職を、六年氏長者職を譲った。応仁・文明の乱中、父晴富が西軍側にいたため、若くして官務左大史となったので苦労した。どちらかというと繊細な性格で、好学心の持主であった。詩文を作り、足利義尚のために『古今和歌集』を書写したこともある。種々の談義をよく聴聞し、『日本書紀』神代巻の講義を吉田兼倶に習い、細川政元に講じたこともあった。父の死後、同族大宮長興の執拗な官務・氏長者職奪回攻勢にたえきれず、これらを奪われ、晩年は不運であった。永正元年(一五〇四)十一月二十二日死去した。女子の一人が後奈良天皇の後宮に入り、伊予局とよばれ竹内門跡准后覚如を生んだ。日記『雅久宿禰記』のほか、『壬生家文書』中に自筆のものがある。

参考文献 三上景文『地下家伝』(『日本古典全集』)、『晴富宿禰記』(『図書寮叢刊』)、『壬生家文書』(同)、『壬生家系譜』、飯倉晴武「壬生晴富の没年と官長者の交代」(『日本歴史』五一六)　(飯倉　晴武)

みまきいりひこいにえのみこと　御間城入彦五十瓊殖尊　⇨崇神天皇《すじんてんのう》

みまし　味摩之　生没年不詳　七世紀初頭の百済国からの渡来人。『日本書紀』推古天皇二十年(六一二)是歳条によれば、中国の呉地方で学んだ伎楽(呉楽ともいう)を日本へ伝えた。桜井(一説に豊浦寺の桜井)を本拠として、伎楽の舞を少年たちに教えた。真野首弟子、新漢済文という二人の弟子が知られる。　(蒲生美津子)

みまつひこかえしねのみこと　観松彦香殖稲尊　⇨孝昭《こうしょう》天皇《てんのう》

みもろわけおう　御諸別王　上毛野君の祖。『新撰姓氏録』には御諸別命・大御諸別命・弥母里別命とみえる。『日本書紀』景行天皇五十五年二月条に、豊城命の孫彦狭島王を東山道の十五国都督に任命したが、春日の穴咋邑まできたときに病のため薨じた、とあり、五十六年八月条に彦狭島王の子、御諸別王に父に代わって東国を統治するように命じた。王は赴任して善政をしいた。ときに蝦夷が騒動を起したので兵を挙げて撃った。蝦夷の首帥足振辺・大羽振辺・遠津闇男辺らが降伏し、その地を献じた。降伏したものを免じて、服従しないものを誅したので、東方は久しく事がなくなった、とみえる。御諸別王の名は大和の御諸山と関係がある。

参考文献 志田諄一『古代氏族の性格と伝承』　(志田　諄一)

みやこのよしか　都良香　八三四—七九　平安時代前期の漢詩人。名は言道、貞観十四年(八七二)に上奏して良香と改む。父は主計頭貞継で、弘仁十三年(八二二)上請して桑原の姓を都宿禰に改め、良香の時朝臣を賜わる。良香は承和元年(八三四)に生まれ、若くして大学に入り、貞観二年に文章生となり、文章得業生を経て同十一年に対策に及第したが、その対策文は後世の模範とされた。同十二年に少内記、同十四年に掌渤海客使、同十五年に従五位下大内記となり『文徳実録』の編纂を命ぜられた。同十七年に文章博士、同十八年に越前権介を兼ね侍従となる。元慶二年(八七八)出羽国の俘囚が叛乱した際に諸国に遣した追討の勅符は彼の筆になるが、名文をもって知られる。同三年二月に内記の職を後輩に譲ることを請う状を奉り、『文徳実録』の完成を目前にして同三年二月二十五日に四十六歳で没した。その家集『都氏文集』六巻は三巻しか現存せず、他に『本朝文粋』『和漢朗詠集』などに詩文が散見される。良香は天性の詩人でその秀句は人口に膾炙し多くの伝説を生んだ。また民間伝承を平明な散文で記録して新しい文学を生み出した。その卒伝に「姿体軽揚にして甚だ膂力あり、博く史伝に通じ才藻艶発」(原漢文)とあるが、健康的な詩人で清貧に甘んじていた。彼は真言密教を学び、一方で念仏を廃しなかった。また山水を好んで仙術を行い、死後百年を経て大峯の山窟にいたという神仙的人物として『本朝神仙伝』に書かれている。

参考文献 中村璋八・大塚雅司『都氏文集全釈』、川

口久雄『平安朝日本漢文学史の研究』上、中条順子「都良香伝考」(今井源衛教授退官記念文学論叢刊行会編『(今井源衛教授退官記念)文学論叢』所収)、渋谷栄一「都良香伝」(『高千穂論叢』昭和五十五年度一・六十二年度二)、大曾根章介「学者と伝承巷説—都良香を中心として—」(『季刊文学・語学』五二)

(大曾根章介)

みやずひめ　**宮簀媛**　『日本書紀』にみえる日本武尊《やまとたける》の妃。『古事記』では美夜受比売につくる。『古事記』景行天皇段の倭建命の東征の段によれば、往路倭建命は尾張国で国造の祖美夜受比売の家に入り、帰路の婚姻を約す。のち帰還の途上、再会して契を果たす。比売は皇子に「大御食」を献じ、その際の倭建命の歌と美夜受比売の歌が掲げられている。翌朝皇子は草那芸剣を比売のもとに置いて伊服岐の山の神の征討に行き、そこで病んで伊勢国に到って死ぬ、とある。『日本書紀』は媛を尾張氏の女とし、尾張氏は尾張国造で火明命の裔という(神代)。『釈日本紀』所引の『尾張国風土記』逸文には熱田社(熱田神宮)の縁起譚を掲げ、その中に宮酢媛命の名がみえる。また『熱田大神宮縁起』(寛平二年(八九〇)十月勘造)には国造乎止与命の子稲種公の妹とみえる。

参考文献　川副武胤『日本古典の研究』

(川副　武胤)

みょうあんえいさい　**明庵栄西**　一一四一—一二一五　鎌倉時代前期の臨済宗黄竜派の僧。道号は明庵、法諱は栄西《えいさい》(「ようさい」ともよむ)、別に千光法師・葉上房《ようじょう》とも称した。永治元年(一一四一)四月二十日、備中国吉備津宮(岡山市吉備津)の賀陽氏と母の田氏(一説に王氏)との間に生まれた。八歳で父に従って『倶舎論』を読み、十一歳に至って安養寺の静心に師事した。十四歳で落髪して叡山に登って登壇受戒し、静心の寂後には遺言によって法兄千命に従い、十八歳に至って虚空蔵求聞法を受けた。平治元年(一一五九)叡山の有弁に従って天台の教学を学び、応保二年(一一六二)には疫病の流行によって郷里に帰って父母に仕え、また千命に従って灌頂を受け、ついで伯耆の大山に登って基好の密法を受けた。再び叡山に戻って顕意の密教を相承したのちに、郷里を通って博多に赴き、李徳昭から禅宗の盛んな宋国の仏教事情を聞いた。仁安三年(一一六八)四月、入宋を志して明州に着岸し、路次においてたまたま本国の俊乗坊重源に逢い、ともに天台山万年寺に登って羅漢に茶を供養し、秋九月に至って重源と同航して帰国した。将来した天台の新章疏三十余部六十巻と、宋国の名僧知識の書を座主明雲に呈した。のち再び入宋を試み、印度に赴いて釈迦の八塔を巡拝しようと博多に下ったが、平清盛の弟頼盛の制止にあって筑前にとどまり、やがて仲原氏の女の招請によって誓願寺の草創に関与した。この間に仏書の講究と著述に専念したが、やがて平氏の滅亡によって入宋を企て、文治三年(一一八七)夏に再度入宋して印度への路を申請した。時に蒙古の勢力が強大で西域路は通行できず不許可となり、船主に促されて帰国の途についたが、逆風によって放洋すること三日、再び温州瑞安県に漂着した。同志十数人と天台山万年寺に登り、住持の虚庵懐敞に参じて日本の密教事情を述べ、ついで宗旨の一端を問われるに、「子が言の如き我が宗と一般なり」との許しの言葉を得て参禅した。また郡主の需めに応じて祈雨の法を修し、身より千光を発して降雨を齎して千光の号を受けたという。ついで三百万緡を投じて万年寺の山門と両廊、大慈寺の智者の塔院を修補するなど、伽藍の復興にも意を尽くした。淳熙末年に虚庵に付随して太白山天童景徳禅寺に移ったが、紹熙二年(建久二、一一九一)秋に虚庵に辞意を伝え、虚庵は法衣と嗣法の証を与えて印可した。栄西は揚三綱の船にて同年に平戸葦浦に帰着し、秋八月八日には戸部侍郎清貫によって小院を創められて禅規を行い、翌年には天童山の千仏閣修造の用材を送って造営を資助した。筑前香椎宮の側に建久報恩寺を建てたのもこの年である。建久五年(一一九四)京に登って禅の布教を始めたが、大日能忍の無嗣承の禅と混同され、また叡山衆徒の奏聞によって禅の布教は停止となった。翌六年博多に帰って安国山聖福寺を建てたが、筥崎の良弁が叡山講徒を誘って布教をとどめることを奏上した。九条兼実は栄西を府裏に召喚して聴聞したが、禅の宗旨は理解されず、ために翌九年『興禅護国論』を著わした。正治

明庵栄西画像

元年(一一九九)鎌倉に下って北条政子の帰依を受け、九月には幕府において不動明王開眼供養の導師となった。翌二年正月には源頼朝一周忌仏事の導師を務め、さらに政子によって寿福寺住房を与えられて鎌倉に居住した。建仁二年(一二〇二)永福寺多宝塔の落慶供養の導師となり、ついで源頼家の外護によって京都に東山建仁寺を建て、翌三年六月、朝廷は建仁寺に台密禅の三宗を置くことを認め、よって真言・止観の二院を寺域に構え、元久二年(一二〇五)春三月に朝廷は重ねて建仁寺を官寺に昇らせた。建永元年(一二〇六)九月に、重源の跡を嗣いで東大寺大勧進職となり、また承元三年(一二〇九)八月には法勝寺九重塔の修造を命ぜられた。建保元年(一二一三)五月に権僧正となり、六月に鎌倉に帰着した。翌年二月に将軍源実朝の病気平癒のために祈禱を行い、ついで『喫茶養生記』を献じた。また実朝は旱天のために祈雨の法を請い、効験あって大慈寺落慶供養の導師に屈請した。続いて大慈寺舎利会の導師にも拝請されたが、建保三年六月五日に『吾妻鏡』は寿福寺に寂したと記し、『元亨釈書』『明庵西公禅師塔銘』『沙石集』『延宝伝燈録』は七月五日建仁寺に寂すと記す。七十五歳。寿福寺逍遙庵・建仁寺護国院に塔じた。門弟に長楽栄朝・退耕行勇・明全・道聖・玄珍・厳琳・円琳などがある。また栄西の真言の流派を房号に因んで葉上流といい、別に仏頂流・建仁寺流ともいわれる。栄西は伯耆大山の基好と叡山横川の南楽房の顕意から密法を伝持し、一派を創立したもので穴太三流の一つである。

参考文献　上村観光『禅林文芸史譚』(『五山文学全集』別巻)、木宮泰彦『栄西禅師』(『禅門叢書』五)、多賀宗準『栄西』(『人物叢書』一二六)、古田紹欽『栄西』(『日本の禅語録』一)、平野宗浄・加藤正俊編『栄西禅師と臨済宗』(『日本仏教宗史論集』七)、葉貫磨哉「鎌倉仏教に於ける栄西門流の位置」(『仏教史学研究』二〇ノ二)

(葉貫　磨哉)

みょういつ　明一　七二八―九八　奈良・平安時代前期の東大寺法相宗の学僧。大和国添上郡大宅郷の大宅朝臣氏の出身。神亀五年(七二八)生まれる。『扶桑略記』『元亨釈書』などは俗姓を和仁部臣・和仁氏とするが、『延暦僧録』五、智名僧沙門釈明一伝には「釈明一者大宅朝臣」と明記する。天平勝宝元年(七四九)十一月に東大寺に奴婢を寄せた大宅郷の大宅朝臣可是麻呂家と何らかの関係がある。大宅郷は大宅寺跡と推定される奈良市山町の塔の宮廃寺付近に比定されるから、かつてこのあたり一帯に占住した和爾氏より分岐した小野・春日臣などと同族で、天武天皇十三年(六八四)十一月に朝臣姓を賜わった。『正倉院文書』によると、写経所が借用した仏典を天平十六年(七四四)十月に慈訓のもとに返却した時の注記に「使沙弥明一」とみえるのが初見で、以後同二十一年三月まで「受使明壱沙弥」「使僧明一」などとみえ、慈訓に代わって論疏を受領したり、仏典の貸出しに使僧となったりしている。このことは明一が若かりしころ、慈訓のもとにあって修学していたことを示唆する。天平勝宝二年八月には良弁の宣で写経所より『唯識論了義燈』七巻を借用し、その後もしばしば諸仏典を借用した。今日『正倉院文書』(『大日本古文書』一六)に天平宝字六年(七六二)閏十二月二十六日付の『海竜王経』借用のための啓が伝えられ、明一の筆蹟を知る上でも興味深い。その経歴はあまり明らかでないが、天平勝宝四年七月に東大寺の盂蘭盆経講師となり、五十三歳の宝亀十一年(七八〇)の維摩会に講師、延暦六年(七八七)六月の『正倉院珍財帳』の巻末には「三綱上座伝燈大法師位明一」と署名し、上座法師として寺政にあたっていたことが窺われ、同十三年九月の叡山供養(根本中堂)にあたって興福寺修円・元興寺護命などとともに式僧の一人となり、同十七年三月二十七日に七十一歳で没した。『日本紀略』延暦二十二年三月条の大僧都行賀卒伝には在唐三十一年で帰国した行賀を、歴試の時に明一が痛罵したことが記載されている。『延暦僧録』の伝に「旋風奐二波濤一、江海吐二納風雲一」というのは明一の弁説に優れていたことを評したのであろう。晩年に妻を娶り、その名声は半ば失墜したが、「才は世に出で、器は宗師に堪ゆ」といわれた。『東域伝燈目録』には、明一の著作として、『法華経略記』三巻、『金光明最勝王経註疏』十巻、『金剛般若経略記』一巻があげられているほか、逸文として伝わる『聖徳太子伝』のあったことが知られている。

参考文献　『叡山要記』上、飯田瑞穂「明一撰『聖徳太子伝』(明一伝)の逸文」(『中央大学文学部紀要』四九)、林幹弥「『七大記』と「明一伝」」(『日本歴史』三〇八)

(堀池　春峰)

みょううん　明雲　一一一五―八三　平安時代後期の天台宗の僧。円融房。永久三年(一一一五)生まれる。源顕通の子。梶井派最運法親王の弟子。仁安二年(一一六七)時の天台座主快修の一派を追って座主となる。六条・高倉・安徳天皇の護持僧、後白河上皇の戒師。平氏と関係深く、平清盛の出家戒師をつとめている。安元二年(一一七六)院の寵臣西光の子加賀国司藤原師高と弟の目代師経が白山宮の末寺を焼いたことから、白山の本寺であった比叡山の僧徒が強訴し、その罪を問われて、治承元年(一一七七)座主職を解任された。快修の追放、白山事件などにより謀犯と断じられたが、還俗のうえ流罪となる。途中、比叡山の僧徒の手で奪回され、大原に籠居した。治承三年清盛が院近臣を追放したとき再び座主に就任、同四年四天王寺別当、養和元年(一一八一)白河六勝寺別当となり、同二年大僧正に任じられた。寿永二年(一一八三)十一月十九日後白河上皇の法住寺殿に参内中、源義仲の襲撃で殺害された。六十九歳。

参考文献　『天台座主記』巻二、『平家物語』、『源平盛衰記』

(西口　順子)

みょうえ　明恵　一一七三―一二三二　鎌倉時代の僧。明恵は房号。諱は高弁(三十六歳までは成弁)。栂尾《とがのお》上人。

明恵花押

承安三年(一一七三)正月八日、紀伊石垣荘吉原に生まれる。父は平重国、母は湯浅宗重の女。八歳の春、母が死に、同年九月に父が上総で戦死した。その後、叔母崎山氏に養われたが、九歳の八月に叔父にあたる高雄神護寺の上覚房行慈(文覚の高弟)に師事した。明恵は文覚にも師事し、嘱望された。仁和寺の尊実、尊印から真言密教を、仁和寺の景雅から華厳を学び、さらにその後、上覚と勧修寺の興然から密教を受け、灌頂を授けられた。文治四年(一一八八)十六歳で上覚を師として出家し、東大寺戒壇院で具足戒を受けた。そして東大寺尊勝院の聖詮に倶舎を学び、尊勝院の華厳の章疏を借り、書写し学んだ。二十一歳、尊勝院主弁暁から公請《くじょう》に出仕するよう求められたのを辞退し、生涯を遁世の聖として終った。建久六年(一一九五)二十三歳の冬、紀州有田郡の白上《しらかみ》峰に庵居、華厳章疏の修学と密教の観行につとめた。二十六歳、文覚の請により、高雄にもどり『探玄記』を講じたが、間もなく紀州の筏立《いかだち》に庵居した。二十九歳、紀州糸野で『華厳唯心義』(唯心偈の解説、仮字交り文)を著わした。明恵は、釈尊を追慕する思いにより三十一歳の春と三十三歳の年に天竺へ渡ろうと計画したが、春日明神の託宣により中止した。建永元年(一二〇六)三十四歳の十一月に後鳥羽院より神護寺の別所栂尾を賜わった。ここに高山寺が開創される。四十歳の冬に著わした『摧邪輪』は、専修念仏の教義書『選択集』において、華厳では重んぜられる菩提心が不当に解釈されていることを弁駁した書である。四十二歳に唱えた三時三宝礼は、専修念仏を批判したことから生まれたといえる。四十三歳、釈尊追慕の念により『涅槃講式』『十六羅漢講式』『如来遺跡講式』『舎利講式』を草し、涅槃会を行なった。四十六歳、賀茂の仏光山に一時住したことがあったが、四十九歳、承久の乱にあたり、再び賀茂に住したのは、京方の武士を保護したことによる。が再び栂尾にもどり、入滅までの十年余は、高山寺において観行と講経につとめ、同行の僧による僧団が形成された。この晩年には華厳密教(厳密)の教義と実修法が完成された。すなわち仏光観である。さらに光明真言を亡者得脱の行法に用いた。このことは『華厳信種義』『入解脱門義』『秘宝蔵』『仏光観次第』および『光明真言土沙勧信記』などの著書により知られる。仏光観は、唐の李通玄の教えにもとづき、『華厳経』光明覚品の説により、十信の位から十住に入るところで、盧舎那仏の光明にふれ、成仏が定まるというのである。寛喜三年(一二三一)紀州湯浅の施無畏寺本堂の供養に下向し、翌貞永元年(一二三二)正月十九日、高山寺に入滅。六十歳。同寺に葬られた。弟子は、喜海・霊典・定真・高信をはじめとし多い。また後鳥羽院・後高倉院・修明門院・九条道家・西園寺公経・藤原長房(慈心房覚真)・督三位局(藤原範季女)などの帰依をうけ、また北条泰時・安達景盛など、関東の武士の帰依をうけた。なお解脱房貞慶には南都仏教の先輩として交わり、友人では松尾の慶政が名高い。また承久の乱の戦争未亡人のために尼寺善妙寺を開創した。晩年の高山寺の説戒会(月二回)には、参詣者が群集したという。また若いころからの観行に際しての夢想を記した『夢記』は、建久二年から寛喜二年まで四十年間書き続けられたというが、その約半分が現存する。『明恵上人和歌集』は高信の編に成った。晩年の講経の記録には『解脱門義聴集記』ほか数種があり、講経の口吻が生き生きと伝えられる。伝受の記録には『真聞集』(隆弁)など、弟子の記した語録には『却癈忘記』(長円)、『遺訓抄出』(高信)、『上人之事』(空弁)などがある。伝記の基本となるのは、喜海撰『栂尾高山寺明恵上人行状』で、三巻のうち欠けている中巻は『漢文行状』(高信が隆澄をして和様漢文に改めさせたもの)により補われる。

明恵画像

参考文献 『大日本史料』五ノ七、貞永元年正月十九日条、高山寺典籍文書綜合調査団編『明恵上人資料』一—三(『高山寺資料叢書』一・七・一六)、同編『高山寺古文書』(同四)、鎌田茂雄・田中久夫校注『鎌倉旧仏教』(『日本思想大系』一五)、村上素道『(栂尾山高山寺)明恵上人』、田中久夫『明恵』(『人物叢書』六〇)、白洲正子『明恵上人』(『新潮選書』)、奥田勲『明恵—遍歴と夢—』、明恵上人と高山寺編集委員会編『明

恵上人と高山寺』　（田中　久夫）

みょうえん　明円　⇩めいえん

みょうかい　明快　九八五―一〇七〇　平安時代中期の僧侶。天台宗。天台座主。寛和元年（九八五）生まれる。藤原俊宗（あるいは俊家の説あり）の息。顕密二教に通じ、門弟も多い。台密慈覚大師流のなかで谷流の流れをくむ、梨本流の流祖。世に梨本僧正と称せらる。住房の号を浄善坊という。長暦元年（一〇三七）権律師、護持僧に補され、康平三年（一〇六〇）には、大僧正となっている。天喜元年（一〇五三）第三十二代天台座主に任ぜられ、法成寺別当、恵心院検校などの諸職も兼ねた。天喜五年、上東門院建立の法成寺八角堂落慶供養には導師をつとめた。『後拾遺和歌集』に「御朱雀院御時としごろよゐつかまつりけるに、後冷泉院くらゐにつかせたまひて又よゐにまゐりてのち、上東門院にたてまつり侍ける」という詞書をもつ歌が収められ、二帝に仕える夜居の僧であったことがわかる。延久二年（一〇七〇）三月十八日入滅。年八十六。

参考文献　『天台座主記』、『梶井門跡略系譜』、『僧綱補任』三・四（『大日本仏教全書』）、『元亨釈書』二五、卍元師蛮『本朝高僧伝』一〇（『大日本仏教全書』）、敬雄・慈本編『天台霞標』二ノ三（同）　（佐々木令信）

みょうがく　明覚　⇩めいかく

みょうく　明救　九四六―一〇二〇　平安時代中期の僧侶。天台宗。天台座主。天慶九年（九四六）生まれる。醍醐天皇の孫。有明親王の息。母は藤原仲平女。世に浄土寺僧正と称す。天台座主延昌入室の弟子で、天暦十年（九五六）九月四日得度授戒、顕密法を学ぶ。同門に空也がいる。一期を経ての後、叡山を出て浄土寺に住す。輦下に高く、有験の僧として著名である。長和二年（一〇一三）三条天皇の耳と眼の病気平癒を仁寿殿で修法し、験力によって権僧正に任ぜられた。長保二年（一〇〇〇）権律師に補され、同五年権少僧都となっている。寛仁三年（一〇一九）第二十五代天台座主、僧正に任ぜられたが、同四年七月五日に没した。時に、年七十五。

参考文献　『大日本史料』二ノ一五、寛仁四年七月五日条、『元亨釈書』、卍元師蛮『本朝高僧伝』四八（『大日本仏教全書』）　（佐々木令信）

みょうさん　明算　⇩めいざん

みょうじつ　妙実　一二九七―一三六四　南北朝時代の僧。日蓮宗京都四条門流の祖日像の弟子、妙実の名を授けられたというが、自他ともに大覚を称することが多い。永仁五年（一二九七）生まれる。近衛家出身で、日像師事は正和二年（一三一三）と伝える。備前・備中・備後に教えを弘め、のちの「備前法華」の基をきずいたといわれる。康永元年（一三四二）日像の譲りをうけて妙顕寺を継承、公家・武家・民間に弘通した。延文三年（一三五八）の旱魃に際して後光厳天皇の命により降雨をもたらした結果、大僧正に任ぜられ、日蓮に大菩薩号、日朗・日像に菩薩号を授けられ、さらに日蓮宗の教えの弘通を認可する後光厳天皇の綸旨を得て、妙顕寺のみならず日蓮宗の社会的地位を上昇させた。後嗣を朗源とし、貞治三年（一三六四）四月三日没。六十八歳。

妙実花押

参考文献　『大日本史料』六ノ二五、貞治三年四月三日条、日富編『竜華秘書』（『日蓮宗宗学全書』一九）、辻善之助『日本仏教史』五、立正大学日蓮教学研究所編『日蓮教団全史』上　（高木　豊）

みょうせん　明詮　？―八六八　平安時代前期の僧。延暦七年（七八八）ごろ生まれる。俗姓は大原氏で、父は石本、母は橘氏で、左京の人という。早くに父母を失い出家した。元興寺の施厳に従って戒律を修め、『法華経』『最勝王経』を習う。のちに学徳を認められて元興寺法相宗の棟梁であった仲継について学問を深めた。嘉祥二年（八四九）維摩会講師となり、同三年正月、大極殿講師となり、二月二十二日、清涼殿において、法相宗を代表して、三論宗の実敏、天台宗の光定、真言宗の円鏡らと並んで『法華経』を講じた（三論の実敏、華厳の正義、天台の円修と並んで『金光明経』を論じたという別伝もある）。仁寿元年（八五一）七月十六日に権律師、同三年十月二十五日に少僧都に補任された。元興寺の南に、弥勒像を祀る玉華院を建立し弥勒信仰を高め、貞観三年（八六一）東大寺仏頭供養で呪願師を勤め、同年三月、玉華院において、はじめて弥勒初会（竜華初会）を行なった。同六年二月十六日、大僧都に補任された。大和多武峯の音石山に隠遁し、同十年五月十六日、草庵に没したという。唯識因明に秀で、その学説、ことに点導本（導註本）は後々まで珍重され、近世まで伝承されており、平安時代初期の語形を考える時、国語学上重要とされる。また、真言密教において六字経法・六観音種子曼荼羅を相伝した明仙を同一人物とする説がある。

明詮自署

参考文献　『日本高僧伝要文抄』（『大日本仏教全書』）、岩城隆利編『増補元興寺編年史料』上、上田霊城『真言密教事相概説』上、境野黄洋『日本仏教史講話』、平岡定海『東大寺宗性上人之研究並史料』下、築島裕「国語史上における明詮大僧都の訓説」（『南都仏教』三五）　（辻村　泰善）

みょうぜん　明全　一一八四―一二二五　鎌倉時代前期の臨済宗黄竜派の僧。法諱明全。房号仏樹。元暦元年（一一八四）伊勢の蘇氏に出生。幼少叡山に登り杉井房明融阿闍梨について剃髪し、菩薩戒を受けて顕密の二教を研修、のち建仁寺栄西の下に服勤すること数歳、その法

を得た。受業師明融の重病のため決しかねたが、ついに貞応二年(一二二三)道元・高照・廓然らを率いて入宋、はじめ景福寺の妙雲に参じ、ついで栄西曾遊の地、太白山景徳寺に入り無際了派に参じたが、在山三年の宝慶元年(嘉禄元、一二二五)五月二十七日、了然寮にて示寂した。四十二歳。道元は建仁寺で明全に事えること九年、親しく禅門の大戒を受けているが、帰朝に際して明全の舎利を持ち帰り、『舎利相伝記』を作って明全の弟子智国に与え、明全の戒牒に奥書を記して永平寺に納めている。また『正法眼蔵』弁道話の中で、明全が栄西門下の上足として、ひとり無上の仏教を正伝したと讃えている。

参考文献 『大日本史料』五ノ一、貞応二年二月是月条　(加藤　正俊)

みょうぜん　明禅　一一六七―一二四二　鎌倉時代前期の僧。葉室成頼の息。仁安二年(一一六七)生まれる。比叡山東塔西谷林泉坊の住侶で、同所の智海に檀那流の教義を学び、また法曼院流の仙雲から密教を伝授される。天台の碩徳と評されたが、隠遁の志を深くして、法然房源空の弟子法蓮房信空に出遭い、浄土の法門を談じ、『選択本願念仏集』の教えを得ると『述懐抄』を著わし、称名念仏を行じた。信空が寂すと、その中陰に法華経供養の導師をつとめ、年久しく仏前で磬を打たない誓いを、特に信空のために破り、その帰依を証した。さらに、但馬宮雅成親王の下問を受けると、念仏の肝要についての文を注進している。上京御霊に住し、毘沙門の衛護をして毘沙門堂殿と称されるとされた林泉坊流の智海の弟子であったためか、毘沙門堂明禅と称される。また学問のための燈が絶えた時、花垣の萩を焼《た》いてその明りで書物を読んだので、萩焼きの明禅とも呼ばれたとされる(『日本大師先徳明匠記』)。明禅の臨終には、嵯峨二尊院の正信房湛空が善知識をつとめ、仁治三年(一二四二)五月二日寂した。七十六歳。

参考文献 『大日本史料』五ノ一四、仁治三年五月二日条、三田全信『(成立史的)法然上人諸伝の研究』　(野村　恒道)

みょうそん　明尊　九七一―一〇六三　平安時代中期の僧侶。天台宗。天禄二年(九七一)生まれる。兵庫頭小野泰時の息。道風の孫。篁の玄孫。寺門の領袖余慶入室の弟子。兼ねて観修・慶祚・賀延らに学ぶ。円満院開祖。志賀大僧正と号す。寛仁元年(一〇一七)権律師に、治安元年(一〇二一)権少僧都に任ぜられ、長元元年(一〇二八)権大僧都に転ず。同三年八月、園城寺長吏に補せられた。治一年にして辞す。同六年権僧正、長暦二年(一〇三八)大僧正、重ねて園城寺長吏となる。永承三年(一〇四八)八月第二十九世天台座主。天喜二年(一〇五四)長谷寺落慶供養、同五年志賀寺落慶には導師をつとめた。康平六年(一〇六三)六月二十六日(十六日とも)志賀寺にて老病をもって寂す。時に年九十三。一条天皇はその徳行を賞し、八宗総博士に補した。明尊の九十の齢にあたって、藤原頼通は、賀して白河亭において宴席を設けた。主な著書に『両界句義抄』『廬談』がある。また、作歌が『新勅撰和歌集』『続後拾遺和歌集』などに入集している。

明尊花押

明尊画像(栗原信充『肖像集』)

参考文献 『扶桑略記』康平六年六月二十六日条、進藤為善『華頂要略』(『天台宗全書』)、『天台座主記』、『元亨釈書』一五、卍元師蛮『本朝高僧伝』一〇(『大日本仏教全書』)　(佐々木令信)

みょうたく　妙沢　⇨竜湫周沢《りょうしゅうしゅうたく》

みょうちん　明珍　甲冑師を中心とした鍛工の流派。室町時代後期からその名が表われ、江戸時代を通して栄えた。元は京都の馬具鍛冶らしく、永正九年(一五一二)の『御随身三上記』をはじめ、大内義隆や戸次鑑連の書状などに明珍作の轡が散見し、伊勢氏が作る鐙の金物も手がけたという。近世京都の轡所明珍は、その系をひく家であろう。また十六世紀中期には「加賀明珍轡」(『証如上人日記』)がみえ、他国への進出も知られる。一方、十六世紀に入ると、小田原を主要拠点に関東一帯で明珍の甲冑が作られる。轡師から甲冑師へ転じ発展した一団かと思われ、需要地を巡る遍歴職人の性格をとどめる。同名で複数の活動が有力視されている明珍信家は、当時の代表的な存在である。十七世紀になると、宗信が江戸に居を構えて「御甲冑極所、日本唯一甲冑良工」を称し、以来宗治(一八二四―八〇)に至る歴代の当主はこれを世襲した。岩井や春田のように幕府の官工ではないが(十八世紀末に「御具足師並」)、鍛造技術を顕示した甲冑を作る一方で、系図や家伝書を著わし、大隅守(長門守)を受領し、極折紙を発行するなどの宣伝に努め、江戸の本家には各地から多数の門人が集まり繁盛した。明珍の名の授与を通して家元体制を整えたのも、この派の特徴である。ちなみに、幕末期の当主宗胤(一七九九―一八五〇)の門人は、十三ヵ国二十名が数えられる(『明珍系図』)。こうして明珍の一門は、時期的消長はあるが、仙台・名古屋・金沢など雄藩の城下はもとより、弘前・秋田から飫肥《おび》・高知に至るまで全国的な分布をみる。本家では宗介(一六四六―一七二九)、宗政(一七一五―九六)の功績が大きく、支家では宗察(?―一七五一、広島藩藩工、

広島・江戸住)や宗保(一七九二—一八四六、津山藩藩工、江戸住)の技術に対する評価が高い。また多くが鐔を製作、鎖《じょう》、鷹の鈴、置物、火口などの分野にも進出した。

参考文献　宮崎隆旨「近世甲冑師の流派形成に関する一考察」上(『奈良県立美術館紀要』二)

(宮崎　隆旨)

みょうへん　明遍　一一四二—一二二四　平安・鎌倉時代前期の僧。はじめ三論宗を修めたが、真言密教にも勝れ、念仏者としても著名。空阿弥陀仏。蓮華谷僧都。高野山蓮華三昧院開基。康治元年(一一四二)誕生。藤原通憲(信西)の子。十八歳の時、平治の乱で越後に配流、赦免後東大寺で敏覚を師に三論宗を学び令名を得た。敏覚が東大寺別当を辞した治承元年(一一七七)以後に同寺を離れ、やがて光明山寺に入った。さらに五十歳代で高野山に遁世し蓮華谷に蓮華三昧院を建て念仏衆と交わった。一方、光明山寺実範の資明恵や理趣房朝誉から真言宗法流を伝受し(『血脈類集記』五裏書、『諸流灌頂秘蔵鈔』)、仁和寺守覚法親王の命で空海著『十住心論』の勘文を製作、また京都禅林寺静遍に真言教理を問うたように(『傍論』下)、真言密教にも造詣が深かった。明遍が大原談義(大原問答)に集会したのは事実らしいが、法然伝などに彼が源空に帰し専修念仏に入ったことなどを強調するのは史実性に乏しい。元仁元年(一二二四)六月十六日高野山に没した。八十三歳。『往生論五念門略作法』以下の著があったが伝来しない。

参考文献　『大日本史料』五ノ二、元仁元年六月十六日条、井上光貞『日本浄土教成立史の研究』(『井上光貞著作集』七)、三田全信『(成立史的)法然上人諸伝の研究』、名畑応順「明遍僧都の研究」(『仏教研究』一ノ三)、伊藤唯真「明遍とその周辺」(『東山高校研究紀要』一〇)、濱田隆「蓮華三昧院伝来「阿弥陀三尊像」と明遍をめぐる浄土教」(『仏教芸術』五七)、五来重「明遍僧都とその徒衆」(『大谷学報』三八ノ五)

(坂本　正仁)

みょうらくだいし　妙楽大師　⇩湛然《たんねん》

みよしきよゆき　三善清行　八四七—九一八　平安時代前期の文人官吏。恒貞親王の春宮坊下級官人であった氏吉(のち従五位下淡路守)の三男。母は佐伯氏で、嵯峨天皇孫女と伝えられる。承和十四年(八四七)生まれる。幼名文雄、字三耀、居逸と号す。善相公と称された。貞観五年(八六三)十七歳のころ大学に入り、十年後に文章生、その翌年、受業師の巨勢文雄の推薦により文章得業生に選ばれ、七年後の元慶五年(八八一)三十五歳で方略試を受け、問頭博士の菅原道真にいったん不第とされたが、二年後改判合格し、ようやく官途についた。大学少允・少内記を経て、仁和三年(八八七)四十一歳で従五位下・大内記となり、文人官吏として頭角を現わし始めたが、寛平五年(八九三)備中介に任じられ、守が遙任のため四年間「官長」＝受領として在地郡司らとの対応に苦慮しながら民政に尽力した。帰京後五十五歳で念願の文章博士兼大学頭に任官前後から、警世家的な文筆活動が目覚ましい。たとえば、昌泰四年(延喜元、九〇一)が讖緯説(特に『易緯』)では「辛酉革命」の年にあたるところから、右大臣菅原道真に辞職を勧告して失脚を加速させ、また朝廷に『革命勘文』を上って辛酉改元の例を開かせた。ついで延喜五年、式部少輔から権大輔に昇り、格式勅撰事業の編纂員に選ばれた(「延喜格序」は清行の作とみられる)。さらに同十四年、六十八歳で式部大輔となり、醍醐天皇の詔命に応じて『意見十二箇条』を封進した。そこには備中介や大学頭などの実務体験に基づく具体的な問題提起と対策提示がみられ、その後も節禄支給の改善案や深紅衣服の禁制策などを建言している。晩年の延喜十七年、三善氏としては破格の参議兼宮内卿に栄進したが(位は従四位上)、翌十八年十二月七日、七十二歳で没した。その作品は、前記の勘文や意見封事をはじめ、『円珍和尚(智証大師)伝』(延喜二年)、『藤原保則伝』(同七年)、『詰眼文』(同十三年)、『善家秘記』(晩年)などがある。漢詩集『善家集』は伝存しないが、秀句が『扶桑集』『新撰朗詠集』などに引かれている。

三善清行(『北野天神縁起』より)

参考文献　『大日本史料』一ノ五、延喜十八年十二月七日条、竹内理三他校注『古代政治社会思想』(『日本思想大系』八)、所功『三善清行』(『人物叢書』一五七)、同「三善清行伝の補訂」(『芸林』二二ノ五)、同「菅原道真と三善清行」(『菅原道真の実像』所収)

(所　功)

みよしためやす　三善為康　一〇四九—一一三九　平安時代後期の文人。越中国射水郡の地方豪族出身(氷見の出身という)、本姓射水氏。永承四年(一〇四九)生まれ。治暦三年(一〇六七)入洛、算博士三善為長の門弟となり姓を改めた。算道のほか紀伝道を学び、省試及第による立身出世を志したが落第を重ね、五十代まで学生の身であった。その後少内記に補せられ、局の労により叙爵。六十代で算博士となり、諸陵頭を兼ねて正五位上を極位とする。保延五年(一一三九)八月四日、九十一歳で没。現存の著作『朝野群載』『掌中歴』『童蒙頌韻』『続千字文』などにより、広汎な学域を持つ啓蒙家と評価される。

また、同じく現存の『拾遺往生伝』『後拾遺往生伝』には真摯な浄土信仰者の姿勢を示し、没後十一年にして藤原宗友の『本朝新修往生伝』に往生人として記されるほどの信仰者でもあった。他の著作に『世俗往生決疑』『金剛般若験記』『懐中歴』『三玄九紫法』などがある。『中右記部類紙背漢詩集』に一首が収められるほか詩作も多い。特に『朝野群載』は『本朝文粋』と相並んで王朝漢文学の貴重な資料群を部類集成している。

参考文献　川口久雄「本朝続文粋と朝野群載」(『平安朝日本漢文学史の研究』下増訂三版所収)、速水侑「院政期浄土信仰の一面—三善為康の世界—」(『浄土信仰論』所収)　(川口　久雄)

みよしときつら　三善時連　⇨太田時連《おおたときつら》

みよしながひら　三善長衡　一一六八—一二四四　鎌倉時代前期の官吏。西園寺家家司。仁安三年(一一六八)生まれる。父は行衡。建永元年(一二〇六)十一月に摂関家文殿大判事となり、官職は算博士・主税権助・主税頭・陸奥守などを歴任する。承久三年(一二二一)の承久の乱に際しては、親幕府派の西園寺公経・実氏父子が二位法印尊長のため、弓場殿に幽閉され、京都守護伊賀光季が上皇方によって討たれたのを西園寺家家司として幕府に知らせ、幕府軍が宇治川を越えて入京する時にも、西園寺公経の使者として幕府軍との連絡にあたった。寛元二年(一二四四)三月二十五日没。七十七歳。

参考文献　『大日本史料』五ノ一七、寛元二年五月二十五日条　(飯沼　賢司)

みよしながよし　三好長慶　一五二二—六四　戦国時代の武将。幼名千熊丸。元服後孫次郎範長、のちに伊賀守、さらに筑前守を経て永禄三年(一五六〇)修理大夫となる。父は筑前守元長。大永二年(一五二二)生まれ。天文元年(一五三二)十一歳の時、父元長が管領細川晴元の策略により、一向一揆に攻められ、堺で敗死し、阿波の細川持隆のもとに身を寄せた。同二年大坂に現われ、本願寺と晴元の講和を仲介しており、おそらくこのころ元服したものと思われる。翌三年十月ごろ木沢長政の斡旋で、父を死に追いやった晴元と和して被官となり、同五年には摂津欠郡の一向一揆と戦っている。しかし、同八年六月河内の十七箇所代官職を望んで晴元に拒絶されたため反乱を起し、六角定頼らの斡旋でようやく兵を引いて講和し、摂津の越水城(兵庫県西宮市)を得た。同九年十一月丹波八上城(兵庫県篠山市)城主波多野秀忠の女と結婚した。同十一年には河内太平寺(大阪府柏原市)の戦に幕府軍の一翼として参陣し、山城・河内・和泉に大きな勢力を誇っていた木沢長政を敗死させた。同年暮れ、享禄四年(一五三一)の大物崩れの翌日木沢長政に殺された細川尹賢(大物崩れで滅んだ管領細川高国の弟)の子氏綱が堺で挙兵した。これを機に各地で反晴元党が挙兵し、長慶もその掃討に追われた。天文十六年七月摂津舎利寺(大阪市生野区)の戦で長慶の弟之康(義賢)が氏綱・遊佐長教に大勝し、三好氏の勢力はいよいよ強まった。翌十七年四月長慶と氏綱・長教は六角定頼の斡旋で和睦し、五月長慶は波多野氏と離縁していたこともあって長教の女と再婚した。同年十月長慶は叔父政長を除かんとして容れられなかったため、氏綱をかついで挙兵し、晴元に背いた。摂津・河内などで戦いが続き、ついに翌十八年六月摂津江口(大阪市東淀川区)の戦いで長慶の弟十《そ》河《ごう》一存《かずまさ》が政長を敗死させ、大勝した。十二代将軍足利義晴父子・晴元らは京都を脱出し、七月長慶は氏綱を奉じて京都に入り、事実上畿内を制圧した。十九年七月には十三代将軍足利義輝軍と京都で戦って勝ち、長慶はいよいよ優位に立った。しかし、丹波の三好政勝(政長の子)・香西元成などが抵抗を続け、なかなか政権が安定するには至らなかった。二十年五月長慶の岳父遊佐長教は刺客によって暗殺されている。そこで、同二十一年正月長慶は将軍義輝と和睦し、京都に迎えた。和睦の条件には晴元の隠居、晴元の嫡子聡明丸(のちの昭元)が元服した時は細川氏家督とすること、それまでは氏綱が細川氏家督であることなどが含まれており、ここに細川氏の分裂状態は一応解消された。しかし、晴元は京都に帰らず、これ以後も抵抗を続けた。同二十二年三月義輝と長慶の和は破れ、八月義輝方の拠点霊山城が

三好長慶花押

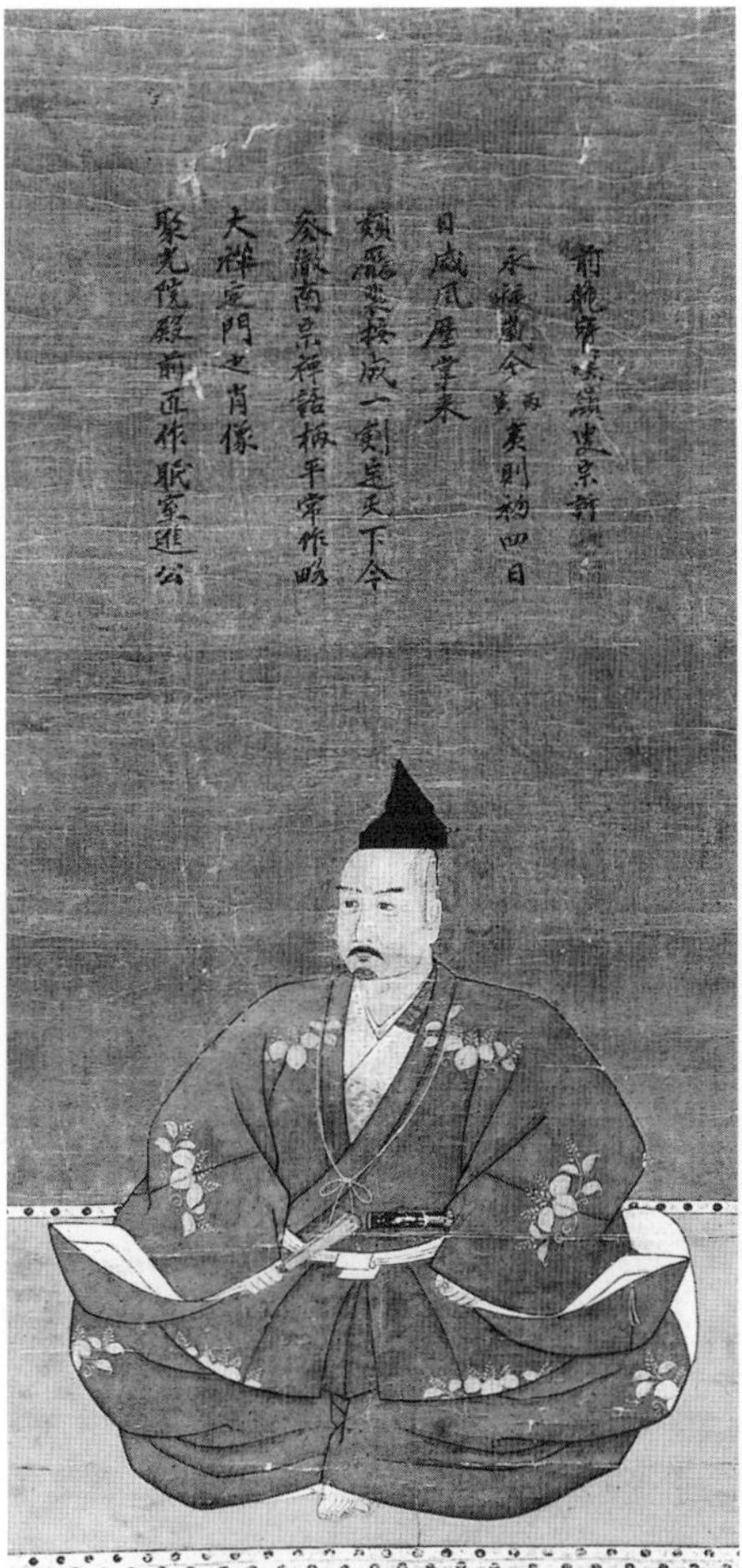

三好長慶画像

落ちると義輝は近江の朽木氏のもとに逃亡した。同月摂津芥川城(大阪府高槻市)城主芥川孫十郎を降伏させ、長慶は本城を越水城から芥川城に移し、弘治元年(一五五五)東播磨を抑え、同三年には丹波を半ば制圧した。永禄元年十一月長慶は再び義輝と和して京都に迎えた。同三年十月河内の高屋城(大阪府羽曳野市)・飯盛山城(大阪府四条畷市)の両城を落とし、畠山高政を追放して河内を版図に加え、十一月松永久秀の大和制圧により、大和も版図に加えて本城を芥川城から飯盛山城に移した。ここに三好氏の勢力範囲は最大となり、山城・摂津・河内・和泉・大和・丹波・淡路・讃岐・阿波と播磨の一部に達した。しかし、同四年五月に細川晴元を摂津に幽閉して安堵したのも束の間、七月には六角義賢・畠山高政が挙兵し、京都・和泉を攻撃した。戦いは長期化し、膠着状態となったが、翌五年三月の久米田(大阪府岸和田市)の戦で弟実休(義賢)が敗死して和泉の三好軍は総崩れとなり、京都も六角義賢が占拠した。五月の教興寺(大阪府八尾市)・葉引野(羽曳野市)の戦で松永久秀らの活躍によって大勝し、六角・畠山を退けることに成功したが、すでに四年四月に病死した末弟十河一存に続いて実休を失い、二人の有能な弟をなくした長慶の痛手は大きかった。同六年八月嫡子義興が病死すると長慶の落胆は大きく、呆然と過ごす日が多くなったといわれる。七年五月人望の厚かった弟安宅冬康を殺したのは松永久秀の讒言によるともいわれるが、名君とうたわれたかつての長慶には考えられぬことであった。同年七月四日飯盛山城下の屋敷で病死。四十三歳であった。重臣の三好三人衆(三好長逸・三好政康・石成友通)・松永久秀・篠原長房らの協議によって喪は秘され、葬儀は同九年六月河内真観寺(八尾市北亀井町二丁目)で行われた。長慶が短期間で畿内近国に大勢力を築きえたのは、彼個人の器量もさることながら、大貿易都市堺と密接な関係をもっていたこと、実休・冬康・一存という有能な三人の弟がいたことなどが大きな要因であったといえよう。長慶はまた当時の武将の中でも一級の教養人・文化人で、特に連歌に熱心で優れていた。長慶の葬儀には恩顧の諸士が参列し、皆涙を流して悲泣したといわれ、晩年は精彩を欠いたとはいえ、その名君ぶりがしのばれる。墓は真観寺のほか、堺市の南宗寺・京都市の大徳寺にある。→足《あし》利義輝《かがよしてる》　→細川晴元《ほそかわはるもと》

三好長慶墓
(大阪府真観寺所在)

参考文献　今谷明『戦国三好一族』、同『室町幕府解体過程の研究』、長江正一『三好長慶』(『人物叢書』一四九)　(久保健一郎)

みよしやすあり　三善康有　⇩太田康有《おおたやすあり》

みよしやすつら　三善康連　一一九三―一二五六　鎌倉時代中期の評定衆、問注所執事。鎌倉幕府初代問注所執事三善康信の子息として建久四年(一一九三)に生まれる(または建久三年)。幼名は牛熊。通称七郎。父康信より備後国太田荘地頭職半分(桑原方(広島県世羅郡世羅町))を譲られ、彼の子孫は太田氏を称した。貞応二年(一二二三)に玄蕃允に任じられる。嘉禄元年(一二二五)に創設された幕府の評定衆に加わり、貞永元年(一二三二)に定められた『御成敗式目』の作成に際しては、『吾妻鏡』に「偏に玄蕃允康連に仰せ合はせらるところなり」(原漢文)とあるごとく、式目起草に深く関与した。彼は康信の嫡子ではなかったが、早くから法曹官僚として卓越した才能を認められ、嫡子の康俊や兄行倫の子倫重とともに重用された。天福元年(一二三三)、賀茂社修造の功により民部少丞に任じられ、まもなく従五位下を与えられ、民部大夫を称す。寛元四年(一二四六)に、嫡系として問注所執事の職を相伝してきた康俊の男町野康持が名越光時の陰謀に加担して失脚すると、康連が四代目問注所執事に任じられた。以後、問注所執事の職は康連の子孫太田氏が世襲した。康元元年(一二五六)九月二十八日に病気により問注所執事の職を辞し、同年十月三日死去。六十四歳(『吾妻鏡』。『関東評定衆伝』では六十五歳)。　(飯沼　賢司)

三善康連花押

みよしやすのぶ　三善康信　一一四〇―一二二一　鎌倉時代前期の問注所執事。法名善信。弟康清とともに源頼朝・頼家・実朝の三代の将軍の政務に参与した。かれの子孫は町野・太田・矢野・富部・飯尾・上田などの名字を称し、鎌倉・室町幕府の奉行層として活躍した。康信は保延六年(一一四〇)に明法家三善家に生まれる。父の名は不明。応保二年(一一六二)、前太政大臣藤原忠通の娘育子(二条天皇后)の立后に際し、正六位上で中宮少属に任じられた。これ以前に太政官の史に補任されており、早くから朝廷内で能吏と認められていたと考えられる。しかし、母の姉は源頼朝の乳母であったためか平家の一族が勢力を伸ばしてくる時期には昇進はみられず不遇な立場にあったと推測される。一方、その母方との関係から頼朝と親交を深め、伊豆に配流されていた頼朝に月に三回の割合で京都の動静を知らせ続け、治承四年(一一八〇)六月には、源氏追討の危機を逸早く知らせ頼朝の挙兵の契機をつくった。養和元年(一一八一)ごろ、出家し中宮大夫属入道善信と称す。元暦元年(一一八四)、頼朝の請いにより鎌倉に下向し、大江広元らと頼朝の政務の補佐を行う。同年十月、頼朝の御

三善康信花押

所内に問注所が置かれると、問注の実務は善信によって担われた。建久二年(一一九一)正月、政所・侍所・問注所の幕府三機関が正式に整備されると、善信は問注所の初代執事に任じられ、弟康清も公事奉行に列している。善信の所領については、その子孫の所領からみると、全国にかなりの数の地頭職を所持していたと思われるが、その全容は不明である。現在確実に善信の所領とされるのは高野山領備後国太田荘の地頭職である。太田荘の地頭には建久七年に補任され、その後この地頭職は二分され、太田方は子息康継(富部氏の祖)、桑原方は子息康連(太田氏の祖)に相伝される。正治元年(一一九九)、頼朝が死去し、頼家が将軍に就くと、幕府郭内から善信宅へ移されていた問注所を郭外に新造したが、その執事職は引き続き善信の手にあり、かれは幕府の長老として力をもった。十八歳の青年将軍に幕府の独裁的権限を任せることに不安を感じた幕府の宿老たちは、頼家体制が発足してまもなく将軍の訴訟の専断を停止し、宿老十三人の合議体制をつくり出したが、善信もその有力メンバーとして加わった。また、元久二年(一二〇五)の畠山重忠の謀叛事件では、大江広元と相談し、幕府建物の警護の配置を決めるなど幕府長老として活躍した。承元二年(一二〇八)正月、善信の鎌倉名越亭が焼失した。この家の裏には文庫があり、将軍家文籍・雑務文書、『散位倫兼日記』以下の累代文書が納められていたが悉く焼失し、善信の落胆ぶりは大変なものであったという。その後、三代将軍実朝の下でも問注所執事として重きをなすが、北条氏の執権体制が強化される中で中枢での活躍の場面が少なくなる。善信が最後に重要な役割を演じたのは承久三年(一二二一)の承久の乱である。病気を押して出仕したかれは即時出撃を主張し、幕府体制を固めることに貢献した。同年八月、病が重くなるに及び問注所執事の職を子息康俊に譲り、同年八月九日に没す。八十二歳。

参考文献 『吾妻鏡』、『大日本史料』五ノ一、承久三年八月九日条

(飯沼　賢司)

みよしやすむね　三善康宗　⇨太田康宗《おおたやすむね》

みよしよしかた　三好義賢　一五二六―六二　戦国時代の武将。幼名千満丸。之康・之虎・元康などと称し、入道して実休と号す。豊前守。父は筑前守元長。兄は長慶。大永六年(一五二六)生まれる。兄が管領細川晴元に仕え、畿内で活躍している間、阿波にあり、守護細川持隆に仕えて、伊予や讃岐などに転戦した。一方、兄の要請があれば、阿波の兵を率い、淡路の安宅冬康・讃岐の十河一存《そごうかずまさ》ら弟たちとともに畿内近国で戦った。天文十六年(一五四七)七月摂津の舎利寺(大阪市生野区)の戦で晴元政権に対抗して挙兵した細川氏綱・遊佐長教に大勝し、三好氏の勢力増大に大きく貢献した。同二十二年六月義賢は弟の十河一存の力を借り、突如主君の持隆を阿波勝瑞城(徳島県板野郡藍住町)に襲って暗殺し、持隆の子真之を新たな国主に立てた。直接の原因は、持隆が足利義栄を将軍にしようと図ったのに対し、義賢が強硬に反対したことという。ただ、すでに天文十七年長慶が晴元に背いて以来、晴元の一族の持隆は三好氏と隙を生じていたといわれ、このあたりに遠因があったといえる。天文末年、十河一存が長慶によって和泉岸和田城主にされると、義賢は阿波とともに讃岐をも支配することになった。弘治元年(一五五五)正月には長慶の播磨侵攻に従い、明石表に上陸し、明石城・三木城を落とした。永禄元年(一五五八)十三代将軍足利義輝・細川晴元と戦うために兵庫浦に上陸し、堺に入ったが、長慶が義輝・晴元と和することを決していたため、十二月下旬には阿波に帰った。同年ごろ入道したようである。同三年六月長慶の河内攻略に協力するため、阿波・讃岐・淡路の兵を率いて尼崎に上陸。続いて河内十七箇所に進出した。さらに七月には畠山高政の高屋城(大阪府羽曳野市)を囲み、その後は安見直政の飯盛山城(大阪府四条畷市)攻撃の中心となった。十月には、高屋・飯盛山両城は落ち、河内は三好氏の支配下に入った。そして十一月義賢は長慶によって高屋城主にされ、河内一国の支配を任された。永禄四年閏三月には御相伴衆になった。同年七月六角義賢・畠山高政が挙兵して三好政権は危機に陥った。三好義賢は畠山・根来寺軍と対峙し、和泉久米田(大阪府岸和田市)に陣を張った。戦線は膠着状態が続いたが、翌五年三月五日の戦で本陣が手薄になったところを突かれて戦死した。三十七歳。義賢は勇将として知られたが、一方、茶を愛好し、武野紹鷗・千利休に学び、堺の茶人らと交流するという側面もあった。

三好義賢花押

参考文献　今谷明『戦国三好一族』、長江正一『三好長慶』(『人物叢書』一四九)

(久保健一郎)

みよしよしつぐ　三好義継　?―一五七三　戦国時代の武将。幼名熊王丸、のち孫六郎。はじめ重存、義存などと称す。左京大夫。父は十河一存《そごうかずまさ》。永禄四年(一五六一)四月幼くして父を失い、以降伯父の三好長慶に養育される。同六年八月長慶の嫡子義興が病死すると三好氏の家督となった。翌七年七月長慶が病死すると後を継ぎ、三好三人衆(三好長逸・三好政康・石成友通)が後見となった。しかし、義継は凡庸で若年であったこともあり、長慶の死後は畿内に覇を唱えていた三好政権は三人衆と松永久秀の権力抗争の渦中に投ぜられた。同八年十一月河内飯盛山城(大阪府四条畷市)にあった義継は三人衆に連れ出され、高屋城(大阪府羽曳野市)に移された。名目上とはいえ、三好氏の当主を手中にすることは大きな意味があったと見られ、事実、この後戦局は三人衆側に有利

三好義継花押

になった。しかし、若年の義継は三人衆に冷遇されたため、側近らの不満が募り、久秀方への内通が進められ、同十年二月義継は少数の側近とともに久秀のもとに奔った。義継を得た久秀は勢いを盛り返し、久秀と三人衆の争いは一進一退で、収拾のめどが立たなかった。しかし、同十一年九月織田信長が足利義昭を擁して上洛してくると、三人衆は逃亡し、義継と久秀は降伏した。同年十月義継は信長により、河内の若江城（大阪府東大阪市）城主にされて河内北半国を宛行われ、さらに翌十二年三月室町幕府第十五代将軍となった足利義昭の妹と結婚した。これで義継の地位は安泰かとみられたが、信長と義昭の間は次第にうまくいかなくなり、元亀二年（一五七一）ころには義継も義昭方に加担するかと見られた。天正元年（一五七三）四月、義昭は二条城（京都市上京区）に籠って信長に敵対し、七月三日には槇島城（京都府宇治市）に移ったが、敵しえず、十八日降伏して山城を追放された。義昭は本願寺光佐の斡旋により、二十一日妹婿の義継を頼って若江城に移ってきた。義昭は十一月五日若江城を出て和泉堺に移ったが、義継は義昭をかくまった罪を問われ、信長の命を受けて若江城を囲んだ佐久間信盛らの攻撃を支えきれず、同月十六日自刃して、三好氏の本宗は滅んだ。

参考文献 『大日本史料』一〇ノ一八、天正元年十一月十六日条、今谷明『戦国三好一族』、奥野高広『増訂織田信長文書の研究』上・補遺索引　（久保健一郎）

みわおう　神王　七三七―八〇六　奈良・平安時代前期の皇親、政治家。天智天皇皇子施基親王の孫。榎井親王の子。桓武天皇の従兄弟にあたる。天平九年（七三七）生まれる。神護景雲元年（七六七）従五位下に直叙され、すすんで宝亀十一年（七八〇）正四位下で参議に列せられ、諸官を歴任して、延暦十二年（七九三）従三位、同十三年中納言、同十五年に大納言、同十七年には右大臣に昇った。この官歴が示すように桓武朝後期政界の中心的存在で、よく桓武天皇を輔けて諸政の改革に努めた。大同元年（八〇六）四月二十四日右大臣従二位で没した。ときに年七十。正二位を贈られた。性格は謹しみぶかく、物に接して淡泊であったから、顕要の地位にあったが良く終りを全うしたと評される。　（林　陸朗）

みわせいあ　三輪西阿　⇩玉井西阿《たまいせいあ》

みわのさかう　三輪逆　六世紀なかごろの廷臣。三輪君逆・大三輪逆君とも書き、『日本書紀』では敏達天皇と炊屋姫（推古天皇）の寵臣とする。『日本書紀』敏達天皇十四年六月条の「或本」には、逆は物部守屋大連・中臣磐余《いわれ》連と寺塔を焼き仏像を捨てようとしたが、蘇我馬子は従わなかったと記し、同年八月条には敏達天皇が崩じた時、馬子と守屋が怨恨を生じ、逆は隼人を殯宮に配置して、その争いを防いだと伝える。用明天皇元年五月条には、穴穂部皇子が炊屋姫を奸しようと殯宮に入るのを、逆は兵衛をして宮門を固めて防いだ。そこで皇子は守屋とともに兵を率いて逆を討った。逆は三輪山にかくれ、さらに炊屋姫の別業（海石榴市宮《つばきいちのみや》）にひそんだが、ついに斬殺されたと述べる。『日本書紀』の註には敏達天皇の寵愛をうけ、「内外の事」を委ねられたと記す。　（上田　正昭）

みわのたけちまろ　三輪高市麻呂　六五七―七〇六　天武―文武朝の官人。壬申の乱の功臣。大三輪・大神にもつくる。神納言・大神大夫とも称される。父は三輪利金。壬申の乱では吉野方の将軍大伴吹負《ふけい》の指揮下に入り、置始菟《おきそめのうさぎ》とともに飛鳥から上ツ道を北上、箸陵付近で近江軍を破り、勝ちに乗じて廬井造鯨《いおいのみやつこくじら》の軍の背後にまわり敗走させた。朱鳥元年（六八六）、直大肆の位階で、天武の大喪に理官の事を誄した。持統天皇六年（六九二）、天皇の伊勢行幸を農事を妨げるとして直大弐中納言の地位をかけて諌言したが、聞き入れられず官を去った。この一件は奈良時代にも有名で、『日本霊異記』には説話がみえ、『懐風藻』には藤原麻呂が詩を詠んでいる。以後、大宝二年（七〇二）に従四位上で長門守に任じられるまで官歴は知られない。『万葉集』にはこの時、三輪河の辺で宴した歌と筑紫国に任じられた時、安倍広庭から贈られた歌がある。同三年、左京大夫となり、慶雲三年（七〇六）二月六日に没したが、壬申の年の功により従三位を贈られた。

参考文献 直木孝次郎『持統天皇』（『人物叢書』四一）、北山茂夫「持統天皇論」（『日本古代政治史の研究』所収）、仁藤敦史「行幸観の変遷」（『古代王権と官僚制』所収）　（仁藤　敦史）

みん　旻　？―六五三　七世紀の入唐学問僧。史料上の初見は、『日本書紀』推古天皇十六年（六〇八）九月条の遣隋使小野妹子に従い、高向漢人《あやひと》玄理や南淵漢人請安らと留学したという記事であり、学問僧新漢人《いまきのあやひと》日文とみえる。舒明天皇四年（六三二）帰国、乙巳の変（大化元年（六四五））後、新政権が成立すると、高向玄理とともに国博士に任命され、同年十月十師の制が設けられると、その一員に加えられる。ただ、寺主僧旻とあることは、飛鳥寺の寺主でもあったものか。『日本書紀』大化五年二月条には、高向玄理との二人に八省・百官を置かしむとあるが、これは新官制の文案作成でも命ぜられたものであろうか。翌年二月に穴戸国司より白雉が献上されると、祥瑞思想について知見を披露している。このことは、『家伝』に、帰国後の旻の堂には中臣鎌足や蘇我入鹿らが集まり、『周易』の講義を聞いたとあることや、舒明天皇九年に流星があった時の雷に似た音を天狗の吠ゆる声であると主張し、同十一年の彗星出現より飢饉を予告したことなどを考えあわすと、旻の中国で学んだこの方面の知識の豊かさが推測される。白雉四年（六五三）五月には、孝徳天皇が臥病の旻を僧房に見舞い、六月に命終すると、彼のために画工狛竪部子麻呂らに多くの仏菩薩像を作らせ、川原寺（山田寺）に安置したという。なお、『日本書紀』所引の「或本」には、五年七月阿曇寺に行

幸した天皇は、病床の旻の手をとり、「若し法師今日亡なば、朕従ひて明日に亡なむ」といったと伝える。

参考文献 吉田一彦「僧旻の名について」(薗田香融編『日本仏教の史的展開』所収) (佐久間　竜)

みんきそしゅん　明極楚俊　一二六二—一三三六　鎌倉時代後期に中国から来日した禅僧。楚俊は法諱。元国慶元府昌国の黄氏の出。虎巌浄伏の法を嗣いだ。中国ですでに名の知られた僧であったが、径山《きんざん》の前堂首座《しゅそ》を勤めていたころ、日本からの招請に応じて来日した。天暦二年(元徳元、一三二九)、竺仙梵僊・天岸慧広・物外可什・雪村友梅らと同船して、五月に博多に着いた。このころ、大友貞宗が竜山徳見を招請しようとして使者を派遣するなど、日本では留学僧や特使を通じて中国の高僧を招き禅宗を定着させようとする動きが盛んであった。明極の来日もこの動向のなかで実現したものである。翌年、招かれて関東に下向する途中、京都で後醍醐天皇に謁して法問をうけた。同二月、北条高時は明極を建長寺の住持に任じた。このとき竺仙が前堂首座として教化を助けた。元弘三年(一三三三)の政変以後、後醍醐天皇によって南禅寺第十三世に迎えられ、翌建武元年(一三三四)正月、南禅寺は五山第一とされた。この年建仁寺に移り、第二十四世となる。同三年九月二十七日、同寺現住のまま示寂した。享年七十五。建長寺の雲沢庵、南禅寺の少林庵、年次は不明だが摂津に開創した(一説に勧請開山という)広厳寺の浄土院に分塔された。のちに勅して仏日燄慧《えんね》禅師と号し、その一派を燄慧派という。法嗣に懶牛希融・草堂得芳らがいる。著書に『明極和尚語録』六巻があり、その一部は『明極楚俊遺稿』として『五山文学全集』三に収められている。

参考文献 『大日本史料』六ノ三、延元元年九月二十七日条、玉村竹二『五山禅僧伝記集成』、北村沢吉『五山文学史稿』 (今泉　淑夫)

む

むいんげんかい　無隠元晦　?—一三五八　鎌倉・南北朝時代の臨済宗幻住派の僧。はじめ日外、のち無隠と改号。豊前の人で、延慶三年(一三一〇)復庵宗己などと入元し、中峰明本に師事して嗣法する。帰朝は嘉暦元年(一三二六)で、中国僧清拙正澄の来朝と同じ船である。建仁寺に住持となった清拙に請われ前堂首座をつとめたが、大友氏泰の招請を受け、建武二年(一三三五)に筑前の顕孝寺に入寺、ついで筑前の聖福寺第二十一世住持となり、さらに五山の建仁寺第三十二世住持となる。貞和五年(一三四九)には南禅寺の第二十一世住持となった。開創寺には、壱岐の海印寺、筑前の宝覚寺などがある。法嗣に少室□昌・透関□徹などを出す。五山文学僧中巌円月や雪村友梅などと交友があったが、延文三年(一三五八)十月十七日寂す。塔は南禅寺幻住庵と聖福寺幻住庵に設ける。康正二年(一四五六)に後花園天皇より、法雲普済禅師の諡号を下賜された。

参考文献 『大日本史料』六ノ二二、延文三年十月十七日条、卍元師蛮『延宝伝燈録』五(『大日本仏教全書』) (竹貫　元勝)

むが　無我　⇩隆寛《りゅうかん》

むがくそげん　無学祖元　一二二六—八六　鎌倉時代に渡来した臨済宗破庵派の僧。道号は無学、法諱は祖元。はじめ子元と号したが、のちに無学と自称した。宋国明州慶元府鄞県の人、父許氏と母陳氏との間に宝慶二年(一二二六)に生まれた。七歳にして家塾に入って習学したが、十三歳で父を失ったので俗兄の仲挙懐徳に従って浄慈寺に赴き、北磵居簡について剃髪受戒して祖元と安名された。嘉熙三年(一二三九)に径山に登って無準師範に参じ、狗子無仏性の公案に参じて五年、ようやく悟入の境地に至って投機の偈を無準に呈した。淳祐八年(一二四八)霊隠寺の石渓心月に参じ、同十一年には育王山に移って偃渓広聞について蔵主を司り、ついで秉払《ひんぽつ》を遂げたが、同十二年霊隠寺に移って霊鷲庵に居した虚堂知愚に参じた。諄々と説く虚堂の話にようやく言詮を絶した境地に到達した。再び天童山に帰り、翌宝祐元年(一二五三)には大慈寺に移って物初大観に参じ、厠・手洗などの掃除係の浄頭《じんじゅう》を希望した。この間に香厳撃竹の公案に参じ、井楼にあって水を汲まんとして轆轤を引き、その回転の音を聞いて豁然として大悟した。物初の会下で首座《しゅそ》となり、ついで四明の慈渓県の羅李勉に請ぜられて東湖の白雲庵に住し、老母を養って孝を尽くして終焉に至るまで七年庵居した。景定四年(一二六三)冬に、師《す》兄《ひん》の退耕徳寧が霊隠寺に住したので、これを助化して首座となった。咸淳五年(一二六九)十月二日に、台州の真如寺に請ぜられて赴任したが、宋室の弱体は元軍の侵入を招いたので雁蕩山能仁寺に避乱した。有名な臨剣頌はこの時の作である。至元十四年(一二七七)天童山に帰って環渓惟一のもとで首座となり、その接衆を助けたが、至元十六年(弘安二)に北条時宗の使命を帯びた傑翁宗英と無及徳詮が天童山に登って日本来航を促す招聘状を届けた。執権時宗は蘭渓道隆の後任を環渓に求めたのである。環渓は老体を理由に固辞して無学を推薦し、門弟の鏡堂覚円をこれに随侍させた。環渓は本師無準に代わって無学に法衣を付与し、辞衆上堂の後の五月二十六日に出立し、六月二日乗船して同二十五日ごろ博多に着岸した。北条氏出身の無象静照は聖福寺にあっ

無学祖元花押

「無学」

「無学」
無学祖元印

たが港湾に出迎え、鎌倉建長寺の法座に就いたのは八月二十一日である。香を無準に焚いて嗣法を表し、日本大衆の接化に着手した。執権時宗は無及徳詮を通訳として無学に参禅したが、弘安五年(一二八二)十二月鎌倉山之内に円覚寺を創めて開山初祖とした。住すること二年にして再び建長寺に帰り、弘安九年九月三日に末後の法を説いて寂した。六十一歳。荼毘にして建長寺後山に葬った。塔を常照・塔院を正続庵という。のち仏光禅師と勅諡され、さらに貞治二年(一三六三)五月後光厳天皇より円満常照国師と追諡された。よってこの門派を仏光派という。門弟に一翁院豪・高峯顕日・規庵祖円・大用慧堪・建翁慧鼎・雄峯奇英・見山崇喜・桂潤清輝・雲屋慧輪・頓庵契愚・太古世源・白雲慧崇・孤雲慧約・古倫慧文・無外慧方・無外如大など三十余名がある。遺著に『仏光国師三会語録』がある。一巻は台州真如寺の上堂法語、二巻は拈香・秉払・偈頌、三巻は建長寺上堂法語、四巻は円覚寺上堂法語・普説・小仏事、五巻は建長寺普説、六巻は檀那家普説、七巻は法語、八巻は仏祖讃・自賛・偈頌、九巻は拾遺雑録(普説・書簡・偈頌・小仏事・法語・跋・付録・行状・塔銘)、十巻は年譜・塔銘で、行状は浄慈寺住持霊石如芝の撰、竜峯普慈禅寺住持用潜覚明の撰、無象静照撰の三本があり、塔銘は掲傒斯の撰、無学の俗甥である東陵永璵の撰する正脈院塔銘の二本がある。後年に高峯顕日の法孫である中山法穎が、掲傒斯の撰になる塔銘に、語録などから関連記事を抜粋挿入して編集した『仏光禅師塔銘』もある。『続群書類従』伝部所収と『大日本仏教全書』所収の十巻目はこれである。語録は五山版・寛文版・宝永版・享保版などがあり、『国訳禅宗叢書』一四、『(大正新脩)大蔵経』八〇などにも収められる。

参考文献 『円覚寺文書』(『鎌倉市史』史料編二)、玉村竹二・井上禅定『円覚寺史』、『鎌倉市史』社寺編、葉貫磨哉「西澗子曇行状より見た初期鎌倉禅林―北条時宗禅宗信仰の一断面―」(『駒沢史学』二〇)、玉村竹二「仏光国師無学祖元」(『日本歴史』四四)、同「宋僧泉古澗について」(同一六三)

(葉貫 磨哉)

無学祖元画像

むかんげんご 無関玄悟 一二一二―九一 鎌倉時代の臨済宗聖一派の僧。道号は無関。法諱は玄悟、普門房と称し、房号普門も法諱に用いた。建暦二年(一二一二)に生まれる。信州保科(長野市若穂保科町)の人。俗姓源氏。七歳で越後国蒲原郡菅名荘にある正円寺(新潟県中蒲原郡村松町)の伯父寂円について僧童(駆烏)となり、十三歳に至って剃髪受具した。のち信州塩田(長野県上田市別所温泉)の講席に列して経論を学び、数年にして再び正円寺の寂円に侍した。十九歳となって上野世良田(群馬県太田市尾島町)の長楽寺に赴き、釈円房栄朝について菩薩戒を受け、また関東・北越の講席を歴遊したが、京都東福寺の円爾の名声を聞いてこれに参じた。随侍すること五年再び越後に帰り、華報寺の本智に席を譲られて教寺を改めて禅寺となした。建長三年(一二五一)海を渡って宋に入り霊隠寺の荊叟如珏に参じ、ついで浄慈寺の断橋妙倫に参じたが、景定二年(弘長元、一二六一)四月二十五日に法衣・頂相を授けられて印可された。断橋の寂後に江南の禅刹を歴参したが、明州鄞県に日本船の停泊するを見て乗船し、薩摩河辺郡に帰着した。とどまること二年にして京に登って東福寺の円爾に相見し、東福寺の二世に請ぜられたが辞して鎌倉に下り、寿福寺の蔵叟朗誉が首座に要請したが、固辞して越後に赴いて安楽寺に住した。円爾の病の重きを聞いて京に登って問病し、再び東福寺に請住されたが辞して摂津の光雲寺に住した。弘安四年(一二八一)に東山湛照の後席として、一条実経は無関を東福寺に請住せしめた。亀山上皇の離宮である禅林寺松下殿には、正応元年(一二八八)以来しばしば妖怪が現われた。上皇は西大寺叡尊に命じて鎮座の秘法を修行させたが功験なく、上皇は無関に妖怪の降伏を命じた。無関は二十員の僧衆を率いて二時の粥飯、四時の坐禅を修するのみで

無関玄悟花押

無関玄悟画像

あったが妖怪は漸く安息した。上皇はこれによって離宮を禅寺とし、無関をもって南禅寺の第一祖とした。秋に東福寺に帰り、東福・南禅の両寺を兼帯したが、正応四年十二月十二日子刻示寂した。歳八十(一説、八十一)、東福寺の竜吟庵に塔じた。よってこの門派を聖一派の竜吟門派という。嘉元元年(一三〇三)冬に仏心禅師と勅諡され、元亨三年(一三二三)冬には大明国師と追諡された。暦応二年(一三三九)春に虎関師錬は南禅寺に住し、無関の塔を建てて霊光といい庵を天授と号したが、明徳四年(一三九三)秋に火災となり、虎関の門弟性海霊見が復興した。このちに天授庵の守塔比丘玄瑛が、天授庵の塔銘のないことを憂えて、『元亨釈書』の無関伝、『亀山帝外記』、巌賓明投の撰する『大明国師行状』の三本を携えて、南禅寺前住の椿庭海寿を、山内の語心院木杯軒に尋ねて塔銘の執筆を依頼した。椿庭は応永七年(一四〇〇)夏四月に銘をなし、これを以て守塔比丘玄瑛は天授庵に碑銘を建てた。なお、この碑名を記した『無関和尚塔銘』は『続群書類従』伝部に収められている。

参考文献 白石虎月編『東福寺誌』、桜井景雄編『南禅寺史』上、玉村竹二『五山禅林宗派図』、中川成夫「越後華報寺中世墓址群の調査—中世禅僧墓制の考古学的研究—」(『立教大学文学部史学科調査報告』四)、葉貫磨哉「入明僧椿庭海寿評伝」(『駒沢史学』五)

(葉貫 磨哉)

むきょくしげん 無極志玄 一二八二—一三五九 鎌倉・南北朝時代の臨済宗夢窓派の僧。道号は無極、法諱は志元、のちに志玄と改めた。弘安五年(一二八二)に生まれる。順徳天皇四世の孫善成王の兄。俗姓は四辻氏。幼にして安部の願成寺に入って南洲宏海を拝して僧童となり、十三歳に至って剃髪受具して志元と安名された。のち東寺に往きて密教を学び、ついで東福寺の無為昭元に参じて志玄と改名した。徳治二年(一三〇七)の夏に無為に随侍して鎌倉の円覚寺に移って請客侍者となり、元亨三年(一三二三)の北条貞時十三回忌の時には書記であった。元徳元年(一三二九)八月に北条高時は夢窓疎石を円覚寺に請じ、無極は会下にあっても夢窓に参禅しなかった。人あって高峯顕日の法を嗣ぐ夢窓の説法に、耳を傾けることを勧めるので方丈に走って相看した。機縁がかなってついに首座《しゅそ》となり、また無極の叢林の礼楽に詳しいことから、夢窓は他日に大方叢林に晋住した時には、一衆を統御して貰おうと約束した。ついで高時は無極を鎌倉の東勝寺に請じたが固辞し、やがて南禅寺に勅住した夢窓は、建武元年(一三三四)にこれを招いて第一座とした。翌年夢窓は嵯峨の臨川寺に退き、さらに臨川寺を無極に譲って三会院に隠居した。ついで足利尊氏・直義兄弟は天竜寺を創めて夢窓を開山に請じたが、貞和二年(一三四六)春には主席を無極に譲って雲居庵に退居した。夢窓に嗣法を表明しない無極に、周囲の同門は無等周位に夢窓の頂相を画かしめ、無極から夢窓に賛を請わしめた。夢窓は西芳寺にあったが加賛して嗣法の証とした。観応二年(一三五一)七月十五日に無極は天竜寺を退いて天竜寺雲居庵の傍の聚景軒に退居し、この月二十三日には南禅寺に請ぜられたが辞して就かず、文和元年(一三五二)春に天竜寺再住の綸命を受けて晋住し、夢窓に嗣香を焚いて嗣法を表明した。文和三年再び南禅寺に請ぜられたが固辞し、延文四年(一三五九)二月十六日七十八歳で示寂した。天竜寺慈済院に全身を塔じた。門弟に季璞梵珣・無己道聖・空谷明応があり、崇光上皇より仏慈禅師と諡号を賜わった。遺著に『色塵集』『天竜一指』などがあったといわれるが伝わらない。

無極志玄花押

参考文献 『大日本史料』六ノ二二、延文四年二月十六日条、卍元師蛮編『延宝伝燈録』三三(『大日本仏教全書』)、玉村竹二『夢窓国師』(『サーラ叢書』一〇)、同『五山禅僧伝記集成』

(葉貫 磨哉)

むくう 無空 ?—九一六 平安時代前期の真言宗の僧侶。俗姓橘氏。右京の人。中院僧正真然(空海の甥)入室の弟子で、内供奉、権律師を歴任し、寛平四年(八九二)には同門の寿長のあとを嗣いで第二代高野山座主となった。延喜十六年(九一六)東寺長者観賢が醍醐天皇の後援

を得て真言宗の重宝、三十帖策子の返納を迫ったため、門徒を率い冊子を抱いて山城国円提寺に奔り、同年六月二十六日、同寺に寂した。なお、没年を同十八年、もしくは同二十一年とする史料もある。

参考文献 『大日本史料』一ノ四、延喜十六年六月二十六日条、卍元師蛮『本朝高僧伝』八(『大日本仏教全書』)

(山陰加春夫)

むさのあお **身狭青** 五世紀後半の廷臣。姓《かばね》は村主《すぐり》。身狭は牟佐とも書き、大和国高市郡の身狭(奈良県橿原市見瀬町)の地。『日本書紀』雄略天皇二年十月条に天皇は暴悪だったが、ただ史部《ふみひと》の身狭村主青と檜隈民使博徳を愛寵したとあり、同八年二月条にこの二人が呉《くれ》の国(中国江南の地)すなわち当時の南朝に遣わされ、同十年九月条に呉が献った鵝鳥二羽を持ち帰ったが、その鵝鳥が筑紫で水間《みぬま》君の犬に喰われて死んだことがみえ、さらに同十二年四月条にもこの二人が呉に遣わされ、同十四年正月に呉が献った工人の漢織《あやはとり》・呉織《くれはとり》と衣縫《きぬぬい》の兄媛《えひめ》・弟媛《おとひめ》を連れ帰ったことがみえる。一方でまた同応神天皇三十七年条には東漢氏《やまとのあや》の祖の阿知使主《あちのおみ》とその子の都加使主《つかのおみ》を呉に遣わして、縫工女《きぬぬいめ》を求めさせたことがみえており、これらが中国南朝の正史にみえる有名な倭の五王の遣使記事に対応する日本側の伝えのすべてであるが、身狭村主や檜隈民使は東漢氏配下の帰化系の小氏族だったから、当時かれらが外交官として何度か南朝諸国に使いした事実が、互いに混乱してこのような形で伝えられたものか。

参考文献 関晃『帰化人』(『日本歴史新書』)、同「倭漢氏の研究」(『史学雑誌』六二ノ九)

(関　晃)

むじゃく **無著** 五世紀ごろにインドで活躍した、大乗仏教の唯識《ゆいしき》学派を代表する大論師。梵語名アサンガ Asaṅga、意訳すれば無執著。無着とも書く。北インド・ガンダーラ国、プルシャプラ市の人。はじめ、部派仏教の一つである化地部の僧侶として出家したが、大乗仏教の空の教義に興味を持ち、瑜伽師地論などの著者として

無著像

伝わる弥勒マイトレーヤに大乗仏教の空観を教えられてから、名をアサンガと改め、大乗の諸教義を研究し、特に瑜伽《ゆが》・唯識説の組織・体系化に功績を残した。主著に、『摂大乗論』『大乗阿毘達磨集論』『顕揚聖教論』『金剛般若論』『順中論』などがあり、後世の唯識学派に大きな影響を与えた。また、弟バスバンドゥ(世親《せしん》)がおり、『倶《く》舎論《しゃろん》』を作って大乗仏教を批判したが、それを戒めて大乗仏教に転向させた。世親は、弥勒や無著の著作に注釈を施し、唯識説の発展に貢献した。

(丘山　新)

むじゃくみょうゆう **無著妙融** 一三三三―九三　南北朝時代の曹洞宗の僧。大隅の人、姓は日野氏。元弘三年(一三三三)生まれる。観応二年(一三五一)日向大慈寺の剛中玄柔につき出家し、翌年肥前万寿寺、ついで紀伊興国寺の孤峰覚明に参じ、また京の霊山興聖寺で修行し、薩摩の副田に結庵したが、貞治元年(一三六二)能州総持寺より来た無外円照に随い、日向の皇徳寺において嗣法し同寺の寺主となり、同国持福寺開創を経て、同五年には太平寺を開き無外を請しみずからは二世になる。降って永和元年(一三七五)豊後に永泉寺と泉福寺を開き、至徳元年(一三八四)信濃太守藤原季高の室の請により肥前に玉林寺を創め、到るところで雲集する人々を導いた。

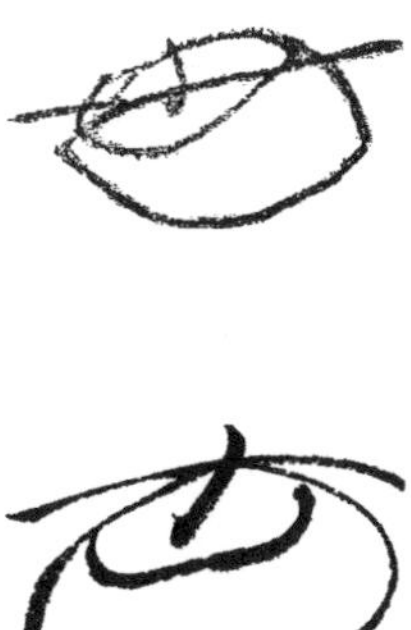

無著妙融花押

その他、師を開山とするもの肥前の医王寺、豊後の興禅院・光明寺、筑前の大生寺・雲峰寺のほか越後の光徳寺などがある。明徳四年(一三九三)、豊後の泉福寺に病み八月十二日示寂。六十一歳。真空禅師と諡され、得法の者十九人という。『無著禅師語要』一巻がある。

参考文献 『大日本史料』七ノ一、明徳四年八月十一日条、木馬妙田編『弘化系譜伝』三(『曹洞宗全書』史伝上)、湛元自澄編『日域洞上諸祖伝』上(同)、嶺南秀恕編『日本洞上聯燈録』三(同)

(桜井　秀雄)

むじゅうどうぎょう **無住道暁** 一二二六―一三一二　鎌倉時代の僧にして説話集の編者。法諱道暁、道号無住。房号一円。嘉禄二年(一二二六)十二月二十八日、鎌倉で出生。俗姓梶原氏。梶原景時の孫、または曾孫とされる。幼にして下野・常陸に転じて親族に養われ、十八歳、常陸法音寺で出家。教王房円幸に『倶舎頌疏』を学び、法身房に『法華玄義』を修め、建長四年(一二五二)二十七歳、上野世良田の長楽寺で蔵叟朗誉に師事して『円覚経』を聞き、二年後園城寺の実道に止観を学んだ。翌年南都へ行き律学につとめること五、六年、三十五歳、再び鎌倉寿福寺の蔵叟の座下にあって坐禅を志したが、脚気をわずらい、翌年さらに南都の菩提山正暦寺で真言を学ぶことになる。このころ東福寺開山聖一国師円爾に参じてその印可を得たとされるが、委しい年時は不明である。弘長二年(一二六二)三十七歳、尾張木賀崎の長母寺に止住、やがてその住持となり、以後五十年のほとんどをここで過ごし、のちに伊勢桑名の蓮華寺の住持をも兼務した。弘安二年(一二七九)五十四歳の夏、仏教説話集『沙石集』を起稿し、同六年同書十巻を完成。永仁七年(正安元、一二九九)『聖財集』三巻を草し、翌年『妻鏡』一巻を著わしている。嘉元三年(一三〇五)八十歳、『雑談集』十

無住道暁花押

無住道暁像

巻を脱稿した。これより先、長母寺内の桃尾軒に退隠し、自著の増補訂正に従った。正和元年(一三一二)十月十日示寂。八十七歳。天文十五年(一五四六)大円国師号をおくられている。

[参考文献] 乾嶺編『無住国師略縁起』、諦忍妙竜『無住国師道跡考』、卍元師蛮『延宝伝燈録』一〇(『大日本仏教全書』)、同『本朝高僧伝』(同)　（加藤　正俊）

むそうそせき　夢窓疎石　一二七五―一三五一　鎌倉・南北朝時代の臨済宗の僧。道号は夢窓、法諱は疎石、別に木訥叟と称した。伊勢の人。宇多天皇九世の孫で母は平氏。建治元年(一二七五)に生まれる。弘安元年(一二七八)に母方の一族に紛争が起り、父は家を挙げて甲斐に移り、八月に母は没した。同六年父に従って同国平塩山寺の空阿大徳について出家を志し、ややあって剃髪したが正応五年(一二九二)に叔父の明真講師を頼って南都に赴き、慈観について登壇受戒した。再び平塩山寺に帰って新戒の位にあったが、永仁元年(一二九三)に天台教学を説く明真の死に逢い、多聞博学な僧でも死に臨んで一字も説かず、仏法の大意を悟ることができなかったのだと知り、密かに教外別伝の禅宗に関心を持った。道場を結界し仏像を安置して百日の祈禱に入り、仏の指示あらんことを願った。満期を三日残す日の夕刻、夢に異人が現われて疎山と石頭山に案内し、長老より達磨半身の像を与えられ、目が覚めた。これによって禅宗に縁あるを知り、永仁二年に京都を経て紀伊の無本覚心に参じようとしたが、知人の徳照に逢い、大方叢林にあって規矩を学んだ後でも遅くはないといわれ、その指示を受けて建仁寺の無隠円範に参見し、法諱を智曤と安名され、のちに法諱を疎石、道号を夢窓と自称した。永仁三年十月に鎌倉東勝寺の無及徳詮に参じ、ついで建長寺の葦航道然に、永仁四年には円覚寺の桃渓徳悟の会下に転じ、その指示で再び建長寺の痴鈍空性に参じて禅客となった。翌年建仁寺の無隠円範の許に戻ったが、正安元年(一二九九)八月に一山一寧が来朝し、京都の宿所にこれを訪ね、さらに伊豆流罪から建長寺に赴任した一山の名声を聞き、鎌倉に下って一山の会下に連なり、程なく首座となった。翌年秋に羽州の知人を訪ねようとしたが、訃音を聞いて松島寺にとどまり、近隣に住む天台講師の教学を聞いた。十二月に那須雲巌寺の高峯顕日に参ぜんとしたが留守のためしばらく滞在した。正安三年二月那須を辞して建長寺の一山の許に赴き、翌乾元元年(一三〇二)冬には一山に付随して円覚寺に転錫した。嘉元元年(一三〇三)日本語を話さない一山との間に、参禅の問話に精緻を欠くので、乾明山万寿寺の高峯顕日の許に移って大いに啓発された。辞して道友の招きを受けて奥州白鳥郷(岩手県奥州市前沢町白鳥)に赴き、翌年二月には白鳥を去って内草山に単座した。嘉元三年二月に内草を出て鎌倉に帰る途中常陸臼庭(茨城県北茨城市華川町臼場)の接待庵で、比佐居士なる檀越によって、閑静な小庵を与えられてこれに居し、十月には浄智寺の高峯に再参し、問答数番を交した翌日大いに印可された。即日甲斐に帰って親に見え、ついで檀那の招きを受けて浄居寺の開山となった。徳治二年(一三〇七)高峯の頂相を描いて万寿寺に走って高峯に賛を請い、高峯授けるに無学祖元よりの伝衣を以てした。延慶元年(一三〇八)維那を司り、夏過ぎて辞意を述べると法語一篇を与え、途中建長寺玉雲庵の一山にも別れを告げた。一山与えるに長偈一篇を授けて送行の餞とした。八月旧業の平塩山寺に登って静達に見え、静達は密教の伝法を迫ったが受けず、翌年那須の雲巌寺に赴いて安否を問い、高峯これを留めて書記に充てた。応長元年(一三一一)春に人烟を離れた甲斐の山里に竜山庵を構えて居したが、道を求めて集まる僧が多く、このために庵を浄居寺に移した。正和二年(一三一三)浄智寺にある高峯が、上野長楽寺に推挙しようとすると、浄居寺を起って美濃長瀬山(岐阜県多治見市虎渓山町)に古谿庵を構えて隠栖した。文保二年(一三一八)九月に京都北山に居し、翌年正月には土佐の五台山に入って吸江庵を構えて北条貞時夫人の招請を断った。夫人は元応元年(一三一九)に使いを遣わして帰鎌を求めたので、やむなく鎌倉に戻って勝栄寺に住し、ついで同門の太平妙準は夫人を頼んで雲巌寺に請じようとしたので、三浦の泊船庵に移って人烟を絶ち、元亨三年(一三二三)には上総千町荘(千葉県いすみ市夷隅町)に退耕庵を構えて庵居したが、正中二年(一三二五)春に後醍醐天皇は南禅寺に請住した。病と称して辞したが、天皇は北条高時

夢窓疎石花押

「夢窓」

「沙門疎石」

「夢窓」

「夢」

「疎石」
夢窓疎石印

夢窓疎石画像

を介して再び請じたので、元翁本元を伴って上京した。便殿に座を賜わって宗要を説き、ついで八月二十九日南禅寺に入寺した。嘉暦元年(一三二六)七月に北条高時は鎌倉寿福寺に請じたが、避けて伊勢に赴いて善応寺を開き、那智山を巡拝して鎌倉に帰り、九月には永福寺の傍に南芳庵を創めて庵居した。翌年二月浄智寺に請ぜられたが、辞し難く夏過ぎまで住山して南芳庵に帰り、八月には瑞泉寺を開いて移り、嘉暦三年冬には円覚寺に請住された。固辞したが翌元徳元年(一三二九)八月に再び円覚寺を以て請ぜられ、同門兄弟も強く勧めるので二十九日入寺した。百廃ともに興して翌年九月密かに瑞泉寺に逃帰した。門を閉して訪人を絶ち、ついで甲州牧荘に恵林寺を創めて移り、元弘元年(一三三一)二月瑞泉寺に帰った隙に北条高時は建長寺に請住した。嶮崖巧安を推挙して翌年春には恵林寺に帰り、この年に播磨に瑞光寺を開いた。同三年正月嶮崖が建長寺を退くと、高時は再び建長寺を以てしたが辞して瑞泉寺にあった。五月に鎌倉幕府は滅び、夢窓は敗走の士卒を兵刃の難から救って過ごしたが、六月十日に後醍醐天皇は足利尊氏に勅して官使を遣わし、夢窓を京都に召した。七月入京して参内し、天皇は臨川寺に居らしめて厚く礼遇した。寺の北に塔亭を創めて弥勒仏を安座し、東に皇子世良親王を祀り、西に開山塔を建てて三会院と称して本拠とした。翌年九月天皇は禁裏に召して弟子の礼を執り、ついで南禅寺再住の詔を下した。建武二年(一三三五)十月に夢窓国師と特賜されたが、翌年京都に兵乱が起って南禅寺を退き、臨川寺に帰住したが、この年足利尊氏は夢窓を幕府に請じて弟子の礼を執った。暦応二年(一三三九)『臨川家訓』を定め、四月には西方教寺を改めて西芳寺と号して生来の隠遁性を満喫した。八月十六日になると後醍醐天皇は吉野で崩御し、尊氏は勅を奉じて追善道場を亀山行宮に建て、霊亀山天竜資聖禅寺と称し、夢窓を請じて開山初祖とした。細川頼之は阿波に補陀寺を創めて開山に請じ、光厳上皇は康永元年(一三四二)四月に衣鉢を受け、高師直もまた正脉庵を拡大して真如寺と号して住せしめた。貞和元年(一三四五)八月に後醍醐天皇七回忌を以て天竜寺開堂法会を行い、翌年席を無極志玄に譲って雲居庵に退居した。光明天皇は内裏に召して受衣し、夢窓正覚国師と特賜した。貞和五年三月足利直義が、十二月に足利義詮が、観応元年(一三五〇)二月に太上、太皇后、皇太后および諸宮妃官女らが受衣したが、翌年七月に僧堂の完成を期して再住し、後醍醐天皇十三回忌を厳修した。光厳上皇は八月十五日に院使を遣わして心宗国師と加賜されたが、九月三十日示寂した。七十七歳。全身を三会院に塔じ、平生の爪髪を天竜寺雲居庵に塔じた。南禅・浄智・円覚・天竜の四会の語録があり、東陵永璵《とうりんえいよ》の序があり、跋は楚石梵琦が至正二十六年(貞治五、一三六六)八月に記して居り、三百五十回忌の遠忌に刊行した元禄十三年(一七〇〇)の天竜寺版は、『年譜』『西山夜話』、東陵永璵の撰する『夢窓国師塔銘』、明の宋濂の撰する『夢窓国師碑銘』、『臨川家訓』『三会院遺誡』『西芳遺訓』『末後垂誡』『語録補遺』『七朝国師徽号』などを収めて上・下・拾遺付録の三巻である。五山版のほかに『国訳禅宗叢書』一輯五、『(大正新修)大蔵経』八〇にも収められている。無極志玄・春屋妙葩・竜湫周沢・青山慈永・徳叟周佐・義堂周信・曇芳周応・絶海中津・無求周伸・方外宏遠・不遷法序・黙翁妙誡・古天周誓・観中中諦・黙庵周諭・碧潭周皎・古剣妙快・鉄舟徳済ら夥しい門弟がおり、五山派中最大の門派となった。

参考文献 『大日本史料』六ノ一五、観応二年九月三十日条、玉村竹二『夢窓国師』(『サーラ叢書』一〇)

(葉貫 磨哉)

むとうしゅうい 無等周位 生没年不詳 南北朝時代の画僧。無等は号、周位は諱。臨済宗夢窓派で夢窓疎石のもとに参じ、その侍者となり、画をよくしたので師の頂相を多く描く。中でも唯一の確証ある作品は妙智院伝来の夢窓国師半身像(重要文化財)で、夢窓の自賛と「無等

周位筆」の款記がある。謹恪な筆線による簡潔な描写はよく東洋画の特色を発揮し、わが肖像画の傑作の一つと評価される。これに倣う伝世品も多い。画技は専門的で、画域も記録の上では西芳寺指東庵壁画の禅会図、同寺瑠璃殿壁画の鯉魚図、舎利殿の羅漢図二幅、夢窓の題字や竜湫周沢の書がある十牛図巻などがみられ幅広い活躍が示される。没年については観応元年（一三五〇）正月二十一日没の説がある。

参考文献 『蔭凉軒日録』、『空華日用工夫略集』、玉村竹二『五山禅僧伝記集成』、沢村専太郎「画僧周位に就て」（『国華』三四七）、渡辺一「無等周位」（『美術研究』七五）　（赤沢　英二）

むとうすけより　武藤資頼　⇨少弐《しょうに》資頼《すけより》

むねたかしんのう　宗尊親王　一二四二―七四　鎌倉幕府第六代将軍。一二五二―六六在職。中務卿になったため中書王とも呼ぶ。仁治三年（一二四二）十一月二十二日京都で誕生。父は後嵯峨天皇、母は平棟子。寛元二年（一二四四）正月に親王宣下。宝治元年（一二四七）式乾門院利子内親王の猶子になったが、建長四年（一二五二）四月一日鎌倉に下向、同月三日には第五代将軍藤原頼嗣が上洛、第六代将軍に任ぜられた。鎌倉幕府が念願していたはじめての皇族将軍であった。文応元年（一二六〇）北条時頼の猶子となっていた近衛兼経の女宰子と結婚、文永元年（一二六四）に嗣子惟康王（のち親王）、翌年九月に女子綸子が生まれた。将軍とはいえ、政治の実権は北条氏が掌握し、親王の公的役割は名目上のものでしかなかった。そのため、親王は学問と和歌とに情熱を傾け、早く建長六年十二月には源親行から『源氏物語』の講義を聞き、文応元年正月、御所に昼番衆を設置、一芸に秀でた者を順次祗候させた。和歌の面では弘長元年（一二六一）の正月に歌会始を催したのをはじめ、三月には歌仙結番制を設け、七月には後藤基政に関東近古秀歌の選出を命じた。以後も歌会を盛んに開き、入道真観（藤原光俊）や京都の冷泉為家らに自作への批評を請い、弘長三年、はじめての歌集『初心愚草』（散佚）を編んだ。そして、文永二年には六十七首が『続古今和歌集』にとられた。作家活動は終生つづくが、同三年六月二十三日、親王の室と子供たちが御所から出され、親王自身もやがて執権（北条政村）邸、ついで越後入道勝円（北条時盛）の佐介邸へと移され、七月四日帰洛の途につかされた。京都到着は同月二十日。幕府への謀叛を企てたためと『鎌倉北条九代記』は記すが、成人した親王の存在を危険視し、北条氏が追放したというのが真因であろう。時に二十五歳。京都では「いとしめやか」（『増鏡』）に暮らし、同九年出家、同十一年八月一日に死去。三十三歳。墓所は不明。家集に『文応三百首』『柳葉和歌集』『瓊玉和歌集』『中書王御詠』『竹風和歌抄』がある。

参考文献 『吾妻鏡』、安田元久編『鎌倉将軍執権列伝』、山岸徳平「宗尊親王と其の和歌」（『山岸徳平著作集』二所収）、石田吉貞「鎌倉文学圏」（『新古今世界と中世文学』下所収）　（三山　進）

むねよししんのう　宗良親王　一三一一―？　後醍醐天皇の皇子。応長元年（一三一一）生まれる。母は御子左為世の女為子。はやく妙法院性守の資として同院に入室し、尊澄法親王と称し、のちには同門跡をつぎ、また天台座主になった。元弘の乱に際し、父天皇を援けて笠置山に入り、軍事につとめた。笠置が陥るに及び、鎌倉幕府方の手に捕えられて讃岐に流された。建武新政が成るや、帰京して座主に還任した。しかしその後延元の乱が起り、延元元年（北朝建武三、一三三六）五月足利尊氏が九州から攻めのぼり、後醍醐天皇が難を避けて叡山に滞在中、同法親王は一品に叙せられた。そのころ宮は叡山を出て伊勢に赴き、一之瀬に在住、還俗して宗良親王と改名し、これよりもっぱら軍事に従うことになった。その後親王は遠江に移り、井伊城に滞在した。天皇が吉野行宮に移ったのち、延元三年九月親王らは北畠親房・顕信父子らに奉ぜられて、伊勢大湊から海路東国に赴く途中颶風に遭い、親王だけは遠江海岸に上陸、また井伊城に入った。これより信濃を本拠にして、越後・越中・武蔵の各地に転戦し、大いに武威をかがやかした。親王の詠歌「君のため世のためなにかおしからんすてゝかひあるいのちなりせば」は、武蔵小手指原出陣の際の作である。ところが正平七年（北朝文和元、一三五二）南朝は男山合戦に大敗して軍事力を著しく失い、また同十年八月親王も信濃桔梗ヶ原で、同国北軍の小笠原氏と決戦して敗れたあとは勢力衰え、天竜川支流小渋川の上流にある大河原（長野県下伊那郡大鹿村）に籠って守勢を維持し、ついに弘和の末、元中の初めころ同地で病死したものと推定される。その間文中三年（北朝応安七、一三七四）・天授二年（北朝永和二、一三七六）・同六年南朝行宮に赴き、ことに天授六年行宮参向の際、河内山田に滞留して、南朝君臣の詠歌を編集し、『新葉和歌集』と称したが、翌弘和元年（北朝永徳元、一三八一）十月十三日長慶天皇より綸旨を賜り、勅撰集に擬せられ、同年十二月三日これを奏覧した。別に親王には自詠歌集『李花集』があり、京都大徳寺に自筆書状一通が伝存する。

参考文献 市村咸人『信濃宮宗良親王』、同『宗良親王』、村田正志編『風塵録』（『村田正志著作集』七）、村田正志「大河原の遺蹟」（同一所収）　（村田　正志）

むほんかくしん　無本覚心　一二〇七―九八　鎌倉時代の臨済宗の僧。道号は無本、法諱は覚心、心地とも号した。信州神林県（長野県松本市）の人。俗姓は常澄氏。承元元年（一二〇七）に生まれ、十五歳で戸隠の神宮寺の忠学律師について仏書を習い、二十九歳となった嘉禎元年（一二三五）東大寺に至って登壇受戒した。のち高野山に登り伝法院の覚仏に密教を、道範に経典と儀範軌則を習い、禅定院（金剛三昧院）の行勇に

無本覚心花押

無本覚心画像（覚恵筆）

ついて禅を学んだ。延応元年（一二三九）行勇に従って鎌倉の寿福寺に移り、仁治三年（一二四二）には洛南深草の極楽寺に道元を拝して菩薩戒を受けた。宝治元年（一二四七）上野長楽寺の栄朝に、翌年には甲州心行寺の生蓮に参じたが、夏には草河勝林寺の天祐思順に参じて入宋の志を懐き、建長元年（一二四九）紀州由良浦を発して九州に渡り、三月博多を出帆して入宋した。径山の癡絶道冲、道場山の荊叟如珏、阿育山広利禅寺、天台山の石橋で羅漢に茶を供養したのち、大梅山で日本僧の源心に会い、ともに杭州臨安府の霊洞山護国仁王禅寺の無門慧開に参じ、ついに堂奥を極めて印可された。宝祐二年（建長六、一二五四）三月無門から『月林録』『無門関』の両録と頂相を授けられて六月上旬博多に帰着し、ついで葦屋津から紀伊の港に回って上岸した。高野山に登って禅定院の行勇に参じて首座となり、正嘉二年（一二五八）嗣書を無門に通じて禅定院の住持となり、ついで紀伊由良の西方寺（興国寺）の願性に請ぜられて、教寺を禅寺に改めて開山となった。文応元年（一二六〇）無門から嗣法の証として、皇帝御前陛座の法衣と東山七葉図を贈られた。文永三年（一二六六）信州に帰って母に孝養を尽くし、同五年鎌倉寿福寺に請ぜられたが辞して就かず、また弘安四年（一二八一）亀山上皇は京の勝林寺に召して禅要を問い、後宇多天皇は禅林寺に請じたが主上の師となることを憚って紀州に逃れた。また花山院師継は子息忠季追善のために、北山仁和の別業を寺とし、忠季の弟空岩心性と師信の兄弟は弘安八年に妙光禅寺に寿塔歳寒（のち改め霊光）を建てて開山に請じた。亀山・後宇多両上皇は再び嵯峨の離宮に無本を召して禅要を問い、ついで師資の礼を執った。花山院師信の奏上によるものである。永仁二年（一二九四）受業師行勇の牌を西方寺祖堂に入牌し、同五年には無門慧開の法恩に謝して護国寺を創め、無門を勧請してみずから二世に居した。永仁六年四月に西方寺（興国寺）の規法七ヵ条を記して遺戒とし、十月十三日九十二歳で示寂した。西方寺思遠庵に塔じた。亀山法皇より法燈禅師と勅諡され、のち後醍醐天皇より法燈円明国師と追諡された。よってこの門流を法燈派という。遺著に『法燈国師坐禅儀』『法燈国師法語』などがある。門弟に孤峯覚明・無住思賢・無伴智洞・黙翁祖久・東海竺源・辯翁智訥・高山慈照・恭翁運良・覚山心暁・空岩心性・嫩桂正栄・孤山至遠・碧潭素蟾らがいる。のちに孤山至遠の弟子自南聖薫が無本の遺録、願性＝葛山景倫の禅定院および西方寺檀那としての記録、慈願草録の『慈願記』などによって『鷲峰開山法燈円明国師行実年譜』を編した。願性は将軍源実朝に仕え、実朝亡き後は高野山禅定院にあって冥福を祈ったが、無本の入宋帰朝以後は左右に侍して外護に尽くした。建治二年（一二七六）四月二十三日、西方寺南大坊で寂した。

参考文献 『元亨釈書』六、玉村竹二『五山文学』（『日本歴史新書』）、同『五山禅林宗派図』、葉貫磨哉「洞門禅僧と神人化度の説話」（『駒沢史学』一〇）

（葉貫　磨哉）

むもんげんせん　無文元選　一三二三―九〇　南北朝時代臨済宗の僧。方広寺（静岡県浜松市引佐町奥山）の開山。後醍醐天皇の皇子で、母は昭慶門院といわれる。元亨三年（一三二三）生まれる。天皇が吉野で崩御した翌年の暦応三年（一三四〇）に出家。建仁寺で明窓宗鑑・可翁宗然・雪村友梅などに師事。康永二年（一三四三）入元を志し、博多の聖福寺で無隠元晦から教示を受ける。福州の高仰山大覚寺で古梅正友に参禅し、嗣法する。さらに、天寧寺の楚石梵琦、本覚寺の了庵清欲、竜翔寺の笑隠大訢などに謁し、天台山などを巡拝して、観応元年（一三五〇）帰朝。京都西山の帰休庵に数年を経たのち、美濃・三河・甲斐・駿河の諸地方に教化活動をする。三河広沢寺で遠江の地頭奥山六郎次郎朝藤（是栄居士）が参禅して帰依し、深奥山方広寺を創建して、開山に招請される。開創年次は至徳元年（一三八四）、一説に応安四年（一三七一）ともされる。朝藤は山林五十余町を至徳元年に寄進し、方広寺の寺基を確立。方広寺の無文下には常に多くの参禅者が集まっていたという。明徳元年（一三九〇）閏三月二十二日、六十八歳で示寂。聖鑑国師・円明大師の諡号がある。著に『無文和尚語録』二巻がある。享保十三年（一

無文元選画像

七二八)序刊、明治三年(一八七〇)・二十八年刊、昭和二十八年(一九五三)刊本があり、『(大正新脩)大蔵経』八〇、『禅学大系』祖録部四に所収。『無文録別考』の注釈書がある。明治年間の重刊本によると、上巻は小仏事・偈頌・道号など収載、下巻は『無文禅師行状』などを収載。

参考文献 『深奥山方広開基無文選禅師行業』、卍元師蛮『延宝伝燈録』六(『大日本仏教全書』)

(竹貫 元勝)

むらいさだかつ 村井貞勝 ?—一五八二 安土桃山時代の武将。織田信長の家臣。民部少輔・長門守・春長軒などと号す。信長が永禄十一年(一五六八)に足利義昭を擁して上洛し、京都を勢力下においてからは、もっぱら京都の民政に携わった。『信長記』には天正元年(一五七三)七月に京都の「所司代」に任じられたとある。天正三年ころまではしばしば明智光秀と連署で判物を発給しており、初期には光秀との共同統治が行われたようだ。その職掌柄、京洛の寺社に宛てて所領や得分の安堵などを伝えた文書を数多く残しており、活発に活動していたことを知りうる。また、禁裏御所の修築、将軍義昭の居館の新築、信長の京都宿所の建設、四条の橋の架設など、京中での各種の普請の際にも、常に彼が指揮を取っていることから、行政の才に長けていたことがうかがえる。天正十年六月二日の本能寺の変の折にも京都に滞在していたため、子息両名とともに信長に殉じて討死した。

(山室 恭子)

村井貞勝花押

村井貞勝画像

むらかみてんのう 村上天皇 九二六—六七 九四六—六七在位。醍醐天皇第十四皇子。母は藤原基経女穏子。諱は成明。延長四年(九二六)六月二日生まれ。十五歳で元服し、三品で上野太守・大宰帥に任ず。天慶七年(九四四)四月、立太子。同九年四月、朱雀天皇の譲位を受けて践祚。前代からの関白藤原忠平が天暦三年(九四九)に没したのちは、左右大臣の同実頼・師輔兄弟の輔弼をうけ、菅原文時らの意見を徴するなどして政務をとった。国司功過と租税確保の手続きなど、多くの公事が整えられ、倹約と諸芸文筆が奨励された治世は、のち醍醐天皇の治世とともに延喜・天暦の聖代と称された。同四年、師輔女安子所生の第二皇子憲平(冷泉天皇)が立太子。天徳二年(九五八)安子を皇后とした。後宮には女御・更衣十人をいれ、冷泉・円融天皇など男女十九人を儲けた。歌集に『村上天皇御集』があり、『村上天皇宸記』および天皇撰と伝える『清涼記』などの逸文が残る。漢詩にもすぐれ、琴・笙・琵琶を学んだ。康保四年(九六七)五月二十五日没。四十二歳。

参考文献 『大日本史料』一ノ一一、康保四年五月二十五日条

(山口 英男)

村上陵《むらかみのみささぎ》 京都市右京区鳴滝宇多野谷にある。『日本紀略』康保四年(九六七)六月四日条に山城国葛野郡田邑郷北中尾に葬るとあり、同書および『大鏡裏書』『扶桑略記』に「村上陵」と陵名がある。陵戸五烟が充てられた。中世以降所在不明となり、元禄以来諸説がたてられたが、

明治二十二年(一八八九)現陵が考定された。

参考文献 『大日本史料』一ノ一二、康保四年六月四日条　(飯倉　晴武)

むらかみよしきよ　村上義清　?—一五七三　戦国時代の大名。村上氏は建武二年(一三三五)信濃惣大将として入国した村上信貞の子孫で、信濃では守護小笠原氏に次ぐ名門であった。根拠地は坂木(長野県埴科郡坂城町)。戦国時代には塩田平(上田市)・坂木を領有し、北信濃第一の大名であったが、旧族諸士はなお独立の地位を保っていて、戦国大名としての発展は不充分であった。天文十年(一五四一)五月、武田信虎・諏訪頼重と結んで海野平(東御市東部町)の海野氏を追い、海野平を占領した。この時、海野一族の真田幸綱(幸隆)も上野へ逃亡した。同年六月、信虎は嫡子晴信(信玄)に追われ、この混乱に乗じて、義清は佐久方面まで進出、また上杉憲政らが上野から佐久・海野へ進出、諏訪頼重は義清に応じて長窪(小県郡長和町)まで出陣したが、武田からは出兵なく、義清は憲政と和睦した。翌天文十一年、信玄は諏訪頼重を殺し、ついで佐久方面へ進出、その勢いは次第に小県に迫って来た。同十七年二月十四日、義清は大門峠を越えて侵入した武田軍を上田原(上田市)に迎え撃って破り、信玄を負傷させ、板垣信方らを殺した。この勝利で義清は勢を盛り返し、佐久方面へ進出した。同十九年九月義清が高梨政頼と争って、川中島へ出陣している留守に信玄は義清の属城戸石城を攻めて敗退、これを「戸石崩れ」というが、信玄一生の間のめずらしい敗戦である。義清はこのように二度まで武田軍を破ったが、同盟していた小笠原長時が没落するなど、その勢力は次第に落目になり、同二十二年四月、本城葛尾城(埴科郡坂城町)が自落して越後の長尾景虎(上杉謙信)の援を求めた。謙信の援でいったんは旧領を回復、塩田城にいたが、八月、再び逃亡、以後、謙信の客将となった。永禄十二年(一五六九)七月、織田信長に使者を遣している。義清が謙信に重用されていたことがわかる。謙信は天正二年(一五七四)正月、義清の嗣子源五(国清、天正七年五月から景国)に信濃の本領を安堵しており、義清は同元年に越後根知城(新潟県糸魚川市根小屋)で死んだといわれる。景国は越後の名家山浦の名跡を与えられ、上杉家臣団筆頭の地位におり、天正十年海津城(長野市)城代に返り咲いたが、同十一年徳川家康に内応したと疑われ、越後へ呼び返され、山浦一跡だけを与えられ、以後山浦源五と称した。関ヶ原の戦の前ごろ上杉家を去り、浪人となった。養子高国は、水戸藩に仕え、子孫は同藩の藩士となる。

村上義清花押

参考文献 『大日本史料』一〇ノ一三、天正元年正月一日条、小林計一郎「村上氏について」(『信濃中世史考』所収)　(小林計一郎)

むらかみよしてる　村上義光　?—一三三三　護良親王の従者。信濃の人。信泰の子。彦四郎と称し、左馬権頭に任ぜられた。元弘の乱に、護良親王に従って熊野—十津川の間を潜行し、後醍醐天皇に忠勤した。同地における芋瀬荘司が兵を率いて親王の道を阻み、進むことができず、やむなく彼らの要請を容れて錦旗を与えた。義光は後れて至り、これを知り、大いに怒って旗を奪回し、親王に追いついたという。その後親王に従って吉野に至り、鎌倉幕府の大軍と奮戦することになった。元弘三年(一三三三)閏二月一日敵兵が城の前後に急迫し、親王の御座所である蔵王堂もすでに危く、親王も死を決意するに至った。時に義光は戦場から馳せ帰り、この状を見て、親王にここを遁れて再挙するように勧め、迫ってみずから親王の鎧を着し、親王の脱出するのを見届けたのち、敵を欺いて親王と称して自決した。その直後、義光の子義隆もまた親王を守護して自決した。父子両人の墓(ともに奈良県吉野郡吉野町大字吉野山所在)は久しく荒廃していたが、現在は修理され完備している。明治四十一年(一九〇八)義光に従三位が追贈された。

参考文献 『太平記』五・七(『日本古典文学大系』三四)、『大日本史』列伝五、村田正志「吉野」(『村田正志著作集』二所収)　(村田　正志)

むらくにのおより　村国男依　?—六七六　七世紀の武人。名は小依・雄依にもつくる。壬申の乱の功臣で、本拠地は三野国各牟評(のち美濃国各務郡、現在の岐阜県各務原市東部)。大海人皇子(天武天皇)の舎人として天智天皇十年(六七一)に皇子の吉野隠棲に従い、天武天皇元年(六七二)六月、壬申の乱勃発にあたり、他の二舎人とともに挙兵根拠地の「美濃国安八磨郡」(当時は三野国味蜂間評)の湯沐邑《ゆのむら》に急派、数日後に農民の動員と不破の地峡の確保を皇子に報告した。七月二日に大津宮攻撃の主力軍将軍に任命、同月下旬に大津宮を陥落させた。これらの殊功で、乱後に連姓を賜わり、錦位と功封百二十戸を授けられたが、同五年七月に没し、大臣位の紫位に地方出身を示す外字をつけた外小紫位を贈られた。また霊亀二年(七一六)四月、子志我麻呂に男依の功田十町が授けられた。

参考文献 野村忠夫『律令官人制の研究』　(野村　忠夫)

むらさきしきぶ　紫式部　生没年不詳　平安時代中期の物語作家、歌人。『源氏物語』の作者。出生は天禄元年(九七〇)—天延元年(九七三)あたりと推定される。本名は不詳で、香子とする説があるが疑わしい。父は藤原為時《ためとき》。母は藤原為信《ためのぶ》の娘。「藤《とう》式部」が当時の女房としての呼び名であり、「紫式部」は、死後の呼称と思われる。「紫」は『源氏物語』の女主人公紫上に由来し、「式部」は父の官名「式部丞《しきぶのじょう》」に基づく。幼時に母を、少女時代に姉を失い、弟(一説に兄とも)惟規《のぶのり》とともに父に育てられた。長い未婚時代に学者であった父の蔵書を読みあさり、琴にも巧みであった。また越前の国守となった父に

随ってその地に赴いてもいる。長徳四年(九九八)、遠縁で父の友人でもあった藤原宣孝《のぶたか》と結婚し、娘の賢子《かたいこ》(のちの大弐三位)を生んだが、長保三年(一〇〇一)四月に宣孝は急死した。その秋ごろから『源氏物語』は書き始められたらしい。その評判が高くなって、寛弘二年(一〇〇五)十二月二十九日一条天皇中宮彰子(上東門院、藤原道長の長女)の宮廷に召し出された。長和二年(一〇一三)秋ごろ、一旦宮仕えを退いたらしいが、寛仁二年(一〇一八)ごろ再び彰子に出仕、翌三年正月五日には取次ぎ女房として姿を見せる。それ以後のことは明らかでない。『源氏物語』の完成はおそらくは寛弘七年夏ごろか。古来紫式部を「道長妾」とする伝承があり今日もそれに従う説があるが、筆者は従えない。この説は『紫式部日記』に、寛弘六年夏の夜中に式部の局の戸を叩いた男との間に交わされた「くひな」の歌があり、のちに『新勅撰和歌集』でその男を道長としたことによる。しかし、中世にはほかにも紫式部は「西宮高明親王妾」とする説もあり、この種の記事が人々に好まれた形跡がある。また当時の記録や家集、道長の健康状態などから推して、「道長妾」の可能性は考えにくい。日記にみえる式部の人がらは、内攻的・沈鬱であるが、家集ではことに少女時代の明るい社交性が目立つという複雑さを示しながら、その基底に強烈な自我意識があるのが特徴であろう。

紫式部(『石山寺縁起』より)

参考文献 『大日本史料』二ノ一〇、長和五年四月二十九日条、今井源衛『紫式部』(『人物叢書』一二一)、同『王朝文学の研究』、同『源氏物語の思念』、岡一男『源氏物語の基礎的研究』、角田文衛『紫式部の身辺』、清水好子『紫式部』(『岩波新書』青八五四)、伊藤博『源氏物語の原点』
(今井　源衛)

むらたじゅこう　村田珠光　一四二三―一五〇二　室町時代の茶匠。応永三十年(一四二三)に生まれ、文亀二年(一五〇二)八十歳で没した。当時の一等史料に珠光の存在を示す確かな痕跡がないため、かつては珠光は実在した人物ではなく、茶湯の興隆後に茶祖として創作された人物ではないかとの説もあったほどで、珠光の伝記と業績とは判然しないところも多いが、現在では種々の史料にもとづき実在の人物と認められ、ほぼ次のような定説ができている。珠光はもと奈良の町寺称名寺の徒弟であったが、仏道の修行に身が入らず、寺を追いだされて京都に上った。京都では何で生計をたてていたか不明であるが、応仁・文明の乱前、四十歳前後のころには、当時、京都や奈良の町衆の間に流行し始めていた「下々の茶」と呼ばれた喫茶の風に興味を抱き、他方、足利義政を中心に能阿弥らによって工夫された書院台子の茶儀にも関心を寄せ、能阿弥からその点茶の方式と座敷飾りや道具の目きなどについて指導をうけ、秘伝の書(『君台観左右帳記』か)を伝授されるまでになっていたようである。珠光はまたいつのころからか一休宗純について禅の修行を始め、その悟境の向上のしるしとして、一休から圜悟克勤の墨蹟を授与されている。珠光はやがて、点前も簡略で諸事庶民的な下々の茶と、点前その他も厳重で唐物の名物道具を重んじ万事貴族的な書院台子の茶とを、みずからの体得した禅の精神を以て統合して、新しい茶会の在り方をまとめあげ、その茶会の場として四畳半の茶室を創案した。ここに今日の茶湯ないし茶道の祖型が成立したわけで、珠光が「茶祖」と仰がれるゆえんである。こうして成立した珠光の茶湯は、折から擡頭しつつあった京都・奈良・堺の富裕な町衆らの好みに投じて流行し、珠光の門から養嗣子の村田宗珠をはじめ松本珠報・鳥居引拙・石黒道提・大富善好・十四屋宗伍・竹蔵屋紹滴それに古市澄胤らが輩出し、いよいよ興隆の一途をたどるようになった。なお珠光の茶湯の茶趣とその志向とを概括すれば、次の五ヵ条になるであろう。㈠珠光の四畳半の座敷飾りは、書院飾りの面影をなお留めたものではあったが、座敷が著しく縮小したのに伴い、座敷飾りが簡素化し、道具本位の茶からの解脱の傾向の芽生えたこと。㈡座敷の縮小につれて参会者の数が制限され、一座の人びとの和合同心が強調されるようになったこと。㈢珠光の言葉として『禅鳳雑談』に「月も雲間の無きはいやにて候」とみえ、『山上宗二記』に「藁屋に名馬をつなぎたるはよし」とあることで察せられるように、彼の尊重したのは、外見は粗相ながら内面の清純で充実した美、また円満具足の美よりも不完全の美、いわばわびの美であったこと。㈣一休に参禅して体得した禅の精神が、彼の茶湯の基調をなし、従来、中国伝来の絵画しか掛けなかった茶室の床の間に圜悟の墨蹟を掛けたことで察せられるように、禅に傾斜し茶禅一味への志向の見られること。㈤古市播磨法師澄胤に与えた『一紙』において、「此道の一大事は、和漢のさかひをまぎらかす事」だと

村田珠光画像(栗原信充『肖像集』)

説いているように、唐様趣味一辺倒の従来の茶趣を和様趣味で中和し、日本人の美的センスに諧和的な茶趣をかもしだすのを目標としたこと。以上の諸点は、珠光の段階においてはまだ萌芽にすぎず、十分に自覚的に顕揚されたものではなかったが、珠光以後の茶湯はまさにこの志向の線にそって展開したのであり、そこに茶道史上における珠光の存在の意義があるのである。京都市北区紫野大徳寺の塔頭真珠庵に墓がある。

参考文献 桑田忠親編『茶に生きた人』上（『図説茶道大系』六）、村井康彦編『茶の湯の成立』（『茶道聚錦』二）、芳賀幸四郎『わび茶の研究』 （芳賀幸四郎）

むらたそうしゅ 村田宗珠 生没年不詳 戦国時代の茶匠。その素姓は不明。村田珠光について茶湯を習い、ついにその跡目を嗣ぎ、珠光から能阿弥相伝の『君台観左右帳記』と圜悟の墨蹟・松花の壺・抛頭巾の茶入とを譲りうけた。相国寺派の仁如集尭作の「松声」と題する詩（『縷氷集』所収）と連歌師宗長の『宗長手記』とによると、京都四条に午松庵という風雅な庵を営み、町衆らに茶湯を指南していたことが知られる。他方、鷲尾隆康の日記『二水記』には、彼が茶湯を通じて青蓮院尊鎮法親王の寵顧をうけていたことを示す記事があり、妙心寺の大休宗休の語録『見桃録』には宗珠と大休との親交を語る記事が二つある。その一つは宗珠所持の「松風石」に題した一篇の詩であり、その二は「四海九州唯一翁 伝茶経外得新功」という起承の二句を含む「明窓宗珠庵主像」の賛詩である。なお右の「松風石」が当時有名であったことは、梅屋宗香の文集にみえる「松風石銘」と題する一文でも察せられる。珠光流の茶湯は宗珠の代に至って、このようにして次第に普及するようになった。

参考文献 芳賀幸四郎「宗珠の片影」（『わび茶の研究』所収） （芳賀幸四郎）

むらまさ 村正 生没年不詳 室町・戦国時代の伊勢国桑名の刀工で、同銘は代々続き江戸時代初期に至る。初代には文亀や永正の年紀作がある。官名の右衛門尉や、姓の藤原、居住地の桑名などをきり添える例もある。美濃国の関の兼定らと交流があり作風は相似る。大のたれ刃を好んで焼き、刃文を表裏よく揃わせる特色を持つ。茎が鰱《たなご》腹状であるのも特色。徳川家康の祖父、父、そして自身と続いて村正の刀で切られ、また傷つきなどしたので江戸時代は公然と嫌忌され、ために銘を削り取り、あるいは改竄して他の銘に変えられなどした。幕末期、討幕派の志士は好んで村正銘をきった刀を指した。刀・短刀・槍など多作であり、斬れ味のよさで注目された。弟子には正重・正真・村重らがいる。

村正押形

参考文献 佐藤貫一編『伊勢の刀工』 （辻本直男）

むらやまとうあん 村山等安 ?―一六一九 近世初頭の長崎代官。生年・出自など、その前半生は不詳。安芸国あるいは尾張国名古屋の出身ともいわれる。天正・文禄ごろ長崎に来たり、弁舌の才と機智により頭角をあらわし、次第に市政に重きをなすに至ったという。イエズス会士により洗礼を受け、霊名をアンタンAntaõ（Antonioに同じ）と称した。文禄年間（一五九二―九六）、肥前国名護屋に在陣中の豊臣秀吉のもとに出頭し、長崎中の頭人衆の名代として伺候して、市の処遇に関して交渉し、首尾よく大任を果たしたことから、代官の地位を獲得する機をつかんだといわれる。このとき秀吉から、霊名アンタンを顚倒したトゥアンToanの名を賜わり、等安の字を充てた。後年の諸書には東安・東庵・等庵などとも記すが、同時代の史料にはおおむね等安とみえる。彼が長崎代官に就任した時期は明らかではないが、パジェスLéon Pagèsによれば、一六〇四年一月に等安がイエズス会のパードレ、ジョアン＝ロドリゲス＝ツーズ*Padre João* Rodriguez Tçuzu（通詞伴天連ロドリゲス）とともに伏見で徳川家康に謁し、ポルトガル人および市の名において贈物を献上し、その折に、長崎奉行寺沢広高を罷免して長崎の統治が等安に任せられたといわれる。なお、シャルルボア*P. Pierre François-Xavier de Charlevoix*はこれを一六〇三年のことと記しているが、いずれにせよ、慶長七年（一六〇二）に広高が奉行を罷免されたころから代官として本格的に活動するに至ったものであろう。代官として貿易都市長崎の実権を握った等安は、その地位・職掌を利用して対外折衝の面に大きな影響力を発揮し、また巨富を築いたが、同時に、教会に莫大な私財を寄進したり、禁教政策の進展に直面しては、宣教師を匿い、信徒を庇ったりするなど、キリシタンの保護者としても重要な役割を果たした。長崎のポルトガル船貿易に関しては、等安は当初、ロドリゲス（日本イエズス会の会計担当司祭で、ポルトガル船生糸の取引きに仲介者として絶大な力を持っていた）らイエズス会と協調して貿易業務の処理に関与していたが、次第にロドリゲスの専断と対立してイエズス会から離反し、ドミニコ会などイスパニア系宣教師に接近することとなったといわれる。これは、当時なお長崎に隠然たる影響力を保持していたイエズス会勢力の反撥を招き、時に等安と対立を深めていた末次平蔵政直はイエズス会に接近し、等安の失脚を画策した。慶長末年から元和期にかけて、江戸幕府の禁教政策が漸時本格化するなかで、一族が熱心なキリシタン信徒であり、彼自身、信徒の保護者でもあった等安の立場は不安なものとなった。しかるに、彼は長崎奉行長谷川藤広の斡旋で、元和元年（一六一五）七月二十四日付高砂国渡海朱印状の交付を受け、翌年、台湾征討を挙行した。すなわち、次男ジョアン（またはフワン）秋安を指揮官に十三隻の船隊が元和二年三月二十九日長崎を発して台湾に向かったが、これは暴風や現地民の抵抗に阻まれて失敗に帰した。そして、翌三年三月十八日（一六一七年四

月二十三日)征討軍の副官明石道友が再び長崎を発して福建に航し、日明勘合再開の交渉を行なったが、もとより明側の応ずるところとはならなかった。この両度の派船は、日明国交回復を望む幕府の意嚮を体して、等安が失地恢復を意図して行なったものであろうが、その失敗は結果的に彼の没落に帰結した。元和三年に等安の庇護者であった長谷川藤広が没し、その甥の長谷川藤正が長崎奉行の代に禁教政策は一段と強化され、等安はさらに困難な立場に立たされた。末次平蔵は元和四年正月、等安の非法を幕府に訴えた。江戸での対決は、当初、必ずしも平蔵に有利なものではなかったが、等安が、彼の三男でドミニコ会系の司祭であったフランシスコ等安が慶長十九年国外追放となった際、これを密かに連れ戻し、その後、大坂の陣にフランシスコが城内の信徒の救霊のため大坂城に入り陣没したことなどを暴露され、等安は次男秋安とともに元和五年十一月(一六一九年十二月一日)江戸で斬首された。長男アンドレ徳安ら一族の男子は相ついでことごとく刑死し、女子も投獄され、徳安の妻マリアは元和八年の大殉教の際に処刑された。なお、等安一族の処刑については別表を参照。

[参考文献] 田辺茂啓『長崎実録大成』、朝尾直弘『鎖国』(小学館『日本の歴史』一七)、レオン=パジェス『日本吉利支丹宗門史』(吉田小五郎訳、『岩波文庫』)、岩生成一「村山等安の台湾遠征と遣明使」(『台北帝国大学文政学部史学科研究年報』一)、Diego Aduarte: Historia de la Provincia del Santo Rosario de Filipinas, Iapon y China, de la Sagrada Orden de Predicadores; Sir Edward Maunde Thompson, ed.: Diary of Richard Cocks, cape-merchant in the English Factory in Japan, 1615—1622; Pierre François Xavier de Charlevoix: Histoire et description générale du Japon.

(加藤 榮一)

村山等安一族の処刑一覧

人名	処刑年月	処刑地等	備考
アンタン等安	一六一九年十二月一日	江戸にて斬首	
等安妻ジュスタ西	一六二〇年	長崎にて投獄	
長男アンドレ徳安	一六一九年十一月十九日	長崎にて火刑	
徳安妻マリア木村	一六二二年九月十日	長崎にて刑死	元和八年の大殉教
次男ジョアン秋安	一六一九年十一月	江戸にて斬首	一説に京都にて斬首
秋安妻カタリーナ	一六二〇年	長崎にて投獄	
三男フランシスコ等安	一六一五年五月	大坂城にて戦没	
女児アントニア	一六二〇年七月	長崎にて投獄	
幼児ペドロ	一六一九年十二月	京都にて斬首	
同パウロ	同	同	
孫児マノエル	一六二〇年七月二十四日	長崎にて斬首	徳安の男児、一説に等安の男児
同ディエゴ	同	同	
同ミゲル	同	同	
同アンタン	同	同	秋安の男児

㈠岩生成一「村山等安の台湾遠征と遣明使」(『台北帝国大学文政学部史学科研究年報』一)にもとづき、朝尾直弘『鎖国』(小学館『日本の歴史』一七)所引のアルバレス=タラドウリス説により補訂。
㈡霊名はポルトガル語に統一。

め

めいえん　明円　生没年不詳　平安時代末期から鎌倉時代初期にかけて活躍を知られる円派仏師。「みょうえん」ともいう。忠円の子(『僧綱補任』)。長寛三年(一一六五)の愛染明王像支度注進状(『兵範記』裏文書)に「法橋明円」とあるのが記録上での初見で、承安四年(一一七四)八条院御堂蓮華心院造仏の功により法眼位に進んだ(『玉葉』『吉記』)。宮廷、貴族関係(平家を含む)の造仏に一貫してたずさわったことが『兵範記』『玉葉』『吉記』『山槐記』などの記事により知られ、治承回禄後の興福寺復興に際しては金堂大仏師となり、建久五年(一一九四)九月の供養時、極位のものとして造仏賞を宣円に譲った。『山槐記』治承三年(一一七九)十月二十九日条に、京都三条南京極東の明円宅に強盗が入り、妻と小仏師を殺害したと記す。正治二年(一二〇〇)八月十七日にはその没後一周忌を過ぎていないという(『門葉記』)。正治元年に没したか。遺作に京都大覚寺五大明王像があり、銘記に安元二年(一一七六)七条殿弘御所で造り始め、法眼明円が造進したとある。後白河院関係の造仏と思われ、それにふさわしい精緻な荘厳を施した像で、この時期の保守的な堅実な彫技を示す。明円自筆の書状一通の存在が知られる。

参考文献　丸尾彰三郎他編『日本彫刻史基礎資料集成』平安時代造像銘記篇四、小松茂美『手紙』一、小林剛「三条仏師明円」(『日本彫刻作家研究』所収)、伊東史郎『平安時代彫刻史の研究』

(水野敬三郎)

めいかく　明覚　一〇五六—?　平安時代中期の天台宗の僧。音韻学者。「みょうがく」ともいう。加賀国(石川県)温泉寺に住し、温泉房と号した。天喜四年(一〇五六)生まれる。比叡山延暦寺に上って研究し、ことに悉曇《しったん》(梵字)の学の蘊奥を極めた。『悉曇要訣』四巻、『梵字形音義』四巻、『反音作法』一巻、『悉曇大底』一巻などの著作が知られている。このほか『法華経音義』(九条本『法華経音』)も明覚の撰に擬せられ、これと酷似した反切を有する『法華経単字』も明覚と何らかの関係があると思われる。『悉曇要訣』は、悉曇の概説であるが、当時の国語の音韻と比較して記述した点があり、平安時代の国語の記述として注目される。このほか、高山寺蔵本『蘇磨呼童子請問経』の保延三年(一一三七)訓点の中には、明覚の訓説を引用注記しており、この経の訓説においても、祖師の一人と考えられていたことを知る。悉曇学の伝統が衰えていた当時において、その学問を独自の立場で開拓し、後世に大きな影響を与えた。嘉承元年(一一〇六)八月以前に没す。

参考文献　『大日本史料』三ノ八、嘉承元年是歳条、松本文三郎『先徳の芳躅』、馬渕和夫『日本韻学史の研究』一

(築島　裕)

めいざん　明算　一〇二一—一一〇六　平安時代中期の真言宗の僧侶。「みょうさん」ともいう。俗姓佐藤氏。紀州田仲荘神崎(和歌山県紀の川市打田町)の人。治安元年(一〇二一)誕生。長元四年(一〇三一)祈親上人定誉の勧誘に従って高野山に登り、長久元年(一〇四〇)同山の中院を再興し、延久四年(一〇七二)東寺一長者、小野僧都成尊から伝法灌頂を受けた。応徳三年(一〇八六)には高野山灌頂院供僧、寛治二年(一〇八八)には阿闍梨、同四年には同山第十二代執行検校にそれぞれ任じられている。『元亨釈書』に「南嶺の密乗の再興は世、力を算に推す」(原漢文)とあるように、高野山教学の主流、中院流の祖として事教二相に秀でた名僧で、門下から定深(第十三代執行)、教真、良禅(第十四代執行検校)、明寂などが輩出した。また彼の治山中に高野山の諸職・法会の整備や奥院拝殿・大塔の造営が行われるなど、寺院経営にも手腕を発揮した。治山十七年。嘉承元年(一一〇六)十一月十一日入寂。享年八十六。

参考文献　『大日本史料』三ノ八、嘉承元年十一月十一日条、仁井田好古他編『紀伊続風土記』高野山之部三四、『和歌山県史』古代史料一、『打田町史』一、井上光貞『新訂日本浄土教成立史の研究』、目崎徳衛『西行の思想史的研究』、和多秀乗「高野山教団と紀州出身者」(安藤精一先生退官記念会編『和歌山地方史の研究』所収)

(山陰加春夫)

めいせん　明暹　一〇五九—一一二三　平安時代後期の僧、雅楽家。康平二年(一〇五九)に生まれる。出雲守藤原明衡の子。肥後守藤原敦信の孫。興福寺の僧で、三会已講の碩才といわれ、天永元年(一一一〇)十二月二日に御堂御八講の朝座問者、保安元年(一一二〇)五月二十日(一説に十八日)の維摩会講師などを勤め、保安四年九月二十三日没。六十五歳。雅楽の横笛の名手で、当時の伶人たちは彼のもとに集まって教えを乞うほどであった(『懐竹抄』)。笛の大神流の血脈『大家笛血脈』に名を列ねている。尾張得業円憲の弟子(『続教訓抄』説)とも、玉手公頼の弟子(『吉野吉水院楽書』)ともいわれる。大般若読経の際、堀河院の前で万歳楽をみごとに奏し、御物の笛を賜わり、その笛は般若丸といわれる(『古事談』六)。彼の著わした『明暹笛譜』は今は伝わらないが、その楽説は箏譜の『仁智要録』や『類箏治要』に多く引用される。それによるとこの譜は、寺院の雅楽に詳しく、また笛の理論書の『十操記』の引用も含んでいたことが認められる。

参考文献　『三会定一記』一(『大日本仏教全書』)、佐藤亮雄編『僧伝史料』二(『新典社索引叢書』六)

(蒲生美津子)

めいほうそてつ　明峯素哲　一二七七―一三五〇　鎌倉・南北朝時代の曹洞宗の僧。加賀（一説に能登）の人。姓は富樫氏。建治三年（一二七七）生まれる。比叡山で出家し天台教学を学び、衣を改め建仁寺に禅要を問い、のち加賀大乗寺の瑩山紹瑾に随侍すること八年にして開悟し、また諸方を遍歴修行し、ことに恭翁運良の賞讃をうく。元亨三年（一三二三）能登の永光寺に移住した瑩山のもとに帰り衣法を受け、正中二年（一三二五）命をうけて永光寺二世となり、元弘の初め兵災を除くに勅願道場に認じられ寺産を賜う。建武四年（一三三七）瑩山の遺跡をつぎ加賀大乗寺の三世として移る。晩年越中に光禅寺を開創して住し、永光寺・大乗寺・光禅寺を明峯の三坐道場という。観応元年（一三五〇）三月二十八日示寂。七十四歳。そのほか、加賀の放生寺・伝燈院・豊財院各二世に列し、師を開山とする寺院十四ヵ寺を数え、嗣法の弟子二十六人余といい、最も傑出した明峯十二門派をはじめ、その法系を明峯派という。

参考文献　『大日本史料』六ノ一三、観応元年三月二十八日条、湛元自澄編『日域洞上諸祖伝』上（『曹洞宗全書』史伝上）、白竜編『大乗聯芳志』（同）

（桜井　秀雄）

明峯素哲画像

明峯素哲花押

めつじゅうそうこう　滅宗宗興　一三一〇―八二　南北朝時代の臨済宗大応派の僧。法諱宗興、道号滅宗。延慶三年（一三一〇）出生。尾張中島村中島氏の出身、その先は嵯峨天皇皇子河原左大臣源融という。滅宗の父は南浦紹明の法嗣で同郷出身の柏庵宗意に、もし男子が出生すれば南浦の弟子にしようと約したとされる。十九歳、同郷の円興寺で出家。南浦の塔所建長寺天源庵塔主の柏庵に見え、南浦の塔を拝して弟子となり、南浦の法を嗣いだ。貞和四年（一三四八）郷里に妙興寺を開き、南浦を勧請開山とした。応安五年（一三七二）京都竜翔寺に住して『大応国師語録』を刊行。永徳二年（一三八二）七月十一日、妙興寺天祥庵に寂した。七十三歳。円光大照禅師号を勅諡された。

参考文献　無隠徳吾『妙興開山円光大照禅師行状』、卍元師蛮『延宝伝燈録』二〇（『大日本仏教全書』）、同『本朝高僧伝』三三（同）

（加藤　正俊）

滅宗宗興花押

「滅宗」
滅宗宗興印

めとりのおうじょ　雌鳥皇女　応神天皇の皇女。母は宮主宅媛。『日本書紀』仁徳天皇紀によれば、天皇が皇女を妃としようとし隼別《はやぶさわけ》皇子を遣わしたが、皇子は皇女と密通して復命しなかった。天皇はこれを知ったが罪しなかったため、皇子は天皇を侮る言があったので天皇は皇子を殺そうとした。皇子は皇女とともに伊勢神宮に逃れようとしたので、天皇は臣下に追わせ、伊勢蔣代野で二人を殺したという。『古事記』には女鳥王につくり、また皇女が皇子に反乱をそそのかしたとするなど、記事の内容に多少の相違が見られる。

（亀田　隆之）

めみょう　馬鳴　西暦一～二世紀にインドで活躍した仏教詩人。インド名はアシュヴァゴーシャ。バラモンとして深く学問を修め、クシャーナ王朝のカニシカ王とも親交があったと伝えられる。古典期サンスクリット文学の技巧的な美文体カービヤの先駆者として梵文学史上にその名をとどめている。仏陀の生涯をうたいあげた叙事詩『ブッダチャリタ』、阿難が妻への愛着を断って大乗仏教徒となるまでのいきさつを詩に託した『サウンダラナンダー』などの代表作があり、いずれも熱心な仏教信仰に溢れている。また、大乗仏教の綱要書『大乗起信論』も馬鳴撰とされるが、これは別人の作になるものである。

（丘山　新）

めんこくしゅうてつ　綿谷周瓞　一四〇五―七二　室町時代の臨済宗夢窓派の僧。大梁梵梓法嗣の五山文学僧。

綿谷周瞰画像

松鷗斎とも号す。俗姓など不詳。応永十二年(一四〇五)生まれる。九歳で相国寺の大梁に師事し、鹿苑院で僧録厳中周噩に侍し、応永三十一年薙髪受具し出家。その後、先輩の瑞渓周鳳に常に随侍して衣鉢侍者をつとめるなどし、また相国寺蔵主・同塔頭寿徳庵塔主をつとめ、長禄二年(一四五八)相国寺前堂首座となり、翌年諸山位の公帖を得て諸山西堂となり、寛正五年(一四六四)十刹の等持寺に住持する。入院の日に足利義政の臨席もあったが、翌年退院し、寿徳庵塔主となる。応仁の乱がおこると、高野の有隣庵に瑞渓を訪ね同居し、北岩蔵に竹屋を営み居す。文明四年(一四七二)二月二十二日、六十八歳で寂。病弱で瑞渓は体のことを心配し四六文作成を禁じたという。笠雲等連・惟肖得巌などに文芸を学び、作品は横川景三の『百人一首』に一首を知る。希世霊彦とともに学術に専念した五山文学僧として注目される。瑞渓撰『綿谷瞰禅師行状』(『続群書類従』伝部)がある。

参考文献 『大日本史料』八ノ五、文明四年二月二十二日条、玉村竹二『五山禅僧伝記集成』

(竹貫 元勝)

メンドンサ Manoel de Mendonça 生没年不詳 ポルトガルの澳門《マカオ》総督兼日本貿易総司令官。一五六〇年(永禄三)度の日本貿易総司令官に任命され日本に来航、入港地は薩摩か、または豊後か不明。府内(大分市)で当時イエズス会の指導者であったコスメ=デ=トルレス Cosme de Torres に告白を行う。たまたまトルレスの命をうけインドの管区長に日本事情を報告することになっていたバルタザル=ガゴ Balthasar Gago を搭乗させ離日したが、澳門付近で暴風に遭い海南島に漂着、五ヵ月後澳門に戻る。永禄四年および五年と連年日本に来航。おおむね薩摩の泊に入港、島津貴久の南蛮貿易再開の仲介を行い、またトルレスの信頼が深く、トルレスが大村純忠との間で行なった横瀬浦(長崎県西海市)開港にも同行するなど、布教・貿易の両面で活躍した。

参考文献 岡本良知『(十六世紀)日欧交通史の研究』、『フロイス日本史』六(松田毅一・川崎桃太訳)、C. R. Boxer: The Great Ship from Amacon (1959).

(箭内 健次)

も

もうくさ 舞草 陸奥国の刀工団。その名の刀工もいた。藤原清衡ら藤原氏三代の抱工であったが、同氏滅亡後も平泉やその東方の舞草(岩手県一関市舞川)で命脈を保ち、出羽国寒河江の月山《がっさん》派と並んで奥羽地方刀工の二大集団をなした。この派には舞草のほかに諷誦、光長、友長ら大勢の刀工がいたが遺品は少ない。宝寿だけは例外で鎌倉時代中期から室町時代末まで同銘が代々続いており建武、永和、永徳などの年紀作がある。東京の静嘉堂に重要文化財の太刀、武州御嶽神社(東京都青梅市)に正中年紀の太刀と大太刀がある。月山派は綾杉文様の鍛え肌を得意とするが舞草派は板目鍛えである。刃文は淡けた直《すぐ》刃が主である。刀身に彫物を施すのが多い。太刀・刀・短刀・薙刀・剣などを作る。→宝寿《ほうじゅ》

参考文献 石井昌国「奥州物概説」(『日本刀大鑑』古刀編三所収)

(辻本 直男)

もうし 孟子 生没年不詳 中国戦国時代中期末の儒家。孔子の思想を受けてその倫理説・政治説を固め、伝統的儒教の中核を作りあげた。前三七二年ごろ生まれ、前二八九年ごろ没したかとされる。名は軻《か》、字は子輿《しょ》。鄒《すう》(山東省鄒県)の人。幼年、賢母の訓育をうけ、孟母三遷(悪い環境に染まるのを恐れ三度家移りをした)とか孟母断機(学業の中絶を戒め織機の糸を切った)とかいう話は有名である。孔子の孫の子思の門人に学び、儒教衰微の中で孔子を継ぐ気概で門人を率い、得意の弁舌で諸国を遊説した。前三二〇年から十数年、梁《りょう》・斉・宋・滕《とう》など

をめぐって、仁義の徳とそれにもとづく王道政治とを説いたが、時勢にうとい理想主義として用いられず、郷里に帰って門人教育に専念して生涯を終えた。『孟子』七篇はその言行を伝える記録である。門人では、楽正子・公孫丑・万章などが有名。今も鄒県では子孫によって墓が守られ、孟子廟もある。

参考文献 金谷治『孟子』(『岩波新書』青五九八)、加賀栄治『孟子』(『人と思想シリーズ』三七)

(金谷 治)

もうりおきもと 毛利興元 一四九三—一五一六 戦国時代の安芸国の国人領主。毛利弘元の長男、母は同族福原広俊の娘。幼名は幸千代丸。明応二年(一四九三)に生まれ、同九年父が壮年で多治比猿掛城(広島県安芸高田市吉田町多治比)に隠退したため八歳で家督を継ぎ吉田郡山城(安芸高田市吉田町吉田)城主となる。永正三年(一五〇六)父の死後、細川氏方から転じて大内義興に服属を誓い、翌四年義興から加冠されその一字を与えられ少輔太郎興元と称す。官職は治部少輔。同年足利義稙を奉じて京都に攻め上った義興の軍勢に従い四年間在京。帰国後の永正九年芸備両国は出雲尼子氏の台頭などで政情不安となったので、かれは安芸国では他の有力八家と国内秩序の安定を目的に一揆契約を結び、備後国でも山内氏と木梨杉原氏の紛争を沼田小早川氏とともに調停している。また周辺の土豪を臣従させたが東隣の宍戸氏との戦いを止められないうちに、永正十三年八月二十五日酒害のため二歳の嫡子幸松丸を遺し二十四歳で没す。墓は菩提所秀岳院跡(安芸高田市吉田町吉田)にあったが、明治二年(一八六九)郡山西麓の洞春寺跡の毛利歴代墓所に改葬された。

毛利興元花押

毛利興元画像

参考文献 『大日本史料』九ノ六、永正十三年八月二十五日条、『寛政重修諸家譜』六一六

(河合 正治)

もうりすえみつ 毛利季光 一二〇二—四七 鎌倉時代中期の武将。建仁二年(一二〇二)生まれ。大江広元の四男。妻は三浦義村の娘。長兄親広が公家身分の源姓を称し広元嫡流の次兄長井時広も公家気分が抜けないとき、かれは父から譲られた相模国毛利荘(神奈川県厚木市)を基盤に関東御家人武士として毛利姓を名乗り毛利氏初代となる。将軍源実朝に近侍し任大将拝賀の鶴岡八幡社参行列の前駆にも加わり、官職は従五位下の左近衛将監。承久元年(一二一九)実朝死没直後に出家し入道西阿と称す。承久の乱には幕府軍の主力東海道軍に属し、木曾川渡河では最右翼の鵜沼の渡(岐阜県各務原市)へ向かう隊長となってこれを突破したのをはじめ多く軍功をあげる。京都占領直後の戦後処理の評議にも北条泰時・同時房・三浦義村とともに参加した。安芸国吉田荘地頭職はこの乱の勲功の賞として与えられたものとみられる。執権となった泰時に重用され、天福元年(一二三三)関東評定衆に抜擢されてからはいっそう政治力を発揮して幕府の主脳陣営に加わる。藤原頼経が将軍職を子息頼嗣に譲った後の寛元四年(一二四六)にはこの父子を鎌倉の自邸に迎え、邸内の寝殿(正殿)で頼嗣の甲冑着初式を行うまでになっている。すでに延応元年(一二三九)にかれの娘が泰時の次男で父から将来を嘱望されている時頼に嫁していることは、かれが時頼の後見人として見込まれていたことを示している。ところが時頼が執権となった翌年の宝治元年(一二四七)に三浦氏の乱がおこる。かれは娘婿の時頼に味方し幕府に馳せ参じようとしたが、妻から縁家の三浦氏を棄て権勢のある北条氏に荷担するのは武士の義に背くと引きとめられ、翻って三浦氏方となって敗北し、六月五日鎌倉法華堂で三浦一族とともに自刃する。このとき専修念仏者であるかれは諸衆に勧め善導作の浄土法事讃を唱えあげた。四十六歳。墓は神奈川県鎌倉市法華堂後山の大江広元墓に隣接する。四男経光だけが季光所領の一つ越後国佐橋荘(新潟県柏崎市)に在住して死を免れ、毛利荘は没収されるが毛利の名字だけは保つことができた。

毛利季光墓

参考文献 『大日本史料』五ノ二二、宝治元年六月五日条、『寛政重修諸家譜』六一六、河合正治『安芸毛

利一族』

（河合　正治）

もうりたかもと　毛利隆元　一五二三―六三　戦国時代の武将。毛利元就の長男で母は吉川国経の娘（妙玖）。大永三年（一五二三）安芸国多治比猿掛城（広島県安芸高田市吉田町）で出生。通称少輔太郎、一字名は基。官職は備中守（天文十六年（一五四七））、大膳大夫（永禄三年（一五六〇））。天文六年十二月人質として山口に赴き、元服し大内義隆の一字を与えられ隆元と称す。同九年まで山口滞在。同十五年家督を譲られるが、その後も謙抑自重して父の補佐をうけ手を携えて中国地方の経略にあたる。ただ同二十三年五月から始まる厳島の戦では陶晴賢との絶交を決然と主張する。弘治三年（一五五七）十一月父から三子への教訓状をうけ、弟の元春・隆景とともに毛利氏を中心に吉川・小早川氏が協力する「毛利両川体制」を整える。永禄六年豊後大友氏との講和が進展したため、対戦の指揮をとっていた防府から出雲攻略中の毛利陣営へ転戦の途中、安芸国佐々部（安芸高田市高宮町）で部将和智誠春の宿所で饗応をうけた直後の同年八月四日急死する。四十一歳。墓は吉田町の常栄寺跡にある。

毛利隆元花押

毛利隆元画像

参考文献　『寛政重修諸家譜』六一六、三卿伝編纂所編『毛利元就卿伝』

（河合　正治）

もうりてるもと　毛利輝元　一五五三―一六二五　安土桃山時代の大名。天文二十二年（一五五三）正月二十二日毛利隆元の長男として生まれ、母は大内義隆の養女（内藤興盛の娘）。幼名は幸鶴丸。永禄六年（一五六三）父の急死によって家督を相続。祖父元就の後見をうけ、同八年元服し将軍足利義輝の一字を拝領して少輔太郎輝元と称す、一字名は本。官職名は右衛門督（元亀三年（一五七二））、右馬頭（天正二年（一五七四））、参議（天正十六年）、権中納言（文禄四年（一五九五））。元亀二年元就死没後は、両叔吉川元春と小早川隆景の補佐をうけて出雲国から尼子勝久・山中幸盛らを追放し、備前国の浦上宗景を圧迫し、讃岐国にも兵を入れるが、このころ京都を制し播磨国に進出してきた織田氏勢力と接触する。天正四年五月領内の備後国鞆浦に逃れてきた前将軍足利義昭を奉じて織田氏に対抗を決意し、同年七月優勢な麾下の水軍が大坂湾木津川口で織田氏水軍に大勝し、味方の石山本願寺に兵糧を入れ救援に成功する。毛利氏は播磨国の別所氏や摂津国の荒木氏も味方に付け、但馬・丹波両国にも味方ができ、勢力が一時中央に迫ったが、織田氏の部将羽柴秀吉が播磨国に進撃し、備前国の宇喜多氏がこれに味方してからは織田氏勢力に圧せられる。同十年六月備中高松城下（岡山市高松）で講和成立直後に本能寺の変を知るが講和を守って追撃せず、秀吉の中央での制覇に好機を与える。豊臣政権下に入っては四国出征・九州出征においてともに先鋒をつとめ、同十六年上洛し聚楽第を訪問、ついで内裏に参内し参議に任官される（安芸宰相）。天正十七年四月から太田川口のデルタに築城を始め、この地を広島と命名し城下町も建設され、本拠を吉田郡山城からここに移し、同十九年正月に入城する。同年三月安芸・周防・長門・石見・出雲・備後・隠岐七ヵ国および伯耆国三郡と備中国内で百十二万石の秀吉朱印知行目録を与えられ、豊臣政権に対する賦課の枠がはめられる。文禄・慶長の両役では毛利勢が渡海軍勢の主力として動員され辛苦を重ね、その統率のため前役ではみずから渡海し、後役でも壱岐まで出陣する。慶長二年（一五九七）に豊臣政権の五大老に列せられ、翌三年秀吉の死去にあたって秀頼の補佐を遺託される。関ヶ原の戦では、自身は大坂西ノ丸にあって動かなかったが、西軍の総帥とみなされたため七ヵ国を削られ周防・長門両国に減封された。同五年十月薙髪して法号を宗瑞また幻庵といった。同時に隠居し家督を六歳の秀就に譲るが、なお代わって藩政

毛利輝元画像

毛利輝元花押

毛利輝元印

を執行した。同八年九月幕府の許可が下り帰国して山口に入り、翌九年十一月長門国阿武郡萩指月山に築城して移る。知行大削減のため家臣のなかには反抗態度をとるものもあったが慎重に一族家臣の協和につとめ、大坂の陣には秀頼に同情しながらも幕府の求めに応じ、冬の陣には病をおして出陣している。寛永二年(一六二五)四月二十七日萩城内で死没。七十三歳。法名は天樹院前黄門雲巌宗瑞大居士。墓は山口県萩市堀内の天樹院跡の毛利家墓所にある。

毛利輝元墓

参考文献 『寛政重修諸家譜』六一六、三卿伝編纂所編『毛利輝元卿伝』　（河合　正治）

もうりときちか　毛利時親　?—一三四一　鎌倉・南北朝時代の武将。毛利経光の四男。妻は北条時頼の側臣長崎泰綱の娘亀谷局。文永七年(一二七〇)越後国佐橋荘南条(新潟県柏崎市)と安芸国吉田荘の地頭職を譲られる。京都に上って六波羅評定衆を勤め在京料所として河内国加賀田郷(大阪府河内長野市)の地頭職を与えられる。鎌倉時代末期加賀田郷に隠棲し楠木正成に兵法を授けた伝承がある。元弘の乱に長男貞親と孫親衡は宮方となるが、かれは吉田荘在住の曾孫元春に指示して足利尊氏に味方し、建武三年(一三三六)五月九州から東上した尊氏に謁して所領安堵をうける。同年七月時勢の推移を見きわめ吉田荘に下向し、長男・孫も武家方に帰参させ一族郎党をここに集結して、本拠を越後国から移す。五年後の暦応四年(一三四一)に死没するが、後世から安芸毛利氏の基礎を固めた人物とみなされ、毛利譜代家臣の多くが祖先は時親下向に随従したと伝えている。法名は了禅大禅定門。広島県安芸高田市吉田町の郡山城跡の毛利家歴代の墓に合祀されている。

参考文献 『寛政重修諸家譜』六一六、河合正治『安芸毛利一族』　（河合　正治）

もうりもとなり　毛利元就　一四九七—一五七一　戦国時代の武将。中国地方の大名。毛利弘元の次男で母は福原広俊の娘。明応六年(一四九七)三月十四日安芸国吉田の郡山城(広島県安芸高田市吉田町)で出生(母の実家福原城とも)。幼名は松寿丸、のち少輔次郎。同九年家督を長男興元に譲って隠退した父に伴われ郡山城西北方の多治比猿掛城に移る。五歳で母、十歳で父と死別し、兄は大内義興に随伴して京都に出陣し、孤立無援の境遇で苦労する。十五歳で元服して元就と称す。永正十三年(一五一六)兄が死没し甥幸松丸(二歳)が家を継ぎ、元就は毛利氏の庶家多治比殿となる。翌年山県郡有田城外(広島県山県郡北広島町千代田)において安芸守護家の武田元繁を討ち初陣の武名をあげる。大永三年(一五二三)幸松丸が死没したので、元就が一族老臣に迎えられ同年八月十日郡山城に入って宗家を相続する。この時期の毛利氏は安芸国吉田盆地の本領のほかに同国西条盆地と備後国世羅台地に新所領を持ってはいたが、まだ芸備両国に三十余家あった国人領主(国衆)の一家にすぎなかった。毛利家中においても宗家は庶子家や近隣の小領主を家臣化してはいたが、その関係は惣領家を中心とする同盟者の地位を脱しておらず、強固な主従制的絶対支配にはほど遠かった。当時出雲の尼子経久の勢力が芸備両国に南下しており、毛利氏もその麾下に入っていたが、元就はその相続の際尼子方が裏面でかれを排除しようと策動したことを憎んで、大永五年から尼子氏と断ち大内氏の麾下に入る。以後尼子方の高橋・武田氏を滅ぼす一方、大内氏の権勢を背景に宍戸・熊谷・天野・平賀氏など近隣の国衆と姻戚や同盟関係などによって横の結びつきの強化につとめる。天文九年(一五四〇)九月から翌年正月にかけて尼子晴久率いる三万の大軍に郡山城が包囲されるが、大内氏からの援軍を得てこれを撃退してから元就の武名は中央にまで知られる。官職は治部少輔、右馬頭(天文二年)、陸奥守(永禄三年(一五六〇))。夫人(法号妙玖《みょうきゅう》)に死別した翌年の天文十五年に家を長男隆元に譲り隠居するが、実権は手放さず陰にあって自由に手腕を振るうことになる。天文十一・十二年大内義隆の遠征に従軍しその敗退によって苦難をなめる。以後義隆は軍事をかえりみなくなったため、芸備両国の経営が元就の裁量に任されることが多くなる。このときかれは有力国衆の小早川氏と吉川氏に三男隆景と次男元春を養子に入れて家を継がせ、毛利氏の両翼を固める。天文十三年隆景を竹原小早川氏に養子に入れたときは大内氏の再三の勧めによったが、同十九年にはその惣領家沼田小早川氏に失明していたとはいえ当主繁平がいたのに、これを廃しその妹と隆景をめあわせ家を継がせる。吉川氏では当主興経と宿老の対立を利用し当主を隠退させ元春に相続させるが、同十九年には元春を吉川氏の本拠に入部させ興経父子を殺害している。このとき両氏には毛利氏家臣を送り込んでいる。この強引な処置は前年大内義隆に謁するため山口に赴いたかれが、陶氏らのクーデターの進行を知り、大内氏に頼れなくなったことを自覚したため

毛利元就花押

みられる。同十九年には毛利氏内部においても上意を無視し横暴が目に余る井上一族を誅戮している。その罪状は行事・政務への召集に応ぜず、軍役・普請役などを勤めず、社寺・同僚の所領を横奪し、また無理に喧嘩を吹き掛けるというものである。この事件の直後家臣二百三十八名は起請文を提出し、毛利氏の公儀(公権力の執行者)としての家中支配権を承認しその命令は忠実に実行することを誓う。ここに家臣は独立性を失い毛利氏の軍事動員権・行政命令権・警察裁判権のもとに服することを余儀なくされた。この時期に毛利公儀の行政執行のため五奉行を頂点とする奉行衆が組織され、さらに軍法書も作成し軍事統制も強化されて毛利氏の戦国大名としての態勢が整った。天文二十年八月の大内義隆に対する陶隆房(晴賢)のクーデターに元就は最初陶氏に味方し、佐東河(太田川)下流域を占領し広島湾頭において直属水軍の河の内警固衆育成に努める。また政権奪取後の多忙な晴賢に代わって芸備国衆の大半を動員して南下の尼子勢を打破し、芸備国衆の盟主として独立の立場を強化した。これに対し晴賢は元就が陥した旗返城(広島県三次市)に腹心の部下を入れて元就を牽制し、さらに天文二十二年十月石見津和野の吉見正頼が反晴賢の兵を挙げると、その討伐のため元就にも出動を強く求めた。元就は天文二十三年五月十二日晴賢と断交し一挙に厳島まで占領し広島湾海域の要塞化につとめる。弘治元年(一五五五)九月二十一日陶方本隊二万余が元就の謀略で誘引された形で厳島に上陸した。これに対し同年九月晦日の夜から翌十月一日にかけて毛利勢四千弱が襲撃して陶軍を全滅させる。厳島の戦は海上戦でもあって毛利方は河の内・小早川警固衆のほか三島(能島・来島・因島)村上海賊衆も味方につけて陶方水軍を打破し、陶勢の退路を断った。元就は弘治三年四月に大内義長を長府(山口県下関市)に追いつめて滅ぼし防長両国を比較的短期間に支配下に収めた。その勝因は土一揆の激しい反抗はあったものの、豊後の大友義鎮と大内氏遺領分割の密約を結び、豊筑両国を大友氏に任せるかわりに防長には義鎮が弟の義長を援助干渉しないよう封じたためである。毛利氏は芸・備・防・長とすでに兵を進めている石見を加えた五ヵ国の大守となったが、敵対勢力の山陰の尼子氏、九州の大友氏と両面で接することになり、瀬戸内海の伊予海賊衆の去就も不安定であった。内部では毛利家中衆は給地の増加を望む欲ばかりで大領国の経営を任せる人材がいなかったし、国衆はまだ統制に十分服していなかった。この情勢下の弘治三年十一月二十五日付で元就は三子宛の教訓状を出した。これは三子に協力の必要を教えた倫理的要素もあったが、むしろ「毛利両川体制」の形成を宣言した政治的性格の強いものであった。元就は隆元の意向も汲んで、他家を継いではいるが吉川元春・小早川隆景に毛利家運営に参画させようとしたもので、両人は隆元没後輝元時代になっても毛利氏を支え元春は山陰、隆景は山陽内海地域の管理・統轄にあたる体制がつくられた。元就は将軍足利義輝仲介による尼子氏との講和は拒否して永禄五年七月出雲に大挙出陣するが、大友氏との講和は同六年三月に受け入れる。周防出張中の隆元は出雲へ転戦途中急死するので、元就は孫輝元の後見をすることになる。同九年十一月尼子氏を降伏させ、同十一年五月には河野氏を援けて伊予を制し、同年六月には北九州に大挙出兵し自身も本営を長府に進める。ところが永禄十二年六月に尼子牢人衆の出雲侵入、同年十月大内輝弘の大友水軍援助による周防上陸、能島村上氏の離反、備前浦上氏の反抗などいずれも大友氏と連携策動したものであった。元就は九州から撤退を断行しその包囲網打破を実行するが、それが完了しないうちに元亀二年(一五七一)六月十四日病没する。七十五歳。墓は安芸高田市吉田町の郡山洞春寺跡。法名は日頼洞春大居士。

毛利元就画像

参考文献 『大日本史料』一〇ノ六、元亀二年六月十四日条、『寛政重修諸家譜』六一六、三卿伝編纂所編『毛利元就卿伝』
(河合 正治)

もがみよしあき 最上義光 一五四六―一六一四 安土桃山・江戸時代前期の武将。最上義守の長子として天文

十五年(一五四六)生まれたが、義守は次男義時を偏寵し、これに家督を譲ろうとしていた。ここに元亀元年(一五七〇)と四年後の天正二年(一五七四)の二回にわたり、相続争いがおこった。領内の一族・国人衆も義光に抗し、伊達輝宗もまた岳父義守をたすける口実で侵入し、義光は相当苦境にたったが、ついに戦い抜いた。この戦いを通じて義光は、もっとも憎むべきは一族であり、あてにならないものは国人衆であるのに対し、最も頼りになるのは家臣団であることを痛感した。そこで一族・国人衆の根だやしにとりかかったが、その常套手段は敵将の重臣などと密かに通じ、内部攪乱をさそったところで、一気に打倒してしまう方法であった。これにはとかくの批判もあったが、大体天正十二年までには、天童・白鳥・大江(寒河江)氏その他をすべて滅ぼし、山形盆地は義光の強い支配下におかれるに至った。一方、外部にも進出し、天正九年真室城を攻撃し、これを降しているが、義光の念願は広大な庄内平野を手にすることにあった。庄内では武藤義氏が戦国大名への途を強行していたが、あまりにも性急で、このため近臣の前森蔵人が義光と通じて天正十一年三月六日、義氏は自刃しているので、庄内には国一揆がおこり、大混乱となった。ようやく、義氏の弟の丸岡義興があとをついで尾浦(大山)城主となり、また前森蔵人は東禅寺城(酒田)城主となり、東禅寺筑前と称したが、両名の対立は月日とともに激化し、義興は越後の本庄繁長の子義勝を養子として、その援助を求めた。義興が東禅寺筑前を攻めるや、義光は全軍をもって庄内に進攻したため、天正十五年義興は自殺、義勝も越後国境まで退いた。しかし、翌年には十五里ヶ原合戦で、東禅寺筑前は戦死し、最上軍は大敗した。最上の敗因にはいろいろあるが、当時義光は伊達政宗と激しく争っていたからである。義光が全軍をもって庄内に出撃したとき、南部から伊達政宗に衝かれるのを危惧し、国境沿いの伊達の巨将鮎貝氏をそそのかして反逆させた。これ以来、政宗は伯父義光に対し終世ぬぐいさることのできない不信感をいだくに至り、最上と伊達の闘争が激化した。義光は大崎—最上—蘆名—佐竹の合従を策し対政宗包囲網をつくり上げたが、大崎氏が伊達政宗に事実上屈服臣従するに至り、義光は孤立するようになり、滅亡の機がせまったが、豊臣秀吉の私闘禁止令が出たので、ようやく命運をたもった。やがて秀吉が没し、関ヶ原の戦となるや、義光は秘かに東西両陣営に通じていた。東北では合戦の時出羽合戦がおこり、上杉景勝配下の名将直江兼続が最上領に侵入し、山形城も風前の燈のごとき危機がせまった。しかし最上軍は伊達の一部援軍の到来もあって、辛うじて持ちこたえた。戦後、恩賞として大きな領土を賜わり大大名にのし上がった。山形城の築城はもとより、城下町の町割など民政にも力をつくし、特に治水灌漑には力をつくした。北楯大学堰などは現在に至るまで庄内平野をうるおしている。慶長十九年(一六一四)正月十八日没。六十九歳。山形城下七日町の慶長寺(のち光禅寺と改称、城下三日町(山形市鉄砲町)へ移転)に葬られる。法名光禅寺殿玉山白公大居士。

最上義光花押

最上義光印

[参考文献]『大日本史料』一二ノ一三、慶長十九年正月十八日条、『寛政重修諸家譜』八〇、誉田慶恩『奥羽の驍将—最上義光—』　（誉田　慶恩）

もくあんれいえん　黙庵霊淵　生没年不詳　鎌倉・南北朝時代の禅僧画家。法諱は霊淵、道号は黙庵。室町時代以来、一部では日本人であることが知られてはいたが、『君台観左右帳記』に名前が記されているように、大体中国人と考えられていた。大正年間(一九一二—二六)、義堂周信の日記中に、黙庵の略歴を記した一節が発見され、生涯の輪郭が明らかとなった。はじめ法諱は是一、のち見山崇喜の弟子となり今の名に改めたという。鎌倉時代末に入元し、嘉興本覚寺の了庵清欲の下で蔵主をつとめ、古林清茂の語録の出版にたずさわった。その後、首座にのぼり、楚石梵琦、蘇州承天寺の南楚師説に参じた。参禅のかたわら、当時盛んであった禅林の墨戯にならって水墨画を描き、杭州西湖の六通寺に遊んだ時、院主より牧渓の印をさずかり、牧渓再来といわれたという。作品は記録の上で群雁図があるほか、水墨の道釈人物画ばかりであるが、『楚石語録』が伝える二十二祖像は、余技の域をでた制作の進展も考えられる。遺作には、四睡図(祥符紹密賛、前田育徳会蔵、重要文化財)・布袋図(了庵清欲賛、MOA美術館蔵)・布袋図(月江正印賛、住友家蔵、重要文化財)・白衣観音図(平石如砥賛、阿形家蔵)などがあり、牧渓を学びながら独自の画風を確立している。彼は承天の南楚師説に参じた後、ほどなくして没したというから、至正四(康永三、一三四四)、五年ごろ、中国で没したものと思われる。

[参考文献]渡辺一「黙庵霊淵」(『東山水墨画の研究』所収)、玉村竹二「空華日工集考—別抄本及び略集異本に就て—」(『日本禅宗史論集』下一所収)、佐賀東周「六通寺派の画家」(『支那学』一ノ一)　（海老根聰郎）

もくけんれん　目犍連　釈迦の十大弟子の一人。摩訶目犍連の略。パーリ語名マハー＝モッガラーナ Mahā-moggallāna に相応する音写語で、略して目連ともいう。古代インドのマガダ国ラージャガハ郊外に、バラモンの

子として生まれた。はじめは、やはり十大弟子の一人であるサーリプッタ(舎利弗《しゃりほつ》)とともに、六師外道の一人サンジャヤの弟子であったが、釈迦の説法を聞き、ともに仏弟子となった。釈迦の高弟で、神通(超自然的能力)に最も秀れていたといわれる。ラージャガハを托鉢中に、仏教教団を嫉むバラモンに襲われて死んだとも伝えられる。また、餓鬼道に堕ちた母を救い出したといわれ、七月十五日に僧侶を供養すると、過去七世の父母を救うことができるという。盂蘭盆会《うらぼんえ》の起源となっている。

(丘山　新)

もくまんち　木満致　『日本書紀』応神天皇二十五年条にみえる、百済の将軍木羅斤資《もくらこんし》の子。木羅は木劦とも記された複姓、『隋書』百済伝などに劦と記された百済の名族の一つ。『百済記』によると、満致は木羅斤資の新羅討伐の時、新羅女性とのあいだに生まれた子。父の功績により任那で権力をふるい、やがて百済に入って、百済と倭国との交渉にたずさわり、倭国の権威を背景にして百済で重きをなした。百済の直支王(腆支王)の死後、その王妃と関係を持ち、幼少の久爾辛王のもとで国政を掌握したが、無礼な行為が多く、倭王権により百済から召喚されたという。直支王の死と久爾辛王の即位の年については、『日本書紀』は甲寅年(四一四)、『三国史記』は庚申年(四二〇)と記し、両者に違いがあるが、これらにより満致の活躍年代を一応知ることができる。これを大倭木満致と記す古写本が多いが、現存最古のいわゆる田中本には「大倭」はなく、のちの混入の可能性が濃い。なお、『三国史記』によると蓋鹵王二十一年(四七五)、百済王都の漢城が陥落し、蓋鹵王が殺された時、文周に従って熊津に南下した重臣の一人に木劦満致の名がみえ、これを本条の木満致と同一人物とみる説があるが、活躍年代の違いから両者は別人と考えた方がよい。また、履中天皇や雄略天皇の時に活躍したと伝えられる蘇我満智を名の同音・類似から、これらの木満致や木劦満致と同一人物とみ、蘇我氏を渡来系氏族とみる説があるが、渡来系氏族の中央政界登場が桓武天皇の時まで待たなければならない点などから考えると問題があろう。↓蘇我《そがの》満智《まち》

参考文献　加藤謙吉『蘇我氏と大和王権』(『古代史研究選書』)、山尾幸久『日本古代王権形成史論』、丸山二郎「百済人の複姓木劦と木羅」(『日本古代史研究』所収)、坂元義種「渡来系の氏族」(大林太良編『日本の古代』一一所収)、同「木満致と木劦満致と蘇我満智」(『韓』一一六)、門脇禎二「蘇我氏の出自について—百済の木劦満致と蘇我満智—」(『日本のなかの朝鮮文化』一二)、鈴木靖民「木満致と蘇我氏—蘇我氏百済人説によせて—」(同五〇)

(坂元　義種)

もくれん　目連　⇨目犍連《もくけんれん》

モタ　**Antonio da Mota**　生没年不詳　十六世紀中期、ヨーロッパ人としてはじめて日本(薩摩国種子島)に来航した三人のポルトガル人のうちの一人として記録されている人物。ガルバンの『世界発見記』(一五六三年)などのヨーロッパの記録には、この来航は一五四二年のことと記載されている。一方、この事件に関する日本側の唯一の記録である『鉄炮記』(慶長十一年(一六〇六))には、天文十二年(一五四三)種子島に来着した外国船に乗っていた二人の賈胡(外国の商人)の長として牟良叔舎と喜利《キリ》志多佗孟太《シタダモタ》の名がみえる。彼らは、ガルバンの著作にみえるフランシスコ＝ゼイモトとアントニオ＝ダ＝モタに比定される人物と考えられる。いずれも当時東アジア海域で中国との通商に関与した商人であろう。

参考文献　岡本良知『(十六世紀)日欧交通史の研究』、G. Schurhammer: 1543—1943. O descobrimento do Japão pelos Portuguesses no ano de 1543, Gesammelte Studien Orientalia. (1963)

(箭内　健次)

もちひとおう　以仁王　一一五一—八〇　後白河天皇の第三皇子。母は藤原季成の娘高倉三位成子。三条高倉に御所があったので、三条宮とも、高倉宮ともいう。仁平元年(一一五一)に生まれ、幼くして天台座主最雲の弟子となったが、最雲の死によって出家しないまま、永万元年(一一六五)に元服した。八条院の猶子となり、後白河上皇と建春門院の間に生まれた高倉天皇に次ぐ皇位継承者として年を過ごし、日野宗業に学問を師事するなかで、皇位に望みをかけていた。しかし治承三年(一一七九)の平清盛のクーデターによって父上皇が幽閉され、師の最雲から譲られた常興寺領が没収されたこと、さらに翌年には高倉天皇の子安徳が位について、皇位の望みが絶たれたことから、源頼政の勧めに応じ、平氏討伐の令旨を発した。だがまだ準備も整わないうちに計画は漏れてしまい、急いで園城寺に逃げ込んで山門の大衆にも援軍を請うたが、はかばかしくなく、やむなく南都の大衆を頼って逃げる途中、宇治川の戦で敗れ、治承四年五月二十六日に光明山鳥居の前で戦死した。三十歳。乱はわずかに十日間で終って、挙兵には失敗した。しかし令旨は諸国の源氏や武士に大きな影響を与え、治承・寿永の乱の起爆剤となった。その中で以仁王がみずからを『金光明最勝王経』に因んで最勝王と名乗り、仏敵である平清盛を滅ぼせと述べた点は、当時の政治思想をよく反映している。また、源頼朝はこの令旨を旗印に東国の武士を糾合して、東国支配権を主張して、鎌倉に幕府を形成したのであった。

参考文献　佐藤進一『日本の中世国家』(岩波書店『日本歴史叢書』)、五味文彦『平家物語　史と説話』(『平凡社選書』一一二)

(五味　文彦)

もつがいかじゅう　物外可什　一二八六—一三六三　鎌倉・南北朝時代の臨済宗大応派の僧。道号は物外、法諱は可什。弘安九年(一二八六)に生まれる。生国・俗姓は不詳であるが、地名《ちみん》を豊城という。久しく南浦紹明に参じた後の元応二年(一三二〇)、天岸慧広・寂室元光・可翁宗然・別源円旨・鈍庵□俊らと入元し、諸方の耆宿に

物外可什像

参じ、ついで金陵の鳳台山保寧寺に登って古林清茂に謁し、古林の文芸的家風に馴染んで強い影響を受けた。在元十年後の元徳元年(一三二九)、明極楚俊・竺仙梵僊・懶牛希融の東渡に付随し、天岸慧広・雪村友梅らと同船して博多に着岸した。同地の横岳山崇福寺にあった秀崖宗胤は物外のために席を退き、少弐頼尚は崇福寺に迎えて入寺せしめ、香を南浦に通じて法嗣となった。のち建長寺の首座となり、この間に都聞職にある同門の柏庵宗意に協力して、南浦の狭少な堂塔を別地に移して整備拡大し、竺仙は『天源庵記』を記してこの労を賞した。職満ちて鎌倉の万寿寺・浄智寺を歴住し、のち建長寺に晋住した。また檀越あって武蔵国の普済寺(東京都立川市柴崎四丁目)、南養寺(国立市谷保)、宝泉寺(町田市小山町)、清徳寺(品川区北品川三丁目)を開創したが、貞治二年(一三六三)十二月八日示寂した(『本朝高僧伝』二七では観応二年(一三五一)示寂)。七十八歳。天源庵の傍に葬った。のち真照大定禅師と勅諡された。

参考文献 『大日本史料』六ノ二五、貞治二年十二月八日条、卍元師蛮『延宝伝燈録』二〇(『大日本仏教全書』)、玉村竹二『五山禅僧伝記集成』、『建長寺史』

(葉貫 磨哉)

もつがいしょうおう 物外性応 ?―一四五八 室町時代前期の曹洞宗の僧。信濃の人。十五歳のとき、遠江国の大洞院(静岡県周智郡森町橘)の如仲天誾に参じた。その後、諸国に禅匠を訪ねて歴参したが、機縁がかなわず、再び天誾のもとに帰って随侍し、その法嗣となり、松雲庵を構えて居住した。その後、師匠ゆかりの大洞院に住し、さらに越前の竜沢寺(福井県あわら市金津町御簾尾)に移住して宗風をひろめた。その道誉を聞いて参学帰依するものが多かったが、伊予国の太守今川貞世が遠江国山名郡堀越(静岡県袋井市)に海蔵寺を開創するや、その開山に迎えられた。晩年、出羽国置賜郡高玉(山形県西置賜郡白鷹町)に瑞竜院を創建した。長禄二年(一四五八)二月二十二日示寂。世寿不詳。法嗣に雲山長越・虎渓宗文・実庵祥参の三人がある。

参考文献 秀恕編『日本洞上聯燈録』五(『大日本仏教全書』)

(高橋 秀栄)

もっけいほうじょう 牧渓法常 生没年不詳 南宋末・元初の画僧。中国では明末をすぎると牧渓およびその画の存在はほとんど明らかにできなくなるが、日本では室町時代『君台観左右帳記』以後、その作品は最高に格付けされ、水墨画壇に与えた影響は測りしれない。中国で佚失した元の呉太素撰『松斎梅譜』が幸い日本にのみ伝わり、やや精しくその伝記・画風を知ることができたことや牧渓が円爾(聖一国師)とともに無準師範《ぶじゅんしぼん》の門下と伝えられたことによるであろう。『梅譜』その他によると蜀僧牧渓の師は殷済川という逸名の画家で多くの画題を水墨で画いたが、この描法は甘蔗のしぼりかすや藁などを筆の代りとし、最後に筆や墨で仕上げるという中唐逸格の水墨画法をつぐもので、装飾に腐心せず、形似に重点をおかなかった。南宋末の権臣で収集家の賈似道を非難するほどの気概の持主でもあった。至元年間(一二六四―九五)に円寂したが、江南の士大夫家には今も遺跡が存すると、この記事が語るように元末明初の浙江に関係する禅僧や文人、たとえば笑隠大訢・張昱・劉基・宋濂らの題画の詩がのこり、同時代人としては無文道璨・馬臻らが彼とはきわめて親密であった。現存する伝牧渓画はおびただしい数にのぼり、彼の名声を裏づけるが、代表作は「蜆子和尚図」、「観音・猿鶴図」(大徳寺、国宝)など数点にすぎない。彼の影響は日本のみと考えがちだが、台湾故宮博物院などに「写生蔬果巻」が所蔵され、その影響が明代呉派の水墨画にも及んでいたことを証してくれる。

参考文献 松下隆章・鈴木敬編『宋元名画―梁楷・牧渓・玉澗―』

(鈴木 敬)

もつりんしょうとう 没倫紹等 ?―一四九二 室町時代の禅僧画家。没倫は号、紹等は諱。墨斎とも号し、また拾堕・墨隠などの別号もある。大徳寺の一休宗純の法嗣となり、一休晩年の住居酬恩庵の住持となり(康正二年(一四五六))、一休没後はその年譜を編み、塔頭真珠庵を建てた(延徳三年(一四九一))。水墨画家墨斎として知られ、また能筆でもあって、しばしば一休墨跡の代筆をしている。「一休和尚像」(東京国立博物館蔵、重要文化財)の画賛は一休の語を墨斎が写したもので、画は波乱と奇行に富んだ一休の風貌をよく描き、疎髯蓬髪の飾らないところはわが国肖像画の中では異彩を放つ出色の作といえよう。多年一休に随侍した墨斎にしてはじめて描き得たところであろう。「山水図」(真珠庵蔵、重要文化財)は「拾堕叟」と署名した墨斎の自賛画であり、墨気の横溢した潑墨による山水図である。明応元年(一四九二)五月十六日没。

参考文献 玉村竹二『五山禅僧伝記集成』、田中一松「曾我蛇足と宗丈をめぐる諸問題」(『仏教芸術』七九)

(赤沢 英二)

もとよししんのう 元良親王 八九〇―九四三 陽成天皇第一皇子。母藤原遠長女。歌人。寛平二年(八九〇)生まれる。三品となり兵部卿に任命されたが、天慶六年(九四三)七月二十六日に没した。『尊卑分脈』には頓死とある。五十四歳であった。好色の人として知られ、『今昔物語集』『大和物語』などにその行状の一端を示す話が載せられている。和歌に秀で、『和歌色葉集』は名

誉歌仙の一人に数えている。歌集に『元良親王集』があり、『後撰和歌集』『拾遺和歌集』をはじめとする勅撰集にも多くの作品を残している。また、『徒然草』は元日奏賀の声がことに優れていたという話を載せている。

参考文献　『大日本史料』一ノ八、天慶六年七月二十六日条

（玉井　力）

もののべためさと　物部為里　生没年不詳　鎌倉時代の工匠。桜島国宗とともに僧重源に登用され、鎌倉時代東大寺の再建に従事した大工で、大仏殿造立の功により、従五位下伊勢権守に任じられ、大工で権守に任じられた初例である。大仏様の建築様式は、この為里・国宗によって造られたと推定される。貞応二年（一二二三）高野山奥院拝殿を造り、文暦元年（一二三四）平等院鳳凰堂を修理し、のちに東福寺仏殿大工となった物部為国はこの一族と認められ、東福寺の建築に大仏様が入っているのは、為国が東福寺大工となったためであろう。

参考文献　大河直躬『番匠』（『ものと人間の文化史』五）、太田博太郎「大仏様と禅宗様」（『社寺建築の研究』所収）

（太田博太郎）

もののべのあらかひ　物部麁鹿火　五世紀末から六世紀前半にかけての豪族。武烈・継体・安閑・宣化朝の大連。カバネは連。名を麤鹿火・荒甲にもつくる。『旧事本紀』の『天孫本紀』に、饒速日命十四世孫で麻佐良大連の子とある。『新撰姓氏録』の和泉国神別には、饒速日命の十五世孫で高岳首の祖とする。『日本書紀』武烈天皇即位前紀に、女の影媛をめぐる太子の武烈と平群真鳥大臣の子鮪《しび》との争いがみえる。継体帝即位の推挙に加わる。継体天皇六年、任那四県の百済への割譲に際して宣勅使となるが、妻の諫めにより病と称してその任を辞した。同二十一年、筑紫君磐井の乱には大将軍として筑紫に遣わされ、磐井の軍勢と戦う。二十二年十一月に磐井を斬殺。宣化天皇元年七月没。『公卿補任』には、在官三十年とみえる。

（吉村　武彦）

もののべのおおまえ　物部大前　『日本書紀』では物部大前宿禰、『古事記』には大前小前宿禰大臣とみえる。『日本書紀』履中天皇即位前紀には、仁徳天皇死去後、住吉仲《すみのえのなか》皇子に襲われた去来穂別（履中）を平群木菟宿禰・阿知使主と三人で救出する伝承がある。また、安康天皇即位前紀には、允恭天皇死去後、群臣に見放された太子の木梨軽皇子が大前の家に隠れたが、穴穂皇子（安康）に家を囲まれて自殺（一説に伊予に流刑）する伝承がみえる。『古事記』は安康天皇即位前紀の一説に近い歌物語をのせる。しかし、記紀には大前が具体的に活動したという記述がみられず、実在性がうすい。『旧事本紀』の『天孫本紀』に、饒速日命十一世孫、安康朝にはじめは大連、次に宿禰となり、石上神宮に奉斎したという。物部氏は六世紀に大連となるが、『古事記』における大臣伝承は大化以降に潤色された可能性がある。

（吉村　武彦）

もののべのおきみ　物部雄君　？―六七六　大海人皇子（天武天皇）の舎人で、壬申の乱に戦功をあげる。カバネは連で、ウジ名を朴井《えのい》・榎井、名を小君にもつくる。朴井は地名によるか。天智天皇十年（六七一）十月、出家して吉野宮で修行する大海人皇子に従う。翌年五月、私事で美濃に赴いた際、大友皇子が率いる近江朝廷が徴発した人夫に武器をもたせていることを知り、大海人に報告して、避難を進言した。大海人の東国入りに従い、戦功をあげる。天武天皇五年（六七六）六月に病死。内大紫位と、氏上の地位を贈られた。大宝元年（七〇一）七月、『大宝令』禄令の功封きりかえに際し、中功百戸の四分の一を子に伝封された。『旧事本紀』の『天孫本紀』によれば、饒速日命十五世孫で、守屋大連の子、石上神宮に奉斎し、物部目大連の女豊媛を妻として二児を生んだとある。

（吉村　武彦）

もののべのおこし　物部尾輿　六世紀の豪族。宣化朝と欽明朝の大連。宣化天皇元年七月に没した物部麁鹿火のあと大連に任命された。カバネは連。『旧事本紀』の『天孫本紀』には、饒速日命十三世孫で荒山大連の子とあり、弓削連の祖倭古連の女子阿佐姫と加波流姫姉妹を妻としたという。守屋大連の父。安閑天皇元年、廬城部《いおきべ》連幡媛が尾輿の首飾を盗んで、春日皇后に献上したことが発覚し、事件へのかかわりを不安に思い、十市部《とおちべ》（大和）・贄土師部《はじべ》（伊勢）・胆狭山部《いさやまべ》（筑紫）を献上したという。欽明天皇元年、天皇の対新羅軍事策への諮問に対し、継体朝における大伴金村大連の百済への任那四県割譲を非難して、金村を失脚させた。ここに、大連は物部氏、大臣は蘇我氏が任命される体制となった。また、欽明天皇十三年、百済の聖明王から献じられた仏像・経論などに関する、天皇の諮問に対して、中臣鎌子とともに排仏を主張した。仏像は蘇我稲目が小墾田の家に安置し、向原《むくはら》の家を浄めて寺としたが、敏達朝に病気が流行したので、難波の堀江に棄てられた。

（吉村　武彦）

もののべのとちね　物部十千根　物部連遠祖で、『新撰姓氏録』には止智尼大連・十千尼大連にもつくる。「とおちね」ともいう。『日本書紀』垂仁天皇二十五年条に、阿倍臣・和珥《わに》臣・中臣連・大伴連とともに五大夫として神祇祭祀奨励の詔をうける。また、同二十六年条には出雲国の神宝を検校させられ、神宝をつかさどった。さらに八十七年条に、石上《いそのかみ》神宮の神宝をつかさどる五十瓊敷《いにしき》命が管理を妹大中姫に委ねたが、辞した大中姫から十千根が管理権を授けられたとみえる。これが、物部連らが石上神宮の神宝を治める起源譚である。このように、『日本書紀』に石上神宮をはじめとする神宝管理の伝承を残している。『旧事本紀』の『天孫本紀』に饒速日命七世孫で、垂仁朝に物部連公の姓を与えられ、『日本書紀』と同じような伝承を伝える。『姓氏録』和泉国神別では、若桜部造・安幕首は十千根の後とする。

（吉村　武彦）

もののべのひろいずみ　物部広泉　七八五―八六〇　平安時代前期の医家。伊予国風早郡の人。延暦四年（七八

五)生まれる。若くして医術を学び、自学習にて典薬寮に出身する。天長四年(八二七)医博士兼典薬允に任ぜられる。承和六年(八三九)外従五位下。同十二年侍医にて内薬正に任ぜられ、同十四年従五位下。仁寿元年(八五一)次侍従に補され、伊予権掾を兼ねる。斉衡元年(八五四)従五位上に叙され、姓首を改め朝臣を賜わる。天安元年(八五七)肥前介、同二年三河権介、貞観元年(八五九)正五位下、同二年三河権守を経て同年十月三日没。卒伝には「薬石之道、当時独歩、齢至㆓老境㆒、鬚眉皓白、皮膚光沢、体気猶強」と神仙的な形容がみられる。彼が侍医・内薬正として仕えた嵯峨から仁明朝にかけての歴代の天皇はみな丹薬のことに詳しく、その方面での彼の影響がうかがわれる。彼には養生に関する著書『摂養要決』二十巻がある。

参考文献 新村拓『古代医療官人制の研究』

(新村　拓)

もののべのまろ　物部麻呂　⇩石上麻呂《いそのかみのまろ》

もののべのみにく　物部敏久　⇩興原敏久《おきはらのみにく》

もののべのもりや　物部守屋　六世紀の豪族。敏達・用明朝の大連。すでに欽明朝末年に、大連に任命されていたか。カバネは連。『旧事本紀』の『天孫本紀』に、饒速日命の十四世孫で尾輿大連の子、母は弓削連の祖倭古の女子阿佐姫とする。『日本書紀』崇峻天皇即位前紀には、守屋の妹が蘇我馬子大臣の妻とある。物部弓削守屋と表記し、弓削大連と称したという。弓削は河内国若江郡弓削(大阪府八尾市弓削)の地で、本拠地と想定されている。居住する家として、阿都家(河内国渋川郡跡部)・渋河家(阿都と同一か別かは未詳)・難波宅がみえる。敏達・用明朝の大臣は蘇我馬子で、守屋との間に崇仏・排仏問題はじめ、王位継承など多くの場面で対立した。『日本書紀』敏達天皇十四年条に、国内で天然痘が流行し、守屋と中臣勝海が敏達天皇の承認を得て、馬子がたてた塔を倒し、仏像・仏殿などを焼いたという記述がある。説話自体は、欽明天皇十三年条と同じで、崇仏と排仏の象徴的記事である。敏達死去後の殯宮において、誄の仕草をめぐって守屋と馬子が嘲笑しあい、怨恨を生じたと記す。用明天皇元年五月条に、天下の王をねらった穴穂部皇子が、守屋に命じて敏達の寵臣であった三輪君逆《さかう》を殺害したとある。敏達皇后の炊屋姫《かしきやひめ》と馬子は、穴穂部皇子を恨んだとある。用明没後、守屋は穴穂部皇子の擁立をはかったが、馬子は炊屋姫を奉じて穴穂部皇子を殺害した。この後、馬子は諸皇子・群臣らと守屋の滅亡をはかった。泊瀬部(崇峻天皇)・竹田・厩戸皇子ら、および紀・巨勢・膳《かしわで》・大伴・阿倍・平群氏らの軍勢が、守屋の渋河家を攻めた。戦況は当初守屋側に有利であったが、迹見赤檮《とみのいちい》に射殺された。ここに物部氏の本宗は滅亡した。事件後、守屋から没収した奴の半分と宅、田一万代《しろ》が四天王寺に施入されたという。『四天王寺御手印縁起』には、寺の奴婢に二百七十三人、田園は十八万六千八百九十代、居宅三ヵ所とみえる。

(吉村　武彦)

もものいこうわかまる　桃井幸若丸　生没年不詳　室町時代前期、幸若舞の始祖と伝える人物。桃井直詮《なおあきら》(「なおあき」「ただあき」とも)、幼名が幸若丸。生没年は、明徳四年(一三九三)生まれ、文明二年(一四七〇)没とする説と、応永十年(一四〇三)生まれ、文明十二年没とする説とがある。桃井直和の子、直常の孫。宮内少輔、従五位下。後小松上皇、将軍足利義政・義視に仕え、晩年は越前朝倉氏の保護を受け、三千貫を領したという。幸若家の系図は種々あり、相互に多少の食いちがいがあるが、源義家の後裔で足利氏の一族の武将桃井直常は、尊氏と戦って滅びたが、その孫直詮(幼名幸若丸)は、比叡山に上り学問を学んだ。天性音曲にすぐれており、ある時『屋島軍《いくさ》』という草子に節をつけて吟唱したところ、叡聞に達し、参内を命じられて、一曲を奏した。これが幸若舞のおこりだというのである。また、禁裏から三十六冊の草子を賜わり、これに節をつけたとか、だから草子舞というのだとかいう伝承もある。おそらくこのような伝承は、江戸時代に幸若舞の様式と家格が確立した後に生じたものであって、現在の学界では、幸若の出身地は越前国丹生郡印内村(福井県丹生郡越前町朝日西田中)であること、幸若という名称は、他の幸菊や幸福(若狭の

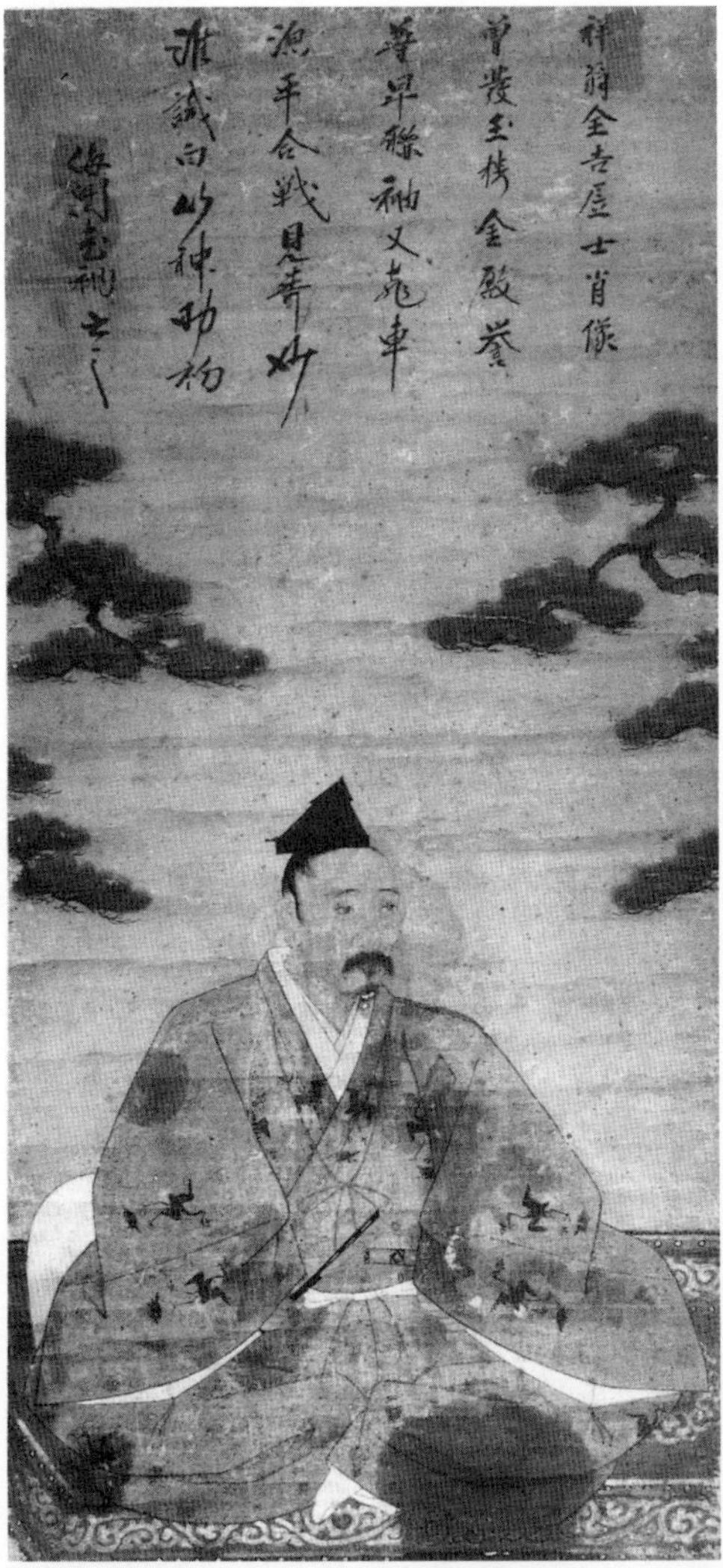

桃井幸若丸画像(伝土佐光信筆)

舞々)などと同様、舞々の座の名称にすぎないとされている。ただ、直常の子直和は戦死したけれども、直常は散所や芸能を職能とする集団の中に身を隠したのではないか、幸若が舞々の中で宗家的地位を保持し得た理由の一つはその家系にあったのではないかともいわれている。

[参考文献]『大日本史料』八ノ三、文明二年五月二日条、笹野堅編『幸若舞曲集』、室木弥太郎『語り物(舞・説経・古浄瑠璃)の研究』、麻原美子『幸若舞曲考』

(池田　廣司)

もものいただあき　桃井直詮　⇨桃井幸若丸《もものいこうわかまる》

もものいただつね　桃井直常　生没年不詳　南北朝時代の足利一門の武将。直常の訓みは『若狭国守護職次第』によって「ただつね」とするのが妥当と考えられる。父は上野国群馬郡桃井郷に住して桃井の祖となった義胤の曾孫貞頼。直信の兄。初名貞直。建武四年(一三三七)三―四月下野国で南軍と戦い(このとき兵庫助)、翌暦応元年(一三三八)五月若狭守護となり、同年九月まで在任(すでに駿河守)。この人事は同年二月西上した奥州の北畠顕家の軍を南都に撃破した功績によるものと察せられる。直常はこの後暦応三年中に伊賀守護に在任した形跡があり、康永三年(一三四四)から観応元年(一三五〇)にかけて越中守護に任じ、この間越中国にみずからの勢力基盤を構築したと考えられる。貞和二年(一三四六)二月刑部大輔となる。観応擾乱で足利尊氏・高《こう》師直―足利直義間の対立が激化すると、直常は直義側に与し、以降最も有力な直義派武将として反尊氏の立場を堅持した。観応二年正月には越中の兵を率いて入京し、直義の反撃の原動力としての役割を果たした。同年三月尊氏・直義間の一時的和睦が成ると直常は直ちに越中守護に復し、七月までこの任にあった。この間直常は右馬権頭に任じ、五月には従五位上の位階を得、翌六月には播磨守に転じた。しかし和睦もつかのま、七月晦日直義は自派を率いて京都をのがれ、北国に赴いた。越中の直常の力にたのむところが大きかったのはいうまでもない。八―九月にかけての和睦の交渉において尊氏が提示した条件がほかならぬ直常の排除だったことは直常と尊氏のきびしい対立を物語っている。この和睦は直常の反対によって実現しなかった。この後、直義毒殺後は直義養子の直冬に与し、ともに南軍に帰順して京都を攻めたりして、幕府を脅かした。正平十年(北朝文和四、一三五五)弾正大弼、貞治六年(一三六七)出家して上洛。翌応安元年(一三六八)にはまたも越中へ逃れて幕軍と交戦するが、応安四年七月越中国後位荘における能登守護吉見氏頼との戦に敗れて没落。

桃井直常花押

[参考文献]『大日本史料』六ノ三四、応安四年七月十八日条、佐藤進一『室町幕府守護制度の研究』上、小川信『足利一門守護発展史の研究』、和田晃岳「桃井家考―直常とその周辺―」(株橋先生古稀記念論集刊行会編『法華思想と日隆教学』所収)

(森　茂暁)

もものいただのぶ　桃井直信　生没年不詳　南北朝時代の足利一門の武将。貞頼の子。直常の弟。南北朝の動乱期において、兄直常と一体となって、幕府側武将(足利尊氏と直義の対立ののちは直義党)として活躍した。まず暦応元年(一三三八)八月越前金崎城に拠った南軍を攻め、敦賀津において交戦したことは直信の初期の事蹟であるが、観応擾乱にあっては、たとえば観応元年(一三五〇)十一月・十二月に能登で尊氏党と戦うなど、直義党としての戦績を積んだ。この間直信は兵庫助から刑部大輔へと転じている。直義没後は兄直常とともに直義の養子直冬に与し、一時南朝に下ったが、貞治五年(一三六六)に宿敵斯波氏(高経・義将父子)が幕政より排除されると、桃井兄弟は幕府に帰順し、直信は翌貞治六年二月以前に越中守護に補任された。しかしまもなく斯波義将は将軍の赦免を得て幕府に復帰、これに伴い直常は応安元年(一三六八)二月越中国に逃れた。直信の越中守護罷免もこのときと考えられている。

桃井直信花押

[参考文献]『大日本史料』六ノ三四、応安四年七月十八日条、佐藤進一『室町幕府守護制度の研究』上

(森　茂暁)

もものいなおあき　桃井直詮　⇨桃井幸若丸《もものいこうわかまる》

もりあきらしんのう　盛明親王　九二八―八六　醍醐天皇の第十五皇子。母は源唱の女更衣周子。延長六年(九二八)誕生。源朝臣の姓を賜わり臣籍に降り、天慶五年(九四二)十一月二十三日、十五歳で藤原実頼の加冠により元服した。大蔵卿・侍従などに任ぜられ、正四位下に叙されたが、康保四年(九六七)六月二十二日、皇籍に復し親王となり、ついで四品に叙された。安和二年(九六九)円融天皇の即位儀に上野太守の官にあって右侍従を勤め、天延二年(九七四)十一月十一日、昇殿を聴された。永観二年(九八四)十月には前上総太守とみえるが、寛和二年(九八六)四月二十八日出家、五月八日没。五十九歳。名誉歌仙に数えられ、家集に『盛明親王集』がある。

[参考文献]『大日本史料』一ノ二四、寛和二年四月二十八日条

(厚谷　和雄)

もりいえ　守家　鎌倉時代の備前国の畠田派の刀工。初代の守家は長船《おさふね》光忠とほぼ同年代の正元ごろに活躍する。備前国畠田(岡山県備前市)は長船(瀬戸市長船町)に隣接しており、古くは長船の大字であったと思われる。二代目の守家に「備前国長船住守家」と銘をきるものがある。また、二代目には文永・弘安年紀がある。初代の作は、

光忠と相通ずるものがあるが、守家だけの特色を見ると、鍛えは肌立ち、刃文は蛙子《かわずこ》丁子《ちょうじ》が目立っている。一門には真守がいる。初代守家の代表作に、永青文庫の太刀(重要文化財)がある。
(加島　進)

もりくにしんのう　守邦親王　一三〇一―三三　鎌倉幕府第九代将軍。一三〇八―三三在職。父は鎌倉幕府第八代将軍久明親王。母は第七代将軍惟康親王の女。正安三年(一三〇一)に生まれ、延慶元年(一三〇八)八月十日、久明親王の将軍退任、上洛後将軍に任じられた。時にわずか八歳であった。同年九月十九日親王宣下、三品に叙せられ、文保元年(一三一七)四月十九日二品となる。幕府の実権は北条氏が掌握しており、他の歴代将軍同様名目的存在にすぎなかったが、幕府衰退期、後醍醐天皇の即位による天皇親政、倒幕運動展開の中にあって、鎌倉幕府最後の将軍として約二十五年間在任した。元弘三年(一三三三)五月二十二日鎌倉幕府滅亡の日、将軍職を退任し、出家したが、同年八月十六日鎌倉で没した。三十三歳。

参考文献　『大日本史料』六ノ一、元弘三年八月十六日条、安田元久編『鎌倉将軍執権列伝』
(瀬野精一郎)

もりさだしんのう　守貞親王　⇩後高倉院《ごたかくらいん》

もりながしんのう　護良親王　⇩もりよししんのう

もりながよし　森長可　一五五八―八四　安土桃山時代の武将。可成の子で勝三(勝蔵)・武蔵守と称す。永禄元年(一五五八)生まれる。生国美濃。『寛永諸家系図伝』などは実名を長一と伝えるが、誤りであろう。父と同様織田信長に属し、天正初年ごろから各地に転戦する。天正十年(一五八二)春の信長の甲州征伐の際、織田信忠の先陣として働き、信濃の各所で武田勢と戦う。その功により戦後の知行割で信長から信濃国の高井・水内・更級・埴科の四郡を与えられている。『信長記』はこの知行割の覚書を載せた際に、わざわざ「今度先陣を励まし粉骨に付いて、御褒美として仰付けられ、面目の至りなり」と特記しており、この措置が若い長可にとってかなりの抜擢であったことをうかがわせる。信濃海津に在城し、禁制や安堵状を盛んに発給して新征服地の鎮撫と北方の敵上杉景勝への警戒にあたったが、六月の本能寺の変のため、わずか二ヵ月で撤収せざるを得なかった。『森家系譜』などに拠ると、その後本領の美濃金山に帰り、羽柴秀吉方に属して岐阜城の織田信孝との抗争を繰り返したとある。天正十二年の小牧・長久手の戦に秀吉方として出陣。秀吉と徳川家康が対峙したまま動かない戦況を打開するため、舅の池田勝入(恒興)らとともに家康の背後にまわって三河岡崎を討とうとしたが、家康に察知され追撃されて大敗し、四月九日討死した。享年二十七。

森長可花押

参考文献　『大日本史料』一一ノ六、天正十二年四月九日条、『森家先代実録』四
(山室　恭子)

もりべのおおすみ　守部大隅　生没年不詳　奈良時代の学者。旧姓鍛冶造《かぬちのみやつこ》。鍛大角とも、鍛師大隅とも書く。百済系渡来人の族か。『続日本紀』によると、文武天皇四年(七〇〇)律令撰定に預る。和銅四年(七一一)従五位下、養老四年(七二〇)従五位上、同年刑部少輔。同五年学業に優れ、師範に堪えうるをもって絁・糸・布・鍬を賜わる。時に明経第一博士と称される。神亀三年(七二六)正五位下、同五年守部連《もりべのむらじ》姓を賜わる。同年致仕を乞うたが許されず、かえって絹・綿などを賜わる。『家伝』下によれば、当時の宿儒の一人とあり、『懐風藻』には「正五位上大学博士」とし、作品五言の侍宴詩一首を残している。七十三歳で没。

参考文献　柿村重松『上代日本漢文学史』、岡田正之『近江奈良朝の漢文学』、桃裕行『上代学制の研究』
(川口　久雄)

もりみつ　盛光　生没年不詳　室町時代前期の備前長船派の刀工。製作年紀は応永が多く、ために応永備前の別称がある。この期の復古刀工で、身幅が細く、鋒《きっさき》は小さく、刃文は互《ぐ》の目《め》丁子《ちょうじ》を焼くなど、鎌倉時代初期の様式をあらわす。地肌に棒映《ぼううつ》り(直ぐ映り)が見られるが、室町時代の備前刀に見る傾向である。太刀のほかに、刀・脇指、あるいは短刀などがあって、この期における実用上の姿の多様性を物語っている。康光とともに応永備前物の双璧である。
(加島　進)

もりよししんのう　守良親王　生没年不詳　亀山天皇の皇子。母は三条実任の女。四品に叙し兵部卿に任じた。法名覚浄。『海蔵院文書』によれば、守良親王は嘉暦二年(一三二七)京都五辻屋地を熙明親王に譲渡し、翌三年には備前草部郷(南方・北方)以下の所領をも譲渡している。建武新政となるや、五辻殿御所は守良親王の子宗覚に返進されているが、その間の事情はわからない。なお元弘三年(一三三三)五月近江番場において六波羅軍を全滅させた先帝五宮(『太平記』九)は守良親王と推定されている。

守良親王花押

参考文献　平泉澄「史上に湮滅せし五辻宮」(『我が歴史観』所収)、村田正志「海蔵院文書」(『村田正志著作集』六所収)
(村田　正志)

もりよししんのう　護良親王　?―一三三五　後醍醐天皇の皇子。母は北畠師親の女親子。誕生の年月日は明らかでないが、兄弟の宮々中おそらく年長者であろうと考えられる。若くして三千院(梶井門跡)に入室、尊雲法親王と称し、のちに同門跡をつぎ、天台座主になること二度、二品に叙し、大塔宮と号された。元弘の乱が起るや、

護良親王画像

父天皇を援けて熊野・吉野の山奥に勤王の軍事行動を執るとともに、国々諸方に令旨を発して勤王武士の奮起を促し、楠木正成と相ならび官軍勝利のさきがけをなした。やがて還俗して護良親王と改名した。建武新政が始まると、帰京し、兵部卿に任じ、その声望は高く、特に将軍として兵権の中枢を掌握する観があった。そこでひそかに武家政治の再興を志す足利氏らによる讒のために勅勘を蒙り、関東に下され、足利直義のもとに幽閉された。やがて中先代《なかせんだい》の乱が起り、鎌倉幕府の残党北条時行らの軍が鎌倉を攻め、直義は同地を支えられず遁走するにあたり、後難を除くために、建武二年(一三三五)七月二十三日親王を鎌倉の東光寺で殺害した。この史実は確実であり、貞和三年(一三四七)東光寺住持月山友桂が親王遭難の日に十三回忌法養を行なっていることでも明らかである。また義堂周信に「東光寺兵部卿護良親王大塔」の詩一篇があり、その辞句は悲壮に充ちている。明治二年(一八六九)七月東光寺跡の近くに親王を祀る鎌倉宮が創建され、官幣中社に列せられた。なお尊雲法親王すなわち護良親王の三千院入室の時期について、『続史愚抄』には、文保二年(一三一八)二月二十六日後醍醐天皇践祚の当日とあり、その依拠する史料として『資朝卿記』裏書を挙げている。平泉澄《きよし》は、右の記事を発展させて、これは天皇が討幕に備えて、信頼ふかいこの皇子を三千院に入室せしめ、叡山の富強を期待したものとの説を発表したが、これは誤解であり、現存する右の『資朝卿記』裏文書中の文保二年二月二十日資朝奉院宣にみえる若宮は、尊雲法親王ではなく、後伏見上皇の皇子尊胤法親王と解すべきであり、尊雲法親王の三千院入室は、それよりなお後年と思われる。

護良親王墓

護良親王花押

参考文献　『大日本史料』六ノ二、建武二年七月二十二日条、中岡清一『大塔宮之吉野城』、平泉澄『建武中興の本義』、村田正志編『風塵録』(『村田正志著作集』七)、村田正志「後醍醐天皇御事歴」(同一所収)、勝野隆信「大塔宮御称号考」(『歴史地理』七二ノ二・三)、同「大塔宮御称号考補正」(同七二ノ六)

(村田　正志)

もりよしなり　森可成　一五二三―七〇　戦国時代の武将。三左衛門尉と号す。大永三年(一五二三)生まれる。生国美濃。織田信長に属し、彼に従って各地に戦功を立てた。『信長記』には、弘治二年(一五五六)四月の信長による美濃斎藤義竜攻め、同年八月の織田信行攻め、永禄十一年(一五六八)九月の近江六角氏攻め、同十二年八月の伊勢北畠氏攻めなどに参加していることがみえる。信長麾下の有力な武将の一人として活動したらしい。元亀元年(一五七〇)には近江の志賀・宇佐山両城を預けられ、近江攻略の先鋒として南近江の鎮圧にあたった。しかし、同年九月浅井・朝倉勢の反攻にあい、防戦空しく同二十日に討死した。『言継卿記』にはわずか六百の手

森可成花押

森可成画像（栗原信充『肖像集』）

勢で三万の大軍を相手に千を討ち取ったと記されている。享年四十八。子に森長可・同蘭丸らがいる。

参考文献 『大日本史料』一〇ノ四、元亀元年九月二十日条　（山室　恭子）

もりらんまる　森蘭丸　一五六五―八二　織田信長の近習。可成の子で長可の弟。永禄八年（一五六五）生まれる。生国美濃。実名については『寛政重修諸家譜』などによって長定とする説があるが、『金剛寺文書』にある書状から成利であることがわかる。幼少より信長の側近くに仕え、寵愛された。天正七年（一五七九）ころより『信長記』に、信長が諸将に物を下賜する際の取り次ぎ役として、「森乱御使にて」というように登場し、信長の側近くにあって奏者として活動していたことがうかがえる。天正九年四月には近江のうち五百石、同十年三月には美濃金山の地を与えられる。同年六月二日の本能寺の変の折にも信長とともにあり、防戦して討死した。享年十八。弟の坊丸・力丸も同所でともに戦死したという。　（山室　恭子）

もろあきらしんのう　師明親王　⇨性信入道親王《しょうしんにゅうどうしんのう》

もんがく　文覚　一一三九―一二〇三　平安・鎌倉時代前期の僧。高山寺蔵文覚上人画像に「建仁三年（一二〇三）七月二十一日入滅、春秋六十五」とあるのを手がかりにすれば、生年は保延五年（一一三九）となる。出身は『平家物語』などに摂津渡辺党に所属する遠藤氏で、名を盛遠《もりとお》と称する武士であったという。ほぼ容認し得る説である。盛遠が出家して文覚を名のった経緯はよくわからない。延慶本『平家物語』に、人妻袈裟《けさ》に横恋慕し、誤って袈裟を殺害したために出家した話が詳述されるが、そのまま事実であるとは認め難い。ただ、何らかの恋愛事件が出家の動機になったとは考えられる。『文覚四十五箇条起請』に、神護寺復興を決意したのは仁安三年（一一六八）のこととするから、出家はそれ以前ということになろう。承安三年（一一七三）四月二十九日、後白河院に対して神護寺復興のための寄付を強要して逆鱗にふれ、伊豆に流される。しかしたまたま謫地で源頼朝と邂逅、たちまち親交を結んだ。『平家物語』諸本に、頼朝に平家追討の蜂起をうながしたと説くが、細部に虚構が見られるものの、この時期文覚が頼朝の覇業に貢献したことは事実と思われる。頼朝が打倒平家に立ち上がったのと並行して、すでに文覚の外護者に転じていた後白河院は文覚がかねて企てていた空海ゆかりの諸大寺復興の大事業を強力に支援した。摂津・若狭・丹波・播磨・備中・紀伊の各地にある荘園が神護寺に寄進され、そこからあがる厖大な資金を投入して、神護寺・東寺・西寺・高野大塔など、空海に関係する諸大寺ならびに四天王寺をつぎつぎと修繕していった。これらは文覚の熱烈な大師信仰に基づく純粋な宗教運動とみるべきであろう。だが、建久三年（一一九二）後白河院が崩御し、正治元年（一一九九）頼朝が没すると、文覚は討幕政策を進める後鳥羽院勢力の忌むところとなり、はじめ佐渡に、ついで対馬に流罪となり、配地に赴く途中鎮西で客死した。遺骨は遺弟上覚らによって神護寺背後の山頂に埋葬された。

文覚画像

参考文献 『大日本史料』四ノ八、元久二年是歳条、田井啓吾編「神護寺文書」一（『史林』二五ノ一）、『高山寺明恵上人行状』（『高山寺資料叢書』一）、五味文彦『平家物語、史と説話』、山田昭全「僧文覚略年譜考」（『立教大学日本文学』一二）、同「文覚上人の弘法大師信仰について」（『豊山学報』一〇・一一合併号）　（山田　昭全）

もんかん　文観　一二七八―一三五七　鎌倉・南北朝時代の真言僧。文観は字で、諱を殊音、のち弘真と改めた。弘安元年（一二七八）誕生。はじめ播磨北条寺の律僧（『宝鏡鈔』）とも、同国法華山一乗寺の住侶（『太平記』二）とも伝える。のち大和西大寺に移り、正安四年（乾元元、一三〇二）六月には「文殊持者」として叡尊十三回忌に種子曼荼羅を書写した（西大寺蔵文殊菩薩像胎内納入品）。時に「通受者二歳、別受一歳」（同奥書）で真言律僧としての活動といえる。正和五年（一三一六）までに大和竹林寺長老となり、同年四月には醍醐寺報恩院道順から伝法灌頂を受けた。元亨四年（正中元、一三二四）、藤原（伊賀）兼光を施主とする大和般若寺文殊像造立にかかわり「金輪聖主」（後醍醐天皇）の御願成就を祈願している。やがて同天皇の倒幕運動に参画、関東調伏を行なったとして元弘元年（一三三一）五月に捕えられ硫黄島に流されたが、同三年に帰洛した。建武元年（一三三四）九月までに僧正、同年八月三十日までに東寺大勧進、翌年三月には東寺一長者法務になり、醍醐寺座主にも就いた。後醍醐天皇の信任を背景にしたものといえる。しかし建武新政の崩壊後は吉野に移り南朝恢弘に尽くしたが、正平十二

年(北朝延文二、一三五七)十月九日、河内金剛寺大門往生院で没した。八十歳。文観は『宝鏡鈔』をはじめ真言宗異端立川流の大成者として罵倒され続けてきた。しかし、その修法に異端視された内容を含んだのは事実だが、大成者とするには明確な徴証に欠ける。『理趣経秘註』『小野弘秘鈔』などの著がある。

参考文献 『大日本史料』六ノ二一、延文二年十月九日条、水原堯栄『邪教立川流の研究』、守山聖真『立川邪教とその社会的背景の研究』、網野善彦『異形の王権』(『平凡社ライブラリー』)、黒板勝美「後醍醐天皇と文観僧正」(『虚心文集』二所収)、辻善之助「両統対立の反映として三宝院流嫡庶の争」(『日本仏教史之研究』続編所収)、田村隆照「文観房弘真と文殊信仰」(『密教文化』七六)、細川涼一「中世律宗と国家―鎌倉末期の政治・社会状況の中で―」(『日本史研究』二九五)、内田啓一『文観房弘真と美術』 (坂本 正仁)

文観花押

モンテ **Giovanni Battista de Monte** 一五二八―八七 イタリア人イエズス会司祭。一五二八年フェラーラに生まれる。五五年イエズス会入会、六一年インドへ派遣され、翌年ゴア発、マカオ着。永禄六年(一五六三)司祭として来日、横瀬浦着、ただちに豊後に赴き大友義鎮(宗麟)の歓待を受け、同九年、五島領主宇久純定と親交を結び、五島布教の基礎を築いた。以後、大値賀・口之津・府内で布教し、天正二年(一五七四)か三年に、臼杵で土佐国主一条兼定にパウロの霊名で授洗。同七年に天草に赴き、翌年、臼杵で開催された日本イエズス会第一回協議会に参加。翌九年、豊後で単式終生誓願司祭となり、翌年、野津で活躍。同十五年八月五日(陽暦一五八七年九月七日)平戸の住院上長として没。ミステリオ劇やミサ聖祭の音楽の指導に果たした功績も大きい。

参考文献 ルイス=フロイス『フロイス日本史』(松田毅一・川崎桃太訳)、海老沢有道「イタリア人耶蘇会士と日本との最初の交渉」(『日伊文化研究』四)、J. F. Schütte, ed., Monumenta Historica Japoniae I, Textus Catalogorum Japoniae 1549—1654; J. F. Schütte, ed., Introductis ad Historiam Societatis Jesu in Japonia 1549—1650. (井手 勝美)

もんとくてんのう 文徳天皇 八二七―五八 八五〇―五八在位。仁明天皇の第一皇子。母は、藤原冬嗣女順子。諱は道康。天長四年(八二七)八月生。承和九年(八四二)二月、元服。七月の承和の変で皇太子を廃された淳和天皇皇子恒貞親王にかわり、八月立太子。嘉祥三年(八五〇)三月二十一日、仁明天皇の死去により践祚、四月十七日即位。十一月、第一皇子惟喬らを越えて、右大臣藤原良房女明子の所生で生後九ヵ月の第四皇子惟仁(清和天皇)が皇太子に立ち、外戚として政治を主導した良房は、天安元年(八五七)二月、人臣初の太政大臣に進んだ。ただし、天皇には惟喬立太子の希望があったという。同二年八月二十三日、突然発病し、四日目の同二十七日没。三十二歳。陵墓の地から田邑帝と称す。

参考文献 坂本太郎「藤原良房と基経」(『坂本太郎著作集』一一所収)、目崎徳衛「惟喬・惟仁親王の東宮争い」(『日本歴史』二一二) (山口 英男)

田邑陵《たむらのみささぎ》 京都市右京区太秦三尾《うずまささんび》町にあり、形状は円丘で南面する。『三代実録』によると、天安二年(八五八)八月二十七日崩御当日直ちに山作司などの送葬の諸司を定め、九月二日山城国葛野郡田邑郷真原岡に山陵の地を点定、同月六日真原山陵に葬ったが、同年十二月に十陵四墓の制が定められると、近陵の列に加えられ(延長八年(九三〇)遠陵に移る)、さらに陵名を田邑山陵と改め、管守のために陵戸四烟が配されている。『延喜式』諸陵寮は田邑陵として掲げ、「兆域東西四町、南北四町、守戸五烟」とある。後世所伝を失い、江戸時代には洛西の天皇の杜古墳(史跡、京都市西京区御陵塚ノ越《ごりょうつかのこし》町)が陵所に擬されていたが、谷森善臣は『山陵考』において当所を考定、幕末に行われた修陵の折に陵所として修治を加え、慶応元年(一八六五)竣工に際し巡検使が発遣された。

参考文献 上野竹次郎『山陵』上 (戸原 純一)

もんむてんのう 文武天皇 六八三―七〇七 六九七―七〇七在位。諱は軽(珂瑠)。謚は天之真宗豊祖父《あまのまむねとよおおじ》天皇。天武天皇の孫、草壁皇子の子。母は阿閇皇女(天智天皇の娘、のちの元明天皇)。天武天皇十二年(六八三)生まれる。持統天皇三年(六八九)、七歳のとき父を失う。持統天皇十年七月に太政大臣高市皇子が没したのち、翌年二月以前に皇太子となり、同年八月、持統天皇の譲位により十五歳で即位。藤原宮で政治をとる。藤原宮子(不比等の娘)を夫人、紀竈門娘・石川刀子娘を嬪とした。宮子は首親王(聖武天皇)を生む。文武の即位後、持統は太上天皇となり大宝二年(七〇二)に没するまで文武の政治を助けた。文武朝には、刑部《おさかべ》親王・藤原不比等らにより『大宝律令』が大宝元年に完成し、その翌年にかけて施行され、大宝二年に三十三年ぶりに遣唐使を派遣し、唐との国交が修覆され、慶雲二年(七〇五)に中納言を置き、慶雲三年に官人の考選年限を短縮するなど、『大宝令』制の改革が行われた。また薩南諸島に使者を派遣し、薩摩・多褹《たね》を征討するなど、領土の拡大が計られた。『懐風藻』に詩三篇、『万葉集』に文武の作かとする短歌

一首(七四)がある。慶雲四年六月十五日、藤原宮で没。二十五歳。檜隈安古岡上陵に葬られた。　（直木孝次郎）

檜隈《ひのくまの》安古《あこの》岡上陵《おかのえのみささぎ》　奈良県高市郡明日香村大字栗原字塚穴にあり、丘陵上端に位置し、特別史跡高松塚古墳の通路入口向かい側に位置する。陵号は、『続日本紀』に檜隈安古山陵と安古山陵、『延喜式』に檜前安古岡上陵とあり、現陵号は『延喜式』陵号の「前」の字を「隈」に改めたもの。『続日本紀』には、慶雲四年(七〇七)十月三日造山陵司を任じ、十一月十二日文武天皇遺骸を飛鳥岡で火葬、同二十日当陵に奉葬とあり、『延喜式』諸陵寮は、当陵を「兆域東西三町、南北三町、陵戸五烟」とし、頒幣の別を遠陵とする。中世所在不明となり、元禄の諸陵探索時には、奈良奉行所は高松塚古墳を当陵の未分明陵と報告し、高松塚古墳が当陵に決定され、享保・文化の陵改めもこれを踏襲した。しかし民間には、当陵を史跡中尾山古墳(明日香村平田字中尾山)とする説(『大和志』『大和名所図会』)、野口村皇ノ墓(現在の檜隈大内陵)とする説(『打墨縄』)などの異説があり、安政の陵改めでは、元禄以来檜隈大内陵として来た野口村皇ノ墓を当陵に改定し、檜隈大内陵を五条野村丸山(奈良県橿原市五条野町、国史跡丸山古墳後円部の現畝傍陵墓参考地)に改定した。幕末の修陵は、この改定により皇ノ墓を当陵として修営したが、これには異論があって、陵所の検討は継続された。明治十四年(一八八一)二月一日上奏裁可を経て、御園村に伝存の古水帳に「アンコウ」と記す栗原村字塚穴に当陵を再改定し、同十八年同所の民有地を買収して兆域を定め、拝所・外構柵の設置、旧陵よりの燈籠移建などの修営工事を行い、翌十九年竣工。同二十六年には陵主体部に円丘を築いた。これが現在の陵である。『山陵』などの諸書は、文久山陵図や明治十三年山陵図に、当陵と記載されている現檜隈大内陵を現在の当陵と誤認し、現陵を元治元年(一八六四)考定修補と記載する。現状は南南東に面する拝所の奥に、径約一五メートル、高さ約三・五メートルの円丘があり、円丘背面に接して高さ約九・三メートルの急勾配の不整丘がそびえ立つ。円丘は破壊された切石造り石室を覆い築いたもの。不整丘は当初の墳丘残部と思われる。近年の中尾山古墳の発掘調査で、同古墳の当陵説が再浮上したが、同古墳の墳丘貼石の様相は、檜隈大内陵の切石貼石とは異なり、天智天皇陵の貼石の様相に似る。

参考文献　太政官記録局編『太政類典』五編四類山陵、『文武天皇檜隈安古岡上陵之図』(宮内庁書陵部所蔵『陵墓地形図』二十三〔M九九〕)、『奈良県高市郡志料』、佐藤小吉編『飛鳥誌』、宮内省編『明治天皇紀』五・六、谷森善臣『山陵考』(『(新註)皇学叢書』五)

（石田　茂輔）

や

やくしん　益信　八二七―九〇六　平安時代の東寺第七代長者。円成寺僧正。本覚大師。俗姓は品治氏(一説に紀氏)、遠祖は武内宿禰といい、石清水行教の実弟。天長四年(八二七)備後国に生まれる。幼にして宗叡の門に入り、はじめ南都大安寺に住して、元興寺明詮に法相を学ぶ。ついで宗叡に従って密教を学び、さらに南池院源仁に師事して仁和三年(八八七)伝法灌頂を受け、宗叡所伝の法全の聖教と般若三蔵所伝の雑華を付嘱された。翌年権律師に任じ東寺二長者に補せらる。寛平元年(八八九)後七日御修法を修し、翌年律師に進み、同三年東寺第七代長者となる。同四年権少僧都に任ぜられ、同六年東寺別当に補せられ、法務を兼職した。同七年権大僧都に進み、翌年石清水八幡宮の検校となる。昌泰二年(八九九)宇多上皇は仁和寺に入り、益信を戒師として出家受戒し、さらに延喜元年(九〇一)東寺灌頂院に益信を拝して伝法灌頂を受伝した。これに先立ち尚侍藤原淑子の病気平癒を祈り、効験を得て帰依を受け、ついに東山の山荘を改め円成寺(円城寺、京都市左京区鹿ヶ谷宮ノ前町)とし益信を開基として任せしめ、延喜六年三月七日没。八十歳。同寺に入寂したので世に円成寺僧正という。花園天皇延慶元年(一三〇八)本覚大師の謚号と大僧正の追贈が行われたが、叡山衆徒の反対により一旦停止された。これに対し翌年東大寺僧徒は鎮守八幡の神輿三基を奉じて奏請し、大師号は復せられたが、比叡山徒もまた日吉神輿三基を奉じ、さらには重ねて日吉七社の神輿を

奉じて強訴したので、ついに同三年十一月東寺より拝辞した。付法に宇多法皇をはじめ、神日・房審・聖珍・禅昭・善祐・峰如・運昌・玄海・円椿・会日など十七人。なお広沢流の称は寛朝が広沢遍照寺に住して以後の名称であるが、法流の元祖は益信に基づくとする。著作に『金剛頂経蓮華部心念誦次第尊法』八巻、『金剛頂蓮華部心持念次第』四巻、『胎蔵持念次第』四巻、『金剛界次第』一巻、『三摩耶戒文』一巻、『三部総摂大阿闍梨印』一紙、『寛平法皇御灌頂記』一巻がある。

参考文献 『大日本史料』一ノ三、延喜六年三月七日条、祐宝『伝燈広録』上、小田慈舟「寛平法皇と本覚大師」(『密宗学報』二二五)、吉祥真雄「本覚大師と理源大師」(同)、高見寛応「本覚大師と年分度者」(同)

(夏目 祐伸)

益信画像

やこのまみ　陽胡真身 ⇩やこのむざね

やこのむざね　陽胡真身 生没年不詳 奈良時代の文人貴族。「やこのまみ」ともよむ。氏称を陽侯・楊胡にもつくる。養老六年(七二二)二月、従六位上で『養老律令』撰修の功によって田四町を賜わった。天平二年(七三〇)三月、弟子二人をとり、漢語伝習を命ぜられ、同七年四月に外従五位下に進む。その後、豊後守・但馬守を経て、官位は外従五位上から、天平二十年二月に従五位下。大仏への献物で知られ、天平勝宝元年(七四九)五月に男四人も各銭一千貫を献じてそれぞれ外従五位下に叙された。天平宝字元年(七五七)十二月、その功田を下功とし、子に伝えしめられた。『楊氏漢語抄』は、真身の著作ともいわれている。

(野村 忠夫)

やしゃ　夜叉 生没年不詳 南北朝・室町時代前期の能面作家。いわゆる十作の一人。『申楽談議』は越前の作家として石王兵衛・竜右衛門のつぎにこの名をあげ、『叢伝抄』は上作(十作ともいう)として竜右衛門と文蔵の間にあげる。近世の伝書類は、彼の名を千秋頼定とし、世襲能面作家諸家の祖ともいうべき三光坊は彼の後裔であるとする。「夜叉五面」という諺もあって、これらは彼が特殊な才能を持った寡作な作家であったように印象づける。現在夜叉作伝をもつ能面は五面より多く遺っているが、いずれも実作とすべき証拠を欠く。

参考文献 野上豊一郎『能面論考』

(田辺三郎助)

やしょうこう　野相公 ⇩小野篁《おののたかむら》

ヤジロー ⇩アンジロー

やすあきらしんのう　保明親王 九〇三―二三 醍醐天皇の第二皇子。母は藤原基経の女中宮穏子。延喜三年(九〇三)十一月三十日、東五条殿において誕生。翌四年二月十日、親王となり、醍醐天皇の皇太子に立った。親王は東一条第、ついで志貴宮にあったが、四月八日、東宮に遷御した。同九年十一月、御書始、同十一年十月、九歳ではじめて『御註孝経』を読み、十一月二十八日、諱崇象を保明と改めた。同十六年十月二十二日、十四歳で紫宸殿において元服、延長元年(九二三)三月二十一日、病により没した。二十一歳。その死去について『日本紀略』は「挙世云、菅帥霊魂宿忿所為也」と伝える。同月二十七日、法性寺後山に葬られ、文献彦太子と諡された。

参考文献 『大日本史料』一ノ五、延長元年三月二十一日条

(厚谷 和雄)

やすだよしさだ　安田義定 一一三四―九四 平安・鎌倉時代前期の武将。清和源氏義光流、義光の子義清が甲斐国に配流され、逸見・武田・加賀美・小笠原・安田など甲斐源氏の祖となったという。『尊卑分脈』によると義定はこの義清の子清光の三郎子であるが、『吾妻鏡』は義清の子とする。長承三年(一一三四)生まれる。治承四年(一一八〇)八月、武田信義らとともに源頼朝の挙兵に応じて兵を挙げ、波志太山の合戦で俣野五郎景久・駿河国目代橘遠茂らの軍を撃破した。十月、平維盛らの大軍が下向すると、遠茂らは甲斐に越えて武田の館を襲ったが、甲斐源氏は遠茂を捕え、頼朝軍と呼応して平家の軍を挟撃して敗走させた(『玉葉』治承四年十一月五日条)。『玉葉』によると源氏の富士川の勝利は主として甲斐源氏の活躍によるもので、『吾妻鏡』はこののち頼朝が武田信義・安田義定を駿河・遠江の守護に任じたとするが、両国の支配は彼らが実力によって獲得したと見るのが妥当であろう。寿永二年(一一八三)七月に源義仲が入洛すると、義定も呼応して上洛、京中の守護を分担し、八月に従五位下遠江守に任じられた。これによって、実力による義定の遠江国支配は国家から公認されたことになるが、さらに義仲が北陸道の追捕使に任じられると、義定は東海道の追捕使に任じられている。頼朝は両名のこの地位を「鎌倉殿御代官」と主張している(『吾妻鏡』元暦

元年(一一八四)三月一日「頼朝書状」)が、十月宣旨以前の義定が頼朝・義仲のいずれとも距離を置く同盟者であったことは、延慶本・長門本など読み本系の『平家物語』の記述にも明らかである。義定は間もなく義仲と袂をわかち、その滅亡後は平家との一谷の戦に搦手軍として参加、文治五年(一一八九)の奥州出兵にも従軍しており、頼朝との関係は次第に御家人的な色彩を強めるようになる。とはいえ義定の遠江守重任は稲荷社修造の成功によって実現したものであり、その遠江国は頼朝の知行国でもなかった(『吾妻鏡』建久元年(一一九〇)六月二十九日条)。義定の遠江支配は国司守護兼帯の強力なもので、建久元年に勅院事対捍を口実に下総守に遷されるが、頼朝の尽力があったため翌年三月には復任している。しかし建久四年十一月、子息越後守義資が院の女房に艶書を送ったことが明るみに出て梟首、その縁座として義定の所領遠江浅羽荘を没収され、翌年八月十九日には謀叛計画の発覚を口実に義定も梟首、前滝口榎下重兼以下の伴類五人が首を刎ねられた。享年六十一。その鎌倉の屋敷は北条義時に与えられ、遠江の守護職も北条家領となる。一連のこの出来事は頼朝の政策とは無関係のようにみえるが、義資の付文を表沙汰とした人物は頼朝の腹心梶原景時であり、客観的には範頼殺害に次ぐ有力源氏排除の事件であった。法名は法光大禅定門、宗覚とも伝える。これより先、甲斐源氏の棟梁武田信義も子息忠頼の事件によって頼朝の勘気を蒙ったまま、文治二年に没している。

参考文献 『大日本史料』四ノ四、建久五年八月十九日条、清雲俊元『甲斐源氏 安田義定』 （福田 豊彦）

やすつな 安綱 生没年不詳 古い刀剣書では大同年間(八〇六―一〇)の人としているが、平安時代中期ごろの伯耆国の刀工。少ない遺品の中では名物の童子切安綱の太刀(国宝、東京国立博物館)は優品。名物の異称は源頼光が大江山の酒呑童子をこれで斬ったとの伝承に由来する。古備前ものや古京物に似て太刀姿は優美、沸《にえ》出来の小乱れ刃をやき、銘の文字も古雅である。弟子の真守の太刀に「大原」ときったものがあり、安綱の居住地もそこであったであろう。安綱の重要文化財の太刀は北野天満宮や静嘉堂などに三口ある。

安綱押形

参考文献 広井雄一「山陰道概説」(『日本刀大鑑』古刀編三所収) （辻本 直男）

やすとみちあん 安富智安 生没年不詳 室町時代中期の細川京兆家(管領家)重臣。実名不詳。筑後守。安富入道宝城の一族(あるいは子か)。宝城に続いて永享元年(一四二九)ごろより備中国衙代官に在職し、東寺領同国新見荘請所代官を兼ね、現地には又代大橋某を置いて支配にあたらせた。新見荘の請負額は請切り百五十貫文であったが、智安は嘉吉元年(一四四一)ごろから滞納を重ね、寛正元年(一四六〇)までに未進額二千二百余貫に達した。寛正二年彼は国衙代官を罷免され、新見荘でも荘民の排斥運動に直面した大橋某は荘内を退去し、四十一名の名主は智安の支配を承引しない旨の連署状を寺家に提出、同荘は東寺の直務支配に帰した。他方、安富氏は香川氏とともに細川京兆家の分国讃岐の半国守護代として東讃地方を管轄しており、智安も宝城について守護代になったと推定され、永享十一年の讃岐二宮大水上神社の造営記録に「両守護代」の一人として「安部(安富か)筑後守」がみえ、寛正元年には同国一宮田村大社の壁書にも名を連ねる。すなわち壁書の奥に細川勝元が署判し、智安はその次に「奉行」として社家奉行三名と連署している。なお東讃地方はその後も安富一族が守護代を世襲して戦国時代に及んだ。

参考文献 『岡山県史』二〇、『讃岐国一宮田村大社壁書之事』(『香川叢書』二)、杉山博『庄園解体過程の研究』、小川信『足利一門守護発展史の研究』、高尾一彦「備中国新見庄」(柴田実編『庄園村落の構造』所収)、小川信「讃岐国一宮田村大社壁書」について」(『神道学』三九)、同「淡路・讃岐両国の守護所と守護・守護代・国人」(『国立歴史民俗博物館研究報告』八) （小川 信）

やすみつ 康光 室町時代初期の備前長船派の刀工。同国の盛光とならんでこの期を代表する。製作年紀は応永年間(一三九四―一四二八)から、正長・永享年間(一四二八―四一)まであるが、その間、初代・二代あるとするのが通説である。初代は応永年紀を作刀にきりつけているところから応永備前と呼称される。応永備前の作風は鎌倉様式であるが、さらには創意を加えている。地には棒映りをあらわし、刃文はこの期に流行した互の目、丁子を交えたものが多い。 （加島 進）

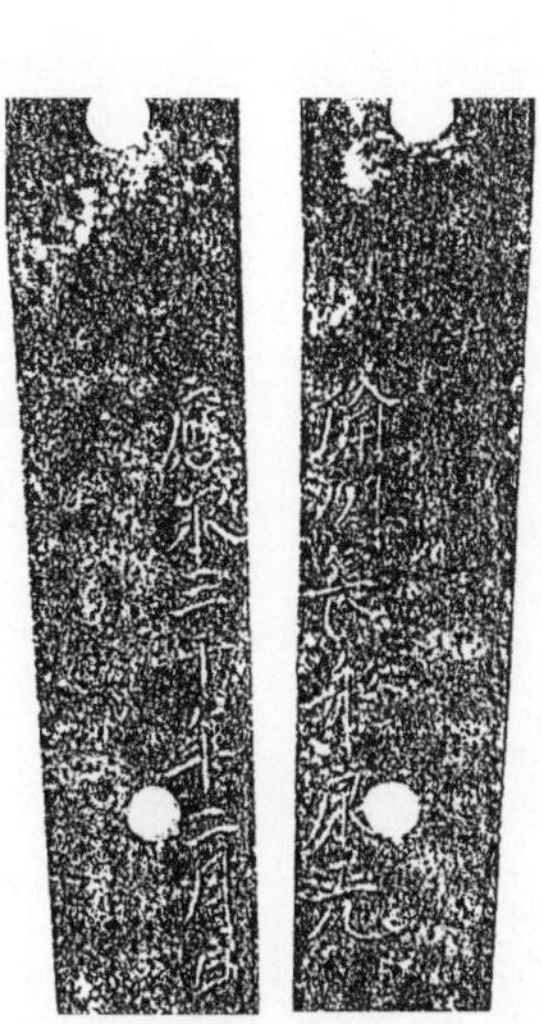
康光押形

やたのおうじょ 八田皇女 応神天皇の皇女。八田皇女は『日本書紀』の表記。『古事記』は八田若郎女につくり、宇遅能和紀郎子(『日本書紀』は菟道稚郎子皇子につくる)の妹。生母は宮主矢河枝比売(紀は宮主宅媛につくる)。『古事記』仁徳天皇段によれば、天皇は大后石之日売命の不在中八田若郎女と婚し、これが大后の知るところとなり、大后はために怒って宮に還らず、山代の筒木の韓人奴理能美の家に滞留する。天皇はついにここに行幸してわびを入れたという。八田若郎女には子がなく、

その御名代として八田部を定めたとある。『日本書紀』は皇后磐之媛命の没後八田皇女を立てて皇后としたという。

参考文献 川副武胤『古事記の研究』 （川副 武胤）

やたべのきんもち 矢田部公望 生没年不詳 平安時代中期の学者。承平六年（九三六）の『日本書紀』の講筵に文章博士として講師をつとめ、天慶六年（九四三）の竟宴に出席している（『日本紀竟宴和歌』『本朝書籍目録』『釈日本紀』）。『和名類聚抄』は数十回『日本紀私記』を引用し、その序に「山州員外刺史田公望日本紀私記」をあげているが、これは公望が尚復としてその講筵につらなって筆録編述した延喜四年（九〇四）の日本紀講筵（博士は藤原春海）の私記とみられる。『釈日本紀』に「公望私記曰」として引用するところ（約二十例）も、延喜のものとみられるが、中に師説を批判する公望の考述もあり、別に承平六年私記の零本とみられるものも伝存するので、公望の学殖の一斑をうかがうことができる。

参考文献 『大日本史料』一ノ一〇、天暦八年十二月二十五日条 （太田 善麿）

やつめのむしまろ 矢集虫麻呂 生没年不詳 奈良時代の明法家。氏称を箭集、名を虫万呂にもつくる。養老五年（七二一）正月、明法の学に優れ、師範に堪えうるとして褒賞され、同六年二月、『養老律令』撰修の功で田五町を賜わった。『藤氏家伝』には、神亀五年（七二八）ごろ「宿儒」とみえ、天平三年（七三一）正月に外従五位下、翌四年九月に大判事、十月に大学頭となった。天平宝字元年（七五七）十二月、功田を下功として子に伝えしめたが、大同元年（八〇六）二月、胤子なしとして収公された。

参考文献 布施弥平治『明法道の研究』 （野村 忠夫）

やなぎもとかたはる 柳本賢治 ?—一五三〇 戦国時代の武将。弾正忠。細川高国の内衆香西元盛の弟。大永六年（一五二六）、細川高国は細川尹賢の讒言を信じ、香西元盛を謀殺した。そのため、兄波多野元清（稙通）とともに、阿波にいた細川晴元らと結んで高国に叛乱した。丹波国船井郡神尾寺城（京都府亀岡市宮前町宮川）を拠点に、高国方と攻防を続け、翌七年桂川川勝寺（京都市右京区）の戦いで大勝した。このため高国は将軍足利義晴を擁して近江に逃れた。ついで、足利義維・細川晴元らを堺に迎えた。享禄元年（一五二八）三好元長が高国方との和睦をはかろうとするが、これを破って大和や河内で合戦を展開、同三年五月、足利義晴と足利義維の和議がならず、大徳寺で被官らと薙髪する。同年六月二十九日、東播磨に進軍中、高国方に就いた浦上村宗のために殺害される。陣中で就寝中、村宗に通じた近侍の者に刺殺されたといわれる。

参考文献 『長享年後畿内兵乱記』、『細川両家記』、『興福寺略年代記』、『二水記』、『足利季世記』（『（改定）史籍集覧』一三）、今谷明『戦国三好一族』、森田恭二「丹波守護代波多野氏研究序説」（帝塚山学院大学『人間文化学部研究年報』四） （森田 恭二）

やなぎわらすけあきら 柳原資明 一二九七—一三五三 南北朝時代の公卿。柳原家の始祖。権大納言日野俊光の四男。母は亀山院女房、従二位阿野公寛の女、従三位藤原寛子。没年より逆算すると、永仁五年（一二九七）の誕生となる。正安三年（一三〇一）従五位下に叙され、ついで花園天皇の文保元年（一三一七）蔵人に補されて以来、左衛門権佐・左少弁・権右中弁などを歴任、記録所寄人にも列し、元徳元年（一三二九）従三位に昇り、右大弁・左大弁を経て参議に進み、正慶元年（元弘二、一三三二）光厳天皇の朝廷において正三位権中納言に昇った。しかし翌年後醍醐天皇が隠岐から還京したため、この昇進は取り消された。ついで建武四年（延元二、一三三七）北朝において更めて権中納言に任じ、左兵衛督を兼ね、翌年右衛門督に遷り、検非違使別当に補され、さらに正二位権大納言に進んだ。貞和二年（正平元、一三四六）辞官したが、本座を聴され、同四年按察使に任ぜられる一方、光明・崇光両院の別当に補された。文和二年（正平八、一三五三）七月二十七日、赤痢に罹って没した。歳五十七。法名道本。資明は持明院・大覚寺両皇統の抗争の激化するなかで、父の後伏見院執権俊光の後を承けて、おもに持明院統の朝廷・院中に仕え、「練レ事之仁」といわれて、その実務能力を高く評価された（『園太暦』）。その居所柳原殿が家名となり、子孫は永く栄えた。

柳原資明花押

参考文献 『大日本史料』六ノ一八、文和二年七月二十七日条、『柳原家系譜』 （橋本 義彦）

やなだもちすけ 簗田持助 一四二二—八二 室町時代の武将。古河公方足利成氏の重臣。応永二十九年（一四二二）生まれる。満助の子。中務丞、中務少輔、河内守。簗田氏は足利氏の根本家臣で、鎌倉府の成立後は代々鎌倉公方に仕え、満助の時に有力となった。持助は永享の乱に際し鎌倉公方足利持氏の遺子成氏を鎌倉から脱出させたといわれているが、文安四年（一四四七）成氏が鎌倉に復帰すると、その側近となり奏者の地位についた。康正元年（一四五五）幕府の討伐を受けた成氏の古河移座にあたり、持助は先陣として北関東の制圧に努め、以後下総の関宿城に拠って関東管領上杉氏に対抗し、一時は武蔵国足立郡にまで勢力をのばした。その間将軍足利義政より帰順を促されたこともあったが、従わず、終始成氏を助けた。茨城県猿島郡五霞町の東昌寺は持助が父満助の菩提を弔うために建立したと伝え、文明八年（一四七六）持助寄進の大鐘が現存している。文明十四年四月六日

没。六十一歳。法名寿祥院殿勝岩利公。

[参考文献]『簗田家譜』(静嘉堂文庫蔵)、『鷲宮町史』史料三・四、通史上、佐藤博信「簗田氏の研究」(『古河公方足利氏の研究』所収)、同「足利成氏についての覚書—鎌倉帰還の問題を中心として—」(同所収)

(小谷 俊彦)

やぶのうちそうわ 藪内宗和 生没年不詳 安土桃山時代の堺の茶人。張即之の墨跡・灰被天目・のかづき釜・手桶の水指などの名物を所持した。『天王寺屋会記』によれば、津田宗及・銭屋宗訥・山上宗二らを客として、天正六年(一五七八)十月二十五日朝、十一月二十四日晩、同七年二月二日朝、十一月十四日昼に、茶会を催している。春屋宗園の『一黙稿』で、藪内紹智の剣仲号の前に、宗巴という人に寸斎という号を与えた記事があり、これを藪内宗把また宗和にあてる説があったが、京都の藪内家および藪家との関係とともに、未詳である。

[参考文献] 鳥居雨夕・西堀一三「京都の茶家」(『茶道』一一所収)

(林 左馬衛)

やまいりともよし 山入与義 ?—一四二二 室町時代前期の常陸の武将。父は佐竹貞義の七男山入師義。応永四年(一三九七)三月、兄言義が嗣子なくして没した後、家督を嗣いだ。上総介。薙髪して常元と称した。応永十四年九月、本宗佐竹家の当主義盛の死後、男子がいなかったため、与義の弟小田野自義ら一族・老臣相議して上杉憲基の弟竜保丸(のち義憲、さらに義人と改む)を養子に迎えた際、他姓の義憲が佐竹の家督を嗣ぐのを喜ばず、与義は義憲排斥運動の中心となって、その入国を阻止した。ために鎌倉公方足利持氏の後援を得て義憲が太田(茨城県常陸太田市)に入ることができたのは、翌応永十五年六月のことであった。こうした事情で、与義は義憲の後楯であった持氏や義憲の兄憲基に好感を持たず、応永二十三年十月、上杉氏憲(禅秀)が持氏・憲基打倒の兵を挙げたとき(上杉禅秀の乱)、ただちにこれに応じ、百五十騎の兵を率いて極楽寺口に戦った。しかし、将軍足利義持の援助を得て勢力を挽回した持氏のために翌応永二十四年正月、氏憲は敗死し、与義も持氏に降った。しかし、宗家に他姓の上杉家から義憲を家督として迎えたことに対する与義の不満には根強いものがあり、応永二十八年五月、義憲を迎えるのに積極的に動いた弟小田野自義に迫って自害せしめた。これは、義憲ひいては持氏に対する叛意を公然と示したものであった。持氏は、宍戸持朝および二階堂盛秀に命じて、義憲と与義を和解させようとしたが成功せず、ここに至って持氏と与義との間は決裂した。応永二十九年閏十月十三日、持氏は鎌倉比企谷の邸に与義を包囲し、邸内の法華堂でその子義郷らとともに自害させた。自害の日を十二月二日とする説もある(『常陸誌料』前佐竹氏譜)。与義には義郷のほか、祐義・宗義・愛義・禅信らの男子があり、与義の妹は大掾満幹の妻となっている。

[参考文献]『茨城県史』中世編、渡辺世祐『関東中心足利時代之研究』

(新田 英治)

やまうちかずとよ 山内一豊 一五四五—一六〇五 戦国時代の武将、江戸時代前期の大名。幼名辰之助、猪(伊)右衛門。天文十四年(一五四五)尾張国羽栗郡黒田城(愛知県一宮市木曾川町)で出生。父は盛豊、母は梶原氏(法秀院)。兄に十郎、弟に康豊、姉に通、妹に米・合があった。永禄二年(一五五九)父盛豊が仕えた織田信安・信賢の居城岩倉城は織田信長に攻められて落城し盛豊は戦死した(弘治三年(一五五七)賊徒に襲われ兄十郎とともに黒田城で死したともいう)。一豊は十五歳の少年であったが、母につれられて城を脱出し、家臣の祖父江勘左衛門に保護されたのち、尾張国苅安賀《かりやすか》城主浅井政高、美濃国松倉城主前野長康を頼った。翌三年美濃の牧村領主牧村政倫《まさとも》に、ついで近江国勢多城主山岡景隆に仕えて二百石を給せられた。永禄末年—元亀年間(一五七〇—七三)に織田信長に仕え、元亀—天正初年ころに妻(若宮友興の女、見性院)を娶る。天正元年(一五七三)越前の朝倉氏と信長との戦で豊臣秀吉の配下に属し敵将三段崎勘右衛門を討ったが顔に負傷した。功により近江国唐国《からくに》四百石を与えられる。同三年秀吉のもとで長篠の戦に従軍、同五年播磨国に出陣して上月《こうづき》城を攻め、同国有年《うね》で七百石を領し、ついで二千石を受ける。同六年三木城の攻撃、さらに有岡城、鳥取城の攻撃に参加し、同十年三月備中に出陣し高松城包囲戦に加わる。六月山崎の戦に従軍し、九月播磨国印南郡で五百石を加増される。同十一年正月亀山城攻撃に参加、四月には柴田勝家の軍を追撃し、八月河内国交野《かたの》で三百六十一石を加増される。同十二年小牧・長久手の役に従軍し近江国長浜で五千石の領主となる。同十三年三月から四月にかけての秀

山内一豊花押

山内一豊画像

吉の紀州征伐に従軍、六月若狭国西県郡(福井県大飯郡)を与えられ高浜城に居城し一万九千八百石余を領す。八月佐々成政征討軍に加わり北陸に出兵し、閏八月江北二万石を与えられ再び長浜城主となり、豊臣秀次付の老臣を命じられる。十一月大地震で長女与禰を失う。同十五年正五位下対馬守となり聚楽第の普請を勤める。同十八年小田原征伐に従軍し、九月遠江国相良・榛原《はいばら》三万石余と佐野郡内二万石、合わせて五万石を与えられ掛川に居城する。十月遠江国周知郡で一万石余の預り地代官を命じられる。文禄三年(一五九四)伏見築城に従事し九月伊勢国で千石を加増される。秀吉の死後は徳川家康に近づき、慶長五年(一六〇〇)家康の会津征伐に従軍、関ヶ原の戦での西上に際し、掛川城を明け渡し甥の政豊を小田原城へ人質に入れて出陣した。これには妻の助言が大きな役割を果たしていた。岐阜・大垣城の兵と戦い、垂井付近に陣し関ヶ原東方の警戒にあたった。戦後土佐の国主となったが、家康は井伊直政に長宗我部氏の浦戸城を受け取らせ、のち一豊に与えるよう命じた。そのため長宗我部遺臣の浦戸一揆がおこったが制圧された。一豊は土佐の治安を考慮して弟康豊を先発させ、長宗我部氏の置目(法令)を踏襲することを布告したのち、同六年正月浦戸城に入城した。入国後一豊は国内巡視を行い、幡多郡中村二万石に弟康豊を配し、高岡郡佐川一万石に深尾重良、同郡窪川五千石に山内一吉、幡多郡宿毛《すくも》七千石に山内可氏、長岡郡本山千三百石に山内一照、安芸郡土居千百石に五藤為重ら、要地に一族重臣を配して支配体制をかためた。浦戸入城後長浜時代以来恒例となっていた馬の駆初式《のりぞめしき》を行い、桂浜で相撲を興行し、この折観衆の中から浦戸一揆関係者たちを捕えて磔刑に処した。慶長八年八月鏡川と江ノ口川にはさまれた河中山《こうちやま》城(のち高智、さらに高知と改める)を居城と定め、ここに移った。もと長宗我部氏が居城した大高坂城の地で、百々《とど》安行が総奉行となって工事をすすめた。一豊は工事を視察するために浦戸から高知に行ったが、途中で長宗我部遺臣に襲撃されることを警戒して、一豊と同じ服装をした五人の家臣でかためたのでこれを六人衆といったという。高知移城後十一月には本山(滝山)一揆がおこり平定に苦心した。以後国内は安定したので、一豊は高知城下町を形成し領国経営に努力した。慶長八年三月従四位下土佐守となったが、同十年九月二十日没。六十一歳。法号大通院殿心峯宗伝。潮江《うしおえ》真如寺山に葬る。文化二年(一八〇五)一豊夫妻は藤並神社に祀られる。なお、一豊の妻が馬を買う黄金を出した逸話は有名だが、『山内家史料』の『一豊公紀』にはみえない。当時の資料にもみえないようであるので史実か否か不明。新井白石の『藩翰譜』や、室鳩巣の『鳩巣小説』、湯浅常山の『常山紀談』などに記されているので、江戸時代中期までにこの逸話は有名になったのであろう。

[参考文献]『大日本史料』一二ノ三、慶長十年九月二十日条、松野尾章行編『皆山集』三、山内家史料刊行委員会編『一豊公紀』(『山内家史料』)、山本大『山内一豊』、中島鹿吉『山内一豊公』(『土佐先哲精神顕彰叢書』一)、同『土佐の殿様列伝』、平尾道雄「山内一豊」(児玉幸多・木村礎編『大名列伝』二所収)

(山本　大)

やまおかかげたか　山岡景隆　一五二五—八五　安土桃山時代の武将。大永五年(一五二五)生まれる。父は景之。生国近江。美作守と号す。父祖と同様、近江勢多城に住した。当初、六角氏の勢力下にあったようだが、永禄十一年(一五六八)の織田信長の上洛とともにその麾下に属して活動するようになる。『信長記』には、永禄十二年八月の伊勢北畠氏攻め、天正元年(一五七三)七月の将軍足利義昭攻め、同年八月の越前朝倉氏攻め、同五年三月の紀伊雑賀《さいか》攻め、同九年九月の伊賀平定などに従軍したことがみえる。しばしば弟景猶と行動をともにしている。近江の要衝勢多の地にあったため、その支配にも意を用いたようで、天正三年七月には信長の命により勢多橋を修築している。また、安土城から諸方へ往復する際、信長はしばしば勢多城を宿所とした。天正十年六月の本能

山岡景隆画像

寺の変の直後に、明智光秀の誘降を拒んで居城を焼き退去。このとき徳川家康が光秀の手を逃れて三河に帰国するのを助けたという。柴田勝家が羽柴秀吉に滅ぼされた直後の天正十一年五月十六日、勝家にくみしたかどで勢多を退去し、甲賀郡に幽居、同十三年正月十四日没した。享年六十一。

参考文献　『寛政重修諸家譜』一一四三　（山室　恭子）

やまがひでとお　山鹿秀遠　生没年不詳　平安時代後期の武士。山峨・山賀とも書く。大宰府の有力府官藤原政則（肥後菊池氏祖）の後裔。筑前国粥田《かいた》荘などを所領とした粥田経遠の子で、大伯父（叔父とも）山鹿経政（恒正）の所領山鹿荘を継承して山鹿兵藤次と称す。山鹿荘は筑前国遠賀《おんが》郡の遠賀川下流域から東部洞ノ海《くきのうみ》周辺に成立した九条家領荘園で、中心地は島郷・本城に在ったらしく、その荘域内には力丸・椎木などの中世遺跡が集中する。秀遠は経遠や経政の形成した武士団を率い平家方有力武士であった。平家一門が九州下向時、大宰府より落ちた一門を数千騎の軍勢で居館の山賀（鹿）城へ迎えて籠ったという。また文治元年（一一八五）三月、長門壇ノ浦では松浦党とともに山鹿氏の水軍をあげて源氏方と戦ったため、所領は没官領となり、山鹿氏は滅亡した。山鹿荘・粥田荘などの所領は源頼朝に与えられ、代官として昌寛（一品房）が任じ、のちに（養）子宇都宮家政が下向土着し、山鹿・麻生氏の祖となる。さらにこの地頭職は北条氏の領有となり、北九州の主要な得宗領と化し、足利氏御料所へと継承されていった。

参考文献　『吾妻鏡』四・五、『平家物語』八（『日本古典文学大系』三三）、『宇治拾遺物語』（同二七）、『芦屋町史』、『福岡県史』一、平野邦雄・飯田久雄『福岡県の歴史』（『県史シリーズ』四〇）、箭内健次編『北・九州』、『遠賀町史』、正木喜三郎「粥田恒遠考」（『日本歴史』一七七）、恵良宏「荘園と水運—北九州・遠賀川流域荘園を中心として—」二（『宇部高等工業専門学校研究報告』二一）　（恵良　宏）

やまきかねたか　山木兼隆　？—一一八〇　平安時代末期の武士。父は平信兼、伊勢平氏の一族、伊勢国鈴鹿郡関を苗字とする。この一族は検非違使・受領を歴任した官人的武者。源頼朝挙兵時には伊豆国田方郡山木郷（静岡県伊豆の国市韮山町）に住し山木判官と号した。治承四年（一一八〇）の頼朝の緒戦では当国の目代である兼隆が攻略された。『吾妻鏡』によれば、山木館は要害であったため、頼朝は右筆藤原邦通に地勢を調べさせた上で山木攻略を決行したという。兼隆が襲撃された八月十七日は伊豆国一宮三島社祭礼にあたり、館を守る郎従は少なく、兼隆は北条時政・加藤景廉・佐々木盛綱のために獲首された。　（関　幸彦）

やまぐちのおおくち　山口大口　七世紀の人。木閇・薬師徳保・鉄師手古らとともに、法隆寺金堂四天王像を制作した仏師。『日本書紀』白雉元年（六五〇）条にみえる詔により、千仏像を刻んだ漢山口直大口と同一人物とみられ、七世紀中ごろに活躍した仏師と考えられる。山口大口は、応神朝に渡来した阿知使主《あちのおみ》を祖とする東漢氏《やまとのあやうじ》の一族で、大和を中心に集団的に住まっていた。この一族からは、美術工芸の制作に従事する者が多く出た。薬師徳保も、また百済系氏族の難波薬師一族とする説がある。

参考文献　田中嗣人『日本古代仏師の研究』、大矢三津江「日本古代の造仏工に関する一考察」（『お茶の水史学』一五）　（久野　健）

山口大口刻名
（法隆寺広目天像光背裏銘）

薬師徳保刻名
（法隆寺多聞天像光背裏銘）

やまざきそうかん　山崎宗鑑　⇨宗鑑《そうかん》

やましなときくに　山科言国　一四五二—一五〇三　室町時代中期の公卿。享徳元年（一四五二）に生まれる。山科家庶流の保宗の子で、寛正三年（一四六二）子のない顕言のあとをうけて本宗を継いだ。この年山科家世襲になっていた内蔵頭に任ぜられ、その後近衛少・中将を経て、文明十六年（一四八四）従三位、参議、明応元年（一四九二）権中納言となった。彼は応仁・文明の乱後の公家困窮時代、家領のほか内蔵寮領を経営して皇室経済の一端に預かった。室は高倉永継の女。明応三年（一四九四）には長子定言が賊のため非業の死をとげ、次子言綱が幼年のため、長く朝廷の勤めに励んだ。女の一人が加賀白山長吏澄明の妻となっている。文亀三年（一五〇三）二月二十八日、五十二歳で没した。法名は盛言。日記『言国卿記』のほか歌集がある。　（飯倉　晴武）

山科言国花押

やましなときつぐ　山科言継　一五〇七—七九　戦国時代の公家。永正四年（一五〇七）四月二十六日、山科言綱を父、女嬬を母として生まれる。同十四年十一月二十五日叙爵。十七年正月一日、十四歳で元服すると同時に山科家が代々世襲してきた内蔵頭に任ぜられる。天文六年（一五三七）従三位、同七年には参議となり、以後左衛門督・加賀権守・権中納言・陸奥出羽按察使・太宰権帥などを歴任する。十七年三月二十三日正二位に叙せられ、

山科言継花押

「拾翠」

「藤原言継」
山科言継印

永禄十二年(一五六九)正月二十二日、山科家の初例として権大納言に昇ったが、同年三月十日、正二位の位記を返上させられて従二位となり、正二位に復するのは天正二年(一五七四)正月九日である。同七年三月二日没。七十三歳。法名は花岳院月岑照言大禅定門。なお、大正四年(一九一五)従一位を追贈された。山科家は内蔵頭になると同時に御厨子所別当をも兼ね、皇室経済に深くかかわるが、式微を極めた朝廷のためによく奔走した。家人大沢重成に借銭させたり、家蔵の『源氏物語』や『二八明題集』を形にして春日祭の上卿を五度も勤めている。ことに有名なのは、永禄元年九月先帝後奈良天皇の諒闇終了儀式の費用を求めるため伊勢に下り、国司の北畠具教を説いて三千疋を献じさせたり、同十二年に後奈良天皇の十三回聖忌の法会の費用を徳川家康に献金させるため三河に赴こうとしている。ただしこの時は途次立ち寄った岐阜の織田信長が代わって使者を遣わして費用を調達してくれた。また丹羽長秀や明智光秀らによって押領された皇室御領の近江船木荘や曼殊院・青蓮院・妙法院三門跡領を還付させるため信長と交渉している。こうした活動のほか、山科家本来の家業として衣紋《えもん》を奉仕し、あるいは楽奉行を勤め、有職に通じていたため諸方面からの問合せに応ずるなど、さまざまな活躍が日記『言継卿記』にみえる。　(田中　博美)

やましなときつね　山科言経　一五四三―一六一一　安土桃山・江戸時代前期の公家。天文十二年(一五四三)七月二日、正二位権大納言山科言継を父、右大弁葉室頼継の女を母として生まれる。同十八年七歳にして叙爵。二十二年十二月二十五日十一歳で元服し、従五位上内蔵頭となり昇殿を聴された。累進して元亀二年(一五七一)に、父の太宰権帥辞任の譲りにより、参議となり、天正二年(一五七四)正三位に叙せられ、同四年二月二十四日冷泉為益の女を娶って翌五年長子言緒を得た。十三年六月十九日、冷泉為満・四条隆昌とともに勅勘を蒙ると、室の姉興正寺佐超室冷泉氏を頼って京都を出奔して一時堺に居住した。豊臣秀吉・同秀次・徳川家康らに働きかけて勅免を願ったが、慶長二年(一五九七)十一月十一日に勅勘がとけるまで十三年半の浪々の生活を送った。勅勘の理由は定かではないが、所領の相論がきっかけとなったらしい。浪人中から佐超夫妻の庇護を受け、佐超の父本願寺光佐や佐超の一門の診療にあたり、有職に関する諮問に与った。また衣紋《えもん》を奉仕したり、豊かな学識をかわれて秀次・家康から扶持を与えられている。慶長七年正月六日、山科家として最高位の正二位に叙せられ、同十六年二月二十七日没。享年六十九。法名白言。兄弟に言経誕生の二日前の天文十二年六月三十日、五歳で夭折した兄教明、四歳年下で同十六年十一月二十八日に生まれた以継と妹二人があった。なお以継は薄以緒の養子となり諸光と改名したが、天正十三年十月五日秀吉の命により殺されている。

山科言経花押

参考文献　『大日本史料』一二ノ七、慶長十六年二月二十七日条　(田中　博美)

山科教言花押

やましなのりとき　山科教言　一三二八―一四一〇　南北朝・室町時代前期の公卿。嘉暦三年(一三二八)六月八日生まれる。山科教行の息。建武二年(一三三五)八歳で従五位下に叙せられ、暦応三年(一三四〇)に右少将、貞和二年(一三四六)内蔵頭となる。豊後権守、右中将を経て延文四年(一三五九)には従三位に叙せられた。その後永徳元年(一三八一)参議となり、康応元年(一三八九)権中納言となったが翌明徳元年(一三九〇)にはその職を辞し、応永二年(一三九五)六月には出家して常言と号した。同十七年(『公卿補任』などでは十六年とするが自筆日記は十七年まで現存)十二月十五日に八十三歳で没す。法号は祥雲院殿常言。教言は、足利尊氏・直義・義詮と親しく、特に義満からは寵遇をうけて所領などを安堵されたほか邸宅も与えられている。禅宗に帰依して禅僧との交流も多く、鹿苑院の空谷明応などに参禅し、在庵普在からは道号を得た。また豊原竜秋および信秋から笙曲の伝授を受けており、『応永年中楽方記』は山科家雑掌大沢久守が教言の日記『教言卿記』から楽関係の記事を抄録したもの。山科家が内蔵頭を世襲するようになるのは、この教言からである。

参考文献　『大日本史料』七ノ一三、応永十七年十二月十五日条　(山本　博文)

やましろおう　山背王　?―七六三　奈良時代の皇族。長屋王の子。のちに藤原弟貞と改名。天平元年(七二九)二月長屋王の変のとき、王の子の多くは自経したが、山背王は安宿王・黄文王らとともに藤原不比等の女の所生であったため死を免れた。同十二年十一月無位より従四位下に叙せられた。天平宝字元年(七五七)六月橘奈良麻呂の変の際には陰謀を密告し、翌七月に従三位に叙せられている。同四年正月より母姓を継いだらしく、藤原弟貞と名乗るが、これは密告を賞して孝謙天皇が賜与したものだという。同六年十二月に参議に任ぜられ、翌七年

十月十七日没。ときに参議礼部卿であった。
(熊谷　公男)

やましろのおおえのおう　山背大兄王　?―六四三　七世紀の王族、聖徳太子(廐戸皇子)の子。山代大兄王・山尻王・尻大王・山代兄王・上宮王ともいう。母は蘇我馬子の娘、刀自古郎女。妻は異母妹の舂米女王(上宮大娘姫王)。財王・日置王・片岡女王の兄。岡本宮(のちの法起寺)で生まれ、父の死後は斑鳩宮に居住したと推定される。推古女帝の死後、押坂彦人大兄皇子の子田村皇子(のちの舒明天皇)と次期大王位を争った。叔父の蘇我蝦夷は推古天皇の遺言に従って田村皇子を推し、境部臣摩理勢は山背大兄王を推し、群臣らの意見も二分されていた。斑鳩宮に居住した王は天皇の遺言の理は田村皇子にないことを叔父の蝦夷にたびたび主張したが認められなかった。摩理勢は蝦夷の態度に怒り、斑鳩に赴き、泊瀬王の宮に居住した。蝦夷が王に摩理勢を差し出すように求めたので、王は摩理勢を諭し、さらに泊瀬王が病により急死したので、摩理勢は行く所を失い蝦夷の軍勢に攻め殺された。結局、舒明天皇元年(六二九)正月、蝦夷と群臣の推戴により田村皇子が即位した。『旧唐書《くとうじょ》』倭国伝によれば、舒明天皇三年に来日した唐使高表仁は「王子」と「礼」を争ったとあるが、山背大兄王がこの「王子」であるとも考えられる。皇極天皇二年(六四三)、蝦夷の子入鹿は上宮王らを廃して、古人大兄を天皇に立てようと謀り、十一月、王らを斑鳩に襲った。王の奴三成や数十の舎人らは蝦夷の派遣した巨勢徳太臣や土師娑婆連らの軍勢と戦い、王は馬の骨を内寝に投げ置き、妃や子弟らとともに牛駒山へ逃れた。その時、三輪文屋君は王に深草屯倉から馬に乗り東国に至り、上宮の乳部を中心にして軍勢を興せば戦に勝てると進言した。しかし、王は万民の煩労を望まず、一族は斑鳩寺に戻り、自殺した。墓所は、『延喜式』諸陵寮によれば「平群郡北岡墓」とする。「法起寺塔露盤銘」には、父(聖徳太子)が死に臨んで「山代兄王」に勅し、岡本宮を寺とし、大倭国と近江国の田を施入させたとある。

山背大兄王像

参考文献　坂本太郎『聖徳太子と菅原道真』(『坂本太郎著作集』九)、仁藤敦史「上宮王家と斑鳩」(『古代王権と都城』所収)、同「斑鳩宮」の経済的基盤」(同所収)、同「斑鳩宮」の経営について」(同所収)
(仁藤　敦史)

平群郡北岡墓《へぐりのこおりのきたおかのはか》　所在は不明。山背大兄王とその一族は、蘇我入鹿の兵に襲われて生駒山中に難をのがれ、のち斑鳩寺に入って一族ことごとく自経したことが『日本書紀』にみえる。王の墓については『延喜式』諸陵寮に平群郡北岡墓として掲げられていて、その制は「在二大和国平群郡一、兆域東西三町、南北二町、墓戸二烟」とあり、頒幣の例に入らなかったことが註記されている。陵墓名に郡の字を付加した例は、式所載の他の陵墓には所見がなく、後世は平群北岡墓、あるいは単に北岡墓と称されていたようである。法隆寺の北東約一キロにある円墳(奈良県生駒郡斑鳩町大字三井《みい》、富郷《とみさと》陵墓参考地)は、かつて王の墓と伝えられていた。
(戸原　純一)

やまだしげただ　山田重忠　?―一二二一　鎌倉時代前期の武士。出自は清和源氏。はじめ重広。次郎。父は治承の乱で源行家の軍に属し墨俣《すのまた》川の戦で討死した重満。尾張国山田郡山田荘(八条院領)の住人。後鳥羽上皇の院中に仕え、建保元年(一二一三)、法勝寺九重塔供養の警衛に加わり、承久三年(一二二一)承久の乱では宮方に参加。幕府軍の西上に備えてはじめ木曾川の墨俣に布陣したが、宮方敗走のためやむなく退却。その後美濃国杭瀬川に踏みとどまり九十余騎の郎等をもって邀撃。さらに勢多で比叡山の僧兵三千余騎を率いて奮戦したが及ばず、京都に退き東寺付近で戦ったのち、その子重継らとともに嵯峨野の奥に落ちのび、六月十五日ここで自刃。負傷した重継は捕えられて斬られた。重忠は治承三年(一一七九)母の菩提を弔うため尾州木賀崎に長母寺(名古屋市東区矢田町)を創建しており、のち同寺に住した無住道暁は『沙石集』の中で「心モヤサシクシテ、民ノ煩ヲ思ヒ知リ、ヨロヅ優ナル人」と武勇に秀れた重忠のかくれた一面を記している。

参考文献　『大日本史料』四ノ一六、承久三年六月十五日条、『愛知県史』別巻
(新井喜久夫)

やまだのみかた　山田御方　生没年不詳　奈良時代の漢学者。三方もしくは御形とも記す。姓《かばね》は史《ふひと》。渡来系の氏族の出身で、学問僧として新羅に留学し、のちに還俗して持統天皇六年(六九二)十月、務広肆を授けられる。和銅三年(七一〇)正月従五位下となり、同年四月周防守に任ぜられた。養老四年(七二〇)正月従五位上に昇り、翌五年正月皇太子首皇子(聖武天皇)のために退朝ののち東宮に侍するよう命ぜられる。同月文章博士として学業優秀を賞され、絁・布などを賜わった。『懐風藻』に大学頭であったと記すのは、これより以前か。養老六年四月の詔には、御方は周防守時代に官物を盗んだ罪を恩赦によって許されはしたが、法律に従って盗んだ財貨を弁償させようとしたところ、御方の家には一尺の布もなかった、よって恩寵を加えて財物を徴収しないようにせよ、とある。『懐風藻』に「七夕」の五言詩など三首を収める。なお『万葉集』巻三・巻四などにみえる三方沙弥を山田御方と同一人とする説もあるが、別人説が有力。
(稲岡　耕二)

やまとたけるのみこと　日本武尊　景行天皇の皇子。『古事記』『日本書紀』に所伝があり、日本武尊は『日本書紀』の表記、『古事記』は倭建命につくる。訓は北野

神社本・熱田神宮本のヤマトタケノミコトがよく、タケルではないとする有力な説がある。はじめ小碓《おうす》命・倭男《やまとお》具那《ぐな》命といい、のち倭建命となる。生母は吉備臣らの祖若建吉備津日子の女針間之伊那毗能大郎女(『日本書紀』は播磨稲日大郎姫・稲日稚郎姫につくる)。有史以来五・六世紀に至る大和朝廷の勢力の全土への拡大という歴史を踏まえて、これを象徴する伝説上の英雄で、記紀のほか、『常陸国風土記』『肥前国風土記』、諸書所引の風土記逸文では尾張・陸奥・美作・阿波などの諸国のそれにみえる。中でも『常陸国風土記』に数ヵ所みえるものはいずれも倭武天皇(『阿波国風土記』逸文は倭健天皇命)とするところから、その身分はあるいは天皇かとする説もある。『古事記』には皇子の異母弟若帯日子命(のちの成務天皇)、同じく五百木之入日子命とともに「負二太子之名一」とみえるが即位したことはみえない(『日本書紀』にはその立太子のこともみえない)。しかしその記事や「宮」「大御食」「崩」「御陵」などの用語・用字の扱いは天皇に準じ、またその后子女の項の生子は「生御子」と、同じく歴代天皇のそれに準じている。常陸・阿波両国の風土記の「天皇」号は、これらに拠って皇子の身分を格上げしたものとみることができる。ほかに『三代実録』貞観三年(八六一)十一月十一日条伴善男奏言所引の佐伯直豊雄の款に「倭武命」、『新撰姓氏録』には皇別氏の二氏と佐伯直の祖に因んで「日本武尊」の名がみえる。

『古事記』景行天皇段によると、小碓命は天皇の命により兄の大碓命にその命を伝えるが、大碓命がこれに従わぬため、これを殺した。「朝曙に厠に入りし時、待ち捕へて搤《つか》み批《ひし》ぎて、其の枝を引き闕き、薦《こも》に裹《つつ》みて投げ棄つ」(原漢字)とある。天皇はこのため、その「建荒之情」を惶れて皇子を遠ざけることをはかり、西方の熊曾建(『日本書紀』は「熊襲有二魁帥者一、名取石鹿文亦曰二川上梟帥一」につくる)二人の征討を命ずる。皇子は姨《おば》の倭比売命の衣裳を給わり、女装して熊曾建に近づき御室楽《みむろのうたげ》の日に懐剣で二人を刺殺する。このとき弟建が「倭建御子」の名を献じた。これ以後倭建命と名をあらためる。ついで出雲国に入り赤檮《いちい》の詐刀で出雲建を欺いてこれを誅し、倭に帰還する。天皇は、今度は東国の賊(東方十二道之《ひがしのかたとおまりふたつみちの》荒夫琉神《あらぶるかみ》、及《また》摩都楼波奴《まつろわぬ》人等《ひとども》)の征討を命ずる。皇子はまず伊勢神宮を拝し、ここで倭比売命に対し、「天皇吾をすでに死ねとおぼしめすなりけり」(原漢字)とうれい泣く。倭比売命は草那芸剣と御嚢を給う。尾張国で国造之祖美夜受比売と婚約し、東国に向かった。相武国で国造に欺かれて火難に遭うが、草那芸剣で草を刈りはらい、嚢中の火打でこれに火を放って助かる。進んで走水海に至る。ここで渡神《わたりのかみ》にさえぎられるが、后弟橘比売命が入海して暴浪を鎮め、倭建命は無事対岸に着く。かくて荒ぶる蝦夷や山河の荒神を言向平和《ことむけやは》して帰路につく。足柄の坂本で白鹿に化した坂の神を殺し、甲斐の酒折宮を経て、科野の坂神を言向け、尾張国に帰還する。ここで美夜受比売と再会、約束を果たす。翌朝草那芸剣を比売のもとに置いて伊服岐の山の神の征討に赴き、ここで白猪に化したこの山の神のふらせる氷雨のために病み、伊勢の能褒野に崩ずる。后たち御子たちは倭より下って「御陵」を作るが皇子の霊は八尋白智鳥《やひろのしろちどり》と化して「天に翔りて飛び行き」河内の志幾にとどまる。ここにも「御陵」が営まれるが、また白智鳥となって天に翔りて飛び行く、とある。この物語の中には弟橘比売の「さねさしさがむの小野に」の歌、甲斐の酒折宮における命と御火焼之老《みひたきのおきな》人との問答歌、美夜受比売が大御食を献じた饗宴の歌、尾張の尾津前の「尾張にただに向へる尾津の崎なるひとつ松吾兄を」や「倭は国のまほろば」の思国歌(くにしぬび歌)ほか三歌、后たちの歌四歌などがあり、この物語の浪漫的形象を優れたものにしている。倭建命には布多遅能伊理毗売命(『日本書紀』は両道入姫皇女)ほかの妃があり、帯中津日子命(同足仲彦天皇(仲哀天皇))以下六柱(同七人)の子を生んだとある。『日本書紀』は熊襲征討を、はじめ景行天皇の親征とし、その十二年から十九年にかけて長大な説話を展開し、その後二十七年の条に皇子の西征を述べる。ついで二十八年皇子の東征のことを記す。その内容は『古事記』と大同小異であるが、文学的形象において『古事記』に劣る。本居宣長が『古事記伝』二七において、皇子が東征に出発する段の両者を比較して「凡て書紀の此ノ段、殊に漢めきたり、上代の意言《ココロコトバ》に非ず、其は古ノ伝ヘ説《ゴト》の中に、漢めかぬことを省《ハブ》き捨《ステ》て、漢ざまの文を多く潤色《カザ》り添へて書れたりと見えたり」と述べている。風土記の文はすべて地名起源説話である。別に『出雲国風土記』も同国の健部郷の条に御名代健部についてその起源説話として「倭健命」の名を掲げている。これらの風土記の説話のみならず記紀の所伝もすべて史実とは認められない。しかし、その説話がいつ、どのようにして形成されたか、ないし創作されたかは、なお今後の研究に俟たねばならない。記紀の伝えるこの皇子は、史上最も愛された英雄像の一つで、そのためにその遠征の伝えられる地方や、経路を延長してその遠征・滞在の説話がつくられ、また時代を超えて後世、近現代に至るまで絵画・文芸の題材となっている。

[参考文献] 川副武胤『古事記の研究』、同『古事記及び日本書紀の研究』、同『日本古典の研究』、上田正昭『日本武尊』(『人物叢書』四九)、中村啓信「ヤマトタケと訓むべき論」(『国学院雑誌』八八ノ六)

(川副　武胤)

能褒野墓《のぼののはか》　三重県亀山市田村町名越字女ヶ坂にある前方後円墳。文化庁編『全国遺跡地図』は、「能褒野王塚古墳」と表示する。『日本書紀』景行天皇四十年条は、名称を「能褒野陵」、通称を「白鳥陵」と記す。『延喜式』諸陵寮は、「能裒野墓」とし、「日本武尊、在二伊勢国鈴鹿郡一、兆域東西二町、南北二町、守戸三烟」と記し、遠墓に入れる。令制の陵墓管理制度崩壊により、当墓と称する処が何ヵ所も生ずることになった。明治九年(一八

七六)一月教部省はこれらの当墓伝承地の中から、三重県鈴鹿郡高宮村丸山(鈴鹿市上田町字北松塚)の鵯《ひよどり》塚(白鳥塚古墳)を当墓に考定した。しかしこれについて郡内から異議が提出されたため、墓の修営を見合せて再調査することになった。同十二年十月宮内省は、先の教部省決定を取り消し、当墓を同郡川崎村名越字女ヶ坂の丁字塚(一名、王塚)に改定し、続いて墓域・陪冢・道路開設地の設定とその用地買収を行い、同二十六年墓の修営を行なった。これが現在の墓である。台地の端にある南東に面する前方後円墳で、空濠が巡り、正面に拝所を設ける。墳丘は長さ八九メートル、前方部幅四三メートル・高さ六・八メートル、後円部径五五メートル・高さ九・四メートル。墳丘裾末端に円筒埴輪が一部に遺存するが、このような位置の埴輪は天皇陵には見られない。台風災害により空濠底の腐葉土下に礫層があることが判明したが、これが葺石か自然層かは不明。墓域内北東面には九基の小円墳陪冢があり、墓域外の五ヵ所にある小円墳四基・小方墳一基・不整形小墳二基は陪冢に指定されている。宮内庁書陵部畝傍陵墓監区事務所所管。墓の近隣にある能褒野神社には、当墓出土と称する円筒埴輪がある。

参考文献 太政官記録局編『太政類典』五、宮内省編『明治天皇紀』四、亀山市教育委員会編『亀山の古墳』、『日本武尊能褒野墓之図』(宮内庁書陵部保管『陵墓地形図』二八九〔L六七〕)、大西源一「日本武尊能褒野墓存疑」(『考古学雑誌』三ノ一二)

(石田　茂輔)

白鳥陵《しらとりのみささぎ》　日本武尊の霊廟。『日本書紀』景行天皇四十年条に、日本武尊を能褒野陵に葬った時、尊が白鳥と化して飛び去ったので、棺を開くと明衣だけが残っていた。そこで白鳥を追い尋ねると、大和琴弾原に停ったのでそこに陵を造ると、白鳥は河内へ飛び旧市に留まったのでまたそこに陵を造った。当時の人はこの三陵を白鳥陵と呼んだと記している。また、仁徳天皇六十年条に、白鳥陵は空陵なので、天皇は陵守を廃止しようとして、陵守を役丁にすると、陵守が白鹿になって逃げたので、陵守廃止をとりやめたとある。能褒野陵は、明治十二年(一八七九)十月に日本武尊能褒野墓に決定され、三重県亀山市田村町にある。琴弾原白鳥陵は、奈良県御所市大字富田にあり、明治九年五月教部省が正院に伺い考定し、掌丁を付置したが、異論があって土地取得が進まず、明治十九年七月ようやく土地献納を受け入れた。当陵は権現山、天王山と呼ばれた所で、南北約二八メートル、東西約四五メートル、高さ約五メートルの長方丘である。御所市大字柏原字鑵子山にある鑵子塚古墳を当陵に推す説がある。旧市白鳥陵は、明治八年三月教部省が伊岐宮(大阪府羽曳野市古市一丁目白鳥神社古墳)に考定したが、同十三年十二月羽曳野市軽里三丁目にある現陵に改定された。現陵は『河内国陵墓図』に木梨軽太子の軽之墓とある所で、軽の墓、前の山と呼ばれた所である。西面する周濠のある前方後円墳で、長軸の長さ約一九〇メートル、前方部幅約一六二メートル、同高さ約二〇メートル、後円部直径約一〇五メートル、同高さ約一七メートル、四段築成で最下段上縁には円筒埴輪列がある。当陵からは円筒埴輪のほか、形象埴輪・朝顔形埴輪・須恵器などが出土している。琴弾原・旧市白鳥陵は能褒野墓付属物として宮内庁が管理しているが、このほかに、明治九年五月教部省が太政官に伺い、熱田神宮付属地にして熱田神宮の管理とした名古屋市熱田区白鳥町にある熱田白鳥陵がある。

参考文献 山本賢三「日本武尊の白鳥陵」(『日本武尊の白鳥陵と武内宿禰の墓の新考証』所収)、陵墓調査室「昭和五十五年度陵墓関係調査概要」(『書陵部紀要』三三)、同「昭和五十六年度陵墓関係調査概要」(同三四)

(石田　茂輔)

やまとたらしひこくにおしひとのみこと　日本足彦国押人尊　⇩孝安《こうあんてんのう》天皇

やまとととひももそひめのみこと　倭迹迹日百襲姫命　孝霊天皇の娘と伝える三輪伝説の巫女的王女。『日本書紀』には倭迹迹日百襲姫命とあり、『古事記』には夜麻登登母々曾毗売命とある。類似の名に『日本書紀』にみえる孝元天皇の娘の倭迹迹姫命がある。『古事記』は三輪山の神との聖婚伝承は、活玉依毗売のこととして物語るが、『日本書紀』では百襲姫命と三輪山の大物主神との聖婚伝承として描かれており、いわゆる三輪山型(苧《お》環《だまき》型)神婚譚も、『古事記』と『日本書紀』との間にはかなりの相違がある。『日本書紀』によれば、崇神天皇七年二月条に、百襲姫命が神がかりして、「倭国域内所居神」たる大物主神の名を告げ、御間城入彦(崇神天皇)が教えのままに祭祀したが効験がなかったと記す。同十年九月条には百襲姫命が武埴安彦の謀反を予知して天皇に告げたことを述べ、別に百襲姫命が大物主神の妻となる伝えを載せる。その神婚譚は、夜ごとに来訪する夫(大物主神)に、その「尊顔」をみたいと語ることより始まる。大物主神は「明旦」に櫛笥《くしげ》に入っているが、「驚くな」と答えたという。そこで夜の明けるのを待って、櫛笥をみると、美麗の小蛇が入っていた。百襲姫命は驚き叫び、大神は「吾に恥見せつ」と三輪山に登り、後悔した百襲姫命は、どすんとすわって箸で女陰を突いて死去する。大市(奈良県桜井市の北部)に葬ったが、その墓を時の人は箸墓とよんでいると物語っている。その伝承には箸墓由来譚の色彩が濃い。百襲姫の神婚譚は、『古事記』に伝える活玉依毗売の場合のように神人が結ばれて子が生まれるという交流型ではなく、むしろ別離して死去するという神人隔絶型になっている点をみのがせない。『三国志』魏志東夷伝倭人条にみえる卑弥呼をその性格や地位から推定して百襲姫に比定する説がある。その名のトトビを「鳥飛び」とみなし、脱魂型(エクスタシータイプ)の巫女とする見解も提出されている。

参考文献 大林太良『邪馬台国』(『中公新書』四六六)、上田正昭『日本の女帝』(『講談社現代新書』三三七)

(上田　正昭)

大市墓《おおいちのはか》　奈良県桜井市大字箸中にある。考古学関係図書では「箸墓古墳」といい、卑弥呼の墓に擬する説もある。『日本書紀』崇神天皇十年九月条には、倭迹迹日百襲姫が薨じ、大市に葬り、時の人は墓を箸墓というとある。墓は大坂山の石を運び造るとあり、天武天皇元年(六七二)条には箸陵とする。『延喜式』諸陵寮には記載を欠くが、当墓の伝承は幕末まであり、戸田忠至は、慶応元年(一八六五)四月一日から六日の間に当墓を営築し、長役・守戸を付置した。明治八年(一八七五)民有地であった墓敷地を買収、同十九年拝所と参道の用地を買収、同二十一年墓を修営した。現状は西南西に面する巨大な前方後円墳で、長軸の長さ二七三メートル、前方部前幅一二二メートル、後円部直径一六〇メートル、高さ前方部一六・四メートル・後円部三〇・四メートル、前方部四段、後円部五段の段築で、前方部前面中央に接し拝所がある。後円部東・南側周縁は、道路と民家で墳丘が削られている。前方部北面・後円部北西面墳丘裾は、大池に接し、大量の礫が散在する。ここにはしがらみ杭が遺存するので、礫が後世の池護岸石か葺石かは不明。南側くびれ部には、北西に向け前方部墳丘を斜めに横断する掘込みがある。後円部段築最上段は、腐葉土表層下に葺石様の礫が上面の中央部を除き存在し、礫面からは特殊器台埴輪・底部穿孔埴輪壺破片が出土している。前方部段築最上段の前部では、上層の黒灰色砂質土中から須恵器《すえき》𤭯《はそう》と土師器《はじき》底部穿孔壺破片が出土しているが、この砂質土は後世の盛土である可能性もある。『日本書紀』の大坂山の石を運び当墓を造るという記載について、現在の岩石分布と当墓所在の石との比較により、この大坂山は二上山の北に接する大坂山ではなく、大阪府柏原市の芝山にあたるとの説があるが、造墓当時に大坂山には同一岩石の存在は有り得ないことが解明されねば、この説は信じ難い。

大市墓

参考文献　『倭迹迹日百襲姫墓之図』(宮内庁書陵部保管『陵墓地形図』二五一〔L五四〕)、上野竹次郎『山陵』上、原田大六『卑弥呼の墓』、末永雅雄『日本の古墳』、笠井新也「ひみこの冢墓と箸墓」(『考古学雑誌』三二ノ七)、同「箸墓古墳の考古学的考察」(同三三ノ三)、中村一郎・笠野毅「大市墓の出土品」(『書陵部紀要』二七)、加藤昭「河内大塚陵墓参考地所在ごぼ石、大市墓および衾田陵採集「葺石」の岩石学的記載」(同四二)、白石太一郎・春成秀爾・杉山晋作・奥田尚「箸墓古墳の再検討」(『国立歴史民俗博物館研究報告』三)

(石田　茂輔)

やまとのあごこ　倭吾子籠　大和の国造の祖と伝える人物。『日本書紀』の仁徳天皇即位前紀には、大鷦鷯尊《おおさざき》(仁徳天皇)が倭の屯田《みた》の領有をめぐって、倭直の祖とする麻呂の弟吾子籠を、韓国から召喚し、下問する説話を記す。仁徳天皇六十二年五月の条には、吾子籠は遠江に遣わされて造船に従事したと述べる。また履中天皇即位前紀には、住吉仲皇子の叛乱にくみしたが、妹を献じて死を免れ、これを倭直らが釆女を貢る起源ではないかとする伝えを載す。允恭天皇七年十二月の条には、大王の召に応じなかった衣通郎姫《そとおりのいらつめ》が吾子籠の家にとどまっていたと記し、雄略天皇二年十月の条には「大倭国造吾子籠宿禰」が狭穂子鳥別を貢上したことを書きとどめる。

(上田　正昭)

やまとのあやのこま　東漢駒　六世紀後半の廷臣。『坂上系図』の系譜は必ずしも正確とはいえないが、東漢氏の祖の阿智王(阿知使主《あちのおみ》)の孫の志努《しの》の六男を駒子とし、これを坂上氏の祖とする。『日本書紀』によれば、用明天皇死後の争乱で大連物部守屋を討滅した大臣蘇我馬子は、朝廷の実権を握って崇峻天皇を即位させたが、崇峻天皇五年十一月に天皇が馬子を憎むことを聞き、駒に命じて天皇を暗殺させた。しかし同月天皇の嬪で馬子の娘だった河上娘《かわかみのいらつめ》を駒が盗んでいたことが露顕して、駒は馬子に殺されたという。

(関　晃)

やまとのあやのふくいん　倭漢福因　七世紀前半ころの廷臣。倭漢は東漢とも書く。姓《かばね》は直。東漢系諸氏の中のどの氏の人物かは不明。『日本書紀』によれば、推古天皇十六年(六〇八)九月遣隋留学生となり、大使小野妹子に随って渡隋、同三十一年七月新羅使の大使智洗爾《ちせんに》に伴われて唐より帰国、医《くすし》の恵日《えにち》らとともに、在唐の留学生らはみな学業が成っているので召喚すべきことと、唐が法式の備わった優れた国であることを朝廷に報告した。

(関　晃)

やまとのながおか　大和長岡　六八九―七六九　奈良時代の法律的官人。大倭五百足の子で、もと大倭小東人。持統天皇三年(六八九)に生まれる。若くから刑名の学を好み、霊亀二年(七一六)に入唐請益生となり、律令法の疑点を解明し、当時法令を学ぶもの皆彼にただしたとするが、養老六年(七二二)二月、『養老律令』撰修の功で田四町を賜わった。神亀五年(七二八)ごろには「文雅」の士とされ、天平九年(七三七)十一月に宿禰姓を賜わり、外従五位下に進んだ。同十年閏七月刑部少輔となり、同十八年四月に摂津亮、翌十九年正月に入内《ほうない》、従五位上を経て天平勝宝三年(七五一)正月に正五位下に進んだ。天平宝字元年(七五七)五月に正五位上、翌六月に紫微大忠に任ぜられた。同年末ごろから氏姓を大和宿禰、名を長岡とした。卒伝には天平宝字の初め民部大輔兼坤宮大忠

となり、同四年河内守になったが、政仁恵なく、吏民これを患うとある。同七年正月に従四位下に進み、散位となった。そして同八年、右京大夫に任ぜられたが、年老のゆえにみずから辞し、神護景雲二年(七六八)正月、八十歳で正四位下を授けられ、翌三年十月二十九日に大和国造正四位下で没した。八十一歳。晩年、吉備真備と『刪定律令』二十四条を撰している。

参考文献 布施弥平治『明法道の研究』

（野村 忠夫）

やまとひめのおおきみ 倭姫王 生没年不詳 古人大兄皇子の女。母は不明。父の異母弟、中大兄皇子の妃となった。それがいつのことなのか不明だが、古人大兄が謀反の罪で殺された大化元年(六四五)前後とみる説、中大兄の称制期あるいは間人大后の死後とする説がある。中大兄が即位して天智天皇となるに伴い、大后(皇后)に立てられた。天智は死に臨み、弟の大海人皇子に皇位を譲ろうとしたが、皇子はそれを固辞した。その時、皇子は、倭姫王が天皇大権を継承し、大友皇子を太政大臣として諸政の奉宣にあたらせるか、あるいは皇太子にすべきであると述べたという。これらのことから、喜田貞吉は、古代の女帝の本質は中継ぎにあるとして、天智の死後、即位したのは大友皇子ではなく、倭姫王であったと論じた。その後、黒板勝美が倭姫王による称制を唱えた。倭姫王の即位・称制の事実は確かめがたいが、天智死後の段階で倭姫王に大后として王位継承資格が認められていたのは確かなのであろう。『万葉集』にみえる中皇命や『大安寺伽藍縁起幷流記資財帳』の記す仲天皇をともに「なかつすめらみこと」とよみ、倭姫王に比定する説がある。『万葉集』のほかの箇所では倭姫王は大后・倭大后とよばれている。

参考文献 星野良作『研究史壬申の乱』、上田正昭『日本の女帝』(『講談社現代新書』三三七)、小林敏男『古代女帝の時代』、喜田貞吉「女帝の皇位継承に関する先例を論じて、『大日本史』の「大友天皇本紀」に及ぶ」(『喜田貞吉著作集』三所収)、同「後淡海宮御宇天皇論」(同所収)

（遠山美都男）

やまとひめのみこと 倭姫命 『古事記』『日本書紀』によれば、垂仁天皇の皇女。母は垂仁天皇ののちの皇后日葉酢媛命。『古事記』は倭比売命と表記する。『日本書紀』垂仁天皇二十五年条に、豊耜入姫命にかわって天照大神を託され、笠縫《かさぬい》邑に祭っていた天照大神を菟田筱幡《うだのささはた》・近江・美濃を経て、伊勢に鎮座させたとみえる。これは伊勢神宮の起源譚である。倭姫命は、『古事記』において第二代の伊勢斎宮。『日本書紀』の「一云」や『皇太神宮儀式帳』には、この鎮座とは別の異伝をのせる。『古事記』の倭建命(日本武尊)物語において、熊曾建への征討にあたっては御衣・御裳と剣、東国への征討に際しては草薙剣と御嚢《みふくろ》を倭建命に与えた。倭建命は、これらの与えられた物を使って、その基本的任務をとげた。伊勢神宮の霊威を示す話である。『日本書紀』景行天皇五十一年条には、伊勢神宮に献上された蝦夷が騒いだので、蝦夷を朝廷に進上した話がみえる。

（吉村 武彦）

やまなうじきよ 山名氏清 一三四四—九一 南北朝時代の武将、守護大名。山名時氏の第四子。民部少輔・陸奥守。康永三年(一三四四)生まれる。父時氏の死(応安四年(一三七一)二月)のあと、丹波国守護となった。永和四年(天授四、一三七八)十二月南朝方橋本正督により紀伊・和泉の守護が敗退、逃亡し、将軍足利義満みずからが出陣するという沙汰があった。これは中止され、兄義理と氏清が発向し、その勝利ののち、義理は紀伊、氏清が和泉の守護に任命された。同年三月二十七日に将軍が犬追物を見物した際には、氏清は義理に次ぐ席を与えられている。康暦元年(天授五、一三七九)には紀伊土丸城を義理とともに攻める一方、二月六日の侍所の沙汰始、八月二十五日の政所内評定始には民部少輔の官途を以て見出せる。翌二年七月、橋本正督以下の首十一を京都に送進、梟首させた。応安四年(一三七一)十月十七日には丹波国石田本荘内一色名の遵行を民部少輔として奉っているので、父の死後を襲ったことがわかる。ただ、亡父時氏の七回忌供養願文には陸奥守と署名している。永徳二年(弘和二、一三八二)閏正月には、河内国平尾で楠木正儀と戦ったが、河内国守護は畠山基国であって、氏清は和泉国守護であった。嘉慶二年(元中五、一三八八)のころから、一族の山名氏之(氏幸)と時熙が領国の但馬・伯耆で京都の成敗に随わずとされ、将軍足利義満から追討を命ぜられた。「一家の者を退治することは、当家滅亡の基であるが、上意故随わざるを得ぬ。しかしいずれ二人が嘆願しても許されることはないか」と確認した上で(『明徳記』)、甥で聟の満幸とともに発向、但馬を攻め功により守護となった。義満は、強大な一門の勢力の削減政策をとった。時熙・氏之が赦免されるという噂のなか、義満は氏清の宇治の別荘に紅葉を観るため臨み、この時、二人を許す手筈と、満幸から聞いた氏清は、俄かに中止して義満を激怒させ、さらに満幸も、出雲国の仙洞御領横田荘に乱妨をして追討をうけることとなったので、二人は十二月中の挙兵を約した。明徳二年(元中八、一三九一)十一月、氏清は吉野に降伏を申し入れ京都を攻める名分を入手(『南方紀伝』)、十二月二十九日に軍議を開き、晦日の決戦を約し、七条より三条坊門大宮まで進んだ(明徳の乱)。しかし赤松義則の手に阻まれ、一色詮範の手によって討たれた。四十八歳という。子息小次郎氏義は自害した。満幸は丹波路より進んだが、合戦の機に間にあわず、伯耆・因幡をさして逃走した。また紀伊国守護の兄義理は、「穏便ノ仁」と義満から不参加を

山名氏清花押

期待されたものの「一家背ク上ハ詮ナシ」と参加し、天王寺まで進んだが紀伊国に帰り、のち出家した。この乱は、将軍が守護大名間の対立を利用して強大な守護家の勢力分断と削減を計り挑発した事件であるが、なお、南朝方が名分として利用されている最終期のものとしても注目される。明徳三年正月、義満は恩賞を行い、細川頼元を丹波、一色満範を丹後、赤松義則を美作、大内義弘を和泉・紀伊、佐々木高詮を隠岐・出雲の守護とし、時熙に但馬、氏之に伯耆を与え、かつて「六分一殿」といわれ、十一ヵ国(侍所所司の山城を除く)を領した同氏は、氏冬の因幡を加えても、わずか三ヵ国を領するのみとなった。

参考文献 『後鑑』、水野恭一郎「南北朝内乱期における山名氏の動向」(『武家時代の政治と文化』所収)

(福田以久生)

やまなかつとよ　山名勝豊　?—一四五九　室町時代前期の武将。左衛門佐。因幡守護。山名持豊(宗全)の子であるが、南北朝時代に因幡守護であった山名氏冬の孫中務大輔熙貴の養子となる。養父熙貴は嘉吉元年(一四四一)六月二十四日、将軍足利義教が赤松氏に弑逆された日、義教に随従して赤松第において討死をとげた(『建内記』)。勝豊は、養父の没後その遺跡を継いで因幡守護となった。『因幡志』によれば、勝豊は因幡国高草郡の湖《こ》山池《やまいけ》東岸の布勢郷天神山(鳥取市)に城郭を構えて、布勢氏を称したとしている。勝豊の没年については、『碧山日録』長禄三年(一四五九)四月十五日条に、「山名氏、因州太守某、前日卒、此宵、於二正統院一火喪、宝渚和尚(雲章一慶)為之秉炬」とみえている記事の、因州太守某が勝豊であることは確かであって、この年四月十四日、勝豊は京都で死去して、東福寺の塔頭正統院に葬られている。

参考文献 『寛政重修諸家譜』七一

(水野恭一郎)

やまなかゆきもり　山中幸盛　?—一五七八　戦国・安土桃山時代の出雲尼子氏の家臣。父は山中満幸、母は立原綱重の女。天文十四年(一五四五)八月十五日、出雲富《と》田《だ》庄(島根県安来市広瀬町)の出生という説があるが、ともに異説もある。幼名甚次郎、鹿介(鹿之介は誤り)と称し、元亀三年(一五七二)ころ亀井を苗字としたこともある。永禄六年(一五六三)毛利元就の富田城(月山城)攻囲中に登場。品川三郎右衛門との一騎打の話は有名。同九年富田開城後、いわゆる尼子十勇士の筆頭として、主家再興を図り、京都東福寺にあった尼子一族新宮党誠久の遺子を擁立して勝久と名乗らせ、同十二年故国出雲へ入国したが、翌元亀元年(一五七〇)毛利氏の反撃にあい布《ふ》部《べ》山(広瀬町)に敗北。同二年吉川《きっかわ》元春に捕えられたが脱走、上洛して織田信長を頼った。同三年因幡国に進出し、天正四年(一五七六)まで、およそ四ヵ年、武田高信を撃破、山名豊国を鳥取城に入れるなどの活躍をしたがまた上洛。天正五年信長の先陣羽柴秀吉の中国征伐の先鋒として、播州佐用郡上月《こうづき》城(兵庫県佐用郡佐用町)を守っていたが毛利氏の猛攻を受け、翌六年七月三日勝久は自刃し、尼子氏は滅亡した。鹿介は降人となり、毛利輝元のもとに護送される途中の七月十七日、備中合の渡(岡山県高梁《たかはし》市落合町阿部)で殺害された。年三十四とされるが異説もある。墓碑は高梁市落合町阿部のほか諸所にある。鹿介の生涯は三日月に七難八苦を祈ったといわれ、尼子再興を目指した天下無双の勇士として、後世人気を博した。なお鹿介の妻の妹、あるいは鹿介の女が亀井茲矩の妻である。

山中幸盛墓
(京都市金戒光明寺所在)

山中幸盛花押

参考文献 谷口廻瀾編『山中鹿介』、瀬川秀雄『吉川元春』、三卿伝編纂所編『毛利元就卿伝』、同編『毛利輝元卿伝』、米原正義編『出雲尼子一族』、福川一徳「元亀—天正年間の大友・毛利氏の戦い」(『軍事史学』一〇四)

(米原　正義)

やまなそうぜん　山名宗全　⇨山名持豊《やまなもちとよ》

やまなときうじ　山名時氏　?—一三七一　南北朝時代の武将、守護大名。幼名小次郎。父山名政氏、母上杉重房の女。官歴は伊豆守・弾正少弼・左京大夫。室町幕府の侍所所司。正五位下。元弘元年(一三三一)、後醍醐天皇の討幕計画の発覚にあたり東国の軍勢が上洛した際には鎌倉にあって将軍守邦親王を守ったが、同三年には名越高家の軍に属し大番衆として上洛、紀伊路に向かい、赤坂・千早城の楠木正成を攻めた。やがて足利高氏(尊氏)が天皇に帰順するとこれに加わり六波羅を攻撃、探題討滅に功をあげた。建武二年(一三三五)、中先代の乱がおこるとその鎮圧に東下し、続いて新田義貞らの鎌倉攻めに際してはこれを追って尊氏とともに上洛、同三年(延元元)正月、大渡・山崎で脇屋義助らを破ったものの摂津豊島河原で敗れ、九州へ敗走した。しかし多々良浜で菊池氏を破ったのち、尊氏・直義らに属して東上、五月二十五日湊川の戦で正成を破って上洛し、尊氏の京都制覇を助けた。天皇が吉野に脱出して両朝の対立が始まると、四年三月から七

山名時氏花押

月の間に伯耆の守護となる。暦応四年(興国二、一三四一)塩冶高貞が叛すると、桃井直常とともに出動し、高貞を出雲で自殺させた。一旦は、そのあとに同国を管したが、康永二年(一三四三)八月、佐々木導誉(高氏)の補任まで在職したらしい。隠岐国守護職は高貞あとを襲った。その十二月、丹波の守護となり、山陰諸国を領国としたかれは、貞和元年(興国六、一三四五)八月、侍所頭人として天竜寺落慶供養に臨む将軍行列の先陣をつとめている。同三年(正平二)楠木正行に天王寺で敗れたものの、翌四年大高重成の没落ののち若狭国の守護職を兼ねた。観応擾乱では、足利直義派に属し、その死後は、佐々木導誉の驕奢に反撥して、吉野方に帰順、宮方となった。正平七年(北朝文和元、一三五二)、長子師氏が若狭国税所今富名の問題で京都を出奔したことを機に、翌八年、足利直冬を奉じて、尊氏・義詮に対抗。六月、楠木正儀・石塔頼房らと京都を回復したものの翌月撤退、同十年正月にも直冬を奉じて但馬・丹波から上洛し京都を占領したが兵糧不足で三月末に退いた。十六年(北朝康安元)七月には、美作守護赤松世貞を攻め、本国播磨に進入、制圧した。この間その勢力範囲は、但馬・因幡・美作・隠岐を確保、石見・備中・備前に及んだ。貞治二年(正平十八、一三六三)、将軍義詮は一色詮光を派遣して帰順をすすめ、時氏は本拠丹波を含む五ヵ国の安堵を条件とし、まず、子の師氏(師義)・氏冬のみ上洛させ、翌年三月には、さらに出雲・丹後二国が追加された。応安元年(一三六八)には、義満より評定衆の一人に任ぜられたが、他の諸大名の、かれと一門に対する反感は強いものがあった。同三年四月、細川頼之らと河内の楠木・和田らを攻めたが、同十二月、隠居剃髪、家督を師義に譲った。法名を道静という。翌四年二月二十八日に没し、遺骸が同年十月丹波国氷所に送られた際、子息師義以下郎党が残らず同行し下向したといわれている。伯耆国大雄山光孝寺に葬られ、光孝寺殿鎮国道静居士といわれる。没年に六十九歳・七十三歳の二説あり、確定できない。永和三年(一三七七)の忌日に、子息氏清は京都三条大宮の長福寺で七回忌を修している。子に師義・義理・氏冬(早世)・氏清・時義(師義の子となり家督を嗣ぐ)ほか六子がある。時氏と一門をあわせ、丹波・丹後・但馬・因幡・伯耆・出雲・隠岐・美作・備後・紀伊・和泉(侍所所司の山城を別として)の十一ヵ国を領有したので、世に「六分一殿」「六分一家衆」とよばれ、権勢を誇った。

参考文献 『大日本史料』六ノ三三、応安四年二月二十八日条、『太平記』(『日本古典文学大系』三四―三六)、『後鑑』、水野恭一郎「南北朝内乱期における山名氏の動向」(『武家時代の政治と文化』所収)

(福田以久生)

山名時氏画像(栗原信充『肖像集』)

やまなときひろ　山名時熙　一三六七―一四三五　南北朝・室町時代前期の武将。山名時義の子。宮内少輔・右衛門佐・右衛門督。但馬・備後・安芸守護。貞治六年(一三六七)生まれる。康応元年(一三八九)五月、山名一族の惣領であった時義が、その領国但馬において死去し、時熙および弟氏幸がその遺跡を継いだが、将軍足利義満は、そのころ時熙と一族の氏清・満幸との間に山名氏の惣領権をめぐっての内訌のあるのを利用して、山名氏勢力の削減を企て、翌明徳元年(一

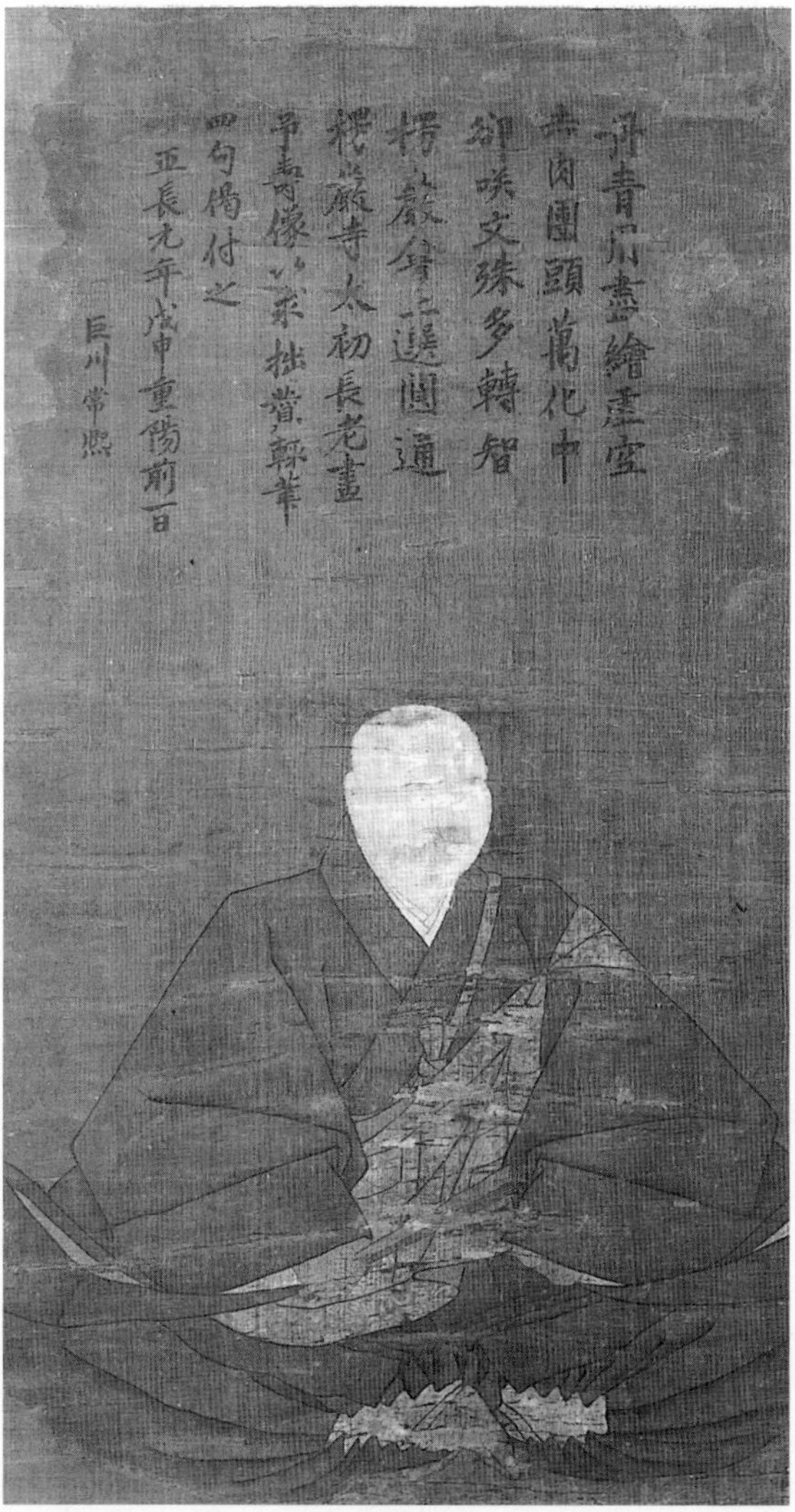

山名時熙画像

山名時熙花押

三九〇)三月、時熙・氏幸に雅意の振舞ありとして、氏清・満幸に命じて両人を追討せしめ、時義の遺跡の内、但馬守護職を氏清に、伯耆および隠岐守護職を満幸に与えた。しかしその後、義満は時熙・氏幸を宥免して、逆に氏清・満幸の反乱を挑発し、同二年十二月、時熙および赤松義則・一色詮範・大内義弘らの軍勢を以て、氏清・満幸を追討した(明徳の乱)。そして乱後の論功行賞によって、山名一族の領国は、有功の諸大名に分与され、山名氏に残された領国は、時熙の但馬国と、氏幸の伯耆国、氏家の因幡国の山陰三国のみとなった。しかし、この明徳の乱を経過して山名氏の惣領の地位を確保した時熙は、その後、将軍義満および義持の厚遇を得て、次第に幕府内での政治的地位を重くし、侍所頭人に任ずる四職家《ししきけ》の一としての家格を不動のものとするとともに、応永八年(一四〇一)ごろ備後守護職が細川基之に代えて時熙に与えられ、ついで石見守護職が一族山名氏利に、安芸守護職が一族山名満氏に付与されて、山名一族の守護領国も次第に回復された。また正長元年(一四二八)正月、足利義持没後の将軍の後嗣として、義教がくじによって選び出された際、このことに最も深く関与していたのは、三宝院満済・管領畠山満家とともに山名時熙であったことが『満済准后日記』同月十七日・十八日条によって明らかであるが、このことも時熙が、幕府の宿老として重きをなしていたことを物語るものである。永享七年(一四三五)七月四日、六十九歳を以て死去した。法号を大明寺巨川常熙という。

参考文献　『明徳記』、佐藤進一『室町幕府守護制度の研究』下、水野恭一郎「南北朝内乱期における山名氏の動向」(『武家時代の政治と文化』所収)、同「応仁文明期における守護領国」(同所収)　（水野恭一郎）

やまなときよし　山名時義　一三四六—八九　南北朝時代の武将。山名時氏の第五子。伊予守・弾正少弼。貞和二年(一三四六)生まれる。文和元年(正平七、一三五二)

山名時義花押

父時氏が足利直冬に党し、南朝方と結んで、山陰・山陽にわたって強大な反幕府勢力を形成したころには、兄師義らとともに父に従って行動し、貞治二年(正平十八、一三六三)時氏が幕府に帰順した際には、翌三年三月、時氏の上洛に先立って兄氏冬とともに、いち早く京都にのぼっている。応安四年(一三七一)父時氏の死後、伯耆守護職を継ぎ、また永和二年(一三七六)長兄師義が死去したあとは、時義が山名惣領家の家督とともに但馬守護職を承け継ぎ、さらに康暦元年(一三七九)ごろには備後および隠岐守護職も付与されている。山名一族が十二ヵ国の守護職を保有して六分一殿と呼ばれたのはこのころである。その間また時義は、永和元年ごろには小侍所別当・侍所頭人にも任ぜられて、幕府の要職を占めた。康応元年(一三八九)五月四日、但馬国にて死去した。四十四歳。法号を円通寺大等宗均という。

参考文献　『花営三代記』、『常楽記』、『鹿苑院殿御元服記』、佐藤進一『室町幕府守護制度の研究』下、水野恭一郎「南北朝内乱期における山名氏の動向」(『武家時代の政治と文化』所収)　（水野恭一郎）

やまなのりきよ　山名教清　生没年不詳　室町時代前期の武将。修理大夫。法名浄勝。山名義清の子。祖父山名義理は、明徳の乱によって美作・紀伊両国の守護職を失い、このうち美作守護職は赤松氏に付与されていたが、嘉吉元年(一四四一)赤松氏が将軍足利義教を弑逆した嘉吉の乱に際して、教清は、赤松氏の領国のうち美作攻略の主将として活躍し、乱後、同国守護職に補せられて、祖父義理の失った領国を回復した。しかし、その後間もなく死去したらしく、長禄年間(一四五七—六〇)のころ以後、美作守護は、その嫡子政清が承け継いでいる。

参考文献　『建内記』(『大日本古記録』)、『岡山県史』中世二、水野恭一郎「守護赤松氏の領国支配と嘉吉の変」(『武家時代の政治と文化』所収)　（水野恭一郎）

やまなまさきよ　山名政清　生没年不詳　室町時代の武将。兵部少輔。美作および石見守護。山名教清の子。父教清の死後、長禄年間(一四五七—六〇)のころ以後、両国守護職を承け継ぎ、応仁・文明の乱に際しては、惣領山名持豊とともに西軍に属し、応仁元年(一四六七)五月二十日西軍の主な武将の、管領斯波義廉第の会合にも、その名を連ねている。しかしその領国美作は、大乱勃発後、赤松の軍勢の攻撃によって、文明二年(一四七〇)ごろまでに赤松方に奪回され、美作守護職も赤松政則に付与された。

参考文献　『応仁記』、『後法興院政家記』、『岡山県史』中世二、水野恭一郎「赤松氏再興をめぐる二三の問題」(『武家社会の歴史像』所収)　（水野恭一郎）

やまなまさとよ　山名政豊　一四四一—九九　室町時代後期の武将。左衛門佐・右衛門督。但馬守護。山名持豊(宗全)の子。持豊の嫡男で山名惣領家の家督を継いでいた兄教豊が、応仁・文明の乱勃発後間もない応仁元年(一四六七)九月九日病没したので、政豊が教豊の後嗣となって家督を相続した。この大乱中、西軍の総帥であった父持豊が、文明五年(一四七三)三月死去し、同年五月には東軍の総帥細川勝元も死去して政元が家督を継いだが、翌六年、政豊は政元との間に和議をととのえ、大乱を終息にみちびいた。同十一年政豊は京都から本国但馬に下国し、隣国因幡・伯耆の国衆の反乱を鎮定するとともに、翌十二年から、大乱中に赤松氏の手にわたった播磨・美作・備前に対する領国奪回の戦いを進め、一時は再度三国をその支配下

山名政豊花押

に握ったが、長享二年(一四八八)被官・国衆らの離反によって、三国から但馬に兵を撤した。その後、国衆らの反乱は一応鎮められたが、明応八年(一四九九)正月二十三日、五十九歳を以て病没した。法号を宗源院鎮室宗護という。

参考文献 『大乗院寺社雑事記』、『実隆公記』、『寛政重修諸家譜』七一、『岡山県史』中世二、『兵庫県史』三、水野恭一郎「応仁文明期における守護領国」(『武家時代の政治と文化』所収)

(水野恭一郎)

やまなみつゆき 山名満幸 ?—一三九五 南北朝時代の武将。山名師義の第四子。播磨守・弾正少弼。病気の兄義幸の代官として在京。叔父氏清とともに、一族の時熙(師義の弟時義の子)・氏幸(兄、氏之(一説に別人)とも)を、将軍足利義満の命令で伯耆に向かい退治し、明徳元年(一三九〇)には伯耆と隠岐二国の守護となる。義満は山名一族の権勢を分断するため、同族を以て成敗させたが、発向前の、時熙らの赦免はないとの約束を反故としたので、満幸らは叛意を抱いた。翌二年、満幸は、仙洞御領の出雲国横田荘を押領したことを咎められて出雲守護を罷免され、丹後国下向を命ぜられた。叔父で舅にあたる氏清も、満幸共々退治される対象とされていることを知り、二人は分国の勢をあわせて京都に攻めいった(明徳の乱)。満幸は、分国出雲・伯耆・隠岐・丹波の兵二千余を率い内野まで進んだが細川・畠山氏らに破られ、氏清と合流もできず、丹波へ逃亡した。従弟中務大輔氏家の助命嘆願もあったが許されず、三年二月には剃髪して筑紫まで逃げ、応永元年(一三九四)十一月美作で挙兵したという噂により赤松義則が進発し、同二年忍んで上洛した処、三月十日に五条高倉で誅された。

山名満幸花押

参考文献 『大日本史料』七ノ一、応永二年三月十日条、『後鑑』、水野恭一郎「南北朝内乱期における山名氏の動向」(『武家時代の政治と文化』所収)

(福田以久生)

やまなもちとよ 山名持豊 一四〇四—七三 室町時代の武将。左衛門佐・右衛門督・弾正少弼。山名時熙の子。応永十一年(一四〇四)生まれる。持豊には兄持熙があって、時熙の後嗣に擬せられていたが、永享三年(一四三一)五月、将軍足利義教の勘気にふれて家督を退けられ、同五年八月持豊が、時熙の家督に立てられて、但馬・備後・安芸・伊賀四ヵ国の守護職が付与された。同七年七月父時熙の死によって、山名一門の惣領職を継ぎ、同九年七月には、備後において兵を起した持熙を追討して、領国の支配を固めた。同十二年には幕府の侍所頭人に補任せられ、父時熙につづいて幕府内においても政治的地位を高めた。持豊の侍所頭人在職中の嘉吉元年(一四四一)六月二十四日、赤松氏が将軍義教を弑逆する事件が起ったが、この嘉吉の乱に際しては、持豊が侍所の当職であった立場からも、また領国が赤松氏の領国に隣接していることからも、持豊は赤松追討の幕府方軍勢の主力となって、本国但馬から播磨に攻め入り、同年九月十日、赤松一族が最後に立て籠った播磨国揖西郡越部荘の城《き》(木)山城《のやまじょう》を攻略して、赤松満祐を自害せしめた。この赤松追討の功によって、乱後、赤松氏の旧領国のうち播磨守護職が持豊に与えられ、また一族の山名教清に美作、教之に備前の守護職が付与された。この時点で、持豊を惣領とする山名一門の保有する守護領国は、但馬・因幡・伯耆・石見・播磨・美作・備前・備後・安芸の山陰・山陽九ヵ国に及び、当時、管領家随一の勢力であった細川一門と権勢を競う存在となった。宝徳二年(一四五〇)持豊は薙髪して宗全と号したが、これよりさき文安元年(一四四四)には、播磨国奪回を企て兵を起した赤松一族の満政・教政父子を追討し、さらに享徳三年(一四五四)にはまた、赤松一族の則尚が、細川勝元・同成之らを頼って、赤松家の家督として幕府への出仕を求め、将軍義政がこれを許したことに対して、持豊はこれに反対の態度を固持しつづけ、ために義政と隙を生じて、義政が持豊追討を諸大名に令する事態が起った。このため持豊は、将軍に対して異心なき旨を示して、同年十一月三日、家督を嫡子教豊に譲り、事は一応おさまった。しかしその後、播磨に下って兵を起した赤松則尚に対しては、教豊とともに追討の軍を発して則尚を備前に追い落とし、則尚は同四年五月備前国和気郡の鹿久居島において自害している。かくして持豊は、赤松家再興の企てをつぎつぎと粉砕したが、長禄二年(一四五八)に至って、将軍義政は、赤松満祐の弟義雅の孫にあたる政則を赤松家の家督に取り立てて、幕府への出仕を許した。この赤松家再興のことには、終始その背後に細川勝元の強い支援があったが、このことは勝元の、山名持豊に対する敵対意識のあらわれであった。この細川・山名二大勢力の対立関係は、やがて応仁・文明の乱へと引きつがれてゆくのであって、管領家の畠山・斯波両家の家督の問題にからんで、畠山義就・斯波義廉は山名持豊の力に頼り、畠山政長・斯波義敏は細川勝元の支援を求め、これを主要な要因として応仁元年(一四六七)京都に戦乱が起り、やがて諸大名がこれに加わって、持豊を総帥とする西軍、勝元を総帥とする東軍に相分かれて戦う大乱へと発展したのである。しかし持豊が京都の戦乱の渦中に巻き込まれている間に、地方の領国においては、嘉吉の乱の戦功によって獲得した赤松氏の旧領国である播磨および美作・備前の三国は、赤松方の軍勢によって、文明二年(一四七

山名持豊花押

山名持豊墓

〇)ごろまでの間に、再度奪いかえされ、三国の守護職も赤松政則に付与される結果となった。このような情勢の中で、同四年の春ごろから、山名・細川両氏の間で、和解へ向かっての動きが見え始めていたが、この和議の成立を待たずして、五年三月十八日、持豊は京都の陣中において死去した。七十歳。法号を遠碧院崇峯宗全といい、南禅寺の塔頭真乗院に葬られた。

参考文献 『大日本史料』八ノ一、応仁元年条、同八ノ六、文明五年三月十八日条、『満済准后日記』、『岡山県史』中世二、水野恭一郎「守護赤松氏の領国支配と嘉吉の変」(『武家時代の政治と文化』所収)、同「赤松氏再興をめぐる二三の問題」(『武家社会の歴史像』所収)

（水野恭一郎）

やまなもろよし 山名師義 一三二八—七六 南北朝時代の武将、守護大名。山名時氏の長子。本名師氏、改名の時期は不明。幼名小太郎。官歴は、左京亮・左馬権頭・伊豆守・右衛門佐。室町幕府の小侍所所司も務めた。嘉暦三年(一三二八)生まれる。暦応三年(延元五、一三四〇)三月、父時氏が塩冶高貞を出雲に追討する際、湊川で父に無断で数騎で追跡したが、『太平記』にはその時十四歳であったと記している。以後、父と行動をともにするが、文和元年(正平七、一三五二)、若狭国税所今富名の当知行を佐々木導誉に妨げられていることを怒って京都を出奔、伯耆に至り、父に面目を失ったと報告した。

山名師義花押

父はこれを機に南朝に帰順、四月には赤松則祐・細川顕氏・土岐頼康らと京都を攻めた。その時の山名氏には出雲・伯耆・因幡の士が従ったという。翌正平八年六月には父子は足利直冬を奉じ、楠木正儀・石塔頼房らと京都を一時恢復した。同九年六月に、出雲の諏方部助重に軍勢催促を、同十三年(延文三)三月には出雲国阿賀那荘を兵粮料所として佐波氏に預け置いているので、同国の守護であったことがわかる。また貞治五年(一三六六)五月には丹後国守護として成相寺衆徒の乱妨を止めた。応安三年(一三七〇)十二月、父時氏より家督を譲られ、翌四年二月の父の死には遺骸を守って丹波に下向、十月二十日に帰京したという。その間、八月六日には弟氏清とともに南方発向衆の内に名を連ねている(『花営三代記』)が、命令をうけただけかも知れない。時氏の遺領のうち、丹後・但馬を継承、他は氏清らに分けた。『花営三代記』応安六年十二月二十七日条には貢馬内覧の人物に右衛門佐入道とあるので、その日以前に出家し、永和二年(一三七六)三月十一日に死去。四十九歳。法名を大盛道興、正受院と称した。家督は、幼少より養われた弟時義が嗣いだ。将軍足利義満は、七日間の視政の停止をしてその死を弔った。

参考文献 『後鑑』、水野恭一郎「南北朝内乱期における山名氏の動向」(『武家時代の政治と文化』所収)

（福田以久生）

やまなよしただ 山名義理 生没年不詳 南北朝時代の武将。時氏の第二子。弾正少弼・修理権大夫。応安三年(一三七〇)六月、弾正台として内談をはじめて行う(『花営三代記』)。永和二年(一三七六)七月、美作国勝賀茂郷

山名義理花押

上下を東福寺に沙汰付し、同十一月には同国に軍勢を催促、守護としての権限を行使している。十二月末に将軍足利義満の貢馬御覧に列席した時は弾正少弼であった。翌三年七月には修理権大夫として計沙汰をはじめて行い、三月末の犬追物にも義満に近侍している。四年十二月には紀伊国守護を兼任して南朝方の橋本正督追討に同じく和泉国守護を兼任した弟氏清とともに発向、翌年、土丸城・藤浪城を攻略、康暦二年(一三八〇)には正督を殺した。明徳二年(一三九一)十一月、氏清が反義満の反乱に同心をすすめ、「一家ノ親方ニテ、毎事穏便ノ沙汰ヲ致ス仁」(『明徳記』)との義満の期待に反し、「一家背ク上ハ詮ナシ」(同上)と答えたという。弟氏清と甥満幸の明徳の乱中、紀伊国に残り京都合戦に間にあわず、三年二月、大内義弘の討伐をうけ、由良に落ち、同月二十八日興国寺で出家したという。時に五十六歳。この時、子の中務少輔義清も出家した。この『明徳記』の記述から逆算すれば、建武四年(一三三七)の生まれか。

参考文献 『後鑑』、水野恭一郎「南北朝内乱期における山名氏の動向」(『武家時代の政治と文化』所収)

（福田以久生）

やまのうえのおくら 山上憶良 六六〇—? 奈良時代の歌人。姓《かばね》は臣。斉明天皇六年(六六〇)生まれる。大宝元年(七〇一)無位無姓で遣唐少録に任ぜられ、翌年渡唐。慶雲四年(七〇七)ごろ帰国。和銅七年(七一四)正月正六位下から従五位下に昇り、霊亀二年(七一六)四月伯耆守となる。養老五年(七二一)正月、詔によって退朝後東宮に侍するように命ぜられた。神亀三年(七二六)ごろ筑前守に任ぜられて九州に下る。神亀五年に大宰帥として赴任した大伴旅人と知り合ったことで創作意欲を刺激され、多くの作品を生む。天平二年(七三〇)に旅人が大納言となって上京後、同四年ごろには憶良も帰京したらしい。

翌五年六月三日の日付を持つ歌が制作年次の明らかな最後の作品となっているので、同年中に没したのではないかと推測される。なお、大宝元年以前の閲歴が不明で、川島皇子の周辺にあった写経生であろうとか、僧侶でのちに還俗したのであろうとか、諸説を見るが、確かでない。天智朝に渡来した百済からの亡命者の子とする説も出されたが、『新撰姓氏録』右京皇別に粟田朝臣と同祖と記していることや、『続日本紀』神護景雲二年(七六八)に朝臣賜姓の記事をみる山上臣船主が近親者と考えられることなどから渡来人説を否定する意見の方が強い。作品は、『万葉集』に長歌十一首、短歌六十三首(巻十六の志賀白水郎歌十首を含む)、漢文三編、漢詩二首を収める。ほかに巻十六の竹取翁歌などを憶良作とする説もある。編書に『類聚歌林』のあったことも知られているが現存しない。歌は持統朝から聖武朝に及ぶ。自然美を詠むことは少なく、大部分は老病貧死の人間苦や子への愛を主題とする作であり、仏教の教える「空しさ」を知的に認めつつもこれにあらがい、人生の意義を追求した知識人憶良の苦悩を表現している。

参考文献 井村哲夫『憶良と虫麻呂』、中西進『山上憶良』、村山出『山上憶良の研究』、佐伯有清「山上氏の出自と性格」(『日本古代氏族の研究』所収)、辰巳正明「山上憶良と中国文学」(『万葉集と中国文学』所収)、大久保広行『筑紫文化圏 山上憶良』、直木孝次郎「大宝以前の山上憶良」(『続日本紀研究』三三四)

(稲岡 耕二)

やまのうちすどうつねとし 山内首藤経俊 一一三七―一二二五 鎌倉時代前期の武将。滝口三郎、刑部大夫。保延三年(一一三七)生まれる。父は刑部丞俊通。相模国鎌倉郡山内荘を本領とする武士で、平治の乱のときは病気のため参陣せず、父と兄俊綱の戦死により家督をつぐ。乱後、伊豆に流された源頼朝が治承四年(一一八〇)挙兵にあたり、安達盛長をして与力を呼びかけた際、その挙を嘲笑しかえって平家方の大庭景親の軍に参加、石橋山の戦では、頼朝めがけて矢を放った。戦後、捕えられて身柄は土肥実平に預けられ、山内荘は没収された。十一月、母摩々局(中村氏)が、頼朝に対して乳母の縁を以て助命を嘆願した際、頼朝は鎧の袖に立った矢に経俊の名が記してあったことを示したものの、結局助命され宥された。元暦元年(一一八四)五月、志太義広と伊勢国で戦い、同年七月には平家残党を討った。翌文治元年(一一八五)四月には、頼朝から墨俣以東に帰国することをとどめられた「東国任官の輩」二十二人中にその名がみえ、あまり役にたたぬ男と酷評されている。このころから、伊勢・伊賀二国の守護であったようで、源義経の反乱の折には、「勢州守護」といわれており、元久元年(一二〇四)に平氏残党が蜂起した際には平賀朝雅の応援を得てこれを討った。その間、奥州征伐や建久六年(一一九五)の頼朝の上洛や源頼家の鶴岡八幡宮参詣などに供奉し、正治元年(一一九九)の梶原景時追放にも参画している。元久元年から伊勢・伊賀両国守護は平賀朝雅となっているが、これは平氏残党の攻撃を受けた経俊が逃亡して職を没収されたことによる。平賀朝雅の乱で朝雅が失脚した際、二職の回復を願ったが許されなかった。建保元年(一二一三)五月の和田氏の乱には「山内の人々」と呼ばれる一群の武士が和田義盛方で敗死しているが、その際、同族の先二郎左衛門尉を生捕ったという記事がみえ、和田氏には与力しなかったようである。建保四年七月二十九日、源実朝に供奉して相模河に赴いた記事を最後に、『吾妻鏡』からは消え、嘉禄元年(一二二五)六月二十一日、八十九歳で没した(『山内首藤氏系図』)。子の重俊以下の子孫は、助命の際与えられた相模国早河荘内一得名と田子本屋敷のほか、備後国地毗荘本郷地頭職などを伝領、やがてこの地に移住した。

参考文献 『大日本史料』五ノ二、嘉禄元年六月二十一日条、『神奈川県史』通史編一・人物編、野口実『鎌倉の豪族』一(『鎌倉叢書』三)

(福田以久生)

やまのうちすどうとしみち 山内首藤俊通 ?―一一五九 平安時代後期の武将。刑部丞。山内首藤氏の祖。藤原秀郷の後裔。後三年の役に源義家に近侍して従軍した資通の孫。清和源氏との関係は資通の父資清が源頼義の郎党となった時に始まり、代々守藤と称し、滝口を冠している。『山内首藤系図』(『山内首藤家文書』所収)によれば、俊通の時に相模国に住し山内滝口と号したとあるので、鎌倉郡山内荘を本領としたらしい。源義朝が相模国大庭御厨を侵害した天養元年(一一四四)のころ、その与力の相模国の三浦・中村などの武士らの中に名はみえないが、中村宗平の妹を妻としたらしい。摩々局といったその妻は、子の経俊が石橋山の戦で源頼朝に敵対した罪で捕えられた時、経俊の助命を嘆願し、六条禅門(為義)の乳母の家でもあったことを申し述べている。平治元年(一一五九)の平治の乱にあたり、俊通は子の俊綱とともに義朝に従って戦い、六条河原で討死した。あとは、経俊が継いだ。

参考文献 『神奈川県史』通史編一・資料編一、野口実『鎌倉の豪族』一(『鎌倉叢書』三)

(福田以久生)

やまべのあかひと 山部赤人 生没年不詳 奈良時代の歌人。明人とも記す。姓《かばね》は宿禰。生没年・閲歴ともに未詳。『万葉集』に長歌十三首、短歌三十七首を残す。制作年次の明らかな作品によれば、作歌活動は神亀元年(七二四)から天平八年(七三六)に及んでおり、その後間もなく没したか。吉野・難波・印南野・紀伊行幸に従っての讃歌もあり宮廷歌人として活躍したことが知られる。長歌は柿本人麻呂のように長大な作品ではなく十数句から二十数句の小篇で、区切れも少なくない。自然の景描写を主とする内容と、息の短い散文的な赤人の性格からみて当然であり、むしろ短歌においてその真価は発揮されたといえる。特に清冽な自然を主観語を用いず平正順直な歌の形に詠んだ「ぬばたまの夜のふけゆけば久木

生ふる清き河原に千鳥しば鳴く」などの行幸従駕歌に佳作が多い。叙景歌人と称される理由もそこにあるが、これらとは別に観念的知巧的な作もみえ、『古今和歌集』以後の作風の先駆ともいわれる。

参考文献 五味智英『万葉集の作家と作品』、中西進『万葉史の研究』、坂本信幸「山部赤人論」(『万葉の歌人と作品』七所収)、梶川信行『万葉史の論 山部赤人』

(稲岡 耕二)

やまべのおうじょ 山辺皇女 ?―六八六 天智天皇の皇女で、天武天皇の子大津皇子の妃。母は蘇我赤兄の女常陸娘。天武天皇死後の朱鳥元年(六八六)十月三日、大津皇子が謀反の罪により二十四歳で訳語田《おさだ》の家に死を賜わった時、妃の山辺も殉死し、人々の悲しみをさそった。『日本書紀』はそのさまを、『後漢書』伏皇后紀・何皇后紀の文により、「被ﾚ髪徒跣、奔赴殉焉、見者皆歔欷」と表現している。 (笹山 晴生)

やまむらおう 山村王 七二二―六七 奈良時代の官人。用明天皇の皇子久米王の後裔。養老六年(七二二)生まれる。天平十八年(七四六)従五位下初叙。天平宝字八年(七六四)恵美押勝(藤原仲麻呂)の乱の際に孝謙上皇によって鈴印の回収のため遣わされたが奪われ、このことを報告した功によって従三位に昇叙、『公卿補任』によれば参議に任ぜられた。紀伊守・少納言などを歴任。神護景雲元年(七六七)十一月十七日没。時に参議従三位治部卿兼左兵衛督大和守。年四十六。 (今泉 隆雄)

やまもとかんすけ 山本勘助 ?―一五六一 戦国時代の武将。名を晴幸といい、武田信玄の足軽大将の一人。三河国宝飯郡牛窪の人という。本姓は源氏で、吉野冠者重季の後裔という。父祖は代々駿河国富士郡山本村に住し、祖父貞久は今川氏に仕えて軍功をあげ、姓を山本に改めた。勘助の父は図書といい、明応二年(一四九三)にその四男に生まれたという。はじめ源助貞幸と称したと伝えられ、十二歳で三河国牛窪の牧野家の家臣大林勘左衛門の養子となり、勘助と改めた。二十歳の時、養家を去って諸国遍歴の旅に出たという。その後、武田信玄に仕え、重用された。『甲陽軍鑑』によると、天文十二年(一五四三)、勘助は武田家の重臣板垣信方の推挙によって信玄(晴信)に仕え、その一字を賜わって名を晴幸と改めたという。色は黒く片眼で足は跛であったともいう。信玄は勘助に二百貫文の知行を与え、足軽二十五人を付属させ、その後、知行五百貫文足軽五十人に増加させたという。しかし異説もあり、三河出奔の後、駿河の今川氏に仕えたが、今川義元がこれを軽んじたため、駿河を去って甲斐へ赴き、武田信玄に仕えたともいう。こうした点から、従来は勘助の実在そのものを疑問視する意見が強かったが、近年になって、菅助と明記された弘治三年(一五五七)六月二十三日付の武田晴信(信玄)書状が発見されるに及んで、その実在は疑う余地がなくなった(釧路『市川文書』)。この晴信書状によれば勘助が使者となって北信濃の市河藤若の元へ赴いており、勘助がかなり上層の家臣であったことが証明されたわけである。前出の『甲陽軍鑑』には勘助の活躍が随所にみられ、そこでは武田家の信濃侵攻の軍師格として登場しているが、そのすべてが事実とは思えない点も多い。通説によれば、勘助は永禄四年(一五六一)九月十日の川中島の戦で、戦死したという。法名には「天徳院武山道鬼居士」と「鉄巌道一禅定門」の二説があり、墓は後世の供養墓もふくめて数ヵ所にある。 (柴辻 俊六)

やまもとよしつね 山本義経 ⇨源義経《みなもとのよしつね》

ゆ

ゆあさむねしげ 湯浅宗重 生没年不詳 平安・鎌倉時代初期の紀伊国の武士。湯浅党の祖。紀伊権守・湯浅権守・湯浅入道と称す。父は藤原宗永(宗良)と推定される。平治元年(一一五九)宗重は、熊野参詣の途上平治の乱の勃発を知った平清盛を、同族三十余騎とともに援けて上洛した。以後、平氏の有力な家人として活躍し、治承三年(一一七九)九月には平清盛の命により延暦寺堂衆の籠る近江国早尾坂城を攻めている。これよりさき、承安四年(一一七四)九月、藤原経房が熊野詣の途中、宗重の館に宿した記録があり、またその前後と思われるが、本領湯浅荘が院領荘園として立券された。平家都落ちの後、元暦元年(一一八四)宗重は平重盛の子忠房を被護して湯浅城に兵を集めたが、文覚を介しての源頼朝の勧誘に応じ源氏側に降った。ついで源義経・同行家の挙兵に際し、その催促に従わず、頼朝に忠誠を尽くしたため、文治二年(一一八六)五月、その恩賞に浴し、相伝の所領を安堵され、また京都守護一条能保に属した。なお、宗重の四女は平重国に嫁し、明恵を生んだ。 (安田 元久)

ゆあさむねちか 湯浅宗親 生没年不詳 鎌倉時代中期の紀伊国の武士。湯浅宗氏の次男。楠本左衛門尉と称し、法名は西仏。紀伊国阿氏川上荘地頭職を父より承けたが、この地頭職の所務については宗氏・宗親二代にわたり、弘長三年(一二六三)から建治三年(一二七七)に至るまで、たびたび領家の寂楽寺や高野山との間で相論をくり返し、その関係史料は『高野山文書』に多くみられる。特に宗

親の代の建治三年にはその請所権を主張して相論となったが、寂楽寺雑掌はこれに反撃し、地頭職の改易を訴えている。このときにあたって高野山がこの荘の領有権を主張し始め、鎌倉幕府に対して地頭の停廃を訴え、地頭の立ちのきを求め、ここに宗親は高野山との間に地頭職停廃をめぐる熾烈な争いを展開したが、その結末については史料がなく、定かでない。おそらくは、結着がつかぬまま時流に埋没したのであろう。なお、一連の相論に関して地頭の押妨を訴えた農民の仮名書訴状の「阿氏川庄上村百姓言上状」(建治元年十月、『高野山文書』)は荘園史上貴重な史料とされている。（安田　元久）

ゆあさむねなり　湯浅宗業　一一九五―？　鎌倉時代前期の紀伊国の武士。湯浅宗光の次男。保田次郎左衛門尉と称し、法名は智眼。建久六年(一一九五)に生まれる。父より紀伊国保田荘地頭職を相伝して星尾の館(和歌山県有田市)に住んだが、やがてこの地に星尾寺を草創した。その開基の事情を記した「智眼置文」(『星尾寺縁起』)とよばれる無標題の置文一巻が高山寺に遺るが、これは文永元年(一二六四)二月、すでに七十歳となった宗業がみずから筆を執ったものという。宗業は幼いころから明恵に帰依し、その徳を慕っていたが、彼自身京都住いが長かったため、明恵に接する機会が多く、その死をみとったという。また宗業は教養の面でも当代随一といわれ、『十訓抄』の作者六波羅次﨟左衛門入道に比定する説もある。（安田　元久）

ゆあさむねふじ　湯浅宗藤　生没年不詳　鎌倉・南北朝時代の紀伊国の武士。父は湯浅宗国。紀伊国阿氏川上荘地頭職を相伝し、そこを本領としたので阿氏(阿瀬)川孫六と称し、法名は定仏。元弘元年(一三三一)十月、鎌倉幕府の命により楠木正成の拠る河内国赤坂城を攻略し、赤坂城の守備にあたったが、翌二年四月、再挙した正成のために敗れ、湯浅党の人々とともに降伏。『湯浅系図』の一本によればこのとき戦死したというが、これは誤りで、以後は正成に従い、摂津・河内方面で幕府軍と戦った。南北朝対立後は南朝方となり、興国元年(北朝暦応三、一三四〇)四月、脇屋義助に従って四国地方に転戦し、また正平六年(北朝観応二、一三五一)二月の後村上天皇の摂津国住吉行幸に供奉したという。正平十五年(北朝延文五)北朝方の湯川荘司に居城阿氏(阿瀬)川城を攻められたが、反撃してこれを破ったものの、これ以後の行動は不明である。（安田　元久）

ゆあさむねみつ　湯浅宗光　生没年不詳　鎌倉時代前期の紀伊国の武士。湯浅宗重の七男。七郎兵衛尉と称し、法名は浄心。建久八年(一一九七)十月、文覚から紀伊国阿氏川荘下司職を譲られたが、正治元年(一一九九)八月、領家四条隆房より宗光代官の狼藉を譴責され、これを停止するよう命ぜられた。承元四年(一二一〇)宗光は鎌倉幕府より相伝の職として阿氏川荘地頭職を安堵されたが、承久元年(一二一九)八月、熊野神人の訴えにより対馬に配流された。しかし、その所領は子宗業に安堵され、やがて召し返された後、承久三年閏十月、幕府より阿氏川荘・保田荘・石垣川北荘などの地頭職に補任された。また元仁元年(一二二四)ごろ、神護寺領紀伊国挊田荘の相論に関与したところからみると、この地方にも何らかの勢力を及ぼしていたものと推定される。その後、間もなく出家したが、寛喜三年(一二三一)四月の湯浅景基置文(『施無畏寺文書』)にみえる一族連署では筆頭に署名し、暦仁元年(一二三八)十月の湯浅一族八条辻固の結番では、三番の筆頭をつとめている(『崎山文書』)。（安田　元久）

ゆいえん　唯円　生没年不詳　鎌倉時代後期の真宗の僧。経歴など未詳な部分が多い。『親鸞聖人門弟交名牒』に常陸国河和田(水戸市河和田町)の唯円の名があり、親鸞の面授の弟子であることが知られる。『最須敬重絵詞』には唯善が唯円に師事したことがみえ、また『慕帰絵』に正応元年(一二八八)冬上洛のおり本願寺覚如から法門上の疑義を質問された旨が記され、唯円を鴻才弁説の名誉ありと評している。著者が明確でない『歎異抄』のもっとも有力な撰者と目されている。その遺跡とされる水戸市河和田報仏寺の本尊台座墨書銘に「当寺開基唯円大徳、正応元年戊子八月八日」とある。先啓の『諸寺異説弾妄』には正応二年二月六日、六十八歳で大和国吉野下市(奈良県吉野郡下市町)にて往生したとある。これから逆算すると貞応元年(一二二二)生まれとなる。下市立興寺もその遺跡という。『遺徳法輪集』三には常陸国大部の平太郎(真仏)の弟平次郎とし、河和田に泉慶寺を創し、延慶元年(一三〇八)冬上洛、のち大和国吉野に遊化したとある。

参考文献　『本願寺史』一、真宗聖典編纂委員会編『浄土真宗聖典原典版』（首藤　善樹）

ゆいしん　唯信　一二〇〇―八四　二十四輩の第二十二。事績は明確ではないが寺伝などによると、飯沼三郎資行の息で、正治二年(一二〇〇)に生まれ、幼名を禅師坊といい、承久二年(一二二〇)二月常陸国稲田に滞在中であった親鸞の弟子になったという。同国那珂郡戸森に寺院を建立。親鸞の帰洛後に上洛し、関西において教化した。弘安七年(一二八四)四月三日没、享年八十五と伝える。茨城県笠間市友部町の唯信寺および大阪府大東市野崎の専応寺はその遺跡である。また同名で二十四輩の第二十三にあたる唯信があり、これはもと常陸国保内小瀬畠谷の城主であったが、同じく稲田で親鸞に帰依したものという。生没年未詳。水戸市の信願寺、茨城県日立市の覚念寺、島根県浜田市の顕正寺はその遺跡と伝える。

参考文献　『大谷遺跡録』三、『真宗史料集成』八（首藤　善樹）

ゆいぜん　唯善　一二六六―？　鎌倉時代後期の真宗僧侶。幼名一名丸、字大納言弘雅阿闍梨。文永三年(一二六六)出生。父小野宮禅念、母親鸞息女覚信尼。はじめ仁和寺相応院守助僧正に随い山伏道を学び、のち常陸河

和田(茨城県水戸市)の親鸞門弟唯円に師事した。覚信尼は文永九年門弟の協力で親鸞の廟堂を京都東山吉水の北に建て、影像を安置し、建治三年(一二七七)禅念から譲られたその敷地を門弟宛で廟所に寄進し、弘安六年(一二八三)廟所の留守職を前夫日野広綱との子覚恵に委ねたが、唯善は廟所の横領を企て、正安三年(一三〇一)禅念の譲状ありと詐称して安堵の院宣を請う言上書を提出し、徳治元年(一三〇六)十一月ころ廟堂を占拠した。ために延慶二年(一三〇九)七月覚恵息男覚如や門弟と青蓮院で対決、敗退し、その間に奪取した親鸞の影像・遺骨とともに相模常葉(神奈川県鎌倉市常盤)に住した。一説に文保元年(一三一七)没。その影像(常葉御影)は元和三年(一六一七)東本願寺へ収蔵された。

参考文献『本願寺史』一、細川行信「唯善事件の波紋—善鸞と唯円について—」(宮崎円遵博士還暦記念会編『真宗史の研究』所収) (柏原祐泉)

ゆいはん 維範 ?—一〇九六 平安時代中期の真言宗の僧侶。通称は南院の阿闍梨。紀伊国相賀郷あるいは京師の人。俗姓紀氏。康平六年(一〇六三)壺坂寺の太念から伝法灌頂を受け、承保二年(一〇七五)—寛治三年(一〇八九)高野山第十一代執行検校として活躍した。永保元年(一〇八一)の関白藤原師実、寛治二年の白河上皇、それぞれの高野参詣に際しては、山僧を代表して理趣三昧の導師を勤めている。永長元年(一〇九六)二月三日入寂。享年八十六または八十二。奇特の遷化であったという。

参考文献『大日本史料』三ノ四、永長元年二月三日条、『白河上皇高野御幸記』 (山陰加春夫)

ゆいま 維摩 『維摩経』の主人公の名。詳しくは維摩詰といい、それは梵語名 Vimalakīrti「垢を離れたという誉れをもつ」に相応する音写語。浄名・無垢称などと意訳されることもある。大乗仏教における在家菩薩の理想的人物。『維摩経』によれば、かれはヴァイシャーリー市の大富豪で、大乗仏教の深義を究めており、在家の居士でありながら、俗世に執着せず、妻子はありながら常に出家者と同じ行を修めていたという。『維摩経』では、かれは「衆生が疾むからわたしも病む」という大乗仏教の慈悲による病にかかっている。これを文殊菩薩をはじめとする多数の仏弟子が見舞い、さまざまな問答をかわし、それらを通じて維摩は空・無執着などの大乗仏教の重要な思想を説示することになる。以後かれは中国・日本においても在家仏教者の理想的人物とされた。 (丘山新)

維摩像

ゆうあ 有阿 ⇨呑海《どんかい》

ゆうあ 由阿 一二九一—? 鎌倉・南北朝時代の和学者。正応四年(一二九一)に生まれる。没年不詳。少なくとも八十五歳以上の高齢を保ったらしい。若くして時宗の他阿上人真教の弟子となり、のちに相模国藤沢の遊行寺に住む。貞治四年(一三六五)八月ごろ二条良基に上洛を促され、翌年五月上洛。同年七月まで『万葉集』を講義した。同年良基に献じた『詞林采葉抄』は仙覚の伝統を受けつぎ文献を博捜した実証的研究書。翌年に『万葉集』全巻にわたる注釈書『拾遺采葉抄』、応安七年(一三七四)に『青葉丹花抄』がまとめられた。

参考文献 小島憲之「由阿・良基とその著書」(『万葉集大成』二所収)、濱口博章「由阿の伝について」(『万葉』一) (稲岡耕二)

ゆうかい 宥快 一三四五—一四一六 南北朝・室町時代前期の真言僧。高野山宝性院に住し、長覚と並び同時代の高野山を代表する学僧で、二人の教学振興は「応永の大成」と呼ばれた。字は性厳、諱を瑞厳さらに宥快と改めた。貞和元年(一三四五)下総に生まれる。みずから左少将藤原実光の息とし、幼年で父母をなくし九歳で常陸佐久山浄瑠璃光寺の栄智(恵一)上人宥雅についたのち、十七歳で□範につき出家、同年比叡山に登り受戒、その後常陸に戻って宥雅に真言密教を学び灌頂を伝授されたという(『宥快法印御得道記』)。宥雅も下総生まれで宥快ともども「阿野禅師ノ末孫」(『伝授抄』)ともいう。また宥快付法の快覚の弟子が開いた下総幸蔵寺(千葉県旭市)の「幸蔵寺由来之事」(『旭市史』三)は、宥快を「下総国海上柿根村或人ノ子息」とし、十二、三のころ継母に追い出され佐久山へ行き、出家の後十九歳で高野山へ登ったと記す。宥快自身の言と一致する点が多く、この方が真を伝えていると考えられる。高野登山後は宝性院信弘に教相・事相・悉曇などを学んだが、器量を認められ、応安七年(一三七四)九月、信弘の没後に宝性院主に就いた。その後盛んな著作活動、付法活動を続け、高野山における教学の権威を確立した。その成果は真言宗内で根来寺の頼瑜、東寺の杲宝と並び称された。また『宝鏡鈔』を著わすなどして異端立川流を徹底的に論難したことも著名である。永和三年(一三七七)には京都安祥寺門主興雅から安祥寺流の嫡流を相承し、明徳三年(一三九二)十一月には後円融院の平松御所で鎮宅法を修している。応永十三年(一四〇六)宝性院を成雄に譲り善集院に退き、同二十三年七月十七日没した。七十二歳。学系は宝門と呼ばれ、長覚の寿門と並び、のちの高野山の教学伝統を二分した。著作も多量にのぼる。

参考文献『大日本史料』七ノ二六、応永二十三年(補遺)七月十七日条、謙順編『諸宗章疏録』三(『大日本仏教全書』)、仁井田好古編『紀伊続風土記』三六、上田秀道編『長覚尊師と宥快法印』、坂本正仁「(東密血

脈譜叢刊一)東寺真言宗血脈」(『豊山学報』三一)

(坂本　正仁)

ゆうきうじとも　結城氏朝　一四〇二―四一　室町時代前期の武将。下総国の国人領主。通称七郎、従五位下中務大輔。応永九年(一四〇二)小山泰朝の次男として生まれ、伯父結城満広の養子となる。永享の乱で鎌倉公方足利持氏が滅亡したあと、関東管領上杉氏の専権に対する不満が高まるなかで、下野国芳賀郡茂木城に挙兵した持氏の遺子安王・春王を、永享十二年(一四四〇)三月、結城城に迎え入れて室町幕府・上杉氏に対抗。下野の宇都宮伊予守・小山大膳大夫(広朝)や上野の里見修理亮ら、各家の一族の内部の対立で反京都方に立った人々とともに結城城に籠城して、いわゆる「結城合戦」を展開した。しかし、関東管領上杉清方の率いる大兵力の攻囲軍によって、翌嘉吉元年(一四四一)四月十六日、城は落ち、嫡子の持朝とともに自害。四十歳。五月、氏朝の首は京都六条河原にさらされた。法名は藤山明永。

結城氏朝花押

参考文献　『結城市史』一・四

(野口　実)

ゆうきただまさ　結城忠正　生没年不詳　戦国・安土桃山時代の五畿内の初期キリシタン。当代の大学者にしてキリスト教布教に尽力。山城守。号は進斎。松永久秀の臣、命によりキリスト教の是非を審査のため清原枝賢とともに奈良で日本人ロレンソ修道士から教理を聴いて感銘を受けビレラ神父から受洗。霊名はエンリケ(アンリケ)。フロイスによると、学問・交霊術で著名、剣術家にして文章力にすぐれ天文学に通暁。一五六九年(永禄十二)六月以降消息不明。

参考文献　『耶蘇会士日本通信』京畿篇下(村上直次郎訳、渡辺世祐註、『異国叢書』三)、松田毅一監訳『十六・七世紀イエズス会日本報告集』三期二・三、『フロイス日本史』三―五(松田毅一・川崎桃太訳)、松田毅一『近世初期日本関係南蛮史料の研究』

(五野井隆史)

ゆうきちかとも　結城親朝　生没年不詳　南北朝時代の武将。通称七郎、官途は三河守・大蔵権大輔・修理権大夫。宗広の嫡子。元弘三年(一三三三)護良親王の令旨や後醍醐天皇の綸旨をうけて討幕軍に参加した父宗広と弟の親光を陸奥白河にいて支援。同年十二月、陸奥守北畠顕家から糠部郡九戸を充行われた。翌建武元年(一三三四)正月、陸奥国府の新政体制が成立すると式評定衆・引付頭人に任じ、その後、石河荘中畑・松崎や岩城郡内大須賀二郎入道跡など奥州各地に恩賞地を得た。さらに同年十月には白河郡・高野郡・岩瀬郡・安積郡・石河荘・田村荘・依上保・小野保の検断奉行職を与えられており、彼はここで得た公権を背景に、その所領および勢力の拡大につとめている。元弘三年から建武二年までの間に白河結城氏のうけた恩賞は奥州武士のなかでも比類のないものであった。建武二年十二月、親朝は義良親王・北畠顕家に従って西上の際、侍大将に任じ、翌年三月には下野守護に補された。足利尊氏の開幕ののちは、奥州における南朝勢力の中心となり、常陸にあった北畠親房から大いに期待されたが、南朝劣勢の中で次第に形勢観望に転じ、康永二年(興国四、一三四三)二月、尊氏が「建武二年以前知行之地」を安堵する条件の誘降の御教書を下したため、同年六月、これを受諾して足利方に帰順した。しかし、同じころ、親朝は北畠親房のもとに砂金七両と銭二千疋・砂金十五両を二度にわたって送っており、彼の苦しい立場が察せられる。親朝は北党への服属を機として長子顕朝に父宗広の跡を相続させて結城惣領とし、さらに検断職をつがせようとし、一方、みずから創始した小峯家には次子朝常をその惣領として相続させ、貞和三年(正平二、一三四七)ころ、世を去ったらしい。

参考文献　『福島県史』一

(野口　実)

ゆうきちかみつ　結城親光　?―一三三六　南北朝時代の武将。通称九郎、左衛門尉・大夫判官。宗広の次男。親朝の弟。元弘の乱に幕府軍に従って西上したが、後醍醐天皇の隠岐脱出後まもなく討幕側に身を投じ、元弘三年(一三三三)四月二十七日、男山・山崎で三百余騎を率いて六波羅の軍勢と戦った。後醍醐天皇の信任を得て、建武元年(一三三四)恩賞方一番局寄人・雑訴決断所衆に補せられるなど厚い処遇をうけ、楠木正成・名和長年・千種忠顕とならぶ、いわゆる「三木一草」の一人として京都で羽振りをきかせた。親光は検非違使に任ぜられ、二条富小路内裏の近くに居住して、後醍醐天皇のいわば親衛隊長として、その身辺護衛にあたった。建武三年(延元元)正月十一日、足利尊氏が京都を占拠した際、洞院公賢邸にいた尊氏を討つために偽って降伏したが、大友貞載に疑われたため、これに重傷を負わせた上、大友勢三百余騎の中で斬り死にした。明治三十八年(一九〇五)十一月、正四位を追贈。

参考文献　『大日本史料』六ノ二、延元元年正月十一日条、『梅松論』(『(新撰)日本古典文庫』)、『太平記』(『日本古典文学大系』三四―三六)、『福島県史』一、佐藤進一『南北朝の動乱』(中央公論社『日本の歴史』九)

(野口　実)

ゆうきともみつ　結城朝光　一一六七―一二五四　鎌倉時代前期の関東御家人。初名宗朝、通称七郎。仁安二年(一一六七)生まれる。父は小山政光、母は八田宗綱の女(寒河尼)。母が源頼朝の乳母であった関係から、頼朝の烏帽子子となり、側近に仕えて厚く信頼された。寿永二年(一一八三)野木宮合戦における小山氏の勲功賞として下総国結城郡を与えられ、結城氏を称す。文治五年(一一八九)の奥州合戦では金剛別当秀綱を討ち取るなどの活躍をみせ、白河荘を恩給された。文武両道に通じ、建

結城朝光画像

結城朝光墓

久六年（一一九五）の東大寺供養の際、頼朝の随兵と衆徒との争いを弁舌をもって鎮めて名声をあげた。頼朝の死後、朝光の頼朝への思慕を頼家に対する叛意とみた梶原景時によって讒言されたが、これはかえって御家人たちによる景時排斥を招いた。承元元年（一二〇七）左衛門尉に任官。承久の乱には東山道大将軍となり、功によって備中吉備津宮領社務職・地頭職を得た。幕府の宿老（「関東遺老」）として重きをなし、寛喜元年（一二二九）上野介に任じ、嘉禎元年（一二三五）には評定衆に列した。建長六年（一二五四）二月二十四日没。八十八歳。法名は日阿。茨城県結城市結城浦町の称名寺に墓がある。

参考文献 『結城市史』一・四 （野口 実）

ゆうきまさとも 結城政朝 一四七九―？ 戦国時代の武将。下総結城城主。通称七郎、左衛門尉。文明十一年（一四七九）氏広の子として生まれる。母は小田持家の女。同十三年三歳で家督をつぎ、明応八年（一四九九）八月、

結城政朝画像

結城政朝花押

専権を振るっていた重臣多賀谷和泉守を討って結城氏内部の秩序を確立した。永正十一年（一五一四）八月、古河公方足利政氏の命で佐竹・岩城氏が宇都宮忠綱を攻めた際、政朝は忠綱の救援に出陣し、佐竹・岩城軍を撃退。また、次男高朝を小山氏の養子に入れて関係を深め、勢力の拡大をはかった。大永六年（一五二六）十二月、宇都宮一族の芳賀興綱が政朝の庇護を求めたことから、宇都宮領猿山で宇都宮忠綱と戦って、これを破り、結城氏の旧領下野中村十二郷を回復。それとともに北関東屈指の有力者としての地位を固めた。翌年、家督を嫡男政勝に譲り、天文十四年（一五四五）七月十三日没（六十七歳）、

結城政朝墓

または同十六年七月十三日没（六十九歳）と伝えられる。法名は永正寺宗明孝顕。後世、「結城中興の祖」と賞讃された。

参考文献 『結城市史』一・四 （野口 実）

ゆうきみつふじ 結城満藤 生没年不詳 室町時代の武将。将軍足利義満の寵臣で山城国守護、勘解由左衛門尉。もと古山姓。丹後か但馬のあたりを本貫とした武士で、明徳二年（一三九一）十二月、古山十郎満藤が丹後国から山名満幸の謀叛を注進したことが『明徳記』にみえ、その翌年四月、満藤が山崎左衛門尉に但馬国朝来郡与布土荘（兵庫県朝来市山東町）地頭職を給分として預け置いたことが『山崎文書』にみえている。「古山勘解由左衛門尉平満藤」の名は明徳三年八月に将軍義満の相国寺大塔供養の行列の随兵としてみえ、応永元年（一三九四）八月には「左衛門尉藤原満藤」の姓名が石清水社への義満の寄進状にみえるので、満藤は将軍に近侍した奉公方衆の一員で、明徳―応永の間に古山（平）から結城（藤原）に改姓したことがわかる。満藤はこのころの将軍御出に必ず扈従しており、寵臣ぶりをうかがえるが、この間の明徳五年六月には山城国守護に在任しているので、その時に義満の指示により改姓したとする今谷明の推定は妥当であろう。満藤の山城守護就任は同年二月までは在任している畠山基国のあとを襲ったものであったが、今谷の検出によると、満藤はこれより先、明徳三年正月には摂津国西成郡（中嶋）と尾張国海東郡の分郡守護に任じられており、山城守護職補任はその昇任とみられる。これ以前の山城国守護職は侍所の兼任か、そうでなくとも山名・畠山・赤松という有力大名に限られているので、満藤の守護職登用は将軍の特別の恩寵による破格の抜擢であった。こうした恩寵に頼った満藤の山城国支配には専横の沙汰が多かったようで、「一向公方奉行等の沙汰を閣れ一国偏に一家の計たるべし」と恐れられている（『東寺百合文書』廿一口方評定引付）。かくて諸大名の反発を買

い、応永三年に京都近郊の今熊野に没落、相国寺長老明応を戒師として出家し善仏と称するが、後任がきまらず復任する。しかし諸大名の憎悪は深く、同六年八月に但馬国朝来郡に没落した。後任に京極高詮が補されたが、応永の乱のどさくさにまぎれ、満藤の罪科は不問に付されて三ヵ月で復職、九年二月までは山城守護の職にあった。その後、満藤の名前は史料にみえないが、将軍義教―義尚の身辺に仕える御所内番衆に勘解由左衛門尉持藤・同政藤がおり、文安年間（一四四四―四九）の奉公衆の交名である『文安年中御番帳』奉公衆二番方に「結城勘解由左衛門入道」があり、『永享以来御番帳』二番方には「結城越後入道」がみえている。彼らは満藤の子孫かごく近い親縁関係にある同族とみられるが、この越後入道は丹波国保津郷と丹後国丹波郷などに所領を有していたことが知られ、丹後に室町幕府御料所代官職を給与されていたことも推察できる（『康正二年造内裏国役幷段銭引付』『蔭凉軒日録』延徳三年（一四九一）五月十九日）。そしてこの二番衆の結城氏は、将軍義材の奉公衆交名にもみえている（『東山時代大名外様附』）。なお今谷によると、満藤の山城国守護時代に守護代を勤めた牧秀知（法名浄観）は、応永十四年に和泉国守護に任じられた義満の寵童奥御賀丸の守護代となっており、異例の人事である両者の間に深い人的、政治的関係を推察できるという。

参考文献 今谷明「山城結城氏」（『室町鎌倉守護職家事典』下所収）、福田豊彦「室町幕府の奉公衆体制」（同所収）

（福田美也子）

結城宗広花押

ゆうきむねひろ 結城宗広 ?―一三三八 鎌倉・南北朝時代の武将。通称孫七、上野介。剃髪して道忠と称した。陸奥国白河荘南方を分与されて白河結城氏の祖となった祐広の子。母は熱田大宮司範広の女。北条氏の命をうけて南奥州方面における年貢催促の使節をつとめるなど、得宗権力と接近することによって、下総の惣領家からの自立と勢力の拡張をはかった。しかし、元弘三年（一三三三）護良親王・後醍醐天皇から相ついで討幕の命令をうけ、五月十八日、鎌倉で弟の片見祐義らとともに新田義貞の軍に加わって幕府を攻略。子息親光の活躍もあずかって天皇の信任を得た。同年八月、陸奥守に任じられた北畠顕家は下向に先立って陸奥国諸郡奉行のことを宗広に委任している。翌建武元年（一三三四）正月には奥州将軍府の式評定衆に任じ、また下総結城氏にかわって結城一族の惣領とされ、さらに翌年にかけて奥州各地に多くの恩賞地を与えられた。同三年正月、顕家に従って上洛し、三月三日、天皇に拝謁して太刀を与えられている。足利尊氏の京都奪還、天皇の吉野潜行ののち、延元二年（北朝建武四、一三三七）八月、再び顕家に従って侍大将として西上の途につき、十二月、鎌倉を攻略。翌三年（北朝暦応元）正月、美濃国青野原で高師泰・師冬らの軍を撃破。ついで伊勢から伊賀を経て大和に入り、高師直軍と南都で合戦。三月には天王寺で細川顕氏の軍を破ったが、五月ついに和泉堺浦で顕家が高師直に敗れて戦死したため、宗広は吉野に逃れた。宗広はここで奥州における南朝勢力の再建を献策し、陸奥大守義良親王・陸奥介兼鎮守府将軍北畠顕信らとともに海路東国を目ざしたが、海上で遭難して宗広は伊勢吹上浦に漂着。同年十二月、この地で病没した。七十余歳であったという。墓は三重県伊勢市の光明寺にある。明治三十八年（一九〇五）十一月、正三位を追贈。

結城宗広画像

結城宗広墓

参考文献 『大日本史料』六ノ五、暦応元年是歳条、

『梅松論』(『(新撰)日本古典文庫』)、『太平記』(『日本古典文学大系』三四—三六)、『福島県史』一、佐藤進一『南北朝の動乱』(中央公論社『日本の歴史』九)、佐藤和彦『南北朝内乱』(小学館『日本の歴史』一一)
(野口　実)

ゆうけん　猷憲　八二七—九四　平安時代前期の僧。天長四年(八二七)下野国塩屋郡(栃木県塩谷郡)に生まれる。姓氏不明。幼くして上洛し、円珍から灌頂をうけ、近江の講師徳円の弟子となり、天台教学を学ぶ。貞観の初め、勅により南北の諸宿によって大極殿において『最勝王経』の講説が行われ問者となる。講説は深広で大衆は称歎した。常に持念堂に住したので持念堂の名称で知られる。寛平三年(八九一)六十五歳の時、勅命によって康済とともに山王院において円珍から伝法阿闍梨の灌頂をうける。同五年二月、六十七歳の時、園城寺長吏に補せられ、また同年三月二十五日には天台座主に任じられた。在位一年にして、同六年八月二十二日に入寂。寿六十八。法臘四十八。

参考文献　『大日本史料』一ノ二、寛平六年八月二十二日条、『天台座主記』、『智証大師年譜』(『大日本仏教全書』)、卍元師蛮『本朝高僧伝』八(同)
(福原　隆善)

ゆうげん　融源　一一二〇—一二一七　平安・鎌倉時代前期の真言宗の僧侶。五智房と号す。俗姓平氏。肥前の人。覚鑁《かくばん》の親族。保安元年(一一二〇)誕生。高野山に登り出家受戒し、覚鑁について教法を究めた。のち同山大伝法院学頭。名利を求めず仏道に専心した高僧であったらしく、無住道暁の『雑談集《ぞうたんしゅう》』などにそのことを髣髴させる逸話が載せられている。建保五年(一二一七)十二月十五日示寂。行年九十八。同時代の高野山検校覚海はその死を「五智房なむどの臨終に、人にも知られず、正念に住して入滅せられたるは、哀れに貴くこそ覚ゆれ」(『覚海法橋法語』)と讃えている。なお、久安三年(一一四七)十一月二日を命日とする異説がある。

参考文献　坂本正仁編「大伝法院座主補任次第・密厳院院主補任次第・大伝法院学頭補任次第」(『豊山教学大会紀要』一六)、三浦章夫編『興教大師伝記史料全集』
(山陰加春夫)

ゆうこう　酉仰　一四一八—五九　室町時代前期の浄土宗の僧。江戸増上寺二世。明蓮社聡誉と号す。千葉満胤の息。母は和田氏。応永二十五年(一四一八)七月下総にて生まれる。叔父にあたる増上寺開山酉誉聖聡について出家、自他の宗疏を習学し、『往生論註』『安楽集』『四帖』の証疏を講じ、門下を教導する。さらに江戸橋場の保元寺(のちに法源寺と改称)を浄土宗に改め再建し、永享十一年(一四三九)八月には、聖聡より「教相切紙」を授かり、二十二歳で増上寺二世となる。法問論議に精励し、文安四年(一四四七)三月に『五重口伝抄』を撰するが、宝徳元年(一四四九)三月には弟子聖観に住持を譲る。また、享徳元年(一四五二)八月に『伝籍末抄』一帖を著わし、さらに『深義集』などを講述した。長禄三年(一四五九)九月十五日念仏して入寂する。四十二歳。

参考文献　心阿『浄土鎮流祖伝』四(『浄土宗全書』一七)、摂門編『三縁山志』九(同一九)、『千葉系図』、『文政寺社書上』、宗書保存会編『浄土伝燈輯要』
(野村　恒道)

ゆうしないしんのうけのきい　祐子内親王家紀伊　生没年不詳　平安時代後期の歌人。一宮紀伊ともいわれる。父は源忠重または平経方の両説があるが、母は一宮小弁。母子ともに仕えた祐子内親王は後朱雀天皇第一皇女(中宮嫄子所生)、長治二年(一一〇五)内親王没年まで紀伊は女房として仕えていたらしい。天喜四年(一〇五六)「皇后宮春秋歌合」に出場したのをはじめとして、数々の歌合に参加、康和四年(一一〇二)『堀河院艶書合』の一首は『小倉百人一首』に選ばれている。家集に『一宮紀伊集』がある。
(鈴木　一雄)

ゆうせい　祐清　?—一四六三　室町時代に京都東寺領備中国新見荘(岡山県新見市)の直務代官をつとめた、同寺止住の律僧。守護細川氏の被官による代官請のもとで、非法に苦しむ名主・百姓の訴えをうけた東寺は、寛正三年(一四六二)代官として祐清を在地に派遣した。祐清は、公文・田所・惣追捕使(三職)の協力をうけ、年貢・公事の未進催促や相論調停などに手腕を発揮したが、未進により所職を改替された名主のうらみをうけ、翌四年八月二十五日に荘内巡見の途中、谷内の集落(新見市上市)で殺害された。

参考文献　杉山博『庄園解体過程の研究』、阿部猛・佐藤和彦編『人物でたどる日本荘園史』
(永村　真)

ゆうはん　宥範　一二七〇—一三五二　鎌倉・南北朝時代の真言宗の僧侶。はじめ大弐房、のち了賢房と号す。俗姓岩野氏。讃岐国那珂郡櫛無保の人。文永七年(一二七〇)誕生。弘安九年(一二八六)同国談義所無量寿院道憲の入室の弟子となり、永仁元年(一二九三)道憲から三宝院流実賢方の伝法灌頂を受けた。翌二年さらに密教の蘊奥を究めるために高野山に赴いたが、志を果たさず関東へ下向。同三年下野国小俣の鶏足寺学頭頼尊から三宝院流成賢方の伝法灌頂を受け、同五年—嘉元三年(一三〇五)同国衣寺の宥祥の『大日経疏』の講筵に列なって、その精髄を『妙印抄』三十五巻に著わした。徳治元年(一三〇六)讃岐に帰国。翌二年末から無量寿院奥院の傍らに草庵を結び隠棲。その間の延慶二年(一三〇九)—嘉暦元年(一三二六)しばしば上洛して安祥寺の成恵・光誉両僧正から安祥寺流の所伝を受け、元徳二年(一三三〇)『妙印抄』を八十巻に増補した。元弘元年(一三三一)善通寺衆徒の請いにより、同寺東北院に居住して、当時荒廃していた同寺の再興に着手、建武・暦応年中(一三三四—四二)誕生院・五重塔をはじめとする伽藍を復興した。文和元年(一三五二)七月一日示寂。行年八十三。応安四年(一三七一)弟子宥源の上奏により僧正が追贈され

た。学徳の誉れ高く、善通寺中興の祖と仰がれる。

参考文献　『大日本史料』六ノ一六、正平七年七月一日条、『新編香川叢書』史料篇、『善通寺市史』一　（山陰加春夫）

ゆうよ　西誉　⇨聖聡《しょうそう》

ゆうりゃくてんのう　雄略天皇　『日本書紀』では第二十一代で、大泊瀬幼武《おおはつせわかたける》天皇と表記し、『古事記』では大長谷若建命と表記する。允恭天皇第五子。母は忍坂大中姫命。兄の安康天皇が眉弱《まよわ》王に暗殺されると、王と王を保護した葛城円《かずらきのつぶら》大臣を攻め殺し、また兄の黒彦・白彦、従兄弟の市辺押磐《いちのべのおしは》・御馬《みま》の諸皇子ら、皇位継承候補をみな殺して泊瀬朝倉宮《はつせのあさくら》に即位したという。記紀はこのほか葛城の一言主神《ひとことぬし》との交渉や数多くの求婚伝説を伝えるが、比較的長期の在位中に葛城氏をはじめ大和・河内の諸豪族を制圧して政略結婚を要求したと思われ、『日本書紀』には吉備氏も征服して南朝鮮に出兵し中国の南朝へも遣使したとある。中国側の諸史料にみえるいわゆる倭の五王の最後の武王が雄略にあたることは確かで、『宋書』の夷蛮伝が引用する四七八年の上表文からは南朝鮮での倭の権益維持が困難だった情況がうかがえる。さらに昭和五十三年(一九七八)に解読された埼玉県の稲荷山古墳の鉄剣銘では雄略在世中の「辛亥(四七一)年」当時に「獲加多支鹵大王」と記されていたことがわかり、熊本県の船山古墳の太刀銘(同前)も同様に解読されて、一部には異説もあるものの、五世紀後半雄略時代の大和政権の勢力は関東から九州にまで及んでいたと推測されるに至った。なお『万葉集』巻頭の歌が雄略御製とされていることなどを指摘して、雄略朝は日本古代の画期として後世に記憶されたとの説もある。

参考文献　岸俊男編『王権をめぐる戦い』(『日本の古代』六)、佐伯有清編『古代を考える　雄略天皇とその時代』　（青木　和夫）

丹比高鷲原陵《たじひのたかわしのはらのみささぎ》　大阪府羽曳野《はびきの》市島泉八丁目にある。陵名は『日本書紀』『延喜式』にみえる。『延喜式』諸陵寮には「在河内国丹比郡、兆域東西三町、南北三町、陵戸四烟」とあり、遠陵とする。径約七七メートル、二段築成の円墳で、周囲に濠がめぐっている。　（飯倉　晴武）

丹比高鷲原陵

ゆきひら　行平　生没年不詳　豊後国の平安・鎌倉時代前期の刀工。元久二年(一二〇五)銘の太刀がある。太刀には佩裏に、豊後国行平作と長銘に、短刀には行平作と三字にきる。太刀の姿は細身で優雅、刃文は直刃の大人しやかなもので、焼落しがある。腰元に剣形櫃を彫り、その中に仏とも行者とも解し難い像を浮彫りにし、その上方に種子を添える。刀身に彫物を施す例としては最も古い。永青文庫の細川幽斎から烏丸光広に贈った古今伝授の行平(国宝)をはじめとして、東京の日枝神社、日光の二荒山神社、京都の八坂神社などに重要文化財の太刀がある。

行平押形

参考文献　山田正任『豊後刀』、小泉富太郎「西海道概説」(『日本刀大鑑』古刀編三所収)　（辻本　直男）

ゆきみつ　行光　生没年不詳　鎌倉時代後期の相模国鎌倉の刀工。新藤五国光の弟子と伝える。国光には「鎌倉住人新藤五国光作」「永仁元年(一二九三)十月三日」銘の短刀がある。行光は二字銘にきる。東京国立博物館(国宝)と御物に在銘の短刀が知られているがどちらも師に似て直刃である。他は無銘の極めもので、重要文化財に刀は四口、脇指は一口、短刀は一口指定されている。刃文は小のたれに互の目交り、直刃に小乱れ交り、皆焼などいろいろである。

行光押形

参考文献　本間順治・佐藤貫一編『正宗とその一門』、本間順治編『正宗』(至文堂『日本の美術』一四二)　（辻本　直男）

ゆげのおうじ　弓削皇子　?―六九九　天武天皇の皇子。『続日本紀』には第六皇子とある。母は天智天皇の女で妃の大江皇女。長《なが》皇子の同母弟。持統天皇七年(六九三)浄広弐位を授けられ、文武天皇三年(六九九)七月二十一日没。『懐風藻』葛野王伝には、持統天皇十年の高市皇子の死後、皇嗣をめぐる宮中の会議で発言を試み、王に制せられたとの伝えがある。『万葉集』には、紀皇女を思う歌四首を含む作歌計八首があり、また皇子が没したおりの置始東人《おきそめのあずまひと》の挽歌三首がある。　（笹山　晴生）

ゆづきのきみ　弓月君　秦氏の祖。融通王にもつくる。『日本書紀』応神紀に、百済より「人夫百廿県」を率い帰化するとき、新羅に妨げられ、加羅にとどまり、数年

を経て渡来したという。そのほか、㈠『三代実録』元慶七年（八八三）十二月二十五日条、秦宿禰永原の奏言、㈡『新撰姓氏録』左京諸蕃、太秦公宿禰・秦長蔵連・秦忌寸条には、秦始皇帝の子孫功満王の子融通王の後とし、㈢同山城国諸蕃、秦忌寸条には、功智王、弓月王の後とする。㈠・㈡・㈢ともに「百廿七県」の民を率いたとし、㈡・㈢には、帰化に際し「金銀玉帛」「種々宝物」を献じたとし、㈢には、大和国朝津間腋上の地を賜い居住したと記している。ほかに、『姓氏録』大和国諸蕃、秦忌寸条に、秦始皇の子孫功満王の後とし、河内国諸蕃、秦宿禰・秦忌寸・高尾忌寸条には、融通王の後とし、秦人のみ弓月王の後として書き分けている。しかし、おそらく弓月王は融通王の和名であろう。秦氏の祖は新羅または加羅人と考えられ、百済人でなく、また秦始皇帝の後裔とするのも、漢氏の祖を後漢霊帝の後とするのに見合う氏の主張にすぎないであろう。

参考文献 鮎貝房之進『雑攷』新羅王号攷朝鮮国名攷、佐伯有清『新撰姓氏録の研究』考証篇四

（平野 邦雄）

ゆはらおう 湯原王 生没年不詳 天平期の歌人。天智天皇の孫で施基皇子の子。桓武朝の大納言壱志濃王や光仁天皇の妃尾張女王の父。父施基皇子の才を受け、「吉野なる夏実の河の川淀に鴨そ鳴くなる山陰にして」「夕月夜心もしのに白露の置くこの庭に蟋蟀鳴くも」（原万葉仮名）をはじめ優麗な叙景歌や相聞歌計十九首を『万葉集』に残している。

（笹山 晴生）

ゆらなりしげ 由良成繁 一五〇六―七八 戦国時代の東国の武将。通称六郎、雅楽助、信濃守、従四位下。永正三年（一五〇六）生まれる。天文十四年（一五四五）父横瀬泰繁が没すると家督を継ぎ新田金山城主となる。永禄三年（一五六〇）長尾景虎（のちの上杉謙信）が関東に侵攻すると新田衆を率いてこれに応じて活躍、同五年に信濃守に任官、屋敷の所在地由良郷の名をとって由良氏と改称する。これ以後、上杉（越）・後北条（相）・武田（甲）の三勢力の間にあり、巧みな外交政策により新田領を維持した。八年における成繁の活動は『長楽寺永禄日記』に詳しい。九年には成繁は上杉方を離反し後北条氏との関係を強めた。十一―十三年にわたる越相同盟成立に至る長期交渉においては、その仲介役を勤め、鉢形城の北条氏邦と沼田城の河田重親の間の連絡、使節や人質（上杉氏への養子氏秀）の移送など重要な役割を果たした。上杉謙信没の直後の天正六年（一五七八）六月三十日に七十三歳で没した。法号中山宗得。墓は群馬県太田市金山町の金竜寺、桐生市梅田町一丁目の鳳仙寺にある。

由良成繁花押

参考文献 『太田市史』史料編中世、『群馬県史』資料編七、通史編三、『新田町誌』一、『群馬県史』通史編中世

（峰岸 純夫）

よ

ようえい 栄叡 ⇨えいえい

ようえん 永縁 一〇四八―一一二五 平安時代後期の興福寺別当、同寺花林院院主。「えいえん」ともいう。永承三年（一〇四八）に生まれる。良門流の大蔵大輔（式部丞）藤原永相の子息、母は歌人の遠江守大江公資の女。天喜四年（一〇五六）に父永相の死にあい康平四年（一〇六一）興福寺一乗院頼信を師僧として入寺、真頼・延律などにつき唯識法相を修めた。『中右記』の著者藤原宗忠が「律師は大才の人也」と評したように延久五年（一〇七三）に維摩会竪義、応徳二年（一〇八五）に同講師となり、以後元興寺・大安寺・清水寺・法隆寺・金勝寺の別当を経て、保安二年（一一二一）六月に興福寺別当に補任されたが、その間、宮廷・摂関家などの諸仏事の読師・導師に招請され、その活動は『中右記』『殿暦』に特記されている。法相宗の学僧であった反面、歌人としても著名な人物で、生前一乗院西北に花林院を創建してたびたび歌会を催し、郭公についての名吟を詠じて「初音の僧正」と称せられた。その詠歌は『金葉和歌集』『詞花和歌集』『続詞花和歌集』『千載和歌集』や『楢葉和歌集』に収められ、院政期の南都歌壇の重鎮であった。天治二年（一一二五）四月五日、七十八歳で没した。

参考文献 『興福寺別当次第』（『大日本仏教全書』）、卍元師蛮『本朝高僧伝』一一（同）、『南都高僧伝』（同）、『三会定一記』（同）、『大乗院寺社雑事記』、『袋草子』、『無名抄』（『日本古典文学大系』六五）、中谷幸次郎「奈

良花林院歌合と国信卿家歌合とに就いて」(『書誌学』三ノ一)、橋本不美男「『奈良の歌合』の成立と伝存」(『書陵部紀要』六)、堀池春峰「南都歌壇の展開」(『大和文化研究』三六・三八)　（堀池　春峰）

ようかい　栄海　一二七八―一三四七　鎌倉・南北朝時代の真言宗の僧侶。慈尊院僧正・民部卿僧正と号す。藤原俊業の曾孫。権律師聖誉の子。弘安元年(一二七八)誕生。勧修寺慈尊院聖済の入室灌頂の弟子で、師のあとを嗣ぎ同院第六世となった。のち神護寺別当、貞和元年(一三四五)東寺一長者。同三年八月十六日、勧修寺慈尊院において入寂。行年七十(一説、六十)。著書に『儼避羅鈔』十九巻、密教高僧伝『真言伝』七巻など。付法に東寺三宝の一人、杲宝《ごうほう》らがいる。

参考文献　『大日本史料』六ノ一〇、貞和三年八月十六日条、『栄海僧正拝堂幷御影供記』　（山陰加春夫）

ようかん　永観　一〇三三―一一一一　平安時代後期の南都三論宗の浄土教僧。「えいかん」とも呼ばれる。長元六年(一〇三三)生まれる。文章生源国経の息で、石清水八幡宮別当法印元命の養子となる。八歳の時山崎開成寺上人から不動明王呪を受けたとされ、長久四年(一〇四三)十一歳で、当時東大寺別当であった禅林寺深観に師事し、翌年十二歳で出家して東大寺において具足戒を受ける。同寺で有慶とその弟子顕真に三論宗の教義を学び、法相にも熟達し、十四歳で方広竪義を勤める。また深観の師深覚、そして奈良浄土教の正統である東大寺三論の影響によってか、十八歳以後は毎日一万遍の念仏を唱えるようになる。二十五歳の時、宇治の平等院の正月番論義の選にあたり、また三十二歳で法成寺竪義を勤め、貴族社会で活躍するが、辞して山城光明山寺に蟄居する。この後この地は浄土教者の重要な地となるが、結局永観は浄土教の民間布教を願じて、四十歳にして禅林寺に帰り、巽の地に東南院を建て、念仏をもっぱらとして、十斎日ごとには往生講を修した。承暦三年(一〇七九)四十七歳の時には『往生講式』一巻を撰してその思想をまとめ、五十四歳で念仏の妨げになると辞しながらも、推されて維摩会の講師を勤める。六十五歳ごは丈六の阿弥陀仏像を造り、祇園精舎無常院風を擬して薬王寺に安置した。康和元年(一〇九九)五月二十八日権律師の位を受けるが、名利を嫌い翌日これを辞退する。しかしながら翌二年五月二十一日、再三の辞退にもかかわらず東大寺別当に補される。そこで永観は文書の整理・保存に努め、寺物を自用せず、財源を封戸から荘園にと移し、さらにその荘園を弟子たちに分け与えるようなことをせず、その収入を伽藍の修理にあてるなど指導力を発揮した。しかし、それも二年後には辞任して、その後は念仏をもっぱらとして往生講を修し、七十一歳の時には『往生拾因』一巻を撰し、念仏往生の旨を明らかにしている。また五年後の天仁元年(一一〇八)九月四日には、東山で迎講を行い、そこには都の人々が大勢集まり結縁し、さらに中山吉田寺でも修している。天永二年(一一一一)十一月二日入寂する。七十九歳。著述にはほかに、『順次往生講式』『舎利講式和讃』各一巻などがある。

永観花押

永観画像

参考文献　『大日本史料』三ノ一二、天永二年十一月二日条、井上光貞『新訂日本浄土教成立史の研究』、同「法然と永観」(『歴史と文化』一)、五味文彦「永観と「中世」」(『国立歴史民俗博物館研究報告』二)　（野村　恒道）

ようげん　永厳　一〇七五―一一五一　平安時代後期の真言宗の僧侶。平等房・下野法印と号す。下野守平師季の三男。仁和寺成就院寛助の入室灌頂の弟子。承保二年(一〇七五)誕生。永久元年(一一一三)東寺定額僧(入寺)。長承元年(一一三二)五月、権律師。保延元年(一一三五)五月、権少僧都。同三年所職を辞し、仁和寺内に私堂、保寿院を建立、院の御願寺として阿闍梨《あじゃり》三口の設置を認められた。同年五月、同院供養。開眼導師は高野御室覚法法親王であった。久安元年(一一四五)正月、権少僧都に還任、あわせて東寺三長者に補任される。同六年五月、法印。仁平元年(一一五一)八月十四日入寂。行年七十七。広沢六流の一つ、保寿院流の祖と仰がれ、門下に覚成、実弟の覚印らがいる。また著書に、尊像別に集成された日本最古の図像集として名高い『図像抄』(『十巻抄』)や『要尊法』などがあるが、前者については、すでに鎌倉時代から「真実ニハ恵什闍梨集レ之」との説がある。

参考文献　『御室相承記』三・四(『仁和寺史料』寺誌編一)、『仁和寺諸院家記』(同)、「寛信撰　東寺長者次第」(『高野山大学論叢』二)、『東寺長者補任』一、『僧綱補任』(『大日本仏教全書』)、田村隆照「図像抄＝成立と内容に関する問題」(『仏教芸術』七〇)　（山陰加春夫）

ようこうだじょうてんのう　陽光太上天皇　⇨誠仁親王《さねひとしんのう》

ようさい　栄西　⇨明庵栄西《みょうあんえいさい》

ようじょうぼう　葉上房　⇨明庵栄西《みょうあんえいさい》

ようぜいてんのう　陽成天皇　八六八―九四九　八七六―八四在位。貞観十年(八六八)十二月十六日、清和天皇の第一皇子として染殿院に誕生。母は藤原長良の女の女御高子。諱は貞明《さだあきら》。同十一年二月一日、清和天皇の皇太子となり、同十八年十一月二十九日、清和天皇の譲位を

受けわずか九歳で染殿院に践祚、母の兄の藤原基経が摂政となった。元慶六年(八八二)正月、十五歳で元服したが、同八年二月四日、二条院(陽成院)に遷御した後に遜位、ただちに太上天皇の尊号がたてまつられ、翌五日基経により仁明天皇の皇子時康親王が擁立され践祚、光孝天皇となった。天暦三年(九四九)九月二十日、病により出家、同月二十九日、冷然院に崩御。八十二歳。遺骸は円覚寺に移され、十月三日、山城神楽岡に葬られた。その遜位については、病弱説(『三代実録』)と天皇の乱行を憂えた基経により廃位されたとする暴君説(『愚管抄』)とがあるが、後者の説が今日一般的である。

参考文献 『大日本史料』一ノ九、天暦三年九月二十九日条、角田文衛「陽成天皇の退位」(『王朝の映像』所収)
(厚谷 和雄)

神楽岡東陵《かぐらがおかのひがしのみささぎ》 京都市左京区浄土寺真如町にある。形状は円丘で南面し、周囲は八角形の空堀がめぐっている。天暦三年(九四九)九月二十九日崩御、その夜、柩を円覚寺に移し、十月三日に神楽岡の東地に葬ったことが『日本紀略』にみえるが、中世以降久しく所在を失うに至った。安政二年(一八五五)京都町奉行浅野長祚は『歴代廟陵考補遺』において、吉田山すなわち神楽岡の東にあたる真如堂の門前の小丘を陵所に擬したが、これが現在の陵で、幕末に行われた修陵の折に修治を加え、慶応元年(一八六五)竣工に際して朝廷から巡検使が発遣された。

参考文献 上野竹次郎『山陵』上
(戸原 純一)

ようそうそうい 養叟宗頤 一三七六―一四五八 室町時代前期の臨済宗大徳寺派の禅僧。永和二年(一三七六)生まれる。京都の出身で俗姓は藤氏。八歳で東福寺正覚庵の九峰韶奏につく。建仁寺天潤庵の蔵主を司ったあと、土佐の吸江庵、播磨の書写山などに学び、建仁寺に帰る。間もなく五山を出て、近江の禅興庵で華叟宗曇の大燈禅を修し嗣法する。大徳寺・徳禅寺に住持し、塔頭大用庵を開創し、紀州の徳禅院、堺の陽春庵を開創する。永享三年(一四三一)十刹第九位の官刹大徳寺を幕府に交渉して、もとの宗峰の一流相承刹(度弟院)にもどし、林下大徳寺の基礎を確立し、享徳二年(一四五三)大火にあった大徳寺再建に尽力するなど、大徳寺教団の発展に活躍したが、一休宗純の厳しい批難を受ける。長禄二年(一四五八)六月二十七日寂。世寿八十三。宗恵大照禅師の号を後花園天皇より特賜。法嗣に春浦宗熙などを出す。

養叟宗頤花押

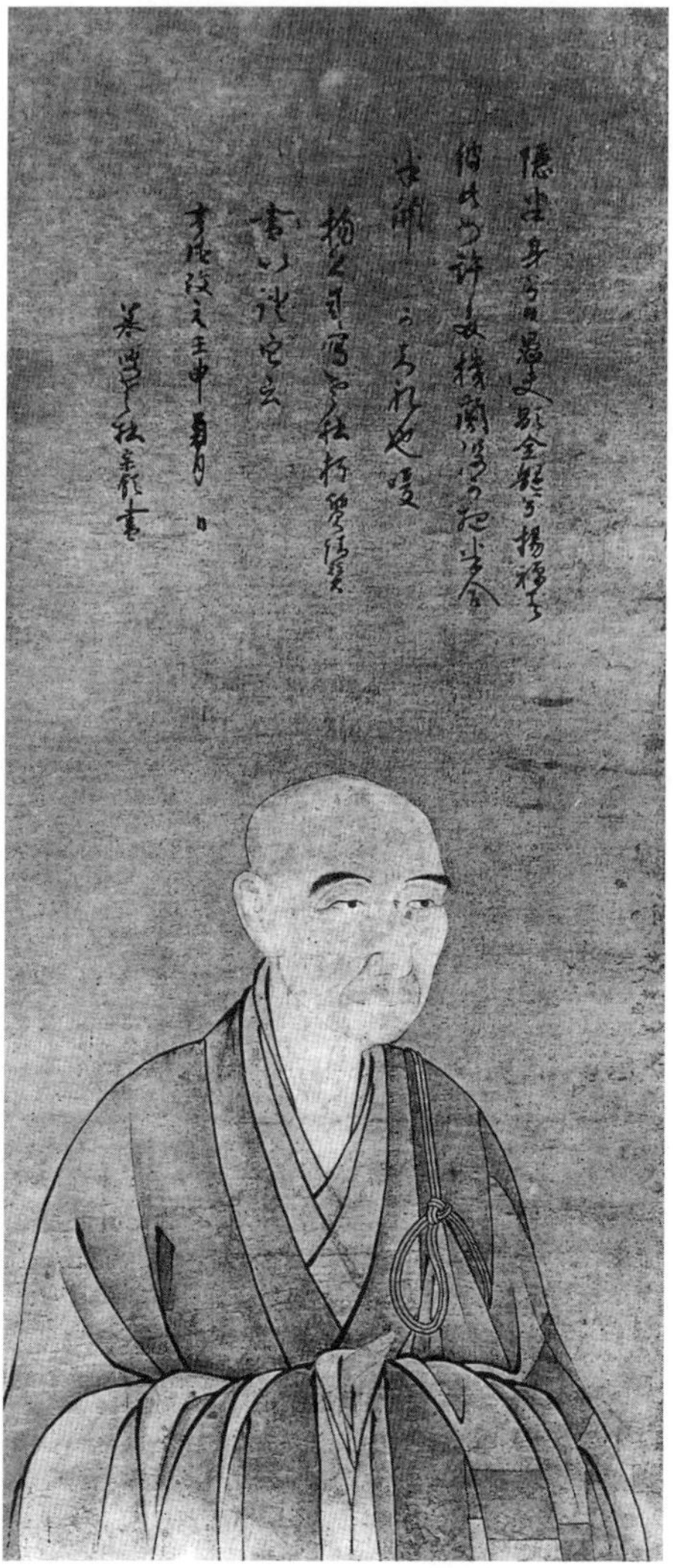
養叟宗頤画像(文清筆)

参考文献 『特賜宗恵大照禅師行状』、平野宗浄「華叟宗曇とその門下」(花園大学『禅学研究』五七)、竹貫元勝『日本禅宗史研究』
(竹貫 元勝)

ようだい 煬帝 五六九―六一八 在位六〇四―一八。中国隋第二代の皇帝。姓名楊広。隋の高祖文帝楊堅の第二子。五六九年生まれる。母は文献独孤皇后。父の即位に際し十三歳で晋王に封ぜられ、のち行軍元帥となり大軍を率い、開皇九年(五八九)南朝の陳を討滅、西晋末以来二百数十年ぶりに全国再統一をなしとげ、ついで江南の反乱を平定、転じて北方の突厥の侵入を防いだ。かれは多才多芸、詩作を能くし、また文士や僧侶を優遇し人気を得た。開皇二十年、権臣楊素と結んで兄の皇太子勇を失脚させみずから太子となり、さらに仁寿四年(六〇四)病床の父帝を弑し、帝位に上る。翌年、年号を大業とし、洛陽に大建築を興し、大業三年(六〇七)には大業律令格式を公布した。また、通済渠・邗溝・江南河および永済渠を整備して壮大な運輸体系を完成させた。しかし贅を極めた工事や遊幸と諸蕃への遣使招来などにより国力は疲弊し、大業八年に始まる三回の高句麗遠征に大敗、その間各地に官僚や農民の起兵を招いた。やがて大業十三年太原に起兵した李淵が長安に拠り、孫の楊侑(恭帝)を擁立、江都に滞在した煬帝は侍衛の宇文化及らの叛に遇って、同十四年三月十一日殺され、まもなく隋は滅亡した。五十歳。大業三年(推古天皇十五年)遣隋使小野妹子の呈した倭の国書の無礼に不興を示したが、裴世清を答派したことは国史に著聞する。

参考文献 『隋書』、『資治通鑑』隋紀、宮崎市定『隋

の煬帝』（『中公文庫』）、布目潮渢『隋唐史研究』　（池田　温）

ようほえけい　瑤甫恵瓊　⇩安国寺恵瓊《あんこくじえけい》

ようめいてんのう　用明天皇　六世紀末の天皇。『日本書紀』によれば五八五―八七年在位。異母兄敏達天皇の死去をうけて即位。橘豊日尊、大兄皇子と称す。父は欽明天皇、母は蘇我稲目の女、堅塩媛。異母妹の穴穂部間人皇女（母は堅塩媛の妹、小姉君）を妃として、厩戸・来目・殖栗・茨田の諸皇子を得た。また、稲目の女石寸名との間に田目皇子を、葛城直磐村（当麻倉首比呂）の女広子（飯之子）との間に当麻皇子・酢香手姫皇女をもうけた。即位に伴い、磐余池のほとりに双槻宮を営んだ。二年四月、磐余の河上での新嘗祭（大嘗祭か）の帰途、病にたおれ、双槻宮で没した。没日を『古事記』は四月十五日とし、『日本書紀』は四月九日とする。死に臨み、仏教への帰依を願ったという。磐余池上陵に葬られたが、のちに河内磯長に改葬された。天皇の死はその後継者をめぐる蘇我氏・物部氏激突の引き金となった。なお、天皇は正式には即位せず「臨朝」したにすぎず、王位をねらう異母弟穴穂部皇子の命をうけた物部守屋に暗殺されたとする説がある。天皇の直系の子孫は皇極天皇二年（六四三）に滅んだが、登美真人・当麻真人・蜷淵真人がその血統を後世に伝えた。

参考文献　岸雅裕「用明・崇峻期の政治過程」（『日本史研究』一四八）　（遠山美都男）

河内磯長原陵《こうちのしながのはらのみささぎ》　大阪府南河内郡太子町大字春日にある。『日本書紀』は、用明天皇二年四月天皇が崩じ、七月に磐余池上陵《いわれのいけのへのみささぎ》に葬り、推古天皇元年（五九三）九月河内磯長陵に改葬、とする。『古事記』は陵号を科長中陵とする。『延喜式』諸陵寮は、現陵号で「在二河内国石川郡一、兆域東西二町、南北三町、守戸三烟」とし遠陵に入れる。当陵は幕末まで所在明白で、元治元年（一八六四）修補をし拝所を設け、明治三十二年（一八九九）には勅使を遣し工事の奉告祭を行なって御在所修理を行なった。南面する方墳で、東西六四メートル、南北約六〇メートル、高さ一〇メートル、幅約六・五メートルの空湟がめぐり、湟には高さ約二メートルの土手を設けている。初葬地は所在不明であるが、天皇の皇居の池辺双槻宮と、地名「いけのへ」が一致するので、奈良県桜井市阿部付近と考えられている。

参考文献　宮内庁編『明治天皇紀』九、『用明天皇河内磯長原陵之図』（宮内庁書陵部保管『陵墓地形図』三一四〔L八〇〕）、上野竹次郎『山陵』上　（石田　茂輔）

ようめいもんいん　陽明門院　一〇一三―九四　後朱雀天皇の皇后。三条天皇の皇女。母は藤原道長の次女妍子。長和二年（一〇一三）七月六日、道長の土御門第で生まれる。同年十月二十二日内親王宣下をうけ、禎子の名を賜わる。同四年四月七日着袴、同年十二月二十七日准三宮。治安三年（一〇二三）四月一日、裳着、一品に叙せられる。万寿四年（一〇二七）三月二十三日、当時の東宮敦良親王の妃となる。長元七年（一〇三四）七月十八日、王子尊仁（後三条天皇）を生む。後朱雀天皇即位ののち、同十年二月十三日立后、中宮となる。同年三月一日、藤原嫄子の立后に伴い皇后に改める。永承六年（一〇五一）二月十三日、皇太后。後三条天皇の即位後、治暦四年（一〇六八）四月十七日太皇太后。翌延久元年（一〇六九）二月十七日、院号宣下をうけ、陽明門院と号した。嘉保元年（一〇九四）正月十六日、鴨院において崩御。八十二歳。鳥部野に葬る。

参考文献　『大日本史料』三ノ三、嘉保元年正月十六日条　（山中　裕）

円乗寺東陵《えんじょうじのひがしのみささぎ》　京都市右京区竜安寺朱山の竜安寺内にある。陽明門院は崩御すると、鳥部野で火葬されたあと、遺骨は後朱雀天皇陵（円乗寺陵）のかたわらに葬ったと、『中右記』嘉保元年（一〇九四）二月五日条にみえる。それにより、明治十二年（一八七九）十月、同天皇陵の東にある円墳が陽明門院陵に治定された。陵名はその位置によっている。

参考文献　『大日本史料』三ノ三、嘉保元年正月十六日条　（飯倉　晴武）

よかわのそうず　横川僧都　⇩源信《げんしん》

よけい　余慶　九一九―九一　平安時代中期の僧。観音院僧正、諡号智弁。第二十代天台座主。天台宗智証派。延喜十九年（九一九）、筑前国早良《さわら》郡（福岡市）に生まれる（一説に日向国の人ともいう）。明仙の弟子、密教を行誉に受け、西塔千手院に住す。承平五年（九三五）受戒、康保三年（九六六）灌頂受法、安和二年（九六九）権律師、貞元二年（九七七）律師、天元二年（九七九）権少僧都、園城寺長吏、同四年権大僧都、法性寺座主、永観二年（九八四）大僧都、永祚元年（九八九）天台座主、権僧正、正暦二年（九九一）閏二月十八日、大雲寺（京都市左京区岩倉上蔵《あぐら》町）にて没。年七十三。墓は大雲寺裏の紫雲山山麓にある。寛弘四年（一〇〇七）諡号を得る。祈禱の験者として村上天皇や円融天皇の信任を受け、法性寺座主に抜擢されたが、円仁派の反撥を受けて拝堂もできずに辞退、天台座主も任命の宣命使が山僧に追われるなどして三ヵ月で辞任、山寺両門対立の渦中の人となる。

参考文献　『大日本史料』二ノ一、正暦二年閏二月十八日条、平林盛得・小池一行編『（五十音引僧綱補任）僧歴綜覧（推古卅二年―元暦二年）』、渋谷慈鎧編『（校訂増補）天台座主記』　（平林　盛得）

よししげのやすたね　慶滋保胤　?―一〇〇二　平安時代中期の文人。賀茂忠行の第二子。兄保憲、弟保遠が父の跡を継ぎ陰陽家になったのに対し、紀伝道に進み、家

慶滋保胤自署

を起そうとしたためか、本姓賀茂を読み替え、慶滋と名乗る(天禄三年(九七二)か)。天暦のころ文章院の西曹に属し、文章博士菅原文時に師事し、首席となる。字を茂能、唐名定潭と称した。天暦末年学生の身分で内御書所衆となる。康保元年(九六四)三月、文章道学生二十人と比叡山学僧が共同して、作詩・法華講・念仏を要素とする勧学会を結成したが、その指導者の一人で、天延二年(九七四)ごろ同会会所の設立に奔走した。同末年ごろ近江掾、やがて内記・六位となり、永観二年(九八四)内御書所覆勘を兼ねた。極官位は大内記・従五位下、寛和二年(九八六)四月二十二日出家、法名は一時、心覚、のち寂心と名乗った。内記入道ともよばれる。没年を『続本朝往生伝』は長徳三年(九九七)とするが、四十九日諷誦文(『本朝文粋』)によって長保四年(一〇〇二)十月二十一日(四十九日より逆算)とすべきである。生没年の明徴はなく、わずかに天元五年(九八二)「生年五旬に垂《なんなんと》す」(『池亭記』)とあるところから、生年は承平三年(九三三)より数年のち、没年齢は七十歳弱と思われる。東山如意輪寺(京都市左京区鹿ヶ谷)に没した。詩人として天徳・応和ごろ高丘相如とならび称され、天元のころは洛陽の三詩人ともてはやされた。官人としては円融・花山朝に詔勅を草し、貴人の願文を作っている。若年より浄土への信仰をもち、四十歳以降その激しさを増し、出家に至る。出家の年、北野神社に願文を捧げたのち、叡山に上り、横川二十五三昧会の起請文、飯室安楽院の念仏会の縁起(散佚)を草するなど、『往生要集』の著者源信と行動をともにしたと思われるが、永住しなかった。のち諸国遍歴のことや書写山性空・多武峰増賀らとの交友が伝えられるが、出家後の足跡は不明である。源信および侍読として仕えた具平親王の二人とは信仰上固い交わりを結び、著名な弟子に大江定基(寂照)がいる。また、左大臣藤原道長も、保胤の死を悼み、先述の四十九日諷誦文の願主となり、白衣弟子と称している。天元五年、『池亭記』を著わし、みずからの心情を述べるとともに、移り変わる京都の様相を記し、永観二年ごろわが国最初の往生伝『日本往生極楽記』を編し、以後同種述作の基となった。『十六想讃』は『日本往生極楽記』とともに源信の『往生要集』遺宋に添えられて渡海している。別に『慶保胤集』二巻があったと伝えられる(散佚)。寂心と自署する自筆消息一幅(重要文化財、東京国立博物館蔵)が現存する。

参考文献 『大日本史料』二ノ四、長保四年十二月九日条、増田繁夫「慶滋保胤伝攷」(『国語国文』三三ノ六)、平林盛得「慶滋保胤の死」(『日本仏教』一二)、同「慶滋保胤と浄土思想」、同「慶滋保胤の改姓をめぐって」(『日本歴史』六四八)　(平林　盛得)

よじしん　余自信　生没年不詳　百済人。余は百済王家の姓扶余の中国的呼称。斉明天皇六年(六六〇)百済滅亡の際に、中部久麻怒利《くまなり》(熊津)城に拠って抵抗を続けた。その時の階級は達率であったが、遺民より民族の英雄として、鬼室福信《きしつふくしん》とともに佐平とあがめられた。天智天皇二年(六六三)百済再興の戦が破れたのちに残余の民とともに来朝し、天智天皇八年鬼室集斯ら七百人とともに近江国蒲生郡に移籍された。当時百済亡命者は、百済王善光とともに摂津国百済郡に住していたと思われる。自信は、その才器をかわれて、日本朝廷に仕えるべく大津京付近に移されたと考えられる。同十年正月には、大錦下を授けられている。『新撰姓氏録』によれば、自信の子孫は、のち右京に籍せられ、氏姓を日本風に改め、高野造を称したとされている。　(利光三津夫)

よしすけ　義助　刀工。室町時代に駿河国の島田に居住する。島田派の祖と伝え、その名跡は江戸時代までつづく。室町時代の作品は多く、年紀は明応―永正年間(一四九二―一五二一)のものが古く、大永―天文年間(一五二一―五五)のものが多い。島田鍛冶は甲州武田家に仕えたという。刀や短刀以外に槍の製作が多く、旧前橋藩主松平家が所蔵した「お手杵の槍」は天下三名槍の一つに数えられていた(焼失)。永正年間、義助はその門人とともに小田原に移り、小田原相州鍛冶の発達につくした。　(加島　進)

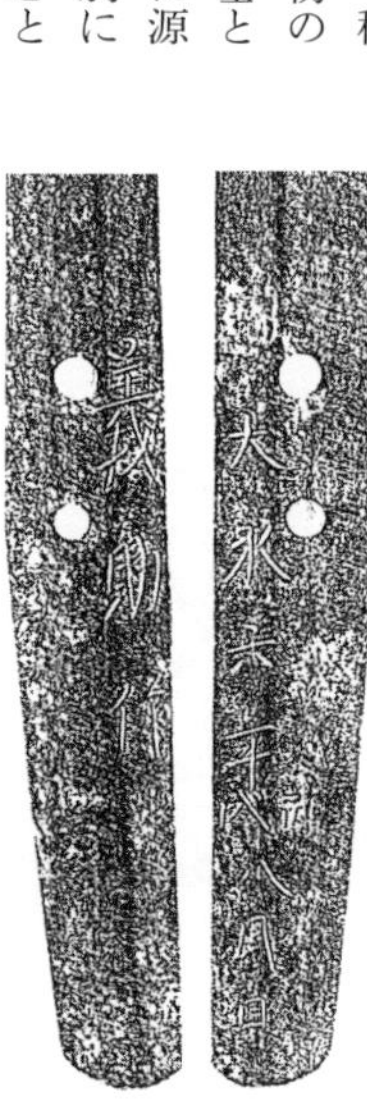
義助押形

よしだかねあつ　吉田兼敦　一三六八―一四〇八　南北朝・室町時代前期の神道家。神祇官人、吉田社祠官。応安元年(一三六八)兼熙の長子として生まれる。侍従、神祇大副、弾正大弼、治部卿となり、よく父兼熙を助け家学を継ぐ。永徳元年(一三八一)には十四歳で累家の秘本である『日本書紀』神代巻の書写を許され、秘説を父兼熙より受ける。自筆の『延喜式神名帳鈔』『日本書紀神代巻秘抄』、応永八年(一四〇一)の日次記を切り抜き一巻に仕立てた『三種神器伝』などがある。応永十五年六月二十六日没。四十一歳。同九年兼熙の死に続いて兼敦を失い、吉田家にとっては大きな挫折であったが、家学の秘説は一条経嗣から兼良へと引き継がれた。

参考文献 『大日本史料』七ノ一〇、応永十五年六月二十六日条、岡田荘司編『吉田叢書』五、西田長男「吉田兼敦の『延喜式神名帳鈔』」(『日本神道史研究』五所収)　(岡田　荘司)

よしだかねすけ　吉田兼右　⇨よしだかねみぎ

よしだかねとも　吉田兼倶　一四三五―一五一一　唯一神道を創唱した室町時代後期の神道家。永享七年(一四三五)兼名の子として生まれ、もと兼敏という。十三歳のとき伊勢神嘗祭の奉幣使となるのが文献上の初見。文正元年(一四六六)兼敏の名を兼倶に改め、翌応仁元年(一四六七)昇殿を聴され、侍従・神祇権大副に任ぜられ、

明応二年(一四九三)神祇大副となる。応仁以前の三十代前半の前半生は、卜部氏嫡系として順調な道を歩み、六百年来伝えられてきた家業・家学をよく修めたが、唯一神道成立にあたる特筆すべき事績は見あたらない。このの ち兼倶壮年期の文明年間(一四六九—八七)に入ると、応仁・文明の乱中・乱後の世相混乱のなかで、家の伝統を基礎にしつつ、活発な活動を展開して新たに唯一神道を確立、発展させ神道復興に尽くした。文明二年には「宗源神道誓紙」五ヵ条を定めて、神道説伝授の組織化を進め、同三・四・五年には、資益王・海住山高清・二条持通・柳原資綱・白川忠富らに「解除呪文」の伝授(『相承秘抄』)を行い、唯一神道の教理を示した『唯一神道名法要集』『神道大意』の根本になる『神明三元五大伝神妙経』が文明五年九月以前には成立しており、ほぼ文明初年—五年ごろまでには、基本体系ができあがっていた。文明八年以降は「神祇管領勾当長上」「神祇長上」「神道長上」などと称して神道界の首長であることを自認し、また同年から神道の基本文献、『中臣祓』と『日本書紀』神代巻の講釈をしばしば開催して、その教線の拡大をはかった。その伝授者は後土御門天皇・勝仁親王(後柏原天皇)をはじめ公卿・殿上人や将軍家、禅僧など幅広い範囲にまで及び、特に後土御門天皇への進講は彼の絶頂期にあたり、この功により従二位に昇叙した。学問内容は神書・古典に限らず、儒仏二教、老荘、易道をも極めており、その思想形成には、当時五百年来の学者と称されていた一条兼良の影響から免れることはできず、あわせて博士家清原宗賢、陰陽道の賀茂在盛、小槻雅久、さらに桃源瑞仙・横川景三・蘭坡景茝ら五山叢林の禅僧との学問交流によるところが大きい。文明九年の『日本書紀』講釈に、仏教・儒教の根元が神道であると説いて人々を驚かしたが、これは『唯一神道名法要集』にみえる兼倶の代表的見解といえる三教枝葉花実説にほかならず、神道根本思想の定着に努めている。文明十三年には比叡山(東塔)に登り僧侶を前にして神道教化に立ち上がったことは歴史上においても破天荒の出来事であった。神道説の創唱とともに、教理の表象的場として、文明十六年に斎場所太元宮が大規模に再興され、文明末年には根本伝書の『唯一神道名法要集』『神道大意』が著わされた。この時期から神社と神職に宛てた宗源宣旨・神道裁許状が発行され、全国的な神社界の組織化へとつながっていく。延徳元年(一四八九)には皇大神宮の神器が吉田山に降臨したと密奏する事件があった。三条西実隆ら公卿、神宮祠官の反撥は強く、兼倶の意図した神宮の宗教的権威の吸収は十分に果たされなかったが、政治的手腕にすぐれた策謀家としての一面を窺うことができる。永正八年(一五一一)二月十九日没す。七十七歳。遺骸は没後、神楽岡の西、斎場所太元宮の北方に葬られ、社壇を建てて神竜社と称す(現在、吉田神社の末社)。神号は神竜《かみたつ》大明神、戒名は神竜院殿卯倶大居士。

吉田兼倶花押

参考文献 『大日本史料』九ノ三、永正八年二月十九日条、『吉田叢書』、『卜部神道』(『神道大系』論説編八・九)、江見清風『神道説苑』、宮地直一『神道史』下一(『宮地直一論集』七)、西田長男『日本神道史研究』五、萩原竜男『中世祭祀組織の研究』、久保田収『中世神道の研究』、中村光「思想家吉田兼倶私考」(『国民精神文化』三ノ三)、出村勝明『吉田神道の基礎的研究』 (岡田　荘司)

よしだかねひろ　吉田兼熙　一三四八—一四〇二　南北朝・室町時代初期の神祇官人(神祇大副)、吉田社祠官、神道家。貞和四年(正平三、一三四八)卜部兼豊の男として生まれる。永和元年(天授元、一三七五)卜部宿禰を改め朝臣の姓を賜わる。家号は邸宅の所在する地名をとって室町と称してきたが、足利義満が同四年花御所(室町第)に移ると、室町の号をとどめ、累代祠官として奉仕してきた吉田社の地名を家号にはじめて用いた。至徳三年(元中三、一三八六)従三位に叙せられ、父祖代々の位階を越えて、はじめて公卿に列す。のち正三位に昇階。これ以前、神祇大副となり、永徳三年(弘和三、一三八三)後円融上皇より「日本紀自二他家一不レ可二注進一事」(『吉田家日次記』)との仰せを蒙り、二条良基・一条経嗣らに『日本書紀』の秘説伝授を行い、また神祇故実家として公家・武家の顧問に預かり、吉田流の地位を不動のものとし、平野流を完全に凌駕するに至った。特に義満の信任はあつく、南北朝合体の交渉に直接あたり、明徳三年(元中九、一三九二)両朝合体を成功に導いた。神道の元老と称され、卜部氏の地位をたかめた功績は大きく、吉田卜部氏中興の祖とされた。応永九年(一四〇二)五月三日、五十五歳にて没す。

吉田兼熙花押

参考文献 『大日本史料』七ノ五、応永九年五月三日条 (岡田　荘司)

よしだかねみ　吉田兼見　一五三五—一六一〇　安土桃山時代の神道家。神祇管領長上、吉田家の当主、吉田社祠官。天文四年(一五三五)兼右の子として生まれる。侍従、神祇大副、左衛門督、慶長二年(一五九七)従二位にすすむ。はじめ兼和と称すが、天正十四年(一五八六)後陽成天皇の御諱(和仁)を避け兼見に改名。元亀元年(一五七〇)父兼右より家督を譲られ、唯一神道の学統を受け嗣ぎ、教線の拡充につとめた。特に天正十八年四月十八日に、かねてより請願していた神祇官八神殿の再興が叶った。吉田斎場所の太元宮の裏に、当初は二宇の神殿を造立しそれぞれ四神を合祀し、後陽成天皇より造営料二十石が下賜された。これにより名実ともに「神祇官代」の地位を得たことになる。功を果たした兼見は文禄元年(一五九二)十二月、子息兼治に家督を譲り、みずからは

家君として文禄四・五年に後陽成天皇に『日本書紀』『中臣祓』を講じ、また豊臣秀吉が没すると秀吉を神として祀る豊国社の創建に弟梵舜らと尽力した。戦乱のはざまにあって時の権勢者との親交に巧みであり、織田信長・明智光秀・豊臣秀吉らの信任を得ていた。慶長十五年九月二日没。七十六歳。豊神霊社と称して祀られる。

参考文献 『大日本史料』一二ノ七、慶長十五年九月二日条、萩原竜夫『中世祭祀組織の研究増補版』

(岡田　荘司)

よしだかねみぎ　吉田兼右　一五一六―七三　戦国時代の神道家。神祇管領長上、吉田家の当主。「かねすけ」と訓むのは誤り。天理図書館吉田文庫に収める血脈を記した伝書にも「カネミギ」の振り仮名がつけられ、『御湯殿上日記』にも「よし田かねみぎ」(元亀元年(一五七〇)九月二十八日条)とみえる。永正十三年(一五一六)四月二十日生まれる。実父は吉田兼倶の子清原宣賢。従二位、侍従、神祇大副、右衛門督。吉田家の当主兼満(兼倶の孫)は大永五年(一五二五)突然家を出奔、このため宣賢の次子兼右が十歳の若さであとを継ぎ、宣賢が後見役となって、唯一神道の道統を継承した。兼倶以来の神道説を宣揚して、積極的に全国の神社と神職に対して宗源宣旨、神道裁許状を発行するとともに、地方のオトナ衆・氏子との交流をはかり勢力の拡大に努めた。特に周防の大内氏、越前朝倉氏、若狭武田氏に招かれ神道伝授を行なった。『兼右卿記』の日記のほか、『日本書紀』をはじめ数多くの神道書の書写本が天理図書館にある。天正元年(一五七三)正月十日没。五十八歳。遺骸は遺言により、吉田社近くに社壇を建て唯神霊神と称して祀られた。

参考文献 『大日本史料』一〇ノ一三、天正元年正月十日条、萩原竜夫『中世祭祀組織の研究増補版』

(岡田　荘司)

吉田兼右花押

よしだかねむね　吉田兼致　一四五八―九九　室町時代後期の神祇官人、神道家。長禄二年(一四五八)吉田兼倶の長子として生まれる。童名彦千代、もと兼枝といい、延徳元年(一四八九)兼致に改める。侍従・神祇権大副・左兵衛佐となる。兼致は兼倶が大成した唯一神道をよく理解し、その秘伝の直授相承にはげみ、兼倶の期待も大きかったが早世。兼倶の命をうけ乾元本『日本書紀』神代巻を書写し、後土御門天皇に献じたほか、兼倶講釈の自筆筆記も遺されている。明応八年(一四九九)七月二十四日没。四十二歳。法名蓮致、謚は神類霊神。

(岡田　荘司)

よしだけんこう　吉田兼好　⇨卜部兼好《うらべけんこう》

よしださだふさ　吉田定房　一二七四―一三三八　鎌倉・南北朝時代の公卿。勧修寺流藤原氏。権大納言経長の次男、母は権中納言葉室定嗣の娘。文永十一年(一二七四)生誕、叙爵以後は父祖と同様に受領・蔵人・弁官を経歴した。父経長とともに大覚寺統の廷臣として、亀山・後宇多天皇に出仕し信任が厚かった。正安三年(一三〇一)、十年振りに大覚寺統の後二条天皇の即位・後宇多上皇の院政が開始されると、まず蔵人頭、翌乾元元年(一三〇二)には二十九歳で参議兼右兵衛督、さらに検非違使別当と栄進した。このころは後宇多院の執権・評定衆としても大いに活躍した。また徳治元年(一三〇六)には皇統問題で院の特使として鎌倉に下向した。文保二年(一三一八)になり持明院統の花園天皇が退位し、定房が乳父として養育にあたった後醍醐天皇の即位・後宇多上皇の院政の再開が実現した。定房も政界に復帰して評定衆・伝奏となり、正二位・権大納言に昇った。元亨元年(一三二一)には後宇多院の特使として鎌倉に下り、後醍醐天皇の親政実現の使命を果たした。天皇の信任も厚く第一皇子尊良親王を預けられた。このころ定房は北畠親房・万里小路宣房とともに「後の三房」とよばれたという。正中の変の際、後醍醐天皇が幕府に送られた告文は定房の起草といわれ、また天皇の討幕計画に反対する意見書(「吉田定房奏状」)を提出している。元弘の変は定房が幕府側に密告したことに端を発したといわれており、変後に定房は持明院統に出仕して評定衆となったが、一方では幕府に後醍醐天皇の京都還幸を働きかけた。元弘三年(一三三三)に鎌倉幕府が滅亡し建武中興の世になると、定房は再び天皇に重用され、翌建武元年(一三三四)六月に准大臣となり、恩賞方・雑訴決断所・伝奏の一員に列した。九月には内大臣に任ぜられたが、これは家格を超えた破格の昇進として批判をうけた。延元元年(北朝建武三、一三三六)十二月の後醍醐天皇の吉野遷幸には従わず、京都にとどまって北朝に参仕した。しかし翌年七月ころ吉野に「逐電」し(『公卿補任』)、翌延元三年(北朝暦応元)正月二十三日、六十五歳で吉野離宮に没した。かれの人物・政治行動は複雑で、特に元弘の乱のときの密告・北朝への出仕などをめぐっての見解や評価は大きく分かれている。かれはまた学芸・故実に通じ、和歌は『新後撰和歌集』などに十数首がおさめられている。故実については弟隆長が筆記・抄録した『吉口伝』がある。

吉田定房花押

ほかに日記『吉槐記』(『定房公記』)がある。

参考文献　『大日本史料』六ノ四、暦応元年正月二十三日条、『増鏡』(『日本古典文学大系』八七)、由良哲次編『南北朝編年史』、松本周二・村田正志『吉田定房事蹟』(『村田正志著作集』三)、竜粛『鎌倉時代』下、中村直勝「吉田定房」(『中村直勝著作集』三所収)、平田俊春「吉田定房」(『吉野時代の研究』所収)　（飯田　久雄）

よしだしげかた　吉田重賢　一四六三―一五四三　室町・戦国時代の新流弓術吉田流の始祖。重賢は応仁の乱の数年前、寛正四年(一四六三)近江国蒲生郡河森(滋賀県蒲生郡竜王町)に出生。通称を太郎左衛門また助左衛門、別名を豊稔・重長・茂長・方豊といい、上野介・出雲守と称し、道宝と号した。幼くして逸見・武田・小笠原などの源氏系古流弓術を学び、明応ごろ日置正次(弾正)の革新射法を修め、新流吉田流の開祖となった。現在竜王町川守に城八幡、東方の雪野山(竜王山)に吉田城址があり、南方の宮川部落は重賢の隠居地であった。吉田氏は近江源氏佐々木氏の重臣で、重賢は十一代の中興であり、川守を中心に蒲生の地が吉田流弓術発祥の地となった。もし天文十二年(一五四三)の鉄砲伝来がなかったなら、この革新的弓術は強力な戦力となったであろう。津市の菩提寺四天王寺の過去帳には、重賢は天文十二年四月三日八十一歳没とある。

参考文献　日夏繁高『本朝武芸小伝』(『武術叢書』)、石岡久夫『弓術』(『日本武道大系』四)　（石岡　久夫）

よしだそうけい　吉田宗桂　一五一二―七二　戦国時代の医師。足利義稙の侍医吉田宗忠の次男。名は与次、通称意庵。宋の本草家大明の号に因み、日華子と号した。また意庵の称は「医は意なり」による。永正九年(一五一二)に生まれ、天文元年(一五三二)家を継ぎ、足利義晴に侍医として仕えた。同八年、策彦周良に随い、遣明船で明国に渡り、同十年帰国した。同十六年には再び策彦とともに渡明。明都で世宗に謁し、その病を治して効のあったことから、顔輝筆の扁鵲の画幅、花梨の薬笥、螺鈿の薬笥、元版の『聖済総録』二百巻ほか種々の恩賞を賜わり、名声を博した。同十九年帰朝の際には数多くの医書を将来したという。以後同家は家号を称意館と称し、蔵書に富み、医業大いに栄えた。宮内卿・法印。元亀三年(一五七二)十月二十日没。享年六十一。法名日華。宗桂の長子は角倉了以であるが、医家のあとは次子の宗恂が継ぎ、宗皓―宗恪―宗恬―宗恮―宗愉―宗懌―宗愔と続き歴代江戸幕府の医員となった。

参考文献　『大日本史料』一〇ノ一一、元亀三年雑載　（小曾戸　洋）

吉田経俊花押

よしだつねとし　吉田経俊　一二一四―七六　鎌倉時代中期の公卿。勧修寺流藤原氏。坊城・勧修寺とも称した。建保二年(一二一四)生誕、参議資経の次男、母は宮内卿藤原親綱の娘。嘉禄元年(一二二五)十二歳で叙爵、従五位下。以後備後守・右衛門権佐・蔵人となり、寛元四年(一二四六)正月後嵯峨院院司に列した。翌宝治元年(一二四七)に右少弁となり、いわゆる三事兼帯という実務官僚路線を進んだ。建長六年(一二五四)には左大弁、翌年には蔵人頭となり、正嘉二年(一二五八)に四十五歳で参議に昇った。ついで文応元年(一二六〇)正三位に叙せられ、弘長二年(一二六二)に権中納言となる。同三年から八年間大宰権帥を兼帯し、正二位・中納言に任叙された。以上の官歴は父祖と同じく勧修寺流の諸家の典型的なコースである。また後嵯峨院政・亀山親政にあっては評定衆に任ぜられ、伝奏もつとめたが、建治二年(一二七六)十月血痢を患い、処分状を認めたあと同月十八日に没した。六十三歳であった。日記に『経俊卿記』(『吉黄記』)がある。

参考文献　『経俊卿記』解題(『図書寮叢刊』)、菊池康明「吉黄記について」(高橋隆三先生喜寿記念論集刊行会編『(高橋隆三先生喜寿記念論集)古記録の研究』所収)　（飯田　久雄）

吉田経長花押

よしだつねなが　吉田経長　一二三九―一三〇九　鎌倉時代中期の公卿。勧修寺流藤原氏。北家藤原氏の高藤流。中納言為経の三男、母は権中納言九条定高の娘。延応元年(一二三九)生誕、文永三年(一二六六)に五位蔵人、同七年左少弁、建治元年(一二七五)に蔵人頭・左大弁、同三年三十九歳で参議に任ぜられた。正応元年(一二八八)持明院統の伏見天皇の即位を機に中納言を辞任。しかし正安三年(一三〇一)に大覚寺統の後二条天皇の即位で還任。嘉元元年(一三〇三)正月に権大納言に昇任したが十一月に出家し(法名証覚)、延慶二年(一三〇九)六月八日、七十一歳で没した。終始大覚寺統の廷臣として活動し、亀山・後宇多両天皇の信任も厚く、両院政では執権となり、また評定衆・伝奏に列した。正安三年正月亀山法皇の命により関東に下向し、後二条天皇の立太子問題で幕府と折衝した。また和歌を御子左為氏に学び、しばしば披講の講・読師に推された。日記に『吉続記』がある。

参考文献　三浦周行『鎌倉時代史』(『日本時代史』五)、竜粛『鎌倉時代』下、矢野太郎「吉続記解題」(『史料大成』二三所収)　（飯田　久雄）

よしだつねふさ　吉田経房　一一四三―一二〇〇　平安・鎌倉時代前期の公卿。勧修寺流藤原氏。北家藤原氏の高

藤流。居所により吉田・勘解由小路と称した。康治二年（一一四三）生誕、父は権右中弁光房、母は中納言藤原俊忠の娘。久安六年（一一五〇）叙爵、蔵人となり伊豆・安房守を歴任。右衛門権佐・左少弁といわゆる三事兼帯ののち治承三年（一一七九）蔵人頭、翌々年の養和元年（一一八一）に三十九歳で参議となり左大弁を兼ねた。以後もきわめて順調な昇進を続け、大宰権帥を兼帯し中納言に進み、建久九年（一一九八）には正二位・権大納言兼民部卿となった。十二歳で父を失ったにもかかわらず、官位の昇進がついに父祖を超えたのは、経房が曾祖父為房以来院司・実務官僚として蓄積してきた朝儀典礼に関する豊かな知識・経験をふまえ、しかも廉直で「うるはしい」「ありがたかりし人」（『平家物語』『源平盛衰記』）と評された人格によるものであった。それによって後白河院の信頼をうけ、平清盛にも恃まれた。源頼朝も深く経房を敬重し、文治元年（一一八五）に頼朝が議奏の設置を後白河院に要請した際にもかれを指名推薦した。以後かれは朝幕間にあって執奏・伝達の重要な役割を果たしたが、正治二年（一二〇〇）二月病により処分状を認めて出家（法名経蓮）、翌閏二月十一日、五十八歳で没した。日記に『吉記』がある。また学芸に優れ和歌も『千載和歌集』以下の勅撰集に数首がおさめられた。

参考文献　『大日本史料』四ノ六、正治二年二月三十日条、『吾妻鏡』、『愚管抄』六、矢野太郎「吉記解題」（『史料大成』一二所収）

（飯田　久雄）

吉田経房花押

よしだむねふさ　吉田宗房　生没年不詳　南北朝時代の南朝廷臣。勧修寺流藤原氏。父は内大臣定房、母は権大納言四条隆顕女。元徳二年（一三三〇）に右少将、ついで右中将と、父祖とは異なる官途を進んだ。延元二年（北朝建武四、一三三七）、父定房に従い南朝に出仕し後院別当に補せられ、正平六年（北朝観応二、一三五一）までに参議となり伝奏をつとめた。以後中納言・大納言・右大臣と累進し、明徳三年（一三九二）にはすでに出家していた。この間数度の南北両朝の和平交渉にあたり、正平八年（北朝文和二）の南軍入京の際は、京都の接受で北朝の洞院公賢と折衝した。明徳三年十月には前内大臣阿野実為とともに南朝代表として両朝講和の成立に奔走した。『新葉和歌集』に六首がおさめられている。

吉田宗房花押

参考文献　『増鏡』（『日本古典文学大系』八七）、『太平記』三四・三六、松本周二・村田正志『吉田定房事蹟』（『村田正志著作集』三）、由良哲次編『南北朝編年史』、三浦周行「南北合体条件」（『日本史の研究』所収）

（飯田　久雄）

よしなりしんのう　良成親王　生没年不詳　南北朝時代、懐良親王のあとをうけて後征西将軍宮となったと伝えられる人物。応安四年（建徳二、一三七一）七月書写の奥書をもつ『帝系図』（後人の加筆あり）には後村上天皇の皇子寛成親王（長慶天皇）の左に「東宮良成南方」と書いてあり、『大日本史』巻九十九列伝第二十六は後村上八皇子中に第六良成とし、『古本帝王系図』に拠って「良成《ヨシナリ》、称二鎮西宮一」としているが、『古本帝王系図』は近世初期の偽作といわれる。良成親王を後村上天皇の皇子とする当代の史料は知られない。肥後熊本の藩医田中元勝は、その著『征西将軍宮譜』巻九で良成親王が後征西将軍宮であることを強調したが、それが藤田明『征西将軍宮』によって確定的に継承され、定説的見解となっていた。しかし、その所説は右のように信頼できない史料に拠っており、後征西将軍宮を誰と特定できる確かな史料もなく、後征西将軍宮の名諱は不詳とすべきであろう。

良成親王花押

参考文献　八代国治『長慶天皇御即位の研究』、川添昭二「後征西将軍宮発給文書考」（『古文書研究』一九）

（川添　昭二）

よしひとしんのう　栄仁親王　一三五一―一四一六　崇光天皇の第一皇子。伏見宮初代。母は権大納言庭田重資の女、資子。観応二年（一三五一）生まれる。応安元年（一三六八）正月二十一日、親王宣下があり、名を栄仁と賜わる。永和元年（一三七五）十一月十三日、伏見殿にて元服した。父崇光上皇は持明院統の正嫡である親王の立太子を望んだが果たせず、応永五年（一三九八）正月に上皇が没すると、その領所は後小松天皇に召し上げられた。

栄仁親王花押

失意の親王は同年五月二十六日、空谷明応を戒師として、伏見指月庵で落飾し、法名を通智と号した。同年十月、室町院領七ヵ所および播磨国衙別納などを還付されている。荻原殿・有栖川殿などに移り住んだのち、同二十三年十一月二十日、伏見殿で没す。年六十六。大通院と追号され、遺骨は深草法華堂嵯峨浄金剛院(京都市右京区嵯峨天竜寺芒《すすき》ノ馬場町)に納められた。父帝より琵琶の秘曲を伝授され、これを子息治仁王・今出川公行・園基秀らに伝えている。

参考文献 『大日本史料』七ノ二五、応永二十三年十一月二十日条　(宮崎　康充)

よしひら　吉平　生没年不詳　鎌倉時代中期の備前国福岡一文字派の刀工。吉家の門と伝える。同門では有銘の作はまま見られるが、中には菊花紋に吉平や、助茂などのように作者銘を添えたものがある。彼らは禁裡の御用工であったものと思われる。福岡一文字派は匂出来の華やかな丁子乱れを焼いて特色を見せるが、この作者も同様で、大丁子乱れに重花丁子を交えて豪華な作風を示している。国宝一口。　(加島　進)

よしひろ　義弘　生没年不詳　南北朝時代の越中国の刀工。居住地の松倉郷(富山県魚津市)の松倉を略して郷義《ごうのよし》弘《ひろ》と通称されている。鎌倉の正宗に就いて学ぶと伝え、若死したというが名工として称えられている。しかし銘をきった刀のないところから「郷と化物は見たことがない」との譬話がある。彼の作也と本阿弥の光徳や光温あるいは光常らが極めてその旨を金象嵌したり、朱書したりしているのである。たとえば稲葉郷には「天正十三(一五八五)十二月日江本阿弥磨上之(光徳花押)」と茎に金象嵌し、静岡の佐野美術館の松井郷には「義弘」「本阿(光常花押)」と茎に朱書している。「江」は「郷」の字の崩しであるが、義弘の場合は通行している。富田江や五月雨江などのように大磨上げで、無銘のままのもある。作風は切先が延びて大きい南北朝時代の姿であり、鍛えは小板目肌、それへのたれに互の目交りの刃を焼く。国宝は富田・稲葉の二口、重要文化財は桑名・松井・五月雨・豊前・村雲の五口である。北野江と文化庁の桑名江には金象嵌で、籠手切江には銀象嵌で極め銘や持主の名を記している。

参考文献 辻本直男補注『図説刀剣名物帳』、本間順治・佐藤貫一編『正宗とその一門』　(辻本　直男)

よしふさ　吉房　鎌倉時代中期の備前国の刀工で、福岡一文字派に属し、銘に吉房と個名を記す一人。吉房は時代を同じくして同名数工がいる。太刀姿は身幅広く、切先は猪首状で、反りは高く、腰に踏張がある豪壮型。地は板目鍛えで映が通り、刃文は焼幅の広い大丁子乱れを主にして、それへ互の目刃を交えて賑やか。国宝は東京国立博物館に岡田切(織田家伝来)とほかに一口、岡山美術館、大島津家伝来と大徳川家伝来(これらは個人蔵)の各一口で計五口にのぼり、指定件数は多い。このほか重要文化財に三口が指定されている。銘は二字で大振のものと小さめのものとの二種類ある。

吉房押形

参考文献 山岡重厚『日本刀伝習録』、広井雄一編『備前鍛冶』(至文堂『日本の美術』七三)　(辻本　直男)

よしぶちのちかなり　善淵愛成　生没年不詳　平安時代の学者。永貞の弟。本姓六人部《むとべ》、貞観四年(八六二)に善淵朝臣の姓《かばね》を賜わり、同九年本貫を美濃国より左京に改む。少外記を経て同十年外従五位下大外記となり、『文徳実録』の撰修に参与し、同十七年清和天皇の『群書治要』御読の都講となり、元慶二年(八七八)に公卿のため『日本紀』を読み、従五位上に昇り、仁和二年(八八六)大学博士となる。『周易』に通じて同四年に宇多天皇に進講して昇殿を聴されたが、寛平二年(八九〇)三月に天皇が蔵人を遣して病を慰問させているので、その後間もなく没したと思われる。

参考文献 『大日本史料』一ノ一、寛平二年三月是月条　(大曾根章介)

よしみずのそうじょう　吉水僧正　⇩慈円《じえん》

よしみつ　吉光　生没年不詳　鎌倉時代後期の山城国粟田口派の刀工で、藤四郎の俗称で知られる。正宗と義弘と彼の三人は三作と呼ばれて世に持囃された。『刀剣名物帳』には彼の作は四十二口もあげられている。短刀の名手であって長いものは名物の一期一振の太刀(宮内庁)と骨喰の長刀だけ。また刃文は直刃を得意とし、乱刃は名物の乱藤四郎の一口だけである。銘の「吉」の字の口の形で大口と小口などと区別もされている。名物(厚・後藤・前田・長束・信濃・骨喰)を含め十数口が国宝・重要文化財に指定されている。後藤は後藤庄三郎(江戸金座の祖)、前田は前田孫四郎、長束は長束正家、信濃は永井信濃守尚政など所有者の名から名付けられたもの、厚は重ねが大層厚いところから姿の点で、また骨喰はたわむれに切る真似をしただけで相手の骨がくだけて死ぬという切れ味の凄じさから呼ばれた異称である。骨喰はもともとは大友家に伝来の長刀であったのを大内家が所蔵の時代に切り詰めて刀に改めたもの。

吉光押形

参考文献 辻本直男補注『図説刀剣名物帳』、福永酔剣『京都の刀剣』一、佐藤寒山編『山城鍛冶』(至文堂『日本の美術』一〇七)　(辻本　直男)

よしみねのむねさだ　良峯宗貞　⇩遍照《へんじょう》

よしみねのやすよ　良峯安世　七八五―八三〇　平安時代前期の漢詩人。延暦四年(七八五)誕生。桓武天皇皇子。

母は女儒百済永継、一説では飛鳥部奈止麿の娘。藤原冬嗣の同母弟。宗貞(遍照)は子、孫に素性がある。延暦二十一年良峯朝臣を賜わって臣籍に下る。若い時分は狩を好み、伎芸に才能を示したが、のちに『孝経』を読んで学問に志すようになった。大同四年(八〇九)従五位下。同年、音楽に堪能であったため雅楽頭に任ぜられた。弘仁七年(八一六)従四位下、参議。同十年、冬嗣らと『日本後紀』の編纂に参画。ついで同十二年には、冬嗣や藤原三守らと『内裏式』を選ぶ。同十四年正三位に進み春宮大夫となる。天長四年(八二七)、勅命を受けて『経国集』を選進。同五年大納言。同七年七月六日没。四十六歳。正二位を贈られる。嵯峨天皇は挽歌二首を賦して、その死を悼んだ。『凌雲集』に二首、『文華秀麗集』に四首、『経国集』に詩七首・賦一篇がある。 (金原 理)

よしみよしよ 吉見義世 ?—一二九六 鎌倉時代後期の武士。孫太郎と称す。清和源氏。源範頼の子孫で、武蔵国吉見荘を本貫地とする。『保暦間記』によれば「三河守範頼四代孫、吉見三郎入道頼氏男」とあるが、『尊卑分脈』『諸家大系図』では吉見義春の子とされている。鎌倉幕府の御家人として活動したが、永仁四年(一二九六)十一月二十日、幕府北条氏への謀叛の疑いによって、義世と良基僧正なる者が召し取られ、義世は相模竜ノ口で処刑され、良基僧正は奥州に配流された。北条得宗家との政治的対立に巻き込まれたためであろうかと思われる。義世の死後は子の中務大輔吉宗が南朝に仕えたというが、詳細は不詳である。

参考文献 『新編埼玉県史』資料編七、『武家年代記裏書』(『増補』続史料大成』別巻)、『吉見町史』 (伊藤 一美)

よしむねしんのう 善統親王 一二三三—一三一七 順徳天皇の皇子。母は権中納言藤原範光の女。無品。四辻宮と号した。天福元年(一二三三)生まれる。『明月記』寛喜元年(一二二九)六月十七日条および八月十七日条などに、佐渡から上洛してきたことのみえる「督典侍」(藤原範光女、久我通忠母)が、親王の生母と同一人物であると思われるが、確証はない。祖母である修明門院藤原重子より、その伝領していた七条院領を譲与され、弘安三年(一二八〇)七月、そのうち二十一ヵ所を後宇多天皇に献じた。正応二年(一二八九)正月、残りの十七ヵ所も後宇多上皇に献じたが、これは正和三年(一三一四)七月に東宮尊治親王(後醍醐天皇)より返付されている。正応四年五月三十日出家。文保元年(一三一七)三月二十九日、八十五歳で没す。歌人・学者として名高い四辻善成は親王の孫で、延文元年(一三五六)に源姓を賜わっている。 (宮崎 康充)

よしむねのただすけ 令宗允亮 ⇨惟宗允亮《これむねのただすけ》

よだのぶしげ 依田信蕃 一五四八—八三 戦国・安土桃山時代の武将。右衛門佐。天文十七年(一五四八)生まれる。蘆田《あしだ》(依田)下野守信守の嫡子。本貫は信濃国佐久郡蘆田(長野県北佐久郡立科町)。武田氏に属し、天正二年(一五七四)遠江二俣城(静岡県浜松市天竜町)の将となる。同年、徳川家康に攻められ、死守せんとしたが落城、この時、家康に才を認められたといわれる。のち遠江高天神城(静岡県掛川市大東町)・駿河田中城(同藤枝市)を守ったが、武田氏滅亡後、家康に属して北条氏直と戦い信濃佐久郡の平定に尽力し、天正十年七月、家康から佐久・諏訪二郡を与えられた。同年九月、真田昌幸を説いて家康に属せしめた。ついで佐久郡前山城(長野県佐久市)・田口《たのくち》城(同佐久市臼田町)などを攻略、翌十一年二月岩尾城(佐久市)を攻めた時、二十二日強攻して弟とともに鉄砲にあたり、翌日戦死した。三十六歳。信濃の武将中、もっとも早く家康に属し、武功も多かった。田口蕃松院(佐久市臼田町)に葬られる。

「続栄」

「続栄」
依田信蕃印

参考文献 『大日本史料』一一ノ三、天正十一年二月二十二日条、市川武治『依田信蕃』、『北佐久郡志』、『南佐久郡誌』 (小林計一郎)

よつつじよしなり 四辻善成 一三二六—一四〇二 南北朝時代の公卿。清閑寺とも号す。また四辻左大臣とも称される。嘉暦元年(一三二六)生まれる。父は順徳天皇三世の孫の尊雅王。康永二年(一三四三)叙爵し左少将に任じられ、延文元年(一三五六)非参議従三位となり、源姓を与えられて臣籍に列した。同三年正三位、同四年左中将、康安元年(一三六一)従二位、播磨権守を兼ね、貞治二年(一三六三)正二位に叙せられた。ついで同六年権中納言、応安三年(一三七〇)権大納言に任じられたが、翌年辞任した。永徳元年(一三八一)従一位に叙せられ、嘉慶元年(一三八七)准大臣、応永元年(一三九四)内大臣を歴任した。同二年左大臣に任じられたが、親王宣下を望んでかなえられなかったため、即日辞任し、同年八月二十九日出家して法名を常勝と号した。同九年九月三日、七十七歳で没した。松巌寺殿大憧常勝大居士。邸跡には子の松蔭が開基となって松巌寺が建立された。歌人・古典学者としてもよく知られており、貞治年間に「正六位上物語博士源惟良」の筆名で著わした『河海抄』(二十巻)は、『源氏物語』の最初の本格的な注釈書であり、将軍足利義詮の命によって撰進された。

参考文献 『大日本史料』七ノ五、応永九年九月三日条 (田代 脩)

よどどの 淀殿 ?—一六一五 豊臣秀吉の側室、秀頼の母。父は近江浅井郡小谷城主浅井長政。母は織田信長の妹お市の方。長女として小谷城で生まれた。幼名はお茶々。正確な生年月日は不明であるが、『翁草』によって生年を永禄十年(一五六七)とする説がある。天正元年(一五七三)信長に包囲された小谷城から母に伴われて妹

二人(のちの京極高次室常高院および徳川秀忠室崇源院)とともに脱出し、尾張清洲城で信長の弟信包に養育される。同十年本能寺の変で信長が横死したのち、信長の三男神戸《かんべ》信孝は織田家重臣柴田勝家との関係を強化するためお市の方を勝家に輿入れさせた。勝家は、秀吉と対立し、同十一年賤ヶ岳の戦で敗北、居城越前北ノ庄城に逃げ込み、秀吉に包囲されてお市の方とともに自害した。この時、お茶々ら三姉妹は母と別れ城を出て秀吉の庇護を受けることになる。やがて、秀吉の寵を受けることになり、同十七年にお茶々は懐妊する。喜んだ秀吉は、弟豊臣秀長を後見、細川忠興を補佐として山城淀城を改築し、お茶々に与えた。この後、淀殿と呼ばれる。この年五月二十七日男児が誕生し、「棄」(のち鶴松)と名付けられたが、同十九年八月五日に病死する。同二十年秀吉は朝鮮に侵略の兵を出し、肥前名護屋城で諸軍を統率したが、淀殿も同地に随伴した。このころ大坂城二ノ丸に移り「二の丸殿」と呼ばれていた淀殿は、陣中で懐妊し、文禄二年(一五九三)八月三日に再び男児を産む。当初「拾」と名付けられたこの男児が秀頼である。淀殿は、翌年秀頼とともに伏見城西ノ丸に移り、「西の丸殿」あるいは「お袋さま」と呼ばれる。当時の淀殿の権勢は、正室杉原氏(高台院)を別格として側室中では第一で、醍醐の花見の際、彼女に次ぐ位置にあった松丸殿(京極高吉女)との間で盃争いがあったことは有名である。慶長三年(一五九八)八月、秀吉が没すると、その遺命により、翌四年正月十日秀頼とともに大坂城に移った。翌年の関ヶ原の戦で、淀殿に近い関係にあった石田三成らが滅び、徳川家康が覇権を握ったことから、豊臣家の地位は著しく低下した。同八年までは、全国に分布した豊臣家の蔵入地も名目的には保持されたが、家康が征夷大将軍に補任されると最終的に接収され、秀頼は摂津・河内・和泉三国を領する大名となった。しかし、朝廷の官位では秀忠に次ぎ、諸国の大名にもなお影響力を持っていた。淀殿は、徳川氏の勢力に屈服することを嫌い、徳川氏の付家《つけが》老《ろう》的位置にあった片桐且元を退け、大野治長を重用した。同十九年には、方広寺大仏殿の鐘銘を口実に豊臣家に人質提出あるいは転封を強要した徳川氏と開戦した。一時講和が成立するが、再び戦端が開かれ、元和元年(一六一五)五月八日大坂城は落城、淀殿は秀頼とともに城中で自害した。「淀君」という呼称ははるか後世のもので、大坂城で絶大な権勢を振るったが、淀君の乱行などというのは、江戸時代の臆説である。

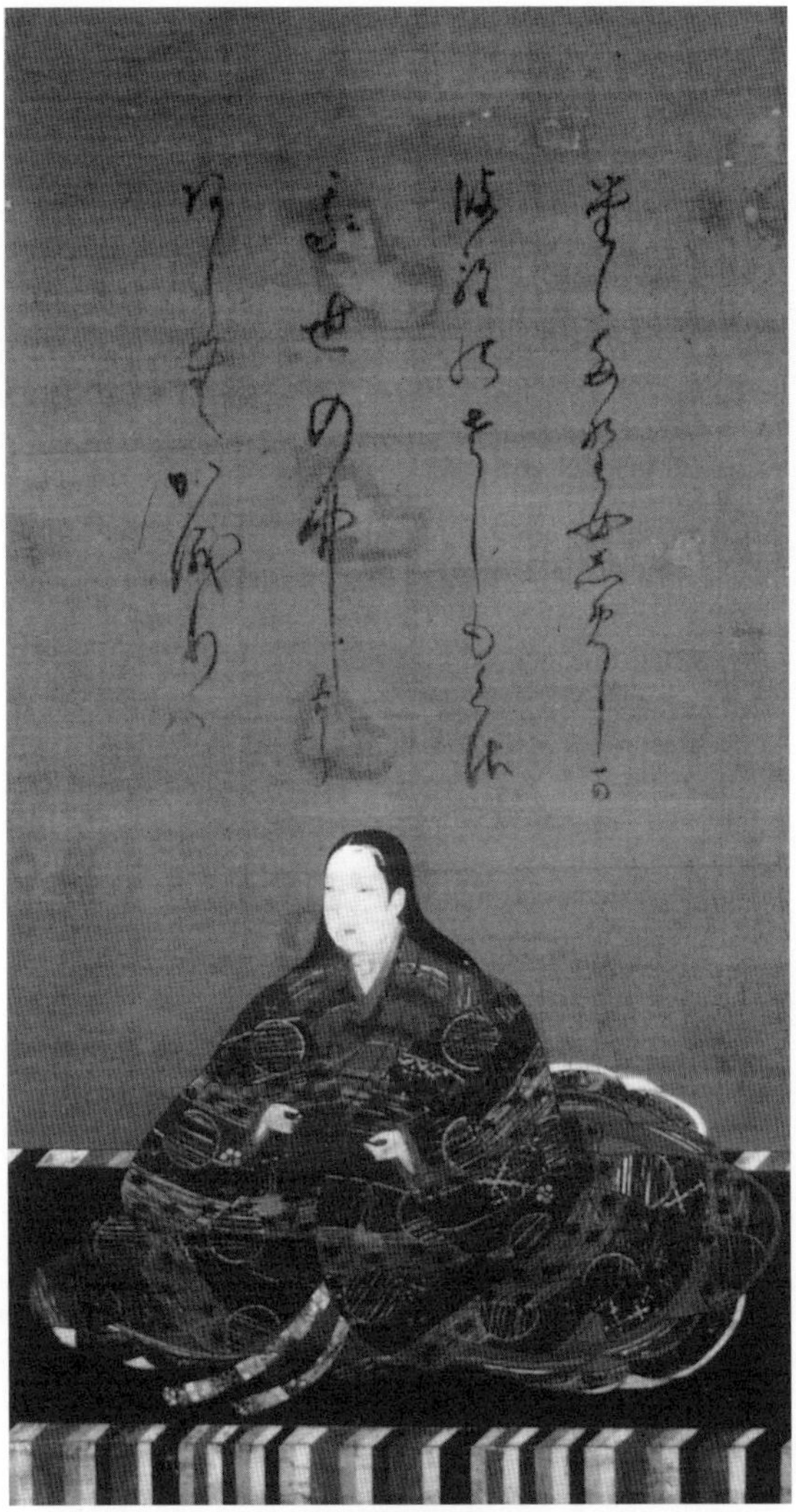

(伝)淀殿画像

参考文献 『大日本史料』一二ノ二〇、元和元年五月八日条、渡辺世祐『豊太閤の私的生活』、桑田忠親『淀君』(『人物叢書』七)

(山本　博文)

よほう 余豊 ⇩豊璋《ほうしょう》

よやすもちより 世保持頼 ⇩土岐持頼《ときもちより》

ら

らいあ　礼阿　?―一二九七　鎌倉時代後期の浄土宗の僧。鎮西流一条派の派祖。法諱は然空。阿部貞公の息。十二歳の時比叡山に登り、永存に師事し、天台の教学を学ぶ。文永九年(一二七二)のちに木幡派を開いた慈心良空とともに鎌倉に下向し、浄土宗三祖然阿良忠のもとに入室する。三ヵ年修学ののち良空と上洛するが、礼阿は仁和寺西谷法光明院に住し、念仏を弘通する。このため礼阿の一門は西谷派とも呼ばれるが、のちに一条浄華院(のちの清浄華院)を中心としたので、一条派と称され、京都の浄土宗の主流を占めた。建治二年(一二七六)老齢の良忠の上洛を懇請してこれを果たし、翌三年二月二十二日には、良忠から『末代念仏授手印』を授与されている。『無量寿経聞書』『浄土要略鈔』『心行雑決』などを著わし、同じ良忠門下の三条派道光が『無量寿経鈔』を著わすと、永仁五年(一二九七)春良空とそれを治定し、同八月十一日入寂した。

参考文献　『光明寺文書』、『大超寺文書』、心阿『浄土鎮流祖伝』三(『浄土宗全書』一七)、玉山成元『中世浄土宗教団史の研究』　(野村　恒道)

らいえん　頼円　平安時代後期の十二世紀中ごろから鎌倉時代後期の十三世紀末までの間に画業がしられている三人の同名異人の絵仏師。

㈠生没年不詳　保延二年(一一三六)十月に供養された大和内山永久寺(現在、廃寺)真言堂の両界曼荼羅のうち、西の曼荼羅をえがいた仏師。

㈡生没年不詳　元暦元年(一一八四)に法橋位にあった絵仏師で、当時の代表的絵仏師頼源の長男。『古画備考』は、寿永二年(一一八三)に法眼に叙せられた、と伝えているが、前項の頼円と同一人とすることとあわせて、なお検討を要する。

㈢生没年不詳　永仁二年(一二九四)三月、もとは性海寺に施入された、東大寺蔵「華厳海会善知識曼荼羅図」(重要文化財)を、高山寺において図絵した絵仏師。備中法橋。『華厳経』入法界品にもとづく善財童子歴参の図を、曼荼羅に構成し、その画風には宋画の影響がみられる。

参考文献　『奈良六大寺大観』一一、平田寛「頼派絵仏師の消長」(『哲学年報』四一)　(平田　寛)

らいけん　頼賢　一一九六―一二七三　鎌倉時代の真言宗の僧侶。字は尊円。蔵人阿闍梨《あじゃり》、あるいは意教上人と称される。俗姓不詳。京都の人。建久七年(一一九六)誕生。建永元年(一二〇六)醍醐寺遍智院成賢の入室の弟子となり、寛喜三年(一二三一)成賢にその法器たることを認められ、一宗の大事および師資相伝の口訣をことごとく伝授された。のち高野山に遁世、同山安養院・実相院に住した。晩年、鎌倉幕府の招請に応じて関東へ下向、文永十年(一二七三)十二月七日、鎌倉において入寂した。行年七十八。『東寺真言宗血脈』に「利根聡敏、心性神妙」云々と記されているように、人格・識見ともに優れた僧侶で、彼が成賢から相承した法流は意教流と呼ばれ尊ばれる。付法に頼賢門下の四天王と称される憲静・証道(実融)・義能・慈猛《じみよう》らがいる。

参考文献　『血脈類聚記』八(『真言宗全書』)、祐宝『伝燈広録』　(山陰加春夫)

らいげん　頼玄　一五〇六―八四　戦国時代の真言宗の僧侶。一名快伝。字は定識。根来《ねごろ》寺第二十二代学頭、同寺妙音院第四代住持。能登国の人。永正三年(一五〇六)誕生。得度ののち根来寺に入り、妙音院玄誉に師事して密教の蘊奥を究め、また東大・興福両寺に遊学して性相学の幽旨を学んだ。永禄十年(一五六七)妙音院(小池坊)住持。第二十一代学頭智積院日秀とともに同寺学徒の養成に力を尽くした名僧で、学徒らはこの両師の講義録を「智小口訣」と呼んで珍重したという。天正二年(一五七四)には「新義論談法度」を制定している。同十二年八月十七日入寂。享年七十九。付法の弟子に妙音院専誉らがいる。

参考文献　『大日本史料』一一ノ八、天正十二年八月十七日条、三浦章夫編『興教大師伝記史料全集』、根来寺文化研究所編『根来寺史』史料編一、運敞編『結網集』中(『大日本仏教全書』)、村山正栄編『智積院史』、櫛田良洪『専誉の研究』、根来山誌編纂委員会編『根来山誌』　(山陰加春夫)

らいげん　頼源　?―一一八三　平安時代後期の代表的絵仏師。久安五年(一一四九)、父頼助の賞を譲られて法橋位につき、法眼位を経て、法印位にあげられた(『古画備考』)。絵仏師法印としては二人目にあたる。宮中および摂関家の周辺にあって、一門を率いて有力な画事に参与した。頼全に賞を譲り、長男頼円や次男頼与もまた僧綱位を得るなど、絵仏師僧綱位を世襲し、頼源の一門は隆盛をほこった。作品は確認されていない。寿永二年(一一八三)二月二十四日没。

参考文献　平田寛「頼派絵仏師の消長」(『哲学年報』四一)　(平田　寛)

らいごう　頼豪　㈠一〇〇四―八四　平安時代中期の天台宗園城寺の僧侶。伊賀守藤原有家の子。兄に下野守藤原行信・同守行任がいる。権僧正心誉入室の弟子。実相房に住した。密行の宗匠、験徳の名がきこえた。承保元年(一〇七四)白河天皇の皇子誕生を祈願し、十二月二十六日に敦文親王が誕生したことから、頼豪は天皇の信任を大いに得ることとなった。所望をたずねられた頼豪は、山年来の懸案である園城寺戒壇建立の勅許を請うたが、山門の猛反対にあい、三摩耶戒壇建立は成就することはな

かった。このことについて『尊卑分脈』には「依二薗城戒壇事一含二怨念一成レ鼠人也」とある。頼豪の怨霊は数千の鼠と化して、山門の聖経を食い破ったという。延暦寺僧徒はその祟をおそれて叡山山麓に鼠祠《ねずみのほこら》をつくったと伝える。応徳元年(一〇八四)五月(十一月とも)四日、仏前に結跏趺坐し、手に五胡杵《ごこしょ》を持ち、入滅した。年八十一。

参考文献 『寺門伝記補録』一五(『大日本仏教全書』)、『園城寺伝記』六(同)、『南都高僧伝』(同)、高泉性潡『東国高僧伝』一〇(同)、進藤為善編『華頂要略』 (佐々木令信)

(二)一二八二―? 鎌倉・南北朝時代の真言宗の僧侶。字は行心。根来《ねごろ》寺第七代学頭。弘安五年(一二八二)誕生。出自不詳。根来寺蓮華院実尊の入室の弟子で、同寺中性院頼瑜について教法を究めた。元徳二年(一三三〇)実尊のあとを嗣いで蓮華院住持。康永元年(一三四二)ごろ権律師。延文二年(一三五七)ごろ法印。同五年なお存命であったことが知られる。著書に『大日経住心品疏開雲抄』十六巻や『東草集』六巻などがあるが、後者は自身の作成した願文・諷誦文・表白・知識文などを集成したもので、僧徒の模範文例集として貴重であるばかりでなく、十四世紀の根来寺教団の様相が窺える好個の史料である。

参考文献 藤田経世編『校刊美術史料』寺院篇下、三浦章夫編『興教大師伝記史料全集』史料一、運敞編『結網集』(『大日本仏教全書』)、永井義憲「東草集について」(『日本仏教文学研究』一所収) (山陰加春夫)

らいじょ 頼助 一〇五四―一一一九 平安時代後期の興福寺仏師(奈良仏師)。天喜二年(一〇五四)生まれる。『吉記』養和元年(一一八一)六月二十七日条に引く成朝の言上に、南京大仏師の系譜を定朝・覚助・頼助・康助・康朝・成朝と掲げ、『覚禅抄』四四に引く記事に康助が覚助を祖父と呼んでいるので、覚助の子、康助の父と知られる。『中右記』『殿暦』には頼助に「御寺仏師」と冠しており、頼助の代から興福寺に仏所を構えたのであろう。永長元年(一〇九六)九月の火災にあった興福寺諸堂の仏像を修理し、康和五年(一一〇三)七月その供養に際して法橋位に叙せられた(『僧綱補任』)。天永元年(一一一〇)六月にも興福寺諸堂仏像の修理にあたっており(『永昌記』)、永久三年(一一一五)二月、春日西塔御仏料を給わり(『殿暦』)、翌年三月のその供養には子の康助を法橋としている。永久元年、興福寺大衆のため白河院呪詛の造仏をした疑いをかけられたが、誤報とわかり勘当を免れた(『永久元年記』)。遺作はいま知られない。元永二年(一一一九)六月九日没、六十六歳(『僧綱補任』)。

参考文献 『大日本史料』三ノ二一、元永二年六月九日条、毛利久「藤原時代の奈良仏師」(『仏師快慶論』所収)、武笠朗「奈良仏師康助と高野山谷上大日堂旧在大日如来像」(『仏教芸術』一八九)、根立研介『日本中世の仏師と社会』 (水野敬三郎)

らいほう 頼宝 一二七九―一三三〇 鎌倉時代後期の真言宗の僧侶。東寺宝荘厳院開基。宝厳院法印と呼ばれる。弘安二年(一二七九)誕生。出自不詳。自性上人我宝の弟子。正和四年(一三一五)当時、権律師。同年、東寺伝法会学頭ならびに同寺御影堂供僧。正中二年(一三二五)同寺講堂供僧。元徳二年(一三三〇)七月九日示寂。行年五十二。東寺教学の振興に力を尽くした学僧で、弟子の杲宝《ごうほう》らとあわせ東寺三宝と称賛されるが、古来まとまった伝記がなく生没年などについても種々の異説がある。著書に『釈摩訶衍論勘註』二十四巻、『真言名目』一巻などがある。

参考文献 東宝記刊行会編『国宝東宝記原本影印』、勅賜東寺一千百年紀念法会臨時事務局編『東寺略史』、栂尾祥雲『秘密仏教史』、櫛田良洪『続真言密教成立過程の研究』、橋本初子「杲宝と賢宝」(中世寺院史研究会編『中世寺院史の研究』下所収) (山陰加春夫)

らいゆ 頼瑜 一二二六―一三〇四 鎌倉時代の真言宗の僧侶。初名豪信。俊音房と号す。紀伊国那賀郡山崎村の人。俗姓土生川氏。嘉禄二年(一二二六)誕生。根来《ねごろ》山弥勒院玄心

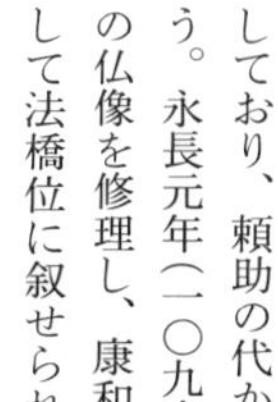

頼瑜花押

のもとで得度受戒したのち、高野山大伝法院方に交衆、東別所忠俊に親炙して密教の微旨を究めた。建長初年東大・興福両寺に遊学して三論華厳・瑜伽唯識などを学び、また康元元年(一二五六)―弘長三年(一二六三)多くの日数を仁和寺真光院経瑜・木幡観音院真空・醍醐寺報恩院憲深のもとでの修学に費やし、この間、真空からは広沢流の具支灌頂を、憲深からは醍醐寺に交衆したうえで三宝院流の伝法灌頂を、それぞれ受けた。文永元年(一二六四)―弘安八年(一二八五)高野山大伝法院方・醍醐寺に両属して、二寺を往来しながら、なおも研鑽を積む。文永元年、醍醐寺蓮蔵院灌頂堂供僧。同四年、同寺中性院・報恩院住持。同九年、高野中性院住持。弘安九年大伝法院学頭に就任。正応元年(一二八八)、百五十年来の金剛峯寺方との軋轢が頂点に達したため、大伝法院方の施設・学徒を根来の地に移す。嘉元二年(一三〇四)正月一日、根来山において遷化。世寿七十九。東寺の杲宝《ごうほう》、高野山の宥快と対比される真言教学史上、屈指の学匠で、大伝法院(根来寺)教学の基礎理論を確立した。著書に『大日経疏指心鈔』『釈摩訶衍論開解鈔』『十住心論衆毛鈔』など百余部、四百五十余巻がある。付法の弟子に頼縁・順継・良殿・頼淳・頼心ら多数がいる。

参考文献 運敞編『結網集』中(『大日本仏教全書』)、坂本正仁編「大伝法院座主補任次第・密厳院院主補任次第・大伝法院学頭補任次第」(『豊山教学大会紀要』一六)、櫛田良洪『続真言密教成立過程の研究』、榊義孝「頼瑜の著作活動」(大正大学真言学智山研究室編『那須政隆博士米寿記念仏教思想論集』所収)、三浦章夫「中性院頼瑜法印年譜」(『密教論叢』二〇)、佐藤隆賢

「鎌倉期における真言教学史上の問題点」(『日本仏教学会年報』三四)、広沢亮孝「頼瑜の教学思想に於ける一考察」(『豊山教学大会紀要』九)　(山陰加春夫)

らいよ　頼誉　生没年不詳　室町時代の真言宗の僧侶。字は定厳。小池法印と称される。根来《ねごろ》寺学頭、同寺妙音院開基。出自不詳。『根嶺教相血脈』によると、教相の師は長享二年(一四八八)前後の時期に活躍した同寺十輪院道瑜、弟子は妙音院玄性であった。室町時代後期の根来寺の学徒には、同寺で出家成立した常住衆(学侶衆)と学問のために諸国から集まった客衆(客坊衆)との二派があったが、頼誉は前者から、道瑜は後者から、それぞれ師と仰がれ、ともに能化《のうげ》と尊称された。これら両能化のもと、常客立合の論議が開始され、同寺教学は大いに振興したのである。なお、享禄四年(一五三一)十二月四日、中性院において七十三歳で入寂した、との説があるが、その典拠は明らかでない。

頼誉花押

参考文献　三浦章夫編『興教大師伝記史料全集』、根来寺文化研究所編『根来寺史』史料編一、運敞編『結網集』中(『大日本仏教全書』)、村山正栄編『智積院史』、櫛田良洪『専誉の研究』、根来山誌編纂委員会編『根来山誌』　(山陰加春夫)

らんけいどうりゅう　蘭渓道隆　一二一三―七八　鎌倉時代に渡来した臨済宗の僧。道号は蘭渓、法諱は道隆。宋国西蜀涪江郡蘭渓邑の人。嘉定六年(一二一三)に生まれた。俗姓は冉《ぜん》氏。十三歳で成都の大慈寺に投じて僧童となり、剃髪受具の後に講席を歴遊したが、捨て去って江南の禅刹を歴参し、無準師範・痴絶道冲・敬叟居簡に参じ、ついで平江府の陽山尊相禅寺の無明慧性に参じて、牛過窓櫺《ごかそうれい》の公案を授けられて参禅工夫し、ついに堂奥を極めて印可された。のち明州慶元府の天童景徳禅寺にあって日本仏教の盛んなることを聞き、密かに日本渡航の志を懐き、淳祐六年(寛元四、一二四六)義翁紹仁・竜江応宣・宝山□鉄などの門弟と、商船に乗じて博多に着岸した。博多円覚寺に仮寓の後に、京都泉涌寺の月翁智鏡を頼って上洛し、泉涌寺来迎院に止宿した。やがて鎌倉に下り寿福寺の大歇了心の席下に掛錫した。北条時頼は大船の常楽寺に招き、教寺を禅院に改めて宝治二年(一二四八)十二月入寺させた。時頼は政務の余暇に常楽寺に通参したが、建長元年(一二四九)に巨袋坂の奥に禅院を創めて蘭渓をこれに請じた。建長寺の濫觴である。住山すること十余年、正元元年(一二五九)ごろに建長寺を退き、京に登って建仁寺の住持となった。後嵯峨上皇は宮中に召して禅要を問うたが、蘭渓は弘長元年(一二六一)二月ごろに鎌倉に帰って建長寺東堂寮にでもあって常楽寺・建長寺・建仁寺の三会語録の整理にあたったか、建長寺の当住は兀庵普寧である。文永二年(一二六五)に兀庵は建長寺を退院して宋国に帰り、蘭渓は建長寺に再住した。文永年間となると元の世祖の使節が来朝して朝貢を求めると、蘭渓は蒙古の間諜との嫌疑を受けて甲州東光寺に配流となり、居る事数年にして再び鎌倉に戻って寿福寺の住持となった。文永十一年二月ごろに再び甲州に配され、ついで奥州松島の円福寺に仮寓するなど、甲奥数年にして常陸を通って再び寿福寺に帰り、弘安元年(一二七八)四月に三度建長寺の主席についた。七月に病となり二十四日に至って示寂した。六十六歳。建長寺西来庵に塔じた。北条時宗の奏請によって大覚禅師と勅諡された。よってこの門流を大覚派という。門弟には宋より同航した義翁・竜江・宝山のほかに、葦航道然・傑翁宗英・玉山徳璇・林叟徳瓊・明窓宗鑑・桃渓徳悟・同源道本・無及徳詮・桑田道海・無隠円範・空山円印・若訥宏辯・月峯了然・無絃徳韶・不退徳温・約翁徳倹・痴鈍空性などがある。遺著に『大覚禅師語録』三巻があり、入宋経験のある直翁智侃・禅忍・祖伝らが弘長元年中に蘭渓語録の草稿を携えて入宋し、上天竺霊感観音教寺の仏光法師法照に序を請い、法照はこのために景定三年(一二六二)二月十五日に序をなし、さらに直翁は大川普済に校勘を求め、禅忍は雪竇山に虚堂智愚に参禅した経歴から、これも本録の校勘を虚堂に願った。両人はこれを要略し、虚堂は同五

蘭渓道隆花押

蘭渓道隆画像

年二月に杭州臨安府の浄慈寺にあってこの旨を述べて跋文とした。四明にあって上梓された『大覚禅師語録』は、直翁などによって蘭渓に呈示された。したがって本録は弘長元年二月以後の寿福・建長再住・甲州東光・松島円福の諸寺に関する語録は含まれない。延享二年(一七四五)八月に再刻され、ついで文政十年(一八二七)四月に海津維徳の特志によって、五百五十回の遠諱記念として版行され、また元禄六年(一六九三)七月に東武の無生の特志によって『大覚禅師拾遺録』が版行された。また蘭渓の行状は虎関師錬の筆になり、『元亨釈書』所収の宋国道隆伝と、『続群書類従』伝部所収の巨福山建長禅寺開山蘭渓和尚行実とは同文の内容である。

参考文献 卍元師蛮『延宝伝燈録』三(『大日本仏教全書』)、高木宗監『建長寺史』、玉村竹二「信濃別所安楽寺開山樵谷惟僊伝についての私見」(『日本禅宗史論集』上所収)、同「蘭渓道隆と若訥宏辯」(同所収)、同「蘭渓道隆と若訥宏辯補遺」(同所収)、同「蘭渓道隆と樵谷惟僊との交友関係の変遷」(同下二所収)　(葉貫 磨哉)

らんしゅうりょうほう　蘭洲良芳　一三〇五—八四　南北朝時代の臨済宗一山派の僧。雪村友梅の法嗣。嘉元三年(一三〇五)生まれる。若狭の出身で、橘氏。南禅寺大雲庵で無相良真に参じ、叡山横川に庵居、愛宕山で苦行をするなどし、天台など諸教宗を学ぶ。南禅寺で夢窓疎石の書状侍者、清拙正澄の南禅寺住持下で蔵主をつとめる。建仁寺大竜庵の塔主となり、相模万寿寺(諸山)、京都の万寿寺・建仁寺に住し、康暦二年(一三八〇)南禅寺第四十一世住持となる。また甲斐浄居寺の中興、播磨の大義・金剛両寺、伊勢の神応寺などを開創。至徳元年(一三八四)十二月六日八十歳で寂す。塔は建仁寺清住院、勅諡号は弘宗定智禅師、法嗣に明叟彦洞・見外宗眼・岱雲令岳などがあり、著に『弘宗定智禅師語録』がある。なお康安元年(一三六一)楠木正儀・細川清氏の南朝軍の京都乱入のとき、四歳の足利義満をかくまったのが蘭洲で、大竜庵で金襴の法衣中に匿し、南軍の捜索をのがれる。

参考文献『弘宗定智禅師行状』、玉村竹二『五山禅僧伝記集成』　(竹貫 元勝)

らんぱけいし　蘭坡景茝　一四一九—一五〇一　室町時代の臨済宗夢窓派の僧、五山文学僧。はじめ善秀、のち景茝と改め、雪樵とも号す。応永二十六年(一四一九)近江の出身で、南禅寺塔頭の正因庵で大模梵軌に師事し、嗣法する。十刹の臨川寺に住したあと、嵯峨の正持庵、南禅寺上生院の塔主となり、文明十一年(一四七九)相国寺の住持となり、同十七年十月に、南禅寺の第二百二十六世住持となる。また、洛北の等持院、東山の常在光寺などに住し、相国寺再住、南禅寺上生院塔主など再任を果たし、正因庵内の寮舎仙館軒を仙館院とし、書院を雪樵斎と号している。惟肖得巌・希世霊彦などに学芸を学び、横川景三・景徐周麟・桃源瑞仙など文学僧と交友をもつ。文亀元年(一五〇一)二月二十八日示寂。八十三歳。別に八十四歳説などある。塔は南禅寺仙館院。のち仏慧円応禅師の諡号を得る。法嗣は梅圃景村・天祐正彝など、学芸上の門人に景坡梵東などがある。詩文集『雪樵独唱集』『仙館集』『蘭坡和尚語録』など。

「蘭坡」

「子慎」

蘭坡景茝印

参考文献 卍元師蛮『延宝伝燈録』三二(『大日本仏教全書』)、玉村竹二『五山文学新集』五、同『五山禅僧伝記集成』　(竹貫 元勝)

り

りえんこう　李延孝　?—八七七　平安時代前期、日唐間の貿易に活躍した商人。史料に唐人といい、渤海商主ともあるので、在唐の渤海人とみられる。仁寿三年(八五三)、円珍が大宰府に入唐の許可を求めた文書に、便乗予定の唐商人としてみえるのが初見で、このころ日本に来航していたことが知られる。その後、円珍を唐に送り届けたあと直ちに円珍の従者の一人を乗せて日本に渡航したとみられる。そして斉衡三年(八五六)には日本から唐に帰着し、円珍の要請により貿易商人仲間とともに天台山国清寺の住房建立費用として銭四千文を喜捨している。天安二年(八五八)、台州から円珍を乗せて日本に渡航。円珍は往復ともに延孝の船を利用したことになる。その後、貞観四年(八六二)にも来航しているが、円珍宛唐僧師静書簡(園城寺蔵『唐人送別詩并尺牘』所収)をもたらしたのはこの時とみられる。同七年には福州から日本人留学僧宗叡らを便乗させて来日している。一行は六十三人で、鴻臚館に安置され、例に準じて供給を受けている。そして元慶元年(八七七)留学僧円載・智聡(円珍に従って入唐)らを乗せて日本に向かう途中の海上で遭難し、円載とともに水死した。

参考文献 小野勝年『入唐求法行歴の研究』　(石井 正敏)

りきゅう　利休　⇨千利休《せんのりきゅう》

りげんだいし　理源大師　⇨聖宝《しょうぼう》

りしゅんしん　李舜臣　一五四五—九八　十六世紀末、

李舜臣画像

朝鮮水軍の名将。仁宗元年(天文十四、一五四五)三月八日、漢城に生まれる。字は汝諧。諡は忠武。父は李貞(京畿道開豊郡徳水の李氏)、母は草渓の卞氏。宣祖九年(天正四、一五七六)三月、武科に及第。若きころより柳成竜と交友があった。その後、県監・僉使・郡守などを歴任。同二十四年二月、柳成竜の推挙で加里浦僉使から全羅左道水軍節度使に抜擢された(李舜臣四十七歳)。同二十五年(天正二十)四月、豊臣秀吉の朝鮮侵略が始まると、日本軍との戦にひるむ慶尚右道水軍節度使元均をたすけ、同年五月七日の玉浦の海戦をかわきりに、合浦・赤珍浦・泗川・唐浦・唐項浦・栗浦・閑山浦・安骨浦・釜山浦の海戦において亀甲船を駆使し巧みな戦術を用いて日本水軍を撃破し、日本軍の補給路を断った。この間、忠清・全羅・慶尚三道水軍統制使となった。これが元均の妬みをかい、李舜臣は讒訴されて獄に下った。同三十年(慶長二)、秀吉の第二次朝鮮侵略が始まると、李舜臣にかわって三道水軍統制使となっていた元均は巨済島で日本軍に討たれ、敗死した。この後、李舜臣は再び三道水軍統制使となり、朝鮮水軍を建てなおし、明軍と力を合わせ日本軍と戦った。同三十一年八月の秀吉の死を契機に日本軍は朝鮮撤退を始めるが、朝鮮水軍と明軍は日本軍の追撃作戦をはかり、同年十一月、順天から撤退する小西行長らの退路をおさえた。この救出に島津勢が出動したため、李舜臣は露梁津で島津勢と戦ったが十一月十九日(日本暦十八日)戦死した。五十四歳。李舜臣は祖国を救った英雄として讃えられ、同三十七年に宣武功臣第一等の列に加えられた。李舜臣に関する史料としては、『乱中日記草』、戦況報告書としての『壬辰状草』(ともに『朝鮮史料叢刊』六所収)がある。

参考文献 『朝鮮宣祖実録』、『朝鮮宣祖修正実録』、柳成竜『懲毖録』(朴鐘鳴訳注、『東洋文庫』三五七)、中村栄孝『日鮮関係史の研究』中、李炯錫『壬辰戦乱史』、李舜臣『乱中日記』(北島万次訳註、『東洋文庫』六七八・六八二・六八五)

(北島 万次)

りじょしょう　李如松　?―一五九八　明の武官。字は子茂。号は仰城。父は明の総兵官李成梁。遼東鉄嶺衛に生まれる。曾祖は朝鮮平安北道理山郡の出身、殺人を犯して遼東に逃がれた。李如松は若年より、父に従って歴戦し、万暦十一年(一五八三)、山西総兵官となる。同二十年初め、寧夏における哱拝(ボバイ)の反乱の際、提督となってこれを鎮圧した。同二十一年(文禄二)正月、前年四月より朝鮮に侵略した日本軍を攻略するため、提督薊遼保定山東等処軍務防海禦倭総兵官として朝鮮に出兵し、平壌の戦いで小西行長の軍勢を破り、その余勢をかって漢城へ向けて南下した。そのあと、漢城北方の碧蹄館で日本軍の逆襲にあって敗北し、東坡へ逃げた。同二十五年の冬、遼東総兵官となる。同二十六年四月、遼東に土蛮侵入。李如松は軽騎を率いて鎮圧に向かったが戦死した。

参考文献 『明史』、中村栄孝『日鮮関係史の研究』中、北島万次『豊臣秀吉の朝鮮侵略』

(北島 万次)

りせいけい　李成桂　一三三五―一四〇八　一三九二―九八在位。朝鮮、李氏朝鮮王朝(李朝)の初代国王。太祖と呼ばれる。諱は成桂、字は仲潔。それぞれ即位後に旦、君晋と改称。号は松軒。全州(全羅北道)出身と称するが、彼の一族は、咸興(咸鏡南道)を中心にして、高麗の東北領域にあたる咸鏡道方面で活躍しており、父李子春の時には、同方面を直轄支配した元《げん》の双城総管府(咸鏡南道永興所在)に仕え、李成桂も一三三五年同地で生まれた。一三五六年約一世紀ぶりに高麗が同方面を回復すると、李子春は高麗に投降して、咸興に拠り、六一年李成桂があとを継いだ。以後、彼は、北方の紅巾勢力、女真人、元の残存勢力、南方の倭寇などの征討・撃退に大きな功績を上げて、次第に武人として頭角を現わし、やがて中央政界にも重きをなすに至った。八八年、明の旧双城総管府の地の直轄地化通告を契機とする、明の東北方の拠点遼陽への出兵の指揮官に任ぜられた彼は、途中鴨緑江下流の威化島から軍を還して、高麗の行政・軍事の最高権力を掌握し、かねてから要望されていた土地改革の実行(九一年科田法施行)を経て、九二年みずから王位につき、翌年国号を朝鮮と定め、九四年漢城府(現ソウル)を都とした。彼は仏教を排斥して、新たに朱子学を支配理念として採用し、その上に立って、国家体制の骨組み作りを進めた。対外的には、まず明との関係の確立に努め、日本とも、倭寇禁圧と被虜者の返還を求めて、九州探題今川了俊との使節の交換、壱岐・対馬への出兵などを展開したが、いずれも十分な成果を上げるには至らなかった。そのほか、琉球やシャムの使者の来訪と方物の献上もみられた。晩年には、王位をめぐる、権臣の策謀と王子間の抗争が続発し(九八年、一四〇〇年)、それにより二子を犠牲にし、退位を余儀なくされた彼は、失意と苦悩の中で過ごし、一四〇八年に没した。七十四歳。陵はソウル東郊の東九陵中にあり、健元陵という。

参考文献 池内宏『満鮮史研究』中世三・近世篇、末松保和『青丘史草』一、同「李朝革命の一考察」(『学習院史学』六)

(北村 秀人)

りせき　李勣　五九四―六六九　初唐の武将。本名徐世勣、字《あざな》懋功。曹州(山東省)の人。五九四年生まれる。隋末の群雄李密の部下、のち唐の李淵に帰順し李姓を賜わり、竇建徳・王世充らの平定に功あり。李世民(太宗)即位後の貞観四年(六三〇)、并州都督として李靖に協力し

東突厥の本拠を衝き、ついで薛延陀を破る軍功に輝いた。貞観十九年太宗の高句麗遠征に従い、のち高宗即位後尚書左僕射・司空を歴任、晩年の総章元年(六六八)ついに高句麗討滅に成功した。同二年没。七十六歳。太宗の昭陵に陪葬された。

参考文献 『旧唐書』李勣伝、『新唐書』李勣伝、「李勣碑」(『金石萃編』五九所収)　(池田　温)

りたいけい　李退渓　一五〇一—七〇　朝鮮、李朝の代表的儒学者。諱は滉(はじめ瑞鴻)。字は景浩(はじめ季浩)。号は退渓・陶翁など。燕山君七年(一五〇一)十一月二十五日生まれる。真宝(慶尚北道)の人李埴の子。叔父李堣、郷校での師李賢輔らに学び、中宗二十九年(一五三四)科挙の文科に合格、官途についたが、みずからも連坐するなどして、中央官界の対立・抗争に絶望し、明宗元年(一五四六)洛東江上流の兎渓に隠退、そこを退渓と改めて、号とし、学問に専念した。しかし、頻繁な任官の命を拒みきれず、その後も地方官や成均館大司成を歴任し、その間朝鮮最初の賜額書院(国王公認の在地学堂)である修紹書院を実現させた。明宗十四年帰郷後は自己の陶山書堂で学問と後進の教育に従事した。宣祖三年(一五七〇)十二月八日没。七十歳。彼は朱子の理気論を発展させて、理を主とする哲学的道徳修養論を主張し、『自省録』などの著述を収めた『退渓全書』、朱子の書簡を抜粋した『朱子書節要』などの著作がある。彼の学説は林羅山・藤原惺窩・山崎闇斎ら日本の儒学者に大きな影響を与え、主要著述のほとんどが江戸時代に刊行された。

参考文献 阿部吉雄『李退渓』(『東洋人の行動と思想』一一)、同『日本朱子学と朝鮮』、高橋亨『李退渓』　(北村　秀人)

りちゅうてんのう　履中天皇　第十七代とされる天皇。去来穂別《いざほわけ》天皇、大兄去来穂別天皇(『古事記』では大江之伊邪本和気命)などという。父は仁徳天皇、母は葛城襲津彦の女、皇后磐之媛命。反正・允恭両天皇の同母兄にあたる。『日本書紀』では仁徳天皇三十一年に立太子、同八十七年、父の死後、同母弟住吉仲皇子の乱を平定し、翌履中天皇元年磐余稚桜宮に即位、同二年瑞歯別尊(反正天皇)を皇太子としたと伝える。妃黒媛との間に市辺押磐皇子・御馬皇子・青海皇女(飯豊皇女)、妃幡梭皇女との間に中磯皇女があったという。六年三月十五日没、百舌鳥耳原陵に葬られたとされる。その子市辺押磐皇子らはのち雄略天皇に殺害されるが、皇子の子は顕宗・仁賢両天皇となり、皇位を継承する。　(笹山　晴生)

百舌鳥《もず》耳原南陵《のみみはらのみなみのみささぎ》　大阪府堺市石津ヶ丘にある。『日本書紀』履中天皇六年十月壬子(十五日)条は、百舌耳原陵とし同天皇を葬るとする。『延喜式』諸陵寮は現陵号で、「在二和泉国大鳥郡一、兆域東西五町、南北五町、陵戸五烟」とし遠陵とする。元禄十年(一六九七)の大坂町奉行所調書は、和泉国大鳥郡上石津村所在、曲淵市郎右衛門代官所の年貢地とする。元治元年(一八六四)修補、正面に拝所を設け、翌慶応元年(一八六五)三月山陵修補竣工巡検使の発遣を受けた。墳丘は天皇陵では三番目に巨大な前方後円墳で、南南西に面し、三段築成、西側くびれ部には造り出しがあり、周濠がある。主軸の長さ三六三メートル、前方部幅二三二メートル・高さ二六・三メートル、後円部直径二〇四メートル・高さ二九メートル。末永雅雄は、周濠外側に幅約四〇メートルの周庭帯があったと推論する。周辺に散在する経堂・東酒呑塚・西酒呑塚・檜木山の小墳四基は陪冢に指定。当陵の遺物には宮内庁書陵部所蔵の墳丘部採集の埴輪片がある。

参考文献 上野竹次郎『山陵』上、梅原末治「応神・仁徳・履中三天皇陵の規模と造営」(『書陵部紀要』五)、末永雅雄「古墳の周庭帯と陪冢」(同一三)　(石田　茂輔)

りみつえい　李密翳　生没年不詳　中国名を名のっているが、波斯《ペルシャ》人。『続日本紀』天平八年(七三六)八月庚午条によれば、入唐副使中臣名代とともに来朝。同十一月の遣唐使叙位の際に、併わせて叙位されている。波斯人の来朝は、きわめてまれであり、その目的なども不詳であるが、シルクロードの一端が、日本にまで延長されていたことを知らしめる好例といえる。その後の消息は明らかでないが、おそらくは、次の遣唐使の際に、再び唐へ赴むいたものと推定される。　(利光三津夫)

りゅうあみ　立阿弥　生没年不詳　足利将軍家の同朋衆。たて花作家。史料にみえる活動期が七十年余にわたるため、同名異人とみられる。『満済准后日記』永享二年(一四三〇)三月十六日・十七日条に、醍醐寺金剛輪院内、将軍足利義教の新会所で花見を行うため、立阿弥は前日に画軸・胡銅の三具足・花瓶などを運び座敷飾りを行なって、准后から絹二千疋を与えられたとある。この立阿弥は唐物・座敷飾の同朋で、同名の立阿弥両人とも「たてばな」に秀でた人物とみられる。『長禄二年以来申次記』に、幕府から禁裏に献上する七夕立花は「代々立阿弥立申也」とあり、立阿弥は歴代花の技能をもって仕えた。文明十八年(一四八六)二月、将軍義政は、亀泉集証から薄紅梅・深紅梅一対と水仙を贈られ、病の立阿弥を呼び出して花を立てさせ、見事な出来ばえに酒杯を下賜した(『蔭涼軒日録』)。これは、義政の座敷飾とたて花への美意識の厳格さ、立阿弥のたて花の巧みさと唐物花器の鑑定の力量を示している。また文明期を中心にたびたび義政愛翫の「御前之御華瓶」に花を立てたが、義政没後御服奉行として、将軍義材(義稙)に仕え、明応元年(一四九二)七夕立花を行うなど、同朋立花成立期の名手であった。同朋立花は立阿弥・台阿弥と能阿弥・芸阿弥の系統があり、いずれも相阿弥に伝承されて、文阿弥(綉谷庵)によって大成された。その後正阿弥・宣阿弥から二代文阿弥に伝えられたが、将軍権威の衰退とともに、その伝統は池坊に引き継がれた。

参考文献 大井ミノブ「中世社会における武家故実に

関する一考察」(『日本女子大学紀要』文学部一五)　（西村　圭子）

りゅうかん　隆寛　一一四八—一二二七　平安・鎌倉時代の僧侶。法然房源空の高弟で多念義を唱えた。彼が京都東山長楽寺に住んでいたことからこの多念義を長楽寺義ともいう。字は皆空無我。久安四年（一一四八）少納言藤原資隆の子として生まれる。幼少のころ比叡山に登り、横川戒心谷知見坊に住んで伯父皇円に天台を学び、ついで皇円の法兄範源について相生流の相伝を受けた。のち長楽寺来迎房に住み、青蓮院の慈円に勤仕して元久二年（一二〇五）権律師に任ぜられた。その前年三月には京都東山の小松殿の御堂（正林寺）において源空より『選択集』相伝、同三年手沢本の『天台法華宗学生式問答』の書写など源空との交流も深かった。その後もしばらく青蓮院に勤めていたが、建暦二年（一二一二）源空没後、五七日忌の導師をつとめ、『知恩講私記』などを著わして源空の遺徳を讃えるとともに、承久三年（一二二一）但馬宮雅成親王の念仏義の質問に対し三ヵ条の返事を送るなど多数の著作を著わして専修念仏の宣揚につとめ、その指導者となった。嘉禄二年（一二二六）定照の『弾選択』に対し『顕選択』を著わしてこれを論破したことがもとで翌安貞元年（一二二七）専修念仏の張本として奥州流罪となったが、配流の途中護送役の森西阿（毛利季光）の計らいで配地へは門弟実成房を遣わし、みずからは相模国飯山（神奈川県厚木市）にとどまった。同十二月十三日八十歳で没した。その後、奥州より飯山に戻った実成房が遺骨を首にかけて上洛し、吉水（京都市下京区）の上の山に墓を作った。著書には『弥陀本願義』『具三心義』『一念多念分別事』『知恩講私記』など多数あり。また和歌にも優れ『拾玉集』などに収載されている。門弟には敬日・智慶・願行らがおり、長楽寺義はしばらく隆盛したが次第に衰退した。また彼の伝記としては比較的確かな史料によってつくられた『隆寛律師略伝』（作者は不明）がある。貞享二年（一六八五）刊。『続群書類従』伝部、『浄土宗全書』一七に収められている。

参考文献　『大日本史料』五ノ四、安貞元年十二月十三日条、信瑞『明義進行集』二（『仏教古典叢書』五）、井川定慶『法然上人伝全集』、平井正戒『隆寛律師の浄土教　附遺文集』、玉山成元『中世浄土宗教団史の研究』、三田全信『成立史的法然上人諸伝の研究』、伊藤唯真『浄土宗の成立と展開』、菊地勇次郎「源空とその門下」、同『長楽寺千年』、同「慈円と隆寛」（『日本歴史』七五）、櫛田良洪「新発見の法然伝記—『知恩講私記』—」（同二〇〇）、同「新発見の隆寛著書」（同二〇一）、同「知恩講私記（史料紹介）」（『仏教史研究』一〇）、鈴木成元「東寺三密蔵所蔵の『天台法華宗学生式問答』について」（『日本歴史』二一〇）、玉山成元「法然門下における隆寛の位置」（『仏教論叢』一〇）、同「新発見の法然史料」（同一一）、自見直「隆寛律師の生涯」（『宗学研究』一五）、松野純孝「隆寛の立場」（『浄土学』二八）、村松清道「隆寛の配流をめぐって」（『三康文化研究所年報』一八）　（村松　清道）

りゅうげん　隆源　生没年不詳　平安時代の歌人。若狭阿闍梨ともいう。藤原氏実頼公孫流、大宰大弐経平孫、若狭守通宗男。寺門派の僧といわれるが道統未詳。叔父通俊の『後拾遺和歌集』編纂に協力し、奏覧本を清書した。『若狭守女子達歌合』『国信卿家歌合』『備中守仲実朝臣女子根合』『山家五番歌合』に出詠、『国信卿家歌合』には陳状を書く。『堀河院百首』の歌人。『金葉和歌集』以下の勅撰集に十首入集。『隆源口伝』を著わす。　（上野　理）

りゅうじゅ　竜樹　一五〇—二五〇頃　インド大乗仏教の基礎を確立した大学僧。原名はナーガールジュナ Nāgārjuna で、那伽閼刺樹那《ながあらじゅな》と音写する。これを竜猛《りゅうみょう》とも訳し、密教の開祖とするが、同名異人とみられる。竜樹はインドでは中観派の祖、中国では西天二十八祖の第十四祖、日本では八宗の祖あるいは浄土真宗七高僧の第一祖とされる。南インドのバラモン出身で、若くしてヴェーダ聖典に通じたが、やがて仏教に帰依して出家し小乗を学んだのち、北インドに移り、大乗の教えに傾倒し、諸国を周遊して他の宗教の学問にも精通し、多数の論書を著して大乗思想を宣揚した。晩年は南インドに帰り、その地で没したという。竜樹の伝記は中国とチベットに伝えられているが、異同が多く、神話化も著しく、確実なことはあまり分からない。しかし、今日まで残された著書は多く、いずれも重要である。主著は「空」の思想を哲学的に基礎づけた『中論頌《じゅ》』で、その数ある注釈書のうち青目《しょうもく》釈・鳩摩羅什《くまらじゅう》訳『中論』は中国・日本の仏教で特に重視された。ほかに『六十頌如理論』『空七十論』『廻諍《えじょう》論』『広破論』『宝行王正論』『勧誡王頌』『因縁心論頌』が真作として一般に認められている。これらにはチベット訳があるが、梵本や漢訳を欠くものもある。漢訳のみで伝えられるものもあり、そのうち『大智度論』は仏教の百科全書的意義をもつものとして、また『十住毘婆沙論』「易行品」は浄土教の易行道であることを説いたものとして、また『十二門論』は空思想の基本的論書の一つとして、いずれも中国・日本の仏教に多大な影響を与えたが、竜樹の真作かどうか、近年疑問が提出されている。

竜樹画像

参考文献　中村元『ナーガールジュナ』（『人類の知的遺産』一三）　（藤田　宏達）

りゅうしん　立信　一二一三—八四　鎌倉時代中期の浄

土宗西山派深草流の流祖。字は円空。建保元年(一二一三)生まれる。十五歳で証空の弟子となり、二十年間常随し、西山教義を学び、なかごろ洛南深草に真宗院を開き、念仏を弘めた。西山の三鈷寺往生院、城南の遣迎院、京都誓願寺にも住した。その所説は弟子顕意道教によって大成され、後世深草義と称されたが、派祖証空の立義を相承するものであり、二尊二教・三重六義などの教説に特色がある。晩年真宗院に帰り、弘安七年(一二八四)四月十八日、七十二歳で没した。著作に『観経四帖疏深草鈔』十巻がある。

参考文献 『東国高僧伝』一〇(『大日本仏教全書』)、『本朝高僧伝』一五(同)、奥村玄祐『深草派祖円空立信上人』 (伊藤 唯真)

りゅうじんがん 劉仁願 生没年不詳 初唐の武将。字《あざな》士元。彫陰(陝西省)の人。父大俱は唐初の夏州刺史。貞観十九年(六四五)太宗の高句麗遠征に従軍してから、諸方に従軍武勲をあげ、顕慶五年(六六〇)蘇定方の下で嵎夷道行軍子惣管として百済を平定、義慈王らを捕えた。そこで都護兼留鎮に任じ泗沘城に鎮守し、百済の遺臣鬼室福信・僧道琛らの挙兵に遇い包囲されたが、唐将劉仁軌・孫仁師の応援を得て対抗し、竜朔三年(六六三)九月周留城に赴き、百済残党の支援に出兵した倭軍と白村江口に会戦して打ち破った。その年帰国し右威衛将軍魯城県公に拝され、翌年熊津都尉として故土に臨む扶余隆を護るべく派遣され、麟徳二年(六六五)八月熊津の就利山で新羅王法敏と会盟を行なった。乾封二年(六六七)李勣の高句麗征討に際し、期に遅れたため召還され、翌年姚州に流された。なお、韓国の扶余国立博物館に劉仁願紀功碑が残っている。

参考文献 『旧唐書』百済伝、『新唐書』百済伝、池内宏『満鮮史研究』二、胡口靖夫「鬼室福信と劉仁願紀功碑」(『古代文化』三一ノ二) (池田 温)

りゅうじんき 劉仁軌 六〇二―八五 初唐の武将。汴州(河南省開封)の人。隋末の六〇二年生まれる。唐初息州参軍で起家、給事中に累進。権臣李義府に憎まれ青州刺史に出された後、遼東征討に水軍で遅れた罪を償うべく顕慶五年(六六〇)兵卒として従軍する。百済の残党が唐将劉仁願を囲むや、検校帯方州刺史を拝し救援に赴き、竜朔三年(六六三)秋倭の百済援軍を白村江口に迎撃、四百余隻の軍船を焼きこれを壊滅、仁願に代わって百済の地を鎮撫した。麟徳二年(六六五)封禅には新羅・百済・耽羅・倭四国の首領を率い参加し、大司憲を拝し、さらに右相兼検校太子左中護に進み楽城県男に封ぜられる。総章元年(六六八)李勣に副として熊津道安撫大使兼浿江道総管に任じ高句麗を平定、金紫光禄大夫を拝し太子左庶子同中書門下三品に進む。上元元年(六七四)鶏林道大総管として新羅を伐って勝ち、翌年左僕射を拝した。垂拱元年(六八五)正月二十二日没。八十四歳。後開府儀同三司并州大都督を贈られ、乾陵に陪葬された。

参考文献 『旧唐書』劉仁軌伝、『新唐書』劉仁軌伝、朝鮮総督府朝鮮史編修会編『朝鮮史』一ノ三、滝川政次郎「劉仁軌伝」(『古代文化』三六ノ七・九・一一) (池田 温)

りゅうぜん 隆禅 一〇三八―一一〇〇 平安時代後期の興福寺の僧。大乗院創立者。長暦二年(一〇三八)に生まれる。藤原左少将政兼(あるいは源雅兼)の長男。興福寺扶公の門下南院の円縁より因明唯識を学び、諸師に従い奥義を究め、延久五年(一〇七三)維摩会講師に、永保二年(一〇八二)十二月三十日、律師となる。寛治元年(一〇八七)二月、先考の恩徳に報いるために興福寺山内竜雲院のあたりに大乗院(飛鳥御殿ともいう)を開基。本尊十一面観音の丈六像を安置し、多宝塔を造営し法相の教義を究める。これより天禄元年(九七〇)に開基した一乗院とともに二大門跡院として皇族・摂関家からの子弟が入寺し、貴種相承が続き興福寺の貴族化が顕著となった。寛治六年五月十六日、権少僧都となる。永長元年(一〇九六)三月十三日、興福寺権別当に補任し、同時に長谷寺・大安寺を兼領すると伝えている。門下に隆覚・頼実、隆覚の門に恩覚が続く。康和二年(一一〇〇)七月二十日(同十日・十四日ともいう)入滅。六十三歳。

参考文献 『大日本史料』三ノ五、康和二年七月十四日条、深浦正文『唯識学研究』上、小西正文『興福寺』(『日本の古寺美術』五) (高田 良信)

りゅうぞうじたかのぶ 竜造寺隆信 一五二九―八四 戦国・安土桃山時代の武将。肥前国の大名。享禄二年(一五二九)生まれる。竜造寺周家の子。幼名長法師丸。初名は胤信。天文四年(一五三五)、七歳の時出家し、一族の豪覚和尚の弟子となる。同十五年に竜造寺家兼が没した時、還俗して胤信と名乗り、水ヶ江竜造寺家の家督をついだ。竜造寺氏の本家胤栄は、少弐冬尚のために佐嘉城を追われたため、大内氏に頼った。十六年、胤栄は肥前に帰り、少弐冬尚を筑後に追ったが、翌十七年三月に没した。このため胤信が竜造寺本家の家督をついだ。十九年七月一日、民部大輔であった胤信は、大内義隆から山城守に吹挙され、同時に隆の一字を与えられた。竜造寺本家の家督をついで以降、隆信の後半生は戦乱の連続であった。二十年の大内義隆の滅亡後、隆信の家臣土橋家益らが反乱をおこした。隆信らは佐嘉から筑後に逃れた。二十二年に隆信は筑後を出発し、ようやく佐嘉城を回復した。弘治元年(一五五五)、少弐冬尚が挙兵したが、隆信はこれを破り、筑後に走らせた。同年、隆信は神代勝利を攻め、筑前に走らせた。陶《すえ》晴賢の滅亡後、隆

竜造寺隆信花押

竜造寺隆信印

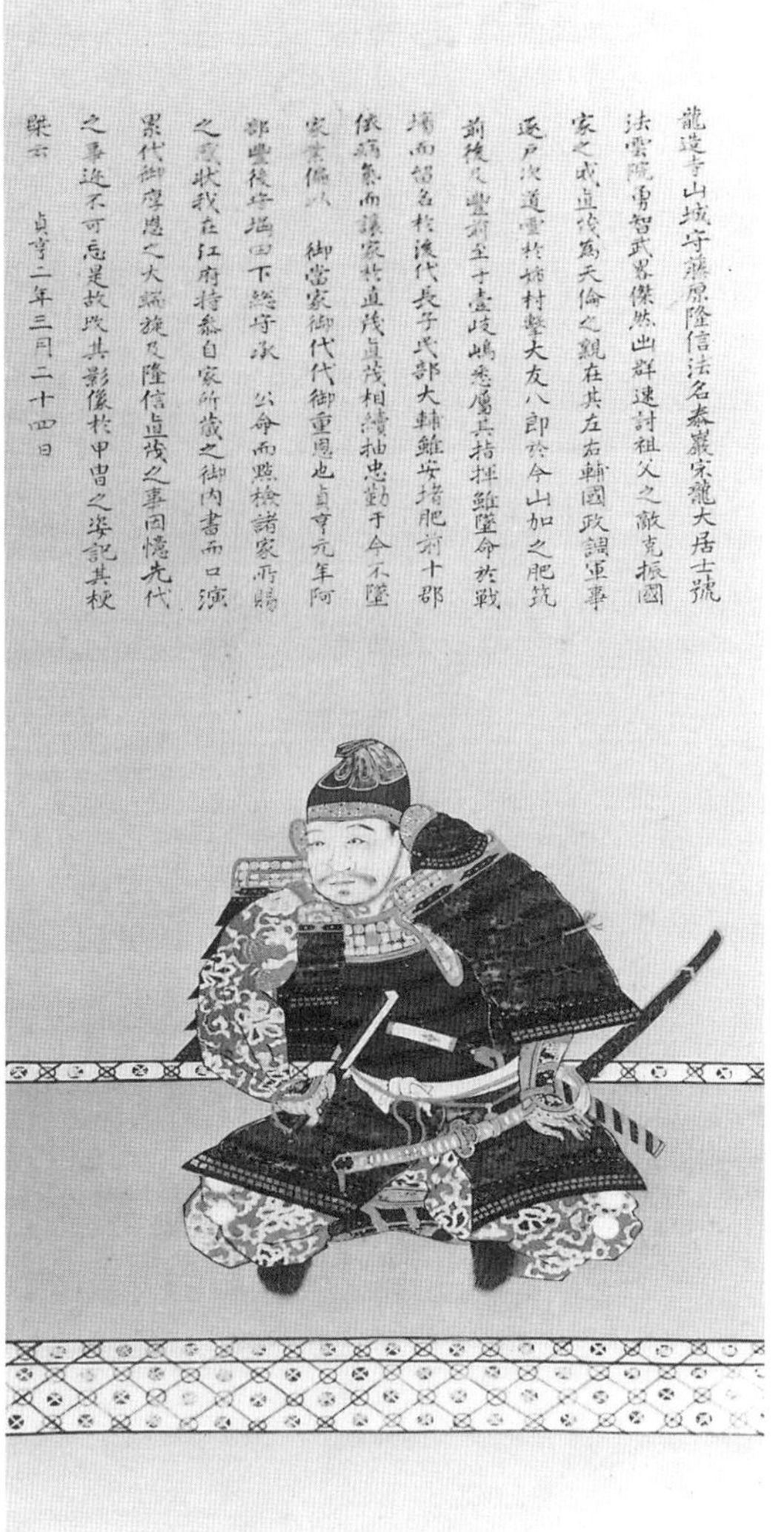

竜造寺隆信画像

信は毛利氏に通じた。永禄二年（一五五九）にはついに少弐冬尚を滅ぼし、同六年には有馬氏の軍を小城郡に破った。豊後の大友宗麟は吉岡長増らを肥前に派遣し、竜造寺氏に圧迫されている江上氏・神代氏らを救おうとした。大友氏と毛利氏の対立が激化すると、宗麟は戸次《べつき》鑑連らを筑後高良山に派遣した。大友勢は筑後から肥前に進み、佐嘉城を攻めた。佐嘉城の周辺では合戦が続いたが、のちに両者は和睦した。元亀元年（一五七〇）、宗麟は再び竜造寺氏を攻めるため、みずから筑後高良山に出陣し、戸次鑑連らを肥前に派遣した。この戦闘で、竜造寺・大友両軍はいずれも鉄砲を用いている。同年八月二十日、竜造寺勢は今山において大友勢を撃破し、敗走せしめたが、両者は再び和睦した。翌元亀二年、隆信は勢福寺城主江上武種を降し、隆信の次男家種を武種の養子とした。同三年正月、隆信は少弐政興を攻めるため、東肥前に兵を進めた。さらに、少弐氏を援助する筑紫氏を降伏させ、横岳氏を攻めた。天正元年（一五七三）になると上松浦地方を攻め、波多氏・鶴田氏らを降した。翌二年には西肥前に出陣し、平井経治を降し、後藤貴明とも和睦した。同三年には筑後に出陣する。筑後国人田尻鑑種らが隆信に味方したため、各所を平らげ、三池鎮実を降した。同年末から大村氏を攻め、同五年に和睦が成立した。その後、伊佐早から島原半島を攻め、同六年三月には有馬鎮貴（晴信）を降伏させた。こうして隆信は肥前国をほぼ統一した。同六年三月には筑前の早良郡に侵入。同十一月には筑後に侵入し、ついで筑前に入った。国人秋月種実・筑紫広門らが隆信に味方した。竜造寺勢は、筑前国内の大友氏方の拠点を攻撃したが、成功せず、肥前に引き上げた。同七年三月には下筑後に出陣。三池城を落とした後、肥後にも進出し、小代親伝を降した。その後、筑後国人蒲池《かまち》鑑広を攻めて降し、筑後もほぼ平定した。翌八年には筑後の蒲池鎮並が反乱をおこしたが、十一月に和睦した。また、竜造寺方の軍勢が筑前に進出し、博多の焼き打ちを行なった。またこの年には、隆信は家督を子の政家に譲り、隠居したとされている。同九年には肥後に進出し、肥後国内で勢力を拡大した。しかし、同九年五月の蒲池鎮並の誘殺後、黒木実久らの筑後国人が相ついで反乱をおこした。竜造寺方の有力国人田尻鑑種も隆信に叛旗をひるがえした。鑑種は西九州に進出しつつあった薩摩島津氏と結ぼうとしたのである。同十一年十一月、竜造寺氏と田尻氏は和睦し、起請文を交換した。島津氏は次第に北上し、肥後の攻略を行い、竜造寺氏と対立する。天正十年十月、両者の間には和睦が成立した。しかし、竜造寺氏に降っていた有馬鎮貴は、島津氏の進出に伴い、同氏になびき、隆信に背いた。同十二年、島津義久は島原半島に出兵することを決め、配下の軍勢を半島に進めた。これに対して隆信もみずから島原半島に出陣した。同年三月二十四日、隆信は島津氏の臣川上忠堅によって島原沖田畷で討たれ、竜造寺勢は総くずれとなった。享年五十六。墓は佐賀市本庄町本庄の高伝寺にある。法名竜泰寺殿泰厳宗竜大居士。隆信院殿・法雲院

竜造寺隆信墓

殿ともいう。隆信の軍事力は多数の国人層を配下に従えたことで強大化したが、その主従関係は、領国の周辺になるほど薄弱であった。また、領国の急激な膨張に、領国支配の強化が即応しない面があった。なお、家文書として『竜造寺文書』がある。これには隆信宛の起請文が多数あり、竜造寺氏の勢力範囲の広さを示している。

参考文献 『大日本史料』十一ノ六、天正十二年三月二十四日条、佐賀県史編纂委員会編『佐賀県史料集成』古文書編三、川副博『竜造寺隆信』(『日本の武将』四五)　(佐伯　弘次)

りゅうそん　隆尊　七〇六—六〇　元興寺僧で、義淵の七上足の一人に数えられている。法相・華厳教学にくわしかったばかりか、戒律についても造詣深かったことは、『延暦僧録』隆尊伝や、『正倉院文書』からみる彼の蔵書などからも推測できる。また、『東大寺要録』には、事実かどうか疑わしいが、戒師招請の提唱者であったと伝えている。天平勝宝三年(七五一)四月には、僧正菩提・少僧都良弁の下で律師に任ぜられ、翌四年四月の東大寺大仏開眼会には華厳講師に抜擢された。天平勝宝七歳に道璿とともに律師を引退したのは、鑑真一行の渡来によって、旧来の戒律思想の弱点を指摘され、その指導的地位を失ったことと関連するのかもしれない。その入滅は、天平宝字四年(七六〇)四月、五十五歳と伝える。

参考文献 富貴原章信『日本唯識思想史』、佐久間竜「渡来後の鑑真」(『日本古代僧伝の研究』所収)　(佐久間　竜)

りゅうとくこう　劉徳高　生没年不詳　七世紀の唐の官僚。天智天皇四年(六六五)九月熊津都督府の唐将劉仁願のもとから旧百済領支配維持策のため日本に遣わされた使の首席格。時に朝散大夫・沂州司馬・上柱国。使は二百五十四人で、三年に来日した郭務悰や百済の佐平禰軍のほか、帰国する入唐学問僧定恵(中臣鎌足の子)も同行した。対馬・筑紫を経て入京し表函を進めたが、十二月帰国。『懐風藻』に滞日中、大友皇子の相を見たと伝える。

参考文献 鈴木靖民「百済救援の役後の日唐交渉」(坂本太郎博士古稀記念会編『続日本古代史論集』上所収)　(鈴木　靖民)

りゅうみょう　隆明　一〇一九—一一〇四　平安時代中期の僧。園城寺長吏。寛仁三年(一〇一九)生まれる。権中納言藤原隆家の子。三室戸僧正と号す。また羅惹院僧正とも号す。大僧正明尊入室の弟子。藤原宗忠はその日乗『中右記』に、「深知真言、頗学止観、甚有験力」(長治元年(一一〇四)九月十五日条)、「説法之体、弁説如涌」(嘉保二年(一〇九五)九月二十六日条)と記している。白河天皇・堀河天皇の護持僧。三井の門流で、一乗寺僧正増誉とならび称された。嵯峨釈迦堂別当のとき、三国伝来の清凉寺釈迦如来像を模刻し、三室戸寺に安置した。三室戸寺の中興の祖。崇福寺別当、梵釈寺別当、法成寺寺務執行もつとめた。承徳二年(一〇九八)四月、第二十九代園城寺長吏、康和四年(一一〇二)五月、大僧正。長治元年九月十四日、三室戸寺において入滅。年八十六(『中右記』)。

参考文献 『大日本史料』三ノ七、長治元年九月十四日条、『元亨釈書』二六、卍元師蛮『本朝高僧伝』五〇(『大日本仏教全書』)、佐々木令信編『中右記人名索引』　(佐々木令信)

りょうあんえみょう　了庵慧明　一三三七—一四一一　南北朝・室町時代の曹洞宗の僧。大雄山最乗寺の開山。

了庵慧明画像

建武四年(一三三七)生まれる。相模国糟谷(神奈川県伊勢原市)の人。俗姓は藤原氏。貞治四年(一三六五)ごろ、鎌倉円覚寺の不聞契聞について出家したのち、諸国に禅匠を訪ねて歴参した。永徳三年(一三八三)、丹波の永沢寺(兵庫県三田市)を訪ね、通幻寂霊に随った。寂霊の接化は厳俊激烈であったが、よく勉励してその法器を認められ、法嗣となった。石屋真梁とともに通幻門下の二神足と称された。応永元年(一三九四)、相模国南足柄に大雄山最乗寺を開創した。応永十八年三月二十七日示寂。世寿七十五。著述に『語録』二巻、『峨山和尚行実』一巻がある。法嗣に無極慧徹・韶陽以遠らがある。

参考文献 『大日本史料』七ノ一四、応永十八年三月二十七日条、最乗寺編『大雄山誌』、松田文雄『大雄山と御開山さま—了庵慧明禅師の足跡をたずねて—』、同「了庵慧明伝考」(『駒沢大学文化』六)

(高橋 秀栄)

りょうあんけいご 了庵桂悟 一四二五—一五一四 室町時代の臨済宗聖一派の僧。大疑宝信の法嗣で、五山文学僧。はじめ桃渓(桃蹊)、のち了庵。応永三十二年(一四二五)生まれる。伊勢の出身で、俗姓は三浦氏。十六歳のとき東福寺で得度するが、それ以前に伊勢の安養寺で大疑宝信、京都の常在光寺・真如寺で大愚性智に師事し、道元の曹洞禅も修し密参を受けた。豊後の諸山広福寺の公帖を受け西堂位についたのが文正元年(一四六六)で、その後、伊勢諸山の安養寺、京都の十刹真如寺の公帖を得る。文明十年(一四七八)東福寺第百七十一世住持となり、長享元年(一四八七)南禅寺第二百四十一世住持となって各々初住を果たすが、さらに東福寺には十六住、南禅寺には再住する。永正二年(一五〇五)遣明正使に任命され、同七年の入明は逆風でならず、翌年九月に鄞江へ着き、任務を果たし、中国の五山育王山広利寺の住持(第百一世)として武宗に招請され、入寺する。帰朝は永正十年で、時に八十九歳の高齢であった。翌永正十一年九月十五日示寂。九十歳。仏日禅師の号は生前の永正三年に特賜されたもの。法嗣に鳳崗桂陽(三条西実隆の息)・興甫智隆などを出す。景徐周麟・桃源瑞仙・横川景三・季弘大叔など五山文学僧と交友をもったが、十数歳のとき信仲明篤と詩の唱和をしたという文芸の才をもち、雲章一慶・惟肖得巌などについて学問を修した。著に『了庵和尚語録』があり、横川景三の『百人一首』、天隠竜沢の『北斗集』に作品が入っている。後土御門天皇・一条兼良・三条西実隆など公家との親交もあった。了庵の号は、後土御門天皇が下賜した二字の宸翰による室号を道号としたもの。

参考文献 『大日本史料』九ノ五、永正十一年九月十五日条、卍元師蛮『延宝伝燈録』三三(『大日本仏教全書』)、玉村竹二『五山禅僧伝記集成』

(竹貫 元勝)

了庵桂悟花押

「了庵」

「桂悟」

了庵桂悟印

了庵桂悟画像

りょういん 良胤 一二一二—九一 鎌倉時代の真言宗の僧侶。字は大円。観勝寺上人と称される。丹後国三重郷の人。建暦二年(一二一二)十二月二十二日誕生。安貞元年(一二二七)丹後国宮津の大谷寺閑観に従い出家、嘉禎三年(一二三七)上洛して醍醐寺金剛王院実賢の弟子となり、三宝院・金剛王院両流を受伝した。文永五年(一二六八)洛東の観勝寺(東岩倉寺)に移住。以後、清貧を旨として仏道に専心した。正応四年(一二九一)五月二十六日、観勝寺において示寂。世寿八十。『沙石集』一〇には「年久しく隠居して、三密の行門薫修、一心なき貴き上人と聞こえき」と記されている。帰依者に亀山上皇・左女牛若宮別当実深などがいる。

参考文献 『沙石集』七(『日本古典文学大系』八五)、『元亨釈書』五、『塵添壒嚢鈔』一九(『大日本仏教全書』)、卍元師蛮『本朝高僧伝』一六(同)

(山陰加春夫)

りょうえ　良恵　一〇八九—一一四八　平安時代後期の融通念仏の行者。融通念仏宗第二世。厳賢と号す。寛治三年(一〇八九)、摂津国茅原《ちはら》荘(大阪府高槻市)に生まれる。俗名は橘輔元。大治元年(一一二六)子供とともに神《か》峰《ぶさん》山寺(高槻市)に病気平癒を祈願し、奥院の五邃《ごすい》滝と本院の九頭竜《くずりゅう》滝に浴して平癒後、両院の伽藍と鎮守を建立したという。のち、山城大原の良忍に師事して出家、良恵と号して融通念仏の行者となった。神峰山阿路《あじ》ヶ谷の嶺に庵室を結んで融通念仏を唱え、赤小豆をもってこれを数え、大治三年より没するまでの二十一年間に赤小豆の数は五百七十九石八斗になったという。この赤小豆《あずき》を庵室の側に捨てた所を念仏塚、その左右の坂を赤豆坂と呼び、今に残る。久安四年(一一四八)四月没。六十歳。

参考文献　『神峰山寺秘密縁起』(『神峰山寺文書』)、『(融通総本山)大念仏寺誌』上、橋本章彦「神峰山寺における融通念仏と厳賢良恵」(融通念仏宗教学研究所編『法明上人六百五十回御遠忌記念論文集』所収)　(浜田　全真)

りょうえ　了慧　⇨道光《どうこう》

りょうえん　良円　生没年不詳　平安時代後期の仏師。鳥取県大山寺の定朝風阿弥陀如来像(重要文化財)を、天承元年(一一三一)三月十四日から六月二十五日まで制作。その胎内の墨書に「大仏師大法師良円」とある。一方また、『兵範記』の仁安元年(一一六六)九月二十一日条に「佐々木野良円法師」の記録があるなど、同名の仏師の京都での活躍が知られるが、大山寺の像の作者と同一人かどうかは不明。

参考文献　丸尾彰三郎他編『日本彫刻史基礎資料集成』平安時代造像銘記篇三　(赤沢　英二)

りょうかい　了海　生没年不詳　鎌倉時代の僧。真宗仏光寺派および興正派の第四世。また東京都港区麻布善福寺の開基とされる。親鸞門下の一つ武蔵国荒木門徒から派生した阿佐布門徒の指導者。その門から鎌倉甘縄の誓海・明光が出た。後世にいう六老僧の一人。諱願明。生没年・経歴などには諸説があり一致しない。甲斐万福寺所伝『阿佐布善福寺上人伝絵』(『本願寺通紀』七所載)によれば、父頭中将、母越中守紀実経女とし、承久の乱により武蔵勝瀬に遷り、延応元年(一二三九)六月十五日に了海が生まれた。正嘉元年(一二五七)十月荒木の源海について真宗に帰し、文永二年(一二六五)二月善福寺を創し、徳治元年(一三〇六)十一月六日六十余歳で没したという。『渋谷歴世略伝』には父左大臣信実、母大井氏、延応元年七月十五日武蔵麻布に生まれ、京都で親鸞の化を受け、弘安元年(一二七八)二月源海の跡を継いで興正寺(仏光寺)に十一年住し、関東へ還り元応二年(一三二〇)正月二十八日八十二歳で没したという。諡号華徳院。また善福寺の由緒では父左大臣信実、母藤原氏、建保元年(一二一三)六月十五日に生まれ、空海の遺跡に善福寺を創し、親鸞の教化を受け、徳治元年十一月六日九十四歳で没したとある。著書に『還相回向聞書』『他力信心聞書』があり、京都大学所蔵『還相回向聞書』は正安二年(一三〇〇)に了海が清書したものとされる。　(首藤　善樹)

りょうかん　良観　⇨忍性《にんしょう》

りょうぎょう　良暁　一二五一—一三二八　鎌倉時代後期の浄土宗の僧侶。浄土宗三祖良忠の後継者として鎮西流の興隆に貢献し、やがて同流白旗派の派祖となった。字は寂慧、智慧光とも白旗上人ともいう。建長三年(一二五一)石見国三隅荘(島根県浜田市三隅町)に良忠の子として生まれる。文永六年(一二六九)叡山に登り、東塔南谷極楽房仙暁について出家受戒したが、同九年鎌倉に下り、良忠より悟真寺房地と寺領を譲られ、以後鎌倉で浄土の修行を続けた。建治二年(一二七六)良忠上洛のとき高弟らと一緒に付法状を授与され、留守を命ぜられた。このとき檀越大仏時遠の信頼を得て鎌倉に基盤を確立した。弘安九年(一二八六)良忠帰鎌後、再度付法状や三代相伝の袈裟・硯などを授与され、翌十年正式に良忠の後継者となった。良忠死後その門下は分裂して六派となるが、良暁は後継者を自負して白旗派の派祖となり、鎮西流正統を主張した。定恵・寂仙ら弟子も多く、『決疑鈔見聞』『伝通記見聞』など著書も多く、この流派が現在の浄土宗の本流となっていった。嘉暦三年(一三二八)三月一日寂。七十八歳。

良暁花押

良暁像

参考文献　『光明寺文書』(『鎌倉市史』史料編三)、玉山成元「名越・白旗派論争の価値」(『金沢文庫研究』二〇八)　(玉山　成元)

りょうくう　良空　?—一二九七　鎌倉時代後期の浄土宗の僧。鎮西流木幡派の派祖。慈心と号す。出自は不明。文永九年(一二七二)礼阿然空とともに鎌倉へ下向して、浄土宗三祖然阿良忠に師事し、専修念仏の教義を学ぶ。三ヵ年修学ののち礼阿とともに上洛し、良空は山城木幡の尊勝寺(のちに願行寺と改称)に住し、念仏を弘通した。このためこの一派を木幡派と称するが、良空の在世中の活動は詳らかでない。建治二年(一二七六)老齢の良忠の

上洛を懇請して京都の浄土宗教団の統一をはかるとともに、良忠の著述に力を添える。また地蔵寺・阿弥陀寺・道楽寺・地蔵院などを開いたとされるが寺歴は不明。弘安十年(一二八七)七月良忠が寂すと翌八月了慧道光に『然阿上人伝』をまとめるよう請う。また正応元年(一二八八)春、良忠の鈔記は揃ったが『無量寿経鈔』だけがなく末学が迷うとして、再三固辞した道光にこれを著述させ、永仁五年(一二九七)礼阿とこれを治定し、同年七月八日寂す。

参考文献 心阿『浄土鎮流祖伝』三(『浄土宗全書』一七)、玉山成元『中世浄土宗教団史の研究』

(野村 恒道)

りょうげん 良源 九一二—八五 平安時代天台宗の僧侶。比叡山中興の祖。第十八代天台座主、大僧正、慈覚派。諡号慈恵、俗称元三大師、角大師。延喜十二年(九一二)九月三日、近江国浅井郡に生まれる。父木津氏、母物部氏。延長元年(九二三)十二歳で比叡山西塔理仙に師事、延長六年座主尊意に受戒、天暦四年(九五〇)東宮護持僧、同五年阿闍梨、康保元年(九六四)内供奉、同二年権律師、同三年天台座主、律師、安和元年(九六八)楞厳三昧院検校、権少僧都、天禄二年(九七一)権法務、天延元年(九七三)少僧都、同二年権大僧都、同三年大僧都、貞元二年(九七七)権僧正、天元二年(九七九)僧正、同四年大僧正、寛和元年(九八五)正月三日、坂本弘法寺で没。生年七十四、法臘五十八。墓所は比叡山横川の華芳ヶ尾に在り、御廟《みみょう》とよばれる。才能はありながら有力後援者をもたなかった良源は、承平七年(九三七)興福寺維摩会の番論義で才能を示し、これが機縁で権力者藤原忠平・師輔の後援を得、村上天皇皇子出産をめぐって祈禱師的位置を獲得、慈覚派の故地横川を整備し、応和三年(九六三)宮中で行われたいわゆる応和の宗論で、さらに名声を高めた。座主就任直後の延暦寺大火を機に、一連の堂舎整備、弟子尋禅を介した藤原氏の荘園寄進などによる経済的基盤の確立、綱紀の粛正、修学の奨励に務めた。一方、師輔息尋禅を後継者として、以後権門子弟の優遇による俗化や、智証門徒の圧迫による紛争、僧兵の組織など、比叡山の繁栄とそのひずみを作った。著書に『九品往生義』がある。また、天禄三年六十一歳の時に記した自筆の遺言書『慈恵大師自筆遺告』(国宝、京都盧山寺蔵)が現存している。弟子に四哲といわれた尋禅・源信・覚運・覚超、異色派として性空・増賀などが著名である。伝記として、没後四十六年、藤原斉信編『慈恵大僧正伝』が遺弟たちの資料を集めて作られた最初のもの、ついで斉信編著をやはり遺弟の梵昭が補うものとして『慈恵大僧正拾遺伝』がその翌年に作られ、没後約四百年経過した室町時代に五山文学者蘭坡景茝編『慈恵大師伝』ができ、江戸時代に入って僧胤海によって和文体、住吉具慶の絵を加えた『東叡山寛永寺元三大師縁起』が作られ、これに慈眼大師(天海)の伝記と併せて、『両大師縁起』が延宝八年(一六八〇)に出版されている。

良源自署

良源画像

参考文献 『大日本史料』一ノ二二、寛和元年正月三日条、平林盛得『良源』(『人物叢書』一七三)、山田恵諦『元三大師』、叡山学院編『元三慈恵大師の研究』

(平林 盛得)

りょうげん 了源 ⇨空性《くうしょう》

りょうじつ 了実 一三〇四—八六 鎌倉・南北朝時代の僧。浄土宗六祖。盛蓮社成阿と号す。嘉元二年(一三〇四)生まれる。出自は不詳。常陸国太田法然寺の蓮勝永慶のもとで出家を遂げ、元徳二年(一三三〇)六月二十九日蓮勝から付法の璽書を授かる。ついで鎌倉光明寺定恵について円頓戒を相承する。暦応元年(一三三八)、太田城主佐竹義篤を檀越として、常陸国那珂郡瓜連郷に聖地を見い出し、草地山蓮華院常福寺を開創して、ここを根拠地として関東一円に浄土宗の教線の拡張をはかる。また貞和四年(一三四八)からは、のちに浄土宗の中興となる了誉聖冏《しょうげい》を弟子として育成し、永和四年(一三七八)十一月上旬には付法状を授け、至徳二年(一三八五)になると常福寺を譲与している。至徳三年十一月三日入寂。八十三歳。

参考文献 心阿『浄土鎮流祖伝』二(『浄土宗全書』一七)、摂門『檀林瓜連常福寺志』(同一九)、『五重血脈』(大光院蔵)、『円頓戒脈』(大巌寺蔵)、玉山成元『中世浄土宗教団史の研究』

(野村 恒道)

りょうしないしんのう 亮子内親王 ⇨殷富門院《いんぷもんいん》

りょうしゅうしゅうたく 竜湫周沢 一三〇八—八八 南北朝時代の臨済宗夢窓派の僧。道号は竜湫、法諱は周沢、妙沢とも自称し、別に咄哉と号した。甲州の人。延慶元年(一三〇八)に生まれた。正和二年(一三一三)に甲州竜山庵と浄居寺にある夢窓疎石について僧童(駆烏)となり、長じて剃髪受具して左右に侍した。のち南禅寺の竺仙梵僊などに参じた後の延文元年(一三五六)、郷里の恵林寺に住したが、やがて上京して臨川寺三会院の塔主となり、ついで貞治六年(一三六七)三月五日に建仁寺の住持となった。応安元年(一三六八)六月に美濃の土岐頼

竜湫周沢花押

康によって大興寺の開山に請ぜられたが、同四年三月には南禅寺に晋住した。やがて南禅寺山内に夢窓の塔院である上生院を追塔し、夢窓に玄猷国師の加諡を受けた。永和元年(一三七五)東山の常在光院に退居し、翌年八月には天竜寺に住し、さらに三年八月には嵯峨の臨川寺の住持となって、臨川寺を十刹から五山に昇せたが、同門の反対に会って再び旧に復した。臨川寺退院後は嵯峨の寿寧院か南禅寺慈聖院などの自分の寮舎にあったのであろうが、永徳三年(一三八三)五月に臨川寺三会院塔主に復し、ついで至徳三年(一三八六)八月には南禅寺に再住した。嘉慶二年(一三八八)九月九日寿寧院で示寂した。八十一歳。南禅寺慈聖院および寿寧院に塔じた。寂後に弟子玉渓中項によって語録・詩文集(『随得集』)が拾綴され、育王山広利禅寺の願庵宗体に序を請うた。不動明王の仏画に巧みで、妙沢と署名するのを例とし、禅密両様の宗旨をもった。

参考文献 『竜湫和尚行状』、卍元師蛮『延宝伝燈録』二三(『大日本仏教全書』)、玉村竹二『五山禅僧伝記集成』、同『夢窓国師』(『サーラ叢書』一〇)

(葉貫　磨哉)

りょうせん　**霊仙**　生没年不詳　平安時代前期の僧侶。霊船・霊宣とも書く。興福寺において法相宗を学ぶ。遣唐留学僧となり延暦二十三年(八〇四)最澄・空海らとともに入唐。長安で修行し、唐元和五年(八一〇)には醴泉寺における『大乗本生心地観経』の翻訳事業に加わり、筆受・訳語を勤めた。日本僧では唯一の訳経事業への参加者として特筆される。その後、五台山に転じ、修行を重ねた。この間みずからの手の皮を剝いで仏像を描いたという逸話が伝えられている。唐宝暦元年(八二五)、日本の朝廷から渤海使に託された黄金を、渤海僧貞素が霊仙に届けると、返礼として仏舎利や経典などを日本に送っている。貞素が再び日本から転送を依頼された黄金をもって唐太和二年(八二八)四月に五台山に到着した時には霊仙はすでに没していた。霊境寺浴室院で毒殺されたという。貞素はその死を悼んで「哭日本国内供奉大徳霊仙和尚詩幷序」を五台山内七仏教誡院の板上に刻した。なお天長三年(八二六)には霊仙の弟妹に阿波国の稲一千束が支給されている。

参考文献 小野勝年『入唐求法巡礼行記の研究』三、高楠順次郎「霊仙三蔵行歴考」(『大日本仏教全書』遊方伝叢書一所収)、松本文三郎「日本国訳経沙門霊仙」(『仏教芸術とその人物』所収)、頼富本宏「入唐僧霊仙三蔵」(木村武夫教授古稀記念論文集編集係編『僧伝の研究』所収)、堀池春峰「興福寺霊仙三蔵と常暁」(『南都仏教史の研究』下所収)、妻木直良「唐代の訳場に参じたる唯一の日本僧」(『東洋学報』三ノ三)、石井正敏「渤海の日唐間における中継的役割について」(『東方学』五一)

(石井　正敏)

りょうぜん　**良全**　生没年不詳　鎌倉・南北朝時代の絵仏師系と見られる画家。良詮とも書く。その署名に「海西人」と冠することから九州人あるいは外来人とも考えられる。東福寺に関係の深い禅僧乾峯《けんぽう》士曇《しどん》の画賛をもつ作品が比較的多いことや、東福寺伝来の仏画を模写したりしていることなどから、同寺に関係が深く、しかも本格的な仏画をも描いていることから同寺の絵仏師の可能性がある。生没年は不明だが、近年「海西人良詮之筆嘉暦第三(一三二八)二月」の款記をもつ仏涅槃図(本覚寺、重要文化財)が見出され、その活躍年代が確認された。彼の仏画はほかに、十六羅漢図(建仁寺、同)、乾峰士曇賛の騎獅文殊像(正木美術館、同)、釈迦三尊像(清澄寺、同)などがあり、いずれも落款があり手堅い画技が示されている著色仏画の作例である。このほか水墨画では、熟達した速筆による乾峰賛白衣観音図(妙興寺、重要文化財)、比較的周密に描かれた観音図(個人、同)、外隈《そとぐま》の技法を駆使して即興的印象をとらえた白鷺図(個人、同)などがある。これまで良全に関してはその水墨画がよく知られたために可翁仁賀に混同されたことがあったが、近年では可翁仁賀とは別人であると考えられている。しかもまた、その活躍年が従来の推定よりさかのぼることによって黙庵霊淵、可翁仁賀の年代に重なる結果となり、良全のような明兆に先行する絵仏師系画家と黙庵・可翁のような水墨画家の併存の形が明らかとなった。

参考文献 朝岡興禎『古画備考』、松下隆章「良全筆白衣観音図」(『美術史』一二)、赤沢英二「海西人良詮筆仏涅槃図について」(『国華』一〇四五)

(赤沢　英二)

りょうぜん　**良禅**　一〇四八―一一三九　平安時代後期の真言宗の僧侶。字は解脱。世に北室小聖と称される。俗姓坂上氏。紀伊国那賀郡神崎(竹房)の人。永承三年(一〇四八)誕生。十一歳で高野山に登り、北室院行明の瀉瓶の弟子となり、ついで寛治二年(一〇八八)中院明算から伝法灌頂を受けた。康和元年(一〇九九)同山阿闍梨。天仁元年(一一〇八)第十四代執行。永久三年(一一一五)同検校。長承三年(一一三四)八月、金剛峯寺・大伝法院間の座席相論の責任を問われ失脚、離山。二年半後の保延三年(一一三七)正月、第十七代執行検校に還補された。同五年二月二十一日入寂。行年九十二。中院流の正嫡と

良禅花押

しての令名つとに高く、付法の弟子に真誉・行恵・琳賢・兼賢・俊覚・宗賢ら三十四人がいる。

参考文献　『高野山検校帳』(『高野山文書』七)、『高野山往生伝』(『日本思想大系』七)、『高野山先哲灌頂記録』(『続真言宗全書』四一)、『高野御幸記』、『長秋記』大治二年十一月四日条、三浦章夫編『興教大師伝記史料全集』、中野達慧『興教大師正伝』、赤松俊秀「覚鑁とその時代」(『続鎌倉仏教の研究』所収)

(山陰加春夫)

りょうそん　良尊　一二七九―一三四九　鎌倉・南北朝時代の融通念仏の聖。融通念仏宗中興の祖で同宗第七世。法明房《ほうみょう》と号する。弘安二年(一二七九)十月十日、摂津国深江《ふかえ》(大阪市東成区)に生まれる。父は清原守道。妻子との死別を機に高野山《こうやさん》に登り、千手院谷真福院《せんじゆいんだにしんぷくいん》(現在安養院に合併)の俊賢法印に師事して出家。元亨元年(一三二一)石清水八幡神の霊告を受けて融通念仏の法脈を継承し、摂津国平野(平野区)に堂宇を復興し当麻《たいま》寺の来迎会を移修した。主に河内地方一帯に融通念仏を広め、貞和五年(一三四九)六月十三日に七十一歳で寂した。

参考文献　慈海『両祖師絵詞伝』、『融通大念仏亀鐘縁起』、『(融通総本山)大念仏寺誌』、平岡順亮編『融通念仏宗三祖略伝』、田代尚光『良忍上人と大念仏寺』(『日本仏教の心』八)、『法明上人　その生涯と信仰』、行昭一郎「『融通大念仏亀鐘縁起』と法明伝承について」(『法明上人六百五十回御遠忌記念論文集』所収)、宮島潤子「法明上人の遺跡と等順大僧正―善光寺大勧進回国開帳記より―」(同所収)、戸田孝重・横田兼章「法明上人伝の研究」(同所収)、伊藤唯真監修『融通念仏信仰の歴史と美術』

(浜田　全真)

りょうち　了智　生没年不詳　鎌倉時代中期の僧。信濃松本正行寺の開基。『大谷遺跡録』一、『親鸞聖人遺徳法輪集』二および正行寺の寺伝などによると、源頼朝の臣佐々木高綱が発心して高野山へ登り、ついで親鸞を配流地の越後国府へ尋ね、弟子となり法名を了智と授けられ、その後信濃筑摩郡栗林(長野県松本市)に正行寺を起立したという。しかし同寺が所蔵する了智書写の『弥陀如来名号徳』の奥書に応長元年(一三一一)五十七歳とあり、これによると建長七年(一二五五)生まれとなり、右の伝承に疑義が生じる。おそらく同寺所蔵の連座御影に親鸞・法善・西仏・了智が次第して描かれるように、法流が継承されたのであろう。ほかに同寺に了智が定めた門徒の制禁が伝わる。

(首藤　善樹)

りょうちゅう　良忠　一一九九―一二八七　浄土宗第三祖。浄土宗の教学を大成し、教団発展への基礎を作った人。然阿弥陀仏といい、然阿と略称し、記主禅師と尊称される。姓は藤原氏。正治元年(一一九九)七月二十七日、石見国三隅荘(島根県浜田市三隅町)円尊の子として生まれる。建暦元年(一二一一)同国鰐淵寺月珠房信暹の門に入り、建保二年(一二一四)比叡山で受戒した。若いころ天台・倶舎・法相・禅・律などを学んだが、貞永元年(一二三二)故郷の多陀寺に帰り、不断念仏を行なって数年を送った。嘉禎二年(一二三六)生仏とともに九州に下向して辨長の弟子となった。翌年まで『観経疏』『徹選択集』『末代念仏授手印』などを授かり、『領解末代念仏授手印』を著わして辨長の許可を受け、学問的な後継者となった。暦仁元年(一二三八)石見に帰った後、安芸地方まで教化活動を行なった。宝治二年(一二四八)春、浄意尼の依頼で上洛し、『選択集』を講じて評判となった。この後信濃善光寺に参詣し、建長元年(一二四九)利根川に沿って関東に入り、下総地方の教化を行なった。同六年鏑木九郎の帰依を受け、匝瑳《そうさ》郡鏑木に住んで布教のかたわら、『選択伝弘決疑鈔』を著わした。ついで江禅門の依頼で『三心私記』を著わしたが、この後千葉氏一族の外護を受け、常陸・上総・下総の三国にわたって教化活動を続け、浄土宗学の基本となる『決答授手印疑問鈔』『観経疏伝通記』を著わし、各地で講義を行いつつ弟子の育成に専念した。しかし寺領問題から千葉氏と衝突し、正元元年(一二五九)ごろ下総を去って鎌倉に入り、大仏勧進聖浄光の坊に仮住いして一時をすごした。この後大仏朝直の帰依を得て佐介谷に悟真寺を創建し、子息の時遠から悟真寺坊地や寺領の寄進を受けて経済的にも安定し、専修念仏者の指導的な立場に立つとともに、他宗の僧侶からも高い評価を受けた。文永九年(一二七二)大病を患い、比叡山極楽房で修行中の実子良暁呼び、不動産の譲状を与えて後事を頼んだが、間もなく全快した。建治二年(一二七六)弟子の要請によって上洛し、当時混乱していた浄土教の統一に尽力した。信慧と赤築地で行なった談義は、後世浄土宗発展の基礎固めとなった。弘安九年(一二八六)鎌倉に帰った良忠は、良暁に浄土の奥義のすべてを伝授し、重ねて良暁の正統性を意味づけ、弘安十年七月六日、八十九歳で入寂した。多数の弟子の中で良暁・性心・良空・尊観・然空・道光らは代表的な人々であり、

良忠花押

良忠像

後世分裂してその派祖となった。著書は前記の他に『往生要集義記』『看病用心抄』など多数あり、また、創建した寺院も数多い。

参考文献『然阿上人伝』(『浄土宗全書』一七)、恵谷隆戒『然阿良忠上人伝の新研究』、玉山成元『中世浄土宗教団史の研究』 (玉山 成元)

りょうちん 良椿 生没年不詳 室町時代後期・戦国時代の大経師。兵部卿法橋。父厳清のあとを承けて、文明十七年(一四八五)に摺暦の免許を受け、延徳元年(一四八九)足利義尚没後、明応九年(一五〇〇)後土御門天皇崩御後の両度、六条経師良精の掠領を退け安堵されたが、足利義澄の代に良精に奪われた。しかし永正五年(一五〇八)義澄の近江退去後、公武の再免許を受け、その後同九年にも良精と相論があったが、大経師の地位を保った。三条西実隆らとの交流もあった。大永二年(一五二二)以前に没か。

参考文献『守光公記』、渡辺敏夫『日本の暦』 (小坂 真二)

りょうにん 良忍 一〇七三―一一三二 平安時代後期に融通念仏を唱導した聖で、融通念仏宗の宗祖。天台声明(仏教音楽)中興の祖。光静(乗)房と号す。延久五年(一〇七三)正月元日(一説に延久四年)、尾州知多郡富田(愛知県東海市富木島町)に生まれる。父は郡の領主秦道武、母は熱田社頭大宮司の女。十二歳で比叡山に登り、東塔檀那院の良賀について得度し良仁と称した(のち大原隠棲後に良忍と改名)。師の良賀に止観業(天台の学問)、禅仁・永意に遮那業(密教)を習得し、禅仁と観勢より大乗円頓戒を復興相承し光定流を薬忍に、慈覚流を叡空に

良忍花押

授けた。良忍の円頓戒復興は大原隠棲後も続き、毎月布薩会を催し女性の出家希望者にはみずから授戒を行なった。在叡時代で注目されることは東塔常行堂の堂僧をつとめていたことである。これは良忍没後まもなく成立した三善為康の『後拾遺往生伝』巻下と沙弥蓮禅の『三外往生記』(堂衆と記す)にみられるが、堂僧とは常行三昧堂の不断念仏に結番して勤める念仏合唱僧のことで、堂僧としての音楽的素地がのちに曲調豊かな融通念仏を唱導することになる。その後に大原の別所に隠棲して来迎院と浄蓮華院(ともに京都市左京区大原来迎院町)を創建し、円仁所伝の声明の中で五個の大曲を尋宴・瞻西・寛誓より相承して諸流を統一してこれを大成した。また、毎日念仏六万遍を唱え、『法華経』を書写し、さらに手足の指を切り燃して仏と経とに供養するなど、苦修練行に励んだ。時に良忍四十五歳の永久五年(一一一七)念仏三昧中に阿弥陀如来から直授を受け「一人一切人、一切人一人、一行一切行、一切行一行」の偈を感得、一人の念仏と万人の念仏とが相即融通する融通念仏を創唱し名帳を奉持して広く道俗に勧進した。良忍の融通念仏勧進は、曲調豊かなメロディーで人々を宗教的エクスタシーに誘い、これに結縁した人の名を名帳に記入する、いわゆる宗教的うたごえ運動と署名運動であったといえる。また聖の勧進活動が経済性を伴う宗教活動であったことから、天治二年(一一二五)に良忍が鞍馬寺に参詣し、毘沙門天より融通念仏結衆守護の霊告を受けるのも、鞍馬寺の焼亡に伴う造営再建の勧進活動と考えられる。長承元年(一一三二)大原来迎院で没した。年六十歳(一説に六十一歳)。安永二年(一七七三)後桃園天皇より聖応大師と追諡された。墓は大原来迎院(重要文化財)、叡福寺(大阪府南河内郡太子町)、大念仏寺(大阪市平野区平野上町一丁目)にある。

参考文献『弾偽褒真抄』、信瑞『広義瑞決集』(『国文東方仏教叢書』二)、凝然『声明源流記』(『大日本仏教全書』)、『元亨釈書』一一・二九(同)、卍元師蛮『本朝高僧伝』五一(同)、『古今著聞集』二(『日本古典文学大系』八四)、『野守鏡』下(『日本歌学大系』四)、井上光貞『日本浄土教成立史の研究』、西口順子「院政期における別所浄土教の考察—良忍上人伝をめぐって」(『史窓』一五)、佐藤哲英編『良忍上人の研究』、五来重『増補高野聖』(『角川選書』七九)、田代尚光『増訂融通念仏縁起の研究』、平岡順亮編『融通念仏宗三祖略伝』、浜田全真「良忍上人と鞍馬寺」(『印度学仏教学研究』二〇ノ二)、戸田孝重「良忍と融通念仏」(『仏教大学大学院紀要』二三)、融通念仏宗教学研究所編『融通念仏信仰の歴史と美術』 (浜田 全真)

りょうへん 良遍 一一九六—一二五二 鎌倉時代中期の僧。字は信願、蓮阿と号し、三位已講とも称す。建久七年(一一九六)京都に生まれる。父は藤原盛実。興福寺に住し、初め勝願院に入り、ついで光明院覚遍に随って法相を学び、寛喜二年(一二三〇)維摩会の講師となり、さらに法印権大僧都に昇進して後嵯峨院の帰依を受け、春日に草庵をかまえ、戒律の興隆をも願った。ことに東大寺戒壇院の円照とも親交あり、また円爾の『宗鏡録』の講義に参じ、禅宗の受容にもつとめた。さらに寛元元年(一二四三)四十八歳のとき生駒山麓に竹林寺を興して『念仏往生決心記』を著わして、念仏法門への関心を示した。そして東大寺知足院をも復興して法相の道場として、宗性の『日本高僧伝要文抄』の作成に協力し、この院の本尊として貞慶の念持仏の地蔵菩薩像を安置した。建長三年(一二五一)病により知足院を覚澄に付して、大聖竹林寺に入り、翌四年八月二十八日に示寂した。五十七歳(一説には五十九歳)。世に生駒僧都と称せられた。その付法の弟子に下野薬師寺を中興した密厳、東大寺尊勝院主宗性、興福寺中院の賢恩、鎌倉光明寺良忠らがいた。

良遍花押

著述に、『法相大意抄』一巻、『唯識観』、『唯識三性観』、『因明大疏抄』八巻、『真法要文集』一巻、『表無表鈔』六巻、『三聚浄戒懺悔軌則抄』、

良遍画像

『善導大意』、『観心覚夢鈔』などがある。その教学は法相学をはじめとして、因明学にも長じ、覚盛とともに南都の戒律の復興につとめ、常に西方往生を思念して念仏三昧を行じて浄土思想に対する南都のよき理解者でもあった。

参考文献　鎌倉茂雄・田中久夫校注『鎌倉旧仏教』(『日本思想大系』一五)、北畠典生『『信願上人小章集』の研究』、同「良遍教学の特徴—『法相二巻鈔』における平易性について—」(『仏教学研究』三二)、同「良遍の生涯」(『竜谷紀要』三ノ二)　（平岡　定海）

りょうべん　良弁　⇩ろうべん

りょうゆう　良祐　⇩色定《しきじょう》

りょうよ　了誉　⇩聖冏《しょうげい》

りんけん　林賢　⇩胡惟庸《こいよう》

りんけん　琳賢　生没年不詳　戦国時代の南都絵仏師。興福寺大乗院門跡の吐田《はんた》座に属す。天文五年(一五三六)の東大寺蔵『東大寺大仏縁起』(重要文化財)のほか、同十八・二十一・二十二年の画業がしられている。奈良の固定化した伝統的画風を示す。琳賢の名はただしくは琳賢房有勝、江戸時代以来、芝琳賢と誤称された。ほかに、かれ以前に琳賢房正有がおり、以後には孫も琳賢房の名を踏襲するが、いずれも別人。

参考文献　森末義彰『中世の社寺と芸術』　（平田　寛）

りんざいぜんじ　臨済禅師　⇩義玄《ぎげん》

りんせい　琳聖　生没年不詳　周防大内氏の始祖とされる百済人。ただしその実在性については疑わしい。『大内系図』(『続群書類従』系図部所収)によると、百済王余璋の第三子で推古天皇十九年(六一一)に来朝、周防国佐波郡多々良浜に至り、難波を経て聖徳太子に謁して、再び周防に下り、大内県を領地としたという。同書別本(同所収)では父を斉明王(聖明王)としている。享徳二年(一四五三)に大内教弘が朝鮮に送った書状には、仏教受容をめぐって物部氏が反対したとき、聖徳太子を助けるため百済王が琳聖を日本に派遣したと述べ、琳聖の日本渡来に関する記録を求めている(『朝鮮端宗実録』元年六月己酉条)。また文明十七年(一四八五)には、大内政弘が朝鮮に琳聖の世系やその祖先の事跡についての詳しい記録を求めている(『朝鮮成宗実録』十六年十月条)。

参考文献　近藤清石編著『大内氏実録』　（石井　正敏）

れ

れいしないしんのう　令子内親王　一〇七八―一一四四　白河天皇の第三皇女。母は藤原師実の養女中宮賢子(実父源顕房)。寛治三年(一〇八九)に斎院、康和元年(一〇九九)退下。同母の姉の郁芳門院の死とともに、その存在に重みが増し、堀河天皇の死により嘉承二年(一一〇七)には鳥羽天皇の母儀として入内し、同年に皇后となり、長承三年(一一三四)に太皇太后となる。御所が二条にあったので二条の大宮とよばれ、政治史的には、白河院政の後半期を後宮から支えたことで、また文芸サロンとして文化上の役割も重要である。天養元年(一一四四)四月二十一日没。六十七歳。↓藤原賢子《ふじわらのけんし》(上醍醐陵)

参考文献　『今鏡』七　(五味　文彦)

れいぜいためかず　冷泉為和　一四八六―一五四九　戦国時代の歌人。法名静清。文明十八年(一四八六)生まれる。上冷泉為広の男。永正十二年(一五一五)従三位。正二位権大納言民部卿に至る。大永ころまでは主に京都で歌道師範家として活動したが、享禄に入ると戦乱のため知行地のある駿河に下向、今川氏の庇護を受け、氏親らに歌道を指南。甲斐へも赴く。時折上京、近江や北陸へも下る。天文十七年(一五四八)駿河で出家、同十八年七月十日同地で没。六十四歳。家集『今川為和集』がある。

冷泉為和花押

参考文献　和歌史研究会編『私家集大成』七、井上宗雄『中世歌壇史の研究―室町後期―』、米原正義『戦国武士と文芸の研究』　(福田　秀一)

れいぜいためすけ　冷泉為相　一二六三―一三二八　鎌倉時代後期の歌人。初名為輔。後世藤谷《ふじがやつ》殿・藤谷中納言と称す。弘長三年(一二六三)生まれる。歌道師範藤原為家の晩年の男。母は阿仏尼。為氏・為教らの異母弟。冷泉家の祖。正二位権中納言に至る。幼くして父から相伝の三代集や和歌文書を伝えられたのには母阿仏の強要もあったという(『源承和歌口伝』など)。為家はまた、長男為氏に譲っておいた播磨国細川荘をも悔返し(取戻すこと)て為相への譲状を書き、これが『十六夜日記』で有名な訴訟の原因となる。同日記に母との習作めいた贈答がみえ、正応年間(一二八八―九三)にはその訴訟もあって東下、以後関東の要人と親しく、たびたび下向。延慶元年(一三〇八)従三位。一方、伏見院・京極為兼らの京極派にも接近し、乾元二年(嘉元元、一三〇三)『仙洞五十番歌合』以下に出詠。『玉葉和歌集』の選者を望むが果たさず、関東で『拾遺風体和歌集』『柳風和歌抄』を撰び、『夫木和歌抄』の撰定にも参与し、和歌・連歌を指南。『新後撰和歌集』以下に入集。独自の歌風は平明。家集『藤谷和歌集』は後人の編。嘉暦三年(一三二八)七月十七日(十六日とも)京または鎌倉で没。六十六歳。鎌倉浄光明寺に墓と伝えるものがある。

冷泉為相花押

冷泉為相画像(土佐光芳筆)

冷泉為相墓

参考文献　井上宗雄『中世歌壇史の研究―南北朝期―』、福田秀一『中世和歌史の研究』　(福田　秀一)

れいぜいためもり　冷泉為守　一二六五―一三二八　鎌倉時代後期の歌人・狂歌作者。法号暁月坊。文永二年(一二六五)京都に生まれる。歌人藤原為家の男。母は阿仏尼。為相の同母弟。侍従正五位下に至る。『十六夜日記』に母との贈答歌がみえ、永仁元年(一二九三)以前に異母兄為顕に伴われて東下、以後何度か鎌倉に滞在。他阿・夢窓疎石とも交際。四十歳前後に出家、『玉葉和歌集』に入集、嘉暦三年(一三二八)十一月八日六十四歳で

冷泉為守画像（栗原信充『肖像集』）

没（『常楽記』）。辞世は『風雅和歌集』にも入る。太田道灌で有名な「遠くなり近く鳴海の浜千鳥…」の歌は彼の詠という（『兼載雑談』）。『狂歌酒百首』を伝え、狂歌師の祖とされて多くの逸話も付会される。

参考文献 福田秀一『中世和歌史の研究』

（福田 秀二）

れいぜいてんのう 冷泉天皇 九五〇—一〇一一 九六七—六九在位。村上天皇の第二皇子。母は藤原師輔の女安子。諱は憲平。天暦四年（九五〇）五月二十四日生まれる。同元方の女祐姫所生の同年の兄広平を越え、同七月に立太子。康保四年（九六七）五月二十五日、村上天皇の死去により践祚。六月、藤原実頼を関白とし、十月十一日、内裏紫宸殿で即位。幼少のころより異常な行動が多く、その狂気は元方の祟りといわれ、治世は外戚の師輔流藤原氏の勢力伸張に利用された。同九月、源高明女を室とする同母弟為平を避けて、その弟守平（円融天皇）が立太子。翌安和元年（九六八）、藤原伊尹女懐子に第一皇子師貞（花山天皇）が生まれる。同二年三月、安和の変で高明が失脚。八月十三日に円融天皇に譲位し、師貞が東宮となった。この後、藤原兼家の女超子が第二皇子居貞（三条天皇）を生む。四十余年を冷泉院で過ごし、寛弘八年（一〇一一）十月二十四日没。六十二歳。

参考文献 『大日本史料』二ノ七、寛弘八年十月二十四日条、土田直鎮『王朝の貴族』（中央公論社『日本の歴史』五）

（山口 英男）

桜本陵《さくらもとのみささぎ》 京都市左京区鹿《しし》ヶ《が》谷《たに》法然院町にある。『日本紀略』寛弘八年（一〇一一）十一月十六日条に天皇を桜本寺前野で火葬し、その山傍に御骨を埋葬したとある。『御堂関白記』同月十三日条にも御葬所ならびに御陵所は桜本寺北方の平地にありと記している。陵号は『小右記』長和四年（一〇一五）閏六月一日条に「故冷泉院御陵号桜下」とみえる。中世以降、所在不明となり、元禄以降諸説がたてられたが、桜本寺の故址から、明治二十二年（一八八九）現在地に考定された。

参考文献 『大日本史料』二ノ七、寛弘八年十一月十六日条

（飯倉 晴武）

れいよういんどの 霊陽院殿 ⇨足利義昭《あしかがよしあき》

れんぎこう 廉義公 ⇨藤原頼忠《ふじわらのよりただ》

れんきょう 蓮教 一四五一—九二 室町時代後期の僧。真宗興正派第十四世。諱堯円。仮号大納言。花恩院。諡号願乗院。仏光寺第十二世性善の息。母中将実綱の女。宝徳三年（一四五一）正月十五日生まれる。大納言甘露寺親長の猶子となり、妙法院教覚を師として得度。経豪と称し、文明元年（一四六九）三月摂津平野に滞在したまま応仁の乱で炎上荒廃した仏光寺を継いだ。しかしその年五月に父性善が没したのち、まもなく出口光善寺順如を介して本願寺蓮如に接近し、ついに同十三年比叡山の圧迫により門下を率いて仏光寺を出、本願寺に帰参した。蓮如は厚遇して蓮教の名を与え、孫にあたる常楽台蓮覚の長女恵光尼を室とし、山科に興正寺の建立を促した。以後、興正寺が飛躍的に発展していく基を開いた。明応元年（一四九二）五月二日没。享年四十二。

参考文献 玄智『大谷本願寺通紀』六（『新編真宗全書』史伝編六）、徳義・徳常編『渋谷歴世略伝』（同七）、平松令三編『専修寺・諸派』（『真宗史料集成』四）、同編『仏光寺の歴史と信仰』、『本願寺史』一、宮崎清『真宗反故裏書之研究』

（首藤 善樹）

れんじゅん 蓮淳 一四六四—一五五〇 戦国時代の僧。諱兼誉。童名光徳。仮名三位。号顕証寺。また籠居して光応寺本法院と号す。法印権大僧都。寛正五年（一四六四）、本願寺第八世蓮如の第十三子第六男として生まれる。母蓮祐尼。文明三年（一四七一）四月、蓮如の越前吉崎下向に伴い、本願寺の親鸞影像を安置する近江近松坊舎（顕証寺）を留守した。同十一年十二月三十日得度。明応六年（一四九七）には近江堅田新在家の坊舎、同七年には近江赤野井の坊舎を兼帯していたことがわかり、永正年間（一五〇四—二一）に伊勢長島願証寺を創建した。一時本願寺を離れたが、天文四年（一五三五）に下間頼秀・頼盛兄弟の追放と前後して帰し、河内久宝寺村西証寺に入って寺号を顕証寺と改めた。同八年、河内顕証寺を子実淳に譲り、近松顕証寺ならびに堅田称徳寺を兼住したが、同十一年実淳の死により再び河内顕証寺に戻り、同十九年八月十七日没した。享年八十七。おもに近畿・東海において本願寺の教線伸張に尽くし、教団の重鎮として第九世実如・第十世証如を補佐した。慶寿院鎮永尼の父であり、証如の祖父にあたる。ほかに河内招提敬応寺もその開創にかかる。著作に『蓮如上人御若年砌事』がある。またその死に際しては弟実孝の記した『葬送中陰記』がある。

参考文献 玄智『大谷本願寺通紀』五（『新編真宗全書』史伝編六）

（首藤 善樹）

れんぜん 蓮禅 生没年不詳 平安時代後期の漢詩人。『三外往生記』の作者。生没年時は未詳であるが、『中右記』大治五年（一一三〇）六月十七日条によれば、この日に姉の宰相典侍が三十九歳で没しており、逆算して姉の生年を寛治六年（一〇九二）とすると、それ以後の生まれということになる。生存年時の下限は久安年間（一一四五—五一）。俗名は藤原資基。筑前入道と号す。小野宮実頼流で、祖父が日記『春記』を書いた藤原資房。父は

木工頭藤原通輔。兄は筑前守藤原公章。弟に説法の名手といわれた叡山僧の法印弁覚、法勝寺尊勝寺執行の法眼静俊がいる。極官は散位従五位下。俗名の下限は、『中右記』保延元年(一一三五)八月十二日条に大原野社の奉幣使として「資基」とみえる記載で、ほどなく出家したと考えられ、筑紫に漂泊の旅に出、帰京の後、阿弥陀峰に幽棲したという。『三外往生記』の成立は保延五年ごろである。平安時代末期の漢詩文集『本朝無題詩』に「釈蓮禅」の詩が五十九首収められており、編者と擬する説がある。『本朝書籍目録』によれば、『打聞集』三巻、『一句鈔』一帖の著書があったことが知られる。

参考文献 井上光貞・大曾根章介校注『往生伝法華験記』(『日本思想大系』七)、平泉澄「厭世詩人蓮禅―三外往生記と本朝無題詩―」(『我が歴史観』所収)

(佐々木令信)

れんだいじのそうじょう 蓮台寺僧正 ⇨寛空《かんくう》

れんにょ 蓮如 一四一五―九九 室町時代の僧侶。真宗の本願寺八世。幼名布袋・幸亭。諱兼寿。号信証院。明治十五年(一八八二)慧燈大師と追諡。応永二十二年(一四一五、伝二月二十五日)生まれる。父本願寺七世存如。母は不詳で西国、豊後、備後鞆《とも》の人などといい、六歳で生別。永享三年(一四三一)夏、十七歳で中納言広橋兼郷の猶子として青蓮院で出家。父に就学し貧困中に青年期を過ごした。嘉吉二年(一四四二)二十八歳(長子順如誕生)前に如了尼(下総守平貞房女)と結婚しやがて死別、以後蓮祐尼(如了妹)・如勝尼(家女房)・宗如尼(前参議藤原昌家女)・蓮能尼(治部大輔源政栄女)とおのおの死別し順次結婚した。長禄元年(一四五七)六月十八日存如没し、叔父越中瑞泉寺如乗の周旋で、四十三歳で継職。以後、近江・摂津・三河などに活発な布教活動を展開した。ために寛正六年(一四六五)正月十日(一説十一日)延暦寺衆徒に東山大谷の堂舎を襲われ、門弟近江堅田の法住、三河佐々木の如光らの奔走で西塔院末寺として毎年礼銭三千疋を納め落着したが、三月二十一日再来襲しすべて破却された。以後蓮如は南近江諸方を遍歴し、応仁二年(一四六八)三月山徒の堅田襲撃(堅田大責)を避けて大津近松に移り(一説翌文明元年(一四六九))、翌年坊舎を建て祖像を移した。ついで文明三年四月越前吉崎へ移り坊舎や多屋を建てると、北陸などの門徒が参集して繁栄したが、加賀の富樫一族と本願寺門徒の抗争に対する近侍者下間蓮崇の密計を避け、同七年八月退去した。以後河内出口・和泉堺などに移り、同十年正月山城山科に本願寺を再興、十二年十一月近松から祖像を移し、やがて本堂・影堂・北殿以下の諸堂宇・土居などを整え、寺内町を形成、殷賑を極め、近隣に隠居所南殿を設けた。延徳元年(一四八九)八月職を実如に譲り隠居し、明応五年(一四九六)十月摂津大坂に坊舎を建立した(現大阪城地)。同八年二月二十日大坂から山科南殿に入り、三月九日実如・蓮綱ら五子に遺誡、二十五日正午に没した。八十五歳。子女は十三男十四女。その生涯は荘園制が崩壊して惣村制が進展する戦国時代前期にあたり、道場設立や講組織による地方門徒の結合を足場にし、本願寺教団を急速に発展させた。布教には教理を平易に説いた『御文』(御文章)を用い、また父存如が親鸞の『教行信証』行巻から別出した『正信偈』と親鸞作「三帖和讃」(浄土・高僧・正像末の三和讃)を重視して勤行形式を定め、文明五年はじめて開版し、『正信偈大意』を著述し、一方五十九点以上の聖教を書写し百数十点以上の名号・宗祖絵像などに裏書し無数の六字名号を書いて門弟に下付し、また王法為本などを説いた。高田専修寺系の三河上宮寺・勝鬘寺・本証寺、仏光寺経豪(興正寺蓮教)、越前三門徒系正闡坊善鎮らが帰入した。後人編纂の言行録は多いが、十男実悟編『蓮如上人御一期記』二百二十三条、中世末編『蓮如上人御一代記聞書』三百十六条は代表的なものである。

蓮如花押

蓮如画像

参考文献 『真宗聖教全書』三、稲葉昌丸編『蓮如上人遺文』、同編『蓮如上人行実』、堅田修編『蓮如とその教団』(『真宗史料集成』二)、佐々木芳雄『蓮如上人伝の研究』、禿氏祐祥『蓮如』、服部之総『蓮如』(『服部之総全集』一四)、笠原一男『蓮如』(『人物叢書』一〇九)、森竜吉『蓮如』(『講談社現代新書』五五〇)、『本願寺史』

(柏原 祐泉)

ろ

ろうし　老子　中国の道家(老荘)思想の開祖とされ、のちには道教の神ともなった人物。『老子』の作者であるが、その時代は不明。老子の伝記としては最も古い『史記』の伝記はほぼ次のようであるが、疑問が多い。姓は李、名は耳、字は耼《たん》。楚《そ》の苦県の人。周の守蔵室(図書室)の役人であったとき、孔子が礼を問いに行って教えをうけ、竜のようだと讃嘆した。のち周を離れて西方に隠遁したが、関所の長官令尹《れいいん》喜の請いに従って「書上下篇、道徳の意五千余言」を著わしたという。この著作の体裁は今の『老子』と合うが、今の『老子』の内容は孔子の先輩の作品とは見られない。『史記』はこのあと、孔子と同輩の老莱子、孔子の死後百二十九年めに秦の天下統一を予言した太史儋《たん》をあげて、それが老子だともいわれるという。なお老子は百六十余歳あるいは二百余歳の長寿者であったともいって、すでに『史記』のころに伝記があいまいであったことを物語っている。

[参考文献] 武内義雄『老子原始』(『武内義雄全集』五)、楠山春樹『老子伝説の研究』　(金谷　治)

良弁自署

ろうべん　良弁　六八九―七七三　奈良時代の僧。持統天皇三年(六八九)に生まれる。良弁の出自については、近江国志賀の里、または相模国ともいわれ、良弁がのちに石山寺の創建に力をいれていることからも、近江説に有利な条件が多い。天平十五年(七四三)三月の良弁大徳の宣にもとづいて、東大寺に請経したのが史実として明らかな初見である。良弁は義淵の弟子として金鐘寺の周辺の山房に居住して、中国の賢首大師法蔵の直弟である新羅国人の審祥より華厳教学について学んでいる。ことに良弁の写経や、請経の様相からして、『不空羂索神呪心経』『理趣経』『陀羅尼集経』などの密教に関する経典などが多く、天平勝宝八歳(七五六)五月に看病禅師の功により大僧都となり、聖武天皇の護持僧的な性格が見られるのである。華厳為本の思想にもとづいて、聖武天皇に大仏造顕にあたって盛んに『華厳経』との関連性を説いて、天皇の理想の実現に積極的に動いたと考えられる。天平勝宝四年孝謙天皇が東大寺に行幸して大仏開眼供養が行われたのち良弁は東大寺別当に任命されている。天平宝字五年(七六一)東大寺別当を辞退して、近江石山に石山院務所を開いて、その建立に努力した。石山寺は良弁が孝謙上皇の保良宮の祈願寺として建立したのであると考えられる。また良弁の弟子に道鏡の名も見えているが、良弁は宮中内道場を中心として隠然とした勢力を持っていたものとうかがえると同時に、光明皇后らとも連絡をとりながら東大寺の創建に必死の努力を傾けた。宝亀四年(七七三)閏十一月十六日、八十五歳で宇陀の地で入滅した(『続日本紀』では十一月二十四日)。

良弁像

[参考文献] 『東大寺要録』、平岡定海「良弁の台頭と華厳教学の受容」(『日本寺院史の研究』所収)、岸俊男「良弁伝の一齣」(『日本古代文物の研究』所収)、松本信道「『東大寺要録』良弁伝について」(『駒沢史学』二九)　(平岡　定海)

ろくおんいんどの　鹿苑院殿　⇨足利義満《あしかがよしみつ》

ろくじょうありふさ　六条有房　一二五一―一三一九　鎌倉時代後期の公卿・歌人。千種氏を称し、父は村上源氏六条家の祖源通有。建長三年(一二五一)生まれる。正安元年(一二九九)正三位・非参議となり、二年後に参議となって国政に参与。ついで嘉元元年(一三〇三)権中納言・従二位、延慶元年(一三〇八)権大納言、文保二年(一三一八)従一位、元応元年(一三一九)内大臣と、ほぼ順調に昇進をとげている。嘉元三年には後宇多院使として関東に下向し朝幕間の交渉にあたってもいる。しかし全体としては京都朝廷の逼塞期であり、有房の政治的活動には特にみるべきものはない。むしろ歌人としての功績が大きかった。二条派の二条為世について歌学を学び、『増鏡』には「才賢くて末の世にまでもてなされ」たとその才能をたたえられている。当時は京極為兼を中心とする京極派が全盛で、その歌風を論断するために有房の属する二条派は『野守鏡』をあらわしている。すなわち為兼らが対象とそのもたらす感動を技巧・修辞をほどこさないで素直に詠むことを本義と主張したのに対して、和歌には和歌らしからしめるべき工夫が必要だといい、独自の文学論を示した。『新後撰和歌集』『玉葉和歌集』

六条有房花押

六条有房画像(『天子摂関御影』)

などに多くの歌が採録されている。元応元年七月二日没。六十九歳。（井上　満郎）

ろくじょうさいいん　六条斎院　⇩禖子内親王《ばいしないしんのう》

ろくじょうさいいんのせんじ　六条斎院宣旨　生没年不詳　平安時代後期の六条斎院禖子内親王家の女房。斎院卜定時(永承元年(一〇四六))、宣旨という斎院にとっての中枢女房として活躍、『為房卿記』寛治六年(一〇九二)二月二十三日条「去暁斎院宣旨頓滅云々」を、彼女の死去の記事とすれば、相当な長寿であったと思われるが、生没はなお不明である。源頼国(多田満仲の孫、源頼光の男)の女子と伝えられ、頼国の女子十一人(うち二名は重複らしい)のうち、宇治大納言源隆国妻となった女子を宣旨とする説が有力である。好文の禖子内親王の女房にふさわしく、主家の生涯にわたる二十五度の歌合に十六回も出場し、三十四首を残しているほか、天喜三年(一〇五五)五月三日の「題物語歌合」には『玉藻に遊ぶ権大納言』物語を提出、さらに藤原定家の『僻案抄』によれば、平安後期を飾る大作『狭衣物語』の作者とされている。『狭衣物語』宣旨作説は、研究が進むにつれて確率が高く、現在ではほぼ定説に近くなっている。

参考文献　『大日本史料』三ノ二、寛治六年二月二十二日条、堀部正二『纂輯類聚歌合とその研究』、萩谷朴『平安朝歌合大成』三・四　（鈴木　一雄）

ろくじょうてんのう　六条天皇　一一六四―七六　一一六五―六八在位。二条天皇の子で、母は伊岐致遠の女。諱は順仁。長寛二年(一一六四)十一月十四日に生まれる。永万元年(一一六五)六月二十五日親王宣下をうけその日に受禅、七月二十七日即位。父二条天皇が病弱であったための即位であったが、祖父の後白河上皇が院政を行なった。三年後に五歳で退位。元服以前に太上天皇を称した初例である。安元二年(一一七六)七月十七日に十三歳で死去。（井上　満郎）

清閑寺陵《せいかんじのみささぎ》　京都市東山区清閑寺歌ノ中山町にあり、高倉天皇陵と同一陵墓地内の同陵背後の山腹に位置する。安元二年(一一七六)七月二十二日六条天皇を奉葬した。『山槐記』養和元年(一一八一)正月十四日条の高倉天皇奉葬の記事に「今夜渡二御邦綱卿清閑寺小堂一、抑是六条院御墓所堂」とあり、当陵に高倉天皇を合葬したと考えられるが、以後の記録には「高倉院法華堂」の名しかないので、高倉院法華堂はのちに別個に設けられたとも思われる。江戸幕府の元禄・享保の諸陵調書は、清閑寺境内に高倉天皇陵所はあるが、六条天皇陵所は不明とする。幕末の修陵にあたり、当所を考定して修補を行い、明治二十八年(一八九五)十月勅使参向して起工奉告祭を行なって、陵内の再修理を行い、翌年竣工した。直径約七メートルの円丘を中央に、間口一二メートル、奥行一〇メートル余の南南西に面する方形に土塀をめぐらし、南面中央に唐門を設けている。

参考文献　『六条天皇清閑寺陵・高倉天皇後清閑寺陵之図』(宮内庁書陵部所蔵『陵墓地形図』一二八〔M五四〕)、上野竹次郎『山陵』下、宮内庁編『明治天皇紀』八・九　（石田　茂輔）

ろくそだいし　六祖大師　⇩慧能《えのう》

ろくそんのうつねもと　六孫王経基　⇩源経基《みなもとのつねもと》

ろくだいごぜん　六代御前　⇩平六代《たいらのろくだい》

ろっかくさだより　六角定頼　一四九五―一五五二　戦国時代前葉の守護大名。近江国蒲生郡の観音寺城に拠り江南半国を領した。明応四年(一四九五)高頼の次男として生まれる。幼名四郎。従四位下弾正少弼、江雲寺と号した。法名光山承亀。

六角定頼花押

幼くして相国寺に入り光室承亀と命名され(明応八年)、永正元年(一五〇四)四月、寺中の慈照院において断髪したが、長兄氏綱が足疾を患い国守の任に堪ええないため、永正十三年(一五一六)伊庭貞説の反乱に際して近江国に帰り、兄を輔けて国務を執ること二年、同十五年氏綱の早世で還俗、家督を嗣いだ。同十七年、細川澄元に敗れて逃げてきた細川高国を援け、大永二年(一五二二)大兵を率いて上洛し、前年高国が擁立した将軍足利義晴(十二歳)を京邸に迎えてその旗色を明らかにする一方、兵をかえして日野城に蒲生秀紀を攻め、翌年これを降して城を破却、領国支配を強化。同五年には江北浅井郡の小谷城に拠って京極高清を尾張国に追放した新興大名の浅井亮政を攻めるが、越前朝倉氏と結ぶ亮政の反撃にあい、高清の帰国調停によって和議。同七年、柳本賢治に桂川で敗れ義晴を奉じて逃げてきた高国らを武佐《むさ》長光寺にかくまう。一旦帰洛するが翌享禄元年(一五二八)再び高国が細川晴元と衝突、逃げてきた義晴・高国主従を高島郡の朽木《くつき》谷にかくまう一方、京に派兵して晴元と争うことになった。同四年、晴元に通じた浅井亮政の急襲をうけ、義晴らは葛川《かつらがわ》・堅田を経て坂本に避難。天王寺の戦で敗れた高国が自害したため、義晴は定頼の支持のみが頼りとなり、観音寺城下の桑実寺《くわのみでら》に移り住み、天文三年(一五三四)秋までの三ヵ年、幕府湖東に移る観を呈した。

帰京に先立つ同年六月、義晴は近衛尚通の女を迎えて桑実寺で婚礼を挙げたが、翌四年御台所の産所を南禅寺の畔に新築、事にあたった定頼はすでに義晴の寵臣として一切を奉行し、五年三月若君菊幢丸(のち義藤・義輝)の

誕生に際して太刀一腰・馬一疋を下賜されている。この年、かつて法華宗徒とともに山科本願寺を攻めて焼亡させて(天文元年)以来敵対関係にあった本願寺証如と和議を結ぶ一方、翌六年には長女を細川晴元に嫁がせて宿怨を解くなど、義晴の寵臣として次第に重きを加えるに伴って巧みに転身を図り、同八年、晴元と三好範長の合戦を未然に調停して以後、その存在はすでに幕府の柱石と目せられるに至った。同十年にも晴元が細川氏綱・畠山政国らと対立し、定頼は義晴を坂本に避難させているが、このころから義晴と晴元の間に隙が生じ、同十三年両者の衝突が必至となったが、兵三千を率いて上洛した定頼の調停で事なきを得た。同十五年、義藤の元服に際し、晴元が摂津に出陣中のため定頼が管領代として加冠役を勤める一方、年来宿怨を含んできた延暦寺と法華宗徒の間の調停に成功し、新将軍義藤の門出に光をそえた。同十八年、晴元が三好長慶に敗れると、義晴・義藤父子を坂本に迎え、義晴の没後、義藤を堅田、ついで朽木で守るが、同二十一年正月二日病没。享年五十八。嫡子義賢が亡父定頼の菩提寺江雲寺を佐々木荘常楽寺に建立。

参考文献 『滋賀県史』、『近江蒲生郡志』二・九、畑井弘『守護領国体制の研究』 (畑井　弘)

ろっかくたかより 六角高頼 ?―一五二〇 戦国時代前葉、南近江を領した守護大名。久頼の子。母は飛鳥井氏。幼名亀寿丸。大膳太夫。竜光院宗椿と号した。康正二年(一四五六)久頼が京極持清と佐々木氏惣領の実を争って志をとげず自害したのち、六角氏を嗣ぐべき人物がなく、文安被官一揆に擁せられて敗死した時綱の子政堯が「国持衆」と呼ばれて家督の通称「佐々木四郎」を号し、領国を掌握、幕府も「江州太守」と呼んでその実を承認した。しかし、寛正元年(一四六〇)重臣伊庭氏を誅するに及び、将軍足利義政はその執政を排し、亀寿丸を家督と定めて引見、まだ未成年のため、時綱に殺された持綱の子政信に国務を執らせた。応仁の乱に際し、京極持清に通じた政堯がいち早く東軍に属したため、政信は高頼を奉じて西軍に与し、文明三年(一四七一)箕作山の清水城に政堯を敗った。翌四年亀寿丸は家督となり四郎行高(高頼)と称した。このころから山内政綱が高頼の寵を得て政信と権を争うに至り、政信は京極政経と通じて東軍に転じた。当時京極氏も政光を立てる分派が西軍に与していた。高頼側は政光と結び、終始一貫山名党として行動したが、文明七年に及ぶ九年間二十七度の合戦中、応仁元年(一四六七)十月の相国寺合戦以降はほとんどすべて領国江州での戦であった。山名宗全・細川勝元が相ついで没した文明五年、将軍義政は帰順を申し出ながらその実を示さぬ高頼の討伐を京極政経に命じており、兵乱の底流に在地の動きがあって高頼の意のままにはならなかったことを窺わせる。義政が足利義視と和を講じた同十年、守護職に復し、義政の東山新邸が完成した同十五年には大膳太夫任官の処遇をうけたが、一方で寺社・公卿領の押妨停止の幕命に応えず、長享元年(一四八七)将軍義尚の親征を蒙って甲賀に退居。義尚が陣中に病没した延徳元年(一四八九)一旦許されたが高頼配下の諸将が幕命に従わないため同三年再び将軍義材(のち義尹《よしただ》・義稙)の親征をうけ、守護代政綱は降って斬られ、高頼は甲賀・伊勢にかくれた。明応五年(一四九六)勅免を蒙って帰城、美濃の守護土岐元頼を援けて斎藤利国と戦った。この後も延暦寺領の押妨をはじめとする荘園侵略をつづける一方、伊庭貞隆の乱(文亀二年(一五〇二))を鎮圧、また前将軍義澄を長く庇護した岡山城の九里備前守を永正八年(一五一一)に誅して将軍義尹の意を迎えるなど時流を読んで勢力拡大を図った。長享以来の合戦およそ二十度。永正十七年に病没(『東寺過去帳』には十月二十一日、『足利季世記』には八月二十一日)。

六角高頼花押

参考文献 『大日本史料』九ノ一一、永正十七年八月二十一日条、『滋賀県史』、『近江蒲生郡志』二・九、畑井弘『守護領国体制の研究』 (畑井　弘)

ろっかくよしかた 六角義賢 一五二一―九八 戦国時代後葉の守護大名。幼名不詳。元服して四郎義賢と称した。大永元年(一五二一)生まれる。父は定頼、母は呉服前。天文八年(一五三九)閏六月能登国の畠山義綱の女を娶り、同年十月十五日従五位下左京太夫に任官。時に十九歳。同二十一年正月父定頼が死んで家督を嗣ぐ。弘治三年(一五五七)長子義弼(のち義治)に家督を譲って入道し、承禎と号したが、織田信長に観音寺城を陥される永禄崩れ(永禄十一年(一五六八))まで事実上の当主として領国を支配した。天文九年に伊勢の千草城に長野種藤を攻めた初陣以来、同十六年の将軍足利義藤(のち義輝)と細川晴元が衝突した北白河合戦、同十八年に三好長慶と摂津に戦って敗れた晴元を救援した北白河出兵、十九年の三好勢との五条合戦、二十年の三好方松永勢の江州来襲とこれに気脈を通じた浅井久政の侵入の撃退と、終始姉婿晴元の与党として戦に明け暮れたが、同年十月、将軍義藤と長慶の和を周旋して一旦の平穏をもたらした。同二十一年定頼の死に乗じて久政が享禄四年(一五三一)の箕浦合戦で失った坂田郡以南の奪還を図り、犬上・愛智でこれに呼応する者が続出したが、太尾城の会戦で浅井勢を撃破。ついで弘治二年、北伊勢に出兵して千種顕季を降し、さらに柿城に沼木氏を攻めたが失敗。永禄元

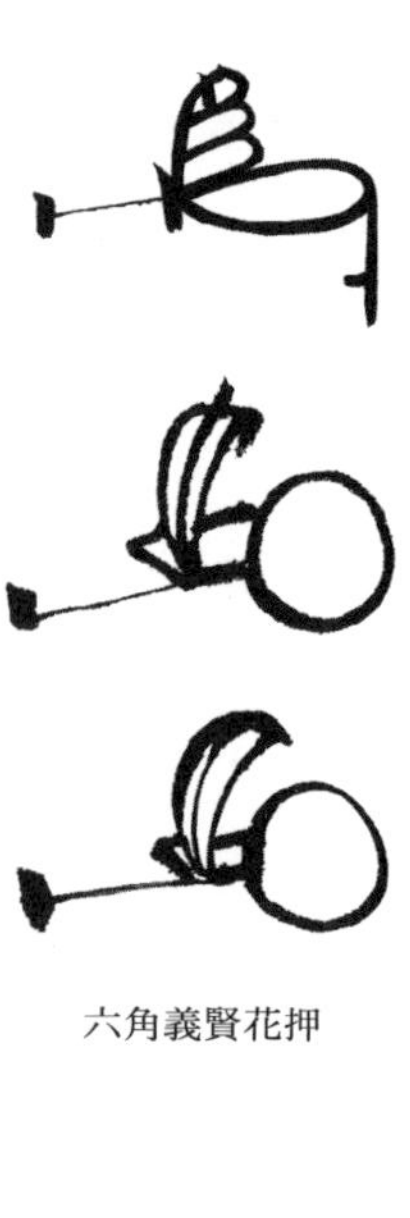

六角義賢花押

年長慶が再び乱をおこし晴元が足利義輝を奉じて坂本に逃れてきた。義賢は兵を出して長慶と白河口に戦い、和を講じて義輝の帰洛を再現する一方、久政に代えて長政を擁立し南進を図る浅井勢と対決、美濃の斎藤氏と結んで挟撃、同四年ついに佐和山城の合戦に大勝を収めると、二万余騎を率いて上洛し三好義興と対陣、翌年講和して帰国。同六年、重臣後藤賢豊の人望をねたんだ義弼がこれを謀殺。累代の重臣ら城内の邸を焼いて本領に帰る観音寺騒動がおこって六角氏瓦解の因を生じ、蒲生定秀の調停で弟義定を家督とすることを条件に諸将の復帰をみるが、人心の一致は失われ、この後六角氏の武威は衰退を辿り、同八年に三好義継らが義輝を殺害して義栄を将軍に擁立したときも、頼ってきた足利義昭の再起を援ける力はすでになく、同九年浅井軍の侵入に際しても諸将に力戦の意欲なくて連戦連敗を重ね、同十一年義昭を奉じて上洛を図る信長の進攻を防ぎきれず、観音寺城を棄てて父子ともに甲賀に走った。元亀年間(一五七〇—七三)ときに旧臣を募って信長に抗することがあったが再起する能わず、慶長三年(一五九八)三月十四日、落魄流亡のうちに生涯を終った。七十八歳。諡号を梅心院という。

参考文献 『滋賀県史』、『近江蒲生郡志』二・九、畑井弘『守護領国体制の研究』 (畑井　弘)

六角義治花押

ろっかくよしはる　六角義治　一五四五—一六一二　戦国時代末期、近江半国の守護大名。天文十四年(一五四五)生まれる。義賢の子、元服して四郎義弼、のちに義治と改名。右衛門尉、晩年入道して玄雄・鷗庵を号した。法名覚園院。弘治三年(一五五七)家督を嗣いだが実権は入道した父の掌中にあった。永禄六年(一五六三)重臣後藤賢豊の人望を憎んで謀殺、諸将の信を失う。同十年異母弟義定に家督を譲ったが人心すでに六角氏を去り、同十一年織田信長の進攻をうけると譜代の重臣らが挙げて降り、義賢父子は観音寺城を棄てて甲賀山中に走った。この後浅井・朝倉両氏と結び将軍足利義昭を奉じ一向一揆と携えるなど策を尽くして信長に抗したが功を奏せず、流亡の果て山城国加茂に隠棲、義定が豊臣秀吉に降り徳川家康に仕えて六角氏の家名を残したが、義賢は慶長三年(一五九八)、義治は同十七年十月二十二日、落魄のうちに生涯を閉じた。六十八歳。

参考文献 『滋賀県史』、『近江蒲生郡志』二・九・一〇、畑井弘『守護領国体制の研究』 (畑井　弘)

ロヨラ　Ignatius de Loyola　一四九一—一五五六　スペイン人イエズス会創立者、初代総会長、聖人。一四九一年バスク地方ギプスコア州アスペイティア近くのロヨラ城に生まれ、サン＝セバスチァン小教区教会で受洗、霊名イニゴ。少年時代はフェルナンド五世の会計検査院長ファン＝ベラスケス＝デ＝ケリャールの近習を勤め、一五一六年以後ナバラ副王のもとで軍務に服し、二一年パンプローナ城防衛戦でフランスとバスク連合軍の砲弾で脚に重傷を負い、故郷のロヨラ城で療養中、ルドルフの『キリスト伝』とボラジネの『聖人伝』を読んで回心。二二年マンレサでシスネロスの『霊的生活の修練』と『イミタチオ＝クリスティ(キリストのまねび)』を読み、厳しい苦行と祈りの生活中に霊的啓示を受け、この神秘的宗教体験に基づき、イエズス会の源泉となる『霊操』の主要部分を著わす。エルサレム聖地巡礼後、二四—三五年、バルセロナ・アルカラ・サラマンカ・パリでラテン語・人文学・哲学・神学を学び、三四年パリで哲学修士号を得、三七年、司祭となる。三九年、中世以来の諸修道会とは異なる新しいイエズス会『会憲草案』の執筆を開始し、翌年、シャビエルら六名の同志とともに創立したイエズス会(Compañia de Jesúsイエズスの軍団、Compañiaは中隊の意)が教皇パウロ三世から裁可され、翌年、初代総会長に選出され、四八年『霊操』が認可される。五一年ローマ学院(現グレゴリアン大学)、翌年ドイツ学院を創立、没年まで『会憲』の修正増補に専念し、五六年七月三十一日胆嚢炎のためローマで没。当時イエズス会はヨーロッパ・アフリカ・東西インドに十二管区、会士一千名に達し、十六世紀末には西欧カトリック世界の男子高等教育をほぼ独占するに至る。一六二二年列聖。日本準管区長ペドロ＝ゴメスはロヨラの『会憲』『会則』の精神を忠実に継承するとともに日本の新しい要請に応じた『日本管区規則』(文禄元年(一五九二)末)を完成。『霊操』と『イミタチオ＝クリスティ』のキリシタン版が刊行され、ロヨラが会士に課した霊的修練、ラテン語学習、人文主義的教養、哲学と神学の研鑽という教育方針は日本イエズス会の修練院・セミナリヨ・コレジヨの教育機関に多大な影響を与えた。

参考文献 『イグナチオ・ロヨラ書簡集』(中村徳子、V・ボネット訳)、佐々木孝・エバンヘリスタ訳編『ロヨラのイグナチオ—その自伝と日記—』、カール＝ラーナー『イグナチオ・デ・ロヨラ』(小林珍雄訳)、パウロ＝フィステル『聖イグナチオ』、ジョゼフ＝ド＝ギベール『聖イグナチオの霊性』(倉田清訳)、垣花秀武『ロヨラ』(『人類の知的遺産』二七)、I. Iparraguirre: C. de Dalmases, Obras completas, BiblAut Crist 86. ; I. Casanuvas: Cartas espirituales de S. Ignasi de Loyola, 2 v. (井手　勝美)

ロレンソ　Lourenço　一五二六—九一　イエズス会イルマン。大永六年(一五二六)肥前白石(佐賀県杵島郡白石町)に生まれる。邦名不詳。Lourenço de Fijen(肥前のロレンソ)とも書かれる。半盲の琵琶法師として渡世中、天文二十年(一五五一)山口でシャビエルに逢い受洗。ロレンソと称し、同宿として働く。弘治二年(一五五六)夏、比叡山に登り、京都布教の下調査を行い、豊後・肥前で宣教師らに日本語を教えつつ布教。永禄二年(一五五九)

ビレラに従い入洛。翌春将軍足利義輝から允可状を受け、京都・堺・大和に布教。同六年イエズス会に正式に入会。のちのキリシタン文学者養方軒パウロ父子、公卿清原枝賢や高山右近父子らを改宗させ、和田惟政の保護を得た。その間、教書の邦訳にもあたった。同八年西下、有馬・大村・五島に布教。十一年織田信長入洛に応じ再び入洛。日乗上人との宗論や迫害に対処、フロイス・オルガンティーノらを援け、京都南蛮寺の建設に成功。信長ついで豊臣秀吉の信を得たが、天正十五年(一五八七)の伴天連追放令により西下。同十九年春、天正遣欧使節らとともに聚楽第にも伺候したが、そのころから健康が勝れず、同年十二月二十日(一五九二年二月三日)長崎で没。六十六歳。その名は江戸時代の排耶・稗史類にも特記され、彼の活躍のほどを示している。

参考文献 海老沢有道『京畿切支丹史話―日本人伊留満ロレンソの足跡を辿りつつ―』 (海老沢有道)

わ

わか 和歌 生没年不詳 平安時代の白拍子。『平家物語』に白拍子のはじまりとして、鳥羽院のころに、島の千歳とともに、水干に立烏帽子、白鞘巻きをさして踊る男舞の名手として知られたという。その実像は不明ながら、あるいは『秦筝相承血脈』にある、箏を京極太政大臣宗輔から伝授された「若御前尼」を同一人物と見ることができようか。詳細は不明である。 (五味 文彦)

わかさただすえ 若狭忠季 ?―一二二一 鎌倉時代前期の武将。若狭国守護。史料上には津々見右衛門次郎・若狭兵衛尉・若狭次郎兵衛尉・若狭次郎兵衛入道などとみえる。『島津系図』には源頼朝の庶子で、島津忠久の弟、母は比企能員妹丹後局とする。惟宗姓。建久七年(一一九六)九月、若狭国有勢在庁稲庭権守時定が罪科により失脚した後をうけて若狭国守護職ならびに遠敷・三方両郡内の時定所帯跡地頭職に補任された。正治元年(一一九九)十月二十八日、千葉・三浦・畠山・小山らの有力御家人が梶原景時排斥の連署状を書いた時にはその一味に加わっている。また正治二年二月将軍頼家の鶴岡参詣に供奉したが、その後も将軍に供奉した記事は『吾妻鏡』中に多くみられる。建仁三年(一二〇三)十二月、忠季は若狭国内地頭職を没官され、十六ヵ所は伊賀行光、九ヵ所は中条家長に与えられた。これは同年九月の比企能員の滅亡に縁坐したものか。この時若狭国守護職も失ったものとみられる。伊賀行光に与えられた地頭職十六ヵ所は翌元久元年(一二〇四)八月までに、家長に与えられた地頭職九ヵ所は承久二年(一二二〇)に忠季に返された。当国守護職も元久元年または承久二年に忠季が再度補任されたものか。承久三年承久の乱が起るや、忠季は幕府方として合戦に参加し、六月十四日宇治橋合戦で討死した。彼の死後若狭国守護には甥の島津忠時が補任され、地頭職の一部は忠季の子孫が伝領した。

参考文献 『若狭国守護職次第』、『若狭国税所今富名領主代々次第』、佐藤進一『(増訂)鎌倉幕府守護制度の研究』、田中稔「鎌倉幕府御家人制度の一考察」(『鎌倉幕府御家人制度の研究』所収) (田中 稔)

わかたらしひこのみこと 稚足彦尊 ⇨成務天皇《せいむてんのう》

わかやまとねこひこおおひのみこと 稚日本根子彦大日日尊 ⇨開化天皇《かいかてんのう》

わきやよしすけ 脇屋義助 一三〇一―四二 鎌倉・南北朝時代の武将。新田義貞の弟。通称次郎、官途は右衛門佐、刑部卿、正五位下。正安三年(一三〇一)生まれる。父は新田朝氏。元弘三年(一三三三)新田義貞の討幕蜂起の引き金となった幕府徴税使の誅殺・拘禁事件の対応について、討幕挙兵の積極策を主張して、新田一族の鎌倉攻めの決意を固めさせた。幕府が滅亡し建武政府が成立すると、駿河国司となったが、その活動を示す史料はない。南北朝内乱がおこると、竹下合戦(箱根・竹下の戦)・京都合戦・中国攻め・湊川合戦・比叡山籠城戦など、義貞と行動をともにし活動した。義貞とともに越前に下向すると、義貞の金崎《かねがさき》城の北の守りとして杣山城に拠り、金崎城落城の際、その救援にあたり義貞の脱出には成功したが落城を阻止し得なかった。延元三年(北朝暦応元、一三三八)閏七月、藤島荘燈明寺畷で義貞が討死した後、越前における新田軍の総大将として活動し、徐々に頽勢を盛り返して興国元年(北朝暦応三、一三四〇)七月には越前北部の要衝黒丸城を攻略して守護の斯波高経を加賀

に追放し越前一国を一時掌握した。しかし足利方の総反攻が開始され、八月には黒丸城、九月には府中(武生)を奪回され、翌年六月には拠点の杣山城を攻略され、九月には越前を撤収して美濃・尾張を経て吉野に還った。興国三年(北朝康永元)には懐良親王を奉じて、伊予の今治浦に到着して活動を開始したが、懐良の九州下向の直後、六月五日に今治浦で病没した。四十二歳。新田荘由良郷脇屋村(群馬県太田市脇屋)は名字の地で、ここに館跡があり、その一角に正法寺という寺が建てられている。また尾島町安養寺の明王院(新田義貞館跡推定地)から、脇屋義助供養阿弥陀一尊板碑が出土し、「康永元年壬午六月五日、前刑部卿源義助、生年四十二逝去」という銘文がある。なおこの寺には、南北朝時代と推定される凝灰岩の五輪塔群があり、明王院が足利尊氏や岩松頼宥によって義貞・義助兄弟の鎮魂のために建立されたものと推定される。

参考文献 『大日本史料』六ノ七、康永元年五月是月条、群馬県教育会編『新田義貞公根本史料』、藤田精一『新田氏研究』、『新田荘と新田氏』(『新田町誌』四)、峰岸純夫『新田義貞』(『人物叢書』二三九)

(峰岸 純夫)

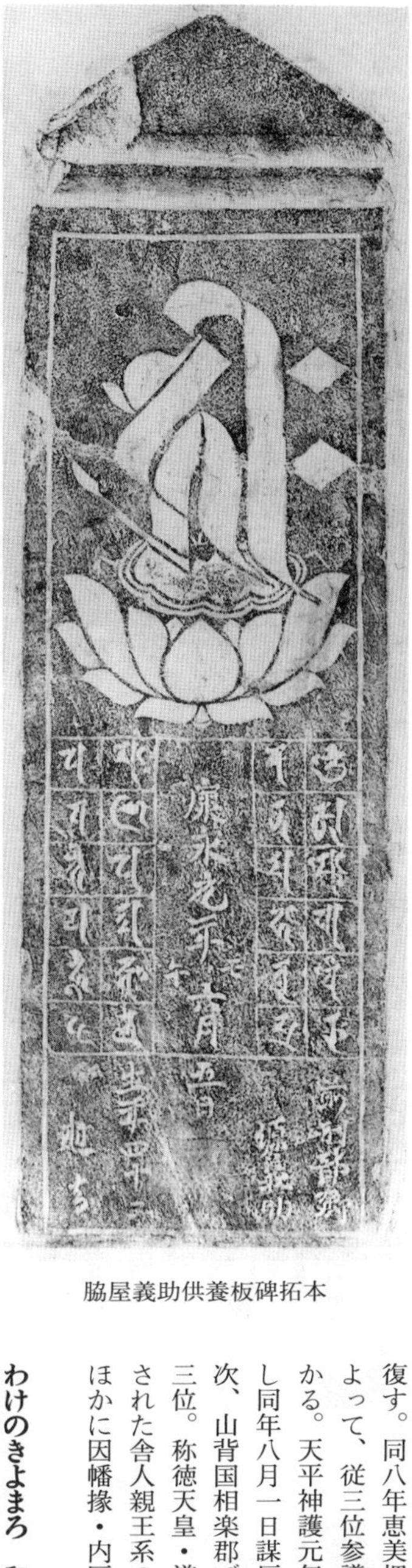

脇屋義助供養板碑拓本

わきやよしはる 脇屋義治 一三二三―? 南北朝時代の武将。新田義貞弟脇屋義助の子、左馬権頭・式部大夫、従五位上。元亨三年(一三二三)生まれる。『太平記』に登場するのは、建武二年(一三三五)十二月の箱根竹下の戦で、ここでは父義助とともに十三歳の義治の奮戦が特記されている。延元元年(北朝建武三、一三三六)四月の武者所結番の五番方頭人として、「新田式部大夫義治」と記されている。それ以後、新田義貞軍に父義助とともに従い、各地を転戦することとなる。同年十月、越前に下り父とともに杣山城を防衛し、金崎《かねがさき》城の救援において活躍した。義貞戦死後も父義助を補佐して越前の南朝方の勢力維持に奔走したが、興国二年(北朝暦応四、一三四一)九月に父義助の越前撤収後は主に東国で活動した。東国では宗良親王を奉ずる新田義宗・義興とともに正平七年(一三五二)閏二月の武蔵野合戦で活躍、その敗北後も上越国境を足場にゲリラ的活動を行い、同八年に小国城(新潟県長岡市小国町)を攻め落とされている。以後、二十二年(北朝貞治六)ごろまで生存が確認される。

参考文献 群馬県教育会編『新田義貞公根本史料』、藤田精一『新田氏研究』、『新田荘と新田氏』(『新田町誌』四)

(峰岸 純夫)

わけおう 和気王 ?―七六五 奈良時代の官人。舎人親王の孫、御原王の子。天平勝宝七歳(七五五)岡真人姓を賜う。天平宝字三年(七五九)舎人親王への崇道尽敬皇帝の追号に伴い、正六位上から従四位下に叙し和気王に復す。同八年恵美押勝(藤原仲麻呂)の謀反の密告の功によって、従三位参議兵部卿となり、淳仁天皇の廃立に与かる。天平神護元年(七六五)功田五十町を賜わる。しかし同年八月一日謀反の罪によって伊豆国へ配流される途次、山背国相楽郡で絞殺され狛野に埋められた。時に従三位。称徳天皇・道鏡を殺して即位し、押勝の乱で配流された舎人親王系の諸王を召し戻す計画であったという。ほかに因幡掾・内匠頭・節部卿・伊予守などを歴任。

(今泉 隆雄)

わけのきよまろ 和気清麻呂 七三三―九九 奈良時代の政治家。備前国藤野(和気)郡出身。天平五年(七三三)生まれる。乎麻呂の子。天平宝字初年、孝謙上皇に近侍していた姉広虫の推挙により兵衛として出身したらしく、天平神護元年(七六五)、従六位上で勲六等に叙せられ、ついで右兵衛少尉、翌年、正六位上より従五位下に叙せられ、近衛将監となった。神護景雲三年(七六九)、道鏡の皇位覬覦事件に際し、宇佐神宮に使し、神託をうけてこれを阻止したため、一時因幡員外介にうつされ、除名されて別部穢麻呂《わけべのきたなまろ》となり、さらに大隅国に流された。光仁天皇の即位とともに召還され、本姓本位に復し、豊前守に任ぜられたらしいが、桓武天皇の即位によって急速に登用され、天応元年(七八一)従四位下、延暦二年(七八三)摂津大夫となり、翌年、長岡京の造営を建議し、造京の功により従四位上に叙せられ、その後、民部大輔をかね、摂津班田司長官となり、河内・摂津両国堺で大水利工事をおこすなど、民政につくし、また故郷備前の行政にも意を用い、美作・備前国造に任ぜられた。同九年、正四位下に叙せられたが、藤原種継の暗殺により長岡京の造営が滞ると、十二年潜奏して平安遷都を願い、十五年、従三位に進み、造宮大夫となり、子の造宮判官広世とともに、「造京式」を制し、新京を造営した。同十七年、致仕を乞うたが許されず、功田二十町を賜わり、翌十八年正月に姉広虫が没したのにつづいて二月二十一

日に没し、正三位を贈られた。時に民部卿・造宮大夫で、年六十七。六男三女があり、生前に『民部省例』『和氏譜』を撰したという。長子広世は父の志をつぎ、私墾田百町を故郷八郡の百姓の賑救田にあてた。その墓所は神護寺にあるが、同寺は清麻呂が生前に建立した神願寺を子の真綱・仲世らが改めたもので、最澄はこの高雄山寺で悔過読経し、灌頂法壇をたて、またこれを空海に付して、神護国祚真言寺と名づけたという。また大学別曹として弘文院をたてたのも、広世が父の志をついで実現したものという。

参考文献 平野邦雄『和気清麻呂』(『人物叢書』一二二)、横田健一『道鏡』(同一八)、米田雄介「古代地方豪族に関する一考察—和気清麻呂の場合—」(『続日本紀研究』九ノ一・二) (平野 邦雄)

わけのひろむし 和気広虫 七三〇—九九 奈良時代の女官。天平二年(七三〇)生まれる。乎麻呂の女。清麻呂の姉。同十六年ごろ、皇后宮職(のち紫微中台)の官人葛木戸主に嫁し、天平宝字六年(七六二)、女孺(竪子)として孝謙上皇に仕え、勅を伝宣し、上皇とともに出家して法均と号し、その腹心となった。同八年、恵美押勝の乱後の孤児を収養し、また乱の連座者の助命減刑を願ったが、これより先天平勝宝年間(七四九—五七)にも京中の孤児を養い、葛木戸主の戸に付したという。天平神護元年(七六五)、従七位下より従五位下、勲六等となり、昇叙を重ね、神護景雲二年(七六八)、従四位下に準じ封戸を賜わった。翌年、道鏡事件により還俗せしめられ、別部広虫売《ひろむしめ》となり、備後国に流されたが、光仁天皇の即位により召還され、本姓本位に復し、典蔵に任ぜられたらしい。延暦八年(七八九)、典侍従四位上として勅を伝宣し、同十八年正月二十日(『和気清麻呂伝』では十七年正月十九日)没した。年七十。時に典侍正四位上。のち正三位を贈られた。

参考文献 平野邦雄『和気清麻呂』(『人物叢書』一二二) (平野 邦雄)

わけのまつな 和気真綱 七八三—八四六 平安時代前期の官人。清麻呂の五男。広世の弟、仲世の兄。延暦二年(七八三)生まれる。文章生から内舎人として出身。弘仁六年(八一五)従五位下、天長五年(八二八)従四位下、承和五年(八三八)従四位上に昇叙し、同七年参議となる。治部・中務丞、刑部大輔、伊予権守、木工頭、左・右近衛少将、左近衛中将、右少・中・大弁などを歴任。右大弁として承和九年橘逸勢らの謀反を審理し、また同十三年僧善愷訴訟事件の審理にあたったが、違法があったとされ、同年九月二十七日失意の中に没す。年六十四。兄弟とともに神護寺に最澄・空海を招きその外護者となった。卒伝に、性格は敦厚で忠孝を兼ね備え政務において不正がなかったとある。

和気真綱自署

参考文献 平野邦雄『和気清麻呂』(『人物叢書』一二二) (今泉 隆雄)

わだかたひで 和田賢秀 ?—一三四八 南北朝時代の武将。楠木正成の弟正季の子。通称は新発意《しんぼち》。和泉国大鳥郡和田村(大阪府堺市)に住し和田氏を称したが、常に楠木氏の惣領正行(正成の長子)に従って行動する。正平二年(貞和三、一三四七)十一月末、正行に従って、幕府方の山名時氏・細川顕氏らを摂津住吉・天王寺(大阪市)に攻めて大勝し、時氏を負傷、顕氏を敗走させたが、翌年正月五日、高師直軍と河内四条畷《なわて》(大阪府四条畷市)に激戦して敗死する。この四条畷の戦の模様は、『太平記』二六に活写されており、賢秀は、正行が戦死したのち湯浅太郎左衛門(もと正行の部下)に殺されたという。正行・賢秀敗死のことは、『園太暦』など当時の中央側の記録にみえ、また南・北両政権によって遠く九州の有力者(肥後国一宮阿蘇大宮司惟時、薩摩国守護島津貞久)たちにまで逸早く伝えられている。伝和田賢秀墓が諸所にあり、うち四条畷神社(四条畷市南野)の傍のものは大阪府指定史跡になっている。

参考文献 『大日本史料』六ノ一一、貞和四年正月五日条 (山口 隼正)

和田惟政花押

わだこれまさ 和田惟政 ?—一五七一 戦国時代の武将。室町幕府奉公衆。この和田氏は宇多源氏。近江国甲賀郡和田(滋賀県甲賀市甲賀町)に住み、「甲賀武士」五十三家のうちの二十一家に数えられ、南山六家または山南七家の一つといわれた土豪である。永禄八年(一五六五)五月に、十三代将軍足利義輝は暗殺され、末弟の奈良興福寺一乗院覚慶は、幽閉状態におかれる。近江守護六角氏の被官である和田惟政は、幕府の再興を企て覚慶に接近した。惟政は覚慶が伊賀越え脱出をするためのルートを設定し、伊賀仁木氏の一族仁木長頼に連絡をとる。そして七月二十八日覚慶は、奈良から惟政の館に移った。覚慶は足利義親(のち義栄)の幕府再興運動に先立ち、八月五日付で上杉輝虎宛をはじめとし諸国の大名に連絡し支援を求めた。惟政は最大の目標を尾張の織田信長におき、六角承禎の指令で信長と浅井長政との縁談の斡旋をした。覚慶は惟政との事前了解なく十一月二十一日に近江国野洲郡矢島(滋賀県守山市)に移った。その信長は永禄十年八月まで、覚慶改め義秋の要請には答えられない。しかも義秋は身辺の危険をさけ、夜陰に琵琶湖を渡り、若狭を経て越前に流浪する。惟政をふくむ数名が随行し

た。義秋は十一月一乗谷に行き、朝倉義景に出兵を説きつづける。ここで十年の正月を迎えた。そして十一年七月義秋改め義昭は、信長に岐阜城に迎えられ、九月二十六日京都に入る。十月十八日室町幕府は再興された。翌十二年四月摂津高槻城の入江春景は、信長に誅せられるが、その後任に惟政が入城した。元亀二年（一五七一）二月、惟政は本願寺門跡の顕如光佐に密通を試みたが、拒絶されている。信長と本願寺門跡とは、前年以来友好関係にない。三好三人衆・一向宗門徒・池田氏ら国人衆の重圧に苦悩した末であろう。ことに隣接する池田知正と不和で、二年八月二十八日に郡山（大阪府茨木市）の戦で戦死した。幕臣三淵藤英が、その後任として入城する。

参考文献『大日本史料』一〇ノ六、元亀二年八月二十八日条、『高槻市史』、奥野高広『足利義昭』（『人物叢書』五五）、久保尚文「和田惟政関係文書について」（『京都市歴史資料館紀要』一）（奥野　高広）

わだたねなが　和田胤長　一一八三―一二一三　鎌倉時代前期の武将。義長の子で侍所別当和田義盛の甥。通称平太。童名奥田丸。寿永二年（一一八三）生まれる。御弓始・笠懸などの行事には射手として必ず参加するほどの弓の名手。泉親衡が源頼家の遺子千手を奉じて北条義時を追討しようとした陰謀に、義盛の子義直・義重とともに加担したが、建保元年（一二一三）二月に事が露顕し（泉親衡の乱）、金窪行親のもとで禁錮に処せられた。翌三月、義盛の嘆願により義直・義重は赦免されたが、胤長は陰謀の張本人と目されて許されず、陸奥岩瀬郡鏡沼（福島県岩瀬郡鏡石町）に配流されたうえ、鎌倉荏柄《えがら》天神社前にあった屋敷地も没収された。その後、この屋敷地は一族に給付されるという当時の慣習に反して北条義時に与えられるなど、幕府の処置や義時の挑発的行為に激怒した義盛は、建保元年五月、一族を率いて挙兵した（和田の乱）。しかし、利なくして戦いに敗れ、和田一族の主だった者は滅亡し、胤長も同年五月九日配所で誅殺された。三十一歳（『吾妻鏡』）。

参考文献『大日本史料』四ノ一二、建保元年三月九日条、『鎌倉市史』総説編、『鏡石町史』（三浦　勝男）

わだとももり　和田朝盛　生没年不詳　鎌倉時代前期の武将。義盛の孫で常盛の子。和田三郎新兵衛と通称。源頼家の近臣であったが、のち源実朝に寵愛された。芸能、特に和歌に秀で、承元四年（一二一〇）十一月、幕府の和歌会に東重胤とともに候し、建暦二年（一二一二）三月の幕府鞠会にも北条時房・泰時らと祗候した。建保元年（一二一三）二月、実朝が近侍のうち芸能ある者十八人を選んで学問所番衆を新設したとき、泰時らとともにこれに任じた。幕府と和田氏との関係が険悪となった建保元年四月出家して実阿弥陀と号し上洛しようとしたが、義盛は朝盛の剛勇を惜しんで彼を連れもどしている。同五月の和田の乱では法衣のまま出陣したが、敗れて義盛ら一族は滅び、朝盛も「討死交名」に名を連ねている（『吾妻鏡』同年五月六日条）。しかし、実際は生存して上洛し、承久の乱（承久三年（一二二一））では京方について戦ったが、敗れて再び潜伏したものの、安貞元年（一二二七）六月、京都で生捕られた。

参考文献『大日本史料』四ノ一二、同五ノ三、安貞元年六月七日条、『鎌倉市史』総説編（三浦　勝男）

わたなべたかつな　渡辺高綱　?―一五六四　戦国時代の武将。三河松平氏の臣。源五左衛門。父は氏綱、母は都築忠政女。三河国額田郡浦部（占部）郷（愛知県岡崎市）が本領。松平広忠・家康に仕え、天文十六年（一五四七）九月の上野合戦、弘治二年（一五五六）二月の日近合戦に軍功があった。一族は代々の真宗本願寺派門徒で、三河一向一揆の際に子守綱らとともに針崎勝鬘寺（岡崎市）に立て籠った。永禄七年（一五六四）正月十一日の家康方との戦いで、矢にあたって戦死した。

参考文献『寛政重修諸家譜』四七七、『（新編）岡崎市史』二（新行　紀一）

わたなべのつな　渡辺綱　九五三―一〇二五　平安時代中期の武将。天暦七年（九五三）生まれる。嵯峨源氏で宛《あつる》の子、のちに源満仲の女婿敦の養子となった。養母が摂津国渡辺に居住した関係から渡辺姓を名のった。源頼光の郎等として知られるが、その契機は頼光の本居も摂津国であったことによるか。坂田公時・平貞道・同季武らとともに四天王と称され、主君の頼光につき従って酒呑《しゅてん》童子《どうじ》を退治したという話で有名。ほかに綱の武勇譚として平安京内の一条戻橋で鬼女に襲われたが、逆にその腕を切り落としたという話がある。これらはいずれも説話の要素がつよく信憑性は薄いが、綱は驍勇《ぎょうゆう》の輩であったらしい。『系図纂要』嵯峨源氏、渡辺条には、万寿二年（一〇二五）二月十五日、七十三歳で没したとみえる。綱の子孫が摂津国渡辺津を根拠として武士団を結成し、渡辺党を称した。

参考文献『大日本史料』二ノ一七、治安元年七月十九日条（朧谷　寿）

わだよしもり　和田義盛　一一四七―一二一三　鎌倉時代前期の武将。三浦氏の一族。久安三年（一一四七）生まれ。三浦大介義明の孫で義宗の子。義澄は叔父にあたる。通称小太郎。左衛門尉。相模国三浦郡和田（神奈川県三浦市）に住した。治承四年（一一八〇）八月、源頼朝の挙兵にあたり三浦義澄らとともに参加し、頼朝が安房国へ脱出した後は常に頼朝に近侍してその信頼を得た。同年十一月、御家人統制機関として侍所が設置されると、かねてより望んでいた侍所別当に補任され、諸将士を管轄する重責を担った。しかし、元暦元年（一一八四）木曾義仲および平家追討のため源範頼に属して西海まで長期にわたって出陣した際、義盛はじめ多くの軍兵の士気は衰え戦果も少なかったため、頼朝の譴責をうけている。文治五年（一一八九）の奥州藤原氏征伐では侍所司梶原景時とともに軍兵の召集につとめ、みずから出陣し武功を

あげた。正治元年(一一九九)頼朝が没し頼家が二代将軍になると、専恣的行動の目立つ頼家の訴訟親裁を停止し、元老諸将十三名の合議制が発足したが、このとき義盛は宿老の一人に選ばれている。同年十二月には侍所の職務を二分してきた梶原景時を失脚させ(梶原景時の乱)、その地位を一層強固なものにした。建仁三年(一二〇三)九月、頼家から北条時政の追討を命じられたとき、逆に時政に通じて頼家を退け、北条氏と協調関係を保った。元久二年(一二〇五)閏七月、時政の後妻牧の方が将軍実朝を廃そうとする陰謀が発覚して(平賀朝雅の乱)北条時政が失脚すると、義盛は幕閣の最長老として隠然たる勢力を持つようになった。『愚管抄』は「義盛左衛門ト云三浦ノ長者、義時ヲ深クソネミテウタンノ志アリケリ」と記しているので、京都では義澄の死後、義盛を三浦一族の族長とみていたらしい。それほど、義盛が初期幕府の基礎固めに果たした功績は大きかった。しかし建保元年(一二一三)一族の中から北条氏排斥を企てた者が出たおり(泉親衡の乱)、北条氏の巧みな挑発に乗ぜられて同年五月二日和田合戦がおこり、翌三日義盛は一族とともに敗死した。時に六十七歳。

参考文献 『大日本史料』四ノ一二、建保元年五月二日条、『和田系図』、安田元久『鎌倉幕府―その実力者たち―』、同『北条義時』(『人物叢書』八二)、羽下徳彦『惣領制』(『日本歴史新書』)、岡田清一『北条得宗家の興亡』 (三浦 勝男)

わたらいいえゆき 度会家行 一二五六―? 鎌倉から南北朝時代にかけての伊勢神宮外宮の祠官で、伊勢神道の大成者。外宮三禰宜度会(村松)有行の子として、康元元年(一二五六)に生まれた。はじめの名は行家、徳治元年(一三〇六)外宮禰宜に補任され、家行と改名、それより累進して興国二年(北朝暦応四、一三四一)一禰宜長官に進み、従三位に叙され、執印九年、正平四年(北朝貞和五、一三四九)北朝方より違勅の科により解却されるまで四十三年間禰宜に在任奉仕した。家行は和漢の書に通じ、文保元年(一三一七)『神道簡要』を著わしたあと、元応二年(一三二〇)『類聚神祇本源』十五巻を撰述しているが、この書を記すにいわゆる神道五部書のほか、神儒仏の書、また官家社家釈家の諸書を引用し、神祇、神宮の本源、また神道の根本を論じており、その奥書より後宇多上皇・後醍醐天皇の叡覧を得、また北畠親房も一覧したことが知られる。さらに『神祇秘抄』『瑚璉集』などの著もあるが、これらにより伊勢神道を集大成し、南朝方に大きな思想的影響を与えた。また家行は祠官として、学者として神宮に貢献しただけでなく、吉野の朝廷のために働き、延元元年(北朝建武三、一三三六)北畠親房が伊勢に下ったとき、これを迎え、次男顕信が玉丸城(三重県度会郡玉城町田丸)以下で戦ったとき、これを助けて戦い、同三年義良《のりよし》親王・宗良親王を奉じて親房らが東国に向かったときもこれを助け、興国四年(北朝康永二)親房が常陸より吉野へ帰るときもこれを助けた。その解却後の晩年は不詳。

参考文献 神宮祠官勤王顕彰会編『(建武の中興と)神宮祠官の勤王』、鎌田純一『中世伊勢神道の研究』、平泉隆房『中世伊勢神宮史の研究』 (鎌田 純一)

わたらいつねよし 度会常昌 一二六三―一三三九 鎌倉から南北朝時代にかけての伊勢神宮外宮の祠官で、伊勢神道確立期の貢献者。外宮一禰宜度会(檜垣)貞尚の次男として、弘長三年(一二六三)に生まれた。はじめの名は常良。正応五年(一二九二)外宮禰宜に補され、以後累進して正和五年(一三一六)一禰宜長官となり、執印二十四年。延元四年(北朝暦応二、一三三九)までその任にあり、その年七月二十七日没した。七十七歳。常昌は学徳ともにすぐれ、文保二年(一三一八)参宮の禁忌令条を撰定して『文保服忌令』を著わしているが、元応二年(一三二〇)外宮高宮(多賀宮)への盗人乱入事件について上奏のため、翌年上京した際、祓に関する秘本を後宇多上皇・後醍醐天皇に奉り、また後醍醐天皇より神宮について種々の下問をうけ、それに明確にこたえたことで、さらに天皇所持の『太神宮御事』二巻を示され、それについての下問にも子細にこたえ、以後その信任を得て、元徳元年(一三二九)天皇は祭主隆実を通して外宮現任正員権官禰宜系図を注進するよう命ぜられたが、それにこたえたのが『元徳奏覧度会系図』である。その翌年武家追討祈願の功により、内宮一禰宜荒木田氏成とともに、神宮禰宜としては、はじめて従三位に叙された。そのあと、その名常良を後醍醐天皇諸皇子の諱名と同字を避け常昌と改めている。また後醍醐天皇中宮阿野廉子の命をうけ、『太神宮両宮之御事』を著わしているが、さらに常昌は、法華法楽のためと称して伊勢に来た京都卜部家の人、慈遍と結びつき、慈遍が伊勢神道教学を哲学的に、思想的にさらに深めるのを助け、その慈遍の著『旧事本紀玄義』ほかを後醍醐天皇の叡覧に供し、建武中興の思想的根拠に貢献している。常昌の詠歌は、『玉葉和歌集』『続後拾遺和歌集』『新千載和歌集』『新拾遺和歌集』にみられ、また永仁四年(一二九六)二月より翌年六月に至る間の両宮間の皇字沙汰についての記録『皇字沙汰文』もその編とみられている。

参考文献 神宮祠官勤王顕彰会編『(建武の中興と)神宮祠官の勤王』、鎌田純一『中世伊勢神道の研究』、平泉隆房『中世伊勢神宮史の研究』 (鎌田 純一)

わたらいゆきただ 度会行忠 一二三六―一三〇五 鎌倉時代後期の伊勢神宮外宮の禰宜で、伊勢神道の興隆者。外宮権禰宜度会(西河原)行継の子として、嘉禎二年(一二三六)に生まれ、のち祖父行能の養嗣子となり、建長三年(一二五一)十六歳で外宮禰宜に補任され、弘安六年(一二八三)御杣《みそま》問題で解却されたが、同十年還補、以後累進して嘉元二年(一三〇四)一禰宜となり、同三年閏十二月二十七日没した。七十歳。禰宜たること五十二年に及び、神宮の故実に通じ、また古典の造詣ふかく、それ

までに成立していたいわゆる神道五部書などをふまえて、伊勢神道の興隆発展に大きく貢献した。その著書として『伊勢二所太神宮神名秘書』が有名である。この書は弘安八年、ときの関白鷹司兼平の命をうけて撰述した書であることが、その奥書より知られるが、また亀山上皇の叡覧を得ており、皇太神宮・豊受太神宮のすべてについて記した書であり、中世における神宮を知る上での重要書である。またそのほか『古老口実伝』『奉仕秘記』『心御柱記』などを記して、神宮学・伊勢神道教学の基礎を固めた上、その詠歌を『新後撰和歌集』『続千載和歌集』に残しているが、この行忠のころより、神宮禰宜が中央、また朝廷と結びつきをもつようになったことは、注目すべきこととみられる。

参考文献　鎌田純一『中世伊勢神道の研究』、平泉隆房『中世伊勢神宮史の研究』　（鎌田　純一）

わに　王仁　大和時代の有力な帰化系氏族西文《かわちのふみ》(河内書)氏の祖と伝える人物。『日本書紀』には応神天皇十五年八月条に、百済王が阿直岐《あちき》を遣わして良馬二匹を貢上してきたが、阿直岐はまたよく経典を読んだので、天皇が汝に勝る学者があるかと問うたところ、王仁という者が秀れていると答えたので、上毛野君の祖の荒田別と巫別を百済に遣わして王仁を召したとあり、翌年二月条に、王仁が来たので、太子菟道稚郎子《うじのわきいらつこ》はこれに諸典籍を学んだ。この王仁は書首《ふみのおびと》(西文氏)らの始祖であるとある。また『古事記』応神天皇段では王仁を和邇吉師《わにきし》と書き、このとき百済王は王仁に『論語』十巻と『千字文』一巻を付して貢進したとする。そのためこの伝えは学問または典籍の初伝として古くから喧伝されてきたが、応神朝ころにこのような事実があっても不自然ではないにしても、年次・人名などの細部まで確かな事実とはなしがたい。また『論語』十巻は加註本とすれば巻数が過多とはいえないが、『千字文』は梁の周興嗣のそれの成立と時代が前後するために、江戸時代以来種々議論があって確説はなく、この二書は経書と小学の書の代表的なものを象徴的な意味で掲げたにすぎないとみることもできる。

参考文献　関晃『帰化人』(『日本歴史新書』)、辻善之助『日本文化史』一　（関　晃）

わにのたけふるくま　和珥武振熊　和珥氏の祖先とされた人物。建振熊とも書く。『古事記』の神功皇后をめぐる伝承のなかに、香坂王と忍熊王の争いを記し、香坂王の将軍として難波根子建振熊が登場する。『日本書紀』の神功皇后摂政元年三月条には、武内宿禰と武振熊が兵を率いて忍熊王を攻撃した説話を載す。また『日本書紀』の仁徳天皇六十五年条には難波根子武振熊とある。『新撰姓氏録』右京皇別の真野臣の条には、天足彦国押人命―(三世孫)彦国葺命―□―難波宿禰―大矢田宿禰の系譜伝承を記す。武(建)振熊は難波根子武振熊ともよばれており、この系譜伝承の「難波宿禰」は、武振熊と関係があるかもしれない。　（上田　正昭）

わにべのおおたまろ　和邇部大田麻呂　七九八―八六五　平安時代前期の雅楽家。雅楽寮の楽人。延暦十七年(七九八)生まれる。笛の名手大戸《おおべ》清上に師事し、清上が承和五年(八三八)唐に渡るまでの間に笛の奥義をきわめた。天長年間(八二四―三四)の初め、雅楽寮の百済笛師に任ぜられ、のち唐横笛師に転じ、数年で雅楽少属の地位についた。雅楽大属を経て貞観三年(八六一)正月二十一日の内宴の時、すでに雅楽少允で、卓越した名演奏により外従五位下に叙せられた。貞観五年に宿禰の姓《かばね》を賜わり、同六年三月八日権大允に任ぜられた。外来雅楽の国風化に尽力した。「輪台」や「春庭楽」を改作し、また「天人楽」「壱金楽」を作曲したといわれる(異説あり)。彼の著わした笛譜『宜陽殿竹譜』(嵯峨天皇が常に宜陽殿に置かせたのでこの名がある。単に『竹譜』ともいう。鎌倉時代に亡失か)は、現存最古の笛譜『博雅笛譜』の先駆を成す譜である。文徳天皇と清和天皇の笛の師範も務めた。貞観七年十月二十六日、六十八歳で没した。

参考文献　『文徳実録』、『三代実録』、『教訓抄』、『懐竹抄』　（蒲生美津子）

ワリニァーノ　Alexandro Valignano　⇨バリニァーノ

索　　引

〈凡　例〉

▽この索引は『日本古代中世人名辞典』所収の見出し語と、本文より抽出した索引語を、人名・文献・事項に分けて配列したもので、人名については漢字画引索引を付し、検索の便を図った。
▽索引項目のうち、行頭の・印は見出し語であることを示し、数字はページを、ａｂｃはそれぞれ上段・中段・下段を表わし、見出し語(中見出し語も含む)の頁・段は太字とした。
▽見出し語には(　)内に読みを入れた。
▽掲出語句の別表記および諱・通称・号などは、〖　〗内に注記した。
▽同音同字で明らかに意味の異なるものは、便宜(　)内に注記して区別した。
▽索引項目の配列は各分野とも、五十音順とした。
▽最後に、死没年月日順に配列した項目一覧を付し、あわせて死没時の年齢を数えで示した(西洋人は満年齢で示したが、誕生日が不明の場合は、生まれた日が来ての年齢を＊を付して加えた)。年次は西暦を用いたが、月日は旧暦である。死没年不詳の人物については、年次を「—」で示し、便宜その活動時期が確認できる最終時期に配列した。

漢字画引索引

1画

一山一寧　いっさんいちねい
一休宗純　いっきゅうそうじゅん
一色　いっしき
一条　いちじょう
一条天皇　いちじょうてんのう
一忠　いっちゅう
一栢　いっぱく
一翁院豪　いちおういんごう
一遍　いっぺん
一路庵禅海　いちろあんぜんかい
一鎮　いっちん
ノ貫　へちかん

2画

七条院　しちじょういん
九条　くじょう
九条院　くじょういん
九鬼　くき
了実　りょうじつ
了海　りょうかい
了庵桂悟　りょうあんけいご
了庵慧明　りょうあんえみょう
了智　りょうち
二本松　にほんまつ
二条　にじょう
二条天皇　にじょうてんのう
二条院　にじょういん
二条院讃岐　にじょういんのさぬき
二郎左衛門満照　じろうざえもんみつてる
二階堂　にかいどう
人康親王　さねやすしんのう
八田皇女　やたのおうじょ
八条院　はちじょういん
八条院高倉　はちじょういんのたかくら
十四屋　じゅうしや
十市皇女　とおちのおうじょ
十河　そごう
卜部　うらべ

3画

万多親王　まんたしんのう
万里小路　までのこうじ
万里集九　ばんりしゅうきゅう
三光坊　さんこうぼう
三好　みよし
三条　さんじょう
三条天皇　さんじょうてんのう
三条西　さんじょうにし
三修　さんじゅ
三浦　みうら
三善　みよし
三隅　みすみ
三輪　みわ
上　うえ
上井　うわい
上毛野　かみつけの
上西門院　じょうさいもんいん
上杉　うえすぎ
上東門院　じょうとうもんいん
上泉　かみいずみ
上道　かみつみち
上総介　かずさのすけ
下毛野　しもつけの
下河辺　しもこうべ
久米仙人　くめのせんにん
久我　こが
久明親王　ひさあきらしんのう
久松　ひさまつ
兀庵普寧　ごったんふねい
凡河内　おおしこうち
千　せん
千手前　せんじゅのまえ
千葉　ちば
千種　ちくさ・ちぐさ
千観　せんかん
土佐　とさ
土佐房　とさのぼう
土岐　とき
土居　どい
土肥　どひ
土御門　つちみかど
土御門天皇　つちみかどてんのう
土御門院小宰相　つちみかどいんのこざいしょう
大久米命　おおくめのみこと
大山守皇子　おおやまもりのおうじ
大中臣　おおなかとみ
大井田　おおいだ
大仏　おさらぎ
大内　おおうち
大友　おおとも
大友皇子　おおとものおうじ
大戸　おおべ
大文字屋　だいもんじや
大巧如拙　たいこうじょせつ
大田　おおた
大田皇女　おおたのおうじょ

漢字画引

大休正念　だいきゅうしょうねん
大休宗休　だいきゅうそうきゅう
大光坊　だいこうぼう
大弐三位　だいにのさんみ
大江　おおえ
大伯皇女　おおくのおうじょ
大伴　おおとも
大村　おおむら
大谷　おおたに
大和　やまと
大宝寺　だいほうじ
大岳周崇　だいがくしゅうそう
大拙祖能　だいせつそのう
大林宗套　だいりんそうとう
大河　おおかわ
大姫　おおひめ
大彦命　おおひこ
大春日　おおかすが
大津　おおつ
大津皇子　おおつのおうじ
大神　おおみわ
大草香皇子　おおくさかのおうじ
大宮　おおみや
大宮院　おおみやいん
大庭　おおば
大進房　だいしんぼう
大野　おおの
大掾　だいじょう
大智　だいち
大森　おおもり
大葉子　おおばこ
大蔵　おおくら
大館　おおだち
大饗　おおあえ
小大君　こおおぎみ
小山　おやま
小牛　こうし
小田　おだ
小式部内侍　こしきぶのないし
小早川　こばやかわ
小西　こにし
小谷の方　おたにのかた
小侍従　こじじゅう
小倉宮　おぐらのみや
小島法師　こじまほうし
小栗　おぐり
小馬命婦　こまのみょうぶ
小笠原　おがさわら
小野　おの
小督局　こごうのつぼね
小槻　おづき
山入　やまいり
山上　やまのうえ
山口　やまぐち
山中　やまなか
山内　やまうち
山内首藤　やまのうちすどう
山木　やまき
山本　やまもと
山田　やまだ
山辺皇女　やまべのおうじょ
山名　やまな
山村王　やまむらおう
山岡　やまおか
山背大兄王　やましろのおおえのおう
山背王　やましろおう
山科　やましな
山叟慧雲　さんそうえうん
山部　やまべ
山鹿　やまが
川島皇子　かわしまのおうじ
工藤　くどう
弓月君　ゆづきのきみ
弓削皇子　ゆげのおうじ

4画

不空　ふくう
不破内親王　ふわないしんのう
中山　なかやま
中臣　なかとみ
中条　なかじょう
中皇命　なかつすめらみこと
中原　なかはら
中将姫　ちゅうじょうひめ
中浦　なかうら
中院　なかのいん
中務　なかつかさ
中務内侍　なかつかさのないし
中野　なかの
中御門　なかみかど
中蒂姫命　なかしひめのみこと
中巌円月　ちゅうがんえんげつ
丹羽　にわ
丹波　たんば
五十狭茅宿禰　いさちのすくね
五十瓊敷入彦命　いにしきいりひこのみこと
五条　ごじょう
五島　ごとう
井上　いのうえ
井上内親王　いのうえないしんのう
井伊　いい
仁木　にっき
仁田　にった
仁如集堯　にんじょしゅうぎょう
仁宗　にんそう
仁忠　にんちゅう
仁明天皇　にんみょうてんのう
仁海　にんがい
仁科　にしな
仁統　にんとう
仁寛　にんかん
仁徳天皇　にんとくてんのう
仁聞　にんもん
仁賢天皇　にんけんてんのう
今川　いまがわ
今井　いまい
今出川　いまでがわ
今参局　いままいりのつぼね
仏図澄　ぶっとちょう
仏哲　ぶってつ
仏御前　ほとけごぜん
允恭天皇　いんぎょうてんのう
元正天皇　げんしょうてんのう
元良親王　もとよししんのう
元明天皇　げんめいてんのう
元杲　げんごう
元海　げんかい
元暁　がんぎょう
公胤　こういん
公暁　くぎょう
公顕　こうけん
六条　ろくじょう
六条天皇　ろくじょうてんのう
六条斎院宣旨　ろくじょうさいいんのせんじ
六角　ろっかく
円仁　えんにん
円行　えんぎよう
円快　えんかい
円明　えんみょう
円珍　えんちん
円勢　えんせい
円照　えんしょう
円載　えんさい
円爾　えんに
円澄　えんちょう
円融天皇　えんゆうてんのう
円観　えんかん
友成　ともなり
双峯宗源　そうほうそうげん
反正天皇　はんぜいてんのう
壬生　みぶ
天与清啓　てんよせいけい
天目　てんもく
天国　あまくに
天岸慧広　てんがんえこう
天武天皇　てんむてんのう
天草　あまくさ
天章周文　てんしょうしゅうぶん
天野　あまの
天智天皇　てんじてんのう
天隠竜沢　てんいんりゅうたく
太　おお
太田　おおた
太原崇孚　たいげんそうふ
太極　たいぎょく
太源宗真　たいげんそうしん
孔子　こうし
少子部　ちいさこべ
少弐　しょうに
尹　いん
巴御前　ともえごぜん
心田清播　しんでんせいは
心戒房　しんかいぼう
心敬　しんけい
心覚　しんかく
心誉　しんよ
心慧　しんえ
戸田　とだ
戸次　べっき
手白髪皇女　たしらかのおうじょ
手研耳命　たぎしみみのみこと
支倉　はせくら
文　ふみ
文武天皇　もんむてんのう
文武王　ぶんぶおう
文室　ふんや
文屋　ふんや
文覚　もんがく
文徳天皇　もんとくてんのう
文蔵　ぶんぞう
文観　もんかん
方　ほう
日什　にちじゅう
日出　にっしゅつ
日弁　にちべん
日本武尊　やまとたけるのみこと
日氷　ひみ
日目　にちもく
日伝　にちでん
日印　にちいん
日向　にこう
日向髪長媛　ひむかのかみながひめ
日秀　にっしゅう
日辰　にっしん
日具　にちぐ
日実　にちじつ

日延　にちえん
日法　にっぽう
日乗　にちじょう
日持　にちじ
日昭　にっしょう
日胤　にちいん
日祐　にちゆう
日祝　にっしゅう
日峰宗舜　にっぽうそうしゅん
日朗　にちろう
日真　にっしん
日華　にっけ
日陣　にちじん
日現　にちげん
日進　にっしん
日隆　にちりゅう
日野　ひの
日頂　にっちょう
日朝　にっちょう
日葉酢媛命　ひはすひめのみこと
日覚　にちがく
日置　へき
日蓮　にちれん
日像　にちぞう
日静　にちじょう
日輪　にちりん
日叡　にちえい
日興　にっこう
日親　にっしん
日羅　にちら
月山　がっさん
月江正文　げっこうしょうぶん
月舟寿桂　げっしゅうじゅけい
月林道皎　げつりんどうこう
月翁周鏡　げつおうしゅうきょう
月庵宗光　げったんそうこう
月渚永乗　げっしょえいじょう
木　もく
木村　きむら
木沢　きざわ
木梨軽太子　きなしのかるのたいし
比企　ひき
毛利　もうり
氏家　うじいえ
水無瀬　みなせ
片桐　かたぎり
牛大夫　うしだゆう
牛尾　うしお
犬上　いぬかみ
犬養　いぬかい
王　おう
王仁　わに

5画

世良親王　ときよししんのう
世宗　せいそう
世阿弥　ぜあみ
世祖　せいそ
世親　せしん
他戸親王　おさべしんのう
仙阿　せんあ
仙覚　せんがく
令子内親王　れいしないしんのう
以仁王　もちひとおう
以天宗清　いてんそうせい
出羽弁　でわのべん
出雲　いずも
加藤　かとう
包平　かねひら
北山宮　きたやまのみや
北山院　きたやまいん
北向　きたむき
北条　きたじょう
北畠　きたばたけ
北陸宮　ほくりくのみや
半井　なからい
古人大兄皇子　ふるひとのおおえのおうじ
古市　ふるいち
古田　ふるた
古先印元　こせんいんげん
古岳宗亘　こがくそうこう
古幢周勝　ことうしゅうしょう
可翁仁賀　かおうにんが
可翁宗然　かおうそうねん
台与　とよ
司馬　しば
四辻　よつつじ
四条　しじょう
四条天皇　しじょうてんのう
四条宮下野　しじょうのみやのしもつけ
尼子　あまこ
巧如　ぎょうにょ
巨勢　こせ
市辺押磐皇子　いちのべのおしはのおうじ
市原王　いちはらおう
市磯　いちし
布袋和尚　ほていおしょう
布勢内親王　ふせないしんのう
平　たいら
平山　ひらやま
平手　ひらて
平城天皇　へいぜいてんのう
平賀　ひらが
平群　へぐり
広智　こうち
広義門院　こうぎもんいん
広橋　ひろはし
弁内侍　べんのないし
弁正　べんしょう
弁乳母　べんのめのと
弁慶　べんけい
本院侍従　ほんいんのじじゅう
正子内親王　せいしないしんのう
正木　まさき
正宗　まさむね
正宗竜統　しょうじゅうりゅうとう
正恒　まさつね
正躬王　まさみおう
正徹　しょうてつ
正親町天皇　おおぎまちてんのう
氷上　ひがみ
永田　ながた
永忠　えいちゅう
永超　えいちょう
永楽帝　えいらくてい
永福門院　えいふくもんいん
永縁　ようえん
永厳　ようげん
永観　ようかん
玄昉　げんぼう
玄奘　げんじょう
玄朝　げんちょう
玄証　げんしょう
玄慧　げんえ
玄賓　げんぴん
玄叡　げんえい
玉井　たまい
玉堂宗条　ぎょくどうそうじょう
玉崗瑞璵　ぎょっこうずいよ
玉畹梵芳　ぎょくえんぼんぽう
玉澗　ぎょっかん
瓜生　うりゅう
甘美内宿禰　うましうちのすくね
甘露寺　かんろじ
生江　いくえ
用明天皇　ようめいてんのう
田口　たぐち
田中　たなか
田代　たしろ
田辺　たなべ
田村　たむら
田原　たわら
田道間　たじま
由良　ゆら
由阿　ゆうあ
甲斐　かい
甲賀　こうが
申　しん
白河天皇　しらかわてんのう
白猪　しらい
白雲慧暁　はくうんえぎょう
目犍連　もくけんれん
矢田部　やたべ
矢集　やつめ
石上　いそのかみ
石川　いしかわ
石川郎女　いしかわのいらつめ
石田　いしだ
石姫皇女　いしひめのおうじょ
石屋真梁　せきおくしんりょう
石堂　いしどう
石黒　いしぐろ
石塔　いしどう
石童丸　いしどうまる
石橋　いしばし
示導　じどう
礼阿　らいあ
穴山　あなやま
穴穂部皇子　あなほべのおうじ
穴穂部間人皇女　あなほべのはしひとのおうじょ
立花　たちばな
立阿弥　りゅうあみ
立信　りゅうしん

6画

仲方円伊　ちゅうほうえんい
仲哀天皇　ちゅうあいてんのう
仲姫命　なかつひめのみこと
仲恭天皇　ちゅうきょうてんのう
仲野親王　なかのしんのう
仲継　ちゅうけい
仲算　ちゅうざん
伊丹　いたみ
伊予親王　いよしんのう
伊伎　いき
伊吉　いき
伊地知　いじち
伊余部　いよべ
伊東　いとう
伊治　いじ
伊都内親王　いとないしんのう
伊賀　いが

漢字画引

伊達　だて
伊勢　いせ
伏見天皇　ふしみてんのう
光仁天皇　こうにんてんのう
光世　みつよ
光孝天皇　こうこうてんのう
光定　こうじょう
光忠　みつただ
光明天皇　こうみょうてんのう
光明皇后　こうみょうこうごう
光智　こうち
光厳天皇　こうごんてんのう
印融　いんゆう
吉山明兆　きちざんみんちょう
吉川　きっかわ
吉平　よしひら
吉田　きった・よしだ
吉光　よしみつ
吉良　きら
吉見　よしみ
吉房　よしふさ
吉備　きび
吉備内親王　きびないしんのう
吉備姫王　きびつひめのおおきみ
吉備津彦命　きびつひこのみこと
吉蔵　きちぞう
名和　なわ
名越　なごえ
因斯羅我　いしらが
在原　ありはら
多　おお
多田　ただ
多治比　たじひ
多治見　たじみ
多賀　たが
好太王　こうたいおう
如一　にょいち
如水宗淵　じょすいそうえん
如宝　にょほう
如信　にょしん
如道　にょどう
存如　ぞんにょ
存覚　ぞんかく
宅磨　たくま
宇多天皇　うだてんのう
宇佐　うさ
宇都宮　うつのみや
宇野　うの
宇喜多　うきた
守良親王　もりよししんのう
守邦親王　もりくにしんのう
守家　もりいえ
守部　もりべ
守覚法親王　しゅかくほっしんのう
安田　やすだ
安国寺恵瓊　あんこくじえけい
安東　あんどう
安法　あんぽう
安海　あんかい
安倍　あべ
安宿王　あすかべおう
安康天皇　あんこうてんのう
安都　あと
安富　やすとみ
安然　あんねん
安達　あだち
安閑天皇　あんかんてんのう
安楽　あんらく
安寧天皇　あんねいてんのう
安徳天皇　あんとくてんのう
安綱　やすつな
安慧　あんえ
安澄　あんちょう
安養尼　あんようにに
安積親王　あさかしんのう
式子内親王　しきしないしんのう
式乾門院御匣　しきけんもんいんのみくしげ
当麻　たいま
当麻皇子　たいまのおうじ
成忍　じょうにん
成良親王　なりよししんのう
成宗　せいそう
成務天皇　せいむてんのう
成尊　せいそん
成尋　じょうじん
成朝　せいちょう
成賢　じょうげん
早田　そうだ
早良親王　さわらしんのう
曲直瀬　まなせ
有馬　ありま
有馬皇子　ありまのおうじ
有智子内親王　うちこないしんのう
有厳　うごん
朱　しゅ
朱子　しゅし
朱紈　しゅがん
朱雀天皇　すざくてんのう
朴　ぼく
朴市　えち
気比　けひ
江戸　えど
江西竜派　こうせいりゅうは
池上　いけがみ
池田　いけだ
池坊　いけのぼう
百済　くだら
百済王　くだらのこきし
竹中　たけなか
竹田　たけだ
竹崎　たけざき
竹御所　たけのごしょ
竹蔵屋　たけくらや
羽田　はた
羽柴　はしば
羽栗　はくり
老子　ろうし
色定　しきじょう
芝山　しばやま
行円　ぎょうえん
行平　ゆきひら
行光　ゆきみつ
行助　ぎょうじょ
行空　ぎょうくう
行表　ぎょうひょう
行信　ぎょうしん
行基　ぎょうき
行教　ぎょうきょう
行尊　ぎょうそん
行賀　ぎょうが
行遍　ぎょうへん
行観　ぎょうかん
衣通郎姫　そとおりのいらつめ
西行　さいぎょう
西念　さいねん
西園寺　さいおんじ
西澗子曇　せいかんしどん
辻　つじ
会理　えり

7画

伴　とも
似我　じが
住吉仲皇子　すみのえのなかつおうじ
住蓮　じゅうれん
佐々　さっさ
佐々木　ささき
佐久間　さくま
佐竹　さたけ
佐伯　さえき
佐魯麻都　さろまつ
佐藤　さとう
余　よ
作阿　さくあ
児島　こじま
冷泉　れいぜい
冷泉天皇　れいぜいてんのう
別所　べっしょ
別源円旨　べつげんえんし
助平　すけひら
助宗　すけむね
助真　すけざね
呑海　どんかい
呉織・漢織　くれはとり・あやはとり
坂　さか
坂上　さかのうえ
坊門　ぼうもん
坊城　ぼうじょう
壱演　いちえん
妙実　みょうじつ
孝元天皇　こうげんてんのう
孝安天皇　こうあんてんのう
孝昭天皇　こうしょうてんのう
孝徳天皇　こうとくてんのう
孝霊天皇　こうれいてんのう
孝謙天皇　こうけんてんのう
宋　そう
寿霊　じゅりょう
尾張　おわり
尾藤　びとう
岐陽方秀　ぎようほうしゅう
希世霊彦　きせいれいげん
弟橘媛　おとだちばなひめ
役小角　えんのおづの
忌部　いんべ
忍坂大中姫　おしさかのおおなかつひめ
忍性　にんしょう
忍熊王　おしくまおう
忍壁親王　おさかべしんのう
志玉　しぎょく
志岐麟泉　しきりんせん
志野　しの
応神天皇　おうじんてんのう
応源　おうげん
快川紹喜　かいせんじょうき
快元　かいげん
快慶　かいけい
忻都　きんと
戒明　かいみょう
抜隊得勝　ばっすいとくしょう
肖古王　しょうこおう
肖柏　しょうはく
肝付　きもつき
李　り
村上　むらかみ
村上天皇　むらかみてんのう
村山　むらやま
村井　むらい
村正　むらまさ
村田　むらた
村国　むらくに
杜　と
来目皇子　くめのおうじ
来目部　くめべ

沈　しん
没倫紹等　もつりんしょうとう
良円　りょうえん
良弁　ろうべん
良全　りょうぜん
良成親王　よしなりしんのう
良忍　りょうにん
良忠　りょうちゅう
良空　りょうくう
良胤　りょういん
良峯　よしみね
良恵　りょうえ
良尊　りょうそん
良暁　りょうぎょう
良遍　りょうへん
良椿　りょうちん
良源　りょうげん
良禅　りょうぜん
花山天皇　かざんてんのう
花山院　かざんいん
花園天皇　はなぞのてんのう
芳賀　はが
角倉　すみのくら
谷　たに
赤沢　あかざわ
赤松　あかまつ
赤染衛門　あかぞめえもん
赤橋　あかはし
赤鶴　しゃくつる
足利　あしかが
足助　あすけ
身狭青　むさのあお
辛禰王　しんぐおう
近江　おうみ
近衛　このえ
近衛天皇　このえてんのう
那須　なす
邦良親王　くによししんのう
酉仰　ゆうこう
里村　さとむら
里見　さとみ

8画

京極　きょうごく
依田　よだ
舎人親王　とねりしんのう
舎利弗　しゃりほつ
堯儼　ぎょうげん
具平親王　ともひらしんのう
周防内侍　すおうのないし
周阿　しゅうあ
味摩之　みまし
和田　わだ
和気　わけ
和気王　わけおう
和泉式部　いずみしきぶ
和珥　わに
和歌　わか
和邇部　わにべ
国中　くになか
国光　くにみつ
国吉　くによし
国行　くにゆき
国宗　くにむね
国阿　こくあ
国俊　くにとし
国造　くにのみやつこ
国綱　くにつな
垂仁天皇　すいにんてんのう
夜叉　やしゃ
姉小路　あねがこうじ
孟子　もうし
季弘大叔　きこうだいしゅく
季瓊真蘂　きけいしんずい
宗　そう
宗伊　そうい
宗良親王　むねよししんのう
宗性　そうしょう
宗金　そうきん
宗長　そうちょう
宗峯妙超　しゅうほうみょうちょう
宗尊親王　むねたかしんのう
宗意　しゅうい
宗源　そうげん
宗碩　そうせき
宗慶　そうけい
宗叡　しゅえい
宗鑑　そうかん
定昭　じょうしょう
定海　じょうかい
定宴　じょうえん
定恵　じょうえ
定朝　じょうちょう
定舜　じょうしゅん
定覚　じょうかく
定遍　じょうへん
定照　じょうしょう
定誉　じょうよ
定豪　じょうごう
定慶　じょうけい
宜秋門院丹後　ぎしゅうもんいんのたんご
宝寿　ほうじゅ
実仁親王　さねひとしんのう
実如　じつにょ
実忠　じっちゅう
実恵　じちえ
実尊　じっそん
実導　じつどう
実範　じっぱん
実融　じつゆう
尚　しょう
尚真　しょうしん
岡崎　おかざき
岩松　いわまつ
岳翁蔵丘　がくおうぞうきゅう
幸西　こうさい
延円　えんえん
延昌　えんしょう
延慶　えんけい
忠成王　ただなりおう
忠快　ちゅうかい
忠延　ちゅうえん
忠烈王　ちゅうれつおう
忠尋　ちゅうじん
忠義王　ちゅうぎおう
忽必烈　フビライ
忽那　くつな
性空　しょうくう
性信　しょうしん
性信入道親王　しょうしんにゅうどうしんのう
性真　しょうしん
承円　しょうえん
承明門院　しょうめいもんいん
押坂彦人大兄皇子　おしさかのひこひとのおおえのおうじ
旻　みん
昌子内親王　しょうしないしんのう
明一　みょういつ
明円　めいえん
明石　あかし
明全　みょうぜん
明快　みょうかい
明珍　みょうちん
明峯素哲　めいほうそてつ
明恵　みょうえ
明庵栄西　みょうあんえいさい
明救　みょうく
明尊　みょうそん
明智　あけち
明極楚俊　みんきそしゅん
明覚　めいかく
明遍　みょうへん
明雲　みょううん
明禅　みょうぜん
明詮　みょうせん
明算　めいざん
明暹　めいせん
服部　はっとり
肥　ひ
東　とう
東三条院　ひがしさんじょういん
東条　とうじょう
東明慧日　とうみょうえにち
東陵永璵　とうりんえいよ
東陽英朝　とうようえいちょう
東漢　やまとのあや
東巌慧安　とうがんえあん
杲宝　ごうほう
杲隣　ごうりん
松下禅尼　まつしたぜんに
松井　まつい
松平　まつだいら
松永　まつなが
松浦　まつうら
板額　はんがく
欧　おう
武井　たけい
武内宿禰　たけしうちのすくね
武田　たけだ
武烈天皇　ぶれつてんのう
武埴安彦命　たけはにやすひこのみこと
武野　たけの
武寧王　ぶねいおう
河尻　かわじり
河辺　かわべ
河野　こうの
河越　かわごえ
油屋　あぶらや
法定　ほうじょう
法明尼　ほうみょうに
法進　はっしん
法道　ほうどう
法雲　ほううん
法蔵　ほうぞう
波木井　はきい
波多野　はたの
牧の方　まきのかた
牧渓法常　もっけいほうじょう
物外可什　もつがいかじゅう
物外性応　もつがいしょうおう
物部　もののべ
狛　こま
的　いくは
直仁親王　なおひとしんのう
知礼　ちれい
知道　ちどう
空也　くうや
空谷明応　くうこくみょうおう
空性　くうしょう
空阿　くうあ
空海　くうかい
空晴　くうせい
竺仙梵僊　じくせんぼんせん
竺雲等連　じくうんとうれん
若狭　わかさ

漢字画引

英祖　えいそ
范　はん
虎関師錬　こかんしれん
阿仏尼　あぶつに
阿只抜都　あきばつ
阿佐井野　あさいの
阿佐太子　あさたいし
阿育王　あいくおう
阿直岐　あちき
阿知使主　あちのおみ
阿保親王　あぼしんのう
阿倍　あべ
阿倍御主人　あべのみうし
阿野　あの
阿塔海　アタハイ
阿摩和利　あまわり
阿賢移那斯　あけんえなし
阿曇　あずみ
阿蘇　あそ
金　きん・こん
金太郎　きんたろう
金光房　こんこうぼう
金売吉次　かねうりきちじ
金沢　かねざわ
金春　こんぱる
金重　きんじゅう
金剛智　こんごうち
金家　かねいえ
長井　ながい
長円　ちょうえん
長田　おさだ
長光　ながみつ
長次郎　ちょうじろう
長西　ちょうさい
長坂　ながさか
長尾　ながお
長束　なつか
長谷部　はせべ
長宗我部　ちょうそがべ
長沼　ながぬま
長屋王　ながやおう
長皇子　ながのおうじ
長宴　ちょうえん
長崎　ながさき
長野　ながの
長覚　ちょうかく
長賀　ちょうが
長勢　ちょうせい
長意　ちょうい
長義　ちょうぎ
長慶天皇　ちょうけいてんのう
青砥　あおと
斉世親王　ときよしんのう

9画

乗専　じょうせん
俊才　しゅんざい
俊芿　しゅんじょう
俊恵　しゅんえ
俊寛　しゅんかん
俊聖　しゅんじょう
保明親王　やすあきらしんのう
保科　ほしな
信行　しんぎょう
信房　のぶふさ
信空　しんくう
信海　しんかい
信家　のぶいえ
信寂　しんじゃく
信証　しんしょう
信瑜　しんゆ
信瑞　しんずい
信範　しんぱん
信濃前司行長　しなののぜんじゆきなが
則宗　のりむね
則房　のりふさ
則重　のりしげ
前田　まえだ
勇山　いさやま
南山士雲　なんざんしうん
南江宗沅　なんこうそうげん
南坊宗啓　なんぼうそうけい
南村　みなみむら
南浦紹明　なんぽじょうみん
南淵　みなぶち
南部　なんぶ
卑弥呼　ひめこ
厚東　こうとう
城　じょう
孤峯覚明　こほうかくみょう
孤雲懐奘　こうんえじょう
宣化天皇　せんかてんのう
宣陽門院　せんようもんいん
宣瑜　せんゆ
宥快　ゆうかい
宥範　ゆうはん
専順　せんじゅん
度会　わたらい
建礼門院　けんれいもんいん
建礼門院右京大夫　けんれいもんいんのうきょうのだいぶ
建春門院　けんしゅんもんいん
建春門院中納言　けんしゅんもんいんのちゅうなごん
彦主人王　ひこうしのおう
彦竜周興　げんりゅうしゅうこう
待賢門院　たいけんもんいん
待賢門院堀河　たいけんもんいんのほりかわ
後一条天皇　ごいちじょうてんのう
後二条天皇　ごにじょうてんのう
後三条天皇　ごさんじょうてんのう
後土御門天皇　ごつちみかどてんのう
後小松天皇　ごこまつてんのう
後円融天皇　ごえんゆうてんのう
後白河天皇　ごしらかわてんのう
後伏見天皇　ごふしみてんのう
後光厳天皇　ごこうごんてんのう
後宇多天皇　ごうだてんのう
後朱雀天皇　ごすざくてんのう
後冷泉天皇　ごれいぜいてんのう
後村上天皇　ごむらかみてんのう
後花園天皇　ごはなぞのてんのう
後奈良天皇　ごならてんのう
後柏原天皇　ごかしわばらてんのう
後高倉院　ごたかくらいん
後亀山天皇　ごかめやまてんのう
後堀河天皇　ごほりかわてんのう
後崇光院　ごすこういん
後深草天皇　ごふかくさてんのう
後鳥羽天皇　ごとばてんのう
後鳥羽院下野　ごとばいんのしもつけ
後鳥羽院宮内卿　ごとばいんのくないきょう
後陽成天皇　ごようぜいてんのう
後嵯峨天皇　ごさがてんのう
後嵯峨院中納言典侍　ごさがいんちゅうなごんのてんじ
後醍醐天皇　ごだいごてんのう
後藤　ごとう
思託　したく
恒次　つねつぐ
恒良親王　つねよししんのう
恒貞親王　つねさだしんのう
持明院　じみょういん
持統天皇　じとうてんのう
施基皇子　しきのおうじ
星川皇子　ほしかわのおうじ
春日　かすが
春日山田皇女　かすがのやまだのおうじょ
春屋妙葩　しゅんおくみょうは
春澄善縄　はるずみのよしただ
昭慶門院　しょうけいもんいん
胡　こ
柳本　やなぎもと
柳原　やなぎわら
柴山　さいざん
柴田　しばた
柿本　かきのもと
栄仁親王　よしひとしんのう
栄海　ようかい
栄朝　えいちょう
栄賀　えいが
栄叡　えいえい
段　だん
泉屋　いずみや
泉蓋蘇文　せんがいそぶん
洞院　とういん
津戸　つのと
津田　つだ
津守　つもり
洪　こう
洪武帝　こうぶてい
活玉依媛　いくたまよりひめ
海老名の南阿弥　えびなのなあみ
浄弁　じょうべん
浄音　じょうおん
浄業　じょうごう
浅井　あさい
浅原　あさはら
浅野　あさの
為平親王　ためひらしんのう
為次　ためつぐ
狩野　かのう
狭野茅上娘子　さののちがみのおとめ
狭穂姫　さほひめ
狭穂彦王　さほひこおう
珍海　ちんかい
畑　はた
皇円　こうえん
皇極天皇　こうぎょくてんのう
皇嘉門院　こうかもんいん
皇慶　こうげい
相応　そうおう
相良　さがら
相知　おうち
相馬　そうま

10画

11画

12画

13画

雎鳥皇女　めとりのおうじょ
雅成親王　まさなりしんのう
雅縁　がえん
頓阿　とんあ
鳩摩羅什　くまらじゅう

14画

嘉喜門院　かきもんいん
嘉陽門院越前　かようもんいんのえちぜん
境部　さかいべ
増田　ました
増命　ぞうみょう
増阿弥　ぞうあみ
増俊　ぞうしゅん
増基　ぞうき
増賀　ぞうが
増誉　ぞうよ
察度王　さっとおう
嶋井　しまい
徳一　とくいつ
徳大寺　とくだいじ
徳川　とくがわ
徳円　とくえん
徳若　とくわか
榊原　さかきばら
熊谷　くまがい
碧潭周皎　へきたんしゅうこう
禔子内親王　ししないしんのう
禖子内親王　ばいしないしんのう
種子島　たねがしま
稲毛　いなげ
稲葉　いなば
稗田阿礼　ひえだのあれ
維摩　ゆいま
維範　ゆいはん
綽如　しゃくにょ
綿谷周瓞　めんこくしゅうてつ
総一検校　そういちけんぎょう
緒方　おがた
舞草　もうくさ
蔵山順空　ぞうざんじゅんくう
蔵俊　ぞうしゅん
蔣　しょう
蜷川　にながわ
裴　はい
豪信　ごうしん
輔仁親王　すけひとしんのう
関　せき
関山慧玄　かんざんえげん
静安　じょうあん
静御前　しずかごぜん
静遍　じょうへん

15画

劉　りゅう
審祥　しんじょう
履中天皇　りちゅうてんのう
徹翁義亨　てっとうぎこう
徹通義介　てっつうぎかい
慧子内親王　けいしないしんのう
慧思　えし
慧春尼　えしゅんに
慧能　えのう
慧遠　えおん
慶光院　けいこういん
慶忍　けいにん
慶俊　きょうしゅん
慶祚　けいそ
慶滋　よししげ
慶運　けいうん
摩訶迦葉　まかかしょう
樋口　ひぐち
横川景三　おうせんけいさん
澄円　ちょうえん
澄憲　ちょうけん
澄観　ちょうかん
熱田大宮司　あつただいぐうじ
瑩山紹瑾　けいざんじょうきん
稽　けい
穂積　ほづみ
穂積親王　ほづみしんのう
範俊　はんじゅん
調　つき
諏訪　すわ

16画

賢円　けんえん
賢江祥啓　けんこうしょうけい
賢和　けんわ
賢俊　けんしゅん
賢覚　げんかく
賢璟　けんきょう
選子内親王　せんしないしんのう
鄭　てい
霊仙　りょうせん
鞍作　くらつくり
養叟宗頤　ようそうそうい
黙庵霊淵　もくあんれいえん
凝然　ぎょうねん
叡空　えいくう
叡尊　えいぞん
憲深　けんじん
憲淳　けんじゅん
憲静　けんじょう
懐良親王　かねよししんのう
懐海　えかい
曇徴　どんちょう
曇鸞　どんらん
膳巴　かしわで
橘　たちばな
橘屋　たちばなや
濃姫　のうひめ
穆子内親王　ぼくしないしんのう
窺基　きき
築山殿　つきやまどの
篤子内親王　とくしないしんのう
徽子女王　きしじょおう
徽安門院　きあんもんいん
徽宗　きそう
興世王　おきよおう
興良親王　おきよししんのう
興原　おきはら
興然　こうねん
薬師恵日　くすしのえにち
融源　ゆうげん
親鸞　しんらん
辨長　べんちょう
醍醐天皇　だいごてんのう
頼円　らいえん
頼玄　らいげん
頼助　らいじょ
頼宝　らいほう
頼源　らいげん
頼瑜　らいゆ
頼誉　らいよ
頼豪　らいごう
頼賢　らいけん
鴨　かも

17画

優塡王　うでんおう
檜垣嫗　ひがきのおうな
檜隈民使　ひのくまのたみつかい
磯の禅師　いそのぜんじ
磯城皇子　しきのおうじ
簗田　やなだ
篠原　しのはら
薩　さつ
謙道宗設　けんどうそうせつ
謝　しゃ
鍋島　なべしま

18画

瞻西　せんさい
織田　おだ
翺之慧鳳　こうしえほう
藤原　ふじわら
藤堂　とうどう
藪内　やぶのうち
蟬丸　せみまる
観世　かんぜ
観阿弥　かんあみ
観修　かんしゅ
観勒　かんろく
観規　かんき
観賢　かんげん
鎌田　かまた
鎌倉　かまくら
鎮源　ちんげん
額田　ぬかた
顔輝　がんき
顕宗天皇　けんぞうてんのう
顕昭　けんしょう
顕真　けんしん
顕智　けんち
顕意　けんい
魏天　ぎてん

19画

藻璧門院　そうへきもんいん
藻璧門院少将　そうへきもんいんのしょうしょう
蘆名　あしな
蘇　そ
蘇我　そが
蘇我石川　そがのいしかわ
蘇那曷叱知　そなかしち
蘭坡景茝　らんぱけいし
蘭洲良芳　らんしゅうりょうほう
蘭渓道隆　らんけいどうりゅう
鏡女王　かがみのじょおう
鏡堂覚円　きょうどうかくえん
願暁　がんぎょう

20画

護良親王　もりよししんのう
護命　ごみょう
饅頭屋　まんじゅうや
馨子内親王　けいしないしんのう
麛坂王　かごさかおう

21画

鑁阿　ばんな

22画

懿徳天皇　いとくてんのう
籠手田　こてだ
讃岐　さぬき

23画

鑑真　がんじん

24画

鷹司　たかつかさ

人名索引

あ

い

う

え

お

大内高弘　146b 149b
•大内輝弘(おおうちてるひろ)　**146b** 265a 990c
大内道通　148c
•大内教弘(おおうちのりひろ)　**146c** 355a 453a
大内教幸　147c 529c
大内弘茂　84b 148c
•大内弘世(おおうちひろよ)　**147a** 29b 253a
•大内政弘(おおうちまさひろ)　**147c** 79a 355a 419c 503a 529c 529c 1056b
大内満弘　152b
大内満世　148a 148c
大内持盛　148a
•大内持世(おおうちもちよ)　**148a** 210b
•大内盛見(おおうちもりみ)　**148c**
大内義興　31a 31b 75b 171a 325b 503a 528c 902a 987a
•大内義隆(おおうちよしたか)　**150a** 286a 420a 469a 529a 529a 932c 989c 1047c
大内義尊　151b 151c
•大内義長(おおうちよしなが)　**151c** 164a 529b 602b 932c 990b
•大内義弘(おおうちよしひろ)　**152a** 24b 37c 95a 166a 201a 515c 681b 896c 1016a 1018c
大兄皇子　1031a
•大江朝綱(おおえのあさつな)　**153a** 374a 754c
•大江音人(おおえのおとんど)　**153a** 53a 531a 709c
大江公朝　952b
•大江維時(おおえのこれとき)　**153b** 620b
大江定基(おおえのさだもと)　⇨寂照 1032a
•大江佐国(おおえのすけくに)　**153c**
大江佐房　154a
•大江挙周(おおえのたかちか)　**153c**
大江為基　2a
•大江親広(おおえのちかひろ)　**153c** 65c 893c
•大江千里(おおえのちさと)　**154a**
大江千古　158a
大江成基　268a
•大江広元(おおえのひろもと)　**154b** 209a 599b 723a 937a 951a 968c
•大江匡衡(おおえのまさひら)　**155a** 2a 268a 531b 837c 852b 958a
•大江匡房(おおえのまさふさ)　**155b** 658b 852b 949a 950b
•大江以言(おおえのもちとき)　**156a** 946c
•大江嘉言(おおえのよしとき)　**156a** 752a
大兄去来穂別尊(おおえのいざほわけのみこと)　⇨履中天皇
大御室(おおおむろ)　⇨性信入道親王
大神是光　394c
大神惟基　179a
大賀弥四郎　921a
•大春日真野麻呂(おおかすがのまのまろ)　**156a**
•大河兼任(おおかわかねとう)　**156b** 208c
大吉備津日子命(おおきびつひこのみこと)　⇨吉備津彦命
•正親町天皇(おおぎまちてんのう)　**156c** 185b 198b 444a 696b 925b
大日下王　157a　→大草香皇子
•大草香皇子(おおくさかのおうじ)　**157a** 60c 751c
大串次郎　807a
大国阿闍梨　734c
•大伯皇女(おおくのおうじょ)　**157b** 162b
大来皇女　157b　→大伯皇女
•大久米命(おおくめのみこと)　**157b**
大蔵九郎能氏　243a
大蔵頼季　716a
•大蔵種材(おおくらのたねき)　**157c**
•大蔵春実(おおくらのはるざね)　**157c**
•大蔵善行(おおくらのよしゆき)　**157c** 270b
大河内貞綱　94a
大御所渋河殿　454c
大斎院(おおさいいん)　⇨選子内親王
大鷦鷯皇子　178a 117b 867a
大鷦鷯尊(おおさざきのみこと)　⇨仁徳天皇　1012b
大沢重成　1008a
大沢久守　1008c
大海人皇子(おおしあまのおうじ)　⇨天武天皇
•凡河内躬恒(おおしこうちのみつね)　**158a** 74c 191a 224a 268b 588a 800c
大須賀胤氏　638b
大関高増　717a
•大田田根子(おおたたねこ)　**159a** 535c
太田氏資　874b
•太田牛一(おおたぎゅういち)　**158b**
太田牛次　158b
•太田資清(おおたすけきよ)　**158c** 103a 112b 114b 516a 701c
太田資高　109a
太田資忠　160c
太田資長　103a 774a　→太田道灌
太田資正　874b
•太田道灌(おおたどうかん)　**160a** 103a 107c 125a 177c 455b 516a 703a 774a 878c
太田道真　103a 516a　→太田資清
•太田時連(おおたときつら)　**160c**
太田豊後守　876b
太田持資　160b　→太田道灌
•太田康有(おおたやすあり)　**161c**
•太田康宗(おおたやすむね)　**161c**
意富多多泥古　159a
大だけ丸　7a
•大館氏明(おおだちうじあき)　**159a** 907b
大館郷広　98b
大館晴光　12a 13a 159c
•大館尚氏(おおだちひさうじ)　**159b**
大館満冬女　98b　→今参局
大館宗氏　159a
大館持員　159c
•大館持房(おおだちもちふさ)　**159c**
大橘比売命　190b
大谷座主　642a
•大谷吉継(おおたによしつぐ)　**161a** 14c 70c 104b 430a 677b
•大田皇女(おおたのおうじょ)　**161b**
大足彦忍代別尊(おおたらしひこおしろわけのみこと)　⇨景行天皇
大帯日子淤斯呂和気天皇　320b
大足日子天皇　320b
•大津皇子(おおつのおうじ)　**162a** 66a 68c 235b 707b 1020a
•大津大浦(おおつのおおうら)　**162c**
•大津首(おおつのおびと)　**162c**
大坪道禅　75a
乎富等　323b　→継体天皇
男大迹　323b　→継体天皇
袁本杼　323b　→継体天皇
大塔宮(おおとうのみや)　⇨護良親王 304c
大塔若宮　3b 180a　→興良親王
大殿　851a　→藤原師実
男大迹王(おおどのおう)　⇨継体天皇
大富善好　981c
大友氏鑑　166a
大友氏継　166a
•大友氏時(おおともうじとき)　**163a** 252c 450a
大友氏宗　163b
大友氏泰　441c 640c 971b
大友貞親　163b
•大友貞載(おおともさだのり)　**163a** 1023c
•大友貞宗(おおともさだむね)　**163b** 250a 441c 506b 640b
•大友宗麟(おおともそうりん)　**163c** 59b 196a 630a 786a 1048a　→大友義鎮
大友親綱　148b
大友親治　31a
•大友親世(おおともちかよ)　**165c** 95a 252a
大友皇子　572a
大友晴英(おおともはるひで)　⇨大内義長　151c 529b 602b

大友持直　148b
• 大友義鑑(おおともよしあき)　170c
大友義鎮(おおともよししげ)　⇨大友宗麟　33a 196a 196b 463a 463c 469b 602b 631b 990b 1000a
• 大友能直(おおともよしなお)　171b
• 大友義統(おおともよしむね)　172a　316a 317b 441a 463b
• 大友頼泰(おおともよりやす)　172b　87b 502b
大伴　479a
大伴坂上郎女　170b
大伴塩市丸　171b
大伴親王　369b　→淳和天皇
大伴義長　31a
大友磐　168a
• 大友皇子(おおとものおうじ)　166b　76b 267a 286a 569b 664a 707b 802a 1013a 1049b
• 大友黒主(おおとものくろぬし)　167b
大友高聡　245a
大友狭手彦　166a
• 大伴池主(おおとものいけぬし)　166a
• 大伴磐(おおとものいわ)　166a
大伴馬飼(おおとものうまかい)　⇨大伴長徳
• 大伴弟麻呂(おおとものおとまろ)　166c　307c 374c 418b
大伴談　267c 571c
• 大伴金村(おおとものかなむら)　166c　323c 373c 550c 863b 867a 909c 994c
• 大伴咋(おおとものくい)　167a
大伴国道　169a
大伴古慈斐　144c
• 大伴古麻呂(おおとものこまろ)　167c　242a 803c 860c
• 大伴坂上郎女(おおとものさかのうえのいらつめ)　167c
• 大伴坂上大嬢(おおとものさかのうえのおおいらつめ)　168a
• 大伴狭手彦(おおとものさてひこ)　168a　922c
大伴宿奈麻呂　68c
• 大伴駿河麻呂(おおとものするがまろ)　168b
• 大伴武日(おおとものたけひ)　168b
大伴田主　68c
• 大伴旅人(おおとものたびと)　168c　209c 1018c
大伴竹良　823c
• 大伴継人(おおとものつぐひと)　169a　432c 823c
• 大伴長徳(おおとものながとこ)　169a　374b
• 大伴吹負(おおとものふけい)　169a　170c 174b 179c 970b
• 大伴馬来田(おおとものまくだ)　169b　169a
大伴真綱　72b
• 大伴道足(おおとものみちたり)　169b　69a
• 大伴御行(おおとものみゆき)　169c
• 大伴室屋(おおとものむろや)　169c　267c 272a 573b 653a 867a 897a
• 大伴家持(おおとものやかもち)　170a　11a 82a 144c 166a 167c 168a 191c 209b 432c 621c 628c 775c 824a 855a
• 大伴安麻呂(おおとものやすまろ)　170c
• 大伴古慈斐(おおとものこしび)　167b
大鞆和気命　141c　→応神天皇
大鳥大臣　50a　→阿倍内麻呂
大中姫　994c
• 大中臣清麻呂(おおなかとみのきよまろ)　172c
• 大中臣輔親(おおなかとみのすけちか)　173a 130c 805b 934b
大中臣正棟　77b
• 大中臣能宣(おおなかとみのよしのぶ)　173b 395b 418c 817b 832a 934c 938a
大中臣与四郎　491c
• 大中臣頼基(おおなかとみのよりもと)　173c
大二条関白(おおにじょうかんぱく)　⇨藤原教通
大二条殿　835c　→藤原教通
大入道殿　800b　→藤原兼家
大野治長　380b
太安万侶　774c
• 太安麻呂(おおのやすまろ)　174c 338c
• 多自然麻呂(おおのじねんまろ)　173c
• 多資忠(おおのすけただ)　174a
• 多忠方(おおのただかた)　174a 944b
• 多忠宗(おおのただむね)　174a
• 多品治(おおのほむち)　174c 267a
大野出目家　433a
• 大野東人(おおののあずまひと)　174b　840b
• 大野果安(おおののはたやす)　174b
• 大庭景親(おおばかげちか)　175a 132a 212c 312b 424c 955b 1019b
• 大庭景義(おおばかげよし)　175b 952a
大庭三左衛門　40b
大場十郎近郷　1b
• 大葉子(おおばこ)　175c
大泊瀬皇子　214c 925c
大長谷皇子　214c
大泊瀬幼武尊(おおはつせのわかたけのみこと)　⇨雄略天皇
大泊瀬幼武天皇　1027a
大羽振辺　960c
大浜宿禰　42b
大原僧都　643b
大原美気　775c
• 大彦命(おおひこのみこと)　175c
大毘古命　175c 616c
大姫　889b 956b
• 大姫(おおひめ)　176a
大生部多　766a
• 大戸清上(おおべのきよかみ)　176a　1069b
巨海新左衛門　94a
大御諸別命　960b
大宮右府　828c
大宮大相国　810a
大宮大納言　819a
• 大宮長興(おおみやながおき)　176c　960a 960b
• 大宮院(おおみやいん)　176b 368b 403c
大三輪高市麻呂(おおみわのたけちまろ)　⇨三輪高市麻呂
大神田麿　176c
大神大夫　970b
大神巳井　650a
• 大神社女(おおみわのもりめ)　176c
• 大村純忠(おおむらすみただ)　177a　699b 701b 771c 923a
• 大村福吉(おおむらのふくよし)　177b
大物主神　1011c
• 大森氏頼(おおもりうじより)　177c
大森藤頼　878c
大宅可是麻呂　962b
大山守皇子　117b
大日本根子彦国牽尊(おおやまとねこひこくにくるのみこと)　⇨孝元天皇
大日本根子彦太瓊尊(おおやまとねこひこふとにのみこと)　⇨孝霊天皇
大日本彦耜友尊(おおやまとひこすきとものみこと)　⇨懿徳天皇
• 大山守皇子(おおやまもりのおうじ)　177c
小鹿範満　878c
岡崎信貞　919c
岡崎信康(おかざきのぶやす)　⇨松平信康
• 岡崎義実(おかざきよしざね)　178a　309c 595b
小笠原氏隆　228a
• 小笠原貞宗(おがさわらさだむね)　178b　541a 885c 891c
小笠原貞慶　897c
小笠原少斎　900b
小笠原長清　934a
小笠原長経　655b 954a
• 小笠原長時(おがさわらながとき)　178c　610a 980a
• 小笠原長基(おがさわらながもと)　179a
小笠原政康　12b 111c 614b
小笠原持長　75c
小笠原頼直　952b
• 緒方惟義(おがたこれよし)　179a
岡宮天皇(おかのみやのてんのう)　⇨草壁皇子
岡屋関白(おかのやかんぱく)　⇨近衛兼経

き

く

こ

越部禅尼(こしべのぜんに)　⇨藤原俊成女
子島僧都　517a
• 小島法師(こじまほうし)　**369c**
• 児島高徳(こじまたかのり)　**369b** 421b
児島範長　421b
コシャマイン　613b
五条　62a
五条有範　783c
五条大納言　806c
五条為学　383b
五条良遠　309b
• 五条頼元(ごじょうよりもと)　**370a** 42c 224c 309b
後成恩寺関白(ごじょうおんじかんぱく)　⇨一条兼良
五条后(ごじょうのきさき)　⇨藤原順子
五条三位(ごじょうのさんみ)　⇨藤原俊成
• 後白河天皇〔-院，-上皇，-法皇〕(ごしらかわてんのう)　**370c** 189c 300a 334a 339c 341b 344b 434a 473a 475b 486b 492b 536b 585c 592b 596b 597b 599b 601a 631c 645b 645c 683b 711b 715a 804c 808c 819a 820a 821a 823b 827b 833b 835a 835b 837a 843c 849b 850a 851c 852b 883a 938b 945c 948b 950c 952a 952c 955a 957b 962c 999b 1036a 1061b
湖心碩鼎　229a 420a
五岑　634b
悟真　855a
後深心院殿(ごしんしんいんどの)　⇨近衛道嗣
• 後崇光院(ごすこういん)　**372a** 201b 663c
• 後朱雀天皇〔-上皇〕(ごすざくてんのう)　**373a** 46a 340c 495a 808a 817c 1031b
• 巨勢有久(こせのありひさ)　**373b**
• 巨勢邑治(こせのおおじ)　**373b**
• 巨勢男人(こせのおひと)　**373c**
• 巨勢金岡(こせのかなおか)　**373c**
• 巨勢公忠(こせのきんただ)　**374a**
• 巨勢堺麻呂(こせのせきまろ)　**374a**
巨勢関麻呂　374a
巨勢徳太　1009a
巨勢徳陀　603c
• 巨勢徳陀古(こせのとくだこ)　**374b** 571b
• 巨勢奈氐麻呂(こせのなてまろ)　**374b**
• 巨勢野足(こせののたり)　**374c** 416a
• 巨勢人(こせのひと)　**374c** 267a 572a 663a 707c
• 巨勢弘高〔広高〕(こせのひろたか)　**375a**
巨勢行忠　373b
巨勢文雄　966b
巨勢神前訳語　51b
居勢祝　523b
• 古先印元(こせんいんげん)　**375a** 108c 441c
古泉宗亀　661a
後僧正　520b
小袖屋宗句　733a
古曾部入道　752a
• 後醍醐天皇〔-院〕(ごだいごてんのう)　**375c** 18b 21c 65b 108b 119b 134a 134c 140c 159b 193a 193c 210c 246b 249c 250a 259a 259b 260c 261b 304b 312b 327a 333b 346a 359b 369b 386c 394a 406a 422a 437b 443b 448a 456a 471a 472a 476b 541a 553a 556c 592c 599a 617c 635b 640c 652b 666a 666c 667c 688c 708b 708c 712b 713b 719a 724c 725a 726a 726b 727a 739c 740c 744a 779b 780b 781a 788c 796c 866a 880a 885c 887b 896a 911a 923c 924b 924c 930c 971a 975c 980b 999c 1023c 1025b 1034c 1038b 1068c　→敦仁親王
後大染金剛院殿(ごだいせんこんごういんどの)　⇨二条尹房
• 後高倉院〔-法皇〕(ごたかくらいん)　**377b** 382a 394b 476c 963c
小谷の方(1583没)　451a
五智房　1026a
孤竹斎　629a
木造俊康　261c
木造具政　261b
• 兀庵普寧(ごったんふねい)　**378a** 77c 358a 668b
• 後土御門天皇〔-院〕(ごつちみかどてんのう)　**378c** 91a 288a 361b 365b 436a 444a 505a 519b 546a 713c 738b 1033a 1034b 1050b
• 籠手田安経(こてだやすつね)　**379a**
籠手田安昌　196a
小寺官兵衛(こてらかんべえ)　⇨黒田孝高
小寺政職　316c
木寺宮(こてらのみや)　⇨邦良親王
古天周誓　976c
古伝崇井　78a
• 古幢周勝(ことうしゅうしょう)　**379a**
厚東武実(ことうたけざね)　⇨こうとうたけざね
• 五島純玄(ごとうすみはる)　**379b**
後藤賢豊　1063a 1063a
後藤宗印　315a
後藤貴明　177a 1048b
後藤範宗　762a
後藤又兵衛(ごとうまたべえ)　⇨後藤基次
• 後藤基清(ごとうもときよ)　**379c** 76a 380b 783c
• 後藤基次(ごとうもとつぐ)　**380a** 430c
• 後藤基綱(ごとうもとつな)　**380b** 638b 716c 886a
後藤基政　977a
• 後藤祐乗(ごとうゆうじょう)　**380c**
五徳の冠者　448b
• 後鳥羽天皇〔-院，-上皇〕(ごとばてんのう)　**381b** 41a 64b 65c 154a 176a 232c 233c 302a 303c 340a 341b 354c 363b 370c 379c 381a 381a 382c 403b 407a 417b 423c 426a 437c 445c 471c 476c 481b 500b 534a 655a 657b 687c 723c 753b 754a 767c 795a 807c 811a 829b 829c 834b 835b 837b 844b 846b 850a 882a 889c 893c 927c 932a 934a 934a 963b
• 後鳥羽院宮内卿(ごとばいんのくないきょう)　**381a**
• 後鳥羽院下野(ごとばいんのしもつけ)　**381a**
• 後奈良天皇(ごならてんのう)　**382c** 12a 288b 320a 362a 435a 444a 578a 597c 730a 873a
• 小西如庵(こにしじょあん)　**383b** 384b
• 小西如清(こにしじょせい)　**383c**
• 小西行長(こにしゆきなが)　**383c** 53b 58c 70c 217b 298b 316a 317c 324b 383b 441a 456c 460a 568b 923a 1044a 1044b
• 後二条天皇〔-院〕(ごにじょうてんのう)　**384c** 16c 405c 796c
後二条殿(ごにじょうどの)　⇨藤原師通
• 近衛家実(このえいえざね)　**385b** 844b
近衛家基　785a
• 近衛兼経(このえかねつね)　**385b** 302b 367c 892c
近衛宰子　385c
近衛前嗣　730a
• 近衛前久(このえさきひさ)　**386a** 730a
• 近衛稙家(このえたねいえ)　**386b** 429a 463a 564c 629a
• 近衛経忠(このえつねただ)　**386c** 193a
• 近衛天皇(このえてんのう)　**386c** 299b 821b 823b
• 近衛信尹(このえのぶただ)　**387b**
近衛尚通　629a 737b 872c
近衛政家　114a 676c 737b
• 近衛道嗣(このえみちつぐ)　**387c** 727c 737a
近衛基嗣　364c 386c
• 近衛基平(このえもとひら)　**387c**
近衛基通　124b 952c
近衛殿　849c
木幡大僧正　240b
花園天皇　887b
• 後花園天皇〔-上皇〕(ごはなぞのてんのう)　**388a** 30b 35c 242c 288a 382c 441b 627c 652a 668c 713c 779a
• 小早川隆景(こばやかわたかかげ)　**389a**

61a 70c 116a 146c 229c 265a 316a 427a 456c 464b 622a 867c 988a 988b 989c
小早川遠平　692a
・小早川則平(こばやかわのりひら)　**389c**
小早川春平　308b
・小早川秀秋(こばやかわひであき)　**390a** 53b 71a 161b 230a 316b 389c 677b
小早川秀俊　389c
古備前友成　692c
・後深草天皇(ごふかくさてんのう)　**390c** 16b 127b 385c 405a 405b 667b 869c
後深草院二条　407b
後深草院弁内侍　869c　→弁内侍
後普光園院殿(ごふこうおんいんどの)　⇨二条良基
・後伏見天皇〔-院, -上皇〕(ごふしみてんのう)　**393a** 16a 134c 364b 391b 406a 477c 666c 744a 883c 887b
古邦慧淳　201b
・孤峯覚明(こほうかくみょう)　**393c** 325c 346b 396c 437b 769a 974b 978b
五峰　144a
後報恩院殿(ごほうおんいんどの)　⇨九条経教
古法眼(こほうげん)　⇨狩野元信
後法性寺入道殿(ごほっしょうじにゅうどうどの)　⇨九条兼実
・後堀河天皇〔-院, -上皇〕(ごほりかわてんのう)　**394a** 377b 403b 531c 566a 811b 834b
駒王丸　949c
小松内大臣(こまつのないだいじん)　⇨平重盛
小松内府　589a
小松帝(こまつのみかど)　⇨光孝天皇
・小馬命婦(こまのみょうぶ)　**395b**
・狛近真(こまのちかざね)　**394c** 102b
・狛朝葛(こまのともかず)　**395a** 102b
狛光方　394c
高麗加西溢　315a
・高麗福信(こまのふくしん)　**395a**
狛竪部子麻呂　970c
木閑　1007b
悟妙　809a
・護命(ごみょう)　**395b** 337a 472a 483b 962b
・後村上天皇(ごむらかみてんのう)　**396a** 29a 119b 180a 210a 259c 261a 306b 346a 394a 628a 720a 720b 726c 1021b
ゴメス　172a
米田監物　905a
後文徳院　388b
・後陽成天皇〔-帝, -上皇〕(ごようぜいてんのう)　**397c** 444a 686a 790b 905c 925b 1033c
古倫慧文　972a
・惟明親王(これあきらしんのう)　**398a**
・後冷泉天皇(ごれいぜいてんのう)　**398a** 282b 583a 752b 802c 802c 855c
惟住五郎左衛門　745c
・惟喬親王(これたかしんのう)　**398b** 57b 856a
惟仁親王　153b 544a 839a 856a
・惟宗公方(これむねのきんかた)　**399a**
・惟宗孝言(これむねのたかこと)　**399a** 153c 852b
・惟宗允亮(これむねのただすけ)　**399a**
・惟宗直宗(これむねのなおむね)　**399b**
・惟宗直本(これむねのなおもと)　**399b**
・惟康親王(これやすしんのう)　**399c** 881c 884a 890b
・惟良春道(これよしのはるみち)　**399c**
・金春秋(こんしゅんじゅう)　**400b** 603c
・金仁問(こんにんもん)　**401b**
・金庾信(こんゆしん)　**402b**
近院大臣　948c
金王丸　689a
厳久　335a
言外宗忠　660b
厳賢(ごんけん)　⇨良恵
金剛四郎権守元正　242c
金剛覚　118a 767b
金剛観　767b
金剛行　368c
金剛性　351b 767b
金剛浄　434b
金剛心　364a
・金剛智(こんごうち)　**400a**
金剛別当秀綱　1023c
・金光房(こんこうぼう)　**400b**
金剛宝　581b
金剛法　141a
金剛理　382a
欣西　447b
天祥一麟　521c
・勤操(ごんぞう)　**401a** 336b 61c 238a 551b 582a
金蔵主　778b
金胎房覚禅　205a
近藤能成　171c
天王寺屋道叱　456b
金春氏信　538c
・金春四郎次郎(こんぱるしろじろう)　**401c**
・金春禅竹(こんぱるぜんちく)　**401c** 441a
・金春禅鳳(こんぱるぜんぽう)　**402a**
建立院　730c 731b
根嶺先徳　486c
金蓮院准后　204a

さ

沙智積　871b
佐為王　507a
済　99c
蔡秉常　201b
西阿　987b
在庵普在　1008c
西院皇后宮　321c
最運法親王　962c
最雲　992c
最雲法親王　334a
歳栄　134c
済翁紹派　83a
柴屋軒　565b
西園寺禧子　923c 924c
・西園寺公重(さいおんじきんしげ)　**403a**
・西園寺公経(さいおんじきんつね)　**403a** 65c 301a 302b 363c 367b 443c 963c 967a
・西園寺公衡(さいおんじきんひら)　**404a** 16b
西園寺公広　171b
・西園寺公宗(さいおんじきんむね)　**404b** 305a 376c 708b 885c 891c
・西園寺実氏(さいおんじさねうじ)　**404c** 363c 367c 886a 967a
・西園寺実兼(さいおんじさねかね)　**405b** 16c 280a 390c 789a
・西園寺実俊(さいおんじさねとし)　**406a**
・西園寺実衡(さいおんじさねひら)　**406a**
西園寺諒空　199b
斉岳性均　671a
・西行(さいぎょう)　**406b** 536c 579b 679c 811a 829a
斎宮女御(さいぐうのにょうご)　⇨徽子女王　911a
最源　486a
在五中将(ざいごちゅうじょう)　⇨在原業平
西光(さいこう)　⇨藤原師光　586b 596b 833b
西昆原池　641a
・柴山(さいざん)　**407b** 505b
載斯烏越　783b
最守　575c
最勝王　992c
塞上　871b
最勝園寺崇演　877c
最勝幢　441b
宰相僧正　344b
西親　844b
済信(さいしん)　⇨せいじん
斉詮　63b
済川宗津　721c
・済暹(さいせん)　**407c** 493c
・最澄(さいちょう)　**407c** 60a 135a 136c 139a 257c 284b 295a 328c 349a 351c 401a 476a 583c 620c 676a 684a 748c 800a 1053a 1066b
載鎮　471c
・斎藤実盛(さいとうさねもり)　**409a**

し

せ

そ

た

• 平兼盛(たいらのかねもり)　**585a** 130c 173b 361b 959b
平寛子　586a
• 平公雅(たいらのきみまさ)　**585b**
平清宗　76a
• 平清盛(たいらのきよもり)　**585b** 20b 48c 62c 247b 247b 247c 344b 366b 370c 413a 475c 584c 588b 591c 592b 595b 596a 598c 632a 633a 679c 683b 725c 759a 808c 835a 847c 849b 850c 910b 939b 945c 952a 953a 955a 957b 962c 992c 1020c 1036a
• 平国香(たいらのくにか)　**586c** 593c
平九郎判官　927c
平維時　852b
• 平惟仲(たいらのこれなか)　**587a**
平惟範　158a
• 平維衡(たいらのこれひら)　**587a** 595b
• 平維茂(たいらのこれもち)　**587b**
• 平維盛(たいらのこれもり)　**587b** 512b 614b 948b 952b 955b 1002c
• 平維良(たいらのこれよし)　**587c**
• 平貞文(たいらのさだふん)　**587c**
平貞道　1067c
平定文　587c
• 平貞盛(たいらのさだもり)　**588a** 585b 593c 822c 836b
• 平貞能(たいらのさだよし)　**588b** 761a
平滋子　586b
• 平重衡(たいらのしげひら)　**588c** 552c 948b
• 平重盛(たいらのしげもり)　**589a** 22c 179b 309b 819a 833b 849b 953a
• 平繁盛(たいらのしげもり)　**589b** 591a
平時子(たいらのじし)　⇨たいらのときこ
平滋子(たいらのじし)　⇨建春門院
平季武　1067c
• 平資盛(たいらのすけもり)　**589c** 588b
平盛子(たいらのせいし)　⇨たいらのもりこ
• 平高棟(たいらのたかむね)　**589c**
• 平高望(たいらのたかもち)　**590a**
平忠貞　590c
• 平忠常(たいらのただつね)　**590a** 592c 957a
• 平忠度(たいらのただのり)　**590b** 632a
平忠房　1020c
• 平忠正(たいらのただまさ)　**590c**
平忠光　589c
• 平忠盛(たいらのただもり)　**590c** 248a 584c 940a
• 平忠頼(たいらのただより)　**591a** 589c
• 平親範(たいらのちかのり)　**591a**
平経明　591a
平常茂　769c
平常重(たいらのつねしげ)　⇨千葉常重
平常澄　637c
• 平経高(たいらのつねたか)　**591b** 618c
• 平経盛(たいらのつねもり)　**591b**
• 平時子(たいらのときこ)　**591c** 586b
• 平時忠(たいらのときただ)　**591c**
平時信　586b
平徳子(たいらのとくし)　⇨建礼門院 445c 586a
平知忠　585a
• 平知盛(たいらのとももり)　**592a** 312b 589c 761a 948b 951c
• 平知康(たいらのともやす)　**592b** 952c
• 平直方(たいらのなおかた)　**592c** 590b
• 平成輔(たいらのなりすけ)　**592c**
• 平信範(たいらののぶのり)　**592c**
• 平教経(たいらののりつね)　**593a** 427c
• 平教盛(たいらののりもり)　**593b**
平秀吉　696a
• 平広常(たいらのひろつね)　**593b**
• 平将門(たいらのまさかど)　**593c** 180a 585b 586c 588a 589b 596c 836b 941a
平真樹　593c
平政子　65c 124b 531c
• 平正盛(たいらのまさもり)　**594b** 66c 940a 950b
• 平通盛(たいらのみちもり)　**594c** 952b
平宗清　955a
平宗親　512b
• 平致経(たいらのむねつね)　**594c**
• 平宗盛(たいらのむねもり)　**594c** 62c 76a 344b 692c 741b 759a 776b 833b 951a
平致行　157c
• 平致頼(たいらのむねより)　**595b** 587a
平基知　335c
• 平盛国(たいらのもりくに)　**595b** 586c
• 平盛子(たいらのもりこ)　**595c** 586a 806c 847c 849b 849c
• 平盛綱(たいらのもりつな)　**595c** 777c
• 平盛時(たいらのもりとき)　**595c** 502a 783c
• 平盛俊(たいらのもりとし)　**596a**
平師季　950b
平師妙　950b
• 平康頼(たいらのやすより)　**596b**
• 平行盛(たいらのゆきもり)　**596c** 424c
• 平良兼(たいらのよしかね)　**596c** 585b 588a 593c
• 平良文(たいらのよしぶみ)　**596c**
平良正　593c
平義盛　826b
• 平頼綱(たいらのよりつな)　**597a** 44c 734b 877b
• 平頼盛(たいらのよりもり)　**597b** 505c 961b
• 平六代(たいらのろくだい)　**597b**
大梁梵梓　985c
大林善育　545b
• 大林宗套(だいりんそうとう)　**597c** 10b 262a 555c 654a 654c
大林房　738b
大蓮社酉誉　494b
大蓮房覚智(地)　43c
大和上　242a
多賀出雲守　601b
• 多賀高忠(たがたかただ)　**601a**
多賀宗直　278a
高井コスメ　900a
高雄僧正　519b
高丘親王(たかおかしんのう)　⇨真如
高岳親王　650a
• 高丘比良麻呂(たかおかのひらまろ)　**598a**
• 高倉天皇(たかくらてんのう)　**598c** 200c 290b 366b 369a 473a 586a 819a 962c
高倉範季　300a
• 高倉光守(たかくらみつもり)　**599a**
• 高倉下(たかくらじ)　**598b** 523b
高倉殿の四宮　755a
高倉福信(たかくらのふくしん)　⇨高麗福信
高倉宮(たかくらのみや)　⇨以仁王 728a
• 高階栄子(たかしなのえいし)　**599b** 889b 946a 956b
• 高階貴子(たかしなのきし)　**599c**
• 高階隆兼(たかしなのたかかね)　**599c**
• 高階為章(たかしなのためあき)　**600a**
• 高階為家(たかしなのためいえ)　**600b**
高階遠成　294b
高階成章　814a
• 高階成忠(たかしなのなりただ)　**600b** 809b
• 高階業遠(たかしなのなりとお)　**600b**
• 高階積善(たかしなのもりよし)　**600c**
• 高階泰経(たかしなのやすつね)　**600c**
高田小左衛門　917b
高津道性　352b
• 鷹司兼平(たかつかさかねひら)　**601c** 45a 744a 785a 1069a
鷹司殿　944c
• 鷹司冬教(たかつかさふゆのり)　**602a**
鷹司殿(993没)　958c
鷹司殿(1053没)　842b
高遠頼継　610a
尊良親王(たかながしんのう)　⇨たかよししんのう
高梨政頼　103a 980a
尊成　381b
高野天皇(たかののてんのう)　⇨孝謙天皇
• 高野新笠(たかののにいかさ)　**602a**
高野姫尊　344c
• 高橋鑑種(たかはしあきたね)　**602b** 164b
高橋鎮種　621c 867c

ち

と

な

に

ぬ

藤原公雅　180a
・藤原宮子(ふじわらのきゅうし)　**803b**
藤原清衡　286c
・藤原清廉(ふじわらのきよかど)　**803b**
・藤原清河(ふじわらのきよかわ)　**803c**
51a 345b 757a
・藤原清輔(ふじわらのきよすけ)　**804a**
957c
藤原清隆　594b
・藤原清正(ふじわらのきよただ)　**804b**
・藤原清衡(ふじわらのきよひら)　**804b**
287a
・藤原公実(ふじわらのきんざね)　**804c**
658b
藤原忯子　840b
・藤原忻子(ふじわらのきんし)　**804c**
・藤原公季(ふじわらのきんすえ)　**805a**
・藤原公任(ふじわらのきんとう)　**805a**
121a 155a 361c 540b 693c 812c 832a 842b 843b 934c 942a
・藤原公成(ふじわらのきんなり)　**805c**
・藤原公教(ふじわらのきんのり)　**805c**
・藤原公能(ふじわらのきんよし)　**806a**
藤原訓儒麻呂　832c
・藤原薬子(ふじわらのくすこ)　**806b**
416a 800a 831c 865c
・藤原邦綱(ふじわらのくにつな)　**806c**
595c
・藤原国衡(ふじわらのくにひら)　**806c**
760b 836c 853a
・藤原邦通(ふじわらのくにみち)　**807a**
1007b
藤原国光　582b
・藤原蔵下麻呂(ふじわらのくらじまろ)
807a
藤原経子(ふじわらのけいし)　⇨中務内侍
・藤原妍子(ふじわらのけんし)　**807c**
・藤原兼子(ふじわらのけんし)　**807c**
363b 889c
・藤原賢子(ふじわらのけんし)　**807b**
583a 807b 828a
藤原元子　792c
・藤原嫄子(ふじわらのげんし)　**808a**
藤原厳子　433c
・藤原高子(ふじわらのこうし)　**808b**
・藤原媓子(ふじわらのこうし)　**808b**
121a 395b 799c 801a
藤原行成(ふじわらのこうぜい)　⇨ふじわらのゆきなり
藤原光明子(ふじわらのこうみょうし)
⇨光明皇后　413c
藤原惟風　587c
・藤原惟方(ふじわらのこれかた)　**808c**
725c
・藤原是公(ふじわらのこれきみ)　**808c**
823c
・藤原惟成(ふじわらのこれしげ)　**809a**
211c 854c
藤原伊尹(ふじわらのこれただ)　⇨ふじわらのこれまさ
・藤原伊周(ふじわらのこれちか)　**809a**
156a 211c 818c 827c 840c 841a 841c
・藤原惟憲(ふじわらのこれのり)　**809b**
・藤原伊房(ふじわらのこれふさ)　**809c**
・藤原伊尹(ふじわらのこれまさ)　**810a**
856c 911a
・藤原伊通(ふじわらのこれみち)　**810a**
・藤原伊行(ふじわらのこれゆき)　**810b**
340a
藤原伊行女　339c　→建礼門院右京大夫
・藤原定家(ふじわらのさだいえ)　**810b**
41a 120b 300b 332b 340a 366c 407a 478b 795a 796b 829b 830b 844b 878b 937a 940b 947b
・藤原定方(ふじわらのさだかた)　**812a**
藤原定兼　514c
藤原定国　158b 682a
・藤原貞敏(ふじわらのさだとし)　**812a**
483a
藤原貞仲　587c
・藤原定信(ふじわらのさだのぶ)　**812b**
・藤原定頼(ふじわらのさだより)　**812b**
419a 583a 678b
藤原薩雄　832c 854a
・藤原実方(ふじわらのさねかた)　**812c**
121a 361c 805b 843b 934c
藤原実雄(ふじわらのさねかつ)　⇨洞院実雄
藤原実清　949b 950b
藤原実定　850c
・藤原実季(ふじわらのさねすえ)　**813a**
804c
・藤原実資(ふじわらのさねすけ)　**813a**
133c 274c 399b 483b 748c 792c 957a
・藤原実綱(ふじわらのさねつな)　**813b**
・藤原実遠(ふじわらのさねとお)　**813c**
803c
藤原誠信　939c
・藤原実範(ふじわらのさねのり)　**813c**
藤原真衡　804b
藤原実房(ふじわらのさねふさ)　⇨三条実房
・藤原実政(ふじわらのさねまさ)　**814a**
藤原実雅　65c 154c
・藤原実行(ふじわらのさねゆき)　**814a**
・藤原実能(ふじわらのさねよし)　**814b**
406c 950a
・藤原実頼(ふじわらのさねより)　**814c**
173b 289c 297b 398c 706a 813a 822c 851b 979c 996c 1058a
藤原佐理(ふじわらのさり)　⇨ふじわらのすけまさ
・藤原重家(ふじわらのしげいえ)　**815a**
・藤原忯子(ふじわらのしし)　**815b**
藤原重子(ふじわらのじゅうし)　⇨修明門院　808a
藤原淑子　1001c
藤原竴子(ふじわらのしゅんし)　⇨藻璧門院
・藤原順子(ふじわらのじゅんし)　**815b**
129a
・藤原遵子(ふじわらのじゅんし)　**815c**
775a
藤原俊成(ふじわらのしゅんぜい)　⇨ふじわらのとしなり
藤原彰子(ふじわらのしょうし)　⇨上東門院　46c 73c 76a 121a 341a 369a 488c 513a 583a 660c 799c 813b 828a 942a 981a
藤原璋子(ふじわらのしょうし)　⇨待賢門院　99b 579b
藤原鐘子　128a
藤原殖子(ふじわらのしょくし)　⇨七条院
藤原真観　303b
藤原親子　247c 367b 530a
藤原信西　370c 808c 835a
藤原季兼　46a
藤原季孝　483b 852b
藤原季高室　974b
藤原季縄女　793b
・藤原季綱(ふじわらのすえつな)　**816a**
・藤原季仲(ふじわらのすえなか)　**816a**
藤原季範(ふじわらのすえのり)　⇨熱田大宮司季範
・藤原菅根(ふじわらのすがね)　**816b**
158a 682a
藤原宿奈麻呂(ふじわらのすくなまろ)
⇨藤原良継
藤原輔公　803c
・藤原資業(ふじわらのすけなり)　**816c**
837c
・藤原資房(ふじわらのすけふさ)　**816c**
・藤原佐理(ふじわらのすけまさ)　**817b**
藤原資基　1058c
・藤原相如(ふじわらのすけゆき)　**817a**
・藤原佐世(ふじわらのすけよ)　**817b**
・藤原純友(ふじわらのすみとも)　**817c**
157c 192c 271a 822c 941a
・藤原生子(ふじわらのせいし)　**817c**
799c
・藤原娍子(ふじわらのせいし)　**818a**
799c
藤原聖子(ふじわらのせいし)　⇨皇嘉門院
・藤原関雄(ふじわらのせきお)　**818a**
藤原佺子　367b
藤原詮子(ふじわらのせんし)　⇨東三条院院　800b 828a 842b
・藤原園人(ふじわらのそのひと)　**818b**
927b
・藤原帯子(ふじわらのたいし)　**818b**

藤原泰子(ふじわらのたいし)　⇨高陽院　821c
• 藤原隆章(ふじわらのたかあき)　818c
• 藤原隆家(ふじわらのたかいえ)　818c　809b 841c
• 藤原隆季(ふじわらのたかすえ)　819a
• 藤原隆祐(ふじわらのたかすけ)　819a
• 藤原高遠(ふじわらのたかとお)　819b
• 藤原隆時(ふじわらのたかとき)　819b
• 藤原乙叡(ふじわらのたかとし)　819c　98c
藤原宗成　98c
藤原隆俊　779c
• 藤原隆信(ふじわらのたかのぶ)　819c
藤原孝範　947b
藤原隆衡　836c
• 藤原高房(ふじわらのたかふさ)　820a
• 藤原高藤(ふじわらのたかふじ)　820b
• 藤原高光(ふじわらのたかみつ)　820c
• 藤原隆能(ふじわらのたかよし)　820c
• 藤原沢子(ふじわらのたくし)　821a
藤原岳雄　549c
• 藤原多子(ふじわらのたし)　821b 369a
藤原斉明　852b
藤原忠清　584c 593c
• 藤原忠実(ふじわらのただざね)　821b　99b 234a 447b 510b 593a 691b 823a 846a 858b 940a
藤原縄主　806b
• 藤原忠信(ふじわらのただのぶ)　821c
• 藤原忠平(ふじわらのただひら)　822a　153b 158a 491a 534c 581a 593c 620b 706a 979c 1052a
• 藤原忠衡(ふじわらのただひら)　822b　836c 853a
• 藤原忠文(ふじわらのただぶみ)　822b
藤原忠雅　741b
• 藤原縄麻呂(ふじわらのただまろ)　822c
• 藤原忠通(ふじわらのただみち)　823a　370c 579b 593a 806c 821c 826b 843c 848c 858c
藤原種嗣　823c
• 藤原種継(ふじわらのたねつぐ)　823b　169a 244b 417c
藤原旅子(ふじわらのたびこ)　⇨ふじわらのりょし
• 藤原田麻呂(ふじわらのたまろ)　824a
• 藤原為家(ふじわらのためいえ)　824b　49a 120b 280a 368a 796a 830b 834b 844c 1057b
藤原為氏(ふじわらのためうじ)　⇨二条為氏　230c
藤原為兼(ふじわらのためかね)　⇨京極為兼
藤原為定(ふじわらのためさだ)　⇨二条為定
藤原為佐　638b 716c 886a
藤原為相(ふじわらのためすけ)　⇨冷泉為相
• 藤原為隆(ふじわらのためたか)　824c
藤原為忠　829a
• 藤原為継(ふじわらのためつぐ)　825a
藤原為経　825b
• 藤原為時(ふじわらのためとき)　825a　531b
• 藤原為業(ふじわらのためなり)　825b
• 藤原為信(ふじわらのためのぶ)　825c
藤原為教(ふじわらのためのり)　⇨京極為教
藤原為憲　588a 594a
• 藤原為房(ふじわらのためふさ)　825c
藤原為藤(ふじわらのためふじ)　⇨二条為藤
藤原為冬(ふじわらのためふゆ)　⇨二条為冬
• 藤原為光(ふじわらのためみつ)　826a　831b
藤原為守(ふじわらのためもり)　⇨冷泉為守
藤原為世(ふじわらのためよ)　⇨二条為世　351b
藤原親兼　932a
• 藤原愛発(ふじわらのちかなり)　826a　856a
藤原親通　637c 637c
• 藤原周光(ふじわらのちかみつ)　826b
• 藤原千晴(ふじわらのちはる)　826b　946c
• 藤原長子(ふじわらのちょうし)　826b
藤原朝子　843c
藤原超子　800b
• 藤原継縄(ふじわらのつぐただ)　826c
藤原継彦　775c
• 藤原恒佐(ふじわらのつねすけ)　826c
• 藤原常嗣(ふじわらのつねつぐ)　827a　139b 191b 932b
藤原経平　804b
藤原経衡　934c
藤原経房　1020c
• 藤原経光(ふじわらのつねみつ)　827a
• 藤原経宗(ふじわらのつねむね)　827b　370c 725c
藤原定家(ふじわらのていか)　⇨ふじわらのさだいえ
藤原呈子(ふじわらのていし)　⇨九条院
• 藤原定子(ふじわらのていし)　827c　121a 474a 540b 809b
• 藤原時長(ふじわらのときなが)　828a　448c
• 藤原時平(ふじわらのときひら)　828b　158a 399b 533a 581a 682a 816b
藤原時通　782c
藤原得子(ふじわらのとくし)　⇨美福門院　725c 945a
• 藤原俊家(ふじわらのとしいえ)　828c
藤原俊兼　596a 723a
• 藤原俊成(ふじわらのとしなり)　829a　300b 407a 439b 590b 795a 804a 810c 815b 849a 947b 957c
• 藤原俊成女(ふじわらのとしなりのむすめ)　829b
藤原俊憲　843c
• 藤原利仁(ふじわらのとしひと)　829c
• 藤原敏行(ふじわらのとしゆき)　830a　373c
藤原俊頼　944a
藤原知章　344a
• 藤原知家(ふじわらのともいえ)　830b
藤原友人　98c
藤原豊嗣　549c
• 藤原豊成(ふじわらのとよなり)　830b
藤原執棹　832c
藤原長家　934b
• 藤原長方(ふじわらのながかた)　830c
• 藤原仲実(ふじわらのなかざね)　831a　236c 791a
藤原長実　810a
• 藤原永手(ふじわらのながて)　831a　76c 353b 807b 823a 850b 855a
• 藤原長能(ふじわらのながとう)　831b　156a 752a 805b 934c 946c
• 藤原仲成(ふじわらのなかなり)　831b　98c 416a 806c 865c
藤原長成　683b
• 藤原仲平(ふじわらのなかひら)　831c　491a
藤原長房　963c
• 藤原仲文(ふじわらのなかぶみ)　832a　805b
• 藤原仲麻呂(ふじわらのなかまろ)　832b　10c 50c 69a 135a 162c 170a 228c 242b 272b 344c 359a 374a 442a 480a 598a 620c 621b 669a 775c 793a 855a 861a
• 藤原長良(ふじわらのながら)　833a
• 藤原並藤(ふじわらのなみふじ)　833a
• 藤原成親(ふじわらのなりちか)　833a　586b 618c 852b
藤原業近　287b
藤原成経　475c
• 藤原済時(ふじわらのなりとき)　833b
• 藤原斉信(ふじわらのなりのぶ)　833c　540b 942a
藤原登任　53a
藤原任子　381b 724b
藤原寧子(ふじわらのねいし)　⇨広義門院
• 藤原信清(ふじわらののぶきよ)　833c
• 藤原信実(ふじわらののぶざね)　834a　382a
• 藤原信長(ふじわらののぶなが)　834c　836a
藤原信成　932a
藤原宣房(ふじわらののぶふさ)　⇨万里

小路宣房
・藤原信頼(ふじわらののぶより) 834c 370c 589a 725c 808c 833b 844a 952a 955a 957b
藤原範兼 804a
藤原義清 406b
・藤原範季(ふじわらののりすえ) 835a 808a
藤原範季女 963c
・藤原教長(ふじわらののりなが) 835b 791c 804a
・藤原範永(ふじわらののりなが) 835b 752a 805b
・藤原教通(ふじわらののりみち) 835c 368c 590a 851a
・藤原浜成(ふじわらのはまなり) 836a 775b
藤原玄明 594a
藤原玄上女 793b
藤原玄茂 180a
藤原範子(1200没) 363b 507c 807c
藤原範子(1264没) 474b
藤原久信 818c
藤原久頼 826b
・藤原秀郷(ふじわらのひでさと) 836a 588a 589b 594a 822c 826b
藤原秀澄 837c
・藤原秀衡(ふじわらのひでひら) 836b 220c 407a 424b 427b 427c 950c
・藤原秀康(ふじわらのひでやす) 837b 927c
藤原秀吉 696b
・藤原広嗣(ふじわらのひろつぐ) 837c 174b 338a 855a
・藤原広業(ふじわらのひろなり) 837c
・藤原房前(ふじわらのふささき) 838a 333c 339a 838c
・藤原富士麻呂(ふじわらのふじまろ) 838a
・藤原不比等(ふじわらのふひと) 838b 2b 69c 333c 426c 638c 714b 802b 1000c
藤原文信 819b 849a
藤原文範 399a 641c
・藤原冬緒(ふじわらのふゆお) 839a 848a
・藤原冬嗣(ふじわらのふゆつぐ) 839b 374c 408c 416a 518c 799a 1038a
・藤原芳子(ふじわらのほうし) 839c 795a
藤原茂子 799c
藤原穆子 842b
藤原真雄 800a
藤原真先 832c
藤原雅経(ふじわらのまさつね) ⇨飛鳥井雅経
・藤原真楯(ふじわらのまたて) 840a 11a
・藤原真夏(ふじわらのまなつ) 840a
・藤原麻呂(ふじわらのまろ) 840a 174b 838c
藤原道家(ふじわらのみちいえ) ⇨九条道家 284c 886a 892b
・藤原道兼(ふじわらのみちかね) 840b 121a 211c 800b 832b 956c
・藤原通季(ふじわらのみちすえ) 840c
・藤原道隆(ふじわらのみちたか) 840c 121a 599c 800b
・藤原道綱(ふじわらのみちつな) 841a 800b 958a
・藤原道綱母(ふじわらのみちつなのはは) 841a
・藤原通俊(ふじわらのみちとし) 841b 530a 1046b
・藤原道長(ふじわらのみちなが) 841c 42a 46a 46c 50c 52c 80b 100b 121a 155a 156a 201c 240b 240c 323a 340c 348c 434b 467a 488c 494c 513a 525a 587a 587c 600c 749a 792c 805b 809a 809b 813b 818c 825a 827c 831b 853b 853c 859a 942a 947a 947c 954c 956c 958a 958c 1032a
・藤原道信(ふじわらのみちのぶ) 843b 805b 817b
・藤原通憲(ふじわらのみちのり) 843b 370c 952a 957b
・藤原道雅(ふじわらのみちまさ) 844a
藤原通宗 658b
藤原美都子 839c
・藤原光親(ふじわらのみつちか) 844b
・藤原光俊(ふじわらのみつとし) 844b 303b 796a 977a
藤原光長(ふじわらのみつなが) ⇨常磐光長 759a
藤原光信 689b
藤原光益 466b
藤原光能 592a
・藤原光頼(ふじわらのみつより) 844c 808c
藤原三寅 403b 889c 890b 893c
・藤原三守(ふじわらのみもり) 845a 416b 1038a
・藤原武智麻呂(ふじわらのむちまろ) 845b 69a 838c
・藤原宗輔(ふじわらのむねすけ) 845c
・藤原宗忠(ふじわらのむねただ) 845c 447c 510b 551c 941c
・藤原宗通(ふじわらのむねみち) 846a
・藤原宗行(ふじわらのむねゆき) 846b
・藤原宗能(ふじわらのむねよし) 846b
藤原宗頼 808a
・藤原明子(ふじわらのめいし) 846c 870a
藤原基家 796a
・藤原元方(ふじわらのもとかた) 847a
・藤原元真(ふじわらのもとざね) 847a
・藤原基実(ふじわらのもとざね) 847c 586a 593a 595c 725c 806c
藤原基通 586a
・藤原基経(ふじわらのもとつね) 848a 117c 158a 345b 457a 544a 657b 709c 799a 817b 852c 941b 1030a
・藤原基俊(ふじわらのもととし) 848c 551c 829b
・藤原元命(ふじわらのもとなが) 849a
藤原基成 836c
・藤原基衡(ふじわらのもとひら) 849a
・藤原基房(ふじわらのもとふさ) 849b 589b 589c 830c 850c
・藤原基通(ふじわらのもとみち) 849c 62c 849c
・藤原百川(ふじわらのももかわ) 850b 90b 181a 798a 831a
・藤原師家(ふじわらのもろいえ) 850c 849c 952c
藤原師氏 706a
・藤原師実(ふじわらのもろざね) 850c 825c 834c 836a 949b 1022a
・藤原師輔(ふじわらのもろすけ) 851a 192c 232b 289c 291c 297a 491a 979c 1052b
藤原師綱 849b
藤原諸任 587b
・藤原師長(ふじわらのもろなが) 851b
・藤原師尹(ふじわらのもろまさ) 851c 706a 810a
・藤原師通(ふじわらのもろみち) 852a 155c 399a 752b 794a 825c
・藤原師光(ふじわらのもろみつ) 852b 596b
・藤原保輔(ふじわらのやすすけ) 852b
・藤原保忠(ふじわらのやすただ) 852c
・藤原保則(ふじわらのやすのり) 852c 118a 192a 848a
・藤原泰衡(ふじわらのやすひら) 853a 822b 836c 883a 956a
・藤原保昌(ふじわらのやすまさ) 853b 73c 756b
藤原八束(ふじわらのやつか) ⇨藤原真楯
・藤原山陰(ふじわらのやまかげ) 853c
藤原行家 796b
藤原行長 448b
・藤原行成(ふじわらのゆきなり) 853c 155a 483b 531b 540b 749a 775b 812c 817a 942a
藤原行広(ふじわらのゆきひろ) ⇨土佐行広
藤原行政(ふじわらのゆきまさ) ⇨二階堂行政
藤原行光(ふじわらのゆきみつ) ⇨土佐行光
・藤原刷雄(ふじわらのよしお) 854a
・藤原義孝(ふじわらのよしたか) 854b

へ

北条時兼　885c
・北条時国(ほうじょうときくに)　**880c**
・北条時定(ほうじょうときさだ)　**880c**
883a 928b 948c
北条時実　777c
・北条時輔(ほうじょうときすけ)　**881c**
884b
北条時直　308c 309b 352b 666a 688c
北条時治　708b
・北条時房(ほうじょうときふさ)　**882a**
705b 889c 891c 894a 987b 1067b
・北条時政(ほうじょうときまさ)　**882b**
55b 89a 120a 124a 154c 310a 445a 597b 710b 776b 880c 889b 893a 915b 930b 954a 955a 1007b 1068a
・北条時益(ほうじょうときます)　**883b**
346a 887b
北条時光　880c
・北条時宗(ほうじょうときむね)　**883c**
44b 282c 537c 539c 577b 881c 888a 890b 894b
・北条時村(ほうじょうときむら)　**884c**
888c 890c 891b
・北条時茂(ほうじょうときもち)　**885a**
・北条時盛(ほうじょうときもり)　**885b**
・北条時行(ほうじょうときゆき)　**885c**
18c 99a 193c 376c 735c 891c
・北条時頼(ほうじょうときより)　**886a**
1b 43c 45a 62a 127a 138c 223a 310a 378b 519a 537c 562a 670c 715c 716c 723b 733c 748a 858a 878a 890b 928b 928c 987c 1042b
北条朝時(ほうじょうともとき)　⇨名越朝時　10a 894a
・北条仲時(ほうじょうなかとき)　**887b**
346a 780c 883c 887a 891a
・北条長時(ほうじょうながとき)　**887c**
890b
・北条業時(ほうじょうなりとき)　**888a**
748a
・北条宣時(ほうじょうのぶとき)　**888a**
北条教時　884a
・北条久時(ほうじょうひさとき)　**888b**
北条英時(ほうじょうひでとき)　⇨赤橋英時　458b 506b
・北条熙時(ほうじょうひろとき)　**888c**
・北条政顕(ほうじょうまさあき)　**889a**
・北条政子(ほうじょうまさこ)　**889a**
29c 120a 154c 215a 445a 477a 579c 692b 723b 764b 776c 782c 808a 857b 882a 882c 893b 915b 930b 934a 936c 943a 954a 955a 962a
・北条政村(ほうじょうまさむら)　**890a**
44b 45a 65c 884a
北条万寿丸　885c
北条光時(ほうじょうみつとき)　⇨名越光時　638b 886a 928c
・北条宗方(ほうじょうむねかた)　**890c**
885a 888c 889a 891b
北条宗時　893a
北条宗宣(ほうじょうむねのぶ)　⇨大仏宗宣　890c
北条宗政　577c
・北条基時(ほうじょうもととき)　**891a**
222a
北条守時(ほうじょうもりとき)　⇨赤橋守時　704c
・北条師時(ほうじょうもろとき)　**891b**
・北条泰家(ほうじょうやすいえ)　**891c**
44a 222a 704c 885c
・北条泰時(ほうじょうやすとき)　**891c**
43c 423c 424a 477a 484c 595c 705b 723b 777c 882b 889c 890b 894a 928c 930c 963c 987b 1067b
・北条随時(ほうじょうゆきとき)　**892c**
・北条義時(ほうじょうよしとき)　**893a**
124b 154c 764b 882c 889b 915b 927c 930b 1003a
・北条義政(ほうじょうよしまさ)　**894a**
北条義宗　882a 884b
・法定(ほうじょう)　**871c**
豊城　992c
坊城右大臣　851a
坊城中納言　935c
・坊城俊実(ぼうじょうとしざね)　**887a**
法浄院僧正　518a
方生斎　927a
法成寺関白　841c
宝心　512c
法身房　974c
法進　395c
房審　1002a
・法蔵(ほうぞう)　**894b**
法智大師　650b
宝地房　481a 492a
法燈国師　128a
法燈禅師　978b
・法道(ほうどう)　**895a**
法燈円明国師(ほうとうえんみょうこくし)　⇨無本覚心
法爾　45a
法如　944a
法如尼　642a
峰如　1002a
法忍　487b
法然　342a 346c
法然房(ほうねんぼう)　⇨源空　277b 293c 300b 312c 334a 336a 400b 439b 471c 483c 485b 517b 525b 539b 553b 560b 632b 645b 646b 658a 687c 690a 869b 1046a
法然坊　341b
法本房　277b 471c
・法明尼(ほうみょうに)　**895c**
法明房(ほうみょうぼう)　⇨良尊
放無量光国師　240a
・坊門清忠(ぼうもんきよただ)　**895c**
・坊門資世(ぼうもんすけよ)　**896a**
坊門信清　403b
坊門殿(ぼうもんどの)　⇨足利義詮
坊門内府　833c
坊門局　471c
法力房　312c
芳林　258c
法輪院僧正　207b
法蓮房(ほうれんぼう)　⇨信空
法蓮房信空　965a
房蓮　190b
保閑斎　517c
朴居士　152b
・朴瑞生(ぼくずいせい)　**896c**
・朴惇之(ぼくとんし)　**896c** 152c
墨隠　993c
墨斎(ぼくさい)　⇨没倫紹等
穆算　525a
・穆子内親王(ぼくしないしんのう)　**896b**
木𣟆道人　348a
牧中梵祐　671a
朴堂祖淳　661a
木訥叟　975a
北房宗継　180c
・北陸宮(ほくりくのみや)　**897a**
北林禅尼(ほくりんぜんに)　⇨阿仏尼
穂坂常陸介　48a
・星川皇子(ほしかわのおうじ)　**897a**
169c 653a
・保科正俊(ほしなまさとし)　**897b**
・保科正直(ほしなまさなお)　**897b** 897b
保科正光　897b
保科正之　48a
・細川顕氏(ほそかわあきうじ)　**897c**
305c 629c 759c 898c 907a 1018b 1025b 1066b
・細川氏綱(ほそかわうじつな)　**898a**
32c 34c 904c 967b 969b
・細川氏春(ほそかわうじはる)　**898b**
・細川和氏(ほそかわかずうじ)　**898c**
28c 108b 897c 907a
・細川勝益(ほそかわかつます)　**899a**
737b
・細川勝元(ほそかわかつもと)　**899a**
5a 35a 36a 36c 98b 143b 266a 281a 288a 354c 419b 546a 680c 762c 763c 764c 1017c
・細川ガラシャ〔玉子〕(ほそかわガラシャ)　**900a**
細川清氏　29a 422c 451b 735c 779c 898b 908b
細川玉淵　379b
細川尹賢　34c 255a 902b
細川真之　969b
細川繁氏　908a
細川成之　1017c
細川定禅　159b

ま

み

・光忠(みつただ)　931b
密道　358a
光長　986c
秀仁　443c
・光世(みつよ)　931c
弥天永釈　467a
御堂関白(みどうかんぱく)　⇨藤原道長
三寅　716a
三寅(みとら)　⇨藤原頼経
・水無瀬親成(みなせちかなり)　932a
水無瀬信氏　932a
・南淵請安(みなぶちのじょうあん)　932a
129a 190b 603c 661c 970c
・南淵年名(みなぶちのとしな)　932a
南淵永河　932b
・南淵弘貞(みなぶちのひろさだ)　932b
南坊　604a
・南村梅軒(みなみむらばいけん)　932c
291a
源章任　344a
・源顕房(みなもとのあきふさ)　932c
942b
・源顕雅(みなもとのあきまさ)　933a
・源顕通(みなもとのあきみち)　933a
・源顕基(みなもとのあきもと)　933b
・源明(みなもとのあきら)　933b
源有脩　594b
・源有仁(みなもとのありひと)　933b
・源有房(みなもとのありふさ)　933c
・源有雅(みなもとのありまさ)　934a
・源家長(みなもとのいえなが)　934a
・源懿子(みなもとのいし)　934b
源一幡　883a 889b 893b
源興国　491a
源修　943b
源脩　943b
源階　937c
源兼明(みなもとのかねあきら)　⇨兼明親王　857a
・源兼澄(みなもとのかねずみ)　934b
130c 173b 805b
・源兼長(みなもとのかねなが)　934c
・源兼行(みなもとのかねゆき)　934c
・源基子(みなもとのきし)　935a
・源公忠(みなもとのきんただ)　935a
・源国明(みなもとのくにあき)　935c
・源国信(みなもとのくにざね)　935c
848c
源国輔　493a
源惟良　1038c
源在子(みなもとのざいし)　⇨承明門院　655c
源定平(みなもとのさだひら)　⇨中院定平
・源定房(みなもとのさだふさ)　935c
・源定(みなもとのさだむ)　936a
・源信明(みなもとのさねあきら)　936a
706a
・源実朝(みなもとのさねとも)　936b
29c 41a 43c 124b 154c 193b 214c 217a 297c 327c 381c 405a 465c 579c 640a 651c 705b 716a 784a 808a 811a 889b 891c 893b 930b 940b 947a 954b 958a 962a 968c 987b 1019b 1067b
源重明　950c
源重貞　939b
・源重信(みなもとのしげのぶ)　937b
源重宗　949b
・源重之(みなもとのしげゆき)　937b
130c
・源順(みなもとのしたごう)　937c 173b
418c 619a 620b 939c
・源周子(みなもとのしゅうし)　938b
源俊恵　232c
・源資賢(みなもとのすけかた)　938b
源資時　934a
源資通　531b
・源扶義(みなもとのすけよし)　938b
源千幡　883b 954b　→源実朝
源添　581b
・源高明(みなもとのたかあきら)　938c
289c 826b 852a 938a
・源隆国(みなもとのたかくに)　939a
493a
源扶　593c
源忠良　852b
・源為朝(みなもとのためとも)　939b
175c 217a 309c 882c
・源為憲(みなもとのためのり)　939c
531b 938a
・源為義(みなもとのためよし)　940a
939b 950a 950c 952a
源親広(みなもとのちかひろ)　⇨大江親広
・源親行(みなもとのちかゆき)　940b
947b 977a
・源経信(みなもとのつねのぶ)　940c
660c 841b
・源経基(みなもとのつねもと)　941a
594a
・源融(みなもとのとおる)　941b 693b
源時綱　153c
・源常(みなもとのときわ)　941c
・源俊明(みなもとのとしあき)　941c
・源俊賢(みなもとのとしかた)　942a
540b 853c
・源俊房(みなもとのとしふさ)　942a
551c
・源俊頼(みなもとのとしより)　942b
791a 791b 831a 848c
・源具親(みなもとのともちか)　942c
源朝長　952a
源具行　422a
源仲章　297c
源仲賢　940a
源仲宗　247c
源信明　950b
源信宗　530a
・源範頼(みなもとののりより)　942c
30b 55a 146b 179b 193b 208c 217a 312c 456a 638a 689a 705a 708a 711b 739c 776a 776b 893a 929c 953a 955c 1067c
源博雅(みなもとのはくが)　⇨みなもとのひろまさ
源博陸　946a
・源光(みなもとのひかる)　943a 682a
・源博雅(みなもとのひろまさ)　943b
548c
源弘　933b
・源英明(みなもとのふさあきら)　943c
619a
・源信(みなもとのまこと)　943c 693b
856b 933b
源雅賢　934a
・源雅兼(みなもとのまさかね)　944a
・源雅定(みなもとのまささだ)　944a
174a
・源雅実(みなもとのまさざね)　944b
174a
源雅具　655b
・源雅信(みなもとのまさのぶ)　944b
842b 943b
・源雅通(みなもとのまさみち)　944c
源雅頼　711a
・源多(みなもとのまさる)　945a
源護　593c 596c
・源通方(みなもとのみちかた)　945a
367b
・源通親(みなもとのみちちか)　945b
79c 81b 154c 300a 341b 379c 381c 507c 557a 599c 850a 956b
・源通具(みなもとのみちとも)　946b
829c
・源道済(みなもとのみちなり)　946b
752a 805b
源光家　880c
・源仲(みなもとのみつなか)　946c
源満仲　100b 852a
・源満政(みなもとのみつまさ)　947a
・源光行(みなもとのみつゆき)　947a
源充　596c
・源宗于(みなもとのむねゆき)　947b
・源明子(みなもとのめいし)　947c 842b
源基定　637a
・源師房(みなもとのもろふさ)　948a
620a
・源師光(みなもとのもろみつ)　948a
源師頼　551c
源泰明　237b
・源行家(みなもとのゆきいえ)　948b
212b 247b 588c 776c 880c 951a 952c 953b 956a
源義明　950c

・源能有(みなもとのよしあり)　**948c**
・源義家(みなもとのよしいえ)　**948c**
50b 52b 227b 286c 287a 287b 804b 930a 940a 950b 953c
・源義賢(みなもとのよしかた)　**949c**
952a 952b 953a
・源義国(みなもとのよしくに)　**949c**
949c
源義忠　940a 950c
・源義親(みなもとのよしちか)　**950a**
594b 940a 949b
・源義綱(みなもとのよしつな)　**950b**
852a 940a 949b
・源義経(1189没)(みなもとのよしつね)
950c 41a 76a 146a 179b 189c 212b 212c 220c 247b 312c 354c 423a 427b 427c 445a 592a 592b 593b 595a 601a 618c 633a 689a 692a 711a 717a 822b 835b 837b 868b 929c 942c 948b 953a 953b 955c
・源義経(12世紀)(みなもとのよしつね)
950c
・源能俊(みなもとのよしとし)　**951c**
・源義朝(みなもとのよしとも)　**951c**
46b 175a 175b 181a 227c 370c 409a 424b 585c 589a 593b 637c 683b 725c 784a 784b 808c 930a 939b 940b 949c 953a 954c 957b 1019c
・源義仲(みなもとのよしなか)　**952b**
371b 586c 587b 849c 850a 850c 949c 950c 953b 955b 962c 1002c
・源義平(みなもとのよしひら)　**953a**
227c 312b 760c 949c
・源義広(みなもとのよしひろ)　**953a**
・源義光(みなもとのよしみつ)　**953b**
698b
・源頼家(みなもとのよりいえ)　**953c**
41a 43c 48c 154c 212c 465b 592b 596a 638a 705b 710b 739c 776b 782c 784a 882a 883a 893b 947a 962a 968c 1019b 1064b 1067b 1068a
源頼賢　940a 952a
源頼清　930a
・源頼実(みなもとのよりざね)　**954b**
・源頼親(みなもとのよりちか)　**954b**
・源頼朝(みなもとのよりとも)　**954c**
30b 43c 44a 46b 48c 55a 81b 87c 101a 132a 146b 154b 175b 175c 178a 189c 193b 194a 208c 212b 212c 217a 218c 235a 247b 300a 309c 309c 312c 344b 354b 371b 403a 407a 421c 423a 423b 424b 424c 425b 434a 437c 445a 456a 465b 500b 502a 536c 542c 579c 586c 589a 593c 596a 596b 597b 597c 599c 606c 613c 614b 633a 638a 645c 651c 658a 688b 689a 692a 692b 708a 710b 710c 711a 715a 717b 723a 739c 741b 759b 760a 776a 776b 784a 784b 807a 837b 853a 880c 882c 889a 893a 929a 929c 942c 946a 947a 948b 950c 951c 952a 952b 953b 953c 968c 992c 999b 1002c 1007b 1019a 1020c 1023c 1036a 1067c
・源頼信(みなもとのよりのぶ)　**956c**
590a
源頼房　954c
・源頼政(みなもとのよりまさ)　**957b**
20b 588c 592b 679c 992c
・源頼光(みなもとのよりみつ)　**957c**
292a 1067c
・源頼茂(みなもとのよりもち)　**958a**
・源頼義(みなもとのよりよし)　**958a**
50b 52b 53a 287a 592c 949a 950b
源範頼　950c
・源倫子(みなもとのりんし)　**958c** 2a
842b
三成　1009a
美努浄麻呂　162c
峰殿　302a
・美努王(みのおう)　**958c** 2b
美濃阿闍梨　665b
実仁　488a
躬仁　488a
・壬生匡遠(みぶただとお)　**959a**
壬生晨照　176c
・壬生晴富(みぶはれとみ)　**959c** 176c
・壬生雅久(みぶまさひさ)　**960a** 960a
御船　144c
御輔長道　549c
・壬生忠見(みぶのただみ)　**959b** 804b
・壬生忠岑(みぶのただみね)　**959b**
壬生忠岑　268b 588a
御間城入彦五十瓊殖尊(みまきいりひこいにえのみこと)　⇨崇神天皇
御真木入日子印恵命　535b
美万貴天皇　535b
御真木天皇　535b
・味摩之(みまし)　**960b** 498c
観松彦香殖稲尊(みまつひこかえしねのみこと)　⇨孝昭天皇
三間名干岐　237c
三統理平　158a
三村元親　115c
三室戸僧正　1049b
・御諸別王(みもろわけおう)　**960b**
弥母里別命　960b
御諸別命　960b
宮木　483b
三宅主計　74a
三宅国村　898b
三宅弥平次　7a
三宅藤麻呂　267c
・都良香(みやこのよしか)　**960c** 153b
158a 531a
宮道義行　587c
美夜受比売　961a 1010b
・宮簀媛(みやずひめ)　**961a**
宮酢媛命　961a
宮僧都　236b
宮部善祥坊　628b 768a
・明庵栄西(みょうあんえいさい)　**961a**
128a 937a
・明一(みょういつ)　**962b** 275a
・明雲(みょううん)　**962c** 334a 645b
952c 961b
妙恵　251a
・明恵(みょうえ)　**962c** 43c 197a 248a
504b 850b 966a 1021a
明円(みょうえん)　⇨めいえん
妙翁弘玄　139a
明応　1025a
明王院　341b
妙音院太政大臣　851c
・明快(みょうかい)　**964a**
妙覚　597b
明覚(みょうがく)　⇨めいかく
妙観　575b
明観　635a
明岩正因　641a
妙観院春林梵栄　908a　⇨細川頼元
妙吉　108b
妙暁　325c
・明救(みょうく)　**964a**
妙華寺殿　80c
明賢　447a 560b
妙光　553c 597b
明豪　678a
妙香院　520b
妙算　645a
明算(みょうさん)　⇨めいざん
明山　508b
妙慈弘済大師　83c
・妙実(みょうじつ)　**964b** 731b
妙寿　789c
明詔　265c
明静　810c
明心　575b
明信　346c
明真　975a
明盛　883b
明仙　964c 1031c
・明詮(みょうせん)　**964b** 1001c
妙善　3c
・明全(みょうぜん)　**964c** 670a 674a
962a
・明禅(みょうぜん)　**965a**
明叟彦洞　1043a
明窓宗鑑　978c 1042c
・明尊(みょうそん)　**965b** 202a 282b
493a 594c 1049b
妙沢(みょうたく)　⇨竜湫周沢
明達　400b
明智房　554c
妙超　→宗峯妙超

む

・陽成天皇(ようぜいてんのう)　**1029c**　621a 848a
・養叟宗頤(ようそうそうい)　**1030a** 83a
・煬帝(ようだい)　**1030b**
用堂中材　322a
用堂□妙　651b
瑤甫恵瓊(ようほえけい)　⇨安国寺恵瓊
養方軒パウロ　1064a
・用明天皇(ようめいてんのう)　**1031a**
・陽明門院(ようめいもんいん)　**1031b**
横川宰相入道　933b
横川僧都(よかわのそうず)　⇨源信
・余慶(よけい)　**1031c** 240b 323a 965b
余五将軍　587b
吉川左京　653a
・慶滋保胤(よししげのやすたね)　**1031c**　467a 483b 532a 693c
・義助(よしすけ)　**1032b**
吉田意庵　790b
・吉田兼敦(よしだかねあつ)　**1032c** 364a
吉田兼右(よしだかねすけ)　⇨よしだかねみぎ
吉田周孝　647b
・吉田兼倶(よしだかねとも)　**1032c** 288c　379a 960b
・吉田兼熙(よしだかねひろ)　**1033b** 80a　364a 1032c
・吉田兼見(よしだかねみ)　**1033c**
・吉田兼右(よしだかねみぎ)　**1034a** 383b　927a
・吉田兼致(よしだかねむね)　**1034b**
吉田兼好(よしだけんこう)　⇨卜部兼好　336c 356a
・吉田定房(よしださだふさ)　**1034b** 260c　351a 375c 384c 924b
・吉田重賢(よしだしげかた)　**1035a** 866c
吉田重政　71b
吉田侍従　67c →池田輝政
吉田浄快　415c
吉田素庵　790b
・吉田宗桂(よしだそうけい)　**1035a**
・吉田経俊(よしだつねとし)　**1035b**
・吉田経長(よしだつねなが)　**1035c**
・吉田経房(よしだつねふさ)　**1035c** 820c
・吉田宗房(よしだむねふさ)　**1036a**
・良成親王(よしなりしんのう)　**1036b**　43a 43b 95a 251b 370b 419b 719a
芳野僧都　511c
・栄仁親王(よしひとしんのう)　**1036c**　372a
・吉平(よしひら)　**1037a**
吉弘鑑理　867c
吉弘氏直　171a
・義弘(よしひろ)　**1037a**
・吉房(よしふさ)　**1037b**
・善淵愛成(よしぶちのちかなり)　**1037b**
吉見氏頼　453c 996b
吉見信頼　529c
吉見昌清　455a
吉見正頼　529b
・吉見義世(よしみよしよ)　**1038a**
吉見頼隆　451a
吉水神徳　74b
吉水僧正(よしみずのそうじょう)　⇨慈円
・吉光(よしみつ)　**1037c**
良岑安世　408c
良峯正行　943b
良峯宗貞(よしみねのむねさだ)　⇨遍照
・良峯安世(よしみねのやすよ)　**1037c**
・善統親王(よしむねしんのう)　**1038a**　474b
令宗允亮(よしむねのただすけ)　⇨惟宗允亮
・依田信蕃(よだのぶしげ)　**1038b**
四辻左大臣　1038c
・四辻善成(よつつじよしなり)　**1038c**
・淀殿(よどどの)　**1038c** 10a 183a
世仁　350c
余豊(よほう)　⇨豊璋
余明　543c
世保持頼(よやすもちより)　⇨土岐持頼
世保康政　260a 682c
余勇　308a 871b
頼仁親王　808a
よるの関白　791c

ら

来国次　916c
来国俊　310b
来太郎　311c
来孫太郎　310b
・礼阿(らいあ)　**1040a** 486b 1051c
来縁　490a
・頼円(らいえん)　**1040a** 957c
頼縁　1041c
頼恵　489a
・頼賢(らいけん)　**1040b** 332b 447c 465a　487b →意教
・頼玄(らいげん)　**1040b**
・頼源(らいげん)　**1040c**
礼光　636a 636c
頼光　636a
・頼豪(らいごう)　**1040c** 486c
頼実　1047c
頼舜　407c
頼淳　1041c
・頼助(らいじょ)　**1041a** 332b
頼心　1041c
頼信　1028c
頼全　1040c
頼尊　465a 477a 1026c
・頼宝(らいほう)　**1041b** 357c
・頼瑜(らいゆ)　**1041b** 1041a
・頼誉(らいよ)　**1042a** 678c
来来禅子　441b
楽信　517c
雒邈　258b
羅惹院僧正　1049b
羅什　→鳩摩羅什
懶牛希融　971a 993a
・蘭渓道隆(らんけいどうりゅう)　**1042a**　378b 562a 635a 721a
鸞芸　283a
鸞岡省佐　565a
鸞岡瑞佐　565a
懶団子　642b
懶室　642b
・蘭洲良芳(らんしゅうりょうほう)　**1043a**
・蘭坡景茝(らんぱけいし)　**1043b** 318b　436a 1033a

り

・李延孝(りえんこう)　**1043c**
李芸　896c
李光頭　290c
李七　290c
李秀文　664a
・李舜臣(りしゅんしん)　**1043c** 219a　298c
・李如松(りじょしょう)　**1044b** 116a　384b 389c
・李成桂(りせいけい)　**1044b** 7a
・李勣(りせき)　**1044c**
・李退渓(りたいけい)　**1045a**
李徳昭　961b
・李密翳(りみつえい)　**1045b**
利阿　274b
理円　646b
李延孝　135b
理覚　210a 851c
利休(りきゅう)　⇨千利休
理鏡　241c 909b
李芸　561b
理源大師(りげんだいし)　⇨聖宝
離幻道人　379b
理光　⇨藤原光頼　845a
理趣房　966a
利勝　517b
理性房　328b
李処人　128c
理仙　1052a
理専　177a
理智覚　210a
履中元礼　577a
・履中天皇(りちゅうてんのう)　**1045a**　42b 45c 994b
利朝　517b
立正大師　734c
率性老人　125a
律静房　727c
栗亭　896c　⇨朴瑞生

る

れ

渡辺実　629c
渡辺守綱　1067b
・渡辺綱(わたなべのつな)　**1067c**
・度会家行(わたらいいえゆき)　**1068a**
・度会常昌(わたらいつねよし)　**1068b**
・度会行忠(わたらいゆきただ)　**1068c**
和智誠春　988a
・王仁(わに)　**1069a** 45c 45c 57a 117b 142b
和邇吉師　1069a
・和珥武振熊(わにのたけふるくま)　**1069b**
・和邇部大田麻呂(わにべのおおたまろ)　**1069b** 176a
ワリニァーノ　Alexandro Valignano ⇨ バリニァーノ　568c

文献索引

あ

い

う

え

お

か

き

こ

た

ち

な

に

ね

の

む

め

も

や

ゆ

よ

事項索引

あ

い

う

か

き

く

け

こ

す

せ

そ

た

ち

つ

て

と

な

は

ひ

ふ

へ

ほ

ま

み

む

め

も

項目一覧

《死没年月日順》

[6世紀前半まで]

孔子	前479. 4. 11	(74)
釈迦	前383. -. -	
優塡王		
舎利弗		
提婆		
摩訶迦葉		
目犍連		
荘子		
孟子		
老子		
阿育王		
馬鳴		
卑弥呼	248. -. -	
竜樹		
提婆		
仏図澄	348. 12. 8	(117)
王羲之	365. -. -	(59)
肖古王		
貴須王		
王献之	388. -. -	(45)
世親		
無著		
維摩		
好太王	412. -. -	(39)
鳩摩羅什	413. 4. 13	(70)
慧遠	416. 8. 6	(83)
武寧王	523. 5. 7	(62)
達磨		
法雲	529. -. -	(63)
異斯夫		

[日本書紀・古事記]

神武天皇
媛蹈鞴五十鈴媛命
手研耳命
大久米命
高倉下
綏靖天皇
安寧天皇
懿徳天皇
孝昭天皇
孝安天皇
孝霊天皇
吉備津彦命
倭迹迹日百襲姫命
孝元天皇
武埴安彦命
蘇我石川
開化天皇
崇神天皇
豊城入彦命
豊鍬入姫命
活玉依媛
出雲振根
市磯長尾市
大田田根子
大彦命
垂仁天皇
狭穂姫
日葉酢媛命
五十瓊敷入彦命
狭穂彦王
倭姫命
蘇那曷叱知
当麻蹶速
田道間守
野見宿禰
物部十千根
景行天皇
日本武尊
弟橘媛
御諸別王
宮簀媛
出雲建
大伴武日
成務天皇
仲哀天皇
神功皇后
忍熊王
麛坂王
五十狭茅宿禰
中臣烏賊津使主
和珥武振熊
台与
応神天皇
仲姫命
菟道稚郎子皇子
大山守皇子
隼別皇子
雌鳥皇女
八田皇女
阿曇大浜
阿直岐
荒田別
甘美内宿禰
吉備御友別
都加使主
弓月君
王仁
木満致
仁徳天皇
葛城磐之媛
大草香皇子
住吉仲皇子
日向髪長媛
阿知使主
的戸田
葛城襲津彦
上毛野竹葉瀬
上毛野田道
紀角
武内宿禰
羽田八代
物部大前
倭吾子籠
履中天皇
市辺押磐皇子
飯豊青皇女
中蒂姫命
阿曇浜子
蘇我満智
平群木菟
反正天皇
允恭天皇
忍坂大中姫
木梨軽太子
衣通郎姫
安康天皇
葛城円
眉輪王
雄略天皇
草香幡梭皇女
星川皇子
因斯羅我
猪名部真根
紀小弓
吉備田狭
呉織・漢織
蘇我韓子
田辺伯孫
少子部蜾蠃
根使主
秦酒公
檜隈民使博徳
身狭青
清寧天皇
来目部小楯
顕宗天皇

項目一覧

紀大磐		
仁賢天皇		
平群真鳥		
武烈天皇		
大伴室屋		
継体天皇	531.-.-	
手白髪皇女		
彦主人王		
穂積押山		
段楊爾		
筑紫磐井		
巨勢男人		
近江毛野		
安閑天皇	535.-.-	(70)
春日山田皇女		
宣化天皇	539. 2.-	(73)
物部麁鹿火		
大伴磐		

[6世紀後半以降]

大伴金村	—	
曇鸞	—	
佐魯麻都	—	
膳巴提便	—	
阿賢移那斯	—	
中臣鎌子	—	
物部尾輿	—	
聖明王	554.-.-	
大伴狭手彦	—	
大葉子	—	
河辺瓊缶	—	
調伊企儺	—	
真諦	569.-.-	(71)
白猪胆津	—	
蘇我稲目	—	
欽明天皇	571. 4.-	
石姫皇女	—	
蘇我小姉君	—	
蘇我堅塩媛	—	
王辰爾	—	
慧思	577. 6.22	(63)
日羅	—	
司馬達等	—	
中臣勝海	—	
敏達天皇	585. 8.-	
三輪逆	—	
物部守屋	587.-.-	
用明天皇	587. 4.-	
穴穂部皇子	587. 6.-	
押坂彦人大兄皇子	—	
迹見赤檮	—	
鞍作多須奈	—	
善信尼	—	
慧遠	592. 6.-	(70)
崇峻天皇	592.11. 3	
東漢駒	—	
覚賀	—	

紀男麻呂	—	
恵聡	—	
智顗	597.11.24	(60)
阿佐太子	—	
来目皇子	603. 2. 4	
当麻皇子	—	
大伴咋	—	
鞍作福利	—	
裴世清	—	
小野妹子	—	
曇徴	—	
法定	—	
琳聖	—	
味摩之	—	
煬帝	618. 3.11	(50)
穴穂部間人皇女	621.12.21	
聖徳太子	622. 2.22	(49)
椋部秦久麻	—	
吉蔵	623. 5.-	(75)
恵慈	623.この頃	
鞍作鳥	—	
境部雄摩侶	—	
倭漢福因	—	
観勒	—	
恵灌	—	
蘇我馬子	626. 5.20	
法明尼	—	
境部摩理勢	628.-.-	
推古天皇	628. 3. 7	(75)
犬上御田鍬	—	
高表仁	—	
上毛野形名	—	
舒明天皇	641.10. 9	
欧陽詢	641.-.-	(85)
阿曇比羅夫	—	
吉備姫王	643. 9.11	
山背大兄王	643.11.-	
阿倍小足媛	—	
秦河勝	—	
南淵請安	—	
蘇我入鹿	645. 6.12	
蘇我蝦夷	645. 6.13	
古人大兄皇子	645.11.-	
道綽	645.-.-	(84)
高向国押	—	
船恵尺	—	
伊賀宅子娘	—	
阿倍内麻呂	649. 3.17	
蘇我石川麻呂	649. 3.25	
蘇我日向	—	
元暁	—	
道登	—	
山口大口	—	
大伴長徳	651. 7.-	
蘇我遠智娘	—	
恵隠	—	
旻	653. 6.-	
高向玄理	654.-.-	

孝徳天皇	654.10.10	
薬師恵日	—	
法明尼	—	
巨勢徳陀古	658. 1.-	
有馬皇子	658.11.11	(19)
塩屋鯯魚	658.11.11	
智達	—	
智通	—	
福亮	—	
義慈王	660. 7.-	
金春秋	661. 6.-	(59)
皇極天皇	661. 7.24	(68)
鬼室福信	663. 6.-	
朴市田来津	663. 8.-	
阿倍比羅夫	—	
大田皇女	—	
豊璋	—	
玄奘	664. 2.-	(65)
蘇我連子	664. 5.-	
泉蓋蘇文	665.-.-	
間人皇女	665. 2.25	
定恵	665.12.23	(23)
劉徳高	—	
佐伯子麻呂	666.-.-	
蘇定方	667.-.-	(76)
道宣	667.-.-	(72)
劉仁願	—	
李勣	669.-.-	(76)
藤原鎌足	669.10.16	(56)
天智天皇	671.12. 3	(46)
石川郎女	—	
鬼室集斯	—	
鬼室集信	—	
余自信	—	
大友皇子	672. 7.23	(25)
蘇我果安	672. 7.-	
中臣金	672. 8.-	
犬養五十君	672.-.-	
大野果安	—	
置始菟	—	
巨勢人	—	
蘇我赤兄	—	
倭姫王	—	
金庾信	673. 7. 1	(79)
智蔵	—	
紀阿閉麻呂	674.2.28	
麻続王	—	
栗隈王	676. 6.-	
物部雄君	676. 6.-	
村国男依	676. 7.-	
許率母	—	
十市皇女	678. 4. 7	
文武王	681. 7. 1	
善導	681.-.-	(69)
窺基	682.11.13	(51)
境部石積	—	
紀大人	683. 6.-	
鏡女王	683. 7. 5	

大伴吹負	683. 8. -	
大伴馬来田	683. -. -	
劉仁軌	685. 1.22	(84)
羽田八国	686. 3.25	
天武天皇	686. 9. 9	
大津皇子	686.10. 3	(24)
山辺皇女	686.10. 3	
磯城皇子	—	
草壁皇子	689. 4.13	(28)
額田王	—	
川島皇子	691. 9. -	(35)
続守言	—	
法蔵	—	
中臣大島	693. 3. -	
百済王善光	—	
金仁問	694. 4.29	(66)
道光	—	
高市皇子	696. 7.10	(43)
多品治	—	
弓削皇子	699. 7.21	
石川郎女	—	
役小角	—	
道昭	700. 3.10	(72)
薩弘恪	—	
白猪骨	—	
大伴御行	701. 1. -	
多治比島	701. 7. -	(78)
大伯皇女	701.12. -	(41)
弁正	—	
義湘	702. -. -	(78)
持統天皇	702.12.22	(58)
伊余部馬養	702.この頃	(45?)
高市黒人	—	
肥猪手	—	
阿倍御主人	703.閏4. -	(69)
伊吉博徳	—	
智雄	—	
智鸞	—	
天国	—	
忍壁親王	705. 5. 7	
紀麻呂	705. 7.19	(47?)
葛野王	705.12. -	(37)
三輪高市麻呂	706. 2. 6	(50)
智鳳	—	
文武天皇	707. 6.15	(25)
文根麻呂	707. 9.21	
黄文本実	—	
美努王	708. 5.30	
下毛野古麻呂	709.12.20	
柿本人麻呂	710.この前後	
佐伯石湯	—	
中臣意美麻呂	711.閏6.22	
稗田阿礼	—	
法蔵	712. -. -	(70)
石川刀子娘	—	
義浄	713. 1.17	(79)
慧能	713. 8. 3	(76)
大伴安麻呂	714. -. -	

長皇子	715. 6. 4	
穂積親王	715. 7.27	
神息	—	
施基皇子	716. 8. -	
石上麻呂	717. 3. 3	(78)
道首名	718. 4. -	
粟田真人	719. 2. 5	
阿倍宿奈麻呂	720. 1.10	
藤原不比等	720. 8. 3	(62)
元明天皇	721.12. 7	(61)
道蔵	—	
山田御方	—	
太安麻呂	723. 7. 6	
笠麻呂	—	
巨勢邑治	724. 6. -	
津守通	—	
越智広江	—	
義淵	728.10.20	
守部大隅	—	
吉備内親王	729. 2.12	
長屋王	729. 2.12	(46)
石川石足	729. 8. 9	(63)
石川郎女	—	
湯原王	—	
多治比池守	730. 9. -	
大津首	—	
大伴旅人	731. 7.25	(67)
阿倍広庭	732. 2. -	
矢集虫麻呂	—	
県犬養三千代	733. 1.11	
笠金村	—	
山上憶良	—	
新田部親王	735. 9.30	
舎人親王	735.11.14	(60)
大伴道足	—	
弁正	736. -. -	
仏哲	—	
山部赤人	—	
李密翳	—	
神叡	737. -. -	
藤原房前	737. 4.17	(57)
多治比県守	737. 6. -	(70)
藤原麻呂	737. 7.13	
藤原武智麻呂	737. 7.25	(58)
藤原宇合	737. 8. 5	(44?)
吉田宜	—	
多治比広成	739. 4. -	
狭野茅上娘子	—	
塩屋古麻呂	—	
藤原広嗣	740. -. -	
金剛智	741. 8.15	(71)
大野東人	742.11. 2	
高橋虫麻呂	—	
安積親王	744.閏1.13	(17)
道慈	744.10. 2	
審祥	—	
田辺福麻呂	—	
鈴鹿王	745. 9. 4	

麻田陽春	745.9. -以降	(56)
玄昉	746.11.17	
秦朝元	—	
秦嶋麻呂	747. -. -	
元正天皇	748. 4.21	(69)
栄叡	—	
陽胡真身	—	
行基	749. 2. 2	(82)
石上乙麻呂	750. 9. 1	
行信	750. -. -	
大伴坂上郎女	—	
大伴坂上大嬢	—	
笠女郎	—	
智憬	—	
巨勢奈氐麻呂	753. 3.30	
紀清人	753. 7.11	
藤原宮子	754. 7.19	
大神杜女	—	
思託	—	
寿霊	—	
聖武天皇	756. 5. 2	(56)
橘諸兄	757. 1. 6	(74)
道祖王	757. 7. -	
大伴古麻呂	757. -. -	
黄文王	757. -. -	
佐伯全成	757. -. -	
橘奈良麻呂	757. -. -	(37)
市原王	—	
延慶	—	
大伴池主	—	
小野田守	—	
紀麻呂	—	
橘古那可智	759. 7. 5	
羽栗翔	—	
普照	—	
菩提僊那	760. 2.25	(57)
隆尊	760. 4. -	(55)
道璿	760.閏4.18	(59)
光明皇后	760. 6. 7	(60)
巨勢堺麻呂	761. -. -	
高元度	—	
石川年足	762. 9.30	(75)
県犬養広刀自	762.10.14	
鑑真	763. 5. 6	(76)
山背王	763.10.17	
道忠	—	
氷上塩焼	764. -. -	
藤原仲麻呂	764. -. -	(59)
藤原朝狩	764. 9.18	
船王	—	
安都雄足	—	
和気王	765. 8. 1	
紀益女	765. 8. -	
淳仁天皇	765.10.23	(33)
藤原豊成	765.11.27	(62)
藤原真楯	766. 3.12	(52)
百済王敬福	766. 6.28	(69)
泰澄	767. 3.18	(86)

項目一覧

上道斐太都	767. 9. -	
山村王	767.11.17	(46)
高丘比良麻呂	768. 6. -	
生江東人	—	
大和長岡	769.10.29	(81)
氷上志計志麻呂	—	
益田縄手	—	
孝謙天皇	770. 8. 4	(53)
文室浄三	770.10. 9	(78)
阿倍仲麻呂	770. -. -	(73)
慶俊	—. 9. 3	
基真	—	
国造雄万	—	
高円広世	—	
智光	—	
藤原永手	771. 2.22	(58)
道鏡	772. 4. -	
県犬養姉女	—	
中臣習宜阿曾麻呂	—	
良弁	773.閏11.16	(85)
安宿王	—	
不空	774. 6.15	(70)
国中公麻呂	774.10. 3	
井上内親王	775. 4.27	(59)
他戸親王	775. 4.27	(15)
大津大浦	775. 5.17	
藤原蔵下麻呂	775. 7. 1	(42)
吉備真備	775.10. 2	(81)
中将姫	—	
大伴駿河麻呂	776. 7. 7?	
大伴古慈斐	777. 8.19	(83)
藤原良継	777. 9.18	(62)
慈訓	777. -. -	(87)
石川郎女	—	
藤原清河	—	
法進	778. 9.29	(70)
藤原百川	779. 7. 9	(48)
藤原縄麻呂	779.12.13	(51)
戒明	—	
紀広純	780. 3.22	
文室大市	780.11.28	(77)
伊治呰麻呂	—	
藤原乙縄	781. 6. 6	
石上宅嗣	781. 6.24	(53)
開成	781.10. 4	(58)
光仁天皇	781.12.23	(73)
湛然	782. -. -	(72)
道嶋嶋足	783. 1. 8	
藤原田麻呂	783. 3.19	(62)
藤原魚名	783. 7.25	(63)
淡海三船	785. 7.17	(64)
大伴家持	785. 8.28	
藤原種継	785. 9.23	(49)
大伴継人	785. 9. -	
早良親王	785.10. -	(36)
袁晋卿	—	
坂上苅田麻呂	786. 1. 7	(59)
藤原旅子	788. 5. 4	(30)
石川名足	788. 6.10	(61)
大中臣清麻呂	788. 7.28	(87)
藤原是公	789. 9.19	(63)
高麗福信	789.10.17	(81)
高野新笠	789.12.28	
橘清友	789. -. -	(32)
沈惟岳	—	
藤原浜成	790. 2.18	(67)
藤原乙牟漏	790.閏3.10	(31)
佐伯今毛人	790.10. 3	(72)
実忠	—	
朝野魚養	—	
藤原刷雄	—	
賢璟	793.10. -	(80)
藤原帯子	794. 5.28	()
藤原小黒麻呂	794. 7. 1	(62)
百済王俊哲	795. 8. 7	
不破内親王	—	
藤原継縄	796. 7.16	(70)
行表	797. 2. -	(74)
紀古佐美	797. 4. 4	(65)
善珠	797. 4.21	(75)
大友黒主	—	
景戒	—	
明一	798. 3.27	(71)
羽栗翼	798. 5.27	(80)
和気広虫	799. 1.20	(70)
和気清麻呂	799. 2.21	(67)
悪路王	—	
行賀	803. 2. -	(75)
恵果	805.12.15	(60)
順暁	—	
桓武天皇	806. 3.17	(70)
神王	806. 4.24	(70)
伊予親王	807.11.12	
藤原吉子	807.11. -	
藤原乙叡	808. 6. 3	(48)
出雲広貞	—	
斎部広成	—	
高志内親王	809. 5. 7	(21)
大伴弟麻呂	809. 5.28	(79)
藤原仲成	810. 9.10	(47)
藤原薬子	810. 9.12	
藤原雄友	811. 4.23	(59)
坂上田村麻呂	811. 5.23	(54)
勝虞	811. 6. 6	(80)
布勢内親王	812. 8. 6	
善議	812. 8.21	(84)
藤原内麻呂	812.10. 6	(57)
氷上川継	—	
安澄	814. 3. 1	(52)
菅野真道	814. 6.29	(74)
懐海	814. -. -	(66)
如宝	815. 1. 7	
賀陽豊年	815. 6.27	(65)
常騰	815. 9. 4	(76)
安倍真直	—	
広智	—	
永忠	816. 4. 5	(74)
巨勢野足	816.12.14	(68)
満願	—	
勝道	817. -. -	(83)
玄賓	818. 6.17	
藤原葛野麻呂	818.11.10	(64)
藤原園人	818.12.19	(63)
秋篠安人	821. 1.10	(70)
最澄	822. 6. 4	(56)
文室綿麻呂	823. 4.24	(59)
平城天皇	824. 7. 7	(51)
仁忠	—	
智泉	825. 2.14	(37)
桑原腹赤	825. 7. 7	(37)
霊仙	—	
藤原冬嗣	826. 7.24	(52)
額田今足	—	
勤操	827. 5. 8	(74)
泰善	—	
勇山文継	828.10.26	(56)
小野岑守	830. 4.19	(53)
万多親王	830. 4.21	(43)
良峯安世	830. 7. 6	(46)
藤原真夏	830.11.10	(57)
義真	833. 7. 4	(53)
南淵弘貞	833. 9.19	(57)
興原敏久	—	
護命	834. 9.11	(85)
義空	—	
修円	835.	(65)
空海	835. 3.21	(62)
大村福吉	—	
清原夏野	837.10. 7	(56)
円澄	837.10.26	(66)
杲隣	—	
泰範	—	
忠延	—	
藤原沢子	839. 6.30	
大戸清上	839. -. -	
澄観	839. -. -	(102)
藤原常嗣	840. 4.23	(45)
淳和天皇	840. 5. 8	(55)
藤原三守	840. 7. 7	(56)
豊安	840. 9.13	
玄叡	840. -. -	
徳一	—	
張宝高	841.11. -	
嵯峨天皇	842. 7.15	(57)
橘逸勢	842. 8.13	
菅原清公	842.10.17	(73)
阿保親王	842.10.22	(51)
文室秋津	843. 3. 2	(57)
朝野鹿取	843. 6.11	(70)
藤原緒嗣	843. 7.23	(70)
藤原愛発	843. 9.16	(57)
仲継	843. -. -	
静安	844. 3. 3	(55)
惟良春道	—	

徳円	—	
藤原吉野	846. 8.12	(61)
和気真綱	846. 9.27	(64)
尾張浜主	—	
有智子内親王	847.10.26	(41)
実恵	847.11.13	(62)
橘氏公	847.12.19	(65)
善愷	—	
藤原富士麻呂	850. 2.16	(47)
仁明天皇	850. 3.19	(41)
葛井親王	850. 4. 2	(51)
橘嘉智子	850. 5. 4	(65)
喜撰	—	
道雄	851. 6. 8	
円明	851. -. -	
滋野貞主	852. 2. 8	(68)
藤原高房	852. 2.25	(58)
円行	852. 3. 6	(54)
源明	852.12.20	(39)
小野篁	852.12.22	(51)
藤原関雄	853. 2.14	(49)
藤原並藤	853. 5.13	(62)
葛原親王	853. 6. 4	(68)
百済河成	853. 8.24	(72)
欽良暉	—	
源常	854. 6.13	(43)
藤原長良	856. 7. 3	(55)
光定	858. 8.10	(80)
文徳天皇	858. 8.27	(32)
恵蕚	—	
小野小町	—	
安倍安仁	859. 4.23	(67)
真済	860. 2.25	(61)
小野恒柯	860. 5.18	(53)
恵亮	860. 5.26	(59)
物部広泉	860.10. 3	(76)
伊都内親王	861. 9.19	
讃岐永直	862. 8. -	(80)
大春日真野麻呂	—	
張友信	—	
源定	863. 1. 3	(49)
正躬王	863. 5. 1	(65)
行教	—	
円仁	864. 1.14	(71)
真如	865. -. -	(67?)
和邇部大田麻呂	865.10.26	(68)
伴健岑	—	
教信	866. 8.15	
常暁	866.11.30	
紀夏井	—	
仲野親王	867. 1.17	(76)
義玄	867. 4.10	
平高棟	867. 5.19	(64)
壱演	867. 7.12	(65)
藤原貞敏	867.10. 4	(61)
藤原良相	867.10.10	(55)
賢和	—	
藤原良縄	868. 2.18	(55)
安慧	868. 4. 3	(75)
明詮	868. 5.16	
源信	868.閏12.28	(59)
伴善男	868. -. -	(58)
常康親王	869. 5.14	
恵運	869. 9.23	(72)
春澄善縄	870. 2.19	(74)
菅原岑嗣	870. 3.30	(78)
藤原順子	871. 9.28	(63)
賀陽親王	871.10. 8	(78)
藤原氏宗	872. 2. 7	(63)
伊伎是雄	872. 4.19	(54)
人康親王	872. 5. 5	(42)
藤原良房	872. 9. 2	(69)
真紹	873. 7. 7	(77)
願暁	874. 3. -	
滋岳川人	874. 5.27	
道昌	875. 2. 9	(78)
道詮	—	
南淵年名	877. 4. 8	(71)
円載	877.10. -	
大江音人	877.11. 3	(67)
李延孝	877. -. -	
文屋康秀	—	
真雅	879. 1. 3	(79)
都良香	879. 2.25	(46)
正子内親王	879. 3.23	(71)
在原業平	880. 5.28	(56)
菅原是善	880. 8.30	(69)
清和天皇	880.12. 4	(31)
慧子内親王	881. 1. 6	
宗叡	884. 3.26	(76)
恒貞親王	884. 9.20	(60)
安然	—	
多自然麻呂	886. 9.16	
光孝天皇	887. 8.26	(58)
源仁	887.11.22	(70)
藤原山陰	888. 2. 6	(65)
源多	888.10.17	(58)
惟宗直宗	—	
平高望	—	
高見王	—	
遍照	890. 1.19	(75)
橘広相	890. 5.16	(54)
藤原冬緒	890. 5.23	(84)
善淵愛成	—	
藤原基経	891. 1.13	(56)
真然	891. 9.11	
円珍	891.10.29	(78)
島田忠臣	892. -. -	(65)
在原行平	893. 7.19	(76)
猷憲	894. 8.22	(68)
裴頲	—	
藤原保則	895. 4.21	(71)
源融	895. 8.25	(74)
巨勢金岡	—	
藤原胤子	896. 6.30	
惟喬親王	897. 2.20	(54)
源能有	897. 6. 8	(53)
藤原佐世	897.秋	(51)
在原棟梁	898. -. -	
小野春風	—	
藤原高藤	900. 3.12	(63)
班子女王	900. 4. 1	(68)
三修	900. 5. -	(72)
藤原明子	900. 5.23	(73)
藤原良世	900.11.18	(77?)
観規	901. 2.15	
藤原敏行	901. -. -	
小野美材	902. -. -	
菅原道真	903. 2.25	(59)
穆子内親王	903.12. 5	
大江千里	—	
紀友則	905.或いは数年後	(50余)
益信	906. 3. 7	(80)
長意	906. 7. 3	(71)
藤原温子	907. 6. 8	(36)
惟宗直本	—	
壬生忠岑	—	
藤原菅根	908.10. 7	(53)
藤原時平	909. 4. 4	(39)
聖宝	909. 7. 6	(78)
藤原高子	910. 3.24	(69)
素性	—	
檜垣嫗	—	
藤原利仁	—	
紀長谷雄	912. 2.10	(68)
源光	913. 3.12	(68)
藤原興風	—	
貞純親王	916. 5. 7	
無空	916. 6.26	
大蔵善行	—	
布袋和尚	—	
相応	918.11. 3	(88)
三善清行	918.12. 7	(72)
紀淑望	919. -. -	
保明親王	923. 3.21	(21)
平貞文	923. 9.27	
貞保親王	924. 6.19	(55)
観賢	925. 6.11	(72)
凡河内躬恒	—	
斉世親王	927. 9.10	(42)
増命	927.11.11	(85)
寛建	—	
裴璆	—	
醍醐天皇	930. 9.29	(46)
坂上是則	930. -. -	
清原深養父	—	
宇多天皇	931. 7.19	(65)
藤原定方	932. 8. 4	(60)
兼覧王	932. -. -	
藤原兼輔	933. 2.18	(57)
平国香	935. 2. -	
会理	935.12.24	(84)
源周子	935.冬	

藤原保忠	936. 7.14	(47)
深根輔仁	—	
藤原恒佐	938. 5. 5	(60)
勤子内親王	938.11. 5	(35)
源英明	939.春	
平良兼	939. 6. -	
源宗于	939.11.23	
伊勢	939.この頃	
紀淑人	—	
興世王	940. 2.19	
尊意	940. 2.24	(75)
平将門	940. 2. -	
平公雅	—	
平貞盛	—	
平繁盛	—	
平良文	—	
藤原秀郷	—	
藤原純友	941. 6.20	
大蔵春実	—	
済高	942.11.25	(73)
藤原敦忠	943. 3. 7	(38)
元良親王	943. 7.26	(54)
矢田部公望	—	
貞崇	944. 7.23	(79)
常明親王	944.11. 9	(39)
藤原仲平	945. 9. 5	(71)
紀貫之	945.9月以降年末の間	(78,9?)
藤原忠文	947. 6.26	(75)
源公忠	948.10.29	(60)
藤原忠平	949. 8.14	(70)
陽成天皇	949. 9.29	(82)
熙子女王	950. 5. 5	
紀時文	—	
朱雀天皇	952. 8.15	(30)
藤原元方	953. 3.21	(66)
淳祐	953. 7. 2	(64)
蔣承勲	—	
橘在列	—	
藤原穏子	954. 1. 4	(70)
巨勢公忠	—	
空晴	957.12. 9	(80)
大江朝綱	957.12.28	(72)
大中臣頼基	958. -. -	
藤原清正	958. 7. -	
壬生忠見	—	
賀茂忠行	—	
藤原師輔	960. 5. 4	(53)
曾禰好忠	—	
本院侍従	—	
源経基	961.11. 4	
大江維時	963. 6. 7	(76)
延昌	964. 1.15	(85)
藤原安子	964. 4.29	(38)
日延	—	
藤原顕忠	965. 4.24	(68)
藤原朝忠	966.12. 2	(57)
小野道風	966.12.27	(73)
藤原元真	—	
敦実親王	967. 3. 2	(75)
村上天皇	967. 5.25	(42)
藤原芳子	967. 7.29	
小野好古	968. 2.14	(85)
法蔵	969. 2. 3	(62?)
藤原師尹	969.10.15	(50)
惟宗公方	—	
仲算	—	
藤原千晴	—	
藤原実頼	970. 5.18	(71)
藤原在衡	970.10.10	(79)
源信明	970. -. -	(61)
寛空	972.閏2. 6	(89)
空也	972. 9.11	(70)
藤原伊尹	972.11. 1	(49)
飛鳥部常則	—	
藤原義孝	974. 9.16	(21)
賀茂保憲	977. 2.22	(61)
寛忠	977. 4. 2	(72)
藤原兼通	977.11. 8	(53)
泰善	—	
坂上望城	—	
光智	979. 3.10	(86)
藤原媓子	979. 6. 3	(33)
小馬命婦	—	
源博雅	980. 9.28	(63)
蟬丸	—	
菅原文時	981. 9. 8	(83)
源高明	982.12.16	(69)
橘直幹	—	
定昭	983. 3.21	(78)
千観	983.12.13	(66)
源順	983. -. -	(73)
良源	985. 1. 3	(74)
藤原忯子	985. 7.18	(17)
徽子女王	985. -. -	(57)
盛明親王	986. 5. 8	(59)
兼明親王	987. 9.26	(74)
玄朝	—	
平忠頼	—	
藤原保輔	988. 6.17	
藤原頼忠	989. 6.26	(66)
藤原惟成	989.11. -	(37)
中務	—	
尋禅	990. 2.17	(48)
清原元輔	990. 6. -	(83)
藤原兼家	990. 7. 2	(62)
平兼盛	990.12. -	
円融天皇	991. 2.12	(33)
余慶	991.閏2.18	(73)
大中臣能宣	991. 8. -	(71)
藤原仲文	992. 2. -	(71)
藤原為光	992. 6.16	(51)
恵慶	—	
源雅信	993. 7.29	(74)
藤原高光	994. 3.10	
藤原道信	994. 7.11	(23)
源満政	—	
元杲	995. 2.27	(82)
藤原道隆	995. 4.10	(43)
丹波康頼	995. 4.19	(84)
藤原済時	995. 4.23	(55)
藤原道綱母	995. 5. 2	
藤原道兼	995. 5. 8	(35)
源重信	995. 5. 8	(74)
藤原相如	995. 5.29	
馬内侍	—	
藤原元命	—	
高階貴子	996.10. -	
源満仲	997. -. -	(86)
寛朝	998. 6.12	(83)
源扶義	998. 7.25	(48)
高階成忠	998. 7. -	(76)
藤原佐理	998. 7. -	(55)
藤原実方	998.12. -	
増基	—	
昌子内親王	999.12. 1	(50)
紀斉名	999.12.15	(43)
源重之	1000. -. -	
藤原定子	1000.12.16	(25)
朱仁聡	—	
東三条院	1001.閏12.22	(40)
平維茂	—	
慶滋保胤	1002.10.21	
増賀	1003. 6. 9	(87)
安海	—	
真興	1004.10.23	(70)
仁宗	—	
平惟仲	1005. 3.14	(62)
安倍晴明	1005. 9.26	(85)
性空	1007. 3.10	(91?)
覚運	1007.10.30	(55)
鎮源	—	
花山天皇	1008. 2. 8	(41)
観修	1008. 7. 8	(64)
藤原義懐	1008. 7.17	(52)
具平親王	1009. 7.28	(46)
菅原輔正	1009.12.24	(85)
大江嘉言	—	
藤原長能	—	
藤原伊周	1010. 1.28	(37)
高階業遠	1010. 4.10	(46)
大江以言	1010. 7.24	(56)
為平親王	1010.11. 7	(59)
巨勢弘高	—	
一条天皇	1011. 6.22	(32)
藤原有国	1011. 7.11	(69)
源為憲	1011. 8. -	
平致頼	1011.10. 2	
冷泉天皇	1011.10.24	(62)
安法	—	
小大君	—	
大江匡衡	1012. 7.16	(61)
安養尼	—	
源兼澄	—	

藤原高遠	1013. 5. -	(65)
高階積善	—	
賀茂光栄	1015. 6. 7	(77)
盛算	1015. 7. -	
惟宗允亮	—	
藤原敦信	—	
奝然	1016. 3.16	(79)
三条天皇	1017. 5. 9	(42)
藤原遵子	1017. 6. 1	(61)
源信	1017. 6.10	(76)
寛印	—	
清少納言	—	
小馬命婦	—	
敦康親王	1018.12.17	(20)
藤原清廉	—	
藤原為時	—	
慶祚	1019.12.22	(65)
源道済	1019. -. -	
大蔵種材	—	
行円	—	
紫式部	—	
源賢	1020. 6.18	(44)
道命	1020. 7. 4	(47)
明救	1020. 7. 5	(75)
藤原道綱	1020.10.15	(66)
康尚	—	
藤原顕光	1021. 5.25	(78)
源頼光	1021. 7.19	(74)
平維良	1022. -. -	
小槻奉親	1024.12. -	(62)
渡辺綱	1025. 2.15	(73)
藤原娍子	1025. 3.25	(54)
藤原寛子	1025. 7. 8	
小式部内侍	1025. -. -	
和泉式部	—	
仁統	—	
安倍吉平	1026.12.18	(73)
藤原顕信	1027. 5.14	(34)
源俊賢	1027. 6.13	(68)
藤原妍子	1027. 9.14	(34)
藤原道長	1027.12. 4	(62)
藤原行成	1027.12. 4	(56)
知礼	1028. 1. 5	(69)
藤原広業	1028. 4.13	(53)
院源	1028. -. -	(78?)
藤原公季	1029.10.17	(73)
済信	1030. 6.11	(77)
平維衡	—	
平直方	—	
平致経	—	
平忠常	1031. 6. 6	
藤原惟憲	1033. 3.26	(71)
覚超	1034. 1. -	(75)
寂照	1034. -. -	
藤原斉信	1035. 3.23	(69)
選子内親王	1035. 6.22	(72)
後一条天皇	1036. 4.17	(29)
藤原威子	1036. 9. 6	(38)

藤原保昌	1036. 9. -	(79)
袴垂	—	
大中臣輔親	1038. 6.22	(85)
藤原嫄子	1039. 8.28	(24)
延円	1040. -. -	
救円	—	
藤原公任	1041. 1. 1	(76)
藤原義忠	1041.10. 1	
赤染衛門	—	
藤原公成	1043. 6.24	(45)
深覚	1043. 9.14	(89)
藤原隆家	1044. 1. 1	(66)
源頼実	1044. 6. 7	(30)
後朱雀天皇	1045. 1.18	(37)
藤原定頼	1045. 1.19	(51)
心誉	1045. 8.12	(89)
藤原実資	1046. 1.18	(90)
仁海	1046. 5.16	(96)
大江挙周	1046. 6. -	
定誉	1047. 2. 2	(91)
教円	1047. 6.10	(69)
源顕基	1047. 9. 3	(48)
清原守武	—	
禔子内親王	1048.閏1.29	(46)
源頼信	1048. -. -	(81)
源明子	1049. -. -	
皇慶	1049. 7.26	(73)
能因	—	
源頼親	—	
出羽弁	—	
敦明親王	1051. 1. 8	(58)
源倫子	1053. 6.11	(90)
宅磨為成	—	
藤原道雅	1054. 7.20	(63)
藤原資房	1057. 1.24	(51)
安倍頼時	1057. 7. -	
定朝	1057. 8. 1	
桓舜	1057. 9.10	(80)
源兼長	—	
菅原孝標女	—	
相模	—	
藤原実遠	1062. 4.10	
安倍貞任	1062. 9.17	
伊勢大輔	1062.この頃	(74?)
明尊	1063. 6.26	(93)
覚助	1063.11.11	(51)
清原武則	—	
藤原実範	—	
藤原頼宗	1065. 2. 3	(73)
藤原能信	1065. 2. 9	(71)
藤原明衡	1066.10.18	(78?)
安倍宗任	—	
後冷泉天皇	1068. 4.19	(44)
藤原生子	1068. 8.21	(55)
四条宮下野	—	
円快	—	
秦致貞	—	
明快	1070. 3.18	(86)

藤原資業	1070. 9.24	(83)
藤原範永	—	
源兼行	—	
後三条天皇	1073. 5. 7	(40)
成尊	1074. 1. 7	(63)
藤原頼通	1074. 2. 2	(83)
上東門院	1074.10. 3	(87)
教禅	1075. 3. -	
藤原教通	1075. 9.25	(80)
源頼義	1075.11. 2	(88)
勝範	1077. 1.28	(82)
源師房	1077. 2.17	(70)
源隆国	1077. 7. 9	(74)
覚助	1077.10. -	
大弐三位	—	
源懿子	1078. -. -	
弁乳母	—	
長宴	1081. 4. 2	(66)
成尋	1081.10. 6	(71)
藤原実綱	1082. 3.23	(70)
藤原俊家	1082.10. 2	(64)
藤原能長	1082.11.14	(61)
清原真衡	1083. -. -	
大江佐国	—	
頼豪	1084. 5.4	(81)
藤原賢子	1084. 9.22	(28)
程明道	1085. 6.15	(54)
性信入道親王	1085. 9.27	(81)
橘為仲	1085.10.21	
実仁親王	1085.11. 8	(15)
清原家衡	1087.11.14	
清原武衡	1087.11.14	
鎌倉景政	—	
丹波雅忠	1088. 2.18	(68)
義範	1088.閏10. 5	(66)
長勢	1091.11. 9	(82)
藤原実季	1091.12.24	(57)
六条斎院宣旨	—	
藤原実政	1093. 2.18	(75)
教懐	1093. 5.28	(93)
馨子内親王	1093. 9. 4	(65)
陽明門院	1094. 1.16	(82)
能算	1094. 6.27	
橘俊綱	1094. 7.14	(67)
藤原信長	1094. 9. 3	(73)
源顕房	1094. 9. 5	(58)
永超	1095.12.29	(82)
維範	1096. 2. 3	(86)
郁芳門院	1096. 8. 7	(21)
禛子内親王	1096. 9.13	(58)
藤原伊房	1096. 9.16	(67)
惟宗孝言	—	
源経信	1097.閏1. 6	(82)
覚円	1098. 4.16	(68)
藤原師通	1099. 6.28	(38)
藤原通俊	1099. 8.16	(53)
藤原季綱	—	
多資忠	1100. 6.15	(55)

隆禅	1100. 7.24	(63)
藤原師実	1101. 2.13	(60)
寛意	1101. 6.15	(48)
津守国基	1102. 7. 7	(80)
藤原歓子	1102. 8.17	(82)
藤原隆時	—	
藤原苡子	1103. 1.25	(28)
娟子内親王	1103. 3.12	(72)
高階為章	1103.12.20	(45)
隆明	1104. 9.14	(86)
源国明	1105. 4.17	(42)
二条院	1105. 9.17	(80)
覚行法親王	1105.11.18	(31)
黄庭堅	1105. -. -	(61)
祐子内親王家紀伊	—	
藤原敦基	1106. 7.16	(61)
源義家	1106. 7. -	(68)
明算	1106.11.11	(86)
高階為家	1106.11.17	(69)
堀河天皇	1107. 7.19	(29)
程伊川	1107. 9. 5	(75)
藤原公実	1107.11.14	(55)
藤原顕綱	—	
和歌	—	
源義親	1108. 1. 6	
院助	1108.12.12	
周防内侍	—	
明覚	—	
源国信	1111. 1.10	(43)
藤原敦宗	1111. 9.16	(70)
永観	1111.11. 2	(79)
大江匡房	1111.11. 5	(71)
日覚	—	
範俊	1112. 4.24	(75)
正子内親王	1114. 8.20	(70)
篤子内親王	1114.10. 1	(55)
源俊明	1114.12. 2	(71)
応源	—	
藤原為房	1115. 4. 2	(67)
済暹	1115.11.26	(91)
増誉	1116. 1.29	(85)
藤原仲実	1118. 3.26	(62)
藤原季仲	1119. 6. 1	(74)
頼助	1119. 6. 9	(66)
輔仁親王	1119.11.28	(47)
藤原長子	—	
藤原宗通	1120. 7.22	(50)
源俊房	1121.11.12	(87)
平正盛	—	
源顕通	1122. 4. 8	(42)
菅原在良	1122.10.23	(80)
豊原時元	1123. 6.21	(66)
藤原顕季	1123. 9. 6	(69)
明暹	1123. 9.23	(65)
寛助	1125. 1.15	(69)
永縁	1125. 4. 5	(78)
源雅実	1127. 2.15	(69)
瞻西	1127. 6.20	(66?)

藤原寛子	1127. 8.14	(92)
源義光	1127.10.20	(83)
藤原通季	1128. 6.17	(39)
藤原清衡	1128. 7.13	(73)
藤原顕隆	1129. 1.15	(58)
勝覚	1129. 4. 1	(73)
白河天皇	1129. 7. 7	(77)
源俊頼	1129. -. -	(75)
祇園女御	—	
仁寛	—	
藤原為隆	1130. 9. 4	(61)
良円	—	
良忍	1132. -. -	(60)
源基子	1134. 7. 2	(86)
円勢	1134.閏12.21	
源義綱	1134. -. -	
行尊	1135. 2. 5	(81)
多忠方	1135. 6.16	(51)
徽宗	1135. -. -	(54)
千葉常重	—	
藤原家忠	1136. 5.14	(75)
源顕雅	1136.10. 4	(63)
院覚	—	
頼円	—	
真誉	1137. 1.15	(69)
聖恵法親王	1137. 2.11	(44)
源能俊	1137.11.25	(67)
忠尋	1138.10.14	(74)
良禅	1139. 2.21	(92)
三善為康	1139. 8. 4	(91)
覚猷	1140. 9.15	(88)
藤原宗忠	1141. 4.20	(80)
藤原基俊	1142. 1.16	(83)
信証	1142. 4. 8	(45)
西念	—	
源雅兼	1143.11. 8	(65)
覚鑁	1143.12.12	(49)
令子内親王	1144. 4.21	(67)
実範	1144. 9.10	
藤原敦光	1144.10.28	(82)
待賢門院	1145. 8.22	(45)
待賢門院堀河	—	
蓮禅	—	
聖賢	1147. 1. 4	(65)
源有仁	1147. 2.13	(45)
坂上明兼	1147. -. -	(69)
藤原顕頼	1148. 1. 5	(55)
良恵	1148. 4. -	(60)
宗意	1148. 5.19	(75)
定海	1149. 4.12	(76)
長円	1150. -. -	
永厳	1151. 8.14	(77)
藤原定信	—	
珍海	1152.11.23	(62)
平忠盛	1153. 1.15	(58)
寛信	1153. 3. 7	(69)
覚法法親王	1153.12. 6	(63)
藤原家成	1154. 5.29	(48)

藤原顕輔	1155. 5. 7	(66)
兼海	1155. 5.30	(49)
源義国	1155. 6.26	
近衛天皇	1155. 7.23	(17)
源義賢	1155. 8.16	
熱田大宮司季範	1155.12. 2	(66)
高陽院	1155.12.16	(61)
賢円	—	
藤原隆能	—	
賢覚	1156. 3.16	(77)
鳥羽天皇	1156. 7. 2	(54)
藤原頼長	1156. 7.14	(37)
平忠正	1156. 7.28	
源為義	1156. 7.30	(61)
元海	1156. 8.18	(64)
足利義康	1157. 5.29	
藤原実能	1157. 9. 2	(62)
覚仁	—	
藤原基衡	—	
藤原周光	—	
藤原通憲	1159.12.13	(54)
藤原信頼	1159.12.27	(27)
三浦義継	1159. -. -	(93)
山内首藤俊通	1159. -. -	
常盤御前	—	
源義朝	1160. 1. 3	(38)
源義平	1160. 1.19	(20)
鎌田正清	1160. 1. -	(38)
藤原公教	1160. 7. 9	(58)
美福門院	1160.11.23	(44)
藤原公能	1161. 8.11	(47)
藤原宗輔	1162. 1.30	(86)
源雅定	1162. 5.27	(69)
藤原忠実	1162. 6.18	(85)
藤原実行	1162. 7.28	(83)
藤原忠通	1164. 2.19	(68)
崇徳天皇	1164. 8.26	(46)
康助	—	
康朝	—	
増俊	1165. 2.11	(82)
藤原伊通	1165. 2.15	(73)
二条天皇	1165. 7.28	(23)
寛遍	1166. 6.30	(67)
藤原基実	1166. 7.26	(24)
藤原惟方	—	
覚性入道親王	1169.12.11	(41)
皇円	—	
源為朝	1170. -. -	(32)
藤原宗能	1170. 2.11	(86)
藤原光頼	1173. 1. 5	(50)
常磐光長	—	
湛快	1174. -. -	(76)
宅磨為遠	—	
源雅通	1175. 2.27	(58)
藤原伊行	—	
高松院	1176. 6.13	(36)
建春門院	1176. 7. 8	(35)
六条天皇	1176. 7.17	(13)

九条院	1176. 9.19	(46)
藤原師光	1177. 6. 1	
藤原清輔	1177. 6.20	(70)
藤原成親	1177. 7. 9	(40)
俊寛	—	
平家貞	—	
登蓮	—	
藤原為業	—	
叡空	1179. 4. 2	
平盛子	1179. 6.17	(24)
平重盛	1179. 7.29	(42)
日胤	1180. 5.26	
源頼政	1180. 5.26	(77)
以仁王	1180. 5.26	(30)
山木兼隆	1180. 8.17	
工藤茂光	1180. 8.24	
三浦義明	1180. 8.27	(89)
蔵俊	1180. 9.27	(77)
大庭景親	1180.10.26	
藤原重家	1180.12.21	(53)
江戸重長	—	
藤原教長	—	
源義経	—	
高倉天皇	1181. 1.14	(21)
平清盛	1181.閏2. 4	(64)
藤原邦綱	1181.閏2.23	(60)
義円	1181. 3.10	(27)
覚快法親王	1181.11. 6	(48)
皇嘉門院	1181.12. 5	(60)
城資永	1181. -. -	
祇王・祇女	—	
仏御前	—	
源有房	—	
伊東祐親	1182. 2.14	
心覚	1182. 6.24	(66)
覚阿	—	
道因	—	
頼源	1183. 2.24	
安倍泰親	1183. 3.20	(74)
斎藤実盛	1183. 5.21	(73?)
明雲	1183.11.19	(69)
足利俊綱	1183. 9. -	
平広常	1183.末	
足利忠綱	—	
助宗	—	
畠山重能	—	
源義仲	1184. 1.20	(31)
樋口兼光	1184. 1.27	
今井兼平	1184. 1. -	
平敦盛	1184. 2. 7	(16)
平忠度	1184. 2. 7	(41)
平通盛	1184. 2. 7	
平盛俊	1184. 2. 7	
佐々木秀義	1184. 7.10	(73)
緒方惟義	—	
心戒房	—	
平維盛	—	
平貞能	—	
平教経	—	
巴御前	—	
頼円	—	
藤原隆季	1185. 1.11	(59)
佐藤継信	1185. 2.19	(28?)
安徳天皇	1185. 3.24	(8)
平資盛	1185. 3.24	(28?)
平経盛	1185. 3.24	(62)
平時子	1185. 3.24	(60)
平教盛	1185. 3.24	(58)
平行盛	1185. 3.24	
平知盛	1185. 3.25	(34)
平宗盛	1185. 6.21	(39)
平重衡	1185. 6.23	(29)
土佐房昌俊	1185.10. -	
定遍	1185.12.18	(53)
河越重頼	1185. -. -	
伊勢能盛	—	
加藤景員	—	
田口成良	—	
宅磨為久	—	
多田行綱	—	
源義広	—	
山鹿秀遠	—	
武田信義	1186. 3. 9	(59)
源行家	1186. 5.12	
平頼盛	1186. 6. 2	(55)
佐藤忠信	1186. 9.20	
磯の禅師	—	
静御前	—	
平盛国	—	
湯浅宗重	—	
平信範	1187. 2.12	(76)
藤原秀衡	1187.10.29	(66?)
源資賢	1188. 2.26	(76)
千手前	1188. 4.25	(24)
源定房	1188. 7.17	(59)
平時忠	1189. 2.24	(60)
藤原経宗	1189. 2.28	(71)
清原頼業	1189.閏4.14	(68)
源義経	1189.閏4.30	(31)
藤原忠衡	1189. 6.26	(23)
上西門院	1189. 7.20	(64)
藤原国衡	1189. 8.10	
藤原泰衡	1189. 9. 3	
弁慶	1189. -. -	
覚晏	—	
佐伯景弘	—	
平六代	—	
比企朝宗	—	
西行	1190. 2.16	(73)
大河兼任	1190. 3.10	
長田忠致	—	
那須与一	—	
藤原長方	1191. 3.10	(53)
徳大寺実定	1191.閏12.16	(53)
俊恵	—	
土肥実平	—	
後白河天皇	1192. 3.13	(66)
藤原師長	1192. 7.19	(55)
顕真	1192.11.14	(62)
北条時定	1193. 2.25	(49)
工藤祐経	1193. 5.28	
花山院忠雅	1193. 8.26	(70)
公顕	1193. 9.17	(84)
二階堂行政	—	
源範頼	—	
安田義定	1194. 8.19	(61)
渋谷重国	—	
聖心	—	
成朝	—	
藤原邦通	—	
中山忠親	1195. 3.12	(65)
平景清	—	
能忍	—	
平山季重	—	
勝賢	1196. 6.22	(59)
康慶	—	
宗慶	—	
大姫	1197. 7.14	
一条能保	1197.10.13	(51)
湛増	1198. 5. 8	(69)
一条高能	1198. 9.17	(23)
院尊	1198.10.29	(79)
小槻隆職	1198.10.29	(64)
源頼朝	1199. 1.13	(53)
足利義兼	1199. 3. 8	
小山政光	1199.10. -以前	
明円	—	
梶原景季	1200. 1.20	(39)
梶原景時	1200. 1.20	
三浦義澄	1200. 1.23	(74)
吉田経房	1200.閏2.11	(58)
朱子	1200. 3. 9	(71)
安達盛長	1200. 4.26	(66)
岡崎義実	1200. 6.21	(89)
殷富門院大輔	1200.この頃	(70?)
平康頼	—	
為次	—	
信房	—	
城長茂	1201. 1.23	
式子内親王	1201. 1.25	
千葉常胤	1201. 3.24	(84)
高階泰経	1201.11.23	(72)
藤原多子	1201.12.24	(62)
院尚	—	
小侍従	—	
板額	—	
新田義重	1202. 1.14	(68)
守覚法親王	1202. 8.25	(53)
源通親	1202.10.21	(54)
小槻広房	1202. -. -	
定慶	—	
阿野全成	1203. 6.23	(51)
文覚	1203. 7.21	(65)
澄憲	1203. 8. 6	(78)

項目一覧

比企能員	1203. 9. 3	
仁田忠常	1203. 9. 6	(37)
興然	1203. 11. 30	(83)
定覚	—	
平知康	—	
微妙	—	
平賀義信	—	
源頼家	1204. 7. 18	(23)
藤原俊成	1204. 11. 30	(91)
後鳥羽院宮内卿	—	
源師光	—	
藤原隆信	1205. 2. 27	(64)
佐々木定綱	1205. 4. 9	(64)
藤原範季	1205. 5. 10	(76)
稲毛重成	1205. 6. 23	
平賀朝雅	1205. 閏7. 26	
畠山重忠	1205. -. -	(42)
小督局	—	
佐々木盛綱	—	
下河辺行平	—	
行平	—	
九条良経	1206. 3. 7	(38)
重源	1206. 6. 5	(86)
行空	—	
安楽	1207. 2. -	
九条兼実	1207. 4. 5	(59)
住蓮	1207. -. -	
鑁阿	1207. -. -	
天野遠景	—	
玄証	—	
証真	—	
熊谷直実	1208. 9. 14	(68)
中原親能	1208. 12. 18	(66)
藤原忻子	1209. 8. 12	(76)
顕昭	—	
勝賀	—	
大庭景義	1210. 4. 9	
坂上明基	1210. 5. 7	(73)
畠山義純	1210. 10. 7	(35)
八条院	1211. 6. 26	(75)
源空	1212. 1. 25	(80)
覚憲	1212. 12. -	(82)
平盛時	—	
貞慶	1213. 2. 3	(59)
和田義盛	1213. 5. 3	(67)
和田胤長	1213. 5. 9	(31)
建礼門院	1213. 12. 13	(59)
朝比奈義秀	—	
覚禅	—	
土肥遠平	—	
佐々木高綱	1214. 11. -	
北条時政	1215. 1. 6	(78)
明庵栄西	1215. 6. 5	(75)
院実	—	
宇佐公房	—	
康弁	—	
藤原信清	1216. 3. 14	(58)
殷富門院	1216. 4. 2	(70)
藤原有家	1216. 4. 11	(62)
公胤	1216. 閏6. 24	(72)
鴨長明	1216. 閏6. -	(62)
高階栄子	1216. -. -	
金光房	1217. 3. 25	(63)
融源	1217. 12. 15	(98)
陳和卿	—	
二条院讃岐	—	
長谷部信連	1218. 10. 27	
康運	—	
公暁	1219. 1. 27	(20)
源実朝	1219. 1. 27	(28)
阿野時元	1219. 2. 22	
源頼茂	1219. 7. 13	
大内惟義	—	
建春門院中納言	—	
平親範	1220. 9. 28	(84)
飛鳥井雅経	1221. 3. 11	(52)
惟明親王	1221. 5. 3	(43)
伊賀光季	1221. 5. 15	
若狭忠季	1221. 6. 14	
三浦胤義	1221. 6. 15	
山田重忠	1221. 6. 15	
佐々木経高	1221. 6. 16	
後藤基清	1221. 7. 2	
藤原光親	1221. 7. 12	(46)
藤原宗行	1221. 7. 14	(48)
源有雅	1221. 7. 29	(46)
加藤景廉	1221. 8. 3	
三善康信	1221. 8. 9	(82)
藤原秀康	1221. 10. 14	
熱田大宮司範直	—	
大内惟信	—	
加藤光員	—	
宗孝親	—	
仁科盛遠	—	
雅縁	1223. 2. 21	(86)
後高倉院	1223. 5. 14	(45)
河野通信	1223. 5. 19	(68)
賀茂能久	1223. 6. 10	(53)
覚海	1223. 8. 17	(82)
大友能直	1223. 11. 27	(52)
運慶	1223. 12. 11	
快慶	—	
静遍	1224. 4. 20	(59)
北条義時	1224. 6. 13	(62)
明遍	1224. 6. 16	(83)
夏珪	—	
明全	1225. 5. 27	(42)
大江広元	1225. 6. 10	(78)
山内首藤経俊	1225. 6. 21	(89)
北条政子	1225. 7. 11	(69)
三条実房	1225. 8. 17	(79)
慈円	1225. 9. 25	(71)
佐竹秀義	1225. 12. 18	(75)
ト部兼直	—	
信濃前司行長	—	
徳大寺公継	1227. 1. 30	(53)
忠快	1227. 3. 16	(69)
俊芿	1227. 閏3. 8	(62)
島津忠久	1227. 6. 18	
源通具	1227. 9. 2	(57)
隆寛	1227. 12. 13	(80)
尊智	—	
解意阿	—	
定照	—	
牧の方	—	
和田朝盛	—	
空阿	1228. 1. 15	(74)
少弐資頼	1228. 8. 25	(69)
信空	1228. 9. 9	(83)
七条院	1228. 9. 16	(72)
ト部兼頼	—	
加藤四郎左衛門景正	—	
藤原兼子	1229. 8. 16	(75)
源延	—	
北陸宮	1230. 7. 8	(66)
藤原基房	1230. 12. 28	(86)
成賢	1231. 9. 19	(70)
土御門天皇	1231. 10. 11	(37)
宅磨為行	—	
明恵	1232. 1. 19	(60)
藤原基通	1233. 5. 29	(74)
藻璧門院	1233. 9. 18	(25)
院賢	—	
康勝	—	
仲恭天皇	1234. 5. 10	(17)
竹御所	1234. 7. 27	(32)
宇都宮信房	1234. 8. 2	(79)
後堀河天皇	1234. 8. 6	(23)
尾藤景綱	1234. 8. 22	
源家長	1234. -. -	(60余)
平盛綱	—	
物部為里	—	
聖覚	1235. 3. 5	(69)
九条教実	1235. 3. 28	(25)
建礼門院右京大夫	—	
友成	—	
実尊	1236. 2. 19	(57)
中原季時	1236. 4. 6	
道教	1236. 5. 26	(37)
中条家長	1236. 8. 25	(72)
承円	1236. 10. -	(57)
藤原家隆	1237. 4. 9	(80)
舜天	1237. -. -	(72)
八条院高倉	—	
辨長	1238. 閏2. 29	(77)
小山朝政	1238. 3. 30	(84)
葛西清重	1238. 9. 14	(77)
定豪	1238. 9. 24	(87)
藤原師家	1238. 10. 4	(67)
源智	1238. 12. 12	(56)
源通方	1238. 12. 28	(50)
宜秋門院丹後	—	
武田信時	—	
藤原忠信	—	

湯浅宗光	—	
後鳥羽天皇	1239. 2.22	(60)
三浦義村	1239.12. 5	
亀菊	—	
水無瀬親成	—	
北条時房	1240. 1.24	(66)
長沼宗政	1240.11.19	(79)
藤原時長	—	
退耕行勇	1241. 7.15	(79)
藤原定家	1241. 8.20	(80)
大江親広	1241.12.15	
四条天皇	1242. 1. 9	(12)
狛近真	1242. 1.25	(66)
佐々木信綱	1242. 3. 6	(62)
明禅	1242. 5. 2	(76)
北条泰時	1242. 6.15	(60)
順徳天皇	1242. 9.12	(46)
色定	1242.11. 6	(84)
近衛家実	1242.12.27	(64)
津戸為守	1243. 1.15	(81)
成忍	—	
弁内侍	—	
源光行	1244. 2.17	(82)
信寂	1244. 3. 3	
定舜	1244. 3. 5	
三善長衡	1244. 3.25	(77)
西園寺公経	1244. 8.29	(74)
小槻季継	1244. 9.27	(53)
名越朝時	1245. 4. 6	(52)
証入	1245. 7. 7	(50)
菅原為長	1246. 3.28	(89)
北条経時	1246.閏4. 1	(23)
名越光時	—	
幸西	1247. 4.14	(85)
三浦光村	1247. 6. 5	(43)
三浦泰村	1247. 6. 5	(64)
毛利季光	1247. 6. 5	(46)
千葉秀胤	1247. 6. -	
栄朝	1247. 9.26	(83)
土御門定通	1247. 9.28	(60)
証空	1247.11.26	(71)
智鏡	—	
久我通光	1248. 1.18	(62)
安達景盛	1248. 5.18	
道正庵隆英	1248. 7.24	(78)
武田信光	1248.12. 5	(87)
嘉陽門院越前	—	
道助入道親王	1249. 1.16	(54)
覚盛	1249. 8. 7	(56)
中野能成	—	
喜海	1250.12.20	(73)
玉潤	—	
中原師員	1251. 6.22	(67)
宗源	1251. - . -	(84)
聖達	—	
藤原隆祐	—	
藤原俊成女	—	
九条道家	1252. 2.21	(60)

道範	1252. 5.22	(75)
宣陽門院	1252. 6. 8	(72)
良遍	1252. 8.28	(57)
上杉重房	—	
謝国明	—	
波多野義重	—	
安達義景	1253. 6. 3	(44)
湛空	1253. 7.27	(78)
道元	1253. 8.28	(54)
二階堂行盛	1253.12. 8	(73)
国綱	—	
後鳥羽院下野	—	
結城朝光	1254. 2.24	(88)
足利義氏	1254.11.21	(66)
四条隆衡	1254.12.18	(83)
慶忍	—	
雅成親王	1255. 2.10	(56)
平経高	1255. 6. -	(76)
湛海	—	
藤原頼経	1256. 8.11	(39)
藤原頼嗣	1256. 9.25	(18)
三善康連	1256.10. 3	(64)
後藤基綱	1256.11.28	(76)
湛慶	1256. - . -	(84)
定慶	—	
伊賀光宗	1257. 1.23	(80)
承明門院	1257. 7. 5	(87)
藤原知家	1258. 1. -	(77)
真仏	1258. 3. 8	(50)
禅勝房	1258.10. 4	(85)
善慶	1258. - . -	(62)
浄業	1259. 2.21	(73)
近衛兼経	1259. 5. 4	(50)
宇都宮頼綱	1259.11.12	(88)
松下禅尼	—	
光忠	—	
守家	—	
深賢	1261. 9.14	
宇都宮泰綱	1261.11. 1	(59)
北条重時	1261.11. 3	(64)
親鸞	1262.11.28	(90)
源具親	—	
憲深	1263. 9. 6	(72)
北条時頼	1263.11.22	(37)
青砥藤綱	—	
証慧	1264. 5. 3	(70)
北条長時	1264. 7.21	(35)
修明門院	1264. 8.29	(83)
藤原家良	1264. 9.10	(73)
行遍	1264.12.15	(84)
東条景信	—	
湯浅宗業	—	
太田康宗	1265. 3.22	(54)
清原教隆	1265. 7.18	(67)
藤原為継	1265. - . -	(60)
長賀	—	
土御門院小宰相	—	
中原章房	—	

飛鳥井教定	1266. 4. 8	
諏訪真性	—	
長西	—	
藤原信実	—	
二階堂行方	1267. 6. 8	(62)
真空	1268. 7. 8	(65)
近衛基平	1268.11.19	(23)
恵信尼	—	
西園寺実氏	1269. 6. 7	(76)
北条時茂	1270. 1.27	(30)
二条良実	1270.11.29	(55)
浄音	1271. 5.22	(71)
名越時章	1272. 2.11	(58)
北条時輔	1272. 2.15	(25)
後嵯峨天皇	1272. 2.17	(53)
葉室定嗣	1272. 6.26	(65)
神子栄尊	1272.12.28	(78)
仙覚	—	
徳大寺実基	1273. 2.14	(73)
北条政村	1273. 5.27	(69)
洞院実雄	1273. 8.16	(57)
頼賢	1273.12. 7	(78)
藤原経光	1274. 4.15	(63)
宗尊親王	1274. 8. 1	(33)
宗助国	1274.10. 6	
藤原為家	1275. 5. 1	(78)
性信	1275. 7.17	(89)
杜世忠	1275. 9. 7	(34)
有厳	1275.11.11	(90)
ト部兼文	—	
康円	—	
葛山景倫	1276. 4.23	
藤原光俊	1276. 6. 9	(74)
吉田経俊	1276.10.18	(63)
金沢実時	1276.10.23	(53)
兀庵普寧	1276.11.24	(80)
藻壁門院少将	—	
慈猛	1277. 4.21	(67)
北条時盛	1277. 5. 2	(81)
円照	1277.10.22	(57)
東巌慧安	1277.11. 3	(53)
源親行	—	
湯浅宗親	—	
宗性	1278. 6. 8	(77)
蘭渓道隆	1278. 7.24	(66)
国俊	—	
後嵯峨院中納言典侍	—	
京極為教	1279. 5.24	(53)
信瑞	1279. - . -	
式乾門院御匣	—	
定宴	—	
九条基家	1280. 7.11	(78)
孤雲懐奘	1280. 8.24	(83)
円爾	1280.10.17	(79)
忠成王	1280.12.13	(59)
道光	—	
少弐資能	1281.閏7.13	(84)
一翁院豪	1281. 8.21	(72)

北条義政	1281.11.27	(40)
忻都	—	
真照	—	
日蓮	1282.10.13	(61)
信海	—	
阿仏尼	1283.4.8	
尊信	1283.7.13	(56)
覚信尼	1283.-.-	(60)
唯信	1284.4.3	(85)
北条時宗	1284.4.4	(34)
立信	1284.4.18	(72)
島津久経	1284.閏4.21	(60)
一条実経	1284.7.18	(62)
北条時国	1284.10.3	
作阿	—	
菊池武房	1285.3.26	(41)
安達泰盛	1285.11.17	(55)
安達盛宗	1285.11.-	
少弐景資	1285.-.-	(40)
無学祖元	1286.9.3	(61)
二条為氏	1286.9.14	(65)
中院通成	1286.12.23	(65)
善鸞	—	
知道	—	
北条業時	1287.6.26	(47)
良忠	1287.7.6	(89)
俊聖	1287.11.18	(49)
范文虎	—	
上真葛	1288.5.20	(57)
池上宗仲	—	
日持	—	
阿塔海	1289.-.-	(56)
一遍	1289.8.23	(51)
大休正念	1289.11.29	(75)
唯円	—	
浅原為頼	1290.3.9	
太田康有	1290.5.11	(63)
叡尊	1290.8.25	(90)
尊助法親王	1290.12.1	(74)
北条時定	1290.-.-	
良胤	1291.5.26	(80)
聖守	1291.11.27	(77)
無関玄悟	1291.12.12	(80)
洪茶丘	1291.-.-	(48)
少弐経資	1292.8.2	(64)
大宮院	1292.9.9	(68)
中務内侍	—	
平頼綱	1293.4.22	
国光	—	
性真	—	
大進房	—	
行光	—	
鷹司兼平	1294.8.8	(67)
忽必烈	1294.-.-	(80)
堯儼	—	
頼円	—	
憲静	1295.8.27	
北条兼時	1295.9.18	(32)

牧渓法常	—	
吉見義世	1296.11.20	
四条頼基	—	
信範	—	
良空	1297.7.8	
礼阿	1297.8.11	
波木井実長	1297.9.25	(76)
白雲慧暁	1297.12.25	(75)
無本覚心	1298.10.13	(92)
仙阿	—	
藤原為子	—	
富木常忍	1299.3.20	(84)
英祖	1299.8.5	(71)
寂円	1299.9.13	(93)
如信	1300.1.4	(66)
金方慶	1300.8.16	(89)
寒巌義尹	1300.8.21	(84)
大友頼泰	1300.9.17	(79)
金沢顕時	1301.3.28	(54)
山叟慧雲	1301.7.9	(75)
金沢実政	1302.12.7	(54)
顔輝	—	
忍性	1303.7.12	(87)
頼瑜	1304.1.1	(79)
顕意	1304.5.19	(66)
後深草天皇	1304.7.16	(62)
北条時村	1305.4.23	(64)
北条宗方	1305.5.4	(28)
亀山天皇	1305.9.15	(57)
度会行忠	1305.閏12.27	(70)
心慧	1306.4.27	
鏡堂覚円	1306.9.26	(63)
覚山	1306.10.9	(55)
西澗子曇	1306.10.28	(58)
卜部兼方	—	
藤原為信	—	
了海	—	
覚恵	1307.4.12	
北条久時	1307.11.28	(36)
広橋兼仲	1308.1.20	(65)
蔵山順空	1308.5.9	(76)
忠烈王	1308.7.13	(73)
憲淳	1308.8.23	(51)
後二条天皇	1308.8.25	(24)
南浦紹明	1308.12.29	(74)
天目	—	
吉田経長	1309.6.8	(71)
徹通義介	1309.9.14	(91)
顕智	1310.7.4	
日弁	1311.閏6.26	(73)
河野通有	1311.7.14	
北条師時	1311.9.22	(37)
北条貞時	1311.10.26	(41)
藤原為子	—	
了智	—	
大仏宗宣	1312.6.12	(54)
無住道暁	1312.10.10	(87)
善阿	—	

規庵祖円	1313.4.2	(53)
日向	1314.9.3	(62)
北条熙時	1315.7.18	(37)
西園寺公衡	1315.9.25	(52)
尊観	1316.3.14	(78)
高峯顕日	1316.10.20	(76)
北条政顕	—	
日頂	1317.3.8	(66)
善統親王	1317.3.29	(85)
伏見天皇	1317.9.13	(53)
一山一寧	1317.10.24	(71)
足利家時	—	
唯善	—	
真教	1319.1.27	(83)
六条有房	1319.7.2	(69)
日朗	1320.1.21	(76)
如一	1321.3.6	(60)
北条随時	1321.6.23	
凝然	1321.9.5	(82)
花山院師信	1321.11.1	(48)
国俊	—	
西園寺実兼	1322.9.10	(74)
中院通重	1322.9.15	(53)
聖戒	1323.2.15	(63)
日昭	1323.3.26	(103)
北条宣時	1323.6.30	(86)
昭慶門院	1324.3.12	(55)
後宇多天皇	1324.6.25	(58)
二条為藤	1324.7.17	(50)
多治見国長	1324.9.19	(36)
ポーロ Marco Polo	1324.-.-	(*70)
竹崎季長	—	
則重	—	
禅爾	1325.1.8	(74)
通翁鏡円	1325.閏1.27	(68)
宣瑜	1325.2.29	(86)
行観	1325.6.9	(85)
瑩山紹瑾	1325.8.15	(58)
一条内経	1325.10.1	(35)
邦良親王	1326.3.20	(27)
惟康親王	1326.10.30	(63)
西園寺実衡	1326.11.18	(37)
呑海	1327.2.18	(63)
大仏維貞	1327.9.7	(42)
長井宗秀	1327.-.-	(63)
良暁	1328.3.1	(78)
冷泉為相	1328.7.17	(66)
久明親王	1328.10.14	(53)
冷泉為守	1328.11.8	(64)
日印	1328.12.20	(65)
正宗	—	
義弘	—	
吉光	—	
良全	—	
安東蓮聖	1329.6.19	(91)
禅助	1330.2.11	(84)
中原章房	1330.4.1	
頼宝	1330.7.9	(52)

世良親王	1330. 9.18	
聖尋	—	
高階隆兼	—	
恒次	—	
日進	—	
足利貞氏	1331. 9. 5	(59)
狛朝葛	1331. -. -	(85)
忽那重義	—	
桜山茲俊	1332. 1.21	
京極為兼	1332. 3.21	(79)
足助重範	1332. 5. 3	(32または41)
平成輔	1332. 5.22	(42)
日野俊基	1332. 6. -	
北畠具行	1332. 6.19	(43)
花山院師賢	1332.10. -	(32)
日野資朝	1332. -. -	(43)
貞宗	—	
日興	1333. 2. 7	(88)
村上義光	1333.閏2. 1	
菊池武時	1333. 3.13	(42)
名越高家	1333. 4.27	(20代)
北条時益	1333. 5. 7	
真光	1333. 5. 8	(57)
北条仲時	1333. 5. 9	(28)
金沢貞顕	1333. 5.12	(56)
赤橋守時	1333. 5.18	
万里小路季房	1333. 5.20	
安達時顕	1333. 5.22	
長崎高資	1333. 5.22	
長崎高綱	1333. 5.22	
北条高時	1333. 5.22	(31)
北条基時	1333. 5.22	
赤橋英時	1333. 5.25	
守邦親王	1333. 8.16	(33)
義雲	1333.10.12	(81)
日目	1333.11.15	(74)
大友貞宗	1333.12. 3	
大井田経隆	—	
慈遍	—	
中原親鑒	—	
富士名義綱	—	
守良親王	—	
日秀	1334. 1.10	(70)
長崎高貞	1334. 3.21	
日華	1334. 8.16	(83)
二階堂貞藤	1334.12.28	(68)
景光	—	
中原師緒	—	
万里小路藤房	—	
舜昌	1335. 1.15	(81)
二条道平	1335. 2. 4	(48)
天岸慧広	1335. 3. 8	(63)
西園寺公宗	1335. 6.22	(27)
岩松経家	1335. 7.22	
護良親王	1335. 7.23	
小山秀朝	1335. 7. -	
南山士雲	1335.10. 7	(82)

双峰宗源	1335.11.22	(73)
空性	1335.12. 8	(41)
二条為冬	1335.12.12	
結城親光	1336. 1.11	
大友貞載	1336. 1.12	
上杉憲房	1336. 1.27	
少弐貞経	1336. 2.29	(64)
後伏見天皇	1336. 4. 6	(49)
相馬重胤	1336. 4. -	
楠木正成	1336. 5.25	
楠木正季	1336. 5.25	
千種忠顕	1336. 6. 7	
名和長年	1336. 6.30	
明極楚俊	1336. 9.27	(75)
土居通増	1336. -. -	
北条泰家	—	
阿野実廉	—	
伊賀兼光	—	
可翁仁賀	—	
九条光経	—	
瓜生保	1337. 1.12	
梶原性全	1337. 1.22	(72)
鷹司冬教	1337. 1.26	(33)
得能通綱	1337. 3. -	
気比氏治	1337. 3. 6	
尊良親王	1337. 3. 6	
新田義顕	1337. 3. 6	(21?)
宗峯妙超	1337.12.22	(56)
斯波家長	1337.12.25	(17?)
中院定平	—	
成良親王	—	
広橋経泰	—	
堀口貞満	1338. 1. -	(42)
吉田定房	1338. 1.23	(65)
坊門清忠	1338. 3.21	
日野資名	1338. 5. 2	(54)
北畠顕家	1338. 5.22	(21)
南部師行	1338. 5.22	
新田義貞	1338.閏7. 2	(37?)
二条為世	1338. 8. 5	(89)
釼阿	1338.11.16	(78)
結城宗広	1338.12. -	(70余)
菊池武重	1338.年末または翌年初め	
恒良親王	1338. -. -	(17)
相知蓮賀	—	
忽那重清	—	
今出川兼季	1339. 1.16	(59)
清拙正澄	1339. 1.17	(66)
実融	1339. 1.19	(93)
度会常昌	1339. 7.27	(77)
後醍醐天皇	1339. 8.16	(52)
高倉光守	—	
如道	1340. 8.11	(88)
東明慧日	1340.10. 4	(69)
阿野実為	—	
日法	1341. 1. 5	(83)
塩冶高貞	1341. 3. -	

真観	1341. 6. 2	(67)
畑時能	1341. -. -	
毛利時親	1341. -. -	
菊池武敏	—	
玉井西阿	—	
永福門院	1342. 5. 7	(72)
脇屋義助	1342. 6. 5	(42)
大館氏明	1342. 9. 3	
細川和氏	1342. 9.23	(47)
日像	1342.11.13	(74)
土岐頼遠	1342.12. 1	
上杉清子	1342.12.23	
関宗祐	1343.11.11	
春日顕国	1344. 3. 9	
児島高徳	—	
浄弁	—	
黙庵霊淵	—	
嵩山居中	1345. 2. 6	(69)
太田時連	1345. 2. 9	(77)
可翁宗然	1345. 4.25	(70余)
証賢	1345. 6. 2	(81)
慈雲妙意	1345. 6. 3	(72)
小山朝郷	1346. 4.13	
虎関師錬	1346. 7.24	(69)
示導	1346. 9.11	(61)
湛睿	1346.11.30	(76)
雪村友梅	1346.12. 2	(57)
服部持法	—	
小笠原貞宗	1347. 5.26	(56)
栄海	1347. 8.16	(70)
中原章有	—	
結城親朝	—	
楠木正家	1348. 1. 5	
楠木正行	1348. 1. 5	
和田賢秀	1348. 1. 5	
伊達行朝	1348. 5. 9	(58)
竺仙梵僊	1348. 7.16	(57)
万里小路宣房	1348.10.18	(91)
厚東武実	1348.11. 9	
花園天皇	1348.11.11	(52)
豪信	—	
中原章賢	—	
良尊	1349. 6.13	(71)
九条道教	1349. 7. 6	(35)
上杉重能	1349.12.20	
畠山直宗	1349.12. -	
一忠	—	
肝付兼重	—	
度会家行	—	
赤松則村	1350. 1.11	(74)
坊城俊実	1350. 2.23	(55)
玄慧	1350. 3. 2	
葛西清貞	1350. 3.16	
明峯素哲	1350. 3.28	(74)
無等周位	—	
高師冬	1351. 1.17	
覚如	1351. 1.19	(82)
畠山高国	1351. 2.12	(47)

月林道皎	1351. 2.25	(59)
高師直	1351. 2.26	
高師泰	1351. 2.26	
赤松範資	1351. 4. 8	
夢窓疎石	1351. 9.30	(77)
上杉顕能	—	
足利直義	1352. 2.26	(47)
細川頼春	1352.閏2.20	(49?)
上杉朝定	1352. 3. 9	(32)
四条隆資	1352. 5.11	(61)
宥範	1352. 7. 1	(83)
細川顕氏	1352. 7. 5	
近衛経忠	1352. 8.13	(51)
佐竹貞義	1352. 9.10	(66)
小田治久	1352.12.11	(70)
熱田大宮司昌能	—	
卜部兼好	—	
北条時行	1353. 5.20	
佐々木秀綱	1353. 6.13	
柳原資明	1353. 7.27	(57)
久我長通	1353. 8.27	(74)
俊才	1353.10. 2	(95)
阿蘇惟時	1353. -. -	
吉良貞家	1354.春?	
北畠親房	1354. 4.17	(62)
託何	1354. 8.20	(70)
三隅兼連	1355. 3.12	
道昭	1355.12.22	(75)
一鎮	1355. -. -	(79)
石塔義房	—	
円観	1356. 3. 1	(76)
斯波家兼	1356. 6.13	(49)
忽那義範	—	
藤原隆章	—	
賢俊	1357.閏7.16	(59)
広義門院	1357.閏7.22	(66)
吉良満義	1356. 9.23	
尊円入道親王	1356. 9.23	(59)
宇都宮公綱	1356.10.20	(55)
乗専	1357. 6. 5	(73)
文観	1357.10. 9	(80)
徽安門院	1358. 4. 2	(41)
足利尊氏	1358. 4.30	(54)
洞院実世	1358. 8.19	(51)
新田義興	1358.10.10	(28)
無隠元晦	1358.10.17	
源盛	1358.12.13	(56)
一色直氏	—	
相馬親胤	—	
名和顕興	—	
無極志玄	1359. 2.16	(78)
日輪	1359. 4. 4	(88)
新待賢門院	1359. 4.29	(59)
慈厳	1359. 9.28	(62)
仁木頼章	1359.10.10	(61)
二条為定	1360. 3.14	(68)
洞院公賢	1360. 4. 6	(70)
南部政長	1360. 8. -	
関山慧玄	1360.12.12	(84)
興良親王	—	
湯浅宗藤	—	
頼豪	—	
孤峯覚明	1361. 5.24	(91)
乾峯士曇	1361.12.11	(77)
杲宝	1362. 7. 7	(57)
細川清氏	1362. 7.24	
畠山国清	1362. -. -	
畠山直顕	—	
中院通冬	1363.閏1.25	(49)
島津貞久	1363. 7. 3	(95)
日野有範	1363.12. 1	(62)
物外可什	1363.12. 8	(78)
日野邦光	1363. -. -	(44)
石橋和義	—	
四条隆蔭	1364. 3.14	(68)
妙実	1364. 4. 3	(68)
光厳天皇	1364. 7. 7	(52)
阿蘇惟澄	1364. 9.29	
別源円旨	1364.10.10	(71)
河野通盛	1364.11.26	
石塔頼房	—	
寛慶	—	
二条師基	1365. 1.26	(65)
東陵永璵	1365. 5. 6	(81)
中御門宣明	1365. 6. 3	(64)
斯波氏経	—	
壬生匡遠	1366. 5. 4	
鉄舟徳済	1366. 9.15	
峨山韶碩	1366.10.20	(92)
大智	1366.12.10	(77)
坊門資世	—	
足利基氏	1367. 4.20	(28)
五条頼元	1367. 5.20	(78)
斯波高経	1367. 7.13	(63)
寂室元光	1367. 9. 1	(78)
西園寺公重	1367. 9. 3	(51)
足利義詮	1367.12. 7	(38)
忌部正通	—	
脇屋義治	—	
後村上天皇	1368. 3.11	(41)
大友氏時	1368. 3.21	
新田義宗	1368. 7. -	
上杉憲顕	1368. 9.19	(63)
芳賀高貞	—	
桃井直信	—	
一色範氏	1369. 2.18	
徹翁義亨	1369. 5.15	(75)
日静	1369. 6.27	(72)
慶運	—	
康俊	—	
倫光	—	
佐々木氏頼	1370. 6. 7	(45)
宇都宮氏綱	1370. 7. 5	(45)
太源宗真	1370.11.20	
宗経茂	—	
中原師守	—	
山名時氏	1371. 2.28	(69)
明石覚一	1371. 6. -	
久我通相	1371. 7.14	(46)
澄円	1371. 7.27	(82)
赤松則祐	1371.11.29	(61)
少弐頼尚	1371.12.24	(78)
土佐行光	—	
桃井直常	—	
良成親王	—	
頓阿	1372. 3.13	(84)
朝倉高景	1372. 5. 2	(59)
芳賀禅可	1372. -. -	(82?)
勧修寺経顕	1373. 1. 5	(76)
存覚	1373. 2.28	(84)
佐々木高氏	1373. 8.25	(78)
菊池武光	1373.11.16	(52,3)
碧潭周皎	1374. 1. 5	(84)
古先印元	1374. 1.24	(80)
後光厳天皇	1374. 1.29	(37)
小島法師	1374. 4. -	
日祐	1374. 5.19	(77)
菊池武政	1374. 5.26	(33)
恭愍王	1374. 9.22	(45)
方国珍	1374. -. -	(56)
由阿	—	
中巌円月	1375. 1. 8	(76)
渋川義行	1375. 8.11	(28)
少弐冬資	1375. 8.26	(39)
巨勢有久	—	
亀阿弥	—	
増阿弥	—	
南部信光	1376. 1.23	
救済	1376. 3. 8	(95)
山名師義	1376. 3.11	(49)
島津師久	1376. 3.21	(52)
仁木義長	1376. 9.10	
中院親光	1377. 4. -	
大拙祖能	1377. 8.20	(65)
阿蘇惟武	1377. 8. -	
嘉喜門院	—	
上杉能憲	1378. 4.17	(46)
中原師茂	1378. 7. 7	(67)
周阿	—	
上杉憲春	1379. 3. 8	
馬島清眼	1379. 3.19	
小牛	—	
長義	—	
授翁宗弼	1380. 3.28	(85)
胡惟庸	1380.春	
竹田昌慶	1380. 5.25	(43)
光明天皇	1380. 6.24	(60)
大内弘世	1380.11.15	
北畠顕信	1380.11. -	
尊信	1380. -. -	(57)
阿只抜都	—	
赤松光範	1381.10. 3	(62)
海老名の南阿弥	1381. -. -	
小山義政	1382. 4.13	

滅宗宗興	1382.7.11	（73）
信瑜	1382.8.7	（50）
楠木正儀	—	
懐良親王	1383.3.27	（50余）
北畠顕能	1383.7.-	
三条公忠	1383.12.27	（60）
宗良親王	—	
観阿弥	1384.5.19	（52）
吉良満貞	1384.9.5	
蘭洲良芳	1384.12.6	（80）
今川範国	1384.-.-	
赤松氏範	1386.9.2	（57）
了実	1386.11.3	（83）
抜隊得勝	1387.2.20	（61）
近衛道嗣	1387.3.17	（56）
島津氏久	1387.閏5.4	（60）
細川氏春	1387.10.19	
土岐頼康	1387.12.25	（70）
一色範光	1388.1.25	（64）
義堂周信	1388.4.4	（64）
二条良基	1388.6.-	（69）
春屋妙葩	1388.8.12	（78）
竜湫周沢	1388.9.9	（81）
実導	1388.11.11	（80）
善如	1389.2.29	（57）
月庵宗光	1389.3.23	（64）
山名時義	1389.5.4	（44）
西園寺実俊	1389.7.6	（55）
辛禑王	1389.12.-	（25）
庭田重資	1389.-.-	（85）
無文元選	1390.閏3.22	（68）
伊勢貞継	1391.3.29	（83）
通幻寂霊	1391.5.5	（70）
佐々木高秀	1391.10.-	（63?）
雲渓支山	1391.11.14	（62）
山名氏清	1391.12.晦	（48）
上杉朝房	1391.-.-	
日什	1392.2.28	（79）
細川頼之	1392.3.2	（64）
鄭夢周	1392.4.4	（56）
聖憲	1392.5.29	（86）
渋川幸子	1392.6.25	（61）
阿蘇惟政	—	
山名義理	—	
吉田宗房	—	
綽如	1393.4.24	（44）
後円融天皇	1393.4.26	（36）
無著妙融	1393.8.12	（61）
相良前頼	1394.1.19	
長慶天皇	1394.8.1	（52）
上杉憲方	1394.10.24	（60）
大巧如拙	—	
結城満藤	—	
山名満幸	1395.3.10	
察度王	1395.10.5	（75）
今川貞臣	—	
栄賀	—	
今出川公直	1396.5.-	（62）
小山若犬丸	1397.1.15	
細川頼元	1397.5.7	（55）
崇光天皇	1398.1.13	（65）
直仁親王	1398.5.14	（64）
足利氏満	1398.11.4	（40）
洪武帝	1398.-.-	（71）
宗頼茂	—	
洞院公定	1399.6.15	（60）
大内義弘	1399.12.21	（44）
朴惇之	—	
源翁心昭	1400.1.7	（72）
盛光	—	
康光	—	
椿庭海寿	1401.閏1.12	（84）
足利直冬	1400.3.11	
日叡	1400.5.7	（49）
九条経教	1400.5.21	（70）
尊観	1400.10.24	（52）
吉田兼熙	1402.5.3	（55）
四辻善成	1402.9.3	（77）
北畠顕泰	1402.10.-	
祖阿	—	
智通	1403.5.1	（90）
少弐貞頼	1404.6.20	（33）
土岐康行	1404.10.6	
絶海中津	1405.4.5	（70）
国阿	1405.9.11	（92）
伊達政宗	1405.9.14	（53）
畠山基国	1406.1.17	（55）
一色詮範	1406.6.7	
空谷明応	1407.1.16	（80）
菊池武朝	1407.3.18	（45）
島津伊久	1407.5.4	（61）
小笠原長基	1407.10.6	（61?）
足利義満	1408.5.6	（51）
慧春尼	1408.5.25	
吉田兼敦	1408.6.26	（41）
李成桂	1408.-.-	（74）
日伝	1409.4.1	（68）
足利満兼	1409.7.22	（32）
愚中周及	1409.8.25	（87）
斯波義将	1410.5.7	（61）
山科教言	1410.12.15	（83）
了庵慧明	1411.3.27	（75）
島津元久	1411.8.6	（69）
上杉憲定	1412.12.18	（38）
日野重光	1413.3.16	（44）
道阿弥	1413.5.9	
仲方円伊	1413.8.15	（60）
千種	—	
土岐頼益	1414.4.4	（64）
小田孝朝	1414.6.16	（78）
上杉朝宗	1414.8.25	（76または81）
坂士仏	1415.3.3	（88?）
宥快	1416.7.17	（72）
長覚	1416.11.15	
栄仁親王	1416.11.20	（66）
足利満隆	1417.1.10	
足利持仲	1417.1.10	
上杉氏憲	1417.1.10	
武田信満	1417.2.6	（50余）
岩松満純	1417.閏5.13	
梅山聞本	1417.9.7	
上杉憲基	1418.1.4	（27）
足利義嗣	1418.1.24	（25）
大友親世	1418.2.15	
斯波義教	1418.8.18	（48）
一条経嗣	1418.11.17	（61）
宗貞茂	1418.-.-	
土岐康政	1418.-.-	
今川貞世	—	
武田信元	—	
日陣	1419.5.21	（81）
北山院	1419.11.11	（51）
魏天	—	
聖冏	1420.9.27	（80）
松平親氏	—	
玉畹梵芳	—	
貞舜	1422.1.-	（89）
山入与義	1422.閏10.13	
牛大夫	—	
石屋真梁	1423.5.11	（79）
大岳周崇	1423.9.14	（79）
岐陽方秀	1424.2.3	（64）
寂済	1424.2.3	（77）
後亀山天皇	1424.4.12	
永楽帝	1424.7.18	（65）
鄂隠慧奯	1425.2.18	（69）
足利義量	1425.2.27	（19）
細川満元	1426.10.16	（49）
陳外郎	—	
傑堂能勝	1427.8.7	（73）
赤松義則	1427.9.21	（70）
朝山梵燈庵	—	
足利義持	1428.1.18	（43）
称光天皇	1428.7.20	（28）
北畠満雅	1428.12.21	
早田左衛門大郎	—	
烏丸豊光	1429.2.28	（52）
花山院長親	1429.7.10	（80余）
広橋兼宣	1429.9.14	（64）
楠木光正	1429.9.24	
大掾満幹	1429.12.13	
朴瑞生	—	
千葉兼胤	1430.6.17	（39）
赤鶴	—	
竜右衛門	—	
徳若	—	
夜叉	—	
大内盛見	1431.6.28	（55）
吉山明兆	1431.8.20	（80）
畠山満慶	1432.6.27	（61）
観世元雅	1432.8.1	（40未満）
清原良賢	1432.10.29	
小早川則平	1433.1.26	（61）

項目一覧

古幢周勝	1433. 2.22	(64)
今川範政	1433. 5.27	(70)
畠山満家	1433. 9.19	(62)
後小松天皇	1433.10.20	(57)
斯波義淳	1433.12. 1	(37)
柴山	—	
渋川義俊	1434.11.14	(35)
満済	1435. 6.13	(58)
山名時熙	1435. 7. 4	(69)
世阿弥	—	
惟肖得巌	1437. 4.20	(78)
足利満貞	1439. 2.10	
足利持氏	1439. 2.10	(42)
尚巴志	1439. 4.20	(68)
一色義貫	1440. 5.15	(41)
土岐持頼	1440. 5.16	
足利満直	1440. 6.10	
聖聡	1440. 7.18	(75)
巧如	1440.10.14	(65)
結城氏朝	1441. 4.16	(40)
足利春王	1441. 5.16	(11)
足利安王	1441. 5.16	(13)
足利義教	1441. 6.24	(48)
京極高数	1441. 6.24	
大内持世	1441. 7.28	(48)
赤松満祐	1441. 9.10	(69)
粟田口隆光	—	
越智	—	
北畠顕雅	—	
里見義実	—	
山名教清	—	
細川持之	1442. 8. 4	(43)
小倉宮	1443. 5. 7	
足利義勝	1443. 7.21	(10)
日野有光	1443. 9.26	(57)
尹仁甫	—	
土佐行広	—	
文蔵	—	
渋川満頼	1446. 3.13	(75)
江西竜派	1446. 8. 5	(72)
上杉清方	1446. -. -	
宋希璟	1446. -. -	(71)
天章周文	—	
赤松貞村	1447. -. -	(55)
心田清播	1447. -. -	(73)
日峰宗舜	1448. 1.26	(81)
智蘊	1448. 5.12	
桃隠玄朔	—	
世宗	1450. 2.17	(54)
日秀	1450. 5. 8	(68)
今川仲秋	1450.	
飛鳥井雅世	1452. 2. -	(63)
宗貞盛	1452. 6.22	
宗金	1454. 8. -	
上杉憲忠	1454.12.27	(22)
上杉顕房	1455. 1.22	(21)
畠山持国	1455. 3.26	(58)
高山宗砌	1455. -. -	

武田信長	—	
梵勝	—	
後崇光院	1456. 8.29	(85)
中原康富	1457. 2.16	
存如	1457. 6.18	(62)
万里小路時房	1457.11.20	(64)
忠義王	1457.12. 2	
北山宮	—	
洞院実熙	—	
物外性応	1458. 2.22	
日実	1458. 4.22	
飯尾為種	1458. 5.20	
養叟宗頤	1458. 6.27	(83)
阿摩和利	1458. -. -	
今参局	1459. 1.19	
日出	1459. 4. 9	(79)
山名勝豊	1459. 4.14	
正徹	1459. 5. 9	(79)
甲斐常治	1459. 8.12	
酉仰	1459. 9.15	(42)
中山定親	1459. 9.17	(59)
尚泰久	1460. 6. 5	(46)
上杉教朝	1461.12.23以前	(54)
今川範忠	1461.	
安富智安	—	
義天玄詔	1462. 3.18	(70)
総一検校	1462. 3.29	
等熙	1462. 6. -	(67)
池坊専慶	—	
月江正文	1463. 1.22	
雲章一慶	1463. 1.23	(78)
朝倉教景	1463. 7.19	(84)
日野重子	1463. 8. 8	(53)
祐清	1463. 8.25	
長尾景仲	1463. 8.26	(76)
志玉	1463. 9. 6	(81)
南江宗沅	1463. -. -	(77)
日隆	1464. 2.25	(80)
大内教弘	1465. 9. 3	(46)
翺之慧鳳	1465.この頃	
上杉憲実	1466.閏2. -	(57)
音阿弥	1467. 1. 2	(70)
清原業忠	1467. 4.28	(59)
上杉持朝	1467. 9. 6	(50)
佐竹義人	1467.12.24	(68)
世祖	1468. 9. 8	(52)
金春禅竹	—	
金春四郎次郎	—	
伊達持宗	1469. 1. 8	(77)
行助	1469. 3.24	(65)
季瓊真蘂	1469. 8.11	(69)
快元	—	
天与清啓	—	
島津忠国	1470. 1.20	(68)
京極持清	1470. 8. 4	(64)
後花園天皇	1470.12.27	(52)
桃井幸若丸	—	
山名政清	—	

竺雲等連	1471. 1. 7	(89)
斎藤基恒	1471. 3.19	(78)
武田信賢	1471. 6. 2	(52)
大館持房	1471. 9.11	(71)
真能	1471. -. -	(75)
綿谷周瓞	1472. 2.22	(68)
太極	—	
伊勢貞親	1473. 1.21	(57)
山名持豊	1473. 3.18	(70)
瑞渓周鳳	1473. 5. 8	(83)
細川勝元	1473. 5.11	(44)
蛇足	1473. -. -	
桃林安栄	1473. -. -	
雲峰等悦	—	
心敬	1475. 4.16	(70)
申叔舟	1475. 6.21	(59)
宗性春	—	
今川義忠	1476. 2. 9	(41)
専順	1476. 3.20	(66)
日野勝光	1476. 6.15	(48)
尚円	1476. 7.28	(62)
広橋綱光	1477. 2.14	(47)
斯波義廉	—	
広橋兼顕	1479. 5.14	(31)
渋川義鏡	—	
斎藤妙椿	1480. 2.21	(70)
一条教房	1480.10. 5	(58)
一条兼良	1481. 4. 2	(80)
朝倉孝景	1481. 7.26	(54)
一休宗純	1481.11.21	(88)
小栗宗湛	1481. -. -	(69)
一路庵禅海	—	
簗田持助	1482. 4. 6	(61)
陶弘護	1482. 5.27	(28)
河野通春	1482.閏7.14	
順如	1483. 5.29	(42)
三条実量	1483.12.19	(69)
泉屋道栄	1484. 9. 6	(73)
東常縁	—	
益田兼堯	1485. 5.23	
真芸	1485.11. 2	(55)
宗伊	1485.11.28	(68)
楠葉西忍	1486. 2.14	(92)
雪江宗深	1486. 6. 2	(79)
太田道灌	1486. 7.26	(55)
多賀高忠	1486. 8.17	(62)
荒木田氏経	1487. 1.12	(86)
季弘大叔	1487. 8. 7	(67)
益之宗箴	1487.11.16	(78)
三光坊	—	
蜷川親元	1488. 5.25	(56)
富樫政親	1488. 6. 9	(34)
希世霊彦	1488. 6.26	(86)
日親	1488. 9.17	(82)
菊池為邦	1488.10.23	(59)
勝光	—	
道瑜	—	
富樫泰高	—	

足利義尚	1489. 3.26	(25)
桃源瑞仙	1489.10.28	(60)
足利義政	1490. 1. 7	(56)
上杉持房	1490. 2.10	
豊田頼英	1490. 8.23	(88)
畠山義就	1490.12.12	(54)
飛鳥井雅親	1490.12.22	(74)
善阿弥	—	
足利義視	1491. 1. 7	(53)
足利政知	1491. 4. 3	(57)
彦竜周興	1491. 6. 3	(34)
足利茶々丸	1491. -. -	
太田資清	1492. 2. 2	(82)
蓮教	1492. 5. 2	(42)
飯尾元連	1492. 5.10	(62)
没倫紹等	1492. 5.16	
立阿弥	—	
畠山政長	1493.閏4.25	(52)
亀泉集証	1493. 9.27	(70)
菊池重朝	1493.10.29	(45)
横川景三	1493.11.17	(65)
石黒道提	—	
武田信広	1494. 5.20	(64)
中院通秀	1494. 6.22	(67)
大森氏頼	1494. 8.26	(77)
三浦時高	1494. 9.23	(79)
上杉定正	1494.10. 5	(52)
成宗	1494.12.24	(38)
真盛	1495. 2.30	(53)
大内政弘	1495. 9.18	(50)
宗貞国	—	
赤松政則	1496. 4.25	(42)
日野富子	1496. 5.20	(57)
秋月等観	—	
少弐政資	1497. 4.19	(57)
畠山義統	1497. 8.20	
足利成氏	1497. 9.30	(60)
壬生晴富	1497. -. -	(76)
賢江祥啓	—	
正宗竜統	1498. 1.23	(71)
山名政豊	1499. 1.23	(59)
蓮如	1499. 3.25	(85)
吉田兼致	1499. 7.24	(42)
大宮長興	1499.10.24	(88)
越智家栄	1500. 2.27	
景川宗隆	1500. 3. 1	(76)
相良為続	1500. 6. 4	(54)
日朝	1500. 6.25	(79)
甘露寺親長	1500. 8. 7	(77)
悟渓宗頓	1500. 9. 6	(86)
天隠竜沢	1500. 9.23	(79)
月翁周鏡	1500. 9.26	
後土御門天皇	1500. 9.28	(59)
如水宗淵	—	
日具	1501. 2.12	(79)
蘭坡景茝	1501. 2.28	(83)
松平親忠	1501. 8.10	(71?)
道興	1501. 9.23	
細川勝益	1502. 6. 4	
浦上則宗	1502. 6.11	(74)
飯尾宗祇	1502. 7.30	(82)
日置弾正	1502. -. -	(59)
村田珠光	1502. -. -	(80)
万里集九	—	
村田宗珠	—	
山科言国	1503. 2.28	(52)
菊池能運	1504. 2.15	(23)
東陽英朝	1504. 8.24	(77)
壬生雅久	1504.11.22	
狩野之信	文亀年間	(39)
日氷	—	
長尾能景	1506. 9.19	
雪舟等楊	—	
細川政元	1507. 6.23	(42)
赤沢朝経	1507. 6.26	
香西元長	1507. 8. 1	
細川澄之	1507. 8. 1	(19)
上杉房能	1507. 8. 7	
島津忠昌	1508. 2.15	(46)
尋尊	1508. 5. 2	(79)
桂庵玄樹	1508. 6.15	(82)
古市澄胤	1508. 7.25	(57)
斯波義敏	1508.11.16	(74?)
坂浄運	—	
伊勢貞宗	1509.10.28	(66)
猪苗代兼載	1510. 6. 6	(59)
上杉顕定	1510. 6.20	(57)
佐々木永春	—	
吉田兼倶	1511. 2.19	(77)
足利義澄	1511. 8.14	(32)
朝倉貞景	1512. 3.25	(40)
後藤祐乗	1512. 5. 7	(73)
真慧	1512.10.22	(79)
良椿	—	
日祝	1513. 4.12	(87)
一条冬良	1514. 3.27	(51)
長尾景春	1514. 8.24	(72)
了庵桂悟	1514. 9.15	(90)
岳翁蔵丘	—	
九条政基	1516. 4. 4	(72)
雲岡舜徳	1516. 5.15	(79)
観世信光	1516. 7. 7	(67)
三浦義同	1516. 7.11	
毛利興元	1516. 8.25	(24)
荒木田守晨	1516.11.17	(51)
道宗	1516. -. -	
景徐周麟	1518. 3. 2	(79)
上杉朝良	1518. 4.21	
金春禅鳳	—	
印融	1519. 8.15	(85)
北条早雲	1519. 8.15	(88)
細川澄元	1520. 6.10	(32)
六角高頼	1520. 8.21	
宗義盛	1520.12. 6	(45)
伊勢貞陸	1521. 8. 7	(59)
赤松義村	1521. 9.17	(50)
武田元信	1521.12. 3	
畠山義英	—	
畠山尚順	1522. 7. -	(48)
足利義稙	1523. 4. 9	(58)
志野宗信	1523. 8. 1	(79)
陶弘詮	1523.10.24	
豊原統秋	1524. 8.20	(75)
実如	1525. 2. 2	(68)
上杉憲房	1525. 3.25	(59)
宋素卿	1525. 4. -	
中御門宣胤	1525.11.17	(84)
真相	1525. -. -	(70前後)
土佐光信	—	
鳥居引拙	—	
後柏原天皇	1526. 4. 7	(63)
今川氏親	1526. 6.23	(54)
尚真	1526.12.11	(62)
日野内光	1527. 2.13	(39)
肖柏	1527. 4. 4	(85)
伊地知重貞	1527. 6. 7	
謙道宗設	—	
長尾景長	1528. 1.15	(60)
日真	1528. 3.29	(85)
王陽明	1528.11.29	(57)
大内義興	1528.12.20	(52)
上総介親信	—	
柳本賢治	1530. 6.29	
狩野正信	1530. 7. 9	(97)
阿佐井野宗瑞	1531. 5.17	(60?)
細川高国	1531. 6. 8	(48)
中御門宣秀	1531. 7. 9	(63)
足利政氏	1531. 7.18	(66)
頼誉	—	
宗長	1532. 3. 6	(85)
宗碩	1533. 4.24	(60)
正木時綱	1533. 7.27	
徳大寺実淳	1533. 8.24	(89)
月舟寿桂	1533.12. 8	
足利高基	1535. 6. 8	
宇喜多能家	1534. 6.晦	
持明院基春	1535. 7.26	(83)
松平清康	1535.12. 5	(25)
今川氏輝	1536. 3.17	(24)
卜部兼永	1536. 7.27	(70)
上杉朝興	1537. 4.27	(50)
三条西実隆	1537.10. 3	(83)
足利義明	1538.10. 7	
京極高清	1538.初めごろ	
陶興房	1539. 4.18	
神谷寿禎	—	
宗鑑	—	
神谷主計	—	
月渚永乗	1541. 2. 9	(77)
北条氏綱	1541. 7.19	(55)
尼子経久	1541.11.13	(84)
観世長俊	1541. -. -	(54)
浅井亮政	1542. 1. 6	
木沢長政	1542. 3.17	

項目一覧

項目	年月日	年齢
諏訪頼重	1542.7.20	(27)
長尾為景	1542.-.-	
大館尚氏	—	
吉田重賢	1543.4.3	(81)
橘屋又三郎	—	
モタ Antonio da Mota	—	
田代三喜	1544.4.15	(72)
許棟	—	
畠山義総	1545.7.12	(55)
谷宗牧	1545.9.22	
結城政朝	—	
上杉朝定	1546.4.20	(22)
戸田康光	1547.9.-	
朝倉孝景	1548.3.22	(56)
古岳宗亘	1548.6.24	(84)
松平広忠	1549.3.6	(24)
冷泉為和	1549.7.10	(64)
荒木田守武	1549.8.8	(77)
大休宗休	1549.8.24	(82)
朱紈	1549.-.-	(58)
アンジロー Angero	—	
茨木長隆	—	
濃姫	—	
能登屋兵庫	—	
大友義鑑	1550.2.12	(49)
上杉定実	1550.2.16	
足利義晴	1550.5.4	(40)
清原宣賢	1550.7.12	(76)
蓮淳	1550.8.17	(87)
アルバレス Jorge Alvarez	—	
井上光兼	1551.8.5	(89)
二条尹房	1551.8.29	(56)
大内義隆	1551.9.1	(45)
吉良宣経	1551.	(38?)
六角定頼	1552.1.2	(58)
織田信秀	1552.3.3	(42)
十四屋宗伍	1552.4.-	
シャビエル Francisco de Xavier	1552.12.3	(47)
平手政秀	1553.閏1.13	(62)
琳賢	—	
以天宗清	1554.1.19	(83)
斯波義統	1554.7.12	(42)
証如	1554.8.13	(39)
尼子国久	1554.11.1	
朝倉教景	1555.9.8	(82)
陶晴賢	1555.10.1	(35)
太原崇孚	1555.10.10	(60)
彭叔守仙	1555.10.12	(66)
武野紹鷗	1555.閏10.29	(54)
雲林院文蔵	1555.-.-	(24)
ガーマ Duarte da Gama	—	
斎藤道三	1556.4.20	
ロヨラ Ignatius de Loyola	1556.7.31	(*65)
徐海	1556.8.-	
一栢	—	
大内義長	1557.4.3	
後奈良天皇	1557.9.5	(62)
大光坊幸賢	—	
南村梅軒	—	
少弐冬尚	1559.1.11	
狩野元信	1559.10.6	(84)
王直	1559.12.-	
今川義元	1560.5.19	(42)
足利晴氏	1560.5.27	
長宗我部国親	1560.6.15	(57)
前田利春	1560.7.13	
尼子晴久	1560.12.24	(47)
玉堂宗条	1561.1.17	(82)
十河一存	1561.3.18	
斎藤義竜	1561.5.11	(35)
長野業政	1561.6.21	(63)
日現	1561.7.21	(66)
武田信繁	1561.9.10	(37)
山本勘助	1561.9.10	
北向道陳	1562.1.18	(59)
三好義賢	1562.3.5	(37)
胡宗憲	1562.-.-	
メンドンサ Manoel de Mendonça	—	
細川晴元	1563.3.1	(50)
毛利隆元	1563.8.4	(41)
谷宗養	1563.11.18	(38)
三条西公条	1563.12.2	(77)
細川氏綱	1563.12.20	
渡辺高綱	1564.1.11	
三好長慶	1564.7.4	(43)
松浦宗案	—	
足利義輝	1565.5.19	(30)
伊達稙宗	1565.6.19	(78)
有馬晴純	1566.2.28	(84)
慶光院清順	1566.4.3	
近衛稙家	1566.7.10	(64)
津田宗達	1566.8.2	(63)
長野業盛	1566.9.-	(19)
フェルナンデス João Fernandes	1567.6.26	(*41)
津田監物	1567.12.23	
大林宗套	1568.1.27	(89)
足利義栄	1568.9.-	(31)
島津忠良	1568.12.13	(77)
土佐光元	1569.8.-	(40)
大内輝弘	1569.10.20	(50?)
狩野秀頼	—	
竹蔵屋紹滴	—	
土佐光茂	—	
結城忠正	—	
森可成	1570.9.20	(48)
トルレス Cosme de Torres	1570.10.2	(*60)
李退渓	1570.12.8	(70)
塚原卜伝	1571.2.11	(83)
氏家卜全	1571.5.12	
毛利元就	1571.6.14	(75)
島津貴久	1571.6.23	(58)
バレト Belchior Nuñes Barreto	1571.8.10	
和田惟政	1571.8.28	
北条氏康	1571.10.3	(57)
篠原長房	1572.7.16	
吉田宗桂	1572.10.20	(61)
蔣洲	1572.-.-	
ビレラ Gaspar Vilela	1572.-.-	
吉田兼右	1573.1.10	(58)
武田信玄	1573.4.12	(53)
斎藤竜興	1573.8.14	(26)
朝倉義景	1573.8.20	(41)
浅井長政	1573.8.28	(29)
浅井久政	1573.8.28	(49?)
足利義維	1573.10.8	(65)
三好義継	1573.11.16	
上泉信綱	1573.-.-	
村上義清	1573.-.-	
覚恕	1574.1.3	(54)
武田信虎	1574.3.5	(81)
里見義堯	1574.6.1	(68)
仁如集堯	1574.7.28	(92)
伊丹親興	1574.11.15	
貞把	1574.12.7	(60)
鳥居強右衛門	1575.-.-	
酒井正親	1576.6.6	(56)
清水里安	1576.7.下旬	(51)
畠山高政	1576.10.15	(50)
北畠具教	1576.11.25	(49)
日辰	1576.12.15	(69)
有馬義貞	1576.12.27	(56)
半井驢庵	1577.8.25	(77)
松永久秀	1577.10.10	(68)
日秀	1577.11.12	(83)
伊達晴宗	1577.12.5	(59)
浦上宗景	—	
日乗	—	
上杉謙信	1578.3.13	(49)
高坂虎綱	1578.5.7	(52)
里見義弘	1578.5.20	(54)
北条氏繁	1578.6.13	(43)
由良成繁	1578.6.30	(73)
尼子勝久	1578.7.3	(26)
山中幸盛	1578.7.17	
玉崗瑞璵	1578.8.10	(79)
北条高広	—	
田原親虎	—	
藪内宗和	—	
三条西実枝	1579.1.24	(69)
山科言継	1579.3.2	(73)
上杉憲政	1579.3.17	
上杉景虎	1579.3.24	
烏丸光康	1579.4.27	(67)
二条晴良	1579.4.29	(54)

波多野秀治	1579. 6. 2	
竹中重治	1579. 6.13	(36)
策彦周良	1579. 6.晦	(79)
油屋常祐	1579. 7. 4	
築山殿	1579. 8.29	
松平信康	1579. 9.15	(21)
種子島時堯	1579.10. 2	(52)
高橋鑑種	1579. -. -	
別所長治	1580. 1. -	
蘆名盛氏	1580. 6.17	(60)
似我与左衛門	1580. -. -	(75)
京極高吉	1581. 1.25	(78)
宇喜多直家	1581. 2.14	(53)
佐久間信盛	1581. 7.22	(55)
正木憲時	1581. 9. -	
吉川経家	1581.10.25	(35)
饅頭屋宗二	1581. -. -	(84)
二郎左衛門満照	—	
武田勝頼	1582. 3.11	(37)
長坂釣閑	1582. 3. -	
快川紹喜	1582. 4. 3	
織田信忠	1582. 6. 2	(26)
織田信長	1582. 6. 2	(49)
村井貞勝	1582. 6. 2	
森蘭丸	1582. 6. 2	(18)
穴山梅雪	1582. 6. 4	(42)
清水宗治	1582. 6. 4	(46)
明智光秀	1582. 6.13	
明智秀満	1582. 6.15	
斎藤利三	1582. 6.17	
河尻秀隆	1582. 6.18	(56)
武田元明	1582. 7.19	(31)
松平家忠	1582.10.16	(36)
土岐頼芸	1582.12. 4	(82)
籠手田安経	1582. -. -	
武井夕庵	—	
土岐洞文	—	
足利義氏	1583. 1.21	
那須資胤	1583. 2.11	
依田信蕃	1583. 2.23	(36)
小笠原長時	1583. 2.25	(70)
小谷の方	1583. 4.24	
柴田勝家	1583. 4.24	
織田信孝	1583. 5. 2	(26)
佐久間盛政	1583. 5.12	(30)
松平康親	1583. 6.17	(63)
アルメイダ Luis de Almeida	1583.10. -	
観世元忠	1583.12. 5	(75)
ガーゴ Balthasar Gago	1583. -. -	
ピント Fernão Mendez Pinto	1583. -. -	(*74)
竜造寺隆信	1584. 3.24	(56)
池田恒興	1584. 4. 9	(49)
森長可	1584. 4. 9	(27)
蒲生賢秀	1584. 4.17	(51)
筒井順慶	1584. 8.11	(36)
頼玄	1584. 8.17	(79)
蘆名盛隆	1584.10. 6	(24)
大文字屋栄清	—	
山岡景隆	1585. 1.14	(61)
丹羽長秀	1585. 4.16	(51)
伊東義祐	1585. 8. 5	(74)
戸次鑑連	1585. 9. -	(70)
伊達輝宗	1585.10. 8	(42)
二本松義継	1585.10. 8	(33?)
羽柴秀勝	1585.12.10	(18)
一条兼定	1585. -. -	(43)
雪村周継	—	
蜂須賀正勝	1586. 5.22	(61)
誠仁親王	1586. 7.24	(35)
高橋紹運	1586. 7.27	
滝川一益	1586. 9. 9	(62)
田村清顕	1586.10. 9	
吉川元春	1586.11.15	(57)
ダミアン Damião	1586.12.29	
荒木村重	1586. -. -	(52)
宇野主水	—	
グワルチェリ Guido Gualtieri	—	
松井友閑	—	
久松俊勝	1587. 3.13	(62)
大村純忠	1587. 4.18	(55)
姉小路自綱	1587. 4. -	(48)
北条綱成	1587. 5. 6	(73)
大友宗麟	1587. 5.23	(58)
吉川元長	1587. 6. 5	(40)
島津家久	1587. 6. 5	(41)
モンテ Giovanni Battista de Monte	1587. 8. 5	(*59)
新発田重家	1587.10.25	
里見義頼	1587.10.26	
大宝寺義興	1587.10. -	
戚継光	1587. -. -	
清原マリア	—	
ノ貫	—	
隈部親永	1588. 5. -	
佐々成政	1588.閏5.14	(50)
多忠宗	1588. 6. 5	(83)
稲葉一鉄	1588.11.19	(73)
宗義調	1588.12.12	(57)
グラナダ Luis de Granada	1588.12.31	(84)
粟田口善法	—	
上井覚兼	1589. 6.12	(45)
鈴木主水	1589.11. -	(42)
天草種元	1589. -. -	
志岐麟泉	—	
長次郎	—	
正木正康	—	
北条氏照	1590. 7.11	
北条氏政	1590. 7.11	(53)
狩野永徳	1590. 9. -	(48)
狩野玉楽	—	
芝山監物	—	
羽柴秀長	1591. 1.22	
千利休	1591. 2.28	(70)
津田宗及	1591. 4.20	
北条氏直	1591.11. 4	(30)
ロレンソ Lourenço	1591.12.20	(66)
羽柴秀勝	1592. 9. 9	(24)
黄允吉	—	
正親町天皇	1593. 1. 5	(77)
今井宗久	1593. 8. 5	(74)
保科正俊	1593. 8. 6	(83)
南坊宗啓	—	
曲直瀬道三	1594. 1. 4	(88)
九条稙通	1594. 1. 5	(88)
五島純玄	1594. 7.28	(33)
小西如清	—	
蒲生氏郷	1595. 2. 7	(40)
豊臣秀次	1595. 7.15	(28)
大饗正虎	1596. 1.11	(77)
茶屋四郎次郎	1596.閏7.27	(55)
滝野検校	—	
葛西晴信	1597. 4.19	(64?)
フロイス Luis Frois	1597. 5.24	(*65)
小早川隆景	1597. 6.12	(65)
足利義昭	1597. 8.28	(61)
真木嶋昭光	—	
六角義賢	1598. 3.14	(78)
李如松	1598. 4. -	
豊臣秀吉	1598. 8.18	(62)
李舜臣	1598.11.19	(54)
前田利家	1599.閏3. 3	(62)
松浦隆信	1599.閏3. 6	(71)
長宗我部元親	1599. 5.19	(62)
細川ガラシャ	1600. 7.17	(38)
松平家忠	1600. 7.晦	(46)
鳥居元忠	1600. 8. 1	(62)
大谷吉継	1600. 9.15	(42)
安国寺恵瓊	1600.10. 1	(63または64)
石田三成	1600.10. 1	(41)
小西行長	1600.10. 1	
長束正家	1600.10. 3	
九鬼嘉隆	1600.10.12	(59)
保科正直	1601. 9.29	(60)
カストロ Jerónimo de Jesúso de Castro	1601. -. -	
井伊直政	1602. 2. 1	(42)
里村紹巴	1602. 4.12	(78)
前田玄以	1602. 5. 7	(64)
小早川秀秋	1602.10.18	(21)
黒田孝高	1604. 3.20	(59)
織田秀信	1605. 5. 8	(26)
大友義統	1605. 7.19	(48)
山内一豊	1605. 9.20	(61)
石堂竹林坊	1605.この頃	
バリニァーノ Alexandro Valignano	1606. 1.20	(*67)
榊原康政	1606. 5.14	(59)

千道安	1607. 2.17	(62)
北条氏盛	1608. 5.18	(32)
田中吉政	1609. 2.18	(62)
京極高次	1609. 5. 3	(47)
島津以久	1610. 4. 9	(61)
細川藤孝	1610. 8.20	(77)
尼子義久	1610. 8.28	
吉田兼見	1610. 9. 2	(76)
島津忠長	1610.11. 9	(60)
太田牛一	—	
辻与次郎	—	
島津義久	1611. 1.21	(79)
山科言経	1611. 2.27	(69)
北条氏勝	1611. 3.24	(53)
浅野長政	1611. 4. 7	(65)
真田昌幸	1611. 6. 4	(65)
加藤清正	1611. 6.24	(50)
景轍玄蘇	1611.10.22	(75)
近衛前久	1612. 5. 4	(77)
有馬晴信	1612. 5. 6	(46)
伊東マンショ	1612.10.21	(43)
六角義治	1612.10.22	(68)
池田輝政	1613. 1.25	(50)
浅野幸長	1613. 8.25	(38)
最上義光	1614. 1.18	(69)
前田利長	1614. 5.20	(53)
松浦鎮信	1614. 5.26	(66)
角倉了以	1614. 7.12	(61)
近衛信尹	1614.11.25	(50)
今川氏真	1614.12.28	(77)
宗義智	1615. 1. 3	(48)
高山右近	1615. 1. 5	(64)
木村重成	1615. 5. 6	
後藤基次	1615. 5. 6	
真田幸村	1615. 5. 7	(49)
豊臣秀頼	1615. 5. 8	(23)
淀殿	1615. 5. 8	
長宗我部盛親	1615. 5.15	(41)
増田長盛	1615. 5.27	(71)
片桐且元	1615. 5.28	(60)
古田織部	1615. 6.11	(72)
嶋井宗室	1615. 8.24	
徳川家康	1616. 4.17	(75)
立花直次	1617. 7.19	(46)
後陽成天皇	1617. 8.26	(47)
鍋島直茂	1618. 6. 3	(81)
島津義弘	1619. 7.21	(85)
藤原惺窩	1619. 9.12	(59)
村山等安	1619.11. -	
支倉常長	1621. -. -	(51)
京極高知	1622. 8.12	(51)
重国	—	
上杉景勝	1623. 3.20	(69)
黒田長政	1623. 8. 4	(56)
福島正則	1624. 7.13	(64)
高台院	1624. 9. 6	(76)
毛利輝元	1625. 4.27	(73)
トルレス Balthazar de Torres	1626. 6.20	(62)
小西如庵	1626. -. -	
原マルチノ	1629.10.23	
織田信雄	1630. 4.30	(73)
藤堂高虎	1630.10. 5	(75)
永田徳本	—	
加藤嘉明	1631. 9.12	(69)
徳川秀忠	1632. 1.24	(54)
中浦ジュリアン	1633. 9.19	(64)
神屋宗湛	1635.10.28	(83)
伊達政宗	1636. 5.24	(70)
立花宗茂	1642.11.25	
細川忠興	1645.12. 2	(83)
宇喜多秀家	1655.11.20	(84)

《世襲名・架空の人物等》

石童丸
牛尾玄笛
小野お通
月山
金家
兼氏
金売吉次
兼定
包平
兼光
兼元
寒山拾得
金重
金太郎
国光
国宗
国行
国吉
久米仙人
稽主勲
甲賀三郎
貞次
真恒
真光
真守
信行
祐定
助真
助平
祐光
堆朱楊成
中皇命
長光
仁聞
信家
則房
則宗
宝寿
法道
正恒
松浦佐用姫
真間手児奈
光世
明珍
村正
舞草
安綱
義助
吉平
吉房
隆源

日本古代中世人名辞典

二〇〇六年(平成十八)十一月十日　第一版第一刷印刷
二〇〇六年(平成十八)十一月二十日　第一版第一刷発行

編集　平野邦雄
　　　瀬野精一郎

発行者　前田求恭

発行所　株式会社　吉川弘文館
〒一一三―〇〇三三
東京都文京区本郷七丁目二番八号
☎(〇三)三八一三―九一五一(代表)
振替口座〇〇一〇〇―五―二四四

落丁・乱丁本はお取替えいたします

ISBN4―642―01434―9

製版印刷　株式会社　東京印書館
本文用紙　三菱製紙株式会社
表紙クロス　ダイニック株式会社
製本　誠製本株式会社
製函　株式会社光陽紙器製作所
装幀　山崎登